Jaeger • Luckey
Handbuch Schmerzensgeld
13. Auflage

Jaeger • Luckey

Handbuch Schmerzensgeld

Systematische Erläuterungen – Schmerzensgeldtabelle – Muster und Sterbetafeln – Medizinisches Lexikon

von

Lothar Jaeger
Vors. Richter am Oberlandesgericht a.D., Rechtsanwalt

und

Prof. Dr. Jan Luckey, LL.M., LL.M.
Richter am Oberlandesgericht, Honorarprofessor an der HfWU Nürtingen-Geislingen

13. Auflage

Luchterhand Verlag 2026

Zitiervorschlag: Jaeger/Luckey, Schmerzensgeld, 13. Aufl. 2026, Rn..

Bibliografische Information der Deutschen Nationalbibliothek
Die Deutsche Nationalbibliothek verzeichnet diese Publikation in der Deutschen Nationalbibliografie; detaillierte bibliografische Daten sind im Internet über http://dnb.d-nb.de abrufbar.

ISBN 978-3-472-09918-5

www.wolterskluwer.com

Umschlagkonzeption: Martina Busch, Grafikdesign, Homburg-Kirrberg
Satz: Datagroup-Int SRL, Timisoara, Romania
Druck und Weiterverarbeitung: Sowa Sp. z o.o., Piaseczno, Polen

Gedruckt auf säurefreiem, alterungsbeständigem und chlorfreiem Papier.

Vorwort zur 13. Auflage

Im gewohnten Zweijahresturnus erscheint nun die Neuauflage des »Schmerzensgeld«. Das Anliegen des Buches, nicht nur eine umfassende und aktuelle Darstellung des Schmerzensgeldrechts, sondern auch eine Plattform für höhere – angemessene – Schmerzensgelder zu bieten, bleibt unverändert. Hierfür haben wir, wie schon in den Vorauflagen, im Urteilsteil ältere Entscheidungen entfernt und aktuelle ergänzt. Das Werk ist nun auf dem Stand von Juli 2025, und Entscheidungen vor 2016 sind nur noch in begründeten Ausnahmen enthalten. Im Rahmen der Angleichung auf den Online-Content sind in diesem Werk erstmalig nicht nur die Randnummern neu gesetzt worden; für eine einheitliche Handhabung sind nunmehr auch die »Entscheidungsnummern« entfallen und werden nun als »normale« Randnummern geführt und können somit auch wie sonstige Passagen des Buches zitiert werden.

Stand noch die Vorauflage unter dem Eindruck der höchstrichterlichen Rechtsprechungswende zum »Schockschaden«, ist nun hier eine gewisse Konsolidierung eingetreten. Der BGH hat dies nunmehr flankiert durch Klarstellungen zum Umfang der Substantiierungspflicht bei Schockschäden (VI ZR 185/24); auch hat er dem Bestreben mancher Oberlandesgerichte, die Sachverhaltsbewertung medizinischer Fragen in die »eigene Hand« zu nehmen, Grenzen aufgezeigt und auf das Erfordernis einer Beweiserhebung durch Sachverständigengutachten verwiesen (VI ZR 283/21; VI ZR 41/22), eine Rechtsprechung, die er – für materielle Personenschäden relevant – auf die Gewinnermittlung ausgedehnt hat (VIII ZR 89/23). Die Folgen dieser Rechtsprechung für Darlegung, Prozess und Beweiserhebung sind an den entsprechenden Stellen ins Werk eingearbeitet worden.

Parallel zur »Printversion« ist das Werk wiederum online abrufbar und in diversen Fachmodulen enthalten. Auch der Aufbau des »Schmerzensgeld-Assistenten«, einer Online-Rechercheplattform über die Inhalte und Entscheidungen unseres Werkes, schreitet stetig voran.

Nachdem sie auf Seiten von Wolters Kluwer gefühlt »immer schon« die Neuauflagen des Schmerzensgeldes begleitet hat, ist Frau Haubert zum Ende letzten Jahres in den wohlverdienten Ruhestand gegangen. Wir wollen die Gelegenheit nutzen, um ihr noch einmal für die jahrelange freundliche, verlässliche, zügige und stets unproblematische Zusammenarbeit zu danken. Wir wünschen ihr von Herzen alles Gute im neuen Lebensabschnitt. Ebenso danken wir Frau Thiele, die ihre Arbeit übernommen hat und der wir hoffentlich mit unseren diversen Wünschen im Manuskriptprozess nicht Anlass gegeben haben zu zweifeln, ob wirklich jedem neuen Anfang ein Zauber innewohnt.

Erneut und ausdrücklich schließlich haben wir einer Vielzahl richterlicher und anwaltlicher Kolleginnen und Kollegen zu danken, die uns Entscheidungen zum Schmerzensgeld haben zukommen lassen; für solche sind wir, ebenso wie für Anregungen, Kritik und Vorschläge, auch weiterhin dankbar (jaeger-luckey@gmx.de).

Köln, im August 2025

Lothar Jaeger

Jan Luckey

Vorwort zur 1. Auflage

Das Schmerzensgeld ist ein seit Jahrzehnten in Rechtsprechung und Literatur vernachlässigtes Rechtsgebiet. Zwar sind in großem zeitlichen Abstand Monographien, Aufsätze und Festschriftbeiträge zum Schmerzensgeld erschienen; das Buch »Das Schmerzensgeld« von Lieberwirth erreichte zwischen 1960 und 1965 sogar drei Auflagen. Die Rechtsprechung hielt sich aber seltsamerweise zurück. Der BGH bildete die Rechtsprechung gelegentlich fort, die Instanzgerichte dagegen übten eine nicht zu überbietende Zurückhaltung bei der Höhe der zuerkannten Schmerzensgelder. Diese Zurückhaltung – seit Jahrzehnten beklagt und als unerträglich empfunden – beruhte und beruht nicht zuletzt darauf, dass alle Kommentare zu § 847 BGB a.F. auf Tabellen zum Schmerzensgeld verzichten und – wenn überhaupt – in Gerichtsbibliotheken eine verstaubte, veraltete, nur alle paar Jahre erscheinende Schmerzensgeldtabelle greifbar war.

Die bisher erschienenen Schmerzensgeldtabellen werden anscheinend zwangsläufig immer umfangreicher und werben für die Neuauflage damit, dass schon wieder einige neue Schmerzensgeldentscheidungen aufgenommen werden konnten. Dadurch werden die Tabellen auch dann immer unübersichtlicher, wenn auf die Aufnahme von Entscheidungen vor 1975 oder 1980 weitgehend verzichtet wird; denn es werden von Auflage zu Auflage zu viele Entscheidungen mitgezogen, deren Schmerzensgeldbeträge heute nicht mehr repräsentativ sein können. Dem Leser ist nicht damit gedient, wenn mehr als 160 Entscheidungen zu Gehirnverletzungen »ab 25.000 DM« oder mehr als 320 Entscheidungen zum HWS-Syndrom mitgeteilt werden.

Kein Wunder, dass die Instanzgerichte lange Zeit nur auf alte Entscheidungen zurückgreifen konnten, die wiederum Erkenntnisse verwerteten, die viele Jahre vor dem Erscheinungsjahr lagen. Auf diese Weise mussten Erkenntnisse zur Schmerzensgeldhöhe stets Jahre, oft Jahrzehnte, hinter der wirtschaftlichen Entwicklung herhinken, eine Dynamik konnte sich nicht einstellen. Was weiter auffällt, ist die Tatsache, dass der größte Teil der Entscheidungen zum Schmerzensgeld zur Begründung der Schmerzensgeldhöhe oft nur wenige Worte sagt und sich meist damit begnügt, zu erklären, dass ein Schmerzensgeld in Höhe von X-tausend DM/EUR »angemessen erscheint«. Selbst wenn – angeblich – vergleichbare Entscheidungen zitiert werden, fehlt in der Regel jede Auseinandersetzung dazu, dass und warum jenes Schmerzensgeld angemessen und warum nicht etwa infolge der inflationären Entwicklung ein höheres Schmerzensgeld zu zahlen sei.

Damit muss Schluss sein!

Es ist das Anliegen der Autoren, eine Plattform für höhere Schmerzensgelder zu schaffen.

Dies soll dadurch erreicht werden, dass Anwälten und Richtern nahezu ausschließlich Schmerzensgeldentscheidungen zum Vergleich angeboten werden,

- die nicht älter als 10 Jahre sind,
- die eine Begründung für die Höhe des Schmerzensgeldes enthalten,
- die möglichst eine abgrenzbare Körperverletzung betreffen, die für die Höhe des Schmerzensgeldes dominant war,
- bei denen – soweit möglich – der Klageantrag mitgeteilt wird, denn die früheren und teilweise auch die neueren Entscheidungen gehen über den Klageantrag nicht oder nur geringfügig hinaus, weil dies als unzulässig angesehen wurde und in Unkenntnis der Rechtslage und der neueren Rechtsprechung mehr als nur gelegentlich noch angesehen wird,
- die veröffentlicht sind, weil unveröffentlichte Entscheidungen erst bei den Gerichten angefordert werden müssen, und erst nach deren Eingang festgestellt werden kann, ob sie wirklich einen vergleichbaren Fall betreffen. Von diesem Grundsatz wird abgewichen bei Verletzungen, die Bagatellfälle und Fälle mit sehr geringen Verletzungen und minimalen Schmerzensgeldern betreffen, weil die dazu ergangenen Entscheidungen in der Regel ohnehin keine Begründung zur Höhe des Schmerzensgeldes enthalten.

Im Erläuterungsteil, der den Entscheidungen vorgeschaltet ist, sollen aber auch Begründungen angeboten werden dafür,
- welche Bemessungskriterien bisher oft unterbewertet wurden,
- welche besonderen Bemessungskriterien im Einzelfall heranzuziehen sind und
- wie verlangtes – oder zuerkanntes – Schmerzensgeld zu begründen ist.

Ein weiteres Anliegen der Autoren ist es,
- dem neuen Schadensersatzrecht zum Durchbruch zu verhelfen, soweit es um höhere Schmerzensgelder für alle Verletzungen geht, die nicht gerade Bagatellverletzungen sind und
- Anwälten und Richtern deutlich zu machen, dass und was sich geändert hat und künftig ändern sollte.

Bisher vernachlässigte Verletzungen und Schmerzensgeldkriterien werden besonders herausgestellt, etwa die Höhe des Schmerzensgeldes
- bei Verletzung des Rechts auf sexuelle Selbstbestimmung,
- bei Dauerschäden,
- bei Narben als Dauerschäden,
- bei ungewollter Schwangerschaft,
- bei langem Krankenhausaufenthalt und
- bei verzögerlichem Regulierungsverhalten der Versicherer.

Zu all diesen Fragen werden Praxistipps mit Begründungen gegeben, die der Anwalt in die Klageschrift, der Richter in die Begründung seiner Entscheidung einfließen lassen kann.

Von Zeit zu Zeit hat der BGH dafür gesorgt, dass die Zurückhaltung der Instanzrichter bei der Höhe des Schmerzensgeldes nicht nachließ, indem er eingriff, wenn ihm das zuerkannte Schmerzensgeld als »allzu reichlich« erschien. Damit wollte der BGH die Versichertengemeinschaft schützen, die eines solchen Schutzes aber gar nicht bedarf. Klar ist, dass die durch § 253 Abs. 2 BGB n.F. geschützten Rechtsgüter Verfassungsrang haben, die finanziellen Interessen der Versichertengemeinschaft dagegen nicht.

Von besonderer Bedeutung bei der Anwendung von Tabellen ist der Umstand, dass vielfach Schmerzensgelder mitgeteilt werden, die multiple Verletzungen betreffen und deshalb nicht zum Vergleich geeignet sind, wenn eine isolierte Verletzung gegeben ist. Natürlich gibt es Verletzungen, die wegen ihres Mischcharakters überhaupt nicht typenbildend sind; daraus folgt aber nicht, dass Schädigungskombinationen für die Aufnahme in eine Schmerzensgeldtabelle ungeeignet sind.

Die Ablehnung einer Tabelle mit der Begründung, eine »identische Verletzung« sei darin nicht enthalten, ist vordergründig. Wird jemand bei einem Verkehrsunfall schwer verletzt, so stimmen die Verletzungen vielfach weitgehend überein, wenn auf die schwersten Schäden abgestellt wird. Ob ein Verletzter neben einer schweren Hirnschädigung z.B. noch eine Fraktur erlitten hat, ist für die Bemessung des Schmerzensgeldes meist gleichgültig. Die Praxis der Unfallmedizin zeigt, dass in der Wirklichkeit typische Unfälle mit typischen Folgen überwiegen.

Entscheidend für den Erfolg oder Misserfolg einer Tabelle ist das Auffinden richtiger »Typen« als Präjudizien. Dazu bedarf es nicht unbedingt der Mithilfe eines Unfallmediziners, auch ein Richter, der einige Jahre mit Arzthaftungssachen oder Ansprüchen auf Zahlung von Schmerzensgeld beschäftigt war, verfügt über ausreichende medizinische Kenntnisse, um solche »Typen« festzustellen und die einschlägigen Entscheidungen auszuwerten.

Die zuerkannten Schmerzensgeldbeträge werden in diesem Buch im Verhältnis 2:1 umgerechnet. Die exakte Umrechnung wäre unpraktikabel. Der sich dabei ergebende geringere EUR-Betrag wird dabei in Kauf genommen in der Erwartung, dass auch bei der Zuerkennung von Schmerzensgeldern der Euro (= Teuro) eine Rolle spielen wird.

Köln, im August 2003

Lothar Jaeger
Jan Luckey

Inhaltsverzeichnis

Abkürzungsverzeichnis

a.A.	andere Ansicht
AA	Arbeitsrecht Aktiv (Zs.)
a.a.O.	am angegebenen Ort
a.E.	am Ende
a.F.	alte Fassung
abl.	ablehnend
Abs.	Absatz
AcP	Archiv für die civilistische Praxis (Zs.)
ADAC	Allgemeiner Deutscher Automobil Club
ADAJUR	Verkehrsrechtsdatenbank des ADAC
AE	Arbeitsgerichtliche Entscheidungen (Zs.)
AfP	Zeitschrift für das gesamte Medienrecht
AG	Amtsgericht/Aktiengesellschaft
AGB	Allgemeine Geschäftsbedingungen
AGG	Allgemeines Gleichbehandlungsgesetz
AHRS	Arzthaftpflicht-Rechtsprechung (Zs.)
AiB	Arbeitsrecht im Betrieb (Zs.)
AKB	Allgemeine Versicherungsbedingungen für die Kraftfahrtversicherung
Alt.	Alternative
AMG	Arzneimittelgesetz
Anm.	Anmerkung
AnwBl.	Anwaltsblatt
AR-Blattei	Arbeitsrechts-Blattei (Zs.)
ArbG	Arbeitsgericht
ArbGG	Arbeitsgerichtsgesetz
ArbN	Arbeitnehmer (Zs.)
ArbuR	Arbeit und Recht (Zs.)
arg. e	Argument aus
Art.	Artikel
ASS	Acetylsalicylsäure
AsylbLG	Asylbewerberleistungsgesetz
AtomG	Gesetz über die friedliche Verwendung der Kernenergie und den Schutz gegen ihre Gefahren (Atomgesetz)
AuA	Arbeit und Arbeitsrecht (Zs.)
Aufl.	Auflage
AVR	Arbeitsvertragsrichtlinien
Az.	Aktenzeichen
BAG	Bundesarbeitsgericht
BAT	Bundesangestelltentarifvertrag
BauR	Baurecht (Zs.)
BayBG	Bayerisches Beamtengesetz
BaySchlG	Bayerisches Schlichtungsgesetz
BB	Betriebs-Berater (Zs.)
BBergG	Bundesberggesetz
BBG	Bundesbeamtengesetz
BC	Bilanzbuchhalter und Controlling (Zs.)
Bd.	Band
BDSG	Bundesdatenschutzgesetz
BdbSchlG	Brandenburgisches Schlichtungsgesetz
BEG	Bundesentschädigungsgesetz
BesatzungsSchG	Gesetz über die Abgeltung von Besatzungsschäden
Beschl.	Beschluss
BetrVG	Betriebsverfassungsgesetz
BFH	Bundesfinanzhof

BG	Bezirksgericht (Österreich)
BGB	Bürgerliches Gesetzbuch
BGBl.	Bundesgesetzblatt
BGH	Bundesgerichtshof
BGHR	BGH-Report (Zs.)
BGHZ	Entscheidungen des BGH in Zivilsachen
BGJ	Berufsgrundbildungsjahr
BGSG	Bundesgrenzschutzgesetz
BImSchG	Bundes-Immissionsschutzgesetz
BImSchV	Verordnung zur Durchführung des Bundes-Immissionsschutzgesetzes
BMJ	Bundesministerium der Justiz
BNS	Blitz-Nick-Salaam
BRD	Bundesrepublik Deutschland
BSG	Bundessozialgericht
BSHG	Bundessozialhilfegesetz (außer Kraft)
bspw.	beispielsweise
BT-Drucks.	Bundestagsdrucksache
Buchst.	Buchstabe
BVerfG	Bundesverfassungsgericht
BVerfGE	Entscheidungen des Bundesverfassungsgerichts
BVerwG	Bundesverwaltungsgericht
BVG	Bundesversorgungsgesetz
BWGZ	Die Gemeinde (Verbandszeitschrift des Gemeindetags Baden-Württemberg)
BWS	Brustwirbelsäule
bzgl.	bezüglich
bzw.	beziehungsweise
c.i.c.	culpa in contrahendo
ca.	circa
CEA	Comité Européen Des Assurances
CR	Computer und Recht (Zs.)
CRPS	complex regional pain syndrome = morbus sudeck
d.h.	das heißt
DAR	Deutsches Autorecht (Zs.)
DB	Der Betrieb (Zs.)
DEKRA	Deutscher Kraftfahrzeug-Überwachungsverein
ders.	derselbe
DFB	Deutscher Fußballbund
DfS	Datei für Schmerzensgeld
DIN	Deutsches Institut für Normung
DM	Deutsche Mark
DÖD	Der öffentliche Dienst (Zs.)
DRiZ	Deutsche Richterzeitung (Zs.)
DSB	Datenschutzberater (Zs.)
DStR	Deutsches Steuerrecht (Zs.)
DuD	Datenschutz und Datensicherheit (Zs.)
DVBl.	Deutsches Verwaltungsblatt (Zs.)
DVP	Fachzeitschrift deutsche Verwaltungspraxis
e.V.	eingetragener Verein
EDV	elektronische Datenverarbeitung
EFZG	Entgeltfortzahlungsgesetz
EG	Europäische Gemeinschaft
EGMR	Europäischer Gerichtshof für Menschenrechte
EGZPO	Einführungsgesetz zur Zivilprozessordnung
EheschlRG	Gesetz zur Neuordnung des Eheschließungsrechts (Eheschließungsrechtsgesetz)

EMRK	Europäische Menschenrechtskonvention
erg.	ergänzt
EStG	Einkommensteuergesetz
etc.	et cetera
EU	Europäische Union
EuGHMR	Europäischer Gerichtshof für Menschenrechte
evtl.	eventuell
EzA	Entscheidungssammlung zum Arbeitsrecht
f.	Folgende
FA	Fachanwalt Arbeitsrecht (ZS.)
FamRZ	Zeitschrift für das gesamte Familienrecht
FAZ	Frankfurter Allgemeine Zeitung
FEVS	Fürsorgerechtliche Entscheidungen der Verwaltungs- und Sozialgerichte
ff.	fortfolgende
Fn.	Fußnote
FS	Festschrift
GbR	Gesellschaft bürgerlichen Rechts
GE	Das Grundeigentum (Zs.)
gem.	gemäß
GenTG	Gentechnikgesetz
GesR	GesundheitsRecht (Zs.)
GewSchG	Gewaltschutzgesetz
GG	Grundgesetz
ggf.	gegebenenfalls
GKG	Gerichtskostengesetz
GmbHR	GmbH-Rundschau (Zs.)
GoA	Geschäftsführung ohne Auftrag
GüSchlG	Hess Hessisches Gütestellen- und Schlichtungsgesetz
GüSchlG	NW Gütestellen- und Schlichtungsgesetz Nordrhein-Westfalen
grds.	grundsätzlich
GVG	Gerichtsverfassungsgesetz
GSZ	Großer Senat für Zivilsachen
HaftPflG	Haftpflichtgesetz
Halbs.	Halbsatz
HGB	Handelsgesetzbuch
h.L.	herrschende Lehre
h.M.	herrschende Meinung
HNO	Hals-Nasen-Ohren
Hrsg.	Herausgeber
HVBG-INFO	Aktueller Informationsdienst für die berufsgenossenschaftliche Sachbearbeitung (Zs.)
HWS	Halswirbelsäule
i.d.F.	in der Fassung
i.d.R.	in der Regel
i.d.S.	in diesem Sinne
i.H.d.	in Höhe der/des
Iherjb.	Iherings Jahrbücher für die Dogmatik des bürgerlichen Rechts
i.H.v.	in Höhe von
i.R.d.	im Rahmen der/s
insbes.	insbesondere
IR	Infrastrukturrecht (Zs.)
i.S.d.	im Sinne der/s
i.S.v.	im Sinne von

i.Ü.	im Übrigen
i.V.m.	in Verbindung mit
JModG	Justizmodernisierungsgesetz
JR	Juristische Rundschau (Zs.)
Jura	Juristische Ausbildung (Zs.)
JurBüro	Das juristische Büro (Zs.)
JVA	Justizvollzugsanstalt
JW	Juristische Wochenschrift (Zs.)
JZ	Juristenzeitung (Zs.)
Kap.	Kapitel
Kfz	Kraftfahrzeug
KG	Kammergericht
KGR	Kammergerichts-Report (Zs.)
KH	Das Krankenhaus (Zs.)
KHR	Krankenhaus Recht (Zs.)
krit.	Kritisch
KStA	Kölner Stadtanzeiger
KunstUrhG	Kunsturhebergesetz
LAG	Landesarbeitsgericht
LAGE	Entscheidungen der Landesarbeitsgerichte (Zs.)
LArbG	Landesarbeitsgericht
LASIK	Laser-in-Situ-Keratomileusis
LG	Landgericht
Lit.	Literatur
Lkw	Lastkraftwagen
LPartG	Lebenspartnerschaftsgesetz
LS	Leitsatz
LGS	Landessozialgericht
LuftVG	Luftverkehrsgesetz
LuftVZO	Luftverkehrs-Zulassungs-Ordnung
LWK	Lendenwirbelkörper
LWS	Lendenwirbelsäule
m. Anm.	mit Anmerkung
m.w.N.	mit weiteren Nachweisen
max.	maximal
MdE	Minderung der Erwerbsfähigkeit
MDR	Monatszeitschrift für Deutsches Recht
m.E.	meines Erachtens
MedR	Medizinrecht (Zs.)
MietRB	Der Mietrechtsberater (Zs.)
Mio	Million
MM	Mietrechtliche Mitteilungen (Zs.)
MMR	Multimedia und Recht (Zs.)
MünchKomm	Münchener Kommentar
n.F.	neue Fassung
NdsRpfl	Der niedersächsische Rechtspfleger (Zs.)
NJ	Neue Justiz (Zs.)
NJOZ	Neue juristische Online-Zeitschrift
NJW	Neue Juristische Wochenschrift (Zs.)
NJW-RR	NJW-Rechtsprechungsreport Zivilrecht (Zs.)
NJWE-VHR	NJW-Entscheidungsdienst Versicherungs-/Haftungsrecht (Zs.)
Nr.	Nummer
NStZ	Neue Zeitschrift für Strafrecht

NStZ-RR	NStZ-Rechtsprechungsreport Strafrecht (Zs.)
NVersZ	Neue Zeitschrift für Versicherung und Recht
NVwZ	Neue Zeitschrift für Verwaltungsrecht
NVwZ-RR	NVwZ-Rechtsprechungsreport Verwaltungsrecht
NW	Nordrhein-Westfalen
NWVBl	Nordrhein-Westfälische Verwaltungsblätter (Zs.)
NZA	Neue Zeitschrift für Arbeitsrecht
NZA-RR	NZA-Rechtsprechungsreport (Zs.)
NZBau	Neue Zeitschrift für Baurecht und Vergaberecht
NZM	Neue Zeitschrift für Miet- und Wohnungsrecht
NZV	Neue Zeitschrift für Verkehrsrecht
o.Ä.	oder Ähnliches
o.g.	oben genannte/r/s
OBG	Ordnungsbehördengesetz
OEG	Gesetz über die Entschädigung für Opfer von Gewalttaten
OFI	Orthopädisches Forschungsinstitut
OGH	Oberster Gerichtshof (Österreich)
OLG	Oberlandesgericht
OLG-NL	OLG-Rechtsprechung Neue Länder
OLGR	OLG-Report (Zs.)
ooP	out of Position
PaPkG	Preisangaben- und Preisklauselgesetz
PatR	Patent- und Musterrecht (Zs.)
PC	personal computer
PersV	Die Personalvertretung (Zs.)
PflR	PflegeRecht (Zs.)
PflVG	Pflichtversicherungsgesetz
PKH	Prozesskostenhilfe
Pkw	Personenkraftwagen
PolG	Polizeigesetz
ProdHaftG	Produkthaftungsgesetz
ProzRB	Prozess-Rechts-Berater (Zs.)
PTBS	Posttraumatische Belastungsstörung
PTCA	perkutane transluminale koronale Angioplastie
PVR	Praxis Verkehrsrecht (Zs.)
qcm	Quadratzentimeter
r+s	Recht und Schaden (Zs.)
rd.	rund
RdA	Recht der Arbeit (Zs.)
Rdn.	Randnummer (intern)
RDV	Recht der Datenverarbeitung (Zs.)
RDG	Rechtsdepesche für das Gesundheitswesen (Zs.)
RefE	Referentenentwurf
Reha	Rehabilitation
RG	Reichsgericht
RGBl.	Reichsgesetzblatt
RGRK	Reichsgerichtsräte-Kommentar BGB
RGZ	Entscheidungen des Reichsgerichts in Zivilsachen
RM	Reichsmark
Rn.	Randnummer (extern)
Rpfleger	Der Deutsche Rechtspfleger (Zs.)
RRa	ReiseRecht aktuell (Zs.)
Rspr.	Rechtsprechung
RuP	Rechtsprechung und Politik (Zs.)

RVG	Rechtsanwaltsvergütungsgesetz
RVO	Reichsversicherungsordnung
s.	siehe
S.	Seite
s.a.	siehe auch
s.o.	siehe oben
s.u.	siehe unten/unter
Saar LSchlG	Saarländisches Landesschlichtungsgesetz
SchErsRÄndG	Schadensersatzrechtsänderungs-Gesetz
SchStG	LSA Schiedsstellen- und Schlichtungsgesetz des Landes Sachsen-Anhalt
SchlG BW	Schlichtungsgesetz Baden-Württemberg
SchlHA	Schleswig-Holsteinische Anzeigen
SeemannsG	Seemannsgesetz
SEK	Sondereinsatzkommando
SGB	Sozialgesetzbuch
SH	LSchliG Landesschlichtungsgesetz Schleswig-Holstein
sog.	sogenannte/r/s
SP	Schaden-Praxis (Zs.)
SpuRt	Zeitschrift für Sport und Recht
SSW	Schwangerschaftswoche
st. Rspr.	ständige Rechtsprechung
StBT	Der Steuerberater (Zs.)
Std.	Stunde
StoffR	Zeitschrift für Stoffrecht
StGB	Strafgesetzbuch
StPO	Strafprozessordnung
StraFo	Strafverteidiger Forum (Zs.)
StrEG	Gesetz über die Entschädigung für Strafverfolgungsmaßnahmen
StRR	StrafRechtsReport (Zs.)
StV	Der Strafverteidiger (Zs.)
StVG	Straßenverkehrsgesetz
StVO	Straßenverkehrsordnung
StVZO	Straßenverkehrs-Zulassungs-Ordnung
SVR	Straßenverkehrsrecht (Zs.)
SVT	Sozialversicherungsträger
ThürRettG	Thüringer Rettungsdienstgesetz
TVÖD	Tarifvertrag für den öffentlichen Dienst
türk. OR	türkisches Obligationsrecht
Tz.	Textziffer
u.a.	unter anderem/und anderen/m
u.U.	unter Umständen
u.v.m.	und vieles mehr
UmweltHaftG	Umwelthaftungsgesetz
UrhG	Gesetz über Urheberrecht und Verwandte Schutzrechte
Urt.	Urteil
USt	Umsatzsteuer
usw.	und so weiter
UVollzO	Untersuchungshaftvollzugsordnung
UR-R	aktuell Unfallversicherungsrecht aktuell (Zs.)
v.	vom
v.a.	vor allem
VA	Verkehrsrecht aktuell (Zs.)
VD	Verkehrsdienst (Zs.)
VersMed	Versicherungsmedizin (Zs.)

VersorgVerw	Die Versorgungsverwaltung (Zs., ab 2007: Die Sozialverwaltung)
VersR	Versicherungsrecht (Zs.)
vgl.	vergleiche
VM	Verwaltung und Management (Zs.)
Vorb.	Vorbemerkung
VRR	VerkehrsRechtsReport (Zs.)
VRS	Verkehrsrechtssammlung (Zs.)
VuR	Verbraucher und Recht (Zs.)
VV	Vergütungsverzeichnis
VVG	Versicherungsvertragsgesetz
WHG	Wasserhaushaltsgesetz
WRP	Wettbewerb in Recht und Praxis (Zs.)
WRV	Weimarer Reichsverfassung
WuM	Zeitschrift für Wohnungswirtschaft und Mietrecht
z.B.	zum Beispiel
z.T.	zum Teil
ZAP	Zeitschrift für die Anwaltspraxis
ZBVR	Zeitschrift für Betriebsverfassungsrecht
ZD	Zeitschrift für Datenschutz
ZFE	Zeitschrift für Familien- und Erbrecht
ZfS	Zeitschrift für Schadensrecht
ZGS	Zeitschrift für das gesamte Schuldrecht
ZIP	Zeitschrift für Wirtschaftsrecht und Insolvenzpraxis
ZLR	Zeitschrift für das gesamte Lebensmittelrecht
ZLW	Zeitschrift für Luft- und Weltraumrecht
ZPO	Zivilprozessordnung
ZRP	Zeitschrift für Rechtspolitik
Zs.	Zeitschrift
ZTR	Zeitschrift für Tarifrecht
ZUM-RD	Zeitschrift für Urheber- und Medienrecht (Rechtsprechungsdienst)
zust.	zustimmend
ZVI	Zeitschrift für Verbraucher- und Privat-Insolvenzrecht
zzt.	zurzeit
z. Zt.	zur Zeit
zzgl.	zuzüglich
ZZP	Zeitschrift für Zivilprozess

Literaturverzeichnis

Ahrens/Spickhoff	Deliktsrecht, 1. Aufl. 2022
Auer/Krumbholz	Das HWS-Trauma – Kausalzusammenhang aus biomechanischer und juristischer Sicht, NZV 2007, 273.
Anic	Rechte der Geschädigten bei tödlichen Verkehrsunfällen in Kroatien, DAR 2016, 566.
Arntz	Das Schmerzensgeld im Licht der empirischen Glücksforschung, NJW 2017, 3329
Bach	Das Leben ist kein Schaden, NJW 2019, 1915 ff.
Bachmann	Mobbing: die rechtliche Seite, PersR 2025, 16
Bachmeier	Die aktuelle Entwicklung bei der HWS-Schleudertrauma-Problematik, DAR 2004, 42.
Backu	Schmerzensgeld bei Verkehrsunfallschäden in Frankreich, Spanien und Portugal, DAR 2001, 587.
ders.	Schmerzensgeld bei Verkehrsunfallschäden in Frankreich, DAR 2006, 541.
Bamberger/Roth	Kommentar zum Bürgerlichen Gesetzbuch, 5. Aufl. München 2023, zit.: Bamberger/Roth/Bearbeiter, § und Rn.
von Bar	Gemeineuropäisches Deliktsrecht, Band II, 1999.
ders.	Das Schadensersatzrecht nach dem zweiten Schadensrechtsänderungsgesetz Karlsruher Forum 2003 (VersR-Schriftenreihe), zit.: von Bar, Karlsruher Forum 2003.
Baumgärtel/Laumen/Prütting	Handbuch der Beweislast – Grundlagen, 5. Aufl. 2023, zit.: Baumgärtel/Bearbeiter, Bd. 1, § und Rn.
Becke/Castro/Hein/Schimmelpfennig	»HWS-Schleudertrauma« 2000 – Standortbestimmung und Vorausblick, NZV 2000, 225.
Benecke	»Mobbing« im Arbeitsrecht, NZA-RR 2003, 225.
Bensalah/Hassel	Kritische Aspekte zur taggenauen Schmerzensgeldbemessung, NJW 2019, 403.
Berg	Teilschmerzensgeldklagen, NZV 2010, 63.
Berger	Tendenzen bei der Bemessung des Schmerzensgeldes, VersR 1977, 877.
Bernau	Führt die Haftungsprivilegierung des Kindes in § 828 II BGB zu einer Verschärfung der elterlichen Aufsichtshaftung aus § 832 I BGB?, NZV 2005, 234.
ders.	Die Aufsichtshaftung der Eltern nach § 832 BGB – im Wandel!, 2005.
Bernzen	Zu den Anforderungen an die Aufklärung beim Piercing – Anmerkung zu LG Koblenz, Urt. vom 24.01.2006 – 10 O 176/04, MedR 2007, 739.
Bieszk/Sadtler	Mobbing und Stalking: Phänomene der modernen (Arbeits-)Welt und ihre Gegenüberstellung, NJW 2007, 3382.
Bischoff	Schmerzensgeld für Angehörige von Verbrechensopfern, MDR 2004, 557.
Bischoff	Das »neue« Hinterbliebenengeld – Grundlagen der Entschädigung für seelisches Leid von Nahestehenden, MDR 2017, 739 ff., 740.
Bloemertz	Die Schmerzensgeldbegutachtung, 4. Aufl. 1984, zit.: Bloemertz, Seite.
Böhme/Biela/Tomson	Kraftverkehrs-Haftpflicht-Schäden, Handbuch für die Praxis, 26. Aufl. 2018, zit.: Böhme/Biela, Rn.
Bollweg	Neue Höchstgrenzen in der Straßenverkehrshaftung, NZV 2007, 599.

Born	Lohnt es sich, verrückt zu werden? – Neue Entwicklungen beim psychischen Folgeschaden OLGReport 2003, Kommentar Heft 4.
ders.	»Indirekter Zwang« – Helmpflicht für Radfahrer? NJW-Editorial 2013 Heft 31.
ders.	Zweierlei Maß? Der Einfluss von Geschlecht und Alter auf die Höhe des Schmerzensgeldes, Festschrift für Lothar Jaeger zum 75. Geburtstag, Luchterhand Verlag 2014, S. 207.
ders.	Frankenstein oder Pretty Women: Gleiches Recht für alle? - Die Auswirkungen von Geschlecht und Alter auf die Höhe des Schmerzensgeldes, NZV 2016, 545.
Born/Rudolf/Becke	Die Ermittlung des psychischen Folgeschadens – der »BoRuBeck-Faktor«, NZV 2008, 1.
Brams	Mobbing am Arbeitsplatz – in dubio pro Arbeitgeber?, VersR 2010, 880.
ders.	Zum vertraglichen Schmerzensgeldanspruch des Geschädigten infolge Mobbings am Arbeitsplatz – Ein Überblick bisher zugesprochener Schmerzensgeldbeträge, ZfS 2009, 546.
Brandt	Die Behandlung von psychischen Folgeschäden im Schadensersatzrecht, VersR 2005, 616.
ders.	Schockschäden, Angehörigenschmerzensgeld und der Dritte Weg, Festschrift für Lothar Jaeger zum 75. Geburtstag, Luchterhand Verlag 2014, S. 191.
Brox/Walker	Allgemeines Schuldrecht, 49. Aufl. München 2025, zit.: Brox/Walker, Seite.
Brüseken/Krumbholz/Thiermann	Typische Haftungsquoten bei Verkehrsunfällen – Münchner Quotentabelle, NZV 2000, 441.
Budewig/Gehrlein	Haftpflichtrecht nach der Reform, München 2003, zit.: Budewig/Gehrlein, Seite.
Budzowska	Das Schmerzensgeld für das erlittene Unrecht wegen des Todes der nahen Person nach polnischem Recht - die Rechtsanalyse, DAR-Service 2016, 115 ff.
van Bühren/Lemcke/Jahnke (Hrsg.)	Anwalts-Handbuch Verkehrsrecht, 2. Aufl. Köln 2011, zit.: v. Bühren/Bearbeiter, Teil und Rn.
van Bühren/Held	Unfallregulierung, 10. Aufl. Bonn 2023, zit.: v. Bühren, Unfallregulierung, § und Rn.
Buse	Regulierung von Straßenverkehrsunfällen nach italienischem Recht – eine Zusammenschau, DAR 2016, 557.
Canaris	Die Reform des Rechts der Leistungsstörungen, JZ 2001, 499.
Car/Mittelstädt	Kapitalisierung von Rentenansprüchen, VersR 2018, 1477 ff.
Castro	HWS-Distorsion und Erforderlichkeit eines Sachverständigengutachtens, SVR 2007, 451.
Circullies/Circullies	Das neue Gesetz zur Verbesserung des Schutzes gegen Nachstellungen - eine Reform mit überschätzter Wirkung, FamRZ 2017, 493.
Clemens/Hack/Schottmann/Schwab	Psychische Störungen nach Verkehrsunfällen – Implikationen für das Personenschadenmanagement, DAR 2008, 9.
Creutz	Mobbing: Für Anwälte ein lukratives Geschäftsfeld?, Anwaltsreport 2002, 14.
Dahm	Die Behandlung von Schockschäden in der höchstrichterlichen Rechtsprechung, NZV 2008, 187.

ders.	Das Haftungsprivileg des § 828 II 1 BGB und seine Bedeutung für den Anspruch des Unfallversicherungsträgers aus übergangenem Recht, NZV 2009, 378.
Dannert	Rechtsprobleme bei der Feststellung und Beurteilung unfallbedingter Verletzungen der Halswirbelsäule, NZV 1999, 453.
Danzl/Gutiérrez-Lobos/Müller	Das Schmerzensgeld in medizinischer und juristischer Sicht, 10. Aufl. 2013. zit.: Danzl/Guitiérrez-Lobos/Müller, Seite.
Däubler	Die Reform des Schadensersatzrechts, JuS 2002, 625.
ders.	Sachen und Menschen im Schadensrecht, NJW 1999, 1611.
Dajuntz	Die Entwicklung des Presse- und Äußerungsrechts im Jahre 2018, NJW 2019, 1567.
Dauner-Lieb	Die Schuldrechtsreform – das große juristische Abenteuer, DStR 2001, 1572.
Dauner-Lieb/Heidel/Lepa/Ring	Das neue Schuldrecht in der anwaltlichen Praxis, 2002, zit.: Dauner-Lieb/Heidel/Lepa/Ring/Bearbeiter, § und Rn.
Dauner-Lieb/Langen	Nomos-Kommentar Schuldrecht, Band 2, Teilband 1, 4. Aufl. 2021, zit.: NK-BGB/Bearbeiter § ... Rn....
Deckenbrock	Die Haftung des Anwalts für gerichtliche Fehler, NJW 2018, 1636.
Deutsch	Schmerzensgeld für Vertragsverletzungen und bei Gefährdungshaftung, ZRP 2001, 351.
Deutsch/Ahrens	Deliktsrecht, 4. Aufl. 2002, zit.: Deutsch/Ahrens, Rn.
Diederichsen	Die Rechtsprechung des BGH zum Haftpflichtrecht, DAR 2003, 241.
dies.	Die Rechtsprechung des BGH zum Haftpflichtrecht, DAR 2004, 301.
dies.	Die Rechtsprechung des BGH zum Haftpflichtrecht, DAR 2005, 301.
dies.	Die Rechtsprechung des BGH zum Haftpflichtrecht, DAR 2006, 301.
dies.	Die Rechtsprechung des BGH zum Haftpflichtrecht, DAR 2008, 301.
dies.	Die Rechtsprechung des BGH zum Haftpflichtrecht, DAR 2014, 301.
dies.	Neues Schadensersatzrecht: Fragen der Bemessung des Schmerzensgeldes und seiner prozessualen Durchsetzung, VersR 2005, 433.
Diehl	Aktuelle Probleme des Schmerzensgeldes im Verkehrsrecht, ZfS 2007, 10.
ders.	Unfälle von Kindern im Straßenverkehr, DAR 2007, 451.
Diller/Grote	Die Mobbingklage des Arbeitnehmers, MDR 2004, 984.
Dötsch	Öffentlichrechtliche Schmerzensgeldansprüche?, NVwZ 2003, 185.
Donaldson	Zum Problem der sicheren Bemessung des Schmerzensgeldes, AcP 166 (1966), 462.
Dressing/Foerster	Die Bedeutung des »Psychopathy-Konzeptes« in der Begutachtung von psychischen Unfallschäden, VersMed 2009, 59.
Ebbing	Ausgleich immaterieller Schäden, ZGS 2003, 223.
Ebert	Pönale Elemente im deutschen Privatrecht, 2004
Eggert	HWS-Verletzungen in der aktuellen gerichtlichen Praxis Verkehrsrecht aktuell 2004, 204.
Eilers	Psychische Schäden als Unfallfolgen, ZfS 2009, 248.
Emberger/Zerlauth/Sattler	Das ärztliche Gutachten, Verlag der österreichischen Ärztekammer, 1998, zit.: Emberger/Zerlauth/Sattler, Seite.
Erdmann	Die Begutachtung der verletzten Wirbelsäule, 1968, Die Wirbelsäule in Forschung und Praxis, Bd. 40.

Erm	Vorteilsanrechnung beim Schmerzensgeld – ein Beitrag zur Fortentwicklung des Schadens(ersatz)rechts, Karlsruhe 2013
Erman	Kommentar zum Bürgerlichen Gesetzbuch, Band 1 (§§ 1–853), 17. Aufl. 2023, zit.: Erman/Bearbeiter, BGB, § und Rn.
Ernst/Lang	Schmerzensgeld und Haushaltsführungsschaden – Sind die Schätzungsgrundlagen noch aktuell? VersR 2019, 1122.
Fechner	Klare Anspruchsgrundlage für Hinterbliebene, Deutsche Richterzeitung 2017, 84 f. (85).
Ferber	Das Opferrechtsreformgesetz, NJW 2004, 2562.
Ferner/Bachmeier (Hrsg.)	Fachanwaltskommentar Verkehrsrecht, 1. Aufl. 2003, zit.: Ferner/Bachmeier, Seite.
Fey	Ist das Adhäsionsverfahren endlich tot?, AnwBl. 1986, 491.
Filthaut/Piontek/Kayser	Haftpflichtgesetz, 10. Aufl. 2019, zit.: Filthaut, Haftpflichtgesetz, § und Rn.
Fischer	Strafgesetzbuch und Nebengesetze, 70. Aufl. 2023, zit.: Fischer, § und Rn.
Fischer	Aktuelles zur Verjährung in Arzthaftungssachen, GesR 2017, 358.
Fischer/Lilie	ärztliche Verantwortung im europäischen Rechtsvergleich, 1999, zit.: Fischer/Lilie, Seite.
Fischinger	Zur Hemmung der Verjährung durch Verhandlungen nach § 203 BGB, VersR 2005, 1641.
Foerste	Schmerzensgeldbemessung bei brutalen Verbrechen, NJW 1999, 2951.
Foerster	Psychoreaktive Störungen bei Unfall- und Katastrophenhelfern, VersMed 2007, 88.
Frahm/Walter	Arzthaftungsrecht, Leitfaden für die Praxis, 7. Aufl. 2020, zit.: Frahm/Walter, Rn.
Freise	Überlegungen zur Änderung des Schadensersatzrechts, VersR 2001, 539.
Freymann	Achtung Steuern! – Zur Einbeziehung der Einkommensteuer bei Abfindungen von Personenschäden, DAR 2016, 246, 247.
Gallmetzer/Huber/Graziano/Luckey/Tettenborn	Hinterbliebenengeld 2018.
Garbe/Hagedorn	Die zivilrechtliche Haftung beim Verkehrsunfall, JuS 2004, 287.
Geigel	Der Haftpflichtprozess, 28. Aufl. 2020, zit.: Geigel/Bearbeiter, Kapitel und Rn.
Gelhaar	Zur Bemessung des Schmerzensgeldes, NJW 1953, 1281.
Gercke/Temming/Zöller	StPO, 7. Aufl. 2023.
Gerecke/Roßmüller	Schadensersatzhaftung der Katholischen Kirche in Missbrauchsfällen, NJW 2022, 1911 ff.
Gerken	Probleme der Anschlussberufung nach § 524 ZPO, NJW 2002, 1095.
von Gerlach	Gewinnherausgabe bei Persönlichkeitsrechtsverletzungen nach schweizerischem Vorbild?, VersR 2002, 917.
ders.	Die Rechtsprechung des BGH zum Haftpflichtrecht, DAR 2002, 241.
ders.	Die prozessuale Behandlung von Schmerzensgeldanträgen, VersR 2000, 525.
ders.	Die prozessuale Behandlung von Schmerzensgeldansprüchen, VersR 2000, 525.
Giesen	Aktuelle Probleme des Arzthaftungsrechts, MedR 1997, 17.
Gödicke/Purnhagen	Haftungsgrundlagen für Schmerzensgeld bei der klinischen Prüfung von Arzneimitteln, MedR 2007, 139.

Golbs	Mobbing – Bossing- Straining aus arbeitsrechtlicher Sicht, ZAP 2024, 923
Gräfenstein/Deller	Kapitalisierung von Renten, zfs 2014, 69.
Graziano	Angehörigen- oder Trauerschmerzensgeld – die Würfel fallen, RIW 2015, 551.
Grote	Aushebelung der dreijährigen Verjährungsfrist bei Forderungen aus unerlaubter Handlung durch den BGH?, NJW 2011, 1121.
Gruber	Das französische Gesetz gegen Mobbing, RdA 2002, 250.
Grüneberg	Kommentar zum Bürgerlichen Gesetzbuch, 85. Aufl. 2026. Zit.: Grüneberg/Bearbeiter, § und Rn.
Grüneberg	Haftungsquoten bei Verkehrsunfällen, 18. Aufl., München 2025.
Grünwald/Hille	Mobbing im Betrieb, 2003.
Haas/Horcher	Überblick über das 2. Gesetz zur Änderung schadensersatzrechtlicher Vorschriften, DStR 2001, 2118.
Häcker	Geltendmachung von Schmerzensgeldansprüchen bei Unfällen mit europäischem Auslandsbezug, DAR Extra, 2013, 758 ff.
Hacks/Wellner/Häcker	Schmerzensgeld-Beträge 2026, 44. Auflage.
von Hadeln/Zuleger	Die HWS-Verletzung im Niedriggeschwindigkeitsbereich, NZV 2004, 273.
Hager	Das Mitverschulden von Hilfspersonen und gesetzlichen Vertretern des Gesamtschuldners, NJW 1989, 1640.
Haller	Das »kränkelnde« Adhäsionsverfahren – Indikator struktureller Probleme der Strafjustiz?, NJW 2011, 970.
Halm	Überschreitung der 1 Millionen-Schmerzensgeldgrenze, DAR 2001, 430.
ders.	Versicherungs-Verkehrsrecht, PVR 2003, 145.
Halm/Scheffler	Schmerzensgeldrente und Abänderungsklage nach § 323 ZPO, DAR 2004, 71.
Halm/Staab	Posttraumatische Belastungsstörungen nach einem Unfallereignis, DAR 2009, 677.
Hart	Diagnosefehler, Seine Verortung als Behandlungsfehler und die Verpflichtung zur Aufklärung, in FS für Eike Schmidt, 2005, S. 143.
Haupfleisch	Forderung aus der Praxis für menschengerechten Schadensersatz, DAR 2003, 403.
Heinrichs	Entwurf eines Schuldrechtsmodernisierungsgesetzes: Neuregelung des Verjährungsrechts, BB 2001, 1417.
Helms/Neumann/Caspers/Sailer/Schmidt-Kessel (Hrsg.)	Jahrbuch Junger Zivilrechtswissenschaftler: Das neue Schuldrecht, 2001, zit.: Helms/Neumann/Caspers/Sailer/Schmidt-Kessel/Bearbeiter, Seite.
Henke	Die Schmerzensgeldtabelle, 1969.
Hentschel/König	Straßenverkehrsrecht, 48. Aufl. 2025.
Hering	Der Verkehrsunfall in Polen, SVR 2008, 99.
Hernig/Schwab	Kinder als Unfallopfer – Schutz vor finanziellen Spätfolgen nach der Abfindung, SP 2005, 8.
Herr	Das Schmerzensgeld im Zugewinnausgleich, NJW 2008, 262.
Heß	Das Schmerzensgeld, ZfS 2001, 532.
ders.	Das (Teil-) Schmerzensgeld, NJW-Spezial 2004, 63.
Hey	Cybermobbing – welche Pflichten treffen den Arbeitgeber? BB 2013, 2805.
Hille	Rechte und Pflichten beim Mobbing, BC 2003, 81.
Himmelreich/Halm/Staab	Handbuch der Kfz-Schadensregulierung, 6. Aufl. 2025, zit. Himmelreich/Halm/Staab Bearb.

Hoffmann	Wie die Kostenentwicklung bei Personenschäden in den Griff bekommen? Versicherungswirtschaft 2008, 1298.
Hoffmann/Schwab/Tolksdorf	Abfindungsregelungen nach Unfällen von Kindern sowie angepasste Lösungen für ältere oder andere besonders schutzbedürftige Menschen. Nachhaltige Sicherung der Geldsummen, DAR 2006, 666.
Höher	Ansprüche Schwerstverletzter im Haftpflichtschaden, SVR 2018, 23 ff.
Hohlbein	Nicht vollstreckbares Schmerzensgeld - eine Gerechtigkeitslücke, VersR 2020, 1162.
Hohloch	Allgemeines Schadenrecht: Empfiehlt sich eine Neufassung der gesetzlichen Regelung des Schadensrecht (§§ 249–255 BGB)? in: Gutachten und Vorschläge zur Überarbeitung des Schuldrechts, Bd. I, 1981, S. 375.
Höke	Die Schmerzensgelddiskussion in Deutschland: Bestandsaufnahme und europäischer Vergleich, NZV 2014, 1 f., 3.
Holtz	Aus der Rechtsprechung des Bundesgerichtshofs in Strafsachen, MDR 1993, 405.
Holzer	Die Überleitung höchstpersönlicher Ansprüche auf Sozialleistungsträger, NJW 2017, 1271.
Honsell	Die Funktion des Schmerzensgeldes, VersR 1974, 205.
Horst	Auswirkungen der Schadensersatzrechtsreform auf das Mietrecht, NZM 2003, 537.
Huber,C.	Das neue Schadensersatzrecht, 2003.
ders.	Schmerzensgeld ohne Schmerzen bei nur kurzzeitigem Überleben der Verletzung im Koma – eine sachlich gerechtfertigte Transferierung von Vermögenswerten an die Erben, NZV 1998, 345.
ders.	Antithesen zum Schmerzensgeld ohne Schmerzen – Bemerkungen zur objektiv-abstrakten und subjektiv-konkreten Schadensberechnung, ZVR 2000, 218.
ders.	Behinderungsbedingter Umbau – hat es der Schlossherr besser?, NZV 2005, 620.
ders.	Höhe des Schmerzensgeldes und ausländischer Wohnsitz des Verletzten, NZV 2006, 169.
ders.	Über den Stellenwert von Blech und Blut, Festschrift für Lothar Jaeger zum 75. Geburtstag, Luchterhand Verlag 2014, 309.
ders.	Brennpunkte der Schmerzensgeldbemessung im Jahrbuch zum Straßenverkehrsrecht 2016, Herausgeber: Schaffhauser
ders.	Entscheidungen des deutschen BGH zum Schadensersatzrecht, HAVE/REAS 2016, 437 ff.
ders.	Der Ersatz künftiger Einbußen beim Personenschaden, ZfS 2018, 484 ff.
Huber, M.	Psychische Unfallfolgen, SVR 2008, 1.
Huber/Faust	Schuldrechtsmodernisierung, 2002.
Hüske-Wagner/Wagner	Mobbing – was tun?, AiB 2004, 89.
von Ihering	Ein Rechtsgutachten betreffend die Gäubahn in: Jherjb. 18, 1880, S. 1.
Itzel	Neuere Entwicklungen im Amts- und Staatshaftungsrecht, MDR 2005, 545.
Jaeger	Höhe des Schmerzensgeldes bei tödlichen Verletzungen im Lichte der neueren Rechtsprechung des BGH, VersR 1996, 1177.
ders.	Klageantrag bei der Geltendmachung von Schmerzensgeld, MDR 1996, 888.

ders.	Schmerzensgeldbemessung bei Zerstörung der Persönlichkeit und bei alsbaldigem Tod, MDR 1998, 450.
ders.	Schmerzensgeld – Die Genugtuungsfunktion hat ausgedient in: FS für Lorenz 2004, S. 377 ff.
ders.	Bemessung des Schmerzensgeldes bei der Haftung aus Gefährdungshaftungstatbeständen, ZGS 2004, 217.
ders.	Sachverständigenhaftung nach Vertrags- und Deliktsrecht, ZAP Fach 2, S. 441.
ders.	Schmerzensgeld bei der Verletzung des Rechts auf sexuelle Selbstbestimmung gem. § 253 Abs. 2 BGB n.F., VersR 2003, 1372.
ders.	Kapitalisierung von Renten im Abfindungsvergleich, VersR 2006, 597 und 1328.
ders.	Entwicklung der Rechtsprechung zum HWS-Schleudertrauma, VersR 2006, 1611.
ders.	Die Rechtsprechung zu Schmerzensgeldforderung einen bei Körperschäden im Rahmen von Urlaubsreisen, RRa 2010, 58 ff.
ders.	Bemessung des Schmerzensgeldes nach den wirtschaftlichen Verhältnissen des Schädigers VRR 2011, 404.
ders.	Entwicklung der Rechtsprechung zu hohen Schmerzensgeldern, VersR 2013, 134 ff.
ders.	Kommentar zum Patientenrechtegesetz 2013.
ders.	Höchstes Schmerzensgeld – ist der Gipfel erreicht?, VersR 2009, 159.
ders.	Schmerzensgeldbemessung bei schwerstem hypoxischen Hirnschaden eines Kleinkindes, MedR 2015, 737
ders.	Die Schmerzensgeldklage im Adhäsionsverfahren – ist schnelles Recht auch gutes Recht? VersR 2017, 449.
ders.	Gesetz zur Einführung eines Anspruchs auf Hinterbliebenengeld, VersR 2017, 1041 ff.
ders.	Einfluss der Niedrigzinsphase auf die Bemessung des Schmerzensgeldes, VersR 2019, 577.
ders.	Schmerzensgeld bei Todesangst, VersR 2015, 1345 ff.
ders.	Schmerzensgeldbemessung nach Amputation – Tendenz der Rechtsprechung zu höherem Schmerzensgeld, DAR 2020, 710.
ders.	Die taggenaue Berechnung des Schmerzensgeldes – Versuche des 22. Zivilsenats des OLG Frankfurt neue Wege bei der Bemessung des Schmerzensgeldes zu beschreiten, VersR 2021, 84.
ders.	Schockschaden nach schwerer Schädigung eines Angehörigen, jM 2021, 15.
ders.	Schwerst hirngeschädigte Kinder – Schmerzensgeld mindestens 500.000 €, VersR 2021, 557, zugleich Besprechung OLG Dresden, Urt. v. 18.08.2020 – 4 U 1242/18, VersR 2021, 589.
ders.	Einheitliches Schmerzensgeld – Fluch oder Segen? VersR 2022, 282.
ders.	Bewertung von Dauerschäden bei der Bemessung des Schmerzensgeldes, VersR 2022, 921.
ders.	Sexueller Missbrauch durch katholische Kleriker – Anerkennung und Entschädigung, VersR 2022, 1129.
ders.	Bemessung des Schmerzensgeldes nach Vergewaltigung und sexuellem Missbrauch Minderjähriger durch Kleriker, VersR 2023, 209.

ders.	Rechtsprechung zum Schockschaden kehrt zur Normalität zurück, VersR 2023, 358.
ders.	Die Bemessung des Schmerzensgeldes nach sexuellem Missbrauch – Die Bewertung der Verletzung des sexuellen Selbstbestimmungsrechts und der Dauerschäden, VersR 2023, 1193.
ders.	Schockschaden und Hinterbliebenengeld – Die neue Sicht des BGH, JR 2023, 477.
ders.	Sexueller Missbrauch und Gewalt, Wege zu hohen Anerkennungsleistungen und Entschädigungen, Nomos Verlag 2024.
Jaeger/Luckey	Das neue Schadensersatzrecht, 2002.
dies.	Das Zweite Schadensersatzrechtsänderungsgesetz – Ein Überblick über das neue Recht, MDR 2002, 1168.
dies.	Schmerzensgeld aus Gefährdungshaftung – nur »neuer Wein in alten Schläuchen«?, OLGR 2004, K1.
dies.	Schmerzensgeldansprüche bei Mobbing, ZAP Fach 17, S. 785.
dies.	Besonderheiten des Prozesskostenhilfeverfahrens bei Schmerzensgeldansprüchen, ProzRB 2004, 14.
dies.	Vorteile und Fallstricke des neuen Adhäsionsverfahrens, VRR 2005, 287.
Jahnke	Auswirkungen des Schuldrechtsmodernisierungsgesetzes und des (geplanten) 2. Schadensrechtsänderungsgesetzes auf die Regulierung von Personenschadenansprüchen, ZfS 2002, 105.
ders.	Schadensminderungspflicht und medizinische Maßnahmen, NJW-Spezial 2011, 137.
Janda	Mehrheit von Schuldnern und unterschiedliche Haftungsmaßstäbe – ein Beitrag zur Überwindung des »gestörten Gesamtschuldnerausgleichs«, VersR 2012, 1078.
Janssen	Das Angehörigenschmerzensgeld in Europa und dessen Entwicklung, ZRP 2003, 156.
Janssen	Amtshaftung der katholischen Kirche in Fällen sexuellen Missbrauchs? JR 2023, 209 ff.
von Jeinsen	Das Angehörigenschmerzensgeld – Systembruch oder Fortentwicklung?, ZfS 2008, 61.
Jiao	Immaterieller Schaden und Schadensersatz im deutschen und chinesischen Recht, Schriften zum Internationalen Privatrecht und zur Rechtsvergleichung, Band 26, S. 299, 300.
Joachim	Haftungsfreizeichnung im modernen Mietrecht, NZM 2003, 387.
Jülicher	Cybermobbing in der Schule, NJW 2019, 2801.
Kaiser	Typische Fehler in zivilprozessualen Anträgen, NJW 2017, 1223.
Karczewski	Der Referentenentwurf eines Zweiten Gesetzes zur Änderung schadensersatzrechtlicher Vorschriften, VersR 2001, 1070.
Katzenmeier	Schuldrechtsmodernisierung und Schadensersatzrechtsänderung – Umbruch in der Arzthaftung, VersR 2002, 1066.
ders.	Arzthaftung, 2002.
ders.	Die Neuregelung des Anspruchs auf Schmerzensgeld, JZ 2002, 1029.
ders.	Entwicklungen des Produkthaftungsrechts, JuS 2003, 943.
Keil/Best	Praktische Bedeutung und Handhabung des Adhäsionsverfahrens, DAR 2013, 628 ff., 632.
Keiser	Schadensersatz und Schmerzensgeld bei Stalking?, NJW 2007, 3387.

Kern, B.-R.	Die Genugtuungsfunktion des Schmerzensgeldes – ein pönales Element im Schadensrecht, AcP 191 (1991), 247.
ders.	Schmerzensgeld bei totalem Ausfall aller geistigen Fähigkeiten und Sinnesempfindungen in: FS für Wolfgang Gitter, 1995, S. 454.
ders.	Die Genugtuungsfunktion des Schmerzensgeldes – ein pönales Element im Schadensrecht? AcP 191 (1991), 247.
Kern, C.	Rechte und Pflichten des Mieters bei Gesundheitsgefährdungen auf Grund der Beschaffenheit der Mietsache, NZM 2007, 634.
Kilian	Schadensersatz bei Verletzung des Rechts auf sexuelle Selbstbestimmung: Der reformierte § 825 BGB, JR 2004, 309.
Klinger	Schmerzensgeld für Hinterbliebene von Verkehrsopfern?, NZV 2005, 290.
Klumpp	Die Privatstrafe – eine Untersuchung privater Strafzwecke, 2002, zit.: Klumpp, Seite.
Klutinius/Karwatzki	Aktuelle Entwicklung im Bereich der Personenschäden, MDR 2006, 667.
Knappmann	Die Absicherung der Risiken bei Betrieb und Gebrauch eines Kraftfahrzeugs aus versicherungsrechtlicher Sicht, VRR 2010, 11.
Knoche/Biersack	Abänderungsklagen nach § 323 ZPO aufgrund geänderter Rechtsprechung, MDR 2005, 12.
Knöpfel	Billigkeit und Schmerzensgeld, AcP 155 (1956), 135.
Köckerbauer	Die Geltendmachung zivilrechtlicher Ansprüche im Strafverfahren – der Adhäsionsprozess, NStZ 1994, 305.
Korch	Anmerkung zum Urteil des OLG Frankfurt vom 18.10.2018, Az. 22 U 97/16 - Zur Bemessung des Schmerzensgelds, EWiR 2019, 143.
ders.	Schmerzensgeldbemessung und Glücksforschung, JZ 2019, 491
Kornes	Der Regress des Sozialversicherungsträgers, der zivilrechtliche Schaden und das Schmerzensgeld, r+s 2002, 309.
Koziol	Die Bedeutung des Zeitfaktors bei der Bemessung ideeller Schäden in: FS für Hausheer, 2002, S. 597.
Kramer	Trauerschmerz und Schockschäden in der aktuellen Judikatur, ZVR 2008, 44.
Krumm	Das Adhäsionsverfahren in Verkehrsstrafsachen, SVR 2007, 41.
ders.	Schmerzensgeld wegen unbefugter Verbreitung einvernehmlich gefertigter Nacktfotos, FamRB 2019, 124.
Krzytof	Schmerzensgeldansprüche nach polnischem Recht, Der Verkehrsanwalt 2013, 61.
Kuhn	Das Angehörigenschmerzensgeld – Situation in Deutschland und anderen europäischen Ländern, Festschrift für Lothar Jaeger zum 75. Geburtstag, Luchterhand Verlag 2014, S. 345 (353).
Kullmann	Immaterieller Schadensersatzanspruch des Patienten bei Diagnosemitteilung des Arztes an Abrechnungsstellen, Krankenkassen und Versicherungen trotz Widerspruch des Patienten, MedR 2001, 343.
Küppersbusch	Probleme bei der Regulierung von Personenschäden, r+s 2002, 221.
Landolt	Haftung für Schockschäden von Angehörigen aus rechtsvergleichender Sicht, Festschrift für Lothar Jaeger zum 75. Geburtstag, Luchterhand Verlag 2014, S. 355 (364 ff.).
Landolt	Stand und Entwicklung des Genugtuungsrechts, HAVE/REAS 2009, 125, 133.
Lang	Der Abfindungsvergleich beim Personenschaden, VersR 2005, 894.

ders.	Chancen und Risiken beim Abfindungsvergleich und der Kapitalisierung von Ansprüchen, VersR 2019, 385, 393.
ders.	Das neue Hinterbliebenengeld – Erste Praxiserfahrungen und gerichtliche Entscheidungen, DAR 2020, 445, 449.
Lang/Stahl/Suchomel	Die Unfallregulierung nach neuem Schadensersatzrecht, NZV 2003, 441.
Laufs	Arztrecht, 5. Aufl. 1993, zit.: Laufs, Rn.
Laum/Smentkowski	ärztliche Behandlungsfehler – Statut der Gutachterkommission, Kurzkommentar, Deutscher Ärzteverlag, Ärztekammer Nordrhein, 2006.
Leenen	Die Neuregelung der Verjährung, JZ 2001, 552.
Lemcke	Schmerzensgeld für Zukunftsschäden und zeitliche Begrenzung, r+s 2000, 309.
ders.	Unfallbedingte HWS-Beschwerden und Haftung, r+s 2003, 177.
Lemor	Haftungsrecht und Schadensregulierung in der Schweiz, SVR 2006, 290.
ders.	Haftungsrecht und Schadenregulierung in Italien, SVR 2007, 372.
ders.	Haftungsrecht und Schadenregulierung in Frankreich, SVR 2008, 206.
Lepa	Die Wandlungen des Schmerzensgeldanspruchs und ihre Folgen, FS für Müller 2009, S. 113 ff.
Lieberwirth	Das Schmerzensgeld, 3. Aufl. 1965.
Löhle	HWS-Problematik, ZfS 1997, 441.
ders.	Verletzung der HWS – neuester Stand, ZfS 2000, 524.
Lorenz	»Immaterieller Schaden und billige Entschädigung in Geld«, Eine Untersuchung auf der Grundlage des § 847 BGB, 1981.
ders.	Schmerzensgeld für die durch eine unerlaubte Handlung wahrnehmungs- und empfindungsunfähig gewordenen Verletzten? in: FS für Günther Wiese, 1998, Neuwied und Kriftel, S. 261.
Luckey	Gestörtes Gesamtschuldverhältnis – Arbeitsrechtlicher Freistellungsanspruch, JA 2004, 587.
ders.	Baby, you can drive my car – Sektorale Deliktsfähigkeit von Kindern im Straßenverkehr, ZFE 2002, 268.
ders.	Die Haftungserleichterung und Konsequenzen für den Gesamtschuldnerregress, VersR 2002, 1213.
ders.	Die Regressbehinderung durch Haftungsbeschränkung – Hunde stören die Gesamtschuld, Jura 2002, 477.
ders.	Die Widerklage gegen Dritte – Zeugen zum Abschuss freigegeben?, MDR 2002, 743.
ders.	He blew his mind out in a car … Ansprüche naher Angehöriger beim Unfalltod, Sachverständiger 2012, 1.
ders.	Zeugenbeweis und Prozesstaktik, ProzRB 2003, 19.
ders.	Neues Schadensersatzrecht – neue Probleme?, PVR 2003, 302.
ders.	Der Schmerzensgeldprozess im Verkehrsunfallrecht, VRR 2005, 44.
ders.	Talking ›bout my generation – der Einfluss des Alters des Verletzten auf die Schmerzensgeldbemessung, VRR 2011, 406.
ders.	Personenschaden, Köln, 4. Aufl. 2025.
ders.	Schmerzensgeldbemessung - ist Billigkeit berechenbar? JR 2019, 311 ff.
ders.	Zur Frage der Zurechnung psychischer Beeinträchtigung von Polizeibeamten, VersR 2021, 464

Ludolph	Die Bedeutung des ersten Verletzungserfolgs für das sog. Schleudertrauma, SP 2005, 86.
ders.	Das »Schmerzgutachten« im Haftpflichtrecht, SP 2006, 92.
Ludovisy	Rechtsprechungsübersicht zum Straßenverkehrsrecht 2003, ZAP Fach 9 R, S. 245.
Mansel	Die Neuregelung des Verjährungsrechts, NJW 2002, 89.
Martis/Enslin	Aktuelle Entwicklungen im Verkehrszivilrecht – typische Verkehrsunfallsituationen, Mehrwertsteuer und verschwiegene Vorschäden, MDR 2008, 117.
Martis/Winkhart	Arzthaftungsrecht, Fallgruppenkommentar, 7. Aufl. 2025.
von Mayenburg	Nur Bagatellen? – Einige Bemerkungen zur Einführung von Schmerzensgeld bei Gefährdungshaftung im Regierungsentwurf eines Zweiten Gesetzes zur Änderung schadensersatzrechtlicher Vorschriften, VersR 2002, 278.
Mazotti/Castro	Bedarf es zur Beurteilung des HWS-Schleudertraumas eines medizinischen Sachverständigen?, NZV 2002, 499.
dies.	Die Belastbarkeit des Fahrzeugführers, NZV 2008, 16.
dies.	Das »HWS-Schleudertrauma« aus orthopädischer Sicht – Stand 2008, NZV 2008, 113.
Medicus/Petersen	Bürgerliches Recht, 30. Aufl. 2025.
Meier/Jocham	Mitverschulden des Fahrradfahrens ohne Helm? VersR 2014, 1167.
Merten	Zigaretten – ein fehlerhaftes Produkt, VersR 2005, 465.
Meyer-Goßner/Schmitt	StPO, 68. Aufl. 2025.
Meyer-Mews	Zivilrechtliche Entschädigungsansprüche des Beschuldigten im Strafverfahren, MDR 2004, 1218.
Minwegen	Das Adhäsionsverfahren und die ärztliche Strafhaftung, NJW Aktuell, 14, 2016, S. 14.
Motzer	Geltendmachung und Verwendung von Schadensersatz wegen Gesundheitsschäden als Aspekt elterlicher Vermögenssorge, FamRZ 1996, 844.
Müller, Gerda	Aktuelle Fragen des Haftungsrechts, ZfS 2005, 54.
dies.	Neue Perspektiven beim Schadensersatz, VersR 2006, 1289.
dies.	Alles oder nichts?, VersR 2005, 1461.
dies.	Das neue Schadensersatzrecht, DRiZ 2003, 167.
dies.	Das reformierte Schadensersatzrecht, VersR 2003, 1.
dies.	Spielregeln für den Arzthaftungsprozess, DRiZ 2000, 259.
dies.	Spätschäden im Haftpflichtrecht, VersR 1998, 129.
dies.	Zum Entwurf eines Zweiten Gesetzes zur Änderung schadensersatzrechtlicher Vorschriften, ZRP 1998, 258.
dies.	Beweislast und Beweisführung im Arzthaftungsprozess, NJW 1997, 3049.
dies.	Besonderheiten der Gefährdungshaftung nach dem StVG, VersR 1995, 489.
dies.	Zum Ausgleich des immateriellen Schadens nach § 847 BGB, VersR 1993, 909.
dies.	Grundprinzipien und Gestaltungsspielräume beim Schadensersatz, Teil 1, ZfS 2009, 62 und Teil 2, ZfS 2009, 124.
dies.	Der Schutzbereich des Persönlichkeitsrechts im Zivilrecht, VersR 2008, 1141.

dies.	Der Anspruch auf Hinterbliebenengeld, VersR 2017, 321 ff.
dies.	Der Personenschaden im Wandel von Rechtsprechung und Gesetzgebung ZfS 2019, 247 ff. und 304 ff.
Müller, Stefan	Zur Reichweite der Schmerzensgeldhaftung, ZGS 2010, 538.
Münchener Handbuch zum Arbeitsrecht	zit.: Münchener Handbuch zum Arbeitsrecht/Bearbeiter, § und Rn. 6. Aufl. 2024.
Münchener Kommentar zum Bürgerlichen Gesetzbuch	zit.: MünchKomm/Bearbeiter, BGB, Aufl., § und Rn. Band 1, 10. Aufl., 2025.
Münchener Kommentar zur Zivilprozessordnung	zit.: MünchKomm/Bearbeiter, ZPO, § und Rn., 7. Aufl. 2025.
Muscheler	Die Störung der Gesamtschuld: Lösung zu Lasten des Zweitschädigers?, JR 1994, 441.
Muschner	Die haftungsrechtliche Stellung ausländischer Patienten und Medizinalpersonen in Fällen sprachbedingter Missverständnisse, 2002.
Nehls	Kapitalisierung und Verrentung von Schadensersatzforderungen, ZfS 2004, 193.
ders.	Der Abfindungsvergleich beim Personenschaden, SVR 2005, 161.
Nehlsen-v. Stryk	Schmerzensgeld ohne Genugtuung, JZ 1987, 119.
Neugebauer	Privilegierte Zwangsvollstreckung gem. § 850f Abs. 2 ZPO – Ansprüche aus vorsätzlich begangener unerlaubter Handlung, MDR 2004, 1223.
Nixdorf	Befunderhebungspflicht und vollbeherrschbare Risiken in der Arzthaftung: Beweislastverteilung im Fluß?, VersR 1996, 160.
ders.	Mysterium Schmerzensgeld, NZV 1996, 89.
Nober/Gassemi-Tabar	Die Hinweispflicht im Zivilprozess - eine nicht zu unterschätzende praktische Herausforderung aus Richter- und Anwaltssicht, NJW 2017, 32265 ff.
Noethen	Parteivernehmung oder Parteianhörung bei einem allein zwischen Parteien geführten »Vier-Augen-Gespräch«?, NJW 2008, 334.
Noll	Die Apothekerin, 1994.
Notthoff	Voraussetzungen der Schmerzensgeldzahlungen in Form einer Geldrente, VersR 2003, 966.
ders.	Das Regulierungsverhalten eines Haftpflichtversicherers – (k)ein Kriterium für eine etwaige Schmerzensgelderhöhung?!, VRR 2014, 284.
Nugel	Der Abfindungsvergleich in der außergerichtlichen Schadensregulierung, ZfS 2006, 190.
ders.	Die Quotenbildung beim Verkehrsunfall und der Anscheinsbeweis, DAR 2008, 548.
Oberthür	Konflikte im Arbeitsverhältnis als Gesundheitsrisiko?, ArbR 2021, 215.
Odersky	Schmerzensgeld bei Tötung naher Angehöriger, 1989.
Oechsler	Die Unzurechnungsfähigkeit von Kindern in Verkehrssituationen, NJW 2009, 3185.
Offenloch	Die Rechtsprechung des BGH zum Haftpflichtrecht im Straßenverkehr, DAR 2015, 311.
ders.	Der Fahrradhelm beim BGH, Festschrift für Karl-Heinz Danzl zum 65. Geburtstag, Wien 2017, S. 165 ff.
Pauge	Vorteilsausgleich bei Sach- und Personenschäden, VersR 2007, 569.
Pauge/Offenloch	Arzthaftungsrecht, 15. Aufl. 2023.

Pauker	Die Berücksichtigung des Verschuldens bei der Bemessung des »Schmerzensgeldes«, VersR 2004, 1391.
Pawlowski	Schmerzensgeld für fehlgeschlagene Ehestörung, NJW 1983, 2809.
Pfeiffer	StPO, 5. Aufl. 2005.
Pflüger	Schmerzensgeld für Angehörige, 2005.
Pichler	Schadensersatz bei Unfällen mit Personenschaden in Italien, mit speziellem Bezug auf Verkehrsunfälle, DAR 2006, 549.
Picker	Die Naturalrestitution durch den Geschädigten, 2003.
Prechtel	Das Adhäsionsverfahren, ZAP 2005, Fach 22, S. 399.
Prelinger	Kein Vorrang der Leistungsklage bei fortbestehenden Personenschäden, Anm. zu BGH, Urt. v. 19.04.2016 - VI ZR 506/14, NJW-RR 2016, 759.
Prütting/Wegen/Weinreich	BGB-Kommentar, 20. Aufl. 2025, zit.: PWW/Bearbeiter, § und Rn.
Rauscher	Die Schadensrechtsreform, Jura 2002, 577.
Rainer	Der Wert des Menschenlebens in Japan, Korea und China, FamRZ 2015, 289 ff.
Rapp	Deliktische Haftung für »berufstypische« psychische Gesundheitsverletzungen, VersR 2021, 618.
Rehborn	Aktuelle Entwicklungen im Arzthaftungsrecht, MDR 2000, 1101.
ders.	Aktuelle Entwicklung im Arzthaftungsrecht, MDR 2004, 371.
ders.	Aktuelle Entwicklungen im Arzthaftungsrecht, MDR 1999, 1169.
Reinecke	Lexikon des Unterhaltsrechts, 2. Aufl. 2008.
Reisinger	Die Bedeutung des Schmerzensgeldes für die Versicherungswirtschaft, ZVR 2008, 49.
Reufels/Soltysiak	Mobbing unter Arbeitskollegen, ArbRB 2025, 61
Rieble/Klumpp	Mobbing und die Folgen, ZIP 2002, 369.
Riedmeyer	Problemfeld Schmerzensgeld – Ein Blick nach Europa, zfs 2014, 304.
Riehm	Alternative Streitbeilegung und Verjährungshemmung, NJW 2017, 113 ff.
Riemer	Geburtsschadensrecht ist »good money« für Rechtsanwälte, Der Gynäkologe 2008, 471.
Rinke/Balzer	Extraktion erhaltungswürdiger Zähne, Perforation unbeteiligter Kronen, Schnellprothetik statt konservierender und prophylaktischer Therapie – ein neuer Sorgfaltsmaßstab in der kassenzahnärztlichen Versorgung, VersR 2001, 423.
Rosenberg/Schwab/Gottwald	Zivilprozessrecht, 18. Aufl. 2018, zit.: Rosenberg/Schwab/Gottwald, §.
Roth	Unterhaltspflicht für ein Kind als Schaden?, NJW 1994, 2402.
Roxin/Schünemann	Strafverfahrensrecht, 30. Aufl. 2022.
Ruttloff	Die Angabe des Mindestbetrags bei unbeziffertem Klageantrag und das sofortige Anerkenntnis, VersR 2008, 50.
Sajuntz	Die Entwicklung des Presse- und Äußerungsrechts im Jahre 2018, NJW 2019, 1567 ff..
Saenger	Sachliche Zuständigkeit für den Antrag auf Prozeßkostenhilfe, MDR 1999, 850.
Schauseil	Die Abwägung der Verursachungsbeiträge nach einem Kfz-Unfall, MDR 2008, 360.
Scheffen	Tendenzen bei der Bemessung des Schmerzensgeldes für Verletzungen aus Verkehrsunfällen, ärztlichen Kunstfehlern und Produzentenhaftung, ZRP 1999, 189.

Scheffen/Pardey	Schadensersatz bei Unfällen mit Minderjährigen, 2. Aufl. 2003, zit.: Scheffen/Pardey, Rn.
Schellenberg	Regulierungsverhalten als Schmerzensgeldfaktor, VersR 2006, 878.
ders.	Aufklärungsmängel, hypothetische Einwilligung und der echte Entscheidungskonflikt im Arzthaftungsrechtsstreit, VersR 2008, 1298.
Schiemann	Schmerzensgeld bei fehlgeschlagener Sterilisation, NJW 1980, 643.
ders.	Der freie Dienstvertrag, JuS 1983, 649.
ders.	Schmerzensgeld für fehlgeschlagene Sterilisation, JuS 1980, 709.
ders.	Vorteilsausgleichung beim Schmerzensgeld, FS für Lothar Jaeger zum 75. Geburtstag, Luchterhand Verlag 2014, 411 ff.
Schinnenburg	Besonderheiten des Arzthaftungsrechts bei zahnärztlicher Behandlung, MedR 2000, 185
Schirmer	Neues Schadensersatzrecht in der Praxis, Haftung, Schmerzensgeld, Sachschaden, DAR 2004, 21.
ders.	Das Adhäsionsverfahren nach neuem Recht – die Stellung der Unfallbeteiligten und deren Versicherer, DAR 1988, 121.
Schmid, H.	Verfahrensregeln für Arzthaftungsprozesse, NJW 1994, 767.
Schmid, R.	Neue Haftungsrisiken bei Personenschäden im Luftfahrtbereich, VersR 2002, 26.
ders.	Vorsätzliche Tötung und vorsätzliche Körperverletzung, JZ 1962, 389.
Schmidt, E.	Schockschäden Dritter und adäquate Kausalität, MDR 1971, 538.
Schmitz/Reischauser	Haftungsausschluss des Vermieters für leichte Fahrlässigkeit bei der Gewerberaummiete, NZM 2002, 1019.
Schneider, E.	Die Klage im Zivilprozess, 3. Aufl. 2007.
Schneider, R.	Kapitalisierung und Verrentung von Schadensersatzforderungen – Erwiderung auf Nehls, ZfS 2004, 193, ZfS 2004, 541.
Scholtissek	Einige Gedanken zum Persönlichkeitsrecht in der Werbung und in den Medien, WRP 1992, 612.
Scholz	Zur Beweislast im Arzthaftungsprozess, ZfS 1997, 1 und 41.
Schomerus/Hartmann	Verkehrsunfälle in Spanien, DAR 2015, 484.
Schönke/Schröder	Tübinger Kommentar Strafgesetzbuch, 31. Aufl. 2025, zit.: Schönke/Schröder/Bearbeiter, § und Rn.
Schulze/Ebers	Streitfragen im neuen Schuldrecht, JuS 2004, 366.
Schulze/Schulte-Nölke	Die Schuldrechtsreform vor dem Hintergrund des Gemeinschaftsrechts, 200, 1.
Schwarz	Hinweispflicht des Arztes auf eigene Behandlungsfehler?, JZ 2008, 89.
Schwerdtner	Persönlichkeitsschutz im Zivilrecht, Karlsruher Forum 1996 (VersR-Schriftenreihe 2), 27.
Schwintowski	Der Anspruch auf taggenaue Berechnung des Schmerzensgeldes, VuR 2011, 117.
Schwintowski/Schah-Sedi/Schah-Sedi	Angehörigenschmerzensgeld – Überwindung eines zivilrechtlichen Dogmas, ZfS 2012, 6.
Selb	Mehrheiten von Gläubigern und Schuldnern, 1984.
Slizyk	Beck'sche Schmerzensgeldtabelle – Von Kopf bis Fuß, 22. Aufl. 2026.
Soergel	Kommentar zum Bürgerlichen Gesetzbuch, 13. Aufl. 2020, zit.: Soegel/Bearbeiter, BGB, § und Rn.

Sommerfeld/Guhra	Zur »Entschädigung des Verletzten« im »Verfahren bei Strafbefehlen«, NStZ 2004, 420.
Spickhoff	Medizin und Recht zu Beginn des neuen Jahrhunderts, NJW 2001, 1757.
Spindler/Rieckers	Die Auswirkungen der Schuld- und Schadensrechtsreform auf die Arzthaftung, JuS 2004, 272.
Staab	Psychisch vermittelte und überlagerte Schäden, VersR 2003, 1216.
Stamm	»Die Bewältigung der gestörten Gesamtschuld« – Ein Beitrag zum Konkurrenzverhältnis zwischen § 426 I BGB und § 426 II BGB, NJW 2004, 811.
Staudinger, A.	Run to the court bei Angehörigenentschädigung, Die negative Feststellungsklage als zulässige Abwehrstrategie von Haftpflichtversicherern bei deutsch-italienischen Verkehrsunfällen, Festschrift für Lothar Jaeger zum 75. Geburtstag, Luchterhand Verlag 2014, S. 437 ff.
Straub/Biller-Bomhardt	Schockschadensersatz bei Verletzung oder Tötung eines Tieres, NJW 2021, 118.
von Staudinger	Kommentar zum Bürgerlichen Gesetzbuch, 12. Aufl. und 13. Bearb. 1998 und Neubearbeitung 2021, zit.: Staudinger/Bearbeiter, BGB, Auflage, § und Rn.
Vogeler	Haftung für spezifische Berufsrisiken, VersR 2021, 753.
Steffen	Das Schmerzensgeld im Wandel eines Jahrhunderts, DAR 2003, 201.
ders.	Die Aushilfeaufgaben des Schmerzensgeldes in: FS für Odersky 1996, S. 723 ff.
ders.	Schmerzensgeld bei Persönlichkeitsverletzung durch Medien – Ein Plädoyer gegen formelhafte Berechnungsmethoden bei der Geldentschädigung, NJW 1997, 10.
Steffen/Dressler	Arzthaftungsrecht. Neue Entwicklungslinien der BGH-Rechtsprechung, 9. Aufl. 2002.
Stegers	Das arzthaftungsrechtliche Mandat in der anwaltlichen Praxis, 2. Aufl. 1989.
Stein/Jonas	Kommentar zur Zivilprozeßordnung, 24. Aufl. 2024, zit.: Stein/Jonas/Bearbeiter, ZPO, § und Rn.
Stöhr	Psychische Gesundheitsschäden und Regress, NZV 2009, 161.
Stoll	Die Beweislastverteilung bei positiven Forderungsverletzungen in: FS für Fritz v. Hippel, 1967, 517.
ders.	Empfiehlt sich eine Neuregelung der Verpflichtung zum Schadensersatz für immaterielle Schäden?, Verhandlungen des 45. DJT, Band I, 1964.
Stowasser	Kinderfahrradhelmpflicht und Haftung im Zivil- und Strafrecht, ZVR 2011, 322.
Strücker-Pitz	Ausweitung der Arzthaftung für Schmerzensgeld bei Schwerstschäden, VersR 2007, 1466.
dies.	Verschärfung der ärztlichen Aufklärungspflicht durch den BGH, VersR 2008, 752.
Stürner	Der Unfall im Straßenverkehr und der Umfang des Schadensersatzes unter besonderer Berücksichtigung des Nichtvermögensschadens, DAR 1986, 7.
Summermatter	Kausalität – Ein Handbuch, Eigenverlag Bern.
Sundermann	Schadensausgleich bei Mitschädigung Minderjähriger durch Vernachlässigung der Aufsichtspflicht und elterliches Haftungsprivileg (§ 1644 I BGB), JZ 1989, 927.

Symosek	Verjährungshemmung, aber richtig, NJW 2016, 1142.
Tamm	Der Haftungsumfang bei ärztlichem Fehlverhalten und Rechtsdurchsetzungsfragen im Arzthaftungsrecht, Jura 2009, 81.
Taupitz	Prozessuale Folgen der »vorzeitigen« Vernichtung von Krankenunterlagen, ZZP 100 (1987), 287.
Teplitzky	Die unzureichende Schmerzensgeldbemessung, NJW 1966, 388.
Ternig	Kinder im Straßenverkehr und das Schadensersatzrecht, SVR 2008, 250.
ders.	Fahrradhelm erforderlich, ja oder nein?, ZfS 2008, 69.
Thomas/Putzo	Zivilprozessordnung, 46. Aufl. 2025.
Touri	Schadensabwicklung von Verkehrsunfällen in Finnland, DAR 2015, 722.
Vogeler	Anschein und Vermutung, MedR 2011, 81.
Von Schönfeldt	Vom Glück und dem Recht – zur Relevanz der modernen Glücksforschung für das Schmerzensgeldrecht, r+s 2018, 639.
Vorndran	Schmerzensgeld für Hinterbliebene bei Tötung naher Angehöriger, ZRP 1988, 293.
Vorwerk	Prozessformularbuch, 12. Aufl. 2024.
Vrzal	Die Entwicklung des Schmerzensgeldanspruchs anhand der neueren Rechtsprechung, VersR 2015, 284,
Wagner, C.	Das behinderte Kind als Schaden, NJW 2002, 3379.
Wagner, G.	Das neue Schadensersatzrecht, 2002.
ders.	Das Zweite Schadensersatzrechtsänderungsgesetz, NJW 2002, 2049.
ders.	Prominente und Normalbürger im Recht der Persönlichkeitsrechtsverletzung, VersR 2000, 1305.
ders.	Ersatz immaterieller Schäden: Bestandsaufnahme und europäische Perspektiven, JZ 2004, 319.
ders.	Neue Perspektiven im Schadensersatzrecht: Kommerzialisierung, Strafschadensersatz, Kollektivschaden, NJW 2006, Beilage zu Heft 22, 5.
ders.	Auf dem Weg zum Angehörigenschmerzensgeld, Editorial NJW-aktuell 5/2017.
ders.	Schadensersatz in Todesfällen – Das neue Hinterbliebenengeld, NJW 2017, 2641.
ders.	Hinterbliebenengeld – eine Bilanz nach 7 Jahren, r+s 2025, 241
Wagner, J./Bergmann	Aktuelle arbeitsgerichtliche Rechtsprechungsübersicht zum Thema Mobbing, AiB 2004, 103.
Walter	Geschichte des Anspruchs auf Schmerzensgeld, 2004
Waltermann	Änderungen im Schadensrecht durch das neue SGB VII, NJW 1997, 3401.
ders.	Aktuelle Fragen der Haftungsbeschränkung bei Personenschäden, NJW 2002, 1225.
Weber	Der Entschädigungsanspruch gegen den Verein »Verkehrsopferhilfe«, DAR 1987, 333.
ders.	Muss im Arzthaftungsprozess der Arzt seine Schuldlosigkeit beweisen?, NJW 1997, 761.
Weidinger	Die Auswirkungen der Schuldrechts- und Schadensersatzrechtsreform auf die Haftpflicht von Ärzten und Krankenhäusern, VersR 2004, 35.
Wendlandt	Handeln gesetzlicher Vertreter »als Vertreter« gem. §§ 254 Abs. 2 S. 2, 278 BGB, VersR 2004, 433.

Wertenbruch	Haftung des Unfallverursachers für Zweitschädigung durch ärztliche Behandlung, NJW 2008, 2962.
Wessels/Castro	Ein Dauerbrenner: das »HWS-Schleudertrauma« – Haftungsfragen im Zusammenhang mit psychisch vermittelten Gesundheitsbeeinträchtigungen, VersR 2000, 284.
Wickler	Ausgleich von immateriellen Schäden bei mobbingbedingten Persönlichkeits- und Gesundheitsverletzungen, ArbuR 2004, 87.
Wiese	Kein Anspruch auf Entschädigung des immateriellen Schadens in Geld wegen Verletzung eines Persönlichkeitsrechts bei gleichzeitiger Vertragsverletzung, DB 1975, 2309.
ders.	Der Ersatz des immateriellen Schadens, 1964.
Wille	Einführung in die Straßenverkehrshaftung, JA 2008, 210.
Wittwer	Forum Shopping im deutsch-österreichischen Personenschadensrecht, Festschrift für Lothar Jaeger zum 75. Geburtstag, Luchterhand Verlag 2014, S. 463.
Wussow	Unfallhaftpflichtrecht, 17. Aufl. 2021, zit.: Wussow, Rn.
Yakar	Cybermobbing- Schikane auch nach Feierabend, PersR 2025, 18
Zarges	Anwendung der taggenauen Schmerzensgeldberechnung schafft mehr Einzelfallgerechtigkeit, zfs 2019, 90.
Ziegler/Cajukli	Unterschiedlich hohe Schmerzensgelder bei Männern und Frauen, zfs 2013, 424.
Ziegler/Ehl	Bein ab – arm dran, Eine Lanze für höhere Schmerzensgelder in Deutschland, JR 2009, 1.
dies.	Eine Lanze für höhere Schmerzensgelder in Deutschland, JR 2009, 1.
Ziegler/Oynar	Der Beginn der Verjährung im Arzthaftungsrecht - Ohne Gutachten läuft nichts - regelmäßig auch nicht die Verjährung, NJW 2017, 2438.
Ziegler/Rektorschek	Impotenz durch Behandlungsfehler – geht der Partner leer aus?, VersR 2009, 181.
Zimmer	Das neue Recht der Leistungsstörungen, NJW 2002, 1.
Zimmermann	ZPO-Fallrepetitorium, 12. Aufl. 2022.
Zimmermann/Leenen/ Mansel/Ernst	Finis Litium? Zum Verjährungsrecht nach dem Regierungsentwurf eines Schuldrechtsmodernisierungsgesetzes, JZ 2001, 684.
Zöller	Kommentar zur Zivilprozessordnung, 36. Aufl. 2026, zit.: Zöller/ Bearbeiter, § und Rn.
Zwickel	Schockschaden und Angehörigenschmerzensgeld ..., NZV 2015, 214, 217.

Abschnitt 1 Geltendmachung von Schmerzensgeldansprüchen

Kapitel 1 Entwicklung des Schmerzensgeldes

Als richtungsweisende Entscheidung i.S.d. **Ersatzcharakters des Schmerzensgeldes** wird das Urteil des RG v. 15.11.1882[1] gewürdigt[2]. Das ausschlagende Moment bei der Bemessung sollten Größe, Heftigkeit und Dauer der Schmerzen sein, i.Ü. richte sich die Höhe des Schmerzensgeldes nach den Umständen des konkreten Falles. Das Geldäquivalent für die erlittenen Schmerzen könne als solches nicht als Privatstrafe[3] im technischen Sinne erklärt werden.[4] Neben dieser **Ausgleichsfunktion** wurde aber auch die Ansicht vertreten, dass eine Entschädigung für verletzte immaterielle Güter nur im Wege der **Genugtuung** stattfinden könne.[5] Aber auch von Vertretern der Genugtuungslehre ist stets der Ausgleichsgedanke der Genugtuung betont worden. Dennoch hat die in starkem Maße am Schuldmoment orientierte Genugtuungslehre pönalisierende Tendenzen gefördert.[6] 1

Nach dem Zweiten Weltkrieg fand in der Rechtsprechung die erste große Auseinandersetzung zum Schmerzensgeldrecht im Beschl. des großen Zivilsenats v. 06.07.1955[7] statt. Im ersten der drei LS dieses Beschlusses heißt es: 2

> »Der Anspruch auf Schmerzensgeld nach § 847[8] BGB ist kein gewöhnlicher Schadensersatzanspruch, sondern ein Anspruch eigener Art mit einer doppelten Funktion: Er soll dem Geschädigten einen angemessenen Ausgleich für diejenigen Schäden bieten, die nicht vermögensrechtlicher Art sind und zugleich dem Gedanken Rechnung tragen, dass der Schädiger dem Geschädigten Genugtuung schuldet für das, was er ihm angetan hat.«

Besonders bedeutsam ist der ausdrückliche Hinweis des BGH, dass Ziel und Inhalt des Anspruchs in erster Linie ein **Ausgleich des Nichtvermögensschadens** sind, dass der Anspruch aber auch der Genugtuung dienen soll. Diese **Genugtuungsfunktion** weist auf die rechtsgeschichtliche Herkunft des Anspruchs aus dem Strafrecht hin, sowenig auch ein strafrechtlicher Inhalt damals und erst recht heute noch angenommen wird. Die Einbeziehung der Genugtuungsfunktion in den Schmerzensgeldanspruch durch die Rechtsprechung war neu. Bis zu dieser Entscheidung des großen Zivilsenats war die herrschende Meinung in Lehre und Rechtsprechung, dass der Schmerzensgeldanspruch ausschließlich Ausgleichsfunktion hatte.[9] 3

---

1 RG, Urt. v. 17.11.1882 – III 321/82, RGZ 8, 117.

2 RGRK/Kreft, BGB, 12. Aufl. 1989, § 847 Rn. 4, weist in einer eingehenden Darstellung darauf hin, dass bei Schaffung des BGB zunächst die allgemeine Tendenz bestanden habe, dem Zivilrecht ausschließlich den Schutz vermögenswerter Interessen zuzuweisen; dies habe zur Folge, dass die Zurückhaltung ggü. der Entschädigung für immaterielle Schäden bis heute nicht überwunden sei. MünchKomm/Stein, BGB, 3. Aufl. 1997, § 847 Rn. 2, wendet sich ebenfalls gegen die Zurückhaltung bei der Bemessung des Schmerzensgeldes und führt aus: »Im Gegenteil, Art. 1 und 2 GG gebieten, der Persönlichkeitseinbuße höheres Gewicht einzuräumen als dem Verlust von Geld und Gut.«.

3 Kern, AcP 191 (1991), 247 (268): Der Begriff Genugtuung hat sich als Synonym für Vertragsstrafe erwiesen.

4 Nehlsen-v. Stryk, JZ 1987, 119 (122).

5 Jherjb./Ihering 18, 1879, S. 51.

6 Nehlsen-v. Stryk, JZ 1987, 119 (123).

7 BGH, Beschl. v. 06.07.1955 – GSZ 1/55, BGHZ 18, 149 = VersR 1955, 615 = NJW 1955, 1675 = MDR 1956, 19 m. Anm. Pohle.

8 § 847 BGB in der bis zum 31.07.2002 geltenden Fassung. Durch das 2. Gesetz zur Änderung schadensersatzrechtlicher Vorschriften, das am 01.08.2002 in Kraft getreten ist, wurde § 847 BGB aufgehoben. Das Schmerzensgeld ist seither in § 253 Abs. 2 BGB geregelt.

9 Steffen, DAR 2003, 201 (203), weist darauf hin, dass vor der Entscheidung des großen Zivilsenats der III. Zivilsenat des BGH die generelle Ausgleichsaufgabe des Schadensersatzes bemühte mit der Folge, dass dann auch die Vermögensverhältnisse des Schädigers bei der Bemessung des Schmerzensgeldes keine Rolle

4 Im Anschluss an die Entscheidung des großen Zivilsenats des BGH sind mehrere Monografien zum Schmerzensgeld erschienen.[10] Lieberwirth, der auch schon früher auf die Reformbedürftigkeit des Schmerzensgeldrechts hingewiesen hatte,[11] führt in der Einleitung aus, welche Bedeutung dem Anspruch auf Schmerzensgeld in der Praxis zukommt.[12] Er kritisiert, dass viel zu niedrige Schmerzensgeldbeträge ausgeurteilt wurden und werden und fordert, der Anregung des 45. Deutschen Juristentages (1964) zu der Frage zu folgen: Empfiehlt sich eine Neuregelung der Verpflichtung zum Geldersatz für immateriellen Schaden?

5 Lieberwirth[13] weist zur vom BGH angesprochenen Genugtuungsfunktion ausdrücklich darauf hin, dass diese schon in den 60er Jahren als fragwürdig erschienen sei, weil sie in den meisten Fällen gar nicht zur Geltung kommen könne, weil nicht der Schädiger, sondern dessen Versicherer das Schmerzensgeld bezahle. Lieberwirth konnte damals in diesem Zusammenhang die Entwicklung der Rechtsprechung in der Folgezeit nicht erahnen, dass nämlich unter Führung des BGH von den Gerichten das höchste Schmerzensgeld in Fällen schwerster Hirnschädigungen zuerkannt werden würde, in Fällen also, in denen jede Genugtuung für den Verletzten ausscheidet.

6 Nach der Entscheidung des großen Zivilsenats aus dem Jahr 1955 hat sich jahrzehntelang zunächst nicht allzu viel in der Rechtsprechung zum Schmerzensgeld getan. Insb. sind die zuerkannten Beträge insgesamt, aber auch im Einzelfall **zu gering** geblieben und auch die zum Schmerzensgeld aufgekommenen **Fragen prozessualer Art** blieben viel zu lange unbeantwortet.[14]

7 Schon bald beklagte Gelhaar,[15] dass die Instanzgerichte die Vorgaben des BGH ignorierten, der habe erkennen lassen, dass im Allgemeinen ganz erheblich höhere Beträge als Schmerzensgeld zugebilligt werden müssten, als es bis 1955 geschah, um dem Zweck des Schmerzensgeldes gerecht zu werden. Er machte deutlich, dass Schmerzensgeldbeträge von 300,00 RM oder 800,00 RM, die vor dem 2. Weltkrieg für eine Beinamputation zuerkannt worden waren, zweifellos unzureichend seien. Er musste sogar darauf hinweisen, dass der BGH in einem Fall das Schmerzensgeld von 7.000,00 DM auf 15.000,00 DM heraufgesetzt hatte, weil das OLG das Alter des Verletzten und damit den Zeitraum, für den er das Leid zu ertragen hatte, nicht ausreichend berücksichtigt hatte.

8 Auch viele Jahre später beklagte Teplitzky,[16] dass die einhellig adaptierte, schöne und richtige These des BGB von den Gerichten aller Instanzenzüge im praktischen Ergebnis nicht umgesetzt worden sei. Er verweist darauf, dass schwere Dauerschäden immer noch mit einem Schmerzensgeld i.H.v. max. 10.000,00 DM ausgeglichen sein sollten.

9 Steffen[17] bezeichnet das Schmerzensgeld für jeden Haftungsrichter als eine besondere Herausforderung, was mit der einzigartigen Spannung zu tun habe zwischen der Weite des BGB-Konzepts, was das Schadensfeld betreffe, und der Enge seiner Schmerzensgeldberechtigung. Steffen[18] fährt fort:

---

spielen dürften, während der VI. Zivilsenat sich der bisherigen Rspr. des RG anschließen und mindestens das Bestehen einer Haftpflichtversicherung aufseiten des Schädigers berücksichtigen wollte. Dieser Streit führte zur Entscheidung des großen Zivilsenats, der die Doppelfunktion des Schmerzensgeldes bejahte: Ausgleichsfunktion und Genugtuungsfunktion.

10 U.a.: Wiese; Lieberwirth; Lorenz.

11 Versicherungswirtschaft 1962, S. 738.

12 Lieberwirth, S. 15.

13 Lieberwirth, S. 19. Auch andere Stimmen der Lehre haben gegen die Genugtuungsfunktion Bedenken erhoben, vgl. RGRK/Kreft, BGB, 12. Aufl. 1989, § 847 Rn. 8 m.w.N.

14 Teplitzky, Die unzureichende Schmerzensgeldbemessung, NJW 1966, 388; Donaldson, AcP 166 (1966), 462; vgl. dazu 1712 ff.

15 Gelhaar, NJW 1953, 1281 (1282).

16 Teplitzky, NJW 1966, 388.

17 FS für Odersky/Steffen, S. 723.

18 Steffen war v. 29.06.1984 bis 31.05.1995, also fast 11 Jahre, Vorsitzender des VI. Zivilsenats des BGH, der u.a. für Schmerzensgeld-Entscheidungen zuständig ist.

»Was das Schmerzensgeld kompensieren soll, haben die BGB-Väter nur negativ umschreiben können. Diese Konturlosigkeit beflügelt nicht nur die Kreativität des Richters bei der Umsetzung seines Rechtsgefühls für das Entschädigungsbedürftige in justiziable, kontrollierbare Schadensmuster; sie kann ihn auch dazu veranlassen, das Schmerzensgeld für einen anderswo nicht zureichend zu befriedigenden Ausgleichs-, Sühne- oder Präventionsbedarf einzusetzen.«

Die **Kreativität der Richter des BGH** bei der »*Umsetzung eines Rechtsgefühls*« lässt sich zwar vereinzelt belegen,[19] u.a. wenn es um Schmerzensgeld im Grenzbereich zum Schadensersatz bei schweren Persönlichkeitsrechtsverletzungen geht; sie wird jedoch schmerzlich vermisst, wenn sie bzgl. der Höhe des Schmerzensgeldes gefordert ist. In dieser Hinsicht ist der BGH zwar nur bedingt gefragt, denn die Bemessung des Schmerzensgeldes ist Sache des Tatrichters, was aber nicht bedeutet, dass der BGH nicht seine schützende Hand über Opfer halten könnte, wenn Schmerzensgelder allzu niedrig ausgefallen sind.[20] 10

Mit der Kreativität des BGH ist es auch nicht weit her, was die **Bemessungskriterien** betrifft. Grundlegend hat der große Zivilsenat[21] Kriterien zur Bemessung des Schmerzensgeldes genannt. Seither vermisst man weitgehend eine Fortschreibung dieser Kriterien mit Ausnahme der Rechtsfortbildung durch den BGH in der Rechtsprechung zum Schmerzensgeld für schwerst hirngeschädigt geborene Kinder und für Verletzte, die infolge eines Verkehrsunfalls alle geistigen Fähigkeiten und die wesentlichen Sinnesempfindungen verloren haben, obwohl sie das Schmerzensgeld weder als Ausgleich noch als Genugtuung empfinden können,[22] wodurch das Schmerzensgeld in die – trotz aller gegenteiligen Beteuerungen – unmittelbare Nachbarschaft eines Anspruchs auf Strafe rückt, im Sinne freilich eines nicht notwendig pönalen, verfeinerten Sühnegedankens.[23] 11

Entgegen Steffen[24] kann sich der BGH auch nicht (mehr) darauf berufen, er habe rechtsfortbildend die Erstreckung der Schmerzensgeldberechtigung auf das allgemeine Persönlichkeitsrecht in der Herrenreiterentscheidung[25] herbeigeführt. Das RG hatte – wie die Väter des BGB – einen Schmerzensgeldanspruch für Ehrverletzungen abgelehnt und ein Schmerzensgeld sogar dort versagt, wo die Rufschädigung zu einem Gesundheitsschaden geführt hatte, es sei denn, dieser war vom Vorsatz des Schädigers erfasst.[26] 12

In der Folgezeit hat der BGH allerdings erkannt, dass die Rechtsfortbildungssperre des § 253 BGB a.F. mit einer Analogie zu § 847 BGB a.F. selbst unter Zuhilfenahme von Art. 1 und 2 GG kaum zu überwinden war. Die weitere Entwicklung der Rechtsprechung des BGH gewährt deshalb für die **Verletzung des Persönlichkeitsrechts** kein Schmerzensgeld mehr, sondern Geldersatz. Dieser Geld- 13

19 BGH, Urt. v. 08.06.1976 – VI ZR 216/74, VersR 1976, 967; BGH, Urt. v. 01.10.1985 – VI ZR 195/84, VersR 1986, 59; BGH, Urt. v. 15.01.1991 – VI ZR 163/90, VersR 1991, 350.

20 Vgl. hierzu z.B. die Ausführungen zum Schmerzensgeld bei ungewollter Schwangerschaft, Kap. 6 Rdn.. 341 ff. In einem Fall – Vergewaltigung (12.500,00 € statt der beantragten 30.000,00 €) – hat der BGH, Urt. v. 16.01.1996 – VI ZR 109/95, ZfS 1996, 132, zugunsten des Opfers eingegriffen.

21 BGH, Beschl. v. 06.07.1955 – GSZ 1/55, BGHZ 18, 149 = VersR 1955, 615 = NJW 1955, 1675 = MDR 1956, 19 m. Anm. Pohle.

22 BGH, Urt. v. 16.12.1975 – VI ZR 175/74, VersR 1976, 660 = NJW 1976, 1147; FS für Odersky/Steffen, S. 723, (728). In den Fällen der völligen Zerstörung der Persönlichkeit, in denen die personale Qualität nicht mehr gefühlt werden kann, besteht die besondere Schwere der Verletzung im Eingriff in den »inneren«, den immateriellen Wert der Persönlichkeit und ist aufgrund einer eigenständigen Bewertung durch das Schmerzensgeld zu kompensieren, BGH, Urt. v. 13.10.1992 – VI ZR 201/91, BGHZ 120, 1. Dieses revidierte Verständnis von der Aufgabe des Schmerzensgeldes, so wie sie der große Zivilsenat beschrieben hat, hat es dem VI. Zivilsenat dann u.a. erlaubt, einer Auffassung entgegenzutreten, die das Schmerzensgeld in Abhängigkeit zu einer strafrechtlichen Verurteilung des Schädigers sieht, BGH, Urt. v. 29.11.1994 – VI ZR 93/94, VersR 1995, 351 = NJW 1995, 781.

23 BGH, Urt. v. 16.12.1975 – VI ZR 175/74, VersR 1976, 660 = NJW 1976, 1147; FS für Odersky/Steffen, S. 723 (728).

24 FS für Odersky/Steffen, S. 723 (726).

25 BGH, Urt. v. 14.02.1958 – I ZR 151/56, BGHZ 26, 349.

26 Steffen, DAR 2003, 201 (204).

ersatzanspruch ist zu einem Rechtsinstitut neben dem Schmerzensgeld geworden mit eigenständigen Voraussetzungen und Bemessungskategorien.[27]

14 In der Mehrzahl der Schmerzensgeld-Fälle schweigt der BGH sowohl zu **Schmerzensgeldkriterien** als auch zur **Höhe des Schmerzensgeldes.** Lang ist die Reihe der Entscheidungen, in denen er betont, dass dem Revisionsgericht bei der Nachprüfung der Schmerzensgeldbemessung besondere Zurückhaltung auferlegt ist.[28] Wie oft schon hatte er Gelegenheit, für Frauen, die infolge eines ärztlichen Behandlungsfehlers ungewollt schwanger wurden, seiner Kreativität und seinem Rechtsgefühl freien Lauf zu lassen![29]

15 **In zahlreichen Fällen ungewollt schwangerer Frauen** hatten LG und OLG ein Schmerzensgeld i.H.v. bis zu 1.500,00 € zuerkannt.[30] Ein solcher **Bagatellbetrag** ist auch für eine normale – ohne Komplikationen verlaufende – Schwangerschaft indiskutabel niedrig. Der BGH entwickelte und entwickelt in diesen Fällen aber deshalb keine Kreativität, weil die Bemessung des Schmerzensgeldes dem Tatrichter obliegt, insb. aber auch deshalb, weil die klagenden Frauen kein höheres Schmerzensgeld beantragt oder keinen höheren Mindestbetrag für das Schmerzensgeld genannt hatten (**ne ultra petita**), was wiederum darauf beruhte, dass die **Schmerzensgeldtabellen** (meist) nur alte Entscheidungen referieren (konnten), und weil der BGH die Entscheidung, dass das **Schmerzensgeld (beliebig) über die Vorstellung einer Klägerin hinaus zuerkannt** werden kann, bis 1996[31] hinausgezögert hat.

16 Seit dieser Entscheidung und seit den **Entscheidungen zur »Konversionsneurose«**, die unter Federführung von Müller[32] zustande kamen, ist Bewegung in diese Rechtsprechung des BGH gekommen.[33] Inzwischen hat der BGH auch eine »Tendenz der Rechtsprechung zu höherem Schmerzensgeld«[34]

---

27 FS für Odersky/Steffen, S. 723 (727): »Und wenn der BGH hier ausnahmsweise einmal von Schmerzensgeld spricht, dann empfindet er das selbst als lapsus linguae«. Vgl. BGH, Urt. v. 15.11.1994 – VI ZR 56/94, VersR 1995, 305 = NJW 1995, 861 – Caroline v. Monaco; vgl. dazu Kap. 4 Rdn. 275 ff. Aber nicht nur der VI. Zivilsenat vergreift sich in der Wortwahl. Der vorwiegend mit Amtshaftungssachen befasste III. Zivilsenat – Urt. v. 23.10.2003 – III ZR 9/03, VersR 2004, 332 m. Anm. Jaeger, S. 336 – wechselt die Begriffe »immaterieller Schadensersatz (Schmerzensgeld)«, »Anspruch auf Geldentschädigung« und »Schmerzensgeld«.

28 BGH, Urt. v. 08.06.1976 – VI ZR 216/74, VersR 1976, 967; BGH, Urt. v. 14.04.1981 – VI ZR 39/80, VersR 1981, 677.

29 S.u. Kap. 4 Rdn. 3 und Kap. 6 341 ff.

30 Vgl. Kap. 9 Rdn. 1865 ff.

31 BGH, Urt. v. 30.04.1996 – VI ZR 55/95, BGHZ 132, 341 = VersR 1996, 990 = NJW 1996, 2425.

32 Die Richterin Dr. Gerda Müller, die zuletzt Vizepräsidentin des BGH war, hat Steffen im Jahr 1995 bis zu ihrem Ruhestand im Juni 2009 im Senatsvorsitz abgelöst und schon 1993 mit dem Beitrag »Zum Ausgleich des immateriellen Schadens nach § 847 BGB«, VersR 1993, 909, Aufsehen erregt. Vgl. auch Müller, VersR 1998, 129.

33 V. Gerlach, VersR 2000, 525.

34 OLG Köln, Urt. v. 05.06.1992 – 19 U 13/92 = ZfS 1992, 405: Zur Bemessung des angemessenen Schmerzensgeldes ist bei der Heranziehung von durch die Rspr. entschiedenen Vergleichsfällen der Zeitablauf seit diesen Entscheidungen zu berücksichtigen. Zugunsten des Verletzten ist die seit früheren Entscheidungen eingetretene Geldentwertung ebenso in Rechnung zu stellen, wie die in der Rspr. zu beobachtende Tendenz zu höherem Schmerzensgeld und die Entwicklung, nach gravierenden Verletzungen großzügiger zu verfahren als früher. Vgl. ferner OLG Köln, Urt. v. 03.03.1995 – 19 U 126/94, VersR 1995, 549 m. Anm. Jaeger; Heß, ZfS 2001, 532 m.w.N.; der 3. Zivilsenat des OLG Frankfurt am Main, Urt. v. 16.08.2001 – 3 U 160/00, VersR 2002, 1568 (1569), will dieser Tendenz der Rspr. zu höherem Schmerzensgeld nur in maßvoller Weise Rechnung tragen. Sehr deutlich hat dagegen der 23. Zivilsenat des OLG Frankfurt, Urt. v. 21.02.1996 – 23 U 171/95, VersR 1996, 1509 = ZfS 1996, 131 das Schmerzensgeld angehoben. Für die Erblindung eines 3 Jahre alten Jungen durch eine berstende Limonadenflasche billigte das Gericht insgesamt 334.000,00 € = 250.000,00 € Kapital zzgl. 250,00 € monatliche Rente zu. Nachdem der 3 Jahre alte Kläger eine Limoflasche aus einem Kasten genommen hatte, zerbarst diese. Der Kläger wurde am rechten Auge verletzt. Bis zu seinem siebten Lebensjahr büßte der Kläger schadensbedingt auch die Sehkraft auf dem linken Auge ein. Nach Ansicht des Gerichts

gebilligt. Zudem hat der BGH sich mit der Gewährung von Schmerzensgeld für Schockschäden von Unfallhelfern beschäftigt und hat diesen Sonderfall dem allgemeinen Lebensrisiko zugeordnet.[35]

Bewegung in die Rechtsprechung zum Schmerzensgeld ist durch das **2. Gesetz zur Änderung schadensersatzrechtlicher Vorschriften** gekommen, das am 01.08.2002 in Kraft getreten ist. Nach dieser gesetzlichen Regelung wird Schmerzensgeld einheitlich für Delikt und Vertragsverletzungen und in allen Fällen der Gefährdungshaftung gewährt.[36] Diese Erweiterung der Haftung für Nichtvermögensschäden auf die Bereiche der **Vertrags- und Gefährdungshaftung** entspricht einer seit Langem im Schrifttum und in der Praxis erhobenen Forderung.[37] Allerdings war der Ausschluss des Schmerzensgeldes bei der vertraglichen Haftung nie ganz unumstritten. Beanstandet wurde er bereits vom RG[38] in einem Urteil aus dem Jahr 1906, weil ein innerer Grund für diese Verschiedenheit bei der Haftung aus Vertrag und aus unerlaubter Handlung vielleicht nicht zu finden sei.[39] 17

Die Verlagerung des Schmerzensgeldanspruchs durch das 2. Gesetz zur Änderung schadensersatzrechtlicher Vorschriften aus dem Deliktsrecht in das Schadensrecht des allgemeinen Schuldrechts war ein geschickter Schachzug[40] des Gesetzgebers, durch den zwei Neuregelungen getroffen werden. 18

Einmal ist Schmerzensgeld auch aus anderen Anspruchsgrundlagen als aus Delikt geschuldet. Sodann wird der Grund dafür gelegt, dass in Sondergesetzen Schmerzensgeld durch Verweisung auf § 253 Abs. 2 BGB gewährt werden kann. 19

Schon hier sei darauf hingewiesen: Auch § 253 BGB gewährt **kein Schmerzensgeld für die Verletzung des Lebens**, worin er sich mit § 847 BGB a.F. deckt. Nach deutschem Recht wird also kein Schmerzensgeld für die Tötung eines Menschen geschuldet, es besteht lediglich der Anspruch auf Hinterbliebenengeld nach § 844 Abs. 3 BGB. Ein Schmerzensgeld kommt nur in Betracht, wenn der Verletzte noch (kurze Zeit) gelebt hat und (mittelbar) wenn ein naher Angehöriger infolge eines Schocks einen Gesundheitsschaden erlitten hat.[41] 20

Die im Entwurf noch vorgesehene Einschränkung, dass eine Geldentschädigung nur gefordert werden könne, wenn 21

– die Verletzung vorsätzlich herbeigeführt wurde oder
– der Schaden unter Berücksichtigung seiner Art und Dauer nicht unerheblich ist,[42]

---

sprengt das zuerkannte Schmerzensgeld das Entschädigungssystem nicht, sondern schreibt es lediglich fort. Eine weitere Entscheidung trieb das bisher höchste Schmerzensgeld auf rund 614.000,00 €: LG Kiel, Urt. v. 11.07.2003 – 6 O 13/03, VersR 2006, 279 m. Anm. Jaeger. Zuletzt gewährte das OLG Zweibrücken, Urt. v. 22.04.2008 – 5 U 6/07, MedR 2009, 88 m. Anm. Jaeger, MedR 2009, 90, einen geringfügig höheren Betrag von rund 619.000,00 € für ein schwerst hirngeschädigtes Kind. Der neue Höchstbetrag von 700.000 € ergibt sich aus dem Urteil des LG Aachen v. 30.11.2011, unveröffentlicht; vgl. auch Jaeger, VersR 2009, 159; Jaeger, VersR 2013, 134. Ende 2018 gewährte das LG Aurich, Urt. v. 23.11.2018 – 20165, 12, VersR 2019, 887 m. Anm. Jaeger einen Betrag von 800.000 € für eine Unterschenkelamputation an beiden Beinen bei einem 5 1/2 Jahre alten Jungen.

35 BGH, Urt. v. 22.05.2007 – VI ZR 17/06, VersR 2007, 1093 = NZV 2007, 510 = DAR 2007, 515.

36 Vgl. zu dieser gesetzlichen Neuregelung insgesamt: Jaeger/Luckey, Das neue Schadensersatzrecht; Huber, Das neue Schadensersatzrecht; Wagner, S. 42 f.

37 Krit. dazu Deutsch, ZRP 2001, 351: Die Einführung von Schmerzensgeld in der Ausgleichsfunktion bei den Tatbeständen der Gefährdungshaftung sei zu begrüßen. Die Gewährung von Schmerzensgeld für alle anderen Anspruchsgrundlagen, auch solche, die ein Verschulden nicht voraussetzen, sei eher abzulehnen. Damit werde ein Schritt ins Ungewisse getan, Pandoras Büchse werde geöffnet. Mit Besorgnis erfülle einen die Möglichkeit von Schmerzensgeld im Zusammenhang mit objektiven Haftungen des Vertragsrechts.

38 RG, Urt. v. 13.12.1906 – VI 130/06, RGZ 65, 17 (21).

39 Katzenmeier, JZ 2002, 1029 (1032) m.w.N.

40 Deutsch, ZRP 2001, 351 (352).

41 Dazu Kap. 5 Rdn. 317 ff., 403 ff.

42 BT-Drucks. 14/8780, 21. Vgl. zum RefE Deutsch, ZRP 2001, 351 ff., der die Einführung einer Bagatellgrenze für Schmerzensgeld ablehnt: Weniger erfreulich ist die Beschränkung der Gewährung von Schmerzensgeld nach unten; es ist zu unklar, wann der Schaden »unerheblich« ist.

ist auf Anraten des Rechtsausschusses erst in der abschließenden Beratung gestrichen und daher letztlich im Gesetz nicht umgesetzt worden. Eine derartige Vorgabe, insb. die **Festschreibung einer Bagatellgrenze**, hielt der Rechtsausschuss nicht für erforderlich, da die Rechtsprechung auch bislang schon in Bagatellfällen zu angemessenen Ergebnissen gelangt sei.[43] In der Tat hatte der BGH[44] bereits für § 847 a.F. BGB festgehalten, dass der Mensch, v.a. im Zusammenleben mit anderen, vielfältigen Beeinträchtigungen seiner Befindlichkeit ausgesetzt sei und daran gewöhnt werde, sich von ihnen möglichst nicht nachhaltig beeindrucken zu lassen. Werde diese Schwelle, so der BGH weiter, im konkreten Fall von der erlittenen Beeinträchtigung vornehmlich wegen ihres geringen, nur vorübergehenden Einflusses auf das Allgemeinbefinden nicht überschritten, dann könne es schon an einer Grundlage für die geldliche Bewertung eines Ausgleichsbedürfnisses fehlen. Auch in solchen Fällen ein Schmerzensgeld festzusetzen, das in den immateriellen Nachteilen keine Entsprechung fände, verlange § 847 a.F. BGB nicht.[45]

22 Der Grundgedanke der geplanten Neuregelung zum Bagatellschmerzensgeld beruhte darauf, die Versichertengemeinschaft vor einer extensiven Praxis der Schmerzensgeldforderungen zu schützen.[46] Wann allerdings ein »nicht unerheblicher Schaden« vorliegen sollte, wurde im Gesetzentwurf nicht angegeben. Die Rechtsprechung hätte dies an dem Grundgedanken messen sollen, dass für Bagatellschäden und geringfügige Verletzungen grds. kein Schmerzensgeld zuerkannt werden sollte.

23 Der Rechtsausschuss war gut beraten, die Bagatellklausel zu streichen,[47] denn es wäre jedenfalls nicht überzeugend gewesen, eine Bagatellgrenze nur für das Recht der Haftung für Nichtvermögensschäden, nicht aber auch für das Recht der Haftung für Vermögensschäden einzufügen. Dadurch hätte der Gesetzgeber ohne Not die Auffassung festgeschrieben, die der große Zivilsenat 1955 in die Worte gefasst hat, dass der Anspruch auf Schmerzensgeld kein gewöhnlicher Schadensersatzanspruch, sondern ein Anspruch eigener Art sei. Genau das ist er nicht; es liegt viel näher, ihn als Anspruch auf Schadensersatz in Fällen zu begreifen, in denen eine Naturalrestitution nicht möglich oder unzureichend ist und deshalb nur eine Entschädigung in Geld i.S.d. § 251 BGB in Betracht kommt.[48]

24 Unabhängig davon, welche Verletzungen als Bagatellverletzungen anzusehen sind und in welchen Fällen ein Schmerzensgeld zu verneinen sein soll, muss ein Schmerzensgeld immer dann zugesprochen

---

43 OLG Celle, Urt. v. 22.03.1973 – 5 U 154/72, VersR 1973, 717; OLG Hamm, Urt. v. 17.01.2000 – 13 U 124/99, OLGR 2001, 277.

44 BGH, Urt. v. 14.01.1992 – VI ZR 120/91, VersR 1992, 504 = NJW 1992, 1043 = MDR 1992, 349.

45 BGH, Urt. v. 14.01.1992 – VI ZR 120/91, VersR 1992, 504 = NJW 1992, 1043 = MDR 1992, 349; vgl. dazu auch Müller, VersR 2003, 1 (3 f.).

46 BT-Drucks. 14/7752, 25; vgl. auch BGH, Urt. v. 08.06.1976 – VI ZR 216/74, VersR 1976, 967 (969); BGH, Urt. v. 01.10.1985 – VI ZR 195/84, VersR 1986, 59.

47 Der geplanten Regelung hätte aus mehreren Gründen widersprochen werden müssen: Der Ausschluss des Schmerzensgeldes in sog. Bagatellfällen hätte keinen Ausgleich für die neu geschaffenen Schmerzensgeldfelder in der Gefährdungshaftung und der Vertragshaftung gebracht. Bagatellfälle sind selten. Nach der Rspr. fallen darunter Schürfwunden, leichte Hautverletzungen, kleinere Hämatome oder leichtestes HWS-Schleudertrauma. Die Bundesregierung sprach auf ihrer Internetseite von einem 1 cm großen blauen Fleck an einem Finger (ein im politischen Raum erzeugtes Beispiel), also einer Verletzung, die so lächerlich geringfügig ist, dass es dazu (natürlich) keine Rspr. gibt, weil wegen einer solchen Verletzung bisher keine Ansprüche gerichtlich geltend gemacht wurden. Nur in echten Bagatellfällen wurde von der Rechtsprechung ein Schmerzensgeldanspruch verneint. Diese Verletzungen sind entweder sehr gering oder sie waren nicht einmal nachzuweisen, sodass sie eine billige Entschädigung in Geld nicht auslösen konnten. Aus diesem Grund erscheint auch der Vorschlag von Huber (Das neue Schadensersatzrecht, § 2 Rn. 93 ff.) sachgerecht, zur Ermittlung der Grenzen des Bagatellbetrages nicht an den output, die Höhe des Schmerzensgeldes, anzuknüpfen, sondern an den input, die Art der Verletzung. Nach der Vorstellung des Gesetzentwurfs sollte die Bagatellgrenze angehoben werden.

48 Vgl. v. Bar, Karlsruher Forum 2003, S. 24; so zutreffend auch FS für Wiese/E. Lorenz, S. 261 (270).

werden, wenn der Tatbestand des § 847 BGB a.F., § 253 BGB erfüllt ist, wenn eine Körper- oder Gesundheitsverletzung vorliegt und es der Billigkeit entspricht, ein Schmerzensgeld zu gewähren.[49]

Da die Bagatellgrenze für Schmerzensgelder nicht eingeführt worden ist, ist aber de lege lata in der Rechtsprechung darauf zu achten, die Bagatellgrenze nicht allzu sehr »nach oben« zu verschieben. Körper und Gesundheit sind hohe Güter, ihr Schutz darf nicht geschmälert werden. Gerade weil auch kleinste materielle Schäden reguliert werden (Delle in einer Stoßstange,[50] obwohl diese dazu dienen soll, kleinere Stöße abzufangen), dürfen wirtschaftliche Überlegungen – wie der **Schutz der Versichertengemeinschaft** – nicht herangezogen werden, um Schmerzensgeldansprüche für kleinere Körperverletzungen gänzlich abzuwehren.[51] 25

Die Rechtsprechung sollte darauf achten, dass die Bagatellgrenze nicht in Richtung 500,00 € verschoben wird, andernfalls könnte sie Wegbereiter für einen neuen Anlauf des Gesetzgebers werden. 26

Etwas streng könnte das LG Limburg[52] gewesen sein, das ein Schmerzensgeld versagte, obwohl der Verletzte als Motorradfahrer eine Prellung der Mittelhand, des Oberschenkels und beider Knie erlitten hatte und 3 Tage arbeitsunfähig war. Allerdings traf ihn ein Mitverschulden von 2/3. Das Gericht begründete, dass bei Verkehrsunfällen die Genugtuungsfunktion zurücktrete. Ein Schmerzensgeldanspruch des Klägers bestehe nicht, weil das Befinden des Klägers nur gering und vorübergehend beeinträchtigt worden sei. Zweifelhaft auch das OLG Naumburg[53], welches Prellungen an Oberarm und Brust nach einem Unfall mit der Folge von zwei Wochen Arbeitsunfähigkeit als entschädigungslos hinzunehmende Bagatellverletzung bewertet hat. 27

So hält auch Wenker[54] ein Schmerzensgeld für einfache Prellungen, Blutergüsse und kleine Wunden mit folgenloser Heilung regelmäßig nicht für schmerzensgeldwürdig, eine Auffassung, die kaum geteilt werden kann. 28

---

49 BGH, Urt. v. 14.01.1992 – VI ZR 120/91, VersR 1992, 504 = MDR 1992, 349 = NJW 1992, 1043; vgl. Henke, S. 2: Die Billigkeit, nach der sich die Höhe des Schmerzensgeldes bestimmt, ist wirklich als ganz freie Gerechtigkeit des Einzelfalles aufzufassen, sie entspricht dem lateinischen Begriff der aequitas und dem deutschen Sprichwort: Was dem einen recht ist, ist dem anderen billig. Billigkeit erfordert in gleichen Sachen gleiches Recht.

50 Grüneberg/*Grüneberg*, § 249 Rn. 11 f.

51 Der Versicherungswirtschaft und der Versichertengemeinschaft sollte eher bei materiellen Bagatellschäden ein Verzicht auf Schadensersatz (wie z.B. die Streichung des Anspruchs auf Ersatz der USt [§ 249 Abs. 2 BGB.], die tatsächlich nicht angefallen ist, aber auch darüber hinaus) zugemutet werden. Eine Beule in der Stoßstange schmerzt weniger (wenn auch ohne Reparatur etwas länger) als eine Prellung oder Verstauchung. Es ist dem Gesetzgeber aber nicht in den Sinn gekommen, in diesem Bereich vorhandenes Sparpotenzial auszunutzen. Dabei hätte es nahe gelegen, solche Schäden von der Ersatzpflicht auszunehmen, die der BGH als Bagatellverletzungen beschreibt, die keinen Anspruch auf Schmerzensgeld auslösen: Es muss sich um Schäden handeln, die im Alltagsleben typisch sind und auch aus einem anderen als einem Haftpflichtfall vorkommen können, um Schäden, die im Zusammenleben mit Menschen unvermeidlich sind und im alltäglichen Leben immer wieder vorkommen. Übertragen auf materielle Schäden sind dies kleine Dellen, Kratzer und Lackschäden oder ein verbogenes Nummernschild.

52 LG Limburg, Urt. v. 08.09.2004 – 2 O 15/04, unveröffentlicht.

53 OLG Naumburg, Urt. v. 19.02.2014 – 5 U 206/13, VD 2014, 278.

54 Wenker, Transparenz und Akzeptanz des Schmerzensgeldanspruchs, NZV 2014, 241 (242).

Kapitel 2 Haftungstatbestände

Übersicht

A. Grundregel: § 253 Abs. 2 BGB

1 Nach § 249 BGB hat derjenige, der zum Schadensersatz verpflichtet ist, zunächst den Zustand herzustellen (§ 249 Satz 1 BGB), der bestehen würde, wenn der zum Ersatz verpflichtende Umstand nicht eingetreten wäre, oder der Geschädigte kann den dafür (also für die mögliche Herstellung) erforderlichen Geldbetrag verlangen (§ 249 Satz 2 BGB).[1] Dieser **Grundsatz der Naturalrestitution** gilt grds. für vermögensrechtliche und für nicht vermögensrechtliche – immaterielle – Schäden.[2]

2 Für zwar notwendige, aber nicht versuchte Heilungsmaßnahmen kann kein Ersatz verlangt werden,[3] obwohl die Kosten jeder Heilbehandlung einen materiellen Schaden darstellen, der an sich auch als fiktiver Schaden zu ersetzen wäre.

3 Die fiktive Schadensregulierung für Heilbehandlungsmaßnahmen wird meist ohne nähere Begründung abgelehnt.[4] Diskutiert wird die Frage kaum. Allenfalls wird behauptet, mit der körperlichen Unversehrtheit und der Gesundheit, solle/dürfe kein Geschäft gemacht werden. Das OLG Köln[5] meint, dass die zur Wiederherstellung der Gesundheit erforderlichen Kosten zweckgebunden seien und nicht der Dispositionsfreiheit des Geschädigten unterlägen. Auch eine Vorschusszahlung sei dem Schadensersatzrecht fremd, eine Auffassung, die nicht nachvollziehbar ist, weil bei materiellen Schäden gem. § 242 BGB eine Vorschussklage ohne Weiteres möglich ist. Es gibt aber sicher Fälle, in denen der Geschädigte auf die medizinisch für erforderlich gehaltene »Reparatur« verzichten und sich mit einer »Billigreparatur« begnügen möchte.

4 Insgesamt ist zu beachten: Weil immaterielle Schäden, jedenfalls soweit es sich um Dauerschäden handelt, nicht durch »Herstellung in Natur« i.S.d. § 249 BGB ausgeglichen werden können, hat der Ersatzpflichtige den Geschädigten durch Zahlung eines Schmerzensgeldes in Geld zu entschä-

---

1 Lorenz, S. 26.

2 Deutsch/Ahrens, Rn. 432.

3 BGH, Urt. v. 14.01.1986 – VI ZR 48/85, NJW 1986, 1538; AG Seligenstadt, Urt. v. 02.07.2003 – 313/03, SP 2003, 346.

4 Zur Naturalrestitution durch den Geschädigten vgl. Picker, S. 62 ff.

5 OLG Köln, Urt. v. 12.01.2005 – 5 U 96/03, OLGR 2005, 159 (160).

digen.[6] Dabei ist jedoch darauf zu achten, dass die Schmerzensgeldbeträge nicht – wie in der Vergangenheit – allzu niedrig ausfallen.[7]

Ersatz immateriellen Schadens wurde und wird nach § 253 Abs. 1 BGB nur in den durch das Gesetz bestimmten Fällen gewährt. Als solchen Fall kannte das BGB neben dem zwischenzeitlich aufgehobenen § 1300 BGB[8] nur die Bestimmung des § 847 BGB a.F., der einen Schmerzensgeldanspruch für die Verletzung von Körper, Gesundheit und Freiheit vorsah, während heute in § 253 Abs. 2 die geschützten Rechtsgüter aufgeführt sind, bei deren Verletzung Schmerzensgeld zu gewähren ist. 5

Mit Inkrafttreten des 2. Gesetzes zur Änderung schadensersatzrechtlicher Vorschriften am 01.08.2002 ist das Schmerzensgeld im BGB in § 253 Abs. 2 angesiedelt, § 253 Abs. 1 BGB blieb unverändert, § 847 BGB a.F. wurde gestrichen. 6

§ 253 Abs. 2 BGB lautet: 7

> »Ist wegen einer Verletzung des Körpers, der Gesundheit, der Freiheit oder der sexuellen Selbstbestimmung Schadensersatz zu leisten, kann auch wegen des Schadens, der nicht Vermögensschaden ist, eine billige Entschädigung in Geld gefordert werden.«

Die bisherige Regelung des § 847 BGB a.F. setzte für die Gewährung von Schmerzensgeld den objektiven und subjektiven Tatbestand einer **unerlaubten Handlung** voraus. Dazu rechnen alle Anspruchsgrundlagen aus §§ 823 ff. BGB, also bspw. auch die Billigkeitshaftung nach § 832 BGB, das Einstehen für Verrichtungsgehilfen gem. § 831 BGB oder die Tierhalterhaftung nach § 833 BGB. 8

I.d.R. setzen diese Haftungstatbestände **Verschulden** voraus, sei es auch nur vermutetes Verschulden wie in § 832 Abs. 1 BGB. Die Haftung kann jedoch auch unabhängig von einem Verschulden eintreten, so in §§ 829, 833 BGB[9] und in Fällen der Gefährdungshaftung. Auf § 831 BGB braucht in Fällen der Körperverletzung im Straßenverkehr nicht mehr zurückgegriffen werden,[10] weil die Gefährdungshaftung nach dem StVG seit dem 2. Gesetz zur Änderung schadensersatzrechtlicher Vorschriften auch Ansprüche auf Zahlung von Schmerzensgeld umfasst.[11] 9

Auch nach dieser gesetzlichen Änderung gilt das Prinzip des ehemaligen und jetzigen § 253 Abs. 1 BGB fort, wonach »wegen eines Schadens, der nicht Vermögensschaden ist, … eine Entschädigung in Geld nur in den durch das Gesetz bestimmten Fällen gefordert werden kann«. Der Gesetzgeber hat also nicht nur an der grds. Trennung zwischen Vermögens- und Nichtvermögensschäden festgehalten, sondern auch daran, dass die Letzteren nur ausnahmsweise ersatzfähig sein sollen. Daran, nicht nur den § 847 BGB, sondern auch den § 253 BGB a.F. ganz einfach ersatzlos zu streichen und von dem Prinzip auszugehen, dass grds. jeder Schaden zu ersetzen sei, ist offenbar nie gedacht worden.[12] 10

Da §§ 253, 847 BGB a.F. schon immer als Ausnahmevorschriften angesehen wurden, schied eine analoge Anwendung aus. Das gilt auch für die Regeln der DSGVO. Zwar hat nach § 82 Abs. 1 DSGVO jeder, dem wegen eines Verstoßes gegen die DSGVO (§ 6 DSGVO) ein materieller oder immaterieller Schaden entstanden ist, einen Schadensersatzanspruch gegen den Verantwortlichen. Ein bloßer Verstoß gegen die Vorschriften der DSGVO ohne Schadensfolgen führt aber nicht zu einem Schadensersatzanspruch und damit auch nicht zu einem Schmerzensgeldanspruch.[13] 11

---

6 Staudinger/Schäfer, BGB, 12. Aufl. 1986, § 847 Rn. 3.

7 Teplitzky, a.a.O.; Donaldson, AcP 166 (1966), 462 ff.

8 Aufgehoben durch Art. 1 Nr. 1 EheschlRG v. 01.07.1998, BGBl. I 1998, S. 833.

9 BGH, Urt. v. 18.12.1979 – VI ZR 27/78, BGHZ 76, 279 (282) = VersR 1980, 625 (626). Eine Übersicht über die Anspruchsgrundlagen findet sich bei RGRK/Kreft, BGB, § 847 Rn. 10.

10 OLG Hamm, Urt. v. 23.03.1998 – 6 U 210/97, NZV 1998, 409 f.; OLG Hamm, Urt. v. 02.02.2000 – 13 U 155/99, NZV 2001, 171; KG, Urt. v. 21.05.2001 – 12 U 3372/00, KGR 2002, 5.

11 Vgl. auch Rdn. 65 ff.; 1502 ff.

12 Vgl. v. Bar, Karlsruher Forum 2003, S. 9.

13 AG Diez, Urt. v. 07.11.2018 – 8 C 130/18, ZD 2019, 85.

Das **Analogieverbot**[14] stand insb. der Anwendung des § 847 BGB a.F. bei bloßer Verletzung von Vertragspflichten entgegen.[15] Das galt natürlich nicht, wenn die Vertragsverletzung zugleich den Tatbestand einer unerlaubten Handlung erfüllte, was insb. beim **ärztlichen Behandlungsfehler im Rahmen eines ärztlichen Behandlungsvertrages** vorkommt.[16]

12 Konsequent wurde gegen den Auftragnehmer ein Schmerzensgeld aus Vertrag z.B. auch nicht gewährt, im Fall eines Körperschadens bei Erfüllung eines Werkvertrages, bei Durchführung eines Auftrages, bei der Geschäftsführung ohne Auftrag[17] oder wenn ein Mieter infolge eines Mangels der Mietsache einen Körperschaden erlitt, sofern nicht der Auftragnehmer selbst handelte oder zugleich eine schuldhafte Verletzung der Verkehrssicherungspflicht und damit eine unerlaubte Handlung gegeben war.

Nach § 253 Abs. 2 BGB ist – bei Vorliegen der dortigen Voraussetzungen – aus jedem Schadensersatzanspruch auch Schmerzensgeld geschuldet. Weil aber (aufgrund der systematischen Stellung des § 253 BGB) gleichwohl ein **Schadensersatz**anspruch erforderlich ist, gibt es etwa kein Schmerzensgeld im Rahmen von **§ 906 Abs. 2 Satz 2 BGB**. Dieser Anspruch gewährt einen Ausgleich für vermögenswerte Nachteile aufgrund der Eigentums- oder Besitzstörung, aber keinen Schadensersatz.[18]

B. Schmerzensgeld aus Vertrag

I. Rechtslage vor 2002: Schmerzensgeld nur bei vertraglicher Vereinbarung und aus Delikt

13 I.R.d. Vertragshaftung wurde ein Schmerzensgeld bisher nur bei vertraglicher Vereinbarung geschuldet. Diese ist möglich,[19] sogar in der Weise, dass ein Anspruch auf Ersatz immateriellen Schadens vertraglich vereinbart werden kann auch für den Fall, dass ein solcher Anspruch nach dem Gesetz gar nicht besteht. Dies gilt jedenfalls für den Fall, dass die Gewährung immateriellen Schadensersatzes im Einzelfall nicht sittenwidrig ist. Der Ersatz immateriellen Schadens kann auch durch Vereinbarung einer **Vertragsstrafe** geregelt werden. Andere Versuche, nach bisherigem Recht ein Schmerzensgeld im Fall einer Vertragsverletzung zu erhalten, mussten am eindeutigen Wortlaut des § 253 Abs. 1 BGB a.F. scheitern, wonach bei immateriellem Schaden eine Entschädigung nur aufgrund gesetzlicher Regelung gefordert werden konnte.[20]

14 Die Beschränkung des Schmerzensgeldanspruchs auf das Deliktsrecht wurde als wenig einsichtig angesehen, zumal zu bedenken ist, dass bei ein und derselben Verletzung der immaterielle Schaden je nach dem Haftungsgrund mal durch die Gewährung von Schmerzensgeld ausgeglichen wurde und

14 Müller, VersR 2003, 1 (2).

15 Staudinger/Schiemann, BGB, 2005, § 253 Rn. 34, 56; so bereits RG, Urt. v. 13.12.1906 – VI 130/06, RGZ 65, 17 (21) und seitdem st. Rspr. und h.L.: MünchKomm/Oetker, § 253 Rn. 7 m.w.N.; Wiese, DB 1975, 2309 (2310); Hohloch, Bd. I, 1981, S. 375.

16 AG Jever, Urt. v. 06.12.1990 – C 697/90, NJW 1991, 760; Staudinger/Schiemann, , § 253 Rn. 4 ff.

17 BGH, Urt. v. 19.05.1969 – VII ZR 9/67, BGHZ 52, 115 = NJW 1969, 1665; vgl. dazu aber: Staudinger/Schiemann, , § 253 Rn. 1.

18 BGH, Urt. v. 23.07.2010 – V ZR 142/09, NJW 2010, 3160. Dort hatten Eigentümer geklagt, auf deren Grundstück es wegen eines benachbarten Steinkohlebergbaus zu Erschütterungen kam; sie begehrten Schmerzensgeld für eine hierdurch verursachte Phobie und psychosomatische Beschwerden.

19 BGH, Urt. v. 12.07.1955 – V ZR 209/54, JZ 1955, 581; Staudinger/Schiemann, § 253 Rn. 9; von Bar, Karlsruher Forum 2003, S. 19 f.

20 Solche Regelungen finden sich z.B. in § 611a Abs. 2 BGB – inzwischen weggefallen –, wonach ein Arbeitnehmer vom Arbeitgeber eine angemessene Entschädigung in Geld verlangen konnte, wenn der Arbeitgeber gegen das Benachteiligungsverbot des § 611a Abs. 1 BGB verstoßen hatte; § 651f Abs. 2 BGB, wonach dem Reisenden wegen nutzlos aufgewendeter Urlaubszeit eine angemessene Entschädigung in Geld zusteht; § 97 Abs. 2 UrhG, wonach bei schuldhafter Rechtsverletzung eine Entschädigung in Geld verlangt werden kann; § 7 Abs. 3 StrEG; § 40 Abs. 3 SeemannsG.

mal nicht und dass die vertragliche Haftung im Vergleich zur deliktischen strenger ausgestaltet ist, was sich nicht zuletzt in den §§ 278, 282 BGB a.F. und jetzt bei § 280 Abs. 1 Satz 2 BGB zeigt.[21]

Nach der alten Ansiedlung des Schmerzensgeldes im Deliktsrecht war stets zu prüfen, ob die Verletzung von Körper, Gesundheit oder Freiheit **rechtswidrig**[22] war. Zusätzliche Voraussetzung war, dass den Schädiger ein **Verschulden**[23] traf. Hatte er nicht selbst gehandelt, sondern war der Schaden auf eine widerrechtliche, nicht notwendig schuldhafte[24] Handlung seines Verrichtungsgehilfen zurückzuführen, bedeutete dies zugleich, dass sich der meist wirtschaftlich stärkere Schuldner gem. § 831 BGB entlasten konnte – ein Ausweg, der ihm nicht mehr zur Verfügung steht, wenn das Einstehenmüssen für fremdes Verschulden nach § 278 BGB beurteilt wird, soweit der Handelnde im Bereich der Vertragshaftung als Erfüllungsgehilfe anzusehen ist. 15

II. Seit 01.08.2002: Schmerzensgeld einheitlich aus Delikt und Vertrag

Nach geltendem Recht wird nach § 253 BGB Schmerzensgeld einheitlich für Delikt und Vertragsverletzung gewährt, womit der Gesetzgeber in das Recht der unerlaubten Handlung und des Schadensersatzes eingreift, das seit dem Inkrafttreten des BGB am 01.01.1900 im Wesentlichen unverändert geblieben war. Mit dieser Bestimmung hat der Gesetzgeber eine **zentrale Anspruchsgrundlage**[25] **für die Zahlung von Schmerzensgeld** geschaffen.[26] Mit der Verlagerung der Schmerzensgeldregelung vom Deliktsrecht in das Schuldrecht musste § 847 BGB a.F. am alten Standort aufgegeben werden. 16

Besteht gegen den Schädiger wegen Verletzung eines der in § 253 Abs. 2 BGB genannten Rechtsgüter ein vertraglicher Schadensersatzanspruch, umfasst seine Ersatzpflicht auch Schmerzensgeld. Das bedeutet zugleich, dass der Schmerzensgeldanspruch jedenfalls heute als »gewöhnlicher« Schadensersatzanspruch anzusehen ist. Das Wort des großen Zivilsenats,[27] der Anspruch auf Schmerzensgeld sei »kein gewöhnlicher Schadensersatzanspruch«, gilt nicht mehr. 17

Für den vertraglichen Anspruch auf Zahlung von Schmerzensgeld ist es gleichgültig, ob der Schuldner eine **Haupt- oder Nebenpflicht (Schutz- oder Aufklärungspflicht)** verletzt hat. Die bei vertraglichen Ansprüchen für den Verletzten bestehenden Vergünstigungen, Zurechnung von Gehilfenverschulden, § 278 BGB, und Umkehr der Beweislast, § 280 Abs. 1 Satz 2 BGB gelten auch für den Schmerzensgeldanspruch. 18

Mit der Einführung des Schmerzensgeldes aufgrund einer Vertragsverletzung sind ggü. der früheren Rechtslage wesentliche Änderungen verbunden: 19

---

21 Haas/Horcher, DStR 2001, 2118 (2120); Rauscher, Jura 2002, 577 (579).

22 Zwar ist bei einer Körperverletzung die Rechtswidrigkeit indiziert, das gilt im Arzthaftungsrecht aber nur dann, wenn der ärztliche Eingriff ohne wirksame Einwilligung erfolgt, deshalb rechtswidrig ist und tatbestandlich eine Körperverletzung darstellt.

23 Ausnahme: § 833 Abs. 1 BGB Tierhalterhaftung, weil diese zufällig im Kontext der deliktischen Verschuldenshaftung geregelt war, vgl. Freise, VersR 2001, 539 (540 f.).

24 Grüneberg/Sprau, § 831 Rn. 1.

25 Haas/Horcher, DStR 2001, 2118 (2120). Richtigerweise ist § 253 Abs. 2 BGB aber wohl als Klarstellung der Rechtsfolgen anzusehen; vgl. auch Wagner, NJW 2002, 2049 (2055).

26 BT-Drucks. 14/7752, S. 24.

27 BGH, Beschl. v. 06.07.1955 – GSZ 1/55, BGHZ 18, 149 = VersR 1955, 615 = NJW 1955, 1675 = MDR 1956, 19 m. Anm. Pohle.

20 Übersicht 1: Schmerzensgeldansprüche aus Vertragsverhältnissen

Die Betreiber von Supermärkten, Einrichtungshäusern, Schwimmbädern und Musikhallen und Reiseveranstalter haften ihren Kunden auch vertragsrechtlich auf Schmerzensgeld, wenn diese z.B. auf einem Gemüseblatt oder einer Bananenschale ausgleiten, von einer umfallenden Linoleumrolle verletzt werden, durch einen Kopfsprung vor eine unter Wasser befindliche Mauer verletzt werden, durch ein Rockkonzert einen Hörschaden erleiden oder als Gast eines Hotels über eine zu niedrige Brüstung vom Balkon stürzen (OLG Köln, Urt. v. 18.12.2006 – 16 U 40/06, RRa 2007, 65). Die bisherigen Lösungen, die dem Verletzten wegen Verletzung der Verkehrssicherungspflicht einen deliktsrechtlichen Anspruch gaben, resultierten daraus, dass praktisch sämtliche Sorgfaltspflichten des Deliktsrechts in das Vertragsrecht gespiegelt worden sind, um dem Vertragsschuldner die Berufung auf § 831 BGB abzuschneiden. Bedenklich ist insoweit nicht die Gewährung von Schmerzensgeld in Fällen der Vertragsverletzung, sondern die das deutsche Recht kennzeichnende Ausdehnung der Schutzpflichtenlehre.

Auch die Gemeinden werden umdenken müssen. Sie sind entweder unmittelbar oder über ausgegliederte Kapitalgesellschaften in der vertraglichen Haftung für Körperschäden im Zusammenhang mit Bus- oder Bahnfahrten, in Schwimmbädern, Theatern, Konzerthallen, Sportstadien usw.

Die Änderungen durch das Schadensrechtsänderungsgesetz werden besonders deutlich, wenn man einen Schmerzensgeldanspruch aus Arzthaftung prüft (vgl. unten Kap. 6 Rdn. 280 ff.).

Nach **§ 618 Abs. 1 BGB** ist der **Dienstberechtigte** (Dienstherr) verpflichtet, den Verpflichteten gegen Gefahren für Leben und Gesundheit zu schützen. Eine Verletzung dieser Pflichten stellt eine positive Vertragsverletzung dar. Der Schadensersatzanspruch ist vertraglicher Natur, obwohl das Gesetz die §§ 842 bis 846 BGB der unerlaubten Handlung für anwendbar erklärt. Der Dienstverpflichtete hatte bisher keinen Anspruch auf Schmerzensgeld (Palandt/Weidenkaff, § 618 Rn. 8), wenn nicht die **Verletzungshandlung** zugleich den Tatbestand der unerlaubten Handlung erfüllte (zu beachten ist das in §§ 104 ff. SGB VII normierte Haftungsprivileg für Arbeitgeber, Arbeitskollegen und sog. »Wie-Beschäftigte«, vgl. dazu näher Kap. 3 Rdn. 72 ff.).

§ 651f Abs. 1 BGB gibt einen vertraglichen Anspruch auf Schadensersatz wegen Nichterfüllung bei einem **Reisemangel**, der bisher keinen Anspruch auf Schmerzensgeld begründete (anders OLG Düsseldorf, Urt. v. 28.05.2002 – 20 U 30/02, NJW-RR 2003, 59 [62], das allerdings den Anspruch auf §§ 831, 847 BGB a.F. stützt und einen Hotelier bei der Erfüllung der Verkehrssicherungspflicht als Verrichtungsgehilfen des Reiseveranstalters ansieht.). Zwar wird in den eng umgrenzten Fällen des § 651f Abs. 2 BGB eine angemessene Entschädigung in Geld gewährt, diese Entschädigung war und ist aber kein Schmerzensgeld.

Sogar aus Versicherungsvertrag ist ein Schmerzensgeldanspruch denkbar (Das LG München I, Urt. v. 16.05.2007 – 6 S 20960/06, RRa 2008, 148 f. sprach Schmerzensgeld aus einer Krankenrücktransportversicherung zu, weil die beklagte Versicherung den Rücktransport des Klägers abgelehnt hatte. Vgl. Jaeger, RRa 2010, 58 ff.).

Nach **§ 670 BGB** steht dem Beauftragten ein Anspruch auf Ersatz von Aufwendungen zu, die er zum Zwecke der Ausführung des Auftrages gemacht hat. Zu den Aufwendungen können auch die Kosten für die Behebung von Körperschäden gehören, die der Beauftragte bei der Ausführung des Auftrages erleidet, wenn er freiwillig bestimmte Risiken eingeht. Ersetzt wird nunmehr auch der **immaterielle** (BGH, Urt. v. 19.05.1969 – VII ZR 9/67, BGHZ 52, 115 ff.; Palandt/Sprau, § 670 Rn. 2, 13). **Schaden.** Anderer Ansicht ist das OLG Celle (Urt. v. 16.10.2014 – 5 U 16/14, r+s 2014, 624), welches das Schmerzensgeld nicht von § 670 BGB umfasst sieht. Der BGH (Urt. v. 23.07.2015 – III ZR 346/14) hat die Frage offengelassen, weil er schon ein Auftragsverhältnis verneint hat.

–	Auch im Rahmen eines Anwaltsvertrages nach §§ 675, 253 BGB ist ein Schmerzensgeld nach fehlerhafter Beratung denkbar.
–	Ein Mandant machte geltend, er sei aufgrund einer ihn belastenden gänzlich unvertretbaren Rechtsauskunft in eine Dauerpanik und seelische Auflösung i.S.e. posttraumatischen Belastungsstörung geraten. Wegen der dadurch hervorgerufenen Gesundheitsbeeinträchtigung sei ein Schmerzensgeld i.H.v. 4.000,00 € zu zahlen. Der BGH, Urt. v. 09.07.2009 – IX ZR 88/08, NJW 2009, 3025 war anderer Meinung: Die Schlechterfüllung eines Anwaltsvertrages, der nicht den Schutz der Rechtsgüter des § 253 Abs. 2 BGB zum Gegenstand hat, begründet i.d.R. keinen Schmerzensgeldanspruch.

Für **Sach- und Werkmängel** (§§ 437 Nr. 3, 634 Nr. 4 i.V.m. § 280 Abs. 1 BGB) gilt: Sind der Kaufgegenstand (Sache) oder das Werk mangelhaft, kann der Käufer/Besteller Schadensersatz verlangen. Der Anspruch umfasst nun auch einen Schmerzensgeldanspruch, wenn infolge eines Mangels des Kaufgegenstandes oder eines Mangels des Werkes Körper oder Gesundheit des Käufers/Bestellers verletzt wird.
Die Rechtsänderung wird besonders deutlich bei einem **Beförderungsvertrag**, wenn der Fahrgast z.B. im Pkw oder im Zug verletzt wird. Zwar greifen hier auch Tatbestände der Gefährdungshaftung ein, aber der Fahrgast hat nunmehr zusätzlich aus dem Beförderungsvertrag einen eigenständigen Schmerzensgeldanspruch.
I.R.d. verschuldensunabhängigen Haftung des Vermieters für anfängliche Mängel (§ 536a Abs. 1 BGB), kann der **Mieter** Schadensersatz verlangen. Der Anspruch umfasst nun auch einen Schmerzensgeldanspruch (so auch Diederichsen, VersR 2005, 433 [436]; vgl. auch Staudinger/Schiemann, BGB, § 253 Rn. 5; Kern, NZM 2007, 634.).
Im Rahmen von **Schadensersatzansprüchen aus c.i.c.** (§ 311 Abs. 2 und 3 i.V.m. § 280 Abs. 1 BGB) umfasst der vertragliche Schadensersatzanspruch nun auch einen Schmerzensgeldanspruch. Dasselbe gilt für: Ansprüche aus öffentlich-rechtlichen Sonderverbindungen, Ansprüche wegen Verletzung nachvertraglicher Pflichten, Ansprüche aus GoA.

III. Beispiele

Für die einzelnen **Vertragstypen** bedeutet dies Folgendes: 21

1. Kaufvertrag

In aller Regel ergibt sich aus einem einfachen Kaufvertrag gegen den Vertragspartner kein Schadensersatz- oder Schmerzensgeldanspruch. Der Grund dafür liegt darin, dass bei einem Kaufvertrag i.d.R. keine Hauptpflichten bestehen, deren Verletzung einen Körperschaden verursachen kann,[28] es sei denn, ein für den Verkäufer erkennbarer Mangel der Kaufsache führt zu Körperschäden.[29] So haftet der Verkäufer eines Neufahrzeugs, dessen Bremsen versagen, nicht, weil ihn kein Verschulden trifft. Dem Verkäufer eines Neufahrzeugs obliegt keine Untersuchungspflicht und damit auch keine Hinweis- oder Warnpflicht. Ansprüche, auch auf Schmerzensgeld (§ 8 ProdHaftG), können sich aber aus § 1 ProdHaftG gegen den Hersteller ergeben. 22

2. Dienstvertrag

Im Dienstvertrag ist bei Verletzung der in § 241 Abs. 2 BGB normierten allgemeinen Rücksichtnahmepflicht auf die Rechtsgüter des Vertragspartners ein Schadensersatzanspruch denkbar, der auf Schmerzensgeld gerichtet sein kann, §§ 280 Abs. 1, 253 Abs. 2 BGB. Dies betrifft neben den Arzthaftungsfällen, die an anderer Stelle vertieft behandelt werden, auch den Anwaltsvertrag. Allerdings ist die **Kündigung** etwa eines zahnärztlichen Behandlungsvertrages regelmäßig nicht geeignet, Schmerzensgeldansprüche zu begründen. Arzt- wie Anwaltsverträge können als Dienstverträge höherer Art grds. jederzeit gekündigt werden. Eine Ersatzpflicht besteht nach § 627 BGB nur bei 23

28 Anders kann dies sein, wenn der Verkäufer eine vertragliche Nebenpflicht (§§ 311 Abs. 2, 280 BGB.) verletzt oder neben dem Kauf- ein selbstständiger Beratervertrag zustande kommt. Ohne diese Besonderheit bejaht Diederichsen, VersR 2005, 433 (436) eine Haftung von Verkäufer oder Werkunternehmer, die die Lieferung einer mangelfreien Sache schuldeten.

29 So im Fall AG Zittau, Urt. v. 30.03.2005 – 5 C 389/04, NJW-RR 2006, 168, in welchem eine verkaufte Katze eine Sporeninfektion hatte, die zu Pilzinfektionen in der Familie des Käufers führte; das AG lehnte allerdings nach sachverständiger Begutachtung einen Mangel ab, da der Befall mit microsporum canis als »katzentypisch« gewertet worden war.

einer Kündigung »zu Unzeit«, was allenfalls angenommen werden kann, wenn die von dem Patient benötigten Dienste nicht anderweitig beschafft werden können.[30]

24 Das KG[31] hatte einen Fall zu entscheiden, in welchem es der beklagte Strafverteidiger entgegen entsprechender Absprache mit seinem Mandanten versäumt hatte, einen Antrag auf Terminsverlegung zur Hauptverhandlung zu stellen. Ebenso unterließ er es, den Mandanten, der kurz vor einer Reise in sein Heimatland zu seiner Hochzeit stand, über das Risiko seiner Verhaftung bei Terminsversäumung aufzuklären. Der Mandant wurde nach seiner Rückkehr verhaftet und blieb ca. 3 Monate in Haft. Er begehrte 20.000,00 € Schmerzensgeld (250,00 €/Tag). Das KG machte keine Ausführungen zu der Frage, ob das Schmerzensgeld nach Tagen zu berechnen sei, sondern sprach insgesamt 7.000,00 € zu, wobei es auch auf ein »erhebliches Mitverschulden« des Klägers verwies. Anspruchsgrundlage gegen den RA seien nun die §§ 280 Abs. 1, 241 Abs. 2, 611 BGB.

25 Jedoch hat der BGH[32] eine Haftung des Anwalts für Gesundheitsschäden einer Mandantin nach einem anwaltlichen Beratungsfehler (»Dauerpanik« nach der falschen Rechtsauskunft, die private Haftpflicht decke die verursachten Schäden von 600.000,00 € nicht) abgelehnt, weil die psychische Fehlverarbeitung von fehlerhaften Informationen außerhalb des Schutzzwecks des Anwaltsvertrages liege.

3. Arbeitsrecht

26 Im Arbeitsrecht löst die Verletzung der **Fürsorgepflicht** nach § 618 Abs. 1 BGB Schadensersatzansprüche aus, zu denen nunmehr auch ein Anspruch auf Schmerzensgeld gehört. Allerdings ist zu beachten, dass auch weiterhin ein Schmerzensgeldanspruch des Arbeitnehmers bei vom Dienstherrn lediglich fahrlässig verursachten Arbeits- und Dienstunfällen ausgeschlossen ist (§§ 104 ff. SGB VII), ein Ausschluss, der nicht gegen das GG verstößt.[33] Lediglich bei einer **vorsätzlichen Schädigung des Arbeitnehmers** durch den Dienstherrn besteht daher neben dem deliktischen nunmehr auch ein vertraglicher Anspruch auf Zahlung von Schmerzensgeld.[34]

27 Denkbar ist auch eine Haftung auf Schmerzensgeld nach dem AGG, wonach Verstöße gegen das Benachteiligungsverbot ein Schmerzensgeld nach sich ziehen können (Arbeitsrecht: § 15 Abs. 2 AGG; sonstiges Zivilrecht: § 21 Abs. 2 AGG); so hat in einer der ersten Entscheidungen hierzu das AG Hagen[35] einem Mann, der nicht in ein Fitnessstudio aufgenommen wurde, weil »man unterhalb der wünschenswerten Quote an weiblichen Mitgliedern liege«, wegen Verstoßes gegen § 21 Abs. 2 Satz 3 AGG die (allerdings überschaubare) Summe von 50,00 € Schmerzensgeld zuerkannt. Das AG Bremen[36] sprach einem farbigen Kläger 300,00 € dafür zu, dass er wegen seiner Hautfarbe nicht in eine Diskothek eingelassen wurde, das OLG Stuttgart hielt in einem vergleichbaren Fall 900,00 € für angemessen.[37]

30 KG, Urt. v. 04.06.2009 – 20 U 49/07, MedR 2010, 35, etwa bei »Monopolstellung« des Arztes.

31 KG, Urt. v. 17.01.2005 – 12 U 302/03, NJW 2005, 1284 = VersR 2005, 698.

32 BGH, Urt. v. 09.07.2009 – IX ZR 88/08, NJW 2009, 3025.

33 BVerfG, Beschl. v. 07.11.1972 – 1 BvL 4/71, u.a. NJW 1973, 502; BVerfG, Beschl. v. 08.02.1995 – 1 BvR 753/94, NJW 1995, 1607; BGH, Urt. v. 04.06.2009 – III ZR 229/07, ZGS 2009, 344 = FamRZ 2009, 1323.

34 Diederichsen, VersR 2005, 433 (436).

35 AG Hagen, Urt. v. 09.06.2008 – 140 C 26/08, unveröffentlicht.

36 AG Bremen, Urt. v. 20.01.2011 – 25 C 278/10, NJW-RR 2011, 675.

37 OLG Stuttgart, Urt. v. 12.12.2011 – 10 U 106/11, VersR 2012, 329: Entschädigung nach § 21 Abs. 2 Satz 3 AGG für die nicht gerechtfertigte Diskriminierung (Verweigerung des Einlasses in Disko aufgrund Hautfarbe). Bei der Bemessung stellte der Senat zum einen auf den Aspekt der Abschreckung ab, weil die zuerkannte Entschädigung wirtschaftlich einem Eintritt von 150,00 € pro abgewiesener Person gleichstand; zum anderen aber auch darauf, dass andere männliche Personen dunkler Hautfarbe in der Disko waren, sodass Farbige nicht generell ausgeschlossen wurden.

▶ Hinweis:

Eine entschädigungsrelevante Frage auf dem Gebiet des Arbeitsrechts ist dadurch entstanden, dass der Arbeitgeber nunmehr in Anspruch genommen werden kann, wenn Arbeitnehmer von diesem oder anderen Arbeitnehmern »gemobbt« werden.[38] Die Rechtsprechung ist jedoch noch zurückhaltend mit der Zubilligung von Schmerzensgeld. 28

4. Arzthaftung

Auch Verletzungen des Behandlungsvertrages, §§ 630a ff. BGB ziehen Schmerzensgeldansprüche nach sich. 29

5. Haftung des Werkunternehmers

Der Werkvertrag stellt ein besonderes Anwendungsgebiet für vertragliche Schmerzensgeldansprüche dar. Das liegt daran, dass gerade im Werkvertragsrecht der Werkunternehmer i.d.R. nicht selbst handelt, sondern seine Mitarbeiter einsetzt. Für Verschulden seiner Mitarbeiter hat der Werkunternehmer nach altem Recht nur auf Schmerzensgeld gehaftet, wenn er sich nicht nach § 831 BGB exkulpieren konnte. Heute ist die Rechtslage anders, weil der Unternehmer aus Vertrag für Fehler seiner Erfüllungsgehilfen haftet (§ 278 BGB) und sich nicht exkulpieren kann. Dabei geht es nicht um die Verletzung von Körper und Gesundheit bei Gelegenheit der Ausführung werkvertraglicher Arbeiten, etwa um einen Exzess eines Gesellen anlässlich der Ausführung der Arbeiten, z.B. Vergewaltigung der Ehefrau oder Prügelei mit dem Sohn des Auftraggebers; das wären Fälle der unerlaubten Handlung »bei Gelegenheit« der Durchführung des Vertrages, für die § 278 BGB ausscheidet.[39] Einschlägig sind vielmehr die Fälle, in denen ein **Mangel der Werkleistung** zu einem **Körperschaden** führt. Das ist z.B. die fehlerhaft angeschlossene elektrische Anlage, an der sich jemand verletzt, der Kamin, der die Abgase nicht vollständig abführt, sodass die Bewohner des Hauses Vergiftungen erleiden oder das fehlerhaft errichtete Gerüst, das bei einem leichten Windstoß umstürzt. 30

▶ Hinweis:

Werden der Auftraggeber oder der in den Schutzbereich des Vertrages einbezogene Dritte[40] durch Mängel des Werkes verletzt, haftet der Werkunternehmer diesen nicht nur auf Ersatz des materiellen, sondern auch des immateriellen Schadens. 31

Schmerzensgeldansprüche können auch gegen Handwerker in Betracht kommen, die im Auftrag des Vermieters in der vom Mieter gemieteten Wohnung Arbeiten verrichten. Der Werkvertrag zwischen dem Vermieter und dem Handwerker entfaltet nämlich vertragliche Schutzpflichten zugunsten des Mieters, seiner Familienangehörigen und Besucher.[41] 32

▶ Hinweis:

Verwendet der Handwerker z.B. zum Ausschäumen ein Material, das giftige Dämpfe entweichen lässt, oder versiegelt er den Parkettfußboden mit einem Material, das giftige Lösungsmittel enthält, und lüftet er nicht ausreichend oder unterlässt er einen Hinweis auf die von ihm geschaffenen Gefahren, sodass es zu einer Gesundheitsverletzung einer der vertraglich 33

38 Vgl. Kap. 4 Rdn. 93 ff. und Kap. 9 Rdn. 1619 ff.

39 Grüneberg/Grüneberg, § 278 Rn. 20; krit. allerdings Brox/Walker, S. 300.

40 Beispielsfall hierfür (Schmerzensgeld aus Werkvertrag mit Schutzwirkung zugunsten Dritter) etwa OLG Saarbrücken, Urt. v. 18.03.2010 – 8 U 3/09, MDR 2010, 919.

41 Gelegentliche Besucher des Mieters fallen nicht in den Schutzbereich des Mietvertrages, OLG Köln, Urt. v. 08.11.2000 – 11 U 41/00, OLGR 2001, 66.

geschützten Personen kommt, können diese vertragliche Schmerzensgeldansprüche aus Werkvertrag unmittelbar gegen den Handwerker haben.[42]

34 Eine beispielhafte Entscheidung führt in die Problematik ein: Das AG Heidelberg[43] erkannte, dass ein Tätowierer, der eine Tätowierung unsachgemäß ausgeführt hatte, keinen Anspruch auf den vereinbarten Werklohn hat und zum Ersatz der Kosten für die Beseitigung der unbrauchbaren Tätowierung verpflichtet ist. Über Schmerzensgeldansprüche verhält sich das Urteil nicht, wohl deshalb, weil kein Schmerzensgeldanspruch geltend gemacht wurde. Aus diesem Grund trifft das Gericht auch keine Feststellungen zum Verschulden des Tätowierers. Es kann nicht unterstellt werden, dass jede nicht sachgerecht ausgeführte Tätowierung eine rechtswidrige und schuldhafte Körperverletzung darstellt.[44]

35 Wäre das neue Schadensersatzrecht auf diesen Fall bereits anwendbar gewesen, wäre vom Verschulden des Tätowierers auszugehen und dieser hätte sich entlasten müssen. Ohne **Entlastungsbeweis** hätte er neben dem materiellen Schaden auch Schmerzensgeld zahlen müssen. So hat bspw. das AG Bocholt[45] ein Tätowierstudio zu einer Schmerzensgeldzahlung verurteilt, weil Fehler beim Tätowieren gemacht wurden.

36 Ebenso eine Entscheidung des LG Köln:[46] Die Klägerin warf dem Kosmetikstudio vor, im Jahr 2001 statt eines Time-Tattoos, das sich nach einem Zeitraum von 3–5 Jahren abschuppe, ein Permanent-Tattoo aufgebracht zu haben, das allenfalls durch einen ärztlichen Eingriff entfernt werden könne. Zusätzlich warf die Klägerin dem Inhaber des Kosmetikstudios vor, das Tattoo 1,2 cm verschoben, nicht mittig, sondern seitlich zur Wirbelsäule aufgebracht zu haben. Das LG hatte die Klage abgewiesen, weil die Beklagte sich nach § 831 BGB exkulpiert habe.

37 Die Begründung überzeugt nicht. Die Einwilligung der Klägerin ist nur auf ein Time-Tattoo gerichtet; das Aufbringen eines Permanent-Tattoos ist deshalb eine rechtswidrige Körperverletzung. Der Inhaber des Kosmetikstudios haftet für die ausführende Mitarbeiterin als Verrichtungsgehilfin auch dann nach § 831 BGB, wenn diese kein Verschulden treffen sollte.[47] Zur Auswahl und zur Überwachung der Mitarbeiterin hatte die Beklagte nichts vorgetragen.

▶ Praxistipp:

38 Bei Werkverträgen, bei deren Ausführung ein Körperschaden entsteht, sollten immer Schmerzensgeldansprüche aus Vertrag erwogen und an die Beweislastumkehr gedacht werden.

6. Haftung des Auftragnehmers/Geschäftsführung ohne Auftrag

39 Vergleichbares gilt auch für das Auftragsrecht; nach § 670 BGB steht dem Beauftragten ein Anspruch auf Ersatz von Aufwendungen zu, die er zum Zwecke der Ausführung des Auftrages gemacht hat. Zu den Aufwendungen können auch die Kosten für die Beseitigung von Körperschäden gehören,

42 OLG Braunschweig, Urt. v. 29.03.2000 – 3 U 148/95, OLGR 2001, 163.

43 AG Heidelberg, Urt. v. 21.02.2002 – 23 C 506/01, NJW-RR 2003, 19.

44 Vgl. OLG Karlsruhe, Urt. v. 22.10.2008 – 7 U 125/08, VersR 2009, 407, wo in einem Fall vor Inkrafttreten des 2. SchErsRÄndG eine rechtswidrige Körperverletzung jedenfalls dann angenommen wurde, in dem entgegen der Werbung ein »Bio-Tattoo« sich nicht nach 7 Jahren auflöst, sondern dauerhaft verbleibt. Die Einwilligung des Geschädigten deckte dies nicht.

45 AG Bocholt, Urt. v. 24.02.2006 – 4 C 121/04, unveröffentlicht.

46 LG Köln, Urt. v. 19.03.2003 – 16 O 143/02, unveröffentlicht. Der Rechtsstreit wurde vor dem OLG auf 7.500,00 € verglichen, weil die Beklagte zur Auswahl und Überwachung der Mitarbeiterin nichts vorgetragen hatte.

47 Grüneberg/Sprau, § 831 Rn. 1.

die der Beauftragte bei der Ausführung des Auftrages erleidet, wenn er freiwillig Risiken eingeht.[48] Ersetzt werden hiernach der materielle und der immaterielle Schaden.[49]

▶ Hinweis:

Die Bestimmung des § 670 BGB findet mitsamt der Möglichkeit des Schmerzensgeldes auch i.R.d. GoA Anwendung, vgl. §§ 677, 683 BGB, und zwar unter Einschluss derjenigen Ersatzansprüche, welche die Rechtsprechung sich selbst aufopfernden Rettern zuerkennt.[50] Eine neuere grundlegende Entscheidung dazu erließ das LG Dortmund.[51] Eine Zwillingsschwester sah sich zu einer großflächigen Hautspende veranlasst (herausgefordert), um das Leben ihrer Schwester zu retten, die umfangreiche schwere Verbrennungen erlitten hatte. 40

Der BGH[52] sah die Spende einer Niere durch eine Mutter an ihr Kind als einen Fall der Herausforderung an, ließ aber ausdrücklich die Frage offen, ob in diesen Rettungsfällen nicht auch ein Anspruch des Organspenders nach §§ 683, 670 BGB in Betracht kommt.

Insoweit stimmt auch Diederichsen zu,[53] meint aber i.Ü., dass für den immateriellen Schaden ein Aufwendungsersatzanspruch nach §§ 670, 683 BGB von der Rechtsprechung abgelehnt worden sei.

Die Rechtsprechung geht sehr weit und bejaht eine Herausforderung schnell. Selbst einem Polizeibeamten, der einen vermutlich angetrunkenen Radfahrer bei Dunkelheit und bei winterlichen Straßenverhältnissen zu Fuß verfolgt und dabei auf schneeglatter Straße stürzt und sich verletzt, wird ein Schadensersatzanspruch nach der »Herausforderungsformel« zuerkannt.[54] 41

7. Reisevertragsrecht[55]

Eine erhebliche Rolle kommt der strengen Haftung für Erfüllungsgehilfen i.R.d. Reisevertrages zu. Die Norm des § 651f Abs. 2 BGB regelt nur einen eng begrenzten Sonderfall, nämlich den Ersatz entgangener Urlaubsfreuden. Darüber hinaus ist nun auch bei Körperschäden eines Urlaubsreisenden ein vertraglicher Anspruch gegen den Veranstalter möglich, wenn das Personal vor Ort schuldhaft gehandelt hat, § 651f Abs. 1 BGB. Die Zurechnung des Verschuldens von Erfüllungsgehilfen erfolgt 42

---

48 Allgemeine Ansicht, vgl. BGH, Urt. v. 19.05.1969 – VII ZR 9/67, BGHZ 52, 115; Grüneberg/Sprau, § 670 Rn. 9 bis 12. Gestritten wird lediglich um die dogmatische Begründung des Ergebnisses.

49 Dies bestreitet Stefan Müller, ZGS 2010, 538 (540) u.E. zu Unrecht: Er verweist darauf, es handele sich nicht um eine originäre Schadensersatzhaftung, sondern um einen aufopferungsnahen Anspruch. Dagegen spricht aber, dass die Anwendung von § 670 BGB gerade auch auf Schadensersatz ausgedehnt wird. A.A. auch OLG Celle (Urt. v. 16.10.2014 – 5 U 16/14, r+s 2014, 624), welches das Schmerzensgeld nicht von § 670 BGB umfasst sieht. Der BGH (Urt. v. 23.07.2015 – III ZR 346/14.) hat die Frage offengelassen, weil er schon ein Auftragsverhältnis verneint hat.

50 Schulze/Ebers, JuS 2004, 366 (367). Däubler, JuS 2002, 625 (626), nennt in diesem Zusammenhang noch Ansprüche aus § 231 BGB (unberechtigte Selbsthilfe), § 904 Satz 2 BGB (Notstand) und § 906 Abs. 2 Satz 2 BGB (nachbarrechtlicher Ausgleichsanspruch). Bei Letzterem ist allerdings die Verwurzelung im Eigentumsrecht zu bedenken, sodass § 253 Abs. 2 BGB Schmerzensgeldansprüche insoweit gerade sperrt: Die Norm gewährt Ausgleich für vermögenswerte Nachteile nach Eigentums- oder Besitzstörung, aber gerade keinen Schadensersatz, BGH, Urt. v. 23.07.2010 – V ZR 142/09, NJW 2010, 3160. Vgl. hierzu von Bar, Karlsruher Forum 2003, S. 10, der den sich selbst aufopfernden Rettern ausdrücklich einen Anspruch aus GoA zuerkennt.

51 LG Dortmund, Urt. v. 17.05.2000 – 21 O 22/00, ZfS 2000, 437.

52 BGH, Urt. v. 30.06.1987 – VI ZR 257/86, BGHZ 101, 215 = VersR 1987, 1040 = NJW-RR 1987, 1507.

53 Diederichsen, VersR 2005, 433 (437).

54 AG Kempten, Urt. v. 24.07.2007 – 2 C 211/07, DAR 2009, 276 m. krit. Anm. von Nettesheim, DAR 2009, 277.

55 Jaeger, RRa 2010, 58 ff.

über § 278 BGB. Dieses Verschulden wird vermutet. Auf die außervertragliche Haftung braucht nicht mehr zurückgegriffen werden;[56] nach § 847 a.F. BGB wäre auch eine Zurechnung nach § 278 BGB, der nur im vertraglichen Bereich gilt, nicht möglich gewesen.[57]

43 Der Reiseveranstalter schuldet also ein Schmerzensgeld wegen Vertragsverletzung, wenn der Hotelier vor Ort sein Gebäude schuldhaft nicht in Ordnung hält oder ein von ihm beauftragter Handwerker den Warmwasserboiler schuldhaft nicht richtig angebracht hat,[58] aber auch dann, wenn der Reisende zu Schaden kommt, weil im Rahmen eines Ausflugs eine Pferdekutsche umstürzt, ein Jeep verunglückt[59] oder die Planken eines Fischerbootes nicht ausreichend gegen Holzabsplitterungen gesichert sind. Er haftet auch, wenn der Gast eines Hotels über eine zu niedrige Brüstung vom Balkon stürzt,[60] über eine unzureichend gesicherte Stufe zwischen Hotelzimmer und Flur stolpert[61] und nach § 278 BGB für das Verschulden des Hotelpersonals, welches eine Wasserrutsche zeitweilig ohne Wasser betreibt, ohne diese abzusperren.[62] Ebenso wird gehaftet, wenn nicht hinreichend vor einem derart flachen Hallenbad gewarnt wird, dass ein Sprung vom Sprungbrett Verletzungsgefahren birgt.[63] Eine Haftung wegen Verletzung von Warn- und Informationspflichten besteht allerdings nur, soweit dem Veranstalter konkrete Informationen vorliegen. So muss vor der allgemeinen Gefahr von Terroranschlägen nicht gewarnt werden.[64]

44 Einen exemplarischen Fall hatte das LG Köln[65] zu entscheiden: Je 20.000,00 € erhielten die Eltern und zwei Geschwister eines 11 Jahre alten Jungen, der im Schwimmbecken eines Hotels in Griechenland ertrank, als er unterhalb einer Wasserrutsche mit dem Arm in ein Ansaugrohr geriet und sich nicht mehr befreien konnte. Die Eltern des Jungen leiden u.a. unter schweren depressiven Störungen, Angst- und Panikattacken, erheblichen Selbstwertstörungen und Schuldgefühlen sowie Schlafstörungen, Albträumen und suizidalen Gedanken. Bei beiden Geschwistern, dem Bruder und Zwillingsbruder, die unter posttraumatischen Belastungsstörungen mit depressiver Begleitsymptomatik und psychovegetativen Beschwerden leiden, war ein erheblicher schulischer Leistungsabfall zu verzeichnen. Anspruchsgrundlage war § 823 BGB und nicht der mit dem Reiseveranstalter geschlossene Reisevertrag, weil sich der Vorfall bereits 2001 ereignete. Auf einen von den Eltern als Erben des ertrunkenen Jungen geltend gemachten Schmerzensgeldanspruch zahlte der Reiseveranstalter vorprozessual 7.500,00 €.

56 Wagner, S. 39; Diederichsen, VersR 2005, 433 (436).

57 Insofern zumindest missverständlich AG Charlottenburg, Urt. v. 10.03.2004 – 231 C 701/03, VersR 2005, 1088, in welchem – da ein Altfall vorlag – zwar § 847 a.F. BGB angewandt wurde, gleichwohl aber das Verschulden des Hotelpersonals nach § 278 BGB dem Reiseveranstalter zugerechnet worden war (Unfall bei einer Feuerzangenbowle-Show im Urlaubshotel). Das Gericht verweist auf die nach dem Recht nach 01.08.2002 einschlägige Anspruchsgrundlage (§§ 280 Abs. 1, 253 Abs. 2 BGB.), zieht aber irrtümlich den Schluss, hierbei handele es sich um den »gleichen Regelungszustand« wie nach altem Recht. Dies ist, da im deliktischen Bereich eine Zurechnung von Drittverschulden nach § 278 BGB ausscheidet, nicht richtig.

58 Diederichsen, VersR 2005, 433 ff.

59 OLG Köln, Urt. v. 27.05.2002 – 5 U 202/01, RRa 2005, 161 (zum alten Recht); OLG Köln, Beschl. v. 07.07.2010 – 16 U 3/10, RRa 2011, 112 (Verkehrsunfall bei Reisedurchführung und Zurechnung fremden Verschuldens der Mitarbeiter vor Ort über § 278 BGB zulasten des Veranstalters).

60 OLG Köln, Urt. v. 18.12.2006 – 16 U 40/06, RRa 2007, 65.

61 OLG Hamm, Urt. v. 23.06.2009 – 9 U 192/08, NJW-RR 2010, 129.

62 AG Frankfurt am Main, Urt. v. 01.06.2006 – 31 C 3491/05, RRa 2006, 165. Grundlegend zu diesen Fällen: Jaeger, RRa 2010, 58.

63 OLG Köln, Urt. v. 30.03.2009 – 16 U 71/08, RRa 2009, 133.

64 LG Hannover, Urt. v. 27.10.2004 – 13 O 114/09, unveröffentlicht (Djerba-Attentat).

65 LG Köln, Urt. v. 17.03.2005 – 8 O 264/04, NJW-RR 2005, 704 = RRa 2005, 124; das OLG Köln, Urt. v. 12.09.2005 – 16 U 25/05 bestätigte ein Schmerzensgeld »mindestens im zuerkannten Rahmen«; der BGH, Urt. v. 18.07.2006 – X ZR 142/05, VersR 2006, 1653 = ZGS 2006, 283, hat die Revision des beklagten Reiseveranstalters zurückgewiesen und die Bemessung als »frei von Rechtsfehlern« bezeichnet.

▶ Hinweis:

Im Unterschied zur Rechtslage vor dem 01.08.2002 kommt es auf ein Auswahl- oder Überwachungsverschulden des Reiseveranstalters nicht mehr an. 45

8. Haftung des Vermieters[66]

Die Bestimmung des § 536a Abs. 1 BGB gibt dem Mieter die Möglichkeit, bei Schäden des Mietobjekts – unbeschadet des Rechts auf Minderung der Miete – vom Vermieter Schadensersatz zu verlangen. Für einen Mangel, der bei Vertragsschluss vorhanden ist, haftet der Vermieter auch ohne Verschulden, für später entstandene Mängel nur dann, wenn er diese Mängel zu vertreten hat oder wenn er mit der Beseitigung der Mängel in Verzug ist. Dieses Schadensersatzverlangen des Mieters war bisher auf den materiellen Schaden begrenzt, Schmerzensgeld konnte der Mieter bisher nur dann verlangen, wenn der Vermieter zugleich den Tatbestand der unerlaubten Handlung verwirklicht hatte, was i.d.R. nicht der Fall war. 46

Wird eine Klage auf Zahlung von Schmerzensgeld auf die Verletzung einer Verkehrssicherungspflicht aus einem (Wohnraum-) Mietverhältnis (§§ 535, 280 Abs. 1, 276, 278, 253 Abs. 2 BGB) gestützt, ist gem. § 29a ZPO, § 23 Nr. 2a GVG ausschließlich das AG zuständig, in dessen Bezirk sich der Wohnraum befindet.[67] 47

Der Mieter hat einen Schmerzensgeldanspruch, etwa wenn er auf einer ohne Kenntnis des Vermieters fehlerhaft errichteten Treppe zu Fall kommt oder wenn es durch eine (vom Vermieter unerkannt) fehlerhaft angeschlossene Elektroheizung zu Körperschäden wie Verbrennungen kommt, sofern es sich um **anfängliche Mängel** handelt. Bei nachträglichen Mängeln kann sich aus § 536a BGB eine Haftung aus vermutetem Verschulden ergeben, etwa wegen einer Legionellenpneumonie nach Legionellenbefall der Wasseranlage des Mietshauses.[68] Ansprüche sind hier auch denkbar aufseiten Dritter, die in den Schutzbereich des Mietvertrages einbezogen sind, etwa die Angestellten des Mieters.[69] 48

Ein häufiger Fall ist auch die **baubedingte Feuchtigkeit**, die nicht auf fehlerhafter Lüftung beruht. Entsteht durch die Feuchtigkeit Schimmel, wird es nicht lange dauern, bis Mieter – zu Recht oder zu Unrecht – Allergien auf die Schimmelbildung zurückführen und deshalb neben dem Ersatz materieller Schäden auch Schmerzensgeldansprüche geltend machen werden.[70] Denkbar sind auch Ersatzansprüche wegen Asbestbelastung.[71] 49

Ansprüche auf Schadensersatz und Schmerzensgeld ließ die Rechtsprechung in diesen Fällen dadurch scheitern, dass versucht wurde, die Ansprüche aus einer an sich gegebenen Verletzung der Verkehrssicherungspflicht im Ergebnis zu verneinen, wenn dem Mieter der bauliche Zustand längere Zeit bekannt war und er sich den Schaden deshalb selbst zuzuschreiben hatte. 50

---

66 Vgl. zu diesen Fragen Horst, NZM 2003, 537.

67 OLG Düsseldorf, Urt. v. 04.07.2005 – 24 W 20/05, MDR 2006, 327.

68 LG Saarbrücken, Urt. v. 11.12.2009 – 10 S 26/08, MietRB 2010, 132.

69 BGH, Urt. v. 21.07.2010 – XII ZR 189/08, NJW 2010, 3152 = MDR 2010, 1103.

70 So etwa KG, Urt. v. 09.03.2006 – 22 W 33/05, OLGR 2006, 559: Asthmatische Erkrankung der Kinder des Mieters wegen Schimmelbefalls. Die Kinder sind in den Schutzbereich des Mietvertrages einbezogen; allerdings weist das KG darauf hin, dass auch nach neuem Recht noch ein bau- (und nicht verhaltens-) bedingter Schimmelbefall für einen Ersatzanspruch nötig ist und hält es ferner für möglich, ein nach § 278 BGB zurechenbares Mitverschulden der Eltern darin zu sehen, trotz Kenntnis von dem Schimmelbefall in der Wohnung verblieben zu sein. Ebenso LG Arnsberg, Urt. v. 27.03.2007 – 5 S 148/07, unveröffentlicht.

71 Sehr weitgehend indes LG Dresden, Urt. v. 25.02.2011 – 4 S 73/10, NJW 2011, 3106: 20.000,00 € für die psychische Beeinträchtigung eines Mieters, der jahrelang in einem mit Asbestexposition belasteten Umfeld wohnen musste, und zwar nicht für die Risikoerhöhung, sondern für die psychische Beeinträchtigung des Klägers wegen des »ständigen Bewusstseins der Möglichkeit, fremdverursacht zu einem ungewissen Zeitpunkt bösartig zu erkranken und deshalb verfrüht zu sterben«.

51 Die Rechtsprechung hat die Vermieter bisher auch dann geschützt, wenn zunächst eine Verletzung der Verkehrssicherungspflicht bejaht wurde. Im Anschluss daran wurde nämlich geprüft, ob den Mieter nicht ein (erhebliches) **Mitverschulden** traf.

52 So hat das OLG Düsseldorf[72] entschieden, dass eine Schadensersatzverpflichtung des Vermieters ggü. dem Mieter nicht bestehe, wenn dieser auf einer bauordnungswidrig errichteten Treppe innerhalb des Mietobjekts zu Fall komme, die er seit annähernd 2 Jahren täglich mehrmals benutzt habe, ohne jemals Beanstandungen wegen des bauordnungswidrigen Zustands zu erheben. Das wird auch weiterhin gelten, wenn das Mitverschulden des Mieters besonders schwer wiegt.

53 Ein solch schwerwiegendes Mitverschulden des Mieters hat auch das OLG Köln[73] angenommen und im LS ausgeführt: Ist in einer Mietwohnung ein Flachheizkörper eingebaut, der aus zwei parallelen Heizplatten ohne Zwischenlamellen besteht und der nach oben nicht abgedeckt ist, haftet der Vermieter nicht wegen Verletzung der Verkehrssicherungspflicht, wenn das 4 Jahre alte Kind der Mieter auf den Heizkörper klettert, dabei mit einem Fuß zwischen die Heizplatten gerät und sich verletzt. Das OLG Köln hat weiter ausgeführt, dass die Mieter, die die Mietsache täglich benutzen, solche Gefahren viel eher erkennen können als ein Vermieter, der mit der Mietsache während der Mietzeit im Grunde nicht in Berührung kommt.

▶ Hinweis:

54 Allzu sicher sollten Vermieter aber nicht sein und nicht darauf vertrauen, dass alle Gerichte entsprechend streng mit einem Mieter umgehen.

55 Der Einwand des Mitverschuldens kam insb. dann zum Tragen, wenn die Überlassung eines Objekts unentgeltlich oder aus Gefälligkeit erfolgt war.[74]

56 Aber auch bei entgeltlicher Überlassung einer in Spanien gelegenen Ferienwohnung an Bekannte half das OLG Köln[75] dem Vermieter dadurch, dass es die **Anforderungen an die Verkehrssicherungspflicht für Wohnungen in Spanien** herabsetzte. Zur Begründung ist u.a. ausgeführt: Ebenso wenig wie ein deutscher Erwerber einer spanischen Wohnung deutschen Sicherheitsstandard als vertragsgemäße Erfüllung erwarten dürfe, dürfe ein deutscher Urlauber erwarten, dass ihm dieser in Spanien geboten werde. Dies zumal angesichts der Tatsache, dass selbst in Deutschland in älteren Häusern zweiadrige Elektroanschlüsse heute noch vorzufinden seien, und jeder wisse, dass dies einen Gefahr erhöhenden Zustand darstelle, auf den man sich aber ohne Weiteres, vor allen Dingen ohne Eigengefährdung, einrichten könne.

57 In einem anderen Fall hat das OLG Düsseldorf[76] entschieden, dass ein Hauseigentümer und Vermieter, der auf seinem Grundstück das Abstellen von Fahrzeugen der Mieter gestattet, i.R.d. Verkehrssicherungspflicht dafür Sorge zu tragen hat, dass von einem alten Baum, dessen Astwerk den Parkplatz überragt, keine Gefahren für die abgestellten Fahrzeuge und ihre Benutzer ausgehen. Allerdings soll den Benutzer des Parkplatzes im Schadensfall ein Mitverschulden treffen, wenn der Baum auch für einen Laien bei nur flüchtiger Betrachtung deutlich sichtbare Astabbrüche und Anzeichen der Fäulnis zeigt. Nun besteht bei einer Verletzung des Mieters ein Schmerzensgeldanspruch auch ohne Verschulden des Vermieters, wenn der marode Zustand des Baumes bei Abschluss des Mietvertrages bereits vorhanden war oder wenn der Vermieter mit der Beseitigung des (später entstandenen) Mangels in Verzug war. Der Mitverschuldenseinwand bleibt dem Vermieter aber erhalten.

58 Ebenso haftet ein Vermieter aus Vertrag auf Zahlung von Schmerzensgeld, wenn er bei für ihn erkennbarer Gefahrenlage, die sich aus der Verglasung einer Treppenhausaußenwand mit gewöhn-

72 OLG Düsseldorf, Urt. v. 07.06.2001 – 10 U 64/00, OLGR 2001, 449.
73 OLG Köln, Urt. v. 19.08.1992 – 19 U 56/92, OLGR 1992, 270.
74 OLG Düsseldorf, Urt. v. 25.11.1993 – 13 U 8/93, OLGR 1994, 120.
75 OLG Köln, Urt. v. 03.09.1999 – 19 U 68/99, OLGR 2000, 50.
76 OLG Düsseldorf, Urt. v. 10.12.1993 – 22 U 172/93, VersR 1995, 551 = NJW-RR 1994, 1181.

lichem Fensterglas ergibt, keine Abhilfe schafft.[77] Der Mieter hatte sich an der zerbrochenen Verglasung schwere Schnittverletzungen an beiden Armen zugezogen.

Bei einem vor Beginn des Mietverhältnisses nicht kippsicher aufgestellten Nachtstromspeicherofen haftet der Vermieter nunmehr aus Vertrag auch auf Zahlung von Schmerzensgeld.[78] 59

Es besteht die Möglichkeit, die für das Haftungssystem des BGB atypische verschuldensunabhängige **Garantiehaftung** nach § 536a Abs. 1, 1. Alt. BGB (§ 538 Abs. 1, 1. Alt. BGB a.F.) für bei Abschluss des Vertrages bereits vorhandene Mängel formularvertraglich wirksam auf Vorsatz und grobe Fahrlässigkeit zu beschränken,[79] selbst wenn sie vertragswesentliche Pflichten berührt.[80] Auch ein Haftungsausschluss für nicht wenigstens durch leichte Fahrlässigkeit verursachte Körperschäden ist durch AGB weiterhin möglich. 60

▶ Hinweis:

Allerdings ist jeder Haftungsausschluss für leichte Fahrlässigkeit bei Verletzung des Körpers, des Lebens und der Gesundheit durch den Verwender selbst – nicht aber seines Vertreters oder Erfüllungsgehilfen – unwirksam.[81] Diese Einschränkung ist seit der Schuldrechtsreform sogar ausdrücklich im Gesetz enthalten (§ 309 Nr. 7 BGB). Sie gilt auch unter Kaufleuten (§§ 307 Abs. 2, 310 Abs. 1 BGB). 61

Bei einem **gewerblichen Mietverhältnis** hat der BGH[82] einen Haftungsausschluss in AGB für bei Abschluss des Mietvertrages vorhandene, aber nicht erkennbare Mängel für zulässig gehalten. 62

▶ Praxistipp:

Für Vermieter gilt: 63

Überprüfen Sie ihre Haftpflichtversicherung darauf, ob der Versicherer auch für Schmerzensgeldansprüche Deckungsschutz selbst dann gewährt, wenn ein Fall der Haftung ohne Verschulden vorliegt.

Ein Haftungsausschluss für Mängel, die bei Abschluss des Mietvertrages vorhanden waren und für die der Vermieter ohne Verschulden haftet, sind auch in Formularmietverträgen mit folgenden Einschränkungen zulässig:

Der Vermieter selbst kann seine Haftung nicht ausschließen.

Für Mängel aufgrund leichter Fahrlässigkeit des Vertreters des Vermieters oder seines Erfüllungsgehilfen kann die Haftung ausgeschlossen werden, wenn die Haftung bei grober Fahrlässigkeit bestehen bleibt.

Für Mieter gilt:

Nicht in eingefahrenen Bahnen denken und nur materielle Ansprüche geltend machen, sondern den Anspruch auf Ersatz des immateriellen Schadens bei Körper- oder Gesundheitsverletzung, die durch die Benutzung der Wohnung verursacht sein können, stets bedenken.

---

77 BGH, Urt. v. 31.05.1994 – VI ZR 233/93, MDR 1994, 889.

78 OLG Hamm, Beschl. v. 17.11.1992 – 9 W 41/92, OLGR 1993, 211.

79 BGH, Urt. v. 03.07.2002 – XII ZR 327/00, NZM 2002, 784 = NJW 2002, 3232; Wagner, S. 40; Joachim, NZM 2003, 387 (388).

80 Schmitz/Reischauser, NZM 2002, 1019 (1020).

81 Wagner, S. 42.

82 BGH, Urt. v. 03.07.2002 – XII ZR 327/00, NZM 2002, 784 = NJW 2002, 3232.

C. Delikt

64 Natürlich ist der Schmerzensgeldanspruch aus Delikt (§§ 253 Abs. 2, 823 BGB) erhalten geblieben.[83] Der Anspruch setzt rechtswidriges und schuldhaftes Verhalten des Schädigers voraus. So scheidet ein Schmerzensgeldanspruch aus, wenn die Geschädigte einem Hausverbot zuwiderhandelt und dann vom Eigentümer herausgeschubst wird.[84] Die Exkulpation des Schädigers nach § 831 BGB bei Einsatz von Verrichtungsgehilfen ist wie bisher möglich.[85] Auch ein Anspruch aus § 839 BGB ist denkbar.[86]

D. Gefährdungshaftung

I. Einführung

65 Schmerzensgeld aus Gefährdungshaftung kam vor 2002 nur in Ausnahmefällen in Betracht, etwa bei der Tierhalterhaftung gem. § 833 BGB und der Haftung des Halters eines Luftfahrzeuges nach § 53 Abs. 3 LuftVG und nach § 29 AtomG.

66 Wegen des Analogieverbotes waren insb. bei den praktisch häufigen Fällen einer Gefährdungshaftung z.B. nach dem HaftPflG, dem StVG oder dem ProdHaftG[87] keine Schmerzensgeldansprüche begründet, sofern nicht zugleich der Tatbestand einer unerlaubten Handlung nach §§ 823 ff. BGB erfüllt war. Das Versagen von Schmerzensgeld in diesen Fällen hat das BVerfG als verfassungsgemäß angesehen.[88] Aus der Sicht des Verletzten waren diese Unterschiede zwischen einer Haftung aus unerlaubter Handlung einerseits und Gefährdungshaftung andererseits unverständlich, wurde doch bei ein und derselben Verletzung der immaterielle Schaden je nach dem Haftungsgrund mal durch die Gewährung von Schmerzensgeld ausgeglichen und mal nicht.[89]

67 Nach Inkrafttreten des § 253 Abs. 2 BGB ist **in allen Fällen der Gefährdungshaftung** ein **Schmerzensgeldanspruch** gegeben. Gesetzessystematisch ist dies bereits durch die Stellung des neuen § 253 Abs. 2 BGB im allgemeinen Schadensrecht der §§ 249 ff. BGB klargestellt. Während aufgrund der Stellung des § 847 BGB im Deliktsrecht für die Zubilligung eines Schmerzensgeldes das Vorliegen einer unerlaubten Handlung i.S.d. §§ 823 ff. BGB erforderlich war, stellt sich nun das Schmerzensgeld als Schadensersatz für immaterielle Beeinträchtigungen bereits als ein Teil des nach §§ 249 ff. BGB ersatzfähigen Schadens dar und ist daher überall dort gegeben, wo – gleich, aus welchem Rechtsgrund – ein Schadensersatzanspruch dem Grunde nach besteht.

68 Die Gefährdungshaftung setzt **kein Verschulden** voraus. Da in zahlreichen europäischen Rechtsordnungen für die Zuerkennung von Schmerzensgeld ebenfalls kein Verschulden gefordert wird, trägt die Neuregelung des § 253 Abs. 2 BGB dem Bedürfnis nach einer Harmonisierung des europäischen Rechts Rechnung.[90]

69 Mit der Verlagerung des Schmerzensgeldanspruchs aus dem Deliktsrecht in das Schadensrecht des allgemeinen Schuldrechts ist zwar systematisch bereits klargestellt, dass auch bei Schadensersatzansprüchen nach Sondergesetzen Schmerzensgeld gewährt werden kann. Der Gesetzgeber hat den-

83 So ist auch ein Anspruch auf Schmerzensgeld aus Amtshaftung denkbar, so BGH, Urt. v. 21.10.2004 – III ZR 254/03, BGHR 2005, 237, für den Fall der Haftung des Jugendamtes bei der Misshandlung eines Pflegekindes durch eine unzureichend beaufsichtigte Pflegefamilie.

84 OLG Nürnberg, Urt. v. 13.02.2012 – 4 U 2003/11, NJW-RR 2012, 1373.

85 Hierzu etwa OLG Köln, Urt. v. 30.01.2004 – 19 U 74/03, VersR 2005, 851 (Schmerzensgeldanspruch gegen Geschäftsherrn).

86 Etwa LG Berlin, Urt. v. 18.08.2010 – 86 O 652/09, unveröffentlicht: Schmerzensgeld für eine akute Belastungsstörung nach rechtswidriger Durchsuchung eines am Strafverfahren unbeteiligten Dritten.

87 Grüneberg/*Grüneberg*, § 253 Rn. 10.

88 BVerfG, Beschl. v. 07.11.1972 – 1 BvL 4/71, 1 BvL 17/71, 1 BvL 10/72, 1 BvR 355/71, NJW 1973, 502.

89 Vgl. Jaeger/Luckey, Rn. 93; dem folgend auch Huber, Das neue Schadensersatzrecht, § 2 Rn. 25.

90 Müller, VersR 2003, 1 (2).

noch bei den Gefährdungshaftungstatbeständen weitgehend nicht nur auf § 253 BGB verwiesen, sondern zusätzlich jeweils bestimmt, dass »wegen eines Schadens, der nicht Vermögensschaden ist«, dem Geschädigten eine »billige Entschädigung in Geld« zu gewähren sei. Dies ist etwa der Fall in den – durch das **2. Schadensersatzrechtsänderungsgesetz** ebenfalls geänderten – § 87 Satz 2 AMG, § 11 Satz 2 StVG, § 6 Satz 2 HaftPflG, § 36 Satz 2 LuftVG, § 32 Satz 2 GenTG, § 8 Satz 2 ProdHaftG, § 13 Satz 2 UmweltHaftG, § 52 Abs. 2 BGSG, § 20 BesatzungsSchG und § 29 Abs. 2 AtomG. Es fällt allerdings auf, dass im Bereich des Umwelthaftungsrechts die Haftung nach § 22 WHG als fast einziger der praxisrelevanten Gefährdungshaftungstatbestände nicht im Zuge des 2. Schadensersatzrechtsänderungsgesetzes geändert worden ist. Hier fehlt es an einer ausdrücklichen In Bezugnahme des § 253 BGB, was gleichwohl am Ergebnis nichts ändern dürfte: Die Anwendung des allgemeinen Schadensrechts der §§ 249 bis 254 BGB auf das WHG ist anerkannt.[91] Etwas inkonsequent hat der Gesetzgeber es zudem bei dem geänderten § 117 BBergG für ausreichend erachtet, das Wort »Vermögensschaden« durch »Schaden« zu ersetzen und die Anwendung von § 253 Abs. 2 BGB (Schmerzensgeld als immaterieller Schadensersatz) so letztlich nur zu implizieren.[92] Das Prinzip der – zusätzlichen – deklaratorischen Verweisung[93] in den Spezialgesetzen ist daher bereits gegenwärtig nicht ganz durchgehalten.

Anders als in den Bereichen des Vertragsrechts, in denen ein »Umdenken« des beratenden Anwalts 70 gefordert ist, um die Möglichkeit eines Schmerzensgeldanspruchs nicht zu übersehen,[94] sind die nachfolgend dargestellten Sonderhaftungstatbestände der Gefährdungshaftung sämtlich der Sache nach deliktische Ansprüche, in denen auch bislang schon der »Gedanke« an Schmerzensgeldansprüche nahe lag. Der maßgebliche Unterschied liegt nunmehr in der **grds. erleichterten Klagbarkeit von Schmerzensgeldansprüchen**, die bislang nur über den »Umweg« einer Verschuldenshaftung erreicht werden konnte. Während mithin früher in Haftungsprozessen neben Ansprüchen aus Gefährdungshaftung für das Schmerzensgeld zusätzlich noch verschuldensabhängige Ansprüche erörtert werden mussten, kann dies – innerhalb der Haftungsgrenzen der Gefährdungshaftung – nunmehr entfallen.

▶ Hinweis:

Werden schon mit dem Gefährdungshaftungsanspruch alle gewünschten Rechtsfolgen erreicht, 71 führt dies zu einer Vereinfachung von Prozessen, sowohl was die Darlegungslast als auch, was die Notwendigkeit von Beweisaufnahmen anbetrifft.

II. Einzelne Haftungsnormen

1. Arzneimittelrecht

Das Arzneimittelgesetz (AMG)[95] hält vorrangig Regeln für die Zulassung und Prüfung von Arznei- 72 mitteln bereit. Der Begriff des Arzneimittels ist legaldefiniert in § 2 Abs. 1 AMG. Danach sind Arzneimittel solche Stoffe und Zubereitungen aus Stoffen, die dazu bestimmt sind, durch Anwendung am oder im menschlichen oder tierischen Körper

(1) Krankheiten, Leiden, Körperschäden oder krankhafte Beschwerden zu heilen, zu lindern, zu verhüten oder zu erkennen,
(2) die Beschaffenheit, den Zustand oder die Funktionen des Körpers oder seelische Zustände erkennen zu lassen,

91 Erläuterungen zu § 22 WHG in: Das deutsche Bundesrecht – systematische Sammlung der Gesetze und Verordnungen mit Erläuterungen, Bd. IV C 30.
92 Vgl. Jaeger/Luckey, Rn. 145, 103.
93 Plastisch Huber, Das neue Schadensersatzrecht, § 2 Rn. 9: »Doppelt genäht hält besser«.
94 Vgl. Jaeger/Luckey, MDR 2002, 1168 (1169).
95 AMG i.d.F. der Bekanntmachung v. 12.12.2005 (BGBl. I, S. 3394), zuletzt geändert durch Gesetz v. 19.07.2011 (BGBl. I, S. 1398).

(3) vom menschlichen oder tierischen Körper erzeugte Wirkstoffe oder Körperflüssigkeiten zu ersetzen,
(4) Krankheitserreger, Parasiten oder körperfremde Stoffe abzuwehren, zu beseitigen oder unschädlich zu machen oder
(5) die Beschaffenheit, den Zustand oder die Funktionen des Körpers oder seelische Zustände zu beeinflussen.

Der Anspruch auf Ersatz bei Schädigungen durch Arzneimittel folgt aus § 84 AMG. Danach ist der pharmazeutische Unternehmer, der das Arzneimittel in Deutschland in den Verkehr brachte,[96] zum Ersatz verpflichtet, wenn das Arzneimittel schädliche Wirkungen aufweist.

Der Schadensersatzanspruch aus AMG ist durch zusätzliche flankierende Maßnahmen des 2. Schadensersatzrechtsänderungsgesetzes noch »verbraucherfreundlicher« geworden.[97] Zum Ersten normiert § 84a AMG einen **vorbereitenden Auskunftsanspruch**. Wenn Tatsachen vorliegen, die die Annahme begründen, dass ein Arzneimittel einen Schaden verursacht hat, kann der Geschädigte nunmehr vom pharmazeutischen Unternehmer Auskunft über die diesem bekannten Wirkungen, Nebenwirkungen und Wechselwirkungen des Arzneimittels verlangen, es sei denn, diese Feststellung ist zur Begründung eines Ersatzanspruchs nach § 84 AMG nicht erforderlich, vgl. § 84a Abs. 1 Satz 1 AMG. Dieser Auskunftsanspruch richtet sich auch auf dem pharmazeutischen Unternehmer bekannt gewordene Verdachtsfälle von Nebenwirkungen und Wechselwirkungen sowie auf sämtlichen weiteren Erkenntnissen, die für die Bewertung der Vertretbarkeit schädlicher Wirkungen von Bedeutung sein können, vgl. § 84a Abs. 1 Satz 2 AMG. Eine Ausnahme macht das Gesetz in § 84a Abs. 1 Satz 4 AMG nur für den Fall, dass die Angaben aufgrund gesetzlicher Vorschriften geheim zu halten sind oder die Geheimhaltung einem überwiegenden Interesse des pharmazeutischen Unternehmens oder eines Dritten entspricht. Der Auskunftsanspruch setzt nicht voraus, dass das Mittel »bestimmungsgemäß« angewendet worden ist[98]; ohnehin dürfen die Anforderung an die schlüssige Darlegung der Schadensverursachung nicht überspannt werden, da es gerade Zweck des Auskunftsanspruchs ist, dem Geschädigten die erforderlichen Kenntnisse für die Substanziierung des Schadensersatzbegehrens zu verschaffen.[99] So ist eine begründete Annahme jedenfalls dann zu bejahen, wenn mehr für die Verursachung der Rechtsgutsverletzung durch das Arzneimittel spricht als dagegen[100]. Allerdings ist der Auskunftsanspruch ausgeschlossen, wenn ein Anspruch aus § 84 AMG ersichtlich ausscheidet, etwa wegen Verjährung, fehlender Kausalität oder fehlendem Schaden.[101]

In § 84a Abs. 2 AMG wird dieser Auskunftsanspruch auf Behörden ausgedehnt, die für die Zulassung und Überwachung von Arzneimitteln zuständig sind. Der Geschädigte hat mithin nun zwei Anspruchsgegner für Auskünfte, die der effektiven Prozessvorbereitung eines Schadensersatzanspruchs nach § 84 AMG dienen. Allerdings ist eine **analoge Anwendung** des Auskunftsanspruchs nach § 84a AMG auf Fälle der Produkthaftung (hier: mutmaßlich fehlerhafter Defibrillator) **nicht** geboten.[102]

Der Auskunftsanspruch nach § 84a AMG verjährt in der Regelverjährung des § 195 BGB; schädliche Kenntnis oder Kennenmüssen liegt aber nicht schon dann vor, wenn der Geschädigte Kenntnis von seinen eigenen Beschwerden und Kenntnis einer möglichen Verursachung durch das Medikament hat, nachdem dieses wegen solcher Risiken vom Markt genommen worden war; vielmehr ist weiterhin als wesentliches Indiz im Rahmen der Auskunft zu werten, ob es Parallelerkrankungen anderer Verbraucher gab. Erst wenn diese bekannt hätten sein können, beginnt die Verjährung.[103]

---

96 Zum Sonderfall von Schmerzensgeldansprüchen bei der klinischen Prüfung von Arzneimitteln vor Inverkehrbringen vgl. Gödicke/Purnhagen, MedR 2007, 139.
97 Ausführlich hierzu Jaeger/Luckey, Rn. 181 bis 201.
98 OLG Köln, Urt. v. 26.01.2011 – 5 U 81/10, NJW-RR 2011, 1319.
99 OLG Brandenburg, Urt. v. 11.11.2009 – 13 U 73/07, MedR 2010, 789.
100 OLG Frankfurt, Urt. v. 19.08.2021 – 26 U 62/19, NJW 2021, 3729.
101 BGH, Urt. v. 26.03.2013 – VI ZR 109/12, EBE/BGH 2013, BGH-Ls 406/13.
102 OLG Frankfurt, Urt. v. 21.06.2012 – 22 U 89/10, MPR 2012, 169.
103 OLG Köln, Urt. v. 26.01.2011 – 5 U 81/10, NJW-RR 2011, 1319.

▶ Hinweis:

Da der Auskunftsanspruch aber, anders als sonstige Auskunftsansprüche etwa des Erbrechts, nicht der näheren Bestimmung eines noch nicht bestimmten Leistungsbegehrens dient, ist er nicht im Wege der Stufenklage geltend zu machen; vielmehr handelt es sich bei der Kombination von Auskunfts- und Schadensersatzbegehren um eine Klagehäufung nach § 260 ZPO, von der das Auskunftsbegehren durch Teilurteil entschieden werden kann.[104]

Weiterhin sind zugunsten des Arzneimittelanwenders eine Reihe von Beweiserleichterungen durch Einfügen von Abs. 2 und Abs. 3 des § 84 AMG geschaffen worden. So wird in Übereinstimmung mit der Produkthaftungsrichtlinie im § 84 Abs. 3 AMG die Beweislast dafür umgekehrt, dass die schädlichen Wirkungen des Arzneimittels ihre Ursache im Bereich der Entwicklung oder Herstellung haben. Es obliegt mithin dem in Anspruch genommenen pharmazeutischen Unternehmen, vorzutragen und ggf. unter Beweis zu stellen, dass die schädlichen Wirkungen, deren Folgen eingeklagt sind, ihre Ursache nicht im Bereich der Entwicklung oder Herstellung haben. Misslingt dieser »Entlastungsbeweis« des Unternehmens, wird gehaftet. Ferner ist, um die Schwierigkeiten des Arzneimittelanwenders beim Nachweis der Kausalität zu erleichtern, in Anlehnung an § 6 UmweltHaftG eine **Kausalitätsvermutung** eingeführt worden. Ist das angewendete Arzneimittel nach den Gegebenheiten des Einzelfalles geeignet, den Schaden zu verursachen, wird nach § 84 Abs. 2 AMG nunmehr vermutet, dass der Schaden durch dieses Arzneimittel verursacht worden ist. Die Vermutung gilt nicht, wenn – wofür wiederum das Unternehmen darlegungs- und beweisbelastet ist – ein anderer Umstand nach den Gegebenheiten des Einzelfalles geeignet ist, den Schaden zu verursachen, vgl. § 84 Abs. 2 Satz 3 AMG.[105] Die Kausalitätsvermutung nach § 84 Abs. 2 AMG ist ausgeschlossen, wenn es eine konkret mögliche alternative Schadensursache gibt, die für sich allein oder im Zusammenwirken mit anderen, dem in Anspruch genommenen pharmazeutischen Unternehmer ebenfalls nicht zuzurechnenden Ursachen, den Schaden herbeigeführt haben kann; eine Abwägung der Wahrscheinlichkeiten, mit denen entweder das Arzneimittel oder ein anderer Umstand die Rechtsgutverletzung verursacht hat, findet im Rahmen des § 84 Abs. 2 AMG nicht statt.[106] Sonstige Beweiserleichterungen wie etwa die Beweislastumkehr im Fall eines groben Behandlungsfehlers bei der Arzthaftung (§ 630h Abs. 5 BGB) sind aber nicht analog anwendbar.[107]

Der BGH[108] hat zu § 84 AMG ausgeführt, dass an die Darlegungslast des Klägers für § 84 Abs. 1 Satz 2, Abs. 2 AMG keine »überhöhten Anforderungen« gestellt werden dürften, um ein Leerlaufen dieser Vorschriften zu vermeiden. So genügt i.d.R. die Darlegung der Dosierung und der Dauer der Anwendung und die unter Sachverständigenbeweis gestellte Behauptung der Schädlichkeit bzw. der eingetretenen Nebenwirkungen. Auch ist das Gericht gehalten, ohne Verstoß gegen das Verbot von Ausforschungsbeweisen einem Antrag auf Beiziehung der Krankenunterlagen stattzugeben und medizinische Fragen – gerade hinsichtlich der Auswirkungen des Medikaments und persönlicher Risikofaktoren – nicht ohne sachverständige Beratung zu beurteilen.[109] Ebenso wie beim Anspruch aus § 84 AMG dürfen auch an den **Auskunftsanspruch** keine überhöhten Anforderungen gestellt werden; die Anforderungen an den Auskunftsanspruch können nicht strenger sein als an den Schadensersatzanspruch.[110] Wer nach § 84a Abs. 1 Satz 1 Halbsatz 1 AMG Auskunft begehrt, muss daher nur Tatsachen darlegen und gegebenenfalls beweisen, die die Annahme begründen, dass ein Arzneimittel den Schaden verursacht hat. Diese Tatsachen müssen die Ursächlichkeit des Arznei-

104 BGH, Urt. v. 29.03.2011 – VI ZR 117/10, NJW 2011, 1815.
105 Etwa BGH, Beschl. v. 26.01.2010 – VI ZR 72/09, unveröffentlicht; ferner auch Vogeler, MedR 2011, 81.
106 LG Waldshut-Tiengen, Urt. v. 20.12.2018 – 1 O 73/12 –, AZ 2018, Nr 52, 3.
107 BGH, Urt. v. 16.03.2010 – VI ZR 64/09, VersR 2010, 627; BGH, Urt. v. 26.03.2013 – VI ZR 109/12, EBE/BGH 2013, BGH-Ls 406/13.
108 BGH, Beschl. v. 01.07.2008 – VI ZR 287/07, NJW 2008, 2994 (»VIOXX«).
109 OLG Zweibrücken, Urt. v. 14.09.2010 – 5 U 18/09, NJW-RR 2011, 534.
110 OLG Köln, Urt. v. 26.01.2011 – 5 U 81/10, NJW-RR 2011, 1319.

mittels für den Schaden des Anwenders plausibel erscheinen lassen; im Auskunftsverfahren muss nicht Beweis erhoben werden über Tatsachen, die den Inhalt des Auskunftsanspruchs betreffen und auf deren Kenntnis der Auskunftbegehrende zur Prüfung möglicher Ansprüche angewiesen ist.[111]

Für den Einwand der Nichterforderlichkeit der Auskunft trägt der pharmazeutische Unternehmer die volle Darlegungs- und Beweislast; er ist nur dann erheblich, wenn er gegen die Ansprüche nach beiden Alternativen des § 84 Abs. 1 Satz 2 AMG durchgreift.[112]

2. Bergschäden

73 Das Bundesberggesetz (BBergG) v. 13.08.1980[113] trifft in seinen §§ 114 ff. Regelungen über den Ersatz von Bergschäden. Bergschäden (§ 114 BBergG) sind die Verletzung oder Tötung eines Menschen oder eine Sachbeschädigung, wenn diese sich beim Bergbaubetrieb (§ 2 Abs. 1 BBergG – also bei Bergbautätigkeiten oder durch Bergbaueinrichtungen) ereignen. Bergbautätigkeiten sind hierbei insb. die Suche nach Bodenschätzen (§ 2 Abs. 1 Nr. 1 BBergG). Erforderlich ist ein **Kausalzusammenhang** i.S.d. Adäquanztheorie.[114] Ausgeschlossen ist bei dieser Formulierung, die sich an andere Bundesgesetze im technisch-wirtschaftlichen Bereich anlehnt, der Ersatz reiner Vermögensschäden.

Der Umstand, dass § 117 BBergG den Zusatz »Bei einer Verletzung des Körpers, der Gesundheit oder der Freiheit ist auch der Schaden, der nicht Vermögensschaden ist, durch eine billige Entschädigung auszugleichen«, nicht enthält, beruht darauf, dass der Gesetzgeber den Zusatz hier nicht für erforderlich gehalten hat. Die Ersetzung der »Vermögensschäden« durch den Ersatz des »Schadens« schien zu genügen. Ein sachlicher Grund hierfür fehlt.

Hinzuweisen ist im Bereich der Bergschäden noch auf die wichtige Norm des § 120 BBergG, wonach vermutet wird, dass der Schaden durch einen Bergbaubetrieb verursacht wurde, wenn im Einwirkungsbereich der untertägigen Aufsuchung oder Gewinnung eines Bergbaubetriebs durch Senkungen, Pressungen oder Zerrungen der Oberfläche oder durch Erdrisse ein Schaden entsteht, der seiner Art nach ein Bergschaden sein kann. Der »Einwirkungsbereich« ist vom Unternehmer nach Maßgabe der »Einwirkungsbereich-Bergverordnung« v. 11.11.1982 festzulegen und zeichnerisch darzustellen; diese Darstellungen befinden sich dann bei der Bergbehörde.

▶ Hinweis:

74 Die Bergschadensvermutung gilt allerdings nicht, vgl. § 120 Abs. 1 Satz 2 Nr. 1, 2 BBergG, wenn der Schaden auch durch offensichtliche Baumängel oder baurechtswidrige Nutzung oder durch natürliche oder drittverursachte Einwirkungen zustande gekommen sein kann (es genügt also die bloße Möglichkeit!).

3. Straßenverkehr

75 Durch den in § 11 StVG angefügten Satz 2 wird dem Verletzten ausdrücklich ein Anspruch auf **Ersatz immaterieller Schäden** zugebilligt; im Fall einer Haftung nach § 7 StVG umfasst der Schadensersatz mithin auch das Schmerzensgeld. Dies gilt nach einer gleichzeitig vorgenommenen Änderung des § 8a StVG auch in weitem Umfang ggü. **Fahrzeuginsassen.**

▶ Hinweis:

76 Die Ausdehnung des Schmerzensgeldanspruchs auf den Bereich der Gefährdungshaftung wirkt sich gerade im Bereich des Straßenverkehrsrechts maßgeblich aus; bislang konnte nur eine Schmerzensgeldhaftung des Fahrers allein erreicht werden, und auch dort nur dann, wenn ein

111 BGH, Urt. v. 12.05.2015 – VI ZR 328/11, VersR 2015, 891.
112 BGH, Urt. v. 12.05.2015 – VI ZR 328/11, VersR 2015, 891.
113 BGBl. I, S. 1310, zuletzt geändert am 31.07.2009 (BGBl. I, S. 2585).
114 Dazu Grüneberg/*Grüneberg*, Vorb. § 249 Rn. 24 (26 ff.).

Verschulden nachgewiesen werden konnte. Der Halter, und erst recht sein Versicherer, waren nur aus Gefährdungshaftung verpflichtet. Nun haftet der Halter in größerem Umfang, zumal wenn bedacht wird, dass mit der gleichzeitigen Änderung des § 7 Abs. 2 StVG eine Haftung nur noch in Fällen »höherer Gewalt« entfällt.[115]

Gelegentlich gab es aber schon nach »altem Recht« Fälle, in denen Halter und Versicherer über § 831 BGB dennoch mit Erfolg in Anspruch genommen werden konnten: Der Versicherer des Halters haftet nämlich gem. § 831 BGB i.V.m. § 115 Abs. 1 Nr. 1 VVG unter der Voraussetzung, dass der Fahrer Verrichtungsgehilfe des Halters war und der Halter sich nicht exkulpieren kann.[116] Der Geschäftsherr haftet nämlich auch dann aus § 831 BGB, wenn den Verrichtungsgehilfen kein Verschulden trifft. Nur in diesen – seltenen – Fällen konnte mit Erfolg gegen den Halter auf Schmerzensgeld vorgegangen werden.

4. Haftpflichtgesetz

Das Haftpflichtgesetz (HaftpflG) v. 04.01.1978[117] regelt als Sondergesetz ein wichtiges Teilgebiet des Haftpflichtrechts, nämlich die Haftung des Betriebsunternehmers einer Schienen- oder Schwebebahn (§ 1), des Inhabers bestimmter gefährlicher Anlagen (§ 2)[118] und des Betreibers eines Bergwerkes, eines Steinbruchs, einer Gräberei oder einer Fabrik (§ 3). Während die zuletzt genannte Regelung kaum noch praktisch wird und zu erwarten steht, dass sie im Zuge künftiger Reformen entfallen dürfte,[119] ist von der bereits 1871[120] eingeführten besonderen Bahnhaftung festzustellen, dass sie sich in der Vergangenheit bereits bewährt und auch heute – gerade und trotz des technologischen Fortschritts der letzten 100 Jahre – unverzichtbar erscheint. Bahnhaftung und Straßenverkehrshaftung verliefen in ihrer Entwicklung zumeist parallel; im Zuge der Novellierung durch das 2. Schadensersatzrechtsänderungsgesetz wurde unter ausdrücklicher Bezugnahme auf das HaftpflG[121] der Begriff der höheren Gewalt nunmehr auch in das StVG übernommen. Dieser Begriff ist enger als der des unabwendbaren Ereignisses. Es muss sich, kurzgefasst, um eine Einwirkung von außen handeln, die außergewöhnlich und nicht abwendbar ist.[122] 77

▶ Hinweis:

Dem Begriff des unabwendbaren Ereignisses fehlt es an der »Außergewöhnlichkeit«; unabwendbar können auch Unfälle sein, die sich verhältnismäßig häufig ereignen und als dem Betrieb eigentümliche, typische Gefahren anzusehen sind.[123] 78

---

115 Diese gesetzliche Änderung sollte insb. verhindern, dass ein Unfall mit Kindern als »unabwendbar« eingestuft wurde, sodass ein Anspruch des geschädigten Kindes entfallen wäre. Plastisch hierzu OLG Celle, Urt. v. 08.07.2004 – 14 U 125/03, NZV 2005, 261 (zum alten Recht: Kinderunfall als unabwendbares Ereignis) und OLG Oldenburg, Urt. v. 04.11.2004 – 1 U 73/04, ZGS 2005, 33 (zum neuen Recht: keine höhere Gewalt bei Kinderunfall).

116 OLG Hamm, Urt. v. 23.03.1998 – 6 U 210/97, NZV 1998, 409; OLG Hamm, Urt. v. 02.02.2000 – 13 U 155/99, NZV 2001, 171; KG, Urt. v. 21.05.2001 – 12 U 3372/00, KGR 2002, 5; OLG Köln, Urt. v. 30.01.2004 – 19 U 74/03, VersR 2005, 851.

117 BGBl. I, S. 145 zuletzt geändert am 19.07.2002 (BGBl. I, S. 2674).

118 So hat OLG Karlsruhe, Urt. v. 01.02.2010 – 1 U 137/09, MDR 2010, 747 eine Haftung nach § 2 HaftPflG für einen hochgeschleuderten Gullydeckel bejaht.

119 Filthaut, Haftpflichtgesetz, Einl. Rn. 1.

120 Gesetz betreffend die Verbindlichkeit zum Schadensersatz für die bei Betrieb von Eisenbahnen, Bergwerken usw. herbeigeführten Tötungen und Körperverletzungen (RHG) v. 07.06.1871 (RGBl., S. 207).

121 BT-Drucks. 14/7752, S. 30.

122 Filthaut, Haftpflichtgesetz, § 1 Rn. 158. S.a. OLG Hamm, Urt. v. 06.10.2003 – 6 U 102/03, NZV 2005, 41: Höhere Gewalt bejaht für die Deutsche Bahn AG bei Verletzung eines Fahrgastes auf einem Bahnsteig durch einen durch die Luft geschleuderten leblosen Körper eines Selbstmörders.

123 Filthaut, Haftpflichtgesetz, § 1 Rn. 160.

Ebenso wie im Straßenverkehrsrecht hat man es im Zuge der durch das 2. Schadensersatzrechtsänderungsgesetz erfolgten Anpassungen für sachgerecht gehalten, den Ausschlussgrund des unabwendbaren Ereignisses auch im Haftpflichtrecht jedenfalls für den Innenausgleich mehrerer Schädiger fortbestehen zu lassen. Um die schon nach der alten Gesetzesfassung angestrebte haftungsrechtliche Gleichbehandlung von Kfz und Bahnen, die im Verkehrsraum einer öffentlichen Straße betrieben werden, beizubehalten, wurde daher § 13 HaftpflG parallel zum neuen § 17 StVG neu gefasst.

5. Luftverkehr

79 Schäden, die durch den Luftverkehr entstehen, werden nach dem Luftverkehrsgesetz (LuftVG) v. 27.03.1999[124] ersetzt. Das LuftVG unterscheidet hierbei zwischen der Haftung für Personen und Sachen, die nicht im Luftfahrzeug transportiert wurden (§§ 33 bis 43 LuftVG) und der Haftung aus dem Beförderungsvertrag (§§ 44 bis 52 LuftVG). Im ersteren Fall besteht nach § 33 LuftVG eine Gefährdungshaftung des Halters. Diese ist ähnlich der Halterhaftung nach dem StVG ausgestaltet; insb. gilt die Haftung für alle Schäden »bei dem Betrieb« des Luftfahrzeuges, und die Haftung für die Nutzung durch einen unberechtigten Dritten ist auf den Fall beschränkt, dass die Benutzung durch Verschulden des Halters ermöglicht wurde (§ 33 Abs. 2 LuftVG). Eine wichtige Sondernorm findet sich in § 40 LuftVG, wonach der Ersatzberechtigte die sich nach dem LuftVG ergebenden Rechte verliert, wenn er dem Ersatzpflichtigen den Unfall nicht spätestens 3 Monate, nachdem er von dem Schaden und der Person des Ersatzpflichtigen Kenntnis erlangt hat, anzeigt. Daneben bleibt eine Haftung nach allgemeinem Deliktsrecht bestehen, vgl. § 42 LuftVG. Nach § 36 LuftVG ist nunmehr auch hier eine Haftung für immaterielle Schäden möglich.

Für Schäden, die **Fluggästen** entstehen, gilt § 33 LuftVG nicht (§ 33 Abs. 1 Satz 2 LuftVG). Vielmehr ergibt sich die Haftung des Luftfrachtführers aus § 44 LuftVG. **Der Haftungsumfang** ist ebenfalls durch § 36 LuftVG geregelt, auf den § 47 LuftVG verweist.

Allerdings handelt es sich systematisch nicht um einen Fall der Gefährdungshaftung, sondern lediglich um eine **Haftung für vermutetes Eigenverschulden**; nach § 45 LuftVG tritt nämlich die Haftung nach § 44 LuftVG nicht ein, wenn der Luftfrachtführer beweist, dass er und seine Leute alle erforderlichen Maßnahmen zur Verhütung des Schadens getroffen haben oder dass sie diese Maßnahmen nicht treffen konnten. Eine Haftung nach allgemeinen Vorschriften ist nach § 48 LuftVG nur möglich, wenn der Luftfrachtführer oder einer seiner Leute den Schaden in Ausführung ihrer Verrichtungen vorsätzlich oder grob fahrlässig verursacht hat.

Diese Vorschriften, mitsamt ihrer Unterscheidung in Passagier- und sonstige Schäden, gelten im Wesentlichen auch für militärische Luftfahrzeuge (§§ 53, 54 LuftVG). Für alle Klagen aus dem LuftVG ist auch das Gericht des Unfallorts zuständig, sowie – im Fall des § 44 LuftVG – das Gericht des Zielorts, vgl. § 56 Abs. 1, 2 LuftVG. Für den (häufigen) internationalen Flugverkehr gelten Sonderregeln durch internationale Verträge (§ 51 LuftVG).[125] Hier sind insb. zu nennen das Montrealer Übereinkommen, die EG-Verordnung Nr. 889/2002 und das Gesetz zur Harmonisierung des Haftungsrechts im Luftverkehr, die zum 28.06.2004 in Kraft getreten sind. Ab dem 30.04.2005 traten die EG-Verordnung Nr. 785/2004 über Versicherungsanforderungen an Luftfahrtunternehmen und Luftfahrzeugbetreiber und das Gesetz zur Anpassung luftversicherungsrechtlicher Vorschriften in Kraft. Die EG-Verordnung vereinheitlicht die Anforderungen an die Versicherung für die Haftung von Luftfahrtunternehmen und Luftfahrzeugbetreibern europaweit; das Gesetz schließt einzelne Deckungs- und Regelungslücken, die die Verordnung offenlässt. Außerdem wurden die

124 Neugefasst durch Bekanntmachung vom 10.05.2007 (BGBl. I, S. 698), zuletzt geändert am 05.08.2010 (BGBl. I, S. 1126).

125 Im Bereich vertraglicher Haftung des Luftfrachtführers in der Hauptsache das sog. Warschauer Abkommen (WA), aber neuerdings auch das Montrealer Übereinkommen (MÜ).

Haftungshöchstgrenzen angepasst. Nach der Rechtsprechung des EuGH ist zudem der Ersatz eines immateriellen Nachteiles auch als »weitergehender Schadensersatz« nach Art. 12 VO 261/2004 über Ausgleichs- und Unterstützungsleistungen für Fluggäste im Fall der **Nichtbeförderung** und bei **Annullierung** oder großer Verspätung von Flügen möglich, wenn internationales oder nationales Recht einen solchen Schadensersatz vorsehen.[126]

6. Gentechnik

Wegen der mit besonderen Risiken behafteten Gentechnik wurde auch in diesem Bereich die her- 80
kömmliche Verschuldenshaftung durch eine **verschuldensunabhängige Gefährdungshaftung** ersetzt. Nach § 32 Abs. 1 des Gesetzes zur Regelung der Gentechnik (GenTG) v. 16.12.1993[127] ist der Betreiber einer gentechnischen Anlage zum Schadensersatz verpflichtet, wenn infolge der Eigenschaften eines Organismus, die auf gentechnischen Arbeiten beruhen, jemand verletzt oder getötet oder eine Sache beschädigt wird. Diese Begriffe sind legaldefiniert (§ 3 GenTG). Nach der entsprechenden Klarstellung in § 32 Abs. 5 GenTG kann wiederum auch »wegen des Schadens, der nicht Vermögensschaden ist, … eine billige Entschädigung in Geld gefordert werden«.

Wegen der Besonderheiten im Umgang mit lebendem Material ist in § 34 GenTG eine Beweiserleichterung für die Kausalität vorgesehen: Ist der Schaden durch gentechnisch veränderte Organismen verursacht worden, wird vermutet, dass er durch Eigenschaften dieser Organismen verursacht wurde, die auf gentechnischen Arbeiten beruhen. Der Betreiber der Anlage kann diese Vermutung allerdings entkräften, wenn »wahrscheinlich« ist, dass der Schaden auf anderen Eigenschaften dieser Organismen beruht; auf eine überwiegende Wahrscheinlichkeit oder gar Gewissheit kommt es nicht an, vgl. § 34 Abs. 2 GenTG.

Interessant ist – gerade vor dem Hintergrund dessen, dass eine wesentliche Reform durch das 2. Schadensersatzrechtsänderungsgesetz darin bestand, einen Auskunftsanspruch im AMG zu begründen – § 35 GenTG. Nach dieser Norm hatte der Geschädigte nämlich schon nach bisherigem Recht im Bereich der Genschäden einen Auskunftsanspruch gegen den Anlagenbetreiber, wenn Tatsachen vorlagen, die die Annahme begründeten, dass ein Personen- oder Sachschaden auf gentechnischen Arbeiten eines Betreibers beruht. § 35 Abs. 2 GenTG dehnt diesen Anspruch auf Behörden und ihre Unterlagen aus dem Genehmigungsverfahren aus. Schon die amtliche Begründung des GenTG verwies auf die Beweisführung des Geschädigten, die anderenfalls schwer bis unmöglich sei.

Beide Varianten eines solchen Auskunftsanspruchs sind nunmehr nahezu wortgleich in den neuen § 84a AMG aufgenommen worden.[128] Auch die Begründung – schwere Beweislage des Geschädigten – ähnelt der aus dem GenTG. Es steht zu erwarten, dass – wenn ihr Gefahrenpotenzial ähnlich hoch eingeschätzt wird – auch noch andere Spezialgesetze um ähnliche Haftungs-, Auskunfts- und Beweislastregeln ergänzt werden dürften.

7. Produkthaftung

Das Produkthaftungsgesetz (ProdHaftG),[129] welches auf der EG-Produkthaftungsrichtlinie von 1985 81
beruht, trat am 01.01.1990 in Kraft und schuf erstmals eine verschuldensunabhängige Haftung für Schäden durch fehlerhafte Produkte. Vor Inkrafttreten dieses Gesetzes behalf man sich mit Beweiserleichterungen bei der verschuldensabhängigen Haftung nach § 823 BGB (Produzentenhaftung).[130]

126 EuGH, Urt. v. 13.10.2011 – C-83/10, NJW 2011, 3776.
127 BGBl. I, S. 2066, zuletzt geändert am 09.12.2010 (BGBl. I, S. 1934).
128 Dazu ausführlich Jaeger/Luckey, Rn. 376.
129 Gesetz v. 15.12.1989 (BGBl. I, S. 2198), zuletzt geändert am 19.07.2002 (BGBl. I, S. 2674).
130 Hierzu ausführlich Jaeger/Luckey, Rn. 125 bis 128; vgl. die Übersicht von Katzenmeier, JuS 2003, 943 ff.

Auch nach Inkrafttreten des ProdHaftG blieb die richterrechtlich geprägte **Produzentenhaftung** aktuell. Die Unterschiede in der Anwendung, insb. die Eigenbeteiligung nach § 11 ProdHaftG, die Haftungshöchstbegrenzung nach § 10 ProdHaftG sowie die nach altem Recht fehlende Möglichkeit, über das ProdHaftG Schmerzensgeldansprüche zu begründen, führten in den meisten Fällen zu einer Prüfung beider Anspruchsgrundlagen in Produkthaftungsfällen, was nach dem Gesetz ausdrücklich zugelassen war (§ 15 Abs. 2 ProdHaftG).

Das ProdHaftG ersetzt Schäden, die durch fehlerhafte Produkte an Leib, Leben, Gesundheit und fremden Sachen entstehen, vgl. § 1 Abs. 1 ProdHaftG. Das »Produkt« ist legaldefiniert in § 2 ProdHaftG als jede bewegliche Sache, auch wenn sie einen Teil einer anderen beweglichen oder unbeweglichen Sache bildet, sowie Elektrizität. Ein Fehler, § 3 ProdHaftG, liegt vor, wenn das Produkt unter Berücksichtigung aller Umstände, insb. Darbietung und bestimmungsgemäßen Gebrauchs, nicht die Gewähr für die erforderliche Sicherheit bietet.[131] Damit haftet der Hersteller, anders als bei Delikt, auch für unvorhersehbare »Ausreißer«. Eine der ersten Entscheidungen, die nach neuem Recht einen Schmerzensgeldanspruch aus §§ 1, 8 ProdHaftG annahm, befasste sich mit einem solchem Ausreißer, nämlich einem Spaten, der bei erstmaligem Gebrauch am Stiel durchbrach und absplitterte, wodurch sich der Kläger am Auge verletzte.[132] Ähnliche Fallgruppen können Verletzungen durch unzureichende Absicherungen des Produktes[133] oder Fabrikationsfehler[134] betreffen, etwa ein Schmerzensgeld wegen der Verwendung eines bruchgefährdeten Hüftimplantats bei einer Hüftoperation.[135] Ebenfalls zu Schmerzensgeldansprüchen führen Verletzungen aufgrund fehlerhafter Airbags.[136] Bloß veraltete Produkte sind allerdings nicht allein schon deshalb fehlerhaft, vgl. § 3 Abs. 2 ProdHaftG. Auch ist ein von der Bäckerei verkaufter »Kirschtaler« nicht schon produktfehlerhaft, wenn er einen Kirschkern enthält, an welchem sich der Kunde einen Zahn abbeißt; der BGH[137] verweist darauf, dass es sich nicht mit zumutbarem Aufwand vermeiden ließe, dass Steinobstprodukte auch Rest der Steine enthielten. Eine völlige Gefahrlosigkeit könne der Kunde daher nicht erwarten.

▶ Praxistipp:

82 Folgende Punkte sind allerdings vom ProdHaftG auch weiterhin nicht erfasst und können nur über die deliktische Produzentenhaftung aus § 823 BGB entschädigt werden:[138]

- Ersatzansprüche generell für die ersten 500,00 € (ausgeschlossen nach § 11 ProdHaftG) und
- Ansprüche oberhalb der Haftungshöchstgrenzen sowie
- Ersatzansprüche wegen Verletzung der Produktbeobachtungspflicht (nicht geregelt im ProdHaftG).

131 Zur oft diskutierten Haftung für Lebensmittel oder Zigaretten vgl. OLG Hamm, Beschl. v. 14.02.2001 – 9 W 23/00, MDR 2001, 690 = NJW 2001, 1654 (Alkohol); OLG Hamm, Beschl. v. 04.06.2004 – 3 U 16/04, NJW 2005, 295 (Zigaretten); LG Bonn, Urt. v. 19.04.2004 – 9 O 603/03, StoffR 2004, 142 (Süßigkeiten, bestätigt durch OLG Köln, Urt. v. 07.09.2005 – 27 U 12/04, NJW 2005, 3292); Merten, VersR 2005, 465 (Zigaretten).

132 LG Dortmund, Urt. v. 15.10.2004 – 3 O 292/03, NJW-RR 2005, 678 = NZV 2005, 375. Der Einwand des Herstellers, die DIN-Vorschriften seien beachtet worden, war daher unbeachtlich. Vergleichbar auch OLG München, Urt. v. 11.01.2011 – 5 U 3158/10, MDR 2011, 540: Haftung für Explosion einer Piccolo-Flasche.

133 BGH, Urt. v. 28.03.2006 – VI ZR 46/05, NJW 2006, 1589 = VersR 2006, 710: Keine Absicherungen des Schneideblattes einer Tapetenkleistermaschine.

134 Etwa LG Wiesbaden, Urt. v. 20.03.2006 – 7 O 55/05, unveröffentlicht: Rückschlag des Pistolenschlittens einer Waffe verletzt den Schießenden im Gesicht.

135 LG Berlin, Urt. v. 09.12.2008 – 5 O 467/07, unveröffentlicht.

136 BGH, Urt. v. 16.06.2009 – VI ZR 107/08, VersR 2009, 1125 = NJW 2009, 2952.

137 BGH, Urt. v. 17.03.2009 – VI ZR 176/08, VersR 2009, 649 = NJW 2009, 1669 = MDR 2009, 627.

138 Zu den Lücken eines Sachschadensersatzes nach ProdHaftG vgl. Jaeger/Luckey, Rn. 130.

Die Ansprüche aus Produkthaftung (§ 1 ProdHaftG) und die allgemeine deliktische Haftung nach § 823 BGB können nen zudem ein unterschiedliches Verjährungsschicksal erleiden. Zwar ist die allgemeine Produzentenhaftung, die maßgeblich von richterrechtlich entwickelten Beweiserleichterungen geprägt war, seit Inkrafttreten des Produkthaftungsgesetzes etwas in den Hintergrund gerückt, und die Verjährung ist auf den ersten Blick vergleichbar (§ 12 ProdHaftG ordnet ebenfalls eine dreijährige Verjährung an, für die »im übrigen« [Absatz 3] die Vorschriften des BGB gelten). Gleichwohl bestehen gravierende Unterschiede:

So beginnt die Regelverjährung des BGB (neben weiteren Voraussetzungen) erst im Schluss des Jahres, in dem der Anspruch entstanden ist, § 199 Abs. 1 BGB. Die Verjährung nach § 12 ProdHaftG beginnt aber »taggenau«. Zudem genügt leicht fahrlässige Unkenntnis für den Verjährungsbeginn nach § 12 ProdHaftG – anders § 199 BGB, bei dem erst grobe Fahrlässigkeit schadet.

Auch die Hemmung durch Verhandlungen, die in beiden Fällen denkbar ist (§ 203 BGB, § 12 Abs. 2 ProdHaftG), unterscheidet sich im Zeitpunkt der Beendigung, die nach § 12 Abs. 2 ProdHaftG wieder »taggenau« eintritt, wohingegen § 203 BGB noch eine »Ablauffrist« von drei Monaten gewährt.

8. Umweltrecht

Das Umwelthaftungsgesetz (UmweltHaftG) v. 10.12.1990[139] enthält, anders als der Name es nahe 83
legt, nicht ein umfassendes Restitutionssystem für Schäden, die durch beeinträchtigende Umwelteinwirkungen herbeigeführt werden, sondern normiert in § 1 einen bereichsspezifischen Haftungstatbestand für bestimmte, für die Umwelt besonders gefährliche Anlagen, die in einer Anlage zum Gesetz aufgeführt sind.

Diese Anlage orientiert sich an den Anlagen des Anhanges 1 der Verordnung über genehmigungsbedürftige Anlagen (4. BImSchV v. 24.07.1985, i.d.F. der Neubekanntmachung v. 14.03.1997). Insoweit kann das UmweltHaftG als Ausweitung und Differenzierung der Haftung nach § 14 Satz 2 BImSchG verstanden werden. Es bestehen jedoch auch Abweichungen; so sind die meisten Anlagen der Spalte 2 der 4. BImSchV nicht erfasst, weil diese »nicht das erforderliche Gefährdungspotenzial«[140] haben. Dies betrifft v.a. Anlagen, die wegen Geräusch- und Geruchsimmissionen dem immissionsschutzrechtlichen Genehmigungserfordernis unterworfen sind, da von diesen i.d.R. zwar (z.T. erhebliche) Belästigungen, aber eben nicht erhebliche Nachteile oder gar Gefahren ausgehen. Zusätzlich aufgenommen in die Anlage zum UmweltHaftG sind hingegen bestimmte Abfallanlagen und Atomanlagen hinsichtlich der nicht nuklearen Risiken (ansonsten gilt das AtomG). Zu den Ansprüchen aus dem UmweltHaftG gehört, auch hier wiederum ausdrücklich klargestellt, das Schmerzensgeld (§ 13 UmweltHaftG).

Gleiches regelt § 29 AtomG für Ansprüche nach dem AtomG. Im Bereich dieser Spezialmaterie gilt es allerdings zu beachten, dass das AtomG v. 15.07.1985[141] in seinen §§ 25 ff. AtomG die Haftung für atomare Schädigung nur unvollständig regelt. Die enge internationale Verflechtung bei der technischen und wirtschaftlichen Entwicklung der Kernenergienutzung sowie die Möglichkeit grenzüberschreitender Wirkungen potenzieller Schadensereignisse haben frühzeitig zu internationalen Lösungsansätzen in der Haftungsfrage geführt. Grundlegend hierbei ist das Pariser Übereinkommen v. 01.04.1968, in Kraft in Deutschland seit dem 30.09.1975.[142] Bedingt dadurch, dass das Atomhaftungsrecht naturgemäß mit dem allgemeinen Haftungsrecht der Mitgliedstaaten verflochten ist, konnte das Übereinkommen nur ein Gerüst von Grundsätzen der materiellen Haftungs- und Entschädigungsregelung sowie den Gerichtsstand und das anzuwendende materielle Recht vereinheitlichen. Die Ergänzung und Ausführung bleibt dem nationalen Recht vorbehalten, in Deutschland den ergänzend zum Pariser Übereinkommen geltenden §§ 25 ff. AtomG. I.R.d. EG wurde darüber

139 BGBl. I, S. 2634, zuletzt geändert am 23.11.2007 (BGBl. I, S. 2631).
140 So die Gesetzesbegründung, BT-Drucks. 1/7104, S. 16.
141 BGBl. I, S. 1565, zuletzt geändert am 31.07.2011 (BGBl. I, S. 1704).
142 Ratifizierungsgesetz v. 08.07.1975, BGBl. II, S. 957.

hinaus das sog. Brüsseler Zusatzübereinkommen abgeschlossen, welches, ohne unmittelbar in die Rechtsbeziehungen zwischen Geschädigtem und Haftpflichtigem einzugreifen, zusätzliche völkerrechtliche Rechte und Pflichten für die Vertragsstaaten begründet.

9. Sonstiges

84 Weitere, in der Praxis seltenere Bereiche für Schmerzensgeldansprüche betreffen Ersatzansprüche des Bürgers in den Fällen des § 51 BGSG (Inanspruchnahme als Nichtstörer bei Aktionen des Bundesgrenzschutzes bzw. Schadensersatz bei rechtswidrigen Aktionen oder für »Unbeteiligte«), wofür § 52 Abs. 2 BGSG wiederum auf die Möglichkeit von »billiger Entschädigung« für immaterielle Beeinträchtigungen verweist, sowie Ansprüche nach dem damaligen Gesetz über die Abgeltung von Besatzungsschäden[143] (dort § 20).

85 Ein Schmerzensgeldanspruch kann auch gegen den Entschädigungsfonds nach § 12 Abs. 1 Satz 1 Nr. 1 PflVG in Betracht kommen. Eine Entschädigungspflicht des Fonds greift unter anderem dann ein, wenn eine Person bei dem Betrieb eines Kraftfahrzeuges beschädigt worden ist, der Führer des schädigenden Fahrzeuges sich aber von dem Unfallort unerlaubt entfernt hat und nicht zu ermitteln ist. Eine Schmerzensgeldforderung ggü. dem Entschädigungsfonds kann aber nur geltend gemacht werden, soweit wegen einer besonderen Schwere der unfallbedingten Verletzungen das Versagen einer Ausgleichszahlung grob unbillig erschiene. Dies ist der Fall, wenn die gesundheitlichen Folgen des Unfalles deutlich und drastisch über das hinausgehen, was bei täglichen Unfällen im Straßenverkehr auftritt.[144] Dies wird z.B. angenommen, wenn das Verletzungsbild in seiner Schwere dem einer Querschnittslähmung, dem Verlust von Gliedmaßen oder Sinnesorganen oder entstellenden Gesichtsnarben gleichkommt,[145] d.h. bei einer schweren Körperverletzung i.S.v. § 226 StGB.

Das Vorliegen eines Dauerschadens genügt hingegen nicht ohne Weiteres. Von besonderer Schwere ist ein Dauerschaden vielmehr nur dann, wenn er eine solche Intensität erreicht, dass der Betroffene unter einer weitreichenden Beeinträchtigung seiner körperlichen Funktionen leidet. Daran fehlt es selbst bei dauernden Funktionsbeeinträchtigungen zweier Finger,[146] oder bei einer Kniegelenksteife und gleichzeitigem Muskelschwund im Oberschenkel nebst weiteren flankierenden Verletzungen.[147] Denn derartige Schäden entstehen täglich bei Unfällen im Straßenverkehr; sie sind daher zwar als schwerwiegend, jedoch nicht als besonders schwerwiegend i.S.v. § 12 Abs. 2 PflVG anzusprechen.

E. Öffentlich-rechtliche Ersatzansprüche

86 Schmerzensgeldansprüche des Bürgers gegen den Staat sind nicht nur i.R.d. Amtshaftung, vgl. Art. 34 GG i.V.m. § 839 BGB, denkbar. So bejaht die Rechtsprechung etwa Amtshaftungsansprüche gegen das Jugendamt, wenn das Pflegekind in der Pflegefamilie misshandelt wird und das Amt seine Kontrollpflicht verletzt.[148] Durch die Stellung von § 253 Abs. 2 BGB im allgemeinen Schadensrecht können nun auch sonstige Schadensersatzansprüche aus dem Bereich öffentlich-rechtlicher Staatshaftung auf Schmerzensgeld gerichtet sein.

87 So kommt eine Haftung des Unfallversicherungsträgers bei Fehlern des Durchgangsarztes im Bereich der Befunderhebung und Diagnose sowie bei Fehlern bei der Erstversorgung in Betracht.[149]

88 Wegen des regelmäßig gegebenen inneren Zusammenhangs der Diagnosestellung und der sie vorbereitenden Maßnahmen mit der Entscheidung über die richtige Heilbehandlung sind jene Maß-

143 Gesetz v. 01.12.1955, BGBl. III, S. 624–1, aufgehoben durch Gesetz vom 08.05.2008 (BGBl. I, S. 810).
144 LG Hamburg, VersR 1977, 674.
145 LG Verden, VersR 2001, 11152.
146 OLG Hamm, VersR 1987, 456.
147 LG Gießen, VersR 1988.
148 BGH, Urt. v. 21.10.2004 – III ZR 254/03.
149 BGH, Urt. v. 29.11.2016 – VI ZR 208/15, GesR 2017, 90; ZMGR 2017, 49.

nahmen ebenfalls der öffentlich-rechtlichen Aufgabe des Durchgangsarztes zuzuordnen mit der Folge, dass die Unfallversicherungsträger für etwaige Fehler in diesem Bereich haften. Damit gibt der BGH seine frühere Rechtsprechung zur doppelten Zielrichtung auf.[150]

Eine Erstversorgung durch den Durchgangsarzt ist ebenfalls der Ausübung eines öffentlichen Amtes zurechnen mit der Folge, dass die Unfallversicherungsträger für etwaige Fehler in diesem Bereich haften.[151] 89

Bei der Bestimmung der Passivlegitimation ist regelmäßig auf den Durchgangsarztbericht abzustellen, in dem der Durchgangsarzt selbst die »Art der Erstversorgung (durch den D-Arzt)« dokumentiert ist. 90

▶ Hinweis:

Eine Schmerzensgeldklage wegen eines Behandlungsfehlers richtet sich nun nicht immer gegen den Durchgangsarzt, sondern im Bereich der Befunderhebung und Diagnose sowie bei Fehlern bei der Erstversorgung gegen den Unfallversicherungsträger.

Ein Amtshaftungsanspruch kommt auch in Betracht, wenn ein Rettungssanitäter seine Kompetenz überschreitet. 91

Wenn Rettungssanitäter die von einem Patienten geklagten unklaren akuten Brustschmerzen unter Überschreitung ihrer Kompetenzen diagnostisch einem herzfremden Krankheitsbild zugeordnet und die Herbeiführung einer notfallärztlichen Abklärung unterlassen haben und die verspätete Einlieferung des Patienten zu einem teilweisen Absterben von Herzmuskelgewebe sowie im Weiteren zur Herausbildung einer Herzinsuffizienz mit den Symptomen Belastungsluftnot und Leistungsschwäche geführt hat, wobei die damit verbundenen Folgen letztlich auch für eine Verstärkung einer chronisch depressiven Verstimmung des Patienten ursächlich waren, hat der Patient Anspruch auf ein Schmerzensgeld, um die erfolgte fehlerhafte Behandlung bzw. die dadurch verzögerte erforderliche Behandlung auszugleichen.[152]

Der Notarzt im Rettungsdienst in Thüringen (ThürRettG GVBl. 233) übt ein öffentliches Amt aus. Für Fehler des Notarztes im Rettungsdienst haftet die kassenärztliche Vereinigung Thüringen nach Art. 34 GG, § 839 BGB.[153] 92

Auch der allgemeine Aufopferungsanspruch umfasst ein Schmerzensgeld[154].

Die praktische Relevanz solcher Rechtsfiguren dürfte sich allerdings in Grenzen halten, zum einen, weil etwa im (denkbaren) Sonderbeziehungsverhältnis der Schule eine Haftung in aller Regel wegen §§ 104, 106 SGB VII ausgeschlossen ist,[155] zum anderen, weil die Aufopferung, soweit spezialgesetzlich normiert, Immaterialschadensersatz überwiegend ausschließt und damit die Anwendung des § 253 Abs. 2 BGB verhindert.[156] 93

150 BGH, Urt. v. 09.12.2008, – VI ZR 277/07, BGHZ 179, 115 und BGH, Urt. v. 09.12.1974, III ZR 131/72, BGHZ 63, 265.

151 Auch insoweit Aufgabe der früheren Rechtsprechung: BGH, Urt. v. 19.12.2974, III ZR 131/72, BGHZ 63, 265. Urt. v. 09.12.1974, III ZR 131/72, BGHZ 63, 265.

152 KG Berlin, Urt. v. 19.05.2016 – 20 U 122/15, VersR 2017, 551 = MedR 2017, 388 mit Anm. Voigt, Amtshaftung und Beweislast des Rettungsdienstes bei Einsatzabbruch, MedR 2017, 375.

153 BGH, Urt. v. 12.01.2017 – III ZR 312/16, VersR 2017, 422.

154 BGH, Urt. v. 07.09.2017 – III ZR 71/17, MDR 2017, 1242, unter Aufgabe der bisherigen Rechtsprechung.

155 Dötsch, NVwZ 2003, 185 (186).

156 Etwa §§ 40 Abs. 1 OBG NW, 67 PolG NW.

Kapitel 3 Schmerzensgeldanspruch

Übersicht

A. Grundsatz: Kein Schmerzensgeld bei Bagatellverletzungen

1 Bei den in § 847 BGB a.F. beschriebenen Rechtsverletzungen kann der Verletzte eine *billige* Entschädigung in Geld verlangen. Die hier dem Richter aufgetragene Entscheidung bezieht sich also nur darauf, ob das begehrte Schmerzensgeld dem Umfang nach angemessen ist. Was den **Grund des Schmerzensgeldanspruchs** angeht, kommt es nicht auf die Schwere des Eingriffs und das Ausmaß des Körperschadens an; diese beiden Faktoren sind vielmehr nur für die **Bemessung des Schmerzensgeldes** von Bedeutung. Daraus wurde zunächst mit Recht gefolgert, dass ein Schmerzensgeld auch bei einem geringfügigen Eingriff gefordert werden könne, sofern dieser überhaupt zu einem immateriellen Schaden geführt hatte. Der Schmerzensgeldanspruch ist eben ein »gewöhnlicher Schadensersatzanspruch«.

2 Allerdings gibt es Fälle, in denen bereits eine Verletzung der in § 253 BGB genannten Rechtsgüter verneint werden muss. So hat das OLG Hamm[1] eine Haftung des Krankenhauses für eine ohne Einwilligung durchgeführte Obduktion ggü. Angehörigen verneint, weil die Angehörigen nicht in eigenen Rechten verletzt worden seien.

3 Für entgangene Hochzeitsfreuden gibt es ebenfalls kein Schmerzensgeld, wenn die Hochzeitsfeier unterbrochen werden muss, weil durch ein Feuerwerk mehrere Hochzeitsgäste verletzt wurden.[2]

4 Auch das Kitzeln unter Kindern stellt grds. keine Körperverletzung dar.[3] Reagiert ein Kind durch das Kitzeln eines anderen derart heftig, dass es sich beim Stoß gegen eine scharfe Kante eine Riss-

1 OLG Hamm, Urt. v. 14.01.2004 – 3 U 158/03, unveröffentlicht.
2 OLG Brandenburg, Hinweisbeschl. v. 15.03.2004 – 7 U 8/04, NJW-RR 2005, 253.
3 AG Prüm, Urt. v. 19.01.2005 – 6 C 381/04, NZV 2005, 373 = NJW-RR 2005, 534.

wunde im Gesicht zuzieht und einen Unfallschock erleidet, gehört die Reaktion als solche zum kindlichen Spiel.

Getreu dem Grundsatz »*minima non curat praetor*« (der Richter kümmert sich nicht um Kleinigkeiten) hat die Rechtsprechung eine Einschränkung für sog. **Bagatellschäden**[4] gemacht und aus dem Anwendungsbereich der Körper- und Gesundheitsverletzungen diejenigen ausgenommen, die als völlig unerheblich zu werten sind, d.h. solche, die das körperliche Wohlbefinden nur ganz vorübergehend und in ganz unbedeutendem Umfang beeinträchtigen. Nicht zu Unrecht weist Müller[5] aber darauf hin, dass de lege lata auch leichte Verletzungen nicht von der Entschädigungspflicht ausgenommen werden können.[6] Auch das 2. Gesetz zur Änderung schadensersatzrechtlicher Vorschriften hat die geplante Regelung, ein Schmerzensgeld für Bagatellschäden gesetzlich zu versagen, nicht verwirklicht. Der Rechtsausschuss hat diese Regelung in der letzten Beratung gestrichen, weil die Rechtsprechung für Bagatellverletzungen ohnehin kein Schmerzensgeld zuerkenne, sodass es einer gesetzlichen Regelung nicht bedürfe. Es bleibt daher dabei, dass Rechtsprechung und Rechtslehre für eine Abgrenzung sorgen müssen. 5

Soergel/Zeuner[7] formulieren dies so, dass sie ein Schmerzensgeld versagen wollen, wenn die Beeinträchtigungen nicht über das im Zusammenleben Alltägliche und Übliche hinausgehen. 6

Der BGH[8] hat für § 847 a.F. BGB die Auffassung vertreten, dass der Mensch, v.a. im Zusammenleben mit anderen, vielfältigen Beeinträchtigungen seiner Befindlichkeit ausgesetzt sei und daran gewöhnt werde, sich von ihnen möglichst nicht nachhaltig beeindrucken zu lassen. Werde diese Schwelle im konkreten Fall von der erlittenen Beeinträchtigung, vornehmlich wegen ihres geringen, nur vorübergehenden Einflusses auf das Allgemeinbefinden, nicht überschritten, dann könne es schon an einer Grundlage für die geldliche Bewertung eines Ausgleichsbedürfnisses fehlen. Auch in solchen Fällen ein Schmerzensgeld festzusetzen, das in den immateriellen Nachteilen keine Entsprechung fände, verlange § 847 BGB a.F. nicht. 7

Das kann allerdings zu **schwierigen Abgrenzungsfragen** führen.[9] Reichen bspw. drei Ohrfeigen ggü. einem undisziplinierten Schüler für einen Schmerzensgeldanspruch aus?[10] Ist das Spucken in das Gesicht eines Polizisten eine Körperverletzung, die einen Schmerzensgeldanspruch auslöst?[11] Das LG Oldenburg[12] hat die Ansicht vertreten, dass die Beleidigung eines Polizeibeamten durch einen alkoholisierten Radfahrer (1,49‰) nicht die Verurteilung zur Zahlung eines Schmerzensgeldes gebiete, insb. wenn eine Genugtuung durch einen Strafbefehl erfolgt sei. 8

---

4 Vgl. oben Kap. 1 Rdn. 21.

5 Müller, VersR 1993, 909 (910); vgl. aber auch Müller, VersR 2003, 1 (3 f.).

6 BGH, Urt. v. 14.01.1992 – VI ZR 120/91, VersR 1992, 504 = NJW 1992, 1043.

7 Soergel/Siebert/Zeuner, BGB, § 847 Rn. 27.

8 BGH, Urt. v. 14.01.1992 – VI ZR 120/91, VersR 1992, 504 = NJW 1992, 1043.

9 S. dazu RGRK/Kreft, BGB, 12. Aufl. 1989, § 847 Rn. 22; einige Beispiele dazu auch bei Grüneberg/*Grüneberg*, § 253 Rn. 14.

10 Verneinend LG Hanau, Urt. v. 12.12.1990 – 4 O 1184/90, NJW 1991, 2028 bei Mitverschulden des Verletzten; vgl. RGRK/Kreft, BGB, 12. Aufl. 1989, § 847 Rn. 22.

11 Das LG Münster, Urt. v. 29.08.2002 – 8 S 210/02, NJW-RR 2002, 1677, hat ein Schmerzensgeld i.H.v. 250,00 € zuerkannt. Das Gericht wertete das Anspucken als Körperverletzung, die – wenngleich mehr als eine Bagatelle – nicht schwerwiegend gewesen sei. Die zusätzlich erfolgten Beleidigungen blieben entschädigungslos, da es sich nicht um einen schwerwiegenden Eingriff in die Persönlichkeit gehandelt habe und der Geschädigte zudem im Wesentlichen in seiner Funktion als Polizist und nicht persönlich beleidigt worden sei.

12 LG Oldenburg, Hinweisbeschl. v. 07.02.2013 – 5 S 595/12, NJW-RR 2013, 927.

9 Verneint wurde ein Schmerzensgeld[13] bei:

- einer postoperativen kurzzeitigen Luxation des Hüftgelenks von etwa einer Stunde ohne erhebliche Schmerzempfindungen und einer dennoch folgenden schmerzfreien Reposition in einer 10 Minuten dauernden Kurznarkose,[14]
- einer 1 cm langen Platzwunde, die die Klägerin erlitt, als sie sich in einer unwillkürlichen Schreckreaktion auf NATO-Tiefflieger auf die Wiese warf,[15]
- einer geringfügigen Hautabschürfung am Unterarm,[16]
- Schürfverletzungen am Kopf,[17]
- Prellungen und Stauchung des Oberarms mit Arbeitsunfähigkeit für 2 Wochen,[18]
- Prellung an der Wange,[19]
- Übelkeit für einen Tag mit mehrfachem Erbrechen nach einem Auffahrunfall,[20]
- einer Woche Kopfschmerzen, Angstzuständen, Schlaflosigkeit,[21]
- leichter Zerrung der Nackenmuskulatur, eine Woche Beschwerden,[22]
- Kopfschmerzen, Übelkeit und 5 Tage Krankschreibung,[23]
- einem geringen Druckschmerz im Bereich einer Hand und einer oberflächlichen Schürfung am Oberschenkel ohne Bewegungseinschränkung des Kniegelenks,[24]
- Setzen einer Spritze nach Aufklärungspflichtverletzung,[25]
- kurzzeitiger Hüftluxation von einer Stunde ohne erhebliche Schmerzempfindung und schmerzfreier Reposition unter einer 10 Monate dauernden Kurznarkose.[26]
- einer Schraubenfehllage im Rahmen einer Fußoperation, die zu einer geringfügigen Knorpelschädigung, nicht aber zu nachweisbaren Beschwerden geführt hat, auch dann nicht, wenn das Belassen der Fehllage als grober Behandlungsfehler anzusehen ist.[27]
- einer Injektion von Traumeel ins Kniegelenk, die einen stechenden Schmerz und einen gewissen Reizzustand auslöste.[28]

10 Andererseits wurden auch für Hautabschürfungen und Prellungen Schmerzensgelder zuerkannt, deren Höhe nur schwer nachvollziehbar ist. So sprach das OLG Hamm[29] einer Frau, der nur eine Quote von 25 % zustand, ein Schmerzensgeld i.H.v. 100,00 € zu, weil diese Hautabschürfungen und Prellungen erlitten hatte, über deren Umfang keine Feststellungen mitgeteilt werden. Das OLG Naumburg[30] gewährte ein Schmerzensgeld von 250,00 € für eine bei einem Verkehrsunfall

13 RGRK/Kreft, BGB, 12. Aufl. 1989, § 847 Rn. 22 m.w.N.
14 OLG Hamm, Urt. v. 13.01.2015 – 26 U 122/14, unveröffentlicht.
15 BGH, Urt. v. 27.05.1993 – III ZR 59/92, NJW 1993, 2173; der BGH bezeichnete die Verletzung sehr plastisch als eine entschädigungslos hinzunehmende Bagatellverletzung.
16 OLG Celle, Urt. v. 22.03.1973 – 5 U 154/72, VersR 1973, 717; KG, Urt. v. 04.07.1974 – 12 U 371/74, VersR 1975, 51; KG, Urt. v. 21.11.1977 – 12 U 2094/77, VersR 1978, 569; OLG Celle, Urt. v. 24.01.1980 – 5 U 279/78, VersR 1980, 358.
17 OLG München, Urt. v. 16.03.1978 – 24 U 934/77, VersR 1979, 726.
18 LG Aachen, Urt. v. 26.11.1976 – 3 S 27/76, VersR 1977, 1059 (1060).
19 AG München, Urt. v. 09.10.1979 – 27 C 2171/79, VersR 1980, 567.
20 OLG Hamm, Urt. v. 30.08.2000 – 13 U 8/00, SP 2001, 14.
21 AG Frankfurt an der Oder, Urt. v. 05.04.2002 – 2.5 C 1492/01, SP 2002, 385, denn unter Kopfschmerzen leide ein großer Teil der Bevölkerung, dies seien Alltagsleiden.
22 AG Schwerin, Urt. v. 08.11.2000 – 13 C 2145/99, SP 2001, 414.
23 AG Essen, Urt. v. 08.09.2017 – 20 C 56/17, unveröffentlicht – das Gericht bewertete diese Folgen als »gerade noch unter der rechtlichen Erheblichkeitsschwelle«.
24 OLG Frankfurt am Main, Urt. v. 07.02.2005 – 1 U 223/04, OLGR 2006, 13 (14).
25 OLG Hamm, Urt. v. 11.04.2014 – 26 U 166/13.
26 OLG Hamm, Urt. v. 13.01.2015 – 26 U 122/14, unveröffentlicht.
27 OLG Köln, Beschl. v. 26.08.2013 – 5 U 37/13, MedR 2015, 871.
28 OLG Dresden, Urt. v. 05.01.2017 – 4 U 1385/16, unveröffentlicht.
29 OLG Hamm, Urt. v. 10.11.1992 – 9 U 17/92, VersR 1994, 18 (19).
30 OLG Naumburg, Urt. v. 12.12.2008 – 6 U 106/08, VersR 2009, 373.

erlittene Schädelprellung eines 3 Jahre alten Kindes. Eine Schädelprellung sei von der Intensität her keine ganz unbedeutende Verletzung und löse nicht unerhebliche Schmerzen aus, die durch Angst und Schrecken nach einem Verkehrsunfall noch verstärkt würden.

Für einen Schlag mit der flachen Hand ins Gesicht gab es ein Schmerzensgeld von 250,00 €,[31] obwohl mit einer solche Ohrfeige eher die Ehre gekränkt, als der Körper verletzt wird. 11

Nicht als Bagatelle wurde eine Körperverletzung angesehen, die dadurch verursacht wurde, dass ein Bahnreisender auf einer längeren ICE-Fahrt 2 Std. lang die Toilette nicht benutzen konnte,[32] was mit den davon ausgehenden präventiven Wirkungen zulasten eines Großunternehmens zu erklären sein dürfte und ein Schmerzensgeld i.H.v. 300,00 € auslöste.[33] 12

Anders wird die Rechtslage beurteilt, wenn eine Toilette in einer Regionalbahn nicht funktioniert.[34] Während das AG Trier[35] der Klägerin ein Schmerzensgeld in Höhe von 200,00 € zugesprochen hat, sah das LG Trier keine Pflichtverletzung der Beklagten. Es komme hinzu, dass der kurze, nur 1 1/2 Stunden dauernde, wenn auch quälende Harndrang nur eine geringfügige Gesundheitsbeeinträchtigung darstelle, auch wenn man berücksichtige, dass es zu einem unkontrollierten Entleeren der Harnblase und damit zu einer Scham und psychischen Belastung der Klägerin gekommen sei. Diese Entwicklung habe die Klägerin selbstbestimmt und eigenverantwortlich beeinflusst. Die Klägerin hätte damit rechnen müssen, dass die Zugtoilette nicht funktionieren könnte und sie hätte den Zug bei einem Zwischenhalt verlassen können. 13

Unabhängig davon, welche Verletzungen als Bagatellverletzungen anzusehen sind und in welchen Fällen ein Schmerzensgeld zu verneinen sein soll, muss ein Schmerzensgeld immer dann zugesprochen werden, wenn der Tatbestand des § 253 BGB erfüllt ist, wenn eine Körper- oder Gesundheitsverletzung vorliegt und es der Billigkeit entspricht, ein Schmerzensgeld zu gewähren.[36] 14

B. Einheitlichkeit des Schmerzensgeldanspruchs

Der Grundsatz der Einheitlichkeit des Schmerzensgeldes ist ständige Rechtsprechung des BGH.[37] Er gebietet es, die Höhe des dem Geschädigten zustehenden Anspruchs aufgrund einer ganzheitlichen Betrachtung der den Schadensfall prägenden Umstände unter Einbeziehung der absehbaren künftigen Entwicklung des Schadensbildes zu bemessen. **Lediglich solche Verletzungsfolgen, die zum Beurteilungszeitpunkt noch nicht eingetreten waren und deren Eintritt objektiv nicht vorhersehbar war, mit denen also nicht oder nicht ernstlich gerechnet werden musste** und die deshalb zwangsläufig bei der Bemessung des Schmerzensgeldes unberücksichtigt bleiben müssen, werden von der vom Gericht ausgesprochenen Folge nicht umfasst und können deshalb die Grundlage für einen Anspruch auf weiteres Schmerzensgeld sein. 15

Der Grundsatz der Einheitlichkeit des Schmerzensgeldes gebietet es, die Höhe des dem Geschädigten zustehenden Schmerzensgeldes aufgrund einer ganzheitlichen Betrachtung der den Schadensfall

31 AG Eisenhüttenstadt, Urt. v. 18.06.2001 – 6 C 49/01, unveröffentlicht.

32 AG Frankfurt an der Oder, Urt. v. 25.04.2002 – 32 C 261/01, NJW 2002, 2253 = RRa 2002, 181.

33 Dauner-Lieb/Langen/Huber, AK-Schuldrecht, § 253 Rn. 62.

34 LG Trier, Urt. v. 19.02.2016 – 1 S 131/15, unveröffentlicht.

35 AG Trier, Urt. v. 14.07.2015 – 6 C 62/15, unveröffentlicht.

36 BGH, Urt. v. 14.01.1992 – VI ZR 120/91, VersR 1992, 504 = MDR 1992, 349 = NJW 1992, 1043; vgl. Henke, S. 2: Die Billigkeit, nach der sich die Höhe des Schmerzensgeldes bestimmt, ist wirklich als ganz freie Gerechtigkeit des Einzelfalles aufzufassen, sie entspricht dem lateinischen Begriff der aequitas und dem deutschen Sprichwort: Was dem einen recht ist, ist dem anderen billig. Billigkeit erfordert in gleichen Sachen gleiches Recht.

37 Zuletzt: BGH, Urt. v. 20.01.2015 – VI ZR 27/14, NJW 2015, 1252. In dieser Entscheidung hält der BGH ausdrücklich fest an BGH, Urt. v. 24.05.1988 – VI ZR 326/87, NJW 1988, 2300.

prägenden Umstände unter Einbeziehung der absehbaren künftigen Entwicklung des Schadensbildes zu bemessen.[38]

Verlangt ein Kläger für erlittene Körperverletzungen uneingeschränkt ein Schmerzensgeld, so werden durch den zuerkannten Betrag alle diejenigen Schadensfolgen abgegolten, die bereits eingetreten sind. Das sind alle Dauerschäden unter denen der Verletzte bereits leidet und künftig leiden wird. Das Schmerzensgeld umfasst auch die Spätschäden, deren Eintritt objektiv erkennbar ist oder deren Eintritt jedenfalls vorhergesehen und bei der Entscheidung berücksichtigt werden konnte.[39]

C. Kapital oder Rente

16 Nach der Rechtsprechung ist regelmäßig ein Kapitalbetrag geschuldet. Daneben kann das Schmerzensgeld insgesamt oder zu einem Teil als Rente gewährt werden.

17 Der BGH[40] hat klargestellt, dass es im freien richterlichen Ermessen steht, ob das Gericht das Schmerzensgeld insgesamt in Form eines Kapitals oder ganz oder zum Teil als Rente zuspricht oder beides nebeneinander.

Die frühere Ansicht, nur bei entsprechendem Antrag des Klägers könne das Gericht eine Schmerzensgeldrente zusprechen, wird aufgegeben.

Eine Auswertung der Rechtsprechung des BGH[41] ergibt:
- Das Gesetz… überlässt es dem Richter, nach seinem freien Ermessen auch über die Form der Entschädigung – **ob Kapital oder Rente oder beides** – zu entscheiden.
- Ob das Schmerzensgeld nur als Kapitalbetrag oder in Form einer **gegebenenfalls zusätzlich… zu gewährenden Rente** zuzubilligen ist, steht… im Ermessen des Tatrichters.

Daraus folgt zwingend, dass es eines Klageantrags auf Zuerkennung einer Schmerzensgeldrente nicht bedarf.

So kann auch die Entscheidung des BGH[42] verstanden werden, in der es heißt:

> Eine Gliederung nach Zeitabschnitten käme nach der Rechtsprechung des Senats Vgl. Urt. v. 8.6.1976 - = juris Rz. 15 ff.) allenfalls bei zusätzlicher Gewährung einer Schmerzensgeldrente in Betracht, die hier aber vom Kl. schon nicht beantragt war (vgl. zum Antragserfordernis jedenfalls in der Berufungsinstanz Senat v. 21.7.1998 - = juris Rz. 7 ff.; zu den engen Voraussetzungen für die Gewährung einer Schmerzensgeldrente im Übrigen Senat v. 8.6.1976 - = juris Rz. 15 ff.; v. 15.3.1994 - = juris Rz. 23; im Überblick Diederichsen,; Jaeger / Luckey, Schmerzensgeld, 11. Aufl. Rz. 138 ff.).

18 Allerdings hat der BGH es im Berufungsrechtszug für nicht zulässig erachtet, ohne entsprechenden Antrag des Klägers und nur auf Antrag des Beklagten eine Aufteilung des Schmerzensgeldes in Kapital und Rente vorzunehmen.[43]

---

38 BGH, Großer Senat für Zivilsachen, Beschl. v. 06.07.1955, GSZ 1/55, BGHZ 18, 149, 151 ff.; BGH, Urt. v. 06.12.1960 – VI ZR 73/60, VersR 1961, 164 f. und v. 20.03.2001 – VI ZR 325/99, VersR 2001, 876.

39 St. Rspr.: BGH, Urt. v. 11.06.1963 – VI ZR 135/62, VersR 1963, 1048, 1049; Urt. v. 08.07.1980 – VI ZR 72/79, VersR 1980, 975 f.; Urt. v. 24.05.1988 – VI ZR 326/87, VersR 1988, 929 f.; Urt. v. 07.02.1995 – VI ZR 201/94, VersR 1995, 471, 472; Urt. v. 20.03.2001 – VI ZR 325/99, VersR 2001, 876; Urt. v. 20.01.2004 – VI ZR 70/03, VersR 2004, 1334 und Urt. v. 14.02.2006 – VI ZR 322/04, VersR 2006, 1090.

40 BGH Urt. v. 02.12.1966 – VI ZR 88/66, VersR 1967, 256; Urt. v. 19.12.1969 – VI ZR 111/68, VersR 1970, 281.

41 BGH, VersR 1967, 256; BGH VersR 1970, 281.

42 BGH, Urt. v. 15.02.2022 – VI ZR 937/20, VersR 2022. 712 mit Anm. Jaeger.

43 Diederichsen, VersR 2005, 433 (441).

Eine **Schmerzensgeldrente kommt neben einem Kapitalbetrag i.d.R. nur bei schweren**[44] **oder schwersten Dauerschäden** in Betracht.[45] Eine Schmerzensgeldrente wird nur gewährt, wenn die Beeinträchtigungen des Verletzten sich immer wieder erneuern und immer wieder als schmerzlich empfunden werden.[46] Eine Rente entspricht dem »Zeitmoment des Leidens« am ehesten. Solange der Verletzte unter den Verletzungen leidet, soll er eine immer wiederkehrende Entschädigung für immer wiederkehrende Lebensbeeinträchtigungen erhalten.[47] 19

Was unter schweren und schwersten Dauerschäden zu verstehen ist, wird nicht recht deutlich. Der BGH hat den Verlust des Geruchs- und Geschmacksinns genügen lassen,[48] was angesichts der vom BGH als nicht angemessen bezeichneten Höhe des Schmerzensgeldes von 46.000,00 € (zu reichlich) für eine 16 Jahre junge Frau nicht recht nachvollziehbar ist. 20

Dagegen hat das LArbG Frankfurt[49] die Augenverletzung eines jungen Arbeitnehmers als nicht ausreichend für eine Schmerzensgeldrente angesehen, obwohl der Kläger mit der »massiven Sehbehinderung nach dem gewöhnlichen Lauf der Dinge über Jahrzehnte wird umgehen müssen«. 21

Ähnlich hat das OLG Hamm,[50] einem im Zeitpunkt des Unfalls 15 Jahre alten Kläger, dem von einem Zug der Vorfuß abgetrennt worden war, eine Rente versagt, obwohl es eine lebenslange Beeinträchtigung und Schmerzen und Beschwerden bejaht hat. Es sei allerdings nicht auszuschließen, dass der Kläger im Ergebnis eine Beschwerdefreiheit erreichen werde und damit nicht den Schweregrad, der eine Rente rechtfertigen könnte. 22

Das OLG München[51] stellt fest, dass kein Anspruch auf eine Schmerzensgeldrente besteht, wenn die Gehfähigkeit nur gering eingeschränkt ist und die MdE nur 30 % beträgt. 23

Die Gewährung von Schmerzensgeldrenten i.H.v. **25,00 € – 50,00 € monatlich** wird von der Rechtsprechung mehrheitlich abgelehnt und dürfte auch dem Zweck des Schmerzensgeldes, einen spürbaren Ausgleich für entgangene Lebensfreude zu ermöglichen, nicht gerecht werden.[52] Monatliche Renten von 50,00 € widersprechen der Grunderwägung für die Zubilligung einer Rente überhaupt.[53] Die Auszahlung des vollen Kapitalbetrages ist dann vorzuziehen. 24

Eine gewisse Richtgröße, von der an eine Rente anzusetzen sein kann, kann der kapitalisierte Betrag von 100.000,00 € sein.[54] Es kann auch an eine Grenze bei einer dauerhaften MdE von mindestens 40 % gedacht werden. 25

---

44 BGH, Urt. v. 08.06.1976 – VI ZR 216/74, MDR 1976, 1012 = VersR 1976, 967 (769); OLG Frankfurt am Main, Urt. v. 21.02.1991 – 12 U 42/90, VersR 1992, 621.

45 BGH, Urt. v. 15.03.1994 – VI ZR 44/93, NJW 1994, 1592; OLG Hamm, Urt. v. 09.02.1986 – 6 U 451/86, VersR 1990, 865; Scheffen-Pardey, Rn. 960; Diederichsen, VersR 2005, 433 (441); Huber, Brennpunkte der Schmerzensgeldbemessung, Jahrbuch zum Straßenverkehr 2016, S. 111 f.

46 BGH, Beschl. v. 06.07.1955 – GSZ 1/55, BGHZ 18, 149 (167) = VersR 1955, 615 = NJW 1955, 1675 = MDR 1956, 19 m. Anm. Pohle; BGH, Urt. v. 13.03.1959 – VI ZR 72/58, MDR 1959, 568; OLG Frankfurt am Main, Urt. v. 11.11.1982 – 3 U 13/80, VersR 1983, 545; OLG Frankfurt am Main, Urt. v. 21.02.1991 – 12 U 42/90, VersR 1992, 621. So auch: OLG Stuttgart, Urt. v. 04.01.2000 – 14 U 31/98, VersR 2001, 1560.

47 KG, Urt. v. 24.01.1978 – 9 U 2592/76, VersR 1979, 624.

48 BGH, Urt. v. 08.06.1976 – VI ZR 216/74, VersR 1976, 967 (968) = MDR 1976, 1012.

49 LArbG Frankfurt, Urt. v. 20.08.2013 – 13 Sa 269/13, UV-Recht Aktuell, 2013, 1188.

50 OLG Hamm, Urt. v. 08.04.2016 – 11 U 141/14, unveröffentlicht.

51 OLG München, Urt. v. 19.05.2017 – 10 U 4256/16, NJW 2017, 2838 = ZfS 2017, 673.

52 OLG Jena, Urt. v. 15.10.2002 – 8 U 164/02, SP 2002, 415; OLG Brandenburg, Urt. v. 09.02.2006 – 12 U 116/05, r+s 2006, 260; Slizyk, S. 111. Das OLG Nürnberg, Urt. v. 19.12.1996 – 8 U 1795/96, VersR 1997, 1540, sprach allerdings einem 16-jährigen Jungen ein Schmerzensgeld i.H.v. 22.500,00 € und zusätzlich eine monatliche Rente von 50,00 € zu.

53 Geigel/Pardey, 7. Kap. Rn. 20; kritisch dazu: Huber, Brennpunkte der Schmerzensgeldbemessung, Jahrbuch zum Straßenverkehr 2016, S. 1111, 112.

54 Geigel/Pardey, 7. Kap. Rn. 20.

26 Eine Rente ist zu versagen, wenn der Verletzte während des Rechtsstreits stirbt. Dann steht den Erben nur ein Kapitalbetrag zu.[55]

27 Wiederholt wurde eine Schmerzensgeldrente verneint, weil als Voraussetzung **schwerste Schäden** gefordert würden[56] oder weil der Verletzte sich an die Verletzung gewöhnt habe.[57] Diese Einschränkung ist nicht gerechtfertigt. Auch weniger extreme Verletzungen können immer wieder als schmerzlich empfunden werden. Möglicherweise beruht die Forderung nach »schwerster Verletzung« auf der Entscheidung des BGH v. 04.06.1996.[58] In dem dieser Entscheidung zugrunde liegenden Fall hatte die 10 Jahre alte Klägerin, die bei einem Unfall schwer verletzt worden war, neben einem Schmerzensgeldkapital eine Schmerzensgeldrente eingeklagt. Das LG hatte die Beklagten zur Zahlung von Kapital und Rente verurteilt, das OLG hatte der Klägerin lediglich ein Schmerzensgeldkapital zugesprochen, aber nicht auf eine Rente erkannt. Der BGH führt dann aus, dass die einmalige Kapitalzahlung der Normalfall sei; bei schwersten Dauerschäden komme indes eine Schmerzensgeldrente neben einem Kapitalbetrag in Betracht.[59] Möglicherweise handelt es sich um ein obiter dictum, weil die Klägerin ja schwerste Verletzungen erlitten hatte.

28 Eine Schmerzensgeldrente kann nicht mit der Begründung abgelehnt werden, der **Verletzte sei zu alt.**

In einem vom OLG Hamm[60] entschiedenen Fall wurde der Antrag der Klägerin, einen Teil des Schmerzensgeldes als Rente zuzuerkennen, wegen des Alters der Klägerin abgewiesen. Die 70 Jahre alte Klägerin erlitt bei einem Unfall, bei dem ihr Ehemann ums Leben kam (dadurch schwere Depressionen), ein Bauchtrauma, ein Thoraxtrauma, eine Lungenquetschung, Oberschenkel- und Gelenkfrakturen und -quetschungen. Als Dauerschaden verblieb eine starke Gehbehinderung. Ein solches Geschehen ist geradezu prädestiniert, eine Schmerzensgeldrente zuzubilligen. Die Entscheidung des OLG Hamm ist insoweit (und in der Höhe des Schmerzensgeldes von [nur] 45.000,00 €) unverständlich.

29 Die Rente neben einem Schmerzensgeldkapital darf auch nicht zu niedrig ausfallen.

Das OLG Oldenburg[61] griff daneben, als es einem 33 Jahre alten Mann neben einem Schmerzensgeldkapital von 120.000,00 € eine monatliche Schmerzensgeldrente von nur 150,00 € zubilligte, die einen Kapitalwert von rund 30.000,00 € hat.

Der Kläger hatte bei einem Verkehrsunfall schwere Schädelverletzungen davongetragen. Aus einem jungen Mann, der voll im Leben stand, Fußball spielte, jung verheiratet war und gerade erst ein Haus gebaut hatte, war ein Proband geworden, der der ständigen Beaufsichtigung und Pflege bedurfte. Potenz und Libido waren erloschen, sodass er ständig fürchtete, seine Frau werde ihn verlassen. Er litt unter Wortfindungsstörungen und rannte mit dem Kopf gegen die Wand, schlug mit den Fäusten gegen den Kopf, um die Worte, die er nicht fand, herauszuprügeln.

Ein Gesamtschmerzensgeld i.H.v. 150.000,00 € ist ebenso unangemessen wie die sehr geringe Rente.

---

55 OLG Köln, Urt. v. 09.01.2002 – 5 U 91/01, NJW-RR 2003, 308.

56 OLG Düsseldorf, Urt. v. 13.11.2000 – 1 U 12/00, SP 2001, 200; OLG Hamm, Urt. v. 12.02.2001 – 13 U 147/00, SP 2001, 267.

57 OLG Düsseldorf, Urt. v. 13.11.2000 – 1 U 12/00, SP 2001, 200. Sehr zweifelhaft auch OLG Brandenburg, Urt. v. 04.11.2010 – 12 U 35/10, NJW 2011, 2219, welches bei einer Vielzahl von neuropsychologischen Störungen nach einer Schädelverletzung eine Rente abgelehnt hat, weil der Kläger – zu 70 % schwerbehindert und unter Betreuung – »die Verrichtungen des täglichen Lebens ohne fremde Hilfe« bewältige und die Einschränkungen nicht »in einem Maß gravierend« empfände, was eine Rente rechtfertigte.

58 BGH, Urt. v. 04.06.1996 – VI ZR 227/94, NJWE-VHR 1996, 141.

59 So auch BGH, Urt. v. 15.03.1994 – VI ZR 44/93, NJW 1994, 1592 (1594).

60 OLG Hamm, Urt. v. 12.02.2001 – 13 U 147/00, VersR 2002, 499.

61 Vgl. OLG Oldenburg, Urt. v. 07.05.2001 – 15 U 6/01, SP 2002, 56.

Für junge Menschen kann eine Rente günstiger sein, wenn die Möglichkeit der **Abänderungsklage** nach § 323 ZPO bejaht wird.[62] Nach einhelliger Meinung in Rechtsprechung und Schrifttum ist die Schmerzensgeldrente grds. abänderbar.[63] Der BGH[64] hat dies (obiter dictum) als selbstverständlich vorausgesetzt, indem er einem jungen Geschädigten im Hinblick auf die Laufzeit der Rente die Möglichkeit zur Anpassung an die veränderten Verhältnisse nach § 323 ZPO zugebilligt hat. Auch die Verschlimmerung des Leidens, eine bedeutsame Verbesserung der wirtschaftlichen Verhältnisse aufseiten des Schädigers, eine exorbitante Änderung der in der Praxis vorgestellten Wertgrößen zum Schmerzensgeld oder gravierende Veränderungen des Lebenshaltungskostenindexes sollen im Wege der Abänderungsklage geltend gemacht werden können.[65] 30

Zur Änderung des Lebenshaltungskostenindexes besteht jedoch keine Einigkeit,[66] dies gilt insb. für die Frage, ob im Fall einer (wesentlichen) Erhöhung der Lebenshaltungskosten die Abänderung verlangt werden kann, wie das für Unterhaltsrenten angenommen wird. Der BGH hatte diese Frage bis zum Jahr 2007 eigentlich noch nicht entschieden. Er hatte lediglich die Dynamisierung einer Schmerzensgeldrente abgelehnt.[67] In der dritten Auflage haben wir die Prognose gewagt, er werde wohl auch eine auf gestiegene Lebenshaltungskosten gestützte Abänderungsklage kaum zulassen. Noch stehe der Begriff der Einheitlichkeit des Schmerzensgeldanspruchs im Raum, obwohl bei einer Schmerzensgeldrente eine solche endgültige Festlegung des Schmerzensgeldes niemals erreicht werden könne.[68] Es sei zu bedenken, dass nur das Schmerzensgeld, das als Kapital gezahlt wird, der Höhe nach feststeht und nach Rechtskraft unabänderlich bleibe. Allein unter dem Gesichtspunkt der gestiegenen Lebenshaltungskosten könne eine Abänderungsklage keinen Erfolg haben. Das klinge auch in einem obiter dictum des BGH[69] an und werde auch von Hess[70] so gesehen. 31

Nunmehr hat der BGH[71] die Frage entschieden: 32

> »Eine Schmerzensgeldrente kann im Hinblick auf den gestiegenen Lebenshaltungskostenindex abgeändert werden, wenn eine Abwägung aller Umstände des Einzelfalles ergibt, dass die bisher gezahlte Rente ihre Funktion eines billigen Schadensausgleichs nicht mehr erfüllt.«

In diesem LS verbergen sich für die Rechtsprechung in mehrfacher Hinsicht Ausweichmöglichkeiten, die der BGH im nächsten LS auch andeutet: 33

> »Falls nicht besondere **zusätzliche Umstände** vorliegen, ist eine Abänderung einer Schmerzensgeldrente bei einer **unter 25 % liegenden Steigerung des Lebenshaltungskostenindexes i.d.R. nicht gerechtfertigt**.«

Daraus folgt aber noch nicht, dass damit die Grenze aufgezeigt ist, oberhalb derer eine Abänderungsklage Erfolg haben wird. Zusätzlich müssen alle Umstände abgewogen werden und die Funktion des Schmerzensgeldes als Schadensausgleich darf nicht mehr gegeben sein. 34

Ob die Steigerung der Lebenshaltungskosten von > 25 % das letzte Wort ist, muss überdacht werden, weil die Lebenshaltungskosten seit mehr als einem Jahrzehnt <= 2 % betragen und in der Coronakrise angestiegen sein sollen.

Zu diesen Umständen sollen bspw. die Rentenhöhe, der zugrunde liegende Kapitalbetrag und die bereits gezahlten und voraussichtlich noch zu zahlenden Beträge gehören. Was damit genau gemeint 35

62 Vgl. unten Kap. 7 Rdn. 297 ff. und Vorwerk, Kap. 84, Rn. 184 und Kap. 86 Rn. 42.
63 Diederichsen, VersR 2005, 433 (442).
64 BGH, Urt. v. 08.06.1976 – VI ZR 216/74, VersR 1976, 967 (969).
65 Halm/Scheffler, DAR 2004, 71 (72) m.w.N.
66 Diederichsen, VersR 2005, 433 (438).
67 BGH, Urt. v. 03.07.1973 – VI ZR 60/72, VersR 1973, 1067. Dagegen: Dauner-Lieb/Langen/Huber, AK-Schuldrecht, § 253 Rn. 120 und Berz/Burmann/Hess, Kap. 6 F Rn. 47.
68 Dauner-Lieb/Langen/Huber, AK-Schuldrecht, § 253 Rn. 120.
69 BGH, Urt. v. 03.07.1973 – VI ZR 60/72, VersR 1973, 1067 (1068).
70 Berz/Burmann/Hess, Kap. 6 F Rn. 47.
71 BGH, Urt. v. 15.05.2007 – VI ZR 150/06, VersR 2007, 961 = DAR 2007, 513.

ist, wird nicht deutlich, zumal der BGH (zu Recht) in dieser Entscheidung auch herausgestellt hat, dass die Summe der gezahlten Rentenbeträge völlig unerheblich ist. Maßgebend für die Belastung des Schädigers ist nämlich nicht die Summe der gezahlten Rentenbeträge, sondern **allein der Kapitalwert der Rente**, denn die Zahlungen fließen aus den **mit 5 % pauschal angenommenen Zinsen** und dem danach ermittelten Kapitalwert. Nur wenn der Schädiger vortragen kann, dass die Rentenzahlungen aus den Erträgen nicht mehr aufgebracht werden könnten, weil die Gewinne aus der Kapitalanlage hinter den Erwartungen zurückgeblieben seien, kann der Zinsertrag eine Rolle spielen. Man könnte meinen, dass etwa seit 2012/2014 mit dem Beginn einer Niedrigzinsphase[72], die seit einigen Jahren eine Nullzinsphase ist, der Zeitpunkt gekommen ist, dass die Versicherungswirtschaft sich auf dieses Argument berufen kann. Zu bedenken ist aber, dass auch 2019 vonseiten der Versicherungswirtschaft immer noch versucht wird, bei der Kapitalisierung von Renten einen Zinssatz von 5 % durchzusetzen, obwohl kein Anspruchsberechtigter im Jahr 2019 einen so hohen Zinsertrag erreichen kann. Dennoch behauptet Herbert Lang,[73] ein Abteilungsdirektor bei der Hauptverwaltung der Allianz Versicherungs-AG in München, dass z.B. die Allianz Lebensversicherungs-AG eine durchschnittliche Rendite von über 5 % in den letzten 5 Jahren erwirtschaftet habe, eine Rendite, die nicht mit dem Garantiezins für Kunden der Lebensversicherung verwechselt werden dürfe! Auch wenn Lang damit für die Versicherungswirtschaft vortragen will, sie erwirtschafte derzeit wie in der Vergangenheit Zinsen i.H.v. durchschnittlich mehr als 5 %, so folgt daraus nicht, dass diese Rendite mit mündelsicheren Anlagen erzielt werden kann. Für den Verletzten kommen aber Risikopapiere nicht in Betracht, sondern nur sichere Kapitalanlagen.

Natürlich kann bei einer Rentenanpassung für die Zukunft eine Rolle, wie lange die Schmerzensgeldrente noch gezahlt werden muss, denn für den Erhöhungsbetrag muss ein neuer Kapitalwert ermittelt werden.

36 Hier zeigt sich der Widerspruch zum angeblich einheitlichen Schmerzensgeld. Wurde der Verletzte mit einem Kapitalbetrag abgefunden, kommt eine Erhöhung aus Gründen der Rechtskraft nicht in Betracht. Wurde dagegen zum Kapitalbetrag eine Schmerzensgeldrente zuerkannt, kann das insgesamt zu zahlende Schmerzensgeld über den Weg der Abänderungsklage nachträglich erhöht werden. Diese Gefahr hat der BGH (natürlich) gesehen und will ihr insoweit Rechnung tragen, als zu prüfen ist, ob dem Schädiger billigerweise zugemutet werden kann, eine erhöhte Rente zu zahlen, etwa weil die Haftungshöchstsumme erschöpft sei. Eine solche Erschöpfung der Haftungshöchstsumme kann aber nicht mit der Summe der bisher gezahlten Rentenbeträge begründet werden.

37 Der Argumentation, dass das Schmerzensgeld nicht dynamisiert werden könne, sondern nach ständiger Rechtsprechung einheitlich festgesetzt werden müsse, entzieht sich der BGH dadurch, dass er die mit der Steigerung des Lebenshaltungskostenindexes begründete Erhöhung der Schmerzensgeldrente nicht mit der von »vornherein dynamisierten« Schmerzensgeldrente gleichsetzt. Völlig zu Recht stellt er darauf ab, dass die Funktion des Schmerzensgeldes durch eine erhebliche Steigerung des Lebenshaltungskostenindexes gemindert oder aufgehoben werden kann, wenn der Geldwert in erheblichem Maße gesunken ist.

38 Schaut man auf die seit vielen Jahren niedrige Inflationsrate von 2 % und weniger, bedeutet dies, dass eine Abänderungsklage erst nach mehr als 15 Jahren mit Aussicht auf Erfolg erhoben werden kann. Bevor das Gericht dann rechtskräftig entschieden hat, gehen mehrere Jahre ins Land, sodass die Summe der Inflationsraten bis zur Entscheidung schließlich mehr als 30 % betragen wird. Die Anpassung wird aber nicht so hoch ausfallen, weil diese nicht mathematisch vorgenommen wird. Der Verletzte wird dann allenfalls mit einer Erhöhung der Schmerzensgeldrente um rund 15–20 % rechnen können und zwar nur für die Zukunft.

---

72 Jaeger, Einfluss der Niedrigzinsphase auf die Bemessung des Schmerzensgeldes, VersR 2019, 977.
73 Lang, VersR 2019, 385 (393 rechte Spalte).

Anders ist die Rechtslage, wenn die Abänderungsklage auf eine Veränderung der wirtschaftlichen Verhältnisse des Schädigers oder auf Verletzungsfolgen, die bisher keine Berücksichtigung gefunden haben, gestützt wird. Ob eine Abänderungsklage auch auf eine geänderte Rechtsprechung zur Höhe von Schmerzensgeldern überhaupt gestützt werden kann, ist bisher nicht entschieden.[74] 39

Nicht alle Entscheidungen zur Schmerzensgeldrente können unwidersprochen bleiben: 40

Das LG Hannover[75] hat entschieden: Hat allerdings das Gericht bei der Bestimmung der Schmerzensgeldrente deren Kapitalbetrag errechnet und ist der Gesamtbetrag, bestehend aus Kapital und laufender Rente, an den Geschädigten ausbezahlt worden, scheidet ab diesem Zeitpunkt eine Abänderungsklage aus, weil der Schmerzensgeldanspruch erfüllt ist.

Diese Begründung ist nicht haltbar. Es geht nicht an, die Summe der Rentenzahlungen zu addieren, weil die monatlichen Zahlungen auch einen Zinsbetrag enthalten, der anfangs den Kapitalanteil ganz erheblich übersteigt. Das Gericht hätte allenfalls darauf abstellen dürfen, dass die Klägerin die statistische Lebenserwartung überschritten habe, was nicht der Fall war. Auch das wäre aber unerheblich.

Die **Verurteilung zu einer Rente** ist **für beide Seiten ein Risiko**. Stirbt der Berechtigte früher, als nach der Statistik anzunehmen war, erhält er nicht den vollen Kapitalbetrag, der – zzgl. Zinsen – für die Rente errechnet wurde; stirbt er später, muss der Schädiger (Versicherer) über diesen Betrag hinaus leisten.

Auch die weitere Begründung der Kammer, bei einer Abänderung der Rente wäre die Klägerin bessergestellt als ein Geschädigter, dem nur ein Kapitalbetrag zugesprochen worden sei, stimmt so nicht. Die Klägerin hatte das volle Schmerzensgeld noch nicht erhalten, und das LG hat nicht berücksichtigt, dass gerade bei Unfallopfern, die noch jung sind, ein Teil des Schmerzensgeldes als Rente zugesprochen wird, gerade um dem Verletzten die Möglichkeit der Abänderungsklage offenzuhalten. Genau dagegen wendet sich Notthoff,[76] der eine gewisse Besserstellung des Verletzten, der einen Teil des Schmerzensgeldes als Schmerzensgeldrente bezieht, nicht hinnehmen will. 41

▶ Hinweis:

Ob die Abänderungsklage alleine auf den Kaufkraftschwund gestützt werden kann, ist fraglich, erscheint aber möglich, wenn die Rentenhöhe über ein oder zwei Jahrzehnte unverändert geblieben ist.[77] Aussichtsreicher ist eine Abänderungsklage, mit der geltend gemacht werden kann, dass die Bemessungsfaktoren sich verändert haben, insb. wenn sich die Verletzungen verschlimmert oder die wirtschaftlichen Verhältnisse des Schädigers sich verbessert haben.[78] Völlig offen ist, ob eine Abänderungsklage auch damit begründet werden kann, dass die Gerichte heute höhere Schmerzensgeldbeträge zuerkennen. 42

---

74 Vgl. hierzu: Knoche/Biersack, MDR 2005, 12.

75 LG Hannover, Urt. v. 03.07.2002 – 7 S 1820/01, NJW-RR 2002, 1253 = VersR 2004, 528. Über die Kosten der Revision hat der BGH, Beschl. v. 28.11.2002 – VI ZR 283/02, unveröffentlicht, entschieden, woraus Notthoff, VersR 2003, 966 (970), der die Entscheidung des LG Hannover kritiklos billigt, zu Unrecht folgert, der BGH habe auch die Argumentation des LG Hannover gebilligt. Dies hat der BGH, Urt. v. 15.05.2007 – VI ZR 150/06, VersR 2007, 961 = DAR 2007, 513, ausdrücklich verneint und ausgeführt, dass der Umstand, dass die Summe der Rentenzahlungen (immer in spätestens rund 20 Jahren) den Kapitalwert (Barwert der Rente) erreicht, einer Abänderungsklage nicht entgegenstehen kann; krit. Halm/Scheffler, DAR 2004, 71 (76), die die Entscheidung des LG Hannover letztlich billigen, ohne dass die Begründung der Entscheidung etwas für die Höhe des Zinsanteils in der monatlichen Rente hergibt.

76 Notthoff, VersR 2003, 966 (970).

77 A.A. Diederichsen, VersR 2005, 433 (442), die zu bedenken gibt, dass weder der Kaufpreis für das Erkaufen von Annehmlichkeiten die geschuldete billige Entschädigung ist noch dass sich der Ausgleich durch das Schmerzensgeld in diesen Möglichkeiten erschöpft.

78 Diederichsen, VersR 2005, 433 (442).

43 Die **Gewährung einer »dynamischen« Schmerzensgeldrente**, z.B. durch Koppelung mit dem amtlichen Lebenshaltungskostenindex, hat der BGH[79] verneint.[80] Eine solche dynamische Rente würde die Funktion der Rente als eines billigen Ausgleichs in Geld nicht gewährleisten.[81] Auf eine »dynamische« Schmerzensgeldrente habe der Verletzte schon deshalb keinen Anspruch, weil es im pflichtgemäßen Ermessen des Tatrichters stehe, ob er die Zubilligung einer Rente überhaupt für angemessen halte. Gegen eine »dynamische« Schmerzensgeldrente spreche auch, dass das Urteil das Schmerzensgeld im Grundsatz endgültig feststellen solle. Genau das wäre das Argument gegen die Zulässigkeit einer Abänderungsklage überhaupt gewesen, die der BGH aber letztlich als zulässig ansieht.

44 Der BGH und andere Gegner der Dynamisierung[82] machen ferner geltend, eine Dynamisierung könne dem Schädiger unter Berücksichtigung volkswirtschaftlicher Argumente nicht zugemutet werden. Die Geldentwertung wirke sich auch auf die wirtschaftlichen Verhältnisse des Schädigers aus und mit zunehmender Geldentwertung bestehe die Gefahr, dass die Haftungshöchstgrenzen erreicht würden. Dem Schädiger könne nicht zugemutet werden, sein Einkommen noch nach Jahren aufgrund der monatlichen Schmerzensgeldrente nunmehr etwa auf die Pfändungsgrenzen zu beschränken.

45 Dem ist entgegenzuhalten, dass die inflatorische Entwicklung im Jahr der BGH-Entscheidung 1973 einen Höchststand erreicht hatte und heute nur noch einen Bruchteil beträgt und dass die Haftungshöchstgrenzen heute ein Vielfaches von den damals Üblichen betragen. Die Rücksichtnahme auf den Schädiger ist verfehlt, sie missachtet die Interessen des Verletzten. Der Schädiger soll seine Schuld bezahlen. Er ist nicht zu bedauern, weil ihm die Flucht in die Pfändungsgrenze lästig sein könnte. I.Ü. stellt es doch die Ausnahme dar, dass der Schädiger aus eigenem Vermögen zahlt, fast immer steht ein Haftpflichtversicherer im Hintergrund.

46 Die Argumente gegen eine Abänderungsklage und erst recht gegen eine dynamisierte Schmerzensgeldrente, wenn sie denn je zutreffend waren, überzeugen also (heute) nicht (mehr). Oft ist abzusehen, dass Schmerzensgeldrenten über Jahrzehnte hinweg gezahlt werden müssen. Mit einer Abänderungsklage mag der Geschädigte zwar eine gewisse Steigerung erreichen können, dies aber nur in großen zeitlichen Abständen und mit Sicherheit nicht i.H.d. Steigerung der Lebenshaltungskosten. Das weitere Argument des BGH,[83] eine dynamische Schmerzensgeldrente könne dem Schädiger wirtschaftlich unter Berücksichtigung allgemeiner volkswirtschaftlicher Gesichtspunkte nicht zugemutet werden, ist heute ebenfalls nicht mehr gültig.

47 Vom Ausgangspunkt her ist schon nicht einzusehen, weshalb die Schmerzensgeldrente nicht als dynamische Rente ausgestaltet werden soll.[84] Die Überlegung des BGH,[85] dass Wohlbefinden und Gesundheit »nicht mit Gold aufzuwägen« seien, weshalb sich bei schweren und schwersten Verletzungen aus dem Ausgleichsbedürfnis des Geschädigten allein oft kaum eine Begrenzung nach oben ergebe und ein brauchbarer Maßstab für die »billige Entschädigung« erst aus dem Spannungsverhältnis gewonnen werden könne, das zwischen dem für den Geschädigten Wünschenswerten einerseits und dem besteht, was dem Schädiger noch zugemutet werden kann, müssen überdacht werden. Die Funktionen des Schmerzensgeldes, insb. die Ausgleichs- und Genugtuungsfunktion haben in der Rechtsprechung eine neue Bedeutung erfahren. Gerade schwerste Schäden werden heute mit dem höchsten Schmerzensgeld ausgeglichen. Es kann nicht oft genug betont werden, dass volkswirtschaftliche Gesichtspunkte bei der Bemessung des Schmerzensgeldes keinen Raum haben. Die

79 BGH, Urt. v. 03.07.1973 – VI ZR 60/72, VersR 1973, 1067 = NJW 1973, 1653.

80 Daher erscheint auch eine außergerichtliche Vereinbarung einer dynamischen Rente, etwa gekoppelt an den Lebenshaltungskostenindex durch Wertsicherungsklausel, als problematisch, da unzulässig nach § 2 PaPkG (vgl. Jahnke, r+s 2006, 228 [230]).

81 So auch Notthoff, VersR 2003, 966 (969), der sich vehement (»... darf keinesfalls dynamisiert werden ...«) gegen jeden Dynamisierungsgedanken wendet.

82 BGH, Urt. v. 03.07.1973 – VI ZR 60/72, VersR 1973, 1067 (1068); Notthoff, VersR 2003, 966 (969).

83 BGH, Urt. v. 03.07.1973 – VI ZR 60/72, VersR 1973, 1067 = NJW 1973, 1653.

84 Dauner-Lieb/Langen/Huber, AK-Schuldrecht, § 253 Rn. 119.

85 BGH, Urt. v. 03.07.1973 – VI ZR 60/72, VersR 1973, 1067 (1068).

Versicherungswirtschaft beruft sich beim Sachschaden nicht auf dieses Argument, obwohl in diesem Bereich über das vernünftige Maß hinaus entschädigt wird.

Natürlich ist es richtig, dass das Schmerzensgeld auch andere Ziele verfolgt, als dem Verletzten einen stets gleichbleibenden Wert als Ausgleich zur Verfügung zu stellen. Letztlich hat es aber die Funktion, dem Verletzten Erleichterungen und Annehmlichkeiten zu verschaffen, die Geld kosten und somit der inflationären Entwicklung unterworfen sind. Genau das wird bei der Kaufkraftparität ausländischer Verletzter und bei den hohen Schmerzensgeldern bei schwersten Verletzungen berücksichtigt. Deshalb sollte der Lebenshaltungskostenindex als ein Indikator zur Dynamisierung herangezogen werden. 48

Allerdings achtet der BGH darauf, dass Kapital und (Kapitalwert der) Rente in einem ausgewogenen Verhältnis stehen und insgesamt die bisher in der Rechtsprechung zuerkannten Kapitalbeträge nicht übersteigen.[86] Die in dieser Entscheidung angestellten **Berechnungen** dürften jedoch einen **Denkfehler** enthalten, soweit der BGH beanstandet, dass das einer 16-Jährigen zuerkannte Schmerzensgeld (Rente von 150,00 € monatlich = rund 33.500,00 € plus Kapital 12.500,00 €) »zu reichlich« und deshalb durch das Revisionsgericht korrekturfähig.[87] sei. Das Schmerzensgeld für einen jungen Menschen, der schwere Dauerschäden erlitten hat (u.a. Verlust des Geruchs- und des Geschmackssinns) ist notwendigerweise um ein Mehrfaches höher als für einen alten Menschen, bei dem sich die Kapitalisierung der Rente weitaus weniger auswirkt und der die Beeinträchtigungen (nur noch) wenige Jahre zu (er-) tragen hat.[88] Hinzu kommt, dass der BGH das Schmerzensgeld insgesamt als viel zu hoch angesehen hat, obwohl die Verletzte neben dem Verlust des Geruchs- und Geschmackssinns ein schweres Schädelhirntrauma und einen Gehörschaden erlitten hatte. Das Schädelhirntrauma hatte eine Änderung der Gehirnfunktion und eine Wesensänderung zur Folge.[89] Man kann nur vermuten, dass der Schmerzensgeldbetrag von insgesamt rund 100.000,00 DM den BGH zur Beanstandung der Entscheidung verleitet und er dabei übersehen hat, dass die Verletzte mit der schweren Behinderung auch aus damaliger Sicht bei rund 65 Jahren Lebenserwartung viel länger zu leiden haben würde, als ein älterer Mensch mit derselben Verletzung. 49

Dass die hier vertretene Auffassung richtig ist, zeigt ein Vergleich mit den **Beträgen**, die **zum Ausgleich des materiellen Schadens** gezahlt werden müssen. Ein junger Mensch, der unfallbedingt arbeitsunfähig wird, hat ein Leben lang Anspruch auf Ersatz des Verdienstausfalls. Ist er für den Rest seines Lebens pflegebedürftig, müssen die dafür erforderlichen Aufwendungen jahrzehntelang ersetzt werden. Solche Leistungen erreichen und übersteigen leicht mehrere Mio. €, ohne dass dies beanstandet wird. Bereits 2008 reichten Deckungssummen von 7,5 bzw. 8 Mio. € je Einzelgeschädigtem nicht mehr aus; die höchste Rückstellung musste für einen prognostizierten Personenschaden von 11 Mio. € gebildet werden.[90] Diese Personenschäden werden auch nicht durch monatliche oder vierteljährliche gleichbleibende Beträge ausgeglichen. Die Leistungen steigen dynamisch mit der Lohn- und der Preisentwicklung. 50

---

86 BGH, Urt. v. 08.06.1976 – VI ZR 216/74, VersR 1976, 967 (969); BGH, Urt. v. 01.10.1985 – VI ZR 195/84, VersR 1986, 59; BGH, Urt. v. 15.05.2007 – VI ZR 150/06, NJW 2007, 2475 (2476) = VersR 2007, 961: Bei einer Gesamtentschädigung aus Schmerzensgeldkapital und Schmerzensgeldrente muss der monatliche Rentenbetrag so bemessen werden, dass er kapitalisiert zusammen mit dem zuerkannten Kapitalbetrag einen Gesamtbetrag ergibt, der in seiner Größenordnung einem ausschließlich in Kapitalform zuerkannten Betrag zumindest annähernd entspricht; OLG Jena, Urt. v. 12.08.1999 – 1 U 1622/98, ZfS 1999, 419; Diederichsen, VersR 2005, 433 (441); vgl. unten Kap. 6 Rdn. 115 ff.

87 Zur Frage der Korrekturfähigkeit des Schmerzensgeldbetrages durch das Revisionsgericht: BGH, Urt. v. 13.10.1992 – VI ZR 201/91, VersR 1993, 327 = MedR 1993, 101 = NJW 1993, 781.

88 So z.B. BGH, Urt. v. 15.01.1991 – VI ZR 163/90, VersR 1991, 350; Diederichsen, VersR 2005, 433 (441).

89 Hierauf weist Dauner-Lieb/Langen/Huber, AK-Schuldrecht, § 253 Rn. 110, Fn. 404, zu Recht hin.

90 Hoffmann, Versicherungswirtschaft 2008, 1298.

51 Die Notwendigkeit eines hohen Schmerzensgeldes und einer Rente hat auch das OLG Frankfurt am Main[91] gesehen und einem 3 Jahre alten Kläger, der durch Glassplitter einer zerberstenden Limonadenflasche erblindete, 250.000,00 € und eine monatliche Rente von 250,00 € zuerkannt. Kapital und Rente ergaben einen Betrag von 344.000,00 €. Das OLG führte zur Begründung der Entscheidung aus, dass dieses Schmerzensgeld das **Entschädigungssystem** nicht sprenge, sondern lediglich **fortschreibe**.

▶ Hinweis:

52 Daraus folgt, dass es kein einheitliches Schmerzensgeld gibt, wenn für die Bemessung das Zeitmoment eine (nicht nur untergeordnete) Rolle spielt.

Der Auffassung der Rechtsprechung, die Schmerzensgeldrente sei auf schwerste Verletzungen beschränkt, da der sich bei einer Kapitalisierung ergebende Betrag dem sonst festgesetzten Schmerzensgeldkapitalbetrag für vergleichbare Verletzungen entsprechen müsse,[92] ist deshalb nicht zu folgen, dies umso mehr, als für Menschen mit geringerer Lebenserwartung ein geringeres Schmerzensgeld angemessen sein soll. Gerade dann, wenn die Lebenserwartung nicht mehr hoch ist, kann eine Schmerzensgeldrente den angemessenen Ausgleich darstellen. In der Entscheidung aus dem Jahr 1991[93] hält der BGH für einen 73 Jahre alten Kläger, der keinen so langen Leidensweg mehr vor sich habe wie ein jüngerer Mensch, ein geringeres Schmerzensgeld für angemessen. Er verweist darauf, dass wegen der geringeren Lebenserwartung des Klägers eine Schmerzensgeldrente die angemessene Entschädigung darstellen könnte.

53 Es werden auch andere Argumente gegen die Zubilligung einer Rente vorgebracht:
– Die **Versicherungswirtschaft** hat am Abschluss der Schadensfälle ein durchaus anzuerkennendes enormes wirtschaftliches Interesse und ist schon deshalb gegen eine Rentenzahlung neben Schmerzensgeldkapital. Das ermöglicht es dem Richter, einen für den Verletzten günstigen Vergleich herbeizuführen, wenn der Versicherer dadurch den Fall abschließen kann.

▶ Hinweis:

54 Wenn Zukunftsschäden, die auch einen weiteren Schmerzensgeldanspruch begründen können, nicht auszuschließen sind, **sollte nicht zu einem Vergleich zum Ausgleich aller gegenseitigen Ansprüche geraten werden.**[94]

55 – Es wird der Einwand erhoben, dass durch die Rentenzahlung die **Störung des Rechtsfriedens** aufrechterhalten werde, weil sowohl der Schädiger als auch der Geschädigte fortlaufend an das schädigende Ereignis erinnert würden. Für den Schädiger sei dies eine unnötige Härte. Es ist fraglich, ob dieser Einwand zieht. Er überzeugt jedenfalls nicht, wenn ein Versicherer zahlt. Für den Geschädigten gilt dies schon deshalb nicht, weil dieser nicht durch die monatliche Überweisung, sondern durch die fortdauernde Beeinträchtigung an das schädigende Ereignis erinnert wird.

91 OLG Frankfurt am Main, Urt. v. 21.02.1996 – 23 U 171/95, VersR 1996, 1509; das OLG Frankfurt am Main, Urt. v. 03.05.1990 – 1 U 65/89, VersR 1992, 329 hatte sich zuvor trotz schwerwiegenderer weiterer Verletzungen (u.a. Augen- und Hirnschädigung – Erblindung) allerdings bei einem Mitverschulden des Verletzten von 1/3 mit einem Schmerzensgeld von 165.000,00 € (Kapital 100.000,00 €, Rente 65.000,00 €) begnügt.

92 BGH, Urt. v. 08.06.1976 – VI ZR 216/74, VersR 1976, 967 (969); OLG Düsseldorf, Urt. v. 28.06.1984 – 8 U 37/83, VersR 1985, 291 (293); OLG Frankfurt am Main, Urt. v. 25.02.1986 – 8 U 87/85, VersR 1987, 1140 (1142); OLG Bamberg, Urt. v. 15.12.1992 – 5 U 55/92, unveröffentlicht; OLG Hamm, Urt. v. 07.11.1996 – 27 U 104/96, NZV 1997, 182.

93 BGH, Urt. v. 15.01.1991 – VI ZR 163/90, VersR 1991, 350.

94 S. Kap. 3 Rdn. 233 ff. und Kap. 7 Rdn. 216 ff.

- Auf den **Schutz der Versichertengemeinschaft** hat der BGH[95] abgestellt, als er sich gegen die Festsetzung eines unter Berücksichtigung des Kapitalwertes der Rente zu reichlich bemessenen Schmerzensgeldes aussprach. Er befürchtete, dass solche Entscheidungen Eingang in Tabellen finden könnten, an denen die Praxis sich orientiert; dies würde zu einer **Aufblähung des allgemeinen Schmerzensgeldgefüges** beitragen, die der Versichertengemeinschaft nicht zugemutet werden dürfe.
- Als völlig verfehlt wird das Argument des **Vorsterblichkeitsrisikos bei Schwerstverletzten** – insb. Gehirngeschädigten – gegen eine Rente neben dem Kapitalbetrag abgelehnt.[96] Zwar trifft es zu, dass sich z.B. das bei der Geburt geschädigte Kind der schweren Dauerschäden nicht immer wieder neu und schmerzlich bewusst werden kann. Weil aber ein erhebliches Vorsterblichkeitsrisiko besteht, ist **gerade eine Rentenzahlung** neben dem Schmerzensgeldkapital **geboten**, damit das verletzte Kind nicht nach Rechtskraft des Urteils in ein Pflegeheim abgeschoben wird, dort alsbald verstirbt und die Erben das volle Schmerzensgeldkapital »kassieren«.[97] Da aber nur der Kläger den Antrag auf Zahlung einer Schmerzensgeldrente neben dem Schmerzensgeldkapital stellen kann, sind den Versicherern die Hände gebunden, wenn die Eltern des schwerst hirngeschädigt geborenen Kindes keinen Rentenantrag stellen. Das Gericht allerdings könnte nach eigenem Ermessen das Schmerzensgeld ganz oder teilweise als Rente zuerkennen. Der BGH[98] hat zur Bemessung des Kapitalwertes einer Rente bei schwerst hirngeschädigt geborenen Kindern festgestellt, dass dieser nicht aufgrund einer statistischen Durchschnittslebenserwartung errechnet werden dürfe.

Es gibt aber auch andere Fälle, in denen eine Schmerzensgeldrente geradezu geboten ist. Ertaubt z.B. ein Säugling infolge eines Behandlungsfehlers, ist überhaupt nicht abzusehen, wie die **Geldwertentwicklung** sein wird. Neben einem Schmerzensgeldkapital muss ihm eine Schmerzensgeldrente mit der Möglichkeit der Abänderungsklage zugebilligt werden, damit er auch mit fortschreitendem Alter überhaupt noch eine angemessene Entschädigung erhält. 56

Ganz allgemein gilt bei schweren Verletzungen, die Kinder erlitten haben, dass bei einer reinen Kapitalentschädigung nicht sichergestellt ist, dass die Eltern das Kapital im Interesse des Kindes vernünftig anlegen und verwalten. Das Kind ist der Vermögensverwaltung durch die Eltern ausgesetzt.[99] 57

Bei der Schmerzensgeldrente wurde der Kapitalwert mit einem Zinsfuß von 5 % oder 5,5 % ermittelt, was für den Berechtigten bei der heute am Kapitalmarkt erzielbaren Rendite äußerst günstig ist; denn je höher der Zinsfuß, umso geringer der Kapitalwert.[100] Das hat zur Folge, dass das Schmerzens- 58

95 BGH, Urt. v. 08.06.1976 – VI ZR 216/74, VersR 1976, 967; vgl. auch BGH, Urt. v. 01.10.1985 – VI ZR 195/84, VersR 1986, 59: Bei deutlichem Überschreiten der Beträge, die von der Rspr. bisher in vergleichbaren Fällen zuerkannt worden sind, bedarf das einer ausreichenden Begründung, die u.a. erkennen lässt, dass (der Tatrichter) sich der Bedeutung seiner Entscheidung und seiner Verantwortung ggü. der Gemeinschaft aller Versicherten bewusst ist.

96 OLG Celle, Urt. v. 23.02.1998 – 1 U 1/97, unveröffentlicht.

97 OLG Köln, Urt. v. 23.07.1997 – 5 U 44/97, VersR 1998, 244 hält eine Aufteilung 1/3 Kapital und 2/3 Rente für angemessen. Dabei ist zu berücksichtigen, dass der 5. Zivilsenat des OLG Köln in früheren Jahren einen hohen Rentenanteil insb. dann befürwortet, wenn das Schmerzensgeld schwerst hirngeschädigt geborenen Kindern zu zahlen ist. Dadurch wird vermieden, dass diese Kinder nach der Rechtskraft des Urteils in ein Heim abgeschoben werden, wo das Sterblichkeitsrisiko wesentlich erhöht ist. Durch die hohe Rente besteht für die Angehörigen ein besonderes Interesse, den Rentenberechtigten möglichst lange am Leben zu erhalten. Diesem Gedanken widmet sich auch Huber, NZV 1998, 345 (351); vgl. auch Notthoff, VersR 2003, 966 (967), der eine Bereicherung der Erben als dem Billigkeitscharakter des Schmerzensgeldes zuwiderlaufend ansieht.

98 BGH, Urt. v. 13.10.1992 – VI ZR 201/91, VersR 1993, 327 = MedR 1993, 101 = NJW 1993, 781.

99 Dauner-Lieb/Langen/Huber, AK-Schuldrecht, § 253 Rn. 111, 113; Hernig/Schwab, SP 2005, 8 f.

100 Soweit ersichtlich errechnete in der Vergangenheit nur der 9. Zivilsenat des OLG Hamm den Kapitalwert der Schmerzensgeldrente nach einem Zinssatz von 4 %, was für den Verletzten ungünstig ist, vgl. OLG Hamm, Beschl. v. 11.09.2002 – 9 W 7/02, VersR 2003, 780.

geldkapital verhältnismäßig geringfügig gekürzt wird,[101] bzw. die Rente bei relativ geringer Kürzung des Schmerzensgeldkapitals relativ hoch ausfällt.

59 So ist das LG Stuttgart[102] bereits 2005 nicht mehr von einem Zinssatz von 5 % ausgegangen, sondern hat auf die Rendite einer sicheren Geldanlage von 3,75 % abgestellt. Dem in Rechtsprechung und Literatur als üblich bezeichneten Zinsfuß von 5 % folgte das Gericht ausdrücklich nicht.

60 Die Kenntnis, dass die Kapitalrendite seit Jahren gegen »null« tendiert, ist inzwischen auch bei anderen Gerichten angekommen. So hat das OLG Schleswig[103] 2003 bei der Kapitalisierung einer Schmerzensgeldrente einen Zinssatz von 3 % zu Grunde gelegt. Dagegen hat das OLG Düsseldorf[104] im selben Jahr noch mit einem Zinssatz von 4 % gearbeitet, ohne dies näher zu begründen.

61 Diese Entscheidungen und Argumente enthalten einen Denkfehler:

Es geht nicht um die Kapitalisierung einer Rente, sondern um die Verrentung eines Kapitals. Es kommt nicht darauf an, welchen Zinssatz der Verletzte am Kapitalmarkt erzielen kann. Maßgeblich ist die **Rendite, die dem Versicherer aus dem Kapitalwert der Schmerzensgeldrente zufließt.** Dies sind jedenfalls bis 2019 mehr als 5 %.[105] Eine Erhöhung des Kapitalwertes einer Schmerzensgeldrente berechnet nach einem Zinssatz <5 % ist deshalb bis 2019 nicht gerechtfertigt.

62 Die gravierende Änderung am Kapitalmarkt lässt einen Antrag auf Gewährung einer Schmerzensgeldrente aus Anwaltssicht riskant erscheinen, besteht doch die Gefahr, dass das Gericht einen niedrigen Zinssatz zu Grunde legt, was sich insbesondere bei jungen Geschädigten auf den Kapitalwert der Rente auswirkt, der dann besonders hoch ist.

Nach entsprechendem Hinweis an das Gericht kann sich aber die Anregung anbieten, dass das Gericht von Amts wegen eine Schmerzensgeldrente zuerkennt.

▶ Praxistipp:

63 Eine Schmerzensgeldrente neben einem Schmerzensgeldkapital wird nicht nur zuerkannt, wenn sie vom Kläger **beantragt**[106] wird.

Ob ein Antrag auch auf Schmerzensgeldrente gestellt werden soll, lässt sich nicht allgemeinverbindlich beantworten, das hängt vom Einzelfall ab. Ein Antrag auf Schmerzensgeldrente kann sinnvoll sein,

– um die Vergleichsbereitschaft des hinter dem Schädiger stehenden Haftpflichtversicherers zu erhöhen. Kommt es nicht zu dem angestrebten Vergleich, kann der Kläger den Antrag

101 Umgekehrt wird von der Versicherungswirtschaft die Kapitalabfindung bei Renten (§ 843 Abs. 3 BGB und Erwerbsschaden) durchgeführt. Auch in diesen Fällen wird ein Zinssatz von 5 % zugrunde gelegt. Wie falsch das ist, zeigt Nehls, ZfS 2004, 193 und SVR 2005, 161 auf. Zwar unterlaufen Nehls (in ZfS 2004, 193) einige Fehler, diese hat er aber später korrigiert. Zur Problematik vgl. auch Lang, VersR 2005, 894 und grundlegend: Jaeger, VersR 2006, 597. Die einzige gerichtliche Entscheidung zur Berechnung des Kapitals statt Rente stammt vom LG Stuttgart, Urt. v. 26.01.2005 – 14 O 542/01, DAR 2007, 467 = SVR 2005, 186, in dieser Entscheidung wird ein Zinssatz von 3,75 % angenommen, der aber immer noch viel zu hoch ist, weil wichtige Parameter vom Gericht nicht gesehen wurden. Den Anwalt treffen beim Abschluss eines Abfindungsvergleichs erhebliche Beratungspflichten, auf deren Inhalt und Umfang hier nicht eingegangen werden kann, vgl. nur BGH, Urt. v. 08.11.2001 – IX ZR 64/01, NJW 2002, 292 und Nehls, ZfS 2004, 193 und SVR 2005, 161.

102 LG Stuttgart, Urt. v. 26.01.2005 – 14 O 542/01, DAR 2007, 467.

103 OLG Schleswig, Urt. v. 31.01.2013 – 4 U 97/11, ZMR 2014, 86.

104 OLG Düsseldorf, Urt. v. 30.08.2013 – 1 U 68/12, SP 2014, 121.

105 Lang, a.a.O. VersR 2019, 385.

106 BGH, Urt. v. 21.07.1998 – VI ZR 276/97, NJW 1998, 3411; Geigel/Pardey, 7. Kap. Rn. 19 und 26; Haupfleisch, DAR 2003, 403 (405), schlägt vor, dass eine Schmerzensgeldrente nicht nur vom Antrag des Klägers abhängen dürfe, sondern auch auf Antrag des Beklagten zuerkannt werden können soll.

immer noch auf Zahlung eines Schmerzensgeldkapitals (ohne Rente) umstellen, wenn der Kapitalbetrag der Rente relativ hoch ist;
- wenn der Verletzte schon älter ist, der Kapitalbetrag der Rente also relativ gering ist.

Riskant ist ein Antrag auf Schmerzensgeldrente,

- wenn der Verletzte jung ist. Zwar mag nach längerer Zeit eine Abänderungsklage möglich sein, zunächst aber fällt die Rente (meist) niedrig aus, weil der Kapitalbetrag der Rente relativ hoch ist; andererseits ist eine Rendite von 5 % für die gesamte Laufzeit beachtlich, wenn der Kapitalwert der Schmerzensgeldrente nach 5 % berechnet wird;
- bei schwerst hirngeschädigt geborenen Kindern, weil auch hier der Kapitalbetrag der Rente relativ hoch ist und die Lebenserwartung nur wenige Jahre betragen kann.[107]

Um eine angemessene Rente zusprechen zu können, ist es vielfach geboten, die zuerkannte Rente zu kapitalisieren. Hierfür ist die Zeitdauer maßgeblich, für die der Geschädigte die Rente erhalten wird, vereinfacht gesagt also für den Rest seines Lebens. Um einen Kapitalbetrag errechnen zu können, wird daher auf die vom Statistischen Bundesamt herausgegebenen Sterbetabellen[108] zurückgegriffen, mithilfe derer die Restlebenszeit prognostiziert werden kann. 64

Die Rente beginnt mit dem Monat, der im Klageantrag genannt ist. Die bis zur Urteilsverkündung aufgelaufenen Beträge sind zu addieren. Für die Berechnung des Kapitalwertes der Rente ist der Zeitpunkt des Schadenseintritts maßgebend. Es ist deshalb nicht zulässig, die Rente mit der Verkündung des Urteils beginnen zu lassen und den Kapitalwert ab dem Verkündungsdatum zu berechnen.[109] 65

Es ist die durchschnittliche Lebenserwartung zugrunde zu legen, es sei denn, dass aufgrund der Verletzung oder aus anderen Gründen mit einer kürzeren Lebensdauer des Verletzten zu rechnen ist.[110] Das kann insb. dann der Fall sein, wenn der Verletzte so schwer geschädigt ist, dass er kein normales Leben führen kann, wie z.B. schwerst hirngeschädigt geborene Kinder oder Unfallopfer die vom Halswirbel abwärts gelähmt sind und künstlich beatmet und/oder ernährt werden müssen; dies kann nicht ohne Sachverständigengutachten festgestellt werden. Dennoch ist das LG Kiel,[111] **ohne ein Sachverständigengutachten einzuholen**, davon ausgegangen, dass der dreieinhalb Jahre alte Kläger, der bei einem Verkehrsunfall eine hohe Querschnittslähmung erlitt und ab dem ersten Halswirbel abwärts gelähmt ist und aufgrund einer Atemlähmung beatmet werden muss, eine Lebenserwartung von 70 Jahren haben soll. Danach hat das Gericht den Kapitalwert der Rente ermittelt. 66

D. Übertragbarkeit – Vererblichkeit

Durch Gesetz v. 14.03.1990[112] – in Kraft seit dem 01.07.1990 – wurde die Regelung des § 847 Abs. 1 Satz 2 BGB a.F. gestrichen. Nach dieser Bestimmung ging der Schmerzensgeldanspruch nur dann auf die Erben des Verletzten über, wenn er rechtshängig gemacht oder durch Vertrag anerkannt worden war. In Fällen schwerster Verletzungen, bei Bewusstlosigkeit des Verletzten oder bei Lebensgefahr konnte diese Rechtslage zu einem makabren Wettlauf mit der Zeit führen. 67

Diese Rechtslage erklärt auch, warum es zu Fällen, die vor dem 01.07.1990 alsbald zum Tod des Verletzten führten, nur wenige Entscheidungen zu Schmerzensgeld bei baldigem Tod gibt, weil der Verletzte oder ein Pfleger aus Zeitgründen wegen seines alsbaldigen Todes oder wegen der Verlet- 68

107 Vgl. hierzu Rdn. 55.
108 Kap. 8 Rdn. 41 und 42.
109 So aber OLG Karlsruhe, Urt. v. 24.06.2013 – 1 U 136/12, unveröffentlicht.
110 Diederichsen, VersR 2005, 433 (441); abweichend OLG Hamm, Urt. v. 11.09.2002 – 9 W 7/02, VersR 2003, 780 = DAR 2003, 172.
111 LG Kiel, Urt. v. 11.07.2003 – 6 O 13/03, VersR 2006, 279 m. Anm. Jaeger = DAR 2006, 396; vgl. auch E2181, 7. Aufl.
112 BGBl. I 1990, S. 478.

zungsfolgen – Bewusstlosigkeit, Koma – und des bald danach eintretenden Todes die Rechtshängigkeit[113] oder ein Anerkenntnis des Schädigers nicht herbeiführen konnte.[114]

69 Die Vererblichkeit des Schmerzensgeldanspruchs rückt ihn weiter von der Vertragsstrafe ab, nimmt ihm seinen pönalen Charakter und führt ihn hin zu einem echten Schadensersatzanspruch, einem Entschädigungsanspruch.[115] Die Gesetzesänderung bewirkte auch, dass das Schmerzensgeld insoweit den höchstpersönlichen Charakter eingebüßt hat, als es vom Verletzten selbst gerichtlich geltend gemacht werden musste und nicht übertragbar oder vererblich war. Von der Rechtsprechung ist inzwischen einhellig anerkannt,[116] dass der Schmerzensgeldanspruch – auch bei alsbaldigem Tod des Verletzten – auf die Erben übergeht und von diesen gerichtlich geltend gemacht werden kann. Die **Vererbung des Schmerzensgeldanspruchs** setzt keine Willensbekundung des Verletzten zu Lebzeiten voraus, ein Schmerzensgeld fordern zu wollen. Mit der vom Gesetzgeber vorgenommenen ersatzlosen Streichung des § 847 Abs. 1 Satz 2 BGB a.F. sind alle Erfordernisse für die Vererblichkeit und Übertragbarkeit des Schmerzensgeldanspruchs entfallen, die ihre Grundlage und Rechtfertigung in dieser Vorschrift hatten. Dies gilt in vollem Umfang für die Voraussetzungen, die für den Eintritt der Rechtshängigkeit i.d.S. sowohl als »verfahrensrechtliche Komponente« wie auch als »materiell-rechtliche Komponente« aufgestellt waren. Im Sonderfall der urheberrechtlichen immateriellen Entschädigung nach § 97 Abs. 2 Satz 4 UrhG geht die Rechtsprechung[117] indes weiterhin davon aus, dass dieser Anspruch höchstpersönlich und nicht vererblich ist. Gleiches gilt für Geldentschädigung wegen Verletzung des allgemeinen Persönlichkeitsrechts.[118]

70 Ob allerdings Huber[119] zu folgen ist, der den Verletzten als Vehikel, allenfalls als Subjekt ansieht, um einen Vermögenswert an die Erben zu transferieren, auch an solche, die sich niemals um den Verletzten gekümmert haben, sodass es dafür weder ein volkswirtschaftliches noch ein sittliches Bedürfnis gebe, erscheint in dieser Allgemeinheit zweifelhaft.

▶ Hinweis:

71 Die Vererblichkeit des Schmerzensgeldanspruchs setzt nach der Neuregelung weder die Anerkennung durch Vertrag oder die Rechtshängigkeit noch die einer derartigen Manifestation der Geltendmachung nach außen zugrunde liegende und sie tragende höchstpersönliche Willensbekundung des Verletzten selbst voraus. Nur eine solche Beurteilung wird dem Anliegen gerecht, das der Gesetzgeber mit der Streichung des Satz 2 in § 847 Abs. 1 BGB a.F. verfolgte.[120]

E. Haftungsausschluss/Haftungsbegrenzung

I. Arbeitsunfälle nach §§ 104 ff. SGB VII

72 Die früher in der RVO geregelte **gesetzliche Unfallversicherung** ist seit dem 01.01.1997 mit dem Gesetz zur Einordnung des Rechts der gesetzlichen Unfallversicherung in das Sozialgesetzbuch[121]

113 Der BGH, Urt. v. 04.10.1977 – VI ZR 5/77 – BGHZ 69, 323 = NJW 1978, 214, ließ Rechtshängigkeit allein nicht genügen, wenn sie nicht auf eine darauf abzielende persönliche Erklärung des Verletzten nach dem Schadensereignis zurückging; vgl. auch MünchKomm/Mertens, BGB, 2. Aufl. 1986, § 847 Rn. 51.

114 Grundlegend: Jaeger, VersR 1996, 1177 ff.; ders., MDR 1998, 450 ff.

115 Kern, AcP 191 (1991), 247 (261).

116 BGH, Urt. v. 06.12.1994 – VI ZR 80/94, VersR 1995, 353 = r+s 1995, 92; s.a. KG, Urt. v. 25.04.1994 – 22 U 2282/93, NJW-RR 1995, 91; LG Heilbronn, Urt. v. 16.11.1993 – 2 O 2499/92, MDR 1994, 1193; LG Augsburg, Urt. v. 23.03.1994 – 7 S 3483/93, r+s 1994, 419.

117 OLG Düsseldorf, Urt. v. 19.02.2013 – 20 U 48/12, NJW-Spezial 2013, 205 m.w.N.

118 BGH, Urt. v. 29.04.2014 – VI ZR 246/12, VersR 2014, 847.

119 Huber, NZV 1998, 345, 347 (348).

120 BGH, Urt. v. 06.12.1994 – VI ZR 80/94, VersR 1995, 353.

121 BGBl. I, 1996, S. 1254.

eingeordnet worden. Die §§ 636 bis 642 RVO sind durch die §§ 104 bis 113 SGB VII abgelöst worden.[122]

Der Unternehmer ist den in § 104 Abs. 1 SGB VII näher beschriebenen Versicherten sowie deren Angehörigen und Hinterbliebenen nach privatrechtlichem Vertrags- und Deliktsrecht wegen eines Personenschadens nur dann schadensersatzpflichtig, wenn er den Versicherungsfall vorsätzlich herbeigeführt hat oder wenn dieser auf einem gem. § 8 Abs. 2 Nr. 1 bis 4 SGB VII versicherten Weg eingetreten ist. Ansonsten ist er von der Haftung durch § 104 Abs. 1 SGB VII freigestellt. Es wird jedoch zunehmend infrage gestellt, ob in Zukunft im Anwendungsbereich der gesetzlichen Unfallversicherung nach den §§ 104, 105 SGB VII Schmerzensgeld versagt werden darf, obwohl i.Ü. bei Unfällen ohne Verschulden gehaftet wird. Dies erscheint in Anbetracht der Tatsache überprüfenswert, dass die Haftung für betriebliche Unfallschäden eigentlich als Gefährdungshaftung mit Unfallversicherungsschutz angesehen werden kann.[123] Insb. ist zweifelhaft, ob die dem Verletzten gezahlte Rente derzeit und künftig einen Teil des Schmerzensgeldes kompensieren wird, das bei Schwerstverletzten ohnehin so deutlich gestiegen ist, dass insoweit durch die Rente in manchen Fällen nicht einmal ein Bruchteil des Kapitalbetrages gewährt wird, der als Schmerzensgeld zu zahlen wäre. Lediglich die Liquidität der Unfallversicherung gibt dem Verletzten zusätzlichen Schutz. 73

Soweit es sich um einen Arbeitsunfall handelt, führen die §§ 104 ff. SGB VII dazu, dass eine Haftungsersetzung durch Leistungen des Unfallversicherers stattfindet. Der Gleichlauf sozial- und zivilrechtlicher Entscheidungen zur Frage des Vorliegens eines Arbeitsunfalls wird von § 108 SGB VII erreicht. Letztlich führt der gegenwärtige Rechtszustand zu einem Missverhältnis zwischen dem Ersatz von Personen- und Sachschäden. Während die Personenschadenhaftung des Arbeitgebers beschränkt ist, wird die Sachschadenhaftung des Arbeitgebers über die Verschuldenshaftung des BGB hinaus ausgedehnt.[124] 74

Obwohl die Leistungen des Unfallversicherers kein Schmerzensgeld vorsehen, wird diese Regelung derzeit nicht als verfassungswidrig angesehen.[125]

▶ Hinweis:

Bei der Möglichkeit des Sozialversicherers, nach § 110 SGB VII im Umfang des (fiktiven) zivilrechtlichen Schadens gegen den Verursacher vorzugehen, ist auch eine Geltendmachung des Schmerzensgeldes möglich.[126] Wenn der Geschädigte (etwa wegen Vorsatzes, der die Haftungsprivilegierung entsperrt) selbst Schmerzensgeld geltend machen kann, ist der SVT gehalten, nach §§ 110 Abs. 2 SGB VII auf die Geltendmachung zu **verzichten**.[127] 75

Trotz der missverständlichen Formulierung in § 110 Abs. 1 Satz 3 SGB VII fordert der BGH[128] Vorsatz oder grobe Fahrlässigkeit auch bezogen auf den rechtswidrigen Erfolg, also die **Rechts-**

---

122 Grundlegend zur neuen und früheren Rechtslage: Waltermann, NJW 2002, 1225 und Kornes, r+s 2002, 309.

123 Vertiefend: Diederichsen, VersR 2005, 433 (436).

124 Griese, in: FS für Küttner S. 165 (170).

125 BGH, Urt. v. 04.06.2009 – III ZR 229/07, ZGS 2009, 344.; LAG Köln, Urt. v. 03.08.2011 – 9 Sa 1469/10, unveröffentlicht, mit Hinweis auf die weitgehenden materiellen Leistungen im Fall eines Arbeitsunfalls. Krit. zu dieser Rechtslage Griese, in: FS für Küttner S. 165 (170 f.).

126 Hierzu Rdn. 123 f.

127 BGH, Urt. v. 27.06.2006 – VI ZR 143/05, NJW 2006, 3563.

128 BGH, Urt. v. 15.07.2008 – VI ZR 212/07, VersR 2008, 1407 (1409) = NJW 2009, 681; er begründet dies mit der weiteren Überlegung, dass ansonsten jedes bewusste Handeln als »vorsätzlich« qualifiziert werden müsse. Dem folgend etwa OLG Brandenburg, Urt. v. 22.12.2009 – 6 U 22/09, NJOZ 2011, 349, welches einen (absichtlichen!) Tritt eines 10 Jahre alten Schülers gegen das Bein der Lehrerin als »unvorsätzlich« gewertet hat, weil Vorsatz hinsichtlich der Verletzungsfolgen (Schädigung des durch Knorpeldefekte vorgeschädigten Knies) ausschied.

gutverletzung. (Nur) der Eintritt des Schadens muss nicht umfasst sein, die Rechtsgutverletzung gehört aber zum die Haftung begründenden Tatbestand.[129]

Der Anspruch nach § 110 SGB VII ist vor den **Zivilgerichten** geltend zu machen, der SVT kann ihn nicht mit Bescheid durchsetzen.

Der BGH[130] hat entschieden, dass trotz des erneut missverständlichen Wortlauts (»jedoch nur ...«) die **Beweislast** für die Höhe des (fiktiven) zivilrechtlichen Schadensersatzanspruchs nicht beim Schädiger liegt (so die Gegenauffassung, die diesem haftungsbegrenzende Wirkung zuschreibt), sondern nach allgemeinen Regeln – da Teil der Anspruchsbegründung – beim Sozialversicherungsträger.

Die in § 105 SGB VII geregelte Haftungsbegrenzung erfasst nicht die Schmerzensgeldansprüche von Angehörigen oder Hinterbliebenen eines Versicherten aufgrund sog. Schockschäden infolge eines Arbeitsunfalls des Versicherten.[131]

76 Im Straßenverkehrsrecht spielt die Haftungsfreistellung eine besondere Rolle.

Der Unternehmer ist bei Arbeitsunfällen von der Haftung freigestellt, nicht aber, wenn es sich um einen versicherten Weg i.S.d. § 8 Abs. 2 SGB VII handelt. Die Haftungsfreistellung greift nur, wenn die Unfallfahrt betriebsbezogen ist.[132]

77 Der BGH[133] und das BAG[134] verwenden für diese Fälle die Terminologie »**Betriebsweg**«, § 8 Abs. 1 SGB VII. Es ist zwischen Betriebswegen und anderen Wegen nach § 8 Abs. 2 Nr. 1 bis 4 SGB VII zu unterscheiden. Ein Betriebsweg ist nicht schon dann anzunehmen, wenn die Fahrt (auch) im Interesse des Betriebs liegt, sondern erst dann, wenn sie maßgeblich durch die betriebliche Organisation geprägt ist und sich als Teil des innerbetrieblichen Organisations- und Funktionsbereichs darstellt.[135] So kann eine vom Arbeitgeber organisierte Fahrgelegenheit zwischen Wohnort und Werk einen Betriebsweg darstellen mit der Folge, dass der Haftungsausschluss eingreift.[136] Indes stellt eine gemeinsame Fahrt zu einem Prüfungsort keinen Betriebsweg – sondern einen Wegeunfall – dar, da die Prüflinge auch getrennt und mit öffentlichen Verkehrsmitteln hätten anreisen können, die Fahrt also nicht als Teil eines innerbetrieblichen Organisations- und Funktionsbereichs erscheint.[137]

78 Betriebsbezogenheit ist z.B. gegeben, wenn der Unternehmer die im Betrieb mitarbeitende Ehefrau, die also versichert ist, im Auto auf eine Fahrt mitnimmt, die dem Warenaustausch mit einem kooperierenden Betrieb und Kundenbesuchen dient.[138] Nimmt ein Unternehmer einen Betriebsangehörigen auf eine solche Fahrt mit, liegt regelmäßig keine Teilnahme am allgemeinen Verkehr vor. Der betriebsbezogene Charakter einer solchen Fahrt ändert sich auch nicht dadurch, dass sie durch eine private oder familienrechtliche Beziehung zum Unternehmer mitveranlasst ist. Um einen Betriebsweg handelt es sich auch, wenn ein Geschäftsführer gemeinsam mit einem Außendienstmitarbeiter

129 BGH, Urt. v. 15.07.2008 – VI ZR 212/07, VersR 2008, 1407 (1409) = NJW 2009, 681.
130 BGH, Urt. v. 29.01.2008 – VI ZR 70/07, NJW 2008, 2033. Dem folgend OLG Rostock, Urt. v. 26.09.2008 – 5 U 115/08, OLGR 2009, 115.
131 BGH, Urt. v. 06.02.2007 – VI ZR 55/06, VersR 2007, 803; Dahm, NZV 2008, 187.
132 Diederichsen, DAR 2005, 301 (304).
133 BGH, Urt. v. 02.12.2003 – VI ZR 349/02, VersR 2004, 379 = ZfS 2004, 209 m. Anm. Gaul; BGH, Urt. v. 09.03.2004 – VI ZR 439/02, VersR 2004, 788 = ZfS 2004, 312; BGH, Urt. v. 14.09.2004 – VI ZR 32/04, VersR 2004, 1604 = ZfS 2005, 73.
134 BAG, Urt. v. 24.06.2004 – 8 AZR 2922/03, ZfS 2004, 555.
135 BGH, Urt. v. 09.03.2004 – VI ZR 439/02, VersR 2004, 788 (789); BGH, Urt. v. 07.11.2006 – VI ZR 211/05, VersR 2007, 64 = NJW 2007, 1754.
136 OLG München, Urt. vom 21.03.2012 – 10 U 3927/11, r+s 2012, 257.
137 OLG Celle, Urt. v. 12.05.2010 – 14 U 166/09, r+s 2010, 483 (484).
138 OLG Bamberg, Urt. v. 15.06.2004 – 5 U 186/03, OLGR 2005, 68.

im Fahrzeug des Geschäftsführers Kundenbesuche durchführt. Verursacht der Geschäftsführer als Fahrer einen Unfall, steht dem Mitarbeiter kein Schmerzensgeldanspruch zu, weil das Haftungsprivileg der §§ 104, 105 SGB VII greift.[139]

79 Diese Unterscheidung der Rechtsprechung beruht darauf, dass die betrieblichen Risiken bei der Teilnahme am allgemeinen Verkehr keine Rolle spielen, während bei einem Betriebsweg die Fahrt selbst als Teil des innerbetrieblichen Organisations- und Funktionsbereichs erscheint.[140]

80 Diese Rechtsprechung geht sogar so weit, auch den Betriebsparkplatz in jedem Fall zum Betriebsgelände zu zählen[141] und dadurch das Haftungsprivileg des Unternehmers auch für Unfälle zu gewähren, die sich nach dem Verlassen des Betriebs ereignen, obwohl manches dafür spricht, hier eine Teilnahme am allgemeinen Verkehr anzunehmen.

81 Die tatbestandlichen Grundvoraussetzungen des § 104 Abs. 1 SGB VII bleiben ggü. § 636 RVO unverändert. Die Vorschrift ist aber unter Berücksichtigung der in Rechtsprechung und Lehre gewonnenen Erkenntnisse fortentwickelt worden. Die Bestimmung des § 104 Abs. 1 SGB VII regelt die Haftungsfreistellung nun ggü. denjenigen Versicherten, die für ihre Unternehmen tätig sind oder zu ihren Unternehmen in einer sonstigen, die Versicherung begründenden Beziehung stehen. Die ggü. § 636 Abs. 1 RVO weitere Fassung des § 104 Abs. 1 SGB VII hat v.a. Bedeutung für die Haftungsfreistellung des Unternehmers ggü. den sog. »Wie-Beschäftigten« – § 2 Abs. 2 SGB VII.[142]

82 Nach § 105 Abs. 1 Satz 1 SGB VII sind auch Personen, die durch eine betriebliche Tätigkeit einen Versicherungsfall von Versicherten desselben Betriebs verursachen, diesen nach anderen gesetzlichen Vorschriften zum Ersatz eines Personenschadens nur verpflichtet, wenn sie den Versicherungsfall vorsätzlich herbeigeführt haben.

83 Nach § 106 Abs. 3, 3. Alt. SGB VII gilt dies auch für die Ersatzpflicht der für die beteiligten Unternehmen Tätigen, wenn Versicherte mehrerer Unternehmen vorübergehend betriebliche Tätigkeiten auf einer gemeinsamen Betriebsstätte verrichten.[143]

84 Eine gemeinsame Betriebsstätte wird verneint, wenn der Fahrer eines Lkw an die Rampe fährt und ein Gabelstaplerfahrer, der zum Be- oder Entladen den Auflieger des Lkw befährt, dabei zu Schaden kommt.[144] Es handelt sich nicht um eine gemeinsame Betriebsstätte, weil die Tätigkeitsbereiche des Lkw-Fahrers und des Gabelstaplerfahrers deutlich voneinander getrennt sind. Ebenso hat der BGH[145] eine gemeinsame Betriebsstätte eines Baumarktmitarbeiters, der beim Übergeben der Ware mit einem Gabelstapler den Käufer, der für seinen Arbeitgeber tätig war, angefahren hatte, verneint: Es fehle an der Gefahr, dass sich die beteiligten Arbeitnehmer »ablaufbedingt in die Quere kämen«.

85 Der Begriff der »gemeinsamen Betriebsstätte« erfasst betriebliche Aktivitäten von Versicherten mehrerer Unternehmen, die bewusst und gewollt bei einzelnen Maßnahmen ineinandergreifen, miteinander verknüpft sind, sich ergänzen oder unterstützen, wobei es ausreicht, dass die gegenseitige

139 LG Aachen, Urt. v. 05.11.2004 – 7 S 206/04, SP 2005, 232.

140 BGH, Urt. v. 02.12.2003 – VI ZR 349/02, ZfS 2004, 209 (211).

141 LG Dresden, Urt. v. 16.04.2004 – 10 O 5837/03, NZV 2004, 469; LG Bochum, Urt. v. 31.08.2004 – 2 O 222/04, NJW-RR 2005, 29. Beachte hierzu BGH, Urt. v. 25.10.2005 – VI ZR 334/04, DAR 2006, 201 = ZfS 2006, 203, der überzeugend ausführt, dass es in dem von den Vorinstanzen über den »Betriebsweg« entschiedenen Fall auf diese Frage nicht ankam. Vgl. dazu auch Diederichsen, DAR 2006, 301 (303).

142 LG Aschaffenburg, Urt. v. 09.12.2004 – 2 S 174/04, SP 2005, 266.

143 Nicht unter die §§ 104 ff. SGB VII. fällt z.B. der Tritt in das Gesäß einer Mitarbeiterin, der zu einer Steißbeinfraktur führt, weil dieser Tritt nicht zur »betrieblichen Tätigkeit« einer Maschinenführerin ggü. einer Packerin gehört. § 105 Abs. 1 SGB VII. sperrt daher nicht Ansprüche auf Schadensersatz und Schmerzensgeld, LAG Düsseldorf, Urt. v. 27.05.1998 – 12 (18) Sa 196/98, BB 1998, 1694.

144 Zur Unterscheidung zwischen »derselben« und der »gemeinsamen« Betriebsstätte vgl. BGH, Urt. v. 14.09.2004 – VI ZR 32/04, VersR 2004, 1604 = NJW 2005, 288.

145 BGH, Urt. v. 10.05.2011 – VI ZR 152/10, VersR 2011, 882 = MDR 2011, 786.

Verständigung stillschweigend durch bloßes Tun erfolgt. Erforderlich ist ein bewusstes Miteinander im Betriebsablauf, da es sich zumindest tatsächlich als ein aufeinander bezogenes betriebliches Zusammenwirken mehrerer Unternehmen darstellt. Die Tätigkeit der Mitwirkenden muss im faktischen Miteinander der Beteiligten aufeinander bezogen, miteinander verknüpft oder auf gegenseitige Ergänzung oder Unterstützung ausgerichtet sein.[146] Erforderlich ist eine gewisse Verbindung zwischen den Tätigkeiten als solchen in der konkreten Unfallsituation, die eine Bewertung als »gemeinsame« Betriebsstätte rechtfertigt.

86 Eine gemeinsame Betriebsstätte hat ein Gericht[147] angenommen in einem Fall, in dem der Fahrer eines Zulieferers beim Empfänger eine Laderampe betritt, um zu erfahren, wann sein LKW zum Abladen »an der Reihe« sei. Der Fahrer des Zulieferers wurde dabei auf der Laderampe verletzt.

87 Eine gemeinsame Betriebsstätte ist auch in einem Fall angenommen worden, in welchem ein Fuhrunternehmer sich anlässlich der Beladung seines Fahrzeugs in einem Warenlager von der Hebevorrichtung eines Gabelstaplers in die Höhe heben ließ und hierbei abstürzte,[148] ebenso, wenn ein Spediteur beim Ausladen vor einer Lagerhalle von einem Gabelstapler des Lageristen angefahren wird[149], umgekehrt der Gabelstaplerfahrer beim Versuch des Beladens sich selbst verletzt[150], beim Abladen vom LKW geholfen wird[151] oder ein Mitarbeiter einer Firma, die Maschinen liefert und aufbaut, in Erfüllung eines Kaufvertrages beim Kunden die Maschine aufbaut und einen dort angestellten Mitarbeiter um Hilfe beim Aufbau bittet, wenn durch dessen Nachlässigkeit der andere verletzt wird,[152] ferner auch, wenn ein Arbeitgeber für eine Fahrgelegenheit von Wohnort zum Werk, die er für seine Arbeitnehmer organisiert hat, einen Drittunternehmer anstellt und dann ein Arbeitnehmer beim Ausstieg aus dem Bus verletzt wird.[153]

88 Der BGH[154] führte die Rechtsprechung zur Haftungsprivilegierung des Unternehmers fort, die er zu § 539 Abs. 1 Nr. 1 und Abs. 2 RVO entwickelt hatte.[155] Danach ist Versicherungsschutz Voraussetzung für die Haftungsprivilegierung des Unternehmers nach § 106 Abs. 3, 3. Alt. SGB VII, der selbst auf einer gemeinsamen Betriebsstätte tätig wird. I.d.R. sei davon auszugehen, dass der Unternehmer, der Aufgaben wahrnimmt, die sowohl in den Aufgabenbereich seines Unternehmens, als auch in denjenigen eines fremden Unternehmens fielen, allein zur Förderung seines Unternehmens tätig werde. Erst wenn die Tätigkeit nicht mehr als Wahrnehmung einer Aufgabe seines Unternehmens bewertet werden könne, könne ein Versicherungsschutz gem. § 2 Abs. 2 Satz 1 SGB VII aufgrund der Zuordnung der Tätigkeit zu dem fremden Unternehmen in diesem gegeben sein.

89 Die Bestimmung des § 105 SGB VII zieht den Kreis der **von der Haftung freigestellten Personen** weiter als § 637 RVO. Es kommt nicht mehr darauf an, ob der Schädiger Betriebsangehöriger des Unfallbetriebs ist. Von der Haftung freigestellt sind jetzt alle Personen, die durch eine betriebliche Tätigkeit einen Versicherungsfall von Versicherten desselben Betriebs verursachen. **Betriebliche Tätigkeit** i.S.d. § 105 SGB VII kann jetzt namentlich eine sog. »Wie-Beschäftigung« sein, die nach altem Recht nicht zur Haftungsfreistellung des Schädigers führte. Im Ergebnis bestehen damit jetzt

146 BGH, Urt. v. 10.05.2011 – VI ZR 152/11; BGH, Urt. v. 22.01.2008 – VI ZR 17/07; BAG, Urt. v. 12.02.2002 – 8 AZR 94/02, alle unveröffentlicht.
147 Hess. LAG, Urt. v. 04.09.2014 – 5 Sa 202/14, unveröffentlicht.
148 OLG Frankfurt am Main, Urt. v. 05.12.2008 – 15 U 110/08, r+s 2010, 485.
149 OLG Hamm, Urt. v. 14.03.2011 – 6 U 186/10, NJW-Spezial 2011, 426. Dass der Lagerarbeiter den Spediteur vor dem Unfall gar nicht bemerkt hatte, steht dem erforderlichen »bewussten Miteinander« nicht entgegen; da sich der Schädiger in diesem Fall gar nicht auf Dritte einstellen konnte, muss die Haftungsprivilegierung erst recht eingreifen.
150 OLG Hamm, Beschl. v. 02.11.2011 – 9 W 37/11, NJOZ 2012, 1435.
151 OLG Jena, Urt. v. 30.10.2012 – 5 U 573/11, r+s 2013, 150.
152 OLG Schleswig, Urt. v. 28.08.2009 – 4 U 24/09, NJOZ 2011, 614.
153 OLG München, Urt. vom 21.03.2012 – 10 U 3927/11, r+s 2012, 257.
154 BGH, Urt. v. 23.03.2004 – VI ZR 160/03, VersR 2004, 1045 = NZV 2004, 349.
155 Diederichsen, DAR 2005, 301 (303) m.w.N.

gleiche Voraussetzungen für die Haftungsfreistellung des Schädigers und für den Versicherungsschutz der Geschädigten.[156]

Eine zusätzliche Erweiterung der Haftungsfreistellung erreicht § 105 SGB VII dadurch, dass der so erweiterte Personenkreis der betrieblich Tätigen ggü. einem ebenfalls vergrößerten Kreis Geschädigter privilegiert ist. Hinzugekommen sind zum einen versicherte und nichtversicherte Unternehmer, zum anderen die gem. § 4 Abs. 1 Nr. 1 SGB VII versicherungsfreien Personen, insb. also Beamte.[157] 90

So hat der BGH[158] alle mit der Vorbereitung und Durchführung des Sportunterrichts auf einer vom Schulträger betriebenen Sportstätte (Skipiste) befassten Mitarbeiter i.R.d. Haftungsprivilegierung des § 106 Abs. 1 Nr. 3 SGB VII als in den Schulbetrieb eingegliederte Betriebsangehörige betrachtet. 91

Eine besondere Rolle spielen in diesem Zusammenhang **Schulunfälle**, d.h. Unfälle, die sich während des Schulbesuchs ereignen. Der Weg von und zur Schule ist i.d.R. Teilnahme am allgemeinen Straßenverkehr und als Wegeunfall zwar versichert, aber nicht haftungsprivilegiert, weil der Weg i.d.R. nicht »schulbezogen« ist.[159] 92

Zu diesen Schulunfällen gehören Schäden, die ein Schüler einem Mitschüler zufügt. Die Rechtsprechung legt die Schulbezogenheit recht weit aus und bejaht diese z.B. auch bei Unfällen, die sich **außerhalb des Schulgebäudes** ereignen, wenn sie auf die Vor- oder Nachwirkungen des Schulbetriebs zurückzuführen sind.[160] Zweifelhaft ist daher, dass das OLG Köln in einer Situation, in welcher das verletzte Schulkind aufgrund des Gedränges an der Bushaltestelle nach vorn gedrängt und von hinten gestoßen wurde und dadurch unter den ankommenden Schulbus geriet, die Schulbezogenheit des Unfalls abgelehnt hat.[161] 93

Wird also ein Schüler durch einen Mitschüler während des Schulbesuchs, z.B. bei einer Rauferei[162] verletzt, die i.d.R. als schulbezogen zu werten ist, ist dieser zum Ersatz des Personenschadens nach dem Recht der unerlaubten Handlung nur verpflichtet, wenn er den Unfall vorsätzlich herbeigeführt hat. Ist der eingetretene Schaden jedoch nicht auch von seinem Vorsatz umfasst (sog. doppelter Vorsatz),[163] kann sich der Schädiger auf das **Haftungsprivileg** des § 105 SGB VII berufen. Eine Entsperrung der Haftung tritt in diesem Fall – wie schon unter der Geltung der §§ 636, 637 RVO – nicht ein. Die Ablösung der §§ 636 ff. RVO durch die §§ 104 ff. SGB VII mit dem Gesetz zur Einordnung des Rechts der gesetzlichen Unfallversicherung in das Sozialgesetzbuch[164] hat an diesem Verständnis des Vorsatzbegriffs nichts geändert.

---

156 Waltermann, NJW 1997, 3401 (3402) m.w.N. und Diederichsen, DAR 2005, 301 (304).

157 Eingehend hierzu: Waltermann, NJW 1997, 3401 (3402) m.w.N.; vgl. auch OLG Naumburg, Urt. v. 08.08.2002 – 4 U 91/02, OLGR 2003, 206.

158 BGH, Urt. v. 26.11.2002 – VI ZR 449/01, NJW 2003, 1121.

159 Anders OLG Koblenz, Urt. v. 29.05.2006 – 12 U 1459/04, NJW-RR 2006, 1174; krit. zu dieser Entscheidung u.a. Heß/Burmann, NJW 2007, 486 (489).

160 OLG Hamm, Urt. v. 20.01.2004 – 9 U 151/03, VersR 2005, 369: Knallkörperwurf an Schulbushaltestelle; OLG Koblenz, Urt. v. 29.05.2006 – 12 U 1459/04, NZV 2006, 578: Rangelei im Bus; BGH, Urt. v. 15.07.2008 – VI ZR 212/07, VersR 2008, 1407 (1409): Schneeballschlacht nach Schulende an der 100 Meter von der Schule entfernten Bushaltestelle.

161 OLG Köln, Beschl. v. 12.01.2011 – 11 U 290/10, MDR 2011, 594. Ergebnisorientiert mag eine Rolle gespielt haben, dass die Klage gegen den Halter des Busses gerichtet war und die Annahme eines schulbezogenen Unfalls zu einer faktischen Kürzung des Anspruchs des verletzten Kindes nach den Grundsätzen der gestörten Gesamtschuld geführt hätte.

162 OLG Hamm, Urt. v. 28.01.2002 – 6 U 63/01, NJW-RR 2002, 1321.

163 BGH, Urt. v. 30.03.2004 – VI ZR 163/03, BGHR 2004, 1012.

164 BGBl. I 1996, S. 1254.

94 Diese rechtliche Beurteilung ist nicht unumstritten, jedoch hat der BGH an der früheren Beurteilung mit der h.M. am Erfordernis des »doppelten Vorsatzes« auch nach der Gesetzesänderung festgehalten.[165] Für Schüler hat das OLG Nürnberg[166] dazu ausgeführt:

»Eine Entsperrung des Haftungsprivilegs käme deshalb nur dann in Betracht, wenn sich der Vorsatz des Beklagten auch auf die eingetretene Schadensfolge bezogen hätte.

Bei Verletzungshandlungen eines Schülers, die durch aufgestaute Aggressionen und bedenkenloses Verhalten geprägt sind, kann die Annahme eines qualifizierten Vorsatzes nur anhand besonderer Indizien bejaht werden.«

95 Zu einer Haftungsfreistellung und damit zum Ausschluss eines Anspruchs auf Zahlung von Schmerzensgeld kommt es dann nicht, wenn jemand als **Nothelfer** i.S.d. § 2 Abs. 1 Nr. 13a SGB VII tätig wird. Nothilfe ist keine »die Versicherung begründende Beziehung« i.S.d. § 104 SGB VII. Vielmehr wird der Versicherungsschutz des Nothelfers durch die Leistung der Nothilfe begründet und folgt unmittelbar aus § 2 Abs. 1 Nr. 13a SGB VII, wird also gerade nicht durch die Beziehung zu einem Unternehmen begründet, wie § 104 SGB VII voraussetzt.[167] Das gilt auch dann, wenn die Hilfeleistung einem Unternehmer zugutekommt. Bei einer Hilfeleistung i.S.d. § 2 Abs. 1 Nr. 13a SGB VII ergibt sich also die Unfallversicherung kraft Gesetzes und nicht etwa daraus, dass der Versicherte einem Unternehmen zu Hilfe kommt, sondern weil er Nothilfe i.S.d. Vorschrift leistet und somit der Allgemeinheit hilft. Der Unfallversicherungsschutz wird für den Dienst an der Allgemeinheit gewährt und soll die Bereitschaft zur Hilfeleistung durch eine soziale Existenzsicherung fördern, nicht aber einen Unternehmer privilegieren, dem möglicherweise die Hilfeleistung zugutekommt.

96 Der **Versicherungsschutz für Hilfeleistung** i.S.d. § 2 Abs. 1 Nr. 13a SGB VII passt nicht zur Struktur der Unfallversicherung, weil er nicht von Unternehmen, sondern von der Allgemeinheit finanziert wird. Als öffentlich-rechtliche Unfallfürsorge ist der Versicherungsschutz darauf gerichtet, die Schäden des Hilfeleistenden zu kompensieren, er soll aber nicht einen zivilrechtlich Verantwortlichen von seiner Haftung befreien.[168]

II. Dienstunfälle bei Beamten

97 Ebenso wie bei Arbeitsunfällen verhält es sich bei Dienstunfällen von **Beamten**,[169] vgl. § 46 BVG. Nach dieser Bestimmung sind Unfallfürsorgeansprüche für Beamte und Hinterbliebene begrenzt. Weitergehende Ansprüche nach allgemeinen gesetzlichen Vorschriften, insb. Schmerzensgeldansprüche, können gegen einen öffentlich-rechtlichen Dienstherrn nur geltend gemacht werden, wenn der Dienstunfall durch eine vorsätzliche unerlaubte Handlung verursacht worden ist oder sich bei Teilnahme am allgemeinen Verkehr ereignet hat.

98 Andererseits haben Beamte die Möglichkeit, Schmerzensgeldansprüche gegen einen Schädiger, die gegen diesen nicht durchgesetzt werden können, von der Anstellungskörperschaft ersetzt zu erhalten. Bei berechtigten Ansprüchen kann z.B. ein Landesbeamter nach den jeweiligen Landesgesetzen Erfüllungsübernahme gegenüber dem Land geltend machen.[170]

165 BGH, Urt. v. 11.02.2003 – VI ZR 34/02, VersR 2003, 595; so auch OLG Nürnberg, Urt. v. 20.12.2001 – 8 U 2749/01, NJW-RR 2003, 160; OLG Hamm, Urt. v. 28.01.2002 – 6 U 63/01, NJW-RR 2002, 1321; OLG Hamm, Urt. v. 06.05.2002 – 13 U 224/01, OLGR 2002, 354; Waltermann, NJW 1997, 3401 (3402) m.w.N.

166 OLG Nürnberg, Urt. v. 20.12.2001 – 8 U 2749/01, NJW-RR 2003, 160.

167 BGH, Urt. v. 24.01.2006 – VI ZR 290/04, VersR 2006, 548 = DAR 2006, 321; vgl. auch Diederichsen, DAR 2006, 301 (304).

168 BGH, Urt. v. 24.01.2006 – VI ZR 290/04, DAR 2006, 321 (322).

169 S. dazu Palandt/Grüneberg, § 253 Rn. 9.

170 Vgl. VG Ansbach, 25.07.2019 – AN 1 K 18.01545, VersR 2020, 113.

Weil sich die Schädiger mitunter gegen einen gerichtlich geltend gemachten Schmerzensgeldanspruch nicht wehren, ergeht Versäumnisurteil. Gelegentlich lehnt dann das beklagte Land die Erfüllungsübernahme ab mit der Begründung, der Anspruch sei nicht vom Gericht geprüft worden.

Diesen Einwand ließ das VG Berlin[171] nicht gelten. Der Kläger hatte einen Restbetrag von 350,00 € des insgesamt zuerkannte Schmerzensgeldes von 850,00 € geltend gemacht.

Demgegenüber lehnte das VG Koblenz[172] die Erfüllungsübernahme ab, weil das Zivilgericht bei der Entscheidung über den Schmerzensgeldanspruch nicht berücksichtigt hatte, dass den Schädiger kein Verschulden getroffen habe, der Schmerzensgeldanspruch also hätte verneint werden müssen. 99

Beamte unterliegen nicht den sozialrechtlichen Bestimmungen, nicht dem SGB VII. Sie haben gegen den Dienstherrn aber Ansprüche auf Unfallfürsorge, vgl. § 87 BBG, § 46 BVG. 100

III. Haftungsbegrenzungen – Haftungshöchstgrenzen

Die Gefährdungshaftungstatbestände sehen zumeist, quasi als Ausgleich für die verschuldensunabhängige Haftung, eine Begrenzung dieser Haftung auf Haftungshöchstbeträge vor. Üblich ist hierbei die Differenzierung in globale (auf alle Geschädigte eines Unfallereignisses bezogene) und individuelle (auf den einzelnen Geschädigten bezogene) Haftungshöchstgrenzen. Die Haftungshöchstgrenzen, welche sinnvollerweise an dem typischen Ausmaß der Gefährdungsrisiken orientiert sein sollten, erreichten in den Gesetzesfassungen vor dem 01.08.2002 höchst unterschiedliche Beträge. Hierfür war zum einen maßgeblich, dass die Gefährdungspotenziale vom damaligen Gesetzgeber unterschiedlich eingeschätzt worden waren; noch entscheidender war jedoch, dass die Anpassungen in den Gesetzen nicht immer zeitgleich vorgenommen worden waren. So war im Arzneimittelrecht erst 1994 die individuelle Haftungshöchstgrenze auf 1 Mio. DM heraufgesetzt worden. Demgegenüber lag die letzte Änderung der in der Praxis höchst bedeutsamen Höchstgrenzen des Straßenverkehrsrechts 25 Jahre zurück.[173] 101

Die **betragsmäßige Festlegung der Haftungshöchstgrenzen** bedingt, dass diese von Zeit zu Zeit an die geänderten wirtschaftlichen Verhältnisse angepasst werden müssen, um im Regelfall ausreichende Schadensdeckung zu gewährleisten. Allerdings hat, gerade im Bereich der Straßenverkehrshaftung, die Festlegung einer Haftungsgrenze zwei Seiten: Da für den Schädiger eine Versicherung eintritt und mit ihr letztlich die Gemeinschaft der Versicherten, sind die Bürger nicht nur in der Rolle als Geschädigte, sondern auch als Schädiger bzw. Versicherungsnehmer über das »Band der Beitragszahlung« wirtschaftlich fühlbar mit der allgemeinen Schadensentwicklung verbunden.[174] Es handelt sich also um ein System, das größtmöglicher Ausgewogenheit bedarf; eine zu einseitige Besserstellung des Geschädigten durch übergroße Anhebung der Haftungshöchstgrenzen wäre nicht angeraten gewesen. 102

Diese **Anpassung der Haftungshöchstgrenzen** ist zunächst mit dem 2. Gesetz zur Änderung schadensersatzrechtlicher Vorschriften mit Wirkung zum 01.08.2002 vorgenommen worden. Gerade die teilweise seit 20 Jahren unveränderten Haftungshöchstgrenzen aus so wichtigen Bereichen wie dem Straßenverkehrsrecht, dem HaftPflG oder dem LuftVG seien, so wurde in der Gesetzesbegründung ausgeführt, angesichts der zwischenzeitlich erheblich gestiegenen Lebenserhaltungs- und Heilbehandlungskosten nicht mehr angemessen. Ebenso war eine Vereinheitlichung der Haftungshöchstgrenzen angestrebt: Der gleiche Schaden sollte grds. auch der gleichen Haftungshöchstgrenze unterliegen, gleichgültig, aus welchem Tatbestand er ersatzfähig ist.[175] Dies war nach »altem Recht« nicht durchgängig der Fall gewesen. 103

171 VG Berlin, Urt. v. 02.12.2022 – 26 K 27/22, unveröffentlicht.
172 VG Koblenz, Urt. v. 24.01.2022 – 5 K 702/21, unveröffentlicht.
173 BT-Drucks. 14/7752, S. 17, Müller, ZRP 1998, 258.
174 Müller, ZRP 1998, 258.
175 BT-Drucks. 14/7752, S. 18.

104 Um den gleichen Schaden, gleichwohl aus welchem Tatbestand er zu ersetzen ist, auch der **gleichen Höchstgrenze** zu unterwerfen, ist der **individuelle Haftungshöchstbetrag** einheitlich auf einen Kapitalbetrag von 600.000,00 € und eine Jahresrente von 36.000,00 € festgesetzt worden. Dies galt für die Straßenverkehrshaftung (§ 12 Abs. 1 Nr. 1 StVG) ebenso wie für die Bahnverkehrshaftung (§ 9 HaftPflG), die Luftverkehrshaftung (§§ 37 Abs. 2, 46 LuftVG), die Arzneimittelhaftung (§ 88 Abs. 1 AMG) und die Bergschadenshaftung (BBergG).

105 Die **globalen Haftungshöchstgrenzen** sind weiterhin individuell auf das jeweilige Gesetz zugeschnitten: Da sie risikoabhängig sind, entziehen sie sich einer Harmonisierung.

106 Zwei weitere **Änderungen des StVG** im Zuge des 2. Gesetzes zur Änderung schadensersatzrechtlicher Vorschriften waren die Festlegung besonderer Höchstgrenzen für Gefahrguttransporte und die Einführung eines § 12b StVG, der für Schäden bei dem Betrieb eines gepanzerten Gleiskettenfahrzeuges keine Begrenzung der Haftung in der Höhe mehr vorsieht. Grund hierfür war die Gleichstellung von militärischen Land- und Luftfahrzeugen, was ihre haftungsrechtliche Situation anbetrifft. Der Gesetzgeber hatte dies, gerade vor dem Hintergrund der Flugunglücke in Ramstein und Remscheid, für eine sinnvolle Maßnahme gehalten.[176] Der Begriff des Gleiskettenfahrzeugs entspricht § 34b Abs. 1 StVZO.

107 Während § 12 StVG i.d.F. vor dem 18.12.2007 zwischen individuellen (pro Geschädigtem) und globalen (pro Schadensfall) Haftungshöchstgrenzen unterschieden hatte, ist die Norm aufgrund europarechtlicher Vorgaben durch die 5. Kfz-Haftpflicht-Richtlinie[177] geändert worden und beinhaltet nun lediglich noch eine globale Haftungshöchstgrenze von **5 Mio. € für die Personenschäden nach einem Unfall und 1 Mio. € für die Sachschäden.**[178] Fällen mit einer Vielzahl Geschädigter wird dadurch Rechnung getragen, dass sich im Fall einer **entgeltlichen, geschäftsmäßigen Personenbeförderung** bei der Tötung oder Verletzung von mehr als **acht beförderten Personen** dieser Betrag um **600.000,00 €** für jede weitere getötete oder verletzte beförderte Person erhöht.

Im Fall von Rentenleistungen ist deren Kapitalwert für die Beurteilung entscheidend, vgl. § 12 Abs. 1 Satz 2 StVG.

108 Nach § 12a StVG sind diese Grenzen nochmals erhöht, wenn es sich um einen **Gefahrguttransport** handelte; dann haftet der Ersatzpflichtige, sofern der Schaden durch die die Gefährlichkeit der beförderten Güter begründenden Eigenschaften verursacht wurde,
- im Fall der Tötung oder Verletzung mehrerer Menschen durch dasselbe Ereignis bis zu einem Betrag von 10 Mio. €,
- im Fall der Sachbeschädigung an unbeweglichen Sachen, auch wenn durch dasselbe Ereignis mehrere Sachen beschädigt werden, bis zu einem Betrag von 10 Mio. €.

109 Reichen die Haftungshöchstgrenzen nicht aus, um alle Unfallgeschädigten zu befriedigen, erfolgt eine **anteilige Verteilung** nach § 12 Abs. 2 StVG, wobei sich die einzelnen Entschädigungen in dem Verhältnis verringern, in welchem ihr Gesamtbetrag zu dem Höchstbetrag steht.[179]

110 **Änderungen** erfolgten auch im Bereich des **HaftPflG.** Dieses kannte bislang keine generellen Haftungshöchstsummen für Personenschäden. Lediglich für den nach § 8 HaftPflG in Form einer Geldrente zu entrichtenden Schadensersatz wegen Aufhebung oder Minderung der Erwerbsfähigkeit und wegen Vermehrung der Bedürfnisse des Geschädigten sah § 9 HaftPflG eine Höchstgrenze vor. Durch die Umformulierung des § 9 HaftPflG ist seit 2002 eine individuelle Haftungshöchstgrenze von den bekannten 600.000,00 € (bzw. 36.000,00 € jährliche Rente) festgelegt worden. Auch die globale Haftungshöchstgrenze bei Sachschäden ist von 100.000,00 DM auf 300.000,00 € angehoben worden.

---

176 BT-Drucks. 14/7752, S. 32.

177 Abl. EG Nr. L 149 v. 11.06.2005 (S. 14).

178 2. Gesetz zur Änderung des Pflichtversicherungsgesetzes, Gesetz v. 10.12.2007, BGBl. I 2007, S. 2833. Hierzu Bollweg, NZV 2007, 599.

179 Vgl. hierzu BGH, Urt. v. 10.10.2006 – VI ZR 44/05, NJW 2007, 370 = VersR 2006, 1679.

Die **Haftung nach dem Luftverkehrsgesetz (LuftVG)** differenziert danach, ob die Schädigungen bei unbeteiligten Dritten oder bei Fluggästen eintreten. Werden Dritte geschädigt, gilt § 37 LuftVG, der den Höchstbetrag nach dem Gewicht des Flugzeugs staffelt. 2/3 hiervon sind für Personenschäden bestimmt. Wenn sie hierfür ausreichen, bleibt das restliche Drittel für die Sachschäden; ansonsten ist das restliche Drittel anteilsmäßig für die ungedeckten Personenschäden und die Sachschäden zu verwenden (§ 37 Abs. 4 LuftVG). Abgesichert wird der Anspruch durch eine Deckungsvorsorge in Form einer Haftpflichtversicherung oder Sicherheitsleistung (§ 43 LuftVG, §§ 102 ff. LuftVZO), auch ist die Haftung nach allgemeinem Deliktsrecht nicht ausgeschlossen, vgl. § 42 LuftVG. 111

Die Grenzen des § 37 Abs. 1 LuftVG sind anlässlich der **Euro-Umstellung** noch einmal angehoben worden. Die individuelle Haftungshöchstgrenze aus § 37 Abs. 2 LuftVG ist auf den (Regel-) Betrag von 600.000,00 € angehoben und damit mehr als verdoppelt worden. 112

Für die **Haftung ggü. Fluggästen** ist keine globale Höchstgrenze vorgesehen. Die individuelle Höchstgrenze für Personenschäden ist wiederum auf 600.000,00 € angehoben. Unter den Einschränkungen des § 48 LuftVG bleibt auch hier eine unbeschränkte Haftung aus Delikt möglich.

Im **Umwelthaftungsrecht** sieht § 15 UmweltHaftG eine neue Höchstgrenze von 85 Mio. € vor, die auch für das ProdHaftG (§ 10 Abs. 1) und das GenTG (§ 33 Satz 1) eingeführt worden ist. 113

Übersicht 2: Aktuelle Haftungshöchstgrenzen 114

Gesetz	Grenze
§ 12 StVG	
Tötung oder Verletzung einer Person	5.000.000,00 €
Tötung/Verletzung mehrerer Personen	5.000.000,00 € und Erhöhung bei geschäftsmäßiger Beförderung
Sachschäden	1.000.000,00 €
§ 12a StVG (Gefahrgüter)	
Tötung/Verletzung einer Person	10.000.000,00 €
Tötung/Verletzung mehrerer Personen	10.000.000,00 €
Sachschaden an Immobilie	10.000.000,00 €
Sonstiger Sachschaden	wie § 12 StVG
§ 12b StVG (Militärfahrzeug)	Keine Begrenzung
§ 9 HaftPflG	
Tötung/Verletzung je Person	600.000,00 €
	36.000,00 €/Jahr
§ 10 HaftPflG	
Sachschaden (außer Grundstücke)	300.000,00 €
§ 88 AMG	
Tötung/Verletzung einer Person	600.000,00 €
	36.000,00 €/Jahr
Tötung/Verletzung mehrerer Personen	120.000.000,00 €
	7.200.000,00 €/Jahr

Gesetz	Grenze
§ 37 LuftVG	
Tötung/Verletzung einer Person	600.000,00 €
	36.000,00 €/Jahr
§ 48 Abs. 3 LuftVG	
Tötung/Verletzung einer Person	600.000,00 €
	36.000,00 €/Jahr
§ 33 GenTG	
Schadensersatz – und Schmerzensgeld	85.000.000,00 €
§ 10 ProdHaftG	
Schadensersatz – und Schmerzensgeld	85.000.000,00 €
§ 15 UmweltHaftG	
Tötung/Verletzung	85.000.000,00 €
Sachbeschädigung	85.000.000,00 €

Anmerkungen: Zeile 1 jeweils: Kapital, Zeile 2 jeweils: Jahresrente.

115 Im Hinblick auf die Haftungshöchstgrenzen nach § 12 StVG und in allen Fällen der Gefährdungshaftung darf nicht übersehen werden, dass diese Haftungsbegrenzung – jedenfalls auf Antrag des Beklagten – in einem **Feststellungsurteil** auszusprechen ist, wenn die Schadensersatzansprüche nur auf eine Anspruchsgrundlage aus dem Bereich der Gefährdungshaftung gestützt sind. Das gilt nur dann nicht, wenn der Schaden offensichtlich diese Höchstgrenze nicht erreichen kann. Fehlt eine solche Begrenzung im Urteilstenor, reicht es allerdings aus, wenn sie sich aus den Gründen des Urteils ergibt.

IV. Handeln auf eigene Gefahr

116 In verschiedenen Fallgestaltungen wird ein Schmerzensgeldanspruch ganz oder teilweise ausgeschlossen, weil der Verletzte auf eigene Gefahr gehandelt hat.

117 Der Haftungsausschluss wegen des Handelns auf eigene Gefahr beruht auf dem Gedanken, dass es widersprüchlich sein kann, wenn der Geschädigte den Schädiger für Risiken in Anspruch nimmt, die er bewusst oder leichtfertig eingegangen ist. Die Rechtsprechung nimmt die Grundsätze der §§ 242, 254 BGB zum Ausgangspunkt der Wertung.[180] Die Anwendung dieser Grundsätze führt aber nicht immer dazu, dass eine **bewusste Selbstgefährdung** von vornherein die Haftung ausschließt; es hat vielmehr – wie auch sonst i.R.d. § 254 BGB – eine **Abwägung** stattzufinden, bei der alle Umstände zu würdigen sind, insb. die Beziehungen der Beteiligten, Art und Ursprung der Gefahrenlage, die Kalkulierbarkeit des Risikos, der Anlass für die Übernahme des Risikos und die Möglichkeit seiner Beherrschung. Das OLG Hamm[181] hat eine Schadensteilung vorgenommen in einem Fall, in dem der Verletzte einen vom Schädiger selbst gebastelten Knallkörper in die Hand genommen hatte, der explodierte und die Hand des 19 Jahre alten Klägers schwer verletzte. Das Schmerzensgeld betrug dadurch 10.000,00 € statt der verlangten und angemessenen 20.000,00 €.[182]

F. Verkehrsopferhilfe

118 Kann der Geschädigte seine Ansprüche nicht durchsetzen, besteht unter bestimmten Voraussetzungen gem. § 12 PflVG ein Anspruch des Geschädigten gegen die Verkehrsopferhilfe e.V.[183] Die Verkehrs-

180 BGH, Urt. v. 14.03.1961 – VI ZR 189/59, BGHZ 34, 355.
181 OLG Hamm, Beschl. v. 22.08.1994 – 6 U 203/93, OLGR 1994, 257 f.
182 Vgl. i.Ü. zu diesem Problem die Ausführungen unter Kap. 6 Rdn. 380 ff., zu Verletzungen, die innerhalb einer Gefahrengemeinschaft oder bei Spiel und Sport entstehen.
183 Wilhelmstr. 43/43G, 10117 Berlin, Internet: www.verkehrsopferhilfe.de; vgl. hierzu auch van Bühren, Unfallregulierung, § 15 Rn. 7 und Anhang III; Vorwerk, Kap. 84 Rn. 60 ff.; Weber, DAR 1987, 333;

opferhilfe haftet allerdings nur subsidiär, wenn Ansprüche gegen Dritte (Arbeitgeber, Kranken- oder Rentenversicherung) nicht bestehen und wenn keine Kaskoversicherung abgeschlossen ist.

Sie haftet insb. wenn: 119
- das Schädigerfahrzeug (Kfz oder Anhänger) nicht zu ermitteln ist oder pflichtwidrig nicht oder nicht mehr versichert ist,
- der Schaden vorsätzlich und widerrechtlich durch ein Kfz oder einen Anhänger verursacht wurde (§ 103 VVG) oder
- der Kfz-Haftpflichtversicherer des Verursachers zahlungsunfähig ist.

Auch ein Schmerzensgeldanspruch kann gegen den Entschädigungsfonds nach § 12 Abs. 1 Satz 1 120 Nr. 1 PflVG in Betracht kommen. Eine Schmerzensgeldforderung kann aber nur geltend gemacht werden, soweit wegen einer besonderen Schwere der unfallbedingten Verletzungen das Versagen einer Ausgleichszahlung grob unbillig erschiene. Dies ist der Fall, wenn die gesundheitlichen Folgen des Unfalles deutlich und drastisch über das hinausgehen, was bei täglichen Unfällen im Straßenverkehr auftritt.[184] Dies wird z.B. angenommen, wenn das Verletzungsbild in seiner Schwere dem einer Querschnittslähmung, dem Verlust von Gliedmaßen oder Sinnesorganen oder entstellenden Gesichtsnarben gleichkommt,[185] d.h. bei einer schweren Körperverletzung i.S.v. § 226 StGB.

Das Vorliegen eines Dauerschadens genügt hingegen nicht ohne Weiteres. Von besonderer Schwere 121 ist ein Dauerschaden vielmehr nur dann, wenn er eine solche Intensität erreicht, dass der Betroffene unter einer weitreichenden Beeinträchtigung seiner körperlichen Funktionen leidet. Daran fehlt es selbst bei dauernden Funktionsbeeinträchtigungen zweier Finger,[186] oder bei einer Kniegelenksteife und gleichzeitigem Muskelschwund im Oberschenkel nebst weiteren flankierenden Verletzungen.[187] Denn derartige Schäden entstehen täglich bei Unfällen im Straßenverkehr; sie sind daher zwar als schwerwiegend, jedoch nicht als besonders schwerwiegend i.S.v. § 12 Abs. 2 PflVG anzusprechen.

Begeht der den Unfall verursachende Fahrer **Verkehrsunfallflucht** (Fahrerflucht), beschränkt sich 122 die Leistung der Verkehrsopferhilfe auf den 500,00 € übersteigenden Betrag. Sachschäden am eigenen Fahrzeug werden zudem nur ersetzt, wenn aufgrund desselben Unfalls Personenschadensersatz wegen erheblicher Verletzung oder Tötung einer Person zu leisten ist. **Schmerzensgeldzahlungen** erfolgen nur, wenn diese wegen der besonderen Schwere der Verletzung zur Vermeidung einer groben Unbilligkeit erforderlich sind.

G. Anrechenbarkeit des Schmerzensgeldes

I. Sozialrecht

Schmerzensgeld gehört grds. zum **Schonvermögen i.S.d. Sozialhilferechts** und ist nicht als Ein- 123 kommen i.R.d. SGB XII zu berücksichtigen, vgl. § 83 Abs. 2 SGB XII,[188] weil sein Einsatz zur Deckung sozialhilferechtlichen Bedarfs angesichts der Ausgleichs- und Genugtuungsfunktion des

Knappmann, VRR 2010, 11. Die Verkehrsopferhilfe trat vor Inkrafttreten des 2. Gesetzes zur Änderung schadensersatzrechtlicher Vorschriften am 01.08.2002 auch bei Schäden ein, die durch einen Anhänger verursacht wurden, wenn der Halter der Zugmaschine nicht ermittelt werden konnte. In diesem Gesetz ist die Haftung des Halters eines Anhängers neu geregelt; dieser haftet neben dem Halter der Zugmaschine gesamtschuldnerisch (§§ 7, 18 StVG.).

184 LG Hamburg, VersR 1977, 674.

185 LG Verden, VersR 2001, 11152.

186 OLG Hamm, VersR 1987, 456.

187 LG Gießen, VersR 1988.

188 SG Karlsruhe, Urt. v. 27.01.2010 – S 4 SO 1302/09, ZFSH/SGB 2010, 188. Vgl. zu dieser Problematik *Holzer*, Die Überleitung höchstpersönlicher Ansprüche auf Sozialleistungsträger, NJW 2017, 1271; so unverändert OLG Rostock, Beschl. v. 15.07.2024 – 2 WF 54/24, Rn 18, MDR 2024, 1615.

Schmerzensgeldes eine Härte i.S.d. § 90 Abs. 3 SGB XII bedeuten würde.[189] Es kann auch nicht verlangt werden, dass eine aus Gehörlosengeld angesparte Lebensversicherung verwertet wird, da auch dies eine besondere Härte darstellen würde.[190] Ebenso gilt, dass sich Arbeitslose Vermögen aus einer Schmerzensgeldzahlung nicht auf das **Arbeitslosengeld II** anrechnen lassen müssen. Diese Verwertung wäre gleichfalls eine »besondere Härte« und ist daher ausgeschlossen.[191] Eine Berücksichtigung von Schmerzensgeld als anrechenbares Einkommen ist jedenfalls dann bei der Entscheidung über die Bewilligung von Prozesskostenhilfe ausgeschlossen, wenn das gezahlte Schmerzensgeld in unmittelbarem Zusammenhang mit dem geltend gemachten Anspruch steht. Dies gilt umso mehr, wenn mit dem Schmerzensgeld eine lebenslange Behinderung ausgeglichen werden soll, die eigentlich materiell überhaupt nicht auszugleichen ist.[192] Dies gilt auch für ererbte Schmerzensgeldansprüche eines Kindes nach dem Tod der Mutter, für deren Durchsetzung Prozesskostenhilfe beantragt wurde.[193] Bei der Berechnung von **Wohngeld** sind allerdings Zinseinkünfte auch dann als Einkommen zu berücksichtigen, wenn sie aus angelegtem Schmerzensgeld hervorgehen.[194]

124 Nach § 116 SGB X gehen Ansprüche des Verletzten auf Ersatz des Erwerbsschadens i.H.d. geleisteten Sozialhilfe nachrangig auf den Sozialhilfeträger über. Dieser **Anspruchsübergang** schließt nicht aus, dass der Sozialhilfeempfänger den Anspruch auf Ersatz des Erwerbsschadens selbst verfolgt, denn dadurch kann er erreichen, dass ihm, soweit seine Klage Erfolg hat, Sozialhilfe nicht mehr gewährt werden muss.[195]

125 Grds. ist das Schmerzensgeld aber, da keine kongruente Sozialleistung besteht, nicht übergangsfähig i.S.d. § 116 SGB X. Wohl aber hat der BGH[196] entschieden, dass es vom Aufwendungsersatzanspruch des Sozialversicherungsträgers nach § 110 SGB VII umfasst ist: Hier handelt es sich nämlich nicht um den Übergang eines Anspruchs, sondern um die Möglichkeit des Sozialversicherers den – wegen der Privilegierung nach §§ 104 ff. SGB VII entfallenden – fiktiven Schadensersatz geltend zu machen. Zu diesem Schadensersatz gehört auch das Schmerzensgeld. Bei einem solchen Rückgriff gem. § 110 SGB VII trägt der Sozialversicherungsträger die Darlegungs- und Beweislast hinsichtlich der Höhe des fiktiven zivilrechtlichen Schadensersatzanspruchs des Geschädigten gegen den nach §§ 104 ff. SGB VII haftungsprivilegierten Schädiger.[197]

126 Das BVerwG[198] entschied, dass das Schmerzensgeld zum Einkommen bzw. Vermögen i.S.v. § 7 Abs. 1 Satz 1 **AsylbLG** gehörte, das vor Leistungsbezug aufzubrauchen sei. Die §§ 77 Abs. 2 und 88 Abs. 3 Satz 1 BSHG a.F.[199] fänden keine – entsprechende – Anwendung.

Diese Auffassung hielt der Überprüfung durch das BVerfG[200] nicht stand.

---

189 BVerwG, Urt. v. 19.05.2005 – 5 B 106/04, FEVS 57, 212; auch BVerwG, Urt. v. 18.05.1995 – 5 C 22/93, NJW 1995, 3001, jeweils zur Vorgängernorm des § 88 Abs. 3 BSHG (außer Kraft seit 01.01.2005).

190 LSG Berlin-Brandenburg, Urt. v. 17.09.2015 – L 31 AS 1894, 14, unveröffentlicht.

191 BSG, Urt. v. 15.04.2008 – 14/7b AS 6/07 R, FEVS 60, 1.

192 OLG Naumburg, Beschl. v. 22.02.2012 – 1 W 4/12, unveröffentlicht.

193 KG, Beschl. v. 19.03.2018 – 20 W 6/18, NJW-RR 2018, 712.

194 BVerwG, Urt. v. 09.02.2012 – 5 C 10/11, NJW 2012, 1305.

195 BGH, Urt. v. 10.10.2002 – III ZR 205/01, NJW 2002, 3769 m.w.N. = VersR 2002, 1521.

196 BGH, Urt. v. 27.06.2006 – VI ZR 143/05, VersR 2006, 1429 = NJW 2006, 3563. So auch OLG Rostock, Urt. v. 26.09.2008 – 5 U 115/08, OLGR 2009, 115.

197 BGH, Urt. v. 29.01.2008 – VI ZR 70/07, VersR 2008, 659 = NJW 2008, 2033. Dies war zuvor wegen der Formulierung des § 110 SGB VII. (»jedoch nur bis zur Höhe«), die eine vom Beklagten zu beweisende Einrede nahe legte, bezweifelt worden.

198 BVerwG, Beschl. v. 02.12.2004 – 5 B 108/04, NVwZ 2005, 463.

199 Das BSHG ist mit Wirkung zum 31.12.2004 durch das SGB XII abgelöst worden, die genannten Regeln finden sich in §§ 83 Abs. 2, 90 Abs. 3 SGB XII.

200 BVerfG, Beschl. v. 11.07.2006 – 1 BvR 293/05, FamRZ 2006, 1824 = DVBl. 2007, 123. In dieser Entscheidung heißt es u.a.: Im August 1997, noch während des Bezugs von Leistungen nach dem Asylbewerberleistungsgesetz, wurden die Ehefrau und ein Kind des Beschwerdeführers Opfer eines Verkehrsunfalls. Die Opfer erhielten zur Abgeltung aller Ansprüche aus dem Schadensereignis

Folgerichtig entschied das OLG Frankfurt[201] dass ein dem Betreuten nach Abschluss eines Vergleichs wegen einer durch einen Unfall erlittenen Verletzung (Erblindung) gezahltes Schmerzensgeld i.H.v. 120.000,00 € i.R.d. Betreuervergütung bei der Prüfung der Mittellosigkeit nicht zu berücksichtigen sei und deshalb auch keinen späteren Regress der Staatskasse begründen könne.

Anders verhält es sich mit einer Rente wegen vermehrter Bedürfnisse.[202] Bei dieser handelt es sich nicht um Schmerzensgeld, sondern um eine Rente, die den Lebensunterhalt des Verletzten sichern soll. Der Verletzte kann über den Betrag frei verfügen, der ohne Zweckbestimmung gezahlt wird.

II. Einkommensteuergesetz

Gemäß § 62 Abs. 1, § 63 Abs. 1, 2 i.V.m. § 32 Abs. 4 Satz 1 Nr. 3 EStG besteht für ein volljähriges 127 Kind ein Anspruch auf Kindergeld, wenn es wegen einer Behinderung außerstande ist, sich selbst zu unterhalten, und wenn die Behinderung vor Vollendung des 25. Lebensjahres eingetreten ist. Bei Prüfung dieser Voraussetzungen ist eine Schmerzensgeldrente grundsätzlich nicht zu berücksichtigen.[203]

Auch im Rahmen der Ausbildungsförderung bleibt das Schmerzensgeld nach § 29 Abs. 3 BAföG 128 in vollem Umfang unberücksichtigt.[204] Das Schmerzensgeld und eine Ausgleichszahlung für künftige notarielle Schäden betrug 250.000,00 €. Beide Zahlungen müssten dem Auszubildenden zur Abdeckung künftiger Schäden zur Verfügung bleiben. Dagegen seien die im Förderzeitraum auf dem Schmerzensgeldkonto erzielten Zinsen als Einkünfte des Auszubildenden zu berücksichtigen und auf den Bedarf anzurechnen.

III. Kapitalertrag

Die Zinsen aus dem angelegten Schmerzensgeldkapital sind jedenfalls dann nicht als Einkommen 129 zu berücksichtigen, wenn sie die Grundrente nach § 31 BVG nicht überschreiten.[205]

Bei Sozialleistungen, die auf die Bedürftigkeit abstellen, gehen das BSG und das BVerwG davon 130 aus, dass Zinseinkünfte aus Schmerzensgeld wie alle anderen Zuflüsse in Geld auch als Einkommen zu berücksichtigen sind.[206]

IV. Zugewinnausgleich

Ein an einen Ehegatten gezahltes Schmerzensgeld fließt vorbehaltlich der Härteregelung des § 1381 131 BGB in den Zugewinn ein.[207] Der Gesetzgeber sieht sich derzeit zu einer grundlegenden Änderung der Rechtslage nicht veranlasst.[208]

Schmerzensgeld i.H.v. insgesamt 25.000,00 DM. Die mit der Verfassungsbeschwerde angegriffene Regelung bewirkt, dass Asylbewerber anders behandelt werden als Personen, die Sozialhilfe erhalten. Sie haben Schmerzensgeld für ihren Lebensunterhalt einzusetzen, bevor sie Leistungen auf asylrechtlicher Grundlage erhalten. Für Empfänger von Leistungen der Sozialhilfe gilt dies nicht. Asylbewerber werden im Hinblick auf das Schmerzensgeld durch § 7 Abs. 1 Satz 1 AsylbLG aber auch – soweit ersichtlich – im Vergleich zu allen anderen Personengruppen benachteiligt, die einkommens- und vermögensabhängige staatliche Fürsorgeleistungen erhalten. Diese unterschiedliche Behandlung ist nicht hinreichend gerechtfertigt.

201 OLG Frankfurt am Main, Beschl. v. 16.05.2008 – 20 W 128/08, NJW-RR 2009, 11 = FamRZ 2008, 2152.

202 Thüringer LSG, Urt. v. 21.10.2015 – L 4 AS 1751/12, unveröffentlicht.

203 BFH, Urt. v. 13.04.2016 – III R 28/15, BFHE 253, 249.

204 Bayerischer Verwaltungsgerichtshof, Beschl. v. 05.02.2015 – 12 B 12.2333, unveröffentlicht.

205 V. Bühren/Jahnke, Teil 4 Rn. 262.

206 BSG, Urt. vom 22.08.2012 – B 14 AS 103/11 Recht; BVerwG, Urt. vom 09.02.2012 5 C 10/11, NJW 2012, 1305.

207 BGH, Urt. v. 27.05.1981 – IVb ZR 577/80, VersR 1981, 838; v. Bühren/Jahnke, Teil 4 Rn. 262.

208 BMJ in Beantwortung einer parlamentarischen Anfrage, BT-Drucks. 14/144 v. 04.12.1998, zitiert nach v. Bühren/Jahnke, Teil 4 Rn. 262 Fn. 4. Krit. hierzu mit verschiedenen Vorschlägen de lege lata und

V. Unterhalt

132 Da das Schmerzensgeld selbst höchstpersönlich ist, stellt es kein für Unterhaltszwecke einsetzbares Einkommen dar. Die Erträge sind nach den Umständen des Einzelfalles einzusetzen.[209]

133 Bei Erträgen aus Schmerzensgeld ist zu berücksichtigen, dass dem Schmerzensgeld u.a. eine Funktion zum Ausgleich von immateriellen Schäden zukommt. Es kann daher eine Korrektur der Zinsanrechnung nur unter Billigkeitsgesichtspunkten in Betracht kommen. Ein Teil hiervon hat dann anrechnungsfrei dem Geschädigten zu verbleiben. Beim Mindestbedarf von minderjährigen Kindern wird dieses Prinzip aber zu durchbrechen sein.[210]

H. Verzinsung des Schmerzensgeldanspruchs

134 Zinsen auf Schmerzensgeld werden geschuldet mit **Verzug des Schädigers**, jedenfalls mit **Rechtshängigkeit.** Verzug tritt jedoch nur ein, wenn der geforderte Schmerzensgeldbetrag realistisch und nicht (erheblich) überzogen ist. Die Forderung eines deutlich zu hohen Schmerzensgeldes ist entbehrlich, weil die Zinspflicht ohnehin für das gesamte Schmerzensgeld auch dann gilt, wenn die Höhe in das Ermessen des Gerichts gestellt wird und das Gericht über den genannten Mindestbetrag hinausgeht.

▶ Hinweise:

135
1. Der Anwalt des Verletzten ist verpflichtet, bezüglich des Schmerzensgeldes sehr bald Verzug zu begründen, weil das Schmerzensgeld sofort fällig ist und die Zinsen bei einem sehr lange dauernden Rechtsstreit einen extrem hohen Betrag ausmachen können, wie z.B. in einer Entscheidung des OLG Hamm.[211] Die Zinsen für das Schmerzensgeld in Höhe von 500.000 € beliefen sich auf rd. 376.000 €. Ebenso LG Aurich[212]. Die Zinsen für das Schmerzensgeld in Höhe von 800.000 € beliefen sich auf rd. 200.000 €
2. Bei Personenschadensrenten ist die Begründung des Verzugs nicht so dringend, weil die Renten quartalsweise fällig werden, sodass eine gewisse Zeit abgewartet werden kann, ohne dass ein erheblicher Zinsverlust eintritt.
3. Sofern der Beklagte eine Teilzahlung auf das Schmerzensgeld leistet oder anbietet, kann der Verletzte die Teilzahlung gegebenenfalls ablehnen, § 266 BGB und dadurch die Zinspflicht des Schädigers erhalten.
4. Wird bzgl. der Zinsen eine (verdeckte) Teilklage erhoben, können die restlichen Zinsen noch nachträglich geltend gemacht werden, sofern sie nicht verjährt sind.[213]

136 Entgegen einer auf eine Entscheidung des OLG Köln[214] gestützten Ansicht[215] muss das **Gericht** (heute) selbstverständlich nach **§ 139 ZPO** einen **Hinweis** erteilen, wenn kein Zinsantrag gestellt wurde. Das Unterlassen der Zinsforderung beruht ersichtlich auf einem Versehen; das gilt jedenfalls und erst recht dann, wenn der Zinsrückstand wie in der Entscheidung des OLG Köln wegen der langen Dauer des Prozesses an die Höhe des Schmerzensgeldes fast heranreicht (Schmerzensgeld 50.000,00 DM, Zinsrückstand 30.000,00 DM).

I. Besteuerung des Schmerzensgeldes

137 Zinsen, die auf den Schmerzensgeldbetrag gezahlt werden, sind ebenso steuerpflichtig wie die nach Zahlung laufend erwirtschafteten Zinsen, derzeit beträgt der Steuersatz 25 %.

---

ferenda: Herr, NJW 2008, 262.
209 BGH, Urt. v. 02.11.1988 – IVb ZR 7/88, NJW 1989, 524.
210 Reinecke, Rn. 176.
211 OLG Hamm, Urt. v. 21.03.2017 – 26 U 122/09, VersR 2017, 1017 mit Anm. Jaeger.
212 LG Aurich, Urt. v. 23.11.2018 – 2 O 165/12, VersR 2019, 887 mit Anm. Jaeger.
213 Vgl. hierzu Vorwerk, Kap. 84 Rn. 186.
214 OLG Köln, Urt. v. 03.05.1972 – 2 U 137/71, VersR 1972, 1150 (1152).
215 Geiger/Pardey, 7. Kap. Rn. 28 (S. 226).

Als Kapitalbetrag gezahlte Schmerzensgelder sind kein Einkommen und daher weder einkommen- noch lohnsteuerpflichtig.[216] 138

Nach der Rechtsprechung des BFH[217] zur Steuerfreiheit der Mehrbedarfsrente dürfte auch die Schmerzensgeldrente nicht steuerpflichtig sein.[218] 139

J. Pfändbarkeit des Schmerzensgeldanspruchs

Ansprüche wegen immaterieller Schäden sind seit dem 01.07.1990 uneingeschränkt übertragbar 140 und pfändbar, nachdem durch das Gesetz zur Änderung des Bürgerlichen Gesetzbuchs und anderer Gesetze vom 14. März 1990 (BGBl. I S. 478) § 847 Abs. 1 Satz 2 gestrichen worden war. Es ist deshalb allgemein anerkannt, dass Schmerzensgeldansprüche pfändbar sind und gegebenenfalls in die Insolvenzmasse fallen.[219] Dies gilt auch für Ansprüche gegen die Katholische Kirche, soweit sie auf den Ersatz immaterieller Schäden gerichtet sind. Ob für Ansprüche wegen Verletzung des Persönlichkeitsrechts etwas anderes gilt, hat der BGH bislang dahingestellt sein lassen

Der Prüfbarkeit eines Schmerzensgeldanspruchs und des Anspruchs eines wegen sexuellen Missbrauchs durch die katholische Kirche zu entschädigenden Opfers stehen § 851 Abs. 1 ZPO und § 388 BGB entgegen, weil die Leistung des Bischöflichen Ordinariats an einen Gläubiger des Verletzten nicht ohne Veränderung ihres Inhalts hätte erfolgen können. 141

Eine Forderung ist nämlich dann nicht übertragbar, wenn die Leistung an einen anderen als den ursprünglichen Gläubiger nicht ohne Veränderung ihres Inhalts erfolgen kann. Dies ist dann anzunehmen, 142

- wenn die Leistung auf höchstpersönlichen Ansprüchen des Berechtigten beruht, die er nur selbst erheben kann,
- wenn – anders als bei höchstpersönlichen Ansprüchen – ein Gläubigerwechsel zwar rechtlich vorstellbar, das Interesse des Schuldners an der Beibehaltung einer bestimmten Gläubigerperson aber besonders schutzwürdig ist,
- oder wenn ohne Veränderung des Leistungsinhalts die dem Gläubiger gebührende Leistung mit seiner Person derart verknüpft ist, dass die Leistung an einen anderen Gläubiger als eine andere Leistung erschiene.[220] In allen diesen drei Fallgruppen ist die Abtretbarkeit ausgeschlossen, weil andernfalls die Identität der abgetretenen Forderung nicht gewahrt bliebe.

Bei einem Anspruch gegen die Deutsche Bischofskonferenz liegt ein Fall der zweiten und der dritten Fallgruppe vor. Die geschuldete Leistung ist mit der Person des Gläubigers derart verknüpft, dass die Leistung an einen anderen Gläubiger, etwa an einen Insolvenzverwalter, sie als eine andere Leistung erscheinen lassen würde. Das Interesse der Katholischen Kirche, an der Beibehaltung der Gläubigerperson für die freiwillige Leistung ist besonders schutzwürdig. 143

Die Frage der Prüfbarkeit des Anspruchs ist von besonderer Bedeutung in Fällen der Verletzung des allgemeinen Persönlichkeitsrechts durch Inhaftierung in überbelegten Haftzellen oder in Fällen der rechtswidrigen Verlängerung der Sicherungsverwahrung. In diesen Fällen ist eine Aufrechnung des beklagten Landes als Schuldner unzulässig, wenn der Anspruch des Inhaftierten nicht pfändbar ist, vgl. § 394 BGB. Während im Fall der rechtswidrig vollzogenen Haftstrafe ein Aufrechnungsverbot des beklagten Landes mit einem Anspruch aus Verfahrenskosten gegen den Inhaftierten angenommen wird, weil die rechtswidrige Unterbringung schuldhaft geschieht, wird der Ersatzanspruch wegen 144

216 MünchKomm/Oetker, BGB, 9. Aufl. 2022 § 253 Rn. 65 unter Hinweis auf BFH, Urt. v. 29.10.1963 – VI 290/62 U, NJW 1964, 744; Heß, ZfS 2001, 532 (534).

217 BFH, Urt. v. 25.10.1994 – VIII R 79/91, NJW 1995, 1238.

218 Heß, ZfS 2001, 532 (534).

219 BGH, Urt. v. 24.03.2011 – IX ZR 180/10, BGHZ 189, 65.

220 BGH, Urt. v. 24.10.1985 – VII ZR 31/85, NJW B1986, 713; BGH Urt. v. 04.12.2009 – V ZR 9/09, NJW-RR 2010, 1235.

Verletzung des Persönlichkeitsrechts durch rechtswidrige Verlängerung der Sicherungsverwahrung als pfändbar und damit als aufrechenbar angesehen.[221]

K. Verjährung

I. Beginn der Verjährungsfrist

145 Die regelmäßige Verjährungsfrist beträgt nach § 195 BGB 3 Jahre. Diese kurze Verjährungsfrist galt zunächst auch für die in § 253 BGB genannten Rechtsgüter.

146 Durch das Gesetz zur Stärkung der Rechte von Opfern sexuellen Missbrauchs (StORMG) vom 26.06.2013[222] wurde § 197 BGB ergänzt um die folgende Bestimmung:

> »In 30 Jahren verjähren, soweit nicht ein anderes bestimmt ist, (1) Schadensersatzansprüche, die auf der vorsätzlichen Verletzung des Lebens, des Körpers, der Gesundheit, der Freiheit oder der sexuellen Selbstbestimmung beruhen«.

147 Bis auf das Tatbestandsmerkmal »Leben« betrifft dies jeglichen immateriellen Schaden, der auf einer vorsätzlichen Verletzungshandlung beruht.

148 Die Verjährungsfrist beginnt am Schluss des Jahres,
- in dem der Anspruch entstanden ist und
- der Gläubiger Kenntnis hatte oder
- ohne grobe Fahrlässigkeit hätte haben müssen
- von den Anspruch begründenden Umständen und
- der Person des Schuldners.

149 Die Verjährungsfrist eines Schadensersatzanspruchs wegen eines ärztlichen Behandlungsfehlers beginnt gemäß § 199 Abs. 1 Ziff. 2 BGB erst dann, wenn dem Geschädigten Umstände bekannt geworden sind, aus denen sich auch für einen medizinischen Laien erkennen lässt, dass der behandelnde Arzt von dem üblichen medizinischen Vorgehen abgewichen ist oder Maßnahmen unterlassen hat, die gemäß dem ärztlichen Standard zur Vermeidung oder Beherrschung von Komplikationen erforderlich waren. In diesem Sinne muss allein aus dem zeitlichen Zusammenhang zwischen einer Krankenhausbehandlung und dem Auftreten von Infektionssymptomen für einen Laien noch nicht die Kenntnis einer diesbezüglichen Kausalität folgen.

150 Nach der Rechtsprechung des BGH kann die Kenntnis vom Schaden im Sinne des § 852 Abs. 2 BGB, 199 Abs. 2 Nr. 2 nicht schon dann bejaht werden, wenn dem Patienten lediglich der negative Ausgang der ärztlichen Behandlung bekannt ist. Denn das Ausbleiben des Erfolgs ärztlicher Maßnahmen kann in der Eigenart der Erkrankung oder in der Unzulänglichkeit ärztlicher Bemühungen seinen Grund haben. Deshalb gehört zur Kenntnis der den Anspruch begründenden Tatsachen das Wissen, dass sich in dem Misslingen der ärztlichen Tätigkeit das Behandlungs- und nicht das Krankheitsrisiko verwirklicht hat, wobei es hierzu nicht schon genügt, dass der Patient Einzelheiten des ärztlichen Tuns oder Unterlassens kennt.

151 Vielmehr muss ihm aus seiner Laiensicht der Stellenwert des ärztlichen Vorgehens für den Behandlungserfolg bewusst sein. Deshalb beginnt die Verjährungsfrist nicht zu laufen, bevor nicht der Patient als medizinischer Laie Kenntnis von Tatsachen erlangt hat, aus denen sich ergibt, dass der Arzt von dem üblichen ärztlichen Vorgehen abgewichen ist oder Maßnahme nicht getroffen hat, die nach ärztlichem Standard zur Vermeidung oder Beherrschung von Komplikationen erforderlich waren. Diese Kenntnis ist erst vorhanden, wenn die dem Anspruchsteller bekannten Tatsachen ausreichen, um den Schluss auf ein schuldhaftes Fehlverhalten des Anspruchsgegners und auf die Ursache dieses Verhaltens für den Schaden möglich erscheinen lassen. Denn nur dann ist dem Geschädigten

221 OLG Hamm, Urt. v. 06.02.2015 – 11 U 131/13, unveröffentlicht.
222 BGBl. I 2013, 1805.

die Erhebung einer Schadensersatzklage, sei es auch nur in Form der Feststellungsklage, erfolgversprechend möglich.[223]

Grundsätzlich gilt im Arzthaftungsrecht zum Beginn der Verjährung: Ohne Gutachten läuft nichts.[224] 152

Immer entscheidend ist die Kenntnis des Patienten vom Behandlungsfehler, vom Körperschaden und von der Ursächlichkeit. Zwar braucht der Patient nicht von sich aus Initiativen zur Klärung des Geschehens zu ergreifen, schädlich ist es jedoch, wenn er ganz naheliegende Überlegungen nicht anstellt. Medizinisches Fachwissen muss er sich nicht aneignen.[225] Für die Kenntnis des Patienten ist es auch nicht ausreichend, wenn ein nachbehandelnder Arzt dem Patienten über seinen »Vorgänger« erklärt: »Dem gehört in den Arsch getreten«.[226]

Bei Schadensersatzansprüchen wegen Aufklärungsmängeln beginnt die Verjährung nicht schon 153
dann, wenn der nicht aufgeklärte Patient einen Schaden aufgrund der medizinischen Behandlung feststellt. Hinzutreten muss auch die Kenntnis, dass der Schaden nicht auf einem Behandlungsfehler beruht, sondern dass sich eine Komplikation verwirklicht hat, über die er hätte aufgeklärt werden müssen.[227] Hat er dagegen Aufklärungsversäumnisse bereits gerügt, kann daraus auch auf eine entsprechende Kenntnis geschlossen werden.[228]

Dabei ist zu unterscheiden: Fehlt jede Aufklärung des Patienten, beginnt die Verjährung mit Kennt- 154
nis der Realisierung eines Operationsrisikos.[229]

Ist eine Aufklärung grundsätzlich erfolgt, so ist dem Patienten zuzumuten, sich bei Eintritt einer 155
Komplikation über den Umfang der Aufklärungspflicht zu erkundigen. Versäumt er dies, beginnt die regelmäßige Verjährungsfrist ab Eintritt des Schadens zu laufen und nicht erst dann, wenn das Vorliegen eines zunächst vermuteten Behandlungsfehlers widerlegt ist.[230]

Generell gilt aber, dass der Patient nicht verpflichtet ist, das Behandlungsgeschehens aufzuklären. 156
Seine Untätigkeit lässt die Verjährungsfrist nicht beginnen.[231] Zur Kenntnis der den Anspruch begründenden Tatsachen gehört das Wissen, dass sich in dem Misslingen der ärztlichen Tätigkeit das Behandlungs- und nicht das Krankheitsrisiko verwirklicht hat.[232]

Die Kenntnis von den Behandlungsunterlagen kann ausreichen, dem Patienten die erforderliche 157
Kenntnis von einem Fehlverhalten des Arztes zu geben. Schließen nachgereichte Teile der Behandlungsunterlagen keine für die Klageerhebung relevante Informationslücke des Patienten, kann sich die für den Verjährungsbeginn maßgebliche Kenntnis bereits mit Zugang der unvollständigen Patientenakte einstellen.[233]

223 OLG München, Urt. v. 23.12.2011 – 1 U 3410/09, unveröffentlicht; Fischer, Aktuelles zur Verjährung in Arzthaftungssachen, GesR 2017, 358.

224 Ziegler/Oynar, Der Beginn der Verjährung im Arzthaftungsrecht – Ohne Gutachten läuft nichts – regelmäßig auch nicht die Verjährung, NJW 2017, 2438.

225 BGH, Urt. v. 10.10.2006 – VI ZR 74/05, VersR 2007, 66 = GesR 2007, 14.

226 OLG Saarbrücken, Urt. v. 03.05.2017 – 1U 122/15, VersR 2017, 713.

227 OLG Bamberg, Urt. v. 20.07.2015 – 4 U 16/14, unveröffentlicht; OLG Koblenz, Urt. v. 10.01.2018 – 5 U 1271/17, MDR 2018, 738.

228 Fischer, Aktuelles zur Verjährung in Arzthaftungssachen, GesR 2017, 358.

229 OLG Jena, Urt. v. 30.09.2004 – 4 U 159/11, unveröffentlicht.

230 OLG München, Urt. v. 30.09.2004 – 1 U 3940/03, VersR 2006, 705 = MedR 2006, 431.

231 OLG Bamberg, Urt. v. 14.02.2014 – 4 U 62/13, Der Gynäkologe 2015, 197.

232 OLG Oldenburg, Urt. v. 13.12.2017 – 5 U 139/17, MedR 2018, 693.

233 OLG Koblenz, Urt. v. 23.09.2015 – 5 U 403/15, VersR 2016, 1004 = MedR 2016, 337.

158 Kennt ein Patient den gesamten Behandlungsverlauf und äußert sich ein qualifizierter Nachbehandler eindeutig zum Vorgehen des Vorbehandlers »*dem gehört in den Arsch getreten*«, liegt Kenntnis im Sinne des § 199 Abs. 2 BGB vor.[234]

159 Gelegentlich wird aus späteren Anspruchsschreiben der Rückschluss auf Kenntnis in verjährungsrelevanter Zeit gezogen, weil nicht ersichtlich ist, wie sich der Kenntnisstand bis zur Klageerhebung verbessert habe.[235] Dem ist der BGH[236] entgegengetreten. Die Mutter hatte nur einen Verdacht. Für die Gesundheitsschäden ihres Kindes hat sie im Anspruchsschreiben allein die Schwere der Geburt und die Größe des Klägers bei der Geburt verantwortlich gemacht. Anhaltspunkte für einen weitergehenden Kenntnisstand hatte das OLG nicht festgestellt.

160 So hat auch das OLG Koblenz[237] entschieden. Wenn ein Patient davon ausgehen darf, dass eine Harninkontinenz nach Prostataresektion schicksalhafte Folge einer sachgemäß durchgeführten Operation ist, erlangt er die für den Verjährungsbeginn maßgebliche Kenntnis erst dann, wenn ihm ein Arzt später mitteilt, dass eine vorwerfbare Sphinkterläsion als Ursache der Beschwerden in Betracht kommt. Dies gilt insb. dann, wenn ein Schlichtungsgutachten zu dem Ergebnis kommt, die Inkontinenz sei schicksalhafte Folge einer lege artis durchgeführten Operation.

Kenntnis von Schadensumfang und Schadenshöhe ist nicht erforderlich. Die §§ 195, 199 BGB haben einen grundsätzlichen Wechsel in der legislativen Konzeption herbeigeführt: von einer langen, objektiven (allein an die Entstehung des Anspruchs anknüpfenden) zu einer kurzen, subjektiven (nämlich außerdem Kenntnis oder grob fahrlässige Unkenntnis voraussetzenden) Verjährung.[238]

161 Grobe Fahrlässigkeit steht also der Kenntnis gleich. In Schadensfällen vor diesem Stichtag reichte dagegen grob fahrlässige Unkenntnis nicht aus, um die Verjährung in Gang zu setzen. Lediglich in Ausnahmefällen, wenn der Verletzte eine sich aufdrängende Kenntnis willkürlich nicht ausnutzte, wurde dies der Kenntnis gleichgesetzt. Dem Verletzten wurde dagegen nicht zugemutet, eigene Initiative zu entfalten und Erkundigungen einzuziehen, um die für den Verjährungsbeginn erforderliche Kenntnis zu erlangen.[239]

162 Wird zeitnah mit dem Unfall eine Verletzung festgestellt, die Spätschäden nach sich ziehen kann, beginnt auch insoweit die Verjährungsfrist zu laufen,[240] auch dann, wenn der Verletzte selbst erst später von den medizinischen Feststellungen zu möglichen Spätschäden Kenntnis nimmt.

163 Die Verjährungsfrist eines Schadensersatzanspruchs beginnt im Hinblick auf objektiv vorhersehbare Spätfolgen auch dann mit der allgemeinen Schadenskenntnis zu laufen, wenn der Geschädigte wegen unrichtiger Beratung durch einen beigezogenen Arzt die Erhebung einer Feststellungsklage unterlassen hat.[241]

Bei der Prüfung der Frage, wann eine Kenntnis in diesem Sinne erlangt worden ist, unterscheidet die Rechtsprechung zwischen der Kenntnis des Schadens und der Kenntnis des Schadensumfangs.

234 OLG Saarbrücken, Urt. v. 18.05.2016 – 1 U 121/15, MDR 2016, 1449; zustimmend Fischer, Aktuelles zur Verjährung in Arzthaftungssachen, GesR 2017, 358, 359.

235 24.02.2015 – 5 U 1320/14, MedR 2015, 823, 824; OLG Brandenburg, Urt. v. 28.10.2010 – 12 U 30/10, MedR 2012, 673.

236 BGH, Urt. v. 08.11.2016 – VI ZR 594/15, GesR 2017, 94.

237 OLG Koblenz, Urt. v. 25.03.2010 – 5 U 1514/07, VersR 2011, 403.

238 Zu diesem subjektiven System vgl. Helms/Neumann/Caspers/Sailer/Schmidt-Kessel/Piebenbrock, S. 309, 313; Mansel/Budzikiewicz; Schulze/Schulte-Nölke/Eidenmüller, S. 405 (408 f.); Dauner-Lieb, DStR 2001, 1572 (1573); Heinrichs, BB 2001, 1417; Leenen, JZ 2001, 552; ders., DStR 2002, 34; Zimmermann/Leenen/Mansel/Ernst, JZ 2001, 684; Mansel, NJW 2002, 89.

239 Vgl. BGH, Urt. v. 06.02.1990 – VI ZR 75/89, VersR 1990, 539; BGH, Urt. v. 16.12.1997 – VI ZR 408/96, VersR 1998, 378 (380); BGH, Urt. v. 18.01.2000 – VI ZR 375/98, VersR 2000, 503 (504); von Gerlach, DAR 2002, 241 (246); Diederichsen, DAR 2003, 241 (243).

240 OLG Frankfurt am Main, Urt. v. 23.05.2003 – 2 U 40/02, SP 2003, 379.

241 OLG Frankfurt, Urt. v. 30.11.2011 – 4 U 63/11, unveröffentlicht.

Kenntnis des Schadens, wie sie § 852 Abs. 1 BGB meint, bedeutet danach nicht Kenntnis des Schadensumfangs und der Schadenshöhe. Die Verjährung beginnt vielmehr schon dann zu laufen, wenn der Geschädigte davon Kenntnis erlangt, dass eine unerlaubte Handlung zu einem Schaden geführt hat. Es ist nicht erforderlich, dass er den Schaden in seinen einzelnen Elementen und Ausprägungen voll überschaut. Die Rechtsprechung versteht den Schaden im Sinne von § 852 Abs. 1 BGB als Schadenseinheit.[242]

Bei einer Körperverletzung kommt es darauf an, ob aus objektiver medizinischer Sicht, nach dem Erkenntnisstand im Zeitpunkt des Schadenseintritts ein Spätschaden als mögliche Folge voraussehbar ist.

Für die Kenntnis ist maßgebend, dass der »Richtige« Kenntnis hat.[243] Das ist 164
- bei Geschäftsunfähigen und Minderjährigen der gesetzliche Vertreter,
- bei Vertretung durch einen Anwalt auch die Kenntnis des Anwalts,[244]
- bei juristischen Personen die Kenntnis des gesetzlichen Vertreters,
- im Todesfall der Rechtsnachfolger, es sei denn, der Getötete hatte bereits Kenntnis.

Macht der Sozialversicherungsträger, eine Behörde oder eine sonstige öffentliche Körperschaft gegen einen Arzt Schadensersatzansprüche aus übergegangenem Recht geltend, so kommt es für die Kenntnis, die die Verjährungsfrist in Gang setzt, darauf an, dass der zuständige Bedienstete der verfügungsberechtigten Behörde Kenntnis vom Schaden und der Person des Ersatzpflichtigen erlangt. Verfügungsberechtigt in diesem Sinne sind dabei solche Behörden, denen die Entscheidungskompetenz für die zivilrechtliche Verfolgung von Schadensersatzansprüchen zukommt, wobei die behördliche Zuständigkeitsverteilung zu respektieren ist.[245]

Sind innerhalb einer regressbefugten Berufsgenossenschaft (Körperschaft des öffentlichen Rechts) mehrere Stellen für die Bearbeitung eines Schadensfalles zuständig, so kommt es für den Beginn der Verjährung von Regressansprüchen grds. auf den Kenntnisstand der Bediensteten der Regressabteilung an.

Freilich gibt es **Maximalfristen:** 165
- § 199 Abs. 2 BGB: Bei Verletzung des Lebens, des Körpers, der Gesundheit oder Freiheit verjähren Schadensersatzansprüche ohne Rücksicht auf Entstehung und Kenntnis in 30 Jahren von dem den Schaden auslösenden Ereignis an,
- § 199 Abs. 3 BGB: Sonstige Schadensersatzansprüche verjähren ohne Rücksicht auf Kenntnis in 10 Jahren von ihrer Entstehung an bzw. in 30 Jahren von dem den Schaden auslösenden Ereignis an.
- § 199 Abs. 4 BGB: Andere Ansprüche als Schadensersatzansprüche verjähren ohne Rücksicht auf Kenntnis in max. 10 Jahren. Das sind z.B. vertragliche Ansprüche, Ansprüche aus Vertragsstrafe, ungerechtfertigter Bereicherung oder auf Zahlung von Nutzungsentschädigung.

Für Schmerzensgeldansprüche, die aufgrund einer **Verletzung des Rechts auf sexuelle Selbstbestimmung** (in § 199 Abs. 2 BGB nicht genannt) gefordert werden können, gilt nach § 197 Abs. 1 Nr. 1 BGB eine 30-jährige Verjährungsfrist; die Bestimmung des § 208 BGB enthält dazu aber einen besonderen Hemmungstatbestand, wenn der Gläubiger das 21. Lebensjahr noch nicht vollendet hat oder wenn er mit dem Schuldner in häuslicher Gemeinschaft lebt oder gelebt hat. Verhindert werden soll, dass Ersatzansprüche noch während der Minderjährigkeit des Verletzten verjähren, während 166

242 BGH NJW 1994, 2448; OLG Köln, Beschl. v. 25.06.2012 – 19 U 69/12, VRR 2013, 105 = NJW Spezial 2012, 681.

243 Vgl. BGH, Urt. v. 23.04.1991 – VI ZR 161/90, VersR 1991, 815 = NJW 1991, 2350 f.; OLG München, Urt. v. 27.10.1994 – 24 U 364/89, VersR 1996, 63 (64).

244 BGH, Urt. v. 10.10.2006 – VI ZR 74/05, VersR 2007, 66.

245 BGH, Urt. v. 12.05.2009 – VI ZR 294/08, VersR 2009, 989; BGH, Urt. v. 09.03.2000 – III ZR 198/99, VersR 2000, 1277.

der es hinsichtlich der Umstände i.S.d. § 199 BGB auf die Kenntnis der Erziehungsberechtigten ankäme und der Minderjährige sich zur Durchsetzung seiner Ansprüche eben dieser bedienen müsste.

167 Bei sexuell missbrauchten Opfern wird die Frage der Kenntnis im Sinne des § 199 BGB abweichend beurteilt. Die für den Beginn der Verjährung erforderliche Kenntnis des Geschädigten kann fehlen, wenn dieser infolge einer durch die Verletzung erlittenen retrograden Amnesie keine Erinnerung an das Geschehen hat.[246] Die Kenntnis des Geschädigten fehlt nach Ansicht des LG Osnabrück[247] auch dann, wenn der Geschädigte den Missbrauch vollständig verdrängt hat. Das gilt auch dann, wenn der Geschädigte inzwischen volljährig geworden ist, wenn er die erlebte Traumatisierung auch danach weiter verdrängt hat.

168 Am 30.06.2013 ist das Gesetz zur Stärkung der Rechte von Opfern sexuellen Missbrauchs (STORMG)[248] in Kraft getreten. Darin ist u.a. geregelt, dass die Verjährungsfrist für die Strafverfolgung erst mit Vollendung des 21. Lebensjahres des Opfers beginnt und frühestens nach 20 Jahren endet. Für Schadenersatzansprüche wurde die Verjährungsfrist von 30 Jahren eingeführt. In einem weiteren Sonderfall sexuellen Missbrauchs hat der BGH eine Kenntnis des Missbrauchs und damit die Verjährung des Anspruchs jedoch verneint, weil der Geschädigte – nach dem Ergebnis einer Begutachtung – das Geschehen völlig verdrängt und daher keine Kenntnis (mehr) gehabt habe.[249]

169 Während bei **Arzthaftungssachen** die früher für vertragliche Schadensersatzansprüche geltende 30-jährige Verjährungsfrist in der Praxis kaum jemals relevant wurde, weil Schmerzensgeld aus Vertragsverletzung nicht geschuldet wurde, ergaben sich im Zusammenhang mit § 852 BGB a.F. häufig Probleme.[250] Viele **Klagen** wurden **ausschließlich zur Verhinderung des Verjährungsablaufs** erhoben. Besonders dann, wenn die Ursachen eines Gesundheitsschadens bei einer medizinischen Behandlung unklar sind, und erst recht, wenn zunächst das Ergebnis eines Strafverfahrens abgewartet wird, ist eine Frist von 3 Jahren nicht lang. Einer gesetzlichen Sonderregelung bedarf es deshalb jedoch nicht. Vielmehr führt eine angemessene Anwendung des Tatbestandsmerkmals »Kenntnis oder grob fahrlässige Unkenntnis von den den Anspruch begründenden Umständen und der Person des Schuldners« zu befriedigenden Ergebnissen. Trotz der Neuregelung, dass Schmerzensgeld auch aus Vertrag geschuldet wird, gilt auch für diese Ansprüche nicht die 30-jährige Verjährungsfrist, sondern die Regelverjährungsfrist von 3 Jahren.

170 Die **für den Verjährungsbeginn notwendige Kenntnis des Patienten** umfasst bei Behandlungsfehlern das laienhafte Wissen um ein Abweichen vom medizinischen Standard und bei Aufklärungsfehlern das Wissen um aufklärungsbedürftige Tatsachen. Ansprüche aus Behandlungsfehlern können zu anderen Zeiten verjähren als solche aus Aufklärungsversäumnissen.[251] Für die Kenntnis reicht es nicht aus, dass der Patient seine gesundheitlichen Beeinträchtigungen kennt, da diese ihren Grund in diversen Ursachen haben können. Er muss vielmehr auch auf einen ärztlichen Behandlungsfehler für diesen Ausgang schließen können[252]. Die Frist des § 199 Abs. 1 Nr. 2 BGB beginnt nicht zu laufen, bevor nicht der Patient als medizinischer Laie Kenntnis von Tatsachen erlangt, aus denen sich ergibt, dass der Arzt von dem üblichen medizinischen Vorgehen abgewichen ist oder Maßnahmen nicht

246 BGH, Urt. vom 04.12.2012 – VI ZR 217/11, VersR 2013, 246 = ZfS 2013, 254 = NJW 2013, 939.

247 LG Osnabrück, Urt. vom 29.12.2010 – 12 O 2381/10, unveröffentlicht.

248 Gesetz vom 26.06.2013, BGBl. I S. 1805.

249 BGH, Urt. v. 04.12.2012 – VI ZR 217/11, VersR 2013, 246. Im Ergebnis ebenso OLG Schleswig, Urt. v. 20.12.2012 – 16 U 108/11, unveröffentlicht: Der Geschädigte ist durch höhere Gewalt an der Rechtsverfolgung gehindert, wenn und solange er psychisch außer Stande gewesen ist, sich sachgemäß für oder gegen die Durchsetzung von Ansprüchen gegen den Schädiger zu entscheiden (hier aufgrund posttraumatischer Belastungsstörung wegen in der Kindheit erlittenen sexuellen Missbrauchs).

250 Grundlegend dazu Frahm/Walter, Rn. 210; Stegers, Rn. 31 f.; Giesen, MedR 1997, 17 (24); Spickhoff, NJW 2001, 1757 (1762); Katzenmeier, VersR 2002, 1066 (1070).

251 BGH, Urt. v. 08.11.2016 – VI ZR 594/15, VersR 2017, 165 = GesR 2017, 94; vorgehend OLG Koblenz, Urt. v. 23.09.2015 – 5 U 403/15, MedR 2016, 337.

252 BGH, Urt. v. 31.10.2000 – VI ZR 198/99, VersR 2001, 108.

getroffen hat, die nach ärztlichem Standard zur Vermeidung oder Beherrschung von Komplikationen erforderlich gewesen wären[253]. Die Kenntnis von der Existenz, Anwendbarkeit und Zuverlässigkeit alternativer Untersuchungsmethoden verbunden mit der Kenntnis des sich schließlich daraus ergebenden Befundes (Tumor) sind indes nach Ansicht des OLG Brandenburg hinreichend, um auch bei laienhafter Würdigung den Schluss zu ziehen, dass der Tumor bei frühzeitigerer Anwendung der Methoden auch eher hätte erkannt und behandelt werden können.[254]

Wie so oft war zu entscheiden, ob ein Patient, der den äußeren Ablauf einer Behandlung kennt, deshalb weiß oder wissen muss, dass und warum die Behandlung gegen den medizinischen Standard verstieß und deshalb behandlungsfehlerhaft war. Die Besonderheit des Falles lag zudem darin, dass der fehlerhaft handelnde Arzt auf Rückfrage erklärt hatte, nicht er habe die Schadensursache gesetzt, der Schaden sei vielmehr als eine Folge der späteren Behandlung im Krankenhaus entstanden. Diese Frage hätte der Arzt nach § 630c Abs. 2 Satz 2 BGB (PatRG) wahrheitsgemäß beantworten müssen.

Die wertende Kenntnis der Art und des Ausmaßes der Abweichung vom ärztlichen Standard sind demgegenüber für die Frage der Kenntnis im Sinne von § 199 Abs. 1 Nr. 2 BGB unerheblich.[255]

Auch einem Verstoß gegen Hygiene-Leitlinien muss der Patient nicht (er-)kennen.[256] Dasselbe gilt, wenn eine Mutter nicht erkennt, dass ein Zahnarzt eine falsche praktische Lösung für ihr Kind wählt.

Kommen mehrere Ersatzpflichtige in Betracht, hat der Patient Kenntnis vom Schuldner erst in dem Zeitpunkt, in dem begründete Zweifel über die Person des Ersatzpflichtigen nicht mehr bestehen.[257] Auch die beiläufige ärztliche Mitteilung, eine Krankheit liege schon länger vor und es sei irgendetwas komplett schiefgelaufen, versetzt den Patienten weder in die Kenntnis, dass er unter Verstoß gegen fachärztliche Standards behandelt worden sein kann, noch begründet dies fahrlässige Unkenntnis von diesem Umstand.[258] **Grob fahrlässige** Unkenntnis des Patienten liegt erst vor, wenn das Unterlassen einer Nachfrage nach den Gründen eines möglichen ärztlichen Fehlverhaltens als Ursache für Beschwerden nach einer Behandlung aus der Sicht eines verständigen und auf seine Interessen bedachten Patienten unverständlich erscheint. Hierbei besteht keine generelle Obliegenheit des Geschädigten, im Interesse des Schädigers an einem möglichst frühzeitigen Beginn der Verjährungsfrist Initiative zur Klärung eines Schadenshergangs zu entfalten. Ob der Geschädigte aktiv ermitteln muss, hängt nach dem BGH von den Umständen des Einzelfalles ab.[259]

In Arzthaftungsfällen soll von einer Kenntnis des Patienten von einem Aufklärungsmangel nicht nur dann ausgegangen werden, wenn er konkret weiß, über welche Risiken er nicht aufgeklärt wurde, sondern auch dann, wenn er es unterlassen hat, sich darüber zu informieren, auf welche Risiken sich die (unvollständige) Aufklärung zusätzlich hätte erstrecken müssen. Anders als bei Behandlungsfehlern trifft den Patienten bei einer unvollständigen Aufklärung also stets eine Erkundigungspflicht zum Umfang der Aufklärungsbedürftigkeit. Erleidet ein Patient z.B. infolge einer Bestrahlung Folgeschäden, hat er bei einem Fachmann entsprechende Nachfragen über die Aufklärungsbedürftigkeit zu stellen. Versäumt er dies nach Auftreten der Dauerschäden, beginnt die Verjährungsfrist zu laufen.[260] 171

253 BGH, Urt. v. 31.10.2000 – VI ZR 198/99, VersR 2001, 108; OLG Koblenz, Beschl. v. 08.11.2010 – 5 U 601/10, VersR 2011, 759; OLG Hamm, Beschl. v. 29.11.2012 – 3 W 46/12, ZMGR 2013, 41.
254 OLG Brandenburg, Urt. v. 28.10.2010 – 12 U 30/10, MedR 2012, 673 m. krit. Anm. Jaeger.
255 OLG Brandenburg, Urt. v. 28.10.2010 – 12 U 30/10, MedR 2012, 673 m. krit. Anm. Jaeger.
256 OLG Köln, Beschl. v. 20.04.2012 – 5 U 215/11, MedR 2013, 446; OLG Koblenz, Urt. v. 14.02.2011 – 5 U 223/11, MedR 2013, 400, jedoch mit Anm. Jaeger.
257 Weidinger, VersR 2004, 35 (35, 36).
258 OLG Frankfurt am Main, Urt. v. 30.11.2010 – 8 U 88/10, ZM 2011, 132.
259 BGH, Urt. v. 10.11.2009 – VI ZR 247/08, VersR 2010, 214.
260 OLG München, Urt. v. 30.09.2004 – 1 U 3940/03, VersR 2006, 705 m.w.N.

II. Regressfalle

1. Verjährung des Schmerzensgeldanspruchs

172 Die Verjährungsvorschrift des § 852 BGB a.F., die Schadensersatzansprüche aus unerlaubter Handlung betraf, gibt es nicht mehr. Früher schadete dem Verletzten (nur) positive Kenntnis vom Schaden und der Person des Ersatzpflichtigen; heute schadet bereits eine auf **grobe Fahrlässigkeit beruhende Unkenntnis**, vgl. § 199 Abs. 1 BGB.

2. Verjährung des Anspruchs auf Prozesszinsen

173 Die Verjährungsfrist des Anspruchs auf Prozesszinsen beginnt gemäß § 291 BGB nicht erst ab Rechtskraft der Entscheidung, sondern bereits mit der Rechtshängigkeit der Hauptforderung zu laufen. § 291 ZPO ist auf den unbezifferten Schmerzensgeldanspruch anwendbar und bezieht sich auf den zuerkannten Betrag, der von Anfang an geschuldet wird.[261] Werden Prozesszinsen versehentlich nicht beantragt, kann ein Teil des Zinsanspruchs verjähren.[262]

III. Hemmung der Verjährung

1. Hemmung durch Verhandlungen (§ 203 BGB)[263]

174 Die Verjährung wird gehemmt, solange zwischen dem Schuldner und dem Gläubiger Verhandlungen über den Anspruch oder die den Anspruch begründenden Umstände schweben. Die Hemmung dauert an, bis eine Seite die Fortsetzung der Verhandlungen verweigert. Das entspricht dem früheren § 852 Abs. 2 BGB, wobei ergänzend normiert wurde, dass die Verjährung frühestens 3 Monate nach dem Ende der Hemmung eintritt.

175 Das bedeutet:

Da die Verjährungsfrist grds. erst am Schluss des Jahres beginnt, in dem der Anspruch entstanden ist, wirken sich Hemmungstatbestände, die bereits vor dem Beginn der Verjährungsfrist wieder enden (z.B. Verhandlungen), auf die Verjährungsfrist nicht aus.[264] Hemmungstatbestände, die 3 Monate vor dem Ende der Verjährungsfrist enden, verlängern zwar die Verjährungsfrist um die Dauer der Hemmung, die 3-Monats-Frist des § 203 BGB kommt in diesen Fällen jedoch nicht zur Anwendung.

176 Offengehalten wurde, wann und ab wann Verhandlungen vorliegen. Verhandlungen beginnen, wenn der Berechtigte Ansprüche stellt und der Gegner sich auf Verhandlungen einlässt. Der Begriff ist weit auszulegen. Es zählt jeder Meinungsaustausch zwischen den Parteien über den Anspruch und seine tatsächlichen Grundlagen, sofern der in Anspruch Genommene nicht sofort erkennbar macht, dass er jeden Schadensersatz ablehnt. Dies ist schon dann der Fall, wenn der in Anspruch Genommene Erklärungen abgibt, die dem Geschädigten die Annahme gestatten, der Verpflichtete lasse sich auf Erörterungen über die Berechtigung seiner Ansprüche ein.[265] Hierbei ist streitig, ob die Hemmungswirkung bereits mit dem Datum der Anspruch Stellung eintritt[266] (wie überwiegend angenommen) oder erst mit dem Zeitpunkt beginnt, in dem sich die Gegenseite auf Verhandlungen einlässt.[267]

---

261 OLG Düsseldorf, Urt. v. 11.07.2017 – 1 U 167/16, zfs 2018, 322.

262 OLG Düsseldorf, Urt. v. 11.07.2017 – 1 U 167/16, VersR 2017, 1472.

263 Grundlegend zu dieser Thematik: Fischinger, VersR 2005, 1641.

264 BGH, Urt. v. 25.04.2017 – VI ZR 386/16, VersR 2017, 903.

265 BGH, Urt. v. 26.10.2006 – VII ZR 194/05, NJW 2007, 587; BGH, Urt. v. 14.07.2009 – XI ZR 18/08, NJW-RR 2010, 975; BGH, Urt. v. 03.02.2011 – IX ZR 105/10, NJW 2011, 1594.

266 BGH, Urt. v. 11.11.1958 – VI ZR 231/57, VersR 1959, 34; BGH, Urt. v. 13.02.1962 – VI ZR 195/61, VersR 1962, 615; OLG Frankfurt, Urt. v. 04.02.1966 – 3 U 233/65, VersR 1966, 1056; OLG Hamburg, Urt. v. 02.03.1990 – 14 U 9/89, VersR 1991, 1263; OLG Hamm, Urt. v. 19.03.1997 – 13 U 190/96, VersR 1997, 1112.

267 OLG Brandenburg, Urt. v. 22.11.2006 – 4 U 58/06, unveröffentlicht; LG München I, Urt. v. 19.01.2011 – 9 O 13128/10, MedR 2011, 514 (unbeanstandet von OLG München, Urt. v. 15.09.2011 – 1 U 909/11, unveröffentlicht).

Der Anspruchsteller muss zumindest im Kern mitteilen, welche Ansprüche er geltend machen will.[268] Vonseiten des Anspruchsgegners zählt jeder Meinungsaustausch zwischen den Parteien, sofern der in Anspruch genommene nicht sofort unmissverständlich zu erkennen gibt, dass er jeden Schadensersatz ablehnt.[269] Schon die Frage des Schuldners ob und ggf. welche Ansprüche geltend gemacht werden sollen, lässt einen Meinungsaustausch beginnen. Die Mitteilung, man habe seine **Versicherung** eingeschaltet, begründet indes nicht stets ein »Verhandeln«. Der BGH[270] hat dies in einem baurechtlichen Fall angenommen, in welchem der Bauträger, nachdem gegen ihn Ansprüche angemeldet worden waren, auf eine Nachfrage hin mitgeteilt habe, er habe bereits mehrfach seine Versicherung angeschrieben. Dies wertete der BGH als Erklärung, der Bauträger sei verhandlungsbereit, wolle aber (berechtigterweise) die Prüfung durch die Versicherung abwarten. Andererseits hält der BGH[271] die Mitteilung eines RA, er werde »zur Haftungssituation dem Grunde und der Höhe nach keinerlei Erklärungen« abgeben und habe die Angelegenheit seiner Versicherung übergeben, nicht als Verhandeln. Vor dem versicherungsrechtlichen Hintergrund müsse klar sein, dass der Anwalt über die Ansprüche nicht verhandeln wolle.

Kein Verhandeln i.S.v. § 203 BGB liegt aber vor, wenn nur einseitig Forderungen geltend gemacht werden und die Gegenseite darauf nicht reagiert.[272] Lässt sich der Schuldner nach vorangegangener unmissverständlicher Ablehnung des Anspruchs in der Folgezeit auf einen Schriftwechsel ein, hängt es von den Umständen des Einzelfalles ab, ob darin die Aufnahme von Verhandlungen zu sehen ist, oder ob er unverändert bei seiner ablehnenden Haltung bleibt.[273]

Die Verhandlungen müssen zwischen Schuldner und Gläubiger stattfinden. Wird mit einem Dritten 177
verhandelt, hemmt dies die Verjährung nur, wenn der Dritte eine Verhandlungsvollmacht hatte.[274] Verhandlungen hemmen die Verjährung hinsichtlich des Lebenssachverhalts, aus dem Rechte hergeleitet werden – dabei wird der Lebenssachverhalt grundsätzlich in seiner Gesamtheit verhandelt, bei dem Verkehrsunfall also in Bezug auf Heilungskosten, Schmerzensgeld, Verdienstausfall, Sach- und Vermögensschäden.[275] Beschränkungen des Verhandlungsgegenstandes sind möglich, müssen aber deutlich zum Ausdruck gebracht werden; es gelten strenge Maßstäbe, so kann etwa die eine oder die andere Seite bestimmte Ansprüche als nicht verhandelbar oder verfolgt darstellen. Hierbei handelt es sich jedoch um eine Ausnahme, an die strenge Anforderungen zu stellen sind. Im Allgemeinen kann der Berechtigte davon ausgehen, dass Verhandlungen sämtliche Einzelansprüche zum Gegenstand haben sollen.[276] So führt ein Verhandeln über die den Ansprüchen zugrunde liegenden Umstände dazu, dass sämtliche möglicherweise resultierende Ansprüche, ungeachtet dessen, ob sie bereits geltend gemacht wurden, gehemmt werden.[277]

Wann das Schweben der Verhandlungen endet, wann also eine Partei deren Fortsetzung verweigert, 178
ist Tatfrage. Die bloße Ablehnung des letzten Vorschlags ist noch nicht als Verweigerung der Fortsetzung der Verhandlungen zu deuten. Vielmehr muss eindeutig zum Ausdruck kommen, dass die Fortsetzung der Verhandlungen abgelehnt wird.

Die Verhandlungen enden auch, wenn der Versicherer auf das Schmerzensgeld einen Betrag zahlt 179
und weitere Zahlungen auf den Schmerzensgeldanspruch ablehnt. Das ist z.B. dann der Fall, wenn

268 OLG München, Urt. v. 06.10.2004 – 7 U 3009/04, DB 2005, 884.
269 OLG Koblenz, Urt. v. 30.03.2006 – 6 U 1474/05, OLGR 2006, 569.
270 BGH, Urt. v. 07.10.1982 – VII ZR 334/80, NJW 1983, 162.
271 BGH, Urt. v. 03.02.2011 – IX ZR 105/10, NJW 2011, 1594 (1595).
272 OLG Düsseldorf, Urt. v. 25.09.2007 – 21 U 163/06, BauR 2008, 1466.
273 OLG Koblenz, Urt. v. 30.03.2006 – 6 U 1474/05, OLGR 2006, 569.
274 LG Nürnberg-Fürth, Urt. v. 28.08.2008 – 4 O 3675/07, MedR 2008, 744.
275 Staudinger-Peters/Jacoby, § 203, Rn. 14.
276 OLG Stuttgart, Urt. v. 09.09.2008 – 1 U 152/07, VersR 2009, 80.
277 BGH, Urt. v. 05.06.2014 – VII ZR 285/12, MDR 2014, 891.

ein Versicherer mitteilt, er halte das (bisher gezahlte) Schmerzensgeld für angemessen, ein höheres Schmerzensgeld halte er nicht für begründet.[278]

180 Die Hemmung für den Schmerzensgeldanspruch endet auch dann, wenn nur die Verhandlungen über den materiellen Schaden weitergehen.[279]

181 Das Einschlafen der Verhandlungen kann i.d.S. gedeutet werden, wenn bis zu dem Zeitpunkt, zu dem eine Antwort des Gegners spätestens zu erwarten gewesen wäre, keine Antwort mehr erfolgt. Die von der Rechtsprechung zu § 852 Abs. 2 BGB a.F. entwickelten Grundsätze sind auf das Verjährungsrecht nach der Schuldrechtsmodernisierung zu übertragen.[280] Pauschalierend und im Interesse der Rechtsklarheit zwar sinnvoll, aber wohl doch den Besonderheiten des Einzelfalls zu wenig Rechnung tragend nimmt das OLG Dresden ein »Einschlafen« der Verhandlungen nach einer einmonatigen Untätigkeit gleich welcher Seite an,[281] das OLG Hamm spricht von zwei Wochen.[282]

182 Das Einschlafen lassen beendet die durch Verhandlungen ausgelöste Verjährungshemmung nur, wenn der Gläubiger den Zeitpunkt versäumt, zu dem er spätestens auf eine Äußerung des Schuldners hätte antworten müssen,[283] Das ist der Zeitpunkt, in dem spätestens eine Erklärung der jeweils anderen Seite, sei es des Gläubigers oder des Schuldners, zu erwarten gewesen wäre.[284] Die Wiederaufnahme abgebrochener Verhandlungen führt nicht zu einer auf den Beginn der Verhandlungen rückwirkenden Hemmung der Verjährung.[285]

▶ **Praxistipp:**

183 Der Beginn von Verhandlungen wird schnell bejaht, das Ende der Verhandlungen nur, wenn es deutlich/unmissverständlich erklärt wurde.

Beweislast:

Für den Beginn der Verhandlungen trägt der Anspruchsteller die Beweislast. Der Schädiger muss alles daransetzen, den Anspruch eindeutig zurückzuweisen. Ansonsten gelingt es dem Gläubiger, die Verjährungshemmung einseitig durchzusetzen.

Bzgl. des Endes der Verhandlungen trägt der Schuldner die Beweislast. Er sollte deshalb die Verhandlungen nicht einfach einschlafen lassen, weil dann nicht eindeutig feststeht, wann die Hemmung endet. Das bedeutet Rechtsunsicherheit.

184 Trotz eines befristeten Verzichts auf die Verjährungseinrede kann eine durch Verhandlungen bewirkte Hemmung über das Ende des vereinbarten Zeitraums fortwirken. Die sich aus den gesetzlichen Vorschriften ergebende Hemmung der Verjährungsfrist wird durch einen solchen befristeten Verzicht nicht berührt.[286]

---

278 OLG Celle, Urt. v. 16.07.2008 – 14 U 64/08, SP 2009, 9.

279 OLG Düsseldorf, Urt. v. 20.12.2004 – 1 U 116/04, NJW-RR 2005, 819.

280 BGH, Urt. v. 06.11.2008 – IX ZR 158/07, VersR 2009, 945 = NJW 2009, 1806 = MDR 2009, 275.

281 OLG Dresden, Urt. v. 23.02.2010 – 9 U 2043/08, BauR 2011, 151 = VersR 2011, 894 m. Anm. Luckey.

282 OLG Hamm, Urt. v. 24.02.2015 – 24 U 94/13, BauR 2015, 1676.

283 OLG Koblenz, Urt. v. 23.09.2015 – 5 U 403/15, VersR 2016, 1004 = MedR 2016, 337.

284 BGH, Urt. v. 08.11.2016 – VI ZR 594/15, VersR 2017, 165 = GesR 2017, 94 mit der Klarstellung, dass irrelevant ist, welche Seite die Verhandlungen »einschlafen« lässt; vorgehend OLG Koblenz, Urt. v. 23.09.2015 – 5 U 403/15, MedR 2016, 337; vgl. auch Symosek, Verjährungshemmung, aber richtig, NJW 2016, 1142.

285 BGH, Urt. v. 15.12.2016 – IX ZR 58/16, VersR 2017, 90.

286 Diederichsen, DAR 2005 301 (302); BGH, Urt. v. 17.02.2004 – VI ZR 429/02, VersR 2004, 656 = NJW 2004, 1654 = MDR 2004, 809.

Bisher ging man allgemein davon aus, dass in Arzthaftungsfällen eine Hemmung der Verjährung dadurch erreicht werden konnte, dass der Patient die **Gutachterkommission bei der zuständigen Ärztekammer** einschaltete[287] und der Arzt sich in diesem Verfahren zu den gegen ihn erhobenen Vorwürfen äußerte, sich also am Verfahren beteiligte. 185

Diese Auffassung hat die Gutachterkommission Nordrhein aufgegeben, der BGH ist dem gefolgt;[288] er hat nun klargestellt, dass der Antrag des Patienten an die Gutachterkommission zur Hemmung der Verjährung führt. Einer Beteiligung des Arztes bedarf es nicht. 186

Zunächst stellt der BGH fest, dass Gutachter- und Schlichtungsstellen der Ärztekammern branchengebundene Gütestellen i.S.v. § 15a Abs. 3 Satz 2 EGZPO sind. 187

Die Einordnung unter die Gütestellen nach § 15a Abs. 3 Satz 2 EGZPO bedeutet zugleich, dass es auf das Einvernehmen zur Durchführung des Güteverfahrens zunächst nicht ankommt. Das Einvernehmen wird vielmehr unwiderleglich vermutet. 188

Bedeutsam wird die Einordnung der Gütestellen unter § 15a Abs. 3 Satz 2 EGZPO, weil der BGH zugleich feststellt, dass mit ihrer Anrufung auch der Anwendungsbereich des § 204 Abs. 1 Nr. 4 BGB eröffnet ist. Mit der Anrufung einer Gutachter- oder Schlichtungsstelle einer Ärztekammer liegt ein »einvernehmlicher« Einigungsversuch bei einer anderen Gütestelle i.S.v. § 204 Abs. 1 Nr. 4 BGB vor, weil zum einen die Stelle eine Gütestelle nach § 15a Abs. 3 EGZPO ist und zum anderen das Einvernehmen gemäß dieser Vorschrift fingiert wird. 189

Folge dieser Fiktion ist, dass der bei einer Gutachter- oder Schlichtungsstelle einer Ärztekammer gestellt Antrag immer geeignet ist, zunächst die Hemmung der Verjährung herbeizuführen. Auf das zuvor erklärte Einvernehmen des Antragsgegners kommt es ebenso wenig an wie auf eine etwa zuvor erklärte Ablehnung des Verfahrens vor der Gütestelle. 190

Allerdings ist die Hemmung nach § 204 Abs. 1 Nr. 4 BGB an einige zusätzliche formale Voraussetzungen geknüpft. Es bedarf zunächst eines Antrages, mit dem der Anspruch geltend gemacht wird. Dies bedeutet, dass eine wirksame Antragstellung, die Individualisierung des Antragsgegners und die hinreichende Bezeichnung des geltend gemachten Anspruches erforderlich sind. Diese Anforderungen entsprechen denjenigen bei einer Hemmung durch Klageerhebung, § 204 Abs. 1 Nr. 1. 191

Auf die Zulässigkeit des Antrages kommt es nicht an. Dies hat der BGH ausdrücklich klargestellt, indem im Urteil ausgeführt wird, dass es belanglos ist, ob nach der Verfahrensordnung der betreffenden Schlichtungsstelle ein Verfahren dann nicht durchgeführt wird, wenn der Haftpflichtversicherer erklärt, hieran nicht teilzunehmen. Auch ein unzulässiger Antrag vermag mithin wie eine unzulässige Klage die Hemmung herbeizuführen, wenn er nur wirksam gestellt ist. 192

Die Hemmung beginnt mit der »Veranlassung der Bekanntgabe« des Güteantrages, also mit dem Tag, an dem von der Gütestelle die Versendung der Mitteilung an den Antragsgegner verfügt wird. 193

Der Tag des Eingangs des Antrags bei der Gütestelle ist maßgeblich, wenn die Bekanntgabe »demnächst« veranlasst wird. Zu diesem Begriff kann auf die umfangreiche Rechtsprechung zu § 167 ZPO verwiesen werden, auf welche der BGH in der Entscheidung Bezug nimmt. 194

Hiernach ist eine Verzögerung der Veranlassung der Bekanntgabe bis zu 14 Tage regelmäßig unschädlich. Weitergehende Verzögerungen, die dem Zustellungsbetreiber, hier also dem Antragsteller, anzulasten sind, stehen einer »demnächstigen« Veranlassung in der Regel entgegen. Verzögerungen im Geschäftsbetrieb der Gütestelle werden ähnlich zu behandeln sein wie solche im gerichtlichen Betrieb, zu denen es eine umfangreiche und nicht homogene Kasuistik gibt. Antragsteller müssen 195

287 BGH, Urt. v. 10.05.1983 – VI ZR 173/81, NJW 1983, 2075 (2076); Laum/Smentkowski, S. 120 f.

288 BGH, Urt. v. 17.01.2017 – VI ZR 239/15, VersR 2017, 618 mit Anm. Riedel VersR 2017, 620 =; MDR 2017, 506 mit Anm. Greger; zustimmend auch Fischer, Aktuelles zur Verjährung in Arzthaftungssachen, GesR 2017, 358, 363.

mithin darauf achten, einen vollständigen wirksamen, also zur Bekanntgabe geeigneten Antrag vorzulegen, damit verzögernde Rückfragen vermieden werden, die wiederum einer Veranlassung der Bekanntgabe »demnächst« entgegenstehen würden.

196 Die Gütestellen wiederum sollten darauf hinwirken, die Bekanntgabe möglichst innerhalb von 14 Tagen nach Eingang zu veranlassen, damit Auseinandersetzungen über mögliche Verzögerungen in ihrem Geschäftsablauf, die im schlimmsten Fall sogar zu Schadensersatzansprüchen führen könnten, vermieden werden.

197 Die Hemmung endet gemäß § 204 Abs. 2 Satz 1 BGB sechs Monate nach Beendigung des eingeleiteten Verfahrens. Dies bedeutet, dass es eines Beendigungsaktes, einer Entscheidung der Gütestelle, bedarf. Die Erklärung der Verweigerung der Mitwirkung am Verfahren durch den Arzt beendet dieses nicht von selbst. In den Fällen, in denen die Ablehnung des Einvernehmens bereits vor Verfahrensbeginn vorliegt, die Hemmung aber wegen der Fiktion des Einvernehmens eintritt, endet die Hemmung mithin mit der Feststellung der Schlichtungsstelle, dass das Verfahren nicht durchgeführt wird. Steht allerdings schon vor Einreichung des Güteantrages fest, dass der Antragsgegner nicht bereit ist, an dem Güteverfahren mitzuwirken und sich auf eine außergerichtliche Einigung einzulassen, und ist dies dem Antragsteller im Vorfeld bereits eindeutig mitgeteilt worden ist es dem Gläubiger gemäß § 242 BGB verwehrt, sich auf eine Hemmung der Verjährung durch Bekanntgabe des Güteantrages zu berufen.[289]

198 Ist wie in der Gutachterkommission der Ärztekammer Nordrhein, auch ein einseitiges Verfahren ohne Beteiligung der belasteten Ärzte möglich, wird die Hemmung auch während der Durchführung dieses Verfahrens eingreifen, weil eben das Einvernehmen über § 15a Abs. 3 Satz 2 EGZPO fingiert wird.

2. Hemmung durch Rechtsverfolgung (§ 204 BGB)

199 Neben Verhandlungen hemmen Rechtsverfolgungsmaßnahmen die Verjährung, § 204 BGB. Hierbei tritt die Hemmungswirkung auch ein, wenn z.B. die Klage **vor Verjährungsbeginn** eingereicht worden ist; die Hemmung beginnt dann zugleich mit dem Beginn der Verjährung.[290]

200 Wegen der rechtlichen Selbstständigkeit des Schmerzensgeldanspruchs im Verhältnis zu den auf Ersatz des materiellen Schadens gerichteten Ansprüchen, wird die Verjährung durch Erhebung einer Klage auf Ersatz des Vermögensschadens nicht gehemmt (§ 204 Abs. 1 Nr. 1 BGB). Dies ist anders, wenn die Leistungsklage den Ersatz von Vermögens- und Nichtvermögensschaden umfasst.

201 Die Verjährung wird durch Erhebung einer Klage auf Zahlung eines **unbezifferten Schmerzensgeldanspruchs** gehemmt. Im Urt. v. 10.10.2002 hat der BGH[291] bei einem nicht bestimmt bezifferten Schmerzensgeldanspruch die Angabe einer höheren Größenordnung in zweiter Instanz nicht als Änderung des Streitgegenstandes i.S.d. § 253 Abs. 2 Nr. 2 ZPO angesehen. Der Kläger hatte erstinstanzlich ein Schmerzensgeld von 15.000,00 DM verlangt. Das LG sprach ihm 10.000,00 DM zu. In der Berufungsinstanz forderte der Kläger ein Schmerzensgeld von mindestens 60.000,00 DM. Das Berufungsgericht sprach dem Kläger 15.000,00 DM zu und hielt den weiteren Schmerzensgeldanspruch zu Unrecht für verjährt.

202 Zwar muss der Kläger nach der Rechtsprechung des BGH, um dem Bestimmtheitserfordernis des § 253 Abs. 2 BGB zu genügen, auch bei unbezifferten Leistungsanträgen nicht nur die tatsächlichen Grundlagen, sondern auch die Größenordnung des geltend gemachten Betrages so genau wie möglich angeben.[292] Die Ausübung des richterlichen Ermessens wird allerdings durch die Angabe des

289 BGH, Urt. v. 28.10.2015 – IV ZR 526/14, VersR 2015, 1548 = NJW 2016, 233; Riehm, Alternative Streitbeilegung und Verjährungshemmung, NJW 2017, 113 ff. (117).

290 BGH, Urt. v. 31.03.1969 – VII ZR 35/67, BGHZ 52, 47 (48) zum alten Recht; BGH, Urt. v. 04.11.2010 – III ZR 275/09, NJW-RR 2011, 305.

291 BGH, Urt. v. 10.10.2002 – III ZR 205/01, BGHR 2003, 64.

292 Vgl. zu dieser Problematik Kap. 7 Rdn. 84 ff.

Mindestbetrages nach oben nicht begrenzt, solange der Kläger für sein Begehren keine feste Obergrenze setzt.[293] Deshalb ist der den Streitgegenstand bildende prozessuale Anspruch nicht durch die Angabe der Größenordnung begrenzt. Hätte der Kläger den Antrag in zweiter Instanz unverändert weiterverfolgt, wäre der Richter nicht gehindert gewesen, ihm ein beliebig über den genannten Betrag hinausgehendes Schmerzensgeld zuzusprechen.

Ähnlich entschied das OLG Hamm[294] zugunsten eines Klägers, der in erster Instanz ein Schmerzensgeld in einer Größenordnung von 50.000,00–60.000,00 DM verlangt und Nebenkosten, die den damals geltenden Beschwerdewert überstiegen, geltend gemacht hatte. Das LG hatte dem Schmerzensgeldbegehren i.H.v. 150.000,00 DM stattgegeben, den Anspruch auf Zahlung der Nebenkosten jedoch abgewiesen. Der Kläger verfolgte in der Berufung den Anspruch auf Zahlung der Nebenkosten weiter und begehrte über das Schmerzensgeldkapital hinaus zusätzlich eine Schmerzensgeldrente i.H.v. 200,00 € monatlich. 203

Die Berufung war zulässig, weil der Kläger bzgl. der Nebenkosten beschwert war. Ein weiteres Schmerzensgeld konnte er daneben in der zweiten Instanz geltend machen, weil er den Klageantrag in der Hauptsache erweiterte, ohne dass eine Klageänderung vorlag. Eine solche Klageerweiterung aufgrund des bisherigen Vortrages ist ohne Weiteres zulässig. 204

▶ Praxistipp:

Spricht das Gericht den vom Kläger als Mindestbetrag geltend gemachten Schmerzensgeldanspruch in voller Höhe zu, ist der Kläger nicht beschwert und kann deshalb nicht mit dem alleinigen Ziel in die Berufung gehen, ein höheres Schmerzensgeld zu erlangen. 205

Hat der Anwalt Zweifel, ob er mit dem geltend gemachten Schmerzensgeldbetrag richtig liegt, kann er daneben einen weiteren – unschlüssigen – Anspruch geltend machen, der mindestens etwas mehr als den 2-fachen Betrag der Beschwer ausmacht. Lehnt das Gericht diesen Antrag ganz oder teilweise ab, verbleibt die Möglichkeit der Berufung und der Klageerweiterung bzgl. des Schmerzensgeldes.

Dennoch machte der Anwalt in der oben zitierten Entscheidung des OLG Hamm in zweiter Instanz einen Fehler, denn er hätte beantragen müssen, dem Kläger eine Schmerzensgeldrente zuzusprechen, deren Höhe in das Ermessen des Gerichts gestellt wird, die aber mindestens 200,00 € monatlich betragen soll. Möglicherweise hätte das OLG Hamm dem Kläger dann eine höhere Rente als die beantragte von 200,00 € zuerkannt.

▶ Hinweis:

Auch das Prozesskostenhilfeverfahren hemmt die Verjährung, nach dem eindeutigen und insoweit auch nicht auslegungsfähigem[295] Wortlaut des Gesetzes aber nur, wenn der Antrag dem Gegner **bekannt** gegeben wird (Zustellung ist prozessual nicht zwingend!). Die Einreichung des Antrages ohne Bekanntgabe genügt also **nicht** zur Hemmung der Verjährung;[296] da teilweise vertreten wird, bei erfolglosen PKH-Gesuchen bedürfe es einer Bekanntgabe an den Gegner nicht, sollte der Anwalt in diesem Fall zugleich ausdrücklich die Bekanntgabe des Antrages **beantragen** und hierzu auf § 204 Abs. 1 Nr. 14 BGB verweisen. Einem solchem Antrag darf sich das Gericht nicht verschließen.[297] 206

293 BGH, Urt. v. 30.04.1996 – VI ZR 55/95, BGHZ 132, 341 = NJW 1996, 2425; Diederichsen, DAR 2003, 241 (245); OLG Hamm, Urt. v. 08.11.2013 – 26 U 62/12, RDG 2014, 133.

294 Vgl. OLG Hamm, Urt. v. 12.09.2003 – 9 U 50/99, ZfS 2005, 122.

295 BGH, Urt. v. 24.01.2008 – IX ZR 195/06, VersR 2008, 1119 (1120).

296 BGH, Urt. v. 24.01.2008 – IX ZR 195/06, VersR 2008, 1119 (1120)..

297 BGH, Urt. v. 24.01.2008 – IX ZR 195/06, VersR 2008, 1119 (1120).

Das OLG Oldenburg[298] hat ferner eine Verjährungshemmung nach § 204 Abs. 1 Nr. 14 BGB verneint, wenn der Prozesskostenhilfeantrag **missbräuchlich** – weil in Kenntnis fehlender Bedürftigkeit – gestellt ist.

Andererseits hemmt ein fristgerecht eingereichter und demnächst (hier: 12 Tage später) bekannt gegebener Antrag auch dann die Verjährung, wenn der Kläger die Erklärung zu seinen **persönlichen und wirtschaftlichen Verhältnissen** erst später nachreicht.[299]

207 Ebenso hat der BGH[300] eine Hemmung der Verjährung durch Verfolgung eines individualisierten Anspruchs im Mahnverfahren verneint, wenn der Anspruch nicht hinreichend individualisiert ist. Das ist dann der Fall, wenn sich für den Anspruchsgegner weder aus einem genannten Zeitraum noch aus der Höhe der Forderung eine Kennzeichnung des Anspruchs ergibt.

208 Die Zustellung eines **Mahnbescheids** hemmt ebenfalls die Verjährung, § 204 Abs. 1 Nr. 3 BGB. Diese Wirkung tritt bereits mit dem Eingang des Mahnantrages ein, wenn die Zustellung demnächst erfolgt, § 167 ZPO. Der BGH[301] hat – darüber hinausgehend – eine Verjährungshemmung trotz unwirksamer Zustellung des Mahnbescheids (Umzug, Ummeldung, aber noch Namensschilder an altem Wohnsitz und Zustellung dort) angenommen, wenn der Anspruchsinhaber für die wirksame Zustellung alles aus seiner Sicht erforderliche getan hat, der Anspruchsgegner in unverjährter Zeit von dem Erlass des Mahnbescheids und seinem Inhalt Kenntnis erlangt hat und die Wirksamkeit der Zustellung ebenfalls in unverjährter Zeit in einem Rechtsstreit geprüft wird (hier: Einspruchsverfahren gegen Vollstreckungsbescheid, von welchem der Schuldner i.R.d. Vollstreckung erstmalig Kenntnis erlangte, in unverjährter Zeit).

▶ Hinweis:

Hier liegt noch das weitere Risiko, dass die Zustellung eines **Mahnbescheids**, mit dem ein Teilbetrag aus mehreren Einzelforderungen geltend gemacht wird, die Verjährung **nicht hemmt**, wenn eine genaue Aufschlüsselung der Einzelforderungen unterblieben ist und die Individualisierung erst nach Ablauf der Verjährungsfrist im anschließenden Streitverfahren nachgeholt wird.[302]

209 Die Einleitung des selbstständigen Beweisverfahrens, § 204 Abs. 1 Nr. 7 BGB, wird erst hemmend, wenn sie **förmlich** zugestellt wird (Wortlaut!); allerdings kommt eine Hemmung nach § 189 ZPO in Betracht, wenn der Gegner den Antrag aufgrund einer formlosen Übersendung erhalten hat.[303]

210 Die Zustellung einer **Streitverkündung** wirkt nach § 204 Abs. 1 Nr. 6 BGB verjährungshemmend. Nach der Rechtsprechung des BGH[304] ist für diese Wirkung aber erforderlich, dass die Streitverkündung **zulässig** ist. Dies gilt selbst dann, wenn der Streitverkündete dem Rechtsstreit beitritt! Zwar treten in diesem Fall die prozessualen Wirkungen des § 68 ZPO ein, ohne dass im Folgeprozess die Zulässigkeit der Streitverkündung geprüft werden müsste. Für die verjährungshemmende Wirkung gilt die aber nicht. Der Beitritt des Streitverkündeten entbindet das Gericht des Folgeprozesses nicht von der Prüfung der Zulässigkeit der Streitverkündung.[305]

298 OLG Oldenburg, Urt. v. 03.04.2009 – 6 U 149/08, FamRZ 2010, 1098.
299 OLG Nürnberg, Beschl. v. 06.04.2010 – 4 W 535/10, VersR 2010, 1468: Grund ist u.a., dass diese Erklärung dem Gegner ohnehin nicht zugeleitet wird.
300 BGH, Urt. v. 13.10.2015 – II ZR 281/14, NJW 2016, 1083.
301 BGH, Urt. v. 26.02.2010 – V ZR 98/09, NJW-RR 2010, 1438: weil Sinn und Zweck des § 204 Abs. 1 Nr. 3 – nämlich die Information des Schuldners in unverjährter Zeit – gewahrt sei und eine erneute Zustellung eine »unnötige Förmelei« bedeuten würde.
302 BGH, Urt. v. 21.10.2008 – XI ZR 466/07, NJW 2009, 56 = VersR 2010, 223.
303 BGH, Urt. v. 27.01.2011 – VII ZR 186/09, MDR 2011, 417.
304 BGH, Urt. v. 06.12.2007 – IX ZR 143/06, NJW 2008, 519.
305 BGH, Urt. v. 06.12.2007 – IX ZR 143/06, NJW 2008, 519 (520).

Durch Erhebung einer **Teilklage** wird die Verjährung für den nicht eingeklagten Teil des Anspruchs nicht gehemmt.

Im Grundsatz gilt zudem, dass mit einer unbeschränkten Schmerzensgeldklage alle Schadensfolgen abgegolten sind,[306]
- die bereits eingetreten und objektiv erkennbar sind oder
- deren Eintritt vorhersehbar war und bei der Entscheidung berücksichtigt werden konnten.

Andererseits werden nur mögliche Spätfolgen bei der Bemessung des Schmerzensgeldes unzurei- 211
chend berücksichtigt, weil ihr Eintreten ungewiss ist. Diesem Dilemma kann der Verletzte mit einer offenen Teilklage begegnen, die der BGH als zulässig erachtet.[307] Mit der Zulässigkeit einer solchen Teilklage ist der Verletzte aber keinesfalls gesichert. Er läuft Gefahr, dass einer späteren Klage auf Zahlung eines weiteren Schmerzensgeldes zwar nicht die Rechtskraft der früheren Entscheidung entgegensteht, ein weitergehender Anspruch aber verjährt ist.[308]

▶ Praxistipp:

Deshalb ist dem Anwalt dringend zu empfehlen, bei inhaltlich begrenzter Leistungsklage (Teil- 212
klage) zugleich eine Feststellungsklage zu erheben, oder die Verjährung möglicher Spätfolgen durch Vereinbarung zu verhindern.

Mit den »rechtskräftig festgestellten Ansprüchen« nach § 197 Abs. 1 Nr. 3 BGB ist insb. auch das Feststellungsurteil gemeint[309].

Hierbei muss aber auch die Regelung des **§ 197 Abs. 2 BGB** beachtet werden, wonach »regelmäßig wiederkehrende Leistungen« weiterhin – auch bei Existenz eines Feststellungstitels – in der Regelverjährung (§ 195 BGB) verjähren, beginnend mit dem Schluss des Jahres, in welchem der konkrete Anspruch entstand. Dies kann Erwerbsschadens- und Mehrbedarfsrenten betreffen. Ob auch die **Schmerzensgeldrente** unter § 197 Abs. 2 BGB fällt, ist offen. Die Kommentarliteratur ist divergent[310]. Der BGH[311] hat eine (obiter) Feststellung des Berufungsgerichts, das Schmerzensgeld sei ein einheitlicher Anspruch auch dann, wenn dieser durch Rente erfüllt werde und falle daher nicht unter § 197 Abs. 2 BGB, unbeanstandet gelassen. Für die (insoweit aber artähnliche) Rente aus Ausopferung hat er ausgeführt[312]:

> »Wenn die Summe entweder durch Einmalzahlung oder durch wiederkehrende Zahlungen geleistet werden kann, handelt es sich nur um eine besondere Form der Erfüllung eines einheitlichen Anspruchs, nicht um wiederkehrende Leistungen nach § 197 Abs. 2 BGB.«

Diese Überlegungen gelten gleichermaßen für die Schmerzensgeldrente.

Zäsur für die Anwendung des § 197 Abs. 2 BGB ist die Rechtskraft des Feststellungstitels: Alle Leistungen, die bis zum Eintritt der formellen Rechtskraft des Feststellungsurteils fällig werden, sind von der 30-jährigen Verjährung umfasst, alle erst danach fällig werdenden (man begründet

306 S.u. Kap. 7 Rdn. 120 ff.
307 BGH, Urt. v. 20.01.2004 – VI ZR 70/03, NJW 2004, 1243.
308 S.u. Kap. 7 Rdn. 84 ff.
309 »Es wird festgestellt, dass die Beklagten gesamtschuldnerisch verpflichtet sind, dem Kläger allen weiteren Schäden aus dem Unfallereignis vom … zu ersetzen.«.
310 Müko-Grothe, § 197, Rn. 31: gegen Anwendbarkeit von § 197 Abs. 2 BGB; Staudinger-Peters/Jacoby, § 197, Rn. 66: für § 197 Abs. 2 BGB, da die Rente für den Ausgleich der in dieser Periode erlittenen Schmerzen diene.
311 BGH, Urt. v. 19.12.2000 – X ZR 128/99, NJW 2001, 1063.
312 BGH, Urt. v. 06.05.1957 – III ZR 12/56, VersR 1957, 450.

dies aus dem Wortlaut, »künftig«) verjähren ihrerseits trotz rechtskräftigen Feststellungstitels[313] in der kurzen Verjährung[314].

3. Hemmung nach § 115 Abs. 2 Satz 3 VVG

213 Nach § 115 Abs. 2 VVG n.F.[315] ist die Verjährungsfrist nach Anmeldung des Anspruchs an den Versicherer bis zum Zugang von dessen **Entscheidung in Textform** gehemmt. Die Vorgängernorm des § 3 Nr. 3 PflVG sprach noch von einer »schriftlichen« Entscheidung; dies wurde im Zuge der Änderung des VVG an die neuen Medienformen angepasst. An die Anmeldung des Ersatzanspruchs sind nur geringe inhaltliche Anforderungen zu stellen; es reicht aus, wenn nur ein Anspruch von mehreren geltend gemacht wird.[316] Wenn aber von verschiedenen Schadenspositionen nur einzelne »beschieden« werden, ist die Verjährung hinsichtlich der nicht von der Versicherung erwähnten weiterhin gehemmt.[317] Einer solchen Entscheidung bedarf es nach dem Gesetzeswortlauf nur nach der ersten Anmeldung, um die Hemmung der Verjährung zu beenden. Zu beachten ist, dass nicht nur die schriftliche Ablehnung, sondern auch die positive Entscheidung des Versicherers, Ansprüche regulieren zu wollen, die Hemmung beendet und die Verjährung wieder in Gang setzt.[318] Unterbleibt eine formwirksame endgültige Entscheidung des Versicherers i.S.v. § 115 Abs. 2 VVG, ist die Verjährung an sich dauerhaft gehemmt. Das OLG Naumburg[319] hat es einem Geschädigten daher (nur) nach Treu und Glauben verwehren können, sich auf die Hemmung zu berufen, wenn nach dem Zeitpunkt, nach dem alle Beteiligten übereinstimmend von dem Abschluss des Regulierungsverfahrens (Zahlung des angeforderten Betrages; keine Nachforderungen) ausgegangen waren, 10 Jahre verstrichen sind. Das OLG Hamm[320] hat ebenfalls nach Treu und Glauben eine Hemmungswirkung verneint, weil der dortige Geschädigte eine (allerdings: geringer als angeforderte) Zahlung trotz vorangegangener Klageandrohung kommentarlos hinnahm und 28 Jahre (!) untätig geblieben war. Anders – und im konkreten Fall den Einwand von Treu und Glauben verneinend – etwa das OLG Oldenburg[321], welches bei fehlender endgültiger Bescheidung einen Beginn der Verjährung abgelehnt hat.

214 In Ausnahmefällen kann auf eine Entscheidung auch verzichtet werden. Wird z.B. zeitnah mit dem Unfall eine Verletzung festgestellt, die Spätschäden nach sich ziehen kann, beginnt auch insoweit die Verjährungsfrist zu laufen.[322] Nach einem Verkehrsunfall im Jahr 1990 wurden in einem ärztlichen Gutachten als vorläufige Diagnose ein schweres HWS-Schleudertrauma und ein dringender Ver-

---

313 Ohne diesen Titel wären aber z.B. Erwerbsschadensansprüche 5 Jahre nach dem Unfall ohnehin bereits deshalb verjährt, weil das Stammrecht verjährt wäre.

314 BGH, Urt. v. 03.11.1988 – IX ZR 203/87, NJW-RR 1989, 215.

315 Die Regelung entspricht weitgehend der alten Fassung des § 3 Nr. 3 Satz 3 PflVG, der im Zuge der VVG-Novelle 2008 (BGBl. I S. 2631 v. 21.09.2007) aufgehoben wurde. Das neue VVG ist zum 01.01.2008 in Kraft getreten und ist auf ab diesem Zeitpunkt abgeschlossene Verträge anwendbar. Auf Altverträge findet das neue Recht grds. erst ein Jahr später, also ab dem 01.01.2009 Anwendung. Ausnahme: Bei Eintritt eines Versicherungsfalles bis zum 31.12.2008 bestimmen sich die daraus ergebenden Rechte und Pflichten weiterhin nach dem alten VVG.

316 BGH, Urt. v. 25.06.1985 – VI ZR 60/84, VersR 1985, 1141; OLG Frankfurt am Main, Urt. v. 03.01.2011 – 22 W 68/10, MDR 2011, 538.

317 OLG Celle, Urt. v. 16.07.2008 – 14 U 64/08, SP 2009, 9 (geltend gemacht wurde Schmerzensgeld und materielle Schäden; die Versicherung antwortete mit dem Hinweis, ein Schmerzensgeld von 7.500,00 € werde gezahlt, der darüber hinausgehende Betrag sei »nicht begründet«; materielle Ansprüche wurden nicht erwähnt. Damit waren diese nicht verjährt, da keine Entscheidung hierüber ergangen war.). Ebenso OLG Düsseldorf, Urt. v. 20.12.2004 – 1 U 116/04, NJW-RR 2005, 819.

318 BGH, Urt. v. 30.04.1991 – VI ZR 229/90, VersR 1991, 878; OLG Rostock, Urt. v. 09.08.2001 – 1 U 219/99, ZfS 2001, 548 = VersR 2003, 363.

319 OLG Naumburg, Urt. v. 08.11.2007 – 1 U 81/07, MDR 2008, 450.

320 OLG Hamm, Urt. v. 18.01.2013 – 9 U 23/12, NJW 2013, 1458.

321 OLG Oldenburg, Urt. v. 22.03.20217 – 3 U 74/16, VersR 2018, 25.

322 OLG Frankfurt am Main, Urt. v. 23.05.2003 – 2 U 40/02, SP 2003, 379.

dacht auf eine Hirnstammkontusion festgestellt. Noch 1990 reichte der Verletzte Klage auf Zahlung eines Schmerzensgeldes i.H.v. 1.500,00 DM ein. Die Beklagte zahlte daraufhin einen Betrag und der Kläger nahm die Klage zurück. Mit seiner Behauptung, er habe erst Ende Oktober 1998 von der 1990 festgestellten Hirnstammkontusion erfahren, wurde er nicht gehört. Die Hemmung der (drei Jahre dauernden) Verjährungsfrist gem. § 3 Nr. 3 Satz 3 PflVG a.F. endete mit der Klagerücknahme; eine schriftliche Entscheidung des Versicherers[323] wurde als »leere Förmelei« nicht mehr gefordert.

Beim Wiederaufleben der Verhandlungen kann der Lauf der Verjährungsfrist erneut gehemmt wer- 215
den (§ 14 StVG, § 852 Abs. 2 BGB a.F., § 203 BGB). Diese Hemmung endet aber durch die Verweigerung des Versicherers, die Verhandlungen fortzusetzen oder dadurch, dass der Anspruchsteller selbst die Verhandlungen einschlafen lässt.[324]

Andererseits bleibt die Verjährung wegen **schwebender Vergleichsverhandlungen** gehemmt, wenn 216
der in Anspruch Genommene erklärt hat, bis zu einem bestimmten Zeitpunkt auf die Einrede der Verjährung zu verzichten.[325] Die Verhandlungen der Parteien wurden über diesen Zeitpunkt hinaus fortgesetzt. Der BGH entschied, dass ein **Verjährungsverzicht** eine sich aus den gesetzlichen Vorschriften ergebende Hemmung der Verjährung nicht berührt. Sinn und Zweck des Verjährungsverzichts sei es, die Möglichkeit einer gerichtlichen Auseinandersetzung offenzuhalten, was aber auf die sich aus dem Gesetz ergebende Hemmung keine Auswirkungen habe. Der Begriff des Verhandelns sei weit zu fassen, ein Abbruch der Verhandlungen müsse wegen des damit verbundenen Endes der Hemmung klar und eindeutig erklärt werden. Eine bloße Verneinung der Einstandspflicht genüge diesen strengen Anforderungen nicht.

Besonders trickreich versuchte ein Schuldner sich in die Verjährung zu retten. Er verhandelte im 217
Dezember 2004 mit dem Gläubiger über einen Verzicht auf die Einrede der Verjährung und gab schließlich am 28.12.2004 die Verzichtserklärung ab, behielt sich jedoch einen Widerruf dieser Erklärung vor und machte im Januar 2005 von dem Widerrufsrecht Gebrauch. Ohne Erfolg, denn hier war zum einen während der Verhandlungen über eine Erklärung zum Verjährungsverzicht die Verjährungsfrist gehemmt, zum andern griff aber § 203 BGB ein mit der Folge, dass nach dem Ende der Hemmung jedenfalls eine 3-Monats-Frist lief.[326]

Ähnlich der BGH,[327] der ausdrücklich festgestellt hat, dass bei einem Widerrufsvergleich die von dem 218
Vergleich erfassten Ansprüche gem. § 203 Satz 1 BGB bis zur Erklärung des Widerrufs gehemmt sind.

4. Hemmung der Verjährung im Adhäsionsverfahren[328]

Eine Hemmung der Verjährung tritt im (bisher praktisch seltenen) **Adhäsionsverfahren**,[329] also der 219
Geltendmachung von zivilrechtlichen Ansprüchen als »Annex« eines Strafprozesses bereits dadurch ein, dass der Antrag gem. § 404 Abs. 1 StPO angebracht wird. Der Zustellung des Antrages an den Schädiger gem. § 404 Abs. 1 Satz 3 StPO und der Anordnung und Durchführung einer Hauptverhandlung bedarf es für die verjährungshemmende Wirkung nicht. Dies ergibt sich aus dem eindeutigen Wortlaut des § 404 Abs. 2 StPO, wonach bereits die Antragstellung »dieselbe Wirkung wie die Erhebung der Klage im bürgerlichen Rechtsstreit« hat.[330]

---

323 Die Vorgängerregelung zu § 115 Abs. 2 Satz 3 VVG, § 3 Nr. 3 Satz 3 PflVG. a.F., forderte noch eine »schriftliche« Entscheidung.

324 Diederichsen, DAR 2003, 241 (243).

325 BGH, Urt. v. 17.02.2004 – VI ZR 429/02, VersR 2004, 656 f. = NJW 2004, 1654.

326 Vgl. zu diesem Fall OLG Karlsruhe, Beschl. v. 16.01.2006 – 17 U 344/05, MDR 2006, 1392.

327 Vgl. BGH, Urt. v. 04.05.2005 – VIII ZR 93/04, MDR 2005, 1153 = NJW 2005, 2004.

328 Vgl. dazu grundlegend Jaeger, VRR 2005, 287.

329 Das Adhäsionsverfahren ist in einem besonderen Abschnitt behandelt, vgl. unter Kap. 7 Rdn. 1 ff.

330 OLG Rostock, Urt. v. 03.06.1999 – 1 U 308/97, OLGR 2000, 47 (zum alten Verjährungsrecht).

▶ Hinweis:

220 Soweit mithin – trotz der Schutzvorschrift des § 167 ZPO – Bedenken an einer rechtzeitigen Zustellung der zivilrechtlichen Klage (§§ 253 Abs. 1, 261 Abs. 1 ZPO, § 204 Nr. 1 BGB) bestehen, mag es angeraten sein, die Hemmung der Verjährung mittels einer Antragstellung in einem laufenden Strafprozess zu erreichen.

5. Andere Fälle der Hemmung der Verjährung

221 Andere Fälle der Hemmung der Verjährung ergeben sich aus § 204 Abs. 1 BGB. Der Rechtsgedanke des § 204 Abs. 1 BGB findet Anwendung, wenn der Stiefvater seine minderjährige Stieftochter sexuell missbraucht. Solange die Mutter, auch wenn sie als gesetzliche Vertreterin von der Tat Kenntnis hat, die Ehe mit dem Stiefvater aufrechterhält, ist die Verjährung der Schadensersatzansprüche der Stieftochter gehemmt.[331]

6. Neubeginn der Verjährung

222 Die Verjährung wird nicht nur gehemmt, sondern beginnt neu (drei Jahre), wenn der Schuldner den Anspruch des Gläubigers anerkennt (§ 212 BGB).

223 Es gibt, anders als nach dem Verjährungsrecht bis 2001, nur noch zwei Fälle des Neubeginns, nämlich das **Anerkenntnis** (§ 212 Abs. 1 Nr. 1 BGB) und die Vornahme einer **Vollstreckungshandlung** (§ 212 Abs. 1 Nr. 2 BGB). Hierbei ist zu beachten, dass (vergleichbar der Hemmung) der Neubeginn nicht eintritt, wenn zum Zeitpunkt der Abgabe des Anerkenntnisses die Verjährung noch gar nicht zu laufen begonnen hatte.[332]

▶ Praxistipp:

224 Das bedeutet aber nur, dass die kurze Verjährungsfrist von 3 Jahren neu zu laufen beginnt.

225 Zu beachten ist, dass **jede Zahlung** eines Versicherers grds. ein **Anerkenntnis** darstellt, das einen Neubeginn der Verjährung auslöst. Dieses Anerkenntnis erfasst zulasten des Versicherungsnehmers (§ 10 Abs. 5 AKB) auch den Teil der Ansprüche, für den der Versicherer nicht einzustehen hat, weil er die Deckungssumme übersteigt.[333] Das kann auch dadurch geschehen, dass der Versicherer laufend auf die Ansprüche des Verletzten zahlt und damit zulasten seines Versicherungsnehmers zum Ausdruck bringt, dass der Anspruch des Verletzten anerkannt wird.[334] Verkennt der Geschädigte die Bedeutung des Verhaltens des Versicherers, schadet dies nicht, denn ein Vertrauen, zu dem der Schuldner keinen Anlass gegeben hat, ist ebenso unbeachtlich wie im umgekehrten Fall des Misstrauens.

226 Anders ist die Rechtslage, wenn der **Versicherer** die (auch) **künftigen Ansprüche des Geschädigten nicht nur schriftlich anerkennt**, sondern wenn **beide Parteien** eine **Vereinbarung** treffen, dass der Geschädigte die Stellung erhalten soll, die er bei einem rechtskräftigen Feststellungsurteil hätte.[335] Erteilt der Haftpflichtversicherer des Schädigers dem Geschädigten ein **schriftliches Anerkenntnis**, mit dem er dessen materiellen Zukunftsschaden dem Grunde nach anerkennt, »um ihm eine Fest-

331 OLG Hamm, Beschl. v. 28.03.2000 – 6 W 5/00, VersR 2002, 626.

332 BGH, Beschl. v. 08.01.2013 – VIII ZR 344/12, NJW 2013, 1430. Das macht aber auch Sinn – ansonsten würde das (ja an sich gläubigerfreundliche) Anerkenntnis zu einer Verkürzung der Verjährung führen, die an sich ja erst zum Schluss des Jahres begönne, dann aber bereits mit Zugang des Anerkenntnisses zu laufen anfinge.

333 Vgl. BGH, Urt. v. 22.07.2004 – IX ZR 175/99, MDR 2005, 90.

334 BGH, Urt. v. 22.07.2004 – IX ZR 482/00, VersR 2004, 1278 = NJW-RR 2004, 1475 = MDR 2005, 90; Diederichsen, DAR 2005, 301 (302).

335 BGH, Urt. v. 23.10.1984 – VI ZR 30/83, VersR 1985, 62; BGH, Urt. v. 04.02.1986 – VI ZR 82/85, VersR 1986, 684; Küppersbusch, r+s 2002, 221 (225).

stellungsklage zu ersparen«, kann das Anerkenntnis u.U. ein Feststellungsurteil über die Schadensersatzpflicht mit der Folge »ersetzen«, dass sich die Verjährung der Ersatzansprüche des Geschädigten für den Zukunftsschaden nach § 218 BGB a.F. richtet.[336]

▶ Hinweis:

Auch dieser sehr vorsichtig formulierte LS zeigt, dass das Vertrauen auf ein Anerkenntnis nicht risikolos ist. 227

▶ Formulierungsbeispiel:

Mit Wirkung eines heute rechtskräftigen Urteils stellen die Parteien fest, dass der Versicherer verpflichtet ist, einen hier nicht abgefundenen weiteren Schmerzensgeldbetrag zu zahlen, wenn es zu einer unfallbedingten ... (z.B. Amputation) kommen sollte. 228

▶ Praxistipp:

Spielen der Schädiger und sein Versicherer nicht mit, muss rechtzeitig Feststellungsklage erhoben werden. Die Vereinbarung eines Vorbehalts bedeutet nicht, dass gleichzeitig eine Verjährungsvereinbarung getroffen worden wäre![337] 229

Liegt ein **solches Anerkenntnis** vor, dann gilt auch ohne Feststellungsurteil die **30-jährige Verjährungsfrist** des § 218 Abs. 1 BGB a.F. Die Rechtslage ist im Wesentlichen durch das Schuldrechtsmodernisierungsgesetz unverändert geblieben, vgl. §§ 197, 212 BGB. Nach § 202 Abs. 2 BGB sind solche Absprachen problemlos möglich.[338] 230

Hat allerdings der Haftpflichtversicherer des Schädigers vorprozessual seine Verpflichtung anerkannt, den immateriellen Schaden des Geschädigten unter Berücksichtigung einer bestimmten Quote zu ersetzen, und hat er erklärt, den Geschädigten so zu stellen, als wäre ein Feststellungsurteil mit einem dem Anerkenntnis entsprechenden Inhalt ergangen, unterliegt das Recht des Geschädigten, einen darüber hinausgehenden Anteil des Schädigers bei der Bemessung des Schmerzensgeldes geltend zu machen, der Verjährung.[339] 231

7. Vereinbarungen zur Verjährung

Nach § 202 BGB sind im Gegensatz zum bisherigen § 225 a.F. BGB sowohl Erleichterungen, als auch Erschwerungen der Verjährung zulässig. So kann z.B. die Verjährung durch Rechtsgeschäft auf 30 Jahre ausgedehnt werden. 232

IV. Sicherung von Spätfolgen durch Feststellungsklage

Für die Frage der Verjährung ist es wichtig zu sehen, dass der Schmerzensgeldanspruch als Einheit begriffen wird. Das gilt sowohl für die Höhe als auch für die künftige Entwicklung, also auch für 233

---

336 BGH, Urt. v. 23.10.1984 – VI ZR 30/83, VersR 1985, 62.

337 Das OLG Hamm, Urt. v. 16.06.1998 – 28 U 237/97, VersR 1999, 1495, hat einen Anwaltshaftungsfall angenommen, weil eine Klausel nur »Offen bleibt der materielle Zukunftsschaden ab 01.01.1990, soweit kein Übergang auf Sozialversicherungsträger vorliegt, außerdem immaterieller Zukunftsschaden bei Kniegelenkversteifung.« gefasst war. Dass möglicherweise im Wege der Auslegung erreicht werden könnte, einen konkludenten Verzicht auf die Verjährungseinrede »hineinzuinterpretieren« (so in einem Ausnahmefall OLG Hamm, Urt. v. 09.12.1994 – 32 U 114/94, VersR 1996, 78; dagegen BGH, Urt. v. 26.05.1992 – VI ZR 253/91, VersR 1992, 1091; BGH, Urt. v. 29.01.2002 – VI ZR 230/01, VersR 2002, 474 = NJW 2002, 1878; KG, Urt. v. 22.12.1998 – 6 U 307/97, VersR 2000, 1145), genügte nicht, da nach Ansicht des OLG das Gebot des sichersten Weges bedeutet hätte, eine klare (!) Klausel zur Verjährung zu vereinbaren.

338 Küppersbusch, r+s 2002, 221 (225), Fn. 41.

339 OLG Naumburg, Urt. v. 04.11.2004 – 2 U 69/04, OLGR 2005, 416.

Schäden, die noch gar nicht eingetreten sind und deren Eintritt ungewiss ist. Der Schmerzensgeldanspruch umfasst also auch Spätschäden, deren Eintritt möglich und vorhersehbar ist. **Vorhersehbarkeit** liegt allerdings dann nicht vor, wenn sich aus ganz leichten Verletzungen, bei denen generell keine Folgeschäden zu erwarten sind,[340] schwere Folgezustände ergeben oder wenn atypische Verletzungsfolgen auftreten, mit denen nach dem Verletzungsbild nicht gerechnet werden konnte.[341]

234 Dabei kommt es nicht darauf an, ob der Verletzte selbst die Spätfolgen als möglich vorausgesehen hat oder hätte voraussehen können. Maßgeblich ist die **Sicht eines Mediziners.** Dies gilt auch dann, wenn der Geschädigte nach der Verletzung aufgrund damaliger medizinischer Falschberatung über die Möglichkeit von Spätschäden eine Feststellungsklage unterließ – stellt sich dann später deren objektive Vorhersehbarkeit ex ante heraus, sind Ansprüche verjährt und der Geschädigte bleibt darauf verwiesen, seinen damaligen Arzt in Regress zu nehmen.[342] Sind Spätfolgen aus medizinischer Sicht nicht auszuschließen, können nur die Feststellungsklage oder ein Anerkenntnis in Form einer Vereinbarung zwischen dem Verletzten und dem Versicherer die Verjährung verhindern. Bei der Beurteilung der Vorhersehbarkeit ist die Rechtsprechung streng.[343] So wird vertreten, dass schwere Verletzungen fast immer die Befürchtung von Spätschäden nach sich ziehen mit der Folge, dass die Verjährung ab dem ersten Schaden beginne.[344] Wächst die Kenntnis späterer Schadensfolgen jedoch in den beteiligten Fachkreisen erst heran, dann kommt es für den Beginn der Verjährung darauf an, wann der Verletzte selbst von der Schadensfolge Kenntnis erlangt hat, hingegen ist ohne Bedeutung, in welchem Zeitpunkt sich diese Kenntnis in den beteiligten Fachkreisen durchgesetzt hat.[345]

235 Wird aber ein Antrag auf Feststellung der Verpflichtung der Beklagten zum Ersatz sämtlicher weiterer immaterieller Schäden abgewiesen, weil mit einer Verschlimmerung der unfallbedingten Schädigungen nicht zu rechnen sei, erfasst die Rechtskraft der Abweisung des sog. immateriellen Vorbehalts nicht die selbst in Fachkreisen unbekannten künftigen Folgeschäden.[346] Andererseits wirkt die Rechtskraft einer im Vorprozess ergangenen Klageabweisung der Feststellungsklage auch dann, wenn das Gericht verfahrensfehlerhaft dahinstehen lassen hat, ob diese unzulässig oder unbegründet ist.[347]

▶ Hinweise:

236 1. Aus diesem Grund muss in allen Fällen, in denen Spätfolgen nicht von vornherein ausgeschlossen werden können, neben der Leistungsklage zugleich eine Feststellungsklage erhoben werden, durch die festgestellt werden soll, dass sich die Haftung des Schädigers auch auf künftige immaterielle Schäden erstreckt.[348]
2. Um einen Feststellungsausspruch zu erreichen, muss der Verletzte Spätschäden substanziiert behaupten und durch Sachverständigengutachten zu Beweis stellen. Das Gericht wird dem Feststellungsantrag stattgeben, um eine Beweisaufnahme zu vermeiden.

237 Ein besonderes Problem stellt insoweit der **Abfindungsvergleich** dar. Grds. ist der Geschädigte an die Vereinbarung gebunden und kann keine weiteren Ansprüche geltend machen. Das gilt i.d.R.

340 BGH, Urt. v. 11.07.1967 – VI ZR 115/66, VersR 1967, 1092 (1094); BGH, Urt. v. 30.01.1973 – VI ZR 4/72, VersR 1973, 371.
341 OLG Hamburg, Urt. v. 07.10.1977 – 14 U 43/76, VersR 1978, 546; OLG Köln, Beschl. v. 02.11.1992 – 2 W 111/92, NJW-RR 1993, 601.
342 OLG Frankfurt, Urt. v. 30.11.2011 – 4 U 63/11, unveröffentlicht.
343 BGH, Urt. v. 20.04.1982 – VI ZR 197/80, VersR 1982, 703; BGH, Urt. v. 07.06.1983 – VI ZR 171/81, VersR 1983, 735.
344 LAG Rheinland-Pfalz, Beschl. v. 02.04.2012 – 8 Ta 60/12, unveröffentlicht, unter Hinweis auf OLG Zweibrücken, Urt. v. 30.03.1994 – 1 U 252/92, VersR 1994, 1439.
345 Diederichsen, VersR 2005, 433 (440).
346 BGH, Urt. v. 14.02.2006 – VI ZR 322/04, VersR 2006, 1090 = NJW-RR 2006, 712 = VRR 2006, 223 = SP 2006, 202 = MDR 2006, 987.
347 BGH, Urt. v. 16.01.2008 – XII ZR 216/05, NJW 2008, 1227.
348 RGRK/Kreft, BGB, 12. Aufl. 1989, § 847 Rn. 19; Deutsch/Ahrens, Rn. 512 ff.; vgl. unten Kap. 7 Rdn. 150 ff.

auch dann, wenn zu einem viel späteren Zeitpunkt Folgeschäden eintreten, mit denen der Verletzte bei Abschluss des Abfindungsvergleichs nicht gerechnet hat. Nur in besonderen Ausnahmefällen ist in der Rechtsprechung anerkannt, dass die Schädigerseite treuwidrig handelt, wenn sie sich auf die abschließende Regelung des Vergleichs beruft. Eine solche unzulässige Rechtsausübung ist an zwei Voraussetzungen geknüpft, die nur in eng begrenzten Ausnahmefällen bejaht werden:

Es muss sich
- um unvorhergesehene Spätschäden handeln und
- es muss eine krasse Äquivalenzstörung vorliegen.[349]

Sind diese Voraussetzungen erfüllt, kann der Schädiger sich nicht auf Verjährung berufen.

Ein Abfindungsvergleich, in dem eindeutig zum Ausdruck kommt, dass die Schadensregulierung endgültig abgeschlossen sein soll, beendet die Hemmung der Verjährung gem. § 115 Abs. 2 Satz 3 VVG n.F. auch für etwaige im Abfindungsvergleich vorbehaltenen Ansprüche auf Ersatz erst in Zukunft als möglich angesehener Schäden. Ein solcher Vorbehalt bedeutet keinen Verzicht auf die Einrede der Verjährung.[350] Solche als möglich angesehenen Zukunftsschäden müssen gegen Verjährung gesichert werden. 238

349 Nugel, ZfS 2006, 190 (190, 191); eingehend auch OLG Düsseldorf, Urt. v. 22.01.2007 – 1 U 166/06, ZfS 2008, 140 = NZV 2008, 151.
350 BGH, Urt. v. 29.01.2002 – VI ZR 230/01, NJW 2002, 1878.

Kapitel 4 Schutzumfang

Übersicht

A. Geschützte Rechtsgüter

Im Gesetz sind als **Schutzobjekte** 1
- Körper,
- Gesundheit,
- Freiheit und
- sexuelle Selbstbestimmung

genannt. Im Gegensatz zur früheren Regelung in § 847 BGB a.F., wonach ein Schmerzensgeld nur bei Verletzung des Körpers und der Gesundheit und bei Freiheitsentziehung zu zahlen war, ist nun das Recht auf sexuelle Selbstbestimmung als Schutzobjekt hinzugekommen.

I. Körper

2 Eine Körperverletzung setzt die Beeinträchtigung der körperlichen Integrität voraus.[1] Sie stellt auch dann einen Eingriff in die äußerliche Unversehrtheit dar, wenn damit keine gesundheitlichen Nachteile verbunden sind, wie bspw. beim Abrasieren oder der Beschädigung des Kopfhaares oder beim Anspucken.[2]

3 Der BGH[3] sieht in der Herbeiführung einer **Schwangerschaft gegen den Willen der betroffenen Frau** (z.B. nach fehlgeschlagener Sterilisation) und in der **Geburt** des Kindes eine Körperverletzung – nicht etwa eine Gesundheitsverletzung –, die einen Schmerzensgeldanspruch auslösen könne, da eine Körperverletzung in jedem unbefugten Eingriff in die körperliche Integrität (Befindlichkeit) zu erblicken sei. Der BGH ist der Ansicht, dass die Herbeiführung von Schwangerschaft und Geburt gegen den Willen der betroffenen Frau, auch wenn es sich um einen normalen physiologischen Ablauf ohne Komplikationen handele, als Körperverletzung ein Schmerzensgeld rechtfertigen könne. Eine Verletzung des Körpers, die § 823 Abs. 1 BGB ausdrücklich neben der Verletzung der Gesundheit erwähnt, müsse nämlich im zivilrechtlichen Sinn schon in jedem unbefugten Eingriff in die Integrität der körperlichen Befindlichkeit erblickt werden, da anderenfalls das Recht am eigenen Körper als gesetzlich ausgeformter Teil des allgemeinen Persönlichkeitsrechts nicht angemessen geschützt wäre. Dass möglicherweise aus strafrechtlicher Sicht etwas anderes gelte, stehe dem nicht entgegen.

4 Adäquate Folge einer Körperverletzung kann auch eine durch einen Unfall hervorgerufene **Renten- oder Konversionsneurose**[4] sein, die auf Wunsch- oder Zweckvorstellungen des Verletzten beruht. Der Geschädigte nimmt im ersten Fall den Unfall in dem neurotischen Bestreben nach Versorgung und Sicherheit lediglich zum Anlass, den Schwierigkeiten und Belastungen des Erwerbslebens auszuweichen.[5] In solchen Fällen kann ein Schmerzensgeld verneint werden, wenn die seelische Störung erst durch eine Begehrensvorstellung ihr Gepräge erhält, weil ein Unfall nur zum Anlass genommen wird, z.B. den Schwierigkeiten des Arbeitslebens auszuweichen. Fälle von Renten- oder Begehrensneurosen sind in der höchstrichterlichen Rechtsprechung des BGH[6] seit Langem (1979) nicht mehr vorgekommen. Dagegen haben sich in der Rechtsprechung des BGH die Fälle der Konversionsneurose deutlich vermehrt, die eine Entschädigung auslösen kann.[7] Jedoch soll beim Vorliegen einer sog. Borderline-Störung kein Anspruch des Verletzten gegeben sein, weil bei dieser Erkrankung ein beliebiges Ereignis früher oder später dieselben psychischen Folgen ausgelöst hätte.[8]

Im Jahr 2012 hat der BGH[9] seine frühere Rechtsprechung zur Begehrensneurose wieder aufgegriffen und ausgeführt:

---

1 Dabei ist offensichtlich, dass nur der Körper des Menschen gemeint ist. Eine Verletzung eines Hundes löst daher trotz § 90a BGB keinen Schmerzensgeldanspruch des Hundes aus, AG Wiesbaden, Urt. v. 18.08.2011 – 93 C 2691/11, NJW-RR 2012, 227 für mangelhafte Pflege im Hundesalon.

2 LG Münster, Urt. v. 29.08.2002 – 8 S 210/02, NJW-RR 2002, 1677, hat ein Schmerzensgeld i.H.v. 250,00 € zuerkannt.

3 BGH, Urt. v. 18.03.1980 – VI ZR 247/78, VersR 1980, 558 = NJW 1980, 1452 (1453). Vgl. auch unten Kap. 6 Rdn. 341 ff.

4 Staudinger/Schäfer, BGB, 12. Aufl. 1986, § 847 Rn. 36; vgl. auch unten Kap. 5 Rdn. 373 ff.

5 Böhme/Biela, Kap. 1 Rn. 17.

6 Anders die OLG: Das OLG Düsseldorf, Urt. v. 08.01.2001 – 1 U 87/99, SP 2001, 412, hat zwar eine Rentenneurose erwogen, aber letztlich verneint; ebenso OLG Köln, Urt. v. 26.07.2001 – 7 U 188/99, SP 2001, 343 (345). Das OLG Stuttgart, Urt. v. 20.07.1999 – 12 U 231/98, SP 2001, 198 entschied: Der Geschädigte, der psychisch vorgeschädigt war (ängstlicher, depressiver Hypochonder) erlitt nach HWS-Syndrom 2. Grades einen psychischen Folgeschaden, infolgedessen er arbeitsunfähig wurde; es bejahte die Kausalität des Unfalls, lehnte aber eine Haftung ab, da eine Rentenneurose vorliege, der Geschädigte den Unfall daher nur zum Vorwand nehme, sich und seine Familie zu versorgen und zu sichern.

7 BGH, Urt. v. 08.05.1979 – VI ZR 58/78, VersR 1979, 718 (719); OLG Schleswig, Urt. v. 19.12.2002 – 7 U 163/01, OLGR 2003, 155; Müller, VersR 1998, 129 (133); s. hierzu auch Kap. 5 Rdn. 377 f.

8 Näher dazu Kap. 5 Rdn. 302 f. und 380 f.; vgl. auch Burmann/Heß, NZV 2008, 481 (484).

9 BGH, Urt. vom 10.07.2012 – VI ZR 127/11, VersR 2012, 1133 = NJW 2012, 2964 = DAR 2013, 137.

Für die Verneinung des Zurechnungszusammenhangs zwischen unfallbedingten Verletzungen und Folgeschäden wegen einer Begehrensneurose ist es erforderlich, aber auch ausreichend, dass die Beschwerden entscheidend durch eine neurotische Begehrenshaltung geprägt sind.

II. Gesundheit

Demgegenüber ist die **Gesundheitsverletzung** ein Vorgang, bei dem körperliche oder geistige Lebensvorgänge eines Menschen gestört werden; das ist jedes Hervorrufen oder Steigern eines von den normalen körperlichen Funktionen nachteilig abweichenden Zustandes, auch ohne Schmerzen oder tief greifende Veränderung der Befindlichkeit.[10] Da Gesundheit ein relativer Begriff ist, wird (natürlich) darüber gestritten, welche Intensität der Beeinträchtigung zu fordern ist.[11] Es soll am Krankheitsbegriff der Medizin festgehalten werden, der aber weder die Behandlungsfähigkeit noch Behandlungsbedürftigkeit, wohl aber die Erheblichkeit der Störung voraussetzt.[12] Nach anderer Auffassung soll Indiz für eine Gesundheitsverletzung i.d.R. die Behandlungsbedürftigkeit durch einen Arzt sein. Im Unterschied zur Körperverletzung ist ein Gesundheitsschaden die Störung innerer Funktionen des Organismus, z.B. eine Infektion.[13] 5

So hat der BGH[14] die Infizierung mit dem HI-Virus tatbestandlich als Gesundheitsverletzung i.S.d. § 823 Abs. 1 BGB angesehen. Die Übertragung des HIV ist selbst dann eine Gesundheitsbeeinträchtigung, wenn es zum Ausbruch der Immunschwächekrankheit noch nicht gekommen ist. 6

Der Begriff der Gesundheit ist nicht auf die Physis beschränkt, er schließt die Psyche ein. Die schuldhafte Verursachung seelischen Leidens löst deshalb ebenfalls Schadensersatzansprüche aus. Dies wurde anerkannt für den Fall, dass eine Frau bei einer 2. künstlichen Befruchtung nicht – wie vereinbart – mit dem Samen desselben Vaters wie bei der 1. Befruchtung befruchtet wurde, sodass die Kinder Halbgeschwister und nicht Vollgeschwister sind.[15] Allerdings ist die Feststellung psychischer Beeinträchtigungen mit großen Unsicherheiten behaftet. Eine Einstandspflicht soll für psychische Beeinträchtigungen nur bestehen, wenn das psychische Leiden keine »normale« Reaktion ist, die dem allgemeinen Lebensrisiko zugerechnet wird, sondern eine Fehlverarbeitung gravierender Ereignisse.[16] Die Rechtsprechung fordert, dass die Gesundheitsverletzung, um restitutionsfähig zu sein, eine Erheblichkeitsschwelle überschreitet, sie muss Krankheitswert erreichen. Ob sie Krankheitswert erreicht, entscheidet sich nicht nach medizinischer Diagnose, sondern nach der Verkehrsauffassung.[17] Dabei misst der BGH mit zweierlei Maß, je nachdem, ob die psychischen Beeinträchtigungen einen bei einem Unfall Verletzten unmittelbar treffen, oder ob es sich um einen Fernwirkungsschaden handelt. Im ersten Fall ist die Rechtsprechung durchaus großzügig, während bei Drittgeschädigten die Erheblichkeitsschwelle derart hochgeschraubt wird, dass rein psychische Gesundheitsverletzungen i.d.R. darunter bleiben. Beide Fälle sind gleich zu behandeln. Die medizinische Diagnose und nicht die Verkehrsauffassung, das Bauchgefühl, sollte entscheidend sein. Das gilt umso mehr, als der BGH zur Bagatellverletzung die Schwelle recht niedrig angesetzt und die Auffassung vertreten hat, dass der Mensch, v.a. im Zusammenleben mit anderen, vielfältigen Beeinträchtigungen seiner Befindlichkeit ausgesetzt sei und daran gewöhnt werde, sich von ihnen möglichst nicht nachhaltig beeindrucken 7

10 BGH, Urt. v. 20.12.1952 – II ZR 141/51, BGHZ 8, 243 (245) = NJW 1953, 417 (418); BGH, Urt. v. 04.11.1988 – 1 StR 262/88, NJW 1989, 781; BGH, Urt. v. 12.10.1989 – 4 StR 318/89, NJW 1990, 129 = MDR 1990, 65; Grüneberg/Sprau, § 823 Rn. 4.

11 MüKo/Wagner, BGB, 8. Aufl. 2020, § 823 Rn. 204.

12 MüKo/Wagner, BGB, 8. Aufl. 2020, § 823 Rn. 204 m.w.N.

13 Vgl. Henke, S. 3.

14 BGH, Urt. v. 30.04.1991 – VI ZR 178/90, NJW 1991, 1948 (1949).

15 OLG Hamm, Urt. v. 04.04.2018 – 3 U 66/16, MedR 2019, 72 = NJW 2019, 523 = FamRZ 2018, 1162.

16 MüKo/Oetker, BGB, 9. Aufl. (2022), § 253 Rn. 38 ff.; Staudinger/Schiemann, BGB, 2005, § 253 Rn. 39.

17 MüKo/Wagner, BGB, 8. Aufl. 2020, § 823 Rn. 204 m.w.N.

zu lassen. Werde diese Schwelle im konkreten Fall von der erlittenen Beeinträchtigung vornehmlich wegen ihres geringen, nur vorübergehenden Einflusses auf das Allgemeinbefinden nicht überschritten, dann könne es schon an einer Grundlage für die geldliche Bewertung eines Ausgleichsbedürfnisses fehlen. Auch in solchen Fällen ein Schmerzensgeld festzusetzen, das in den immateriellen Nachteilen keine Entsprechung fände, verlange § 847 BGB a.F. nicht. Auch wenn diese Aussage sich (nur) auf die Körperverletzung bezieht, wird daraus deutlich, dass bei der Beurteilung psychischer Schäden strengere Maßstäbe angelegt werden. Ein sachlicher Grund dafür besteht nicht.

8 Besondere Bedeutung kommt der Gesundheitsverletzung beim sog. **HWS-Syndrom** zu, wenn keine Verletzung des Körpers feststellbar ist, das Unfallopfer aber dennoch unter erheblichen gesundheitlichen Beeinträchtigungen leidet.[18] Eine solche Gesundheitsverletzung kann auf einer psychischen Störung beruhen.

III. Freiheit

9 **Freiheitsentziehung** ist die Beschränkung der körperlichen Bewegungsfreiheit, etwa das Einsperren oder Fesseln.[19] Auch hier gilt aber die Einschränkung, dass unerhebliche Beschränkungen keinen Schmerzensgeldanspruch auslösen, etwa das Einsperren für einige Minuten.

10 Es kommen mehrere Fallgestaltungen in Betracht:
- gewaltsame Entführung,
- Gefangennahme durch eine Privatperson,
- vorsätzlich veranlasste rechtswidrige Freiheitsentziehung durch Hoheitsakt, rechtswidrige U-Haft, rechtswidrige Strafhaft und rechtswidrige Verlängerung der Sicherungsverwahrung.
- Fixierung bei stationärer Unterbringung,
- Fixierung bei psychiatrischer Behandlung.

Entscheidungen, die sich mit Schmerzensgeldansprüchen nach einer gewaltsamen Entführung von Menschen befassen, sind bisher nicht bekannt geworden. Generell gilt, dass Schmerzensgelder für Freiheitsentziehung nur selten judiziert wurden. Auch wenn ein Patient widerrechtlich in der Psychiatrie festgehalten wird,[20] liegt eine Freiheitsentziehung i.S.d. § 253 Abs. 2 BGB vor.

11 In der Psychiatrie kommt es eher häufig zu Fixierung von Patienten, Das BVerfG[21] hat dazu jetzt zwingend festgelegt:

Die Fixierung eines Patienten stellt einen Eingriff in dessen Grundrecht auf Freiheit der Person (Art. 2 Abs. 2 Satz 2 i.V.m. Art. 104 GG) dar.
1. Sowohl bei einer 5-Punkt- als auch bei einer 7-Punkt-Fixierung von nicht nur kurzfristiger Dauer handelt es sich um eine Freiheitsentziehung im Sinne des Art. 104 Abs. 2 GG, wenn sie von einer richterlichen Unterbringungsanordnung nicht gedeckt ist. Von einer kurzfristigen Maßnahme ist in der Regel auszugehen, wenn sie absehbar die Dauer von ungefähr einer halben Stunde unterschreitet.
2. Aus Art. 104 Abs. 2 Satz 4 GG folgt ein Regelungsauftrag, der den Gesetzgeber verpflichtet, den Richtervorbehalt verfahrensrechtlich auszugestalten, um den Besonderheiten der unterschiedlichen Anwendungszusammenhänge gerecht zu werden.

---

18 Vgl. unten Kap. 5 Rdn. 204 ff.

19 Es fällt auf, dass es so gut wie keine Rspr. zum Schmerzensgeld nach Verletzung des Rechts auf körperliche Bewegungsfreiheit gibt. Vgl. Budewig/Gehrlein, S. 440.

20 OLG Nürnberg, Urt. v. 02.03.1988 – 9 U 779/85, NJW-RR 1988, 791; OLG Frankfurt am Main, Urt. v. 25.05.1988 – 9 U 92/87, VersR 1989, 260. Natürlich ist der Krankenhausaufenthalt des Verletzten »freiwillig« im Rechtssinn, er wird aber durch die Verletzung »erzwungen«.

21 BVerfG, Urt. v. 24.07.2018 – 2 BvR 309/15, 2 BvR 502/16, NJW 2018, 2619 = GesR 2018, 574 = MedR 2019, 45.

3. Um den Schutz des von einer freiheitsentziehenden Fixierung Betroffenen sicherzustellen, bedarf es eines täglichen richterlichen Bereitschaftsdienstes, der den Zeitraum von 6:00 Uhr bis 21:00 Uhr abdeckt.

Daraus folgt, dass jeder Verstoß gegen diese Regeln für den Patienten einen Schmerzensgeldanspruch auslöst.

Anspruchsgrundlage ist § 839 BGB, weil es sich um eine hoheitliche Maßnahme handelt. Passiv legitimiert ist das Land als Träger der Einrichtung.[22]

Diese Grundsätze zur Fixierung von Patienten in einer Psychiatrie gelten entsprechend für Bewohner eines Altersheims, die oft selbst nicht mehr einwilligungsfähig sind. 12

Diese Grundsätze zur Fixierung von Patienten in einer Psychiatrie gelten entsprechend für die Fixierung von Patienten im Krankenhaus, soweit diese nicht aus medizinischen Gründen, z.B. während der Operation, zwingend erforderlich oder von der Einwilligung des Patienten gedeckt ist. Ob schon ein Bettgitter am Bett eines frisch operierten Patienten dieser strengen Regelung unterfällt, ist noch nicht entschieden. 13

Fälle der Freiheitsentziehung, die einen Schmerzensgeldanspruch auslösen können, sind z.B. die (rechtswidrige) Freiheitsentziehung durch einen Kaufhausdetektiv, der einen Kunden zu Unrecht am Weggehen hindert. 14

Der unfreiwillige **Aufenthalt auf einer Polizeidienststelle** zur Feststellung der Personalien und einer Alkoholkontrolle soll (nur) eine Bagatellbeeinträchtigung sein, die keinen Schmerzensgeldanspruch rechtfertigt.[23] Anders dagegen: Erleidet jemand aufgrund einer Razzia eine rechtswidrige Freiheitsentziehung, bei der Polizeibeamte ohne gesetzliche Grundlage Maßnahmen der Identitätsfeststellung, erkennungsdienstlichen Behandlung und körperlichen Durchsuchung durchgeführt haben, hat er Anspruch auf Schmerzensgeld i.H.v. 100,00 €.[24] 15

Verbüßt jemand unschuldig eine Untersuchungs- oder Strafhaft, ist er gemäß § 7 Abs. 3 StrEG zu entschädigen. Seit langem wird die Höhe dieser Entschädigung als nicht gerecht empfunden. Der Präsident des DAV, Ulrich Schellenberg, forderte im Januar 2018, ein Justizopfer solle mit 100,00 € täglich entschädigt werden. 16

In den Niederlanden wird für jeden Tag eine Entschädigung von 80,00 € bis 105,00 € gezahlt.[25] 17

In Österreich beträgt die Entschädigung für jeden Tag zwischen 20,00 € und 50,00 €.

Beruht der Justizirrtum dagegen auf einem schuldhaft fehlerhaft erstellten Sachverständigengutachten, kann die Entschädigung pro Tag rd. 88,00 € betragen.[26] Das OLG Saarbrücken gewährte dem Kläger für 683 Tage ein Schmerzensgeld in Höhe von 60.000,00 €. Der 61 Jahre alte Kläger wurde wegen schweren sexuellen Missbrauchs zu einer Gesamtfreiheitsstrafe von drei Jahren verurteilt. Die Beklagte hatte ein aussagepsychologisches Gutachten zur Glaubwürdigkeit einer Zeugin erstattet, das später in einem anderen Verfahren als widersprüchlich und falsch erkannt wurde. Der Kläger verbüßte 683 Tage in verschiedenen JVA. In der Sozialhierarchie stand er jeweils auf der untersten Stufe und war auch tätlichen Angriffen ausgesetzt. Noch viele Jahre nach dem erst im 3. Wiederaufnahmeverfahren erreichten Freispruch war der Kläger mit dem Makel des sexuellen Missbrauchs der Pflegetochter behaftet. 18

22 OLG Dresden, Urt. v. 02.01.2017 – 4 W 1155/16, unveröffentlicht.
23 OLG Koblenz, Urt. v. 30.06.1999 – 1 U 1285/96, NJW 2000, 963.
24 LG Göttingen, Urt. v. 30.01.1990 – 2 O 322/89, NJW 1991, 236.
25 KStA vom 06.06.2019.
26 BGH, Beschl. v. 30.08.2018 – III ZR 363/17, Vorinstanz: OLG Saarbrücken, Urt. v. 23.11.2017 – 4 U 26/15, MedSach 2019, 166 ff. mit Anm. L. Jaeger.

19 Rechtswidrige Verlängerung der Sicherungsverwahrung:

In jüngster Zeit hat sich eine neue Fallgruppe der Freiheitsentziehung durch Hoheitsakt ergeben. War gegen Straftäter nach Verbüßung der Strafhaft eine Sicherungsverwahrung verhängt worden, durfte diese nach Ablauf verlängert werden. Die Rechtslage hat sich geändert, sodass das LG Karlsruhe[27] entschieden hat, dass nach der im Zeitpunkt der Verurteilung des Klägers geltenden Fassung von § 67 Abs. 1 StGB die Dauer der ersten Unterbringung in der Sicherungsverwahrung 10 Jahre nicht übersteigen durfte und dass der Untergebrachte nach Ablauf der Höchstfrist zu entlassen war.

20 Da die Zehnjahresfrist jedoch aufgrund der Änderung von § 67d StGB ab dem 31.01.1998 entfiel, kam es nicht zur Entlassung des Klägers zum 02.06.1998. Er verblieb weiterhin in Sicherungsverwahrung in der Justizvollzugsanstalt. Das Landgericht – Strafvollstreckungskammer – entschied regelmäßig in Zwei-Jahres-Abständen aufgrund von Gutachten, zuletzt am 07.12.2009, dass die Sicherungsverwahrung fortzudauern habe, da von dem Kläger weiterhin ein Risiko ausgehe. Gegen den Beschluss legte der Kläger Beschwerde ein. Durch Beschluss vom 15.07.2010 stellte das OLG Karlsruhe die Erledigung der Sicherungsverwahrung unter Berücksichtigung der Entscheidung des EGMR vom 17.12.2009 (19359/04) fest und ordnete stattdessen Führungsaufsicht und Bewährungshilfe an.

21 Die Kammer hielt eine Entschädigung von 73.000,00 € für die Dauer der Sicherungsverwahrung von 146 Monaten für angemessen. Dies entspricht einem Betrag von ca. 500,00 € je Monat, wobei, da es sich bei der Entschädigung um einen unter Würdigung aller Umstände zu bestimmenden Gesamtbetrag handelt, eine taggenaue Abrechnung nicht veranlasst ist. Die Höhe bemisst sich im Wesentlichen an denjenigen Beträgen, die der EGMR in vergleichbaren Fällen selbst zugesprochen hat,[28] wobei auch berücksichtigt wurde, dass es sich bei Art. 5 Abs. 5 EMRK um einen verschuldensunabhängigen Anspruch handelt und ein Verschulden der hier handelnden Organe auch nicht festgestellt werden kann. Dieser Rechtsprechung hat sich das OLG Hamm[29] angeschlossen und für einen Zeitraum von 61 Monaten eine Entschädigung i.H.v. 30.500,00 € zugesprochen.

22 Es gilt also: Für eine konventionswidrige vollzogene Sicherungsverwahrung beträgt die gem. Art. 5 Abs. 5 EMRK zu gewährende angemessene Entschädigung regelmäßig rund 500,00 € pro Monat. Die Regelung in § 7 Abs. 3 StrEG ist nicht entsprechend anwendbar.

Allerdings gilt auch, dass eine nach Art. 34 EMRK vom Bund gezahlte Entschädigung auf die vom Land gem. Art. 5 Abs. 5 EMRK geschuldete Entschädigung anzurechnen ist.[30]

23 Eine Orientierung an den Tagessätzen gemäß § 7 Abs. 3 StrEG, die bis 04.08.2009 11,00 € und danach 25,00 € betrugen, war nach Ansicht des Gerichts nicht geboten, da kein Anspruch nach StrEG gegeben sei. Mit dem Tagessatz nach dem Gesetz über die Entschädigung für Strafverfolgungsmaßnahmen (StrEG) würden die üblichen Unzuträglichkeiten, die die Haft mit sich bringe, ausgeglichen, während es hier um eine immaterielle Entschädigung für die Verletzung des Freiheitsrechts gehe.

Andererseits sprechen gewichtige Gründe dagegen, die Höhe einer nach Art. 5 Abs. 5 EMRK zu gewährenden Entschädigung für eine konventionswidrig vollstreckte Sicherungsverwahrung unterhalb des nach § 7 Abs. 3 StrEG maßgeblichen Tagessatzes von 25 Euro zu bemessen.[31]

---

27 LG Karlsruhe, Urt. v. 24.04.2012 – 2 O 330/11, StraFo 2012, 246; der BGH, Urt. v. 19.09.2013 – III ZR 405/12, MDR 2013, 1938 = JZ 2013, 1161 = NJW 2014, 67, hat die Revision zurückgewiesen. Ähnlich BGH – III ZR 406/12 = VersR 2012, 316 = zfs 2013, 81 und BGH III ZR 407/12 und III ZR 408/12; vgl. auch OLG Karlsruhe, Urt. v. 29.11.2012 – 12 U 60/12.

28 EGMR, Urt. v. 17.12.2009 – 19359/04, v. 13.01.2011 – 17792/07, 20008/07, 27360/04, 42225/07 und v. 24.11.2011 – 48038/06; Ähnlich KG, Urt. v. 30.06.2015 – 9 W 5/14, NJW-RR 2016, 346; OLG Hamm, Urt. v. 06.03.2015 – 11 U 95/14, unveröffentlicht; LG Dortmund, Beschl. v. 26.11.2012 – 25 O 163/12, unveröffentlicht.

29 OLG Hamm, Urt. v. 14.11.2014 – 11 U 16/14 und 11 U 80/13, unveröffentlicht.

30 OLG Hamm, Urt. v. 14.11.2014 – 11 U 80/13, unveröffentlicht.

31 OLG Hamm, Beschl. v. 28.11.2012 – 4 W 1020/18, NStZ-RR 2013, 160.

Einen Sonderfall stellt die vorschriftswidrige Unterbringung von Untersuchungs- oder Strafgefangenen in zu kleinen oder überbelegten Haftzellen dar. 24

Eine gegen den Willen des Gefangenen vorgenommene gemeinsame Unterbringung in einer kleinen Zelle ohne Sichtschutz für den Wasch- und Toilettenbereich – fünf Personen in 16 m^2 großem Haftraum[32] oder die Unterbringung von drei Gefangenen in einer 11,54 m^2 großen Zelle[33] – kann gegen die Menschenwürde verstoßen. Eine entschädigungspflichtige Verletzung des allgemeinen Persönlichkeitsrechts (Art. 1 und 2 Abs. 1 GG) wurde verneint, wenn bloße Belästigungen und Unannehmlichkeiten vorlagen.[34] Der Gefangene muss geringfügige Beeinträchtigungen der Lebensführung ohne Dauerfolgen – sog. Bagatellschäden – u.U. entschädigungslos hinnehmen.[35] Dies gilt insbesondere, wenn die menschenunwürdige Unterbringung einen Zeitraum von zwei Wochen nicht überschreitet.[36] In anderen Fällen löste dagegen der rechtswidrige Vollzug einer Freiheitsstrafe oder der Untersuchungshaft einen Entschädigungsanspruch des Gefangenen aus.[37] Das gilt insbesondere, wenn nach Ablauf der Zweiwochenfrist die Inhaftierung fortdauert.[38]

Soweit durch die Art der Inhaftierung die Rechte des Gefangenen verletzt werden, liegt eine Amtspflichtverletzung vor (Art. 34 GG i.V.m. §§ 839, 253 Abs. 2 BGB), die auch Entschädigungsansprüche nach Art. 5 Abs. 5 EMRK auslöst.[39] 25

Die Dauer der Untersuchungshaft kann im Laufe der Zeit rechtswidrig werden und Entschädigungsansprüche auslösen, wenn das Verfahren nicht mit der gebotenen Beschleunigung gefördert wird. Auch wenn diese rechtswidrige Untersuchungshaft auf die spätere Strafhaft angerechnet wird, beseitigt die Anrechnung den Entschädigungsanspruch des Gefangenen wegen der Freiheitsentziehung nicht.[40] Nimmt man jedoch an, es sei Schmerzensgeld zu zahlen – die dogmatische Einordnung, ob Schmerzensgeld oder Schadensersatz, ist noch nicht geklärt[41] – wird vorgeschlagen, die Höhe des Schmerzensgeldes an § 7 Abs. 3 StrEG zu orientieren (11,00 € pro Tag) oder gerichtliche Entscheidungen zur rechtswidrigen kurzfristigen Inhaftierung und Unterbringung (rund 500,00 €/Tag) zugrunde zu legen.[42] Das OLG Hamburg[43] stellte fest, dass eine Entschädigung von 25,00 € pro Tag jedenfalls nicht übersetzt sei. Das OLG Karlsruhe[44] bestätigte die Entscheidung des LG, das für eine menschenunwürdige Unterbringung von rund einem halben Jahr einen Betrag von 3.000,00 € (das sind 16,00–17,00 €/Tag) zuerkannt hatte. Mit welchem Betrag die Entschädigung bei einer Unterbringung unter Verstoß gegen die Haftbedingungen nach dem Strafvollzugsgesetz oder der Vollzugsordnungen anzusetzen ist, ist bisher ungeklärt. Weder dürfte der Betrag von 11,00 € noch von 500,00 € pro Tag angemessen sein. Auch die Ablehnung jeder Entschädigung unter Berufung auf eine Bagatellgrenze (insb. bei hafterprobten Langzeithäftlingen) erscheint nicht gerechtfertigt. 26

---

32 BGH, Urt. v. 04.11.2004 – III ZR 361/03, VersR 2005, 507 = NJW 2005, 58 = MDR 2005, 447.

33 OLG Frankfurt am Main, 15.08.1985 – 3 Ws 447/85, StV 1986, 27; OLG Hamburg, Urt. v. 14.01.2005 – 1 U 43/04, OLGR 2005, 306.

34 Vgl. Itzel, MDR 2005, 545 (546).

35 BVerfG, Beschl. v. 26.08.2003 – 1 BvR 1338/00, NJW 2004, 591; BGH, Urt. v. 11.04.1989 – VI ZR 293/88, MDR 1989, 981 = NJW 1989, 2941; OLG Celle, Beschl. v. 05.11.1998 – 1 Ws 200/98, NStZ 1999, 216.

36 BVerfG, Beschl. v. 14.07.2015 – 1 BvR 1406/14, unveröffentlicht.

37 Vgl. dazu die Entscheidungen unter dem Stichwort, Besondere Verletzungen, »Freiheitsentziehung«.

38 BVerfG, Beschl. v. 14.07.2015 – 1 BvR 1406/14, unveröffentlicht.

39 BGH, Urt. v. 29.04.1993 – III ZR 3/92, BGHZ 122, 268 (270) = MDR 1993, 740; KG, Urt. v. 24.09.1991 – 9 U 1960/90, StV 1992, 584; OLG Celle, Beschl. v. 05.11.1998 – 1 Ws 200/98, NStZ 1999, 216.

40 Itzel, MDR 2005, 545 (546).

41 Itzel, MDR 2005, 545 (546).

42 OLG Koblenz, Urt. v. 05.11.2003 – 1 U 611/03, OLGR 2004, 226; OLG Oldenburg, Beschl. v. 12.01.2004 – 6 W 112/03, unveröffentlicht (Schmerzensgeld in Anlehnung an § 7 StrEG.); Meyer-Mews, MDR 2004, 1218 (1222); Itzel, MDR 2005, 545 (546).

43 OLG Hamburg, Urt. v. 14.01.2005 – 1 U 43/04, OLGR 2005, 306.

44 OLG Karlsruhe, Urt. v. 16.12.2008 – 12 U 38/08, VersR 2009, 360.

Die Höhe der Entschädigung muss sich am Einzelfall orientieren und dürfte je nach Sensibilität des Betroffenen schwanken können. Die Frage, wo bei menschenunwürdiger Unterbringung die Erheblichkeitsschwelle liegt, lässt sich nicht abstrakt-generell klären, sondern ist der tatrichterlichen Beurteilung überlassen.[45]

27 Wird dagegen die Anordnung der U-Haft unter Auflagen (Wohnsitz und Meldepflicht) aufgehoben, besteht kein Anspruch wegen Freiheitsentziehung, weil diese Auflagen die Freiheit nicht einschränken.[46]

28 Das OLG Naumburg[47] bejahte im Fall einer Unterbringung eines Gefangenen in einer 9,49 m^2 großen Zelle mit einem Mitgefangenen einen Verstoß gegen die Menschenwürde;[48] einen Schadensersatzanspruch gegen das Land ließ es aber daran scheitern, dass der Betroffene gegen die Unterbringung nicht nach dem Strafvollzugsgesetz vorgegangen war. Ob der Betroffene den Schaden durch Einlegung eines Rechtsmittels hätte abwehren können, richtet sich danach, ob eine Verlegung in eine größere Zelle überhaupt möglich gewesen wäre. Die Darlegungs- und Beweislast dafür trägt das beklagte Land.[49]

29 Bei Belegung und Ausgestaltung der Hafträume sind dem insoweit grundsätzlich bestehenden Ermessen der Justizvollzugsanstalt durch das Recht des Gefangenen auf Achtung seiner Menschenwürde nach Art. 1 Abs. 1 S. 1 GG Grenzen gesetzt.[50] Als Faktoren, die die aus den räumlichen Haftbedingungen resultierende Verletzung der Menschenwürde indizieren, kommen in erster Linie die Bodenfläche pro Gefangenen und die Situation der sanitären Anlagen, namentlich die Abtrennung und Belüftung der Toilette, in Betracht.

30 So wird nach der Rechtsprechung der Oberlandesgerichte die Unterbringung in einem mehrfach belegten Haftraum ohne das Hinzutreten weiterer Umstände als Verstoß gegen die Menschenwürde angesehen, wenn eine Mindestfläche von 6 und 7 qm pro Gefangenen nicht eingehalten wird und die Toilette nicht abgetrennt bzw. nicht gesondert entlüftet ist.[51] Das BVerfG[52] hat festgestellt, dass die Unterbringung eines Häftlings für einen Zeitraum von knapp drei Monaten in einem Einzelhaftraum mit einer Bodenfläche von 5,25 m^2 und Einschlusszeiten zwischen 15 und fast 21 Stunden bei einer Gesamtschau der Umstände dessen Menschenwürde verletze. Andererseits ist die Einschätzung, für eine Übergangsfrist von zwei Wochen sei für die Unterbringung in einem solchen Haftraum nicht zu beanstanden. Ein Amtshaftungsanspruch komme mangels Verschulden nicht in Betracht.

31 Das OLG Düsseldorf[53] stellt dazu fest: Der Senat hält mit dem OLG Hamm ein Tagessatzsystem zwischen 10,00 € bis – OLG Oldenburg – 30,00 € als Entschädigung i.d.R. für angemessen, wobei für die Unterbringung in einem Haftraum mit unzureichender Größe 10,00 €, bei ungenügender optischer, akustischer und olfaktorischer Abtrennung der Toilette 15,00 € angemessen sind. Liegen beide Umstände vor, rechtfertigt sich eine Entschädigung von 20,00 € pro Tag. Ist allein zu beanstanden, dass die Entlüftung der Toilette über den Haftraum erfolgt, sind 10,00 € angemessen. Sollte einer der Gefangenen einer Arbeitstätigkeit nachgehen, erfolgt ein Abschlag von 25 %. Bei zusätzlicher Verletzung des Nichtraucherschutzes kann der Betrag angemessen erhöht werden, jedoch nur dann, wenn der Gefangene sich gegen eine Unterbringung mit einem Raucher konkret beschwert hat.

45 BGH, Urt. v. 11.03.2010 – III ZR 124/09, NJW-RR 2010, 1465.
46 LG Flensburg, Urt. v. 13.04.2018 – 2 O 227/17, unveröffentlicht.
47 OLG Naumburg, Beschl. v. 03.08.2004 – 4 W 20/04, NJW 2005, 514.
48 BVerfG, Beschl. v. 27.02.2002 – 2 BvR 553/01, NJW 2002, 2699 (2700 f.).
49 OLG Hamm, Beschl. v. 13.06.2008 – 11 W 54/08, StRR 2009, 36.
50 BVerfG, Beschl. v. 07.11.2011 – 1 BvR 1403/09, GuT 2011, 499 = StV 2012, 354.
51 OLG Frankfurt, Beschl. v. 18.07.2003 – 3 Ws 578/03, NJW 2003, 2842; OLG Karlsruhe, Urt. vom 19.07.2005 – 12 U 300/04, NJW-RR 2005, 1267; OLG Hamm, Urt. v. 19.02.2009 – 11 U 88/08, VersR 2009, 1666.
52 BVerfG, Beschl. v. 14.07.2015 – 1 BvR 1127/14, NJW 2016, 389.
53 OLG Düsseldorf, Beschl. v. 16.11.2011 – 18 W 31/11, unveröffentlicht.

Das BVerfG[54] stellt zudem klar, dass Strafgefangene auf die Menschenwürde nicht verzichten können, weil diese kein disponibles Recht sei und dass die Menschenwürde gesetzlich nicht eingeschränkt werden könne. 32

Gegen einen Anspruch auf Entschädigung wegen menschenunwürdiger Unterbringung eines Gefangenen in einer Haftanstalt kann das beklagte Land **nicht** mit einem Anspruch gegen den Gefangenen wegen der offenen **Gerichtskosten** des Strafverfahrens **aufrechnen.**[55] Das gilt jedoch nicht, wenn die vom beklagten Land zur Aufrechnung gestellte Kostenforderung nicht aus dem Strafverfahren herrührt, wegen dem der Kläger in die unrechtmäßige Sicherungsverwahrung genommen worden ist, sondern aus einem neuen weiteren Verfahren.[56] 33

Zudem kann der Anspruch auf eine Entschädigung wegen menschenunwürdiger Haftbedingungen durch den Staat nicht gepfändet werden.[57] Dagegen genießt ein Insolvenzschuldner, dem wegen rechtsstaatswidriger Strafverurteilung und zu Unrecht in der DDR erlittener Haft eine Entschädigung zuerkannt wurde, keinen Pfändungsschutz.[58] 34

Auch eine Pflichtverletzung eines Strafverteidigers kann zu einer Freiheitsentziehung führen, die durch Schmerzensgeld auszugleichen ist. Versäumt es ein Strafverteidiger trotz entsprechender Absprache mit dem angeklagten Mandanten, einen Antrag auf Verlegung des Termins zur Hauptverhandlung zu stellen und den Mandanten kurz vor dessen Reiseantritt zur Hochzeit in seinem Heimatland über das Risiko einer Verhaftung bei Versäumung des Termins aufzuklären und gerät der Mandant daraufhin in Haft, steht dem Mandanten gegen den Anwalt ein Schmerzensgeld wegen erlittener Freiheitsentziehung zu.[59] 35

Einen Sonderfall hatte das OLG Stuttgart[60] zu beurteilen, der allerdings keine Freiheitsentziehung darstellt, sondern eine Vernachlässigung eines Kindes durch Pflegeeltern. Ein eineinhalb Jahre alter Junge wurde vom Kreisjugendamt bei **Pflegeeltern** untergebracht, deren Auswahl unter Verletzung von Amtspflichten fehlerhaft erfolgt war. Notwendige Kontrollen unterblieben über einen Zeitraum von fast 7 Jahren. Infolgedessen starb ein Kind an Unterernährung, der Kläger blieb in der Entwicklung zurück und war extrem unterernährt. Das Schmerzensgeld betrug 25.000,00 €. 36

Wenn auch ein durch einen Körperschaden bedingter **Krankenhausaufenthalt** als »Freiheitsentziehung« mit allen damit verbundenen Nachteilen empfunden werden kann, reicht dies jedoch nicht aus, das Schmerzensgeld auch unter das Tatbestandsmerkmal Freiheit zu subsumieren. 37

IV. Recht auf sexuelle Selbstbestimmung

Als neues geschütztes Rechtsgut ist das Recht auf sexuelle Selbstbestimmung[61] in § 253 BGB als Schutzobjekt hinzugekommen. Insoweit bestand nach altem Recht nur bedingt ein Anspruch auf Zahlung von Schmerzensgeld, denn der in § 847 Abs. 2 BGB weiter erwähnte erzwungene außereheliche Geschlechtsverkehr hatte praktisch keine eigene Bedeutung, da in solchen Fällen tatbestandsmäßig auch eine Körper- oder Gesundheitsverletzung bejaht wurde, auf die ein Schmerzensgeldanspruch gestützt werden konnte. Erfreulicherweise hat der Gesetzgeber geradezu biblische 38

54 BVerfG, Beschl. v. 07.11.2011 – 1 BvR 1403/09, GuT 2011, 499 = StV 2012, 354.
55 OLG Karlsruhe, Urt. v. 16.12.2008 – 12 U 38/08, VersR 2009, 360.
56 OLG Hamm, Urt. v. 06.02.2015 – 11 U 131/13, unveröffentlicht; BGH, Urt. v. 12.11.2015 – III ZR 204/15, VersR 2016, 736 zu OLG Hamm, Urt. v. 06.03.2015 – 11 U 95/14, unveröffentlicht zur Vorinstanz LG Dortmund, Urt. v. 27.05.2014 – 25 O 74/14 unveröffentlicht.
57 BGH, Beschl. v. 05.05.2011 – VII ZB 17/10, NJW-RR 2011, 959.
58 BGH, Beschl. v. 10.11.2011 – IX ZA 99/11, WM 2011, 2376.
59 KG, Urt. v. 17.01.2005 – 12 U 302/03, VersR 2005, 698 = NJW 2005, 1284.
60 OLG Stuttgart, Urt. v. 23.07.2003 – 4 U 42/03, NJW 2003, 3419 Die Entscheidung wurde bestätigt durch BGH, Urt. v. 21.10.2004 – III ZR 254/03, NJW 2005, 68.
61 Vgl. hierzu auch Jaeger, VersR 2003, 1372.

Formulierungen[62] aus dem Gesetz verschwinden lassen, wonach einer »Frauensperson« für den ihr durch eine außereheliche »Beiwohnung« entstandenen Schaden materieller und immaterieller Schadensersatz zu gewähren war.

39 Der nunmehr gegebene Schutz des Rechts auf sexuelle Selbstbestimmung gilt nicht nur
- für Frauen, sondern auch
- für Männer,
- für Kinder,[63]
- das dritte Geschlecht, das gelebte Geschlecht (Gender)
- für Kleriker, Lehrer, Trainer, Chorleiter usw., siehe zu diesen Tätern unten Ziff. 5.

ist also ausdrücklich weiter gefasst und stellt trotz der Ankündigung des Gesetzgebers, die Verletzung des allgemeinen Persönlichkeitsrechts, die mit dem Missbrauch des Rechts auf sexuelle Selbstbestimmung immer verbunden ist, vorerst nicht zu regeln, eine partielle Regelung dieser Rechte dar.[64] Es gab und gibt aber keinen Grund, innerhalb des allgemeinen Persönlichkeitsrechts zwischen einer weiblichen und einer männlichen Geschlechtsehre zu unterscheiden.

Dabei ist zu bedenken:
- fast jeder sexuelle Missbrauch verläuft anders.
- fast jeder Missbrauchstäter ist anders.
- fast jedes Missbrauchsopfer empfindet anders.

Missbrauchstaten liegen oft viele Jahre oder Jahrzehnte zurück, manche wurden erst in jüngerer Zeit begangen. Keinesfalls kann angenommen werden, dass es Missbrauchstaten derzeit nicht mehr gibt.

40 Rechtsprechung, welche in solchen Fällen auf das allgemeine Persönlichkeitsrecht zurückgegriffen hätte, ist nicht bekannt.[65]

41 Die Rechte der Opfer sexuellen Missbrauchs wurden durch das »Gesetz zur Stärkung der Rechte von Opfern sexuellen Missbrauchs (StOPMG)« vom 26.06.2013[66] weiter gestärkt, indem die Verjährungsfrist auf 30 Jahre ausgedehnt wurde.

42 § 197 Abs. 1 Nr. 1 lautet nunmehr:

> »In 30 Jahren verjähren, soweit nicht ein anderes bestimmt ist, (1) Schadensersatzansprüche, die auf der vorsätzlichen Verletzung des Lebens, des Körpers, der Gesundheit, der Freiheit oder der sexuellen Selbstbestimmung beruhen«.

43 Bis auf das Tatbestandsmerkmal »Leben« betrifft dies jeglichen immateriellen Schaden, der auf einer vorsätzlichen Verletzungshandlung beruht.

Die geänderte Verjährungsvorschrift wirkt verlängernd auch für bereits begangene Verletzungshandlungen und für bestehende Ansprüche, soweit diese noch nicht verjährt sind.

Zur Verjährung von Missbrauchstaten durch Kleriker und zur Besonderheit des Missbrauchs durch Kleriker, Lehrer, Trainer, Chorleiter usw. s.u. in der neu eingefügten Ziff. 5, Rdn 417a ff.

---

62 Müller, VersR 2003, 1 (7).

63 Kilian, JR 2004, 309 (309) weist zu Recht darauf hin, dass auch nach altem Recht Kinder geschützt waren, sofern sie denn weiblichen Geschlechts waren.

64 OLG Köln, Beschl. v. 30.09.2002 – 19 W 38/02, VersR 2003, 652 = NJW-RR 2003, 743; Müller, VersR 2003, 1 (7).

65 Vgl. v. Bar, Karlsruher Forum 2003, S. 13 Fn. 23.

66 BGBl. I 2013, 1806.

1. Verletzung des sexuellen Selbstbestimmungsrechts von Frauen

a) Entwicklung der Rechtsprechung

Dies ist ein Thema, das bei Juristen und Nicht-Juristen Emotionen weckt, die bei Frauen oder Männern unterschiedlich heftig ausfallen können. 44

Betrachtet man die **zu Vergewaltigungsfällen ergangenen Entscheidungen**, fällt auf, dass ein Schmerzensgeld i.H.v. 10.000,00 € (20.000,00 DM) erstmals 1986 zuerkannt wurde, allerdings in einem Fall mit der Besonderheit, dass ein 15 Jahre altes Mädchen mehrfach vergewaltigt wurde.[67] 45

- In einem weiteren Fall aus dem Jahr 1986 wurden **15.000,00 €** bei versuchter Vergewaltigung, gefährlicher Körperverletzung und versuchtem Mord an einer 25 Jahre alten Frau[68] zuerkannt. 46
- Aus dem Jahr 1990 stammt eine Verurteilung in gleicher Höhe durch Versäumnisurteil, ohne dass Einzelheiten bekannt sind.[69]
- Im Jahr 1992 folgte eine Verurteilung i.H.v. **30.000,00 €**,[70] auch dieser Fall mit erheblichen Besonderheiten: Das Opfer, ein 17 Jahre altes Mädchen, wurde defloriert und wiederholt vergewaltigt und leidet seitdem unter erheblichen psychischen Störungen.
- Eine weitere Entscheidung aus dem Jahr 1992[71] erkannte auf **12.500,00 €** Schmerzensgeld für fortgesetzte (über ein Jahr dauernde) sexuelle Nötigung eines 12 Jahre alten Mädchens durch den Stiefvater.

In früheren Jahren hat es auch bei schlimmen Taten stets nur Schmerzensgelder in einer Größenordnung von meist **6.000,00 € – 7.500,00 €** gegeben.[72] Vielfach fielen die Schmerzensgeldbeträge noch geringer aus, insb. dann, wenn der zuerkannte Betrag dem Klageantrag entsprach.[73] Erst in jüngster Zeit werden diese Beträge deutlich überschritten. 47

Nun ist Bewegung in die Rechtsprechung bei schweren Vergewaltigungen gekommen. Das LG Wuppertal[74] entschied: Wird eine 16 Jahre alte Frau, die im 4. Monat schwanger ist, von einem jungen Mann gekidnappt, in dessen Wohnung verschleppt, dort gefesselt und 72 Stunden lang immer wieder mit dem Tode bedroht und vielfach, oft stundenlang brutal vergewaltigt – die Klägerin schilderte detailliert fünf sexuelle Übergriffe –, rechtfertigt dies ein Schmerzensgeld i.H.v. 100.000,00 €.

Eine weitere Entscheidung erkennt auf ein Schmerzensgeld in Höhe von 150.000,00 €.[75] Dies ist der bisher höchste Schmerzensgeldbetrag nach einer Vergewaltigung, der zudem in einem Adhäsionsverfahren zuerkannt wurde, ein Betrag, den der BGH18 unbeanstandet gelassen hat. Zudem und wurden die Angeklagten wegen Vergewaltigung, sexueller Nötigung, Geiselnahme und Menschenhandel zu einer Gesamtfreiheitsstrafe von 14 Jahren und als Gesamtschuldner zur Zahlung des Schmerzensgeldes verurteilt. Schon aus diesen Fakten ergibt sich, dass der Anspruch sich gegen

67 LG Oldenburg, Urt. v. 03.11.1986 – 13 O 2337/86, unveröffentlicht.
68 LG Darmstadt, Urt. v. 19.02.1986 – 9 O 135/85, unveröffentlicht.
69 LG Koblenz, Urt. v. 13.07.1990 – 2 O 522/87, unveröffentlicht.
70 OLG Hamm, Urt. v. 03.02.1992 – 6 U 9/91, ZfS 1992, 156.
71 LG Augsburg, Urt. v. 21.08.1992 – 3 O 4463/90, unveröffentlicht.
72 LG Kempten, Urt. v. 29.08.1983 – 1 O 324/83, DRsp-ROM Nr. 1996, 2295; LG Braunschweig, Urt. v. 26.02.1986 – 5 O 181/85, DRsp-ROM Nr. 1996, 1763; LG Heilbronn, Urt. v. 21.12.1987 – 4 O 2145/87, unveröffentlicht; LG Hagen, Urt. v. 25.05.1990 – 14 O 117/90, ZfS 1990, 301.
73 So z.B. LG Heilbronn, Urt. v. 21.12.1987 – 4 O 2145/87, unveröffentlicht: 7.500,00 € nach stundenlanger Vergewaltigung, körperlicher Misshandlung, schwerwiegende psychische Beeinträchtigungen; LG Mosbach, Urt. v. 05.11.1991 – 1 O 145/91, unveröffentlicht: 5.000,00 €; LG Braunschweig, Urt. v. 26.02.1986 – 5 O 181/85, unveröffentlicht = DfS Nr. 1993, 1004: 6.000,00 € nach Vergewaltigung mit Todesdrohungen und Todesangst sowie zusätzlich herabwürdigender Behandlung des Opfers.
74 LG Wuppertal, Urt. v. 05.02.2013 – 16 O 95/12, VersR 2013, 591 mit Anm. Jaeger.
75 LG Verden, Urt. v. 02.07.2008 – 101 Js 35958/09–1–6/07, bestätigt durch BGH, Urt. v. 19.11.2009 – 3 StR 87/09.

Schwerstkriminelle richtet und nicht erwartet werden kann, dass das Opfer jemals eine Zahlung erhalten wird.

48 Womit kann die **Zurückhaltung der Gerichte** bei der Zuerkennung angemessener Schmerzensgelder begründet werden?

b) Gründe für die Fehlentwicklung bei Zuerkennung von Schmerzensgeld

49 Es dürften mehrere Gründe in Betracht kommen.

- Zunächst fällt auf, dass es nur wenige Entscheidungen zum Schmerzensgeld bei Vergewaltigung gibt. Ein Grund dafür liegt darin, dass aufgrund früher herrschender Moralvorstellungen sich viele Opfer gescheut[76] haben, die Taten zu offenbaren und das traumatische Erlebnis im Rechtsstreit vor dem Zivilgericht erneut durchleben zu müssen. Die **Zurückhaltung der Opfer im Hinblick auf die Möglichkeit von Klagen** beruht aber z.T. auch darauf, dass die **Mehrzahl der Täter vermögenslos**[77] sein dürfte, ein obsiegendes Urteil also zunächst wertlos wäre.
- Höhere Schmerzensgelder wurden vor ein bis zwei Jahrzehnten aber auch deshalb nicht zuerkannt, weil dafür Bemessungsgrundlagen fehlten. Als größere **Entscheidungssammlung** gab es nur die sog. Hacks-Tabelle,[78] die naturgemäß Jahre hinter der Entwicklung herhinkte. Im Grüneberg/Palandt (dem oft einzigen Hilfsmittel für den erstinstanzlichen Richter) und in anderen Kommentaren zum BGB waren und sind Schmerzensgelder zu einzelnen Verletzungen nicht aufgeführt.
- Die Rechtsprechung des BGH und der Obergerichte forderte bis 1996 zu Unrecht im Klageantrag die **Angabe eines bestimmten Schmerzensgeldbetrages.**[79] **PKH** wurde nur für den im Antrag genannten Betrag bewilligt, der sich naturgemäß auf ältere Vergleichsfälle beziehen musste.
- Die **Richterbank** war – jedenfalls bis etwa 1990 – überwiegend mit Männern besetzt, insb. bei den Obergerichten waren Richterinnen eher selten beteiligt.
- Der Wert von **Gesundheit, Ehre und Persönlichkeit** wurde ggü. dem des Eigentums und Vermögens von den Vätern des BGB geringer bewertet.
- Möglicherweise spielen auch die wirtschaftlichen Verhältnisse des Täters eine Rolle. Wenn schon der Umstand, dass der Täter strafrechtlich verurteilt wurde, bei der Bemessung des Schmerzensgeldes berücksichtigt wird, warum dann nicht auch seine Vermögenslosigkeit? Hohlbein[80] hat erkannt, dass es dem Kläger wenig nützt, wenn das Gericht einen hohen Entschädigungsbetrag zuerkennt, der nicht vollstreckt werden kann. Solche Gedanken könnte auch Richter z.B. im Adhäsionsverfahren plagen, dann sollten sie es aber wenigstens sagen.
- Foerste[81] sieht die Erklärung in verschiedenen Komponenten, u.a. in der traditionellen Zurückhaltung unseres Rechts und der deutschen Gerichte ggü. einer **Kommerzialisierung** von Nichtvermögensschäden, in der Anlehnung an die Schmerzensgeld-Tabellen und darin, dass die Modalitäten der Tatausführung nur eine Art Zuschlag zum Schmerzensgeld auslösen und dass mehrere Verletzungsakte und die Dauerfolgen nach Art einer Gesamtstrafe zusammengefasst werden.

---

76 Staudinger/Schäfer, BGB, 12. Aufl. 1986, § 847 Rn. 51.

77 Staudinger/Schäfer, BGB, 12. Aufl. 1986, § 847 Rn. 51.

78 Henke, S. 128 f. bezeichnet den Aufbau einer Schmerzensgeldtabelle nach Schmerzensgeldbeträgen als methodisch verfehlt.

79 BGH, Urt. v. 30.04.1996 – VI ZR 55/95, BGHZ 132, 341, 351 = NJW 1996, 2425 = MDR 1996, 886 mit Anm. Jaeger: Klageantrag bei der Geltendmachung von Schmerzensgeld. Der LS des BGH zu diesem Punkt lautete: Bei der Festsetzung des für angemessen gehaltenen Schmerzensgeldes sind dem Richter i.R.d. § 308 ZPO durch die Angabe eines Mindestbetrages oder einer Größenordnung nach oben keine Grenzen gezogen.

80 Hohlbein, Nicht vollstreckbares Schmerzensgeld – eine Gerechtigkeitslücke, VersR 2020, 1162.

81 Foerste, NJW 1999, 2951.

Bedrückend ist dabei, dass in den Entscheidungen die **Kriterien zur Bemessung des Schmerzensgeldes** durchweg gesehen, aber dann grob missachtet werden. Es kann nicht sein, dass das LG Flensburg[82] bei der Bemessung des Schmerzensgeldes berücksichtigt hat, dass das Opfer der Vergewaltigung erst 16 1/2 Jahre alt war, sich noch voll in der pubertären Entwicklung befunden hat, das Vorgehen des Täters besonders brutal war, das Opfer in Todesangst versetzt wurde, im Ermittlungsverfahren wiederholt mit dem Geschehen konfrontiert wurde, dieses noch nicht voll verarbeitet hatte und deshalb statt der geforderten 12.500,00 € ein Schmerzensgeld i.H.v. 2.500,00 € ausurteilte.[83] Dabei hielt das LG der Klägerin noch vor, sie habe nicht substanziiert vorgetragen, »dass sie über das in solchen Fällen – leider – übliche Maß an psychischer Beeinträchtigung hinaus Dauerschäden behalten habe«. Der Vortrag der Klägerin, die Folgen der Tat seien »katastrophal« und »sie habe sie noch nicht verarbeitet«, reichte dem LG nicht aus. Kein Wunder, dass das LG dann auch noch die strafrechtliche Verurteilung des Täters i.R.d. Genugtuungsfunktion unter Berufung auf durchweg mehr als 15 Jahre zurückliegende Rechtsprechung und in Kenntnis der abweichenden neueren Rechtsprechung[84] zugunsten des Täters berücksichtigte. Bei solchen Entscheidungen fällt ferner auf, dass in Tatbestand und Entscheidungsgründen sämtliche Folgen der Tat aufgelistet werden, auch kleinste Verletzungen, wie z.B. oberflächliche Hautverletzungen, die durch Klebeband verursacht wurden. Damit wird eine (nicht existierende) Dokumentationspflicht erfüllt, die nur scheinbar auf eine sorgfältige Arbeit der Richter hinweist, in Wirklichkeit aber beweist, dass nur dokumentiert und nicht nachgedacht wurde. Das, was Richter der Klagepartei oft vorwerfen, nämlich das Vorbringen sei nicht schlüssig, trifft auf diese Entscheidungen zu: Die Bemessung des Schmerzensgeldes ist nicht schlüssig, weil die aufgeführten Verletzungen, Leiden und Spätschäden ein weit höheres Schmerzensgeld erfordern als tatsächlich zuerkannt. 50

Unschlüssig ist auch das vom OLG Koblenz[85] mit 20.000,00 € bemessene Schmerzensgeld, wenn es dort heißt: »Im Hinblick auf die der Klägerin zugefügten Schmerzen und die von dem Beklagten ausgeführten bestialischen Tathandlungen folgt auch der Senat der neuesten Rechtsprechung, die bei derartigen Taten weitaus höhere Beträge an Schmerzensgeld zuerkennt, als dies in der Vergangenheit geschehen ist«.[86] Angesichts der multiplen Verletzungen und der psychischen Dauerschäden der Klägerin ist es nicht verständlich, dass das OLG Koblenz den vom LG zuerkannten Betrag von 15.000,00 € nicht deutlicher überschritten hat. Selbst die Entscheidung des LG Frankfurt am Main,[87] in der ein Schmerzensgeld von 50.000,00 € zuerkannt wurde, leidet an gewissen Begründungsmängeln; der Sachverhalt ist doppelt so lang wie die Entscheidungsgründe und wie das Gericht zu einem Betrag gekommen ist, der die bisher zuerkannten Schmerzensgeldbeträge deutlich überschreitet, wird nicht klar. 51

c) Neuere Entwicklung zu höherem Schmerzensgeld

Erst vor einiger Zeit sind die Autoren wach geworden, die diese Tendenz erkannt haben und aufbereiten. Ein Anlass für die Erörterungen zu diesen unhaltbaren Entscheidungen war der Fall der **Caroline von Monaco**, in dem das OLG Hamburg 1996 für den **Eingriff in das allgemeine Persön-** 52

82 LG Flensburg, Urt. v. 07.05.1992 – 2 O 21/92, VersR 1993, 979.

83 Ähnlich AG Radolfzell, Urt. v. 25.04.1996 – 2 C 84/96, NJW 1996, 2874, das für eine sexuelle Nötigung, bei der das Opfer Todesangst ausgestanden hat, ein Schmerzensgeld i.H.v. 2.500,00 € für angemessen gehalten hat.

84 BGH, Urt. v. 16.01.1996 – VI ZR 109/95, ZfS 1996, 132; OLG Köln, Beschl. v. 14.11.1991 – 2 W 186/91, NJW-RR 1992, 221.

85 OLG Koblenz, Urt. v. 02.10.1998 – 8 U 1682/97, NJW 1999, 1639.

86 Dabei übersieht das OLG Koblenz, dass bereits das LG Baden-Baden mit Urt. v. 26.09.1986 – 1 O 181/86, unveröffentlicht, einer Frau für eine mehr als 15-stündige Fesselung und Knebelung mit Todesangst und mehrfachen Vergewaltigungen sowie drohendem Erstickungstod ein Schmerzensgeld i.H.v. 15.000,00 € zuerkannt hat.

87 LG Frankfurt am Main, Urt. v. 24.02.1998 – 2/26 O 564/96, NJW 1998, 2294 = VersR 1999, 729.

lichkeitsrecht einen Geldbetrag von 90.000,00 € zuerkannt hatte.[88] Weiterer Anlass waren aber auch mehrere Entscheidungen, in denen deutlich höhere Schmerzensgelder als früher zuerkannt wurden. Nach der soeben besprochenen Entscheidung des OLG Koblenz[89] führte eine unglaubliche Brutalität der Vergewaltigung immerhin zu einem Schmerzensgeld von 20.000,00 €, bei einem noch schlimmeren Verbrechen hatte das LG Frankfurt am Main[90] – wie erwähnt – 50.000,00 € zugesprochen und das OLG Stuttgart[91] erkannte auf ein Schmerzensgeld i.H.v. 35.000,00 € nach brutal ausgeführter Vergewaltigung mit Defloration, schwerer, lebensgefährlicher Körperverletzung, psychischen Schäden und weiteren Spätfolgen. Das OLG Hamm[92] erkannte auf 30.000,00 € in einem Fall, in dem das 17 Jahre alte Opfer mehrere Tage entführt, defloriert, wiederholt vergewaltigt und körperlich verletzt wurde und erheblich unter psychischen Folgen leidet. Schließlich hat im Jahr 2013 das LG Wuppertal[93] ein Schmerzensgeld von 100.000,00 € zuerkannt.

53 Nach Däubler[94] ist das »stundenlange« Martyrium des Opfers für die Höhe des Schmerzensgeldes maßgebend. Die **Langzeitfolgen der Tat** dürften nicht völlig in den Hintergrund treten. Dies sei und bleibe unverständlich, denn nach § 847 BGB a.F. sei eine Entschädigung zu leisten »im Falle der Verletzung des Körpers oder der Gesundheit« und im Fall der Freiheitsentziehung. Wenn es deshalb nach brutaler Vergewaltigung zu starken psychischen Auffälligkeiten bis zur Suizidgefährdung komme, sei das ohne jeden Zweifel ein Fall der Verletzung der Gesundheit. Dies sei auch der Fall, wenn als Folge der Tat festgestellt werde, dass es bei dem Betroffenen zu massiven Verhaltensauffälligkeiten gekommen sei, die u.U. lebenslange nicht mehr zu beseitigende Folgen haben können. Däubler[95] beschreibt dies dahin, dass Langzeitfolgen darin bestehen könnten, dass das Opfer sein Leben als sozialer Außenseiter verbringen müsse, immer behandlungsbedürftig und immer dem Unverständnis der Umgebung ausgesetzt sei. Das sei eine Verletzung des Körpers und der Gesundheit und sei auch im strafrechtlichen Sinn eine Schädigung der Gesundheit i.S.d. § 223 Abs. 1 StGB.

▶ Praxistipp:

54 Die Konsequenz dieser Erkenntnis muss darin bestehen, dass bei der Bemessung des Schmerzensgeldes nach Vergewaltigung immer geprüft werden muss, welche seelischen Schäden zurückgeblieben sind.[96] Geschieht dies nicht, werden Schmerzensgelder immer absolut unzulänglich sein, teilweise sogar als in der Dimension verfehlt erscheinen.

55 Auch Foerste[97] will zu »sehr hohen Schmerzensgeldern« ermutigen. Nach seiner – zutreffenden – Auffassung erscheint die Judikatur tendenziell verfehlt, weil sie zu stark schematisiert, nämlich die Umstände des Einzelfalles insofern übergeht, als § 847 BGB a.F. zur vollständigen Erfassung und Bewertung immaterieller Schäden nach Intensität und Dauer verpflichtet und dazu gehören Schmerzen, Schock, Ängste, Spätfolgen usw. Es könne nicht sein, dass bei der Bemessung des Schmerzensgeldes zunächst der Grundtatbestand der Vergewaltigung festgestellt und danach je nach Schwere der Begleitumstände und Folgen »aufgesattelt« werde. Eine derartige Gesamtschau möge bei fahrlässiger Körperverletzung im Einzelfall zulässig sein. Bei vorsätzlicher Tat – und das sei die Vergewaltigung

88 OLG Hamburg, Urt. v. 25.07.1996 – 3 U 60/93, NJW 1996, 2870.
89 OLG Koblenz, Urt. v. 02.10.1998 – 8 U 1682/97, NJW 1999, 1639: 20.000,00 € für stundenlanges Martyrium einer äußerst brutal vergewaltigten, gefesselten 17-jährigen; vgl. auch OLG Koblenz, Beschl. v. 23.03.1998 – 5 W 208/98, NJW 1999, 1640 = VersR 1999, 728.
90 LG Frankfurt am Main, Urt. v. 24.02.1998 – 2/26 O 564/96, NJW 1998, 2294 = VersR 1999, 729.
91 OLG Stuttgart, Urt. v. 01.08.1997 – 2 U 75/97, NJW-RR 1998, 534.
92 OLG Hamm, Urt. v. 03.02.1992 – 6 U 9/91, unveröffentlicht.
93 LG Wuppertal, Urt. v. 05.02.2013 – 16 O 95/12, VersR 2013, 591 mit Anm. Jaeger.
94 Däubler, NJW 1999, 1611.
95 Däubler, NJW 1999, 1611.
96 Das gilt nicht nur für Fälle der Vergewaltigung oder des sexuellen Missbrauchs, sondern für alle Fälle schwerer Verletzungen, die einen psychischen Folgeschaden hinterlassen haben können.
97 Foerste, NJW 1999, 2951 (2952).

immer – müsse das Schadensbild insgesamt betrachtet und vollständig entschädigt werden. Möge für eine brutale Vergewaltigung ein bestimmter Schmerzensgeldbetrag angemessen sein, müsse dieser bei mehrfacher Vergewaltigung vervielfacht und z.B. bei Ausführung der Tat durch mehrere Täter abermals ganz wesentlich erhöht werden. Es könne doch nicht sein, dass das Schmerzensgeld bei mehrfacher Vergewaltigung »nur« erhöht werde, wenn der Täter dieselbe Frau mehrfach vergewaltigt. Würde er jeweils eine andere Frau vergewaltigen, käme niemand auf den Gedanken, das (erhöhte) Schmerzensgeld auf diese Frauen zu verteilen.

Auch die Genugtuung spielt bei der Bemessung des Schmerzensgeldes i.R.d. Ausgleichs für die Verletzung des sexuellen Selbstbestimmungsrechts eine Rolle. Dabei kann nicht nachdrücklich genug darauf hingewiesen werden, dass die strafrechtliche Verurteilung des Täters nicht Schmerzensgeld mindernd zu berücksichtigen ist,[98] wie es das LG Flensburg[99] 1992 noch getan hat.[100] 56

Mit Foerste[101] sind wir der Auffassung, dass in **Folter-Fällen**, in denen der Schmerz gezielt herbeigeführt wird, die bisher erschienenen **Schmerzensgeldtabellen** nichts hergeben. Es war deshalb verfehlt, dass das OLG Stuttgart,[102] das von einem besonders abscheulichen Verbrechen spricht, darauf abstellt, dass das LG das Schmerzensgeld zutreffend auf der Grundlage der bisherigen Rechtsprechung bemessen habe und dass der Betrag von 35.000,00 € über die in vergleichbaren Fällen zuerkannten Schmerzensgelder hinausgehe. 57

In diesen Fällen brutalster Vergewaltigung muss der Genugtuung[103] i.R.d. zu gewährenden Ausgleichs noch eine Bedeutung zukommen. Wenn der Täter Schmerz und Angst des Opfers anstrebt, zumindest aber billigend in Kauf nimmt, wenn er sich daran weidet, wenn er das Opfer in Todesangst versetzt, muss in solchen Fällen das Schmerzensgeld über den bisher üblichen Rahmen hinaus allein deshalb verdoppelt werden. Foerste[104] schlägt vor, bei einer 3-stündigen Folterung wie im Fall des OLG Koblenz[105] mehrere 50.000,00 € Schmerzensgeld anzusetzen, bei gravierenden Spätschäden noch mehr. In dem »grauenhaften Fall« des LG Frankfurt am Main[106] schlägt er ein Schmerzensgeld von 300.000,00 € vor. 58

d) »Quantensprung« bei der Schmerzensgeldbemessung

Einen solchen »Quantensprung« bei der Schmerzensgeldbemessung werden deutsche Richter mit Rücksicht auf die Rechtsprechung des BGH kaum wagen. Natürlich kann der Richter ein höheres Schmerzensgeld zuerkennen und die bisherige Praxis als unbefriedigend verwerfen. Dann muss er sich aber zum Bruch mit der Tradition bekennen und die Revisionsinstanz muss sich mit seinen Argumenten auseinandersetzen.[107] Auch in der Literatur wird nun eindeutig für ein höheres Schmerzensgeld bei Verletzung des Rechts auf sexuelle Selbstbestimmung plädiert[108] und eine drastische Anhebung der Beträge, gestützt auf das Ausgleichsprinzip, gefordert. 59

98 Vgl. OLG Celle, Urt. v. 26.11.1992 – 5 U 245/91, VersR 1993, 976; LG Frankfurt am Main, Urt. v. 24.02.1998 – 2/26 O 564/96, NJW 1998, 2294 = VersR 1999, 729.
99 LG Flensburg, Urt. v. 07.05.1992 – 2 O 21/92, VersR 1993, 979.
100 Diese Auffassung hat die 2. Zivilkammer später aufgegeben, vgl. LG Flensburg, Urt. v. 29.01.1999 – 2 O 459/98, NJW 1999, 1640.
101 Foerste, NJW 1999, 2951 (2952).
102 OLG Stuttgart, Urt. v. 01.08.1997 – 2 U 75/97, NJW-RR 1998, 534.
103 BGH, Urt. v. 16.01.1996 – VI ZR 109/95, NJW 1996, 1591; Kern, AcP 191 (1991), 247 (262 ff.); Foerste, NJW 1999, 2951 (2952).
104 Foerste, NJW 1999, 2951 (2952).
105 OLG Koblenz, Urt. v. 02.10.1998 – 8 U 1682/97, NJW 1999, 1639 – stundenlanges Martyrium, 40.000,00 DM.
106 LG Frankfurt am Main, Urt. v. 24.02.1998 – 2/26 O 564/96, NJW 1998, 2294 = VersR 1999, 729.
107 Vgl. Henke, S. 85.
108 Dauner-Lieb/Langen/Huber, AK-Schuldrecht, § 253 Rn. 47 ff.

60 Wenn auch der BGH immer wieder betont, dass die Bemessung des Schmerzensgeldes dem Tatrichter obliegt, hat er doch dann eine Korrekturmöglichkeit, wenn das ausgeurteilte Schmerzensgeld den Rahmen der bisher zuerkannten Schmerzensgelder sprengt.

61 In diesem Punkt besteht in Vergewaltigungsfällen jedoch die Hoffnung, dass der BGH eine deutliche Steigerung der Schmerzensgeldbeträge akzeptieren wird. Im Jahr 1996[109] hat der BGH nämlich eine OLG-Entscheidung aufgehoben, die den vom LG zuerkannten Betrag von 30.000,00 € auf 12.500,00 € herabgesetzt hatte, weil der Täter strafrechtlich verurteilt worden war. Die Besonderheit dieser BGH-Entscheidung liegt darin, dass die Sache an einen anderen Senat zurückverwiesen wurde mit dem Hinweis, dass mehrere Gerichte in vergleichbaren Fällen Schmerzensgelder i.H.v. 30.000,00 € zugesprochen hätten, ein Betrag, der auch »im konkreten Fall nicht aus dem Rahmen« fallen würde. Dies ist ein deutlicher Hinweis darauf, dass in Vergewaltigungsfällen auch deutlich höhere Schmerzensgeldbeträge vom BGH akzeptiert würden.

62 Betrachtet man die Entscheidung des LG Frankfurt am Main (50.000,00 €), erscheint es deshalb möglich, dass der BGH auch dieses Schmerzensgeld billigen und nicht mit kleinbürgerlicher Betrachtung korrigieren würde. Der BGH akzeptiert die neueren Tabellenwerte.[110] Die früheren Tabellenwerte betreffen Entscheidungen, in denen sich die Richter mit den Besonderheiten des Einzelfalles gar nicht oder völlig unzureichend auseinandergesetzt haben. Sobald diese Auseinandersetzung stattfindet, die Besonderheiten der Tat und ihrer Folgen aufgearbeitet werden und die Richter die Schmerzensgeldbemessung transparent machen, ist die Höhe des Schmerzensgeldes »revisionsfest«.[111]

63 Zum Quantensprung angesetzt hat immerhin das LG Wuppertal[112], das einer brutal vergewaltigten 16 Jahre alten schwangeren Frau ein Schmerzensgeld i.H.v. 100.000,00 € zuerkannte. Durch diese Entscheidung ist unsere bereits in der 1. Aufl. dieses Buches unter Rn. 202 geäußerte Vermutung, einen solchen »Quantensprung« bei der Schmerzensgeldbemessung werden deutsche Richter mit Rücksicht auf die Rechtsprechung des BGH kaum wagen, im Ansatz widerlegt worden. Weitere Entscheidungen dieser Art müssen folgen.

64 Schmerzensgeldentscheidungen, die älter als zehn Jahre sind, sind häufig schon wegen der Geldentwertung nicht mehr aussagekräftig[113]. Hinzu tritt, dass in solchen Entscheidungen vielfach noch (irrig) der Antrag als Obergrenze des vom Gericht zuzusprechenden Betrages angesehen wurde, der Antrag aber seinerseits sich i.d.R. schon aus Gründen anwaltlicher Vorsicht an Präjudizien orientiert, die wiederum noch älter waren – und die wegen des Kostenrisikos bei Teilunterliegen nicht überschritten wurden[114].

65 All dies hat die Kammer des LG Wuppertal bei der Entscheidung beachtet. Sie hat sehr sorgfältig vergleichbare Entscheidungen ausgewertet und dabei besonders berücksichtigt, dass frühere Entscheidungen der Höhe nach fortzuschreiben sind, sodass der zuerkannte Betrag keineswegs »weit außerhalb des Rahmens der bisherigen Rechtsprechung liegt«, was das OLG Hamm[115] einmal ausdrücklich beanstandet hat. So setzt sich die Kammer mit wirklich vergleichbaren Entscheidungen auseinander und bewertet das jeweils zuerkannte Schmerzensgeld als vertretbar oder völlig zu Recht

109 BGH, Urt. v. 16.01.1996 – VI ZR 109/95, ZfS 1996, 132.

110 BGH, Urt. v. 16.01.1996 – VI ZR 109/95, ZfS 1996, 132.

111 Steffen, DAR 2003, 201 (205), weist darauf unter Bezug auf die alte Entscheidung des BGH, Urt. v. 08.06.1976 – VI ZR 216/74, MDR 1976, 1012 = DB 1976, 1520 hin und fordert auch heute noch, dass bei der Bemessung des Schmerzensgeldes eingehend zu begründen ist, warum der Richter »zu neuen Ufern aufbrechen« wolle.

112 LG Wuppertal, Urt. v. 05.02.2013 – 16 O 95/12, VersR 2013, 591 mit Anm. Jaeger, s.o. Rdn. 47, 52.

113 KG OLGReport 2006, 749 (751).

114 Obgleich § 92 Abs. 2 Nr. 2 ZPO eine volle Kostentragung des Beklagten ermöglicht, wenn der vorgestellte Betrag bis ca. 25 % abweicht; eine Norm, die leider oft übersehen wird.

115 OLG Hamm, Urt. v. 11.07.1991 – 6 U 9/91, ZfS 1992, 156.

als »unerklärlich niedrig«. Dabei setzt sie die Taten und die Tatfolgen jeweils in Relation zu den zuerkannten Beträgen und zum zu entscheidenden Fall.

Dabei ist es auch zutreffend, das Schmerzensgeld in Fällen, die fast einer Zerstörung der Persönlichkeit gleichkommen, im Vergleich mit anderen Fällen schwerer und schwerster Beeinträchtigung zu sehen. Die Auswirkungen einer brutalen Vergewaltigung auf die Psyche einer jungen Frau können ebenso gravierend sein, wie schwere körperliche Behinderungen (Querschnittslähmung), die einen 6-stelligen Schmerzensgeldbetrag rechtfertigen. 66

▶ Hinweis:

Hier sind Spruchkörper gefordert, die bereits im PKH-Verfahren deutlich machen können, dass sie gewillt sind, die bisherigen Grenzen der Schmerzensgeldbemessung zu sprengen, indem sie alle Kriterien zur Bemessung heranziehen. Sie können dem Opfer Mut machen und ihm durch PKH-Bewilligung einen Teil des Prozessrisikos nehmen. Ein solches Prozessrisiko bei Klagen auf Zahlung von Schmerzensgeld nach Vergewaltigung ist insb. deshalb gegeben, weil die ausgeurteilten Beträge und die Kosten des Verfahrens wahrscheinlich nur selten beigetrieben werden können. Zwar weist Foerste[116] zu Recht darauf hin, dass diese Frage im Erkenntnisverfahren offenbleiben muss.[117] Er gibt zu bedenken, dass Kriminelle je nach Milieu (z.B. Zuhälter) und im Erbenzeitalter nicht notwendig vermögenslos sein oder bleiben müssen und dass es für Schulden aus Vorsatztaten keine RSB gibt.[118] 67

Auf diese Problematik weist auch Hohlbein[119] hin, der erkannt hat, dass ein Urteil, das dem Kläger einen hohen Betrag zuerkennt, oft wenig nützt, wenn die Vollstreckung nicht möglich ist.

2. Verletzung des sexuellen Selbstbestimmungsrechts von Männern

Das OLG Bamberg[120] entschied den ersten Fall einer Vergewaltigung eines Mannes durch einen Mann und sprach dem Kläger ein Schmerzensgeld i.H.v. 15.000,00 € zu. Die Vorstellung des Opfers lag bei 35.000,00 €. 68

Der Kläger wurde von einem Bekannten, der bereits vorher sexuell aufdringlich geworden war, anal vergewaltigt. Er trug bleibende psychische Schäden davon. Das Gericht berücksichtigte bei der Bemessung des Schmerzensgeldes die psychische Belastung des Klägers und die Genugtuungsfunktion, die auch durch strafrechtliche Verurteilung nicht erloschen sei.

Das OLG Hamm[121] bewilligte einem Mann Prozesskostenhilfe für eine Schmerzensgeldklage über 7.000,00 €. Der Beklagte nahm an dem Kläger bei zwei Gelegenheiten sexuelle Handlungen vor, als dieser unter dem Einfluss des ihm vom Beklagten ohne sein Wissen verabreichten Mittels Benzodiazepin stand mit der Folge, dass der Kläger von den Handlungen nichts bemerkte und erst durch Vorladung bei der Polizei und Vorführung eines vom Beklagten angefertigten Videos hiervon erfuhr. Der Beklagte wurde wegen dieser und 27 anderer Vorfälle zulasten anderer Männer wegen schweren sexuellen Missbrauchs widerstandsunfähiger Personen rechtskräftig zu einer Freiheitsstrafe von 6 Jahren verurteilt. 69

---

116 Foerste, NJW 1999, 2951 (2952).

117 Die Frage spielt aber bei Vergleichsgesprächen eine herausragende Rolle, wenn die Parteien sich auf ein an sich viel zu niedriges Schmerzensgeld einigen, das der Täter innerhalb bestimmter Frist zahlen soll. Geschieht dies nicht, muss für diesen Fall eine Verfallklausel auf das »volle« Schmerzensgeld vorgesehen werden.

118 Vgl. auch LG Flensburg, Urt. v. 29.01.1999 – 2 O 459/98, VersR 1999, 1378 = NJW 1999, 1640.

119 Hohlbein, Nicht vollstreckbares Schmerzensgeld – eine Gerechtigkeitslücke, VersR 2020, 1162.

120 OLG Bamberg, Urt. v. 04.04.2001 – 8 U 141/00, NJW-RR 2001, 1316.

121 OLG Hamm, Urt. v. 21.11.2014 – 9 W 50/14, unveröffentlicht.

70 Der Kläger hatte geltend gemacht, er habe erhebliche Beeinträchtigungen erlitten durch immense psychische Belastung, durch die Befürchtung, mit sexuell übertragbaren Krankheiten einschließlich HIV angesteckt worden zu sein und durch Ängste um die Gesundheit der Familienmitglieder und nahestehenden Personen. Seine Ehe sei zerstört und geschieden worden. Belastet sei er auch vor dem Hintergrund, dass er heterosexuell sei und dass seine traditionell-islamische Herkunft Analverkehr verbiete, was dem Beklagten auch bekannt gewesen sei. Die Tat habe zu einer nachhaltigen Wesensveränderung geführt und ihm die Fähigkeit genommen, Beziehungen zu anderen Menschen zu pflegen und aufrechtzuerhalten, Häufiges Erinnern des Erlebten in Alltagssituationen, hätten ihm das Leben und zwischenmenschliche Beziehungen einschließlich intimer Kontakte erschwert.

71 Das Landgericht hatte bereits ausgeführt, ein Schmerzensgeld i.H.v. 4.000,00 € sei angemessen. Der Senat will den Missbrauch des zwischen den Parteien bestehenden Vertrauens und die Perfidie, mit der der Beklagte unter Verbergung seiner wahren Absichten und Gefährdung der Gesundheit des Klägers vorgegangen sei, schmerzensgelderhöhend berücksichtigen. Er hält einen Vergleich mit heterosexueller Vergewaltigung für schwierig und verweist u.a. auf eine 12 Jahre alte Entscheidung des LG Düsseldorf,[122] das ein Schmerzensgeld i.H.v. 12.500,00 € zuerkannt hatte. Warum diese Entscheidung und die zuvor zitierte Entscheidung des OLG Bamberg nicht zur vom Kläger beantragten Prozesskostenhilfe von 20.500,00 € geführt haben, ist unerfindlich.

3. Verletzung des sexuellen Selbstbestimmungsrechts von Personen mit Varianten der Geschlechtsentwicklung

72 Inzwischen ist von der Rechtsprechung anerkannt, dass Zugehörigkeit einer Person zu einem bestimmten Geschlecht als Ausdruck des allgemeinen Persönlichkeitsrechts anzuerkennen ist. Das BVerfG[123] entschied dazu, dass § 21 Abs 1 Nr 3 PStG i.V.m. § 22 Abs 3 PStG wegen fehlender Möglichkeit zur Eintragung einer weiteren positiven Geschlechtsbezeichnung bei Person mit Varianten der Geschlechtsentwicklung – allgemeines Persönlichkeit sowie Diskriminierungsverbot schützen geschlechtliche Identität auch derjenigen, die sich dauerhaft weder dem weiblichen noch dem männlichen Geschlecht zuordnen lassen – partiell verfassungswidrig sei und setzte für Neuregelung eine Frist bis 31.12.2018.

In den Leitsätzen hielt das BVerfG fest:

1. Das allgemeine Persönlichkeitsrecht (Art. 2 Abs. 1 i.V.m. Art. 1 Abs. 1 GG) schützt die geschlechtliche Identität. Es schützt auch die geschlechtliche Identität derjenigen, die sich dauerhaft weder dem männlichen noch dem weiblichen Geschlecht zuordnen lassen.
2. Art. 3 Abs. 3 Satz 1 GG schützt auch Menschen, die sich dauerhaft weder dem männlichen noch dem weiblichen Geschlecht zuordnen lassen, vor Diskriminierungen wegen ihres Geschlechts.
3. Personen, die sich dauerhaft weder dem männlichen noch dem weiblichen Geschlecht zuordnen lassen, werden in beiden Grundrechten verletzt, wenn das Personenstandsrecht dazu zwingt, das Geschlecht zu registrieren, aber keinen anderen positiven Geschlechtseintrag als weiblich oder männlich zulässt.

Die weitere Entwicklung zu dieser Problematik bleibt abzuwarten.

4. Verletzung des sexuellen Selbstbestimmungsrechts von Kindern

a) Durch Angehörige

73 Schließlich nehmen die Fälle sexuellen Missbrauchs Minderjähriger – oft durch Angehörige – dadurch eine Sonderstellung ein, dass die zuerkannten Schmerzensgelder auffallend niedrig ausfallen.

---

122 LG Düsseldorf, Urt. v. 20.03.2002 – 10 O 315/99, unveröffentlicht.
123 BVerfG, Beschl. v. 10.10.2017 – 1 BvR 2019/16, NJW 2017, 3643.

b) In Heimen, Internaten und kirchlichen Einrichtungen

Die Kritik an der Höhe des Schmerzensgeldes gilt auch für die Entschädigung von Missbrauchsopfern, die in Heimen, Internaten und kirchlichen Einrichtungen seit mehreren Jahrzehnten zu beklagen sind. Die katholische Kirche hat zunächst angeboten, an jeden Betroffenen eine pauschale Entschädigung i.H.v. 5.000 €, maximal im Einzelfall 50.000 €, leisten. 74

Für Missbrauchsopfer innerhalb der katholischen Kirche hat die Deutsche Bischofskonferenz am 02.03.2011 Grundsätze über »Leistungen in Anerkennung des Leids, das Opfern sexuellen Missbrauchs zugefügt wurde« beschlossen. Nach Buchstabe B Ziffer III dieser Selbstverpflichtung soll in den Fällen, in denen Opfer sexuellen Missbrauchs eine materielle Leistung in Anerkennung des Leids wünschen und wegen der eingetretenen Verjährung kein durchsetzbarer Anspruch auf Schadensersatz und Schmerzensgeld besteht, eine materielle Leistung bis zu einem Betrag von 5.000 € gewährt werden. Nach Ziffer VI sind in besonders schweren Fällen zusätzliche Leistungen möglich.[124]

Dieser Betrag ist generell, jedenfalls aber im Einzelfall, völlig unzureichend.

Das OLG Koblenz[125] hat 1998 einem Kind (Jungen), der durch einen Mann über einen längeren Zeitraum sexuell missbraucht wurde, PKH für eine auf Zahlung von 10.000,00 € gerichtete Klage bewilligt und es für möglich gehalten, dass dieser Betrag im Hauptverfahren geringer ausfallen könnte. 75

Das LG Köln[126] hat 1992 einer Frau, die von ihrem Vater 9 Jahre lang, beginnend im Alter der Klägerin von achteinhalb Jahren, sexuell missbraucht, vergewaltigt und in große Angst versetzt wurde, ein Schmerzensgeld von 15.000,00 € zugesprochen. Der Täter wurde zu einer Freiheitsstrafe von fünfeinhalb Jahren verurteilt, was die Kammer bei der Bemessung des Schmerzensgeldes berücksichtigt hat. Das LG stellt fest, dass die Persönlichkeit des Opfers schwersten Schaden erlitten hat und dass die psychischen Beeinträchtigungen offen zutage liegen. 76

Einem zur Tatzeit 12 Jahre alten Mädchen, das von seinem Stiefvater über ein Jahr lang sexuell missbraucht und dazu durch Schläge gefügig gemacht wurde, wurde ein Schmerzensgeld i.H.v. 12.500,00 € zugesprochen. Die Klägerin wollte aus dem Leben scheiden, ist in der persönlichen Entwicklung dauerhaft getroffen und leidet unter erheblichen psychischen Beeinträchtigungen. 77

Das LG Düsseldorf[127], das einen 26 Jahre alten Angeklagten, der die 10 Jahre alte Adhäsionsklägerin aufgefordert hatte, Intimfotos zu fertigen und ihm zuzusenden, wegen des sexuellen Missbrauchs von Kindern zu einer Bewährungsstrafe verurteilte, gab sich damit zufrieden, dass der Angeklagte in der Hauptverhandlung einen Schmerzensgeldanspruch in Höhe von 4.000,00 € anerkannte. Für den von der Nebenklägerin darüber hinaus geltend gemachten Schmerzensgeldanspruch hat die Kammer von einer Entscheidung abgesehen, weil der Betrag im Rahmen der Rechtsprechung liege.

Aus einer Entscheidung des OVG Bremen ergibt sich, dass das LG Bremen einen Angeklagten wegen Vergewaltigung in Tateinheit mit gefährlicher Körperverletzung und versuchter gefährlicher Körperverletzung zu einer Freiheitsstrafe von 2 Jahren auf Bewährung verurteilte. Mit der Nebenklägerin kam es zu einer Verständigung. Der geständige Angeklagte verpflichtete sich zur Zahlung von 4.000 €.

V. Verletzung des Rechts auf sexuelle Selbstbestimmung durch Kleriker, Lehrer, Trainer, Chorleiter usw.

Dieses Kapitel wird neu eingefügt und schließt an Ziff. 4. Recht auf sexuelle Selbstbestimmung an. Die dortigen Ausführungen gelten auch hier, da jedoch eine umfassende Darstellung erfolgt, kann es zu einigen Überschneidungen kommen. 78

124 BGH, Beschl. v. 22.05.2014 – IX ZB 72/12, unveröffentlicht.
125 OLG Koblenz, Beschl. v. 23.03.1998 – 5 W 208/98, NJW 1999, 1640 = VersR 1999, 728.
126 LG Köln, Urt. v. 05.10.1992 – 32 O 155/92, Streit 1993, 109.
127 LG Düsseldorf, Urt. v. 08.12.2020 – 007 KLs 6/20, unveröffentlicht.

Missbrauch durch Kleriker

Seit mehr als einem Jahrzehnt wird in Presse, Rundfunk und Fernsehen über Versuche der Bistümer berichtet, die Opfer von sexuellem Missbrauch und von körperlichen Misshandlungen, die katholische Priester, Diakone und männliche Ordensangehörige (im Folgenden stets »Kleriker«) meist im Rahmen ihrer kirchlichen Tätigkeit verübt haben, zu entschädigen. Einzelne Bistümer versuchen, durch Sachverständigengutachten zu belegen, dass der Institution selbst nichts vorzuwerfen sei, dass diese selbst gegenüber den Missbrauchsopfern nicht hafte und dass sie seit dem Bekanntwerden der Vorwürfe alles daransetzten, das Leid der Betroffenen durch angemessene freiwillige Leistungen anzuerkennen.

Da durch Kleriker der katholischen Kirche der Missbrauch tausendfach begangen wurde, gelten die folgenden Ausführungen nur allgemein und nicht für den Einzelfall. Jedes Detail, das hier angesprochen wird, ist darauf zu prüfen, ob es Geltung für den jeweiligen Fall beanspruchen kann. Nichts darf verallgemeinert werden, jedes Missbrauchsopfer hat sein eigenes Schicksal, das es zu prüfen und zu beurteilen gilt.

Für eine Klage auf Zahlung von Schmerzensgeld nach einem sexuellen Missbrauch durch einen Kleriker ist es unverzichtbar, die Ausführungen des Ko-Autors Jaeger in der Zeitschrift VersR zu beachten. Es sind dies:

Sexueller Missbrauch durch katholische Kleriker – Anerkennung und Entschädigung, VersR 2022, 1129 ff.,

Bemessung des Schmerzensgeldes nach Schmerzensgeldkriterien bei Vergewaltigung und sexuellem Missbrauch Minderjähriger, VersR 2023, 209 ff. und

Die Bemessung des Schmerzensgeldes nach sexuellem Missbrauch – Die Bewertung der Verletzung des sexuellen Selbstbestimmungsrechts und de Dauerschäden, VersR 2023, 1193 ff. – Zugleich Besprechung der Entscheidung des LG Köln v. 13.06.2023 – 5 O 197/22, VersR 2023, 1239 – rechtskräftig.

Diese Aufsätze sind Ausgangspunkt und teilweise Inhalt dieser Abhandlung.

Aber auch eine weitere Darstellung von Jaeger aus dem Jahre 2003 zum

Schmerzensgeld bei Verletzung des Rechts auf sexuelle Selbstbestimmung gem. § 253 Abs. 2 BGB n.F.[128]

gibt eine Übersicht zur damaligen Rechtsprechung, an der sich wenig geändert hat.

Die Kenntnis dieser Aufsätze durch einen Anwalt, der ein Missbrauchsopfer in einer Klage gegen ein (Erz)-Bistum vertritt, wird zum Verständnis dieser Abhandlung vorausgesetzt. Die folgenden Ausführungen sollen Missbrauchsopfer über die Voraussetzungen und Erfolgsaussichten einer Klage auf Zahlung von Schmerzensgeld informieren und ihren Anwälten helfen, eine Klage sorgfältig abzufassen, nachdem die Fakten, die in jedem Missbrauchsfall anders sind, vollständig ermittelt worden sind und sodann systematisch als eine schlüssige Klage eingearbeitet werden müssen.

Weitere Einzelheiten zum Schmerzensgeldprozess ergeben sich u.a. aus den anschließend abgedruckten Abhandlungen des Ko-Autors Jaeger:

- *Einheitliches Schmerzensgeld – Fluch oder Segen? –und*
  Die Genugtuungsfunktion hat ausgedient[129] *ausgedient?*[130]

Diese gesamte Darstellung dieses Abschnitts wendet sich nicht nur an Missbrauchsopfer und deren Anwälte, sondern auch an Richter und an Staatsanwälte, die im Rahmen der Abrechnung der Behandlungskosten der Opfer über die Krankenkassen die Mitwirkung der Bistümer daran und die Tätigkeit der UKA in den Blick nehmen sollten.

128 Jaeger, Schmerzensgeld bei Verletzung des Rechts auf sexuelle Selbstbestimmung gem. § 253 Abs. 2 BGB n.F., VersR 2003, 1372.

129 *Jaeger*, Die Genugtuungsfunktion hat ausgedient, FS für Egon Lorenz 2004, S. 377.

130 *Vgl. Jaeger*, Einheitliches Schmerzensgeld – Fluch oder Segen? VersR 2022, 282.

Der Abschnitt gliedert sich in
a) Anspruchsgrundlagen
b) Anspruchsgegner
c) Bemessung des Schmerzensgeldes: Vergleichbare Entscheidungen
d) Bemessungskriterien des Schmerzensgeldes für sexuellen Missbrauch
e) Bemessungskriterien des Schmerzensgeldes für psychische Folgeschäden
f) Verletzung der Menschenwürde – Entschädigungsanspruch
g) Verschulden des Täters
h) Genugtuungsfunktion
i) Regulierungsverhalten der Bistümer (Schuldnerverhalten)
j) Vermögensverhältnisse der Schuldner
k) Verjährungsfragen
l) Ersatz des materiellen Schadens
   aa) Gesundheitsschaden
   bb) Verdienstausfall
   cc) Haushaltsführungsschaden

1. Anspruchsgrundlagen

Für die Missbrauchsopfer kommen – je nach Fallgestaltung – verschiedene Anspruchsgrundlagen in Betracht. Deshalb werden drei Fallgestaltungen vorgestellt, die rechtlich unterschiedlich zu bewerten sind.[131] 79

Fall 1: Rechtsstreit NN./. Erzbistum Köln, LG Köln, Urteil vom 13.06.2023 – 5 O 197/22 Das Urteil ist rechtskräftig.

Der Kläger wurde als Messdiener im Alter von 12 Jahren bis 19 Jahren vom Priester seiner Gemeinde, dem Pfarrer J., 320-mal sexuell missbraucht und vergewaltigt. Die Zahl der Vergewaltigungen wird in der Klageschrift nicht mitgeteilt, was das Gericht als unsubstantiiert bezeichnet, im schriftlichen Urteil aber gleichwohl als Bemessungskriterium berücksichtigt. Entgegen der Annahme in der Klageschrift war die pädophile Neigung des Täters dem Erzbistum bis 2019, dem Ende des sexuellen Missbrauchs des Klägers nicht bekannt. Die Klageschrift umfasst 158 Seiten mit fast 500 Randnummern, auf denen zum subjektiven Empfinden des Klägers nicht substantiiert, aber sehr allgemein Schlimmes, aber nichts Näheres ausgeführt wird. Die objektiven Gesundheitsschäden werden vom Kläger genannt und vom LG Köln als Dauerschäden gewertet, aber bei der Bemessung des Schmerzensgeldes nicht wirklich berücksichtigt.

Als Dauerschäden stellt das LG Köln fest:

Der Kläger benötigt seit über 30 Jahren ständig therapeutische Hilfe; neben zahlreichen ambulanten Sitzungen nahm er zwischen 2005 und 2019 an insgesamt 5 mehrtägigen Rehabilitationsmaßnahmen teil. Er leidet unter posttraumatische Belastungsstörungen und mehreren chronischen Krankheiten (Neurodermitis, Migräne, Hypertonie). Daneben bestehen mannigfache psychische Beeinträchtigungen, die auch aus der Belastung der Beziehungen zu den Geschwistern des Klägers herrühren. Die UKA zahlte am 07.05.2012 an den Kläger 5.000 € und am 20.05.2022 weitere 20.000 €.

Fall 2: Perr./. 1. Pfarrer H. und 2. das Erzbistum München/Freising und 3. Papst Benedikt II Ratzinger (das Verfahren ist nach dessen Tod abgetrennt) LG Traunstein – 5 O 1304/22 – letzter Verhandlungstermin am 20.06.2023.

Der Kläger nahm im Alter von knapp 12 Jahren an einem Treffen mehrerer Messdiener beim Gemeindepfarrer H. teil, bei dem der Kleriker einen Pornofilm zeigte, selbst sichtbar onanierte und

131 Als Sachverhalt wird in allen Fällen der Vortrag des Missbrauchsopfers zu Grunde gelegt, der nicht immer unstreitig ist.

die Kinder zum Onanieren aufforderte. Der Kläger erzählte dies seiner (alleinerziehenden) Mutter, die ihn als Lügner bezichtigte, weil der Kleriker (unser Pfarrer) so etwas nicht mache.

Der Kläger behauptet, infolge dieses doppelten Vertrauensbruchs durch den Kleriker und durch die Mutter sei er in eine schwere psychische Krise geraten. Seine Leistungen der Schule seien rapide abgefallen. Mit 14 Jahren habe er das Elternhaus verlassen, sei nach Hannover gefahren, habe auf der Straße gelebt und sei alkohol- und drogenabhängig geworden. Eine später begonnene Schreinerlehre habe er abgebrochen. Neben einem Schmerzensgeldbetrag von 300.000 € begehrt er Feststellung der Ersatzpflicht für materiellen Schaden.

Fall 3: Ein Mädchen wird im Alter von 4–8 Jahren von ihrem Onkel, einem Kleriker, der die Familie sonntags und an Feiertagen besucht, 100 bis 200-mal sexuell missbraucht. Auf Anweisung der Eltern habe sie den Onkel ins Schlafzimmer begleiten oder ihn dort wecken müssen. Bei diesen Gelegenheiten habe der Kleriker in dem sie auch eine Vertrauensperson sah, sie geküsst, onaniert und mit einem Finger anal und vaginal missbraucht.

Ein vom Missbrauchsopfer vorgelegtes medizinisches Sachverständigengutachten bestätigt den Einfluss des Missbrauchs auf die Entwicklung der Persönlichkeit des Kindes, im Ersteingriff nachweisbare hirnorganische Veränderungen, massive Störungen der kindlichen Hirnfunktionen und schwere posttraumatische Belastungsstörung. Die Taten führten zu Notfallreaktionen im Hirnstamm, die sich negativ auf die Strukturierung des Gehirns und die Persönlichkeitsentwicklung auswirkten. Die spätere Ehe des Opfers war ein Martyrium, ihr Sexualleben eine Katastrophe.

Die UKA zahlte an das Missbrauchsopfer zunächst 85.000 € und Ende 2025 einen Betrag von 360.000 €, auf den die erste Zahlung angerechnet wurde.

Das LG Köln hat die Klage insgesamt abgewiesen, weil der Täter als Pflegevater privat und nicht als Kleriker gehandelt habe. Dabei hat das LG Köln einen wesentlichen Teil des Sachverhalts nicht berücksichtigt, da der Täter die Klägerin unstreitig lange Zeit missbraucht hatte, bevor er zum Pflegevater bestellt wurde.

Der Rechtsstreit ist im Berufungsverfahren beim OLG Köln anhängig.

Schmerzensgeldansprüche ergeben sich aus § 847 BGB a.F. für alle Missbrauchstaten, die vor dem 01.08.2002 begangen wurden, vor dem Tag, an dem das 2. Gesetz zur Änderung schadensersatzrechtlicher Vorschriften in Kraft getreten ist. Ab diesem Zeitpunkt gilt § 253 BGB, der als geschütztes Rechtsgut das Recht auf sexuelle Selbstbestimmung erstmals nennt, das natürlich über § 847 BGB a.F. über das Tatbestandsmerkmal Gesundheit ebenfalls geschützt war. Nach altem Recht wurden auch Eingriffe in die sittliche Integrität geschützt, die psychische Beeinträchtigungen zur Folge hatten.

a) Anspruchsgrundlage im Fall 1:

80 Amtshaftungsanspruch analog § 839 BGB, Art. 34 GG.

Dagegen scheidet ein Anspruch aus einer eigenen Amtspflichtverletzung des Erzbistums aus, weil das Erzbistum Köln erst nach dem letzten am Kläger begangenen Missbrauch von der pädophilen Neigung des Klerikers J. erfahren hat. Dem Erzbistum kann nicht vorgeworfen werden, den Kleriker zu einer Zeit, als es noch keine Kenntnis der von ihm ausgehenden Gefahren hatte, in die Gemeinde des Klägers versetzt zu haben.

Nach der Rechtsprechung des BGH, der sich die wohl h.M. in der Literatur angeschlossen hat, kann auch die Katholische Kirche für nichtfiskalisches Handeln aus § 839 BGB, Art. 34 GG analog nach Amtshaftungsgrundsätzen in Anspruch genommen werden.[132] Nach Art. 137 Abs. 5 Weimarer

132 BGHZ 22, 183; Gerecke/Roßmüller, NJW 2022, 1911; Wöstmann in Staudinger, BGB, 2020, § 839 Rz. 34, 122, 750 ff.; Habersack in MünchKomm/BGB, 8. Aufl. 2020, § 839 Rz. 241 ff.; Grüneberg/Sprau, BGB, 81. Aufl. 2022, § 839 Rz. 125; Bamberger/Roth, BGB, § 839 Rz. 5.

Reichsverfassung und Art. 140 GG sind die Katholische und die Evangelische Kirche als Religionsgesellschaften Körperschaften des öffentlichen Rechts. Die von ihnen außerhalb des innerkirchlichen Bereichs ausgeübte Tätigkeit ist öffentliche Gewalt.[133] Die Kirchen sind dabei an die »Achtung der fundamentalen Rechte der Person, die Teil der verfassungsmäßigen Ordnung ist«, gebunden.[134]

Die kirchliche Autonomie wird durch alle, aber auch nur durch diejenigen Normen eingeengt, die sich als Ausprägungen und Regelungen grundsätzlicher, für den sozialen Rechtsstaat unabdingbarer Postulate darstellen.[135] Dazu führt der BGH[136] aus, die Tätigkeit der Kirchen außerhalb des rein fiskalischen Bereichs stelle sich als »Ausübung öffentlicher Gewalt« i.S.v. Art. 131 WRV und damit als »Ausübung eines öffentlichen Amtes« i.S.v. Art. 34 GG dar.

Die generell drittschützende Wirkung von Amtspflichten besteht nur gegenüber den Menschen, die unmittelbar in ihrer physischen und psychischen Integrität durch die Amtspflichtverletzung betroffen sind. Das sind die Missbrauchsopfer. Denn Minderjährige, die einem Kleriker anvertraut sind und seiner Berufung vertrauen, sind geschützt. Bei einem Amtsmissbrauch ist jeder Geschädigte Dritter und damit ersatzberechtigt.[137]

Es soll nicht verschwiegen werden, dass die Einordnung des Verhaltens von Klerikern, die sexuellen Missbrauch in räumlichem und/oder zeitlichem Zusammenhang mit dem ihnen anvertrauten Amt begangen haben, in der Literatur nicht einheitlich beurteilt wird.

Eicholt[138] bejaht die Haftung der Katholischen Kirche nach Amtshaftungsgrundsätzen nur für kirchliches Handeln, das zum öffentlich-rechtlichen Kernbereich gehört, wie das Recht, Kirchensteuern durch den Staat einziehen zu lassen. Nicht erfasst vom Amtshaftungsanspruch werden danach Maßnahmen, die den geistlichen Aufgabenbereich betreffen, z.B. die Ämterbesetzung, den Gottesdienst, die Glaubenslehre und die Sakramentenverwaltung.

Demgegenüber sehen *Jaeger*[139] und *Gerecke/Roßmüller*[140] jede Tätigkeit außerhalb des formal-organisatorischen, kircheninternen und fiskalischen Bereichs als »Ausübung eines öffentlichen Amtes« i.S.d. § 839 BGB, Art. 34 GG (analog) an.[141]

Janssen[142] verneint dagegen einen Anspruch der Missbrauchsopfer aus Amtshaftung und sieht eine Haftung der Bistümer lediglich aus §§ 823, 31, 89 BGB als gegeben. Er begründet seine Auffassung letztlich damit, dass die Kleriker keine staatliche Hoheitsgewalt ausüben (können), was ja auch nicht Grundlage der Meinung der Befürworter der Amtshaftung ist. Die Bestimmungen des § 839 BGB und des Art. 34 GG können und sollen **nicht direkt**, **sondern** nur **analog angewandt** werden. Die Missbrauchstäter werden natürlich nicht hoheitlich im staatsrechtlichen Sinne tätig, sondern als Organe der Bistümer kraft der ihnen von diesen verliehenen Befugnisse.

Auch *Janssen* sieht die Bistümer in der Haftung, wenn auch nach und neben dem Täter. Zu einem wesentlichen Unterschied kann die Anspruchsgrundlage bei der Verjährung führen, wie noch zu zeigen sein wird.

---

133 Wurm in Staudinger, BGB, Bd. §§ 839–839a, Neubearb. 2007, § 839 Rz. 749.
134 BGH, Urt. v. 24.07.2001 – VI ZB 12/01, BGHZ 148, 307, 311.
135 Wissenschaftlicher Dienst des Bundestags, Gutachten 144/10 S. 5.
136 BGH, Urt. v. 04.04.1989 – VI ZR 269/87, VersR 1989, 917; BGH, Urt. v. 20.02.2003 – III ZR 224/01, NJW 2003, 1308; Zimmerling/Wingler in Herberger/Martinek/Rüßmann/Weth/Würdinger, jurisPK/BGB, 9. Aufl., § 839 BGB, Stand: 19.04.2022, Rz. 21 und 326.
137 Zimmerling/Wingler in Herberger/Martinek/Rüßmann/Weth/Würdinger, jurisPK/BGB, 9. Aufl., § 839 BGB Rz. 110.
138 Eicholt, NJOZ 2010, 1859.
139 Jaeger, Sexueller Missbrauch… VersR 2022, 1129 (1131).
140 Gerecke/Roßmüller, NJW 2022, 1911 unter II.
141 Vgl. auch Wöstmann in Staudinger, BGB, 2020, § 839 Rz. 750 f.; so auch BGH Urt. v. 20.02.2003 – III ZR 224/01, VersR 2003, 1301 = BGHZ 154, 54.
142 Janssen, Amtshaftung der katholischen Kirche in Fällen sexuellen Missbrauchs? JR 2023, 209 ff.

Soweit *Janssen* meint, die Missbrauchstäter würden lediglich dann zur Verantwortung gezogen werden können, wenn das Amtshaftungsrecht unanwendbar sei, irrt er, weil die Bistümer schließlich Regress nehmen können und zur Vermeidung einer strafrechtlichen Untreue wohl auch müssten.

Wie dem auch sei, diese Rechtsfrage wird erneut vom BGH zu entscheiden sein.

Festzuhalten bleibt:

Sexuelle Übergriffe werden nicht bloß bei Gelegenheit der Amtsausübung begangen, der Begriff »in Ausübung« ist nicht eng auszulegen.[143] Entscheidend ist, ob bei objektiver Betrachtung ein genügend naher innerer und äußerer Zusammenhang zwischen der übertragenen Aufgabe und der Tat besteht, so dass die Tat als Teil einer, wenn auch mangelhaften Diensthandlung anzusehen ist, oder ob es an einer inneren Beziehung fehlt und der Missbrauch nur in einer rein äußerlichen örtlichen oder zeitlichen Beziehung zur Dienstausübung steht.[144] Eine Diensthandlung des Klerikers impliziert, dass er in seiner Eigenschaft als Träger kirchlicher Aufgaben, also »in amtlicher Eigenschaft« gehandelt hat. Der maßgebliche innere Zusammenhang entfällt nicht schon dadurch, dass der Missbrauch des Priesteramtes zu eigennützigen, schikanösen oder gar strafbaren Zwecken erfolgt oder die Pflichtwidrigkeit auf eigensüchtigen oder rein persönlichen Beweggründen beruht.

Ein innerer Zusammenhang mit dem priesterlichen Dienst besteht insbesondere auch beim Beicht- und Kommunionunterricht und z.B. bei der Freizeit mit Messdienern und Pfadfindern, wenn ein Kleriker diese Veranstaltungen ausnutzt, um einen sexuellen Missbrauch zu begehen. Würde man diese Bereiche ausklammern, wäre nahezu die gesamte Tätigkeit eines Klerikers innerkirchlich, und die Ausübung eines öffentlichen Amtes fände wohl weitgehend nur auf Bistumsebene statt.

Ein Kleriker handelt deshalb in Ausübung des ihm anvertrauten Amtes, wenn die eigentliche Zielsetzung seines Handelns der priesterlichen Tätigkeit zuzurechnen ist, wenn zwischen dieser Zielsetzung und der konkreten Aufgabe, der die Handlung dient, ein so enger und innerer Zusammenhang besteht, dass sein Handeln in den Bereich seiner Aufgaben gehört.[145] Das ist z.B. der Fall, wenn er Glaubensinhalte vermittelt, sei es, dass er predigt oder zur Vorbereitung auf den Empfang der Sakramente Unterricht erteilt. Er handelt auch dann in Ausübung des ihm anvertrauten Amtes, wenn er mit ihm anvertrauten Minderjährigen, z.B. mit Pfadfindern, Messdienern oder Kirchenchormitgliedern, Veranstaltungen beliebiger Art abhält oder auch nur begleitet.

Ein innerer Zusammenhang ist möglicherweise erst dann nicht mehr gegeben, wenn ein Kleriker aus dem Bereich seiner Dienstpflichten heraustritt und quasi nur als Privatmann handelt,[146] was z.B. im Fall 3 zu prüfen sein wird.

b) Anspruchsgrundlage im Fall 2:

81 Amtshaftungsanspruch analog § 839 BGB, Art. 34 GG.

Gegen das beklagte Erzbistum München/Freising ist selbstverständlich – wie im Fall 1 – ein Anspruch des Klägers aus Amtshaftung (analog) gegeben.

Zusätzlich besteht ein direkter Anspruch aus § 839 BGB, Art. 34 GG (analog) oder jedenfalls aus §§ 823, 31 89 BGB, weil das Erzbistum München/Freising den Täter H. nach Kenntnis und nach seiner strafrechtlichen Verurteilung an die Pfarrgemeinde des Klägers versetzt hat.

---

143 RG, Urt. v. 11.04.1922 – III 483/21, RGZ 104, 289.

144 RG Urt. v. 11.04.1922 – III 483/21, RGZ 104, 289; RG Urt. v. 23.09.1938 – III 20/38, RGZ 159, 235, 238; RG 10.01.1941 – III 43/40, RGZ 166, 1, 8; RG 23.12.1941 – III 81/41, RGZ 168, 231; BGH Urt. v. 26.11.1953 – III ZR 26/52, BGHZ 11, 181 = VersR 1954, 83.

145 Jauernig/Teichmann, Haftung bei Amtspflichtverletzung, BGB, 18. Aufl. 2021, Rz. 16.

146 Wissenschaftlicher Dienst des Bundestags, Gutachten 144/10 S. 7; Wurm in Staudinger, BGB, 2007, § 839 Rz. 93, 96, 97, 755.

Die Katholische Kirche geht mit *Eicholt* und *Janssen*[147] nach außen davon aus, dass neben der Haftung der handelnden Kleriker selbst eine Haftung der Bistümer nur aus §§ 823, 31, 89 Abs. 1 BGB in Betracht komme, und die auch nur für den Fall, dass eine Verletzungshandlung durch einen verfassungsgemäß berufenen Vertreter im privaten Rechtsverkehr begangen wurde. In der Präambel der VerfAO der UKA[148] ist nur die Rede von möglichen Ansprüchen gegen die Täter. Die Katholische Kirche verspricht zudem Leistungen an die Missbrauchsopfer, wenn Ansprüche gegen die Täter nicht (mehr) durchsetzbar seien. Haftung und Verantwortung sollen in erster Linie beim Täter liegen, während die Kirche (nur) eine institutionelle Mitverantwortung treffe.

Diese Rechtsauffassung trifft in allen Fällen der Amtshaftung nicht zu, weil die Täter dem Missbrauchsopfer nicht haften, sondern »**an deren Stelle**« das jeweilige (Erz-)Bistum.

Die Haftung der Beklagten ist nach Auffassung der 5. Zivilkammer des LG Traunstein dem Grunde nach aus beiden Anspruchsgrundlagen zu bejahen, allerdings ist die Frage der Kausalität dort noch ein Problem.

Kausalität

Weil die Kausalität in allen anderen Fällen keine Rolle spielen dürfte, soll für den Fall 2) sofort darauf eingegangen werden.

Ob die im Fall 3) geltend gemachten Folgen **kausal** auf die psychischen Schäden zurückzuführen sind, die durch den Missbrauch verursacht wurden, wird bezweifelt. Allerdings meint das LG Wuppertal[149], die **Lebenserfahrung und der gesunde Menschenverstand** würden psychische Störungen nach einem sexuellen Missbrauch belegen. So leicht macht es das LG Traunstein dem Kläger (Fall 2) nicht, insbesondere wird der BGH[150] in Zweifel ziehen, dass Richter insoweit über die notwendige Fachkunde und Lebenserfahrung verfügen, um psychische Störungen ohne Sachverständigengutachten beurteilen zu können. Woher sollen Richterinnen und Richter über Lebenserfahrung in Bezug auf Missbrauchstaten verfügen? Wieso hilft bei der Beurteilung von Dauerschäden der »gesunde Menschenverstand«? Hier kann die Rechtsprechung des BGH zum Arzthaftungsrecht helfen, die in den §§ 630a – 630h BGB kodifiziert worden ist. Im Gesetz steht nichts Neues, sondern nur das, was ohnehin Rechtsprechung ist.

In § 630h Abs. 5 Satz 1 BGB heißt es:

> Liegt ein grober Behandlungsfehler vor und ist dieser grundsätzlich geeignet, eine Verletzung des Lebens, des Körpers oder der Gesundheit der tatsächlich eingetretenen Art herbeizuführen, wird vermutet, dass der Behandlungsfehler für diese Verletzung ursächlich war.

Diese im Gesetz geregelte Vermutung ist Rechtsprechung.[151]

Bei einem groben Behandlungsfehler oder bei grobem Fehlverhalten, bei einer Straftat durch einen Missbrauchstäter, wird vermutet, dass der eingetretene Schaden, wenn die Verletzungshandlung grundsätzlich geeignet war, den Schaden herbeizuführen, auf dieser Handlung beruht.

Das bedeutet:

Wenn ein Missbrauch grundsätzlich geeignet ist, einen Jungen im Alter von knapp 12 Jahren »aus der Bahn zu werfen«, kehrt sich die Beweislast für die Kausalität um und das beklagte Bistum muss darlegen und beweisen, dass der Verlauf des späteren Lebens des Jungen nicht durch den Missbrauch verursacht wurde.

147 Jeweils a.a.O.
148 Die UKA – Unabhängige Kommission zur Anerkennung des Leids – wurde von der Deutschen Bischofskonferenz eingerichtet.
149 LG Wuppertal, Urt. v. 05.02.2013 – 16 O 95/12, VersR 2013, 591 mit Anm. Jaeger.
150 Vgl. BGH, Urt. v. 23.02.2021 – VI ZR 44/20, VersR 2022, 66.
151 BGH, Urt. v. 08.02.2022 – VI ZR 409/19, VersR 2022, 635.

Dass ein Missbrauch im Kindesalter solche Folgen haben kann, sollte der Anwalt durch ein Sachverständigengutachten zu Beweis stellen und das Gericht vorsorglich und nachdrücklich darauf hinweisen, dass es diese Frage keinesfalls aus eigener Sachkunde beantworten (verneinen) kann.

c) Anspruchsgrundlage im Fall 3:

82 a) Amtshaftungsanspruch analog § 839 BGB, Art. 34 GG.
Wie oben gezeigt, ist die Frage, ob der Kleriker den Missbrauch als Amtsperson oder als Familienmitglied (Onkel) oder als Freund einer Familie außerhalb seiner Gemeinde begangen hat, auf Grund der bisher bekannten Fakten nicht sicher abschließend zu entscheiden. In einem solchen Fall kann eine Amtspflichtverletzung unter Umständen nicht bejaht werden, mit der Folge, dass nur der Kleriker wie jeder andere Missbrauchstäter auch persönlich haftet, nicht aber das Bistum »an Stelle« des Täters.
Es spricht jedoch manches dafür, dass auch der Besuch eines Klerikers bei der eigenen Familie oder bei engen Freunden in der eigentlichen Zielsetzung seines Verhaltens der priesterlichen Tätigkeit zuzurechnen ist, weil zwischen seinem Besuch und seiner Stellung und konkreten Aufgabe in der Familie ein so enger und innerer Zusammenhang mit seinem Priesteramt besteht, dass sein Besuch in den Bereich seiner Aufgaben gehören kann. Ein Priester ist immer im Amt. Das zeigt sich auch daran, dass er priesterlich gekleidet ist, die Priesterwürde in Person für sich in Anspruch nimmt und seine Autorität hervorkehrt. Das ist das Selbstverständnis eines Klerikers.

b) Ein Amtshaftungsanspruch kann in diesem Fall zudem zusätzlich bestehen, weil das zuständige Bistum (hier: Trier, Bischof Ackermann) Kenntnis davon hatte, dass von diesem Kleriker eine Gefährdung potentieller Missbrauchsopfer ausging und es dennoch nichts unternahm, einen erkennbar gefährdeten Personenkreis, zu dem auch wohl dessen Familie gehört, zu schützen. Wenn insoweit eine **Rechtspflicht zum Handeln** festgestellt werden kann, eine Rechtspflicht, die dem Bistum gerade gegenüber dem späteren Missbrauchsopfer oblag, kommt auch in diesen Fällen eine Haftung aus Amtshaftung unmittelbar in Betracht.
Dazu bedarf es im Fall 3 besonderer Feststellungen, die im Rahmen dieser Abhandlung nicht getroffen werden können.

c) Aber auch wenn Amtshaftungsansprüche verneint werden, kann ein Schadensersatzanspruch gegen das zuständige Bistum Trier bestehen, wenn dieses die Verbindlichkeit des Missbrauchstäters mit oder neben diesem übernommen hat, wenn eine **Schuldübernahme** oder ein **Schuldbeitritt** stattgefunden hat, § 414 BGB. Nach dieser Bestimmung kann »die Schuld von einem Dritten durch Vertrag mit dem Gläubiger … übernommen werden«, indem der Dritte an die Stelle oder neben den Schuldner tritt. Ein solcher Vertrag kann formlos geschlossen worden sein. Es ist zu prüfen, ob im Fall 3 die Ansprüche des Opfers durch die UKA zu Lasten des Bistums Trier anerkannt wurden, so dass dieses aus einem solchen Anerkenntnis oder aus einer für das Bistum erklärten Schuld(mit)übernahme haftet.

Die UKA[152] wurde von der Deutschen Bischofskonferenz eingerichtet und entscheidet zu deren Lasten bis zur Höhe von 50.000 € verbindlich über Schadensersatzansprüche der Missbrauchsopfer. Darüber hinausgehende Ersatzansprüche bedürfen der Zustimmung des jeweiligen Bistums.

Zwar geht die Deutschen Bischofskonferenz in der von ihr erlassenen Ordnung zur Anerkennung (VerfOA) von mehreren unzutreffenden Voraussetzungen aus, die fehlerhaften Annahmen gehen aber immer zu Lasten der Missbrauchsopfer. Das bedeutet jedoch nicht, dass ihr ein Bindungswille fehlt, was die Anerkennung des Missbrauchs des jeweiligen Antragstellers und der Anerkennung der Haftung der Bistümer dem Grunde nach betrifft.

152 UKA steht für Unabhängige Kommission für Anerkennungsleistungen, vgl. Anerkennungs-VO v. 23.11.2020, https://www.dbk.de/themen/sexualisierte-gewalt-und-praevention/informationen-fuer-betroffene/verfahren-zur-Anerkennung-des-leids (zuletzt abgerufen am 18.08.2022).

Zwar heißt es in der VerfOA der UKA, dass **ohne Anerkennung einer Rechtspflicht** geleistet werde. Die bedeutet jedoch nicht, dass die UKA in ihren Entscheidungen völlig frei wäre. Es ist nicht so, dass sie über Anträge willkürlich entscheiden könnte. Die Deutschen Bischofskonferenz nimmt vielmehr für sich in Anspruch, die UKA eingerichtet zu haben, um alle Missbrauchsopfer nach deren VerfOA zu entschädigen, wenn diese einen Missbrauch »plausibel« dargelegt haben, wobei die Plausibilitätsprüfung nach Ziffer 6 der VerfOA ein zentraler Prozess des Antragsverfahrens ist. Die Entschädigung aller Missbrauchsopfer folgt auch aus der Aussage der Vorsitzenden der UKA, dass endlich eine umfassendere Anerkennung des Leids der Betroffenen geboten sei. An keiner Stelle der VerfOA wird die Entschädigung auf die Fälle begrenzt, in denen der Missbrauch »in Ausübung des Amtes« begangen wurde. Vielmehr wird die Bereitschaft zur »Anerkennung des Leids« unbedingt erklärt, also auch für die Fälle, in denen ein Kleriker als Verwandter oder Freund einer Familie handelte. Genau deshalb hat die UKA auch die Ansprüche der Klägerin im Fall 3 anerkannt und entschädigt. Die Anerkennung erfolgte auch in diesem Fall, weil gerade in diesem Sonderfall Ansprüche gegen den Täter selbst nicht von vornherein ausgeschlossen sind.

Die VerfOA stellt also eine **Schuldübernahme beziehungsweise einen Schuldbeitritt** dar.

Die Frage ist allerdings, ob die Deutschen Bischofskonferenz die in der VerfOA als materielle Entschädigung bezeichneten **Leistungen wirksam** auf den Betrag von **50.000 € für den Regelfall begrenzt** hat und ob eine höhere Entschädigung überhaupt und/oder nur für den Fall schuldet, wenn die UKA dies entscheidet. Eine solche Begrenzung ist schon deshalb nicht anzunehmen, weil sowohl der Schmerzensgeldanspruch als auch der Personenschaden eines Missbrauchsopfers insgesamt den Betrag von 50.000 € in sehr vielen Fällen deutlich übersteigen wird und bereits erheblich überstiegen hat.

In der VerfOA heißt es ausdrücklich:

> »Die Leistungshöhe im Einzelfall wird durch die Unabhängige Kommission für Anerkennungsleistungen auf der Grundlage des von der Deutschen Bischofskonferenz beschlossenen finanziellen Zahlungsrahmens, der sich **am oberen Bereich der durch staatliche Gerichte in vergleichbaren Fällen zuerkannten Schmerzensgelder orientiert,** festgelegt. Dieser Zahlungsrahmen sieht Leistungen bis 50.000 Euro vor.«

Abgesehen davon, dass diese Aussage inhaltlich falsch ist, wie sich aus den eingangs zitierten Aufsätzen des Verfassers[153] eindeutig ergibt, führt die bloße Behauptung eines Höchstbetrages nicht zur Begrenzung des Schmerzensgeldes. Der behauptete Höchstbetrag ist nur vorgeschoben. Die Bistümer als Anspruchsgegner können sich auf ein solches Scheinargument nicht berufen. Eine Begrenzung der Höhe des Schmerzensgeldanspruchs ist deshalb in der VerfOA nicht wirksam geregelt.

Auch die UKA versteht den Betrag nicht als Obergrenze. In dem Tätigkeitsbericht der UKA für 2022 ist festgehalten:

> »**An keiner Stelle der Verfahrensordnung gibt es ... eine Obergrenze von 50.000 Euro.**[154] Zwar sieht der finanzielle Zahlungsrahmen Leistungen bis 50.000 Euro vor; in besonders schweren Härtefällen ist aber mit Zustimmung der kirchlichen Institutionen die Festlegung von höheren Leistungen möglich. Dabei ist weder definiert, wann besonders schwere Härtefälle vorliegen, noch wie hoch Leistungen dann im Einzelnen liegen können. Bis heute[155] ist ausnahmslos in jeder der 143 über 50.000 € liegenden Entscheidungen der UKA seitens der kirchlichen Institutionen eine Zustimmung ohne Abstriche erteilt worden.«

Damit bekundet jedenfalls die Vorsitzende der UKA, ohne dass dies allerdings für die Deutsche Bischofskonferenz verbindlich wäre, dass der in der VerfOA genannte Betrag von 50.000 € nicht bindend sein soll.

Nach der Entscheidung des LG Köln, das das Schmerzensgeld mit 300.000 € ausurteilte, erklärten, sowohl der Kölner Erzbischof Wölki, als auch die Vorsitzende der UKA, man halte sich im Rahmen

153 Jaeger, VersR 2022, 1129 ff. und Jaeger, VersR 2023, 209 ff.
154 Fettdruck nur hier .
155 Redaktionsschluss: 01.07.2023.

der von der Rechtsprechung ausgeurteilten Schmerzensgeldbeträge. **Für die UKA gilt damit jedenfalls seit dem 13.06.2023 der im Fall 1 ausgeurteilte Betrag von 300.000 € als neuer Höchstbetrag.**

Da die Prämisse des bisher genannten Höchstbetrages falsch ist, kann dem in der VerfOA angegebenen Betrag von 50.000 € keine Bindungswirkung zukommen.

Daraus folgt weiter, dass die **Deutsche Bischofskonferenz durch die VerfOA** gegenüber allen Missbrauchsopfern, die den Missbrauch plausibel machen können, die **Schuldübernahme bzw. den Schuldbeitritt verbindlich erklärt** und damit die (Erz)-Bistümer wirksam verpflichtet hat, die **Missbrauchsopfer in voller Höhe zu entschädigen.** Die Bistümer können sich nicht auf die Begrenzung der Haftung berufen, zumal sie ja der Kommission – wenn auch unter Zustimmungsvorbehalt – freistellt haben, diesen Teilbetrag zu überschreiten, wenn der Schaden des einzelnen Missbrauchsopfers so hoch ist, dass dies nach Auffassung der UKA gerechtfertigt ist. Dies ist in der Regel der Fall, wenn ein schwerwiegender Missbrauch plausibel dargelegt oder wenn ein höherer Schaden nachgewiesen wird. Die erklärte Absicht der Bistümer ist eindeutig:

Die Missbrauchsopfer müssen immer in voller Höhe entschädigt werden.

Deshalb kann es letztlich auch offenbleiben, ob der Onkel des Missbrauchsopfers (im Fall 3) als Kleriker im Amt tätig geworden ist, denn die UKA hat zu Lasten des Bistums den Missbrauch als solchen anerkannt, eine Entschädigung in Höhe von 85.000 € geleistet und damit auch die Haftung des zuständigen Bistums Trier selbst anerkannt.

2. Anspruchsgegner

83 Aus dem bisher gesagten folgt, dass in jedem Fall das zuständige Bistum für jeden Missbrauch haftbar gemacht werden kann, weil es entweder an Stelle des Missbrauchstäters haftet oder zusätzlich aus eigener Pflichtverletzung, aus unerlaubter Handlung oder weil es aus Schuld(mit)übernahme in Anspruch genommen werden kann.

Eine Klage gegen die Missbrauchstäter, die in den Fällen 1 und 3 verstorben sind, scheidet dagegen in allen Fällen aus.

3. Bemessung des Schmerzensgeldes

84 **Vergleichbare Entscheidungen zum Schmerzensgeld für sexuellen Missbrauch**

Nach der ständigen Rechtsprechung des BGH[156] soll die Höhe des Schmerzensgeldes mit vergleichbaren Entscheidungen begründet werden. Es sei nicht nur zulässig, sondern wenigstens als Ausgangspunkt auch erforderlich, sich bei der Bemessung des Schmerzensgeldes an »zugebilligten Beträgen« zu orientieren. Inwieweit der Richter die früheren Maßstäbe einhalte oder… überschreite, liege in seinem Ermessen.

Das KG Berlin[157] sieht in vergleichbaren Entscheidungen einen »unverzichtbaren Anhaltspunkt, an dem sich das Ermessen zu orientieren hat … Eine Bindung an derartige Entscheidungen präjudizieller Art besteht jedoch nicht«.

Es ist schon auffällig, wie sehr der Vorsitzende Richter der 5. Zivilkammer des LG Köln in den mündlichen Verhandlungen vom 06.12.2022 und vom 13.06.2023 darauf bedacht war, die Höhe des von der Kammer zuerkannten Schmerzensgeldes mit vergleichbaren Entscheidungen zu begründen, obwohl er keine einzige wirklich vergleichbar Entscheidung nennen konnte.

Es gibt keine einzige vergleichbare Entscheidung, die ein Schmerzensgeld nach einem sexuellen Missbrauch von Minderjährigen oder schutzwürdigen Erwachsenen durch Kleriker zuerkennt. Dieser

156 Z.B. BGH, Urt. v. 19.12.1969 – VI ZR 111/68, VersR 1970, 281.
157 KG Urt. v. 29.07.2004 – 8 U 54/04, unveröffentlicht.

Sachverhalt war bisher nicht Gegenstand eines Zivilprozesses, zumal eine Klage gegen einen Kleriker ohnehin hätte abgewiesen werden müssen.

Auch die in der Ordnung der UKA genannten Entscheidungen der Rechtsprechung, die höchstens ein Schmerzensgeld für sexuellen Missbrauch in Höhe von 50.000 € zuerkannt hätten, sind frei erfunden und die vom LG Köln genannte Entscheidung des LG Wuppertal,[158] das für eine brutale Vergewaltigung 100.000 € zuerkannt hatte, ist ebenso wenig vergleichbar wie die Entscheidung des LG Verden,[159] das dem Opfer einer Vergewaltigung ein Schmerzensgeld von 150.000 € zusprach.[160]

Es ist völlig klar, dass der BGH die Forderung nach vergleichbaren Entscheidungen für die Bemessung des Schmerzensgeldes nur für die Fälle aufgestellt hat, in denen es vergleichbare Entscheidungen gibt.

Also muss jedes Gericht in Fällen des sexuellen Missbrauchs Neuland betreten und aus den Beispielen der Schmerzensgeldbemessung in anderen (nicht vergleichbaren Fällen) Erkenntnisse schöpfen, um zu einem angemessenen Schmerzensgeld zu kommen.[161]

Das LG Wuppertal hat ausdrücklich festgestellt:

> »Es darf keinen Unterschied machen, ob dem Opfer eines Verkehrsunfalls die Fortführung seines bisherigen Lebens z.B. infolge einer Querschnittslähmung unmöglich gemacht wurde oder ob dem Opfer einer Vergewaltigung infolge der hieraus dauerhaft resultierenden Beeinträchtigungen, welche indes deutlich schwieriger zu beschreiben und medizinisch gesichert festzustellen sind, ein Weiterleben wie vor der Tat unmöglich gemacht wurde, weil die Fähigkeit, Beziehungen gleich welcher Art zu anderen Menschen aufzubauen und zu unterhalten, dauerhaft verändert wurde. Ähnlich einem Rollstuhlfahrer, der sein Leben komplett umstellen muss, trägt ein Opfer extremer sexueller Gewalt dieses Erlebnis tagtäglich in sich und stellt sein Leben, wenn auch möglicherweise unbewusst, in vielfältiger Hinsicht um. Da sich dies aber nicht immer in konkreten Krankheitsbildern niederschlägt und oft auch vom Opfer selbst gar nicht wahrgenommen wird, ist es Aufgabe der Gerichte, gerade diese unspezifischen Folgen der Verletzungshandlung in Form eines allgemein höheren Schmerzensgeldes bei Fällen extremer sexueller Gewalt zu berücksichtigen.«

Die Kammer stützt sich dabei auf Slizyk,[162] der seit mehreren Jahren immer wieder bedauert, dass die Entscheidung des LG Wuppertal trotz ihrer Mängel in der Rechtsprechung immer noch eine absolute Ausnahmeentscheidung sei. Es könne keine Rede davon sein, dass Bewegung in die Rechtsprechung gekommen sei. Weil die psychischen Schäden schwerer wögen, komme der Genugtuungsfunktion eine entscheidende Rolle zu, weil die Opfer sich durch die oft gegen die Täter verhängten viel zu niedrigen Freiheitsstrafen verhöhnt fühlten und alleine durch deren Bestrafung keine Genugtuung empfänden. Die Höhe des vom LG Wuppertal zuerkannten neuen Höchstbetrags bezeichnet Slizyk völlig zu Recht als »noch immer völlig undiskutabel« niedrig.

Im vorliegenden Werk hätten die Richter des LG Wuppertal schon 2013 lesen können, dass in der Literatur z.B. ein Quantensprung für die Bemessung des Schmerzensgeldes in schwersten Fällen der Vergewaltigung gefordert wird. Es würden mutige Richter gefordert (Richterinnen würden es ohnehin sein), die deutlich machten, dass sie gewillt seien, die bisherigen Grenzen bei der Schmerzensgeldbemessung

158 LG Wuppertal, Urt. v. 05.02.2013 – 16 O 95/12, VersR 2013, 591 mit Anm. Jaeger.

159 LG Verden, Urt. v. 02.07.2008 – 101 Js 35958/09–1–6/07, bestätigt durch BGH, Urt. v. 19.11.2009 – 3 StR 87/09.

160 Diese Entscheidung des LG Verden, a.a.O. sah die 5. Zivilkammer des LG Köln in der mündlichen Urteilsbegründung nur deshalb nicht als vergleichbar an, weil die Entscheidung nicht veröffentlicht sei. Das ist insoweit unzutreffend, als der Inhalt der Entscheidung bekannt.

161 Eine solche Entscheidung wird weiter unten zusätzlich dargestellt im Kapitel »Aufbau der Klageschrift«.

162 Slizyk, Schmerzensgeldtabelle 2023, Rz. 305, Verletzung der sexuellen Selbstbestimmung/Vergewaltigung.

zu sprengen, auch dann, wenn die Zwangsvollstreckung keine Aussicht auf Erfolg bieten sollte.[163] Aus alledem folgt, was auch das LG Wuppertal meint, dass die Schmerzensgeldkurve bei schweren Sexualstraftaten steil nach oben verlaufen muss.

Entgegen der allgemeinen Meinung ist auch das Urteil der 5. Zivilkammer des LG Köln (Fall 1), das dem Kläger ein Schmerzensgeld von 300.000 € zuerkannt hat, für andere Gerichte keine wirklich vergleichbare Entscheidung für die Bemessung des Schmerzensgeldes in anderen Missbrauchsfällen.

Die Bemessung dieses Schmerzensgeldbetrages ist nämlich in mancher Hinsicht nicht überzeugend:

Das Gericht hielt nach wie vor einen Schmerzensgeldbetrag »im niedrigen 6-stelligen Bereich«[164] für angemessen, weil sich ein solcher Betrag aus der Entscheidung des LG Wuppertal und auch aus der Entscheidung des LG Verden als Ausgangspunkt ergebe. Beide Entscheidungen seien eine grobe Orientierungshilfe. Der Entscheidung des LG Wuppertal entnahm die Kammer sogar die Aussage, das Gericht habe das Ausgleichs- und Genugtuungsinteresse der dortigen Klägerin als gleichrangig angesehen.

Dabei verkennt das LG Köln, dass der Schmerzensgeldbetrag, den das LG Wuppertal zuerkannte, ausschließlich damit zu begründen ist, dass der dortige Beklagte ein Haus im Wert von ca. 100.000 € geerbt hatte, in das die Klägerin einen Arrest ausgebracht hatte. Die Höhe des Schmerzensgeldes wurde also nach dem voraussichtlichen Erfolg der Zwangsvollstreckung bemessen.

An den Entscheidungen zum Schmerzensgeld für schwerst hirngeschädigt geborene Kinder, das nach der Rechtsprechung des OLG Köln[165] eine Obergrenze von 500.000 € erreicht habe, könne das Schmerzensgeld für den Kläger nicht bemessen werden, weil der Kläger – im Gegensatz zu diesen Kindern – noch bei Gericht habe erscheinen können, weil er einen Beruf ergriffen und geheiratet habe und weil er Kinder habe. Das ist zwar alles richtig, das Schmerzensgeld für einen schwersten Hirnschaden beträgt aber inzwischen 1.000.000 € und andere Geschädigte, denen 800.000 €[166] zuerkannt wurden, könnten auch bei Gericht erscheinen, einen Beruf ausüben, heiraten und Kinder bekommen.

Das Schmerzensgeld für den Kläger müsse weitaus höher ausfallen,[167] wobei die Dauer und Häufigkeit der sexuellen Gewalt über viele Jahre besonders zu berücksichtigen sei. Ebenso sei die unvorstellbare psychische Belastung, die sich auf der Grundlage der ständigen Erwartung neuer sexueller Gewaltexzesse über Jahre hinweg beim Kläger habe festigen müssen, sei neben dem Gewaltakt selbst und der besonderen Täter-Opfer-Beziehung in besonderem Maße in die Wertung einzubeziehen.

Diese Begründung bezieht sich nur auf den Tatzeitraum, nicht auf Folgeschäden.

---

163 Vgl. dazu Hohlbein, Nicht vollstreckbares Schmerzensgeld – eine Gerechtigkeitslücke, VersR 2020, 1162.

164 Eine Formulierung, die entnommen ist aus Jaeger, VersR 2022, 1129 ff.

165 Gemeint ist die Entscheidung OLG Köln, Urt. v. 05.12.2018 – 5 U 24/18, VersR 2019, 697 = MedR 2019, 810 mit Anm. Jaeger, in der zwar diese Aussage gemacht wird, obwohl derselbe Senat des OLG Köln bereits in einer Entscheidung vom 10.12.2014 – 5 U 75/14, MedR 2015, 737 mit Anm. Jaeger ein Schmerzensgeld zuerkannt hatte, das einschließlich Rente insgesamt 580.000,00 € betrug.

166 LG Aurich, Urt. v. 23.11.2018 – 2 O 165/12, VersR 2019, 887 m. Anm. Jaeger, bestätigt durch OLG Oldenburg, Urt. v. 18.03.2020 – 5 U 196/18, VersR 2020, 1468 = MedR 2020, 926 m. Anm. Jaeger, Schmerzensgeld: 800.000 € zuzüglich Zinsen von mehr als 250.000 €; LG Gießen, Urt. v. 06.11.2019 – 5 O 376/18, VersR 2020, 630 m. Anm. Jaeger, Schmerzensgeld: 800.000 €; OLG Schleswig v. 28.09.2021 – 7 U 29/16, zfs 2022, 13, Schmerzensgeld: 800.000 €; LG Limburg Urt. v. 28.06.2021 – 1 O 45/15, VersR 2022, 381 m. Anm. Jaeger. Schmerzensgeld: 1.000.000 €.

167 Vgl. zur Höhe des dem Kläger zustehenden Schmerzensgeld sehr eingehend Jaeger. Die Bemessung des Schmerzensgeldes nach sexuellem Missbrauch – Die Bewertung der Verletzung des sexuellen Selbstbestimmungsrechts und der Dauerschäden – Zugleich Besprechung der Entscheidung des LG Köln v. 13.06.2023 – 5 O 197/22, VersR 2023, 1193 und VersR 2023, 1239.

Weiter heißt es:

Demgegenüber **kann nicht unberücksichtigt bleiben**, dass der Kläger trotz der ganz erheblichen psychischen und physischen Folgeschäden nicht in einem den Fallkonstellationen der vorstehend zitierten Entscheidungen entsprechenden Maße beeinträchtigt ist. Seine Persönlichkeit wurde zweifellos massiv verletzt, aber nicht zerstört. Er konnte zumindest insofern ein »normales« Leben führen, als er eine Ausbildung ergriffen und abgeschlossen hat, eine Familie gegründet hat und lange Jahre in einem erlernten Beruf tätig war. Wie die durchgeführten Therapien zeigen, die für den Kläger zweifelsohne eine erhebliche zusätzliche Belastung darstellten, gab es auch immer wieder einen Hoffnungsschimmer, dass er die furchtbaren Erlebnisse irgendwann würde verarbeiten können.... Dies hat sich der Kläger auch noch von dem vorliegenden Gerichtsverfahren erhofft.

Aus dieser Begründung folgt, dass die Kammer die Taten als solche einschließlich der physischen und psychischen Folgen während der Taten voll berücksichtigt hat. Zugleich wird aber auch deutlich, dass der massive Schaden an der Persönlichkeit des Klägers unzureichend berücksichtigt wurde, weil die Kammer meint, der psychische Schaden »**kann nicht unberücksichtigt bleiben**«. Ein besonders hohes Schmerzensgeld setze voraus, dass die Persönlichkeit völlig zerstört wurde, wie bei einem schwerst hirngeschädigt geborenen Kind, das über keinerlei Regungen mehr verfügt.

Diese Sicht ist in mehrfacher Hinsicht unzutreffend:

Zwar wird die Persönlichkeit der Missbrauchsopfer durch die Übergriffe nicht vernichtet, eine schwere Beeinträchtigung, eine gravierende Schädigung, ist aber durchaus gegeben, was die Kammer ja auch hervorhebt. Auch die Menschenwürde des Klägers wurde durch den sexuellen Missbrauch missachtet, was eine besonders hohe Entschädigung unverzichtbar erscheinen lässt. Die Rechtsprechung ist auf diesem Gebiet noch nicht wirklich in der Realität angekommen. Es ist aber anerkannt, dass die Verletzung dieser Grundrechte deutlich höher zu entschädigen ist, als die Verletzung der in § 253 BGB genannten Rechtsgüter.[168] In jedem Fall aber ist es »richtig und gerecht, dass Menschen ihre Würde bei allen Formen des Missbrauchs zurückfordern. Missbrauch ist eine schwerwiegende Verletzung der Menschenwürde.«[169]

Es ist eine Frage des Einzelfalls, ob es zu einer schweren Grundrechtsverletzung gekommen ist, die Frage sollte aber nicht vernachlässigt werden.

Die Kammer sagt selbst, dass sie das Ausgleichs- und Genugtuungsinteresse (für den **psychischen Schaden**) als **gleichrangig** ansieht. An anderer Stelle heißt es unter Berufung auf den BGH, die Lebensbeeinträchtigung stehe im Verhältnis zu anderen Umständen »**immer an der Spitze**«. Diese psychischen Beeinträchtigungen werden von der Kammer zusammengefasst:

Der Kläger benötigt seit über 30 Jahren ständig therapeutische Hilfe; neben zahlreichen ambulanten Sitzungen nahm er zwischen 2005 und 2019 an insgesamt 5 mehrtägigen Rehabilitationsmaßnahmen teil. Er leidet unter posttraumatische Belastungsstörungen und mehreren chronischen Krankheiten (Neurodermitis, Migräne, Hypertonie). Daneben bestehen mannigfache psychische Beeinträchtigungen, die auch aus der Belastung der Beziehungen zu den Geschwistern des Klägers herrühren.

Das ist alles, was vom lebenslangen Leid des Klägers für die Bemessung des Schmerzensgeldes berücksichtigt wurde.

Im Gegenteil: Zur Bewältigung der Dauerschäden habe das beklagte Erzbistum dem Kläger hilfreich zur Seite gestanden durch medizinische Betreuung und Übernahme eines Teils der Behandlungskosten, wohl ein Umstand, der die Höhe des Schmerzensgeldes gemindert hat.

---

168 BGH, Urt. v. 15.11.1994 – VI ZR 56/94, VersR 1995, 305; BVerfG Beschl. v. 14.02.1973 – 1 BvR 112/65, VersR 1973, 718; BVerfG, Beschl. v. 14.02.2017 – 1 BvR 2639/15 – NVwZ 2017, 1198; LG Köln, 27.04.2017 – 14 O 323/15.

169 Rahmenordnung für die katholische Kirche in Österreich, Maßnahmen, Regelungen und Orientierungshilfen gegen Missbrauch und Gewalt, 3. Aufl. 2021.

All das zeigt aber, dass die Ermessensausübung nicht besonders sorgfältig, zu manchen Punkten willkürlich und insgesamt nicht sachgerecht erfolgte.

4. Bemessungskriterien des Schmerzensgeldes für sexuellen Missbrauch

85 Der Schmerzensgeldanspruch ist nach der Rechtsprechung des BGH ein Anspruch eigener Art. Das gilt insbesondere deshalb, weil der Schaden nicht wie im materiellen Bereich nach wirtschaftlichen Gesichtspunkten ermittelt werden kann. Für die Bemessung des Schmerzensgeldes gelten allgemeine Bemessungskriterien, aber die Höhe des Schmerzensgeldes für sexuellen Missbrauch ist nach **besonderen Bemessungskriterien** zu ermitteln.

Nach § 253 BGB, heute ist die Bestimmung des § 847 BGB a.F., die bis 2002 galt, ebenso zu verstehen, sind Körper, Gesundheit, Freiheit und sexuelle Selbstbestimmung geschützt. Ein schwerwiegender Körperschaden ist bei sexuellem Missbrauch eher selten und rein körperliche Dauerschäden dürften wohl erst als Spätschäden[170] zu erwarten sein.

Ganz auszuschließen sind Körperschäden allerdings nicht, z.B. in Fällen, in denen es nach sexuellem Missbrauch oder nach einer Vergewaltigung zu einer Schwangerschaft gekommen ist, die auf Verlangen des Missbrauchstäters abgebrochen wurde. Auf solche (tatsächlich geschilderten) Einzelfälle – in einem Fall[171] ist ein Schwangerschaftsabbruch von der UKA und vom zuständigen Bistum als Teil des Missbrauchs anerkannt – soll in dieser Darstellung nicht näher eingegangen werden.

Durch sexuellen Missbrauch entstehen »doppelt relevante« Verletzungen, nämlich sowohl der körperlichen Integrität als auch der sexuellen Selbstbestimmung.[172] Abgesehen vom Körperschaden entsteht in erster Linie ein schwerwiegender psychischer Gesundheitsschaden. Worin dieser in allen Fällen schwerwiegende psychische Schaden im Einzelnen bestehen kann, ist bisher in der juristischen Literatur nicht aufgearbeitet. Inwieweit Mediziner diese Frage generell beantworten können, sollte geprüft werden.

Ein sexueller Missbrauch kann einen schwerwiegenden psychischen Schaden und durch diesen erhebliche weitere Gesundheitsschäden zur Folge haben. Einen Einblick in psychische Schäden gibt einmal Müller,[173] der die Symptome eingehend beschreibt. Die psychischen Schäden ergeben sich aber auch aus dem Bilanzbericht 2019 der unabhängigen Kommission zur Aufarbeitung sexuellen Missbrauchs.[174] Gegenüber dieser Kommission können die Missbrauchsopfer eine »vertrauliche Anhörung« beantragen, sich schriftlich äußern, sog. Werkstattgespräche führen oder an einem »Hearing« teilnehmen. Für die schriftliche Äußerung sind Fragen vorbereitet, die auch die Folgen der Taten betreffen. Die Berichte der Kommission belegen, in welchem Umfang die Kindheit jedes einzelnen Missbrauchsopfers beeinträchtigt oder gar zerstört wurde und dass die psychischen Beeinträchtigungen in einigen Fällen über viele Jahre und Jahrzehnte fortdauerten.

Nicht nur die Zeitdauer des eigentlichen Missbrauchs, sondern auch die Zeitspanne, während der ein Missbrauchsopfer die psychischen Schäden ertragen hat und noch ertragen muss, ist ein maßgebliches Kriterium bei der Bemessung des Schmerzensgeldes sein. Nach der Zeitdauer wird in Ziff. 7 der VerfOA jedoch nicht gefragt, so dass sie bei der Bemessung der von der UKA zugebilligten Beträge keine Berücksichtigung gefunden haben dürfte. Die Dauer der psychischen Beeinträchti-

---

170 So wurde das Missbrauchsopfer im Fall 3 durch jahrzehntelange Einnahme von Lithium dialysepflichtig. Insoweit erlitt sie einen schwerwiegenden Dauerschaden und Spätschaden.

171 Missbrauchsopfer Katharina Weissenfels, der Name ist anonymisiert, der Fall jedoch bundesweit bekannt, weil der Vorsitzende der Deutschen Bischofskonferenz den Namen öffentlich preisgab und deswegen einen höheren Betrag zahlen muss.

172 Müller, a.a.O., 78 ff.

173 Müller, a.a.O., 78 ff.

174 Bilanzbericht 2019 Bd. II, Unabhängige Kommission zur Aufarbeitung sexuellen Missbrauchs, Meine Geschichte, https://www.aufarbeitungskommission.de/wp-content/uploads/2019/05/Bilanzbericht_2019_Band-I.pdf (zuletzt abgerufen am 18.08.2022).

gungen ist der Dauerschaden, der eindeutig die Höhe des Schmerzensgeldes bestimmen muss. Im Fall 1 hat diese Zeitspanne im Schmerzensgeldbetrag nicht wirklich einen Niederschlag gefunden.

Eine solch unzureichende Bemessung des Schmerzensgeldes ist nicht nur den Richtern vorzuwerfen, sondern auch den Anwälten, die für die Missbrauchsopfer viel zu dürftig vortragen. Der psychische und medizinisch belegbare Gesundheitsschaden muss für jeden Lebensabschnitt eines Missbrauchsopfers substantiiert dargelegt werden. Das Gericht muss spüren, warum jeder Lebensabschnitt, jedes Lebensjahr, jeder Monat und jeder Tag für die Bemessung des Schmerzensgeldes eine Rolle spielen muss. Der psychische Schaden sollte, wenn er nach einer solchen Schilderung nicht unstreitig bleibt, durch ein medizinisches Sachverständigengutachten zu Beweis gestellt werden. Aus eigener Sachkunde können und dürfen Anwälte und Richter Art und Umfang dieses Gesundheitsschadens nicht bewerten.[175]

Der Gesundheitsschaden, der psychische Schaden, kann vielfältige Auswirkungen haben.

Ist das Missbrauchsopfer noch ein Kind, hat es sich möglicherweise
- geschämt,
- Schuldgefühle entwickelt,
- unter Gewissensnot und/oder Gewissensbissen oder unter Albträumen gelitten.
  Möglicherweise ist das Kind
- kontaktscheu geworden,
- hat sich zurückgezogen,
- zu Hause, von der Familie, von Freuden,
- vom Sport, von der Musik, von Hobbys und Freizeitgestaltungen.

Möglicherweise hat das Kind
- Störungen entwickelt, wie
- Essstörungen oder Magersucht oder
- in der sexuellen Entwicklung oder
- im Lernverhalten, oder
- in der Beziehung zu Eltern, Geschwistern, Lehrern, Freunden.
- Möglicherweise haben die schulischen Leistungen nachgelassen.

Derartige Folgen, sind vielfach im Bilanzbericht der UKA von 2019 genannt worden. Sie haben sich dahin ausgewirkt, dass die Kindheit mit den Missbrauchstaten **eine Wendung genommen** hat. Das Lebensglück des Kindes ist ganz oder teilweise für kürzere oder längere Zeit zerstört oder jedenfalls wesentlich beeinträchtigt worden. Dies rechtfertigt ein besonders hohes Schmerzensgeld.

All diese einzelnen Punkte sind vom Kläger substantiiert darzulegen. Es genügt z.B. nicht, nur zu sagen, er habe sich geschämt.

Ein substantiierter Vortrag muss z.B. angeben:
- Wie ist der 1. Sexuelle Missbrauch abgelaufen. Hat der Kläger sich z.B. geschämt, ist er in Panik geraten, hat er sich geekelt, wollte er weglaufen, konnte es aber nicht usw.
- Beim nächsten Mal dieselben Handlungen oder andere oder eine Steigerung der Handlung und/oder des subjektiven Empfindens.
- Warum ist der Kläger wieder und immer wieder zum Täter gegangen?
- Wem hat er davon erzählt oder (warum?) nicht erzählt?
- Wurde ihm geglaubt?

Wie schon angedeutet trug der Kläger im Fall 1 z.B. nicht vor:
- Empfinden beim 1. Samenerguss des Täters und später nach der Pubertät zum Samenerguss des Opfers.
- Wann fand die 1. Vergewaltigung statt.
- Wie oft wurde er »nur« missbraucht, wie oft zusätzlich vergewaltigt?

175 BGH, Urt. v. 23.02.2021 – VI ZR 44/20, VersR 2022, 66.

- Welche Empfindungen hatte der Kläger, als Freunde/Klassenkameraden erste Mädchenbekanntschaften knüpften?
- Mied er z.B. den Kontakt zu Mädchen? Warum? Wie lange?
- Wann hatte er den 1. Kontakt zu einer Freundin?
- Wie verlief der?
- Wieso hat sich der Kläger (Fall 1) erst mit 29 Jahren einer Frau sexuell genähert?

Oder im Fall 3:
- Wieso vermied die junge Frau panikartig den Kontakt zu einem Mann, mit dem sie zu Intimitäten verabredet war?
- Wann hatte sie den 1. Sexualkontakt?

Diese und ähnliche Fragen drängen sich förmlich auf und müssen, auch wenn dies für die Missbrauchsopfer heute schmerzhaft und peinlich ist, substantiiert vorgetragen werden. Die Antworten auf diese Fragen beleuchten den Dauerschaden eines Missbrauchsopfers.

Sexuelle Störung gehören zu den von der Rechtsprechung anerkannten **schwersten Beeinträchtigungen.** Dies belegt z.B. eine Entscheidung des OLG Saarbrücken[176] das 1974 für den durch einen Behandlungsfehler verursachten **Verlust des Penis** bei einem 10 Jahre alten Jungen das damals **höchste Schmerzensgeld** von 175.000 € zuerkannte. Ein Beleg dafür, dass das Schmerzensgeld nach sexuellem Missbrauch den derzeit höchsten Schmerzensgeldbetrag von 800.000 €/1.000.000 € erreichen oder gar übersteigen sollte.

Es handelt sich um schwerwiegende Schäden, die als Dauerschäden erkannt und bei der Bemessung erfasst und im Schmerzensgeldbetrag erkennbar einen besonderen Niederschlag gefunden haben müssen.

Gerade in der **Pubertät und nach der Pubertät** können erhebliche psychische Störungen hinzukommen:
- die oben genannten Störungen bestehen fort (Fall 1),
- Leistungen in der Schule brechen ein (Fall 2),
- es kommt zum Schulwechsel,
- ein geplantes Studium wird nicht aufgenommen oder wieder abgebrochen,
- Der Übergang ins Berufsleben scheitert,
- sexuelle Beziehungen werden gemieden (Fall 1 und Fall 3),
- es kommt zur Fehlentwicklung sexueller Beziehungen (Fall 1 und 3),
- es besteht Scheu vor einer festen Beziehung, Ehe (Fall 1 und 3),
- ein Kinderwunsch wird abgelehnt,
- Berufswunschänderungen werden ausgelöst (Fall 1)
- es steigen Misstrauen und Ablehnung gegenüber Eltern, Lehrern und Vertrauenspersonen (Fall 2),
- Verdienstmöglichkeiten sinken (Fall 2 und Fall 3),
- Freizeitbetätigungen mit Kontakten zu anderen Personen werden gemieden (Fall 3).

Diese Punkte sind bei Weitem nicht vollständig.

Zugleich ist es in vielen Fällen neben den bisher genannten Schäden zu noch schwereren Schäden wie **Depressionen und posttraumatischen Belastungsstörungen** gekommen, zu Gesundheitsschäden, für die es vergleichbare Entscheidungen mit hohen Schmerzensgeldern gibt.

5. Bemessungskriterien des Schmerzensgeldes für psychische Folgeschäden

86 Neben den allgemeinen Bemessungskriterien für den Gesundheitsschaden müssen psychische Folgeschäden im Einzelfall ein deutlich höheres Schmerzensgeld auslösen.

176 OLG Saarbrücken, Urt. v. 17.12.1974 – 7 U 83/73, VersR 1975, 1058.

Weil es keine vergleichbaren Entscheidungen gibt, muss die Rechtsprechung auf allgemeine Überlegungen zur Bemessung des Schmerzensgeldes zurückgreifen.

Ein ganz wichtiger Gesichtspunkt ist dabei, dass das gesamte Leben einzelner Missbrauchsopfer durch einen einzigen Missbrauch, durch einen besonders schweren Missbrauch oder durch Missbrauchstaten über einen längeren Zeitraum eine völlig andere Richtung erfahren hat, als dies ohne den Missbrauch geschehen wäre.

Missbrauchsopfer wurden aus der Bahn geworfen.

Das gilt z.B. für die Fälle 1 bis 3 uneingeschränkt.

6. Verletzung der Menschenwürde – Entschädigungsanspruch

Die Verletzung des allgemeinen Persönlichkeitsrechts und der Menschenwürde wird nach der Vorstellung des Gesetzgebers bei der Verletzung des Rechts auf sexuelle Selbstbestimmung durch ein Schmerzensgeld ausgeglichen, nicht aber – wie sonst bei der Verletzung des allgemeinen Persönlichkeitsrechts – mit einem Entschädigungsbetrag, der deutlich höher liegen könnte. 87

Daraus folgt, dass der Schmerzensgeldanspruch nach der Verletzung des Rechts auf sexuelle Selbstbestimmung, weil die Verletzung auch eine Verletzung der Persönlichkeit und der Menschenwürde ist, ganz deutlich höher sein muss als bei einem Körperschaden oder bei sonstigen Gesundheitsschäden.

Die sexuelle Selbstbestimmung war bis 2002 im Gesetz nicht ausdrücklich erwähnt, wurde aber bei der Bemessung des Schmerzensgeldes nach § 847 BGB a.F. berücksichtigt.

Die bisherige Rechtsprechung zur Entschädigung bei Verletzungen des Persönlichkeitsrechts und oder der Menschenwürde bietet für die Bemessung des Schmerzensgeldes in Missbrauchsfällen keinen geeigneten Anhalt.

7. Verschulden des Täters

Neben den allgemeinen Kriterien zur Bemessung des Schmerzensgeldes nach Missbrauchstaten müssen aber weitere Kriterien besonders berücksichtigt werden, die bei der Masse der Schmerzensgeldfälle keine Rolle spielen. Das sind z.B. das Verschulden des Täters, das Regulierungsverhalten (Schuldnerverhaltens) der Bistümer und die Vermögensverhältnisse der Schuldner (Bistümer). 88

Für die Bemessung des Schmerzensgeldes spielt das Verschulden des Täters immer dann eine Rolle, wenn es als besonders schwerwiegend anzusehen ist. Das gilt selbst im Verkehrsunfallrecht und im Arzthaftungsrecht,[177] Rechtsgebiete, in denen ein Körperschaden meist nur fahrlässig verursacht wird. Das Verschulden der Missbrauchstäter ist dagegen immer hoch, ja sogar besonders schwerwiegend. Für den sexuellen Missbrauch an Schutzbefohlenen gibt es keine Entschuldigung, vielmehr muss das Verschulden der Täter bei der Bemessung des Schmerzensgeldes besonders ins Gewicht fallen und das Schmerzensgeld erhöhen.

Sämtliche Missbrauchstaten der Kleriker wurden vorsätzlich begangen. Der höchste Faktor, der für die Multiplikation bei der Bemessung des Schmerzensgeldes anzuwenden ist, ist bei den Missbrauchsfällen das Genugtuungsbedürfnis der Missbrauchsopfer, das durch das Verschulden des Täters ausgelöst wird. In der Rechtsprechung zum Schmerzensgeld spielt das Verschulden des Schädigers meist keine Rolle, weil den Schädiger nur selten ein erhebliches Verschulden trifft, so dass die gesamte Rechtsprechung zum Schmerzensgeld bei der Bemessung nur selten das Verschulden des Täters erwähnt.

Werden dagegen **Ansprüche nach einem Vergehen oder nach einem Verbrechen** geltend gemacht, etwa in den »normalen« Vergewaltigungsfällen oder z.B. bei Gewaltdelikten, bei Mord oder vorsätz-

177 BGH, Urt. v. 08.02.2022 – VI ZR 409/19, Rn. 23, VersR 2022, 635; BGH, Urt. v. 16.02.1993 – VI ZR 29/92, VersR 1993, 585; BGH Urt. v. 16.09.2016 – VGS 1/16; BGHZ 212, 48.

licher Körperverletzung, ist das Verschulden des Täters ein schwerwiegendes Bemessungskriterium, das zu einer außerordentlichen Erhöhung des Schmerzensgeldbetrages führen muss.

Die Vielzahl der Missbrauchstaten durch Kleriker fordert von der Rechtsprechung eine völlig neue Gewichtung des Verschuldens. Nicht nur, dass das Verschulden besonders schwer wiegt, das vorsätzliche Verhalten wird mitunter über einen (sehr) langen Zeitraum fortgesetzt und dem Kleriker ist bewusst, dass er sein Opfer quält. Es geht nicht an, bei diesen Überlegungen darauf abzustellen, dass das Schmerzensgeld ja schon unter verschiedenen Gesichtspunkten höher bemessen wurde, erneut mit einem Faktor »multipliziert« werden muss, so dass das Produkt die bisher ausgeurteilten Beträge erneut deutlich übersteigen muss.

Weitere Einzelheiten zum Bemessungskriterium des Verschuldens des Täters folgen im Rahmen der Genugtuungsfunktion.

8. Genugtuungsfunktion

89 Durch das Schmerzensgeld soll dem Geschädigten Ausgleich und Genugtuung verschafft werden. Der Ausgleich für erlittenes Leid, für die durch den Gesundheitsschaden ausgelösten Beeinträchtigungen kann dadurch erfolgen, dass der Geschädigte die finanziellen Mittel erhält, positive Erlebnisse zu finanzieren. Insoweit besteht nicht nur bei vergewaltigten Frauen, sondern auch bei Missbrauchsopfern ein hoher Bedarf, denn deren Verlust eines Teiles der Kindheit und der Jugend, der Verlust der Persönlichkeitsbildung in der Pubertät, die versäumte Zeit des fröhlichen Zusammenlebens in der Oberstufe des Gymnasiums und im Studium, verbunden mit der ersten Jugendliebe und fröhlichen und ungezwungenen Stunden mit Freunden, all das gilt es auszugleichen.

Die Genugtuungsfunktion rückt das Schmerzensgeld in die Nähe der Strafe, so dass es eine irrationale Funktion erhält. Das Schmerzensgeld soll nach dieser Vorstellung die Verbitterung des Verletzten über das ihm angetane Unrecht besänftigen und seine Gefühle von Hass und dem Wunsch nach Vergeltung entlasten. Allerdings geht auch die Genugtuungslehre nicht davon aus, dass das Schmerzensgeld allein der Genugtuung dienen soll, es soll die Kompensation nur erleichtern.[178] Der BGH vertritt bis heute die Auffassung, dass die Genugtuungsfunktion für die Bemessung des Schmerzensgeldes ihre Bedeutung nicht eingebüßt hat.

In der Rechtsprechung hat die Genugtuungsfunktion eine Rolle gespielt:
- bei Straftaten, insbesondere Sexualdelikten,
- bei groben Behandlungsfehlern, die z.B. zu einem schwersten Hirnschaden führten und
- bei zu beanstandendem Regulierungsverhalten des Schuldners.

Der große Zivilsenat hat 1955 festgestellt, dass der Verschuldensgrad als Einzelumstand berücksichtigt werden muss. Er hat insoweit den Sühnecharakter des Schmerzensgeldes herausgestellt. Schuldhaftes Verhalten kann sich verbitternd auf den Verletzten auswirken, und es entspricht der Billigkeit und der Genugtuung, wenn Vorsatz und grobe Fahrlässigkeit zu Lasten, leichte Fahrlässigkeit dagegen zugunsten des Schädigers berücksichtigt werden können. Dies zeigt, dass das Genugtuungsbedürfnis des Geschädigten nach einem Verkehrsunfall oder nach einem ärztlichen Behandlungsfehler in der Regel gering ist, weil der Schaden meist nur auf Fahrlässigkeit und selten auf Vorsatz oder Rücksichtslosigkeit beruht.

Ganz anders ist dies beim vom Missbrauchstäter ausgelösten unmittelbaren psychischen Schaden und den Spätschäden. Die Täter handeln
- vorsätzlich,
- strafbar gesetzeswidrig und
- verantwortungslos.

178 Rdn 1128 ff.

Wenn überhaupt der Genugtuungsfunktion bei der Bemessung des Schmerzensgeldes eine Bedeutung zukommen kann, dann in Fällen der Vergewaltigung und des sexuellen Missbrauchs.[179] Allein aus der Genugtuungsfunktion muss das Schmerzensgeld in diesen Fällen deutlich erhöht werden.

Die Inanspruchnahme eines (Erz-)Bistums nach Fällen der Vergewaltigung und des sexuellen Missbrauchs durch Kleriker mit der Begründung, eine Amtspflicht gegenüber einem Missbrauchsopfer verletzt zu haben, wird auf zwei unterschiedliche Sachverhalte gestützt.

In der Mehrzahl der Fälle geht es um Missbrauchstaten durch Kleriker, gegen die aus Sicht der Kirchenleitung insoweit zunächst kein Verdacht bestand. Das gilt auch für Fälle der Vergewaltigung, bei denen der Geschlechtsverkehr vom Opfer über viele Jahre[180] aufgrund der sexuellen Unerfahrenheit der Frau, aufgrund der Stellung des Klerikers und der Hochachtung, die sie ihm entgegenbrachten, geduldet wurde. Die Haftung des Bistums folgt dann – wie oben belegt – aus Amtshaftung gem. § 839 BGB, Art. 34 GG (analog). In diesen Fällen haften die Bistümer »**anstelle**« der Missbrauchstäter. Zusätzlich kommt deren Amtshaftung[181] in Betracht, wenn ein Bistum selbst die ihm obliegenden Amtspflichten dadurch verletzt hat, dass es einen Kleriker, gegen den zumindest der Verdacht bestand, pädophil zu sein, an eine Gemeinde versetzt, in der ihm auch der Umgang mit Kindern, insbesondere mit Messdienern, oblag oder möglich war und es dabei zu Missbrauchstaten kam.[182] Die Frage, ob und inwieweit das Schmerzensgeld wegen der Genugtuungsfunktion zu erhöhen ist, sollte im Ergebnis für beide Fälle gleich zu beurteilen sein.

Genugtuungsbedürfnis bei Haftung des Bistums anstelle des Missbrauchstäters

In diesen Fällen trifft die Kirchenleitung des Bistums, das »anstelle« des Missbrauchstäters haftet, zunächst kein eigenes Verschulden, solange sie keinen Verdacht gegen den Kleriker hatte. Eine Erhöhung des Schmerzensgeldes aus dem Gesichtspunkt der Genugtuungsfunktion kann dann nur erfolgen, wenn dem Bistum das besonders schwere Verschulden des Missbrauchstäters zuzurechnen ist. Dies dürfte zu bejahen sein, weil durch die Regeln des Amtshaftungsrechts der Fokus vom eigentlichen Missbrauchstäter auf dessen Anstellungskörperschaft gelenkt wird, die »anstelle« des Missbrauchstäters in vollem Umfang haftet. Dann ist bei der Feststellung der Höhe des (immateriellen) Schadens **auf das Verschulden des Missbrauchstäters abzustellen.** Das **Genugtuungsbedürfnis von Missbrauchsopfern** dürfte in diesen Fällen mindestens ebenso hoch sein wie in Fällen der unmittelbaren Haftung eines Bistums. Das Genugtuungsbedürfnis des Missbrauchsopfers entfällt nicht deshalb, weil bei der Amtshaftung »anstelle« des Täters die Anstellungskörperschaft haftet.

Genugtuungsbedürfnis bei Amtspflichtverletzungen der Bistumsleitung

In diesen Fällen dürfte die Genugtuungsfunktion greifen, weil die Kirchenleitung versagt hat, indem sie gegen die ihr gegenüber den Angehörigen der Gemeinde obliegenden Amtspflichten verstoßen hat. Es ist die Pflicht einer jeden Anstellungskörperschaft, pädophile Amtsträger »von Kindern fernzuhalten«.

Insoweit wird im Schrifttum angenommen, dass kein Bistum täterfrei war.[183] Das Genugtuungsbedürfnis von Missbrauchsopfern dürfte bei einem krassen Verstoß gegen diese Amtspflicht besonders hoch sein.

179 Jaeger, Die Genugtuungsfunktion hat ausgedient, FS für Egon Lorenz 2004, S. 377.
180 Zoch, Schnell vergeben, schnell aufarbeiten, SZ vom 24.09.2022.
181 Dagegen scheidet eine Haftung der Anstellungskörperschaft aus, wenn der Geschlechtsverkehr einer Frau mit einem Kleriker im Rahmen einer Liebesbeziehung erfolgt. Einen solchen Sachverhalt betreffen diese Ausführungen nicht.
182 Dieser Vorgang wird im Protokoll der Rechtskommission des VDD vom 28./29.09.2022, Ziff. 6.1., S. 38, als »relativ ›typischer‹ Fall mit Versetzung des Täters nach Bekanntwerden der Vorwürfe« bezeichnet.
183 Lüdecke, Die Täuschung – Haben Katholiken die Kirche, die sie verdienen?, 2021, S. 121.

9. Regulierungsverhalten und Schuldnerverhaltens der Bistümer

90 Im Rahmen der Genugtuungsfunktion wird bei der Bemessung des Schmerzensgeldes zusätzlich das Regulierungsverhalten des Schuldners in der Rechtsprechung gelegentlich berücksichtigt, weil anerkannt wird, dass durch eine gestörte Regulierung das Leid des Verletzten erhöht werden kann und dass dadurch bewirkte zusätzliche Beeinträchtigungen durch einen zusätzlichen Schmerzensgeldbetrag ausgeglichen werden sollen.[184] Zahlungspflichtig ist in erster Linie der Schuldner, also in Missbrauchsfällen durch Kleriker in beiden Fallgestaltungen das jeweilige Bistum.[185] Ein zu beanstandendes Regulierungsverhalten kann in besonderen Fällen einen ganz anderen, aber wesentlichen Einfluss auf die Höhe des Schmerzensgeldes haben, wenn es sich um ein vorwerfbares oder jedenfalls nicht nachvollziehbares Verhalten in eindeutigen Haftungsfällen handelt.[186]

Das OLG Saarbrücken[187] hat dazu ausgeführt:

> »In der Rechtsprechung ist anerkannt, dass die verzögerte Schadensregulierung als Bemessungsfaktor Beachtung finden kann. Dies setzt jedoch voraus, dass sich der leistungsfähige Schuldner einem erkennbar begründeten Anspruch ohne schutzwürdiges Interesse widersetzt. Die Erhöhung des Schmerzensgeldes darf jedoch keinen Sanktionscharakter besitzen, sondern ist nur dann gerechtfertigt, wenn die verzögerte Zahlung das gemäß § 253 BGB geschützte Interesse des Gläubigers beeinträchtigt. Davon ist etwa dann auszugehen, wenn der Geschädigte unter der langen Dauer der Schadensregulierung leidet; aber auch dann, wenn der Gläubiger den Schadensersatz dazu verwenden kann, um die Auswirkungen seiner gesundheitlichen Beeinträchtigungen zu lindern, ist es geboten, der Verletzung des Gläubigers durch Verzögerung der Schadensregulierung durch eine Anhebung des Schmerzensgeldes Ausdruck zu verleihen.«[188]

Die Rechtfertigung der Erhöhung des Schmerzensgeldbetrags folgt daraus, dass der Schuldner gegenüber dem Gläubiger z.B.
- seine Machtstellung ausnutzt,
- ihn ungerecht behandelt,
- ihm die Bereitschaft zur Regulierung vorgaukelt und/oder
- unzutreffend argumentiert,
- wenn der Schuldner nicht zahlt, obwohl er seine Zahlungsverpflichtung kennt,
- wenn das Prozessverhalten des Schuldners die Erledigung des Rechtsstreits verzögert,
- wenn der Schuldner versucht, den Gläubiger in eine Erlassfalle zu locken,
- wenn der Verletzte aus wirtschaftlichen oder finanziellen Gründen auf die Regulierung angewiesen ist und
- wenn der Verletzte unter der langen Dauer der Schadensregulierung leidet.

In solchen Fällen kann das Schmerzensgeld wegen des zu beanstandenden Regulierungsverhaltens **deutlich erhöht** werden. So hat z.B. das OLG Frankfurt[189] den **Schmerzensgeldbetrag verdoppelt** und das LG Gera[190] hat ein **um 100.000 € höheres Schmerzensgeld** zuerkannt. Zwar ist es das Recht

184 Kap. 6 Rdn. 28 ff.; Honsell, VersR 1972, 205.

185 Es soll hier nicht erörtert werden, dass wegen eines zu beanstandenden Regulierungsverhaltens von Versicherern nach Verkehrsunfällen oder nach ärztlichen Behandlungsfehlern das Schmerzensgeld gelegentlich, aber meist zu Unrecht und jedenfalls zu gering erhöht wurde oder dass es zur Höhe des Schmerzensgeldes lediglich heißt, dass das Gericht das »zumindest zögerliche Regulierungsverhalten der Bekl. bzw. des hinter ihr stehenden Haftpflichtversicherers berücksichtigt« hat, LG Gießen, Urt. v. 06.11.2019 – 5 O 376/18, VersR 2020, 634 und MedR 2020, 936; jeweils m. Anm. Jaeger; OLG Frankfurt, Urt. v. 31.01.2017 – 8 U 155/16, BeckRS 2017, 139887 Rz. 28; OLG Köln, 10.12.2014 – 5 U 75/14, juris; LG Aachen, Urt. v. 30.11.2011 – 11 O 478/09, juris.

186 OLG München, 13.08.2010 – 10 U 3928/09, BeckRS 2010, 20532.

187 OLG Saarbrücken, 26.02.2015 – 4 U 26/14, NJW-RR 2015, 1119.

188 OLG Saarbrücken, 27.07.2010 – 4 U 585/09, NJW 2011, 933.

189 OLG Frankfurt, Urt. v. 07.01.1999 – 12 U 7/98, NJW 1999, 2447.

190 LG Gera, Urt. v. 06.05.2009 – 2 O 15/05, VersR 2009, 1232.

eines jeden Schuldners, Forderungen abzuwehren und sich verklagen zu lassen, muss er doch Prozesszinsen in beachtlicher Höhe (5 % über dem Basiszinssatz) zahlen. Er hat jedoch nicht das Recht, die Verteidigung in einer Weise zu betreiben, die den (unter Umständen von ihm selbst) psychisch geschädigten Gläubiger zusätzlich zu quälen, zu verletzen oder herabzusetzen geeignet sind. Es kommt hinzu, dass ein Bistum als Anspruchsgegner auf Grund des christlichen Selbstverständnisses mehr tun muss als ein »gewöhnlicher« Schuldner, um die Qualen und Beeinträchtigungen, die auf dem Missbrauch beruhen, auszugleichen. Es darf sie durch das Regulierungsverhalten nicht vergrößern.

Regulierungsverhalten ist auch ein Verstoß gegen die Tugend der Gerechtigkeit[191]

Die Kirchen haben eigene Regeln aufgestellt, wie sie und ihre Mitglieder sich als Schuldner zu verhalten haben. Diese Regeln müssen nicht nur die Gläubigen einhalten. Die Kirchenleitung selbst darf sich dieser Selbstverpflichtung nicht entziehen. Eine solche Pflicht der Bistümer ergibt sich zwanglos aus der christlichen Lehre, die hier kurz auf der Grundlage der Darstellung des Kölner **Kardinals Joseph Höffner** angesprochen werden soll.[192]

Nach dem Verständnis der katholischen Kirche ist die Gerechtigkeit eine **Kardinaltugend.** Es ist jene sittliche Haltung, kraft deren jedem sein Recht gewährt wird. Gerechtigkeit ist unabdingbar mit der christlichen Soziallehre verbunden, sie kann den Streitstoff sozialer Konflikte aus der Welt schaffen. Die von der Bundesregierung eingesetzte Unabhängige Kommission zur Aufarbeitung sexuellen Kindesmissbrauchs stellt im Bilanzbericht 2019[193] fest, dass Anhörungen und Berichte Betroffener eine »tiefgreifende Abwehrhaltung der katholischen Kirche gegen die Aufarbeitung sexuellen Kindesmissbrauchs in ihren Reihen erkennen lässt«. Betroffene berichteten von »Schweigen, Untätigkeit, Stigmatisierung, bürokratischer Kälte oder Verunglimpfung«, nicht aber von einer Begegnung »auf Augenhöhe«. Ihre Berichte ergäben einen Einblick in das Leid der Kinder und zeigten, wie »eklatant Verantwortliche versagt« hätten. Ebenso wie Kardinal Höffner weist die Unabhängige Kommission zur Aufarbeitung sexuellen Kindesmissbrauchs darauf hin, dass eine von den **Kirchenleitungen glaubwürdig vorgelebte wertschätzende und offene Haltung gegenüber den Betroffenen unverzichtbar** ist.[194]

Dazu gehöre nach dem Bilanzbericht vor allem eine Haltung, die von Empathie geprägt sei und die Macht der Kirche nicht ausnutze. Viele Betroffene hätten **nie Gerechtigkeit** erfahren. Der Umgang mit den Betroffenen zeige bis heute, dass ihr **Recht auf Aufklärung und Entschädigung** an der kirchlichen Hierarchie, der Intransparenz und an den Machtstrukturen der Kirche abpralle. Diese **klerikalen Machtstrukturen und Männerbünde hätten sexuelle Gewalt** an Mädchen und Jungen in der Vergangenheit **begünstigt.**[195]

Als Ziel schwebt der christlichen Soziallehre ein Ordnungsgefüge vor, das in der Wahrheit gegründet, nah den Richtlinien der Gerechtigkeit erbaut, von lebendiger Liebe erfüllt ist und sich in der Freiheit verwirklicht. Die Beziehung zwischen einzelnen Menschen soll von der Liebe bestimmt sein.[196] Wer gegen die Kardinaltugend der Gerechtigkeit verstößt, wer die Gerechtigkeit verweigert, verstößt gegen das Gebot der Nächstenliebe, und dieser Verstoß bedeutet die Hölle.[197] Daraus ergibt sich,

191 Jaeger, Bemessung des Schmerzensgeldes… VersR 2023, 209 ff.

192 Höffner, Christliche Gesellschaftslehre, 1962.

193 Unabhängige Kommission zur Aufarbeitung sexuellen Kindesmissbrauchs, Bilanzbericht 2019, Bd. 1, S. 168.

194 Unabhängige Kommission zur Aufarbeitung sexuellen Kindesmissbrauchs, Bilanzbericht 2019, Bd. 1, S. 169.

195 Unabhängige Kommission zur Aufarbeitung sexuellen Kindesmissbrauchs, Bilanzbericht 2019, Bd. 1, 169.

196 Die Tugend der Gerechtigkeit in Höffner, Christliche Gesellschaftslehre, 1962, S. 63 ff.; Lüdecke, Die Täuschung – Haben Katholiken die Kirche, die sie verdienen? 2021.

197 Prof. em. K.-H. Mencke, Bonn, der den Papst Franziskus theologisch berät; Wiegelmann, Gutachten der Anwaltskanzlei Westpfahl/Spilker/Wastl in München v. 25.12.2022, S. 14.

welche Qualen die Missbrauchsopfer, denen keine Gerechtigkeit zuteilwird, zusätzlich leiden mit der Folge der entsprechenden Erhöhung des Schmerzensgeldbetrags wegen des Regulierungsverhaltens der Bistümer. Auf diese christliche Soziallehre haben die Missbrauchsopfer als Frauen, Männer und Kinder, nachdem sie Opfer eines Sexualverbrechens geworden waren, vertraut. Sie wurden enttäuscht. Sie haben – was zahlreiche Missbrauchsopfer berichten – die Taten ertragen »um Gottes Willen«, »um Christi Willen« und in Fortwirkung ihrer Erziehung. »Die Aufdeckung der Missbrauchsfälle am Berliner Canisius-Kolleg der Jesuiten« leitete »das Skandaljahr 2010« ein.[198] Die Taten wurden öffentlich diskutiert, und die **Missbrauchsopfer vertrauten darauf, oft immer noch tief verwurzelt im christlichen Glauben, dass ihnen Gerechtigkeit widerfahren würde, insbesondere dass als erster Schritt zum Ausgleich des Unrechts und der Anerkennung des Leides die Missbrauchstaten aufgeklärt und angemessen entschädigt würden.** Der Umstand, dass weder die Aufklärung noch die Aufarbeitung noch die Entschädigung gelungen und lange Zeit von manchem Bistum nicht einmal ernsthaft versucht wurde, führte dann dazu, dass vor dem LG Köln der bisher erste Zivilprozess verhandelt wurde mit dem Ziel einer gerechten Entscheidung gegen das Erzbistum Köln.

Aus den aus der Sicht der katholischen Kirche unverzichtbaren Regeln folgt, dass Ungerechtigkeiten, Unredlichkeiten, Unwahrheiten (Täuschungen) etwa über eine **in Wirklichkeit nicht vorhandene Bereitschaft zur Schadensregulierung** nicht mit dem Selbstverständnis und den kirchlichen Pflichten der Kirchenleitung und den Erwartungen der Gläubigen vereinbar sind. **Alle Bistümer kennen ihre Pflicht, die Missbrauchsopfer zu entschädigen. Sie gewähren ihnen jedoch keine Gerechtigkeit.**

Die Bistümer haben bei der Schadensregulierung mindestens folgende Fehler gemacht:

a) Die Einrichtung der ZKS[199] im Jahre 2010, die einen Höchstbetrag für die Entschädigung von 5.000 € vorsah und die Verbesserung dieses Betrages nach Einrichtung der UKA im Jahre 2020 mit dem Regel-Höchstbetrag von 50.000 € belegt eine völlige Missachtung der Rechte der Missbrauchsopfer. Aus allen Bistümern und selbst aus dem Vatikan klang es immer wieder, das höchste Ziel sei die Aufdeckung der Missbrauchstaten, die Anerkennung des Leids der Missbrauchsopfer **und deren Entschädigung.** Kurz vor dem 06.12.2022, dem 1. Verhandlungstermin im Fall 1), tagte der Verband der Deutschen Diözesen (VDD). Die Worte »Gerechtigkeit für Missbrauchsopfer« fielen bei der Diskussion nicht, die sich über 2 Tage erstreckte. Es ging vielmehr nur darum, finanziellen Schaden von der katholischen Kirche abzuwenden, wobei einerseits die Frage der Verjährung im Mittelpunkt stand, andererseits die Frage, ob sich der Kölner Kardinal Woelki wegen Untreue strafbar machen würde, wenn das Erzbistum Köln die Einrede der Verjährung nicht erheben würde.
   Nicht einmal in dieser Phase der gerichtlichen Auseinandersetzung ging es um Anliegen der Missbrauchsopfer und darum, ihnen Gerechtigkeit widerfahren zu lassen. Ein Schuldner, dem die Regulierung des Schadens derart gleichgültig ist, dem es nur darum geht, den bereits durch die UKA anerkannten Missbrauch möglichst »billig« zu erledigen, den trifft der **Vorwurf eines unzureichenden Regulierungsverhaltens** in besonders krasser Weise.
   Das Regulierungsverhalten ist somit ein weiterer Multiplikator für die Bemessung des Schmerzensgeldes.
b) Die VerfAO der UKA ist durch das Verfahren und die Höhe der Entschädigung darauf angelegt, die Missbrauchsopfer zu entrechten und diese auf keinen Fall gerecht zu behandeln.
   Im Fall 1) belegen dies die Zahlungen von 5.000 € im Jahre 2012 und nur weiterer 20.000 € im Jahre 2022.
c) Gerecht wäre z.B. eine pauschale Zahlung von 100.000 € an jedes Missbrauchsopfer gewesen, wobei im Einzelfall hätte nachgebessert werden müssen.[200]

---

198 Lüdecke, Die Täuschung – Haben Katholiken die Kirche, die sie verdienen?, 2021, S. 11.
199 Zentrale Koordinierungsstelle.
200 Herr Katsch vom »eckigen Tisch« schlug schon 2019 vor, die Missbrauchsopfer pauschal mit 40.000 € bis 400.000 € zu entschädigen.

d) Zur Schadensregulierung gehört auch, dass entsprechend dem Genugtuungsbedürfnis der Missbrauchsopfer die Täter strafrechtlich verfolgt worden wären. Entgegen allen Versprechungen von (Erz-)Bischöfen und von Papst Benedikt II, wurde die Strafverfolgung systematisch vereitelt. Das ist förmlich ein Schlag ins Gesicht eines jeden Missbrauchsopfers.
e) Entgegen allen Beteuerungen wurden die Täter nicht in Regress genommen.

Daraus folgt, dass die oben genannten Kriterien für ein zu beanstandendes Regulierungsverhalten mindestens in folgenden Punkten erfüllt sind:

Die Bistümer haben als Schuldner
- ihre Machtstellung ausnutzt,
- die Missbrauchsopfer ungerecht behandelt,
- ihnen die Bereitschaft zur Regulierung vorgaukelt und/oder
- unzutreffend argumentiert, nicht die Bistümer, sondern die Täter seien die eigentlichen Schuldner
- nicht gezahlt oder nur »ohne Anerkennung einer Rechtspflicht« gezahlt, obwohl sie ihre Zahlungsverpflichtungen kannten,
- durch unterlassenes Anerkenntnis die Erledigung des Rechtsstreits verzögert,
- durch die Einrichtung der UKA viele Missbrauchsopfer in eine Erlassfalle gelockt, weil diese der Höhe nach auf die Angemessenheit der Entschädigung vertrauten und vertrauen,
- Missbrauchsopfer, die wirtschaftlich auf die Regulierung angewiesen sind und waren, nicht sofort entschädigt und
- die Missbrauchsopfer jahrzehntelang unter der Dauer der Schadensregulierung leiden lassen.

Ein solches Register von Fehlern bei der Schadensregulierung ist noch in keiner gerichtlichen Entscheidung aufgeführt.

10. Vermögensverhältnisse der Schuldner

Nach der ständigen Rechtsprechung sind auch die wirtschaftlichen Verhältnisse der Parteien bei der Bemessung des Schmerzensgeldes zu berücksichtigen. Zwar wird vereinzelt der Eindruck erweckt, (zu) hohe Schmerzensgeldbeträge könnten ein Bistum im Einzelfall finanziell überfordern.[201] Belegt ist das aber nicht. Wesentlich eher treiben die Kirchenaustritte ein Bistum in den Ruin als Schmerzensgeldzahlungen, selbst wenn sie im Einzelfall einen neuen Höchstbetrag erreichen sollten. Solange ein Erzbistum für wertlose juristische Sachverständigengutachten bis zu 1.000.000 € zahlt, sollte an den Missbrauchsopfern nicht gespart werden. 91

11. Verjährungsfragen

Auf Verjährungsfragen kann hier nicht abschließend eingegangen werden, weil die Frage der Verjährung für jeden Einzelfall geprüft werden muss. Die Verjährungsfrage spielt auch erst dann eine Rolle, wenn sich ein Bistum als Beklagter auf die Verjährung beruft. Die Verjährung muss deshalb erst geprüft werden, wenn eine als Schuldner in Anspruch genommene Diözese die Einrede der Verjährung erhebt. 92

a) In der Anerkennung des Missbrauchs durch die UKA kann trotz des gegenteiligen Wortlauts der VerfAO ein Verzicht auf die Einrede der Verjährung liegen, nämlich unter dem Gesichtspunkt, dass die Bistümer über dieses Verfahren die Verbindlichkeit des Missbrauchstäters übernehmen und anerkennen. Sie geben diese Erklärung zwar ab »ohne Anerkennung einer Rechtspflicht«. In dieser Erklärung liegt jedoch ein widersprüchliches Verhalten, einmal, weil jedes Bistum aus Amtshaftung »an Stelle des Missbrauchstäters« haftet, was die Deutschen Bischofskonferenz möglicherweise nicht weiß, aber jedenfalls nicht zugeben will, aber auch, weil die Bistümer über die UKA unabhängig

201 Janssen, a.a.O.

von einer (bestehenden) eigenen Verpflichtung und ohne Berufung auf Verjährung ein unbedingtes Zahlungsversprechen abgeben wollen und auch tatsächlich abgeben.

In der Entscheidung der UKA, wenn sie den Missbrauch für plausibel hält, liegt deshalb für das zuständige Bistum sowohl ein Anerkenntnis als auch die Erklärung, auf die Einrede der Verjährung zu verzichten.

Ob dies so ist, werden möglicherweise Gerichte noch entscheiden müssen.

b) Ob die Einrede der Verjährung von den Bistümern überhaupt erhoben werden kann, oder ob dies eine unzulässige Rechtsausübung darstellt, also treuwidrig ist, ist ebenfalls noch nicht entschieden.

Nach ständiger Rechtsprechung des BGH[202] ist die Erhebung der Verjährungseinrede gemäß § 242 BGB treuwidrig und unwirksam, wenn der Gläubiger aus dem gesamten Verhalten des Schuldners für diesen erkennbar das Vertrauen schöpfte und auch schöpfen durfte, dass der Schuldner die Verjährungseinrede nicht erheben, sondern sich auf sachliche Einwände beschränken werde. Dieser Vertrauensschutz reicht aber nur so weit und gilt nur so lange, wie die den Einwand der unzulässigen Rechtsausübung begründenden Umstände fortdauern und den Gläubiger von der rechtzeitigen Klageerhebung abhalten. Weitere Einzelheiten ergeben sich aus dem Aufsatz von Jaeger im Jahre 2022.[203]

Völlig offen ist die Frage, ob für Ansprüche gegen die Bistümer aus Amtshaftung (analog) überhaupt eine Verjährungsfrist gelaufen ist. Es gibt eine Rechtsprechung des BGH, wonach keine Verjährungsfrist läuft, wenn eine Klage nicht mit hinreichender Erfolgsaussicht erhoben werden kann, wenn eine Klage als aussichtslos angesehen werden musste. Nun wusste bis zu den Aufsätzen von *Gerecke/Roßmüller* und *Jaeger* im Jahre 2022 niemand, kein Rechtsanwalt, kein Richter, angeblich kein Bistum, dass die Bistümer »anstelle des Klerikers« haften. In der Präambel der VerfAO der UKA[204] ist nur die Rede von möglichen Ansprüchen gegen die Täter. Die Katholische Kirche verspricht zudem Leistungen an die Missbrauchsopfer, wenn Ansprüche gegen die Täter nicht (mehr) durchsetzbar seien. Haftung und Verantwortung sollen in erster Linie beim Täter liegen, während die Kirche (nur) eine institutionelle Mitverantwortung treffe.

Wenn dies so ist, konnte keinem Missbrauchsopfer vor Ende 2022 zugemutet werden, eine Klage statt gegen den Missbrauchstäter gegen ein Bistum zu richten.

So ist der BGH[205] z.B. davon ausgegangen, dass eine Verjährungsfrist dann nicht läuft, bevor der Gläubiger ohne Verschulden erkennen kann, dass ihm ein Anspruch zusteht.

Ob diese Rechtsprechung aus Schadensersatzansprüche der Missbrauchsopfer aus Amtshaftung (analog) übertragen werden kann, wird wohl der BGH entscheiden müssen.

Aufbau der Klageschrift

Dieser Abschnitt soll Missbrauchsopfern und deren Anwälten helfen, eine Klageschrift zu verfassen. Richter und Anwälte hatten es noch nie mit einer solchen Klage tun und können daher nicht auf Texte zum Personenschadensrecht zurückgreifen. Alles muss neu gedacht, ja sogar erfunden werden.

Die Klageschrift muss so verfasst werden, dass das angerufene Gericht gezwungen wird, sich mit den Argumenten des Klägers aneinander zu setzen. Alle Behauptungen müssen belegt werden. In vielen Fällen wird es angebracht sein, die in diesem Abschnitt genannten Fundstellen auszugsweise als Dateien anzufügen oder als Textbaustein in die Klageschrift zu kopieren.

---

202 BGH, Urt. v. 10.02.2022 – VII ZR 692/21, VersR 2022, 1039 m.w.N.; BGH, Urt. v. 27.01.1999 – XII ZR 113/97, NJW 1999, 1101.

203 Jaeger, a.a.O., VersR 200 2022, 1129 ff., 1140 ff.

204 Die UKA – Unabhängige Kommission zur Anerkennung des Leids – wurde von der Deutschen Bischofskonferenz eingerichtet.

205 BGH, Urt. v. 16.09.2005 – V ZR 242/04, NJW-RR 2006, 384.

Die folgenden Hinweise bedeuten nur einen Einstieg, es ist unvorhersehbar, welche weiteren Rechtsfragen und rechtlichen Probleme im Einzelfall eine Rolle spielen werden.

Für die Klage ist in erster Linie zu beachten:

Die Klage wird gegen einen oder mehrere Klagegegner gerichtet.

Die Anspruchsgrundlage muss genannt werden.

Der Missbrauch wird geschildert und es wird mitgeteilt, ob der Missbrauch durch die UKA anerkannt wurde.

Bei fehlendem Anerkenntnis muss der Missbrauch bewiesen werden.

Der Kläger muss Indizien vortragen und Zeugen benennen.

Zeugen sind z.B.
- andere Missbrauchsopfer,
- gleichaltrige Freunde, Schulfreunde
- alle, denen sich das Opfer offenbart hat, Familienangehörige Eltern, Großeltern, Geschwister und/oder…
- Lehrer, Mitschüler,
- Mitglieder der Gemeinde,
- Mitglieder des Sportvereins,
- Mitarbeiter des (Erz)-Bistums, die die Personalakten geführt haben,
  Besonders wichtig sind:
- Jeder Schriftverkehr des Missbrauchsopfers mit
- jedem Angehörigen der Gemeinde oder
- des Bistums und mit
- jedem Dritten. Ferner
- eine Entscheidung der UKA, der besondere Bedeutung zukommt.
- Akten, insbesondere
- die für den Kleriker geführten Personalakten.

Wenn die UKA den Missbrauch als »plausibel« angesehen hat, dürfte dies ein wichtiger, wenn nicht gar ein hinreichender Beweis dafür sein, den Missbrauch als nachgewiesen anzusehen.

Als letztes Beweismittel kann eine Parteivernehmung des Klägers beantragt werden, auch dann, wenn der Missbrauchstäter verstorben ist. Das Gericht muss den Kläger in einem solchen Fall als Partei anhören, es kann ihm glauben oder auch nicht.

Mit dem Nachweis des Missbrauchs steht und fällt die Klage. Gelingt der Nachweis nicht, wird die Klage abgewiesen.

Sodann folgt die Subsumtion unter die Anspruchsgrundlage.

Die Übergriffe eines Klerikers waren der Leitung des (Erz)-Bistums in vielen Fällen nicht oder bei Versetzung des Klerikers an die Gemeinde des Missbrauchsopfers noch nicht oder nicht nachweisbar bekannt, so dass das Bistum für die Taten nicht unmittelbar verantwortlich gemacht werden kann.

In diesen Fällen kann ein Missbrauchsopfer seine **Schadensersatzansprüche** allerdings wegen der Bestimmung des Art. 34 GG (analog) von vornherein **nicht gegen den Missbrauchstäter** selbst geltend machen, sondern muss **an dessen Stelle** das (Erz)-Bistum, in Anspruch nehmen.

Die Klage darf in diesen Fällen deshalb nicht gegen den Täter gerichtet werden – Kosten-Risiko.

Soll die Klage (auch) aus einer Amtshaftung gegen ein (Erz-)Bistum unmittelbar geltend gemacht werden, muss dargelegt werden, dass das beklagte Bistum den Täter an die Gemeinde des Klägers

versetzt hat, obwohl ihm die von dem Kleriker ausgehenden Gefahren für die minderjährigen Gemeindemitglieder
- bekannt waren oder wenn
- bekannt war, dass ihm Missbrauchstaten vorgeworfen worden waren.

Der Sachvortrag zu diesem Geschehen muss im Einzelnen belegt, begründet und ggfs. bewiesen werden. Dies ist auch deshalb wichtig, weil begründet werden muss, dass die Versetzung des Klerikers amtspflichtwidrig war und warum und dass das (Erz)-Bistum insoweit ein Verschulden trifft. Pflichtwidrig und schuldhaft war die Versetzung dann, wenn für das (Erz)-Bistum erkennbar die Gefahr bestand, dass der Täter (auch) in der neuen Gemeinde übergriffig werden könnte, weil ein Kontakt zu Minderjährigen möglich sein würde oder nicht auszuschließen sei. Nur dann ist das Verhalten des jeweiligen Bistums kausal für die Missbrauchstaten. Solange das Bistum die von einem Kleriker ausgehende Gefahr nicht kennt, scheidet ein Pflichtenverstoß aus.

Es ist darauf zu achten, dass die zeitliche Einordnung der Kenntnis passt. Im Fall 1) erfuhr das Erzbistum Köln erst nach dem Ende der am Kläger begangenen Missbrauchstaten von den Verstößen des Klerikers J., der Kläger hatte eine frühere Kenntnis nicht substantiiert vorgetragen und dafür keinen Beweis angetreten. Die Klage war insoweit unschlüssig.

Verjährung

In der Regel wird das beklagte Bistum die Einrede der Verjährung (nicht?) erheben.

Wird die Einrede der Verjährung jedoch erhoben, muss dazu im Einzelfall vorgetragen werden.

Sind die Ansprüche nach den allgemeinen Regeln verjährt, muss versucht werden, eine Schuldübernahme durch die Entscheidung der UKA für das Bistum geltend zu machen oder auf die Rechtsprechung des BGH Bezug zu nehmen, wonach für Ansprüche, die ein Gläubiger nicht kennt, keine Verjährungsfrist läuft (s.o. – Verjährung). Die Rechtslage, dass nicht der Missbrauchstäter, sondern nur das Bistum in Anspruch genommen werden kann, war für die Missbrauchsopfer und für deren Anwälte bis Ende 2022 nicht bekannt. Bemerkenswert ist insoweit, dass es keine Klage und keine Entscheidung über einen Schmerzensgeldanspruch gegen einen Kleriker persönlich gibt und angesichts der Rechtslage auch nicht geben kann (darf). Ob dieser Einwand bei einem LG oder bei einem OLG Erfolg haben wird, ist offen – Risiko!

Schmerzensgeldkriterien für die Höhe des Schmerzensgeldes

Die Kriterien, die für die Höhe des Schmerzensgeldes ausschlaggebend sind, sind oben eingehend dargestellt. Die BGH-Entscheidung vom 15.02.2022 – VI ZR 937/20, VersR 2022, 712 muss unbedingt zitiert und auszugsweise mitgeteilt werden.

Die Fakten müssen so vorgetragen werden, dass sie dem Gericht »unter die Haut« gehen. Fakten, Tatsachen, Geschehensabläufe sind gefragt, nicht Allgemeinplätze.

Es genügt nicht zu sagen, der Kläger
- hat sich geschämt,
- hat sich geekelt, war entsetzt,
- das Leben habe sich völlig verändert,
- nichts sei mehr so gewesen wie früher,
- soziale Kontakte hätten gelitten,
- die Beziehung zur Familie sei zerstört worden usw.

Der Anwalt muss vortragen, wieso der Kläger sich geschämt, geekelt, entsetzt hat. Jedes Detail ist wichtig.

Als Schaden muss geschildert werden
- der Körperschaden,
- der Gesundheitsschaden, insbesondere die psychischen Folgen der Taten.

Nur aus den geschilderten
- Lebensbeeinträchtigungen, nur aus dem
- Verlust der Lebensfreude und der Lebensqualität lässt sich für das Gericht das Schmerzensgeld bemessen.

Nur aus Fakten lässt sich begründen,
- ob die Leistungen eines Missbrauchsopfers in der Schule nachgelassen haben oder ob es infolge des Missbrauchs
- arbeitsunfähig oder in der Arbeitsfähigkeit beschränkt worden ist.

Welche Lebensbeeinträchtigungen in Betracht kommen, welcher Verlust an Lebensfreude und Lebensqualität eingetreten ist, muss mit Hilfe der weiter unten folgenden Liste der Bemessungskriterien im Einzelnen haarklein vorgetragen werden.

Natürlich ist es auch unverzichtbar, die **jeweilige Dauer der Beeinträchtigungen** mitzuteilen, um dem Gericht eine Entscheidungsgrundlage zu geben.

Im Fall 1) hat der Kläger zwar einiges zum Gesundheitsschaden vorgetragen, die Kammer hat aber nicht begriffen, welche Beeinträchtigungen der Kläger dadurch erlitten hat.

Es genügt nicht vorzutragen, dass der Kläger sich jahrelang einer Therapie unterzogen hat, dass er mehr als 100 Sitzungen bei einem **Psychotherapeuten** gehabt habe, an denen auch seine Ehefrau teilgenommen habe. Er muss eindringlich schildern, wie jede dieser Sitzungen ihn an den betreffenden Tagen belastet hat, ob und wie oft er mit sich gerungen hat, die Sitzungen überhaupt wahrnehmen zu können, wie er die Sitzungen gedanklich vor- und nachbereitet hat, welche Gespräche er mit seiner Ehefrau dazu geführt hat. Er muss auch den Zeitaufwand beschreiben und gegebenenfalls näher darlegen, und schildern, dass ihn solche Sitzungen nicht nur einen, sondern oft/meist mehrere Tage, vielleicht die ganze Woche belastet haben. Das ist Verlust an Lebensfreude und Lebensqualität nicht nur für die Dauer der Sitzung von etwa einer Stunde, wie das Gericht meinen könnte, sondern mitunter für die gesamte Dauer der Behandlung, also für viele Jahre und Jahrzehnte.

Zu solchen psychiatrischen Sitzungen muss vorgetragen werden:
- Die Therapie fand wöchentlich statt.
- Die Therapiestunde dauerte 45/60 Minuten
- Auf die Therapie musste sich der Kläger psychisch vorbereiten.
- Es quälte ihn schon vorher, dass er sich gegenüber dem Therapeuten wieder und wieder offenbaren musste.
- Die Therapie musste nachbereitet werden, der Kläger war danach psychisch oft sehr erschöpft. Er diskutierte stundenlang vorher und nachher mit seinem Ehepartner. Mit den Kindern konnte er sich danach nicht beschäftigen.

  Als Folge der Sitzungen war der Kläger oft reizbar und unleidlich.
- Durch die wöchentliche Therapie verlor der Kläger jeweils einen freien Vor- oder Nachmittag. Die Zeit für An- und Abfahrt, Vor- und Nachbereitung erforderte mehr als einen halben Tag. Diese Freizeit vermisste der Kläger schmerzlich, weil er die Zeit nicht seinen Kindern, seiner Ehefrau oder seinem Hobby (welchem?) widmen konnte.

  Wenn man bedenkt, dass der Kläger im Fall 1 fast 30 Jahre wöchentlich eine Therapie durchstehen musste, sollte klar werden, dass ihm ein beachtlicher Teil seiner Lebenszeit genommen wurde. In dieser Zeit und Stunden vorher und Stunden nachher wurde sein Wohlbefinden, sein Lebensglück und seine Lebensqualität erheblich beeinträchtigt.

Störungen im Sexualleben

Wie oben gezeigt, ist zum Empfinden des Missbrauchsopfers in der Kindheit, der Jugend, dem jungen Erwachsenenalter und dem reifen Erwachsenenalter getrennt vorzutragen. Auch das Sexualleben ist darzustellen, da es kaum ungestört verlaufen sein dürfte.

Das Sexualleben ist ein sehr wesentlicher Bestandteil des Lebensglücks. Die Schmerzensgeldbeträge für Impotenz liegen sogar bei älteren Männern – anders als bei Frigidität von Frauen – im höheren Bereich.

Die Bedeutung eines ungestörten Sexuallebens zeigt die Entscheidung des OLG Saarbrücken[206] aus 1974, das für den Penisverlust eines Jungen das höchste bis 1974 ausgeurteilte Schmerzensgeld zuerkannte. Aus diesem Grund steht dem Missbrauchsopfer im Fall 3 schon allein wegen des vollständigen Verlustes des Sexuallebens und weil sie bei jedem Geschlechtsverkehr Qualen ausgestanden hat, ebenfalls das höchste Schmerzensgeld zu, nicht obwohl, sondern weil es sich um eine Frau handelt.

Die Art der Darstellung zum psychischen Schaden durch den Anwalt ist für die Entscheidung des Gerichts ausschlaggebend. Der Fall 1) zeigt, dass die Richter nicht begriffen haben, was 40 Jahre psychischer Schaden für das zerstörte Lebensglück bedeuten, weil der Anwalt nicht eingehend und nicht eindringlich dazu vorgetragen hat.

Der im Einzelfall entstandene Gesundheitsschaden, insbesondere der psychische Schaden darf **auf keinen Fall** allein nach den **Kriterien** geschildert werden, die für einen Antrag an die **UKA festgestellt** wurden.

Nach der VerfOA gibt es folgende Orientierungspunkte für die Höhe Entschädigung, die darin **materielle** Leistung genannt wird:
- die Häufigkeit des Missbrauchs,
- das Alter des Betroffenen zum Zeitpunkt des Missbrauchs,
- die Zeitspanne in Fällen fortgesetzten Missbrauchs,
- die Anzahl und die Art der Taten,
- die Anwendung oder die Androhung von körperlicher Gewalt,
- der Einsatz von Alkohol oder Drogen,
- ein bestehendes Abhängigkeitsverhältnis und Kontrolle (zum Beispiel: Heim, Internat),
- die Ausnutzung der besonderen Hilfsbedürftigkeit,
- der Ort des Missbrauchs (zum Beispiel: sakraler Kontext),
- die Art der körperlichen und **seelischen Beeinträchtigungen sowie weitere Folgen**,
- die Ausnutzung eines besonderen Vertrauensverhältnisses im kirchlichen Bereich,
- das Verhalten des Täters nach der Tat,
- ein institutionelles Versagen durch kirchliche Verantwortungsträger, sofern es ursächlich oder mitursächlich für den Missbrauch war oder diesen begünstigt oder nicht verhindert hat.

An dieser Aufstellung fällt auf, dass die UKA fast nur nach dem äußeren Geschehen fragt, während der psychische Schaden nur insoweit angesprochen wird, als auch nach den »***seelischen Beeinträchtigungen***« sowie den »**weitere(n) Folgen für den Betroffenen**« gefragt wird, ohne dass auch nur ansatzweise ein Hinweis gegeben wird, was darunter zu verstehen ist.

Daraus folgt, dass der **psychische Schaden nicht im Mittelpunkt Prüfungen** der UKA zur Ermittlung der Höhe der Entschädigung steht, mit der Folge, dass zu diesem Schaden im Verfahren vor der UKA von den Missbrauchsopfern **nur unzureichend vorgetragen** und dadurch die Leistungen geringer ausfallen muss. Würden die **örtlichen Ansprechpartner und Mitarbeiter der kirchlichen Stellen**, deren Arbeit »*der (erste) Teil des Verfahrens zur Anerkennung des Leids ist*«, die Missbrauchsopfer entsprechend unterstützen und befragen (dann müssten sie allerdings entsprechend unterrichtet und geschult sein), hätte die UKA **ganz andere Sachverhalte** zu beurteilen, als dies derzeit der Fall ist.

Deshalb muss der Anwalt zum psychischen Schaden den Kläger eingehend befragen, ermitteln und vortragen.

Für einen psychischen Schaden, der nicht benannt wird, wird auch nicht geleistet.

206 OLG Saarbrücken, Urt. v. 17.12.1974 – 7 U 83/73, VersR 1975, 1058.

Nochmals zum Schaden

Der psychische Schaden kann schon mit der Vorbereitung der Tat beginnen, wenn der Täter sich sein Opfer »zurechtlegt«.

In jedem Fall beginnt er mit dem ersten optischen und/oder dem 1. Körperkontakt. Dabei ist es völlig gleichgültig, ob der Intimbereich betroffen ist oder ob der Täter den Missbrauch insoweit erst vorbereitet.

Die Tatbegehung ist sehr unterschiedlich. Zunächst ist zu unterscheiden, ob **minderjährige Jungen oder Mädchen** betroffen sind oder ob der sexuelle Missbrauch gegenüber einem **Erwachsenen** begangen wird. Auch die **Dauer des sexuellen Missbrauchs** kann sehr unterschiedlich ausfallen. Um nur einige Beispiele zu nennen:
- In Fall 2 (LG Traunstein) wurde der Kläger Opfer eines einzigen Missbrauchs, während
- in dem Fall, der vor dem LG Köln verhandelt wird, der Kläger 320 Missbrauchsfälle beklagt, die über einen Zeitraum von rd. 8 Jahren erfolgten.
- »Karin Weißenfels« (anonymisiert) wurde ab einem Alter von 30 Jahren von einem Kleriker über viele Jahre vergewaltigt.
- Im Fall 3) (Bistums Trier) wurde das Mädchen im Alter von 4–10 Jahren 100 bis 200-mal missbraucht.

Für den **psychischen Schaden** genügt es nicht, etwa nur die Zahl der Übergriffe, die Dauer des Missbrauchs, den Ort des Geschehens und etwaige weitere Äußerlichkeiten zu benennen oder zu belegen. Für ein Gericht ist es nicht möglich, lediglich aus solchen äußeren Umständen ein angemessenes Schmerzensgeld zu bestimmen. Das beruht darauf, dass das Schmerzensgeld, nach einem psychischen Schaden nur bemessen werden kann, wenn feststeht, in welchem **Ausmaß der Geschädigte psychische Beeinträchtigungen erfahren hat, inwieweit sein Leben, sein Lebensglück und seine Lebensqualität beeinträchtigt** worden sind. Anwälte und Richter leben insoweit bisher in einer »heilen Welt«. Der psychische Schaden muss vorsorglich durch Sachverständigengutachten zu Beweis gestellt werden.

Der psychische Schaden besteht aus mehreren Komponenten.

Religiöse Erziehung – der Kleriker als »Gottesmann«

Das Missbrauchsopfer begegnet einem Kleriker, einem »Gottesmann«, dem es voll vertraut. Der Respekt vor dem Täter ist so groß, dass in aller Regel schon aus Respekt kein Widerstand geleistet wird. Die Missbrauchsopfer ertragen völlig wehrlos das Geschehen.

Das gilt erstaunlicherweise z.B. sogar für die **30 Jahre alte Frau** »Weißenfels«, die ihrem vorgesetzten Kleriker körperlich nicht einmal Widerstand leistete, als er sie erstmals vergewaltigte. Das Handeln des Täters war für sie so unfassbar, dass sie ihre innere Abwehr nicht körperlich umsetzen konnte.

Sexuelle Unerfahrenheit

Die minderjährigen Kinder begreifen zunächst nicht, was geschieht. Ihnen ist die Sexualität noch völlig fremd, wenn sie vorpubertär missbraucht werden. Aber auch den postpubertär missbrauchten Kindern fehlt jegliche sexuelle Erfahrung.

Kinder können sich nicht wehren.

Was empfinden die Missbrauchsopfer beim 1. Missbrauch?

Es geht darum, das Empfinden der Missbrauchsopfer beim ersten Missbrauch zu schildern. Das führt dazu, dass die zur Entscheidung berufenen Richter erkennen, was in einem Minderjährigen vorgeht, der missbraucht wird. Das Missbrauchsopfer empfindet unter anderem
- Ablehnung,
- Freiheitsentzug – es kann nicht weglaufen,
- Entzug der geistigen Freiheit – geistig gefesselt,

- Angst – vor Gott und den Eltern,
- Panik – weil es sich der Situation nicht entziehen kann,
- Entsetzen, jedenfalls
- Ekel,
- Scham,
- Gewissensnot, Gewissensbisse u.v.m.

Was empfinden die Missbrauchsopfer bei weiteren Missbrauchstaten?

Bei fortdauerndem Missbrauch können sich einige der o.g. Punkte etwas abschwächen. Das bedeutet aber nicht, dass das Schmerzensgeld geringer bemessen werden darf, weil das Opfer vielfach sexuell missbraucht worden ist. Was bleibt sind nämlich:
- Ablehnung,
- Freiheitsentzug,
- Entzug der geistigen Freiheit – geistig gefesselt,
- Angst – vor Gott und den Eltern,
- Entsetzen, jedenfalls
- Ekel,
- Scham,
- Gewissensnot, Gewissensbisse u.v.m.,

und es kommen **neue Empfindungen und Qualen** hinzu.

Mitunter **zwingt der Kleriker das Opfer zum Gebet oder zur Beichte.** Dadurch wird die **Gewissensnot** noch **verstärkt**, denn nach einiger Zeit erkennen die Missbrauchsopfer, dass diese Beichte ohne den ernsthaften (nicht nur verbalen) Vorsatz, das Leben zu ändern und die Sünde der Unkeuschheit nicht mehr zu begehen, nicht ernst gemeint sein kann, weil sie ja wissen, dass »morgen« dasselbe geschehen wird und die Beichte ohne wirksamen Vorsatz nicht gültig ist. **Sie leben** subjektiv jedenfalls **fortan mit der Todsünde** und den damit verbundenen **Gewissensbissen und den Schuldgefühlen**, eine unbeschreiblich quälende Last, die nicht nur tagsüber, sondern auch nachts belastet und zu quälenden Träumen führen kann.

Weitere psychische Schäden

Sind alle diese psychischen Beeinträchtigungen, die über Monate und Jahre dauern können, eingehend beschrieben, geht es darum, den psychischen Schaden für die Folgezeit zu beschreiben. Nicht nur die o.g. Belastungen bleiben, es kommen wieder neue hinzu.

Der minderjährige Junge kommt in die **Pubertät** und danach in einen neuen Lebensabschnitt. Während sich die Klassenkameraden dem anderen Geschlecht zuwenden, wagt er es nicht, seinen sexuellen Gefühlen Raum zu geben.

Was geblieben ist, sind Ekel, Scham und Gewissensnot. Was hinzukommt, ist die Überzeugung, sich dem anderen Geschlecht nicht zuwenden zu können. Jeder Kontakt zu Mädchen, jede Vorstellung einer sexuellen Berührung löst Panik aus. Während andere tanzen, flirten, lieben, geht er leer aus.

Frauen mögen andere und zusätzliche Empfindungen haben, die sie offenbaren und schildern müssen.

Auch diese psychischen Qualen dauern mitunter viele Jahre. So trägt der Kläger im Fall 1) vor, er sei ein **Spätzünder** gewesen, er habe seine Frau erst mit 29 Jahren kennengelernt und erst zu dieser Zeit erste heterosexuelle Erfahrungen gemacht.

Es muss nicht stimmen, dass der Kläger ein »Spätzünder« gewesen ist. Es ist wenig wahrscheinlich, dass er nach der Pubertät bis zum 29. Lebensjahr keine sexuellen Regungen und Bedürfnisse gehabt hat, vielmehr liegt es näher, dass er **infolge des psychischen Schadens nicht früher gewagt hat, sich ohne Scham und Ekel dem anderen Geschlecht zuzuwenden.** Dazu gehört aber ein entsprechender Sachvortrag, der in diesem Verfahren gefehlt hat.

Damit ging ein weiterer Lebensabschnitt, der mit Lebensfreude hätte erfüllt sein können, für den Kläger verloren. Es gilt, diese 15 Jahre der entgangenen sexuellen Freiheit und Lebensfreude durch das Schmerzensgeld auszugleichen. Das hat das LG Köln mangels Sachvortrags und ohne Anhörung des Klägers, die von Amts wegen hätte erfolgen können und müssen, nicht berücksichtigt.

Das Missbrauchsgeschehen muss im Einzelnen beschrieben werden

Wenn das Geschehen nach Ort und Zeit beschrieben ist, geht es um alle Einzelheiten der vom Täter vorgenommenen Handlung und darum, was vom Missbrauchsopfer verlangt wurde. Der äußere Ablauf ist wichtig, unverzichtbar, es genügt aber eine allgemeine Beschreibung des Geschehens. Das Empfinden des Opfers ist möglicherweise von noch größerer Bedeutung für die Feststellung des psychischen Schadens.

Die Zahl der Taten muss so genau wie möglich angegeben werden.

Je nach dem Einzelfall gehen die Missbrauchsopfer mit dem Geschehen anders um. Es ist möglich, dass
- sie sich offenbaren, dann sind die Ansprechpersonen (s.o.) zu benennen. Oder
- sie ziehen sich zurück in der Familie, in der Schule, im Sportverein, im Kirchenchor, oder im Freundeskreis.
- Möglicherweise müssen sie medizinisch behandelt werden, was dann belegt werden kann.
- Insbesondere etwaige Depressionen oder depressive Phasen, aber auch andere weniger belastende psychische Störungen sind zu nennen.
- Die Taten können auch Auswirkungen auf die schulischen Leistungen gehabt haben, auf die Ausbildung oder den Beruf.

Weitere Tatfolgen müssen erinnert und benannt werden.
- Manches Missbrauchsopfer wurde in ein Internat »gesteckt«, was weitere psychische Folgen gehabt haben kann.
- Die Leistungen in der Schule können nachgelassen haben, ein Schuljahr muss wiederholt werden. Dadurch gehen die unmittelbaren Beziehungen zu den Klassenkameraden verloren, der Freundeskreis wird verändert.
- Mitunter wurde ein bisher ausgeübter Sport oder eine Vereinsmitgliedschaft aufgegeben, was den Umgang mit Freunden beendete oder erschwerte.

Von besonderer Bedeutung ist der **Umgang der Gemeinde mit dem Vorwurf** des Missbrauchs. Viele Mitglieder der Gemeinde »stehen zu ihrem Kleriker«, zu ihrem »Gottesmann« und machen dem Missbrauchsopfer Vorwürfe. Wie früher mitunter in der Rechtsprechung zu Vergewaltigungsfällen wird die Schuld bei den Opfern gesehen, nicht beim Täter.

Das Missbrauchsopfer als Kläger muss sein gesamtes »**Leben vor und nach der Tat**« gedanklich erforschen und Veränderungen nennen.

In den o.g. Fällen 1) bis 3) sind nur wenige psychische Folgeschäden angesprochen.

Es kommen weitere psychische Schäden in Betracht, die im Folgenden skizziert werden sollen.

Posttraumatische Belastungsstörung (PtBS), Depressionen, und postpubertäre sexuelle Störungen

Diese Gesundheitsschäden können möglicherweise belegt werden durch ärztliche Atteste, wenn die Störungen ärztlich behandelt worden sind. Kann der Nachweis so geführt werden, kann auch der Nachweis der Kausalität der Missbrauchstaten für den Gesundheitsschaden gelingen.

Auch für medizinisch belegbare gesundheitliche Schäden reicht es wiederum nicht, sie nur pauschal zu behaupten. Medizinische Atteste belegen nur Äußerlichkeiten, sie sagen nicht viel zum inneren, zum psychischen Schaden. Der Kläger muss vielmehr diese Dauerschäden bis ins einzelne schildern, die stündliche, tägliche lebenslange Belastung deutlich machen, seine Ängste, Qualen, Lebensbeeinträchtigungen. Wurde er psychiatrisch behandelt, müssen die Behandlungsunterlagen vorgetragen und vorgelegt werden. Erst dann, wenn der Richter sich ein genaues Bild vom Verlust der Lebensqualität des Missbrauchsopfers machen kann, wenn er nachempfinden, wenn er »mit«-leiden kann, kann der Kläger damit rechnen, dass sich der oder die Dauerschäden im Schmerzensgeldbetrag niederschlagen.

Ähnliches gilt für **depressive Phasen**. Auch diese muss der Geschädigte eingehend beschreiben mit allen seelischen Qualen, die er täglich, stündlich oder wie oft auch immer empfunden hat. Der BGH hat die Lebensfreude in einer neueren Entscheidung[207] in den Blick genommen und sieht **kein Rangverhältnis** mehr zwischen dem Körperschaden und dem psychischen Schaden. Der psychische Schaden kann sogar vorrangig sein und ist voll zu ersetzen.

Spätschäden

Abweichend von der Auffassung des LG Köln im Urteil vom 13.06.2023 kommen neben Dauerschäden auch Spätschäden nach sexuellem Missbrauch in Betracht. Auch diese müssen allerdings vom Kläger genannt werden. Es können weitere psychische Schäden sein, die sich erst längere Zeit nach Beendigung der Missbrauchstaten zeigen. Ist der Eintritt solcher Schäden aus der Sicht eines medizinischen Sachverständigen möglich, werden auch solche Schäden durch das einheitliche Schmerzensgeld ausgeglichen. Dies beruht auf dem Grundsatz, dass der gesamte Schaden durch ein einheitliches Schmerzensgeld abgegolten werden soll.[208]

Ob und welche Spätschäden nach einem Missbrauch in Betracht kommen, ist eine medizinische Frage, die jedes Missbrauchsopfer prüfen muss. Vermutet der Anwalt eines Klägers nur, dass Spätschäden auftreten können, kann er diese ins Blaue hinein behaupten und durch Sachverständigengutachten zu Beweis stellen. Nur wenn das beklagte Bistum bestreitet, dass die behaupteten Spätschäden möglich sind, wird dazu Beweis erhoben, andernfalls werden sie durch ein einheitliches Schmerzensgeld mit abgefunden.

Nochmals vergleichbare Entscheidungen

Wie oben gezeigt, wird jedes Gericht darauf bestehen, dass die Bemessung des Schmerzensgeldes mit vergleichbaren Entscheidungen begründet werden muss. Dass dies nicht richtig sein kann, wenn es keine vergleichbaren Entscheidungen gibt, liegt auf der Hand. Deshalb muss der Anwalt eines Missbrauchsopfers dem Gericht Entscheidungen mit sehr hohen Schmerzensgeldern nennen, die jedenfalls vom Schaden und von der Bemessung her vergleichbar sein können.

Jaeger/Luckey und Slizyk[209] verweisen darauf, dass Fälle des schweren sexuellen Missbrauchs z.B. mit einer Querschnittslähmung vergleichbar sein können. Beide körperlichen oder psychischen Verletzungen bewirken, dass der Geschädigte »völlig aus der Bahn geworfen« wird, was Slizyk zuletzt in einer Anmerkung zur neuen Rechtsprechung des BGH zum Schockschaden angemerkt hat.

Man kann aber zum Vergleich auch auf einen Fall verweisen, dass ein junger Mensch für 10 Jahre in einer psychiatrischen Klinik der Freiheit beraubt wurde oder auf den Fall, dass einem 10 Jahre alten Jungen »aus Versehen« der Penis abgeschnitten wurde.[210] In beiden Fällen müssen natürlich Überlegungen angestellt werden, welche psychischen Auswirkungen diese Schäden gehabt haben.

Auf eine an sich kaum vergleichbare Entscheidung hat vor langer Zeit das **LG Marburg**[211] Bezug genommen. Es hatte über eine Schmerzensgeldklage eines jungen Mannes zu entscheiden, der mit 20 Jahren zu Unrecht für die Dauer von 10 Jahren in einer psychiatrischen Klinik untergebracht worden war. Für eine zwangsweise Unterbringung, für eine Freiheitsentziehung von 10 Jahren, gab es keine vergleichbare Entscheidung. Das LG Marburg stellte fest, dass gerade im Hinblick auf die fehlenden Vergleichsfälle das Schmerzensgeld vor dem Hintergrund der gesamten Systematik

207 BGH, Urt. v. 15.02.2022 – VI ZR 168/21, VersR 2023, 392.
208 Jaeger, Einheitliches Schmerzensgeld – Fluch oder Segen?, VersR 2022, 282.
209 Rdn. 38 ff.; Slizyk, Schmerzensgeldtabelle 2022, S. 173, Rn. 305 ff.
210 OLG Saarbrücken, Urt. v. 17.12.1974 – 7 U 83/73, VersR 1975, 1058.
211 LG Marburg, Urt. v. 19.07.1995 – 5 O 33/90, VersR 1995, 1199, NJW-RR 1996, 216.

des (damals geltenden) § 847 I BGB zu sehen sei, der Ausgleich gewähre bei Beeinträchtigung der grundgesetzlich geschützten Güter der Persönlichkeitsentfaltung nämlich Körper, Gesundheit, Freiheit und das allgemeine Persönlichkeitsrecht. Entsprechend der Wertung des Art. 3 I GG sollten die Beeinträchtigungen bei der Entziehung der Freiheit, also der Persönlichkeitsbeschränkungen, ausgeglichen werden.

Das **LG Marburg** orientierte sich an den im **Jahre 1995** nach seiner Ansicht geltenden Höchstbeträgen der Schmerzensgeldrechtsprechung zwischen 600.000 DM und 850.000 DM und zog zum Vergleich den Fall eines 21-jährigen Mannes heran, der bei einem Verkehrsunfall sehr schwer verletzt worden war, unter anderem eine Querschnittslähmung erlitten hatte und dem ein Schmerzensgeld in Höhe von **300.000 DM** zuerkannt worden war.[212]

In Anlehnung an diese Entscheidung entwickelte das LG Marburg den Vergleich zwischen den Beeinträchtigungen dieses Mannes mit den Einbußen, die der Kläger durch den 10 Jahre dauernden rechtswidrigen Aufenthalt in der Psychiatrie erlitten hatte. Es wog dabei die schweren körperlichen Beeinträchtigungen gegen die psychischen Schäden ab und berücksichtigte insbesondere, dass in seinem Fall der Genugtuungsfunktion ein besonderes Gewicht zukomme, weil anders, als bei einem Verkehrsunfall, der zur Querschnittslähmung geführt hatte, die psychischen Schäden nicht auf einem einmaligen Fehlverhalten beruhten, sondern auf einer jahrelangen schuldhaft fehlerhaften Behandlung in der Psychiatrie.

Gerade unter Berücksichtigung der Genugtuungsfunktion erhöhte die Kammer das Schmerzensgeld von **300.000 DM um 2/3 auf 500.000 DM**, einen im Jahr 1995 außerordentlich hohen Betrag.[213]

Wie oben gezeigt muss auch belegt werden, dass ein Missbrauchsopfer durch das Regulierungsverhalten, durch viele Schreiben des Bistums, durch Versprechungen, Vertröstungen und Enttäuschungen das Lebensglück beeinträchtigt worden ist.

Hier liegt die Arbeit für den Anwalt, der diese Empfindungen mit dem Missbrauchsopfer zusammen herausarbeiten muss. Dabei sind alle Daten mitzuteilen, zu denen das Missbrauchsopfer an den Klerus im weitesten Sinne herangetreten und um jedwede Hilfe gebeten hat.

Natürlich wäre es äußerst hilfreich, wenn irgendwann einmal eine Zahlungs(auf)forderung gestellt wurde und die Angabe, wer darauf wie reagiert hat.

Das LG Köln ist ohne jede Veranlassung davon ausgegangen, dass die Regulierung des Erzbistums Köln erst mit der Klageerhebung begonnen hat. Es besteht die Gefahr, dass andere Richter diese unhaltbare Auffassung ungeprüft übernehmen werden. Dem muss **vorsorglich schon mit der Klage entgegengetreten werden.**

Klageantrag

Zum Klageantrag wird verwiesen auf Jaeger/Luckey, Schmerzensgeld.[214]

Kosten

Nicht vergessen, das Gericht auch auf § 92 Abs. 2 Ziff. 2 ZPO hinzuweisen, wonach das Gericht einer Partei die gesamten Kosten auferlegen **kann**, »wenn der Betrag der Forderung der anderen Partei von der Festsetzung durch richterliches Ermessen…« abhängig war.

---

212 Als vergleichbare Entscheidungen zu den Missbrauchsfällen sehen auch Rdn 379 ff. und Slizyk, Schmerzensgeldtabelle 2022, S. 173 Rn. 305 ff. die Fälle der Querschnittslähmung, für die jedenfalls in jüngerer Zeit jeweils ein Höchstbetrag zuerkannt wird.

213 Zum Vergleich: Im Jahre 1974 betrug das höchste Schmerzensgeld 75.000 €, das vom OLG Saarbrücken, Urt. v. 17.12.2974 – 7 U 83/73, VersR 1975, 1058 für den Penisverlust eines 10 Jahre alten Jungen gewährt wurde. Erst 2001 wurde erstmals ein Schmerzensgeld in Höhe von 500.000 € zuerkannt.

214 Kap. 7 Rdn. 111 ff.

Das bedeutet, dass diese Bestimmung immer diskutiert werden muss, wenn der Kläger einen Mindestbetrag fordert, die Höhe des Schmerzensgeldes aber in das Ermessen des Gerichts stellt.

Das Ermessen des Gerichts (kann) bedeutet, dass auch bei einer Forderung von 725.000 € (Fall 1) dem Beklagten alle Kosten auferlegt werden können, obwohl das Gericht »nur« 300.000 € zuerkannt hat.

Jedenfalls aber muss das Gericht prüfen, auf nicht ein höherer Betrag als 300.000 € aus der Sicht des Klägers als angemessen angesehen werden durfte – etwa 500.000 €). Dann dürfte der Kläger nur für den überschießenden Betrag von 225.000 € mit Kosten belastet werden.[215]

VI. Verletzung mehrerer Rechtsgüter durch Mobbing

93 Mobbing ist ein »Phänomen unserer Zeit«,[216] das inzwischen auch in die Rechtsprechung Eingang gefunden hat.[217] Schikanöses Verhalten am Arbeitsplatz ggü. Kollegen, Arbeitnehmern oder unterstellten Mitarbeitern gibt es seit jeher. In den letzten Jahren hat dieses Verhalten die Bezeichnung »Mobbing« erhalten und insb. die ArbG beschäftigt.[218]

94 Von den Arbeitsgerichten wird Mobbing definiert, als das systematische Anfeinden, Schikanieren oder Diskriminieren von Arbeitnehmern untereinander oder durch Vorgesetzte.

95 Ein »Mobbing-Bekämpfungsgesetz« gibt es jedoch in Deutschland derzeit nicht; daher musste die Rechtsprechung einen Mobbingtatbestand definieren und unter die Anspruchsgrundlagen des Zivilrechts subsumieren.[219] Dies wird dadurch erschwert, dass »Mobbing« ein recht konturenloser, weiter, ja nebulöser Begriff ist, der sich rechtlich schwer fassen lässt. Am ehesten kann er – kurzgefasst – als Schikane verstanden werden.[220] Mobbing kann mithin zu Gesundheitsbeeinträchtigungen (§ 823 Abs. 1 BGB) führen, insb. zu psychischen und psychosomatischen Erkrankungen; allerdings ist die Kausalität der Ereignisse am Arbeitsplatz für die **Gesundheitsbeeinträchtigung**, für die der **Arbeitnehmer beweisbelastet** ist, schwer nachzuweisen.[221]

96 Praktischer ist es deshalb, auf die **Verletzung des allgemeinen Persönlichkeitsrechts** abzustellen. Aus den im Zusammenhang gesehenen einzelnen Maßnahmen muss sich eine **schikanöse Systematik** ergeben, die gerade darauf gerichtet ist, den Arbeitnehmer in seinem sozialen Geltungsanspruch herabzuwürdigen. Denkbar ist auch, dass beide – Persönlichkeitsverletzung und Gesundheitsbeeinträchtigung – kumulativ auftreten,[222] wobei dies gleichwohl zu nur einem einheitlichen Entschädigungsbetrag führen kann; die Ansicht des ArbG Dresden,[223] welches denselben Mobbingfall in die Persönlichkeitsverletzung (Entschädigung: 25.000,00 €) und die Gesundheitsbeeinträchtigung (15.000,00 €) aufspaltete, ist daher abzulehnen.

---

215 Vgl. dazu sehr instruktiv Gerstenberg, NJW 1988, 1352.

216 So zu Recht Benecke, NZA-RR 2003, 225. Vgl. insgesamt auch Jaeger/Luckey, ZAP Fach 17, S. 785.

217 Übersicht bis 2004 z.B. bei Wagner/Bergmann, AiB 2004, 103.

218 Rieble/Klumpp, ZIP 2002, 369 (369); ausführliche Darstellung bei Diehl/Wichert, MDR 2022, 665.

219 Benecke, NZA-RR 2003, 225; Hille, BC 2003, 81. Rechtspolitisch lohnt ein Blick über die Grenze, da das französische Arbeitsgesetzbuch seit dem 20.01.2002 einen Abschnitt »Kampf gegen Mobbing« (Lutte contre le harcèlement moral au travail) enthält. Dem Mobbingopfer stehen nun arbeitsgerichtliche und sogar strafrechtliche Sanktionen gegen den Verursacher zur Verfügung. Ausführlich hierzu Gruber, RdA 2002, 250.

220 Münchener Handbuch zum Arbeitsrecht/Berkowsky, § 137 Rn. 233.

221 Hille, BC 2003, 81 (83, 84).

222 Dies verkennt LAG Köln, Urt. v. 25.03.2010 – 7 Sa 1127/09, PersV 2011, 74, welches den – zu Recht – auf »Entschädigung« gerichteten Antrag wegen Persönlichkeitsrechtsverletzung erst mühsam in einen »Schmerzensgeldantrag« umdeutet. Tatsächlich ist bei Verletzung von Persönlichkeitsrechten kein »Schmerzensgeld«, sondern eine Geldentschädigung geschuldet, die sich aus dem grundrechtlichen Schutzgehalt des Persönlichkeitsrechts legitimiert.

223 ArbG Dresden, Urt. v. 07.07.2003 – 5 Ca 5954/02, ArbN 2003, Nr. 6, 38; aufgehoben durch LAG Sachsen, Urt. v. 17.02.2005 – 2 Sa 751/03, unveröffentlicht.

1. Begriff

Creutz[224] definiert Mobbing als längerfristiges, mindestens 6 Monate andauerndes Entstehen und Austragen eines Konflikts am Arbeitsplatz mit der Folge, dass das beteiligte Opfer als Ergebnis dieses Konflikts erkrankt. Er kritisiert, dass praktisch jede einzelne Handlung, jeder einzelne Konflikt zwischen Arbeitskollegen mittlerweile als Mobbing bezeichnet werde, was dazu führe, dass der Begriff inflationär gebraucht und dadurch missbraucht werde. Hieran ist richtig, dass Mobbing typischerweise auf eine Art betrieben wird, die eher das Gefühl als den Verstand des Gemobbten anspricht,[225] was eine Typologisierung erschwert. 97

Das LAG Thüringen[226] hatte über die Klage eines Zweigstellenleiters einer Sparkasse zu entscheiden, der monatelang einer Kette außergewöhnlicher Maßregelungen seines Arbeitgebers ausgesetzt war. Das LAG definierte in einer von vielen als richtungsweisend empfundenen Entscheidung den Begriff Mobbing als einen eigenständigen Tatbestand. Darunter seien Verhaltensweisen zu verstehen, die bei isolierter Betrachtung der einzelnen Handlungen die tatbestandlichen Voraussetzungen von Anspruchs-, Gestaltungs- und Abwehrrechten nicht oder nicht in einem der Tragweite des Falles angemessenen Umfang erfüllen können. Es sei eine Abgrenzung zu dem im gesellschaftlichen Umgang im Allgemeinen üblichen oder rechtlich erlaubten und deshalb hinzunehmenden Verhalten erforderlich. Im arbeitsrechtlichen Verständnis erfasse der Begriff des Mobbing fortgesetzte, aufeinander aufbauende oder ineinander übergreifende, der Anfeindung, Schikane oder Diskriminierung dienende Verhaltensweisen, die nach Art und Ablauf im Regelfall einer übergeordneten, von der Rechtsordnung nicht gedeckten Zielsetzung förderlich seien und jedenfalls in ihrer Gesamtheit das allgemeine Persönlichkeitsrecht oder andere ebenso geschützte Rechte, wie Ehre oder die Gesundheit des Betroffenen verletzten.[227] Das BAG[228] hat darauf hingewiesen, dass das systematische Vorgehen, wobei die unerwünschten Verhaltensweisen bezwecken, dass die Würde des Arbeitgebers verletzt und ein durch Einschüchterungen, Anfeindungen, Erniedrigungen, Entwürdigungen oder Beleidigungen gekennzeichnetes Umfeld geschaffen wird, dem Begriff des nunmehr in § 3 Abs. 3 AGG definierten Belästigens entsprechen. 98

Zu dieser Verletzung des Persönlichkeitsrechts kam beim Kläger eine Gesundheitsverletzung hinzu. Es ist anerkannt, dass ein Ausgrenzungsprozess am Arbeitsplatz zur Gesundheitsbeeinträchtigung bis hin zum Suizid führen kann.[229] Infolge der beruflichen Konflikte erkrankte der Kläger und klagte über Schlafstörungen, innere Unruhe, Verstimmungen und Magenbeschwerden. Eine Psychotherapeutin war der Auffassung, dass diese gesundheitlichen Störungen durch schlechtes Arbeitsklima verursacht worden seien. 99

Soweit »nur« typische arbeitsrechtliche Konfliktsituationen vorliegen, die Teil des – hinzunehmenden – »Arbeitsalltags« sind, scheidet ein Schmerzensgeldanspruch wegen Mobbings aus. Nicht jede Auseinandersetzung oder jede Meinungsverschiedenheit zwischen Kollegen, Mitarbeitern, Untergebenen und/oder Vorgesetzten stellt bereits eine schmerzensgeldrelevante unerlaubte Handlung dar. Vielmehr ist es dem Zusammenarbeiten mit anderen Menschen immanent, dass sich Reibungen und Konflikte ergeben, ohne dass diese, selbst wenn es dabei zu Kraftausdrücken, verbalen Entgleisungen und ähnlichen zu missbilligenden Verhaltensweisen kommt, als Ausdruck des Ziels anzusehen sind, 100

224 Creutz, Anwaltsreport 2002, 14 (15).
225 So richtig Münchener Handbuch zum Arbeitsrecht/Berkowsky, § 137 Rn. 236.
226 LAG Thüringen, Urt. v. 10.04.2001 – 5 Sa 403/00, NZA-RR 2001, 347.
227 So nachfolgend auch LAG Rheinland-Pfalz, Urt. v. 16.08.2001 – 6 Sa 415/01, ZIP 2001, 2298; LAG Hamm, Urt. v. 25.06.2002 – 18 (11) Sa 1295/01, LAG Report 2002, 293; LAG Rheinland-Pfalz, Urt. v. 10.03.2004 – 9 Sa 1125/03, unveröffentlicht.
228 BAG, Urt. v. 22.07.2010 – 8 AZR 1012/08, NZA 2011, 93; BAG, Urt. v. 28.10.2010 – 8 AZR 546/09, ArbR 2011, 168. So auch LAG Köln, Urt. v. 03.05.2010 – 5 Sa 1343/09, unveröffentlicht; LAG Berlin, Urt. v. 21.05.2010 – 6 Sa 350/10, DB 2010, 1533.
229 Rieble/Klumpp, ZIP 2002, 369 (370).

den anderen **systematisch** in seiner Wertigkeit ggü. Dritten oder sich selbst zu verletzen.[230] Übliche Konfliktsituationen sind grds. nicht geeignet, die Tatbestandsvoraussetzungen einer Vertragspflichtverletzung oder einer unerlaubten Handlung zu erfüllen,[231] auch wenn sie sich über einen längeren Zeitraum erstrecken.[232] Ein Mobbing-Tatbestand unterscheidet sich hierbei von sozialadäquaten Arbeitsplatzkonflikten dadurch, dass er eine Kette von einseitigen Persönlichkeitsrechtsverletzungen aufweist, die systematisch und zielgenau gegen eine oder mehrere bestimmte Personen gerichtet ist.[233] Die Gerichte sind indes recht schnell bereit, auch längere Überforderungs- und Konfliktsituationen als »sozialadäquat« und »reine Missverständnisse«[234] bzw. »unberechtigte Vorhaltungen über die Grenzen der Höflichkeit«[235] und im »Einzelfall deplatzierte Äußerung«[236] zu qualifizieren und so einen Anspruch aus Mobbing zu verneinen. Mobbing ist etwa verneint worden, wenn es auch positive Würdigungen der Tätigkeit des Klägers (hier: Beförderung zum Serviceleiter und Erteilung der Handlungsvollmacht) sowie einen »langen Zeitraum von eineinhalb Jahren ohne schikanöses oder diskriminierendes Verhalten ggü. dem Kläger« gab.[237] Ebenso kann Mobbing ausscheiden, wenn die inkriminierten Verhaltensweisen von Vorgesetzten nur Reaktionen auf Provokationen des vermeintlich gemobbten Arbeitnehmers darstellen.[238,239]

101 In Weisungen, die sich i.R.d. dem Arbeitgeber zustehenden **Direktionsrechts** bewegen und bei denen sich nicht eindeutig eine schikanöse Tendenz entnehmen lässt, kann nur in Ausnahmefällen eine Verletzung des Persönlichkeitsrechts gesehen werden.[240] Ebenso stellen **arbeitsrechtliche Maß-**

---

230 LAG Rheinland-Pfalz, Urt. v. 04.10.2005 – 5 Sa 140/05, unveröffentlicht; LAG Rheinland-Pfalz, Urt. v. 27.02.2008 – 8 Sa 558/07, unveröffentlicht; LAG Rheinland-Pfalz, Urt. v. 30.10.2008 – 10 Sa 340/08, unveröffentlicht; LAG Köln, Urt. v. 25.03.2010 – 7 Sa 1127/09, PersV 2011, 74; LAG Hamm, Urt. v. 12.02.2021 – 1 Sa 1220/20, FA 2021, 111.

231 BAG, Urt. v. 16.05.2007 – 8 AZR 709/06, NZA 2007, 1154 = AP Nr. 5 zu § 611 BGB Mobbing; LAG Mecklenburg-Vorpommern, Urt. v. 29.03.2007 – 1 Sa 187/06, unveröffentlicht; LAG Mecklenburg-Vorpommern, Urt. v. 13.01.2009 – 5 Sa 86/08, unveröffentlicht; LAG Niedersachsen, Urt. v. 09.03.2009 – 9 Sa 378/08, unveröffentlicht; LAG Berlin, Urt. v. 21.05.2010 – 6 Sa 350/10, DB 2010, 1533; LAG Köln, Urt. v. 29.02.2012 – 9 Sa 1221/11, AE 2013, 17 (Konflikte zwischen Lehrerin und Schulleiter mit unterschiedlichen pädagogischen Vorstellungen); OLG München, Beschl. v. 31.07.2012 – 1 U 899/12, unveröffentlicht; LAG Hamm, Urt. v. 12.02.2021 – 1 Sa 1220/20, FA 2021, 111.

232 LAG Koblenz, Urt. v. 09.12.2009 – 8 Sa 445/09, unveröffentlicht; die Nichtzulassungsbeschwerde (BAG 8 AZN 462/10) wurde zurückgenommen.

233 LAG Köln, Urt. v. 21.07.2011 – 7 Sa 1570/10, AE 2013, 17 (dort verneint).

234 Etwa LAG Frankfurt, Urt. v. 14.09.2010 – 12 Sa 1115/09, unveröffentlicht; das BAG hat die Nichtzulassungsbeschwerde hiergegen mit Beschl. v. 26.05.2011 – 8 AZN 199/11, unveröffentlicht, verworfen.

235 LAG Koblenz, Urt. v. 09.12.2009 – 8 Sa 445/09, unveröffentlicht; die Nichtzulassungsbeschwerde (BAG 8 AZN 462/10) wurde zurückgenommen.

236 LAG Köln, Urt. v. 25.03.2010 – 7 Sa 1127/09, PersV 2011, 74.

237 LAG Niedersachsen, Urt. v. 04.12.2008 – 7 Sa 866/08, unveröffentlicht. Ähnlich LAG Hessen, Urt. v. 25.10.2011 – 12 Sa 527/10, unveröffentlicht: drei Mobbingbehauptungen im Zeitraum eines Jahres, zugleich aber Unterstützung des Klägers durch den Vorgesetzten bei dem Versuch einer Höhergruppierung.

238 LAG Düsseldorf, Urt. v. 26.03.2013 – 17 Sa 602/12, BB 2013, 948.

239 LAG Schleswig-Holstein, Urt. v. 24.01.2017 – 1 Sa 6/16, unveröffentlicht.

240 LAG Mecklenburg-Vorpommern, Urt. v. 29.03.2007 – 1 Sa 187/06, unveröffentlicht; LAG Mecklenburg-Vorpommern, Urt. v. 13.01.2009 – 5 Sa 86/08, unveröffentlicht; LAG Niedersachsen, Urt. v. 09.03.2009 – 9 Sa 378/08, unveröffentlicht; LAG Koblenz, Urt. v. 04.06.2009 – 11 Sa 66/09, unveröffentlicht; LAG Koblenz, Urt. v. 09.12.2009 – 8 Sa 445/09, unveröffentlicht; die Nichtzulassungsbeschwerde (BAG 8 AZN 462/10) wurde zurückgenommen: Leitung einer Kindergartengruppe wurde entzogen und die Klägerin musste Hilfstätigkeiten (Bastelabend, Grillabende, Kinder umziehen und aufräumen) erledigen – das Gericht werte dies als »zweifellos zum Aufgabenbereich einer Erzieherin« gehörig und vom Direktionsrecht gedeckt; LAG Köln, Urt. v. 03.05.2010 – 5 Sa 1343/09, unveröffentlicht; LAG Berlin-Brandenburg, Urt. v. 18.06.2010 – 6 Sa 271/10, ArbR 2010, 563 (Infragestellen des häuslichen Arbeitsplatzes der Klägerin als alleinerziehender Mutter mit drei Kindern; das Gericht wies darauf

nahmen des Arbeitgebers, die dieser im Rahmen eines arbeitsrechtlichen Konflikts ergreifen darf, i.d.R. kein »Mobbing« dar, wenn der Arbeitgeber auf die Wirksamkeit der Maßnahme vertrauen durfte, selbst wenn die arbeitsrechtliche Sanktion einer gerichtlichen Überprüfung nicht standhält.[241] So sind eine Vielzahl von Abmahnungen und Kontrollbesuchen am Arbeitsplatz nicht schon per se Mobbing, auch wenn sich die Abmahnungen überwiegend als nicht haltbar herausstellen.[242] Auch der Wunsch, den Gesundheitszustand eines städtischen Arbeitnehmers durch das Gesundheitsamt überprüfen zu lassen, ist bei einer Vielzahl streitiger Fehl- bzw. Anwesenheitszeiten legitim und keine »Mobbingmaßnahme«.[243] Zuletzt stellt zwar die **nicht vertragsgemäße Beschäftigung** des Arbeitnehmers regelmäßig eine Persönlichkeitsrechtsverletzung dar. Eine solche Persönlichkeitsrechtsverletzung begründet, aber nicht regelmäßig einen Anspruch auf Entschädigung gemäß § 823 Abs. 1 BGB i.V. mit Art. 1 und 2 Abs. 1 GG. Es ist vielmehr im Einzelfall zu prüfen, ob es sich bei der nicht vertragsgemäßen Beschäftigung um einen schwerwiegenden Eingriff in das Persönlichkeitsrecht handelt, der nicht anders als durch eine Entschädigung ausgeglichen werden kann.[244]

Daher ist in der Gesamtschau der Mobbing-Bewertung das zwar belastende, aber als sozialadäquat hinzunehmende Handeln ggü. schikanösem und diskriminierendem Verhalten abzugrenzen, wobei vom Leitbild des einsichtig handelnden Durchschnittsarbeitnehmers ausgegangen werden kann.[245] Das Unterlassen von möglichen Organisationsmaßnahmen zur Konfliktbewältigung durch den Arbeitgeber allein lässt hierbei nicht schon auf eine zielgerichtete Herabwürdigung bzw. auf eine gezielte ehrverletzende Intention aufseiten des Arbeitgebers schließen. Lediglich das »Verschließen der Augen« bzw. das »Wegschieben« von Problemen als unbequem beinhaltete keine Intensität der schwerwiegenden Persönlichkeitsrechtsverletzung.[246] Dass diese Gesamtschau in der Rechtspraxis schwierig zu treffen ist, liegt auf der Hand.[247] 102

Relativ weitgehend und in der Sache angreifbar hat das LAG Schleswig-Holstein[248] einen Ersatz- 103
anspruch in einem Fall verneint, in welchem der Kläger, der Mitglied eines bei dem Beklagten neu

hin, dass dies [nur] für sie unerlässlich gewesen sei und die familiäre Situation seitens des AG letztlich immer respektiert wurde); LAG Berlin-Brandenburg, Urt. v. 15.02.2012 – 15 Sa 1758/11, unveröffentlicht: Ein Servicetechniker wurde über Monate mit Reinigungsarbeiten auch der Toilette betraut: Das Gericht wertete dies als Überschreitung des Direktionsrechts, aber aus »sachlich nachvollziehbaren Gründen«, da aufgrund von Differenzen zur Arbeitsleistung ein Interesse bestanden habe, »kontrollierbare« Arbeiten zuzuweisen; LAG Mecklenburg-Vorpommern, Urt. v. 10.06.2020 – 3 Sa 219/19, unveröffentlicht. Auch ArbG Dortmund, Urt. v. 25.11.2008 – 9 Ca 4081/08, AE 2009, 281 (Umsetzen eines Kassierers aus dem Kassenbereich als vom Direktionsrecht gedeckt).

241 LAG Baden-Württemberg, Urt. v. 28.06.2007 – 6 Sa 93/06, unveröffentlicht; LAG Rheinland-Pfalz, Urt. v. 19.03.2012 – 5 Sa 701/11, unveröffentlicht: Aussprechen dreier Abmahnungen.

242 LAG Hamm, Urt. v. 16.07.2009 – 17 Sa 619/09, unveröffentlicht, in welchem auch darauf hingewiesen wird, dass es für den Arbeitgeber ungünstig ist, Abmahnungen zu »bündeln«: Eine solche Abmahnung mit mehreren Vorwürfen muss nämlich schon bei Nichterweislichkeit eines Vorwurfs insgesamt aus der Personalakte entfernt werden. Eine Vielzahl von Einzelabmahnungen kann auch auf dem (berechtigten) Interesse des Arbeitgebers beruhen, dies zu vermeiden. Ähnlich auch LAG Niedersachsen, Urt. v. 09.02.2010 – 13 Sa 896/09, ArbR 2010, 611: »Abmahnungen, erst recht Abmahnungen in Serie, wie sie hier im Zeitraum November 2005 bis Ende 2007 erfolgt sind, sind für Arbeitnehmer psychisch belastend, sie begründen Ängste um den Arbeitsplatz. Weil die entsprechenden Schreiben sachlich formuliert sind, schikanöse Tendenzen nicht erkennbar sind und letztlich der Beklagte überwiegend Pflichtverletzungen der Klägerin zu Recht beanstandet hat, ist auch auf Grund der Vielzahl der Abmahnungen und Verweise nicht von einer pflichtwidrigen Verletzung des Persönlichkeitsrechts oder der Gesundheit auszugehen.«.

243 LAG Düsseldorf, Urt. v. 26.03.2013 – 17 Sa 602/12, BB 2013, 948.

244 LAG Baden-Württemberg, Urt. v. 17.06.2011 – 12 Sa 1/10, unveröffentlicht.

245 ArbG Gelsenkirchen, Urt. v. 15.07.2005 – 1 Ca 1603/02, unveröffentlicht.

246 LAG Mecklenburg-Vorpommern, Urt. v. 10.06.2020 – 3 Sa 219/19, unveröffentlicht.

247 Vgl. daher insb. auch Rdn. 120 ff. zu den Anforderungen an die Substanziierung des Prozessvortrages.

248 LAG Schleswig-Holstein, Urt. v. 01.04.2004 – 3 Sa 542/03, NZA-RR 2005, 15.

geschaffenen Betriebsrats war, wiederholt unberechtigt abgemahnt wurde und zu spät seinen Lohn erhalten hatte. Obwohl die Fülle der einzelnen, gegen ihn gerichteten Maßnahmen ersichtlich auch den Zweck einer »Schikane« hatte und das Gericht selbst ausführte, der beklagte Arbeitgeber sei gerichtsbekannt »intolerant und impulsiv«, verneinte es einen Mobbingfall. Das Gericht verwies – grds. zu Recht – darauf, dass es dem Zusammenarbeiten mit anderen Menschen immanent sei, dass sich Reibungen und Konflikte ergäben.[249] Wohl zu Unrecht zog das Gericht aber hieraus die Folge, die streitgegenständlichen Auseinandersetzungen seien solche rechtlicher Art (und daher keine Schikane), gegen die sich der Kläger »mit der gebotenen Distanz zu den ihm ggü. erhobenen Vorwürfen« auch nicht immer rechtlich hätte wehren müssen (sondern, so wird impliziert, sie hätte hinnehmen sollen). Gerade angesichts dessen – so das LAG –, dass es wegen der Einrichtung des Betriebsrats zu einem »Machtkampf« gekommen sei, sei der Kläger als Betriebsratsmitglied eher der Gefahr ausgesetzt, vom Arbeitgeber anlässlich der Erfüllung seiner Betriebsratspflichten angegriffen zu werden als Arbeitnehmer ohne solche Funktionen, da das Amt eine Reibungsfläche schaffe.[250] Diese Idee greift auch das LAG Rheinland-Pfalz[251] auf, welches festhält, die Zusammenarbeit zwischen Betriebsrat und Geschäftsleitung könne zu Konflikten führen, die auch teilweise auf einer emotionalen Ebene ausgetragen werden, aber hingenommen werden müssten.

104 Dies mag in der Tat die **Begründung** dafür liefern, warum der Beklagte den Kläger mehrfach angegangen war; als **Rechtfertigung** taugt es nicht. Das Gericht führt nichts dazu aus, warum sich ein Betriebsratsmitglied mehr »gefallen lassen« sollte als andere Arbeitnehmer; auch der – unausgesprochene – Vorwurf gegen den Kläger, sich gegen die (teils erkennbar absurden) Abmahnungen gerichtlich zur Wehr gesetzt zu haben, geht fehl. Es ist nicht einzusehen, warum ein solches rechtlich erlaubtes und sogar sinnvolles (Entfernen der Abmahnungen aus Zeugnissen und Personalakte!) Vorgehen jetzt dem Kläger so zur Last gelegt wird, als impliziere dies, er sei »überempfindlich«. Richtigerweise hätte man gerade aus der vor diesem Hintergrund naheliegenden Motivation des Einsatzes unzulässiger Schikanemethoden in diesem »Machtkampf« einen Mobbingfall bejahen sollen. Gleichwohl und kaum mehr nachvollziehbar hat auch das LAG Rheinland-Pfalz[252] bei der Bemessung der Entschädigung für »Schreiattacken« des Vorgesetzten mindernd berücksichtigt, dass die Klägerin, die Betriebsratsmitglied war, sich diese Behandlung nicht stärker verbeten hatte. Das Gericht sprach 2.000,00 € zu, einen Betrag, den man manchmal schon durch Prellungen und Quetschungen nach einem Unfall erreichen kann.

105 Das LAG München[253] verneint einen Anspruch wegen Mobbings, wenn die Schikanen am Arbeitsplatz sich als wechselseitiges »Geben und Nehmen« darstellen, also beide Arbeitsvertragsparteien sowohl Täter wie auch Opfer sind. Das LAG Mecklenburg-Vorpommern[254] bejaht zwar persönlichkeitsrechtsverletzende Handlungen des Vorgesetzten, der den Kläger von wesentlichen Konferenzen und Vorträgen zu von ihm selbst erarbeiteten Statistiken ferngehalten hatte, verneint aber in ähnlicher Weise eine Kausalität zu den psychischen Beeinträchtigungen des Klägers, da dieser selbst zur Eskalation der Situation mit beigetragen hatte. Generell wird ausgeführt, ein allgemein schlechtes Betriebsklima mit gegenseitigen Unfreundlichkeiten oder negativen Reaktionen von Vorgesetzen und Kollegen auf mangelhafte Arbeitsleistung sei grds. noch kein Mobbing, denn keiner der Beteiligten überschreite dabei die Schwelle zu einer Täter-Opfer-Beziehung.[255] Ähnlich hat das LAG Rheinland-Pfalz festgehalten, wenn das Betriebsklima generell von Einschüchterungen, Entgleisungen und Benachteiligun-

---

249 LAG Schleswig-Holstein, Urt. v. 01.04.2004 – 3 Sa 542/03, NZA-RR 2005, 15 (17).

250 LAG Schleswig-Holstein, Urt. v. 01.04.2004 – 3 Sa 542/03, NZA-RR 2005, 15 (17).

251 LAG Rheinland-Pfalz, Urt. v. 26.05.2008 – 5 Sa 72/08, unveröffentlicht.

252 LAG Rheinland-Pfalz, Urt. v. 30.08.2007 – 4 Sa 522/05 – unveröffentlicht.

253 LAG München, Urt. v. 21.07.2005 – 3 Sa 13/05, unveröffentlicht. Vergleichbar LAG Rheinland-Pfalz. Urt. v. 02.08.2007 – 11 Sa 302/07, unveröffentlicht: »Ein wechselseitiger Eskalationsprozess, der keine klare Täter-Opfer-Beziehung erkennen lässt, steht regelmäßig der Annahme eines Mobbing-Sachverhalts entgegen.«.

254 LAG Mecklenburg-Vorpommern, Urt. v. 13.01.2009 – 5 Sa 112/08, unveröffentlicht.

255 ArbG Frankfurt am Main, Urt. v. 24.01.2007 – 7 Ca 5101/06, DÖD 2008, 43.

gen sowie geschmacklosen Scherzen, fehlender Höflichkeit und Häme geprägt sei, sei dies zwar »nicht gutzuheißen«, es fehle aber an einer speziell gegen die Klägerin gerichtete persönliche Ausgrenzung.[256]

Das LAG Berlin[257] sieht keinen Fall des Mobbings darin, dass sich Maßnahmen nur gegen Inhalt und Bestand des Arbeitsverhältnisses, nicht aber gegen die Person des Arbeitnehmers selbst gerichtet haben. Ähnlich hat das LAG Rheinland-Pfalz[258] in der Behauptung, eine Arbeitsunfähigkeit nach Rippenbruch habe zu dem Vorwurf geführt, man habe »nicht krankmachen« dürfen, und Aufforderung an den Kläger trotz Erkrankung zur Arbeit zu kommen; es sei »5 vor 12« und er stehe auf der »Abschussliste«, noch keine Umstände gesehen, die bei einem »verständigen Arbeitnehmer« zu einer Erkrankung hätten führen dürfen. Und das ArbG Heilbronn[259] hat die Erhebung einer Entschädigungsklage durch den Arbeitnehmer wegen angeblicher vielfacher Diskriminierungen sogar als einen Auflösungsgrund nach § 9 Abs. 1 Satz 2 KSchG ausreichen lassen, da diese auf haltlosen Behauptungen fußte und die begehrte Entschädigung »jedes vernünftige Maß« übersteigt (240.000,00 € beantragte Entschädigung für eine ins Blaue behauptete und nicht unter Beweis gestellte Benachteiligung als alkoholkranker Homosexueller). 106

2. Typische Verhaltensweisen beim Mobbing

Für die Aufbereitung eines Mobbingsachverhalts kann es sinnvoll sein, die Beeinträchtigungen zu systematisieren. Grünwald/Hille[260] unterscheiden beim Mobbing: 107

- Angriffe mit kommunikativem Bezug, also auf die Möglichkeit der Mitteilung, s.u. Rdn. 108,
- Angriffe auf die sozialen Beziehungen, s.u. Rdn. 109,
- Schädigung des sozialen Ansehens, s.u. Rdn. 110,
- Angriffe auf die Qualität der Berufs- und/oder Lebenssituation, s.u. Rdn. 111 und schließlich
- Angriffe auf die Gesundheit, s.u. Rdn. 112.

256 LAG Rheinland-Pfalz, Urt. v. 30.04.2009 – 11 Sa 677/08, unveröffentlicht. Das BAG hat die Nichtzulassungsbeschwerde mit Beschl. v. 24.09.2009 – 8 AZN 617/09, unveröffentlicht, zurückgewiesen. Vergleichbar auch LAG Rheinland-Pfalz, Urt. v. 12.01.2012 – 10 Sa 419/11, unveröffentlicht: ständiges Nichtgrüßen, fehlende gute Wünsche zu Feiertagen und die Äußerungen »ich ziehe Dir den Hals zu« und »Das Problem (d.h. der Kläger) hat sich hier bald erledigt« als »Einzelfälle« von »Entgleisungen« und »Unhöflichkeiten«, die den Schluss auf Mobbing nicht zuließen.

257 LAG Berlin, Urt. v. 17.01.2003 – 6 Sa 1735/02, DSB 2003, Nr. 5, 18 = AiB 2004, 109: obwohl natürlich auch und gerade Mobbing das Ziel haben kann, den Gemobbten aus seiner Stelle zu drängen.

258 LAG Rheinland-Pfalz, Urt. v. 30.10.2008 – 10 Sa 340/08, unveröffentlicht. Das Gericht verwies inzident auch darauf, die »Monokausalität« der behaupteten Verhaltensweisen der Vorgesetzten für die behaupteten Gesundheitsschäden sei »zweifelhaft«, weil auch Cannabiskonsum zu den psychischen Folgen beigetragen habe. Hierbei übersieht es, dass für eine Haftung die Mitursächlichkeit der Tathandlung zum schädigenden Erfolg ausreicht und »niemand einen Anspruch darauf hat, so gestellt zu werden, als habe er einen Gesunden verletzt«, vgl. BGH, Urt. v. 10.05.1990 – IX ZR 113/89, NJW 1990, 2882 (2883) und Kap. 5 Rdn. 36, 96. Gleichwohl stellen Gerichte hier gerne darauf ab, dass die Prädisposition des Gemobbten die psychischen Folgen begünstigt habe und arbeiten so unterschwellig mit dem »Selbst schuld, Du Mimose«-Argument, so etwa das LAG Baden-Württemberg, Urt. v. 28.06.2007 – 6 Sa 93/06, unveröffentlicht: »Die Begründungen der ärztlichen Atteste beruhen alle auf den vom Kläger geschilderten Umständen am Arbeitsplatz, die er subjektiv so empfunden hat, die aber nicht auf einer eigenen Untersuchung der Ärzte beruhen. Das sagt aber noch nichts darüber aus, ob bei dem Kläger nicht auch eine Disposition zu einer solchen Erkrankung vorliegt, denn es ist auffallend, dass er bereits die erste vom Gericht bestätigte Mobbinghandlung als so stark empfunden hat, dass er sich in ärztliche Behandlung wegen psychischer Beschwerden begeben musste. In diesem Zusammenhang ist auch zu beachten, dass der Kläger bereits die Streichung des Essenszuschusses im August 2002 als eine ihn in hohem Maße diskriminierende Maßnahme ansah, sodass er daraufhin Herrn F. schon des schweren Mobbings beschuldigte. Das weist, wie schon das Arbeitsgericht ausgeführt hat, auf eine besondere Veranlagung des Klägers hin, sich in unerfreuliche Situationen hineinsteigern und auch weniger belastende Vorkommnisse nur schwer oder gar nicht verarbeiten zu können.«.

259 ArbG Heilbronn, Urt. v. 18.10.2012 – 2 Ca 71/12, unveröffentlicht.

260 Grünwald/Hille, S. 42 bis 45.

a) Angriffe auf die Kommunikation

108 Gemeint ist hiermit nicht nur die direkte Kommunikation mit dem Mobbingopfer, sondern insb. auch die Einschränkung seiner Kommunikationsmöglichkeiten mit der Folge, dass sich das Opfer nicht mehr ggü. Kollegen oder Vorgesetzten artikulieren kann und sich außerstande fühlt, das Problem »Mobbing« anzusprechen. Damit fällt hierunter:
- Einschränkung der Bereitschaft zum Gespräch (Vorgesetzte und Kollegen),
- ständiges Unterbrechen des Gemobbten im Gespräch,
- Anschreien, lautes Schimpfen,
- ständige Kritik,
- Telefonterror,
- mündliche Drohungen,
- Kontaktverweigerung durch Andeutungen/Anspielungen (ohne etwas direkt anzusprechen),
- Kontaktverweigerung durch schlüssiges Verhalten (abschätzige Blicke, abwertende Gesten).

b) Angriffe auf die sozialen Beziehungen

109 Ist die Kommunikation mit dem Mobbingopfer gestört, geraten auch seine sozialen Beziehungen zwangsläufig in ein Ungleichgewicht. Die Isolation des Gemobbten und die Ausgrenzung aus dem kollegialen und sozialen Miteinander am Arbeitsplatz sind ein bedeutender Stressfaktor. Typische Angriffe insoweit sind:
- keine Gespräche mit dem Gemobbten,[261]
- »aus-dem-Weg-Gehen«,
- räumliche Trennung von den engeren Kollegen,[262]
- »Schlechtmachen« des Gemobbten bei den entfernteren Kollegen (»Rufmord«), vgl. auch Rdn. 110,
- »wie Luft behandeln«.

c) Schädigung des sozialen Ansehens

110 Dieser Punkt korrespondiert weitgehend mit oben Rdn. 109. Ein Mensch mit intakten sozialen Beziehungen genießt in seinem Umfeld auch soziales Ansehen, welches eine wichtige Quelle für das subjektiv empfundene Selbstwertgefühl ist. Hierbei ist auch das sog. Cybermobbing denkbar, also die Verunglimpfung von Kollegen in sozialen Netzwerken im Internet. Auch hier hat der Arbeitgeber, erlangt er Kenntnis solcher Vorgänge, die Pflicht einzuschreiten, »cyberspezifische« Pflichten etwa einer verstärkten eigenen Recherche in sozialen Netzwerken oder eine Verpflichtung, diesen beizutreten, bestehen für den Arbeitgeber indes nicht.[263]

Das soziale Ansehen kann insb. durch folgende Handlungen geschädigt werden:
- Hinter dem Rücken des Gemobbten wird schlecht über ihn gesprochen,
- Gerüchte werden verbreitet (etwa: Verdächtigung einer psychischen Erkrankung),
- man macht jemanden lächerlich (Imitation/Parodie von Gang, Stimme, Gesten),
- man macht sich über etwaige Behinderungen lustig,
- Angriffe auf politische oder religiöse Einstellung, Nationalität oder Privatleben,[264]

261 LAG Rheinland-Pfalz, Urt. v. 10.03.2004 – 9 Sa 1125/03, unveröffentlicht, hat aber eine systematische Schikane abgelehnt, wenn ein Gesprächsverbot nur über »einige Wochen« andauerte und nicht »rigoros« durchgesetzt wurde.

262 LAG Rheinland-Pfalz, Urt. v. 10.03.2004 – 9 Sa 1125/03, unveröffentlicht.

263 Hey, BB 2013, 2805 (2809).

264 Etwa ArbG Berlin, Urt. v. 16.11.2012 – 28 Ca 14858/12, unveröffentlicht: Der ehemalige Arbeitgeber wandte sich anwaltlich nicht nur an den Arbeitnehmer, sondern auch an dessen Ehefrau mit der (falschen) Behauptung, dieser verletzte ein nachvertragliches Wettbewerbsverbot. Das Gericht wertete dies als entschädigungspflichtige Persönlichkeitsverletzung (1.000,00 €).

- Arbeiten werden zugewiesen, die das Selbstbewusstsein verletzen,[265]
- Beurteilungen von Arbeitseinsatz oder -ergebnis in kränkender oder falscher Weise,[266]
- Infragestellen jedweder Entscheidung des Mobbingopfers,[267]
- Schimpfworte (häufig obszönen Inhalts),
- Unterstellungen sexueller Art,
- sexuelle Annäherungen, verbale sexuelle Angebote.

d) Angriffe auf die Qualität der Berufs- und/oder Lebenssituation

Das Berufsleben hat für das Selbstverständnis i.d.R. eine wichtige Funktion. Kommt es hier zu Problemen, besteht die Gefahr, dass diese auch das private Umfeld des Gemobbten dominieren und auch hier zu Spannungen führen. Solche Verletzungen können juristisch als Verletzung der Menschenwürde (Persönlichkeitsrecht) erfasst werden und beinhalten z.B.: **111**
- Dem Gemobbten werden keine, demütigende oder nur sinnlose Aufgaben zugeteilt,[268]
- Zuteilung von Aufgaben unter seinem Können,
- Zuteilung von Aufgaben, die seine Qualifikation übersteigen, um ihn anschließend zu diskreditieren,
- Zuteilung von Aufgaben mit derart knappen Erledigungsfristen, dass die Aufgabe realistisch nicht bewältigt werden kann,
- Zuteilung ständig neuer, wechselnder Aufgaben.[269]

e) Angriffe auf die Gesundheit

Tätliche physische Angriffe auf das Opfer erfüllen den Tatbestand einer Körperverletzung, sind aber in den eher subtilen Angriffsvarianten des Mobbings oft die Ausnahme. Zumeist bleibt es bei Andeutungen oder üblen »Scherzen«, soll doch das Opfer auf eine Weise mürbe gemacht werden, die juristisch nicht verfolgt werden kann.[270] Beispiele solcher Angriffe sind: **112**
- Zwang zu gesundheitsschädlichen oder -gefährdenden Arbeiten,
- Androhung körperlicher Gewalt,
- Anwendung leichter Gewalt (»Denkzettel«),
- körperliche Misshandlung,
- »Gewalt gegen Sachen« am Arbeitsplatz des Gemobbten/Zerstörung von Eigentum oder Arbeitsmitteln,
- sexuelle Handgreiflichkeiten.

Wenn Gesundheitsverletzungen vorgetragen werden, besteht zudem die praktische Schwierigkeit, die Ursächlichkeit der Mobbinghandlungen für die zumeist erst später auftretenden und häufig psychosomatischen Beschwerden zu beweisen. Erforderlich ist der Nachweis, dass gerade das Mobbing **113**

---

265 Vgl. etwa LAG Rheinland-Pfalz, Urt. v. 16.08.2001 – 6 Sa 415/01, ZIP 2001, 2298: Vorstandsmitglied einer Bank wird in den Schalterdienst versetzt.

266 Auch hier sind die Grenzen zu dem, was Gerichte noch für zulässig halten, fließend: Das LAG Chemnitz (Urt. v. 17.02.2005 – 2 Sa 751/03, unveröffentlicht) hat eine Äußerung, die Klägerin würde »ihre Arbeitszeit nur zu 50 % auslasten«, für so lange zulässig gehalten, wie sie nicht falsch sei und das Arbeitsverhältnis gefährdete.

267 Im Fall LAG Sachsen, Urt. v. 17.02.2005 – 2 Sa 751/03, unveröffentlicht, war der Klägerin mitgeteilt worden, sie könne zwar Vorschläge unterbreiten, diese würden aber nicht beachtet (Mobbing wurde gleichwohl abgelehnt, da es am systematischen Vorgehen fehle). Die schlichte Nichtbeurteilung von erledigten Aufgaben wurde aber nicht als Fall unzulässiger Behandlung angesehen, da außerhalb des Zeugnisrechts ein »Beurteilungsanspruch« nicht bestehe.

268 Hier wieder LAG Rheinland-Pfalz, Urt. v. 16.08.2001 – 6 Sa 415/01, ZIP 2001, 2298: Der Gemobbte bekam über mehrere Monate keine Aufgaben zugewiesen, er musste Tätigkeitsnachweise abgeben, seine Arbeit wurde als »Katastrophe« bezeichnet.

269 Vgl. auch LAG Thüringen, Urt. v. 10.04.2001 – 5 Sa 403/00, NZA-RR 2001, 347.

270 Grünwald/Hille, S. 45.

zu einer Gesundheitsbeeinträchtigung geführt hat; handelt es sich bei den psychischen Belastungen des Arbeitnehmers um einen »schleichenden Prozess« einer Überlastung im Beruf, fehlt es an einer Kausalität.[271] Recht hohe Hürden legt hier das LAG Hamm[272] an, welches den Nachweis eines Ursachenzusammenhangs zwischen konkret zurechenbaren Verhaltensweisen zu bestimmten Schädigungen fordert und zudem mehrere ärztliche Bescheinigungen nicht ausreichen ließ, weil diese »sehr allgemein und wenig aussagekräftig« den schlechten Gesundheitszustand auf eine belastende Arbeitsplatzsituation zurückführten. Das LAG Thüringen[273] hat ärztliche Begutachtungen unter Hinweis darauf, dass es sich um den behandelnden Arzt handelte und dieser einen Prozess empfohlen hatte, als untauglich angesehen. Hier stößt ein Mobbingopfer oft an die Grenzen dessen, was er darlegen und beweisen kann.

3. Rechtsfolgen

114 Dem durch Mobbing Geschädigten haftet der »Mobber« wegen Verletzung des allgemeinen Persönlichkeitsrechts sowie aus unerlaubter Handlung und zwar auf Zahlung einer Geldentschädigung, auf Widerruf, Unterlassung, Abgabe einer Ehrenerklärung und bei Gesundheitsverletzung zusätzlich auf Schmerzensgeld.[274] Aufgrund dieser Rechtsgrundlage ist allerdings ein Anspruch auf Erwerbsschaden (hier: des entgangenen Verdienstes nach »aufgezwungenem« Aufhebungsvertrag) ausgeschlossen, da dieser nicht vom Schutzbereich des Persönlichkeitsrechts umfasst ist.[275] Hierbei ist »Mobbing« aber kein Rechtsbegriff[276] und damit auch keine Anspruchsgrundlage, sondern es ist jeweils zu prüfen, ob das Persönlichkeitsrecht oder die in § 253 Abs. 2 BGB genannten Rechtsgüter verletzt wurden. Dabei besteht die Besonderheit darin, dass einzelne Verhaltensweisen oder Handlungen der Vorgesetzten oder Kollegen zwar für sich genommen noch keine Rechtsgutverletzung darstellen würden, die Gesamtschau der Handlungen und Verhaltensweisen aber zu einer Rechtsgutverletzung führt, weil deren Zusammenfassung aufgrund der ihnen zugrunde liegenden Zielrichtung zu einer Beeinträchtigung geschützter Rechte führt.[277]

▶ Hinweis:

115 Besteht das Mobbing (auch) in einer Verletzung der Gesundheit oder des Rechts auf sexuelle Selbstbestimmung, folgt der Schmerzensgeldanspruch ohnehin unmittelbar aus § 253 Abs. 2 BGB. Zu beachten ist, dass der Arbeitgeber für vertragswidriges, also mobbendes Verhalten seiner Mitarbeiter unabhängig von eigenem Verschulden nach §§ 280 Abs. 1, 278 BGB haftet;[278] er haftet auch persönlich wegen Verletzung der Fürsorgepflicht, wenn er trotz Kenntnis keine geeigneten Maßnahmen ergreift, um die Mobbinghandlung zu unterbinden.[279]

116 Fehlt es an einer Gesundheitsverletzung, liegt also »nur« eine Verletzung des allgemeinen Persönlichkeitsrechts vor,[280] ist zu beachten, dass der Entschädigungsanspruch, anders als der Schmerzensgeld-

271 LAG Berlin-Brandenburg, Urt. v. 20.11.2013 – 21 Sa 866/13, BB 2014, 1139.
272 LAG Hamm, Urt. v. 21.12.2004 – 13 (5) Sa 256/05, unveröffentlicht.
273 LAG Thüringen, Urt. v. 10.06.2004 – 1 Sa 148/01, ZTR 2004, 596 (598) = ArbuR 2004, 473 (474).
274 Rieble/Klumpp, ZIP 2002, 369 (376, 377). Allgemein zu dem möglichen Ansprüchen in Mobbingfällen: Hüske-Wagner/Wagner, AiB 2004, 89 ff.
275 LAG Hessen, Urt. v. 12.10.2011 – 18 Sa 502/11, unveröffentlicht.
276 Wenngleich der Begriff daher für einen Klageantrag zu unbestimmt ist, kann er für die Umschreibung der Zuständigkeit einer Einigungsstelle ausreichen, LAG München, Beschl. v. 27.02.2007 – 8 TaBV 56/06, unveröffentlicht.
277 BAG, Urt. v. 16.05.2007 – 8 AZR 709/06, NZA 2007, 1154 = AP Nr. 5 zu § 611 BGB Mobbing; BAG, Urt. v. 25.10.2007 – 8 AZR 593/06, VersR 2008, 1654 (1654) = MDR 2008, 511 (511); BAG, Urt. v. 24.04.2008 – 8 AZR 347/07, NJW 2009, 251 (252).
278 BAG, Urt. v. 25.10.2007 – 8 AZR 593/06, VersR 2008, 1654 = MDR 2008, 511; LAG Baden-Württemberg, Urt. v. 12.06.2006 – 4 Sa 68/05, AuA 2007, 122.
279 Bieszk/Sadtler, NJW 2007, 3382 (3383).
280 Instruktiv hierzu Wickler, ArbuR 2004, 87 ff.

anspruch, nicht schon bei jeder Rechtsgutverletzung entsteht. Vielmehr setzt eine Geldentschädigung voraus, dass es sich um einen **schwerwiegenden Eingriff** handelt und die Beeinträchtigung nicht in anderer Weise – etwa durch Widerruf – befriedigend ausgeglichen werden kann.[281] Ob sie schwerwiegend ist, hängt insb. von der Bedeutung und Tragweite des Eingriffs ab, ferner von seinem Anlass und dem Beweggrund des Handelnden sowie vom Grad seines Verschuldens.[282]

Aus den Folgen der Angriffe des Mobbers wird sich i.d.R. die Bedeutung und Tragweite des Eingriffs ableiten lassen. Beweggrund und Verschulden dürften häufig miteinander korrespondieren. 117

Mobbing kann auch, soweit körperliche Beeinträchtigungen hervorgerufen werden, strafrechtlich als Körperverletzung i.S.d. § 223 StGB gewertet werden. Für eine Strafanzeige ist dann aber erforderlich, dass die einzelnen Verhaltensweisen nach Zeit, Ort, beteiligten Personen und sonstigen Umständen konkret dargelegt werden.[283] Allerding sollen weder das Mobbing selbst noch seine gesundheitlichen Folgen eine Berufskrankheit oder eine »Wie-Berufskrankheit« darstellen. Das LSG Hessen[284] hat die Klage einer Schreibkraft zurückgewiesen, welche geltend gemacht hatte, es sei aufgrund Mobbings zu einer psychischen Erkrankung gekommen, die in die Arbeitsunfähigkeit geführt habe. Das LSG urteilte, eine Berufskrankheit scheide aus, da keine entsprechende Listenerkrankung vorliege; auch eine »Wie-Berufskrankheit« liege nicht vor, weil es keinerlei Erkenntnisse gebe, dass eine Berufsgruppe in weitaus höherem Maß dem Mobbing ausgesetzt sei als die restliche Bevölkerung. 118

Zu beachten ist, dass der Arbeitnehmer, der wegen Mobbings durch die Kollegen ein Arbeitsverhältnis kündigt, regelmäßig keine materiellen Schadensersatzansprüche gegen die Kollegen hat: Das BAG[285] hat hierfür festgehalten, dass diese Schäden nicht in den Schutzbereich der verletzten Normen (Beleidigung, Nötigung) fallen und auch nicht das (sonstige, § 823 Abs. 1 BGB) Recht des Arbeitnehmers am Arbeitsplatz verletzen. 119

4. Prozesspflicht: Substanziierung des mobbenden Verhaltens

Aufgrund der für Mobbingfälle geradezu typischen Situation einer kumulierten Wirkung mehrerer, für sich genommen möglicherweise sogar harmloser Maßnahmen über einen längeren Zeitraum ist es höchst bedeutsam, eine Schmerzensgeldklage sorgfältig zu substanziieren. Zum Wesen der Mobbingfälle gehört, dass es nicht um im Einzelnen isolierbare Vorfälle geht (die meist für sich genommen auch noch keine Ansprüche auslösen), sondern um eine Gesamtheit von aneinandergereihten Maßnahmen über einen langen Zeitraum hinweg, die erst in dieser Gesamtheit die Fülle dessen überschreiten, was am Arbeitsplatz tolerierbar ist.[286] Zusätzlich zur substanziierten Darlegung der einzelnen »Mobbingfälle« fordert die Rechtsprechung daher den Vortrag einer »Gesamtwürdigung« der Einzelfallumstände in ihrer Gesamtheit.[287] Die **Beweislast** für das Vorliegen von Mobbinghandlungen trägt nach allgemeinen Grundsätzen der Arbeitnehmer.[288] **Beweiserleichterungen** werden von 120

281 So hat das LAG Mecklenburg-Vorpommern, Urt. v. 13.01.2009 – 5 Sa 112/08, unveröffentlicht, einen Anspruch auf Entschädigung verneint, weil dem Kläger schon durch die im Urteil getroffene Feststellung, er sei 8 Monate lang »schofelig« behandelt worden, hinreichend Genugtuung widerfahren sei.

282 BGH, Urt. v. 15.11.1994 – VI ZR 56/94, VersR 1995, 305 (308); Steffen, NJW 1997, 10 (12); Kullmann, MedR 2001, 343 ff.; Müller, VersR 2003, 1 (5).

283 OLG Celle, Beschl. v. 17.03.2008 – 1 Ws 105/08, NJW 2008, 2202 (2203), wo der Vortrag, der Verletzte sei »über längere Zeit systematisch angefeindet, schikaniert und diskriminiert« worden, nicht für ein erfolgreiches Klageerzwingungsverfahren ausreichte.

284 LSG Hessen, Urt. v. 23.10.2012 – L 3 U 199/11, UV-Recht Aktuell 2013, 55.

285 BAG, Urt. v. 18.01.2007 – 8 AZR 234/06, AP Nr. 17 zu § 823 BGB. S. bereits Rn. 375.

286 Diller/Grote, MDR 2004, 984 (984). Gleichwohl verneinen die Gerichte häufig einen Anspruch wegen Mobbings deshalb, weil die Handlungen – jeweils einzeln für sich genommen – nicht hinreichend »schikanös« seien, etwa LAG Rheinland-Pfalz, Urt. v. 17.03.2005 – 4 Sa 771/04, unveröffentlicht.

287 LAG Rheinland-Pfalz, Urt. v. 03.05.2006 – 9 Sa 43/06, unveröffentlicht.

288 BAG, Urt. v. 16.05.2007 – 8 AZR 709/06, NZA 2007, 1154 = AP Nr. 5 zu § 611 BGB Mobbing; BAG, Urt. v. 24.04.2008 – 8 AZR 347/07, NJW 2009, 251 (254); BAG, Urt. v. 14.11.2013 – 8 AZR

der Rechtsprechung nur sehr zurückhaltend angenommen,[289] selbst die Anhörung des Klägers wird abgelehnt, da es an einer »Vier-Augen-Situation«[290] fehle.[291] Das BAG[292] hat hierzu darauf verwiesen, dass der Vorgesetzte zum Inhalt streitiger Gespräche als (gegnerischer!) Zeuge benannt werden könne.

▶ Vorsicht Haftungsfalle:

121 Viele Klagen sind allein deshalb gescheitert, weil der Kläger den Umstand jahrelangen Mobbings nicht näher hat präzisieren können!

122 So fordert die Rechtsprechung, dass bei Mobbing-Vorwürfen die einzelnen **Vorwürfe nach Zeitpunkt, Intensität und Häufigkeit detailliert vorgetragen** werden.[293] Pauschale Äußerungen ohne eine wenigstens ungefähre zeitliche Festlegung der behaupteten einzelnen Mobbing-Vorfälle genügen nicht.[294] So wurde der Vortrag von »ständig«, »immer wieder«, »mehrfach« und »oft« geübtem Fehlverhalten ebenso für unzureichend gehalten wie die Behauptung, »ignoriert, belächelt und

---

813/12, NJW 2014, 1426; LAG Schleswig-Holstein, Urt. v. 15.10.2008 – 3 Sa 196/08, SchlHA 2009, 166; LAG Rheinland-Pfalz, Urt. v. 30.04.2009 – 11 Sa 677/08, unveröffentlicht. Das BAG hat die Nichtzulassungsbeschwerde mit Beschl. v. 24.09.2009 – 8 AZN 617/09, unveröffentlicht, zurückgewiesen.

289 Vgl. nur BAG, Urt. v. 28.10.2010 – 8 AZR 546/09, ArbR 2011, 168: Beweiserleichterungen für den AN sind nicht anzunehmen, weil es keine unwiderlegbare Vermutung für die Kausalität zwischen »mobbing-typischen« Befund und den behaupteten Mobbinghandlungen gibt; LAG Schleswig-Holstein, Urt. v. 19.03.2002 – 3 Sa 1/02, NZA-RR 2002, 457; LAG Bremen, Urt. v. 17.10.2002 – 3 Sa 78/02 u.a., MDR 2003, 158; LAG Köln, Urt. v. 21.04.2006 – 12 (7) Sa 64/06, PflR 2006, 515; LAG Rheinland-Pfalz, Urt. v. 30.04.2009 – 11 Sa 677/08, unveröffentlicht. Das BAG hat die Nichtzulassungsbeschwerde mit Beschl. v. 24.09.2009 – 8 AZN 617/09, unveröffentlicht, zurückgewiesen; ArbG München, Urt. v. 25.09.2001 – 8 Ca 1562/01, NZA-RR 2002, 123.Anders etwa ArbG Eisenach, Urt. v. 30.08.2005 – 3 Ca 1226/03, unveröffentlicht, wo eine Vermutung der Kausalität von kontinuierlichen Beleidigungen für nachfolgende Gesundheitsbeeinträchtigungen angenommen wird. Brams, VersR 2010, 880 plädiert für Beweiserleichterungen entsprechend denen des Versicherungsrechts: Der AN braucht also nur mittels des äußeren Bilds substanziiert darlegen, dass und in welcher Weise gemobbt wurde.

290 Ausgehend von einer Entscheidung des EuGHMR, Urt. v. 27.10.1993 – 37/1992/382/460, NJW 1995, 1413 ist auch im deutschen Prozessrecht (BVerfG, Beschl. v. 21.02.2001 – 2 BvR 140/00, NJW 2001, 2531; BGH, Urt. v. 16.07.1998 – I ZR 32/96, NJW 1999, 363 = MDR 1999, 699) anerkannt, dass wegen der Beweisnot der einen Partei die Situation eines Vier-Augen-Gespräches, bei welchem nur eine Seite als Zeuge infrage kommt, einer besonderen Behandlung bedarf. Aufgrund des Gebots prozessualer Waffengleichheit ist diese Partei nach § 141 ZPO anzuhören. Ihrem Vortrag kann dann i.R.d. Beweiswürdigung nach § 286 ZPO ggü. der Zeugenaussage des Gegners der Vorzug gegeben werden. Sehr weitgehend BAG, Urt. v. 22.05.2007 – 3 AZN 1155/06, NJW 2007, 2427, welches eine Vier-Augen-Situation mit der Pflicht des Gerichts zur Parteivernehmung bzw. -anhörung auch dann annimmt, wenn es sich um ein Vier-Augengespräch zwischen den Parteien selbst handelt. Krit. – weil es ja an einer »Waffenungleichheit« fehlt, wenn keine der beiden Seiten einen Zeugen aufbieten kann – Noethen, NJW 2008, 334.

291 LAG Rheinland-Pfalz, Urt. v. 06.09.2005 – 5 Sa 323/05, unveröffentlicht.

292 BAG, Urt. v. 14.11.2013 – 8 AZR 813/12, NJW 2014, 1326, wobei allerdings dort die Beklagte den Zeugen nicht benannt hatte – hätte sie es getan, hätte eine 4-Augen-Situation schwerlich abgelehnt werden können.

293 LAG Mecklenburg-Vorpommern, Urt. v. 30.03.2006 – 1 Sa 461/05, unveröffentlicht; ArbG München, Urt. v. 25.09.2001 – 8 Ca 1562/01, NZA-RR 2002, 123; auch LAG Berlin, Urt. v. 15.07.2004 – 16 Sa 2280/03, NZA-RR 2005, 13.

294 LAG Köln, Urt. v. 21.04.2006 – 12 (7) Sa 64/06, PflR 2006, 515. Damit reicht ein Vortrag mit Worten wie z.B. »gängeln«, »beschimpft«, »verbalen Übergriffen, Beleidigungen und massiven Drohungen« nicht aus, so LAG Schleswig, Urt. v. 15.10.2008 – 3 Sa 196/08, SchlHA 2009, 166. Wie sonst auch, ersetzt eine tabellarische Auflistung nicht einen konkreten und unter Beweis gestellten Sachvortrag, vgl. LAG Schleswig-Holstein, Beschl. v. 25.07.2008 – 2 Ta 106/08, unveröffentlicht.

nicht ernst genommen« worden zu sein[295], oder die zeitliche Festlegung auf »September 2007« bzw. »Herbst 2007«.[296] Der Vortrag, der Arbeitgeber habe gesagt, der Kläger sei »doof«, »gefährde die Firma«, ihm sei »wohl alles egal«, ist nicht hinreichend dargetan, da erforderlich gewesen wäre vorzutragen, wann, bei welcher Gelegenheit und in welchem Zusammenhang eine Äußerung gefallen sei; die solcherart isolierte Wiedergabe lässt ohne nähere Darstellung des konkreten Geschehens und Gesamtzusammenhangs kein »Mobbing«verhalten erkennen.[297] Das LAG Mecklenburg-Vorpommern[298] hat hierzu zwar konzediert, es erkenne, dass es schwer sei, solche Ereignisse und Eindrücke in einer gerichtlich verwertbaren Weise vorzutragen. Gleichwohl müsse der Sachvortrag wenigstens so konkret sein, dass der Arbeitgeber sich zu ihm erklären kann. Dazu kann es nach Ansicht des LAG zunächst ausreichen, wenn der Kläger eine oder wenige markante Ereignisse schildert, von denen aus man dann u.U. auf weitere gleich gelagerte Ereignisse hätte schließen können. Auch die Folgen für den Kläger sowie die Ursächlichkeit der Mobbinghandlungen hierfür sind vorzutragen; der Umstand, sich in ärztlicher Behandlung zu befinden, genügt nicht, es müssen die konkreten Erkrankungen ebenso vorgetragen werden wie die Umstände, aufgrund derer Maßnahmen wie Abmahnungen, Kündigungen oder Weisung konkret geeignet waren, diese Gesundheitsbeschädigungen als Verletzungserfolg hervorzurufen.[299] Bleibt spekulativ, ob die gesundheitlichen Probleme des Arbeitnehmers auf die von ihm behaupteten Mobbinghandlungen zurückzuführen sind, geht dies zulasten des insoweit darlegungs- und beweispflichtigen Arbeitnehmers.[300] An den Sachvortrag des klagenden Arbeitnehmers dürfen insofern keine unerfüllbaren Anforderungen gestellt werden. Gegebenenfalls ist es möglich, bestimmte medizinische Einschätzungen zu behaupten und insoweit die behandelnden Ärzte von der Schweigepflicht zu entbinden.[301]

In manchen Prozessen hat diese Pflicht zur substanziierten Darlegung zur Folge, dass für Zeiträume 123
von 10 Jahren 34 Mobbing-Sachverhalte bzw. für 3 Jahre 76 Mobbing-Sachverhalte vorgetragen wurden.[302] Behauptet – wie in einem Fall des LAG Berlin[303] – eine Klägerin allein, sie sei durch »despotisches Führungsverhalten« ihrer Arbeitgeberin seelisch krank geworden, genügt es nicht, wenn dargelegt wird, diese habe »fast jeden zweiten Tag herumgebrüllt« und »diese oder jene oder eine dritte Beleidigung« ausgesprochen. Das LAG wies die Klage ab und schrieb der Klägerin ins Stammbuch, sie müsste im Prozess eine größere Anzahl einzelner »Tathandlungen« nach Zeit, Situation und sonstigen Umständen darlegen und unter Beweis stellen, was vorliegend nicht geschehen sei. Wenn eine Klägerin also behauptet, sie sei durch fortgesetzte Herabsetzungen und Schikanen seelisch krank geworden, muss sie diese Verhaltensweisen so konkret darlegen und beweisen, dass in jedem Einzelfall beurteilt werden kann, ob diese rechtswidrig erfolgten. Die generelle Bezeichnung als »Mobbing« genügt hierfür nicht.[304] Exemplarisch führt das LAG Koblenz[305] aus:

> »Der Kläger behauptet, er sei vonseiten der Kollegen gedemütigt, beleidigt und diffamiert worden und Unwahrheiten über ihn seien verbreitet worden. Der Beklagte sei seiner Verpflichtung als Personalchef

---

295 LAG Rheinland-Pfalz, Urt. v. 09.08.2012 – 11 Sa 731/11, PflR 2013, 14.

296 LAG Rheinland-Pfalz, Urt. v. 04.06.2009 – 11 Sa 66/09, unveröffentlicht; ebenso LAG Rheinland-Pfalz, Urt. v. 30.04.2009 – 11 Sa 677/08, unveröffentlicht: »immer wieder«; »bei jeder Gelegenheit«; »häufig«). Das BAG hat die Nichtzulassungsbeschwerde mit Beschl. v. 24.09.2009 – 8 AZN 617/09, unveröffentlicht, zurückgewiesen.

297 LAG Rheinland-Pfalz, Urt. v. 23.08.2011 – 3 Sa 125/11, unveröffentlicht.

298 LAG Mecklenburg-Vorpommern, Urt. v. 13.01.2009 – 5 Sa 112/08, unveröffentlicht.

299 LAG Köln, Urt. v. 10.07.2020 – 4 Sa 118/20, PersR 2021, 39.

300 LAG Mecklenburg-Vorpommern, Urt. v. 10.06.2020 – 3 Sa 219/19, unveröffentlicht.

301 LAG Niedersachsen, Urt. v. 14.05.2019 – 11 Sa 361/18, unveröffentlicht.

302 ArbG Gelsenkirchen, Urt. v. 15.07.2005 – 1 Ca 1603/02, unveröffentlicht. Das Gericht hatte die Klage gleichwohl abgewiesen, da es »kein systematisch, zielgerichtetes und lang andauerndes« Verhalten erkennen konnte, angesichts dessen eher fraglich.

303 LAG Berlin, Urt. v. 07.11.2002 – 16 Sa 938/02, unveröffentlicht.

304 LAG Berlin, Urt. v. 15.07.2004 – 16 Sa 2280/03, NZA-RR 2005, 13, welches zudem darauf hinweist, dass »Mobbing« kein juristisch verwertbarer Begriff sei.

305 LAG Koblenz, Urt. v. 23.10.2008 – 11 Sa 407/08, unveröffentlicht.

nicht nachgekommen, ihn vor den Angriffen der Kollegen zu schützen und einzugreifen. Er legt jedoch noch nicht einmal im Ansatz dar, durch welches konkrete Verhalten welcher namentlich zu bezeichnende Kollege wann sich demütigend, beleidigend oder diffamierend ihm ggü. verhielt und welche Unwahrheiten verbreitet wurden. Der Kläger hätte Daten und Fakten nennen müssen. Nur dann wäre das Gericht in der Lage gewesen, festzustellen, ob der Beklagte aufgrund des jeweiligen Verhaltens in der konkreten Situation verpflichtet gewesen wäre, einzugreifen und sich schützend vor den Kläger zu stellen.«

124 Auch das ArbG Cottbus[306] hielt fest, die Darlegungs- und Beweislast dürfe »nicht herabgesetzt« werden; da nur gravierende Verletzungshandlungen überhaupt für einen Mobbingvorwurf taugen würden, hätten sich diese ja auch nachhaltig im Gedächtnis des Gemobbten niederschlagen müssen (offenbar gilt das Motto, »wer verdrängt, verliert«). Von einem Arbeitnehmer, der eine Klage plane, könne verlangt werden, dass er sich – um einen späteren Erinnerungsverlust wissend – Aufzeichnungen mache, sodass der Kläger nicht »überstrapaziert« werde durch die Substanziierungsanforderungen des Gerichts.

125 Ähnlich urteilte das LAG Baden-Württemberg,[307] wonach die pauschale Behauptung von Auseinandersetzungen, abfälligen Äußerungen ggü. Dritten und »Entgleisungen«, welche eine »immer unerträglichere« Arbeitsplatzsituation hervorgerufen hätten, nicht ausreiche, um einen Mobbingfall darzutun. Hieraus folge nämlich noch nicht, dass sich diese Handlungen gegen die Klägerin gerichtet hätten. Erforderlich ist der Vortrag konkreter Vorkommnisse bzgl. deren Inhalts und des Anlasses der Auseinandersetzung. So hat das LAG Hamm[308] den Vortrag, der Geschäftsführer der Beklagten habe den Kläger regelmäßig drangsaliert, beleidigt, als »Drückeberger« bezeichnet und bedroht sowie ständig angefeindet; man habe ihm erklärt, er solle sich einen neuen Arbeitsplatz suchen, abhauen, den Betriebsratsvorsitz aufgeben und den Betriebsrat auflösen; der Geschäftsführer habe erklärt, er wolle sich mit ihm, dem Kläger, nicht an einen Tisch setzen, für unsubstanziiert erachtet. Trotz Benennung genauer Daten und Uhrzeiten der Gespräche fehle es an Vortrag zu »den näheren Umständen des Zustandekommens«, des »genauen Gesprächsverlaufs« und zur Dauer.

Auch das LAG Bremen[309] legt strenge Maßstäbe der Substanziierung an:

»Der Vortrag, im Sommer 1998 habe die Kollegin Frau M in Umlauf gebracht, die Klägerin sei nicht glaubwürdig, weil sie ihrer geistigen Kräfte nicht mächtig sei, ist … unsubstanziiert. Hier hätte der Zeitraum zumindest nach dem Vorfallsmonat eingegrenzt werden müssen. War der Vorfall zu Beginn des Sommers, war er am Ende des Sommers, war er im Juni, war er im Juli, war er im August? … Der Vortrag zum Telefonterror ist wieder gänzlich unsubstanziiert. Dass in einem Zeitraum von … ca. einem Jahr zu Hause sieben Telefonanrufe bei der Klägerin aufliefen, bei denen sich keiner meldete, spricht nicht für »Terror«-Handlungen der Kollegen. Es fehlt jeder Anhaltspunkt dafür, dass es sich um gezielte Anrufe von Kollegen … handelte. Der Vortrag … ist weder zeitlich eingeschränkt … noch sind die Tage, an denen die Telefonanrufe erfolgten, dargelegt«.

126 Nicht übersehen werden darf zudem, dass zur Begründung eines Ersatzanspruchs ein systematisches – fortgesetztes und aufeinander aufbauendes – Handeln des Mobbenden erforderlich ist, welches von manchen Gerichten bereits dann verneint wird, wenn Gesprächs- und Kontaktverbote nur über einige Wochen andauern und nicht »rigoros« durchgesetzt werden[310] oder nur Einzelfälle schlechter Behandlung mit großen zeitlichen Zwischenräumen vorgetragen werden.[311] So wurde ein

306 ArbG Cottbus, Urt. v. 04.01.2006 – 5 Ca 1899/05, AE 2006, 184; das Gericht übersieht, dass gerade die Anfänge eines Mobbingverhaltens häufig unerkannt oder jedenfalls in ihrer Wirkung nicht gleich richtig eingeschätzt werden können; auch erstaunt, dass der seitenlange Klagevortrag mit ausführlichen Beschimpfungslisten, die der Kläger hatte erdulden müssen, zur Substanziierung nicht hingereicht hatte.

307 LAG Baden-Württemberg, Urt. v. 05.03.2001 – 15 Sa 106/00, PflR 2003, 348.

308 LAG Hamm, Urt. v. 02.09.2011 – 7 Sa 724/11, unveröffentlicht.

309 LAG Bremen, Urt. v. 17.10.2002 – 3 Sa 78/02 u.a., MDR 2003, 158.

310 LAG Rheinland-Pfalz, Urt. v. 10.03.2004 – 9 Sa 1125/03, unveröffentlicht.

311 Etwa LAG Berlin, Urt. v. 06.03.2003 – 18 Sa 2299/02, MDR 2003, 881 (882). Auch das LAG Bremen, Urt. v. 17.10.2002 – 3 Sa 78/02 u.a., MDR 2003, 158 verneinte eine fortgesetzte Schikane bei

zusammenhängendes und zielgerichtetes Vorgehen bereits dann verneint, wenn an nur 10 % der Arbeitstage des behaupteten Mobbingzeitraumes »Mobbing«-Handlungen vorgetragen wurden.[312] Auch bei zum Teil Jahre auseinanderliegenden Vorgängen ist ein innerer Zusammenhang verneint worden.[313] So genügen 14 Abmahnungen in acht Jahren, eine verhaltensbedingte Kündigung, ein Entgeltrechtsstreit und zwei erfolglose Anhörungsverfahren nicht schon, um Mobbing ausreichend vorzutragen[314]. Ebenso mangelt es nur **kurzen Konfliktsituationen** mit Vorgesetzten oder Kollegen regelmäßig am systematischen Vorgehen.[315] Auch hinsichtlich der Frage der Darlegung des Verschuldens des Arbeitgebers, nicht nur bezogen auf die einzelnen Tathandlungen, sondern auf das systematisch schädigende Handeln, sind die Gerichte relativ streng.[316]

▶ Praxistipp:

Dem Mandanten sollte empfohlen werden, aus rechtlichen Erwägungen ein »Mobbing-Tagebuch« zu führen, um seine Chancen im Schmerzensgeldprozess zu wahren[317] (ungeachtet des Umstandes, dass psychologisch gesehen diese Art der Aufarbeitung nicht hilfreich sein mag). Nach Möglichkeit sollte nachgehalten werden, welcher Kollege in welcher Weise gehandelt hat, warum dies als eine schikanös gemeinte Handlung erkenntlich war und welche Beweismittel vorhanden sind. Hierfür bietet sich neben Gedächtnisprotokollen von Vier-Augen-Situationen auch an, Zeugen bei zu erwartenden Konfliktsituationen hinzuzuziehen.[318] 127

Für die substanziierte Darlegung kann man sich an der Auflistung einzelner Mobbinghandlungen nach Grünwald/Hille orientieren, die eingangs (oben Buchst. b), Rdn. 107 f.) dargestellt worden sind. Die Übersendung eines womöglich nur tabellarischen »Mobbing-Tagebuchs« entbindet nicht von der Verpflichtung prozessualer Substanziierung.[319]

Allerdings darf ein sorgfältiger Sachvortrag nicht in parteiische Stellungnahme zugunsten des Mandanten ausarten; der bloße Anschein einer allzu empfindlichen Wahrnehmung des Mandanten sollte gerade im schwierigen Bereich zwischenmenschlichen Miteinanders während der Arbeit nicht erweckt werden. Sonst kann es passieren, dass Gerichte vom Kläger einen Eindruck gewinnen, den allerdings wohl nur wenige so dezidiert in Worte fassen würden wie das nachfolgend wiedergegebene LAG Berlin:[320] 128

neun Vorfällen in dreieinhalb Jahren.

312 LAG Koblenz, Urt. v. 04.06.2009 – 11 Sa 66/09, unveröffentlicht.

313 LAG Berlin-Brandenburg, Urt. v. 18.06.2010 – 6 Sa 271/10, ArbR 2010, 563.

314 LAG Köln, Urt. v. 10.07.2020 – 4 Sa 118/20 PersR 2021, 39, die zudem noch hervorhoben, dass der Kläger gegen »nahezu sämtliche« Handlungen des Arbeitgebers gerichtlich vorgegangen sei und obsiegt habe (auch wenn gerade dies im Gegenteil nahelegt, dass die arbeitgeberseitigen Verhalten eben nicht alle in Ordnung waren).

315 LAG Hamm, Urt. v. 25.06.2002 – 18 (11) Sa 1295/01, NZA-RR 2003, 8; LAG Rheinland-Pfalz, Urt. v. 10.03.2004 – 9 Sa 1125/03, unveröffentlicht; LAG Köln, Urt. v. 07.05.2008 – 7 Sa 1404/07, AE 2009, 153 (Streit der Piloten während eines Fluges). Sehr weitgehend hat das LAG Niedersachsen, Urt. v. 09.03.2009 – 9 Sa 378/08, unveröffentlicht, für jede noch dienst- oder besprechungsbezogene Beleidigung den Schikanecharakter verneint, da es sich hier um »normale« Reibereien, die arbeitsbezogen seien, gehandelt habe.

316 LAG Berlin, Urt. v. 15.07.2004 – 16 Sa 2280/03, NZA-RR 2005, 13; LAG Niedersachsen, Urt. v. 09.03.2009 – 9 Sa 378/08, unveröffentlicht; ArbG Gelsenkirchen, Urt. v. 15.07.2005 – 1 Ca 1603/02, unveröffentlicht.

317 Dies legt das ArbG Cottbus, Urt. v. 04.01.2006 – 5 Ca 1899/05, AE 2006, 184, seinem Kläger ausdrücklich nahe.

318 Bieszk/Sadtler, NJW 2007, 3382 (3383).

319 LAG Koblenz, Urt. v. 14.08.2009 – 9 Sa 199/09, unveröffentlicht.

320 LAG Berlin, Urt. v. 14.11.2002 – 16 Sa 970/02, NZA-RR 2003, 523 (525).

»Die Schriftsätze des Klägers … zeigen, dass, soweit es sich überhaupt um klare Äußerungen handelt, der Kläger ein vollkommen übersteigertes Bewusstsein seiner vermeintlichen Rechte als Arbeitnehmer hat[321] und dabei … starke querulatorische Züge aufweist. Einen solchen Arbeitnehmer während der täglichen Arbeit stets (objektiv) rechtlich fehlerfrei zu behandeln, ist einem durchschnittlichen Vorgesetzten kaum möglich, wenn nicht ständig ein arbeitsrechtlich (und womöglich psychologisch) besonders geschulter Mitarbeiter zur Verfügung steht und um Rat gefragt werden kann. Dies kann der Kläger billigerweise … nicht erwarten«.

129 Ganz generell besteht die Schwierigkeit von Mobbingklagen im »Spagat« zwischen der von den Gerichten geforderten Substanziierung der für sich genommen möglicherweise sogar harmlosen Einzelvorfälle und der Gefahr, den Mandant als allzu empfindlich erscheinen zu lassen. Richtig ist zwar, dass der Vorwurf des Mobbings sich inflationär zur »gängigen Münze« in der Verteidigungsstrategie von Arbeitnehmern entwickelt hat, die sich Kritik an ihren Leistungen ausgesetzt sehen.[322] Dies darf aber nicht zu einer allzu restriktiven Tendenz bei der Begutachtung von Mobbingklagen führen, wie sie in der Rechtsprechung beobachtet werden kann.[323]

130 Bspw. hat das LAG Thüringen[324] Mobbingvorwürfe mit der Begründung zurückgewiesen, das dem Arbeitgeber unterstellte Motiv des »Hinausdrängens« von freigestellten Arbeitnehmern sei nur plausibel dargetan, wenn der Arbeitgeber – was nicht der Fall war – sich ggü. jedem freigestellten Arbeitnehmer identisch »mobbend« verhalten hätte; das ArbG Gelsenkirchen[325] hat umgekehrt gerade den Vortrag beleidigenden Führungsstils eines Arbeitgebers ggü. allen seinen Arbeitnehmern zum Anlass genommen, Mobbing zu verneinen, da es dann an der zielgerichteten Anfeindung (nur) des Klägers fehle.

131 Das ArbG Gelsenkirchen[326] hat im gleichen Fall den Umstand, dass der Kläger während seiner Arbeitsunfähigkeit aufgefordert wurde, an einer Besprechung teilzunehmen, zwar als »erheblichen Druck erzeugend« gewürdigt, aber darauf verwiesen, dass kein Rechtszwang bestand, dem Folge zu leisten. Verbale Auseinandersetzungen (Bezeichnung als »Querulant«) stufte es wegen des wechselseitig eskalierenden Sachverhalts als »Retourkutschen« ein; an anderer Stelle würdigte es die Äußerung »ich will Ihren Kopf« als zwar »wenig geschmackvoll«, aber nicht die Grenze einer Pflichtverletzung übersteigend. Das LAG Thüringen[327] wertete das Anbrüllen einer Arbeitnehmerin als (entschuldigten) »Ausdruck der Hilflosigkeit« des Arbeitgebers. Wenn solcherart – was nahe liegen mag – auf jeden Einzelfall abgestellt wird, übersieht doch die »Addition« der Subsumtionen, dass es gerade im Wesen des Mobbings liegt, dass eine Fülle von für sich genommenen Bagatellen in der Gesamtheit »das Fass zum Überlaufen« bringt. Hier ist verstärktes Augenmerk darauf zu richten, ob die Vorgänge zwar nicht jeder für sich genommen, sondern gerade in ihrer Gesamtheit Mobbingcharakter annehmen.

132 Hierbei treffen Gerichte oftmals nicht den richtigen Ton, gerade angesichts dessen, dass es sich – jedenfalls i.d.R. – um Parteien handelt, die zumindest subjektiv in der »Mobbingopferrolle« sind.

133 Das LAG Chemnitz[328] hat den Umstand, dass die Klägerin ein »Mobbingtagebuch« führte, wie folgt qualifiziert:

»Die sofort nach Dienstantritt begonnene und über mehr als ein Jahr praktizierte Auflistung einzelner Vorkommnisse, Verhaltensweisen und Gesprächsfetzen in buchhalterischer Manier deutet eher darauf hin, dass die Klägerin selbst keine sonderlich friedfertige Einstellung hatte. Sie hat von vornherein

321 Ein Antrag war bspw. darauf gerichtet, die Übersendung von Glückwünschen zu unterlassen.
322 So auch Diller/Grote, MDR 2004, 984 (984): »Mancher Arbeitnehmer scheint mittlerweile die Meinung zu vertreten, jede Kritik an seiner Person oder seiner Leistung sei »unzulässiges Mobbing«, egal ob die Kritik berechtigt ist oder nicht«.
323 Krit. daher auch Brams, ZfS 2009, 546 (551).
324 LAG Thüringen, Urt. v. 10.06.2004 – 1 Sa 148/01, ZTR 2004, 596 = ArbuR 2004, 473.
325 ArbG Gelsenkirchen, Urt. v. 15.07.2005 – 1 Ca 1603/02, unveröffentlicht.
326 ArbG Gelsenkirchen, Urt. v. 15.07.2005 – 1 Ca 1603/02, unveröffentlicht.
327 LAG Thüringen, Urt. v. 10.06.2004 – 1 Sa 148/01, ZTR 2004, 596 = ArbuR 2004, 473.
328 LAG Sachsen, Urt. v. 17.02.2005 – 2 Sa 751/03, unveröffentlicht.

Munition gesammelt, um sie gegen diejenigen zu verschießen, mit denen sie zusammenzuarbeiten hatte. Dabei greift sie auf überwiegend völlig untergeordnete Vorkommnisse aus einem im Zweifel allein fachlich ereignisreichen Arbeitsalltag zurück, an die sich der Beklagte in der Tat selbst im Lichte des § 138 Abs. 4 ZPO nach der Lebenserfahrung nicht mehr erinnern können muss. Insoweit ist sein Bestreiten mit Nichtwissen hier übrigens gerade deshalb ausnahmsweise auch zulässig. Die penible Dokumentation von Belanglosigkeiten streitet für eine Überempfindlichkeit im Umgang mit Vorgesetzten und damit für eine lediglich »gefühlte« Opferrolle.«

Würden diese Ausführungen zutreffen, bräuchte man keine Mobbingklage mehr erheben: Sie würde entweder abgewiesen wegen unzureichender Substanziierung oder wegen durch gerade ausreichende Substanziierung nachgewiesene »Mimosenhaftigkeit«.[329] Das kann nicht richtig sein.[330] Auch verwundert, dass dem Beklagten zugestanden wird, sich hinsichtlich selbst erlebter Vorgänge (!) ausnahmsweise (!) auf § 138 Abs. 4 ZPO zu berufen, was die Darlegungsnot der Klägerin noch weiter erhöht (wobei das LAG die Frage nicht beantwortet, wie man einerseits näher vortragen soll, ohne andererseits als »Buchhalter seiner eigenen Opferrolle« abgestempelt zu werden). Neben die rechtliche Angreifbarkeit tritt aber die schon als erstaunlich zu bezeichnende Wortwahl des Gerichts, die selbst und gerade eine unterliegende Partei nicht verdient hat. Dies sollte sich nicht nur zur Wahrung der erforderlichen Distanz und Neutralität des Gerichts von selbst verstehen; insb. in (behaupteten) Mobbingfällen kann eine rechtlich nicht gebotene »oberlehrerhafte Maßregelung« einen stark kontraproduktiven Effekt auf eben die Partei haben, die es mit der Urteilsbegründung zu überzeugen gilt. 134

Auch das LAG Thüringen[331] nutzt die Urteilsgründe in bemerkenswerter Form als Forum für Überlegungen eher allgemeiner Art, in denen die erkennende 1. Kammer eine Fehde mit der 5. Kammer des LAG beginnt: 135

»Nicht von ungefähr hat sich die Klägerin nahezu ausschließlich auf die Entscheidungen (erg.: der 5. Kammer) des Thüringer LAG vom 15.02.2001 und 10.04.2001 bezogen. Diese Entscheidungen waren sehr öffentlichkeitswirksam und wurden als bahnbrechend empfunden. Die erkennende Kammer kann sich daran kein Beispiel nehmen, denn an den Urteilen war falsch, dass sie sich überhaupt mit dem Thema Mobbing befasst haben. Die Entscheidungen sind lediglich insoweit exemplarisch, als sich an ihnen zeigen lässt, welche Grenzen richterlichen Handelns hätten beachtet werden sollen: Nachdem das Gericht die prozessuale Hürde durch eine eher eigenwillige Argumentation überwunden hatte, hat es in einer weit ausgreifenden Begründung Mobbing bejaht. Ein Rückgriff auf das allgemeine Persönlichkeitsrecht war (erg. im dortigen Fall) aber nicht veranlasst, erst recht nicht die breit angelegten Ausführungen zu dieser Anspruchsgrundlage. Ebenso wenig hatte die ausführliche Erörterung der Mobbingproblematik etwas mit dem Streitgegenstand zu tun. Daraus kann nur geschlossen werden, dass die Kammer – wohl eher aber der Autor des Urteils – um jeden Preis eine spektakuläre Entscheidung zum Thema »Mobbing« in die Welt setzen wollte. Das Ergebnis sind allerdings Rechtsausführungen, die lediglich formell in die Gestalt eines Urteils gegossen sind und mit denen eine rechtliche Auseinandersetzung nicht möglich ist. Nach allem stellt die Entscheidung der 5. Kammer eher eine – hier nicht einschlägige – gutachterliche Äußerung verbunden mit rechtspolitischen Appellen zum Thema Mobbing dar. Immerhin ergab sich die günstige Konstellation, dass die Urteile von ihrem Autor für die eigene publizistische Tätigkeit als unverfängliche und mit der Autorität eines Berufungsgerichts versehenen Beiträge herangezogen werden konnten.«

329 Geradezu anklagend verweist das LAG Thüringen, Urt. v. 10.06.2004 – 1 Sa 148/01, ZTR 2004, 596 = ArbuR 2004, 473 gleich mehrfach darauf, dass die Anwälte der Klägerin einen »136-seitigen Schriftsatz (ohne Anlagen)« eingereicht hätten. Dass sie damit nur substanziiert haben, was ansonsten als unsubstanziiert zurückgewiesen worden wäre, wird nicht gesagt. Auch das LAG Rheinland-Pfalz, Urt. v. 03.05.2006 – 9 Sa 43/06, unveröffentlicht, führt zwar aus, es komme maßgeblich auf die Gesamtbetrachtung der Einzelfallumstände an, um dann doch die Klage abzuweisen, weil die jeweiligen Einzelfälle für sich betrachtet nicht angreifbar waren. Ebenso entschieden das LAG Niedersachsen, Urt. v. 09.03.2009 – 9 Sa 378/08, unveröffentlicht; LAG Mecklenburg-Vorpommern, Urt. v. 13.01.2009 – 5 Sa 86/08, unveröffentlicht.

330 Ebenso Brams, VersR 2010, 880 (883).

331 LAG Thüringen, Urt. v. 10.06.2004 – 1 Sa 148/01, ZTR 2004, 596 = ArbuR 2004, 473.

136 Noch weitergehend fordert das LAG Schleswig-Holstein,[332] dass der Arbeitnehmer nicht nur
- die beanstandeten Verhaltensweisen so konkret darlegt und unter Beweis stellt, dass in jedem Einzelfall beurteilt werden kann, ob es sich um rechtswidrige, diskriminierende Verhaltensweisen gehandelt hat und ob diese eine Erkrankung des Arbeitnehmers verursacht haben, sondern auch
- darlegt, dass der Arbeitgeber zumindest damit rechnen musste, dass seine rechtswidrigen Handlungen geeignet waren, bei dem Arbeitnehmer Gesundheitsschäden auszulösen, da sich das vom Kläger darzulegende Verschulden des Arbeitgebers nicht nur auf die »Tathandlungen«, sondern auch auf die hierdurch verursachte Erkrankung des Mobbingopfers beziehen müsse.[333]

137 Hierbei hat aber das BAG[334] klargestellt, dass nicht stets eine genaue Datumsangabe der Mobbingvorwürfe erforderlich ist, sondern eine Substanziierung gefordert wird, die auch die Schilderung der konkreten Situation mit ungefährer Zeitangabe genügen lassen kann.

5. Sonderfälle

138 Mobbing ggü. Frauen bedeutet nicht selten eine **Verletzung des Rechts auf sexuelle Selbstbestimmung.** Auch ggü. Männern sind solche Übergriffe möglich. Dieses Rechtsgut ist in § 253 BGB als neues Schutzobjekt neben Körper, Gesundheit und Freiheit hinzugekommen. Insoweit bestand nach altem Recht nur für Frauen und nur bedingt ein Anspruch auf Zahlung von Schmerzensgeld, denn der in § 847 Abs. 2 BGB a.F. weiter erwähnte erzwungene außereheliche Geschlechtsverkehr hatte praktisch keine eigene Bedeutung, da in solchen Fällen tatbestandsmäßig auch eine Körper- oder Gesundheitsverletzung bejaht wurde, auf die ein Schmerzensgeldanspruch gestützt werden konnte. Erfreulicherweise hat der Gesetzgeber geradezu biblische Formulierungen[335] aus dem Gesetz verschwinden lassen, wonach einer »Frauensperson« für den ihr durch eine außereheliche »Beiwohnung« entstandenen Schaden materieller und immaterieller Schadensersatz zu gewähren waren.

139 Der nunmehr gegebene Schutz des Rechts auf sexuelle Selbstbestimmung gilt nicht nur für Frauen, sondern auch für Männer, ist also ausdrücklich weiter gefasst und stellt trotz der Ankündigung des Gesetzgebers, die Verletzung des allgemeinen Persönlichkeitsrechts vorerst nicht zu regeln, eine **partielle Regelung des allgemeinen Persönlichkeitsrechts** dar.[336] Es gab und gibt aber keinen Grund, innerhalb des allgemeinen Persönlichkeitsrechts zwischen einer weiblichen und einer männlichen Geschlechtsehre zu unterscheiden; auch Rechtsprechung, welche in solchen Fällen auf das allgemeine Persönlichkeitsrecht zurückgegriffen hätte, ist nicht bekannt.[337]

140 Bei Verletzung des Rechts auf sexuelle Selbstbestimmung ist ein **Schmerzensgeldanspruch** unproblematisch gegeben. Liegen die Voraussetzungen nicht vor und ist der Eingriff nicht so schwerwiegend, dass eine Verletzung des allgemeinen Persönlichkeitsrechts bejaht werden kann, kommt ein Schmerzensgeldanspruch nur in Betracht, wenn eine Gesundheitsverletzung eingetreten ist, für die aus dem Arbeitsvertrag gehaftet wird.

---

332 LAG Schleswig-Holstein, Urt. v. 28.03.2006 – 5 Sa 595/05, NZA-RR 2006, 402.

333 Ebenso LAG Berlin, Urt. v. 15.07.2004 – 16 Sa 2280/03, NZA-RR 2005, 13.

334 BAG, Beschl. v. 20.03.2003 – 8 AZN 27/03, JR 2004, 218. Ebenso LAG Bremen, Urt. v. 17.10.2002 – 3 Sa 232/02, MDR 2003, 158 = NZA-RR 2003, 234: Es muss für den Gegner (nur) möglich sein zu erkennen, auf welche konkreten – nach Zeit und Ort identifizierbaren – Tatsachen sich bezogen wird. Zurückhaltender bereits BAG, Urt. v. 24.04.2008 – 8 AZR 347/07, NJW 2009, 251 (253): »... die einzelnen Handlungen oder Maßnahmen, aus denen er die angeblichen Pflichtverletzungen herleitet, konkret unter Angabe deren zeitlicher Lage zu bezeichnen«.

335 Müller, VersR 2003, 1 (7); vgl. auch Rdn. 38 ff.

336 OLG Köln, Beschl. v. 30.09.2002 – 19 W 38/02, VersR 2003, 652 ff. = NJW-RR 2003, 741; Müller, VersR 2003, 1 (7).

337 Vgl. Rdn. 38 ff.

6. Haftungsmaßstab und arbeitsrechtliche Besonderheiten

Die Haftungsbeschränkungen der §§ 104 ff. SGB VII[338] greifen nicht, denn Mobbing geschieht vorsätzlich und der Vorsatz erstreckt sich i.d.R. auch auf die Verletzung der Gesundheit des Opfers, weil diese vom Täter angestrebt wird, sie ist Ziel seines Handelns. Weitergehend hält das BAG[339] § 105 SGB VII in Mobbingfällen schon deshalb für unanwendbar, weil es sich dann nicht um einen »Versicherungsfall« handele. Nach § 7 Abs. 1 SGB VII sind nur Arbeitsunfälle und Berufskrankheiten »Versicherungsfälle«; Mobbingschäden seien aber i.d.R. weder zeitlich begrenzte Ereignisse (wie dies für einen Unfall i.S.d. § 8 Abs. 1 SGB VII Voraussetzung ist) noch Berufskrankheiten nach § 9 SGB VII.[340] 141

▶ Hinweis:

Es haftet dem Arbeitnehmer nicht nur der Handelnde (das kann auch der Arbeitgeber in Person oder als Organ – § 31 BGB – sein,[341] sog. »Bossing«), sondern über § 278 BGB neben dem Handelnden auch der Arbeitgeber aus Vertrag, denn der Arbeitgeber ist aufgrund des Arbeitsvertrages verpflichtet, die Gesundheit der bei ihm beschäftigten Arbeitnehmer nicht selbst zu verletzen und zusätzlich, die Arbeitnehmer vor Belästigungen durch Mitarbeiter oder Dritte, auf die er Einfluss hat, zu schützen (Fürsorgepflicht als vertragliche Nebenpflicht).[342] 142

Der Arbeitgeber haftet aus § 280 BGB, wenn er es unterlässt, Maßnahmen zu ergreifen oder seinen Betrieb so zu organisieren, dass eine Verletzung dieser Rechte ausgeschlossen wird. Diese Haftung umfasst (anders als nach altem Recht) seit dem 01.08.2002[343] nach § 253 Abs. 2 BGB auch Schmerzensgeldansprüche.[344] Dies gilt jedenfalls dann, wenn ein Vorgesetzter (z.B. Schichtführer) mobbt, weil dieser **Erfüllungsgehilfe des Arbeitgebers** ist.[345] Hierbei muss allerdings vorgetragen werden, welche Funktion der Vorgesetzte konkret im Betrieb hat, denn eine Zurechnung nach § 278 BGB setzt voraus, dass der Erfüllungsgehilfe die Fürsorgepflicht des Arbeitgebers konkretisiert, etwa, indem er Weisungsrechte wahrnimmt.[346] Andererseits kann auch ein **Arbeitskollege** Erfüllungsgehilfe des Arbeitgebers sein, wenn er über einen Zeitraum von mehreren Wochen mit der Einarbeitung des Arbeitnehmers betraut ist.[347] 143

338 Ausführlich hierzu Kap. 3 Rdn. 72 ff.

339 BAG, Urt. v. 13.12.2001 – 8 AZR 131/01, DB 2002, 1508.

340 Zur Einordnung von Mobbingerkrankungen als Arbeitsunfall vgl. Oberthür, ArbR 2021, 215.

341 LAG Baden-Württemberg, Urt. v. 12.06.2006 – 4 Sa 68/05, AuA 2007, 122; Rieble/Klumpp, ZIP 2002, 369 (379).

342 BAG, Urt. v. 25.10.2007 – 8 AZR 593/06, VersR 2008, 1654 = MDR 2008, 511; BAG, Urt. v. 28.10.2010 – 8 AZR 546/09, ArbR 2011, 168; Hille, BC 2003, 81 (84). Ohne nachvollziehbare Begründung a.A. ist Wagner, JZ 2004, 319 (329), der eine Zurechnung nach § 278 BGB nur bejahen will, wenn dem Mobber einzelne Arbeitgeber- oder Vorgesetztenfunktionen übertragen worden sind.

343 Inkrafttreten des 2. Schadensersatzrechtsänderungsgesetzes (BGBl. I v. 25.07.2002, S. 2674), hierzu Jaeger/Luckey, MDR 2002, 1168.

344 Die Ausführungen des LAG Baden-Württemberg, Urt. v. 05.03.2001 – 15 Sa 106/00, PflR 2003, 348.: »Da Fürsorgepflichten vertragliche Pflichten sind, ist ein Schmerzensgeldanspruch nicht gegeben« sind also nach neuem Recht nicht mehr richtig. Anders daher nun auch LAG Baden-Württemberg, Urt. v. 12.06.2006 – 4 Sa 68/05, AuA 2007, 122.

345 BAG, Urt. v. 25.10.2007 – 8 AZR 593/06, VersR 2008, 1654 = MDR 2008, 511; Rieble/Klumpp, ZIP 2002, 369 (379); Bieszk/Sadtler, NJW 2007, 3382 (3383).

346 So LAG Hamm, Urt. v. 16.07.2009 – 17 Sa 619/09, unveröffentlicht; LAG Koblenz, Urt. v. 14.08.2009 – 9 Sa 199/09, unveröffentlicht; LAG Köln, Urt. v. 21.07.2011 – 7 Sa 1570/10, AE 2013, 17. Weitergehend LAG Niedersachsen, Urt. v. 09.11.2009 – 9 Sa 1573/08, AE 2010, 199: Ein Vorgesetzter konkretisiert immer die Fürsorgepflicht des Arbeitgebers und ist daher stets Erfüllungsgehilfe.

347 LAG Niedersachsen, Urt. v. 09.11.2009 – 9 Sa 1573/08, AE 2010, 199.

▶ Praxistipp:

144 Beschwerden beim Arbeitgeber bei Mobbing durch Kollegen lohnen sich daher jedenfalls aus Rechtsgründen, da (spätestens) so eine Verpflichtung des Arbeitgebers zum Einschreiten begründet wird und dieser zudem nun Kenntnis, § 276 BGB, von den Vorgängen hat.[348] Das BAG hat es in einem Fall[349] als »Sache der Klägerin« angesehen, durch Vorlage entsprechender Atteste auf eine drohende Erkrankung hinzuweisen! Auch das LAG Schleswig-Holstein ist der Auffassung, dass die Schadensminderungspflicht des Gemobbten es gebiete, dass dieser sich zuerst beschwert und i.R.d. arbeitsrechtlich Möglichen Abhilfe fordert.[350]

145 Ist der handelnde Mitarbeiter i.R.d. Arbeitsvertrages Erfüllungsgehilfe des Arbeitgebers, haftet dieser selbst (Vorsatz) und kann sich nicht auf einen Haftungsausschluss gem. § 104 Abs. 1 SGB VII berufen. Allerdings ist ein **Regress des Arbeitgebers** nach den allgemeinen Regeln der Arbeitnehmerhaftung denkbar; dieser Regress muss sich nicht nur auf die Zahlungen an den gemobbten Kollegen beziehen, sondern umfasst etwa auch die Schäden durch krankheitsbedingte Fehlzeiten.[351]

▶ Hinweis:

146 Das bedeutet aber nicht, dass der Arbeitgeber für Mitarbeiter bei »bloßer« Verletzung des allgemeinen Persönlichkeitsrechts auf Zahlung von Schmerzensgeld haftet. Dieses allgemeine Persönlichkeitsrecht ist in § 253 Abs. 2 BGB gerade nicht geschützt, sodass eine Haftung des Arbeitgebers für Mitarbeiter nur bei einer Gesundheitsverletzung in Betracht kommt.[352]

147 Die Frage, ob hinsichtlich des Themas »Mobbing« eine Zuständigkeit der **Einigungsstelle** nach **§ 87 Abs. 1 Nr. 1 BetrVG** begründet ist, wird unterschiedlich beantwortet.[353] Jedenfalls für Zwecke des **§ 98 Abs. 1 Satz 2 ArbGG** sollte man aber nicht von einer »offensichtlichen Unzuständigkeit« des Betriebsrats für solche Fragen ausgehen.[354]

148 Eine unberechtigte **Abmahnung** allein stellt nicht schon eine Verletzung des Persönlichkeitsrechts des Arbeitnehmers dar, sodass hieraus nicht schon Ersatzansprüche hergeleitet werden können.[355]

149 Ansprüche auf Schmerzensgeld wegen Gesundheitsverletzung können der **Ausschlussfrist** des **§ 70 BAT/§ 37 TVöD-AT** unterliegen; danach verfallen Ansprüche aus dem Arbeitsverhältnis, wenn sie nicht innerhalb einer Frist von 6 Monaten nach Fälligkeit schriftlich geltend gemacht werden, soweit tarifvertraglich nichts anderes bestimmt ist. Als »Ansprüche« i.d.S. gelten auch deliktische Ansprüche,[356] sodass Schadensersatzansprüche wegen Mobbings unter § 70 BAT fallen können[357]: Dies soll

---

348 Die Pflicht zum Tätigwerden setzt Kenntnis/Kennenmüssen voraus, vgl. LAG Thüringen, Urt. v. 10.06.2004 – 1 Sa 148/01, ZTR 2004, 596 = ArbuR 2004, 473.

349 BAG, Urt. v. 13.12.2001 – 8 AZR 131/01, DB 2002, 1508.

350 LAG Schleswig-Holstein, Urt. v. 28.03.2006 – 5 Sa 595/05, NZA-RR 2006, 402.

351 Benecke, NZA-RR 2003, 225 (228).

352 ArbG Gelsenkirchen, Urt. v. 15.07.2005 – 1 Ca 1603/02, unveröffentlicht.

353 Dafür: ArbG Köln, Beschl. v. 21.11.2000 – 12 BV 227/00, AiB 2002, 374; differenzierend LAG Hamburg, Beschl. v. 15.07.1998 – 5 TaBV 4/98, NZA 1998, 1245.

354 So auch LAG Düsseldorf, Beschl. v. 22.07.2004 – 5 TaBV 38/04, AiB 2005, 122.

355 LAG Köln, Urt. v. 07.01.1998 – 2 Sa 1014/97, MDR 1998, 1036.

356 BAG, Urt. v. 27.04.1995 – 8 AZR 582/94, ZTR 1995, 520.

357 BAG, Urt. v. 16.05.2007 – 8 AZR 709/06, NZA 2007, 1154 = AP Nr. 5 zu § 611 BGB Mobbing (für eine wortgleiche Tarifvertragsklausel); LAG Köln, Urt. v. 03.06.2004 – 5 Sa 241/04, ZTR 2004, 643; LAG Sachsen, Urt. v. 17.02.2005 – 2 Sa 751/03, unveröffentlicht; LAG Köln, Beschl. v. 02.03.2011 – 1 Ta 375/10, unveröffentlicht; LAG Rheinland-Pfalz, Urt. v. 29.10.2015 – 2 Sa 193/15, unveröffentlicht; ArbG Frankfurt am Main, Urt. v. 24.01.2007 – 7 Ca 5101/06, DÖD 2008, 43. Für eine inhaltsgleiche Regelung in den AVR hat das BAG, Urt. v. 25.10.2007 – 8 AZR 593/06, VersR 2008, 1654 = MDR 2008, 511 die Frage offengelassen, aber darauf verwiesen, der Anspruch sei noch in der

allerdings für eine zwischen den Parteien vereinbarte Ausschlussfrist nicht gelten[358]: Anders als bei einer tarifvertraglichen Ausschlussfrist könnten die Parteien eines Arbeitsvertrages weder die Verjährung bei Haftung wegen Vorsatzes im Voraus durch Rechtsgeschäft erleichtern noch die Haftung wegen Vorsatzes dem Schuldner im Voraus erlassen. Zudem hafte der Arbeitgeber bei Arbeitsunfällen und Berufsunfähigkeit ausschließlich bei Vorsatz, § 104 Abs. 1 SGB VII. Bei dieser klaren Gesetzeslage sei ohne besondere Anzeichen regelmäßig davon auszugehen, dass die Parteien des Arbeitsvertrages mit der Ausschlussklausel nicht auch Fragen der Vorsatzhaftung regeln wollten. Im Übrigen wäre auch bei anderem Auslegungsergebnis eine solche arbeitsvertragliche Klausel, anders als eine tarifvertragliche Normativbestimmung, unwirksam.[359] Eine gesetzliche Ausschlussfrist für Ansprüche wegen Mobbings existiert nicht; auch § 15 Abs. 4 AGG ist nicht analog anwendbar[360]. Fehlen vertragliche und gesetzliche Sonderregeln verjähren Ansprüche wegen Mobbings in der gesetzlichen Regelverjährung, die dann mit der zeitlich letzten vorgetragenen Mobbinghandlung beginnt[361]; eine Verwirkung vor Verjährung des Anspruchs kann angesichts der nur dreijährigen Verjährungsdauer nur bei Vorliegen ganz besonderer Umstände bejaht werden.[362]

Dies gilt aber nicht nur für die Schmerzensgeldansprüche, die auf Gesundheitsverletzung gestützt werden;[363] auch Ansprüche wegen Verletzung des allgemeinen Persönlichkeitsrechts werden von der Ausschlussklausel umfasst.[364] In der Erhebung einer Kündigungsschutzklage allein liegt nicht schon eine solche »schriftliche Geltendmachung« von Ansprüchen.[365] Allerdings ist zu beachten, dass § 202 Abs. 1 BGB die Verkürzung von Verjährungsfristen für Vorsatztaten verbietet; entsprechende Ausschlussklauseln umfassen daher nicht vorsätzliche Mobbingverstöße.[366] 150

Andererseits kann eine Regelung in einem **Aufhebungsvertrag**, wonach »sämtliche Ansprüche des Arbeitnehmers aus seinem Arbeitsverhältnis und aus Anlass von dessen Beendigung – gleich aus welchem Rechtsgrund – abgegolten« sein sollen, auch Schadensersatz- und Entschädigungsansprüche wegen Mobbings umfassen.[367] Falls in einem Arbeitsvertrag aber eine **Ausschlussfrist** für die Geltendmachung von Ansprüchen gesetzt ist, ist eine »Gesamtschau« der Verletzungen vorzunehmen: Da Mobbing ein übergreifendes systematisches Vorgehen darstellt, können auch Vorfälle, die vor der Frist geschehen sind, berücksichtigt werden, wenn sie in einem Zusammenhang mit den späteren Mobbinghandlungen stehen.[368] Sehr weitgehend hat das LAG Hamm[369] hieraus den Schluss 151

Frist geltend gemacht, wenn er nach Beendigung der mobbingbedingten Erkrankung erhoben würde, vorher ließe sich das Schmerzensgeld nicht abschließend beurteilen.

358 BAG, Urt. v. 20.06.2013 – 8 AZR 280/12, unveröffentlicht.

359 BAG, Urt. v. 20.06.2013 – 8 AZR 280/12, unveröffentlicht. Zu den Grenzen zulässiger Fristen auch für Ansprüche wegen Vorsatz BAG, URt. v. 26.09.2013 – 8 AZR 1013/12, NZA-RR 2013, 177.

360 BAG, Urt. v. 08.12.2014 – 8 AZR 838/13, NJW 2015, 2061; BAG, Urt. v. 18.05.2017 – 8 AZR 74/16, NJW 2018, 95.

361 BAG, Urt. v. 08.12.2014 – 8 AZR 838/13, NJW 2015, 2061.

362 BAG, Urt. v. 08.12.2014 – 8 AZR 838/13, NJW 2015, 2061.

363 LAG Sachsen, Urt. v. 17.02.2005 – 2 Sa 751/03, BB 2005, 1576 = Bibliothek BAG.

364 BAG, Urt. v. 16.05.2007 – 8 AZR 709/06, NZA 2007, 1154 = AP Nr. 5 zu § 611 BGB Mobbing (weil es keinen Grund für eine Privilegierung von Ansprüchen aus Persönlichkeitsverletzung gebe); LAG Hamm, Urt. v. 01.06.2012 – 18 Sa 683/11, unveröffentlicht (für die wortgleiche Regelung des § 33 Abs. 1 Satz 1 TV-Ärzte-KF); ArbG Stendal, Urt. v. 14.12.2007 – 1 Ca 1965/05, unveröffentlicht. A.A. BAG, Urt. v. 25.04.1972 – 1 AZR 322/71, NJW 1972, 2016; LAG Sachsen, Urt. v. 17.02.2005 – 2 Sa 751/03, BB 2005, 1576 = Bibliothek BAG.

365 LAG Köln, Beschl. v. 02.03.2011 – 1 Ta 375/10, unveröffentlicht.

366 LAG Frankfurt, Urt. v. 14.09.2010 – 12 Sa 1115/09, unveröffentlicht; das BAG hat die Nichtzulassungsbeschwerde hiergegen mit Beschl. v. 26.05.2011 – 8 AZN 199/11, unveröffentlicht, verworfen.

367 LAG Berlin, Urt. v. 26.08.2005 – 6 Sa 633/05, NZA-RR 2006, 67.

368 BAG, Urt. v. 16.05.2007 – 8 AZR 709/06, NZA 2007, 1154 = AP Nr. 5 zu § 611 BGB Mobbing; LAG Köln. Beschl. v. 02.03.2011 – 1 Ta 375/10, unveröffentlicht: »Fälligkeit der Ansprüche tritt jedenfalls mit Abschluss der letzten Mobbinghandlung ein«.

369 LAG Hamm, Urt. v. 11.02.2008 – 8 Sa 188/08, NZA-RR 2009, 7.

gezogen, eine zusammenfassende Beurteilung sämtlicher Schädigungshandlungen als einheitliches schadensstiftendes Gesamtgeschehen komme nur unter der Voraussetzung in Betracht, dass sich ein zeitabschnitts- und personenübergreifendes systematisches Handeln der Beteiligten feststellen lässt. Fehle es an Anhaltspunkten für eine entsprechende Unrechtsabrede und/oder ein gemeinsames Motiv der Beteiligten, beginne mit Abschluss des jeweils täterbezogenen Mobbing-Komplexes eigenständig der Beginn der tariflichen Ausschlussfrist hinsichtlich der hierauf gestützten Ansprüche. Diese Sicht führt dazu, dass gerade bei detailreichem Sachvortrag zu Mobbingumständen eine Zurückweisung als verfristet droht.

152 Wenn ein Arbeitnehmer in einem ärztlichen Attest »Mobbing-Probleme« attestiert bekommt, hat der Arbeitgeber – auch wenn er dies für falsch hält – keinen Unterlassungsanspruch gegen den Arzt. Zum einen berührt die Äußerung – wenngleich durch den Patienten »nach außen« getragen – das geschützte Vertrauensverhältnis zwischen Arzt und Patient, zum anderen stellt die Diagnose ein Werturteil dar, welches einem Widerrufs- und Unterlassungsanspruch nicht zugänglich ist.[370]

7. Bemessungsmaßstäbe für das Schmerzensgeld bei Mobbing

153 Für die Bemessung des Schmerzensgeldes für eine durch Mobbing herbeigeführte **Gesundheitsverletzung** ist auf die allgemeinen Kriterien abzustellen. Maßgebend sind nach wie vor die bekannten Kriterien der Entscheidung des Großen Zivilsenats des BGH,[371] nämlich im Wesentlichen

- die Schwere der Verletzungen,
- dass durch diese bedingte Leiden,
- dessen Dauer,
- der Grad des Verschuldens des Schädigers.

154 Die Gesundheitsverletzungen sind durchweg psychisch bedingt und bestimmen dadurch auch das Ausmaß des seelischen Leidens. Die Beeinträchtigungen sind durchweg von längerer Dauer. Sie beruhen auf vorsätzlichem Verhalten des Mobbers.

155 Jeder einzelne Gesichtspunkt ist bei der Bemessung des Schmerzensgeldes zu berücksichtigen. Dies gilt auch für den **Vorsatz** des Täters. Dazu muss nicht die Genugtuungsfunktion bemüht werden, denn es ist heute zweifelhaft, ob diese noch eine eigenständige Bemessungsgrundlage darstellt.[372] Dem Verletzten ist ein Ausgleich zu gewähren. Bei der Höhe des Ausgleichs kann der Umstand, dass der Täter vorsätzlich gehandelt hat, angemessen berücksichtigt werden.

156 Darüberhinausgehend ist teilweise – unter Berufung auf die Rechtsprechung zur Entschädigung bei Persönlichkeitsrechtsverletzungen – berücksichtigt worden, dass das Schmerzensgeld eine »Hemmwirkung« für den Beklagten haben müsse, um weiteren Taten vorzubeugen.[373]

157 Entsprechend des allgemeinen Grundsatzes, dass eine Verurteilung des Täters bei der Bemessung des Schmerzensgeldes nicht zu berücksichtigen ist, sollte auch bei der Schmerzensgeldbemessung **unberücksichtigt** bleiben, ob Arbeitsgerichtsprozesse gegen den Täter gewonnen wurden.[374]

158 Fraglich ist, ob – wie es das LAG Köln[375] getan hat – eine »außergewöhnlich hohe« Abfindung, die der Geschädigte bei der Auflösung seines Arbeitsverhältnisses erhalten hat, dazu führen darf, dass ein Schmerzensgeldanspruch wegen Mobbings aus dem Gedanken der »Überkompensation« abge-

370 LG Köln, Urt. v. 29.10.2009 – 8 O 365/08, MedR 2010, 575.

371 BGH, Beschl. v. 06.07.1955 – GSZ 1/55, BGHZ 18, 149 = VersR 1955, 615 = NJW 1955, 1675 = MDR 1956, 19 m. Anm. Pohle.

372 Ausführlich Kap. 6 Rdn. 1 ff.; FS Lorenz/Jaeger, S. 377.

373 LAG Baden-Württemberg, Urt. v. 12.06.2006 – 4 Sa 68/05, AuA 2007, 122.

374 Anders aber LAG Rheinland-Pfalz, Urt. v. 16.08.2001 – 6 Sa 415/01, ZIP 2001, 2298; LAG Köln, Urt. v. 13.01.2005 – 6 Sa 1154/04, unveröffentlicht.

375 LAG Köln, Urt. v. 13.01.2005 – 6 Sa 1154/04, unveröffentlicht. Ebenso auch LAG Rheinland-Pfalz, Beschl. v. 19.02.2004 – 2 Ta 12/04, unveröffentlicht.

lehnt wird. Uns erscheint das nicht richtig, denn die Frage der Abfindungshöhe hat zunächst einmal nichts mit der Frage einer Entschädigung für die – neben die Auflösung des Arbeitsverhältnisses tretenden – Mobbinghandlungen zu tun. Auch maßt sich das Gericht eine ihm nicht zustehende Sachkunde bei der Frage an, wann der (nicht streitgegenständliche, sondern vertraglich vereinbarte) Abfindungsanspruch »außergewöhnlich hoch« sein soll. Die Parteien jedenfalls hatten ihn einvernehmlich vereinbart.

Instruktiv zur Bemessung ist eine Entscheidung des LAG Rheinland-Pfalz,[376] welches einem gemobbten Bankdirektor, der durch schikanöse Weisungen eines Vorstandsmitglieds systematisch gequält worden war, wegen Persönlichkeitsrechtsverletzung 7.500,00 € Entschädigung zuerkannt hatte. Dem Kläger waren von seinem beklagten Vorgesetzten mehrere Monate lang keine Aufgaben zugewiesen worden. Als er seine Arbeit wieder aufnehmen konnte, teilte man ihm mit, man »gehe davon aus«, dass er keinen Erholungsurlaub mehr nehme. Er musste bei der Sekretärin des Beklagten Tätigkeitsnachweise abgeben und wurde zur Teilnahme an Schulungen mit einem Vermerk aufgefordert, in welchem es hieß, es sei zu befürchten, dass der Kläger »nun endgültig den Anschluss an die schnelllebigen Entwicklungen im Bankenbereich verloren« habe. Das Verhalten gipfelte in einem Schreiben an den Kläger, in welchem seine Ausarbeitung als »einzige Katastrophe« bezeichnet wurde, welche zeige, dass er »restlos überfordert« sei; er sei daher zu einer »beachtlichen Gefahr« für das Unternehmen geworden, da er »in keinster Weise mehr« für seine Position qualifiziert sei. 159

Das Gericht qualifizierte dies als **Ehrverletzungen**, für die ein Schadensersatzanspruch zu leisten sei. Maßgeblich hierfür seien 160
- das »Herausdrängen« des Klägers aus seiner Arbeit durch monatelange Nichtbeschäftigung,
- die »schikanöse« Kontrolle durch Tätigkeitsberichte,
- die Zuweisung eines Arbeitsplatzes im Schalterraum,
- die Umsetzung aller Maßnahmen durch schriftliche Weisung und nicht in einem Gespräch.

Bei der Bemessung orientierte es sich an der erlittenen Beeinträchtigung, wobei eine »gewisse Genugtuungsfunktion« bereits gewonnener Prozesse berücksichtigt wurde. Beachtenswert ist, dass die Vorinstanz eine Entschädigung von nahezu 26.000,00 € zuerkannte, da es das Monatseinkommen des Klägers zur Grundlage einer Bemessung machte. Das LAG erteilte dieser Rechnung eine Absage: Die Funktion des Entschädigungsbetrages sei rein symbolisch, und ein Abstellen auf das Einkommen diskriminiere die Mitarbeiter, die weniger verdienten. Generell aber scheinen sich ArbG, die sonst mit Schmerzensgeldbemessungen nicht befasst sind, an »gewohnten« Kriterien zu orientieren; so hat das LAG Niedersachsen[377] ein Schmerzensgeld für einen aufgrund des Mobbingverhaltens zweieinhalb Jahre erkrankten Kläger mit einem monatlichen Schmerzensgeld bemessen und dann hochgerechnet. 161

Zur Bemessung von Mobbingfällen sind insgesamt wenige Entscheidungen vorhanden, was auch daran liegen mag, dass Klagen wegen Mobbings generell sehr restriktiv gehandhabt werden und oft scheitern. Daher sind Abschätzungen der »richtigen« Bemessung schwierig. Auch ist offen, inwieweit der Aspekt vorsätzlichen Handelns zu einem höheren Schmerzensgeld führt, da gerade bei der Entschädigung wegen Persönlichkeitsverletzung ein »pönaler Aspekt« einschlagen kann. Diese Überle- 162

376 LAG Rheinland-Pfalz, Urt. v. 16.08.2001 – 6 Sa 415/01, ZIP 2001, 2298.
377 LAG Niedersachsen, Urt. v. 12.10.2005 – 6 Sa 2131/03, AE 2006, 258.

gung dürfte auch den beantragten Summen zugrunde liegen, die etwa 25.000,00 €,[378] 40.000,00 €[379] oder 50.000,00 €[380] bis hin zu 215.000,00 €[381] betragen.

163 Der Schädiger kann sich nicht darauf berufen, dass das Opfer psychisch labil gewesen sei und daher auf seine Angriffe überreagiert habe. Es ist typisch, dass labile Menschen eher ein Mobbingopfer werden als robuste Persönlichkeiten. Gerade weil das Opfer angreifbar erschien, wird es zum Mobbing ausgesucht. Zudem gilt auch hier der allgemeine Grundsatz, dass derjenige, der einen gesundheitlich vorgeschädigten Menschen verletzt, nicht verlangen kann, so gestellt zu werden, als hätte er einen Gesunden geschädigt;[382] der **Zurechnungszusammenhang zwischen Handlung und Verletzung** ist auch dann zu bejahen, wenn der Gesundheitsschaden auf einem Zusammenwirken der psychischen Veranlagung und der Schädigung beruht.[383]

164 Zwar hat der BGH von diesem Grundsatz früher Ausnahmen gemacht,[384] wenn es sich bei der besonderen Schadensanfälligkeit um eine Begehrensvorstellung des Geschädigten handelte.[385] Allein die Tatsache, dass der Verletzte durch frühere Vorkommnisse in seiner seelischen Widerstandskraft so weit vorgeschädigt war, dass ein geringer Anlass genügt hat, um psychische Fehlreaktionen auszulösen, kann den Schädiger aber nicht entlasten. Zudem sind solche Tendenzen bei Mobbingopfern bisher nicht bekannt geworden.

165 Soweit **Dauerschäden** beim Verletzten verbleiben, muss der Ausgleich besonders hoch ausfallen. Dauerschäden sollten generell nicht mit einem Betrag abgefunden werden, der unter 10.000,00 € liegt. Hinzu kommt, dass die wirtschaftlichen Verhältnisse des Schädigers i.d.R. ein hohes Schmerzensgeld rechtfertigen.

8. Prozessuales

a) Rechtsweg

166 Schmerzensgeldklagen wegen Mobbings sind grds. vor den ArbG auszutragen. Nach § 2 Abs. 1 Nr. 3 ArbGG sind die **ArbG** zuständig für bürgerliche Rechtsstreitigkeiten zwischen Arbeitnehmern und Arbeitgebern, sowohl, wenn diese aus dem Arbeitsverhältnis (§ 2 Abs. 1 Nr. 3a ArbGG), als auch, wenn diese aus unerlaubter Handlung herrühren, soweit diese mit dem Arbeitsverhältnis »in Zusammenhang« steht.

167 Dies meint, dass die **unerlaubte Handlung** nicht nur anlässlich des Arbeitsverhältnisses begangen worden sein darf. Vielmehr muss sie in einer inneren Beziehung zu einem Arbeitsverhältnis der Parteien stehen. Dies ist der Fall, wenn sie in der Eigenart des Arbeitsverhältnisses und den ihm

378 Abgewiesen in beiden Instanzen von LAG Thüringen, Urt. v. 10.06.2004 – 1 Sa 148/01, ZTR 2004, 347 = ArbuR 2004, 473.

379 LAG Sachsen, Urt. v. 17.02.2005 – 2 Sa 751/03, unveröffentlicht. Von der Vorinstanz noch antragsgemäß zuerkannt.

380 Abgewiesen von ArbG Gelsenkirchen, Urt. v. 15.07.2005 – 1 Ca 1603/02, unveröffentlicht. Ebenfalls abgewiesen in LAG Hamm, Urt. v. 21.12.2004 – 13 (5) Sa 256/05, unveröffentlicht; die Vorinstanz dort hatte hiervon 10.000,00 € zugesprochen.

381 Zu Unrecht aufgesplittet in 150.000,00 € für die Persönlichkeits- und 65.000,00 € für die Gesundheitsverletzung; abgewiesen von LAG Thüringen, Urt. v. 10.06.2004 – 1 Sa 148/01, ZTR 2004, 347 = ArbuR 2004, 473.

382 BGH, Urt. v. 29.02.1956 – VI ZR 352/54, NJW 1956, 1108; BGH, Urt. v. 11.03.1986 – VI ZR 64/85, NJW 1986, 2762 (2763); BGH, Urt. v. 30.04.1996 – VI ZR 55/95, NJW 1996, 2426; eingehend dazu Born, OLGR 2003, K 4.

383 KG, Urt. v. 02.09.2002 – 12 U 107/99, OLGR 2003, 27; LAG Niedersachsen, Urt. v. 12.10.2005 – 6 Sa 2131/03, AE 2006, 258.

384 BGH, Urt. v. 22.09.1981 – VI ZR 144/79, VersR 1981, 1178; BGH, Urt. v. 24.01.1984 – VI ZR 61/82, VersR 1984, 286 (Glasknochen).

385 Müller, VersR 1998, 129 (134).

eigentümlichen Berührungspunkten und Reibungen ihre Ursache findet.[386] Damit sind sowohl für vertragliche wie für deliktische Anspruchsgrundlagen, sei es wegen Verletzung eines der Schutzgüter des § 253 Abs. 2 BGB, sei es wegen Verletzung des allgemeinen Persönlichkeitsrechts, die ArbG zuständig, wenn die Verletzung in einem Arbeitsverhältnis begangen worden ist.

Auch für **Schmerzensgeldansprüche gegen Kollegen** sind die ArbG zuständig; § 2 Abs. 1 Nr. 9 ArbGG weist ihnen für bürgerliche Rechtsstreitigkeiten zwischen Arbeitnehmern aus gemeinsamer Arbeit und aus unerlaubten Handlungen, soweit diese mit dem Arbeitsverhältnis im Zusammenhang stehen, die ausschließliche Zuständigkeit zu. Von § 2 Abs. 1 Nr. 9 ArbGG erfasst werden ebenfalls die häufig mit dem Schmerzensgeldanspruch wegen Mobbings einhergehenden Ansprüche auf Schadensersatz, Unterlassung von Ehrverletzungen usw.,[387] nicht aber Ansprüche wegen Tätlichkeiten oder Mobbings unter Arbeitskollegen auf dem Weg zur Arbeitsstätte, wenn die Arbeitsleistung oder die Umstände, unter denen sie zu leisten ist, nicht hierfür zumindest mitursächlich war.[388] Der Begriff der unerlaubten Handlung ist weit zu fassen; auch der »Zusammenhang mit dem Arbeitsverhältnis« setzt nicht etwa notwendig voraus, dass beide Arbeitnehmer beim gleichen Arbeitgeber beschäftigt sind.[389] 168

Zuletzt ist zu beachten, dass der Arbeitsgerichtszweig einen **besonderen Rechtsweg** darstellt, sodass eine arbeitsrechtliche Klage auf Schmerzensgeld wegen Mobbings, wenn sie vor einem Zivilgericht geltend gemacht wird, unzulässig ist; das Gericht wird von Amts wegen die Unzulässigkeit des Rechtsweges aussprechen und durch Beschluss an die ArbG verweisen. 169

▶ Praxistipp:

Ein solcher Verweisungsbeschluss führt zwar, jedenfalls im Ergebnis, vor das »richtige Gericht«, jedoch sollte bereits bei Einreichung der Klage genau geprüft werden, ob ein Arbeitsverhältnis i.S.d. § 2 ArbGG vorliegt, welches eine Zuständigkeit der ArbG begründet, oder ob für die Klage (etwa, wenn sie sich auf Mobbing im Rahmen einer Tätigkeit i.S.v. § 627 BGB bezieht) die ordentlichen Gerichte zuständig sind. Die Kosten der Verweisung hat nämlich der Kläger auch dann zu tragen, wenn er ansonsten obsiegt, vgl. § 17b Abs. 2 Satz 2 GVG. 170

b) Klageart

Wie schon für Klagen im Bereich der ordentlichen Gerichtsbarkeit anerkannt, gilt auch für Schmerzensgeldklagen vor den ArbG, dass ein **unbezifferter Antrag** zulässig ist und das Gericht befugt ist, auch Größenvorstellungen, die der Kläger nennt, zu überschreiten.[390] 171

Als besonders problematisch hat sich der Feststellungsantrag herausgestellt, der die unbezifferte Schmerzensgeldklage regelmäßig flankiert.[391] Dieser Antrag hat präzise zu umschreiben, aus welchen Handlungen sich die Ersatzpflicht ergeben soll, stößt aber aus diesem Grund an das Problem, dass es hier nicht ein (singulärer) ärztlicher Behandlungsfehler oder Verkehrsunfall ist, der die Grundlage der Haftung bildet, sondern eine Summe von Verhaltensweisen. Aus diesem Grund hat das LAG Rheinland-Pfalz einen Antrag auf Feststellung der Ersatzpflicht »wegen Mobbing-Aktionen in den Jahren 1998 bis 2000« für unzulässig erachtet.[392] Sehr formalistisch und auch in der Sache angreifbar hat das LAG Chemnitz[393] den Antrag festzustellen, »*dass die Beklagten der Klägerin auch hinsichtlich der dieser zukünftig wegen der beim Vollzug ihres Arbeitsverhältnisses erfolgten systematischen Verletzung* 172

386 BAG, Beschl. v. 11.07.1995 – 5 AS 13/95, AP ArbGG 1979 § 2 Nr. 32 = NZA 1996, 951.
387 Erfurter Kommentar zum Arbeitsrecht/Koch, § 2 ArbGG Rn. 30.
388 BAG, Beschl. v. 11.07.1995 – 5 AS 13/95, AP ArbGG 1979 § 2 Nr. 32 = NZA 1996, 951.
389 Münchener Handbuch zum Arbeitsrecht/Brehm, § 389 Rn. 46.
390 Vgl. ausführlich hierzu Kap. 7 Rdn. 111 ff.
391 Hierzu vgl. allgemein Kap. 7 Rdn. 150 f.
392 LAG Rheinland-Pfalz, Urt. v. 28.08.2001 – 5 Sa 521/01, unveröffentlicht.
393 LAG Sachsen, Urt. v. 17.02.2005 – 2 Sa 751/03, unveröffentlicht.

ihres allgemeinen Persönlichkeitsrechts und ihrer Gesundheit (Mobbing) zum Schadensersatz als Gesamtschuldner verpflichtet sind«, für unzulässig schon deshalb gehalten, weil die Gerichtssprache deutsch sei (§ 184 GVG) und das englische Wort »Mobbing« daher nicht Teil des Tenors werden dürfe.

173 Die geschilderte Antragstellung ist jedoch kritisch, weil

- die Formulierung von »systematischer« Rechtsverletzung ohne Angabe der Umstände, aus denen sich die Systematik erschließen lässt, zu **unbestimmt** ist; hier bedarf es der Angabe der Verletzungshandlung(en), und
- auch der Begriff »Mobbing« zu **konturlos** ist, als dass er erläuternd oder präzisierend wirken könnte.

174 Ein Feststellungsantrag muss daher die Verletzungshandlungen, die in der Summe den Mobbingvorwurf begründen, im Einzelnen auflisten, und zwar sowohl hinsichtlich der Verletzung des allgemeinen Persönlichkeitsrechts wie auch der Gesundheitsverletzung.[394] Ein Antrag (nur) darauf gerichtet festzustellen, dass ein »unzulässiges Mobbing vorliegt«, ist demgegenüber bereits unzulässig, da die Beanstandung eines bestimmten Verhaltens kein Rechtsverhältnis i.S.v. § 256 Abs. 1 ZPO, sondern allenfalls eine Vorfrage, auf die es für individualrechtliche Ansprüche ankommen mag, ist.[395] Es ist also stets ein Rechtsverhältnis zu beantragen wie folgt:

▶ Formulierungsbeispiel:[396]

175 **»Es wird festgestellt, dass die Beklagte zum Ersatz aller weiteren Schäden und Nachteile verpflichtet ist, die dem Kläger durch die nachfolgend aufgezählten Mobbing[397] -Aktivitäten der Mitarbeiter der Beklagten X, Y und Z entstanden sind (Aufzählung folgt).«[398]**

176 Zusammenfassend muss aber festgehalten werden, dass die Rechtslage zum erforderlichen Feststellungsantrag offen ist und von Gericht zu Gericht variieren kann. Der Anwalt muss daher insb. die Judikatur »seines« Gerichts zu dieser Frage studieren, will er nicht (Teil-) Klageabweisung riskieren. Als sicherster Weg erscheint, unter Vermeidung von »Allgemeinplätzen« die den Vorwurf des Mobbings begründenden Umstände ausführlich bereits im Feststellungstenor zu bezeichnen, selbst um den Preis einer schon optisch unschönen »Kopflastigkeit« der Klage.

177 Das BAG[399] hat z.B. klargestellt, dass ein Feststellungsantrag, der auf ein Zurückbehaltungsrecht der Arbeitsleistung wegen Mobbings der Kollegen gerichtet ist, zeitlich begrenzt ist (nämlich auf die Zeit, in welcher eine »Mobbing-Situation« besteht); der Kläger muss dann konkret die Tatsachen angeben, aus denen sich die Mobbing-Situation ergibt, also, welche Umstände seiner Arbeit oder welche Handlungen der Kollegen als Mobbing betrachtet werden, anderenfalls ist die Feststellungsklage unzulässig.

▶ Praxistipp:

178 Die Gerichte verfahren häufig unzulässigerweise nach der Maxime »Nebenanträge sind Nebensachen«, und weisen diese ohne vorigen Hinweis im Urteil ab. Aus diesem Grund sollte bereits in der Klage dringend zur Formulierung des Feststellungsantrags ausgeführt werden. Es empfiehlt sich zudem die Bitte um einen ausdrücklichen richterlichen Hinweis zur Formulierung

394 Insoweit durchaus richtig LAG Sachsen, Urt. v. 17.02.2005 – 2 Sa 751/03, unveröffentlicht.

395 LAG Rheinland-Pfalz, Urt. v. 02.06.2015 – 5 Sa 552/15, unveröffentlicht.

396 Nach Diller/Grote, MDR 2004, 984 (985).

397 Wenn entsprechend des in Rdn. 172. Ausgeführten das angerufene Gericht Schwierigkeiten mit dem Wort »Mobbing« hat, sollte man es weglassen.

398 Diller/Grote, MDR 2004, 984 (985) schlagen vor, auf »die in der Klagebegründung dargestellten« Mobbingfälle zu verweisen; dies erscheint aber angreifbar, da dann der Klageantrag nicht aus sich heraus verständlich ist, weswegen Gerichte dies möglicherweise unter Verweis auf § 253 ZPO für unzulässig halten könnten.

399 BAG, Urt. v. 23.01.2007 – 9 AZR 557/06, NZA 2007, 1166 = AP Nr. 4 zu § 611 BGB Mobbing.

des Feststellungsantrags, sollte das Gericht dort Bedenken haben. Selbst ein »Ausweichen« des Gerichts im Termin kann dann noch Indizwirkung haben.

In der bereits dargestellten Entscheidung des LAG Thüringen[400] hatte der Betroffene ein **einstweiliges Verfügungsverfahren** u.a. mit dem Inhalt eingeleitet, dass der Arbeitgeber es zu unterlassen habe, ihm Aufgaben unterhalb seiner Qualifikation zuzuweisen. Das Gericht bejahte den für eine Entscheidung im Eilverfahren erforderlichen Verfügungsgrund der besonderen Dringlichkeit. Dieser liege bei einer auf Unterlassung gerichteten einstweiligen Verfügung dann vor, wenn die Ablehnung der beantragten einstweiligen Verfügung auf eine Rechtsschutzverweigerung hinauslaufen würde. 179

▶ Hinweis:

Die Eilbedürftigkeit und damit der Verfügungsgrund scheiterte auch nicht daran, dass der Verfügungskläger zunächst monatelang die sein Persönlichkeitsrecht verletzenden Maßregelungen des Beklagten hingenommen hatte. Dies ist nur folgerichtig, da Mobbing ja durch eine fortgesetzt andauernde Beeinträchtigung gekennzeichnet ist und somit die reine zeitliche Dauer, die eine Fülle von Einzel-»schikanen« erst zum Mobbing machen kann, nicht dazu führen darf, jedweden Eilrechtsschutz für Mobbingopfer zu versagen. 180

Wird das allgemeine Persönlichkeitsrecht also durch fortgesetzt andauernde Handlungen verletzt, ist für die Beurteilung der Eilbedürftigkeit auf den Zeitpunkt der letzten, unmittelbar vor dem Antrag auf Gewährung vorläufigen Rechtsschutzes liegenden Verletzungshandlung abzustellen. Wenn sich der Betroffene in einer i.S.d. Verfügungsgrundes ausreichenden Rechtzeitigkeit gegen diese Handlung wehrt, kann er zur Begründung seines Verfügungsantrages auch die weiter zurückliegenden Handlungen mit einbeziehen.[401] Nach dem LAG ist hierfür allerdings Voraussetzung, dass die mit dem Verfügungsantrag konkret angegriffene Maßnahme im Fortsetzungszusammenhang mit den anderen Persönlichkeitsverletzungen steht. 181

9. Beamtenrecht und Mobbing

Der BGH[402] hat im öffentlich-rechtlichen Bereich (**Polizeidienst**) eine gesetzliche Haftung des Dienstherrn eines Polizisten, der dem Vorwurf des Mobbings ausgesetzt war, angenommen und die gegen den Bediensteten gerichtete Klage der Eltern des Mobbingopfers unter Hinweis auf Art. 34 GG i.V.m. § 839 BGB abgewiesen. »Der Polizist haftet nicht selbst, weil nach Art. 34 GG anstelle des Beamten die Anstellungskörperschaft haftet.« Im LS hat der BGH formuliert: *»Für Schäden, die dadurch entstehen, dass ein Polizeibeamter i.R.d. gemeinsamen Dienstausübung durch seinen Vorgesetzten (Art. 4 Abs. 2 BayBG) systematisch und fortgesetzt schikaniert und beleidigt wird (Mobbing), haftet der Dienstherr des Schädigers nach Amtshaftungsgrundsätzen«*. Der Rückgriff des Dienstherrn gegen den vorsätzlich handelnden Beamten ist nicht ausgeschlossen. Auch eine Haftung nach § 78 BBG für Fürsorgepflichtverletzungen des Dienstherrn ist insoweit denkbar.[403] 182

In einem anderen Fall fühlte sich ein Polizeibeamter gemobbt, der in fortgesetzten, aufeinanderfolgenden Beurteilungen eine Dauerverletzung sah. Das OLG Stuttgart[404] teilte diese Auffassung nicht. Dienstliche Beurteilungen seien keine Dauerverletzungen, weil es sich um auf einen Stichtag bezogene Werturteile handele, die der Beamte hinzunehmen habe, wenn sie sich innerhalb des Beurteilungsspielraums hielten. 183

---

400 LAG Thüringen, Urt. v. 10.04.2001 – 5 Sa 403/00, NZA-RR 2001, 347.
401 Grünwald/Hille, S. 148.
402 BGH, Beschl. v. 01.08.2002 – III ZR 277/01, VersR 2003, 67 = MDR 2002, 1368.
403 OVG NW, Urt. v. 12.12.2013 – 1 A 71/11, IÖD 2014, 88.
404 OLG Stuttgart, Urt. v. 28.07.2003 – 4 U 51/03, VersR 2004, 786.

184 Der Erlass einer Disziplinarverfügung gegen einen Beamten kann aber eine Amtspflichtverletzung, die zum Schadensersatz verpflichtet, darstellen, wenn ein Dienstvergehen schon aus Rechtsgründen nicht in Betracht kommt oder die Dienstvorgesetzten sich die Überzeugung über das Vorliegen eines Dienstvergehens auf einer unzureichenden Grundlage gebildet haben.[405] Gelegentliche Streitigkeiten und Unhöflichkeiten sollen indes nicht als »Mobbing« in der Universität ausreichen, zumal der Vorgesetzte erst dann nach § 839 BGB haftet, wenn er Kenntnis von den Vorgängen hat.[406]

185 Das BVerwG[407] bejaht die Anwendbarkeit des § 839 Abs. 3 BGB (Subsidiarität der Amtshaftung) auch für Fälle des Mobbings gegen Beamte. Dies erscheint zweifelhaft; weil es sich beim Mobbing schon der Definition nach nicht um einzelne Handlungen, sondern um fortgesetzte, aufeinander aufbauende oder ineinander übergreifende Verhaltensweisen handelt, ist ein vorrangiges Rechtsmittel nach § 839 Abs. 3 BGB nicht gegeben. Beim Mobbing kann nämlich das Vorgehen gegen Einzelakte durch Einlegung eines Rechtsmittels sogar erfolglos bleiben, weil erst in der Gesamtschau der rechtsverletzende Charakter der Vorgehensweise von Dienstvorgesetzten erkennbar wird. Ein Rechtsmittel gegen Handlungsweisen, die in ihrer Gesamtheit darauf gerichtet sind, den Betroffenen zu zermürben, wäre darüber hinaus nicht Erfolg versprechend.[408] Der BGH hat denn auch – vorsichtig – formuliert, der Anspruchsausschluss nach § 839 Abs. 3 BGB sei grundsätzlich auch auf Amtshaftungsansprüche wegen Mobbings anwendbar, werde aber in gravierenden Fällen kaum zu einem Anspruchsverlust führen, wenn das Opfer befürchten müsse, dass durch Einlegung einer Beschwerde eine baldige Besserung seiner Situation nicht zu erreichen, vielmehr im Gegenteil eine deutliche Verschlechterung zu befürchten sei. Ein Rechtsmittel muss nämlich möglich, zumutbar und erfolgversprechend sein, damit sein Nichtgebrauch zu einem Anspruchsverlust führt.[409]

10. »Mobbing« in der Schule

186 Gerade in Zeiten nahezu allgegenwärtiger Mediennutzung auch und gerade von Jugendlichen geraten auch im schulischen Umfeld Fälle von Mobbing verstärkt ins öffentliche Bewusstsein. Wurde in Zeiten vor dem Internet der Wirkungsgrad eines gemeinschaftlichen Vorgehens in der Klasse gegen unliebsame Mitschüler wenigstens zumeist auf den Sozialraum dieser Schulklasse beschränkt, bieten das Internet und die sozialen Medien nahezu unbegrenzte Verbreitungsmöglichkeiten von bearbeiteten Bildern oder intimen Aufnahmen[410].

Im schulischen Kontext lassen sich hier vor allem folgende Verhaltensweisen beobachten, die Mobbingvorwürfe begründen können:

- *Harassment* (zielgerichtete und wiederholte Belästigung von Mitschülern durch Beleidigungen, unerwünschte Fragen, rassistische oder sexuelle Inhalte, Konfrontation mit peinlichem Foto- oder Videomaterial)
- *Denigration* (bewusstes Bloßstellen oder Anschwärzen eines Opfers durch die Verbreitung von Gerüchten oder falschen Informationen wie zum Beispiel die Versendung manipulierten Fotomaterials)
- *Impersonation* (Täter verschaffen sich Zugang zu Accounts oder Geräten eines Mitschülers und täuschen dessen Identität vor, um so beispielsweise Klassenkameraden oder Lehrer gezielt zu beschimpfen)
- *Cyberthreats* (Androhung physischer Gewalt, etwa in Gestalt von Morddrohungen oder Vergewaltigungsszenarien)

---

405 OLG Schleswig, Urt. v. 24.02.2000 – 11 U 135/98, NVwZ-RR 2001, 494 (im Fall verneint).

406 OLG München, Beschl. v. 15.02.2007 – 1 U 5361/06, unveröffentlicht.

407 BVerwG, Urt. v. 03.11.2014 – 2 B 24/14, Buchholz 232.0 § 78 BBG 2009 Nr. 1; BvergW, Urt. v. 28.03.2023 – 2 C 6/21, NVwZ 2023, 1346.

408 OLG Stuttgart, Urt. v. 28.07.2003 – 4 U 51/03, OLGR 2003, 416 (418).

409 BGH, Beschl. v. 30.06.2016 – III ZR 316/15, NVwZ-RR 2016, 917.

410 Ausführlich dazu Jülicher NJW 2019, 2801.

- *Exclusion* (Ausgrenzung Einzelner, insbesondere in Klassenchats, dezidierten »Hassgruppen« oder bei der Organisation schulischer Projekte)
- *Happy Slapping* (Ausübung körperlicher Gewalt gegen Mitschüler oder Lehrer, die gefilmt wird; die Bilder und Videos werden dann veröffentlicht und weiterverbreitet)

VII. Kein Schmerzensgeld – Ersatzanspruch nach § 15 Abs. 2 AGG

Am 18.08.2006 ist das Allgemeine Gleichbehandlungsgesetz (AGG)[411] in Kraft getreten, welches europäische Richtlinien zur Verwirklichung des Grundsatzes der Gleichbehandlung umsetzt. Ziel des Gesetzes ist es, Benachteiligungen aus Gründen von Rasse, ethnischer Herkunft, Geschlecht, Religion, Weltanschauung, Behinderung, Alter oder sexueller Identität zu verhindern oder zu beseitigen (§ 1 AGG). Das Gesetz gilt auch im allgemeinen Zivilrecht (§ 19 AGG), maßgebend aber im Arbeitsrecht. 187

1. Anwendungsbereich und Rechtsfolgen

Bei einem Verstoß gegen ein Benachteiligungsverbot ist der Arbeitgeber verpflichtet, den hierdurch entstandenen Schaden zu ersetzen; sein Verschulden wird vermutet, § 15 Abs. 1 AGG. Nach § 15 Abs. 2 kann der Geschädigte auch »wegen eines Schadens, der nicht Vermögensschaden ist«, eine »angemessene Entschädigung in Geld« verlangen. Die Norm ist also Sonderregel zu § 253 BGB, der sprachlich ähnlich ist. Die Benachteiligungen sind nach AGG aufgezählt; es kann ausreichen, ein »feindliches Umfeld« zu schaffen, etwa durch ausländerfeindliche Schmierereien auf der Toilette, um eine Belästigung nach § 3 Abs. 3 AGG anzunehmen.[412] Allerdings bleibt der Einwand des Rechtsmissbrauchs gegen den Anspruch möglich, wenn sich der Bewerber nur mit dem Ziel beworben hat, Schadensersatzansprüche geltend zu machen[413]. 188

Die Entschädigung nach § 15 Abs. 2 AGG ist bei einer Nichteinstellung auf drei Monatsgehälter beschränkt, wenn der Geschädigte auch bei benachteiligungsfreier Auswahl nicht eingestellt worden wäre. 189

Schadensersatz- und Schmerzensgeldansprüche müssen innerhalb von 2 Monaten ab Kenntnis von der Benachteiligung geltend gemacht werden, im Fall eine Bewerbung ab dem Zugang der Ablehnung, § 15 Abs. 4 AGG. Bei Ablehnung einer Bewerbung beginnt die Frist nach der Rechtsprechung des BAG erst in dem Moment zu laufen, in dem der Bewerber von der Benachteiligung Kenntnis erlangt, da die Ablehnung allein nicht zwingend impliziert, dass der Betroffene auch von der Benachteiligung erfahren habe.[414] Die Frist ist wirksam und begegnet nach europäischem Recht keinen Bedenken.[415]

Sonstige Rechte bleiben unberührt (§ 15 Abs. 5 AGG).

2. Schmerzensgeld nach AGG

Aus der Regelung des § 15 Abs. 5 AGG hat das BAG den Schluss gezogen, dass für einen Entschädigungsanspruch nach § 15 Abs. 2 AGG nicht erforderlich ist, dass der Arbeitnehmer (auch) in Persönlichkeitsrechten verletzt wäre.[416] Die Norm stellt vielmehr eine eigene Anspruchsgrundlage dar, die voraussetzt, dass eine benachteiligende Behandlung verletzend war, ohne dass dies noch gesondert 190

411 BGBl. I, S. 1897 v. 14.08.2006, zuletzt geändert am 05.02.2009 (BGBl. I, S. 160).
412 BAG, Urt. v. 24.09.2009 – 8 AZR 705/08, NZA 2010, 387 (»Scheiß Ausländer, Ihr Hurensöhne, Ausländer raus, Ihr Kanaken« sowie Hakenkreuze; die Klage scheiterte an Verfristung).
413 BAG, Urt. v. 19.01.2023 – 8 AZR 437/21, NJW 2023, 2296.
414 BAG v. 15.03.2012 – 8 AZR 160/11, BB 2012, 831; BAG, Urt. v. 25.07.2024 – 8 AZR 21/23, BB 2025, 56.
415 BAG v. 15.03.2012 – 8 AZR 160/11, BB 2012, 831.
416 BAG, Urt. v. 22.01.2009 – 8 AZR 906/07, NZA 2009, 945 = MDR 2009, 1399.

als Tatbestandskriterium geprüft werden müsste. Der Anspruch ist verschuldensunabhängig.[417] Trotz der rechtlichen Eigenständigkeit ist die Privilegierung des § 11a Abs. 2 SGB II – der Schmerzensgeldzahlungen im Bereich des Arbeitslosengeldes anrechnungsfrei hält – auch auf Ansprüche nach § 15 Abs. 2 AGG anwendbar.[418]

Da der Anspruch, wie in § 253 BGB, auf »billige Entschädigung in Geld« gerichtet ist, lässt das BAG[419] eine unbezifferte Klage ebenso wie im sonstigen Schmerzensgeldbereich zu.

191 Hinsichtlich der Bemessungsfaktoren führt das BAG[420] aus:

> »15 Abs. 2 AGG entspricht § 253 BGB, Dies bedeutet, dass dem Gericht ein Beurteilungsspielraum bzg. der Höhe der Entschädigung eingeräumt wird, um bei der Prüfung der Angemessenheit der Entschädigung die Besonderheiten jedes einzelnen Falles berücksichtigen zu können. Hängt die Höhe des Entschädigungsanspruchs von einem Beurteilungsspielraum ab, ist die Bemessung des Entschädigungsanspruchs grundsätzlich Aufgabe des Tatrichters. Bei der Festsetzung der angemessenen Entschädigung durch das Tatgericht sind alle Umstände des Einzelfalles zu berücksichtigen. Zu diesen zählen etwa die Art und Schwere der Benachteiligung, ihre Dauer und Folgen, der Anlass und der Beweggrund des Handelns, der Grad der Verantwortlichkeit des Arbeitgebers, etwa geleistete Wiedergutmachung oder erhaltene Genugtuung und das Vorliegen eines Wiederholungsfalles. Ferner ist der Sanktionszweck der Norm zu berücksichtigen, sodass die Höhe auch danach zu bemessen ist, was zur Erzielung einer abschreckenden Wirkung erforderlich ist. Dabei ist beachten, dass die Entschädigung geeignet sein muss, eine wirklich abschreckende Wirkung gegenüber dem Arbeitgeber zu haben und in jedem Fall in einem angemessenen Verhältnis zum erlittenen Schaden stehen muss.«.

3. Schmerzensgeld nach Art. 82 Abs. 1 Datenschutz-Grundverordnung

192 Nach Art. 82 Abs. 1 Datenschutz-Grundverordnung (DS-GVO) hat »jede Person, der wegen eines Verstoßes gegen diese Verordnung ein materieller oder immaterieller Schaden entstanden ist, Anspruch auf Schadenersatz gegen den Verantwortlichen oder gegen den Auftragsverarbeiter«. Auszugleichen sind somit auch immaterielle Schäden. Das frühere Datenschutzrecht gewährte einen solchen Anspruch nur bei einer schweren Verletzung des Persönlichkeitsrechts durch rechtswidrige automatisierte Datenverarbeitung durch öffentliche Stellen (§ 8 Abs. 2 BDSG a.F.); der allgemeine Schadensersatzanspruch aus § 7 BDSG a.F. umfasste nur den materiellen Schaden. Außerhalb des Datenschutzrechts wurde immaterieller Schaden wegen der Verletzung des allgemeinen Persönlichkeitsrechts nur ersetzt, wenn es sich um einen schwerwiegenden Eingriff handelte.

193 Inzwischen gibt es eine beginnende Rechtsprechung zur immateriellen Entschädigung bei einem Verstoß gegen Art. 82 DSGVO.[421] Allerdings ist noch völlig offen, ob für die Gewährung einer Entschädigung eine Bagatellschwelle überschritten werden muss.

194 Das AG Goslar[422] verneinte den immateriellen Schaden des klagenden Rechtsanwalts, dem eine Werbe-Email an seine berufliche Email-Adresse zugesandt worden war. Es habe sich um m eine einzige Werbe-Email gehandelt, die nicht zur Unzeit versandt worden sei, die aufgrund ihres äußeren Erscheinungsbildes deutlich gezeigt habe, dass es sich um Werbung handele, und die ein längeres Befassen mit ihr nicht notwendig gemacht habe.

417 BAG, Urt. v. 22.01.2009 – 8 AZR 906/07, NZA 2009, 945 = MDR 2009, 1399; BAG, Urt. v. 18.03.2010 – 8 AZR 1044/08, NJW 2010, 2970 = NZA 2010, 1129.

418 LSG Hessen, Urt. v. 17.08.2015 – L 9 AS 618/14, ZFSH/SGB 2015, 743.

419 BAG, Urt. v. 18.03.2010 – 8 AZR 1044/08, NJW 2010, 2970 = NZA 2010, 1129.

420 BAG, Urt. v. 22.01.2009 – 8 AZR 906/07, NZA 2009, 945 = MDR 2009, 1399. Ebenso BAG, Urt. v. 18.03.2010 – 8 AZR 1044/08, NJW 2010, 2970 = NZA 2010, 1129.

421 Vgl. z.B. AG Dietz, Urt. v. 07.11.2018 – 8 C 130/19, ZD 2019, 85; OLG Dresden, Beschl. v. 11.06.2019 – 4 U 760/19, K&R 2019, 522; LG Karlsruhe, Urt. v. 02.08.2019 – 8 O 26/19, ZD 2019, 511; LG Darmstadt, Urt. v. 26.05.2020 – 13 O 244/19, ZD 2020, 642; AG Pforzheim, Urt. v. 25.03.2020 – 13 C 160/19, unveröffentlicht.

422 AG Goslar, Urt. v. 11.11.2019 – 28 C 7/19, unveröffentlicht.

Das Bundesverfassungsgericht hob die Entscheidung auf: Daraus folgt

> »Der Geldentschädigungsanspruch nach Art. 82 Abs. 1 DSGVO ist in der Rechtsprechung des EuGH weder erschöpfend geklärt noch kann er in seinen Voraussetzungen unmittelbar aus der DSGVO bestimmt werden. Ein letztinstanzliches Gericht verletzt daher das Recht des Klägers auf den gesetzlichen Richter, wenn es die Klage (teilweise) abweist, ohne den EuGH um eine Vorabentscheidung zu ersuchen.«
>
> Der EuGH hat inzwischen einige Fragen aus den Anfragen beantwortet.[423]
>
> Dem Kläger muss ein Schaden entstanden sein.
>
> Zur Höhe des Schadens, zu der Frage, welches Gewicht, welche Bedeutung ein Schaden haben muss, hat er sich nicht geäußert.

Zu beachten ist auch, dass die immaterielle Entschädigung wegen der Verletzung eines Grundrechts gewährt wird, sodass zu überlegen ist, ob ein solcher Anspruch überhaupt ein Schmerzensgeldanspruch ist, oder ob es sich um einen Entschädigungsanspruch handelt, der zwar auch nach billigem Ermessen zu gewähren ist, aber nicht nach § 253 BGB. Möglicherweise ist ein solcher Anspruch wegen Verletzung des Persönlichkeitsrechts auch nicht vererblich. Auch diese Frage ist bisher nicht entschieden. 195

VIII. Verletzung mehrerer Rechtsgüter durch Stalking

Vor gar nicht langer Zeit waren der Begriff Stalking und seine Bedeutung in Deutschland weitgehend unbekannt. Mit dem Gesetz zur Strafbarkeit beharrlicher Nachstellungen ist Stalking ab dem 31.03.2007 zum Straftatbestand des § 238 StGB geworden. 196

1. Begriffsbestimmung

Wer nun einem Menschen in einer Weise unbefugt nachstellt, die geeignet ist, deren Lebensgestaltung schwerwiegend zu beeinträchtigen, indem er beharrlich seine räumliche Nähe aufsucht, unter Verwendung von Telekommunikationsmitteln oder sonstigen Mitteln der Kommunikation oder über Dritte Kontakt zu ihm herzustellen versucht, unter missbräuchlicher Verwendung von dessen personenbezogenen Daten Bestellungen von Waren oder Dienstleistungen für ihn aufgibt oder Dritte veranlasst, mit diesem Kontakt aufzunehmen, ihn mit der Verletzung von Leben, körperlicher Unversehrtheit, Gesundheit oder Freiheit seiner selbst oder einer ihm nahestehenden Person bedroht oder eine andere vergleichbare Handlung vornimmt, wird mit Freiheitsstrafe bis zu 3 Jahren oder mit Geldstrafe bestraft. Die Abs. 2 und 3 sehen Qualifikationen vor; Stalking ist Antragsdelikt (§ 238 Abs. 4 StGB). Mit Gesetz zur Verbesserung des Schutzes gegen Nachstellungen, In Kraft getreten am 10.03.2017[424] ist die bisherige Fassung, nach der der Täter nur bestraft wurde, wenn er dem Opfer beharrlich nachstellte und dadurch dessen Lebensgestaltung schwerwiegend beeinträchtigte, abgeschwächt worden: Nunmehr genügt es, dass das Nachstellen in einer Weise geschieht, die »geeignet ist, die Lebensführung des Opfers schwerwiegend zu beeinträchtigen«. Damit ist der Tatbestand in ein Gefährdungsdelikt umgestaltet worden, ein tatsächlicher Erfolgseintritt ist für die Ahnung nicht mehr erforderlich[425]. 197

Stalking ist damit mehr als – was allerdings in der Öffentlichkeit verstärkt, darunter gefasst wird – Fan-Gehabe oder der zwanghafte Wunsch nach der (Wieder-) Herstellung einer Beziehung, obwohl Stalking in der Tat oft unter Ex-Partnern stattfindet. Stalking ist ein komplexes psychologisches und soziales Verhaltensmuster, hinter dem sich viele Emotionen, Psychopathologien und zwischenmenschliche Interaktionen verbergen. Es beinhaltet die Kontaktaufnahme des Täters zu dem Opfer, wobei dieses die Annäherung als unerwünscht oder belästigend wahrnimmt. Dabei zeichnet sich Stalking primär dadurch aus, dass erst die Wiederholung, die Häufigkeit, die Kontinuität und die Kombina- 198

423 EuGH, Urt. v. 04.05.2023, VersR 2023, 920.
424 Gesetz v. 01.03.2017, BGBl I, 386.
425 Circullies/Circullies, FamRZ 2017, 493, mit kritischer Würdigung der Novelle.

tion bestimmter – separat betrachtet sogar eher harmloser und sozialadäquater – Handlungen sowie deren innere Verknüpfung das Täterverhalten zu einer unzumutbaren Beeinträchtigung, zu einem Gefühl der Bedrohung machen.[426] V.a. kann es entgegen landläufiger Meinung jeden treffen.[427]

2. Erscheinungsformen

199 Stalking kann in zwei Komplexe[428] eingeteilt werden: Das milde und das schwere Stalking.

200 Zum **milden Stalking** zählen:
- Telefonanrufe, auch das Besprechen des Anrufbeantworters,
- Briefe, Postkarten, Faxe,
- SMS, MMS,
- Cyber-Stalking per Internet,
- Mitteilungen an Windschutzscheiben,
- Beobachten und Verfolgen,
- Ausspionieren,
- Warten vor dem Haus oder dem Arbeitsplatz des Opfers sowie
- das Zusenden von Gegenständen.

Umfasst sind also v.a. die Verhaltensweisen, mit denen der Täter Kontakt zu dem Opfer sucht und die – für sich betrachtet – als alltägliche Verhaltensweisen erscheinen können.

201 Zu der Kategorie des **schweren Stalkings** zählen
- Beschimpfungen, Drohungen,
- Gewalt, Angriffe,
- das Eindringen in die Wohnung sowie
- Sachbeschädigung oder gar
- schwere Körperverletzung und Tötung.

202 Hierbei existieren weder typische »Opfer«- noch Tätergruppen.[429] Wurzel des Stalkings sind indes oft besondere Sympathien oder umgekehrt starke Abneigung, so Hass, Rache, Eifersucht, amouröse Gefühle oder Besitzansprüche.

3. Rechtsfolgen

203 Neben straf- und öffentlich-rechtlichen Folgen kann Stalking Schmerzensgeldansprüche auslösen, wenn die Schwelle zur Gesundheitsbeeinträchtigung[430] überschritten ist. In prozessualer Sicht ist die Stellung des Opfers durch das »Gesetz zur Stärkung der Rechte von Verletzten und Zeugen im Strafverfahren« (2. Opferrechtsreformgesetz)[431] gestärkt worden, nach dem etwa i.R.d. Nebenklage die Beiordnung eines Anwalts für das Stalkingopfer möglich ist (§ 397a Abs. 1 Nr. 3 StPO); Mit Gesetz zur Verbesserung des Schutzes gegen Nachstellungen, In Kraft getreten am 10.03.2017[432] ist zudem der Charakter als Privatklagedelikt entfallen.

204 Die deliktische Tragweite von Stalking wird hierbei, wie bei Mobbing auch, v.a. quantitativ zu beurteilen sein. Bei isolierter Betrachtung sind die einzelnen Nachstellungen fast immer Bagatellen. Die Eingriffsintensität ergibt sich nicht zuletzt aus der Anzahl der vorgenommenen Handlungen, die

426 Bieszk/Sadtler, NJW 2007, 3382 (3384).
427 Bieszk/Sadtler, NJW 2007, 3382 (3384).
428 Typologie und Beispiele sind entnommen aus Bieszk/Sadtler, NJW 2007, 3382 (3384).
429 Bieszk/Sadtler, NJW 2007, 3382 (3384).
430 Keiser, NJW 2007, 3387 (3388/3389) lehnt einen denkbaren Schmerzensgeldanspruch wegen Freiheitsverletzung ebenso ab wie eine Entschädigung wegen Verletzung des allgemeinen Persönlichkeitsrechts.
431 Gesetz v. 29.07.2009 (BGBl. I S. 2280).
432 Gesetz v. 01.03.2017, BGBl I, S. 386.

nur in einer größeren Summe psychische Folgewirkungen auslösen. Hier wird man eine sinnvolle Untergrenze finden müssen, um der unterschiedlichen seelischen Disposition von Betroffenen Rechnung zu tragen und gleichzeitig die Zurechnung von Verletzungserfolgen nicht ausufern zu lassen.[433]

Zu dieser »Gesamtbetrachtung« hat der BGH[434] ausgeführt:

> »Beharrliches Handeln i.S.d. 238 setzt wiederholtes Tätigwerden voraus. Darüber hinaus ist erforderlich, dass der Täter aus Missachtung des entgegenstehenden Willens oder aus Gleichgültigkeit gegenüber den Wünschen des Opfers in der Absicht handelt, sich auch in Zukunft entsprechend zu verhalten. Eine in jedem Einzelfall Gültigkeit beanspruchende, zur Begründung der Beharrlichkeit erforderliche (Mindest-) Anzahl von Angriffen des Täters kann nicht festgelegt werden.
>
> Die Lebensgestaltung des Opfers wird schwerwiegend beeinträchtigt, wenn es zu einem Verhalten veranlasst wird, dass es ohne Zutun des Täters nicht gezeigt hätte und das zu gravierenden, ernst zu nehmenden Folgen führt, die über durchschnittliche, regelmäßig hinzunehmende Beeinträchtigungen der Lebensgestaltung erheblich und objektivierbar hinausgehen.
>
> § 238 ist kein Dauerdelikt. Einzelne Handlungen des Täters, die erst in ihrer Gesamtheit zu der erforderlichen Beeinträchtigung des Opfers führen, werden jedoch zu einer tatbestandlichen Handlungseinheit zusammengefasst, wenn sie einen ausreichenden räumlichen und zeitlichen Zusammenhang aufweisen und von einem fortbestehenden einheitlichen Willen des Täters getragen sind.«.

Häufig auftretende Folgen von Stalking sind posttraumatische Belastungsstörungen, Schlafstörungen und Depressionen bei den Opfern, die einem permanenten »Verfolgungsdruck« ausgesetzt sind. Wenn solcherart Gesundheitsverletzungen vorliegen, führt dies zu einem Schmerzensgeldanspruch, bei dem indes nicht nur die Art und Weise der erlittenen Beeinträchtigungen, sondern maßgeblich auch die Art der Rechtsgutsverletzung durch eine Straftat bei der Bemessung (Genugtuungsfunktion) berücksichtigt werden muss. 205

Das BSG[435] hat indes zu § 1 OEG entschieden, dass ein sich über Jahre erstreckendes Stalking, das aus einer Vielzahl einzelner, für sich abgeschlossener Sachverhalte besteht, nicht als einheitlicher schädigender Vorgang gewertet werden kann. Voraussetzung für die Anwendbarkeit von § 1 OEG sei vielmehr ein konkreter tätlicher Angriff und das unmittelbar folgende gewaltgeprägte Geschehen. Die Verwirklichung eines Straftatbestandes genügt hierfür nicht, vielmehr ist eine körperliche Einwirkung auf das Opfer erforderlich, wofür zwar psychisch vermittelte Gewalt ausreichen kann, bei der aber nicht die »Gesamtschau« von Stalkinghandlungen über einen längeren Zeitraum zulässig ist. 206

B. Kein Schmerzensgeld für Tod

Auch § 253 BGB gewährt kein Schmerzensgeld für die Verletzung des Lebens, worin er sich mit § 847 BGB a.F. deckt. 207

Anders als in § 823 Abs. 1 BGB wird in § 253 Abs. 2 BGB »das Leben« nicht genannt. Das ist richtig, denn derjenige, dem das Leben genommen wird, erleidet selbst keinen ersatzfähigen Schaden. Die Bestimmung des § 823 Abs. 1 BGB ist insoweit offenkundig unrichtig, als sie davon spricht, dass derjenige, der vorsätzlich oder fahrlässig das Leben eines anderen rechtswidrig verletzt, »dem anderen« zum Ersatz des daraus entstehenden Schadens verpflichtet ist.[436] 208

Für den **Tod** und für die **Verkürzung des Lebens** sieht das Gesetz kein Schmerzensgeld und keine Entschädigung vor.[437] Die Bestimmung des § 253 Abs. 2 BGB nennt das Leben als Rechtsgut 209

433 Keiser, NJW 2007, 3387 (3388).
434 BGH, Beschl. v. 19.11.2009 – 3 StR 244/09, NJW 2010, 1680.
435 BSG, Urt. v. 07.04.2011 – B 9 VG 2/10 R, SuP 2011, 332.
436 Vgl. v. Bar, Karlsruher Forum 2003, S. 11 Fn. 14.
437 BGH, Urt. v. 12.05.1998 – VI ZR 182/97, MDR 1998, 1029 (m. Anm. Jaeger) = NZV 1998, 370 = VersR 1998, 1034 = r+s 1998, 332; MünchKomm/Oetker, 5. Aufl. (2007), § 253 Rn. 28.

nicht, sodass der Eintritt des Todes keinen Schmerzensgeldanspruch begründet.[438] Eine Gesetzeslücke liegt nicht vor.

210 So hat das OLG Karlsruhe[439] (zum alten Recht) im Jahr 2000 entschieden, dass die Erben einer Frau, die bei einer Bootsfahrt über Bord gegangen, gegen einen Dalben geschleudert, dabei verletzt worden war und ertrank, keinen Anspruch auf Schmerzensgeld haben. Das Gericht war davon überzeugt, dass die Verletzte unmittelbar, nachdem sie über Bord geschleudert wurde, im Wasser verstorben ist.

211 Schon zuvor wurde in der Rechtsprechung in den Fällen ein Schmerzensgeldanspruch verneint, in denen der Tod infolge der Verletzung sofort oder sehr schnell eintrat.[440] Kaum zu lösen sind dabei die Fälle, in denen der Tod durch Ertrinken eintritt. Handelt es sich dabei um sofort eintretenden Tod, um den eigentlichen Sterbevorgang oder steht dem Ertrunkenen ein eigener – vererblicher – Schmerzensgeldanspruch zu? Das OLG Karlsruhe[441] hat einen solchen Schmerzensgeldanspruch verneint mit der Begründung, dass eine Frau von einem Boot aus gegen einen Dalben geschleudert wurde, ins Wasser fiel und sofort ertrank. Dagegen hat der Haftpflichtversicherer den Eltern eines Jungen, der in Griechenland unter Wasser von einer Pumpe angesaugt wurde und nicht befreit werden konnte, vorprozessual ein Schmerzensgeld i.H.v. 7.500,00 € gezahlt.[442] Auch das LG Stade[443] hat ein Schmerzensgeld i.H.v. 500,00 € (bei einem Mitverschulden von 50 %) zuerkannt, obwohl das Unfallopfer Sekunden nach dem Unfall bewusstlos wurde und noch an der Unfallstelle verstarb.

212 Die Frage, ob für Todesangst ein Schmerzensgeld zu gewähren ist, wurde bisher nicht ausdrücklich gestellt. Da das Leben als solches in § 253 BGB nicht genannt ist, kann ein Schmerzensgeldanspruch nur dann in Betracht kommen, wenn die Todesangst als solche eine Gesundheitsverletzung oder eine Körperverletzung darstellt.

213 Und noch ein anderer Gesichtspunkt, den die Rechtsprechung des BGH herausstellt, bedarf der Beachtung: Das Opfer hat ein Ereignis, das einen Schmerzensgeldanspruch wegen Todesangst ausgelöst haben kann, nicht überlebt, sein Empfinden und Leiden kann sich nach Ansicht des BGH[444] auf den Sterbevorgang beschränken, sodass ein Schmerzensgeldanspruch zu verneinen wäre.

214 Zu einem Anspruch auf Schmerzensgeld wird deshalb vom BGH[445] vorausgesetzt, dass der Verletzte noch eine gewisse Zeit nach einer Körperverletzung gelebt hat (ausführlich zu diesem sog. »Schmerzensgeld für baldigen Tod« vgl. Kap. 5 Rdn. 317). Es soll darauf ankommen, ob dem nachfolgenden Tod eine Körperverletzung oder eine Gesundheitsbeeinträchtigung vorausgegangen ist, die eine immaterielle Beeinträchtigung darstellt, die nach Billigkeitsgrundsätzen einen Ausgleich in Geld erforderlich macht. Das soll, ebenso wie in Fällen, in denen die Verletzung sofort zum Tod führt,

---

438 OLG München, Urt. v. 11.05.2000 – 1 U 1564/00, OLGR 2000, 352; Deutsch/Ahrens, Rn. 483; Müller, VersR 2006, 1289 (1290).

439 OLG Karlsruhe, Urt. v. 25.01.2000 – U 5/99 BSch, VersR 2001, 1123.

440 OLG Düsseldorf, Urt. v. 11.03.1996 – 1 U 52/95, ZfS 1996, 253; OLG Düsseldorf, Urt. v. 15.11.1996 – 14 U 25/96, r+s 1997, 159; OLG München, Urt. v. 11.05.2000 – 1 U 1564/00, OLGR 2000, 352; OLG Koblenz, Urt. v. 22.11.2000 – 1 U 1645/97, OLGR 2001, 50; LG Nürnberg-Fürth, Urt. v. 12.01.1994 – 2 S 7142/93, r+s 1994, 418; Deutsch/Ahrens, Rn. 483; Heß, ZfS 2001, 532 (533).

441 OLG Karlsruhe, Urt. v. 25.01.2000 – U 5/99 BSch, VersR 2001, 1123; vgl. auch OLG Karlsruhe, Urt. v. 12.09.1997 – 10 U 121/97, r+s 1998, 375.

442 Vgl. LG Köln, Urt. v. 17.03.2005 – 8 O 264/04, NJW-RR 2005, 704 = RRa 2005, 124. Das OLG Köln, Urt. v. 22.09.2005 – 16 U 25/05, VersR 2006, 941 = NJW 2005, 3674 bestätigte ein Schmerzensgeld – mindestens im zuerkannten Rahmen; der BGH, Urt. v. 14.12.1999 – X ZR 142/05, VersR 2006, 1653 = NJW 2006, 2268 hat die Revision zurückgewiesen.

443 LG Stade, Urt. v. 04.01.2007 – 4 O 434/04, unveröffentlicht.

444 BGH, Urt. v. 12.05.1998 – VI ZR 182/97, MDR 1998, 1029 = NZV 1998, 370 f. = VersR 1998, 1034 = r+s 1998, 332.

445 BGH, Urt. v. 12.05.1998 – VI ZR 182/97, MDR 1998, 1029 (m. Anm. Jaeger) = NZV 1998, 370 = VersR 1998, 1034 = r+s 1998, 332.

selbst bei schwersten Verletzungen dann zu verneinen sein, wenn diese bei *durchgehender Empfindungslosigkeit* des Geschädigten alsbald den Tod zur Folge haben und dieser nach den konkreten Umständen des Falles, insbesondere wegen der Kürze der Zeit zwischen Verletzung und Tod sowie nach dem Ablauf des Sterbevorgangs derart im Vordergrund steht, dass eine immaterielle Beeinträchtigung durch die (meist) Körperverletzung als solche nicht fassbar ist und folglich auch die Billigkeit keinen Ausgleich in Geld gebietet.

Nach dem Sachverhalt der BGH-Entscheidung[446] erlitt eine Frau bei einem Verkehrsunfall lebensgefährliche Verletzungen u.a. im Brustbereich, an denen sie trotz eingeleiteter Notbehandlung etwa 1 Std. nach dem Unfall verstarb, *ohne das Bewusstsein wiedererlangt zu haben.* 215

Dieser Verlauf ist jedoch nicht vergleichbar mit dem Unfallgeschehen, bei dem ein Unfallopfer den nahenden Tod voraussieht. Auch wenn diese Zeitspanne nur Sekunden dauern mag, kann das Opfer eine wahnsinnige Todesangst empfinden. 216

Gemessen an diesen Vorgaben des BGH fragt es sich, ob das Erleiden von Todesangst zu einem Schmerzensgeldanspruch führen kann, wenn der Verletzte anlässlich des Vorgangs, der den Tod auslöst, alsbald stirbt. Das kann nicht nur der Fall sein, wenn ein Mensch bei Unfällen, insbesondere im Straßenverkehr, sehr schnell zu Tode kommt, sondern auch bei Mordanschlägen oder bei Flugzeugabstürzen. 217

Folgt man dem OLG Düsseldorf,[447] wonach einen Menschen in einer Situation, in der ihm der in Kürze eintretende Tod als unausweichlich erscheinen muss, erhebliche Todesangst befällt, die ihn durch ihre psychischen Auswirkungen in seinem gesundheitlichen Befinden stark beeinträchtigt mit der Folge, dass eine Gesundheitsverletzung vorliegt, so steht dies nicht einmal in Widerspruch zur oben zitierten BGH-Entscheidung.[448] Der BGH stellt nämlich auf die Körperverletzung als Basis für den Schmerzensgeldanspruch ab und nicht auf das psychische Empfinden des Unfallopfers, also nicht auf das Erleiden von Todesangst. Psychische Folgen für das Unfallopfer wurden in der BGH-Entscheidung nicht angesprochen. 218

Die Instanzgerichte haben die Frage, ob eine Gesundheitsverletzung durch Todesangst einen Schmerzensgeldanspruch auslöst, sogar dann bejaht, wenn dem Tod keine entschädigungspflichtige Körperverletzung, sondern nur wenige Sekunden Todesangst dem Tod vorausgingen. Dabei ist es müßig, zwischen einer Sekunde und 10 Sekunden zu differenzieren. 219

Der Ehemann der Klägerin verunglückte bei einem Flugzeugunfall tödlich. Der Beklagte ist Eigentümer, Halter und Pilot des verunglückten Flugzeugs. Die Erben des Unfallopfers nehmen den Beklagten u.a. auf Zahlung von Schmerzensgeld in Höhe von 10.000 € in Anspruch.[449] Das LG hat den Schmerzensgeldanspruch zuerkannt, weil der Verunglückte vor dem Aufprall auf dem Erdboden und dem dabei sofort eingetretenen Tod unter Todesangst gelitten haben müsse, wodurch er psychisch an seiner Gesundheit geschädigt worden sei. Das OLG Düsseldorf hat hierzu den Leitsatz formuliert: 220

> »Es ist der Normalfall, dass einen Menschen in einer Situation, in der ihm der in Kürze eintretende Tod als unausweichlich erscheinen muss, erhebliche Todesangst befällt, die ihn durch ihre psychischen Auswirkungen in seinem gesundheitlichen Befinden stark beeinträchtigt. Diese psychische Gesundheitsschädigung kann einen Schmerzensgeldanspruch begründen.« 221

Noch unentschieden ist die Frage, ob diese Gedanken auf die Erben der Opfer des Flugzeugabsturzes der Germanwings A 320 in Frankreich übertragen werden können, bei dem der Co-Pilot und weitere 149 Menschen getötet wurden. Immerhin hat die Lufthansa neben weiteren Beträgen für 222

---

446 BGH, Urt. v. 12.05.1998 – VI ZR 182/97, MDR 1998, 1029 = NZV 1998, 370 f. = VersR 1998, 1034 = r+s 1998, 332.

447 OLG Düsseldorf, Urt. v. 12.10.2011 – 18 U 216/10, unveröffentlicht.

448 BGH, Urt. v. 12.05.1998 – VI ZR 182/97, MDR 1998, 1029 (m. Anm. Jaeger) = NZV 1998, 370 = VersR 1998, 1034 = r+s 1998, 332.

449 OLG Düsseldorf, Urt. v. 12.10.2011 – 18 U 216/10, unveröffentlicht.

den Ausgleich materieller Schäden der Hinterbliebenen ein Schmerzensgeld von je 25.000 € angeboten, ein Betrag, der nach weiteren Verhandlungen höher ausfallen dürfte.

Das LG Essen[450] hat die Klage von Angehörigen getöteter Insassen auf ein höheres Schmerzensgeld abgewiesen, weil kein Anspruch gegen die Flugschule in Arizona und die Lufthansa bestehe, vielmehr die medizinische Überwachungspflicht des Piloten eine staatliche Aufgabe gewesen sei.

223 Möglicherweise wird zur Höhe eines Schmerzensgeldes zu unterscheiden sein zwischen
- dem Piloten, der verzweifelt versucht hat, die von innen verschlossene Kabinentür zu öffnen, der also eher als alle anderen Flugzeuginsassen erkennen konnte, dass das Flugzeug abstürzen würde,
- den Stewardessen, die ebenfalls alsbald erkennen konnten, was geschehen würde,
- den Passagieren im vorderen, mittleren und hinteren Teil des Flugzeugs, weil deren Erkenntnismöglichkeiten unterschiedlich gewesen sein können,
- dem Alter der Passagiere und
- den Passagieren, die alleine flogen und denen, deren Verwandte, Eltern, Geschwister, Ehepartner, Partner ebenfalls ums Leben gekommen sind und die Infolgedessen zusätzliche Ängste ausgestanden haben.

224 Es dürfte darauf ankommen, ob und welche Passagiere wann erkannt haben, dass das Flugzeug abstürzen wird. Die Zeitspanne von dieser Erkenntnis an bis zum Tod, die Dauer der Todesangst dürfte für die Passagiere sehr unterschiedlich lang gewesen und damit vielleicht für die Höhe des Schmerzensgeldes mit entscheidend sein.

225 Feststellungen dazu werden wohl nicht getroffen werden können, sodass die Dauer der Todesangst für die Bemessung des Schmerzensgeldes in diesem Fall letztlich keine Rolle spielen wird. Dementsprechend hat die Lufthansa für alle Opfer einen einheitlichen Schmerzensgeldbetrag angeboten.

C. Hinterbliebenengeld

226 Im Gegensatz zu anderen europäischen Ländern kannte das deutsche Recht bisher keinen gesetzlich geregelten Anspruch für eine immaterielle Entschädigung beim Tod oder bei schwerer Verletzung eines nahen Angehörigen. Der historische Gesetzgeber hat dem Anspruch auf Geldersatz enge Grenzen gezogen. Er hat es als anstößig betrachtet, einen immateriellen Schaden in Geld aufwiegen zu lassen. Dieser Ansatz hat von Anfang an Kritik erfahren. Die Schutzbedürftigkeit immaterieller Güter ist heute allgemein anerkannt. Selbst im 6. Zivilsenat des BGH wird der Anspruch auf Nutzungsausfallentschädigung bei entgangener Nutzung des eigenen Pkw inzwischen als Grenzfall zum immateriellen Schadensersatz bezeichnet.[451] Da der Gesetzgeber einen Schadensersatzanspruch nur für unmittelbare Schäden vorgesehen hat, das Leben aber in § 253 BGB nicht genannt ist, gab es für den Verlust des Lebens weder Schmerzensgeld noch sonstigen Schadensersatz. Andererseits ist in § 823 Abs. 1 BGB die Gesundheit geschützt, sodass ein Angehöriger nur bei einer relevanten Gesundheitsverletzung einen Schmerzensgeldanspruch geltend machen kann. Die Schaffung eines Schmerzensgeldanspruchs beim Tod einer Person erfordert deshalb die Änderung der Regelung des § 253 Abs. 2 BGB.[452] Dagegen aber argumentiert Diederichsen[453] sehr kritisch. Sie fragt u.a., ob es wünschenswert sei, wenn sich die Hinterbliebenen einen Wertgegenstand leisten könnten, auf den sie im Fall des Fortlebens ihres Verstorbenen hätten verzichten müssen. Die Frage ist aber zu bejahen, denn es fragt auch niemand, ob die Hinterbliebenen zu Recht vorzeitig das Erbe antreten können, unabhängig davon, ob sie sich jemals um den Verstorbenen gekümmert haben. Auf diese Weise erben sie auch den Schmerzensgeldanspruch, den der Geschädigte, der das Schadensereignis noch (kurze Zeit) überlebt hat. Auch insoweit ist der Erbfall dann zum »Glücksfall« geworden.

450 LG Essen, Urt. v. 02.07.2020 – 16 O 11/18, Pressemitteilungen des LG Essen v. 06.05.2020 und v. 01.07.2020.
451 Diederichsen, DAR 2011, 122 ff. (122).
452 Diederichsen, DAR 2011, 122 ff. (122).
453 Diederichsen, DAR 2011, 122 ff. (124).

Diese Fälle meinen die Kritiker der heutigen gesetzlichen Regelung nicht, sondern sie stellen darauf ab, dass durch den (Unfall-) Tod ein geliebter Mensch genommen wurde und die Leere und Verzweiflung im Leben danach entschädigungslos bleiben soll, während der Verzicht auf den Pkw für einige Tage problemlos entschädigt wird. De lege ferenda schreien diese Fälle geradezu nach einer Entschädigungsregelung. 227

Schmid[454] weist am Beispiel des Absturzes der Concorde am 25.07.2000 darauf hin, wie veraltet das deutsche Schadensersatzrecht ist: Weil die Opfer dieses Flugzeugunglücks mehrheitlich in der sog. zweiten Lebenshälfte standen, d.h. von wenigen Ausnahmen abgesehen keine unterhaltsberechtigten Kinder hinterließen, wäre aus dem Blickwinkel deutschen Rechts nahezu kein Schaden auszugleichen gewesen.[455] Das ist zweifellos nicht befriedigend. Die Bevölkerung hat wenig Verständnis dafür gezeigt, dass Eltern, Kinder und Ehepartner die schreckliche seelische Leere, die bei ihnen der Verlust des Nächsten bewirkt hat, entschädigungslos hinzunehmen hatten. 228

Im Vergleichswege wurde die überwiegende Anzahl der **Hinterbliebenen entschädigt**, weil durch den **vereinbarten Zielflughafen New York** in den Verhandlungen ein **sog. »American-Risk-Faktor«** ins Spiel gebracht, d.h. eine Haftungssumme erreicht werden konnte, die über den in Europa zu erreichenden Haftungsbeiträgen liegt[456] und für die in Deutschland keine Anspruchsgrundlage besteht. 229

In anderen Rechtsordnungen wir das Leben durchaus bewertet, z.B. in Japan, Korea und China.[457]

Dass ein Bedürfnis besteht, auch für den (Unfall-) Tod ein Schmerzensgeld zu zahlen, zeigt sich auch daran, dass die **Deutsche Bahn AG** den Erben der Opfer des ICE-Unglücks bei Eschede (unter Betonung der Freiwilligkeit der Leistung) je 15.000,00 € gezahlt hat.[458] 230

Die durchschnittliche Entschädigung für die Opfer von Eschede lag bei 125.000,00 € und im Fall Brühl (ebenfalls ein ICE-Unglück) bei 50.000,00 €. Dagegen zahlte der EU-Staat Italien (mit Rechtsanspruch auf Kapital) je Opfer des Seilbahnunglücks von Cavalese einen wesentlich höheren Betrag.[459] 231

Die Deutsche Lufthansa AG hat den Angehörigen der Opfer des Absturzes der Germanwings-Maschine im März 2015 in den französischen Alpen neben der materiellen Entschädigung ein pauschales Schmerzensgeld i.H.v. 25.000,00 € angeboten, das von diesen der Höhe nach als völlig unzureichend abgelehnt wurde. 232

Das Thema eines Angehörigenschmerzensgeldes war Thema beim Verkehrsgerichtstag 2012 in Goslar. Hierzu haben sich Huber[460], Schintowski/Schah[461] und Luckey[462] geäußert. Auch in Österreich sind Trauerschmerz und Schockschäden durch Zahlung eines Schmerzensgeldes auszugleichen.[463] 233

---

454 Schmid, VersR 2002, 26 (28).

455 Tötung zum Nulltarif: Wagner, JZ 2004, 319 (325).

456 Schmid, VersR 2002, 26 (28); vgl. Berger, VersR 1977, 877 ff., der darauf hinweist, dass die in Amerika gezahlten Schmerzensgeldbeträge Globalentschädigungen sind und dass Kosten der Rechtsverfolgung nicht erstattet werden. Angesichts der Tatsache, dass die Erfolgshonorare der Anwälte bis zu 50 % betragen und dass der gesamte materielle Schaden einschließlich Krankheitskosten, vermehrter Bedürfnisse, behindertengerecht umgestalteter Wohnung, Verdienstausfall und anderes mit abgegolten ist, relativieren sich die Unterschiede zwischen den in den USA und den in der BRD gezahlten Schmerzensgeldern erheblich.

457 Vgl. Rainer, Der Wert des Menschenlebens in Japan, Korea und China, FamRZ 2015, 289 ff.

458 Schmid, VersR 2002, 26 (28); von Mayenburg, VersR 2002, 278 (282).

459 Zitiert nach Nehls, ZfS 2004, 193.

460 Huber, Kein Angehörigenschmerzensgeld de lege lata, NZV 2012, 5.

461 Schwintowski, Schah, Angehörigenschmerzensgeld – Überwindung eines zivilrechtlichen Dogmas, ZfS 2012, 6.

462 Luckey, He blew his mind out in a car … Ansprüche naher Angehöriger beim Unfalltod, SVR 2012, 1.

463 Kramer, Trauerschmerz und Schockschäden in der aktuellen Judikatur, ZVR 2008, 44.

234 Auch ein europaweiter Vergleich zeigt, dass Deutschland den Anschluss an die **internationale Entwicklung**[464] verpasst hat, weil der Gesetzgeber im 2. Gesetz zur Änderung schadensersatzrechtlicher Vorschriften zum **Angehörigenschmerzensgeld** geschwiegen hat. Gelegentlich wurde erwogen, bei einer Neuregelung des Schmerzensgeldes einen Anspruch wegen des Verlustes eines Angehörigen zu gewähren.[465]

235 Der Gesetzgeber hatte jedoch diesen Gedanken bis zur 8. Aufl. dieses Buches noch nicht aufgegriffen. Ein besonderes Problem würde dabei auch die Definition der Anspruchsberechtigten darstellen, worauf u.a. Huber[466] hingewiesen hat. Nach dem Absturz der Germanwings-Maschine im März 2015 haben sich die Forderungen nach einer gesetzlichen Regelung verstärkt und es zeichnet sich ab, dass ein Angehörigenschmerzensgeld Ende 2015 ins Gesetzgebungsverfahren gehen sollte, so wie es im Koalitionsvertrag vereinbart wurde.

236 Zwar sind die **gesetzlichen Regelungen innerhalb Europas** keineswegs einheitlich[467] und es bestehen zahlreiche Besonderheiten im Einzelnen. Hinterbliebenenschmerzensgeld wird aber gewährt in der Schweiz, in Frankreich, in Belgien, in Spanien, in Italien, in Griechenland und in Großbritannien.[468] Auch in Polen erhalten die Angehörigen bei Tötung wegen der Verschlechterung ihrer eigenen Lebensqualität ein Schmerzensgeld.[469] Auch in China können Angehörige ein Schmerzensgeld beanspruchen, dessen Höhe sich nach der persönlichen Beziehung des mittelbar Geschädigten zum Verletzten richtet.[470] Aus dem Lager derjenigen, die das Angehörigenschmerzensgeld grds. ablehnen, sind mit Österreich und Schweden bereits zwei maßgebliche Vertreter zum Lager derjenigen gewechselt, die einen Ersatz für Trauerschäden anerkennen.

237 Nach deutschem Recht wurde bis zum 22.07.2017 ein Schmerzensgeld für die Tötung eines Menschen nicht geschuldet.[471] Der Ausschluss für Schmerzensgeld galt aber nicht für den Fall, dass **der Verletzte noch (kurze) Zeit gelebt hat**[472] und (mittelbar) nicht, wenn ein naher **Angehöriger** infolge eines Schocks einen erheblichen Gesundheitsschaden erlitten hat.[473] Hinterbliebene selbst haben nur dann einen eigenen Anspruch auf Schmerzensgeld, wenn bei ihnen durch den Verlust des Angehörigen eine Beeinträchtigung mit Krankheitswert aufgetreten ist, nämlich eine Störung der Gesundheit i.S.d. § 847 BGB a.F., § 253 BGB.

---

464 Vgl. aber Scheffen, ZRP 1999, 189 (190), die darlegt, im Vergleich mit anderen europäischen Staaten liege die BRD bei der Zubilligung von Schmerzensgeldern mit an führender Stelle.

465 Staudinger/Schiemann, § 253 Rn. 57; Stürner, DAR 1986, 7 (11); Vorndran, ZRP 1988, 293; Müller, VersR 1995, 489 (494) m.w.N.; Katzenmeier, JZ 2002, 1029 (1035); Müller, ZfS 2009, 62 (64).

466 Huber, NZV 1998, 345 (352).

467 Vgl. Backu, DAR 2001, 587; in Österreich sieht der OGH Wien, Urt. v. 16.05.2001 – 2 0 6 84/01v, NZV 2002, 26, zugunsten der trauernden Angehörigen den Anspruch auf Schmerzensgeld wegen ihrer seelischen Beeinträchtigungen auch ohne eigene Gesundheitsschädigung als begründet an, wenn der Schädiger vorsätzlich oder grob fahrlässig gehandelt hat.

468 Ebbing, ZGS 2003, 223 (227); für Frankreich vgl. Lemor, SVR 2008, 206 (208); für Italien vgl. Lemor, SVR 2007, 372; für die Schweiz vgl. Lemor, SVR 2006, 290.

469 Hering, SVR 2008, 99 (100); Budzowska, Das Schmerzensgeld für das erlittene Unrecht wegen des Todes der nahen Person nach polnischem Recht – die Rechtsanalyse, DAR-Service, 2016, 115 ff.

470 Vgl. Jiao, S. 299, 300.

471 Müller, DRiZ 2003, 167 (168).

472 Vgl. Kap. 5 Rdn. 317 ff.; BGH, Urt. v. 12.05.1998 – VI ZR 182/97, MDR 1998, 1029 (m. Anm. Jaeger) = NZV 1998, 370 = VersR 1998, 1034 = r+s 1998, 332. Diese Entscheidung und die dazu ergangenen Besprechungen, vgl. Huber, NZV 1998, 345; Jaeger, MDR 1998, 450 und Jaeger, VersR 1996, 1177 dürften dazu beigetragen haben, die Grundlagen für die Schmerzensgeldbemessung dieser eigenständigen Fallgruppe zu klären und Bemessungskriterien herauszuarbeiten.

473 Vgl. Kap. 5 Rdn. 382 ff.; Odersky, S. 19 (28); Nixdorf, NZV 1996, 89 (94); Müller, VersR 2003, 1 (4 f.) unter Hinweis auf die Rspr. des BGH.

D. Gesetz zur Einführung eines Anspruchs auf Hinterbliebenengeld

Durch das Gesetz zur Einführung eines Anspruchs auf Hinterbliebenengeld vom 17.07.2017[474], verkündet am 21.07.2017, wird seit dem Inkrafttreten am 22.07.2017 für das dem Hinterbliebenen zugefügte seelische Leid eine angemessene Entschädigung geleistet. 238

Dies ist in § 844 Abs. 3 BGB geregelt, der lautet:

> (3) Der Ersatzpflichtige hat dem Hinterbliebenen, der zur Zeit der Verletzung zu dem Getöteten in einem besonderen persönlichen Näheverhältnis stand, für das dem Hinterbliebenen zugefügte seelische Leid eine angemessene Entschädigung in Geld zu leisten. Ein besonderes persönliches Näheverhältnis wird vermutet, wenn der Hinterbliebene der Ehegatte, der Lebenspartner, ein Elternteil oder ein Kind des Getöteten war.

Eine wörtlich gleichlautende Regelung wurde in die Gesetze eingefügt, die bei der Realisierung eines Gefährdungshaftungstatbestandes gleichfalls den Ersatz eines Personenschadens vorsehen, wie z.B. im Arzneimittelgesetz, im Gentechnikgesetz, Produkthaftungsgesetz, Umwelthaftungsgesetz, Atomgesetz, Straßenverkehrsgesetz und Haftpflichtgesetz.

Die Bestimmung wird auch erstreckt auf die Passagierschadenshaftung im Luftverkehr. Zwar beruht diese Haftung auf einem Beförderungs- oder Reisevertrag. Wegen des Ausschlusses der allgemeinen deliktsrechtlichen Ansprüche des nationalen Haftungsrechts[475] und der abschließenden Regelung der Rechtsfolgen im Todesfall würde andernfalls ein Anspruch auf Hinterbliebenengeld in den Fällen fremdverursachter Tötung im Luftverkehr entfallen.[476] Der Anspruch auf Hinterbliebenengeld erstreckt sich auch für die Passagierschadenshaftung im Eisenbahn-, Schienen- und Seeverkehr.[477]

Die Regelung wird wie folgt begründet:

Das mit dem Verlust eines nahestehenden Menschen verbundene Leid ist unermesslich. Selbst bei einer fremdverursachten Tötung steht nahen Angehörigen nach ständiger Rechtsprechung nur dann ein Schmerzensgeldanspruch gegen den Verantwortlichen zu, wenn sie eine eigene Gesundheitsbeschädigung im Sinne des § 823 Abs. 1 des BGB erleiden. Dazu müssen psychische Beeinträchtigungen wie von den nahen Angehörigen empfundene Trauer und Schmerz medizinisch fassbar sein und über die gesundheitlichen Beeinträchtigungen hinausgehen, denen Hinterbliebene im Todesfall erfahrungsgemäß ausgesetzt sind.[478] Abgesehen von diesem Schadensersatz bei sogenanntem Schockschaden kann zwar der Ersatz von materiellen Schäden wie Beerdigungskosten, entgangener Unterhalt sowie entgangene Dienste verlangt werden, §§ 844, 845 BGB. Für ihr seelisches Leid erhalten die Hinterbliebenen jedoch keine Entschädigung. Auch eigene Schmerzensgeldansprüche, die von den Hinterbliebenen als Rechtsnachfolger des Getöteten geltend gemacht werden könnten, hat der Getötete in der Regel nicht erworben. Tritt der Tod sofort durch die schädigende Handlung ein, verliert der Geschädigte in diesem Moment die für die Entstehung eines Schmerzensgeldanspruchs erforderliche Rechtsfähigkeit. Die infolge einer fremdverursachten Tötung von Hinterbliebenen erlittene Trauer und das seelische Leid werden vom geltenden Recht als entschädigungslos hinzunehmendes Schicksal angesehen.

Hinterbliebenen, die in einem besonderen persönlichen Näheverhältnis zum Getöteten standen, wird nun ein Anspruch gegen den Verantwortlichen auf angemessene Entschädigung in Geld für

---

474 BGBl. 2017, 2421.

475 Art. 24 Abkommen zur Vereinheitlichung von Regeln über die Beförderung im internationalen Luftverkehr (Warschauer Abkommen.: RGBl. 1933 II S. 1039), Art. 29 Übereinkommen zur Vereinheitlichung bestimmter Vorschriften über die Beförderung im internationalen Luftverkehr (Montrealer Übereinkommen; BGBl. 2004 II S. 458, Art. 3 I VO (EG) Nr. 2027/97 (Abl. L 285 vom 17.10.1997, S. 1) i.V.m. Art. 29 Montrealer Übereinkommen, § 48 LuftVG.

476 E Begründung A. II, S. 10.

477 E Begründung A. II, S. 10.

478 Grundlegend: BGH Urt. v. 11.05 1971 – VI ZR 78/70, BHZ56, 163, 165 f.; zuletzt: BGH, Urt. v. 10.02.2015 – VI ZR 8/14, NJW 2015, 2246, 2247.

das zugefügte seelische Leid eingeräumt werden. Unabhängig vom Nachweis einer medizinisch fassbaren Gesundheitsbeeinträchtigung von der Schwere eines Schockschadens hat der für die Tötung Verantwortliche dem Hinterbliebenen eine Entschädigung für dessen seelisches Leid zu leisten. Mit der Entschädigung soll der Hinterbliebene in die Lage versetzt werden, seine durch den Verlust des besonders nahestehenden Menschen verursachte Trauer und sein seelisches Leid zu lindern.[479] Ziel der Regelung ist somit die Anerkennung der Trauer und Niedergeschlagenheit der Angehörigen. Geld soll fließen, damit sie in die Lage versetzt werden, sich gewisse Annehmlichkeiten zu verschaffen, um auf andere Gedanken zu kommen.[480]

239 Das Gesetz muss Antworten ermöglichen auf folgende Fragen:
- Soll das Angehörigen-/Hinterbliebenengeld allein im Todesfall oder auch bei schwerster Verletzung eines nahestehenden Menschen gewährt werden?
- Ist der Anspruch über die Deliktshaftung hinaus auch auf die Vertragshaftung auszudehnen?
- Ist das Hinterbliebenengeld auf die Verschuldenshaftung zu beschränken oder soll es auch bei Gefährdungshaftung gewährt werden?
- Wer zählt zum Kreis der Anspruchsberechtigten? Soll eine abstrakte Nähebeziehung genügen oder sind im Einzelfall eine tatsächliche enge Beziehung und seelisches Leid darzulegen?
- Ist der Betrag des Hinterbliebenengeldes im Gesetz vorzusehen oder kann die Bemessung den Gerichten überlassen werden?[481] Reichen Hinweise auf die Rechtsprechung zum Schockschaden als Anhaltspunkte oder Obergrenzen aus?
- Darf die Höhe des Hinterbliebenengeldes von den Vermögensverhältnissen des/der Hinterbliebenen abhängen?[482]
- In welchem Verhältnis stehen der Anspruch auf Hinterbliebenengeld und auf Schmerzensgeld nach einem Schockschaden?

All diese Fragen haben sich in vielen europäischen Ländern gestellt und wurden dort vom Gesetzgeber und von den Gerichten beantwortet. Vereinzelt wurden Grundentscheidungen von der Rechtsprechung korrigiert, was den Gesetzgeber hätte nachdenklich machen sollen.[483]

I. Soll das Angehörigen-/Hinterbliebenengeld allein im Todesfall oder auch bei schwerster Verletzung eines nahestehenden Menschen gewährt werden?

1. Anspruchsinhaber sind nur Hinterbliebene

240 Der Gesetzgeber hat sich für die kleine Lösung entschieden:

Ein Hinterbliebenengeld soll nur bei einer fremdverursachten **Tötung** gewährt werden, nicht hingegen dann, wenn eine schwere Verletzung eines besonders nahestehenden Menschen der Grund für zugefügtes Leid ist.[484]

Schon nach der Bezeichnung **Hinterbliebenen**geld und nach der Begründung des Gesetzes sind Fälle schwerster Verletzungen, die nicht zum Tode führen, ausgeschlossen. Dadurch sollen Abgrenzungsschwierigkeiten vermieden werden. Diesem Gesichtspunkt stimmt auch Müller[485] zu, die

479 Nach österreichischem Recht ist auch ein Nasciturus in den letzten Wochen vor der Geburt als »Angehöriger« und Teil der Kernfamilie anzusehen, OGH Wien, Urt. v. 30.08.2016 – 1 Ob 114/16w, ZVR 2016, 462.

480 https://www.bmjv.de/SharedDocs/Gesetzgebungsverfahren/DE/Hinterbliebenengeld.html.

481 Graziano, Angehörigen- oder Trauerschmerzensgeld – die Würfel fallen, RIW 2015, 551.

482 Müller, Stellungnahme … S. 8 = Müller, Der Anspruch auf Hinterbliebenengeld, VersR 2017, 321.

483 Graziano, a.a.O., S. 551.

484 E Begründung A. II, S. 9.

485 Müller, Stellungnahme zum Hinterbliebenengeld, S. 4 = Müller, Der Anspruch auf Hinterbliebenengeld, VersR 2017, 321 ff.; a.A. Bischoff, Das »neue« Hinterbliebenengeld – Grundlagen der Entschädigung für seelisches Leid von Nahestehenden, MDR 2017, 739 ff., 740.

bei einer Gewährung auch für schwer verletzte Angehörige eine unüberschaubare Ausuferung des Anspruchs erkennt.

In anderen Rechtsordnungen wird Angehörigen ein **Trauerschmerzensgeld** nicht nur im Todesfall, sondern auch bei besonders schweren Verletzungen des Erstgeschädigten gewährt. Dies ist ausdrücklich vorgesehen z.B. in den Zivilgesetzbüchern Sloweniens, Estlands und Serbiens.[486]

Zwar wird auch bei den Beratungen des Deutschen Bundestages anerkannt, dass die seelische Belastung in solchen Fällen oftmals nicht weniger groß als jene ist, die die Hinterbliebenen erleiden, dass das seelische Leid in solchen Fällen oft sogar größer ist.[487]

Die junge Witwe, die den Ehemann verliert, kommt nach einiger Zeit darüber hinweg und heiratet wieder. Ist der verletzte Ehemann hingegen schwerst geschädigt und steht sie zum abgegebenen Eheversprechen »bis der Tod uns scheidet«, verzichtet sie auf »Vieles«. Dies gilt synonym, wenn eine Ehefrau getötet oder schwerst verletzt wird, für den Ehemann. In der Schweiz hat das dortige Bundesgericht neben dem im Gesetz geregelten Fall der Tötung eine Angehörigengenugtuung auch für solche Fälle schwerer Verletzung angenommen.[488] Der OGH in Wien judiziert bei ähnlicher Gesetzeslage ebenso. Das sollte zu denken geben.[489]

Die gesetzliche Regelung, die kleine Lösung, wird damit gerechtfertigt, dass dem **überlebenden Geschädigten eigene Schmerzensgeldansprüche** nach § 253 Absatz 2 BGB gegen den Verantwortlichen zustehen, sodass beim Überleben eines Unfalls oder einer Straftat schon jetzt Ansprüche wegen der Beeinträchtigung immaterieller Interessen bestehen. Zudem vermeide die Festlegung auf das in Todesfällen zugefügte Leid drohende Abgrenzungsschwierigkeiten zwischen schweren Verletzungen, bei denen zugefügtes Leid einen Anspruch auf Hinterbliebenengeld auslösen würde, und weniger schwerwiegenden Verletzungen, bei denen dies nicht der Fall wäre.

Diese Begründung überzeugt nicht.

Der Verweis auf den eigenen Schmerzensgeldanspruch des Verletzten ist nicht geeignet, vom seelischen Leid des Angehörigen abzulenken. Möglicherweise spielt dabei der Gedanke eine Rolle, dass bei schwersten Verletzungen dem Verletzten selbst ein hohes Schmerzensgeld zusteht, an dem der Angehörige partizipieren kann. Ein Ausgleich für den pflegenden Angehörigen ist in den Schmerzensgeldbeträgen für schwer Verletzte aber nicht enthalten.

Es kann auch nicht zum Vergleich auf die hohen Schmerzensgeldbeträge für schwerst hirngeschädigt geborene Kinder verwiesen werden. Es liegt zwar nahe, dass die Eltern dieser Kinder, die infolge eines Hirnschadens über keinerlei geistige Fähigkeiten verfügen, aus einem Schmerzensgeldbetrag von oft 500.000 € partizipieren und dass dieses Geld von den Eltern oder Geschwistern demnächst geerbt wird, wenn das Kind – oft in jungen Jahren – stirbt. Diese Fälle sind schon deshalb nicht vergleichbar, weil die Ansprüche des Kindes sich meist aus Vertrag und nur selten aus Delikt ergeben.[490]

Auch Abgrenzungsschwierigkeiten sollten nicht zur Rechtfertigung der Ablehnung der »großen Lösung« herangezogen werden. Bewertungsprobleme gibt es immer bei der Bemessung einer Entschädigung nach »billigem Ermessen«.[491] Die Funktion des Hinterbliebenengeldes besteht darin, den Hinterbliebenen für das Leid und für die Trauer eine Anerkennung und Linderung zu gewähren. Gerade dieser Gedanke spricht dafür, eine entsprechende Unterstützung auch bei schwersten Verletzungen mit Dauerfolgen und Pflegebedürftigkeit zuzubilligen.[492]

486 Graziano, Angehörigen- und Trauerschmerzensgeld…, RIW 2015, 549 ff. (556) m.w.N.
487 Fechner, SPD, Plenarprotokoll 18/234, S. 23800 A Anlage 14.
488 Landolt, Stand und Entwicklung des Genugtuungsrechts, HAVE/REAS 2009, 125, 133.
489 Chr. Huber, NZV Editorial.
490 LG Gießen, Urt. v. 07.05.2015 – 1 KLs – 604 Js 29856/14, unveröffentlicht.
491 Zwickel, Schockschaden und Angehörigenschmerzensgeld …, NZV 2015, 214, 217.
492 Zwickel, Schockschaden und Angehörigenschmerzensgeld …, NZV 2015, 214, 217.

2. Anspruchsgegner

241 Anspruchsgegner ist derjenige, der die unerlaubte Handlung begangen hat oder zum Beispiel im Fall des § 833 BGB für die Gefahrenquelle verantwortlich ist, und dadurch den Tod eines Menschen und das seelische Leid der Hinterbliebenen verursacht hat.[493]

Der Anspruch auf Hinterbliebenengeld nach § 844 Absatz 3 BGB setzt voraus, dass ein Mensch durch eine unerlaubte Handlung im Sinne der §§ 823 ff. BGB getötet wurde. Einen Anspruch auf Hinterbliebenengeld können demnach unerlaubte Handlungen nach § 823 Absatz 1 BGB sowie § 823 Absatz 2 BGB in Verbindung mit das Leben schützenden Gesetzen (wie z.B. die §§ 211, 212 oder 222 StGB) auslösen, ebenso aber auch Fälle der §§ 831, 832, 833, 836 und 839 BGB.

Ein Anspruch nach § 844 Absatz 3 BGB besteht nur dann, wenn sämtliche Voraussetzungen der betreffenden unerlaubten Handlung vorliegen, d.h. in der Person des Anspruchsgegners müssen die haftungsbegründenden Voraussetzungen einer der deliktsrechtlichen Haftungen nach den §§ 823 ff. BGB erfüllt sein. Sofern die Haftung des Verantwortlichen für eine unerlaubte Handlung ausgeschlossen oder begrenzt ist (z. B. nach § 831 Absatz 1 Satz 2 BGB), unterliegt auch der Entschädigungsanspruch diesen Einschränkungen.

Durch die unerlaubte Handlung muss der Anspruchsgegner den Tod des unmittelbar Betroffenen verursacht haben. Die Feststellung der Kausalität der unerlaubten Handlung für die Tötung kann problematisch sein, wenn der Tod nicht sofort, sondern erst mit zeitlicher Verzögerung als mittelbare Folge einer durch die unerlaubte Handlung beigebrachten Körperverletzung eintritt. Ebenso wie Ansprüche aus den §§ 823 ff., 844 BGB entsteht der Anspruch auf Hinterbliebenengeld dem Grunde nach bereits mit Zufügung der Körperverletzung.[494] Auch wenn die unerlaubte Handlung für den Tod kausal war, kann die Haftung des Verantwortlichen unter Zurechnungsgesichtspunkten einzuschränken sein. Der Tod des unmittelbar Betroffenen muss sich auch unter Zugrundelegung der Kriterien der Adäquanz sowie des Schutzzwecks der Norm als Folge der unerlaubten Handlung darstellen. Dieser Zusammenhang wird umso zweifelhafter, je größer der zeitliche Abstand zwischen Körperverletzung und Todeseintritt ist.[495]

Der Anspruchsgegner muss rechtswidrig und schuldhaft gehandelt haben, soweit dies für die jeweilige unerlaubte Handlung vorausgesetzt wird.

Erfordert die unerlaubte Handlung schuldhaftes Verhalten, so genügt es ebenso wie im Rahmen des § 844 Absatz 1 und 2 BGB, wenn sich das Verschulden des Anspruchsgegners auf die Herbeiführung einer Körperverletzung bezieht.[496] Es kommt deshalb auch nicht darauf an, ob der Tod zur Zeit der Körperverletzung schon vorhersehbar war.[497] Besondere Verschuldensmaßstäbe, z. B. nach den §§ 1359 und 1664 Absatz 1 BGB, sind zu berücksichtigen.

II. Ist der Anspruch über die Deliktshaftung hinaus auch auf die Vertragshaftung auszudehnen?

242 Das sieht die Begründung zum Entwurf nicht vor. Darin wird ausgeführt:

Ist der Tod durch eine Pflichtverletzung nach § 280 Abs. 1 BGB verursacht worden, ist in der Regel auch ein deliktischer Anspruch auf Hinterbliebenengeld gegeben. Ein zusätzlicher vertraglicher Anspruch auf Hinterbliebenengeld hätte daher kaum eigenständige Bedeutung.[498]

---

493 Zur Gefährdungshaftung s. unten III.

494 Vgl. dazu allgemein: BGH, Urt. V. 13.02.1996 – VI ZR 318/94, NJW 1996, 1674.

495 Vgl. zu § 844 BGB.: Röthel, in: Staudinger, Kommentar zum Bürgerlichen Gesetzbuch, Neubearbeitung 2015, § 844 Rn. 44.

496 Vgl. BGH, Urt. V. 13.02.1996 – VI ZR 318/94, NJW 1996, 1674.

497 Vgl. Röthel, in: Staudinger, Kommentar zum Bürgerlichen Gesetzbuch, Neubearbeitung 2015, § 844 Rn. 43; – 15.

498 E Begründung A. II, S. 9.

Bedeutsam ist ein Anspruch aus vertraglicher Haftung jedoch weniger im Verkehrsrecht, weil dort die Gefährdungshaftung dominiert. Im Arzthaftungsrecht und im Reiserecht kann es schon wegen der Beweislastverteilung auf eine vertragliche Anspruchsgrundlage ankommen.[499]

Die Aussage in der Gesetzesbegründung, ein zusätzlicher vertraglicher Anspruch auf Hinterbliebenengeld hätte kaum eigenständige Bedeutung, wird nicht begründet. Sie ist im Grunde genommen in dieser Allgemeinheit auch nicht richtig und widerspricht aller Erfahrung insbesondere aus dem Arzthaftungsrecht. Selbst bei einer Haftung des Arztes wegen eines groben Behandlungsfehlers oder nach einer ohne wirksame Einwilligung vorgenommenen rechtswidrigen Operation oder nach einem Befunderhebungsfehler kann eine deliktische Haftung schon deshalb ausscheiden, weil dem Arzt ein subjektives Fehlverhalten nicht nachgewiesen werden kann. Das ist im Arzthaftungsrecht in der Regel unschädlich, weil der Arzt bei solchen objektiven Fehlern ohnehin aus dem Arztvertrag haftet, sodass es Feststellungen dazu, ob auch eine unerlaubte Handlung vorliegt, nicht bedarf. Das sieht Bischoff[500] anders und meint, dass bei einem ärztlichen Behandlungsfehler, der zum Tod des Patienten führt, künftig auch ein Anspruch der Hinterbliebenen auf eine Entschädigung bestehen werde, da neben einem vertraglichen Schadensersatzanspruch auch die Voraussetzungen einer unerlaubten Handlung gem. § 823 Abs. 1 BGB bzw. § 823 Abs. 2 BGB i.V.m. § 222 StGB verwirklicht seien. Subsumiert und begründet wird diese Auffassung allerdings nicht.

Arzthaftungsfälle, die zum Tod eines Patienten führen, fordern aber geradezu eine Entschädigung in Form eines Hinterbliebenengeldes, um das seelische Leid der Angehörigen zu mildern.

Pflichtverletzungen in anderen Vertragsverhältnissen, die zum Tod eines Vertragspartners führen, mögen in der Tat selten sein, gerade deshalb stehen sie einer Entschädigungsregelung nicht entgegen.

Auch ein Arbeitsvertrag steht dem Anspruch auf Hinterbliebenengeld nicht entgegen.[501] Kommt die Schwiegermutter als »Wie-beschäftigte« bei einem Arbeitsunfall ums Leben, kann die Schwiegertochter, die zu dieser ein besonders enges Verhältnis hatte, das einem Mutter-Tochter-Verhältnis gleichzusetzen war, den Anspruch geltend machen. Der Höhe nach war der Anspruch durch das Urteil des LG und den Klageantrag der Klägerin auf 8.000 € begrenzt, das nur die Beklagte angefochten hatte. 243

Im Fall eines **Arbeitsunfalls** nach §§ 105 ff. SGB VII ist auch ein Anspruch auf Hinterbliebenengeld ausgeschlossen, da dieser sich von dem Getöteten ableitet[502].

III. Ist das Hinterbliebenengeld auf die Verschuldenshaftung zu beschränken oder soll es auch bei Gefährdungshaftung gewährt werden?

Diese Frage ist im Gesetz beantwortet. Nicht nur die reinen Gefährdungshaftungstatbestände sind 244 durch entsprechende Regelungen erfasst, sondern auch getötete Passagiere des Luftverkehrs und die Passagierschadenshaftung im Eisenbahn-, Schienen- und Seeverkehr sind erfasst. Dies ist besonders deshalb erwähnenswert, weil gerade die schweren Unfälle mit vielen Toten aus diesen Bereichen ein Anlass waren, den Anspruch auf Hinterbliebenengeld einzuführen.[503]

499 Chr. Huber, NZV Editorial 2017.
500 Das »neue« Hinterbliebenengeld – Grundlagen der Entschädigung für seelisches Leid von Nahestehenden, MDR 2017, 739 ff., 740.
501 OLG Koblenz, Urt. v. 21.12.2020 – 12 U 711/20, VersR 2021, 320 = MDR 2021, 168.
502 BGH, Urt. v. 08.02.2022 – VI ZR 3/21, VersR 2022, 586 = NJW 2022, 1526.
503 E Begründung A. II, S. 10.

IV. Wer zählt zum Kreis der Anspruchsberechtigten? Soll eine abstrakte Nähebeziehung genügen oder sind im Einzelfall eine tatsächliche enge Beziehung und seelisches Leid darzulegen?

245 Anspruchsberechtigt sind die Hinterbliebenen, die zur Zeit der Verletzung zu dem Getöteten in einem besonderen persönlichen Näheverhältnis standen. Dieses liegt regelmäßig vor, wenn nahe Familienangehörige betroffen sind. Dazu zählen

- der Ehegatte,
- der Lebenspartner,
- die Eltern und
- die leiblichen oder adoptierten Kinder des Getöteten.

Für diesen Personenkreis enthält Satz 2 eine **gesetzliche Vermutung** des besonderen persönlichen Näheverhältnisses. Zwar steht der Beweis des Gegenteils offen, dürfte aber schwerlich gelingen, allenfalls dann, wenn z.B. die Ehepartner zur Zeit der Verletzung bereits länger in Trennung gelebt hatten[504]. Die Vermutung ist aber z.B. widerlegt, wenn die »Beziehung zu den Getöteten gerade in den Jahren vor deren Tod als schwierig und nicht eng im Sinne eines regelmäßig gelebten persönlichen Kontakts und besonderen persönlichen Näheverhältnisses gestaltet hatte«[505].

Diese gesetzliche Vermutung wird vom Deutschen Richterbund[506] hinterfragt, weil nahe Verwandte selten Schwierigkeiten hätten, das Näheverhältnis zu beweisen, während es dem Schädiger kaum jemals gelingen werde, die Vermutung zu widerlegen, weil ihm jeder Einblick in die entsprechenden Verhältnisse fehle. Dieser Einwand greift nicht durch, weil dem Schädiger dadurch geholfen wird, dass den Angehörigen beim Bestreiten eines Näheverhältnisses durch den Beklagten eine sekundäre Darlegungslast trifft.

Dass ausgerechnet zu diesem Punkt von der Richterschaft Bedenken erhoben wurden, erstaunt sehr, liegt doch die Gefahr nahe, dass zur Frage des Näheverhältnisses bei fehlender gesetzlicher Vermutung vermehrt gestritten würde mit der Folge, dass die Gerichte zusätzlich belastet würden.[507]

Anspruchsberechtigt können neben den genannten Angehörigen auch andere Personen sein, die jedoch die Umstände, aus denen sich ihr besonderes persönliches Näheverhältnis zum Getöteten ergibt, darlegen und gegebenenfalls beweisen müssen.

Für das Vorliegen eines besonderen persönlichen Näheverhältnisses ist die Intensität der tatsächlich gelebten sozialen Beziehung bedeutsam. Sie muss eine Intensität aufweisen, wie sie bei den in Satz 2 genannten Familienangehörigen typischerweise besteht. Die Verbundenheit zwischen dem Getöteten und seinen Hinterbliebenen muss folglich den gesetzlich vermuteten besonderen persönlichen Näheverhältnissen entsprechen. Wenn dies vorliegt, können zum Beispiel

- Partner einer ehe- oder lebenspartnerschaftsähnlichen Gemeinschaft,
- Verlobte (auch im Sinne des Lebenspartnerschaftsgesetzes),
- Stief- und Pflegekinder sowie
- Geschwister des Getöteten

zum Kreis der Anspruchsberechtigten gehören.

Das besondere persönliche Näheverhältnis zwischen dem Getöteten und dem Hinterbliebenen muss bereits zur Zeit der Verletzung bestanden haben. Es kommt auf die Verletzung des unmittelbar Betroffenen an, die zu dessen Tod führte. Tritt der Tod nicht sofort, sondern mit zeitlicher Verzö-

---

504 So hat das LG Traunstein, Urt. v. 11.02.2020 – 1 O 1047/19, unveröffentlicht, ein Näheverhältnis für widerlegt erachtet, wenn – bei Versterben der Ehefrau – die Partner sich bereits vier Jahre vor dem Unfall getrennt hatten, der Ehemann eine neue Beziehung eingegangen war und der Scheidungsantrag bereits ein Jahr rechtshängig.

505 BGH, Beschl. v. 18.05.2020 – 6 StR 48/20, unveröffentlicht.

506 Deutscher Richterbund, Stellungnahme 4/17, S. 3.

507 Deutscher Richterbund, Stellungnahme Nr. 4/17, a.E.

gerung als mittelbare Folge einer durch die unerlaubte Handlung beigebrachten Körperverletzung ein, muss das besondere persönliche Näheverhältnis zur Zeit der Körperverletzung bestanden haben. Insoweit lehnt sich § 844 Absatz 3 BGB an § 844 Absatz 2 BGB an, sodass die dazu entwickelten Grundsätze zur Auslegung herangezogen werden können.

Nach Huber[508] soll das in dieser Begrenzung liegende Bemühen um Rechtssicherheit anerkennenswert sei, weil nicht gestritten werden müsse, wer ein ausreichendes Näheverhältnis habe. Damit bleibe der Kreis der Anspruchsberechtigten überschaubar, jedenfalls solle die »Kegelrunde« ausgenommen werden.[509] Der Weg, den der OGH gewählt habe, nämlich an die Haushaltsgemeinschaft als Indiz für das Bestehen einer persönlichen Nähebeziehung anzuknüpfen, erscheine als Königsweg im Rahmen des Spannungsverhältnisses zwischen Rechtsklarheit und Elastizität der Regelung. In den häufig anzutreffenden Patchworkfamilien wäre es wenig überzeugend, die im gemeinsamen Haushalt lebenden Kinder des anderen Partners auszuschließen.

Jeder Hinterbliebene hat in vollem Umfang Anspruch auf ein Hinterbliebenengeld, soweit er die Anspruchsvoraussetzungen erfüllt. In vielen Fällen fremdverursachter Tötung werden daher mehrere Hinterbliebene anspruchsberechtigt sein.

Ein Anspruch auf Hinterbliebenengeld setzt auch voraus, dass der Hinterbliebene infolge der Tötung seelisches Leid empfunden hat. Das Gesetz schränkt den Begriff des seelischen Leids bewusst nicht ein und sieht insbesondere kein Mindestmaß vor. In aller Regel wird das für den Anspruch vorausgesetzte besondere persönliche Näheverhältnis zum Getöteten indizieren, dass der Hinterbliebene infolge der Tötung seelisches Leid empfindet. Maßgebend ist die Intensität der tatsächlich gelebten sozialen Beziehung.

Nur bei einem Hinterbliebenen, der keine innere Beziehung zum Getöteten hatte oder aus besonderen Gründen dessen Tod nicht als Verlust empfindet, wird dies nicht der Fall sein. Und nur wenn der Hinterbliebene zwar seelisches Leid empfindet, dieses allerdings nicht aus der Tötung herrührt, kann es ausnahmsweise an der notwendigen Kausalität zwischen Tötung und seelischem Leid fehlen. In solchen Fällen hat der Anspruchsgegner die Möglichkeit, die Indizwirkung zu widerlegen.

Das Hinterbliebenengeld steht nur Hinterbliebenen zu, die zur Zeit der Verletzung noch zu dem Getöteten in einem besonderen persönlichen Näheverhältnis standen. Damit soll so weit wie möglich vermieden werden, dass diejenigen Hinterbliebenen, die zum Getöteten in einer formalen familienrechtlichen Beziehung nach Satz 2 standen, die Tatsachen, aus denen sich die Existenz eines besonderen persönlichen Näheverhältnisses ergibt, vor Gericht darlegen und gegebenenfalls auch noch beweisen müssen.

Die Vermutung kann vom Anspruchsgegner im Einzelfall widerlegt werden (§ 292 ZPO). Dies kann Fälle betreffen, in denen zwischen dem Getötetem und einem nach Satz 2 privilegierten Anspruchsteller nur noch ein formales familienrechtliches Band bestand, oder auch wenn die Ehegatten oder eingetragenen Lebenspartner getrennt lebten[510] und die Voraussetzungen des § 1933 BGB bzw. des § 10 Absatz 3 LPartG vorlagen. Nach diesen Vorschriften ist der überlebende Ehegatte bzw. Lebenspartner vom Erbrecht ausgeschlossen, wenn zur Zeit des Todes die Voraussetzungen für die Scheidung der Ehe oder Aufhebung der Lebenspartnerschaft gegeben waren und der Getötete die Scheidung der Ehe bzw. Aufhebung der Lebenspartnerschaft beantragt oder ihr zugestimmt hatte. In diesen Konstellationen wäre es nicht gerechtfertigt, dem überlebenden Ehegatten oder Lebens-

508 Chr. Huber, Initiative zur Einführung eines Trauerschmerzensgeldes in Deutschland, ZVR 2017, 214, 215.

509 Chr. Huber, a.a.O.

510 So hat das LG Traunstein, Urt. v. 11.02.2020 – 1 O 1047/19, unveröffentlicht, ein Näheverhältnis für widerlegt erachtet, wenn – bei Versterben der Ehefrau – die Partner sich bereits vier Jahre vor dem Unfall getrennt hatten, der Ehemann eine neue Beziehung eingegangen und der Scheidungsantrag bereits ein Jahr rechtshängig war.

partner einen Anspruch zu gewähren, wenn nicht ausnahmsweise zwischen ihm und dem Getöteten gleichwohl noch ein besonderes persönliches Näheverhältnis bestand. Es soll so vermieden werden, dass dem nur formal Angehörigen, der kein besonderes persönliches Näheverhältnis zu dem Getöteten mehr unterhielt, ein Anspruch auf Hinterbliebenengeld als unerwarteter Vorteil zukommt. Die Vermutung ist also z.B. widerlegt, wenn die »Beziehung zu den Getöteten gerade in den Jahren vor deren Tod als schwierig und nicht eng im Sinne eines regelmäßig gelebten persönlichen Kontakts und besonderen persönlichen Näheverhältnisses gestaltet hatte«[511].

Daneben sollen mit Blick auf heute gelebte verschiedene Familiensituationen (z. B. sog. »Patchwork«-Familien) auch Personen anspruchsberechtigt sein, die mit dem Getöteten nicht in einer formalen familienrechtlichen Beziehung standen. Dies kann der Fall sein, wenn zwischen dem Hinterbliebenen und dem Getöteten eine besondere, tatsächlich gelebte soziale Beziehung bestand, die in ihrer Intensität den in Satz 2 aufgeführten Beziehungen entspricht. Besteht keine formale familienrechtliche Beziehung, kann das Vorliegen eines besonderen persönlichen Näheverhältnisses allerdings nicht generell unterstellt werden, sondern muss dargelegt und gegebenenfalls bewiesen werden.

Es ist Aufgabe der Rechtsprechung, weiteren Personen einen Anspruch auf Hinterbliebenengeld zuzugestehen, wenn diese ein persönliches Näheverhältnis belegen können. Das könnte z.B. bei

– dem geschiedenen Ehepartner,
– dem Partner einer nichtehelichen Lebensgemeinschaft oder
– einem Verlobten

der Fall sein,[512] Die Gesetzesbegründung[513] nennt auch Stief- und Pflegekinder oder Geschwister. Diese Anspruchsteller müssen allerdings darlegen und beweisen, dass durch die Tötung des ihnen nahe stehenden Menschen seelisches Leid ausgelöst wurde, das eines Ausgleichs bedarf.[514] Indiziell kann hierfür etwa auf die Art und Qualität des Kontaktes oder auf das Bestehen eines Haushaltsverbunds abgestellt werden. So hat das LG München II[515] ein Näheverhältnis der Schwiegertochter zur Schwiegermutter angenommen, weil dem Familienband im nordafrikanischen Lebensraum, aus dem sowohl die Getötete als auch die Klägerin angehörten, erhebliche Bedeutung zukomme und die Klägerin, die der deutschen Sprache nicht mächtig war, auf Kommunikation mit arabisch sprechenden Verwandten angewiesen gewesen sei. Auch das OLG Koblenz[516] ordnet die Schwiegermutter (bei Tod der Schwiegertochter) als anspruchsberechtigt ein. Demgegenüber hat das LG Limburg ein Näheverhältnis zwischen den Ehegatten zweier Geschwister abgelehnt[517].

Die Frage, ob einem Nasciturus ein Hinterbliebenengeld zustehen kann, beantwortet sich nach den vorausgehenden Ausführungen fast von selbst. Allerdings sah sich das OLG München[518] veranlasst, zu dieser Frage eine Grundsatzentscheidung zu fällen. Der Erzeuger eines Kindes war vor dessen Geburt getötet worden. Die Anerkennung der Vaterschaft stand Infolgedessen noch aus.

Der Anspruch auf Hinterbliebenengeld wurde verneint, weil die Bestimmung des § 844 Abs. 3 BGB auf den Nasciturus keine Anwendung finde. Vor der Geburt habe der Nasciturus keinen Scha-

511 BGH, Beschl. v. 18.05.2020 – 6 StR 48/20, unveröffentlicht.

512 Zwickel, Schockschaden und Angehörigenschmerzensgeld ..., NZV 2015, 214, 216.

513 BT-Drucks. 18/11397, S. 13.

514 Rechtsvergleich: Enger ist der Kreis der Berechtigten z.B. im englischen Recht. Kindern steht beim Verlust der Eltern kein Trauerschmerzensgeld zu, ebenso wenig Eltern verheirateter oder volljähriger Kinder. Weiter ist der Kreis der Berechtigten im französischen, belgischen, italienischen und griechischen Recht. Hier können entferntere Angehörige berechtigt sein. Vgl. Graziano, Angehörigen- oder Trauerschmerzensgeld ... a.a.O., S. 559.

515 LG München II, Urt. v. 17.05.2019 – 12 O 4540/18, SVR 2020, 274.

516 OLG Koblenz, Urt. v. 21.12.2020 – 12 U 711/20, MDR 2021, 168.

517 LG Limburg, Urt. v. 22.03.2019 – 2 O 177/18, SVR 2020, 346: Der Vortrag, »viel gemeinsame Zeit verbracht und große Teile der Freizeitgestaltung und des familiären Alltags gemeinsam begangen zu haben«, genügte zur Darlegung eines Näheverhältnisses nicht.

518 OLG München, Urt. v. 05.08.2021 – 24 U 5354/20, unveröffentlicht.

den erlitten und vor der Geburt fehle es an einem Näheverhältnis des Nasciturus zu seinen Eltern, möglicherweise sei das aus Sicht der Eltern anders, wie die Entscheidung des OGH[519] zeige. Die Erwartung, dass sich ein solches Verhältnis nach der Geburt entwickelt hätte, könne angesichts der Festlegung des Gesetzgebers auf das Bestehen des Näheverhältnisses zur Zeit der Verletzung nicht berücksichtigt werden, damit auch nicht das Leid des Kindes, das ohne Vater aufwachse.

Die Bestimmung sei auch nicht analog anzuwenden. Den Gegenstimmen aus der Literatur folgt der Senat nicht.

V. Ist der Betrag des Hinterbliebenengeldes im Gesetz vorzusehen oder kann die Bemessung den Gerichten überlassen werden?[520] Reichen Hinweise auf die Rechtsprechung zum Schockschaden als Anhaltspunkte oder Obergrenzen aus?

Die Höhe des Hinterbliebenengeldes ist im Gesetz nicht geregelt. Selbst die Oktave, innerhalb derer 246
sich die Gerichte bewegen sollen, bleibt unbestimmt.[521] Das Gesetz überantwortet die Entscheidung über die Höhe den Gerichten.

Die Ablehnung von Pauschalen führe zu einem systemkonformen weiten richterlichen Ermessensspielraum, § 287 ZPO. Die im Rahmen der Schockschadens-Rechtsprechung zugesprochenen Beträge sollen einen gewissen Anhaltspunkt bieten können.[522]

1. Schmerzensgeldbemessung nach der Rechtsprechung zum Schockschaden

Die Auffassung »und das ist gut so«,[523] deckt sich nicht mit den Erkenntnissen der Verfasser. Schon 247
die im Entwurf des Bayerischen Staatsministeriums der Justiz und im Entwurf der Fraktionen der Koalitionsparteien **aufgezeigten Schmerzensgeldbeträge von durchschnittlich 5.000 € bis 10.000 €**, die von den Gerichten als Schockschadens-Schmerzensgeld ausgeurteilt worden sein sollen, sind **realitätsfern**, vgl. 7 b) cc). Viele Sachverhalte, die den Entscheidungen zum Schockschaden zugrunde liegen, sind vom Verletzungsbild zwar vergleichbar, nicht aber zur Höhe der zuerkannten Beträge. Keine der zuvor aufgeführten Entscheidungen begründet die Höhe des Schmerzensgeldes durch einen Vergleich mit anderen Entscheidungen zum Schmerzensgeld bei einem Schockschaden, so wie es in der Schmerzensgeld-Rechtsprechung üblich sein sollte, aber tatsächlich nicht ist.[524] Maßgeblich für die Rechtsprechung muss das sog. Schmerzensgeldgefüge sein, wie es sich allgemein in der Rechtsprechung herausgebildet hat. Für die Schmerzensgeldbemessung gilt der allgemeine Grundsatz, dass für vergleichbare Verletzungen annähernd gleiche Schmerzensgeldbeträge zu gewähren sind.[525] Es ist hier nicht der Ort, das Versagen der Rechtsprechung bei der Begründung der Höhe der (Nicht)-Zuerkennung angemessener Schmerzensgeldbeträge, zu diskutieren. Die im Gesetzgebungsverfahren wiederholt geäußerte Erwartung, die Gerichte würden es schon richten, ist blauäugig. Das gilt auch für die Stellungnahme des Deutschen Richterbundes,[526] der meint, die Rechtsprechung sei, wie die Entwicklung der Schmerzensgeldrechtsprechung zeige, ohne Weiteres in der Lage, im Laufe der Zeit selbst angemessene und weithin akzeptierte Bemessungskriterien zu entwickeln, die – jedenfalls auf längere Sicht – auch die erforderliche Rechtssicherheit schaffen würden. Wieso der Deutsche Richterbund vorgibt, dies sei der Schmerzensgeldrechtsprechung gelungen, ist nicht nachvollzieh-

519 OGH 1 Ob 114/16w – abrufbar unter https://rdb.manz.at/document/ris.just.JJT_20160830_OGH0002_0010OB00114_16W0000_000.
520 Graziano, Angehörigen- oder Trauerschmerzensgeld – die Würfel fallen, RIW 2015, 551.
521 Wagner, Auf dem Weg zum Angehörigenschmerzensgeld, Editorial NJW-aktuell 5/2017.
522 Zwickel, Schockschaden und Angehörigenschmerzensgeld ..., NZV 2015, 214, 216.
523 Chr. Huber, NZV Editorial 2017.
524 Jaeger/Luckey, Schmerzensgeld, 8. Aufl. 2016 Rn. 1046 ff., 1052.
525 BGH, VersR 1970, 281; OLG Frankfurt, NJW-RR 1990, 990; OLG Hamm, NJW-RR 1993, 537; KG, NJW-RR 2003, 24.
526 Deutscher Richterbund, Stellungnahme Nr. 4/17, a.E.

bar. Das Gegenteil ist der Fall. Die Höhe des Schmerzensgeldes ist nicht prognostizierbar, jede Prognose, welches Schmerzensgeld ein Gericht im Einzelfall für angemessen halten wird, ist unsolide.

Natürlich sind in erster Linie Richter für unzureichend bemessene Schmerzensgelder und für die meist fehlenden Begründungen zur Höhe verantwortlich. Ein ganz wesentlicher Faktor zur Herbeiführung eines angemessenen Schmerzensgeldes liegt jedoch auch darin, wie genau der Anwalt des Verletzten den Streitstoff aufbereitet hat. Verweist er lediglich auf Entscheidungssammlungen, ohne die Entscheidungen zu benennen, sie zu analysieren und genauestens vorzutragen, wie stark die Leiden des Verletzten waren und sind, wie sie sich auf die tägliche Lebensgestaltung auswirken, welche Einschränkungen konkret entstanden sind, und wieso sich das begehrte Schmerzensgeld aus den vergleichbaren Entscheidungen ableiten lässt, versagt der Anwalt des Verletzten, weil er das Gericht nicht zur Begründung der Höhe des Schmerzensgeldes zwingt. Zu einem Antrag auf Schmerzensgeld für einen Schockschaden muss ein genauer Vortrag hinzukommen, ab wann und wie oft der Angehörige sich einer psychiatrischen Behandlung unterzogen hat und inwieweit sein Leben täglich beeinträchtigt wurde und wird. Es ist darzulegen, inwieweit die psychische Belastung Auswirkungen auf die Lebensführung hatte und hat. Geschieht dies nicht, ergibt sich eine fatale Kettenreaktion zulasten des Verletzten.[527]

2. Hinterbliebenengeld

248 Sind die Voraussetzungen des § 844 Absatz 3 BGB erfüllt, besteht ein Anspruch auf Zahlung einer angemessenen Entschädigung in Geld. Das Gesetz gibt Ziel und Zweck des Hinterbliebenengeldes vor: Es soll für das zugefügte seelische Leid geleistet werden. Bewertungen des verlorenen Lebens oder des Verlustes des besonders nahestehenden Menschen können nicht in die Bemessung einfließen. Diesen Verlust soll das Hinterbliebenengeld nicht ausgleichen. Für die Bestimmung der Anspruchshöhe sind Erwägungen der Angemessenheit anzustellen, § 287 der Zivilprozessordnung ist anzuwenden. Die Höhe des Schmerzensgeldes bei Schockschäden und die insoweit von der Rechtsprechung entwickelten Grundsätze sollen nach der Vorstellung des Gesetzgebers eine gewisse Orientierung geben. Dabei ist allerdings zu berücksichtigen, dass der Anspruch auf Hinterbliebenengeld, anders als das Schmerzensgeld für Schockschäden, gerade keine außergewöhnliche gesundheitliche Beeinträchtigung voraussetzt.

Für die Bemessung des Hinterbliebenengeldes sollen die für die Bemessung des Schmerzensgeldes üblichen Faktoren maßgeblich sein, nämlich die Tatumstände:
- Das Leid des Hinterbliebenen, ohne dass es auf die Intensität ankommen sollte, denn jeder Hinterbliebene, der überhaupt Trauer und Leid empfindet, soll das Hinterbliebenengeld erhalten;
- die Schwere der Schuld,
- die Mitverantwortung des Getöteten,
- die wirtschaftlichen Auswirkungen für die Angehörigen,
- das Regulierungsverhalten des Zahlungspflichtigen, wenn es das seelische Leid vergrößert hat,[528] und
- die Betriebsgefahr.

Der BGH[529] hat für die Bemessung des Hinterbliebenengeldes weitgehend auf die Judikatur zur Schmerzensgeldbemessung rekurriert und ausgeführt:

> »Wie das Berufungsgericht weiter zutreffend angenommen hat, sind bei der Bemessung der Hinterbliebenenentschädigung ähnlich wie beim Schmerzensgeld sowohl der Ausgleichs- als auch der Genugtuungsgedanke zu berücksichtigen. Die Entschädigung soll dem Hinterbliebenen einen gewissen Ausgleich bieten für die seelischen Beeinträchtigungen, die durch den Tod einer geliebten Person eintreten; auch

527 Höke, Die Schmerzensgelddiskussion in Deutschland: Bestandsaufnahme und europäischer Vergleich, NZV 2014, 1 f., 3.
528 Zwickel, Schockschaden und Angehörigenschmerzensgeld, NZV 2015, 214, 216.
529 BGH, Urt. v. 06.12.2022 – VI ZR 73/21, VersR 2023, 256 = FamRZ 2023, 401.

wenn ein echter Ausgleich nicht möglich ist, soll mit der Entschädigung das mit dem Verlust des Angehörigen verbundene seelische Leid wenigstens gelindert werden. Zugleich soll die Hinterbliebenenentschädigung aber auch dem Gedanken Rechnung tragen, dass der Schädiger dem Hinterbliebenen für das, was er ihm durch die Herbeiführung des Todes einer geliebten Person angetan hat, Genugtuung schuldet.

(...)

Vor dem Hintergrund dieser Erwägungen sind maßgebend für die Höhe der Hinterbliebenenentschädigung im Wesentlichen die Intensität und Dauer des erlittenen seelischen Leids und der Grad des Verschuldens des Schädigers. Wie das Berufungsgericht zu Recht angenommen hat, lassen sich dabei aus der Art des Näheverhältnisses, der Bedeutung des Verstorbenen für den Anspruchsteller und der Qualität der tatsächlich gelebten Beziehung indizielle Rückschlüsse auf die Intensität des seelischen Leids ableiten.«

Die Betroffenheit weiterer Familienangehöriger kann ebenfalls zu berücksichtigen sein, wenn sie den Anspruchsteller in besonderer Art und Weise belastet und dadurch die Intensität und Dauer ihres eigenen seelischen Leids mitgeprägt wird[530].

Ein mitwirkendes Verschulden des Getöteten ist nach § 846 BGB bei der Geltendmachung eines Anspruchs auf Hinterbliebenengeld zu berücksichtigen. Gleiches gilt für eine von dem Getöteten zu verantwortende Betriebsgefahr. Es gelten für den Anspruch im Übrigen die Regelungen zur Deliktsfähigkeit (§§ 827, 828 BGB) und zur Gesamtschuld (§ 840 BGB). Der Anspruch ist nicht höchstpersönlich, sondern übertragbar und vererbbar. Anwendung finden die für Schadensersatzansprüche geltenden Verjährungsregelungen: Der Anspruch auf Hinterbliebenengeld verjährt nach § 197 Absatz 1 Nummer 1 BGB bei einer vorsätzlichen Tötung oder bei Tod nach einer vorsätzlichen Körperverletzung nach 30 Jahren. Im Übrigen gilt für Hinterbliebenengeldansprüche die dreijährige Regelverjährung nach § 195 BGB und die dreißigjährige Höchstverjährungsfrist nach § 199 Absatz 2 BGB.

3. Geldentschädigung bei Verletzung der Menschenrechte, wenn es um eine staatliche Mitverantwortung für den Todesfall geht.

Soweit der Anspruch auf Hinterbliebenengeld im Rahmen von Amtshaftungsansprüchen nach § 839 BGB i.V.m. Artikel 34 GG geltend gemacht wird, kann die Rechtsprechung des Europäischen Gerichtshofs für Menschenrechte zu berücksichtigen sein. Wenn es um eine mögliche staatliche Mitverantwortung für den Todesfall geht, muss nahen Angehörigen eines Getöteten eine Geldzahlung in angemessener Höhe für das ihnen aus dem Todesfall entstandene Leid verschafft werden.[531] 249

VI. Darf die Höhe des Hinterbliebenengeldes von den Vermögensverhältnissen des/der Hinterbliebenen abhängen?[532]

Dazu schweigt die Begründung des Gesetzentwurfs. Die Frage wurde gestellt von **Müller.**[533] Es fällt auf, dass die frühere Vorsitzende des VI. Zivilsenats des BGH den Sinngehalt des Gesetzes mit Blick darauf infrage stellt, ob Beträge in der vom Gesetzgeber vorgestellten Größenordnung tatsächlich persönliches Leid lindern und damit der Zweck der Regelung erreicht werden kann. Dies sei eine Frage des Einzelfalles, die nicht nur von der inneren Einstellung, sondern auch von den *Vermögensverhältnissen des Hinterbliebenen* abhängen dürfte. 250

---

530 BGH, Urt. v. 23.05.2023 – VI ZR 161/22, VersR 2023, 1036 = MDR 2023, 908, für eine Tochter, die nach dem Unfalltod des Vaters den autistischen und sehr auf den Vater bezogenen Bruder betreuen musste, der massiv verhaltensauffällig wurde.

531 EGMR, Urt. v. 13.03.2012, Reynolds./. Großbritannien, Nr. 2694/08, Rn. 60 ff. m.w.N.; EGMR, Urt. v. 17.03.2005, Bubbins./. Großbritannien, Nr. 50196/99, Rn. 166 ff.; EGMR, Urt. v. 3.04.2001, Keenan./. Großbritannien, Nr. 27229/95, Rn. 125 ff.

532 Müller, Stellungnahme a.a.O. S. 8 = Müller, Der Anspruch auf Hinterbliebenengeld, VersR 2017, 321.

533 Müller, Stellungnahme a.a.O. S. 8, Zusammenfassung a.E = Müller, Der Anspruch auf Hinterbliebenengeld, VersR 2017, 321.

1. Bedeutung der Vermögensverhältnisse beim Schmerzensgeld

251 Die Vermögensverhältnisse der Beteiligten haben bei der Bewilligung von Schmerzensgeld in der Vergangenheit kaum einmal eine Rolle gespielt. Lediglich der 2. Strafsenat des BGH hatte in jüngster Zeit die Berücksichtigung der Vermögensverhältnisse der Beteiligten, insbesondere eines Angeklagten, infrage gestellt, wenn es um die Entscheidung von Adhäsionsanträgen von Verletzten auf Zahlung eines Schmerzensgeldes im Strafverfahren ging. Die Vereinigten Großen Senate des BGH haben daraufhin an der Rechtsprechung des Großen Zivilsenats aus dem Jahr 1955 festgehalten und erkannt, dass bei der Bemessung des Schmerzensgeldes die Vermögensverhältnisse der Beteiligten (nur dann) eine Rolle spielen könnten, wenn dazu Veranlassung bestehe.

2. Wirtschaftliche Verhältnisse von Hinterbliebenen

252 Auf die Vermögensverhältnisse der Hinterbliebenen kann bei der Bemessung der Entschädigung jedoch nicht abgestellt werden, denn schon das RG hat festgestellt, dass eine Entschädigung nicht deshalb höher ausfallen darf, weil ein reicher Mann ansonsten bei dem üblichen niedrigeren Schmerzensgeld keine Genugtuung empfinden würde Das gilt entsprechend, wenn der Hinterbliebene vermögenslos ist. Dies ist kein Grund dafür, dass ein Hinterbliebenengeld höher ausfallen dürfte. Entsprechend sind m Rahmen der umfassenden Würdigung aller Umstände des Einzelfalls die wirtschaftlichen Verhältnisse des Hinterbliebenen bei der Bemessung des Hinterbliebenengeldes nur dann zu berücksichtigen, wenn sie sich auf seine seelische Verfassung in prägender Weise ausgewirkt haben[534].

3. Wirtschaftliche Verhältnisse des Schädigers

253 Die wirtschaftlichen Verhältnisse des Schädigers dürften ohnehin in der Regel keine Rolle spielen. In Fällen der Gefährdungshaftung ist der Schädiger meist versichert. Nur in Fällen der Tötung durch eine Straftat bestünde Veranlassung, die wirtschaftlichen Verhältnisse des Täters in den Blick zu nehmen. Handelt dieser vorsätzlich, wird von den Hinterbliebenen jedes Mitleid des Gerichts über die finanzielle Belastung des Täters als Hohn empfunden werden.[535] Bei Fahrlässigkeit spielen unzureichende wirtschaftliche Verhältnisse des Verantwortlichen schon deshalb letztlich keine Rolle, weil dieser die Möglichkeit hat, einen Insolvenzantrag zu stellen und sich dadurch nach einigen Jahren von einer ihn bedrückenden Verpflichtung (teilweise) zu befreien.

4. Zwischenergebnis

254 Die eingangs gestellte Frage ist deshalb eindeutig dahin zu beantworten, dass das Hinterbliebenengeld, wie ein Schmerzensgeld, nach billigem Ermessen festzusetzen ist, in der Regel ohne auf die wirtschaftlichen Verhältnisse der Beteiligten einzugehen.

Eine andere Beurteilung kommt auch nicht unter dem Gesichtspunkt in Betracht, dass die wirtschaftlichen Auswirkungen der Tötung für die Hinterbliebenen besonders belastend sind.[536] Ist der Verantwortliche leistungsfähig, muss er auch für die wirtschaftlichen Folgen der Tat einstehen. Fehlt die Leistungsfähigkeit, hilft es den Hinterbliebenen auch in diesem Fall nicht, wenn der Betrag des Hinterbliebenengeldes hoch ausfällt, weil der Verursacher in der Regel durch Inanspruchnahme einer Restschuldbefreiung die Möglichkeit hat, die Verpflichtung zur Zahlung eines Hinterbliebenengeldes demnächst in eine Naturalobligation umzuwandeln.

534 BGH, Urt. v. 23.05.2023 – VI ZR 161/22, VersR 2023, 1036 = MDR 2023, 908.
535 Jaeger, Die Schmerzensgeldklage im Adhäsionsverfahren, VersR 2017, 449.
536 Zwickel, Schockschaden und Angehörigenschmerzensgeld …, NZV 2015, 214, 216.

Das LG Tübingen.[537] sprach in einer der ersten Entscheidungen zum Hinterbliebenengeld den Hinterbliebenen eines tödlich verunglückten 60 Jahre alten verheirateten 4-fachen Familienvater folgende Beträge zu: 255

Ehefrau:	12.000 €
Jedem der 4 Kinder:	7.500 € und dem
Bruder des Verstorbenen	5.000 €.

Die Begründungen der Entscheidung sind keineswegs alle zutreffend[538], jeder Anwalt, der Hinterbliebenengeld einklagt, muss diese Entscheidung aber kennen und je nach der Besonderheit seines Falles dagegen oder mit ihr[539] argumentieren.[540] Auch hier kannte der Klägeranwalt den Anspruch auf Hinterbliebenengeld nicht, denn er hatte »Schmerzensgeld« eingeklagt.

Inzwischen sind weitere Entscheidungen zum Hinterbliebenengeld ergangen, die im Entscheidungsteil zum Stichwort »Tod – Hinterbliebenengeld« genannt sind.

VII. In welchem Verhältnis stehen der Anspruch auf Hinterbliebenengeld und auf Schmerzensgeld nach einem Schockschaden?

In der Begründung zum Gesetzentwurf[541] heißt es dazu, dass der Ersatz des Schockschadens dem Hinterbliebenengeld vorgehe, bzw. das Hinterbliebenengeld im Schmerzensgeld für den Schockschaden aufgehe, wenn sowohl die Voraussetzungen auf Ersatz eines Schockschadens nach § 823 Absatz 1 in Verbindung mit 253 Absatz 2 BGB als auch die Voraussetzungen nach § 844 Absatz 3 BGB vorliegen. Allerdings soll der Anspruch auf Hinterbliebenengeld nicht dazu führen, dass ein (weitergehender) Anspruch auf Erstattung des Schockschadens – bei Vorliegen der Voraussetzungen – ausgeschlossen wäre. 256

1. Rechtsnatur von Schockschaden-Schmerzensgeld und Hinterbliebenengeld

Die Vorstellung, dass das Hinterbliebenengeld in der Entschädigung für den Schockschaden aufgehe, ergibt sich nicht aus dem Gesetz selbst. Als Teil der Begründung in der (tatsächlich nur formal durchgeführten) 2. und 3. Lesung des Deutschen Bundestages ist die Vorstellung des Gesetzgebers unverbindlich. Sie ist auch nicht durchdacht. Die Gedankenführung ist unschlüssig.[542] 257

Bei einem Schockschaden geht es um eine Gesundheitsverletzung, also um etwas grundlegend anderes, als bei dem mit dem Hinterbliebenengeld als Leistung für anzuerkennende Trauer und Leid des Hinterbliebenen, das gerade nicht zu einer Körperverletzung geführt hat.[543] Wer einen Schockschaden erleidet, hat einen Anspruch auf ein Schmerzensgeld, es liegt eine Gesundheitsbeschädigung des Angehörigen vor, die diesem einen eigenen Anspruch gegen den Verantwortlichen gibt. Da bei der Verletzung der Gesundheit ein Anspruch auf Ersatz des immateriellen Schadens besteht, daneben aber auch ein **materieller Schaden** entstanden sein kann, der ebenfalls zu ersetzen ist, ist schon

537 LG Tübingen, Urt. v. 17.05.2019 – 3 O 108/15, unveröffentlicht.

538 So wird etwa bei den Kindern ausgeführt, es sei ohne Relevanz, ob diese noch im elterlichen Haushalt gewohnt hätten oder nicht – mit der immerhin nachvollziehbaren Begründung, es sei den Kindern nicht vermittelbar, warum diejenigen von ihnen, die bereits ausgezogen waren, nun weniger für den gleichen Verlust erhalten sollten.

539 Immerhin hat das LG die Mindestbetragsvorstellungen durchweg deutlich überschritten.

540 Zum Hinterbliebenengeld vgl. auch G. Müller, Der Personenschaden im Wandel von Rechtsprechung und Gesetzgebung, ZfS 2019, 247 ff. und 304 ff. (307 ff.).

541 E S. 8 Abs. 3.

542 Stellungnahme des Deutschen Anwaltsvereins durch den Ausschuss Zivilrecht und Verkehrsrecht zur Bundesratsdrucksache 127/17, Stand 09.02.2017, S. 3.

543 Stellungnahme des Deutschen Anwaltsvereins, a.a.O.

der Ausgangspunkt unzutreffend. Gemeint sein dürfte, dass der Anspruch auf Hinterbliebenengeld nicht neben einem Schmerzensgeldanspruch für einen Schockschaden bestehen soll.

Aber auch diese Aussage findet im Gesetz selbst keine Stütze.

Wer einen Schockschaden erleidet, hat einen Schmerzensgeldanspruch, weil seine Gesundheit verletzt wurde. Dieser Anspruch ergibt sich aus § 253 BGB, eine Norm, die durch das Gesetz nicht geändert wurde.

2. Hinterbliebenengeld ist kein Schmerzensgeld

258 Der Anspruch auf Hinterbliebenengeld ist kein Schmerzensgeldanspruch. Das Hinterbliebenengeld soll ausdrücklich keinen Gesundheitsschaden ausgleichen, sondern helfen, Trauer und seelisches Leid zu lindern. Auch wer einen Schockschaden erleidet, empfindet daneben Trauer und seelisches Leid und erleidet darüber hinaus einen Gesundheitsschaden. Diese Beeinträchtigungen sind nicht identisch, ja sie sind meist nicht einmal vergleichbar.

Auf diese Besonderheiten hat auch Müller[544] hingewiesen, insbesondere darauf, dass der Schockschaden sowohl materielle als auch immaterielle Ansprüche umfassen kann, sodass im Prinzip Ansprüche auf Schockschadens-Schmerzensgeld und Hinterbliebenengeld gleichzeitig bestehen können.

3. Neue, andere Anspruchsgrundlage

259 Müller meint zwar, dass die Begründung des Gesetzentwurfs klarstelle, dass nicht zusätzlich zu einem auf Schockschaden beruhenden Schmerzensgeld noch ein Hinterbliebenengeld verlangt werden könne. Das ist aber vor dem Deutschen Bundestag anders beraten worden. **Fechner** spricht in seiner Stellungnahme, die er in der 221. Sitzung des Deutschen Bundestages[545] zu Protokoll gereicht hat, eindeutig von einer **neuen selbstständigen Anspruchsgrundlage**, die für das Hinterbliebenengeld **geschaffen** werden soll. Nirgends ist die Rede davon, dass nur der Angehörige das Hinterbliebenengeld erhalten soll, der keinen eigenen Gesundheitsschaden zusätzlich erlitten hat. Im Gegenteil, Fechner stellt klar, er hoffe und erwarte, dass die Höhe des Hinterbliebenengeldes sich eigenständig und unabhängig vom Schmerzensgeld (für Schockschäden), entwickele und dass die Rechtsprechung zu höheren Beträgen komme.

a) Soll das Hinterbliebenengeld höher sein als das Schockschaden-Schmerzensgeld?

260 Der Gesetzgeber hat Vorstellungen zur Höhe des Hinterbliebenengeldes in die Begründung des Entwurfs hineingenommen. Er geht davon aus, dass von den Gerichten zur Entschädigung eines Schockschadens derzeit durchschnittlich 10.000 € zugesprochen werden.

Auch im Entwurf des Bayerischen Staatsministeriums der Justiz vom 02.01.2015 ist von einem durchschnittlichen Schmerzensgeld für Schockschäden in Höhe von 5.000 € bis 10.000 € und davon die Rede, dass es sich bei einem Schockschaden um einen extremen Schadensfall handele. Deshalb sei davon auszugehen, dass die »normalen« Angehörigenschmerzensgelder unterhalb dieser Beträge festgesetzt würden, zudem vielfach ein Mitverschulden des Getöteten vorliegen würde, sodass eine durchschnittliche Entschädigung von 7.500 € zugrunde gelegt werden könne.[546]

---

544 Müller, Stellungnahme a.a.O. S. 6 = Müller, Der Anspruch auf Hinterbliebenengeld, VersR 2017, 321.

545 221. Sitzung des Deutschen Bundestages vom 09.03.2017, Plenarprotokoll 18/221, 22195.

546 Entwurf eines Gesetzes zur Verbesserung der zivilrechtlichen Rechtsstellung der Angehörigen von Unfallopfern, vorgelegt vom Bayerische Staatsministerium der Justiz, Begründung S. 10, 11; Zu den Kosten der Einführung eines Schmerzensgeldes für Angehörige vgl. Pflüger, Schmerzensgeld für Angehörige, 2005, S. 329 ff.

Daraus folgert Müller,[547] aus diesem Kontext ließen sich insoweit Schlüsse auf die Höhe des Hinterbliebenengeldes ziehen, als dieses **im Regelfall niedriger** ausfallen müsse als ein Schockschaden-Schmerzensgeld, das neben dem seelischen Leid auch den Gesundheitsschaden von Krankheitswert entschädige. Diese Schlussfolgerung werde aber dadurch infrage gestellt, dass der Entwurf unter dem Stichwort »weitere Kosten« mit einem Hinterbliebenengeld in Höhe von 10.000 € kalkuliere und dabei von der Entschädigung für einen Schockschaden ausgehe. Es sei darauf hingewiesen, dass diese Aussage, dass das Schmerzensgeld für einen Schockschaden neben dem seelischen Leid auch den Gesundheitsschaden von Krankheitswert entschädige, nicht zutrifft. Das Schmerzensgeld für einen Schockschaden wird nur gewährt und bemessen nach dem Gesundheitsschaden des Angehörigen, nicht aber »auch« als Entschädigung für dessen seelisches Leid. Letzteres wird nach der Rechtsprechung des BGH beim einfachen Schockschaden gerade nicht entschädigt; Schmerzensgeld erhält der Angehörige nur bei einem schweren Schockschaden, wenn eine Gesundheitsverletzung vorliegt.

b) Das Schmerzensgeld für einen Schockschaden nach dem Tod eines Angehörigen beträgt in der Regel nicht 10.000 €

Obwohl der in den Entwürfen genannte Betrag von 10.000 € für einen Schockschaden durch die 261
Rechtsprechung nicht gedeckt ist, beanstandet Müller dies nicht.

- Einem Ehemann wurden nach dem Unfalltod der getrennt lebenden Ehefrau 3.000 € zuerkannt.[548]
- Eine Antragstellerin erhielt nach dem durch einen Behandlungsfehler verursachten Tod des Lebensgefährten Prozesskostenhilfe für eine Schmerzensgeldklage über 5.000 €.[549]
- Einer Ehefrau wurden nach dem Tod des Ehemannes, der in der Türkei beim Sturz von einem Balkon tödlich verletzt wurde, 6.500 € zugesprochen.[550]
- Der Lebensgefährtin des bei einem Verkehrsunfall getöteten Partners, die selbst bei dem Verkehrsunfall Verletzungen erlitt, wurden insgesamt 9.200 € zuerkannt.[551]
- Ein Schmerzensgeld von 10.000 € € für einen Schockschaden nach dem Tod eines Angehörigen gab es in wenigen Fällen z.B.
- LG Dortmund[552] 2005, für Eltern nach dem Tod des 14 Jahre alten Sohnes durch Ertrinken;
- OLG Oldenburg[553] ebenfalls nach dem Tod des 22 Jahre alten Sohnes durch Ertrinken. Höheres Schmerzensgeld wurde zuerkannt bei dem Tod einer Tochter durch einen Verkehrsunfall, 15.000 €[554] und
- Schock nach dem Tod des 11 Jahre alten Kindes bzw. Bruders, je 20.000 €,[555]

---

547 Müller, Stellungnahme a.a.O. S. 6 = Müller, Der Anspruch auf Hinterbliebenengeld, VersR 2017, 321; ebenso Bischoff, Das »neue« Hinterbliebenengeld – Grundlagen der Entschädigung für seelisches Leid von Nahestehenden, MDR 2017, 739 ff., 741.

548 OLG Karlsruhe, Urt. v. 18.10.2011 – 1 U 28/11, VersR 2012, 456 = DAR 2012, 20 = NZV 2012, 41; Jaeger/Luckey, Schmerzensgeld, 8. Aufl. 2016, E 1797.

549 OLG Köln, Beschl. v. 16.09.2010 – 5 W 30/10, GesR 2011, 156; Jaeger/Luckey, Schmerzensgeld, 8. Aufl. 2016, E 1799.

550 OLG Köln, Urt. v. 18.12.2006 – 16 40/06, RRa 2007, 65; Jaeger/Luckey, Schmerzensgeld, 8. Aufl. 2016, E 1802.

551 LG Paderborn, Urt. v. 24.11.2011 – 3 O 230/11, unveröffentlicht; Jaeger/Luckey, Schmerzensgeld, 8. Aufl. 2016, E 1804.

552 LG Dortmund, Urt. v. 24.06.2005 – 3 O 170/04, Jaeger/Luckey, Schmerzensgeld, 5. Aufl. 2010, E 1929.

553 OLG Oldenburg, Urt. v. 08.03.2016 – 13 U 69/15, Jaeger/Luckey, Schmerzensgeld, 10. Aufl. 2020, E 1961.

554 OLG Frankfurt, Urt. v. 19.07.2012 – 1 U 32/12, NJW-RR 2013, 140 = VRR 2012, 466 mit Anm. Luckey; Jaeger/Luckey, Schmerzensgeld, 8. Aufl. 2016, E 1809.

555 LG Köln, Urt. v. 17.03.2005 – 8 O 264/04, NJW-RR 2005, 704; Jaeger/Luckey, Schmerzensgeld, 8. Aufl. 2016, E 1810.

- posttraumatische Belastungsstörungen nach der Ermordung des Vaters, 25.000 €[556] und
- nach dem gleichzeitigen Tod von drei Kindern für die Eltern 35.000 € bzw. 20.000 €.[557]

c) Die Rechtsprechung gibt für ein Regelschmerzensgeld von 10.000 € für Schockschäden nach dem Tod eines Angehörigen nichts her, wohl aber für Schmerzensgeldbeträge, die deutlich darüber hinausgehen.

262 Die Fälle zeigen, dass die Annahme in den Entwürfen und in den Stellungnahmen zum Gesetz-Entwurf, von den Gerichten würden zur Entschädigung eines Schockschadens derzeit durchschnittlich 5.000 € bis 10.000 € zugesprochen einfach unzutreffend ist. Den Betroffenen wird – ein meist – geringeres Schmerzensgeld gewährt.[558]

Die Begründung des Gesetzes zur voraussichtlichen Höhe des Hinterbliebenengeldes steht daher auf sehr schwachen Füßen.

263 Der BGH[559] hat zur Höhe und zur Abgrenzung des Hinterbliebenengeldes zum Schockschaden Stellung genommen:

> »Der in dem Gesetzentwurf der Fraktionen der CDU/CSU und SPD genannte Betrag in Höhe von 10.000 € (BT-Drucks. 18/11397, S. 11) bietet eine Orientierungshilfe für die Bemessung der Hinterbliebenenentschädigung, von der im Einzelfall sowohl nach unten als auch nach oben abgewichen werden kann. Er stellt keine Obergrenze dar.
>
> Die Einführung eines Anspruchs auf Hinterbliebenengeld diente dem Zweck, den Hinterbliebenen für immaterielle Beeinträchtigungen unterhalb der Schwelle einer Gesundheitsverletzung einen Anspruch auf angemessene Entschädigung in Geld einzuräumen. Der dem Hinterbliebenen im Einzelfall zuerkannte Betrag muss deshalb im Regelfall hinter demjenigen zurückbleiben, der ihm zustände, wenn das von ihm erlittene seelische Leid die Qualität einer Gesundheitsverletzung hätte.«

Ganz anders sieht Lang[560] die Bedeutung des im Gesetzgebungsverfahren genannten Durchschnittsbetrages. Er meint, nach dem Willen des Gesetzgebers müsse der Betrag des Hinterbliebenengeldes immer unter 10.000 € liegen.

Daraus folgt zugleich, dass die Vorstellung, als Hinterbliebenengeld sollten in der Regel 10.000 € gezahlt werden, völlig unrealistisch ist, zumal nicht gesagt wird, ob der Betrag als Anhaltspunkt oder als Obergrenze gedacht ist. Wenn »nur« Trauer, Niedergeschlagenheit und seelisches Leid gelindert, entschädigt (nicht etwa ausgeglichen) werden sollen, damit Angehörige in die Lage versetzt werden, sich gewisse Annehmlichkeiten verschaffen können, um auf andere Gedanken zu kommen, kann ein Hinterbliebenengeld gemessen an der Rechtsprechung zum Schockschaden nur einen kleinen Bruchteil von 10.000 € betragen.

264 Es ist allerdings nicht leicht, beim Hinterbliebenengeld den Betrag von 10.000,00 € deutlich zu überschreiten. In einer insgesamt unbefriedigenden Entscheidung hat das OLG Celle[561] einem Vater nach Verlust eines minderjährigen Kindes ein Hinterbliebenengeld von 15.000,00 € zuerkannt, nachdem es einen Schockschaden des Klägers trotz behandlungsbedürftiger Anpassungsstörungen verneint hatte. Wäre die Entscheidung nach der Änderung der Rechtsprechung des BGH zum Schockschaden ergangen, hätte das OLG Celle mit Sicherheit einen Schockschaden bejaht und hätte sich für die Begründung des Betrages zum Hinterbliebenengeld nicht derart verbiegen müssen.

---

556 LG Bochum, Urt. v. 08.12.2005 – 8 O 506/05, unveröffentlicht; Jaeger/Luckey, Schmerzensgeld, 8. Aufl. 2016, E 1811.
557 OLG Nürnberg, Urt. v. 01.08.1995 – 3 U 468/95, zfs 1995, 370 = r + s 1995, 384 = DAR 1995, 447 .
558 Slizyk, Beck'sche Schmerzensgeldtabelle 2017, S. 158.
559 BGH, Urt. v. 06.12.2022 – VI ZR 73/21, VersR 2023, 256 = FamRZ 2023, 401.
560 Lang, Das neue Hinterbliebenengeld – Erste Praxiserfahrungen und gerichtliche Entscheidungen, DAR 2020, 445 ff.
561 OLG Celle, Urt v. 24.08.2022 – 14 U 22/22, VersR 2023, 55 mit Anm. Jaeger.

d) Hinterbliebenengeld soll über 10.000 € hinausgehen

So ist das Gesetz auch nicht gemeint. Im Regelfall sollen nach der Vorstellung des Gesetzgebers als Hinterbliebenengeld schon bis zu 10.000 € und mehr gezahlt werden. Das bedeutet zugleich, dass die von der Rechtsprechung bei einem Schockschaden zuerkannten Schmerzensgeldbeträge ganz erheblich über dem derzeitigen Niveau liegen, ja ein Mehrfaches bis Vielfaches betragen sollen. Wenn das die notwendige Konsequenz dieses Gesetzes ist, wird die Versicherungswirtschaft erheblich belastet werden. 265

Das sehen Autoren der Versicherungswirtschaft allerdings anders. Sie lassen keine Gelegenheit aus, zu behaupten, dass nach dem Willen des Gesetzgebers nur ein Betrag von bis zu 10.000 € gewährt werden solle.[562] »Man sollte sollte insoweit immer stets die Richtlinie des Gesetzgebers im Auge haben, der grundsätzlich Beträge von unter 10.000 € für angemessen hält, die das LG Leipzig[563] vorliegend um 50 % überschritten hat«. Diese Ausführungen halten einem Vergleich mit der Begründung des Gesetzes nicht stand. 266

e) Hinterbliebene sollen höheres Hinterbliebenengeld fordern

Die Konsequenz wäre auch, dass Hinterbliebene wie bisher einen höheren Betrag fordern werden, mit der Folge, dass die Gerichte belastet und nicht etwa entlastet werden. Höhere Erwartungen werden genährt in der Literatur. So wird ein Betrag von 15.000 € als angemessen bezeichnet.[564] Höhere Erwartungen hegt auch der SPD-Abgeordnete Fechner,[565] der von einer zu erwartenden extrem voneinander abweichenden richterlichen Rechtsprechung spricht, die sich dahin entwickeln könnte, dass den Hinterbliebenen höhere Beträge zugesprochen würden. Weil für die Hinterbliebenen eine **eigene Anspruchsgrundlage geschaffen** wurde, sollten die Ansprüche auch nicht mit kleineren Summen abgegolten werden, es müsse eine wirklich angemessene Entschädigung für die Hinterbliebenen geben. 267

Zwar werden Hoffnungen der Angehörigen auf Hinterbliebenengeldbeträge in sechsstelliger Höhe und mehr gedämpft, Erwartungen von zwischen 30.000 € und 50.000 € werden jedoch als realistisch bezeichnet.[566] Fechner[567] meint auch, es sei vorstellbar gewesen, in der Gesetzesbegründung einen Korridor von etwa 30.000 € bis 60.000 € als angemessene Entschädigungszahlungen zu nennen, um sicherzustellen, dass Hinterbliebene nicht mit geringen Summen (gemeint sind wohl Beträge) abgespeist werden. Dies sei jedoch nicht mehrheitsfähig gewesen.

f) Zahlung des Hinterbliebenengeldes beruht auf einer eigenen Anspruchsgrundlage

Offenbar hat Fechner keine fundierte Vorstellung davon, wie solche Beträge in das Schmerzensgeldgefüge eingepasst werden könnten, es sei denn, man geht mit ihm davon aus, dass das Hinterbliebenengeld auf einer neuen, eigenen Anspruchsgrundlage beruht, die nach Grund und Höhe **nichts mit Schmerzensgeld zu tun** hat. So abwegig ist das nicht. 268

g) Andere Fallgruppen mit eigenständiger Anspruchsgrundlage

Bedenkt man die Rechtsprechung des BGH zum Schmerzensgeld für schwerst hirngeschädigt geborene Kinder, denen höchstes Schmerzensgeld bei einer **Vernichtung der Persönlichkeit** gezahlt wird, bedenkt man die Höhe der Entschädigungsbeträge für schwerwiegende Verletzung des allgemeinen 269

562 Lang, Das neue Hinterbliebenengeld – Erste Praxiserfahrungen und gerichtliche Entscheidungen, DAR 2020, 445, 449.

563 LG Leipzig, Urt. v. 08.11.2019 – 5 O 758/19, unveröffentlicht.

564 Höke, die Schmerzensgelddiskussion in Deutschland: Bestandsaufnahme und europäischer Vergleich, NZV 2014, 1 ff., 7.

565 221. Sitzung des Deutschen Bundestages vom 09.03.2017, Plenarprotokoll 18/221, 22195.

566 Graziano, Angehörigen- und Trauerschmerzensgeld … a.a.O., S. 563.

567 Fechner, Klare Anspruchsgrundlage für Hinterbliebene, Deutsche Richterzeitung 2017, 84 f. (85).

Persönlichkeitsrechts insbesondere durch die Presse, so könnte eine weitere Kategorie eines Ersatzanspruchs neben einem Schmerzensgeldanspruch für Hinterbliebene geschaffen worden sein.

Zu bedenken ist aber, dass es sich bei Vernichtung der Persönlichkeit oder bei **schwerwiegender Verletzung des allgemeinen Persönlichkeitsrechts** um Rechtsgutverletzungen handelt, die nach Art. 1 und 2 GG entschädigt werden und die unter § 253 BGB nicht zu subsumieren waren. Das BVerfG hat zunächst klargestellt, dass zwischen den beiden Fallkonstellationen sachlich begründete Unterschiede bestünden, die eine unterschiedliche Behandlung rechtfertigten.[568] Es hat jedoch zugleich darauf hingewiesen, die Entschädigungssummen für beide Fallgruppen nicht zu sehr auseinander laufen zu lassen Das BVerfG verwendet nicht das Wort Schmerzensgeld, sondern spricht ausdrücklich davon, dass bei einem Schockschaden eine Entschädigung für den immateriellen Schaden gewährt wird.

Der Hinweis darauf, dass die Entschädigungssummen nicht zu sehr auseinanderlaufen dürften, war deshalb wichtig, weil kommerzielle Aspekte (Gewinnabschöpfung aus der Vermarktung des Persönlichkeitsrechts) in den Entschädigungsbeträgen für Verletzung des allgemeinen Persönlichkeitsrechts enthalten sind.[569] Der Weg zu deutlich höherem Schmerzensgeld bei schweren Schockschäden könnte damit dennoch eröffnet sein.

Konkurrenz zum Schmerzensgeld besteht insoweit nicht. Das ist anders beim sogenannten echten Schockschaden, bei dem eine Gesundheitsverletzung vorliegt. Würde das Hinterbliebenengeld im Schmerzensgeld für einen Schockschaden aufgehen, müsste das Schmerzensgeld für den Schockschaden deutlich höher sein als ein Hinterbliebenengeld. Das Schmerzensgeldgefüge würde gesprengt.

Das Problem könnte dadurch gelöst werden, dass das Hinterbliebenengeld neben das Schmerzensgeld für den Schockschaden tritt, wenn also die gegenteilige Vorstellung des Gesetzgebers nicht durchgreift, das Hinterbliebenengeld gehe im Schmerzensgeld für den Schockschaden auf.

h) Ergebnis

270 Das Gesetzgebungsverfahren ist, wie alle Entwürfe zeigen, damit gestartet, den Hinterbliebenen ein Schmerzensgeld zu gewähren, auch dann, wenn eine unmittelbare Verletzung der Gesundheit nicht vorliegt. Dass das Hinterbliebenengeld möglicherweise **doch kein Schmerzensgeld sein könnte, haben die Abgeordneten, die sich geäußert haben, nicht einmal erkannt. Lediglich der Bundestagsabgeordnete Fechner** hat in der 2. und 3. Lesung in seinem zu Protokoll gereichten Beitrag zu erkennen gegeben, dass das Hinterbliebenengeld kein Schmerzensgeld ist, sondern dass dafür eine eigene selbstständige Anspruchsgrundlage geschaffen werden sollte.

Nur so, wie Fechner es angedeutet hat, lassen sich die im Gesetzgebungsverfahren geäußerten Vorstellungen zur Höhe des Hinterbliebenengeldes überhaupt nachvollziehen. Dabei ist kaum verständlich, dass mit den zuerst im Entwurf des Bayerischen Staatsministeriums der Justiz vom 02.01.2015 genannten Zahlen von 5.000 € bis 10.000 € über mehr als 2 1/2 Jahre ungeprüft beraten und entschieden wurde.

Wichtig ist aber auch, dass die SPD-Fraktion versucht hat, Hinterbliebenengeld in einer Größenordnung von bis zu 60.000 € in das Gesetz einzubringen, wenn auch ohne Erfolg. So bestimmt das Gesetz, dass die Höhe des Hinterbliebenengeldes letztlich in das Ermessen der Gerichte gestellt wurde.

Diese Wertung passt nicht zu der weiteren Vorstellung im Gesetzgebungsverfahren, dass das Hinterbliebenengeld im Schmerzensgeld für den Schockschaden aufgehen solle. Soll das Hinterbliebenengeld demnächst hoch ausfallen, muss ein Schmerzensgeld für einen Schockschaden in jedem Fall daneben zusätzlich gewährt werden, was auf jeden Fall systemgerecht ist.

---

568 So auch Steffen, Schmerzensgeld bei Persönlichkeitsverletzung durch Medien, NJW 1997, 10 (11).
569 Müller, Das reformierte Schadensersatzrecht, VersR 2003, 1 (5).

Erkennt man an, dass das Hinterbliebenengeld aufgrund einer neuen, eigenen Anspruchsgrundlage gewährt wird, bleibt das Schmerzensgeldgefüge ungestört. So wie Ansprüche wegen Vernichtung der Persönlichkeit schwerst hirngeschädigt geborener Kinder und Ansprüche aus schwerwiegender Verletzung des Persönlichkeitsrechts insbesondere durch die Presse sich letztlich aus Art. 1 und 2 GG ergeben, kann auch ein Anspruch auf Zahlung von Hinterbliebenengeld daraus hergeleitet werden, **dass die Persönlichkeit des Hinterbliebenen betroffen ist.** Ein solcher Anspruch kann anders bewertet werden als das Schmerzensgeld im herkömmlichen Sinne.

Eines sei aber schon hier angemerkt:

Die Rechtsprechung zum Schmerzensgeld dürfte bei dieser Betrachtungsweise insgesamt infrage gestellt sein. Wenn für eine Querschnittslähmung oder für die Amputation von Arm oder Bein oder für einen vermeidbaren Plexusschaden bei der Geburt eines Kindes Schmerzensgeldbeträge zugesprochen werden, die die in dem Körperschaden zugleich liegende Verletzung der Persönlichkeit des Geschädigten auch nicht ansatzweise berücksichtigen, kann ein Hinterbliebenengeld von mehreren 10.000 € nicht ohne Folgen für die Schmerzensgeld-Rechtsprechung bleiben. Sollte das Hinterbliebenengeld in eine Größenordnung vordringen, die den Vorstellungen des Abgeordneten Fechner entspricht, muss die Rechtsprechung zum Schmerzensgeld revolutioniert werden.

Abschluss: Wie das Schmerzensgeld ist das Hinterbliebenengeld steuerfrei, weil es nicht entgehende Einnahmen ersetzt und nicht als Ersatz von Aufwendungen gewährt wird.[570]

4. Ereignisschäden oder Schäden per se

Es ist offenbar auch gar nicht erst erwogen worden, wenigstens im Bereich der Körper- und Gesund- 271
heitsschäden neben den Vermögens- und Nichtvermögensschäden noch eine dritte Schadenskategorie zu akzeptieren, nämlich die in einigen europäischen Rechtsordnungen lange schon anerkannten Ereignisschäden oder Schäden per se. Die führende Rechtsordnung ist insoweit die italienische. Sie hat den »danno biologico«, den »biologischen Schaden«, aus der Taufe gehoben.[571] Sie operiert inzwischen noch mit weiteren Schadenskategorien, insb. dem »danno esistenziale«. Die Figur des biologischen Schadens beruht auf der Überzeugung, dass schon die Verletzung der körperlichen Integrität als solche, unabhängig von vermögensrechtlichen und immateriellen Folgeschäden, einen Schaden darstelle, der zusätzlich zu und unabhängig von den beiden anderen Schadensformen ersetzt werden müsse.[572]

Weil § 253 Abs. 2 BGB sich an § 847 BGB a.F. anlehnt, gibt es auch **keinen Ersatz immaterieller** 272
Schäden infolge einer Eigentumsverletzung. Auch hierin unterscheidet sich das deutsche Recht von mehreren Rechtsordnungen der EU.[573] Eine rechtspolitisch sinnvolle Regelung ist nicht einfach. Bei einem Tätigwerden des Gesetzgebers auf diesem Gebiet wird wohl zugleich eine **Regelung zum Nutzungsausfallrecht** getroffen werden müssen. In den Ländern, in denen in Fällen einer Sachbeschädigung ein Ausgleich immaterieller Unbill vorgesehen ist, ist dieser so gering, dass man sich fragen kann, ob sich ein Streit in dieser Frage überhaupt lohnt. Andererseits sollte aber wenigstens in den Fällen ein fühlbarer immaterieller Ausgleich gewährt werden, in denen der Schädiger den anderen durch vorsätzliche Eigentumsverletzung kränken wollte.[574]

570 Freymann, Achtung Steuern! – Zur Einbeziehung der Einkommensteuer bei Abfindungen von Personenschäden, DAR 2016, 246, 247.

571 Vgl. v. Bar, Karlsruher Forum 2003, S. 17, 18; sehr eingehend zu den Fragen des Schmerzensgeldes in Frankreich: Backu, DAR 2006, 541 (545 ff.) und Wagner, JZ 2004, 319 (323 f.) und zu Fragen des Schmerzensgeldes in Italien Pichler, DAR 2006, 549 (552 ff.). Zu Fragen des Schmerzensgeldes in der Schweiz vgl. Lemor, SVR 2006, 290 ff.

572 Vgl. v. Bar, Karlsruher Forum 2003, S. 18.

573 Vgl. v. Bar, Rn. 150 bis 154.

574 Vgl. v. Bar, Karlsruher Forum 2003, S. 13, 14.

E. Kein Schmerzensgeld, sondern Geldentschädigung bei für Verletzung des allgemeinen Persönlichkeitsrechts

I. Kein Schmerzensgeld für Ehrverletzung

273 Aus der Sicht des Deliktsrechts fällt zunächst auf, dass § 253 Abs. 2 BGB nur körperliche Persönlichkeitsrechte nennt.[575] Eine Regelung für das allgemeine Persönlichkeitsrecht und für die von ihm kaum noch abtrennbare Ehre hat der Gesetzgeber nicht getroffen.

II. Geldentschädigung bei Verletzung des allgemeinen Persönlichkeitsrechts

274 Der Abschnitt Persönlichkeitsrecht wird im Entscheidungsteil wie folgt gegliedert:

1. Allgemeine Verletzungen
2. Verletzungen durch Ärzte
3. Verletzungen an Arbeitsplatz und Schule
4. Beleidigung, üble Nachrede, Nötigung, AGG
5. Verletzungen durch Presse, Fernsehen, Internet
6. Verstoß gegen die DSGVO
7. Verletzungen durch sonstige Verursacher
8. Geringfügige Verletzungen

275 Nicht geschützt ist die Ehre.[576] Eine Ehrverletzung kann einen **Entschädigungsanspruch** nur auslösen, wenn sie einen schweren Eingriff in das allgemeine Persönlichkeitsrecht darstellt. Einen **Schmerzensgeldanspruch** begründet eine Ehrverletzung oder eine Beeinträchtigung der gesellschaftlichen Stellung nur dann, wenn sie eine **Gesundheitsbeschädigung zur Folge** hat. Dasselbe gilt für den Anspruch des hintergangenen Ehegatten gegen den anderen Ehegatten oder einen Dritten.[577] Auch Ehrverletzungen in Anwaltsschriftsätzen kommen vor. Sie können grds. nur anspruchsbegründend sein, wenn sie nicht der Wahrung der Rechtsposition in einem laufenden Verfahren dienen.[578]

276 Einen besonderen Fall der Verletzung der Ehre und des Persönlichkeitsrechts entschied das LG Hanau.[579] Es wies die auf Zahlung von 200,00 € gerichtete Klage eines Schülers gegen einen Oberstudienrat ab, der den Schüler vor Klassenkameraden als »Du blöder Hammel, Du elender« beschimpft und mit mindestens einer Ohrfeige bedacht hatte. Dies sei kein ausreichend schwerer Eingriff, der zudem vom Schüler zumindest mit veranlasst war und für den sich der Oberstudienrat ausdrücklich entschuldigt hatte.

Das LG Oldenburg[580] gewährte einem Polizisten kein Schmerzensgeld und keine Entschädigung, der von einem betrunkenen Autofahrer mit »Wichser«, »Bullenschwein« und »Arschwichser« beleidigt worden war. Die Beschimpfungen hätten sich nicht gegen den Kläger als Person gerichtet.

277 Eine Verletzung des allgemeinen Persönlichkeitsrechts, die darin liegt, dass ein wegen behandlungsfehlerhaften Vorgehens verklagter Arzt sich zu seiner Verteidigung im Rechtsstreit von einem Vorbehandler Informationen und Behandlungsunterlagen beschafft, stellt zwar eine Verletzung des allgemeinen Persönlichkeitsrechts dar, löst aber keinen Anspruch auf eine Geldentschädigung aus, weil es sich nicht um einen schwerwiegenden Eingriff handeln soll.[581]

---

575 Vgl. v. Bar, Karlsruher Forum 2003, S. 11.

576 Müller, VersR 1993, 909 (909) (OLG Nürnberg, 22.05.1992 – 8 U 2539/91).

577 RGRK/Kreft, BGB, 12. Aufl. 1989, § 847 Rn. 20; Pawlowski, NJW 1983, 2809 entgegen OLG Hamm, Urt. v. 30.09.1981 – 8 U 186/79, NJW 1983, 1436.

578 Ein Anspruch könnte gerichtet sein auf Unterlassung oder Widerruf.

579 LG Hanau, Urt. v. 12.12.1990 – 4 O 1184/90, NJW 1991, 2028.

580 Beschl. v. 07.02.2013 – 5 S 595/12, unveröffentlicht.

581 OLG Köln, Urt. v. 13.01.2010 – 5 U 41/09, VersR 2010, 1454.

Verletzt ein Arzt die ihm obliegende Pflicht zur Aufklärung des Patienten, liegt darin zugleich eine Verletzung des allgemeinen Persönlichkeitsrechts des Patienten. Die Rechtsprechung hat es aber seit jeher abgelehnt, daraus einen Schadensersatzanspruch für den Patienten abzuleiten.[582] 278

Obwohl weder in § 823 Abs. 1 BGB noch in § 847 BGB a.F. genannt, hat die Rechtsprechung das aus Art. 1 und 2 GG folgende allgemeine Persönlichkeitsrecht auch zivilrechtlich als absolutes Recht herausgearbeitet und folgerichtig den gegen unerlaubte Handlungen geschützten absoluten Rechtsgütern gleichgestellt. Persönlichkeitsverletzungen können daher nicht nur Abwehransprüche, sondern auch auf Zahlung von Geld gerichtete Ansprüche auslösen. 279

Der BGH[583] hat die Verletzung des allgemeinen Persönlichkeitsrechts definiert: 280

Das allgemeine Persönlichkeitsrecht schützt auch das Interesse des Einzelnen, nicht mehr über seine genetischen Eigenschaften wissen zu müssen, als er selbst will.

Das allgemeine Persönlichkeitsrecht ergänzt als »unbenanntes« Freiheitsrecht die speziellen Freiheitsrechte, die, wie etwa die Gewissens- oder die Meinungsfreiheit, ebenfalls konstituierende Elemente der Persönlichkeit schützen. Seine Aufgabe ist es, im i.S.d. obersten Konstitutionsprinzips der Würde des Menschen (Art. 1 Abs. 1 GG), die engere persönliche Lebenssphäre und die Erhaltung ihrer Grundbedingungen zu gewährleisten, die sich durch die traditionellen Freiheitsgarantien nicht vollständig erfassen lassen; diese Notwendigkeit besteht namentlich auch im Blick auf moderne Entwicklungen und die mit ihnen verbundenen neuen Gefährdungen für den Schutz der menschlichen Persönlichkeit.

Die genetische Konstitution prägt die Persönlichkeit des Einzelnen und bestimmt wesentliche Rahmenbedingungen seiner Existenz. Die Kenntnis von Erbanlagen, insb. genetisch bedingten Krankheitsanlagen, kann maßgeblichen Einfluss auf die Lebensplanung und Lebensführung einer Person haben und berührt deshalb unmittelbar ihr in Art. 2 Abs. 1 GG gewährleistetes Selbstbestimmungsrecht.[584] Das allgemeine Persönlichkeitsrecht umfasst deshalb ein »Recht auf Nichtwissen der eigenen genetischen Veranlagung«[585], das den Einzelnen davor schützt, Kenntnis über ihn betreffende genetische Informationen mit Aussagekraft für seine persönliche Zukunft zu erlangen, ohne dies zu wollen (vgl. §§ 1, 9 Abs. 2 Nr. 5 GenDG).

Mögliche Beispiele für die Verletzung des allgemeinen Persönlichkeitsrechts sind:[586] 281
- unwahre Presseveröffentlichungen,
- unautorisierte Veröffentlichung der Memoiren des Altbundeskanzlers Kohl,[587]
- unautorisierte personenbezogene Werbung,
- Mobbing,
- unautorisierte Weitergabe ärztlicher (Intim-) Diagnosen,
- Einwerfen von Werbung in einen Briefkasten mit entgegenstehendem Verbotsaufkleber,
- ungenehmigte Rundfunksendung eines aufgezeichneten Interviews eines Strafgefangenen,
- rechtswidrig angeordnete Untersuchungshaft,[588]

582 BGH, VersR 2008, 1668; OLG Köln, Urt. v. 04.08.2014 – 5 U 157/13, MedR 2015, 264 mit Anm. Mäsch.

583 BGH, Urt. v. 20.05.2014 – VI ZR 381/13, VersR 2014, 891 = GesR 2014, 408 = MDR 2014, 895.

584 Vgl. BVerfGE 79, 256, 258; Katzenmeier, Deutsches Ärzteblatt 2006, 103 (16): A 1054–8; Hirschl, Rechtliche Aspekte des Neugeborenenscreenings, 2013, S. 61 m.w.N.; Damm, MedR 2012, 707, 709; derselbe MedR 2014, 139, 140 ff.

585 Hier: Chorea Huntington III (Fallsucht).

586 Ebbing, ZGS 2003, 223 (226); FAKommMedR/Jaeger § 630e BGB Rn. 4; Jaeger, Patientenrechtegesetz 2013, Verlag Versicherungswirtschaft Karlsruhe, § 630e Rn. 216; a.A. OLG Jena, VersR 1998, 586 und LG Heidelberg, Urt. v. 22.04.2015 – 4 O 221/13, unveröffentlicht; LG Köln, Urt. v. 26.11.2013 – 3 O 438/09, unveröffentlicht.

587 OLG Köln, Urt. v. 29.05.2018 – 15 U 65/17, AfP 2018, 375.

588 BGH, Urt. v. 23.10.2003 – III ZR 9/03, VersR 2004, 332 m. Anm. Jaeger, 336.

- rechtswidrig angeordnete und über einen längeren Zeitraum durchgeführte Abhörmaßnahmen,[589]
- Androhung von Folter durch polizeiliche Vernehmungsbeamte,
- Recht auf Nichtwissen der eigenen genetischen Veranlagung,[590]
- Umgangsrecht eines Elternteils,[591]
- Kopftuchverbot für Referendarinnen,[592]
- Nacktfoto – Verbreitung im Internet,[593]
- »Nacktbild« der Körperoberfläche nach MRT-Aufnahme,[594]
- Berichterstattung über Liebesbeziehung – Popstar und Dessousmodel.[595]

282 Allerdings ist zu beachten, dass der Entschädigungsanspruch bei Verletzung des allgemeinen Persönlichkeitsrechts, anders als der Schmerzensgeldanspruch, nicht schon bei jeder Rechtsgutverletzung entsteht. Vielmehr setzt eine Geldentschädigung voraus, dass es sich um einen **schwerwiegenden Eingriff** handelt und die Beeinträchtigung nicht in anderer Weise – etwa durch Widerruf – befriedigend ausgeglichen werden kann.[596] Diese Voraussetzungen begegnen keinen verfassungsrechtlichen Bedenken.[597] Ob sie schwerwiegend ist, hängt insb. von der Bedeutung und Tragweite des Eingriffs ab, ferner von seinem Anlass und dem Beweggrund des Handelnden sowie vom Grad seines Verschuldens.[598] Diese zusätzlichen Kriterien sind aus den Besonderheiten des allgemeinen Persönlichkeitsrechts unter Berücksichtigung besonderer Abwehransprüche entwickelt worden und eignen sich schon deshalb nicht zur Übertragung auf das eigentliche Schmerzensgeld.

283 Voraussetzung für die Verurteilung zu einer Geldentschädigung ist, dass eine schwerwiegende Verletzung vorliegt, die zum Ausgleich eine Geldentschädigung fordert und rechtfertigt. Dementsprechend hat das OLG Dresden[599] davon gesprochen, dass ein Betrag von 2.500 € die »Mindestuntergrenze« für die Geldentschädigung sei.

284 Eine weitere Besonderheit des Anspruchs auf Geldentschädigung wegen der Verletzung des allgemeinen Persönlichkeitsrechts besteht darin, dass der Anspruch nicht vererblich ist.[600]

---

589 BGH, Urt. v. 23.10.2003 – III ZR 9/03, VersR 2004, 332 m. Anm. Jaeger, 336.

590 BGH, Urt. v. 20.05.2014 – VI ZR 381/13, VersR 2014, 891= GesR 2014, 558 = MedR 2015, 186 mit Anm. Hebecker/Lutzi = NJW 2014, 2190 = MDR 2014, 895. Vorgehend: OLG Koblenz, Urt. v. 31.07.2013 – 5 U 1427/12, GesR 2013, 612 = MedR 2014, 168. Der BGH fasst im Leitsatz zusammen: § 823 Absatz 1 BGB bezweckt nicht den Schutz eines sorgeberechtigten Elternteils vor den psychischen Belastungen, die damit verbunden sind, dass er von einer genetisch bedingten Erkrankung des anderen Elternteils und dem damit einhergehenden Risiko Kenntnis erlangt, dass die gemeinsamen Kinder auch Träger der Krankheit sein könnten. Das allgemeine Persönlichkeitsrecht umfasst ein Recht auf Nichtwissen der eigenen genetischen Veranlagung, das den Einzelnen davor schützt, Kenntnis über ihn betreffende genetische Informationen mit Aussagekraft für seine persönliche Zukunft zu erlangen, ohne dies zu wollen. Vgl. auch Schneider, Umfang und Grenzen des Rechts auf Nichtwissen der eigenen genetischen Veranlagung, NJW 2014, 3133.

591 Offengelassen durch OLG Köln, Beschl. v. 18.09.2014 – 19 U 45/14, VersR 2015, 854: Es liege jedenfalls keine schwerwiegende Rechtsverletzung vor.

592 LG Augsburg, Urt. v. 30.06.2016 – Au 2 K 15.457, ArbuR 2016, 388.

593 Sex-Video im Internet: Oberlandesgericht Wien, Urt. v. 26.08.2015 – 11 R 119/15y, ZVR 2016, 55.

594 KG, Urt. v. 25.09.2017 – 20 U 41/16, MedR 2018, 312.

595 BGH, Urt. v. 02.05.2017 – VI ZR 262/16, NJW-RR 2017, 1516.

596 Müller, VersR 2005, 1461 (1470).

597 BVerfG, Beschl. v. 29.06.2016 – 1 BvR 1717/15, MDR 2016, 1085.

598 BGH, Urt. v. 15.11.1994 – VI ZR 56/94, VersR 1995, 305 (308); Steffen, NJW 1997, 10 ff., 12; Kullmann, MedR 2001, 343; Müller, VersR 2003, 1 (5). Diese Rspr. hat das BVerfG, Beschl. v. 26.08.2003 – 1 BvR 1338/00, NJW 2004, 591, ausdrücklich als mit dem GG vereinbar angesehen.

599 OLG Dresden, Urt. v. 30.01.2018 – 4 U 1110/17, NJW-RR 2018, 946.

600 BGH, Urt. v. 29.11.2016 – VI ZR 530/15, MedR 2018, 309; BGH, Urt. v. 23.05.2017 – VI ZR 261/16; VersR 2017, 1153 = NJW 2017, 3004 = BGHZ 215, 117; OLG Düsseldorf, Urt. v. 21.08.2015 – 16 U 152/14, unveröffentlicht.

Die Voraussetzungen für einen Entschädigungsanspruch hat das OLG Frankfurt[601] verneint ggü. einem Strafgefangenen, der bei einer medizinischen Untersuchung gefesselt blieb und der im Beisein eines Beamten die Notdurft auf einem Toilettenstuhl verrichten musste. Darin wurde zwar eine schwerwiegende Verletzung des allgemeinen Persönlichkeitsrechts gesehen. Die Verletzung des allgemeinen Persönlichkeitsrechts und der Menschenwürde des Antragstellers wurde aber durch eine Entscheidung der Strafvollstreckungskammer als ausreichend ausgeglichen angesehen, die durch Beschluss entschieden hatte, dass die Sicherungsmaßnahmen rechtswidrig gewesen waren. 285

Grundlegend hat der BGH[602] dargelegt, dass die Darstellung des Leichnams eines nahen Angehörigen in einer TV-Berichterstattung zwar den postmortalen Schutzbereich des Verstorbenen verletzen kann, was aber für sich genommen nicht bedeutet, dass dadurch auch Hinterbliebene in ihrem eigenen Persönlichkeitsrecht verletzt werden.[603] 286

Eine Verletzung des allgemeinen Persönlichkeitsrechts kann auch darin liegen, wenn ein Patient nicht in die Warteliste für eine Organvermittlung aufgenommen wird. Das BVerfG[604] hat die Verfassungsbeschwerde eines der deutschen Sprache nur unzureichend mächtigen Patienten angenommen, um ihm die Durchsetzung seiner Grundrechte zu ermöglichen. Die Grundrechtsverletzung habe besonderes Gewicht, weil der Beschwerdeführer durch die angegriffene Entscheidung in existenzieller Weise betroffen sei. 287

Eingeleitet wurde die Rechtsprechung zur Verletzung des allgemeinen Persönlichkeitsrechts durch das sog. **Herrenreiterurteil**,[605] welches einen Anspruch allerdings noch aus § 847 BGB abgeleitet hat. Diese Rechtsprechung ist dann später durch zahlreiche weitere Entscheidungen ausgebaut und gefestigt worden. Dabei wird immer wieder deutlich gemacht, dass der Anspruch seiner Rechtsnatur nach auf eine Geldentschädigung gerichtet ist und nicht auf ein Schmerzensgeld.[606] 288

Das BVerfG hat diese Rechtsprechung als verfassungsgemäß bestätigt.[607] 289

III. Einzelfälle

In der Rechtsprechung sind u.a. folgende Entscheidungen zur Verletzung des Persönlichkeitsrechts durch unerwünschte Berichterstattung[608] bekannt geworden: 290

Übersicht 3: Entscheidungen zur Verletzung des Persönlichkeitsrechts[609] 291

–	»Caterina Valente« (BGH, Urt. v. 18.03.1959 – IV ZR 182/58, BGHZ 30, 7 ff. = JR 1959, 379 m. Anm. Werner = NJW 1959, 1269),
–	»Luxemburger Wort« (BGH, Urt. v. 08.03.1966 – VI ZR 176/64, NJW 1966, 1213 = VersR 1966, 591),

601 OLG Frankfurt, Urt. v. 19.10.2012 – 15 W 69/12, unveröffentlicht.

602 BGH, Urt. v. 06.12.2005 – VI ZR 265/04, VersR 2006, 276; eingehend zu dieser Entscheidung: Müller, VersR 2006 1289 (1291).

603 Vgl. dazu auch Müller, VersR 2008, 1141 (1154).

604 BVerfG, Beschl. v. 28.01.2013 – 1 BvR 274/12, GesR 2013, 308.

605 BGH, Urt. v. 14.02.1958 – I ZR 151/56, BGHZ 26, 349. Inzwischen ist die Begründung für eine Entscheidung eine andere, vgl. Kap. 1 Rdn. 12 f., Rdn. 275.

606 Müller in Handbuch des Persönlichkeitsrechts, S. 819.

607 BVerfG, Beschl. v. 14.02.1973 – 1 BvR 112/65, BVerfGE 34, 269. Ausführlich zur Entwicklungsgeschichte: Staudinger/Schiemann, BGB, 2005, § 2153 Rn. 51 ff.; zu Schmerzensgeldansprüchen wegen Verletzung des Persönlichkeitsrechts in der Werbung und in den Medien s. Scholtissek, WRP 1992, 612 ff.

608 Müller, VersR 2008, 1141 (1142).

609 Vgl. dazu: von Pentz, Ausgewählte Fragen des Medien- und Persönlichkeitsrechts im Lichte der aktuellen Rechtsprechung des VI. Zivilsenats, AfP 2019, 113.

–	»Mephisto« (BGH, Urt. v. 20.03.1968 – I ZR 44/66, BGHZ 50, 133 ff. = JZ 1968, 697 ff. [m. Anm. Neumann-Duesberg: JZ 1968, 705 f.] = NJW 1968, 1773 ff. – »Mephisto«. Zahlreiche weitere Nachweise finden sich in BGH, Urt. v. 26.01.1971 – VI ZR 95/70, VersR 1971, 465 = LM § 847 BGB Nr. 41 = NJW 1971, 698),
–	Pressebericht über die Scheidung eines Prinzen (BGH, Urt. v. 29.06.1999 – VI ZR 264/98, VersR 1999, 1250 ff.),
–	Ministerpräsident Stolpe unter Stasiverdacht (BGH, Urt. v. 16.06.1998 – VI ZR 205/97, BGHZ 139, 95 ff.),
–	Polizeichef unter Rotlichtverdacht (BGH, Urt. v. 30.01.1996 – VI ZR 386/94, BGHZ 132, 13 ff.),
–	Kommunalpolitikerin (Angestellte) unter Korruptionsverdacht (BGH, Urt. v. 29.06.1999 – VI ZR 264/98, VersR 1999, 1250 ff.),
–	kritische Presseberichterstattung über Arztfehler eines Gynäkologen (BGH, Urt. v. 26.11.1996 – VI ZR 323/95, VersR 1997, 325 ff.),
–	erfundenes Interview mit einer Prinzessin, erfundene Brustkrebserkrankung und Paparazzifotografien (BGH, Urt. v. 15.11.1994 – VI ZR 56/94, BGHZ 128, 1 ff.; BGH, Urt. v. 05.12.1995 – VI ZR 332/94, VersR 1996, 339; BGH, Urt. v. 19.12.1995 – VI ZR 15/95, BGHZ 131, 332 ff.),
–	kommerzielle Nutzung eines Fotos von Bob Dylan (BGH, Urt. v. 01.10.1996 – VI ZR 206/95, NJW 1997, 1152 ff.),
–	kommerzielle Nutzung eines Fotos von Joachim Fuchsberger als Brillenträger (BGH, Urt. v. 14.04.1992 – VI ZR 285/91, VersR 1993, 66 ff.),
–	kommerzielle Nutzung eines Fotos eines Schauspielers (BGH, Urt. v. 14.03.1995 – VI ZR 52/94, VersR 1995, 667 ff.),
–	kommerzielle Nutzung eines Fotos der Sängerin Nena (BGH, Urt. v. 14.10.1986 – VI ZR 10/86, JZ 1987, 158 f.),
–	kommerzielle Verwertung von Bild und Namen von Marlene Dietrich (Bei dieser Entscheidung [BGH, Urt. v. 01.12.1999 – I ZR 226/97, VersR 2000, 1160 ff.] ging es um das postmortale Persönlichkeitsrecht; ebenso bei den Entscheidungen des BGH v. 01.12.1999 – I ZR 49/97, BGHZ 143, 214 ff. = NJW 2000, 2195 ff. = VersR 2000, 1154 ff. und v. 14.05.2002 – VI ZR 220/01, BGHZ 151, 26 ff. = NJW 2002, 2317 ff. = VersR 2002, 903 ff.),
–	ins Internet eingestelltes Computerspiel, in welchem eine intime Beziehung der Betroffenen zu einem weltbekannten Tennisspieler in besonders herabwürdigender Weise nachgestellt werden soll (Fall Ermakova) (LG München I, Urt. v. 14.11.2001 – 9 O 11617/01, NJW-RR 2002, 689 ff.), – Die Beklagte berichtete über eine Prinzessin eines europäischen Königsreichs über tatsächlich nicht gegebene Geschehnisse und haltlose Spekulationen über das Gefühlsleben der Klägerin und ihrer Familienangehörigen. Der Entschädigungsbetrag wurde mit 100.000,00 € festgesetzt.[610]
–	Die Doppelseitige Veröffentlichung eines bekannten Fußballers mit Model in Badekleidung – ohne Bikinioberteil – und ein Foto auf der Titelseite der Tageszeitung mit hohem Verbreitungsgrad rechtfertigen für jeden Kläger 25.000,00 €.[611] – Andere Veröffentlichungen betreffen solche im Internet, wie z.B. von Intimfotos. Das Landgericht Offenburg[612] sprach einer Klägerin 5.000 € zu, weil der Beklagte elektronisch gespeicherte Fotos der Klägerin, die diese unbekleidet, teilweise nur mit Unterwäsche bekleidet oder teilweise deren Intimbereich (Brust und/oder Geschlechtsteil) zeigen, wobei Brüste und Geschlechtsteil der Klägerin samt Gesicht gut erkennbar waren.

610 OLG Hamburg, Urt. v. 16.05.2017 – 7 U 47/13, unveröffentlicht.
611 OLG Hamburg, Urt. v. 03.01.2017 – 7 U 10/15, unveröffentlicht.
612 LG Offenburg, Urt. v. 29.10.2020 – 2 O 177/20, unveröffentlicht.

	Das LG Frankfurt sprach Magnus Gäfken, einem Kindesentführer und Kindesmörder eine Geldentschädigung wegen Verletzung des allg. Persönlichkeitsrechts von 3.000,00 € zu. Die Polizei hatte ihm im Verhör mit Gewalt gedroht, um zu erreichen, dass er den Aufenthalt des Kindes preisgebe, von dem die Beamten annahmen, dass es noch lebe. Der Antrag auf Zahlung von Schmerzensgeld wurde zurückgewiesen. Der EUGH für Menschenrechte (Urt. v. 01.06.2010 – 22978/05, NJW 2010, 3145) hatte die Drohung mit körperlicher Gewalt als verbotene Folter angesehen. Die Kläger wurden im November 2007 geboren und durch eine künstliche Befruchtung mit dem Sperma des damaligen Ehemannes ihrer Mutter, die von diesem indes seit dem Frühjahr 2007 getrennt lebte, mit dessen Einwilligung gezeugt. Nach der Geburt der Kläger wurde ein Foto derselben erstellt und von der Mutter für Danksagungskarten verwendet und an ausgewählte Personen versandt. Es kam zu einer umfangreichen Medienberichterstattung über die Kläger, jeweils unter dem Stichwort »Samenraub«. Die Beklagte stellte 2013 in einem Bericht mit der Überschrift »Prozess um Zwillingsgeburt – meine Ex hat mein Sperma geklaut ... und DAS ist das Ergebnis« das Säuglingsfoto der Kläger in das Internet, abrufbar unter www ... ein. Die Gesichter der Kläger wurden dabei durch »Weichzeichnung« verfremdet. Neben dem Bild der Kläger ist deren Vater abgebildet. Die Beklagte wurde verurteilt, an die Kläger jeweils 5.000,00 € zu zahlen (LG Köln, Urteil vom 11.12.2013 – 28 O 341/13, unveröffentlicht). – Entscheidungen der Arbeitsgerichte wegen eines Verstoßes gegen § 15 AGG. Z.B. Benachteiligung wegen des Geschlechts, Ein solcher Verstoß kann mit bis zu drei Monatsgehältern bestraft werden, z.B. LAG Köln, Urt. v. 17.01.2020 – 4 Sa 862/17. Ähnlich bei Benachteiligung wegen einer Behinderung, ArbG Frankfurt, Urt. v. 03.07.2014 – 14 Ca 8641/12.
	– Verstöße gegen die DSGVO werden ebenfalls als Verletzung des allgemeinen Persönlichkeitsrechts gewertet und mit einer Geldentschädigung belegt. Das gilt sowohl für die Weitergabe von Bewerbungsunterlagen oder von Gesundheitsdaten durch den Arbeitgeber oder durch einen Arzt oder für die Übersendung personenbezogener Daten an Dritte.[613]

In all diesen Fällen ist der BGH von der ursprünglichen Begründung im »Herrenreiterfall«[614] abgerückt und hat klargestellt, dass für die Verletzung des allgemeinen Persönlichkeitsrechts **kein Schmerzensgeld** zu zahlen ist, sondern eine **Geldentschädigung**. Der Entschädigungsanspruch ist ein besonderer Anspruch, der auf den Schutzauftrag aus Art. 1 und 2 GG zurückgeht.[615] Die Zubilligung einer Geldentschädigung wegen einer schweren Persönlichkeitsrechtsverletzung hat ihre Wurzeln im Verfassungsrecht und Zivilrecht und stellt keine strafrechtliche Sanktion dar.[616] Änderungen der §§ 847, 253 BGB können die Rechtslage demnach nicht beeinflussen. Bei Körper- und Gesundheitsverletzungen geht es um eine andere Art von Persönlichkeitsverletzungen als bei Verletzungen bzw. Verschiebungen des sozialen Profils einer Person.[617] 292

Dagegen ist eine identifizierende Berichterstattung nicht unproblematisch. Danach ist es zulässig, über eine von den Ermittlungsbehörden mitgeteilte Flucht eines 47 Jahre alten Mannes mit seiner minderjährigen Nichte zu berichten, solange die mitgeteilten Tatsachen zutreffen und das Geschehen von allgemeinem Interesse ist. Berichte über die Geschehnisse im Zusammenhang mit dem Verschwinden und der Rückkehr der Minderjährigen und über den Onkel, dessen Wohnort, sein Alter und Familienstand sind zulässig. Ebenso dürfen sein Fahrzeug und sein Wohnwagen beschrieben und deren Kennzeichen benannt werden. Es ist auch nicht zu beanstanden, wenn berichtet wird: »14- jährige brennt mit Onkel durch«. 293

Zwar stellt die Berichterstattung über eine angebliche Straftat unter Angabe von persönlichen, den Tatverdächtigen identifizierbaren Umständen einen Eingriff in das Persönlichkeitsrecht dar und

613 Siehe dazu ausführlich Rdn. 192 ff.
614 BGH, Urt. v. 14.02.1958 – I ZR 151/56, BGHZ 26, 349 (Herrenreiter) wurde insoweit aufgegeben, zuerst mit BGH, Urt. v. 19.09.1961 – VI ZR 259/60, BGHZ 35, 363 = VersR 1962, 562 (Ginsengwurzel).
615 Schwerdtner, S. 27 ff.; Müller, VersR 2003, 1 (2 f.).
616 BGH, Urt. v. 05.10.2004 – VI ZR 255/03, BGHZ 160, 298 = VersR 2005, 125 = NJW 2005, 215.
617 Vgl. v. Bar, Karlsruher Forum 2003, S. 11.

beeinträchtigt zwangsläufig dessen Recht auf Schutz seiner Persönlichkeit und Achtung seines Privatlebens, weil sie sein angebliches Fehlverhalten öffentlich bekannt macht und seine Person in den Augen der Adressaten negativ qualifiziert.

Es ist anerkannt, dass über Verlautbarungen amtlicher Stellen aufgrund eines gesteigerten Vertrauens in diese berichtet werden darf. Wichtig ist, dass das Interesse des Betroffenen am Schutz seiner Persönlichkeitssphäre und das Interesse der Presse an öffentlicher Berichterstattung gegeneinander abgewogen wird.[618]

294 Einen Anspruch verneint hat das AG Pinneberg[619] in einem Fall, in dem ein Autofahrer einem anderen den ausgestreckten Mittelfinger gezeigt hatte. Abgesehen davon, dass das Gericht trotz einschlägiger Zitate nicht erkennt, dass die Verletzung des Persönlichkeitsrechts keinen Schmerzensgeldanspruch gibt, sondern einen Anspruch auf Geldentschädigung, sieht es zutreffend in dem »Stinkefinger« keinen schwerwiegenden Eingriff.

295 Auch das heimliche Einholen eines DNA-Gutachtens zur Feststellung der Vaterschaft soll trotz des rechtswidrigen Eingriffs in das Persönlichkeitsrecht keinen Anspruch auf Schmerzensgeld (gemeint ist wohl: eine Geldentschädigung) auslösen. Dies gelte insb. dann, wenn es bei der Einholung des Gutachtens an einem schweren Verschulden fehle und die Tragweite des Gutachtenergebnisses im Wesentlichen auf den engeren Familienkreis beschränkt geblieben sei.[620]

296 Ehrenkränkende Äußerungen in einem Zivilprozess oder ggü. Strafverfolgungsbehörden werden dagegen nicht sanktioniert, weil sie der Rechtsverfolgung oder Rechtsverteidigung dienen oder in Wahrnehmung staatsbürgerlicher Rechte und Pflichten gemacht werden.[621]

297 Die **Abgrenzung zu vermögensrechtlichen Streitigkeiten** wird oft schwierig, wenn es sich um Presseveröffentlichungen handelt. Der BGH[622] hat folgende **Unterscheidungsformel** entwickelt:

> »Unterlassungsansprüche, die den sozialen Geltungsanspruch des Betroffenen in der Öffentlichkeit schützen sollen, sind grundsätzlich als nichtvermögensrechtlich einzuordnen, sofern sich nicht aus dem Klagevorbringen oder offenkundigen Umständen ergibt, dass es dem Kläger im Wesentlichen auch um die Wahrung wirtschaftlicher Belange geht; bloße vermögensrechtliche Reflexwirkungen bleiben außer Betracht.«

▶ Hinweis:

298 Die jeweiligen Nachteile für eine Person aus einer solchen Presseveröffentlichung müssen schadensrechtlich für sich bewertet werden, auch wenn sie durch ein und dieselbe Handlung bewirkt wurden. Wer z.B. infolge eines kränkenden Zeitungsartikels und darin enthaltenen frei erfundenen Behauptungen einen psychischen Gesundheitsschaden erleidet, hat wegen des Letzteren einen Schmerzensgeldanspruch und ggf. einen zusätzlichen Anspruch auf Geldentschädigung wegen Verletzung des allgemeinen Persönlichkeitsrechts.

299 Noch wichtiger ist es aber, i.R.d. Schadensrechts dem Geschädigten wenigstens alternativ zu seinem Anspruch auf Verlustkompensation einen allgemeinen Anspruch auf Gewinnherausgabe auch und gerade bei Verletzung des Persönlichkeitsrechts einzuräumen. Auf diese Frage hat v. Gerlach aufmerksam gemacht.[623]

300 Der BGH hat es mit Billigung des BVerfG[624] zugelassen, mit der **Geldentschädigung zur Prävention gegen besonders rücksichtslose Vermarktung der Persönlichkeit** in einem Presseorgan zwar

618 OLG Brandenburg, Beschl. v. 07.04.2020 – 1 U 7/19, unveröffentlicht.
619 AG Pinneberg, Urt. v. 30.10.2002 – 63 C 124/02, ZfS 2003, 73.
620 AG Wettern, Urt. v. 29.08.2005 – 8 C 132/05, FamRZ 2006, 552 f.
621 BGH, Urt. v. 28.12.2012 – VI ZR 79/11, VersR 2012, 502 = MDR 2012, 518.
622 BGH, Urt. v. 16.02.1993 – VI ZR 127/92, VersR 1993, 614 (615).
623 Vgl. v. Gerlach, VersR 2002, 917.
624 BVerfG, Beschl. v. 08.03.2000 – 1 BvR 1127/96, NJW 2000, 2187.

nicht den Gewinn des Herausgebers abzuschöpfen, bei der Bemessung der Geldentschädigung aber seinem rücksichtslosen Gewinnstreben Rechnung zu tragen.[625] Zuletzt formulierte der BGH:[626]

> »Bei der Bemessung der Geldentschädigung stellen der Gesichtspunkt der Genugtuung des Opfers, der Präventionsgedanke und die Intensität der Persönlichkeitsrechtsverletzung Bemessungsfaktoren dar, die sich je nach Lage des Falles unterschiedlich auswirken können«.

Für eine wiederholte und hartnäckige Verletzung des Rechts am eigenen Bild, die um des wirtschaftlichen Vorteils willen erfolgte, hat der BGH eine Geldentschädigung i.H.v. 75.000,00 € gebilligt, aber darauf hingewiesen, dass die Geldentschädigung zwar auch der Gewinnabschöpfung diene,[627] aber nicht eine Höhe erreichen dürfe, die die Pressefreiheit unverhältnismäßig einschränke.

Eine weitere Einschränkung erfährt der Ersatzanspruch wegen Verletzung des allgemeinen Persön- 301
lichkeitsrechts dadurch, dass er vom BGH[628] als **nicht vererblich** bezeichnet wurde. Es ging um die Klage des Entertainers Peter Alexander, der sich unter anderem gegen Berichte über seine Trauer um seine verstorbene Tochter sowie seinen Gesundheitszustand wandte. Im Hinblick auf die von ihm in diesem Zusammenhang angenommene Verletzung seines Persönlichkeitsrechts nahm er die Beklagte auf Zahlung einer Geldentschädigung in Höhe eines Mindestbetrags von 30.000,00 € in Anspruch. Seine Klage ging beim Landgericht am 11. Februar 2011 ein. Am 12. Februar 2011 verstarb der Kläger. Im März 2011 ist die Klage zugestellt worden.

Das LG Köln[629] hat dem ehemaligen Bundeskanzlers Helmut Kohl auf seine Klagen gegen den 302
Journalisten Heribert Schwan, den Co-Autor Tilman Jens und die Random House Verlagsgruppe im Zusammenhang mit Veröffentlichungen aus den sogenannten »Kohl-Tonbändern« eine Rekordentschädigung in Höhe von einer Million Euro zugesprochen.

Das OLG Köln[630] hat die Entscheidung aufgehoben und die Klage abgewiesen, weil auch ein – hier unterstellter – zu Lebzeiten entstandener Anspruch des Erblassers auf Geldentschädigung aus Art. 1 Abs. 1 GG, Art. 2 Abs. 1 GG i.V.m. § 823 Abs. 1 BGB jedenfalls grundsätzlich nicht vererblich war (Anschluss BGH, Urt. v. 29. April 2014 – VI ZR 246/12, GRUR 2014, 702) und mit dem Tod des Erblassers erloschen ist.

Der BGH hat die **Unvererblichkeit des Anspruchs** angenommen. Die Unvererblichkeit ergebe 303
sich aus Natur und Zweck des Geldentschädigungsanspruchs selbst. Bei der Zuerkennung einer Geldentschädigung im Fall einer schweren Persönlichkeitsrechtsverletzung stehe regelmäßig der Genugtuungsgedanke im Vordergrund. Da einem Verstorbenen Genugtuung für die Verletzung seiner Persönlichkeit nicht mehr verschafft werden könne, scheide die Zuerkennung einer Geldentschädigung im Fall der Verletzung des postmortalen Persönlichkeitsschutzes aus. Erfolge die Verletzung des Persönlichkeitsrechts zwar noch zu Lebzeiten des Verletzten, sterbe dieser aber, bevor sein Entschädigungsanspruch erfüllt worden sei, verliere die mit der Geldentschädigung bezweckte Genugtuung regelmäßig ebenfalls an Bedeutung. Gründe, vom Fortbestehen des Geldentschädigungsanspruchs über den Tod des Verletzten hinaus auszugehen, bestünden unter diesem Gesichtspunkt im Allgemeinen mithin nicht.

Viel zu niedrig fiel eine Geldentschädigung aus, die einem jungen Strafgefangenen gewährt wurde, 304
dessen allgemeines Persönlichkeitsrecht in einer von ihm nicht genehmigten Rundfunksendung

625 Steffen, DAR 2003, 201 (203).

626 BGH, Urt. v. 12.12.1995 – VI ZR 223/94, NJW 1996, 985 = VersR 1996, 341; BGH, Urt. v. 05.10.2004 – VI ZR 255/03, VersR 2005, 125 = NJW 2005, 215 unter Hinweis auf BGH, Urt. v. 15.11.1994 – VI ZR 56/94, BGHZ 128, 1 = VersR 1995, 305 = NJW 1995, 861.

627 Diederichsen, VersR 2005, 433 (437).

628 BGH, Urt. v. 29.04.2014 – VI ZR 246/13, VersR 2014, 847.

629 LG Köln, Urt. v. 27.04.2017 – 14 O 323/15, unveröffentlicht.

630 OLG Köln, Urt. v. 29.05.2018 – 15 64/17, FamRZ 2018, 1266.

verletzt wurde. Das OLG Karlsruhe[631] erkannte auf einen Betrag von 3.000,00 €, obwohl es die Verletzung des Persönlichkeitsrechts als schwerwiegend ansah; die Persönlichkeit des Klägers sei an ihrer Basis betroffen gewesen und der Intimbereich der Persönlichkeitssphäre sei verletzt worden. Obwohl das Gericht den Vorfall zum Anlass nahm, den Vorgang um die psychischen Befindlichkeiten des Klägers als Straftäter in der Resozialisierung dem Intimbereich zuzuordnen und ggü. der »zunehmenden Rücksichtslosigkeit der Medien vor Tabuzonen« zu schützen, erkannte es nur auf einen Betrag von 3.000,00 €, fand zur Bemessung dieses Betrages keinerlei Begründung und meinte lapidar, der Betrag »ist zum Ausgleich der Persönlichkeitsverletzung angemessen«.

305 Der III. Zivilsenat des BGH[632] hat dem Grunde nach eine Geldentschädigung zuerkannt für rechtswidrig erlittene Untersuchungshaft und für rechtswidrig angeordnete und über einen Zeitraum von 20 Monaten durchgeführte Abhörmaßnahmen. Leider verwendet der – vorwiegend mit Amtshaftungssachen befasste – Senat die Termini Schmerzensgeld und Geldentschädigung synonym. Das Beispiel des BGH macht Schule. Auch das OLG Frankfurt am Main[633] spricht einem Kläger (Urheber) wegen unrechtmäßig kopierter Texte einen Schadensersatz- und einen Schmerzensgeldanspruch aus § 97 Abs. 2 UrhG zu, um ihm eine anders nicht mögliche Genugtuung zu verschaffen.

306 Anscheinend besteht aber auch eine **Tendenz zur Ausweitung des Schutzes** des allgemeinen Persönlichkeitsrechts. So ist es wohl zu erklären, dass das LAG München[634] sogar einer Stellenbewerberin wegen Verstoßes gegen das Benachteiligungsverbot des § 611a BGB ein »Schmerzensgeld« zuerkannt hat.

IV. Veröffentlichungen im Internet

307 a) Veröffentlichungen im Internet sind in den letzten Jahren als Fälle der Verletzung des allgemeinen Persönlichkeitsrechts hinzugekommen. Darin geht es in erster Linie um das unerlaubte Einstellen intimer Fotos oder intimer Videoaufnahmen nach Ende einer Beziehung. Antragsteller sind hier wohl immer Frauen, die sich durch die Darstellung zum Sexobjekt degradiert fühlen. Bei der Höhe der Geldentschädigung sollte aber bedacht werden, dass die Rechtsprechung für eine Vergewaltigung auch für eine brutale Vergewaltigung, immer noch im Einzelfall nur ein geringes Schmerzensgeld gewährt. Die Vergewaltigung und die Verletzung sexueller Selbstbestimmung ist aber wesentlich gravierender, als eine, wenn auch vielfache, Verletzung des allgemeinen Persönlichkeitsrechts. Ein Vergewaltigungsopfer muss ein Vielfaches von dem erhalten, was als Geldentschädigung für die Verbreitung intimer Fotos oder Videos gezahlt wird.[635]

308 b) Bemessung des Schmerzensgeldes für Veröffentlichungen intimer Abbildungen im Internet

Werden solche Ansprüche geltend gemacht, sollten folgende Kriterien beachtet werden:[636]
- Unter welchen Umständen und zu welchem Zweck wurden die Bilder gefertigt?
- Wie ist der Schädiger an die Bilder gelangt?
- Was ist im Einzelnen dargestellt?
- Sind die Bilder erstmals Dritten zur Kenntnis gelangt?
- Ist der/die Verletzte identifizierbar?
- Besteht die Gefahr, dass die Bilder immer wieder aufgerufen werden können?
- Kann der Schädiger die Bilder entfernen?

---

631 OLG Karlsruhe, Urt. v. 11.12.2002 – 6 U 135/02, OLGR 2003, 222.
632 BGH, Urt. v. 23.10.2003 – III ZR 9/03, VersR 2004, 332 m. Anm. Jaeger, 336.
633 OLG Frankfurt am Main, Urt. v. 04.05.2002 – 11 U 6/02 und 11 U 11/03, CR 2004, 617.
634 LAG München, Urt. v. 10.04.1992 – 3 Sa 800/91, BB 1992, 1285.
635 So auch Sajuntz, Die Entwicklung des Presse- und Äußerungsrechts im Jahr 2018, NJW 2019, 1567, 1572.
636 Krumm, Schmerzensgeld wegen unbefugter Verbreitung einvernehmlich gefertigter Nacktfotos, FamRB 2019, 124.

- Wurden Bilder nicht nur im Internet, sondern auch auf andere Weise Dritten zur Kenntnis gebracht?
- Hatte die Veröffentlichung Folgen privater oder finanzieller Art?

Mit dieser Checkliste lässt sich die Bemessung des Schmerzensgeldes auch für das Gericht nachvollziehbar begründen.

F. Wrongful life

Ein **Ersatzanspruch des behindert geborenen Kindes** gegen den Arzt besteht nicht, wenn eine Schädigung des Ungeborenen, die den Wunsch der Mutter auf Unterbrechung der Schwangerschaft gerechtfertigt hätte, von dem die Mutter beratenden Arzt nicht erkannt worden ist.[637] 309

Der **BGH** hat dazu ausgeführt: 310

> »Hier stellt sich für die inländische höchstrichterliche Rechtsprechung erstmalig unmittelbar das Problem, das im angelsächsischen Sprachbereich als »wrongful life« bezeichnet wird. Der Beklagte hat den bedauernswerten Zustand des Kindes nicht verursacht … Er hat jedoch unter Verstoß gegen seine ggü. der Mutter übernommene Behandlungspflicht nicht ermöglicht, dass die Geburt eines gesundheitlich erheblich gefährdeten Kindes, bei dem sich diese Gefährdung dann auch in schwerer Form verwirklicht hat, nicht durch den Abbruch der Schwangerschaft verhindert wurde. Insoweit in Übereinstimmung mit dem Berufungsgericht ist der Senat der Ansicht, dass das Kind hieraus Ansprüche nicht herleiten kann.
>
> … Ausländische Entscheidungen, die aber schon wegen der verschiedenen Rechtsgrundlagen nur beschränkt für das inländische Recht Bedeutung haben können, sind – soweit ersichtlich – in England und in den Vereinigten Staaten ergangen. In England ist ein Anspruch des Kindes unlängst verneint worden (Urteil des [London] Court of Appeal vom 19.02.1982 in Sachen McKay v. Essex Health Authority and Another – Bericht in Law Report February 22, 1982, Court of Appeal; vgl. auch den Abdruck der Richter-»opinions« in dieser Sache in: The Weekly Law Reports 82, 890 ff.). Die in der Zwischenzeit dort in Kraft getretene gesetzliche Regelung schließt Ansprüche des Kindes ohnehin aus (vgl. Finch New Law Journal 82, 235, 236). Auch in den Vereinigten Staaten ist diese Auffassung seit längerer Zeit ganz herrschend; Ansprüche des Kindes sind nur in einem einzigen Fall (Court of Appeal in California i.S. Curlender v. Bio-Science 1980) rechtskräftig bejaht worden (zitiert nach der Übersicht im »Opinion« von L. J. Stephenson, in: The Weekly Law Reports, a.a.O., S. 904) …
>
> In dem das Recht der Bundesrepublik Deutschland betreffenden Schrifttum sind die Ansichten geteilt, wobei die Ablehnung eines Anspruchs des Kindes überwiegt …
>
> Der Senat folgt bei seiner Ablehnung eines kindlichen Schadensersatzanspruchs aus dem Rechtsgrund »wrongful life« bzw. »wrongful birth« folgenden Erwägungen:
>
> a) Eine unmittelbare deliktsrechtliche Pflicht, die Geburt einer Leibesfrucht deshalb zu verhindern, weil das Kind voraussichtlich mit Gebrechen behaftet sein wird, die sein Leben aus der Sicht der Gesellschaft oder aus seiner unterstellten eigenen Sicht (für die naturgemäß nicht der geringste Anhalt besteht) »unwert« erscheinen lässt, müsste innerhalb des allgemein auf Integritätsschutz ausgerichteten Kreises der deliktischen Verhaltensnormen einen Fremdkörper bilden. Es gibt sie nicht. Das gilt selbst für Fälle, in denen – anders als hier – nicht nur die Gefahr einer Schädigung besteht, sondern z.B. im Wege der heute in verdächtigen Fällen weitgehend üblichen Amniocentese (Fruchtwasseruntersuchung) ein schwerer genetischer Mangel – etwa beim Mongolismus – einigermaßen sicher zu prognostizieren ist.
> Und das gilt auch, obgleich nach vielleicht überwiegender Meinung und wohl auch rechtstatsächlicher Praxis die Geburt jedenfalls solcher Kinder verhindert werden sollte. Das menschliche Leben, das nach Abschluss der Nidation auch den Nasciturus umfasst (BVerfGE 39, 1 (37), ist ein höchstrangiges Rechtsgut und absolut erhaltungswürdig. Das Urteil über seinen Wert steht keinem Dritten zu. Daher ist auch anerkannt, dass die Pflicht, das Leben eines Erkrankten oder schwer Verletzten zu erhalten, nicht von dem Urteil über den Wert des erhaltbaren Lebenszustandes abhängig gemacht werden darf. Nur bei der Frage, inwieweit nur noch einzelne Lebensfunktionen durch künstliche Maßnahmen ohne Hoffnung auf Besserung aufrechtzuerhalten sind, mag dieser Grundsatz eine

637 BGH, Urt. v. 18.01.1983 – VI ZR 114/81, VersR 1983, 396 (398) = NJW 1983, 1371 (1373).

gewisse Grenze finden (vgl. Sax, JZ 1975, 137, 149). Darum aber geht es hier nicht. Allgemein erlaubt gerade die durch die Erfahrung mit der nationalsozialistischen Unrechtsherrschaft beeinflusste Rechtsprechung der Bundesrepublik Deutschland aus gutem Grund kein rechtlich relevantes Urteil über den Lebenswert fremden Lebens (vgl. etwa Hagen, a.a.O., S. 7).

b) Darum könnte sich die eine Ersatzpflicht begründende Pflichtwidrigkeit des Beklagten ohnehin nur aus dem Behandlungsverhältnis zur Mutter ergeben.

aa) Einerseits können allerdings auch Vertragspflichten, selbst wenn sie einem Dritten gegenüber bestehen, gleichzeitig eine deliktische Einstandspflicht begründen (Nachweise etwa bei Palandt/Thomas, Anm. 2 der Übersicht vor § 823). Insoweit aber gilt das bereits Gesagte. Weder die Ermöglichung noch die Nichtverhinderung von Leben verletzt (anders, soweit die Qualität dieses Lebens durch Tun oder Unterlassen erst beeinträchtigt wird) ein nach § 823 Abs. 1 BGB geschütztes Rechtsgut. Das ist nicht nur eine dogmatische Erwägung. Sie wird vielmehr auch dadurch gestützt, dass schon die ethische Wertung des erlaubten Schwangerschaftsabbruchs in der allgemeinen Meinung keine einheitliche ist (wobei sich der Beklagte hier allerdings nie auf ethische Bedenken berufen hat; er hätte sonst auch die Beratung und Behandlung der Mutter ablehnen müssen).

Vor allem nämlich entzieht es sich, eben weil es nicht um ein Integritätsinteresse geht, den Möglichkeiten einer allgemeinverbindlichen Beurteilung, ob Leben mit schweren Behinderungen gegenüber der Alternative des Nichtlebens überhaupt im Rechtssinne einen Schaden oder aber eine immer noch günstigere Lage darstellt (vgl. dazu die Stellungnahme von L. J. Stephenson, in: The Weekly Law Reports, a.a.O., S. 90: »Man, who knows nothing of death or nothingness, cannot possibly know, wether that is so.«).

Damit bleibt nur eine unmittelbare Vertragspflicht des Beklagten zu prüfen, die dieser vermöge einer (gegebenenfalls nur sinngemäß) vereinbarten Schutzwirkung zugunsten des noch ungeborenen Kindes diesem gegenüber zu erfüllen gehabt hätte. Auch das vermag der Senat indessen nicht zu bejahen, obwohl ein solcher Behandlungsvertrag in anderer Richtung sehr wohl Schutzwirkungen für das Kind entfalten kann, wie auch das Berufungsgericht erkennt.

bb) Andererseits stünde dem nicht entgegen, dass das Kind im Zeitpunkt des haftungsbegründenden Verhaltens des Beklagten noch nicht rechtsfähig war (§ 1 BGB). Auch für das Deliktsrecht ist (s.o.) anerkannt, dass eine haftungsbegründende Handlung vor der Geburt des Geschädigten (BGHZ 58, 48 = VersR 1972, 372), ja sogar vor der Erzeugung liegen kann (BGHZ 8, 243).«

311 Von diesem Fall zu unterscheiden ist der Anspruch eines schwerst hirngeschädigt geborenen Kindes, dessen Behinderung darauf beruht, dass der behandelnde Arzt die Leibesfrucht durch die Gabe von Medikamenten geschädigt und anschließend einen rechtmäßigen Schwangerschaftsabbruch fehlerhaft unterlassen hat.[638] In einem solchen Fall hat das **Kind** einen **Anspruch auf Ersatz des behinderungsbedingten Mehraufwands**; dessen Eltern sind insoweit lediglich mittelbar Geschädigte, ohne eigenen Anspruch, denn der Schutz des Vermögens der Eltern fällt i.d.R. nicht in den Schutzbereich des Behandlungsvertrages. Wenn aufgrund der Schädigung der Leibesfrucht ein Schwangerschaftsabbruch rechtmäßig vorgenommen werden darf, kommt jedoch zusätzlich eine Haftung des Arztes ggü. den Eltern in Betracht.

312 Hiervon zu unterscheiden ist auch der Fall, dass der die Mutter beratende Arzt die Gefahr der Schädigung eines Ungeborenen (hier: durch Röteln-Erkrankung der Mutter während der Frühschwangerschaft), die den Wunsch der Mutter auf Unterbrechung der Schwangerschaft gerechtfertigt hätte, schuldhaft nicht erkannt hat. Der Arzt haftet den **Eltern** auf **Ersatz der durch die Behinderung bedingten Mehraufwendungen**. Ein Ersatzanspruch des Kindes gegen den Arzt besteht nicht.[639] Nachdrücklich weist der BGH aber darauf hin, dass für die Prüfung der Voraussetzungen einer medizinischen Indikation i.S.d. § 218a Abs. 2 StGB für einen rechtmäßigen Schwangerschaftsab-

638 OLG Karlsruhe, Urt. v. 13.06.2003 – 7 W 20/03, OLGR 2003, 439.

639 Grundsatzentscheidung des BGH, Urt. v. 18.01.1983 – VI ZR 114/81, VersR 1983, 396; vgl. auch BGH, Urt. v. 16.11.1993 – VI ZR 105/92, VersR 1994, 425; zu dieser Problematik auch Wagner, NJW 2002, 3379.

bruch die nach »ärztlicher Erkenntnis« gebotene Prognose regelmäßig die Einholung eines Sachverständigengutachtens erforderlich macht.[640]

Vergleichbar ist auch der Fall, dass Ärzte das Leben eines Menschen durch künstliche Ernährung nicht erlöschen lassen, obwohl keine Aussicht auf Verbesserung des Gesundheitszustandes besteht, in Unkenntnis des Wunsches des Patienten.[641]

640 BGH, Urt. v. 15.07.2003 – VI ZR 203/02, VersR 2003, 1541 = NJW 2003, 3411 = MDR 2004, 32.
641 BGH, Urt. v. 02.04.2019 – VI ZR 13/18, VersR 2019, 760 = NJW 2019, 1809.

Kapitel 5 Haftung

Übersicht Rdn.

A. Ersatzpflichtige

I. Mehrere Täter

1 Mehrere deliktisch Handelnde haften als **Gesamtschuldner**, vgl. § 840 Abs. 1 BGB.[1] Zahlungen eines Gesamtschuldners auf den Schmerzensgeldanspruch wirken daher auch zugunsten der anderen Schädiger, vgl. § 422 Abs. 1 BGB. Eine solche Gesamtschuldnerschaft mit wechselseitiger Tilgungswirkung hat die Rechtsprechung[2] bspw. auch in einem Fall angenommen, in welchem der durch einen Unfall Verletzte bei der späteren ärztlichen Behandlung weitere Verletzungen aufgrund von Behandlungsverschulden des Mediziners erlitten hatte. Die Zahlung des Unfallverursachers war daher auf den Schmerzensgeldanspruch gegen den Arzt, der die Unfallverletzung behandlungsfehlerhaft behandelt hat, anzurechnen.

2 Der **Innenausgleich** mehrerer Gesamtschuldner richtet sich nach § 426 Abs. 1, Abs. 2 BGB, wonach die Gesamtschuldner im Verhältnis zueinander zu gleichen Teilen verpflichtet sind, sofern nicht »etwas anderes bestimmt« ist. Die Gesamtschuldner haften mithin nach Kopfteilen. Eine andere Regelung kann sich insb. aus Vertrag ergeben. Im Bereich des Deliktsrechts richtet sich die Verteilung des Schadens nach dem Maß der jeweiligen Verursachungsquoten, vgl. § 254 BGB.[3] So wird bspw. eine Ausgleichspflicht des nur aus Ingerenz Haftenden neben dem eigentlichen Verursacher der Gefahr abgelehnt.[4]

▶ Hinweis:

3 Haftungsträchtig ist § 423 BGB, wonach ein Vergleich eines Gesamtschuldners mit dem Gläubiger i.d.R. nicht für die übrigen Gesamtschuldner gilt. Es tritt daher nur i.H.d. tatsächlich gezahlten Beträge (§ 422 BGB!) Erfüllung ein, der Geschädigte könnte die übrigen Gesamtschuldner also in der den Vergleich übersteigenden Höhe in Anspruch nehmen. Um dieses Ergebnis zu vermeiden, muss im Fall möglicher Gesamtschuldnerschaft der Vergleich gut durchdacht und abgesichert werden, üblicherweise durch Abtretungserklärungen.[5]

4 Das Zusammentreten mehrerer Schädiger kann noch weitere Fragen aufwerfen. So kann bei Mittätern, Anstiftern oder Gehilfen – die an sich nach § 830 BGB gesamtschuldnerisch auf die Schadenssumme haften – bei der Höhe des Schmerzensgeldes differenziert werden, wenn die unterschiedlichen

1 Vgl. hierzu unter Rdn. 144 ff. das Sonderproblem der Regressbehinderung durch Haftungsbeschränkung.
2 OLG Braunschweig, Urt. v. 11.03.2004 – 1 U 77/03, GesR 2004, 238 = SP 2004, 334.
3 Luckey, Jura 2002, 477 (478).
4 BGH, Urt. v. 22.04.1980 – VI ZR 134/78, NJW 1980, 2348.
5 Vgl. daher hierzu die Schriftsatzmuster unter Kap. 8 Rdn. 39 ff.

Tatbeiträge eine unterschiedliche Bemessung unter Berücksichtigung der Genugtuungsfunktion des Schmerzensgeldes nahelegen.[6]

Relativ leicht wird auch übersehen, dass im Fall der **Nichtfeststellbarkeit einer Ursächlichkeit mehrerer Beteiligter** nach § 830 Abs. 1 Satz 2 BGB jeder der Beteiligten für den Schaden einzustehen hat, auch und gerade wenn ihm eine konkrete Kausalität nicht nachgewiesen werden kann. Dies gilt aber nicht, wenn nur tatsächliche Ermittlungsschwierigkeiten (etwa der Person eines unfallflüchtigen Beteiligten) bestehen.[7] Ebenso wenig ist § 830 Abs. 1 Satz 2 BGB anwendbar, wenn die Unfallverursachung eines der Beteiligten sicher feststeht.

▶ Beispiel:

5 Der Fußgänger F wird von A angefahren, als er einen Zebrastreifen überquert. Der hinter A fahrende B überrollt den F auch noch. Es kann nicht geklärt werden, ob die Verletzungen des F durch das Anfahren oder das Überrollen verursacht wurden.

Hätte A den F nicht zu Fall gebracht, hätte B ihn nicht überfahren können; das Verhalten des A ist daher in jedem Fall kausal für die Verletzungen, da auch das Überfahren durch B nicht den Kausalzusammenhang unterbricht. Folglich haftet A; eine Haftung des B scheidet mangels bewiesener Kausalität aus. § 830 Abs. 1 Satz 2 BGB wird mangels Kausalitätsungewissheit nicht angewandt.

6 Eine zwar seltene, aber doch schwierige Konstellation ergibt sich, wenn für **einen Schaden mehrere Unfälle** in Betracht kommen.

7 Das **OLG Celle**,[8] das über eine **Schädigung** der HWS des Klägers zu entscheiden hatte, die dieser bei vier unverschuldeten Unfällen erlitten hatte, hat dazu im LS ausgeführt:

> »Kommen zwei Unfälle als selbstständige Ursachen für Beschwerden in Betracht, lässt sich aber das Ausmaß des jeweiligen Schadensumfangs nicht sicher feststellen, kommt § 830 Abs. 1 Satz 2 BGB zur Anwendung. Es muss aber versucht werden, gem. § 287 ZPO die Anteile der Schädiger an der Verursachung des Gesamtschadens im Wege der Schätzung zu ermitteln. Nur soweit dies nicht möglich ist, führt § 830 Abs. 1 Satz 2 BGB bei Anteilszweifeln zu einer gesamtschuldnerischen Haftung.«

8 Diese besondere Fallgestaltung liegt vor, wenn es infolge zeitlich einander folgender selbstständiger Unfälle jeweils zu einer Schädigung der HWS kommt.

9 Entsteht in einem solchen Fall ein Dauerschaden des Verletzten, haftet der Erstschädiger mangels abgrenzbarer Schadensteile grds. auch für den Dauerschaden, wenn die Folgen des Erstunfalls erst durch den Zweitunfall verstärkt worden sind. Der Zweitschädiger haftet für den Dauerschaden mangels abgrenzbarer Schadensteile schon dann, wenn der Zweitunfall lediglich mitursächlich für den Dauerschaden war.[9]

10 Der BGH hat am **haftungsrechtlichen Zurechnungszusammenhang** (haftungsausfüllende Kausalität) nicht gezweifelt, weil zwischen den beiden Unfällen nicht nur ein äußerlicher, gleichsam zufälliger Zusammenhang bestanden habe, weil der erste Unfall noch eine Schadensanfälligkeit hinterlassen habe, auf die die zweite Verletzungshandlung getroffen sei, mag auch erst Letztere zu einer besonderen Schwere der Gesundheitsbeschädigung geführt haben. In einem solchen Fall ist der **Erstschädiger** für den **Folgeschaden**, den endgültigen Schaden, mitverantwortlich. Nur wenn die Verletzungsfolgen des Erstunfalls im Zeitpunkt des zweiten Unfalls bereits ausgeheilt waren und deshalb der **zweite Unfall** allein zu den nunmehr vorhandenen Schäden geführt hat, scheidet eine

6 BGH, Urt. v. 14.01.2016 – 4 StR 72/15, NStZ 2016, 211; OLG Karlsruhe, Beschl. v. 08.04.1998 – 14 W 19/98, Justiz 1999, 445.
7 Vgl. OLG Celle, Urt. v. 02.11.2000 – 14 U 277/99, VersR 2002, 1300 = ZfS 2001, 308.
8 OLG Celle, Urt. v. 02.11.2000 – 14 U 277/99, VersR 2002, 1300 = ZfS 2001, 308.
9 BGH, Urt. v. 20.11.2001 – VI ZR 77/00, VersR 2002, 200 = SP 2002, 89; Müller, ZfS 2005, 54 (60).

Mithaftung des Erstschädigers aus. Ist dies nicht der Fall, können die Folgen des ersten Unfalls durch den zweiten Unfall (möglicherweise) nur (richtungsweisend) verstärkt worden sein, sodass die Mitursächlichkeit des ersten Unfalls nicht verneint werden kann.

In Ergänzung des Urteils v. 20.11.2001[10] hat der BGH die Haftung des Erstschädigers verneint, wenn der Beitrag des Erstunfalls zum endgültigen Schadensbild nur darin bestehe, dass eine anlagebedingte **Neigung des Geschädigten zu psychischer Fehlverarbeitung** geringfügig verstärkt werde;[11] dies reiche nicht aus, um eine Haftung des Erstschädigers für die Folgen des Zweitunfalls zu begründen. In einem solchen Fall habe der Unfall die Schadensanfälligkeit des Verletzten nicht erst geschaffen, sondern nur die allgemeine Anfälligkeit für neurotische Fehlentwicklungen verstärkt. Das reiche nicht aus, um den erforderlichen haftungsrechtlichen Zusammenhang zwischen dem Erstunfall und den Folgen des Zweitunfalls zu begründen. Ein derart geringfügiger Beitrag zum endgültigen Schadensbild könne es bei der für die Beurteilung des Zurechnungszusammenhangs gebotenen wertenden Betrachtungsweise nicht rechtfertigen, den Erstschädiger auch für die Folgen des Zweitunfalls haften zu lassen. 11

Auch für den **Zweitschädiger** gilt das Beweismaß des § 287 ZPO. Mangels abgrenzbarer Schadensteile haftet auch der Zweitschädiger, auch dann, wenn eine besondere Schadensanfälligkeit des Verletzten anzunehmen wäre. 12

II. Minderjährige

Minderjährige können Schuldner eines Schmerzensgeldanspruchs sein. Nach § 828 Abs. 2 BGB besteht eine nur »sektorale« Deliktsfähigkeit ab 10 Jahren im Straßenverkehr. Bei einem »Unfall mit einem Kraftfahrzeug« sind Kinder unterhalb dieser Altersgrenze mithin weder Anspruchsgegner, noch kann ihnen ein Mitverschulden entgegengehalten werden.[12] Dahinter steht der Gedanke, dass Kinder bis zur Vollendung des zehnten Lebensjahres regelmäßig überfordert sind, die besonderen Gefahren des motorisierten Straßenverkehrs zu erkennen, insb. die Entfernungen und Geschwindigkeiten von anderen Verkehrsteilnehmern richtig einzuschätzen und sich diesen Gefahren entsprechend zu verhalten. Ein besonderes Problem stellen Zusammenstöße von Kindern mit parkenden Fahrzeugen dar. Bei verkehrsbedingt haltenden Fahrzeugen ist § 828 Abs. 2 BGB nach Auffassung des BGH einschlägig.[13] Allerdings wird eine einschränkende Auslegung, eine teleologische Reduktion des Merkmals »Unfall mit einem Kraftfahrzeug« vorgenommen,[14] sodass ein Unfall eines Kindes mit einem parkenden Auto i.d.R. nicht mehr von § 828 Abs. 2 BGB erfasst ist, da es hier an der typischen Überforderungssituation des fließenden Verkehrs fehlt. Anders hat dies der BGH[15] gesehen, wenn ein 9 Jahre alter Junge mit dem Fahrrad gegen ein mit geöffneten hinteren Türen am Fahrbahnrand stehendes Fahrzeug fährt. In diesem Fall ist der BGH von einer typischen Überforderungssituation ausgegangen, weil der Fahrer des Fahrzeuges eine besondere Gefahren- 13

10 BGH, Urt. v. 20.11.2001 – VI ZR 77/00, VersR 2002, 200 = SP 2002, 89; Müller, ZfS 2009, 62 (65).

11 BGH, Urt. v. 10.02.2004 – VI ZR 218/03, NJW 2004, 1375 = VersR 2004, 529; BGH, Urt. v. 16.03.2004 – VI ZR 138/03, VersR 2004, 874 = NJW 2004, 1945; Diederichsen, DAR 2005, 301 (302); Müller, ZfS 2005, 54 (61).

12 BGH, Urt. v. 14.03.1961 – VI ZR 189/59, NJW 1961, 655; BGH, Urt. v. 30.11.2004 – VI ZR 335/03, NJW 2005, 354 = VersR 2005, 376; OLG Köln, Beschl. v. 02.04.2007 – 24 W 13/07, MDR 2008, 22 = NJOZ 2008, 276; vgl. dazu Diederichsen, DAR 2008, 301 (303).

13 BGH Urt. v. 17.04.2007 – VI ZR 109/06, VersR 2007, 855; ebenso OLG Köln, Beschl. v. 02.04.2007 – 24 W 13/07, MDR 2008, 22 = NJOZ 2008, 276.

14 BGH Urt. v. 30.09.2004 – VI ZR 335/03, NJW 2005, 354 = VersR 2005, 376; BGH, Urt. v. 30.11.2004 – VI ZR 365/03, NJW 2005, 356 = VersR 2005, 380 = MDR 2005, 390; Diederichsen DAR 2008, 301; Oechsler, NJW 2009, 3185 (3188), der weitergehend immer dann für eine teleologische Reduktion plädiert, wenn eine Verbindung zum »Motorenbetrieb« des Kfz fehlt; gegen eine teleologische Reduktion und für eine Einschränkung des Wortlauts plädierte der V. Arbeitskreis des 42. Verkehrsgerichtstages DAR 2004, 133 und SVR 2004, 78.

15 BGH, Urt. v. 11.03.2008 – VI ZR 75/07, VersR 2008, 701.

lage geschaffen habe, der das Kind, das zudem erst ca. 20 m vor dem parkenden Fahrzeug aus einer anderen Straße eingebogen sei, nicht gewachsen gewesen sei. Das Kind sei überfordert gewesen, die Gefahr richtig einzuschätzen und sich entsprechend zu verhalten.[16] Während die Beweislast für die Voraussetzungen des § 828 Abs. 2 BGB, inbes. hinsichtlich des Alters, beim Kind liegt, ist der Geschädigte beweisbelastet für die Voraussetzungen einer teleologischen Reduktion i.S.d. BGH bei Beschädigung eines parkenden Kfz.[17]

14 Die flankierende gesetzliche Änderung des § 7 Abs. 2 StVG sollte zudem verhindern, dass ein Unfall mit Kindern als »unabwendbar« eingestuft wurde, sodass ein Anspruch des geschädigten Kindes entfallen wäre.[18]

15 Verfassungsrechtliche Bedenken gegen die volle und uneingeschränkte Haftung Minderjähriger werden unter dem Gesichtspunkt geltend gemacht, dass Kinder, die leicht fahrlässig einen für sie existenzvernichtend hohen Schaden verursacht haben, deswegen von dem eintrittspflichtigen Versicherer in Regress genommen werden können.[19]

16 Einen solchen Fall hat das OLG Celle[20] verneint und einen im Zeitpunkt der Tat 14 Jahre alten Jungen zur Zahlung eines Schmerzensgeldes i.H.v. 37.500,00 € verurteilt, der dem ebenfalls 14 Jahre alten Kläger mit einer Schreckschusspistole ins Gesicht geschossen und dadurch schwer verletzt hatte (Verlust des linken Auges und Hirnverletzung). Das OLG Celle hatte jedenfalls deshalb keine verfassungsrechtlichen Bedenken, weil der Geschädigte ebenfalls minderjährig war, Zahlungen von dritter Seite nicht zu erwarten waren und weil das Verschulden des Schädigers als erheblich angesehen wurde.

17 In diesem Zusammenhang hat der Senat auch erörtert, dass der Beklagte grds. ein **Restschuldbefreiungsverfahren** einleiten könne, weil er nicht vorsätzlich gehandelt habe.

18 Umgekehrt muss das Opfer eines sexuellen Missbrauchs beachten, dass auch ein Anspruch aus vorsätzlich begangener Straftat der Restschuldbefreiung unterfallen kann. Wird über das Vermögen des Täters das Verbraucherinsolvenzverfahren eröffnet, muss der Gläubiger seine Forderung innerhalb der Frist zur Anmeldung der Insolvenzforderung tätig werden. Meldet er die Forderung nicht fristgerecht an, wird dem Schuldner Restschuldbefreiung erteilt. Eine rechtsfortbildende Analogie aufgrund des der Regelung des § 208 BGB zugrunde liegenden Rechtsgedankens dahin gehend, dass bei vorsätzlicher Verletzung der sexuellen Selbstbestimmung die Restschuldbefreiung auch dann nicht greift, wenn die Schadensersatzforderung nicht zur Insolvenztabelle angemeldet wird, kommt nicht in Betracht.[21]

▶ Hinweis:

19 Die Inanspruchnahme Minderjähriger auf Zahlung von Schmerzensgeld wegen einer Verletzung, die diese z.B. einem Mitschüler auf dem Schulhof zugefügt haben, scheidet regelmäßig aus, vgl. §§ 104 ff. SGB VII.[22]

---

16 Vgl. zur Problematik auch Ternig, SVR 2008, 250.

17 BGH, Urt. v. 30.06.2009 – VI ZR 310/08, VersR 2009, 1136.

18 Plastisch hierzu OLG Celle, Urt. v. 08.07.2004 – 14 U 125/03, SVR 2004, 384 = NZV 2005, 261 (zum alten Recht: Kinderunfall als unabwendbares Ereignis) und OLG Oldenburg, Urt. v. 04.11.2004 – 1 U 73/04, ZGS 2005, 33 (zum neuen Recht: keine höhere Gewalt bei Kinderunfall).

19 OLG Celle, »Vorlagebeschluss« v. 26.05.1989 – 4 U 53/88, NJW-RR 1989, 791.

20 OLG Celle, Urt. v. 17.10.2001 – 9 U 159/01, NJW-RR 2002, 674.

21 BGH, Urt. v. 05.04.2016 – VI ZR 283/15, NJW-RR 2017, 37; OLG Hamm, Urt. v. 21.04.2015 – 9 U 32/15, NZI 2015, 714 = NZI 2015, 329; vgl. Huber, Entscheidungen des deutschen BGH zum Schadensersatzrecht, HAVE/REAS 2016, 437 ff., 441.

22 S.o. Kap. 3 Rdn. 72 ff.

Das OLG Frankfurt am Main[23] hat – vor Inkrafttreten des 2. Schadensersatzrechtsänderungsgesetzes – das jugendliche Alter des 8 Jahre alten Beklagten, der einen Verkehrsunfall verursacht hatte, bei der Bemessung Schmerzensgeld mindernd berücksichtigt. Der Schuldvorwurf sei, da Kinder dieses Alters von »Spieltrieb und großer Bewegungsfreude« beherrscht seien, derart gering, dass er sich »stark anspruchsmindernd« auf Schmerzensgeldansprüche auswirke. Letztlich hat das OLG Frankfurt am Main hier die Wertungen des § 828 Abs. 2 BGB auf einen »Altfall« übertragen und bei der Bemessung einfließen lassen. Umgekehrt und in der Sache fraglich hat das LG Oldenburg[24] die Wertung des § 828 Abs. 2 BGB auch für einen nicht motorisierten Unfall auf § 828 Abs. 3 BGB übertragen. 20

Für die Bewertung des (Mit-) Verschuldens eines Kindes, was bereits **älter als 10 Jahre** ist, gelten keine Besonderheit mehr,[25] die Sorgfaltsanforderungen werden hier also nicht heruntergeschraubt. 21

So hat das OLG Hamm[26] ausdrücklich festgehalten, dass durch die gesetzliche Neuregelung des § 828 Abs. 2 BGB die Anforderungen an die Sorgfaltspflichten von Verkehrsteilnehmern ab dem beginnenden 10. Lebensjahr nicht geringer anzusetzen sind als nach der bisherigen Rechtslage. Eine Abwägung dahin, dass der Jugendliche allein haftet, ist weiterhin möglich, wenn ihm objektiv und subjektiv ein erhebliches Verschulden zur Last fällt, welches die Betriebsgefahr des Kfz als völlig untergeordnet erscheinen lässt, und zwar auch dann, wenn (wie im Fall des OLG Hamm) der Junge im Unfallzeitpunkt erst 10 Jahre und 7 Tage alt war.

III. Aufsichtspflichtige

Scheidet die Haftung eines Kindes wegen § 828 BGB aus, kann sich ein Schadensersatzanspruch und damit auch ein Schmerzensgeldanspruch aus § 832 BGB gegen den oder die Aufsichtspflichtigen ergeben. Allerdings lässt sich hier ein erhöhtes Maß an Aufsichtsbedürftigkeit nicht schon aus der Neuregelung des § 828 BGB unter Hinweis darauf begründen, die nach § 828 BGB im Straßenverkehr verschuldensunfähigen Kinder bedürften nun bereits qua lege wegen »erwiesener« und gesetzlich festgeschriebener Unfähigkeit, sich im Straßenverkehr angemessen zu verhalten, verstärkter Aufsicht. Erste Urteile zum neuen Recht lehnen eine – solcherart dem § 828 Abs. 2 BGB korrespondierende – automatisch verstärkte Aufsichtspflicht der Eltern ab.[27] Auch die Literatur stimmt dem weitgehend zu.[28] Kann von diesen kein Ersatz erlangt werden, ist eine Billigkeitshaftung nach 22

---

23 OLG Frankfurt am Main, Urt. v. 06.06.2004 – 24 U 165/03, NZV 2005, 260 = NJW-RR 2004, 1167.

24 LG Oldenburg, Urt. v. 22.10.2008 – 5 O 1466/08, NZV 2009, 36.

25 Auch nach der Neufassung ist es mithin möglich, einem 13 Jahre alten Unfallverursacher i.R.d. Mitverschuldensabwägung die Alleinschuld an einem Unfall zuzusprechen, wenn sein Verschulden erheblich ist und die Betriebsgefahr des gegnerischen Kfz als untergeordnet erscheinen lässt, vgl. OLG Nürnberg, Urt. v. 14.07.2005 – 13 U 901/05, r+s 2006, 430 (431). A.A. AG Essen, Urt. v. 24.08.2010 – 11 C 98/10, SVR 2010, 422: »Bei der Beurteilung der Haftungsanteile ist die gesetzgeberisch gewollte Privilegierung von jüngeren Kindern im Straßenverkehr zu beachten«; daher hat das Gericht kein alleiniges Verschulden des auf die Straße laufenden, 10 Jahre alten Kindes angenommen, welches »noch sehr nah an der Grenze der Nichtverantwortlichkeit« gewesen sei und bei dem sich auch »altersgemäße Defizite der Integrierung in den Straßenverkehr« verwirklicht hätten. In diese Richtung auch LG Kleve, Urt. v. 16.04.2010 – 5 S 135/09, UV-Recht Aktuell 2010, 924: Auch die Haftung des 13 Jahre alten Kindes orientiere sich am Entwicklungsstand und sei daher wegen der immer noch vorhandenen kindlichen Defizite im Straßenverkehr faktisch ausgeschlossen.

26 OLG Hamm, Urt. v. 13.07.2009 – 13 U 179/08, NZV 2010, 464. Der BGH hat die Nichtzulassungsbeschwerde zurückgewiesen (Beschl. v. 09.03.2010 – VI ZR 296/09). Zurückhaltender formuliert das OLG Celle, Beschl. v. 08.06.2011 – 14 W 13/11, UV-Recht aktuell 2011, 901: Mitverschulden »grundsätzlich« geringer als das des Erwachsenen.

27 OLG Oldenburg, Urt. v. 04.11.2004 – 1 U 73/04, VersR 2005, 807 = MDR 2005, 631 = ZGS 2005, 33; OLG Koblenz, Beschl. v. 21.01.2009 – 12 U 1299/08, SP 2009, 280 f.

28 So Bernau, S. 305 ff.; ders., NZV 2005, 234; Oechsler, NJW 2009, 3185 (3189) weist zu Recht darauf hin, dass die schrittweise Heranführung von Kindern an den Straßenverkehr die elterliche Erziehungsaufgabe sei; wenn Eltern also ein Kind am Straßenverkehr teilnehmen lassen, kann darin für sich genom-

§ 829 BGB möglich. Daran kann insb. gedacht werden, wenn das Kind haftpflichtversichert ist. Allerdings ist das Bestehen einer Haftpflichtversicherung nicht schon ein Grund, eine Billigkeitshaftung anzunehmen.[29]

B. Kausalität

I. Allgemeines

23 Jede Ersatzpflicht setzt voraus, dass der Schaden durch das die Schadensersatzpflicht auslösende Ereignis verursacht worden ist. Diese Kausalität[30] ist »Grund und Grenze« der zivilrechtlichen Haftung. Hierbei muss unterschieden werden zwischen haftungsbegründender und haftungsausfüllender Kausalität:

24 – Bei der **haftungsbegründenden Kausalität** geht es darum, ob zwischen dem Verhalten des Schädigers und der Rechtsgutsverletzung ein Ursachenzusammenhang besteht. Streng genommen ist dies noch keine Frage des Schadens-, sondern erst des Haftungsrechts.[31] Die haftungsbegründende Kausalität bedeutet daher die Verwirklichung eines Haftungstatbestandes, der einen Verletzungserfolg voraussetzt.[32] Zu ihrem Nachweis bedarf es der vollen Beweisführung nach § 286 ZPO, also eines für das praktische Leben brauchbaren Grades von Gewissheit, der vernünftigen Zweifeln Schweigen gebietet.[33]

25 – Die **haftungsausfüllende Kausalität** ist der Ursachenzusammenhang zwischen Haftungsgrund, also regelmäßig der Rechtsgutsverletzung, und dem eingetretenen Schaden. Der Beweis der haftungsausfüllenden Kausalität richtet sich nach § 287 ZPO, wonach der Nachweis einer gewissen Wahrscheinlichkeit genügt. Der erleichterte Maßstab des § 287 ZPO gilt hierbei auch für weitere, der Primärverletzung nachfolgende Rechtsgutverletzungen. Wenn also nach unterlassener Diagnose einer Fingerfraktur ein Morbus Sudeck (neuerdings: CRPS = complex regional pain syndrome) als Folge behauptet wird, unterliegt dies dem Maßstab des 287 ZPO; die Primärverletzung ist die durch die unsachgemäße Behandlung der Fraktur eingetretene gesundheitliche Befindlichkeit.[34] Während der BGH zunächst vertreten hatte, die Anwendung des § 287 ZPO sei nicht auf Folgeschäden einer Verletzung beschränkt, sondern umfasse neben einer festgestellten oder unstreitigen Verletzung des Körpers i.S. des § 823 I BGB entstehende weitere Körperschäden aus derselben Schädigungsursache,[35] unterscheidet er nunmehr: (nur) die Frage, ob eine Primärverletzung weitere Gesundheitsbeeinträchtigungen zur Folge hatte, ist nach § 287 ZPO zu beweisen. Werden indes unabhängig von der Primärverletzung weitere, aus der Verletzungshandlung herrührende Verletzungen behauptet, unterfallen diese dem Maßstab des § 286 ZPO.[36] Im Fall hatte der Kläger eine HWS-Verletzung erlitten; eine Verletzung des Knies stand im Streit. Der BGH stellt klar, dass (nur) weitere streitige Folgen der HWS-Ver-

---

men noch keine Aufsichtspflichtverletzung gesehen werden; vgl. schon Jaeger/Luckey, Rn. 304. Krit. Diehl, DAR 2007, 451, der von einem »Sonderopfer« der durch ein Kind Geschädigten spricht.

29 BGH, Urt. v. 27.10.2009 – VI ZR 296/08, VersR 2009, 1677; so zu Recht auch LG Heilbronn, Urt. v. 05.05.2004 – 7 S 1/04 Wa, NZV 2004, 464 = NJW 2004, 2399; LG Duisburg, 31.08.2004 – 6 O 99/04, VersR 2006, 223.

30 Vgl. zur Kausalität grundlegend Summermatter, Kausalität, Ein Handbuch.

31 Vgl. Grüneberg/*Grüneberg*, Vorb. v. § 249 Rn. 24.

32 Geigel/Knerr, Kap. 1 Rn. 15 ff.

33 Der BGH, Urt. v. 04.11.2003 – VI ZR 28/03, NJW 2004, 777 hat für den Fall einer HWS-Verletzung noch einmal klargestellt, dass auch bei Beweisproblemen der haftungsbegründenden Kausalität – also der Rechtsgutsverletzung – gleichwohl nicht § 287 ZPO (analog) angewandt werden kann.

34 BGH, Urt. v. 12.02.2008 – VI ZR 221/06, VersR 2008, 644 = MDR 2008, 624.

35 So explizit BGH, Beschl. v. 14.10.2008 – VI ZR 7/08, VersR 2009, 69. Etwa OLG Frankfurt, Urt. v. 01.04.2009 – 7 U 163/08, ZfS 2009, 323: Bandscheibenvorfall nach unstreitiger HWS-Verletzung; OLG München, Urt. v. 05.11.2010 – 10 U 2401/10, NJW 2011, 396 (397): Tinnitus nach HWS-Verletzung.

36 BGH, Urt. v. 29.01.2019 – VI ZR 113/17, VersR 2019, 694.

letzung nach § 287 ZPO zu beurteilen seien; das Knie habe mit der Wirbelsäule nichts zu tun, eine Verletzung müsse daher nach § 286 ZPO bewiesen werden. Das also eine Verletzung (hier: HWS) nachgewiesen war, bedeutet nicht, dass alle anderen Verletzungen nur nach § 287 ZPO bewiesen werden müssten.

▶ Hinweis:

Setzt die Schadensersatzpflicht ein Verschulden voraus, gilt dieses Erfordernis nur für die haftungsbegründende Kausalität. Auf den eingetretenen Schaden muss sich das Verschulden daher nicht beziehen. 26

Im Rechtssinne »ursächlich« ist jeder Umstand, der nicht hinweggedacht werden kann, ohne dass der Erfolg entfiele. Geht es um die Zurechnung eines Unterlassens, ist umgekehrt zu fragen, ob bei pflichtgemäßem Handeln der Erfolg mit an Sicherheit grenzender Wahrscheinlichkeit vermieden worden wäre. Es ist also für eine Zurechnung stets (mindestens) erforderlich, dass das Verhalten des Schädigers in diesem Sinne (sog. »conditio sine qua non«-Formel) ursächlich geworden ist.[37] 27

▶ Hinweis:

Maßgebender Zeitpunkt für diese Beurteilung ist der Eintritt der konkreten kritischen Lage, die unmittelbar zum Schaden führt. Eine Geschwindigkeitsüberschreitung ist daher nicht schon deshalb für einen Unfall kausal, weil der Unfallverursacher bei angepasster Geschwindigkeit den Unfallort später erreicht hätte. Entscheidend ist vielmehr, wie der Vorgang von der Erkennbarkeit der Gefahr an bei verkehrsgerechtem Verhalten verlaufen wäre.[38] 28

Diese Zurechnung an jede im naturwissenschaftlichen bzw. logischen Sinne kausale Bedingung eines schädigenden Ereignisses, die sog. **Äquivalenzlehre**, bedarf jedoch einer wertenden Einschränkung. Anderenfalls käme es zu einer konturenlosen Haftungsausweitung in Ursachengeschichte und Adressatenkreis.[39] Die Äquivalenzlehre legt daher nur das **Mindestkausalitätserfordernis** einer Zurechnung fest. 29

Zu einer Haftungsbegrenzung unter dem Gesichtspunkt des rechtlichen Ursachenzusammenhangs werden die **Adäquanzlehre** und die **Lehre vom Schutzzweck der Norm** herangezogen. 30

Die **Adäquanzlehre**[40] zielt darauf ab, gänzlich unwahrscheinliche Kausalverläufe aus der Zurechnung auszuscheiden. Zur Umschreibung der Adäquanz wird – ohne wesentlichen Unterschied im Inhalt – von der Rechtsprechung bspw. formuliert, 31

– die Möglichkeit des Schadenseintritts dürfe **nicht so entfernt** sein, dass sie nach den Erfahrungen des Lebens vernünftigerweise nicht in Betracht gezogen werden könne;[41]

---

37 Vgl. BGH, Urt. v. 11.05.1951 – I ZR 106/50, NJW 1951, 711; BGH, Urt. v. 02.07.1957 – VI ZR 305/56, NJW 1957, 1475.

38 BGH, Urt. v. 06.11.1984 – 4 StR 72/84, NJW 1985, 1350 (1351); BGH, Urt. v. 07.04.1987 – VI ZR 30/86, NJW 1988, 58; BGH, Urt. v. 25.03.2003 – VI ZR 161/02, NJW 2003, 1929 (1930).

39 BGH, Urt. v. 16.04.2002 – VI ZR 227/01, NJW 2002, 2232 (2233) m.w.N. Paradebeispiel ist die »Verantwortlichkeit« der Eltern des Schädigers für den Schadenseintritt: Hätten sie kein Kind gezeugt, wäre es nicht zum Schaden gekommen. Allerdings ist im Zivilrecht nicht erforderlich, dass eine Schadensursache »richtunggebend« oder »maßgeblich« für den Schadenseintritt war; anders im Sozialrecht, vgl. BGH, Urt. v. 19.04.2005 – VI ZR 175/04, VersR 2005, 945. Dies kann z.B. bei der Verwertbarkeit eines sozialgerichtlichen Gutachtens nach § 411a ZPO entscheidend sein.

40 Ursprünglich von v. Bar (1871) und v. Kries (1888) begründet; seit 1902 vom RG (RG, Urt. v. 20.02.1902 – VI 399/01, RGZ 50, 219 [222]) aufgegriffen.

41 RG, Urt. v. 07.02.1912 – I 58/11, RGZ 78, 270 (272).

- die Möglichkeit eines Schadenseintritts dürfe **nicht außerhalb aller Wahrscheinlichkeit** liegen;[42]
- das Ereignis müsse die Möglichkeit eines Erfolges der eingetretenen Art **generell nicht unerheblich erhöht** haben;[43]
- das Ereignis müsse **im Allgemeinen** und nicht nur unter besonders eigenartigen, unwahrscheinlichen und nach dem gewöhnlichen Verlauf der Dinge außer Betracht zu lassenden Umständen **geeignet** sein, einen Erfolg der eingetretenen Art herbeizuführen.[44]

32 Zur Beurteilung der Adäquanz kommt es auf eine **objektiv nachträgliche Prognose** an, bei der alle dem optimalen Betrachter z.Zt. des Schadenseintritts erkennbaren Umstände zu berücksichtigen sind.[45] Speziell bei der Haftung aus § 7 StVG ist entscheidend, ob der eingetretene Schaden eine spezifische Auswirkung der Gefahr ist, wegen derer nach dem Sinn der Haftungsvorschrift ein Ersatzanspruch gewährt werden soll.[46]

33 Die auf eine Wahrscheinlichkeitsbetrachtung ausgerichtete Adäquanztheorie wird durch die wertende Beurteilung, die nach dem **Schutzzweck der Norm** fragt, ergänzt. Eine Zurechnung ist hiernach nur anzunehmen, wenn der geltend gemachte Schaden nach Art und Entstehungsweise unter den Schutzzweck der verletzten Norm fällt; es muss sich also um Nachteile handeln, die aus dem Bereich der Gefahren stammen, zu deren Abwendung die verletzte Norm erlassen worden ist.[47] Der entstandene Schaden muss also in einem inneren Zusammenhang mit der vom Schädiger zu verantwortenden Gefahrenlage stehen, eine bloß zufällige äußere Verbindung genügt nicht.

▶ Praxistipp:

34 Erleidet der durch eine frühere Verletzung Vorgeschädigte einen Zweitunfall, haftet auch der Erstschädiger für diese weiteren Schäden, wenn die Erstverletzung die Schadensanfälligkeit geschaffen oder wesentlich erhöht hat.[48]

II. Besondere Fallgruppen

1. Allgemeines Lebensrisiko

35 Ein Schaden, der sich bei wertender Betrachtung als Verwirklichung eines **allgemeinen Lebensrisikos** darstellt, fällt **nicht** unter den Schutzzweck einer verletzten Norm; eine bloß zufällige äußere Verbindung zu der vom Schädiger geschaffenen Gefahrenlage genügt nicht, um eine Zurechnung annehmen zu können.[49] Eine Zurechnung wurde daher verneint bei der Entdeckung einer anderen, zu einer vorzeitigen Pensionierung führenden Erkrankung anlässlich der Behandlung einer Unfall-

---

42 RG, Urt. v. 23.11.1936 – VI 199/36, RGZ 152, 397 (401); RG, Urt. v. 04.07.1938 – V 17/38, RGZ 158, 34 (38); BGH, Urt. v. 07.03.2001 – X ZR 160/99, NJW-RR 2001, 887 (888).

43 Vgl. BGH, Urt. v. 23.10.1951 – I ZR 31/51, BGHZ 3, 261 (266); BGH, Urt. v. 19.11.1971 – V ZR 100/69, NJW 1972, 195 ff.

44 Diese Formulierung verbindet die Negativ- wie Positivabgrenzungen der übrigen Formulierungen, verwendet etwa von BGH, Urt. v. 14.10.1971 – VII ZR 313/69, NJW 1972, 36; BGH, Urt. v. 04.07.1994 – II ZR 126/93, NJW 1995, 126 (127); BGH, Urt. v. 09.10.1997 – III ZR 4/97, NJW 1998, 138 (140).

45 So schon BGH, Urt. v. 23.10.1951 – I ZR 31/51, BGHZ 3, 261 (266).

46 BGH, Urt. v. 27.01.1981 – VI ZR 204/79, NJW 1981, 983; BGH, Urt. v. 01.12.1981 – VI ZR 111/80, NJW 1982, 1046. Hier zeigt sich erneut, dass für die wertende Zurechnung eines Schadens nicht stets trennscharf unterschieden werden kann, ob das Merkmal »beim Betrieb« restriktiv ausgelegt wird oder über die adäquate Zurechnung bzw. den Schutzzweck der Norm die Haftungsfolgen eingegrenzt werden.

47 BGH, Urt. v. 22.04.1958 – VI ZR 65/57, NJW 1958, 1041 (1042); BGH, Urt. v. 28.06.1961 – V ZR 29/60, NJW 1961, 1817 (1818); BGH, Urt. v. 19.11.1971 – V ZR 100/69, NJW 1972, 195 (198); BGH, Urt. v. 06.05.1999 – III ZR 89/97, NJW 1999, 3203; BGH, Urt. v. 13.02.2003 – IX ZR 62/02, NJW-RR 2003, 1035 (1036).

48 BGH, Urt. v. 20.11.2001 – VI ZR 77/00, NJW 2002, 504.

49 Vgl. Grüneberg/*Grüneberg*, Einf. v. § 249 Rn. 48, 54; s.a. die Ausführungen zum Schutzzweck der Norm (Rdn. 33).

verletzung.[50] Ebenso haftet ein Unfallverursacher nicht, wenn sich der Unfallgegner – ohne aufgrund des Unfalls nachweisbar verletzt zu sein – in ärztliche Behandlung begibt und aufgrund einer dort falschen Diagnose (HWK-Fraktur mit Gefahr der Querschnittslähmung) eine Schmerzverarbeitungsstörung entwickelt,[51] oder wenn eine Geschädigte zwei Bandscheibenvorfälle erleidet, weil sie sich in einer Apotheke »ruckartig umdreht« – aufgrund der Mitteilung einer anderen Kundin, jemand sei in ihr geparktes Fahrzeug gefahren.[52] Gleichermaßen hat das OLG Frankfurt am Main[53] eine Haftung des Anwalts für Gesundheitsschäden einer Mandantin nach einem anwaltlichen Beratungsfehler (»Dauerpanik« nach der falschen Rechtsauskunft, die private Haftpflicht decke die verursachten Schäden i.H.v. 600.000, 00 € nicht) abgelehnt, weil die psychische Fehlverarbeitung von fehlerhaften Informationen (die die Mandantin auch von anderen Personen hätte erhalten können) ein Risiko des Empfängers sei (und zudem der Anwaltsvertrag nur auf die Wahrung der Vermögensinteressen, nicht des gesundheitlichen Zustandes der Mandanten gerichtet sei und es daher am Zurechnungszusammenhang zwischen verletzter Pflicht und eingetretenem Schaden fehle). Zuletzt schuldet eine Versicherung kein Schmerzensgeld für einen körperlichen und seelischen Zusammenbruch, den der Verhandlungsgegner erleidet, weil der Regulierungsbeauftragte ihm mitteilt, dass der Versicherer nur zur Zahlung einer erheblich geringeren Abfindungssumme (30.000,00 € anstatt 480.000,00 €) bereit sei als aufgrund der Vorverhandlungen erwartet.[54]

2. Schadensanlage

Eine Konstitution des Geschädigten, die den Schaden ermöglicht oder wesentlich erhöht hat, schließt den Zurechnungszusammenhang dagegen **nicht** aus. Wer einen Kranken verletzt, kann, so formuliert die Rechtsprechung plastisch, nicht verlangen, so gestellt zu werden, als habe er einen Gesunden verletzt.[55] Der Zurechnungszusammenhang wird erst unterbrochen, wenn das Geschehen einen ungewöhnlichen und keinesfalls zu erwartenden Verlauf nimmt.[56] 36

Auch das LG Kiel[57] hat die Kausalität beim Unfallschaden einer vorgeschädigten Frau bejaht. Die Klägerin war auf glatter Straße gestürzt und hatte eine Fraktur des Tibiakopfes erlitten. Ihr Kniegelenk war Jahre zuvor mit einer Vollprothese versehen worden. Nach dem Sturz wurde eine neue Vollprothese eingesetzt. Die Klägerin wurde gesundheitlich nicht wieder vollständig hergestellt. Es verblieb eine erhebliche Bewegungseinschränkung des Knies. Die Mitursächlichkeit des neuen Schadens neben einem Vorschaden wurde bejaht und als für den Erfolg ausreichend angesehen (Schadensanlagefall). Die Vorschäden der Klägerin lägen nicht außerhalb dessen, was im Normalfall vonseiten des Schädigers in Betracht gezogen werden müsse, sodass für die unmittelbaren Folgen eine uneingeschränkte Mitverantwortlichkeit bestehe. 37

Den Zurechnungszusammenhang hat das OLG Nürnberg[58] in einem Fall verneint, in dem ein Vater aus Aufregung über einen Motorradunfall seiner Tochter Gehirnblutungen erlitten hatte. Der durch den Schock erlittene Schlaganfall war zwar Folge der Aufregung des Vaters am Unfallort. Das Gericht war jedoch der Auffassung, dass in diesem Fall der psychisch vermittelten Kausalität die Betrachtungsweise einschränkend korrigiert werden müsse. Weil sich dem Vater an der Unfallstelle 38

50 BGH, Urt. v. 07.06.1968 – VI ZR 1/67, NJW 1968, 2287; OLG Düsseldorf, Urt. v. 30.11.1987 – 1 U 196/86, DAR 1991, 147 (148).

51 OLG Hamm, Urt. v. 08.09.2005 – 6 U 185/04, r+s 2006, 394.

52 OLG Stuttgart, Beschl. v. 07.08.2012 – 13 U 78/12, NJW-Spezial 2012, 553.

53 OLG Frankfurt am Main, Urt. v. 30.04.2008 – 4 U 176/07, VersR 2008, 1396.

54 OLG Hamm, Urt. v. 24.06.2005 – 9 U 201/04, VersR 2006, 415.

55 BGH, Urt. v. 29.02.1956 – VI ZR 352/54, NJW 1956, 1108; BGH, Urt. v. 30.04.1996 – VI ZR 55/95, NJW 1996, 2425 (2426).

56 Ein solch ungewöhnlicher Verlauf wurde etwa angenommen, wenn eine geringfügige Ehrverletzung zu einer Gehirnblutung führt (BGH, Urt. v. 03.02.1976 – VI ZR 235/74, NJW 1976, 1143).

57 LG Kiel, Urt. v. 24.02.2012 –13 0 169/10, unveröffentlicht.

58 OLG Nürnberg, Urt. v. 24.05.2005 – 1 U 558/05, DAR 2006, 635 = NZV 2008, 38.

kein Bild außergewöhnlicher Dramatik oder schwerer Gefahrenlage geboten habe, das Anlass zur außergewöhnlichen Beunruhigung gegeben habe, sei der Schock im Hinblick auf den Anlass nicht mehr verständlich und müsse dem allgemeinen Lebensrisiko zugerechnet werden. Gleiches gilt, wenn ein leichter Auffahrunfall ohne körperliche Verletzungsfolgen aufgrund der schweren Psychose des Geschädigten dazu führt, dass dieser 6 Tage später einen Selbstmordversuch unternimmt, weil er in Unfallgegner, Sachverständigem und Werkstatt eine »verschworene Bande« vermutet, die ihn um seine Ansprüche »betrügen« wolle.[59]

39 Ein ähnlicher Sachverhalt lag einer Entscheidung des OLG Celle[60] zugrunde. Der Zurechnungszusammenhang sei zu verneinen, wenn ein Geschädigter sich über einen Verkehrsunfall und das anschließende Verhalten des Schädigers derart aufregt, dass es dadurch bei dem Geschädigten zu einer Gehirnblutung mit einem Schlaganfall komme.[61]

40 Das OLG Köln[62] hat dem Schädiger einen Schaden nicht zugerechnet, weil dieser nicht vorhersehbar gewesen sei, sodass den Schädiger kein Verschulden treffe. Der Schädiger hatte eine Lehrerin tätlich angegriffen und geringfügig verletzt. Infolge von Anpassungsstörungen kam es zu einer Fehlverarbeitung des Geschehens, die zur Dienstunfähigkeit der Lehrerin führte. Das OLG Köln führte aus, dass das Verschulden eine Vorhersehbarkeit des Erfolges voraussetze. Hier sei ein psychisch vermittelter Gesundheitsschaden eingetreten, der mangels Vorhersehbarkeit nicht zurechenbar sei. Bei einer geringfügigen Beleidigung und geringfügigen Prellungen liege die Möglichkeit der eingetretenen Schädigung ganz fern.

3. Seelische Reaktionen

41 Der Zurechnungszusammenhang erstreckt sich ferner regelmäßig auch auf die seelischen Reaktionen des Verletzten selbst, auch wenn diese durch eine psychische Labilität wesentlich mitbestimmt sind.[63] Ausführlich dazu auch Rdn. 373.

Hierbei genügt indes nicht jede psychisch vermittelte Beeinträchtigung der körperlichen Befindlichkeit, um einen Ersatzanspruch auszulösen; dies widerspräche der »Intention des Gesetzgebers, die Deliktshaftung … auf klar umrissene Tatbestände zu beschränken«[64]. Es muss sich vielmehr um eine pathologisch fassbare psychische Beeinträchtigung handeln.

Bei der Frage, ob dies noch kausal zurechenbar ist, unterscheidet die Rechtsprechung zwei Fallgruppen:

42 Die Renten- oder Begehrensneurose und die Konversionsneurose.

43 aa) Für eine beim Verletzten auftretende **Renten-** oder **Begehrensneurose** haftet der Schädiger nicht, weil es dem Zweck des Schadensersatzes widerspricht, wenn gerade durch die Tatsache, dass ein anderer Schadensersatz zu leisten hat, die Wiedereingliederung des Verletzten in den sozialen Lebens- oder Pflichtenkreis erschwert oder unmöglich gemacht wird.[65] Hiervon sind extrem gelagerte Fälle umfasst, in denen die psychische Reaktion in einem groben Missverhältnis zum Anlass stand und daher schlechterdings nicht mehr verständlich war.

---

59 OLG Nürnberg, Urt. v. 16.06.1998 – 11 U 3943/95, VersR 1999, 1117.

60 OLG Celle, Urt. v. 13.04.2011 – 14 U 137/09, SP 2011, § 287 ZPO.

61 OLG Naumburg, Urt. v. 20.01.2011 – 1 U 72/10, MDR 2011, 537 = VersR 2012, 202.

62 OLG Köln, Urt. v. 12.12.2006 – 3 U 48/06, NJW 2007, 1757.

63 BGH, Urt. v. 29.02.1956 – VI ZR 352/54, NJW 1956, 1108; BGH, Urt. v. 30.04.1996 – VI ZR 55/95, NJW 1996, 2425; BGH, Urt. v. 16.11.1999 – VI ZR 257/98, NJW 2000, 862.

64 BGH, Urt. v. 10.02.2015 – VI ZR 8/14, VersR 2015, 590.

65 BGH, Urt. v. 29.02.1956 – VI ZR 352/54, NJW 1956, 1108; BGH, Urt. v. 30.04.1996 – VI ZR 55/95, NJW 1996, 2425; BGH, Urt. v. 11.11.1997 – VI ZR 376/96, NJW 1998, 810.

Eine Zurechnung kommt nicht in Betracht, wenn das Schadensereignis ganz geringfügig ist (Bagatelle) und nicht gerade speziell auf die Schadensanlage des Verletzten trifft.[66] 44

Unter einer Renten- oder Begehrensneurose wird ein neurotisches Fehlverhalten verstanden, mit dem der Verletzte der inneren Verarbeitung und Überwindung seiner Verletzung ausweicht und sich in die Vorstellung hineinsteigert, künftig nicht mehr selbst für den Lebensunterhalt aufkommen zu können, um so den Schädiger und/oder seinen Haftpflichtversicherer in Anspruch nehmen zu können.[67] Der Verletzte flüchtet in die Vorstellung, der Schädiger müsse eine Rente zahlen.

Der Geschädigte nimmt in dem neurotischen Bestreben nach Versorgung und Sicherheit den Gesundheitsschaden lediglich zum Anlass, den Schwierigkeiten und Belastungen des Erwerbslebens auszuweichen. Die Haftung findet ihre Grenze, wenn die seelische Störung erst durch die Begehrensvorstellung ihr Gepräge erhält und der Schadensfall zum Anlass genommen wird, den Schwierigkeiten des Arbeitslebens auszuweichen.[68] Tritt die Begehrensvorstellung des Verletzten derart in den Vordergrund, kann der Zurechnungszusammenhang verneint werden. 45

Der BGH war lange sehr zurückhaltend in der Annahme einer Rentenneurose, die er zuletzt 1979 ernstlich in Betracht gezogen hatte.[69] 46

Die sogenannte Begehrensneurose, die in der Rechtsprechung in der Vergangenheit eine nicht unerhebliche Rolle gespielt hat, wurde vom BGH bis 2012 kaum noch erwähnt. An deren Stelle traten die Konversionsneurose und die Borderline-Störung. 47

Im Jahr 2012 allerdings hat der BGH[70] seine frühere Rechtsprechung zur Begehrensneurose wieder aufgegriffen. Er stellt fest, dass es für die Verneinung des Zurechnungszusammenhangs zwischen unfallbedingten Verletzungen und Folgeschäden wegen einer Begehrensneurose erforderlich, aber auch ausreichend ist, dass die Beschwerden entscheidend durch eine neurotische Begehrenshaltung geprägt sind. Der Zurechnungszusammenhang für später eingetretene Folgeschäden kann auch dann verneint werden, wenn sie sich aus Beschwerden entwickelt haben, die zunächst überwiegend dem Unfallgeschehen zuzurechnen sind, aber ab einem bestimmten Zeitpunkt– einem nicht ungewöhnlichen Verlauf entsprechend– wesentlich durch eine Begehrenshaltung geprägt sind. Nach Auffassung des BGH entfällt der Schutzzweckzusammenhang bei Schadensfolgen, die wesentlich durch eine Begehrenshaltung geprägt sind. Das Erfordernis des Schutzzweckzusammenhangs besteht nicht nur für die Primärverletzung, sondern auch für den haftungsausfüllenden Tatbestand.[71] 48

Daraus ergibt sich die Möglichkeit, dass der Schutzzweckzusammenhang für von einem bestimmten Zeitpunkt an eingetretene Schadensfolgen zu verneinen ist, selbst wenn sie auf einem gewöhnlichen Verlauf einer psychischen Störung, z. B. einer anhaltenden somatoformen Schmerzstörung, beruhen. Nahezu jeder Unfall beinhaltet ein Unfallerlebnis, das verarbeitet werden muss. Diese Verarbeitung kann unterschiedlich gut gelingen; misslingt sie, können beim Unfallgeschädigten psychische Beschwerden unterschiedlicher Intensität und Dauer auftreten. Die Schadensfolgen können entscheidend durch eine Begehrenshaltung geprägt sein. Sie müssen dies nicht von Anfang an sein; die Begehrenshaltung kann sich im weiteren Verlauf verstärken, bis sie schließlich prägend im Vordergrund steht. Das Berufungsgericht hat den Zeitraum, in dem die Begehrenshaltung prägend im Vordergrund steht, mit etwa einem Jahr nach dem Unfall angenommen. 49

---

66 BGHZ 132, 341; Müller zfs 2009, 62, 65.

67 BGH, NJW 1956, 1108.

68 BGHZ 20, 137; 132, 341.

69 BGH, Urt. v. 08.05.1979 – VI ZR 58/78, VersR 1979, 718 (719); dazu auch Rdn. 99; krit. Grüneberg/*Grüneberg*, Vorb. v. § 249 Rn. 39.

70 BGH, Urt. vom 10.07.2012 – VI ZR 127/11, VersR 2012, 1133 = NJW 2012, 2964 = DAR 2013, 137.

71 Grüneberg/*Grüneberg*, § 249, Rn. 29.

50 Nach den heutigen Erkenntnissen der Medizin gibt es keine **reine** Renten- oder Begehrensneurose; sie stellt lediglich einen Bestandteil der Neurosenbildung des Geschädigten nach einem Unfall dar.[72]

51 So hat der BGH[73] ausdrücklich hervorgehoben, dass ein Schadensersatzanspruch der Mutter eines 4-jährigen Kindes, die ihr schwer verletztes Kind nach einem Verkehrsunfall aufgefunden hat, und geltend macht, als Reaktion hierauf habe sich bei ihr ein posttraumatisches Belastungssyndrom entwickelt, das sich in Magersucht, Schlaflosigkeit, Kopfschmerzen und Schmerzen im Bereich der Halswirbelsäule äußere und es ihr unmöglich mache, weiterhin den Haushalt zu führen nicht besteht. Ein Zurechnungszusammenhang zwischen dem Unfall und den (festgestellten) gesundheitlichen Beeinträchtigungen ist nicht schon deshalb zu verneinen, weil die Kindesmutter die ihr dann weiter angebotenen Therapiemöglichkeiten nicht wahrgenommen hat, obwohl eine günstige Prognose für die Verbesserung ihres Gesundheitszustandes bei Fortführung einer Therapie bestanden hat[74].

Danach hat der Schädiger auch für eine psychische Fehlverarbeitung des Unfallgeschehens einzustehen, wenn hinreichende Gewissheit besteht, dass die Folge ohne den Unfall nicht eingetreten wäre. Der Zurechnungszusammenhang ist nur ausnahmsweise dann zu verneinen, wenn der Geschädigte den Unfall in neurotischem Streben nach Versorgung und Sicherheit lediglich zum Anlass nimmt, um den Schwierigkeiten und Belastungen des Erwerbslebens auszuweichen. Ein Zurechnungszusammenhang zwischen dem Unfall und der Erkrankung der Kindesmutter kann nicht verneint werden. Ihr Unterlassen, sich einer Behandlung zu unterziehen, kann weder mit einer Fehlverarbeitung noch mit einer Begehrensneurose gleichgesetzt werden. Das Unfallgeschehen war keine Bagatelle. Die Kausalität zwischen dem Unfallgeschehen und den Gesundheitsbeeinträchtigungen kann auch nicht wegen fehlender Adäquanz verneint werden. Eine Haftung für die Folgen könnte nur unter dem Gesichtspunkt des Verstoßes gegen die Schadensminderungspflicht entfallen (**§ 254 Abs. 2 Satz 1 BGB**).

52 Für den Schadensersatz wegen eines Gesundheitsschadens der Kindesmutter, der mittelbar als (psychische) Folge des Verkehrsunfalls ihres Sohnes eingetreten ist, ist zu beachten, dass psychische Beeinträchtigungen naher Angehöriger, mögen sie auch für die körperliche Befindlichkeit medizinisch relevant sein, nur dann als Gesundheitsbeschädigung i.S.d. **§ 823 Abs. 1 BGB** angesehen werden, wenn sie pathologisch fassbar sind. Dabei hat der erkennende Senat stets dem Umstand Bedeutung beigemessen, ob die von dem Dritten geltend gemachten psychischen Beeinträchtigungen auf seine direkte Beteiligung an einem Unfall oder das Miterleben eines Unfalls zurückgeführt werden oder ob sie durch den Erhalt einer Unfallnachricht ausgelöst worden sein sollen.[75] Der Tatrichter muss daher bei der Annahme, bei der Kindesmutter sei aus dem Erlebnis der Unfallverletzung ihres Sohnes ein posttraumatisches Belastungssyndrom eingetreten, berücksichtigen, dass die Kindesmutter an dem Unfall weder direkt beteiligt war noch ihn unmittelbar miterlebt hat.

53 Bei der Konversionsneurose kann der Verletzte die Folgen seiner Verletzung ebenfalls nicht verarbeiten. Er steigert sich allerdings nicht in die Vorstellung hinein, künftig müsse der Schädiger oder die Allgemeinheit für seinen Lebensunterhalt aufkommen, vielmehr verliert er sein Selbstwertgefühl und wird mit seinen Konflikten nicht fertig. Zu beachten ist dabei, dass – ebenso wie bei der Borderline-Störung – oft ein geringfügiger anderer Anlass die Neurose ebenfalls ausgelöst haben könnte.

54 bb) Im Gegensatz zur Rentenneurose löst die sog. **Konversionsneurose** eine Entschädigungspflicht aus. Sie ist zu bejahen, wenn sich die ursprüngliche körperliche Schädigung in eine seelische Störung

72 Brandt, VersR 2005, 616.

73 BGH, Urt. v. 10.02.2015 – VI ZR 8/14, VersR 2015, 590 = MDR 2015, 510 = NZV 2015, 281.

74 Einschränkend zur Therapieobliegenheit bei psychischen Erkrankungen BGH VersR 2021, 1583 (VI ZR 91/19): für die Zumutbarkeit einer stationären psychiatrischen oder mit belastenden Nebenwirkungen behafteten medikamentösen Behandlung zur Wiederherstellung oder jedenfalls Verbesserung der unfallbedingt beeinträchtigten Arbeitskraft ist auch die sichere Aussicht einer wesentlichen Besserung zu fordern.

75 BGH Urt. v. 27.01.2015 – VI ZR 548/12, r+s 2015, 151.

umwandelt und der Geschädigte infolge dieser psychischen Fehlverarbeitung nicht mehr arbeiten kann.[76] Eine Grenze wird nur bei reinen Bagatellverletzungen gezogen, wobei der BGH bereits ein leichtes HWS-Schleudertrauma nicht mehr als Bagatelle ansieht.[77] In solchen Fällen hat sich das allgemeine **Lebensrisiko** verwirklicht.

Nimmt der Geschädigte aufgrund seiner besonderen Persönlichkeitsstruktur einen Zwischenfall ledig- 55
lich zum Anlass, latente innere Konflikte zu kompensieren, und flüchtet er sich so in eine Neurose, die keinen inneren Bezug zu dem Geschehen mehr aufweist, sondern bei der sich dieses Geschehen nur als ein durch beliebige andere Ereignisse auswechselbarer Kristallisationspunkt für die neurotische Fehlverarbeitung darstellt, dann ist es nach dem Normzweck des § 823 Abs. 1 BGB nicht gerechtfertigt, auch die psychischen Beeinträchtigungen des Geschädigten dem Schädiger zuzurechnen. Sie sind in solchem Fall nur rein zufällig durch das Geschehen ausgelöst worden, hätten in gleicher oder ähnlicher Weise auch aus womöglich geringfügigen anderen Anlässen eintreten können und gehören deshalb nach der ständigen Rechtsprechung des BGH zum allgemeinen Lebensrisiko des Verletzten, das dieser entschädigungslos zu tragen hat.[78]

Den Zurechnungszusammenhang verneint das LG Darmstadt,[79] wenn die »neurotische Fehlhaltung« in einem groben Missverhältnis zum schädigenden Ereignis steht, weil sie dann Ausdruck einer unangemessenen Erlebnisverarbeitung ist. Die Klägerin hatte einen Unfall erlitten, bei dem eine von einem Lkw herabgefallene Gitterbox gegen die Beifahrerseite des Pkw geprallt war und lediglich einen Blechschaden verursacht hatte. Die Klägerin verspürte einige Zeit nach dem Unfall Kribbelparästhesien, die der behandelnde Arzt jedoch nicht zu objektivieren vermochte. Obwohl das Gericht die gesamte Problematik der Neurosen in dieser Entscheidung behandelt, kommt es zu dem Schluss, dass die neurotische Fehlhaltung in einem groben Missverhältnis zum schädigenden Ereignis stehe, zu dem sie keinen inneren Bezug mehr habe, also Ausdruck einer offensichtlich unangemessenen Erlebnisverarbeitung sei. Der Zurechnungszusammenhang entfalle, wenn eine Bagatellsache vorliege, wenn das Unfallereignis selbst oder die Körperverletzung so geringfügig gewesen seien, dass sie üblicherweise den Verletzten nicht nachhaltig beeindruckten, weil er schon aufgrund des Zusammenlebens mit anderen Menschen daran gewöhnt sei, vergleichbaren Störungen seiner Befindlichkeit ausgesetzt zu sein und deshalb die psychische Reaktion in einem groben Missverhältnis stehe und schlechterdings nicht mehr verständlich sei.

Ähnlich, wenn auch ohne nähere Begründung entschied das AG Oberhausen[80] gegen eine klagende 56
Fußgängerin, die sich selbst durch einen »beherzten Sprung« davor retten konnte, von einem Fahrzeug erfasst zu werden, während eine mit ihr befreundete Nachbarin vom Fahrzeug erfasst und leicht verletzt wurde. Dadurch habe sie eine hypertensive Krise erlitten. Ein Schmerzensgeldanspruch wurde verneint mit der Begründung, dass ein erstattungsfähiger Schockschaden nur bei Verletzung naher Angehöriger in Betracht komme.

Ähnlich beurteilt das LG Berlin[81] einen harmlosen Auffahrunfall. Die Kammer »würdigt die ihr 57
bekannten Umstände« als eine nicht angemessene Überreaktion der Klägerin, da der Anlass für das Erleiden eines psychischen Schadens zu geringfügig gewesen sei.

All diese Überlegungen sind nachvollziehbar und haben auch in der Rechtsprechung des BGH einen 58
gewissen Niederschlag gefunden. Die Frage ist jedoch, ob es richtig ist, psychische Fehlreaktionen an »normalen« Maßstäben zu messen. Bei psychischer Fehlreaktion, bei unangemessener Erlebnis-

76 Vgl. Rdn. 373 ff.
77 BGH, Urt. v. 11.11.1997 – VI ZR 146/96, VersR 1998, 200 (201); ebenso OLG Celle, Urt. v. 10.06.2004 – 14 U 37/01, NJW-RR 2004, 1252 (1253).
78 BGH, VersR 1982, 1141; BGH, VersR 1991, 432; BGH, VersR 1991, 777; BGH, VersR 1991, 704; BGH, NJW 1993, 1523.
79 LG Darmstadt, Urt. v. 12.08.2005 – 2 O 94/03, ZfS 2005, 542.
80 AG Oberhausen, Urt. v. 30.01.2014 – 37 C 2749/12, unveröffentlicht.
81 LG Berlin, Urt. v. 04.04.2005 – 58 S 54/05, SP 2005, 29 (230).

verarbeitung reicht es zur Begründung nicht aus, auf die Reaktion eines gesunden Menschen zu verweisen und nur das zu akzeptieren, was der Richter selbst als noch verständlich ansieht.[82]

59 Dagegen hat das AG Hagen[83] einer Fußgängerin, die sich vor einem auf dem Gehweg auf sie zurasenden Kraftfahrzeug nur durch einen Sprung zur Seite in Sicherheit bringen konnte und die durch den Beinaheunfall eine posttraumatische Belastungsstörung erlitten hat, ein Schmerzensgeld von 4.000,00 € zugesprochen, weil sie einen Gesundheitsschaden erlitten habe. Die Klägerin litt unter Beschwerden wie Schlafstörungen mit albtraumartigem Durchleben des Unfallereignisses, erhöhter Affektlabilität und Angstgefühlen bei der Teilnahme am Straßenverkehr, sodass eine psychotherapeutische Behandlung erforderlich war.

60 Der BGH[84] wiederum hat den Zurechnungszusammenhang zwischen einem Unfall und der schweren Gesundheitsstörung eines Dritten in einem Fall verneint, in dem der Geschädigte als am Unfall Unbeteiligter – eher wie ein zufällig anwesender Zeuge – das Geschehen beobachtete. Maßgeblich für die Zurechnung sei in diesen Fällen, dass der Schädiger dem Geschädigten die Rolle eines unmittelbaren Unfallbeteiligten aufgezwungen habe und dieser das Unfallgeschehen psychisch nicht habe verkraften können. Für die an einem Unfall nicht unmittelbar Beteiligten gelte, dass deren Rolle als »zufällige Zeugen« nicht ausreiche, den Schädiger in Haftung zu nehmen. Das Ereignis sei vielmehr dem allgemeinen Lebensrisiko zuzurechnen.

61 Im vom BGH entschiedenen Fall waren Polizisten zufällig Augenzeugen eines Unfalls geworden, bei welchem sie mit ansehen mussten, wie die PKWs Feuer fingen und alle Insassen verbrannten. Sie wurden aufgrund einer posttraumatischen Belastungsstörung dienstunfähig, und der klagende Versorgungsträger wollte bei der Versicherung der Unfallbeteiligten regressieren. Der BGH ließ die Frage einer berufsbedingt »besonderen Schmerzschwelle« der Polizisten offen, sondern verneinte eine Haftung mit dem Argument des »Zufallszeugen«.

62 Dies löste zwar den Einzelfall, ließ aber die Frage offen, was gegolten hätte, wenn die Polizisten zu dem Unfallort im Rahmen eines Einsatzes hinzugerufen worden wären, und ob dieses Moment wirklich den Unterschied einer Kausalverknüpfung solle, ausmachen müssen. In einer weiteren Entscheidung des BGH[85] wurde eine psychische Erkrankung eines Polizisten nach einem Einsatz wegen eines Amoklaufs in einer Schule zwar dem Amokläufer zugerechnet; der BGH stellte aber auf den Einzelfall und – § 242 BGB – auf den Umstand ab, dass das Verbreiten von Angst und Schrecken gerade Ziel des Täters gewesen sei und dieser daher (vorliegend) für die Folgen einstehen müsse. Weitergehend plädiert daher etwa Stöhr[86] – selbst Mitglied des 6. Zivilsenats des BGH – dafür, bei Rettungskräften oder sonst hauptberuflich Tätigen (Polizisten, Feuerwehrleute, Notärzte) die psychische Fehlverarbeitung von Erlebnissen bei Einsätzen generell als allgemeines Lebensrisiko einzuordnen. Für diese gehöre es zu Ausbildung und Beruf, solche Einsätze nicht nur zu bewältigen, sondern auch zu verarbeiten. Es sei in erster Linie Aufgabe der Dienststellen, die »Berufshelfer« auf solche Aufgaben vorzubereiten und für die notwendige Betreuung nach dem Einsatz zu sorgen.

---

82 So auch das AG Rudolstadt, Urt. v. 30.03.2005 – 1 C 181/04, SP 2005, 192, das sachverständig beraten darauf abstellt, dass das Verhalten der dortigen Klägerin nur dann als normal anzusehen sein soll, wenn mehr als 50 % aller Menschen ähnlich reagiert hätten. So auch Klutinius/Karwatzki, MDR 2006, 667 (668).

83 AG Hagen, Urt. v. 24.04.2013 – 19 C 296/11, NZV 2013, 397 = SP 2013, 432 = Sachverständiger 2014, 267.

84 BGH, Urt. v. 22.05.2007 – VI ZR 17/06, NJW 2007, 2764 = VersR 2007, 1093.

85 BGH, Urt. v. 17.04.2018 – VI ZR 237/17, VersR 2018, 829; JR 2019, 397 mit Anm. Luckey.

86 Stöhr, NZV 2009, 161 (164).

Nach unterschiedlichen Ansichten in den Instanzen[87] hat der BGH[88] klargestellt, dass ein solches – entschädigungslos hinzunehmendes – »Berufsrisiko« von Polizisten, Rettungssanitätern usw. zu verneinen ist. Der Umstand, dass diese berufsbedingt bestimmten Risiken ausgesetzt seien, bedeute nicht, dass sie diese stets hinnehmen müssten. Der BGH führt aus:

> »Das Risiko einer psychischen Gesundheitsverletzung eines Polizeibeamten ist bei der gebotenen wertenden Betrachtung jedenfalls bei unmittelbarer aufgezwungener Beteiligung an einem traumatisierenden Geschehen auch bei Verwirklichung eines berufsspezifischen Risikos dem Schädiger zuzuordnen. Auch wenn es zur Ausbildung und zum Beruf von Polizeibeamten gehört, sich auf derartige Belastungssituationen vorzubereiten, mit ihnen umzugehen, sie zu bewältigen und zu verarbeiten, gebietet dies nicht, ihnen beim dennoch erfolgenden Eintritt einer psychischen Erkrankung den Schutz des Deliktsrechts zu versagen.«

Der »Zufallszeugen«-Rechtsprechung hat sich das LG Bochum[89] angeschlossen.: Hat ein Lkw-Fahrer den Tod eines anderen Lkw-Fahrers miterleben müssen, als er diesem, der (infolge einer Bewusstseinsstörung) die Kontrolle über sein Fahrzeug verloren und einen (leichten) Auffahrunfall verursacht hatte, erste Hilfe leistete, und behauptet der Lkw-Fahrer aufgrund des miterlebten Todes des anderen habe er eine schwere Depression und eine posttraumatische Belastungsstörung erlitten, derentwegen er arbeitsunfähig sei und seine Beruf als Kraftfahrer nicht mehr ausüben könne, sodass er eine Rente wegen voller Erwerbsminderung beziehe, kann er kein Schmerzensgeld beanspruchen. 63

4. Mittelbare Schäden

Auch mittelbare Schäden sind vom Zurechnungszusammenhang noch umfasst. So wurde etwa eine Verletzung, die bei einem Sturz über ein Warndreieck nach der Unfallaufnahme entstand, noch dem Unfallverursacher zugerechnet.[90] Ausgeschlossen ist eine Schadensersatzpflicht erst, wenn das Risiko, das sich im Schadenseintritt verwirklicht hat, dem Schädiger nicht mehr zugerechnet werden kann,[91] etwa ein Bestohlen werden bei der Unfallhilfe.[92] 64

Auch einem Vater, der aus Aufregung über einen nicht allzu gravierenden Verkehrsunfall seiner Tochter eine Gehirnblutung erleidet, hat keinen Anspruch auf Schmerzensgeld gegen den für den Unfall Verantwortlichen, weil der Zurechnungszusammenhang zwischen dem Unfall und dem Schaden fehlt.[93] 65

5. Dazwischentreten Dritter

Ein Fehlverhalten Dritter unterbricht den Kausalzusammenhang i.d.R. nicht; dem Schädiger werden daher auch Fehler dritter Personen zugerechnet, die der Geschädigte zur Abwicklung oder Beseitigung des Schadens hinzuzieht. Wer eine **gesteigerte Gefahrenlage** schafft, in der ein Fehlverhalten 66

87 Etwa OLG Celle, Urt. v. 28.04.2004 – 9 U 242/04, VersR 2006, 1376, das für einen bei einem Unglücksfall eingesetzten Berufsretter, der eine PTBS erlitt, einen Anspruch mit dem Argument versagte, es habe sich ein Berufsrisiko verwirklicht. Die Nichtzulassungsbeschwerde hiergegen hat der BGH (VI ZR 108/05) zurückgewiesen. Auf gleicher Linie hat das OLG Schleswig, Urt. v. 01.08.2019 – 7 U 14/18, NJW-RR 2019, 1118 eine Zurechnung einer Anpassungsstörung eines Rettungssanitäters verneint, wenn beim Einsatz ein Gastank explodierte und seine Freunde verletzte; es handele sich um ein entschädigungslos hinzunehmendes berufsspezifisches Risiko, Schwerverletzte bei Einsätzen zu sehen. Andererseits hat das OLG Koblenz, Urt. v. 08.03.2010 – 1 U 1137/06, VersR 2011, 938 m. Anm. Luckey eine Haftung von Straftätern für eine PTBS von zwei Beamten angenommen. Dies sei eine kausale Folge des rechtswidrigen Angriffs (nach einer Kneipenschlägerei bewegten sich die Beklagten auf die Kläger zu und konnten erst durch Schusswaffengebrauch gestoppt werden; die Kläger erlitten keine körperlichen Verletzungen), ein »Berufswahlrisiko«, welches eine Zurechnung begrenze, sei nicht anzuerkennen.

88 BGH, Urt. v. 08.12.2020 – VI ZR 19/20, VersR 2021, 328. Dazu Luckey, VersR 2021, 464; Rapp, VersR 2021, 618; Vogeler, VersR 2021, 753.

89 LG Bochum, Urt. v. 21.07.2009 – 8 O 775/08, SP 2009, 400.

90 LG Konstanz, Urt. v. 01.09.1989 – 6 S 166/88, NJW-RR 1990, 43.

91 Grüneberg/*Grüneberg*, Vorb. v. § 249 Rn. 52.

92 OLG Frankfurt am Main, Urt. v. 09.10.1980 – 9 U 31/80, VersR 1981, 786.

93 OLG Nürnberg, Urt. v. 24.05.2005 – 1 U 558/05, DAR 2006, 635; s.o. Rdn. 38.

Anderer erfahrungsgemäß vorkommen kann, hat für den durch ein tatsächlich eintretendes Fehlverhalten Dritter entstehenden Schaden daher auch selbst zu haften.

67 Der Erstschädiger haftet also für das gesamte adäquat aus seinem Eingreifen resultierende Geschehen, damit etwa bei einem Unfall auch für Schäden, die dadurch entstehen, dass weitere Fahrzeuge in die Unfallfahrzeuge fahren.[94] Ebenso haftet er für **ärztliche Behandlungsfehler** bei der Behandlung des verunfallten Verletzten, soweit es sich nicht um grobe Behandlungsfehler handelt, die auf einer völlig unsachgemäßen Behandlung beruhen.[95]

68 Der objektive Zurechnungszusammenhang zwischen schädigendem Ereignis und Verletzungsfolge – hier nicht indizierte Entscheidung des Arztes zur Entfernung eines nach vorangegangenem Tritt des Schädigers in den Genitalbereich des Geschädigten verletzten Hodens – wird durch das fehlerhafte Verhalten des behandelnden Arztes nicht unterbrochen, weil der Arzt nicht in außergewöhnlichem Maß die an ein gewissenhaftes ärztliches Verhalten zu stellenden Anforderungen außer Acht gelassen und gegen alle ärztlichen Regeln und Erfahrungen verstoßen hat.[96]

69 Hierbei rechtfertigt jedoch das Vorliegen eines groben Behandlungsfehlers allein nicht schon die Unterbrechung des Zurechnungszusammenhangs;[97] der BGH[98] führt aus:

> »Steht ein Schaden zwar bei rein naturwissenschaftlicher Betrachtung mit der Handlung des Schädigers in einem kausalen Zusammenhang, ist dieser Schaden jedoch entscheidend durch ein völlig ungewöhnliches und unsachgemäßes Verhalten einer anderen Person ausgelöst worden, dann kann die Grenze überschritten sein, bis zu der dem Erstschädiger der Zweiteingriff und dessen Auswirkungen als haftungsausfüllender Folgeschaden seines Verhaltens zugerechnet werden können.«

70 Der Arzt muss also in so **außergewöhnlich hohem Maß die Sorgfalt außer Acht** gelassen haben, dass der Schaden bei wertender Betrachtung haftungsrechtlich ihm allein zuzurechnen ist.[99]

71 So haftet der Unfallverursacher etwa, wenn weitere Schäden (erst) dadurch entstehen, dass die behandelnden Ärzte auf den Röntgenbildern eine unfallbedingte Lendenwirbelsäulenfraktur übersehen;[100] er hat auch für einen irreversiblen Hirnschaden einzustehen, der (erst) dadurch entsteht,

---

94 BGH, Urt. v. 07.11.1978 – VI ZR 128/76, VersR 1979, 226 = NJW 1979, 544. So auch für Schäden an weiteren Fahrzeugen infolge Ladungsverlustes, vgl. OLG Koblenz, Urt. v. 07.03.2005 – 12 U 1262/03, NJW-RR 2005, 970.

95 Schon BGH, VersR 1967, 381; zuletzt etwa OLG Braunschweig, Urt. v. 11.03.2004 – 1 U 77/03, SP 2004, 334 = SVR 2004, 305 (m. Anm. Luckey). So hat bspw. das OLG Karlsruhe, Urt. v. 15.06.1998 – 10 U 65/97, OLGR 1998, 431 auch die Zurechnung eines Erwerbsschadens bejaht, wenn dieser aufgrund einer unfallbedingten Frühpensionierung entsteht, selbst wenn das zur Pensionierung führende amtsärztliche Gutachten evtl. unrichtig war: Solange der Arzt nicht grob fahrlässig falsch begutachtet, hat der Unfall kausal zu der Situation der amtsärztlichen Untersuchung geführt und bleibt daher kausal für den Schaden aufgrund der Frühpensionierung, auch dann, wenn diese an sich nicht unfallbedingt geboten gewesen wäre. Ebenso hat das OLG Düsseldorf, Urt. v. 11.05.2000 – 8 U 105/99, VersR 2002, 54, entschieden, der Verursacher eines Verkehrsunfalls hafte auch für den nachfolgenden Arztfehler (wegen vergessener Mullbinde in OP-Wunde).

96 OLG Hamm, Urt. v. 03.12.2013 – 9 U 69/13, MDR 2014, 278.

97 OLG Hamm, Urt. v. 05.12.1990 – 3 U 179/87, VersR 1992, 610 (612) und OLG Köln, Urt. v. 28.04.1993 – 27 U 144/92, VersR 1994, 987 (989) bejahten eine Zurechnung trotz groben Behandlungsfehlers.

98 BGH, Urt. v. 20.09.1988 – VI ZR 37/88, NJW 1989, 767.

99 BGH, Urt. v. 20.09.1988 – VI ZR 37/88, NJW 1989, 767; Wertenbruch, NJW 2008, 2962.

100 OLG Koblenz, Urt. v. 24.04.2008 – 5 U 1236/07, NJW 2008, 3006. Haftpflichtversicherer und Ärzte sind dann bzgl. des Behandlungsschadens Gesamtschuldner; allerdings ist nach § 366 Abs. 2 BGB davon auszugehen, dass Teilzahlungen des Haftpflichtversicherers nicht zunächst auf die Gesamtschuld, sondern auch auf den nur vom Unfallverursacher zu zahlenden Schadensteil verrechnet werden, OLG Koblenz, Urt. v. 24.04.2008 – 5 U 1236/07, NJW 2008, 3006 (3008).

dass der Notarzt noch am Unfallort eine fehlerhafte Intubation beim Geschädigten vornahm.[101] Der Behandlungsfehler des Notarztes unterbricht nicht den Zurechnungszusammenhang.

Der Zurechnungszusammenhang entfällt nur ausnahmsweise bei ungewöhnlich grobem Fehlverhalten des Dritten, da in diesem Fall von einem ungewöhnlichen und bei wertender Betrachtung nicht mehr dem Verhalten des Schädigers zurechenbaren Umstand ausgegangen wird.[102] 72

Das OLG Hamm[103] hat das Fehlen des Zurechnungszusammenhangs zwischen einem Unfall und der psychischen Verletzung in einem Fall angenommen, in dem ein Arzt in Fehldeutung von Röntgenaufnahmen einem Unfallopfer mitteilt, es habe eine Wirbelfraktur erlitten, die zur Querschnittslähmung führen könne. Infolgedessen kam es zu einer Schmerzverarbeitungsstörung und einer Anpassungsstörung mit somatoformen Schmerzstörungen auf dem Boden einer asthenisch-labilen Persönlichkeitsstruktur. Nach Ansicht des OLG Hamm haftet der Schädiger nicht für therapiebedingte Primärschäden, die dadurch entstehen, dass das Unfallopfer durch Fehlbehandlung einen Gesundheitsschaden erleidet. Unfall und Gesundheitsverletzung stünden gleichsam in zufälligem Zusammenhang.

Mit dieser Rechtsprechung verlässt das OLG Hamm die Rechtsprechung des BGH[104] und anderer OLG, die den Zurechnungszusammenhang nur verneinen, wenn ein grober Behandlungsfehler vorliegt, wenn das ärztliche Handeln nicht mehr verständlich erscheint. Hier lag aber nur ein (einfacher) Diagnosefehler vor, der die Schlussfolgerung des OLG Hamm nicht rechtfertigt. 73

Jedoch weist der 6. Zivilsenat des OLG Hamm seit vielen Jahren Klagen von Unfallopfern ab, weil er den Strengbeweis des § 286 ZPO zum Nachweis des HWS-Schleudertraumas als nicht geführt ansieht und sieht alleine den Arzt in der Verantwortung, weil dieser bei dem Patienten in völlig unverständlicher Weise ein HWS-Schleudertrauma diagnostiziert habe. Die Entscheidung dieses Senats zum fehlenden Zurechnungszusammenhang ist zurückzuführen auf eine Idee des früheren Vorsitzenden dieses Senats, der die Auffassung vertreten hat, ein Arzt, der ohne objektive Befunde ein HWS-Schleudertrauma attestiere, mache sich ggü. dem Patienten schadensersatzpflichtig.[105] Nun gibt es sicher Fälle, in denen der Zurechnungszusammenhang zwischen einem Unfall und dem Gesundheitsschaden verneint werden kann. Voraussetzung dafür ist aber, dass es sich um einen groben Behandlungsfehler handelt. Einen solchen hat das OLG Hamm nicht festgestellt. Zu beachten ist nämlich, dass ein einfacher Diagnosefehler i.d.R. – wenn überhaupt – nur ein einfacher Behandlungsfehler ist. Nur der unvertretbare oder fundamentale Diagnosefehler ist ein grober Behandlungsfehler.[106] Ob es bei der der Entscheidung des OLG Hamm zugrunde liegenden ärztlichen Diagnose aufgrund der Röntgenaufnahmen zu einem fundamentalen oder unvertretbaren Diagnosefehler gekommen ist, wird vom OLG Hamm nicht geprüft. Ein solcher ist auch nicht ohne Weiteres zu bejahen, sondern nur, wenn die gefertigten Bilder eindeutig waren, sodass das Fehlen einer Fraktur nicht verkannt werden durfte. 74

▶ Praxistipp:

Diese Grundsätze finden häufig bei sog. Kettenauffahrunfällen im Verkehrsunfallrecht Anwendung: Wer einen Unfall verursacht, haftet demnach auch für Schäden, die durch das Auffahren weiterer Kfz entstehen.[107] Seine Ersatzpflicht erstreckt sich auf Schäden, die ausgestiegene 75

101 OLG München, Urt. v. 27.03.2003 – 1 U 4449/02, VersR 2005, 89; BGH, Beschl. v. 08.07.2003 – VI ZA 9/03, VersR 2003, 1295, ZfS 2003, 589.
102 Vgl. Geigel/Knerr, Kap. 1 Rn. 31.
103 OLG Hamm, Urt. v. 08.09.2005 – 6 U 185/04, r+s 2006, 394.
104 BGH, Urt. v. 30.04.2008 – III ZR 262/07, NJW-RR 2008, 1377 = MDR 2008, 834.
105 So z.B. das OLG Hamm, Urt. v. 30.10.2000 – 6 U 61/00, r+s 2001, 62 (64, 65).
106 FS für Eike Schmidt/Hart, 2005, S. 143.
107 BGH, Urt. v. 09.03.1965 – VI ZR 218/63, NJW 1965, 1177.

Beifahrer,[108] der Unfallgegner[109] oder Kfz auf der Gegenfahrbahn[110] durch das Auffahren eines weiteren Kfz auf die Unfallstelle erleiden. Die Haftung entfällt nach obigen Kriterien erst dann, wenn das durch den Erstunfall gesetzte Risiko für den Zweitunfall von völlig untergeordneter Bedeutung ist. In der Rechtsprechung ist diese Ausnahme angenommen worden in einem Fall, in welchem ein Kfz trotz ordnungsgemäßer und ausreichender Absicherungsmaßnahmen ungebremst auf ein wegen des Erstunfalls haltendes weiteres Kfz aufgefahren war.[111]

Selbst Schäden, die aus vorsätzlichem Verhalten Dritter resultieren, können dem Erstschädiger nach dem Schutzzweck der verletzten Norm noch zuzurechnen sein.[112]

6. Dazwischentreten des Verletzten

76 Eine Zurechnung kommt auch in Betracht, wenn der Schaden durch eine Handlung verursacht wird, die auf einem Willensentschluss des Verletzten selbst beruht. Voraussetzung hierfür ist allein, dass der Schaden nach Art und Entstehung nicht außerhalb der Wahrscheinlichkeit liegt und unter den Schutzzweck der Norm fällt. Dies wird angenommen, wenn die Handlung des Verletzten durch das haftungsbegründende Ereignis **herausgefordert** worden ist und eine nicht ungewöhnliche Reaktion auf dieses darstellt. Der Schädiger haftet auch dann, wenn er eine gesteigerte Gefahrenlage geschaffen hat,[113] bei der Fehlleistungen erfahrungsgemäß vorkommen.[114]

77 Eine Zurechnung scheidet erst aus, wenn sich die Entscheidung des Verletzten als gänzlich eigenständige Unterbrechung des Kausalverlaufs darstellt, so etwa, wenn nach einer behaupteten verspäteten Diagnose von Brustkrebs in einer Brust die Geschädigte aus (allerdings verständlicher) Angst auch die zweite, nicht befallene Brust amputieren lässt, obgleich dies medizinisch in keiner Weise indiziert ist.[115]

7. Mehrere Ursachen – mehrere Verursacher

78 Die Zurechnung wird nicht dadurch ausgeschlossen, dass außer dem zum Schadensersatz verpflichtenden Ereignis noch andere Ursachen zur Entstehung des Schadens beigetragen haben. Ebenso wenig muss das zum Schadensersatz verpflichtende Ereignis die überwiegende oder wesentliche Ursache sein.[116]

79 Gleiches gilt im Grundsatz, wenn **mehrere Verursacher** für ein Schadensereignis verantwortlich sind. Zur Haftungsbegründung genügt die Mitursächlichkeit.[117] Bei Mittätern, Anstiftern oder Gehilfen

108 OLG Saarbrücken, Urt. v. 27.08.1998 – 3 U 1018/97, NZV 1999, 510.
109 BGH, Urt. v. 11.07.1972 – VI ZR 79/71, NJW 1972, 1804 (1805).
110 OLG Köln, Urt. v. 10.12.1970 – 10 U 73/70, VersR 1971, 574.
111 Vgl. BGH, Urt. v. 10.02.2004 – VI ZR 218/03, NJW 2004, 1375.
112 Vgl. BGH, Urt. v. 26.01.1989 – III ZR 192/87, VersR 1989, 753 = NJW 1989, 2127.
113 Verneint z.B. bei OLG Bremen, Beschl. v. 10.10.2008 – 1 U 45/08, NJOZ 2009, 564: Ein Polizist führte einen alkoholisierten Straftäter zu den Gewahrsamszellen die Treppe herunter, ohne ihn festzuhalten. Als der Mann zu stürzen drohte, griff der Polizist nach ihm und verletzte sich bei der Ausholbewegung am Daumen. Das Gericht verneinte eine Zurechnung: Das Verletzungsrisiko hatte nichts mehr mit der Straftat des Beklagten zu tun, sondern seine Ursache darin, dass die Beamten den erkennbar alkoholisierten Straftäter beim Absteigen auf der steilen Treppe nicht festhielten.
114 Vgl. Grüneberg/*Grüneberg*, Vorb. v. § 249 Rn. 48.
115 OLG Köln, Urt. v. 26.05.2008 – 5 U 175/07, OLGR 2008, 798.
116 Vgl. BGH, Urt. v. 10.05.1990 – IX ZR 113/89, NJW 1990, 2882 (2883); vgl. auch BGH, Urt. v. 09.02.1988 – VI ZR 168/87, NJW-RR 1988, 731: Keine Unterbrechung des Kausalzusammenhangs, wenn zum Schadenseintritt ein im Kfz des Unfallverursachers mitbefördertes Tier beigetragen hat.
117 Vgl. BGH, Urt. v. 27.06.2000 – VI ZR 201/99, NJW 2000, 3423; BGH, Urt. v. 16.05.2002 – VII ZR 81/00, NJW 2002, 2708 (2709).

ist nach § 830 BGB jeder für den Schaden verantwortlich. Im Einzelnen können folgende Fallgruppen unterschieden werden:

- **Kumulative Kausalität:** Die Handlung des Schädigers konnte den Schaden nicht allein, sondern nur im Zusammenwirken mit dem Handeln eines anderen herbeiführen (auch **Gesamtkausalität** genannt). Ein Zurechnungszusammenhang zu beiden Schädigern liegt vor.[118] 80
- **Konkurrierende Kausalität:** Zwei Ereignisse haben den Schaden herbeigeführt, von denen jedes auch allein den Schaden hätte verursachen können. Es sind dann beide im Rechtssinne kausal (auch **Doppelkausalität** genannt);[119] die conditio-sine-qua-non-Formel bedarf insoweit einer Korrektur,[120] denn bei ihrer strengen Anwendung könnte jedes Ereignis hinweggedacht werden, ohne dass – da das jeweils andere Ereignis genügt hätte, um den Erfolg herbeizuführen – der Erfolg entfallen würde. 81
- **Alternative Kausalität:** Eine solche liegt vor, wenn sich nicht ermitteln lässt, welcher von mehreren Beteiligten den Schaden durch seine Handlung verursacht hat. Hier erleichtert § 830 Abs. 1 Satz 2 BGB die Beweisführung, da er es ausreichen lässt, dass jedenfalls einer der beiden Beteiligten haften würde; über die keinem der beiden nachweisbare, aber gleichwohl jedenfalls einem der beiden vorwerfbare Kausalitätsungewissheit hilft § 830 Abs. 1 Satz 2 BGB hinweg.[121] 82
- Doppelkausalität: **Der BGH[122] hat hierzu ausgeführt, dass** ein Fall sog. »Doppelkausalität« für den Schaden vorliegen kann. Ist ein bestimmter Schaden durch mehrere gleichzeitig wirkenden Umstände verursacht worden und hätte jede dieser Ursachen für sich allein ausgereicht, um den gesamten Schaden herbeizuführen, dann sind sämtliche Umstände als rechtlich ursächlich zu behandeln, obwohl keiner von ihnen als »conditio sine qua non« qualifiziert werden kann. In diesen Fällen bedarf es einer entsprechenden Modifikation der Äquivalenztheorie, weil der eingetretene Schadenserfolg ansonsten auf keine der tatsächlich wirksam gewordenen Ursachen zurückgeführt werden könnte.
- **Teilweise Kausalität:** Ist der Schaden teilweise durch das eine und teilweise durch das andere Ereignis verursacht worden, besteht lediglich eine (nach § 287 ZPO) voneinander abzugrenzende **Teilverantwortlichkeit.**[123] 83

▶ Praxistipp:

Häufiger ist allerdings der Fall, dass jedenfalls einem der beiden Schädiger der volle Schaden zurechenbar ist. Verursachen z.B. zwei selbstständige Unfälle einen Dauerschaden, haftet der Erstschädiger für diesen auch dann, wenn die Folgen des Erstunfalls erst durch den Zweitunfall zum Dauerschaden verstärkt worden sind; der Zweitunfall und seine Folgen sind ihm nämlich, da insoweit adäquat kausal (auch) auf den Erstunfall zurückführbar, ebenfalls zurechenbar. Der Zweitschädiger haftet dann allerdings, wenn das Schadensbild abgrenzbar ist, nur für den Teil des Schadens, den er verursacht hat.[124] Liegt kein abgrenzbares Schadensbild vor, haftet auch der Zweitschädiger bereits bei Mitursächlichkeit für den vollen Schaden.[125] 84

---

118 Vgl. BGH, Urt. v. 10.05.1990 – IX ZR 113/89, NJW 1990, 2882 (2883 f.); BGH, Urt. v. 20.11.2001 – VI ZR 77/00, NJW 2002, 504 (505); BGH, Urt. v. 16.05.2002 – VII ZR 81/00, NJW 2002, 2708 (2709).

119 Vgl. BGH, Urt. v. 06.05.1971 – VII ZR 302/69, VersR 1971, 818 (819 f.); BGH, Urt. v. 10.05.1983 – VI ZR 270/81, VersR 1983, 729 (731); BGH, Urt. v. 02.04.1992 – III ZR 103/91, NJW 1992, 2691 (2692); BGH, Urt. v. 30.03.1993 – 5 StR 720/92, NJW 1993, 1723; BGH, Urt. v. 07.05.2004 – V ZR 77/03, NJW 2004, 2526 (2528).

120 Vgl. Grüneberg/*Grüneberg*, Vorb. v. § 249 Rn. 55 ff.

121 Vgl. dazu Rdn. 4 ff.; eingehend Brand, S. 29 f.

122 BGH, Urt. v. 10.02.2011 – VII ZR 8/10, Nachschlagewerk BGB §§ 254, 631, 633 (BGH-Intern); BGH, Urt. v. 07.05.2004 – V ZR 77/03, BauR 2004, 1772 m.w.N.

123 Vgl. BGH, Urt. v. 22.10.1963 – VI ZR 187/62, VersR 1964, 49 (51).

124 OLG Koblenz, Urt. v. 20.12.2004 – 12 U 1365/03, OLGR 2005, 712.

125 Vgl. BGH, Urt. v. 20.11.2001 – VI ZR 77/00, NJW 2002, 504; BGH, Urt. v. 19.04.2005 – VI ZR 175/04, NJW-RR 2005, 897: Die Annahme eines Ursachenzusammenhangs im Zivilrecht erfordert

8. Hypothetische Kausalursachen

85 Eine hypothetische Kausalität liegt vor, wenn der Schädiger sich darauf berufen kann, dass der tatsächlich von ihm verursachte Schaden aufgrund eines anderen Ereignisses ohnehin eingetreten wäre. Systematisch handelt es sich daher nicht um eine Frage der Kausalität – der Schaden ist real eindeutig auf das schädigende Ereignis zurückführbar, die Reserveursache hat sich tatsächlich nicht ausgewirkt –, sondern um eine Frage der wertenden Schadenszurechnung. Das Problem liegt darin, ob und wann der Schädiger sich durch Hinweis auf eine Reserveursache entlasten kann. Rechtsprechung[126] und Lehre behandeln diese Frage kontrovers, in folgenden Punkten besteht aber weitgehende Einigkeit:[127]

86 – Bestand bei Eintritt des schädigenden Ereignisses eine der geschädigten Person oder der geschädigten Sache innewohnende Schadensanlage, die zu dem gleichen Schaden geführt hätte, beschränkt sich die Ersatzpflicht auf die durch den früheren Schadenseintritt bedingten Nachteile (»**Anlagefälle**«). Beispiele sind etwa die Verletzung einer Person, die infolge von Krankheit ohnehin in Kürze erwerbsunfähig geworden wäre,[128] oder die Versteifung eines Knies durch einen Behandlungsfehler, wenn aufgrund arthrotischer Vorbeschwerden gleichfalls eine Versteifung eingetreten wäre.[129]

87 – Hat eine – mangels wirksamer Einwilligung – rechtswidrig ausgeführte Operation zu einer Gesundheitsbeschädigung des Patienten geführt, so ist es Sache der Behandlungsseite zu beweisen, dass der Patient ohne den rechtswidrig ausgeführten Eingriff dieselben Beschwerden haben würde, weil sich das Grundleiden in mindestens ähnlicher Weise ausgewirkt haben würde.[130] Selbstverständlich ist das nicht. Denn die Berücksichtigung eines hypothetischen Kausalverlaufs ist eine Frage des Zurechnungszusammenhangs und für diesen – ebenso wie für den Schaden und den Ursachenzusammenhang – trägt nach den allgemeinen Beweislastregeln grundsätzlich der Geschädigte die Beweislast.[131]

88 – Hätte die Reserveursache die Haftung eines **Dritten** begründet, kann sich der Schädiger **nicht** auf sie berufen. Der Geschädigte soll nicht mit doppeltem Insolvenzrisiko belastet werden.[132]

89 – Der Schädiger trägt die volle **Beweislast** für die Behauptung, der Schaden wäre auch aufgrund der Reserveursache eingetreten.[133] Im Bereich haftungsausfüllender Kausalität kann aber § 287 ZPO anwendbar sein. Abzugrenzen ist die Situation von der, dass bereits unklar ist, welches von zwei realen Ereignissen einen Schaden verursacht hat (Beispiel: Hirnschädigung aufgrund Unfalls oder Schlaganfalls); hier – da Teil der anspruchsbegründenden Kausalität – ist nach allgemeinen Grundsätzen der Geschädigte beweispflichtig.[134]

90 Ansonsten ist sinnvollerweise zu unterscheiden:[135] bei einem reinen **Objektschaden** (Beispiel: Das bei einem Verkehrsunfall beschädigte Fahrzeug wäre bei einem Garagenbrand 4 Tage später ohnehin

---

nämlich, anders als etwa im Sozialrecht, nicht die Feststellung einer richtunggebenden Veränderung, vielmehr reicht schon die bloße Mitverursachung aus, um einen Ursachenzusammenhang zu bejahen.

126 Schon das RG hat grds. die Berücksichtigung von Reserveursachen abgelehnt, aber wichtige Ausnahmen zugelassen (RG, Urt. v. 13.07.1933 – VIII 106/33, RGZ 141, 365; RG, Urt. v. 29.04.1942 – VIII 12/42, RGZ 169, 117). Die Lit. tritt demgegenüber z.T. für eine grundsätzliche Beachtlichkeit hypothetischer Ursachen ein (Nachweise bei Grüneberg/*Grüneberg*, Vorb. v. § 249 Rn. 55 ff.).

127 Vgl. ausführlich Grüneberg/*Grüneberg*, Vorb. v. § 249 Rn. 55 ff.

128 BGH, Urt. v. 05.02.1965 – VI ZR 239/63, VersR 1965, 491 (493); OLG Frankfurt am Main, Urt. v. 07.07.1983 – 1 U 192/82, NJW 1984, 1409 (1411).

129 BGH, Urt. v. 23.10.1984 – VI ZR 24/83, NJW 1985, 676 (677).

130 BGH, Urt. v. 22.03.2016 – VI ZR 467/14, MedR 2016, 973, im Anschluss an BGH, Urt. v. 05.04.2005 – VI ZR 216/03, VersR 2005, 942 (Knotenstruma-Entscheidung).

131 Kreße, Problemstellung zu BGH, Urt. v. 22.03.2016 – VI ZR 467/14, MedR 2016, 973.

132 BGH, Urt. v. 13.02.1958 – VII ZR 108/57, NJW 1958, 705; BGH, Urt. v. 13.10.1966 – II ZR 173/64, NJW 1967, 551 (552); Grüneberg/*Grüneberg*, Vorb. v. § 249 Rn. 55 ff.

133 BGH, Urt. v. 07.10.1980 – VI ZR 176/79, NJW 1981, 628 (630); BGH, Urt. v. 29.09.1982 – IVa ZR 309/80, NJW 1983, 1053.

134 BGH, Urt. v. 23.09.1986 – VI ZR 261/85, VersR 1987, 179.

135 Grüneberg/Grüneberg, Vorb. v. § 249 Rn. 55 ff.

zerstört worden) bleibt die Reserveursache außer Betracht. Der einmal entstandene Schadensersatzanspruch kann durch nachträgliche Ereignisse grds. nicht mehr berührt werden; anderenfalls käme es zu dem kaum einsichtigen Ergebnis, dass der bloße Zufall, ob die Reserveursache vor oder nach rechtskräftigem Abschluss des Schadensersatzprozesses eintrat, für den Prozesserfolg maßgeblich wäre. Bei **Dauerschäden**, also Nachteilen, die sich im Laufe der Zeit entwickeln, ist die Reserveursache jedoch beachtlich. Beispiele wären der Anspruch auf Nutzungsausfallentschädigung, der durch die hypothetische Zerstörung des Unfallwagens begrenzt ist, aber auch Ersatzansprüche wegen entgangenen Unterhalts nach § 844 Abs. 2 BGB, die regelmäßig auf die Zeit des Erwerbslebens bzw. des mutmaßlichen Überlebens des Getöteten begrenzt werden.[136]

9. Rechtmäßiges Alternativverhalten

Das »rechtmäßige Alternativverhalten« bedeutet den Einwand des Schädigers, auch ein rechtmäßiges 91
Verhalten hätte in gleicher Weise zu dem (tatsächlich aufgrund rechtswidrigen Verhaltens entstandenen) Schaden geführt.[137] Dieser Einwand, für den der Schädiger die volle Beweislast trägt,[138] ist grds. **beachtlich.**[139] Schäden, die auch bei einem rechtmäßigen Verhalten des Schädigers entstanden wären, werden vom Schutzzweck der Haftungsnormen regelmäßig nicht erfasst.[140] Nur ausnahmsweise kann sich aus dem Schutzzweck der verletzten Norm ergeben, dass die Berufung auf ein rechtmäßiges Alternativverhalten ausgeschlossen ist.[141]

▶ Checkliste: Kausalität

Haftungsbegründende Kausalität (§ 286 ZPO) 92
- ☐ Handlung → Rechtsgutverletzung

Haftungsausfüllende Kausalität (§ 287 ZPO)
- ☐ Rechtsgutverletzung → Schaden

Zurechnung setzt voraus
- ☐ Äquivalenz (conditio sine qua non)
- ☐ Adäquanz (nicht außerhalb der Wahrscheinlichkeit)
- ☐ Schutzzweck der Norm

Kein Fall des
- ☐ allgemeinen Lebensrisikos
- ☐ rechtmäßigen Alternativverhaltens

Sonderprobleme:
- ☐ mehrere Schädiger?
- ☐ hypothetische Kausalität?

---

136 BGH, Urt. v. 27.01.2004 – VI ZR 842/02, SVR 2004, 339.

137 Diese Rechtsfigur kommt daher auch erst dann zum Tragen, wenn die Haftung des Schädigers grds. unstreitig oder bewiesen ist: BGH, Urt. v. 07.02.2012 – VI ZR 63/11, NJW 2012, 850.

138 Es genügt daher nicht, dass der Schaden bei rechtmäßigem Vorgehen möglicherweise entstanden wäre, vgl.: BGH, Urt. v. 30.04.1959 – III ZR 4/58, NJW 1959, 1316 (1317); BGH, Urt. v. 27.04.1995 – X ZR 60/93, NJW-RR 1995, 935 (937). Ebenso unzulässig ist die Berufung auf ein rechtswidriges und nur schuldloses Alternativverhalten, vgl. OLG Köln, Urt. v. 20.10.1994 – 7 U 68/94, VersR 1996, 456.

139 Vgl. BGH, Urt. v. 07.02.1984 – VI ZR 174/82, NJW 1984, 1397 (1399); BGH, Urt. v. 26.10.1999 – X ZR 30/98, NJW 2000, 661 (663); Grüneberg/*Grüneberg*, Vorb. v. § 249 Rn. 64.

140 BGH, Urt. v. 26.10.1999 – X ZR 30/98, NJW 2000, 661 (663).

141 BGH, Urt. v. 24.10.1985 – IX ZR 91/84, NJW 1986, 576; Grüneberg/*Grüneberg*, Vorb. v. § 249 Rn. 29 f., 64 f. m.w.N.

C. Schadensumfang

I. Vorschäden

1. Vorhandene Schadensdisposition

93 Wie oben[142] gezeigt, liegt eine besondere Fallgestaltung vor, wenn es infolge zeitlich einander folgender selbstständiger Unfälle jeweils zu einer Schädigung der HWS kommt.

94 Entsteht in einem solchen Fall ein **Dauerschaden des Verletzten**, haftet der Erstschädiger mangels abgrenzbarer Schadensteile grds. auch für den Dauerschaden, wenn die Folgen des Erstunfalls erst durch den Zweitunfall verstärkt worden sind. Der Zweitschädiger haftet für den Dauerschaden mangels abgrenzbarer Schadensteile schon dann, wenn der Zweitunfall lediglich mitursächlich für den Dauerschaden war.[143]

95 Der BGH hat den **haftungsrechtlichen Zurechnungszusammenhang** (haftungsausfüllende Kausalität) bejaht, weil der erste Unfall noch eine Schadensanfälligkeit hinterlassen habe, auf die die zweite Verletzungshandlung getroffen ist. In einem solchen Fall ist der Erstschädiger für den Folgeschaden, den endgültigen Schaden, mitverantwortlich.

▶ Hinweis:

96 Wer einen gesundheitlich vorgeschädigten Menschen verletzt, kann nicht verlangen, so gestellt zu werden, als hätte er einen Gesunden geschädigt;[144] der Zurechnungszusammenhang zwischen Handlung und Verletzung ist auch dann zu bejahen, wenn der Schaden auf einem Zusammenwirken von Vorschäden und Unfallverletzung beruht.[145]

97 Allerdings hat der BGH von diesem Grundsatz früher Ausnahmen gemacht,[146] wenn es sich bei der besonderen Schadensanfälligkeit um eine Begehrensvorstellung des Geschädigten handelte.[147] Allein die Tatsache, dass der Verletzte durch frühere Unfälle in seiner seelischen Widerstandskraft so weit vorgeschädigt war, dass ein geringer Anlass genügt hat, um psychische Fehlreaktionen auszulösen, kann den Schädiger aber nicht entlasten. Das gilt selbst dann, wenn die Ursache, die psychische Fehlreaktion, z.B. auf einer »prämorbiden Persönlichkeit« des Geschädigten beruht.[148]

98 In zwei Entscheidungen v. 11.11.1997 hat der BGH[149] eine **deutliche Ausweitung der Haftung des Schädigers trotz vorhandener Schadensdisposition** vorgenommen. Eine sog. Bagatelle, bei der eine Haftung für den psychischen Folgeschaden ausscheiden soll, wird bereits dann abgelehnt, wenn »nur« eine Schädelprellung mit HWS-Schleudertrauma vorliegt. Geringfügigkeit des auslösenden Ereignisses scheidet immer schon dann aus, wenn dafür ein – wenn auch geringes – Schmerzensgeld zu zahlen wäre.[150]

99 Nur relativ selten wird angenommen, dass die neurotische Fehlhaltung des Geschädigten in einem groben Missverhältnis zum schädigenden Ereignis steht, also Ausdruck einer offensichtlich unange-

142 S. Kap. 4 Rdn. 291 ff.
143 BGH, Urt. v. 20.11.2001 – VI ZR 77/00, SP 2002, 89.
144 Vgl. schon Rdn. 36 ff.; ferner BGH, Urt. v. 11.03.1986 – VI ZR 64/85, NJW 1986, 2762 (2763); BGH, Urt. v. 30.04.1996 – VI ZR 55/95, NJW 1996, 2425 (2426); eingehend dazu Born, OLGR 2003, K 4.
145 KG, Urt. v. 02.09.2002 – 12 U 10719/99, KGR 2003, 27.
146 BGH, Urt. v. 22.09.1981 – VI ZR 144/79, VersR 1981, 1178; BGH, Urt. v. 24.01.1984 – VI ZR 61/82, VersR 1984, 286(Glasknochen).
147 Müller, VersR 1998, 129 (134).
148 OLG Hamm, Urt. v. 02.04.2001 – 6 U 231/99, NZV 2002, 36 = NJW-RR 2001, 1676.
149 BGH, Urt. v. 11.11.1997 – VI ZR 376/96, MDR 1998, 157 = VersR 1998, 201; BGH, Urt. v. 11.11.1997 – VI ZR 146/96, MDR 1998, 159 = VersR 1998, 200; Diederichsen, DAR 2005, 301 (301 f.).
150 BGH, Urt. v. 28.01.2003 – VI ZR 139/02, VersR 2003, 274.

messenen Erlebnisverarbeitung ist mit der Folge, dass keine Haftung besteht. Die Beweislast dafür, dass sich hier nur das allgemeine Lebensrisiko des Geschädigten verwirklicht hat, der sich in eine **Neurose** flüchtet, trägt der Schädiger.[151] Ansonsten bleibt es bei der – für den Geschädigten günstigen – Situation, dass eine Haftung auch dann nicht entfällt, wenn an dem Ausbruch der psychischen Krankheit eine vorbestehende latente Disposition wesentlich mitgewirkt hat, die ohne den Unfall nicht ausgebrochen wäre. Hat schon vor dem Unfall eine fortschreitende psychische Erkrankung vorgelegen, die sich bis zum Unfall kontinuierlich verstärkt hat, kann als »Anteil« des Unfalls allenfalls vorübergehend eine Überlagerung der Grunderkrankung durch unfallbedingte Folgen angenommen, ansonsten aber unterstellt werden, dass die später festgestellte Beeinträchtigung einige Zeit später auch ohne den Unfall eingetreten wäre.[152]

▶ Hinweis:

Möglicherweise kommt eine Schadensteilung unter dem Gesichtspunkt der überholenden Kausalität in Betracht, was bedeutet, dass zu prüfen ist, ob die Prädisposition des Geschädigten nicht über kurz oder lang ohnehin zur Erwerbsunfähigkeit geführt hätte.[153] Insoweit könnten sich auch überhöhte Begehrensvorstellungen des Geschädigten haftungsmindernd auswirken. Zur Beantwortung dieser Frage muss das Gericht auf Sachverständigengutachten zurückgreifen. 100

Ein ähnliches Problem bei der Prädisposition des Verletzten stellt sich im Arzthaftungsrecht. Sowohl bei HWS-Schäden, als auch bei anderen Schäden, die auf einem Behandlungsfehler beruhen, kann es zu der Feststellung kommen, dass der Gesundheitsschaden des Patienten durch seine körperliche Verfassung nur »zu 50 %« auf einem Behandlungsfehler beruht. Die Rechtsprechung ist in einem solchen Fall eindeutig. Das OLG Rostock[154] hat dazu ausgeführt, dass die Mitursächlichkeit, sei es auch nur als »Auslöser« neben erheblichen anderen Umständen, der Alleinursächlichkeit haftungsrechtlich in vollem Umfang gleichsteht.[155] Sie führt zur Zurechnung des gesamten Schadens.[156] 101

2. Schadensteilung (50 %) bei Prädisposition

Immer häufiger wird der Schmerzensgeldanspruch des Verletzten mit der Begründung auf 50 % gekürzt, der Gesundheitsschaden beruhe u.a. darauf, dass beim Verletzten eine gewisse Prädisposition für den psychischen Schaden vorgelegen habe. 102

Das OLG Schleswig,[157] das in ständiger Rechtsprechung der BGH-Entscheidung v. 28.01.2003 folgt,[158] hat sich auch bzgl. der Prädisposition der BGH-Entscheidung angeschlossenen und bemisst den Schaden bei einer auf der Prädisposition beruhenden Fehlverarbeitung des Unfallgeschehens wegen dieses gesundheitlichen Vorschadens auf 50 %. Nach den Ausführungen des Sachverständigen handelte es sich bei dem Kläger um eine schadensveranlagte Persönlichkeit, er war schon vor dem Unfall krank. Er hatte sich aufgrund innerseelischer Gebote und Schranken in hohem Maße erschöpft; in seiner Kindheit und Jugend war er starken seelischen Belastungsfaktoren ausgesetzt gewesen. Sein seelisches Gleichgewicht hatte er stets durch überdurchschnittliche Leistungen im beruflichen Bereich aufrechtzuerhalten versucht. Bei dieser vorgeschädigten Persönlichkeit hält das 103

151 KG, Urt. v. 15.05.2000 – 12 U 3645/98, NZV 2002, 172 (174).

152 OLG Hamm, Urt. v. 21.08.2000 – 6 U 149/99, r+s 2002, 16; OLG Hamm, Urt. v. 27.08.2001 – 6 U 252/99, r+s 2002, 113; s. aber OLG Hamm, Urt. v. 20.06.2001 – 13 U 136/99, NZV 2002, 37, wonach konkrete Anhaltspunkte für Fehlentwicklungen vergleichbaren Ausmaßes vorliegen müssen.

153 OLG Hamm, Urt. v. 20.06.2001 – 13 U 136/99, NZV 2002, 37.

154 OLG Rostock, Urt. v. 21.12.2012 – 5 U 170/11, VersR 2013, 465.

155 Martis/Winkhart, Arzthaftungsrecht, 3. Aufl., Rn. K 35 m.w.N.

156 Martis/Winkhart, Arzthaftungsrecht, 3. Aufl., Rn. K 36 m.w.N.

157 Vgl. OLG Schleswig, Urt. v. 06.07.2006 – 7 U 148/01, NJW-RR 2007, 171 = NZV 2007, 203.

158 Vgl. auch OLG Schleswig, Urt. v. 06.07.2006 – 7 U 148/01, OLGR 2006, 821 = NJW-RR 2007, 171 = NZV 2007, 203.

OLG Schleswig eine Anspruchskürzung um 50 % für gerechtfertigt. Das Gericht sieht zwar, dass der Schädiger auch für seelisch bedingte Folgeschäden grds. voll haftet, meint aber, dass der Schaden aufgrund der psychischen Vorschädigung des Verletzten auch ohne den Unfall früher oder später eingetreten wäre.

104 Hätte das OLG Schleswig den Sachverständigen gefragt, wann denn in etwa bei dem Verletzten ein ähnlicher Schaden eingetreten wäre, hätte der Sachverständige diese Frage nicht beantworten können. Die einzig mögliche Antwort wäre gewesen:

»Ich bin doch kein Prophet«.

So sehr eine prozentuale Kürzung auch gerechtfertigt erscheinen mag, sie lässt sich i.d.R. nicht begründen.

105 Auch das OLG Köln[159] kürzte einen Schmerzensgeldanspruch wegen somatoformer Verarbeitung um eine nicht näher angegebene Quote, während es dem Feststellungsantrag für künftige materielle Schäden in vollem Umfang stattgab. Darin liegt ein gewisser Widerspruch. Bei der Bemessung des Schmerzensgeldes könne eine besondere Schadensanfälligkeit der Klägerin Berücksichtigung finden, was auch für eine psychische Veranlagung und die damit verbundenen gesundheitlichen Risiken gelte.

106 Ein anderer Senat des OLG Köln[160] ist ebenfalls der Auffassung, dass eine besondere Schadensanfälligkeit des Verletzten bei der Bemessung des Schmerzensgeldes Berücksichtigung finden könne. Es gehe darum, den Schaden zu ermitteln, wie er sich voraussichtlich in Zukunft dargestellt hätte. Eine nähere Begründung zur Ermittlung des Schmerzensgeldes enthält die Entscheidung nicht.

107 Allerdings billigt es der BGH,[161] bei der Bemessung des Schmerzensgeldes zu berücksichtigen, wenn die zum Schaden führende Handlung des Schädigers auf eine bereits vorhandene Schadensbereitschaft in der Konstitution des Verletzten trifft und so den Schaden ausgelöst hat und die Gesundheitsbeeinträchtigungen Auswirkungen dieser Schadensanfälligkeit sind.[162] In einem solchen Fall trifft der Unfall zwar keinen gesunden, aber doch einen – im Vergleich zum derzeitigen Zustand – beschwerdefreien Menschen. I.R.d. **schadensausfüllenden Kausalität** ist nach § 287 ZPO die wahrscheinliche Entwicklung maßgebend. Gelingt es dem Schädiger, konkrete Anhaltspunkte dafür aufzuzeigen, dass Fehlentwicklungen gleichen Ausmaßes auch ohne den Unfall eingetreten wären, können **Abschläge aufgrund der besonderen Schadensanfälligkeit** gemacht werden.[163]

Dies hat das OLG Celle[164] aufgegriffen und die Auffassung vertreten, dass bei der Bemessung des Schmerzensgeldes bestehende erhebliche Vorschädigungen und die darauf beruhenden Risiken bei einem Herzinfarkt mit anschließenden Angstgefühlen Berücksichtigung finden müssten; die Vorschäden würden das Schmerzensgeld mindern.

108 Ganz anders ist die Situation, wenn der Gesundheitsschaden dazu geführt hat, dass der Verletzte in der Beweglichkeit so stark eingeschränkt ist, dass er sich infolge der Beschränkungen kaum noch bewegt und dadurch adipös wird. Wenn der Verletzte jede lebhafte Bewegung unterlässt, um dadurch ausgelöste Schmerzen zu vermeiden, dann verzichtet er verletzungsbedingt auf physisches Training, Sport und körperliches Training und kann schmerzbedingt geeignete und wirksame Mittel

159 Vgl. OLG Köln, Urt. v. 25.10.2005 – 4 U 19/04, DAR 2006, 325.
160 Vgl. OLG Köln, Urt. v. 25.10.2005 – 4 U 19/04, DAR 2006, 325.
161 Vgl. BGH, Urt. v. 05.11.1996 – VI ZR 275/95, VersR 1997, 122; so auch OLG Saarbrücken, Urt. v. 14.03.2006 – 4 U 326/03–5/05, OLGR 2006, 761; OLG Hamm, Urt. v. 02.04.2001 – 6 U 231/99, NJW-RR 2001, 1676 m.w.N.
162 Vgl. BGH, Urt. v. 16.11.1961 – III ZR 189/60, NJW 1962, 243; BGH, Urt. v. 02.04.1968 – VI ZR 156/66, VersR 1968, 648 (650); BGH, Urt. v. 19.12.1969 – VI ZR 111/68, VersR 1970, 281 (284); BGH, Urt. v. 29.09.1970 – VI ZR 74/69, VersR 1970, 1110 (1111); BGH, Urt. v. 22.09.1981 – VI ZR 144/79, VersR 1981, 1178 (1180); Born, OLGR, alle Hefte Nr. 4.
163 Vgl. Born, OLGR, alle Hefte Nr. 4.
164 OLG Celle, Beschl. v. 01.02.2011 – 14 W 47/10, unveröffentlicht.

zur Bekämpfung einer Gewichtszunahme verletzungsbedingt nicht einsetzen.[165] Das Übergewicht ist mittelbare Folge des Gesundheitsschadens.

Ausdrücklich aber weist der BGH[166] darauf hin, dass die **Schadensanfälligkeit nicht ohne Weiteres** dazu führe, dass der Verletzte nicht das einem gesunden Menschen zustehende Schmerzensgeld verlangen könne. Sei der Verletzte vor dem Unfall für einen längeren Zeitraum beschwerdefrei gewesen, dann habe der Unfall zwar keinen gesunden, aber doch einen beschwerdefreien Menschen getroffen und eine Kürzung des Schmerzensgeldes müsse ausscheiden. 109

Konkret wurde das OLG Hamm[167]: 110

Für die Beurteilung der haftungsbegründenden Kausalität kommt es grundsätzlich nicht darauf an, inwieweit die Heilungsdauer durch die vor dem Unfall gegebenen degenerativen Veränderungen und die geringere Kompensationsfähigkeit des degenerativ vorveränderten Gelenks beeinflußt worden sind. Um die Unfallbedingtheit des Verletzungs- und Beschwerdebildes zu ermitteln, ist der medizinische Befund so, wie er sich unmittelbar vor dem Unfall darstellte, mit demjenigen zu vergleichen, der nach dem Unfall gegeben ist. Ergibt der Vergleich, dass »nachher« ein Mehr an Verletzungen oder Beschwerden vorliegt, so ist eine Verschlimmerung gegenüber »vorher« eine Folge des Unfalls, denn sie ist durch den Unfall zumindest mitverursacht worden. Dies genügt für die Entstehung der Schadenersatzpflicht.

▶ Hinweis:

Ergeben sich keine konkreten Anhaltspunkte für einen negativen Verlauf, muss der Richter i.R.d. Wahrscheinlichkeitsprognose einen gleichbleibenden Zustand zugrunde legen. Die verbleibende Unsicherheit, die jeder gesundheitlichen Prognose innewohnt, darf sich nicht Schmerzensgeld mindernd auswirken. 111

Ein Ausweg aus dieser unerfreulichen Beweissituation ergibt sich für den Schädiger dadurch, dass ein Sachverständiger i.d.R. schon angeben kann, wann – auch ohne den Unfall – spätestens eine Verschlimmerung der Beschwerden eingetreten wäre. Ähnlich wie sich bei schweren Erkrankungen die Lebenserwartung in etwa eingrenzen lässt, ist auch bei feststehender Vorerkrankung der Wirbelsäule i.d.R. absehbar, wann Beschwerden auftreten werden, die dem Beschwerdebild des Verletzten nach dem Unfall entsprechen. Fehlen allerdings hierzu Anhaltspunkte, bleibt der Schädiger beweisfällig. Nach Einholung eines Sachverständigengutachtens ist der Verletzte jedenfalls nicht der Willkür des Richters ausgeliefert. 112

Der einmal festgestellte Kausalzusammenhang zwischen dem Unfall und bestimmten Beschwerden entfällt grds. nicht durch bloßen Zeitablauf. Der Schädiger kann aber ggf. nachweisen, dass ab einem bestimmten Zeitpunkt tatsächlich eine überholende Kausalität eingetreten wäre, aber: alle Unsicherheiten insoweit gehen zulasten des Schädigers. 113

▶ Praxistipp:

Der Verletzte beruft sich darauf, dass nur ein Prophet sagen könnte, dass dieselben Beschwerden auch ohne den Unfall zeitnah eingetreten wären. 114

Der Schädiger (Haftpflichtversicherer) macht geltend, dass aufgrund der Vorschäden auch ohne den Unfall das Schadensbild jedenfalls in absehbarer Zeit demjenigen entsprochen hätte, welches nach dem Unfall vorliegt.

165 BGH, Urt. v. 19.12.1969 – VI ZR 111/68, VersR 1970, 281.
166 Vgl. BGH, Urt. v. 05.11.1996 – VI ZR 275/95, VersR 1997, 122; vgl. auch OLG Hamm, Urt. v. 13.04.2018 – 7 U 4/18, unveröffentlicht.
167 OLG Hamm, Urt. v. 31.01.2000 – 13 U 90/99, DAR 2000, 263.

II. Mitverschulden

115 Die Berücksichtigung des Mitverschuldens des Geschädigten wird schon durch § 254 BGB nahe gelegt und ist deshalb unumstritten.[168] Das Mitverschulden des Verletzten bestimmt sich nach allgemeinen Regeln. Dies hat auch der große Zivilsenat in der Entscheidung aus dem Jahr 1955 ausdrücklich festgelegt. Das Mitverschulden ist ein den Schadensfall mitprägender Umstand, der in die Schmerzensgeldbemessung einzubeziehen ist.

116 Da das Mitverschulden nur ein Bemessungskriterium ist, ergibt sich daraus zugleich, dass das Schmerzensgeld nicht abstrakt ohne Mitverschulden festgestellt werden darf, um es sodann um eine dem Mitverschulden entsprechende Quote zu kürzen; vielmehr ist das Schmerzensgeld unter Berücksichtigung des Mitverschuldens festzustellen. Diese Auffassung vertritt der BGH[169] unverändert. Er begründet diese Auffassung damit, dass der Schädiger nicht die Quote eines angemessenen Schmerzensgeldes schuldet, sondern ein **Schmerzensgeld, das unter Berücksichtigung des Mitverschuldens angemessen ist.**[170]

117 Dies wird in der Praxis kaum beachtet. Streng genommen ist es dogmatisch unsauber, wenn das Gericht ein Schmerzensgeld feststellt und daraus unter Berücksichtigung des Mitverschuldens eine Quote ableitet. Diese Vorgehensweise hat sich aber seit Langem eingebürgert und hat sogar dazu geführt, dass in Schmerzensgeldtabellen das zuerkannte Schmerzensgeld unter Berücksichtigung der Quote auf den vollen Betrag »hochgerechnet« wird.[171]

118 Das **Mitverschulden des Verletzten** führt zu einer **Minderung des Schmerzensgeldanspruchs**, vgl. § 9 StVG, § 254 BGB. Allerdings führt ein Mitverschuldensanteil des Verletzten von 80 % nicht dazu, dass dessen Anspruch auf Schmerzensgeld gänzlich ausgeschlossen ist. Dies wäre nur dann der Fall, wenn das Schmerzensgeld wegen des Mitverschuldens unter die Geringfügigkeitsgrenze fiele. Jedenfalls ist ein absoluter Schmerzensgeldbetrag von 7.000,00 € (hier: 20 % von 35.000,00 €) eindeutig nicht als geringwertig anzusehen.[172]

Das Mitverschulden wird nur berücksichtigt, wenn der Schädiger sich darauf beruft und wenn er es beweisen kann.

119 Aus dem Grundsatz, dass sich eine Verursachung tatsächlich auf den Unfall ausgewirkt haben muss, folgt z.B. auch, dass sich ein Fahren ohne Fahrerlaubnis nicht auf die Haftungsquote auswirkt, wenn sie sich nicht ausgewirkt hat. Dass der Unfall als solcher sich gar nicht erst ereignet hätte, wenn der Unfallverursacher, der keine Fahrerlaubnis (mehr) besitzt, die Fahrt schon nicht angetreten hätte, bleibt für diese Verursachung außer Betracht. Ebenso kann die Alkoholisierung eines Fahrers bei der Haftungsabwägung nicht berücksichtigt werden, wenn diese sich nicht auf den Unfall ausgewirkt hat.[173]

120 Die Mitwirkung an der Schadensentstehung kann sowohl in einem positiven Tun (Fehlverhalten) bestehen (etwa, wenn der Geschädigte gegen vertragliche Pflichten des Arztvertrages oder Verkehrsvorschriften der StVO verstoßen hat) als auch in einem Unterlassen (etwa wenn er bei Verkehrsunfällen Sicherheitseinrichtungen wie Helm, Sicherheitsgurte etc. nicht genutzt hat).[174] Es handelt sich um ein Verschulden »in eigener Sache«, das sich gegen den Geschädigten selbst richtet. Er lässt

168 OLG Nürnberg Urt. v. 22.05.1992 – 8 U 2539/91, VersR 1993, 565; Müller, VersR 1993, 909 (915).
169 BGH, Urt. v. 12.03.1991 – VI ZR 173/90, NZV 1991, 305.
170 Dauner-Lieb/Langen/Huber, AK-Schuldrecht, § 253 Rn. 33, hält dies für bedenkenswert, weil sich die Praxis über diese Ansicht des BGH längst hinweggesetzt habe.
171 Vorwerk, Kap. 84 Rn. 188.
172 OLG Hamburg, Urt. v. 23.07.2004 – 14 W 52/04, OLGR 2005, 133.
173 BGH, Urt. v. 21.11.2006 – VI ZR 115/05, NJW 2007, 506 (507).
174 Vgl. ausführlich Himmelreich/Halm/Bücken, Rn. 57 ff.; Ludovisy/Morgenstern, Teil 4 Rn. 190, 208 f.

die nach Lage der Sache im eigenen Interesse gebotene Sorgfalt außer Acht, mit der ein verständiger Mensch handeln würde, um sich selbst vor Schaden zu bewahren.[175]

Auch im Arzthaftungsrecht kommt ein Mitverschulden des Patienten in Betracht. Wer als Patient auf Empfehlung einer »Geisterheilerin« notwendige und ärztlich verordnete Medikamente zur Abwehr eines neuen Schubs einer schweren Autoimmunerkrankung unter Missachtung der Warnung Dritter absetzt, wirkt an der Entstehung des daraus folgenden Schadens in gleichem Maße wie die »Geisterheilerin« mit.[176] 121

Der Verletzte muss sich in bestimmten Grenzen einer Therapie unterziehen, um die Verletzungsfolgen zu mindern. Hat eine Mutter durch die Nachricht vom Unfall eines Kindes eine psychisch verursachte Magersucht entwickelt, kann die Verweigerung einer zumutbaren Therapie einer Essstörung ein Mitverschulden begründen.[177] Eine medizinische Behandlung kann ein gesundheitlich Geschädigter nur dann verweigern, wenn sie erhebliche gesundheitliche Risiken birgt, mit erheblichen Schmerzen verbunden ist und keine realistische Aussicht auf Heilung oder Besserung bietet. All dies ist bei einer Therapie gegen Essstörungen und Magersucht zu verneinen. 122

Das gilt auch bei fehlender Compliance des Patienten. Muss eine Patientin für eine Untersuchung aus dem Rollstuhl auf eine Untersuchungsliege verbracht werden, darf sie den Umstand, dass der Arzt den Rollstuhl nach der Untersuchung an die Liege schiebt, nicht als Aufforderung verstehen, sich nunmehr ohne fremde Hilfe wieder in den Rollstuhl zu setzen. Ist dieser erwachsenen und orientierten Patientin gesagt worden, sie dürfe nicht selbstständig aufstehen, darf das Klinikpersonal grds. darauf vertrauen, dass diese Anweisung beachtet wird. Folgt sie der Anweisung nicht und zieht sie sich bei einem Sturz eine Verletzung zu, die operativ behandelt werden muss, kann sie keine Schadensersatzansprüche geltend machen.[178] 123

Jedenfalls derzeit sind Radfahrer nicht verpflichtet, einen Schutzhelm zu tragen. Dazu besteht keine gesetzliche Pflicht und das Tragen eines Schutzhelmes entspricht auch (noch nicht) der Verkehrsanschauung.[179] In der Schweiz wurde dagegen die Helmpflicht 2012 eingeführt.[180] Das OLG Düsseldorf[181] hat ein Mitverschulden eines 10 Jahre alten Jungen verneint, zumal dieser nicht im öffentlichen Straßenverkehr, sondern auf einem Privatgelände/Garagenhof mit dem Fahrrad gefahren war. Dagegen hat das OLG Düsseldorf in einer anderen Entscheidung einem Rennradfahrer die Alleinschuld an seinen Verletzungen gegeben (Mitverschulden 100 %), weil dieser ohne Schutzhelm gefahren war.[182] 124

Wer mit einem Rennrad mit entsprechender Geschwindigkeit unterwegs ist, kann sich nicht auf eine Verletzung der Verkehrssicherungspflicht des Straßenbaulastträgers berufen, wenn er in einer Baustelle mit erkennbar schlechten Straßenverhältnissen stürzt. Infolge der dünnen Reifen schafft er selbst eine besondere Gefahr, der er selbstständig begegnen muss.[183] 125

Bei der Zurechnung von Mitverschulden muss stets unterschieden werden, ob ein Anspruch aus Verschulden vorliegt (dann Zurechnung über § 254 BGB) oder – wie in Verkehrsunfällen typisch – eine Haftung aus StVG. 126

175 Vgl. Ludovisy/Morgenstern, Teil 4 Rn. 168.
176 OLG Frankfurt am Main, Urt. v. 14.12.2010 – 8 U 108/07, GesR 2011, 187.
177 BGH, Urt. v. 10.02.12015 – VI ZR 8/14, VersR 2015, 590.
178 OLG Koblenz, Urt. v. 21.07.2010 – 5 U 761/10, VersR 2011, 225 = MDR 2010, 1323.
179 BGH, Urt. v. 17.06.2014 – VI ZR 281/13, VersR 2014, 974.
180 OLG Köln, Urt. v. 23.12.2015 – 27 U 1/15, unveröffentlicht.
181 OLG Düsseldorf, Urt. v. 14.08.2006 – 1 U 9/06, NJW-RR 2006, 1616 = NZV 2007, 38 = MDR 2007, 460.
182 OLG Düsseldorf, Urt. v. 12.02.2007 – 1 U 182/06, ZGS 2007, 166 = NJW 2007, 3075; weitergehend OLG Schleswig, Urt. v. 17.06.2013 – 7 U 11/12, NJW Spezial 2013, 427, s.u. Rdn. 21.
183 OLG Köln, Beschl. v. 14.09.2017 – 7 U 84/17, unveröffentlicht.

127 I.R.d. Haftung aus StVG ist nämlich weiter zu unterscheiden, ob am Unfall ein weiteres Kfz beteiligt war. (Nur) in diesem Fall wird die Unfall(mit)verursachung des Gegners über § 17 StVG zugerechnet, ansonsten (etwa bei Fußgängern oder Radfahrern) erfolgt eine Zurechnung nach § 9 StVG, § 254 BGB.

1. § 9 StVG

128 Fälle von **§ 9 StVG** sind etwa:
- Fahrradfahrer oder Fußgänger gegen Kfz,
- Halter eines **gestohlenen** Kfz (keine Zurechnung der Betriebsgefahr wegen § 7 Abs. 3 StVG!) gegen »normales« Kfz. Dann erfolgt aber nach wohl herrschender Meinung **Zurechnung** des Verschuldens des Fahrers (Diebes) an den bestohlenen Halter über § 9 a.E. StVG (»tatsächliche Gewalt«) i.V.m. § 254 Abs. 1 BGB.[184]

129 § 9 StVG erweitert die Möglichkeit der Zurechnung eines Mitverschuldens an den Geschädigten, der selbst nicht als Halter oder Fahrzeugführer beteiligt war, für den Fall, dass der Schädiger aus §§ 7, 18 StVG in Anspruch genommen wird. Es findet dann § 254 BGB mit der Maßgabe Anwendung, dass im Fall der Beschädigung einer Sache das Verschulden desjenigen, welcher die tatsächliche Gewalt über die Sache ausübt, dem Verschulden des Verletzten gleichsteht.[185]. Die Beweislast für ein (schuldhaftes, §§ 254, 276 BGB!) Fehlverhalten des nicht motorisierten Geschädigten liegt beim in Anspruch genommenen Halter.[186]

2. § 254 BGB

130 An § 254 BGB muss auch gedacht werden, wenn ein Kfz-Halter als Geschädigter Ansprüche gegen nicht motorisierte Verkehrsteilnehmer geltend macht. Für die hier denkbaren Anspruchsgrundlagen (insb. § 823 BGB) sind die §§ 9, 17 StVG nicht anwendbar. Gleichwohl ist anerkannt, dass sich der Geschädigte auch eine Mitverursachung nach § 254 BGB entgegenhalten lassen muss, wenn ihn nur eine Gefährdungshaftung trifft.[187] Über den Wortlaut hinaus ist § 254 BGB daher so zu verstehen, dass der Geschädigte für jeden Schaden mitverantwortlich ist, bei dessen Entstehung er in zurechenbarer Weise (sei es aufgrund Gefährdung, sei es aufgrund Verschuldens) mitgewirkt hat.[188] So muss sich der Halter, auch im Rahmen von Schmerzensgeldansprüchen, die Betriebsgefahr seines Wagens anrechnen lassen.[189] I.R.d. Betriebsgefahr, die sich der Halter eines Kraftfahrzeugs solcherart entgegenhalten lassen muss, ist als ein die allgemeine Betriebsgefahr erhöhender Umstand auch das für den Unfall mitursächliche haftungsrelevante Verhalten des Fahrers zu berücksichtigen.[190]

Auch hier wäre aber wieder Voraussetzung, dass sich die Unterlassung schadenserhöhend ausgewirkt hat; wären die gleichen Verletzungen auch mit Helm entstanden (etwa: Beinbruch), so ist der Verstoß folgenlos und daher irrelevant.

---

184 Etwa OLG Hamm, Urt. v. 19.01.1995 – 6 U 98/94, NJW-RR 1996, 282 (283).

185 Beispiel wäre ein Fußgänger, der angefahren wird und den ein Mitverschulden trifft. Wird eine im Gewahrsam des Fußgängers befindliche Sache eines Dritten beschädigt, muss sich der Eigentümer (anders als nach § 823 BGB.) das Verschulden des Fußgängers anspruchsmindernd entgegenhalten lassen.

186 BGH, Urt. v. 24.09.2013 – VI ZR 255/12, VersR 2014, 80 = NJW 2014, 217.

187 BGH, Urt. v. 09.02.1952 – III ZR 297/51, NJW 1952, 1015; OLG Frankfurt am Main, Urt. v. 04.04.2006 – 9 U 118/00, OLGR 2006, 673.

188 BGH, Urt. v. 02.06.1969 – II ZR 182/67, NJW 1969, 1899.

189 BGH, Urt. v. 20.12.2963 – III ZR 191/61, VersR 1963, 359; KG, Urt. v. 09.07.2001 – 12 U 3372/00, NZV 2002, 34.

190 BGH, Urt. v. 11.06.2013 – VI ZR 150/12, VersR 2013, 1013.

3. Zurechnung nach § 17 Abs. 2 StVG

§ 17 Abs. 2 StVG verdrängt als speziellere Regelung den § 9 StVG. Er ist immer dann anzuwenden, wenn es um die Abwägung von Betriebsgefahr gegen Betriebsgefahr geht und gilt auch bei Fahrern, § 18 StVG. Fälle von § 9 StVG sind dagegen etwa Fahrradfahrer oder Fußgänger gegen Kfz. 131

Aufzubauen ist die Prüfung sinnvollerweise wie folgt:

a) Haftungsausschluss

Für Anspruchsteller *oder* Anspruchsgegner wegen eines unabwendbaren Ereignisses gem. **§ 17 Abs. 3 StVG**? 132

Definition in § 17 Abs. 3 Satz 2 StVG: Sowohl Fahrer als auch Halter haben »jede nach den Umständen des Falles gebotene Sorgfalt« beachtet (sog. Maßstab eines Idealfahrers). Ein unabwendbares Ereignis kann u.U. auch zu verneinen sein, ohne dass ein Verschulden i.S.d. § 276 Abs. 1 BGB vorliegt.[191] 133

▶ Beispiele:

technisches Versagen des Fahrzeugs (vgl. Wortlaut des § 17 Abs. 3 Satz 1 StVG), auch unerwartete Gesundheitsprobleme (epileptischer Anfall, Herzinfarkt)[192] schließen Haftung nicht aus.

Für das Vorliegen eines unabwendbaren Ereignisses gem. § 17 Abs. 3 StVG trägt derjenige die **Darlegungs- und Beweislast**, der sich zu seinen Gunsten auf einen solchen Fall beruft. Grund: Es handelt sich um die *Ausnahme* von der grds. angeordneten Haftung[193] (»ist ausgeschlossen«).

▶ Hinweis:

Ein (wohl rein **akademisches**)[194] Problem ergibt sich beim Aufeinandertreffen zweier Idealfahrer, die einen Dritten schädigen. Nach § 7 Abs. 2 n.F. StVG haften beide im Außenverhältnis (keine höhere Gewalt!), im Innenverhältnis ist der Idealfahrer nach § 17 Abs. 3 StVG von der Haftung freigestellt. Es scheint also, dass der zunächst in Anspruch genommene Idealfahrer mit seinem Regress ausfällt – da beide aber Idealfahrer sind, hinge es von dem bloßen Zufall der ersten Inanspruchnahme ab, wer den Schaden endgültig zu tragen hätte. Ein vergleichbares Problem ergibt sich bei dem sog. »Wettlauf der Sicherungsgeber«, dessen Ergebnisse man hier wohl wird heranziehen dürfen. Ähnliches gilt, wenn ein Unfall für beide Teile unabwendbar war (denkbar etwa: Fahrzeug, welches ausreichenden Sicherheitsabstand hielt, wird durch vom vorausfahrenden Fahrzeug hochgeschleuderte Steine beschädigt. Hier ist vertretbar, für beide Seiten ein unabwendbares Ereignis anzunehmen, was zu einer Haftungsteilung 50/50 führen sollte.).

b) Prüfung der Abwägung nach § 17 Abs. 1, 2 StVG

Wenn kein Fall des Abs. 3 vorliegt, findet eine **umfassende Abwägung der Verursachungsbeiträge** statt. Dabei ist Verursachung nicht identisch mit Verschulden. Vielmehr sind alle Umstände zu berücksichtigen, die die erfolgsmäßige Zurechnung des Schadenseintritts beeinflussen.[195] 134

---

191 BGH, Urt. v. 13.02.1990 – VI ZR 128/89, NJW 1990, 1483.

192 Vgl. Hentschel, § 17, Rn. 29.

193 Vgl. Hentschel, § 17, Rn. 23.

194 Aufgeworfen von Huber, Das neue Schadensersatzrecht, S. 186.

195 In diesem Punkt hat sich ggü. der Rechtslage vor 2002 gar nichts geändert, sodass die alte Rspr. unverändert weiter gilt. Die vorgenommene Umformulierung ggü. § 17 Abs. 1 Satz 2 StVG a.F. ist rein redaktionell: Der Gesetzgeber hat endlich die kaum verständliche alte Formulierung beseitigt und so gefasst, wie sie schon immer gemeint war. Natürlich sind nur bewiesene oder unstreitige Umstände in die Abwägung einzubeziehen, vgl. OLG Celle, Urt. v. 17.01.2006 – 14 U 169/05, OLGR 2006, 240.

135 Aus dem Grundsatz, dass sich eine Verursachung auch tatsächlich auf den Unfall ausgewirkt haben muss, folgt z.B. auch, dass ein Fahren ohne Fahrerlaubnis **nicht** die Haftungsquote beeinflusst, wenn sich dieses nicht gefahrerhöhend ausgewirkt hat. Dass der Unfall als solcher sich gar nicht erst ereignet hätte, wenn der Unfallverursacher, der keine Fahrerlaubnis (mehr) besitzt, die Fahrt schon nicht angetreten hätte, bleibt für diese Verursachung außer Betracht.[196] Ebenso kann die Alkoholisierung eines Fahrers bei der Haftungsabwägung nicht berücksichtigt werden, wenn diese sich nicht auf den Unfall ausgewirkt hat.[197] Auch der Vorwurf überhöhter Geschwindigkeit[198] oder ein Gurtverstoß[199] muss als ursächlich für den Unfall vom Schädiger bewiesen werden, will er sich hierauf i.R.d. Mitverschuldens berufen.

136 Zu berücksichtigen ist v.a. die **Betriebsgefahr**. Es gibt keine abstrakte Betriebsgefahr eines bestimmten Fahrzeuges, sondern diese richtet sich nach den Umständen des konkreten Falles. Die Betriebsgefahr ist die Gesamtheit aller Umstände, welche, durch die Eigenheit des Kfz begründet, Gefahr in den Verkehr tragen.

▶ Wichtig:

Durch ein unfallursächliches Mitverschulden *eines Fahrers* erhöht sich die Betriebsgefahr *seines Fahrzeugs*. Da es hierbei auch nicht darauf ankommt, ob der Fahrer selbst der Halter ist, erfolgt auf diese Weise eine **Zurechnung des Verschuldens des Fahrers auf den Halter**, ohne dass es auf den – regelmäßig mangels schuldrechtlicher Sonderverbindung nicht erfüllten – § 254 Abs. 2 Satz 2 BGB oder auf einen Exkulpationsbeweis gem. § 831 Abs. 1 Satz 2 BGB ankäme.[200] Ebenso muss sich der Halter, auch im Rahmen von Schmerzensgeldansprüchen, die **Betriebsgefahr** seines Wagens anrechnen lassen.[201]

Wird jedoch der Halter als **Insasse** seines Wagens verletzt, so hat er gegen den Fahrer **seines** Kfz einen unquotierten Ersatzanspruch; die Betriebsgefahr wirkt sich nämlich auch zulasten des Fahrers nicht haftungsbegründend aus.[202]

Andersherum muss sich der **geschädigte Fahrer**, der **nicht** zugleich Halter ist, bei Ansprüchen gegen andere Unfallbeteiligte die einfache Betriebsgefahr seines Fahrzeugs nur dann zurechnen lassen, wenn er seinerseits für Verschulden (§ 823 BGB) oder vermutetes Verschulden (§ 18 StVG) haftet. Ansonsten unterbleibt eine Kürzung des Anspruchs des Fahrers, der sich – anders als der Halter – die reine Betriebsgefahr nicht anspruchsmindernd entgegenhalten lassen muss.[203]

Generell haben **Insassen** regelmäßig einen quotenmäßig **ungekürzten** Anspruch gegen den Fahrer des Unfallwagens, da sie sich die Betriebsgefahr nicht anrechnen lassen müssen[204] und

196 Vgl. BGH, Urt. v. 21.11.2006 – VI ZR 115/05, NJW 2007, 506 (507).

197 OLG Frankfurt am Main, Urt. v. 03.02.2010 – 12 U 47/08, SP 2010, 279; OLG Hamm, Urt. v. 28.01.2010 – 6 U 159/09, NJW-Spezial 2010, 362 (aber: Anscheinsbeweis für eine Ursächlichkeit, wenn sich der Unfall u.U. ereignet hat, die ein nüchterner Fahrer hätte meistern können).

198 OLG Celle, Urt. v. 27.05.2009 – 14 U 2/09, NJOZ 2010, 658.

199 OLG Karlsruhe, Urt. v. 06.11.2009 – 14 U 42/08, NZV 2010, 26; OLG Naumburg, Urt. v. 27.02.2008 – 6 U 71/07, MDR 2008, 1031 = SP 2008, 317 lehnt auch einen Anscheinsbeweis hierfür bei schweren Frontalkollisionen ab.

200 Grüneberg/*Grüneberg*, § 254, Rn. 10; vgl. auch die Wertung von § 17 Abs. 3 Satz 2 StVG.

201 BGH, Urt. v. 20.12.1962 – III ZR 191/61, VersR 1963, 359; KG, Urt. v. 21.05.2001 – 12 U 3372/00, NZV 2002, 34.

202 BGH, Urt. v. 30.05.1972 – VI ZR 38/71, NJW 1972, 1415.

203 BGH, Urt. v. 17.11.2009 – VI ZR 64/08, VersR 2010, 268; BGH, Urt. v. 17.11.2009 – VI ZR 58/08, VersR 2010, 270.

204 OLG Naumburg, Urt. v. 12.12.2008 – 6 U 106/08, VersR 2009, 373 (374): Die Zurechnungsnorm des § 17 StVG ist nicht anwendbar ggü. dem Insassen, der weder Halter noch Fahrer ist; auch eine Zurechnung nach §§ 254, 278 BGB scheitert jedenfalls am Fehlen einer Sonderverbindung. Ebenso Wille, JA 2008, 210 (217). Auch KG, Urt. v. 13.10.2008 – 12 U 61/07, NZV 2009, 458: »Ein Mit-

es auch für eine Zurechnung etwaigen Fahrerverschuldens keine Zurechnungsnorm gibt.[205] Lediglich für eigenes Verschulden haben sie einzustehen, § 254 BGB. Zu beachten ist allerdings, dass ein Anspruchsausschluss nach § 8 Nr. 2 StVG (Tätigwerden bei Betrieb) in Betracht kommt, nach der Rechtsprechung[206] z.B. schon dann, wenn der verletzte Beifahrer dem Fahrer den Wagen zur Verfügung stellte und Einfluss auf den Fahrtweg nahm!

c) Kriterien für die Aufteilung der Verursachungsbeiträge

Vom gedanklichen Ausgangspunkt einer 50/50-Quotelung[207] aus sind folgende Überlegungen anzustellen: 137

(1) Erhöhung der Betriebsgefahr durch besondere **atypische Gefahrenmomente des/der Kfz**?

Hier wäre etwa dann eine Verschiebung gegeben, wenn einer der Wagen schlechte Bremsen hätte oder wenn etwa ein »normaler« Wagen mit einem wesentlich *schwerer beherrschbaren* Pkw oder gar einem LKW oder Panzer zusammenstößt.[208] Ebenso kann die Instabilität und die daraus resultierende Sturzgefahr eines **Motorrads** die Betriebsgefahr erhöhen, wenn sie sich als Unfallursache ausgewirkt hat.[209] Auch die **Provokation** eines Unfalls durch den (vom Halter personenverschiedenen) Fahrer kann die Betriebsgefahr so erhöhen, dass eine alleinige Haftung des »unfallprovozierenden« Fahrzeugs selbst dann besteht, wenn der Halter selbst von der Unfallprovokation nichts wusste. Dieser hat dann also keinen Ersatzanspruch mehr, da die ihm zuzurechnende Betriebsgefahr seines Wagens die des Gegners konsumiert.[210]

(2) Erhöhung der Betriebsgefahr des Fahrzeuges durch das Verhalten, also v.a. **(Mit)-Verschulden des Fahrers**?

▶ Praxistipp:

Hier sollte eine enge Orientierung an den Vorschriften der StVO erfolgen. Unprofessionell wirkt, mit Vorfahrtsmissachtungen oder zu hoher Geschwindigkeit argumentieren, ohne dies anhand der konkret einschlägigen Bestimmungen zu belegen.

(3) **Völliges Zurücktreten** der anzurechnenden Betriebsgefahr (100-zu-Null-Quotelung), wenn es der Billigkeit entspricht, eine nicht erheblich ins Gewicht fallende Betriebsgefahr bei der Abwägung außer Betracht zu lassen.

---

fahrer braucht sich ein unfallursächliches Verschulden des Fahrzeugführers im Verhältnis zum Unfallgegner nicht anspruchsmindernd anrechnen zu lassen, weil es dafür keine Zurechnungsnorm gibt.«.

205 KG, Urt. v. 03.05.2010 – 12 U 119/09, MDR 2010, 1318: Ein Mitfahrer braucht sich ein unfallursächliches Verschulden des Fahrzeugführers im Verhältnis zum Unfallgegner (Kraftfahrer) nicht anspruchsmindernd anrechnen zu lassen, weil es dafür keine Zurechnungsnorm gibt.

206 OLG Saarbrücken, Urt. v. 21.04.2009 – 4 U 395/08, SP 2009, 389.

207 Da beide Fahrzeuge jeweils ihre einfache Betriebsgefahr »einbringen«, vgl. Nugel, DAR 2008, 548 (549). Damit ist die 50/50-Lösung z.B. auch bei einer ungeklärten Ampelstellung der Regelfall, vgl. KG, Urt. v. 31.05.2010 – 12 U 105/09, NJOZ 2011, 401.

208 Im Fall OLG Celle, Urt. v. 21.02.2006 – 14 U 121/05, OLGR 2006, 274 wurde daher bei einer Kollision zwischen Straßenbahn und Pkw (bei ansonsten ungeklärtem Unfallverlauf) wegen der größeren Betriebsgefahr der Straßenbahn eine Haftungsverteilung von 40:60 zulasten des Straßenbahnbetreibers vorgenommen.

209 BGH, Urt. v. 01.12.2009 – VI ZR 221/08, VersR 2010, 642. Der BGH stellt aber klar, dass bei der Bewertung der Betriebsgefahr nicht etwa ganz allgemein schon dem Umstand, dass der Fahrer selbst nicht durch eine Karosserie geschützt ist, wesentliche Bedeutung zukomme. Vielmehr bestimme sich die allgemeine Betriebsgefahr eines Fahrzeugs v.a. durch die Schäden, die dadurch Dritten drohen. Dem Fahrer eines zugelassenen und verkehrstüchtigen Fahrzeugs kann nicht schon zur Last gelegt werden, wegen Bauart und geringerer Eigensicherung in höherem Maße Verletzungen ausgesetzt zu sein.

210 KG, Beschl. v. 30.06.2010 – 12 U 151/09, VRR 2011, 107.

Dies nämlich dann, wenn die *einfache* Betriebsgefahr mit einem *grob* leichtfertigen Handeln des Schädigers in Beziehung zu setzen ist. Dann kann sie völlig in den Hintergrund gedrängt werden.

138 Das Mitverschulden von Kindern spielt im Straßenverkehr ebenfalls eine erhebliche Rolle.

Steigt ein 12-jähriges Mädchen nachts aus einem Reisebus aus und überquert hinter einem Bus die Straße, wobei es zu einem Unfall mit einem mit ca. 40 km/h vorbeifahrenden Motorrad kommt, ist eine Haftungsverteilung von 1/3 zu 2/3 zulasten des Kindes angemessen.

Die Praxis behilft sich mit der Orientierung an Präjudizien.[211]

139 Wenn ein 12-jähriges Mädchen, das die erforderliche Einsichtsfähigkeit i.S.d. § 828 Abs. 3 BGB hat, eine Straße zur Nachtzeit unachtsam hinter einem ihr die Sicht teilweise verdeckenden Bus überquert, und dabei von einem mit ca. 40 km/h vorbeifahrenden Motorrad erfasst wird, ist mit Blick auf einen hier zurückliegenden langen Ausflugstag, die späte Stunde, die auf der anderen Straßenseite wartende Mutter und die – aus Sicht des Mädchens – Kurve nach rechts, die ihm am Bus vorbei nur eine kurze Strecke der Gegenfahrbahn zur Einsicht freigab, eine Haftungsverteilung von 1/3 zu 2/3 zulasten des Kindes angemessen[212].

140 Neben diesen **allgemeinen Erkenntnissen zum Mitverschulden** werden beim Schmerzensgeld insb. folgende Kriterien genannt:

Das **Nichtanlegen des Sicherheitsgurtes** bzw. die Benutzung eines nicht funktionsfähigen Gurtes führt zu einer Minderung um 1/4 oder 1/3.[213] Das gilt entsprechend bei einer Fahrt im Reisebus. Wer hier nicht angeschnallt fährt, trägt ein Mitverschulden von 30 %.[214]

- Das gilt auch für einen Verletzten, der sich auf dem Rücksitz nicht angeschnallt hat.[215]
- Das **Nichtanlegen des Sicherheitsgurtes** führt nach anderen Entscheidungen zu einem Mitverschulden von 1/5.[216] Die Kürzung des Schmerzensgeldes um eine Quote setzt natürlich voraus, dass der Geschädigte Verletzungen erlitten hat, die typischerweise durch das Anlegen eines Sicherheitsgurtes vermieden worden wären.[217]
- Trägt ein **Motorradfahrer** zwar einen Helm, jedoch keine oder nur z.T. eine Schutzkleidung, ist dies auch ohne eine entsprechende gesetzliche Verpflichtung mindernd im Wege des Mitverschuldens in Form des sog. Verschuldens gegen sich selbst zu berücksichtigen. Das gilt jedenfalls dann, wenn er nur eine Stoffhose trägt und an den Beinen schwere Verletzungen erleidet.[218]
- Anders dagegen das LG Frankfurt.[219] Ein allgemeines Verkehrsbewusstsein zum Tragen von Motorradschutzkleidung an den Beinen kann nicht schon aus einem reduzierten Verletzungsrisiko hergeleitet werden. Kann ein dahin gehendes Verkehrsbewusstsein den tatsächlichen Umständen und Gepflogenheiten der betroffenen Verkehrsteilnehmer nicht entnommen werden (hier:

211 Etwa das Werk von Grüneberg, Haftungsquoten bei Verkehrsunfällen; Übersichten von Haftungsquoten bieten auch Brüseken/Krumbholz/Thiermann, NZV 2000, 441, Schauseil, MDR 2008, 360, Nugel, DAR 2008, 548 oder Martis/Enslin, MDR 2008, 117.

212 OLG Stuttgart, Urt. v. 09.03.2017 – 13 U 143/16, DAR 2017, 709.

213 OLG München, Urt. v. 07.06.2013 – 10 U 1931/12, SP 2013, 399; AG Osnabrück, Urt. v. 11.09.1996 – 15 C 708/95, SP 1997, 10; OLG München, Urt. v. 07.06.2013 – 10 U 1931/12, Recht + s 2014, 100: 1/3; soweit Budewig/Gehrlein, S. 91, Quoten von 1/5–1/2 nennen, können sie zum Beleg nur Rspr. aus den Jahren 1980–1991 angeben.

214 OLG Hamm, Urt. vom 14.05.2012 – 6 U 187/11, VRR 2012, 423.

215 OLG Köln, Urt. v. 01.06.2001 – 19 U 158/00, OLGR 2002, 169.

216 OLG München, Urt. v. 13.01.1999 – 7 U 4576/98, VersR 2000, 900; AG Ibbenbühren, Urt. v. 11.09.1997 – 3 C 57/97, ZfS 1998, 130.

217 OLG München, Urt. v. 07.06.2013 – 10 U 1931/12, SP 2013, 399.

218 OLG Brandenburg, Urt. v. 23.07.2009 – 12 U 29/09, VersR 2009, 1284 = DAR 2009, 649 = SP 2009, 430 = MDR 2009, 1274.

219 LG Frankfurt, Urt. v. 07.06.2018 – 2–01 S 118/17, NJW 2019, 531 = zfs 2019, 81 = DAR 2019, 271; grundlegend dazu Jahnke, jurisPR-VerkR 19/2018 Anm. 1.

Fahrer einer Harley Davidson), ist ein Mitverschulden des geschädigten Motorradfahrers nicht feststellbar.

- Dagegen soll den Fahrer eines Leichtkraftrades (Höchstgeschwindigkeit 45 km/h) kein Mitverschulden treffen, wenn er bei einer innerörtlichen Fahrt keine Schutzkleidung trägt.[220]
- Was unter **Motorradschutzkleidung** genau zu verstehen ist, wird in einzelnen Entscheidungen unterschiedlich weit gefasst.[221] Nach Auffassung von Rebler[222] sollen dazu üblicherweise gezählt werden:
  - Motorradhelm
  - Handschuhe
  - Motorradstiefel
  - Protektorenkombi (Overall) oder Jacke und Hose mit Protektoren (Schutzpolstern)
  - Rückenhöcker (Hump) und Genickschutz
  - Nierengurt (als sinnvolle Ergänzung).[223]

Eine Obliegenheit, Schutzkleidung zu tragen, bejaht auch das OLG Saarbrücken[224] nicht, weil die dortige Klägerin keine Verletzungen erlitten hatte, die kausal auf fehlende Schutzkleidung zurückzuführen waren; modifiziert: LG Heidelberg:[225] Eine Obliegenheit, Schutzkleidung zu tragen möge es allenfalls für **»hochvolumigere« Motorräder** geben.

- Trägt ein Motorradfahrer unter anderem einen Motorradhelm, eine Motorradjacke, Motorradhandschuhe, eine Arbeitshose und Sportschuhe, und wird er bei einem Verkehrsunfall am Fuß so schwer verletzt, dass der Unterschenkel amputiert werden muss, trifft ihn kein Mitverschulden. Das Tragen von **Motorradschuhen** war im Jahr 2010 nach dem allgemeinen Verkehrsbewusstsein zum eigenen Schutz nicht erforderlich.[226]
- Das **Nichttragen eines Fahrradhelmes** begründet nach Ansicht des OLG Düsseldorf jedenfalls dann einen Mitverschuldensvorwurf, wenn sich der Radfahrer als **sportlich ambitionierter Fahrer** besonderen Risiken aussetzt oder wenn in seiner persönlichen Disposition ein gesteigertes Gefahrenpotenzial besteht. Das gelte nicht für Kinder, die beim Fahrradfahren keinen Schutzhelm tragen.[227]
- Anders das OLG Schleswig,[228] das eine Mitverschuldensquote von 20 % annahm, weil die Klägerin die Sorgfalt außer Acht gelassen habe, die ein ordentlicher und verständiger Mensch zur Vermeidung eigenen Schadens anzuwenden pflegt. Der BGH[229] hat dies nicht gelten lassen, weil das Tragen eines Fahrradhelms im Streitfall nicht erforderlich gewesen sei. Dabei sei unerheblich, dass die Klägerin zum Tragen eines Fahrradhelms nicht verpflichtet war. Entscheidend sei, ob für Radfahrer das Tragen eines Fahrradhelms im Jahr 2011 nach allgemeinem Verkehrsverständnis zum eigenen Schutz erforderlich gewesen sei, wovon nicht ausgegangen werden könne.[230]

---

220 LG Heidelberg, Urt. v. 13.03.2014 – 2 O 203/13, VersR 2015, 907.
221 OLG Saarbrücken, Urt. v. 12.03.2015 – 4 U 187/13, unveröffentlicht.
222 Rebler, MDR 2014, 1187.
223 Zitiert nach OLG Saarbrücken, Urt. v. 12.03.2015 – 4 U 187/13, unveröffentlicht.
224 OLG Saarbrücken, Urt. v. 12.03.2015 – 4 U 187/13, unveröffentlicht.
225 LG Heidelberg, Urt. v. 13.03.2014 – 2 O 203/13, NZV 2014, 466.= SP 2014, 368 = RuS 2014, 302 = SVR 2014, 385 = VRR 2014, 429.
226 OLG Nürnberg, Urt. vom 09.04.2013 – 3 U 1897/12, MDR 2013, 649 = DAR 2013, 332 = ZfS 2013, 436; entgegen OLG Düsseldorf, Urt. vom 20.02.2006 – 1 U 137/05, NZV 2006, 415.
227 OLG Düsseldorf, Urt. v. 14.08.2006 – 1 U 9/06, NJW-RR 2006, 1616 = DAR 2007, 458 = MDR 2007, 460 = NZV 2007, 38 m. Anm. Kettler, NZV 2007, 39; OLG Düsseldorf, Urt. v. 12.02.2007 – 1 U 182/06, NJW 2007, 3075 = DAR 2007, 458; vgl. dazu auch Ternig, ZfS 2008, 69; OLG Saarbrücken, Urt. v. 09.10.2007 – 4 U 80/07, VersR 2008 982 = MDR 2008, 503 = NJW-RR 2008, 266 = DAR 2008, 210 m. Anm. Schubert.
228 OLG Schleswig, Urt. v. 05.06.2013 – 7 U 11/12, DAR 2013, 470.
229 BGH, Urt. v. 17.06.2014 – VI ZR 281/13, NJW 2014, 2493.
230 Vgl. Offenloch, Der Fahrradhelm beim BGH, FS für Karl-Heinz Danzl zum 65. Geburtstag, Wien 2017, S. 165 ff.

Die Frage, inwieweit ein Radhelm zu tragen sei, ist durchaus kontrovers. Auch gegen das OLG Düsseldorf kann gesagt werden, dass typischerweise gerade der sportlich ungeübte und nicht ambitionierte Fahrer ein erhöhtes Risiko eines (durch fahrerische Defizite bedingten) Sturzes haben mag. Der BGH hat die Frage, ob das Nichttragen eines Radhelms ein Mitverschulden begründe, zunächst ausdrücklich offen halten können[231], später[232] aber festgehalten, das Nichttragen eines Helmes sei nur dann als Mitverschulden zu bewerten, wenn es »nach allgemeinem Verkehrsbewusstsein zum eigenen Schutz erforderlich und zumutbar« sei, und dies für das (Unfall-) Jahr 2011 (noch?) verneint. Grundsätzlich wird daher dem **»normalen« Fahrradfahrer** kein Mitverschulden vorgeworfen, wenn er ohne Fahrradhelm gefahren ist, weil das Tragen eines Fahrradhelms nicht vorgeschrieben ist.[233] So noch für das Jahr 2013 das OLG Hamm.[234] Als normaler Fahrradfahrer gilt danach jemand, der nicht zu schnell und völlig unauffällig gefahren ist, ohne besondere Risiken einzugehen. Das Nichttragen eines **Reithelmes** beim Ausritt einer 16 Jahre alte Reiterin begründet ein Mitverschulden.[235]

- Beim **Sturz auf nicht gestreutem Weg**[236] kann ein Mitverschulden von 1/3 gegeben sein.
- Überwiegendes Mitverschulden kann angenommen werden, wenn ein Fußgänger auf Schnee und Glatteis zu Fall kommt, jedoch tritt die Verletzung der Verkehrssicherungspflicht hinter dem Verschulden des Fußgängers nicht völlig zurück. Die Verletzung der Räum- und Streupflicht führt jedenfalls dann zu Haftung, wenn der Fußgänger Aufmerksamkeit und Vorsicht walten lässt. Sie entfällt erst, wenn sich der Fußgänger in schlechthin unvertretbarer Sorglosigkeit auf eine erkennbar spiegelglatte Eisfläche begibt und hier zu Fall kommt[237].
- Den **Beifahrer eines alkoholbedingt fahruntüchtigen Fahrers** trifft nur dann der Vorwurf des Mitverschuldens, wenn er die Fahruntüchtigkeit bei gehöriger Sorgfalt hätte erkennen können.[238] An die Sorgfalt des Mitfahrers dürfen keine überhöhten Anforderungen gestellt werden. Allerdings kann auch einen Jugendlichen der Vorwurf des Mitverschuldens (1/4[239] bis 1/3[240]) treffen, wenn er zu einem erkennbar alkoholisierten Fahrer als Beifahrer einsteigt. Allein die Kenntnis, dass der Fahrer alkoholische Getränke zu sich genommen hat, reicht hierzu nicht aus. Nur wenn der Fahrgast weiß, dass der Fahrer erhebliche Mengen Alkohol getrunken hat, oder wenn Ausfallerscheinungen wahrzunehmen sind, ist eine Mitverantwortung zu bejahen.[241] Für eine Mitverantwortung ist indes weiter erforderlich, dass der Beifahrer in Kenntnis der Alkoholisierung auch die Möglichkeit hatte, das Fahrzeug noch zu verlassen.[242] In der Teilnahme eines Beifahrers an einer Autofahrt trotz erkennbarer Trunkenheit des Fahrers liegt ein Verstoß gegen die eigenen Interessen.[243]

231 BGH, Urt. v. 04.11.2008 – VI ZR 171/07, VersR 2009, 234 als Revisionsinstanz zu OLG Düsseldorf, Urt. v. 18.06.2007 – 1 U 278/06, NZV 2007, 614.

232 BGH, Urt. v. 17.06.2014 – VI ZR 281/13, NJW 2014, 2493.

233 Vgl. z.B. LG Koblenz, Urt. vom 04.10.2010 – 5 O 340/09, DAR 2011, 395; OLG Nürnberg, Urt. v. 20.08.2020 – 13 U 1187/20, NJW 2020, 3603. Zu beachten ist jedoch, dass in Österreich für Kinder unter 12 Jahren eine Helmpflicht vorgeschrieben ist, Stowasser, Kinderfahrradhelmpflicht und Haftung im Zivil- und Strafrecht, ZVR 2011, 322.

234 OLG Hamm, Urt. v. 04.08.2017 – 9 U 173/16, NJW-Spezial 2017, 553.

235 LG Erfurt, Urt. v. 23.02.2007 – 3 O 1529/06, unveröffentlicht.

236 OLG Düsseldorf, Urt. v. 20.03.1998 – 22 U 154/97, VersR 2000, 63.

237 BGH, Urt. v. 20.11.1984 – VI ZR 169/83, VersR 1985, 80 = NJW 1985, 482; BGH, Urt. v. 20.06.2013 – III ZR 326/12, VersR 2015, 1322.

238 OLG Hamm, Urt. v. 19.03.1992 – 6 U 294/91, OLGR 1992, 378; OLG Hamm, Urt. v. 27.01.1997 – 6 U 172/96, OLGR 1997, 243; OLG Koblenz, Urt. v. 09.01.2006 – 12 U 958/04, OLGR 2006, 531 (Mitverschuldens-Quote: 1/3); KG, Beschl. v. 12.01.2006 – 12 U 261/04, KGR 2006, 885 (Mitverschuldens-Quote: 1/4).

239 OLG Schleswig, Urt. v. 07.12.1994 – 9 U 17/94, NZV 1995, 357.

240 OLG Karlsruhe, Beschl. v. 04.11.2013 – 1 U 35/13, unveröffentlicht.

241 OLG Hamm, Urt. v. 14.03.2005 – 13 U 194/04, ZfS 2006, 256 (257).

242 OLG Naumburg, Urt. v. 20.01.2011 – 1 U 72/10, MDR 2011, 537.

243 OLG Karlsruhe, Urt. v. 30.01.2009 – 1 U 192/08, NZV 2009, 226; OLG Celle, Urt. v. 05.10.2011 – 14 U 93/11, unveröffentlicht.

- Verabreden der später verletzte Beifahrer und der alkoholisierte Fahrer eines Unfallfahrzeuges zunächst, dass der Beifahrer am Abend fahren solle, wird dies aber bei der Unfallfahrt aus ungeklärtem Grund doch nicht so gehandhabt, trifft den Beifahrer ggü. dem mit 1,87 % alkoholisierten Fahrer ein Mitverschulden, welches ggü. dem Verschulden des Fahrers gleich schwer wiegt.[244]

Mitverschulden des Verletzten bei besonderen Fallgestaltungen: 141
- Hat ein in besonderem Maße alkoholisierter Geschädigter einen Verkehrsunfall in erheblichem Umfang mitverschuldet, kann ein Schmerzensgeld jedenfalls dann nicht völlig versagt werden, wenn er schwer verletzt wurde. So hat das OLG Köln[245] einem gravierend und folgenschwer Verletzten ein Schmerzensgeld von 1.500,00 € zugebilligt, obwohl sein Verschulden um ein Vielfaches schwerer wog als das des Unfallgegners.
- Auch das OLG Hamm[246] erkannte, dass der Anspruch auf Schmerzensgeld nicht deshalb vollständig entfällt, weil den Geschädigten ein **überwiegendes Eigenverschulden** trifft. Diese Auffassung des OLG Hamm hat der BGH[247] bestätigt und ausgeführt, dass der Anspruch des Geschädigten nicht deshalb völlig entfällt, weil ihn ein erhebliches Mitverschulden trifft. Die Entscheidung betrifft einen Fall, in dem eine Fußgängerin auf Schneematsch zu Fall gekommen war und in dem die Instanzgerichte entschieden hatten, die Klägerin müsse für den Schaden alleine aufkommen.
- Das LG Köln[248] hat ein Mitverschulden der Klägerin von 90 % bejaht, weil sie einen groben Verkehrsverstoß beging, indem sie auf dem Gehweg auf der linken Seite in der falschen Richtung fuhr.
- Bei schweren Verletzungen, die ein hohes Schmerzensgeld auslösen, hält das OLG München[249] eine Quote für zu schematisch und findet das angemessene Schmerzensgeld – wie der BGH es zu Recht immer fordert – durch eine Gesamtabwägung. Die Kürzung kann dann geringer ausfallen als durch Abzug einer Quote.
- Eine vollständige Überbürdung des Schadens auf den Geschädigten unter dem Gesichtspunkt des Mitverschuldens ist nur ausnahmsweise in Betracht zu ziehen.[250] Nur vermutete Tatbeiträge oder die bloße Möglichkeit einer Schadensverursachung haben bei der Abwägung der Verursachungs- und Verschuldensanteile außer Betracht zu bleiben.
- Anders das OLG Hamm[251]: Das erhebliche Verschulden eines mit 2,49 Promille alkoholisierten Fußgängers, der bei dem Versuch, sich seitlich an einem auf einem Kundenparkplatz langsam vorwärts fahrenden Lastzug abzustützen, zwischen die Hinterachsen des Sattelaufliegers gerät, rechtfertigt im Rahmen der vorzunehmenden Haftungsabwägung das Zurücktreten der allein einzustellenden Betriebsgefahr und führt zur Verneinung jeglicher Haftung.
- Ein Mitverschulden von 100 % wurde einem 69 Jahre alten Mann auferlegt, der auf einem Kinderspielplatz auf einer Rutsche spielte und am Ende der Rutsche auf einem Betonsockel landete und sich dabei verletzte.[252]

Wie der (Mit-)Verursachungs- und Verschuldensbeitrag von Fußgängern und Radfahrern abzuwägen ist, hat der BGH[253] näher dargelegt. Kommt es bei lediglich farblich getrennten Rad- und Fußwegen zu einem Unfall, ist das Mitverschulden des Fußgängers, der lediglich eine kleine Bewegung in Richtung Radweg macht, jedenfalls deutlich geringer als das Mitverschulden des Radfahrers, der daraufhin mit einer Vollbremsung reagiert und »über den Lenker absteigt«. 142

---

244 OLG Celle, Urt. v. 10.02.2005 – 14 U 132/04, NJW-RR 2005, 752 = NZV 2005, 423.
245 OLG Köln, Urt. v. 29.07.1992 – 11 U 94/92, VersR 1993, 114.
246 OLG Hamm, Urt. v. 18.09.2000 – 6 U 65/00, OLGR 2002, 172.
247 BGH, Urt. v. 20.06.2013 – III ZR 326/12, VersR 2013, 1322.
248 LG Köln, Urt. v. 08.05.2012 – 4 O 403/09, unveröffentlicht.
249 OLG München, Urt. v. 13.01.1999 – 7 U 4576/98, DAR 1999, 264 = VersR 2000, 900 f.
250 BGH, Urt. v. 28.04.2015 – VI ZR 206/14, BB 2015, 1346.
251 OLG Hamm, Urt. v. 17.04.2015 – 9 U 34/14, unveröffentlicht.
252 LG Münster, Urt. v. 15.09.2008 – 12 O 268/08, unveröffentlicht.
253 BGH, Urt. v. 04.11.2008 – VI ZR 171/07, VersR 2009, 234.

143 Übersicht 4: Kein Mitverschulden des Geschädigten

–	Der Umstand allein, dass ein Bluter als Sozius auf einem Mokick am Straßenverkehr teilnimmt, begründet ggü. einem die Vorfahrt missachtenden und ihn verletzenden Kraftfahrer kein Mitverschulden (OLG Koblenz, Urt. v. 05.05.1986 – 12 U 894/85, VersR 1987, 1225); die Teilnahme am Straßenverkehr ist sozialadäquat.
–	Radfahrer, die das Fahrrad als gewöhnliches Fortbewegungsmittel ohne sportliche Ambitionen benutzen, trifft kein Mitverschulden, wenn sie ohne Helm fahren, weil in diesen Fällen keine Helmpflicht besteht (OLG Düsseldorf, Urt. v. 18.06.2007 – I 1 U 278/06, NZV 2007, 614 ff.; OLG Nürnberg, Urt. v. 20.08.2020 – 13 U 1187/20, NJW 2020, 3603).
–	Kein Mitverschulden, wenn der Verletzte eine Psychotherapie verweigert, weil er wegen seiner psychischen und intellektuellen Anlage die Notwendigkeit einer Therapie nicht erkennt (OLG Hamm, Urt. v. 01.10.1996 – 27 U 25/95, VersR 1997, 374 f.).
–	Ein Mitverschulden eines Patienten bei ärztlichen Behandlungsfehlern scheidet i.d.R. aus. Einen Patienten, der einem ärztlichen Rat folgt, trifft nur dann ein Mitverschulden, wenn sich die Unvollständigkeit der Beratung schon jedem medizinischen Laien hätte aufdrängen oder wegen eines weitergehenden persönlichen Wissensvorsprungs hätte klar sein müssen. Von einem solchen Wissensvorsprung kann aber z.B. bei einer Tierärztin ggü. einem Facharzt für Chirurgie nicht ausgegangen werden (OLG Stuttgart, Urt. v. 09.04.2002 – 1 [14] U 84/01, VersR 2002, 1563 f.), der den Abriss einer tiefen Beugesehne der Hand fehlerhaft behandelt hatte.
–	Ist der Patient ein Fachzahnarzt, darf der behandelnde Facharzt für Chirurgie darauf vertrauen, dass die anamnestischen Angaben des Patienten (hier: schlechte Blutzuckereinstellung und langjähriger Alkoholabusus) wahrheitsgemäß und vollständig sind; mit einem aus medizinischer Sicht völlig unverständlichem Verhalten muss der behandelnde Arzt nicht rechnen. Verweigert der um das Gefahrenpotenzial wissende Patient diese Angaben, findet zum Nachweis der Kausalität eines Behandlungsfehlers für einen Gesundheitsschaden keine Beweislastumkehr statt (LG Dresden, Urt. v. 30.11.2007 – 6 O 0266/06, MedR 2008, 223; vgl. dazu auch Tamm, Jura 2009, 81 (85)).
–	Wer als Patient auf Empfehlung einer »Geisterheilerin« notwendige und ärztlich verordnete Medikamente zur Abwehr eines neuen Schubs einer schweren Autoimmunerkrankung unter Missachtung der Warnung Dritter absetzt, wirkt an der Entstehung des daraus folgenden Gesundheitsschadens im gleichen Maße mit wie die »Geisterheilerin«, hier: Hirnhautentzündung und nachfolgend Intubation und Luftröhrenschnitt (OLG Frankfurt, Urt. v. 14.12.2010 – 8 U 108/07, GesR 2011, 187).
–	Verhindert eine fehlerhaft erstellte Oberkieferbrücke eine ordnungsgemäße Mundhygiene, trifft die Patientin, die 4 Jahre nicht anderweitig für Abhilfe sorgt, ein Mitverschulden. Die Quote wird nicht angegeben (OLG Koblenz, Urt. v. 10.10.2012 – 5 U 1505/11, VersR 2013, 1176).
–	Eine kontraindizierte Behandlung darf der Arzt auch nicht auf nachdrücklichen Wunsch des Patienten vornehmen; tut er es dennoch, kann dies bei Eintritt eines Gesundheitsschadens kein Mitverschulden des Patienten begründen (OLG Düsseldorf, Urt. v. 16.11.2000 – 8 U 101/99, VersR 2002, 611 ff.).
–	Ein Mitverschulden ist bei Kindern nicht deshalb zu berücksichtigen, weil die aufsichtspflichtigen Eltern ihre Aufsichtspflicht verletzt haben.
–	Ein Mitverschulden des Verletzten kann zwar darin liegen, dass er sich einer Operation nicht unterziehen will, die seine Beschwerden ganz oder teilweise beseitigen würde. Ob ihm dies entgegengehalten werden kann, hängt aber davon ab, ob die Operation zumutbar ist. Dies ist nicht schon dann zu bejahen, wenn die Operation medizinisch indiziert und dem Verletzten unter Abwägung ihrer Chancen und Risiken von mehreren Ärzten empfohlen worden ist. Voraussetzung ist vielmehr, dass eine solche Operation einfach und gefahrlos und nicht mit besonderen Schmerzen verbunden ist und dass sie die sichere Aussicht auf Heilung oder wesentliche Besserung bietet (BGH, Urt. v. 15.03.1994 – VI ZR 44/93, NJW 1994, 1592 ff.; OLG Nürnberg, Urt. v. 25.01.2000 – 3 U 3596/99, OLGR 2000, 171; eine OP-Verzögerung kann auf billigenswerter Entscheidungsnot beruhen und stellt daher kein Mitverschulden dar.).
–	Der Einwand des Mitverschuldens ist ebenfalls ausgeschlossen, wenn der Schädiger den Schmerzensgeldanspruch vorprozessual (uneingeschränkt) anerkannt hat (LG Oldenburg, Urt. v. 11.10.1994 – 7 O 1451/94, VersR 1995, 1495 f.).

III. Sonderproblem: Regressbehinderung durch Haftungsbeschränkung

Einen Sonderfall, der aber zumindest im Ergebnis einer Anrechnung mitwirkenden Verschuldens gleichkommen kann, stellt die sog. »**gestörte Gesamtschuld**«[254] dar. Ein solcher Fall einer Regressbehinderung mehrerer Schädiger untereinander kann unter besonderen Umständen ebenfalls zu einer **Anspruchskürzung des Geschädigten** führen. 144

Sind mehrere Schädiger für ein schädigendes Ereignis verantwortlich, kann dies für den Geschädigten zwar zunächst »Glück im Unglück« bedeuten;[255] nach der Regel des § 840 Abs. 1 BGB kann er den wirtschaftlich Leistungsfähigsten in Anspruch nehmen, während der »vorleistende« Schädiger seinerseits auf den **Regress bei den anderen Gesamtschuldnern** angewiesen ist. Zu diesem (Regress-)Zweck ordnet § 426 Abs. 2 BGB eine Zession des Schadensersatzanspruchs insoweit an, wie der Schädiger Ausgleich verlangen kann; daneben besteht noch ein selbstständiger Ausgleichsanspruch nach § 426 Abs. 1 BGB. Die **Gesamtschuldner haften nach Kopfteilen**, soweit »nichts anderes bestimmt« ist; eine andere Regelung ergibt sich insb. aus **Vertrag**, im Bereich des **Delikts- und Schadensrechts** richtet sich die Verteilung des Schadens nach dem Maß der jeweiligen **Verursachungsquoten**, vgl. § 254 BGB. 145

Die Haftung eines der beteiligten Schädiger kann aber aufgrund einer gesetzlichen Haftungserleichterung ausgeschlossen sein. In diesem Fall besteht, so scheint es, kein Gesamtschuldverhältnis (im Ergebnis »schuldet« ja nur einer der beiden) und damit – prima facie – auch keine Regressmöglichkeit für den in Anspruch genommenen Schuldner. Es sind dies die Fälle, in denen man von einer »**gestörten Gesamtschuld**« spricht. 146

Eine **Haftungserleichterung für den Schuldner** ist hierbei auf mehrere Arten denkbar. Zum einen kann er erst ab einem bestimmten Grad des Verschuldens haften; zum anderen kann auch der Maßstab der Fahrlässigkeit, der im Grundsatz nach § 276 Abs. 2 BGB nach objektiven Kriterien bestimmt wird, auf seine individuellen Verhältnisse hin modifiziert werden. Beide Gestaltungen finden sich im BGB. In einer Reihe von Vertragstypen wird der Haftungsmaßstab auf Vorsatz und grobe Fahrlässigkeit beschränkt: Dies gilt für den Schenker (§ 521 BGB), den Verleiher (§ 599 BGB), den Finder (§ 968 BGB), den Schuldner bei Annahmeverzug des Gläubigers (§ 300 Abs. 1 BGB) sowie den Geschäftsführer ohne Auftrag im Fall der Gefahrenabwehr (§ 680 BGB). Diesen Fällen ist gemeinsam, dass der Schuldner altruistisch oder jedenfalls ohne Eigeninteresse tätig wird; die Haftungserleichterung ist die »Belohnung« für das Tätigwerden. Es erschiene auch unbillig, den Schuldner, der sich uneigennützig um andere bemüht, mit der Gefahr voller Haftung zu belasten. Umgekehrt kann auch der Gläubiger nicht eine reguläre Haftung erwarten, wenn er schon, etwa als Beschenkter, Entleiher oder Geschäftsherr von dem Eingreifen des Schuldners profitiert. Außerhalb des BGB ist insb. § 105 SGB VII[256] (Arbeitnehmer) zu nennen. 147

▶ Hinweis:

Solche gesetzlichen Haftungsbegrenzungen gelten gleichermaßen für vertragliche wie für deliktische Ansprüche; die Privilegierung liefe weitgehend leer, würde sie nicht auch auf den zumeist gleichfalls verwirklichten Deliktsanspruch durchschlagen.[257] 148

---

254 Hierzu etwa Lemcke, r+s 2006, 52; Luckey, Jura 2002, 477; Luckey, VersR 2002, 1213; für eine Zurechnung der Haftungsprivilegierung nach §§ 254 Abs. 2 Satz 2, 278 BGB plädierend Janda, VersR 2012, 1078.

255 Luckey, VersR 2002, 1213.

256 Einen Fall gestörter Gesamtschuld wegen § 105 SGB VII. (früher: §§ 636, 637 RVO.) behandelte das OLG Karlsruhe, Urt. v. 23.03.2001 – 14 U 154/99, VersR 2003, 80.

257 So schon BGH, Urt. v. 20.12.1966 – VI ZR 53/65, BGHZ 46, 313 (318); ferner BGH, Urt. v. 20.11.1984 – IVa ZR 104/83, NJW 1985, 794 (796).

149 Für bestimmte Arten von Verträgen hält das Gesetz eine andere Möglichkeit der Haftungserleichterung bereit, die sog. »**diligentia quam in suis**« oder eigenübliche Sorgfalt, vgl. § 277 BGB. Danach haften unentgeltliche Verwahrer (§ 690 BGB), die BGB-Gesellschafter (§ 708 BGB), Ehegatten, (§ 1359 BGB) sowie Lebenspartner (§ 4 LPartG), Eltern (§ 1664 BGB), und Vorerben (§ 2131 BGB), nur für die **Sorgfalt, die sie in eigenen Angelegenheiten anzuwenden** pflegen. Es gilt also ein subjektiver Maßstab, der die Berücksichtigung der Veranlagung und des gewohnheitsmäßigen Verhaltens des Handelnden ermöglicht. Der Grund hierfür ist zum einen, bestimmte Rechtsverhältnisse, die durch ein nahes Miteinander der Parteien gekennzeichnet sind, von Rechtsstreitigkeiten freizuhalten (»Friedensfunktion«).[258] Ebenso wird als Begründung angeführt, dass die enge persönliche Beziehung der Beteiligten auch die Gefahr gegenseitiger Schädigung erhöht.

150 Letztlich besteht vielfach auch die Wertung, dass man – zumal in Rechtsverhältnissen wie der Ehe oder der GbR – den Partner ebenso nehmen müsse wie er ist; dies beinhaltet die Akzeptanz besonderer Sorglosigkeit.[259] Zu beachten ist allerdings, dass auch die Sorgfalt in eigenen Angelegenheiten nicht von der Haftung für Vorsatz und grobe Fahrlässigkeit befreit, vgl. § 277 BGB. Der besonders Nachlässige wird also nicht privilegiert.[260] Umgekehrt bedeutet § 277 BGB auch nicht etwa eine Verschärfung der Haftung für denjenigen, der stets besonders sorgfältig ist. Für ihn verbleibt es bei dem allgemeinen Maßstab[261] (arg. e § 277 »wer nur …«).

151 Eine wichtige Ausnahme macht die Rechtsprechung allerdings für den Bereich des Straßenverkehrs.[262] Die Risiken, die der **Straßenverkehr** mit sich bringt, geben ihrer Natur nach keinen Raum für individuelle Sorglosigkeit: Die Verkehrsregeln sind immer zu beachten und müssen daher auch in gleicher Weise im Umgang mit Ehegatten oder Kindern befolgt werden. Mit anderen Worten: Fahrgäste müssen ihre Rechtsgüter vom Fahrer nicht schon deshalb mit geringerer Sorgfalt behandeln lassen als dies nach objektiven Maßstäben nötig wäre, nur weil sie mit diesem verbunden sind.[263] Nach Sinn und Zweck sind also die §§ 690, 708, 1359, 1664 BGB auf die gemeinsame Teilnahme am Straßenverkehr unanwendbar.[264]

152 Treffen bei einem Schadensereignis **mehrere Schädiger** zusammen, von denen einer nach den soeben dargestellten Grundsätzen **haftungsprivilegiert** ist, entsteht **kein Gesamtschuldverhältnis** (im Ergebnis »schuldet« ja nur einer der beiden) und damit – prima facie – auch keine Regressmöglichkeit für den in Anspruch genommenen Schuldner. Es sind dies die Fälle, in denen man von einer »gestörten Gesamtschuld« spricht.[265]

153 Die **Regressprobleme der gestörten Gesamtschuld** spielen sich mithin in einem 3-Personenverhältnis ab, das aus dem Geschädigten, dem haftungsprivilegierten Schädiger und einem dritten Schädiger besteht. Bei der **Schadensabwicklung** kann es daher auch nur drei Varianten einer Lösung geben, in denen jeweils einer der drei wirtschaftlich auf dem Schaden »sitzen bleibt«. Entweder, man verwehrt dem Drittschädiger den Regress; dann setzt sich die Haftungsprivilegierung des Mitschädigers auch ggü. einem Dritten durch. Oder man lässt den Regress zu; dann läuft die Haftungsbeschränkung des

258 Luckey, Jura 2002, 477 (479).

259 KG, Urt. v. 06.04.2001 – 9 U 2200/99, KGR 2001, 319.

260 Staudinger/Löwisch/Caspers, BGB, 2009, § 277 Rn. 3.

261 Staudinger/Löwisch/Caspers, BGB, 2009, § 277 Rn. 3.

262 BGH, Urt. v. 11.03.1970 – IV ZR 772/68, BGHZ 53, 352 (355); BGH, Urt. v. 18.06.1973 – III ZR 207/71, BGHZ 61, 101 (105); BGH, Urt. v. 10.07.1974 – IV ZR 212/72, BGHZ 63, 51 (57); BGH, Urt. v. 10.02.2009 – VI ZR 28/08, VersR 2009, 558.

263 Staudinger/Caspers, BGB 2009, § 277 Rn. 5.

264 Interessanterweise wurde ausweislich der Gesetzesbegründung zu § 4 LPartG (BT-Drucks. 14/3751, S. 37) auf eine ausdrückliche Regelung zur Nichtanwendbarkeit dieser Norm im Straßenverkehr gerade deshalb verzichtet, weil dies sich bereits aus der st. Rspr. ergebe.

265 Sehr empfehlenswert hierzu MüKo/Heinemeyer, BGB, 9. Aufl. 2022, Bd. 2, § 426 Rn. 58 ff. Ferner ausführlich Selb, S. 132–136; Muscheler, JR 1994, 441. Mit einem anderen Lösungsansatz auch Stamm, NJW 2004, 811.

hierdurch Privilegierten leer, wenn ein Mitschädiger beteiligt ist. Zuletzt besteht auch die Möglichkeit, dem Geschädigten nur einen von vornherein gekürzten Anspruch gegen den Drittschädiger zu gewähren.

Die Rechtsprechung hat in früheren Entscheidungen angenommen, der rechtlich verantwortliche Schädiger könne trotz der Haftungsbeschränkung beim Mitschädiger aufgrund eines »fingierten Gesamtschuldverhältnisses« Rückgriff nehmen.[266] Diese Lösung stieß indes bald auf Widerspruch; in der Tat ist auch aus Sicht des Haftungsprivilegierten nicht ganz einzusehen, warum er nun (teilweise) für einen Schaden aufkommen soll, den er gar nicht zu ersetzen hätte, hätte er ihn allein verursacht. In diesem Fall stünde nämlich seine Haftungsprivilegierung einer Inanspruchnahme entgegen.[267] 154

Daher wird teilweise eine Regressmöglichkeit gänzlich abgelehnt mit der Folge, dass der **ganze Schaden zulasten des nicht privilegierten Schädigers** geht.[268] Auch dies erscheint aber im Regelfall unbillig; der Mitverursachungsbeitrag des anderen Schädigers bliebe, obwohl doch vorliegend, gleichwohl unberücksichtigt. Dennoch hat der BGH diese Lösung für § 1664 BGB mit dem recht formellen Argument vertreten, dass bei Eingreifen einer Haftungsbeschränkung ein Gesamtschuldverhältnis mangels zurechenbarer Mitbeteiligung der Eltern gar nicht erst entstehe. Die haftungsprivilegierten Eltern sind nämlich, obwohl Schädiger, nicht ersatzverpflichtet. Daher bestehe von vornherein kein Gesamtschuldverhältnis, das »gestört« werden könne.[269] Für die gesetzliche, zumindest die im Familienrecht wurzelnde Haftungsbeschränkung ist die Rechtsprechung mithin inzwischen eindeutig: Ein Regress gegen den privilegierten Schädiger wird nicht gewährt. 155

Diese Lösung stieß auf heftige Kritik.[270] Die überwiegend im Schrifttum vertretene Auffassung vertritt daher eine Lösung dieses Konflikts zulasten des Geschädigten, indem sie dessen **Ersatzanspruch gegen den haftenden Schädiger** von vornherein um den **Mitverschuldensanteil des freigestellten Mitschädigers kürzt.**[271] Diese Lösung erscheint aus Wertungsgesichtspunkten sinnvoll, denn belastet wird nunmehr derjenige, dessen Interessen durch den gesetzlichen Haftungsausschluss ohnehin schon abgewertet sind.[272] 156

Dass sie zu angemessenen Ergebnissen führt, zeigt auch ein Vergleich mit dem System vertraglicher Haftung. Besteht neben einem deliktischen Anspruch auch ein vertraglicher oder quasivertraglicher (denkbar: Schutzpflichten bei der Anbahnung von Vertragsverhältnissen – Gemüseblattfall!)[273] Anspruch auf Schmerzensgeld (§§ 253 Abs. 2, 280 Abs. 1, 241 Abs. 2, 311 Abs. 2 BGB), wäre einem 157

---

266 Etwa BGH, Urt. v. 03.02.1954 – VI ZR 153/52, BGHZ 12, 213 (217); BGH, Urt. v. 27.06.1961 – VI ZR 205/60, BGHZ 35, 317 (323); BGH, Urt. v. 09.03.1972 – VII ZR 178/70, BGHZ 58, 216 (219). So auch Muscheler, JR 1994, 441 (447).

267 Luckey, VersR 2002, 1213 (1215).

268 So wurde BGH, Urt. v. 01.03.1988 – VI ZR 190/87, BGHZ 103, 338 (346) gelöst. Ebenso OLG Nürnberg, Urt. v. 27.02.2008 – 4 U 863/08, ZfS 2008, 317 (318 f.) für die eheliche Privilegierung des § 1359 BGB.

269 BGH, Urt. v. 01.03.1988 – VI ZR 190/87, BGHZ 103, 338 (347); zuletzt auch BGH, Urt. v. 15.06.2004 – VI ZR 60/03, VersR 2004, 1147 = NJW 2004, 2892. Dieser Judikatur folgend etwa auch OLG Saarbrücken, Urt. v. 20.11.2001 – 4 U 31/01–6, NZV 2002, 511: Keine Kürzung des Ersatzanspruchs des Kindes, da mangels Haftung der Mutter gar kein Gesamtschuldverhältnis vorliege, was gestört sein könne. Zustimmend Hager, NJW 1989, 1640 (1647, 1649): Sinn der Norm sei der Schutz der Familie auch im Außenverhältnis.

270 Sundermann, JZ 1989, 927 (932); Muscheler, JR 1994, 441 (446).

271 Grüneberg/*Grüneberg*, § 426 Rn. 18 ff.

272 Medicus, Rn. 933.

273 BGH, Urt. v. 28.01.1976 – VIII ZR 246/74, BGHZ 66, 51: Kind rutscht beim Kaufhausbummel der Mutter auf einem Gemüseblatt aus; der BGH bejahte eine Haftung des Kaufhauses nach § 278 BGB, da durch den Bummel ein vorvertragliches Schutzverhältnis (damals: c.i.c.) begründet worden sei, in welches auch das Kind einbezogen sei. Innerhalb der c.i.c. konnte § 278 BGB für das Verschulden der Mitarbeiter angewandt werden; ein Anspruch aus § 831 BGB wäre an der Exkulpation gescheitert. Nach geltendem Recht kann, wie aufgezeigt, der Anspruch auf Schadensersatz und sogar Schmerzensgeld unproblematisch aus §§ 280 Abs. 1, 241 Abs. 2, 311 Abs. 2 BGB begründet werden.

geschädigten Kind etwa ein mitwirkendes Aufsichtsverschulden der Mutter über die §§ 254 Abs. 2 Satz 2, 278 BGB unproblematisch zurechenbar. Die Vorschrift des § 1664 BGB würde dem nicht entgegenstehen; der BGH hat diese Lösung explizit nicht beanstandet.[274] Da aber im rein deliktischen Bereich die Zurechnung über § 278 BGB nicht zulässig ist,[275] hängt es, folgt man der Auffassung des BGH, für den Bereich mithaftender privilegierter Schädiger allein von der Anspruchsgrundlage (vertraglich oder deliktisch) ab, ob der dritte Schädiger vollen oder nur anteiligen Schadensersatz leisten muss.[276] Hierfür eine Rechtfertigung zu finden, erscheint schwierig. Soweit der BGH für die volle Haftung des Drittschädigers darauf verweist, dass die gesetzgeberische Würdigung und Bewertung der Familiengemeinschaft auch »außenstehende« Rechtsverhältnisse etwas angehe,[277] müsste dies ja dann gleichermaßen für deliktische wie auch für vertragliche Ansprüche gelten. Die Lösung einer (deliktischen) gestörten Gesamtschuld zulasten des Geschädigten führt hingegen zu einem **Gleichlauf vertraglicher und deliktischer Haftung.**

158 Dieses Ergebnis ist dem BGH jedoch nicht fremd. Derselbe Senat, der bei familienrechtlichen Privilegierungen zulasten des Schädigers urteilt, entscheidet – in ständiger Rechtsprechung[278] – für die Privilegierung nach §§ 636, 637 RVO (nunmehr §§ 104, 105 SGB VII) anders. In Fällen, in denen Kläger von Kollegen, denen nach § 636 RVO der Regress verwehrt war, Schadensersatz verlangten, gewährte der BGH lediglich einen um den Mitverschuldensanteil des haftungsprivilegierten Schädigers gekürzten Anspruch. Die Begründung hierfür deckt sich mit den Argumenten, die in der Literatur vorgebracht werden: Eine Lösung des gestörten Gesamtschuldnerausgleichs könne nicht darin gefunden werden, dass der nach §§ 636, 637 RVO von einer Haftung freigestellte Mitschädiger gleichwohl im Wege des Regresses in Anspruch genommen werde. Vielmehr sehe der Schutzzweck der Privilegierung vor, diese Personen endgültig von einer Zahlungspflicht freizustellen.[279] Hieraus folge aber nicht, dass nunmehr der Zweitschädiger den Gesamtschaden allein zu tragen habe: So weit sollen Sinn und Zweck der Haftungsprivilegierung nicht reichen. Dem Gesetz sei nicht zu entnehmen, dass die Auswirkungen des versicherungsrechtlichen Haftungsvorrechts über den Kreis der am Versicherungsverhältnis Beteiligten hinausreichen und die Rechte eines zweiten Schädigers, der außerhalb des Versicherungsverhältnisses steht, beeinträchtigen sollen.[280]

159 Zwingend ist nach diesen Prämissen der Schluss, den der BGH zieht, nämlich dass in diesem Fall die allein noch mögliche Lösung darin besteht, den Schadensersatzanspruch des Geschädigten auf

274 BGH, Urt. v. 01.03.1988 – VI ZR 190/87, VersR 1988, 632 (633).

275 »Zur Erfüllung seiner Verbindlichkeit«, vgl. schon RG, Urt. v. 09.05.1939 – VII 251/38, RGZ 160, 310 (315); BGH, Urt. v. 07.03.1972 – VI ZR 158/70, BGHZ 58, 207 (212); OLG Köln, Beschl. v. 02.04.2007 – 24 W 13/07, MDR 2008, 22 = NJOZ 2008, 276. Für eine einschränkende Zurechnung nach § 278 BGB über eine funktionsdifferente Auslegung des Vertreterbegriffs Wendlandt, VersR 2004, 433.

276 Der BGH hat für konkurrierende deliktische und (im Fall quasi-) vertragliche Ansprüche entschieden, dass die Anrechnung des Mitverschuldens über §§ 254 Abs. 2 Satz 2, 278 BGB auch zu einer Kürzung deliktischer Ansprüche führt, BGH, Urt. v. 18.01.1968 – VII ZR 101/65, NJW 1968, 1323 (1324); ablehnend hierzu Medicus, Rn. 871.

277 BGH, Urt. v. 01.03.1988 – VI ZR 190/87, VersR 1988, 632 (634).

278 BGH, Urt. v. 12.06.1973 – VI ZR 163/71, BGHZ 61, 51 ff.; BGH, Urt. v. 02.04.1974 – VI ZR 193/72, VersR 1974, 888; BGH, Urt. v. 23.04.1985 – VI ZR 91/83, BGHZ 94, 173; BGH, Urt. v. 17.02.1987 – VI ZR 81/86, NJW 1987, 2669; BGH, Urt. v. 23.01.1990 – VI ZR 209/89, BGHZ 110, 114. Dem folgend etwa OLG Frankfurt am Main, Urt. v. 05.12.2008 – 15 U 110/08, r+s 2010, 485.

279 BGH, Urt. v. 12.06.1973 – VI ZR 163/71, VersR 1973, 836 (838).

280 BGH, Urt. v. 12.06.1973 – VI ZR 163/71, VersR 1973, 836 (838); BGH, Urt. v. 23.04.1985 – VI ZR 91/83, VersR 1985, 763: »unbillig«. Dem folgend ausdrücklich auch OLG Karlsruhe, Urt. v. 23.03.2001 – 14 U 154/99, VersR 2003, 80 (81); OLG Dresden, Beschl. v. 21.05.2003 – 1 U 324/03, NJOZ 2003, 3419 (3420); OLG Düsseldorf, Urt. v. 22.09.2005 – 1 U 170/04, r+s 2006, 85; OLG Koblenz, Urt. v. 29.05.2006 – 12 U 1459/04, OLGR 2006, 870.

das zu beschränken, was auf den Zweitschädiger im Innenverhältnis entfiele, wenn diese Schadensverteilung nicht durch die Haftungsprivilegierung gestört wäre.[281]

160 Es wäre wünschenswert, diesen Schluss auf sämtliche Fälle einer gestörten Gesamtschuld zu übertragen.[282]

161 Der BGH[283] hat seine Rechtsprechung zur gestörten Gesamtschuld bei **sozialversicherungsrechtlichen Haftungsprivilegierungen** noch weiter präzisiert und das Verhältnis zu internen Freistellungsansprüchen unter den Schädigern klargestellt. Im dort entschiedenen Fall war die Klägerin als Reinigungskraft bei einem Tochterunternehmen der Beklagten beschäftigt, welches beauftragt war, den in den Krankenhäusern der Beklagten anfallenden Müll zu entsorgen. Als die Klägerin auf der Intensivstation einen Müllsack aus einem Behälter zog, stach sie sich an einer gebrauchten Injektionsnadel in den rechten Oberschenkel und in den rechten Daumen; hierbei infizierte sie sich mit Hepatitis C. Die Nadel befand sich samt Spritze in dem Müllsack, obwohl sie in einem hierfür vorgesehenen gesonderten Gefäß hätte gelagert und entsorgt werden müssen.

162 Der BGH stellte fest, dass eine Haftung der Beklagten nach den Grundsätzen der gestörten Gesamtschuld ausgeschlossen sei, da der Mitarbeiter, der die Spritze weggeworfen hatte, nach § 106 Abs. 3 SGB VII nicht haftete. Die Beklagte hätte für ihn nur nach § 831 BGB gehaftet; im Verhältnis desjenigen, welcher nach § 831 BGB zum Ersatz des von einem anderen verursachten Schadens verpflichtet ist, und des anderen ist nämlich nach § 840 Abs. 2 BGB der andere allein verpflichtet,[284] sodass eine Kürzung um 100 % und damit ein Ausschluss eines Anspruchs gegen die Beklagte geboten sei.

163 Ein etwaiger **arbeitsrechtlicher Freistellungsanspruch** des Mitarbeiters änderte nach Auffassung des BGH[285] an diesem Ergebnis nichts. Zwar würde dieser dazu führen, dass wirtschaftlich gesehen die Beklagte den Schaden zu tragen hätte, den ein leicht fahrlässig handelnder Mitarbeiter bei einem Dritten verursacht hat.[286] Dies sei jedoch eine Besonderheit des Innenverhältnisses der Arbeitsvertragsparteien, welche außenstehende Dritte nichts angehe.

164 Zudem hätte eine Berücksichtigung des Freistellungsanspruchs (und eine Bejahung eines Anspruchs gegen die Beklagte) zur Folge, dass der Geschädigte in Fällen leichter Fahrlässigkeit des Erstschädigers gegen den Arbeitgeber weitergehende Ansprüche geltend machen könnte als bei grob fahrlässiger Begehung: Da bei Letzterer kein Freistellungsanspruch besteht, bliebe es jedenfalls dort bei der Verteilung nach § 840 Abs. 2 BGB, und der Geschädigte ginge »leer aus«. Um dieses unbillige Ergebnis zu vermeiden, könne, so der BGH abschließend, ein Freistellungsanspruch im Rahmen einer gestörten Gesamtschuld nicht berücksichtigt werden.

165 Das bislang üblicherweise nur für Examensarbeiten aufgeworfene Problem einer Regressbehinderung durch Haftungsbeschränkung mag u.a. auch durch die Neuregelung der **Kinderhaftung** in § 828

---

281 BGH, Urt. v. 12.06.1973 – VI ZR 163/71, VersR 1973, 836 (838); BGH, Urt. v. 23.01.1990 – VI ZR 209/89, BGHZ 110, 114; BGH, Urt. v. 24.06.2003 – VI ZR 434/01, VersR 2003, 1260; BGH, Urt. v. 11.11.2003 – VI ZR 13/03, NJW 2004, 951 (952); hierzu Luckey, JA 2004, 587.

282 Hierzu ausführlich Luckey, VersR 2002, 1213 (1216, 1217); ders., PVR 2003, 302 (305, 306). Der BGH hat diese Meinung berücksichtigt, sah aber keinen Anlass zur Korrektur seiner Rspr. in BGH, Urt. v. 15.06.2004 – VI ZR 60/03, VersR 2004, 147 = NJW 2004, 2892.

283 BGH, Urt. v. 11.11.2003 – VI ZR 13/03, NJW 2004, 951.

284 Luckey, JA 2004, 587 (588). In gleicher Weise auch BGH, Urt. v. 10.05.2005 – VI ZR 366/03, NZV 2005, 456 (457); BGH, Urt. v. 14.06.2005 – VI ZR 25/04, VersR 2005, 1397 (1398).

285 BGH, Urt. v. 14.06.2005 – VI ZR 25/04, VersR 2005, 1397 (1398).

286 Da der Arbeitnehmer fremdbestimmt für den Arbeitgeber tätig wird, haftet er diesem ggü. nur abgestuft nach seinem Verschuldensgrad, sodass er für leicht fahrlässige Schäden nicht einstehen muss. Bei Vorsatz und grober Fahrlässigkeit haftet er grds. allein, ansonsten wird eine Quote gebildet. Diese Grundsätze des sog. »innerbetrieblichen Schadensausgleichs« gelten zwar nicht ggü. geschädigten Dritten; hier besteht aber ein Freistellungsanspruch des in Anspruch genommenen Arbeitnehmers gegen den Arbeitgeber; vgl. Luckey, JA 2004, 587 (588).

Abs. 2 BGB im Zusammenwirken mit der ebenfalls durch das 2. Schadensersatzrechtsänderungsgesetz erfolgten Ausweitung des Schmerzensgeldes nach § 253 Abs. 2 BGB verstärkt in das Blickfeld auch der Praxis geraten.[287] Ohne Verschuldensfähigkeit scheidet nämlich auch die Zurechnung von Mitverschulden aus.[288] Wo der Einwand des kindlichen Mitverschuldens aufgrund der Schuldunfähigkeit des kindlichen Anspruchstellers versagt, liegt es nahe, auf eine Mitverursachung des Unfalls durch eine Aufsichtspflichtverletzung der Eltern zu verweisen. Dies führt im »Gemüseblatt«-Fall auch zum Erfolg. Anders wäre dies bei einem Unfall ohne vertragliche Haftung: Da der BGH, wie dargestellt, die Haftungserleichterung des § 1664 BGB nicht zulasten des Kindes anwendet, müsste ein Schädiger dem Kind vollen Ersatz leisten und schuldete Schmerzensgeld ohne Berücksichtigung einer Mitverursachung durch Aufsichtspflichtverletzung, obgleich er bei den Eltern keinen Regress nehmen kann. Dieses Ergebnis deckt sich mit der gesetzgeberischen Intention bei Einführung der sektoralen Deliktsfähigkeit für den Straßenverkehr, wonach ein Kind unter 10 Jahren von »jeglichen Ansprüchen«[289] befreit werden sollte, mithin weder ein Regress noch eine Anspruchskürzung infrage zu kommen scheint.[290]

166 So hat das OLG Hamm[291] in einem Fall, in welchem ein schuldunfähiges und ungenügend beaufsichtigtes Kind durch einen Sturz vom Dach (Verletzung der Verkehrssicherungspflicht) zu Schaden kam, ausdrücklich eine Anrechnung der Aufsichtspflichtverletzung abgelehnt: Das Kind müsse sich dieses weder unter dem Gesichtspunkt einer Sonderbeziehung (da §§ 254, 278 BGB keine Anwendung fanden) noch unter dem Gesichtspunkt einer »gestörten Gesamtschuld« zurechnen lassen. Das OLG rekurriert auf den BGH und führt aus, aufgrund der Haftungsbefreiung der Mutter nach § 1664 BGB fehle es bereits an einer Schadenszurechnung zu ihren Lasten und damit bereits an den Voraussetzungen eines Gesamtschuldverhältnisses. Ebenso entschied das OLG Hamm in einem Fall, in welchem nach einer Brandverletzung eines Babys der Hersteller einer Grillpaste verklagt wurde, hinsichtlich des Verschuldens des mit der Grillpaste hantierenden Vaters[292].

167 In gleicher Weise hat das OLG Köln bei einem Spielplatzunfall der beklagten Gemeinde versagt, sich auf eine unzureichende Beaufsichtigung des verletzten Kindes zu berufen.[293] Dieses Aufsichtsverschulden könne dem Kind »unter keinem rechtlichen Gesichtspunkt« zugerechnet werden.

168 Für die – in der Praxis häufigen – Fälle von Straßenverkehrsunfällen mit »Elternbeteiligung« (Paradefall: Unbeaufsichtigtes Kind läuft auf die Straße) ist die Konstellation allerdings durch die »Gegenausnahme« der Rechtsprechung entschärft, die sämtliche Haftungserleichterungen, mithin auch § 1664 BGB, im Straßenverkehr nicht anwendet (»Kein Raum für individuelle Sorgfalt«).[294] Trefflich streiten kann man allerdings, wann ein Fall der »Teilnahme am allgemeinen Straßenverkehr« vorliegt. So sind bspw. die Eltern, die – auf ihrer Terrasse im Garten sitzend – ihre Aufsichtspflicht vernachlässigen, während ihr Kind auf die Straße läuft, nicht unmittelbar am »Verkehr« beteiligt.[295] Noch weitergehend und in der Sache zweifelhaft hat das OLG Schleswig in einem Fall der Mitfahrt in einem betrieblichen Lkw eine »Teilnahme am allgemeinen Straßenverkehr« für die Beifahrerin (!)

287 Hierzu Luckey, ZFE 2002, 268 (271).

288 BGH, Urt. v. 14.03.1961 – VI ZR 189/59, NJW 1961, 655; BGH, Urt. v. 30.11.2004 – VI ZR 335/03, NJW 2005, 354 = VersR 2005, 376, 357; BGH, Urt. v. 30.06.2009 – VI ZR 310/08, VersR 2009, 1136; OLG Köln, Beschl. v. 02.04.2007 – 24 W 13/07, MDR 2008, 22 = NJOZ 2008, 276; Dahm, NZV 2009, 378 (379).

289 BT-Drucks. 14/7752, S. 26.

290 Jaeger/Luckey, MDR 2002, 1168 (1172).

291 OLG Hamm, Urt. v. 23.05.1995 – 27 U 30/93, r+s 1995, 455.

292 OLG Hamm, Urt. v. 21.12.2010 – 21 U 14/08, VersR 2011, 1195 m. Anm. Luckey.

293 OLG Köln, Urt. v. 25.05.2000 – 7 U 185/99, OLGR 2001, 150.

294 Vgl. nur BGH, Urt. v. 10.02.2009 – VI ZR 28/08, VersR 2009, 558 und Rdn. 150.

295 Ähnlich BGH, Urt. v. 16.01.1979 – VI ZR 243/76, VersR 1979, 421: Kind spielt auf Bürgersteig, während Mutter einkauft. Der BGH hatte hier grobe Fahrlässigkeit angenommen; ein Regress etwa eines Sozialversicherungsträgers wäre gleichwohl an § 116 Abs. 6 SGB X. gescheitert, vgl. Lemcke, r+s 2006, 52 (58).

verneint, damit §§ 636, 637 RVO für anwendbar gehalten und nach den Grundsätzen des BGH den Anspruch der Beifahrerin um den Mitverursachungsanteil des Lkw-Fahrers gekürzt.[296]

Schließlich hat das OLG Hamm[297] ausgesprochen, auch bei der Vermeidung von Gefahren für bzw. 169
durch das Kind im Zusammenhang mit dem Straßenverkehr sei die Haftungsprivilegierung der Eltern aus § 1664 BGB anwendbar; offenbar will der Senat diese Norm erst dann nicht anwenden, wenn die Eltern tatsächlich am Steuer sitzen. Im entschiedenen Fall hatten die Eltern das Kind unbeaufsichtigt auf der Straße spielen lassen, wo es angefahren wurde; das OLG verneinte eine Anspruchskürzung nach den Grundsätzen der gestörten Gesamtschuld, da die Haftungsprivilegierung des § 1664 BGB trotz eines »Verkehrsunfalls« anwendbar sei und daher eine »Gesamtschuld« schon gar nicht vorliege.[298]

Offen bleibt auch die Lösung bspw. des Falles, dass ein Hund ein unbeaufsichtigtes Kind angreift: 170
Hier ergibt sich die verschuldensunabhängige Haftung des Halters auf Schmerzensgeld aus §§ 833, 253 Abs. 2 BGB.[299] Eine Anrechnung der Aufsichtspflichtverletzung der Eltern entfällt, da § 254 BGB im außervertraglichen Bereich nicht eingreift; ein Regress des Hundehalters gegen die Eltern scheitert am, wegen § 1664 BGB, fehlenden Anspruch. Hier entscheidet die Rechtsprechung bislang zulasten des Haftenden, der in voller Höhe für den Schaden einstehen muss.[300]

▶ Hinweis:

Stets ist aber zu beachten, dass im Fall eines schuldfähigen Kindes eine Zurechnung des Mit- 171
verschuldens eines Aufsichtspflichtigen nach den Grundsätzen der sog. »Haftungs- und Zurechnungseinheit« erfolgen kann: I.R.d. Abwägung eines Mitverschuldens bei der Schadensentstehung sind nämlich die Verursachungsbeiträge miteinander verbundener Beteiligter (hier: Eltern-Kind), die sich nur in ein und demselben unfallbedingten Umstand auswirken, eine Einheit. Diese Verursachungsbeiträge werden mithin von vornherein nur einheitlich i.R.d. Mitverschuldens gewertet, genauso, als wenn das geschädigte Kind selbst ein Mitverschulden getroffen hätte.[301]

Hierbei bezeichnet der Begriff der »**Zurechnungseinheit**«[302] die Einheit des Geschädigten und des 172
Schädigers, als »**Haftungseinheit**«[303] wird die Einheit mehrerer Schädiger angesehen. Das entscheidende Kriterium der Abgrenzung bildet die Art der Kausalkette unter dem Blickwinkel des Anspruchstellers.[304] Der **BGH**[305] hat hierzu ausgeführt:

> »... im Rahmen der Abwägung der Verursachungsanteile unter mehreren Unfallbeteiligten (erg.: bilden) diejenigen für die Feststellung der auf sie entfallenden Quote eine Einheit, deren Verhalten sich im

---

296 OLG Schleswig, Urt. v. 15.04.1992 – 9 U 176/90, VersR 1993, 983.

297 OLG Hamm, Urt. v. 17.08.1993 – 27 U 144/92, NJW-RR 1994, 415.

298 Dieser Schluss wiederum entspricht der dargestellten BGH-Rspr.

299 Interessanterweise war in der Tat auch nach »altem Recht« des § 847 BGB anerkannt, dass – obgleich in der Sache Gefährdungshaftung – der Hundehalter auf Schmerzensgeld haften würde, weil sich die Norm des § 833 BGB im Kap. über das Deliktsrecht befand und § 847 BGB für alle deliktischen Handlungen (dieses Kap.) Schmerzensgeld gewährte. Eine andere als diese gesetzeshistorische Erklärung für diese Ausnahme des nach altem Recht geltenden Prinzips »Schmerzensgeld nur bei Verschulden« ließe sich auch schwerlich finden.

300 So – für einen Fall von Hundehalterhaftung und Ehegattenprivilegierung, § 1359 BGB – zuletzt KG, Urt. v. 06.04.2001 – 9 U 2200/99, KGR 2001, 319. Hierzu Luckey, Jura 2002, 477.

301 Vgl. BGH, Urt. v. 05.10.1982 – VI ZR 72/80, VersR 1983, 131.

302 Z.B. BGH, Urt. v. 11.06.1974 – VI ZR 210/72, VersR 1974, 1127 (1129); BGH, Urt. v. 18.04.1978 – VI ZR 81/76, VersR 1978, 735 (736); BGH, Urt. v. 05.10.1982 – VI ZR 72/80, VersR 1983, 131.

303 Etwa BGH, Urt. v. 25.04.1989 – VI ZR 146/88, VersR 1989, 730 (731); BGH, Urt. v. 13.12.1994 – VI ZR 283/93, VersR 1995, 427 (428).

304 Vgl. Ferner/Bachmeier, S. 431, mit ausführlichen Beispielen und Berechnungen.

305 BGH, Urt. v. 16.04.1996 – VI ZR 79/95, VersR 1996, 856 (867).

wesentlichen in ein und demselben zum Unfall führenden Ursachenbeitrag ausgewirkt hat, bevor der von einem oder mehreren anderen Beteiligten zu vertretende Kausalverlauf hinzugetreten ist.«

173 Eine Zurechnung über die Figur der Zurechnungseinheit scheidet allerdings aus, wenn das geschädigte Kind schuldunfähig ist; das schuldunfähige Kind muss sich daher (außerhalb der vertraglichen Zurechnung nach § 278 BGB) auch eine grob fahrlässige (und damit nach §§ 1664, 277 BGB relevante!) Mitverursachung des Unfalls durch die Eltern nicht zurechnen lassen.[306]

174 Dies gilt sowohl in Fällen der **Haftungseinheit**, wenn also das Verhalten mehrerer Schädiger zu einem einheitlichen schadensursächlichen Umstand geführt hat, als auch in den Fällen der **Zurechnungseinheit**, wenn im Wesentlichen deckungsgleiche Verursachungsbeiträge (eines Erstschädigers – Eltern und des geschädigten Kindes – ggü. einem »Zweitschädiger«) durch Schaffung einer gefahrdrohenden Lage vorliegen. Daraus folgt, dass bei der Bemessung des Schmerzensgeldes der Mitverschuldensanteil der beaufsichtigenden Person zu berücksichtigen ist und eben kein Gesamtschuldnerinnenausgleich mehr stattfindet, da die Aufsichtsperson nicht »Dritte« ist, sondern mit dem verletzten Kind eine Einheit bildet.

IV. Schadensminderungspflicht

175 Nach § 254 Abs. 2 BGB ist der Geschädigte verpflichtet, im Rahmen von Treu und Glauben sämtliche Maßnahmen zu ergreifen, die zur **Abwendung** oder **Minderung** des Schadens erforderlich sind. Dies bedeutet nicht nur eine Verpflichtung, die Entstehung des Schadens, soweit möglich zu verhindern oder eine Ausweitung des Schadens zu vermeiden. Die Schadensminderungspflicht beinhaltet das allgemeine Gebot an den Geschädigten, den Schaden nach Kräften so gering wie möglich zu halten.

176 Folge der Schadensminderungspflicht ist auch, dass – wenn nicht schon das Ausmaß des eingetretenen Schadens verhindert werden konnte – unter mehreren, in gleicher Weise Erfolg versprechenden Mitteln zur Schadensbeseitigung dasjenige zu wählen ist, das den **deutlich geringsten Aufwand** erfordert.[307] Nur dieser Aufwand ist »erforderlich« i.S.d. § 249 Abs. 2 BGB. Das bedeutet aber andererseits nicht, dass sich der Geschädigte im Interesse des Schädigers stets so verhalten müsste, als hätte er den Schaden selbst zu tragen.[308] Zumutbar sind (lediglich) die Maßnahmen zur Schadensminderung, die ein »ordentlicher Mensch« ergriffen hätte,[309] wobei auch dem berechtigten Interesse des Geschädigten an einer raschen Schadensbehebung Rechnung getragen werden muss.[310]

177 Die Verletzung der Schadensminderungspflicht reduziert den Ersatzanspruch in entsprechendem Umfang.[311] Beweisbelastet ist der Schädiger, der die Verletzung der Schadensminderungspflicht behauptet.

178 Auf der anderen Seite sind Aufwendungen, die der Geschädigte zur Schadensminderung erbringt, zu ersetzen, wenn er sie für erforderlich halten durfte, und zwar selbst dann, wenn diese Maßnahmen unverschuldet erfolglos geblieben sind.[312]

179 Für die Schadensminderungspflicht im Schmerzensgeldbereich gelten keine Besonderheiten. Der Verletzte ist zwar gehalten, den Schaden gering zu halten, soweit er dazu Möglichkeiten hat. Da aber schon beim materiellen Schaden ein Anspruch auf vollwertige Naturalrestitution besteht, ist der

306 So OLG Frankfurt am Main, Urt. v. 17.09.2003 – 17 U 73/03, OLGR 2004, 66 (67).
307 BGH, Urt. v. 30.11.1999 – VI ZR 219/98, NZV 2000, 162; BGH, Urt. v. 29.04.2003 – VI ZR 393/02, NJW 2003, 2085; OLG Düsseldorf, Urt. v. 07.06.2004 – 1 U 12/04, NJW-RR 2004, 1470 (1471).
308 BGH, Urt. v. 15.10.1991 – VI ZR 314/90, NJW 1992, 302 (303); BGH, Urt. v. 07.05.1996 – VI ZR 138/95, NZV 1996, 357.
309 KG, Urt. v. 11.10.1976 – 12 U 884/76, DAR 1977, 185.
310 BGH, Urt. v. 30.11.1999 – VI ZR 219/98, NZV 2000, 162.
311 Hentschel, § 12 Rn. 8.
312 Luckey, a.a.O. Rn. 578.

Verletzte bei der Wiederherstellung seiner Gesundheit letztlich keinen Beschränkungen unterworfen, ganz abgesehen davon, dass Heilbehandlungskosten dem materiellen Schaden zuzuordnen sind.

Folgende **Einzelfälle** sind aber bedeutsam:[313] 180

- Der Verletzte muss **ärztliche Hilfe** in Anspruch nehmen, soweit sie gefahrlos und Erfolg versprechend ist. Er ist verpflichtet, ärztliche Verordnungen, Therapie- und Kontrollanweisungen zu befolgen.[314] Insoweit muss auch bei psychischen Schäden insbesondere eine Therapie unternommen werden.[315] Keine Duldungspflicht besteht aber, wenn die Operation risikoreich und mit erheblichen Schmerzen verbunden ist oder wenn wenig Aussicht auf Besserung besteht.[316]
- Das OLG Hamm[317] hat einen im Beinbereich Verletzten im Wege der Schadensminderung für verpflichtet gehalten, durch Diätkost und Bewegungsübungen einer erheblichen **Gewichtszunahme** (50 Jahre alter Mann, von 80 kg auf 102 kg in 2 1/2 Jahren) vorzubeugen, die auch Kreislaufstörungen und Herzbeschwerden mit sich brachte. Da dies unterlassen worden war, verweigerte das OLG den Ersatz von durch die Fettleibigkeit verursachten weiteren Kosten. Dies kann – allenfalls – dann richtig sein, wenn der Geschädigte nicht schon vorher zur Fettleibigkeit neigte, denn der Schädiger hat keinen Anspruch darauf, so gestellt zu werden, als habe er einen Gesunden (bzw.: Normalgewichtigen) verletzt.
- Ebenso muss der Verletzte – wenn seine Arbeitsfähigkeit wieder hergestellt ist – sich i.R.d. Zumutbaren um die Abwendung oder Minderung eines Erwerbsschadens bemühen, etwa einen **Berufswechsel** oder eine **Umschulung** vornehmen.[318]
- Auch die Anschaffung eines Fahrzeuges kann i.R.d. Schadensminderungspflicht beim Erwerbsschaden verlangt werden, wenn der Geschädigte einen ihm angebotenen Arbeitsplatz unter zumutbaren Bedingungen zwar mit dem Fahrzeug, nicht aber mit öffentlichen Verkehrsmitteln erreichen kann.[319]

V. Betriebsgefahr

Im Verkehrsunfallrecht haben sich einige Besonderheiten herausgebildet.[320] Zunächst ist festzuhalten, dass die Teilnahme am allgemeinen Straßenverkehr zwar die Konkretisierung eines typischen Zivilisationsrisikos darstellt. Der Umstand, dass sich jemand in eine solche risikobehaftete Situation begeben hat, ist aber weder geeignet, ein Mitverschulden zu begründen, noch kann er dem Verletzten unter Billigkeitsgesichtspunkten Schmerzensgeld mindernd angelastet werden.[321] Das Führen eines Kfz stellt ein **sozialadäquates Verhalten** dar. 181

Kann der verletzte Halter eines Fahrzeuges sich nicht auf höhere Gewalt berufen und auch den Nachweis der Unabwendbarkeit nicht führen, muss er sich auf seine Ansprüche grds. die Betriebsgefahr seines Fahrzeuges anrechnen lassen, vgl. §§ 7, 17 Abs. 3 StVG. 182

Wird der Schmerzensgeldanspruch nur auf den Gefährdungshaftungstatbestand, § 11 Satz 2 StVG, gestützt, folgt daraus allerdings nicht, dass dieser Anspruch deshalb zu einem geringeren Schmerzensgeld führt als bisher. Zwar spielt bei einem Schmerzensgeldanspruch aus Gefährdungshaftung die Genugtuungsfunktion keine Rolle. Aber daraus, dass für Unfallfolgen »nur« ein Ausgleich zu gewähren ist, folgt nicht, dass der Anspruch dadurch gemindert werden könnte.[322] 183

313 Ausführlich auch Hentschel, § 9 Rn. 8 ff.
314 BGH, Urt. v. 17.12.1996 – VI ZR 133/95, NJW 1997, 1635.
315 BGH, Urt. v. 27.01.2015 – VI ZR 548/12, VersR 2015, 501.
316 Grüneberg/*Grüneberg*, § 254 Rn. 38; Jahnke, NJW-Spezial 2011, 137.
317 OLG Hamm, Urt. v. 15.06.1959 – 3 U 92/58, VersR 1960, 859.
318 Grüneberg/*Grüneberg*, § 254 Rn. 40.
319 BGH, Urt. v. 29.09.1998 – VI ZR 292/97, unveröffentlicht.
320 Vgl. auch Kap. 6 Rdn. 443 ff.
321 BGH, Urt. v. 05.11.1996 – VI ZR 275/95, VersR 1997, 122.
322 So aber Rauscher, Jura 2002, 577 (579); ablehnend mit eingehender Begründung: Jaeger, ZGS 2004, 217; wie hier: Steffen, DAR 2003, 201 (206); ablehnend auch Staudinger/Schiemann, BGB, 2005, § 253 Rn. 31.

184 Unter Hinweis auf die Vorstellung des Gesetzgebers, der neben der Verbesserung des Opferschutzes v.a. eine Vereinfachung der Schadensabwicklung angestrebt hat, wird darauf hingewiesen, dass gerade bei der Verwirklichung von Gefährdungshaftungstatbeständen die Notwendigkeit entfallen sollte, kumulativ die Voraussetzungen des Deliktsanspruchs prüfen zu müssen, nur um dem Geschädigten zu einem (höheren) Schmerzensgeld zu verhelfen. Der für die Praxis angestrebte Rationalisierungseffekt wäre dahin.[323] Allenfalls bei einem groben Verkehrsverstoß sollte das Schmerzensgeld verschuldensabhängig erhöht werden. Allein der Umstand, dass die Rechtsprechung diesem Gedanken noch nicht einheitlich folgt, sollte nicht zu dem Schluss verleiten, die Rechtspraxis würde dem Gesetzgeber nicht (doch noch) folgen.[324] Dazu muss der Gedanke, Genugtuung für erlittenes Unrecht durch Zahlung eines Schmerzensgeldes zu gewähren, nicht aufgegeben werden, vielmehr ist aus ganz anderen Gründen zu fragen, ob die Genugtuungsfunktion nicht ausgedient hat. Die Höhe des Schmerzensgeldes, also des Schadens, nach dem Grad des Verschuldens zu bemessen, widerspricht ohnehin dem System des deutschen Schadensersatzrechts, sodass eine dem Ziel des Gesetzgebers entsprechende Entwicklung dogmatisch richtig wäre.[325] Auch die Frage nach Auswirkungen einer strafrechtlichen Verurteilung auf die Schmerzensgeldhöhe stellte sich nicht mehr, würde dem Anspruch keine Sühnefunktion mehr beigemessen.[326]

185 Inzwischen geht auch die Rechtsprechung in diese Richtung. Das OLG Celle[327] sieht in Verkehrsunfallsachen die Ausgleichsfunktion des immateriellen Schadens als im Vordergrund stehend mit der Folge, dass das Schmerzensgeld bei Ansprüchen aus Gefährdungshaftung nicht niedriger zu bemessen sei, als bei einer Haftung aus fahrlässigem Verhalten. Für die Schmerzensgeldbemessung sei es ohne Bedeutung, ob dem haftenden Fahrer ein einfaches Verschulden unterlaufen sei oder ob er sich nur nicht entlasten könne.

186 Zu Recht weist das OLG Celle[328] auch darauf hin, dass der mit der Gesetzesänderung beabsichtigte Vereinfachungszweck zunichtegemacht würde, wenn die Höhe des Schmerzensgeldes von der konkreten Form des schädigenden Verhaltens abhinge; denn dann müsste die Verschuldensfrage doch wieder in jedem Einzelfall geklärt werden.

Gegenteiligen Bestrebungen wäre energisch entgegenzutreten, weil jede abweichende Auffassung dazu führt, dass das neue Schadensersatzrecht die angestrebte Vereinfachung nicht erreichen kann.[329]

187 Ein solches gegenteiliges Bestreben lässt sich allerdings noch nicht herleiten aus einer Entscheidung des OLG Koblenz,[330] das PKH bewilligt hat mit der Erwägung, dass es nach dem neu geregelten Schmerzensgeldrecht, das nun auch im Fall der Gefährdungshaftung eingreife, für die Bemessung der Anspruchshöhe auf die Ausgleichsfunktion des Schmerzensgeldanspruchs ankomme; die Genugtuungsfunktion trete zumindest weiter als bisher zurück. In der Rechtsprechung ungeklärt sei danach die Frage, ob und mit welcher Gewichtung die bisherigen Faktoren der Schmerzensgeldbemessung weiter gelten. Die Beantwortung dieser Rechtsfrage dürfe nicht im Verfahren über die Bewilligung von PKH mit weitreichender Wirkung vorweggenommen werden. Komme eine Beweisaufnahme in Betracht und lägen keine ausreichenden Anhaltspunkte dafür vor, dass sie mit hoher Wahrscheinlichkeit zum Nachteil des Antragstellers ausgehen werde, laufe es dem Gebot der

323 Wagner, JZ 2004, 319 (321); Diederichsen, VersR 2005, 433 (435).
324 Diederichsen, VersR 2005, 433 (435); vgl. dazu auch Müller, VersR 2006, 1289 (1292).
325 Diederichsen, VersR 2005, 433 (435).
326 Diederichsen, VersR 2005, 433 (435).
327 OLG Celle, Beschl. v. 23.01.2004 – 14 W 51/03, VersR 2005, 91 = SP 2004, 119 = NJW 2004, 1185.
328 OLG Celle, Beschl. v. 23.01.2004 – 14 W 51/03, VersR 2005, 91 = SP 2004, 119 = NJW 2004, 1185: Wegen der in Verkehrsunfallsachen im Vordergrund stehenden Ausgleichsfunktion des immateriellen Schadensersatzanspruchs ist das Schmerzensgeld, das nur auf Gefährdungshaftung gestützt werden kann, nicht niedriger zu bemessen als bei einer Haftung aus (einfach) fahrlässigem Verhalten.
329 So auch Pauker, VersR 2004, 1391 (1395).
330 OLG Koblenz, Beschl. v. 17.02.2005 – 12 W 34/05, VRR 2005, 349.

Rechtsschutzgleichheit zuwider, diesem wegen fehlender Erfolgsaussichten seines Begehrens in tatsächlicher Hinsicht die PKH zu verweigern.

188 Dagegen ist auf dem Verkehrsgerichtstag 2004 in Goslar die Auffassung vertreten worden, die Ansichten zu der Frage, ob Abschläge vorgenommen werden sollten, wenn kein Verschulden gegeben sei, seien unterschiedlich.[331] Die herrschende Meinung in der Literatur bejahe dies,[332] weil die Genugtuungsfunktion nicht gegeben sei. Die Rechtsprechung stelle zwischenzeitlich auch beim Verschulden hauptsächlich auf die Ausgleichsfunktion des Schmerzensgeldes ab. Die Genugtuungsfunktion spiele nahezu ausschließlich in Fällen groben Verschuldens noch eine Rolle. In der Praxis werde auf alle Fälle auf die Frage des Verschuldens einzugehen sein – ein aus der Sicht des Verbrauchers unerfreulicher Standpunkt des ADAC.

189 Der Sinn der Gewährung von Schmerzensgeld in allen Fällen der Gefährdungshaftung liegt gerade darin, dass Ansprüche aus unerlaubter Handlung nicht mehr neben diesen Tatbeständen geprüft werden sollen. Dieses Ziel würde vereitelt, wenn das Schmerzensgeld aus Gefährdungshaftung geringer ausfallen würde als bei zweifelhafter oder leichter Fahrlässigkeit des Schädigers. Auch die **Versicherungswirtschaft** sollte sich dieser Auffassung anschließen, denn etwaige Einsparungen durch geringfügig niedrigere Schmerzensgelder würden durch höhere Verfahrenskosten wieder aufgezehrt.[333]

VI. Vorteilsausgleichung

190 Nach dem Sinn des Schadensersatzes soll der Geschädigte den erlittenen Schaden ersetzt bekommen, aber nicht bessergestellt werden, als er ohne das schädigende Ereignis stehen würde. Vorteile, die kausal auf dem Schaden beruhen, müssen daher berücksichtigt werden: Hat das Schadensereignis neben dem Vermögensschaden auch finanzielle Vorteile für den Verletzten gebracht, kommt unter bestimmten Umständen eine **Anrechnung** auf den Schadensersatzanspruch in Betracht.

191 Der Grundsatz der Vorteilsausgleichung beruht auf dem Gedanken, dass dem Geschädigten in gewissem Umfang diejenigen Vorteile zuzurechnen sind, die ihm im adäquaten Zusammenhang mit dem Schadensereignis zufließen. Es soll ein gerechter Ausgleich zwischen den bei einem Schadensfall widerstreitenden Interessen herbeigeführt werden. Die Anrechnung von Vorteilen muss dem Zweck des Schadensersatzes entsprechen und darf weder den Geschädigten unzumutbar belasten noch den Schädiger unbillig entlasten.[334] Vor- und Nachteile müssen bei wertender Betrachtung gleichsam zu einer Rechnungseinheit verbunden sein.[335] Das bedeutet, dass zwischen dem Schaden und dem Vorteil ein innerer Zusammenhang bestehen muss.[336]

192 Wird ein Vorteil bejaht, wird der Schaden um die Höhe des anzurechnenden Vorteils gekürzt.

193 Voraussetzung für eine Vorteilsanrechnung ist, dass
- das Schadensereignis den Vorteil adäquat **verursacht** hat (mittelbarer Ursachenzusammenhang genügt),[337]
- zwischen dem schädigenden und dem vorteilverursachenden Ereignis **Identität** besteht und
- die **Anrechnung** des Vorteils für den Geschädigten **zumutbar** ist – sie muss dem Zweck des Schadensersatzrechts entsprechen und darf den Schädiger nicht unbillig entlasten.[338]

---

331 Bericht der ADAC-Zentrale in DAR 2004, 133 (135).

332 Zitate werden nicht genannt.

333 Vgl. unten Kap. 6 Rdn. 432 ff.

334 St. Rspr. BGH, Urt. v. 12.03.2007 – II ZR 315/05, NJW 2007, 3130, (3132); BGH, Urt. v. 19.06.2008 – VII ZR 215/06, NJW 2008, 2773, (2774), jeweils m.w.N.

335 BGH, Urt. v. 12.03.2007 – II ZR 315/05, NJW 2007, 3130, (3132).

336 BGH, Urt. v. 22.01.2009 – III 172/08, VersR 2009, 931 = NJW-RR 2009, 601.

337 BGH, Urt. v. 15.11.1967 – VIII ZR 150/65, BGHZ 49, 56 (61).

338 BGH, Urt. v. 15.01.1953 – VI ZR 46/62, BGHZ 8, 325 (329); BGH, Urt. v. 24.03.1959 – VI ZR 90/58, BGHZ 30, 29 (33); BGH, Urt. v. 17.05.1984 – VII ZR 169/82, BGHZ 91, 206 (210); BGH, Urt. v. 19.06.1984 – VI ZR 301/82, BGHZ 91, 357 (361).

194 Am letzten Prüfungspunkt – einer Ausprägung des Grundsatzes von Treu und Glauben[339] – scheitert i.d.R. eine Vorteilsanrechnung.[340] Meist würde sie eine unbillige Entlastung des Schädigers bedeuten, der nicht rein zufällig durch Vorteile privilegiert werden soll, die dem Geschädigten zustehen.

195 So sind gesetzliche Unterhaltsleistungen **nicht** anzurechnen (§ 843 Abs. 4 BGB). Dem wird der **allgemeine Rechtsgrundsatz** entnommen, dass auf den Schaden keine Leistungen Anderer anzurechnen sind, die ihrer Natur nach dem Schädiger nicht zugutekommen sollen.[341] Dies gilt auch für freiwillige Leistungen Dritter (Sammlung für den Geschädigten o.Ä.).[342]

▶ Hinweis:

196 Leistungen von Sozialversicherungsträgern oder Leistungen des Arbeitgebers, des Dienstherrn oder der privaten Versicherungen werden zumeist schon deshalb nicht als Vorteil angerechnet, weil ein Übergang des Schadensersatzanspruchs gesetzlich angeordnet ist. Eine Anrechnung der Leistung hätte zur Folge, dass ein Schadensersatzanspruch nicht bestünde, sodass der Regress leer liefe (normativer Schaden).

197 Ebenso wenig kann ein Schaden mit der Begründung verneint werden, dass ein anderer Schadensersatzanspruch gegen einen Dritten besteht, durch dessen Realisierung der vom Schädiger verursachte Vermögensverlust ausgeglichen werden könnte. Dem Gläubiger steht es frei, sich von mehreren Schädigern denjenigen auszuwählen, von dem er Ersatz fordert.[343]

198 Anzurechnen sind beim materiellen Schadensersatz i.d.R. **ersparte Aufwendungen** wie
- Steuern,[344]
- Unterhaltszahlungen,
- Werbungskosten (Fahrtkosten, Berufsbekleidung bei Berufsaufgabe),
- Eigenaufwendungen bei der Miete eines Ersatzfahrzeuges,
- Verpflegungsaufwendungen bei stationärem Aufenthalt, z.T. sogar
- normale Kleidung bei der Verwendung von Trauerkleidung bis 50 %.

199 Die Vorteilsausgleichung wird durchgeführt, indem der Vorteil vom Ersatzanspruch abgezogen wird. Es handelt sich um eine von Amts wegen zu berücksichtigende **Anrechnung**, nicht um eine Aufrechnung, sodass es auch einer Gestaltungserklärung des Schädigers nicht bedarf. Der Schädiger trägt allerdings die **Beweislast** für das Vorliegen einer Vorteilsausgleichung.[345] Der Vorteil wird bei der Schadensposition abgesetzt, der er sachlich entspricht; es kommt also, vergleichbar den Fällen gesetzlichen Forderungsübergangs beim Regress, auf die **Kongruenz** von Schaden und Vorteil an.[346]

200 Im Fall einer nur **quotenmäßigen Haftung** des Schädigers darf auch der Vorteil nur quotenmäßig berücksichtigt werden. Weder darf der Schädiger bei nur quotaler Haftung den vollen Betrag des

339 OLG München, Urt. v. 18.09.1998 – 21 U 3247/97, OLGR 1999, 18.

340 Plastisch OLG Schleswig, Urt. v. 18.06.2004 – 4 U 117/03, NJW 2005, 439: Die Anrechnung ersparter ärztlicher Behandlungskosten (im Fall wurden aufgrund des Todes des fehlerhaft behandelten Krebspatienten die Kosten der an sich gebotenen Chemotherapie erspart) ist nicht zumutbar.

341 BGH, Urt. v. 05.02.1963 – VI ZR 33/62, NJW 1963, 1051 (1052); OLG Frankfurt am Main, Urt. v. 17.06.1994 – 19 U 104/93, VersR 1995, 1450.

342 BGH, Urt. v. 07.11.2000 – VI ZR 400/99, NJW 2001, 1274.

343 BGH, Urt. v. 24.01.1997 – V ZR 294/95, NJW-RR 1997, 654 (655).

344 Vgl. Hentschel, § 11 Rn. 3 m.w.N.

345 BGH, Urt. v. 24.04.1985 – VIII ZR 95/84, NJW 1985, 1539 (1544); BGH, Urt. v. 23.06.1992 – XI ZR 247/91, NJW-RR 1992, 1397.

346 So werden ersparte Verpflegungsaufwendungen von den Heilbehandlungskosten, nicht vom Erwerbsausfallschaden abgezogen, vgl. Grüneberg/*Grüneberg*, Vorb. v. § 249 Rn. 73.

Vorteils absetzen noch kann der Geschädigte den Vorteil vorweg mit seiner Mithaftungsquote verrechnen.[347]

Speziell für den Bereich des Schmerzensgeldes gelten ähnliche Überlegungen wie bei der Schadensminderungspflicht: Fälle der Vorteilsausgleichung sind selten. Sie mögen vorkommen bei unfallbedingten Operationen, durch die ein vor einem Unfall bestehendes Leiden mit beseitigt wird. Die durch die ersparte Operation ebenfalls »ersparten Schmerzen« könnten dann bei der Schmerzensgeldbemessung zwar nicht saldiert, aber doch Schmerzensgeld mindernd berücksichtigt werden. **201**

Eine solche Saldierung des Schmerzensgeldanspruchs mit gesundheitlichen Vorteilen hat jedoch das OLG Köln[348] vorgenommen. Der Arzt hatte im Zuge einer vereinbarten Operation (Antirefluxolastik) im Wege einer von der Einwilligung nicht gedeckten und damit rechtswidrigen Eingriffserweiterung einen krankhaften potenziell schadensträchtigen Zustand (Entfernung einer doppelten Nierenanlage) beseitigt. Nach einem rechtswidrigen Eingriff kommt es danach nur zum Schadensersatz, soweit das »Tauschrisiko« der Behandlung das »Krankheitsrisiko« übersteigt. Hier standen sich ggü. die verlängerte Operationsdauer einerseits und beachtliche gesundheitliche Risiken andererseits. Insgesamt 19 Beispiele einer denkbaren Vorteilsausgleichung hat Erm[349] aufgezeigt, die er in der Rechtsprechung seit mehr als 100 Jahren »ausgegraben« hat. **202**

Pauge[350] ist ein anderes Beispiel für eine Vorteilsausgleichung beim Schmerzensgeld eingefallen: Er meint, dass es denkbar sei, dass der ins Krankenhaus eingelieferte Schwerverletzte dort in der Krankenschwester die Frau seines Lebens findet, die ihm die Klinikzeit versüßt. Er werde deshalb nicht dasselbe Schmerzensgeld beanspruchen können wie derjenige, der bei gleichen Verletzungen im Krankenhaus nur Schmerzen und Unlustgefühle empfindet. Vermögenswerte Vorteile sollten dagegen nicht auf das Schmerzensgeld anzurechnen sein. **203**

D. Schadensumfang in besonderen Fällen

I. Verletzungen der Halswirbelsäule

1. Einleitung

Verletzungen der Halswirbelsäule (HWS) nach einem Autounfall (meist Auffahrunfall) sind in Rechtsprechung und Lehre ausufernd diskutiert worden. **204**

Dem Schweregrad nach werden i.d.R.[351] **drei Gruppen** unterschieden.[352] **205**

Übersicht 5: Schweregrade der Halswirbelsäulenverletzungen **206**

Grad I: Leichte Fälle mit Nacken-Hinterkopfschmerz und geringer Bewegungseinschränkung der HWS, kein röntgenologisch oder neurologisch abnormer Befund, u.U. längere Latenzzeit.
Grad II: Mittelschwere Fälle mit röntgenologisch feststellbaren Veränderungen der HWS (z.B. Gefäßverletzungen oder Gelenkkapseleinrissen), Latenzzeit max. eine Stunde.
Grad III: Schwere Fälle mit Rissen, Frakturen, Verrenkungen, Lähmungen und ähnlich schweren Folgen, keine Latenzzeit.
Eggert (Verkehrsrecht aktuell 2004, 204 ff.) ergänzt:

347 BGH, Urt. v. 28.04.1992 – VI ZR 360/91, NJW-RR 1992, 1050; Grüneberg/*Grüneberg*, Vorb. vor § 249 Rn. 73.

348 OLG Köln, Beschl. v. 01.12.2009 – 5 U 86/08, OLGR 2009, 382.

349 Erm, Vorteilsanrechnung beim Schmerzensgeld, S. 204 ff.; Schiemann, Vorteilsausgleichung beim Schmerzensgeld, FS für Lothar Jaeger zum 75. Geburtstag, 2014, 413 ff.

350 Pauge, VersR 2007, 569 (576). Ähnlich Müko/Oetker, 9. Aufl. (2022), § 249 Rn. 239. Ausführlich zur Vorteilsausgleichung bei Schmerzensgeldansprüchen das Werk von Erm.

351 In Anlehnung an Erdmann, S. 72 ff.

352 Ausführlich dazu auch Dannert, NZV 1999, 453 (456) m.w.N.

Grad I: Dauer der Beschwerden ca. 2–3 Wochen
Grad II: Dauer 4 Wochen bis ein Jahr
Grad III: Dauer über ein Jahr

207 HWS-Verletzungen entstehen typischerweise, aber nicht nur, bei Unfällen mit Heckaufprall; Auslöser können auch Frontal-, Seiten- oder Mischkollisionen sein. Gleichzeitig oder posttraumatisch kann es zu Verletzungen der BWS und der LWS kommen (Kombinationsfälle).[353]

208 Bestreitet der Schädiger/Versicherer die Existenz der behaupteten HWS-Verletzung und/oder den ursächlichen Zusammenhang mit dem Unfall, trifft den Anspruchsteller in beiden Punkten die Beweisführungspflicht und die Beweislast. Es gilt das strenge Beweismaß des § 286 ZPO. Erst wenn eine HWS-Verletzung als Folge des Unfalls nach § 286 ZPO bewiesen ist, kommt hinsichtlich der Schadensfolgen (haftungsausfüllende Kausalität) die weniger strenge Beweisführung des § 287 ZPO zum Zuge. Hier genügt eine – nicht exakt definierbare – höhere Wahrscheinlichkeit, Gewissheit wie bei § 286 ZPO ist nicht erforderlich. Hierbei ist allerdings (nur) die Frage, ob eine Primärverletzung weitere Gesundheitsbeeinträchtigungen zur Folge hatte, nach § 287 ZPO zu beweisen. Werden indes unabhängig von der Primärverletzung weitere, aus der Verletzungshandlung herrührende Verletzungen behauptet, unterfallen diese dem Maßstab des § 286 ZPO.[354]

209 Es liegt auf der Hand, dass bei Verletzungen der HWS mit dem Schweregrad I die Diagnosemöglichkeit erheblich eingeschränkt ist, weil bildgebende Verfahren keine Erkenntnisse liefern. Deshalb werden insb. leichte Verletzungen der HWS in der Rechtsprechung unterschiedlich behandelt. Nicht alle Gerichte gehen so offen mit den Darlegungsproblemen fehlender objektivierbarer Verletzungen um wie das OLG Saarbrücken[355], welches ausführt:

> »Würde man diese Unzulänglichkeit der objektivierbaren Tatsachenfeststellung ausreichen lassen, um durchgreifende Zweifel an der Glaubhaftigkeit der Tatsachenschilderung zu wecken, wäre es jedem Anspruchsteller versagt, für ... Gesundheitsbeeinträchtigungen Schmerzensgelder durchzusetzen. Das vermag nicht zu überzeugen. Vielmehr muss das gemäß § 286 Abs. 1 ZPO zu beachtende Beweismaß der eingeschränkten Aussagekraft objektiver Erkenntnismethoden Rechnung tragen: Ist das medizinisch-technische Erfahrungswissen zum sicheren Nachweis leichtgradiger Verletzungsfolgen ... nicht in der Lage, so begegnet es keinen Bedenken, wenn das Gericht die volle forensische Überzeugung von der Wahrheit der zu beweisenden Tatsache insbesondere auf die Glaubhaftigkeit und Plausibilität des Klägervortrags stützt.«.

210 Konsequenterweise lässt das OLG Saarbrücken[356] auch für den Maßstab des § 287 ZPO (erst recht) die Glaubhaftigkeit und Plausibilität des Klägervortrages ausreichen. Im Gegensatz dazu hat etwa das OLG München[357] eine Entscheidung schon deshalb aufgehoben, weil man dort dem Klägervortrag gefolgt war – Parteivortrag sei kein Beweismittel und mache vor allem die Einholung eines Gutachtens nicht entbehrlich.

211 Zu Unrecht wird die wirtschaftliche Bedeutung der HWS-Verletzungen als ungemein groß bezeichnet. Dies soll auch erklären, dass die Versicherungswirtschaft bei sog. Bagatellunfällen häufig bestreitet, dass eine solche Verletzung vorliegt. Es ist natürlich nicht zu bestreiten, dass HWS-Schäden in großer Zahl geltend gemacht werden und dass die Aufwendungen der Versicherungswirtschaft zur Regulierung enorm sind.[358] Mit dieser Begründung lässt sich die Regulierung aber ebenso wenig verweigern wie bei leichten Karosserieschäden. Hier werden für Kratzer und daumennagelgroße Dellen ebenfalls im Einzelfall mehr als 1.000,00 € aufgewendet, ohne dass der Gesamtaufwand von der Versicherungswirtschaft beklagt wird. Der Unterschied liegt einfach darin, dass Kratzer und Dellen

353 Eggert, Verkehrsrecht aktuell 2004, 204.
354 BGH, Urt. v. 29.01.2019 – VI ZR 113/17, VersR 2019, 694.
355 OLG Saarbrücken, Urt. 08.06.2010 – 4 U 468/09, NJW-RR 2011, 178.
356 OLG Saarbrücken, Urt. v. 28.02.2013 – 4 U 587/10, SP 2015, 260.
357 OLG München, Urt. v. 19.08.2016 – 10 U 1524/16, NJW-Spezial 2016, 618.
358 Dannert, NZV 1999, 453 (460).

objektiv feststellbar sind, während das HWS-Syndrom Schweregrad I per definitionem weder röntgenologisch noch neurologisch nachzuweisen ist.[359]

2. Harmlosigkeitsgrenze

Um der Nachweisschwierigkeiten Herr zu werden, hatte sich die These entwickelt, bei kollisionsbedingten Geschwindigkeitsänderungen von bis zu 10 km/h[360] – z.T. auch bis zu 15 km/h – könne allein unter biomechanischen Aspekten normalerweise keine Körperverletzung eintreten (sog. **Harmlosigkeitsgrenze**).[361] 212

Die Schmerzensgeldprozesse führten dann regelmäßig zur Einholung eines Unfallrekonstruktionsgutachtens und zur Klageabweisung, falls das Ergebnis unter der »Harmlosigkeitsgrenze« lag. Erst 2003 hat der BGH in einer Grundsatzentscheidung festgehalten, dass die Unfallursächlichkeit für HWS-Verletzungen auch bei einer **Geschwindigkeitsänderung unterhalb der Harmlosigkeitsgrenze** nicht schlechthin ausgeschlossen ist.[362] 213

Insb. spielen dabei 214
- die Körpergröße,
- die Sitzposition und
- vorhandene Gesundheitsstörungen des Verletzten

eine Rolle.[363]

In der Literatur hat die BGH-Entscheidung nicht nur Zustimmung gefunden.[364] Von verschiedenen Autoren[365] wird die Auffassung vertreten, dass sich aufgrund der BGH-Entscheidung keine grundsätzlichen Änderungen bei der Beurteilung von HWS-Verletzungen im Niedriggeschwindigkeitsbereich ergeben haben. Klargestellt habe der BGH nur, dass sich in diesen Fällen eine schematische Betrachtungsweise verbiete und somit immer der Einzelfall mit seinen individuellen Besonderheiten zu würdigen sei. 215

Die Bedeutung des **Δv-Wertes:** 216

Trotz all dieser Erkenntnisse bleibt es aber dabei, dass zzt. als Beurteilungsmaßstab für die Belastung des Fahrzeuginsassen der sog. Δv-Wert, also die kollisionsbedingte Geschwindigkeitsänderung,

---

359 Vgl. Castro, SVR 2007, 451.

360 Andere Gerichte verneinen die Möglichkeit eines HWS-Syndroms bei Geschwindigkeiten < 10 km/h: OLG Hamburg, Urt. v. 03.04.2002 – 14 U 168/01, OLGR 2003, 6; < 11 km/h bei einem Frontaufprall: OLG Hamm, Urt. v. 13.05.2002 – 6 U 197/01, SP 2002, 383 – dieser 6. Zivilsenat des OLG Hamm sieht im Unfallereignis auch keinen Anlass, psychische Reaktionen mit Krankheitswert hervorzurufen; anders der 13. Zivilsenat des OLG Hamm, Urt. v. 20.06.2001 – 13 U 136/99, SP 2002, 381; AG Wetzlar, Urt. v. 31.05.2001 – 32 C 46/01, SP 2002, 384 (Harmlosigkeitsgrenze); AG Bielefeld, Urt. v. 09.11.2001 – 5 C 915/00, SP 2002, 418; < 13 km/h AG Hamburg-Wandsbek, Urt. v. 20.10.1999 – 714A C 178/99, SP 2001, 14, 15; < 15 km/h LG Aachen, Urt. v. 15.11.2000 – 7 S 217/00, SP 2001, 92. Weitere Nachweise bei Halm, PVR 2003, 145 (146); Eggert, Verkehrsrecht aktuell, 2004, 204 (206).

361 OLG Hamm, Urt. v. 04.06.1998 – 6 U 200/96, DAR 1998, 392 = VersR 1999, 990; AG Köln, Urt. v. 13.08.2001 – 264 C 236/00, SP 2002, 383 unter Berufung auf Löhle, ZfS 1997, 441; Löhle, ZfS 2000, 524; Becke/Castro/Hein/Schimmelpfennig, NZV 2000, 225.

362 BGH, Urt. v. 28.01.2003 – VI ZR 139/02, VersR 2003, 474 m. eingehender Anm. von Jaeger = NJW 2003, 1116.

363 Vgl. AG Norderstedt, Urt. v. 19.05.1998 – 42 C 20/97, DAR 1998, 396.

364 Vgl. die eingehende Besprechung Diederichsen, DAR 2004, 301; vgl. auch Staab, VersR 2003, 1216 in einer sehr eingehenden Analyse der BGH-Entscheidung und von Hadeln/Zuleger, NZV 2004, 273 (274).

365 V. Staab, VersR 2003, 1216; Lemcke, r+s 2003, 177 ff., 185; von Hadeln/Zuleger, NZV 2004, 273 (277); Eggert, Verkehrsrecht aktuell, 2004, 204 (205) unten; Bachmeier, DAR 2004, 421.

anerkannt ist.[366] Wird ein Fahrzeug verzögert oder beschleunigt, handelt es sich um eine kollisionsbedingte Geschwindigkeitsänderung des Fahrzeuges. Dies ist jedoch nur eine sehr grobe Beschreibung der Belastung eines Fahrzeuginsassen, weil es sich nicht etwa um einen Messwert handelt, der am Fahrzeuginsassen selbst ermittelt wird, sondern um einen Wert, der letztlich nur die Belastung des Fahrzeuges beschreibt. Für die Belastung der HWS ist nicht der Δv-Wert der Fahrgastzelle maßgeblich, sondern Beschleunigungen im Bereich des Kopfes, der Brustwirbelsäule, die Zugkräfte im Hals und dergleichen mehr.[367] Für die Messung der Belastung des Fahrzeuginsassen ist ferner die Einwirkungsrichtung von besonderer Bedeutung, da es nicht gleichgültig ist, ob die Geschwindigkeitsänderung direkt von hinten oder möglicherweise unter einem bestimmten Winkel von hinten oder von der Seite oder schräg von vorn einwirkt. In all diesen Fällen ist die Belastung der Fahrzeuginsassen grundverschieden.[368] Schließlich spielt auch die Kollisionsdauer eine Rolle, ohne dass diese bisher in der Literatur und in der Rechtsprechung problematisiert worden ist.

217 Bedeutung der **Körpergröße**: Bleibt man bei der Heckkollision, spielt zunächst die Körpergröße der Fahrzeuginsassen eine Rolle. Sie ist unbestritten ein Faktor, der für die Beurteilung einer möglichen HWS-Verletzung von Bedeutung ist. Hier spielen aber auch die Größe des Innenraums des Fahrzeuges, die Art und Einstellung der Sitze (Lehnen), die Art und Einstellung der Kopfstützen und die Körperhaltung des Insassen eine große Rolle.[369] Das gilt in besonderem Maß für die Seitenkollision,[370] wenn das Fahrzeug flach gestaltet ist und schon bei sehr geringer Belastung in Querrichtung ein Kopfanstoß erfolgen kann mit der Folge einer seitlichen Abknickung der Halswirbelsäule.

218 Bedeutung der **Sitzposition**: Auf besonderen Widerstand ist in der Literatur die Aussage des BGH gestoßen, die Sitzposition des Verletzten spiele für die Entscheidung, ob bei einem Heckaufprall im Harmlosigkeitsbereich eine HWS-Verletzung eintreten könne, eine besondere Rolle. Dabei liegt es auf der Hand, dass in Zukunft die Sitzposition zur Beurteilung der biomechanischen Belastung der Fahrzeuginsassen herangezogen werden wird.[371] Die Sitzposition kann für den Fahrzeuginsassen ungünstig, aber auch günstig sein. So hat eine Untersuchung ergeben, dass bei stark vorgebeugter Sitzposition die Belastung der HWS des Fahrzeuginsassen besonders gering sein kann.[372]

219 Eine ablehnende Haltung zur Bedeutung der Sitzposition nimmt v.a. das Orthopädische Forschungsinstitut (OFI) ein. Eine retrospektive Untersuchung dieses Instituts ist der Bedeutung der Sitzposition von Fahrzeuginsassen gewidmet.[373] Das Institut weist einleitend darauf hin, dass bereits 2002 festgestellt worden sei, dass die zur Verfügung stehende Literatur zur These der verletzungsfördernden Wirkung der »out of Position« (ooP) eher Zweifel begründe, obwohl keine neueren Publikationen zu diesem speziellen Thema vorlägen. Dies sei auch zu vereinbaren mit den Erkenntnissen aus dem Autoscooter; abweichende bzw. verdrehte Kopfhaltungen seien im Autoscooter sicherlich keine Ausnahme, dennoch werde auch nach Teilnahme im Autoscooterbetrieb nicht gehäuft über HWS-Beschwerden berichtet.

---

366 Born/Rudolf/Becke, NZV 2008, 1 (3) m.w.N. Auch Eschelbach/Geipel, NZV 2010, 481 (484) sprechen dem biomechanischen Ablauf Indizwirkung zu.

367 Born/Rudolf/Becke, NZV 2008, 1 (4).

368 Born/Rudolf/Becke, NZV 2008, 1 (4) m.w.N.

369 Born/Rudolf/Becke, NZV 2008, 1 (4).

370 Das LG Dortmund, Urt. v. 06.11.2012 – 4 S 8/11, zfs 2013, 142 hat – sachverständig beraten – hierzu festgehalten, dass es sich bei einer Seitenkollision nicht um eine Standardsituation handle. Insoweit seien aus der Literatur keine Grenzwerte bekannt, die das Vorliegen einer Verletzung wahrscheinlich machten, denn zur Seitenkollision gebe es keine entsprechend durchgeführten Versuche, die eine Aussage hierzu erlauben würden. Vielmehr sei gerade die seitlich verletzte HWS verletzungsanfälliger, da eine seitliche Ausgleichsbewegung die symmetrisch aufgebaute Haltemuskulatur, die dazu diene die Wirbelsäule gerade zu halten, stärker belaste.

371 Born/Rudolf/Becke, NZV 2008, 1 (4).

372 Born/Rudolf/Becke, NZV 2008, 1 (4) m.w.N.

373 Mazzotti/Kandaouroff/Castro, NZV 2004, 561. A.A etwa Auer/Krumbolz, NZV 2007, 273 (276).

Das OFI hat seine Erkenntnisse auf bereits vorliegende eigene interdisziplinäre Gutachten über jeweils 55 Personen – vergleichbar nach Alter und Geschlecht – mit und ohne Kopfhaltung ooP gestützt. Als ooP werden folgende Körperhaltungen genannt: 220

- Beobachtung des Querverkehrs mit deutlicher Kopfdrehung,
- Blick auf einen Insassen in gleicher Reihe,
- Blick durch die Heckscheibe,
- Blick in den toten Winkel,
- Blick auf die seitlich vom Auto befindliche Ampel und
- Blick in den fernen Fußraum in derselben Reihe.

Dagegen soll der Blick in den Innenspiegel keine »out of position« darstellen.[374]

Das OFI ist zu dem Ergebnis gekommen, dass die beiden Personengruppen keine signifikanten Unterschiede aufwiesen. In nahezu allen Fällen klagten die Probanden über Nackenschmerzen (93 % bzw. 98 %) und über Kopfschmerzen (75 % bzw. 71 %). Die Differenzgeschwindigkeit betrug in der Gruppe ooP 2–21 km/h, bei der Vergleichsgruppe 3–19 km/h. Die Autoren wollen keine signifikanten Unterschiede festgestellt haben. Selbst wenn man dieses Ergebnis respektiert, fällt doch auf, dass weit über 90 % der begutachteten Personen über Nackenschmerzen, Kopfschmerzen und/oder Bewegungsbeeinträchtigungen geklagt haben. Man hätte erwarten müssen, dass bis zu 20 % der untersuchten Personen keine Beschwerden gehabt hätten, nämlich die, bei deren Fahrzeug eine ganz geringe Differenzgeschwindigkeit von 2 oder 3 km/h oder eine nur geringfügig höhere vorgelegen hat, vertreten die Verfasser doch auch die These, dass bei geringer Differenzgeschwindigkeit ein HWS-Schleudertrauma nicht auftreten kann. Diesen Widerspruch haben sie nicht erkannt. 221

Es fällt auch auf, dass Mazzotti/Castro[375] 2 Jahre zuvor eine gegenteilige Auffassung vertreten haben, nämlich dass bei Unfällen eine abnormale Sitzposition ebenso berücksichtigt werden müsse, wie die Tatsache, dass ein Anstoß aufgrund einer überlagerten Querkomponente stattgefunden habe. Auch sonstige, potenziell die Verletzung fördernden Faktoren, die ggf. die Belastbarkeit der Halswirbelsäule im Einzelfall verringern könnten, wie z.B. Voroperationen, angeborene Anomalien, die darüber hinaus nur von einem medizinischen Sachverständigen beurteilt werden könnten, müssten berücksichtigt werden. Die Autoren kommen 2002 – im Gegensatz zur Studie aus dem Jahr 2004 – zu dem Ergebnis, dass bei herabgesetzter Belastbarkeit des Betroffenen eine Verletzung auch bereits bei geringer Differenzgeschwindigkeit möglich sei. Um im Einzelfall überhaupt beurteilen zu können, ob verletzungsfördernde Faktoren insb. vonseiten der Konstitution des Betroffenen vorliegen würden, bedürfe es immer einer medizinischen Begutachtung, da sich diese Beurteilung eindeutig dem technischen und juristischen Sachverstand entziehe. 222

Wenn aber der BGH Recht hat, dann kann das Ergebnis der retrospektiven Betrachtung der jeweils 55 bereits vorliegenden Gutachten so nicht zutreffen, weil in dieser Studie zu etwaigen verletzungsfördernden Faktoren der Untersuchten keine Feststellungen getroffen wurden. 223

Als Ergebnis bleibt: Wissenschaftlich verwertbare Untersuchungen zur Frage ooP fehlen.

Ludovisy[376] misst der Sitzposition eine erhebliche Bedeutung zu und gibt folgenden 224

▶ Praxistipp:

> Bei geringer Differenzgeschwindigkeit sollte beim Sachverständigen hinterfragt werden, ob bei der Beurteilung der Verletzungsmöglichkeiten auch der Sitzposition des Verletzten Rechnung getragen worden sei, wie es der BGH (schräg nach rechts oben gewendeter Kopf, um eine Ampel zu beobachten) vorgegeben hat.

374 KG, Urt. v. 09.05.2005 – 12 U 14/04, NZV 2005, 470.

375 Mazzotti/Castro, NZV 2002, 499. Kritisch zur abstrahierten Betrachtung einer Verletzungswahrscheinlichkeit auch OLG Karlsruhe, Urt. v. 27.06.2022 – 9 U 125/19, VersR 2022, 1163.

376 Ludovisy, ZAP, Fach 9 R, S. 245 (249).

225 Als weitere Einflussparameter für die Verletzungswahrscheinlichkeit werden genannt:[377]
- Art des Aufpralls: Heckanstoß oder Seitenkollision, Streifenberührung,
- Größe der kollisionsbedingten Geschwindigkeitsänderung – je größer, desto größer die Verletzungswahrscheinlichkeit – bei von-bis-Werten ist der untere Wert maßgeblich,[378]
- Sitzposition z.Zt. des Unfalls – vorgelehnt, zur Seite verdreht, »out of Position«,
- Kopfdrehung z.Zt. der Kollisionen – z.B. Blick zur Ampel,[379]
- Sitz- und Kopfstützenkonstruktion, Einstellung der Kopfstütze,
- Konstitution und Alter des Verletzten,
- Vorerkrankungen und Vorschädigung der HWS, z.B. durch einen früheren Unfall oder infolge degenerativer Veränderungen, Verschleißerscheinungen,
- überraschende oder erwartete Kollision,
- zeitlicher Zusammenhang zwischen Kollision und erstmaligem Auftreten von Beschwerden – je kürzer das beschwerdefreie Intervall, desto größer die Verletzungsfolgen.

226 **Heckaufprall:** Kein Gutachten über kollisionsbedingte Geschwindigkeitsänderung nötig.

Der BGH[380] hat zugleich entschieden, dass das OLG zu Recht kein Gutachten über die kollisionsbedingte Geschwindigkeitsänderung eingeholt hat, weil der Beweis des HWS-Schleudertraumas durch das medizinische Sachverständigengutachten als geführt angesehen worden sei. Wenn dieser Beweis geführt ist, kann es nicht darauf ankommen, zu welchem Δv-Wert ein unfallanalytisches oder biomechanisches Gutachten kommt. Nach der Rechtsprechung des BGH ist ein solcher – niedriger – Δv-Wert nur ein Indiz für die Beurteilung der Frage, ob der Verletzte ein Schleudertrauma erlitten hat. Dieses Indiz ist durch das medizinische Sachverständigengutachten widerlegt, sodass ein solches Gutachten den bereits geführten Beweis nicht mehr erschüttern kann.

227 Diese Rechtsprechung hat der BGH[381] bestätigt und zur Frage der tatrichterlichen Überzeugungsbildung über die Kausalität für eine HWS-Verletzung bei einer Frontalkollision innerhalb der Harmlosigkeitsgrenze ergänzt. Erneut hat er die sog. Harmlosigkeitsgrenze als ungeeignet bezeichnet, um eine Verletzung der HWS trotz entgegenstehender konkreter Hinweise auf eine entsprechende Verletzung generell auszuschließen. Dass bei einem Zusammenstoß im Frontbereich andere Erkenntnisse gelten müssten als bei einem Heckanstoß, hat er nicht gesehen und erneut betont, dass gesicherte medizinische Erkenntnisse dahin gehend fehlten, dass HWS-Verletzungen bei Unfällen mit niedriger Anstoßgeschwindigkeit bei einem Frontalzusammenstoß sehr unwahrscheinlich oder gänzlich unmöglich seien. Die kollisionsbedingte Geschwindigkeitsänderung durch den Zusammenstoß zweier Fahrzeuge sei nicht die einzige Ursache eines HWS-Syndroms, vielmehr seien hierfür eine Reihe weiterer gewichtiger Faktoren ausschlaggebend, etwa die konkrete Sitzposition des Fahrzeuginsassen oder auch die unbewusste Drehung des Kopfes. Gleiches dürfte daher auch für die Seitenkollision gelten.[382]

228 **Frontalaufprall:** Auch in dieser Entscheidung hat er nicht gefordert, ein unfallanalytisches oder biomechanisches Gutachten einzuholen, weil bereits bewiesen war, dass der Unfall geeignet war, eine

377 Vgl. dazu auch Burmann/Heß, NZV 2008, 481(482).

378 OLG Köln, Urt. v. 02.03.2004 – 9 U 188/00, SP 2004, 261.

379 BGH, Urt. v. 28.01.2003 – VI ZR 139/02, VersR 2003, 474 = NJW 2003, 1116.

380 BGH, Urt. v. 08.07.2008 – VI ZR 274/07, VersR 2008, 1126.

381 BGH, Urt. v. 08.07.2008 – VI ZR 274/07, VersR 2008, 1126; zu dieser Entscheidung: Burmann/Heß, NZV 2008, 481.

382 Das LG Dortmund zfs 2013, 142 (4 S 8/11) hat – sachverständig beraten – hierzu festgehalten, dass es sich bei einer Seitenkollision nicht um eine Standardsituation handle. Insoweit seien aus der Literatur keine Grenzwerte bekannt, die das Vorliegen einer Verletzung wahrscheinlich machten, denn zur Seitenkollision gebe es keine entsprechend durchgeführten Versuche, die eine Aussage hierzu erlauben würden. Vielmehr sei gerade die seitlich verletzte HWS verletzungsanfälliger, da eine seitliche Ausgleichsbewegung die symmetrisch aufgebaute Haltemuskulatur, die dazu diene die Wirbelsäule gerade zu halten, stärker belaste.

HWS-Verletzung herbeizuführen. Diesen Beweis hatte das Berufungsgericht durch Bekundungen der verletzten Zeugin und des behandelnden Arztes als geführt angesehen. Erneut hat er betont, dass ein Sachverständiger für Unfallanalyse und Biomechanik nicht über die medizinische Fachkompetenz verfügt, auf die es letztlich für die Frage der Ursächlichkeit des Unfalls für die geklagten Beschwerden ankommt.

Die Entscheidungen des BGH lassen sich wie folgt zusammenfassen: 229
- Es gibt keine Harmlosigkeitsgrenze, die das Entstehen eines HWS-Schleudertraumas ausschließt.
- Es gibt keine kollisionsbedingte Geschwindigkeitsänderung, unter der eine HWS-Verletzung absolut auszuschließen ist.
- Wichtige internationale Literatur wird von den Befürwortern einer Harmlosigkeitsgrenze schlicht ignoriert.
- Es wird übersehen, dass die Frage, ob jemand durch einen Unfall (an der HWS) verletzt worden ist oder nicht, von ganz anderen Parametern abhängt als nur von der kollisionsbedingten Geschwindigkeitsänderung.

Bei Beantwortung der Frage nach der haftungsbegründenden Kausalität können folgende Umstände Berücksichtigung finden: 230
- Befunde des erstbehandelnden Arztes,
- der enge zeitliche Zusammenhang zwischen dem Unfall und den Beschwerden,[383]
- Vorhandensein oder Fehlen von Vorerkrankungen,[384]
- der Ausschluss anderer Ursachen.[385]

▶ Hinweis:

Daraus folgt: Der BGH hat entschieden, dass medizinische Fragen auch medizinisch beantwortet werden müssen. Entsprechend hat das BSG[386] festgehalten, dass ein Gericht regelmäßig wissenschaftliche Publikationen nicht zur eigenen Beurteilung, sondern zur kritischen Überprüfung von Gutachten nutzen kann und es, will es (ausnahmsweise) eigene Sachkunde bei der Beurteilung eines medizinischen Sachverhalts berücksichtigen, den Beteiligten darlegen muss, worauf diese Sachkunde beruht und was sie beinhaltet, damit diese Stellung nehmen und ihre Prozessführung darauf einrichten können. 231

Nachdem nun feststeht, dass sich bei der Kausalitätsfrage eine pauschale Anwendung der Harmlosigkeitsgrenze verbietet, werden die Tatsacheninstanzen diese Frage künftig mit medizinischen Gutachten unter Berücksichtigung aller medizinischen Anknüpfungstatsachen zu klären haben. Der Einholung von Gutachten, die die kollisionsbedingte Geschwindigkeitsänderung bestimmen, bedarf es dazu nicht. Sollten derartige Gutachten vorliegen, können sie nicht den Vorzug vor medizinischen Gutachten erhalten.

383 OLG Düsseldorf, Urt. v. 30.11.2010 – 1 U 99/09, unveröffentlicht: »Die Bedenken des Landgerichts, die Beschwerden seien unspezifisch, sie könnten auch nicht unfallbedingt aufgetreten sein, sind angesichts dieser Umstände wenig überzeugend, zumal das Landgericht offenlässt, weshalb sonst solche Beschwerden erstmals einen Tag nach dem Unfall aufgetreten sind. Eine andere plausible Ursache als eine Folge des Unfalls ist nicht ersichtlich.«.

384 OLG Düsseldorf, Urt. v. 30.11.2010 – 1 U 99/09, unveröffentlicht: »Für die Annahme einer unfallbedingten Verletzung spricht zunächst deutlich, dass die Klägerin vor dem Unfall keine Beschwerden ... hatte«.

385 Beim »Ausschlussverfahren« durch Ausschalten sonstiger denkbarer Ursachen für die beklagten Beschwerden ist aber wegen der Vielzahl denkbarer Alternativursachen Vorsicht geboten, Eschelbach/Geipel, NZV 2010, 481 (484).

386 BSG, Urt. v. 18.01.2011 – B 2 U 5/10 R, UR-Recht aktuell 2011, 493.

232 Symptome eines HWS-Schleudertraumas:

Es entspricht medizinischer Erkenntnis, dass viele Betroffene in zeitlicher Nähe auch zu einem milden Schleudertrauma erstmals eine Vielzahl unspezifischer Symptome entwickeln, die zudem im zeitlichen Verlauf individuell ausgeprägt und kombiniert sind. Beispielhaft sind:
- Muskelhartspann in der Schulter-Nacken-Region,
- diffuse Schmerzausstrahlung in Hinterhaupt, BWS und Schulter-Arm-Bereich,
- Schluckbeschwerden, »Kloßgefühl«,
- Sehstörungen,
- Schwindelgefühl,
- Hörstörungen (einschließlich Rauschen und »Wattegefühl«), Tinnitus,
- Übelkeit,
- Schlafstörungen,
- Vigilanzstörungen, Konzentrationsschwierigkeiten.

Zum schlüssigen Vortrag genügt insoweit die Darlegung der Verletzungen, möglicherweise noch unter Vorlage hausärztlicher Berichte und dem Beweisantritt eines Sachverständigengutachtens; etwaige Widersprüche in den Attesten sind auf der Beweisebene zu klären.[387]

233 Ein allgemein akzeptiertes, medizinisch-inhaltliches Verständnis für diese unbestrittene Symptombildung und ihre variable Dauer und Intensität fehlt bisher.

a) Gegen den BGH: Abwehrhaltung in Literatur und Rechtsprechung

234 Auch nach diesen BGH-Entscheidungen und vielfacher Anerkennung in der Literatur ist nicht zu erwarten, dass die Rechtsprechung generell die Theorie der Harmlosigkeitsgrenze aufgeben wird. Zu bequem ist doch der Weg, der u.a. vom 6. Zivilsenat des OLG Hamm[388] seit vielen Jahren extensiv beschritten wurde.

235 Liest man die nach der BGH-Entscheidung ergangenen instanzgerichtlichen Entscheidungen, stellt man fest, dass der BGH die Betrachtungsweise und den Umgang der Richter mit HWS-Verletzungen nicht verändert, sondern – wie Eggert[389] bereits vermutet hat – nur verfeinert hat. Viele Gerichte bleiben dabei, dass allein dem unfallanalytischen Gutachten Bedeutung beigemessen wird. Weist es eine kollisionsbedingte Geschwindigkeitsänderung Δv </= 15 km/h aus, wird pro forma ein medizinisches Gutachten eingeholt, um sodann zu entscheiden, dass wegen der festgestellten geringen Geschwindigkeitsänderung ein Schleudertrauma mit an Sicherheit grenzender Wahrscheinlichkeit ausgeschlossen werden kann.

236 Nur beispielhaft seien zwei Entscheidungen genannt, die vorgeben, dem BGH zu folgen:

aa) Logikfehler werden in Kauf genommen

237 Liegt ein unfallanalytisches Gutachten vor, wird der Mediziner nur noch eingeschaltet, um dem Anspruch des BGH Genüge zu tun. Der Logikfehler, der darin liegt, dass der Mediziner seine medizinische Beurteilung mit dem Ergebnis des unfallanalytischen Gutachtens begründet, wird nicht erkannt.

Wozu soll dann das medizinische Gutachten dienen? Wenn für das Gericht und den (ständig vom Gericht beauftragten) Sachverständigen (vielfach DEKRA) klar ist, dass bei geringer Differenzgeschwindigkeit ein HWS-Schleudertrauma nicht auftreten kann, bedarf es des medizinischen Gutachtens nicht, dann reicht (wie bisher) ein unfallanalytisches Gutachten.

---

387 BGH, Beschl. v. 16.02.2016 – VI ZR 428/15, SP 2016, 402.

388 Nach dem Ausscheiden des früheren Vorsitzenden des 6. Zivilsenats des OLG Hamm hat der Senat unter neuem Vorsitz diese Rspr. unverändert beibehalten.

389 Eggert, Verkehrsrecht aktuell 2004, 204 (205).

Die BGH-Entscheidung hat die Rechtsprechung zum Schleudertrauma vielfach nicht geändert, sondern nur die Begründungen. 238

bb) Atteste des erstbehandelnden Arztes sind meist unbeachtlich – notfalls: Flucht in die Bagatelle

Nur wenige Gerichte messen einem ärztlichen Attest ernsthaft Bedeutung zu.[390] Das OLG Brandenburg[391] misst der ärztlichen Diagnose einen gewissen Beweiswert zu, wenn diese unverzüglich nach dem Unfall getroffen wurde und wenn der Verletzte zuvor beschwerdefrei war. 239

Noch einfacher lassen sich Klagen von Unfallopfern abweisen, wenn die medizinischen Erkenntnisse insb. des erstbehandelnden Arztes unberücksichtigt bleiben. 240

Der Beweiswert ärztlicher Bescheinigungen über HWS-Verletzungen ist gering, wenn es sich bei den dokumentierten Befunden lediglich um subjektive Beschwerden des Unfallgeschädigten wie Übelkeit, Kopfschmerzen und Bewegungseinschränkungen handelt.[392]

Das gilt z.B. auch für das AG Böblingen,[393] das festgestellt hat, dass die Diagnose des behandelnden Arztes allein auf den Angaben der Klägerin beruhe. Angesichts der festgestellten Beschleunigungswerte von 5–7 km/h könne die Klägerin bei dem Unfall nur geringfügig verletzt worden sein, sodass ihr Wohlbefinden allenfalls nur kurzfristig unerheblich beeinträchtigt gewesen sei. In diesen Fällen, in denen eine Bagatellschwelle nicht überschritten sei, entfalle ein Anspruch auf Schmerzensgeld. 241

In einer anderen Entscheidung befindet das AG Böblingen,[394] dass die subjektiven Befunde zwar nicht von vornherein ungeeignet seien, als Folge eines HWS-Schleudertraumas angesehen zu werden. Für sich alleine seien sie jedoch bei geringer Differenzgeschwindigkeit nicht geeignet, den dem Kläger obliegenden Beweis zu führen. 242

Das LG Berlin[395] wertet dagegen einen Auffahrunfall wegen einer nur geringen Differenzgeschwindigkeit der Einfachheit halber als Bagatelle, mit der Folge, dass eine Belastungsreaktion des Unfallopfers als unangemessene Überreaktion anzusehen sei. Der Anlass sei für das Erleiden eines psychischen Schadens zu geringfügig gewesen. Damit ist es aller Sorgen um eine vertiefte Begründung enthoben. Und wenn sich eine Bagatelle nicht begründen lässt, weist ein Gericht die Klage ab, weil doch einiges dafür spreche, dass für die Beschwerden nicht der Verkehrsunfall verantwortlich war, sondern eine der **leider nicht ganz unüblichen Schwindeleien** mit einer HWS-Verletzung nach einem Unfall.[396] 243

Dennoch kann Attesten und Berichten von erstbehandelnden Ärzten nicht pauschal jeglicher Beweiswert abgesprochen werden. Auch wenn sie insb. vor dem Hintergrund, dass der Arzt nicht primär als Gutachter, sondern als Therapeut tätig geworden ist, grds. einer kritischen Prüfung unterliegen,[397] muss der Tatrichter aufklären, ob das Attest auf eigenen objektivierbaren Feststellungen beruht und ob der Arzt die Angaben des Patienten für glaubhaft gehalten hat oder, ob er lediglich die Angaben des Geschädigten ungeprüft übernommen hat.

390 Beispielhaft KG, Beschl. v. 03.12.2009 – 12 U 232/08, NZV 2010, 624: Ärztliche Atteste haben keinen Beweiswert.

391 OLG Brandenburg, Urt. v. 15.01.2004 – 12 U 117/03, VersR 2005, 237.

392 AG Berlin-Mitte, Urt. v. 01.02.2009 – 25 C 3062/09, SP 2010, 114.

393 AG Böblingen, Urt. v. 27.07.2004 – 11 C 1450/04, SP 2005, 272.

394 AG Böblingen, Urt. v. 10.01.2005 – 19 C 2735/04, SP 2005, 412.

395 Vgl. LG Berlin, Beschl. v. 04.04.2005 – 58 S 54/05, SP 2005, 229; so auch AG Böblingen, Urt. v. 27.07.2004 – 11 C 1450/04, SP 2005, 272.

396 AG Berlin-Mitte, Urt. v. 16.08.2004 – 113 C 3366/02, SP 2005, 122.

397 Vgl. Lemcke, NZV 1996, 337; Mazzotti/Castro, NZV 2002, 499; Jaeger, VersR 2006, 1611; Mazzotti/Castro, NZV 2008, 113.

244 Auch der BGH[398] sieht in einem ärztlichen Attest kein Standardbeweismittel, mit dem sich in jedem Fall eine HWS-Verletzung beweisen lasse. Er erkennt aber an, dass mit dem Zusammenspiel von Zeitablauf, Zeugenaussagen und ärztlichen Untersuchungen der Beweis der HWS-Verletzung durchaus geführt werden kann. Beweiswert kommt einmal dem engen zeitlichen Zusammenhang zwischen dem Unfall und dem Auftreten der Beschwerden zu, erst recht, wenn das Unfallopfer bis zum Unfall beschwerdefrei gewesen ist, was i.d.R. leicht bewiesen werden kann. Auch den Angaben des Verletzten ggü. dem erstbehandelnden Arzt kann Beweiswert zukommen. Der Arzt muss dies alles nur sorgfältig dokumentieren, insb. die Feststellungen – etwa eine eingeschränkte Rotation der HWS oder zur Beweglichkeit des Halses –, die er aufgrund eigener medizinischer Untersuchungen getroffen hat. Dies gilt auch für Tastbefunde von Verspannungen im Nackenbereich. Liegen solche Erkenntnisse vor, kann der Nachweis der HWS-Verletzung ohne Weiteres als geführt angesehen werden.

cc) Vorhandene Gesundheitsstörungen des Verletzten

245 Betrachtet man das dritte Argument des BGH, dass auch vorhandene Gesundheitsstörungen des Verletzten eine Rolle spielen können, wird dieses in der Rechtsprechung teilweise positiv aufgenommen.

Beispielhaft ist insoweit eine Entscheidung des OLG Stuttgart,[399] das nach Anhörung eines medizinischen Sachverständigen und des Unfallopfers zu dem Ergebnis kommt, dass eine beim Verletzten vorhandene unfallunabhängige Schadensanlage im LWS-Bereich ausreichen kann, durch eine bloße Schonhaltung eine muskuläre Dysbalance auszulösen, die zu Beschwerden führt.

246 Auch das OLG Schleswig,[400] das herausstellt, die BGH-Rechtsprechung zu befolgen, berücksichtigt eine beim Verletzten vorhandene Schadensanlage, meint aber, dass die auf einer Prädisposition beruhende, endgültige Fehlverarbeitung eines relativ harmlosen Unfallgeschehens eine Kürzung der Ansprüche um 50 % rechtfertige. Dabei sieht das OLG Schleswig, dass nach der ständigen Rechtsprechung des BGH den Schädiger die volle Haftung für seelisch bedingte Folgeschäden trifft, wenn der Unfall der Auslöser für die pathologische Entwicklung war. Die Kürzung beruht auf der durch nichts belegbaren Feststellung, dass eine psychische Fehlentwicklung früher oder später auch ohne den Unfall aufgetreten wäre.

247 Das OLG Düsseldorf[401] kürzt bei erwiesener Distorsion der HWS das Schmerzensgeld von an sich für berechtigt gehaltenen 3.800,00 € auf 2.000,00 €, weil bei der Klägerin unfallunabhängig ein degenerativer Verschleiß der HWS vorgelegen habe. Der 1. Zivilsenat des OLG Düsseldorf weiß, dass nach der ständigen Rechtsprechung des BGH der Schädiger in vollem Umfang schadensersatzpflichtig ist, wenn der Unfall für den Folgeschaden kausal ist. Unter dem Gesichtspunkt, dass die Klägerin nur Anspruch auf ein angemessenes Schmerzensgeld habe, das zudem nach Billigkeitsgesichtspunkten zu bemessen sei, sei es gerechtfertigt, das Schmerzensgeld auf einen Betrag zu kürzen, der etwas mehr als die Hälfte dessen ausmache, was der Klägerin ohne Vorschäden zugestanden hätte.

248 Das OLG Saarbrücken[402] billigt dem Verletzten trotz vorgeschädigter Wirbelsäule das volle Schmerzensgeld zu. Das Gericht stellte fest, dass der Kläger unfallbedingt ein HWS-Schleudertrauma 1. Grades erlitt und dass vor dem Unfall bereits degenerative Veränderungen der Wirbelsäule vorlagen. Die Beweisaufnahme ergab, dass der Kläger vor dem Unfall keine Beschwerden hatte, dass die Veränderungen der Wirbelsäule »klinisch stumm« waren. Der Senat verneinte eine Herabsetzung des Schmerzensgeldes, weil eine sichere Aussage darüber, ob und wann der stumme Bandscheibenvorfall ohne das Unfallereignis aktiviert worden wäre, nicht möglich sei. Der 4. Senat des OLG Saar-

398 BGH, Urt. v. 08.07.2008 – VI ZR 274/07, VersR 2008, 1126 (1128); krit. zum Beweiswert eines ärztlichen Attestes auch Mazotti/Castro, NZV 2008, 113 (114).
399 OLG Stuttgart, Urt. v. 05.10.2004 – 1 U 59/04, NZV 2004, 582.
400 OLG Schleswig, Urt. v. 02.06.2005 – 7 U 124/01, OLGR 2006, 5.
401 OLG Düsseldorf, Urt. v. 29.03.2005 – 1 U 176/03, unveröffentlicht.
402 Vgl. OLG Saarbrücken, Urt. v. 25.01.2005 – 4 U 72/04, SP 2005, 268.

brücken hält es auch für möglich, die Überzeugung von der Wahrheit des Vorbringens des Klägers aus der Glaubhaftigkeit und Plausibilität des Klagevortrages zu gewinnen.[403]

So schließt sich der Kreis. Der BGH hat den Instanzgerichten Vorgaben gemacht, die diese scheinbar beachten, in Wirklichkeit aber häufig unterlaufen. Ob die Argumente der Instanzgerichte logisch sind, spielt gelegentlich keine Rolle. Die Feststellungen des erstbehandelnden Arztes werden häufig im Wege vorweggenommener Beweiswürdigung als allein auf den Angaben des Verletzten beruhend abgetan. Eggert[404] hat Recht: Von der Rechtsprechung wird eine Hürde aufgebaut, die der Verletzte jedenfalls in den Fällen niedriger Differenzgeschwindigkeit nicht überwinden kann. 249

b) Indizwirkung der Differenzgeschwindigkeit

Dabei soll nicht geleugnet werden, dass bei geringer Differenzgeschwindigkeit durchaus bezweifelt werden kann, dass beim Verletzten ein HWS-Schleudertrauma aufgetreten ist. Es darf nicht der Eindruck entstehen, als sei die Differenzgeschwindigkeit bedeutungslos für die Beurteilung der Frage, ob ein HWS-Schleudertrauma vorliegt. 250

Die Indizwirkung der Differenzgeschwindigkeit kann in zwei Richtungen gehen: 251

Ist die Differenzgeschwindigkeit > 15 km/h, kann dies ein Indiz für eine unfallbedingte Verletzung sein,[405] dann greift u.U. sogar ein Anscheinsbeweis zugunsten des Verletzten ein.

Umgekehrt kann eine geringe Differenzgeschwindigkeit indiziell gegen eine Verletzung sprechen.[406]

Das bedeutet aber nicht, dass der Verletzte nicht die Möglichkeit hätte, diese indizielle Wirkung durch Zeugnis des behandelnden Arztes und durch Zeugen aus seinem Umfeld zu widerlegen. 252

Nach Eggert[407] gibt es keinen Anscheinsbeweis dahin, dass unter bestimmten Umständen eine HWS-Verletzung ursächlich auf einen Unfall zurückzuführen ist.[408] Umgekehrt könne eine HWS-Verletzung als Unfallfolge nicht qua Anscheinsbeweis ausgeschlossen werden, etwa bei einer Kollision im Harmlosigkeitsbereich. Für Heckkollisionen soll nach Eggert aber der Satz gelten: Ein gesunder Erwachsener, normale Sitzhaltung im Zeitpunkt der Kollision vorausgesetzt, könne eine kollisionsbedingte Geschwindigkeitsänderung bis zu 10 km/h problemlos ohne Verletzungsfolgen tolerieren. Mithilfe dieser Erkenntnis werde in der Rechtsprechung eine Hürde aufgebaut, die der Kläger nur bei nachgewiesenen Sonderfaktoren – Schadensanlage, atypische Sitz-/Kopfposition – überwinden könne, ihn zumeist aber scheitern lasse. 253

Eggert[409] sieht folgende Nachweismöglichkeiten für den Verletzten, wenn es keinen sichtbaren, objektiven Befund einer HWS-Verletzung gibt: 254

- unfallanalytisches Gutachten zur biomechanischen Belastung,
- ärztliches Gutachten – Orthopädie, Unfallchirurgie, Neurologie, Psychologie,
- Zeugenaussagen – Fahrzeuginsassen, Angehörige/Bekannte/Kollegen,
- Feststellungen des Hausarztes bzw. behandelnder Ärzte – Atteste und Arztberichte,
- Hausarzt bzw. behandelnde Ärzte als sachverständige Zeugen,
- Fotos vom Unfallfahrzeug,
- Parteianhörung nach den §§ 141, 287 ZPO – Parteivernehmung nach § 448 ZPO.

---

403 OLG Saarbrücken, Urt. v. 08.06.2010 – 4 U 468/09, NJW-RR 2011, 178.
404 Vgl. Eggert, Verkehrsrecht aktuell, 2004, 204 (205).
405 KG, Urt. v. 12.02.2004 – 12 U 219/02, NZV 2004, 460.
406 In diese Richtung OLG Düsseldorf, Urt. v. 12.04.2011 – 1 U 151/10, NJW-Spezial 2011, 331, welches bei einer Geschwindigkeitsänderung von bis zu 5 km/h das Hinzutreten weiterer Indizien fordert, die auf eine Verletzung hindeuten.
407 Eggert, Verkehrsrecht aktuell, 2004, 204 (205).
408 A.A. KG, Urt. v. 12.02.2004 – 12 U 219/02, NZV 2004, 460: ab > 15 km/h.
409 Eggert, Verkehrsrecht aktuell, 2004, 204 (206).

255 Der Verletzte ist auch bei entsprechenden Bekundungen der Zeugen und des behandelnden Arztes dennoch nicht auf der sicheren Seite.

256 **Die entscheidende Frage für den Nachweis eines HWS-Syndroms ist, ob der ärztliche Befund ausreichend in einem Attest objektiviert worden ist.** Das Attest darf sich (natürlich) nicht in einer ungeprüften Übernahme der Angaben des Patienten erschöpfen, sondern muss eigenständige Feststellungen enthalten. Mit einem solchen Attest kann der Nachweis des HWS-Syndroms geführt werden.[410]

257 Diese Auffassung vertritt auch Müller,[411] die das Ergebnis einer medizinischen Erstuntersuchung durchaus für bedeutsam hält, allerdings nur als eines von mehreren Indizien, das regelmäßig allein zum Nachweis des Ursachenzusammenhangs zwischen Unfall und HWS-Schaden nicht ausreichen wird, zumal eine solche Verletzung erfahrungsgemäß oft nur vorsorglich bescheinigt wird.

258 Dennoch wird der BGH bei einer Überzeugungsbildung des Tatrichters aufgrund eines ärztlichen Attestes diese Feststellung zu akzeptieren haben. Erforderlich ist nur, dass der erstbehandelnde Arzt sorgfältig begründet und sich mit den Angaben des Verletzten kritisch auseinandersetzt. So hat das OLG Düsseldorf[412] ausdrücklich festgestellt, dass die bei der Erstuntersuchung des Verletzten erhobenen medizinischen Befunde nicht einfach als nicht objektivierbare Angaben marginalisiert werden dürften. Eine leichte Distorsionsbeeinträchtigung der HWS dürfe differenzialdiagnostisch nicht allein aufgrund der Tatsache ausgeschlossen werden, weil sich in einem bildgebenden Verfahren kein morphologisches Korrelat für eine Verletzung finde. Druckschmerzangaben des Verletzten dürften nicht unberücksichtigt bleiben, weil ein Facharzt unterscheiden könne, ob es sich lediglich um eine subjektive Angabe des Untersuchten handele oder um die in der klinischen Untersuchung feststellbare Befundkonstellation eines HWS-Schleudertraumas, wenn kein Verdacht in Richtung einer Simulation oder Aggravation besteht.

3. Einzelne Entscheidungen

259 Dennoch versuchen zahlreiche Gerichte den Beweiswert eines ärztlichen Attestes auszuhebeln. Soweit sie Schmerzensgeldansprüche mit der Begründung ablehnen, dem Geschädigten obliege die Beweislast für das HWS-Schleudertrauma, verweisen sie darauf, dass ein **ärztliches Attest**, das die Diagnose »HWS-Schleudertrauma« enthält, allein nicht ausreiche. Ein solches Attest verschaffe keine Gewissheit über das Vorliegen einer solchen Verletzung, wenn es auf der Schilderung des Verletzten beruhe, die behaupteten Schäden nicht objektivierbar seien und die Umstände des Falles und der Unfallablauf (leichter Auffahrunfall, Geschwindigkeitsänderung zwischen < 11 – > 5 km/h) eher gegen eine solche Verletzung sprächen.[413]

---

410 Diel in Anm. zu LG Lüneburg, Urt. v. 22.10.2002 – 6 S 119/02, ZfS 2003, 123.

411 Müller, ZfS 2005, 54 (59).

412 OLG Düsseldorf, Urt. v. 29.08.2005 – 1 U 11/05, unveröffentlicht.

413 Die Attestierung einer HWS-Verletzung und die Einleitung der Behandlung durch den Hausarzt reichen nicht: AG Bielefeld, Urt. v. 09.11.2001 – 5 C 915/00, SP 2002, 418 f.; ein ärztliches Attest, das nur die vom Patienten geschilderten Beschwerden wiedergibt, ist ohne Beweiswert: OLG Stuttgart, Urt. v. 19.03.1999 – 2 U 150/98, SP 1999, 232; OLG Hamm, Urt. v. 13.01.2000 – 6 U 39/99, SP 2000, 338; LG Berlin, Urt. v. 29.04.2002 – 58 S 315/01, SP 2002, 272; AG Berlin-Mitte, Urt. v. 09.11.1998 – 103 C 266/98, SP 2000, 49; ärztliche Atteste sind als Beleg für eine Gesundheitsbeschädigung i.S.e. strukturellen Veränderung wertlos: OLG Frankfurt am Main, Urt. v. 16.12.1998 – 23 U 55/98, ZfS 1999, 516; ebenso LG Berlin, Urt. v. 20.11.2000 – 58 S 7/00, ZfS 2001, 108; LG Stralsund, Urt. v. 30.06.2000 – 5 O 72/99, DAR 2001, 368; AG Gummersbach, Urt. v. 16.08.2001 – 2 C 724/00, SP 2002, 15; AG Düsseldorf, Urt. v. 09.07.2001 – 58 C 17116/00, SP 2002, 14; geradezu prophetische Gaben hatte das OLG Hamm, Urt. v. 18.10.1994 – 27 U 101/94, DAR 1995, 76; ebenso nach sachverständiger Beratung der 9. Zivilsenat des OLG Hamm, Urt. v. 21.10.1994 – 9 U 85/94, DAR 1995, 74 = OLGR 1995, 15; OLG Frankfurt am Main, Urt. v. 22.01.1999 – 24 U 61/97, r+s 2001, 65; ähnlich OLG Hamm, Urt. v. 02.07.2001 – 13 U 224/00, SP 2002, 11 = r+s 2002, 371;

Das **OLG Hamburg**[414] meinte, es erschließe sich dem erkennenden Einzelrichter nicht, wie ein Arzt aufgrund bloßer Mitteilungen des Patienten »sowie dessen Untersuchung« solle feststellen können, ob beklagte Beschwerden und festgestellte Diagnosen ggf. unfallbedingt, bzw. auf »einen bestimmten« Unfall zurückzuführen seien. Dieser Richter hätte den Arzt anhören sollen, vielleicht hätte es sich ihm dann erschlossen. 260

Weiterführend ist die Entscheidung des LG Lübeck,[415] das ausdrücklich feststellt, dass eine Verletzung im medizinischen Sinn nicht gegeben sein müsse, um nach einem Auffahrunfall einen Eingriff in die körperliche Befindlichkeit anzunehmen. Es sieht den Nachweis des HWS-Syndroms als geführt, wenn der Geschädigte den Arzt aufsucht, dieser 261

- eine eingeschränkte Beweglichkeit der HWS, Muskelverspannungen und Druckschmerz feststellt und wenn
- sich der Geschädigte zwölf krankengymnastischen Anwendungen unterzogen und
- vier Arztbesuche auf sich genommen hat.

Dabei kann es durchaus ausreichen, wenn der Verletzte erst binnen 24 Std. einen Arzt aufsucht, denn ein erst nach Stunden auftretender Bewegungsschmerz bzw. eine erst dann auftretende Bewegungsbeeinträchtigung oder -unfähigkeit kann typisch sein für das Vorliegen eines HWS-Syndroms.[416]

Das **KG**[417] verneint einen Anscheinsbeweis für ein HWS-Schleudertrauma bei einer Geschwindigkeit < 15 km/h und folgt einem Sachverständigen, der unter Berücksichtigung der Sitzposition der Verletzten die vorliegenden Informationen umfassend ausgewertet und neue fachwissenschaftliche Erkenntnisse und Veröffentlichungen zum HWS-Syndrom berücksichtigt habe. Dass diese Erkenntnis nicht richtig ist, hat Müller[418] im Einzelnen ausgeführt. 262

Vorzuziehen ist die Auffassung der Gerichte, die die Diskussion über die zur Auslösung eines HWS-Traumas erforderliche Aufprallgeschwindigkeit als derzeit noch nicht abgeschlossen bezeichnen, da es naturwissenschaftlich nicht feststehe, dass ein Aufprall mit einem Geschwindigkeitsunterschied von unter 10 oder 15 km/h nie ein HWS-Trauma hervorrufen könne.[419] 263

Zugunsten einer Verletzten entschied das OLG Hamm,[420] das den Lebensgefährten der Klägerin und diese selbst anhörte, die Aussagen als glaubhaft ansah und einige ärztliche Feststellungen ausreichen ließ, um den Nachweis der Beschwerden als geführt anzusehen. Insb. ließ es sich nicht dadurch beeindrucken, dass ein direkter Nachweis knöcherner oder ligamentärer Verletzungen der HWS fehlte, weil es nicht gesichert erscheine, dass die Folgen eines HWS-Beschleunigungstraumas sich binnen einer Frist von wenigen Monaten bis zu einem Jahr zurückgebildet haben müssten und dass darüber hinausgehende Schäden nur dann als Unfallfolgen zu akzeptieren seien, wenn es sich um ein Trauma 3. Grades handele, d.h. um solche Verletzungen, die auf normalen Röntgenaufnahmen sichtbar seien. Das OLG Düsseldorf hat es als ein Indiz für eine HWS-Verletzung genügen lassen, dass der Verletzte – ein selbstständiger Fahrlehrer – über sechs Wochen bei der Arbeit ausgefallen war: Es liege bereits nach der Lebenserfahrung fern, dass der Kläger aus Anlass eines Unfalls eine 264

---

demgegenüber reicht demselben 13. Zivilsenat das ärztliche Attest bei einer Schulterverletzung aus, OLG Hamm, Urt. v. 28.02.2001 – 13 U 191/00, SP 2001, 377. Sämtliche Beweisantritte blockte das AG Oberhausen ab: AG Oberhausen, Urt. v. 28.04.2004 – 31 C 3176/03, SP 2005, 50.

414 OLG Hamburg, Urt. v. 03.04.2002 – 14 U 168/01, OLGR 2003, 6.

415 LG Lübeck, Urt. v. 08.06.2000 – 1 S 19/00, ZfS 2000, 436.

416 LG Braunschweig, Urt. v. 18.11.1998 – 2 S 64/98, DAR 1999, 218.

417 KG, Urt. v. 27.02.2003 – 12 U 8408/00, KGR 2003, 156.

418 Müller, VersR 2003, 1 (4).

419 LG Offenburg, Urt. v. 16.07.2002 – 1 S 169/01, ADAJUR-Archiv Dok. 51921; LG Bonn, Urt. v. 01.08.2002 – 6 S 408/00, DAR 2003, 72; AG Hanau, Urt. v. 19.03.1998 – 34 C 3401/97 – 14, ZfS 1998, 376; AG Köln, Urt. v. 11.06.2001 – 262 C 310/99, ADAJUR-Archiv Dok. 46260; AG Passau, Urt. v. 30.10.2002 – 18 C 1547/01, ADAJUR-Archiv Dok. 52619.

420 OLG Hamm, Urt. v. 09.09.1993 – 6 U 58/89, NZV 1994, 189.

Verletzung vortäusche, die ihn dazu zwinge, auf eigene Kosten Aushilfskräfte einzustellen. Allein die »vage Aussicht, von der gegnerischen Haftpflichtversicherung später ein Schmerzensgeld und ggf. Ersatz der Kosten für die Aushilfskräfte zu erlangen«, lege eine solche Verhaltensweise nicht nahe.[421]

265 In jüngerer Zeit wird die Frage diskutiert, ob Unfallopfer mithilfe eines **neurootologischen Gutachtens**[422] den Nachweis führen können, dass infolge des Unfalls eine Verletzung eingetreten ist. Mit einem solchen Beweisantrag wird ein Unfallopfer künftig kaum Erfolg haben, nachdem das OLG Hamm[423] ein solches Gutachten vollmundig als ungeeignetes Beweismittel bezeichnet hat. Der vom OLG Hamm angehörte Orthopäde hatte dem Gericht erläutert, dass es sich bei der Neurootologie »bestenfalls um einen medizinischen Wissenschaftszweig handele, der noch in den Kinderschuhen und am Beginn der Forschung stecke«, eine Meinung, die von Neurologen und HNO-Ärzten auf Fachkongressen geteilt werde. Das OLG München[424] verneint die Tauglichkeit eines neurootologischen Gutachtens für den Nachweis der Ursächlichkeit eines Unfalls für einen Tinnitus, und das OLG Schleswig verneint die Eignung eines neurootologischen Gutachtens für den Nachweis einer Primärverletzung, weil die Neurootologie bereits eine Verletzung voraussetze.[425]

266 Andere AG, die einen Schmerzensgeldanspruch zusprechen, argumentieren im Wesentlichen dahin gehend, dass nach einem Auffahrunfall durch einen Arzt Beschwerden festgestellt werden müssen, z.B.
- Nackenmuskulatur druckschmerzhaft,
- endgradige Bewegungseinschränkung der HWS.

267 Ist dies der Fall, kann von der Ursächlichkeit des Auffahrunfalls für die Gesundheitsbeeinträchtigung ausgegangen werden.[426]

268 Das OLG Bamberg[427] führt im LS aus: Die Kausalität eines Unfalls für ein ärztlich diagnostiziertes HWS-Schleudertrauma steht fest, wenn im ärztlichen Attest des Durchgangsarztes vom Unfalltag unter Diagnose »HWS-Distorsion« eingetragen wird sowie ein verschreibungspflichtiges Medikament als auch das Tragen einer Schanz'schen Halskrause verordnet wird und bei einer Nachuntersuchung tastbare Verspannungen im Bereich der BWS festgestellt werden.

269 Diese Richter lehnen es ab, die Ersatzpflicht von der Aufprallgeschwindigkeit (richtig: Differenzgeschwindigkeit) abhängig zu machen, solange die wissenschaftliche Diskussion über die zur Auslösung eines HWS-Traumas erforderliche Differenzgeschwindigkeit noch nicht abgeschlossen sei. Es stehe naturwissenschaftlich derzeit nicht fest, dass ein Aufprall mit einem Geschwindigkeitsunterschied von z.B. unter 10 oder 15 km/h nie ein HWS-Trauma hervorrufen könne.[428] Selbst bei einer kollisionsbedingten Geschwindigkeitsänderung von 4 km/h können Verletzungen nach dem gegenwärtigen Stand der Wissenschaft nicht ausgeschlossen werden. Völlig zu Recht weist deshalb das **AG Rastatt**[429] darauf hin, dass die Anzahl der bisher durchgeführten Versuche nicht genüge, um

421 OLG Düsseldorf, Urt. v. 21.12.2010 – 1 U 112/10, unveröffentlicht.

422 Otologie: Ohrenheilkunde; neuro: Wortteil mit der Bedeutung Nerv, Sehne, Muskelband.

423 OLG Hamm, Urt. v. 25.02.2003 – 27 U 211/01, NZV 2003, 331 m. abl. Anm. von Forster, NZV 2004, 314, der m. zahlreichen Nachweisen belegt, dass die Neurootologie weltweit anerkannt ist. Gleichwohl erneut OLG Hamm, Urt. v. 20.10.2016 – 6 U 170/14, unveröffentlicht, mit gleicher Aussage.

424 OLG München, Urt. v. 15.09.2006 – 10 U 3622/99, r+s 2006, 474; erneut meint das OLG München, Urt. v. 29.06.2007 – 10 U 4379/01, unveröffentlicht, und OLG München, Urt. v. 12.08.2011 – 10 U 3369/10, unveröffentlicht, dass die Neurootologie keine anerkannte Wissenschaft sei.

425 OLG Schleswig, Urt. v. 20.01.2010 – 14 U 126/09, NJW-Spezial 2010, 233.

426 OLG Bamberg, Urt. v. 05.12.2000 – 5 U 195/99, NZV 2001, 470; AG Hanau, Urt. v. 19.03.1998 – 34 C 3401/97 – 14, ZfS 1998, 376.

427 OLG Bamberg, Urt. v. 05.12.2000 – 5 U 195/99, NZV 2001, 470.

428 AG Hanau, Urt. v. 19.03.1998 – 34 C 3401/97 – 14, ZfS 1998, 376; AG Göttingen, Urt. v. 25.02.2000 – 26 C 231/99 (1204), SP 2000, 338 (339).

429 AG Rastatt, Urt. v. 02.12.1999 – 1 C 127/98, ZfS 2000, 147.

eine sichere Aussage darüber zu treffen, von welcher Differenzgeschwindigkeit an ein HWS-Syndrom – wenn überhaupt – ausgeschlossen werden können.

▶ Hinweis:

Die bisher auf dem Markt befindlichen Schmerzensgeldtabellen widmen sich der Thematik des HWS-Schleudertraumas – jedenfalls was die Zahl der mitgeteilten Entscheidungen angeht – mit völlig übertriebenen Darstellungen, indem sie einige hundert (meist alte) Entscheidungen, zahllose nicht veröffentlichte Entscheidungen und eine Vielzahl von Entscheidungen mitteilen, in denen ein Schmerzensgeldanspruch verneint wurde. Diese Entscheidungen sollen es dem Anwalt offenbar ermöglichen, herauszufinden, wie »sein Richter« im Einzelfall entscheiden wird. 270

Dazu ist dieses Verfahren völlig ungeeignet.

Die mitgeteilten Entscheidungen sind durchweg solche der AG. Dort wechseln die Richter der entsprechenden Abteilungen nicht selten, sodass ältere Entscheidungen diese Erkenntnis schon deshalb nicht bringen. Das gilt aber auch für jüngere Entscheidungen, weil die Abteilung schon neu besetzt sein kann, ehe die Entscheidungen veröffentlicht und in die neue Auflage der Schmerzensgeldtabelle aufgenommen sind. Hinzu kommt, dass auch die Spruchpraxis der jeweiligen Richter nur selten konstant ist. Bis auf einige Berufungszivilkammern der LG und einen auf Verkehrsunfallsachen spezialisierten Senat eines OLG, die ein Schmerzensgeld in HWS-Fällen bei einer Differenzgeschwindigkeit im Bereich der Harmlosigkeitsgrenze verneinen, ist nur selten vorhersehbar, welcher Richter wie entscheiden wird. Das gilt erst recht, wenn auch die Berufungszivilkammern von der Möglichkeit der Übertragung der Sachen auf den entscheidenden Einzelrichter vermehrt Gebrauch machen werden oder wenn der obligatorische Einzelrichter zu entscheiden hat.

Aus diesem Grund beschränkt sich die Darstellung in der Schmerzensgeldtabelle dieses Buches im Wesentlichen auf einschlägige Entscheidungen, die aussagekräftig sind und Begründungen geben. Auf die Wiedergabe nicht veröffentlichter Entscheidungen wird so weit wie möglich verzichtet. 271

Dadurch werden dem Anwalt Begründungen an die Hand gegeben, mit denen ein begründeter Schmerzensgeldanspruch in HWS-Fällen durchsetzbar sein sollte. Diese Hinweise können auch für Richter hilfreich sein.

▶ Praxistipp:

Der sichere Weg bei der Geltendmachung von Schmerzensgeldansprüchen wegen eines HWS-Syndroms nach einem Auffahrunfall verlangt es, dass der Verletzte – trotz der gegenteiligen Bestrebungen der Gesundheitsreform – so oft wie möglich zum Arzt geht und jede ihm angebotene Möglichkeit von Heilbehandlungsmaßnahmen wahrnimmt. 272

Er sollte ferner den Arbeitgeber, Arbeitskollegen, Familie und Freunde über seine Beschwerden informieren, damit er sie als Zeugen benennen kann.

Das Gericht muss unbedingt auf die Beweiserleichterung des § 287 ZPO im Bereich der haftungsausfüllenden Kausalität hingewiesen werden. Steht die Körperverletzung oder Gesundheitsverletzung fest, ist zur Feststellung des Kausalzusammenhangs keine an Sicherheit grenzende Wahrscheinlichkeit (§ 286 ZPO) erforderlich, sondern eine überwiegende (höhere bzw. deutlich höhere) Wahrscheinlichkeit ist ausreichend.[430] Hierbei kann es für eine unstrei-

430 OLG Hamm, Urt. v. 21.10.1994 – 9 U 85/94, DAR 1995, 74.

tige Erstverletzung ausreichen, dass vorprozessual Zahlungen auf das HWS-Syndrom geleistet worden sind.[431]

Ganz dringend ist auch ein Hinweis an das Gericht auf den Beitrag von Müller, VersR 2003, 1 ff. und auf die Entscheidung des BGH, Urt. v. 28.01.2003 – VI ZR 139/02, VersR 2003, 474 m. eingehender Anm. von Jaeger = NJW 2003, 1116 = NZV 2003, 167 = BGHR 2003, 487 ff. = SP 2003, 162.

Dringend ist auch ein Hinweis auf den Beitrag von Diederichsen, DAR 2004, 301 ff., in dem diese Entscheidung des BGH mit weiterführenden Hinweisen besprochen worden ist.

273 Von besonderer Bedeutung für die Entscheidung der Frage, ob einem Verkehrsopfer ein Schmerzensgeld für ein HWS-Syndrom zuerkannt wird, ist oft die Vorfrage, ob die Wirbelsäule des Verletzten bei dem Unfall **vorgeschädigt** war. Hier wird die Problematik der Beweislast für die **Kausalität des Unfalls für den Gesundheitsschaden** oft verkannt. Immer wieder heißt es, dass Beschwerden eines Verletzten, der vor dem Unfall bereits z.B. einen stummen Bandscheibenvorfall erlitten hatte, dem Schädiger nur zugerechnet werden könnten, wenn sich ein gesicherter ursächlicher Zusammenhang zwischen dem Unfall und den späteren Beschwerden des Geschädigten feststellen lasse.[432] Diese Begründung ist schon im Ansatz falsch.

▶ Hinweis:

274 Ein Verletzter, der bis zum Unfall keine akuten Beschwerden hatte, muss lediglich nachweisen, dass er als Folge des Unfalls unter Beschwerden leidet. Für die Feststellung, dass die in der Folgezeit beklagten Beschwerden auf den Unfall zurückzuführen sind, gilt der Beweismaßstab des § 287 ZPO, nicht § 286 ZPO. Es ist Sache des Schädigers, nachzuweisen, dass die nach dem Unfall beklagten Beschwerden genau jetzt oder zu einem bestimmten späteren Zeitpunkt und genau im selben Umfang auch ohne den Unfall eingetreten wären.

275 Ein Sachverständiger hat auf eine entsprechende Frage des 19. Zivilsenats des OLG Köln geantwortet: »Bin ich ein Prophet?« Genauso ist es. Ein Verletzter, der im Zeitpunkt des Unfalls eine vorgeschädigte Wirbelsäule hatte und der ohne oder mit nur geringen Beschwerden gut leben konnte, kann nicht einsehen, dass die nunmehr eingetretenen massiven Beschwerden nicht dem Unfall, sondern seinem bisherigen (früheren) Gesundheitszustand zuzurechnen sein sollen. Mit Recht.

276 Allerdings will der BGH[433] bei der Bemessung des Schmerzensgeldes berücksichtigen, dass die zum Schaden führende Handlung des Schädigers nur eine bereits vorhandene Schadensbereitschaft in der Konstitution des Verletzten ausgelöst hat und die Gesundheitsbeeinträchtigungen Auswirkungen dieser Schadensanfälligkeit sind.[434] In einem solchen Fall trifft der Unfall zwar keinen gesunden, aber doch einen – im Vergleich zum derzeitigen Zustand – beschwerdefreien Menschen. I.R.d. **schadensausfüllenden Kausalität** ist nach § 287 ZPO die wahrscheinliche Entwicklung maßgebend. **Gelingt es dem Schädiger**, konkrete Anhaltspunkte dafür aufzuzeigen, dass Fehlentwicklungen gleichen Ausmaßes zeitgleich auch ohne den Unfall eingetreten wären, können **Abschläge aufgrund der besonderen Schadensanfälligkeit** gemacht werden.[435]

---

431 KG, Beschl. v. 03.12.2009 – 12 U 232/08, NZV 2010, 624, hat in der vorprozessualen Zahlung eines Schmerzensgeldes ein Anerkenntnis einer Erstverletzung gesehen.

432 LG Paderborn, Urt. v. 30.09.1997 – 2 O 19/96, ZfS 1998, 376.

433 BGH, Urt. v. 05.11.1996 – VI ZR 275/95, VersR 1997, 122.

434 BGH, Urt. v. 16.11.1961 – III ZR 189/60, NJW 1962, 243; BGH, Urt. v. 02.04.1968 – VI ZR 156/66, VersR 1968, 648 (650); BGH, Urt. v. 19.12.1969 – VI ZR 111/68, VersR 1970, 281 (284); BGH, Urt. v. 29.09.1970 – VI ZR 74/69, VersR 1970, 1110 (1111); BGH, Urt. v. 22.09.1981 – VI ZR 144/79, VersR 1981, 1178 (1180); Born, OLGR 2003, K 4.

435 Born, OLGR 2003, K 4.

▶ Hinweis:

Ergeben sich keine konkreten Anhaltspunkte für einen negativen Verlauf, muss der Richter i.R.d. Wahrscheinlichkeitsprognose einen gleichbleibenden Zustand zugrunde legen. Die verbleibende Unsicherheit, die jeder gesundheitlichen Prognose innewohnt, darf sich nicht Schmerzensgeld mindernd auswirken.[436] 277

Ein Ausweg aus dieser unerfreulichen Beweissituation ergibt sich für den Schädiger dadurch, dass ein Sachverständiger – ohne ein Prophet zu sein – i.d.R. schon angeben kann, wann – auch ohne den Unfall – spätestens eine Verschlimmerung der Beschwerden eingetreten wäre. Ähnlich wie sich bei schweren Erkrankungen z.B. die Lebensdauer in etwa eingrenzen lässt, ist auch bei feststehender Vorerkrankung der Wirbelsäule i.d.R. absehbar, wann Beschwerden auftreten werden, die dem Beschwerdebild des Verletzten nach dem Unfall entsprechen. 278

Der einmal festgestellte Kausalzusammenhang zwischen dem Unfall und bestimmten Beschwerden entfällt also nicht durch bloßen Zeitablauf. Der Schädiger kann aber ggf. nachweisen, dass ab einem bestimmten Zeitpunkt tatsächlich eine überholende Kausalität eingetreten wäre; alle Unsicherheiten insoweit gehen zulasten des Schädigers. 279

▶ Praxistipp:

Der Verletzte sollte sich darauf berufen, dass auch ein Sachverständiger nicht sicher sagen könnte, dass dieselben Beschwerden auch ohne den Unfall zeitnah eingetreten wären. 280

Der Schädiger (Haftpflichtversicherer) sollte geltend machen, dass aufgrund der Vorschäden auch ohne den Unfall das Schadensbild jedenfalls in absehbarer Zeit demjenigen entsprochen hätte, welches nach dem Unfall vorliegt.

Aufeinanderfolgende Unfälle bereiten in der Schadensabwicklung oft erhebliche Schwierigkeiten. Nach der Rechtsprechung des BGH[437] ist dem Schädiger ein weiteres Unfallgeschehen i.R.d. haftungsbegründenden Kausalität dann nicht zuzurechnen, wenn die Ursächlichkeit des ersten Umstandes für das zweite Ereignis bei rechtlicher Wertung nach dem Schutzzweck völlig unerheblich war. Die Grenze der Zurechnung liegt dort, wo das schädigende Verhalten nur noch der äußere Anlass für ein Verhalten des Dritten aus freien Stücken gewesen ist.[438] 281

4. Von der Körperverletzung zur Gesundheitsverletzung

Die Richter, die unbeirrt ein Schmerzensgeld auch dann verweigern, wenn Verkehrsopfer zwar erheblich gelitten haben, was durch Zeugenbeweis feststellbar ist, aber die Differenzgeschwindigkeit über 10 km/h nicht beweisen können, sind bisher noch nicht darauf verfallen, die Klageabweisung damit zu begründen, dass die Verkehrsopfer nicht gelitten hätten bzw. nicht noch leiden würden. Wenn feststeht, dass nur ein geringfügiger – im Test sogar kein – Aufprall stattgefunden hat, fehlt zwingend eine objektiv feststellbare Körperverletzung. Die unzweifelhaft vorhandenen Symptome können deshalb nicht auf einer Körperverletzung beruhen. 282

Die damit begründete Klageabweisung übersieht aber, dass zwar keine **Körper**verletzung, aber eine **Gesundheits**verletzung vorliegen kann, die gerade nicht in einem HWS-Syndrom besteht, sondern in den durch den Verkehrsunfall ausgelösten gleichartigen Beschwerden. Diese können in der Tat 283

436 Anders jedoch OLG Schleswig, Urt. v. 06.07.2006 – 7 U 148/01, NJW-RR 2007, 171 und OLG Köln, Urt. v. 25.10.2005 – 4 U 19/04, DAR 2006, 325.

437 BGH, Urt. v. 09.02.1988 – VI ZR 168/87, NJW-RR 1988, 731 = VersR 1988, 640 = NZV 1988, 17; Diederichsen, DAR 2005, 301.

438 Diederichsen, DAR 2005, 301 (301); vgl. BGH, Urt. v. 10.02.2004 – VI ZR 218/03, VersR 2004, 529 = NJW 2004, 1375.

nicht auf einer **Verletzung** der HWS beruhen (jedenfalls nicht in den crash-Simulationsfällen). Sie beruhen aber auf dem Verkehrsunfall und es ist nur eine Frage der Beweiswürdigung, ob die Schilderungen des Opfers ggü. dem Arzt, den Angehörigen und/oder Freunden und sein Verhalten i.Ü. ausreichen, die **Beschwerden als bewiesen anzusehen.** Unter eine Gesundheitsverletzung fällt nämlich jedes Hervorrufen oder Steigern eines von den normalen körperlichen Funktionen abweichenden Zustandes, wobei es unerheblich ist, ob Schmerzzustände auftreten oder bereits eine tief greifende Veränderung der Befindlichkeit eingetreten ist.[439]

284 Um aber nicht in jedem HWS-Syndrom eine Gesundheitsverletzung zu sehen, versucht der BGH,[440] die Verantwortlichkeit i.R.d. § 823 Abs. 1 BGB durch eine einschränkende Interpretation einer Haftungsvoraussetzung, nämlich des Begriffs der Gesundheitsverletzung, abzubauen. Es ist nämlich allgemein anerkannt, dass eine Gesundheitsbeeinträchtigung auch in psychischen Schäden bestehen kann. Kommt es also nach einem Auffahrunfall zu Beschwerden, können diese ohne Weiteres eine psychische Ursache haben. Als Gesundheitsschaden werden sie aber von der Rechtsprechung nur anerkannt, wenn ein **Gesundheitsschaden im medizinischen Sinne** vorliegt, d.h., wenn die psychischen Befindlichkeitsstörungen **eigenen Krankheitswert haben und nicht auf einer Bagatellverletzung** beruhen.[441]

285 Unter diesem Gesichtspunkt bleibt abzuwarten, aus welchem Grund der BGH ausdrücklich erwähnt hat, dass ein HWS-Trauma keine Bagatellverletzung sei. Das war in dem der BGH-Entscheidung zugrunde liegenden Fall an sich klar; möglicherweise wird der BGH den Bagatellcharakter einer Gesundheitsverletzung verneinen, wenn die Symptome einer HWS-Verletzung vorliegen. Dann kann er argumentieren, dass ein Gesundheitsschaden im medizinischen Sinne vorliegt, dass die Befindlichkeitsstörung eigenen Krankheitswert hat und nicht auf einer Bagatellverletzung beruht.

286 Besonders eingehend widmet sich Lemcke[442] psychogenen HWS-Beschwerden und meint, dass aus juristischer Sicht alles dafür spreche, dass es sich bei HWS-Beschwerden nach geringer biomechanischer Belastung häufig nur um psychische Befindlichkeitsstörungen handele. Dann gehe es um unfallbedingte psychische Primärfolgen, die den Tatbestand der Gesundheitsverletzung erfüllen, also Krankheitswert haben müssten. Selbst wenn sie Krankheitswert hätten, könne die Grenze überschritten sein, von der ab eine Belastung des Schädigers mit den Unfallfolgen unbillig wäre und deshalb nicht mehr vertretbar sei. Während bei demselben Unfall die Psyche des einen Betroffenen in der Lage sei, daran mitzuwirken, dass er ihn schnell und folgenlos verkrafte, könne die Psyche eines anderen Betroffenen hier »aus der Mücke einen Elefanten« machen. Dies rechtfertige es, unfallbedingte psychische Primärfolgen eher dem allgemeinen Lebensrisiko zuzurechnen. Es fehle der haftungsrechtliche Zurechnungszusammenhang, weil sich aus einem Bagatellunfall eine psychische Erkrankung entwickelt habe und Unfallerlebnis und Unfallfolge so sehr außer Verhältnis stünden, dass die psychische Reaktion wegen des groben Missverhältnisses zum Anlass nicht mehr nachvollziehbar sei. Also sei ein Erlebnis von hinreichender Schwere und Intensität erforderlich und Erlebnis und Verletzung müssten in einem inneren und nicht nur äußeren Zusammenhang stehen. Auch ein letztlich harmloses Unfallereignis könne für den Betroffenen ein hochdramatisches Unfallerlebnis gewesen sein.

287 Diese Ausführungen Lemckes sind vor dem Hintergrund der BGH-Entscheidung, die er damit bespricht, nicht nachvollziehbar. Er **unterstellt**, dass einzelne von einem Unfall Betroffene »aus einer Mücke einen Elefanten« machen. In dieser Allgemeinheit kann eine etwaige psychische Fehl-

---

439 BGH, Urt. v. 20.12.1952 – II ZR 141/51, BGHZ 8, 243 (245) = NJW 1953, 417 (418); BGH, Urt. v. 04.11.1988 – 1 StR 262/88, NJW 1989, 781; BGH, Urt. v. 12.10.1989 – 4 StR 318/89, NJW 1990, 129 = MDR 1990, 65; vgl. zu dieser Frage auch Dauner-Lieb/Langen/Huber, AK-Schuldrecht, § 253 Rn. 39.

440 BGH, Urt. v. 11.05.1971 – VI ZR 78/70, MDR 1971, 919 = JuS 1971, 657.

441 Staab, VersR 2003, 1216 (1223) m.w.N. aus der Rspr.

442 Lemcke, r+s 2003, 177 (182).

verarbeitung nicht abgestraft werden. Unfallneurosen aufgrund psychischer Fehlverarbeitung sind nicht wegzudiskutieren; es ist unzulässig, sie pauschal »als vom Anlass her nicht mehr verständlich« zu bezeichnen.

Denn in solchen Fällen bedarf es immer der Prüfung, ob die psychischen Folgeschäden auf einer konstitutiven Schwäche des Verletzten beruhen, weil sich der Schädiger nach ständiger Rechtsprechung nicht darauf berufen kann, dass der Schaden nur deshalb eingetreten ist oder ein besonderes Ausmaß erlangt hat, weil der Verletzte infolge körperlicher Anomalien oder Dispositionen für die aufgetretene Krankheit besonders anfällig gewesen ist. Dies gilt besonders für psychische Schäden, die aus einer besonderen seelischen Labilität des Geschädigten erwachsen.[443] **288**

a) Sonderfall: Psychische Schäden aufgrund von psychischen Störungen und von Neurosen

Psychische Unfallfolgen rücken vermehrt in das Blickfeld von Medizin[444] und Rechtsprechung sowie Literatur.[445] Schon seit Jahren leiden rund 25 % der erwachsenen Durchschnittsbevölkerung in Deutschland unter Beschwerden, die eine seelische Ursache haben oder psychisch mitbestimmt sind.[446] Bei den Opfern von Verkehrsunfällen mit schweren Personenschäden soll der Anteil derer, die eine klinisch relevante psychische Störung entwickeln, bei einem Drittel liegen.[447] Nicht von ungefähr hat der 46. Deutsche Verkehrsgerichtstag 2008 in Goslar psychische Folgeschäden von Verkehrsunfällen in verschiedenen Arbeitskreisen thematisiert.[448] Die besondere Bedeutung von Verletzungshandlungen auf die Psyche wird in diesen Themen deutlich. Insb. die Beiträge von Born/Rudolf/Becke[449] und von Mazzotti/Castro[450] zeigen, dass psychische Schäden nicht mehr bagatellisiert werden dürfen. Der Schädiger hat für seelisch bedingte Folgeschäden einer Verletzungshandlung auch dann einzustehen, wenn sie auf einer psychischen Anfälligkeit des Verletzten, der vorher noch nicht manifest seelisch krank war, oder auf einer sonstigen neurotischen Fehlverarbeitung beruhen.[451] Es können also psychische Schäden aufgrund von psychischen Störungen und aufgrund von Neurosen eintreten, die dem Schädiger zuzurechnen sind. **289**

Auch der Mediziner Michael Huber[452] beschäftigt sich intensiv mit den posttraumatischen Belastungsstörungen nach Verkehrsunfällen.[453] Diese posttraumatischen Belastungsstörungen werden von der ICD 10[454] wie folgt definiert: **290**

Die Betroffenen sind einem kurz oder lang anhaltenden Ereignis oder Geschehen von außergewöhnlicher Bedrohung oder katastrophalem Ausmaß ausgesetzt, das nahezu bei jedem Menschen eine tief greifende Verzweiflung auslösen würde.

Diese Definition zeigt, dass die ICD 10 das Trauma überindividuell definiert, sodass kein Spielraum für eine individualisierte Abstufung bleibt, etwa in dem Sinne, dass auch ein Auffahrunfall **291**

443 BGH, Urt. v. 11.11.1997 – VI ZR 146/96, VersR 1988, 200 = NJW 1988, 813 = MDR 1998, 159; KG, Urt. v. 12.06.2003 – 22 U 82/02, KGR 2004, 323.

444 Vgl. Born/Rudolf/Becke, NZV 2008, 1; Dressing/Foerster, VersMed 2009, 59.

445 Halm/Staab, DAR 2009, 677, plädieren bspw. für eine noch restriktivere Zurechnung psychischer Störungen und zeigen verschiedene rechtliche Möglichkeiten dafür auf.

446 Born/Rudolf/Becke, NZV 2008, 1 (2).

447 Clemens/Hack/Schottmann/Schwab, DAR 2008, 9 (9).

448 Vgl. dazu die Abhandlungen in NZV 2008, 1.

449 Born/Rudolf/Becke, NZV 2008, 1.

450 Mazotti/Castro, NZV 2008, 16.

451 BGH, Urt. v. 30.04.1996 – VI ZR 55/95, VersR 1996, 990 = NZV 1996, 353 = NJW 1996, 2426.

452 M. Huber, SVR 2008, 1.

453 Clemens/Hack/Schottmann/Schwab, DAR 2008, 9.

454 Weltgesundheitsorganisation (WHO): Internationale Klassifikation psychischer Störungen. ICD-10; Internationale Klassifikation der Krankheiten 10. Revision. Ab dem 01.01.2008 ist zur Verschlüsselung von Diagnosen in der ambulanten und stationären Versorgung die ICD-10-GM Version 2008 anzuwenden.

mit HWS-Schleudertrauma, der subjektiv nur ein heftiges Erschrecken ausgelöst hat, Anlass für die Entwicklung einer posttraumatischen Belastungsstörung geben könnte.[455] Huber zeigt prädikative Faktoren auf, aus denen sich das Risiko einer posttraumatischen Belastungsstörung ableiten lässt. Zu diesen Faktoren gehören aus der Zeit nach einem Unfall u.a. die mangelnde soziale oder therapeutische Unterstützung und die Erwartung schwerer körperlicher oder materieller Dauerfolgen. Daraus leitet Huber die Notwendigkeit ab, i.R.d. Erstversorgung eines Unfallopfers frühzeitig ein qualitativ überzeugendes medizinisch-psychologisches Assessment anzubieten, das helfe, eine Risikoeinschätzung vorzunehmen.

292 Wenn Huber die Auffassung vertritt, dass nach der Definition ICD 10 ein HWS-Schleudertrauma keine posttraumatische Belastungsstörung hervorrufen kann, mag dies zutreffend sein. Bei einer Kollision wird ein Fahrzeuginsasse durch die auf ihn übertragenen mechanischen Kräfte in unterschiedlicher Intensität körperlich irritiert. Das reicht von unbedenklichen, vom Körper tolerierten passiven Bewegungsabläufen bis zu schweren Verletzungen. Der Fahrzeuginsasse reagiert primär seelisch, dann auch körperlich-vegetativ. Grds. erlebt der Insasse sich ungewollt und plötzlich in einer Gefahrensituation, deren Ausmaß er nicht sofort erkennen kann. Seelische unmittelbare Reaktion und ggf. körperliche Traumatisierung führen zu einer Mischung aus psychischen (subjektiven), nicht konkret messbaren und objektiven, d.h. medizinisch und technisch messbaren akuten Traumafolgen. Die meisten Menschen überstehen derartige körperliche und seelische Traumatisierungen ohne seelische Folgeschäden. Es gibt aber auch eine Gruppe von Personen, die ein Unfallgeschehen in nicht adäquater Weise verarbeitet, sodass es zu einem Persistieren der akuten seelischen Unfallfolgen und zur Entwicklung psychiatrischer Krankheitsbilder kommt. Am häufigsten sind sog. somatoforme Störungen (ICD-10: F45) zu beobachten, deren Entstehungsfaktoren komplexer Natur sind.[456] Dabei soll feststehen, dass die Schmerzwahrnehmung in jedem Fall stark durch psychosoziale Faktoren moderiert wird und dass unverarbeitete traumatische Unfallerfahrungen, eine depressive Stimmungslage, aber auch das Gefühl der Nichtanerkennung des Leidens durch andere die Schmerzintensität verstärken.[457]

293 Gleichgültig, wie das HWS-Schleudertrauma nach ICD 10 einzuordnen ist, ist die zutreffende Einschätzung und Bewertung des psychischen Folgeschadens, d.h. der akuten seelischen Reaktion und der weiteren (Fehl-) Verarbeitung des Unfallereignisses von erheblicher Bedeutung und zwar nicht nur für den Verletzten, sondern auch für die Gegenseite, den Haftpflichtversicherer, auf den angesichts des deutlich erweiterten Haftungsumfangs durch die BGH-Rechtsprechung erhebliche zusätzliche Belastungen zukommen können. Deshalb ist es für beide Seiten vorteilhaft, wenn frühzeitig »Kurskorrekturen« in Bezug auf psychische Fehlentwicklungen durch baldige therapeutische Intervention vorgenommen werden.[458]

294 Auch in der Rechtsprechung spielt die Haftung des Schädigers für posttraumatische Belastungsstörungen in jüngster Zeit eine bedeutsame Rolle, ohne dass diese Störung i.S.d. ICD 10 definiert wird. Der BGH[459] hat sich mit dem Schaden der Kläger nicht näher befassen müssen, weil er die Haftung des Unfallverursachers für posttraumatische Belastungsstörungen von zwei Polizeibeamten verneint hat, die – ohne selbst in den Unfall verwickelt gewesen zu sein – gleichsam nur zufällig Zeugen eines Verkehrsunfalls waren.

Bedauerlicherweise geht der BGH in dieser Entscheidung nicht näher darauf ein, wieso nahen Angehörigen, die nicht einmal »zufällige Zeugen« eines tödlichen Verkehrsunfalls waren, dennoch als »Dritten« ein Schmerzensgeldanspruch wegen eines Schockschadens zustehen kann.

295 Zwischenergebnis:

455 M. Huber, SVR 2008, 1 (2).
456 Born/Rudolf/Becke, NZV 2008, 1 (5) m.w.N.
457 Clemens/Hack/Schottmann/Schwab, DAR 2008, 9 (12).
458 Born/Rudolf/Becke, NZV 2008, 1 (3); Clemens/Hack/Schottmann/Schwab, DAR 2008, 9 (12).
459 BGH, Urt. v. 22.05.2007 – VI ZR 17/06, NJW 2007, 2764 = VersR 2007, 1093.

Gibt ein Unfallbeteiligter also Beschwerden i.S.e. HWS-Schleudertraumas an, die nicht durch einen organischen Schaden zu erklären (zu beweisen) sind, bleiben zwei Möglichkeiten:

Der Unfallbeteiligte leidet infolge seelischer Störungen oder aber er täuscht die Beschwerden nur vor, er simuliert. Letzteres vermuten (widerleglich) einige Richter,[460] insb. Lemcke. Die psychische Fehlverarbeitung muss dagegen stets als real angesehen werden. Das Gericht muss alle Möglichkeiten zur Klärung ausschöpfen und darf einem Kläger nicht ohne Weiteres Simulation unterstellen.

aa) Simulation und Aktualneurose

Von einer unfallbedingten Neurose zu unterscheiden ist die Simulation, das ist die dem Verletzten bewusste und von ihm beabsichtigte Vortäuschung nicht vorhandener Symptome. Bei einer Unfallneurose (auch Aktualneurose genannt) stellt der Verletzte die Folgen des Unfalls und seines Schadens zwar anders (größer) dar, als es der Wirklichkeit entspricht, aber nicht in betrügerischer Absicht, sondern weil er selbst daran glaubt. Es kann auch eine Konversionsneurose vorliegen, für die der Schädiger ebenfalls ersatzpflichtig sein kann. 296

bb) Psychische Störungen – Fehlverarbeitung

Nicht selten stellen medizinische Sachverständige fest, dass das Unfallopfer zur psychischen Fehlverarbeitung des Unfallgeschehens geneigt hat und dass die Krankheitssymptome auf diese Fehlverarbeitung zurückzuführen sind. So in einem Fall, in dem das Fahrzeug einer Frau durch ein Polizeifahrzeug beschädigt wurde. Die Klägerin erlitt jedenfalls eine Ellenbogenprellung (Primärschaden). Dieses Geschehen löste bei der Klägerin eine psychische Störung oder es vertiefte eine bereits vorhandene psychische Störung nachhaltig mit der Folge, dass sie für den Zeitraum von etwa einem Jahr unfallbedingte Verspannungen unterhalb der HWS mit starken Kopfschmerzen, sporadisch auftretendem Schwindel, Nackenschmerzen und Schmerzen im Brustkorbbereich erlitten hat. 297

Das KG[461] hat den Beweis als geführt angesehen. Es hat ferner eine Renten- oder Begehrensneurose verneint. Es hat das Unfallereignis nicht als Bagatelle gewertet und eine unverhältnismäßige Reaktion der Klägerin verneint. Damit stand die Reaktion der Klägerin nicht in grobem Missverhältnis zum Anlass. 298

Der Umstand, dass eine bereits vorhandene psychische Störung deutlich vertieft wurde, sei für die Ursächlichkeit des Unfalls für die psychischen Beschwerden als Primärverletzung unerheblich. Ein Sachverständigengutachten habe der Klägerin ein phobisches Syndrom mit Panikattacken und kognitiven Störungen bescheinigt und habe die von der Klägerin beklagten Schmerzen bestätigt.

cc) Konversionsneurose

Adäquate Folge einer Körperverletzung kann auch eine durch einen Unfall hervorgerufene **Konversionsneurose**[462] sein, die auf unbewussten Wunsch- oder Zweckvorstellungen des Verletzten beruht. Der Geschädigte nimmt den Unfall in dem neurotischen Bestreben nach Versorgung und Sicherheit lediglich zum Anlass, den Schwierigkeiten und Belastungen des Erwerbslebens auszuweichen.[463] In solchen Fällen kann ein Schmerzensgeld verneint werden, wenn die seelische Störung erst durch eine Begehrensvorstellung ihr Gepräge erhält, weil ein Unfall nur zum Anlass genommen wird, z.B. den Schwierigkeiten des Arbeitslebens auszuweichen. Solche Fälle von Renten- oder Begehrensneurosen 299

460 AG Berlin-Mitte, Urt. v. 09.11.1998 – 103 C 266/98, SP 2000, 49.

461 KG, Urt. v. 16.10.2003 – 12 U 58/01, VersR 2004, 1193 = KGR 2004, 159; KG, Urt. v. 15.03.2004 – 12 U 103/01, VersR 2005, 372 = KGR 2004, 403 (406); KG, Urt. v. 09.09.2004 – 12 U 326/01, KGR 2005, 270.

462 Vgl. auch unten Rdn. 377 ff.

463 Böhme/Biela, Kap. 1 Rn. 17.

sind in der höchstrichterlichen Rechtsprechung des BGH[464] seit Langem (1979) nicht mehr vorgekommen, dagegen mehren sich in der Rechtsprechung des BGH die Fälle der Konversionsneurose, die eine Entschädigung auslöst.[465]

Nunmehr hat der BGH[466] seine frühere Rechtsprechung zur Begehrensneurose wieder aufgegriffen und ausgeführt:

Für die Verneinung des Zurechnungszusammenhangs zwischen unfallbedingten Verletzungen und Folgeschäden wegen einer Begehrensneurose ist es erforderlich, aber auch ausreichend, dass die Beschwerden entscheidend durch eine neurotische Begehrenshaltung geprägt sind.

300 Da die Sachverständigen oft nicht über die von der Rechtsprechung herausgearbeiteten Differenzierungen informiert sind, ja sogar Fragen der Kausalität danach beurteilen, ob sich eine Vorschädigung **richtungsweisend**[467] verschlimmert hat, müssen sie durch richtiges Befragen zu brauchbaren Antworten gebracht werden, etwa durch die Frage, ob der Verletzte bei gutem Willen die Beschwerden unterdrücken oder überwinden könnte oder ob es bei einem beliebigen anderen Ereignis ebenfalls (wann?) zur Konversion gekommen wäre.

301 Der BGH[468] hat mit Nachdruck darauf hingewiesen, dass i.R.d. haftungsausfüllenden Kausalität nicht die Feststellung einer »richtungsweisenden Veränderung« gefordert werden kann, sondern dass eine bloße Mitverursachung ausreicht, um einen Ursachenzusammenhang zu bejahen. Wird deshalb in Gutachten oder Urteilen einer der Begriffe »richtungsweisende Veränderung« oder »richtungsweisend verstärkt« verwendet, ist dies ein krasser Fehler und die das Urteil aufhebende Entscheidung des BGH ist vorprogrammiert.

dd) Borderline-Störung

302 Eine **Borderline-Störung** kann jedoch im Einzelfall dazu führen, die Kausalität einer HWS-Verletzung für psychisch bedingte Folgeschäden zu verneinen.[469] Der psychiatrische Sachverständige hatte bei dem 25 Jahre alten Kläger, einem seit 7 Monaten arbeitslosen Instandhaltungsmechaniker, der bei einem Verkehrsunfall eine leichte bis mittlere Distorsion der HWS erlitten hatte, eine Borderline-Störung festgestellt. Bei einer Borderline-Persönlichkeit sei ein von der Norm abweichendes Erlebens- und Verhaltensmuster vorhanden, das im Laufe des Lebens zwangsläufig weitere Beeinträchtigungen/Erkrankungen nach sich ziehe. Bei einer Borderline-Persönlichkeit könne ein Verkehrsunfall als Auslöser für eine psychische Erkrankung zufälligen Charakter haben. Ein beliebiges anderes

464 Anders die OLG: Das OLG Düsseldorf, Urt. v. 08.01.2001 – 1 U 87/99, SP 2001, 412, hat zwar eine Rentenneurose erwogen, aber letztlich verneint; ebenso OLG Köln, Urt. v. 26.07.2001 – 7 U 188/99, SP 2001, 343 (345). Das OLG Stuttgart, Urt. v. 20.07.1999 – 12 U 231/98, SP 2001, 198, hatte den Fall zu entscheiden, dass der Geschädigte, der psychisch vorgeschädigt war (ängstlicher, depressiver Hypochonder) nach einem HWS-Syndrom 2. Grades einen psychischen Folgeschaden erlitt, infolgedessen er arbeitsunfähig wurde. Es bejahte die Kausalität des Unfalls, lehnte aber eine Haftung ab, da eine Rentenneurose vorliege, der Geschädigte den Unfall daher nur zum Vorwand nehme, sich und seine Familie zu versorgen und zu sichern.

465 BGH, Urt. v. 08.05.1979 – VI ZR 58/78, VersR 1979, 718 (719); OLG Schleswig, Urt. v. 19.12.2002 – 7 U 163/01, OLGR 2003, 155; Müller, VersR 1998, 129 (133); s.a. hierzu Rdn. 377 ff.; zur Renten- und Begehrensneurose vgl. BGH, Urt. v. 10.07.2012 – VI ZR 127/11, VersR 2012, 1183 und oben Rdn. 47.

466 BGH, Urt. vom 10.07.2012 – VI ZR 127/11, VersR 2012, 1133 = NJW 2012, 2964 = DAR 2013, 137.

467 Die Verwendung dieses Begriffs in Sachverständigengutachten beanstandet der 12. Zivilsenat des KG, Urt. v. 12.05.2005 – 12 U 187/04, NZV 2005, 469 (470) nicht, verwendet ihn sogar zur Begründung seiner klageabweisenden Entscheidung. Eine »richtungsgebende« Verstärkung wird für die Kausalität nicht gefordert. Der Begriff stammt aus dem Sozialrecht, vgl. Diederichsen, DAR 2006, 301.

468 BGH, Urt. v. 19.04.2005 – VI ZR 175/04, NZV 2005, 461.

469 KG, Urt. v. 12.06.2003 – 22 U 82/02, KGR 2004, 323.

Ereignis, welches mit einer zeitweisen Beeinträchtigung der körperlichen Funktionen verbunden sei und welches zum normalen Lebensrisiko gehöre, hätte eben diese Folgen auch auslösen können.

All dies mag richtig sein, es fragt sich aber, ob eine zeitweise Beeinträchtigung der körperlichen Funktionen in der heutigen Zeit wirklich zum allgemeinen Lebensrisiko gehört. 303

Diese Argumentation ist vergleichbar mit der des OLG Schleswig[470] zur Anspruchskürzung und 50 % bei Prädisposition zur Fehlverarbeitung des Unfallgeschehens. Auch bei der Borderline-Störung muss gefragt werden, ob der Verletzte mit (welcher?) Sicherheit irgendwann (wann genau?) eine vergleichbare zeitweise Beeinträchtigung der körperlichen Funktionen erlitten hätte. Ein solider Sachverständiger wird eine entsprechende Frage mit der Gegenfrage beantworten: »Bin ich ein Prophet?« 304

Auch hier gilt: Niemand kann vorhersagen, wann ein Unfallopfer eine vergleichbare zeitweise Beeinträchtigung der körperlichen Funktionen in Zukunft erleiden wird. Eine solche zeitweise Beeinträchtigung der körperlichen Funktionen widerfährt nicht jedem Menschen. Es kann sein, dass man »unfallfrei« durchs Leben geht, dass vergleichbare Folgen nicht ausgelöst werden. 305

b) Zusammenfassung

Der Anwalt des Verletzten muss möglichst schon in der Klageschrift substanziiert und unter Beweisantritt zur Gesundheitsverletzung vortragen. Dennoch wollen sich aber einige Richter der Frage nicht stellen, ob die vom Unfallopfer beklagten Beschwerden nicht doch eine unfallbedingte Gesundheitsverletzung darstellen. Sie reichen – natürlich ohne rechtzeitigen Hinweis – die Verantwortung an das Verkehrsopfer zurück und werfen ihm und seinem Anwalt vor, es sei nicht hinreichend vorgetragen, um die gem. § 286 ZPO notwendige Überzeugung zu gewinnen.[471] 306

▶ Hinweis:

Jedenfalls derzeit ist noch größte Zurückhaltung geboten, das HWS-Schleudertrauma oder die HWS-Schleudertrauma-ähnlichen Beschwerden von den angeblich nicht vorhandenen physischen Verletzungsformen in den Bereich der psychischen Verletzungsformen zu verlagern.[472] 307

Die Gerichte bewegen sich auf sehr dünnem Eis, wenn sie in HWS-Fällen die Frage beantworten, wann eine psychisch vermittelte Reaktion auf einen Bagatellunfall in grobem Missverhältnis zum Anlass steht und schlechterdings nicht mehr verständlich ist. Zu welchen Konstruktionen dies führen kann, zeigt eine Entscheidung des OLG Hamm,[473] in der eine psychische Fehlverarbeitung in der Zeit von 1992 – 2001 als Unfallfolge anerkannt wird, weil sie noch nicht außer Verhältnis zum Unfallereignis als Anlass steht. Weil bei dem Verletzten nach einer relativ kurzen Zeit der Beschwerdefreiheit erneut Beschwerden auftraten, sollen aber diese neuen Beschwerden schlechterdings nicht mehr verständlich sein. 308

Im Gegensatz zur Auffassung von **Lemcke**[474] ist es für den Richter schon »bequemer«, eine **Klageabweisung mit der Harmlosigkeitsgrenze zu begründen**, als in eine oft umfangreiche Beweisauf- 309

470 Vgl. OLG Schleswig, Urt. v. 02.06.2005 – 7 U 124/01, OLGR 2006, 5; OLG Schleswig, Urt. v. 06.07.2006 – 7 U 148/01, NJW-RR 2007, 171 = NZV 2007, 203.

471 Das gilt nicht für eine Entscheidung des LG Augsburg, Urt. v. 12.06.2002 – 7 S 280/02, VersR 2003, 876, das den Kläger vergeblich aufgefordert hatte, den behandelnden Arzt zu benennen und zu erläutern, wie er trotz der beklagten Beschwerden in der Lage war, sein Kfz zu reparieren. Allerdings verbleibt es für die Feststellung einer Primärverletzung stets beim Maßstab des § 286 ZPO; allein der Umstand, dass die haftungsbegründende Kausalität nicht nachgewiesen werden kann, rechtfertigt nicht die Anwendung des § 287 ZPO auf diese Frage, so ausdrücklich BGH, Urt. v. 04.11.2003 – VI ZR 28/03, NJW 2004, 777.

472 Eingehend dazu Wessels/Castro, VersR 2000, 284.

473 OLG Hamm, Urt. v. 25.02.2003 – 27 U 211/01, OLGR 2003, 213.

474 Lemcke, r+s 2003, 177 (185).

nahme durch Anhörung des Verletzten, seiner Angehörigen und Freunde und des behandelnden Arztes einzutreten. Die Annahme, dass diese Richter (wohl im Gegensatz zu denen, die nicht mit der Harmlosigkeitsgrenze arbeiten) sich mehr Gedanken zur HWS-Problematik gemacht hätten, beruht – wie so vieles in seinem Beitrag – **auf Unterstellungen.**

5. Ersatzfähigkeit von Schadensermittlungskosten

310 Es ist im Schadensersatzrecht allgemein anerkannt, dass auch Schadensermittlungskosten dem Schädiger zur Last fallen. Fest steht, dass es einen Auffahrunfall gegeben hat. Wenn der Verletzte aufgrund der Symptomatik eines HWS-Schleudertraumas einen Arzt aufsucht, stellt dies eine sachgerechte Reaktion dar. Der materiell Geschädigte darf (von Ausnahmefällen abgesehen) z.B. auch einen Sachverständigen einschalten, um feststellen zu lassen, ob an seinem Fahrzeug verborgene Schäden entstanden sind.[475] Ähnlich ist es im Baurecht, wenn es um die Feststellung von Baumängeln geht. Hat der Verletzte aber Schmerzen, hat er eine Gesundheitsverletzung erlitten. Dann kann es nicht vom Nachweis des HWS-Schleudertraumas abhängen, ob er ärztliche Behandlungskosten ersetzt verlangen kann.

311 Zuzugeben ist, dass eine Anspruchsgrundlage nicht ohne Weiteres ersichtlich ist. Zunächst kann angenommen werden, dass niemand einen Arzt aufsucht, ohne Beschwerden zu haben. Geht aber ein Unfallbeteiligter zum Arzt und klagt über HWS-Beschwerden, hat er in Form der Beschwerden auch einen Gesundheitsschaden erlitten und zwar auch dann, wenn sich ein HWS-Schleudertrauma letztlich nicht feststellen lässt. Diese Beschwerden in Form von HWS-Symptomen reichen für die Annahme einer Gesundheitsverletzung aus, mag diese dann letztlich als so gering angesehen werden, dass sie (als Bagatelle) für ein Schmerzensgeld nicht ausreicht. Die Beschwerden medizinisch ungeprüft zu lassen, kann der Schädiger nicht verlangen, zumal er dem Unfallgegner ein Mitverschulden vorwerfen würde, wenn sich später durch Nichtbehandlung der Gesundheitsschaden verschlimmern würde. Entsprechend hat auch der BGH[476] hierzu – im Sinne der bereits in den Voraufl agen vertretenen Auffassung – festgehalten, es brauche zwar eine nachgewiesene Körperverletzung, wolle man die Arztkosten zusprechen, es gebe keine »Verdachtsschadenskosten«. Der Begriff der »Körperverletzung« sei aber weit auszulegen und umfasse jeden unbefugten, weil von der Einwilligung des Rechtsträgers nicht gedeckten Eingriff in die Integrität der körperlichen Befindlichkeit. Damit konnte der BGH in dem Fall, in dem zwar gutachterlich eine HWS-Verletzung ausgeschlossen war, die Arztkosten gleichwohl zusprechen, weil (insoweit unstreitig) Halsschmerzen bestanden, was als Körperverletzung hinreiche.

6. Ersatz von Kosten der Heilbehandlung und Verdienstausfall

312 Der Umstand, dass eine vom Schädiger adäquat verursachte **Gesundheitsverletzung** auch dann vorliegen kann, wenn den Beschwerden kein eigener Krankheitswert i.S.d. Rechtsprechung zukommt, führt dann dazu, dass dem Verletzten i.d.R. jedenfalls Verdienstausfall und die Kosten der ärztlichen Heilbehandlung erstattet werden, auch dann, wenn er den Nachweis eines HWS-Schleudertraumas letztlich nicht führen kann.

313 Die Begründungen waren vor der Klarstellung des BGH, dass eine Gesundheitsverletzung auch »unterhalb« einer attestierten HWS-Verletzung vorliegen kann, durchaus unterschiedlich. Das LG Verden[477] führt dazu aus, dass es für die Annahme des ursächlichen Zusammenhangs zwischen dem Unfallereignis und dem Verdienstausfall ausreiche, dass der Arztbesuch durch den Unfall veranlasst worden sei und dass die Krankschreibung durch den Arzt adäquat kausal für den Verdienstausfall geworden sei. Dazu brauche der volle Beweis für das behauptete HWS-Schleudertrauma nicht geführt werden. Der Anspruch entfalle nicht deshalb, weil sich nach Beweisaufnahme im Rechtsstreit ergeben habe, dass der Verletzte die behaupteten und zunächst als unfallbedingt diagnostizierten Beschwerden nicht

475 Geigel/Knerr, Kap. 3 Rn. 118; LG Berlin, Urt. v. 11.03.2004 – 59 S 512/03, SP 2004, 244.

476 BGH NJW 2013, 3634.

477 LG Verden, Urt. v. 29.10.2003 – 2 S 222/03, ZfS 2004, 207 (208). Auch das KG, Urt. v. 27.02.2003 – 12 U 8408/00, KGR 2003, 156 = NZV 2003, 281 hat den Anspruch auf Kostenerstattung für Attest- und Fahrtkosten für ärztlich verordnete Behandlungen bejaht.

wegen des Unfalls erlitten habe. Es stelle eine sachgerechte Reaktion und damit einen adäquat kausalen Schaden dar, dass er aufgrund von Beschwerden infolge des Unfalls ärztlichen Rat gesucht habe.[478] Das AG Brandenburg[479] meint: Wenn nach einem Verkehrsunfall das Unfallopfer Schmerzen, Unwohlsein empfindet, daraufhin sofort ärztlich untersucht wird und für die Befunderhebung und Diagnose durch den Arzt berechtigterweise zur medizinischen Abklärung und zum Ausschluss möglicher Verletzungsfolgen stationär für zwei Nächte in ein Klinikum untergebracht wird, sind die hierfür entstandenen Kosten dann auch durch den Unfallgegner und seine Haftpflichtversicherung zu ersetzen, selbst wenn sich dann herausstellt, dass das Unfallopfer tatsächlich keine (wesentlichen) Verletzungen durch den Unfall erlitten hat. Ähnlich das KG,[480] das die Kosten für Fahrten zu Ärzten und für Massagebehandlungen aufgrund (unzutreffender) ärztlicher Diagnosen für erstattungsfähig hält, auch wenn der Beweis für eine HWS-Verletzung nicht geführt werden kann.

Dagegen meinte das AG Dresden,[481] Schadensersatzansprüche wegen Aufwendungen für Medikamente, Physiotherapie und Krankentransport wären nicht erstattungsfähig. Denn wenn die geklagten Beschwerden nicht auf den Unfall zurückgeführt werden könnten, könne auch nicht davon ausgegangen werden, dass die Aufwendungen zur Beseitigung der Beschwerden unfallkausal sein könnten. Ähnlich das OLG Hamm:[482] Kein Ersatz von Behandlungskosten bei nicht bewiesener HWS-Verletzung. 314

In diesem Sinne hatten zwei weitere AG geurteilt, die über Ansprüche von Berufsgenossenschaften aus übergegangenem Recht zu entscheiden hatten.[483] In beiden Fällen musste die Berufsgenossenschaft nachweisen, dass ihr Mitglied ein HWS-Schleudertrauma erlitten hatte, das die Heilbehandlungskosten ausgelöst hatte. Beide Gerichte sahen den Nachweis nicht als geführt, weil die Differenzgeschwindigkeit jeweils 8–9 km/h, bzw. 5–6 km/h betragen hatte. Beide Gerichte argumentierten damit, dass in jüngerer Zeit Versuchsreihen stattgefunden hätten, in denen festgestellt worden sei, dass die Wahrscheinlichkeit des Eintritts einer HWS-Distorsion bis zu einer Geschwindigkeitsänderung von 10 km/h statistisch als sehr gering einzustufen sei. Der jeweilige Kläger wurde deshalb bei der non-liquet-Situation als beweisfällig angesehen. Das AG Annaberg hielt eine Vernehmung der behandelnden Ärzte für nicht erforderlich, weil die klagende Berufsgenossenschaft nicht vorgetragen hatte, dass diese Ärzte den Unfall selbst beobachtet hätten (?!). 315

Beide Entscheidungen sind zumindest unzutreffend begründet. Die Mitglieder der Berufsgenossenschaft hatten sich nach einem Verkehrsunfall in ärztliche Behandlung begeben, weil sie Beschwerden hatten. Solche Beschwerden sind eine Gesundheitsverletzung i.S.d. § 823 Abs. 1 BGB und verpflichten den Verursacher zum Schadensersatz. Ob die Beschwerden auf ein HWS-Schleudertrauma zurückzuführen waren oder ob sie milderer Natur waren, spielt keine Rolle, sie waren Anlass für die ärztliche Behandlung, die damit kausal auf dem Unfall beruhte. Der den Verletzten zustehende Schadensersatzanspruch, der kraft Gesetzes auf die Berufsgenossenschaften übergegangen war, wurde deshalb zu Recht geltend gemacht. 316

II. Baldiger Tod – Verletzungen mit tödlichem Ausgang

1. Kein Schmerzensgeld für Tod

Bei einem Unfall kann der Tod sehr schnell oder gar »sofort« eintreten. Wird bspw. die Verbindung des Gehirns zum Körper getrennt oder reißen die Gefäße zum Herzen, tritt der Tod »sofort« ein, die Hirnströme erlöschen alsbald. Vgl. hierzu Kap. 4 Rdn. 207 ff. 317

478 KG, Urt. v. 27.02.2003 – 12 U 8408/00, KGR 2003, 156 = NZV 2003, 281.
479 AG Brandenburg, Urt. v. 27.08.2010 – 34 C 28/08, NZV 2011, 91.
480 KG, Urt. v. 27.02.2003 – 1 U 8408/00, NZV 2003, 281.
481 AG Dresden, Urt. v. 14.11.2003 – 112 C 5359/02, SP 2004, 122.
482 OLG Hamm, Urt. v. 23.06.2003 – 6 U 99/02, r + s 2003, 434.
483 AG Annaberg, Urt. v. 12.06.2002 – 4 C 281/00, SP 2005, 377; AG Köln, Urt. v. 27.12.2002 – 261 C 393/01, SP 2005, 377.

318 Für den Tod und für die Verkürzung des Lebens sieht das Gesetz kein Schmerzensgeld und keine Entschädigung vor.[484] Die Bestimmungen des § 847 BGB a.F. und des § 253 Abs. 2 BGB nennen das Leben als Rechtsgut nicht, sodass der Eintritt des Todes keinen Schmerzensgeldanspruch begründet.[485] Aus diesem Grund wird auch den Angehörigen für den Verlust des Getöteten kein Schmerzensgeld gewährt, sondern ein Hinterbliebenengeld; ein Schmerzensgeld kommt nur bei einer eigenen Gesundheitsbeeinträchtigung in Frage[486].

319 Zwar wollte der Gesetzgeber mit dem 2. Gesetz zur Änderung schadensersatzrechtlicher Vorschriften, das am 01.08.2002 in Kraft getreten ist, das Deutsche Recht dem in Europa üblichen Standard annähern, was auch weitgehend gelungen ist. Die Aufgabe einer angemessenen schadensrechtlichen Erfassung des menschlichen Todes und des dadurch bei Angehörigen verursachten Leids bleibt hingegen auf der Tagesordnung.[487]

320 Im Allgemeinen wird das Schmerzensgeld bei baldigem Tod nach der Überlebenszeit und damit zugleich nach der Leidenszeit bemessen. Diese Rechtsprechung vor Augen war es eine echte Herausforderung bei der Bemessung des Schmerzensgeldes für die Erben eines querschnittgelähmten Mannes, der seinen Zustand nicht mehr ertragen konnte und ein Jahr nach der Verletzung einen begleiteten Suizid wählte. Etwas unerwartet, aber zu Recht wurde das Schmerzensgeld mit 500.000 € bemessen, weil auch dieses Leiden des Verkehrsopfers Bestandteil des erlittenen Schadens war und keinesfalls zur Reduzierung des Schmerzensgeldanspruchs führen durfte.[488]

Das Alter des Verletzten soll aber auch dann nicht unberücksichtigt bleiben, wenn die Verletzung erst mit 70 Jahren eintritt und die Patientin nach rd. 1 1/2 Jahren schwerster Leidenszeit verstirbt.[489] In einem solchen Fall soll das Schmerzensgeld geringer ausfallen, weil die Patientin die Höhepunkte des Lebens wie Hochzeit, Kinder und Enkelkinder bereits erlebt hat. Diese Auffassung ist abzulehnen, vgl. dazu die kritische Anmerkung in VersR 2021.

321 Es gibt aber auch kein Schmerzensgeld für lebensverlängernde Maßnahmen.[490] Ein Arzt, der ohne Indikation einen Patienten künstlich ernährt, obwohl keine Aussicht auf Verbesserung seines Gesundheitszustandes besteht, sodass das Leiden des Patienten unnötig verlängert wird, haftet den Erben nicht für die dem Patienten zugefügten Schmerzen.

2. Schmerzensgeld bei tödlichen Verletzungen

322 Anders ist die Rechtslage, wenn der Verletzte noch eine gewisse – wenn auch nur kurze – Zeit gelebt hat[491]. Die Erkenntnis einer deutlich verkürzten Lebenserwartung können Todesangst auslösen und einen Schmerzensgeldanspruch begründen oder deutlich erhöhen.[492] Insofern ist mit den Rechtsgütern Körper und Gesundheit auch das durch beide repräsentierte Leben mittelbar geschützt.[493]

---

484 BGH, Urt. v. 12.05.1998 – VI ZR 182/97, MDR 1998, 1029 (m. Anm. Jaeger) = NZV 1998, 370 = VersR 1998, 1034 = r+s 1998, 332; s.o. Kap. 4 Rdn. 207 ff.

485 OLG München, Urt. v. 11.05.2000 – 1 U 1564/00, OLGR 2000, 352; OLG Karlsruhe, Urt. v. 25.01.2000 – U 5/99 BSch, VersR 2001, 1123; Deutsch/Ahrens, Rn. 483. Krit. dazu Wagner, JZ 2004, 319 (325), der anmerkt, dass die Tötung in Deutschland gleichsam zum haftungsrechtlichen »Nulltarif« erfolgt, wenn keine unterhaltsberechtigten Angehörigen zurückbleiben und wenn man von den vergleichsweise trivialen Beerdigungskosten absieht.

486 Dazu Kap. 4 Rdn. 226, Rdn. 403.

487 Wagner, JZ 2004, 319 (331).

488 OLG Celle, Beschl. v. 23.08.2017 – 1 U 71/17, ArztR 2019, 243.

489 OLG Frankfurt, Urt. v. 22.12.2020 – 8 U 142/18, zum Abdruck in VersR 2021 mit Anmerkung Jaeger vorgesehen.

490 BGH, Urt. v. 02.04.2019 – VI ZR 13/18, VersR 2019, 760 = NJW 2019, 1809.

491 Eingehend dazu Wagner, JZ 2004, 319 (325).

492 Brand, Schockschäden, Angehörigenschmerzensgeld und der Dritte Weg, Festschrift für Lothar Jaeger zum 75. Geburtstag, Luchterhand Verlag 2014, S. 191 (203); Huber, NZV 1998, 345 (353).

493 Deutsch/Ahrens, Rn. 483.

Durch Gesetz v. 14.03.1990 – in Kraft seit dem 01.07.1990 – wurde die Regelung des § 847 Abs. 1 Satz 2 BGB gestrichen. Nach dieser Bestimmung ging der Schmerzensgeldanspruch nur dann auf die Erben des Verletzten über, wenn er rechtshängig gemacht oder durch Vertrag anerkannt worden war. 323

Unberührt von der Gesetzesänderung ist dagegen die Kernaussage des § 847 BGB a.F., wonach Schmerzensgeld für Körperverletzung und Gesundheitsbeschädigung zu leisten ist, nicht aber für Tod, weil der Verletzte die durch den Tod bewirkte Zerstörung der Persönlichkeit entschädigungslos hinzunehmen hat. Verletzungsfolge bei Tod des Verletzten ist nicht die Zerstörung der Persönlichkeit als Durchgangsstadium bis zum Tod, sondern der Tod.[494] 324

Schon in der Vergangenheit wurde beim Eintritt des Todes innerhalb eines Monats nach einem Unfall ein Schmerzensgeld zwischen 400,00 € und 2.500,00 € gewährt.[495] 325

Die **Zahl der veröffentlichten Entscheidungen**, die sich mit der Zuerkennung von Schmerzensgeld bei tödlichen Verletzungen befassen, ist seit der grundlegenden Darstellung von Jaeger im Jahr 1996[496] und zur weiteren Entwicklung dieser Rechtsprechung bis 1998[497] doch recht gering geblieben. Dabei fällt auf, dass ab 1996 Entscheidungen fehlen, in denen es um **Schmerzensgelder für längere Überlebenszeiten** geht. Es hat den Anschein, als ob die Versicherer diese Fälle auf der Basis früherer Entscheidungen erledigen und nicht daran interessiert sind, eine Rechtsprechung mit »der Tendenz zu höherem Schmerzensgeld«[498] zuzulassen. 326

Es kommt hinzu, dass es nicht einmal bei Juristen – erst recht nicht bei Journalisten – zum Allgemeinwissen gehört, dass der Schmerzensgeldanspruch seit mehr als zwanzig Jahren vererblich ist, sodass veröffentlichte Entscheidungen hier nur Begehrlichkeiten wecken können, wenn sie in juristischen Fachzeitschriften und/oder der Regenbogenpresse erscheinen. 327

3. Schmerzensgeld bei Todesangst[499]

Durchlittene Todesangst führt jedenfalls dann zu einem Schmerzensgeldanspruch, wenn daneben auch eine Gesundheitsverletzung eingetreten ist. So erhielten zwei Personen, deren Sportboot havarierte, ein Schmerzensgeld in Höhe von je 2.500,00 €, weil sie multiple am ganzen Körper verteilte Prellungen und Kontusionsmarken davontrugen und sie mehrere Stunden in einer durch einen Orkan aufgewühlten See schwimmen mussten und dabei Todesangst erlitten.[500] 328

Ähnlich entschied das LG Köln[501], das nach einem Seenotereignis in einem Fährboot einem Ehepaar, das eine traumatische Überfahrt erlebte, ein Schmerzensgeld in Höhe von 500,00 € und 5.500,00 € zuerkannte. Der Kläger erlitt keinen Dauerheitsschaden, die Ehefrau jedoch eine traumatische Belastungsstörung. 329

Demgegenüber hat das OLG Zweibrücken[502] einen Schmerzensgeldanspruch verneint, obwohl die Klägerin bei einem Verkehrsunfall mehrere Verletzungen erlitt. Die von der Klägerin vorgebrachte »Todesangst«, die sie in der Unfallsituation gehabt habe, ist nach Ansicht des OLG Zweibrücken dagegen im Rahmen der vorliegend maßgeblichen Ausgleichsfunktion des Schmerzensgeldes kein ins Gewicht fallender Bemessungsfaktor. Der Angstzustand als solcher würde grundsätzlich keinen 330

494 Vgl. oben Kap. 4 Rdn. 207 ff.
495 Lieberwirth, S. 73; Henke, S. 17.
496 Jaeger Höhe des Schmerzensgeldes bei tödlichen Verletzungen im Lichte der neueren Rechtsprechung des BGH, VersR 1996, 1177.
497 Jaeger Schmerzensgeldbemessung bei Zerstörung der Persönlichkeit und alsbaldigem Tod, MDR 1998, 450.
498 Vgl. nur OLG Köln, Urt. v. 03.03.1995 – 19 U 126/94, VersR 1995, 549.
499 Grundlegend: Jaeger, Schmerzensgeldbemessung bei Todesangst, VersR 2015, 1345 ff.
500 LG Dortmund, Urt. v. 11.09.2014 – 16 O 168/08, VersR 2015, 644.
501 LG Köln, Urt. v. 15.01.2019, 3 O 305/17, unveröffentlicht.
502 OLG Zweibrücken, Urt. v. 02.09.2015 – 1 U 192/14, unveröffentlicht.

Schmerzensgeldanspruch gem. § 253 Abs. 2 BGB begründen. Er bestünde erst dann, wenn er zu einer Gesundheitsverletzung mit Krankheitswert geführt hätte. Dazu habe die Klägerin keinen substanziierten Vortrag gehalten. Die vom Senat zitierten BGH-Entscheidungen stützen diese (unzutreffende) Rechtsauffassung nicht.

Der BGH[503] hat vielmehr festgestellt: Wird eine psychische Gesundheitsbeeinträchtigung auf das Miterleben eines schweren Unfalls zurückgeführt, so kommt eine Haftung des Schädigers regelmäßig nicht in Betracht, wenn der Geschädigte nicht selbst unmittelbar an dem Unfall beteiligt war. Daraus ergibt sich nicht, dass ein Verletzter, der selbst körperlich verletzt wurde, den psychischen Schaden nur und erst dann ersetzt erhält, wenn die psychische Beeinträchtigung selbst einen Gesundheitsschaden darstellt.

4. Deutlich höheres Schmerzensgeld bei »baldigem Tod«

331 Auch jüngere Entscheidungen[504] sind zurückhaltend bei der Bemessung des Schmerzensgeldes, wenn ein Patient nach einem groben Behandlungsfehler binnen weniger Stunden verstirbt und nicht festgestellt werden kann, dass er insoweit Empfindungen (etwa Todesangst) gehabt hat.

332 Das OLG Karlsruhe[505] erkannte auf 5.000,00 € für einen Kläger, der als Zugbegleiter bei der Deutschen Bahn AG von einem Fahrgast bedroht wurde. Dieser hielt dem Kläger eine Waffe mit den Worten vor das Gesicht. »Ich will nach Hause«. Der Kläger hatte Todesangst und erlitt eine posttraumatische Belastungsstörung. Er musste sich in psychotherapeutische Behandlung begeben und war längere Zeit arbeitsunfähig krank.

333 Eine fast extrem zu nennende Steigerung weisen die Schmerzensgelder aus, die den Erben eines Verkehrsunfallopfers oder eines falsch behandelten Patienten zugesprochen werden[506].

334 Das LG Potsdam[507] sprach den Erben einer Patientin einen Betrag von 15.000 € zu. Die Patientin litt infolge eines ärztlichen Behandlungsfehlers ganz kurze Zeit unter Luftnot, erlitt ein hochgradiges Hirnödem und verstarb nach zwei Tagen an der Hirnschädigung.

335 Auf ein Schmerzensgeld von 15.000 € erkannte auch das LG Dortmund[508] zugunsten der Erben des Patienten eines Zahnarztes, der einen deutlichen Hinweis auf den Verdacht einer Tumorerkrankung übersah, sodass eine umfangreiche Anamnese und nachfolgende Behandlung unterblieben. Zur Feststellung des Tumors kam es nach 4 Monaten. Wäre der Patient ordnungsgemäß behandelt worden, wären ihm erhebliche Beeinträchtigungen und Schmerzen und sogar der Tod erspart geblieben. Infolge der Behandlungsverzögerung verstarb der Patient ein Jahr und 4 Monate nach dem schwerwiegenden Behandlungsfehler.

336 Das Schmerzensgeld für den Tod eines grob fehlerhaft behandelten Patienten nach 5 Monaten dauernder Leidenszeit bemaß das OLG Köln[509] abweichend vom LG Köln, das auf 100.000 € erkannt hatte, in einem Berufungsverfahren mit 40.000 €, nachdem die Beklagten in der Berufungsbegründung auf eine Entscheidung des OLG Hamm hingewiesen hatten, das diesen Betrag bei Tod nach einem Jahr zuerkannt hatte. Die Entscheidung des OLG Köln beruht auf einem fehlerhaften Verständnis der Entscheidung des OLG Hamm.

---

503 BGH, Urt. v. 22.05.2007 – VI ZR 17/06, VersR 2007, 1093 = NJW 2007, 2764 = BGHZ 172, 263.
504 OLG Köln, Urt. v. 05.03.2018 – 5 U 98/16, VersR 2019, 423 = MedR 2018, 544.
505 OLG Karlsruhe, Urt. v. 03.05.2016 – 9 U 13/15, VersR 2017, 51 = NJW-RR 2017, 15.
506 Vgl. hierzu Jaeger, Entwicklung der Rechtsprechung zu hohen Schmerzensgeldern, VersR 2013, 134 ff.
507 LG Potsdam, Urt. v. 05.05.2011 – 11 O 187/08, RDG 2012, 78 ff.
508 LG Dortmund, Urt. v. 09.02.2011 – 4 O 124/08, unveröffentlicht.
509 OLG Köln, Urt. v. 21.09.2011 – 5 U 8/11, VersR 2012, 1044 mit Anm. Jaeger; Vorentscheidung LG Köln Urt. v. 14.12.2010 – 3 O 257/08 – 100.000,00 €.

Das OLG Bremen[510] musste ein Schmerzensgeld für eine 28 Jahre alte Frau bemessen, die von ihrem Lebensgefährten derart misshandelt und gewürgt wurde, dass sie rd. 30 Minuten nach Beginn der Tat an den Verletzungen verstarb. Der Beklagte hat die Frau während dieser Zeit misshandelt und dabei mindestens 5 Minuten gewürgt. Er brachte ihr – wahrscheinlich mittels einer Flasche – eine schwere Afterverletzung bei, die zum Zerreißen des Schließmuskels führte und die sie mindestens 20 Minuten überlebt hat. Die Leiche wies zahlreiche Hämatome und Schürfwunden am ganzen Körper, insb. im Gesicht auf. Ferner wurden massive Einblutungen in die Zungenmuskulatur und den Gaumen wahrscheinlich durch Einführung eines Gegenstandes und eine Fraktur des Zungenbeins festgestellt. 337

Angesichts der Brutalität des Beklagten musste die Getötete davon ausgehen, dass der nun von der Mutter als Alleinerbin verklagte Täter sie auf jeden Fall töten würde, sodass sie in den letzten Minuten ihres Lebens nicht nur körperliche und seelische Schmerzen, sondern auch schwerste Todesängste erlitt. 338

Das OLG Düsseldorf[511] hat das Schmerzensgeld für eine Frau, die zwei Jahre nach einem Verkehrsunfall starb, mit 75.000 € bemessen. Die Mutter der klagenden Erben wurde als Fußgängerin schwer verletzt. Sie stürzte und erlitt ein Schädel-Hirn-Trauma 3. Grades. Sie musste künstlich beatmet und ernährt werden. Der Unfall führte zu einem fast zweijährigen Leidensweg mit wiederholter Todesgefahr und zahlreichen Folgeerkrankungen und Komplikationen, was die Verletzte nur anfänglich bewusst miterlebte. 339

a) Die Entscheidung des BGH v. 12.05.1998

Die Entscheidung des BGH v. 12.05.1998 zum Schmerzensgeld bei baldigem Tod[512] und die dazu ergangenen Besprechungen[513] dürften dazu beigetragen haben, die Grundlagen für die Schmerzensgeldbemessung dieser eigenständigen Fallgruppe zu klären und Bemessungskriterien herauszuarbeiten. 340

Die Entscheidung beruht auf folgendem Sachverhalt: Die Eltern des Klägers verunglückten mit dem Pkw. Der Vater erlitt u.a. ein Schädelhirntrauma 1. Grades. Er war unmittelbar nach dem Unfall bei Bewusstsein und ansprechbar, erhielt nach etwa 20 Minuten ein schmerzstillendes Medikament und wurde kurz darauf in ein künstliches Koma versetzt. Er starb 9 Tage nach dem Unfall. Die Mutter des Klägers erlitt so schwere Verletzungen, dass sie etwa eine Stunde nach dem Unfall verstarb. 341

Das OLG bestätigte für den Vater ein Gesamtschmerzensgeld von 14.000,00 € und für die Mutter ein Schmerzensgeld i.H.v. 1.500,00 €. 342

Der BGH hat die auf Zahlung weiteren Schmerzensgeldes gerichtete Revision zurückgewiesen. 343

In den Leitsätzen der Entscheidung heißt es, dass die Bemessung des Schmerzensgeldes bei einer Körperverletzung, an deren Folgen der Verletzte alsbald verstirbt, eine Gesamtbetrachtung der immateriellen Beeinträchtigung unter besonderer Berücksichtigung von Art und Schwere der Verletzungen, des hierdurch bewirkten Leidens und dessen Wahrnehmung durch den Verletzten wie auch des Zeitraums zwischen Verletzung und Eintritt des Todes erfordert und dass ein Anspruch auf Schmerzensgeld zu verneinen sein kann, wenn die Körperverletzung nach den Umständen des Falles ggü. dem alsbald eintretenden Tod keine abgrenzbare immaterielle Beeinträchtigung darstellt, die aus Billigkeitsgesichtspunkten einen Ausgleich in Geld erforderlich macht. 344

510 OLG Bremen, Beschl. v. 16.03.2012 – 3 U 6/12, VersR 2012, 1046 = NJWRR 2012, 858.

511 OLG Düsseldorf, Urt. v. 25.05.2009 – 1 U 130/08, SP 2009, 396.

512 BGH, Urt. v. 12.05.1998 – VI ZR 182/97, MDR 1998, 1029 (m. Anm. Jaeger) = NZV 1998, 370 = VersR 1998, 1034 = r+s 1998, 332.

513 Huber, NZV 1998, 345; Jaeger, MDR 1998, 450.

345 Dies hat das OLG Düsseldorf[514] angenommen, das den Erben eines Unfallopfers kein Schmerzensgeld zugesprochen hat, das bei einem Verkehrsunfall das Bewusstsein verloren hatte und bei dem nach zweieinhalb Stunden der Tod eingetreten war.

346 Dagegen hat das OLG Brandenburg[515] den Erben eines bei einem Verkehrsunfall tödlich verunglückten Fußgängers PKH für eine Schmerzensgeldklage i.H.v. 500,00 € bewilligt, obwohl das Verkehrsopfer 2 Std. nach dem Unfall verstarb. Über die Wahrnehmungsfähigkeit des Opfers wird in der Entscheidung nichts mitgeteilt.

b) Tod nach 10 Tagen im Koma – Schmerzensgeld 14.000,00 €

347 Der erste Leitsatz des BGH betrifft den Tod des Vaters. Hierzu führt der BGH in den Gründen u.a. aus, dass für die Höhe des Schmerzensgeldes nach wie vor die bekannten Kriterien der Entscheidung des Großen Zivilsenats des BGH[516] maßgebend sind, nämlich im Wesentlichen
- die Schwere der Verletzungen,
- das durch diese bedingte Leiden,
- dessen Dauer,[517]
- das Ausmaß der Wahrnehmung der Beeinträchtigung durch den Verletzten und
- der Grad des Verschuldens des Schädigers.

348 Der Umstand, dass die Verletzungen so schwer waren, dass der Verletzte nur kurze Zeit überlebt hat, sei selbst dann Schmerzensgeld mindernd zu berücksichtigen, wenn der Tod gerade durch das Schadensereignis verursacht worden sei.[518] Eine abweichende Betrachtungsweise sei nicht gerechtfertigt, falls sich der Verletzte bis zu seinem Tod durchgehend oder überwiegend in einem Zustand der Empfindungsunfähigkeit oder Bewusstlosigkeit befunden habe. Die fehlende Empfindungsfähigkeit des Vaters des Klägers sei die Folge des künstlichen Komas als einer Heilmaßnahme, die mit einer Zerstörung der Persönlichkeit nichts zu tun habe.

349 Mit Rücksicht darauf, dass nach der ständigen Rechtsprechung des BGH keine gesonderten Schmerzensgeldbeträge für die unterschiedlichen Bewusstseinsphasen des Verletzten angesetzt werden dürfen, vielmehr die Leidenszeit einer Gesamtbetrachtung zu unterziehen und auf dieser Grundlage eine einheitliche Entschädigung für das sich insgesamt darbietende Schadensbild festzusetzen ist, darf die Zeit, in der sich der Vater des Klägers im künstlichen Koma befand, nicht nur symbolisch in die Bemessung des Schmerzensgeldes einbezogen werden. Auch diese Zeit ist bei der Bemessung des Schmerzensgeldes berücksichtigt worden, führte aber nicht zur Zuerkennung eines höheren Schmerzensgeldes als 14.000,00 €.

c) Tod nach einer Stunde – Schmerzensgeld nicht mehr als 1.500,00 €

350 Im zweiten Leitsatz des BGH, der den Tod der Mutter betrifft, ist in den Gründen u.a. ausgeführt, dass die Zubilligung eines Schmerzensgeldes nicht stets voraussetze, dass der Geschädigte die ihm zugefügten Verletzungen empfunden habe. Vielmehr könne nach den Grundsätzen des Senatsurt. v. 13.10.1992[519] in den Fällen schwerster Schädigung eine ausgleichspflichtige immaterielle Beein-

514 OLG Düsseldorf, Urt. v. 14.01.2008 – 1 U 79/06, unveröffentlicht.

515 OLG Brandenburg, Beschl. v. 27.09.2007 – 12 W 2/07, VRR 2007, 442.

516 BGH, Beschl. v. 06.07.1955 – GSZ 1/55, BGHZ 18, 149 = VersR 1955, 615 = NJW 1955, 1675 = MDR 1956, 19 m. Anm. Pohle.

517 Vgl. dazu Wagner, JZ 2004, 319 (325).

518 BGH, Urt. v. 12.05.1998 – VI ZR 182/97, MDR 1998, 1029 (m. Anm. Jaeger) = NZV 1998, 370 = VersR 1998, 1034 = r+s 1998, 332; BGH, Urt. v. 16.12.1975 – VI ZR 175/74, MDR 1976, 752 = VersR 1976, 660 (662) m.w.N.

519 BGH, Urt. v. 13.10.1992 – VI ZR 201/91, BGHZ 120, 1 (8 f.) = MDR 1993, 123; vgl. hierzu ausführlich Rdn. 445 ff.

trächtigung gerade darin liegen, dass die Persönlichkeit ganz oder weitgehend zerstört und hiervon auch die Empfindungsfähigkeit des Verletzten betroffen sei.

Der Fall hat aber mit den Fällen, in denen die immaterielle Beeinträchtigung gerade darin besteht, dass der Geschädigte mit ihr weiterleben muss, nichts zu tun. Hier geht es nämlich darum, ob der das Bewusstsein des Verletzten auslöschenden Körperverletzung ggü. dem alsbald und ohne zwischenzeitliche Wiedererlangung der Wahrnehmungsfähigkeit eintretenden Tod überhaupt noch die Bedeutung einer abgrenzbaren immateriellen Beeinträchtigung zukommt. Dies ist jedoch nach Ansicht des BGH für einen Anspruch auf Schmerzensgeld vorauszusetzen, weil § 847 BGB a.F. weder für den Tod noch für die Verkürzung der Lebenserwartung (wohl aber für die Erkenntnis, dass der Tod bald eintreten wird und/oder dass die Lebenserwartung verkürzt ist) eine Entschädigung vorsieht. Es kommt deshalb darauf an, ob die Körperverletzung ggü. dem nachfolgenden Tod eine immaterielle Beeinträchtigung darstellt, die nach Billigkeitsgrundsätzen einen Ausgleich in Geld erforderlich macht. Das kann ebenso wie in Fällen, in denen die Verletzung sofort zum Tod führt, selbst bei schwersten Verletzungen dann zu verneinen sein, wenn diese bei durchgehender Empfindungslosigkeit des Geschädigten alsbald den Tod zur Folge haben, und der Tod nach den konkreten Umständen des Falles, insb. wegen der Kürze der Zeit zwischen Verletzung und Tod sowie nach dem Ablauf des Sterbevorgangs derart im Vordergrund steht, dass eine immaterielle Beeinträchtigung durch die Körperverletzung als solche nicht fassbar ist und folglich auch die Billigkeit keinen Ausgleich in Geld gebietet.[520] 351

Der BGH hat damit – wenn auch nicht abschließend – erkennen lassen, dass eine Überlebenszeit von einer Stunde eher dem Sterbevorgang zuzurechnen ist mit der Folge, dass eine immaterielle Beeinträchtigung durch die Körperverletzung als solche nicht fassbar ist und folglich auch die Billigkeit keinen Ausgleich in Geld gebietet. 352

Nur in Fällen, in denen der Verletzte noch eine gewisse Zeit gelebt hat, kann ein Schmerzensgeldanspruch entstehen.[521] Ob es ausreicht, dass der Verletzte für eine oder mehrere Sekunden Todesangst empfunden und/oder ob er erkannt hat, dass der Tod eintreten wird, ist damit nicht entschieden. 353

▶ Praxistipp:

Kläger waren die Erben der tödlich verunglückten Eltern. Diese hatten Revision eingelegt mit dem Ziel, ein höheres Schmerzensgeld zu erhalten. Der BGH war nur berufen, über eine Erhöhung des Schmerzensgeldes zu entscheiden. Es stand ihm nicht zu, das Schmerzensgeld herabzusetzen. 354

In der Begründung der Entscheidung macht der BGH allerdings deutlich, dass er den Betrag von 14.000,00 € als zu hoch ansieht und dass er der Mutter des Klägers kein Schmerzensgeld zugebilligt hätte. Beides hätte er allerdings auch bei einer Revision der Beklagten auf der Grundlage seiner bisherigen Rechtsprechung kaum ändern können, weil die Bemessung des Schmerzensgeldes Aufgabe des Tatrichters ist. Nur in Ausnahmefällen, wenn der Tatrichter »daneben« gegriffen hat, kann der BGH korrigieren.

Deshalb sind BGH-Entscheidungen immer unter diesem Gesichtspunkt zu lesen und auszuwerten. Die Tatsache, dass der BGH ein zuerkanntes Schmerzensgeld »bestätigt« hat, bedeutet nicht, dass er es der Höhe nach für »richtig« hält.

520 Diederichsen, VersR 2005, 433 (438).
521 Vgl. Wussow, Tz. 18336.

5. Dauer des Sterbevorgangs – Sekundentod

355 Ist diese Entscheidung des BGH nun das »letzte Wort«? Dauert der Sterbevorgang eine Stunde? Oder gibt es gar den »Sekundentod«[522] mit der Folge, dass auch für ganz kurze Zeiträume des Überlebens bis zum Tod ein Schmerzensgeld zu zahlen ist?

356 Die bisherige Rechtsprechung bietet dazu folgende Entscheidungen an:
- Unmittelbar eintretender Tod – kein Schmerzensgeld,[523]
- Überlebenszeit 7 Minuten – Schmerzensgeld 1.000,00 €,[524]
- Überlebenszeit 31/2 Std. – Schmerzensgeld,[525]
- Überlebenszeit 1 Tag – Schmerzensgeld 5.000,00 €,[526]
- Überlebenszeit 5 Tage bzw. 8 Tage im Koma – Schmerzensgeld 5.000,00 €,[527]
- Überlebenszeit 32 Tage – Schmerzensgeld 15.000,00 €,[528]
- 5 Wochen Koma – Schmerzensgeld 67.500,00 €.[529]

357 **Übersicht 6: Schmerzensgeld bei baldigem Tod**

Unmittelbar eintretender Tod – kein Schmerzensgeld
Das OLG Karlsruhe (Urt. v. 25.01.2000 – U 5/99 BSch, VersR 2001, 1123 f. = OLGR 2000, 192) nimmt unter Hinweis auf eine Entscheidung eines anderen Senats des OLG Karlsruhe (Urt. v. 12.09.1997 – 10 U 121/97, OLGR 1997, 20 ff. = r+s 1998, 375 ff.) die Abgrenzung danach vor, ob die Körperverletzung nach den Umständen des Falles ggü. dem alsbald eintretenden Tod eine abgrenzbare immaterielle Beeinträchtigung darstellt, die aus Billigkeitsgesichtspunkten einen Ausgleich in Geld erforderlich macht. Es hat einen Schmerzensgeldanspruch verneint, weil die Mutter der Kläger, unmittelbar nachdem sie von Bord einer Motoryacht gegen einen Dalben geschleudert wurde und dabei Verletzungen erlitten hatte, im Wasser verstarb.
Tod nach 45 Minuten – kein Schmerzensgeld LG Erfurt, Urt. v. 07.06.2010 – 2066/09, r+s 2010, 532

522 Lemcke, Anm. zu OLG Düsseldorf, Urt. v. 11.03.1996 – 1 U 52/95, r+s 1996, 228 (230), führt dazu aus, dass jeder bei einem Unfall Getötete zwischenzeitlich, mindestens eine juristische Sekunde, ein »Verletzter« ist. Mit einer Tötung konkurriert deshalb auch immer eine Körperverletzung, die jedoch hinter jener als subsidiär zurücktritt, weil und soweit ihr Unrechtsgehalt in dem der Tötung bereits mitenthalten ist; so auch Schönke/Schröder/Eser, § 212 Rn. 18; für den Regelfall so auch Tröndle/Fischer, § 211 Rn. 50; Schmitt, JZ 1962, 389. Würde man in jedem Fall der Tötung für die vorangegangene Körperverletzung einen Schmerzensgeldanspruch zubilligen, wäre das mit dem Willen des Gesetzgebers nicht vereinbar, wie sich aus der unterschiedlichen Fassung der §§ 823 und 253 BGB ergibt. Stirbt der Verletzte sofort, sind Verletzung und Tod ein einheitlicher Vorgang, wobei der Tod im Vordergrund steht; Huber, NZV 1998, 345 (348).

523 OLG Karlsruhe, Urt. v. 25.01.2000 – U 5/99 BSch, VersR 2001, 1123.

524 OLG Rostock, Beschl. v. 23.04.1999 – 1 W 86/98, OLGR 2000, 67.

525 OLG Hamburg, Urt. v. 08.12.1998 – 9 U 111/98, OLGR 1999, 206.

526 KG, Urt. v. 20.11.1998 – 25 U 8244/97, VersR 2000, 734 = NJW-RR 2000, 242.

527 OLG Schleswig, Urt. v. 14.05.1998 – 7 U 87/96, VersR 1999, 632 = NJW-RR 1998, 1404; OLG Köln, Urt. v. 28.04.1999 – 5 U 15/99, VersR 2000, 974.

528 Vgl.: OLG Düsseldorf, Urt. v. 11.03.1996 – 1 U 52/95, OLGR 1996, 170 = MDR 1996, 915 = NJW 1997, 806: 750,00 € bei einer Überlebenszeit von 3 Std.; KG, Urt. v. 25.04.1994 – 22 U 2282/93, KGR 1994, 126 = NJW-RR 1995, 91: 2.400,00 € bei Überlebenszeit von einem Tag. Dabei spielt das Wissen um das bevorstehende Ende ebenso wie die Furcht des Verletzten vor dem Tod, die Todesangst, eine für die Bemessung des Schmerzensgeldes bedeutsame Rolle, s. unter Rn. 468 ff.

529 OLG Düsseldorf, Urt. v. 24.04.1997 – 8 U 173/96, OLGR 1998, 31.

Überlebenszeit 7 Minuten – Schmerzensgeld 1.000,00 €
Das OLG Rostock (Beschl. v. 23.04.1999 – 1 W 86/98, OLGR 2000, 67 ff.) hält im Rahmen einer PKH-Entscheidung die Verletzung, die nach 7 Minuten zum Tod führt, für entschädigungspflichtig, wenn auch »nur« mit einem Betrag von 1.000,00 €. Die Entscheidung des BGH (Urt. v. 12.05.1998 – VI ZR 182/97, MDR 1998, 1029 f. [m. Anm. Jaeger] = NZV 1998, 370 f. = VersR 1998, 1034 ff. = r+s 1998, 332 f.) wird dabei nicht angesprochen. Eine Zeitspanne von 7 Minuten muss wohl dem Sterbevorgang zugerechnet werden, denn dieser dauert immer eine gewisse Zeit (OLG Düsseldorf, Urt. v. 11.03.1995 – 1 U 52/95, r+s 1996, 228 ff.).
Tod nach 2 Std., Schmerzensgeld 6.000,00 € (*OLG Frankfurt am Main, Urt. v. 14.09.2009 – 1 U 309/08, VRR 2009, 402)*
Ein Motorradfahrer überlebte einen Verkehrsunfall knapp 2 Std., hatte starke Schmerzen und war nicht gleich bewusstlos geworden.
Überlebenszeit 31/2 Std. – Schmerzensgeld
Wie lange der Sterbevorgang wirklich dauert, kann wohl kaum generell beantwortet werden. Eine Überlebenszeit von 31/2 Std. dürfte aber nicht allein dem Sterbevorgang zugerechnet werden können. Dementsprechend hat das OLG Hamburg (Urt. v. 08.12.1998 – 9 U 111/98, OLGR 1999, 206 ff.) ein Schmerzensgeld zuerkannt.
Überlebenszeit 1 Tag – Schmerzensgeld 5.000,00 €
Ein Schüler, Nichtschwimmer, wurde bewusstlos auf dem Boden eines Schwimmbades gefunden. Er starb am nächsten Tag (KG, Urt. v. 20.11.1998 – 25 U 8244/97, VersR 2000, 734 ff. = NJW-RR 2000, 242 ff.).
Tod nach 3 Tagen, Schmerzensgeld 5.000,00 € (OLG Köln, Beschl. v. 16.09.2010 – 5 W 30/10, GesR 2011, 156)
Überlebenszeit 5 Tage bzw. 8 Tage im Koma – Schmerzensgeld 5.000,00 €
Für 5 Tage und für 8 Tage Koma ist ein Schmerzensgeld i.H.v. jeweils 5.000,00 € zuerkannt worden (OLG Köln, Urt. v. 28.04.1999 – 5 U 15/99, OLGR 2000, 256 ff. = VersR 2000, 974 ff. und OLG Schleswig, Urt. v. 14.05.1998 – 7 U 87/96, OLGR 1999, 46 f. = VersR 1999, 632 = NJW-RR 1998, 1404 f.). Das OLG Köln, Arzthaftungssenat, hat zur Bemessung des Schmerzensgeldes darauf hingewiesen, dass nach der jüngeren Rechtsprechung bei schwerster Beeinträchtigung gerade für die weitgehende Zerstörung der Persönlichkeit des Patienten ein Schmerzensgeld zu leisten ist; es wäre vom Ergebnis her in höchstem Maße unbefriedigend, einen Anspruch auf Zahlung eines Schmerzensgeldes zu versagen, weil der Verletzte so schwer verletzt ist, dass er den Verfall seiner Persönlichkeit nicht mehr bewusst wahrnehmen kann. Zusätzlich hat das OLG Köln berücksichtigt, dass nicht ausgeschlossen werden konnte, dass der Patient trotz seines Zustandes gelitten hat, und i.R.d. Genugtuungsfunktion, dass das beklagte Krankenhaus versucht hatte, die wahre Todesursache zu verschleiern.
Tod nach 10 Tagen Schmerzensgeld 20.000,00 € (LG Bochum, Urt. v. 27.01.2010 – 6 O 78/08, unveröffentlicht)
Überlebenszeit 32 Tage – Schmerzensgeld 15.000,00 €
In Kenntnis der BGH-Entscheidung (BGH, Urt. v. 12.05.1998 – VI ZR 182/97, MDR 1998, 1029 f. [m. Anm. Jaeger] = NZV 1998, 370 f. = VersR 1998, 1034 ff. = r+s 1998, 332 f.) und unter Berufung auf Jaeger (VersR 1996, 1177 [1180] und MDR 1998, 450 ff.) hält das OLG Hamm (Urt. v. 20.03.2000 – 6 U 184/99, OLGR 2000, 226 f. = r+s 2000, 458 f. = MDR 2000, 1190 f.) ein Schmerzensgeld i.H.v. 15.000,00 € für einen Verletzten für angemessen, der 32 Tage nach dem Unfall verstarb. Die Besonderheit des Falles lag darin, dass das schwer verletzte Unfallopfer 32 Tage auf der Intensivstation verbringen musste und während dieser Zeit ansprechbar und über seinen Zustand orientiert war (vgl. OLG Düsseldorf, Urt. v. 11.03.1996 – 1 U 52/95, OLGR 1996, 170 ff. = MDR 1996, 915 f. = NJW 1997, 806 f.: 750,00 € bei einer Überlebenszeit von 3 Std.; KG, Urt. v. 25.04.1994 – 22 U 2282/93, NJW-RR 1995, 91 f.: 2.400,00 € bei Überlebenszeit von einem Tag. Dabei spielt das Wissen um das bevorstehende Ende ebenso wie die Furcht des Verletzten vor dem Tod, Todesangst s. u. Rn. 468 ff. eine für die Bemessung des Schmerzensgeldes bedeutsame Rolle, vgl. Staudinger/Schäfer, BGB, 12. Aufl. 1986, § 847 Rn. 80. Ebenso MünchKomm/Stein, BGB, 3. Aufl. 1997, § 847 Rn. 8 und 31, der zusätzlich die Verkürzung der Lebensaussichten bei der Bemessung des Schmerzensgeldes berücksichtigt wissen will.). Ein anderer Senat des OLG Hamm (Urt. v. 09.08.2000 – 13 U 58/00, SP 2001, 268 f.) hat den Betrag von 15.000,00 € bei Tod nach Organversagen 8 Tage nach dem Unfall zuerkannt, dessen Opfer zumindest phasenweise Schmerzempfindungen hatte.

5 Wochen Koma – Schmerzensgeld 67.500,00 €
Das OLG Düsseldorf (OLG Düsseldorf, Urt. v. 24.04.1997 – 8 U 173/96, OLGR 1998, 31) hielt diesen Betrag für einen 5 1/2 Jahre alten Jungen für ausreichend, der infolge eines ärztlichen Behandlungsfehlers nach einer Injektion das Bewusstsein verlor und ins Koma fiel. Der Haftpflichtversicherer hatte vorprozessual diesen Betrag von 67.500,00 € gezahlt. Die Klage der Eltern auf Zahlung eines weiteren Schmerzensgeldes i.H.v. mindestens 57.500,00 € wurde abgewiesen.

6. Bemessungskriterien für Schmerzensgeld bei baldigem Tod

358 Es stellt sich die Frage, welche Bemessungskriterien für die Höhe des Schmerzensgeldes in den Fällen des baldigen Todes des Verletzten heranzuziehen sind. Erneut hat der BGH[530] formelhaft herausgestellt, dass für die Höhe des Schmerzensgeldes im Wesentlichen maßgebend sind:

- Schwere der Verletzungen,
- Leiden (Schmerzen) und deren Dauer,
- das Ausmaß der Wahrnehmung der Beeinträchtigung durch den Verletzten und
- das Verschulden des Schädigers.

359 In den Fällen des baldigen Todes des Verletzten nach einem Verkehrsunfall ergibt die Anwendung dieser Kriterien Folgendes:

360 **Übersicht 7: Anwendung der Bemessungskriterien bei baldigem Tod des Verletzten nach einem Verkehrsunfall**

–	Schwere der Verletzungen: Verletzungen, die alsbald, sei es in Minuten, Stunden oder Tagen zum Tod führen, dürften kaum unterschiedlich zu gewichten sein (BGH, Urt. v. 12.05.1998 – VI ZR 182/97, VersR 1998, 1034).
–	Die durch die Verletzungen bedingten Schmerzen sind i.d.R. zu vernachlässigen, weil die schwer Verletzten entweder sofort sediert werden oder nach sehr kurzer Zeit bewusstlos sind oder in ein künstliches Koma versetzt werden (BGH, Urt. v. 12.05.1998 – VI ZR 182/97, VersR 1998, 1034, nach 20 Minuten Schmerzstillung, 15 Minuten später künstliches Koma; OLG Rostock, Beschl. v. 23.04.1999 – 1 W 86/98, OLGR 2000, 67 ff., Tod nach 7 Minuten).
–	Ausschlaggebend für die Höhe des Schmerzensgeldes ist bisher die Dauer der Schmerzen und des Leidens. Die Schmerzensgeldbeträge liegen danach für 5 oder 8 Tage Koma bei 5.000,00 € und für 9 Tage Koma bei 14.000,00 € (ein Betrag, den der BGH als zu hoch ansieht).
–	Dagegen kann der Verletzte – auch ohne Schmerzen – erheblich leiden, wenn er (sediert) bei Bewusstsein ist und über seinen Zustand, insb. den baldigen Tod, informiert wurde. Dieses Leid(en) muss in die Schmerzensgeldbemessung einfließen.
–	Ob und in welchem Umfang die **Wahrnehmung der Beeinträchtigung durch den Verletzten**, sein Leiden die Höhe des Schmerzensgeldes beeinflussen, ist nach der Entscheidung des BGH (Urt. v. 12.05.1998 – VI ZR 182/97, MDR 1998, 1029 f. [m. Anm. Jaeger] = NZV 1998, 370 f. = VersR 1998, 1034 ff. = r+s 1998, 332 f.) jedoch völlig offen. Obwohl er die Wahrnehmung als maßgebend für die Höhe des Schmerzensgeldes bezeichnet, führt er später aus, es dürften keine gesonderten Schmerzensgeldbeträge für die unterschiedlichen Bewusstseinsphasen des Verletzten angesetzt werden, vielmehr sei die Leidenszeit einer Gesamtbetrachtung zu unterziehen und auf dieser Grundlage eine einheitliche Entschädigung für das sich insgesamt anbietende Schadensbild festzusetzen. In diesem Fall war die fehlende Wahrnehmung des Verletzten nicht unmittelbare Unfallfolge, sondern beruhte darauf, dass der Verletzte durch die behandelnden Ärzte in ein »künstliches Koma« versetzt worden war. Es erscheint selbstverständlich, dass dies dem Schädiger nicht zugutekommen darf, zumal das Koma, in das der Verletzte versetzt wurde, eine »Heilmaßnahme« war und nicht auf der Zerstörung seiner Persönlichkeit beruhte. Richtig ist auch, dass das Schmerzensgeld in jeder Entscheidung nur für den zu beurteilenden Sachverhalt ermittelt werden kann und nicht etwa Beträge »mit« und

530 BGH, Urt. v. 12.05.1998 – VI ZR 182/97, VersR 1998, 1034 und schon in der Entscheidung des großen Zivilsenats, BGH, Urt. v. 06.07.1955 – GSZ 1/55, BGHZ 18, 149 = VersR 1955, 615 = NJW 1955, 1675 = MDR 1956, 19 m. Anm. Pohle.

	»ohne« Koma vorgerechnet werden dürfen. Dennoch müssen die Wahrnehmung der Schmerzen und die Situation des bevorstehenden Todes durch den Verletzten sich in der Höhe des Schmerzensgeldes widerspiegeln. So ist denn auch die Entscheidung des OLG Hamm (Urt. v. 20.03.2000 – 6 U 184/99, OLGR 2000, 226 f. = MDR 2000, 1190 f.) zu verstehen, die sich ausdrücklich auf die zuvor genannte Entscheidung des BGH beruft und bei der Bemessung des Schmerzensgeldes hervorhebt, dass der Verletzte bis zu seinem Tod ansprechbar und über seinen Zustand orientiert war. Abgesehen davon, dass seine Leidenszeit mehr als dreimal so lange dauerte wie im Fall des BGH und ca. fünf- bis siebenmal so lange wie in den Fällen OLG Köln (Urt. v. 28.04.1999 – 5 U 15/99, OLGR 2000, 256 ff. = VersR 2000, 974 ff.) und OLG Schleswig (Urt. v. 14.05.1998 – 7 U 87/96, VersR 1999, 632 = NJW-RR 1998, 1404 f.), ist der Betrag von 15.000,00 € unter Berücksichtigung des Kriteriums der Wahrnehmung angemessen (vgl. dazu OLG Karlsruhe, Urt. v. 25.01.2000 – U 5/99 BSch, OLGR 2000, 192 = VersR 2001, 1123 f.).
–	Das OLG München (Beschl. v. 04.10.1995 – 24 U 265/95, ZfS 1996, 370 f. = OLGR 1996, 111) betont, dass es nicht darauf ankommen dürfe, dass der Verletzte nur noch wenige Wochen gelebt habe. Es will der Rechtsprechung des BGH entnehmen, dass die Verkürzung der Lebenszeit dem Schädiger nicht zugutekommen dürfe. Zur Begründung führt das Gericht aus, wenn es dem Verletzten noch vor seinem Tod gelänge, selbst auf Schmerzensgeld zu klagen, könne ihm grds. nicht entgegengehalten werden, dass er nur noch kurze Zeit zu leben habe und deshalb nur ein besonders niedriges Schmerzensgeld zu beanspruchen habe. ▶ **Hinweis:** Dieser Ansatz ist falsch; selbstverständlich richtet sich die Bemessung des Schmerzensgeldes immer auch danach, wie lange der Verletzte zu leiden haben wird. Das Alter des Verletzten – und damit seine Lebenserwartung – spielt bei der Bemessung des Schmerzensgeldes eine besondere Rolle.
–	Verschulden des Schädigers: Nur vereinzelt wird in den Entscheidungen ein besonders schweres Verschulden des Schädigers erwähnt. I.d.R. werden Verkehrsunfälle im Straßenverkehr fahrlässig herbeigeführt, grobes Verschulden – etwa Trunkenheit – ist in den entschiedenen Fällen eher die Ausnahme.

7. Auswertung der Rechtsprechung zur Höhe des Schmerzensgeldes

Bei der früheren Auswertung der Rechtsprechung musste vornehmlich auf Entscheidungen zurückge- 361
griffen werden, die vor der Gesetzesänderung (Vererblichkeit des Schmerzensgeldanspruchs) lagen.[531] In den Entscheidungen, die vor diesem Zeitpunkt ergingen, betrug die Zeitspanne des Überlebens mindestens einige Wochen, keinesfalls nur Stunden, weil i.d.R. nur in Fällen längerer Überlebenszeit der Schmerzensgeldanspruch rechtshängig gemacht oder vom Schädiger anerkannt werden konnte, was nach § 847 BGB a.F. Voraussetzung für die Vererblichkeit des Schmerzensgeldanspruchs war. Binnen weniger Stunden konnten diese Voraussetzungen nicht erfüllt werden. Dennoch gibt es Entscheidungen, nach deren Sachverhalt der Verletzte nur einige Tage überlebte. Wie es in diesen Fällen zur Rechtshängigkeit oder zu einem Anerkenntnis gekommen ist, wird nicht mitgeteilt.

Erst nach der Gesetzesänderung ergingen erstmals Entscheidungen zu Fällen, in denen der Verletzte 362
sofort oder nach sehr kurzer Zeit verstarb.[532]

8. Bewusstlosigkeit bis zum Tod

In Fällen der Bewusstlosigkeit bis zum Tod (z.B. nach Schädelhirntrauma) oder in Fällen einer kur- 363
zen Zeitspanne bis zum Tod war das Schmerzensgeld meist relativ gering, überwiegend unter oder bis 5.000,00 €.

531 Gesetz v. 14.03.1990, in Kraft seit dem 01.07.1990, BGBl. I 1990, S. 478.

532 BGH, Urt. v. 06.12.1994 – VI ZR 80/94, MDR 1995, 265 = VersR 1995, 353; KG, Urt. v. 25.04.1994 – 22 U 2282/93, KGR 1994, 126 = NJW-RR 1995, 91.

364 Die Entscheidungen sind nach Entscheidungsjahren geordnet, um dadurch die Entwicklung der Rechtsprechung aufzuzeigen. Diese Ordnung belegt, dass die Entscheidungen durchweg auf übereinstimmenden Erwägungen beruhen und zu vergleichbaren Schmerzensgeldern kommen.

365 **Übersicht 8: Schmerzensgeld bei Bewusstlosigkeit**

Jahr der Entscheidung und Fundstelle	Art der Verletzung	Zuerkanntes Schmerzensgeld
1977: OLG Schleswig, Urt. v. 26.04.1977 – 9 U 92/75, VersR 1978, 353	Tod nach 6 Wochen Bewusstlosigkeit	2.500,00 €
1978: OLG Koblenz, Urt. v. 16.10.1978 – 12 U 2/77, VersR 1979, 873	Tod eines 18 Jahre alten Mädchens nach 3 Monaten, Schädelhirntrauma	10.000,00 €
1980: LG Saarbrücken, Urt. v. 12.02.1980 – 3 O 417/79, ZfS 1980, 330	Tod einer jungen Frau nach 18 Tagen nach schwerem Schädelhirntrauma	2.500,00 €
1980: LG München II, Urt. v. 28.05.1980 – 4 O 3770/79, VersR 1981, 69	Tod nach 12 Tagen ohne Bewusstsein	5.000,00 €
1981: LG Kaiserslautern, Urt. v. 27.05.1981 – 4 O 5/81, ZfS 1982, 261	Tod nach 11 Tagen ohne Bewusstsein	10.000,00 €
1981: BGH, Urt. v. 03.01.1981 – VI ZR 180/79, BGHZ 80, 8 ff.	Tod eines Schwerstverletzten nach Verkehrsunfall	1.750,00 €
1984: OLG Koblenz, Urt. v. 22.10.1984 – 12 U 290/84, VRS 67 (1984), 409	Tod eines 17 Jahre alten Jungen nach Hirnverletzung mit 19 Tage dauernder Bewusstlosigkeit, kein erhebliches Verschulden des Schädigers	2.500,00 €
1985: LG Saarbrücken, Urt. v. 25.10.1985 – 10 O 379/84, unveröffentlicht	Tod eines jungen Mannes nach 3 Wochen bei dauernder Bewusstlosigkeit	5.000,00 €
1987: OLG Schleswig, Urt. v. 22.10.1987 – 5 U 88/86, VersR 1988, 523	Tod nach 16 Tagen ohne Bewusstsein	3.750,00 €
1988: OLG Hamm, Urt. v. 19.04.1988 – 27 U 279/87, NJW-RR 1988, 1301	Tod einer Frau nach 3 Tagen an den Folgen einer Schädel- und Hirnverletzung	2.500,00 €
1989: LG Aachen, Urt. v. 03.08.1989 – 2 O 97/89, r+s 1990, 121 = DfS Nr. 1993/858	Tod nach 11 Tagen, Schädelhirntrauma, 1/3 Mitverschulden: 4.000,00 €	bei Vollhaftung rechnerisch 6.000,00 €
1993: AG Aurich, Urt. v. 18.05.1993 – 12 C 45/93, SP 1993, 315	Tod eines Mädchens durch Ertrinken in einem Pkw bei Bewusstlosigkeit	500,00 €
1993: LG Münster, Urt. v. 20.10.1993, unveröffentlicht	Tod durch Verkehrsunfall nach 11/2 Std. tiefer Bewusstlosigkeit	900,00 €
1993: LG Heilbronn, Urt. v. 16.11.1993 – 2 O 2499/92, VersR 1994, 443	Tod wenige Minuten nach einem Herzstich	5.500,00 €
1994: KG, Urt. v. 25.04.1994 – 22 U 2282/93, NJW-RR 1995, 91	Kurzzeitiges Überleben nach einem Verkehrsunfall bei Bewusstlosigkeit bei 1/4 Mitverschulden	2.400,00 €, bei Vollhaftung: 3.200,00 €

1994: OLG Stuttgart, Urt. v. 02.05.1994 – 20 U 69/94, VersR 1994, 736 = NJW 1994, 3016	Tod nach 31/2 Std.	1.250,00 €
1997: OLG Karlsruhe, Urt. v. 12.09.1997 – 10 U 121/97, OLGR 1997, 20	Überlebenszeit für einen bewusstlosen Mann von 10 Minuten	jedenfalls nicht mehr als LG: 1.500,00 €
1997: OLG Hamm, Urt. v. 21.01.1997 – 9 U 161/96, NZV 1997, 233	Tod nach ein Stunde Bewusstlosigkeit, Mitverschulden 50 %	1.250,00 €
1998: BGH, Urt. v. 12.05.1998 – VI ZR 182/97, VersR 1998, 1034	Tod nach einer Std. Bewusstlosigkeit	1.500,00 €
1998: LG Gera, Urt. v. 29.05.1998 – 6 O 303/97, NZV 1999, 473	Tod nach 12 Tagen (2 Tage bei Bewusstsein)	3.500,00 €
1998: OLG Schleswig, Urt. v. 14.05.1998 – 7 U 87/96, VersR 1999, 632 = NJW-RR 1998, 1404	Tod nach 7 Tagen ohne Bewusstsein	5.000,00 €
1999: OLG Braunschweig, Urt. v. 27.05.1999 – 8 U 45/99, DAR 1999, 404	Tod nach 23 Tagen nach einem Verkehrsunfall im künstlichen Koma	10.000,00 €
1999: AG Spandau, Urt. v. 15.04.1999 – 9 C 613/98, SP 2000, 87 f.	Tod nach Körperverletzung und 4 Tagen Koma	2.500,00 €
2002: OLG Bremen, Urt. v. 26.03.2002 – 3 U 84/01, VersR 2003, 779	Tod 3 Tage nach der Geburt infolge eines ärztlichen Behandlungsfehlers	5.112,92 €
2005: LG Dortmund, Urt. v. 24.06.2005 – 3 O 170/04, unveröffentlicht	Tod eines 14 Jahre alten Jungen durch Ertrinken im Freibad	10.000,00 €
2006: OLG Stuttgart, Urt. v. 26.07.2006 – 3 U 65/06, NJW 2007, 1367 = OLGR 2007, 264	Tod nach 25 Tagen bei Bewusstlosigkeit	10.000,00 €
2011: LG Potsdam, Urt. v. 05.05.2011 – 11 O 187/08	Tod nach 2 Tagen, kurzzeitig noch unter Luftnot gelitten	15.000,00 €
2013: OLG Hamm, Urt. v. 12.08.2013 – 3 U 122/12	Tod nach 9 Monaten nach Hirnstamminfarkt und locked-in-Syndrom	50.000,00 €
2015: LG Bochum, Urt. v. 29.10.2015 – 2 O 574/12	Tod eines mit einem Messer vorsätzlich abgestochenen Jungen nach 4 Tagen ohne Bewusstsein	50.000,00 €
2015: OLG Naumburg, Urt. v. 26.03.2015 – 2 U 62/14	Tod 6 Monate nach einem Verkehrsunfall bei apallischem Syndrom	45.000,00 €

Diese Entscheidungen zeigen, dass auch bei sehr kurzer Überlebenszeit ein Schmerzensgeldanspruch nicht generell verneint wurde, wenn auch die Beträge z.T. in einem niedrigen Bereich liegen. 366

9. Tod nach mindestens einigen Wochen mit Bewusstsein des Verletzten

Bei einer anderen Gruppe von Entscheidungen fällt auf, dass Schmerzensgelder von mindestens 5.000,00 € – eher 10.000,00 € – 15.000,00 € –, gelegentlich aber auch mehr zuerkannt wurden und werden, wenn der Verletzte mindestens noch einige Wochen bei Bewusstsein war und oft unter erheblichen Schmerzen gelitten hat. Wenn im Folgenden nichts zu Schmerzen gesagt ist, dürfte davon ausgegangen werden können, dass die moderne Medizin die Schmerzen des Verletzten weitgehend ausgeschaltet hatte. Die Beeinträchtigung des Verletzten bestand in diesen Fällen eher darin, dass er sein Schicksal kannte und über den baldigen Tod informiert war. 367

368 **Übersicht 9: Tod des Verletzten nach einigen Wochen**

Jahr der Entscheidung und Fundstelle	Art der Verletzung	Zuerkanntes Schmerzensgeld
1978: LG München, Urt. v. 26.06.1978, unveröffentlicht	Tod nach 10 Wochen, nach 2 Wochen schwerer Schmerzen und Kenntnis der Todesgefahr	15.000,00 €
1978: OLG Saarbrücken, Urt. v. 22.12.1978 – 3 U 191/77, VersR 1980, 242	Tod nach 7 Wochen, phasenweise starke Schmerzen, qualvoller Todeskampf	10.000,00 €
1980: OLG München, Urt. v. 04.07.1980 – 10 U 1923/80, unveröffentlicht	Tod eines 40 Jahre alten Mannes nach 16 Tagen, erhebliche Schmerzen, Bewusstsein, sterben zu müssen, 1/4 Mitverschulden	6.000,00 €
1982: OLG Nürnberg, Urt. v. 02.03.1982 – 11 U 2998/81, VersR 1983, 469	Tod einer Frau nach 21/2 Monaten, Schmerzen und seelischen Belastungen	5.000,00 €
1983: OLG Düsseldorf, Urt. v. 24.04.1983, unveröffentlicht	Tod eines Mannes nach 71/2 Wochen, bis zum Tod wach und ansprechbar, grobes Verschulden	10.000,00 €
1985: LG Koblenz, Urt. v. 20.02.1985 – 5 O 97/84, ZfS 1987, 262	Tod einer Frau nach 51/2 Wochen, war sich der Situation voll bewusst	3.000,00 €.
1985: OLG Koblenz, Urt. v. 09.12.1985 – 12 U 394/85, unveröffentlicht	Tod einer 57 Jahre alten Frau nach 4 Wochen, Kenntnis der Situation	3.000,00 €
1987: OLG Karlsruhe, Urt. v. 24.04.1987 – 10 U 219/84, VersR 1988, 59	Tod 4 Wochen nach Verkehrsunfall, bewusstes Erleben des Zustandes, 40 % Mitverschulden	5.000,00 €, rechnerisch 12.500,00 €
1989: LG Münster, Urt. v. 11.10.1989 – 16 O 279/89, unveröffentlicht	Tod einer 27 Jahre alten Frau nach 13 Monaten schweren Leidens	25.000,00 €
1990: KG, Urt. v. 03.12.1990 – 12 U 5356/89, unveröffentlicht	Tod einer 66 Jahre alten Frau nach 24 Tagen, sediert, aber nicht komatös	7.500,00 €
1990: OLG Schleswig, Urt. v. 05.12.1990 – 9 U 165/88, VersR 1992, 714	Unfallursächlicher Tod eines 82 Jahre alten Mannes nach knapp 2 Jahren bewussten Leidens	25.000,00 €
1991: OLG Frankfurt am Main, Urt. v. 15.01.1991 – 8 U 178/89, ZfS 1991, 150	Tod eines jungen Mannes nach 1 3/4 Jahren, Koma bis zum Tod	12.500,00 €
1991: LG Ellwangen, Urt. v. 08.01.1991 – 4 O 192/90, unveröffentlicht	Tod nach 98 Tagen Intensivstation mit Bewusstsein	15.000,00 €
1991: OLG Köln, Beschl. v. 14.11.1991 – 2 W 186/91, VersR 1992, 197	Tod nach 1/2 Jahr, vorsätzliche Tötung einer Frau, Verurteilung des Täters wegen Mordes	20.000,00 €
1993: OLG Köln, Urt. v. 02.06.1993 – 13 U 18/93, r+s 1994, 13	Tod eines 51/2 Jahre alten Kindes nach 11/4 Jahr an den Folgen eines apallischen Syndroms (Funktionsausfall des Gehirns)	30.000,00 €

Jahr der Entscheidung und Fundstelle	Art der Verletzung	Zuerkanntes Schmerzensgeld
1993: LG Dortmund, Urt. v. 22.07.1993 – 15 O 157/92, unveröffentlicht	Unfall, Tod nach 18 Monaten bei Bewusstlosigkeit	60.000,00 €
1993: OLG Saarbrücken, unveröffentlicht	Tod nach 7 Wochen Leidensweg auf Intensivstation	10.000,00 €
1993: OLG Saarbrücken, Urt. v. 30.07.1993, unveröffentlicht	Tod eines Mannes nach 9 Minuten im brennenden Fahrzeug, volles Bewusstsein	7.500,00 €
1994: LG Augsburg, Urt. v. 23.03.1994 – 7 S 3483/93, r+s 1994, 419	Unfalltod nach 30 Minuten, Verletzter war bei Bewusstsein und hat vor Schmerzen geschrien, Mitverschulden 30 %	1.500,00 €
2018: OLG Celle, Urt. v. 05.06.2018 – 1 U 71/17	begleiteter Freitod ein Jahr nach erlittener Querschnittslähmung bei vollem Bewusstsein!	500.000,00 €

Nur zu zwei Entscheidungen soll kritisch Stellung genommen werden, zum Schmerzensgeld von 7.500,00 € beim Tod eines Mannes, der nach 9 Minuten im brennenden Fahrzeug starb (s.o. OLG Saarbrücken – 1993) und zum Schmerzensgeld von 1.500,00 € für einen Verletzten, der nach 30 Minuten starb, in denen er vor Schmerzen geschrien hat (s.o. LG Augsburg – 1994). 369

Mag das Schmerzensgeld von 7.500,00 € im ersten Fall noch annähernd vertretbar sein (für einen derart grauenvollen Tod ist auch ein sehr viel höheres Schmerzensgeld vorstellbar), im zweiten Fall ist der Betrag sicher falsch. Solche Entscheidungen sind nur vor dem Hintergrund verständlich, dass das Gericht den Tod des Verletzten für die Erben nicht zum »Glücksfall« machen will. Dieser Gesichtspunkt ist aber falsch,[533] nachdem der Gesetzgeber die Vererblichkeit des Schmerzensgeldes normiert hat. 370

▶ Praxistipp:

Um in Fällen extremer Schmerzen solchen Fehlentscheidungen vorzubeugen, muss das Gericht auf neueste Entscheidungen hingewiesen werden und darauf, dass solche Schmerzensgelder dem Leiden des Verletzten nicht entsprechen. Das Ausmaß des Leidens ist nach der BGH-Rechtsprechung ein Bemessungskriterium, das sich in solchen Extremfällen deutlich auf die Höhe des Schmerzensgeldes auswirken muss. 371

10. Sonderfall: 67.500,00 € Schmerzensgeld bei Tod nach 5 Wochen durch ärztlichen Behandlungsfehler

Ein Fall fällt in der Gegenrichtung völlig aus diesem Rahmen:[534] 372

An die Eltern eines fünfeinhalb Jahre alten Jungen, der infolge eines ärztlichen Behandlungsfehlers nach einer Injektion das Bewusstsein verlor, ins Koma fiel und nach 5 Wochen verstarb, wurden vom Haftpflichtversicherer vorprozessual 67.500,00 € gezahlt. Die Klage der Eltern auf Zahlung eines weiteren Schmerzensgeldes i.H.v. mindestens 57.500,00 € wurde allerdings abgewiesen, das Gericht wies jedoch nicht darauf hin, dass das freiwillig gezahlte Schmerzensgeld weit über dem angemessenen Betrag lag.

533 Huber, NZV 1998, 345 (351).
534 OLG Düsseldorf, Urt. v. 24.04.1997 – 8 U 173/96, MDR 1998, 470.

III. Unfallneurosen

1. Rentenneurose

373 Häufig kommt es bei einem Schadensereignis zu einer leichten Körperverletzung – in der Praxis oft ein HWS-Syndrom –, die in der Folgezeit ohne organische Folgen ausheilt. Dennoch klagt der Betroffene über Beschwerden und leitet hieraus seine **Erwerbsunfähigkeit** ab. Der Grund für die Erwerbsunfähigkeit ist nicht die Körperverletzung, die ja folgenlos ausgeheilt ist, sondern ihre Übersteigerung bzw. Fehlverarbeitung durch den Geschädigten, die sich zu der Vorstellung ausweitet, nicht mehr arbeiten zu können und deshalb einen Anspruch auf Schadensersatz oder Rente zu haben. Bei dieser Fallgruppe ist zu fragen, wem es zuzurechnen ist, dass ein Unfallbeteiligter eine Körperverletzung psychisch derart fehlverarbeitet, dass er dadurch erwerbsunfähig wird.[535]

374 Dieser neurotische Zustand ist haftungsrechtlich keineswegs immer dem Schädiger im vollen Umfang zuzurechnen. So hat die Rechtsprechung seit jeher in Fällen sog. **Renten- oder Begehrensneurosen** eine Haftung verneint.

375 In mehreren Entscheidungen hat der BGH[536] festgestellt, dass eine Haftung nur dann verneint werden kann, wenn das schädigende Ereignis nur ganz geringfügig war (Bagatelle) und nicht speziell auf eine Schadensanlage des Verletzten traf, sodass die psychische Reaktion in einem groben Missverhältnis zum Anlass stand und deshalb schlechterdings nicht mehr verständlich war. Daraus folgt, dass extrem gelagerte Fälle von einer Haftung ausgenommen werden.[537] Dagegen ist auch eine Rentenneurose entschädigungspflichtig, wenn sie auf übertriebene Begehrensvorstellungen zurückzuführen ist, denen der Verletzte aufgrund seiner psychischen Abnormität erliegt und die er gerade auch aus der Erwartungshaltung bzgl. der ihm zustehenden Schadensersatzansprüche nicht zu überwinden vermag.[538]

376 Insgesamt kann man aber feststellen, dass die reine Begehrensneurose vom BGH zuletzt im Jahr 1979 ernstlich in Betracht gezogen worden ist.[539] In der Rechtsprechung der OLG[540] ist sie noch erörtert, vom OLG Stuttgart[541] im Jahr 1999 in einem Fall bejaht worden.

---

535 Vgl. dazu die eingehende Darstellung von Müller, VersR 1998, 129 (132 ff.) und BGH, Urt. v. 30.04.1996 – VI ZR 55/95, BGHZ 132, 341 (351 f.) = VersR 1996, 990 = NJW 1996, 2425; BGH, Urt. v. 05.11.1996 – VI ZR 275/95, VersR 1997, 122; OLG Hamm, Urt. v. 28.05.1998 – 6 U 97/93, r+s 1999, 62; eingehend dazu auch OLG Hamm, Urt. v. 30.10.2000 – 6 U 61/00, r+s 2001, 62.

536 BGH, Urt. v. 30.04.1996 – VI ZR 55/95, BGHZ 132, 341 = VersR 1996, 990 = NJW 1996, 2425; vgl. auch BGH, Urt. v. 25.02.1997 – VI ZR 101/96, VersR 1997, 752 = r+s 1997, 370; BGH, Urt. v. 11.11.1997 – VI ZR 376/96, MDR 1998, 157 = VersR 1998, 201; BGH, Urt. v. 11.11.1997 – VI ZR 146/96, MDR 1998, 159 = VersR 1998, 200; BGH, Urt. v. 26.07.2022 – VI ZR 58/21, VersR 2022, 1309. So auch OLG Frankfurt am Main, Urt. v. 06.11.1991 – 17 U 72/88, VersR 1993, 853.

537 So auch OLG Hamm, Urt. v. 02.04.2001 – 13 U 148/00, DAR 2001, 360 = VRS 100 (2001), 414 zu einem Unfall auf einem Parkplatz bei geringer Geschwindigkeit; zu beachten ist jedoch, dass auch der 13. Zivilsenat des OLG Hamm für den Nachweis eines HWS-Syndroms eine Differenzgeschwindigkeit > 10 km/h fordert. Ähnlich auch AG Miesbach, Urt. v. 02.12.2004 – 2 C 555/04, SP 2005, 121.

538 Dressing/Foerster, VersMed 2009, 59 (60).

539 BGH, Urt. v. 08.05.1979 – VI ZR 58/78, VersR 1979, 718 (719); ähnlich auch AG Miesbach, Urt. v. 02.12.2004 – 2 C 555/04, SP 2005, 121; Müller, VersR 1998, 129 (133).

540 Das OLG Düsseldorf, Urt. v. 08.01.2001 – 1 U 87/99, SP 2001, 412, hat zwar eine Rentenneurose erwogen, aber letztlich verneint; ebenso OLG Köln, Urt. v. 26.07.2001 – 7 U 188/99, SP 2001, 343 (345).

541 Das OLG Stuttgart, Urt. v. 20.07.1999 – 12 U 231/98, SP 2001, 198, entschied: Der Geschädigte, der psychisch vorgeschädigt war (ängstlicher, depressiver Hypochonder) erlitt nach HWS-Syndrom 2. Grades einen psychischen Folgeschaden, infolgedessen er arbeitsunfähig wurde; es bejahte die Kausalität des Unfalls, lehnte aber eine Haftung ab, da eine Rentenneurose vorliege, der Geschädigte den Unfall daher nur zum Vorwand nehme, sich und seine Familie zu versorgen und zu sichern.

Nunmehr hat der BGH[542] seine frühere Rechtsprechung zur Begehrensneurose wieder aufgegriffen und ausgeführt:

Für die Verneinung des Zurechnungszusammenhangs zwischen unfallbedingten Verletzungen und Folgeschäden wegen einer Begehrensneurose ist es erforderlich, aber auch ausreichend, dass die Beschwerden entscheidend durch eine neurotische Begehrenshaltung geprägt sind.

2. Konversionsneurose

Bereits in zwei Entscheidungen v. 11.11.1997 hat der BGH[543] eine deutliche Ausweitung der Haftung des Schädigers vorgenommen[544]. Eine sog. Bagatelle, bei der eine Haftung für den psychischen Folgeschaden ausscheiden soll, wird bereits dann abgelehnt, wenn »nur« eine Schädelprellung mit HWS-Schleudertrauma vorliegt. Geringfügigkeit des auslösenden Ereignisses scheidet immer schon dann aus, wenn dafür ein – wenn auch geringes – Schmerzensgeld zu zahlen wäre.[545] 377

Nur relativ selten wird angenommen, dass die neurotische Fehlhaltung des Geschädigten in einem groben Missverhältnis zum schädigenden Ereignis steht, also Ausdruck einer offensichtlich unangemessenen Erlebnisverarbeitung ist mit der Folge, dass keine Haftung besteht. Die Beweislast dafür, dass sich hier nur das allgemeine Lebensrisiko des Geschädigten verwirklicht hat, der sich in eine Neurose flüchtet, trägt der Schädiger.[546] Ansonsten bleibt es bei der – für den Geschädigten günstigen – Situation, dass eine Haftung auch dann nicht entfällt, wenn an dem Ausbruch der psychischen Krankheit eine vorbestehende latente Disposition wesentlich mitgewirkt hat, die ohne den Unfall nicht ausgebrochen wäre. Hat allerdings schon vor dem Unfall eine fortschreitende psychische Erkrankung vorgelegen, die sich bis zum Unfall kontinuierlich verstärkt hat, kann als »Anteil« des Unfalls allenfalls vorübergehend eine Überlagerung der Grunderkrankung durch unfallbedingte Folgen angenommen, ansonsten aber unterstellt werden, dass die später festgestellte Beeinträchtigung einige Zeit später auch ohne den Unfall eingetreten wäre.[547] 378

▶ Hinweis:

Die Konversionsneurose ist zu entschädigen, wenn sich die ursprüngliche körperliche Schädigung in eine seelische Störung umwandelt und der Geschädigte infolge dieser psychischen Fehlverarbeitung zu der Vorstellung kommt, nicht mehr arbeiten zu können. In diesen Fällen wird die Haftung nicht ausgeschlossen, wenn die Begehrensvorstellung nicht im Vordergrund steht. 379

3. Borderline-Störung

Auch eine der Konversionsneurose vergleichbare Borderline-Störung kann im Einzelfall dazu führen, die Kausalität einer HWS-Verletzung für psychisch bedingte Folgeschäden zu verneinen.[548] Bei 380

542 BGH, Urt. vom 10.07.2012 – VI ZR 127/11, VersR 2012, 1133 = NJW 2012, 2964 = DAR 2013, 137; BGH, Urt. v. 26.07.2022 – VI ZR 58/21, VersR 2022, 1309.

543 BGH, Urt. v. 11.11.1997 – VI ZR 376/96, MDR 1998, 157 = VersR 1998, 201; BGH, Urt. v. 11.11.1997 – VI ZR 146/96, MDR 1998, 159 = VersR 1998, 200.

544 Fortgeführt von BGH, Urt. v. 26.07.2022 – VI ZR 58/21, VersR 2022, 1309.

545 Diesen Ansatz stellt Brandt, VersR 2005, 616 (617), infrage, weil sich eine Bagatellverletzung nicht danach definieren lasse, ob ein Schmerzensgeld zu zahlen sei oder nicht. Es gebe auch rein psychische Gesundheitsverletzungen ohne Primärschaden, für die ein Zurechnungszusammenhang nicht über den »Bagatellschaden« auszuschließen sei.

546 KG, Urt. v. 15.05.2000 – 12 U 3645/98, NZV 2002, 172 (174).

547 OLG Hamm, Urt. v. 21.08.2000 – 6 U 149/99, r+s 2002, 16; OLG Hamm, Urt. v. 27.08.2001 – 6 U 252/99, r+s 2002, 113; s. aber OLG Hamm, Urt. v. 20.06.2001 – 13 U 136/99, NZV 2002, 37 = VersR 2002, 491, wonach konkrete Anhaltspunkte für Fehlentwicklungen vergleichbaren Ausmaßes vorliegen müssen.

548 KG, Urt. v. 12.06.2003 – 22 U 82/02, KGR 2004, 323.

einer Borderline-Persönlichkeit ist ein von der Norm abweichendes Erlebens- und Verhaltensmuster vorhanden, das im Laufe des Lebens zwangsläufig weitere Beeinträchtigungen/Erkrankungen nach sich zieht. Ein Verkehrsunfall kann als Auslöser für eine psychische Erkrankung zufälligen Charakter haben. Ein beliebiges anderes Ereignis, welches mit einer zeitweisen Beeinträchtigung der körperlichen Funktionen verbunden ist und welches zum normalen Lebensrisiko gehört, hätte eben diese Folgen auch auslösen können.

381 Fraglich ist allerdings, ob das **Alles-oder-Nichts-Prinzip** in diesen Fällen die angemessene Lösung ist oder ob nicht doch die psychische Prädisposition des Geschädigten dessen Anspruch mindern kann. Unter dem Gesichtspunkt der Billigkeit hat es der VI. Zivilsenat des BGH als möglich angesehen, eine erhöhte Schadensanfälligkeit durchaus zulasten des Geschädigten zu berücksichtigen,[549] allerdings nur dann, wenn sich feststellen lasse, dass diese Anlage auch ohne das schädigende Ereignis zu dem eingetretenen Schaden geführt hätte. Auch das OLG Hamm[550] ist der Ansicht, dass eine in der Struktur des Geschädigten angelegte Neurose die Höhe des Schmerzensgeldes beeinflussen kann, wenn konkrete Anhaltspunkte dafür bestehen, dass früher oder später auch ohne das Unfallereignis Fehlentwicklungen vergleichbaren Ausmaßes aufgetreten wären. Ähnlich das OLG Schleswig[551] in einem Fall, in dem der Kläger eine Schädelprellung und eine HWS-Distorsion erlitten hatte und fortan unter Schmerzen, Beschwerden und Beeinträchtigungen litt. Bei der Bemessung des Schmerzensgeldes trug das OLG der psychischen Veranlagung des Klägers und den auf ihr beruhenden Risiken Rechnung und setzte ein ermäßigtes Schmerzensgeld von 10.000,00 € fest.

IV. Schockschaden

1. Einleitung

382 Unter einem Schockschaden, vom Reichsgericht auch Fernwirkungsschaden genannt, versteht man im Allgemeinen die seelische Erschütterung, die ein bei einem Unfall selbst nicht Verletzter erleidet, durch

- das Miterleben des Unfalls,
- den Anblick von Unfallfolgen oder
- die Nachricht von einem Unfall und seinen Folgen.

383 Ein **Schockschaden** ist ein psychischer Schaden, der durch eine Konfrontation mit einem plötzlichen, lebensbedrohlichen oder angsteinjagenden Geschehnis entsteht und eine Person dadurch so erschreckt, dass die psychischen Folgen das Leben des Opfers negativ beeinflussen.[552] Hierbei ist der »Schockschaden« nicht auf Verkehrsunfallereignisse beschränkt, sondern auch z.B. in der Arzthaftung denkbar. Eine Rechtfertigung dafür, die Ersatzfähigkeit von »Schockschäden« im Fall ärztlicher Behandlungsfehler weiter einzuschränken als im Fall von Unfallereignissen, besteht grundsätzlich nicht.[553] Von einem Geschädigten, der psychische Beeinträchtigungen behauptet, kann hierbei im Prozess keine genaue Kenntnis medizinischer Zusammenhänge erwartet und gefordert werden. Ihm fehlt insoweit das nötige Fachwissen. Er ist nicht verpflichtet, sich zur ordnungsgemäßen Prozessführung medizinisches Fachwissen anzueignen[554].

549 BGH, Urt. v. 05.11.1996 – VI ZR 275/95, VersR 1997, 122; OLG Frankfurt am Main, Urt. v. 06.11.1991 – 17 U 72/88, VersR 1993, 853.

550 OLG Hamm, Urt. v. 20.06.2001 – 13 U 136/99, NZV 2002, 37 = VersR 2002, 491.

551 OLG Schleswig, Urt. v. 19.12.2002 – 7 U 163/01, OLGR 2003, 155.

552 Janssen, ZRP 2003, 156.

553 BGH, Urt. v. 21.05.2019 – VI ZR 299/17, VersR 2019, 960 = NJW 2019, 2387.

554 BGH, Beschl. v. 11.02.2025 – VI ZR 185/24, NJW-RR 2025, 767 (768). Im dortigen Fall hatte die Klägerin nicht nur ihre psychischen Beschwerden beschrieben. In der Berufungsbegründung hat sie auch ausdrücklich die Behauptung aufgestellt, dass es sich bei diesen Beschwerden um »pathologisch feststellbare Gesundheitsbeeinträchtigungen im psychischen Bereich« handle. Sie hat weiter in der Klageschrift aus einem Bericht zitiert, wonach ihre psychische Situation das »gesundheitliche Hauptproblem« sei und 23 psychotherapeutische Behandlungsstunden absolviert, deren Kosten vom Beklagten übernommen wurden. Zudem hat die Klägerin behauptet, dass die Behandlungen aufgrund des Unfall-

▶ Hinweis:

Bei den **typischen psychischen Störungen** nach einem Verkehrsunfall oder nach einem bei einem Angehörigen begangenen Behandlungsfehler mit gravierenden Folgen kann unterschieden werden zwischen folgenden Beschwerdebildern:[555] 384

Posttraumatische Belastungsstörung (PTBS)[556]

Intrusionen (eindringlich wiederkehrende, sich aufdrängende und stark belastende Erinnerungen an das Erlebte auf allen Sinneskanälen; »Flashbacks« und Albträume); physiologische Übererregtheit, Angespanntheit, Schlaf-, Konzentrations- und Gedächtnisstörungen, übermäßige Schreckhaftigkeit, schnelle Gereiztheit und Muskelverspannung; Einschätzung des Straßenverkehrs als bedrohlich, gestörte Wahrnehmung im Straßenverkehr (Gefühl von Beinaheunfällen); Vermeidung von Dingen, Aktivitäten und Gedanken, die an das Trauma erinnern, etwa von Autofahrten.

Angststörungen

Unangemessene Angst, einen neuerlichen Unfall zu erleiden oder überhaupt am Verkehr teilzunehmen; körperliche Angstreaktionen (Zittern, Schweißausbrüche, Verkrampfungen, Panik); Vermeidungstendenzen.[557]

Depressive Störungen

Gedrückte Stimmung; Interesseverlust, Antriebsmangel; schnelle Ermüdbarkeit; Schlafstörungen, Appetitmangel; Schuldgefühle, Gefühle der Wertlosigkeit; Suizidgedanken.

Somatoforme Störungen

Körperliche Beschwerden werden beklagt, deren Symptome aber nach ärztlicher Einschätzung nicht oder nicht ausreichend körperlich begründbar sind.

Ein so definierter Schockschaden kann unterschiedliche Personen treffen. Dabei ist zu unterscheiden, welches Ereignis den Schockschaden ausgelöst hat. In der Vergangenheit wurde ein Schockschaden i.d.R. nur in Zusammenhang mit der Tötung oder schwerwiegenden Verletzung eines nahen Angehörigen diskutiert, z.B. nach dem Absturz der Concorde in Paris, dem Bundesbahnunglück bei Eschede oder dem Seilbahnunglück von Cavalese. Die deutsche Rechtsprechung gewährt beim Ersatz von Kraftfahrzeugschäden europaweit die großzügigste Regelung, bei Schockschäden die europaweit restriktivste.[558] 385

geschehens »medizinisch geboten« gewesen seien und dies unter Beweis gestellt durch den Antrag auf Einholung eines Sachverständigengutachtens. Dies genügt als schlüssiges Vorbringen.

555 Nach Clemens/Hack/Schottmann/Schwab, DAR 2008, 9.

556 Neben unfallbedingten Faktoren für eine PTBS (schweres Trauma, Tod einer beteiligten Person, anhaltende Lebensgefahr, gravierende Schmerzen) ist weitgehend anerkannt, dass es auch allgemeine Faktoren (niedriger sozioökonomischer Status, aktuelle psychosoziale Belastungsfaktoren, frühere traumatische Erfahrungen, manifeste psychische Störungen wie Angst, Depression oder Somatisierung, Alkohol- oder Drogenabhängigkeit) und Faktoren aus der Zeit nach dem Unfall (mangelnde soziale oder therapeutische Unterstützung, subjektive Befürchtung schwerer Dauerschäden) gibt, die das Risiko einer PTBS erheblich erhöhen, vgl. Huber, SVR 2008, 1 (4).

557 Hier besteht eine Symptomähnlichkeit mit der PTBS; bei den phobischen Ängsten ist jedoch die massive situationsbezogene Angst und die damit verbundene Vermeidung vorherrschend, während bei der PTBS weitere Symptome wie Intrusionen oder eine physiologische Übererregtheit auch in nicht unfallassoziierten Situationen hinzutreten, vgl. Clemens/Hack/Schottmann/Schwab, DAR 2008, 9 (11).

558 Grüneberg/*Grüneberg*, vor § 249 Rn. 40.

386 In jüngerer Zeit werden aber auch Menschen als Opfer eines Schockschadens gesehen, die bei schweren und schwersten Katastrophen durch seelische Erschütterungen schwer betroffen sind. Nach terroristischen Anschlägen, Naturkatastrophen (Tsunami) oder Unfällen mit zahlreichen Toten und Verletzten wird immer wieder davon berichtet, dass auch nicht (körperlich) Verletzte psychologisch und seelsorgerisch betreut werden. Auf diese Personen ist die Betreuung jedoch nicht beschränkt, sie wird erstreckt auf die Helfer vor Ort, die nicht selten nach geleisteter Hilfe an die unmittelbaren Unfallopfer selbst der psychologischen Betreuung bedürfen.

387 Ein Schockschaden kann deshalb eintreten:

- bei Unfallbeteiligten, die selbst körperlich nicht verletzt wurden,
- bei Unfallhelfern und Betreuern, die nach dem Ende der unmittelbaren Anspannung auf das Geschehene/Erlebte reagieren,
- bei Angehörigen, die durch den Tod oder die Verletzung des (nahen) Angehörigen mit einem psychischen Schaden reagieren.

388 Für die drei Fallgruppen gilt:

- Die seelische und nervliche Belastung durch und infolge eines Schocks hängt u.a. davon ab, wie sensibel der betroffene Dritte reagiert. Erst eine gewisse Schadensanfälligkeit kann überhaupt zu einem Schaden führen.[559]
- Derjenige, der einen Schock erlitten hat, macht keinen Drittschaden, sondern grds. einen eigenen Gesundheitsschaden geltend.[560] Zum Schadensausgleich gehört wie bei allen Gesundheitsverletzungen ein Schmerzensgeld.[561]

389 Das Schmerzensgeld für Schockschäden ist dogmatisch und rechtspolitisch unbedenklich, da die Gewährung von Schmerzensgeld auch sonst nicht davon abhängt, wie die Gesundheitsverletzung herbeigeführt worden ist.[562] Hinzu kommt, dass der Schmerzensgeldanspruch nicht mehr auf die unerlaubte Handlung begrenzt ist, sondern dass § 253 BGB auch in Fällen der Gefährdungshaftung, z.B. nach §§ 7, 11 StVG, eingreift.

2. Vom Schockschaden Betroffene

a) Schockschaden für Unfallopfer

390 Die Verletzten dieser Fallgruppe erhalten nach ständiger Rechtsprechung immer dann ein Schmerzensgeld, wenn sie – auch ohne Primärschaden – psychische Schäden erlitten haben, die Krankheitswert besitzen.

b) Schockschaden bei Helfern und Betreuern

391 Unfallhelfer und Katastrophenhelfer werden als Risikogruppe für die Entwicklung psychoreaktiver Störungen nach belastenden Einsätzen angesehen. Es existieren sowohl prätraumatische wie ereignisbezogene Risikofaktoren. Unter den prätraumatischen Faktoren am wichtigsten sind vorgegebene Persönlichkeitseigenschaften, die Länge der bisherigen Berufstätigkeit sowie die Häufigkeit belastender Einsätze. Bei den ereignisbezogenen Faktoren stellen die objektive Schwere und das subjektive Erleben Risikofaktoren dar. Präventiv wichtig ist eine gute Schulung, das Erlernen von Bewältigungsstrategien, Selbstsicherheitstraining, eine klare Struktur der Einsätze und die Mög-

559 Diese Schadensanfälligkeit darf nicht Anlass sein, das Schmerzensgeld niedriger anzusetzen, als es ohne Prädisposition ausfallen würde.

560 Vgl. Schmidt, MDR 1971, 538 (538, 541); so auch für das österreichische Recht: Danzl/Gutiérrez-Lobos/Müller, S. 168 ff.

561 Vgl. Staudinger/Schiemann, BGB, 2005, § 249 Rn. 39 ff.

562 Vgl. Staudinger/Schiemann, BGB 2005, § 249 Rn. 39.

lichkeit von konstruktiven, entlastenden Gesprächen nach dem Einsatz je nach den subjektiven Bedürfnissen des Betroffenen.[563]

Die äußeren belastenden Ereignisse werden häufig als »Trauma« bezeichnet bzw. als »traumatisch« beschrieben. Das Trauma bedeutet: 392

- Das äußere belastende Ereignis in seiner phänomenologischen Beschreibung,
- das psychische Erleben dieses äußeren Ereignisses,
- die – potenzielle – psychopathologische Symptomatik, die als Folge dem äußeren Ereignis zugeschrieben wird.[564]

Besonders hervorzuheben ist, dass die posttraumatische Belastungsstörung keineswegs die einzige mögliche psychopathologische Reaktion ist, sondern dass vielfältige Störungen Folge äußerer Belastungsereignisse sein können, wobei v.a. Anpassungsstörungen und somatoforme Störungen zu nennen sind.[565] 393

Auch Unfallhelfern und Betreuern kann ein Schmerzensgeld im Grunde nicht versagt werden. 394

In seiner ersten Entscheidung zu diesem Problemkreis hatte der BGH[566] zu entscheiden, ob Schadensersatzansprüche von zwei Polizeibeamten, die eine posttraumatische Belastungsstörung, einen Schockschaden, erlitten hatten, auf das klagende Land übergegangen waren. Diese Polizeibeamten waren zufällig zu einer Unfallstelle gekommen, als in einem Fahrzeug mehrere Menschen verbrannten. Sie sicherten die Unfallstelle ab, griffen aber nicht selbst als Retter ein, sodass kein Fall der Herausforderung vorlag. Zur Frage des Zurechnungszusammenhangs zwischen dem Unfall und den psychischen Schäden der Polizeibeamten hat der BGH danach differenziert, ob der Geschädigte unmittelbar oder mittelbar am Unfall beteiligt war. Als unmittelbar beteiligt sieht der BGH nur denjenigen an, dem der Schädiger die Rolle eines Unfallopfers aufgezwungen hat und nicht schon denjenigen der mehr oder weniger zufällig am Unfallort anwesend ist oder gar später dorthin kommt. Dementsprechend hat der BGH den Zurechnungszusammenhang verneint, weil die Polizeibeamten als am Unfall Unbeteiligte – eher wie zufällig anwesende Zeugen – das Geschehen beobachtet hatten. Die Zurechnung scheitere in diesem Fall, daran, dass der Schädiger den Geschädigten die Rolle eines unmittelbaren Unfallbeteiligten nicht aufgezwungen habe und diese das Unfallgeschehen psychisch nicht hätten verkraften können. Für die an einem Unfall nicht unmittelbar Beteiligten gelte, dass deren Rolle als »zufällige Zeugen« nicht ausreiche, den Schädiger in Haftung zu nehmen. Das Ereignis sei vielmehr dem allgemeinen Lebensrisiko zuzurechnen. 395

Auf die Frage, ob der Unfall den Polizeibeamten nicht doch aufgezwungen wurde, weil sie sich von der Unfallstelle tatsächlich nicht entfernen konnten, geht der BGH nicht ein.

Bedauerlicherweise geht der BGH in dieser Entscheidung nicht näher darauf ein, wieso nahen Angehörigen, die nicht einmal »zufällige Zeugen« eines tödlichen Verkehrsunfalls waren, dennoch als »Dritten« ein Schmerzensgeldanspruch wegen eines Schockschadens zustehen kann. 396

Mit dem Schockschaden eines **hauptberuflichen Retters** hat sich das OLG Celle[567] befasst, die Revision gegen das Urteil hat der BGH zurückgewiesen.[568] Ein Bundesgrenzschutzbeamter leitete einen Einsatz und nahm eine Unfallstelle aus kurzer Entfernung in Augenschein. Es handelte sich um einen explodierten Kesselwagen, der mit Chemikalien beladen gewesen und in Brand geraten war. Das OLG Celle entschied: Dem mittelbar geschädigten Retter (hier: psychische Erkrankung aufgrund eines beruflichen Einsatzes als Rettungskraft) kann nur dann ein eigener Schadensersatz- 397

563 Foerster, VersMed 2007, 88.
564 Foerster, VersMed 2007, 88.
565 Foerster, VersMed 2007, 88 (89).
566 BGH, Urt. v. 22.05.2007 – VI ZR 17/06, NJW 2007, 2764 = VersR 2007, 1093; vgl. auch Eilers, ZfS 2009, 248 (249, 250).
567 OLG Celle, Urt. v. 28.04.2005 – 9 U 242/04, VersR 2006, 1356.
568 BGH, Beschl. v. 16.05.2006 – VI ZR 108/05, unveröffentlicht.

anspruch gegen den Haftpflichtigen zustehen, wenn ein haftungsrechtlicher Zurechnungszusammenhang zwischen dem Unglück und dem eingetretenen Schaden anzunehmen ist. Hieran fehlt es, wenn sich der Retter erst nachträglich von Berufs wegen zu dem Unfallort begibt und die eigentliche Rechtsgutverletzung bereits geschehen ist.

398 Erst recht wurde anlässlich des Unfalls bei der Loveparade in Duisburg ein als Ordner eingesetzter Antragsteller nicht entschädigt, der sich zu keiner Zeit im Gefährdungsbereich aufhielt, in dem es zu dem eigentlichen Unfallereignis kam, und der erst nach der Rückkehr von der Polizeiwache, zu der er einen sich unangemessen benehmenden Besucher gebracht hatte, wieder auf dem Veranstaltungsgelände erschien, wo die Unfallfolgen, die er nun beobachtete, schon eingetreten waren. Eine Schädigung, die aus der bloßen Anwesenheit bei einem solchen schrecklichen Ereignis herrührt, ist dem allgemeinen Lebensrisiko zuzurechnen.[569]

399 Stöhr[570] fragt, ob die Rechtsprechung zur Herausforderung auf Rettungskräfte angewandt werden kann, die bei einem Unfall hinzugezogen werden. Er verneint dies eindeutig für **hauptberuflich Tätige**, wie **Polizeibeamte, Feuerwehrleute** und **Notärzte**, die sich mit ihrer **Berufswahl** bewusst einem beruflichen Umfeld ausgesetzt hätten, das bestimmte, psychisch mitunter schwer zu verarbeitende Erfahrungen mit sich bringen würde. Zu ihrer **Ausbildung** gehöre es, diese Erlebnisse zu verarbeiten, psychische Risiken gehörten insoweit zu deren allgemeinen Lebensrisiken.

400 Anders kann diese Frage für **ehrenamtliche Helfer** zu beurteilen sein, ohne dass gesagt werden kann, dass die Rechtsprechung zur **Herausforderung** auf diese Personengruppe anwendbar wäre.

401 In einer der wenigen hierzu ergangenen Entscheidungen hat indes das **OLG Koblenz**[571] es abgelehnt, die Zurechnung wegen eines »Berufswahlrisikos« zu beschränken. Im dortigen Fall erlitten Polizeibeamte, die eine aggressive Auseinandersetzung nur durch Schusswaffengebrauch beenden konnten, nachfolgend eine Belastungsstörung (»post-shooting-Syndrom«, welches hier ja immerhin den Schützen und nicht etwa den Angeschossenen betraf!). Die angeschossenen Störenfriede wurden zum Ersatz verurteilt; das OLG verwies zur Begründung darauf, dass Polizeibeamte sich nicht etwa »mehr bieten lassen« müssten als Private und ja für körperliche Schäden auch und gerade dann Ersatz geschuldet sei, wenn diese den Polizeibeamten bei Ausübung ihres Dienstes zugefügt wurden. Auch der BGH[572] hat eine psychische Erkrankung eines Polizisten nach einem Einsatz wegen eines Amoklaufs in einer Schule zwar dem Amokläufer zugerechnet, hierfür aber zunächst noch auf den Einzelfall und – § 242 BGB – auf den Umstand abgestellt, dass das Verbreiten von Angst und Schrecken gerade Ziel des Täters gewesen sei und dieser daher (vorliegend) für die Folgen einstehen müsse. Erst in einer weiteren Entscheidung hat er sich klar gegen die Annahme eines – entschädigungslos hinzunehmenden – allgemeinen Berufsrisikos positioniert.[573]

402 Die Fallgruppen aa) und bb) bieten noch eine weitere Besonderheit: Während es bei der Gruppe cc) um die Verletzung oder den Verlust eines nahen Angehörigen geht, sodass Trauer und Mitleid eine Rolle spielen, sind Menschen der Gruppe aa) in der eigenen Person betroffen und die der Gruppe bb) sind zunächst nur mittelbar betroffen, weil bei dem Unfall unmittelbar nur Dritte (Fremde) verletzt wurden.

569 OLG Düsseldorf, Beschl. v. 17.03.2016 – 18 W 67/15, unveröffentlicht.
570 Stöhr, NZV 2009, 161 (164).
571 OLG Koblenz, Urt. v. 08.03.2010 – 1 U 1137/06, VersR 2011, 938 m. Anm. Luckey.
572 BGH, Urt. v. 17.04.2018 – VI ZR 237/17, VersR 2018, 829 = JR 2019, 397 m. Anm. Luckey.
573 BGH, Urt. v. 08.12.2020 – VI ZR 19/20, VersR 2021, 328; ausführlich dazu Kap. 5 Rdn. 63.

c) Schockschaden aufgrund von Verletzung/Tod naher Angehöriger

Im Grundsatz gilt: Kein Schmerzensgeld für Angehörige von Geschädigten.[574] Einen indirekten Schmerzensgeldanspruch kennt das Gesetz nicht. Ist ein Kind von einem Behandlungsfehler betroffen, steht der Mutter des Kindes, die gleichsam als Reflex mit dem Kind gelitten hat, kein Schmerzensgeld zu. Ein Dritter, der mit dem fehlerhaft behandelten Patienten mitleidet, kann daraus keinen Schmerzensgeldanspruch herleiten, auch wenn er große eigene Ängste ausstehen muss.[575] Allerdings kann sich die Entschädigung für den Schockschaden wie ein Schmerzensgeld für den Verlust des nahen Angehörigen auswirken. Bis auf gesetzlich geregelte Ausnahmen (§ 844 BGB) sollen aber nur unmittelbare Schäden des Opfers ausgeglichen werden. Das bedeutet: Ein Schockschaden, den jemand durch den Tod oder die Verletzung eines anderen erleidet, d.h. psychosomatische Beschwerden, die sich im Rahmen der Erlebnisverarbeitung halten, sind grundsätzlich dem allgemeinen Lebensrisiko zuzuordnen. 403

Dies gilt auch für psychische Schäden aufgrund der Tötung des Haustieres. Der BGH[576] führt aus: 404

> »Derartige Beeinträchtigungen bei der Verletzung oder Tötung von Tieren, mögen sie auch als schwerwiegend empfunden werden und menschlich noch so verständlich erscheinen, gehören zum allgemeinen Lebensrisiko und vermögen damit Schmerzensgeldansprüche nicht zu begründen.«.

Nachdem der BGH[577] seine Rechtsprechung zum Schockschaden geändert hat, hält auch Rahimi[578] es für möglich, dass der BGH seine Rechtsprechung hinsichtlich der Annahme eines Schockschadens bei der Verletzung oder Tötung bestimmter Tiere korrigieren wird. Dies sei aufgrund des gesellschaftlichen Wandels und dem verstärkten Stellenwert von Tieren in Judikatur und Gesetzgebung wünschenswert.

Erleidet jedoch jemand nach einem schweren Unfall eines **Angehörigen** einen nachvollziehbaren Schock oder psychische Beeinträchtigungen, kann dies eine Verletzung der Gesundheit sein, die einen Schmerzensgeldanspruch auslöst.

Ein Schockschaden wird nach nahezu allen europäischen Rechtsordnungen ersetzt.[579] Zwar sind die gesetzlichen Regelungen innerhalb Europas keineswegs einheitlich[580] und es bestehen zahlreiche Besonderheiten im Einzelnen. Hinterbliebenenschmerzensgeld wird aber gewährt in der Schweiz,[581] in Frankreich, in Belgien, in Spanien, in Italien, in Griechenland und in Großbritannien.[582] Aus 405

574 Diederichsen, VersR 2005, 433, 438. Allerdings wird auch für die deutsche Rechtsordnung ein sog. Trauergeld bei Verlust eines nahen Angehörigen gefordert, ohne dass eine Gesundheitsbeeinträchtigung vorliegen muss: Haupfleisch, DAR 2003, 403.

575 OLG Naumburg, Urt. v. 11.12.2008 – 1 U 12/08, MDR 2009, 867.

576 BGH, Urt. v. 20.03.2012 – VI ZR 114/11, VersR 2012, 634. Kritisch allerdings Straub/Biller-Bomhardt, NJW 2021, 118.

577 BGH, Urt. v. 06.12.2022 – VI ZR 168/21, VersR 2023, 392.

578 Rahimi, Aufgabe der einschränkenden Auslegung der Gesundheitsverletzung bei mittelbar verursachter psychischer Beeinträchtigung im Rahmen des Schockschadens, jurisPR-IWR 1/2023 Anm. 4.

579 Vgl. zum Problem des Schmerzensgeldes für Angehörige: Brand, Schockschäden, Angehörigenschmerzensgeld und der dritte Weg, Festschrift für Lothar Jaeger zum 75. Geburtstag, Luchterhand, 2014; Kuhn, Das Angehörigenschmerzensgeld – Situation in Deutschland und anderen europäischen Ländern, Festschrift für Lothar Jaeger S. 345; Landolt, Haftung für Schockschäden von Angehörigen aus rechtsvergleichender Sicht, Festschrift für Lothar Jaeger S. 355; Janssen, ZRP 2003, 156; vgl. auch Danzl/Gutiérrez-Lobos/Müller, S. 146 ff.

580 Vgl. Backu, DAR 2001, 587; in Österreich sieht der OGH Wien, Urt. v. 16.05.2001, ZVR 2001, 73 = NZV 2002, 26, zugunsten der trauernden Angehörigen den Anspruch auf Schmerzensgeld wegen ihrer seelischen Beeinträchtigungen auch ohne eigene Gesundheitsschädigung als begründet an, wenn der Schädiger vorsätzlich oder grob fahrlässig gehandelt hat.

581 Vgl. Lemor, SVR 2006, 290 (290). In der Schweiz bewegt sich die Genugtuung für Hinterbliebene zzt. zwischen 5.000,00 CHF und 40.000,00 CHF.

582 Ebbing, ZGS 2003, 223 (227).

dem Lager derjenigen, die das Angehörigenschmerzensgeld grds. ablehnen, sind mit Österreich und Schweden bereits zwei maßgebliche Vertreter zum Lager derjenigen gewechselt, die einen Ersatz für Trauerschaden anerkennen.[583] In Österreich galt wie in Deutschland, dass der nahe Angehörige ein Schmerzensgeld nur verlangen konnte, wenn er einen eigenen Gesundheitsschaden erlitten hatte, einen echten Schockschaden.[584]

406 Der Versuch, den Angehörigen vor dem Inkrafttreten des § 844 Abs. 3 BGB, der am 22.07.2017 in Kraft getreten ist und einen Anspruch auf Hinterbliebenengeld gewährt, ein Schmerzensgeld für den Verlust eines geliebten Menschen zuzuerkennen, musste grundsätzlich scheitern. Auch wenn man annimmt, dass durch die Tötung eine Verletzung des allgemeinen Persönlichkeitsrechts des Angehörigen verursacht wird, etwa weil der Bestand von Ehe und Familie oder die Freiheit der Familienplanung verletzt worden ist, lässt sich daraus über Art. 1 und 2 des GG i.V.m. § 823 BGB kein Schmerzensgeldanspruch herleiten.[585]

407 Der **BGH** und ihm folgend die **OLG** machten die Ersatzfähigkeit von Schockschäden von mehreren **Voraussetzungen** abhängig:

- Eine die Haftung auslösende Gesundheitsverletzung soll nicht schon immer dann vorliegen, wenn medizinisch fassbare Auswirkungen gegeben sind; es müssen vielmehr Gesundheitsschäden vorliegen, die nach Art und Schwere den Rahmen dessen überschreiten, was an Beschwerden bei einem solchen Erlebnis erfahrungsgemäß aufzutreten pflegt.
- Es genügt also nicht, dass aus medizinischer Sicht eine Verletzung der Gesundheit gegeben ist, vielmehr müssen die Beeinträchtigungen nach der allgemeinen Verkehrsauffassung als ernsthafte Erkrankung betrachtet werden.[586]
- Der Anlass für den Schock muss verständlich erscheinen, d.h. der Anlass muss geeignet sein, bei einem durchschnittlich Empfindenden eine entsprechende Reaktion auszulösen.[587]
- Der Ersatzanspruch wird auf nahe Angehörige des Opfers beschränkt.

408 Das bedeutet: ein Schockschaden, den jemand durch den Tod oder die Verletzung eines anderen erleidet, d.h. psychosomatische Beschwerden, die sich i.R.d. Erlebnisverarbeitung halten, war grds. dem allgemeinen Lebensrisiko zuzuordnen.[588] Ein Schmerzensgeldanspruch naher Angehöriger war i.d.R. ausgeschlossen, wenn deren Trauer (nur) dem entspricht, was normalerweise beim Tod eines nahen Angehörigen empfunden wird. Diese Betrachtungsweise dürfte von der Vorstellung geprägt gewesen sein, dass seelische Erkrankungen ein Zeichen mangelnder Selbstbeherrschung und deshalb dem Betroffenen selbst zuzurechnen sind. Für die Haftungsbegründung nach § 823 Abs. 1 BGB kommt es aber allein auf die Gesundheitsverletzung an, darauf, dass die Gesundheit des Drit-

583 OGH, Urt. v. 08.06.2010 – 4 Ob 71/10k, ZVR 2011, 13 m. Anm. Kathrein; Haupfleisch, DAR 2003, 403 ff., verweist darauf, dass die Rspr. des OGH in Österreich das »Trauergeld für nahe Angehörige« bei schwerem Verschulden des Schädigers (Vorsatz und grobe Fahrlässigkeit) begründet hat. Die Frage der Höhe und zum Begriff »nahe Angehörige« solle ebenfalls der Rspr. überlassen bleiben; vgl. auch Geigel/Pardey, 7. Kap. Rn. 16; Kramer, Trauerschmerz und Schockschäden in der aktuellen Judikatur, ZVR 2008, 44.

584 OGH, Urt. v. 08.06.2010 – 4 Ob 71/10k, ZVR 2011, 13 ff. m. Anm. Kathrein.

585 So aber: Klinger, NZV 2005, 290 (290).

586 Diederichsen, VersR 2005, 433 (438).

587 Daher hat das OLG Nürnberg, Urt. v. 24.05.2005 – 1 U 558/05, r+s 2006, 395, einen Ersatzanspruch in einem Fall abgelehnt, in welchem der Vater einer nicht schwer verletzten (HWS-Distorsion und Prellungen) Tochter von dieser selbst zur Unfallstelle gerufen worden war und dort einen Schlaganfall erlitt. Hier fehle es an einem Zurechnungszusammenhang, da die Schäden nicht im Verhältnis zum Anlass stünden. Plastisch auch OLG Hamm, Urt. v. 24.06.2005 – 9 U 201/04, OLGR 2006, 350: kein Schmerzensgeld für den Zusammenbruch, den ein potenzieller Abfindungsgläubiger erleidet, weil der Versicherer nur eine Abfindung zahlen will, die den vorgestellten Betrag um ein Vielfaches unterschreitet.

588 Palandt/Grüneberg, Vorb. § 249 Rn. 40, 54; Dauner-Lieb/Langen/Huber, AK-Schuldrecht, § 253 Rn. 51 ff.

ten verletzt worden ist. Warum für psychische Erkrankungen etwas anderes gelten soll, ist nie recht begründet worden.[589] Die Rechtsprechung forderte also für eine Haftung **mehr als die medizinische Qualifizierung eines Schocks**, damit Ersatzansprüche das Haftungssystem nicht sprengen. Ansprüche bestünden nur, wenn ein **echter Schockschaden** eingetreten sei. Dagegen hatte der BGH[590] die Gesundheitsverletzung auch schon anders definiert: Unter Gesundheitsverletzung fällt jedes Hervorrufen oder Steigern eines von den normalen körperlichen Funktionen nachteilig abweichenden Zustandes, wobei es unerheblich ist, ob Schmerzzustände auftreten oder bereits eine tief greifende Veränderung der Befindlichkeit eingetreten ist.[591]

Noch in der 11. Aufl. haben wir spekuliert, dass sehe nicht so aus, als ob die Rechtsprechung des BGH sich in diesem Punkt ändern könnte, obwohl die Auffassung vom »echten Schockschaden« in der Vergangenheit u.a. schon Schmidt[592] angegriffen hat. Er kommt zu dem Ergebnis, dass der BGH[593] versucht, die Verantwortlichkeit i.R.d. § 823 Abs. 1 BGB durch eine einschränkende Interpretation einer Haftungsvoraussetzung, nämlich des Begriffs der Gesundheitsverletzung, abzubauen. Er geht davon aus, dass jemand, der psychisch geschädigt ist, selbst und unmittelbar eine Gesundheitsverletzung erlitten hat, dass die unmittelbare Verletzung zu einem originären Anspruch des Verletzten führt.[594] 409

Ob diese sehr hohen Anforderungen gerechtfertigt sind, haben wir in den Vorauflagen schon immer bezweifelt[595] und den vom BGH geforderten »eigenen Krankheitswert« schon immer als willkürlich bezeichnet.

Die bisherige Rechtsprechung soll dennoch an einigen Beispielen verdeutlicht werden: 410

Das **OLG Koblenz**[596] kam zu dem Ergebnis, dass der Tod eines 9 Jahre alten Jungen durch Ertrinken im Freibad weder bei den Eltern noch bei der Schwester des Jungen bewirkt hatte, dass die Schwelle zum Gesundheitsschaden überschritten wurde. Schwere Träume, psychosomatische Störungen bzw. Konzentrationsschwäche erreichten noch keinen Krankheitswert, der einen Ausgleich durch Schmerzensgeld möglich mache. 411

Ähnlich das **OLG Hamm**,[597] das einer Ehefrau, die die Nachricht vom Tod ihres Mannes erhalten hatte und danach unter Schweißausbrüchen, beschleunigtem Puls und zitternden Beinen litt, kein Schmerzensgeld zubilligte. 412

Auch das Leid eines Angehörigen, der mit ansehen muss, wie ein Patient unter dem Verfall der Persönlichkeitsstruktur dahinsiecht und bei dem sich zusätzlich wegen unzureichender Pflege ein Dekubitus entwickelt hat, ist nicht durch ein Schmerzensgeld zu entschädigen, weil es regelmäßig nicht möglich ist, einen Teil der **pathologisch fassbaren Missempfindungen** auf Mängel der medizinischen Versorgung zurückzuführen und das hierfür verantwortliche Krankenhauspersonal zur Zahlung von Schmerzensgeld heranzuziehen.[598] 413

589 Staudinger/Schiemann, BGB, 2005, § 249 Rn. 43 (46).

590 BGH, Urt. v. 20.12.1952 – II ZR 141/51, BGHZ 8, 243 (245) = NJW 1953, 417 (418); BGH, Urt. v. 04.11.1988 – 1 StR 262/88, NJW 1989, 781; BGH, Urt. v. 12.10.1989 – 4 StR 318/89, NJW 1990, 129 = MDR 1990, 65.

591 BGH, Urt. v. 20.12.1952 – II ZR 141/51, BGHZ 8, 243 (245) = NJW 1953, 417 (418); BGH, Urt. v. 04.11.1988 – 1 StR 262/88, NJW 1989, 781; BGH, Urt. v. 12.10.1989 – 4 StR 318/89, NJW 1990, 129 = MDR 1990, 65; vgl. oben Rdn. 282 ff.

592 Schmidt Schockschäden Dritter und adäquate Kausalität, MDR 1971, 538.

593 BGH, Urt. v. 11.05.1971 – VI ZR 78/70, BGHZ 56, 163 = NJW 1971, 1883.

594 Schmidt, MDR 1971, 538 (539).

595 Eingehend Bischoff, MDR 2004, 557.

596 OLG Koblenz, Urt. v. 22.11.2000 – 1 U 1645/97, NJW-RR 2001, 318 (319).

597 OLG Hamm, Urt. v. 22.02.2001 – 6 U 29/00, OLGR 2002, 169.

598 OLG Düsseldorf, Urt. v. 19.01.1995 – 8 U 17/94, NJW-RR 1996, 214.

414 Ebenso wenig steht einer Ehefrau ggü. einer Krankenschwester ein Schmerzensgeldanspruch zu, weil diese vor der Polizei wahrheitswidrig erklärt hatte, den Ehemann umgebracht zu haben.[599]

415 Auch ein Vater, der aus Aufregung über einen nicht allzu gravierenden Verkehrsunfall seiner Tochter eine Gehirnblutung erleidet, hat keinen Anspruch auf Schmerzensgeld gegen den für den Unfall Verantwortlichen, weil der Zurechnungszusammenhang zwischen dem Unfall und dem Schaden fehlt. Bei der Bewertung, ob ein Schock in einem adäquaten Zusammenhang zum Anlass steht, kommt es nicht nur auf die Schwere des Unfalls und seine konkreten Folgen (Verletzungen, Unfallsituation etc. an, ergänzend sind auch die äußeren Begleitumstände, insb. die Art und Weise der Übermittlung der Unfallnachricht zu berücksichtigen, die im Einzelfall zu erheblichen und überdurchschnittlichen Belastungen führen kann. Unter Berücksichtigung dieser Grundsätze kann der Schlaganfall des Vaters dem Unfallverursacher nicht zugerechnet werden.[600]

416 Auch wenn Ehefrau und Kinder eines Mannes es nicht verkraften, dass dieser infolge einer Behandlungsverzögerung an Leberzirrhose verstorben ist, soll es für ein Angehörigenschmerzensgeld nicht ausreichen, dass die Ehefrau unter Herzrhythmusstörungen, Bluthochdruck und Depressionen leidet und beim Kind die schulischen Leistungen abgefallen sind. Dies seien noch typische Folgen des Verlustes eines nahen Angehörigen, nicht aber Grundlage für ein eigenes Schmerzensgeld.[601]

417 In der Öffentlichkeit bekannt geworden ist ein Unfall, bei dem Eltern ihre drei Kinder verloren haben. Das LG billigte dem Vater ein Schmerzensgeld i.H.v. insgesamt 35.000,00 € zu, der Mutter insgesamt 20.000,00 €. Das **OLG Nürnberg**[602] hat diese Beträge als ausreichend und angemessen bestätigt, der BGH hat die Revision der Kläger, die ein wesentlich höheres Schmerzensgeld begehrten, nicht angenommen.

418 Das OLG Nürnberg[603] hält die Zurückhaltung der Rechtsprechung bei der Höhe des Schmerzensgeldes für »wohlbegründet«, sie liege im wohlverstandenen Interesse der Betroffenen. Solche zynischen Bemerkungen in dem »einmaligen Fall« des gleichzeitigen Verlustes von drei Kindern haben in obergerichtlichen Urteilen nichts zu suchen.

Die Entscheidung ist wiederholt zu Fällen der Persönlichkeitsrechtsverletzung (Fall: Caroline von Monaco) in Beziehung gesetzt und kritisiert worden.[604]

419 Das BVerfG hat die Verfassungsbeschwerde der Eltern nicht angenommen.[605] Es hat (völlig zu Recht) den Vergleich mit Fällen der Verletzung des allgemeinen Persönlichkeitsrechts nicht gelten lassen und die Auffassung des BGH bestätigt, dass der geltend gemachte Anspruch aus § 847 BGB a.F. von dem besonderen Entschädigungsanspruch wegen Verletzung des Persönlichkeitsrechts zu unterscheiden sei, und dass zwischen den beiden Fallkonstellationen sachlich begründete Unterschiede bestünden, die eine unterschiedliche Behandlung rechtfertigten.[606] Die Entscheidung des BVerfG enthält jedoch einen deutlichen Hinweis, die Entschädigungssummen für beide Fallgruppen nicht zu sehr auseinander laufen zu lassen. Das kann natürlich nur gelten, soweit die Entschädigung für den immateriellen Schaden gewährt wird, nicht aber, soweit kommerzielle Aspekte (Gewinnabschöpfung aus der Vermarktung des Persönlichkeitsrechts) darin enthalten sind.[607]

599 OLG Düsseldorf, Urt. v. 13.01.1994 – 13 U 78/93, NJW-RR 1995, 159.
600 OLG Nürnberg, Urt. v. 24.05.2005 – 1 U 558/05, DAR 2006, 635.
601 OLG Hamm, Urt. v. 06.11.2002 – 3 U 50/02, VersR 2004, 1321.
602 OLG Nürnberg, Urt. v. 01.08.1995 – 3 U 468/95, DAR 1995, 447 = NZV 1996, 367 = ZfS 1995, 370.
603 OLG Nürnberg, Urt. v. 01.08.1995 – 3 U 368/95, DAR 1995, 447 = NZV 1996, 367 = ZfS 1995, 370.
604 Vgl. Wagner, VersR 2000, 1305.
605 BVerfG, Beschl. v. 08.03.2000 – 1 BvR 1127/96, VersR 2000, 897 = NJW 2000, 2187.
606 So auch Steffen, NJW 1997, 10 (11).
607 Müller, VersR 2003, 1 (5).

Ein Schockschaden kann auch durch das unmittelbare Miterleben der Tötung eines nahen Angehörigen eintreten. Einer Mutter, die die Tötung ihrer 17 Jahre alten Tochter durch Messerstiche teilweise miterlebte, hat das **LG Heilbronn**[608] ein Schmerzensgeld i.H.v. 2.500,00 € zugesprochen, weil sie in erheblichem Ausmaß aus dem seelischen Gleichgewicht gebracht worden sei und erheblich länger und intensiver als üblich unter den Folgewirkungen gelitten habe. 420

Großzügiger war da schon das LG Münster,[609] das in einem ähnlichen Fall der Mutter einer missbrauchten und anschließend ermordeten Tochter wegen eines Nervenschocks und weiter andauernder schwerer psychischer Beeinträchtigungen ein Schmerzensgeld i.H.v. 10.000,00 € zugesprochen hat. 421

In einer ebenfalls großzügigen Entscheidung billigte das LG Köln[610] den Eltern und den beiden Brüdern eines in Griechenland in einer Hotelanlage ertrunkenen 11 Jahre alten Jungen ein Schmerzensgeld i.H.v. jeweils 20.000,00 € zu. Alle Familienangehörigen haben massive psychische Schäden und leiden seit 4 Jahren unter Depressionen und Belastungsstörungen. 422

Der Tod einer Bürgerin der USA, die vor den Augen ihres Mannes von einem Zug überrollt und »halbiert« wurde, löste bei dem Ehemann und den drei Kindern einen Schock aus. Unter Berücksichtigung eines Mitverschuldens von 50 % sprach das OLG Frankfurt[611] dem Ehemann ein Schmerzensgeld i.H.v. 15.000,00 € zu, zwei Kinder erhielten 2.500,00 €, ein Junge, der infolge des Ereignisses alkohol- und drogenabhängig geworden war, erhielt 5.000,00 €. 423

Das OLG Frankfurt[612] bestätigte eine erstinstanzliche Entscheidung, die den vom Kläger genannten Mindestbetrag von 50.000,00 € um 100 % überschritten und der Klägerin 100.000,00 € zugesprochen hatte. Der Anspruch der Klägerin war in dieser Höhe begründet, weil sie Schockschäden infolge des miterlebten Todes ihres Ehemannes erlitten hatte. Der Schock hatte zu pathologisch fassbaren Gesundheitsbeeinträchtigungen geführt und ging über die gesundheitlichen Beeinträchtigungen hinaus, denen Hinterbliebene bei der Benachrichtigung eines tödlichen Unfalls eines Angehörigen erfahrungsgemäß ausgesetzt sind. Die Überschreitung des Mindestbetrages sei nach OLG Frankfurt für den Beklagten »keine Überraschung«. 424

Eine Mutter fand ihr 4 Jahre altes Kind schwer verletzt nach einem Verkehrsunfall auf und entwickelte eine posttraumatische Belastungsstörung. Für die psychische Fehlverarbeitung hat der Schädiger einzustehen, wenn die hinreichende Gewissheit besteht, dass die Folge ohne den Unfall nicht 425

608 LG Heilbronn, Urt. v. 16.11.1993 – 2 O 2499/92, VersR 1994, 443.

609 LG Münster, Urt. v. 10.04.2003 – 12 O 620/02, unveröffentlicht.

610 LG Köln, Urt. v. 17.03.2005 – 8 O 264/04, NJW-RR 2005, 704 = RRa 2005, 124. Das OLG Köln, Urt. v. 22.09.2005 – 16 U 25/05, VersR 2006, 941 = NJW 2005, 3674, bestätigte ein Schmerzensgeld – mindestens im zuerkannten Rahmen; der BGH, Urt. v. 14.12.1999 – X ZR 142/05, VersR 2006, 1653 = NJW 2006, 2268, hat die Revision zurückgewiesen.

611 OLG Frankfurt, Urt. v. 11.03.2002 – 26 U 28/98, ZfS 2004, 452.

612 OLG Frankfurt, Urt. v. 06.09.2017 – 6 U 216/16, VersR 2018, 560 mit Anmerkung L. Jaeger: Die Klägerin fuhr mit ihrem PKW vor ihrem mit dem Motorrad fahrenden Ehemann, als sie plötzlich das Vorderlicht des Motorrades neben sich schlingern sah. Da sie ihren Mann nicht mehr sah, hielt sie an und fand das Motorrad in einem Sprinter stecken, wohingegen sie von ihrem Mann zunächst nur einen Schuh fand. Schließlich fand sie ihn unter dem Führerhaus eines vor dem Sprinter zum Stehen gekommenen Sattelschleppers, stark blutend und leblos. Sie sah noch die »Nulllinie« des EKG der Rettungskräfte. Die Klägerin erlitt eine inzwischen 12 Jahre andauernde posttraumatische Belastungsstörung mit zahlreichen ambulanten und stationären psychiatrischen Behandlungen. Sie leidet weiter unter Depressionen. Zu ihren im Unfallzeitpunkt 2 Jahre und 6 Monate alten Kindern ist sie entfremdet, sie hat diese angeschrien und geschlagen, was ihr stets danach leid tat. Die Kinder sind bei der Großmutter, die inzwischen auch das Sorgerecht innehat. Die Klägerin lebt in einer Einrichtung für betreutes Wohnen; sie hat mehrfach monatlich Suizidgedanken, ritzt sich und hat Halluzinationen. Soziale Kontakte bestehen nicht mehr.

eingetreten wäre. Dabei soll zu berücksichtigen sein, dass die Mutter an dem Unfall weder direkt beteiligt war noch ihn unmittelbar miterlebt hat. Dazu fehlten dem BGH nähere Feststellungen.[613]

426 Der OGH in Wien[614] hat einen Trauerschmerz anerkannt, den die Eltern dadurch erlitten haben, dass ihre Tochter vor über 20 Jahren in der Frühgeborenenstation vertauscht worden war. Die Trauerreaktion wurde für jeden Beteiligten mit 20.000,00 € entschädigt.

427 Weitere Voraussetzung der Rechtsprechung ist, dass der **Anlass** für den Schock **verständlich**[615] erscheinen muss, d.h. der Anlass muss geeignet sein, bei einem durchschnittlich Empfindenden eine entsprechende Reaktion auszulösen. Hier werden gewichtige psychopathologische Ausfälle von einiger Dauer gefordert,[616] die bei **tödlicher**[617] oder **schwerer Verletzung** des Unfallopfers[618] angenommen worden sind. An die Darlegung eines psychisch vermittelten Schadens sind maßvolle Anforderungen zu stellen.[619]

428 Allerdings kann sich der Schädiger auch in diesem Rahmen nicht dadurch entlasten, dass er sich auf **besondere Schadensanfälligkeit des Geschädigten** beruft. Auch bei einem – ohne vorhergehende körperliche Verletzung eintretenden – Schockschaden des Verletzten muss der Schädiger das Risiko einer Verschlechterung des Gesundheitszustandes des Geschädigten tragen, wenn dieser – wie etwa im Lokführer-Fall[620] – durch mehrere Vorunfälle psychisch bereits so geschwächt ist, dass ein erneuter – weniger schwerer – Unfall sozusagen »das Fass zum Überlaufen« bringt und beim Geschädigten zum endgültigen psychischen Zusammenbruch und zur Berufsunfähigkeit führt.

429 Als Angehöriger wird wohl auch der **Lebensgefährte** und der **Partner einer Liebesbeziehung**[621] anzusehen sein, nicht aber eine sonstige Bezugsperson. Einzusehen ist das nicht.

Bischoff[622] weist ausdrücklich darauf hin, dass sich aus § 823 Abs. 1 BGB eine Beschränkung des Kreises der Anspruchsberechtigten nicht herleiten lässt. Für diese Beschränkung fehle es an einer rechtlichen Grundlage. Dies muss für Dritte gelten, sofern sie dem Getöteten nicht, aus welchen Gründen auch immer, besonders nahegestanden haben. Richtig ist nur, dass eine Gesundheitsbeschädigung entfernter Angehöriger oder Dritter weniger wahrscheinlich sein wird.

430 Schließlich ist zu berücksichtigen, dass der Getötete aus Verschulden oder Gefährdung mitverantwortlich gewesen sein kann; dies muss sich der Angehörige entgegen halten lassen. Sieht man genauer hin, haften für den Schockschaden offenbar beide, Verletzter und Getöteter, für den Schockschaden.[623] Auch dieser Rechtsprechung des BGH tritt Schmidt[624] entgegen, denn der unmittelbar verletzte Angehörige muss sich ein **Mitverschulden des Opfers** nicht zurechnen lassen. Die Bestimmung des § 846 BGB bietet keine hinreichende der Analogie fähige Basis für ein solches Vorgehen. Das BGB kennt keine Sippenverantwortlichkeit. Allerdings hat der BGH[625] das Mitverschulden des Eheman-

613 BGH, Urt. v. 10.02.2015 – VI ZR 8/14, VersR 2015, 590 = NJW 2015, 2246.
614 OGH Wien, Urt. v. 22.03.2018 – 4 Ob 208/17t, ZVR 2018, 299 ff.
615 Vorwerk, Kap. 84 Rn. 249; Palandt/Grüneberg, Vorb. § 249 Rn. 40. BGH, Urt. v. 27.01.2015 – VI ZR 548/12, VersR 2015, 501.
616 KG, Urt. v. 30.10.2000 – 12 U 5120/99, NZV 2002, 38 = KGR 2001, 245.
617 BGH, Urt. v. 12.11.1985 – VI ZR 103/84, VersR 1986, 448.
618 OLG Hamm, Urt. v. 05.03.1998 – 27 U 59/97, NZV 1998, 413.
619 OLG Köln, Beschl. v. 16.09.2010 – 5 W 30/10, GesR 2011, 156.
620 OLG Hamm, Urt. v. 02.04.2001 – 6 U 231/99, NZV 2002, 36 = OLGR 2001, 362 = NJW-RR 2001, 1676: Psychische Vorschädigung eines Lokführers aufgrund mehrerer schuldlos während des Dienstes erlittener Unfälle mit teilweise tödlichem Ausgang.
621 OLG Köln, Beschl. v. 16.09.2010 – 5 W 30/10, GesR 2011, 156; Palandt/Grüneberg, Vorb. § 249 Rn. 40.
622 Bischoff, MDR 2004, 557 (558).
623 Palandt/Grüneberg, § 254 Rn. 56.
624 Schmidt, MDR 1971, 540.
625 BGH, Urt. v. 06.02.2007 – VI ZR 55/06, NJW-RR 2007, 1395.

nes einer Frau, die nach einem Arbeitsunfall des Mannes einen Schockschaden erlitten hatte, zwar nicht über § 846 BGB, sondern über § 254 BGB[626] mit 50 % bewertet.

Was sich i.R.d. Haftungsgrundes in Gestalt einer erweiterten Zurechnung auf den ersten Blick dramatisch anhören mag, wird i.R.d. Höhe deutlich relativiert, denn der BGH lässt sowohl beim materiellen[627] als auch beim immateriellen Schaden[628] Abschläge aufgrund besonderer Schadensanfälligkeit zu. Hier kann der Geschädigte nur versuchen, im Fall der Vorschädigung (i.S.e. Reaktionsdisposition ohne aktuelle Auffälligkeiten) entgegenzuhalten, dass vor dem Unfall Beschwerdefreiheit vorgelegen hat;[629] der Schädiger muss dann konkrete Anhaltspunkte dafür darlegen, dass Fehlentwicklungen vergleichbaren Ausmaßes auch ohne den Unfall aufgetreten wären.[630] 431

Diese vielfach kritisierte Rechtsprechung hat der BGH[631] nun aufgegeben. In dieser Entscheidung wird der psychische Schaden zudem auf einen neuen Lebenssachverhalt gestützt, nämlich darauf, dass der Vater einer im Alter von fünf und sechs Jahren in zehn Fällen sexuell missbrauchten Tochter nach Abschluss des gegen den Täter gerichteten Strafverfahrens unter einer depressiven Störung nach ICD-10 F43.2, unter einer Anpassungsstörung, leidet. 432

Wieder war zu entscheiden, ob dieser Schockschaden den Grad eines Gesundheitsschadens erreicht. 433

Der Kläger war, nachdem er vom Sachverhalt Kenntnis erlangt hatte, während des Ermittlungsverfahrens zunächst für 2 Monate arbeitsunfähig gewesen, weil er sich gedanklich nur mit dem Geschehen um seine Tochter beschäftigt habe. Eine Stabilisierung der psychischen Verfassung habe sich erst mit Abschluss des Strafverfahrens eingestellt. Ein vom LG bestellter Sachverständiger stellte eine Anpassungsstörung des Klägers nach ICD-10 F43.2 und damit eine Gesundheitsverletzung in Form einer psychischen Störung fest.

Der BGH fasst zusammen:

> »Nach ständiger Senatsrechtsprechung können psychische Störungen von Krankheitswert eine Gesundheitsverletzung im Sinne des § 823 Abs. 1 BGB darstellen«.[632]

Dieser Grundsatz hat nach der bisherigen Senatsrechtsprechung im Bereich der sogenannten »Schockschäden« allerdings eine gewisse Einschränkung erfahren. Danach begründen seelische Erschütterungen wie Trauer oder seelischer Schmerz, denen Betroffene beim Tod oder einer schweren Verletzung eines Angehörigen erfahrungsgemäß ausgesetzt sind, auch dann nicht ohne weiteres eine Gesundheitsverletzung im Sinne des § 823 Abs. 1 BGB, wenn sie von Störungen der physiologischen Abläufe begleitet werden und für die körperliche Befindlichkeit medizinisch relevant sind. Psychische Beeinträchtigungen sollen in diesen Fällen nur dann als Gesundheitsverletzung im Sinne des § 823 Abs. 1 BGB angesehen werden, wenn sie pathologisch fassbar sind **und** über die gesundheitlichen Beeinträchtigungen hinausgehen, denen Betroffene beim Tod oder einer schweren Verletzung eines nahen Angehörigen in der Regel ausgesetzt sind.

An dieser Einschränkung hält der Senat nicht länger fest.

Von nun an soll gelten:

---

626 So bereits BGH, Urt. v. 11.05.1971 – VI ZR 78/70, VersR 1971, 905 = NJW 1971, 1883: Zurechnung des Mitverschuldens des Getöteten beim Schockschaden naher Angehöriger nicht nach § 846 BGB, sondern nach §§ 254, 242 BGB.

627 BGH, Urt. v. 11.11.1997 – VI ZR 376/96, BGHZ 137, 142 = NJW 1998, 810 = VersR 1998, 201.

628 BGH, Urt. v. 30.04.1996 – VI ZR 55/95, BGHZ 132, 341 = NZV 1996, 353 (354); BGH, Urt. v. 05.11.1996 – VI ZR 275/95, VersR 1997, 122.

629 BGH, Urt. v. 05.11.1996 – VI ZR 275/95, NJW 1997, 455 = VersR 1997, 122; OLG Hamm, Urt. v. 31.01.2000 – 13 U 90/99, OLGR 2000, 232.

630 OLG Hamm, Urt. v. 20.06.2001 – 13 U 136/99, VersR 2002, 491.

631 BGH, Urt. v. 06.12.2022 – VI ZR 168/21, VersR 2023, 392.

632 BGH, Urt. v. 12.11.1985 – VI ZR 103/84, Rn. 9, VersR 1986, 448.

(Auch) bei sogenannten »Schockschäden« stellt – wie im Falle einer unmittelbaren Beeinträchtigung – eine psychische Störung von Krankheitswert eine Gesundheitsverletzung im Sinne des § 823 Abs. 1 BGB dar, auch wenn sie beim Geschädigten mittelbar durch die Verletzung eines Rechtsgutes bei einem Dritten verursacht wurde. Ist die **psychische Beeinträchtigung pathologisch fassbar**, hat sie also Krankheitswert, ist für die Bejahung einer Gesundheitsverletzung nicht erforderlich, dass die Störung über die gesundheitlichen Beeinträchtigungen hinausgeht, denen Betroffene bei der Verletzung eines Rechtsgutes eines nahen Angehörigen in der Regel ausgesetzt sind.

434 Festzuhalten bleibt aber, dass in Fällen sogenannter Schockschäden die Grundlage der Haftung nicht die Verletzung eines Rechtsgutes bei einem Dritten, sondern eine eigene psychische Gesundheitsverletzung des Angehörigen ist.

435 Auch wenn die nunmehr geänderte Rechtsprechung, auf zusätzliche Gesichtspunkte zur Bestimmung eines Gesundheitsschadens verzichtet, wenn sie zu einer konsequenten Gleichstellung von physischen und psychischen Beeinträchtigungen führen soll, zeigt der BGH jedoch eine breite Palette möglicher Klippen auf, die eine Haftung verhindern könnten.

- Eine Gesundheitsverletzung wird bejaht, **wenn die psychische Beeinträchtigung Krankheitswert hat.** Allerdings besteht in der Feststellung des Krankheitswertes ein gewisser Spielraum, so dass die Möglichkeit offenbleibt, die Haftung für einen psychischen Schaden zu begrenzen.
- Darüber hinaus will der BGH »im Blick halten«, dass eine Haftung für psychische Beeinträchtigungen – insbesondere bei lediglich fahrlässiger Herbeiführung, nicht ins uferlose ausgeweitet wird.
- Dies soll nicht über das Tatbestandsmerkmal der Gesundheitsverletzung geschehen, sondern
- Adäquanz und
- Verschulden werden als mögliche »Filter« angesehen.
- Daneben bedarf der Zurechnungszusammenhang »gerade in Fällen psychischer Gesundheitsbeeinträchtigungen« einer gesonderten Prüfung.

436 Diese Punkte zeigen, dass nicht sicher ist, dass künftig für mittelbare Personenschäden in allen Fällen gehaftet wird.

Dies wird besonders deutlich, wenn die neue Rechtsprechung des BGH zum Hinterbliebenengeld in den Blick genommen wird.[633] Der BGH nimmt in dieser Entscheidung die Gelegenheit wahr, die Höhe des Schmerzensgeldes für einen Schockschaden (Gesundheitsschaden) abzugrenzen gegenüber der Höhe des Hinterbliebenengeldes. Dazu heißt es im Leitsatz 4:

> »Die Einführung eines Anspruchs auf Hinterbliebenengeld diente dem Zweck, den Hinterbliebenen für immaterielle Beeinträchtigungen unterhalb der Schwelle einer Gesundheitsverletzung einen Anspruch auf angemessene Entschädigung in Geld einzuräumen. Der dem Hinterbliebenen im Einzelfall zuerkannte Betrag muss deshalb im Regelfall hinter demjenigen zurückbleiben, der ihm zustände, wenn das von ihm erlittene seelische Leid die Qualität einer Gesundheitsverletzung hätte«.

Um dies im Regelfall zu erreichen, könnte man umgekehrt auch darauf hinweisen, dass das Schmerzensgeld für einen Schockschaden als Gesundheitsschaden im Regelfall deutlich höher ausfallen sollte, als das Hinterbliebenengeld, das bei einer Trauer gewährt wird, die nicht die Qualität eines Gesundheitsschadens erreicht. Es bleibt abzuwarten, in welche richtigen sich die Rechtsprechung entwickelt, und ob die Schmerzensgeldbeträge für einen Schockschaden künftig deutlich höher bemessen werden, um diese Schadensfälle deutlich voneinander abzugrenzen. Die oben genannte Entscheidung des OLG Frankfurt[634] deutet den richtigen Weg an.

437 Möglicherweise kann der Krankheitswert im Einzelfall bei geringfügigen Verletzungen des Körpers oder der Gesundheit ohne wesentliche Beeinträchtigung der Lebensführung und ohne Dauerfolgen jedenfalls dann verneint werden, wenn es sich nur um vorübergehende, im Alltagsleben typische

633 BGH, Urt. v. 06.12.2022 – VI ZR 73/21, VersR 2023, 392.
634 OLG Frankfurt, 06.09.2017 – 6 U 216/16, VersR 2018, 560 mit Anm. Jaeger = NJW-RR 2018, 599.

und häufig auch aus anderen Gründen als einem besonderen Schadensfall entstehende Beeinträchtigungen des Körpers oder des seelischen Wohlbefindens handelt. Damit sind Verletzungen gemeint, die sowohl von der Intensität als auch der Art der Verletzung her nur ganz geringfügig sind und üblicherweise den Verletzten nicht nachhaltig beeindrucken, weil er schon aufgrund des Zusammenlebens mit anderen Menschen daran gewöhnt ist, vergleichbaren Störungen seiner Befindlichkeit ausgesetzt zu sein. Welche Beeinträchtigungen damit konkret gemeint sind, legt der BGH nicht dar.

Übelkeit und starke Kopf- und Nackenschmerzen, die nach einem Auffahrunfall auftreten, sieht der BGH allerdings nicht als so derart geringfügig an, auch dann nicht, wenn diese gesundheitlichen Beeinträchtigungen gegebenenfalls als (weitere) Primärverletzung anzusehen ist, sofern die Kausalität feststeht.[635]

438 Es ist ernsthaft zu bezweifeln, dass der BGH bezüglich des Begriffs des Gesundheitsschadens aus eigener Einsicht zum »normalen« Verständnis dieses Begriffs gekommen ist. Vielmehr spricht alles dafür, dass er sich nicht durch die Rechtsprechung des EuGH eines Besseren belehren lassen wollte. Schon vor Erlass der neuen BGH-Entscheidung hat nämlich der EuGH den Begriff des Gesundheitsschadens definiert.

439 Die Erkenntnis des BGH, dass der Verursacher eines Körper- oder Gesundheitsschadens grundsätzlich auch für psychische Auswirkungen der Verletzung haftungsrechtlich einzustehen hat, und dass die Ersatzpflicht für Beeinträchtigungen der körperlichen Befindlichkeit nicht voraussetzt, dass diese eine organische Ursache haben, deckt sich nun mit einer neueren Entscheidung des EuGH,[636] der feststellt, dass für eine psychische Beeinträchtigung,

> »die ein Fluggast durch einen »Unfall« im Sinne dieser Bestimmung erlitten hat und die keinen Zusammenhang mit einer »Körperverletzung« im Sinne dieser Bestimmung aufweist, in gleicher Weise Schadenersatz zu leisten ist wie für eine solche Körperverletzung, sofern der Fluggast eine Beeinträchtigung seiner psychischen Integrität nachweist, die von solcher Schwere oder Intensität ist, dass sie sich auf seinen allgemeinen Gesundheitszustand auswirkt und nicht ohne ärztliche Behandlung abklingen kann.«

Der BGH folgt mit seiner neuen Definition des Gesundheitsschadens dem EuGH.

440 Zum Zeitpunkt der Verkündung des BGH-Urteils war bereits ein weiteres Verfahren beim EuGH anhängig, das nach der BGH-Entscheidung noch im Dezember 2022 verkündet wurde.[637] anhängig, bei dem das Gericht zu entscheiden hatte, ob die deutsche Rechtslage in Bezug auf den Schockschaden mit europarechtlichen Vorgaben vereinbar sei. Der EuGH entschied, dass die deutsche Rechtspraxis im Hinblick auf das Erfordernis einer pathologischen Schädigung infolge einer psychischen Beeinträchtigung nicht gegen das Europarecht verstößt. Da die Richtlinie insofern nicht vollharmonisierend sei, stehe es den nationalen Gesetzgebern weiterhin offen, eigene Kriterien für die Annahme einer mittelbar verursachten Gesundheitsverletzung aufzustellen; auf das bisher vom BGH zusätzlich geforderte Kriterium, für die Bejahung einer Gesundheitsverletzung sei es erforderlich, dass die Störung über die gesundheitlichen Beeinträchtigungen hinausgeht, denen Betroffene bei der Verletzung eines Rechtsgutes eines nahen Angehörigen in der Regel ausgesetzt sind, geht der EuGH in dieser Entscheidung nicht mehr ein. Offenbar war die Änderung der Rechtsprechung des BGH dem EuGH angekündigt.

3. Aufgrund eigener Verletzung

441 Auch der Verletzte selbst kann einen Schock erleiden, der aber dann als Teil seines Körperschadens anzusehen ist. Liegt eine Körperverletzung vor, muss dem zusätzlich eingetretenen Schock kein

635 BGH, Urt. v. 26.07.2022 – VI ZR 58/21, VersR 2022, 1309; BGH, Urt. v. 30.04.1996 – VI ZR 55/95, VersR 1996, 990.
636 EuGH, 20.10.2022 – C-111/21, VersR 2023, 70 = NJW 2022, 1122.
637 EuGH, Urt. v. 15.12.2022 -C-577/21, VersR 2023, 375.

eigenständiger Krankheitswert zukommen; er ist vielmehr als ein Kriterium bei der Bemessung des Schmerzensgeldes zu berücksichtigen.

442 So entschied etwa der 6. Zivilsenat des OLG Hamm,[638] der einem Verkehrsunfallopfer ein höheres Schmerzensgeld zubilligte, weil die beste Freundin bei dem Unfall ums Leben gekommen war. Das Unfallopfer litt darunter, ohne dass die psychische Beeinträchtigung einen selbstständigen Krankheitswert erreichte. Weil das Unfallopfer aber selbst verletzt worden sei, sei es nicht Voraussetzung für ein Schmerzensgeld wegen der zusätzlichen Beeinträchtigung, dass diese selbstständigen Krankheitswert haben.[639]

443 In anderen Fällen wird seelisches Leid bspw. bei der Bemessung des Schmerzensgeldes berücksichtigt, wenn verzögerliches Regulierungsverhalten vorliegt.[640]

444 Zum Hinterbliebenengeld vgl. Kap. 4 Rdn. 226 f.

V. Besonders hohes Schmerzensgeld[641]

1. Geschichtliche Entwicklung

445 Jahrzehntelang hat das Schmerzensgeld ein Schattendasein geführt und Geschädigte wurden mit minimalen Beträgen abgespeist. Unvorstellbar niedrig waren die vor dem 2. Weltkrieg ausgeurteilten Schmerzensgelder. Zitiert wird eine Entscheidung des OLG Breslau,[642] das noch kurz vor dem Krieg für eine schwere Beinverletzung mit nachfolgender Amputation ein Schmerzensgeld von nur 300,00 RM zubilligte. Ebenso unbefriedigend ist eine Entscheidung des LG Göttingen[643] aus dem Jahr 1958, in der einem 34 Jahre alten Mann für eine gleichartige Verletzung bei grobem Verschulden des Schädigers nur ein Betrag von 6.500,00 DM zugesprochen wurde.

446 In einer nicht veröffentlichten Entscheidung, die vor rund 50 Jahren erging, hat der BGH eine Entscheidung des OLG Köln gebilligt, das einem im Jahr 1950 ertaubten Säugling anstelle eines Schmerzensgeldkapitals nur eine monatliche Schmerzensgeldrente i.H.v. 50,00 DM zugebilligt hatte (Kapitalwert der Rente <= 12.000,00 DM). Ebenso entschied das OLG Karlsruhe[644] nur auf eine Rentenzahlung i.H.v. monatlich 50,00 DM (Kapitalwert der Rente rund 10.000,00 DM) auf Klage eines 24 Jahre alten Bundesbahnbediensteten, der mehrere Verletzungen erlitt und dem ein Unterschenkel amputiert werden musste. Dabei hat das OLG Karlsruhe bei der »Höhe« der Schmerzensgeldrente »zugunsten des Klägers« berücksichtigt, dass dessen Heiratschancen »außerordentlich gemindert« seien.

447 Auch andere gravierende Verletzungen wurden in der Vergangenheit mit Schmerzensgeldern entschädigt, deren Höhe heute schlechterdings unverständlich ist.

448 Bis zum Jahr 1979 lag die Grenze der Schmerzensgelder bei **50.000,00 €**.[645] Es gibt dazu nur eine Ausnahme: Das OLG Saarbrücken[646] billigte einem 10 Jahre alten Jungen, der durch einen Behandlungsfehler den Penis verlor, schon 1974 ein Schmerzensgeld von 150.000 DM = 75.000 € zu. Der Verlust an menschlichen Entfaltungsmöglichkeiten und das schwer vollstellbare Maß an körperlichen

638 OLG Hamm, Urt. v. 23.03.1998 – 6 U 191/97, r+s 1999, 21.

639 Diese Einstellung erinnert an die Rspr. zum Nachweis eines HWS-Schleudertraumas, §§ 286, 287 ZPO. Gelingt dem Verletzten der Nachweis der Primärverletzung, werden durch den Unfall ausgelöste psychische Schäden bei der Bemessung des Schmerzensgeldes auch dann berücksichtigt, wenn sie keinen selbstständigen Krankheitswert erreichen.

640 Danzl/Gutiérrez-Lobos/Müller, S. 146 ff.

641 Vgl. Jaeger, Entwicklung der Rspr. zu hohen Schmerzensgeldern, VersR 2013, 134.

642 OLG Breslau – 4 U 247/36 – ohne Verkündungsdatum, zitiert nach Lieberwirth, S. 15.

643 LG Göttingen, Urt. v. 02.08.1958 – 3 O 51/58, VersR 1958, 732.

644 OLG Karlsruhe, Urt. v. 14.01.1959 – 2 U 134/58, VersR 1959, 540.

645 Staudinger/Schiemann, BGB, 2005, § 253 Rn. 47.

646 OLG Saarbrücken, Urt. v. 17.12.2974 – 7 U 83/73, VersR 1975, 1058 = NJW 1975, 1467.

Beeinträchtigungen und Behinderungen seien die schwerste Folge einer Operation, von denen ein Mann überhaupt betroffen werde könne.

Sodann stiegen die Schmerzensgeldbeträge recht schnell, im Jahr 1981 auf **100.000,00 €**. Seit 1985 wurden **150.000,00 €** und mehr zuerkannt.[647] Später lag eine unsichtbare Grenze bei **250.000,00 €** und im Jahr 2001 hat das **LG München I**[648] die Schallmauer von 1 Mio. DM = **500.000,00 €** durchbrochen. Es hat in einem Fall von Querschnittslähmung einem 48 Jahre alten Mann ein Schmerzensgeld i.H.v. etwa 500.000,00 € (375.000,00 € Kapital und 750,00 € monatliche Rente) zugesprochen.

In der Folgezeit lag der höchste bekannt gewordene Schmerzensgeldbetrag im Jahr 2005 bei **520.000,00 €**.[649] Das gilt nicht mehr. Im Jahr 2006 wurde eine Entscheidung des LG Kiel[650] aus dem Jahr 2003 veröffentlicht, in der ein Schmerzensgeld i.H.v. 500.000,00 € zzgl. einer monatlichen Rente von 500,00 € zuerkannt worden war, sodass sich ein Kapitalbetrag von rund **614.000,00 €** ergab. Ein dreieinhalb Jahre alter Junge hatte infolge eines Verkehrsunfalls eine Querschnittslähmung ab dem 1. Halswirbel erlitten. Er konnte nicht sprechen, kaum schlucken und musste immer wieder beatmet werden. Er weinte häufig, insb., wenn er seine Spielkameraden draußen spielen hörte. 449

Und auch dieser Betrag wurde, wenn auch nur geringfügig, durch das OLG Zweibrücken[651] überboten, das einem schwerst hirngeschädigt geborenen Kind 500.000,00 € Schmerzensgeldkapital zzgl. einer Schmerzensgeldrente von inzwischen monatlich 500,00 € mit einem Kapitalwert von rund 119.000,00 €, also insgesamt **619.000,00 €** zubilligte.

Wie in den Vorauflagen dieses Buches ist auch diesmal ein weiterer Höchstbetrag des Schmerzensgeldes mitzuteilen. Nach dem LG Aurich[652], bestätigt durch das OLG Oldenburg[653], wenn auch mit ganz anderer Begründung, sprach auch das LG Gießen[654] ein Schmerzensgeld in Höhe von 800.000 € zu. Während das LG Aurich einem 5 Jahre alten Jungen, dem beide Unterschenkel amputiert wurden, das Schmerzensgeld von 800.000 € zuerkannte, entschied das LG Gießen zugunsten eine 17 Jahre alten Fußballers, der nach einer Nasenfraktur während einer Operation ohne Sauerstoffzufuhr einen hypoxischen Hirnschaden erlitten hatte.

Diese besonders hohen Beträge wurden übertroffen durch das LG Limburg,[655] das ein Schmerzensgeld in Höhe von einer Million Euro zuerkannte. Vor der Gabe eines Antibiotikums regte sich der ein Jahr alte Kläger so auf, dass er sich an einem Stück Apfel verschluckte, das er kurz zuvor gegessen hatte. Der Kläger kann nicht sprechen, nicht laufen, nicht selbstständig essen oder sich waschen. Er kann auch nicht mit den Eltern oder Kindern spielen, den Kindergarten oder eine Schule besuchen. Der Aufbau sozialer Beziehungen ist nicht möglich. Er leidet unter Schluckreflexen und Epilepsie mit Angstzuständen.

Allerdings wagte das OLG Frankfurt durch den Vorsitzenden Richter am OLG Kirchhoff als **Einzelrichter** den Versuch, das Schmerzensgeld taggenau zu berechnen, ein Unterfangen, dass sowohl in Rechtsprechung als auch in der Literatur (fast) einhellig abgelehnt wurde.[656]

---

647 Scheffen, ZRP 1999, 189 (190).

648 LG München I, Urt. v. 29.03.2001 – 19 O 8647/00, VersR 2001, 1124 = NJW-RR 2001, 1246 = ZfS 2001, 356.

649 LG Kleve, Urt. v. 09.02.2005 – 2 O 370/01, ZfS 2005, 235 ff.

650 LG Kiel, Urt. v. 11.07.2003 – 6 O 13/03, VersR 2006, 279 m. Anm. Jaeger = DAR 2006, 396 = E 2181, 7. Aufl.

651 OLG Zweibrücken, Urt. v. 22.04.2008 – 5 U 6/07; MedR 2009, 88 m. Anm. Jaeger.

652 LG Aurich, Urt. v. 23.11.2018 – 2 O 165/12, VersR 2019, 887 mit Anm. L. Jaeger VersR 2019, 891.

653 OLG Oldenburg, Urt. v. 18.03.2020 – 5 U 196/18, MDR 2020, 673 = MedR 2020, 525.

654 LG Gießen, Urt. v. 06.11.2019 – 5 O 376/18, VersR 2020, 630 m. Anm. Jaeger.

655 LG Limburg, Urt. v. 28.06.2021 – 1 O 45/15, unveröffentlicht.

656 OLG Frankfurt, Urt. v. 04.06.2020 – 22 U 244/19, VersR 2021, 217; Jaeger, Die taggenaue Berechnung des Schmerzensgeldes – Versuche des 22.Zivilsenats des OLG Frankfurt neue Wege bei der Bemessung des Schmerzensgeldes zu beschreiten, VersR 2021, 84.

450 Seit der letzten Auflage erfanden zwei Senate auch den Begriff einer Obergrenze bzw. einer Schallmauer für das Schmerzensgeld bei schwersten Schäden. Das OLG Köln[657] gewährte einem schwerst hirngeschädigt geborenen Kind, dem jede Entfaltung seiner Persönlichkeit genommen ist, ein »Schmerzensgeld an der Obergrenze – die der Senat bei einem rein als Kapital geforderten Schmerzensgeld bei derzeit 500.000 € ansetzt«.

Die Auffassung des OLG München[658] für ein 14 Jahre altes Mädchen sollte nach einer Querschnittslähmung »auch in allerschwersten Fällen das Schmerzensgeld eine Schallgrenze von 600.000,00 € nicht überschreiten«, ist unhaltbar. Das LG München I hatte bereits 2001 ein Schmerzensgeld von 500.000,00 € bei einem »Schwerstschaden« zuerkannt, zu einer Zeit, als ein Verletzter noch Zinsen in Höhe von 8 % und mehr erzielen konnte. Nach den Entscheidungen des LG Aurich und des LG Gießen ist die Auffassung des OLG München geradezu unverständlich.

2. Zerstörung der Persönlichkeit

451 Bis zur Entscheidung v. 13.10.1992 vertrat der BGH[659] die Auffassung, dass bei Zerstörung der Persönlichkeit des Verletzten, bei weitgehendem Verlust der Wahrnehmungs- und Empfindungsfähigkeit, nur ein symbolisches Schmerzensgeld geschuldet werde.[660]

452 Bei einer **Zerstörung der Persönlichkeit** infolge schwerster Hirnverletzung hat der BGH ursprünglich nur den Sühne-Charakter des Schmerzensgeldes berücksichtigt und sich darauf beschränkt, dem Schädiger ein fühlbares Geldopfer aufzuerlegen.[661] Fehlendes Leiden nach körperlicher oder seelischer Beeinträchtigung ist also bei der Bemessung der Höhe des Schmerzensgeldes mindernd berücksichtigt worden.

453 Diese Auffassung hat der BGH 1992 aufgegeben[662] und dazu ausgeführt:

> »Das Berufungsgericht verkürzt die Funktion des Schmerzensgeldes, wenn es selbst in Fällen, in denen die Persönlichkeit fast vollständig zerstört oder ihr, wie hier, durch ein Verschulden des Geburtshelfers die Basis für ihre Entfaltung genommen worden ist, dem Empfinden dieses Schicksals die zentrale Bedeutung für die Bemessung des Schmerzensgeldes beilegt und gerade diesen Zustand, der die besondere Schwere der zu entschädigenden Beeinträchtigung für den Betroffenen ausmacht, zum Anlass für eine entscheidende Minderung des Schmerzensgeldes nimmt. Fälle, in denen der Verletzte durch den weitgehenden Verlust der Sinne in der Wurzel seiner Persönlichkeit getroffen worden ist, verlangen nach einer eigenständigen Bewertung. Eine Reduzierung des Schmerzensgeldes auf eine lediglich symbolhafte Entschädigung hält der Senat nach erneuter Prüfung nicht mehr für gerechtfertigt und gibt seine bisherige Rechtsprechung auf.«

454 Besonders wichtig ist in diesem Zusammenhang eine weitere Entscheidung des BGH, die nur kurze Zeit später erging.[663] Der BGH führt zum Feststellungsantrag des Klägers unter anderem aus, dass es nicht gänzlich ausgeschlossen ist, dass der Kläger in Zukunft in der Lage sein wird, seine Befindlichkeit zu erfassen. Für eine solche – wenn auch fernliegende – Steigerung seiner Empfindungsfä-

657 OLG Köln, Urt. v. 05.12.2018 – 5 U 24/18, MedR 2019, 810.

658 OLG München, Urt. v. 23.01.2020 – 1 U 2237/17, VersR 2020, 1191 mit Anm. Jaeger.

659 BGH, Urt. v. 13.10.1992 – VI ZR 201/91, BGHZ 120, 1 = VersR 1993, 327 = NJW 1993, 781; vgl. auch die bald danach ergangene BGH-Entscheidung, Urt. v. 16.02.1993 – VI ZR 29/92, VersR 1993, 585 und im Anschluss an die BGH-Entscheidung OLG Nürnberg, Urt. v. 18.06.1993 – 8 U 569/91, VersR 1994, 735; vgl. auch Müller, VersR 1993, 909 (911); krit. zu der neuen Rspr.: Dauner-Lieb/Langen/Huber, AK-Schuldrecht, § 253 Rn. 91 ff.

660 BGH, Urt. v. 16.12.1975 – VI ZR 175/74, VersR 1976, 660 = NJW 1976, 1147; BGH, Urt. v. 22.06.1982 – VI ZR 247/80, VersR 1982, 880.

661 Beispiele bei Staudinger/Schäfer, BGB, 12. Aufl. 1986, § 847 Rn. 40.

662 BGH, Urt. v. 13.10.1992 – VI ZR 201/91, BGHZ 120, 1 = VersR 1993, 327 = NJW 1993, 781.

663 BGH, Urt. v. 16.02.1993 – VI ZR 29/92, VersR 1993, 585; Jaeger, Anmerkung, MDR 2017, 552.

higkeit muss dem Kläger die Möglichkeit erhalten bleiben, ein höheres Schmerzensgeld geltend zu machen. Dieser Rechtsprechung hat sich bisher erst wenige Senate angeschlossen[664].

Nunmehr soll in Fällen, in denen die Zerstörung der Persönlichkeit durch den **Fortfall der Empfindungsfähigkeit** geradezu im Mittelpunkt steht, ein Schmerzensgeld nicht nur als symbolischer Akt der Wiedergutmachung gerechtfertigt sein; die Einbuße der Persönlichkeit, der **Verlust an personaler Qualität** infolge der Verletzung stellt schon für sich einen auszugleichenden immateriellen Schaden dar, **unabhängig davon, ob der Betroffene die Beeinträchtigung empfindet**, und muss deshalb bei der Bemessung der Entschädigung nach § 847 BGB a.F. einer eigenständigen Bewertung zugeführt werden, die der zentralen Bedeutung dieser Einbuße für die Person gerecht wird.[665] **455**

Das wirft die Frage nach der Funktion des Schmerzensgeldes bei Zerstörung der Persönlichkeit, bei Verlust personaler Qualität auf. **456**

Der BGH ging vor der Änderung seiner Rechtsprechung davon aus, dass das herkömmliche Verständnis von der Ausgleichsfunktion bedeutet, dass bei Empfindungsunfähigkeit des Verletzten ein Ausgleich nicht empfunden werden kann, denn in diesen Fällen kann die Ausgleichsfunktion die erlittenen Schmerzen und insb. die entgangene Lebensfreude nicht kompensieren.[666] Dieses Verständnis vom Ausgleich geht zurück auf die Kompensationsformel von Windscheid: Ausgleich von Unlustgefühlen durch Verschaffung von Lustgefühlen[667] oder anders ausgedrückt, die Ausgleichsfunktion soll die erlittenen Schmerzen und entgangene Lebensfreude kompensieren. Dem Verletzten sollen für seine immateriellen Einbußen anderweit Annehmlichkeiten geboten werden. **457**

In dieser bisherigen Rechtsprechung hatte der BGH in solchen Fällen, in denen er gleichwohl die Zahlung eines Schmerzensgeldes für notwendig hielt, dieses (aufgrund der Genugtuungsfunktion) aus der Erwägung heraus zuerkannt, dass dem Verletzten als zeichenhafte Sühne wenigstens eine symbolische Wiedergutmachung zugebilligt werden müsse. In dieser früheren Rechtsprechung des BGH[668] ist von dem die Geldentschädigung tragenden »verfeinerten Sühnegedanken« und der Sühne des Schädigers die Rede. Nach Lorenz[669] unternimmt der BGH dort gleichzeitig den (untauglichen) Versuch, die sühneorientierte Geldentschädigung von der Strafe abzurücken, indem er den »**verfeinerten Sühnegedanken**« als »nicht notwendig pönal« bezeichnet. Wiese[670] meint, durch die Berücksichtigung des Genugtuungsgedankens werde »die Grenze zur Strafe« nicht verwischt, es solle »dem Schädiger kein Übel im Sinne einer Sühne für den Bruch der Rechtsordnung auferlegt, sondern der entstandene Schaden wieder gutgemacht werden«; denn die Genugtuung nehme dem Geschädigten das Gefühl der Verletzung und stelle so das gestörte Gleichgewicht in seiner Persönlichkeit wieder her.[671] **458**

---

664 KG, Urt. v. 16.02.2012 – 20 U 157/10, MedR 2012, 596 mit Anm. Jaeger VersR 2012, 766 und Urt. v. 11.12.2017 – 20 U 19/14, VersR 2018, 1202 mit Anm. Jaeger; OLG Bamberg, Urt. v. 19.09.2016 – 4 U 38/15, MedR 2017, 548 mit Anm. Jaeger.

665 Vgl. Jaeger, Schwerst hirngeschädigte Kinder – Schmerzensgeld mindestens 500.000 €, VersR 2021, 557, zugleich Besprechung OLG Dresden, Urt. v. 18.08.2020 – 4 U 1242/18, VersR 2021, 589.

666 Ob eine Geldentschädigung überhaupt in der Lage sein kann, in dem Geschädigten dauerhaft Lustgefühle und Lebensfreude hervorzurufen und ihn dadurch in die Seelenlage versetzen kann, die ohne die Verletzung bestehen würde, wird von Lorenz, FS für Wiese, S. 116 ff., mit eingehender Begründung infrage gestellt. Die Unmöglichkeit, mithilfe einer Geldzahlung in dem Geschädigten eine bestimmte Gefühlslage zu erzeugen, ist einer der Gründe, aus denen Lorenz ein Schmerzensgeld für den Gefühlsschaden des Geschädigten ablehnt, vgl. S. 92 (116 ff.).

667 Nehlsen-v. Stryk, JZ 1987, 119 (125).

668 BGH, Urt. v. 16.12.1975 – VI ZR 175/74, NJW 1976, 1447.

669 Lorenz, FS für Wiese, S. 96.

670 Wiese, S. 55 ff.

671 Vgl. auch Lorenz, FS für Wiese, S. 98.

459 Klumpp[672] bezeichnet die Genugtuung als die Besänftigung des verletzten Rechtsgefühls des Opfers; seine Emotionen sollen gebändigt werden. Der Verletzte soll merken, dass die Rechtsordnung nicht tatenlos zusieht, wenn rechtswidrig in seine Rechte eingegriffen wird.

460 Diese Überlegungen zeigen, dass auch der **Gefühlsschaden** vom BGH früher als zum entschädigungspflichtigen immateriellen Schaden gehörend angesehen wurde. Dem hat Lorenz[673] schon 1981 mit guten Gründen widersprochen. Andererseits zeigt die Rückblende auf die Entscheidung des großen Zivilsenats,[674] dass der Gefühlsschaden nicht angemessen sanktioniert wird, wenn der **Geldentschädigung** lediglich eine **Ausgleichsfunktion** (Kompensationsfunktion) zugemessen wird.[675] Zu Recht hat Stoll[676] seinerzeit zudem erkannt, dass das Genugtuungsprinzip hier ohne Sühnegedanken nicht lebensfähig ist. Wenn dennoch der VI. Zivilsenat des BGH[677] dem Verletzten, der weder eine Störung seines Gefühlslebens noch die mit der Geldentschädigung bezweckte Genugtuung empfinden kann,[678] ein Schmerzensgeld aus der Genugtuungsfunktion zuerkannt hat, musste er, um der Inkonsequenz zu entgehen, auf den Sühnegedanken zurückgreifen. Er führt aus:

> »Es liegt nicht fern, dass sich die beiden Zweckrichtungen des Schmerzensgeldes in derartigen besonderen Fällen in einem beiden gemeinsamen Bereich überschneiden ... in dem ein nicht notwendig pönaler, verfeinerter Sühnegedanke i.S.d. grundsätzlichen Regelung fordert, dass die schwere Beeinträchtigung des Menschseins nicht ohne eine wenigstens zeichenhafte Wiedergutmachung bleibe. Diese Wiedergutmachung kann hier allerdings nicht auf die konkret oder abstrakt für den Betroffenen fühlbare Korrektur einer empfundenen Verletzung bezogen sein, sondern nur in symbolhafter Weise die Beeinträchtigung der in der Rechtsordnung bedingungslos geschützten Person sühnen. Dieser sich aufdrängende Gedanke dürfte der Grund dafür sein, dass sich die Rechtsprechung bisher ... nicht entschließen konnte, wenigstens in solchen Fällen ein Schmerzensgeld überhaupt zu versagen, in denen der Verletzte mit Wahrscheinlichkeit keine Schmerzen und mit Sicherheit keine Genugtuung empfinden konnte ... Deshalb sieht sich der erkennende Senat ungeachtet der Folgerichtigkeit, die der von den Beklagten ... vertretenen Auffassung nicht abgesprochen werden kann, nicht veranlasst, ... nunmehr ein Schmerzensgeld grundsätzlich zu versagen, zumal auch die Beklagten sich nicht dagegen wehren, einen Betrag von 10.000,00 € zahlen zu müssen.«

461 Der Senat hielt schließlich den vom Berufungsgericht festgesetzten Betrag von 15.000,00 € nicht für »rechtsfehlerhaft«.[679]

462 Nunmehr wird die Funktion des Schmerzensgeldes auch vom BGH anders verstanden:

Der BGH hat diese frühere Rechtsprechung aufgegeben, aufgeben müssen,[680] weil er erkannt hat, dass dem für das zivilrechtliche Haftungs- und Schadensersatzrecht allgemein nicht tragfähigen Gedanken der Sühne, der bei Fahrlässigkeitstaten ohnehin nur eine untergeordnete Rolle spielen kann, weniger Bedeutung zukommt.[681]

---

672 Klumpp, S. 152 m.w.N.

673 Lorenz, FS für Wiese, S. 92.

674 BGH, Urt. v. 06.07.1955 – GSZ 1/55, BGHZ 18, 149 (156 f.) = VersR 1955, 615 = NJW 1955, 1675 = MDR 1956, 19 m. Anm. Pohle.

675 Lorenz, FS für Wiese, S. 100.

676 Stoll, S. 152.

677 BGH, Urt. v. 16.12.1975 – VI ZR 175/74, NJW 1976, 1147.

678 Vgl. Wiese, S. 57.

679 Hierzu Lorenz, FS für Wiese, S. 102.

680 Vgl. hierzu Jaeger, VersR 1996, 1177 (1180).

681 Es ist deshalb angesichts dieser Darlegung des BGH nicht richtig, wenn andere Gerichte in diesen Fällen immer noch und ohne sich mit der Begründung des BGH auseinander zu setzen, die Genugtuungsfunktion in Gestalt einer Sühnefunktion in den Vordergrund stellen, weil die Ausgleichsfunktion entfalle; OLG Stuttgart, Urt. v. 02.05.1994 – 20 U 69/94, VersR 1994, 736 = NJW 1994, 3016; in den Fällen, in denen der Schädiger schuldhaft gehandelt habe, stehe die Sühnefunktion des Schmerzensgeldes im Vordergrund, die eine Buße für die Beeinträchtigung der in der Rechtsordnung bedingungslos geschützten Person darstelle; vgl. zu der gesamten Thematik: Jaeger, VersR 1996, 1177.

Kommt nun der Genugtuungsfunktion jedenfalls insoweit keine Bedeutung zu, als der Verletzte keine Genugtuung empfinden kann, und ist der Sühnegedanke im Zivilrecht nicht tragfähig, **bleibt** als Begründung für das Schmerzensgeld bei Verlust der Empfindungsfähigkeit zunächst **nur die Ausgleichsfunktion**, obwohl dem Verletzten ein Ausgleich ebenso wenig zu vermitteln ist wie eine Genugtuung. Der BGH[682] führt dazu aus: 463

»Anzuknüpfen ist vielmehr an den immateriellen Schaden, den jemand durch eine Körperverletzung oder Gesundheitsschädigung erleidet und der nach § 847 BGB durch eine Geldzahlung zu ersetzen ist. Ein solcher Schaden besteht nicht nur in körperlichen oder seelischen Schmerzen, also in Missempfindungen oder Unlustgefühlen als Reaktion auf die Verletzung des Körpers oder die Beschädigung der Gesundheit. Vielmehr stellt die Einbuße der Persönlichkeit, der Verlust an personaler Qualität infolge schwerer Hirnschädigung, schon für sich einen auszugleichenden immateriellen Schaden dar, unabhängig davon, ob der Betroffene die Beeinträchtigung empfindet. Das bedeutet nicht, dass der immaterielle Schaden generell nur in der körperlichen Beeinträchtigung zu sehen ist. Eine wesentliche Ausprägung des immateriellen Schadens kann darin bestehen, dass der Verletzte sich seiner Beeinträchtigung bewusst ist und deshalb in besonderem Maß unter ihr leidet. Dieser Gesichtspunkt kann daher für die Bemessung des Schmerzensgeldes durchaus von Bedeutung sein.

Dementsprechend erschöpft sich auch die Ausgleichsfunktion des Schmerzensgeldes nicht in der Förderung des psychischen Wohlbefindens zur Kompensation seelischen Leids oder sonstiger psychischer Missempfindungen. Es wird dem Wesen des Schmerzensgeldes daher nicht ausreichend gerecht, wenn das Berufungsgericht lediglich darauf abstellt, dass das Leben der Klägerin in gewissem Umfang erleichtert und ihr insb. durch menschliche Zuwendungen Freude bereitet werden könne. Über das bloße Zuteilwerdenlassen von Annehmlichkeiten hinaus ist vielmehr der in der mehr oder weniger weitgehenden Zerstörung der Persönlichkeit bestehende Verlust, der für sich einen immateriellen Schaden darstellt, durch eine billige Entschädigung in Geld auszugleichen«.[683]

Auch wenn der BGH davon spricht, der immaterielle Schaden sei durch eine Entschädigung in Geld auszugleichen, ist damit nicht (nur) die Ausgleichsfunktion i.S.e. Kompensation angesprochen. Da der Verletzte die Schmerzensgeldzahlung nicht als Ausgleich empfinden kann, stellt der Ausgleich des Schadens in den Fällen der Zerstörung der Persönlichkeit eine zusätzliche Komponente innerhalb der Ausgleichsfunktion des Schmerzensgeldes dar. 464

Ob der BGH an der weiteren Aussage in dieser Entscheidung festhalten wird, dass dem Verschulden des Täters bei der Schmerzensgeldbemessung keine Bedeutung zukomme, weil beim Verletzten ein Empfinden der Genugtuung durch eine Schmerzensgeldzahlung nicht vorhanden sei,[684] und ob er damit sagen wollte, die Genugtuungsfunktion entfalle völlig, erscheint angesichts der Erweite- 465

682 BGH, Urt. v. 13.10.1992 – VI ZR 201/91, BGHZ 120, 1 = VersR 1993, 327 = NJW 1993, 781; die Entscheidung des BGH wird auszugsweise wörtlich wiedergegeben, weil es auf den Wortlaut entscheidend ankommt.

683 FS für Gitter/Kern, S. 447 (454), hält diese neue Rspr. sowohl in methodischer Hinsicht als auch inhaltlich für noch weniger überzeugend als die ältere. Er stellt die Frage, ob die Menschenwürde einem Schwerstbehinderten überhaupt zukommt, ob sie konkret verletzt ist und ob die Versagung eines Schmerzensgeldes eine Verletzung der Menschenwürde darstellt; er meint, der BGH hätte eher den Gleichheitssatz aus Art. 3 Abs. 3 GG als Argumentationshilfe heranziehen sollen, stellt jedoch sogleich fest, dass es sich im Verhältnis zu einem empfindungsfähigen Verletzten um einen bedeutenden Unterschied handelt, der die Anwendung des Gleichheitssatzes nur in der Form zulasse, dass Ungleiches ungleich zu behandeln sei.

684 BGH, Urt. v. 13.10.1992 – VI ZR 201/91, BGHZ 120, 1 = VersR 1993, 327 = NJW 1993, 781. Zumindest sind die kurzen Ausführungen missverständlich, denn sowohl FS für Gitter/Kern, S. 447 (456), als auch LG Nürnberg-Fürth, Urt. v. 12.01.1994 – 2 S 7142/93, r+s 1994, 418 (419), haben den BGH dahin (miss-) verstanden, dass in Fällen der Zerstörung der Persönlichkeit, bei Verlust personaler Qualität letztendlich die Genugtuungsfunktion des Schmerzensgeldes überhaupt in Wegfall käme. So aber hat der BGH das nicht gesagt. Mit der Formulierung des BGH, dass dem Verschulden des Täters bei der Schmerzensgeldbemessung keine Bedeutung zukomme, ist nur ein Teil der Genugtuungsfunktion angesprochen.

rung des Begriffs der Ausgleichsfunktion nicht sicher. Kern[685] hat die wenig später ergangene Entscheidung des BGH[686] problemlos dahin gehend interpretiert, dass der BGH seinen Standpunkt »schon im nachfolgenden Urteil wieder aufgegeben« habe; dies werde zwar nicht ausgesprochen, jedoch inzidenter erwähnt; die darin vom BGH aufgezählten, bei der Schmerzensgeldbemessung zu berücksichtigenden Faktoren (Grad des Verschuldens, wirtschaftliche Leistungsfähigkeit des Schädigers) seien bislang der Genugtuungsfunktion zugeordnet worden. Diese erschöpften sich nämlich nicht im Empfinden der Genugtuung durch den Verletzten. Die Genugtuungsfunktion soll zwar zum einen beim Verletzten das Gefühl der Genugtuung hervorrufen und sein gekränktes Rechtsempfinden besänftigen, zum anderen solle sie aber auch den Grad des Verschuldens des Schädigers berücksichtigen und dem Schädiger ein fühlbares Vermögensopfer[687] auferlegen und schließlich soll sie damit, aber auch darüber hinaus, präventiv wirken.[688]

466 Da der BGH die Fälle der Zerstörung der Persönlichkeit, den Verlust personaler Qualität, als eigenständige Fallgruppe ansieht, liegt es nahe, dass für die Zerstörung der Persönlichkeit als solche einerseits ein **eigenständig zu bemessender Ausgleich** zu gewähren ist, der nicht auf die Empfindung des Verletzten abstellt. Diesen Schritt hat der BGH in der ersten Entscheidung des Jahres 1992 vollzogen. Die zweite Entscheidung könnte ein Hinweis darauf sein, dass die Verletzung als solche – wegen ihrer Schwere – eine Genugtuung erfordert, auch wenn der Verletzte keine Genugtuung empfinden kann. Beide Zweckrichtungen des Schmerzensgeldes, Ausgleich und Genugtuung, haben dann eine teils neue, aber eigenständige Bedeutung.

467 In den Fällen der völligen Zerstörung der Persönlichkeit, in denen die personale Qualität nicht mehr gefühlt werden kann, besteht die besondere Schwere des Eingriffs darin, dass der »innere«, der **immaterielle Wert der Persönlichkeit verletzt** wird. Dieser Eingriff ist aufgrund einer eigenständigen Bewertung durch Schmerzensgeld zu kompensieren, auszugleichen.[689] Dieses revidierte Verständnis von der Aufgabe des Schmerzensgeldes hat es dem VI. Zivilsenat dann auch erlaubt, einer Auffassung entgegenzutreten, die das Schmerzensgeld in Abhängigkeit zu einer strafrechtlichen Verurteilung des Schädigers sieht.[690] Fällt das Schmerzensgeld deshalb höher aus, weil der Verletzte (noch) eine Genugtuung empfinden kann, hat die Erhöhung nichts mit Strafe zu tun, insb. nicht mit dem Bedürfnis der Allgemeinheit nach Sühne und Prävention. Deshalb beeinflusst eine Bestrafung des Schädigers das Schmerzensgeld nicht.[691]

468 Steffen[692] leitet aus dieser neueren Rechtsprechung ab, dass der BGH das Schmerzensgeld nicht nur zum Ausgleich für die gefühlten Verluste gewährt, sondern primär für die **Verluste am objektiven Wert des Schutzgutes**. Die immateriellen Einbußen seien nicht wegen der Zerstörung aller Empfindungen geringer, sondern die Zerstörung der Persönlichkeit mache den Verlust besonders schwer. Ausgleich ist nach Steffen auch die Bestätigung, die das verletzte Recht in der Entschädigung findet. Wenn der Verletzte Genugtuung darüber empfinden könne, diente selbst das im weiteren Sinne dem Ausgleich und könne deshalb ein höheres Schmerzensgeld rechtfertigen.

---

685 FS für Gitter/Kern, S. 447 (456). Kern, Die Genugtuungsfunktion des Schmerzensgeldes – ein pönales Element im Schadensersatzrecht?

686 BGH, Urt. v. 16.02.1993 – VI ZR 29/92, VersR 1993, 585; Kern, Die Genugtuungsfunktion des Schmerzensgeldes – ein pönales Element im Schadensersatzrecht?

687 Ist der Schädiger aber versichert – in Arzthaftungsfällen und bei Verkehrsunfällen ist dies die Regel – ist der »Büßende« die Haftpflichtversicherung; vgl. Kern, AcP 191 (1991), 247, m.w.N.

688 FS für Gitter/Kern, S. 447 (458).

689 BGH, Urt. v. 13.10.1992 – VI ZR 201/91, BGHZ 120, 1.

690 BGH, Urt. v. 16.02.1993 – VI ZR 29/92, VersR 1993, 585; BGH, Urt. v. 29.11.1994 – VI ZR 93/94, VersR 1995, 351 = NJW 1995, 781; OLG Köln, Beschl. v. 14.11.1991 – 2 W 186/91, VersR 1992, 197; Celle, Urt. v. 26.11.1992 – 5 U 245/91, VersR 1993, 976.

691 Steffen, DAR 2003, 201 (203).

692 Steffen, DAR 2003, 201 (203).

a) Entwicklung der Rechtsprechung zur Höhe des Schmerzensgeldes für schwerst hirngeschädigt geborene Kinder

Das Schmerzensgeld fällt in diesen Fällen besonders hoch aus. 469

Riemer[693] hat das Geburtsschadensrecht als ein überdurchschnittlich lukratives Rechtsgebiet für Anwälte bezeichnet (»lawyers are friends of money«). Die Überschrift seines Aufsatzes lautet bezeichnenderweise: Geburtsschadensrecht ist »good money« für RA. Nach seiner Auffassung sind Geburtsschäden für alle Beteiligten unerfreulich, nur nicht für RA. 470

Nun dürfen diese Entscheidungen mit den bisher höchsten Schmerzensgeldsummen und den doch deutlichen Steigerungen nicht darüber hinwegtäuschen, dass ein Schmerzensgeld i.H.v. 500.000,00 € und mehr in Fällen schwerster Schädigung noch immer nicht die Regel ist. Zwar hat sich in den letzten 25 Jahren eine »Tendenz der Rechtsprechung zu höherem Schmerzensgeld« jedenfalls bei schweren Verletzungen herausgebildet.[694] Tatsache ist jedoch, dass Richter und Anwälte noch immer in alten Vorstellungen verharren und nur zögernd höhere Schmerzensgeldbeträge zusprechen bzw. fordern. Zwar wird in Fällen schwerster Schädigung durch ärztliche Behandlungsfehler bei der Geburt schon von vielen Gerichten durchweg ein Schmerzensgeld von 500.000,00 € zugesprochen. Der 3. Senat des OLG Hamm bemisst das Schmerzensgeld seit mehreren Jahren in diesen Fällen mit 500.000,00 €.[695] Das LG Kleve[696] erkannte auf ein Schmerzensgeld von 400.000,00 € zzgl. 500,00 € monatliche Rente, was einem Gesamtschmerzensgeld von rund 520.000,00 € entspricht. Dieser Größenordnung haben sich das OLG Köln[697] und das OLG Stuttgart[698] angeschlossen. Immer wieder heißt es in diesen Entscheidungen, dass es sich um die »denkbar schwerste Schädigung« eines Menschen handele. 471

Das LG Köln[699] ging über diese Beträge deutlich hinaus. Es sprach einem im Zeitpunkt der Entscheidung 12 Jahre alten Kläger, der im Alter von 2 Jahren bei einem Verkehrsunfall schwer verletzt wurde und der infolge eines Behandlungsfehlers einen hypoxischen Hirnschaden erlitt und körperlich und geistig schwerstbehindert ist, ein Schmerzensgeld i.H.v. 450.000,00 € und eine Schmerzensgeldrente von monatlich 550,00 € zu. 472

Weil beim Kläger die aktive Beweglichkeit der Arme und Hände eingeschränkt möglich ist und weil er noch sehr eingeschränkte soziale Kontakte ausschließlich zur Familie hat und Zuwendung empfinden kann und weil ihm die Teilnahme an einer Reittherapie und an anderen Therapien noch möglich ist, hielt die Kammer Fälle für denkbar, die den Schweregrad des Schadens in Bezug auf das Leiden noch übertreffen, sodass der zuerkannte Betrag an der obersten Grenze dessen liege, was von Gerichten je zugesprochen worden sei. 473

Die Entscheidung des LG wurde bestätigt durch das OLG Köln,[700] das das Gesamtschmerzensgeld nach einem Zinssatz von 4 % für die Schmerzensgeldrente von 550,00 € monatlich mit rd. 154.000,00 € ermittelte. Würde wie in der Vergangenheit für die Rente ein Zinssatz von 5 % zugrunde gelegt, ergäbe sich ein Gesamtschmerzensgeld von nur 582.000,00 €. Ginge man jedoch, 474

693 Riemer, Der Gynäkologe 2008, 471.
694 Vgl. Scheffen, ZRP 1999, 189 (190).
695 OLG Hamm, Urt. v. 16.01.2002 – 3 U 156/00, VersR 2002, 1163 = NJW-RR 2002, 1604; OLG Hamm, Urt. v. 21.05.2003 – 3 U 122/02, VersR 2004, 386 = MDR 2003, 1291; LG Berlin, Urt. v. 20.11.2003 – 6 O 272/01, VersR 2005, 1247: Das KG hat die Berufung durch Beschl. v. 11.04.2005 – 20 U 23/04, GesR 2005, 499, gem. § 522 ZPO zurückgewiesen und dabei ausdrücklich offengelassen, ob der Senat auf die hinfällig gewordene Anschlussberufung ein höheres Schmerzensgeld zuerkannt haben würde.
696 LG Kleve, Urt. v. 09.02.2005 – 2 O 370/05, ZfS 2005, 235.
697 OLG Köln, Urt. v. 20.12.2006 – 5 U 130/01, VersR 2007, 219.
698 OLG Stuttgart, Urt. v. 09.09.2008 – 1 U 152/07, MDR 2009, 326.
699 LG Köln, Urt. v. 02.04.2014 – 25 O 387/08, unveröffentlicht.
700 OLG Köln, Urt. v. 10.12.2014 – 5 U 75/14, unveröffentlicht.

was 2014 auch schon geschehen ist[701], von einem Zinssatz von 3 % aus, würde das Gesamtschmerzensgeld 647.000,00 € betragen. Bei einem Zinssatz von nur 2 %, der keineswegs unrealistisch ist, beliefe es sich auf 706.000,00 €.

475 Allerdings muss auch darauf hingewiesen werden, dass andere Gerichte diesen Betrag auch in diesen Fällen für überhöht halten und ihn teils deutlich unterschreiten.[702]

So entschied im Jahr 2002 der 9. Senat des OLG Hamm[703] ggü. einem knapp 2 Jahre alten Mädchen, das bei einem Verkehrsunfall eine Querschnittslähmung zwischen dem letzten Hals- und Brustwirbel erlitt, weniger großzügig. Neben einem Schmerzensgeldkapital von 250.000,00 € hielt das Gericht eine monatliche Schmerzensgeldrente von 500,00 € für angemessen, woraus sich ein Kapitalbetrag von insgesamt rund 395.000,00 € errechnete.[704]

476 Das OLG Naumburg[705] billigte – wie schon das LG – dem Kläger, der unter einer Cerebralparese i.S.e. schweren beinbetonten Tetraparese leidet, der geistig schwer behindert ist und bei dem eine statomotorische Entwicklungsstörung und eine zentrale Sehbehinderung vorliegt, lediglich ein Schmerzensgeld i.H.v. 200.000,00 € nebst 4 % Zinsen seit Ende 1997[706] zu. Es mag sein, dass das Schmerzensgeld in diesem Fall den Betrag von 500.000,00 € nicht erreichen musste, aber der zuerkannte Betrag ist deutlich zu niedrig. Das gilt insb., weil das OLG Naumburg auf eine Entscheidung des OLG Hamm[707] Bezug nimmt, das 1997, also 10 Jahre vor der Entscheidung des

701 OLG Schleswig, Urt. v. 31.01.2013 – 4 U 97/11, unveröffentlicht.

702 OLG Braunschweig, Urt. v. 22.04.2004 – 1 U 55/03, VersR 2004, 924 = MDR 2004, 1185 (350.000,00 €); OLG München, Urt. v. 19.09.2005 – 1 U 2640/05, MedR 2006, 211 (LS) – 350.000,00 € zzgl. 500,00 € monatliche Rente = rund 470.000,00 €; weiterhin OLG München, Urt. v. 20.06.2002 – 1 U 3930/96, OLGR 2003, 269 – 350.000,00 €.

703 OLG Hamm, Beschl. v. 11.09.2002 – 9 W 7/02, VersR 2003, 780; dieser Senat weicht von der Schmerzensgeldrechtsprechung des 3. Zivilsenats des OLG Hamm deutlich nach unten ab. Er bewilligt nicht nur erheblich niedrigere Schmerzensgelder als der 3. Zivilsenat, er berechnet – abweichend von der allgemeinen bundesweiten Handhabung – den Kapitalwert einer Schmerzensgeldrente nach einem Zinssatz von 4 %. Auch dies geht zulasten der Geschädigten, weil der Kapitalwert dadurch 20 % höher ausfällt, als bei der Ermittlung des Kapitalwertes nach einem Zinssatz von 5 %. Das zeigt sich deutlich an dem vom Senat in der zuvor zitierten Entscheidung mitgeteilten Kapitalwert von 145.000,00 €. Bei einer Jahresrente von 6.000,00 € ist der Multiplikator bei 4 %iger Verzinsung > 24, bei einer 5 %igen wäre er < 20.

704 Das Argument der Klägerin, ihre Lebenserwartung sei infolge der schweren körperlichen Schäden wesentlich geringer als die statistische Lebenserwartung, sodass der Kapitalwert von 145.000,00 € nur bei einer höheren Rente erreicht würde, ließ das Gericht nicht gelten. Fehler in der Prognose der Lebenserwartung könnten sich zugunsten oder zulasten der Klägerin auswirken. Der Senat hat sich insoweit bei der Berechnung des Kapitalwertes der Rente eine nicht vorhandene Sachkunde angemaßt, denn die Frage, ob die Lebenserwartung eines im Alter von 2 Jahren querschnittsgelähmten Mädchens auch nur annähernd der eines gesunden Kindes entsprechen kann, kann nur ein medizinischer Sachverständiger beantworten. Bei den schweren Verletzungen des Kindes, das unfallbedingt äußerst infektionsgefährdet immer wieder unter schweren Lungenerkrankungen litt und künstlich beatmet werden musste, liegt es auf der Hand, dass ein Sachverständigengutachten eingeholt werden muss zu der Frage, ob dieses Kind voraussichtlich keine hohe Lebenserwartung hat und schon in jungen Jahren sterben wird. Wenn das OLG Hamm der Klägerin also ein Schmerzensgeld i.H.v. 395.000,00 € zukommen lassen wollte, hätte es entweder diesen Betrag als Schmerzensgeldkapital (ohne Rente) zusprechen sollen oder über die konkrete Lebenserwartung Beweis erheben müssen oder es hätte eine nach seinem Ermessen angemessene monatliche Rente ohne Rücksicht auf die Höhe des kapitalisierten Betrages festsetzen sollen. Der Klägerin wäre dann für die Dauer des Leidens der Ausgleich gewährt worden.

705 OLG Naumburg, Urt. v. 20.12.2007 – 1 U 95/06, MedR 2008, 442 = MDR 2008, 745 = OLGR 2008, 376.

706 Der Zinsantrag ist vom Anwalt des Klägers nicht an die geänderte Gesetzeslage (§ 288 BGB.) angepasst worden und das Gericht sah sich offenbar nicht veranlasst, in dem seit 2000 anhängigen Rechtsstreit einen Hinweis bzgl. des Zinsantrages zu geben.

707 OLG Hamm, Urt. v. 23.04.1997 – 3 U 10/96, VersR 1999, 488 m. Anm. Stegers.

OLG Naumburg, einen höheren Betrag, nämlich 250.000,00 € zugesprochen hatte. Auch insoweit ist die Entscheidung des OLG Naumburg wenig überzeugend.

Das OLG Bremen[708] hielt ein vom LG zuerkanntes Schmerzensgeld von 300.000,00 € als Ausgleich für eine schwerwiegende, irreversible Gesundheitsbeschädigung, die der Kläger erlitten hatte, für zu hoch. Es stellt als Schädigung des Klägers fest, dass dieser in seiner Mobilität, in seinen Wahrnehmungs- und Äußerungsfähigkeiten äußerst eingeschränkt sei, und dass er ohne jede Möglichkeit eigener Lebensgestaltung ständig auf umfassende Pflege angewiesen sein wird. Dabei sei er, wenn auch mühsam, in der Lage, Kontakt zu seiner Umwelt aufzunehmen und durch Weinen oder Lachen Affekte zu äußern. Er leide unter Sehstörungen, gelegentlichen Aspirationspneumonien und bedürfe teilweise der Ernährung durch eine Magensonde. Eine bestehende erhöhte Krampfbereitschaft werde medikamentös beherrscht. Aus der Schilderung dieser Leiden und Behinderungen wird nicht deutlich, warum der Schmerzensgeldanspruch des Klägers unter 500.000,00 € liegen soll und erst recht nicht, warum das vom LG zuerkannte Schmerzensgeld noch herabgesetzt werden musste. Es kann doch nicht sein, dass der Anspruch deshalb geringer sein soll, weil der Kläger noch eine gewisse Beziehung zur Umwelt aufnehmen und minimale Affekte äußern kann. Das wäre allenfalls ein Grund, das Schmerzensgeld über den Betrag von 500.000,00 € hinaus deutlich anzuheben. 477

Ähnlich argumentiert jedoch auch das OLG Düsseldorf.[709] In diesem Fall wies die Klägerin postpartal das Vollbild einer schweren Asphyxie aus. Sie ist nicht in der Lage, sich eigenständig fortzubewegen, zu sitzen, zu stehen, zu essen, zu trinken oder zu sprechen. Sie kann auch nicht gezielt nach Gegenständen greifen und diese festhalten. Sie ist rund um die Uhr hinsichtlich aller Lebensfunktionen auf die Hilfe und Unterstützung ihrer Eltern angewiesen und sie wird nie ein selbstbestimmtes eigenes Leben führen können. Dabei ist sie kognitiv zwar in der Lage, ihr bekannte Personen zu erkennen und auf diese zu reagieren. Sie kann sich jedoch nur in einem geringen Umfang durch Lautieren und Grimassieren äußern und dadurch im Sinne von Ja/Nein-Äußerungen gewisse Wünsche artikulieren oder Ablehnung signalisieren. Zustimmung oder Zufriedenheit kann sie ggü. ihren Eltern durch ein Lächeln zum Ausdruck bringen. Die Persönlichkeit der Klägerin ist in einem ganz erheblichen Umfang zerstört worden. Dennoch bewilligte der Senat ein Schmerzensgeld, das mit 350.000,00 € (Vorstellung: 500.000,00 €) deutlich unter einem angemessenen Schmerzensgeld liegt, nur weil die Persönlichkeit nicht zu 100 %, sondern zu 99 % (?) zerstört wurde? Er meint jedoch ergänzend: 478

Da dieser Zustand von Geburt an bestehe, fehle es an einem besonderen persönlichen Leidensdruck, der bei der Höhe der Entschädigung ebenfalls zu berücksichtigen wäre.

Immer wieder ist auch zu beobachten, dass OLG-Entscheidungen zitiert werden, die zur Höhe des Schmerzensgeldes selbst nichts Entscheidendes gesagt haben, weil das Urteil eines LG lediglich von der Beklagtenseite angefochten wurde. Das OLG entscheidet dann nur, dass das zuerkannte Schmerzensgeld »nicht übersetzt« ist, was aber nicht gleichbedeutend ist mit »der Höhe nach angemessen«.[710] 479

Wenig großzügig und über den Stand der Rechtsprechung unzureichend informiert entschied Anfang 2008 das OLG Nürnberg:[711] 480

LS: Erleidet ein Kind bei der Geburt eine Halsmarkläsion mit der Folge einer hohen Querschnittslähmung, sodass es lediglich in der Lage ist, die Arme zu bewegen, ist ein Schmerzensgeld von 300.000,00 € und eine Schmerzensgeldrente von monatlich 600,00 € (Kapitalwert: 160.000,00 €) angemessen.

708 OLG Bremen, Urt. v. 26.11.2002 – 3 U 23/02, GesR 2003, 270 = NJW-RR 2003, 1255.
709 OLG Düsseldorf, Urt. v. 18.04.2013 – 8 U 24/12, unveröffentlicht.
710 Vgl. insoweit OLG Düsseldorf, Urt. v. 26.04.2007 – 8 U 37/05, VersR 2008, 534 unter Hinweis auf u.a. OLG Celle, Urt. v. 27.02.2006 – 1 U 68/05, VersR 2007, 543.
711 OLG Nürnberg, Urt. v. 15.02.2008 – 5 U 103/07, MedR 2008, 674, m. Anm. Jaeger = VersR 2009, 71.

Der Senat hat in der Entscheidung ausgeführt, das Gesamtschmerzensgeld erscheine auch unter Berücksichtigung der Entscheidungen anderer Gerichte in vergleichbaren Fällen angemessen, auch der Senat sehe eine Tendenz der Rechtsprechung, in Schwerstschadensfällen Beträge zuzusprechen, die sich an 500.000,00 € annäherten.

481 Der Senat irrte zulasten des Klägers. Der Schmerzensgeldbetrag von 500.000,00 € wird in der Rechtsprechung nicht etwa nur annähernd erreicht, er ist – wie oben gezeigt – in Schwerstschadensfällen längst überschritten. Alleine die hier zitierten Entscheidungen hätten den Senat – so er sie denn gekannt hat – nachdenklich stimmen müssen, insb. hätte es nahe gelegen, zu prüfen, ob einem Kläger, der bei der Geburt eine hohe Querschnittslähmung erleidet, nicht sogar ein höheres Schmerzensgeld zugebilligt werden muss, als einem schwerst hirngeschädigt geborenen Kind, dessen Persönlichkeit zerstört wurde, das aber im Gegensatz zum Kläger keine Qualen leidet.

482 Zwar hat der Senat zur Begründung der Höhe des Schmerzensgeldes die medizinischen Folgen der Halsmarkläsion dargestellt, er hat es aber versäumt, auf die psychischen Beeinträchtigungen durch die Schädigung für den Kläger näher einzugehen. Nichts von dem, was einem Menschen Freude macht, Freude am Leben beschert, ist für den Kläger geblieben. Keine Kindheit, kein Spiel, kein Herumtollen, keine Jugend, kein Sport, keine Sexualität, keine Familie und vieles andere mehr. All das empfinden auch schwerst hirngeschädigt geborene Kinder nicht, sie vermissen es aber auch nicht. Der Kläger dagegen erlebt in jeder Phase seines möglicherweise langen Lebens, was ihm alles genommen wurde.

Unabhängig davon, ob der Anwalt des Klägers hierzu vorgetragen hat, waren all diese psychischen Folgen gerichtsbekannt und hätten – nach einem entsprechenden Hinweis – von Amts wegen berücksichtigt werden müssen.

483 Es soll dem Senat nicht vorgeworfen werden, mit dem zuerkannten Schmerzensgeldbetrag unter 500.000,00 € geblieben zu sein, es wäre aber wünschenswert und notwendig gewesen, die Frage der Höhe des Schmerzensgeldes zu diskutieren und nicht nur vage auf eine Tendenz der Rechtsprechung zu höherem Schmerzensgeld hinzuweisen, wobei die Höhe – ohne überhaupt eine Entscheidung zu zitieren – unzutreffend angegeben wird.

484 Es wird in Entscheidungen auch argumentiert, dass gesundheitliche Beeinträchtigungen, seien sie auch noch so gravierend, sich auch mit höheren Schmerzensgeldbeträgen nicht ausgleichen ließen. Das mag richtig sein, ein Argument gegen angemessene Schmerzensgeldbeträge ist dies jedoch nicht.

485 Mitunter ist die Argumentation einer Entscheidung nicht mehr nachvollziehbar. So meint das OLG Düsseldorf,[712] das Schmerzensgeld für eine Klägerin, die eine Hirnschädigung in Form einer hypoxisch-ischämischen Enzephalopathie erlitten hat, die nach der fehlerhaft durchgeführten Geburt das Vollbild einer schweren Asphyxie auswies, die nicht in der Lage ist, sich eigenständig fortzubewegen, zu sitzen, zu stehen, zu essen, zu trinken oder zu sprechen und auch nicht gezielt nach Gegenständen greifen und diese festhalten kann, auf 350.000,00 € begrenzen zu dürfen mit der Begründung, dass der Zustand von Geburt an bestehe, sodass es an einem besonderen persönlichen Leidensdruck der Klägerin fehle, der bei der Höhe der Entschädigung zu berücksichtigen wäre. Der Senat hat die Rechtsprechung des BGH und aller anderen Oberlandesgerichte offenbar nicht verstanden. Der BGH[713] hat vielmehr ausdrücklich betont, dass der Ausfall von Empfindungen, der fehlende Leidensdruck, nicht mehr zum Gegenstand der Minderung des Schmerzensgeldes gemacht werden dürfte.

712 OLG Düsseldorf, Urt. v. 18.04.2013 – 8 U 24/12, unveröffentlicht.
713 BGH, Urt. v. 13.10.1992 – VI ZR 201/91, BGHZ 120, 1 = VersR 1993, 327 = NJW 1993, 781.

b) Höchstes Schmerzensgeld – keine amerikanischen Verhältnisse

Der Hinweis des Senats des OLG Nürnberg[714] auf höhere Schmerzensgeldbeträge (amerikanische Verhältnisse) liegt neben der Sache. Der Senat verkennt, dass die in den USA zuerkannten Beträge neben dem eigentlichen Schmerzensgeld auch den gesamten materiellen Schaden erfassen sowie die Anwaltskosten (heute durchweg bis 50 % des gezahlten Betrages). Der gesamte materielle Schaden ist in Deutschland vom Schädiger zusätzlich zum Schmerzensgeld zu zahlen und es sollte gerichtsbekannt sein,[715] dass bei hoher Querschnittslähmung Deckungssummen von 5 Mio. € und mehr oft für den Gesamtschaden nicht ausreichen. Die höchste bisher bekannte Rückstellung für einen Körperschaden beträgt rd. 14 Mio. €. 486

In der Zeitschrift Versicherungswirtschaft legt Hoffmann[716] eingehend dar, wie sich die von der Versicherungswirtschaft zu tragenden Kosten bei schwersten Personenschäden in einem Zeitraum von 20 Jahren entwickelt haben. Bei einer Querschnittslähmung betrug der Gesamtaufwand 487
- 1985 rund 1,1 Mio. €,
- 1996 rund 1,8 Mio. € und
- 2006 rund 3,6 Mio. €.

In diesen Beträgen ist ein durchschnittliches Schmerzensgeld
- 1985 i.H.v. 125.000,00 €,
- 1996 i.H.v. 200.000,00 € und
- 2006 i.H.v. 300.000,00 €

enthalten. Weiter weist Hoffmann[717] darauf hin, dass bereits 2008 Deckungssummen von 7,5 bzw. 8 Mio. € je Einzelgeschädigtem nicht mehr ausreichen und dass die höchste Rückstellung derzeit für einen prognostizierten Schaden von 11 Mio. € gebildet wurde. Dass diese Zahlen durchaus zu relativieren sind, ist eine Frage, die hier nicht vertieft werden kann, sie machen aber deutlich, dass der Anteil des Schmerzensgeldes am Gesamtpersonenschaden trotz steigender Schmerzensgeldbeträge kleiner geworden ist.

Gerade diese Zahlen, die die Versicherungswirtschaft in ihrer Fachpresse nennt, belegen, dass die Versichertengemeinschaft durch höhere Schmerzensgelder nicht über Gebühr belastet wird, zumal solch schwere Schädigungen relativ selten vorkommen. Sie machen aber auch deutlich, dass hohe Schmerzensgelder der Versichertengemeinschaft durchaus zuzumuten sind. Dies hat schon Katzenmeier[718] überzeugend belegt und nachdrücklich darauf hingewiesen, dass von einer Haftungsexplosion nicht gesprochen werden könne. 488

Es ist doch zu fragen, was dem Verletzten von den von Hoffmann[719] genannten 11 Mio. € Aufwand für den Gesamtschaden bleibt. Leistungen des Versicherers für Heilbehandlungskosten und für vermehrte Bedürfnisse fließen ihm nicht unmittelbar zu. Ihm bleibt ggf. der Ersatz des Verdienstausfalls anstelle des Einkommens, das er vor dem Schadensereignis hatte oder das er demnächst hätte erzielen können und das Schmerzensgeld. Kann er keinen Verdienstausfall geltend machen, bleibt ihm nur das Schmerzensgeld zu seiner (freien) Verfügung. Schmerzensgeldkapital und Schmerzensgeld- 489

714 OLG Nürnberg, Urt. v. 15.02.2008 – 5 U 103/07, MedR 2008, 674, m. Anm. Jaeger = VersR 2009, 71.

715 Auch wenn möglicherweise nur wenige Gerichtsbibliotheken z.B. die Zeitschrift Versicherungsrecht anbieten dürften, hat doch jeder Richter Zugriff auf Datenbanken und kann diese Erkenntnisse durch geschicktes Suchen ohne Weiteres gewinnen; vgl. auch Staudinger/Schiemann, 2005, § 253 Rn. 13: Der Vergleich mit amerikanischen Verhältnissen ist schief.

716 Hoffmann, Versicherungswirtschaft 2008, 1298.

717 Hoffmann, Versicherungswirtschaft 2008, 1298.

718 Katzenmeier, Arzthaftung, 2002, S. 40 (43); deshalb liegt Staudinger/Schiemann, BGB, 2005, § 253 Rn. 13 schief, wenn er meint, die Prämienbelastungen für Versicherte könnten bei höheren Schmerzensgeldern steigen.

719 Hoffmann, Versicherungswirtschaft 2008, 1298.

rente müssen oft über Jahrzehnte verwaltet und eingeteilt werden. Der Wert verfällt, ohne dass der Geschädigte Einfluss darauf hat. Selbst wenn ein Teil des Schmerzensgeldes als Rente gezahlt wird, kann der Verletzte nach der Rechtsprechung des BGH[720] erst dann eine Abänderungsklage erheben, wenn die Inflation mindestens 25 % des Wertes der Rente aufgezehrt hat und wenn zusätzlich keine Argumente einer Rentenerhöhung entgegenstehen.

490 Zu prüfen ist deshalb, ob für schwerst hirngeschädigt geborene Kinder nicht de lege ferenda der aus der Sicht von Eltern, die den Umgang mit solchen Summen nicht gewohnt sind, hohe Kapitalbetrag wenigstens teilweise durch eine monatliche Rente ersetzt werden sollte. Dann würde dem geschädigten Kind auf Dauer ein Teil des Schmerzensgeldes sicher zufließen und die Abänderungsklage könnte wenigstens einen – wenn auch mäßigen – Schutz vor der Inflation bieten.

3. Ausgeprägte Hirnleistungsstörung und Lähmung

491 Für die Sicherung des Kapitals wäre gesetzlich zu regeln, dass die Zahlung eines Teils des Schmerzensgeldes unter der Auflage erfolgen sollte, es »mündelsicher anzulegen«.[721]

Diese Problematik sieht auch Reisinger,[722] der zu Recht darauf hinweist, dass Apalliker, denen höchste Schmerzensgeldbeträge zugesprochen werden, diese Beträge nicht selbst ausgeben können und sie nach dem Tod vererben. Dabei hängt es von den Zufälligkeiten der Verwandtschaft ab, wer in den Genuss des beträchtlichen Geldbetrages kommt. Dies können auch die Falschen sein, nämlich nicht immer die Verwandten, die sich aufopfernd um den Geschädigten gekümmert haben. Selbst nahe Angehörige können den Geldbetrag »unverdient« erben, wenn der Geschädigte zulasten des Schädigers in ein Pflegeheim verbracht wird und dort möglicherweise alsbald verstirbt.

492 Erleidet ein Verkehrsteilnehmer infolge eines Verkehrsunfalls ein offenes Schädelhirntrauma, leidet er infolgedessen an ausgeprägten Hirnleistungsstörungen und spastischer Lähmung aller Glieder, ist dies ein Zustand, der ein besonders hohes Schmerzensgeld rechtfertigt. Für diesen Fall hat das OLG Düsseldorf[723] ein Schmerzensgeld von 204.000,00 € (Kapital 150.000,00 € und monatliche Rente 250,00 €) zuerkannt.

493 Ähnlich entschied das OLG Hamm,[724] das einem jungen Mann bei einer Haftungsquote von 75 % ein Schmerzensgeld von 187.500,00 € (Kapital 100.000,00 € und monatliche Rente 400,00 €) zuerkannt hat.

4. Hohe Querschnittslähmung

494 Es fällt auf, dass das Schmerzensgeld »bei unfallbedingter Reduktion auf primitivste Existenzzustände«, bei Verlust der Persönlichkeit, u.U. höher ausfallen kann als das Schmerzensgeld bei hoher Querschnittslähmung. Bei hoher Querschnittslähmung gibt es Zustände, in denen der Verletzte nur noch den Kopf bewegen kann und auf Unterstützung bei der Atmung angewiesen ist. Er kann in Panik geraten und häufig unter extremer Existenzangst leiden. Unter diesen Gesichtspunkten muss das Schmerzensgeld in diesen Fällen an sich höher ausfallen als bei Verlust der Persönlichkeit.

495 Schon 1992 hat das OLG Düsseldorf[725] bei schwerster Querschnittslähmung eines 36 Jahre alten Mannes unterhalb des Halswirbels C 3 ein Schmerzensgeld (Kapital und Rente) von rund 300.000,00 € zugesprochen (Kapital 225.000,00 €, Rente 375,00 €), ohne dass der aus der Rechtsprechung ersichtliche Rahmen gesprengt werde.

720 BGH, Urt. v. 15.05.2007 – VI ZR 150/06, VersR 2007, 961 = DAR 2007, 513; Müller, ZfS 2009, 62 (68).
721 Strücker-Pitz, VersR 2007, 1466 (1469).
722 Reisinger, Die Bedeutung des Schmerzensgeldes für die Versicherungswirtschaft, ZVR 2008, 49 (53).
723 OLG Düsseldorf, Urt. v. 27.06.1994 – 1 U 276/90, r+s 1995, 293.
724 OLG Hamm, Urt. v. 25.09.1995 – 6 U 231/92, r+s 1996, 349.
725 OLG Düsseldorf, Urt. v. 10.02.1992 – 1 U 218/90, VersR 1993, 113.

Im Jahr 2001 hat das **LG München** I[726] die Schallmauer von 500.000,00 € durchbrochen. Es hat in einem Fall von Querschnittslähmung ein Schmerzensgeld i.H.v. etwa 500.000,00 € (375.000,00 € Kapital und 750,00 € monatliche Rente für einen 48 Jahre alten Mann) zugesprochen. Dabei hat die Kammer erkannt, dass sie mit dieser Entscheidung der Höhe nach über die bisher bekannte Rechtsprechung bei der Bemessung des Schmerzensgeldes hinausgeht und sie erwähnt auch Fälle der Querschnittslähmung und der Erblindung, in denen die Schmerzensgelder deutlich niedriger lagen. Die Kammer »wolle aber weder einen Markstein setzen noch Rechtspolitik betreiben«. 496

Das LG begründet den hohen Betrag mit folgenden **Erwägungen:** 497

- Es ist der schwerste Fall, den die Kammer seit 16 Jahren zu entscheiden hatte.
- Schmerzensgelder müssen in gewisser Weise mit der inflationären[727] Entwicklung Schritt halten.
- Ein höheres Schmerzensgeld wird in Fällen schwerster Verletzungen allgemein befürwortet.

Dieser Entscheidung des LG München I ist Halm[728] mit wenig überzeugenden Argumenten entgegengetreten. Letztlich beruft er sich auf die 15 und 25 Jahre zurückliegenden Entscheidungen des BGH,[729] in denen dieser vor einer Aufblähung der Schmerzensgeldzahlungen zulasten der Versichertengemeinschaft gewarnt hat. Dieses Argument verwendet der BGH aber schon lange nicht mehr und es ist auch falsch. 498

5. Kosten der Wiederherstellung der Mobilität: materieller oder immaterieller Schaden?

Besondere Bedeutung kommt der Frage zu, ob Aufwendungen, die dem Verletzten entstehen, um ein vor dem Schadensfall ausgeübtes Hobby trotz der Behinderung wieder ausüben zu können, dem materiellen oder immateriellen Schaden zuzuordnen sind. 499

Die bloße Wiederherstellung der Mobilität des Verletzten, etwa die behinderungsgerechte Ausstattung eines Kfz, stellt einen **materiellen Schaden** dar. Begehrt der Verletzte zusätzlich einen behindertengerechten Umbau eines Motorrades, so soll dieser Schaden nicht als materieller Schaden ersatzfähig sein.[730] 500

Der BGH fasst unter »vermehrte Bedürfnisse« (also materiellen Schaden) alle **unfallbedingten Mehraufwendungen**, die den Zweck haben, diejenigen Nachteile auszugleichen, die dem Verletzten infolge dauernder Beeinträchtigung seines körperlichen Wohlbefindens entstehen. Es muss sich grds. um Mehraufwendungen handeln, die dauernd und regelmäßig erforderlich sind und die dem Geschädigten im Vergleich zu einem gesunden Menschen erwachsen und sich daher von den allgemeinen Lebenshaltungskosten unterscheiden, die in gleicher Weise vor und nach dem Unfall anfallen. 501

Mehraufwendungen sind immer dann zu ersetzen, wenn die Schädigung zu gesteigerten Bedürfnissen des Geschädigten geführt hat. Das ist verletzungsbedingter Mehrbedarf. Dieser **Mehrbedarf** wird aber nur anerkannt, wenn der Verletzte unfallbedingt z.B. auf einen Pkw angewiesen ist, um seinen Arbeitsplatz zu erreichen. In diesem Fall beruhen die vermehrten Bedürfnisse auf dem Mobilitätsbedürfnis des Geschädigten. Hat der Verletzte aber bereits einen behindertengerecht ausgerüsteten Pkw, verschafft ihm ein zusätzliches Gefährt, ein behindertengerecht ausgerüstetes Motorrad, keinen zusätzlichen Mobilitätsvorteil. 502

---

726 LG München I, Urt. v. 29.03.2001 – 19 O 8647/00, VersR 2001, 1124 = NJW-RR 2001, 1246 = ZfS 2001, 356; das Verfahren wurde durch Vergleich beendet.

727 Vgl. dazu auch Deutsch/Ahrens, Rn. 495: Bei Urteilen, die älter als 5 Jahre sind, ist auf den ausgeurteilten Betrag regelmäßig ein Zuschlag zum Ausgleich der inflationären Entwicklung zu machen.

728 Halm, DAR 2001, 430.

729 BGH, Urt. v. 08.06.1976 – VI ZR 216/74, VersR 1976, 967 (968); BGH, Beschl. v. 01.10.1985 – VI ZR 195/84, VersR 1986, 59.

730 BGH, Urt. v. 20.01.2004 – VI ZR 46/03, VersR 2004, 482 = NJW-RR 2004, 671.

503 Wenn der BGH auch anerkennt, dass der Geschädigte im Grundsatz so zu stellen ist, dass ein dem früheren möglichst gleichwertiger Zustand erreicht wird und dass der Schädiger dafür zu sorgen hat, dass die Lebensqualität des Geschädigten nicht unter den früheren Standard sinkt, soll dies keinen Anspruch auf Ersatz materiellen Schadens auslösen. Die mit der Querschnittslähmung verbundenen Beeinträchtigungen und Benachteiligungen, zu denen auch die entgangene Freude am Motorradfahren gehört, sollen mit dem Schmerzensgeld ausgeglichen sein.[731]

504 An dieser Beschränkung dürfte der BGH[732] wohl nicht länger festhalten. Nunmehr vertritt er die Auffassung, dass der ersatzfähige Aufwand zur Befriedigung vermehrter Bedürfnisse sich nach den Dispositionen, die ein verständiger Geschädigter in seiner besonderen Lage treffen würde, bestimmt. Kommen zum Ausgleich z.B. der Pflegebedürftigkeit verschiedene Möglichkeiten mit unterschiedlichem Kostenaufwand in Betracht, so bestimmt sich die Höhe des Anspruchs danach, welcher Bedarf in der vom Geschädigten in zumutbarer Weise gewählten Lebensgestaltung tatsächlich anfällt. Die Frage, ob der Geschädigte seine Lebensgestaltung in zumutbarer Weise gewählt hat, bestimmt sich nach den konkreten Umständen des Einzelfalles. Eine für sämtliche Fallgestaltungen geltende Obergrenze in dem Sinne, dass der Ersatz der für die häusliche Pflege anfallenden Kosten generell auf den doppelten Betrag (oder ein anderes Vielfaches) der jeweiligen Heimunterbringungskosten beschränkt wäre, existiert nicht.[733]

505 Zu beachten ist natürlich, dass der Wunsch eines Querschnittgelähmten, der erst später von der Möglichkeit erfährt, dass ein Motorrad für einen Querschnittgelähmten umgerüstet werden kann, nicht unbedingt mit einer überdurchschnittlich teuren Pflege gleichgesetzt werden muss.

▶ Hinweis:

506 Diese Überlegungen mögen abstrakt richtig sein, es ist aber kaum vorstellbar, dass die (lebenslang) wiederholt entstehenden Kosten der Umrüstung eines Motorrades tatsächlich bei der Bemessung des Schmerzensgeldes berücksichtigt worden sind.

507 In einer späteren Entscheidung hat der BGH[734] diese Rechtsprechung geändert, ohne dies allerdings ausdrücklich zu sagen. Er hat einer durch einen Unfall querschnittsgelähmten Frau den Ersatz der Umbaukosten für den Familienwohnsitz als Mehrbedarf für behindertengerechten Wohnraum i.H.v. rund 380.000,00 € zugebilligt und zusätzlich den Anspruch auf Ersatz entsprechender Umbaukosten für einen Zweitwohnsitz (ein Schloss) als Mehrbedarf anerkannt.

508 Dieser Entscheidung ist zuzustimmen, allerdings wirft Huber[735] die Frage auf, wie diese Entscheidung in Einklang zu bringen ist mit der »Motorradentscheidung«, die den doppelten Mehrbedarf nicht anerkennt. Man kann die Problematik noch auf die Spitze treiben und fragen, ob der verletzten (wohlhabenden) Klägerin nicht auch noch die Umbaukosten für eine Luxusyacht in Nizza

---

731 So ausdrücklich Diederichsen, DAR 2005, 301 (310); diese Begründung halten auch Klutenius/Karwatzki, MDR 2006, 667 (669) letztlich für überzeugend, obwohl sie sehen, dass der Verletzte grds. verlangen kann, seine frühere Mobilität wieder zu erlangen.

732 BGH, Urt. v. 28.08.2018 – VI ZR 518/16, VersR 2019, 51 = NJW 2019, 362.

733 Vgl. dazu auch BGH, Urt. v. 28.08.2018 – VI ZR 518/16, VersR 2019, 51 = GesR 2019, 63 = NJW 2019, 362.

734 BGH, Urt. v. 12.07.2005 – VI ZR 83/04, VersR 2005, 1559 = NZV 2005, 629 m. eingehender und sehr lesenswerter Anm. von Huber, NZV 2005, 620. Der BGH hat noch folgende Fragen mitentschieden: Der Verletzte könne von einer Kapitalgesellschaft (juristische Person) Sicherheit für eine Mehrbedarfsrente verlangen, weil deren Existenz bei Vermögensverfall erheblich gefährdet sei; es stehe dem wohlhabenden jedoch gesetzlich versicherten Unfallopfer ein Anspruch auf Ersatz privater Behandlungskosten jedenfalls dann zu, wenn es sich um einen nicht allzu hohen Betrag handelt, rund 3.700,00 € und der Anspruch auf Ersatz der Mehrbedarfskosten für den Umbau von Haus und Zweitwohnsitz können auf der Basis von Sachverständigengutachten beziffert und im Wege der Leistungsklage geltend gemacht werden.

735 Huber, NZV 2005, 620.

zu ersetzen wären. Die von Huber[736] aufgeworfene Frage: »Hat es der Schlossherr besser?« ist also berechtigt. Die Abgrenzung zwischen – mit Schmerzensgeld entschädigten – hinzunehmenden Folgen und der Möglichkeit einer materiellen Behebung mittels Mehrbedarfskosten ist im Einzelfall durchaus schwierig. Das OLG Koblenz[737] hatte einen Fall zu entscheiden, in welchem die unfallbedingt unterschenkelamputierte Klägerin 26 Jahre nach dem Unfall anfing, Reitsport zu betreiben, und nun Ersatz der Kosten eines auf ihre Verletzung abgestimmten Reitsattels verlangte. Das OLG verneinte den Anspruch, weil es sich »nur« um eine Beeinträchtigung der Freizeitmöglichkeiten gehandelt habe.

736 Huber, NZV 2005, 620.
737 OLG Koblenz, Urt. v. 07.11.2011 – 12 U 480/10, VersR 2013, 725 m. Anm. Luckey.

Kapitel 6 Die wichtigsten Bemessungsumstände

Übersicht

A. Ausgleichsfunktion

Der **Umfang des Schadens**, das **Ausmaß der konkreten Beeinträchtigung** sind für die Bemessung des Schmerzensgeldes in erster Linie ausschlaggebend. Diesen Gesichtspunkt hat der BGH in einer Entscheidung von 1952[1] hervorgehoben. Beeinträchtigungen sind nicht nur Körperschäden im eigentlichen Sinne – etwa der Verlust des Augenlichtes oder die Unfähigkeit zum Springen und Laufen nach einer Amputation. Es sind auch **subjektive Empfindungen**, die **soziale und berufliche Stellung**, die nicht selbstständigen Krankheitswert erreichen müssen, wenn eine Verletzung von Körper und/oder Gesundheit vorliegt. In der Erkenntnis, dass es sich bei dem Entschädigungsanspruch nach § 847 BGB a.F. um einen echten Schadensersatzanspruch handelt, macht die Entscheidung deutlich, dass wie bei dem Vermögensschaden auch bei der Bemessung des Schmerzensgeldes nur derjenige Betrag ausreichen könne, der zur Beseitigung der verursachten Nachteile nötig sei. Die Entschädigung könne wegen der Unmöglichkeit der tatsächlichen Wiedergutmachung nur in einem Ausgleich der erlittenen Beeinträchtigung bestehen.[2] Auch der Beschluss des Großen Senats v. 06.07.1955[3] sieht im Ausgleich eine wesentliche, wenn auch nicht die einzige Funktion des Schmerzensgeldes. Das **Ausmaß der Lebensbeeinträchtigung** stehe bei der Bemessung des Ausgleichs an erster Stelle; die **Größe, Heftigkeit und Dauer der Schmerzen** blieben vor der Genugtuung die wirtschaftlichen Grundlagen für die Bemessung der Entschädigung.[4] 1

Eine Geldsumme, die als Ausgleich gezahlt wird, soll es nach dem historischen Verständnis der **Ausgleichsfunktion** dem Verletzten ermöglichen, sich Annehmlichkeiten und Erleichterungen zu verschaffen[5] oder einer Liebhaberei nachzugehen, die ihm bisher nicht zugänglich war (Kompensation). Es soll nicht einmal ausgeschlossen sein, dass der Verletzte einfach durch den Besitz der Geldsumme Befriedigung empfindet und dadurch von seinen Schmerzen abgelenkt wird. Die Entschädigung soll ihm die Möglichkeit geben, sein seelisches Gleichgewicht wiederzufinden, soweit die Schwere seiner Verletzung und seines Leidens dies überhaupt gestatten.[6] 2

In der Entscheidung v. 06.07.1955[7] hat der BGH zwar die Bedeutung der Ausgleichsfunktion deutlich herausgestellt, er hat aber dann doch wieder auf den Gesichtspunkt der **Buße** oder **Genugtuung** zurückgegriffen. Insoweit kann die Entscheidung des großen Zivilsenats als Rückschritt ggü. der 3

1 BGH, Urt. v. 29.09.1952 – III ZR 340/51, BGHZ 7, 223 (225).

2 Vgl. Henke, S. 3, der herausstellt, dass der Gedanke der Kompensation bis in die jüngste Zeit (also bis 1969) vorherrschte. Der Gedanke erwachse aus der Auffassung, dass man auch das Schmerzensgeld als eine Schadensersatzleistung im gewöhnlichen Sinne zu betrachten habe.

3 BGH, Beschl. v. 06.07.1955 – GSZ 1/55, BGHZ 18, 149 = VersR 1955, 615 = NJW 1955, 1675 = MDR 1956, 19 m. Anm. Pohle.

4 Vgl. Henke, S. 16.

5 RG, Urt. v. 14.06.1934 – VI 126/34, zitiert nach Bloemertz, S. 86.

6 Vgl. Henke, S. 4.

7 BGH, Beschl. v. 06.07.1955 – GSZ 1/55, BGHZ 18, 149 = VersR 1955, 615 = NJW 1955, 1675 = MDR 1956, 19 m. Anm. Pohle.

Entscheidung aus dem Jahr 1952[8] angesehen werden. Hierzu heißt es, das alleinige Abstellen auf den Ausgleichsgedanken sei unmöglich, weil immaterielle Schäden sich nie und Ausgleichsmöglichkeiten nur beschränkt in Geld ausdrücken ließen. In Fällen weitgehender Zerstörung der Persönlichkeit sei ein Ausgleich in dem Sinne nicht möglich, weil der Verletzte subjektiv das Bewusstsein seiner Schädigung nicht besitze. Aus diesem Grund ist die Entscheidung allgemein so verstanden worden, dass die Ausgleichsfunktion des Schmerzensgeldes das Bewusstsein des Geschädigten von der Beeinträchtigung voraussetzt.[9] Dabei wurde übersehen, dass in diesen Fällen vom Verletzten eine Genugtuung erst recht nicht empfunden werden konnte. In den Fällen der völligen Zerstörung der Persönlichkeit mussten folglich die Ausgleichsfunktion und die Genugtuungsfunktion nach damaligem Verständnis gleichermaßen ins Leere laufen.

4 In späteren Entscheidungen des BGH wird die Ausgleichsfunktion wesentlich weiter verstanden.[10] Er lässt das Erfordernis fallen, dass von einem Ausgleich nur die Rede sein könne, wenn der Verletzte die Beeinträchtigung auch empfinde. Die Beeinträchtigung bestehe in diesen Fällen nämlich gerade in der mehr oder weniger vollständigen Zerstörung der Persönlichkeit, was bei der Bemessung des Ausgleichs zu berücksichtigen sei.[11] Diese objektive Betrachtungsweise der Ausgleichsfunktion hat sich jedenfalls bei den sog. Bagatellschäden durchgesetzt. In diesen Fällen kann ein Ausgleich nur dann versagt werden, wenn die Beeinträchtigungen derart gering sind, dass ein Ausgleich in Geld nicht mehr billig erscheint.

B. Genugtuungsfunktion

5 Möglicherweise kann sich bei einem solchen erweiterten Verständnis der Ausgleichsfunktion die Genugtuungsfunktion als entbehrlich erweisen.[12] Im Urteil des BGH aus dem Jahr 1992[13] wird sie nur noch unter dem Blickpunkt erwähnt, dass sie bei der die Empfindungsfähigkeit ausschließenden Schwerstschäden keine Rolle spielen könne. Ob die Genugtuungsfunktion bei anderen Fallgruppen, in denen der Schadensausgleich ohnehin im Vordergrund steht, noch eine eigenständige Bedeutung hat, erscheint jedenfalls bei fahrlässigen Rechtsverletzungen fraglich.[14]

6 Die geschichtliche Entwicklung des Schmerzensgeldes zeigt, dass lange vor dem Inkrafttreten des BGB die herrschende Meinung für einen reinen Entschädigungscharakter des Schmerzensgeldes eintrat.[15] Moralisierende oder strafrechtliche Gesichtspunkte sollten bei der Bestimmung der zivilrechtlichen Folgen unerlaubten Handelns unberücksichtigt bleiben.[16]

7 Bis zur Entscheidung des großen Zivilsenats v. 06.07.1955[17] war es einhellige Auffassung, dass ein Schmerzensgeldanspruch ausschließlich Ausgleichsfunktion haben sollte.[18] Die Einführung der Genugtuungsfunktion war nur erforderlich, um bei entsprechendem Verschuldensgrad eine Heraufsetzung des Schmerzensgeldes über die durch das Ausmaß des immateriellen Schadens vorgegebene Höhe hinweg zu ermöglichen, obwohl an sich nichts näher liegt, als das Verschulden des Schädigers durch ein höheres Schmerzensgeld auszugleichen.

---

8 BGH, Urt. v. 29.09.1952 – III ZR 340/51, BGHZ 7, 223 (225).

9 Müller, VersR 1993, 909 (912) m.w.N.

10 BGH, Urt. v. 13.10.1992 – VI ZR 201/91, BGHZ 120, 1 = VersR 1993, 327 = NJW 1993, 781; eingehend zu dieser Entscheidung oben Kap. 5 Rdn. 445 ff., insb. Kap. 5 Rdn. 451 ff.

11 S.o. Kap. 5 Rdn. 463 ff.

12 Müller, VersR 1993, 909 (913). So steht bei Verkehrsunfällen in aller Regel die Ausgleichsfunktion im Vordergrund, vgl. KG, Urt. v. 04.05.2006 – 12 U 42/05, OLGR 2006, 749.

13 BGH, Urt. v. 13.10.1992 – VI ZR 201/91, VersR 1993, 327, 329 = NJW 1993, 781, 783.

14 Müller, VersR 1993, 909 (913).

15 RG, Urt. v. 17.11.1882 – III. 321/82, RGZ 8, 117.

16 Motive, Bd. II. 17, 18.

17 BGH, Beschl. v. 06.07.1955 – GSZ 1/55, BGHZ 18, 149 = VersR 1955, 615 = NJW 1955, 1675 = MDR 1956, 19 m. Anm. Pohle.

18 Vgl. Henke, S. 3.

Die Genugtuungsfunktion rückt das Schmerzensgeld in die Nähe der Strafe, sodass es eine irrationale Funktion erhält. Das Schmerzensgeld soll nach dieser Lehre die Verbitterung des Verletzten über das ihm angetane Unrecht besänftigen und seine Gefühle von Hass und dem Wunsch nach Vergeltung entlasten. Allerdings geht auch die Genugtuungslehre nicht davon aus, dass das Schmerzensgeld allein der Genugtuung dienen soll, es soll die Kompensation nur erleichtern; denn Verbitterung oder Hass sind keine ausschlaggebenden rechtlichen Argumente.[19] 8

I. Genugtuungsfunktion in der Rechtsprechung

In der Rechtsprechung hat die Genugtuungsfunktion eine Rolle gespielt: 9
- bei Straftaten, insb. Sexualdelikten,
- bei schwerstem Hirnschaden,
- bei verzögerlichem Regulierungsverhalten (Tripelfunktion).[20]

Der große Zivilsenat hat festgestellt, dass der **Verschuldensgrad als Einzelumstand** berücksichtigt werden muss. Er hat insoweit den Sühnecharakter des Schmerzensgeldes herausgestellt. Schuldhaftes Verhalten kann sich verbitternd auf den Verletzten auswirken und es entspricht der Billigkeit und der Genugtuung, wenn Vorsatz und grobe Fahrlässigkeit zulasten, leichte Fahrlässigkeit dagegen zugunsten des Schädigers berücksichtigt werden. Damit durchbricht der BGH für den Ausgleich immaterieller Schäden das für Vermögensschäden geltende »Alles-oder-Nichts«-Prinzip, nach dem der geringste Grad der Fahrlässigkeit die gleiche Ersatzleistung zur Folge hat wie der Vorsatz.[21] 10

1. Straftaten

Ein Genugtuungsbedürfnis kann für den Verletzten bestehen, wenn der Schädiger **vorsätzlich** gehandelt hat. Es kann bei Minderjährigen, die vorsätzlich verletzt wurden,[22] besonders ausgeprägt sein. Vorsatz ist immer zu bejahen bei Sexualdelikten, versuchter Tötung und bei nicht nur fahrlässig begangener Körperverletzung. Die Verletzungsfolgen sind in diesen Fällen oft schwerwiegend und dem Verletzten, der darunter oft ein Leben lang zu leiden hat, kann ein Genugtuungsbedürfnis nicht abgesprochen werden. So hat denn auch die Rechtsprechung in diesen Fällen ein Genugtuungsbedürfnis anerkannt. Allerdings hat sie es bis 1994 als befriedigt angesehen, wenn der Schädiger strafrechtlich verurteilt worden war. Seit der Entscheidung des BGH v. 29.11.1994[23] kommt es hierauf für die Bemessung des Schmerzensgeldes jedoch nicht mehr an. In dieser Entscheidung hat der BGH die Trennung zwischen dem staatlichen Strafanspruch und dem Genugtuungsbedürfnis des Verletzten hervorgehoben. 11

Er führt dazu aus, dass die Bemessung des zivilrechtlichen Ausgleichsanspruchs schon im Ansatz nicht vom Ausgang des Strafverfahrens abhängen könne,[24] weil der Schädiger die Pflicht, den immateriellen Schaden des Geschädigten tat- und schuldangemessen voll auszugleichen, als zivilrechtliche Folge seiner Tat ebenso hinnehmen müsse wie deren strafrechtliche Folge, also etwa den Freiheitsentzug. Gerade weil das Schmerzensgeld keine Privatstrafe,[25] sondern auf Schadensausgleich gerichtet sei, könne die Höhe der Entschädigung nur am immateriellen Schaden ausgerichtet werden, nicht aber an der Überlegung, ob daneben auch der staatliche Strafanspruch verwirklicht worden sei.[26] 12

---

19 Vgl. Henke, S. 6.

20 Honsell, VersR 1974, 205; s. Rdn. 28 ff.

21 Kern, AcP 191 (1991), 247 (249).

22 Scheffen/Pardey, Rn. 945.

23 BGH, Urt. v. 29.11.1994 – VI ZR 93/94, VersR 1995, 351 = NJW 1995, 781. Dem folgend etwa OLG Saarbrücken, Urt. v. 27.11.2007 – 4 U 276/07, NJW 2008, 1166 = SP 2008, 257.

24 Ansonsten käme es zu einem »Wettlauf« zwischen Zivil- und Strafverfahren.

25 Kern, AcP 191 (1991), 247 (268): Der Begriff Genugtuung hat sich als Synonym für Vertragsstrafe erwiesen.

26 BGH, Urt. v. 29.11.1994 – VI ZR 93/94, VersR 1995, 351 = NJW 1995, 781; vgl. hierzu auch OLG Frankfurt am Main, Urt. v. 30.04.1998 – 15 U 129/97, OLGR 1998, 257: Selbst die »Selbstjus-

13 Diese Auffassung hat der BGH bis in die jüngste Zeit aufrechterhalten und festgestellt, dass jedenfalls bei vorsätzlichen Taten ein Genugtuungsbedürfnis des Verletzten bestehen kann, für fahrlässig zugefügte Verletzungen hat er die Frage jedoch offengelassen.

▶ Hinweis:

14 Es ist jedoch eine andere Frage, ob und inwieweit **Zahlungen**, die im Strafverfahren etwa als Bewährungsauflage oder als Einstellungsvoraussetzung an den Geschädigten geleistet werden, auf den Schmerzensgeldanspruch angerechnet werden können. Hier empfiehlt sich, insb. bei der Beteiligung als Neben- oder Adhäsionskläger, eine ausdrückliche Regelung, um späteren Streit zu vermeiden. Das OLG Saarbrücken[27] hat die Zahlungen im Rahmen einer Bewährungsauflage auf den Schmerzensgeldanspruch angerechnet; das OLG Frankfurt[28] hat eine im Ermittlungsverfahren nach § 154a StPO auferlegte Geltauflage nur dann auf das Schmerzensgeld angerechnet, wenn diese als Schadenswiedergutmachung, § 153a Abs. 1 S. 2 Nr. 1 StPO, qualifiziert worden war

2. Schwerste Hirnschäden

15 Bei **schwersten Hirnschäden**, die auf einem ärztlichen Behandlungsfehler oder auf einem Verkehrsunfall beruhen können, infolgedessen der Verletzte nichts mehr empfinden kann, kann ihm auch keine Genugtuung gewährt werden. Das in diesen Fällen zuerkannte Schmerzensgeld – inzwischen rund 614.000,00 €[29] und 619.000,00 €[30] – kann deshalb nicht zur Befriedigung eines Genugtuungsbedürfnisses gezahlt werden, sondern nur dem Ausgleich des Schadens dienen.

16 Erstaunlicherweise wird schwerst hirngeschädigt geborenen Kindern, die keine oder so gut wie keine Empfindungen haben, ein höheres Schmerzensgeld zugebilligt als Kindern, die noch Empfindungen haben und Reaktionen zeigen. Bei Letzteren wird dann ein deutlich niedrigeres Schmerzensgeld zuerkannt, z.B. 250.000,00 €,[31] weil sich das Kind, das Kontakte zu seiner Umwelt aufnehmen und durch Lachen und Weinen Affekte äußern konnte, seiner Beeinträchtigung nicht bewusst war. Würde festgestellt, dass es unter den Beeinträchtigungen leidet, müsste das Schmerzensgeld höher ausgefallen.

17 Diese Rechtsprechung widerspricht der Rechtsprechung des BGH,[32] aufgefallen ist dies anscheinend bisher, soweit ersichtlich, nur dem 8. Zivilsenat des OLG Düsseldorf[33], dem KG Berlin,[34] und dem OLG Hamm.[35]

18 In der Entscheidung aus 1992 hat der BGH zur Änderung der Rechtsprechung ausgeführt, dass ein Kind, das bei der Geburt einen schweren Gehirnschaden erlitten hat, der zu einem weitgehenden Verlust der Wahrnehmungs- und Empfindungsfähigkeit geführt hat, für die darin liegende Zerstörung der Persönlichkeit einen Ausgleich durch eine Geldentschädigung verlangen kann und dass sich eine nur symbolhafte Wiedergutmachung verbietet.

---

tiz« von Freunden des Opfers einer Schlägerei, die sich danach den Täter »vornehmen«, führt nicht zum Entfallen der Genugtuungsfunktion.

27 OLG Saarbrücken, Urt. v. 27.11.2007 – 4 U 276/07, NJW 2008, 1166 = SP 2008, 257.

28 OLG Frankfurt, Urt. v. 27.09.2024 – 3 U 179/23, unveröffentlicht.

29 LG Kiel, Urt. v. 11.07.2003 – 6 O 13/03, VersR 2006, 279 = E2181, Jaeger/Luckey, Schmerzensgeld, 7. Aufl.; OLG Köln, Urt. v. 20.12.2006 – 5 U 130/01, VersR 2007, 219, spricht in st. Rspr. im Gleichklang mit dem OLG Hamm 500.000,00 € zu.

30 OLG Zweibrücken, Urt. v. 22.04.2008 – 5 U 6/07, MedR 2008, 88, m. Anm. Jaeger.

31 OLG Bremen, Urt. v. 26.11.2002 – 3 U 23/02, NJW-RR 2003, 1255.

32 BGH, Urt. v. 13.10.1992 – VI ZR 201/91, VersR 1993, 327 = MedR 1993, 101 = NJW 1993, 781.

33 OLG Düsseldorf, Urt. v. 15.06.2000 – 8 U 147/99, VersR 2001, 1384.

34 KG Berlin, Urt. v. 16.02.2012 – 20 U 157/10, VersR 2012, 766 = MedR 2012, 596.

35 OLG Hamm, Urt. v. 04.04.2017 – 26 U 88/16, VersR 2017, 1017 mit Anm. Jaeger.

Übersehen wird in der Rechtsprechung bisher die Folgeentscheidung der BGH,[36] in der zuvorderst festgestellt wird, dass bei der Schmerzensgeldbemessung (gemeint ist die Geldentschädigung) der Grad des Verschuldens des Schädigers und seine wirtschaftliche Leistungsfähigkeit zu berücksichtigen sei. 19

Was die Höhe der Entschädigung in den ersten Entscheidungen der Instanzgerichte betrifft, die die geänderte Rechtsprechung des BGH anwenden, ist zu berücksichtigen, dass das Landgericht mit 100.000 DM und das OLG mit nur 20.000 DM ein symbolhaftes Schmerzensgeld gewährten und die frühere Rechtsprechung des BGH angewandt haben. 20

Am Ende der Entscheidung weist der BGH darauf hin, dass nicht gänzlich ausgeschlossen sei, **dass der Kläger in Zukunft in der Lage sein werde, seine Befindlichkeit zu erfassen. Bei einer solchen Steigerung seiner Empfindlichkeit müsse dem Kläger die Möglichkeit erhalten bleiben, ein höheres Schmerzensgeld geltend zu machen.** 21

Zu dieser Problematik hat das OLG Köln[37] sich geäußert bei einem geschädigten Kind, das im Alter von 2 Jahren einen schwersten Hirnschaden erlitten hatte. Obwohl das Kind nach einem bis dahin unbeschwerten Leben, in dem es sich normal entwickelt hatte und das Gefühl für ein Leben als gesunder Mensch erfahren hatte, hat das OLG Köln ein auf die Erinnerung gestütztes Empfinden verneint, weil es gerichtsbekannt sei, dass sich auch gesunde Menschen an ihre Empfindungen und Erlebnisse in den ersten beiden Lebensjahren später nicht mehr erinnern könnten. Eine Erinnerung setze vielmehr erst im Verlaufe des dritten Lebensjahres ein. Dementsprechend ergebe sich hinsichtlich des Empfindens der massiven Behinderungen kein erheblicher, bei der Schmerzensgeldbemessung berücksichtigungsfähiger Unterschied zwischen einem durch Geburtsschaden/schädigten Betroffenen und einem Betroffenen, der vor seiner Schädigung für die Dauer von zwei bis drei Lebensjahren ein normales und gesundes Leben habe kennenlernen können. 22

Das OLG Düsseldorf hat bei der Bemessung des Schmerzensgeldes berücksichtigt, dass die geistigen Funktionen des Geschädigten noch so weit erhalten sind, dass er in der Lage ist, die Bedeutung seiner Behinderung zu erkennen und zu verspüren.[38] 23

Das KG[39] hat in der Erkenntnis, dass die Höhe des Schmerzensgeldes sich ausschließlich nach den konkreten Umständen des Einzelfalls bemisst, – noch – vorhandene emotionale Fähigkeiten eines Geschädigten Kindes von 4 1/2 Jahren berücksichtigt, weil es eine etwaige Erinnerung des Kindes an seinen früheren Zustand nicht ausgeschlossen hat. Das Alter der Geschädigten im Zeitpunkt des Schadensereignisses und die Möglichkeit, dass eine – wenn auch rudimentäre – Erinnerung besteht, rechtfertigen ein höheres Schmerzensgeld, hier etwa 650.000 € (500.000 € Schmerzensgeldbetrag, 650 € monatliche Schmerzensgeldrente). 24

In der Folgezeit entwickelten sich die Schmerzensgeldbeträge nach oben, wenn auch zunächst verhalten. Anders das OLG Düsseldorf.[40] Es gewährte einem Säugling mit einem apallischen Syndrom ein Schmerzensgeld von 300.000 DM. Ab 2005[41] beträgt das Schmerzensgeld in diesen Fällen durchweg 500.000,00 € oder mehr. 25

Ein höheres Schmerzensgeld als 600.000,00 € ist nach Ansicht des OLG Köln[42] jedoch nicht gerechtfertigt. 26

---

36 BGH, Urt. v. 16.02.1993 – VI ZR 29/92, VersR 1993, 585 = NJW 1993, 1531.

37 OLG Köln, Urt. v. 10.12.2014 – 5 U 75/14, GesR 2015, 541 = MedR 2015, 737 mit Anm. L. Jaeger, MedR 2015, 739.

38 OLG Düsseldorf, Urt. v. 15.06.2000 – 8 U 147/99, VersR 2001, 1384.

39 KG Berlin, Urt. v. 16.02.2012 – 20 U 157/10, VersR 2012, 766 = MedR 2012, 596.

40 OLG Düsseldorf, Urt. v. 15.06.2000 – 8 U 147/99, VersR 2001, 1384.

41 Siehe schwerste Verletzungen Ziff. 2.

42 OLG Köln, Beschl. v. 10.12.2014 – 5 U 75/14, GesR 2015, 541 = MedR 2015, 737 mit Anm. L. Jaeger, MedR 2015, 739.

3. Arzthaftungsfälle

27 In **Arzthaftungsfällen** hat das Schmerzensgeld i.d.R. nicht die Funktion, dem Patienten Genugtuung zu verschaffen. Ärztliche Behandlungsfehler werden i.d.R. nicht vorsätzlich, sondern fahrlässig begangen.[43]

Auch wenn daher bei der ärztlichen Behandlung das Bestreben der Behandlungsseite im Vordergrund steht, dem Patienten zu helfen und ihn von seinen Beschwerden zu befreien, stellt es aber unter dem Blickpunkt der Billigkeit einen wesentlichen Unterschied dar, ob dem Arzt grobes – möglicherweise die Grenze zum bedingten Vorsatz berührendes – Verschulden zur Last fällt oder ob ihn nur ein geringfügiger Schuldvorwurf trifft. Ein dem Arzt aufgrund grober Fahrlässigkeit unterlaufener Behandlungsfehler kann dem Schadensfall sein besonderes Gepräge geben und somit im Rahmen der **Genugtuungsfunktion** schmerzensgelderhöhend wirken[44]. Grobe Fahrlässigkeit ist allerdings nicht bereits dann zu bejahen, wenn dem Arzt ein grober Behandlungsfehler unterlaufen ist. Ein grober Behandlungsfehler ist weder mit grober Fahrlässigkeit gleichzusetzen noch kommt ihm insoweit eine Indizwirkung zu[45].

Sterilisiert ein Arzt allerdings eigenmächtig eine Frau[46] oder entfernt er ohne deren Zustimmung deren Gebärmutter, weil er der Meinung ist, die Frau habe genug Kinder geboren, kann ein Genugtuungsbedürfnis der Frau nicht ohne Weiteres verneint werden.

4. Verzögerliches Regulierungsverhalten der Versicherung

28 Die Genugtuungsfunktion könnte auch Pate gestanden haben bei der von der Rechtsprechung praktizierten Erhöhung des Schmerzensgeldes wegen **verzögerlichen Regulierungsverhaltens.**[47] In diesen Fällen wird die Ausnutzung der wirtschaftlichen Machtstellung durch den Ersatzpflichtigen, die Herabwürdigung des Verletzten, die Nichtberücksichtigung seiner durch die Verletzung herbeigeführten existenzbedrohenden Situation usw. durch einen Zuschlag zu dem an sich geschuldeten Schmerzensgeld »bestraft«, um dem Geschädigten einen Ausgleich dafür zu verschaffen, dass der Ersatzpflichtige den Ausgleich insgesamt verzögert. Honsell[48] spricht sogar von einer Tripelfunktion des Schmerzensgeldes, weil er den Zuschlag – zu Unrecht – als weitere Funktion des Schmerzensgeldes sieht, neben der Ausgleichsfunktion und der Genugtuungsfunktion. In Wirklichkeit wird ein solcher Zuschlag gewährt, weil die Rechtsprechung anerkennt, dass durch ein verzögerliches Regulierungsverhalten das Leid des Verletzten erhöht wird, sodass diese zusätzlich entstandene Beeinträchtigung auch zusätzlich zu entschädigen ist, ein zusätzlicher Ausgleich zu gewähren ist.[49]

---

43 Zweifelhaft daher OLG Oldenburg, Urt. v. 16.09.2008 – 5 U 3/07, NJW-RR 2009, 1110, in welchem i.R.d. Genugtuungsfunktion berücksichtigt wurde, dass der Patient, dem nach einer Operation ein Kirschnerdraht im Rücken verblieb, der letztlich herausstach und -eiterte, (gelinde gesagt) hiervon »überrascht« wurde – diese psychische Begleitkomponente ist eher der Ausgleichsfunktion zuzuordnen.

44 BGH, Urt. v. 08.02.2022 – VI ZR 409/19, VersR 2022, 635 = NJW 2022, 1443.

45 BGH, Urt. v. 08.02.2022 – VI ZR 409/19, VersR 2022, 635 = NJW 2022, 1443.

46 OLG Koblenz, Urt. v. 13.07.2006 – 5 U 290/06, VersR 2007, 796 = MedR 2009, 93.

47 Krit. zu dieser Figur insgesamt Schellenberg, VersR 2006, 878; ebenso ablehnende Lepa, FS für Müller, S. 113 (125); bejahend: Müller, ZfS 2009, 124 (127); Quirmbach, Schmerzensgelderhöhung bei inadäquatem Regulierungsverhalten – aktuelle Rechtsprechung, ZfS 2017, 667.

48 Honsell, VersR 1974, 205; gegen einen Präventionsgedanken bei der Schadensregulierung spricht sich ebenfalls aus Staudinger/Schiemann, 2005, BGB, § 253 Rn. 33, weil eine Verselbstständigung dieses Gedankens mit der Rechtslage nicht zu vereinbaren sei. Denn die zögerliche Erfüllung berechtigter Ansprüche und sogar mutwilliger Bruch bestehender Verpflichtungen sei keine Angelegenheit von Schadensersatzverpflichtungen wegen Verletzung der in § 253 Abs. 2 BGB genannten Rechtsgüter. Allerdings müssten (weitere) Gesundheitsschäden, die durch das Regulierungsverhalten mitverursacht worden seien, unter Berücksichtigung des § 253 BGB entschädigt werden.

49 Das LG Berlin, Urt. v. 06.12.2005 – 10 O 415/05, NZV 2006, 206 = VersR 2006, 499 = NJW 2006, 702 nahm eine Erhöhung des Schmerzensgelds (um 3.000,00 € auf insgesamt 22.000,00 €) auch in einem Fall vor, in dem die Versicherung unter Umgehung des Anwalts des Geschädigten versucht hatte,

Kreis der für die Regulierung Verantwortlichen: Hier ist grundsätzlich zu unterscheiden zwischen einem 29

- Schädiger, der nicht haftpflichtversichert ist, der also den Schaden selbst begleichen muss,
- haftpflichtversicherten Schädiger, der die Prozessführung (weitgehend) und die Regulierung als solche vollständig dem Versicherer überlässt und
- dem Haftpflichtversicherer, der z.B. bei Verkehrsunfällen als Gesamtschuldner neben dem Schädiger haftet.

▶ Hinweis:

Eine vorwerfbar verzögerte Regulierung der Versicherung ist auch dann berücksichtigungsfähig, wenn kein Direktanspruch gegen die Versicherung besteht, etwa in der Arzthaftung.[50]

Das OLG Saarbrücken[51] hat die Grundsätze zur Erhöhung des Schmerzensgeldes bei verzögerlichem Regulierungsverhalten zusammenfassend herausgearbeitet. Voraussetzung ist danach, dass sich ein leistungsfähiger Schuldner einem erkennbar begründeten Anspruch ohne schutzwürdiges Interesse widersetzt. Die Erhöhung des Schmerzensgeldes darf keinen Sanktionscharakter besitzen, sondern ist nur dann gerechtfertigt, wenn die verzögerte Zahlung das gemäß § 252 BGB geschützte Interesse des Gläubigers beeinträchtigt. Etwa wenn der Geschädigte unter der langen Dauer der Schadensregulierung leidet. Auch wenn der Verletzte darauf angewiesen ist, den Regulierungsbetrag einzusetzen, um die Auswirkungen seiner gesundheitlichen Beeinträchtigungen zu lindern. Das gilt erst recht, wenn das Gericht während des Rechtsstreits Hinweise auf die Dringlichkeit der Regulierung gegeben und auf die Unangemessenheit gezahlter Vorschüsse hingewiesen hat. 30

Ist der Verletzte jedoch nicht auf eine baldige Zahlung angewiesen, sollte das Gericht sich hüten, die Beklagten zur Zahlung anzuhalten. In der Nullzinsphase ist es für den Kläger nämlich besonders günstig, wenn keine Zahlung erfolgt. Verzugszinsen und Prozesszinsen können nämlich einen beachtlichen Teil der Klageforderung erreichen. 31

So leitet das OLG Hamm[52] bei verzögerlichem Regulierungsverhalten eine Erhöhung des Schmerzensgeldes aus der Ausgleichsfunktion ab. 32

Recht weitgehend zulasten des Geschädigten verlangt das OLG Saarbrücken[53] für den Prozessvortrag einer zögerlichen Regulierung daher auch Darlegungen dazu, wie und warum die verzögerte Zahlung schutzwürdige Interessen des Geschädigten beeinträchtigt hat (im Fall verneint, da der Geschädigte selbst erst verzögert geklagt hatte). 33

Der Zuschlag wird gewährt, weil die Rechtsprechung anerkennt, dass durch ein verzögerliches Regulierungsverhalten das Leid des Verletzten erhöht werden kann, sodass diese zusätzlich entstandene Beeinträchtigung, zusätzlich zu entschädigen ist, indem ein zusätzlicher Ausgleich gewährt wird. 34

Daraus folgt, dass das verzögerliche Regulierungsverhalten nur dann zu einer Erhöhung des Schmerzensgeldes führen kann, wenn der Verletzte selbst zusätzliches Leid erfahren hat. Das ist begrifflich nicht möglich bei schwerst hirngeschädigt geborenen Kindern, bei allen Verletzten, die z.B. aufgrund eines ärztlichen Behandlungsfehlers einen schweren Hirnschaden erlitten haben und bei Verletzten, die verstorben sind, bevor sie von einem verzögerlichen Regulierungsverhalten überhaupt erfahren konnten, weil sie unter dem Verhalten des Schädigers oder seines Versicherers nicht leiden bzw. nicht gelitten haben.[54] 35

---

diesem eine »Erlassfalle« zu stellen; sie hegte die Erwartung, dass die Einlösung des Schecks als Annahme des (allzu niedrigen) Vergleichsangebots über diese Summe gewertet würde.

50 OLG Koblenz, Beschl. v. 21.07.2015 – 5 U 370/15, VersR 2016, 262.

51 OLG Saarbrücken, Urt. v. 26.02.2015 – 4 U 26/!4, NJW-Spezial 2015, 330.

52 OLG Hamm, Beschl. v. 11.09.2002 – 9 W 7/02, VersR 2003, 780.

53 OLG Saarbrücken, Urt. v. 27.07.2010 – 4 U 585/09, NJW 2011, 933.

54 OLG Köln, Urt. v. 10.12.2014 – 5 U 75/14, MedR 2015, 737 m. Anm. L. Jaeger, MedR 2015, 739.

36 Unter dem verzögerlichen Regulierungsverhalten leiden bei schwerst hirngeschädigten Kindern nicht diese, sondern die Angehörigen. Diesen als Vertreter des verletzen Kindes Handelnden steht ein Schmerzensgeldanspruch aber deshalb nicht zu, weil ihnen ein Primärschaden fehlt, zu dem das seelische Leid hinzutreten könnte.

37 Eine Erhöhung des Schmerzensgeldes wegen eines etwaigen verzögerlichen Regulierungsverhaltens kann in diesen Fällen also mit der einfachen Begründung verneint werden, dass das verletze Kind als Kläger infolge seines Hirnschadens unter dem Regulierungsverhalten nicht (zusätzlich) gelitten hat.

38 Das OLG München[55] hat vorwerfbares verzögerliches Regulierungsverhalten darin gesehen, dass ein Haftpflichtversicherer über einen Zeitraum von 2 Jahren etwa die Hälfte des angemessenen Schmerzensgeldes ohne Begründung nicht geleistet hat. Es hat die Beklagte verurteilt, über den Restbetrag von 50.000 € hinaus weitere 2.000 € zu zahlen. Das mutet schon seltsam an, denn die nächste Zeile des Urteilstenors lautet:

Die Beklagte wird verurteilt, an die Klägerin 16.763,20 € Zinsen auf 50.000,00 € zu zahlen für den Zeitraum von 2009 bis 2015. Das entspricht einem Zinssatz von rd. 5,6 %, eine wirkliche Strafe für den Haftpflichtversicherer. Die zusätzlich ausgeurteilten 2.000 € sind lächerlich.

39 Zu einer Erhöhung des Schmerzensgeldes wegen verzögerlichem Regulierungsverhalten kommt es nicht, wenn der Versicherer von seinem prozessualen Recht Gebrauch macht, das Vorbringen des Klägers zu bestreiten, solange er berechtigte Zweifel haben darf, ob einzelne Tatsachen zutreffen.[56] Solange der Haftpflichtversicherer berechtigte Zweifel an einer Haftung hegen darf, scheidet verzögerte Regulierung aus.[57] Das Prozessverhalten des Haftpflichtversicherers kann aber bei Unvertretbarkeit des Vortrags, bei evident sachwidrigem Prozessverhalten, zu einer Schmerzensgelderhöhung führen.[58]

Das ist auch der Fall, wenn ein Unternehmen des öffentlichen Nahverkehrs die Unfallursache vor Gericht wider besseres Wissen bestritten hat. Der Richter erhöhte deshalb das Schmerzensgeld um 500,00 € auf 5.500,00 €.[59]

40 Dabei muss dieser zusätzliche Ausgleich nicht so weit gehen wie in einem Fall, den das OLG München[60] zu entscheiden hatte. Bei der verletzten 79 Jahre alten Frau hatte sich infolge der lang andauernden Ungewissheit ihrer finanziellen Situation ein ausgeprägtes psychopathologisches Krankheitsbild gezeigt, was bei der Bemessung des Schmerzensgeldes »erheblich« ins Gewicht fiel.

41 Eine durch nichts gerechtfertigte Leistungsverweigerung über 4 Jahre hin hat das OLG Köln[61] mit einem Strafzuschlag von 15.000,00 € belegt. Insgesamt sollte das unkooperative Verhalten des Schädigers bzw. des Versicherers wohl nicht mit mehr als 20 % Zuschlag geahndet werden.[62] Das sieht auch das LG Saarbrücken[63] so, das einer Schülerin, die ein offenes Schädelhirntrauma erlitten hatte, ein Schmerzensgeld i.H.v. 125.000,00 € zubilligte, dieses aber wegen verzögerlichen Regulierungsverhaltens um 25.000,00 € (20 %) erhöhte.

55 OLG München, Urt. v. 24.07.2015 – 10 U 3313/13, SP 2016, 9.
56 OLG Brandenburg, Urt. v. 17.09.2009 – 12 U 26/09, zFs 2010, 141 m. Anm. Diehl = NZV 2010, 154.
57 OLG Saarbrücken, Urt. v. 27.07.2010 – 4 U 585/09, NJW 2011, 933.
58 Etwa LG Coburg, Urt. v. 14.04.2009 – 14 O 402/05, VersR 2011, 534: Die Geschädigte hatte 10 Jahre nach der haftungsbegründenden Operation nur 30.000,00 € erhalten, obwohl ein schwerer Behandlungsfehler feststand. Die Kammer verurteilte zu 130.000,00 € und führte wörtlich aus: »Die Kammer kann dieses Regulierungsverhalten nur mit Unverständnis zur Kenntnis nehmen«.
59 OLG Schleswig, Urt. v. 18.09.2012 – 7 U 15/12, SP 2013, 72.
60 OLG München, Urt. v. 24.11.1992 – 5 U 2599/91, NZV 1993, 434.
61 OLG Köln, Urt. v. 16.11.2000 – 7 U 64/00, VersR 2001, 1396; vgl. auch Scheffen/Pardey, S. 506, Rn. 942.
62 Geigel/Pardey, 7. Kap. Rn. 51.
63 LG Saarbrücken, Urt. v. 31.08.2000 – 15 O 121/97, ZfS 2001, 255.

Der 19. Zivilsenat des OLG Köln[64] entschied, dass ein Schädiger, der seine Verantwortung über einen Zeitraum von 5 Jahren geleugnet hatte, wegen dieses Verhaltens ein höheres Schmerzensgeld zu zahlen habe. Ebenso hielt das OLG Naumburg[65] den Umstand, dass auch 41/4 Jahre nach Rechtskraft eines Grundurteils keinerlei Zahlungen geleistet wurden und nur Verhandlungsangebote »ohne Substanz« abgegeben worden waren, für einen Fall der verzögerten Regulierung. Das OLG Jena[66] bejahte eine verzögerte Regulierung in einem Fall erkennbarer Zahlungspflicht, in dem die Versicherung einen 5 Jahre langen Rechtsstreit mit mehreren Gutachtern in Kenntnis der Zahlungspflicht diese bestritten und vorprozessual nur die Hälfte des judizierten Betrages »ohne Anerkennung einer Verpflichtung« angeboten hatte. 42

Einen anderen Weg beschritt das OLG München,[67] das das äußerst zögerliche Regulierungsverhalten der Beklagten dadurch berücksichtigte, dass es das Mitverschulden des nach einem Unfall, für den die Beklagte infolge der Verletzung einer Verkehrssicherungspflicht zu haften hatte, querschnittgelähmten Klägers von 1/4 in der Gesamtbetrachtung als egalisiert ansah. Insgesamt betraf das Regulierungsverhalten der Beklagten den Zeitraum von 6 Jahren. Sie hatte vorprozessual und während des gesamten Prozesses jegliche Einstandspflicht abgestritten und dem Kläger selbst die alleinige Verantwortung an seinem Unfall zugewiesen. Auch im weiteren Verlauf des Verfahrens blieb die Beklagte dabei, dass sie keinerlei, auch keine Mitverantwortlichkeit, an dem Unfall treffe. Erst 4 1/2 Jahre nach dem Unfall bezahlte die Beklagte 20.000,00 €. Dies hat der im Unfallzeitpunkt erst 16 Jahre alte Kläger als Almosen empfunden. Nachvollziehbar hat er hierunter und insb. auch unter der langen Verfahrensdauer mit der ständigen Zuweisung der Alleinverantwortung für seinen Unfall gelitten. 43

Ein zusätzliches Schmerzensgeld i.H.v. 10.000,00 € gewährte das LG Frankfurt an der Oder,[68] ohne dass es darauf ankommen soll, ob den Haftpflichtversicherer ein Verschulden treffe, weil dieser das Risiko seines Regulierungsverhaltens trage. Ebenso mit weiteren 10.000,00 € bedachte das OLG Schleswig[69] den Umstand, dass »nicht nachvollziehbar und hartnäckig« die Regulierung verweigert und 7 Jahre lang trotz Streit der Beklagten nur über den Innenausgleich keinerlei Zahlungen an das Opfer geflossen waren. 44

Honsell[70] verkennt, dass es bei der Bemessung des Schmerzensgeldes in einem derartigen Fall nicht unmittelbar um die Auswirkung auf andere potenzielle Schädiger bzw. Versicherer geht, sondern es für den individuellen Schadensfall neben anderen Umständen durchaus eine Rolle spielen kann, ob – etwa bei geklärter Sachlage oder bei einfacher Rechtslage – die Zahlung des Schmerzensgeldes grundlos besonders lange hinausgezögert worden ist.[71] 45

Dabei kann davon ausgegangen werden, dass gerade **Versicherer** sorgfältig beobachten, wie sie den zu leistenden Schadensersatz möglichst gering halten können. Gerade wenn ein **hoher Zinsschaden** oder wenn hohe Kosten der Rechtsverfolgung drohen, werden sie diese Positionen durch hohe Teilzahlungen zu reduzieren suchen. Auch das Regulierungsverhalten wird sich – jedenfalls auf Dauer – bei konsequenter Rechtsprechung entsprechend ändern. 46

64 OLG Köln, Urt. v. 11.04.2003 – 19 U 102/02, OLGR 2003, 214.
65 OLG Naumburg, Urt. v. 15.10.2007 – 1 U 46/07, NJW-RR 2008, 693.
66 OLG Jena, Urt. v. 23.10.2007 – 5 U 146/06, VersR 2008, 1553 (1554) = NJW-RR 2008, 831 (832).
67 OLG München, Urt. v. 18.03.2015 – 20 U 3360/14, unveröffentlicht.
68 LG Frankfurt an der Oder, Urt. v. 19.10.2004 – 12 O 404/02, SP 2005, 376.
69 OLG Schleswig, Urt. v. 23.02.2011 – 7 U 106/09, unveröffentlicht: von »an sich« angemessenen 60.000,00 € auf 70.000,00 €.
70 Honsell, VersR 1974, 205.
71 Müller, VersR 1993, 909 (916).

47 So hat auch das OLG Naumburg[72] das Regulierungsverhalten eines Versicherers bei der Bemessung des Schmerzensgeldes berücksichtigt, weil dieser vorprozessual ein Schmerzensgeld in ersichtlich unzureichender Höhe angeboten und im Prozess verfahrensverzögernde unzutreffende Einwände gegen die Schmerzensgeldhöhe erhoben hatte.[73] Das OLG Nürnberg[74] bejahte einen Fall verzögerter Regulierung, als in einem »Zermürbungsversuch« der Versicherung trotz einer Haftung von 35.000,00 € nur 2.000,00 € gezahlt worden waren. Das OLG München[75] hielt – bei »eindeutigem Unfallgeschehen« und einer Vielzahl schwerer Verletzungen, die vom Senat mit 100.000,00 € Schmerzensgeld bemessen wurden – den vorprozessual gezahlten Betrag von (immerhin) 35.000,00 € für »offensichtlich zu niedrig« und nahm ein »kleinliches Regulierungsverhalten« an.

48 In einer weiteren Entscheidung hat das OLG Naumburg[76] einen Versicherer gerügt, der darauf spekuliert hatte, dass der Geschädigte, der über die Rechtslage offenbar nicht richtig informiert war, die Ablehnung des Versicherungsschutzes hinnehmen würde. Diese Haltung des Versicherers hatte zu einer erheblichen Verzögerung zulasten des Geschädigten geführt. Hinzu kam, dass der Versicherer dem Kläger ohne hinreichende Anhaltspunkte vorwarf, entgegen der behaupteten Arbeitsunfähigkeit zu arbeiten und Schwarzarbeit zu leisten.

49 Das OLG Nürnberg[77] hat dem Verletzten eine zusätzliche Genugtuung gewährt, weil die Beklagte dem Kläger grundlos entgegengehalten hatte, er sei bei dem Unfall mit 0,5 – 0,8 ‰ alkoholisiert gewesen. Eine solche Prozessführung gehe über eine verständliche Rechtsverteidigung hinaus.

50 Ebenso überzeugt die Begründung des OLG Nürnberg[78] für ein höheres Schmerzensgeld infolge verzögerlichen Regulierungsverhaltens mit einem den Geschädigten psychisch belastenden Verhalten des Versicherers. Auch Lemcke sieht in der Anmerkung zu dieser Entscheidung den Grund für das höhere Schmerzensgeld in einer Verschlimmerung der Gesundheitsverletzung. Selbst wenn es sich um eine fehlerhafte psychische Verarbeitung der Unfallfolgen handelt, haftet der Schädiger auf der Grundlage der BGH-Rechtsprechung für psychische Folgeschäden.[79]

51 Ähnlich entschied ein anderer Senat des OLG Nürnberg[80] und rügte das kleinliche Regulierungsverhalten des Versicherers, das »der Senat bisher nicht erlebt« habe.

Auch das OLG Düsseldorf[81] bewertete ein uneinsichtiges Regulierungsverhalten als schmerzensgelderhöhend. Der Kläger hatte von der Existenz eines Fremdkörpers in seinem Körper erfahren. Seine Bitte um Hilfestellung blieb unerhört. Im Verfahren vor der Gutachterkommission leugnete die Beklagte ein Fehlverhalten, obwohl nach Einsicht in Röntgenbilder das deutlich sichtbare Katheterfragment zu erkennen war. Er versuchte eine Verurteilung durch Berufung auf sein Beamtenprivileg und auf Verjährung zu verhindern. Der Beklagte hätte dem Patienten wirtschaftliche und psychische Belastungen ersparen müssen.

52 Zur Schmerzensgeldbemessung bei verzögerlichem Regulierungsverhalten vgl. auch OLG Köln,[82] das das Schmerzensgeld deutlich erhöht hat.

---

72 OLG Naumburg, Urt. v. 25.09.2001 – 9 U 121/00, VersR 2002, 1569; so auch OLG Naumburg, Urt. v. 28.11.2001 – 1 U 161/99, NJW-RR 2002, 672.

73 Ähnlich – verzögerte Regulierung bereits dann, wenn sich die verfahrensverzögernden Einwände im Nachhinein als unzutreffend erweisen – schon OLG Nürnberg, Urt. v. 25.04.1997 – 6 U 4215/96, VersR 1998, 731.

74 OLG Nürnberg, Urt. v. 22.12.2006 – 5 U 1921/06, VersR 2007, 1137.

75 OLG München, Urt. v. 13.08.2010 – 10 U 3928/09, NJW-Spezial 2010, 617.

76 OLG Naumburg, Urt. v. 13.11.2003 – 4 U 136/03, VersR 2004, 1423.

77 OLG Nürnberg, Urt. v. 30.04.1997 – 6 U 3535/96, VersR 1997, 1108 (1109).

78 OLG Nürnberg, Urt. v. 30.10.1997 – 8 U 1741/97, r+s 1999, 23 m. Anm. Lemcke.

79 Diederichsen, DAR 2005, 301 (302).

80 OLG Nürnberg, Urt. v. 11.07.1995 – 11 U 267/95, ZfS 1995, 452.

81 OLG Düsseldorf, Urt. v. 17.12.1998 – 8 U 170/97, NVersZ 2000, 40.

82 OLG Köln, Urt. v. 29.09.2006 – 19 U 193/05, VersR 2007, 259.

Verfehlt ist es allerdings, das verzögerliche Regulierungsverhalten dann Schmerzensgeld erhöhend zu berücksichtigen, wenn ein Versicherer auf ein Schmerzensgeld i.H.v. 2.000,00 € vorprozessual lediglich in zwei Teilbeträgen insgesamt 600,00 € gezahlt hat.[83] In dieser Größenordnung wirkt sich die wirtschaftliche Machtstellung des Schuldners nicht aus. So urteilte das OLG Brandenburg,[84] eine Zahlungsverzögerung von knapp 4 Monaten reiche für eine signifikant relevante Erhöhung des Schmerzensgeldes nicht aus, zumal, wenn eine Summe von 5.000,00 € vorenthalten wurde, sodass es »nicht um eine Existenzbedrohung« der Klägerin gehe, aufgrund derer sie auf eine unverzügliche Zahlung angewiesen sei. Ebenso urteilte das OLG Saarbrücken[85] bei fehlender Regulierung eines Betrags von 7.500,00 €. Andererseits hat das LG Leipzig[86] ein »an sich« angemessenes Schmerzensgeld von 3.500,00 € um 500,00 € erhöht, weil die Versicherung trotz aktenkundiger Kenntnis von Dauerschäden eine weitere Entschädigung von einer umfassenden Abfindungserklärung abhängig gemacht hatte. 53

Ähnlich judizierte auch das OLG Frankfurt am Main,[87] das verzögerliches Regulierungsverhalten verneint, wenn der Geschädigte anwaltlich vertreten ist und sich der Versicherer bei Passivität des Anwalts nicht schnell und aktiv um eine Aufklärung bemüht. Dieses Verhalten kann dem Versicherer ebenso wenig als kleinliches und verzögerliches Regulierungsverhalten angelastet werden wie das Gebrauchmachen von prozessualen Rechten. 54

Das verzögerliche Regulierungsverhalten des Versicherers muss auch außer Betracht bleiben, wenn der Anspruchsteller kurze Zeit nach einer fehlerhaften ärztlichen Behandlung verstorben ist, weil das Regulierungsverhalten die Höhe des Anspruchs in einem solchen Fall nicht beeinflusst haben kann.[88] Ähnlich hat das OLG Köln[89] eine Schmerzensgelderhöhung wegen verzögerter Regulierung bei einem neugeborenen Kind (welches aufgrund eines von der Krankenschwester verschuldeten Sturzes vom Wickeltisch verletzt worden war) abgelehnt, weil das Kind altersbedingt nicht in der Lage sei, eine in der Regulierungsverzögerung liegende Kränkung als solche zu erfassen. Eine gesonderte Genugtuung hierfür scheide daher aus. 55

Der BGH[90] hat zwar die Frage offengelassen, ob ein verzögerliches Regulierungsverhalten bei der Bemessung des Schmerzensgeldes Berücksichtigung finden kann, er hat die Frage aber ausdrücklich nicht verneint. 56

Zu beachten ist jedoch, dass in den Entscheidungen die Erhöhung nicht betragsmäßig angegeben werden sollte, weil das Schmerzensgeld einheitlich und nicht für jedes Bemessungskriterium einzeln beziffert werden darf. 57

Besonders verübelt hat das LG Berlin[91] einem Versicherer den Versuch, einen Verletzten in eine sog. »Erlassfalle« zu locken. Ein 7 Jahre alter Junge war durch einen Hundebiss im Gesicht schwer verletzt worden und auf Dauer entstellt. Nach einem ersten Angebot über 2.500,00 € übersandte der Versicherer einen Scheck über 7.200,00 € zur Klaglosstellung, nachdem das Gericht das vom 58

83 OLG Frankfurt am Main, Urt. v. 03.12.2001 – 23 U 181/00, SP 2002, 163.
84 OLG Brandenburg, Urt. v. 11.11.2010 – 12 U 33/10, SP 2011, 141.
85 OLG Saarbrücken, Urt. v. 07.06.2011 – 4 U 451/10, unveröffentlicht: »Die Schwere der Verletzungen und die Höhe des zuzuerkennenden Schmerzensgeldes sind zu gering, um eine psychische Beeinträchtigung des Klägers durch den verzögerten Ausgleich der vollen Schadensersatzleistung plausibel erscheinen zu lassen«.
86 LG Leipzig, Urt. v. 16.09.2010 – 8 S 573/09, NJOZ 2012, 802.
87 OLG Frankfurt am Main, Urt. v. 02.09.2003 – 14 U 178/02, NZV 2004, 39.
88 OLG Koblenz, Urt. v. 10.01.2008 – 5 U 1508/07, NJW-RR 2008, 1055.
89 OLG Köln, Beschl. v. 05.10.2015 – 5 U 125/15, VersR 2016, 937.
90 BGH, Urt. v. 12.07.2005 – VI ZR 83/04, BGHZ 163, 351 = VersR 2005, 1559 = NZV 2005, 629 = r+s 2005, 528; diese Entscheidung wird von Huber besprochen: NZV 2005, 620 ff.
91 LG Berlin, Urt. v. 06.12.2005 – 10 O 415/05, NZV 2006, 206 = VersR 2006, 499 = NJW 2006, 702.

Kläger geforderte Schmerzensgeld von 20.000,00 € als nicht unangemessen bezeichnet hatte. Dem Kläger wurden sodann 22.000,00 € zugesprochen.

59 Ähnlich sah das LG Leipzig[92] das Verhalten eines Haftpflichtversicherers, der dem Geschädigten ein offensichtlich geschuldetes weiteres Schmerzensgeld nur zahlen wollte, wenn dieser eine endgültige Abfindungserklärung abgeben würde, obwohl die Möglichkeit von Spätschäden ärztlich attestiert war. Dieses Verhalten führte zu einer »angemessenen Erhöhung« des Schmerzensgeldes.

60 Zusammen gefasst ergibt die Rechtsprechung zum verzögerlichen Regulierungsverhalten folgendes Bild:

Manche Gerichte erhöhen um einen €-Betrag, so das

		zuerkannte Zinsen:	Kein Verzug begründet
–	LG Berlin[93] um 2.000 €	< 400 €	über 17 Monate
–	OLG Brandenburg[94] um 2.000 €	< 300 €	
–	OLG Naumburg[95] um 2.000 €	> 43.000 €	mehrere Monate
–	OLG Frankfurt,[96] um 10.000 €	> 3.900 €	mehrere Monate
–	OLG Naumburg[97] um 25.000 €	> 34.000 €	
–	OLG Frankfurt[98] um 30.000 DM	> 11.000 €	18 Monate
–	OLG Hamm[99] um 30.000 €	> 68.000 €	12 Monate
–	OLG Düsseldorf[100] um 30.000 €	26.000 €	
–	LG Gera[101] um 100.000 €.	> 196.000 €	12 Jahre

Andere Gerichte gewähren einen prozentualen Zuschlag, so das

			an Zinsen fielen an:
–	OLG Frankfurt[102] um 10 %	(< 2.500 €)	> 5.500 €
–	LG Saarbrücken[103] um 20 %	(25.000 €)	
–	AG Kassel[104] um 20 %		> 850 €
–	OLG Frankfurt[105] um 100 %	(10.000 €)	> 3.300 €

Diese Beispiele zeigen, dass die Rechtsprechung zur Bemessung des Schmerzensgeldes nach unzureichendem Regulierungsverhalten recht uneinheitlich ist.

92 LG Leipzig, Urt. v. 16.09.2010 – 8 S 573/09, NZV 2011, 41.
93 LG Berlin, 06.12.2005 – 10 O 415/05, NZV 2006, 206 f. = VersR 2006, 499 = NJW 2006, 702.
94 OLG Brandenburg, 14.06.2007 – 12 U 244/06, SP 2008, 105.
95 OLG Naumburg, 21.08.2017 – 1 U 58/17, DAR 2018, 631.
96 OLG Frankfurt, 07.01.1999 – 12 U 7/98, NJW 1999, 2447.
97 OLG Naumburg, 25.09.2001 – 9 U 121/00, VersR 2002, 1569.
98 OLG Frankfurt, 22.09.1993 – 9 U 75/92, unveröffentlicht.
99 OLG Hamm, 15.02.2019 – 11 U 136/16, unveröffentlicht.
100 OLG Düsseldorf, 11.02.2008 – 1 U 128/07, SP 2008, 255..
101 LG Gera, Urt. v. 06.05.2009 – 2 O 15/05, VersR 2009, 1232.
102 OLG Frankfurt, Urt. v. 08.07.2009 – 1 U 300/08, SP 2010, 66.
103 LG Saarbrücken, Urt. v. 31.08.2000 – 15 O 121/97, ZfS 2001, 255.
104 AG Kassel, Urt. 21.04.2015 – 435 C 5128/12, NJW-RR 2016, 37 = NZV 2016, 225.
105 OLG Frankfurt, Urt. v. 07.01.1999 – 12 U 7/98, NJW 1999, 2447.

II. Entwicklung in Rechtsprechung und Gesetzgebung

Auf die veränderte Bewertung der vom Schmerzensgeld auszugleichenden Einbußen weist Steffen[106] überzeugend hin, indem er nachweist, dass die **Rechtsprechung** die Funktion des Schmerzensgeldes auf den **umfassenden Ausgleichszweck** zurückgeführt hat, was eine befriedigendere Aufarbeitung der besonders schweren Fälle von Personenschäden erlaube und die Einbeziehung des Schmerzensgeldes in die Vertrags- und Gefährdungshaftung 10 Jahre später erleichtert habe. 61

Möglicherweise hat der Gesetzgeber durch das 2. Gesetz zur Änderung schadensersatzrechtlicher Vorschriften einen Beitrag dazu geleistet, den Gesichtspunkt der Genugtuung bei der Schmerzensgeldbemessung zurückzudrängen oder gar fallen zu lassen. Die Gewährung von Schmerzensgeld in allen Fällen der Gefährdungshaftung, also ohne Verschulden, und Schmerzensgeld im Rahmen vertraglicher Haftung (Umkehr der Beweislast) betrifft Fälle, in denen i.d.R. kein Genugtuungsbedürfnis besteht. In all diesen Fällen soll dem Verletzten ein Ausgleich gewährt werden. Besteht ausnahmsweise beim Verletzten zusätzlich Verbitterung über die ihm zugefügten Verletzungen, weil der Schädiger vorsätzlich gehandelt hat, kann diese Verbitterung bei der Bewertung der Gesundheitsverletzung berücksichtigt werden und der Ausgleich danach bemessen werden. Das Schmerzensgeld dient dann zugleich dem Ausgleich dieses zusätzlichen Schadens.[107] 62

III. Die Genugtuungsfunktion als Auslaufmodell

Sieht man die Funktion des Schmerzensgeldes so, hat die Genugtuungsfunktion weitgehend ausgedient.[108] 63

Immer wieder stellt sich die Frage, ob es überhaupt gerechtfertigt ist, den Anspruch auf Schmerzensgeld und/oder dessen Höhe davon abhängig zu machen, dass der Verletzte einen Ausgleich oder eine Genugtuung empfindet oder empfinden kann[109]. 64

Das gilt nicht mehr für schwerst hirngeschädigte Verletzte, bei denen dann ein Schmerzensgeldanspruch – wie es der BGH in seiner Rechtsprechung bis 1992 getan hat – grds. verneint werden müsste. 65

Es gibt auch Fälle, in denen geistig intakte Personen ein Schmerzensgeld nicht als Ausgleich oder Genugtuung empfinden. Gedacht ist dabei an (Super-) Reiche, die derart im Geld schwimmen, dass sie kein noch so hohes Schmerzensgeld als Ausgleich für einen Körperschaden empfinden/empfinden können. Auch diesem Personenkreis wird Schmerzensgeld zugesprochen, und zwar ein objektiv angemessenes und nicht etwa ein besonders hohes Schmerzensgeld. 66

In einer vergleichbaren Situation ist dieser Personenkreis auch bei manchen materiellen Schäden. Werden einige Einrichtungsgegenstände – z.B. Unikate – zerstört, stellt die Überweisung des Erstattungsbetrages keinen wirklichen Ausgleich für die Gegenstände dar. Natürlich können die Geschädigten diese, soweit sie am Markt vorhanden sind, wiederbeschaffen, aber sie könnten sich auch ohne den Schaden beliebig viele Gegenstände kaufen. Der Ausgleich des materiellen Schadens besteht für sie letztlich nur in einer »Ziffer auf dem Kontoauszug«. 67

Aber niemand käme auf den Gedanken, diesem Personenkreis bei materiellen Schäden einen Ersatzanspruch abzuerkennen. D.h., auch beim Schmerzensgeld muss es letztlich einen objektiven Ausgleich geben, völlig unabhängig davon, ob der Verletzte das Geld verwenden kann und ob er damit »zufrieden« ist oder nicht. 68

---

106 Steffen, DAR 2003, 201 (203).

107 Ebbing, ZGS 2003, 223 (231), beklagt, dass das 2. Gesetz zur Änderung schadensersatzrechtlicher Vorschriften die bestehenden Unsicherheiten und Wertungswidersprüche bei der Bemessung des Ausgleichsanspruchs für immaterielle Schäden nicht beseitigt hat.

108 Vgl. dazu auch Müller, VersR 2006, 1289 (1292).

109 Vgl. Jaeger, Schwerst hirngeschädigte Kinder – Schmerzensgeld mindestens 500.000 €, VersR 2021, 557, zugleich Besprechung OLG Dresden, Urt. v. 18.08.2020 – 4 U 1242/18, VersR 2021, 589.

69 Ein solches **objektiv an der Schwere der Verletzungen ausgerichtetes Schmerzensgeld** entspricht dem gesteigerten Bedürfnis nach **Transparenz und Überprüfbarkeit der Bemessungsgrundlagen**, wobei durchaus die schadensbezogenen Umstände des Einzelfalles, insb. in der Person des Verletzten, zu beachten sind.[110] Solche Umstände sind u.a. die Vermögensverhältnisse und das Verschulden des Schädigers.

70 Ob daneben ein Bedürfnis des Verletzten nach Genugtuung eine (gewisse) Rolle spielen kann, ist für die grundsätzliche Beantwortung der Ausgangsfrage ohne Bedeutung.[111]

71 Es bleibt festzuhalten, dass sich die dem Genugtuungsgedanken zugewiesenen Funktionen weitgehend und z.T. wesentlich leichter dem **Ausgleichsgedanken** zuordnen lassen, sodass sich die Genugtuungsfunktion insoweit als überflüssig erweisen könnte. Sobald der Genugtuungsgedanke bei der Begründung von Schmerzensgeldbeträgen die Oberhand gewinnt, zeigen sich Pönalisierungstendenzen, die heute anachronistisch wirken.[112]

72 Achtet man aber heute einmal darauf, was Lorenz schon 1981 und erneut 1998 in der Festschrift für Günther Wiese gegen die Berechtigung der Genugtuungsfunktion für die Bemessung des Schmerzensgeldes gesagt hat und folgt man der Formulierung von von Bar[113] zum Kerngedanken des Schmerzensgeldes als »Ausgleich erlittener Unbill«, lässt sich ein objektives Genugtuungsbedürfnis ohne Weiteres als Einzelumstand bei der Bemessung des Schmerzensgeldes berücksichtigen, um den Schaden auszugleichen. Einer Genugtuungsfunktion als besondere Säule des Schmerzensgeldes bedarf es nicht mehr. Und auch dem Einwand von Lorenz, ein übersteigertes Genugtuungsbedürfnis dürfe nicht berücksichtigt werden, kann Genüge getan werden, wenn man das Genugtuungsbedürfnis gewissermaßen objektiviert und – wie z.B. bei den Neurosen – nur in einem (objektiv) noch nachvollziehbarem Umfang berücksichtigt.

▶ Hinweis:

73 Es gibt nur noch wenige Fälle, in denen dem Schmerzensgeld eine Genugtuungsfunktion zukommt. In der ganz überwiegenden Zahl der Fälle der Verletzung von Körper und Gesundheit, im Straßenverkehr und in der Arzthaftung fehlt es an einem Verhalten des Schädigers, das beim Verletzten ein Genugtuungsbedürfnis erweckt. Hinzu kommt, dass Verletzte insoweit unterschiedlich empfinden. Auf diesen Gesichtspunkt hat Lorenz[114] hingewiesen.

C. Maßstäbe für die Bemessung des Schmerzensgeldes

74 In der grundlegenden Entscheidung aus dem Jahr 1976 hat der BGH[115] zur Schmerzensgeldbemessung ausgeführt, dass dem **Revisionsgericht** bei der **Nachprüfung der Schmerzensgeldbemessung** besondere Zurückhaltung auferlegt sei. Das beruhe v.a. darauf, dass es eine an sich angemessene Entschädigung für nichtvermögensrechtliche Nachteile nicht gebe, da diese in Geld nicht unmittelbar messbar seien. Der Maßstab für die billige Entschädigung müsse deshalb für jeden einzelnen Fall durch Würdigung und Wägung aller ihn prägenden Umstände neu gewonnen werden, wobei dem Spannungsverhältnis zwischen den Interessen des Geschädigten und dem – auch nach allgemeinen volkswirtschaftlichen Gesichtspunkten – für den Schädiger wirtschaftlich Zumutbaren Rechnung zu tragen sei. Danach sei die Ermittlung des Schmerzensgeldes – nach Höhe und Art – grds. dem Tatrichter vorbehalten, der hier durch § 287 ZPO besonders freigestellt sei. Seine Bemessung könne in aller Regel nicht schon deshalb beanstandet werden, weil sie als zu dürftig oder als zu reichlich

110 Nehlsen-v. Stryk, JZ 1987, 119 (126).
111 FS für Wiese/Lorenz, S. 261 (270).
112 Nehlsen-v. Stryk, JZ 1987, 119 (126).
113 V. Bar, Karlsruher Forum 2003, S. 25 f.
114 FS für Wiese/Lorenz, S. 261 (270); vgl. dazu auch Staudinger/Schiemann, BGB, 2005, § 253 Rn. 32.
115 BGH, Urt. v. 08.06.1976 – VI ZR 216/74, VersR 1976, 967.

erscheine.[116] Doch seien dem Ermessen des Tatrichters Grenzen gesetzt; er dürfe das Schmerzensgeld nicht willkürlich festsetzen, sondern müsse zu erkennen geben, dass er sich um eine dem Schadensfall gerecht werdende Entschädigung bemüht habe. Er müsse alle für die Höhe des Schmerzensgeldes maßgebenden Umstände vollständig berücksichtigen und dürfe bei seiner Abwägung nicht gegen Rechtssätze, Denkgesetze und Erfahrungssätze verstoßen. Er müsse die Entschädigung zu Art und Dauer der erlittenen Schäden in eine angemessene Beziehung setzen. Zwar sei er nicht gehindert, die von der Rechtsprechung in vergleichbaren Fällen bisher gewährten Beträge zu unterschreiten oder über sie hinaus zu gehen, wenn ihm dies nach Lage des Falles – v.a. in Anbetracht der wirtschaftlichen Entwicklung oder veränderter allgemeiner Wertvorstellungen – geboten erscheine. Doch müsse er das dann begründen. Dabei dürfe er die wirtschaftlichen Belange des Ersatzpflichtigen nicht aus den Augen verlieren und müsse bedenken, dass es letztlich die **Gemeinschaft aller Versicherten** sei, die mit einer Ausweitung belastet werde. Die Festsetzung eines zu reichlichen Schmerzensgeldes könne zu einer Aufblähung des Schmerzensgeldgefüges beitragen, die der Versichertengemeinschaft nicht zugemutet werden dürfe.[117]

Das Kapitel dürfte abgeschlossen sein, haben wir in der 2. Aufl. gedacht. Aufgegriffen wurde der Gedanke jedoch erneut vom LG Landshut,[118] das die Floskel formelhaft verwandte und auch die Richter des VI. Zivilsenats des BGH dürften dazu neigen, diesem Gedanken wieder näher zu treten. 75

Gegen solche Überlegungen wendet sich Stein[119] zu Recht mit Nachdruck. Weder der Gesichtspunkt, dass Geld letztlich ohnehin ein unzureichender Ersatz für Persönlichkeitseinbußen sei noch die Erwägung, dass die Versicherungsprämien nicht mit einem zu hohen Betrag für Schmerzensgelder belastet werden sollten, vermögen ein derartiges Ungleichgewicht zu rechtfertigen. Insb. seien durchschlagende volkswirtschaftliche Argumente gegen Haftpflichtprämien, die den Opfern eines »mörderischen« Verkehrs mehr als ein Spottgeld gewähren, nicht ersichtlich. Es sollte nicht das Anliegen der Richter sein, volkswirtschaftliche Fragen zum Maßstab für die Persönlichkeit zu erheben, deren Einbuße er zu würdigen habe. 76

Die in dieser Entscheidung des BGH[120] angesprochenen verschiedenen Gesichtspunkte zur Ermittlung des Schmerzensgeldes wurden in der Folgezeit immer wieder aufgegriffen, teilweise verschwanden sie aber auch im Laufe der Zeit, so z.B. das Argument des notwendigen Schutzes der Versichertengemeinschaft. 77

Der ausdrückliche Hinweis des BGH, dass der Tatrichter **besonders freigestellt sei** und nur das Schmerzensgeld nicht willkürlich festsetzen dürfe, hat aber ebenso wenig dazu geführt, dass höhere Schmerzensgelder zugesprochen wurden wie der weitere Hinweis, dass die Schmerzensgelder i.R.d. **wirtschaftlichen Entwicklung** oder **veränderter wirtschaftlicher Wertvorstellungen** steigen dürften.[121] Nimmt man den BGH beim Wort, hat er eine Tendenz der Rechtsprechung zu höherem Schmerzensgeld schon 1976 gebilligt. 78

---

116 BGH, Urt. v. 08.06.1976 – VI ZR 216/74, VersR 1976, 967.

117 Vgl. auch BGH, Urt. v. 24.05.1988 – VI ZR 159/87, VersR 1988, 943; BGH, Urt. v. 15.01.1991 – VI ZR 163/90, VersR 1991, 350.

118 LG Landshut, Urt. v. 03.02.2004 – 72 O 402/00, unveröffentlicht.

119 MünchKomm/Stein, BGB, 3. Aufl. 1997, § 847 Rn. 2.

120 BGH, Urt. v. 08.06.1976 – VI ZR 216/74, VersR 1976, 967.

121 Vgl. dazu die Rspr. des 19. Zivilsenats des OLG Köln: Tendenz der Rspr. zu höherem Schmerzensgeld, Urt. v. 03.03.1995 – 19 U 126/94, VersR 1995, 549 = ZfS 1995, 252. Im LS zu dieser Entscheidung heißt es: Bei der Bewertung von Vergleichsentscheidungen anderer Gerichte in Schmerzensgeldverfahren ist zu berücksichtigen, dass in den letzten Jahren eine höhere Bewertung von Körperschäden gerade im Hinblick auf hoch bewertete Sach- und Vermögensschäden stattgefunden hat. Nicht selten wird ein zu geringes Schmerzensgeld beantragt und dann als angemessen zugesprochen, sodass der Kläger nicht beschwert ist und im Berufungswege eine höhere Festsetzung nicht erreichen kann; vgl. ferner OLG Köln, Urt. v. 05.06.1992 – 19 U 13/92, VersR 1992, 1013 = ZfS 1992, 405; OLG Düsseldorf,

79 In der Rechtsprechung beachtet wurde dagegen leider die Warnung des BGH, dass die Festsetzung eines zu reichlichen Schmerzensgeldes zu einer Aufblähung des Schmerzensgeldgefüges beitragen könne, die der Versichertengemeinschaft nicht zugemutet werden dürfe.[122] Dieses Argument wurde und wird von den Versicherern immer wieder ins Feld geführt, obwohl es falsch ist und in BGH-Entscheidungen seit Langem nicht mehr auftaucht. Das Argument ist falsch, weil es »zu reichlich bemessene Schmerzensgelder« in rechtskräftigen Entscheidungen bisher »kaum einmal gegeben« hat und weil die Versicherer dieses Argument bei materiellen Schäden nicht vorbringen. Die Maßlosigkeit von Anspruchstellern und Gerichten beim Ersatz materieller Schäden wird deutlich in einer Entscheidung des OLG Jena,[123] das einem Geschädigten für die Reparatur eines Ferrari F 50 Reparaturkosten i.H.v. rund 435.000,00 € und eine Wertminderung von 65.500,00 € zuerkannte, obwohl das Fahrzeug im Herstellerwerk makellos repariert worden war.

80 Das OLG Frankfurt[124] bringt es unter Berufung auf OLG München[125] auf den Punkt:

> … das, was der Versichertengemeinschaft zugemutet werden kann, richtet sich danach, was bei durch Versagen ärztlichen und nichtärztlichen Personals schwerstgeschädigten Patienten im Bewusstsein redlich denkender und fühlender Menschen als angemessen anzusehen ist.

D. Schmerzensgeldbemessung in der Niedrigzinsphase und in der Nullzinsphase

81 Nimmt man den BGH beim Wort, dass die Schmerzensgelder i.R.d. **wirtschaftlichen Entwicklung** oder **veränderter wirtschaftlicher Wertvorstellungen** steigen dürfen, so muss die schon vor vielen Jahren eingetretene Niedrigzinsphase, die sich zwischenzeitlich zur Nullzinsphase entwickelt hatte, trotz der jüngst wieder steigenden Zinsen unbedingt bei der Bemessung des Schmerzensgeldes beachtet werden.[126] Der **Wertverlust** durch fehlende Anlagemöglichkeit und Inflation kann also angeführt werden, um eine **Erhöhung** des Schmerzensgeldes zu begründen[127].

82 Seit rd. einem Jahrzehnt ist das Zinsniveau insbesondere für Guthabenzinsen rasant abgestürzt. Während der Zinssatz in den Jahren 1997 bis 2008 für 30-jährige Bundesanleihen noch 4,75 % bis 6,5 % betrug, sank die Rendite in der Zeit von 2010 bis 2012 für die 30-jährige Bundesanleihe auf 2,5 % bis 3,25 %, im Jahr 2014 auf 2,5 %, Anfang des Jahres 2018 auf 1,25 % und seit Ende 2018 werden 0,99 % gezahlt. Die Kurse für Pfandbriefe und Sparbriefe sanken in der Zeit von 2008 bis 2018 von rd. 4 % auf 1 %, die Silvesteranleihe 2018 der Stadtsparkasse Köln-Bonn mit einer Laufzeit von 6 Jahren erbringt 0,75 %, der Leitzins der LZB sank seit 2008 bis 2013 von 2,5 % auf 0 %.[128] Eine österreichische Staatsanleihe mit 100-jähriger Laufzeit bietet eine Verzinsung von 2,11 % an; sie war innerhalb weniger Stunden dreifach überzeichnet.[129] Bedenkt man, dass der »Normalbürger« in Kapitalanlagen unerfahren ist und bei der Anlage größerer Beträge der Hilfe eines Anlageberaters bedarf, wird klar, dass sich derzeit auch für ganz erhebliche Kapitalbeträge nach Abzug von Steuern, Kosten und Gebühren nahezu keine Rendite erzielen lässt. Und wenn

---

Urt. v. 10.02.1992 – 1 U 218/90, NJW-RR 1993, 156; vgl. auch BGH, Urt. v. 16.02.1993 – VI ZR 29/92, NJW 1993, 1531 = ZfS 1993, 189: Abschied vom symbolischen Schmerzensgeld.

122 BGH, Urt. v. 08.06.1976 – VI ZR 216/74, VersR 1976, 967 (968).

123 OLG Jena, Urt. v. 28.04.2004 – 3 U 221/03, NZV 2004, 476.

124 OLG Frankfurt, Urt. v. 31.01.2017 – 8 U 155/16, GesR 2018, 264.

125 OLG München, Beschl. v. 19.09.2005 – 1 U 2640/05, juris Rz. 18.

126 Vgl. dazu grundlegend Jaeger, Einfluss der Niedrigzinsphase auf die Bemessung des Schmerzensgeldes, VersR 2019, 577 ff.; Strunk, Abfindung von Personenschäden und vergleichsweise Regelung – Höhe der Abzinsung, DAR 2019, 313 ff.

127 OLG Schleswig, Urt. v. 28.09.2021 – 7 U 29/16, ZfS 2022, 13; LG Gießen, Urt. v. 06.11.2019 – 5 O 376/18, VersR 2020, 630.

128 Die Entwicklung des Kapitalmarktes kann hier nicht vollständig dargestellt werden. Die Zinsen für die 30-jährigen Bundesanleihen sollen nur einen Eindruck davon geben, dass Renditemöglichkeiten für ein hohes Schmerzensgeldkapital heute nicht mehr gegeben sind.

129 Huber, Der Ersatz künftiger Einbußen beim Personenschaden, ZfS 2018, 484 ff., 488.

man den Finanzberatern glauben darf, wird dies noch viele Jahre so bleiben, was sich ja auch leicht an der derzeitigen Rendite für die 30-jährigen Bundesanleihen ablesen lässt. Vielfach werden sogar Negativzinsen diskutiert und inzwischen erhoben.[130]

Wie ernst die Lage am Kapitalmarkt ist, zeigen Überschriften in der Tagespresse wie z.B. »Uns drohen Jahrzehnte ohne Zinsen«.[131] Dazu werden Zinsen zwischen 0,75 % bis 1,45 % für kurze Laufzeiten genannt. Die Banken spekulieren darauf, dass nach Ablauf der kurzen Bindungsfrist eine Neuanlage zu »angeblich« guten Konditionen versäumt wird und das Kapital nahezu unverzinst stehen bleibt.

Es stellt sich also die Frage, ob und welchen Einfluss dieser Umstand auf die Bemessung des Schmerzensgeldes haben könnte.

Bis zum Jahre 2008 war es für jedermann möglich, bei einer Kapitalanlage eine hohe Rendite zu 83
erzielen.

Seit dem Jahre 2001 kommt es vor, dass Gerichte ein Schmerzensgeld in Höhe von 500.000 € und gelegentlich auch mehr zusprechen. Ein schwer Verletzter, der in den Jahren 2001 bis etwa 2008 einen so hohen Schmerzensgeldbetrag erhielt, war in der Lage, das Geld kurz-, mittel- und/oder langfristig verzinslich anzulegen und wäre damals (richtig) beraten worden, wenn er den Schmerzensgeldbetrag ganz oder überwiegend in 30-jährigen Bundesanleihen oder anderen hochverzinslichen Papieren angelegt hätte. Eine solche Kapitalanlage von beispielsweise 500.000 € hätte bei 4,75 % bis 6,5 % Zinsen eine jährliche Rendite von 23.750 € bis 32.500 € abgeworfen, ohne dass das Kapital bis zum Ablauf der Bindungsfrist sich vermindert hätte. Selbst wenn der Verletzte für einen Teilbetrag der Zinsen 25 % Abgeltungsteuer hätte zahlen müssen, hätten ihm monatlich etwa 1.500 € bis 2.000 € zur Verfügung gestanden. Bei Fälligkeit der (angenommen 2005 gezeichneten) 30-jährigen Bundesanleihen werden die Zinsen bei Fälligkeit 2035 voraussichtlich nicht mehr bei 0 % liegen, wenn sie auch wohl kaum 3 % oder gar mehr betragen werden. Kauft der Geschädigte dann wieder 30-jährige Bundesanleihen etwa zu 3 %, erzielt er eine Rendite von jährlich 15.000 €, ein Betrag, der dann voraussichtlich (fast) steuerfrei sein wird. Selbst wenn die Zinsen einem Ertragsteuersatz von 25 % unterliegen sollten, bleiben dem Geschädigten – unter Berücksichtigung eines Freibetrages – noch rd. 12.000 € netto, oder 1.000 € monatlich, ohne dass er das Kapital antasten muss, wenn er sich mit 1.000 € monatlich zufrieden gibt. Nach Ablauf dieser zweiten Bindungsfrist für das Kapital ist er dann mindestens 60 Jahre alt und hat immer noch den vollen Schmerzensgeldbetrag von 500.000 zur Verfügung.

Vergleicht man diese Situation mit der Lage eines Verletzten, der nach 2008 bis 2012 ein Schmer- 84
zensgeldkapital von 500.000 € erhielt, muss man feststellen, dass es zu einem Absturz der Rendite in der Zeit von 2009 bis 2018 gekommen war. Die Rendite war zunächst auf rd. 3 % gesunken, ein Schmerzensgeldkapital von 500.000 € erbrachte nur noch 15.000 € Zinsen jährlich brutto, also rd. 1.000 € netto monatlich. Danach sanken die Zinsen für die 30-jährigen Bundesanleihen kontinuierlich auf 1 % und die Zinsen der EZB sanken auf 0,00 %. Für Verletzte, die nach 2012 ein Schmerzensgeldkapital erhielten, ist dieses als (fast) unverzinst anzusehen. Jede Entnahme des Verletzten verzehrt sofort einen Teil des Kapitals, sodass im Laufe der Zeit durch Verringerung des Kapitals auch die jährlichen minimalen Zinseinnahmen sinken, weil für eine Verzinsung ein immer geringerer Betrag zur Verfügung steht. Dieser Kapitalfehlbetrag kann durch künftige Zinserträge nicht mehr ausgeglichen werden, auch dann nicht, wenn künftig (vielleicht) wieder etwas höhere Renditen erzielt werden. Wegen des zwangsläufigen Kapitalverzehrs sinken etwaige Zinserträge mit fortschreitendem Alter des Verletzten.

Bei einer monatlichen Entnahme von nur 1.000 € ab dem Jahre 2015 schmilzt ein Schmerzensgeld- 85
kapital von z.B. 500.000 € innerhalb von 20 Jahren (bis 2035) um 240.000 € auf 260.000 €. Selbst wenn der Geschädigte danach (etwa ab 2035) für diesen Betrag 3 % Zinsen, also anfangs 7.800 €,

130 Huber, a.a.O. S. 488.

131 Martin Lück, Anlageberater des Vermögensverwalters Blackrock im KStA v. 28.04.2019.

erhalten sollte, muss er das Restkapital jährlich mit 4.200 € angreifen, um monatlich weiterhin 1.000 € zur Verfügung zu haben. Schon nach der ersten Entnahme von 4.200 € sinkt der jährliche Zinsertrag um 126 €, und in den nächsten Jahren um ständig steigende Beträge. Es liegt auf der Hand, dass das Kapital dann nach weiteren gut 30 Jahren aufgebraucht sein wird. Ein bei der Geburt Geschädigter wäre dann rd. 50 Jahre alt, das Schmerzensgeldkapital wäre restlos verbraucht. Auch ein Verletzter, der nicht schon bei der Geburt, aber in jüngeren Jahren geschädigt worden wäre, hätte nach 50 Jahren noch eine beachtliche Lebenserwartung, aber dennoch das Schmerzensgeldkapital verbraucht. Nach der Tabelle von Car/Mittelstädt,[132] basierend auf den am 18.10.2018 veröffentlichten (Perioden-) Sterbetafeln 2015/2017 des statistischen Bundesamtes beträgt die Lebenserwartung für Männer und Frauen derzeit 80 bzw. 84 Jahre und es ist künftig eine deutliche Verringerung der Mortalität zu erwarten,[133] sodass die Lebenserwartung weiter steigen wird.

Durch den Wegfall der Verzinsung des Schmerzensgeldkapitals hat sich die Tendenz der Rechtsprechung zu höherem Schmerzensgeld– wirtschaftlich betrachtet – umgekehrt, das Schmerzensgeld wird immer »weniger wert«.

86 So ist die Situation in einer Zeit, in der in Urteilen noch immer von einer Tendenz der Rechtsprechung zu höherem Schmerzensgeld die Rede ist,[134] in einer Zeit, in der einzelne Arzthaftungssenate es immer noch für richtig halten, dass das Schmerzensgeld bei schwerst hirngeschädigt geborenen Kindern nicht immer 500.000 € sondern etwa nur 300.000 €,[135] 350.000 €[136] oder 400.000 €[137] beträgt, wenn diese Kinder noch über geringe Fähigkeiten verfügen, die Persönlichkeit also noch nicht völlig vernichtet sein soll.

Diese willkürlich unterschiedliche Rechtsprechung war nie zu billigen. Die Senate, die den bundesweit geltenden Regelbetrag von 500.000 € ohne jede oder ohne nachvollziehbare Begründung um 20 % bis 30 % unterschreiten, »weil dieser Betrag nach Auffassung des Senats angemessen aber auch ausreichend ist«, missachten den allgemein anerkannten Grundsatz, dass für einen vergleichbare Gesundheitsschaden ein vergleichbares Schmerzensgeld zuerkannt werden muss.[138]

87 Seit mehr als einem Jahrzehnt steigen die Schmerzensgeldbeträge für Schwerstschäden nur noch geringfügig. Seit Beginn des Jahrtausends sind sie zwar vereinzelt auf über 500.000 € angestiegen, ohne dass alle Senate dem folgen.

Neben einem Abschlag von bis zu 30 % auf den Mindestbetrag von 500.000 € durch die oben genannten einzelnen Spruchkörper, müssen alle schwerst Geschädigten, auch wenn das zuerkannte Schmerzensgeld nominal 500.000 € beträgt, als Folge der Nullzinsphase wirtschaftlich betrachtet ein um mindestens 50 % geringeres Schmerzensgeld hinnehmen. Weil das Schmerzensgeldkapital nicht mehr verzinst wird, ist das Kapital entweder schon in relativ jungen Jahren verbraucht, oder es können (monatlich/jährlich) nur noch deutlich geringere Beträge als früher entnommen werden.

Diese Entwicklung kann keinem mit der Entscheidung über Personenschäden befassten Richter verborgen geblieben sein.

---

132 Car/Mittelstädt, Kapitalisierung von Rentenansprüchen, VersR 2018, 1477, 1490.

133 Car/Mittelstädt, a.a.O., VersR 2018, 1477, 1487.

134 So schon das OLG Saarbrücken, Urt. v. 17.12.1974 – 7 U 83/73, NJW 1975, 1467 = VersR 1975, 1058.

135 OLG Hamm, Urt. v. 17.03.2015 – 26 U 108/13, VersR 2016, 990 mit Anm. Jaeger.

136 OLG Düsseldorf, Urt. v. 18.04.2013 – 8 U 24/12, unveröffentlicht.

137 OLG Hamm, Urt. v. 19.03.2018 – 3 U 63/15, VersR 2019, 34 ff. mit Anm. Jaeger; OLG Hamm, Urt. v. 17.03.2015 – 26 U 108/13, VersR 2016, 990 mit Anm. Jaeger, das nur 300.000 € zuerkannt hat, obwohl das schwerst hirngeschädigt geborene Kind seine mangelnden Kompetenzen erkennt und darunter (zusätzlich) leidet.

138 BGH, Urt. v. 19.12.1969 – VI ZR 111/68, VersR 1970, 281; KG NJW-RR 2008, 24: OLG Hamm NJW-RR 1993, 537; Born, Die Auswirkungen von Geschlecht und Alter auf die Höhe des Schmerzensgeldes, NZV 2016, 545 ff., 546.

Einen wichtigen Hinweis auf den Wertverfall hoher Schmerzensgeldbeträge infolge der Nullzinsphase könnten Richter aus ihren eigenen Entscheidungen entnehmen. Gerade in Arzthaftungsfällen ergeht eine obergerichtliche Entscheidung oft erst nach vielen Jahren und dem Kläger werden in einigen Entscheidungen Verzugs- oder jedenfalls Prozesszinsen in Höhe von durchschnittlich 4,45 %/Jahr (= 5 % über dem Basiszins) zugesprochen.[139] Die Zinsen, wenn sie z.B. für 11 Jahre zuerkannt werden, betragen bis zur Hälfte des zuerkannten Schmerzensgeldbetrags. Es gibt zahlreiche Entscheidungen dieser Art.[140] Richter und Anwälte, die schwerste Personenschäden bearbeiten, müssen diese hierzu ergangenen Entscheidungen und deren wirtschaftliche Auswirkungen für den jeweiligen Kläger kennen und erkennen.

Schon der Anwalt eines Klägers muss die Klagebegründung zur Höhe des Schmerzensgeldes heute 88
ändern, wenn er den Mindestbetrag (z.B. 500.000 €) aus Kostengründen beibehalten will. Dabei trifft den Anwalt eine hohe Verantwortung. Stellt er die Höhe des Schmerzensgeldes in das Ermessen des Gerichts, kann er sich nicht darauf verlassen, dass das Gericht schon den angemessenen Betrag finden und zuerkennen wird. Im Gegenteil, wird bei einem solchen Antrag ein Mindestbetrag genannt, wird das Gericht diesen oft nicht überschreiten, ohne zu erkennen zu geben, dass dem Spruchkörper bekannt war, dass das beliebige Überschreiten zulässig ist. Das muss jeder Anwalt wissen und das Gericht auf die Möglichkeit und gegebenenfalls dessen Pflicht, den Mindestbetrag zu überschreiten, hinweisen. Tut er es nicht, verletzt er seine Pflicht als Anwalt, zu erwartenden Rechtsfehlern des Gerichts vorzubeugen.[141]

Richter müssen – soweit der Klageantrag dies zulässt – die Bemessung des Schmerzensgeldgrundbe- 89
trages zugunsten des Klägers ändern, damit ein Geschädigter heute mindestens ein Schmerzensgeldkapital erhält, von dem er so lange zehren kann wie früher, als das Kapital noch verzinslich angelegt werden konnte. Werden derzeit nur 500.000 € zugesprochen erhält der Kläger nur scheinbar ein Schmerzensgeld, das schon in den Jahren 2001 bis 2012 gewährt wurde, wirtschaftlich betrachtet aber um mindestens 50 % geringer ausgefallen ist.

Der Umstand, dass auf absehbare Zeit keine wirklich nennenswerten Zinsen mehr gezahlt werden, 90
der Verletzte also auch bei hohen Schmerzensgeldbeträgen gezwungen ist, sofort das Kapital anzugreifen, muss dazu führen, ihm ein Schmerzensgeldkapital zu gewähren, das ihn wirtschaftlich mit der bis 2008 geltenden Situation gleichstellt. Um die danach einsetzende Entwicklung auszugleichen, müsste das Schmerzensgeld in den Fällen schwerst hirngeschädigt geborener Kinder und für andere vergleichbar Schwerstgeschädigte also mehr als verdoppelt werden, sodass das Schmerzensgeldkapital in diesen Fällen deutlich mehr als 1 Mio. € betragen müsste.

139 Die genaue Berechnung von Prozess- und Verzugszinsen bei Anwendung des Basiszinssatzes ist leicht möglich unter www.Zinsrechner-Basiszinssatz. Eine solche Entscheidung ist z.B. OLG Hamm, Urt. v. 29.03.2018 – 3 U 63/15, VersR 2019, 34 ff. mit Anm. Jaeger.

140 Z.B. OLG Düsseldorf, Urt. v. 18.04.2013 – 8 U 24/12, unveröffentlicht: Das Schmerzensgeldkapital von 350.000 € wird in rd. 6 Jahren mit rd. 121.000 € verzinst; LG Köln, Urt. v. 23.03.2011 – 25 O 65/08, unveröffentlicht: Das Schmerzensgeldkapital von 450.000 € wird in rd. 4 Jahren mit rd. 137.000 € verzinst; im Fall des LG Aurich, Urt. v. 23.11.2018 2 O 165/12, VersR 2019, 887 mit Anm. Jaeger wurden mehr als 200.000,00 € Zinsen zuerkannt; das OLG Frankfurt, Urt. v. 31.01.2017 – 8 U 155/16 erkannte auf 560.000,00 € Schmerzensgeld und > 260.000,00 € Zinsen; das OLG Frankfurt in einer weiteren Entscheidung v. 11.06.2015 – 15 U 189/15 auf 500.000,00 € Schmerzensgeld und > 235.000,00 € Zinsen; das OLG Hamm, Urt. v. 30.10.2015 – 26 U 130/08 auf 400.000,00 € Schmerzensgeld und > 256.000,00 € Zinsen.

141 NK-BGB/vom Stein, 3. Aufl. 2016, Anhang zu §§ 611 – 630, Rn. 46; BGH Urt. v. 24.05.2007 – IX ZR 142/05, VersR 2008, 218 = NJW-RR 2007, 1553; BGH, Urt. v. 04.06.1996 IX ZR 51/95, VersR 1996, 1499 = NJW 1996, 2648; BGH, Urt. v. 17.01.2002 IX ZR 182/00, VersR 2002, 887 = NJW 2002, 1048 f.

Das allein reicht jedoch nicht, weil damit weder die Inflation ab 2001 berücksichtigt wird, noch die immer wieder betonte Tendenz der Rechtsprechung zu höherem Schmerzensgeld, eine Tendenz, die schon 1975 beobachtet wurde.[142]

Daraus folgt, dass das höchste Schmerzensgeld bei schwersten Verletzungen sicher mehr als 1,25 Mio. € betragen müsste.

In der Anmerkung von Jaeger zu LG Aurich[143] wird ein Betrag von 2,5 Mio. € genannt.

91 Kaum ist dies ausgesprochen, fragt sich, ob der BGH ein Schmerzensgeld in dieser Höhe beanstanden könnte oder würde. Insoweit hat sich der BGH festgelegt. Selbst die überreichliche oder allzu dürftige Bemessung im Einzelfall kann als solche aus Rechtsgründen mit der Revision regelmäßig nicht angegriffen werden.[144] Auch allgemeine wirtschaftliche Bewertungsgesichtspunkte, auf die der Tatrichter das Ermessen stützt, können revisionsrechtlich nicht überprüft werden.

Wenn auch der BGH 1969 nur eine behutsame Fortentwicklung der Schmerzensgeldbeträge gebilligt haben mag, bindet dies den Tatrichter nicht allzu sehr, gibt es doch verschiedene Gesichtspunkte, die im Laufe von Jahrzehnten zur Erhöhung des Schmerzensgeldes geführt haben. Neben der inflationären Entwicklung, die erst nach der Finanzkrise 2008 deutlich auf knapp 2 % zurückgegangen ist, aber immer noch zu einem erheblichen Kaufkraftverlust beiträgt, beruhte die Steigerung der Schmerzensgeldbeträge bisher insbesondere auf der Tendenz der Rechtsprechung zu höherem Schmerzensgeld. Ob eine Steigerung als behutsam anzusehen ist, beurteilt sich jedenfalls auch danach, ob die wirtschaftliche Entwicklung behutsam oder rasant verläuft. Angesichts der deutlichen Entwicklung am Kapitalmarkt kann nicht von behutsamen Änderungen gesprochen werden. Die Kaufkraft des Schmerzensgeldes ist durch den Wegfall der Verzinsung jedenfalls zu einem erheblichen Teil schlagartig reduziert worden.

Dieser Verlust muss zumindest bei Schwerstgeschädigten durch eine deutliche Erhöhung des Schmerzensgeldes ausgeglichen werden.

Diese Schlussfolgerung ist auch deshalb geboten, weil der BGH unverändert daran festhält, dass mit dem auf eine unbeschränkte Klage insgesamt zuzuerkennenden Schmerzensgeld nicht nur alle bereits eingetretenen, sondern auch alle erkennbaren und objektiv vorhersehbaren künftigen Verletzungsfolgen abgegolten werden.[145]

Diese Rechtsprechung mag in früheren Jahrzehnten noch akzeptabel gewesen sein. Seit Schwerstschäden aber bei immer jüngeren Menschen eintreten, sei es aufgrund von Behandlungsfehlern aber auch durch Unfälle und seit die Lebenserwartung der Verletzten ständig erheblich gestiegen ist, wird das zuerkannte Schmerzensgeld für einen immer längeren Zeitraum zugesprochen, mit der Folge, dass absehbar ist, dass etwa zur Lebenshälfte des Verletzten die Kaufkraft des zuerkannten Betrages mindestens halbiert, und solange die Nullzinsphase dauert, bereits aufgebraucht sein wird. Für ein ganzes Leben kann ein Schmerzensgeld auf heutigem Niveau nicht ausreichen.

92 Die Berücksichtigung der Nullzinsphase ist nicht für alle Schmerzensgeldbeträge in gleicher Höhe erforderlich, insbesondere nicht ohne nähere Prüfung für ältere Schwerstgeschädigte.

---

142 OLG Saarbrücken, Urt. v. 17.12.1974 – 7 U 83/73, NJW 1975, 1467 = VersR 1975, 1058.

143 LG Aurich, Urt. v. 23.11.2018 – 2 O 165/12 a.a.O.

144 BGH, Urt. v. 05.05.1961 – VI ZR 194/60, VersR 61, 703 = VRS 21 Nr. 9; BGH, Urt. v. 19.10.1965 – VI ZR 99/64, VersR 63, 1208.

145 BGH, Urt. v. 20.01.2004 – VI ZR 70/03, VersR 2004, 1334 unter Hinweis auf BGH, Urt. v. 08.071980 – VI ZR 72/79 – VersR 1980, 975; BGH, Urt. v. 24.05.1988 – VI ZR 326/87 – VersR 1988, 929; BGH, Urt. v. 07.02.1995 – VI ZR 201/94, VersR 1995, 471, 472; BGH, Urt. v. 20.03.2001 – VI ZR 325/99, VersR 2001, 876; BGH, Urt. v. 04.12.1975 – III ZR 41/74, VersR 1976, 440.

Das OLG Hamm[146] hat z.B. einer 57 Jahre alten Frau ein Schmerzensgeldkapital von 500.000 € zuerkannt. Das Urteil erging nach mehr als 13 Jahren. Die zuerkannten Zinsen summieren sich auf 376.747 €. Schmerzensgeld und Zinsen ergeben also rd. 876.000 €. Für diese Geschädigte gilt ein Kapitalisierungsfaktor von rd. 11. Würde das gesamte Kapital von 876.000 € in eine Schmerzensgeldrente umgerechnet, ergäbe dies eine jährliche Rente von 79.636 €, also monatlich mehr als 6.600 € = rd. 220 € täglich. Ein solches Schmerzensgeldniveau wurde bei einer Umwandlung des Schmerzensgeldkapitals in eine Schmerzensgeldrente bisher nicht erreicht.

Diese Betrachtung zeigt, wie krass die Fehlentscheidung des 26. Zivilsenats des OLG Hamm[147] als solche und im Vergleich zu einem 2 Wochen zuvor ergangenen Urteil desselben Senats ist, in dem einem jungen schwerst hirngeschädigten Kläger statt 500.000 € nur 250.000 € zuerkannt wurden, wobei zusätzlich Zinsen in Höhe von fast 55.000 € ausgeurteilt wurden. Das bedeutet, dass diesem Kläger aus dem Schmerzensgeld der Betrag von 25.000 € ohne Zinsertrag nur rd. 12 Jahre zur Verfügung stehen würde.

Die Betrachtung sollte aber nicht bei den Schwerstgeschädigten mit (fast) vollständiger Zerstörung 93
der Persönlichkeit oder mit Querschnittslähmung stehen bleiben. Eine Anpassung des Schmerzensgeldes unter Berücksichtigung der Nullzinsphase kann auch bei niedrigeren Schmerzensgeldern eine Rolle spielen. Dies hat auch das LG Gießen[148] erkannt und den neuen Höchstbetrag von 800.000 € auch mit der Nullzinsphase begründet

I. Schmerzensgeld im niedrigen Bereich

Nicht sonderlich von der Nullzinsphase betroffen sind Geschädigte, denen ein relativ niedriger 94
Schmerzensgeldbetrag zugesprochen wird. Beträge von einigen tausend Euro werden erfahrungsgemäß nicht zinsgünstig oder gar langfristig angelegt, sondern für Anschaffungen oder Urlaube (mit dem Partner) verwandt und sind schon nach wenigen Jahren verbraucht. Das gilt selbst dann, wenn der Verletzte einen Dauerschaden erlitten hat und das Schmerzensgeld auch dazu dienen soll, ihm einen Ausgleich dafür zu gewähren, dass er die Folgen der Verletzung dauernd empfindet. Der Umstand, dass das Schmerzensgeld in diesen Fällen (oft) nicht zutreffend bemessen wurde,[149] soll hier jedoch nicht diskutiert werden.

Es gilt vielmehr, andere Schmerzensgeldbeträge in den Blick zu nehmen, etwa ab 50.000 €, eher ab 100.000 €.

II. Schmerzensgeldbeträge im mittleren Bereich

1. 75.000 €

Das OLG Saarbrücken,[150] sprach 1974 einem 10 Jahre alten Jungen ein Schmerzensgeld in Höhe 95
von 150.000 DM = 75.000 € zu. Der Junge hatte aufgrund eines groben Behandlungsfehlers das Geschlechtsglied verloren. Das Schmerzensgeld lag 50 % über dem bis dahin bekannten Höchstbetrag, was vom Gericht aber eingehend unter anderem mit der wirtschaftlichen Entwicklung, dem Geldwertschwund, einem Verlust der Kaufkraft und/oder der Steigerung des Lebensstandards begründet wurde. Im Jahr 1974 wurden höchste Renditen erzielt. Die Herstatt-Bank in Köln meldete Insolvenz an und zahlte kurz vorher bis zu 14 % Zinsen auf Tagesgeld. Die Eltern des Jungen hätten das Schmerzensgeldkapital langfristig anlegen und sicher 6 % und mehr erzielen können. Die

146 OLG Hamm, Urt. v. 21.03.2017 – 26 U 122/09, VersR 2017, 1017, mit Anm. Jaeger.

147 OLG Hamm, Urt. v. 04.04.2017 – 26 U 88/16, VersR 2017, 1019 mit Anm. Jaeger.

148 LG Gießen, Urt. v. 06.11.2019 – 5 O 376/18, VersR 2020, 630 mit Anm. Jaeger VersR 2020, 634 = MedR 2020, 933.

149 OLG Frankfurt, Urt. v. 18.10.2018 22 U 97/16, VersR 2019, 435; LG München I, Urt. v. 29.03.2001 – 19 O 8647/00, VersR 2001, 1124 ff. = NJW-RR 2001, 1246 ff. = ZfS 2001, 356 ff.

150 OLG Saarbrücken, Urt. v. 17.12.1974 – 7 U 83/73, NJW 1975, 1467 = VersR 1975, 1058.

Rendite von mindestens 9.000 DM hätte monatlich 750 DM betragen und hätte 30 Jahre später im Jahr 2005 erneut langfristig so angelegt werden können. Der damalige Kläger hätte dann nach 60 Jahren im Jahr 2035, also mit 70 Jahren noch das gesamte Kapital zur Verfügung gehabt und bis dahin monatlich über 750 DM/350 € verfügen können.

2. 75.000 €

96 Ein Schmerzensgeld von 75.000 € gewährte 2017 auch das OLG Hamm[151] einem im Zeitpunkt der Schädigung 59 Jahre alten Mann, der nach einem Behandlungsfehler unter einer chronischen inkompletten Kaudalähmung mit neurogener Blasenentleerungsstörung und Impotenz leidet. Fußheber und Fußsenker sind nicht möglich, kurze Gehstrecken bis 400 m mit körperlicher Anstrengung. Im Alltag ist der Kläger auf den Rollstuhl angewiesen. Nach mehreren Revisionsoperationen hat sich eine depressive Störung eingestellt. Der Kläger hat ein Schmerzensgeld von 200.000 € als angemessen angesehen.

Für den inzwischen 66 Jahre alten Kläger wirkte sich die Prozessdauer von rd. 5 Jahren aus, die zugesprochenen Zinsen betragen rd. 21.300 €. Könnte der Kläger das Schmerzensgeldkapital, wie früher mit 5 % verzinslich anlegen, erhielte er jährlich rd. 3.750 €, das sind 300 € monatlich, ohne das Kapital anzugreifen. Bei einer statistischen Lebenserwartung von rd. 21 Jahren ab Schädigung stünden dem Kläger dagegen (ohne Verzinsung) monatlich nur rd. 270 € zur Verfügung und das Kapital wäre verbraucht. Billigt man dem Kläger monatlich 600 € als Schmerzensgeld zu, hätte ihm ein doppelt so hohes Schmerzensgeldkapital von rd. 150.000 € zuerkannt werden müssen, ein Schmerzensgeld, das sich durchaus aus den Schmerzensgeldtabellen ermitteln lässt.

3. 100.000 €

97 Kaum besser erging es 2010 einer 50 Jahre alten Klägerin bei dem OLG München.[152] Sie erlitt im Alter von 45 Jahren bei einem Verkehrsunfall unter anderem ein schweres Bauchtrauma mit Darmverletzungen und zahlreiche Beinfrakturen vom Oberschenkel bis zum Fuß. Sie kann sich nur noch im Rollstuhl fortbewegen, wurde depressiv, leidet ständig unter Schmerzen und musste den Beruf aufgeben. Das Schmerzensgeld beträgt 100.000 € zuzüglich rd. 24.500 € Zinsen. Bei einer Kapitalanlage mit 5 % Zinsen ergäbe das Schmerzensgeldkapital 5.000 € jährlich, das sind gut 410 € monatlich. Das Schmerzensgeldkapital reicht, wenn die Klägerin monatlich diesen Betrag entnimmt, nur für 20 Jahre, sie ist dann, (unverzinst) gerechnet ab Schädigung erst 65 Jahre alt und hat dann statistisch noch eine Lebenserwartung von fast 20 Jahren. Auch daraus wird deutlich, dass das Schmerzensgeld angesichts der ganz erheblichen Dauerschäden der Klägerin viel zu gering bemessen ist. Der doppelte Betrag wäre 2010 angemessen gewesen.

4. 125.000 € zuzüglich Rente monatlich 500 € (Kapitalwert 105.000 €)

98 Das OLG Köln[153] sprach 2015 einer im Zeitpunkt der Entscheidung 46 Jahre alten Klägerin für eine Oberschenkelamputation im Alter der Klägerin von 41 Jahren ein Schmerzensgeldkapital von 125.000 € und eine Schmerzensgeldrente in Höhe von monatlich 500 € zu. Bewertet man die Schmerzensgeldrente, die ab 01.02.2010 zugesprochen wurde, nach dem 2010 von den Gerichten allgemein angenommenen Zinssatz von 5 %, so beträgt der Kapitalwert der Rente bei einem Kapitalisierungsfaktor von 17,5 rd. 105.000 €. Das Schmerzensgeld beträgt dann insgesamt rd. 230.000 €. Für das Schmerzensgeldkapital wurden Zinsen in Höhe von rd. 57.500 € zuerkannt, Zinsen für die rückständige 64 Monatsbeträge der Rente wurden nicht ausgeurteilt, weil der Klageantrag auf

151 OLG Hamm, Urt. v. 15.12.2017 – 26 U 3/14, RDG 2018, 86 ff. (rechtskräftig, BGH – VI ZR 28/18, Nutzungsbeschwerde zurückgewiesen, Beschl. v. 29.01.2019.

152 OLG München, Urt. v. 13.08.2010 – 10 U 3928/09, SP 2011, 107 = Jaeger/Luckey, Schmerzensgeld, 9. Aufl. 2018, E141.

153 OLG Köln, Urt. v. 15.07.2015 – 5 U 202/08, VersR 2016, 191.

Gewährung der Schmerzensgeldrente erst in der letzten mündlichen Verhandlung gestellt wurde. Hätte die Klägerin keine Rente beantragt, hätte sie für den auf die Rente entfallenden Kapitalbetrag von 105.000 € Zinsen in Höhe von mehr als 48.000 € erhalten, was bei der Rentenberechnung (natürlich) nicht berücksichtigt wurde. Die Schmerzensgeldrente kostet die Klägerin also wegen des Zinsverlustes letztlich (105.000 + 48.000) 153.000 €, ein Betrag, der zu einer um rd. 200 € höheren Rente hätte führen müssen.

Würde man den Kapitalwert der Rente nach dem 2015 in der Rechtsprechung[154] auch schon anerkannten Zinssatz von 2 % errechnen, betrüge der Kapitalwert rd. 170.000 € (Kapitalisierungsfaktor 28,357). Diese Vorstellung hat der 5. Zivilsenat des OLG Köln schon deshalb nicht entwickelt, weil der Kapitalwert einer Schmerzensgeldrente allein den Betrag des insgesamt als angemessen angesehenen Schmerzensgeldes von 230.000 € schon nahe gekommen wäre, was nach der bisherigen Rechtsprechung nicht geschieht.[155]

Entnimmt die Klägerin dem Schmerzensgeldkapital monatlich 220 €, ist dieses nach 48 Jahren, wenn sie das statistische Lebensendalter erreicht hat, verbraucht. Ihr stünden dann monatlich insgesamt 720 € oder täglich 24 € zur Verfügung, ein Betrag, den man in 20–30 Jahren kaum noch als Ausgleich für den Dauerschaden empfinden kann.

5. 220.000 € zuzüglich Rente monatlich 250 € (Kapitalwert 70.000 €)

Das LG Köln[156] sprach 2015 einem bei der Verletzung 37 Jahre alten Kläger, Vater von vier Kindern, 99
der auf einem Trampolin nach einem Überschlag auf dem Rücken landete und das Genick brach, bei einem Mitverschulden von 30 % ein Schmerzensgeldkapital von 220.000 € und eine Schmerzensgeldrente von monatlich 250 € (Kapitalwert rd. 70.000 €; Kapitalisierungszinssatz 3 %) zu. Er erlitt eine Querschnittssymptomatik in Höhe C 6 mit begleitender neurogener Blasen- und Mastdarmentleerungsstörung. Im Zeitpunkt der Entscheidung war der Kläger 48 Jahre alt.

Als Dauerschäden verblieben die hochgradige Teillähmung der oberen Extremität mit funktionell kompletter Lähmung der Langfinger und deshalb deutlich eingeschränkten Handfunktionen, die komplette Lähmung des Rumpfes und der Blase, der Mastdarmlähmung und die komplette Lähmung der unteren Extremitäten und natürlich Impotenz.

Aus dem Schmerzensgeldkapital kann der im Zeitpunkt der Entscheidung 48 Jahre alte Kläger vorerst keine Zinsen erwirtschaften, sodass er auf die Entnahme aus dem Kapital angewiesen ist. Gibt er sich mit einem monatlichen Betrag (einschließlich Rente 250 €) von 1.500 € zufrieden, vermindert sich das Schmerzensgeldkapital jährlich um 15.000 €. Nimmt man an, dass das Schmerzensgeldkapital sich bis 2030 nicht verzinst, vermindert es sich bis zu diesem Zeitpunkt um 15 x 15.000 € = 225.000 €, sodass das Schmerzensgeldkapital verbraucht ist, wenn der Kläger nicht einmal 63 Jahre alt ist. Von da an bleibt ihm für fast 20 Jahre restliche statistische Lebenserwartung nur noch die Schmerzensgeldrente von 250 € monatlich, und das bei Kaufkraftschwund, der nur geschätzt werden kann, aber sicher 20 % betragen wird.

---

154 Die Rechtsprechung war insoweit nicht einheitlich. Im Jahr 2013 wurde auch ein Zinssatz von 3 % angenommen: OLG Schleswig, Urt. v. 31.01.2013 – 4 U 97/11, unveröffentlicht; OLG Düsseldorf, Urt. v. 30.08.2013 – 1 U 68/12, SP 2014, 121, ging von 4 % aus.

155 Das OLG Köln, Urt. v. 23.07.1997 – 5 U 44/97, VersR 1998, 244 hielt früher eine Aufteilung 1/3 Kapital und 2/3 Rente gelegentlich für angemessen, insbesondere dann, wenn das Schmerzensgeld schwerst hirngeschädigt geborenen Kindern zu gewähren war. Dadurch wurde vermieden, dass diese Kinder nach der Rechtskraft des Urteils von den Eltern in ein Heim abgeschoben wurden, wo das Sterblichkeitsrisiko wesentlich erhöht ist. Durch die hohe Rente besteht für die Angehörigen ein besonderes Interesse, den Rentenberechtigten möglichst lange am Leben zu erhalten. Diesem Gedanken widmet sich auch Huber, NZV 1998, 345 (351); vgl. auch Notthoff, VersR 2003, 966 (967), der eine Bereicherung der Erben als dem Billigkeitscharakter des Schmerzensgeldes zuwiderlaufend ansieht.

156 LG Köln, Urt. v. 13.06.2015 – 5 O 488/05, unveröffentlicht.

6. 180.000 €

100 Ähnlich praxisfern ist eine Entscheidung des LG Flensburg,[157] das 2018 einer zum Unfallzeitpunkt 22 Jahre alten Frau, nach Kürzung wegen eines Mitverschuldens um 10 % (das OLG Schleswig bemaß das Mitverschulden mit 30 %, ohne den Schmerzensgeldbetrag zu ändern) 180.000 € zusprach, obwohl die Klägerin bei einem Motorradunfall erheblichen Kopfverletzungen, die in der Folge zu Schlaganfällen führten, die Amputation des linken Armes, eine Halbseitenlähmung, eine Lungenquetschung, Schmerzen, sichtbaren Narben erlitten hatte und lebenslang auf Medikation und auf Hilfe angewiesen ist. Der Betrag war für rd. 6 Jahre zu verzinsen, die Zinsen betrugen gut 55.000 €. Den schrecklichen Gesundheitszustand der Klägerin sollte der Leser im Volltext des Urteils nachlesen.

Mit 180.000 € stehen der Klägerin für die Lebenszeit nach dem Unfall von 62 Jahren (62 x 12 = 744 Monate) monatlich rd. 240 € oder täglich 8 € zur Verfügung. Es liegt auf der Hand, dass das Schmerzensgeld völlig unzureichend bemessen ist. Würde der Betrag von 180.000 € wie früher mit 5 % verzinst, könnte die Klägerin monatlich auf fast 750 € Zinsen zurückgreifen, ohne das Kapital anzugreifen, im Zeitpunkt der Entscheidung aus 2018 eine Illusion.

Dabei ist es unerfindlich, wieso das LG Flensburg eine vergleichbare Entscheidung des LG Hamburg[158] unbeachtet gelassen hat. Der Schaden der 19 Jahre alten Klägerin, über den das LG Hamburg zu entscheiden hatte, ist durchaus vergleichbar und führte zu einem Schmerzensgeld von 400.000 €.

101 Nach alledem muss die Frage gestellt werden, ob es möglich ist, dass ein Gericht nunmehr ein Schmerzensgeld in Höhe von z.B. 1,25 Mio. € oder gar mehr statt (wie bisher) 500.000 € zuspricht. Dies gilt umso mehr, weil das LG Aurich[159] und das LG Gießen[160] inzwischen den Höchstbetrag des Schmerzensgeldes auf 800.000 € erhöht haben. Hinzukommt, dass auch die Nullzinsphase[161] nicht ohne Wirkung bleiben darf. Gerade weil es keine Zinsen auf ein Schmerzensgeldkapital gibt, müssen die Schmerzensgeldbeträge erhöht werden, um dem Verletzten annähernd das Schmerzensgeld zu gewähren, das er in Zeiten der Zinsphase de facto erhalten hat.

Man sollte die Gerichte mit manchen Aussagen beim Wort nehmen.

Das KG[162] stellt 2012 darauf ab, dass die Höhe des Schmerzensgeldes sich ausschließlich nach den konkreten Umständen des Einzelfalles bemessen soll und dass vergleichbare Fälle allenfalls bei der Ermittlung der Größenordnung eine Rolle spielen sollen. Diese Aussage ist nicht unproblematisch, verlangt doch der BGH, für die Ermittlung des angemessenen Schmerzensgeldes grundsätzlich auf vergleichbare Fälle zurückzugreifen, auch wenn diese keine Bindungswirkung bezüglich der Höhe des Schmerzensgeldes entfalten. Ausdrücklich hat der BGH[163] aber auch darauf hingewiesen, dass lediglich eine willkürliche Festsetzung des Schmerzensgeldes unzulässig sei. Die Abweichung von den in bisher in vergleichbaren Fällen gewährten Beträgen müsse begründet werden. Der Tatrichter müsse die von ihm herangezogenen Bewertungsgrundsätze offenlegen. Der Gleichbehandlungsgrundsatz gelte auch bei der Bemessung des Schmerzensgeldes. Diese Grundsätze haben das LG München I und das OLG Frankfurt[164] 1996 und 2001 beachtet, indem sie über die in zuvor ergangenen Entscheidungen ausgeurteilten Schmerzensgeldbeträge deutlich hinausgegangen sind, aber begrün-

157 LG Flensburg, Urt. v. 05.01.2018 – 2 O 228/13, unveröffentlicht = OLG Schleswig, Urt. v. 29.11.2018 – 7 U 22/18, unveröffentlicht.
158 LG Hamburg, Urt. v. 26.07.2011 – 302 O 192/08, NJW Spezial 2012, 11 und JurBüro 2017, 09; Jaeger/Luckey, Schmerzensgeld, 9. Aufl. 2018, E 979.
159 LG Aurich VersR 2019, 887.
160 LG Gießen, Urt. v. 06.11.2019 – 5 O 376/18, VersR 2020, 630 = MedR 2020, 933 mit Anm. Jaeger.
161 Jaeger, Einfluss der Niedrigzinsphase auf die Bemessung des Schmerzensgeldes, VersR 2019, 577.
162 KG, Urt. v. 16.02.2012 – 20 U 157/10, MedR 2012, 596 mit Anmerkung L. Jaeger = VersR 2012, 766.
163 BGH, Urt. v. 08.06.1976 – VI ZR 216/74, MDR 1976, 1012.
164 LG München I, Urt. v. 29.03.2001 – 19 O 8647/00, VersR 2001, 1124 ff. = NJW-RR 2001, 1246 ff. = ZfS 2001, 356 ff.; OLG Frankfurt, Urt. v. 21.02.1996 – 23 U 171/95, VersR 1996, 1509.

det haben, dass die das bisherige Schmerzensgeldgefüge nicht sprengen sondern nur fortschreiben würden bzw., dass das Gericht weder einen Markstein setzen noch Rechtspolitik betreiben wolle.

Auch das OLG Köln[165] hat sich der Auffassung des BGH zum Rückgriff auf vergleichbare Entscheidungen angeschlossenen, aber ausdrücklich darauf hingewiesen, dass dies nicht sklavisch geschehen dürfe, sondern dass der Zeitablauf, die Geldentwertung und die Tendenz der Rechtsprechung zu höherem Schmerzensgeld bei der Schmerzensgeldbemessung berücksichtigt werden müsse.

Insgesamt gilt aber, dass die Gerichte das Maß des Leidens des Verletzten berücksichtigen müssen. 102
Richter müssen sich eindringlich und in allen Einzelheiten vorstellen, was die medizinischen Feststellungen zu Art und Umfang des Gesundheitsschadens des Anspruchstellers im Alltag bedeuten. Monatelange Schmerzen, der Verlust eines Arms, eines Beins oder des Augenlichtes oder Gehörs, die Verkrüppelung oder Verunstaltung muss der Richter auf sein eigenes Leben übertragen und sich in die Situation des Verletzten hineinversetzen. Geschieht dies, ist Schluss mit marginalen Schmerzensgeldbeträgen, weil die wirklichen Leiden der Verletzten dann von jedem Richter nachempfunden und »ausgeglichen« werden.[166]

Schon 1976 hat Teplitzky[167] darauf hingewiesen, dass zunächst einmal die Rechtsanwälte in geeigneten Fällen den vermeintlich sicheren Boden der Schmerzensgeldtabellen verlassen und eindringlich auf höhere Beträge plädieren müssen, sodass die Richter den Mut fänden, über bisherige Werte kräftig hinaus zu gehen.

Nimmt man diese Aussagen, dass Tabellenwerte nicht sklavisch übernommen werden dürften, son- 103
dern dass der Zeitablauf, die Geldentwertung und die Tendenz der Rechtsprechung zu höherem Schmerzensgeld bei der Schmerzensgeldbemessung berücksichtigt werden müsse, als »gefestigte Rechtsprechung« an, folgt daraus, dass eine deutliche Erhöhung der Schmerzensgeldbeträge möglich ist, ohne das Schmerzensgeldgefüge zu sprengen. Solche Schmerzensgeldbeträge würden zwar einen »Markstein« setzen, aber sicher keine Rechtspolitik bedeuten. Im Gegenteil, deutlich höhere Schmerzensgeldbeträge sorgen für mehr Gerechtigkeit. Insbesondere kann mit neuer Begründung erreicht werden, dass die Dauer der zu ertragenden Leiden bei der Bemessung des Schmerzensgeldes besser berücksichtigt wird. Dies postuliert auch das OLG Frankfurt[168] welches ausführt, es halte »einen Vergleich mit anderen Entscheidungen … für unzureichend, um den Umfang der Beeinträchtigungen eines Verletzten gleichmäßig und auch für Geschädigte voraussehbar zu berechnen«. Das OLG hat das Schmerzensgeld nach der sog. »taggenauen Berechnung« bemessen (irritierenderweise allerdings dann just die Berechnung der dauerhaften Beeinträchtigungen auf die verbleibende Lebenserwartung des Klägers unterlassen, weswegen ein Schmerzensgeld von »nur« rund 11.000,00 € errechnet wird). Diese »taggenaue Bemessung« wurde im 2013 erschienenen »Handbuch Schmerzensgeld« von Schwintowski/Schah Sedi/Schah Sedi vorgestellt und basiert auf der Prämisse, dass die Berechnung des Schmerzensgeldes mehr auf die Dauer des Leidens abstellen solle, als dies bisher der Fall sei. Hierfür schlagen die Autoren vor, dass die Beeinträchtigung eines Verletzten in einem auf den jeweiligen Tag berechneten Prozentsatz des Monatsdurchschnittsbruttoverdiensts in Deutschland als Referenzgröße berechnet werden soll. Für einen Tag intensivmedizinischen Aufenthaltes wären dann z.B. 15 % = 489,14 € anzusetzen, pro Tag stationären Aufenthalts 10 %, nach Entlassung noch 8 % bei ambulanter Krankenpflege. Dauerhafte Beeinträchtigungen werden sodann auf die voraussichtliche Lebenszeit hochgerechnet. Hierbei wird zunächst der Grad der Schädigung (GdS) nach (in dem Buch enthaltenen) Tabellen ermittelt und sodann mit 7 % des Referenzwertes (also wieder: des Bruttoverdienstes) multipliziert, ehe dieser Wert auf die Restlebenszeit (in Tagen) »hoch-

165 OLG Köln, Urt. v. 05.06.1992 – 19 U 13/92, ZfS 1992, 405.
166 Teplitzky, a.a.O., S. 390.
167 Teplitzky, a.a.O., S. 390.
168 OLG Frankfurt, Urt. v. 18.10.2018 – 22 U 97/16, VersR 2019, 435 = NJW 2019, 442; dem folgend LG Frankfurt, Urt. v. 17.07.2019 – 2-24 O 246/16, unveröffentlicht.

gerechnet« wird. In weiteren Schritten soll dann eine Korrektur des solcherart errechneten Betrages auf den Einzelfall erfolgen.

Die erste Rezeption dieser Entscheidung war verhalten; die Literatur[169] zweifelt an einem echten Mehrwert, und das OLG Düsseldorf[170], das OLG Celle[171], das OLG Koblenz[172] das KG[173], das OLG München[174], das OLG Hamm[175] und auch das OLG Brandenburg[176] haben sich gegen die »taggenaue Bemessung« positioniert, wozu das OLG Brandenburg ausgeführt hat, die taggenaue Bewertungsmethode erwachse »dem Irrglauben, jegliche Art und Intensität körperlicher Einschränkungen sowie Schmerzen objektiviert bemessen zu können«. Es erscheine jedoch »fehlsam anzunehmen, aus entsprechenden Vorgaben erwüchse eine größere Einzelfallgerechtigkeit«.

Tatsächlich relativiert sich der »Reiz« einer »präziseren« Berechnung des Schmerzensgeldes schnell, wenn man die Möglichkeiten der Einzelfallanpassung in den Blick nimmt. Möglicherweise würde auch letztlich bei der »taggenauen Berechnung« – wenn auch an methodisch anderer Stelle – um Einzelfallbeträge ebenso gestritten wie derzeit schon. Es erscheint angreifbar, als Bemessungsgröße das Monatsbrutto zu wählen. Zuletzt vernachlässigt eine Standardisierung (nur) nach der Behandlungsart (zu?) sehr, dass die Schmerzen und Beeinträchtigungen – je nach Verletzung – auch bei einem gleich langen Krankenhausaufenthalt zweier unterschiedlich verletzter Personen ganz unterschiedlich sein können – trotzdem sollen diese den gleichen Betrag erhalten. Fragwürdig ist auch, warum gerade der Aufenthalt auf der Intensivstation am höchsten bewertet ist, ist er zwar objektiv am »schlimmsten«, weil der Zustand noch bedrohlich ist, ist es aber mit Blick auf das subjektive Leiden doch gerade oft so, dass der Geschädigte dort (weil sediert oder im Koma) am wenigsten von seinem Zustand »mitbekommt« – ganz zu schweigen davon, dass auch die Verweildauer im Krankenhaus weit weniger an Leiden und Bedarf des Patienten ausgerichtet ist als an wirtschaftlichen Überlegungen der Krankenhausträger. Trotzdem soll der Patient – wenn solcherart (zu) früh aus dem Krankenhaus ent- und sich selbst überlassen – auch noch eine Kürzung der Schmerzensgeldpauschale hinnehmen müssen.[177]

Naturgemäß lässt sich diesen Überlegungen entgegenwerfen, es handele sich um »Erbsenzählerei« – letztlich aber muss sich eine tabellarische Bemessung eines Schadensersatzes durchaus auch die Frage gefallen lassen, auf welchen Axiomen sie fußt. Das ist bei der Bemessung des Haushaltsführungsschadens bereits jetzt die Regel, wenn darum gestritten wird, wie viel Stunden »üblicherweise« in einem Mehrpersonenhaushalt an Arbeit anfallen – das gilt aber auch, wenn an den Anfang einer Berechnung apodiktisch das Postulat gesetzt wird, der immaterielle Schaden lasse sich in Prozentquo-

---

169 Etwa Bensalah/Hassel, NJW 2019, 403; Korch EWiR 2019, 143; Luckey, JR 2019, 311; ders. DAR 2019, 450; zustimmend allerdings Zarges, ZfS 2019, 90.

170 OLG Düsseldorf, Urt. v. 28.03.2019 – 1 U 66/18, DAR 2019, 450 = ZfS 2019, 378.

171 OLG Celle, Urt. v. 26.06.2019 – 14 U 154/18, VersR 2019, 1157.

172 OLG Koblenz, Urt. v. 16.12.2020 – 5 U 836/18, MDR 2021, 426: »Es ist schließlich auch nicht angezeigt, den Schmerzensgeldbetrag anhand einer tageweisen Schmerzensgeldberechnung einer Plausibilitätskontrolle zu unterziehen. Wenngleich dies zu einer größeren Transparenz und rechnerischen Nachvollziehbarkeit führen mag, erscheint dieser Ansatz (…) zu schematisch (…) Nimmt man dagegen, wie das OLG Frankfurt, Zu- und Abschläge von dem rechnerischen Ergebnis unter Berücksichtigung der Umstände des Einzelfalls vor, entfällt der Vorteil der Transparenz und Voraussehbarkeit. Dem steht es im Übrigen auch entgegen, dass das OLG Frankfurt die Berechnungsgrundlagen, die 2018 aufgestellt wurden, bereits 2020 wieder korrigiert hat. Letztlich zeigt aber auch die notwendige Korrektur der Sätze, dass sich der immaterielle Schaden letztlich nicht in schematischen Tagegeldern abbilden lässt.«.

173 KG, Urt. v. 22.05.2019 – 25 U 118/18, unveröffentlicht, die hiergegen erhobene Nichtzulassungsbeschwerde wurde zurückgewiesen, BGH, Beschl. v. 14.07.2020 – VI ZR 249/19, unveröffentlicht; KG, Urt. v. 09.09.2019 – 22 U 35/18, unveröffentlicht.

174 OLG München, Urt. v. 25.10.2019 – 10 U 3171/18, ZfS 2020, 200.

175 OLG Hamm, Urt. v. 05.03.2021 – 9 U 221/19, unveröffentlicht.

176 OLG Brandenburg, Urt. v. 16.04.2019 – 3 U 8/18, unveröffentlicht.

177 Luckey, DAR 2019, 450.

ten des Monatsbruttos pauschalieren, und zwar ungeachtet der konkreten Schmerzen und Leiden. Stellt man diese allerdings zu sehr auf die Stufe der Einzelanpassung bleibt von einer Berechenbarkeit wieder nicht allzu viel übrig.

Auch der BGH[178] hat sich für die »klassische« Bemessung entschieden und eine Bezifferung nach »taggenauer« Berechnung verworfen: 104

> »Maßgebend für die Höhe des Schmerzensgeldes sind im Wesentlichen die Schwere der Verletzungen, das durch diese bedingte Leiden, dessen Dauer, das Ausmaß der Wahrnehmung der Beeinträchtigung durch den Verletzten und der Grad des Verschuldens des Schädigers. Dabei geht es nicht um eine isolierte Schau auf einzelne Umstände des Falles, sondern um eine Gesamtbetrachtung aller Umstände des Einzelfalls (...), die sich jedoch nicht streng rechnerisch ermitteln lässt.
>
> Diesen Grundsätzen wird die vom Berufungsgericht vorgenommene »taggenaue Berechnung« des Schmerzensgeldes nicht gerecht. Die schematische Konzentration auf die Anzahl der Tage, die der Kläger auf der Normalstation eines Krankenhauses verbracht hat und die er nach seiner Lebenserwartung mit der dauerhaften Einschränkung voraussichtlich noch wird leben müssen, lässt wesentliche Umstände des konkreten Falles außer Acht (...) Auch die Anknüpfung an die statistische Größe des durchschnittlichen Einkommens trägt der notwendigen Orientierung an der gerade individuell zu ermittelnden Lebensbeeinträchtigung des Geschädigten nicht hinreichend Rechnung.«

Ergänzend hat der BGH[179] noch klargestellt, dass man die taggenaue Berechnung auch nicht als »**Plausibilitätscheck**« eines »klassisch« bemessenen Schmerzensgeldes einsetzen kann:

> »Der auch in der Forderung nach einer Plausibilitätskontrolle durch taggenaue Berechnung des Schmerzensgeldes enthaltene Vorwurf der Revision, das Berufungsgericht habe bei der Bemessung des Schmerzensgeldes der Leidensdauer bzw. dem Vorliegen eines Dauerschadens nicht ausreichend Rechnung getragen, ist nicht als durchgreifend zu erachten.
>
> Auch insoweit sind im Rahmen des eingeschränkten Prüfungsmaßstabs des Revisionsgerichts Rechtsfehler der Entscheidung nicht festzustellen. Das Landgericht, auf dessen Entscheidung das Berufungsgericht Bezug nimmt und dessen Bemessung es billigt, hat in seine Erwägungen ausdrücklich mit einbezogen, dass bei der Klägerin schwere Dauerschäden vorliegen und ihr jede Möglichkeit einer körperlichen und geistigen Entwicklung genommen ist.«

Aus alledem folgt aber auch, dass der Gesetzgeber nicht gut beraten war, die Bemessung des Schmerzensgeldes den Richtern zu überlassen. Die Verletzten sind nicht in guten Händen, wie die zahlreichen Entscheidungen zeigen, die ein völlig unzureichendes Schmerzensgeld zusprechen, sodass die Bemessung des Schmerzensgeldes nicht zu Unrecht »als eines der traurigsten Kapitel im Buch der Deutschen Zivilrechtsprechung anzusehen sei«.[180] 105

Der Gesetzgeber glaubt immer noch, dass die Gerichte bei der Bemessung des Schmerzensgeldes ihre Aufgabe gelöst haben. Im Gesetzgebungsverfahren zum Hinterbliebenengeld ist wiederholt die Erwartung geäußert worden, die Gerichte würden es schon richten. Diese Auffassung ist blauäugig. Das gilt auch für die Stellungnahme des Deutschen Richterbundes,[181] der meint, die Rechtsprechung sei, wie die Entwicklung der Schmerzensgeldrechtsprechung zeige, ohne Weiteres in der Lage, im Laufe der Zeit selbst angemessene und weithin akzeptierte Bemessungskriterien zu entwickeln, die – jedenfalls auf längere Sicht – auch die erforderliche Rechtssicherheit (beim Hinterbliebenengeld) schaffen würden. Wieso der Deutsche Richterbund vorgibt, dies sei der Schmerzensgeldrechtsprechung gelungen, ist nicht nachvollziehbar. Das Gegenteil ist der Fall. Die Höhe des Schmerzensgeldes ist nicht prognostizierbar, jede Prognose, welches Schmerzensgeld ein Gericht im Einzelfall für angemessen halten wird, ist unsolide. 106

178 BGH, Urt. v. 15.02.2022 – VI ZR 937/20, VersR 2022, 712 = NJW 2022, 1953 = DAR 2022, 324 m. Anm. Luckey.
179 BGH, Urt. v. 22.03.2022 – VI ZR 16/21, VersR 2022, 819 = NJW 2022, 1957.
180 Teplitzky, a.a.O., S. 388.
181 Deutscher Richterbund, Stellungnahme Nr. 4/17, a.E.

Auch die frühere Vorsitzende Richterin am BGH G. Müller[182] hat zum Hinterbliebenengeld die Auffassung vertreten, Bemessungsschwierigkeiten sollte es für Richter nicht geben. Ihr ist zuzugeben, dass es dem BGH z.B. zu verdanken sei, dass die Rechtsprechung bei der Bemessung des Schmerzensgeldes für schwerst hirngeschädigt geborene Kinder den Weg von einem lediglich symbolischen Schmerzensgeld zum höchsten Schmerzensgeld überhaupt gefunden hat. Wenn Richter den Verlust, die Vernichtung der Persönlichkeit, bewerten könnten, sollten sie auch in der Lage sein, den höchstpersönlichen Verlust eines Angehörigen zu »bewerten«. Das hört sich gut an, lässt aber die Erkenntnis vermissen, dass gerade dem BGH bei der Bemessung des Schmerzensgeldes die »Hände gebunden« sind, sodass die Aussage nicht durch Tatsachen belegt werden kann.

107 Die oben aufgezeichneten und sich aus jeder Schmerzensgeldtabelle ergebenden, erheblich abweichenden Bewertungen schwerster Schäden durch die Senate verschiedener OLG belegen deutlich, dass insoweit Defizite bestehen. Der BGH halt sich bei der Höhe des Schmerzensgeldes bis auf wenige Ausnahmen »bedeckt«. Es gibt neben den Entscheidungen aus 1992 und 1993[183] nur wenige Entscheidungen, in denen er die Höhe des Schmerzensgeldes beanstandet hat.[184] Die Frage ist, ob der BGH eingreifen würde, wenn ein Gericht bei der Bemessung des Schmerzensgeldes die wirtschaftliche Entwicklung, insbesondere das Zinsniveau als Kriterium für die Bemessung des Schmerzensgeldes, z. B. nicht einmal erwähnt hat.

Zur Bemessung des Schmerzensgeldes ist es nämlich erforderlich, alle für die Entscheidung bedeutsamen Bemessungskriterien heranzuziehen, also gegebenenfalls auch die wirtschaftliche Entwicklung. Wird von einem Instanzgericht ein einschlägiges Bemessungskriterium nicht berücksichtigt, liegt ein Fehler in der Rechtsanwendung vor. Hat der Bevollmächtigte des Verletzten das derzeitige Zinsniveau als Bemessungskriterium benannt, wird das rechtliche Gehör verletzt, wenn das Gericht das Kriterium bei der Bemessung des Schmerzensgeldes nicht behandelt. Der BGH könne all dies beanstanden und gegebenenfalls die Entscheidung aufheben und die Sache zurückverweisen, verbunden mit dem Hinweis, dass und wie die wirtschaftliche Entwicklung und die Veränderung des Zinsniveaus als Kriterien bei der Bemessung des Schmerzensgeldes berücksichtigt werden müssen.

Vielleicht erhält der BGH dazu einmal Gelegenheit, wenn denn entsprechende Entscheidungen es in die Revision schaffen.

E. Vergleichbare Fälle – vergleichbare Kriterien

108 Grds. ist es Sache des **Tatrichters** und natürlich des Anwalts des Verletzten, alle für die Höhe des Schmerzensgeldes maßgeblichen Umstände zu erfassen und zu berücksichtigen. Er muss jedoch darlegen, dass er sich bei der **Ausübung seines Ermessens** um ein angemessenes Verhältnis der Entschädigung zu Art und Dauer der Verletzung bemüht hat. Der BGH fordert, dass der Tatrichter sich mit den für die Bemessung des Schmerzensgeldes maßgeblichen Umständen auseinandersetzt und die tatsächlichen Grundlagen seiner Schätzung und ihre Auswirkungen darlegt.[185] Diesen Anforderungen wird **nicht** genügt, wenn **lediglich abstrakt** allgemeine Beurteilungskriterien aufgezählt und im Tatbestand die Verletzungen festgestellt werden, ohne dass ausgeführt wird, wie diese Verletzungen und die sonstigen tatsächlichen Fallumstände i.R.d. Schmerzensgeldbemessung zu bewerten sind.[186]

---

182 G. Müller, Neue Perspektiven beim Schadensersatz, VersR 2006 1289 (1290).

183 BGH, Urt. v. 13.10.1992 – VI ZR 201/91, MDR 1993, 123 und BGH, Urt. v. 16.02.1993 – VI ZR 29/92, VersR 1993, 585.

184 BGH, Urt. v. 08.06.1976 – VI ZR 216/74, Verlust des Geruchssinns, MDR1976, 1012; BGH, Urt. v. 13.10.1992 – VI ZR 201/91, MDR 1993, 123 und BGH, Urt. v. 16.02.1993 – VI ZR 29/92, VersR 1993, 585 = MDR 1993, 849 (schwerst hirngeschädigt geborene Kinder), BGH, Urt. v. 12.05.1998 – VI ZR 182/97, (Schmerzensgeld bei baldigem Tod), MDR 1998, 1029 mit Anm. Jaeger = VersR 1998, 1034.

185 BGH, Urt. v. 24.05.1988 – VI ZR 159/87, VersR 1988, 943; BGH, Urt. v. 16.06.1992 – VI ZR 264/91, VersR 1992, 1410.

186 BGH, Urt. v. 16.06.1992 – VI ZR 264/91, VersR 1992, 1410.

Das OLG München[187] hat eine erstinstanzliche Entscheidung abgeändert und plastisch Folgendes moniert:

> »Der Berufung ist jedoch insoweit Recht zu geben, als die Begründung für das tatsächlich zugemessene Schmerzensgeld als kursorisch, oberflächlich und deshalb als unzureichend beanstandet wird. Das Ersturteil beschränkt sich auf die Feststellung derzeitiger weitgehender Beschwerdefreiheit, die Darstellung einer »nicht so naheliegenden Verletzungsfolge« und den Vergleich mit einer einzigen Entscheidung, die ähnliche Verletzungen behandelt hat. Dies lässt besorgen, dass der Tatrichter nicht einmal die für seine Überzeugungsbildung leitenden Gründe angegeben, den Parteivortrag nicht vollständig erfasst und in Betracht gezogen, sowie eine Auseinandersetzung – individuell und argumentativ mit dem Sach- und Streitstand unterlassen hat (...) Es wäre eine vertiefte Erörterung, und nicht nur die wahllose Beschränkung auf eine Entscheidung geboten gewesen (...) Das Landgericht übersieht bereits, dass mögliche vergleichbare Fälle für sich allein kein zielführendes Ergebnis liefern können. Erst recht gilt dies, wenn – wie im Fall des Ersturteils – nur ein einziger Vergleichsfall herangezogen wird.«

Wenngleich für bestimmte Verletzungen grds. keine **festen Bewertungskategorien** (**»Gliedertaxe«**) zugrunde zu legen sind, muss der Tatrichter doch jedenfalls dann, wenn er von den üblichen Bemessungssätzen abweichen will, den besonderen Grund hierfür darlegen.[188]

Dieses System der Bemessung hat der Verkehrsgerichtstag 2014 in seinem AK II, der sich mit dem »Problemfeld Schmerzensgeld« befasst hat, auch gebilligt; die Beschlussempfehlungen lauten:

1. Schmerzen und menschliches Leid lassen sich nicht formalisieren.
2. Der Arbeitskreis empfiehlt deshalb, grundsätzlich bei dem bisherigen System der Bemessung des Schmerzensgeldes zu bleiben, um den besonderen Umständen des jeweiligen Einzelfalles gerecht zu werden.
3. Dabei sollten die bisher in der Rechtsprechung gewonnenen Maßstäbe den Ausgangspunkt für die Bemessung bilden, ohne allerdings bindenden Charakter zu entfalten. Entscheidungssammlungen können dabei eine wichtige Orientierungshilfe darstellen, damit in vergleichbaren Fällen keine groben Ungleichgewichte entstehen.
4. Das derzeitige System steht einer Tendenz zu höheren Schmerzensgeldern hierbei nicht entgegen und sollte auch den Blick nicht versperren auf andere Lösungsansätze, insbesondere in anderen EU-Staaten.

Während einerseits vom Richter verlangt wird, den Schmerzensgeldbetrag durch Bezug auf vergleichbare Fälle transparent zu machen,[189] wendet der BGH sich in anderen Entscheidungen gegen die **Verwertung von Präjudizien** und betont, dass das Gesetz den Richter bei der Bemessung des Schmerzensgeldes in keiner Richtung einengt.[190] Richtig ist daran, dass das Gesetz dem Richter freies Ermessen einräumt. 109

Das OLG München[191] beachtet dies nicht, behauptet vielmehr, ein Schmerzensgeldbetrag müsse sich im Rahmen der sonstigen Schmerzensgeldjudikatur halten, die wegen des Gleichheitsgebots zu beachten sei. Diesen Gedanken hat das OLG Bremen[192] sogleich aufgegriffen und zitiert, jedoch mit dem Zusatz, vergleichbare Fälle stellten keine verbindlichen Präjudizien dar. Wäre die Auffas- 110

187 OLG München, Urt. v. 23.10.2015 – 10 U 2231/15, unveröffentlicht.

188 Müller, VersR 1993, 909 (916).

189 BGH, Urt. v. 08.06.1976 – VI ZR 216/74, VersR 1976, 967; BGH, Beschl. v. 01.10.1985 – VI ZR 195/84, VersR 1986, 59; OLG Düsseldorf, Urt. v. 13.11.2000 – 1 U 12/00, SP 2001, 200.

190 BGH, Urt. v. 20.01.1961 – VI ZR 91/60, VersR 1961, 460 (461); BGH, Urt. v. 13.02.1964 – III ZR 124/63, VersR 1964, 842 (843); BGH, Urt. v. 02.12.1966 – VI ZR 88/66, VersR 1967, 256 (257); vgl. auch LG Neubrandenburg, Urt. v. 22.06.2001 – 5 O 280/99, SP 2001, 413: Schmerzensgeldbeträge aus Tabellen sind lediglich als Anhaltspunkte und Vergleichsmaterial heranzuziehen und dürfen nicht zur Festlegung eines gleichsam katalogmäßigen Ansatzes führen. Vielmehr ist anhand der konkreten Umstände des Einzelfalles jeweils die billige Höhe des Schmerzensgeldes festzulegen.

191 OLG München, Urt. v. 26.05.2010 – 20 U 5620, unveröffentlicht.

192 OLG Bremen, Beschl. v. 16.03.2012 – 3 U 6/12, VersR 2012, 1046 = NJW-RR 2012, 858.

sung des OLG München zutreffend, würden die Schmerzensgeldbeträge künftig auf derzeitigem Niveau verharren.

111 **Die Schranken bei der Höhe des Schmerzensgeldes hat die Rechtsprechung errichtet.**

112 Natürlich kann der Richter ein höheres Schmerzensgeld zuerkennen und die bisherige Praxis als unbefriedigend verwerfen. Dann muss er sich aber zum Bruch mit der Tradition bekennen und die Revisionsinstanz muss sich mit seinen Argumenten auseinandersetzen.[193] Wird die Argumentation anerkannt, gibt es einen neuen »Rahmen«, der künftig Geltung hat.

113 Nicht richtig ist dagegen die Auffassung, dass die Vorentscheidungen für die Bemessung des Schmerzensgeldes eine obere und untere Grenze bilden und dass die **Schmerzensgeldtabellen** mit den zitierten Präjudizien einen Rahmen festlegen, der das richterliche Ermessen begrenzt.[194] Schmerzensgeldtabellen sind Mittel der Information und der Rechtsfindung, haben nur informativen Charakter und erlauben es dem Richter, die Präjudizien zu verwerfen und den aus der Tabelle ersichtlichen Rahmen zu verlassen.[195] Ob die Entscheidung anerkannt wird, hängt von der Überzeugungskraft der Argumente ab. Tabellen können ein vorzügliches Hilfsmittel sein, ein Präjudiz zu finden. Ein solches ist aber nicht mehr als ein Anhaltspunkt, insb. gibt es keine Gliedertaxen, eine mechanische Anwendung hat zu unterbleiben.[196]

114 Nach den Grundsätzen der Entscheidung des großen Zivilsenats[197] sind bei der Bemessung des Schmerzensgeldes **alle Begleitumstände aufseiten des Schädigers und des Geschädigten** zu berücksichtigen. Für die Höhe ist der Grad der Beeinträchtigung bzw. Verletzung (wie Größe, Heftigkeit, Dauer der Schmerzen, Leiden und Entstellungen) maßgebend, die im Vordergrund steht. Ferner müssen berücksichtigt werden das Maß des Verschuldens und die wirtschaftlichen Verhältnisse der Beteiligten.

115 Für die Beeinträchtigungen des Verletzten ist diesem ein Ausgleich zu gewähren, soweit dies überhaupt möglich ist.[198]

▶ 1. Hinweis:

116 Was unter der Schwere der Verletzungen und unter der Dauer des verletzungsbedingten Leidens genau zu verstehen ist, bleibt in vielen Entscheidungen offen. Ebenso wenig wird darin erläutert, ob unter »Leiden« der körperliche und/oder der seelische Schmerz verstanden werden. Gerade deshalb ist in der Klage verstärktes Augenmerk auf eine umfassende Schilderung des bemessungsrelevanten Sachverhalts zu legen. Eine gerichtliche Hinweispflicht, dass dieser noch nicht ausreicht, existiert nicht! Das OLG München[199] führt dazu aus:

»Dass die Partei, die vor Gericht einen Schmerzensgeldanspruch geltend macht, dem Gericht auch darzulegen hat, in welchem Umfang sie Schmerzen erlitten hat, ist kein Umstand, auf den das Gericht eine

193 Vgl. Henke, S. 85.
194 Vgl. Henke, S. 134.
195 KG, Urt. v. 10.02.2003 – 22 U 49/02, KGR 2003, 140 (142).
196 Dauner-Lieb/Langen/Huber, AK-Schuldrecht, § 253 Rn. 66.
197 BGH, Beschl. v. 06.07.1955 – GSZ 1/55, BGHZ 18, 149 = VersR 1955, 615 = NJW 1955, 1675 = MDR 1956, 19 m. Anm. Pohle.
198 Ziegler/Ehl, JR 2009, 1 (5) plädieren daher dafür, das Schmerzensgeld anhand von Tagessätzen zu berechnen, die die Beeinträchtigung ausgleichen sollen (etwa: das Geld, was man braucht, um sich Wein, Zigaretten und Bezahlfernsehen leisten zu können). Ihre Berechnungen in den Fn. 73 und 74 sind jedoch insoweit ungenau, als dass sie sich um eine Zehnerstelle verrechnen (20.000,00 € führen bei einem 25 Jahre alten Verletzten zu einer Summe von 1,00 €/Tag, nicht nur 0,10 €) und v.a. den Faktor der Abzinsung übersehen, der auch sonst bei der Kapitalisierung von Renten zu berücksichtigen ist. Ebenso für eine taggenaue Berechnung von Schmerzensgeldern bei Schwerstverletzungen Schwintowski, VuR 2011, 117. Vgl. dazu die erste Entscheidung, die vorgibt, das Schmerzensgeld taggenau zu berechnen: OLG Frankfurt, Urt. v. 18.10.2018 – 22 U 97/16, VersR 2019, 435 = NJW 2019, 442.
199 OLG München, Urt. v. 14.08.2013 – 3 U 1474/13, GuP 2014, 40.

anwaltlich vertretene Partei hinweisen muss. Dass die Darlegungen den geltend gemachten Schmerzensgeldanspruch der Höhe nach nicht zu rechtfertigen vermögen, ist ebenfalls in dieser Pauschalität nicht tauglicher Gegenstand eines richterlichen Hinweises, zumal sich das Gericht, das einen Hinweis in dieser Form erteilt, möglicherweise dem Vorwurf der Gegenpartei ausgesetzt sehen kann, das Gebot der Unparteilichkeit zu verletzen, denn Ziel eines solchen Hinweises kann allein sein, weiteren Sachvortrag zu veranlassen«.

▶ 2. Hinweis:

Einem solchen Verständnis des § 139 ZPO treten Nober/Ghassemi-Tabar[200] mit guten Argumenten entgegen. Hinweis- und Aufklärungspflichten gehen auch so weit, die Parteien zu vollständigem Vortrag anzuhalten und sie bei der Antragstellung zu unterstützen. Rechtliches Gehör ist verletzt, wenn das Gericht ohne vorherigen Hinweis Anforderungen an den Sachvortrag stellt oder auf rechtliche Gesichtspunkte abstellt, mit denen auch ein gewissenhafter und kundiger Prozessbeteiligter nach dem bisherigen Prozessverlauf nicht zu rechnen brauchte.

Das Gericht hat mit den Parteien das Sach- und Streitverhältnis in tatsächlicher Hinsicht zu erörtern. Gegebenenfalls hat es zu erfragen, wie Behauptungen im Einzelnen zu verstehen sein sollen. Nach § 141 Absatz 1 Satz 1 ZPO kann es hierzu die Partei auch persönlich zur mündlichen Verhandlung laden, namentlich wenn es um persönliche Wahrnehmungen der Partei geht, die diese selbst authentischer schildern kann, als wenn der Prozessvertreter den Vortrag vermittelt. Der Schwerpunkt der richterlichen Hinweis- und Aufklärungspflicht in tatsächlicher Hinsicht liegt allerdings darin, dass der Richter auf eine Ergänzung ungenügenden – also lückenhaften, widersprüchlichen, unklaren, mehrdeutigen oder ersichtlich auf falscher Rechtsansicht aufbauenden – Tatsachenvortrag hinzuwirken hat. Hinweisen muss das Gericht somit stets auf die Unschlüssigkeit der Klage sowie die Unsubstanziiertheit des Klage- und des Verteidigungsvorbringens. Dabei genügen pauschale und allgemein gehaltene Hinweise nicht.

Sofern ein Gericht im Rahmen der Vernehmung oder Anhörung der Partei einen für die Entscheidung relevanten Aussageinhalt vermisst, muss es seinerseits aktiv nachfragen.[201]

Erforderliche Hinweise auf fehlenden oder ungenügenden Vortrag setzen allerdings voraus, dass der entsprechende Tatsachenvortrag auch wirklich ergänzungsbedürftig erscheint. Dies ist sicher dann der Fall, wenn Vortrag zu bestimmten Tatumständen vollständig fehlt oder unvollständig ist.

Unterlassene Hinweise können eine Nichtzulassungsbeschwerde begründen.

Es ist bemerkenswert, wie dürftig die Begründungen fast aller Entscheidungen zum Schmerzensgeld ausfallen, soweit es um die Höhe des Schmerzensgeldes geht. I.d.R. werden die Verletzungen und deren Folgen emotionslos dargestellt. Dabei werden schwerste Schädigungen neben Bagatellverletzungen (Schädelhirntrauma neben multiplen Prellungen oder Hautabschürfungen) genannt. Es folgt sodann die »Summe« und der Spruch, »dass dem Gericht ein Schmerzensgeld i.H.v. x-tausend DM/€ **angemessen erscheint**«. Die Aussage, dass das ausgeurteilte Schmerzensgeld »**angemessen ist**«, findet sich fast nie. 117

Wie bei der Berücksichtigung von Vergleichsfällen zu verfahren ist, ergibt sich aus einer Entscheidung des 19. Zivilsenats des OLG Köln.[202] Danach ist bei der Ermittlung des angemessenen Schmerzens- 118

200 Nober/Ghassemi-Tabar, Die Hinweispflicht im Zivilprozess – Eine nicht zu unterschätzende praktische Herausforderung aus Richter- und Anwaltssicht, NJW 2017, 3265 ff.
201 BVerfG, Beschl. v. 01.08.2017 – 2 BvR 3068/14, GesR 2017, 574.
202 OLG Köln, Urt. v. 05.06.1992 – 19 U 13/92, VersR 1992, 1013.

geldes unter Heranziehung der durch die Rechtsprechung entschiedenen Vergleichsfälle der **Zeitablauf** seit diesen Entscheidungen zu berücksichtigen; zugunsten des Geschädigten ist die seit früheren Entscheidungen eingetretene **Geldentwertung** ebenso in Rechnung zu stellen wie die in der Rechtsprechung zu beobachtende Tendenz, bei der Bemessung des Schmerzensgeldes nach gravierenden Verletzungen großzügiger zu verfahren als früher.[203]

119 Das OLG Celle[204] hat eine Bindung an die Tabelle im LS genannt, um das LG überhaupt auf den Weg zu einem annähernd angemessenen höheren Schmerzensgeld zu bringen.

120 Die bei vergleichbaren Verletzungen und Verletzungskombinationen gezahlten Schmerzensgelder sind für den Richter ein unverzichtbarer Anhaltspunkt, an dem er sich bei der Entwicklung der eigenen Angemessenheitsvorstellungen nicht nur **orientieren kann**, sondern **muss**.[205] In den Entscheidungsgründen heißt es weiter:

> »Die praktisch weitgehende Anlehnung der Rechtsprechung an die auf der Zusammenstellung von Entscheidungen beruhenden **Schmerzensgeldtabellen** ist deshalb unumgänglich. Das Schmerzensgeld muss sich am **allgemeinen Schmerzensgeldniveau** orientieren und vergleichbare Verletzungen müssen annähernd gleiche Schmerzensgelder zur Folge haben.«

121 Zu dieser Entscheidung sah sich das OLG Celle veranlasst, weil das LG Verden (Aller)[206] einer Klägerin PKH für den Antrag auf Zahlung eines angemessenen Schmerzensgeldes nur für einen Betrag i.H.v. 250,00 € gewährt hatte; die Klägerin hatte eine Außenbandruptur erlitten, die zunächst (vier Wochen) mit einem Unterschenkelliegegips und anschließend (acht Wochen) mit einer Schiene versorgt wurde. Die Klägerin hatte behauptet, anschließend sei sie zu 10–20 % erwerbsunfähig und monatelang auf Gehhilfen angewiesen gewesen. Das OLG Celle bewilligte der Klägerin PKH für einen Antrag auf Zahlung von 2.500,00 €, also des 10-fachen Betrages. Das Gericht muss bei der Bewilligung von PKH darauf achten, dass diese in so weitem Rahmen bewilligt werden muss, dass dem Kläger kein Nachteil entsteht, den eine nicht auf PKH angewiesene Partei nicht hinzunehmen hätte.[207]

▶ Hinweis:

122 Entscheidend für den Erfolg oder Misserfolg bei der Anwendung einer Tabelle ist das Auffinden richtiger »Typen« als Präjudizien. Dazu bedarf es nicht unbedingt der Mithilfe eines Unfallmediziners.[208] Auch ein Richter, der einige Jahre mit Arzthaftungssachen und/oder mit Ansprüchen auf Zahlung von Schmerzensgeld aus anderen Lebenssachverhalten beschäftigt war, verfügt über ausreichende medizinische Kenntnisse, um solche »Typen« festzustellen und die einschlägigen Entscheidungen auszuwerten.

123 Es ist auch nicht zu übersehen, dass »in der Tradition befangene« Richter sich an die gefestigte Rechtsprechung halten, wie sie ihnen durch die Tabellen vorgegeben ist. Ein einmal in eine Tabelle eingegangenes Urteil setzt sich deshalb mit all seinen Unzulänglichkeiten in der Praxis fort und verewigt sich gewissermaßen, weil es vielen Richtern an Mut fehlt, die Schallmauer der Tabellenwerte zu durchbrechen, obwohl sie kraft ihrer Unabhängigkeit dazu aufgerufen sind.

---

203 So auch OLG Frankfurt am Main, Urt. v. 19.08.2009 – 7 U 23/08, NJW-RR 2009, 1684; KG, Urt. v. 15.03.2004 – 12 U 333/02, KGR 2004, 356 (357); KG, Urt. v. 10.02.2003 – 22 U 49/02, KGR 2003, 140 (142); OLG München, Urt. v. 21.05.2010 – 10 U 1748/07, unveröffentlicht.

204 OLG Celle, Beschl. v. 01.02.2001 – 9 W 21/01, OLGR 2001, 162.

205 So auch MünchKomm/Stein, BGB, 3. Aufl. 1997, § 847 Rn. 18.

206 LG Verden, in einer nicht veröffentlichten Entscheidung.

207 Geigel/Pardey, 7. Kap. Rn. 32.

208 Vgl. Henke, S. 131.

▶ Hinweis:

Den Autoren anderer Schmerzensgeldtabellen fehlt die Bereitschaft, ältere Entscheidungen aus den Tabellen zu streichen. Stattdessen werben sie mit dem Argument, die neue Auflage enthalte wiederum einige Entscheidungen mehr. Das geschieht in diesem Schmerzensgeldbuch nicht, die Autoren sind bestrebt, alle Entscheidungen herauszunehmen, die älter als 10 Jahre sind.[209] 124

Der Schaden eines solchen Präjudizienkults ist auch deshalb so groß, weil oft vorgebracht wird, dass der Versicherungswirtschaft daran gelegen sein soll, der Öffentlichkeit höhere Schmerzensgelder vorzuenthalten.[210] Ein solcher Vorwurf an die Versicherungswirtschaft ist in dieser Allgemeinheit unbegründet; richtig ist aber aus der Erfahrung im Gerichtsalltag, dass die Versicherer nach Erörterung über die Höhe des Schmerzensgeldes bei einem Senat, der für seine Tendenz zu höherem Schmerzensgeld bekannt ist, sehr oft vergleichsbereit sind, um Präjudizien zu vermeiden.

F. Kriterien zur Bemessung des Schmerzensgeldes

Die Kriterien zur Bemessung des Schmerzensgeldes hat der BGH[211] unverändert wie folgt umrissen: 125

Übersicht 10: Bemessungskriterien des BGH für das Schmerzensgeld 126

–	Schmerzen
–	Schwere der Verletzungen
–	verletzungsbedingtes Leiden Alter des Verletzten Wissen um Schwere der Verletzung, Sorge um das Schicksal der Familie und Ausmaß der Wahrnehmung der Beeinträchtigung durch den Verletzten (Dieses Kriterium wird ausführlich behandelt in den Kap. »Besonders hohes Schmerzensgeld«, Kap. 5 Rdn. 445 ff. und »baldiger Tod«, Kap. 5 Rdn. 317 ff.) Verlauf des Heilungsprozesses
–	Dauer des Leidens – Dauerschäden (KG, Urt. v. 10.02.2003 – 22 U 49/02, KGR 2003, 140 (142)
–	Grad des Verschuldens des Schädigers (KG, Urt. v. 10.02.2003 – 22 U 49/02, KGR 2003, 140 [142]. Dieses Kriterium wird ausführlich behandelt in dem Kap. »Verschulden des Schädigers«, Rdn. 276 ff.)

I. Schmerzen

Eine Aufgabe des **Anwalts** zur **Begründung einer Schmerzensgeldklage** liegt darin, dem Richter die Fakten an die Hand zu geben, die dieser für die Bemessung des Schmerzensgeldes benötigt. 127

Seine Verpflichtung, die zugunsten des Verletzten sprechenden tatsächlichen und rechtlichen Gesichtspunkte so umfassend wie möglich darzustellen, erfährt durch den Grundsatz »iura novit curia« keine Einschränkung.[212]

Zu schildern sind nicht nur **körperliche**, sondern auch **seelische Schmerzen**, zu denen man in Urteilen kaum einmal Ausführungen findet. Zum **immateriellen Schaden** gehören auch **Missemp-**

209 Denn diese sind schon wegen der Geldentwertung und der gestiegenen Lebenskosten nicht mehr aussagekräftig, KG, Urt. v. 04.05.2006 – 12 U 42/05, KGR 2006, 749 (751).
210 Vgl. Henke, S. 50.
211 BGH, Urt. v. 12.05.1998 – VI ZR 182/97, NZV 1998, 370 (371).
212 BGH, Urt. v. 10.12.2015 – IX ZR 272/14, WM 2016, 80 = DB 2016, 230.

findungen und **Unlustgefühle** als Reaktion auf die Verletzung. Um diesen »inneren« immateriellen Schaden (»Gefühlsschaden«) geht es, wenn der BGH[213] meint, eine wesentliche Ausprägung des immateriellen Schadens könne darin bestehen, dass sich der Verletzte seiner Schädigung bewusst sei und deshalb in besonderem Maße unter ihr leide.[214]

128 Zu seelischen Schmerzen wird von Klägerseite viel zu wenig vorgetragen, wie sich aus den Begründungen der Entscheidungen ergibt; denn die Richter setzen sich stets nur mit den Fakten auseinander, die vom Klägeranwalt vorgetragen wurden. Sobald Anwälte dazu übergehen, den Schmerzensgeldanspruch bis ins Einzelne zu begründen, ist der Richter gezwungen, sich mit den Argumenten auseinanderzusetzen.

129 Die **Darstellung der körperlichen Schmerzen** erfolgt regelmäßig durch Wiedergabe medizinischer Gutachten, Vorlage von Lichtbildern und ggf. durch Augenschein, wenn es z.B. um die Bewertung von Narben oder Entstellungen geht.

130 Mit Rücksicht darauf, dass es sehr unterschiedliche Schmerzen und Schmerzempfindungen gibt, lassen sich Schmerzen nicht leicht objektivieren. Mitunter bietet es sich an, ein medizinisches Schmerzgutachten einzuholen oder einholen zu lassen. Schmerzen spielen nämlich in der Begutachtung und in der Therapie eine unterschiedliche Rolle.[215]

▶ Anregung für die Rechtsprechung:

131 Damit darf sich das Gericht nicht begnügen. Der Verletzte muss zu Wort kommen und selbst die erlittenen Schmerzen schildern. Vielleicht hat er vor Schmerzen geschrien oder ist mehrfach schmerzbedingt bewusstlos geworden. Verbrennungen, das Einrenken einer ausgekugelten Schulter oder eine Hodentorsion lösen höllische Schmerzen aus. Wann hat man jemals in Urteilen dazu etwas gelesen?

Häufig leidet der Verletzte ein Leben lang unter Schmerzen. Dazu gehört z.B. auch ein Tinnitus, für den ein hohes Schmerzensgeld zuerkannt wird. Trägt der Verletzte aber nur vor, er habe Schmerzen beim Gehen, Stehen oder Liegen oder er leide häufig unter Kopfschmerzen, gibt es dafür allenfalls einen (kleinen) Zuschlag.

Auch wenn der Verletzte in der Klageschrift nicht konkret zu körperlichen oder seelischen Schmerzen vorträgt, sollte der Richter Hinweise erteilen und den Verletzten befragen.

132 Ebenso problematisch ist aus der Sicht des **Anwalts die Beschreibung und Bewertung seelischer Schmerzen.** Dies soll an einem Verkehrsunfall beispielhaft gezeigt werden.[216]

133 **Übersicht 11: Kriterien für die Beschreibung und Bewertung seelischer Schmerzen**[217]

1. Zunächst geht es um die seelische Beeinträchtigung im Zusammenhang mit der **Entstehung des Schadens.** Dabei können folgende Situationen vorliegen:
   - Schrecksituation beim Erkennen des nahenden Ereignisses,

213 BGH, Urt. v. 13.10.1992 – VI ZR 201/01, BGHZ 120, 1 = VersR 1993, 327 = NJW 1993, 781.

214 FS für Wiese/Lorenz, S. 261 (268).

215 Ludolph, SP 2006, 92 ff.

216 Beispiel entnommen aus Bloemertz, S. 33 f.

217 Danzl/Guitiérrez-Lobos/Müller, S. 152 ff. beschreiben die Kriterien für den seelischen Schmerz wie folgt: Begleiterscheinungen einer Körperverletzung sind seelische Schmerzen, die als Reaktion auf die Körperverletzung und die dadurch bedingte Situation auftreten. Sie sind ein weiterer Nachteil für den Verletzten, ohne dass es darauf ankommt, ob es sich um einen Leidenszustand von Krankheitswert handelt, oder ob eine Behandlungsbedürftigkeit durch einen Arzt besteht. Als Folge der Körperverletzung bilden die seelischen Beeinträchtigungen nicht die Körperverletzung oder Gesundheitsbeschädigung selbst. Ängste und Beschwerdekreise können insb. in folgenden Fällen auftreten: Seelische Belastung durch längere Unterbringung in einer Intensivstation, Zukunftssorgen und Existenzängste,

- Entsetzen oder Angst beim Eintritt dieses Ereignisses,
- Erlebnis der Verletzung,
- Hilflosigkeit und Verzweiflung über die Situation,
- Bewusstlosigkeit infolge von Verletzungen, Schock oder großer Schmerzen.

2. **Während der ärztlichen Behandlung** können folgende Situationen entstehen:
   - Narkosen, operative Behandlung, Injektionen, Wundversorgung, Anschluss an medizinische Apparate (dadurch können erhebliche Ängste ausgelöst werden),
   - Krankenhausaufenthalt als »Freiheitsentziehung« mit allen damit verbundenen Nachteilen,[218]
   - Depressionen aus Sorge um den Heilungsverlauf,
   - Angst vor weiteren medizinischen Eingriffen,
   - Suchtgefahr durch schmerzstillende Mittel,
   - Todesangst bei Zwischenfällen wie Embolie oder Herzbeschwerden,
   - Sorgen um die berufliche Zukunft.
3. **Nach der Behandlung schwerer Verletzungen** bleibt körperliches und seelisches Leid bei
   - Verlust oder Beeinträchtigung der Sinnesorgane, der Fortbewegungsmöglichkeiten usw.,
   - Körperbehinderung mit Verlust früher vorhandener Fähigkeiten,
   - Berufs- und Arbeitsunfähigkeit,
   - dauernden Entstellungen und ihren Folgen,
   - Störung zwischenmenschlicher Beziehungen,
   - verminderten Heiratschancen für Frauen und Männer,
   - Schamgefühlen,
   - Depressionen,
   - Beeinträchtigung der Lebensfreude,
   - Suizidgedanken.

▶ Praxistipp:

Liegen derartige Beeinträchtigungen vor – und danach muss der Anwalt den Mandanten eindringlich fragen –, muss schon in der Klageschrift entsprechend vorgetragen werden und dieser Vortrag muss, wenn der Richter nicht zu erkennen gibt, dass er die seelischen Schmerzen bei der Bemessung des Schmerzensgeldes angemessen berücksichtigen wird, durch Sachverständigengutachten unter Beweis gestellt werden. Dabei ist es auch von erheblicher Bedeutung, z.B. die Schwere der Verunstaltung und ihre Sichtbarkeit, aber auch die Empfindsamkeit des Verletzten festzustellen, vorzutragen und unter Beweis zu stellen. Auf diesen Punkt wird viel zu wenig geachtet. 134

Narben, die i.d.R. durch die Kleidung verdeckt sind, werden oft nur erwähnt, aber nicht wirklich in die Schmerzensgeldbemessung einbezogen; sie sind dennoch Dauerschäden, wenn der Verletzte sie selbst als Störung empfindet. Sie beeinflussen die Höhe des Schmerzensgeldes auch dann, wenn sie im Alltag keine kosmetische Beeinträchtigung darstellen[219] und zwar

---

Störungen des seelischen Gleichgewichts bei zu erwartender Hilflosigkeit bis ans Lebensende, Angewiesensein auf dauernde fremde Hilfe bei Pflege und täglichen Verrichtungen, ausgestandene Todesangst, bewusst erlebte akute Lebensgefahr, Ungewissheit über den Heilungsverlauf, Gefahr von Komplikationen und Verschlimmerungen, Angst vor einer Verkürzung der Lebenserwartung, Isolierung und Verlust des Selbstbewusstseins bei Verstümmelungen; bleibende Verunstaltung, Entstellung, Narben, Verlust eines Sinnesorgans, Dauerfolgen: Beeinträchtigungen beim Sport, Spiel, Freizeitaktivitäten, Autofahren, bei Schülern und Studenten: Verlust eines Schuljahres oder Semesters, schulische Misserfolge, erzwungener Wechsel des Berufs, Ausbildungsweges oder Berufsziels, Verlust des Arbeitsplatzes, Ausscheiden aus dem Berufsleben, Enttäuschungen bei der Partnerwahl, Zerbrechen der Ehe, der Bindung (Verlobung), Verschieben der Hochzeitsfeier, Beeinträchtigungen im Sexualleben, bei Frauen: Fehlgeburt, Sorge um das ungeborene Kind, Sterilität.

218 S.u. Rdn. 194 ff.

219 Anders: Bloemertz, S. 39 f.; anders auch Staudinger/Schiemann, BGB, 2005, § 253 Rn. 38.

nicht nur dann, wenn sie angeblich »nur« in Intimsituationen einen Einfluss haben sollen. Der Verletzte selbst hat ein Recht auf Empfindsamkeit in Bezug auf körperliche Unversehrtheit.

135 Ein entsprechendes Vorbringen des Klägers hat das OLG Saarbrücken[220] damit kommentiert, den Kläger als »nicht mehr fabrikneu, sondern repariert« zu bezeichnen, sei nicht nur von der Diktion her abzulehnen, sondern betreffe auch rechtlich die falschen Kategorien. Ursache dieser Formulierungen dürfte der Sachvortrag des Anwalts des Klägers gewesen sein, der zum eigenen Schutz besser dieses Werk (s.a. Rdn. 271) zitiert hätte, dann hätte das OLG Saarbrücken wenigstens gewusst, »woher der Wind weht«.

II. Schwere der Verletzungen

136 Die Schwere der Verletzungen ist **objektiv festzustellen.** Dazu gehören die medizinischen Feststellungen über Körperschäden und die sich daraus üblicherweise ergebenden Schmerzen, Heilbehandlungsmaßnahmen und Dauerfolgen.

137 Alles, was über diese **üblichen Beeinträchtigungen** hinausgeht, ist zusätzlich bei der Bemessung des Schmerzensgeldes zu berücksichtigen. Nähere Einzelheiten ergeben sich aus dem folgenden Abschnitt zum Verlauf des Heilungsprozesses (vgl. Rdn. 194).

III. Verletzungsbedingtes Leiden

138 Hierzu wird zunächst auf den vorangehenden Abschnitt »Schmerzen« (vgl. Rdn. 127 ff.) verwiesen. Dort ist eingehend beschrieben, in welchen unterschiedlichen Formen verletzungsbedingtes Leiden vorliegen kann, weil die Verletzten unterschiedlich empfinden und ganz unterschiedlich reagieren und verkraften[221]. Es gibt aber eine Reihe spezieller Kriterien, die das verletzungsbedingte Leiden beeinflussen, wie die folgenden Unterpunkte zeigen sollen.

1. Einfluss des Alters des Verletzten auf das verletzungsbedingte Leiden[222]

a) Allgemeine Grundsätze

139 Das Alter des Verletzten kann sowohl auf die Höhe des Schmerzensgeldes als auch auf die Höhe der Schmerzensgeldrente und den sich daraus zu errechnenden Kapitalwert Einfluss haben.[223] Da es (auch) auf die Leidensdauer ankommt, ist das Lebensalter ein wichtiges Kriterium zur Bemessung des Schmerzensgeldes.[224] Zu berücksichtigen ist aber auch, dass der Verletzte zusätzlich leiden kann unter dem Wissen, dass er alsbald sterben wird, gegebenenfalls unter Todesangst.

140 Die **Schmerzempfindlichkeit** des Verletzten ist von dessen Alter durchweg unabhängig. Es kann nicht gesagt werden, dass jugendliche Personen Schmerzen weniger empfinden, als ältere und umgekehrt kann nicht gesagt werden, dass Erwachsene und ältere Personen weniger schmerzempfindlich sind. Auch bei einem Kleinkind, bei dem das Schmerzerlebnis (angeblich) nicht so in der Erinnerung haften bleiben soll wie bei einem Erwachsenen, ist das Schmerzensgeld nach herrschender Meinung

220 OLG Saarbrücken, Urt. v. 21.05.2005 – 4 U 221/04, SP 2006, 205.

221 Allerdings wird teilweise unter Hinweis auf die Ergebnisse in der »Glücksforschung« auch vertreten, wegen der Fähigkeit des Menschen, sich (auch ungünstigen) Zuständen mit der Zeit anzupassen, werde der Faktor eines Dauerschadens möglicherweise überschätzt, vgl. hierzu Arntz, NJW 2017, 3329; v. Schönfeld, r+s 2018, 639; Korch, JZ 2019, 491.

222 Vgl. Luckey, VRR 2011, 406 ff.

223 Hierzu allgemein Luckey, VRR 2011, 406; Born, Frankenstein oder Pretty Woman: Gleiches Recht für alle? – Die Auswirkungen von Geschlecht und Alter auf die Höhe des Schmerzensgeldes – NZV 2016, 545.

224 Huber, Brennpunkte der Schmerzensgeldbemessung, Jahrbuch zum Straßenverkehr 2016, S. 110 f.

nicht geringer zu bemessen als bei einem Erwachsenen.[225] Gleichwohl wird ein und dieselbe Beeinträchtigung nicht in jedem Lebensalter als gleich gravierend empfunden.[226]

So werden Krankenhausbehandlungen zumindest von Kindern, Jugendlichen und betagten Personen häufig als besonders belastend empfunden. Bei Älteren bestehen zusätzliche Belastungen besonders für die Gewöhnung bei der Benutzung von Hilfsmitteln, Gehhilfen, Rollstuhl u.a. Manche seelischen Belastungen – z.B. Heiratschancen, Familienplanung, berufliche Aufstiegschancen – treten bei älteren Menschen in den Hintergrund. 141

Bei Kindern können scheinbar harmlose Belastungen gravierende Auswirkungen haben, z.B. wenn ein Kleinkind von 3 Jahren ein Jahr lang eine Art Sturzhelm tragen muss und dadurch auf Fremde abstoßend wirkt.[227] 142

Nicht zu folgen ist allerdings der Einstellung von Huber[228] und Koziol,[229] die meinen, bei der Bemessung des Schmerzensgeldes für junge Menschen müsse ein Dämpfungsfaktor eingebaut werden, weil mit der Zeit eine gewisse Gewöhnung eintrete, die dazu führe, dass die Beeinträchtigung nicht mehr als so gravierend empfunden werde, weil sich der Verletzte irgendwann einmal in sein Schicksal füge oder sich gar damit abfinde. Künftige Nachteile sollen weniger schwer wiegen, als gegenwärtige und es sei ungewiss, ob der Verletzte die Schmerzen in der Zukunft überhaupt noch erlebe. Würde man darauf verzichten, müsste das Schmerzensgeld bei einem jungen Menschen ein Vielfaches von dem für einen betagten Menschen betragen. 143

Letztlich wollen aber auch Koziol[230] und insb. Danzl[231] eine Abhängigkeit der Höhe des Schmerzensgeldes von der restlichen Lebenszeit des Verletzten herstellen, sodass im Ergebnis das Schmerzensgeld für einen jungen Menschen erheblich höher ausfallen müsse als für einen alten Menschen, aber sicher nicht ein Vielfaches erreichen könne. Damit besteht insgesamt Einigkeit darüber, dass das durch eine lebenslange (irreparable) Behinderung zugefügte körperliche und seelische Leid zwischen einem jungen Menschen einerseits und einem betagten Menschen andererseits nicht schlechterdings gleich, sondern durchaus unterschiedlich zu gewichten sein kann. Diese Auffassung vertrat auch das OLG Naumburg,[232] das aber keinen Abschlag zulasten der Verletzten vornahm, weil das verzögerliche Regulierungsverhalten des Haftpflichtversicherers einen Zuschlag in gleicher Höhe gerechtfertigt hätte. 144

Dem folgt jetzt auch Huber.[233] Er sieht die restliche Schmerzdauer als zentrale Bemessungsdeterminante. Bei der Zuerkennung einer Rente werde das schon durch die Form des Ersatzes berücksichtigt, sei doch der Ersatzumfang von der (Über-) Lebensdauer des Geschädigten abhängig. Weshalb bei Kapitalabfindungen etwas grds. anderes gelten solle, wäre überhaupt nicht einzusehen. Eine rationale Bemessung des Schmerzensgeldes müsse an die Summe der vom Geschädigten zu erduldenden Schmerzen anknüpfen. Und diese Summe sei naturgemäß umso höher, je länger das Leiden sei, das der Verletzte noch vor sich habe. Warum ein solcher Umstand nur bei einem besonders jungen Menschen zu berücksichtigen sein solle, aber ein Mensch in der Lebensmitte mit einem im fortgeschrittenen Alter gleichbehandelt werden solle, sei in keiner Weise einzusehen. Das wird besonders deutlich, wenn bei einem 28 Jahre alten Patienten durch einen ärztlichen Behandlungsfehler Erektionsstörungen auftreten. Bei der Bemessung des Schmerzensgeldes muss das Alter des Verletzten 145

225 Scheffen/Pardey, Rn. 631.
226 OLG Köln, Urt. v. 07.12.2010 – 4 U 9/09, ZfS 2011, 259.
227 Danzl/Gutiérrez-Lobos/Müller, S. 88.
228 Huber, ZVR 2000, 218 (231) und Dauner-Lieb/Langen/Huber, AK-Schuldrecht, §§ 253 ff. BGB Rn. 75.
229 Koziol, FS Hausheer (2002) 597 (599).
230 Koziol, FS Hausheer (2002) 597 (600 f.).
231 Danzl/Gutiérrez-Lobos/Müller, S. 88.
232 OLG Naumburg, Urt. v. 10.07.2014 – 2 U 101/13, NJW-Spezial, 2014, 586.
233 Dauner-Lieb/Langen/Huber, AK-Schuldrecht, §§ 253 ff. BGB Rn. 78, 79.

berücksichtigt werden, weil diese Verletzungsfolgen einen jungen Mann sicher länger und nachhaltiger treffen als einen älteren/alten Mann.

146 Immerhin ist es dem OLG Naumburg[234] durch eine zusätzliche Argumentation gelungen, die 66 Jahre alte Klägerin ihr Alter nicht spüren zu lassen. Der Senat meinte:

Bei der Bemessung des Schmerzensgeldes könne zwar das Alter der Verletzten zu berücksichtigen sein, weil ein verhältnismäßig alter Geschädigter keinen so langen Leidensweg vor sich hat wie ein jüngerer Mensch, sodass deshalb bei ihm im Verhältnis zu einem jungen Verletzten ein geringerer Schmerzensgeldbetrag angemessen sein kann. Dies führt hier im Ergebnis deshalb zu keiner anderen Bemessung des Schmerzensgeldes, weil aufgrund des zögerlichen Regulierungsverhaltens der Beklagten ein erheblicher Schmerzensgeldaufschlag gerechtfertigt sei, der den vorgenannten, wegen des Alters der Klägerin vorzunehmenden »Abzug« vollständig ausgleiche.

147 Zusätzlich wird die Forderung erhoben, dass bei Kindern für die im Unterschied zu Erwachsenen vorhandenen Entwicklungsstörungen und bei Dauerschäden für die größere Länge der Dauerfolge ein Zuschlag zum Schmerzensgeld zugestanden werden müsse. Bis zum zehnten Lebensjahr, mindestens aber bis zum sechsten Lebensjahr müsse dem besonderen Schmerzerlebnis der Kinder Rechnung getragen und ein Zuschlag zuerkannt werden.[235]

148 Einer solchen Zuschlagsautomatik bedarf es jedoch nicht, wenn das **Alter des Verletzten** als **besonderes Bemessungskriterium** anerkannt und berücksichtigt wird. Dabei ist darauf zu achten, dass **Früh- und Neugeborene und Säuglinge** keineswegs weniger schmerzempfindlich sind. Heute weiß man, dass die früher vertretene Ansicht, die Unreife des kindlichen Nervensystems sei als Ursache für die Unfähigkeit einer adäquaten Schmerzempfindung anzusehen, unrichtig ist.[236]

b) Kinder

aa) Kleinkindalter

149 Die Frage, ob und ab wann Kinder nach der Geburt schmerzensgeldfähig sind, hat die Rechtsprechung schon beschäftigt. Ob aber ein Nasciturus vor und während der Geburt Schmerzen empfindet, für die ggf. ein Schmerzensgeld zu zahlen ist, ist bisher nicht entschieden.

150 Erstmals wird in einer Entscheidung problematisiert, ob durch eine verspätet eingeleitete Sectio das noch ungeborene Kind in der Geburt Schmerzen erleidet, die durch ein Schmerzensgeld ausgeglichen werden können oder müssen.[237] In der Entscheidung heißt es dazu:

Der Senat hat innergeburtliche Beeinträchtigungen der Klägerin, die durch die mindestens 29 Minuten dauernde starke Sauerstoffunterversorgung und 19 Minuten dauernde schwerste Asphyksie mit Sicherheit sehr gelitten haben müsse, nicht als schmerzensgeldfähig berücksichtigt. Die Klägerin vermag naturgemäß mangels Erinnerung an ihre Geburt über bloße Vermutungen hinaus konkrete Leiden nicht substanziiert darzulegen. Ohne Kenntnis des Leidens und ohne Erinnerung daran ist es sehr zweifelhaft, ob insoweit ein Schmerzensgeld zum Ausgleich und zur Genugtuung überhaupt zu leisten ist. Eine Objektivierung nach Qualität und Quantität sowie eine Abgrenzung zu den Beschwerden einer behandlungsfehlerfreien Geburt ist nicht möglich.

151 Das OLG Celle[238] hatte über die Berufung des Klägers gegen ein wahrlich fehlerhaftes Urteil des LG Lüneburg zu entscheiden. Das Landgericht hatte kein Schmerzensgeld zuerkannt.

---

234 OLG Naumburg, Urt. v. 10.07.2014 – 2 U 101/13, VRR 2014, 362 = NJW-Spezial 1014, 586.
235 Emberger/Zerlauth/Sattler, S. 259 ff., 264, zitiert nach Danzl/Gutiérrez-Lobos/Müller, S. 92 Fn. 129.
236 Danzl/Gutiérrez-Lobos/Müller, S. 93 ff. m.w.N.
237 OLG Hamm, Urt. v. 17.03.2015 – 26 U 108/13, unveröffentlicht.
238 OLG Celle, Urt. v. 05.02.2004 – 14 U 163/03, VersR 2004, 526 mit kritischer Anm. Jaeger = NJW-RR 2004, 827 = SP 2004, 191.

Die Argumentation des Einzelrichters ging dahin, dass ein Krankenhausaufenthalt für ein Kleinkind unverständlich sei und dass das Kind den Ursachenzusammenhang zwischen Verletzung und Krankenhausaufenthalt nicht begreifen könne. Diese Argumentation ist Folge der ZPO-Reform, die den obligatorischen Einzelrichter vorsieht; eine Kammer eines LG hätte so (wohl) nicht entschieden.

Nicht einmal die Rechtsprechung des BGH zum Schmerzensgeld für schwer hirngeschädigt geborene Kinder ist vom LG Lüneburg gesehen worden. Diese Kinder, die oft nahezu keine geistigen Regungen haben, verspüren und begreifen nichts, dennoch erhalten sie einen Ausgleich für den erlittenen Schaden in Form eines hohen Geldbetrages. 152

In der Rechtsprechung finden sich zur Schmerzensgeldfähigkeit von Kindern ähnliche Argumente – soweit ersichtlich – nur in einer Entscheidung des AG Bochum,[239] das ausgeführt hat, die dem Schmerzensgeld beigemessenen Funktionen seien bei Kleinkindern nicht erfüllt, ihnen fehle die Schmerzensgeldfähigkeit. Diesem unhaltbaren Gedanken sind schon Scheffen/Pardey[240] entgegengetreten. Das AG Bochum verkennt den Ausgleichsgedanken; es geht um den Ausgleich von Beeinträchtigungen, der unabhängig vom Verständnis für wirtschaftliche Größenordnungen und unabhängig von der Empfindungsfähigkeit zu leisten ist. 153

Zu Recht hat das OLG Celle den Krankenhausaufenthalt des 3 Jahre alten Jungen als »Tortur« bezeichnet, dies aber nicht nur, weil der Kläger 4 Wochen getrennt von seinen Eltern in einer für Kleinkinder unerträglichen Umgebung verbringen musste, sondern weil der Aufenthalt für den Kläger mit dauerhaftem Liegen im Streckverband mit nach oben gerichteten Beinen verbunden war. Diese Betrachtung erfasst die Beeinträchtigungen des Klägers nicht hinreichend. Ein Krankenhausaufenthalt beeinträchtigt die Lebensqualität des Verletzten erheblich und muss bei der Bemessung des Schmerzensgeldes berücksichtigt werden. Dies gilt erst recht für Kleinkinder. Jedermann weiß – oder sollte wissen –, dass Kleinkinder entsetzlich leiden, wenn sie aus der häuslichen Umgebung herausgenommen werden. Dies kann zu schweren psychischen Störungen führen, sodass die Krankenkassen oft die Unterkunft eines Elternteils im Krankenzimmer eines Kleinkindes, das sog. Rooming-in, bezahlen. Allein dieser Umstand zeigt, dass Kleinkinder erheblich unter einem Krankenhausaufenthalt leiden und dass dies möglichst vermieden werden soll. 154

Bei der Suche nach vergleichbaren Entscheidungen ist das OLG Celle nicht fündig geworden. Das ist kein Wunder, denn veröffentlichte Entscheidungen, in denen einem 3 Jahre alten Jungen wegen einer Oberschenkelverletzung bei 4 Wochen dauernder stationärer Behandlung ein Schmerzensgeld zuerkannt wurde, finden sich isoliert nicht. Die zum Vergleich herangezogene Entscheidung des LG Ravensburg[241] aus dem Jahr 1985, die einen sechseinhalb Jahre alten Jungen betraf, dem ein Schmerzensgeld i.H.v. 40.000,00 DM zugebilligt wurde, ist zwar in gewissem Umfang vergleichbar, trifft den Fall aber in mehrfacher Hinsicht nicht: 155

- der Junge war doppelt so alt und
- die Entscheidung liegt fast 20 Jahre zurück, stammt also aus einer Zeit, in der ein anderes Verständnis vom Schmerzensgeld herrschte als heute.

Entscheidungen zum Schmerzensgeld, die älter sind als einige Jahre, jedenfalls, wenn sie länger als 10 Jahre zurückliegen, können heute zum Vergleich nicht oder nur noch sehr zurückhaltend herangezogen werden. 156

Das OLG Celle hat bei der Suche nach einer vergleichbaren Entscheidung zu sehr auf das Alter des Jungen abgestellt und weitere Umstände, die das Schmerzensgeld erhöhen sollen, sodann nur noch halbherzig zur Begründung herangezogen. Dieses Vorgehen schränkt die Suche zu sehr ein und kann nur zufällig zu einem vertretbaren Ergebnis führen. Es gibt keine Schmerzensgeldtabelle, die eine Suche vergleichbarer Entscheidungen nach dem Lebensalter des Verletzten ermöglicht. Es gibt auch 157

239 AG Bochum, Urt. v. 15.09.1993 – 43 C 386/93, VersR 1994, 1483.
240 Scheffen/Pardey, Rn. 993 ff.
241 LG Ravensburg, Urt. v. 08.02.1985 – 4 O 50/84, ZfS 1985, 103 und ZfS 1986, 98.

keine hinreichende Anzahl von Entscheidungen zu bestimmten Verletzungen, die zusätzlich nach dem Alter des Verletzten geordnet werden könnten. Aus diesem Grund ist für die Bemessung des Schmerzensgeldes zunächst die Verletzung maßgebend. Das war hier im Wesentlichen:

- die Oberschenkelfraktur, ohne dass die durch die operative Versorgung bedingte
- sehr große Narbe und die zusätzlich erlittene
- große Skalpierungsverletzung und
- die großflächige Hautabschürfung vernachlässigt werden dürfen.

158 Ausweislich der Tabelle »Körperteile von A – Z« zum Stichwort Bein/Oberschenkel[242] beträgt das Schmerzensgeld für derartige Verletzungen mindestens 17.500,00 €. Nimmt man das Alter des Kleinkindes und das eingangs geschilderte, durch das Alter bedingte Leiden hinzu, muss ein Schmerzensgeld von 25.000,00 € – 30.000,00 € angesetzt werden, erst recht, wenn das erhebliche Verschulden des Schädigers und sein uneinsichtiges Verhalten mitberücksichtigt werden, beides Kriterien, die das OLG Celle zu Recht bei der Bemessung des Schmerzensgeldes berücksichtigt hat. Dabei klingt an, dass das Schmerzensgeld wegen der ihm innewohnenden Genugtuungsfunktion erhöht worden sein soll.

159 Wie aber ist das OLG Celle trotz der Erkenntnis, dass die zur Begründung herangezogene Entscheidung des LG Ravensburg fast 20 Jahre zurücklag, zu einem »angemessenen« Schmerzensgeld von 20.000,00 €, zu dem in der Klage genannten Mindestbetrag, gekommen? Es ist unwahrscheinlich, dass ein Kläger und ein Gericht bei der Schmerzensgeldbemessung »zufällig« auf denselben Betrag kommen. In der Vergangenheit kam es oft vor, dass das Gericht das als Mindestbetrag genannte Schmerzensgeld zuerkannt hat. Das hatte seinen Grund darin, dass die Rechtsprechung vieler Instanzgerichte meinte, über den vom Kläger genannten Mindestbetrag nicht hinausgehen zu dürfen. Seit der Entscheidung des BGH v. 30.04.1996[243] sollte aber allgemein bekannt sein, dass das Gericht an diese Vorstellung des Klägers nicht mehr gebunden ist und den genannten Mindestbetrag beliebig – auch um ein Mehrfaches – überschreiten darf. Es spricht vieles dafür, dass das OLG Celle sich der neueren Rechtsprechung des BGH nicht bewusst war und dem Kläger anderenfalls oder wenn dieser einen höheren Mindestbetrag genannt hätte, auch ein höheres Schmerzensgeld zugesprochen hätte. Dies kann man aus der Begründung des Gerichts entnehmen, das die Verletzungen des sechseinhalb Jahre alten Jungen zwar als noch gravierender als die des Klägers angesehen hat, dieses »Plus« aber mit dem Zeitablauf von fast 20 Jahren als ausgeglichen ansah. Das ist als Begründung für den Ausgleich nicht haltbar, denn ein Schmerzensgeld muss nach einem Zeitablauf von fast 20 Jahren mindestens um 100 % erhöht werden. Hätte das OLG Celle dies getan, wäre es unter Berücksichtigung des unterschiedlichen Schweregrades der Verletzungen auf den o.g. Betrag von bis zu 30.000,00 € gekommen. Einen solchen Betrag hätte das Gericht also ohne Weiteres zusprechen können (und müssen).

▶ Hinweis:

160 Die Entscheidung des OLG Celle[244] hat deutlich gemacht, dass es für den Richter, der die vergleichbaren Entscheidungen in einer Schmerzensgeldtabelle sucht, nahezu unmöglich ist, einschlägige Entscheidungen zu finden, die dem Alter des Verletzten gerecht werden. Das OLG Celle hatte eine Oberschenkelfraktur eines 3 Jahre alten Kindes zu beurteilen und stützte sich für die Bemessung des Schmerzensgeldes auf eine einzige Entscheidung, die die Verletzung eines 6 Jahre alten Jungen betraf und die das Gericht für vergleichbar hielt.

Diese Vorgehensweise ist nicht sachgerecht. Entscheidungen zu Oberschenkelfrakturen gibt es in einer Bandbreite von 1.500,00 € bis mindestens 35.000,00 €. Was fehlt, sind – mit einer Ausnahme – Entscheidungen zu einer Oberschenkelfraktur, die ein Kind erlitten hat. Es liegt

---

242 Vgl. Kap. 9 Rdn. 167 ff.

243 BGH, Urt. v. 30.04.1996 – VI ZR 55/95, BGHZ 132, 351 = VersR 1996, 990 = NJW 1996, 2425; vgl. dazu die Besprechung von Jaeger, MDR 1996, 888.

244 OLG Celle, Urt. v. 05.02.2004 – 14 U 163/03, VersR 2004, 526 = NJW-RR 2004, 827 = SP 2004, 191.

auf der Hand, dass es Entscheidungen zu bestimmten Verletzungen, die Kinder im unterschiedlichen Alter erlitten haben, eigentlich kaum geben kann.

Deshalb muss für die Bemessung des Schmerzensgeldes anders vorgegangen werden.

Ausgangspunkt ist zunächst die Verletzung. Steht hierzu die Bandbreite des Schmerzensgeldes fest, sind – wie immer – die Besonderheiten des Falles zu berücksichtigen. Die Besonderheit des vom OLG Celle entschiedenen Falles bestand darin, dass ein Kind im Alter von 3 Jahren verletzt wurde.

Das Vorgehen zur Bemessung des Schmerzensgeldes für schwere Verletzungen bei Kindern ist dennoch recht simpel:

- Schwerst hirngeschädigt geborene Kinder erhalten nach der Rechtsprechung des BGH auch dann, wenn sie nichts empfinden, die höchsten Schmerzensgelder, die i.d.R. noch über den Betrag hinausgehen, den ein Jugendlicher oder Erwachsener erhält, der extrem unter der nahezu vollständigen Vernichtung seiner Persönlichkeit leidet.
- Kleine und kleinste Kinder, die aus der häuslichen Umgebung gerissen werden, erhalten ein deutlich höheres Schmerzensgeld als Erwachsene, weil sie unter einem stationären Aufenthalt deutlich stärker leiden.[245] Der Anschluss an Schläuche und Apparate und die Angst vor schmerzhaften medizinischen Eingriffen kann für sie verheerend sein. Das Schmerzensgeld muss aber auch deshalb deutlich höher ausfallen, weil Kinder unter Dauerfolgen ein Leben lang zu leiden haben, also im Vergleich zu Erwachsenen 20, 30 oder gar 50 Jahre länger. Je nach Verletzung wird ihnen die Kindheit und Jugend genommen, sie werden in ihrer Entwicklung gehemmt oder gar unterbrochen. Der noch nicht abgeschlossene Wachstumsprozess bedingt vielfach die Notwendigkeit weiterer Revisions-OPs oder engmaschiger nachoperativer Kontrollen.[246] Ein unbeschwertes Leben lernen sie oft nicht kennen, ein Umstand, der sich ganz besonders auf die Höhe des Schmerzensgeldes auswirken muss.
- Für Kinder im Grundschulalter gilt nicht unbedingt, dass sie unter einem Krankenhausaufenthalt mehr leiden als Erwachsene, dennoch können Angst und Hilflosigkeit sie psychisch stark beeinträchtigen. Auch die Dauer des Leidens ist bei ihnen bei einem Dauerschaden erheblich länger als bei einem Erwachsenen. Ebenso ist zu prüfen, ob Ihnen ein wichtiger Lebensabschnitt geraubt wurde, ob sie jemals ein normales Leben führen können.
- Jugendliche leiden unter einem Krankenhausaufenthalt ebenso wie Erwachsene. Für die Dauer des Leidens und den Verlust eines Lebensabschnitts gilt das zuvor Gesagte.

Daraus folgt: Bei Dauerschäden kann das Alter des Verletzten ein besonderes Gewicht gewinnen, 161
weil ein junger Mensch den Schicksalsschlag länger als ein alter Mensch zu ertragen hat und weil bei ihm das **körperliche Wohlbefinden von größerer Bedeutung** sein kann als bei einem alten

245 Vgl. OLG Saarbrücken, Urt. v. 16.05.2006 – 4 UH 711/04–196, OLGR 2006, 819: Ein Krankenhausaufenthalt im kindlichen Alter, der notwendig mit einer Trennung von Familie und vertrauter Umgebung verbunden ist, wird als besonders belastend empfunden.

246 OLG Hamm, Urt. v. 21.12.2010 – 21 U 14/08, VersR 2011, 1195 m. Anm. Luckey verweist bei schweren Brandverletzungen eines 1 1/2 Jahre alten Kindes zu Recht darauf, dass das Wachstum bis zum Erwachsenenalter und die fehlende Beweglichkeit und Dehnbarkeit der Haut durch die Narben sehr wahrscheinlich Folgeoperationen nötig machen, die allein durch die Besonderheit eines kindlichen Verletzten begründet sind.

Menschen.[247] Huber[248] weist ausdrücklich darauf hin, dass die Dauer der Schmerzen ein zentraler Bemessungsfaktor ist. Je länger die Schmerzen zu erdulden sind, **umso höher** muss **das Schmerzensgeld** ausfallen. In den **Schmerzensgeldtabellen** wird daher nach Möglichkeit und nicht nur bei Dauerschäden nicht nur die Schwere der Verletzung, sondern konsequenterweise auch das Alter des Verletzten ausgewiesen. Das Schmerzensgeld müsste mit der Anzahl der Jahre, die der Verletzte noch vor sich hat, nahezu linear steigen.

162 Künftige Schmerzen wären nach Auffassung von Huber abzuzinsen, weil das künftige Unlustgefühl weniger wiegt als das aktuelle.[249] Diese Abzinsung werde allerdings aufgewogen durch die zwischenzeitlich eintretende Inflation und werde dadurch wieder aufgehoben.

163 Dieser These, künftige Schmerzen wären abzuzinsen, ist nicht zu folgen. Immerhin vertritt Huber nicht die Ansicht, dass der Verletzte sich so an die Schmerzen gewöhne, dass diesem Faktor eine messbare Bedeutung zukomme.

164 Inzwischen werden auch andere Stimmen laut, die neben der Schwere der Behinderung dem Alter des Verletzten ein besonderes Gewicht beimessen.[250] Auf diese Weise werde erreicht, dass die Höhe des Schmerzensgeldes sowohl die Schwere der Behinderung reflektiere, und dies in progressiv ansteigender Weise, als auch die Länge der Zeit, während der der Geschädigte mit der Behinderung leben müsse. Je jünger der Geschädigte und je schwerer die Behinderung, desto höher müsse das Schmerzensgeld ausfallen.[251]

▶ Hinweis:

165 Das hat allerdings nicht zur Konsequenz, dass das Schmerzensgeld bei einem alten Menschen sozusagen um eine Abschreibungsquote sinkt. Im Gegenteil: Das Schmerzensgeld für den alten Menschen muss auf dem Niveau bleiben, das als allgemein angemessen angesehen wird, die begrenzte Leidenszeit muss nicht zwangsläufig, sondern kann allenfalls in Ausnahmefällen zu einer Anspruchsminderung führen.[252] Gerade, dass ein älterer Geschädigter nur noch »wenige Jahre« vor sich hat, macht diese Zeit – und die Hoffnung, den Lebensabend ohne Beeinträchtigungen erleben zu können – umso wertvoller.

166 Es ist z.B. nicht akzeptabel, wenn das OLG Frankfurt[253] bei der Bemessung des Schmerzensgeldes für eine etwa 70 Jahre alte Frau, die nach einem Befunderhebungsfehler nach rd. 1 Jahr und 10 Monaten nach schlimmen Qualen verstirbt, darauf abstellt, dass die Erblasserin die Höhepunkte des Lebens bereits hinter sich habe. Es kommt nicht darauf an, was ein Mensch an Positivem erlebt hat, sondern darauf, welche Beeinträchtigungen er in den letzten fast zwei Jahren er hinnehmen muss. Dazu gehören auch bei einem alten Menschen noch Höhepunkte wie Geburtstage der Angehörigen, vielleicht Hochzeiten der Enkelkinder, Geburt von Urenkeln usw. Das gilt erst recht, wenn ein Ehemann zurückbleibt, den die Erblasserin bisher versorgt hat, vgl. Rdn. 193.

247 OLG Frankfurt am Main, Urt. v. 21.02.1996 – 23 U 171/95, VersR 1996, 1509 = ZfS 1996, 131. Das AG Mayen, Urt. v. 29.07.2008 – 2 C 492/07, NZV 2008, 624 hat bspw. bei der Verletzung eines 15 Jahre alten Jungen berücksichtigt, dass der Kläger als Jugendlicher noch einem grds. erhöhten Bewegungsdrang unterliegt, sodass eine längere Schonphase (hier: 6 Wochen) für ihn deutlich belastender sei als für Erwachsene.

248 Huber, NZV 1998, 345.

249 Huber, NZV 1998, 345, eine Auffassung, der sich die Verfasser nicht anschließen können.

250 Wagner, JZ 2004, 319 (323).

251 Wagner, JZ 2004, 319 (323).

252 OLG Köln, Urt. v. 09.01.2002 – 5 U 91/01, NJW-RR 2003, 308.

253 OLG Frankfurt, Urt. v. 22.12.2020 – 8 U 142/18, VersR2021, 908 mit Anm. Jaeger.

Fraglich ist, ob es gerechtfertigt ist, einem alten Menschen eine Schmerzensgeldrente zu versagen, wie es das OLG Hamm[254] und das OLG Oldenburg[255] getan haben. Danach soll eine Schmerzensgeldrente in erster Linie für junge Menschen gerechtfertigt sein. Dabei lässt sich die Lebenserwartung alter Menschen kaum vorhersehen. Die Gewährung von Kapital und Rente ist deshalb als Entschädigungsform vorzuziehen.[256] 167

bb) Kinder und Jugendliche

Das Schmerzensgeld für den **jungen Menschen** ist wegen der zu erwartenden langen Dauer der Leidenszeit deutlich zu erhöhen. Es kann keinem Zweifel unterliegen, dass Kindern und Jugendlichen bei Dauerschäden grds. das Mehrfache an Schmerzensgeld zugebilligt werden muss als alten Menschen.[257] Eine Rente darf keinesfalls mit der Begründung niedrig angesetzt werden, dass sie kapitalisiert einen zu hohen Betrag ergäbe. Das ist die notwendige Folge der langen Leidenszeit = Laufzeit der Rente. 168

Dem Gedanken, dass das Schmerzensgeld für den **jungen Menschen** wegen der zu erwartenden langen Dauer der Leidenszeit deutlich zu erhöhen ist, hat das OLG Celle[258] Rechnung getragen. 169

Im Leitsatz 3 heißt es: 170

> Bei der Bemessung des Schmerzensgeldes muss ein junger Mensch, der einen schweren Schaden erlitten hat, wegen seines Alters im Verhältnis zu einem älteren Menschen mehr Schmerzensgeld bekommen, weil ersterer noch lange an seinen Verletzungsfolgen zu tragen hat.
>
> Und weiter in der Begründung: Dauerschäden rechtfertigen bei jungen Menschen, die ihr Leben weitgehend noch vor sich haben, ein deutlich höheres Schmerzensgeld als bei älteren Menschen mit einem kürzeren Leidensweg.

▶ Hinweis:

Der Anwalt eines jungen Verletzten muss dem Gericht klar machen, dass das Schmerzensgeld für den Kläger nicht aus allen vergleichbaren Entscheidungen abgeleitet werden darf, sondern entweder nur aus Entscheidungen, in denen das Schmerzensgeld für einen jungen Menschen zuerkannt wurde, oder er muss deutlich machen, dass andere Entscheidungen nicht vergleichbar sind, es sei denn, das Schmerzensgeld werde deutlich erhöht. 171

▶ Hinweis:

Es ist falsch, bei der Suche nach vergleichbaren Entscheidungen für einen jungen Menschen Schmerzensgeldbeträge heranzuziehen, die älteren Verletzten zugesprochen wurden. Diese Fälle sind nicht vergleichbar. Ein Leiden, das Jahrzehnte ertragen werden muss, ist mit einem viel höheren Schmerzensgeld zu entschädigen als ein Leiden, das wegen des Alters des Verletzten (nur noch) wenige Jahre getragen werden muss. 172

Eine **Schmerzensgeldrente** ist **besonders bei jungen Menschen gerechtfertigt**, deren weitere gesundheitliche Entwicklung aufgrund schwerer Verletzungen noch nicht überschaubar ist und bei denen die Verletzungen oft tief in den weiteren Ablauf des Lebens eingreifen.[259] Der bei jungen Menschen hohe Kapitalwert der Rente darf nicht abschrecken. 173

---

254 OLG Hamm, Urt. v. 12.02.2001 – 13 U 147/00, SP 2001, 267.
255 OLG Oldenburg, Urt. v. 07.05.2001 – 15 U 6/01, SP 2002, 56.
256 S.o. Kap. 3 Rdn. 16 ff.
257 Vgl. Henke, S. 20; Lieberwirth, S. 70; Knöpfel, AcP 155 (1956), 135 (147); Wagner, Beilage zur NJW 2006, 5.
258 OLG Celle, Urt. v. 19.05.2021 – 14 U 129/20, NJW 2021, 2124.Rdn 892.
259 OLG Hamm, Urt. v. 12.02.2001 – 13 U 147/00, SP 2001, 267.

174 Das hat das OLG Frankfurt am Main[260] so gesehen und hat einem 3 Jahre alten Kläger, der durch Glassplitter einer zerberstenden Limonadenflasche erblindete, 250.000,00 € und eine monatliche Rente von 250,00 € zuerkannt. Kapital und Rente ergaben einen Betrag von 344.000,00 €. Das Gericht führte zur Begründung der Entscheidung aus, dass dieses Schmerzensgeld das Entschädigungssystem nicht sprenge, sondern lediglich fortschreibe.

175 Dass diese Auffassung richtig ist, zeigt ein Vergleich mit den **Beträgen**, die **zum Ausgleich des materiellen Schadens** gezahlt werden müssen. Ein junger Mensch, der unfallbedingt arbeitsunfähig wird, hat ein Leben lang Anspruch auf Ersatz des Verdienstausfalls. Ist er für den Rest seines Lebens pflegebedürftig, müssen jahrzehntelang die dafür erforderlichen Aufwendungen ersetzt werden. Solche Leistungen erreichen und übersteigen leicht mehrere Mio. €, ohne dass dies beanstandet wird.

176 Dieser Vergleich zeigt zwingend, dass auch das Schmerzensgeld für jahrzehntelanges Leiden ein Vielfaches von dem Schmerzensgeldbetrag erreichen kann und muss, der an einen älteren Menschen zu zahlen ist.

177 Legt man diesen Maßstab an, ist es vertretbar, die Querschnittslähmung eines 71 Jahre alten Mannes (Wirbel C 5) mit Harnblasen- und Mastdarmlähmung sowie Inkontinenz und Impotenz mit einem Schmerzensgeld i.H.v. 150.000,00 € auszugleichen.[261]

178 Unter diesem Gesichtspunkt ist hingegen eine Entscheidung des OLG Nürnberg[262] Ende 1993 nahezu unverständlich, das einer erst 18 Jahre alten Frau, die eine Schlüsselbeinfraktur erlitt, die zu einer Fehlstellung der rechten Schulter und der rechten Brust um jeweils 5 cm sowie zu einer Erwerbsunfähigkeit von fast 2 Jahren und einer MdE von 20 % führte, ein viel zu niedriges Schmerzensgeld von 7.500,00 € zubilligte. Die Klägerin ist bei sportlichen Aktivitäten dauerhaft behindert und die Schnittverletzungen im Gesicht (!) sind, was das Gericht bei der Bemessung des Schmerzensgeldes ausdrücklich erwähnte, kaum noch sichtbar.

179 Wenig besser erging es einer jungen Frau, die durch einen Unfall im Gesicht entstellt wurde. Sie musste mehrere Operationen über sich ergehen lassen und ist seit Jahren dadurch entstellt, dass ihre Nase bisher nicht wieder aufgebaut werden konnte. Obwohl die Klägerin inzwischen unter Depressionen leidet und den betrunkenen Unfallverursacher ein erhebliches Verschulden traf, erkannte das OLG Frankfurt am Main[263] nur ein Schmerzensgeld i.H.v. 10.000,00 € zu.

180 Der **Auffassung von Slizyk**,[264] bei der Bemessung des Schmerzensgeldes sei zu berücksichtigen, dass eine Verletzung zwar in den ersten Monaten besonders stark empfunden werde, im Laufe der Zeit aber eine relative **Gewöhnung an die Behinderung** eintrete,[265] ein Gedanke, der bspw. bei Erblindung oder Querschnittslähmung als Gedankenanstoß dienen solle, können wir nicht folgen. Die Tatsache, dass ein **Verletzter sich mit seiner Schädigung abfindet**, bedeutet nicht, dass sie nicht mehr (ganz) vorhanden ist und auf längere Sicht abgeschrieben werden kann. Diese Argumentation kann nur als **zynisch** empfunden werden.

260 OLG Frankfurt am Main, Urt. v. 21.02.1996 – 23 U 171/95, VersR 1996, 1509 = ZfS 1996, 131.
261 OLG Bremen, Urt. v. 11.02.1997 – 3 U 69/96, VersR 1997, 765 = DAR 1997, 272.
262 OLG Nürnberg, Urt. v. 07.12.1993 – 3 U 2067/93, DAR 1994, 157.
263 OLG Frankfurt am Main, Urt. v. 11.11.1993 – 12 U 162/92, DAR 1994, 119.
264 Slizyk, S. 10. Der Gedanke wird aufgegriffen vom OLG Düsseldorf, Urt. v. 10.02.1992 – 1 U 218/90, VersR 1993, 113. Ähnlich argumentieren auch Geigel/Pardey, 7. Kap. Rn. 38, wenn sie meinen, bei Dauerfolgen trete im Laufe der Zeit eine gewisse Gewöhnung ein, sodass diese nicht mehr so stark empfunden würden wie anfänglich, selbst dann, wenn die Gewöhnung nur auf einer besonderen Willensanstrengung des Verletzten beruhe.
265 So auch Geigel/Pardey, 7. Kap. Rn. 20, die unter diesem Gesichtspunkt erwägen, eine Schmerzensgeldrente »abzustufen«.

Folgerichtig haben das OLG Hamm[266] und das KG[267] das jugendliche Alter der Geschädigten Schmerzensgeld erhöhend berücksichtigt. 181

Auch **kleine und kleinste Kinder** haben einen Anspruch auf Schmerzensgeld.[268] Der Meinung des AG Bochum,[269] die dem Schmerzensgeld beigemessenen Funktionen seien bei Kleinkindern nicht erfüllt, ihnen fehle die Schmerzensgeldfähigkeit, kann nicht gefolgt werden. Diese Ansicht verkennt den Ausgleichsgedanken. Es geht um den Ausgleich für die der Person zugefügten Beeinträchtigungen. Der Ausgleich ist unabhängig von dem Bewusstsein der betroffenen Person, unabhängig vom Verständnis für wirtschaftliche Größenordnungen und unabhängig von Empfindungsfähigkeiten.[270] 182

c) Alte Menschen

Auch die Verletzungen älterer Menschen verdienen eine besondere Beachtung bei der Bemessung des Schmerzensgeldes. So kann eine an sich banale Verletzung eines »wackeligen«, aber rüstigen Rentners der Umstand sein, der ihn – nach stationärem Aufenthalt, entsprechenden Muskelschwund, evtl. Infektionen etc. – dauerhaft »aus der Bahn« wirft und zum Pflegefall werden lässt. Jedenfalls die Furcht davor, dass Verwirrtheitszustände nach Operationen oder Komplikationen eintreten, dass die Unabhängigkeit verloren geht, man nicht mehr nach Hause kann und ins Heim muss, ist stets präsent. So führt das AG Zittau[271] zur Bemessung von Prellungsverletzungen nach einem Sturz im Bus aus: 183

> »Dabei war zu berücksichtigen, dass ein solcher Sturz für die 80-jährige Klägerin schwerer wiegt als für einen jungen Menschen. Die Einschränkungen aufgrund der Verletzungen sind für einen älteren Menschen auch psychisch schwerer zu tragen, da sich die befürchtete Hilfebedürftigkeit dadurch einstellen kann oder noch verstärkt. Hinzu kommt die größere Sorge um die Aufrechterhaltung der Selbständigkeit und Fähigkeit, sich auch nach dem Unfall weiterhin selbst versorgen zu können. Der Krankenhausaufenthalt ist für einen Menschen im Alter von 80 Jahren mit größerer Sorge darüber verbunden als bei einem jüngeren Menschen, dass allein eine auch nur mehrere Tage anhaltende Bettlägerigkeit in Folge der Verletzungen und ggf. erforderliche Operationen, die im Fall eines Krankenhausaufenthaltes oft befürchtet werden, schon eine nicht wiederherstellbare Beweglichkeit bedeuten.«

Statistisch stürzen im Krankenhaus dreimal so viele Senioren wie die Gleichaltrigen zuhause: Grund sind Beeinträchtigungen durch Medikamente und die ungewohnte Umgebung beim nächtlichen (Auf-)Suchen der Toilette, ferner Kreislaufschwächen wegen längeren Liegens. Stürze beeinträchtigen indes massiv das Selbstvertrauen älterer Patienten. 184

Gerade das sog. Durchgangssyndrom, ein i.d.R. vorübergehender Zustand der Verwirrtheit nach einer OP, ist für ältere Menschen gefährlich: Oft wird dies mit Demenz verwechselt und falsch behandelt, auch drohen Stürze mit längeren Liegezeiten und Infektionen.

Nachoperativ müssten ältere Patienten »so schnell wie möglich« wieder auf die Beine, weil der Muskelschwund viel rapider ist als bei jüngeren Patienten; gleichwohl fällt Senioren oft ein ständiges Mobilisieren schwer, gerade wenn sie (endlich) wieder in der gewohnten Umgebung zuhause sind. 185

Alte Menschen sollten zudem – eher als junge Menschen – neben dem Schmerzensgeldkapital eine Schmerzensgeldrente beantragen. Es geht nicht an, diese nur deshalb zu verweigern, weil der Verletzte alt ist, wie es das OLG Hamm[272] getan hat. Der Kapitalwert der Schmerzensgeldrente ist relativ niedrig und wenn der alte Mensch gesund ist, kann seine Lebenserwartung durchaus höher sein, als sie sich aus der Sterbetafel ergibt. In jedem Fall ist eine Schmerzensgeldrente bei alten Menschen 186

---

266 OLG Hamm, Urt. v. 08.01.1996 – 6 U 146/95, OLGR 1996, 64; OLG Hamm, Urt. v. 24.01.2001 – 3 U 107/00, OLGR 2001, 142; OLG Hamm, Urt. v. 24.10.2001 – 3 U 123/00, OLGR 2002, 286.
267 KG, Beschl. v. 13.04.1995 – 11 U 663/95, KGR 1995, 148.
268 Bloemertz, S. 86; vgl. auch Rdn. 139 ff.
269 AG Bochum, Urt. v. 15.09.1993 – 43 C 386/93, VersR 1994, 1483. Dazu vgl. Slizyk, S. 12.
270 Scheffen/Pardey, Rn. 938.
271 AG Zittau, Urt. v. 11.05.2017 – 14 C 429/16, unveröffentlicht.
272 OLG Hamm, Urt. v. 12.02.2001 – 13 U 147/00, VersR 2002, 499.

gerecht. Leben sie länger als prognostiziert, haben sie länger zu leiden und die Rente steht ihnen zu. Sterben sie früher, fehlt ihnen zwar ein Teil des Schmerzensgeldkapitals, aber das Leiden war kürzer als ursprünglich angenommen.[273]

187 Erfreulicherweise wurde lange Zeit bei **Schmerzensgeldrenten** mit einem **Kapitalisierungszinssatz** von 5 %[274] gerechnet und nicht mit einem der derzeitigen Zinslage entsprechenden Zinssatz von max. rund 3 %. Dies hat zur Folge, dass der Kapitalwert der Rente deutlich niedriger ausfällt als bei einem niedrigeren Zinssatz. Denn vom »an sich« angemessenen Gesamtkapital wird der (rein rechnerisch) auf die Rente entfallende Teil abgezogen. Bei der Kapitalisierung mit einem höheren Zinssatz wird davon ausgegangen, dass ein niedriger Kapitalbetrag nötig ist, um den monatlichen Rentenbetrag aus der (fiktiven) Kombination von Zinserträgen und Verwertung des Kapitalstocks zu erwirtschaften. Durch den Ansatz hoher Zinsen wird daher »für die Rente« ein niedrigerer Kapitalbetrag abgezogen. Diese Praxis wird angegriffen, wenn es darum geht, eine Rente zu kapitalisieren und in einem Betrag auszuzahlen; hier wirkt sich der hohe Zinssatz so aus, dass das zu zahlende Kapital viel zu niedrig ausfällt. Bei der Verrentung des Schmerzensgeldes wird der umgekehrte Weg beschritten, sodass die Geschädigten eine lange Zeit nicht erkannten – jedenfalls nicht diskutierten – Vorteil erfahren haben.[275]

188 Zu beachten ist allerdings, dass bis etwa 2012 die Haftpflichtversicherer durchweg deutlich mehr als 5 % für ihre eigenen Kapitalanlagen erhielten, sodass ein Kapitalisierungsfaktor für eine Schmerzensgeldrente, der nach einem Zinssatz von 5 % berechnet wurde, für den Verletzten jahrzehntelang nachteilig war.

189 Dies hat sich in Zeiten der Niedrigzinsphase geändert. Im Jahr 2016 wurde jedoch in Österreich als Kapitalisierungszinssatz immer noch 5 % angesetzt und in der Schweiz noch 3,5 %. Auch deutsche Gerichte wenden einen Zinssatz an, der eher bei 3 % liegt als darunter. In den Jahren 2018/2019 ist ein Zinssatz von 1 % oder weniger realistisch, unter Berücksichtigung der Inflation wäre ein Negativzins geboten.[276]

190 Das hat auch der Verkehrsgerichtstag 2019 in Goslar erkannt und empfohlen, bei der Kapitalisierung einer Rente einen Zinssatz von höchstens 3 % anzuwenden, ein Zinssatz, der immer noch unakzeptabel hoch ist.

191 Das gilt allerdings nicht für die Verrentung von Kapital, zu der es bei der Gewährung einer Schmerzensgeldrente kommt. Bei der Kapitalisierung von Renten und bei der Verrentung von Kapital ist auf den Zinssatz abzustellen, den der Inhaber des Kapitals erzielen kann. Das ist bei einer Schmerzensgeldrente der Versicherer, der nach Aussage von Lang[277] in Gestalt der Allianz-Versicherung in den letzten 5 Jahren nicht weniger als 5 % Zinsen erzielt hat. Es gibt also keinen Grund, den Kapitalwert einer Schmerzensgeldrente nach einem Zinssatz zu berechnen, der <5 % ist.

2. Schmerzensgeldkapital für Kinder und ältere oder andere besonders schutzbedürftige Menschen – nachhaltige Sicherung der Geldsummen

192 Sofern die Vermögenssorge zum Wohle des Verletzten rechtlich nicht hinreichend gesichert ist, muss nach der ethischen Verantwortung aller Beteiligten, also der Eltern oder rechtlichen Vertreter von verletzten Kindern, der RA und Versicherungen gefragt werden. Sie müssen abwägen, was zur Wah-

273 Notthoff, VersR 2003, 966 (967).

274 Soweit ersichtlich weicht nur der 9. Zivilsenat des OLG Hamm, Beschl. v. 11.09.2002 – 9 W 7/02, VersR 2003, 780 von diesem Zinssatz ab und kapitalisiert mit 4 %, was den Kapitalwert der Schmerzensgeldrente um 20 % erhöht, also für den Verletzten um diesen Prozentsatz ungünstiger ist, in jüngerer Zeit.

275 Vgl. zu dieser Problematik Nehls, ZfS 2004, 193 und SVR 2005, 161; Schneider, ZfS 2004, 541.

276 Huber, Brennpunkte der Schmerzensgeldbemessung, Jahrbuch zum Straßenverkehr 2016, S. 1113.

277 Lang, Chancen und Risiken beim Abfindungsvergleich und der Kapitalisierung von Ansprüchen, VersR 2019, 385.

rung des Wohles des/der Betroffenen letztlich sittlich geboten scheint. Durch einen Abfindungsbetrag (Schmerzensgeldkapital) muss sichergestellt werden, dass die unfallbedingten Nachteile durch den Kapitalbetrag für die gesamte Lebenszeit ausgeglichen werden müssen. Dieses Problem stellt sich für die Eltern schwerst hirngeschädigt geborener Kinder ebenso, wie für diejenigen, die ältere oder andere schutzbedürftige Menschen vertreten. Dieses Problem soll hier nicht näher behandelt werden, es sei verwiesen auf die Abhandlung von Hoffmann/Schwab/Tolksdorf.[278]

3. Wissen um die Schwere der Verletzung und Sorge um das Schicksal der Familie

Zu diesem Punkt kann auf Lorenz[279] verwiesen werden, der von »innerem« immateriellen Schaden, von »Gefühlsschaden« spricht. Eine solche Sorge des Verletzten wird in einzelnen Entscheidungen erwähnt, z.B. bei Schwerstverletzten, die wissen, dass sie bald sterben müssen oder dass sie die Familie nicht mehr werden ernähren können.[280] Ebenso können die psychischen Beeinträchtigungen einer schwangeren Geschädigten (19. SSW) nach leichten Beckenverletzungen wegen der Sorge um das ungeborene Kind Berücksichtigung beim Schmerzensgeld finden.[281] 193

4. Verlauf des Heilungsprozesses

a) Lange Dauer des Krankenhausaufenthalts

Neben den medizinischen Problemen und den damit verbundenen Schmerzen wird die Lebensqualität des Verletzten zusätzlich durch den Zwang beeinträchtigt, eine beträchtliche Zeitspanne in einer Umgebung zu verbringen, die alles andere als häuslich oder als familiär bezeichnet werden kann.[282] 194

Ingrid Noll[283] führt in ihrem Roman »Die Apothekerin« dazu aus: 195

> »Man hat wenig Ruhe in diesem Krankenhaus, wo man selbst in der ersten Klasse wider Willen im Doppelzimmer liegt. Ich kann hier nichts Vernünftiges lesen. Die permanenten Störungen durch das Pflegepersonal, das ständige Fiebermessen, Tablettenschlucken, mangels anderer sinnlicher Freuden das Warten auf schlechtes Essen, das mehr oder weniger unfreiwillige Belauschen fremder Besucher – das alles presst die Tage in ein strenges Korsett. Früh lösche ich das Licht ...«

Diese Beeinträchtigungen, die hier noch sehr zurückhaltend dargestellt sind, sollte man nicht bagatellisieren. Es mag sein, dass es manchen Menschen im Krankenhaus besser geht als außerhalb, dies dürfte aber nur eine kleine Minderheit sein. I.d.R. ist jeder heilfroh, wenn er (endlich) das Krankenhaus wieder verlassen kann. 196

Es ist deshalb berechtigt, die **Dauer der stationären und/oder ambulanten Behandlung** bei der Bemessung des Schmerzensgeldes angemessen zu berücksichtigen. Dies sieht auch Nixdorf,[284] der deutlich macht, dass bei der Bemessung des Schmerzensgeldes sämtliche nachteiligen Folgen für den physischen und psychischen Zustand des Geschädigten, alle Störungen des körperlichen und geistigen Wohlbefindens, ja gar Beeinträchtigungen seines Lebensgefühls und seiner Lebensfreude wie Kummer, Unbehagen, Bedrückung, Sorgen, Ärger und Unbequemlichkeiten berücksichtigt werden müssen. 197

Zu bedenken ist nämlich, dass z.B. auch die (allerdings rechtswidrige) Freiheitsentziehung in anderen Fällen ein Schmerzensgeld auslöst, wenn etwa ein Kaufhausdetektiv einen Kunden zu Unrecht am 198

---

278 Hoffmann/Schwab/Tolksdorf, DAR 2006, 666.

279 FS für Wiese/Lorenz, S. 261, 268.

280 OLG Düsseldorf, Urt. v. 09.05.1994 – 1 U 87/93, VersR 1995, 1449.

281 LG Bochum, Urt. v. 11.02.2010 – 3 O 454/07, NJOZ 2011, 33.

282 Bloemertz, S. 36 f., nennt den Krankenhausaufenthalt »Stationierung«, die immer einen – wenn auch notgedrungenen – Freiheitsentzug bedeutet.

283 Ingrid Noll, S. 12, 13.

284 Nixdorf, NZV 1996, 89 (90).

Weggehen hindert oder wenn ein Patient widerrechtlich in der Psychiatrie festgehalten wird.[285] Es kommt hinzu: **In der Zeit des Krankenhausaufenthalts** hat der Verletzte z.B. auf Alkohol, Nikotin, Sex, Urlaub, Sport, Tanz, Ausflüge, Kino, Theater u.v.m. verzichten müssen. Ist es nicht so, dass ihm z.B. ein Jahr seines Lebens verloren gegangen ist, gestohlen wird? Dabei geht es nicht darum, dass er – nach Wiederherstellung seiner Gesundheit – nicht mehr alle bisherigen Sportarten ausüben kann, sondern auf einige andere beschränkt ist, nein, es geht darum, dass er z.B. ein Jahr (und evtl. länger) **in seiner Lebensgestaltung beschränkt** war. Vieles, was er gerne getan hätte, war ihm verwehrt. Der stationär untergebrachte Patient kann nicht besuchen, wen er will, er kann nicht einmal (gut gemeinten, aber unerwünschten) Besuch verhindern. Ist er nicht in einem Einzelzimmer untergebracht, muss er einen Fremden Tag und Nacht und dessen Besucher über Tag ertragen. Huber[286] weist zu Recht darauf hin, dass manche dieser nicht ausübbaren Lustbarkeiten Folge der Erkrankung und nicht allein des Krankenhausaufenthalts seien.

▶ Hinweis:

199 Solche Beeinträchtigungen werden in Entscheidungen zum Schmerzensgeld bisher allerdings allenfalls am Rande erwähnt. Bedenkt man, in welcher Höhe Schadensersatz für vertane Urlaubszeit gewährt wird, wird deutlich, welches Potenzial an Schmerzensgeld hier schlummert. Da hilft es auch nicht, dass der Verletzte für diese Zeit Verdienstausfall erhält und sein Konto infolgedessen bei der Entlassung ein mehr oder weniger hohes Guthaben aufweist; die meisten Kosten laufen weiter und manche Aufwendungen, die nicht erstattet werden, kommen hinzu, z.B. Lesestoff jeder Art.

200 Diesen Überlegungen kann auch nicht entgegengehalten werden, auch der frühere Wehr- und Zivildienst habe – jedenfalls einige – dieser Beschränkungen mit sich gebracht. Gerade die frühere Diskussion um Wehrgerechtigkeit habe gezeigt, dass solche Beschränkungen junger Menschen nicht nur als lästig, sondern auch als einschneidend empfunden wurden.

201 Die **Dauer der stationären und der ambulanten Behandlung** hat das OLG Celle,[287] allerdings unzureichend, bei der Bemessung des Schmerzensgeldes berücksichtigt. Der Verletzte, der multiple Verletzungen und Frakturen erlitten hatte, war 8 Monate krankgeschrieben und musste sich mehreren Operationen unterziehen. Diese Umstände, insb. der langwierige Heilungsverlauf, die Alkoholbeeinflussung des Schädigers und die restriktive Regulierungspraxis des Versicherers rechtfertigten unter Berücksichtigung »aller Bemessungskriterien« ein Schmerzensgeld i.H.v. 15.000,00 €.

202 Ob es andererseits gerechtfertigt ist, einen Zeitraum von zweieinhalb Monaten, die ein 9 Jahre altes Kind nach der Entlassung aus dem Krankenhaus im Rollstuhl verbringen muss, einem Krankenhausaufenthalt gleichzustellen,[288] erscheint zweifelhaft. Immerhin lebt das Kind in häuslicher Umgebung, ein Umstand, dem besonders bei Kindern ein hoher Wert zukommt.[289]

203 Wenig sinnvoll ist es aber, eine Tabelle zu entwickeln, aus der sich ergibt, welches Schmerzensgeld je Tag oder Monat Krankenhausaufenthalt zu zahlen ist.[290] Die Schwere der Verletzung und die Dauer des Krankenhausaufenthalts korrespondieren i.d.R. miteinander.

204 **Aber:** Nicht jeder Verletzte empfindet einen Krankenhausaufenthalt gleich. Das dadurch bedingte Leiden kann für Kinder, Jugendliche oder Erwachsene durchaus unterschiedlich zu beurteilen sein.

285 OLG Frankfurt am Main, Urt. v. 25.05.1988 – 9 U 92/87, VersR 1989, 260; OLG Nürnberg, Urt. v. 02.03.1988 – 9 U 779/85, NJW-RR 1988, 791. Natürlich ist der Krankenhausaufenthalt des Verletzten »freiwillig« im Rechtssinn, er wird aber durch die Verletzung »erzwungen«.

286 Dauner-Lieb/Langen/Huber, AK-Schuldrecht, §§ 253 ff. BGB Rn. 76.

287 OLG Celle, Urt. v. 30.03.2000 – 14 U 195/99, OLGR 2000, 266.

288 OLG Celle, Urt. v. 08.07.1999 – 14 U 197/98, OLGR 2000, 19.

289 S.o. Rdn. 160.

290 Berger, VersR 1977, 877 (878).

Die Art der Unterbringung, Verpflegung, Zwang oder Verzicht beim Fernsehen usw. werden unterschiedlich empfunden.

b) Vergrößerung der Beeinträchtigungen des Krankenhausaufenthalts durch Krankenhauskost

Nicht ohne Bedeutung für die Summe der Beeinträchtigungen im Krankenhaus ist auch die von Ingrid Noll[291] angesprochene Krankenhauskost. Sie bildet eine zusätzliche Art zugefügten Leidens. In einem Beitrag von Gleßgen[292] wird anschaulich geschildert, dass und wie es der Küche des Krankenhauses gelingt, »ungenießbaren Abfall« zu produzieren oder zu servieren. Er resümiert: 205

> »Die miserable Qualität der Krankenhauskost ist allgemein bekannt. Ihr kann man nicht entgehen. Es liegt ein adäquater Schaden vor, der sich in der Höhe des Schmerzensgeldes niederschlagen muss. Ich schlage vor, für die Qualen des Patienten beim Verzehr von Krankenhauskost einen Tagesschmerzensgeldsatz von 100 DM zugrunde zu legen, die man auch für einen Schlag auf die Nase bekommt.«[293]

Ob diesem Vorschlag uneingeschränkt zu folgen ist, mag dahinstehen. Der Ansatz ist richtig, weil der Patient **der Krankenhauskost ausgeliefert** ist. Ähnliche Situationen des Ausgeliefertseins gibt es zwar auch in anderen Fällen, z.B. bei Pauschalreisen oder gar bei Einladungen. Der Unterschied besteht aber darin, dass man die Qualität dieser Essen über den Preis bzw. über die Auswahl seiner Freunde steuern kann. 206

Die Unannehmlichkeiten des Krankenhausaufenthalts durch ständige Untersuchungen und Behandlungen, Zimmergenossen und deren Besuch und andere Umstände, wie den erzwungenen Verzicht auf Lebensgenuss vermittelnde Aktivitäten, berücksichtigt das OLG Saarbrücken[294] als ein Kriterium bei der Bemessung des Schmerzensgeldes. 207

Ob die Folgerung von Gleßgen[295] zutrifft, Schmerzensgeld für Krankenhauskost werde nicht lange gewährt werden müssen, weil Versicherungen, Minister und Krankenhausträger dafür sorgen würden, dass die »Herrschaften Krankenhausköche« zu denken beginnen, erscheint sehr zweifelhaft, denn für ein solches zusätzliches Schmerzensgeld kommen allein die Schädiger und deren Haftpflichtversicherer auf, die auf die »Herrschaften Krankenhausköche« keinen Einfluss haben. 208

Als Ergebnis bleibt: Die Krankenhauskost ist adäquat kausal vom Schädiger verursacht; erhöht sie das Leiden, ist Schmerzensgeld zu gewähren, um dieses zusätzliche Leid auszugleichen – und nicht, um die Kost zu verbessern. 209

IV. Dauer des Leidens – Dauerschäden

1. Berufliche Nachteile – Minderung der Erwerbsfähigkeit – Berufswunschvereitelung[296]

Das LG Berlin[297] hat für die Bemessung des Schmerzensgeldes die psychischen Probleme, das **Gefühl der Nutzlosigkeit bei Erwerbsunfähigkeit in jungen Jahren**[298] sowie den Umstand berücksichtigt, dass kein Freizeitsport mehr betrieben werden konnte und ein Schmerzensgeld i.H.v. 37.500,00 € zugesprochen. Auch das OLG Köln[299] hat die Berufsaufgabe Schmerzensgeld erhöhend berücksich- 210

291 Ingrid Noll, S. 12, 13.
292 Gleßgen, ZAP-Kolumne, 1257, ZAP-Nr. 24 v. 20.12.1995.
293 AG Köln, Urt. v. 02.08.1985 – 266 C 97/85, ZfS 1985, 295.
294 OLG Saarbrücken, Urt. v. 31.05.2005 – 4 U 221/04, SP 2006, 205.
295 Gleßgen, ZAP-Kolumne, 1257, ZAP-Nr. 24 v. 20.12.1995.
296 Vgl. auch Rdn. 133.
297 LG Berlin, Urt. v. 04.12.2000 – 6 O 385/99, VersR 2002, 1029.
298 S.o.: Alter des Verletzten, Rdn. 139 ff.
299 OLG Köln, Urt. v. 27.02.2002 – 11 U 116/01, OLGR 2002, 290.

tigt. Ebenso hat das OLG München[300] in die Bemessung einbezogen, dass die 46 Jahre alte Klägerin unfallbedingt den von ihr geführten Hof aufgeben, an den Sohn übergeben und den Verdienst fortan mit Zeitungsauftragen bestreiten musste, was »einen ihrem Alter nicht entsprechenden« Einschnitt bedeute. Dieses Kriterium findet auch Anwendung, wenn der Verletzte sich noch in der Berufsausbildung befindet.[301] Das OLG Brandenburg[302] will die Berufswunschvereitelung allerdings nur bei der Bemessung berücksichtigen, wenn der Wunschberuf bereits »prognostizierbar« sei; bloße »Favoriten« einer künftigen Berufswahl sollen, da zu unspezifisch, nicht genügen.

211 Interessant und ohne Weiteres zutreffend ist ein Gedanke des OLG Frankfurt am Main,[303] wonach das **Schmerzensgeld** bei Berufswunschvereitelung zu **erhöhen** sei, weil der Mensch so viel Zeit in der Ausübung des Berufs verbringe, dass eine ungeliebte Tätigkeit die Lebensfreude erheblich beeinträchtigen könne.

212 Ähnlich der BGH,[304] der einen **immateriellen Nachteil** darin gesehen hat, dass eine verletzte Frau einen nicht so gehobenen und nicht so angesehenen Beruf ergreifen konnte, wie es ohne die Schädigung möglich gewesen wäre und dass diese Tätigkeit ihr eine geringere Befriedigung vermittelt.

2. Einschränkung bei Freizeitaktivitäten

213 Auch der Umstand, dass die Verletzung »zur Unzeit« erfolgte, kann den Schmerzensgeldanspruch erhöhen. Kann der Verletzte z.B. seinen 80. Geburtstag nicht feiern oder kann er Weihnachten nicht mit der Familie verbringen, kann dies u.U. Schmerzensgeld erhöhend wirken,[305] z.B. dann, wenn der Verletzte ohnehin nur noch eine kurze Lebenserwartung hatte und dieses Weihnachtsfest das Letzte war, das er – relativ – ungetrübt in der Familie hätte feiern können.[306] Das LG Kiel[307] hat schmerzensgelderhöhend berücksichtigt, dass ein Unfall kurz vor Weihnachten stattfand und dass durch die Beeinträchtigungen das Weihnachtsfest beeinträchtigt wurde.

214 Dagegen kann ein Geschädigter, der durch einen Verkehrsunfall querschnittsgelähmt ist, als materiellen Schadensersatz vom Schädiger die Kosten für den behindertengerechten Umbau seines Pkw erhalten, nicht aber zusätzlich die Kosten für den Umbau seines Motorrades, damit er seinem früheren Hobby, dem Motorradfahren, wieder nachgehen kann.[308] Insoweit wird der Geschädigte auf das Schmerzensgeld verwiesen, das auch dazu dient, diesen (an sich materiellen) Schaden auszugleichen.[309] Man sollte jedoch nicht verkennen, dass es keine bekannt gewordene Entscheidung gibt, in der insoweit bei der Schmerzensgeldbemessung Ausführungen gemacht wurden. Hinzu kommt, dass solche teuren Umbauten (in der BGH-Entscheidung rund 23.600,00 €) im Leben der oft jungen Geschädigten mehrfach bezahlt werden müssen. Würden sie berücksichtigt, müsste das Schmerzensgeld signifikant höher ausfallen.

215 Ein Sonderproblem, nämlich die Frage, ob den Eltern eines gesundheitlich dauerhaft geschädigten Kindes für dessen Pflege und dem damit verbundenen Verlust von Freizeit ein Schmerzensgeld zusteht, behandelt das OLG Frankfurt am Main.[310] Es verneint diese Frage, kommt aber zu dem Ergebnis, dass der mit derartigen Einbußen (an Freizeit) zwangsläufig verbundene Verlust an Normalität des Familienlebens, insb. an fruchtbarer elterlicher Zuwendung, in der Bemessung des Schmerzensgeldes

300 OLG München, Urt. v. 29.10.2010 – 10 U 3249/10, unveröffentlicht.
301 OLG Köln, Urt. v. 23.01.1991 – 11 U 146/90, RuS 1991, 416 = VersR 1992, 714.
302 OLG Brandenburg, Urt. v. 14.06.2007 – 12 U 244/06, SP 2008, 105.
303 OLG Frankfurt am Main, Urt. v. 21.02.1991 – 12 U 42/90, DAR 1992, 62 (63).
304 BGH, Urt. v. 08.06.1976 – VI ZR 216/74, VersR 1976, 967 (969).
305 LG Itzehoe, Urt. v. 29.06.1983 – 7 O 238/81, ZfS 1983, 261.
306 Slizyk, S. 18 ff.
307 LG Kiel, Urt. v. 01.11.2013 – 13 O 99/12, unveröffentlicht.
308 S.o. Kap. 5 Rdn. 499 ff.
309 BGH, Urt. v. 20.01.2004 – VI ZR 46/03, VersR 2004, 482 = NZV 2004, 195 = ZfS 2004, 258.
310 OLG Frankfurt am Main, Urt. v. 21.05.1999 – 24 U 150/97, VersR 2000, 607.

zugunsten des geschädigten Kindes zu berücksichtigen sei. **Einbußen an Freizeit** seien zwar nicht als Vermögensschaden zu bewerten, sie seien jedoch fühlbare Belastungen. Im **Freizeitverlust der Eltern** manifestierten sich **Störungen des Familienlebens** und damit zwangsläufig Verluste an sinnvoller elterlicher Zuwendung zum Kind, die sich auf dessen Lebensumstände negativ auswirken müssten. Ganz generell kann daher auch die eingeschränkte Beweglichkeit einer unfallverletzten Mutter schmerzensgelderhöhend berücksichtigt werden, wenn sie mit einem Kindergartenkind nicht mehr spielen kann, weil diverse dort alterstypische Bewegungsabläufe (Hüpfen, Springen, Spielen »auf Augenhöhe«) nicht möglich sind[311].

Der Fall, dass ein **gebuchter Urlaub nicht angetreten werden kann**, ist zu unterscheiden von dem Fall, dass infolge einer Verletzung erhebliche **Beeinträchtigungen im Urlaub** hingenommen werden müssen. Im letzteren Fall kann dies zwar zu einer Erhöhung des Schmerzensgeldes führen.[312] Aber wenn jemand am Urlaubsort verletzt wird, ist der entgangene Urlaubsgenuss i.d.R. – auch – ein materieller Schaden. Verlorene Urlaubszeit ist ebenfalls als materieller Schaden zu ersetzen. 216

Ein auf einer Körper- oder Gesundheitsverletzung beruhender Verlust des Urlaubs selbst führt nicht zu einem Anspruch auf Ersatz eines Vermögensschadens aufgrund einer »Kommerzialisierung« des Urlaubsgenusses, er kann aber ausnahmsweise einen höheren Schmerzensgeldanspruch auslösen, etwa wenn ein Arzt unfallbedingt einen 3-wöchigen Urlaub nicht antreten kann.[313] Dagegen kann dieser Arzt die Kosten für einen Vertreter in der Praxis nicht als Schmerzensgeld, wohl aber als materiellen Schaden geltend machen. Muss auf den Urlaubsantritt selbst verzichtet werden, ist dies ebenfalls kein Kriterium der Schmerzensgeldbemessung, weil der Urlaub im Allgemeinen nachgeholt werden kann. Holt der Verletzte den Urlaub nicht nach, kann er nicht fiktiv als Schmerzensgeld die Kosten einer Urlaubsvertretung verlangen, weil dies ein materieller Schaden ist, sondern er kann allenfalls ein – in Grenzen erhöhtes – Schmerzensgeld verlangen.[314] 217

3. Einschränkungen im Sexualleben

Nicht nur durch Unfälle, sondern auch durch ärztliche Behandlungsfehler kann das Sexualleben auf Zeit oder auf Dauer gestört sein. Es fällt auf, dass das Schmerzensgeld bei solchen Störungen kaum einmal niedrig ausfällt. Das gilt insb. dann, wenn der Patient dem Arzt vor einem Eingriff deutlich gemacht hat, welche Bedeutung die Funktionsfähigkeit seines Organs für die private Lebensgestaltung hat. So hatte ein Patient, dem eine Phimoseoperation bevorstand, den Arzt darauf hingewiesen, dass bis zum Besuch seiner Freundin an einem bestimmten Tag »die volle Funktionsfähigkeit des Genitalorgans« (wieder) bestehen müsse.[315] Es kam zu Wundheilungsstörungen und zu einer Nachoperation. Das zuerkannte Schmerzensgeld betrug 5.000,00 €. 218

Relativ gering und damit »normal« ist ein Schmerzensgeld i.H.v. 4.500,00 €, die das LG Limburg[316] für Prellungen und Schürfungen zuerkannte, die eine Phimoseoperation erforderlich machten. Die Folgen waren Narben und Beeinträchtigungen des Sexuallebens. 219

Ein deutlich höheres Schmerzensgeld von 20.000,00 € erhielt ein Patient, der vor einer operativen Penisverlängerung nicht darüber aufgeklärt worden war, dass er über einen Zeitraum von 4 Monaten einen Extender tragen müsse, der die Narbenextraktionskräfte ausgleichen solle. Welche weiteren Beeinträchtigungen oder gar Folgeschäden der Patient erlitten hat, wird in der Entscheidung nicht mitgeteilt.[317] 220

---

311 LG Karlsruhe, Urt. v. 19.04.2023- 6 O 175/21, r+s 2023, 737.

312 AG Bad Segeberg, Urt. v. 03.05.1985 – 9 C 590/84, ZfS 1986, 135: Schürfwunden, Schwimmen nicht möglich.

313 BGH, Urt. v. 11.01.1983 – VI ZR 222/80, NJW 1983, 1107.

314 BGH, Urt. v. 11.01.1983 – VI ZR 222/80, NJW 1983, 1107 (1108).

315 OLG Oldenburg, Urt. v. 02.07.1991 – 5 U 23/91, VersR 1992, 1005.

316 LG Limburg, Urt. v. 23.11.1993 – 2 O 260/93 – 8/4, VersR 1995, 472.

317 KG, Urt. v. 13.03.2000 – 20 U 1186/98, KGR 2001, 142 (143).

221 Ein Schmerzensgeld i.H.v. 50.000,00 € sprach der 1. Zivilsenat des OLG Celle[318] einem Kläger zu, der sich aufgrund eines Diagnoseirrtums einer Prostataektomie unterzog und seither unter Inkontinenz, Ejakulations- und Erektionsunfähigkeit leidet. Das OLG Celle hat dazu ausgeführt, dass sich der Kläger nicht nur völlig unnötig einem schweren operativen Eingriff unterziehen musste, sondern auch der psychischen Ausnahmesituation, die mit der Eröffnung einer Krebsdiagnose verbunden ist, ausgesetzt gewesen sei. Gravierender aber seien die durch die unnötige Operation bedingten Folgen für den Kläger, der unter dem völligen Verlust der sexuellen Aktivität leide. Dies sei unter Berücksichtigung des Lebensalters des Klägers (dieses wird leider nicht mitgeteilt) eine essenzielle Einbuße an Lebensqualität, die auch nicht dadurch relativiert werden könne, dass die Familienplanung abgeschlossen sei.

222 Wenig Einfluss hatte offenbar der Verlust von Libido und Potenz eines 33 Jahre alten Mannes auf das vom OLG Oldenburg[319] zuerkannte Schmerzensgeld. Zwar beträgt dieses in der Summe 120.000,00 €, der Kläger hatte jedoch infolge einer Schädelhirnverletzung ein massives hirnorganisches Psychosyndrom erlitten, das seine intellektuellen Fähigkeiten so beeinträchtigte, dass er ständiger Betreuung bedurfte. Dabei war er sich seines Zustandes bewusst. Der Senat beschreibt den Kläger als einen jungen Mann, der voll im Leben stand, Fußball spielte, jung verheiratet war und gerade erst ein Haus gebaut hatte. Das allein rechtfertigte mindestens das zuerkannte Schmerzensgeld. Welchen Anteil dann der Verlust von Libido und Potenz einnimmt, ist unerfindlich.

223 Das OLG Saarbrücken[320] hatte 1974 das höchste bis dahin zuerkannte Schmerzensgeld mit 75.000,00 € ausgesprochen für den Penisverlust bei einem 10 Jahre alten Jungen. Der Penisverlust bedeute eine außerordentliche und tiefgreifende Lebensbeeinträchtigung, einen solchen Verlust an menschlicher Entfaltungsmöglichkeit und schwer vorstellbares Maß an körperlicher Beeinträchtigung und Behinderung, dass es sich um die schwersten Folgen einer missglückten Operation handelt, von denen ein Mensch überhaupt betroffen werden könne.

224 Ein weiterer Fall:[321] Der Kläger litt an einer angeborenen Erbkrankheit, die schließlich durch Zerstörung aller Organe durch Histiozyten und Lymphozyten charakterisiert wurde. Nachdem der Kläger 20 Jahre alt geworden war, wies ihn der Beklagte (Arzt) nicht darauf hin, dass die Krankheit durch eine Knochenmarktransplantation geheilt werden konnte. Im Alter von 23 Jahren kam es beim Kläger zu einer Gehirnblutung, die zu Lähmungen, Sprachstörungen und Krampfanfällen führte. Diese Folgen konnten durch eine sodann erfolgreich durchgeführte Knochenmarkstransplantation nicht mehr rückgängig gemacht werden. Der Kläger leidet seither u.a. an Epilepsie, unter Einschränkung der Sehfähigkeit und einem Hirnsubstanzverlust. Er ist impotent und nicht in der Lage, eine Beziehung zu einer Frau aufzubauen und auf herkömmlichem Wege Kinder zu zeugen. Das OLG hat ein geringeres Schmerzensgeld (100.00,00 € zzgl. 375,00 € monatliche Rente) als das LG (150.000,00 € zzgl. 500,00 € monatliche Rente) für angemessen gehalten. Es hat, so ist in der Entscheidung mitgeteilt, jahrelange extreme Schmerzen, Todesangst, Epilepsie, die gravierende Sehbeeinträchtigung, derzeitige und künftige Dauerschmerzen und eine Angsterkrankung bei der Bemessung des Schmerzensgeldes ausdrücklich berücksichtigt und das Regulierungsverhalten des Beklagten als Schmerzensgeld erhöhend angesehen. Unerwähnt blieb bei der Begründung zur Schmerzensgeldhöhe u.a. die erektile Dysfunktion (Impotenz) des Klägers.

225 Ggü. Männern werden Frauen in vergleichbaren Fällen mit deutlich geringerem Schmerzensgeld abgefunden.

318 OLG Celle, Urt. v. 09.07.2001 – 1 U 64/00, OLGR 2001, 250.
319 OLG Oldenburg, Urt. v. 07.05.2001 – 15 U 6/01, SP 2002, 56.
320 OLG Saarbrücken, Urt. v. 17.12.1974 – 7 U 83/73, VersR 1975, 1058 = NJW 1975, 1467.
321 OLG Nürnberg, Urt. v. 12.12.2008 – 5 U 953/04, VersR 2009, 1079 mit Anm. Jaeger.

Eine junge Frau, die durch unfallbedingte Anorgasmie und Algopareunie an nachhaltigen Störungen der sexuellen Erlebnisfähigkeit litt, musste sich mit einem Schmerzensgeld i.H.v. 10.000,00 € zufriedengeben.[322] 226

Inwieweit dem Partner eines in seiner sexuellen Betätigung eingeschränkten Patienten eigene Ersatzansprüche zukommen, ist kaum Gegenstand von Rechtsprechung gewesen. Wenn überhaupt, begehren Ehefrauen für den Verlust der Potenz des Ehemannes Schadensersatz. Hiergegen spricht, dass die Ehefrau als solcherart nur mittelbar Betroffene keine eigenen Ersatzansprüche hat.[323] Dagegen wird eingewandt,[324] dass bereits die freie Ausübung körperlicher Funktionen unter den Begriff des Körpers falle, sodass auch der Partner eine »Körper-«Verletzung erleide, wenn infolge der Impotenz des Patienten ihm nun auch die sexuelle Betätigung in der Partnerschaft vereitelt wird. 227

Dementsprechend haben weder das OLG Hamm[325] noch das OLG Düsseldorf[326] noch das OLG Köln[327] einer Ehefrau, deren Ehemann aufgrund einer fehlerhaften ärztlichen Behandlung impotent geworden sein soll, Schmerzensgeld zugebilligt. 228

Etwas lustbetonter ist die Rechtsprechung zu diesem Problem in Österreich und in der Schweiz. 229

Das OLG Wien sowie das BG[328] gewährten einer Ehefrau bei erektiler Dysfunktion und Impotenz des Ehemannes 20.000,00 € beziehungsweise 40.000,00 € dem Ehemann nach Verletzung der Ehefrau.

In Österreich werden diese Fragen unter einem weiteren Gesichtspunkt diskutiert. Für den Verlust der aus dem ehelichen Sexualleben ersprießenden gemeinsamen Lebensfreude wegen erektiler Dysfunktion als Dauerfolge nach einer Beckenfraktur des 48 Jahre alten Mannes steht seiner 6 Jahre jüngeren Ehefrau kein eigenes Schmerzensgeld zu, weil es sich hierbei um keine i.S.d. Rechtsprechung »schwerste« Verletzung handelt.[329] Die Klägerin hatte ein Schmerzensgeld i.H.v. 16.000,00 € errechnet, ausgehend von einem Betrag von 60,00 € pro außerehelichem anonymen Geschlechtsverkehr. 230

4. Verlust von Gliedern, Organen, Funktionen

Der Verlust von Gliedern, Organen, Funktionen und Entstellungen sind bei der Bemessung des Schmerzensgeldes stets deutlich zu berücksichtigen. 231

Während das Schmerzensgeld bei Verletzungen, die mehr oder weniger folgenlos ausheilen, ohne Weiteres moderat sein kann, müssen **Dauerschäden** zu **ganz wesentlich höheren Schmerzensgeldern** führen. Besonders **Amputationen** an der Hand, an Armen und an Beinen müssen hohe Schmerzensgelder auslösen. Hinzu kommt, dass nach Amputationen immer entstellende Narben zurückbleiben, die auch dann zu entschädigen sind, wenn sie keine zusätzlichen Schmerzen verursachen. Dies geschieht inzwischen auch, auf die Darstellung der Entscheidungen zu Amputationen wird verwiesen.[330] 232

322 OLG Köln, Urt. v. 20.09.1990 – 18 U 23/89, VersR 1992, 888 = ZfS 1992, 406.

323 LG Frankenthal, Urt. v. 19.12.1996 – 8 O 105/06, AHRS 0455/104 = MedR 1998, 130 (LS).

324 Ziegler/Rektorschek, VersR 2009, 181, die zudem Rechte des Partners aus einem Arztvertrag mit Schutzwirkung für Dritte begründen wollen und für ein Schmerzensgeld bei Verletzung des Partners von bis zu 100.000,00 € plädieren. Vgl. zu dieser Thematik auch Ziegler/Rektorschek, Impotenz durch Behandlungsfehler – geht der Partner leer aus?, VersR 2009, 181 ff.

325 OLG Hamm, Beschl. v. 07.06.2017 – 3 U 42/17, unveröffentlicht.

326 OLG Düsseldorf, Urt. v. 04.12.2014 – 8 U 50/14, unveröffentlicht.

327 OLG Köln, Beschl. v. 22.12.2015 – 5 U 135/15, VersR 2016, 796.

328 BG, Urt. v. 22.04.1986 – BGE 112 II 226 E 3.a, zitiert nach Huber, Brennpunkte der Schmerzensgeldbemessung, in Jahrbuch zum Straßenverkehrsrecht 2016, Herausgeber Schaffhauser, S. 97, 121 Fn 67.

329 Oberster Gerichtshof, 2 Ob 136/11, ZVR 2012, 204; 2 Ob 70/14d, Zum Ausdruck kommen 2014, 511, 277 = AnwBl 2014, 595.

330 Amputationen in der Tabelle besondere Verletzungen, Kap. 9 Rdn. 1064 ff.

233 Eine auffallend eingehend begründete Entscheidung zu Unfallfolgen mit erheblichen Dauerschäden hat schon 1972 das **OLG Karlsruhe**[331] gefällt. Darin sind auch einige Punkte zur Bemessung des Schmerzensgeldes herausgearbeitet. Schon im Leitsatz heißt es:

»... bei schweren Körperverletzungen mit nachfolgenden Dauerschäden (ist) dem Geschädigten ein Schmerzensgeld in beträchtlicher Höhe, namentlich auch in Gestalt einer Rente zuzusprechen.«

234 Die Schwere der Verletzungen eines jungen Mannes wird in der Entscheidung wie folgt beschrieben:

»Der Kläger hatte neben der Unterschenkelfraktur eine Gehirnerschütterung, eine schwere Fleischwunde im Gesicht sowie Prellungen erlitten. V.a. war der Unterschenkelbruch nicht von geringer oder durchschnittlicher Schwere, sondern einschneidender Natur, weil er den Kläger so sehr in Lebensgefahr brachte, dass das ganze Bein einschließlich des Oberschenkels abgenommen werden musste. Diese Oberschenkelamputation ist schon an sich ein schwerer Eingriff und zusätzlich belastend wirkt hierbei, dass sie zu weiteren schweren und dauernden (nie mehr behebbaren) Gesundheitsschäden führte: Die Gehfähigkeit des Klägers wird immer stark beeinträchtigt bleiben und ebenso sind schmerzhafte Knotenbildungen am Beinstumpf immer wieder zu erwarten.

...

Dementsprechend waren auch die körperlichen Schmerzen, die der Kläger erleiden musste, sehr empfindlich gewesen; und da solche Schmerzen am Gliedstumpf auch zukünftig nicht zu vermeiden sind, fällt insgesamt dieser Gesichtspunkt zugunsten des Schmerzensgeldanspruchs ins Gewicht.«

235 Daraus folgt, dass sich der körperliche Zustand des Klägers dramatisch verändert hatte und dass der Kläger künftig kein schmerzfreies Leben führen kann. Für einen jungen Menschen, der infolge eines Unfalls oberschenkelamputiert ist, ist nichts mehr wie früher, über ihn ist eine Katastrophe hereingebrochen. Ob es in einem solchen Fall sinnvoll ist, neben der Oberschenkelamputation mit all ihren Folgen noch die Gehirnerschütterung und die Prellungen als Verletzungsfolgen zu erwähnen, erscheint fraglich, da diese Verletzungen bei den Erwägungen zur Bemessung des Schmerzensgeldes (zu Recht) keine Erwähnung finden. Wenn solche – im Verhältnis zu schwersten Schäden – Bagatellverletzungen »gewissenhaft« aufgelistet werden, erinnert dies an buchhalterische Gründlichkeit, die den Blick auf das Wesentliche eher verstellen kann.

236 Erwähnenswert bei der Schmerzensgeldbemessung wäre dagegen eher die schwere Fleischwunde im Gesicht gewesen, die mit Sicherheit eine (evtl. sogar entstellende) Narbe zurückgelassen hat. Auch eine solche Narbe ist ein Dauerschaden, verändert sie doch das Aussehen des Verletzten nachhaltig negativ.

237 Die seelischen Folgen des Unfalls für den Verletzten werden vom OLG Karlsruhe zutreffend als Dauerschaden angesehen. Als **Dauerschäden** werden genannt:
- Der Kläger hat nach der Amputation einen seelischen Zusammenbruch erlitten.
- Die Anpassung der Prothesen hat ihn seelisch schwer bedrückt.
- Dasselbe galt, weil die Beeinträchtigung der Bewegungsfähigkeit ihm berufliche Schranken gesetzt hat und
- weil er sein bisheriges Berufsziel aufgeben musste.
- Sehr wesentlich ist auch die Einschränkung der Heiratsaussichten des Klägers, der den Unfall in jungen Jahren erlitten hat.

238 Diese Dauerschäden sind insgesamt **überaus schwere Unfallfolgen**, die ein Schmerzensgeld in beträchtlicher Höhe rechtfertigen. Unter Berücksichtigung dieser besonders schweren Dauerschäden hat das OLG Karlsruhe unter Beachtung der »unkontrolliert« fortgehenden »inflationären Entwicklung« bei mittelschwerem Verschulden des Schädigers ein Schmerzensgeld i.H.v. 20.000,00 € und eine monatliche Rente i.H.v. 100,00 € für angemessen gehalten. Geht man davon aus, dass der Kläger etwa 25 Jahre alt war (das Alter wird in der Entscheidung nicht mitgeteilt und die Lebenserwartung eines jungen Mannes im Jahr 1972 ist ohne aufwendige Recherche heute kaum feststellbar), ergibt die Rente je nach Zinssatz einen Kapitalwert (Barwert) von 20.000,00 € – 25.000,00 €.

331 OLG Karlsruhe, Urt. v. 01.11.1972 – 4 U 149/71, NJW 1973, 851.

Das vom OLG Karlsruhe zuerkannte Schmerzensgeld betrug demnach rund 40.000,00 €–45.000,00 €, ein Betrag, der im Jahr 1972 außerordentlich hoch war. Heute, 30 Jahre nach dem Unfall, betrüge das Schmerzensgeld bei einer Steigerung von jährlich 6 % für Inflation und wegen der Tendenz der Rechtsprechung zu höherem Schmerzensgeld 180 % mehr, also rund 125.000,00 €, ein durchaus üblicher Betrag. 239

Mit dem zuerkannten Schmerzensgeld hat das OLG Karlsruhe sich ausdrücklich von den herangezogenen »vergleichbaren Fällen« (mit geringeren Schmerzensgeldbeträgen) gelöst, weil diese keine »hinreichenden Vergleichsmaßstäbe« mehr liefern könnten. 240

Zusätzlich – und das relativiert (leider) den ausgeurteilten Betrag – hat das OLG Karlsruhe bei der Bemessung das **Regulierungsverhalten des Haftpflichtversicherers** berücksichtigt. Leider lässt sich der Entscheidung, die auch im weiteren Text sehr lesenswert ist, nicht entnehmen, wie diese Erhöhung ausgefallen ist. Es fehlt jede Andeutung zu einem Betrag oder einem Prozentsatz. Das Regulierungsverhalten hat das Gericht in nicht nachprüfbarer Weise dazu veranlasst, dem verletzten Kläger ein »beträchtliches Schmerzensgeld« zuzusprechen. Diese Verfahrensweise ist grds. nicht zu beanstanden, weil das Schmerzensgeld in einem Betrag zu bemessen ist. Das Gericht wäre jedoch nicht gehindert, das an sich angemessene Schmerzensgeld und das durch verzögerliches Regulierungsverhalten letztlich zu gewährende erhöhte Schmerzensgeld in beiden Beträgen zu nennen. 241

Die bisherigen Ausführungen zeigen, dass das OLG Karlsruhe in ganz unüblicher Gründlichkeit Erwägungen zur Bemessung des Schmerzensgeldes angestellt und zahlreiche Argumente für ein besonders hohes Schmerzensgeld dargelegt hat. Wie oben gezeigt, hat es ein für die damalige Zeit hohes Schmerzensgeld zuerkannt, in das u.a. die Erwägungen zum verzögerlichen Regulierungsverhalten Eingang gefunden haben müssen. 242

Unerörtert bleibt in der Entscheidung des OLG Karlsruhe, ob der Verletzte einen Ausgleich dafür erhält, dass sein Alltag für viele Monate – hier eher für ein bis 2 Jahre – durch Krankenhausaufenthalte und Arztbesuche bestimmt war. 243

Das Urteil ist auch deshalb bemerkenswert, weil es der bisherigen Rechtsprechung zur Höhe des Schmerzensgeldes bei Oberschenkelamputationen eine Absage erteilte. Vor dem 2. Weltkrieg in den Jahren 1935 und 1936 wurde ein solcher Verletzter mit einem Schmerzensgeldbetrag i.H.v. 300,00 RM oder 800,00 RM abgefunden.[332] Nach dem Krieg gab es nur wenig mehr, so z.B. noch im Jahr 1958 einen Betrag von 1.625,00 €[333] für einen 34 Jahre alten Mann, der lange Zeit erhebliche Schmerzen gehabt hat und »dauernd an den Folgen des Unfalls zu leiden haben wird«; auch wog die dauernde Beeinträchtigung der Lebensfreude des Klägers schwer. 244

Wie wenig angemessen dieser Schmerzensgeldbetrag ist, zeigt eine 4 Jahre später ergangene Entscheidung des LG Hechingen,[334] das dem Opfer einer Schlägerei, das die Verletzung nur 3 Tage überlebt hatte, ein Schmerzensgeld i.H.v. 2.500,00 € zuerkannte. Abgesehen davon, dass dieser Schmerzensgeldbetrag deutlich über den damaligen Schmerzensgeldern bei baldigem Tod lag,[335] und weil es kein Schmerzensgeld für Tod gibt, steht dieser Betrag in keinem Verhältnis zu den 1.625,00 €, die der 34 Jahre alte oberschenkelamputierte Mann 4 Jahre zuvor für die Beeinträchtigungen seines weiteren Lebens erhalten hat. 245

5. Behinderungen

Gerade nach Amputationen treten Behinderungen auf, die im Alltag zu Erschwernissen führen. Aber auch jede andere Art einer Behinderung ist ein **Dauerschaden**, der ein besonders hohes Schmerzens- 246

332 Zitiert nach Gelhaar, NJW 1953, 1281 (1282).
333 LG Göttingen, Urt. v. 02.05.1958 – 3 O 51/58, VersR 1958, 732.
334 LG Hechingen, Urt. v. 13.02.1962 – 2 O 79/60, VersR 1964, 251.
335 Vgl. nur OLG Karlsruhe, Urt. v. 13.01.1961 – 7 U 150/60, VersR 1961, 287.: Für eine Überlebenszeit von 18 Tagen wurden 750,00 € zuerkannt.

geld rechtfertigt. So sind denn in den Entscheidungen zu den verschiedenen Verletzungen Behinderungen stets aufgeführt, weil sie die Höhe des Schmerzensgeldes beeinflusst haben oder hätten beeinflussen müssen.

6. Entstellungen

247 **Besonders hohe Schmerzensgelder** müssen bei Entstellungen zuerkannt werden. Auch hier ist auf Lorenz[336] zu verweisen, der den bei Entstellungen vorliegenden inneren immateriellen Schaden, den Gefühlsschaden, ausdrücklich betont. Zu Entstellungen zählen auch Narben, die stets das Erscheinungsbild des Körpers verändern und für die eine zusätzliche Entschädigung gezahlt werden muss.

7. Narben

248 **Narben sind Dauerschäden.** Diese Aussage mag überraschen, sie kann aber nicht ernsthaft in Zweifel gezogen werden. Ob Narben als solche einen Schmerzensgeldanspruch begründen oder ob sie Schmerzensgeld erhöhend wirken, bedarf näherer Prüfung.

249 Bei der Auswertung von Entscheidungen scheint es, als seien Narben für die Bemessung des Schmerzensgeldes nur ausnahmsweise von Bedeutung, etwa
- entstellende Narben oder
- Narben, die Schmerzen bereiten, wozu auch der sog. Phantomschmerz zählt.

250 Klar ist, dass z.B. nach einer Beinamputation[337] die dadurch entstehenden Narben bei den Erwägungen zur Höhe des Schmerzensgeldes keine besondere Rolle spielen können. Solchen Narben kommt kein eigenständiges Gewicht zu, weil der Schwerpunkt der Verletzung, des Leidens im Verlust einer wichtigen Gliedmaße liegt, bei dem notwendigerweise eine erhebliche Narbe zurückbleibt. Der Verlust des Beines ist für das weitere Leben des Verletzten prägend, während die Narbe insoweit nahezu bedeutungslos ist, soweit diese nicht über alle Maßen entstellend ist und Beschwerden und/oder Phantomschmerzen verursacht.

251 Wendet man sich Entscheidungen zu Verletzungen zu, die weniger schwer waren, etwa Frakturen von Armen und Beinen, dürfen die nach – regelmäßig – zwei Operationen (wenn der Bruch geschient und die Schiene später entfernt wird) zurückbleibenden Narben bei der Bemessung des Schmerzensgeldes nicht unerwähnt bleiben. So haben denn auch das OLG Köln[338] und das OLG Nürnberg[339] Narben (Köln: sehr lange Narben im Bereich des Oberarms und des Oberschenkels und eine quer verlaufende Narbe von 12 cm Länge sowie fünf Narben, die gut sichtbar sind und eine gravierende ästhetische Beeinträchtigung darstellen bzw. Nürnberg: 7 cm an der Hüfte und 20 cm im Nacken) ausdrücklich erwähnt und als »Dauerschaden« in die Bemessung des Schmerzensgeldes einbezogen.

252 Demgegenüber legt das OLG Celle[340] der Bemessung des Schmerzensgeldes i.H.v. 15.000,00 € zwar u.a. folgende Verletzungen und Verletzungsfolgen zugrunde, ohne allerdings die dadurch zurückgebliebenen Narben als Schmerzensgeld erhöhend zu bewerten: Oberschenkelfraktur, offene Ellenbogenluxationsfraktur, Bruch eines großen Zehs, Bruch einer Hand, Riss der Unterlippe und Platzwunde am Oberschenkel.

253 Diese Verletzungen sollen insb. wegen des langwierigen Heilungsverlaufs »unter Berücksichtigung aller Bemessungskriterien« ein Schmerzensgeld i.H.v. 15.000,00 € rechtfertigen. Das OLG Celle führt in der Begründung zur Höhe des Schmerzensgeldes zum Vergleich andere Entscheidungen an, bei denen der Verletzte schwerere Dauerfolgen erlitten hatte, während »vorliegend nur geringe

336 FS für Wiese/Lorenz, S. 261 (268).
337 OLG Karlsruhe, Urt. v. 01.11.1972 – 4 U 149/71, NJW 1973, 851.
338 OLG Köln, Urt. v. 10.09.1999 – 19 U 202/98, OLGR 2000, 192; OLG Köln, Urt. v. 18.02.2000 – 19 U 87/99, OLGR 2000, 274.
339 OLG Nürnberg, Urt. v. 25.01.2000 – 3 U 3596/99, OLGR 2000, 171.
340 OLG Celle, Urt. v. 30.03.2000 – 14 U 195/99, OLGR 2000, 266.

Dauerfolgen verblieben sind«. Als Dauerfolgen kann das OLG Celle nur die dokumentierten Dauerfolgen – leichte Funktionsdefizite im Knie- und Ellenbogengelenk – angesehen haben, nicht aber die mindestens vier Narben, die aufgrund der Oberschenkelfraktur, der Ellenbogenluxationsfraktur, des Risses der Unterlippe und der Platzwunde am Oberschenkel zurückgeblieben sein müssen. Gerade die Narben aufgrund der Oberschenkelfraktur und nach der »Entfernung von Platten und Zugschraubenversorgung« sind lange Narben, die den Verletzten auf Dauer entstellen, unabhängig davon, ob er jung (hier: 30 Jahre) oder alt, Frau (wie hier) oder Mann ist.

Als besonders hoch bezeichnet das OLG Celle[341] im Jahr 1996 ein Schmerzensgeld von 10.000,00 € 254
für ein 6 Jahre altes Mädchen, das als Folge eines Hundebisses auf Dauer sichtbare Narben im Gesicht zurückbehielt.

Gemessen an einer (sogar noch späteren) Entscheidung des OLG Düsseldorf[342] aus dem Jahr 1997 255
war die Einschätzung des OLG Celle berechtigt, hat doch das OLG Düsseldorf nur 7.500,00 € Schmerzensgeld für eine fahrlässig verursachte Risswunde in der Wange einer 32 Jahre alten Frau mit entstellender Narbenbildung und darauf beruhenden psychischen Belastungen zuerkannt.

Dagegen sprach das OLG Hamm[343] schon 1992 einer Patientin ein Schmerzensgeld von 4.000,00 € 256
zu, die nach fehlerhafter Injektion Narben an beiden Gesäßhälften zurückbehielt. Gemessen an dieser Entscheidung kann das Schmerzensgeld für das 6 Jahre alte Mädchen nur als bescheiden und nicht als besonders hoch bezeichnet werden. Das gilt auch für eine Entscheidung des OLG Düsseldorf,[344] das einem fast 8 Jahre alten Schüler ein Schmerzensgeld i.H.v. nur 3.000,00 € zuerkannte, der durch einen Feuerwerkskörper eine 20 × 20 cm große Verbrennung am Oberschenkel erlitt und nach Hauttransplantation an beiden Oberschenkeln Narben zurückbehielt.

Von der kleinlichen Rechtsprechung hebt sich das AG Paderborn[345] ab, das Narben an den Sprung- 257
gelenken nach Verbrennungen durch eine Reizstrommassage bei der Höhe des Schmerzensgeldes berücksichtigt hat.

Etwas großzügiger urteilte das OLG Oldenburg,[346] das einem neuneinhalb Jahre alten Mädchen 258
ein Schmerzensgeld i.H.v. 12.500,00 € zugesprochen hat, das durch den Huftritt eines Pferdes im Gesicht schwer verletzt wurde. Das Kind erlitt neben einem Schädeltrauma Weichteilverletzungen von Augenbraue und Wange und verlor drei Zähne. Allerdings ist in dem Urteil i.R.d. Erwägungen zum Schmerzensgeld von Dauerschäden durch Narben keine Rede.

Dagegen hat das OLG München[347] bereits 1984 einer Kosmetikerin, die bei einem Verkehrsunfall 259
Glassplitterverletzungen im Gesicht erlitt, ein Schmerzensgeld i.H.v. 9.000,00 € (hochgerechnet auf die volle Haftung) zuerkannt, weil die Klägerin in ihrem Beruf ein schönes, makelloses und v.a. narbenloses Gesicht haben solle, um dem Ideal und den Vorstellungen ihrer Kundschaft möglichst nahe zu kommen. Die Klägerin werde zeitlebens zumindest auf nähere Entfernung deutlich sichtbare Entstellungen tragen müssen, was für sie psychisch eine gewisse Belastung sei.

Das LG Köln[348] hat einer 22 Jahre alten Frau 50.000,00 € zugesprochen, die bei einem Verkehrs- 260
unfall schwere Beinverletzungen erlitt. Erhebliche Dauerschäden hat es u.a. darin gesehen, dass ein großes Narbenfeld an der Außenseite eines Oberschenkels und an der Rückseite eines Unterschenkels verblieb.

341 OLG Celle, Urt. v. 16.10.1996 – 20 U 17/96, OLGR 1997, 5.
342 OLG Düsseldorf, Urt. v. 28.02.1997 – 22 U 180/96, MDR 1997, 1124.
343 OLG Hamm, Urt. v. 19.02.1992 – 3 U 219/91, OLGR 1992, 216.
344 OLG Düsseldorf, Urt. v. 23.06.1995 – 22 U 220/94, NJW-RR 1995, 1490.
345 AG Paderborn, Urt. v. 25.05.1998 – 55 C 46/98, ZfS 1998, 290.
346 OLG Oldenburg, Urt. v. 09.11.2000 – 8 U 120/00, OLGR 2000, 337.
347 OLG München, Urt. v. 30.11.1984 – 10 U 2344/84, VersR 1985, 868.
348 LG Köln, Urt. v. 01.12.1992 – 22 O 83/90, VersR 1993, 1539 = r+s 1994, 256.

261 Es ist an derzeit, die Tatsache, dass Narben Dauerschäden sind, **bei der Schmerzensgeldbemessung zu berücksichtigen**, und zwar auch dann, wenn die Verletzte keine junge Frau ist. Die zitierten Entscheidungen könnten den Eindruck erwecken, dass gerade junge Frauen, bei denen infolge einer Verletzung entstellende Narben zurückbleiben, besonders hohe Schmerzensgelder erhalten. Eine solche Sonderbehandlung wäre nicht gerechtfertigt, auch junge und alte Männer und ebenso alte Frauen haben ein Recht darauf, dass sie für Narben, die ihnen zugefügt worden sind, angemessen entschädigt werden. Darauf weist nunmehr auch Huber[349] hin: Bei Entstellungen und Narben hat das Schmerzensgeld höher auszufallen. Für eine Beeinträchtigung des Aussehens gebühre unabhängig vom Geschlecht eine Entschädigung.

262 Grds. darf das Geschlecht des Verletzten keinen Unterschied bei der Bemessung des Schmerzensgeldes machen. Mit Blick auf die Erduldung rein körperlicher, physischer Schmerzen erscheint dies selbstverständlich. Hinsichtlich seelischer und psychischer Faktoren können **geschlechtsspezifische Unterschiede** dennoch eine (kleine) Rolle spielen. Jedenfalls ist im Einzelfall zu prüfen, ob Mädchen und jüngere Frauen unter Entstellungen (Narben) im Gesicht stärker leiden als dies bei Männern der Fall ist. In einem solch eingeschränkten Bereich mögen deshalb Differenzierungen gerechtfertigt sein.

▶ Hinweis:

263 Der Umstand, dass Narben in der Naturheilkunde (in der Schulmedizin nicht immer) als Störfaktoren angesehen werden, die das Wohlbefinden und die Gesundheit erheblich beeinträchtigen können, findet in der Rechtsprechung bisher keinen Niederschlag. Ein Verletzter müsste dies substanziiert vortragen und durch Sachverständigengutachten unter Beweis stellen.

Es gilt, das Bewusstsein der die Geschädigten vertretenden RA und der entscheidenden Richter entsprechend zu schärfen.

264 Unterschiedlich hohe Schmerzensgelder bei Männern und Frauen kommen auch vor beim Verlust eines Hodens beziehungsweise Eileiters. Für den Verlust eines Hodens billigte das OLG Köln[350] dem Kläger 18.000,00 € zu, das OLG Koblenz[351] gewährte 20.000,00 €, während der Höchstbetrag für den Verlust eines Eileiters/Eierstocks nur in einer Entscheidung über 6.000,00 € hinausging und mit 15.000,00 € entschädigt wurde.[352]

265 Für den Verlust der Zeugungsfähigkeit erhält ein Mann zwischen 50.000,00 € und 60.000,00 €, während der Verlust der Empfängnisfähigkeit der Frau mit maximal 50.000,00 € abgefunden wird.[353]

266 Ob die zu dieser Thematik in den Tabellenwerken vereinzelt genannten Entscheidungen repräsentativ sind, erscheint nicht sicher, denn der Verlust von Hoden und Eierstock beruht fast ausschließlich auf ärztlichen Behandlungsfehlern. Hier wird oft vergleichsweise reguliert, wobei keineswegs sicher ist, dass die dabei gezahlten Beträge »billig und gerecht« sind.[354]

267 Während jede Delle an der Stoßstange eines Fahrzeuges deren Erneuerung rechtfertigt – bei einem Mercedes Benz kostet dies leicht 1.000,00 € – oder gar noch mehr werden Narben nach Frakturen mit sog. komplikationslosem Heilungsverlauf immer noch mit geringen Schmerzensgeldern abgefunden.[355]

---

349 Dauner-Lieb/Langen/Huber, AK-Schuldrecht, § 253 Rn. 77.
350 OLG Köln, Urt. v. 23.01.2002 – 5 U 85/01, VersR 2003, 860.
351 OLG Koblenz, Urt. v. 15.12.05 – 5 U 676/05, MDR 2006, 992.
352 LG Hagen, 12 O 53/89, unveröffentlicht.
353 LG Stuttgart, Urt. v. 21.10.2005 – 27 O 292/05, unveröffentlicht bzw. LG Mainz, Urt. v. 24.06.2010 – 2 O 312/06, unveröffentlicht.
354 Ziegler/Cajukli, Unterschiedlich hohe Schmerzensgelder bei Männern und Frauen, zfs 2013, 424, 427.
355 Eine Parallele zum merkantilen Minderwert zieht Dauner-Lieb/Langen/Huber, AK-Schuldrecht, § 253 Rn. 1, 10.

Es kommt hinzu: Lässt der Geschädigte die Delle an der Stoßstange nicht entfernen, sondern rechnet er nach Kostenvoranschlag (ohne USt) ab, behält er die Entschädigung »als Schmerzensgeld«, während bleibende Narben nach einer Fraktur oft nicht besonders entschädigt werden. Auch hier ist Kreativität gefordert. 268

Däubler[356] bringt die Sache auf den Punkt: Lässt der Verletzte eine Narbe nicht operativ mit einem Kostenaufwand von 2.500,00 € beseitigen, kann er diesen Betrag auch nicht ersetzt verlangen. **Entschädigungspflichtig** sind nur die **Kosten einer tatsächlich durchgeführten Operation.**[357] Andernfalls werde ein Persönlichkeitsgut, das äußere Erscheinungsbild, kommerzialisiert, was nicht akzeptabel sei. 269

Deshalb sind nicht nur die mit dem Unfall und nach Frakturen mit i.d.R. zwei Operationen verbundenen körperlichen Schmerzen und der (2-fache) stationäre Aufenthalt zu entschädigen. Es ist auch für das dauerhaft veränderte Erscheinungsbild des Verletzten, selbst wenn die Narben nicht stets sichtbar sind, ein Ausgleich zu gewähren. Solche Operationsnarben sind über Jahre hinweg zumindest subjektiv Entstellungen, die ein deutliches Schmerzensgeld rechtfertigen. 270

Wenn man bedenkt, dass der Eigentümer eines **neuwertigen Luxusfahrzeuges**, das schwer beschädigt, aber technisch einwandfrei wiederhergestellt wurde und makellos aussieht, allein für das Bewusstsein, mit einem neuen, aber reparierten Fahrzeug herumfahren zu müssen, dem niemand aber seine »Verletzungen« ansieht, einen **merkantilen Minderwert** i.H.v. vielen Tausend € erhält,[358] dann ist nicht einzusehen, warum ein Verletzter allein zum Ausgleich für die Entstellung durch Narben nicht wenigstens zwei- oder dreimal auf Kosten des Schädigers mit seinem Partner 2 Wochen in den Urlaub fahren kann. 10.000,00 € fallen dafür ohne Weiteres an. Damit sind **normale Narben** gemeint. **Entstellende Narben** und Narben, die schmerzen, sind wesentlich höher zu entschädigen. 271

Ein Mensch, dessen Gesundheit wiederhergestellt ist, bekommt nichts dafür, dass er künftig mit dem Bewusstsein leben muss, »repariert« zu sein. Selbst wenn seine Narben beseitigt wurden, ist er nicht mehr unversehrt. Was dem Eigentümer eines Kfz Recht ist, sollte dem Verletzten billig sein. 272

Es ist nicht so, wie Steffen[359] es darstellt, dass bei einem reparierten Kfz das Risiko möglicher verborgener Mängel ausgeglichen wird; nein, der Ausgleich wird gewährt, weil der Geschädigte sein Fahrzeug in dem Bewusstsein weiterbenutzt bzw. benutzen muss, dass es nicht mehr neu, sondern dass es repariert ist. Das ist »Schmerzensgeld für die Verletzung einer Sache«. 273

Eine weitere Frage ist die, ob nicht bei **Dauerschäden** ein **Mindestbetrag an Schmerzensgeld** angenommen werden sollte. Schon 1953 hat Gelhaar[360] die Auffassung vertreten, dass bei schweren Verletzungen mit Dauerfolgen keinesfalls ein Schmerzensgeld unter 500,00 € zugesprochen werden sollte. Ende der 70er Jahre betrug dieser Mindestbetrag schon 5.000,00 €; im Jahr 2004 sollte er mindestens 12.000,00 € betragen und im Jahr 2010 sicher nicht weniger als 15.000,00 €. 274

356 Däubler, NJW 1999, 1611.

357 Luckey, Personenschaden, Rn. 891 ff. Vgl. zur Frage der Ersatzfähigkeit von Heilbehandlungskosten bei selbst oder durch Angehörige durchgeführte Behandlung oder Pflege auch a.a.O., Rn. 969 ff.

358 OLG Köln, Urt. v. 05.06.1992 – 19 U 253/91, MDR 1992, 646; OLG Jena, Urt. v. 28.04.2004 – 3 U 221/03, NZV 2004, 476 (Ferrari); MüKo/Oetker, BGB, 5. Aufl. 2007, § 249 Rn. 52 ff.

359 FS für Odersky, S. 723 (732), führt dazu aus: »So ist der merkantile Minderwert, den der Markt dem reparierten Unfallwagen wegen des Risikos nur möglicher verborgener Mängel zumisst, ein auch in der Differenzrechnung ausgewiesener Vermögensschaden, ungeachtet, dass sich hierin Irrationales widerspiegelt ... Allerdings ist der merkantile Minderwert transitorisch ... Dass der Schädiger den merkantilen Minderwert gleichwohl auch dann zu ersetzen hat, wenn der Geschädigte das Fahrzeug weiter benutzt, den Minderwert also nicht »kapitalisiert«, bedeutet kein Schmerzensgeld für die Mängelfurcht des Geschädigten. Vielmehr soll die sein Vermögen betreffende Entscheidung des Geschädigten, den materiellen Minderwert auf sich zu nehmen, den Schädiger nicht entlasten«.

360 Gelhaar, NJW 1953, 1281 (1282).

▶ Praxistipp:

275 Zur Begründung der Schmerzensgeldforderung unter Berücksichtigung des Verlustes von Gliedern, Organen, Funktionen, bei Behinderungen und Entstellungen sowie bei Narben sollte der Anwalt:

- Die Tendenz der Rechtsprechung zu höherem Schmerzensgeld[361] geltend machen,
- auf die Bedeutung der o.g. Beschädigungen besonders hinweisen,
- Art und Umfang genau und plastisch beschreiben,
- ggf. die auf der Beschädigung beruhenden psychischen Beeinträchtigungen schildern,
- die passenden Beispiele aus der jüngeren (und **nur** aus dieser) Rechtsprechung zitieren,
- ausdrücklich darauf hinweisen, dass das äußere Erscheinungsbild des Menschen Teil des allgemeinen Persönlichkeitsrechts ist und darauf, dass der Gesetzgeber das Recht auf sexuelle Selbstbestimmung als Tatbestandsmerkmal in § 253 BGB eingefügt hat, um dem gewandelten Verständnis vom Wert des allgemeinen Persönlichkeitsrechts besser Geltung zu verschaffen,[362]
- von Narben ausgehende Störfelder behaupten und durch Sachverständigengutachten unter Beweis stellen.
- Und nicht vergessen: Hinweis auf die Nullzinsphase. Weil es keine Zinsen mehr gibt, muss das Schmerzensgeld höher ausfallen.

G. Verschulden des Schädigers

276 Ob der **Grad des Verschuldens des Schädigers** bei der Bemessung der Höhe des Schmerzensgeldes zu berücksichtigen ist, ist in der Entscheidung des BGH aus dem Jahr 1952[363] noch offengelassen.

277 Gelhaar[364] vertritt die Auffassung, dass der Grad des Verschuldens nicht berücksichtigt werden könne, was sich aus der Überlegung ergebe, dass das **Schmerzensgeld keinen Strafcharakter** habe, sondern **echter Schadensersatz** sei. Die Stärke der Schmerzen und die Verminderung der Lebensfreude seien nicht davon abhängig, ob das Verschulden des Schädigers schwer oder minder schwer sei. Ebenso, wie der Schädiger auch dann zum vollen Ersatz des materiellen Schadens verpflichtet sei, wenn ihm nur leichte Fahrlässigkeit zur Last falle, müsse er auch bei vorsätzlicher Schadenszufügung nicht mehr als den vollen Schadensersatz leisten. Gelhaar[365] folgert daraus, dass die Höhe des Schmerzensgeldes völlig unabhängig von der Schwere des Verschuldens des Schädigers sei und auch nicht i.R.d. Billigkeit berücksichtigt werden könne.

278 Damit steht Gelhaar aber weitgehend allein da. In der Entscheidung des großen Zivilsenats hebt der BGH[366] hervor, dass es im Einzelfall der **Billigkeit** entsprechen könne, bei der Festsetzung der Entschädigung Vorsatz und grobe Fahrlässigkeit zuungunsten des Schädigers, besonders leichte Fahrlässigkeit zu seinen Gunsten zu berücksichtigen. In der **Rechtsprechung** ist jedenfalls **unumstritten, dass sich der Grad des Verschuldens auf die Bemessung des Schmerzensgeldes auswirken kann.**[367]

361 OLG Köln, Urt. v. 03.03.1995 – 19 U 126/94, VersR 1995, 549 m. Anm. Jaeger = ZfS 1995, 252; vgl. aber auch Anm. Jaeger zu OLG Stuttgart, Urt. v. 10.11.1998 – 14 U 34/98, VersR 1999, 1018; für maßvolle Anhebung auch OLG Frankfurt am Main, Urt. v. 16.08.2001 – 3 U 160/00, VersR 2002, 1568; OLG München, Urt. v. 22.03.2013 – 10 U 3619/10, unveröffentlicht, welches für die geringere Aussagekraft älterer Präjudizien ausdrücklich auf Inflation und die Tendenz zu höheren Schmerzensgeldern hinweist, vgl. auch Berger, VersR 1977, 877 (879).

362 OLG Köln, Beschl. v. 30.09.2002 – 19 W 38/02, VersR 2003, 652 = NJW-RR 2003, 743.

363 BGH, Urt. v. 29.09.1952 – III ZR 340/51, BGHZ 7, 223 (225) = VersR 1952, 397 (398).

364 Gelhaar, NJW 1953, 1281; so auch Kern, AcP 191 (1991), 247 (249).

365 Gelhaar, NJW 1953, 1281.

366 BGH, Beschl. v. 06.07.1955 – GSZ 1/55, BGHZ 18, 149 = VersR 1955, 615 = NJW 1955, 1675 = MDR 1956, 19 m. Anm. Pohle.

367 Müller, VersR 1993, 909 (914) m.w.N.

▶ Hinweis:

Auch wenn es keinen Rechtssatz gibt, dass bei besonders geringer Schuld ein besonders geringes Schmerzensgeld zu zahlen ist,[368] kann im Einzelfall sowohl ein besonders leichtes als auch ein besonders schweres Verschulden dem Schadensfall ein besonderes Gepräge geben und damit die Höhe des Schmerzensgeldes beeinflussen. Zwar dürfte das Verschulden bei der Mehrzahl der Verkehrsunfälle und in Arzthaftungsfällen keine besondere Rolle spielen, und bei der Gefährdungshaftung wird das Verschulden nicht geprüft; es gibt jedoch immer wieder Fälle mit besonderer Ausprägung des Verschuldens, etwa bei Trunkenheit im Straßenverkehr, besonders brutalem Verhalten,[369] Vorsatz des Arztes oder besonderer Verantwortungslosigkeit des Schädigers. Ein solcher Verschuldensgrad kann durch ein höheres Schmerzensgeld ausgeglichen werden. 279

Dagegen sollten fehlendes Verschulden oder leichte Fahrlässigkeit nicht zu einem geringeren Schmerzensgeld führen. Der Schaden des Verletzten ist auszugleichen, der Schmerz, dessen Umfang i.d.R. nicht vom Verschulden des Schädigers abhängt.

Dies gilt jedenfalls seit dem Inkrafttreten des 2. Gesetzes zur Änderung schadensersatzrechtlicher Vorschriften, durch das auch Gefährdungshaftungstatbestände einen Schmerzensgeldanspruch auslösen.[370]

I. Arzthaftung

1. Anspruchsgrundlagen für Ersatzansprüche gegen Ärzte wegen ärztlicher Behandlungsfehler

Schadensersatzansprüche gegen Ärzte wegen ärztlicher Behandlungsfehler können sich ergeben aus 280
- Vertrag[371] und aus
- unerlaubter Handlung.

Seit der 1. Auflage haben wir darauf hingewiesen, dass die Arzthaftung weitgehend aus dem Deliktsrecht verschwinden könnte. Wir haben deutlich gemacht, dass der Schwerpunkt der Arzthaftung ganz im Deliktsrecht gelegen habe und dass sich das mit dem Inkrafttreten des 2. Gesetz zur Änderung schadensersatzrechtlicher Vorschriften ändern könne. Die vom Gesetzgeber seinerzeit geäußerte Erwartung, künftig werde es nicht mehr notwendig sein, ihrer Natur nach vertragliche Ansprüche wegen eines Behandlungs- oder Aufklärungsfehlers über das Deliktsrecht abzuwickeln, erschien aus unserer Sicht jedoch allzu optimistisch. Sie sollte sich erst dann hegen lassen, wenn die Rechtsprechung von ihrer nach wie vor verfehlten Körperverletzungsdoktrin Abstand nähme 281

Im Jahr 2013 hat der Gesetzgeber einen neuen Versuch unternommen, das Deliktsrecht als Sitz des Arzthaftungsrechts zu verdrängen, indem er das Patientenrechtegesetz beschlossen hat. Dieses Gesetz regelt in den §§ 630a bis 630h BGB den Behandlungsvertrag und hätte statt Patientenrechtegesetz besser Behandlungsvertragsgesetz genannt werden sollen. In diesem Gesetz ist die Rechtsprechung des BGH und der OLG weitgehend übernommen, einzelne von der Rechtsprechung abweichende geeignete Regelungen spielen für das Schmerzensgeld und für seine Bemessung keine entscheidende Rolle. 282

368 Anders wohl Knöpfel, AcP 155 (1956), 135 (157).

369 OLG Köln, Beschl. v. 14.11.1991 – 2 W 186/91, VersR 1992, 197 und Fälle besonders brutaler Vergewaltigung, s. dort Kap. 4 Rdn. 38 ff.

370 Jaeger, ZGS 2004, 217.

371 Der Arztvertrag über die Behandlung eines Minderjährigen wird in der Regel durch die Eltern geschlossen und stellt für das Kind einen Vertrag zugunsten Dritter dar; BGH, Urt. v. 12.05.2022 – III ZR 78/21, NJW 2022, 2269.

2. Umbruch im Arzthaftungsrecht durch Schuldrechtsmodernisierung und Schadensersatzrechtsänderungsgesetz[372]

283 Durch das **Schuldrechtsmodernisierungsgesetz** wurde das Leistungsstörungsrecht neu geregelt.[373] **Zentrale Anspruchsgrundlage für Schadensersatz** aufgrund eines Vertrages oder eines anderen Schuldverhältnisses ist nunmehr § 280 BGB.[374] Nach Abs. 1 Satz 1 dieser Bestimmung kann der Gläubiger von dem Schuldner Schadensersatz verlangen, wenn dieser eine Pflicht aus dem Schuldverhältnis verletzt hat. Darunter sind auch die Fälle der bislang sog. positiven Forderungsverletzung einzuordnen.

284 Zum Schadensersatz verpflichtet ist der Schuldner wie bisher nur dann, wenn er für die Pflichtverletzung i.S.d. §§ 276 bis 278 BGB verantwortlich ist. Insofern ist die Beweislast umgekehrt: Gem. § 280 Abs. 1 Satz 2 BGB hat der Schuldner darzulegen und im Fall des Bestreitens zu beweisen, dass er die Pflichtverletzung nicht zu vertreten hat. Die Regelung entspricht dem früheren § 282 BGB. Diese Bestimmung, die unmittelbar nur für die Unmöglichkeit der Leistung galt, wurde auf eine Vielzahl weiterer Fälle von Leistungsstörungen entsprechend angewandt. Dies greift das Gesetz zur Modernisierung des Schuldrechts auf, indem es durch die Formulierung des § 280 BGB im allgemeinen Haftungstatbestand bereits eine für alle Leistungsstörungen geltende **Beweislastregelung** schafft.

285 Das Recht differenziert dabei nicht nach einzelnen Vertragsarten. Und so fragt sich, ob ein **Arzt**, der die ihm obliegende Pflicht zu sorgfältiger Behandlung des Patienten objektiv verletzt, künftig eine **Verschuldensvermutung zu entkräften** hat.[375]

286 Eine allgemeine Verschuldensvermutung bedeutete eine Abkehr von dem bislang vorherrschenden Meinungsstand. Der BGH hat in Fortführung der Rechtsprechung des RG[376] eine grundsätzliche entsprechende Anwendung des vormaligen § 282 BGB auf den Arztvertrag stets verneint.[377] In seiner ablehnenden Haltung erfuhr er Zustimmung durch den überwiegenden Teil des Schrifttums,[378] gerade auch in jüngerer Zeit.[379] Zur Begründung wurde vorgetragen, nicht nur der Patient, auch der Arzt stehe im Haftpflichtprozess vor Beweisschwierigkeiten.[380] Da Zwischenfälle bei einer medizinischen Behandlung wegen der Unberechenbarkeiten des lebenden Organismus auch schicksalhaft eintreten könnten,[381] dürfe nicht schon von einem ausbleibenden Erfolg oder einem Fehlschlag auf ein Ver-

---

372 Grundlegend dazu Katzenmeier, VersR 2002, 1066; Spindler/Rieckers, JuS 2004, 272.

373 Vgl. dazu etwa Huber/Faust, Kap. 1; Canaris, JZ 2001, 499; Zimmer, NJW 2002, 1.

374 Weidinger, VersR 2004, 35 (36 f., 37).

375 Die Pflicht zu sorgfältiger Behandlung ist Hauptleistungs- und nicht lediglich Schutzpflicht i.S.d. § 241 Abs. 2 BGB; Katzenmeier, VersR 2002, 1066 (1074).

376 Vgl. RG, Urt. v. 01.03.1912 – III. 231/11, RGZ 78, 432 (435).

377 Vgl. etwa BGH, Urt. v. 17.12.1968 – VI ZR 212/67, VersR 1969, 310 (312) = NJW 1969, 553 (554); BGH, Urt. v. 15.03.1977 – VI ZR 201/75, VersR 1977, 546 (547) = NJW 1977, 1102 (1103); BGH, Urt. v. 14.03.1978 – VI ZR 213/76, VersR 1978, 542 = NJW 1978, 1681; BGH, Urt. v. 22.01.1980 – VI ZR 263/78, VersR 1980, 428 = NJW 1980, 1333; BGH, Urt. v. 10.03.1981 – VI ZR 202/79, VersR 1981, 730 (732) = NJW 1981, 2002 (2004); BGH, Urt. v. 18.12.1990 – VI ZR 169/90, VersR 1991, 310 = NJW 1991, 1540 (1541); BGH, Urt. v. 08.01.1991 – VI ZR 102/90, VersR 1991, 467 (468) = NJW 1991, 1541 (1542); BGH, Urt. v. 06.10.1998 – VI ZR 239/97, VersR 1999, 60 f. = NJW 1999, 860 (861).

378 Laufs, Rn. 619; Baumgärtel, Bd. 1, § 282 Anh. Rn. 46 und § 823 Anh. C II Rn. 2 und 85; RGRK/Anders/Gehle, BGB, 12. Aufl. 1997, § 611 Rn. 364; RGRK/Nüßgens, BGB, 12. Aufl. 1989, § 823 Anh. II Rn. 312; Staudinger/Schiemann, BGB, 2005, Vorb. zu §§ 249 ff. Rn. 94; Stein/Jonas/Leipold, ZPO, § 286 Rn. 86b, 126.

379 Schmid, NJW 1994, 767 (771); Nixdorf, VersR 1996, 160 (162); Scholz, ZfS 1997, 1 und 41; Weber, NJW 1997, 761; Müller, NJW 1997, 3049; dies., DRiZ 2000, 259 (262).

380 BGH, Urt. v. 14.03.1978 – VI ZR 213/76, VersR 1978, 542 = NJW 1978, 1681; RGRK/Nüßgens, BGB, 12. Aufl. 1989, § 823 Anh. II Rn. 312.

381 Betont u.a. von BGH, Urt. v. 22.01.1980 – VI ZR 263/78, VersR 1980, 428 = NJW 1980, 1333; BGH, Urt. v. 24.06.1980 – VI ZR 7/79, VersR 1980, 940 (941) = NJW 1980, 2751 (2752).

schulden des Arztes geschlossen werden.[382] Die **für den Patienten ungünstige Beweislage** rechtfertige sich aus dem Gedanken, dass das Eingriffsrisiko zunächst krankheitsbedingt sei und damit aus der Sphäre des Patienten komme.[383] Risiken, die sich medizinisch nicht ausschließen ließen, weil sie sich aus dem letztlich nicht durch die ärztliche Kunst steuerbaren menschlichen Schicksal ergäben, blieben als Anlass für Beweiserleichterungen zum Vorteil des klagenden Patienten ganz ungeeignet.[384]

Anderes soll nach ständiger Rechtsprechung,[385] die im Schrifttum ungeteilte Zustimmung erfuhr,[386] nur dann gelten, wenn feststeht, dass die Schädigung des Patienten aus einem Bereich stammt, dessen **Gefahren von der Behandlungsseite voll beherrscht** werden können und deshalb vermieden werden müssen. Das ist der Fall, wenn sich Gefahren aus der Organisation und Koordination des Behandlungsgeschehens und insb. aus dem technisch-apparativen Sektor verwirklichen.[387] Auch ein Belegarzt muss durch geeignete Maßnahmen sicherstellen, dass erforderliche Geräte und Apparaturen vom Klinikträger beschafft und bereitgehalten werden. Dem Belegarzt ist ein Behandlungsfehler anzulasten, wenn diese nicht vorgehalten werden.[388] 287

▶ Hinweis:

Die Haftung der Behandlungsseite für einen Gesundheitsschaden des Patienten durch ein voll beherrschbares Risiko ist nun in § 630h Absatz 1 BGB (PatRG) geregelt. Danach wird ein Fehler des Behandelnden (Arzt) vermutet, wenn sich ein allgemeines Behandlungsrisiko verwirklicht hat, das für den Behandelnden voll beherrschbar war.[389] 288

Anknüpfungspunkt für eine Verschuldensvermutung kann deshalb nicht der ausbleibende Heilungserfolg sein, sondern nur ein feststehender Behandlungsfehler des Arztes. Diesen Fehler hat der Geschädigte nach allgemeinen Grundsätzen darzulegen und zu beweisen. Insofern helfen § 282 BGB a.F. und auch § 280 Abs. 1 Satz 2 BGB beim medizinischen Behandlungsvertrag nicht. Gelingt dem **Patienten** der **Nachweis eines objektiven Pflichtverstoßes** – was ihm regelmäßig genug Schwierigkeiten bereitet –, dann erscheint es sachgerecht, dass der Arzt die Umstände darlegen und beweisen muss, unter denen er die festgestellte objektive Pflichtverletzung (ausnahmsweise) nicht zu vertreten hat, mithin die **Beweislast hinsichtlich des Arztverschuldens umzukehren.**[390] 289

---

382 BGH, Urt. v. 15.03.1977 – VI ZR 201/75, VersR 1977, 546 (547) = NJW 1977, 1102 (1103); BGH, Urt. v. 18.12.1990 – VI ZR 169/90, VersR 1991, 310 = NJW 1991, 1540 (1541); BGH, Urt. v. 08.01.1991 – VI ZR 102/90, VersR 1991, 467 (468) = NJW 1991, 1541 (1542); OLG Karlsruhe, Urt. v. 02.08.1995 – 13 U 44/94, VersR 1997, 241; MünchKomm/Wagner, BGB, 5. Aufl. 2009, § 823 Rn. 840; Nixdorf, VersR 1996, 160 (162); Weber, NJW 1997, 761 (767); Müller, NJW 1997, 3049 ff.; dies., DRiZ 2000, 259 (262).

383 BGH, Urt. v. 22.01.1980 – VI ZR 263/78, VersR 1980, 428 = NJW 1980, 1333; Weber, NJW 1997, 761 (767); Laufs, Rn. 619; Staudinger/Schiemann, BGB, 2005, Vorb. §§ 249 ff. Rn. 94.

384 Katzenmeier, VersR 2002, 1066 (1067).

385 Vgl. BGH, Urt. v. 11.10.1977 – VI ZR 110/75, VersR 1978, 82 = NJW 1978, 584; BGH, Urt. v. 03.11.1981 – VI ZR 119/80, VersR 1982, 161 = NJW 1982, 699; BGH, Urt. v. 24.01.1984 – VI ZR 203/82, VersR 1984, 386 (387) = NJW 1984, 1403 (1404); BGH, Urt. v. 18.12.1990 – VI ZR 169/90, VersR 1991, 310 = NJW 1991, 1540; BGH, Urt. v. 08.01.1991 – VI ZR 102/90, VersR 1991, 467 = NJW 1991, 1541; BGH, Urt. v. 01.02.1994 – VI ZR 65/93, VersR 1994, 562 = NJW 1994, 1594; BGH, Urt. v. 24.01.1995 – VI ZR 60/94, VersR 1995, 539 = NJW 1995, 1618; OLG Köln, Urt. v. 28.04.1999 – 5 U 15/99, VersR 2000, 974.

386 Vgl. Frahm/Walter, Rn. 137 ff.; Laufs, Rn. 621 ff.; MünchKomm/Wagner, BGB, 5. Aufl. 2009, § 823 Rn. 820 ff.; Staudinger/Hager, BGB, 2009, § 823 Rn. I 46, 70; Taupitz, ZZP 100 (1987), 287 (292 f.); Schmid, NJW 1994, 767 (773); Nixdorf, VersR 1996, 160 (162 f.); Müller, NJW 1997, 3049 (3050).

387 Laum/Smentkowski, S. 113.

388 OLG München, Urt. v. 21.02.2006 – 1 U 2161/06, VersR 2007, 797.

389 Jaeger, PatRG § 630h Rn. 339 ff.

390 FS für v. Hippel/Stoll, S. 517 (554 ff.); s.a. Rosenberg/Schwab/Gottwald, § 117 II 4: Soweit ein Vertrag nicht erfolgsbezogen ist, rechtfertigt ein Schaden des Gläubigers bei Gelegenheit der Vertrags-

290 I.d.R. ist allein die **Behandlungsseite** im **Haftpflichtprozess** zu **hinreichend substanziierten Ausführungen hinsichtlich Voraussehbarkeit und Vermeidbarkeit eines eingetretenen Medizinschadens** in der Lage. Der Patient, der weder über das nötige Fachwissen verfügt noch über einen Einblick in den Bereich, aus dem die Schadensursache stammt, kann hierzu typischerweise nichts vortragen. Und es ist kein Grund ersichtlich, weshalb der Arzt ggü. anderen Vertragsschuldnern, die ebenfalls beweisbelastet sind, wenn sie sich bei einer festgestellten Pflichtverletzung auf mangelndes Verschulden berufen, zu privilegieren wäre.[391] Die **Unberechenbarkeiten des menschlichen Organismus** lassen sich insoweit jedenfalls nicht anführen. Dass ein Gesundheitsschaden aufgrund der Unwägbarkeiten des lebenden Körpers auch schicksalhaft eingetreten sein kann, spricht gegen eine Kausalitätsvermutung, nicht gegen die Annahme, dass der Handelnde sein objektives Fehlverhalten auch zu vertreten hat.[392]

291 Die **haftungsbegründende Kausalität** bleibt wie das Vorliegen einer Pflichtverletzung nach allgemeinen Grundsätzen vom Patienten zu beweisen. Stehen Behandlungsfehler des Arztes und dessen Ursächlichkeit für den geltend gemachten Schaden jedoch fest, dann lässt sich einer Verschuldensvermutung auch nicht mehr entgegenhalten, dass das Eingriffsrisiko ursprünglich krankheitsbedingt war und damit aus der Sphäre des Patienten kam.[393] Bei einer sorgfältigen Differenzierung zwischen (grds. vom Patienten darzulegender und zu beweisender) Pflichtverletzung einerseits und Verschulden andererseits[394] ist gegen die in § 280 Abs. 1 Satz 2 BGB nunmehr allgemein vorgesehene Verschuldensvermutung bei Leistungsstörungen nichts einzuwenden, sie ist vielmehr auch i.R.d. medizinischen Behandlungsvertrages angemessen.[395]

▶ Hinweis:

292 Für den Arzthaftungsprozess bleibt also festzuhalten:[396]

Eine Verschuldensvermutung erscheint nicht schon bei Vorliegen eines Behandlungsschadens angezeigt, wohl aber bei festgestelltem ärztlichem Fehlverhalten, es gibt keinen Grund, den medizinischen Behandlungsvertrag vom Anwendungsbereich des § 280 Abs. 1 Satz 2 BGB auszunehmen. Die praktische Bedeutung und die Auswirkungen dieser Beweiserleichterung dürfen jedoch nicht überbewertet werden.

3. Bemessung des Schmerzensgeldes für ärztliche Behandlungsfehler[397]

293 Die Bemessung des Schmerzensgeldes für ärztliche Behandlungsfehler unterliegt einigen Besonderheiten: I.d.R. ist das **Verschulden des Arztes gering.**

---

durchführung noch nicht die Vermutung, dass ein pflichtwidriges Verhalten des Schuldners vorliegt. Der Gläubiger muss also, z.B. beim Arztvertrag, grds. eine objektive Pflichtverletzung nachweisen, bevor analog § 282 BGB das subjektive Verschulden vermutet wird. Häufig spricht man in diesen Fällen verkürzt davon, dass § 282 BGB in solchen Fällen nicht anwendbar sei; rechtsvergleichend Fischer/Lilie, S. 21; Weidinger, VersR 2004, 35 (36 f., 37).

391 Ebenso Grüneberg/*Grüneberg*, § 280 Rn. 42.

392 Katzenmeier, VersR 2002, 1066 (1069); deutlich Soergel/Wiedemann, 12. Aufl. 1990, vor § 275 Rn. 559.

393 Ähnlich Schiemann, JuS 1983, 649 (658): Vordergründig gehört der eigene Körper in der Tat in den Gefahrenbereich des Patienten. Betrachtet man hingegen die objektive Sorgfalt als Teil der von dem Arzt geschuldeten Primärpflicht, ist § 282 BGB ohne Weiteres anwendbar, wobei freilich die objektive Pflichtwidrigkeit selbst als Teil des Tatbestandes der Nichterfüllung vom Patienten zu beweisen ist.

394 Auch betont von Spickhoff, NJW 2001, 1757 (1759).

395 Laum/Smentkowski, S. 112, 113.

396 Katzenmeier, VersR 2002, 1066 (1069).

397 Vgl. zu den Folgen, die sich aus dem PatRG (§§ 630a–630h BGB.) ergeben, Jaeger, Kommentar zum PatRG, Verlag Versicherungswissenschaft, 2013.

Auch wenn bei der ärztlichen Behandlung das Bestreben der Behandlungsseite im Vordergrund steht, dem Patienten zu helfen und ihn von seinen Beschwerden zu befreien, stellt es aber unter dem Blickpunkt der Billigkeit einen wesentlichen Unterschied dar, ob dem Arzt grobes – möglicherweise die Grenze zum bedingten Vorsatz berührendes – Verschulden zur Last fällt oder ob ihn nur ein geringfügiger Schuldvorwurf trifft. Ein dem Arzt aufgrund grober Fahrlässigkeit unterlaufener Behandlungsfehler kann dem Schadensfall sein besonderes Gepräge geben und somit im Rahmen der **Genugtuungsfunktion** schmerzensgelderhöhend wirken[398]. Grobe Fahrlässigkeit ist allerdings nicht bereits dann zu bejahen, wenn dem Arzt ein grober Behandlungsfehler unterlaufen ist. Ein grober Behandlungsfehler ist weder mit grober Fahrlässigkeit gleichzusetzen noch kommt ihm insoweit eine Indizwirkung zu[399].

Bei der **Feststellung des Verschuldens** ist das Verschulden des Arztes 294
- bei der Erfüllung des Behandlungsvertrages und
- bei der unerlaubten Handlung, insb. bei der Verwirklichung eines Straftatbestandes[400]

zu unterscheiden.

Unterläuft einem Arzt bei Erfüllung des Behandlungsvertrages[401] ein **grober Behandlungsfehler**, lässt 295
das nicht ohne Weiteres auf ein erhebliches Verschulden des Arztes schließen. Der grobe Behandlungsfehler wird aufgrund objektiver Umstände ermittelt. Er ist gegeben, wenn das Verhalten des Arztes **aus objektiver ärztlicher Sicht nicht mehr verständlich erscheint, weil ein solcher Fehler dem behandelnden Arzt »schlechterdings« nicht unterlaufen darf.**[402]

Nach § 630h Absatz 5 BGB (PatRG) wird vermutet, dass ein grober Behandlungsfehler, der grundsätzlich geeignet ist, den eingetretenen Gesundheitsschaden des Patienten herbeizuführen, für diesen Schaden auch ursächlich war. Der Gesetzgeber hat es jedoch versäumt, den groben Behandlungsfehler im Patientenrechtegesetz zu definieren, weil das Gesetz an die umfangreiche Rechtsprechung anschließen soll.

Das bedeutet aber noch nicht, dass dem Arzt, dem ein grober Behandlungsfehler vorzuwerfen ist, in 296
gleicher Weise auch **subjektiv ein schweres Verschulden** vorgeworfen werden kann. Auch wenn der **grobe Behandlungsfehler feststeht**, bedarf es **in subjektiver Hinsicht noch besonderer Feststellungen,**[403] d.h., dass das ärztliche Verhalten gegen gesicherte und bewährte medizinische Erkenntnisse und Einführungen verstößt.[404] Ähnlichen Regeln unterliegt der grobe Diagnoseirrtum.[405] Auch mehrere Einzelfehler, die für sich genommen nicht besonders schwer wiegen, können in der Gesamtwürdigung die Annahme eines groben Behandlungsfehlers begründen.[406] Die Gutachterkommission für ärztliche Behandlungsfehler bei der Ärztekammer Düsseldorf verwendet statt des Begriffs »grober Behandlungsfehler« den Begriff »schwerwiegender Behandlungsfehler«.

Für die **schuldhafte Vertragsverletzung** gilt jedoch ein **objektiver Verschuldensmaßstab.**[407] 297

398 BGH, Urt. v. 08.02.2022 – VI ZR 409/19, VersR 2022, 635 = NJW 2022, 1443.
399 BGH, Urt. v. 08.02.2022 – VI ZR 409/19, VersR 2022, 635 = NJW 2022, 1443.
400 Vgl. hierzu Müller, VersR 1993, 909 (915 f.).
401 BGH, Urt. v. 16.02.1993 – VI ZR 29/92, VersR 1993, 585.
402 Laum/Smentkowski, S. 88.
403 Müller, VersR 1993, 909 (915). Ein grober Behandlungsfehler rechtfertigt allerdings nicht schon eine Erhöhung des Schmerzensgeldes, vgl. OLG Düsseldorf, Urt. v. 29.08.2002 – 8 U 190/01, VersR 2004, 120; OLG Schleswig, Urt. v. 11.04.2003 – 4 U 160/01, OLGR 2003, 430.
404 Steffen/Dressler, Rn. 522.
405 Müller, NJW 1997, 3049 (3053).
406 Steffen/Dressler, Rn. 523 m.w.N.
407 Müller, DRiZ 2000, 259 (261).

298 Vertraglich schuldet der Arzt den **Standard der Medizin.**[408] Die einem Arzt bei der Behandlung eines Patienten obliegenden vertraglichen und deliktischen Sorgfaltspflichten sind identisch.[409] Die ihn aus dem Behandlungsvertrag treffenden Sorgfaltsanforderungen und die ihm aufgrund seiner Garantenstellung für die übernommene Behandlungsaufgabe deliktisch obliegenden Sorgfaltspflichten richten sich auf eine den Regeln der ärztlichen Kunst entsprechende Versorgung des Patienten mit dem Ziel der Wiederherstellung seiner körperlichen und gesundheitlichen Integrität. Auf die subjektiven Fähigkeiten des behandelnden Arztes kommt es insoweit nicht an.[410] Der Arzt hat für sein dem medizinischen Standard zuwiderlaufendes Vorgehen grds. auch dann haftungsrechtlich einzustehen, wenn dies aus seiner persönlichen Lage heraus subjektiv als entschuldbar erscheinen mag.[411]

Diese von der Rechtsprechung herausgearbeitete Regelung hat auch der Gesetzgeber des Patientenrechtegesetzes übernommen. In § 630a Absatz 2 BGB heißt es dazu, dass die Behandlung nach den zum Zeitpunkt der Behandlung bestehenden allgemein anerkannten fachlichen Standards zu erfolgen hat, soweit nicht ein anderes bestimmt ist. Definiert wurde der Begriff des fachlichen (medizinischen) Standards nicht.

299 Leistet er diesen Standard nicht, gleichgültig aus welchem Grund – etwa wegen unzureichender Ausbildung oder mangelnder Vertrautheit im Umgang mit medizinischem Gerät –, haftet er vertraglich wegen **schuldhafter Verletzung des Behandlungsvertrages.** Soweit der Patient Ansprüche gegen die Behandlungsseite auf den Arztvertrag gestützt hat, galt jedenfalls bis zum Inkrafttreten des 2. Gesetzes zur Änderung schadensersatzrechtlicher Vorschriften am 01.08.2002[412] für vertragliche Ansprüche im Arzthaftungsrecht der objektivierte zivilrechtliche Fahrlässigkeitsbegriff i.S.d. § 276 Abs. 1 Satz 2 BGB a.F.[413] Wenn ein Krankenhaus über ein technisches Gerät verfügt, muss dieses bei Bestehen einer entsprechenden Indikation eingesetzt werden.[414] Das Absehen von einer medizinischen Vorgehensweise bedeutet eine Abweichung von dem haftungsrechtlich maßgeblichen Standard eines Facharztes und begründet einen ärztlichen Behandlungsfehler.

300 Ein Arzt begeht ggü. einem Patienten eine **unerlaubte Handlung**, wenn sein medizinisches Handeln den Tatbestand der Körperverletzung verwirklicht, vgl. § 823 Abs. 1 BGB und/oder § 823 Abs. 2 i.V.m. § 229 StGB.

301 Zur Bejahung einer unerlaubten Handlung muss hinzukommen, dass der Arzt – anders als bei vertraglicher Haftung – subjektiv versagt hat, also auch **subjektiv** imstande war, sich rechtmäßig zu verhalten. Deshalb ist der Tenor einiger BGH-Entscheidungen, dass bei der Arzthaftung ein objektiver Fahrlässigkeitsbegriff gelte, zumindest irreführend.

302 Die Unterscheidung zwischen vertraglichen und deliktischen Ansprüchen ist – jedenfalls nach dem bis zum 31.07.2002 geltenden Schadensersatzrecht – bedeutsam, weil der Patient früher einen Schmerzensgeldanspruch nicht aus Vertrag, sondern nur aus Delikt herleiten konnte. Aus den §§ 823, 847 BGB a.F. ergab sich ein Schmerzensgeldanspruch aber nur, wenn den Arzt ein Verschulden traf. Das war bei einigen Fallgestaltungen zweifelhaft, die in der Literatur zum Arzthaftungsrecht unter dem Stichwort »**Übernahmeverschulden**« behandelt werden.

303 Der Fall des Übernahmeverschuldens ist nun gesetzlich geregelt in § 630h Absatz 4 BGB (PatRG). Danach wird vermutet, dass die mangelnde Befähigung des Arztes für die von ihm vorgenommene

408 So jetzt ausdrücklich § 630a BGB (PatRG).
409 BGH, Urt. v. 20.09.1988 – VI ZR 37/88, VersR 1988, 1273.
410 BGH, Urt. v. 13.02.2001 – VI ZR 34/00, VersR 2001, 646; BGH, Urt. v. 06.05.2003 – VI ZR 259/02, MDR 2003, 989 = VersR 2003, 1128.
411 BGH, Urt. v. 13.02.2001 – VI ZR 34/00, VersR 2001, 646.
412 Eingehend zu dieser Gesetzesänderung: Jaeger/Luckey, Das neue Schadensersatzrecht, 2002.
413 BGH, Urt. v. 29.01.1991 – VI ZR 206/90, BGHZ 113, 297 = VersR 1991, 469 = MDR 1991, 519; BGH, Urt. v. 06.05.2003 – VI ZR 259/02, MDR 2003, 989 = VersR 2003, 1128.
414 BGH, Urt. v. 28.06.1988 – VI ZR 217/87, VersR 1989, 80 = MDR 1988, 1045; BGH, Urt. v. 30.05.1989 – VI ZR 200/88, VersR 1989, 851 = MDR 1989, 983.

Behandlung und den dadurch verursachten Gesundheitsschaden ursächlich war. Nicht nur für Berufsanfänger (früher: Arzt im Praktikum), für junge oder für unerfahrene Ärzte kann ein Übernahmeverschulden in Betracht kommen, auch einen Facharzt kann dieser Vorwurf treffen, wenn er eine Operation durchführt, die er (noch) nicht beherrscht.

Ausgangspunkt für die bisherige Rechtsprechung des BGH zu dieser Problematik waren die Fälle, in denen ein in der Facharztausbildung stehender Arzt ohne Aufsicht und Assistenz eine Lymphknotenexstirpation vorgenommen hatte, bei der es zu einer Schädigung des nervus accessorius gekommen war.[415] 304

Jeder Arzt hat bei Übernahme einer Behandlung oder Operation zu prüfen, ob er die notwendigen praktischen und theoretischen Fähigkeiten und Kenntnisse besitzt, die Behandlung oder den Eingriff entsprechend dem jeweiligen Standard durchzuführen. Von einem Arzt muss erwartet werden, dass er seine Kenntnisse und Fähigkeiten bei Übernahme einer Behandlung oder Operation sorgfältig prüft und einschätzt. 305

Krankheit, Sucht, Müdigkeit, Altersschwäche oder körperliche Gebrechen können dazu führen, dass dem Arzt die Kompetenz für eine bestimmte Behandlung fehlt, sodass die Therapie nicht zuverlässig durchgeführt werden kann.[416] Dies gilt auch für fehlende Spezialkenntnisse oder mangelnde Erfahrung. Er muss auch mit der neuesten Literatur zu der übernommenen Tätigkeit vertraut sein. Wer als Arzt an die Grenzen seines Fachbereichs oder seiner persönlichen Fähigkeiten gelangt, muss den Eingriff unterlassen. Ein **Übernahmeverschulden** kann auch darin liegen, dass in der ärztlichen Praxis oder im Krankenhaus die sachlichen und/oder räumlichen Verhältnisse nicht vorhanden sind. Übernahmeverschulden ist immer dann gegeben, wenn der Arzt den objektiven Standard medizinischer Versorgung nicht mehr gewährleistet.[417] 306

Ein Übernahmeverschulden kann auch darin liegen, dass ein **Berufsanfänger** (damals Arzt im Praktikum) oder ein Assistenzarzt oder ein nicht ausreichend qualifizierter Arzt eine Behandlung übernimmt.[418] Ein Arzt im Praktikum ist kein Student im praktischen Jahr oder Medizinalassistent. Er ist bereits Arzt, darf sich aber nur unter Aufsicht eines approbierten Arztes betätigen. Nimmt ein Berufsanfänger einen chirurgischen Eingriff vor, muss immer ein Facharzt assistieren,[419] ihm dürfen aber Aufgaben übertragen werden, die er schon beherrscht. Davon muss sich der Ausbilder überzeugen und er muss den Anfänger eng überwachen.[420] 307

Nun ist nach ständiger Rechtsprechung grds. jeder Eingriff in den Körper (ggf. auch das Unterlassen einer gebotenen medizinischen Behandlung) eine unerlaubte Handlung, auch dann, wenn ein Arzt den Eingriff vornimmt. I.d.R. ist das Tun (oder Unterlassen) eines Arztes aber nicht rechtswidrig, weil der Patient eingewilligt hat oder weil ausnahmsweise von einer mutmaßlichen Einwilligung des Patienten ausgegangen werden kann. 308

Allerdings muss die **Einwilligung des Patienten** wirksam sein, um den Eingriff zu rechtfertigen. Ist sie es nicht, bleibt der Eingriff rechtswidrig. 309

Das Erfordernis der Einwilligung im Rahmen eines Arztvertrages ist nun gesetzlich vorgeschrieben in § 630d BGB (PatRG). Danach setzt die Wirksamkeit der Einwilligung voraus, dass der zur Einwilligung Berechtigte vor der Einwilligung nach Maßgabe des Patientenrechtegesetzes aufgeklärt worden ist, § 630d Absatz 2 BGB. 310

415 BGH, Urt. v. 27.09.1983 – VI ZR 230/81, VersR 1984, 60 = NJW 1984, 655; BGH, Urt. v. 07.05.1985 – VI ZR 224/83, VersR 1985, 782.
416 Laufs/Laufs/Kern, § 93 Rn. 4 ff.
417 Laufs/Laufs/Kern, § 93 Rn. 4 ff.
418 Laufs/Laufs/Kern, § 93 Rn. 4 ff.
419 Laufs/Laufs/Kern, § 100 Rn. 22.
420 Laufs/Laufs/Kern, § 100 Rn. 22.

311 Das bedeutet vor allen Dingen, dass die Aufklärung mündlich erfolgt ist, § 630e Absatz 2 Ziff. 1 BGB. Bei empfohlenen Schutzimpfungen erfolgt die Aufklärung in der Regel nicht mündlich, sondern in Textform, d.h. dem Sorgeberechtigten wird ein Merkblatt ausgehändigt und der Arzt fragt (allenfalls) nach, ob er noch Fragen beantworten soll. Diese Form der Aufklärung wird künftig kaum noch als wirksam angesehen werden.

312 Wirksam ist die Einwilligung, wenn der Arzt den Patienten rechtzeitig vor dem Eingriff **hinreichend aufgeklärt** hat, wenn der Patient weiß, worin er einwilligt.[421]

313 Der Patient muss zur Wahrung seines Selbstbestimmungsrechts über die mit dem ordnungsgemäß durchgeführten Eingriff verbundenen spezifischen Risiken im Großen und Ganzen aufgeklärt werden. Die **gebotene Grundaufklärung** hat dem Patienten einen zutreffenden allgemeinen **Eindruck von der Schwere des Eingriffs und der Art der Belastung** zu vermitteln, die für seine körperliche Integrität und seine Lebensführung unter Berücksichtigung auch des schwersten in Betracht kommenden Risikos möglicherweise zu befürchten ist. Dabei sind keine Detailangaben nötig.[422]

314 Die Aufklärungspflicht erstreckt sich grds. nur auf die **spezifischen Risiken des Eingriffs**; der Arzt braucht – ungefragt – nicht über alle denkbaren Risiken aufzuklären, insb. nicht über allgemeine Gefahren, die jeder Operation anhaften, z.B. Wundinfektion.[423] Auf **mögliche Behandlungsalternativen** braucht nur dann hingewiesen zu werden, wenn im konkreten Fall mehrere gleichermaßen medizinisch indizierte und übliche Behandlungsmethoden in Betracht kommen, die über einigermaßen gleiche Erfolgschancen verfügen und unterschiedliche Vorteile und Risiken aufweisen, sodass für den Patienten eine echte Wahlmöglichkeit besteht; i.Ü. bleibt die Wahl der Behandlungsmethode Sache (und Verantwortung) des Arztes.[424]

315 Über **neue Behandlungsmethoden** (Neulandverfahren) ist besonders sorgfältig aufzuklären. Dabei sind die Risiken und die Vor- und Nachteile der herkömmlichen Standardmethode und der Neulandmethode unmissverständlich darzustellen.[425] Dieser Grundsatz ist auch auf **Außenseitermethoden** anzuwenden.[426]

Auch die Aufklärung über Behandlungsalternativen und über neue Behandlungsmethoden ist nun gesetzlich geregelt, § 630e Absatz 1 BGB (PatRG).

316 Über das **Misserfolgsrisiko einer Operation** ist selbst dann aufzuklären, wenn der konkrete Eingriff in diesem Krankenhaus noch nie misslungen ist. Die Aufklärung muss sich insb. auf die Gefahr erstrecken, dass die Operation sogar zu einer Verschlimmerung der Beschwerden führen kann. Kommt das Gericht allerdings zu der Überzeugung, dass der Patient sich bei richtiger Aufklärung nicht in

---

421 OLG München, Urt. v. 30.09.1993 – 24 U 566/90, VersR 1993, 1529 ff.; Schinnenburg, MedR 2000, 185 (186); Laum/Smentkowski, S. 99 ff.

422 Vgl. BGH, Urt. v. 03.04.1984 – VI ZR 195/82, NJW 1984, 2629; BGH, Urt. v. 19.03.1985 – VI ZR 227/83, NJW 1985, 2193; BGH, Urt. v. 19.11.1985 – VI ZR 134/84, NJW 1986, 780; BGH, Urt. v. 12.03.1991 – VI ZR 232/90, NJW 1991, 2346; BGH, Urt. v. 07.04.1992 – VI ZR 192/91, NJW 1992, 2351; BGH, Urt. v. 14.11.1995 – VI ZR 359/94, NJW 1996, 777 (779); MüKo/Wagner, BGB, 5. Aufl. 2009, § 823 Rn. 770 ff. (774).

423 Vgl. BGH, Urt. v. 19.11.1985 – VI ZR 134/84, NJW 1986, 780; BGH, Urt. v. 14.06.1994 – VI ZR 260/93, NJW 1994, 2414; BGH, Urt. v. 14.11.1995 – VI ZR 359/94, NJW 1996, 777 (779); MüKo/Wagner, BGB, 5. Aufl. 2009, § 823 Rn. 775.

424 BGH, Urt. v. 06.12.1988 – VI ZR 132/88, BGHZ 106, 153 (157); BGH, Urt. v. 19.11.1985 – VI ZR 134/84, NJW 1986, 780; BGH, Urt. v. 22.09.1987 – VI ZR 238/86, NJW 1988, 763 (764); BGH, Urt. v. 24.11.1987 – VI ZR 65/87, NJW 1988, 765 (766); BGH, Urt. v. 07.04.1992 – VI ZR 224/91, NJW 1992, 2353 (2354).

425 BGH, Urt. v. 13.06.2006 – VI ZR 323/04, VersR 2006, 1073 = NJW 2006, 2477; Strücker-Pitz, VersR 2008, 752 (754); Jaeger, Patientenrechtegesetz, Kommentar 2013 Rn. 243 f.

426 BGH, Urt. v. 22.05.2007 – VI ZR 35/06, VersR 2007, 1273 = NJW 2007, 2774; Strücker-Pitz, VersR 2008, 752 (754).

einem Entscheidungskonflikt befunden, also der Operation zugestimmt hätte, steht ihm wegen des Aufklärungsmangels kein (Teil-) Schmerzensgeld zu.[427]

Die Aufklärung wird nicht nur deutschsprachigen Patienten geschuldet, sondern jedem Patienten.[428] 317
Daraus folgt, dass ein der deutschen Sprache nicht mächtiger Patient in seiner Heimatsprache oder in einer anderen vom ihm beherrschten Fremdsprache aufzuklären ist. Die **Gefahr sprachlicher Missverständnisse** muss ausgeschlossen werden.[429] Besteht der Eindruck, dass der Patient offenbar ausreichend deutsch spricht und versteht, kann erwartet werden, dass er sich äußert, wenn er etwas nicht verstanden hat.[430]

Bei unzureichenden Sprachkenntnissen einer Patientin kann es auch hilfreich sein, den Ehemann zu 318
befragen, ob seine Frau z.B. eine Sterilisation wirklich wünsche. Die Klägerin, eine türkische Staatsangehörige und Mutter einer Tochter, erklärte dem Arzt kurz vor der erneuten Entbindung »nix Baby mehr«. Sie war in gewisser Weise der deutschen Sprache mächtig. Der Arzt hat sie jedenfalls unvollständig und nicht in Anwesenheit ihres Ehemannes aufgeklärt (was guter ärztlicher Brauch gewesen wäre).[431]

Bei einem nur relativ indizierten Eingriff steht einem **Minderjährigen** ein Vetorecht zu, wenn der 319
Eingriff das Risiko erheblicher Folgen für die künftige Lebensgestaltung wie z.B. eine Querschnittslähmung in sich birgt.[432]

Im Patientenrechtegesetz ist nun ausdrücklich geregelt, wie zu verfahren ist, wenn der Patient einwilligungsunfähig ist, vgl. § 630d Absatz 1 BGB. Bei Minderjährigen und nicht einwilligungsfähigen Patienten kann der natürliche Wille des Patienten ausreichen, wenn er die Bedeutung und Tragweite des Eingriffs abschätzen kann. Der Arzt sollte entsprechende Feststellungen dokumentieren.[433]

Nach § 630c Absatz 2 BGB ist der Arzt auch verpflichtet, auf Nachfrage des Patienten oder zur 320
Abwendung gesundheitlicher Gefahren, den Patienten zu informieren, wenn für den Arzt Umstände erkennbar sind, die die Annahme eines Behandlungsfehlers begründen.

Die **Aufklärung** muss »rechtzeitig« erfolgen, mindestens am Tag vor der Operation, je nach Schwere 321
und Dringlichkeit des Eingriffs auch deutlich früher.[434] Der Patient soll Gelegenheit haben, sich in Ruhe zu entscheiden. Eine starre Frist besteht insoweit nicht[435].

Bei ambulanten Eingriffen sieht die Rechtsprechung eine Aufklärung am Operationstag noch als 322
rechtzeitig an, weil der Patient nicht in den Krankenhausbetrieb eingegliedert ist und deshalb freier entscheiden kann als der stationär behandelte Patient. Ihm muss aber bei der Aufklärung deutlich

427 OLG Koblenz, Urt. v. 01.04.2004 – 5 U 844/03, OLGR 2004, 511; a.A. OLG Jena, Urt. v. 03.12.1997 – 4 U 687/97, MDR 1998, 536 = VersR 1998, 586, das wegen Verletzung der Rechte auf Wahrung der körperlichen Integrität und Persönlichkeit als solche der Klägerin ein Schmerzensgeld von 7.500,00 € zusprach, die nicht über das Risiko des Verlustes der Gebärmutter aufgeklärt worden war.

428 Rehborn, MDR 2004, 371 (373); Muschner, S. 50 ff.

429 OLG München, Urt. v. 14.04.2002 – 1 U 3495/01, GesR 2003, 239 m. Anm. Kern = VersR 2002, 717.

430 OLG München, Urt. v. 31.05.1990 – 24 U 961/89, AHRS 5350, 21; OLG München, Urt. v. 14.04.2002 – 1 U 3495/01, GesR 2003, 239 m. Anm. Kern = VersR 2002, 717.

431 OLG München, Urt. v. 14.02.2002 – 1 U 3495/01, GesR 2003, 239 m. Anm. Kern = VersR 2002, 717. Die Auffassung des Gerichts wird nicht geteilt von Rehborn, MDR 2004, 371 (373).

432 BGH, Urt. v. 10.10.2006 – VI ZR 74/05, VersR 2007, 66 = NJW 2007, 217; vgl. auch Strücker-Pitz, VersR 2008, 752 (754).

433 Jaeger, Patientenrechtegesetz, Kommentar 2013, Rn. 280 f.

434 OLG München, Urt. v. 30.09.1993 – 24 U 566/90, VersR 1993, 1529; OLG Karlsruhe, Urt. v. 18.12.2002 – 7 U 143/01, OLGR 2003, 313.

435 Grundlegend und ausführlich BGH, Urt. v. 20.12.2022 – VI ZR 375/21, NJW 2023, 1435 = VersR 2023, 387.

werden, dass er die Entscheidung noch in der Hand hat und ihm muss ausreichend Zeit bleiben, seinen Entschluss noch einmal zu überdenken.[436]

323 Daraus folgt, dass ein Arzt für eine eigenmächtige Sterilisation einer Frau ohne Weiteres haftet.[437] Das gilt auch dann, wenn sich im Rahmen einer Sectio ein Befund zeigt, den der Arzt bei weiteren Schwangerschaften für gefährlich hält. In einem solchen Fall ist die ungefragt vorgenommene Sterilisation weder von einer hypothetischen noch von einer mutmaßlichen Einwilligung gedeckt.

324 Die Aufklärungsrüge muss grds. bereits in der ersten Instanz erhoben werden, andernfalls kann sie als verspätet zurückgewiesen werden.[438]

325 Fehlt es an einer wirksamen Aufklärung, kann sich der Arzt möglicherweise auf eine hypothetische Entwicklung berufen. Allerdings muss der Arzt ausdrücklich geltend machen, dass sich der Patient bei umfassender Aufklärung dem Eingriff unterzogen hätte. Dazu muss er zureichende Anhaltspunkte zur Begründung seiner Behauptung liefern und zugleich darlegen, dass bei genügender Aufklärung derselbe Eingriff stattgefunden hätte nach Ort, Zeit, Art des Eingriffs und den daran Beteiligten.[439]

Das Recht des Arztes, der die wirksame Einwilligung und Aufklärung nicht beweisen kann, sich darauf zu berufen, dass der Patient auch im Fall einer ordnungsgemäßen Aufklärung in die Maßnahme eingewilligt hätte, ist nun in § 630h Absatz 2 BGB (PatRG) geregelt.

326 Nach der Rechtsprechung muss der Arzt sich auf die hypothetische Einwilligung in erster Instanz berufen. Macht er den Einwand erst in zweiter Instanz geltend, ist das Vorbringen verspätet, wenn der Patient es bestreitet. Es ist nicht erforderlich, dass der Arzt den Begriff der hypothetischen Einwilligung verwendet. Es genügt, wenn er geltend macht, das normwidrige Verhalten habe nicht zum Schaden geführt.[440] Nach Auffassung des OLG Köln kann der Einwand der hypothetischen Einwilligung in erster Instanz auch konkludent erhoben worden sein.[441]

327 Der Patient kann dem Einwand der hypothetischen Einwilligung damit begegnen, dass er sich auf einen erheblichen Entscheidungskonflikt beruft. Dies ist einem Patienten gelungen, der selbst Arzt war, und geltend gemacht hat, bei Aufklärung über ein erhöhtes Infektionsrisiko bei epiduraler Injektion hätte er um eine Verschiebung des Termins gebeten und einen ihm bekannten Neurochirurgen befragt.

▶ Hinweis:

328 Die **Beweislast** für eine rechtzeitige und ordnungsgemäße **Aufklärung** des Patienten sowie für die (fehlende) **Kausalität** eines Aufklärungsmangels für die Erteilung der Einwilligung in die Operation trägt der Arzt (bzw. das Krankenhaus). Allerdings muss der Patient seinerseits i.R.d. ihm Möglichen und Zumutbaren substanziiert darlegen, ob, wann und inwieweit eine Aufklärung erfolgt bzw. unterblieben ist und dass er sich im Fall ordnungsgemäßer Aufklärung in einem echten Entscheidungskonflikt befunden und möglicherweise gegen den operativen Eingriff entschieden hätte.[442]

436 BGH, Urt. v. 14.11.1995 – VI ZR 359/94, NJW 1996, 777; Laum/Smentkowski, S. 102.
437 OLG Koblenz, Urt. v. 13.07.2006 – 5 U 290/06, MedR 2009, 93.
438 OLG Köln, Urt. v. 31.01.2012 – 5 U 216/11, MedR 2013, 595.
439 Vgl. BGH, Urt. v. 09.07.1996 – VI ZR 101/95, VersR 1996, 1239; Schellenberg, VersR 2008, 1298 (1300).
440 OLG Braunschweig, Urt. v. 10.11.2011 – 1 U 29/09, ZM 2012, 96.
441 OLG Köln, Urt. v. 04.02.2015 – 5 U 88/14, unveröffentlicht.
442 Vgl. BGH, Urt. v. 01.10.1985 – VI ZR 19/84, NJW 1986, 1541 (1542); BGH, Urt. v. 13.01.1987 – VI ZR 82/86, NJW 1987, 1481; BGH, Urt. v. 07.04.1992 – VI ZR 224/91, NJW 1992, 2351 (2353); BGH, Urt. v. 14.06.1994 – VI ZR 260/93, NJW 1994, 2414 (2415); BGH, Urt. v. 17.03.1998 – VI ZR 74/97, NJW 1998, 2734.

Grds. gelten die von der Rechtsprechung entwickelten Grundsätze über die ärztliche Aufklärung auch im **zahnärztlichen Bereich.** Besonderer Aufklärung bedarf es im zahnärztlichen Bereich ggf. zusätzlich über die Gefahr von Nervverletzungen, die Verwendung von Amalgam und über die entstehenden Kosten. 329

▶ Hinweis:

Ist der Eingriff des Arztes mangels wirksamer Aufklärung nicht gerechtfertigt, begeht der Arzt eine unerlaubte Handlung und haftet dem Patienten für deren Folgen, auch wenn die Behandlung i.Ü. fehlerfrei erfolgt,[443] und ist zur Zahlung von Schmerzensgeld verpflichtet. Im Grunde genommen haftet der Arzt bei unzureichender Aufklärung trotz lege artis durchgeführter Behandlung für einen Eingriff in das allgemeine Persönlichkeitsrecht des Patienten.[444] 330

Fehlt es allerdings an einem Gesundheitsschaden des Patienten, kann ein Schmerzensgeldanspruch bei unterbliebener Aufklärung nicht allein auf die Verletzung des allgemeinen Persönlichkeitsrechts gestützt werden.[445]

Verletzt der Arzt seine Aufklärungspflicht und hätte der Patient bei ordnungsgemäßer Aufklärung nicht in die Behandlung eingewilligt, entfällt der Honoraranspruch des Arztes, wenn die ärztliche Leistung für den Patienten völlig unbrauchbar ist.[446] 331

Kann der Patient den Arzt nicht schon wegen unwirksamer Aufklärung in Anspruch nehmen, muss er darlegen und beweisen, dass sein **Zustand durch einen Fehler des Arztes verursacht** wurde. Dieser **Nachweis** ist oft sehr schwer zu führen, denn ein sog. schicksalhafter Verlauf oder die Verwirklichung eines unvermeidbaren Behandlungsrisikos ist oft nicht von der Hand zu weisen. Dann wird die Klage des Patienten abgewiesen, weil er die **Kausalität des ärztlichen Handelns für die erlittene Gesundheitsbeeinträchtigung** nicht beweisen kann. 332

Hier wird der Gedanke der Proportionalhaftung[447] ins Spiel gebracht. Danach soll vom Standpunkt des Schädigers aus gefragt werden, um welche Quote er die Schadenswahrscheinlichkeit beim Patienten erhöht hat. Gegen einen solch vollständigen Systemwechsel hat sich mit überzeugender Begründung Müller[448] ausgesprochen, u.a. weil nicht nur die Alleinursächlichkeit, sondern bereits eine bloße Mitursächlichkeit den Schädiger zu vollem Schadensersatz verpflichtet. Dieser Grundsatz ist für das gesamte Haftungsrecht unentbehrlich. Auch der Gesetzgeber hat im Rahmen der Verabschiedung des Patientenrechtegesetzes die Proportionalhaftung diskutiert, sie ist aber im Gesetz nicht geregelt worden. 333

---

443 OLG Oldenburg, Urt. v. 02.07.1991 – 5 U 23/91, VersR 1992, 1005; Steffen, S. 82.

444 Vgl. v. Bar, Karlsruher Forum 2003, S. 21. Das sieht das KG, Urt. v. 27.01.2003 – 20 U 285 5/01, VersR 2004, 1320, anders: Eine standardgemäße ärztliche Behandlung, über deren Risiken zwar nicht ordnungsgemäß aufgeklärt worden ist, die aber infolge einer hypothetischen Einwilligung nicht rechtswidrig ist, begründet i.d.R. nicht ohne weitere Umstände einen Anspruch auf eine immaterielle Entschädigung wegen Verletzung des Selbstbestimmungsrechts des Patienten. Das Unterlassen der Aufklärung sei kein Eingriff und für sich belanglos, weil die Aufklärung kein Selbstzweck sei. Das mag auf den vom KG entschiedenen Fall zutreffen; es gibt aber auch Fälle, in denen der Arzt nicht aufklärt, weil er es nicht für nötig hält, den Patienten selbst entscheiden zu lassen. Ein solches Verhalten stellt schon eher einen schwerwiegenden Eingriff in das allgemeine Persönlichkeitsrecht dar, der eine Entschädigung erfordert.

445 BGH, Beschl. v. 23.09.2003 – VI ZR 82/03, unveröffentlicht; OLG Naumburg, Urt. v. 23.08.2004 – 1 U 18/04, OLGR 2004, 404.

446 OLG Nürnberg, Urt. v. 08.02.2008 – 5 U 1795/05, MDR 2008, 554.

447 Müller, VersR 2006, 1289 (1296).

448 Müller, VersR 2006, 1289 (1296).

334 Grds. würde dies auch bei einem sog. groben Behandlungsfehler des Arztes gelten, hätte nicht die Rechtsprechung **Beweiserleichterungen** für den Patienten gewährt, wenn dem Arzt ein **grober Behandlungsfehler** nachgewiesen werden kann.

335 Der **grobe Behandlungsfehler**[449] muss als solcher geeignet sein, den eingetretenen Schaden zumindest mitursächlich herbeizuführen. In diesem Fall ist es Sache des Arztes (Krankenhausträgers) zu beweisen, dass es an der Kausalität zwischen der Pflichtverletzung und dem Schaden fehlt.[450]

▶ Hinweis:

336 Handelt der Arzt dagegen ausnahmsweise vorsätzlich, kann das in besonderer Weise Schmerzensgeld erhöhend wirken, weil der Patient dem Arzt ein besonderes Vertrauen entgegengebracht hat. Wird dieses Vertrauen enttäuscht, kann das Schmerzensgeld höher ausfallen.

Vorstellbar ist auch, dass das Handeln des Arztes (Zahnarztes) auf Gewinnstreben beruht, was grds. Schmerzensgeld erhöhend wirken muss.

Möglicherweise wirkt die Grunderkrankung Schmerzensgeld mindernd, wenn die Kausalität des Behandlungsfehlers zwar feststeht, der Arzt aber beweist, dass der Patient von einem bestimmten Zeitpunkt an auch ohne den Behandlungsfehler ähnliche Beschwerden gehabt hätte.[451]

4. Einzelfälle

337 Die Rechtsprechung zum Arzthaftungsrecht und zum Schmerzensgeld nach Behandlungsfehlern betrifft die medizinischen Fachrichtungen sehr unterschiedlich. Besonders häufig sehen sich **Gynäkologen** dem Vorwurf eines Behandlungsfehlers ausgesetzt, sei es, dass ihnen Fehler bei
- der Entbindung oder bei
- der Sterilisation einer Frau oder bei der Beurteilung der Frage, ob die Patientin schwanger ist, vorgeworfen werden.

338 Häufig sind in früheren Jahren Behandlungsfehler vorgeworfen worden bei
- Strumaoperationen,
- Lymphknotenexstirpationen und
- Hodentorsionen.

339 Diese Behandlungsfehler sind seltener geworden und kaum noch Gegenstand gerichtlicher Entscheidungen.

340 Gerade der Vorwurf, eine Hodentorsion nicht oder nicht rechtzeitig erkannt zu haben, war vielfach Gegenstand von Prozessen. Hier hat die Rechtsprechung zum Arzthaftungsrecht segensreich gewirkt. Die Angst der Urologen vor der Haftung in diesen Fällen hat unter ihnen allgemein zu

---

449 Zur Definition s.o. Rdn. 295.

450 Beweislastumkehr, s. etwa BGH, Urt. v. 21.09.1982 – VI ZR 302/80, BGHZ 85, 212 (215 ff.); BGH, Urt. v. 24.06.1986 – VI ZR 21/85, NJW 1987, 705; BGH, Urt. v. 29.03.1988 – VI ZR 185/87, NJW 1988, 2303 (2304); BGH, Urt. v. 28.06.1988 – VI ZR 210/87, NJW 1988, 2948; BGH, Urt. v. 23.03.1993 – VI ZR 26/92, NJW 1993, 2375 (2376 f.); BGH, Urt. v. 14.02.1995 – VI ZR 272/93, NJW 1995, 1611 (1612 f.); BGH, Urt. v. 13.02.1996 – VI ZR 402/94, NJW 1996, 1589 (1590 f.); BGH, Urt. v. 16.04.1996 – VI ZR 190/95, NJW 1996, 2429; BGH, Urt. v. 01.10.1996 – VI ZR 10/96, NJW 1997, 796 (797); BGH, Urt. v. 02.12.1997 – VI ZR 386/96, NJW 1998, 814 (815); BGH, Urt. v. 27.01.1998 – VI ZR 339/96, NJW 1998, 1782 (1783); BGH, Urt. v. 03.11.1998 – VI ZR 253/97, NJW 1999, 861 (862).

451 OLG Düsseldorf, Urt. v. 15.05.1997 – 8 U 115/96, VersR 1998, 1155; OLG Köln, Urt. v. 26.11.1997 – 5 U 226/96, VersR 1999, 366; OLG Hamm, Urt. v. 02.04.2001 – 3 U 160/00, OLGR 2002, 217 = VersR 2002, 578.

der Erkenntnis geführt, dass bei erheblichen Schmerzen eines Hodens immer eine Hodentorsion als Diagnose in Betracht gezogen werden muss. Infolgedessen sind jedenfalls Entscheidungen zu diesem Behandlungsfehler deutlich zurückgegangen.

a) Schwangerschaft nach Sterilisation oder nicht erkannte Schwangerschaft

Eine ungewollte bzw. nicht erkannte Schwangerschaft stellt nach Auffassung des BGH[452] auch bei komplikationslosem Verlauf eine **Körperverletzung der Mutter** dar,[453] weil sie einen unbefugten Eingriff in das körperliche Befinden bzw. die Integrität der körperlichen Befindlichkeit darstellt. Bei anderer Sichtweise würde das Recht am eigenen Körper als gesetzlich ausgeformter Teil des allgemeinen Persönlichkeitsrechts nicht hinreichend und angemessen geschützt.[454] 341

Der VI. Senat des **BGH** bejaht einen Anspruch inzwischen in **ständiger Rechtsprechung**, weil die Herbeiführung einer Schwangerschaft gegen den Willen der betroffenen Frau eine Körperverletzung darstelle. Auch wenn es sich bei einer Schwangerschaft um einen normalen physiologischen Vorgang handele, stelle doch jeglicher unbefugte Eingriff in das körperliche Befinden eine Körperverletzung dar.[455] Es mache auch keinen grundlegenden Unterschied, dass der Eingriff am Ehemann vorgenommen worden sei, eine Körperverletzung der Ehefrau könne auch dann nicht verneint werden, wenn die Schwangerschaft infolge **fehlgeschlagener Sterilisation ihres Ehemannes** eintrete.[456] Der **Zurechnungszusammenhang** zwischen der Pflichtwidrigkeit des Arztes und dem Eintritt der Körperverletzung werde nicht deshalb unterbrochen, weil der Verletzungserfolg beim schließlich Verletzten erst durch eine zusätzliche Ursache eintrete, nämlich den Geschlechtsverkehr mit dem fehlerhaft behandelten Patienten.[457] Ebenso wie eine dem Arzt zuzurechnende schmerzensgeldfähige Gesundheitsbeeinträchtigung des Ehegatten angenommen werde, wenn der Patient unter Verletzung ärztlicher Sorgfaltspflichten mit dem HI-Virus infiziert wurde und diesen auf den Ehegatten übertragen habe,[458] beruhe eine Schwangerschaft auf dem pflichtwidrigen Verhalten des Arztes bei der Sterilisation des Ehemannes. Deshalb wäre es widersprüchlich, den Zurechnungszusammenhang zwischen Arztfehler und Körperverletzung wegen des dazwischen geschalteten Geschlechtsverkehrs entfallen zu lassen, wenn die Sterilisation gerade dessen folgenlose Ausübung und damit die Unterbrechung des Funktionszusammenhangs zwischen Geschlechtsverkehr und Zeugung ermöglichen solle.[459] 342

Auch der Umstand, dass die Sterilisation des Ehemannes nicht darauf gerichtet sein konnte, eine Schwangerschaft der Klägerin aus rein körperlicher Sicht auszuschließen, rechtfertige keine andere 343

452 BGH, Urt. v. 18.03.1980 – VI ZR 247/78, VersR 1980, 558 (559); BGH, Urt. v. 27.11.1984 – VI ZR 43/83, NJW 1985, 671 (673). Im Urt. v. 25.06.1985 – VI ZR 270/83, VersR 1985, 1068 (1069) lässt der BGH unter Hinweis auf BGH, Urt. v. 18.01.1983 – VI ZR 114/81, BGHZ 86, 240 (248 f.) = VersR 1983, 396 (397) in einem Nebensatz anklingen, dass gegen die Gewährung eines Schmerzensgeldes im Fall einer komplikationslosen, nicht durch zusätzliche psychische Schwierigkeiten belasteten Schwangerschaft Bedenken bestehen können; vgl. auch FS für Odersky/Steffen, 723 (729 f.). Anders Dauner-Lieb/Langen/Huber, AK-Schuldrecht, § 253 Rn. 39, 44, der in einer ungewollten Schwangerschaft eine Gesundheitsbeeinträchtigung sieht, jedenfalls werde die ungewollte Schwangerschaft als solche behandelt.

453 In diesem Fall eine Mutter von sechs Kindern.

454 BGH, Urt. v. 27.06.1995 – VI ZR 32/94, VersR 1995, 1099 (1100) = MDR 1995, 1015; so auch OLG München, Urt. v. 20.02.1992 – 1 U 2278/91, VersR 1992, 1413; vgl. auch Martis/Martis-Winkhart, S. 472, 491, 732 f., 743.

455 BGH, Urt. v. 18.03.1980 – VI ZR 247/78, VersR 1980, 558 (559), insoweit in BGHZ 76, 259 ff. nicht abgedruckt; BGH, Urt. v. 10.03.1981 – VI ZR 202/79, VersR 1981, 730; BGH, Urt. v. 27.11.1984 – VI ZR 43/83, VersR 1985, 240 (243); vgl. auch BGH, Urt. v. 18.01.1983 – VI ZR 114/81, BGHZ 86, 240 (248) = VersR 1983, 396 (397); vgl. dazu auch Martis/Winkhart, S. 732 und 743.

456 Vgl. OLG Braunschweig, Beschl. v. 11.09.1979 – 2 W 82/79, NJW 1980, 643 = VersR 1980, 534.

457 Diese Bedenken erörtert Schiemann, NJW 1980, 643; ders., JuS 1980, 709 (710); vgl. auch Roth, NJW 1994, 2402 (2404).

458 BGH, Urt. v. 30.04.1991 – VI ZR 178/90, BGHZ 114, 284 (290 ff.) = VersR 1991, 816 (818).

459 OLG Braunschweig, Beschl. v. 11.09.1979 – 2 W 82/79, NJW 1980, 643 = VersR 1980, 534.

Beurteilung. Die Arztleistung sei von ihrer Schutzrichtung her auf die wirtschaftliche Familienplanung der Eheleute und damit darauf gerichtet gewesen, dass diese keine gemeinsamen Kinder mehr bekommen sollten. Die Sterilisation des Ehemannes sei dazu bestimmt gewesen, weitere Schwangerschaften der Klägerin von ihrem Ehemann zu verhindern. Gegen diesen Schutzzweck der ärztlichen Pflichten sei durch das ärztliche Fehlverhalten verstoßen worden.[460]

344 Gegen diese Begründung wendet sich Slizyk,[461] der in der Schwangerschaft keine Verletzung des Körpers sieht, sondern das Ent- oder Fortbestehen eines natürlichen Zustandes (hier: Schwangerschaft) gegen oder ohne den Willen der Frau.[462] Er sieht darin einen gravierenden Eingriff in das Recht der Frau am eigenen Körper und meint, auch der BGH könne dahin gehend zu verstehen sein, dass er Körperverletzung sage, aber Persönlichkeitsverletzung sowie »Lebensplanungsverletzung« meine. Dabei übersieht Slizyk aber, dass ein gravierender Eingriff in das Persönlichkeitsrecht der Frau unmöglich mit einem Schmerzensgeld von i.d.R. nur 500,00 € oder 1.000,00 € geahndet werden kann, der BGH aber genau diese Schmerzensgeldbeträge als tatrichterliche Entscheidung unbeanstandet lässt. Eine schwerwiegende Persönlichkeitsrechtsverletzung wird heute mit nicht geringen Beträgen geahndet, die kaum unter 12.500,00 € liegen dürften und als Entschädigung und nicht als Schmerzensgeld bezeichnet werden.[463] Dies war einer der Gründe dafür, dass der BGH[464] die versehentliche – aber fahrlässige – Vernichtung männlichen Samens als Körperverletzung und damit Schmerzensgeld auslösend und nicht als Persönlichkeitsrechtsverletzung angesehen hat, die eine wesentlich höhere Entschädigung ausgelöst hätte.

345 Der Deutungsversuch von Slizyk, der BGH habe statt Körperverletzung in Wirklichkeit Persönlichkeitsrechtsverletzung gemeint, muss auch deshalb fehlschlagen, weil der BGH im amtlichen LS formuliert hat:

> »Wenn Sperma ... durch Verschulden eines anderen vernichtet (wird), dann steht dem Spender unter dem Gesichtspunkt der Körperverletzung ein Anspruch auf Schmerzensgeld zu.«

346 Dabei kann nicht zweifelhaft sein, dass vom menschlichen Körper abgetrennte Teile zur Sache werden mit der Folge, dass sich das Recht des Betroffenen am Körper in Sacheigentum am abgetrennten Körperteil umwandelt, wenn es sich um vom menschlichen Wesen gelöstes Material handelt, dem für den Menschen, dem es entstammt, keine Funktion innewohnt bzw. innewohnen soll.[465]

347 Auch in der Entscheidung selbst wird trotz einiger Überlegungen zur Verletzung des Persönlichkeitsrechts deutlich, dass dem Kläger ein Schmerzensgeld für eine Körperverletzung zugebilligt wird.[466]

348 Das **OLG Zweibrücken**[467] hat die Frage, ob der Arzt für das Misslingen einer ausschließlich medizinisch indizierten Sterilisation haftet, danach entschieden, ob die Ansprüche unter den Schutzzweck des § 823 BGB oder einer positiven Vertragsverletzung fallen, und ob der Arzt im Behandlungs-

---

460 Vgl. BGH, Urt. v. 18.03.1980 – VI ZR 247/78, BGHZ 76, 259 (262) = VersR 1980, 558 (559); BGH, Urt. v. 18.01.1983 – VI ZR 114/81, VersR 1983, 396 (398); BGH, Urt. v. 22.11.1983 – VI ZR 85/82, VersR 1984, 186, 187; BGH, Urt. v. 12.11.1985 – VI ZR 103/84, VersR 1986, 240 (249).

461 Slizyk, S. 61 f. in der 4. Aufl. Ab der 5. Aufl. (S. 86, f.) löst Slizyk die Frage kumulativ. Bei einer Schwangerschaft gegen den Willen der Frau soll der Anspruch der Frau sowohl aus Verletzung des Körpers, als auch aus Verletzung des Persönlichkeitsrechts (kumulativ) herzuleiten sein.

462 So übrigens auch der BGH, Urt. v. 27.06.1995 – VI ZR 32/94, VersR 1995, 1099 (1100): Bei der Schwangerschaft handele es sich um einen normalen physiologischen Vorgang.

463 BGH, Urt. v. 23.10.2003 – III ZR 9/03, VersR 2004, 332 m. Anm. Jaeger.

464 BGH, Urt. v. 09.11.1993 – VI ZR 62/93, VersR 1994, 55: Es ist schon bemerkenswert, wie der BGH in dieser Entscheidung einerseits bekennt, dass die Vorschrift des § 823 Abs. 1 BGB den Körper als Basis der Persönlichkeit schützt, andererseits aber den Grundsatz aufrechterhält, dass die Vernichtung des Spermas unter besonderen, für die Fälle einer Verletzung des allgemeinen Persönlichkeitsrechts entwickelten, einschränkenden Voraussetzungen einen Entschädigungsanspruch auslöst.

465 Geigel/Pardey, 7. Kap., Rn. 18.

466 Was von Steffen, DAR 2003, 201 (204), letztlich anerkannt wird.

467 OLG Zweibrücken, Urt. v. 18.02.1997 – 5 U 46/95, VersR 1997, 1009.

vertrag, wenigstens als Nebenpflicht, derartige Vermögensinteressen der Eltern eines ungewollten Kindes übernommen hat. Der Anspruchsteller habe vorzutragen und zu beweisen, dass der Arzt erkennen konnte, dass im Fall des Misslingens des Eingriffs auch das Vertrauen der Eltern eines unerwünschten Kindes in ihre Familienplanung enttäuscht werde.

Gehe es bei einer Sterilisation – entsprechend bei einem Schwangerschaftsabbruch – nicht um die Abwendung einer wirtschaftlichen Notlage, dürfe auch nicht angenommen werden, dass die Bewahrung vor den belastenden Unterhaltsaufwendungen, die freilich nach einem erfolgreichen ärztlichen Eingriff aus medizinischer Indikation zwangsläufig ebenfalls entfallen wären, zum Schutzumfang des Arztvertrages gehörten.[468] Bei einer solchen aus ausschließlich medizinischer Indikation durchgeführten Maßnahme seien weitergehende Wünsche und Absichten, auch über die gesundheitliche Gefährdung hinaus kein Kind mehr zu wollen, grds. unerheblich. 349

Bei der **Bemessung des Schmerzensgeldes** für eine ungewollte Schwangerschaft ist neben der Schwangerschaft als solcher der Verlauf der Schwangerschaft zu berücksichtigen, insb., wenn hierbei Probleme auftreten, die die Frau zusätzlich zum normalen Verlauf der Schwangerschaft (was immer das sein mag) und bei der Geburt belasten. 350

Die schmerzensgeldfähigen Beeinträchtigungen der Mutter sind nach Auffassung des BGH[469] grds. mit der Geburt abgeschlossen. 351

Eine andere Fallgruppe bildet die vom Arzt nicht erkannte Schwangerschaft einer Patientin. Dabei sind zwei Fallgestaltungen zu unterscheiden: 352

Beruft sich die Patientin darauf, dass bei ihr die Voraussetzungen einer medizinisch indizierten Abtreibung vorgelegen hätten, und dass sie bei zutreffendem Befund des Frauenarztes davon Gebrauch gemacht hätte, hat der Arzt für die Folgen der unerwünschten Schwangerschaft einzustehen. Ein Schadensersatzanspruch kann aber nicht damit begründet werden, dass die Patientin von der Möglichkeit einer Abtreibung nach § 218a Abs. 1 StGB Gebrauch gemacht hätte, denn diese Form der Abtreibung (sogenannte Fristenlösung) ist zwar straflos, bleibt aber rechtswidrig.[470]

▶ Hinweis:

Bei der Auswertung der BGH-Entscheidungen zur Höhe des Schmerzensgeldes bei einer ungewollten Schwangerschaft ist zu berücksichtigen, dass es dem BGH grds. verwehrt ist, die tatrichterlichen Entscheidungen zur Höhe des Schmerzensgeldes zu überprüfen. Hier darf er nur eingreifen, wenn die Vorinstanzen »krass danebengegriffen« haben. Hinzu kommt, dass die Instanzgerichte bis zur Entscheidung des BGH aus dem Jahr 1996 durchweg kein höheres Schmerzensgeld zuerkannt haben, als von der Klägerin beantragt worden war (ne ultra petita), vgl. § 308 ZPO.[471] 353

Übersicht 12: Schmerzensgeldkriterien bei unerwünschter Schwangerschaft 354

Bei unerwünschter Schwangerschaft infolge eines ärztlichen Behandlungsfehlers wird das Schmerzensgeld gewährt für:	
–	Die Belastung mit dem Austragen und der Geburt des Kindes,
–	eine besondere Schmerzbelastung, die die mit einer natürlichen, komplikationslosen Geburt verbundenen Beschwerden übersteigt (BGH, Urt. v. 30.05.1995 – VI ZR 68/94, VersR 1995, 1060 f.; BGH, Urt. v. 18.01.1983 – VI ZR 114/81, VersR 1983, 396 (398) = NJW 1983, 1371 (1373); so auch Staudinger/Schiemann, BGB, § 253 Rn. 21).

468 Vgl. BGH, Urt. v. 25.06.1985 – VI ZR 270/83, VersR 1985, 1068 = NJW 1985, 2749.
469 BGH, Urt. v. 30.05.1995 – VI ZR 68/94, VersR 1995, 1060.
470 OLG Oldenburg, Urt. v. 18.11.2014 – 5 U 108/14, VersR 2015, 242 = NJW 2015, 1832.
471 BGH, Urt. v. 30.04.1996 – VI ZR 55/95, BGHZ 132, 341 = VersR 1996, 990 = NJW 1996, 2425; vgl. dazu die Besprechung dieser Entscheidung: Jaeger, MDR 1996, 888.

Kein Schmerzensgeld wird gewährt für:	
–	Ein schweres psychisches Überlastungssyndrom nach der Geburt des Kindes, weil die ausgleichspflichtige Beeinträchtigung mit der Geburt des Kindes abgeschlossen ist und weil diese Belastungen außerhalb des Zurechnungszusammenhangs stehen.
–	Beeinträchtigung der Lebensführung und Lebensplanung durch das Großziehen des Kindes, weil es sich dabei nicht um körperliche oder gesundheitliche Beeinträchtigungen handelt.

▶ Praxistipp:

355 Gerade weil eine unerwünschte Schwangerschaft einen unbefugten Eingriff in das körperliche Befinden, also eine Körperverletzung darstellt und weil bei anderer Sichtweise das Recht am eigenen Körper als gesetzlich ausgeformter Teil des allgemeinen Persönlichkeitsrechts nicht hinreichend geschützt wäre, muss das Schmerzensgeld in eine Größenordnung vordringen, die bei schweren Persönlichkeitsrechtsverletzungen gewährt wird. Dann beginnt der Schmerzensgeldbetrag in einfach gelagerten Fällen bei 12.500,00 € und muss für Schwangerschaften mit Komplikationen deutlich höher ausfallen.

356 **Übersicht 13: Schmerzensgeldentscheidungen bei ungewollter Schwangerschaft**

–	Mit **1.500,00 €** hatte das LG eine Klägerin für die ungewollte Schwangerschaft abgespeist, das OLG Karlsruhe wies die Klage insoweit ganz ab, der BGH (Urt. v. 18.03.1980 – VI ZR 247/78, VersR 1980, 558 ff.) stellte das landgerichtliche Urteil wieder her.
–	Nicht besser erging es der Klägerin mit einer späteren BGH-Entscheidung (Urt. v. 27.06.1995 – VI ZR 32/94, VersR 1995, 1099 (1100). Zur Ehrenrettung der Instanzgerichte muss allerdings gesagt werden, dass die Klägerin, die sich sogar auf Beschwerden während der Schwangerschaft und der Geburt berufen hatte, nicht mehr als 500,00 € beantragt hatte. Der BGH wiederum hat die Höhe des Schmerzensgeldes nicht beanstandet, weil er in dem zuerkannten Betrag von **500,00 €** offenbar keinen krassen Missgriff gesehen hat.
–	Auch ein Schmerzensgeld von **1.000,00 €** hat der BGH (Urt. v. 25.02.1992 – VI ZR 44/91, VersR 1992, 829 ff.) durchgehen lassen und die Revision nicht angenommen, obwohl ein »angemessenes Schmerzensgeld« begehrt worden war.
–	In einer früheren Entscheidung (BGH, Urt. v. 25.06.1985 – VI ZR 270/83, VersR 1985, 1068 [1069]. Ein Schmerzensgeld i.H.v. 1.000,00 € hat der BGH ferner gebilligt im Urt. v. 18.03.1980 – VI ZR 15/78, VersR 1980, 719) hat er das landgerichtliche Urteil wiederhergestellt, das ein Schmerzensgeld i.H.v. **1.500,00 €** zugebilligt, ein darüber hinausgehendes Schmerzensgeld aber abgewiesen hatte. Auch hier sah der BGH keine Möglichkeit oder keine Veranlassung, ein höheres Schmerzensgeld zuzuerkennen.
–	Recht vorsichtig war auch das OLG Köln (Urt. v. 25.02.1985 – 7 U 50/82, VersR 1988, 43 f. = IMMDAT Nr. 434 und OLG Köln, Urt. v. 18.03.1985 – 7 U 219/83, VersR 1987, 187 f. = IMMDAT Nr. 382) mit Schmerzensgeldern von **1.500,00 €** und **2.000,00 €** für eine komplikationslose Schwangerschaft, bevor der 13. und später der 19. Zivilsenat des OLG Köln höhere Schmerzensgelder u.a. auch wegen der »Tendenz der Rechtsprechung zu höherem Schmerzensgeld« zuerkannten. Aus heutiger Sicht waren diese Schmerzensgelder auch schon damals eindeutig zu niedrig, zumal der Senat in der zweiten Entscheidung zusätzlich berücksichtigt hat, dass bei der Klägerin ein psychischer Schock eingetreten war, weil sie nach der Geburt von sieben Kindern darauf vertraut hatte, keine weiteren Kinder mehr gebären zu müssen.
–	Etwas großzügiger verfuhren im Jahr 1992 das OLG Düsseldorf mit **2.000,00 €** (OLG Düsseldorf, Urt. v. 09.07.1992 – 8 U 196/90, VersR 1993, 883 ff. = OLGR 1992, 354 ff.) und das OLG München mit **3.000,00 €** (OLG München, Urt. v. 20.02.1992 – 1 U 2278/91, VersR 1992, 1413 = OLGR 1992, 68 ff.).Dieser Betrag von 3.000,00 € ist aber deshalb zu relativieren, weil die Klägerin aufgrund der Schwangerschaft mehrfach stationär behandelt werden musste und weil das OLG München den Betrag als »obere Grenze« des Angemessenen bezeichnet hat.

	Es gibt aber auch Entscheidungen, die höhere Schmerzensgelder zuerkennen und deutlich machen, dass wesentlich höhere Beträge für eine ungewollte Schwangerschaft angemessen sind.
–	Das OLG Frankfurt am Main (Urt. v. 13.02.1987 – 10 U 83/86, VersR 1988, 637 f.) hat ein vom LG zuerkanntes Schmerzensgeld i.H.v. **3.500,00 €**, über das das OLG mangels Berufung der Klägerin nicht hinausgehen konnte, »angesichts der erlittenen Unbill« als mäßig bezeichnet.
–	Das OLG Oldenburg (Beschl. v. 03.03.1993 – 5 W 20/93, VersR 1993, 1357 f.) sah dann im Jahr 1993 bei regelgerecht verlaufender Schwangerschaft und Geburt ein Schmerzensgeld von bis zu **5.000,00 €** als angemessen an. Im Jahr 1996 wich derselbe Senat des OLG Oldenburg (Urt. v. 21.05.1996 – 5 U 7/96, OLGR 1996, 160 f.) von dieser großzügigen Betrachtung ab und hielt ein Schmerzensgeld von **4.000,00 €** für angemessen, obwohl offenkundige psychische Belastungen zur »normalen« Schwangerschaft hinzukamen und das »Schmerzensgeld daher deutlich über den in der Vergangenheit zuerkannten Beträgen liegen müsse.«
–	Das OLG Hamm (Urt. v. 27.01.1999 – 3 U 127/97, VersR 1999, 1111 ff.) hat für eine komplikationslos verlaufene Zwillingsschwangerschaft ein Schmerzensgeld von **5.000,00 €** als angemessen bezeichnet.
–	Unangetastet ließ der BGH (Urt. v. 16.11.1993 – VI ZR 105/92, VersR 1994, 425 ff.) ein Schmerzensgeld i.H.v. **5.000,00 €** und nahm die dagegen gerichtete Revision der Beklagten nicht an. Einzelheiten über den Verlauf der Schwangerschaft werden in der Entscheidung nicht mitgeteilt.
–	PKH hat der BGH für eine Klage auf Schmerzensgeld der Frau bewilligt und den Streitwert für den Antrag auf **1.500,00 €** festgesetzt (BGH, Beschl. v. 20.01.1981 – VI ZR 202/79, VersR 1981, 481). Damit hat der BGH den Schmerzensgeldbetrag unmittelbar selbst – anstelle des Tatrichters – bemessen.

▶ Hinweis:

Die Höhe des Schmerzensgeldes für eine ungewollte Schwangerschaft ist dringend klärungsbedürftig. In der Vergangenheit spielte dieser Schmerzensgeldbetrag i.d.R. eine Nebenrolle neben dem wirtschaftlich wesentlich bedeutsameren Anspruch auf Unterhalt für das infolge der ungewollten Schwangerschaft geborene Kind. Möglicherweise wollten die jeweiligen Kläger das Gericht auch nicht durch übersteigerte Begehrensvorstellungen verärgern und nicht den Eindruck erwecken, es ginge »nur ums Geld«. 357

Die Höhe des Schmerzensgeldes sollte einmal ausgereizt werden. Der BGH muss irgendwann »Farbe bekennen«, wenn die Instanzgerichte die indiskutablen Beträge von 500,00 € – 5.000,00 € einmal deutlich überschreiten.

▶ Praxistipp:

Bei der Höhe eines geltend zu machenden Schmerzensgeldes kann u.U. auch das Argument der Leihmutter eingebracht werden. 358

Zunächst ist die unerwünschte Schwangerschaft eine Persönlichkeitsrechtsverletzung, die ein Schmerzensgeld von mindestens 12.500,00 € auslösen sollte.

Man kann auch überlegen, ob die Unbill einer ungewollten Schwangerschaft danach zu entschädigen ist, was eine Leihmutter (oder besser Mietmutter – »rent-a-mother«) als Vergütung für das Austragen eines Kindes fordern und erhalten würde. Hier sollte eine Auseinandersetzung mit folgenden Fragen stattfinden:

Was kostet es, wenn eine Frau ein Kind nach einer In-Vitro-Fertilisation für eine andere Frau austrägt?

Kann eine ungewollt schwangere Frau z.B. die Mietforderung der eigenen Mutter oder Schwester ins Spiel bringen und diese Personen für die Bereitschaft, das Kind auszutragen und für ihr »Honorar« als Zeugen benennen?

Ist es für die Bemessung des Schmerzensgeldes von Bedeutung, dass Frauen in der Dritten Welt oder Ausländerinnen in der BRD (Asylanwärterinnen) das Kind ggf. »billiger« austragen würden als eine deutsche Frau?

b) Dekubitus

359 Entgegen der früher hier vertretenen Ansicht ist allerdings auch ein schwerer Dekubitus nicht immer vermeidbar (vgl. OLG Hamm, Urt. v. 09.09.2015 – 3 U 60/14, GesR 2015, 688 = PflR 2016, 296), sondern nur dann, wenn Versäumnisse in der Pflege festgestellt werden können. Ob sie vorliegen, belegt die Dokumentation. Ist die optimale Pflege nicht dokumentiert, kann sie nicht festgestellt werden und ein Behandlungsfehler kommt in Betracht.

360 Pflegemaßnahmen sind angezeigt, wenn Dekubitus-Risikofaktoren vorliegen. Solche sind:

- Einschränkung der Aktivität durch Bettlägerigkeit,
- Einschränkung der Mobilität (abhängig von Hilfe bei Lagewechseln im Bett, Unfähigkeit zu selbstständigen Positionsveränderungen),
- Längere Operation,
- Störungen der Vigilanz (Wachheit) durch Alzheimer-Demenz,
- Sedierung durch Schmerz- und Beruhigungsmedikamente,
- hohes Lebensalter,
- neurologische Störungen, insbesondere Lähmungen mit Sensibilitätsstörungen,
- Kachexie,
- Anämie,
- niedriger arterieller Blutdruck und
- großes Risiko für Wundheilungsstörungen durch endgradige Leberfunktionsstörung und drittgradige Nierenfunktionsstörung.

Das zu zahlende Schmerzensgeld muss hoch ausfallen, um ein Umdenken zu sorgfältigem Umgang mit Patienten zu bewirken.

361 Ein Dekubitus 4. Grades rechtfertigt ein Schmerzensgeld i.H.v. 12.500,00 € – 17.500,00 €.

362 Das **OLG Köln**[472] hat einem im Zeitpunkt der Behandlung 70 Jahre alten Kläger ein Schmerzensgeld i.H.v. **12.500,00 €** zugesprochen. Bei diesem Kläger war es zu einem Dekubitus mit einem Durchmesser von 17 cm und einer Tiefe von 6 cm gekommen, sodass die Wirbelsäule sichtbar wurde, weil er nach akutem Herzversagen als moribund (im Sterben liegend) angesehen wurde. Der Sachverständige hatte ausgeführt, dass auch bei Schwerkranken Dekubiti – jedenfalls solche des vorliegenden Ausmaßes – ohne Weiteres vermeidbar seien, wenn häufige Lageänderungen durchgeführt oder Spezialmatratzen eingesetzt würden. Das OLG Köln hat auf dem Sachverständigengutachten aufbauend dazu ausgeführt, dass ein moribunder Patient die Ärzte und das Pflegepersonal nicht von der Anwendung der gebotenen pflegerischen Sorgfalt entbinde.

363 Dem Kläger war nach Genesung das Sitzen und Gehen nur unter Schmerzen möglich. Das Schmerzensgeld i.H.v. 12.500,00 € ist – wie so oft – nicht ausreichend, aber das OLG Köln konnte den Betrag mangels Anschlussberufung des Klägers nicht erhöhen. Es hat jedoch ausgeführt, dass er eher an der unteren Grenze des Angemessenen liege.

364 Ein höheres Schmerzensgeld von **17.500,00 €** hat das **OLG Oldenburg**[473] für einen vergleichbaren Fall zuerkannt. Eine an Morbus Alzheimer erkrankte Patientin eines Pflegeheims litt infolge grober Pflegefehler an einem Dekubitus in einer Größe von 10 × 5 cm. Um eine Ausheilung des Geschwürs zu erreichen, musste ein Anus praeter gelegt werden, der aus medizinischen Gründen nicht zurückverlegt werden konnte. Trotz der Alzheimererkrankung der 65 Jahre alten Klägerin

472 OLG Köln, Urt. v. 04.08.1999 – 5 U 19/99, VersR 2000, 767 = NJW-RR 2000, 1267.
473 OLG Oldenburg, Urt. v. 14.10.1999 – 1 U 121/98, NJW-RR 2000, 762.

hielt das OLG Oldenburg ein Schmerzensgeld i.H.v. 17.500,00 € für angemessen, weil die Klägerin imstande war, die Schmerzen und Bewegungsbeeinträchtigungen wahrzunehmen, diese allerdings infolge des Morbus Alzheimer »sofort vergessen« hat.

Von dieser für den Patienten freundlichen Sicht rückt die Rechtsprechung mehr und mehr ab.[474] 365
So ist das OLG Hamm dem Sachverständigen gefolgt, der bei einem dementen Patienten einen Dekubitus als nicht immer vermeidbar angesehen hat, wenn bei dem bettlägerigen Heimbewohner und Risikopatienten entzündliche Dekubiti am Gesäß/Steißbein aufgetreten sind, die operativ versorgt werden mussten, sofern nicht feststellbar ist, dass ein grober Pflegefehler vorlag. Selbst ein sachverständig festgestellter Pflegefehler durch Unterlassen angemessener Lagerungsmaßnahmen sei noch nicht als grob zu werten und führe nicht zu einer Beweislastumkehr zugunsten der Patientenseite. Die Unterlassung wäre nur dann als kausal für den Gesundheitsschaden anzusehen, wenn ein pflichtgemäßes Handeln den Schaden verhindert hätte. Gerade dies ist aber nicht bewiesen, denn der Sachverständige hat dargelegt, dass auch dann, wenn Lagerungsmaßnahmen sofort mit Beginn der Bettlägerigkeit ergriffen worden wären, das Entstehen eines Dekubitus nicht mit Sicherheit hätte vermieden werden können. Ein Dekubitus lasse sich auch durch eine ordnungsgemäße Lagerung nicht stets vermeiden, insbesondere bei Patienten mit schwerer Demenz.

▶ Hinweis:

Dekubiti im Altersheim treten sehr häufig auf. Es gibt Alters- und Pflegeheime, in denen bei 366
beginnenden Druckgeschwüren das Erforderliche veranlasst wird. Aber: Die gesetzlichen Krankenkassen sparen häufig am falschen Ende und verweigern Anti-Dekubitus-Auflagen oder bewilligen sie erst mit großer zeitlicher Verzögerung. Dann kann der schwere Dekubitus bereits entstanden sein.

Die zu Dekubiti ergangenen Entscheidungen sind eindeutig: Ein schwerer Dekubitus (Druckgeschwür) ist immer vermeidbar. Tritt ein schwerer Dekubitus auf, beruht dies immer auf schweren Versäumnissen in der Pflege. Die Beweislast dreht sich um. Das zu zahlende Schmerzensgeld ist hoch. Es muss eher über die hier ausgeurteilten Beträge hinaus gehen.

Die Folge vermehrter Prozesse wird sein, dass die Pflegeleistungen verbessert werden und die Fälle schwerer Dekubiti abnehmen.

c) Morbus Sudeck

Die Bezeichnungen *Sudeck* oder *Dystrophie* sind überholt. Man spricht heute von CRPS = comple- 367
xes regionales Schmerz (pain) syndrom:

Die Verletzung der Extremitäten (Arm, Hand, Finger – aber auch Bein und Fuß) kann als typische Komplikation einen Morbus Sudeck zur Folge haben, dessen Ursache letztlich nicht eindeutig geklärt ist.[475] Der Erkrankung gehen durchweg eine grobe Gewalteinwirkung (Trauma) und ein hierdurch hervorgerufenes akutes, schmerzhaftes Ödem voraus. Allerdings können auch Bagatellverletzungen, wie bspw. Prellungen oder Verstauchungen eine Sudeck'sche Dystrophie verursachen. Das bloße Abstützen mit der Hand bei einem Verkehrsunfall reicht nicht aus, wenn sich unmittelbar nach dem Unfall keinerlei Beschwerden zeigen. Tritt erst nach 2 Wochen ein Kribbeln in der Hand auf, kann eine Primärverletzung nicht festgestellt werden, die als Ursache für den Morbus Sudeck anzusehen sein könnte.[476] Der Verletzte muss den **Vollbeweis** dafür führen, dass eine Primärverletzung vorliegt, auf der die weiteren Beschwerden beruhen können. Beweiserleichterungen kommen ihm hierbei nicht zugute.

474 OLG Hamm, Urt. v. 09.09.2015 – 3 U 60/14, GesR 2015, 688 = PflR 2016, 296.
475 LG Mainz, Urt. v. 22.01.1998 – 1 O 547/96, VersR 1999, 863.
476 OLG Celle, Urt. v. 19.12.2002 – 14 U 259/01, OLGR 2004, 330; bestätigt durch BGH, Urt. v. 04.11.2003 – VI ZR 28/03, NJW 2004, 777.

368 Als **mögliche Ursache** des Morbus Sudeck werden Rezeptorenstörungen der vegetativen Nerven an den Extremitäten diskutiert. Eine solche Heilentgleisung kann bei jeder Form der Verletzung auftreten und verläuft typischerweise in verschiedenen Stadien. Bei nicht adäquater Therapie kann es zur vollständigen Funktionseinschränkung mit bindegewebiger Verhärtung der Extremitäten kommen. **Arzthaftungsansprüche** lassen sich i.d.R. aus einem Morbus Sudeck dennoch nicht herleiten,[477] weil der Heilungsverlauf nicht beherrschbar ist.

d) Zahnarzthaftung

369 Gerade bei der Serienextraktion von Zähnen bei jugendlichen Patienten mehren sich Vorwürfe gegen Zahnärzte und hier insb. der Vorwurf, bei jungen Menschen zu wenig für den Zahnerhalt getan zu haben. Dabei fallen zwei Entscheidungen auf:
- OLG Hamm, Urt. v. 24.01.2001 – 3 U 107/00, OLGR 2001, 142 f. und
- OLG Oldenburg, Urt. v. 02.03.1999 – 5 U 176/98, VersR 1999, 1499 f.

370 Das OLG Hamm verlangt vor der Extraktion einer Vielzahl von Zähnen bei Jugendlichen (16 Jahre alt) eine sorgfältige Prüfung und Unterscheidung von Erhaltungsfähigkeit und -würdigkeit. **Erhaltungsfähige Zähne** sind **bei Jugendlichen** nach Möglichkeit zu erhalten, um diese davor zu bewahren, schon in jungen Jahren zu Prothesenträgern zu werden.

371 Das OLG Oldenburg führte im Jahr 1999 dazu aus:

»Es mag dem vor 20 Jahren geltenden Standard entsprochen haben, nach dem es in Grenzen für zulässig gehalten wurde, bei einer Behandlung in Narkose, »alt bewährte Grundregeln« der Zahnmedizin im Interesse einer möglichst schnellen, endgültigen Sanierung eines Problempatienten in einer Sitzung zu vernachlässigen, was häufig auf radikale Extraktionstherapien hinauslief. Von dieser rein palliativen, d.h. Symptome, aber nicht Ursachen beseitigenden Behandlungsmaxime wurde jedoch bereits 1981 zunächst bei Kindern und Jugendlichen zugunsten von restaurativen und schließlich präventiven Therapien abgewichen. Eine rein palliative Zahnsanierung durch Reihenextraktion gilt – so der Sachverständige ausdrücklich – nicht einmal mehr bei schwerstbehinderten, völlig unkooperativen Patienten als adäquates Behandlungskonzept. Dagegen hat der Beklagte verstoßen, als er ohne vorherige Erhaltungsdiagnostik und Erhaltungstherapieversuche sich zur Extraktion von 18 Zähnen entschloss.«

372 Diese **medizinische Beurteilung** teilen Rinke/Balzer:[478]

»In der Zahnmedizin gilt der Erhaltungsgrundsatz: Eine Zahnextraktion ist erst als letzte Behandlungsmöglichkeit indiziert, wenn konservierende, chirurgische und prophylaktische Behandlungen zu keiner Beseitigung geführt haben oder wenn – ausnahmsweise – ein hoffnungsloser Fall vorliegt, in dem Zähne von vornherein nicht zu erhalten sind oder ihre Erhaltung im Hinblick auf den Allgemeinbefund, den erweiterten Lokalbefund und die lokale Situation sinnlos ist. Das Ziehen erhaltungswürdiger Zähne ist demgegenüber behandlungsfehlerhaft. Auch bei mäßigem Lockerungsgrad besteht die Extraktionsindikation nicht, solange Zähne noch über Jahre hinweg beschwerdefrei im Mund belassen werden können.«

373 Das **OLG Oldenburg** sah ein Schmerzensgeld i.H.v. 9.000,00 € als ausreichend an (beantragt waren 13.500,00 €) und verneinte ein höheres Schmerzensgeld wegen der Vorschädigung der Zähne der Klägerin. Es führt dazu aus:[479]

»Muss aber zugunsten der Klägerin von einer Teilerhaltung auch im Sichtbereich ausgegangen werden und zugleich von wesentlich günstigeren Prothetikbedingungen, ist das ausgeurteilte Schmerzensgeldvolumen durchaus gerechtfertigt, aber v.a. wegen der Vorschädigung auch nicht zu gering angesetzt.«

374 Auch das OLG Hamm sieht das Problem, dass die Erhaltungsfähigkeit auch davon abhängt, ob der Patient zur Mund- und Zahnhygiene motiviert werden kann. Die Klärung dieser Frage ist aber gerade die Aufgabe des Zahnarztes, bevor er sich zur **Reihen-/Serienextraktion** entschließt.

---

477 OLG Oldenburg, Urt. v. 11.08.1998 – 5 U 23/98, OLGR 1998, 320.
478 Rinke/Balzer, VersR 2001, 423 (424).
479 OLG Oldenburg, Urt. v. 02.03.1999 – 5 U 176/98, VersR 1999, 1499 (1500).

Das OLG Hamm hielt ein Schmerzensgeld i.H.v. 15.000,00 € für gerechtfertigt, weil ein jugendlicher Patient infolge der nicht indizierten Entfernung von acht Zähnen eine herausnehmbare Oberkieferprothese tragen muss. 375

Ob die fehlerhafte Behandlung auf **Unfähigkeit und/oder Gewinnstreben der Zahnärzte** beruhte, wird nicht erörtert. Rinke/Balzer[480] lassen anklingen, dass die Extraktion der für den Zahnarzt einfachere Weg ist: 376

> »Die jenem in der Praxis zur Verfügung stehende Zeit reiche bei Weitem nicht immer aus, um Qualitätsarbeit zu leisten.«

Das OLG Oldenburg sah das Vorgehen des Zahnarztes auch deshalb als rechtswidrig an, weil dieser den Patienten **nicht ordnungsgemäß aufgeklärt** hatte: 377

> »Denn diese Aufklärung hätte umfassend auch die Gesamtheit der konservativ orientierten Diagnostik und sonstigen erhaltenden Behandlungsmaßnahmen mit einbeziehen müssen, die der Beklagte nach seinem eigenen Vorbringen gerade nicht vorgenommen hat, weil er sie nicht für geboten hielt. Ein etwaiges Einverständnis ohne diese umfassende Unterrichtung wäre aber – unabhängig von der Frage, inwieweit Extraktionen auf Wunsch von Patienten trotz zahnmedizinisch sinnvoller Zahnerhaltung vorgenommen werden dürfen – nicht wirksam.«

Aufklärung wird nicht nur über das beabsichtigte medizinische Vorgehen und über den Eingriff des Arztes in den Körper des Patienten geschuldet. Der Zahnarzt ist auch verpflichtet, über medizinisch gleichermaßen indizierte Alternativen einer prothetischen Versorgung der Oberkieferbezahnung aufzuklären (z.B. teleskopierende bügelfreie Brückenprothese statt Gaumenplatte). Wird die Versorgung mittels Gaumenplatte nicht toleriert, entfällt der Vergütungsanspruch, wenn der Patient plausibel darlegt, dass er in Kenntnis der Behandlungsalternative der getroffenen Maßnahme nicht zugestimmt hätte.[481] 378

Der Patient hatte sich aber nicht nur dagegen gewehrt, die Vergütung für die unerwünschte prothetische Lösung zu zahlen; er forderte zudem ein Schmerzensgeld. Es ist einleuchtend, dass ein Schmerzensgeld in diesem Fall nur gering ausfallen konnte. Ob dem Patienten überhaupt ein Schmerzensgeld zusteht, wird vom OLG Köln nicht problematisiert. Der Eingriff war mangels wirksamer Einwilligung rechtswidrig, die körperlichen Beeinträchtigungen des Patienten durch die überflüssige Behandlung als solche sowie die sich an die nicht von der Einwilligung gedeckte prothetische Versorgung anschließenden und zu erduldenden Beschwerden waren auszugleichen. Ein Betrag von 1.000,00 € sei ausreichend; dabei sei zu berücksichtigen, dass nach zahnmedizinischer Erfahrung bei der Versorgung mit einer Teilprothese mit Transversalbügel gewöhnlich nicht mit Geschmacksstörungen, Übelkeit, Schwindel und einer Beeinträchtigung der Magenfunktion zu rechnen ist, weil im Allgemeinen ein solcher Zahnersatz schnell adaptiert wird. Auch in der Entscheidung wird nicht klar, wofür genau das Schmerzensgeld geschuldet wird, insb. wird nicht deutlich, ob die Teile der Behandlung aus der Bemessung herausgenommen wurden, die auch bei einer Teilprothese mit Transversalbügel ohnehin erforderlich waren. Wie dem auch sei, ein Betrag von 1.000,00 € liegt ohnehin an der untersten Grenze dessen, was von einem Zahnarzt für rechtswidriges Vorgehen zu zahlen ist. 379

II. Gefahrengemeinschaft

Persönliche Beziehungen zwischen Schädiger und Geschädigtem können bei der Bemessung des Schmerzensgeldes eine Rolle spielen.[482] Das gilt einmal zwischen Familienangehörigen, aber auch bei 380

480 Rinke/Balzer, VersR 2001, 423.
481 OLG Köln, Urt. v. 30.09.1998 – 5 U 122/97, VersR 1999, 1498.
482 Bamberger/Roth/Spindler, § 253 Rn. 41.

Sport und Spiel. Ganz allgemein wird von einem geringeren Schmerzensgeld ausgegangen, wenn ein Schaden z.B. auf einer gemeinsamen Zechtour[483] oder bei der gemeinsamen Jagdausübung[484] eintritt.

381 An eine Gefahrengemeinschaft kann man auch bei **Gefälligkeitsfahrten** denken. Kommt es zu einem Unfall, bestehen heute nicht nur deliktische Ansprüche, sondern auch Ansprüche aus Gefährdungshaftung. Für solche Gefälligkeitsfahrten sollte ein Haftungsausschluss vereinbart werden, was allerdings zur Folge hat, dass der Verletzte sämtliche Ansprüche gegen den Versicherer einbüßt. Huber[485] bezeichnet einen solchen Haftungsausschluss nicht zu Unrecht als »überschießend« und typischerweise nicht im Interesse des Halters.

III. Sport und Spiel

1. Sport

382 Verletzungen, die jemand beim Sport oder beim Spiel erleidet, sind rechtlich unter verschiedenen Gesichtspunkten besonders zu betrachten. Sie sind nicht selten und haben die Gerichte in jüngerer Zeit zunehmend beschäftigt.

383 Für die wohl verbreitetste Sportart, das Fußballspiel, gilt:[486]

Eine Haftung für Verletzungen bei einem Fußballspiel ist erst bei vorsätzlicher oder grob fahrlässiger Regelwidrigkeit und bei Überschreiten der Grenze zwischen noch gerechtfertigter Härte und unfairem Regelverstoß zu bejahen.[487] Wurde ein Angriff jedenfalls nicht von hinten geführt, hat selbst der verletzte Spieler für möglich gehalten, dass der Angriff, der zu Verletzungen führte, nicht dem Mann, sondern dem Ball galt und gibt es keine weiteren Anknüpfungstatsachen, haftet der angreifende Spieler nicht.

Der Nachweis für ein grob fahrlässiges Verhalten ist nicht erbracht, wenn sich eine subjektiv unentschuldbare Pflichtverletzung nicht feststellen lässt. Auch in einem Freundschaftsspiel im »Altherrenbereich« muss ein Spieler mit energischen und bissigen Verteidigungsspielern rechnen.[488]

384 Der BGH[489] hatte über die Haftung zweier **Autorennfahrer** zu entscheiden, die an einem Rennen teilnahmen, bei dem Höchstgeschwindigkeiten erzielt werden sollten. Dabei kam es zu einem Sachschaden. Die Frage, ob und in welchem Umfang bei Sportveranstaltungen die Haftung der Teilnehmer untereinander im Hinblick auf die spezifischen von den Teilnehmern hingenommenen Gefahren eingeschränkt oder ausgeschlossen ist, wird unter dem rechtlichen Gesichtspunkt einer sportspezifischen Definition der im Verkehr erforderlichen Sorgfalt (eingeschränkter Fahrlässigkeitsmaßstab) oder einer Einwilligung, eines (stillschweigenden) Haftungsverzichts oder -ausschlusses, eines Handelns auf eigene Gefahr oder einer treuwidrigen Inanspruchnahme des Mitbewerbers diskutiert.[490] Der Teilnehmer an einem sportlichen Kampfspiel, der grds. Verletzungen in Kauf nimmt, die auch bei regelgerechtem Spiel nicht zu vermeiden sind, kann einen Schadensersatzanspruch gegen einen Mitspieler nur durchsetzen, wenn er den Nachweis führt, dass dieser sich nicht regelgerecht verhalten hat.[491] Unabhängig davon, ob eine Haftung an der Tatbestandsmäßigkeit oder an der Rechtswidrigkeit scheitert, läuft ein Anspruch des Geschädigten dem Verbot des treuwidrigen Selbstwiderspruchs (venire contra factum proprium) zuwider, weil der Geschädigte selbst in die Lage hätte kommen können, in der sich nun der Schädiger befindet. Dieser Grundsatz über

---

483 OLG Karlsruhe, Urt. v. 11.02.1977 – 14 U 52/75, VersR 1977, 936.
484 OLG Frankfurt am Main, Urt. v. 15.05.1975 – 14 U 246/74, VersR 1975, 1053 (1054).
485 Huber, § 4 Rn. 168 ff.
486 OLG Köln, Beschl. v. 16.08.2010 – 11 U 96/10, MDR 2011, 225.
487 OLG Düsseldorf, Urt. v. 02.04.2004 – 14 U 230/03, RuS 2005, 435.
488 OLG Saarbrücken, Urt. v. 02.08.2010 – 5 U 492/09, NJW-RR 2011, 109.
489 BGH, Urt. v. 01.04.2003 – VI ZR 321/02, VersR 2003, 775 = NJW 2003, 2018 = DAR 2003, 410.
490 Diederichsen, DAR 2004, 301 (309) m.w.N.
491 BGH, Urt. v. 05.11.1974 – VI ZR 100/73, BGHZ 63, 140 (Fußballspiel).

die Auswirkungen des widersprüchlichen Verhaltens reicht über den Bereich der sportlichen Kampfspiele hinaus.[492] Sie gelten allgemein für Wettkämpfe mit nicht unerheblichem Gefahrenpotenzial, bei denen typischerweise auch bei Einhaltung der Wettkampfregeln oder geringfügiger Verletzung der Regeln die Gefahr gegenseitiger Schadenszufügung besteht.

Diese Überlegungen sind auf Rennveranstaltungen übertragbar, denn ein Autorennen ist eine besonders gefährliche Veranstaltung.[493] Die Teilnehmer sind von den typischen Risiken, durch das Verhalten anderer Teilnehmer zu Schaden zu kommen, in gleicher Weise betroffen. Wer zu Schaden kommt, hängt mehr oder weniger vom Zufall ab. Die Teilnehmer an dem Rennen nehmen die erheblichen Risiken wegen des sportlichen Vergnügens, der Spannung oder auch der Freude an der Gefahr in Kauf. Die Geltendmachung von Schadensersatzansprüchen steht damit in erkennbarem Widerspruch und muss nach Treu und Glauben nicht hingenommen werden. 385

Bei sportlichen Kampfspielen und Wettkämpfen mit erheblichem Gefahrenpotenzial ist die Haftung auf Vorsatz und grobe Fahrlässigkeit beschränkt.[494] Das gilt auch für Motocrossfahrten im Trainingsbetrieb. Diese Auffassung steht in Einklang mit einer neueren Entscheidung des erkennenden Senats,[495] wonach eine solche Haftungsbeschränkung grds. auch dann in Betracht kommt, wenn es im Rahmen eines Sicherheitstrainings zu einem Fahrzeugunfall kommt. 386

Von einem stillschweigenden Haftungsverzicht ist auszugehen, wenn ein im Pulk fahrender Motorradfahrer deshalb stürzt, weil ein vorausfahrendes Mitglied des Pulks unerwartet abbremst und der nachfolgende Motorradfahrer zu Schaden kommt und nicht festgestellt werden kann, dass eine gewichtige Regelverletzung im Sinne grober Fahrlässigkeit vorliegt.[496] 387

Diese Grundsätze sollen auch für ein illegales Fahrzeugrennen unter Jugendlichen gelten. Nur bei grob unsportlichem und regelwidrigem Verhalten soll eine Haftung infrage kommen,[497] also erst wenn das »Nebeneinander« im Wettkampf zu einem »Gegeneinander« mit bewussten Regelverstößen werde. 388

Bei verbotenen Kraftfahrzeugrennen im öffentlichen Straßenverkehr kommt ein Haftungsausschluss nach den für gefährliche Sportarten entwickelten Grundsätzen jedenfalls dann nicht in Betracht, wenn der Schädiger grob fahrlässig gehandelt hat oder haftpflichtversichert ist.[498] 389

Dagegen hat das OLG Dresden[499] das wechselseitige Schießen mit einer sog. »Soft-air«-Waffe unter befreundeten Schülern nicht als Teilnahme an einem sportlichen Kampfspiel angesehen und der Feststellungsklage eines der Schüler, der eine Augenverletzung erlitt, dem Grunde nach stattgegeben. 390

So hat das OLG München[500] die Haftung eines etwa 12 Jahre alten Jungen bejaht, der einem befreundeten Spielgefährten bei einem »Stockkampf« einen Schneidezahn ausgeschlagen hatte. Für diesen Kampf gilt: Kämpfen zwei zwölfjährige Kinder mit 1,5 m langen Holzstöcken gegeneinander und haben lediglich vereinbart, dass Schläge gegen den Kopf nicht zulässig sind, kommt eine völlige Haftungsfreistellung des Schädigers nach § 242 BGB, wie sie der Bundesgerichtshof für Teilnehmer sportlicher Kampfspiele unter Umständen annimmt, nicht in Betracht, da es an einem festen und anerkannten Regelwerk fehlt. Allerdings muss sich der Kläger ein Mitverschulden i.H.v. 50 % anrechnen lassen. 391

Auch bei Sportarten, bei denen der Ausübende sich selbst gefährdet, kann die Gefährlichkeit des Sports bei der Beurteilung des Mitverschuldens oder der Höhe des Schmerzensgeldes eine Rolle 392

492 BGH, Urt. v. 21.02.1995 – VI ZR 19/94, VersR 1995, 583 = NJW-RR 1995, 857.
493 Diederichsen, DAR 2004, 301 (309).
494 BGH, Urt. v. 17.02.2009 – VI ZR 86/08, VersR 2009, 839 = NJW-RR 2009, 812.
495 BGH, Urt. v. 29.01.2008 – VI ZR 98/07, VersR 2008, 540.
496 OLG Brandenburg, Urt. v. 28.06.2007 – 12 U 209/06, DAR 2008, 148.
497 LG Duisburg, Urt. v. 22.10.2004 – 7 S 129/04, NZV 2005, 262.
498 OLG Karlsruhe, Urt. v. 23.02.2012 – 9 U 97/11, DAR 2012, 519.
499 OLG Dresden, Urt. v. 09.09.2008 – 5 U 762/08, MDR 2009, 206.
500 OLG München, Urt. v. 22.11.2012 – 23 U 3830/12, NJW-RR 2013, 800.

spielen. Ein 37 Jahre alter Mann turnte auf einer Trampolinanlage in einem Freizeitpark. Bei einem Salto vorwärts landete er nicht auf den Beinen, sondern auf dem Rücken. Beim Aufprall brach er sich das Genick und ist querschnittsgelähmt. Das OLG Köln hatte zunächst in einem Grundurteil ein Mitverschulden des Klägers von 50 % angenommen. Nachdem der BGH[501] das Urteil aufgehoben und die Sache an das OLG Köln zurückverwiesen hatte, reduzierte das OLG Köln[502] die Quote auf 30 %. Der BGH hatte die Warnungen des Veranstalters vor den Salti unerfahrener Benutzer als unzureichend betrachtet.

393 Der **Anlass der Verletzungshandlung** kann in **die Bemessung des Schmerzensgeldes** einfließen. Die Schädigung während einer **gemeinschaftlichen gefährlichen Betätigung** oder beim gemeinsamen Sport und Spiel oder nach einer Provokation kann weniger schwer zu gewichten sein.[503] Sportverletzungen kommen i.d.R. beim Mannschaftssport vor. Dabei kann eine Haftung für eine Sportverletzung ausgeschlossen sein, weil alle Beteiligten **bewusst ein gewisses Risiko** eingehen.

394 Grds. ist die Haftung eines Sportlers für Verletzungen, die er einem Mit- oder Gegenspieler zufügt, ausgeschlossen, wenn die Verletzung auf Spieleifer, Ungeübtheit, technischem Versagen, Übermüdung oder Ähnlichem beruht; auch dann, wenn das Verhalten eine Regelwidrigkeit darstellt.

395 Dieser Grundsatz kann auch zu einem Haftungsausschluss bei einem Tennisdoppelspiel führen.[504] Danach gelten die für sportliche Kampfspiele entwickelten Grundsätze zum Haftungsausschluss auch dann, wenn bei einem Tennisdoppelspiel einer der Partner den anderen verletzt und die Verletzung auf einem nicht mehr als nur geringfügigen Regelverstoß beruht.

396 Führen drei Männer bei einem Tanz anlässlich einer Geburtstagsfeier einen sog. »Pogo« (Rempeltanz) auf und kommt dabei einer der Beteiligten zu Schaden, ist der Schaden nach den Verursachungsteilen zu verteilen. Allgemein gültige Regeln für diesen Tanz gibt es nicht.[505]

397 Das gilt auch – und erst recht – beim **Spiel von Kindern**.

Dabei sind Besonderheiten zu beachten. Das Kitzeln unter Kindern stellt grds. keine Körperverletzung dar. Reagiert ein Kind durch das Kitzeln eines anderen derart heftig, dass es sich beim Stoß gegen eine scharfe Kante eine Risswunde im Gesicht zuzieht und einen Unfallschock erleidet, gehört diese Reaktion als solche zum kindlichen Spiel. Die Verletzung dagegen beruht auf einem Unglücksfall, der nicht durch eine Körperverletzung (Kitzeln) verursacht wurde.[506]

398 Treffen sich Kinder zum Fußballspielen auf einer Wiese, sollen mangels abweichender Absprachen die Regeln des DFB gelten.[507] Deshalb wurde die Klage eines 9-jährigen Jungen (20 kg) gegen einen 15 Jahre alten Jungen (50 kg) abgewiesen, der aufgrund des Körpereinsatzes des älteren Jungen eine Unterschenkelfraktur erlitten hatte. Entsprechend hatte schon das OLG Hamm[508] einen Fall entschieden, der eine Verletzung beim Fußballspiel zwischen einer jüngeren und älteren Gruppe Jugendlicher betraf. Der 16 Jahre alte Beklagte hatte beim Hineingrätschen nur das Schienbein des 9-jährigen Klägers getroffen. Trotz dieses objektiven Regelverstoßes scheiterte eine Haftung des älteren Spielers am fehlenden Verschulden, das trotz des Regelverstoßes nicht indiziert werde. Es komme hinzu, dass Unfairness ggü. kampfbetonter Härte abzugrenzen sei.[509]

---

501 BGH, Urt. v. 03.06.2008 – VI ZR 223/07, MDR 2008, 971.
502 OLG Köln, Urt. v. 27.02.2009 – 20 U 175/06, unveröffentlicht.
503 Scheffen/Pardey, Rn. 939.
504 OLG Düsseldorf, Urt. v. 11.02.2005 – 15 U 78/04, OLGR 2005, 227.
505 BGH, Urt. v. 07.02.2006 – VI ZR 20/05, VersR 2006, 663 = NJW-RR 2006, 672.
506 AG Prüm, Urt. v. 19.01.2005 – 6 C 381/04, NZV 2005, 373 = NJW-RR 2005, 534.
507 OLG Düsseldorf, Urt. v. 17.12.1999 – 22 U 115/99, VersR 2001, 345 = NJW-RR 2000, 1116; eingehend dazu Hollenbach, VersR 2003, 1091.
508 OLG Hamm, Urt. v. 22.10.1997 – 13 U 62/97, VersR 1999, 461.
509 OLG Hamm, Urt. v. 22.10.1997 – 13 U 62/97, VersR 1999, 461.

Zu Recht stellt Hollenbach[510] die Geltung der Regeln des DFB für Spiele zwischen Kindern infrage. Nichts spricht dafür, die Regeln des organisierten Wettkampffußballs und Kampfsports i.R.d. Spiel- und Freizeitbeschäftigung auch nur analog anzuwenden. 399

Um ein Spiel von Kindern handelt es sich auch noch, wenn 14-jährige sich freundschaftlich und wechselseitig auf Glatteis herumschubsen. Kommt dabei ein Teilnehmer zu Fall und verletzt sich am Knie, steht der Geltendmachung von Schadensersatz- und Schmerzensgeldansprüchen das Verbot entgegen, sich mit eigenem Verhalten treuwidrig in Widerspruch zu setzen.[511] 400

Diese Nachsicht wird nicht geübt, wenn ein Erwachsener an einem Trainingsspiel der E-Jugend teilnimmt und die gebotene Zurückhaltung und Rücksichtnahme vermissen lässt.[512] 401

Überschreitet das Verhalten des Spielers die Grenze zwischen kampfbedingter Härte und zulässiger Fairness deutlich, werden die **zum Schutz der Gegenspieler erlassenen Wettkampfregeln grob verletzt**, was der Verletzte zu beweisen hat, haftet der Schädiger auch für die Folgen einer Sportverletzung.[513] Das ist z.B. dann der Fall, wenn schuldhaft gegen die Regeln des DFB verstoßen wird, wenn ein Abwehrspieler von schräg hinten in die Beine eines Gegenspielers grätscht, ohne eine realistische Chance zu haben, den Ball spielen zu können.[514] 402

Das OLG Köln[515] hat einen Regelverstoß beim Squashspiel darin gesehen, dass ein Spieler nach einem misslungenen Schlag diesen »trocken« wiederholte und dabei den Mitspieler am Auge verletzte. Bei der Festsetzung des Schmerzensgeldes hat das OLG Köln zwar kein **Mitverschulden des Verletzten** angenommen, es hat aber i.R.d. Billigkeit die grundsätzliche Risikobereitschaft des Squashspielers bei der Bemessung des Schmerzensgeldes berücksichtigt, ohne eine »Quote« mitzuteilen. 403

Das LG München II[516] sprach einem Karatesportler ein Schmerzensgeld von 3.000,00 € zu, der durch einen schweren Regelverstoß seines Gegners eine Schädelverletzung erlitt, die zu Sehstörungen und einer Dauer-MdE von 30 % sowie dazu führte, dass der Verletzte seine sportlichen Betätigungen einschränken musste. 404

Dem Teilnehmer einer Schleppjagd steht dann kein Schmerzensgeld zu, wenn er wesentliche Kernregeln zur Vermeidung der Irritation von Pferden selbst verletzt und durch dieses reiterliche Fehlverhalten die Schadensursache ausgelöst wird.[517] 405

Eine besondere Kategorie stellen **Unfälle in gefährlichen Sportarten** dar, wie z.B. Fallschirmspringen, Bungee-Springen, Drachenflug, Segelfliegen, Felsklettern, Motorsport, Gotcha-Spiel[518] u.a. Bei diesen **Extremsportarten** wird diskutiert, ob die Haftung des Veranstalters oder Vereins für Unfälle durch eine **Verzichtserklärung** ausgeschlossen werden kann. Eine Verzichtserklärung auf alle Ansprüche, egal aus welchem Rechtsgrund, unterliegt der Überprüfung nach den Vorschriften der §§ 305 ff. BGB. Die Unwirksamkeit einer solchen Verzichtserklärung kann sich aus § 309 Nr. 7 BGB ergeben, wenn der **Haftungsausschluss** alle Ansprüche umfassen soll, also auch aus Vorsatz und grober Fahrlässigkeit. 406

Auch ein **konkludenter Haftungsausschluss** unter Vereinsmitgliedern kommt nicht in Betracht, weil nicht ohne Weiteres unterstellt werden kann, dass Teilnehmer sich stillschweigend dem Ansinnen des Veranstalters unterwerfen, auf jeglichen Schadensersatzanspruch zu verzichten. 407

---

510 Hollenbach, VersR 2003, 1091 (1094).
511 AG Bremen, Urt. v. 27.05.2004 – 16 C 174/03, NJW-RR 2004, 1473 = NZV 2005, 374.
512 OLG Stuttgart, Urt. v. 25.05.2000 – 13 U 157/99, OLGR 2000, 360.
513 OLG Köln, Urt. v. 23.01.2002 – 17 U 29/01, OLGR 2003, 23.
514 OLG Hamm, Urt. v. 23.03.1998 – 13 U 187/97, OLGR 1998, 154; OLG Frankfurt am Main, Urt. v. 22.03.2000 – 9 U 107/99, OLGR 2000, 271.
515 OLG Köln, Urt. v. 13.07.1994 – 11 U 20/94, VersR 1995, 57.
516 LG München II, Urt. v. 20.03.1995 – 10 O 5784/93, unveröffentlicht.
517 OLG Hamm, Urt. v. 11.12.1998 – 9 U 170/98, OLGR 1999, 123.
518 OLG Hamm, Urt. v. 04.11.1996 – 13 U 41/96, VersR 1998, 249.

408 Auch unter Sportkameraden dürfte ein stillschweigender Haftungsausschluss i.d.R. zu verneinen sein. So entschied auch das LG Aschaffenburg[519] bei einem 34-jährigen Kläger, der bei einer Klettertour, die er mit seinem Freund unternahm, 3 m tief auf ein sog. Band des Kletterfelsens und von dort 10 m bis zum Fuß des Kletterfelsens hinabstürzte, nachdem das Seil, mit dem der Kläger gesichert war, durch die Hände des Freundes und den von diesem verwendeten Achter rutschte. Der Kläger erlitt eine Fraktur des 1. und 2. Lendenwirbels, zahlreiche weitere Frakturen und eine Querschnittslähmung unterhalb des 12. Brustwirbels. Es besteht Blasen- und Darmlähmung. Das LG Aschaffenburg hat einen (stillschweigenden) Haftungsausschluss und ein Handeln des Klägers auf eigene Gefahr verneint. Das beantragte und ohne jede Begründung zuerkannte Schmerzensgeld i.H.v. 100.000,00 € ist viel zu niedrig. Unterschwellig dürfte sowohl beim Kläger (im Antrag), als auch beim Gericht die »Gefahrengemeinschaft« eine Rolle gespielt haben.

409 Darüber hinaus wird diskutiert, ob nicht das **Schmerzensgeld bei gefährlichen Sportarten entfallen oder begrenzt** werden kann. Immerhin muss sich der Halter eines Kfz die von dem Fahrzeug ausgehende Betriebsgefahr auch dann entgegenhalten lassen, wenn ihm kein Verschulden anzulasten ist. Ob Gleiches für eine Mitverursachung durch Teilnahme an einer gefährlichen Sportart gilt, ist **bisher nicht entschieden.** Da eine Mitverschuldens- oder Mitverursachungsquote bei der Bemessung des Schmerzensgeldes nicht gesondert auszuwerfen ist, sondern als einer von mehreren Bewertungsfaktoren unmittelbar in die Ermittlung des angemessenen Schmerzensgeldbetrages einfließt,[520] kann bei Verletzungen, die bei einer gefährlichen Sportart auftreten, ohne Weiteres ein geringeres Schmerzensgeld ausgeurteilt werden. Möglicherweise hat das OLG Nürnberg[521] dies getan, als es einem Fallschirmspringer, dessen Persönlichkeit infolge einer bei einem Unfall erlittenen hochgradigen Hirnschädigung nahezu völlig zerstört war, einen Schmerzensgeldbetrag i.H.v. 125.000,00 € und eine monatliche Schmerzensgeldrente von 300,00 € zuerkannt hat (Gesamtbetrag – nur – 185.000,00 €), ein Betrag, der keineswegs im Bereich vergleichbarer Fälle liegt, die sich bei etwa 250.000,00 € – 300.000,00 € bewegen.

410 Wenn Scheffen zu der BGH-Entscheidung[522] anmerkt, der BGH solle baldmöglichst die Gelegenheit wahrnehmen, diese interessante Frage zu bescheiden, bleibt natürlich die Frage, warum der BGH diese Gelegenheit in dieser Entscheidung nicht wahrgenommen hat.

411 Eine Verletzung kann zu einem **höheren Schmerzensgeld** führen, wenn als deren Folge eine **Ausübung der Sportart oder sportlicher Betätigung für die Zukunft ausscheidet.**

412 So hat das OLG Hamm[523] erkannt, dass der weitgehende Verlust der Möglichkeit, Laufsport zu betreiben, insb. bei einem jungen Menschen sogar dann nicht als geringfügig zu bewerten sei, wenn er bisher keinen Sport ausgeübt hat.

413 Von besonderer Bedeutung ist der Sport für einen **Leistungs-** oder gar **Spitzensportler.**

Bei einem Verkehrsunfall wurde ein Langstreckengeher (50 km), der für die Teilnahme an den olympischen Sommerspielen vorgesehen war, so erheblich verletzt, dass er den Spitzensport aufgeben musste. Darunter litt er psychisch und physisch, denn er musste täglich mehrere Stunden »abtrainieren«. Der Kläger hielt ein Schmerzensgeld i.H.v. 75.000,00 € für angemessen. Das OLG Jena[524] sprach ihm unter Berücksichtigung eines 1/4 Mitverschuldens 15.000,00 € zu.

519 LG Aschaffenburg, Urt. v. 09.08.2000 – 3 O 199/00, SpuRt 2002, 69.
520 Vorwerk, Kap. 84, Rn. 188; Geigel/Pardey, 7. Kap. Rn. 47.
521 OLG Nürnberg, Urt. v. 18.06.1993 – 8 U 569/91, SpuRt 1995, 274 m. Anm. Scheffen.
522 OLG Nürnberg, Urt. v. 18.06.1993 – 8 U 569/91, SpuRt 1995, 274 m. Anm. Scheffen: Der BGH hat die Revision nicht angenommen, Beschl. v. 17.05.1994 – VI ZR 259/93.
523 OLG Hamm, Urt. v. 03.03.1998 – 27 U 185/97, r+s 1998, 236.
524 OLG Jena, Urt. v. 24.11.1998 – 8 U 621/98, NJW-RR 2000, 103 = SpuRt 2000, 254.

2. Spiel

Zu Verletzungen beim Spiel gehören Unfälle zwischen Kindern, die z.B. gefährliche Wurfspiele veranstalten. Das OLG Köln[525] hat einen 10-jährigen Jungen, der einen 15 Jahre alten Spielkameraden beim wechselseitigen Werfen mit Kleiderbügeln erheblich am Auge verletzte, bei einem Mitverschulden des Verletzten von 75 % zur Zahlung von Schmerzensgeld i.H.v. 2.500,00 € verurteilt. Dem Verletzten wurde eine künstliche Linse eingesetzt, sodass die Sehkraft zu 80 % wiederhergestellt wurde. 414

Relativ etwas höher fiel das Schmerzensgeld aus, das das OLG Düsseldorf[526] einem 16 Jahre alten Jungen zuerkannte. Für die Erblindung eines Auges durch ein aus einer Luftpistole abgeschossenes Diabologeschoss erhielt der Kläger 15.000,00 €. 415

Für den Verlust eines Auges eines 3-jährigen Kindes hielt das OLG Düsseldorf[527] ein Schmerzensgeld i.H.v. 20.000,00 € für angemessen, zumal das Kind über einen Zeitraum von fast 3 Jahren wiederholt stationär behandelt werden musste. 416

Für die Erblindung eines 5-jährigen Kindes auf einem Auge durch eine Verletzung, die ein anderes Kind ihm zugefügt hatte, hielt das OLG Hamm[528] ein Schmerzensgeld von 25.000,00 € für angemessen, das durch den Haftpflichtversicherer der Mutter des schädigenden Kindes zu zahlen war. Hier zeigt sich deutlich eine Tendenz der Rechtsprechung zu höherem Schmerzensgeld. 417

IV. Gefälligkeitsverhältnis

Freundschaft zwischen dem Verletzten und dem Schädiger und/oder der Umstand, dass ein Unfall bei einer Gefälligkeitsfahrt stattgefunden hat, führen **nicht zwangsläufig zu einer Kürzung des Schmerzensgeldanspruchs**.[529] 418

Bei einer Gefälligkeitsfahrt, die unentgeltlich durchgeführt wird, ist von einer Beschränkung der Haftung des Schädigers auf Vorsatz und grobe Fahrlässigkeit jedenfalls im Wege der ergänzenden Vertragsauslegung auszugehen, wenn die realisierte Gefahr für den Verletzten erkennbar und voraussehbar war, ein Versicherungsschutz des Schädigers nicht bestand und deshalb davon auszugehen ist, dass, hätten die Beteiligten die Risiken und Haftungsprobleme bedacht und erörtert, ein Ausschluss der Haftung für leichte Fahrlässigkeit verlangt worden wäre und redlicherweise nicht hätte abgelehnt werden dürfen.[530]

V. Familienangehörige oder Freunde[531]

Die familienrechtlichen Beziehungen zwischen der Verletzten (Ehefrau) und dem den Unfall verursachenden Fahrer (Ehemann) hat das OLG Schleswig[532] in die Schmerzensgeldbemessung einfließen lassen. Diese familienrechtliche Beziehung rechtfertige ein geringeres **Schmerzensgeld**, weil der Ehemann – bei intakter Ehe – der Ehefrau auf andere Weise einen Ausgleich zukommen lassen werde. 419

Eine Verminderung des Schmerzensgeldanspruchs bei bestehenden familiären Beziehungen zwischen dem Schädiger und dem Verletzten (Vater/Sohn) kommt auch dem **Haftpflichtversicherer** des Vaters zugute.[533] 420

525 OLG Köln, Urt. v. 27.10.1995 – 19 U 19/95, VersR 1996, 588.
526 OLG Düsseldorf, Urt. v. 06.07.1990 – 22 U 61/90, VersR 1992, 462.
527 OLG Düsseldorf, Urt. v. 18.07.1997 – 22 U 5/97, NJW-RR 1998, 98.
528 OLG Hamm, Urt. v. 01.10.1998 – 6 U 92/98, r+s 1999, 371.
529 OLG Hamm, Urt. v. 03.03.1998 – 27 U 185/97, r+s 1998, 236; Scheffen/Pardey, Rn. 940.
530 OLG Hamm, Urt. v. 14.05.2007 – 13 U 34/07, VersR 2008, 1219.
531 Vgl. hierzu unter Kap. 5 Rdn. 144 ff. das Sonderproblem: Regressbehinderung durch Haftungsbeschränkung.
532 OLG Schleswig, Urt. v. 09.01.1991 – 9 U 40/89, VersR 1992, 462 (463).
533 OLG Hamm, Urt. v. 17.12.1997 – 13 U 202/96, VersR 1998, 1392.

H. Schmerzensgeld ohne Verschulden des Schädigers

I. Billigkeitshaftung

421 Die Billigkeitshaftung nach § 829 BGB stellt im Deliktsrecht eine **Ausnahme vom Verschuldensprinzip** dar; sie greift subsidiär in den Fällen, in denen der Anspruchsgegner wegen einer unerlaubten Handlung nach §§ 823 bis 826 BGB schadensersatzpflichtig wäre, würde es ihm nicht aufgrund der §§ 827, 828 BGB an der Verschuldensfähigkeit fehlen.

422 Ein Schadensersatzanspruch aus § 829 BGB ist nicht schon dann zu gewähren, **wenn die Billigkeit es erlaubt**, sondern nur dann, wenn die gesamten Umstände des Falles eine Haftung des schuldlosen Schädigers aus **Billigkeitsgründen geradezu erfordern.**

423 Gemäß § 829 BGB sind insbesondere die Verhältnisse der Beteiligten zu berücksichtigen. Dazu bedarf es stets eines Vergleichs der Vermögenslagen der Beteiligten, wobei für einen Anspruch aus § 829 BGB ein »wirtschaftliches Gefälle« zugunsten des Schädigers vorliegen muss. Die Billigkeit erfordert es nicht, dem Bestehen einer freiwilligen Haftpflichtversicherung ungeachtet des Trennungsprinzips eine anspruchsbegründende Bedeutung zukommen zu lassen.[534]

424 Voraussetzung ist zunächst, dass der Geschädigte den Ersatz des Schadens nicht anderweitig (etwa bei dem aufsichtspflichtigen Dritten) erlangen kann. Ein Anspruch gegen den Schädiger besteht darüber hinaus nur insoweit, als die Billigkeit nach den Umständen, insb. nach den Verhältnissen der Beteiligten, eine Schadloshaltung erfordert und ihm nicht die Mittel entzogen werden, derer er zum angemessenen Unterhalt sowie zur Erfüllung seiner gesetzlichen Unterhaltspflichten bedarf. Zu berücksichtigen sind hierbei die gesamten **Umstände des Einzelfalles**, etwa die Verhältnisse der Beteiligten, ihre wirtschaftliche Lage und ihre Bedürfnisse, ferner die Besonderheiten der die Schadensersatzpflicht auslösenden Handlung. Die Billigkeit muss den Ersatz »fordern«, nicht nur »erlauben«.[535]

425 Unklar und eine Frage des Einzelfalles ist, inwieweit das **Bestehen einer Versicherung** Einfluss auf diese Billigkeitsentscheidung haben kann. Nach der Rechtsprechung kann das Bestehen einer Pflichtversicherung oder einer Berufshaftpflichtversicherung die Billigkeitsentscheidung zumindest beeinflussen,[536] in der Literatur werden teilweise Stimmen laut, die bei Bestehen einer Haftpflichtversicherung generell eine Billigkeitshaftung bejahen wollen. So verständlich allerdings der Wunsch eines »diving into deep pockets« sein mag, eine hinreichende Stütze im geltenden Recht findet er nicht.

426 Der BGH hat lediglich in einem Sonderfall – bei Bestehen einer Kfz-Pflichtversicherung – den Umstand, dass eine Versicherung bestand, i.R.d. § 829 BGB berücksichtigt.[537] Der BGH führte aus, dass die Pflichtversicherung (anders als privat abgeschlossene Haftpflichtversicherungen) primär den Schutz des Geschädigten im Sinn habe, weswegen es gerechtfertigt sei, ihr Bestehen bei der Entscheidung, ob ein Anspruch nach § 829 BGB gewährt werde, zu berücksichtigen. Gleichwohl müsse auch in diesem Fall geprüft werden, ob die Billigkeit einen Ersatzanspruch erfordere, da der Geschädigte den materiellen Schaden bereits über § 7 StVG verschuldensunabhängig ersetzt erhalte, insoweit also der »Billigkeit« immerhin dahin gehend Rechnung getragen worden sei, dass jedenfalls der materielle Schaden ersetzt wurde. Ein Schmerzensgeldanspruch komme daher eher bei Schwerstschäden in Betracht.

---

534 BGH, Urt. v. 29.11.2016 – VI ZR 606/15, VersR 17, 296.

535 Vgl. Grüneberg/Sprau, § 829 Rn. 4.

536 Vgl. etwa BGH, Urt. v. 24.04.1979 – VI ZR 8/78, NJW 1979, 2096; vgl. auch LG Heilbronn, Urt. v. 05.05.2004 – 7 S 1/04 Wa, NZV 2004, 464 = NJW 2004, 2391: Auch nach geltendem Recht reicht allein das Bestehen einer freiwilligen Haftpflichtversicherung nicht aus, um die Haftung eines verschuldensunfähigen Kindes im Straßenverkehr über § 829 BGB zu begründen. Ebenso LG Duisburg, Urt. v. 31.08.2004 – 6 O 99/04, VersR 2006, 223.

537 BGH, Urt. v. 11.10.1994 – VI ZR 303/93, VersR 1995, 96.

Diese Rechtsprechung dürfte sich durch die Neufassung des § 253 BGB, wonach Schmerzensgeld auch verschuldensunabhängig gewährt wird – eine Divergenz beider Schadensposten also nicht eintreten kann – allerdings erledigt haben, da die Pflichtversicherung nunmehr ohnehin Schmerzensgeld umfasst (bei Bestehen einer Pflichtversicherung also Schmerzensgeld schon aus Gefährdungshaftung geschuldet ist), andererseits bei Fehlen einer Pflichtversicherung die BGH-Erwägungen ohnehin nicht eingreifen. 427

Eine ähnliche Tendenz zur Ausweitung der Billigkeitshaftung kann sich allerdings aus der gesetzlichen Neuregelung der **Deliktsfähigkeit von Kindern im Straßenverkehr**, vgl. § 828 Abs. 2 BGB, ergeben. Durch diese Norm ist eine »sektorale« Deliktsfähigkeit für den Bereich des Straßenverkehrs eingeführt worden, die ab dem 01.08.2002 gilt.[538] Diese Regelung hat bei Verkehrsunfällen, bei denen Kinder involviert sind, eine vermehrte Kostentragung der anderen Unfallbeteiligten zur Folge. Der von einem Kind Geschädigte muss im Regelfall seinen Schaden selbst tragen, einen Anspruch gegen das Kind hat er jedenfalls nicht; spiegelbildlich muss für Schäden eines Kindes Ersatz geleistet werden, ohne dass ein kindliches Mitverschulden Berücksichtigung fände[539] oder gar als Fall »höherer Gewalt« der Fahrzeughalter aus der Haftung entlassen würde.[540] 428

Um einer zu extensiven Haftung des Halters vorzubeugen, hat die Rechtsprechung in ersten Urteilen zum neuen Recht gleichwohl eine einschränkende Auslegung des Merkmals »Unfall mit einem Kfz« vorgenommen, sodass ein Unfall eines Kindes mit einem parkenden Auto nicht mehr von § 828 Abs. 2 BGB erfasst sein soll.[541] 429

Expressis verbis schlägt der RegE des 2. Schadensersatzrechtsänderungsgesetzes daher vor, zur Vermeidung unbilliger Ergebnisse die Haftung des § 829 BGB verstärkt ins Blickfeld zu nehmen, wenn es zu einer Haftungsfreistellung Minderjähriger gekommen ist.[542] Dies würde dann nicht nur für das Kind als Anspruchsgegner gelten, sondern in gleicher Weise bei der Berücksichtigung von »Mitverschulden«[543] des Kindes; § 829 BGB ist insoweit auch im Rahmen von § 254 BGB anwendbar.[544] 430

Die Frage muss allerdings erlaubt sein, ob dies der richtige Weg ist. Die Billigkeitshaftung darf nicht dazu benutzt werden, »durch die Hintertür« die gesetzgeberische Wertung einer Heraufsetzung des Deliktsalters rückgängig zu machen.[545] Letztlich soll eben derjenige, der unverschuldet einen Unfall 431

538 Inkrafttreten des 2. Schadensersatzrechtsänderungsgesetzes; eine Anwendung dieser Grundsätze auf »Altfälle« ist nicht zulässig, BGH, Urt. v. 14.06.2005 – VI ZR 181/04, ZGS 2005, 314, auch wenn natürlich die Kinder bereits vor dem 01.08.2002 nicht »verkehrssicherer« waren als danach.

539 Denn § 828 BGB ist auch für die Frage des Mitverschuldens nach § 254 BGB maßgeblich, vgl. BGH, Urt. v. 14.03.1961 – VI ZR 189/59, NJW 1961, 655 = BGHZ 34, 355; ausdrücklich für § 828 Abs. 2 BGB: BGH, Urt. v. 30.11.2004 – VI ZR 335/03, VersR 2005, 376 = NJW 2005, 354; OLG Köln, Beschl. v. 02.04.2007 – 24 W 13/07, MDR 2008, 22; OLG Karlsruhe, Urt. v. 11.08.2008 – 1 U 65/08, NZV 2008, 511 = SP 2009, 108.

540 So wurde der Entlastungsgrund des § 7 Abs. 2 StVG a.F. (»unabwendbares Ereignis«) u.a. auch deshalb in »höhere Gewalt« geändert, um die Berufung auf ein kindliches Fehlverhalten zur eigenen Entlastung unmöglich zu machen; »höhere Gewalt« wird ein kindliches Verhalten ganz regelmäßig nicht sein; vgl. im Einzelnen Jaeger/Luckey, Rn. 285.

541 BGH, Urt. v. 30.11.2004 – VI ZR 335/03, NJW 2005, 354 = VersR 2005, 376; BGH, Urt. v. 30.11.2004 – VI ZR 365/03, NJW 2005, 356 = VersR 2005, 380 = MDR 2005, 390. Davor schon LG Trier, Urt. v. 28.10.2003 – 1 S 104/03, SP 2004, 3; LG Koblenz, Urt. v. 30.10.2003 – 14 S 153/03, NJW 2004, 858; AG Sinsheim, Urt. v. 30.10.2003 – 4 C 196/03, NJW 2004, 453; a.A. AG Wermelskirchen, Urt. v. 23.07.2003 – 2a C 87/03, IVH 2004, 130. Wohl aber fällt ein Unfall mit einem nur verkehrsbedingt haltenden Kfz unter die Privilegierung, vgl. BGH, Urt. v. 17.04.2007 – VI ZR 209/06, VersR 2007, 851 und Kap. 5 Rdn. 13.

542 BT-Drucks. 14/7752, 16.

543 Der Satz ist streng genommen oxymoronisch, da es ein »Verschulden« des Kindes wegen § 828 BGB ja gerade nicht gibt.

544 Vgl. Grüneberg/Sprau, § 829 Rn. 1.

545 Vgl. Luckey, ZFE 2002, 268 (270).

mit einem noch nicht deliktsfähigen Kind erleidet, seinen Schaden als Teil des allgemeinen Lebensrisikos selbst tragen müssen.[546] Der Gesetzgeber hat bewusst davon abgesehen, eine – im Vorfeld der Reform gleichfalls diskutierte – »Kinderhaftpflichtversicherung« einzuführen. Es ist nicht einzusehen, warum nunmehr, über den Umweg des § 829 BGB, die allgemeinen Haftpflichtversicherungen dieses Risiko abfedern sollten.[547]

II. Gefährdungshaftung[548]

432 Erst seit Inkrafttreten des 2. Gesetzes zur Änderung schadensersatzrechtlicher Vorschriften ist Schmerzensgeld auch aus Gefährdungshaftung ersatzfähig. Die vor 2002 in der Judikatur genannten Fälle, in denen etwa Verkehrsunfälle oder Produktfehler zu einem Schmerzensgeldanspruch führten, mussten sich auf Verschuldensansprüche stützen (etwa: § 18 StVG bzw. die Grundsätze der Produzentenhaftung).

433 Aus der Perspektive des Opfers ist es gleichgültig, ob ein Schaden nach einem Tatbestand der Verschuldens- oder Gefährdungshaftung ersatzfähig ist. Die verletzte Person ist in beiden Fällen gleich schutzbedürftig. Gerade beim **Personenschaden** ist das Schmerzensgeld auch der Schadensposten, der für das Opfer am bedeutsamsten sein wird; die materiellen Einbußen werden durch Leistungen des Arbeitgebers und des Sozialversicherungsträgers überlagert, sodass es hier häufig »nur« zu Regressfragen kommt. Das Schmerzensgeld aber bleibt so gut wie immer dem Verletzten.[549] Da u.a. auch aus diesen Erwägungen nun bei der Gefährdungshaftung ein Schmerzensgeldanspruch eingeführt worden ist, stellt sich die Frage, ob für diesen die **gleichen Bemessungsdeterminanten** gelten **wie bei der Verschuldenshaftung.**

434 Stimmen aus dem Schrifttum tendierten dahin, die allein auf der Basis der Gefährdungshaftung auszuurteilenden Beträge wegen des Wegfalls der Genugtuungsfunktion ein Stück weit unterhalb derer festzulegen, die bislang i.R.d. Fahrlässigkeitshaftung üblich waren.[550] Dem ist zu widersprechen.[551]

435 Auch vor 2002 bestand bei **geringem Verschulden des Schädigers** grds. kein Anlass, das Schmerzensgeld zu vermindern.[552] Auch die **strafrechtliche Verurteilung des Täters**, die früher zu einem geringeren Schmerzensgeld führen konnte, weil die Argumentation dahin ging, dem Genugtuungsbedürfnis des Verletzten sei bereits Genüge getan, führt heute nicht mehr zu einer Verminderung des Schmerzensgeldes. Umgekehrt kann ein besonders schweres Verschulden des Schädigers zu einer Erhöhung des Schmerzensgeldes führen, weil das Schmerzensgeld aus allen den Schadensfall prägenden Umständen zu generieren ist. Das bedeutet, dass das übliche Schmerzensgeld höher ausfallen kann, wenn den Schädiger ein besonders schweres Verschulden trifft. Dem steht nicht entgegen, dass der Schädiger (nur) den Nachteil zu ersetzen hat, den er dem Verletzten zugefügt hat, unabhängig davon, ob er leicht fahrlässig, grob fahrlässig oder vorsätzlich gehandelt hat.[553] Ein Abschlag der Höhe nach ist bei fehlendem oder geringem Verschulden aber eindeutig abzulehnen.

436 Ein solcher Automatismus sollte sich erst gar nicht einschleichen. Es würde auf diese Weise die frühere Unterscheidung zwischen Verschuldens- und Gefährdungshaftung wieder eingeführt mit

546 So zu Recht Jahnke, ZfS 2002, 105 (106); Karczewski, VersR 2001, 1070 (1074).

547 So allerdings Huber, § 3 Rn. 76. Richtig daher AG Ahaus, Urt. v. 11.06.2003 – 15 C 87/03, NJW-RR 2003, 1184: § 829 BGB ist nicht schon deshalb einschlägig, weil eine Haftpflichtversicherung eintritt. Ebenso LG Heilbronn, Urt. v. 05.05.2004 – 7 S 1/04 Wa, NJW 2004, 2391.

548 Vgl. hierzu auch Kap. 2 Rdn. 65 ff.

549 Huber, § 2 Rn. 26.

550 Rauscher, Jura 2002, 579 ff.; ähnlich auch Däubler, JuS 2002, 625 ff. Nachdrücklich zuletzt Lang/Stahl/Suchomel, NZV 2003, 441 (445): Abschlag oder jedenfalls Schmerzensgeldbemessung »am unteren Rand des Vertretbaren«.

551 Vgl. Jaeger, ZGS 2004, 217; FS für Lorenz/Jaeger, S. 377; Müller, ZfS 2005, 54 (54).

552 Grüneberg/Grüneberg, § 253 Rn. 20; a.A. MünchKomm/Oetker, BGB, 5. Aufl. 2009, § 253 Rn. 48.

553 Huber, § 2 Rn. 47.

all den Problemen, die diese Unterscheidung bei den, gerade im gegenständlichen Anwendungsbereich der Gefährdungshaftungstatbestände ohnehin schon besonders scharfen Sorgfaltsanforderungen, mit sich bringt. Wenn man der Genugtuungsfunktion überhaupt noch einen Platz einräumen will, dann liegt er nicht bei der Gefährdungshaftung, sondern auf dem Gebiet der Haftung für Vorsatz.[554] Selbst in diesem Zusammenhang würde von Bar[555] den Kerngedanken anders formulieren. Im Schadensersatzrecht gehe es um den Ausgleich erlittener Unbill, nicht um Genugtuung und auch nicht um Strafe. Viel zu leicht werde übersehen, dass die Intensität der erlittenen Unbill oder anders formuliert: das Vorhandensein eines rechtlich relevanten und deshalb ersatzfähigen Schadens – nicht zuletzt auch von der Willensrichtung des Täters abhinge. Eine Vielzahl äußerlich ganz gleich ablaufender Ereignisse nähmen wir nur deshalb als Schaden im Rechtssinne wahr, weil der Täter vorsätzlich gehandelt und auch das Opfer so empfunden habe. Es sei deshalb zwar gut vertretbar, bei vorsätzlichen Handlungen einen höheren Betrag festzulegen; zwischen leichter bzw. normaler Fahrlässigkeit und Haftung aus Gefährdungshaftung zu unterscheiden, scheine schmerzensgeldrechtlich nicht mehr haltbar zu sein.

Ähnlich argumentiert Wagner,[556] der bei der Frage, ob leichte Fahrlässigkeit bei der Bemessung des Schmerzensgeldes zu berücksichtigen ist, von einer ungelösten Frage spricht. Unter dem **neuen Recht** stehe aber **außer Zweifel**, dass dem Geschädigten auch bei fehlendem Verschulden des Schädigers ein Schmerzensgeld zu gewähren sei, doch die Frage, ob es bei bloßer Gefährdungshaftung in demselben Umfang zu gewähren sei wie bei der Verschuldenshaftung, sei damit nicht geklärt. Zwar streite für eine Abstufung das Rechtsgefühl bzw. die Billigkeit, doch bei konsequenter Durchführung würde eine solche Lösung den Vereinfachungszweck des Gesetzes völlig zunichtemachen. Hinge die Höhe des Schmerzensgeldes von der konkreten Form schuldhaften Verhaltens ab, müsste die Verschuldensfrage doch wieder in jedem Rechtsstreit geklärt werden. Die Berücksichtigung des Verschuldens ließe sich auch nicht auf diejenigen Fälle beschränken, in denen das Vorliegen und die Intensität der Pflichtwidrigkeit unstreitig oder offenkundig sind, denn entsprechende Beweisanträge des Geschädigten, mit denen er eine höhere Entschädigung zu erstreiten hofft, ließen sich kaum zurückweisen. Werde aber die in der neueren Rechtsprechung des VI. Zivilsenats erkennbare Vorrangstellung der Ausgleichsfunktion des Schmerzensgeldes in das neue Recht fortgeschrieben, dann könne als gesichert gelten, dass eine Beweisaufnahme über die Frage leicht fahrlässigen Verhaltens nicht mehr infrage komme. Der Vorwurf leicht fahrlässigen Verhaltens sei so stark objektiviert, dass sich eine Abstufung des Schmerzensgeldes je nachdem, ob der Schädiger noch sorgfaltsmäßig oder schon leicht fahrlässig gehandelt habe, verbiete. 437

Die **Genugtuungsfunktion** dürfte in solchen Fällen zu vernachlässigen sein. Gerade bei Schmerzensgeldansprüchen aus Verkehrsunfällen stand schon bislang die Ausgleichsfunktion deutlich im Vordergrund. Maßgebliche Berücksichtigung fanden weniger das (zumeist ohnehin geringe) Verschulden des Unfallgegners, sondern vielmehr Umstände wie die unmittelbaren Unfallfolgen, der Heilungsverlauf, Dauerschäden oder Einschränkungen der Lebensgestaltung.[557] Auch die Rechtsprechung neigte bereits nach der alten Rechtslage dazu, die Genugtuungsfunktion jedenfalls für den (häufigen) Fall fahrlässiger Begehung für weitgehend unbeachtlich zu halten.[558] 438

Es steht zu erwarten, dass bei einer verschuldensunabhängigen Haftung die Genugtuungsfunktion deutlich an Gewicht verlieren wird. Es würde auch den ausdrücklichen **Gesetzeszweck einer Vereinfachung der Regulierung** weitgehend konterkarieren, verzichtete man auf ein Verschuldenselement zwar bei der Haftungsfrage, ließe dieses aber »durch die Hintertür« bei der Bemessung des 439

554 Vgl. v. Bar, Karlsruher Forum 2003, S. 25; BGH, Urt. v. 16.01.1996 – VI ZR 109/95, VersR 1996, 382 mit der Aussage: »Jedenfalls bei vorsätzlichen Straftaten sei auch ein Genugtuungsbedürfnis bei der Bemessung des Schmerzensgeldes zu berücksichtigen«.

555 V. Bar, Karlsruher Forum 2003, S. 25 f.

556 Wagner, S. 30 f.

557 Vgl. Jaeger/Luckey, Rn. 86.

558 Grüneberg/Grüneberg, § 253 Rn. 4 m.w.N.; dazu ausführlich Jaeger/Luckey, Rn. 83 f.

Schmerzensgeldes wieder prozesserheblich werden. Der angestrebte Rationalisierungseffekt ließe sich, außergerichtlich wie prozessual, am besten dadurch erreichen, dass auf die Genugtuungskomponente gänzlich verzichtet wird,[559] und zwar auch bei Vorsatzdelikten.[560]

440 Nach dem Willen des Gesetzgebers ist die Funktion des Schmerzensgeldes (primär) auf Ausgleich gerichtet. Die »billige Entschädigung« ist schadensbezogen. Sie hat neben der **Ausgleichsfunktion** zunächst keine weiteren Funktionen. Das zum Ausgleich der Beeinträchtigung ermittelte Schmerzensgeld kann auch dann die angemessene Sanktion für den immateriellen Schaden sein, wenn beim Verletzten ein Genugtuungsbedürfnis aufgekommen ist. Es besteht kein Anlass, dem Verletzten mit Genugtuungsbedürfnis allein deswegen ein höheres Schmerzensgeld zu gewähren.[561]

441 Gerade bei Schmerzensgeldansprüchen aus Verkehrsunfällen steht die Ausgleichsfunktion im Vordergrund. Hierbei sind zunächst die unmittelbaren Unfallfolgen (Verletzungen, körperliche und seelische Schmerzen, Ängste, Dauer des Krankenhausaufenthalts, Operationen) bis zum Abschluss des Heilungsprozesses zu berücksichtigen. Dauerfolgen können körperlicher (Behinderungen, Entstellungen, Narben, Schmerzen) oder psychischer Art (Neurosen, Psychosen, Depressionen u.a.) sein. Sie können die Lebensgestaltung (Beruf, Freizeit, Sport, Ehe und Familie) mehr oder weniger stark beeinträchtigen.

442 Dennoch meint das OLG Saarbrücken,[562] dass bei der Bemessung des Schmerzensgeldes in Straßenverkehrsunfallsachen ein grob fahrlässiges Verhalten des Schädigers grds. als erhöhender Faktor zu berücksichtigen sein soll. Der zur Begründung gegebene Hinweis auf eine BGH-Entscheidung aus 1992, also vor dem 2. Gesetz zur Änderung schadensersatzrechtlicher Vorschriften, das erst 2002 in Kraft trat, kann nicht überzeugen.

443 Im **Verkehrsunfallrecht** haben sich einige **Besonderheiten** herausgebildet.[563] Kann der Halter eines Fahrzeuges den Nachweis der höheren Gewalt (Unabwendbarkeit) nicht führen, muss er sich auf seine Ansprüche grds. die Betriebsgefahr seines Fahrzeuges anrechnen lassen, vgl. §§ 7, 17 Abs. 3 StVG.

444 Wird der Schmerzensgeldanspruch nur auf den Gefährdungshaftungstatbestand, § 11 Satz 2 StVG gestützt, folgt daraus allerdings nicht, dass dieser Schmerzensgeldanspruch deshalb zu einem geringeren Schmerzensgeld führt als bisher.[564] Zwar spielt bei einem Schmerzensgeldanspruch aus Gefährdungshaftung die Genugtuungsfunktion keine Rolle, aber daraus, dass für Unfallfolgen »nur« ein Ausgleich zu gewähren ist, folgt nicht, dass der Anspruch dadurch gemindert werden könnte.[565]

445 Nunmehr hat diese Intention des Gesetzgebers Eingang in die Rechtsprechung gefunden.[566]

446 Das OLG Celle[567] hatte über die sofortige Beschwerde eines Klägers gegen die Verweigerung der Bewilligung von PKH zu entscheiden. Das LG hatte für eine auf Zahlung von Schmerzensgeld

---

559 So etwa auch Huber, § 2 Rn. 47 unter Berufung auf Jaeger/Luckey, Rn. 85, 96; Grüneberg/Grüneberg, § 253 Rn. 4.

560 Jaeger/Luckey, Rn. 85, nachfolgend auch Huber, § 2 Rn. 48.

561 Lorenz, S. 261 (276) führt völlig zu Recht aus, dass die gegenteilige Annahme dazu führen würde, dass einem Verletzten, bei dem schon infolge kleinerer Verletzungen ein erhebliches Genugtuungsbedürfnis entsteht, ein exorbitant hohes Schmerzensgeld gewährt werden müsste. Einem solchen »Subjektivismus« könne die Rechtsordnung nicht nachgeben. Ihre besondere Reaktion auf Körper- und Gesundheitsverletzungen bestehe deshalb allein darin, dass sie wegen der immateriellen Schäden eine allein schadensbezogene Geldentschädigung vorsehe.

562 OLG Saarbrücken, Urt. v. 26.02.2015 – 4 U 26/14, NJW Spezial 2015, 330.

563 S.o. Kap. 2 Rdn. 75 ff., Kap. 5 Rdn. 181 ff.

564 So auch Steffen, DAR 2003, 201 (206); Garbe/Hagedorn, JuS 2004, 287 (294).

565 So aber v. Bühren/Jahnke, Teil 4 Rn. 193 f. und wohl auch Schirmer, DAR 2004, 21, der eine große Zahl Einzelfallentscheidungen befürchtet.

566 Grundlegend zu dieser Problematik Jaeger, ZGS 2004, 217.

567 OLG Celle, Beschl. v. 23.01.2004 – 14 W 51/03, NJW 2004, 1185 = SP 2004, 119 = DAR 2004, 225.

gerichtete Klage teilweise PKH verweigert mit der Begründung, dass einem Verkehrsunfallopfer bei einer bloßen Gefährdungshaftung aus §§ 7 Abs. 1, 11 Satz 2 StVG von vornherein ein deutlich geringeres Schmerzensgeld zustehe, wie wenn dem Schädiger (auch) ein Verschuldensvorwurf zu machen sei. Dieser Auffassung hat das OLG Celle eine klare Absage erteilt.

Die Ansicht des LG dürfte auf die Stimmen in der Literatur zurückzuführen sein, die diese Mei- 447
nung mit dem 2. Gesetz zur Änderung schadensersatzrechtlicher Vorschriften begründen.[568] Aufgrund dieses Gesetzes, das am 01.08.2002 in Kraft getreten ist, kann Schmerzensgeld in allen Fällen gefordert werden, in denen eine Körper- oder Gesundheitsverletzung durch Verwirklichung eines Gefährdungshaftungstatbestandes herbeigeführt wurde. Die Folgerung, dass in Fällen der Haftung allein aus der Gefährdungshaftung das Schmerzensgeld geringer ausfallen **müsse** als bisher, soll deshalb gerechtfertigt sein, weil das Schmerzensgeld zwei Funktionen habe, nämlich die Ausgleichs- und Genugtuungsfunktion. Da ein Schmerzensgeldanspruch bisher immer ein Verschulden des Schädigers vorausgesetzt habe, habe in der Vergangenheit immer – auch – die Genugtuungsfunktion eine Rolle gespielt. Falle aber bei der reinen Gefährdungshaftung die Genugtuungsfunktion weg, solle das Schmerzensgeld zwingend niedriger sein als bisher.

Dieser Ausgangspunkt, dass bei der reinen Gefährdungshaftung die Genugtuungsfunktion weg- 448
falle und dass deshalb das Schmerzensgeld zwingend niedriger als bisher sein solle, ist falsch. Auch vor Inkrafttreten des 2. Gesetzes zur Änderung schadensersatzrechtlicher Vorschriften spielte die Genugtuungsfunktion bei der Bemessung des Schmerzensgeldes nur selten eine Rolle. In den Fällen, z.B. des Straßenverkehrsrechts, in denen der Fahrer eines Kfz durch einfache Fahrlässigkeit einen Verkehrsunfall verschuldete, ist nur ein Ausgleich zu gewähren. Auch in fast allen Fällen des Arzthaftungsrechts schuldet der Arzt, dem ein Fehler unterlaufen ist, dem Patienten einen Ausgleich, nicht aber zugleich Genugtuung. Nach der Ausgleichsfunktion wurde und wird das Schmerzensgeld bemessen, wegen eines Genugtuungsbedürfnisses wurde und wird es bei geringem Verschulden nicht erhöht. Ein solches Genugtuungsbedürfnis wäre nicht subjektiv, sondern objektiv festzustellen[569] und könnte dann ggf. als besonderes Kriterium der Schmerzensgeldbemessung i.R.d. Ausgleichsfunktion bewertet werden.

Folgerichtig hat das OLG Celle deshalb völlig zu Recht festgestellt, dass bei Verletzungen infolge 449
eines Verkehrsunfalls die Genugtuungsfunktion ggü. der Ausgleichsfunktion weitgehend in den Hintergrund trete, dass also bei Verkehrsunfällen die Ausgleichsfunktion i.d.R. derart im Vordergrund stehe, dass auch in Fällen, in denen der Schmerzensgeldanspruch nur auf einen Gefährdungshaftungstatbestand gestützt werden könne, das Schmerzensgeld nicht geringer zu bemessen sei, als bei einfach fahrlässigem Verhalten; denn auch vor dem Inkrafttreten des 2. Gesetzes zur Änderung schadensersatzrechtlicher Vorschriften sei der Schmerzensgeldanspruch aus Gefährdungshaftungstatbeständen nicht etwa mit der Begründung gekürzt worden, dass eine verschuldensunabhängige Haftung vorliege. Zwar sei die Genugtuungsfunktion bei Straßenverkehrsdelikten nicht bedeutungslos, wenn dem Schädiger ein grober Verkehrsverstoß vorzuwerfen sei, ein solcher wirke weiterhin Schmerzensgeld erhöhend.

Es ist eine Frage der **Folgenabschätzung**, ob man aufgrund der Festschreibung von Haftungshöchst- 450
beträgen für die Gefährdungshaftung prognostiziert, dass es gleichwohl noch (eben bei Ansprüchen über diese Beträge hinaus) zu einer »Fortwirkung« der Verschuldenshaftung kommen kann, die dann wiederum der Beschleunigung und Vereinfachung der Regulierung entgegenwirken könnte. Jedenfalls würde es sich hier um Einzelfälle handeln, die ohnehin schon aufgrund ihres finanziellen Volumens (so sie denn die Haftungshöchstgrenzen sprengen) nicht mehr als »einfacher Regulierungsfall« prozessiert werden können, ohne dass sich hier die noch mögliche Frage einer Verschuldenshaftung als darüber hinausgehender »Bremsklotz« erweisen müsste.[570]

568 Vgl. zu dieser Frage zusammenfassend Jaeger/Luckey, Rn. 81 ff.; Huber, § 2 Rn. 30 ff.
569 FS für Wiese/Lorenz, 1998, S. 261 (272).
570 So aber Huber, § 2 Rn. 56.

I. Wirtschaftliche Verhältnisse der Beteiligten

451 Eine weitere Frage ist, ob für die Bemessung des Schmerzensgeldes auch die wirtschaftlichen Verhältnisse des Verletzten und des Schädigers maßgebend sind.[571] Dies war zunächst unumstritten.[572] Von Anfang an berücksichtigte die Rechtsprechung die Vermögensverhältnisse beider Seiten.[573] Jedenfalls seit der Entscheidung des großen Zivilsenats im Jahr 1955 ist anerkannt, dass die wirtschaftlichen Verhältnisse der Beteiligten als **eine der möglichen Grundlagen der Bemessung des Schmerzensgeldes** berücksichtigt werden können.[574] Diederichsen[575] hält es auch heute noch für geboten, i.R.d. Billigkeit die wirtschaftlichen Verhältnisse des Schädigers und des Verletzten zu berücksichtigen. Zur Begründung verweist sie auf die BGH-Entscheidung aus dem Jahr 1955 und auf die die frühere Bedeutung der §§ 829 und 1300 BGB.[576]

I. Wirtschaftliche Verhältnisse des Schädigers unter Berücksichtigung der Besonderheiten des Adhäsionsverfahrens

452 Die wirtschaftliche Leistungsfähigkeit des Schädigers kann zu berücksichtigen sein.[577] Das OLG Bremen[578] vertritt die Auffassung, dass schlechte wirtschaftliche Verhältnisse des Schädigers eine maßvolle Reduzierung des Schmerzensgeldes rechtfertigen können, damit der Schädiger nicht in schwere nachhaltige finanzielle Not gerate. Fehlende finanzielle Leistungsfähigkeit dürfe aber nicht dazu führen, dass dem Geschädigten lediglich ein »symbolisches« Schmerzensgeld zuerkannt werde.

453 Auch das LG Dresden[579] ist der Ansicht, dass es sich bei der Bemessung der angemessenen Schmerzensgeldhöhe des Geschädigten anspruchsmindernd auswirkt, wenn der Schädiger keine Haftpflichtversicherung hat und nur über eine geringe finanzielle Leistungsfähigkeit verfügt. In dem Fall hatte ein Fahrradfahrer bei einem Sturzunfall eine Ausrenkung des Mittelfingers erlitten, was starke und lang anhaltende Schmerzen verursachte, außerdem eine Schultergelenksprengung sowie eine Knieprellung. Er befand sich nahezu ein Jahr lang in ambulanter Behandlung. Von dem verlangten Schmerzensgeld i.H.v. 7.700 Euro musste er in Anbetracht der schlechten wirtschaftlichen Verhältnisse des Schädigers erhebliche Abstriche machen. Verfügt der Schädiger nur über ein monatliches Nettoeinkommen von 800 Euro, sodass ihn jede Auferlegung von Zahlungen in hohem Maße belastet, ist (nur) ein Schmerzensgeld i.H.v. 1.800 Euro angemessen.

454 Das KG[580] ist der Ansicht, dass besonders günstige oder ungünstige Vermögensverhältnisse des Verletzten kein Grund seien das Schmerzensgeld zu erhöhen oder zu mindern; auch die wirtschaft-

---

571 Dazu zusammenfassend Luckey, VRR 2011, 404; Vrzal, VersR 2015, 284 (289).

572 Müller, VersR 1993, 909 (916).

573 RG, Urt. v. 27.03.1906 – III 578/05, RGZ 63, 104 (105); Steffen, DAR 2003, 201 (203).

574 BGH, Beschl. v. 06.07.1955 – GSZ 1/55, NJW 1955, 1675; Müller, VersR 1993, 909 (916); a.A. Knöpfel, AcP 155 (1956), 135 (149), weil bei Berücksichtigung der wirtschaftlichen Verhältnisse des Schädigers die Höhe des Schmerzensgeldes vom Zufall abhängen würde.

575 Diederichsen, VersR 2005, 433.

576 A.A. Knöpfel, AcP 155 (1956), 135 (149), weil bei Berücksichtigung der wirtschaftlichen Verhältnisse des Schädigers die Höhe des Schmerzensgeldes vom Zufall abhängen würde.

577 BGH, Urt. v. 16.02.1993 – VI ZR 29/92, VersR 1993, 585 = r+s 1993, 180 (181); in der Entscheidung v. 29.09.1952 – III ZR 340/51, BGHZ 7, 223 (225) = VersR 1952, 397 = NJW 1953, 99 m. Anm. Geigel, hatte der BGH noch ausgeführt, dass bei der Bemessung der Höhe des Schmerzensgeldes die Vermögensverhältnisse des Verpflichteten nicht zu berücksichtigen seien und dass es auf das Bestehen einer Haftpflichtversicherung zugunsten des Verpflichteten nicht ankomme. Diese Auffassung des BGH hat der große Zivilsenat in der Entscheidung v. 06.07.1955 – GSZ 1/55, NJW 1955, 1675 aufgegeben und ausdrücklich ausgeführt, dass die wirtschaftlichen Verhältnisse des Schädigers, insb. eine Haftpflichtversicherung, zu berücksichtigen seien.

578 OLG Bremen, Beschl. v. 16.03.2012 – 3 U 6/12, VersR 2012, 1046 = NJW-RR 2012, 858.

579 LG Dresden, Urt. v. 12.12.2009 – 7 O 1942/09, VersR 2011, 641 mit Anm. Teumer/Stamm, VersR 2011, 642.

580 KG, Urt. v. 17.12.2012 – 20 U 290/10, GesR 2013, 229.

lichen Verhältnisse des Schädigers seien nicht zu berücksichtigen, das gelte auch für das Vorliegen einer Haftpflichtversicherung.

Hat der Schädiger **keinen Haftpflichtversicherungsschutz**, kann nach anderer Ansicht seine finanzielle Leistungsfähigkeit die Höhe des Schmerzensgeldes beeinflussen.[581] Zu Recht weist Nixdorf[582] darauf hin, dass die (schlechten) wirtschaftlichen Verhältnisse des Schädigers aber nicht zu einer Kürzung des Schmerzensgeldes führen dürfen, und dass das Bestehen einer Haftpflichtversicherung nicht bedeuten kann, dass der Schmerzensgeldanspruch überhaupt erst entsteht oder höher ausfällt. Bei dieser Betrachtung geriete man – ginge es um den Ausgleich reiner Vermögensschäden – in einen kaum auflösbaren Widerspruch zum **versicherungsrechtlichen Trennungsprinzip**.[583] Dieses besagt, dass die Eintrittspflicht des Versicherers dem jeweiligen Schadensersatzanspruch zu folgen hat und nicht umgekehrt. 455

In diesem Zusammenhang ist ein anderer Gesichtspunkt bisher nicht kommentiert worden, den der BGH (früher) wiederholt ins Spiel gebracht hat. Wenn es um die Frage geht, ob der Tatrichter die Grenzen seines Ermessens bei der Bemessung des Schmerzensgeldes überschritten hat, wenn er das Schmerzensgeld zu dürftig oder allzu reichlich bemessen hat, darf der BGH regulierend eingreifen. Dabei wies der BGH wiederholt darauf hin, dass die Bemessung des Schmerzensgeldes nicht zu einer Aufblähung des Schmerzensgeldgefüges führen dürfe, die der Versichertengemeinschaft nicht zugemutet werden dürfe.[584] Der BGH hat allerdings auch schon das Schmerzensgeld von 3.500,00 € auf 7.500,00 € heraufgesetzt, weil das OLG das Alter des Verletzten nicht ausreichend berücksichtigt habe[585] 456

Einem solchen Einwand ist das OLG Frankfurt am Main[586] begegnet und hat einem 3-jährigen Kläger, der durch Glassplitter einer zerberstenden Limonadenflasche erblindete, 250.000,00 € und eine monatliche Rente von 250,00 € zuerkannt. Kapital und Rente ergaben einen Betrag von 344.000,00 €. Das OLG Frankfurt am Main führte zur Begründung der Entscheidung aus, dass dieses Schmerzensgeld das Entschädigungssystem nicht sprenge, sondern lediglich fortschreibe. 457

Ebenso lehnte das OLG Düsseldorf,[587] das bei schwerster Querschnittslähmung eines 36 Jahre alten Mannes unterhalb des Halswirbels C 3 ein Schmerzensgeld von rund 300.000,00 € (Kapital 225.000,00 €, monatliche Rente 375,00 €) zugesprochen hat, eine Rücksichtnahme auf die Versichertengemeinschaft mit der Begründung ab, dass durch das zuerkannte Schmerzensgeld der aus der Rechtsprechung ersichtliche Rahmen nicht gesprengt werde. 458

---

581 OLG Hamburg, Urt. v. 20.02.1980 – 5 U 18/80, VersR 1980, 1029 (1030); OLG Celle, Urt. v. 21.11.2002 – 14 U 32/02, OLGR 2003, 62; Budewig/Gehrlein, 446; v. Bühren/Jahnke, Teil 4 Rn. 222; a.A. OLG Hamm, Urt. v. 17.12.1997 – 13 U 202/96, VersR 1998, 1392: Eine Verminderung des Schmerzensgeldanspruchs bei bestehenden familiären Beziehungen zwischen dem Schädiger und dem Verletzten (Vater/Sohn) kommt auch dem Haftpflichtversicherer des Vaters zugute; vgl. auch OLG Köln, Beschl. v. 23.06.2000 – 22 W 19/00, VersR 2002, 65; OLG Stuttgart, Urt. v. 01.08.1997 – 2 U 75/97, NJW-RR 1998, 534. Das Fehlen einer Haftpflichtversicherung kann zu einem niedrigeren Schmerzensgeld führen, OLG Hamm, Urt. v. 19.11.2001 – 13 U 136/98, r+s 2002, 501; Freundschaft des Verletzten zum Schädiger und der Umstand, dass ein Unfall auf einer Gefälligkeitsfahrt stattgefunden hat, führen nicht zu einer Kürzung des Schmerzensgeldanspruchs, OLG Hamm, Urt. v. 03.03.1998 – 27 U 185/97, r+s 1998, 236.

582 Nixdorf, NZV 1996, 89 (90) m.w.N.

583 BGH, Urt. v. 01.10.2008 – IV ZR 285/06, VersR 2008, 1560 = NJW-RR 2009, 36.

584 BGH, Urt. v. 24.05.1988 – VI ZR 159/87, VersR 1988, 943; vgl. auch BGH, Urt. v. 15.01.1991 – VI ZR 163/90, VersR 1991, 350.

585 Zitiert nach Gelhaar, NJW 1953, 1281 (1282).

586 OLG Frankfurt am Main, Urt. v. 21.02.1996 – 23 U 171/95, VersR 1996, 1509.

587 OLG Düsseldorf, Urt. v. 10.02.1992 – 1 U 218/90, VersR 1993, 113.

459 Auch das OLG Köln[588] erkannte: Bei der Bemessung des Schmerzensgeldes darf die Berücksichtigung der wirtschaftlichen Verhältnisse des Schädigers, der derzeit einkommens- und vermögenslos ist, nicht dazu führen, dass von der Verhängung eines Schmerzensgeldes entweder ganz abgesehen oder ein nur symbolisches, der Tat und ihren Folgen unangemessenes Schmerzensgeld zugesprochen wird.

460 Das LG hatte in der angegriffenen Entscheidung einem 12-jährigen Mädchen ein Schmerzensgeld i.H.v. 25.000,00 € zugesprochen, weil sie das Opfer einer von dem 15 Jahre alten Beklagten an ihr begangenen Vergewaltigung in Tateinheit mit sexuellem Missbrauch von Kindern, gefährlicher Körperverletzung und Freiheitsberaubung wurde und weil der Beklagte nach der Tat versucht hatte, sie auf verschiedene Weise zu töten, so lange, bis ihn die Kraft verließ. Die Klägerin konnte monatelang nicht mehr richtig schlafen und leidet unter sehr starken psychischen Beeinträchtigungen.

461 Anders allerdings noch 1997 das OLG Stuttgart,[589] das einem 11-jährigen Mädchen nach Vergewaltigung mit schweren Genitalverletzungen, psychischen Schäden, Verätzungen, Vergiftungen und einer lebensgefährlichen Leberentzündung und dadurch resultierendem schweren Leberschaden ein Schmerzensgeld von (nur) 35.000,00 € zubilligte, »weil die Vermögenslosigkeit des Täters als ermäßigender Umstand angesetzt werden könne«.

▶ **Hinweis:**

462 Heute gilt, dass Schmerzensgeld Schadensersatz ist; es ist dazu bestimmt, dem Verletzten für die erlittenen körperlichen und seelischen Leiden einen Ausgleich zu geben. Mögen die wirtschaftlichen Verhältnisse des Schädigers dazu führen, dass es im unteren Bereich des Angemessenen angesiedelt wird, bei Vorsatztaten darf es auf die wirtschaftlichen Verhältnisse des Schädigers i.d.R. nicht ankommen.

463 In Adhäsionsverfahren vor den Landgerichten, deren Entscheidungen im Revisionsverfahren zum BGH gelangen können, spielten die wirtschaftlichen Verhältnisse des Verletzten, aber auch des Schädigers, bis 2016[590] eine besondere Rolle.[591]

1. Rechtsprechung der Strafsenate 1993 bis 2016 – ein Sonderweg

464 Besonders drei Strafsenate des BGH haben die Verurteilung des Täters mindestens seit 1993 bis 2014 zur Zahlung eines Schmerzensgeldes der Höhe nach durchweg aufgehoben, meist mit der Begründung, die Tatsacheninstanz habe nicht alle notwendigen tatsächlichen Feststellungen zu den wirtschaftlichen Verhältnissen des Täters und des Opfers getroffen.[592]

465 Anders als die Zivilgerichte sollten nach Ansicht dieser Strafsenate diese Feststellungen in der Regel erforderlich sein, weil sie für die Bemessung des Schmerzensgeldes unentbehrlich seien,[593] obwohl die Verurteilung zur Zahlung von Schmerzensgeld *nach Auffassung der Zivilgerichte* in der Regel keine ausdrückliche Erörterung hinsichtlich der wirtschaftlichen Verhältnisse des Schädigers verlangt.[594]

588 OLG Köln, Beschl. v. 23.06.2000 – 22 W 19/00, VersR 2002, 65.

589 OLG Stuttgart, Urt. v. 01.08.1997 – 2 U 75/97, NJW-RR 1998, 534.

590 BGH, Beschl. v. 16.09.2016 – VGS 1/16, VersR 2017, 180 = BGHZ 212, 48 ff.

591 Jaeger, Die Schmerzensgeldklage im Adhäsionsverfahren – ist schnelles Recht auch gutes Recht? – Überlegungen zur Rechtsprechung der Strafsenate des BGH mit Blick auf die Entscheidung der Vereinigten Großen Senate (VGS) des BGH v. 16.09.2016 – (VGS 1/16) VersR 2017, 180 – VersR 2017, 449 ff.

592 Jaeger, a.a.O., S. 451 ff.

593 BGH, Beschl. v. 14.10.1998 – 2 StR 436/98 – NStZ 1999, 155; so auch LG Mainz, Beschl. vom 25.06.1997 – 301 Js 24.998/96 – 1 Ks – StV 1997, 627.

594 Pfeiffer, StPO, 5. Aufl. 2005, § 403 Rn. 3; BGH, Urteil vom 07.02.1995 – 1 StR 668/94 – NJW 1995, 1438.

Es mutet schon seltsam an, dass der 2. Strafsenat des BGH[595] fehlende Feststellungen zu den wirtschaftlichen Verhältnissen des Angeklagten mit der Begründung beanstandete, die finanzielle Lage des Täters solle verhindern, dass die Verpflichtung zur Zahlung eines Schmerzensgeldes zu einer unbilligen Härte für diesen werde. Zwar ist es richtig, dass die wirtschaftlichen Verhältnisse von Täter und Opfer für die Höhe des Schmerzensgeldes nicht völlig gleichgültig sind, es erscheint aber ungewöhnlich, dass diese im Rahmen eines Strafverfahrens nicht jedenfalls in den Grundzügen offenbar geworden sein sollen, sodass *in der Regel eine Aufhebung und Zurückverweisung deswegen kaum einmal wirklich gerechtfertigt sein dürfte.* 466

Erst recht fehlt dem Opfer Verständnis dafür, dass der meist brutale Täter keine *unbillige Härte* 467 erfahren soll.

Zu bedenken ist, dass in anderen Verfahren wesentlich strenger geurteilt wird. So rechtfertigt die 468 strafrechtliche Verurteilung eines Arztes wegen sexuellen Missbrauchs einer Patientin den Widerruf seiner Approbation, eine Entscheidung, die für den Arzt Existenzvernichtung bedeuten kann.[596]

Zudem sind nur wenige zivilrechtliche oder strafrechtliche Entscheidungen zum Schmerzensgeld 469 bekannt, in denen die wirtschaftlichen Verhältnisse des Geschädigten eine Rolle spielen. Völlig einhellige Meinung besteht insoweit, dass die Zuerkennung eines erhöhten Schmerzensgeldes allein aufgrund der besonders guten wirtschaftlichen Verhältnisse des Verletzten nicht gerechtfertigt ist.[597] Hätten sich diese Strafsenate näher mit der zivilrechtlichen Rechtsprechung zum Schmerzensgeld befasst, hätten sie im Laufe von rd. 2 Jahrzehnten deren abweichende Auffassung zur Berücksichtigung der wirtschaftlichen Verhältnisse erkennen und beachten können.

Im Zivilprozess gibt es nur wenige Entscheidungen, die bei der Bemessung des Schmerzensgeldes 470 die wirtschaftlichen Verhältnisse der Beteiligten, insbesondere des Schädigers, berücksichtigen.

So etwa 1991 das OLG Köln.[598] In dieser Entscheidung trat die Genugtuungsfunktion in den Hintergrund, weil der Schädiger nur über geringes Einkommen verfügte und erheblichen Regressforderungen des Krankenversicherers des Verletzten ausgesetzt war. Der Senat setzte das Schmerzensgeld von 14.000 DM auf 10.000 DM herab, obwohl der Beklagte den Kläger vorsätzlich ins Gesicht getreten und eine Kieferfraktur verursacht hatte.

Ähnlich 1997 das OLG Stuttgart[599], das einem 11-jährigen Mädchen nach Vergewaltigung mit 471 schweren Genitalverletzungen, psychischen Schäden, Verätzungen, Vergiftungen und einer lebensgefährlichen Leberentzündung und dadurch bedingt einem schweren Leberschaden ein Schmerzensgeld von (nur) 70.000,00 DM zubilligte, »weil die Vermögenslosigkeit des Täters als ermäßigender Umstand angesetzt werden könne«.

Besonders krass fiel die Kürzung des Schmerzensgeldbetrages 2009 durch das LG Dresden[600] aus. 472 Der *erkennende Einzelrichter* hat dem Verletzten, der als Radfahrer neben einer schweren Handverletzung mit nicht auszuschließenden Dauerfolgen, eine Schultereckgelenksprengung und eine Knieprellung erlitt, ein Schmerzensgeld in Höhe von (nur) 1.800 € zuerkannt, weil der Schädiger, eine Radfahrerin, der nur Fahrlässigkeit vorzuwerfen sei, die in bescheidenen wirtschaftlichen Verhältnissen lebe und nicht haftpflichtversichert sei. Wie hoch das Schmerzensgeld normalerweise ausgefallen wäre, wird nicht mitgeteilt. Da der Richter aber den eingeklagten Mindestbetrag von

595 BGH, Urt. vom 14.10.1998 – 2 StR 436/98 – NStZ 1999, 108; BGH, Beschl. v. 14.10.1998 – 2 StR 436/98 – NStZ 1999, 155.
596 VG Oldenburg, Urt. v. 31.01.2017 – 7 A 2236/15, unveröffentlicht.
597 OLG Schleswig, Urt. v. 29.06.1989 – 16 U 201/88, NJW-RR 1990, 470 = ZfS 1990, 184.
598 OLG Köln, Urt. vom 01.02.1991 – 19 U 118/90 – VersR 1992, 330. Vgl. zur Bedeutung der wirtschaftlichen Verhältnisse der Beteiligten als Bemessungsgrundlage des Schmerzensgeldes: Jaeger/Luckey, Schmerzensgeld, 2. Aufl. 2005 Rn. 904 ff.
599 OLG Stuttgart, Urt. v. 01.08.1997 – 2 U 75/97, NJW-RR 1998, 534 f.
600 LG Dresden, Urt. v. 17.12.2009 – 7 O 1942/09, VersR 2011, 641 f. mit Anm. Teumer/Stamm.

7.700 € nicht beanstandet hat, kann davon ausgegangen werden, dass er die Schmerzensgeldforderung des Klägers an sich als nicht überhöht angesehen hat.

473 Unter Berücksichtigung *dieser Gesichtspunkte* hielt der *Einzelrichter* ein Schmerzensgeld von 1.800 € für angemessen. Eine weitere Begründung enthält die Entscheidung nicht. Eine solche Entscheidung ohne Begründung ist Willkür.[601]

2. Die Strafsenate waren sich einig

474 In den Revisionsverfahren vor den Strafsenaten des BGH wurde über fast 2 Jahrzehnte besonderer Wert auf die Prüfung und Berücksichtigung der wirtschaftlichen Verhältnisse der Beteiligten und der Erörterung dieser Kriterien im Urteil gelegt:

475 Noch 1995[602] vertrat der **1. Strafsenat** völlig zutreffend die Auffassung, dass die Verurteilung zu Schmerzensgeld nicht in jedem Fall die ausdrückliche Erörterung der wirtschaftlichen Verhältnisse von Schädiger und Geschädigtem verlange.[603] Der Angeklagte war wegen versuchten Totschlags zu 4 Jahren Freiheitsstrafe und zur Zahlung von Schmerzensgeld in Höhe von 12.000 DM verurteilt worden. Die wirtschaftlichen Verhältnisse hätten, so der 1. Strafsenat, nur dann ausdrücklich erörtert werden müssen, wenn sie ganz ungewöhnlich gewesen wären.[604]

Andere Entscheidungen des 1. Strafsenats, in denen auf die wirtschaftlichen Verhältnisse des Angeklagten abgestellt wird, sind nicht bekannt.

476 Der **2. Strafsenat** stellte schon 1996[605] klar, dass die Erörterung der wirtschaftlichen Verhältnisse der Beteiligten regelmäßig erforderlich sei. Folgerichtig vertrat er 1998 die Auffassung[606], dass die Verurteilung eines Angeklagten, der wegen versuchten Totschlags und wegen gefährlicher Körperverletzung zu einer Freiheitsstrafe von 6 1/2 Jahren und zur Zahlung eines Schmerzensgeldes von 35.000 DM verurteilt worden war, bezüglich des Schmerzensgeldes nur dem Grunde, nicht aber der Höhe nach Bestand haben könne, weil die wirtschaftlichen Verhältnisse nicht berücksichtigt worden seien.

Solche Entscheidungen traf der 2. Strafsenat auch später
- bei gefährlicher Körperverletzung, 4 Jahren Freiheitsstrafe und 15.000 € Schmerzensgeld,[607]
- bei schwerem Raub, 8 1/2 Jahren Freiheitsstrafe und 10.000 € bzw. 1.500 € Schmerzensgeld,[608]
- bei gefährlicher Körperverletzung, 4 Jahren Freiheitsstrafe und 15.000 € Schmerzensgeld,[609] und
- bei Vergewaltigung und gefährlicher Körperverletzung, 6 Jahren Freiheitsstrafe und Schmerzensgeld[610] in nicht mitgeteilter Höhe.

477 Der **3. Strafsenat** vertrat schon 1992[611] und 1993[612] die Auffassung, dass die wirtschaftlichen Verhältnisse der Beteiligten berücksichtigt werden müssten. Dadurch solle verhindert werden, dass die

601 Zudem bedeutet die Entscheidung für den Kläger, dass er den Rechtsstreit wirtschaftlich betrachtet nahezu in vollem Umfang verloren hat. Darauf weisen Teumer/Stamm (a.a.O.) zutreffend hin. Der Kläger hat mehr als 75 % der vorgerichtlichen und der Kosten des Rechtsstreits zu tragen. Dies bedeutet, dass von dem zuerkannten Schmerzensgeld nichts oder nahezu nichts übrig bleibt. Es ist schwer vorstellbar, dass der Richter dieses Ergebnis bei seiner Entscheidung bedacht hat.

602 BGH, Beschl. v. 07.02.1995 – 1 StR 668/94, NJW 1995, 1438 = MDR 1995, 625; ähnlich BGH, Beschl. v. 24.03.1998 – 1 StR 23/98.

603 Pfeiffer, StPO, 5. Aufl. 2005, § 403 Rn. 3.

604 Kurth/Pollähne in Gercke/Julius/Temming/Zöller, StPO, 5. Aufl. 2012, § 406 Rn. 3.

605 BGH, Beschl. v. 21.08.1996, 2 StR 263/96, unveröffentlicht.

606 BGH, Beschl. v. 14.10.1998 – 2 StR 436/98, NJ 1999, 437 = MDR 1999, 250.

607 BGH, Beschl. v. 19.02.2014 – 2 StR 239/13, NJW 2014, 1544 = NZV 2014, 278 = SP 2014, 267.

608 BGH, Beschl. v. 16.04.2015 – 2 StR 518/14, StV 2015, 771.

609 BGH, Beschl. v. 16.02.2014 – 2 StR 239/13, NJW 2014, 1544 = NZV 2014, 278 = SP 2014, 267.

610 BGH, Beschl. v. 05.03.2014 – 2 StR 503/13, unveröffentlicht.

611 BGH, Beschl. v. 30.10.1992 – 3 StR 478/92, NStZ 1993, 145.

612 BGH, Beschl. v. 30.04.1993 – 3 StR 169/93, unveröffentlicht.

Verpflichtung zur Zahlung eines Schmerzensgeldes zur unbilligen Härte für den Schädiger werde. Er hob den Adhäsionsausspruch gegen einen Angeklagten auf, der wegen Vergewaltigung, sexueller Nötigung und Freiheitsberaubung zu einer Freiheitsstrafe von 4 Jahren und zur Zahlung eines Schmerzensgeldes von 8.000 DM verurteilt worden war. Der Adhäsionsausspruch könne nicht bestehen bleiben, weil die wirtschaftlichen Verhältnisse des Angeklagten und die finanzielle Lage des Opfers nicht in die Abwägung einbezogen worden seien; hinzu komme, dass der Genugtuungsfunktion des Schmerzensgeldes durch die Verhängung einer empfindlichen Freiheitsstrafe Rechnung getragen worden sei.

Auch in jüngerer Zeit, zuletzt mit Beschl. v. 09.12.2014,[613] hob der 3. Strafsenat den Ausspruch zum Schmerzensgeld im Adhäsionsverfahren auf, weil die wirtschaftlichen Verhältnisse nicht berücksichtigt worden seien 478

- bei Raub und gefährlicher Körperverletzung, 2 Jahren Freiheitsstrafe und 8.000 € Schmerzensgeld,[614]
- bei sexuellem Missbrauch von Kindern in 16 Fällen, 5 Jahren Freiheitsstrafe und 25.000 € Schmerzensgeld,[615]
- bei versuchtem Mord und gefährlicher Körperverletzung, 10 Jahren Freiheitsstrafe und 10.000 € Schmerzensgeld[616] und
- bei räuberischer Erpressung, Raub und gefährlicher Körperverletzung, 5 Jahren Freiheitsstrafe und 5.000 € Schmerzensgeld.[617]

Hinzukommt, dass der 3. Strafsenat[618] zumindest bei einem Angeklagten, der wegen Vergewaltigung, sexueller Nötigung und Freiheitsberaubung zu 4 Jahren Freiheitsstrafe und zum einem Schmerzensgeld in Höhe von 8.000 DM verurteilt worden war, neben der fehlenden Erörterung der wirtschaftlichen Verhältnisse der Beteiligten beanstandet hat, dass nicht erkennbar sei, inwieweit der Genugtuungsfunktion des Schmerzensgeldes durch die Verhängung einer empfindlichen Freiheitsstrafe bereits Rechnung getragen worden sei. Damit hat er der *Genugtuungsfunktion des Schmerzensgeldes* keine Bedeutung beimessen, sie sogar gegen die *ständige Rechtsprechung des VI. Zivilsenats des BGH missachtet.*

Der **4. Strafsenat** hat mit Beschl. v. 22.11.1994[619] den Ausspruch zum Adhäsionsantrag aufgehoben. 479
Der Angeklagte war wegen Nötigung zu einer Freiheitsstrafe von 5 1/2 Jahren und zur Zahlung eines Schmerzensgeldes von 10.000 DM verurteilt worden. Beanstandet wurde, dass die wirtschaftlichen Verhältnisse nicht festgestellt worden waren.

Anschließend wurde 1996[620] die Entscheidung zur Höhe des Schmerzensgeldes aufgehoben gegen 480
einen Angeklagten, der u.a. wegen erpresserischen Menschenraubs, Geiselnahme und gefährlicher Körperverletzung zu einer Freiheitsstrafe von 6 Jahren und zu einem Schmerzensgeld von 40.000 DM verurteilt worden war. Auch dieser Senat vermisste die Auseinandersetzung mit den wirtschaftlichen Verhältnissen der Beteiligten. Diese Rechtsprechung setzte er mit derselben Begründung fort bei schwerem sexuellen Missbrauch von Kindern und Schutzbefohlenen, mehr als 4 Jahren Freiheitsstrafe und Schmerzensgeld[621] in nicht genannter Höhe.

613 BGH, Beschl. v. 09.12.2014 – 3 StR 472/14, unveröffentlicht.
614 BGH, Beschl. v. 08.01.2014 – 3 StR 372/13, unveröffentlicht.
615 BGH, Beschl. v. 21.01.2014 – 3 StR 388/13, unveröffentlicht.
616 BGH, Beschl. v. 20.03.2014 – 3 StR 20/14, unveröffentlicht.
617 BGH, Beschl. v. 02.09.2014 – 3 StR 325/14, unveröffentlicht; ebenso BGH, Beschl. v. 09.12.2014 – 3 StR 472/14, unveröffentlicht; ebenso BGH, Beschl. v. 08.07.2014 – 3 StR 276/14, unveröffentlicht.
618 BGH, Beschl. v. 30.04.1993 – 3 StR 169/93, unveröffentlicht.
619 BGH, Beschl. v. 22.11.1994 – 4 StR 619/14, unveröffentlicht.
620 BGH, Beschl. v. 14.05.1996 – 4 StR 174/96, StV 1997, 302.
621 BGH, Beschl. v. 188.06.2014 – 4 StR 2117/14, unveröffentlicht.

481 Vom 5. **Strafsenat** sind Entscheidungen, die einen Adhäsionsausspruch der Höhe nach aufgehoben haben, weil Feststellungen zu den wirtschaftlichen Verhältnissen der Beteiligten fehlen, nicht bekannt.

3. Rechtsprechung der Strafsenate mehr als zwei Jahrzehnte contra Zivilgerichte

482 In wohl allen Fällen war offensichtlich, dass die zu einer mehrjährigen Freiheitsstrafe verurteilten Straftäter vermögenslos waren. Etwaige Feststellungen zu den wirtschaftlichen Verhältnissen konnten deshalb nur dann eine Rolle spielen, wenn die Strafsenate der Meinung waren, dass fehlende wirtschaftliche Leistungsfähigkeit immer zu berücksichtigen sei und dass ein vermögensloser Straftäter zu einem *geringeren Schmerzensgeld* hätte verurteilt werden *müssen*, um ihn nicht in eine noch ausweglosere Lage zu bringen, als er durch die Verurteilung zu einer mehrjährigen Freiheitsstrafe ohnehin schon war.

483 Diese Vorstellungen sind in jeder Hinsicht irrig.

Ein zu einer mehrere Jahre dauernden Freiheitsstrafe verurteilter Straftäter, der in der Regel hohen Schadensersatzforderungen aus der Straftat ausgesetzt ist und der auch die meist sehr hohen Kosten des Strafverfahrens zu tragen hat, ist nach der Lebenserfahrung in der Regel vermögenslos. Während der Haftzeit wird er in keinem Fall Einkünfte erzielen, um seine Schuldenlast nennenswert tilgen zu können. Es ist deshalb abwegig, im *zivilrechtlichen Teil* eines Strafurteils vom Tatrichter zu fordern, die Vermögensverhältnisse des Angeklagten festzustellen, um auf der Basis dieser Feststellungen ein Schmerzensgeld festsetzen zu können, das dem vermögenslosen Straftäter gerecht wird und auf die Vermögenslosigkeit Rücksicht nimmt.

484 An diesen *zivilrechtlichen Teil* der Entscheidung sind nämlich wegen der forensischen Verschiedenheit der Aufgaben von Straf- und Zivilrichtern[622] bezüglich der tatsächlichen Feststellungen andere Anforderungen zu stellen, als die, die im strafrechtlichen Teils der Entscheidung erfüllt werden müssen, die den Schuld- und Strafausspruch tragen. Eine zivilrechtliche Entscheidung zum Schmerzensgeld ist nämlich in der Regel nicht deshalb unzureichend begründet, weil tatsächliche Feststellungen zu den wirtschaftlichen Verhältnissen fehlen, da diese zivilrechtlich schon seit mehr als 60 Jahren zwar berücksichtigt werden können, aber nicht berücksichtigt werden müssen. Es ist vollkommen ausreichend, wenn die zivilrechtliche Entscheidung erkennen lässt, dass die Vermögenslosigkeit des Schädigers auf der Hand liegt. Damit ist zugleich klar, dass der Zivilrichter die wirtschaftlichen Verhältnisse gesehen, aber nicht zum Anlass genommen hat, das Schmerzensgeld (noch) niedriger festzusetzen.

4. Der Rundumschlag des 2. Strafsenats

485 Die Rechtsprechung der Strafsenate, die die Wirksamkeit einer Adhäsionsentscheidung davon abhängig machte, die wirtschaftlichen Verhältnisse der Beteiligten bei der Bemessung des Schmerzensgeldes zu berücksichtigen, und dies im Urteil zu dokumentieren, ist virulent geworden, weil der 2. Strafsenat wohl erkannt hatte, dass einem Adhäsionskläger mit der ständigen Verweigerung einer Entscheidung zur Höhe des Schmerzensgeldes nicht gedient sein konnte.[623]

486 Der 2. Strafsenat stellte deshalb[624] eine Anfrage an den Großen Zivilsenat und die anderen Strafsenate, nicht aber, was richtig gewesen wäre, an die Vereinigten Großen Senate. Er teilte mit, er beabsichtige, bei der Bemessung des Schmerzensgeldes weder die wirtschaftlichen Verhältnisse des

622 Kleinknecht/Müller/Reitberger, StPO – Stand Mai 2013, § 406 Rn. 1.

623 Jaeger, Die Schmerzensgeldklage im Adhäsionsverfahren – ist schnelles Recht auch gutes Recht? – Überlegungen zur Rechtsprechung der Strafsenate des BGH mit Blick auf die Entscheidung der Vereinigten Großen Senate (VGS) des BGH v. 16.09.2016 – (VGS 1/16) VersR 2017, 180 – VersR 2017, 449, 455 ff.

624 BGH, Beschl. v. 08.10.2014 – 2 StR 137/14 und 337/14, ZfS 2015, 203 mit Anm. Diehl, ZfS 2015, 206.

Geschädigten noch die des Schädigers zu berücksichtigen und fragte an, ob an der entgegenstehenden Rechtsprechung festgehalten werde.

Dabei verwies er unter anderem darauf, dass die die wirtschaftlichen Verhältnisse der Beteiligten in der obergerichtlichen Rechtsprechung regelmäßig, wenn auch nicht immer, im Rahmen der Schmerzensgeldbemessung erörtert würden und verwies auf 3 Entscheidungen von Zivilsenaten.[625] **487**

- Im Urteil des OLG Celle, der zuerst genannten Entscheidung, finden sich zwar die Worte *wirtschaftliche Verhältnisse*, aber nur als eines der Kriterien, die für die Bemessung des Schmerzensgeldes eine Rolle spielen können. Sie werden in dieser Entscheidung weder erörtert, noch haben sie einen Einfluss auf die Höhe des Schmerzensgeldes genommen.
- In der Entscheidung des OLG München werden diese Kriterien nicht einmal erwähnt
- und im Urteil des OLG Zweibrücken wird zwar mitgeteilt, dass die Vermögenslage des Verletzten und die wirtschaftliche Leistungsfähigkeit des Schädigers auch zu berücksichtigen seien, subsumiert wird insoweit jedoch nicht. Daraus folgt, dass keine der Entscheidungen wirklich auf die wirtschaftlichen Verhältnisse der Beteiligten abgestellt hat.

Damit ist auch der folgende Satz im Beschluss des 2. Strafsenats nicht nachzuvollziehen, dass die Strafsenate *dem folgend* – gemeint sind diese 3 Entscheidungen – die wirtschaftlichen Verhältnisse des Schädigers und des Geschädigten bei der Bemessung des Schmerzensgeldes *regelmäßig* bedeutsame Umstände erachtet hätten, deren fehlende Erörterung in den Urteilsgründen einen durchgreifenden Rechtsfehler darstellen könne, der auf die Sachrüge zur Aufhebung des Urteils führe. Diese drei OLG-Entscheidungen aus den Jahren 2013 und 2014 können ohnehin nicht die Entscheidungen sein, denen die Strafsenate seit 1993 gefolgt sein wollen. **488**

5. Ein untauglicher Versuch

Im Folgenden verweist der Anfragebeschluss auf die umfangreiche Rechtsprechung der Strafsenate des BGH, auf das Tatbestandsmerkmal der *Billigkeit* in § 253 Absatz. 2 BGB und auf den allgemeinen Gleichheitssatz aus Art. 3 Absatz 1 GG. Er weist hin auf *Jaeger/Luckey*, Schmerzensgeld, 7. Aufl. 2014 Rn. 1375 und 1386, obwohl dort eine unvertretbare Berücksichtigung der wirtschaftlichen Verhältnisse gerade nicht gebilligt, sondern im Gegenteil kritisiert wird. Die Ausführungen der Rn. 1373,[626] die zwei Nummern höher abgedruckt sind, greift der 2. Strafsenat leider nicht auf, obwohl es dort heißt: **489**

Es mutet schon seltsam an, dass der 2. Strafsenat des BGH[627] fehlende Feststellungen zu den wirtschaftlichen Verhältnissen des Angeklagten mit der Begründung beanstandete, die finanzielle Lage des Täters solle verhindern, dass die Verpflichtung zur Zahlung eines Schmerzensgeldes zu einer unbilligen Härte für diesen werde.

Wenn dem 2. Strafsenat nach der Begründung seiner Anfrage zudem ein *Maßstab* für die Bemessung des Schmerzensgeldes fehlt und wenn er besorgt ist, dass es zu einer *Taxierung* des Schmerzensgeldes nach sozialen Klassen kommen könne, negiert er die zivilrechtliche Rechtsprechung, soweit diese gelegentlich die wirtschaftlichen Verhältnisse berücksichtigt. Aus dieser Rechtsprechung ergibt sich auch, dass die Berücksichtigung jedenfalls auch im Rahmen der Ausgleichsfunktion eine Rolle spielen kann und *keineswegs* – soweit ersichtlich noch in keiner Entscheidung – als *Strafe oder Übel* für den Schädiger verstanden wurde. **490**

625 OLG Celle, Urt. v. 28.05.2014 – 14 U 165/13, SP 2014, 337; OLG München, Urt. v. 11.04.3014 – 10 U 4757/13, SP 2015, 189; OLG Zweibrücken, Urt. v. 02.08.1013 – 2 UF 30/13, NJW-RR 2004, 33.

626 Bis zur 8. Auflage.

627 BGH, Urt. vom 14.10.1998 – 2 StR 436/98 – NStZ 1999, 108; BGH, Beschl. v. 14.10.1998 – 2 StR 436/98 – NStZ 1999, 155.

491 Die *unbillige Härte* für den Schädiger wird, anders als im Beschluss zitiert, von *Jaeger/Luckey* Rn. 1373 ff.[628], nirgends erwähnt, außer als Kritik an der Rechtsprechung des 2. Strafsenats. Sie kann jedoch keineswegs immer, wie der 2. Strafsenat meint, in der Zwangsvollstreckung und im Insolvenzverfahren vermieden werden.[629]

492 Der 1., 4., 5. Strafsenat und der VI. Zivilsenat haben der Rechtsauffassung des 2. Strafsenats nicht zugestimmt und zur Begründung auf den Beschluss des Großen Zivilsenats aus dem Jahr 1955 verwiesen.[630] Der 3. Strafsenat teilte mit, dass er an seiner Rechtsprechung insoweit festhalte, dass die wirtschaftlichen Verhältnisse des Schädigers berücksichtigt werden dürften, die wirtschaftlichen Verhältnisse des Geschädigten dagegen unberücksichtigt bleiben müssten, an seiner entgegen stehenden Rechtsprechung halte er insoweit nicht fest.

Der Große Senat für Zivilsachen teilte mit, dass er an seiner Rechtsauffassung festhalte, wonach bei der Bemessung einer billigen Entschädigung in Geld nach § 253 Abs. 2 BGB alle Umstände des Falles *berücksichtigt werden können*. Die wirtschaftlichen Verhältnisse des Schädigers und des Geschädigten *könnten nicht von vornherein ausgeschlossen* werden. Er nahm zudem Bezug auf seine Entscheidung aus dem Jahr 1955.

493 Nachdem das Anfrageverfahren nicht den vom 2. Strafsenat gewünschten Erfolg hatte, hat er den Vereinigten Großen Senaten des BGH gemäß § 132 Abs. 2 und Abs. 4 GVG die folgenden Rechtsfragen zur Entscheidung vorgelegt:
- Dürfen bei der Bemessung der billigen Entschädigung in Geld (§ 253 Abs. 2 BGB) die wirtschaftlichen Verhältnisse des Schädigers und des Geschädigten berücksichtigt werden?
- Wenn ja, nach welchem Maßstab können sie berücksichtigt werden?[631]

494 Im Vorlagebeschluss des 2. Strafsenats werden die tatsächlichen Feststellungen in zwei Entscheidungen mitgeteilt, aus denen sich folgende maßgeblichen Kriterien ergeben sollen:
- Die Angeklagten wurde wegen sexuellen Missbrauchs (auch von Kindern) in mehreren Fällen zu 7 1/2 Jahren bzw. 4 1/2 Jahren Freiheitsstrafe und zu Schmerzensgeldzahlungen in Höhe von 12.000 € bzw. 5.000 € verurteilt.
- Zu den Einkommensverhältnissen wurden Feststellungen insoweit getroffen, als diese gering oder sehr gering waren.
- Zu Vermögen oder zu Schulden und
- zu den wirtschaftlichen Verhältnissen der Geschädigten (Kinder!) fehlen Feststellungen, was gerügt wird.

495 Zu alledem kann aus der Sicht der Rechtsprechung eines Zivilgerichts nur gesagt werden:

Bei diesen schweren Verbrechen gegen den Körper, die Gesundheit, die Freiheit und die Persönlichkeit der Verletzten bedarf es solcher Feststellungen nicht, zumal die von den Verletzten beantragten Schmerzensgelder die an sich geschuldeten Schmerzensgeldbeträge derart unterschreiten, dass die wirtschaftlichen Verhältnisse der Beteiligten unter keinen Umständen eine Rolle spielen können. Die Frage, ob sie in diesen Fällen berücksichtigt werden dürften, stellt sich nicht.

496 Nach Darstellung der bisherigen Rechtsprechung aus der Sicht des 2. Strafsenats und unter Wiederholung seiner Ausführungen zur *Billigkeit* – erneut unter Berufung unter anderem auf *Jaeger/Luckey* Rn. 1371, 1375, 1377 und 1386, wieder wird die Kritik der Autoren an der Rechtspre-

628 Bis zur 8. Auflage.

629 BGH, Urt. v. 05.04.2016 – VI ZR 283/15, NJW-RR 2017, 37.

630 GZS, Beschl. v. 06.07.1955 – GSZ 1/55, BGHZ 18, 149; 4. Strafsenat, Beschl. v. 19.11.2015 – 4 ARs 29/14, NStZ-RR 2016, 25.

631 BGH, Beschl. v. 14.04.2016 – 2 StR 137/14 und 337/14, NJW-Spezial 2016, 506 (red. Leitsatz, Kurzwiedergabe); Demgegenüber hat der 3. Strafsenat, Beschl. v. 05.01.1999 – 3 StR 602/98, NJW 1999, 1123 = NStZ 1999, 260 zutreffend festgestellt, dass bei Kindern im Alter zwischen 7 und 13 Jahren Feststellungen zu den wirtschaftlichen Verhältnissen nicht erforderlich sind.

chung des 2. Strafsenats Rn. 1373 der Vorauflage nicht genannt, geht der Senat wieder darauf ein, dass der Schmerzensgeldanspruch vom Gesetzgeber gerade nicht als Strafe, sondern als Schadensersatzanspruch ausgestaltet worden sei. Er vertritt ohne Rückhalt in Literatur und Rechtsprechung die Auffassung, dass das Schmerzensgeld grundsätzlich nicht zum wirtschaftlichen Ruin und zur Zerstörung der Existenz des Schädigers führen soll. Die fehlende Leistungsfähigkeit darf nicht zur Folge haben, von der Verhängung eines Schmerzensgeldes ganz abzusehen oder dem Geschädigten nur ein der Tat völlig unangemessenes, letztlich nur »symbolisches Schmerzensgeld« zuzuerkennen. Auch bei der anspruchsmindernden Berücksichtigung der schlechten wirtschaftlichen Verhältnisse müsse das Schmerzensgeld noch als angemessene Reaktion auf die Schwere der zugefügten Verletzungen und Leiden angesehen werden. ... Auch bei dem vermögenslosen Schädiger könne daher die Berücksichtigung seiner wirtschaftlichen Verhältnisse niemals zur Befreiung von der Entrichtung eines Schmerzensgeldes führen, da die wirtschaftlichen Verhältnisse des Schädigers immer nur ein Umstand, und keineswegs der wichtigste, unter zahlreichen anderen sind, die Berücksichtigung verlangten. Auch bei schlechten wirtschaftlichen Verhältnissen des Schädigers stehe darüber hinaus immer auch die Notwendigkeit der Genugtuung und des Ausgleichs der Schäden im Vordergrund.

Letztlich gibt Anlass für den Vorlagebeschluss die Annahme, dass es an einem nachprüfbaren Maßstab für die Bemessung des Schmerzensgeldes fehle.

6. Die Entscheidung der Vereinigten Großen Senate des BGH

Die Vereinigten Großen Senate des BGH[632] haben die Vorlagefrage recht schnell beantwortet: 497

Bei der Bemessung einer billigen Entschädigung in Geld nach § 253 Abs. 2 BGB (vormals § 847 BGB a.F.) können alle Umstände des Falles berücksichtigt werden. Die wirtschaftlichen Verhältnisse des Schädigers und des Geschädigten können dabei nicht von vornherein ausgeschlossen werden.

Abschließend haben die VGS festgestellt: 498

Im Rahmen der bei der Bemessung der billigen Entschädigung in Geld ... gebotenen Gesamtbetrachtung steht in der Regel die infolge der Schädigung erlittene Lebenshemmung im Vordergrund. Feststellungen zu den wirtschaftlichen Verhältnissen der beiden Teile und Ausführungen zu deren Einfluss auf die Bemessung der billigen Entschädigung sind daher *nur geboten*, wenn die wirtschaftlichen Verhältnisse dem Einzelfall ein besonderes Gepräge geben und deshalb bei der Entscheidung *ausnahmsweise berücksichtigt werden mussten.*

In dieser Entscheidung ist weiter begründet ausgeführt, dass im Zivilprozess die wirtschaftlichen Verhältnisse des Schädigers und des Geschädigten fast nie eine Rolle spielen. Dies beruht auf den Ausführungen des GZS aus dem Jahr 1955, in dem zum Ausdruck kommt, dass der Schädiger dem Geschädigten auch Genugtuung schuldet. 499

Unter Bezugnahme auf diese früheren Ausführungen haben die Vereinigten Großen Senate nunmehr unter anderem festgestellt: 500

Der unbestimmte Rechtsbegriff der *billigen Entschädigung* ist dahin auszulegen, dass der Tatrichter alle Umstände des Einzelfalls berücksichtigen darf.

Die VGS folgern nach weiterer Begründung, dass (auch) im Rahmen der Bemessung der billigen Entschädigung des § 253 Abs. 2 BGB die Verhältnisse der Beteiligten berücksichtigt werden können, sie dort aber – anders als im Fall des § 829 BGB – nicht im Vordergrund stehen.[633] 501

632 BGH, Beschl. v. 16.09.2016 – VGS 1/16, VersR 2017, 180 = NSW BGB § 253.
633 BGH, Großer Senat für Zivilsachen, Beschl. v. 06.07.1955 – GSZ 1/55, BGHZ 18, 149, 152.

Auch mit dem 2. Gesetz zur Änderung schadensersatzrechtlicher Vorschriften vom 19.07.2002[634] ist keine Änderung der Auslegung des Begriffs der billigen Entschädigung verbunden.[635] Nach dem Entwurf dieses Gesetzes bleibt dem Gericht der notwendige Beurteilungsspielraum erhalten, um die Besonderheiten jedes einzelnen Falles zu berücksichtigen.[636]

502 Insgesamt kommen die VGS zu dem Zwischenergebnis, dass der unbestimmte Rechtsbegriff der »billigen Entschädigung« im Ergebnis nach dem Wortlaut, systematisch, historisch und teleologisch dahin auszulegen ist, dass bei der Bemessung der »billigen Entschädigung« durch den Richter alle Umstände des Einzelfalls berücksichtigt werden dürfen. Davon zu unterscheiden ist die Frage, wie die einzelnen Umstände bei der Bemessung des Schmerzensgeldes zu gewichten sind. Das bedeutet, dass die Höhe und das Maß der Lebensbeeinträchtigung ganz im Vordergrund stehen. Die Rücksicht auf *Größe, Heftigkeit und Dauer der Schmerzen, Leiden und Entstellungen* bildet stets das ausschlaggebende Moment; die von dem Schädiger zu verantwortende Lebensbeeinträchtigung steht immer an der Spitze.

503 Daneben können aber auch alle anderen Umstände berücksichtigt werden, die dem einzelnen Schadensfall sein besonderes Gepräge geben, wie der Grad des Verschuldens des Schädigers, im Einzelfall aber auch die wirtschaftlichen Verhältnisse des Geschädigten oder diejenigen des Schädigers. Ein allgemein geltendes Rangverhältnis aller anderen zu berücksichtigenden Umstände lässt sich nicht aufstellen, weil diese Umstände ihr Maß und Gewicht für die Höhe der billigen Entschädigung erst durch ihr Zusammenwirken im Einzelfall erhalten.[637]

504 Die Betrachtung, dass es – generell-abstrakt – nicht zulässig ist, die Vermögenslage des Schädigers oder des Geschädigten einzubeziehen, hätte zudem zur Folge, dass die Genugtuungsfunktion des Schmerzensgeldes unausgesprochen negiert würde.[638]

505 Die vom 2. Strafsenat geäußerte Befürchtung, es können zu einer »Taxierung des Schmerzensgeldes nach sozialen Klassen« führen, wird der bisherigen Rechtsprechungspraxis der Tatrichter, die die vom Verletzten erlittene Lebenshemmung ganz in den Vordergrund stellt, nicht gerecht. Folgerichtig kommen die VGS deshalb zu dem Ergebnis, dass die

> wirtschaftlichen Verhältnissen der beiden Teile und Ausführungen zu deren Einfluss auf die Bemessung der billigen Entschädigung daher nur geboten sind, wenn die wirtschaftlichen Verhältnisse dem Einzelfall ein besonderes Gepräge geben und deshalb bei der Entscheidung ausnahmsweise berücksichtigt werden mussten.

506 Daraus folgt, dass die wirtschaftlichen Verhältnisse *der beiden Teile* nur (ganz) ausnahmsweise zu berücksichtigen und zu dokumentieren sind. Die Strafsenate, die fast zwei Jahrzehnte völlig grundlos das Gegenteil gefordert haben, werden nun von der bisherigen Rechtsprechung Abstand nehmen müssen.

Das hat zur Folge, dass künftig in ähnlichen Fällen die Adhäsionsentscheidungen Bestand haben werden, weil die Schwere der Tat eine Genugtuung für den Geschädigten erfordert, die die wirtschaftlichen Verhältnisse des Täters nur ganz ausnahmsweise zur Geltung kommen lassen können.

507 Die Schonung des Täters, der in schlechten wirtschaftlichen Verhältnissen lebt, darf nicht so weit gehen, dass das Opfer durch die geringere Bemessung des Schmerzensgeldes erneut (tief) in seiner Persönlichkeit getroffen und verletzt wird. Genau das wäre der Fall, wenn das Schmerzensgeld für

634 BGBl. I S. 2674; vgl. BT-Drucks. 14/7752, S. 14 ff.; BT-Drucks. 14/8780, S. 21.

635 Vgl. BT-Drucks. 14/7752, S. 14 ff.; BT-Drucks. 14/8780, S. 21.

636 Entwurf eines Gesetzes zur Umsetzung europäischer Richtlinien zur Verwirklichung des Grundsatzes der Gleichbehandlung, BT-Drucks. 16/1780, S. 38.

637 BGHZ 18, 149, 167 f.; Diederichsen, VersR 2005, 433. Auch hierzu sind die Ausführungen des Großen Senats für Zivilsachen BGHZ 18, 149, 157 ff. weiterhin maßgebend.

638 So auch 3. Strafsenat, Beschl. v. 05.03.2015 – 3 ARs 29/14, NStZ-RR 2015, 383 = ZfS 2016, 263.

eine Vergewaltigung mit einigen tausend Euro bemessen würde, weil ein höherer Betrag für den Täter eine unbillige Härte bedeuten würde.

So hat die 16. Zivilkammer des LG Wuppertal[639] entschieden, dass für eine mehrtägige Entführung, 508
während der sich der Täter mehrfach in unterschiedlichster Weise brutal an dem Opfer unter Ausnutzung der durch massive Drohungen geschürten Angst und Wehrlosigkeit sexuell vergangen hat, insbesondere trotz Weigerung des Opfers versucht hat, Analverkehr auszuüben, ein Schmerzensgeld in Höhe von 100.000 € als angemessen anzusehen ist, wenn das Opfer erst 16 Jahre alt und schwanger ist. Dieser Schmerzensgeldbetrag war nach der Begründung der Entscheidung angemessen. Er bedeutet nach Ansicht der Kammer eine Verdopplung der bisher maximal zugesprochenen Schmerzensgelder und wurde nicht herabgesetzt, obwohl der Beklagte von einer großen Strafkammer des LG Wuppertal[640] zuvor zu einer Freiheitsstrafe von 12 1/2 Jahren verurteilt worden war, was die Zivilkammer zu Recht *als grundsätzlich nicht schmerzensgeldmindernd* angesehen hat. Von der Berücksichtigung der wirtschaftlichen Verhältnisse der Parteien findet sich in der Entscheidung (zu Recht) kein Wort.

Ähnlich deutlich hat sich die 1. Große Strafkammer des LG Gießen[641] in einem *Adhäsionsverfahren* bei der Schmerzensgeldbemessung von den wirtschaftlichen Verhältnisse des Angeklagten nicht 509
beeindrucken lassen. Der 19 Jahre alte Angeklagte hatte ein etwa 3 Wochen altes Baby derart heftig geschüttelt und hierbei mehrfach gegen ein hartes Widerlager, mutmaßlich einen Türrahmen, geschlagen, dass der Schädelknochen des Säuglings brach und das Gehirn derart schwer verletzt wurde, dass das Kind erblindet ist, 95 % seines Gehirns abgestorben sind und sich seine Lebenserwartung auf maximal 25 Jahre begrenzt, in denen es mit größtem Aufwand zu pflegen sein wird, vergleichbar einem Wach-Koma-Patienten. Die Strafkammer hat den Angeklagten zu einer Jugendstrafe von mehr als 6 Jahren und zur Zahlung eines Schmerzensgeldes in Höhe von 500.000 € an die Nebenklägerin verurteilt. Auch die wirtschaftlichen Folgen dieser Entscheidung waren der Strafkammer sehr bewusst, auch dass sie den Angeklagten praktisch vor den wirtschaftlichen Ruin stellt. Sie ließ die – zweifellos bislang nicht gegebene – wirtschaftliche Leistungsfähigkeit des Angeklagten außer Betracht und ging auch nicht davon aus, dass er angesichts seiner wirtschaftlich wohl situierten Eltern eines Tages potenziell mit nicht unerheblichen (mindestens Pflichtteils-) Ansprüchen rechnen mag. Für die Kammer war vielmehr entscheidend, dass die Berücksichtigung der wirtschaftlichen Leistungsfähigkeit zum einen den Geschädigten aus Gründen schlechter stellt, die nicht in dessen Verantwortungssphäre liegen, dass sich ihre Berücksichtigung aber jedenfalls dann verbietet, wenn der Schädiger vorsätzlich einen Maximalschaden herbeigeführt hat.

Dieses Urteil zeigt, dass auch eine Adhäsionsentscheidung »revisionsfest« begründet werden kann, 510
auch dann, wenn ein vermögensloser Täter zur Zahlung eines Maximalbetrages verurteilt wird. Dies kann insbesondere erreicht werden, wenn für den Adhäsionskläger ein Anwalt auftritt, der einen Schmerzensgeldanspruch wirklich begründen kann. Dann wird auch das Gericht zu einer Begründung gezwungen und kann nicht mehr urteilen, dass das Schmerzensgeld »angemessen erscheint«. Es muss dann vielmehr heißen, dass das Schmerzensgeld »angemessen ist«.

Der Anstoß des 2. Strafsenats, die wirtschaftlichen Verhältnisse nicht mehr zu berücksichtigen, 511
hat im Ergebnis dazu geführt, dass die VGS noch einmal deutlich gemacht haben, dass diese bei der Bemessung des Schmerzensgeldes »nur ganz ausnahmsweise« eine Rolle spielen. Das hätten die Strafsenate schon immer so sehen müssen, sie haben aber ohne Grund und abweichend von der Entscheidung des großen Zivilsenats aus dem Jahr 1955 den wirtschaftlichen Verhältnissen eine entscheidende Bedeutung beigemessen.

639 LG Wuppertal, Urt. v. 05.02.2013 – 16 O 95/12, VersR 2013, 591 mit Anm. Lothar Jaeger, VersR 2013, 594; vgl. auch Jaeger/Luckey, Schmerzensgeld, 8. Aufl. 2016, E 2094.

640 LG Wuppertal, Urt. v. 09.10.2009 – 24 KLs 323 Js 725/09 – 42/09, unveröffentlicht.

641 LG Gießen, Urt. v. 07.05.2015 – 1 KLs – 604 Js 29856/14, unveröffentlicht.

7. Neue Rechtsprechung der Strafsenate

512 Nach der klarstellenden Entscheidung der VGS ist zu hoffen, dass die Strafsenate die bisherige strenge Rechtsprechung aufgeben und Schmerzensgeldentscheidungen der Instanzgerichte gegenüber Opfern schwerer Gewalttaten auch der Höhe nach bestehen lassen werden. Soweit ersichtlich ist dies in Einzelfällen auch schon geschehen:

- Der 1. Strafsenat[642] hat 2016 eine Adhäsionsentscheidung, die ein Schmerzensgeld in Höhe von 20.000 € ausgesprochen hat, bestehen lassen in einem Fall, in dem der Angeklagte wegen schweren sexuellen Missbrauchs von Kindern unter anderem zu einer Freiheitsstrafe von 6 1/2 Jahren verurteilt wurde.
- Auch der 2. Strafsenat hat eingelenkt. Er lässt es jetzt genügen, wenn sich in der Urteilsgründen der angegriffenen Entscheidung keine Anhaltspunkte dafür finden lassen, dass etwa ein außergewöhnliches Gefälle zwischen den wirtschaftlichen Verhältnissen von Täter und Opfer und deshalb ein Fall vorliege, in dem die wirtschaftliche Situation der Sache ein besonderes Gepräge gebe. Dan sei die Außerachtlassung der wirtschaftlichen Verhältnisse des Angeklagten und der Nebenklägerin nicht zu beanstanden.[643] Verstanden hat der 2. Strafsenat die Entscheidung der VGS nicht. In diesen Verfahren war der Angeklagte wegen Vergewaltigung zu 3 1/2 bzw. 5 Jahren Freiheitsstrafe und zu einem Schmerzensgeld in Höhe von 5.000 bzw. 8.000 € verurteilt worden.
- Der 3. Strafsenat[644] hat im Mai 2015 in einem der Entscheidung vorangestellten Orientierungssatz mitgeteilt, dass er nicht mehr an der Auffassung festhalte, es sei regelmäßig erforderlich, bei der Bemessung des Schmerzensgeldes im Adhäsionsverfahren auch die wirtschaftlichen Verhältnisse von Schädiger und Geschädigtem zu berücksichtigen. Vor dem Hintergrund des brutalen Vorgehens des Angeklagten … sieht der Senat keine besonderen Umstände, die das Tatgericht *zu einer Erörterung* der wirtschaftlichen Verhältnisse des Angeklagten *hätte drängen müssen.*
- Der 4. Strafsenat[645] hat im Dezember 2015 eine Adhäsionsentscheidung, die ein Schmerzensgeld in Höhe von 6.000 € ausgesprochen hat, bestehen lassen.
- Der 5. Strafsenat[646] hat im September 2015 in zwei Entscheidungen entschieden: Das Schmerzensgeld bewegt sich in einer Größenordnung, die nach Auffassung des Senats auch *unabhängig von den wirtschaftlichen Verhältnissen des Angeklagten* und des Adhäsionsklägers angesichts der Tat und Ihrer Folgen für den Adhäsionskläger in jedem Fall gerechtfertigt ist.

513 Ob diese neue Rechtsprechung für die Adhäsionskläger immer günstig ist, ist zweifelhaft. Entspricht der Klageantrag nämlich nicht der hier gegebenen Empfehlung, einen Mindestbetrag zu wählen, der an der Obergrenze vergleichbarer Entscheidungen liegt, erhält der Adhäsionskläger in vielen Fällen ein deutlich geringeres Schmerzensgeld, als ihm nach der Rechtsprechung der Zivilgerichte zusteht. Dies sieht *Kaiser anders,*[647] der meint, im Klageantrag habe ein Mindestbetrag nichts zu suchen, er gehöre (nur) in die Klagebegründung. Kaiser hat das Problem nicht zu Ende gedacht.

514 Die aufgeführten Fälle, haben ausnahmslos schwerste Straftaten zum Gegenstand wie

- Versuchten Mord oder Totschlag
- Gefährliche Körperverletzung
- Schweren Raub oder räuberische Erpressung
- Vergewaltigung
- Sexuelle Nötigung
- Sexuellen Missbrauch von Kindern und

642 BGH, Beschl. v. 16.06.2016 – 1 StR 208/16, unveröffentlicht.
643 BGH, Beschl. v. 11.05.2017 – 2 StR 324/14, unveröffentlicht und 2 StR 374/14, unveröffentlicht.
644 BGH, Beschl. v. 11.05.2015 – 3 StR 115/15, NStZ-RR 2015, 319 = NStZ 2016, 98.
645 BGH, Beschl. v. 02.12.2015 – 4 StR 411/15, unveröffentlicht.
646 BGH, Beschl. v. 16.09.2015 – 5 StR 354/15, unveröffentlicht; Beschl. v. 13.09.2016 – 5 StR 332/16, unveröffentlicht.
647 Kaiser, Typische Fehler in zivilprozessualen Anträgen, NJW 2017, 1223.

– Freiheitsberaubung.

In keinem dieser Fälle haben die Tatrichter oder die Strafsenate von der Entscheidung über das Schmerzensgeld *teilweise abgesehen*. Daraus folgt, dass die zuerkannten Schmerzensgeldbeträge *in keinem Fall hinter dem Klageantrag zurückblieben*, die Anträge der Adhäsionskläger also völlig untersetzt waren. *In allen Fällen haben die Anwälte der Adhäsionskläger versagt*. Hätten sie jeweils einen deutlich höheren Mindestbetrag genannt, meist wäre ein Mehrfaches der zuerkannten Beträge angebracht gewesen, hätten alle Schmerzensgeldentscheidungen im Adhäsionsverfahren entsprechend höher ausfallen müssen, *oder es hätte teilweise von einer Entscheidung abgesehen werden müssen*. 515

Entscheidend wird für die Zukunft sein, dass anwaltlich vertretene Adhäsionskläger einen Antrag auf Zahlung von Schmerzensgeld in Höhe von mindestens dem möglichen Höchstbetrag stellen und dass Richter einem nicht anwaltlich vertretenen Adhäsionskläger einen entsprechenden Hinweis geben. 516

Ob dem Adhäsionskläger mit einem noch so hohen und schnellen Titel tatsächlich »gutes Recht« gewährt wird, ist im Regelfall der Vermögenslosigkeit des Angeklagten eher zweifelhaft.

II. Wirtschaftliche Verhältnisse des Verletzten

Es ist auch die Frage zu stellen, ob für die Bemessung des Schmerzensgeldes auf die wirtschaftlichen Verhältnisse des Verletzten abzustellen ist, ob die Höhe des Schmerzensgeldes sich am **bisherigen Lebensstandard des Verletzten** zu orientieren hat. Eine solche Auffassung hätte in zwei Richtungen Konsequenzen: Das Schmerzensgeld fällt umso höher aus, je höher der Lebensstandard des Verletzten ist oder andererseits, das Schmerzensgeld fällt niedrig aus, wenn der Verletzte bisher keinen hohen Lebensstandard hatte. Dass die erste Konsequenz »höheres Schmerzensgeld bei höherem Einkommen«[648] nicht richtig sein kann, folgt schon daraus, dass einem vielfachen Millionär durch ein noch so hohes Schmerzensgeld kein Ausgleich gewährt werden könnte.[649] So hat es etwa das OLG Hamm[650] abgelehnt, das Schmerzensgeld eines Geschäftsführers mit einem Jahresverdienst von 600.000 € brutto zu erhöhen; dass dieser das Schmerzensgeld in Bezug zu seinem Verdienst setze, sei »Ausfluss der individuellen klägerischen Prägung«, vermöge »aber als solche nicht, der Tatsache seiner Verletzung durch einen Verkehrsunfall ein besonderes Gepräge zu geben«. Ein Schmerzensgeld kann aber auch nicht völlig versagt werden, nur weil der Reiche ggü. einem Zuwachs an materiellen Gütern so abgestumpft ist, dass ihm ein Vermögenszuwachs nicht die geringste Freude bereiten könnte.[651] Nicht gefolgt werden kann Budewig/Gehrlein,[652] die die Auffassung vertreten, »besonders günstige Vermögensverhältnisse« des Geschädigten könnten etwa die Ausgleichsfunktion zurücktreten lassen und seine »**schlechte wirtschaftliche Lage**« könne zu einer **Erhöhung des Schmerzensgeldes** führen. 517

Neuerdings wollen die Strafsenate des BGH den wirtschaftlichen Verhältnissen der Beteiligten größere Bedeutung beimessen. In der Vergangenheit wurden Adhäsionsentscheidungen von den Strafsenaten reihenweise aufgehoben, weil die wirtschaftlichen Verhältnisse des Angeklagten vom Instanzgericht nicht aufgeklärt worden waren. Nunmehr sollen auch die wirtschaftlichen Verhält- 518

648 Vgl. schon RG, Urt. v. 28.05.1925 – IV 69/25, JW 1925, 2599 m. zust. Anm. von Blume. Das RG meint, die guten Vermögensverhältnisse der Familie der Geschädigten dürften allenfalls zu deren Nachteil, zu deren Ungunsten, berücksichtigt werden; OLG Karlsruhe, Urt. v. 11.07.1997 – 10 U 15/97, VersR 1998, 1256 ff. = NZV 1999, 210 ff.; das OLG Karlsruhe stellt insb. darauf ab, dass die berufliche und gesellschaftliche Stellung des Verletzten nicht zu höherem Schmerzensgeld führen darf; allerdings dürfe ggü. einem Millionär nicht derselbe Geldbetrag als billige Entschädigung angesetzt werden, wie ggü. einem Sozialhilfeempfänger; ebenso OLG Schleswig, Urt. v. 29.06.1989 – 16 U 201/88, NJW-RR 1990, 470 (471); Berger, VersR 1977, 877 (879); vgl. zu dieser Problematik auch Staudinger/Schiemann, BGB, 2005, § 253 Rn. 42.

649 S.o. zur Ausgleichs- und Genugtuungsfunktion, Rdn. 1 ff.

650 OLG Hamm, Beschl. v. 20.03.2020 – 7 U 22/19, unveröffentlicht.

651 Knöpfel, AcP 155 (1956), 135 (145 f.).

652 Budewig/Gehrlein, S. 446, mit Nachweisen aus der Rspr. vergangener Tage.

nisse des Geschädigten geklärt werden, offenbar, um die Bemessung des Schmerzensgeldes auch davon abhängig zu machen.

519 Der 5. Strafsenat begnügt sich nicht mit der Feststellung des Landgerichts zu den wirtschaftlichen Verhältnissen des Angeklagten, er fordert zudem auch Feststellungen dazu, wie die wirtschaftlichen Verhältnisse des Opfers zu beurteilen sind. Dazu meint er, dass nicht nur die wirtschaftlichen Verhältnisse des Angeklagten, sondern auch die des Geschädigten anspruchsmindernd berücksichtigt werden könnten. Der Senat führt aus:

Das Landgericht hat bei der Entscheidung über die Adhäsionsanträge jeweils die »**desolaten wirtschaftlichen Verhältnisse des Angeklagten**« berücksichtigt. Ob und in welcher Weise es die wirtschaftlichen Verhältnisse der Geschädigten berücksichtigt hat, ist den Urteilsgründen nicht zu entnehmen. Damit kann ein den Angeklagten beschwerender Rechtsfehler nicht ausgeschlossen werden. Dies wäre nur dann der Fall, wenn das Landgericht sowohl die wirtschaftlichen Verhältnisse des Angeklagten als auch der Geschädigten lediglich anspruchsmindernd in Ansatz gebracht hätte.[653]

520 Diesem Thema hat sich schon das OLG Schleswig[654] gewidmet und mit Nachdruck den Standpunkt vertreten, bei der Bemessung des Schmerzensgeldes dürfe nicht auf die »außerordentlich günstigen Lebensverhältnisse« des Schädigers abgestellt und kein höheres Schmerzensgeld zugebilligt werden. Mit Rücksicht darauf, dass alle Menschen die gleiche Würde und das gleiche Recht auf körperliche Unversehrtheit hätten, dürfe beim Schmerzensgeld kein Zwei-Klassen-System eingeführt werden. Dem widerspricht Egon Schneider,[655] der meint, diese Rechtsprechung beruhe auf einem Denkfehler. Beim Schmerzensgeld gehe es nicht um das Recht auf Leben oder körperliche Unversehrtheit, sondern um den Ausgleich für dessen Verletzung. Es sei nicht darum herumzukommen, dass der Genugtuungsausgleich für die Verletzung eines Sozialhilfeempfängers anders ausfallen müsse, als für einen Spitzenverdiener. Gleichmacherei sei kein Ausgleichsprinzip.

521 Dieser Auffassung von Schneider ist nicht zuzustimmen. Abgesehen davon, dass er so ganz nebenbei ein neues Kriterium für die Bemessung des Schmerzensgeldes gefunden hat, nämlich den Genugtuungsausgleich, muss das Schmerzensgeld auf der Grundlage der heutigen Wertvorstellungen nach einem Rahmen bemessen werden, der keinesfalls zugunsten der Besserverdienenden ausgeweitet werden darf. Ebenso wenig wie einem sensiblen Menschen mit einem extrem ausgeprägten Genugtuungsbedürfnis ein höheres Schmerzensgeld zuerkannt wird, kann die pralle Börse hierfür einen Grund abgeben.

522 Was die zuletzt genannte Konsequenz angeht, hat die Rechtsprechung in dieser Richtung einen Sonderfall schon entschieden. Ist der Verletzte z.B. Ausländer und beabsichtigt er, in sein Heimatland (Polen) mit geringem Standard zurückzukehren, genügt z.B. auch bei schweren Verletzungen ein verhältnismäßig geringes Schmerzensgeld, um ihm dort den Aufbau einer Existenz zu ermöglichen und den erlittenen Schaden auszugleichen.[656] Billigkeit soll Verhältnismäßigkeit sein.[657]

523 Ein anderer Gesichtspunkt, nämlich das (hohe) Preisniveau am Wohnort des Verletzten (hier: im Raum Frankfurt am Main), ist bei der Bemessung des Schmerzensgeldes bisher nur vom OLG Frankfurt am Main[658] herangezogen worden. Unter Berufung auf den **Ausgleichsgedanken** führt das OLG aus, ein Schmerzensgeldbetrag müsse jedenfalls so bemessen sein, dass er dem Geschädigten auf

653 Vgl. Senatsbeschl. v. 29.12.2014 – 2 StR 211/14; BGH, Beschl. v. 16.04.2015 – 2 StR 518/14, unveröffentlicht.
654 OLG Schleswig, Urt. v. 29.06.1989 – 16 U 201/89, NJW-RR 1990, 470.
655 Besprechung von Geigel, Der Haftpflichtprozess, 24. Aufl. 2004 in Beilage zu ZAP 12/2004, S. 7.
656 OLG Köln, Urt. v. 30.04.1993 – 20 U 236/92, ZfS 1994, 47; van Bühren/Jahnke, Teil 4 Rn. 219.
657 RG, Urt. v. 28.05.1925 – IV 69/25, JW 1925, 2599 m. zust. Anm. von Blume; so auch Dauner-Lieb/Langen/Huber, AK-Schuldrecht, § 253 Rn. 82.
658 OLG Frankfurt am Main, Urt. v. 22.09.1993 – 9 U 75/92, OLGR 1994, 29. Ähnlich auch LG München I, Urt. v. 29.03.2001 – 19 O 8647/00, NJW-RR 2001, 1246 = VersR 2001, 1124, was auf den Preis eines Einfamilienhauses abstellt.

Dauer die Möglichkeit gebe, materielle Bedürfnisse, wenn auch nicht in uneingeschränktem Maße, so doch so weit zu befriedigen, dass er wenigstens in diesem Bereich keine Entbehrungen auf sich nehmen müsse und in dem Bewusstsein einer materiell gesicherten Existenz leben könne, um die Entbehrungen, die sich für die Dauer des Lebens aufgrund der Querschnittslähmung einstellten, wenigstens auf diese Weise »auszugleichen«. Das zuerkannte Schmerzensgeld von 200.000,00 € sei zu einem solchen Ausgleich in jedem Fall erforderlich. Hierbei sei auch das (hohe) Preisniveau im Raum Frankfurt am Main, in dem der Kläger wohne, zu berücksichtigen.

Eine Besonderheit bildet ein Schmerzensgeldanspruch, der nach ausländischem Recht zu beurteilen ist. So findet das türkische Recht Anwendung auf einen Unfall, der sich in der Türkei ereignet und an dem dortige Staatsangehörige mit in Deutschland haftpflichtversicherten Fahrzeugen beteiligt sind. Hat der Schädiger seinen ständigen Aufenthalt in der Türkei, findet das türkische Recht Anwendung mit der Folge, dass auch die soziale Stellung des Verletzten für die Bemessung des Schmerzensgeldes eine Rolle spielt.[659] 524

Dagegen kann sich ein Schädiger, der in Deutschland einen Verkehrsunfall verschuldet hat, nicht darauf berufen, dass der in den Niederlanden lebende Unfallgegner nur ein geringeres Schmerzensgeld verlangen könne, weil Schmerzensgeldbeträge dort grundsätzlich geringer ausfallen würden als in Deutschland.[660] 525

III. Schmerzensgeldbemessung für Ausländer

Grds. erhalten Inländer und Ausländer nach deutschem Recht ein gleich hohes Schmerzensgeld. 526

Eine besondere Fallgestaltung ist bei der Verletzung eines Ausländers gegeben, der nicht in Deutschland bleiben, sondern in sein Heimatland zurückkehren will. Dieses Heimatland kann ein Land mit sehr niedrigem oder sehr hohem Lebensstandard sein. Es kann sich auch dadurch von Deutschland unterscheiden, dass im Heimatland des Verletzten sehr hohe oder sehr niedrige Schmerzensgelder gezahlt werden.

Bei dieser Fallgestaltung kann sich die Frage stellen, ob für das Schmerzensgeld die Maßstäbe Deutschlands oder die Maßstäbe des Heimatlandes des Verletzten maßgebend sind. Ein Türke aus Anatolien würde dann z.B. ein geringeres Schmerzensgeld erhalten, ein US-Bürger dagegen ein wesentlich höheres als in Deutschland üblich. 527

In diesem Sinne argumentiert auch Huber,[661] wenn Personen eine Verletzung erleiden, die aus Staaten mit einem deutlich geringeren Kaufkraftniveau als in Deutschland stammen. Würde man ihnen das gleiche Schmerzensgeld zubilligen wie Personen mit einem Wohnsitz im Inland, würde dies bewirken, dass nicht nur die erlittene Einbuße ausgeglichen wird, sondern im Extremfall jeweils die gesamte Sippe des Verletzten für Jahrzehnte miternährt werden kann. Das Schmerzensgeld wäre – in seinen Worten – ein »Geschenk des Himmels und ein – insoweit – unverdienter Glücksfall.« 528

Jedenfalls für einen Bürger der USA hat das KG[662] ein höheres Schmerzensgeld mit der Begründung abgelehnt, dass bei der Bemessung von Schmerzensgeldansprüchen, die deutschem Recht unterliegen, der Umstand nicht zu berücksichtigen ist, dass es nach dem Recht seines Heimatlandes einen nach hiesigem Verständnis besonders hohen Ausgleich gibt. Auch das OLG Koblenz[663] hat einem in Deutschland lebenden US-Amerikaner ein höheres Schmerzensgeld verweigert und ihm nicht das 529

659 OLG Köln, Urt. v. 27.05.1993 – 12 U 230/92, NJW-RR 1994, 95.

660 OLG Naumburg, Urt. v. 23.12.2014 – 12 U 36/14, VersR 200 2016, 265.

661 Huber, NZV 2006, 169 (173).

662 KG, Urt. v. 23.04.2001 – 12 U 971/00, VersR 2002, 1567, der BGH hat die Revision durch Beschl. v. 09.04.2002 – VI ZR 280/01, unveröffentlicht, nicht angenommen.

663 OLG Koblenz, Urt. v. 15.10.2001 – 12 U 2123/98, NJW-RR 2002, 1030 (1031) = SP 2002, 238 (239).

Gefühl erspart, er werde durch das im Vergleich zu dem in den USA weitaus höheren Schmerzensgeldniveau »rückständige« deutsche Rechtssystem benachteiligt.

530 Dagegen hat das OLG Köln[664] für einen in Polen lebenden Geschädigten ein Schmerzensgeld von 15.000,00 DM statt 20.000,00 DM bei Zugrundelegung der Lebensverhältnisse in Deutschland als angemessen bezeichnet, weil das Kaufkraftniveau in Polen geringer sei. Ein weiterer Ansatzpunkt waren die Einkommensverhältnisse.

531 Bei der Bemessung des Ersatzes für immaterielle Schäden sind bereits auf Ebene des Kollisionsrechts die Verhältnisse am Ort des gewöhnlichen Aufenthalts des Geschädigten beachtlich. Bei Schäden, die eine Gesundheitsbeeinträchtigung darstellen, gewährt das **polnische Zivilrecht** dem Geschädigten eine Kompensation für immaterielle Beeinträchtigungen in Form eines Schmerzensgelds, welches einen angemessenen Ausgleich für Körperverletzung oder Gesundheitsbeschädigung und dabei erlittenes Leid darstellen soll. Bei der Bemessung des Schmerzensgeldes ist das im Vergleich zu Polen höhere Preisniveau in Deutschland zu berücksichtigen, wobei es zur Genugtuung und Kompensation nicht erforderlich ist, aufgrund des höheren Preisniveaus einem Geschädigten mit gewöhnlichem Aufenthalt in Deutschland mehr an Schmerzensgeld zuzusprechen, als das deutsche Recht ihm in einem vergleichbaren Fall zubilligen würde.[665]

532 Nähme man also wirklich an, die wirtschaftlichen Verhältnisse des Verletzten könnten für die Bemessung des Schmerzensgeldes eine ausschlaggebende Rolle spielen, würde die Leistung zwischen Reich und Arm doch sehr unterschiedlich ausfallen können. Das Schmerzensgeld eines verwöhnten Menschen müsste vervielfältigt werden, um ihm das Gefühl der Kompensation zu verschaffen. Lebt der Verletzte dagegen in bescheidenen Verhältnissen, würde ein geringer Schmerzensgeldbetrag ausreichen, weil er keine hohen Ansprüche an das Leben stellt.[666] So hat das **RG**[667] herausgestellt, dass das Gericht den Grundsatz der Gleichheit und Billigkeit verletzt, wenn es wegen einer entstellenden Augenverletzung ein Schmerzensgeld i.H.v. 125.000,00 Mark mit der Begründung zuspricht, »die Klägerin hätte als Tochter eines reichen Mannes bei ihrer guten körperlichen und geistigen Veranlagung ohne die Schädigung die größten Anforderungen an das Leben stellen können«.

533 Grundsätzlich ist die finanzielle Situation des Geschädigten nach deutschem und österreichischem Recht nicht zu berücksichtigen,[668] wenn auch die Frage der Abhängigkeit des Schmerzensgeldes von der finanziellen Situation des Geschädigten, seinen Vermögensverhältnissen, kulturellen Bedürfnissen oder sonstigen persönlichen Verhältnissen letztlich nicht zu berücksichtigen sind. Es ist nicht zulässig, auf diese Gesichtspunkte abzustellen, weil nur so das »unterschiedliche Wohlgefühl der Äquivalenz einer angemessenen Schmerzensgeldzahlung zwischen Millionär und Durchschnittsbürger bzw. Habenichts ausgelöst werden könne«.

664 OLG Köln, Urt. v. 30.04.1993 – 20 U 236/92, ZfS 1994, 47. Allerdings hat das OLG Düsseldorf, Urt. v. 05.11.2007 – 1 U 64/07, NJW 2008, 530, einem polnischen Geschädigten die fiktive (!) Sachschadensabrechnung nach deutschen Preisen zuerkannt. Und der BGH, Beschl. v. 10.06.2008 – VI ZB 56/07, VersR 2008, 1514 = NJW-RR 2008, 1453 sieht in den niedrigeren Lebenshaltungskosten in Polen keinen Grund, die nach § 115 Abs. 3 ZPO maßgebenden Vermögensfreibeträge herabzusetzen.

665 AG Frankenthal, Urt. v. 15.10.2014 – 3a C 158/13, NJW-RR 2015, 544 = NZV 2015, 391 = DAR 2015, 470.

666 Vgl. Henke, S. 12.

667 RG, Urt. v. 28.05.1925 – IV 69/25, JW 1925, 2599.

668 Reisinger, Die Bedeutung des Schmerzensgeldes für die Versicherungswirtschaft, ZVR 2008, 49 (53).

IV. Schmerzensgeldbemessung für Inländer nach ausländischen Rechtsordnungen[669]

Unterschiedlich hoch sind die Schmerzensgeldbeträge in Deutschland, der Schweiz[670] und in Österreich,[671] wobei in der Schweiz zusätzlich zu berücksichtigen ist, dass der Verbraucherpreisindex besonders hoch ist. **Vgl. weiter Finnland**[672], **Italien**[673], **Kroatien**[674] **und Spanien.**[675] 534

a) Nach serbischem Recht: 535

Bei Verkehrsunfällen Deutscher im Ausland stellt sich die Situation anders dar.

Erleidet ein Deutscher in Serbien einen Verkehrsunfall und wird dabei verletzt, bemisst sich das Schmerzensgeld nach serbischem Recht.[676] Das bedeutet einerseits, dass Folgen für die Lebensqualität aus nicht objektiv gesicherten Empfindungen oder unfallneurotischen Ursachen bei der Bemessung des Schmerzensgeldes nicht ins Gewicht fallen. Der Umstand, dass der Geschädigte wegen einer posttraumatischen Belastungsstörung in seiner Lebensführung erheblich beeinträchtigt und vollständig erwerbsunfähig ist, ist nicht zu berücksichtigen. Andererseits kann das Schmerzensgeld erhöht werden, wenn es nach serbischem Recht deutlich niedriger ist als nach deutschem Recht. Eine gewisse Erhöhung des Schmerzensgeldes im Blick auf inländische Bemessungsgrößen kann auch nach serbischem Recht erfolgen, wobei eine Erhöhung über eine Verdoppelung hinaus nicht in Betracht kommt.[677] Der Kläger hatte bei einem Unfall eine Trümmerfraktur des ersten Lendenwirbelkörpers erlitten. Bei einer Operation wurde der 12. Brustwirbel mit dem ersten Lendenwirbel »verblockt«, die beiden Wirbel also versteift (ventrale Spondylodese mittels Beckenkammspan und Metallplatte). Es verblieb eine leichtgradig eingeschränkte Drehbeweglichkeit an der Brust- und Lendenwirbelsäule und eine leichtgradig beschränkte Seitenneigung. Der Kläger befand sich 20 Tage in stationärer Behandlung. Es schlossen sich stationäre Rehabilitationsbehandlungen an. Der Kläger kann nach seiner Wirbelsäulenverletzung keine schweren Druckwalzen mehr auswechseln, was zu seinen Aufgaben in seinem früheren Beruf als Druckereihelfer gehörte. Er kann generell keine schweren Lasten mehr heben. Seine frühere Arbeitsstelle in der Druckerei und eine daneben ausgeübte geringfügige Beschäftigung als Verpacker und Bote wurden ihm gekündigt.

Das Schmerzensgeld betrug für den Kläger statt 3.000,00 € nach serbischem Recht dann nach Verdopplung 6.000,00 €. 536

b) Nach polnischem Recht[678]: 537

Ein Kläger mit Wohnsitz in Deutschland, erlitt in Polen einen Verkehrsunfall. Auf das vom Kläger begehrte Schmerzensgeld i.H.v. 2.500,00 € leistete der Haftpflichtversicherer des Beklagten nur 300,00 € mit der Begründung, dass nach polnischem Recht kein höherer Anspruch bestehe. Das AG Frankenthal[679] sprach dem Kläger 2.000,00 € zu, da sich nach polnischem Recht ein Anspruch auf Zahlung von 6.000 Zloty = 1.500,00 € ergebe. In einem Land mit höherem Preisniveau, wie z.B. in Deutschland, könne der Schmerzensgeldbetrag erhöht werden, aber nicht über den Betrag

669 Grundlegend: Häcker, Geltendmachung von Schmerzensgeldansprüchen bei Unfällen mit europäischem Auslandsbezug, DAR Extra, 2013, 758 ff.; Riedmeyer, Problemfeld Schmerzensgeld – Ein Blick nach Europa, zfs 2014, 304 – zu Polen, England, Österreich und Spanien.

670 Dazu OLG Celle, Urt. v. 28.05.2014 – 14 U 165/14, unveröffentlicht.

671 Huber, Brennpunkte der Schmerzensgeldbemessung, Jahrbuch zum Straßenverkehr 2016, S. 105.

672 Touori, Schadensabwicklung von Verkehrsunfällen in Finnland, DAR 2015, 722.

673 Buse, Regulierung von Straßenverkehrsunfällen nach italienischem Recht – eine Zusammenschau, DAR 2016, 557.

674 Anic, Rechte der Geschädigten bei tödlichen Verkehrsunfällen in Kroatien, DAR 2016, 566.

675 Schomerus/Hartmann, Verkehrsunfälle in Spanien, DAR 2015, 484.

676 OLG Stuttgart, Urt. v. 10.02.2014 – 5 U 111/13, unveröffentlicht.

677 OLG Stuttgart, Urt. v. 10.02.2014 – 5 U 111/13, unveröffentlicht.

678 Vgl. Krzysztof, Schmerzensgeldansprüche nach polnischem Recht, Der Verkehrsanwalt 2013, 61.

679 AG Frankenthal, Urt. v. 15.10.2014 – 3a C 158/13, NJW-RR 2015, 544.

hinaus, der nach deutschem Recht angemessen sei. Bei einer HWS-Verletzung stünden dem Kläger deshalb 2.000,00 € zu.

J. Haftpflichtversicherung

538 Wie gezeigt,[680] spielen die wirtschaftlichen Verhältnisse des Schädigers für die Bemessung des Schmerzensgeldes **i.d.R. keine entscheidende Rolle**. Deshalb kommt es auch nicht entscheidend darauf an, ob für ihn eine Haftpflichtversicherung eintritt, wenn auch nicht zu verhehlen ist, dass dieser Gesichtspunkt im Rahmen von Vergleichsgesprächen gelegentlich eine Rolle spielt. Jedenfalls die frühere Argumentation des BGH, bei der Bemessung des Schmerzensgeldes sei zu berücksichtigen, dass die Versichertengemeinschaft nicht überfordert werden dürfe, ist heute nicht mehr tragfähig.

K. Checkliste für die Schmerzensgeldbemessung

▶ Checkliste für die Schmerzensgeldbemessung

539 1. **Art der Verletzung**
   - a) Verletzte Körperteile
     - ☐ Verletzte Organe
     - ☐ Ursache der Verletzung
   - b) Alter des Verletzten
     - ☐ Kinder – Folgen der Verletzung
     - ☐ Ältere – alte Verletzte – Folgen der Verletzung

2. **Schmerzen**
   - a) Körperliche Schmerzen
     - ☐ Schilderung der Schmerzen durch den Verletzten
     - ☐ Art, Dauer und Heftigkeit der Schmerzen – Schmerz-Skala 1 – 10
     - ☐ Medikamente – Wirkstoff, Art und Dauer – Auswirkungen auf die Gesundheit – Leberschaden?
     - ☐ Bei Dauerschmerz: Einfluss auf die Lebensgestaltung – Verhaltensbeobachtung
     - ☐ Wiedergabe medizinischer Gutachten
     - ☐ Vorlage von Lichtbildern
     - ☐ Augenscheineinnahme
   - b) Seelische Schmerzen
     - aa) im Zusammenhang mit der Entstehung des Schadens
       - ☐ Schrecksituation beim Erkennen des nahenden Ereignisses
       - ☐ Entsetzen oder Angst beim Eintritt des Ereignisses
       - ☐ Erlebnis der Verletzung
       - ☐ Hilflosigkeit und Verzweiflung über die Situation – Todesangst
       - ☐ Bewusstlosigkeit infolge von Verletzungen, Schock oder großen Schmerzen
     - bb) während der Heilbehandlung
       - ☐ Ängste wegen Narkosen, operativer Behandlung, Risiken, Injektionen, Wundversorgung
       - ☐ Zahl und Dauer der Operationen
       - ☐ Zwischenfälle
       - ☐ Re-Operation
       - ☐ Anschluss an medizinische Apparate
       - ☐ Krankenhausaufenthalt als »Freiheitsentziehung« mit allen damit verbundenen Nachteilen – Bedeutung der Entbehrung für den Kläger – Verlust der sexuellen Freiheit und aufgezwungener Verzicht auf sexuelle Betätigung
       - ☐ Depressionen aus Sorge um den Heilungsverlauf

680 S.o. Rdn. 451 ff.

- ☐ Angst vor weiteren medizinischen Eingriffen
- ☐ Suchtgefahr durch schmerzstillende Mittel
- ☐ Todesangst bei Zwischenfällen wie Embolie oder Herzbeschwerden
- ☐ Sorgen um die berufliche Zukunft

3. **Dauerschäden**
   - ☐ nach der Behandlung schwerer Verletzungen
   - ☐ Verlust oder Beeinträchtigung der Sinnesorgane, der Fortbewegungsmöglichkeiten usw.
   - ☐ Körperbehinderung mit Verlust früher vorhandener Fähigkeiten
   - ☐ Berufs- und Arbeitsunfähigkeit
   - ☐ Dauernde Entstellungen, Narben und ihre Folgen
   - ☐ Störung zwischenmenschlicher Beziehungen
   - ☐ Verlust der sexuellen Freiheit und aufgezwungener Verzicht auf sexuelle Betätigung
   - ☐ Verzicht auf sportliche Betätigung – Radfahrer, Volleyball, Tennis, Golf, Sportverein
   - ☐ Verzicht auf gesellschaftliche Vergnügen – Tanz – Party – Karneval
   - ☐ Verzicht auf Kurz- und/oder Jahresurlaub
   - ☐ Verminderte Heiratschancen für Frauen und Männer
   - ☐ Schamgefühle
   - ☐ Depressionen
   - ☐ Beeinträchtigung der Lebensfreude
   - ☐ Suizidgedanken
   - ☐ Sorge um den Heilungsverlauf
   - ☐ Sorge um ebenfalls verletzte Angehörige oder um pflegebedürftige Angehörige
4. **Schwere der Verletzungen**
   - ☐ Dauer der Behandlung – ambulant – stationär – Vor- und Nachbehandlung
   - ☐ Reha – Aufenthalt
   - ☐ Revisions-Behandlung
   - ☐ Körperschäden
   - ☐ Daraus üblicherweise sich ergebende Schmerzen
   - ☐ Heilbehandlungsmaßnahmen – zeitnah
   - ☐ Schwere von Eingriffen – Risiken
   - ☐ Dauerfolgen/Spätschäden
5. **Verletzungsbedingtes Leiden**
   - ☐ Schmerzen
   - ☐ Erhöhte Schmerzen – Funktionsverlust einzelner Organe – Auge – Ohr – Geschmack – Geruch – Potenz
   - ☐ Bewegungseinschränkungen
   - ☐ Einfluss des Alters des Verletzten
   - ☐ Wissen um Schwere der Verletzung
   - ☐ Sorge um das Schicksal der Familie
   - ☐ Verlauf des Heilungsprozesses
   - ☐ Lange Dauer des Krankenhausaufenthalts
   - ☐ Vergrößerung der Beeinträchtigung des Krankenhausaufenthalts durch Krankenhauskost
6. **weitere Dauerschäden**
   - ☐ Berufliche Nachteile
   - ☐ Minderung der Erwerbsfähigkeit
   - ☐ Berufswunschvereitelung – Sorge um die berufliche Zukunft
   - ☐ Verlust von Gliedern, Organen und Funktionen
   - ☐ Behinderungen
   - ☐ Entstellungen
   - ☐ Narben
7. **Spätschäden**
   - ☐ vorhersehbare Spätschäden
   - ☐ Arthrose

- □ Metallentfernung
- □ nicht vorhersehbare Spätschäden
- □ Implantatentfernung
- □ besonders schwere Arthrose

8. **Verschulden des Schädigers**
   - □ Arzthaftung
   - □ Gefahrengemeinschaft
   - □ Sport
   - □ Spiel
   - □ Gefälligkeitsverhältnis
   - □ Familienangehörige/Freunde
   - □ Billigkeitshaftung
   - □ Gefährdungshaftung
9. **Wirtschaftliche Verhältnisse der Beteiligten**
   - □ des Schädigers
   - □ des Verletzten
10. **Eintreten einer Haftpflichtversicherung**
    - □ Ja
    - □ Nein

Kapitel 7 Gerichtliches Verfahren

Übersicht

A. Geltendmachung von Schmerzensgeldansprüchen im Adhäsionsverfahren

1 Das Adhäsionsverfahren[1] gibt dem Opfer einer Straftat die Möglichkeit, seine zivilrechtlichen vermögensrechtlichen Ansprüche gegen den Täter schon im Strafverfahren geltend zu machen, vgl. § 403 StPO. Der Adhäsionsprozess beruht auf dem Gedanken des Sachzusammenhangs, der Sinn der Verbindung von Straf- und Zivilklage liegt darin, dem durch eine Straftat Verletzten möglichst schnell und einfach zu seinem Recht zu verhelfen.[2] Zudem sollen aus Gründen der Prozessökonomie nicht verschiedene Gerichte in derselben Sache tätig werden und zueinander widersprechenden Ergebnissen gelangen.[3]

2 Die Regeln über das Adhäsionsverfahren waren jedoch »totes Recht«. Von den Anwälten wurde das Verfahren nicht betrieben. Die Richter blockten ab und verweigerten eine Entscheidung mit der Begründung, die Anträge eigneten sich nicht für die Erledigung im Strafverfahren.

1 Vgl. hierzu auch Luckey, VRR 2005, 44.
2 Roxin, Strafverfahrensrecht, 22. Aufl. 1991, § 63 A I; Köckerbauer, NStZ 1994, 305 (305).
3 Kleinknecht/Meyer, StPO, 40. Aufl. 1991, vor § 403 Rn. 1; Meyer-Goßner, StPO, Vorbem. 1 vor § 403; Pfeiffer, StPO, 5. Aufl. 2005, Rn. 1 vor § 403; Köckerbauer, NStZ 1994, 305 (305).

I. Geschichtliche Entwicklung

1. Opferschutzgesetz 1986

3 Schon mit dem Opferschutzgesetz v. 18.12.1986[4] hatte der Gesetzgeber den Versuch unternommen, die mangelnde Akzeptanz des Adhäsionsverfahrens zu beseitigen, letztlich jedoch ohne Erfolg.

2. Opferrechtsreformgesetz 2004

4 Nochmals wurde das Adhäsionsverfahren, vgl. §§ 403 ff. StPO, durch das Opferrechtsreformgesetz[5] v. 24.06.2004, das am 01.09.2004 in Kraft getreten ist, grundlegend neu geregelt. Der Änderung ging ein Beschluss der Justizministerkonferenz aus dem Jahr 2003 voraus, durch den Schutz und Hilfe für Opfer von Straftaten verbessert werden sollten. Die Entschädigung des Verletzten sollte zum wiederholten Male neu und besser gestaltet werden. Es war offensichtlich, dass die Regeln über das Adhäsionsverfahren »totes Recht« waren und nur eine »Scheinexistenz« führten.[6] Als Ursache hierfür wurden u.a. genannt, die regelmäßig unzureichende Unterrichtung des Verletzten über das Ermittlungsverfahren, die Befürchtung größeren Arbeitsaufwands bei Staatsanwälten und Richtern und die unzureichende Gebührenregelung für RA.[7]

5 Die gesetzliche Neuregelung soll dem Adhäsionsverfahren eine höhere Praxisrelevanz verleihen und will es aus seinem »Dornröschen-Schlaf«[8] und »Dämmerzustand«[9] befreien, es soll aus seiner Bedeutungslosigkeit herausgeholt werden. Insoweit dürfte das Ziel des Gesetzgebers erreicht worden sein. Das neu geregelte Adhäsionsverfahren bietet dem Geschädigten ein einfaches und kostengünstiges Verfahren, einen vollstreckbaren Titel zu erlangen; er kann im Strafverfahren seine zivilrechtlichen (vermögensrechtlichen) Ansprüche, insb. Schadensersatzansprüche wegen Beschädigung des Kfz, Ansprüche aus Personenschaden und Schmerzensgeldansprüche durchsetzen, vgl. § 403 StPO. Was allerdings bleiben wird, ist die Feststellung, dass diese Ansprüche von Strafverteidigern i.d.R. nicht optimal geltend gemacht werden können und dass der oder die entscheidenden Strafrichter sich in der oft kaum ausreichend bekannten zivilrechtlichen Materie betätigen müssen.[10] Auch führt die Regelung, wonach es im – praktisch bedeutsamen – Strafbefehlsverfahren keine Adhäsion gibt, zu einer »Achillesferse« der Novelle.[11] Insgesamt zeigt sich für den Zeitraum 2002 bis 2009, dass nur in ca. 5 % der Strafverfahren, die durch Urteil entschieden werden, eine Adhäsionsentscheidung ergangen ist.[12] Nach neuem Recht muss das Gericht aber i.d.R. zumindest über das Schmerzensgeld entscheiden und kann hierüber eine Entscheidung nicht wie früher nahezu problemlos verweigern.

6 Nicht behoben ist durch die Neuregelung ferner ein weiterer Grund für die mangelnde Akzeptanz des Adhäsionsverfahrens, dass nämlich weder der Versicherer des Schädigers noch der des Verletzten am Adhäsionsverfahren unmittelbar beteiligt werden können.[13] Deshalb ist das Adhäsionsverfahren insb. für Verkehrsdelikte nicht immer geeignet, zumal eine Verurteilung ohne Verschulden allein aus dem Gesichtspunkt der Gefährdungshaftung i.d.R. nicht in Betracht kommt. Der Geschädigte

4 BGBl. I 1986, S. 2496.
5 BGBl. I 2004, S. 1354.
6 Sommerfeld/Guhra, NStZ 2004, 420 (420).
7 Sommerfeld/Guhra, NStZ 2004, 420 (420) m.w.N.
8 Fey, AnwBl. 1986, 491.
9 Schirmer, DAR 1988, 121; geringe Akzeptanz erfährt das Adhäsionsverfahren auch in der Schweiz; dort ist Voraussetzung, dass die Sach- und Rechtslage in Bezug auf die Entschädigung des Unfallopfers klar ist, vgl. Lemor, SVR 2006, 290 (291).
10 Meyer-Goßner, StPO, Vorbem. 2 vor § 403: Einer verstärkten Anwendung steht die forensische Verschiedenheit der Aufgaben von Straf- und Zivilrichtern entgegen.
11 Haller, NJW 2011, 970 (971).
12 Haller, NJW 2011, 970 (971); Angaben von www.destatis.de.
13 OLG Karlsruhe, Beschl. v. 25.11.1983 – 3 Ws 169/83, MDR 1984, 336; Schirmer, DAR 1988, 121 (126); Köckerbauer, NStZ 1994, 305 (306). Es besteht auch keine Bindungswirkung der Entscheidung zulasten des Haftpflichtversicherers, vgl. BGH, Urt. v. 18.12.2012 -VI ZR 55/12, NJW 2013, 1163.

kann im Adhäsionsverfahren seinen Direktanspruch gegen den Haftpflichtversicherer nicht durchsetzen, sodass ihm schon deshalb zu diesem Verfahren nicht geraten werden kann,[14] es sei denn, der Schädiger ist finanziell ohne Weiteres in der Lage, seine Ansprüche zu befriedigen oder der Fahrer ist ohne Haftpflichtversicherungsschutz gefahren.[15] Zu bedenken ist auch, dass der Schädiger nach Rechtskraft des Urteils im Strafverfahren im Zivilprozess nicht mehr Partei ist und als Zeuge des beklagten Versicherers zur Verfügung steht. Bei dünner Beweislage kann dies im Zivilprozess für den Geschädigten nachteilig sein.

Allerdings kann der Geschädigte aufgrund des vollstreckbaren Adhäsionsurteils dessen Ansprüche 7
gegen den Haftpflichtversicherer pfänden und sich überweisen lassen.[16]

Umgekehrt hat der Versicherer nur wenige Möglichkeiten, auf das Strafverfahren und damit auf das 8
Adhäsionsverfahren Einfluss zu nehmen. Er kann den Angeklagten weder vertreten noch kann er die Art und Weise der Verteidigung bestimmen.[17] Der Versicherungsnehmer hat die üblichen Obliegenheiten zu beachten. Er kann nicht ohne Weiteres die im Adhäsionsverfahren geltend gemachten Ansprüche anerkennen oder sich darüber vergleichen. Tut er es dennoch, kann diese Obliegenheitsverletzung zur teilweisen Leistungsfreiheit des Versicherers führen.[18]

II. Vermögensrechtliche Ansprüche als Gegenstand des Verfahrens

Alle aus einer Straftat erwachsenen vermögensrechtlichen Ansprüche, insb. Ansprüche auf Leistung 9
von Schadensersatz und Zahlung von Schmerzensgeld,[19] können im Rahmen eines gegen den Täter laufenden Strafverfahrens Gegenstand des Adhäsionsverfahrens sein, soweit sie noch nicht anderweitig gerichtlich anhängig sind, vgl. § 403 StPO, und soweit sie zur Zuständigkeit der ordentlichen Gerichte gehören. Das gilt ohne Rücksicht auf den Wert des Streitgegenstandes auch für das Strafverfahren vor dem AG. Im Strafbefehlsverfahren ist ein Antrag des Verletzten auf Entschädigung dagegen nicht zulässig.[20]

Neben Schadensersatz- und Schmerzensgeldansprüchen können auch Herausgabe-, Bereicherungs- 10
und Unterlassungsansprüche im Adhäsionsverfahren geltend gemacht werden. Soweit Ansprüche (auch) auf Gefährdungshaftung gestützt werden, können sie nur zuerkannt werden, wenn der Beschuldigte verurteilt oder wenn eine Maßregel der Besserung und Sicherung gem. § 71 StGB angeordnet wird, da ein Schuldspruch im Strafverfahren Voraussetzung für den Erfolg im Adhäsionsverfahren ist, vgl. § 406 Abs. 1 Satz 1 StPO.

Gerade im Verkehrsrecht spielen für den Geschädigten Schmerzensgeldansprüche eine besonders 11
wichtige Rolle.

Nach Verkehrsunfällen, bei denen es zu Körperschäden gekommen ist, bietet das Adhäsionsverfahren für den Geschädigten den Vorteil, einen Anspruch auf Zahlung von Schmerzensgeld schnell zu realisieren, wenn er dadurch eine geringere Strafe oder häufig auch eine Einstellung des Verfahrens gegen Zahlung einer Geldbuße erreichen kann.[21]

14 Prechtel, ZAP, Fach 22, S. 399.
15 Krumm, SVR 2007, 41 (43).
16 Schirmer, DAR 1988, 121 (126); Köckerbauer, NStZ 1994, 305 (306).
17 Schirmer, DAR 1988, 121 (127).
18 Eingehend zu dieser Frage: Schirmer, DAR 1988, 121 (127).
19 Vgl. Holtz, MDR 1993, 405 (408).
20 Köckerbauer, NStZ 1994, 305 (309); a.A. Sommerfeld/Guhra, NStZ 2004, 420 (421, 424), die zum Ergebnis kommen, dass eine Entschädigung des Verletzten nach geltendem Recht auch im Verfahren bei Strafbefehlen zweckmäßig, sachgerecht und zulässig sei.
21 Jaeger, Die Schmerzensgeldklage im Adhäsionsverfahren – ist schnelles Recht auch gutes Recht? – Überlegungen zur Rechtsprechung der Strafsenate des BGH mit Blick auf die Entscheidung der Vereinigten Großen Senate (VGS) des BGH v. 16.09.2016 – (VGS 1/16) VersR 2017, 180 – VersR 2017, 449, 450.

12 Der Verletzte muss jedoch sorgfältig abwägen, ob er sich einer Entscheidung durch Richter aussetzen will, die vom Zivilrecht, insb. aber vom Schmerzensgeldrecht, nichts oder nur wenig verstehen. Er muss auch bedenken, dass sich die Richter mit den geltend gemachten zivilrechtlichen Ansprüchen erst nach Abschluss der Beweisaufnahme befassen, weil diese Ansprüche nur zu bescheiden sind, wenn es zu einem Schuldspruch gegen den Angeklagten kommt. Viel Zeit zum Nachdenken bleibt den Richtern dann nicht. Zwar können sie im Adhäsionsverfahren gem. § 287 ZPO den Schaden schätzen, die vereinzelt gehegte Hoffnung, die Strafrichter könnten dadurch verleitet werden, einem überzeugend begründeten Adhäsionsantrag mehr oder weniger ungeprüft stattzugeben, und wegen fehlender Vergleichsmaßstäbe könne das Schmerzensgeld höher ausfallen als in einem Zivilprozess, erscheint nicht zutreffend.[22]

13 *Böttner*[23] empfiehlt, das Adhäsionsverfahren in Arzthaftungssachen so oft wie möglich anzuwenden, wenn es um die strafrechtliche Aufarbeitung eines Arzthaftungsprozesses geht. Patienten machen häufig außergewöhnlich hohe Schadensersatz- und Schmerzensgeldansprüche geltend, was dann vor dem Amtsgericht geschehen kann. Dies bedeutet für den Patienten als Kläger insoweit einen Kostenvorteil, als Sachverständigengutachten vom Strafgericht eingeholt werden und es läuft auch keine Verjährungsfrist. Wird von einer Entscheidung abgesehen, bleibt dem Patienten immer noch die Möglichkeit, die Ansprüche vor dem Zivilgericht geltend zu machen.

14 Gegen diese Auffassung wendet sich *Minwegen,*[24] der auf Gebührennachteile für die den Kläger vertretenden Rechtsanwälte hinweist, die im Adhäsionsverfahren nur 2 x 2,0 Gebühren (Nr. 4143 VV-RVG) erhielten, während im Zivilverfahren mindestens 2 x 2,5 Gebühren (Nr. 3100 und 3104 VV-RVG) anfielen. Bei einer Verlagerung auf das Adhäsionsverfahren würden die berechtigten finanziellen Interessen der Anwaltschaft nicht berücksichtigt.

III. Verfahrensbeteiligte

15 Am Verfahren beteiligt ist als Antragsteller i.d.R. der Verletzte oder sein Erbe. Damit sind v.a. der private Versicherer des Verletzten und der Sozialversicherungsträger, auf die die Schadensersatzansprüche übergegangen sind, vom Adhäsionsverfahren ausgeschlossen.

16 Der Beschuldigte ist Antragsgegner, nicht auch andere Mithaftende, wie z.B. der Versicherer des Beschuldigten.[25] Entsprechend entfaltet das Adhäsionsurteil auch keine Bindungswirkung zulasten des Haftpflichtversicherers des Schädigers.[26] Der Antragsgegner muss lediglich verhandlungsfähig, nicht auch prozessfähig sein.[27] Gegen die Zulassung Dritter im Adhäsionsverfahren, etwa des Versicherers, hat sich schon 1994 eindeutig Köckerbauer[28] ausgesprochen.

17 Wurde die Tat von mehreren begangen und richtet sich das Strafverfahren gegen die Mittäter, muss sich der Antrag im Adhäsionsverfahren auf alle Beteiligten erstrecken, die Gesamtschuldner sind. Nur ein solcher Antrag führt zu einem Titel gegen alle (Gesamt-) Schuldner.

IV. Antragstellung

1. Antrag

18 Das Adhäsionsverfahren wird durch einen Antrag eingeleitet, vgl. § 404 Abs. 1 StPO. Der Antrag ist eine besondere Verfahrensvoraussetzung. Es besteht kein Anwaltszwang. Der Antrag kann im Ermittlungsverfahren oder gleichzeitig mit einer Strafanzeige gestellt werden, in der Hauptverhandlung aber nur bis zum Beginn der Schlussvorträge, vgl. § 404 Abs. 1 StPO. Der Antrag kann

22 Prechtel, ZAP, Fach 22, S. 399 (401).
23 Böttner, NJW-Aktuell, 4/2016, S. 12.
24 Minwegen, Das Adhäsionsverfahren und die ärztliche Strafhaftung, NJW Aktuell, 14, 2016, S. 14.
25 Pfeiffer, StPO, 5. Aufl. 2005, § 403 Rn. 2.
26 BGH, Urt. v. 18.12.2012 – VI ZR 55/12, NJW 2013, 1163.
27 Krumm, SVR 2007, 41 (43).
28 Köckerbauer, NStZ 1994, 305 (306).

schriftlich oder mündlich zur Niederschrift des Urkundsbeamten, in der Hauptverhandlung auch mündlich gestellt werden, vgl. § 404 Abs. 1 Satz 1 StPO.

Der Antrag im Adhäsionsverfahren muss unter anderem den Gegenstand und den Grund des geltend 19
gemachten Anspruchs bestimmt bezeichnen. Es reicht nicht, »hinsichtlich des Tathergangs und der psychischen und physischen Verletzungshandlungen« lediglich auf das zu erwartende Ergebnis der Hauptverhandlung zu verweisen.[29]

Wird der Antrag außerhalb der Hauptverhandlung gestellt, jedoch nicht zugestellt, fehlt es an einem von Amts wegen zu prüfenden wirksamen Adhäsionsantrag. Wird dieser Antrag nach Beginn des Schlussantrages der StA mündlich gestellt, tritt keine Heilung ein, weil die Antragstellung nicht in der mündlichen Verhandlung erfolgt ist.[30] Der Antrag muss den Gegenstand und den Grund des Anspruchs bestimmt bezeichnen und soll die Beweismittel enthalten, vgl. § 404 Abs. 1 Satz 2 StPO. Nach Form und Inhalt entspricht der Antrag dem Klageantrag im Zivilprozess (§ 253 ZPO). Ein Schmerzensgeldanspruch muss auch in diesem Verfahren nicht beziffert werden.[31] Der BGH[32] hat indes festgehalten, das Bestimmtheitsgebot verlange im Rahmen des § 404 Abs. 1 StPO zumindest die Angabe der Größenordnung des begehrten Betrages, um das Gericht und den Gegner darüber zu unterrichten, welchen Umfang der Streitgegenstand haben solle. Die sich aus § 139 ZPO ergebende Hinweispflicht gilt auch im Adhäsionsverfahren.

Der Antrag auf Zahlung von Schmerzensgeld hat einige Besonderheiten:[33] 20

Der BGH[34] hat im Jahr 1996 endlich klargestellt,
- dass der Kläger nur eine Größenordnung für das Schmerzensgeld nennen muss, damit die Zuständigkeit des Zivilgerichts und nach dessen Entscheidung die Höhe der Beschwer des Klägers festgestellt werden können,
- dass der Kläger nicht verpflichtet ist, die Größenordnung des Schmerzensgeldes nach oben zu begrenzen und
- dass der Kläger entweder einen bestimmten Klageantrag stellen oder auch einen Mindestbetrag nennen und die Höhe des Schmerzensgeldes in das Ermessen des Gerichts stellen kann; spricht das Gericht den verlangten *Betrag oder* einen höheren als *den Mindestbetrag* zu, besteht die Gefahr, dass ein Teil des an sich begründeten Anspruchs verloren geht.
- Für das Adhäsionsverfahren gilt, dass es nicht ausreicht zu beantragen, den Angeklagten zu einer Schmerzensgeldzahlung zu verurteilen, ohne den begehrten Betrag näher einzugrenzen. Auch im Adhäsionsverfahren ist es erforderlich, zumindest die Größenordnung des Schmerzensgeldbetrages zu nennen.[35]

---

29 BGH, Beschl. v. 15.03.2017 – 4 StR 22/17, unveröffentlicht.

30 BGH, Beschl. v. 09.07.2004 – 2 StR 37/04, NStZ-RR 2006, 66.

31 BGH, Urt. v. 30.04.1996 – VI ZR 55/95, BGHZ 132, 341 = VersR 1996, 990 = NJW 1996, 2425; dazu Anm. Jaeger, MDR 1996, 888; Krumm, SVR 2007, 41 (42).

32 BGH, Beschl. v. 06.12.2018 – 4 StR 484/18, NStZ 2019, 295.

33 Jaeger, Die Schmerzensgeldklage im Adhäsionsverfahren – ist schnelles Recht auch gutes Recht? – Überlegungen zur Rechtsprechung der Strafsenate des BGH mit Blick auf die Entscheidung der Vereinigten Großen Senate (VGS) des BGH v. 16.09.2016 – (VGS 1/16) VersR 2017, 180 – VersR 2017, 449, 451.

34 BGH, Urt. vom 30.04.1996 – VI ZR 55/95 – BGHZ 132, 341 ff. = VersR 1996, 990 ff. = NJW 1996, 2425 ff.; vgl. dazu die Besprechung: Jaeger, MDR 1996, 888 f. Für Steffen, DAR 2003, 201 (205), gibt es dennoch keinen Grund darauf hinzuweisen, »dass der BGH dem Richter heute sogar gestatte«, ein wesentlich höheres Schmerzensgeld zuzuerkennen als den genannten Mindestbetrag. Ein solcher Hinweis ist jedoch immer geboten, denn der BGH folgte damit (endlich) einer seit Langem von – allerdings nur wenigen – Oberlandesgerichten vertretenen Rechtsauffassung. Die Änderung der Rechtsprechung des BGH ist leider immer noch nicht bei allen Richtern und Anwälten angekommen, immer wieder wird sie übersehen. Deshalb bedarf es immer wieder neu des entsprechenden Hinweises des Gerichts an die Anwälte und der Anwälte an das Gericht.

35 BGH, Beschl. v. 18.07.2018 – 4 StR 170/18, unveröffentlicht; BGH, Beschl. v. 06.12.2018 – 4 StR 484/18, NStZ 2019, 295.

21 Für den Kläger im Adhäsionsverfahren bedeutet dies, dass er oder sein Anwalt einen Mindestbetrag nennen sollte, der an der oberen Grenze vergleichbarer Entscheidungen liegt, damit er entweder diesen hohen Betrag erhält oder bezüglich des nicht zuerkannten Betrages teilweise von einer Entscheidung abgesehen wird. Insoweit kann er dann gegebenenfalls noch Klage vor dem Zivilgericht erheben. Verlangt der Kläger ein angemessenes Schmerzensgeld, so ist für seine Beschwer als Rechtsmittelkläger nicht der angemessene Schmerzensgeldbetrag, sondern die vom Kläger geäußerte Größenvorstellung maßgebend.[36]

22 Nach der Rechtsprechung des BGH begegnet ein Feststellungsantrag im Adhäsionsverfahren höheren Hürden als im Zivilverfahren. In einem Verfahren wegen des sexuellen Missbrauchs eines Kindes, bei welchem die Möglichkeit weiterer (auch psychischer!) Schäden ja ausreichen würde, um einem Feststellungsantrag zum Erfolg zu verhelfen, hat der BGH[37] »eingehende Ausführungen« zu der Frage von Spät- und Folgeschäden gefordert, weil ansonsten die Begründung eines Feststellungstitels nicht ausreichend sei – es sei nämlich bei der schon 2 1/2 Jahre zurückliegenden Tat nicht klar, warum noch Schäden bestehen sollten.

23 Die Rechtzeitigkeit des Antrages ist als Verfahrensvoraussetzung von Amts wegen zu beachten.[38] Der Antrag hat dieselbe Wirkung wie die Erhebung der Klage im Zivilprozess, er bewirkt also insb. die Hemmung der Verjährung. Diese tritt mit Eingang des Antrages bei Gericht ein und nicht erst mit der Zustellung der Antragsschrift beim Antragsgegner, vgl. § 404 Abs. 2 StPO. Der Zustellung des Antrages an den Schädiger gem. § 404 Abs. 1 Satz 3 StPO und der Anordnung und Durchführung einer Hauptverhandlung bedarf es für die verjährungshemmende Wirkung nicht. Allerdings wird ein Adhäsionsantrag, der außerhalb der Hauptverhandlung gestellt wird, gem. § 404 Abs. 1 Satz 3 StPO erst mit Zustellung wirksam.[39]

▶ Hinweis:

24 Soweit mithin – trotz der Schutzvorschrift des § 167 ZPO – Bedenken an einer rechtzeitigen Zustellung der zivilrechtlichen Klage, vgl. §§ 253 Abs. 1, 261 Abs. 1 ZPO, § 204 Nr. 1 BGB, bestehen, kann es angeraten sein, die Hemmung der Verjährung mittels einer Antragstellung in einem laufenden Strafprozess zu erreichen.

25 Der Antrag kann auch ohne Zustimmung des Angeklagten bis zur Urteilsverkündung zurückgenommen werden, vgl. § 404 Abs. 4 StPO, eine erneute Antragstellung im selben Verfahren ist zulässig. Dies kann dazu führen, dass der Beschuldigte im Unklaren gelassen wird, ob nun Ansprüche gegen ihn geltend gemacht werden oder nicht.[40]

▶ Praxistipp:

26 Ein Grund für die fehlende Akzeptanz des Adhäsionsverfahrens sind unzureichende Rechtskenntnisse von (Straf-) Richtern und Staatsanwälten im Zivilrecht, besonders aber in der Rechtsprechung zum Schmerzensgeldrecht. Für alle im Adhäsionsverfahren geltend gemachten Ansprüche sollte daher gelten:

Antrag so früh wie möglich stellen, um allen Prozessbeteiligten die Möglichkeit zu geben, sich auch mit den zivilrechtlichen Auswirkungen dieses Verfahrens vertraut zu machen. Dann kann das Gericht wegen der Ansprüche, die nicht Schmerzensgeldansprüche sind, eine Verzögerung des Verfahrens vermeiden und wegen dieser Ansprüche die Entscheidung auch nicht wegen

36 BGH, Beschl. v. 24.03.2016 – III ZR 52/15, MDR 2016, 788.juris.

37 BGH, Beschl. v. 29.07.2003 – 4 StR 222/03, unveröffentlicht. Vergleichbar auch BGH, Beschl. v. 07.07.2010 – 2 StR 100/10, NStZ 2010, 344; BGH, Urt. v. 27.02.2013 – 2 StR 206/12, unveröffentlicht.

38 OLG Rostock, Urt. v. 03.06.1999 – 1 U 308/97, OLGR 2000, 47 ff. (zum alten Verjährungsrecht); Pfeiffer, StPO, 5. Aufl. 2005, § 404 Rn. 3.

39 BGH, Beschl. v. 26.08.2005 – 3 StR 272/05, NStZ-RR 2005, 380.

40 Meyer-Goßner, StPO, § 403 Rn. 13; Köckerbauer, NStZ 1994, 305 (307).

wesentlicher Verzögerung des Verfahrens ablehnen. I.Ü. kann das Gericht durch Erlass eines Grund- und/oder Teilurteils ggf. eine Verzögerung vermeiden.[41]

2. Rechtsstellung des Antragstellers

Für den Geschädigten und für den Anwalt ergeben sich zahlreiche Vorteile:[42] 27

- Zur Geltendmachung der Ansprüche bedarf es keiner eingehenden Klageschrift, sie sollte jedoch alle Argumente für die Höhe des Schmerzensgeldes enthalten.
- Die Gebühren für den Anwalt sind attraktiv; aber es gibt keinen Anwaltszwang.
- In der Regel wird Strafverfahren zeitnah durchgeführt.
- Der Sachverhalt wird von Amts wegen ermittelt, Beweisanträge sind nicht erforderlich.
- Der Adhäsionskläger kann Zeuge in eigener Sache sein.
- Andere Zeugen werden von Amts wegen geladen; es muss kein Auslagenvorschuss gezahlt werden; voraussichtlich sind zumindest vor den Amtsgerichten freimütige Aussagen der Zeugen zu erwarten.
- Es muss kein Gerichtskostenvorschuss eingezahlt werden.
- Das Kostenrisiko in Bezug auf die Verfahrenskosten ist erheblich verringert.
- PKH-Antrag kann vom Adhäsionskläger gestellt werden, sobald die Anklageschrift eingereicht ist.
- Eine Widerklage des Angeklagten ist nicht möglich; eine Aufrechnung ist zwar zulässig, aber nicht gegen Ansprüche aus vorsätzlich begangener unerlaubter Handlung.
- Der Anwalt des Adhäsionsklägers kann Akteneinsicht nehmen.
- Der Adhäsionskläger kann mit dem Angeklagten einen Vergleich schließen.
- Verjährungshemmung tritt ein mit Eingang des Antrags bei Gericht.
- Keine negative Rechtskraftwirkung bei einem Absehen von der Entscheidung oder teilweiser Klageabweisung. Die Zivilklage für nicht zuerkannte Ansprüche ist in diesen Fällen noch möglich.
- Die Entscheidung wird oft sofort rechtskräftig durch Rechtsmittelverzicht der Beteiligten.
- Es besteht eine Chance auf Abschluss eines günstigen Prozessvergleichs.
- Bei einer Einstellung des Verfahrens kommt die Schadenswiedergutmachung als Auflage in Betracht, § 56 StGB.

Das Adhäsionsverfahren hat allerdings auch Nachteile gegenüber einem Zivilprozess: 28

- Wird ein zu geringer Betrag im Antrag genannt, ist die Differenz zum tatsächlich angemessenen Schmerzensgeldbetrag bei Rechtskraft der Adhäsionsentscheidung verloren. Er kann wegen der Rechtskraft nicht mehr geltend gemacht werden,[43] Grundsatz der Einheitlichkeit des Schmerzensgeldes.[44]
- Entschieden wird über zivilrechtliche Ansprüche von einem nicht spezialisierten Richter.[45]
- Die grundlegende Verschiedenheit von Zivilrecht und Strafrecht führt zu Vorbehalten bei den Strafrichtern.[46]
- Die Pflichtverteidigerbestellung für den Angeklagten erstreckt sich auch auf das Adhäsionsverfahren.[47]

---

41 Pfeiffer, StPO, 5. Aufl. 2005, § 406 Rn. 3.

42 Jaeger, Die Schmerzensgeldklage im Adhäsionsverfahren, a.a.O. S. 450.

43 Offenloch, Die Rechtsprechung des BGH zum Haftpflichtrecht im Straßenverkehr, DAR 2015, 311.

44 BGH, Urt. v. 12.02.2006 – VI ZR 322/04, DAR 2006, 444; Offenloch, Die Rechtsprechung des BGH zum Haftpflichtrecht im Straßenverkehr, DAR 2015, 312.

45 Simmler, Leserforum, NJW-Spezial 2016, 10, hält es für nicht nachvollziehbar, was der Geschädigte dadurch gewinnen soll.

46 Keil/Best, Praktische Bedeutung und Handhabung des Adhäsionsverfahrens, DAR 2013, 628 ff., 632; Meyer-Goßner/Schmitt, StPO, 59. Aufl. 2016, Vorbem. 2 vor § 403: Einer verstärkten Anwendung steht die forensische Verschiedenheit der Aufgaben von Straf- und Zivilrichtern entgegen; Kleinknecht/Müller/Reitberger, StPO – Stand Mai 2013, § 406 Rn. 1.

47 LG München, Beschl. v. 26.09.2016 – 1 Ks 127 Js, unveröffentlicht.

Leider kann der Geschädigte auch nach der Neuregelung nur eine Entscheidung über seinen Schmerzensgeldantrag erzwingen. Das führt dazu, dass dem Adhäsionsverfahren immer noch kaum praktische Bedeutung zugesprochen wird.[48] Erhebungen darüber, ob die gesetzliche Neuregelung zu einer Zunahme von Adhäsionsverfahren geführt hat, sind nicht bekannt.

V. Entscheidung des Gerichts

1. Die (positive) Sachentscheidung

29 § 406 Abs. 1 Satz 1 StPO stellt den Grundsatz voran, dass die Entscheidung über den geltend gemachten Anspruch die Regel ist. Das Gericht gibt dem Antrag im Urteil statt, wenn der Angeklagte wegen der Straftat schuldig gesprochen oder gegen ihn eine Maßregel der Besserung oder Sicherung angeordnet wird. Das Gericht hat hierbei nach § 244 Abs. 2 StPO von Amts wegen im Strengbeweis die Umstände zu ermitteln, die für den Entschädigungsanspruch von Bedeutung sind; dazu genügt **nicht**, auf den unstreitigen Vortrag der Adhäsionskläger (§ 138 ZPO) zu verweisen[49].

30 Eine positive Sachentscheidung (Anerkenntnisurteil) ergeht auch, wenn der Angeklagte den vom Antragsteller geltend gemachten Anspruch ganz oder teilweise anerkennt, vgl. § 307 ZPO, § 406 Abs. 2 StPO. Die frühere Rechtsprechung des BGH,[50] der ein Anerkenntnisurteil im Adhäsionsverfahren als unzulässig angesehen hatte, ist damit obsolet.

31 Die Entscheidung kann sich auf den Grund und/oder auf einen Teil des geltend gemachten Anspruchs beschränken.[51]

32 Gegenüber der bisherigen Rechtslage bedeutet die Neuregelung eine Umkehrung des bisherigen Verhältnisses, nach dem de facto das Absehen von einer Entscheidung über den geltend gemachten Anspruch – wegen Nichteignung zur Erledigung im Strafverfahren – die Regel und die Entscheidung über den Anspruch die Ausnahme war.[52]

33 Dennoch kann eine Sachentscheidung im Adhäsionsverfahren auch nach der Neuregelung nicht immer erzwungen[53] werden. Ist der Antrag zur Erledigung im Strafverfahren nicht geeignet, würde seine Erledigung insb. zu einer erheblichen Verzögerung des Verfahrens führen, kann von einer Entscheidung abgesehen werden. Das OLG Hamburg billigt in den Fällen, in denen materieller Schadensersatz verlangt wird, dem Gericht einen Ermessensspielraum bei der Beurteilung der Frage zu, ob der Adhäsionsantrag zur Entscheidung geeignet ist. I.R.d. Ermessensentscheidung ist eine Abwägung zwischen den Interessen des Geschädigten, den Anspruch im Adhäsionsverfahren durchzusetzen und den Interessen des Staates, seinen Strafanspruch möglichst effektiv zu verfolgen, sowie dem Interesse des Angeklagten an einem schnellen und fairen Verfahrensfortgang vorzunehmen. Den Opferinteressen kommt dabei nach Ansicht des OLG Hamburg ein hohes, aber nicht von vornherein überwiegendes Gewicht zu.[54]

34 Macht der Antragsteller jedoch einen Anspruch auf Zuerkennung eines Schmerzensgeldes geltend; ist in diesem speziell geregelten Fall das Absehen von einer Entscheidung nur zulässig, wenn der Antrag unzulässig ist, also insb. dann, wenn Verfahrensvoraussetzungen fehlen,[55] oder soweit er

48 Pfeiffer, StPO, 5. Aufl. 2005, § 403 Vorbem. Rn. 2.

49 BGH, Beschl. v. 13.10.2021 – 4 StR 121/21, NStZ-RR 2022, 29.

50 BGH, Beschl. v. 18.12.1990 – 4 StR 532/90, NStZ 1991, 198; Pfeiffer, StPO, 5. Aufl. 2005, § 404 Rn. 6 hat die Rechtsänderung in § 406 Abs. 2 StPO – an dieser Stelle – offenbar übersehen.

51 BGH, Beschl. v. 14.10.1998 – 2 StR 436/98, NJW 1999, 437 = NStZ 1999, 155; BGH, Beschl. v. 21.08.2002 – 5 StR 291/02, NStZ 2003, 46.

52 Pfeiffer, StPO, 5. Aufl. 2005, § 406 Rn. 3.

53 AnwK-RVG/Schneider, VV 4143, 4144 Rn. 1, hat wohl nicht erkannt, dass jedenfalls für den Antrag auf Zahlung eines Schmerzensgeldes i.d.R. eine Entscheidung erzwungen werden kann.

54 OLG Hamburg, Beschl. v. 29.07.2005 – 1 Ws 92/05, NStZ-RR 2006, 347.

55 Köckerbauer, NStZ 1994, 305 (308).

unbegründet erscheint. Es genügt, wenn der Anspruch **unbegründet erscheint**, nicht erforderlich ist, dass er **unbegründet ist.**[56] Zweifel an der Begründetheit reichen also aus, um von einer Entscheidung absehen zu dürfen. Bei zulässigem und begründetem Schmerzensgeldantrag steht dem Gericht jedoch ein Ermessensspielraum nicht zu, weil es auf eine denkbare Verzögerung des Abschlusses des Verfahrens bei diesem Anspruch nicht ankommt. Das bedeutet, dass zum Schmerzensgeldanspruch zumindest ein Grundurteil ergehen muss,[57] in dem das Gericht auch eine Verzinsung des Schmerzensgeldanspruchs aussprechen kann.[58]

Demgegenüber hat der 3. Strafsenat des BGH von einer Entscheidung über einen Adhäsionsantrag 35 abgesehen, ohne die oben genannten Voraussetzungen auch nur zu erwähnen[59]. Er hat ausgeführt, dass unter Umständen schwierige zivilrechtliche Zurechnungsfragen zu klären seien, die das Strafverfahren nicht unerheblich verzögern könnten.

Kommt ein Mitverschulden des Antragstellers in Betracht, ist dies beim Grund[60]– und/oder Fest- 36 stellungsurteil in der Weise zu berücksichtigen, dass dem Anspruch unter Berücksichtigung des Mitverschuldens mit einer bestimmten Quote stattzugeben ist. Die stattgebende Entscheidung sieht damit zugleich teilweise von einer Entscheidung ab.[61]

Das BVerfG[62] hat eine Verletzung von Art. 3 I GG durch ein rechtsfehlerhaftes Absehen des Amts- 37 gerichts von der Entscheidung über Adhäsionsanträge gesehen. In den Leitsätzen heißt es dazu:

Wendet sich ein als Nebenkläger an einem Strafprozess beteiligter Beschwerdeführer dagegen, dass über seinen Adhäsionsantrag nicht entschieden wurde, so verlangt der Grundsatz der Subsidiarität nicht, vor Beschwerdeerhebung den Zivilrechtsweg zu beschreiten. Denn das Adhäsionsverfahren stellt sich für den Geschädigten im Regelfall als wesentlich günstiger dar als das Zivilverfahren (insb. Hinweis auf den Amtsermittlungsgrundsatz gemäß. § 244 Abs. 2 StPO; siehe auch BVerfG, Beschl. v. 27.12.2006, 2 BvR 958/06, BVerfGK 10, 142 <146>). Die dem Geschädigten durch den Gesetzgeber zugedachte prozessual vorteilhafte Stellung würde im Fall einer Verweisung auf den Zivilrechtsweg im Wege der Subsidiarität unterlaufen.

Zudem entfällt das Rechtsschutzbedürfnis für eine gegen die Versagung einer Adhäsionsentscheidung gerichtete Verfassungsbeschwerde nicht dadurch, dass der Geschädigte Schmerzensgeld in Erfüllung einer Bewährungsauflage erhält. Die faktisch bestehenden Vorteile einer Bewährungsauflage zur Leistung von Schmerzensgeld vermögen den rechtlichen Nachteil, keine Titulierung des Schmerzensgeldanspruchs zumindest dem Grunde nach erhalten zu haben, nicht auszugleichen. So erwächst dem Geschädigten selbst aus der Bewährungsauflage kein Vollstreckungstitel. Außerdem haften mehrere Schädiger nicht gesamtschuldnerisch.

Besonders verübelt hat das BVerfG dem Amtsrichter, dass dieser über den Schmerzensgeldantrag nicht dem Grunde nach entschieden hat, was ohne weiteres möglich gewesen wäre.

▶ Hinweis:

Wenn also umgekehrt das rechtskräftige Strafurteil eine Haftung dem Grunde nach bejaht 38 hat, ohne auf die Frage mitwirkenden Verschuldens einzugehen, ist die Berücksichtigung eines

56 Köckerbauer, NStZ 1994, 305 (309); dagegen vertritt Krumm, SVR 2007, 41 (44) die Auffassung, dass das Gericht nachvollziehbar erhebliche Zweifel an der Begründetheit darlegen muss, damit das Absehen von der Entscheidung nicht gegen die gesetzgeberische Intention zum Regelfall wird.

57 Ferber, NJW 2004, 2562 (2565).

58 Krumm, SVR 2007, 41 (46).

59 BGH, Beschl. v. 07.02.2013 – 3 StR 468/12, unveröffentlicht.

60 BGH, Beschl. v. 21.08.2002 – 5 StR 291/02, NJW 2002, 3560.

61 Vgl. auch BGH, Beschl. v. 27.01.2005 – 1 StR 549/04, NStZ-RR 2006, 261.

62 BVerfG, Beschl. v. 27.05.2020 – 2 BvR 2054/19, NJW 2020, 3774.

Mitverschuldens im nachfolgenden Zivilprozess nach §§ 406 Abs. 3 Satz 1 StPO, 318 ZPO nicht mehr zulässig.[63]

39 Das Strafurteil steht einem im Zivilrechtsweg erstrittenen Urteil gleich.[64] Die rechtskräftige Entscheidung des Strafgerichts bindet das Zivilgericht aber nur insoweit, als dem Antrag stattgegeben wurde. Das Urteil stellt einen Vollstreckungstitel dar, vgl. § 406b StPO; deshalb hat das Strafgericht das Urteil entsprechend den Vorschriften der ZPO für vorläufig vollstreckbar zu erklären, vgl. § 406 Abs. 3 Satz 4 StPO. Ohnehin entfaltet das Strafurteil keine Bindungswirkung für den (am Adhäsionsverfahren ja nicht beteiligten) Haftpflichtversicherer des Schädigers.[65]

40 Ein im Adhäsionsverfahren ergangenes rechtskräftiges Urteil über einen unbezifferten Schmerzensgeldantrag, mit dem dem Geschädigten einer gefährlichen Körperverletzung ein Schmerzensgeld zugesprochen und weiter festgestellt ist, dass der Schädiger verpflichtet ist, den aus der Tat entstandenen weiteren materiellen und immateriellen Schaden zu ersetzen, hindert die Geltendmachung eines weiteren Schmerzensgeldes im Zivilprozess, aber nur, wenn dem Antrag in voller Höhe stattgegeben wurde. Eine erneute Klage zwischen denselben Parteien über denselben Streitgegenstand ist gemäß § 322 ZPO unzulässig.[66] Lediglich Verletzungsfolgen, die zum Beurteilungszeitpunkt noch nicht eingetreten waren und deren Eintritt objektiv nicht vorhersehbar war, mit denen also nicht oder nicht ernstlich gerechnet werden musste, sogenannte Spätschäden und die deshalb zwangsläufig bei der Bemessung des Schmerzensgeldes unberücksichtigt bleiben müssen, werden von der vom Gericht ausgesprochenen Folge nicht umfasst und können deshalb die Grundlage für einen Anspruch auf weiteres Schmerzensgeld sein.

41 Gegen den zivilrechtlichen Teil des Strafurteils können weder der Antragsteller noch die StA noch der Privat- oder der Nebenkläger ein Rechtsmittel einlegen, vgl. § 406a Abs. 1 Satz 2 StPO, da sie nicht beschwert sind. Das ist nur dann anders, wenn der Antrag des Klägers im Adhäsionsverfahren vor Beginn der Hauptverhandlung gestellt worden ist und noch keine den Rechtszug abschließende Entscheidung ergangen ist. Dieser Fall wird nicht eintreten, denn welcher Richter wird vor Abschluss des Strafverfahrens über einen Antrag im Adhäsionsverfahren entscheiden und dadurch dem Kläger im Adhäsionsverfahren die Möglichkeit geben, ein Rechtsmittel einzulegen?

42 Eine Revision des Verletzten ist unzulässig, soweit er als Nebenkläger beanstandet, dass das LG davon abgesehen hat, auch über die Höhe des Schmerzensgeldes zu entscheiden und lediglich festgestellt hat, dass der Schmerzensgeldanspruch dem Grunde nach gerechtfertigt ist. Dem Verletzten steht im Adhäsionsverfahren ein Rechtsmittel auch insoweit nicht zu, als das Gericht von einer Entscheidung absieht. Über den Betrag findet die Verhandlung vor dem Zivilgericht statt.[67]

43 Dagegen kann der Angeklagte gegen ein stattgebendes Urteil mit den strafprozessualen Rechtsmitteln – Berufung und Revision – vorgehen. Dabei muss er den strafrechtlichen Teil des Urteils nicht anfechten.

44 Wird dagegen der Angeklagte in der Rechtsmittelinstanz freigesprochen, muss die dem Antrag stattgebende Entscheidung der Vorinstanz aufgehoben werden; dies gilt auch, wenn das Urteil insoweit nicht angefochten worden ist, vgl. § 406a StPO.

63 OLG Karlsruhe, Beschl. v. 26.05.2011 – 7 W 8/11, unveröffentlicht. Da nicht von der Hand zu weisen ist, dass ein in Zivilsachen nicht gleichermaßen kundiger Strafrichter aus schlichter Unkenntnis die Tenorierung eines Mitverschuldens im Adhäsionsprozess übersieht, kann es hierzu einer ungerechtfertigten Besserstellung des Geschädigten kommen. Es ist also bereits im Adhäsionsverfahren darauf hinzuwirken, dass das Mitverschulden des Geschädigten berücksichtigt wird.

64 Pfeiffer, StPO, 5. Aufl. 2005, Rn. 1 vor § 403.

65 BGH, Urt. v. 18.12.2012 – VI ZR 55/12, NJW 2013, 1163.

66 BGH, Urt. v. 20.01.2015 – VI ZR 27/14, NJW 2015, 1252; der BGH hält in dieser Entscheidung ausdrücklich fest an BGH, Urt. v. 24.05.1988 – VI ZR 326/87, NJW 1988, 2300.

67 BGH, Urt. v. 17.03.2004 – 2 StR 474/03, NStZ 2005, 262 = NStZ-RR 2004, 233.

▶ Praxistipp:

Der Verteidiger des Angeklagten wird immer zu berücksichtigen haben, dass den Strafgerichten eine revisionsfeste Begründung des Schmerzensgeldanspruchs i.d.R. nicht gelingt.[68] 45

Besonders die Strafsenate des BGH heben die Verurteilung des Täters zur Zahlung eines Schmerzensgeldes häufig auf, u.a. mit der – oft zutreffenden – Begründung, die Tatsacheninstanz habe nicht alle notwendigen tatsächlichen Feststellungen zu den Einkommens- und Vermögensverhältnissen des Täters getroffen; diese seien aber »regelmäßig erforderlich«.[69] Zudem berücksichtigen die Strafsenate des BGH im Gegensatz zu den Zivilgerichten die wirtschaftlichen Verhältnisse von Täter und Opfer sehr stark,[70] obwohl die Verurteilung zur Zahlung von Schmerzensgeld nicht in jedem Fall die ausdrückliche Erörterung der wirtschaftlichen Verhältnisse von Schädiger und Geschädigtem verlangt.[71] 46

Besonders nachteilig für den Antragsteller ist aber, dass die von den Strafgerichten im Adhäsionsverfahren ausgeurteilten Schmerzensgelder der Höhe nach meist völlig unzureichend sind. 47

- Das LG Landau verurteilte den Angeklagten wegen Vergewaltigung in zwei Fällen, davon in einem Fall in Tateinheit mit sexuellem Missbrauch eines Kindes, zu einer Gesamtfreiheitsstrafe von 6 Jahren und 6 Monaten und sprach der Adhäsionsklägerin ein Schmerzensgeld i.H.v. nur 5.000,00 € zu, was der BGH[72] nicht beanstandete.
- Das LG Wiesbaden verurteilte den Angeklagten wegen Vergewaltigung in zwei Fällen und zur Zahlung eines Schmerzensgeldes i.H.v. 2.500,00 €. Der BGH[73] meint dazu vollmundig: Da die Höhe des Schmerzensgeldes durch den Antrag, »ein angemessenes Schmerzensgeld« zuzusprechen, in das Ermessen des Gerichts gestellt wurde, ist in der Zuerkennung eines Betrages von 2.500,00 € von einem vollen Erfolg der Antragstellerin im Adhäsionsverfahren auszugehen, eine Auffassung, die der Rechtsprechung des VI. Zivilsenats des BGH krass widerspricht und die belegt, dass Strafrichter vom Zivilrecht – Schmerzensgeldrecht – nicht genügend verstehen.
- Das LG Erfurt verurteilte den Angeklagten wegen Vergewaltigung und wegen versuchter Nötigung zu einer Gesamtfreiheitsstrafe von 5 Jahren und 6 Monaten sowie zur Zahlung eines Schmerzensgeldes von 10.000,00 € an die Nebenklägerin. Der BGH[74] hob das Urteil (nur) wegen einer Verfahrensrüge auf.
- Das LG Wuppertal verurteilte den Angeklagten u.a. wegen Vergewaltigung zu einer Gesamtfreiheitsstrafe von 4 Jahren und sprach im Adhäsionsverfahren der Nebenklägerin ein Schmerzensgeld von 5.000,00 € zu. Auch diese Entscheidung bestätigte der BGH.[75]

Wie wenig von der Tendenz der Rechtsprechung zu höherem Schmerzensgeld bei den Strafgerichten angekommen ist, zeigen zwei Beispiele der Kölner Gerichtsbarkeit zum Schmerzensgeld, das im Adhäsionsverfahren geltend gemacht wurde:[76] 48

Der Angeklagte attackierte den Adhäsionskläger mit einem Fleischerbeil. Dieser zog sich bei diesem brutalen Vorgehen des Angeklagten Schnittwunden an zwei Fingern der Hand zu. Statt der geltend gemachten 2.000,00 € erkannte der Amtsrichter auf 400,00 €. Das noch nach einem Jahr vorhandene ziehende Stechen im Endglied eines Fingers bei Wetterwechsel sah der Richter als gerichtsbekanntes Symptom im Verlauf des Heilungsprozesses an.

68 Prechtel, ZAP, Fach 22, S. 399 (404).
69 BGH, Beschl. v. 07.07.2010 – 2 StR 100/10, NStZ 2010, 344; BGH, Urt. v. 27.02.2013 – 2 StR 206/12, unveröffentlicht.
70 BGH, Beschl. v. 14.10.1998 – 2 StR 436/98, NJW 1999, 437 = NStZ 1999, 155; so auch LG Mainz, Beschl. v. 25.06.1997 – 301 Js 24.998/96 – 1 Ks, StV 1997, 627.
71 BGH, Urt. v. 07.02.1995 – 1 StR 668/94, NJW 1995, 1438; Pfeiffer, StPO, 5. Aufl. 2005, § 403 Rn. 3.
72 BGH, Urt. v. 29.07.2003 – 4 StR 222/03, unveröffentlicht.
73 BGH, Urt. v. 03.07.2003 – 4 StR 173/03, unveröffentlicht.
74 BGH, Urt. v. 21.05.2003 – 2 StR 112/03, unveröffentlicht.
75 BGH, Urt. v. 27.03.2003 – 3 StR 435/02, NJW 2003, 2394 = NStZ 2003, 480.
76 Zitiert nach KStA v. 05.01.2007 und v. 01.02.2007.

49 Im zweiten Fall verurteilte die große Strafkammer des LG Bonn acht Männer, die eine 20 Jahre alte Frau 7 Std. mehrfach vergewaltigt, geschlagen, getreten und mit dem Tod bedroht hatten, zu Freiheitsstrafen von bis zu 11 Jahren und – man glaubt es kaum – zu einem Schmerzensgeld i.H.v. 20.000,00 €. Damit entfallen auf jeden Mittäter 2.500,00 €, ein lächerlich geringer Betrag. In der Literatur wird die Auffassung vertreten, dass in solchen Fällen ein Schmerzensgeld i.H.v. mehreren 100.000,00 € geschuldet wird.[77]

50 Auch das LG Essen[78] sprach einem Adhäsionskläger ein viel zu niedriges Schmerzensgeld zu. Ein Polizeibeamter verfolgte einen Straftäter und stürzte bei dem Versuch, diesen festzunehmen. Dabei erlitt er eine Trümmerfraktur am Ringfinger der linken Hand, die operativ versorgt werden musste. Der Verletzte wurde 6 Tage stationär behandelt und musste weitere 11 Tage Gips tragen. Die vollständige Beweglichkeit des Fingers konnte nicht wieder hergestellt werden. Das zuerkannte Schmerzensgeld i.H.v. 2.000,00 € ist wegen des Dauerschadens deutlich zu niedrig.

51 Die Zahl der Entscheidungen, die im Adhäsionsverfahren viel zu niedrige Schmerzensgelder aussprechen, ließe sich fortsetzen. Entscheidungen mit auch nur als vertretbar zu bezeichnenden angemessenen Schmerzensgeldern sind nicht veröffentlicht, es gibt sie eher nicht. Bei näherer Betrachtung der ausgeurteilten Beträge kann man vermuten, dass den Tatrichtern die Rechtsprechung der Zivilgerichte zur Bemessung des Schmerzensgeldes schlichtweg unbekannt waren. *Velten*[79] führt den mangelnden Erfolg der Adhäsionsverfahren auf die »Scheu der Strafrichter vor dem Zivilrecht« zurück.

52 Das gilt insb. im Verkehrsrecht; hier kamen in der Vergangenheit Adhäsionsverfahren kaum vor, weil die Gerichte die Entscheidung mühelos ablehnen konnten und weil der Versicherer nicht in das Verfahren einbezogen werden kann. Nach der Neuregelung des Adhäsionsverfahrens haben auch im Verkehrsrecht das Adhäsionsverfahren an Bedeutung gewonnen, zumal der Fachanwalt für Verkehrsrecht auch in der Geltendmachung von Körperschäden geschult ist; dies ist bislang aber nicht in erheblichem Umfang geschehen.

53 In Adhäsionsverfahren, deren Entscheidung vom BGH im Revisionsverfahren überprüft wird, wenn also die Angeklagten wegen eines Verbrechens, wie Vergewaltigung, Mord, Mordversuch, Raub oder gefährlicher Körperverletzung verurteilt wurden, fallen die im Adhäsionsverfahren ausgeurteilten Schmerzensgelder meist viel zu niedrig aus.

54 Ist ein Berichterstatter bezüglich des Adhäsionsantrags unvorbereitet in die Hauptverhandlung gegangen, bleibt ihm in der Praxis dann keine Zeit mehr sich zu informieren. Die Hauptverhandlung ist geschlossen, die Richter, oft mit Laienrichtern, müssen zu einer Entscheidung kommen. In der Beratung kommt es auf das Schmerzensgeld erst an, wenn Einigkeit besteht, den Angeklagten zu verurteilen. Strafrichter messen der Bemessung des Schmerzensgeldes dann nur selten Bedeutung zu. Oft werden Adhäsionskläger, in Vergewaltigungsfällen und bei sexuellem Missbrauch meist Frauen oder Kinder, zudem von einem Strafverteidiger vertreten, der sich in der Regel in der Bemessung des Schmerzensgeldes nicht auskennt. Er hat oft ein Schmerzensgeld beantragt, das *mindestens 5.000 €* betragen soll, der Höhe nach aber in das Ermessen des Gerichts gestellt wird.

55 Damit ist vorgegeben, wie das Gericht entscheiden wird.[80] Die Richter sind dann allerdings zu Unrecht der Meinung, dem Adhäsionskläger das Schmerzensgeld zuerkannt zu haben, das er beantragt hat, wenn sie 5.000 € zusprechen. Das ließe sich allerdings verhindern, wenn der Tatrichter die Rechtsprechung kennen würde, dass es nach ständiger Rechtsprechung gestattet ist, ein auch wesentlich höheres Schmerzensgeld zuzuerkennen als den genannten Mindestbetrag. Ein solcher Hinweis durch den Anwalt des Adhäsionsklägers ist immer geboten, weil diese Rechtsprechung des BGH leider immer noch nicht bei allen Richtern und Anwälten angekommen ist und immer wieder

77 Vgl. Kap. 4 Rdn. 38 ff.
78 LG Essen, Urt. v. 22.11.2006 – 30 Ns 202/06/6 Js 462/05, unveröffentlicht.
79 Velten in Systematischer Kommentar zur StPO, vor § 403 Rn. 4.
80 Jaeger, Anm. zu OLG Hamm, Urt. v. 16.02.2016 – 26 U 18/15, MedR 2017, 48 ff. (51 f.).

missbeachtet wird. Deshalb bedarf es immer wieder neu des entsprechenden *Hinweises des Gerichts an die Anwälte und der Anwälte an das Gericht.*

Die weitere Folge einer solchen Verfahrensweise sehen die Richter ohnehin nicht: Der Adhäsionskläger ist durch diese Entscheidung, wenn sie rechtskräftig wird, mit einer Zivilklage auf Zahlung eines höheren Schmerzensgeldes ausgeschlossen, weil über das Schmerzensgeld abschließend rechtskräftig entschieden ist.[81] 56

Bemüht sich der Angeklagte um Schadensausgleich, ist vom Gericht zu prüfen, ob von der Strafmilderungsmöglichkeit des § 46a Nr. 1 StGB Gebrauch zu machen ist. Das gilt selbst dann, wenn diese Ausgleichsbemühungen erst sehr spät – 10 Jahre nach Beginn der Taten und 3 Jahre nach Anzeigenerstattung – beginnen.[82]

▶ Praxistipp:

Von der Möglichkeit, nach einem Verkehrsunfall den Schmerzensgeldanspruch im Adhäsionsverfahren geltend zu machen, ist deshalb nicht mehr grds. abzuraten.[83] 57

Obwohl der Anwalt des Geschädigten nicht immer davon ausgehen kann, dass Strafrichter sich mit der Rechtsprechung zum Schmerzensgeld hinreichend befasst haben und die Gefahr besteht, dass sie sich mit diesen Fragen erst beschäftigen werden, wenn alle Feststellungen zur Schuld des Täters getroffen sind, was häufig erst unmittelbar vor den Plädoyers der Fall ist, sind sie doch gezwungen, den Schmerzensgeldanspruch zu entscheiden. Sie können die Entscheidung nicht mit der Begründung verweigern, das Adhäsionsverfahren eigne sich nicht.

Sollte der Urteilsausspruch zugunsten des Verletzten ausfallen und in Rechtskraft erwachsen, hat sich das Adhäsionsverfahren jedenfalls dann gelohnt, wenn der Schädiger zahlungsfähig ist, zumal ein etwaiger Freistellungsanspruch des Angeklagten gegen den Haftpflichtversicherer gepfändet werden kann.

2. Vergleich zwischen dem Verletzten und dem Angeklagten, § 405 StPO

Auf Antrag des Verletzten und des Angeklagten nimmt das Gericht einen Vergleich über die aus der Straftat erwachsenen Ansprüche in das Protokoll auf. Diese Bestimmung schafft die Möglichkeit eines vollstreckbaren Titels in Form eines gerichtlich protokollierten Vergleichs. Sein Abschluss ist möglich, unabhängig davon, ob der Angeklagte verurteilt wird oder nicht. Der Vergleich muss nicht auf vermögensrechtliche Ansprüche begrenzt werden; er kann z.B. auch eine Ehrenerklärung zugunsten des Geschädigten enthalten.[84] 58

▶ Praxistipp:

Die Vollstreckung des Vergleichs und/oder des Urteils im Adhäsionsverfahren richtet sich nach den Vorschriften, die für die Vollstreckung von Urteilen und Prozessvergleichen in bürgerlichen Rechtsstreitigkeiten gelten, § 406b StPO. 59

Die Zuständigkeit für die Entscheidung über Abänderungsklagen wird mit einem Verweis auf § 323 ZPO ausdrücklich geregelt.

81 BGH, Urt. v. 20.01.2015 – VI ZR 27/14, VersR 2015, 772 = NJW 2015, 1252 = DAR 2015, 578; Gerlach, Die prozessuale Behandlung von Schmerzensgeldanträgen, VersR 2000, 525.
82 BGH, Beschl. v. 21.09.2006 – 4 StR 386/06, NStZ-RR 2006, 373.
83 So noch auf der Grundlage des früheren Rechts in der zweiten Aufl., dort Rn. 926.
84 Pfeiffer, StPO, 5. Aufl. 2005, § 405 Rn. 2.

3. Das Absehen von einer Entscheidung

60 Eine wesentliche Änderung hat das Opferrechtsreformgesetz dadurch gebracht, dass es für das Gericht die Möglichkeiten beschränkt hat, von einer Entscheidung abzusehen, sodass das Gericht gehalten ist, über die im Adhäsionsverfahren gestellten Anträge zu entscheiden. Es kann von einer Entscheidung über den Schmerzensgeldanspruch zunächst absehen, wenn ein Antrag unzulässig ist oder soweit er unbegründet erscheint; i.Ü. kann es von einer Entscheidung über materielle Ansprüche nur absehen, wenn sich der Antrag auch unter Berücksichtigung der berechtigten Belange des Antragstellers zur Erledigung im Strafverfahren nicht eignet, vgl. § 406 Abs. 1 Satz 3, 4 StPO. Nach dem Gesetz ist der Antrag insb. dann zur Erledigung im Strafverfahren nicht geeignet, wenn seine weitere Prüfung, auch soweit eine Entscheidung nur über den Grund oder einen Teil des Anspruchs in Betracht kommt, das Verfahren erheblich verzögern würde. Eine nur geringfügige Verzögerung der Verfahrensdauer kann deshalb – im Gegensatz zum früheren Recht – keine Verzögerung i.S.d. § 405 Satz 2 StPO sein.[85]

61 Die Forderung des Gesetzes, dass nunmehr eine etwaige Verzögerung des Verfahrens »erheblich« sein muss, bedeutet zwar eine wesentliche Einschränkung der Ablehnungsmöglichkeit durch das Gericht. Man kann aber sicher sein, dass es dem Strafrichter nicht schwerfallen wird, diese Voraussetzungen zu begründen, zumal die mangelnde Eignung des geltend gemachten Anspruchs für das Strafverfahren insb. schon gegeben sein kann, wenn die zu entscheidende zivilrechtliche Frage schwierig ist oder eine besondere Sachkunde des Gerichts erfordert. Das konnte nach altem Recht z.B. dann der Fall sein, wenn die Aufteilung des Schmerzensgeldes in Kapital und Rente gefordert wurde[86] oder wenn der Schadensersatzanspruch außergewöhnlich hoch war,[87] wenn die wirtschaftlichen Verhältnisse des Antragstellers von Bedeutung sein konnten, wenn Ersatz aller künftigen materiellen und immateriellen Schäden aus einer Verletzung verlangt wurde, wenn die abschließende Beurteilung der Verletzungsfolgen durch Sachverständigengutachten zu klären war oder wenn der Antragsteller die Feststellung der Haftung des Antragsgegners zu 100 % anstrebte, wodurch über die schwierige bürgerlich-rechtliche Rechtsfrage des Umfangs eines Mitverschuldens des Verletzten zu entscheiden war, was nicht Sache der Strafkammer sein soll.[88]

62 Eine erhebliche Verzögerung liegt aber dann vor, wenn die Entscheidung des Strafverfahrens vertagt werden müsste, oder wenn ein neuer Termin für eine zusätzliche Beweisaufnahme allein für den zivilrechtlichen Anspruch erforderlich wäre.[89] Da aber über den Schmerzensgeldanspruch regelmäßig ein Grundurteil ergehen kann, dürfte i.d.R. eine unvertretbare Verfahrensverzögerung kaum zu begründen sein.[90] Ob dem Verletzten mit einem Grundurteil geholfen ist, erscheint aber fraglich. Das Betragsverfahren muss anschließend vor dem Zivilgericht stattfinden. Immerhin kann durch das Grundurteil rechtskräftig festgestellt sein, dass den Verletzten kein Mitverschulden trifft.

63 Eine (rechtskräftige) Klageabweisung kommt im Adhäsionsverfahren nicht in Betracht, es gibt keine negative Sachentscheidung.[91] Ist der Anspruch nicht begründet oder wird der Angeklagte freigesprochen, sieht das Gericht von einer Entscheidung ab. Nachteilig für den Antragsteller kann dann nur eine für ihn ungünstige Kostenentscheidung sein.

64 Erwägt das Gericht, aus welchem Grund auch immer, von einer Entscheidung über den Antrag abzusehen, weist es die Verfahrensbeteiligten so früh wie möglich darauf hin, § 406 Abs. 5 StPO.

---

85 Köckerbauer, NStZ 1994, 305 (309); Pfeiffer, StPO, 5. Aufl. 2005, § 406 Rn. 3.
86 BGH, Urt. v. 15.05.2003 – 3 StR 119/03, unveröffentlicht.
87 LG Mainz, Beschl. v. 25.06.1997 – 301 Js 24. 998/96 – 1 Ks, StV 1997, 627.
88 In dieser Kumulation wohl einmalig: LG Mainz, Beschl. v. 25.06.1997 – 301 Js 24. 998/96 – 1 Ks, StV 1997, 627.
89 Köckerbauer, NStZ 1994, 305 (309).
90 Pfeiffer, StPO, 5. Aufl. 2005, § 406 Rn. 4.
91 BGH, Urt. v. 13.05.2003 – 1 StR 529/02, NStZ 2003, 565; Köckerbauer, NStZ 1994, 305 (308).

Praxistipp:

Es ist kaum damit zu rechnen, dass das Gericht dieser Hinweispflicht rechtzeitig nachkommen wird. Der Anwalt hat dann die Möglichkeit, diesen Verfahrensfehler zu rügen und energisch auf eine Entscheidung im Adhäsionsverfahren zu drängen und darauf hinzuweisen, dass die Entscheidung und nicht das Absehen von der Entscheidung der Regelfall ist. 65

Das Gericht sollte auch darauf hingewiesen werden, dass das Absehen von einer Entscheidung, ohne dass die engen Voraussetzungen vorliegen, verfassungswidrig ist. 66

Das BVerfG[92] hat seiner Entscheidung unter anderem folgende Orientierungssätze vorangestellt:

Das Rechtsschutzbedürfnis für eine gegen die Versagung einer Adhäsionsentscheidung gerichtete Verfassungsbeschwerde entfällt nicht dadurch, dass der Geschädigte Schmerzensgeld in Erfüllung einer Bewährungsauflage erhält. Die faktisch bestehenden Vorteile einer Bewährungsauflage zur Leistung von Schmerzensgeld vermögen den rechtlichen Nachteil, keine Titulierung des Schmerzensgeldanspruchs zumindest dem Grunde nach erhalten zu haben, nicht auszugleichen. So erwächst dem Geschädigten selbst aus der Bewährungsauflage kein Vollstreckungstitel. Außerdem haften mehrere Schädiger nicht gesamtschuldnerisch.

Die Auslegung und Anwendung von Verfahrensrecht kann – wenn sie willkürlich gehandhabt wird – gegen Art 3 Abs. 1 GG verstoßen (vgl. BVerfG, Beschl. v. 29.04.1980 – 2 BvR 1441/79, BVerfGE 54, 117 <125>).

Das Absehen des AG von einer Entscheidung über die Adhäsionsanträge stellt sich hier als unter keinem denkbaren Aspekt rechtlich vertretbar dar.

Das Gericht hat die Einschränkung der Voraussetzungen für das Absehen von einer Entscheidung in § 406 Abs. 1 Satz 6 StPO nicht in Betracht gezogen. Es hat außerdem die Möglichkeit, die Entscheidung über den Antrag auf Zuerkennung von Schmerzensgeld auf ein Grundurteil zu beschränken, nicht erwogen.

Vorliegend konnten Befürchtungen der Verfahrensverzögerung das Absehen von der Entscheidung nicht rechtfertigen.

Diese Entscheidung sollte jeder Anwalt eines Adhäsionsklägers dem Gericht in Ablichtung überreichen.

Das Gericht kann jedoch auch teilweise von einer Entscheidung absehen. Stellt der Verletzte den Antrag, den Angeklagten zur Zahlung eines Schmerzensgeldes i.H.v. 12.000,00 € zu verurteilen, entspricht das Gericht diesem Antrag aber nur i.H.v. 10.000,00 €, darf es die weitergehende Klage nicht etwa abweisen. Das Gericht muss vielmehr das teilweise Absehen von einer Entscheidung im Tenor des Teilendurteils zum Ausdruck bringen.[93] 67

4. Rechtsmittel

Ein nach § 406 Abs. 5 Satz 2 StPO ergehender Beschluss, mit dem von einer Entscheidung über den Antrag abgesehen wird, kann vom Antragsteller mit der **sofortigen Beschwerde** angefochten werden, wenn der Antrag vor Beginn der Hauptverhandlung gestellt worden ist und (noch) keine den Rechtszug abschließende Entscheidung ergangen ist. I.Ü. steht dem Antragsteller kein Rechtsmittel zu, § 406a Abs. 1 StPO. 68

92 BVerfG, Beschl. v. 27.05.2020 – 2 BvR 2054/19, NJW 2020, 3774.

93 OLG Frankfurt am Main, Beschl. v. 10.06.2003 – 2 Ws 01/03, NStZ 2003, 565; Meyer-Goßner, StPO, § 405 Rn. 5.

69 Soweit das Gericht dem Antrag stattgibt, kann der Angeklagte die Entscheidung auch ohne den strafrechtlichen Teil des Urteils mit dem sonst zulässigen Rechtsmittel anfechten, § 406a Abs. 2 StPO.

70 Die dem Antrag stattgebende Entscheidung ist aufzuheben, wenn der Angeklagte unter Aufhebung der Verurteilung wegen der Straftat, auf welche die Entscheidung über den Antrag gestützt worden ist, weder schuldig gesprochen noch gegen ihn eine Maßregel der Besserung und Sicherung ausgesprochen wird. Das gilt auch, wenn das Urteil insoweit nicht angefochten ist, § 406a Abs. 3 StPO.

71 Allerdings führt eine Aufhebung und Zurückverweisung – da es eben noch an einer endgültigen Sachentscheidung fehlt – nicht dazu, dass die Entscheidung über den Adhäsionsantrag automatisch aufgehoben wird. Zwar deckt der Wortlaut des § 406a Abs. 3 StPO auch die Aufhebung durch eine zurückweisende Entscheidung des Revisionsgerichts, der BGH[94] legt die Norm aber nach Sinn und Zweck dahin aus, dass die nicht angefochtene Entscheidung über den Adhäsionsantrag von der Aufhebung des Urteils i.Ü. unberührt bleibt, wenn die Sache zur neuen Verhandlung und Entscheidung zurückverwiesen wird. Über eine Aufhebung ist dann vom Tatrichter auf der Grundlage des Ergebnisses der neuen Hauptverhandlung zu entscheiden.[95]

VI. Kosten und Gebühren

1. Die Kostenentscheidung

72 Gem. § 472a StPO trägt der Angeklagte die durch den Adhäsionsantrag entstandenen besonderen Kosten und Auslagen des Antragstellers, wenn der Antrag vollen Erfolg hatte.

73 Sieht das Gericht dagegen von einer Entscheidung ab oder wird ein Teil des Anspruchs nicht zuerkannt, entscheidet das Gericht nach pflichtgemäßem Ermessen darüber, wer die entstandenen gerichtlichen Auslagen und die den Beteiligten erwachsenen notwendigen Auslagen trägt. Die gerichtlichen Auslagen können auch der Staatskasse auferlegt werden, wenn es unbillig wäre, die Beteiligten damit zu belasten.

2. Die Anwaltsvergütung

74 Die Gebühren des Anwalts ergeben sich aus VV 4143 bis 4144 RVG. Sie entstehen neben allen Gebühren der VV 4100 ff.[96] In der Praxis herrscht nach der gesetzlichen Neuregelung weiterhin (zu Unrecht) die Befürchtung, dass mit diesem Verfahren Gebührenverluste verbunden seien.[97] Für die Tätigkeit im Adhäsionsverfahren erhält der Anwalt, der für den Geschädigten tätig wird, ebenso zwei Gebühren wie der Anwalt, der den Antragsgegner (Angeklagten) im Adhäsionsverfahren vertritt.[98] Sie gelten auch für den Anwalt, der ausschließlich damit beauftragt ist, die erhobenen Ansprüche abzuwehren, ohne gleichzeitig Verteidiger zu sein.

75 VV 4143 regelt die Vergütung des Anwalts, wenn vermögensrechtliche Ansprüche im erstinstanzlichen Verfahren geltend gemacht werden; die Vorschrift gilt aber auch dann, wenn die Ansprüche erstmals im Berufungsverfahren erhoben werden. Wird derselbe Anwalt anschließend wegen desselben Anspruchs[99] im bürgerlichen Rechtsstreit tätig, wird die Gebühr zu 1/3 auf die Verfahrensgebühr angerechnet, VV 4143 Abs. 2. Wird die Berufung auch über die im Adhäsionsverfahren geltend gemachten Ansprüche geführt, richtet sich die Vergütung nach VV 4144, eine Anrechnung

94 BGH, Urt. v. 28.11.2007 – 2 StR 477/07, NJW 2008, 1239; ebenso zum alten Recht BGH, Urt. v. 23.09.1952 – 1 StR 16/50, NJW 1952, 1347 und BGH, Beschl. v. 02.02.2006 – 4 StR 570/05, NJW 2006, 1890 (1891).
95 BGH, Urt. v. 28.11.2007 – 2 StR 477/07, NJW 2008, 1239.
96 AnwK-RVG/Schneider, VV 4143, 4144 Rn. 19.
97 AnwK-RVG/Schneider, VV 4143, 4144 Rn. 1.
98 AnwK-RVG/Schneider, VV 4143, 4144 Rn. 5.
99 Vgl. hierzu im Einzelnen: AnwK-RVG/Schneider, VV 4143, 4144 Rn. 26 ff.

dieser Gebühren im Zivilprozess ist nicht vorgesehen.[100] Das gilt auch dann, wenn die strafrechtliche Verurteilung nicht angefochten wird, dann betrifft die Tätigkeit im Rechtsmittelverfahren nur noch die vermögensrechtlichen Ansprüche.[101]

Im vorbereitenden Verfahren kann eine Gebühr nach VV 4143 nicht entstehen.[102] Im Berufungs- 76
und Revisionsverfahren erhält der Anwalt nach VV 4144 eine 2,5-Gebühr, aber nur, wenn die vermögensrechtlichen Ansprüche bereits erstinstanzlich anhängig waren. Ist dies nicht der Fall, entsteht nur die Gebühr nach VV 4143. Darauf, ob der Berufungsanwalt bereits erstinstanzlich tätig war, kommt es nicht an. Es kommt nicht darauf an, ob der Anwalt ausschließlich hinsichtlich der im Adhäsionsverfahren erhobenen Ansprüche tätig wird, also nicht auch in der Strafsache selbst, oder ob er zusätzlich als Verteidiger oder Vertreter des Nebenklägers oder eines anderen Beteiligten ist.[103] Da eine Verweisung auf die Einigungsgebühr fehlt, entsteht diese im Fall eines Vergleichs.[104] Erfasst dieser auch nicht anhängige Ansprüche, erhöht sich die Gebühr der VV 4143, 4144 entsprechend um den Wert dieser Ansprüche.[105]

Die Gebühren entstehen mit der ersten Tätigkeit, also i.d.R. mit der Entgegennahme der Informa- 77
tion, und nicht erst, wenn der Anwalt ggü. dem Gericht tätig wird.[106]

B. Geltendmachung von Schmerzensgeldansprüchen im Zivilprozess

I. Gerichtsstand

Es ist zu überlegen, aus welchem **Rechtsgrund** der Schmerzensgeldanspruch hergeleitet wird, aus 78
Vertrag, unerlaubter Handlung oder Gefährdungshaftung. Überlegungen zum Gerichtsstand sind insb. dann angebracht, wenn **mehrere Beklagte als Gesamtschuldner** in Anspruch genommen werden sollen.

Der Kläger hat z.B. die Wahl, einen Beklagten am **allgemeinen Gerichtsstand**, § 12 ZPO, oder am 79
besonderen Gerichtsstand der unerlaubten Handlung, § 32 ZPO, zu verklagen. Nach Einfügung des § 17 Abs. 2 GVG ist in der Rechtsprechung allgemein anerkannt, dass der Rechtsstreit an dem gewählten Gerichtsstand unter allen in Betracht kommenden rechtlichen Gesichtspunkten zu entscheiden ist.[107]

II. Kläger

Kläger ist i.d.R. der **Verletzte** selbst. Natürlich kann auch ein **Dritter aus abgetretenem Recht** kla- 80
gen, insoweit bestehen keine Besonderheiten. Die Eröffnung eines Insolvenzverfahrens über das Vermögen des Klägers führt zur Unterbrechung des Prozesses, § 240 ZPO.[108]

Kläger kann aber auch der **Erbe** des Verletzten sein, denn seit 1990 ist der Schmerzensgeldanspruch 81
abtretbar und vererblich. Bei einer Klage des Erben ist zugleich zu prüfen, ob dem Erben ein eigener Schmerzensgeldanspruch zusteht, wenn er durch den Tod des nahen Angehörigen einen Schock erlitten hat, dem Krankheitswert zukommt. Ebenso ist an das Hinterbliebenengeld für Angehörige, § 844 Abs. 3 BGB, zu denken.

100 AnwK-RVG/Schneider, VV 4143, 4144 Rn. 3.
101 AnwK-RVG/Schneider, VV 4143, 4144 Rn. 8.
102 AnwK-RVG/Schneider, VV 4143, 4144 Rn. 12.
103 AnwK-RVG/Schneider, VV 4143, 4144 Rn. 2.
104 AnwK-RVG/Schneider, VV 4143, 4144 Rn. 4.
105 AnwK-RVG/Schneider, VV 4143, 4144 Rn. 18, 23 ff.
106 AnwK-RVG/Schneider, VV 4143, 4144 Rn. 17.
107 Zöller/Vollkommer, § 12 Rn. 21 und § 32 Rn. 20. Der BGH hat dies mit Beschl. v. 10.12.2002 – ARZ 208/02, BGHZ 153, 173 ff. = NJW 2003, 828 ausdrücklich bestätigt; s.a. Luckey, VRR 2005, 44 (45).
108 AG Kassel, Urt. v. 06.03.2014 – 40 C 509/11, ZInsO 2014, 1352.

82 Die **gesetzlichen Krankenkassen** sollen – neben dem Regress aus übergegangenem Recht aus § 116 SGB X – den Geschädigten bei der Durchsetzung seiner **Ersatzansprüche wegen Behandlungsfehlern gegen den Arzt unterstützen, § 66 SGB V,** und machen dies auch oft, schon um ihrem eigenen Regressprozess aus § 116 SGB X bereits frühzeitig den »Boden zu bereiten«. Darüber hinaus haben sie aber nach Meinung des OLG Koblenz[109] **kein Recht zur Nebenintervention** im Ersatzprozess des Versicherten: Das rein wirtschaftliche Interesse reiche nicht aus und ein rechtliches Interesse bestehe nicht, da der Prozess des Geschädigten nur Ansprüche umfassen könne, die gerade nicht auf die Krankenkasse übergegangen sind, § 116 SGB X. Die Entscheidung ist fragwürdig: Dass die Gutachten dieses Prozesses nach § 411a ZPO gleichwohl im Regressprozess verwertbar wären, war für das OLG Koblenz kein Grund, eine Nebenintervention für zulässig zu erachten: Die Krankenkasse könne ebenso gut den Regressprozess bereits jetzt führen und dort Gutachten einholen lassen.

III. Klagegegner – Beklagter

83 Die Klage ist gegen den **Schädiger** zu richten. Beruht der Körperschaden auf einem Verkehrsunfall, müssen i.d.R. **Fahrer, Halter und Versicherer als Gesamtschuldner** verklagt werden. Außerhalb von § 115 VVG fehlt es aber an der Passivlegitimation der Haftpflichtversicherung, die daher in diesen Fällen **nicht** verklagt werden kann.

IV. Inhalt des Anspruchs

84 Der Schmerzensgeldanspruch ist **unteilbar**. Der Anspruch ist i.d.R. für Vergangenheit und Zukunft geltend zu machen. Es ist nicht zulässig, den Schmerzensgeldanspruch auf bestimmte Körperteile, bestimmte Verletzungen oder auf Zeitabschnitte gegenständlich zu beschränken. Deshalb umfasst der **Klageantrag** grds. das **gesamte Schmerzensgeld.**[110] Insb. ist es i.d.R. nicht möglich, den Schmerzensgeldanspruch auf den in der Vergangenheit liegenden Zeitraum zu beschränken.[111] Die **Zuerkennung eines zeitlich begrenzten Teilschmerzensgeldes** würde die Gefahr einer sukzessiven Geltendmachung bedeuten. Der Geschädigte wäre schon aufgrund bloßen Zeitablaufs zur Geltendmachung von Nachforderungen berechtigt.

▶ Hinweis:

85 Grds. gilt: Durch den zuerkannten Betrag werden all diejenigen Schadensfolgen abgegolten, die entweder bereits eingetreten und objektiv erkennbar waren oder deren Eintritt jedenfalls vorhergesehen und bei der Entscheidung berücksichtigt werden konnte.[112] Die Schnittlinie zwischen Vergangenheit und Zukunft bildet i.d.R. der Zeitpunkt der letzten mündlichen Verhandlung, jedenfalls nicht ein vom Geschädigten wählbarer früherer Zeitpunkt.[113]

Können die künftigen Beeinträchtigungen oder die Grundlagen der endgültigen Bemessung noch nicht übersehen werden, kann der Geschädigte für den Zeitabschnitt, der eine Bemessung des Schmerzensgeldes gestattet, auf Leistung und daneben auf Feststellung der Ersatzpflicht des Schädigers klagen, etwa dergestalt, dass das Schmerzensgeld auf den Zeitpunkt der letzten mündlichen Verhandlung begrenzt wird und i.Ü. die Einstandspflicht für die Zukunft festgestellt wird.[114]

---

109 OLG Koblenz, Beschl. v. 14.04.2009 – 5 U 309/09, VersR 2009, 994.

110 OLG Hamm, Urt. v. 11.02.2000 – 9 U 204/99, ZfS 2000, 247 = NJW-RR 2000, 1623; vgl. Henke, S. 48.

111 OLG Düsseldorf, Urt. v. 03.07.1995 – 1 U 134/94, NJW-RR 1996, 927.

112 BGH, Urt. v. 20.01.2004 – VI ZR 70/03, VersR 2004, 1334; ebenso BGH, Urt. v. 10.07.2018 – VI ZR 259/15, VerSR 108, 1462.

113 OLG Oldenburg, Urt. v. 20.10.1987 – 12 U 36/87, NJW-RR 1988, 615; OLG Düsseldorf, Urt. v. 03.07.1995 – 1 U 134/94, NJW-RR 1996, 927; OLG Stuttgart, Urt. v. 12.02.2003 – 3 U 176/02, NJW-RR 2003, 969.

114 BGH, Urt. v. 22.04.1975 – VI ZR 50/74, NJW 1975, 1463; OLG Hamm, Urt. v. 23.03.2000 – 6 U 205/99, SP 2000, 376; OLG Celle, Urt. v. 29.09.2010 – 14 U 9/10, unveröffentlicht; krit. aber letzt-

In einem solchen Fall hat der Geschädigte auch die Wahl, ob er hinsichtlich etwaiger Zukunftsschäden einen immateriellen Vorbehalt geltend machen will (aufgedeckte Teilklage) oder ob er einen alle immateriellen Zukunftsschäden umfassenden Schmerzensgeldantrag stellen will.[115] Dieser deckt dann, quasi als »Risikozuschlag«, die Möglichkeit späterer Schäden ab.[116] Nur im Fall gänzlich unvorhergesehener weiterer Schäden – die von der Rechtskraft des Vorprozesses nicht umfasst sind – bleibt dann eine Nachforderung möglich. Der Umfang dessen, was das Schmerzensgeld des Erstprozesses abdeckt und was daher rechtskräftig beschieden ist, beurteilt sich nicht nach dem, was Kläger und damaliges Gericht meinten, sondern objektiv.[117] 86

Zur offenen oder aufgedeckten Teilklage hat sich die Rechtsprechung, insb. die des BGH, weiterentwickelt: 87

Ein Schmerzensgeld kann zeitlich begrenzt bis zur letzten mündlichen Verhandlung gefordert werden, wenn die Schadensentwicklung zu diesem Zeitpunkt noch nicht abgeschlossen und überschaubar ist.[118] Sie ist also zulässig für solche Verletzungsfolgen, die im Zeitpunkt der letzten mündlichen Verhandlung noch nicht eingetreten waren und deren Eintritt objektiv nicht vorhersehbar war, d.h. mit denen nicht oder nicht ernstlich zu rechnen war.[119]

Wird bei einem gesundheitlichen Dauerschaden der Schmerzensgeld-Leistungsantrag in der Klagebegründung ausschließlich mit denjenigen immateriellen Beeinträchtigungen begründet, die der Kläger bis zu einem bestimmten Zeitpunkt erlitten hat, handelt es sich um eine offene Teilklage. Sämtliche immateriellen Folgen in der Zeit nach diesem Zeitpunkt (Schmerzen, Bewegungseinschränkungen, ärztliche Behandlungen etc.) werden von dem im Urteil zuerkannten Teilschmerzensgeld nicht erfasst.[120] 88

Dem Geschädigten muss in einem solchen Fall für den bisher überschaubaren Zeitraum ein Schmerzensgeld zugesprochen werden, sodass dieses zuerkannte Schmerzensgeld sich ggü. einer durch die spätere Entwicklung bedingten weiteren Schmerzensgeldforderung als Teilschmerzensgeld darstellt. In einem solchen Fall kann der Geschädigte über den ausgeurteilten Betrag hinaus einen weiteren Schmerzensgeldanspruch nur geltend machen, wenn nach Schluss der mündlichen Verhandlung Schäden auftreten, die vom Streit- und Entscheidungsgegenstand des vorausgegangenen Schmerzensgeldprozesses nicht erfasst sind, sodass dessen Rechtskraft der Geltendmachung nicht entgegensteht. 89

Schließen die Parteien einen Vergleich, umfasst dieser (wenn keine Sondervereinbarung getroffen wird, vgl. ausführlich Rdn. 292 ff.) alle naheliegenden Verletzungsfolgen, die bei Abschluss des Vergleichs hätten berücksichtigt werden können.[121] 90

Es ist nicht ganz klar, was der BGH meint, wenn er sagt, die Schadensentwicklung »darf nicht abgeschlossen und überschaubar sein und Verletzungsfolgen waren im Zeitpunkt der letzten mündlichen 91

---

lich zustimmend, Lemcke, r+s 2000, 309; Müller, VersR 1998, 129 (138). Gute Zusammenfassung bei OLG Düsseldorf, Urt. v. 27.04.2021 – 1 U 152/20, VersR 2022, 326.

115 So schon OLG Saarbrücken, Urt. v. 18.11.2003 – 3 U 804/01–27, ZfS 2005, 287; eingehend dazu Diederichsen, VersR 2005, 433 (440) und DAR 2005, 301 (312); eher ablehnend dazu Klutenius/Karwatzki, MDR 2006, 667 (668).

116 OLG Karlsruhe, Beschl. v. 15.12.2009 – 7 U 145/08, VersR 2010, 924.

117 OLG Karlsruhe, Beschl. v. 15.12.2009 – 7 U 145/08, VersR 2010, 924.

118 So bereits OLG Stuttgart, Urt. v. 12.02.2003 – 3 U 176/02, NZV 2003, 330 = NJW-RR 2003, 969; aufgehoben allerdings durch BGH, Urt. v. 20.01.2004 – VI ZR 70/03, NJW 2004, 1243 = VersR 2004, 1334; OLG Brandenburg, Urt. v. 30.08.2007 – 12 U 55/07, VRR 2007, 468; OLG Düsseldorf, Urt. v. 21.02.2008 – 8 U 82/06, VersR 2009, 403; OLG Düsseldorf, Urt. v. 27.04.2021 – 1 U 152/20, VersR 2022, 326.

119 BGH, Urt. v. 20.03.2001 – VI ZR 325/99, VersR 2001, 876 (877); BGH, Urt. v. 20.01.2004 – VI ZR 70/03, NJW 2004, 1243 (1244) = VersR 2004, 1334 (1335).

120 OLG Karlsruhe, Urt. v. 30.05.2016 – 9 U 115/15, NJW-RR 2017, 278.

121 OLG München, Urt. v. 15.03.2013 – 10 U 4171/12, SP 2013, 356.

Verhandlung noch nicht eingetreten und ihr Eintritt war objektiv nicht vorhersehbar, mit dem Eintritt war nicht oder nicht ernstlich zu rechnen«.[122]

92 Da die Schmerzensgeldforderung auf Zahlung einer Geldsumme gerichtet ist, ist sie grundsätzlich teilbar. Macht der Kläger nur einen Teilbetrag eines Schmerzensgeldes geltend und verlangt er bei der Bemessung der Anspruchshöhe nur die Berücksichtigung der Verletzungsfolgen, die bereits im Zeitpunkt der letzten mündlichen Verhandlung eingetreten sind, ist eine hinreichende Individualisierbarkeit gewährleistet.[123]

Andererseits wird nämlich auch darauf abgestellt, dass die Rechtskraft einer späteren Zubilligung von Schmerzensgeld nicht entgegenstehen dürfe.

93 Die Formulierung spiegelt die Rechtslage zur Frage der Verjährung[124] wieder, d.h. Verletzungsfolgen, die aus medizinischer Sicht möglich sind, müssen – wenn keine Teilklage erhoben wird – durch einen Feststellungsausspruch gesichert werden. Das setzt aber voraus, dass im Zeitpunkt der letzten mündlichen Verhandlung der Eintritt weiterer gesundheitlicher Beeinträchtigungen medizinisch für möglich gehalten wird, lediglich nicht sicher ist, ob sie eintreten werden. Solche möglicherweise, aber nicht sicher eintretenden Spätschäden können und dürfen im Schmerzensgeldprozess nicht bei der Bemessung des Schmerzensgeldes berücksichtigt werden.

94 Von der Rechtskraft erfasst werden dagegen alle Verletzungsfolgen, die im Zeitpunkt der letzten mündlichen Verhandlung bereits eingetreten waren oder mit deren Eintritt so sicher zu rechnen war, dass sie bei der Bemessung des Schmerzensgeldes **berücksichtigt** werden konnten. Das ist z.B. nicht eine Arthrose, selbst wenn sie aus medizinischer Sicht wahrscheinlich eintreten wird – sie darf nicht berücksichtigt werden, bevor sie eingetreten ist –, wohl aber nach einer Fraktur die Folgeoperation zur Materialentfernung. Ansprüche wegen einer Arthrose können in nicht verjährter Zeit noch geltend gemacht werden, Ansprüche aus einer Folgeoperation nach einer Fraktur werden von der Rechtskraft erfasst, weil sie bei der ersten Entscheidung hätten berücksichtigt werden können. Werden sie nicht berücksichtigt, gibt es dagegen nur das Rechtsmittel.[125]

95 Soweit im Zeitpunkt der letzten mündlichen Verhandlung die Schadensentwicklung nicht abgeschlossen und überschaubar ist, soweit Verletzungsfolgen noch nicht eingetreten und deren Eintritt objektiv nicht vorhersehbar ist, soweit mit dem Eintritt weiterer Verletzungsfolgen nicht oder nicht ernstlich zu rechnen ist, können die Verletzungsfolgen bei der Entscheidung nicht berücksichtigt werden, sodass sie von der Rechtskraft eines Urteils nicht erfasst werden.

96 Das bedeutet, dass eine Teilklage immer dann möglich ist, wenn auch eine Feststellungsklage erhoben werden kann. Huber[126] bezeichnet eine Leistungsklage verbunden mit einer Feststellungsklage sogar als verdeckte Teilklage, was aus dem Feststellungsantrag geschlossen werden könne. Damit einher geht, dass über den Feststellungsantrag nicht durch Teilurteil gesondert entschieden werden darf, weil die Gefahr widerstreitender Entscheidungen droht; dies gilt selbst dann, wenn die erste Instanz den Feststellungsantrag für unzulässig hält, da auch diese Beurteilung möglicherweise von der Berufungsinstanz nicht geteilt werden könnte.[127]

Dies hat der BGH[128] bestätigt. Auch bei grundsätzlicher Teilbarkeit des Streitgegenstandes darf ein Teilurteil nur ergehen, wenn die Gefahr einander widersprechender Entscheidungen ausgeschlossen

122 So ausdrücklich auch Diederichsen, DAR 2005, 301 (312).

123 BGH, Urt. v. 20.01.2004 – VI ZR 70/03, VersR 2004, 1334; LG Lübeck, Urt. v. 15.07.2013 – 2 O 308/12, SP 2014, 159.

124 OLG Stuttgart, Urt. v. 12.02.2003 – 3 U 176/02, NZV 2003, 330 = NJW-RR 2003, 969; KG, Urt. v. 10.06.2004 – 12 U 315/02, NZV 2005, 315.

125 Vgl. dazu auch OLG Koblenz, Beschl. v. 28.05.2004 – 5 W 367/04, OLGR 2005, 120.

126 Dauner-Lieb/Langen/Huber, AK-Schuldrecht, § 253 Rn. 134.

127 OLG Naumburg, Urt. v. 08.12.2011 – 1 U 8/11, unveröffentlicht.

128 BGH, Urt. v. 11.04.2017 – VI ZR 576/15, unveröffentlicht.

ist (st.Rspr.). In diesem Zusammenhang liegt ein Grundurteil über den noch ausstehenden Teil nur vor, wenn die Grundentscheidung entweder in der Urteilsformel enthalten ist oder aus den Entscheidungsgründen so deutlich wird, dass eine Berichtigung der Urteilsformel erfolgen kann. Die bloße Bezeichnung als »Grund- und Teilurteil« im Rubrum genügt dagegen nicht.

Das aber sagt der BGH nicht. In der neuesten Entscheidung des BGH[129] sieht Huber gar eine Abkehr von der bisherigen Rechtsprechung, wonach eine Teilklage im Hinblick auf die mit ausreichender Wahrscheinlichkeit vorhersehbaren künftigen Schmerzen gerade nicht zulässig gewesen sei. Folgt man diesem Gedanken, hätte ein Schmerzensgeld auch für Verletzungsfolgen zuerkannt werden müssen, deren Eintritt im Zeitpunkt der letzten mündlichen Verhandlung nur möglich, keineswegs aber sicher war. Eine solche (fehlerhafte) Rechtsprechung gibt es aber nur vereinzelt.[130] 97

Huber[131] fasst die unterschiedlichen Kategorien künftiger Schäden zusammen: 98
- Die sicher vorhersehbaren sind bei der Schmerzensgeldbemessung zu berücksichtigen, somit durch das Leistungsbegehren abgedeckt und spielen – jedenfalls im Regelfall – keine Rolle mehr.
- Die bloß möglichen künftigen Schäden werden typischerweise vom Leistungsbegehren nicht erfasst, in Bezug auf diese läuft aber die Verjährungsfrist ab Kenntnis von Schaden und Schädiger in Bezug auf den Primärschaden.
- Für die Zukunftsschäden, die von einem Sachverständigen ex ante nicht als möglich angesehen wurden, läuft auch keine Verjährungsfrist, solange ihr Eintritt nicht als möglich erkannt wurde.

Diese Unterscheidung ist bedeutsam, weil sich daraus unterschiedliche Rechtsfolgen in Bezug auf Verjährung und Rechtskraft ergeben: 99
- Die sicher vorhersehbaren Zukunftsschäden sind bei der Bemessung des Schmerzensgeldes zu berücksichtigen, somit durch das Leistungsbegehren abgedeckt und spielen – jedenfalls im Regelfall – keine Rolle mehr. Für diese Zukunftsschäden kann keine Teilklage erhoben werden.
- Die bloß möglichen künftigen Schäden werden typischerweise vom Leistungsbegehren nicht erfasst, in Bezug auf diese läuft aber die Verjährungsfrist ab Kenntnis von Schaden und Schädiger in Bezug auf den Primärschaden. Dies sind künftige Schäden, die durch eine Teilklage offengehalten werden können, um später bei Eintritt eines Gesundheitsschadens das Schmerzensgeld unter Berücksichtigung der früheren Schäden und des zuerkannten Schmerzensgeldes neu und einheitlich festzusetzen. Für die Zukunftsschäden, die von einem Sachverständigen ex ante nicht als möglich angesehen wurden, läuft keine Verjährungsfrist, solange ihr möglicher Eintritt nicht erkannt wird. Diese Zukunftsschäden werden unabhängig davon, ob für das Schmerzensgeld nur eine Teilklage erhoben wurde, bei ihrem Eintritt neu bewertet.

Die Abgeltung bloß möglicher Zukunftsschäden, die das OLG Köln[132] durch einen Zuschlag von 25 % auf das im Zeitpunkt der letzten mündlichen Verhandlung als angemessen angesehene Schmerzensgeld vorgenommen hat, wurde vom BGH-Richter von Gerlach[133] ausdrücklich gebilligt. 100

In diesem Sinne könnte auch Diederichsen[134] zu verstehen sein, wenn sie zur Erläuterung der BGH-Entscheidung ausführt: 101

> »Besteht aber die Möglichkeit eines weiteren Schadenseintritts, so hat der Kläger ein berechtigtes Interesse daran, eine rechtskräftige Zuerkennung des gesamten Schmerzensgeldes, dessen Höhe sich noch nicht absehen lässt, durch die Geltendmachung lediglich eines Teilbetrages zu vermeiden. Eine solche Gefahr besteht nicht, weil nur mögliche Schadensfolgen in die Bemessung des Schmerzensgeldes nicht einfließen dürfen.«

129 BGH, Urt. v. 20.01.2004 – VI ZR 70/03, NJW 2004, 1243 (1244) = VersR 2004, 1334 (1335).
130 OLG Köln, Urt. v. 20.05.1992 – 2 U 191/91, VersR 1992, 975.
131 Dauner-Lieb/Langen/Huber, AK-Schuldrecht, § 253 Rn. 129.
132 OLG Köln, Urt. v. 20.05.1992 – 2 U 191/91, VersR 1992, 975.
133 Von Gerlach, VersR 2000, 525 (530).
134 Diederichsen, DAR 2005, 301 (312); dieselbe: VersR 2005, 433 (440).

102 Möglicherweise meint der BGH[135] unter Berücksichtigung der Erläuterungen durch Diederichsen,[136] dass die erkennbaren und objektiv vorhersehbaren künftigen Unfallfolgen insoweit nicht als abgegolten anzusehen sind, als sich der Schaden im Zeitpunkt der letzten mündlichen Verhandlung aufgrund einer noch nicht abgeschlossenen Schadensentwicklung zwar abgezeichnet hatte, letztlich in seinem Umfang aber noch nicht feststand, das Schadensbild also noch nicht abgeschlossen erschien.

103 Einen besonderen Fall eines durch Feststellungsurteil gesicherten Zukunftsschadens hatte das OLG Koblenz[137] zu beurteilen. Ein 17 Jahre alter Verletzter geriet an Drogen, deren Konsum ihm eine subjektive Entlastung seiner psychischen Probleme brachte. Die Drogenabhängigkeit wurde als unfallbedingt angesehen und mit einem weiteren Schmerzensgeld von 10.000,00 € entschädigt.

104 Wird allerdings – abweichend von diesen Grundsätzen – das Schmerzensgeld z.B. für die ersten beiden Jahre nach der Verletzung eingeklagt und zuerkannt, ist diese Entscheidung auf die Berufung des Beklagten nicht deshalb abzuändern, weil der Kläger nach Eintritt der Verjährung mit einer neuen Klage nicht mehr das volle Schmerzensgeld fordern kann.[138]

105 Das **OLG Schleswig**[139] hat die Begrenzung des Schmerzensgeldes auf einen **Zeitraum von 2 Jahren** nach der letzten mündlichen Verhandlung in einem Fall als zulässig angesehen, in dem der Kläger unfallbedingt unter erheblichen Kopfschmerzen litt, aber nicht abzusehen war, ob und ggf. wann eine Schmerztherapie zum Erfolg führen würde.

106 Das **OLG Hamm**[140] sieht auch in einem solchen Fall eine **zeitliche Begrenzung des Schmerzensgeldes** als **unzulässig** an und verweist den Kläger wegen der Zukunftsschäden auf die Feststellungsklage; diese hielt das OLG Hamm allerdings im entschiedenen Fall für unzulässig, weil der Haftpflichtversicherer des Beklagten den Klageanspruch schriftlich anerkannt hatte; es bezeichnete die Wirkung des Anerkenntnisses und des erstrebten Feststellungsurteils als gleich. Das wäre nur dann richtig, wenn der Versicherer bei Abgabe des Anerkenntnisses zugleich erklärt hätte, dass das Anerkenntnis das Feststellungsurteil ersetzen solle. Fehlt dieser Zusatz, die Entscheidung erwähnt ihn nicht, ist die Rechtsauffassung des OLG Hamm falsch, weil mit dem Anerkenntnis die Verjährungsfrist nur neu beginnt, während ein Feststellungsausspruch gem. § 218 Abs. 1 BGB a.F. erst in 30 Jahren verjährte. Wenn der Verletzte zum Schutz gegen die Verjährung möglicher Spätfolgen eine Feststellungsklage erhebt, tut er genau das, was der BGH von ihm verlangt.[141]

107 Anders ist die Rechtslage, wenn der **Versicherer** die (auch) **künftigen Ansprüche des Geschädigten nicht nur schriftlich anerkennt**, sondern wenn **beide Parteien** eine **Vereinbarung** treffen, dass der Geschädigte die Stellung erhalten soll, die er bei einem rechtskräftigen Feststellungsurteil hätte.[142] Erteilt der Haftpflichtversicherer des Schädigers dem Geschädigten ein **schriftliches Anerkenntnis**, mit dem er dessen materiellen Zukunftsschaden dem Grunde nach anerkennt, »um ihm eine Feststellungsklage zu ersparen«, kann das Anerkenntnis u.U. ein Feststellungsurteil über die Schadensersatzpflicht mit der Folge »ersetzen«, dass sich die Verjährung der Ersatzansprüche des Geschädigten für den Zukunftsschaden nach § 218 BGB a.F. richtet.[143]

108 Liegt ein **solches Anerkenntnis** vor, dann gilt auch ohne Feststellungsurteil die **30-jährige Verjährungsfrist** des § 218 Abs. 1 BGB a.F. Die Rechtslage ist im Wesentlichen durch das Schuldrechts-

---

135 BGH, Urt. v. 20.01.2004 – VI ZR 70/03, NJW 2004, 1243 (1244) = VersR 2004, 1334 (1335).
136 Diederichsen, DAR 2005, 301 (312).
137 OLG Koblenz, Urt. v. 11.10.2004 – 12 U 621/03, NJW 2004, 3567 = NZV 2005, 317.
138 OLG Hamm, Urt. v. 23.03.2000 – 6 U 205/99, SP 2000, 376.
139 OLG Schleswig, Urt. v. 11.03.1999 – 7 U 70/98, SP 2000, 196.
140 OLG Hamm, Urt. v. 11.02.2000 – 9 U 204/99, ZfS 2000, 247 = NJW-RR 2000, 1623.
141 BGH, Urt. v. 27.11.1990 – VI ZR 2/90, VersR 1991, 115 = NJW 1991, 973 f.; Lemcke, r+s 2000, 309 (310); vgl. auch oben Kap. 3 Rdn. 201 und 233 ff.
142 BGH, Urt. v. 23.10.1984 – VI ZR 30/83, VersR 1985, 62; BGH, Urt. v. 04.02.1986 – VI ZR 82/85, VersR 1986, 684; Küppersbusch, r+s 2002, 221 (225).
143 BGH, Urt. v. 23.10.1984 – VI ZR 30/83, VersR 1985, 62.

modernisierungsgesetz unverändert geblieben, vgl. §§ 197, 212 BGB. Nach § 202 Abs. 2 BGB sind solche Absprachen problemlos möglich.[144]

Lieberwirth[145] hat schon 1965 darauf hingewiesen, dass an der Forderung der **Einheitlichkeit des Schmerzensgeldanspruchs** trotz der im Beschluss des großen Zivilsenats[146] herausgestellten doppelten Funktion des Schmerzensgeldes festzuhalten ist. Es geht daher von jeher nicht an, die Entschädigung aufzugliedern, etwa in einen Betrag zum Ausgleich für die eigentlichen Schmerzen und in einen weiteren Betrag, der der Genugtuung dient. Wie der BGH im Urt. v. 06.12.1960[147] hervorgehoben hat, stellen sich Ausgleich und Genugtuung als bloße Funktionen, d.h. Wirkungsweisen des einen Schmerzensgeldes dar und können nicht für sich gesondert festgesetzt und dann zusammengezogen werden. 109

Wegen der Einheitlichkeit der Entschädigung darf auch bei mehreren Verletzungen nicht für jede einzelne Verletzung ein besonderer Betrag beantragt und/oder ausgeurteilt und die einzelnen Beträge addiert werden, wie in einem Urteil des LG Weiden[148] für eine leichte Gehirnerschütterung 17,50 €, für Brust- und Rippenquetschungen 60,00 € und für einen komplizierten Knöchelbruch 1.000,00 €, zusammen 1.077,50 €. 110

V. Klageantrag

Der Klageantrag bei der Geltendmachung von Schmerzensgeldansprüchen hat Rechtsprechung und Literatur jahrzehntelang beschäftigt. Dabei ging es einmal darum, ob ein **unbezifferter Klageantrag** dem Bestimmtheitserfordernis des § 253 Abs. 2 Nr. 2 ZPO gerecht wird, zum anderen aber auch darum, ob und wie aufgrund eines unbezifferten Klageantrages der **Streitwert** beziffert werden konnte. Diese beiden Fragen und die in der Diskussion dazu vorgetragenen Argumente sind im Laufe der Entwicklung auf die weitere Frage erstreckt worden, ob dem Kläger, der außerhalb des Klageantrages (der auf Zahlung eines angemessenen, in das Ermessen des Gerichts gestellten Betrages lautet) in der Klagebegründung oder in der Angabe des Streitwertes einen bestimmten Schmerzensgeldbetrag nennt, wegen der Bindung des Gerichts an den Antrag, vgl. § 308 ZPO, auch ein **darüber hinausgehender Betrag** zuerkannt werden dürfe. 111

Auf diese Frage hat der BGH[149] im Jahr 1996 die Antwort gegeben, 112

- dass der Kläger eine Größenordnung[150] für das Schmerzensgeld nennen muss, damit die Zuständigkeit des Gerichts und nach dessen Entscheidung die Höhe der Beschwer des Klägers festgestellt werden können,
- dass der Kläger dem Gericht die tatsächlichen Grundlagen vortragen muss, die die Feststellung der Höhe des Klageanspruchs ermöglichen, um den Streitwert zu schätzen, und

---

144 Küppersbusch, r+s 2002, 221 (225), Fn. 41.

145 Lieberwirth, S. 20; RGRK/Kreft, BGB, 12. Aufl. 1989, § 847 Rn. 19.

146 BGH, Urt. v. 06.07.1955 – GSZ 1/55, BGHZ 18, 149 ff. = VersR 1955, 615 ff. = NJW 1955, 1675 ff. = MDR 1956, 19 ff. m. Anm. Pohle.

147 Diederichsen, DAR 2005, 301 (312); BGH, Urt. v. 06.12.1960 – VI ZR 73/60, VersR 1961, 164 f. = VRS 20 (1961), 95.

148 LG Weiden, Urt. v. 03.12.1952, zitiert nach Lieberwirth, S. 20.

149 BGH, Urt. v. 30.04.1996 – VI ZR 55/95, BGHZ 132, 341 = VersR 1996, 990 = NJW 1996, 2425; vgl. dazu die Besprechung: Jaeger, MDR 1996, 888. Für Steffen, DAR 2003, 201 (205), gibt es keinen Grund darauf hinzuweisen, dass der BGH dem Richter heute »sogar gestatte«, ein wesentlich höheres Schmerzensgeld zuzuerkennen als den genannten Mindestbetrag; der BGH folgte damit (endlich) einer seit Langem von – allerdings nur wenigen – OLG vertretenen Rechtsauffassung. Ruttloff, VersR 2008, 50 (52), hält den Kläger in jedem Fall für verpflichtet, einen Mindestbetrag zu nennen und hält eine Klage, die nur eine Streitwertangabe enthält, für unzulässig.

150 Krit. Ruttloff, VersR 2008, 50, der eine konkrete (Mindest-) Bezifferung für nötig hält, damit der Beklagte privilegiert nach § 93 ZPO anerkennen kann; er übersieht, dass auch bei einem unbezifferten Antrag der Beklagte stets den ihm »genehmen« Betrag beziffern und insoweit anerkennen kann.

- dass der Kläger nicht verpflichtet ist, die Größenordnung des Schmerzensgeldes nach oben zu begrenzen, weil der Beklagte seine Interessen durch Antrag auf Streitwertfestsetzung selbst wahren kann.
- Infolgedessen hat der BGH[151] nicht beanstandet, dass dem Kläger ein seine Größenvorstellung um das Doppelte übersteigender Betrag (50.000,00 DM bei beantragten »mindestens 25.000,00 DM«) zuerkannt wurde, weil auch dieser Betrag vom Klageantrag gedeckt sei. Weder das Gebot einer prozessualen Rechtssicherheit noch andere durchgreifende Gründe erfordern eine Bindung des Richters an die vom Kläger genannte Mindestsumme oder Größenordnung im Rahmen des § 308 ZPO. Es kommt auch keine Eingrenzung auf einen prozentual bestimmten Rahmen (etwa 20 % nach oben und unten in Betracht.

113 – Dieser Rechtsprechung haben sich die Instanzgerichte angeschlossen.
- Das OLG Frankfurt[152] erkannte über den vom Kläger genannten Betrag von 50.000,00 € hinaus auf 100.000,00 €, weil der genannte Mindestbetrag keine Grenze nach oben setze. Die LG-**Entscheidung sei deshalb auch keine Überraschungsentscheidung.**

114 Schon das OLG Hamm[153] hatte statt der geforderten 50.000,00 bis 60.000,00 DM auf 150.000,00 DM erkannt, eine Entscheidung die wenig später von einem anderen Senat des OLG Hamm[154] bestätigt wurde, indem statt der beantragten 20.000,00 € vom Senat 40.000,00 € zuerkannt wurden.

115 – Noch deutlicher fiel die Entscheidung des OLG Köln[155] aus, das die Entscheidung des Landgerichts gebilligt hat. Das LG hatte dem Kläger, der »mindestens jedoch 10.000,00 €« beantragt hatte, ein Schmerzensgeld in Höhe von 200.000,00 € zuerkannt, ein Betrag, der vom Beklagten in der Berufungsinstanz auch nicht angegriffen worden war.

116 Hält der Kläger den Antrag nicht nach oben offen, indem er die Höhe des Schmerzensgeldes in das Ermessen des Gerichts stellt, wird ihm auch nur der im Antrag genannte Betrag zugesprochen. Ausdrücklich hat das LG Stuttgart[156] ausgeführt, es könne dem Kläger nicht mehr als die beantragten 20.000,00 € zuerkennen, weil es daran durch den bestimmten Klageantrag (§ 308 ZPO) gehindert sei.

▶ Praxistipp:

117 Hier lauern vielfältige Gefahren wie Verjährung, Präklusion durch Rechtskraft oder Verlust von Rechtsmitteln.[157]

Es genügt, wenn der Kläger eine Größenordnung für das Schmerzensgeld nennt, damit die Zuständigkeit des Gerichts und nach dessen Entscheidung die Höhe der Beschwer des Klägers festgestellt werden können.

Es genügt, dass der Kläger dem Gericht die tatsächlichen Grundlagen vorträgt, die für die Bemessung des Schmerzensgeldes von Bedeutung sind.

Der Kläger ist nicht verpflichtet, die Größenordnung des Schmerzensgeldes nach oben zu begrenzen, weil das Gericht bei einem Klageantrag, der die Höhe des Schmerzensgeldes in das Ermessen des Gerichts stellt, die vom Kläger genannte Größenordnung überschreiten darf.[158] Auf diese Weise lässt sich das Kostenrisiko für den Kläger begrenzen, ohne dass er einen Teil seines Anspruchs aufgibt.

---

151 BGH, Urt. v. 30.04.1996 – VI ZR 55/95, VersR 1996, 990 = MDR 1996, 886.
152 OLG Frankfurt, Urt. v. 06.09.2017 – 6 U 216/16, VersR 2018, 560 mit Anm. Jaeger, VersR 2019, 563.
153 OLG Hamm, Urt. v. 12.09.2003 – 9 U 50/99, ZfS 2005, 122.
154 OLG Hamm, I-26 U 62/12 RDG 2014, 133 = KHE 2013, 158.
155 OLG Köln, Urt. v. 06.06.2012 – 5 U 28/10, VersR 2013, 237 = MedR 2013, 98.
156 LG Stuttgart, Urt. v. 04.12.2003 – 27 O 388/03, NJW-RR 2004, 888 = NZV 2004, 409, insoweit aber jeweils nicht abgedruckt.
157 Von Gerlach, VersR 2000, 525.
158 Vgl. dazu Jaeger, MDR 1996, 888.

Bei bestimmtem Klageantrag, der die Höhe des Schmerzensgeldes nicht in das Ermessen des Gerichts stellt, besteht die Gefahr, dass ein Teil des begründeten Anspruchs verloren geht.

Durch die Angabe der Größenordnung läuft der Kläger andererseits Gefahr, das erstinstanzliche Urteil mangels Beschwer nicht mit der Berufung angreifen zu können, wenn ihm ein der angegebenen Größenordnung entsprechender Betrag zugesprochen worden ist.

Der Anwalt wird zu beachten haben, dass in zahlreichen Entscheidungen noch (irrig) der im Antrag des Klägers als Obergrenze genannte Betrag vom Gericht als das »beantragte Schmerzensgeld« angesehen wird. Obwohl der BGH eindeutig klargestellt hat, dass das Gericht bei einem unbezifferten Schmerzensgeldantrag auch einen über die Klägervorstellung hinausgehenden Schmerzensgeldbetrag zuerkennen kann, machen die Gerichte von dieser Möglichkeit nicht immer Gebrauch.[159] So hat z.B. das KG[160] ausgeführt, dass der Klägerin der geltend gemachte Schmerzensgeldanspruch i.H.v. 50.000,00 € zustehe. Die Klägerin hatte aber nicht beantragt, ihr ein Schmerzensgeld von 50.000,00 € zuzuerkennen, sondern sie hatte ein Schmerzensgeld begehrt, das 50.000,00 € nicht unterschreiten sollte, sodass das KG »nach oben« freie Hand hatte. In den Entscheidungsgründen des KG kommt das Wort Ermessen nicht vor, und es fehlt jede Darstellung vergleichbarer Entscheidungen. 118

▶ Praxistipp:

Da die Gerichte die Rechtsprechung des BGH aus dem Jahr 1996 nicht immer umsetzen, muss der Anwalt mit der Klage auf Zahlung des Schmerzensgeldes den Antrag auf Streitwertfestsetzung verbinden. Dann kann er erkennen, ob das Gericht sich der Möglichkeit bewusst ist, den in der Klage genannten Mindestbetrag beliebig zu überschreiten. Fehlt diese Erkenntnis, kann ein höherer Streitwert mit der Beschwerde durchgesetzt werden. 119

Andererseits:

Eine unbezifferte Schmerzensgeldklage ist gemäß § 3 ZPO mit demjenigen Betrag zu bewerten, den der Beklagte aufgrund des schlüssigen tatsächlichen Klägervortrages zu zahlen hätte. Welche subjektive Wertvorstellung der Kläger äußert, ist für die Wertfestsetzung ohne Belang, solange nicht im Klageantrag eine echte und unmissverständliche Untergrenze formuliert wird. Wird eine zahlenmäßige Größenordnung nur und erst in der Klagebegründung genannt, spielt dies mithin für den Streitwert keine Rolle.[161]

VI. Zulässigkeit einer Teilklage

Die Frage der Zulässigkeit einer Teilklage auf Zahlung von Schmerzensgeld korrespondiert mit den Voraussetzungen der Feststellungsklage. Im Grundsatz gilt, dass das Schmerzensgeld aufgrund einer ganzheitlichen Betrachtung der den Schadensfall prägenden Umstände unter Einbeziehung der absehbaren künftigen Entwicklung des Schadensbildes zu bemessen ist.[162] Mit dem auf eine unbeschränkte Klage insgesamt zuzuerkennenden Schmerzensgeld werden nicht nur alle bereits eingetretenen, sondern auch alle erkennbaren und objektiv vorhersehbaren künftigen unfallbedingten 120

---

159 Ausnahme: OLG Hamm, Urt. v. 12.09.2003 – 9 U 50/99, ZfS 2005, 122, das dem Kläger über den genannten Mindestbetrag von 50.000,00 DM bis 60.000,00 DM hinaus ein Schmerzensgeld i.H.v. insgesamt 150.000,00 DM zubilligte. Erneut OLG Hamm, Urt. v. 08.11.2013 – 26 U 62/12, RDG 2014, 133, das statt des geforderten Mindestbetrages von 20.000,00 € ein Schmerzensgeld i.H.v. 40.000,00 € für angemessen hielt.

160 KG, Urt. v. 20.01.2005 – 20 U 401/01, VersR 2006, 1366 m. Anm. Jaeger, S. 1368.

161 AG Stralsund, Urt. v. 24.05.2019 – 25 C 8/17, unveröffentlicht.

162 Grds. ist daher eine Aufteilung des Schmerzensgeldes in Zeitabschnitte unzulässig, vgl. OLG Jena, Urt. v. 16.01.2008 – 4 U 318/06, SVR 2008, 464 = NJW-Spezial 2008, 426. Vgl. auch ausführlich zur Abgrenzung OLG Düsseldorf, Urt. v. 27.04.2021 – 1 U 152/20, VersR 2022, 326.

Verletzungsfolgen abgegolten.[163] Lässt sich jedoch nicht endgültig sagen, welche Änderungen des gesundheitlichen Zustandes noch eintreten können, bei sog. Spätschäden, hat es schon das RG[164] für zulässig erachtet, den Betrag des Schmerzensgeldes zuzusprechen, der dem Verletzten zum Zeitpunkt der Entscheidung mindestens zusteht und später den zuzuerkennenden Betrag auf die volle Summe zu erhöhen, die der Verletzte aufgrund einer ganzheitlichen Betrachtung der für den immateriellen Schaden maßgeblichen Umstände beanspruchen kann, wenn sich nicht endgültig sagen lässt, welche Änderungen des gesundheitlichen Zustandes noch eintreten können. Dieser Auffassung des RG hat sich der BGH angeschlossen. Er hat für den Fall, dass mit dem Eintritt weiterer Schäden zu rechnen ist, die letztlich noch nicht absehbar sind, das Feststellungsinteresse für die Feststellung der Ersatzpflicht zukünftiger immaterieller Schäden bejaht, wenn aus der Sicht des Geschädigten bei verständiger Würdigung Grund besteht, mit dem Eintritt eines weiteren Schadens wenigstens zu rechnen.[165] In einem solchen Fall bedarf es der (offenen) Teilklage nicht, weil der Geschädigte seinen (weiteren) Anspruch auch durch eine Feststellungsklage für die künftig zu erwartenden Beeinträchtigungen sichern kann.

Diese Empfehlung gilt aber zu Unrecht für den Anwalt, der gutgläubig ist in Bezug auf die Bereitschaft der Richter, die nunmehr eingetretenen Spätschäden als solche anzusehen, die nicht bereits durch die erste Entscheidung zum Schmerzensgeld abgegolten sind

121 Gegen die **Zulässigkeit einer (offenen) Teilklage** bestehen allerdings keine rechtlichen Bedenken. Ist die Höhe des Anspruchs im Streit, kann grds. ein ziffernmäßig oder sonst **individualisierter Teil** davon Gegenstand einer Teilklage sein, sofern erkennbar ist, um welchen Teil des Gesamtanspruchs es sich handelt. Macht der Kläger nur einen Teilbetrag eines Schmerzensgeldes geltend und verlangt er bei der Bemessung der Anspruchshöhe nur die Berücksichtigung der Verletzungsfolgen, die bereits im Zeitpunkt der letzten mündlichen Verhandlung eingetreten sind, ist eine hinreichende Individualisierbarkeit gewährleistet.[166] Hierzu hat das OLG Köln[167] ausgeführt:

> »Die in dieser Weise erfolgte Beschränkung des Anspruchs unterliegt keinen rechtlichen Bedenken. Die Geltendmachung eines Teilbetrages widerspricht insbesondere nicht dem Grundsatz der Einheitlichkeit des Schmerzensgeldes, der es gebietet, die Höhe des dem Geschädigten zustehenden Anspruchs aufgrund einer ganzheitlichen Betrachtung der den Schadensfall prägenden Umstände unter Einbeziehung der absehbaren künftigen Entwicklung des Schadensbildes zu bemessen. (vgl. hierzu BGH NJW-RR 2006, 712 f, Tz. 7; NJW 2004, 1243 ff, Tz. 18 ff; NJW 1980, 2754 f., Tz. 9 f.). Die Klägerin beschränkt den Anspruch nicht etwa unzulässig auf einzelne Verletzungsfolgen, sondern macht ein umfassendes Schmerzensgeld und hiervon einen Teilbetrag geltend.«

Der sichere Weg ist und bleibt die offene Teilklage, die die Bereitschaft des Klägeranwalts voraussetzt, sich zu einem späteren Zeitpunkt erneut mit dem Fall zu befassen.

Diese offene Teilklage ist ohne weiteres zulässig, wenn sog. echte Spätschäden zu befürchten sind. Der Verletzte kann die Zulässigkeit der offenen Teilklage fast immer über einen Feststellungsantrag erreichen. Er muss solche Spätschäden als völlig ungewiss, aber möglich behaupten und durch Sachverständigengutachten zu Beweis stellen. Das Gericht wird in einem solchen Fall keinen Beweis erheben, sondern der Feststellungsklage stattgeben.

▶ Praxistipp:

122 Macht der Verletzte keinen Teilbetrag geltend und sichert er künftig mögliche Ansprüche nicht durch einen Feststellungsantrag, läuft er Gefahr, mit Ansprüchen aus der künftigen Ent-

163 BGH, Urt. v. 20.01.2004 – VI ZR 70/03, BGHR 2004, 683 m.w.N. und Anm. Jaeger = NJW 2004, 1243; Diederichsen, VersR 2005, 433 (439).

164 RG, Urt. v. 04.12.1916 – IV 328/16, Warn Rspr. 1917 Nr. 99, 143 (144).

165 BGH, Urt. v. 16.01.2001 – VI ZR 381/99, VersR 2001, 874 = MDR 2001, 448; BGH, Urt. v. 20.03.2001 – VI ZR 325/99, VersR 2001, 876 (877). Zur Zulässigkeit von Teilklagen auch Berg, NZV 2010, 63 ff.

166 Diederichsen, VersR 2005, 433 (439).

167 OLG Köln, Urt. v. 29.06.2016 – 5 U 87/15, unveröffentlicht.

wicklung seiner Gesundheit ausgeschlossen zu sein. Weitere Ansprüche kann er in einem solchen Fall nur geltend machen, wenn später Schäden auftreten, die vom Streit- und Entscheidungsgegenstand des vorausgegangenen Schmerzensgeldprozesses nicht erfasst sind und deren Geltendmachung daher dessen Rechtskraft nicht entgegensteht.[168]

Aber auch wenn der Kläger eine offene Teilklage erhebt, kann weiteren Ansprüchen zwar nicht die Rechtskraft, wohl aber die Verjährung entgegenstehen. Deshalb muss der Anwalt bei der inhaltlich begrenzten Leistungsklage neben dieser zugleich Feststellungsklage erheben.

VII. Beschwer des Klägers

Konsequenzen hat die Angabe der Größenordnung für die Beschwer des Klägers: Hat der Kläger ein angemessenes Schmerzensgeld unter Angabe einer Betragsvorstellung verlangt und hat das Gericht ihm ein Schmerzensgeld in eben dieser Höhe zuerkannt, ist er durch dieses Urteil nicht beschwert und kann es nicht mit dem alleinigen Ziel eines höheren Schmerzensgeldes anfechten. Spricht also das Gericht den Betrag zu, den der Kläger als der Größenordnung nach angemessen oder als Mindestbetrag genannt hat, ist der Kläger nicht beschwert.[169] Er ist nur beschwert, wenn das Gericht einen Schmerzensgeldbetrag zuerkennt, der unter diesem Betrag liegt. Die **Angabe eines Mindestbetrages** hat nicht zur Folge, dass das nach der Vorstellung des Klägers in Wirklichkeit angemessene Schmerzensgeld diesen Betrag immer überschreiten müsste. Eine klagende Partei ist durch eine gerichtliche Entscheidung nur insoweit beschwert, als diese von dem in der unteren Instanz gestellten Antrag zum Nachteil der Partei abweicht, ihrem Begehren also nicht voll entsprochen worden ist. Erhält der Kläger das zugesprochen, was er mindestens verlangt hat, besteht kein Anlass, den Zugang zur Rechtsmittelinstanz mit dem Ziel der Durchsetzung einer höheren Klageforderung zu eröffnen.[170] Dies gilt auch dann, wenn der Kläger im Laufe des Verfahrens ein höheres Schmerzensgeld für angemessen gehalten, aber seinen Antrag unverändert gestellt hat[171] (hier: Verurteilung zu 150.000,00 € bei Mindestvorstellung 75.000,00 € und zwischenzeitlicher Äußerung, 200.000,00 € seien angemessen). 123

Nennt der Geschädigte in der Klagebegründung jedoch einen bestimmten Betrag und wird dieser Betrag zuerkannt, kann er gleichwohl beschwert sein, wenn sich aus dem sonstigen Klagevortrag eine erkennbar höhere Mindestvorstellung des verlangten Schmerzensgeldes ergibt.[172] 124

▶ Hinweis:

Der Kläger ist aber dann nicht beschwert, wenn das Gericht den Betrag zuspricht, den der Kläger als Mindestbetrag genannt hat, dabei aber – anders als der Kläger selbst – von einem Mitverschulden des Klägers ausgeht.[173] 125

Eine Beschwer des Klägers liegt selbst dann nicht vor, wenn das objektiv Angemessene um ein Vielfaches höher liegt als vom Kläger angegeben, z.B. 75.000,00 € oder mehr statt der vom Kläger genannten und vom Gericht zuerkannten 20.000,00 €.[174] Das bedeutet, dass eine Beschwer selbst dann zu verneinen ist, wenn der Kläger und das Instanzgericht das Angemes-

168 BGH, Urt. v. 20.01.2004 – VI ZR 70/03, BGHR 2004, 683 m.w.N. und Anm. Jaeger = NJW 2004, 1243.
169 BGH, Beschl. v. 25.01.1996 – III ZR 218/95, NZV 1996, 194; BGH, Urt. v. 30.03.2004 – VI ZR 25/03, VersR 2004, 1018 = NJW-RR 2004, 863.
170 BGH, Beschl. v. 30.09.2003 – VI ZR 78/03, VersR 2004, 70 = NJW-RR 2004, 102; Diederichsen, DAR 2004, 301 (318) m.w.N.
171 OLG Naumburg, Urt. v. 02.10.2013 – 1 U 100/13, MedR 2014, 667.
172 OLG Hamm, Urt. v. 17.12.1997 – 13 U 202/96, VersR 1998, 1392.
173 BGH, Urt. v. 02.10.2001 – VI ZR 356/00, NJW 2002, 212 = MDR 2002, 49.
174 BGH, Urt. v. 20.09.1983 – VI ZR 111/82, VersR 1983, 1160 m.w.N.; BGH, Urt. v. 24.09.1991 – VI ZR 60/91, NJW 1992, 311 = VersR 1992, 374.

sene verfehlen, das Gericht also von seinem Ermessen einen unrichtigen Gebrauch macht. Der Fehler des Gerichts kann nach Auffassung des BGH ohne Vorliegen einer Beschwer nicht durch ein Rechtsmittelverfahren korrigiert werden.

126 Auf diesen Missstand hat das OLG Köln[175] im LS hingewiesen: Nicht selten wird ein zu geringes Schmerzensgeld beantragt und dann als angemessen zugesprochen, sodass der Kläger nicht beschwert ist und im Berufungswege eine höhere Festsetzung nicht erreichen kann.

▶ Hinweis:

127 Will sich der Kläger die Möglichkeit der Berufung oder der Revision erhalten, muss er die Größenordnung so präzise wie möglich angeben und deutlich machen, dass er mit einer Unterschreitung nicht einverstanden sein wird.[176]

128 Ist der Kläger aber beschwert, kann er in der Berufungsinstanz das Schmerzensgeldbegehren beliebig erweitern.[177] Nennt der Kläger in erster Instanz eine Schmerzensgeldvorstellung von 15.000,00 DM und werden ihm nur 10.000,00 DM zuerkannt, kann er zulässigerweise in zweiter Instanz einen Mindestbetrag von bspw. 60.000,00 DM nennen. Das Berufungsgericht kann, wenn denn die Vorstellung des Klägers von der Höhe des Schmerzensgeldes richtig ist, über den in erster Instanz genannten Mindestbetrag hinaus ein Schmerzensgeld zusprechen. Insoweit ist der Anspruch auch nicht verjährt, weil der gesamte Schmerzensgeldanspruch mit der Klage rechtshängig gemacht wurde.[178]

▶ Praxistipp:

129 Der Kläger kann all diese Probleme aber dadurch umgehen, dass er neben der Schmerzensgeldforderung einen weiteren materiellen Schadensersatzanspruch geltend macht, der unschlüssig ist. Wird ihm nun ein Schmerzensgeld i.H.d. genannten Mindestbetrages zugesprochen und wird der (unschlüssige) materielle Anspruch aber erwartungsgemäß abgewiesen, ist er insoweit beschwert und kann in die Berufung gehen. I.R.d. zulässigen Berufung kann der Kläger die Klage erweitern und ein höheres Schmerzensgeld fordern.[179]

130 Hat der Kläger aber in erster Instanz eine Größenordnung genannt, die im Urteil unterschritten wurde, ist er insoweit beschwert.[180] Der Kläger ist in einem solchen Fall nicht gehindert, in der Berufungsinstanz neben dem ursprünglich verlangten Betrag im Wege der Klageerweiterung einen höheren Betrag geltend zu machen. Das ist nicht einmal eine Änderung des Streitgegenstandes i.S.d. § 253 Abs. 2 ZPO, sodass daran auch keine selbstständigen verjährungsrechtlichen Folgen geknüpft werden können,[181] weil die Klage den vollen Schmerzensgeldanspruch umfasst hat.[182]

175 OLG Köln, Urt. v. 03.03.1995 – 19 U 126/94, VersR 1995, 549.

176 BGH, Urt. v. 02.02.1999 – VI ZR 25/98, BGHZ 140, 335 = VersR 1999, 902; v. Gerlach, VersR 2000, 525 (527).

177 Diederichsen, VersR 2005, 433 (43).

178 BGH, Urt. v. 10.10.2002 – III ZR 205/01, VersR 2002, 1521 (1522).

179 Vgl. OLG Hamm, Urt. v. 12.09.2003 – 9 U 50/99, ZfS 2005, 122; OLG Stuttgart, Urt. v. 11.07.2006 – 1 U 3/06, OLGR 2006, 737 (738); OLG Naumburg, Urt. v. 12.12.2008 – 6 U 106/08, VersR 2009, 373 (374): Schmerzensgeld allein erreichte nicht die Beschwergrenze, nur der Sachschaden.

180 BGH, Urt. v. 10.10.2002 – III ZR 205/01, NJW 2002, 3769 m.w.N. = VersR 2002, 1521 = ZfS 2003, 14. Wird die Berufung gegen ein solches Urteil als unzulässig verworfen, ist diese Entscheidung zwar krass falsch, aber unanfechtbar, auch nicht mit einem im Gesetz nicht vorgesehenen Rechtsmittel wegen greifbarer Gesetzwidrigkeit, OLG Hamm, Beschl. v. 30.12.1999 – 6 W 20/99, r+s 2000, 286, eine Entscheidung, gegen deren Verfassungsmäßigkeit ernsthafte Zweifel bestehen.

181 BGH, Urt. v. 10.10.2002 – III ZR 205/01, NJW 2002, 3769 m.w.N. = VersR 2002, 1521 = ZfS 2003, 14 (15); Diederichsen, VersR 2005, 433 (439).

182 Diederichsen, VersR 2005, 433 (439).

▶ Hinweis:

Ist nämlich der Anspruch durch die Angabe einer Größenordnung nicht begrenzt, weil das Gericht diese Größenordnung im Urteil überschreiten darf, ist auch der Streitgegenstand durch die Angabe der Größenordnung nicht begrenzt und es liegt keine (verdeckte) Teilklage vor. 131

Eine **Ausnahme von diesem Grundsatz** macht das OLG Nürnberg.[183] Es ist der Auffassung, der Kläger sei auch dann beschwert, wenn zwar im Urteil auf ein Schmerzensgeld in Höhe seiner Vorstellung erkannt worden sei, aber nach der Verkündung des Urteils infolge einer Änderung der Rechtsprechung des BGH[184] neue Beurteilungskriterien ein höheres Schmerzensgeld begründen können. Die Beschwer des Klägers liege darin, dass die nunmehr vom BGH als anspruchserhöhend anerkannten Umstände in der anzufechtenden Entscheidung – entsprechend der bisherigen Rechtsprechung des BGH – anspruchsmindernd berücksichtigt worden seien. 132

Auf der früheren Rechtsprechung, dass eine vom Kläger angegebene Größenordnung nur um bis zu 20 % überschritten werden dürfe,[185] beruht die heute gestellte Frage, ob eine Beschwer vorliegt, wenn das Gericht nur geringfügig unter der vom Kläger genannten Größenordnung bleibt, also etwa statt der genannten 50.000,00 € ein Schmerzensgeld von 45.000,00 € zuspricht. Die Unterschreitung von 10 % bewegt sich in der früher tolerierten Schwankungsbreite, und man hatte eine teilweise Klageabweisung nicht für erforderlich gehalten. 133

Diese Übertragung der früheren (unzutreffenden) Rechtsprechung ist nicht vertretbar. Jede Unterschreitung des vom Kläger genannten Mindestbetrages ist eine teilweise Klageabweisung, die den Kläger beschwert. 134

▶ Hinweis:

Dies hat andererseits nicht notwendig zur Folge, dass der Kläger einen Teil der Kosten tragen muss, denn hier hilft § 92 Abs. 2 Nr. 2 ZPO: Stellt der Kläger das Schmerzensgeld in das Ermessen des Gerichts und weicht dieses nur unwesentlich von der Vorstellung des Klägers ab, erlaubt es das Gesetz, trotz teilweiser Klageabweisung dem Beklagten die gesamten Kosten des Rechtsstreits aufzuerlegen.[186] 135

Darauf muss das Gericht hingewiesen werden, weil die Norm des § 92 Abs. 2 ZPO allzu vielen Richtern und Anwälten nicht geläufig ist.

Das LG Gießen[187] hat dies so gesehen. Die Vorstellung des Klägers war ein Schmerzensgeld i.H.v. 5.000,00 €, zuerkannt wurden 2.250,00 €. Diesem Kläger wurde mit § 92 Abs. 2 ZPO nicht geholfen, weil seine Vorstellung zu deutlich über den als angemessen angesehenen Betrag hinausgegangen sein sollen, sodass er einen Teil der Kosten des Rechtsstreits zu tragen hatte. Die Rechtsprechung geht bisher davon aus, dass § 92 II Nr. 2 ZPO nur anwendbar sein soll, wenn die Vorstellung des Klägers nur unwesentlich über den zuerkannten Betrag hinausgeht. Man spricht von bis zu 20 %. Es erscheint sehr zweifelhaft, ob dies richtig ist. Die 20 %-Grenze wird mit einer Jahrzehnte alten Entscheidung begründet, ohne dass die Grenze selbst irgendwo eine Stürze findet. Nach dem Wortlaut des Gesetz selbst müssen Fehlvorstellungen des Klägers allenfalls dann kostenrechtliche Folgen haben, wenn sie nicht nachvollziehbar sind, wie z.B. bei der Forderung nach einem taggenauen Schmerzensgeld. Vgl. dazu OLG Frankfurt[188] 136

183 OLG Nürnberg, Urt. v. 18.06.1993 – 8 U 569/91, VersR 1994, 735.

184 BGH, Urt. v. 13.10.1992 – VI ZR 201/91, BGHZ 120, 1 = NJW 1993, 781.

185 Vgl. die Nachweise bei v. Gerlach, VersR 2000, 525 (527).

186 v. Gerlach, VersR 2000, 525 (528).

187 LG Gießen, Urt. v. 01.11.1995 – 1 S 253/95, ZfS 1996, 133.

188 OLG Frankfurt, Urt. v. 04.06.2020 – 22 U 244/19, VersR 2021, 127; Jaeger, Die taggenaue Berechnung des Schmerzensgeldes – Versuche des 22. Zivilsenats des OLG Frankfurt neue Wege bei der

VIII. Checkliste für Klageantrag und Beschwer

▶ Checkliste für Klageantrag und Beschwer

137 ☐ Vorprozessual muss der Schmerzensgeldanspruch frühzeitig in Verzug begründender Weise geltend gemacht, d.h. auch beziffert werden.
☐ Der Schmerzensgeldanspruch kann als einheitlicher Anspruch grds. nicht im Wege der Teilklage geltend gemacht werden.[189]
☐ Im Prozess ist ein angemessenes Schmerzensgeld (nebst Zinsen)[190] unter Angabe eines Mindestbetrages zu fordern.
☐ Das Gericht sollte unbedingt darauf hingewiesen werden, dass es über diesen Mindestbetrag (auch ganz erheblich) hinausgehen darf.
☐ Das Gericht sollte auch auf die Bestimmung des § 92 Abs. 2 ZPO hingewiesen werden, also darauf, dass bei einer Unterschreitung des vom Kläger genannten Mindestbetrages in gewissen Grenzen der Beklagte die gesamten Kosten des Rechtsstreits zu tragen hat.
☐ Weil bei dieser Verfahrensweise die Beschwer fehlt, wenn der Mindestbetrag zugesprochen wird, muss der Kläger ein gewisses Prozessrisiko eingehen, indem er einen hohen Betrag fordert, dessen Unterschreitung ihm die Möglichkeit eines Rechtsmittels gibt.[191]
☐ Ist die zukünftige Entwicklung des immateriellen Schadens ungewiss, muss die Leistungsklage mit einer Feststellungsklage verbunden werden. Das gilt auch dann, wenn der Schmerzensgeldanspruch bereits dem Grunde nach anerkannt ist.[192]

IX. Kapital und/oder Rente[193]

138 Schmerzensgeld kann nicht nur in Form eines Kapitalbetrages begehrt werden. Es kann auch nur eine Rente verlangt werden oder eine Rente neben einem Kapitalbetrag.

139 Die allgemein vertretene Auffassung, eine Schmerzensgeldrente werden nur bei entsprechendem Antrag des Klägers zuerkannt, ist so nicht richtig.

Der BGH[194] hat wiederholt entschieden:

> Ob das Schmerzensgeld nur als Kapitalbetrag oder in der Form einer ggf. zusätzlich zu einem Kapitalbetrag zu gewährenden Rente zuzubilligen ist, steht grundsätzlich im pflichtgemäßen Ermessen des Tatrichters.

Bemessung des Schmerzensgeldes zu beschreiten, VersR 2021, 84 ff.

189 Eine Ausnahme hat der BGH, Urt. v. 20.01.2004 – VI ZR 70/03, NJW 2004, 1243 = VersR 2004, 1334, in einem Fall zugelassen, in dem sich nicht endgültig sagen ließ, welche Änderungen des gesundheitlichen Zustandes noch eintreten könnten. In einem solchen Fall ist es zulässig, den Betrag des Schmerzensgeldes zuzusprechen, der dem Verletzten zum Zeitpunkt der Entscheidung mindestens zusteht. Daneben besteht die Möglichkeit der Klage auf Schmerzensgeld und auf Feststellung der Verpflichtung des Schädigers, für Zukunftsschäden einzustehen; vgl. dazu Heß, NJW Spezial 2004, 63 und Rdn. 84 ff.

190 Zinsen auf Schmerzensgeld werden mit Verzug des Schädigers geschuldet, jedenfalls mit Rechtshängigkeit und zwar i.H.v. 5 Prozentpunkten über dem Basiszinssatz (§ 247 BGB.). Verzug tritt jedoch nur ein, wenn der geforderte Schmerzensgeldbetrag realistisch und nicht (erheblich) überzogen ist. Das gilt für das gesamte Schmerzensgeld, auch dann, wenn die Höhe in das Ermessen des Gerichts gestellt wird und das Gericht über den genannten Mindestbetrag hinausgeht. Wird bzgl. der Zinsen eine (verdeckte) Teilklage erhoben, können die restlichen Zinsen verjähren; vgl. hierzu Vorwerk, Kap. 84 Rn. 186.

191 BGH, Urt. v. 02.02.1999 – VI ZR 25/98, BGHZ 140, 335 = VersR 1999, 902; BGH, Urt. v. 02.10.2001 – VI ZR 356/00, NJW 2002, 212 f. = MDR 2002, 49 f.

192 BGH, Urt. v. 20.03.2001 – VI ZR 325/99, NJW 2001, 3414 = MDR 2001, 764.

193 S.o. Kap. 3 Rdn. 16 ff.

194 BGH, Urt. v. 19.12.1969 – VI ZR 111/68, VersR 1970, 281.

Dagegen vertreten die Instanzgerichte überwiegend die Auffassung, dass eine Schmerzensgeldrente – wenn überhaupt – nur auf Antrag zu gewähren ist.

Keine Rente ohne Antrag fordert das OLG Stuttgart.[195]

Die Frage, ob der Kläger in geeigneten Fällen nicht neben dem Schmerzensgeldkapital eine Schmerzensgeldrente ausdrücklich fordern sollte, kann in der Nullzinsphase anders zu beurteilen sein als früher. Der Kapitalwert einer Schmerzensgeldrente muss auch heute nach einem Kapitalisierungszinssatz von 5 % berechnet werden, sodass dem Verletzten für den Teil des Schmerzensgeldes, der dem Kapitalwert der Rente entspricht, eine Verzinsung in Höhe von 5 % zugutekommt. 140

Die »billige Entschädigung in Geld« wird normalerweise als einmaliger Kapitalbetrag zugesprochen. Das Schmerzensgeld in einer Summe ist die Regel. Sie greift insb. dann ein, wenn es sich um Verletzungen ohne Dauerfolgen oder um solche mit Dauerfolgen handelt, deren künftige Auswirkung überschaubar ist. Lässt sich die **künftige Entwicklung des immateriellen Schadens noch nicht genau bestimmen**, kann im Urteil neben dem Kapitalbetrag die Feststellung der Ersatzpflicht künftigen Nichtvermögensschadens ausgesprochen werden oder neben dem Kapitalbetrag eine Rente zuerkannt werden.[196] 141

▶ Hinweis:

Verlangt der Verletzte neben einem Kapitalbetrag eine Rente, ist zu beachten, dass die Gerichte i.d.R. nur ein Schmerzensgeld zusprechen, dessen Gesamthöhe einen vergleichbaren Kapitalbetrag nicht überschreitet. Das bedeutet, dass der Kapitalwert der Rente ermittelt wird, der in der Summe mit dem Schmerzensgeldkapital den Gesamtbetrag des Schmerzensgeldes bildet.[197] 142

Üblich ist es auch, dass die Gerichte zunächst das als angemessen angesehene Schmerzensgeld ermitteln, sodann die Schmerzensgeldrente kapitalisieren und diesen Renten-Kapitalwert vom Schmerzensgeldbetrag abziehen.

Unter diesem Gesichtspunkt muss der Anwalt prüfen, ob es für den Mandanten überhaupt günstig ist, eine Schmerzensgeldrente zu beantragen.

Aber: Auch bei Vorliegen eines schweren Dauerschadens mit fortlaufender Beeinträchtigung ist es dem Schädiger und/oder dem Gericht, wenn sie dem BGH zur Schmerzensgeldrente auch ohne Antrag des Klägers nicht folgen, nicht gestattet, dem Verletzten gegen dessen Willen anstelle oder neben dem Schmerzensgeldkapital eine Schmerzensgeldrente aufzudrängen.[198] Richtig ist diese Auffassung für den Fall, dass das LG antragsgemäß einen Kapitalbetrag zuerkannt hat; auch dann darf das OLG diesen Betrag nicht in Kapital und Rente aufteilen, wenn der Verletzte dies nicht beantragt und (ohne Anschlussberufung) nur das Urteil im Berufungsverfahren verteidigt. So hält das OLG Koblenz[199] ausdrücklich fest: »Dem Kläger kann nicht ein wesentlicher Teil des Kapitalbetrages genommen und stattdessen eine Rente aufgedrängt werden, die keineswegs zwangsläufig seinem Interesse entsprechen muss«. 143

Deshalb sieht sich der für Arzthaftungssachen zuständige 5. Zivilsenat des OLG Köln auch häufig daran gehindert, eine Lösung zugunsten schwerst hirngeschädigt geborener Kinder zu treffen und 144

---

195 OLG Stuttgart, Urt. v. 12.01.2010 – 1 U 107/09, AHRS 0550/372.

196 Deutsch/Ahrens, Rn. 493 ff.; Dauner-Lieb/Langen/Huber, AK-Schuldrecht, § 253 Rn. 108 ff.

197 Vgl. BGH, Urt. v. 21.07.1998 – VI ZR 276/97, VersR 1998, 1565 = NJW 1998, 3411; BGH, Urt. v. 15.05.2007 – VI ZR 150/06, VersR 2007, 961 = NJW 2007, 2475.

198 BGH, Urt. v. 21.07.1998 – VI ZR 276/97, NJW 1998, 3411 = VersR 1998, 1565 zu einer Entscheidung des OLG Köln, Urt. v. 23.07.1997 – 5 U 44/97, VersR 1998, 1565 = NJW 1998, 3411; OLG Schleswig, Urt. v. 09.01.1991 – 9 U 40/89, VersR 1992, 462.

199 OLG Koblenz, Urt. v. 26.02.2009 – 5 U 1212/07, VersR 2010, 1452 (1454).

anstelle eines hohen Kapitalbetrages neben einem Kapital eine Schmerzensgeldrente zuzuerkennen. Damit könnte der Gefahr entgegengewirkt werden, dass in Anbetracht der oft nur geringen Lebenserwartung der Kinder diese alsbald nach Rechtskraft des Urteils in ein Pflegeheim abgeschoben werden, in dem die Betreuung nicht so intensiv sein kann wie in der Familie. Sterben diese Kinder alsbald, verbleibt den Eltern (Erben) das gesamte Schmerzensgeldkapital, das für ein »kurzes Leben« deutlich zu hoch ausgefallen ist.[200]

145 Ist der Verletzte bereits älter, kann die Rente relativ hoch ausfallen, weil sich der Kapitalwert nach der (verbleibenden) Lebenserwartung richtet. Genau umgekehrt ist es bei jungen Menschen oder gar bei Kleinkindern. Diese haben noch eine hohe Lebenserwartung, sodass der Kapitalwert auch einer relativ niedrigen Rente erheblich zu Buche schlägt. Das Gesamtschmerzensgeld wird dann durch den Kapitalwert der Rente sehr hoch sein, und der BGH kann das Gesamtschmerzensgeld dann ohne Weiteres als »zu reichlich« bemessen beanstanden. Dass diese Betrachtung falsch ist, wurde oben[201] nachgewiesen. Stirbt der Berechtigte im Verlauf des Rechtsstreits, kommt eine Rente zusätzlich zu einem Kapitalbetrag auch für die Vergangenheit nicht mehr in Betracht.

146 Dass eine zuerkannte Schmerzensgeldrente im Wege der **Abänderungsklage** nach § 323 ZPO später erhöht werden kann, ist inzwischen unbestritten.[202] Diederichsen[203] hält die Höhe der Rente »nach einhelliger Meinung« in Rechtsprechung und Schrifttum grds. für abänderbar. Der BGH[204] hatte dies (obiter dictum) als selbstverständlich vorausgesetzt, indem er einem jungen Geschädigten im Hinblick auf die Laufzeit der Rente die Möglichkeit zur Anpassung an die veränderten Verhältnisse nach § 323 ZPO zubilligt.

147 Nach Ansicht des BGH[205] ist die Abänderungsklage aber erst möglich, wenn der Lebenshaltungskostenindex um mindestens 25 % gestiegen ist und wenn die Schmerzensgeldrente unter Abwägung aller Umstände des Einzelfalles die Funktion eines billigen Schadensausgleichs nicht mehr erfüllt. Diese Rechtsprechung muss angesichts der Nullzinsphase und der geringen Inflation im letzten Jahrzehnt überdacht werden

▶ Praxistipp:

148 Eine Forderung des Verletzten nach Kapital und Rente ggü. einer Versicherung kann unter dem Gesichtspunkt vorteilhaft sein, dass die Versicherer einen Schadensfall abschließen möchten, was bei einer auf Lebenszeit gewährten Rente nicht möglich ist. Im Interesse einer abschließenden Regelung kann die Versicherung bereit sein, einen höheren Kapitalbetrag zu zahlen. Eine Kapitalzahlung kann die Versicherung nämlich gegen den Willen des Geschädigten prozessual nicht durchsetzen.

Regressfalle:

Richter sollten nur sehr zurückhaltend zu einem Abfindungsvergleich raten, aber auch für Anwälte ist höchste Vorsicht geboten.[206]

---

200 Der BGH, Urt. v. 13.10.1992 – VI ZR 201/91, VersR 1993, 327 = MedR 1993, 101 = NJW 1993, 781, hat darauf hingewiesen, dass bei diesen Geschädigten nicht von einer statistischen durchschnittlichen Lebenserwartung ausgegangen werden dürfe.

201 Kap. 3 Rdn. 49.

202 Vorwerk, Kap. 84 Rn. 184 und Kap. 86 Rn. 42.

203 Diederichsen, VersR 2005, 433 (442) m.w.N.

204 BGH, Urt. v. 08.06.1976 – VI ZR 216/74, VersR 1976, 967 (969).

205 BGH, Urt. v. 15.05.2007 – VI ZR 150/06, VersR 2007, 961 = DAR 2007, 513.

206 Vgl. Rdn. 229 ff., insb. Rdn. 268 ff.

▶ Formulierungsbeispiel: Klageantrag[207] einer Klage auf Zahlung von Kapital und Rente

Der/die Beklagte(n) werden/wird (als Gesamtschuldner) verurteilt, 149

an den Kläger ein angemessenes Schmerzensgeld, mindestens aber ... € (Kapital) nebst Zinsen i.H.v. 5 Prozentpunkten über dem Basiszinssatz seit dem ... (Verzugsbeginn) zu zahlen,

weiterhin ... € (Summe der rückständigen Rentenzahlungen – vom Schadenstag bis zur Klagezustellung) rückständige Schmerzensgeldraten für die Zeit vom ... bis zum ... nebst Zinsen i.H.v. 5 Prozentpunkten über dem Basiszinssatz aus ... (damals angemahnte Summe der Rentenbeträge) seit dem ... (Verzugsbeginn) sowie jeweils aus ... (Rente) seit dem ... (Daten der Folgemonate bis zur Klagezustellung, in denen ebenfalls keine Rentenzahlungen erfolgten),

zuletzt ab Klagezustellung eine monatliche Schmerzensgeldrente i.H.v. ... € (Rente), zahlbar monatlich im Voraus, zu zahlen.

X. Feststellungsklage

Bei noch nicht abgeschlossenem Schadensbild hat der Anwalt zwei Probleme: das der Verjährung und das der Rechtskraft. 150

▶ Hinweis:

Daran muss der Anwalt immer denken, wenn überhaupt mit Spätfolgen zu rechnen ist. Die Leistungsklage betrifft nur den bereits eingetretenen Schaden und hemmt die Verjährung nicht hinsichtlich der künftigen materiellen und immateriellen Ansprüche, § 204 Abs. 1 Nr. 1 BGB. Um die Verjährung künftiger Ansprüche zu verhindern, muss der Anwalt also Feststellungsklage erheben. Dann greift § 197 Abs. 1 Nr. 3 BGB ein, wonach rechtskräftig festgestellte Ansprüche in 30 Jahren verjähren. 151

Künftige Ansprüche verjähren nämlich nach neuem Schuldrecht grds. in 3 Jahren, wenn Schädiger und Schaden dem Geschädigten bekannt sind. Die 30-jährige Verjährungsfrist des § 199 Abs. 2 BGB gilt nur für den Fall, dass dem Geschädigten diese Kenntnis fehlt oder dass er die Kenntnis ohne grobe Fahrlässigkeit nicht erlangt hat. 152

Deshalb hat der Verletzte ein berechtigtes Interesse an der alsbaldigen Feststellung der Ersatzpflicht, wenn die Möglichkeit bzw. die Gefahr künftiger Schäden besteht, die derzeit mit der Gewährung eines einheitlichen Schmerzensgeldes nicht ausgeglichen werden können. Das nach § 256 ZPO geforderte Feststellungsinteresse und die Verjährung stehen in einem engen inneren Zusammenhang.[208] 153

Dies hat auch das OLG Koblenz[209] so gesehen und ein Feststellungsverlangen als zulässig und begründet angesehen, wenn die bloße Möglichkeit von Zukunftsschäden bestehe. Eine Ausnahme sei nur in Fällen zu machen, in denen ein künftiger Schadenseintritt völlig fern liege. Eine Messerstichverletzung in den Bauch ziehe Verwachsungen nach sich, die zu chronischen abdominellen Beschwerden führen und Darmobstruktionen und Dünndarmverschlüsse bewirken könnten. Daher sei einem auf Feststellung der Ersatzpflicht für Zukunftsschäden gerichteten Antrag stattzugeben.[210] 154

207 Bei sehr schwerwiegenden Schäden durch einen Verkehrsunfall ist zu bedenken, dass die Höchstgrenzen der Haftung nach dem StVG und dem vom Halter abgeschlossenen Vertrag möglicherweise nicht ausreichen, den Gesamtschaden abzudecken. Dann ist im Antrag des/der Beklagten auszudrücken, dass der Halter nur i.R.d. Haftungshöchstgrenzen des § 12 StVG und der Versicherer nur i.R.d. (möglicherweise höheren) Deckungssumme des Versicherungsvertrages verurteilt wird.

208 Müller, VersR 1998, 129 (136).

209 OLG Koblenz, Urt. v. 02.07.2014 – 5 U 221/14, unveröffentlicht.

210 OLG Koblenz, Urt. v. 02.07.2014 – 5 U 221/14, unveröffentlicht, in Abgrenzung zu BGH, Urt. v. 02.04.2014 – VIII ZR 19/13, MDR 2014, 796.

155 Etwas anderes galt **bis zur Schuldrechtsreform** nur dann, wenn der Schädiger den Anspruch dem Grunde nach anerkannt und der Verletzte dieses Anerkenntnis angenommen hatte. Ein solches Anerkenntnis i.S.d. § 780 BGB verjährte gem. § 195 BGB a.F. in 30 Jahren;[211] es war nicht nur ein Anerkenntnis i.S.d. § 208 BGB a.F., das lediglich die – 3-jährige – Verjährung unterbrochen hat. Nun ist eine Feststellungsklage lediglich entbehrlich, wenn die Parteien eine Vereinbarung getroffen haben, die die Wirkungen eines Feststellungstitels erzielt.[212] Wird die Einstandspflicht nicht in der erforderlichen vorbehaltlosen Art und Weise erklärt, kann dem Geschädigten das Feststellungsinteresse nicht abgesprochen werden. Die Formulierung etwa, dass eine »Feststellungsklage ausdrücklich für nicht erforderlich« gehalten wird, reicht nicht aus, zumal wenn »kein weiterer Verjährungsverzicht« erklärt wird.[213]

▶ Hinweis:

156 Der ausgeurteilte Schmerzensgeldbetrag umfasst die in der Vergangenheit liegenden und die vorhersehbaren und zwangsläufigen künftigen Beeinträchtigungen. Die künftige Entwicklung, insb. Verschlechterungen des Gesundheitszustandes werden nur dann nicht erfasst, wenn sie nicht – auch nicht durch einen Mediziner – vorhersehbar sind. Für Spätfolgen, auch soweit sie nicht sicher vorhersehbar, aber auch nicht völlig ausgeschlossen sind, kann der Verletzte nur durch einen Feststellungsausspruch oder ein diesem gleichstehendes Anerkenntnis erreichen, dass diese Ansprüche 30 Jahre lang nicht verjähren. Treten später Folgeschäden tatsächlich ein, kann – verjährungssicher aufgrund des vorangegangenen Feststellungsurteils – hierfür nun ein **weiteres Schmerzensgeld** verlangt werden. Jetzt wird aber im Folgeprozess nicht etwa die spätere und im Erstprozess nicht berücksichtigte Schadensfolge isoliert betrachtet, sondern es ist zu fragen, welches **Gesamtschmerzensgeld** zu zahlen gewesen wäre, wenn die spätere Verletzungsfolge von vornherein in die ursprüngliche Schadensberechnung Eingang gefunden hätte; die Differenz dieser Summe zur Urteilssumme des Erstprozesses ist dann zuzusprechen[214].

157 Das OLG Oldenburg[215] geht noch weiter und meint, dass bei der Schätzung des angemessenen Schmerzensgeldes die denkbaren zukünftigen immateriellen Beeinträchtigungen unberücksichtigt zu bleiben hätten, wenn der Kläger einen Feststellungsantrag für zukünftige immaterielle Beeinträchtigungen gestellt habe; denn aus der Antragstellung ergebe sich, dass er keinen alle immateriellen Zukunftsschäden umfassenden Schmerzensgeldantrag stelle. Dem ist nicht zuzustimmen, denn dadurch wird die Bemessung des Schmerzensgeldes weiter unnötig kompliziert. Der Grundsatz, dass das Schmerzensgeld einheitlich zu bemessen ist, sollte auch in Fällen mit möglichen Zukunftsschäden nicht aufgegeben werden. In die Bemessung fließt ja nur das Risiko künftiger Schäden ein.[216]

158 So hat das OLG Köln[217] wegen der Wahrscheinlichkeit zukünftiger immaterieller Beeinträchtigungen eine Erhöhung des ohne Berücksichtigung dieser Zukunftsschäden geschuldeten Schmerzensgeldes um 25 % für angemessen gehalten. Eine solche pauschalierte Erhöhung ist nicht zulässig. Erst wenn sich Zukunftsschäden verwirklichen, muss ein zusätzliches Schmerzensgeld gezahlt werden.

159 Das OLG Celle[218] hat ein Feststellungsinteresse bei einer Bänderruptur im Fußgelenk bejaht, weil selbst dann, wenn das Behandlungsergebnis gut sei, ein ruptiertes Band erfahrungsgemäß eine »Schwachstelle« bleibe mit der Folge der erhöhten Verletzungsanfälligkeit, sodass die Gefahr weite-

211 Grüneberg/Sprau, § 780 Rn. 8 a.E.

212 Eine dennoch erhobene Feststellungsklage wäre unzulässig, OLG Hamm, Urt. v. 07.06.2010 – 6 U 195/09, r+s 2010, 481; OLG Hamm, Beschl. v. 31.03.2015 – 9 W15/15, ZAP EN-Nr. 339/2015.

213 OLG München, Urt. v. 18.01.2008 – 10 U 4024/07, NJW-Spezial 2008, 171.

214 OLG Saarbrücken, Urt. v. 07.06.2011 – 4 U 451/10, NJW 2011, 3169.

215 OLG Oldenburg, Urt. v. 10.10.1996 – 1 U 83/96, VersR 1997, 1109.

216 OLG Köln, Urt. v. 20.05.1992 – 2 U 191/91, VersR 1992, 975; OLG Oldenburg, Urt. v. 18.03.1997 – 5 U 141/95, VersR 1997, 1541.

217 OLG Köln, Urt. v. 20.05.1992 – 2 U 191/91, VersR 1992, 975.

218 OLG Celle, Beschl. v. 01.02.2001 – 9 W 21/01, OLGR 2001, 162.

rer Schäden bestehe. Vergleichbar hat das KG[219] schon nach einem Bruch des Schulterblattes den Eintritt späterer Schäden für hinreichend plausibel gehalten.

Das rechtliche Interesse i.S.d. § 256 ZPO kann nur dann verneint werden, wenn aus der Sicht des Geschädigten bei vernünftiger Betrachtung kein Grund ersichtlich ist, mit Spätfolgen wenigstens zu rechnen.[220] 160

▶ Hinweis:

Begründet ist der Feststellungsantrag schon dann, wenn Spätschäden mit einer gewissen Wahrscheinlichkeit entstehen können, wenn mit dem späteren Eintritt von Schadensfolgen überhaupt, wenn auch nur entfernt, gerechnet werden kann. Dabei kommt es nicht darauf an, ob der Verletzte selbst diese Spätschäden vorhersehen kann; entscheidend ist vielmehr, ob ein Mediziner, also ein Fachmann, aufgrund des Schadensbildes mögliche Spätschäden nicht ausschließen kann.[221] Lediglich wenn z.B. ein Sachverständiger an später eintretende Folgen nicht einmal zu denken brauchte, werden diese von der Rechtskraft nicht erfasst.[222] 161

Ist die Feststellungsklage zulässig, dann ist sie auch begründet, denn die Argumente, die für die Zulässigkeit sprechen, müssen auch zur Begründetheit führen.[223] Umgekehrt wirkt die Rechtskraft einer im Vorprozess ergangenen Klageabweisung der Feststellungsklage auch dann, wenn das Gericht verfahrensfehlerhaft dahinstehen lassen hat, ob diese unzulässig oder unbegründet ist.[224] Der Erlass eines Feststellungsausspruchs ist einem Grundurteil nicht zugänglich, ein solches kann nur über den Leistungsausspruch ergehen.[225] 162

Der Verletzte ist nicht gehalten, seine Klage in eine Leistungs- und in eine Feststellungsklage aufzuspalten, auch dann nicht, wenn bei Klageerhebung ein Teil des Schadens schon entstanden, die Entstehung eines weiteren Schadens aber noch zu erwarten ist.[226] Einzelne bei Klageerhebung bereits entstandene Schadenspositionen stellen lediglich einen Schadensteil in diesem Sinne dar. Bei fortbestehenden Personenschäden besteht kein Vorrang der Leistungsklage.[227] Zwar fehlt grundsätzlich das Feststellungsinteresse, wenn der Kläger dasselbe Ziel mit einer Leistungsklage erreichen kann. Es besteht jedoch keine allgemeine Subsidiarität der Feststellungsklage gegenüber der Leistungsklage. Vielmehr ist eine Feststellungsklage trotz der Möglichkeit, Leistungsklage zu erheben, zulässig, wenn die Durchführung des Feststellungsverfahrens unter dem Gesichtspunkt der Prozesswirtschaftlichkeit zu einer sinnvollen und sachgemäßen Erledigung der aufgetretenen Streitpunkte führt. Ist eine Schadensentwicklung noch nicht vollständig abgeschlossen, kann der Kläger in vollem Umfang Feststellung der Ersatzpflicht begehren.[228] 163

▶ Hinweis:

Kann der Kläger mit der Klage überhaupt noch keinen auf Leistung gerichteten Antrag stellen, muss er zur Hemmung der Verjährung eine Feststellungsklage erheben. Er ist bei **zulässig erhobener Feststellungsklage nicht zum Übergang zur Leistungsklage verpflichtet**, auch dann 164

219 KG, Urt. v. 16.04.2018 – 22 U 168/16, VersR 2018, 958.
220 BGH, Urt. v. 16.01.2001 – VI ZR 381/99, NJW 2001, 1431 = MDR 2001, 448; BGH, Beschl. v. 09.01.2007 – VI ZR 133/06, NJW-RR 2007, 601 = VersR 2007, 708.
221 Vgl. dazu v. Gerlach, VersR 2000, 525 (531 f.); OLG Celle, Urt. v. 25.04.2002 – 14 U 28/01, OLGR 2003, 264 f.
222 OLG Schleswig, Urt. v. 23.01.2002 – 9 U 4/01, MDR 2002, 1068.
223 V. Gerlach, VersR 2000, 525 (532).
224 BGH, Urt. v. 16.01.2008 – XII ZR 216/05, NJW 2008, 1227.
225 OLG Hamm, Urt. v. 18.10.2016 – 9 U 19/15, unveröffentlicht.
226 BGH, Urt. v. 19.04.2016 – VI ZR 506/14, NJW-RR 2016, 759.
227 Prelinger, Kein Vorrang der Leistungsklage bei fortbestehenden Personenschäden, Anm. zu BGH, Urt. v. 19.04.2016 – VI ZR 506/14, NJW-RR 2016, 759.
228 BGH, Urt. v. 19.04.2016 – VI ZR 506/14, NJW-RR 2016, 759.

nicht, wenn er den Anspruch im Laufe des Rechtsstreits beziffern kann.[229] Allerdings ist es dem Kläger unbenommen, im Laufe des Verfahrens von der Feststellungsklage zur Leistungsklage überzugehen, wenn die Voraussetzungen gegeben sind. Übersieht er dabei Spätfolgen, sind sie von der ursprünglichen Feststellungsklage nicht mehr erfasst.

165 Eine **Berufung trotz obsiegenden Urteils** allein zum Zweck der Klageerweiterung oder des Übergangs vom Feststellungs- auf einen Leistungsantrag ist unzulässig.[230] Allerdings steht die nach unbeschränkt eingelegter Berufung gegen ein **klageabweisendes Urteil** in der Berufungsbegründung isolierte Stellung eines Schmerzensgeldantrages der **Nachholung** des in erster Instanz gestellten Feststellungsantrages bis zum Ende der mündlichen Verhandlung in der Berufungsinstanz nicht entgegen, sofern die Berufungsbegründung auch einen Angriff gegen die Abweisung des Feststellungsantrages deckt.[231] Erweist sich die Leistungsklage als unbegründet, entspricht aber der Erlass eines Feststellungsurteils dem Interesse des Klägers, kann das Gericht dem **im Leistungsbegehren enthaltenen** Antrag auf Feststellung auch dann stattgeben, wenn er nicht ausdrücklich hilfsweise gestellt worden ist.[232]

▶ Praxistipp:

166 Der zusätzliche Feststellungsantrag ist der sicherste Weg, den der Anwalt beschreiten muss, will er sich nicht einem Regress aussetzen.

Hier muss auf die Tendenz der Gerichte hingewiesen werden, mit der Zulässigkeit der Feststellungsklage engherzig zu verfahren, was aber nicht die Billigung des BGH findet.[233] Dem muss der Anwalt vorsorglich energisch entgegentreten. Dem Antrag wird das erstinstanzliche Gericht stattgeben, wenn der Anwalt Spätschäden nennt und diese durch Sachverständigengutachten unter Beweis stellt. Kein Richter wird diesem Beweisantritt nachgehen, sondern er wird sogleich das Feststellungsinteresse bejahen und der Feststellungsklage stattgeben.

167 Ein weiterer Anwendungsbereich für eine Feststellungsklage ist der Bereich des § 850f Abs. 2 ZPO, wonach das Vollstreckungsgericht auf Antrag des Gläubigers den pfändbaren Teil des Arbeitseinkommens ohne Rücksicht auf die in § 850c ZPO vorgesehenen Beschränkungen bestimmen kann, wenn aus vorsätzlich begangener unerlaubter Handlung vorgegangen wird. Dem Schuldner ist nur so viel zu belassen, wie er für seinen notwendigen Unterhalt und zur Erfüllung seiner laufenden gesetzlichen Unterhaltspflichten bedarf.[234] Bei der Forderungspfändung als Vollstreckung eines solchen deliktischen Titels ist der Gläubiger mithin bessergestellt, weil er in weiterem Umfang als sonst möglich Arbeitseinkommen des Schuldners pfänden kann, wobei die Privilegierung auch die Ansprüche auf Verzugszinsen und Erstattung von Prozess- und Vollstreckungskosten umfasst[235]. Gleiches gilt für die Privilegierung von Forderungen aus vorsätzlicher unerlaubter Handlung im Insolvenzverfahren, wo diese von der RSB ausgenommen sind.[236]

229 BGH, Urt. v. 15.11.1977 – VI ZR 101/76, NJW 1978, 210; OLG Koblenz, Urt. v. 18.12.2008 – 5 U 546/08, MedR 2010, 507.

230 BGH, Urt. v. 12.05.1992 – VI ZR 118/91, NJW 1992, 2296 = VersR 1992, 1110; Müller, VersR 1998, 129 (136).

231 OLG Hamm, Urt. v. 13.09.2016 – 9 U 158/15, r+s 2017, 271.

232 BGH, Urt. v. 21.11.2007 – VI ZR 115/05, NJW 2007, 506 = VersR 2007, 263; Müller, VersR 1998, 129 (136).

233 V. Gerlach, VersR 2000, 525 (529).

234 Zu den hieraus resultierenden Schwierigkeiten bei der Vollstreckung s. ausführlich Neugebauer, MDR 2004, 1223.

235 BGH, Beschl. v. 10.03.2011 – VII ZB 70/08, NJW 2011, 3106.

236 Es ist dann auf Feststellung zu klagen, die zur Insolvenztabelle angemeldete Forderung beruhe auf einer vorsätzlichen unerlaubten Handlung des Schuldners. Streitwert für diese Klage ist dann nicht die Forderungshöhe, sondern nur die späteren Vollstreckungsaussichten des Insolvenzgläubigers nach Beendigung des Insolvenzverfahrens und Erteilung der RSB. Wenn diese als nur zu gering anzusehen sind,

Der Umstand, dass aus vorsätzlich begangener unerlaubter Handlung vorgegangen wird, muss sich jedoch aus dem Titel selbst ergeben (Formalisierung des Vollstreckungsverfahrens).[237] Hier entstehen Probleme, wenn etwa aus **Vollstreckungsbescheiden**[238] oder Versäumnisurteilen (i.d.R. ohne Tatbestand und Entscheidungsgründe, vgl. § 313b ZPO) vorgegangen wird. 168

▶ Vorsicht Haftungsfalle:

Nach Ansicht des BGH[239] ist die Angabe einer Hauptforderung »aus vorsätzlich strafbarer unerlaubter Handlung« im Vollstreckungsbescheid **nicht** ausreichend, um den Nachweis nach § 850f ZPO zu führen. Begründung hierfür ist, dass eine Prüfung der materiellen Voraussetzungen im Mahnverfahren gerade nicht stattfindet. 169

Die Rechtsprechung hilft durch Zulassung einer **nachträglichen Feststellungsklage**, gerichtet darauf, dass eine unerlaubte Handlung vorgelegen hat.[240] Diese Feststellungsklage ist im Interesse des Gläubigers zulässig, unabhängig davon, ob die Tatbestandsmerkmale der unerlaubten Handlung vor oder nach Rechtskraft des Leistungstitels bekannt geworden sind. Der Anspruch auf Feststellung des Rechtsgrundes einer Forderung aus vorsätzlich begangener unerlaubter Handlung verjährt (anders als der Antrag auf Feststellung der Ersatzpflicht!) nach Ansicht des BGH[241] **nicht** nach den Vorschriften, die für die Verjährung des Leistungsanspruchs gelten! Er ist also **»unverjährbar«** und kann (natürlich mit Sinnhaftigkeit nur, wenn der Zahlungsantrag seinerseits noch nicht verjährt, etwa weil durch Vollstreckungsbescheid tituliert, ist) stets geltend gemacht werden. 170

▶ Formulierungsbeispiel: Feststellungsantrag

»Es wird beantragt, festzustellen, dass die Beklagte dem Kläger wegen des im Vollstreckungsbescheid des ... vom ... (Az.: ...) titulierten Anspruchs aus vorsätzlich begangener unerlaubter Handlung haftet.« 171

Auch schon bei der Leistungsklage kann ein solcher, parallel gestellter Feststellungsantrag Sinn machen, etwa wenn ansonsten die Gefahr bestünde, dass sich das Gericht für den Klagezuspruch allein auf einen ebenfalls erfolgreichen Anspruch aus Vertrag stützen könnte.[242] Der Feststellungs- 172

---

kann ein Abschlag von 75 % des Nennwertes der Forderung angemessen sein, BGH, Beschl. v. 22.01.2009 – IX ZR 235/08, NJW 2009, 920.

237 Die Rspr. nimmt dies noch nicht einmal dann an, wenn das Urteil sich auf einen Anspruch stützt, der nur in vorsätzlicher Begehung verwirklicht werden kann. Auch wenn der Anspruch materiell-rechtlich eine Vorsatztat erfordere, erstreckt sich die Rechtskraft des Urteils nicht auf den Umstand einer vorsätzlichen unerlaubten Handlung, da ansonsten das Insolvenzgericht den Sachverhalt des Erstgerichts auf Vorsatz untersuchen müsste und die Urteilsgründe auch »lückenhaft« sein oder »überschießende Feststellungen« enthalten könnten, BGH, Urt. v. 02.12.2010 – IX ZR 41/10, MDR 2011, 130 = DB 2011, 293. Auch in diesen Fällen ist also eine Feststellungsklage zwingend.

238 Wenngleich die frühere Rspr. überwiegend die formularmäßige Angabe »Anspruch aus vorsätzlich begangener unerlaubter Handlung« im Mahn-/Vollstreckungsbescheid für § 850f Abs. 2 ZPO genügen ließ, vgl. LG Düsseldorf, Beschl. v. 10.02.1987 – 19 T 291/86, NJW-RR 1987, 758; LG Bonn, Beschl. v. 23.11.1993 – 4 T 607/93, Rpfleger 1994, 264; LG Münster, Beschl. v. 07.12.1995 – 5 T 1024/95, JurBüro 1996, 385. LG Karlsruhe, Beschl. v. 19.03.2002 – 11 T 314/01, ZVI 2002, 364, hat der BGH nunmehr ausdrücklich festgehalten, dass durch die Vorlage eines Vollstreckungsbescheides der Nachweis einer Forderung aus vorsätzlich begangener unerlaubter Handlung nicht geführt werden kann, BGH, Beschl. v. 05.04.2005 – VII ZB 17/05, NJW 2005, 1663.

239 BGH, Beschl. v. 05.04.2005 – VII ZB 17/05, NJW 2005, 1663; BGH, Urt. v. 04.06.2016 – VII ZB 67/13, NJW 2016, 1663.

240 BGH, Beschl. v. 14.03.2003 – IXa ZB 52/03, ZVI 2003, 301; BGH, Beschl. v. 26.09.2002 – IX ZB 208/02, ZVI 2002, 422. Ausführlich hierzu Schneider, Klage, Rn. 1709 bis 1725, insb. 1718 ff.

241 BGH, Urt. v. 02.12.2010 – IX ZR 247/09, NJW 2011, 1133 = MDR 2011, 122. Krit. hiergegen Grote, NJW 2011, 1121.

242 Schneider, Klage, Rn. 1725.

antrag macht zudem Sinn, wenn ein Versäumnisurteil erwartet wird, da dann auch dort (im Tenor) der Nachweis nach § 850f ZPO geführt werden kann.

XI. Streitwert

173 Nennt der Kläger keinen Mindestbetrag, der den Streitwert nach unten begrenzt,[243] ist für die Instanz letztlich maßgebend, was das angerufene Gericht für angemessen hält. Das Gericht ist (nach oben) nicht an die **Größenordnung** gebunden, die der Kläger nennt. Maßgebend ist allein das angemessene Schmerzensgeld, das sich aus der Sachverhaltsschilderung des Klägers ergibt.[244] Die gegenteilige Auffassung,[245] wonach das Gericht bei der Streitwertfestsetzung über den vom Kläger genannten Mindestbetrag nicht hinausgehen dürfe, weil Streitgegenstand dieser vom Kläger genannte Betrag sei, ist unzutreffend. Die zur Begründung zitierte BGH-Entscheidung[246] enthält diese Aussage gerade nicht. Im Gegenteil, schon in der grundlegenden Entscheidung v. 30.04.1996 hatte der BGH[247] ausdrücklich betont, dass sich der Streitwert am angemessenen Schmerzensgeld auszurichten hat und dass er ggf. höher festzusetzen ist, als dies der Größenvorstellung des Klägers entspricht. Erhebt der Kläger eine bezifferte Schmerzensgeldklage, ist für die Bestimmung des Zuständigkeitsstreitwertes die Höhe des vom Kläger genannten Betrages maßgeblich, nicht das Ergebnis der – möglicherweise hiervon abweichenden – Schlüssigkeitsprüfung des Gerichts bei Klageeinreichung.[248]

▶ Hinweis:

174 Die Angabe einer Größenordnung durch den Kläger ist nützlich und ratsam, zumal höchstrichterlich nicht eindeutig geklärt ist, ob die Zulässigkeit der Klage nicht schon an der fehlenden Angabe einer Größenordnung scheitern kann.[249] Die in der Literatur geäußerte Auffassung, die Angabe einer Größenordnung sei für die Zulässigkeit der Klage irrelevant,[250] ist in dieser Klarheit vom BGH noch nicht bestätigt worden. Schon aus Gründen anwaltlicher Vorsicht erscheint daher die Angabe der Größenordnung geboten.[251]

175 Bei einer **auf Kapital und Rente gerichteten Klage** berechnet sich der für die Zuständigkeit und die Beschwer **maßgebende Streitwert** gem. § 9 ZPO nach dem
- geforderten Schmerzensgeldkapital,
- der Summe der bis zur mündlichen Verhandlung aufgelaufenen und am Schluss der mündlichen Verhandlung noch bestehenden Rückstände der Rentenbeträge und
- dem 3 1/2-fachen Jahresbetrag der Rente.[252]

---

243 KG, Beschl. v. 15.03.2010 – 12 W 9/10, unveröffentlicht; v. Gerlach, VersR 2000, 525 (529).

244 BGH, Urt. v. 30.04.1996 – VI ZR 55/95, BGHZ 132, 341 = VersR 1996, 990 = NJW 1996, 2425; BGH, Urt. v. 02.02.1999 – VI ZR 25/98, BGHZ 140, 335 = VersR 1999, 902; von Gerlach, VersR 2000, 525 (527). KG, Beschl. v. 15.03.2010 – 12 W 9/10, unveröffentlicht, hat klargestellt, dass daher das gerichtsseits für angemessen erachtete Schmerzensgeld den Streitwert bildet, mindestens aber die Mindestvorstellung. Hält das Gericht also weniger als die Mindestvorstellung für angemessen, ist gleichwohl diese Mindestvorstellung der Streitwert.

245 Vorwerk, Kap. 86 Rn. 21.

246 BGH, Urt. v. 02.02.1999 – VI ZR 25/98, BGHZ 140, 335 = VersR 1999, 902.

247 BGH, Urt. v. 30.04.1996 – VI ZR 55/95, BGHZ 132, 341 = VersR 1996, 990 = NJW 1996, 2425.

248 KG, Urt. v. 17.04.2008 – 2 AR 19/08, VersR 2008, 1234.

249 Der BGH hat vielmehr in – wenngleich schon älteren – Urteilen eine Klage, der eine Größenvorstellung fehlte, ausdrücklich für unzulässig gehalten, vgl. BGH, Urt. v. 24.04.1975 – III ZR 7/73, VersR 1975, 856; BGH, Urt. v. 13.10.1981 – VI ZR 162/80, VersR 1982, 96; BGH, Urt. v. 09.11.1982 – VI ZR 23/81, VersR 1983, 151 = NJW 1983, 332; BGH, Urt. v. 28.02.1984 – VI ZR 70/82, VersR 1984, 538 (540). Zuletzt ausdrücklich BAG, Urt. v. 20.11.2003 – 8 AZR 608/02, EzA § 628 BGB 2002 Nr. 3 = DB 2004, 1272 (LS).

250 V. Gerlach, VersR 2000, 525 (527).

251 Schneider, Klage, Rn. 509.

252 BGH, Beschl. v. 13.08.2015 – III ZR 142/14, unveröffentlicht.

Für die Kosten gelten – nach Änderung des § 42 GKG durch das 2. KostRMoG und Aufhebung der alten Sonderregel – keine Besonderheiten, § 48 GKG. 176

Für die **Feststellungsklage** gilt der übliche **Abschlag von 20 %.** 177

▶ Checkliste: Aufbau einer auf Zahlung von Schmerzensgeld gerichteten Klage

- ☐ Nach möglichst genauer Schilderung des Lebenssachverhalts, der zur Verletzung geführt hat, sind die unmittelbaren und mittelbaren Verletzungen genau zu beschreiben. Insb. sind Schmerzen, deren Heftigkeit und Dauer anschaulich zu schildern. 178
- ☐ Daran schließt sich die möglichst genaue Schilderung des Krankheitsverlaufs (Behandlungsgang) an. Von besonderer Bedeutung ist dabei die Mitteilung über einen Krankenhausaufenthalt und dessen Dauer, ausgeschmückt mit etwaigen besonderen Belastungen des Klägers durch den Krankenhausaufenthalt.
- ☐ Sofern der Verletzte Dauerfolgen davongetragen hat, sind diese genau zu beschreiben. Die privaten und beruflichen Folgen der Dauerschäden müssen angegeben werden. Narben und andere sichtbare »Dauerschäden« sollten fotografiert werden.
- ☐ Weitere Schmerzensgeldkriterien sind möglichst genau und vollständig vorzutragen, wie etwa schweres Verschulden des Schädigers, das Bestehen einer Haftpflichtversicherung des Schädigers, verzögerliches Regulierungsverhalten des Versicherers und natürlich auch ein Mitverschulden/Mitverursachung des Verletzten, soweit der Einwand zu erwarten ist und nicht wegzudiskutieren ist.
- ☐ Schließlich ist die Höhe des Schmerzensgeldes anzugeben, unter Hinweis auf vergleichbare Fälle, deren Entscheidungsdatum und auf die Tendenz der Rechtsprechung zu höherem Schmerzensgeld.
- ☐ Soll das Gericht von den in vergleichbaren Fällen üblichen Beträgen nach oben abweichen oder den von der ersten Instanz zuerkannten Betrag deutlich überschreiten, ist Argumentationshilfe zu leisten und genau zu begründen, warum das »übliche« oder das zuerkannte Schmerzensgeld zu niedrig ist.

C. Urteil

I. Endurteil

Geht man davon aus, dass die Quotierung des Schmerzensgeldes bei Mitverschulden des Geschädigten nicht zulässig ist,[253] kann auch kein Grundurteil mit dem Inhalt ergehen, dass der Schädiger dem Geschädigten für den immateriellen Schaden mit einer Quote haftet. Mit Rücksicht darauf, dass der Schmerzensgeldanspruch nur einheitlich festgestellt werden kann, nicht aber ein gedachter Schmerzensgeldbetrag um die Mitverschuldensquote gekürzt werden darf, tenoriert die Praxis, dass der/die Beklagte/n zur Zahlung eines Schmerzensgeldes unter Berücksichtigung einer Mitverschuldensquote des Klägers verurteilt wird/werden. 179

II. Teilurteil

Ein Teilurteil über den Schmerzensgeldanspruch darf (im Arzthaftungsprozess)[254] nicht ergehen, wenn nicht gleichzeitig ein Grundurteil über die Schadensersatzfrage hinsichtlich weiterer Ansprüche ergeht. Die materielle Schadensersatzfrage und der Schmerzensgeldantrag sind untrennbar miteinander verknüpft. Von einem Teilurteil geht bzgl. der Haftungsfrage keine Bindungswirkung aus, sodass der Anspruch auf Ersatz des materiellen Schadens mit der Begründung verneint werden könnte, dass eine entsprechende Haftung des Beklagten ausscheide. Nur ein Grundurteil neben dem Teilurteil könnte diesem Widerspruch wirksam begegnen. 180

253 Dauner-Lieb/Langen/Huber, AK-Schuldrecht, § 253 Rn. 33, hält dies für änderungswürdig, weil die Praxis sich über die vor 50 Jahren geäußerte Ansicht des BGH hinweggesetzt habe.

254 OLG Koblenz, Urt. v. 05.06.2003 – 5 U 219/03, ZfS 2003, 449.

III. Feststellungsurteil

181 Im Feststellungsurteil wird ausgesprochen, dass der/die Beklagte/n verurteilt wird/werden, künftigen immateriellen Schaden zu ersetzen. Damit ist der Schaden umfasst, der bei der letzten mündlichen Verhandlung als mögliche Schadensfolge gesehen wurde, dessen Eintritt möglich, aber keineswegs sicher ist und der die Höhe des Schmerzensgeldes nicht beeinflusst hat.[255]

▶ Hinweis:

182 Der Anwalt des Beklagten muss auch hier darauf achten, den Antrag zu stellen, die Haftung von Halter und Versicherer auf die Haftungshöchstgrenzen zu begrenzen.

D. Rechtskraft

183 Ist das Urteil zum Schmerzensgeld rechtskräftig geworden, sind i.d.R. **Nachforderungen des Verletzten** ausgeschlossen, weil der Sachverhalt rechtskräftig entschieden worden ist. Hierbei begründet in der Arzthaftung der Schmerzensgeldanspruch, den ein Patient auf verschiedene, den Ärzten im Rahmen derselben Operation und der damit in unmittelbarem Zusammenhang stehenden Nachbehandlung unterlaufene Behandlungsfehler stützt, nur einen einzigen, alle Behandlungsfehler umfassenden Streitgegenstand, der damit mit einer Entscheidung rechtskräftig behandelt worden ist.[256] Der Grundsatz, dass nicht nachgefordert werden kann, gilt i.d.R. auch für **Spätschäden**, denn mit dem Schmerzensgeld werden grds. alle objektiv vorhersehbaren unfallbedingten Verletzungsfolgen abgegolten. Das folgt aus dem **Prinzip der Gesamtbetrachtung des Schadens**, bei der für die Festsetzung des angemessenen Schmerzensgeldes eine umfassende Würdigung des gesamten Schadensbildes vorzunehmen ist und bei der infolgedessen alle gegenwärtigen und künftigen Umstände, mit denen gerechnet werden muss, zu berücksichtigen sind. Nur solche Verletzungsfolgen werden nicht erfasst, mit denen ernstlich nicht zu rechnen war.[257]

▶ Hinweis:

184 Ist die Einstandspflicht des Schädigers für Spätschäden nicht festgestellt, neigen die Gerichte dazu, die frühere Entscheidung über das Schmerzensgeld als endgültig anzusehen, sodass auch etwaige Spätschäden erfasst sind. Hier wird dem Anwalt entgegengehalten, er hätte eben **Feststellungsklage** erheben müssen, um die Rechtskraft zu vermeiden.

Rechtskraft ist aber nicht eingetreten, wenn der Geschädigte vortragen kann, auch ein Mediziner hätte die eingetretenen Gesundheitsbeeinträchtigungen nicht vorhersehen können.[258]

Um diese Folge zu vermeiden, muss der Anwalt versuchen, die in der Zukunft liegenden ungewissen Schäden auszuklammern und insoweit diese Ansprüche durch eine Feststellungsklage vor der Verjährung und Rechtskraft schützen. Dass dies nicht leicht ist, zeigen die Ausführungen zur Feststellungsklage.[259]

---

255 Zu weiteren Einzelheiten vgl. auch Rdn. 150 ff.

256 BGH, Urt. v. 14.03.2017 – VI ZR 605/15, VersR 2017, 822.

257 V. Gerlach, VersR 2000, 525 (530); Müller, VersR 1993, 909 (915); vgl. die Ausführungen zur Verjährung unter Kap. 3 Rdn. 145 ff.

258 OLG Köln, Urt. v. 09.01.1991 – 13 U 219/90, ZfS 1992, 82; OLG Frankfurt am Main, Urt. v. 18.03.1992 – 23 U 68/91, ZfS 1992, 225 f.

259 Vgl. dazu BGH, Urt. v. 07.02.1995 – VI ZR 201/94, MDR 1995, 357; OLG Köln, Urt. v. 27.06.1996 – 1 U 2/96, VersR 1997, 1551; v. Gerlach, VersR 2000, 525 (531 f.) und oben Rdn. 150 ff.

Kaum vertretbar ist die Meinung des OLG Hamm,[260] dass weiteres Schmerzensgeld auch dann nicht verlangt werden könne, wenn im Zeitpunkt des Ersturteils eine Kreuzbandruptur vom Arzt nicht festgestellt worden sei, aber bei sorgfältiger Untersuchung hätte festgestellt werden können. 185

▶ Hinweis:

Es ist zwar richtig, dass es für Zukunftsschäden nicht auf den Kenntnisstand des Verletzten (Laien) ankommt, sondern darauf, ob sie durch einen Arzt hätten festgestellt werden können. Wird aber zeitnah eine Verletzung überhaupt übersehen, fehlt es an der Kenntnis des Verletzten vom Schaden, sodass die Verjährungsfrist nicht zu laufen beginnt. 186

E. Kosten und PKH

I. Kosten

Stellt der Kläger die Höhe des Schmerzensgeldes in das Ermessen des Gerichts, kommt § 92 Abs. 2 ZPO zur Anwendung, wenn die Urteilssumme nach unten nicht wesentlich von der Vorstellung des Klägers abweicht.[261] Dem widerspricht völlig zu Recht Gerstenberg,[262] der darauf hinweist, dass in Ziff. 2 der Norm gerade nicht – wie in Ziff. 1 – darauf abgestellt wird, dass die Zuvielforderung verhältnismäßig geringfügig gewesen sein muss. 187

In § 92 II 2. ZPO heißt es nämlich, dass das Gericht einer Partei die gesamten Kosten auferlegen **kann**, »wenn der Betrag der Forderung der anderen Partei von der Festsetzung durch richterliches Ermessen …« abhängig war.

Das bedeutet, dass diese Bestimmung immer diskutiert werden muss, wenn der Kläger einen Mindestbetrag fordert, die Höhe des Schmerzensgeldes aber in das Ermessen des Gerichts stellt.

Das Ermessen des Gerichts (kann) bedeutet, dass auch bei einer Forderung von 725.000 € dem Beklagten alle Kosten auferlegt werden können, auch wenn das Gericht »nur« 300.000 € zuerkannt hat.[263] 188

Jedenfalls aber muss das Gericht prüfen, auf nicht ein höherer Betrag als 300.000 € aus der Sicht des Klägers als angemessen angesehen werden durfte – etwa 500.000 €). Dann dürfte der Kläger nur für den überschießenden Betrag von 225.000 € mit Kosten belastet werden.[264]

Weil diese Frage in der Rechtsprechung nicht diskutiert wird, weil die Bestimmung des § 92 II 2. ZPO von den Gerichten fast nie beachtet und von den Anwälten (fast) nie vorgetragen wird, sollte jeder Anwalt die Kostenfrage bei offenen Schmerzensgeldbeträgen schon zu Beginn des Verfahrens nennen und um deren Beachtung bitten. 189

▶ Hinweis:

Es muss dem Kläger aber auch ohne Kostennachteile gestattet sein, in einem weiten Rahmen einen Schmerzensgeldbetrag zu nennen, den er für angemessen hält; er darf ihn nur nicht als Mindestbetrag fordern. 190

Wenn der Kläger einen bestimmten Schmerzensgeldbetrag fordert, das Gericht allerdings nur einen Teilbetrag zuspricht, ist zu berücksichtigen, dass der Kläger auf eine Schätzung des angemessenen Schmerzensgeldbetrages angewiesen war und dass ihm nicht jede, sondern allenfalls eine vertretbar grobe Fehleinschätzung kostenmäßig angelastet werden kann.

---

260 OLG Hamm, Urt. v. 27.02.1996 – 9 U 192/94, OLGR 1996, 91.

261 V. Gerlach, VersR 2000, 525 (528). v. Gerlach spricht von einem vertretbaren Rahmen; vgl. auch Vorwerk, Kap. 86 Rn. 20 f.

262 Vgl. dazu sehr instruktiv Gerstenberg, NJW 1988, 1352.

263 LG Köln, Urt. v. 13.06.2023 – 5 O 197/22, VersR 20023, 1240.

264 Gerstenberg, a.a.O.

II. PKH[265]

191 PKH für eine Schmerzensgeldklage kann nach **allgemeinen Grundsätzen** beantragt werden, wenn Bedürftigkeit besteht, die Rechtsverfolgung hinreichende Aussicht auf Erfolg bietet und nicht mutwillig erscheint, § 114 ZPO. Eine beabsichtigte Rechtsverfolgung ist auch dann nicht als mutwillig anzusehen, wenn keine Aussicht besteht, dass eine titulierte Forderung jemals beim Gegner realisiert werden kann. Die Ausgleichs- und Genugtuungsfunktion eines Schmerzensgeldanspruchs aus einer vorsätzlichen Körperverletzung hat ggü. den wirtschaftlichen Erwägungen Vorrang.[266]

192 Etwas kritischer das OLG Karlsruhe:[267] Vom Schädiger gezahltes Schmerzensgeld kann für die Verfahrenskosten eines Haftpflichtprozesses dann einzusetzen sein, wenn die Kosten relativ gering sind und dem Geschädigten der wesentliche Teil des Schmerzensgeldes verbleibt.

Umgekehrt ist dem Beklagten PKH zu bewilligen, wenn die Schmerzensgeldforderung überhöht ist. Das Gericht muss dies i.R.d. Schlüssigkeitsprüfung erkennen, der Beklagte muss sich nicht darauf berufen.[268]

193 Die Verfolgung von Schmerzensgeldansprüchen stellt eine »persönliche Angelegenheit« i.S.v. **§ 1360a Abs. 4 BGB** dar, sodass ein **Ehegatte** einen Anspruch gegen den Partner hat, die Kosten eines solchen Rechtsstreits zu tragen.[269] PKH scheidet in diesen Fällen aus, da die Verwertung eigener Einkünfte – wozu auch der Anspruch nach § 1360a BGB gehört – vorrangig ist.

194 Wenngleich auch die (eher theoretische)[270] Möglichkeit besteht, einen Schmerzensgeldanspruch im Adhäsionsverfahren des Strafprozesses geltend zu machen, ist es z.B. nicht mutwillig i.S.v. § 114 ZPO, wenn der Antragsteller sich stattdessen für die Verfolgung seiner Rechte im Zivilprozess entscheidet und entsprechend PKH beantragt.[271]

195 Der Weg über einen vorgeschalteten PKH-Antrag macht zudem, wie stets, Sinn, um die **Rechtsauffassung des Gerichts**, insb. in Bezug auf einen angemessenen Schmerzensgeldbetrag, ohne großes Kostenrisiko »auszutesten«. Ganz sicher ist dieses Verfahren dennoch nicht, denn wenn der Abteilungsrichter, der Berichterstatter oder der (dominante) Vorsitzende einer Kammer oder eines Senats wechseln, kann die Höhe des Schmerzensgeldes unvorhergesehen anders beurteilt werden, sodass der Kläger – auch bei bewilligter PKH – jedenfalls mit einem Teil der Kosten des Beklagten belastet werden kann.

196 Ein solches »Austesten« kann auch Sinn machen, wenn ein unbezifferter Antrag im Hauptsacheverfahren zunächst nicht gestellt werden kann. So ist in den Fällen des Art. 15a EGZPO (Gütestellen) bzw. der entsprechenden Landesgesetze[272] ein Schlichtungsverfahren erforderlich, welches (u.a.) durch die Einleitung und Durchführung eines Mahnverfahrens vermieden werden kann. Im Mahnverfahren allerdings muss ein betragsmäßig bestimmter Anspruch gestellt werden, § 690 Abs. 1 Nr. 3 ZPO. Hier stellt sich – schon zur Vermeidung eines teilweisen Unterliegens – die Frage nach dem »richtigen« Betrag, zumal die Mahnsache nach Widerspruch in dem Umfang rechtshängig wird, den der

265 Hierzu auch Jaeger/Luckey, ProzRB 2004, 14.

266 LG Osnabrück, Beschl. v. 12.10.2009 – 7 T 615/09, JurBüro 2010, 40.

267 OLG Karlsruhe, Beschl. v. 05.03.2010 – 14 W 85/09, VersR 2011, 88 = MDR 2010, 1345.

268 OLG Frankfurt am Main, Beschl. v. 16.07.2010 – 4 W 24/10, MDR 2011, 65.

269 OLG München, Beschl. v. 06.09.2006 – 1 W 2126/06, NJW-RR 2007, 657; OLG Frankfurt am Main, Beschl. v. 15.02.2010 – 4 W 85/09, NJW-RR 2010, 1689; LG Koblenz, Beschl. v. 17.09.1999 – 6 T 129/99, MDR 1999, 1410.

270 Schon weil der Strafrichter auf diesem Wege eine Zivilsache »begleitend« bearbeiten muss, die nicht als Erledigung gezählt wird, hält sich die Bereitschaft zur Durchführung von Adhäsionsverfahren in Grenzen. Diese sind ohnehin für Schmerzensgeldprozesse aus mehreren Gründen problematisch; vgl. ausführlich Rdn. 1 ff.

271 LG Itzehoe, Urt. v. 02.07.2001 – 1 T 48/01, SchlHA 2001, 260.

272 Etwa Art. 1 BaySchlG; § 1 BdbSchlG; § 1 GüSchlG Hess; § 53 JustG NRW.; § 37a Saar LSchlG; § 34a SchStG LSA.; § 1 SHLSchliG.

Mahnbescheid vorgibt, § 696 ZPO.[273] Allerdings bleibt auch bei »Vorschalten« des PKH-Verfahrens die Festlegung eines genauen Schmerzensgeldbetrages dem Hauptsacheverfahren vorbehalten.[274]

Für eine bezifferte Schmerzensgeldklage ist daher bereits dann PKH in voller Höhe zu bewilligen, 197
wenn sich der geltend gemachte Betrag des Schmerzensgelds innerhalb eines gedachten Rahmens (noch) in einer vertretbaren Größenordnung bewegt. Die endgültige Festlegung des als angemessen erachteten Schmerzensgeldes durch das Gericht erfolgt dann im Hauptverfahren.[275] Dies gründet letztlich auch auf der Überlegung, dass die Klärung schwieriger Rechtsfragen dem Hauptverfahren vorbehalten ist.[276] Entsprechend fehlt es einer **Rechtsverteidigung** nur insoweit an Erfolgsaussicht, soweit ein Schmerzensgeld unterhalb dieses Rahmens erstrebt wird.[277]

Das OLG Karlsruhe[278] führt hierzu aus:

> »PKH setzt voraus, dass die beabsichtigte Rechtsverfolgung hinreichende Aussicht auf Erfolg bietet (§ 114 Satz 1 ZPO). Erfolgsaussicht besteht, wenn das Gericht den Rechtsstandpunkt der Prozesskostenhilfe begehrenden Partei aufgrund ihrer Sachdarstellung und der vorhanden Unterlagen mindestens für vertretbar hält, und von der Möglichkeit einer Beweisführung überzeugt ist. Hierbei findet grundsätzlich nur eine summarische Prüfung der Sach- und Rechtslage statt, und keine vollständige Prüfung und Abwägung sämtlicher für die Entscheidung maßgeblichen Gesichtspunkte. Schwierige Fragen sind nicht im Prozesskostenhilfeverfahren, sondern im Hauptverfahren zu klären.
>
> Allerdings ist die Frage, welcher Schmerzensgeldbetrag letztlich »richtig« oder »angemessen« erscheint, für die Prozesskostenhilfeprüfung nicht entscheidend. Bei der Prozesskostenhilfe ist vielmehr ein etwas großzügigerer Maßstab anzulegen. Es reicht aus, dass sich der vom Kläger geltend gemachte Betrag (noch) in einer vertretbaren Größenordnung befindet. Für die Prozesskostenhilfe kommt es nicht darauf an, welchen konkreten Betrag das Landgericht als angemessen erachtet, sondern es ist ein gedachter Rahmen zu bilden, in dem sich die richterliche Ermessensausübung im konkreten Fall bewegen kann.
>
> Bei der Prozesskostenhilfebewilligung für eine Schmerzensgeldklage ist die Besonderheit bei der endgültigen Festlegung der Höhe zu berücksichtigen: Die ziffernmäßige Festlegung eines Schmerzensgeldes hängt immer entscheidend von der Ausübung des richterlichen Ermessens ab. Das heißt: Kein Kläger kann vorhersehen, welches Schmerzensgeld das Gericht in seinem Fall für angemessen erachten wird. Es muss daher dem Kläger – im Rahmen von § 114 Satz 1 ZPO – gestattet sein, einen Betrag zu verlangen, den das Gericht letztlich möglicherweise für überhöht erachtet, jedenfalls solange sich der Antrag des Klägers noch in einem vertretbaren Rahmen bewegt. Würde man dem Kläger diese Möglichkeit nicht einräumen, müsste er vor Antragstellung zunächst das Gericht fragen, zu welchem Ergebnis das Gericht bei der erforderlichen Ermessensausübung für das Schmerzensgeld kommen wird. Dies kann nach Auffassung des Senats nicht Sinn der Prüfung im Rahmen von § 114 Satz 1 ZPO sein.
>
> Es kommt ein weiterer – für den Kläger wichtiger – Gesichtspunkt hinzu: Erfahrene Rechtsanwälte machen bei Schmerzensgeldklagen – auch bei nicht mittellosen Klägern – in der Regel einen Betrag geltend, der sich im oberen Bereich des Vertretbaren bewegt. Mit der Betragsangabe beim Schmerzensgeld wird ein psychologischer Einfluss auf das Gericht ausgeübt. Wer einen Schmerzensgeldbetrag von 2.000,- Euro einklagt, hat eine – statistisch betrachtet – deutlich größere Chance, letztlich einen Betrag von 1.000,- Euro zugesprochen zu bekommen, als derjenige Kläger, der – bei identischem Sachverhalt – von vornherein einen niedrigeren Betrag einklagt. Anders ausgedrückt: Hätte der Kläger nur 1.000,- Euro Schmerzensgeld verlangt, müsste er aus der Betrachtung ex ante mit deutlich größerer Wahrscheinlichkeit damit rechnen, dass das Gericht einen Betrag von weniger als 1.000,- Euro für angemessen erachtet. Der Zweck der Prozesskostenhilfe besteht darin, dem Unbemittelten – aus verfassungsrechtlichen Gründen – den weitgehend gleichen Zugang zum Gericht zu ermöglichen, wie dem Bemittelten. Da ein bemittelter Kläger – der die Prozesskosten gegebenenfalls selbst bezahlen muss – aus vernünftigen Gründen (siehe

273 Z.T. wird daher auch vertreten, die Durchführung eines Mahnverfahrens sei nicht möglich und es müsste ein Schlichtungsversuch durchgeführt werden.

274 OLG Celle, Beschl. v. 01.02.2001 – 9 W 21/01, OLGR 2001, 162.

275 OLG Karlsruhe, Beschl. v. 16.02.2011 – 4 W 108/10, NZV 2011, 258.

276 BVerfG, Beschl. v. 28.01.2013 – 1 BvR 274/12, NJW 2013, 1727.

277 OLG Stuttgart, Beschl. v. 07.07.2020 – 13 W 3/20, MDR 2020, 1208.

278 OLG Karlsruhe, Beschl. v. 16.02.2011 – 4 W 108/10, NZV 2011, 258 (259).

oben) vielfach versuchen muss, einen möglichst hohen Schmerzensgeldantrag zu stellen, muss der mittellose Kläger im Rahmen von § 114 Satz 1 ZPO grundsätzlich die gleiche Möglichkeit haben; dies gilt jedenfalls so lange, wie sich das verlangte Schmerzensgeld noch in einer vertretbaren Größenordnung bewegt. Der empirisch feststellbare Zusammenhang zwischen der Bezifferung im Klageantrag einerseits und dem gerichtlich als angemessen erachteten Schmerzensgeld andererseits beruht auf dem sogenannten »Ankereffekt«. Bei Entscheidungen von Experten, die scheinbar nur auf rationalen Erwägungen beruhen, spielen regelmäßig auch intuitive Prozesse eine Rolle. Bei richterlichen Entscheidungen ist in der psychologischen Wissenschaft anerkannt, dass der sogenannte »Ankereffekt« nicht zu unterschätzen ist (vgl. beispielsweise Geipel/Nill, Erkenntnisse der Wirtschaftswissenschaften als Taktik der Vergleichsverhandlung, ZfS 2007, 6; Schweizer, Urteilen zwischen Intuition und Reflexion, Betrifft Justiz 2010, 239, 240). Der Ankereffekt besagt, dass Richter bei ihrer Entscheidung nicht nur rational abwägen, sondern gleichzeitig intuitiv (unbewusst) psychologische »Anker« berücksichtigen. Ein solcher »Anker« ist für einen Richter, der darüber entscheiden soll, in welcher Höhe eine Forderung berechtigt ist, insbesondere der vom Kläger geforderte Betrag (vgl. Geipel/Nill, aaO; Schweizer aaO). Durch den Ankereffekt kann ein Kläger, der Schmerzensgeld geltend macht, seine Chancen signifikant verbessern, wenn er einen relativ hohen Betrag mit der Klage geltend macht (vgl. Schweizer aaO; vgl. im Übrigen zu dem in diesem Zusammenhang ebenfalls relevanten psychologischen »Kompromisseffekt« Schweizer aaO, Seite 241).«

1. Schmerzensgeld und PKH

198 Schmerzensgeldzahlungen sind grds. **kein einzusetzendes Vermögen** i.R.d. PKH,[279] auch dann nicht, wenn diese im Rahmen eines Vergleichs gezahlt werden.[280] Erfolgt die Zahlung aufgrund eines Abfindungsvergleichs, in dem das Schmerzensgeld nicht dem Grunde und der Höhe nach gesondert ausgewiesen wird, ist anhand der Verfahrensakte, insbesondere der Klageschrift und den Erklärungen und Stellungnahmen der Beteiligten im Rahmen der Vergleichsverhandlungen, zu ermitteln, wie sich der Zahlbetrag zusammensetzt.[281]

199 Bereits erhaltene Schmerzensgeldzahlungen müssen also i.d.R. nicht zur Finanzierung eines Rechtsstreits eingesetzt werden. Eine **Ausnahme** von diesem Grundsatz gilt allenfalls, wenn der Einsatz unter Berücksichtigung des Streitwertes des zu führenden Rechtsstreits und des Anteils des Schmerzensgeldes, der dem Verletzten verbleibt, **zumutbar** ist.[282] Dies ist erst dann der Fall, wenn die Kosten des Prozesses relativ gering sind und dem Geschädigten der wesentliche Teil des Schmerzensgeldes verbleibt, was bereits verneint wird, wenn er 12 % der Schmerzensgeldsumme einsetzen müsste.[283]

---

279 BVerwG, Beschl. v. 26.05.2011 – 5 B 26.11, ZfS 2011, 584: Ein Guthaben aus einer Schmerzensgeldzahlung steht einer PKH nicht entgegen. Der Einsatz ist als nach §§ 115 Abs. 3 ZPO, 90 Abs. 3 SGB XII. unzumutbar anzusehen, da die Funktion des Ausgleichs nicht gewährleistet wird, wenn das Geld nicht mehr zur freien Verfügung steht (so auch OLG Koblenz, Beschl. v. 10.02.1999 – 12 W 64/99, NJW-RR 1999, 1228). Das gilt nach Meinung des BVerwG auch für hohe Schmerzensgelder (hier: 97.000,00 €) und geringe Prozesskosten. Ebenso OLG Düsseldorf, Beschl. v. 17.05.1991 – 1 W 18/91, NJW-RR 1992, 221 = VersR 1992, 514; OLG Oldenburg, Beschl. v. 27.01.1995 – 8 W 10/95, ZfS 1995, 332. Etwas anderes gilt aber für Entschädigungen für Verletzung des Persönlichkeitsrechts; da hier auch andere Bemessungsumstände, u.a. die Sanktion an die Presse, relevant werden, beurteilt die Rspr. im Einzelfall, ob eine Verwertung der Entschädigung zumutbar ist, vgl. BGH, Beschl. v. 10.01.2006 – VI ZB 26/05, NJW 2006, 1068. Zinsen aus Schmerzensgeldkapital sind nicht im Rahmen einer Betreuervergütung bei der Prüfung der Mittellosigkeit zu berücksichtigen, vgl. OLG Frankfurt am Main, Beschl. v. 02.07.2009 – 20 W 491/08, BtPrax 2009, 305. Dagegen ist bei der Jugendhilfe die Verletztenrente in die Einkommensberechnung einzubeziehen, VG Arnsberg, Urt. v. 03.08.2010 – 11 Kläger 1655/09.

280 OLG Saarbrücken, Beschl. v. 25.02.2014 – 4 W 9/14, MDR 2014, 925.

281 OLG Saarbrücken, Beschl. v. 25.02.2014 – 4 W 9/14, MDR 2014, 925.

282 OLG Köln, Beschl. v. 08.11.1993 – 27 W 20/93, MDR 1994, 406: Ein gezahltes Schmerzensgeld von 30.000,00 DM ist nicht für die weitere Prozessführung über materiellen Schadensersatz mit einem Streitwert von rund 40.000,00 DM einzusetzen; auch etwa OLG Hamm, Beschl. v. 16.06.1987 – 10 WF 278/87, FamRZ 1987, 1283.

283 OLG Karlsruhe, Beschl. v. 05.03.2010 – 14 W 85/09, VersR 2011, 88.

Möglicherweise sind Zahlungen einer Geldentschädigung wegen Verletzung des Persönlichkeitsrechts anders zu beurteilen. Der BGH[284] will die Frage, ob das aus Zahlungen einer Geldentschädigung wegen Verletzung des Persönlichkeitsrechts stammende Vermögen zur Deckung von Prozesskosten einzusetzen ist, unter Berücksichtigung der Umstände des Einzelfalles entscheiden. 200

Das BAG[285] hat dazu festgestellt, dass Entschädigungszahlungen nach § 15 II AGG kein Einkommen im Sinne des § 115 I 2 ZPO sind, da es sich bei diesen um Entschädigungen nach § 83 II SGB XII handele. Regelmäßig sei der Einsatz dieses Entschädigungszahlungen nicht zumutbar. 201

Das BVerwG[286] entschied, dass das Schmerzensgeld zum Einkommen bzw. Vermögen i.S.v. § 7 Abs. 1 Satz 1 AsylbLG gehört, das vor Leistungsbezug aufzubrauchen sei. Die §§ 77 Abs. 2 und 88 Abs. 3 Satz 1 BSHG[287] fänden keine – entsprechende – Anwendung. 202

Diese Auffassung hielt der Überprüfung durch das BVerfG[288] nicht stand. 203

▶ Hinweis:

Der Einsatz des Schmerzensgeldkapitals zur Zahlung von Gerichts- und Anwaltskosten ist aber z.B. nicht zumutbar, wenn die Partei Verletzungen mit ganz erheblichen Dauerfolgen erlitten und sie den Betrag erhalten hat, um hiermit einen gewissen Ausgleich für berufsbedingte, sie existenziell betreffende Nachteile zu schaffen.[289] 204

2. Sonderproblem: Negative Zuständigkeitskonflikte

Der in Schmerzensgeldklagen zulässige unbezifferte Antrag, der regelmäßig eine Erleichterung für den Anwalt bei der Hauptsacheklage bedeutet, kann auch zum Problem werden. Zunächst ist festzustellen, dass sich der Zuständigkeitsstreitwert bei einer bezifferten Schmerzensgeldklage nach dem Klageantrag richtet. Der vom Kläger genannte Betrag ist maßgeblich, nicht das Ergebnis der möglicherweise hiervon abweichenden Schlüssigkeitsprüfung des Gerichts bei Klageeinreichung. Verkennt das Gericht, dass ein bezifferter Klageantrag gestellt wurde, und stellt es fälschlich auf das Ergebnis der Schlüssigkeitsprüfung bei der Bestimmung des Streitwertes ab, entfaltet der Verweisungsbeschluss wegen objektiver Willkür ausnahmsweise keine Bindungswirkung gem. § 281 Abs. 2 Satz 4 ZPO.[290] 205

I.R.d. PKH-Entscheidung beurteilt das Gericht nämlich die Erfolgsaussichten der Rechtsverfolgung (§ 114 ZPO), prüft also die Zulässigkeit und Begründetheit der beabsichtigten Klage. Siedelt der Richter hier die angemessene Schmerzensgeldsumme derart abweichend vom Antrag an, dass die 206

---

284 BGH, Beschl. v. 10.01.2006 – VI ZB 26/05, VersR 2006, 673 = MDR 2006, 827.

285 BAG, Beschl. v. 27.03.2025 – 4 AZB 29/24, NJW 2025, 2345.

286 BVerwG, Beschl. v. 02.12.2004 – 5 B 108.04, ZAP, Fach 1, S. 68, Eilnachrichten v. 04.05.2005.

287 Das BSHG ist mit Wirkung zum 31.12.2004 durch das SGB XII abgelöst worden, die genannten Regeln finden sich nun in §§ 83 Abs. 2, 90 Abs. 3 SGB XII.

288 BVerfG, Beschl. v. 11.07.2006 – 1 BvR 293/05, FamRZ 2006, 1824 = DVBl. 2007, 123. In dieser Entscheidung heißt es u.a.: Im August 1997, noch während des Bezugs von Leistungen nach dem Asylbewerberleistungsgesetz, wurden die Ehefrau und ein Kind des Beschwerdeführers Opfer eines Verkehrsunfalls. Die Opfer erhielten zur Abgeltung aller Ansprüche aus dem Schadensereignis Schmerzensgeld i.H.v. insgesamt 25.000,00 DM. Die mit der Verfassungsbeschwerde angegriffene Regelung bewirkt, dass Asylbewerber anders behandelt werden als Personen, die Sozialhilfe erhalten. Sie haben Schmerzensgeld für ihren Lebensunterhalt einzusetzen, bevor sie Leistungen auf asylrechtlicher Grundlage erhalten. Für Empfänger von Leistungen der Sozialhilfe gilt dies nicht. Asylbewerber werden im Hinblick auf das Schmerzensgeld durch § 7 Abs. 1 Satz 1 AsylbLG aber auch – soweit ersichtlich – im Vergleich zu allen anderen Personengruppen benachteiligt, die einkommens- und vermögensabhängige staatliche Fürsorgeleistungen erhalten. Diese unterschiedliche Behandlung ist nicht hinreichend gerechtfertigt.

289 OLG Zweibrücken, Beschl. v. 17.07.2001 – 5 W 1/01, VersR 2003, 526 m.w.N.

290 KG, Urt. v. 17.04.2008 – 2 AR 19/08, VersR 2008, 281 m. Anm. Jaeger; ebenso OLG Hamm, Beschl. v. 23.08.2016 – 32 SA 39/16, unveröffentlicht.

sachliche Zuständigkeit des angerufenen Gerichts verlassen wird, droht eine Zurückweisung des PKH-Gesuchs oder jedenfalls ein Verweisungsbeschluss.

▶ Hinweis:

207 Nicht selten etwa verneinen LG einen Anspruch auf Bewilligung von PKH mit der Begründung, dass die Zuständigkeit des Gerichts nicht gegeben sei, weil das zu erwartende Schmerzensgeld unterhalb der Zuständigkeit des Gerichts liege. So auch das LG Itzehoe, das einem Kläger, der im Krankenhaus aus dem Bett gefallen war und sich einen Oberschenkelhalsbruch zugezogen hatte, PKH verweigerte, weil es die Zuständigkeit des LG nicht für gegeben hielt. Das OLG Schleswig[291] hielt dagegen und stellte fest, dass über die Höhe des Schmerzensgeldes im Arzthaftungsprozess erst entschieden werden könne, wenn alle Umstände, die zur Verletzung geführt haben und alle Folgen der Verletzung feststehen. PKH muss in einem so weiten Rahmen gewährt werden, dass dem Verletzten kein Nachteil entsteht, den eine nicht auf PKH angewiesene Partei nicht hinzunehmen hätte.[292] Das OLG Schleswig[293] bewilligte PKH für eine Klage auf Zahlung von 5.000,00 €. In diesem Sinne entschied jüngst auch das OLG Jena.[294]

Im Arzthaftungsprozess ist diese Begründung zutreffend, weil wegen des Grundsatzes der Waffengleichheit in gewissem Umfang Amtsermittlung stattfindet. Das gilt nicht in anderen Verfahren, in denen der Klägervortrag für die Streitwertfestsetzung und damit für die Zuständigkeit als richtig unterstellt wird.

208 Abgesehen von den Besonderheiten des Arzthaftungsprozesses gilt daher: Gerät man mit dem Schmerzensgeldbetrag in den »Dunstkreis« der amtsgerichtlichen Zuständigkeitsgrenze von 5.000,00 €, besteht die Gefahr, dass das PKH-Gesuch bereits deswegen abgelehnt wird, weil es an der Zuständigkeit des erkennenden Gerichts fehlt. Die Zuständigkeit im PKH-Verfahren richtet sich nach dem Hauptprozess. Hält sich das erkennende Gericht für unzuständig, hat es daher konsequenterweise die Erfolgsaussichten der Klage zu verneinen und PKH abzulehnen.

209 Folgende Konstellationen kommen hierbei in Betracht:

- Ein PKH-Antrag wird vom AG unter Hinweis darauf abgelehnt, dass das Schmerzensgeld 5.000,00 € übersteigen werde und daher das AG sachlich unzuständig sei.
- Ein PKH-Antrag wird vom LG unter Hinweis darauf abgelehnt, dass das Schmerzensgeld keinesfalls 5.000,00 € übersteigen werde und daher das AG zuständig sei.

210 Um der Gefahr einer Ablehnung zu begegnen, bieten sich zwei Möglichkeiten an:[295]

- Der **hilfsweise gestellte Verweisungsantrag**
  Ganz überwiegend wird vertreten, dass die Sache auf einen solchen Verweisungsantrag hin analog § 281 ZPO an das zuständige Gericht verwiesen werden kann. Dieses Gericht ist dann (aber nur für das PKH-Verfahren!)[296] an den Verweisungsbeschluss gebunden.[297] Ein solcher Verweisungsbeschluss sollte daher dringend angestrebt werden; wird nämlich nur durch schlichte Verfügung (ohne Bindungswirkung) die Sache an ein anderes Gericht »weitergeschickt« und hält

291 OLG Schleswig, Beschl. v. 19.08.1998 – 4 W 33/98, NJW-RR 1999, 1667.
292 Vgl. OLG Köln, Beschl. v. 12.10.1988 – 27 W 36/88, VersR 1989, 519; Geigel/Pardey, 7. Kap. Rn. 32.
293 OLG Schleswig, Beschl. v. 19.08.1998 – 4 W 33/98, OLGR 1998, 401.
294 OLG Jena, Beschl. v. 21.01.2003 – 4 W 699/02, OLG-NL 2003, 102.
295 Vgl. auch Jaeger/Luckey, ProzRB 2004, 14.
296 KG, Beschl. v. 27.12.1996 – 16 WF 8230/96, KGR 1997, 118. Es ist daher denkmöglich, dass nach Klageeinreichung beim »PKH-Gericht« dieses sich dann erneut für unzuständig erklärt und nach § 281 ZPO verweist.
297 Zöller/Geimer, § 114 Rn. 22a; MünchKomm/Motzer, ZPO, § 127 Rn. 6.

dieses sich seinerseits für unzuständig, entsteht ein Zuständigkeitskonflikt, der nötigenfalls über § 36 Abs. 1 Nr. 6 ZPO analog gelöst werden muss.[298]

– Die »**Bindung**« **der (zumeist: land-) gerichtlichen Zuständigkeit**

Eine solche kann nach ganz überwiegender Auffassung nur dadurch erreicht werden, dass gleichzeitig Klage eingereicht wird; dann ist (und bleibt) das LG zuständig, weil der Klageantrag die Zuständigkeitsgrenze überschreitet.[299] Ist das Begehren aus Sicht des LG teilweise aussichtslos, darf PKH nicht mit der Begründung gänzlich verweigert werden, dass der aussichtsreiche Teil die Zuständigkeitsgrenze unterschreite: auch nach Teilklagerücknahme des aussichtslosen Teils (diese wäre zur Vermeidung weiterer Kostennachteile geboten)[300] bleibt das LG zuständig.[301]

Die Angabe eines Mindestbetrages von über 5.000,00 € im (isolierten) PKH-Antrag genügt nicht, 211 um eine Entscheidung des LG zu erzwingen. Der BGH[302] nimmt nämlich an, dass das LG für die Entscheidung nicht zuständig ist, wenn es zu der Auffassung gelangt, dass die Rechtsverfolgung nur z.T. aussichtsreich und das LG für diesen aussichtsreichen Teil der beabsichtigten Klage unzuständig ist. Diese Frage war bislang unter den Obergerichten streitig[303] Überwiegend wurde allerdings auch hier angenommen, in diesem Fall könne das LG keine PKH bewilligen, sondern müsse insgesamt ablehnen oder – auf Antrag – verweisen:[304] das Gericht habe nämlich die Erfolgsaussichten der beabsichtigten Klage in vollem Umfang zu prüfen. Dazu gehöre nicht nur die sachliche Erfolgsaussicht, sondern auch seine Zuständigkeit für die nach Bewilligung von PKH zu erhebende Klage. Es bestehe kein Unterschied zu der Situation, dass der Zuständigkeitsstreitwert aufgrund des beabsichtigten Antrages schon von vornherein nicht erreicht werde.[305]

Bei Anwendung dieser Grundsätze gilt: Besteht sachliche Erfolgsaussicht nur für einen solchen 212 Teil der beabsichtigten Klage, der die landgerichtliche Zuständigkeitsgrenze nicht erreicht, hat die Klage vor dem LG insgesamt keine Erfolgsaussicht. Anderenfalls müsste das LG nämlich, wenn es nur wegen des in der Sache aussichtsreichen Teils PKH bewilligen würde, die anschließend zu entsprechender Höhe erhobene Klage bei einer Zuständigkeitsrüge des Gegners (mit der regelmäßig zu rechnen ist) mangels Zuständigkeit abweisen. Eine Fortdauer seiner Zuständigkeit aus dem PKH-Verfahren, welche sich auf den höheren Klageantrag für die ursprünglich beabsichtigte Klage

---

298 OLG Brandenburg, Beschl. v. 09.08.2000 – 1 AR 44/00, OLGR 2001, 20; vgl. ferner BGH, Beschl. v. 26.09.1979 – IV ARZ 23/79, NJW 1980, 192; BGH, Beschl. v. 09.03.1994 – XII ARZ 2/94, NJW-RR 1994, 706; OLG Stuttgart, Beschl. v. 19.03.1996 – 17 AR 5/96, FamRZ 1997, 1085.

299 OLG München, Beschl. v. 22.01.1998 – 10 W 3433/97, OLGR 1998, 119; Saenger, MDR 1999, 850 (853).

300 Gerade im Fall einer solchen Teilklagerücknahme muss das Gericht dringlich an die Vorschrift des § 92 Abs. 2 Nr. 2 ZPO erinnert werden, um sich nicht die Möglichkeit zu nehmen, trotz Teilklagerücknahme gar nicht in die Kosten verurteilt zu werden!

301 Zöller/Geimer, § 114 Rn. 23.

302 BGH, Urt. v. 13.07.2004 – VI ZB 12/04, VersR 2005, 245 = NJW-RR 2004, 1437. Dem folgend nun OLG Schleswig, Beschl. v. 09.09.2008 – 14 W 54/08, MDR 2009, 346.

303 Für eine Zuständigkeit des LG auch hier: KG, Beschl. v. 03.05.1996 – 9 W 2830/96, KGR 1996, 192; OLG Dresden, Beschl. v. 22.02.1994 – 5 W 403/93, MDR 1995, 202: PKH-Zuständigkeit nach dem Wert des beabsichtigten Klageantrages, nicht des Erfolg versprechenden Teils; ebenso Stein/Jonas-Bork, § 117, Rn. 10.

304 Vgl. OLG Hamm, Beschl. v. 21.03.1995 – 6 W 3/95, MDR 1995, 1065. Mit gleicher Argumentation OLG Brandenburg, Beschl. v. 23.03.2001 – 1 W 7/01, MDR 2001, 769. Ebenso KG, Beschl. v. 04.12.1997 – 20 W 8459/97, KGR 1998, 234; OLG Köln, Beschl. v. 06.05.1998 – 13 W 52/97, OLGR 1998, 389; OLG Köln, Beschl. v. 05.08.1998 – 19 W 23/98, NZM 1999, 710; OLG Koblenz, Beschl. v. 11.01.1999 – 9 W 916/98, OLGR 1999, 387; OLG Koblenz, Beschl. v. 28.05.2004 – 5 W 367/04, NJOZ 2005, 170; Jaeger, VersR 1993, 1024 ff.: Das LG darf nicht PKH für eine in die Zuständigkeit des AG gehörende Klage gewähren.

305 OLG Saarbrücken, Beschl. v. 26.06.1989 – 2 W 18/89, NJW-RR 1990, 575; Saenger, MDR 1999, 850 (852).

gründete, ließe sich dann auch nicht aus § 261 Abs. 3 Nr. 2 ZPO herleiten, denn die dort angeordnete perpetuatio fori gilt nur für die rechtshängige Klage, nicht aber für die im PKH-Verfahren als beabsichtigt bezeichnete Klage.[306]

▶ Vertiefung:

213 Einen misslichen Sonderfall behandelt BGH[307]: Die Antragstellerin forderte PKH für einen Schmerzensgeldantrag i.H.v. 25.000,00 €. Vor dem AG wurde nach entsprechendem richterlichen Hinweis Verweisung an das LG beantragt. Folge war, dass das LG an die Zuständigkeit zur Entscheidung über diesen Antrag gebunden war.

Dies bedeutete aber noch nicht den Erfolg des Antrages in der Sache. Das LG hielt nämlich ein Schmerzensgeld für allenfalls in den Grenzen amtsrichterlicher Zuständigkeit für angemessen. Der »Weg zurück« ans AG war durch den bindenden Verweisungsbeschluss indes verstellt. Da eine teilweise Gewährung von PKH außerhalb der sachlichen Zuständigkeitsgrenzen des LG nicht möglich war, musste das LG den Antrag zur Gänze ablehnen. Die Antragstellerin musste also erneut vor dem AG beginnen (insoweit bestand keine Bindung an die ablehnende Entscheidung des LG).

Sinnvoller wäre es gewesen, den Antrag vor dem AG unbeziffert aufrechtzuerhalten und bloß hilfsweise (für den Fall, dass der Richter ein Schmerzensgeld über 5.000,00 € für angemessen hält) Verweisung an das LG zu beantragen.

214 Einen anderen Weg schlägt der 10. Senat des OLG Koblenz[308] ein: Unter Hinweis darauf, dass das Gericht eine bindende Verweisung analog § 281 ZPO im PKH-Verfahren nicht für möglich hält, stellt es weiterhin fest, dass es zu einer Rechtsverweigerung kommen kann, wenn das LG die Erfolgsaussichten insgesamt unter Hinweis auf die fehlende sachliche Zuständigkeit ablehne. Auch das AG hätte dann nämlich, wie oben gezeigt, grds. die Möglichkeit, PKH mit der Begründung abzulehnen, die Grenze amtsgerichtlicher Zuständigkeit sei überschritten. Der Antragsteller müsste, wie ausgeführt, Klage erheben, um eine Zuständigkeitsbindung zu erreichen.

215 Nach der Ansicht des OLG Koblenz sei daher bei der Bewilligung von PKH durch das LG allein zu prüfen, ob der Anspruch in der Sache bei **ex-ante Lage** Aussicht auf Erfolg hat; die Erfolgsaussichten könnten dann nur verneint werden, wenn von vornherein nur eine Verurteilung zu einem Betrag in Betracht kommt, der deutlich »sichtbar« unterhalb der Zuständigkeitsgrenze liege.[309]

F. Abfindungsvergleich

216 Vorweg muss klargestellt werden, dass ein **Abfindungsvergleich** natürlich nicht nur bei einem Anspruch des Verletzten auf Zahlung von Schmerzensgeld möglich ist, sondern hinsichtlich aller Positionen des Personenschadens, also insb. auch für Verdienstausfall und Ansprüche wegen vermehrter Bedürfnisse. Bei allen Positionen können Unsicherheiten bestehen, die in die Vergleichssumme einfließen müssen.

306 OLG Hamm, Beschl. v. 21.03.1995 – 6 W 3/95, MDR 1995, 1065.

307 BGH, Urt. v. 13.07.2004 – VI ZB 12/04, VersR 2005, 245 = NJW-RR 2004, 1437.

308 OLG Koblenz, Beschl. v. 07.07.2003 – 10 W 377/03, NJOZ 2003, 3011. Der 5. Senat des OLG entscheidet anders, vgl. OLG Koblenz, Beschl. v. 28.05.2004 – 5 W 367/04, NJOZ 2005, 170.

309 OLG Koblenz, Beschl. v. 07.07.2003 – 10 W 377/03, NJOZ 2003, 3011 (3012).

▶ Hinweis:

Welche Bedeutung dem Abfindungsvergleich in der Praxis zukommt, ergibt sich auch daraus, dass seine Probleme im Arbeitskreis III auf dem 43. Deutschen Verkehrsgerichtstag (2005) in Goslar zu folgender Empfehlung geführt haben: 217

- Der Arbeitskreis hält eine Änderung des § 843 Abs. 3 BGB nicht für erforderlich.
- Beim Abfindungsvergleich bleibt es grds. der Vereinbarung der Parteien überlassen, mit welchen Rechenparametern der Kapitalbetrag errechnet wird.
- Der Abfindungsvergleich betrifft regelmäßig alle zu erwartenden Ansprüche des Geschädigten auf Ersatz materiellen und immateriellen Schadens.
- Sollen bestimmte Ansprüche nicht vom Vergleich erfasst sein, sondern einer späteren Regelung vorbehalten bleiben, müssen sie so genau wie möglich bezeichnet werden.
- Im Hinblick auf die kurze Verjährung empfiehlt es sich, eine Verlängerung der Verjährungsfrist für die vorbehaltenen Ansprüche ausdrücklich zu vereinbaren.
- In den Abfindungsvergleich sollte ein Vorbehalt hinsichtlich des gesetzlichen Anspruchsübergangs auf Dritte aufgenommen werden.
- Der Anwalt des Geschädigten hat seinen Mandanten vor Abschluss des Vergleichs über den Inhalt sowie über die Vor- und Nachteile des vorgesehenen Abfindungsvergleichs und über die alternative Rentenzahlung aufzuklären.

Immer wieder ist zu entscheiden, ob weitere Schmerzensgeldansprüche nach einem Vergleichsabschluss mit Abgeltungsklausel geltend gemacht werden können. Haben sich die Parteien im Vergleich geeinigt, dass mit der Zahlung sämtliche materiellen und immateriellen Ansprüche abgegolten sein sollen, können nur dann weitere Ansprüche geltend gemacht werden, wenn die Schäden im Zeitpunkt des Vergleichsabschlusses nicht bekannt und nicht im Sinne der BGH-Rechtsprechung vorhersehbar gewesen sind.[310] 218

Die Folgen sind dann nicht vorhersehbar, wenn es sich um Verletzungsfolgen handelt, an die auch ein mit der Beurteilung des Ausmaßes und der voraussichtlichen weiteren Entwicklung beauftragter Sachverständiger nicht zu denken brauchte, die aber entgegen aller Wahrscheinlichkeit schließlich doch eingetreten sind. Nur in diesem Fall darf angenommen werden, dass die Schäden vom Streit- und Entscheidungsgegenstand eines vorangegangenen Vergleichs oder eines Schmerzensgeldprozesses nicht erfasst sind und ihrer Geltendmachung damit die Rechtskraft nicht entgegensteht. Soweit danach ein mit der Beurteilung des Ausmaßes und der voraussichtlichen weiteren Entwicklung des Schadens beauftragter Sachverständiger mit einer fortschreitenden Arthrose und der späteren Notwendigkeit der künstlichen Versteifung des Handgelenks gerechnet hätte, sind dies Unfallfolgen vorhersehbar gewesen.[311] 219

Die folgende Darstellung geht vornehmlich auf einen Abfindungsvergleich bzgl. des Anspruchs auf Zahlung von Schmerzensgeld ein. 220

I. Auswirkung einer rechtskräftigen Entscheidung auf Spätschäden

Die **Rechtskraft** bewirkt, dass durch das zuerkannte Schmerzensgeld all diejenigen Folgen abgegolten worden sind, die bereits eingetreten waren oder deren Eintritt vorhergesehen und bei der Entscheidung **berücksichtigt werden konnte**. Die Vorhersehbarkeit bestimmt sich nach objektiven Gesichtspunkten, aus medizinischer Sicht. Dafür genügt nicht bereits, dass die Möglichkeit des Eintritts bestimmter Spätschäden nicht ausgeschlossen werden konnte, maßgebend ist vielmehr, ob sich bereits im früheren Verfahren die jetzt zur Entscheidung anstehende Verletzungsfolge als derart 221

310 LG Siegen, Urt. v. 28.08.2015 – 5 O 311/11, unveröffentlicht.
311 BGH, Urt. v. 08.07.1980 – VI ZR 72/79, VersR 1980, 975 = NJW 1980, 2754; BGH, Urt. v. 14.02.2006 – VI ZR 322/04, VersR 2006, 1090 = NJW-RR 2006, 712.

naheliegend dargestellt hat, dass sie schon damals bei der Schmerzensgeldbemessung berücksichtigt werden konnte und durfte.[312]

222 Auch wenn eine hohe Wahrscheinlichkeit für eine Spätfolge besteht, kann sich dies auf die Schmerzensgeldbemessung nicht auswirken. Schmerzensgeld wird nur für die effektiv eingetretenen Beschwerden gewährt, nicht aber für nur mögliche, wenn auch vielleicht hochwahrscheinliche, künftige Leiden.

223 Eine Schmerzensgeldklage wegen eines bislang ausgebliebenen, jedoch sehr wahrscheinlichen Leidens kann keinen Erfolg haben. Für solche Fälle besteht allein die Möglichkeit der Feststellungsklage.

224 Nichts anderes kann gelten, wenn bereits ein Schmerzensgeldanspruch besteht, dieser sich aber in Zukunft durch ein weiteres Leiden wahrscheinlich erhöht. Hier kann ein Schmerzensgeld nur auf der Grundlage des bereits Eingetretenen zuerkannt werden, ohne dass es eine Art Wahrscheinlichkeitszuschlag für künftige Leiden gibt. Damit erweist sich aber die Wahrscheinlichkeitsbetrachtung als unerheblich und nur die Frage der Berücksichtigungsfähigkeit als das maßgebliche Kriterium.

225 Von der Rechtskraft erfasst werden daher nur solche künftigen Beschwerden, deren **Eintritt sicher** ist; nur sie können bereits gegenwärtig berücksichtigt werden (z.B. eine sicher notwendige Nachoperation). Alle bloß mehr oder weniger wahrscheinlichen Folgen können nicht von der Rechtskraft erfasst sein.

226 Dem entspricht es, dass nach der Rechtsprechung des BGH der Einwand der Rechtskraft eine Schmerzensgeldnachforderung für damals nicht berücksichtigte Folgen nur dann hindert, wenn die Verletzungsfolgen bei der früheren Bemessung entweder bereits eingetreten oder objektiv erkennbar waren oder ihr Eintritt vorhergesehen und bei der Entscheidung berücksichtigt werden konnte.[313]

227 All das ist für die Frage, was bei einem Abfindungsvergleich zu beachten ist, nur von mittelbarer Bedeutung. Lediglich wenn der Vergleich überhaupt Nachforderungen erlaubt, stellt sich die Frage, an welche Voraussetzungen dies geknüpft ist; dies beantwortet dann in erster Linie die konkrete Vergleichsabrede. Die Parteien haben es in der Hand, die Voraussetzungen für die Nachforderung zu definieren. Ebenso wie beim Prozess ist aber in diesem Fall das Verjährungsrisiko beim Abfindungsvergleich zu beachten, da es hierfür nicht darauf ankommt, ob die Spätfolgen sicher vorhersehbar sind, sondern nur darauf, ob die Möglichkeit von Spätfolgen besteht. Solche objektiv möglichen Spätfolgen müssen daher nicht nur im Rechtsstreit, sondern auch beim Abfindungsvergleich vor der Verjährung geschützt werden.[314]

228 Beim Abfindungsvergleich werden Spätfolgen vor der Verjährung geschützt, indem der Vergleich so formuliert wird, dass er einem Feststellungsurteil gleichgestellt wird oder dadurch, dass ein zulässiger Verjährungsverzicht im Vergleich erklärt wird. Fehlt ein ausdrücklich erklärter Verjährungsverzicht, kann nur ganz ausnahmsweise eine Auslegung des Vergleichs ergeben, dass die Parteien einen Verjährungsverzicht gewollt und konkludent vereinbart haben.[315] Wichtig ist dann, den nicht verglichenen, vorbehaltenen Teil der Ansprüche klar zu definieren, denn (anders als ein Feststellungstitel) ein Abfindungsvergleich beginnt mit der Grundaussage, »alles« sei verglichen, »es sei denn…«. Dieser Vorbehalt ist das einzige Einfallstor für weitere Nachforderungen über die Vergleichssumme hinaus, und eine unklare Formulierung droht Ärger zu provozieren[316].

312 OLG Stuttgart, Urt. v. 25.06.1999 – 2 U 50/99, OLGR 1999, 349 (350).

313 Vgl. Rdn. 183 ff. und BGH, Urt. v. 14.02.2006 – VI ZR 322/04, NJW-RR 2006, 712 = VersR 2006, 1090; OLG Stuttgart, Urt. v. 25.06.1999 – 2 U 50/99, OLGR 1999, 349 (350).

314 Vgl. bereits Kap. 3 Rdn. 233 ff.

315 So OLG Hamm, Urt. v. 09.12.1994 – 32 U 114/94, VersR 1996, 78; dagegen BGH, Urt. v. 26.05.1992 – VI ZR 253/91, VersR 1992, 1091; BGH, Urt. v. 29.01.2002 – VI ZR 230/01, VersR 2002, 474 = NJW 2002, 1878; KG, Urt. v. 22.12.1998 – 6 U 307/97, VersR 2000, 1145.

316 Dazu auch Rdn. 293. OLG Bremen, Urt. v. 08.07.2021 – 5 U 62/20, unveröffentlicht, behandelte einen Vergleich, in dem es zu Nachforderungen aufs Schmerzensgeld nur hieß, »Die Parteien sind sich darüber einig, dass dieser Vergleich zwischen ihnen hinsichtlich etwaiger zukünftiger Schmerzensgeld-

II. Die Rechtsnatur des Abfindungsvergleichs

Der Vergleich ist ein gegenseitiger **Vertrag** i.S.d. § 779 BGB. 229

Nicht nur der **außergerichtliche Vergleich**, auch der **Prozessvergleich** des § 794 Abs. 1 Nr. 1 ZPO ist ein bürgerlich-rechtlicher Vertrag i.S.d. § 779 BGB. Daneben ist der Prozessvergleich auch Prozesshandlung, was prozessuale Folgen hat.

Auf den Vergleich finden neben § 779 BGB die allgemeinen Vorschriften über Rechtsgeschäfte 230 Anwendung. Danach bestimmt sich auch, ob ein Vergleich wirksam ist oder nicht.

1. Nichtigkeit eines Vergleichs

Vielfach wird geltend gemacht, ein Vergleich sei nichtig. 231
- Nichtig ist ein Vergleich, der mit einem Geschäftsunfähigen abgeschlossen wird.
- Ein für einen beschränkt Geschäftsfähigen durch dessen Vertreter abgeschlossener Vergleich ist nicht ohne Weiteres wirksam.[317]

Sind die Eltern selbst an der Schadensentstehung beteiligt, gelten die §§ 1629 Abs. 2 Satz 1, 1824 232 BGB, die Eltern können das Kind insoweit nicht vertreten.

Es liegt auf der Hand, dass ein Abfindungsvergleich im Interesse des hinter dem Geschädigten 233 stehenden Haftpflichtversicherers ist. Aber auch der Verletzte selbst – mag er Jugendlicher oder Erwachsener sein – kann ein elementares Interesse am Abschluss eines Vergleichs haben, denn damit kann er sich von dem Geschehenen innerlich lösen. Das psychologische und zusätzlich das wirtschaftliche Argument sollte nicht unterschätzt werden. Gerade Jugendliche müssen noch ein Leben lang mit den Schadensfolgen zurechtkommen; dennoch ist auch bei schweren Verletzungen ein Abfindungsvergleich sinnvoll. Zu beachten ist jedoch, dass ein Vergleich mit Minderjährigen in Einzelfällen der **vormundschaftsgerichtlichen Genehmigung** bedarf, wenn der geschädigte Minderjährige unter Vormundschaft (nicht schon im Fall der gesetzlichen Vertretung der Eltern nach §§ 1626, 1629 BGB, da die Regelung des § 1854 Nr. 6 BGB von § 1643 Abs. 5 BGB gerade nicht in Bezug genommen wird!) steht und der Vergleich den Wert von 6.000,00 € übersteigt. Im letzteren Fall entfällt die Genehmigungspflicht, wenn das Gericht den Vergleich vorgeschlagen hat;[318] vgl. hierzu im Einzelnen §§ 1643, 1854 Nr. 6 BGB. Denkbar ist auch, dass ein Vergleichsschluss für die Eltern genehmigungsbedürftig ist, wenn er nach §§ 1643, 1854 Nr. 1 BGB als Verfügung über das Vermögen im Ganzen anzusehen ist.[319]

Nichtig ist ein Vergleich, der gegen ein gesetzliches Verbot oder gegen die guten Sitten (§ 138 BGB) 234 verstößt, was bei Vergleichen zwischen einem Versicherer und dem anwaltlich vertretenen Geschädigten kaum vorkommen dürfte.

Auch wegen zu geringer Abfindung kann Sittenwidrigkeit behauptet werden. 235

In diesem Fall ist auf den Zeitpunkt des Abschlusses des Vergleichs abzustellen. Maßgebend ist, welche Vorstellungen die Parteien zu diesem Zeitpunkt von den Erfolgsaussichten und Risiken hatten. Danach bestimmt sich der Umfang des gegenseitigen Nachgebens. Auch wenn die Ausgangsposition des Geschädigten objektiv gut war, er aber subjektiv die Rechtslage zu ungünstig beurteilt hat, kann

---

ansprüche wie ein Urteil wirkt«. Da aber die Möglichkeit von Nachforderungen nach einem Urteil davon abhängt, welchen Antrag der Kläger gestellt hat, insbesondere, ob eine offene Teilklage gewählt wurde (dazu Rdn. 84), »half« die Formulierung nicht weiter für die Frage, unter welchen Voraussetzungen Nachforderungen hätten zulässig sein sollen.

317 Vgl. zu dem Sonderfall von Abfindungsregelungen für Kinder Hoffmann/Schwab/Tolksdorf, DAR 2006, 666.

318 Euler, SVR 2005, 10 (13); vgl. auch OLG Köln, Beschl. v. 12.10.2017 – 5 U 59/17, GesR 2018, 464.

319 Euler, SVR 2005, 10 (13); aus Schutzgesichtspunkten für eine weite Auslegung des »Vermögens im Ganzen« auch Motzer, FamRZ 1996, 844.

die Abfindung als ausreichend anzusehen sein. Hat der Geschädigte z.B. mit einer Klageabweisung gerechnet, dann ist auch bei hohem Schaden eine geringe Abfindung nicht sittenwidrig.

236 Einen seltsamen Weg geht Nehls,[320] der einen Abfindungsvergleich über eine nach § 843 Abs. 3 BGB oder nach § 844 Abs. 2 Halbs. 2 BGB zu zahlende Rente für unwirksam hält, weil die Vereinbarung gegen ein gesetzliches Verbot verstoße. Dieses gesetzliche Verbot sieht er in der Regelung, dass eine Kapitalisierung der Rente nur bei Vorliegen eines wichtigen Grundes verlangt werden kann. Liege ein solcher wichtiger Grund nicht vor, habe der Verletzte keinen Anspruch auf den Kapitalbetrag mit der Folge, dass ein entsprechender Vergleich unwirksam sei. Diese Rechtsauffassung ist nicht haltbar, der BGH geht in zahlreichen Entscheidungen selbstverständlich von der Wirksamkeit solcher Abfindungsvergleiche aus.[321]

2. Anfechtbarkeit eines Vergleichs

237 Wird ein Vergleich durch **arglistige Täuschung** oder **widerrechtliche Drohung** erreicht, dann ist er nach § 123 BGB anfechtbar. Eine solche Drohung kann sogar vom Vorsitzenden des Gerichts ausgehen, wenn er bei einem Prozessbeteiligten unzutreffend den Eindruck erweckt, das Urteil sei bereits unabänderlich beraten und werde verkündet, wenn die Partei den gerichtlichen Vergleichsvorschlag nicht annehme.[322]

238 Eine **Irrtumsanfechtung** nach § 119 BGB kommt wohl kaum einmal in Betracht. Ein Irrtum über die künftige Entwicklung des Gesundheitszustandes oder der Verdienstmöglichkeiten ist allenfalls ein unbeachtlicher Motivirrtum; hinzu kommt, dass man über künftige Entwicklungen nicht irren, sondern nur mutmaßen kann.

3. Unwirksamkeit eines Vergleichs nach § 779 Abs. 1 BGB

239 Auch hier ist ein Irrtum über die künftige Entwicklung des Gesundheitszustandes oder der Verdienstmöglichkeiten unerheblich, denn die Ungewissheit darüber bildet den Gegenstand des Streits und damit des Vergleichs. Diese künftige Entwicklung kann jedoch für die Auslegung des Vergleichs eine Rolle spielen. Liegt der nach Abschluss des Vergleichs eingetretene weitere Schaden des Verletzten (Gesundheitsverschlechterung) völlig außerhalb dessen, was die Parteien sich bei Vergleichsabschluss vorgestellt haben und war die negative Entwicklung für die Parteien unvorhersehbar und ist zusätzlich der nach Vergleichsabschluss eingetretene Schaden so erheblich, dass beide Parteien bei Kenntnis hiervon nach den Grundsätzen des redlichen Verkehrs den Vergleich nicht abgeschlossen hätten und der Schädiger dem Verletzten den Abschluss eines solchen Vergleichs nicht zugemutet hätte, dann kann der Vergleich so auszulegen sein, dass sich der in dem Abfindungsvergleich enthaltene Verzicht des Verletzten nicht auf diese Spätfolgen erstreckt. Dann ist der Verletzte durch den Abfindungsvergleich nicht gehindert, über die Vergleichssumme hinaus Spätschäden geltend zu machen. Das Festhalten des Versicherers an dem Vergleich kann dann gegen Treu und Glauben verstoßen.

240 Eine solche Auslegung ist aber nur ausnahmsweise möglich, denn bei Abfindungsvergleichen ist es die Regel, dass ein Verzicht für alle künftigen Schäden verlangt und ausgesprochen wird. Es ist nicht anstößig, wenn der Versicherer den Versicherungsnehmer zur Unterzeichnung eines Abfindungsvertrages dadurch bewegt, dass er im Fall der Nichtunterzeichnung keinerlei Zahlungen leisten werde.[323]

---

320 Nehls, SVR 2005, 161 (167 f.).

321 Jaeger, VersR 2006, 597; ders., VersR 2006, 1328.

322 BGH, Urt. v. 06.07.1966 – Ib ZR 83/64, NJW 1966, 2399.

323 LG Bremen, Urt. v. 07.02.1991 – 2 S 1026/90, VersR 1992, 230.

▶ Hinweis:

Die Abgeltung sämtlicher Ansprüche, welcher Art auch immer, umfasst keine Ansprüche, die die Parteien bei Abschluss des Vergleichs in so großem Ausmaß nicht für möglich gehalten haben und zur Abfindungssumme in einem krassen, unzumutbaren Missverhältnis stehen. 241

4. Störung der Geschäftsgrundlage

Treten unvorhergesehene Spätschäden auf, können diese unter dem Gesichtspunkt der **Störung der Geschäftsgrundlage** (§ 313 BGB) zu behandeln sein. Bei einem **Vergleich** führt die Störung der Geschäftsgrundlage in aller Regel nicht zur Nichtigkeit des Vergleichs, sondern zu einem Anspruch auf **Anpassung**. Deshalb kann sich ein Festhalten am Vergleich nur dann als unzulässige Rechtsausübung darstellen, wenn sich später schwerwiegende Spätschäden herausstellen, die im Vergleich nicht berücksichtigt sind. 242

Wird Anpassung verlangt, geht dies ggf. nur im Wege einer Klage. In solchen Fällen ist zunächst nach Sinn und Wortlaut zu ermitteln, ob die Schadensersatzansprüche endgültig erledigt und auch unvorhergesehene Schäden mit bereinigt werden sollten. Das ist z.B. dann der Fall, wenn der Abfindungsvergleich die Klausel enthält, dass die Abgeltung alle künftigen Schäden umfasst, seien sie **vorhersehbar** oder unvorhersehbar, **erwartet** oder unerwartet. Will der Geschädigte vom Vergleich abrücken und Nachforderungen stellen, muss er darlegen, dass ihm ein Festhalten am Vergleich nach Treu und Glauben trotz der Klausel nicht zumutbar ist, weil entweder die Geschäftsgrundlage für den Vergleich gestört ist oder sich geändert hat, sodass eine Anpassung an die geänderten Verhältnisse erforderlich geworden ist, oder dass eine erhebliche Äquivalenzstörung in den Leistungen der Parteien eingetreten ist, die für den Geschädigten eine ungewöhnliche Härte bedeutet.[324] 243

Das ist dann der Fall, wenn die seinerzeit **vereinbarte Abfindungssumme** in **krassem Missverhältnis** zum **tatsächlich entstandenen Schaden** steht.[325] An eine solche »krasse Äquivalenzstörung« werden strenge Anforderungen gestellt. Teilweise wird gefordert, dass der tatsächliche Schaden die Vergleichssumme um ein 10-faches übersteigen muss,[326] damit für den Geschädigten ein Festhalten am Abfindungsvergleich eine unzumutbare Härte darstellt. Teilweise werden noch krassere Faktoren gefordert. Der BGH hat einen Anstieg um das 5-fache ausreichen lassen, um eine unzumutbare Härte anzunehmen.[327] Eine Verdoppelung des tatsächlichen Schadens genügt indes nicht.[328] 244

Aber selbst wenn eine Abfindungserklärung bzgl. des immateriellen Schadens einen Vorbehalt enthält, bedeutet dies nicht, dass immaterielle Folgeschäden unbegrenzt geltend gemacht werden können. Wenn alle Ansprüche aus einem Unfallereignis abgegolten sein sollen, kann auch bei immateriellem Vorbehalt nur wegen solcher Folgen noch nachgebessert werden, die bei Abgabe der Erklärung **nicht vorhersehbar** waren. Alles, was vorhersehbar war und einer normalen Entwicklung des Schadens entspricht, ist von der Abfindungserklärung erfasst.[329] 245

324 BGH, Urt. v. 19.06.1990 – VI ZR 255/89, VersR 1990, 984; Müller, VersR 1998, 129 (137).

325 OLG Celle, Urt. v. 25.04.2002 – 14 U 28/01, OLGR 2003, 264; so auch OLG Koblenz, Urt. v. 29.09.2003 – 12 U 854/02, NZV 2004, 197 = NJW 2004, 782.

326 OLG Frankfurt am Main, Beschl. v. 14.08.2003 – 1 W 52/03, ZfS 2004, 16 = NJW 2004, 522; Diehl, ZfS 2007, 10 (14); vgl. auch LG Kaiserslautern, Urt. v. 21.01.2005 – 2 O 233/02, ZfS 2005, 336 m. Anm. Diehl: Anpassungsanspruch verneint bei (umgerechnet) 109.000,00 DM Vergleichssumme und jetziger Vorstellung von 120.000,00 DM.

327 BGH, Urt. v. 03.07.1984 – VI ZR 238/82, VersR 1984, 871.

328 OLG Nürnberg, Urt. v. 01.07.1999 – 2 U 531/99, VersR 2001, 982.

329 OLG Hamm, Urt. v. 18.10.2000 – 13 U 115/00, r+s 2001, 505; LG Hannover, Urt. v. 10.12.2001 – 20 O 2450/01, SP 2002, 126.

246 Dem entspricht eine Entscheidung des OLG Frankfurt am Main:[330] Wird nach einem Unfall ein Abfindungsvergleich geschlossen, in dem auch nicht absehbare Schäden abgegolten werden sollen, können nur krasse Äquivalenzstörungen (um den Faktor 10) eine Nachforderung von Schmerzensgeld rechtfertigen. In diesem Fall hatte der Verletzte im Alter von 10 Jahren eine inkomplette Querschnittslähmung erlitten und im Alter von 18 Jahren im Jahr 1993 einen Abfindungsvergleich über 660.000,00 DM geschlossen.

247 Das OLG Frankfurt am Main geht in dieser Entscheidung davon aus, dass der Berechtigte in einem Abfindungsvergleich das Risiko übernimmt, dass die für die Berechnung der Kapitalabfindung maßgebenden Faktoren auf Unsicherheiten beruhen, eine Auffassung, die so nicht geteilt werden kann. Den Abfindungsvergleich wünschen i.d.R. die Versicherer und zwar ausschließlich aus wirtschaftlichen Erwägungen. Wenn sie dann einen Abfindungsvergleich erreichen, sollten sie darin ausweisen, mit welchem (Teil-) Betrag sie den Verletzten für das Risiko von **Spätschäden** abgefunden haben.

248 Regelmäßig setzen sich die Richter im Prozess nicht genügend für einen angemessenen Zuschlag ein, sodass dieser zu gering ausfällt. Nach Erledigung des Rechtsstreits durch Vergleich verweigern sie dann im Folgeprozess ein weiteres Schmerzensgeld mit der Begründung, es fehle an einer Äquivalenzstörung mit dem Faktor 10. So ist auch das OLG Düsseldorf[331] – allerdings ohne nähere Angaben – davon ausgegangen, dass die Klägerin in einem Abfindungsvergleich das Risiko übernommen habe, etwa 20 Jahre nach dem Unfall ein neues Hüftgelenk zu benötigen. Nach den Umständen sei davon auszugehen, dass bei der Bestimmung der Höhe des Abfindungsbetrages auch Unwägbarkeiten im Zusammenhang mit dem Umfang des Gesundheitsschadens eine wesentliche Rolle gespielt hätten.

249 Das OLG Köln[332] hat ein krasses Missverhältnis zwischen Schaden und Abfindungssumme angenommen, weil der Zukunftsschaden bei der Festlegung der Abfindungssumme nur eine untergeordnete Rolle gespielt hatte. Im Interesse der Aufrechterhaltung solcher Vergleiche – insoweit ist das Interesse des Schädigers an einer abschließenden Regelung zu berücksichtigen – werden strenge Anforderungen gestellt,[333] ein »krasses Missverhältnis« wird nicht schnell bejaht.[334]

250 Einen Sonderfall hatte das OLG Oldenburg[335] zu beurteilen. Der Geschädigte hatte einen Abfindungsvergleich geschlossen, in dem der Vorbehalt enthalten war, dass der Kläger »einen Anspruch auf zukünftigen Ersatz des immateriellen Schadens unter Zugrundelegung der Rechtsprechung des BGH (Urt. v. 08.07.1980 – VI ZR 72/79, VersR 1980, 975) besitzt«.[336] In jener Entscheidung hat der BGH ausgeführt, dass weiteres Schmerzensgeld nur für solche Verletzungsfolgen verlangt werden könne, »die bei der ursprünglichen Bemessung des immateriellen Schadens noch nicht eingetreten waren oder mit deren Eintritt nicht oder nicht ernstlich zu rechnen war«. Nun hatten sich beim Kläger eine Arthrose und Hüftkopfnekrose entwickelt, die das Implantieren eines künstlichen Hüftgelenks erforderlich machten. Das OLG Oldenburg half dem Kläger mit der Feststellung, dass die Hüftkopfnekrose bereits bei Abschluss des Vergleichs vorgelegen habe, ein Fall der künftigen Entwicklung gar nicht vorliege. Vielmehr hätten die Parteien bei Abschluss des Vergleichs eine bereits vorhandene Verletzungsfolge nicht bedacht, sodass die Vergleichssumme in krassem Missverhältnis zum Schaden liege. Deshalb könne sich die Beklagte nach dem Einwand des Klägers auf unzulässige Rechtsausübung nicht auf ein Festhalten am Vergleich berufen.

---

330 OLG Frankfurt am Main, Beschl. v. 14.08.2003 – 1 W 52/03, ZfS 2004, 16 = NJW 2004, 522.
331 OLG Düsseldorf, Urt. v. 22.01.2007 – 1 U 166/06, ZfS 2008, 140 = NZV 2008, 151.
332 OLG Köln, Urt. v. 03.07.1987 – 13 U 230/86, NJW-RR 1988, 924: 6.000,00 DM Vergleich, 25.000,00 DM angemessene Summe.
333 Müller, VersR 1998, 129 (138).
334 OLG Hamm, Urt. v. 20.02.1997 – 27 U 216/96, VersR 1998, 631.
335 OLG Oldenburg, Urt. v. 28.02.2003 – 6 U 231/01, ZfS 2003, 590 = VersR 2004, 64.
336 Einen identischen Fall hatte auch das OLG Jena, Urt. v. 09.08.2006 – 7 U 289/06, NJW-RR 2007, 605 zu beurteilen. Bei einer solchen Klausel kann Schmerzensgeld nur für solche Verletzungsfolgen verlangt werden, die nicht objektiv vorhersehbar waren.

So großzügig der 6. Zivilsenat des OLG Oldenburg in der zuvor referierten Entscheidung war, so kleinlich entschied es eine Klage auf Anpassung eines Abfindungsvergleichs, den eine im Jahr 1979 erblindete 27 Jahre alte Frau im Jahr 1982 abgeschlossen hatte.[337] In diesem Vergleich wurde das vom Land Niedersachsen gezahlte Blindengeld auf die Haushaltshilfekosten angerechnet, weil es mit diesen kongruent sei. Seit 2005 wird das Blindengeld, das zuletzt monatlich 409,00 € betrug, nicht mehr gezahlt, weil das Land alle freiwilligen Sozialleistungen gestrichen hatte. 251

Das OLG Oldenburg sah hier keinen Fall des **Wegfalls der Geschäftsgrundlage**, weil der mögliche Eintritt fiskalischer Zwänge bereits bei Abschluss des Vergleichs voraussehbar gewesen sei; bereits im Jahr 1982 sei abzusehen gewesen, dass das Landesblindengeld nicht mit einer »Ewigkeitsgarantie« ausgestattet sein konnte, sondern an die wechselnden wirtschaftlichen Rahmenbedingungen angepasst war. Zudem verneinte das OLG Oldenburg eine Überschreitung der Opfergrenze, weil die Klägerin das Blindengeld über einen langen Zeitraum bezogen habe und von der mehrfachen Erhöhung des Blindengeldes profitiert habe. 252

Die Ausführungen zum Wegfall der Geschäftsgrundlage sind nicht überzeugend. Niemand kann ernstlich behaupten, dass bereits 1982 fiskalische Zwänge in dem Ausmaß erkennbar gewesen seien, wie sie im Jahr 2005 eingetreten waren. Gerade weil die Parteien für die (mit dem Blindengeld kongruenten) Haushaltshilfekosten keine Entschädigung vorgesehen haben, wurde die Zahlung des Blindengeldes zur Voraussetzung, zur Geschäftsgrundlage, des Vergleichs. Die Überlegungen zur Höhe helfen ebenfalls nicht, denn die Klage war auf **Anpassung** gerichtet. Dabei hätte der Senat die in der Vergangenheit eingetretenen Steigerungen beim Blindengeld zu den (ebenfalls) gestiegenen Haushaltshilfekosten in Beziehung setzen können. 253

Eine weitere Entscheidung des OLG Oldenburg[338] zu dieser Problematik wurde vom BGH[339] bestätigt. Allerdings war diese zweite Entscheidung insoweit anders gelagert, als der erblindete Kläger den Abfindungsvergleich erst rund 2 Jahre vor dem Wegfall des Landesblindengeldes abgeschlossen hatte und dieses bei der Entscheidung des OLG Oldenburg bereits – wenn auch deutlich gekürzt – wieder gezahlt wurde.[340] 254

▶ Praxistipp:

Für Anwälte ist beim Abschluss eines Abfindungsvergleichs höchste Vorsicht geboten. Im »Blindengeldfall« wäre es sinnvoll gewesen, bei der »Anrechnung« von Drittleistungen in einen Abfindungsvergleich eine Klausel des Inhalts aufzunehmen, dass Änderungen in der Leistungshöhe (bspw.) eine entsprechende (prozentuale?) Anpassung der Vergleichssumme zur Folge haben sollen, um darzulegen, dass der Leistungsbezug Geschäftsgrundlage geworden ist. 255

Es besteht eine umfassende Beratungspflicht und der Anwalt kann verpflichtet sein, von einem Abfindungsvergleich abzuraten.

Richter sollten nur sehr zurückhaltend zu einem Abfindungsvergleich raten.

Diese rigide Linie zur Anpassung von Abfindungsvergleichen hat der BGH[341] wenig später »aufgeweicht«: 256

Nach einem Verkehrsunfall hatten die Parteien einen Abfindungsvergleich geschlossen, in welchem »Schadensersatzansprüche aus dem Schaden, seien sie bekannt oder nicht bekannt, vorhersehbar oder nicht vorhersehbar, nach Erhalt des genannten Betrages« abgefunden seien. Ferner verzichtete

337 OLG Oldenburg, Urt. v. 30.06.2006 – 6 U 38/06, MDR 2007, 273.
338 OLG Oldenburg, Urt. v. 22.05.2007 – 9 U 49/06, r+s 2007, 522.
339 BGH, Urt. v. 12.02.2008 – VI ZR 154/07, VersR 2008, 686 = NJW-RR 2008, 649 = DAR 2008, 333.
340 Vgl. zu diesen Entscheidungen des OLG Oldenburg und des BGH die eingehende Anm. von Jaeger, DAR 2008, 354.
341 BGH, Urt. v. 16.09.2008 – VI ZR 296/07, VersR 2008, 1648 = NJW-RR 2008, 1716.

der Kläger auf jede weitere Forderung, »gleich aus welchen Gründen, auch aus noch nicht erkennbaren Unfallfolgen«. Weitere Regelungen betrafen die Erstattung von Verletzten- und Erwerbsunfähigkeitsrente durch den Kläger und die Erstattung der ESt durch die Beklagte.

In den Verhandlungen stellten die Parteien für die Abgeltung des Verdienstausfalls u.a. eine von der Berufsgenossenschaft an den Kläger für die Berufsunfähigkeit gezahlte Rente i.H.v. 1.081,65 € in ihre Berechnungen ein. Nach Abschluss des Vergleichs zahlte die Berufsgenossenschaft dem Kläger indes eine monatliche Rente i.H.v. nur noch 755,79 € mit der Begründung, ein Schreibfehler in der Mitteilung des Arbeitgebers des Klägers habe zu einer falschen Rentenberechnung geführt; das Bruttoentgelt sei seinerzeit unrichtig mit 88.836,00 DM statt 58.836,00 DM angegeben worden.

Der Kläger verlangte nun von der Beklagten die Anpassung des Vergleichs dergestalt, dass er sie auf die gekürzte Summe der Rentenzahlung der Berufsgenossenschaft in Anspruch nimmt.

257 Das Berufungsgericht hatte die Klage abgewiesen, weil die Geschäftsgrundlage nicht entfallen sei; kalkulatorische Irrtümer fielen in die Risikosphäre des Klägers, der auch deren Folgen zu tragen habe. Der BGH hat diese Entscheidung aufgehoben und zurückverwiesen.

258 Der BGH stellt zunächst klar, dass es im Streitfall nicht um einen Wegfall oder eine Änderung der Geschäftsgrundlage (§ 313 Abs. 1 BGB) im Hinblick auf die reduzierte Zahlung der Berufsgenossenschaft geht, sondern um ein Fehlen der Geschäftsgrundlage von Anfang an, weil wesentliche Vorstellungen, die zur Grundlage des Vertrages geworden sind, sich als falsch herausgestellt haben (§ 313 Abs. 2 BGB).

259 Er führt weiter aus:

> »Denn beide Parteien sind bei Abschluss des Abfindungsvergleichs davon ausgegangen, der Kläger erhalte von der Berufsgenossenschaft eine – von dem der Kapitalisierung zugrunde zu legenden Verdienstausfall abzuziehende – Rente in Höhe von 1.081,65 €, während dieser Betrag in Wahrheit auf einem Schreibfehler in der Gehaltsmitteilung des Arbeitgebers des Klägers beruhte und die Rente bei Zugrundelegung des richtigen Bruttoeinkommens nur 755,79 € betrug.
>
> Bei einem solchen gemeinsamen Irrtum über die Berechnungsgrundlagen geht es nicht darum, dass der Geschädigte das Risiko in Kauf nimmt, dass die für die Berechnung des Ausgleichsbetrages maßgebenden Faktoren auf Schätzungen und unsicheren Prognosen beruhen und sie sich demgemäß unvorhersehbar positiv oder negativ verändern können. Vielmehr spielt eine spezifische Risikobetrachtung hier für die Parteien überhaupt keine Rolle, denn beide gehen davon aus, sich auf einer vermeintlich sicheren Grundlage zu bewegen. Eine einseitige Risikozuweisung ist auch hier denkbar, wird aber nur unter besonderen Umständen in Betracht kommen, etwa wenn eine der Vertragsparteien eine Gewähr für die Richtigkeit der Berechnungsgrundlagen übernommen hat.
>
> Wenn die Parteien den Irrtum seinerzeit nicht bemerkt haben, müssen Anhaltspunkte dafür, wie sie den Vergleich in Kenntnis der wahren Umstände abgeschlossen hätten, naturgemäß fehlen und es kann dazu auch nicht konkret vorgetragen werden. Die Anpassung ist dann unter wertender Berücksichtigung aller sonstigen Umstände vorzunehmen.«

5. Prozessuale Fragen

260 Der Prozessvergleich beendet den materiellen Streit der Parteien und den Prozess. Er ist durch Aufnahme in das Protokoll festzustellen, **§ 160 Abs. 3 Nr. 1 ZPO**. Wird nicht ordnungsgemäß protokolliert, ist der Vergleich (nur) materiell-rechtlich wirksam, denn insoweit bedarf er keiner Form. Der Prozess ist dann allerdings nicht beendet. Um einen Vollstreckungstitel zu erlangen, muss der Kläger den Prozess fortsetzen mit einem Antrag, der dem Vergleichsinhalt entspricht.[342] Anspruchsgrundlage ist dann der materiell wirksame Vergleich.

342 Alternativ wird oft auch eine erneute Vergleichsfassung i.d.F. des § 278 Abs. 6 ZPO (Vergleichsfeststellung im Beschlusswege) sinnvoll sein.

Bei einem Prozessvergleich mit **Widerrufsvorbehalt** ist der Vergleich aufschiebend bedingt.[343] Es ist eine Frage des Einzelfalles, ob ein Widerruf eines von mehreren Beteiligten auf Beklagtenseite den Prozessvergleich insgesamt beendet; dies hängt davon ab, ob der Vergleich auch die Streitfragen im Innenverhältnis der Gesamtschuldner mitregeln soll. In diesem Fall bringt der Widerruf eines der Beteiligten den ganzen Vergleich zu Fall,[344] ansonsten hat der Widerruf nur Wirkungen für den Beklagten, der widerruft.[345] Bei Streit über die Wirksamkeit des Vergleichs, über seinen Umfang und Inhalt, wird der bisherige Prozess fortgesetzt. 261

Soll ein Dritter in den Vergleich einbezogen werden, tritt er dem Rechtsstreit bei. Insoweit besteht kein Anwaltszwang. Bzgl. der Kosten gilt die gesetzliche Auslegungsregel des § 98 ZPO (gegeneinander aufgehoben). 262

War im Verfahren ein **gerichtlicher Sachverständiger** eingeschaltet und ist dessen Gutachten Grundlage für den Prozessvergleich, ist dieser nicht deshalb nach §§ 779, 313 BGB unwirksam oder wegen Irrtums anfechtbar, weil die Parteien eine falsche sachverständige Begutachtung zugrunde gelegt haben![346] 263

▶ Hinweis:

Entgegen dem Wortlaut ist auch bei einem Vergleich, der unter dem Eindruck eines unrichtigen Gutachtens geschlossen wird, auch eine Haftung des Gerichtssachverständigen nach § 839a BGB denkbar.[347] 264

Der außergerichtliche Vergleich beendet den materiell-rechtlichen Streit, nicht aber den Prozess. Dazu ist die Rücknahme der Klage oder der Berufung erforderlich. Wird im außergerichtlichen Vergleich vereinbart, dass der Kläger die Klage zurücknimmt, muss der Kläger dies auch tun. Erfolgt die Klagerücknahme nicht, wird die Klage als unzulässig abgewiesen. 265

▶ Hinweis:

Die Bestimmung des § 323 ZPO ist auf außergerichtliche Vergleiche nicht anwendbar. Jedoch gelangt man über § 242 BGB und clausula rebus sic stantibus zu einer angemessenen Änderung des Vergleichs. 266

Der **Anwaltsvergleich** wird von den RA in Vollmacht der Parteien abgeschlossen und enthält eine Unterwerfung des Schuldners unter die sofortige Zwangsvollstreckung (vgl. §§ 796a ff. ZPO). 267

III. Haftungsfallen beim Abfindungsvergleich

Grds. muss ein Anwalt den Mandanten vor Abschluss eines Abfindungsvergleichs über dessen Folgen und Risiken beraten. Dies gilt auch ggü. geschäftserfahrenen Mandanten.[348] Die generell sehr hohen Ansprüche des BGH an die Rechtsberatung führen dazu, dass ein Anwalt bereits dann haftet, wenn er den Mandantenwillen nicht in eine hinreichend klare, sondern nur auslegungsbedürftige 268

---

343 Der Prozessvergleich kann in einem Widerrufsvorbehalt aber nicht von weiteren Bedingungen (Nichtinanspruchnahme durch Dritte) abhängig gemacht werden. Prozesshandlungen wie Vergleich oder Widerruf sind nämlich bedingungsfeindlich: Aber es ist eine Auslegung dahin gehend möglich, dass der materiell-rechtliche Vergleich von dieser Bedingung abhängt, sodass bei Nichteintritt der Bedingung der materiell-rechtliche Vergleich wirksam bleibt, vgl. OLG Oldenburg, Urt. v. 15.05.2007 – 12 U 5/07, OLGR 2008, 435.

344 BGH, Urt. v. 20.10.1961 – VI ZR 39/61, VersR 1962, 155.

345 OLG Koblenz, Urt. v. 17.02.2005 – 5 U 349/04, VersR 2005, 655.

346 OLG Hamm, Urt. v. 21.02.2005 – 13 U 25/04, VersR 2006, 562 = NJW-RR 2006, 65.

347 BGH, Urt. v. 25.06.2020 – III ZR 119/19, VersR 2020, 1324.

348 OLG Koblenz, Urt. v. 06.04.2006 – 5 U 531/05, OLGR 2006, 847; s.a. Urteilsbesprechung v. Hansens, JurBüro 2006, 392.

Formulierung des Vergleichs gefasst hat.[349] Einem »einfach strukturierten« Mandanten muss erforderlichenfalls verständlich erklärt werden, welchen Umfang ein Abfindungsvergleich hat.[350] Die Rechtsprechung legt einem RA, der bei einem Abfindungsvergleich mitwirkt, die Pflicht auf, »bei der Abfassung des Textes für eine richtige und vollständige Niederlegung des Willens seines Mandanten und für einen möglichst eindeutigen und nicht erst der Auslegung bedürftigen Wortlaut zu sorgen«.[351] Umso wichtiger sind klare Formulierungen im personenschadensrechtlichen Abfindungsvergleich.

1. Aktivlegitimation/Passivlegitimation

269 Zu beachten ist, dass gerade im Personenschadensbereich eine sozial- und privatversicherungsrechtliche »Überlagerung« besteht: Nach **§ 116 SGB X** geht ein Anspruch, für den ein Sozialversicherungsträger eintrittspflichtig ist, bereits im **Unfallzeitpunkt** auf den Sozialversicherungsträger über.[352] Es fehlt also von vornherein (bis auf die »logische Sekunde« im Unfall) die Aktivlegitimation des Geschädigten, sich über diese Ansprüche zu vergleichen.

270 Im Sozialhilferecht, wo ein Anspruch erst bei Bedürftigkeit überhaupt besteht, kann es indes – da der Sozialhilfeträger nicht schon im Unfallzeitpunkt, sondern erst bei Eintritt der Bedürftigkeit »Leistungen zu erbringen hat« – zu einer späteren Zession (bei Bedürftigkeit) kommen.[353]

271 Dies zu beachten, liegt im Interesse des Schädigers bzw. seiner Versicherung, die regelmäßig durch die Zahlung an den Geschädigten nicht nach §§ 407, 412 BGB frei wird. Der BGH[354] stellt nur sehr »maßvolle« Anforderungen an die Kenntnis eines solchen gesetzlichen Forderungsübergangs.

272 Eine häufige **Haftungsfalle** ist die Norm des § 86 VVG, wonach im Privatversicherungsrecht (also: der privaten Kranken- und Pflegeversicherung) eine Zession erst dann stattfindet, wenn geleistet wird.[355] Dies hat zur Folge, dass der Geschädigte z.Zt. des Abfindungsvergleichs noch aktivlegitimiert ist, sich also über seine Heilbehandlungs- und Aufwendungskosten vergleichen kann. Weil aber – durch den Vergleich – seine Ansprüche auf Schadensersatz erloschen sind, kann auch der

349 So haftete der beklagte Anwalt in BGH, Urt. v. 17.01.2002 – IX ZR 182/00, NJW 2002, 1048 dafür, dass er eine Abänderungsklausel bei »wesentlichen« Änderungen der Verhältnisse aufgenommen hatte, ohne zu präzisieren, wann »Wesentlichkeit« vorlag.

350 BGH, Urt. v. 08.11.2001 – IX ZR 64/01, NJW 2002, 292 hat die Verständlichkeit verneint, als ggü. einer Sozialhilfeempfängerin erklärt worden war, »Ansprüche auf Verdienstausfall stehen nicht im Raum«, ohne klarzustellen, dass hiervon auch der Haushaltsführungsschaden erfasst ist.

351 BGH, Urt. v. 17.01.2002 – IX ZR 182/00, NJW 2002, 1048 (1049).

352 Dieser Übergang setzt voraus, dass der Sozialversicherungsträger »kongruente«, also – kurz gesagt – entsprechende Leistungen zu dem Ersatzanspruch erbringt, also z.B.: Krankengeld führt zum Übergang des Erwerbsschadensanspruchs; Pflegeleistungen zum Übergang des Anspruchs auf Ausgleich vermehrter Bedürfnisse usw. Deshalb gehört es zu den anwaltlichen Pflichten, die Kongruenz zu prüfen, um Klarheit über die abgefundenen Ansprüche zu erhalten; anderenfalls wird aus Beratungsfehler gehaftet, so in BGH, Urt. v. 08.11.2001 – IX ZR 64/01, NJW 2002, 292: Aktivlegitimation für Erwerbsschaden war noch bei der Sozialhilfeempfängerin, da keine kongruenten Leistungen erbracht worden waren; dass deswegen (auch) diese Ansprüche (insb. Haushaltsführungsschaden) »wegverglichen« wurden, hatte der Anwalt übersehen. Für das Schmerzensgeld fehlt es indes an kongruenten Leistungen, sodass keine cessio legis besteht.

353 Vgl. BGH, Urt. v. 08.11.2001 – IX ZR 64/01, NJW 2002, 292 (293); ein Abfindungsvergleich kann daher auch Forderungen umfassen, die später erst auf den Sozialhilfeträger übergehen würden; der BGH hat zur Vermeidung von Unklarheiten eine Auslegung eines solchen Abfindungsvergleichs angedacht, nach der unter die vom Vergleich ausgenommenen »Ansprüche, die kraft Gesetzes auf einen Sozialversicherungsträger übergegangen sind«, auch die fallen sollen, die erst künftig übergehen: BGH, Urt. v. 12.12.1995 – VI ZR 271/94, VersR 1996, 349.

354 BGH, Urt. v. 12.12.1995 – VI ZR 271/94, VersR 1996, 349.

355 Vgl. Luckey, Rn. 1782; Euler, SVR 2005, 10 (17).

Anspruch gegen den Versicherer ganz (§ 86 Abs. 2 Satz 2 VVG: bei Vorsatz) oder teilweise (§ 86 Abs. 2 Satz 3 VVG: bei grober Fahrlässigkeit) erlöschen.[356]

Ähnlich wie nach § 86 VVG ist der Arbeitgeber von der Leistung einer Entgeltfortzahlung frei, wenn der Arbeitnehmer den Übergang des Schadensersatzanspruchs gegen den Dritten auf den Arbeitgeber verhindert. Dies gilt nur dann nicht, wenn der Arbeitnehmer nicht schuldhaft gehandelt hat, § 7 Abs. 1 Nr. 2, Abs. 2 EFZG. 273

In einem Urteil des LAG Schleswig-Holstein[357] hatte der Arbeitnehmer nach einem Verkehrsunfall wegen seiner Verletzungen (Rippenfrakturen) einen Abfindungsvergleich des Inhalts, dass »alle Ansprüche, die von mir und/oder meinen Rechtsnachfolgern aus Anlass des Schadensereignisses vom ... geltend gemacht werden können, für jetzt und alle Zukunft endgültig abgefunden« sind, mit dem Versicherer des Unfallgegners geschlossen. Als er diesen Vergleich schloss, arbeitete er bereits wieder. Ein halbes Jahr später kam es zu der (vorhersehbaren) Notwendigkeit einer weiteren Operation, die den Arbeitnehmer einen Monat lang arbeitsunfähig erkranken ließ. 274

Das LAG hat einen Anspruch des Arbeitnehmers auf Entgeltfortzahlung für diesen Zeitraum verneint: Der Arbeitnehmer habe schuldhaft – nämlich ohne die erforderliche Rücksprache mit seinem Arbeitgeber und/oder Ärzten – den Anspruchsübergang vereitelt, indem er eine endgültige Abfindung zu einem Zeitpunkt vereinbart habe, in der absehbar gewesen sei, dass es noch einmal zu Arbeitsausfällen kommen werde. Das diesbezügliche Verschulden des RA, der die Folgen einer Regressvereitelung übersehen hatte, wurde dem Arbeitnehmer zugerechnet. 275

▶ Hinweis:

Hier droht eine **Regressfalle**, wenn zu einem Abfindungsvergleich geraten wird, ohne darüber aufzuklären oder abzuklären, was passieren wird, wenn aufgrund desselben Unfalls (wie häufig nach Revisions-Operationen zur Entfernung von Schrauben, Nägeln etc.) eine erneute Erkrankung des Arbeitnehmers droht. Dieser läuft dann nach der o.g. Entscheidung Gefahr, wegen Vereitelung des Forderungsübergangs auch seinen Anspruch auf Entgeltfortzahlung zu verlieren! 276

Eine Vorbehaltsklausel – deren Annahme durch die Versicherung natürlich immer schwerer zu verhandeln ist als eine endgültige Beilegung – kann wie folgt lauten: 277

▶ Formulierungsbeispiel:

»Zur Abgeltung ... soweit die Ansprüche nicht auf Sozialversicherungsträger oder sonstig leistungspflichtige Dritte übergegangen sind oder noch übergehen werden«.

▶ Haftungsfalle:

Ein Abfindungsvergleich ohne entsprechende Vorbehaltserklärung kann also dazu führen, dass der Geschädigte Leistungsansprüche verliert[358] und dann im Regressweg gegen den Anwalt vorgeht, der hierüber nicht aufgeklärt bzw. diesen Umstand nicht vermieden hat! 278

356 Die Norm stellt darauf ab, ob der Anspruchsverlust vorsätzlich (dann Leistungsausschluss) oder grob fahrlässig (dann Kürzung) erfolgte; ansonsten bleibt der Versicherungsanspruch bestehen. Nach dem Recht bis Ende 2007 führte eine objektiv vereitelte Zession in jedem Fall zur Leistungsfreiheit! (§ 67 Abs. 1 Satz 3 VVG i.d.F.v. 31.12.2007).

357 LAG Schleswig-Holstein, Urt. v. 18.07.2006 – 2 Sa 155/06, NZA-RR 2006, 568 (Revision war erfolglos, BAG, Beschl. v. 18.10.2006 – 5 AZN 737/06).

358 Nur ausnahmsweise kann eine – dann auch sehr wohlwollende – Auslegung dazu führen, die Konsequenzen eines Anspruchsverlustes der privaten Versicherung zum Anlass einer Auslegung zu nehmen, die dahin geht, dass dann nicht gewollt sein sollte, diese mitzuvergleichen, so aber OLG Karlsruhe, Urt. v. 09.11.2005 – 7 U 6/05, OLGR 2006, 47: Der Vergleich regelte (erg.: nur bereits) »entstande-

279 Im Bereich der Passivlegitimation ist insb. daran zu denken, dass möglicherweise weitere Schädiger gesamtschuldnerisch neben dem Haftpflichtversicherer einstehen müssen.

280 Ein Vergleich, der die Forderung des Gläubigers gegen einen Gesamtschuldner erledigt, hat aber im Zweifel keine Wirkung auf den Anspruch des Gläubigers ggü. anderen Gesamtschuldnern; im Zweifel, vgl. §§ 423, 425 BGB, hat dieser Vergleich nur Einzelwirkung.[359]

281 Nur im Einzelfall kann die Auslegung ergeben, dass der Wille der Vertragsparteien dahin geht, das Schuldverhältnis insgesamt aufzuheben, etwa, wenn der Erlass gerade mit dem Gesamtschuldner vereinbart wird, der im Innenverhältnis der Gesamtschuldner den Schaden allein zu tragen hätte.[360]

282 Greift ein solcher Sonderfall, besteht für den am Vergleich beteiligten Gesamtschuldner die Gefahr, dass er – da der Vergleich keine Wirkung ggü. den anderen Gesamtschuldnern entfaltet – im Regressweg in Anspruch genommen wird, wenn die anderen Gesamtschuldner geleistet haben. Die anderen Gesamtschuldner bleiben dann nämlich in vollem Umfang in der Haftung; und auch ihr Regressanspruch ist vom Vergleich unberührt.[361]

283 Auch hier sind entsprechend absichernde Formulierungen[362] nötig.

▶ Hinweis:

284 Hier kann es zu wahrlich unvorhergesehenen Folgen kommen: So haftet der Verkehrsunfallverursacher nach den Grundsätzen der mittelbaren Kausalität z.B. auch für die Folgen einer an den Unfall anschließenden ärztlichen Fehlbehandlung.[363] Ein Abfindungsvergleich mit Wirkung ggü. Dritten, denen etwaige Ausgleichsansprüche gegen den Schädiger zustehen, kann dann auch Ansprüche gegen den falsch behandelnden Arzt ausschließen, da dieser (teilweise) Gesamtschuldner neben dem Verkehrsunfallverursacher ist![364]

---

ne Schäden«, und die privat versicherten Heilbehandlungskosten waren nicht Gegenstand der Klage gewesen. Das OLG entschied, dass bei verständiger Auslegung diese daher auch nicht Gegenstand des Vergleichs hätten sein können, sodass der Krankenversicherer weiterhin leisten musste und regressieren konnte.

359 BGH, Urt. v. 09.03.1972 – VII ZR 178/70, BGHZ 58, 216 (219); BGH, Urt. v. 21.03.2000 – IX ZR 39/99, NJW 2000, 1942; OLG Celle, Urt. v. 23.04.2008 – 14 U 92/07, MDR 2008, 917.

360 BGH, Urt. v. 21.03.2000 – IX ZR 39/99, NJW 2000, 1942; OLG Köln, Beschl. v. 18.05.1992 – 19 W 15/92, NJW-RR 1992, 1398; OLG Dresden, Urt. v. 15.09.2004 – 18 U 181/04, BauR 2005, 1954; OLG Karlsruhe, Beschl. v. 15.07.2010 – 8 U 82/09, NJW-RR 2010, 1672. Der Vergleich verlöre nämlich seinen Sinn, wenn der weitere Gesamtschuldner im Fall der Inanspruchnahme vollen Regress bei dem Vergleichspartner nehmen könnte.

361 Sehr weitgehend und wohl auch entgegen dem BGH (Urt. v. 21.03.2000 – IX ZR 39/99, NJW 2000, 1942) hat das OLG Celle, Urt. v. 27.06.2007 – 14 U 122/05, OLGR 2007, 797 angenommen, dass sich einem Vergleich mit einem der Gesamtschuldner entnehmen lasse, dass der Gläubiger insoweit – also soweit dieser Gesamtschuldner im Innenausgleich hätte haften müssen – nicht mehr gegen die anderen Gesamtschuldner vorgehen könne.

362 Vgl. hierzu Kap. 8 Rdn. 54 ff. (Formulierungsmuster).

363 Vgl. dazu im Einzelnen Kap. 5 Rdn. 31 ff.

364 So entschieden in LG Stralsund, Urt. v. 13.01.2005 – 6 O 375/02, MedR 2005, 224. Ebenso hat das OLG Düsseldorf, Urt. v. 11.05.2000 – 8 U 105/99, VersR 2002, 54 für einen Verkehrsunfall-Abfindungsvergleich und eine nachfolgende Arzthaftungsklage wegen vergessener Mullbinde in der OP-Wunde entschieden: Die Versicherung habe jegliche Inanspruchnahme sonstiger Gesamtschuldner ausschließen wollen, und es sei denkbar, dass auch der Arzt anteilig – etwa für die ihm anzulastende Verschlechterung von dem Grunde nach unfallbedingten Schäden – Regress nehmen könne.

2. Umfang/Steuern

Eine Abfindung ist (nur dann) als **Einkommen** zu versteuern, §§ 24, 34 EStG, soweit damit ein Verdienstausfall entschädigt werden soll. Sonstige Renten, wie Mehrbedarf,[365] Haushaltsführungsschaden,[366] Unterhaltsausfallschaden,[367] oder **Schmerzensgeld**, sind steuerfrei, sodass sich hier die Frage der Steuerpflicht für die Abfindung nicht stellt. 285

Die Haftpflichtversicherer tendieren zu **Nettovergleichen**, ohne dass die Frage einer Versteuerung offen thematisiert wird. Selten wird ein Vergleich des Inhalts geschlossen, dass der Geschädigte einen Nettobetrag erhält und diesen versteuert und ihm dann anschließend die Steuerlast ersetzt werden soll. 286

Allerdings besteht auch in diesem Fall die Gefahr, dass der Zufluss der Summe, die die ESt abdeckt, die auf die Abfindungssumme entfällt, nach dem steuerrechtlichen Zuflussprinzip als Einkommen eingeordnet wird und so eine neue Steuerpflicht auslöst, sodass sich der Ausgleich »auffrisst«. 287

Wer – wenn die Versicherung zu einer solchen Einigung bereit ist – den vollen Steuernachteil ausgleichen will, wäre daher besser beraten, intern die Nettoabfindung festzulegen und dann mithilfe einer amtlichen Auskunft des FA oder eines Steuerberaters festzulegen, welcher **Bruttobetrag** diesem Nettobetrag entspricht. Gezahlt wird dann diese Summe, die vom Geschädigten nach § 34 EStG versteuert wird. 288

▶ Hinweis:

In all diesen Fällen gilt: Egal, wie man sich letztlich vergleicht, ist eine Dokumentation der entsprechenden Beratung des Mandanten nötig, um haftungsrechtlich später auf der sicheren Seite zu sein! Häufig ist es den Finanzbehörden auch nicht möglich, aus der einheitlichen Abfindungssumme die auf Schmerzensgeld, Mehrbedarf und Erwerbsschaden »entfallenden« Anteile herauszurechnen. 289

3. Anwaltskosten

Die vom Schädiger zu erstattenden Anwaltskosten werden an sich auch dann von einem Abfindungsvergleich **umfasst**, wenn sie im Text nicht gesondert erwähnt werden.[368] Zur Sicherheit empfiehlt sich aber stets deren ausdrückliche Erwähnung. 290

Gegenstandswert ist in der außergerichtlichen Regulierung der vom Schädiger bezahlte Betrag.[369] Häufig wird allerdings auch nach den geltend gemachten Ansprüchen abgerechnet. Auch hier sollte der Mandant – so nicht rechtsschutzversichert – vorab belehrt werden, um nicht nachher bei der Kostennote feststellen zu müssen, dass er infolge einer (aus taktischen Gründen) überhöhten Ersatzforderung einen Teil der tatsächlich erreichten Abfindungssumme an den RA zahlen muss. 291

4. Spätfolgen

Schließt der Abfindungsvergleich materielle und/oder immaterielle Ansprüche nach einem Körperschaden ein, muss der Anwalt beachten, dass auch Spätfolgen vom Vergleich erfasst werden, wenn deren Geltendmachung nicht **vorbehalten** bleibt. 292

Von den Versicherungen selten gewünscht, mag es doch sinnvoll sein, bestimmte Spätfolgen von der Abgeltung auszunehmen – sonst kann der Mandant bei späteren Verschlechterungen keine Rechte mehr geltend machen, weil angenommen wird, die Sache sei umfassend verglichen worden. Hier 293

365 Vgl. BFH, Urt. v. 25.10.1994 – VIII R 79/91, NJW 1995, 1238.
366 BFH, Urt. v. 26.11.2008 – X R 31/07, DB 2009, 485.
367 BFH, Urt. v. 26.11.2008 – X R 31/07, DB 2009, 485.
368 OLG Köln, Urt. v. 26.11.1962 – 10 U 125/62, VersR 1963, 468; Luckey, Rn. 1811.
369 BGH, Urt. v. 13.04.1970 – III ZR 75/69, NJW 1970, 1122.

muss – etwa unter Bezugnahme auf ärztliche Protokolle – klargestellt werden, wofür und worauf die Abfindung vereinbart wird und was noch offensteht.

294 Ein solcher Vorbehalt kann lauten:

▶ Formulierungsbeispiel: Vorbehalt wegen Spätfolgen

Von der Abgeltung bleiben unberührt und daher vorbehalten künftig auftretende Verschlechterungen, die von dem als Anlage zum Vergleich aufgeführten ärztlich attestierten Verletzungsbild abweichen.

295 Da aber ein Versicherer i.d.R. nur dann einen Vergleich abschließt, wenn die Akte geschlossen werden kann, sind solche Vorbehalte unerwünscht. Der Versicherer verlangt i.d.R. etwa folgende Formulierung: »*Die Abgeltung umfasst alle künftigen Schäden, seien sie vorhersehbar oder unvorhersehbar, erwartet oder unerwartet.*«

▶ Hinweis:

296 Die Gefahren, die für den Mandanten des Anwalts in der Vereinbarung einer endgültigen Abgeltung liegen, sind offensichtlich. Die Rechtsprechung[370] lässt selbst einen Angriff über eine Störung der Geschäftsgrundlage, § 313 BGB, nicht zu, da der Abfindungsvergleich gerade auch die nachträglichen und unvorhergesehenen Spätfolgen abdecken soll. Zu einem solchen Vergleich kann nur geraten werden, wenn die Gefahr von **Spätfolgen** ernstlich nicht besteht, anderenfalls sind Spätfolgen insb. gegen **Verjährung** zu sichern,[371] denn die Vereinbarung eines Vorbehalts impliziert nicht, dass stillschweigend auch Verjährungsabreden getroffen wären.[372]

G. Abänderungsklage, § 323 ZPO

297 Nach Auffassung des OLG Nürnberg[373] kann die Erhöhung einer **Schmerzensgeldrente** im Wege der Abänderungsklage gem. § 323 ZPO[374] nur verlangt werden, wenn
- sich die Bemessungsgrundlagen für die Rente, insb. die schweren Dauerschäden verändert haben, oder
- eine wesentliche Erhöhung des Lebenshaltungskostenindexes eingetreten ist; eine Erhöhung um 10 % genügt nicht.[375]

Noch restriktiver sind die Anforderungen des BGH.[376]

---

370 Bspw. OLG Koblenz, Urt. v. 29.09.2003 – 12 U 854/02, NJW 2004, 782; vgl. schon Kap. 3 Rdn. 237 ff.

371 Insgesamt hierzu Kap. 3 Rdn. 233 ff.; zum Vergleich insbes. Rdn. 228 ff.

372 OLG Koblenz, Urt. v. 30.01.2012 – 12 U 1178/10, SP 2012, 178: Der Vorbehalt im Vergleich führt – als Anerkenntnis – zu einem Neubeginn der Verjährung, allerdings ohne entsprechende Klausel nur zu einem Neubeginn der Regelverjährung (3 Jahre!). Das OLG Hamm, Urt. v. 16.06.1998 – 28 U 237/97, VersR 1999, 1495, hat einen Anwaltshaftungsfall angenommen, weil eine Klausel nur »Offen bleibt der materielle Zukunftsschaden ab 01.01.1990, soweit kein Übergang auf Sozialversicherungsträger vorliegt, außerdem immaterieller Zukunftsschaden bei Kniegelenkversteifung.« gefasst war. Dass möglicherweise im Wege der Auslegung erreicht werden könnte, einen konkludenten Verzicht auf die Verjährungseinrede »hineinzuinterpretieren« (so in einem Ausnahmefall OLG Hamm, Urt. v. 09.12.1994 – 32 U 114/94, VersR 1996, 78; dagegen BGH, Urt. v. 26.05.1992 – VI ZR 253/91, VersR 1992, 1091; BGH, Urt. v. 29.01.2002 – VI ZR 230/01, VersR 2002, 474 = NJW 2002, 1878; KG, Urt. v. 22.12.1998 – 6 U 307/97, VersR 2000, 1145; OLG Rostock, Urt. v. 22.10.2010 – 5 U 225/09, NJW-Spezial 2011, 169), genügte nicht, da nach Ansicht des OLG das Gebot des sichersten Weges bedeutet hätte, eine klare (!) Klausel zur Verjährung zu vereinbaren.

373 OLG Nürnberg, Urt. v. 16.01.1991 – 9 U 2804/90, VersR 1992, 623; so auch Halm/Scheffler, DAR 2004, 71 ff. mit eingehender Darstellung der Rspr.

374 S.o. Rdn. 146 ff.

375 So jetzt BGH, Urt. v. 15.05.2007 – VI ZR 150/06, VersR 2007, 961 = NJW 2007, 2475.

376 BGH, Urt. v. 15.05.2007 – VI ZR 150/06, VersR 2007, 961 = NJW 2007, 2475 und Rdn. 147.

Eine **Verbesserung der Einkommensverhältnisse** des Schädigers kann zur Begründung der Abänderungsklage nur herangezogen werden, wenn diese bei der Bemessung des Schmerzensgeldes eine Rolle gespielt haben. 298

Die in dieser Entscheidung genannten Voraussetzungen sind nicht vollständig, denn eine Abänderungsklage muss bei einer Schmerzensgeldrente auch dann möglich sein, wenn z.B. 299
- feststeht, dass die Tendenz der Rechtsprechung zu höherem Schmerzensgeld fortschreitet und das Schmerzensgeldniveau sich deutlich erhöht hat oder
- wenn die technische Entwicklung dem schwer Geschädigten neue Möglichkeiten eröffnet, durch eine höhere monatliche Rente einen besseren Ausgleich zu erlangen.

Dagegen kann eine Abänderungsklage nicht daran scheitern, dass die Summe aller Rentenzahlungen den **Kapitalwert der Rente** erreicht hat.[377] Angesichts des Umstandes, dass der Kapitalwert der Rente nicht der Summe der monatlichen Rentenzahlungen entspricht und der Schädiger das Risiko (und die Chance) trägt, wie lange die Rentenzahlungen zu leisten sind, ist der gegenteilige Ausgangspunkt falsch.[378] Mit Rücksicht auf die Geldentwertung fällt es dem Schädiger viele Jahre nach Beginn der Rentenzahlungen wesentlich leichter, die ursprünglich ausgeurteilten Monatsbeträge zu leisten. 300

H. Rechtsmittel

Bei entsprechender Beschwer kann der Kläger ein Rechtsmittel einlegen. Die Berufung setzt eine Beschwer des Klägers i.H.v. über 600,00 € voraus. Nennt der Kläger einen Mindestbetrag für das Schmerzensgeld, ist er nur dann beschwert, wenn das zuerkannte Schmerzensgeld hinter diesem Betrag zurückbleibt.[379] Eine klagende Partei ist durch eine gerichtliche Entscheidung nur insoweit beschwert, als diese von dem in der unteren Instanz gestellten Antrag **zum Nachteil der Partei** abweicht, ihrem Begehren also nicht voll entsprochen worden ist. Erhält der Kläger das zugesprochen, was er mindestens verlangt hat, besteht kein Anlass, den Zugang zur Rechtsmittelinstanz mit dem Ziel der Durchsetzung einer höheren Klageforderung zu eröffnen.[380] 301

Das Berufungsgericht kann und muss nach eigenem Ermessen über den dem Einzelfall angemessenen Schmerzensgeldbetrag befinden.[381] Es muss die erstinstanzliche Schmerzensgeldbemessung auf der Grundlage der nach § 529 ZPO maßgeblichen Tatsachen gem. §§ 513 Abs. 1, 546 ZPO in vollem Umfang darauf überprüfen, ob sie überzeugt. Es darf sich nicht darauf beschränken, die Ermessensausübung der Vorinstanz auf Rechtsfehler zu überprüfen.[382] In § 513 ZPO wird nicht allein auf § 546 ZPO, sondern auch auf § 529 ZPO Bezug genommen. Danach obliegt dem Berufungsgericht neben einer Rechtsfehlerkontrolle auch die Würdigung des nach § 529 Abs. 1 ZPO 302

377 So aber LG Hannover Urt. v. 03.07.2002 – 7 S 1820/01, NJW-RR 2002, 1253 = ZfS 2002, 430. Die hiergegen eingelegte Revision (VI ZR 283/02) wurde zwar zurückgenommen, der BGH hat dies aber mit Urt. v. 15.05.2007 – VI ZR 150/06, VersR 2007, 961 = NJW 2007, 2475 = DAR 2007, 513 klargestellt.

378 So BGH, Urt. v. 15.05.2007 – VI ZR 150/06, VersR 2007, 961 = NJW 2007, 2475 = DAR 2007, 513.

379 BGH, Urt. v. 30.04.1996 – VI ZR 55/95, BGHZ 132, 341 = VersR 1996, 990 = NJW 1996, 2425; BGH, Urt. v. 30.03.2004 – VI ZR 25/03, VersR 2004, 1018.

380 BGH, Beschl. v. 30.09.2003 – VI ZR 78/03, DAR 2004, 29 = VersR 2004, 219; Diederichsen, DAR 2004, 301 (318) m.w.N.

381 BGH, Urt. v. 14.07.2004 – VIII ZR 164/03, BGHR 2004, 1366 m. abl. Anm. Burgermeister; OLG Brandenburg, Urt. v. 28.09.2004 – 1 U 14/04, VersR 2005, 953; OLG Köln, Urt. v. 09.10.2007 – 15 U 105/07, VersR 2008, 364 m. Anm. Jaeger; OLG Saarbrücken, Urt. v. 27.11.2007 – 4 U 276/07, NJW 2008, 1166 = SP 2008, 257; Diederichsen, DAR 2005, 301 (313).

382 BGH, Urt. v. 28.03.2006 – VI ZR 46/05, VersR 2006, 710 = NJW 2006, 1589 = r+s 2006, 345; OLG Jena, Urt. v. 16.01.2008 – 4 U 318/06, SVR 2008, 464 = NJW-Spezial 2008, 426; Diederichsen, DAR 2006, 301 (312 f.). Falsch daher (nur eingeschränkte Überprüfung der Berufungsinstanz) OLG Koblenz, Beschl. v. 29.06.2010 – 5 U 545/10, VersR 2010, 1323 m. Anm. Jaeger.

berücksichtigungsfähigen Tatsachenstoffes. Die Berufung ist keine »Unterrevisionsinstanz«; sie dient der umfassenden Kontrolle der erstinstanzlichen Entscheidung sowohl auf Rechtsfehler, als auch in tatsächlicher Hinsicht. Dabei hat das Berufungsgericht nicht nur die im angefochtenen Urteil wiedergegebenen Tatsachenfeststellungen, sondern den gesamten aus den Akten ersichtlichen Prozessstoff zu beachten. Maßstab für das Berufungsgericht ist die richtige und sachgerechte Entscheidung des Einzelfalles.[383] Geht es um den nach Ermessen zu bestimmenden Schmerzensgeldbetrag, ist das Berufungsgericht befugt und verpflichtet, die Frage selbst zu entscheiden; es ist (wie bei der Vertragsauslegung) durch das Erstgericht nicht gebunden.[384]

303 Vor diesem Hintergrund erscheint die Ansicht des OLG Koblenz[385] kritisch, welches ausgeführt hat, Ziel des Berufungsverfahrens sei es, Fehler des erstinstanzlichen Gerichtes zu korrigieren, nicht aber, sein Ermessen an die Stelle des Ermessens des Erstgerichts zu setzen, weswegen bei der Schmerzensgeldbemessung erst »Fehler in der Oktave« zu korrigieren seien.

▶ Praxistipp:

Kündigt das Berufungsgericht einen Beschluss gem. § 522 ZPO mit der Begründung an, das erstinstanzliche Gericht habe das Schmerzensgeld nach Auswertung vergleichbarer Entscheidungen vertretbar festgesetzt, muss der Anwalt angreifen mit Hinweis darauf, dass

- die Entscheidungen nicht vergleichbar sind,
- die vom erstinstanzlichen Gericht genannten Entscheidungen älteren Datums sind,
- es neuere Entscheidungen gibt, die benannt werden müssen,
- es weitere einschlägige Entscheidungen gibt,
- die Inflation ebenso berücksichtigt werden muss, wie die geänderten Vorstellungen vom Geldwert und ggf.
- nicht alle Schmerzensgeldkriterien wie Alter, Narben und psychische Auswirkungen berücksichtigt wurden.

304 Der Kläger kann neben der Berufung auch den Weg der **Anschlussberufung** wählen, wenn der Beklagte gegen die Verurteilung zur Zahlung von Schmerzensgeld seinerseits Berufung eingelegt hat. Hier ist er jedoch Gefahren ausgesetzt.[386] Es gibt **keine selbstständige Anschlussberufung** und die Anschlussberufung ist befristet, § 524 ZPO.[387]

305 Die Anschlussberufung verliert daher ihre Wirksamkeit, § 524 Abs. 4 ZPO, wenn die Berufung zurückgenommen (§ 516 ZPO), wenn darauf verzichtet (§ 515 ZPO), oder wenn die Berufung durch einstimmigen Beschluss gem. § 522 Abs. 2 ZPO zurückgewiesen wird. Ein »eigenständiges« Betreiben des Rechtsmittels ist dann nicht möglich. Statt einer Anschlussberufung sollte also schon in der Berufungsfrist überlegt werden, ein eigenes Rechtsmittel einzulegen, wenn die Berufung in jedem Fall durchgeführt werden soll.

▶ Hinweis:

306 Zur Anschlussberufung kann es im Schmerzensgeldprozess etwa wie folgt kommen:

Der zur Zahlung verurteilte Schädiger legt Berufung ein; ein ärztliches Gutachten ergibt jedoch, dass die Verletzungen des Klägers weit schwerer sind als bisher angenommen. Der Schädiger wird die Berufung zurücknehmen, der Kläger kann dagegen nichts machen. Die

383 Müller, ZfS 2005, 54 (55); Diederichsen, DAR 2005, 301 (313).
384 OLG Saarbrücken, Urt. v. 27.11.2007 – 4 U 276/07, NJW 2008, 1166 = SP 2008, 257; Müller, ZfS 2005, 54 (54, 55).
385 OLG Koblenz, Urt. v. 25.11.2013 – 5 U 1202/13, VersR 2014, 513.
386 Vgl. zu den folgenden Ausführungen Schneider, Rn. 945 ff.
387 Zum Problem der Befristung der Anschließung s. Gerken, NJW 2002, 1095 (1096). Durch das JModG (BGBl. I, S. 2198 v. 30.08.2004) ist allerdings der Missstand einer unzureichenden Frist behoben worden, vgl. § 524 Abs. 2 Satz 2 ZPO.

Frist für eine eigene Berufung ist abgelaufen und die vor oder nach Ablauf der für ihn geltenden Berufungsfrist eingelegte als Anschlussberufung bezeichnete Berufung verliert ihre Wirkung.

In einem neuen Prozess kann er eine **Schmerzensgeld-Nachforderung** nur durchsetzen, wenn er seine erste Klage als verdeckte Teilklage erhoben hat,[388] was bei Schmerzensgeldklagen ohne zeitliche Begrenzung im Urteilstenor nicht gelingen kann.[389] Außerdem müsste ggf. noch das Verjährungshindernis der §§ 195, 199 BGB überwunden werden,[390] was voraussetzt, dass Verschlimmerungen eingetreten sind, mit denen der Verletzte nicht rechnen konnte.[391] 307

I. Zwangsvollstreckung

Die Zwangsvollstreckung wegen einer Schmerzensgeldforderung weist im Grunde keine Besonderheiten auf. 308

Allerdings wird sie in vielen Fällen erfolglos sein, wenn der Anspruch aufgrund einer strafbaren Handlung geltend gemacht wird, also insbesondere bei Mord, Totschlag, Vergewaltigung oder sexuellem Missbrauch. Hierzu wird verwiesen auf Hohlbein[392], der darauf hingewiesen hat, dass es dem Kläger wenig nützt, wenn das Gericht einen hohen Entschädigungsbetrag zuerkennt, der nicht vollstreckt werden kann.

In dieser Beziehung stehen Beamte besser, wenn sie bei einem dienstlichen Einsatz verletzt werden. Bleiben deren Vollstreckungsversuche erfolglos, hilft die Anstellungskörperschaft, der eine Pflicht zur **Erfüllungsübernahme** obliegt, die landesgesetzlich geregelt ist.[393] 309

Für NRW gilt § 82a Abs. 2 LBG. Die Anstellungsbehörde ist danach verpflichtet, den Schmerzensgeldanspruch eines Beamten gegen einen Schädiger zu erfüllen, wenn die Zwangsvollstreckung gegen diesen erfolglos war.[394] Ähnlich entschied das VG Magdeburg.[395]

Hierzu sind zwei Entscheidungen des VG Ansbach ergangen.[396] Die Leitsätze der 1. Entscheidung lauten: 310

> Wird ein Polizeibeamter im Einsatz bei einem tätlichen rechtswidrigen Angriff körperlich verletzt, kann er gegen den Schädiger einen Schmerzensgeldanspruch geltend machen und sich mit dem Schädiger im Zivilprozess vergleichen.
>
> Ist der Schädiger zahlungsunfähig, kann der Polizeibeamte das Land als Anstellungsbehörde auf Erfüllungsübernahme in Anspruch nehmen, wenn sein Anspruch darauf beruht, dass er wegen der Eigenschaft als Beamter verletzt wurde und die Übernahme zur Vermeidung einer unbilligen Härte notwendig ist.
>
> Der rechtskräftigen Feststellung der Zahlungspflicht steht ein gerichtlicher Vergleich nach § 794 Absatz. 1 Nr. 1 ZPO gleich, sobald er unwiderruflich und der Höhe nach angemessen ist.

---

388 S. zu dieser Problematik Musielak, 3. Aufl. 2002, § 322 Rn. 67 ff.

389 Vgl. Rdn. 84 ff.

390 Vgl. Kap. 3 Rdn. 145 ff.

391 Vgl. Kap. 3 Rdn. 170 ff.

392 Hohlbein, Nicht vollstreckbares Schmerzensgeld – eine Gerechtigkeitslücke, VersR 2020, 1162.

393 Vgl. z.B. Art. 97 Abs. 1 BayBG; 80a LBG BW; § 74a LBG Thüringen; § 83a LGB Niedersachsen und LBG Sachsen-Anhalt, Bremen und NRW; § 81a LBG Hessen und Sachsen.

394 VG Münster, Urt. v. 15.06.2020 – 5 K 28261/19; vgl auch VG Münster, Urt. v. 07.10.2020 – M 5K 20.2785, juris.

395 VG Magdeburg, Urt. v. 13.11.2020 – 8 A 299/19.

396 VG Ansbach, Urt. v. 25.07.2019 – AN 1 K 18.01545, VersR 2020, 113 mit Anm. Jaeger; VG Ansbach, Urt. v. 30.09.2020 – AN 1 K 19.02198, unveröffentlicht.

311 Der Anspruch des Beamten muss rechtskräftig festgestellt sein. Dazu reicht ein Versäumnisurteil,[397] nicht aber ein Vollstreckungsbescheid aus. Dementsprechend hat das BVerwG[398] ausgeführt:

»§ 82a Abs. 1 Satz 1 LBG NRW – wonach dann, wenn ein Dritter »durch rechtskräftiges Endurteil eines deutschen Gerichts« zur Zahlung von Schmerzensgeld an einen Beamten verurteilt worden ist, der Dienstherr diese Zahlung auf Antrag ganz oder teilweise übernehmen kann – gilt weder direkt noch analog für die Titulierung eines Schmerzensgeldanspruchs durch einen Vollstreckungsbescheid.«

312 Die 2. Entscheidung des VG Ansbach[399] hat der Bayerische Verwaltungsgerichtshof[400] dagegen aufgehoben mit dem Orientierungssatz:

Liegen die Tatbestandsvoraussetzungen des Art. 97 Abs. 2 Satz 1 BayBG G vor, ist dem Dienstherrn (lediglich) bei der Frage bis zu welcher Höhe er den festgestellten Schmerzensgeldanspruch übernimmt, Ermessen eingeräumt, das verwaltungsgerichtlich nur eingeschränkt überprüft werden kann. Nur wenn auf Grund desselben Sachverhalts eine einmalige Unfallentschädigung oder ein Unfallausgleich gezahlt wurde, kann der Dienstherr die Erfüllungsübernahme im Rahmen seines Erschließungsermessens verweigern.

Die Entscheidung wurde aufgehoben, weil die Behörde den gerichtlich festgestellten Schmerzensgeldanspruch des Klägers nicht beachtet hat.

313 Dementsprechend hat der BayVGH[401] eine Entscheidung des VG Würzburg[402] bestätigt, das einen Vollstreckungsbescheid des AG Coburg über eine Schadensersatzforderung eines Polizeibeamten in Höhe von 2.025,00 € hat ausreichen lassen, dem Beamten einen Anspruch auf Erfüllungsübernahme zu gewähren. Der Leitsatz dazu lautet:

Ein rechtskräftig festgestellter Anspruch auf Schmerzensgeld im Sinn des Art. 97 Abs. 1 Satz 1 BayBG kann sich auch aus einem Vollstreckungsbescheid (§ 699 ZPO) ergeben.

Einen rechtskräftig zuerkannten Anspruch hat das VG Köln[403] auch in einem Urteil gesehen, das einen Schmerzensgeldanspruch nach Anspucken eines Polizeibeamten in Höhe von 600.000,00 € bejaht hat. Das VG hat keinen Zweifel daran gelassen, dass das Anspucken in das Gesicht eines Polizeibeamten, der im Bereich der Lippe getroffen wird, als eine Körperverletzung anzusehen sein kann. Die Kammer hat allerdings die Höhe des Anspruchs eingeschränkt, weil der Behörde ein Ermessen zustehe, ob sie den Beamten in voller Höhe freistellt.

397 VG Würzburg, Urt. v. 18.02.2022 – W1K 21.627, Rn. 27 ff. – juris; anders vgl. Koblenz, Urt. v. 11.01.2022 – 5 K 707/21.KO, juris in einem Fall, in dem die Schuldunfähigkeit des Schädigers im Strafverfahren eine Rolle gespielt hatte, nicht aber bei Erlass des Versäumnisurteils.

398 BVerwG, Urt. v. 12.01.2023 – 2 B 38/22.

399 VG Ansbach, 30.09.2020, AN 1 K 19.02198, unveröffentlicht.

400 BayVGH, Urt. v. 19.04.2021 – 3 BV 20.2837, unveröffentlicht.

401 BayVGH, Urt. v. 01.06.2021 – 3 B 20.1555, unveröffentlicht.

402 VG Würzburg, Urt. v. 19.09.2019 – W 1 K 18.1441, unveröffentlicht.

403 Vgl. Köln, Urt. v. 24.11.2022 – 19 K 4406/20, unveröffentlicht.

Kapitel 8 Arbeitshilfen: Schriftsatzmuster, Klageanträge, Vergleichsformulierungen und Sterbetafeln

Übersicht

A. Vorprozessualer Schriftwechsel

▶ Muster 1: Schadensmeldung an den eigenen Versicherer (Verkehrsunfall)

Versicherungsschein-Nr. … 1

Sehr geehrte Damen und Herren,

ich vertrete die bei Ihnen haftpflichtversicherte Frau …, wohnhaft in …

Eine auf mich lautende Vollmacht liegt bei.

Meine Mandantin war Beteiligte eines Verkehrsunfalls am … in … Die Schadensmeldung meiner Mandantin dürfte Ihnen zwischenzeitlich vorliegen. Ich bin beauftragt, die Ansprüche von Frau … durchzusetzen.

Nach meiner Auffassung liegt das Alleinverschulden bei dem auf der Gegenseite beteiligten Fahrer Herr … Namens der Mandantin bitte ich daher, etwaige Ansprüche der Gegenseite abzulehnen und mich über den Ihnen bekanntwerdenden Sachstand zu unterrichten.

Mit freundlichen Grüßen,

…

Rechtsanwalt

▶ Muster 2: Deckungsschutzanfrage bei der Rechtsschutzversicherung

Deckungsschutzanfrage 2

Versicherungsschein-Nr. …

Sehr geehrte Damen und Herren,

ich vertrete Ihre Versicherungsnehmerin, Frau …, wohnhaft in …

Meine Mandantin begehrt Deckungsschutz in einer Unfallsache, in der sie Schmerzensgeldansprüche geltend machen will. Wegen der Einzelheiten nehme ich Bezug auf das in Ablichtung beiliegende Anspruchsschreiben und bitte, meiner Mandantin Deckungsschutz zunächst für die außergerichtliche Tätigkeit zu gewähren und dies zu bestätigen.

Mit freundlichen Grüßen,

…

Rechtsanwalt

▶ Muster 3: Aktenanforderung bei der Polizei

Polizeipräsident … 3

Verkehrsunfall vom …, … Uhr in …

Unfallbericht-Nr.: ...

Sehr geehrte Damen und Herren,

in der obigen Verkehrsunfallsache hat mich Herr ... mit der Wahrnehmung seiner Interessen beauftragt. Entsprechende Vollmacht liegt bei. Mein Mandant ist bei dem Verkehrsunfall erheblich verletzt worden. Zur Durchsetzung seiner zivilrechtlichen Ansprüche bin ich dringend auf Akteneinsicht angewiesen, die ich deshalb baldmöglichst zu gewähren bitte. Umgehende Rücksendung wird versichert.

...

Rechtsanwalt

▶ Muster 4: Schadensmeldung an die Versicherung des Gegners (Verkehrsunfall)

4 Kfz-Haftpflichtschaden

Ihr Versicherungsnehmer: ... (*Namen und vollständige Anschrift*)

Versichertes Fahrzeug: ... (*Fabrikat, Modell, amtliches Kennzeichen*)

Sehr geehrte Damen und Herren,

ich vertrete Frau ..., wohnhaft in ... Eine auf mich lautende Vollmacht liegt bei. Am ... hat Herr ..., Ihr Versicherungsnehmer, mit dem bei Ihnen versicherten Fahrzeug einen Verkehrsunfall verursacht, bei dem meine Mandantin erheblich verletzt worden ist. Der Unfall ereignete sich wie folgt: ...

Hinweis:

Hier sollte eine kurze Darstellung des Unfalls folgen, ggf. unter Bezugnahme auf Bußgeld-/Strafakten und die Aussagen von Zeugen, die evtl. in diesem Verfahren bereits Zeugenbefragungsbögen zu den Akten gereicht haben; anderenfalls Nennung von Zeugen soweit möglich.

Meine Mandantin macht insbesondere einen Anspruch auf Zahlung eines angemessenen Schmerzensgeldes geltend. Diesen Anspruch werde ich in Kürze beziffern und mich dann unaufgefordert erneut melden.

Hinweis:

Die Bezifferung ist unabdingbar, um Verzug zu begründen.

Meine Mandantin ist unmittelbar nach dem Unfall von der ... (*etwa: chirurgischen Abteilung der Universitätskliniken Bonn*) behandelt worden; ich erwarte eine gutachtliche Stellungnahme der behandelnden Ärzte, die in den nächsten Tagen eingehen soll.

Zunächst fordere ich Sie auf, Ihre Einstandspflicht dem Grunde nach anzuerkennen.

Mit freundlichen Grüßen,

...

Rechtsanwalt

▶ Muster 5: Informationsschreiben an die Mandantin

5 Sehr geehrte Frau ...,

in Ihrer Unfallsache habe ich zwischenzeitlich die Rechtsschutzversicherung und Ihre eigene Haftpflichtversicherung entsprechend den in Ablichtung beiliegenden Schreiben unterrichtet. Ferner habe ich Ihre Ansprüche bei der Haftpflichtversicherung des Gegners angemeldet und diese aufgefordert, die Ersatzpflicht dem Grunde nach anzuerkennen.

Wegen der Höhe des Schmerzensgeldes warte ich noch den Eingang des Gutachtens der behandelnden Ärzte ab. Das angemessene Schmerzensgeld dürfte sich aber, soweit es sich derzeit abschätzen lässt, im Bereich von etwa ... € bewegen. Die Bezifferung muss sich im Rahmen der einschlägigen Rechtsprechung halten, da nur in diesem Größenbereich ein Anerkenntnis des Haftpflichtversicherers des Gegners oder eine entsprechende gerichtliche Entscheidung zu erwarten ist.

Mit freundlichen Grüßen,

...

Rechtsanwalt

▶ Muster 6: Entbindung von der ärztlichen Verschwiegenheitspflicht[1]

Ich, der Unterzeichnende, entbinde hiermit alle Ärzte, die mich aus Anlass des Unfallereignisses vom ... behandelt haben, gegenwärtig behandeln oder noch behandeln werden, von ihrer Verschwiegenheitspflicht gegenüber Herrn Rechtsanwalt ... Die Erklärung gilt über den Tod hinaus. 6

..., den ...

...

(Unterschrift Mandant)

▶ Muster 7: Vorschussanforderung an die Versicherung des Gegners (Verkehrsunfall)

.../... – Schaden-Nr. ... 7

Mein Schreiben v. ...

Sehr geehrte Damen und Herren,

in oben bezeichneter Angelegenheit komme ich zurück auf mein Schreiben vom

...

Es wird ein Vorschuss von ... € eingefordert, dessen Eingang hier erwartet wird spätestens innerhalb von zwei Wochen ab Datum dieses Schreibens. Meine Geldempfangsermächtigung ergibt sich aus der Ihnen bereits vorliegenden Vollmacht.

Die Angemessenheit der angeforderten Akontozahlung ergibt sich aus dem bereits im letzten Schreiben dargestellten Sachverhalt und den nunmehr in Anlage beigefügten Unterlagen.

Mit freundlichen Grüßen,

...

Rechtsanwalt

▶ Muster 8: Abschlussschreiben an die Versicherung des Gegners (Verkehrsunfall)

.../... – Schaden-Nr. ... 8

Mein Schreiben v. ...

Sehr geehrte Damen und Herren,

in oben bezeichneter Angelegenheit wird nunmehr Folgendes ausgeführt:

Wegen der Haftungsvoraussetzungen wird Bezug genommen auf die früheren Darlegungen, aus denen sich die Begründetheit der Ansprüche ergibt.

Mir liegen jetzt alle zur Bezifferung des Schadens erforderlichen Unterlagen und Belege vor, die ich Ihnen in Ablichtung beifüge.

---

1 Die Haftpflichtversicherer holen i.d.R. Arztberichte ein, die Grundlage einer Regulierung werden. Diese Maßnahmen setzen aber voraus, dass der Mandant die behandelnden Ärzte von ihrer Verschwiegenheitspflicht entbindet. Diese Entbindung sollte stets auch zugunsten des Rechtsanwalts erklärt werden.

Danach berechnet sich der Sachschaden wie folgt:

...

...

...

(Aufstellung der Schadensposten)

Als Schmerzensgeld fordert meine Mandantin einen Betrag von ... €. Die Körper- und Gesundheitsschäden, Behandlungsdauer und Nachbehandlungsbedürftigkeit ergeben sich aus dem beiliegenden Gutachten des ... und der ärztlichen Bescheinigung des behandelnden Arztes ...

Ich erlaube mir den Hinweis darauf, dass meine Mandantin, eine begeisterte Freizeitsportlerin, für einen Zeitraum von ... aufgrund der Verletzung daran gehindert war, Sport zu treiben, ein Umstand, der anerkanntermaßen bei der Bemessung des angemessenen Schmerzensgeldes zu berücksichtigen ist. Als die Mandantin besonders belastende Unfallfolge ist ferner hervorzuheben, ...

Von dem Gesamtschaden i.H.v. ... € haben Sie bereits gezahlt: ... €. Somit ist ein weiterer Betrag von ... € zu zahlen.

Bitte überweisen Sie diese Summe bis zum ... auf mein Anderkonto. Meine Geldempfangsermächtigung ergibt sich aus der Ihnen bereits vorliegenden Vollmacht.

Ich bin angewiesen, nach fruchtlosem Ablauf der Frist Zahlungsklage einzureichen.

Mit freundlichen Grüßen,

...

Rechtsanwalt

▶ Muster 9: Erinnerung an die Zahlung

9 .../... – Schaden-Nr. ...

Mein Schreiben v. ...

Sehr geehrte Damen und Herren,

in oben bezeichneter Angelegenheit komme ich zurück auf mein Schreiben vom

...

In diesem Schreiben hatte ich den Schaden bereits unter Beifügung von Schadensnachweisen spezifiziert. Der hiernach geschuldete Betrag ist nicht innerhalb der gesetzten Frist hier eingegangen.

Es wird nunmehr nochmals dringend an die Zahlung erinnert, deren Eingang spätestens innerhalb einer Woche ab Datum dieses Schreibens hier erwartet wird.

Sollten Sie nicht innerhalb dieser Frist gezahlt haben, betrachte ich diesen letzten Sühneversuch als gescheitert, sodass Sie meine Mandantin zwingen, den Rechtsweg zu beschreiten.

Hinweis:

Über die »übliche« Androhung gerichtlicher Schritte hinaus liegt der Sinn einer solchen Formulierung darin, dass das Gericht angesichts des – schriftsätzlich nachgewiesen – gescheiterten »Sühneversuchs« wegen erkennbarer Aussichtslosigkeit von einer Güteverhandlung absehen kann.

Für diesen Fall bitte ich bereits jetzt um Mitteilung, ob Einverständnis mit einer Übertragung des Rechtsstreits an die Kammer besteht.

Hinweis:

Der Weg über § 348 Abs. 3 Satz 1 Nr. 3 ZPO ist im Fall einer landgerichtlichen Klage der einzig sichere, um eine Kammerzuständigkeit zu erreichen. Zwar sind auch Arzthaftungssachen Kammersachen, dies gilt aber nur, soweit hierfür auch tatsächlich Spezialkammern eingerichtet sind, § 348 Abs. 1 Satz 2 Nr. 2e ZPO.

Soweit noch Fragen zu klären sein sollten, wird um telefonische Kontaktaufnahme gebeten.

Mit freundlichen Grüßen,

...

Rechtsanwalt

B. Schriftsätze im Beweisverfahren

▶ Muster: Antrag auf Anordnung eines selbstständigen Beweisverfahrens

In dem selbstständigen Beweisverfahren 10

des....

– Antragstellers –

– Verfahrensbevollmächtigte: Rechtsanwalt.... aus.... –

gegen

den....

– Antragsgegner –

Vorläufiger Streitwert:....

vertreten wir den Antragsteller, namens dessen wir beantragen,

ein selbstständiges Beweisverfahren durch Einholung eines schriftlichen Gutachtens des Sachverständigen Dr. med.....

über folgende Fragen anzuordnen:

1. *Ist die Knöchelfraktur des Antragstellers nach den Regeln der medizinischen Kunst gerichtet und geschient?*
2. *War bei dieser Art Verletzung eine Operation geboten oder genügte eine konservative Ruhigstellung?*
3. *Falls die Behandlung fehlerhaft erfolgte: Welche weiteren Operationen sind zur medizinisch sachgerechten Wiederherstellung des verletzten Knöchels erforderlich?*
4. *Sind Spätschäden zu befürchten?*

Begründung:

Der Antragsteller war nach einem Skiunfall, bei welchem er mit dem Fuß umknickte, in der Praxis des Antragsgegners in Behandlung. Dieser diagnostizierte eine Fraktur des Knöchels, richtete diese und gipste den Fuß ein. Er empfahl eine Ruhigstellung und ein Verbleiben des Gipses zunächst für eine Woche. Tatsächlich schwoll der Fuß jedoch an und verursachte unerträgliche Schmerzen.

Glaubhaftmachung: Eidesstattliche Versicherung vom....

Der Gips wurde entfernt, der Antragsteller beabsichtigt, eine seines Erachtens umfangreiche Korrekturoperation des verletzten Knöchels bei einem anderen Arzt vornehmen zu lassen.

Das rechtliche Interesse an einer Beweissicherung ergibt sich aus dem Umstand, dass der Antragsteller naturgemäß an einer baldigen Wiederherstellung seiner Gesundheit interessiert ist, andererseits aber keine Beweisnachteile für ein angestrebtes Schmerzensgeldverfahren gegen den Antragsgegner erleiden möchte.

....

Rechtsanwalt

▶ Hinweis:

In Arzthaftungssachen wird die Einholung eines Gutachtens im selbstständigen Beweisverfahren grds. für möglich erachtet.[2] Eine Zulässige Beweiserhebung über die Ursache eines Personenschadens setzt indes voraus, dass der eingetretene Personenschaden so konkret identifiziert wird, dass eine Kausalitätsfeststellung möglich wird.[3] Sehr streitig ist aber, ob in diesen Fällen ein rechtliches Interesse an einer Beweissicherung angenommen werden kann.[4] Dies wird teilweise unter Hinweis darauf verneint, dass ein selbstständiges Beweisverfahren wegen der meist sehr schwierigen Materie einer Sachaufklärung ohne gleichzeitige prozessordnungsgemäße Feststellung der Anknüpfungstatsachen[5] sowie der Aufklärung und Dokumentation – was Zeugen- und Urkundenbeweis erfordert – in aller Regel keinen Erfolg verspreche. Etwas anderes kann aber gelten, wenn die ärztliche Leistung unabhängig von Anknüpfungstatsachen beurteilt werden kann, z.B. bei zahnprothetischer Behandlung. Beweisfragen zu Inhalt und Umfang der ärztlichen Aufklärungspflicht kommen nach dem BGH jedenfalls als Gegenstand eines selbstständigen Beweisverfahrens nach § 485 Abs. 2 ZPO in Betracht[6].

Nach Ansicht des OLG Köln[7] ist ein selbstständiges Beweisverfahren für die Feststellung, ob die Behandlung »lege artis« gewesen sei, unzulässig, da nur der Zustand einer Person, die Ursache des Personenschadens und der Aufwand für dessen Beseitigung feststellfähig seien.

Auch wenn ein Beweisverfahren vor Gerichten durchgeführt werden soll, die ein rechtliches Interesse für Arzthaftungssachen ablehnen, kann gleichwohl versucht werden, dieses für den konkreten Fall ausnahmsweise mit der Notwendigkeit von Revisionsuntersuchungen zu begründen, die ein Zuwarten als unzumutbar erscheinen lassen.

C. Schriftsätze zum Rechtsstreit, Klage, Klageerwiderung etc.

▶ Muster 1: Deckungsanfrage an die Rechtsschutzversicherung

11 Schadenssache: …

Versicherungsschein-Nr. …

Sehr geehrte Damen und Herren,

2 Vgl. nur OLG Düsseldorf, Beschl. v. 12.01.2000 – 8 W 53/99, NJW 2000, 3438; OLG Köln, Urt. v. 17.06.2003 – 5 W 73/03, r+s 2003, 528; OLG Düsseldorf, Beschl. v. 11.01.2010 – 1 W 71/09, VersR 2010, 1056.

3 LAG Köln, Beschl. v. 28.05.2012 – 7 Ta 211/11, AE 2014, 44.

4 Grds. bejahend BGH, Beschl. v. 21.01.2003 – VI ZB 51/02, NJW 2003, 1741 = VersR 2003, 794; n.b. verneinend OLG Köln, Beschl. v. 29.04.2009 – 5 W 3/09, VersR 2009, 1515: Es fehlt das rechtliche Interesse, wenn letztlich die Haftung des Antragsgegners geklärt werden soll, weil umfassend Gegenstand des Antrags ist, ob und ggf. welchem Antragsgegner eine fehlerhafte Behandlung vorzuwerfen sei. Übersicht bei Rehborn, MDR 1999, 1169 ff.

5 Etwa OLG Thüringen, Beschl. v. 23.01.2012 – 4 W 32/12, GesR 2012, 308: »Nach der Rechtsprechung des Senats kann im Bereich der Arzthaftung eine Beweisfrage, die die Frage nach einer Verletzung des ärztlichen Standards impliziert, nur im Hauptsacheverfahren geklärt werden; das Beweissicherungsverfahren ist in diesem Bereich der Verletzung einer Person (Gesundheitsschaden) darauf beschränkt, den Zustand der Person (des Patienten), die Ursache des Personenschadens und den Aufwand für dessen Beseitigung festzustellen.« Demgegenüber wird teilweise ein Beweisverfahren auch hinsichtlich der Anknüpfungstatsachen, die zur Beurteilung eines groben Behandlungsfehlers erforderlich sind, für zulässig gehalten, etwa OLG Karlsruhe, Beschl. v. 03.11.2010 – 7 W 25/10, MedR 2012, 261.

6 BGH, Beschl. v. 19.05.2020 – VI ZB 51/19, NJW 2020, 2273; BGH, Beschl. v. 06.07.2020 – VI ZB 27/19, NJW-RR 2020, 1005.

7 OLG Köln, Beschl. v. 28.10.2010 – 5 W 31/10, GesR 2011, 157.

in oben bezeichneter Angelegenheit bin ich für Ihren Versicherungsnehmer anwaltlich tätig und mit der Geltendmachung von Schadensersatzansprüchen befasst. Für die außergerichtliche Verfolgung der Schadensersatzansprüche haben Sie bereits eine Kostenzusage erteilt.

Die Ansprüche wurden bisher nicht im gegebenen Umfang durch die gegnerische Haftpflichtversicherung erledigt. Hierzu wird verwiesen auf die Abrechnungs- bzw. Ablehnungsschreiben der gegnerischen Versicherung.

Es ist daher nunmehr Klage geboten.

Die Rechtsverfolgung bietet Aussicht auf Erfolg. Hierzu wird verwiesen auf den beigefügten Klageentwurf.

Es wird gebeten, für die Durchführung des Prozessverfahrens bedingungsgemäß Kostenschutz zu gewähren und dies nach hier zu bestätigen.

Im Übrigen sind an Gerichts- und Zustellungskosten einzuzahlen: ... €.

Es wird gebeten, gleichzeitig diesen Betrag zur Verfügung zu stellen. Im Übrigen wird – wie üblich – über den Fortgang der Angelegenheit berichtet.

Mit freundlichen Grüßen,

...

Rechtsanwalt

▶ Muster 2: Klage (LG)

Klage 12

der Frau ... (*Namen und vollständige, ladungsfähige Anschrift*),

– Klägerin –

– Prozessbevollmächtigter: Rechtsanwalt ... aus ... –

gegen

1. die ... Versicherung, ... (*ladungsfähige Anschrift*), gesetzlich vertreten durch den Vorstand, ebenda,

– Beklagte zu 1) –

2. Herrn ... (*Namen und ladungsfähige Anschrift des Unfallgegners*),

– Beklagten zu 2) –

Hinweis:

Sind Fahrer und Halter personenverschieden, können wegen §§ 7, 18, 11 Satz 2 StVG, 253 BGB auch beide gesamtschuldnerisch auf Zahlung von Schmerzensgeld in Anspruch genommen werden.

Namens und in Vollmacht meiner Mandantin erhebe ich Klage und werde in der mündlichen Verhandlung beantragen:

Hinweis:

Für sämtliche gerichtlichen Anträge gilt, dass diese idealerweise am Anfang des Schriftsatzes und drucktechnisch hervorgehoben erscheinen sollen. Die leidvolle Praxis hat gezeigt, dass an das Ende eines Schriftsatzes »ferner« gestellte PKH-Gesuche, Verweisungs- oder Verlegungsanträge häufig übersehen werden, sei es von der Geschäftsstelle, die diese Schriftsätze dann gar nicht erst vorlegt, sei es auch vom Richter selbst.

1. *Die Beklagten werden als Gesamtschuldner verurteilt, an die Klägerin ein in das Ermessen des Gerichts gestelltes Schmerzensgeld, mindestens aber ... €, nebst Zinsen von 5 Prozentpunkten über dem Basiszinssatz*[8] *seit dem ... zu zahlen.*
2. *Es wird festgestellt, dass die Beklagten als Gesamtschuldner verpflichtet sind, der Klägerin allen weiteren immateriellen Schaden zu ersetzen, der ihr aus dem Verkehrsunfall mit dem Beklagten zu 2) am ... in ... zukünftig noch entstehen wird.*

Hinweis:

Schon in der Klageschrift auf die Kostenfolge bei § 92 Abs. 2 Ziff 2 ZPO hinweisen, weil die Bestimmung den meisten Anwälten und Richtern nicht bekannt ist oder nicht beachtet wird. Der Hinweis sollte sich auch darauf erstrecken, dass die Kostenentscheidung zugunsten des Klägers nicht nur dann geboten ist, wenn seine Vorstellung den zuerkannten Betrag nur um bis zu 20 % übersteigt, sondern auch dann, wenn die Vorstellung deutlich darüber hinausgeht.

Hinweis:

Falls – wie in Verkehrsunfallsachen häufig – nur nach einer Quote gehaftet wird, muss diese bei dem Feststellungsantrag auch berücksichtigt werden (beim Zahlungsantrag ohnehin, da ja nur der quotale Anteil des Schadens eingeklagt werden sollte). Ansonsten droht ein teilweises Unterliegen. Hierbei ist aber zu beachten, dass die häufigen Formulierungen

»der Klägerin 2/3 aller Schäden zu ersetzen ... «

oder

»der Klägerin allen Schaden nach einer Quote von 2/3 zu ersetzen«

nur für den materiellen Schaden korrekt sind; der Schmerzensgeldanspruch ist ein einheitlicher Anspruch, der nicht zunächst bestimmt und dann quotal gekürzt wird, sondern der eben erst mit Blick auf ein etwaiges Mitverschulden überhaupt beziffert werden kann. Um dieser Besonderheit Rechnung zu tragen, bietet sich folgende Formulierung an:

»Es wird festgestellt, dass die Beklagten gesamtschuldnerisch dem Kläger den infolge des Unfalls entstandenen und noch entstehenden immateriellen Schaden zu ersetzen haben, wobei zu berücksichtigen ist, dass den Kläger hinsichtlich der Unfallursache ein Mitverschulden von 1/3 trifft.«

Für den Fall des Vorliegens der gesetzlichen Voraussetzungen beantrage ich ferner bereits jetzt

Erlass eines Versäumnisurteils im schriftlichen Verfahren.

In der Sache ist die Zuständigkeit des originären Einzelrichters gegeben, § 348 Abs. 1 Satz 1 ZPO. Ich beantrage für den Kläger weiterhin,

den Rechtsstreit der Zivilkammer zur Übernahme vorzulegen.

Die Vorlagevoraussetzungen sind gegeben, weil die Parteien vereinbart haben, dass die Zivilkammer entscheiden soll, § 348 Abs. 3 Satz 1 Nr. 3 ZPO. Die Beklagten werden einen entsprechenden Antrag stellen. Die Kammer sollte den Rechtsstreit zur Entscheidung übernehmen, § 348 Abs. 3 Satz 2 ZPO.

Hinweis:

Sollte der Schmerzensgeldrechtsstreit nicht schon ohnehin, etwa nach § 348 Abs. 1 Satz 2 Nr. 2e ZPO, der Kammer zugewiesen sein (oder keine derartige Spezialkammer geschäftsverteilungsmäßig vorgesehen sein), besteht aber ein Interesse daran, den Rechtsstreit vor die Kammer zu

8 Achtung Regressfalle: Die häufige Formulierung von »5 % über ...« ist streng genommen falsch, da dies nur eine Erhöhung des Basiszinssatzes um 5 % bewirkt, nicht die gewünschte Addition von 5 Prozentpunkten zusätzlich zum Basiszinssatz. Nicht alle Gerichte verfahren so großzügig wie das OLG Hamm, Urt. v. 05.04.2005 – 21 U 149/04, ZGS 2005, 286, welches einen Vergleich »laiengünstig« dahin gehend auslegte, dass auch bei einer solchen Formulierung 5 % über dem Basiszinssatz gewollt seien.

bringen, ist der Weg übereinstimmender Parteierklärungen der einzig sichere (vgl. Schneider, Rn. 553 ff.). Es empfiehlt sich daher, dies vor Klageerhebung mit dem Gegner zu klären. Andernfalls bietet sich die Formulierung an »*Gegen die Zuständigkeit des Einzelrichters bestehen keine Bedenken*«.

Ich bitte bereits jetzt, von einer Güteverhandlung abzusehen, da diese erkennbar aussichtslos ist. Wie sich aus dem vorprozessualen Schriftwechsel ergibt, hat die Beklagte zu 1) die Zahlung abgelehnt; ein Gütetermin würde nur Verzögerungsmöglichkeiten verschaffen. Die Klägerin lehnt daher jeglichen Güteversuch ab und besteht auf einer vollen Titulierung ihres Anspruchs.

Hinweis:

Schon in der Klageschrift auf die Kostenfolge bei § 92 Abs. 2 Ziff 2 ZPO hinweisen, weil die Bestimmung den meisten Anwälten und Richtern nicht bekannt ist oder nicht beachtet wird. Der Hinweis sollte sich auch darauf erstrecken, dass die Kostenentscheidung zugunsten des Klägers nicht nur dann geboten ist, wenn seine Vorstellung den zuerkannten Betrag nur um bis zu 20 % übersteigt, sondern auch dann, wenn die Vorstellung deutlich darüber hinausgeht.

Begründung:

I. Unfallhergang

...

...

(*Schilderung des Unfallhergangs mit Beweisanträgen*)

II. Immaterieller Schaden

...

...

(*Ausführungen zur Höhe des Schmerzensgeldes mit etwaigen Beweisanträgen*)

Hinweis:

Hier empfiehlt sich zunächst eine ausführliche Schilderung der Person des Mandanten (Alter, Konstitution) und der Unfallfolgen (Verletzungen, Art und Dauer der Heilbehandlung, besondere Umstände, besondere Beeinträchtigungen, besondere Unfallfolgen, Dauerschäden etc.). Folgender Aufbau ist sinnvoll:

- Es sind zunächst die unmittelbaren und mittelbaren Verletzungen genau zu beschreiben. Insbes. sind Schmerzen, deren Heftigkeit und Dauer anschaulich zu schildern.
- Daran schließt sich die möglichst genaue Schilderung des Krankheitsverlaufs (Behandlungsgang) an. Von besonderer Bedeutung ist dabei die Mitteilung über einen Krankenhausaufenthalt und dessen Dauer, ausgeschmückt mit etwaigen besonderen Belastungen des Klägers durch den Krankenhausaufenthalt.
- Sofern der Verletzte Dauerfolgen davongetragen hat, sind diese genau zu beschreiben. Die privaten und beruflichen Folgen der Dauerschäden müssen angegeben werden. Narben sollten fotografiert werden.
- Weitere Schmerzensgeldkriterien sind möglichst genau und vollständig vorzutragen, wie etwa schweres Verschulden des Schädigers, das Bestehen einer Haftpflichtversicherung des Schädigers, verzögerliches Regulierungsverhalten des Versicherers und natürlich auch ein Mitverschulden/eine Mitverursachung des Verletzten, soweit dies nicht wegzudiskutieren ist.

III. Zum Rechtlichen

...

...

Hinweis:

Dieser Punkt ist zwar formaljuristisch – iura novit curia – überflüssig, es empfiehlt sich aber, die gesetzlichen Vorschriften anzuführen, aus denen Ansprüche abgeleitet werden. Das ist das sicherste Mittel der Selbstkontrolle und verhindert »Schlussfolgerungen aus dem Rechtsgefühl«, die sich später als verfehlt erweisen könnten. Hierhin gehören auch:

- die Höhe des Schmerzensgeldes unter Hinweis auf vergleichbare Fälle, deren Entscheidungsdatum und auf die in der Vergangenheit zu beobachtende Tendenz der Rechtsprechung zu höherem Schmerzensgeld.
- Soll das Gericht von den in vergleichbaren Fällen üblichen Beträgen nach oben abweichen oder den von der ersten Instanz zuerkannten Betrag deutlich überschreiten, ist Argumentationshilfe zu leisten und genau zu begründen, warum das »übliche« oder das zuerkannte Schmerzensgeld zu niedrig ist.

Mit freundlichen Grüßen,

...

Rechtsanwalt

13 Generell gilt zu beachten, dass in § 92 Abs. 2 Nr. 2 ZPO die Möglichkeit vorgesehen ist, auch im Fall eines Teilunterliegens die Kosten in voller Höhe dem Beklagten aufzuerlegen. Da diese Norm häufig übersehen wird, bietet sich ein prophylaktischer Hinweis an.

▶ Baustein: Hinweis auf § 92 ZPO

14 Soweit das Gericht beabsichtigt, von dem Mindestbetrag nach unten abzuweichen, wird bereits jetzt darauf hingewiesen, dass auch in diesem Fall keine anteilige Kostenhaftung des Klägers veranlasst ist.

Nach § 92 Abs. 2 Nr. 2 ZPO sind auch in diesem Fall, in welchem die Entscheidung über die Höhe des Schmerzensgeldes vom richterlichen Ermessen abhängig ist, die Kosten des Rechtsstreits dem Beklagten aufzuerlegen. Dies gilt jedenfalls dann, wenn die Abweichung nur zwischen 20 % und 33 % des Mindestbetrages liegt (OLG Köln, Urt. v. 12.04.1994 – 22 U 257/93, VersR 1995, 358; OLG Düsseldorf, Urt. v. 22.06.1994 – 22 W 28/94, NJW-RR 1995, 955).

▶ Muster 3: Klage (AG, Kleinverfahren nach § 495a ZPO)

15 Klage

der Frau ... (*Namen und vollständige, ladungsfähige Anschrift*),

– Klägerin –

– Prozessbevollmächtigter: Rechtsanwalt ... aus ... –

gegen

1. die ... Versicherung, ... (*ladungsfähige Anschrift*), gesetzlich vertreten durch den Vorstand, ebenda,

– Beklagte zu 1) –

2. Herrn ... (*Namen und ladungsfähige Anschrift des Unfallgegners*),

– Beklagte zu 2) –

Vorläufiger Streitwert: bis 600,00 €

Namens und in Vollmacht meiner Mandantin erhebe ich Klage und werde in der mündlichen Verhandlung beantragen:

1. *Die Beklagten werden als Gesamtschuldner verurteilt, an die Klägerin ein in das Ermessen des Gerichts gestelltes Schmerzensgeld, mindestens aber … €, nebst Zinsen von 5 Prozentpunkten über dem Basiszinssatz seit dem … zu zahlen.*

2. *Es wird festgestellt, dass die Beklagten als Gesamtschuldner verpflichtet sind, der Klägerin allen weiteren immateriellen Schaden zu ersetzen, der ihr aus dem Verkehrsunfall mit dem Beklagten zu 2) am … in … zukünftig noch entstehen wird.*

Für den Fall des Vorliegens der gesetzlichen Voraussetzungen beantrage ich ferner bereits jetzt

Erlass eines Versäumnisurteils im schriftlichen Verfahren.

Ich rege an, das Kleinverfahren nach § 495a ZPO anzuordnen. Für den Fall einer Erwiderung der Gegenseite beantrage ich ausdrücklich bereits jetzt,

nicht ohne mündliche Verhandlung zu entscheiden.

Hinweis:

Man mag sich fragen, warum dann noch im Kleinverfahren entschieden werden soll. Dies hat mehrere Gründe: Zum einen ordnen Amtsrichter ohnehin gerne das Kleinverfahren an, weil es die Freiheit bietet, den Prozess schriftlich durchzuentscheiden oder – bei Bedarf – mit einem Termin fortzufahren. Auch wird häufig, wenn sich der Beklagte auf entsprechende Aufforderung zur Stellungnahme nicht äußert, nicht ein Versäumnisurteil im schriftlichen Verfahren nach § 331 Abs. 3 ZPO verkündet (mit der Gefahr eines Einspruchs), sondern gleich ein »streitiges« und unanfechtbares (!) Endurteil, welches in den Entscheidungsgründen nur den Satz enthält, der »Beklagte hat sich im Rechtsstreit nicht geäußert«. Kläger wie Richter haben die Sache damit »schnell vom Tisch«. Die Gefahr für einen Kläger besteht aber darin, dass seine Klage abgewiesen wird, ohne dass er hinreichend Gelegenheit zur Stellungnahme gehabt hätte. Eines Termins bedarf es nicht, und auch ein Verkündungstermin wird häufig nicht gesondert bestimmt (wenngleich streitig ist, ob es eines solchen im Kleinverfahren bedürfte, ist fast unstreitig, dass sein Fehlen jedenfalls sanktionslos bleibt). Für diesen Fall erscheint es sinnvoll, das Gericht zu einer mündlichen Verhandlung zu zwingen (§ 495a Satz 2 ZPO gibt kein Ermessen!). Dies gilt insbes., wenn – bei »Bagatellschmerzensgeldern« und HWS-Schädigungen – die Gefahr besteht, dass das Gericht die Klage wegen Beweisfälligkeiten, »Harmlosigkeitsgrenzen« oder Bagatellverletzungen abweisen wird, ohne vorher darauf hinzuweisen.

Ich bitte ferner, von einer Güteverhandlung abzusehen, da diese erkennbar aussichtslos ist. Wie sich aus dem vorprozessualen Schriftwechsel ergibt, hat die Beklagte zu 1) die Zahlung abgelehnt; ein Gütetermin würde nur Verzögerungsmöglichkeiten verschaffen. Die Klägerin lehnt daher jeglichen Güteversuch ab und besteht auf einer vollen Titulierung ihres Anspruchs.

Hinweis:

Nach Art. 15a EGZPO i.V.m. den jeweiligen Landesgesetzen ist für Bagatellverfahren eine obligatorische Streitschlichtung vorgesehen, die allerdings entbehrlich ist, wenn ein Mahnverfahren vorangegangen ist, Art. 15 Abs. 2 Nr. 5 EGZPO. Die Praxis weicht ganz überwiegend auf das Mahnverfahren aus. Ist allerdings, etwa wegen der Forderung eines »angemessenen« Schmerzensgeldes, eine Bezifferung im Mahnverfahren nicht möglich und wird deshalb erfolglos ein Schlichtungsverfahren durchgeführt, kann man bereits unter Hinweis hierauf das Güteverfahren umgehen:

»Eine Güteverhandlung erscheint erkennbar aussichtslos, da bereits die obligatorische vorgerichtliche Schlichtung nicht zu einer Befriedung der Parteien geführt hat.«

Begründung:

I. Unfallhergang

…

…

(Schilderung des Unfallhergangs mit Beweisanträgen)

II. Immaterieller Schaden

...

...

(Ausführungen zur Höhe des Schmerzensgeldes mit etwaigen Beweisanträgen)

Hinweis:

Hier empfiehlt sich zunächst eine ausführliche Schilderung der Person des Mandanten (Alter, Konstitution) und der Unfallfolgen (Verletzungen, Art und Dauer der Heilbehandlung, besondere Umstände, besondere Beeinträchtigungen, besondere Unfallfolgen, Dauerschäden etc.). Folgender Aufbau ist sinnvoll:

- Es sind zunächst die unmittelbaren und mittelbaren Verletzungen genau zu beschreiben. Insbes. sind Schmerzen, deren Heftigkeit und Dauer anschaulich zu schildern.
- Daran schließt sich die möglichst genaue Schilderung des Krankheitsverlaufs (Behandlungsgang) an. Von besonderer Bedeutung ist dabei die Mitteilung über einen Krankenhausaufenthalt und dessen Dauer, ausgeschmückt mit etwaigen besonderen Belastungen des Klägers durch den Krankenhausaufenthalt.
- Sofern der Verletzte Dauerfolgen davongetragen hat, sind diese genau zu beschreiben. Die privaten und beruflichen Folgen der Dauerschäden müssen angegeben werden. Narben sollten fotografiert werden.
- Weitere Schmerzensgeldkriterien sind möglichst genau und vollständig vorzutragen, wie etwa schweres Verschulden des Schädigers, das Bestehen einer Haftpflichtversicherung des Schädigers, verzögerliches Regulierungsverhalten des Versicherers und natürlich auch ein Mitverschulden/eine Mitverursachung des Verletzten, soweit dies nicht wegzudiskutieren ist.

III. Zum Rechtlichen

...

...

Hinweis:

Dieser Punkt ist zwar formaljuristisch – iura novit curia – überflüssig, es empfiehlt sich aber, die gesetzlichen Vorschriften anzuführen, aus denen Ansprüche abgeleitet werden. Das ist das sicherste Mittel der Selbstkontrolle und verhindert »Schlussfolgerungen aus dem Rechtsgefühl«, die sich später als verfehlt erweisen könnten. Hierhin gehören auch:

- die Höhe des Schmerzensgeldes unter Hinweis auf vergleichbare Fälle, deren Entscheidungsdatum und auf die in der Vergangenheit zu beobachtende Tendenz der Rechtsprechung zu höherem Schmerzensgeld.
- Soll das Gericht von den in vergleichbaren Fällen üblichen Beträgen nach oben abweichen oder den von der ersten Instanz zuerkannten Betrag deutlich überschreiten, ist Argumentationshilfe zu leisten und genau zu begründen, warum das »übliche« oder das zuerkannte Schmerzensgeld zu niedrig ist.

...

Rechtsanwalt

▶ Muster 4: Klage gegen die Verkehrsopferhilfe

16 Klage

der Frau ... *(Namen und vollständige, ladungsfähige Anschrift)*,

– Klägerin –

– Prozessbevollmächtigter: Rechtsanwalt ... aus ... –

gegen

den Verkehrsopferhilfe e.V., vertreten durch den Vorstand, Wilhelmstr. 43/43 G, 10117 Berlin,

– Beklagten –

Namens und in Vollmacht meiner Mandantin erhebe ich Klage und werde in der mündlichen Verhandlung beantragen:

1. *Der Beklagte wird verurteilt, an die Klägerin ein in das Ermessen des Gerichts gestelltes Schmerzensgeld, mindestens aber … €, nebst Zinsen von 5 Prozentpunkten über dem Basiszinssatz seit dem … zu zahlen.*

2. *Es wird festgestellt, dass der Beklagte verpflichtet ist, der Klägerin allen weiteren immateriellen Schaden zu ersetzen, der ihr aus dem Verkehrsunfall am … in … zukünftig noch entstehen wird.*

Für den Fall des Vorliegens der gesetzlichen Voraussetzungen beantrage ich ferner bereits jetzt

Erlass eines Versäumnisurteils im schriftlichen Verfahren.

Ich bitte bereits jetzt, von einer Güteverhandlung abzusehen, da diese erkennbar aussichtslos ist. Wie sich aus dem vorprozessualen Schriftwechsel ergibt, hat der Beklagte die Zahlung abgelehnt; ein Gütetermin würde nur Verzögerungsmöglichkeiten verschaffen. Die Klägerin lehnt daher jeglichen Güteversuch ab und besteht auf einer vollen Titulierung ihres Anspruchs.

Begründung:

Mit der vorliegenden Klage macht die Klägerin Ansprüche aus einem Verkehrsunfall geltend, der sich am … in … ereignete. Beteiligt war neben der Klägerin ein unbekannt gebliebenes Fahrzeug, dessen Fahrer sich unerlaubt vom Unfallort entfernte und der trotz intensiver Bemühungen der Polizei nicht ausfindig gemacht werden konnte.

Der Unfall ereignete sich wie folgt: …

Für die Unfallfolgen ist der Beklagte eintrittspflichtig, da die Klägerin ihre Ersatzansprüche gegen den unbekannten Halter und dessen Versicherung nicht geltend machen kann, § 12 PflVG.

Trotz der einschränkenden Formulierung des § 12 Abs. 2 Satz 1 PflVG steht der Klägerin ein Schmerzensgeld zu. Sie wurde nämlich auf gravierende Weise verletzt: …

Wegen der besonderen Schwere der Verletzung ist daher eine Entschädigungsleistung zur Vermeidung einer groben Unbilligkeit erforderlich.

…

Rechtsanwalt

▶ Muster 5: Klage auf Hinterbliebenengeld

Klage 17

der Frau … (*Namen und vollständige, ladungsfähige Anschrift*),

– Klägerin –

– Prozessbevollmächtigter: Rechtsanwalt … aus … –

gegen

1. die … Versicherung, … (*ladungsfähige Anschrift*), gesetzlich vertreten durch den Vorstand, ebenda,

– Beklagte zu 1) –

2. Herrn … (*Namen und ladungsfähige Anschrift des Unfallgegners*),

– Beklagten zu 2) –

Namens und in Vollmacht meiner Mandantin erhebe ich Klage und werde in der mündlichen Verhandlung beantragen:

Die Beklagten werden als Gesamtschuldner verurteilt, an die Klägerin ein in das Ermessen des Gerichts gestelltes Hinterbliebenengeld, mindestens aber 20.000,00 €, nebst Zinsen von 5 Prozentpunkten über dem Basiszinssatz seit dem … zu zahlen,

hilfsweise

Die Beklagten werden als Gesamtschuldner verurteilt, an die Klägerin ein in das Ermessen des Gerichts gestelltes Schmerzensgeld, mindestens aber 20.000,00 €, nebst Zinsen von 5 Prozentpunkten über dem Basiszinssatz seit dem … zu zahlen,

Hinweis:

Schon in der Klageschrift auf die Kostenfolge bei § 92 Abs. 2 Ziff 2 ZPO hinweisen, weil die Bestimmung den meisten Anwälten und Richtern nicht bekannt ist oder nicht beachtet wird. Der Hinweis sollte sich auch darauf erstrecken, dass die Kostenentscheidung zugunsten des Klägers nicht nur dann geboten ist, wenn seine Vorstellung den zuerkannten Betrag nur um bis zu 20 % übersteigt, sondern auch dann, wenn die Vorstellung deutlich darüber hinausgeht.

Hinweis:

Es ist nicht ganz eindeutig, in welchem Konkurrenzverhältnis der Anspruch auf Hinterbliebenengeld nach § 844 Abs. 3 BGB und der im Falle eines Schockschadens naher Angehöriger gewährte Schmerzensgeldanspruch wegen »Trauerschmerz« (hierzu Kap. 4 Rdn. 256 ff.) stehen. Da die Gesetzesbegründung davon ausgeht, dass durch das neue Hinterbliebenengeld ein Schmerzensgeldanspruch, so denn höher, nicht verdrängt werden soll, ist aus anwaltlicher Vorsicht der Hilfsantrag geboten, falls auf den Hauptantrag nicht voll verurteilt wird.

Für den Fall des Vorliegens der gesetzlichen Voraussetzungen beantrage ich ferner bereits jetzt

Erlass eines Versäumnisurteils im schriftlichen Verfahren.

In der Sache ist die Zuständigkeit des originären Einzelrichters gegeben, § 348 Abs. 1 Satz 1 ZPO. Ich beantrage für den Kläger weiterhin,

den Rechtsstreit der Zivilkammer zur Übernahme vorzulegen.

Die Vorlagevoraussetzungen sind gegeben, weil die Parteien vereinbart haben, dass die Zivilkammer entscheiden soll, § 348 Abs. 3 Satz 1 Nr. 3 ZPO. Die Beklagten werden einen entsprechenden Antrag stellen. Die Kammer sollte den Rechtsstreit zur Entscheidung übernehmen, § 348 Abs. 3 Satz 2 ZPO.

Hinweis:

Sollte der Schmerzensgeldrechtsstreit nicht schon ohnehin, etwa nach § 348 Abs. 1 Satz 2 Nr. 2e ZPO, der Kammer zugewiesen sein (oder keine derartige Spezialkammer geschäftsverteilungsmäßig vorgesehen sein), besteht aber ein Interesse daran, den Rechtsstreit vor die Kammer zu bringen, ist der Weg übereinstimmender Parteierklärungen der einzig sichere (vgl. Schneider, Rn. 553 ff.). Es empfiehlt sich daher, dies vor Klageerhebung mit dem Gegner zu klären. Anderenfalls bietet sich die Formulierung an »*Gegen die Zuständigkeit des Einzelrichters bestehen keine Bedenken*«.

Ich bitte bereits jetzt, von einer Güteverhandlung abzusehen, da diese erkennbar aussichtslos ist. Wie sich aus dem vorprozessualen Schriftwechsel ergibt, hat die Beklagte zu 1) die Zahlung abgelehnt; ein Gütetermin würde nur Verzögerungsmöglichkeiten verschaffen. Die Klägerin lehnt daher jeglichen Güteversuch ab und besteht auf einer vollen Titulierung ihres Anspruchs.

Begründung:

I. Sachverhalt

…

Bei einem Verkehrsunfall am … in … kam der Ehemann meiner Mandantin zu Tode; er war Fußgänger und wurde von dem Beklagten zu 2) erfasst, als dieser eine rote Ampel überfuhr. Die volle Haftung der Gegenseite steht dementsprechend nicht in Streit. Gegenstand der Klage sind

Ansprüche auf Hinterbliebenengeld nach § 844 Abs. 3 BGB, deren Erfüllung die Beklagten verweigern. Auf Mahnung vom … (Anl. K1) haben sie nicht reagiert. Klage ist daher geboten.

II. Folgen für die Klägerin

…

Die derzeit 66 Jahre alte Klägerin war mit dem Beklagten seit 43 Jahren verheiratet. Aus ihrer Ehe gingen vier Kinder hervor. Der Verlust ihres Mannes, gerade angesichts dessen, dass beide sich auf eine unbeschwerte Rentenzeit mit der Möglichkeit von Reisen als Paar gefreut hatten, ist für die Klägerin unermesslich. Die Trauer der Klägerin über den plötzlichen, sinnlosen und vermeidbaren Tod ihres Mannes hat inzwischen Krankheitswert bekommen. Bei ihr besteht eine posttraumatische Belastungsstörung in Verbindung mit einer Essstörung und anhaltenden Kopfschmerzen. Sie leidet insbesondere unter rezidivierenden schweren depressiven Störungen, Angst- und Panikattacken, Schlafstörungen mit Alpträumen, vereinzelt auftretenden Dissoziationen, permanenter innerer Unruhe sowie ständig auftretenden suizidalen Gedanken. Nach Auffassung der Ärzte wird die psychische und physische Belastbarkeit dauerhaft eingeschränkt bleiben.

(noch ausführen zu: Beschwerdeverlauf; Behandlungszeiträumen; Daten der behandelnden Ärzte; etwaige stationäre Aufenthalte)

Zum Beweis verweise ich auf die in Anlage K2 beigefügte fachärztliche Stellungnahme und stelle sie ferner unter Beweis durch

Sachverständigengutachten

III. Zum Rechtlichen

…

Die Klägerin ist als Ehefrau anspruchsberechtigt nach § 844 Abs. 3 BGB. Ihr steht ein Hinterbliebenengeld zu, welches bereits die Gesetzesbegründung mit 10.000,00 € ansetzt, vorliegend aber aufgrund der Schwere des Falles, des Verlustes für die Klägerin und die erlittenen psychischen Folgen mindestens 20.000,00 € betragen sollte.

Nach der Gesetzesbegründung soll das Hinterbliebenengeld nicht dazu führen, dass ein Schmerzensgeldanspruch wegen Todes naher Angehöriger (BGH VersR 2015, 501) verdrängt wird. Hilfsweise wird der Anspruch daher hierauf gestützt. Der Hilfsantrag ist für jeden Fall des Zurückbleibens eines Hinterbliebenengeldes unter den vorgestellten Mindestbetrag gestellt.

Mit freundlichen Grüßen,

…

Rechtsanwalt

Baustein: Formulierung bei fehlender Nähevermutung

Nur bei den in § 844 Abs. 3 Satz 2 BGB genannten Personen greift die Vermutung eines Näheverhältnisses. Naturgemäß ist ein Näheverhältnis in sonstigen Bereichen einer Blutsverwandtschaft (Geschwister; Großeltern-Enkel) ebenso denkbar sein wie im Bereich nichtehelicher Beziehungen; es sind dann aber Darlegungen zur Nähe nötig, für welche der Anspruchsteller beweisbelastet ist.

Der Kläger ist anspruchsberechtigt nach § 844 Abs. 3 Satz 1 BGB, weil er mit seinem Bruder einen nahen Angehörigen verloren hat. Zwar streitet die Vermutung des S. 2 nicht zu seinen Gunsten; es besteht aber eine Nähebeziehung, wenn eine besondere, tatsächlich gelebte soziale Beziehung bestand, die in ihrer Intensität den in Satz 2 aufgeführten Beziehungen entspricht (vgl. BT-Drs. 18/11397, S. 15). Der Kläger und der Verstorbene waren Brüder. Sie haben auch nach dem Auszug aus dem elterlichen Haushalt engen Kontakt gehalten und sich regelmäßig gesehen. Die beiden haben unweit voneinander gewohnt; ihre Kinder haben zusammen gespielt. Erst letztes Jahr haben beide eine gemeinsame Motorradtour durch die Schweiz unternommen.

Zeugnis für alles vorstehende: …

Zweifellos liegt daher auch hier eine Nähebeziehung vor.

▶ Muster 6: Klage auf Hinterbliebenengeld und Schmerzensgeld für baldigen Tod

18 Klage

des Herrn … (*Namen und vollständige, ladungsfähige Anschrift*),

– Klägers –

– Prozessbevollmächtigter: Rechtsanwalt … aus … –

gegen

1. die … Versicherung, … (*ladungsfähige Anschrift*), gesetzlich vertreten durch den Vorstand, ebenda,

– Beklagte zu 1) –

2. Herrn … (*Namen und ladungsfähige Anschrift des Unfallgegners*),

– Beklagten zu 2) –

Namens und in Vollmacht meines Mandanten erhebe ich Klage und werde in der mündlichen Verhandlung beantragen:

die Beklagten als Gesamtschuldner zu verurteilen, an den Kläger ein in das Ermessen des Gerichts gestelltes Hinterbliebenengeld, mindestens aber 10.000 EUR, nebst Zinsen von 5 Prozentpunkten über dem Basiszinssatz seit dem … zu zahlen,

Hinweis:

Schon in der Klageschrift auf die Kostenfolge bei § 92 Abs. 2 Ziff 2 ZPO hinweisen, weil die Bestimmung den meisten Anwälten und Richtern nicht bekannt ist oder nicht beachtet wird. Der Hinweis sollte sich auch darauf erstrecken, dass die Kostenentscheidung zugunsten des Klägers nicht nur dann geboten ist, wenn seine Vorstellung den zuerkannten Betrag nur um bis zu 20 % übersteigt, sondern auch dann, wenn die Vorstellung deutlich darüber hinausgeht.

ferner

die Beklagten als Gesamtschuldner zu verurteilen, an den Kläger als Erben nach der am … verstorbenen … ein in das Ermessen des Gerichts gestelltes Schmerzensgeld, mindestens aber 6.000 EUR nebst Zinsen von 5 Prozentpunkten über dem Basiszinssatz seit dem … zu zahlen.

Für den Fall des Vorliegens der gesetzlichen Voraussetzungen beantrage ich ferner bereits jetzt

Erlass eines Versäumnisurteils im schriftlichen Verfahren.

Begründung

I. Sachverhalt

Bei einem Verkehrsunfall am … in … kam die Ehefrau meines Mandanten zu Tode; sie war Fußgänger und wurde von dem Beklagten zu 2) erfasst, als dieser eine rote Ampel überfuhr. Die volle Haftung der Gegenseite steht dementsprechend nicht in Streit. Der 45 Jahre alte Kläger hatte vor 14 Jahren seine nun verstorbene Ehefrau geheiratet. Die beiden waren zu diesem Zeitpunkt bereits 7 Jahre ein Paar. Die Verstorbene hinterlässt neben dem Kläger noch drei Töchter im Alter von 9, 5 und 2 Jahren.

Die Verstorbene war nach dem Unfall noch bei Bewusstsein. Sie verstarb trotz notärztlicher Maßnahmen 2 Stunden nach dem Unfallereignis aufgrund der erlittenen, polytraumatischen Verletzungen. Während dieser zwei Stunden war sie nahezu durchgängig bei Bewusstsein und Schmerzempfinden; von einer Sedierung hatte der Notarzt, auch zur Klärung des Verletzungsbildes und um die Notwendigkeit sofortiger Rettungsmaßnahmen beurteilen zu können, zunächst abgesehen. Die Getötete litt durchweg unter starken Schmerzen, teilweise wimmerte und schrie sie vor Schmerz. Sie starb mit dem Namen ihrer Kinder auf den Lippen.

Gegenstand der Klage sind Ansprüche auf Hinterbliebenengeld nach § 844 Abs. 3 BGB und auf Schmerzensgeld wegen baldigen Todes, deren Erfüllung die Beklagten verweigern. Auf Mahnung vom … (Anl. K1) haben sie nicht reagiert. Klage ist daher geboten.

II. Zum Rechtlichen

1. Der Kläger ist als Ehemann anspruchsberechtigt nach § 844 Abs. 3 BGB. Die Beklagten haben vorgerichtlich eingewandt, eine psychische Beeinträchtigung des Klägers sei nicht hinreichend dargetan. Dies verkennt die Funktion von § 844 Abs. 3 BGB. Vor Inkrafttreten dieser Novelle vermochten Hinterbliebene in der Tat nur dann ein Schmerzensgeld zu erlangen, wenn sie eine eigene Gesundheitsbeeinträchtigung in Gestalt des sog »Trauerschmerzes«, einer »Trauer über das normale Maß«, beweisen konnten. Es war gerade die von vielen Seiten geäußerte Kritik an diesem Erfordernis, welches nicht nur denjenigen benachteiligte, der – wie der Kläger – seine Trauer »in sich hineinfraß« und »mit sich ausmacht«, anstatt dokumentierte Arztbesuche anzuhäufen, sondern auch grundsätzlich verkannte, dass an einem unfallbedingten Tod eben nichts »Normales« zu finden ist, vielmehr die Subsumtion bereits zynisch anmutet und die Hinterbliebenen unnötig verletzt, die letztlich die gesetzliche Neuregelung mitverursacht hat.

Ausweislich des klaren Willens der Gesetzesbegründung ist daher gerade unabhängig vom Nachweis einer medizinisch fassbaren Gesundheitsbeeinträchtigung eine Entschädigung für seelisches Leid zu leisten (vgl. BT-Drs. 18/11397, S. 8). Das persönliche Näheverhältnis indiziert das seelische Leid, welches daher nicht besonders nachgewiesen werden muss (BT-Drs. 18/11397, S. 14).

Zur Höhe geht bereits die Gesetzesbegründung (in der Kostenschätzung, BT-Drs. 18/11397, S. 11) von einem regelmäßigen Anspruch in Höhe von 10.000 EUR aus. Warum dieser Betrag vorliegend unterschritten werden sollte, ist nicht ansatzweise ersichtlich.

2. Die Beklagten haben ferner vorgerichtlich die Ansicht vertreten, neben einem Hinterbliebenengeld – welches sie indes auch nicht reguliert haben – sei ein Schmerzensgeldanspruch nicht denkbar, und hierzu auf die Gesetzesbegründung verwiesen. Auch dies geht fehl: Nach der Gesetzesbegründung (BT-Drs. 18/11397, S. 12) soll das Hinterbliebenengeld (nur) im eigenen Schockschadensanspruch des Hinterbliebenen aufgehen. Bei diesem Anspruch handelt es sich um ein Schmerzensgeld, welches dem Hinterbliebenen aufgrund eigenen Trauerschmerzes zusteht, wenn dieser Krankheitswert erreicht (vgl. ausführlich Luckey, Personenschaden, 3. Aufl. [2022], Rn. 1110 ff.).

Demgegenüber betrifft das hier geltend gemachte Schmerzensgeld ein solches der Getöteten selbst: wenn nämlich der Verletzte eine gewisse Zeit gelebt hat, ehe es zum unfallbedingten Versterben kam, können die Leidenszeit bis zum Tod und die Todesangst sowie die Erkenntnis einer deutlich verkürzten Lebenserwartung einen Schmerzensgeldanspruch begründen (vgl. BGH NJW 1998, 2741; ausführlich Luckey, Personenschaden, 3. Aufl. [2022], Rn. 1129), der originär in der Person der Getöteten entstanden ist und nur deshalb nun dem Kläger zusteht, weil dieser nicht nur naher Angehöriger, sondern aufgrund Ehegattentestaments auch alleiniger Erbe der Verstorbenen ist. Es handelt sich um einen gesonderten Anspruch, der keiner Verrechnung mit dem Hinterbliebenengeld zugänglich ist.

Vorliegend erscheinen in einer Situation, in welcher die Getötete noch zwei Stunden bei Bewusstsein war und Schmerzen erlitten hat, 6.000 EUR Schmerzensgeld als mindestens angemessen (vgl. OLG Frankfurt, Urt. v. 14.09.2009 – 1 U 309/08, VRR 2009, 402).

Rechtsanwalt

▶ Muster 7: Klage auf Schockschaden (verletzter Angehöriger)

Klage 19

des Herrn … *(Namen und vollständige, ladungsfähige Anschrift)*,

– Klägers –

– Prozessbevollmächtigter: Rechtsanwalt … aus … –

gegen

1. die … Versicherung, … *(ladungsfähige Anschrift)*, gesetzlich vertreten durch den Vorstand, ebenda,

– Beklagte zu 1) –

2. Herrn … *(Namen und ladungsfähige Anschrift des Unfallgegners)*,

– Beklagten zu 2) –

Namens und in Vollmacht meines Mandanten erhebe ich Klage und werde in der mündlichen Verhandlung beantragen:

Die Beklagten werden als Gesamtschuldner verurteilt, an den Kläger ein in das Ermessen des Gerichts gestelltes Schmerzensgeld, mindestens aber 7.500 EUR, nebst Zinsen von 5 Prozentpunkten über dem Basiszinssatz seit dem ... zu zahlen,

Für den Fall des Vorliegens der gesetzlichen Voraussetzungen beantrage ich ferner bereits jetzt

Erlass eines Versäumnisurteils im schriftlichen Verfahren.

Begründung

I. Sachverhalt

Der Beklagte zu 1), der Halter und Fahrer des bei der Beklagten zu 2) versicherten Fahrzeugs Porsche 911 mit dem amtlichen Kennzeichen D-SO-911 ist, war mit diesem Fahrzeug am 29.04.2016 gegen 14:20 Uhr auf der L269 in Bonn, Höhe Mondorf, unterwegs. Er war in erheblichem Maße alkoholisiert und überschritt die zulässige Höchstgeschwindigkeit von 70 km/h um mindestens 58 km/h. Nach einer langgezogenen Linkskurve kam der Beklagte zu 1) von der Fahrbahn ab und geriet auf die Gegenfahrbahn, wo ihm der Kläger und – hinter diesem – dessen Ehefrau auf Motorrädern mit einer Geschwindigkeit von 50 km/h entgegenkamen. Der Beklagte zu 1) verfehlte den Kläger nur knapp und erfasste dessen Ehefrau, die bei der Kollision schwerste Verletzungen davontrug. Noch vor Ort wurde ein Arm der Ehefrau solcherart in der Maschine eingeklemmt, dass er – für alle Beteiligten sichtbar – nahezu abgetrennt wurde. Es kam zu immensem Blutverlust. Der Kläger musste noch am Unfallort befürchten, seiner Frau beim Sterben zuzusehen.

Glücklicherweise ist die Frau inzwischen, soweit möglich, wieder genesen. Sie hat indes dauerhafte Beeinträchtigungen bei der Beweglichkeit des Armes davongetragen. Der Arm ist weitestgehend funktionslos, weil er nur noch eingeschränkt beweglich ist. Auch ist eine deutliche Kraftminderung eingetreten. Der Ehefrau ist es, beispielhaft genannt, nicht mehr möglich, ihre Kinder zu heben. Umarmungen mit dem Kläger kann sie allenfalls »schlaff« ausführen. Hinzu treten erhebliche Gefühlsminderungen an Arm und Hand. Liebkosungen und Streicheln kann sie weder empfinden noch verteilen.

II. Folgen für den Kläger

Der derzeit 50 Jahre alte Kläger ist seit 27 Jahren mit seiner Frau verheiratet. Aus der Ehe gingen zwei Kinder hervor. Bei dem Unfall hat er einen schweren Schock davongetragen. Er hat nachfolgend Schlaf- und Essstörungen. Immer wieder erscheint der Unfall vor seinem »inneren Auge«. Er sieht sich außerstande, Auto oder Motorrad zu fahren. Seine Berufstätigkeit als LKW-Fahrer musste er aufgeben, weil er unter fortdauernden Angstzuständen, Schweißausbrüchen und Zittern im Straßenverkehr leidet und daher nicht mehr in der Lage ist, ein Fahrzeug zu führen. Auch auf das Motorradfahren muss der Kläger verzichten.

Der Kläger ist durchweg in ärztlicher Behandlung. Der behandelnde Arzt, Dr. ..., hat bei dem Kläger eine akute Belastungsreaktion nach ICD F43.9 G festgestellt. Bei der ICD handelt es sich um die internationale statistische Klassifikation der Krankheiten und verwandter Gesundheitsprobleme (International Statistical Classification of Diseases and Related Health Problems). Sie wird von der Weltgesundheitsorganisation herausgegeben. Im Kapitel V (F00-F99) der ICD werden psychische und Verhaltensstörungen beschrieben, die Untergruppe F40-F48 befasst sich dabei mit neurotischen, Belastungs- und somatoformen Störungen. Gegenstand des Unterabschnitts F43 sind Reaktionen auf schwere Belastungen und Anpassungsstörungen, die als direkte Folge einer akuten schweren Belastung oder eines kontinuierlichen Traumas entstehen, erfolgreiche Bewältigungsstrategien behindern und aus diesem Grund zu Problemen der sozialen Funktionsfähigkeit führen (BGH NJW 2015, 1451 m.w.N.).

Zum Beweis verweise ich auf die in Anlage K1 beigefügte fachärztliche Stellungnahme und stelle sie ferner unter Beweis durch

Sachverständigengutachten

III. Zum Rechtlichen

Dem Kläger steht ein Schmerzensgeld wegen Schockschadens aufgrund schwerer Verletzung eines nahen Angehörigen zu. Nach der Rechtsprechung des BGH (NJW 2023, 983) steht einem nahen Angehörigen ein – eigenes – Schmerzensgeld zu, wenn aufgrund einer Verletzung eines Angehörigen

- psychische Gesundheitsschäden aufgrund der Todesnachricht eintreten und
- der Anlass für den Schock verständlich erscheint, weil es sich um einen nahen Angehörigen des Opfers handelt (vgl. insgesamt Luckey, Personenschaden, 3. Aufl. [2022], Rn. 1110 ff.).

All dies ist der Fall. Der Kläger hat unmittelbar erleben müssen, wie seine Ehefrau schwer verletzt wurde. Sein Schock ist unmittelbar nachvollziehbar. Dass die psychischen Folgen Krankheitswert haben, ergibt sich aus dem unter II. dargestellten Sachverhalt. Der Kläger verdient daher Kompensation über ein Schockschmerzensgeld (vgl. BGH NJW 2015, 1451).

In der vorbezeichneten Entscheidung hat der BGH bei einem Kläger, dessen Frau – anders als vorliegend – unfallbedingt verstorben war, eine Vorstellung von 12.000 EUR nicht beanstandet. Dem Kläger ist bewusst, dass dieser Betrag für ihn, dessen Ehefrau wie durch ein Wunder überlebt hat, nicht in Betracht kommt. Indes ist das Wunder nicht den Beklagten zugute zu halten; nicht wegen, sondern trotz des Haftungsereignisses hat die Ehefrau überlebt. Mit Blick auf die gravierenden psychischen Schäden des Klägers, die maßgebend die Bemessung seines (!) Schmerzensgeldanspruchs beeinflussen, halte ich daher den beantragten Mindestbetrag für mindestens erforderlich, um ein Stück weit Kompensation zu erreichen. Lediglich klarstellend weise ich daher darauf hin, dass der BGH (NJW 2023, 983) das Erfordernis einer »Trauer über das normale Maß« als Voraussetzung für eine Entschädigung ausdrücklich aufgegeben hat.

Rechtsanwalt

▶ Muster 8: Unterrichtung der Mandantin

Sehr geehrte Frau ..., 20

in Ihrer Unfallsache habe ich die beiliegende Klageschrift entworfen. Bitte lesen Sie den Text sehr sorgfältig durch und teilen Sie mir mit, ob die Klage in dieser Form eingereicht werden soll. Prüfen Sie insbesondere, ob ich den Unfallhergang und die Art und den Verlauf Ihrer Verletzungen korrekt wiedergegeben habe.

Hinweis:

Stets ist es angebracht, dem Mandanten Gelegenheit zur Überprüfung der Klageschrift zu geben, damit etwaige Missverständnisse oder tatsächliche Irrtümer ausgeräumt werden können. Es ist misslich, wenn die Berichtigungen erst nach Einreichung der Klage zu den Gerichtsakten mitgeteilt werden müssen. Außerdem verhindert die vorherige Zustimmung des Mandanten zum Inhalt der Klageschrift, dass dem Prozessbevollmächtigten nachträglich die Versäumnisse seiner Partei angelastet werden.

Mit freundlichen Grüßen,

...

Rechtsanwalt

▶ Muster 9: Prozesskostenhilfe

Prozesskostenhilfegesuch 21

der Frau ... (*Namen und vollständige, ladungsfähige Anschrift*),

– Antragstellerin –

– Prozessbevollmächtigter: Rechtsanwalt ... aus ... –

gegen

1. die ... Versicherung, ... (*ladungsfähige Anschrift*), gesetzlich vertreten durch den Vorstand, ebenda,

– Antragsgegnerin zu 1) –

2. Herrn ... (*Namen und ladungsfähige Anschrift des Unfallgegners*),

– Antragsgegner zu 2) –

Ich überreiche

1. den ausgefüllten Vordruck der Antragstellerin zur Erklärung über ihre persönlichen und wirtschaftlichen Verhältnisse einschließlich der Einkommens- und Belastungsbelege,
2. den Entwurf der Klageschrift (3-fach)

und beantrage,

der Antragstellerin ratenfreie Prozesskostenhilfe unter meiner Beiordnung zu bewilligen.

Hierbei erlaube ich mir, auf den Beschluss des OLG Karlsruhe vom 16.02.2011 – 4 S 108/10 (NZV 2011, 258 = MDR 2011, 625) hinzuweisen, in welchem zur Frage der Gewährung von Prozesskostenhilfe für Schmerzensgeldklagen auszugsweise ausgeführt wird, was folgt:

»Allerdings ist die Frage, welcher Schmerzensgeldbetrag letztlich »richtig« oder »angemessen« erscheint, für die Prozesskostenhilfeprüfung nicht entscheidend. Bei der Prozesskostenhilfe ist vielmehr ein etwas großzügigerer Maßstab anzulegen. Es reicht aus, dass sich der vom Kläger geltend gemachte Betrag (noch) in einer vertretbaren Größenordnung befindet. Für die Prozesskostenhilfe ... ist ein gedachter Rahmen zu bilden, in dem sich die richterliche Ermessensausübung im konkreten Fall bewegen kann.

Bei der Prozesskostenhilfebewilligung für eine Schmerzensgeldklage ist die Besonderheit bei der endgültigen Festlegung der Höhe zu berücksichtigen: Die ziffernmäßige Festlegung eines Schmerzensgeldes hängt immer entscheidend von der Ausübung des richterlichen Ermessens ab. Das heißt: Kein Kläger kann vorhersehen, welches Schmerzensgeld das Gericht in seinem Fall für angemessen erachten wird. Es muss daher dem Kläger – im Rahmen von § 114 Satz 1 ZPO – gestattet sein, einen Betrag zu verlangen, den das Gericht letztlich möglicherweise für überhöht erachtet, jedenfalls solange sich der Antrag des Klägers noch in einem vertretbaren Rahmen bewegt. Würde man dem Kläger diese Möglichkeit nicht einräumen, müsste er vor Antragstellung zunächst das Gericht fragen, zu welchem Ergebnis das Gericht bei der erforderlichen Ermessensausübung für das Schmerzensgeld kommen wird. Dies kann nach Auffassung des Senats nicht Sinn der Prüfung im Rahmen von § 114 Satz 1 ZPO sein.

Es kommt ein weiterer – für den Kläger wichtiger – Gesichtspunkt hinzu: Erfahrene Rechtsanwälte machen bei Schmerzensgeldklagen – auch bei nicht mittellosen Klägern – in der Regel einen Betrag geltend, der sich im oberen Bereich des Vertretbaren bewegt. Mit der Betragsangabe beim Schmerzensgeld wird ein psychologischer Einfluss auf das Gericht ausgeübt. Wer einen Schmerzensgeldbetrag von 2.000,- Euro einklagt, hat eine – statistisch betrachtet – deutlich größere Chance, letztlich einen Betrag von 1.000,- Euro zugesprochen zu bekommen, als derjenige Kläger, der – bei identischem Sachverhalt – von vornherein einen niedrigeren Betrag einklagt. Anders ausgedrückt: Hätte der Kläger nur 1.000,- Euro Schmerzensgeld verlangt, müsste er aus der Betrachtung ex ante mit deutlich größerer Wahrscheinlichkeit damit rechnen, dass das Gericht einen Betrag von weniger als 1.000,- Euro für angemessen erachtet. Der Zweck der Prozesskostenhilfe besteht darin, dem Unbemittelten – aus verfassungsrechtlichen Gründen – den weitgehend gleichen Zugang zum Gericht zu ermöglichen, wie dem Bemittelten. Da ein bemittelter Kläger – der die Prozesskosten gegebenenfalls selbst bezahlen muss – aus vernünftigen Gründen (siehe oben) vielfach versuchen muss, einen möglichst hohen Schmerzensgeldantrag zu stellen, muss der mittellose Kläger im Rahmen von § 114 Satz 1 ZPO grundsätzlich die gleiche Möglichkeit haben; dies gilt jedenfalls so lange, wie sich das verlangte Schmerzensgeld noch in einer vertretbaren Größenordnung bewegt. Der empirisch feststellbare Zusammenhang zwischen der Bezifferung im Klageantrag einerseits und dem gerichtlich als angemessen erachteten Schmerzensgeld andererseits beruht auf dem sogenannten »Ankereffekt«. Bei Entscheidungen von Experten, die scheinbar nur auf rationalen Erwägungen beruhen, spielen regelmäßig auch intuitive Prozesse eine Rolle. Bei richterlichen Entscheidungen ist in der psychologischen Wissenschaft anerkannt, dass der sogenannte »Ankereffekt« nicht zu unterschätzen ist (vgl. beispielsweise Geipel/Nill, Erkenntnisse der Wirtschaftswissenschaften als Taktik der Vergleichsverhandlung, ZfS 2007, 6; Schweizer, Urteilen zwischen Intuition und Reflexion, Betrifft Justiz 2010, 239, 240). Der Ankereffekt besagt, dass Richter bei ihrer Entscheidung nicht nur rational abwägen, sondern gleichzeitig intuitiv (unbewusst) psychologische »Anker« berücksichtigen. Ein solcher »Anker« ist für einen Richter, der darüber entscheiden soll, in welcher Höhe eine Forderung berechtigt ist, insbesondere der vom Kläger geforderte Betrag (vgl. Geipel/Nill, aaO; Schweizer aaO). Durch den Ankereffekt kann ein Kläger, der Schmerzensgeld geltend macht, seine Chancen signifikant verbessern, wenn er einen relativ hohen Betrag mit der Klage geltend macht (vgl. Schweizer aaO; vgl. im Übrigen zu dem in diesem Zusammenhang ebenfalls relevanten psychologischen »Kompromisseffekt« Schweizer aaO, Seite 241).«.

...

Rechtsanwalt

Gerät man mit dem Schmerzensgeldbetrag in den »Dunstkreis« der amtsgerichtlichen Zuständigkeitsgrenze von 5.000,00 €, besteht die Gefahr, dass das PKH-Gesuch bereits deswegen abgelehnt wird, weil es an der Zuständigkeit des erkennenden Gerichts fehle; die Zuständigkeit im PKH-Verfahren richtet sich nämlich nach dem Hauptprozess. Hält sich das erkennende Gericht für unzuständig, hat es daher konsequenterweise die Erfolgsaussichten der Klage zu verneinen und PKH abzulehnen. 22

▶ Folgende Konstellationen kommen hierbei in Betracht:

(1) Ein PKH-Antrag wird vom AG unter Hinweis darauf abgelehnt, dass das Schmerzensgeld 5.000,00 € übersteigen werde und daher das AG sachlich unzuständig sei. 23
(2) Ein PKH-Antrag wird vom LG unter Hinweis darauf abgelehnt, dass das Schmerzensgeld keinesfalls 5.000,00 € übersteigen werde und daher das AG zuständig sei.

Um der Gefahr einer Ablehnung zu begegnen, bieten sich **zwei Möglichkeiten** an: 24

- **Der hilfsweise gestellte Verweisungsantrag**
  Ganz überwiegend wird vertreten, dass die Sache auf einen solchen Verweisungsantrag hin analog § 281 ZPO an das zuständige Gericht verwiesen werden kann. Dieses Gericht ist dann (aber nur für das PKH-Verfahren!)[9] an den Verweisungsbeschluss **gebunden.**[10] Ein solcher Verweisungsbeschluss sollte daher dringend angestrebt werden; wird die Sache nämlich nur durch schlichte Verfügung (ohne Bindungswirkung) an ein anderes Gericht »weitergeschickt« und hält dieses sich seinerseits für unzuständig, entsteht ein Zuständigkeitskonflikt, der nötigenfalls über § 36 Abs. 1 Nr. 6 ZPO analog gelöst werden muss.[11]
- **Die »Bindung« der (zumeist: land-) gerichtlichen Zuständigkeit**

Eine solche kann nach ganz überwiegender Auffassung nur dadurch erreicht werden, dass **gleichzeitig Klage** eingereicht wird; dann ist (und bleibt) das LG zuständig, weil der Klageantrag die Zulässigkeitsgrenze überschreitet.[12] Ist das Begehren aus Sicht des LG teilweise aussichtslos, darf die PKH nicht mit der Begründung gänzlich verweigert werden, dass der aussichtsreiche Teil die Zuständigkeitsgrenze unterschreite: Auch nach Teilklagerücknahme des aussichtslosen Teils (diese wäre zur Vermeidung weiterer Kostennachteile geboten)[13] bleibt das LG zuständig.[14] Die Angabe eines Mindestbetrages von über 5.000,00 € im (isolierten) PKH-Antrag genügt **nicht**, um eine Entscheidung

9 KG, Beschl. v. 27.12.1996 – 16 WF 8230/96, KGR 1997, 118. Es ist daher denkmöglich, dass nach Klageeinreichung beim »PKH-Gericht« dieses sich dann erneut für unzuständig erklärt und nach § 281 ZPO verweist.

10 Zöller/Geimer, ZPO, § 114 Rn. 22a; MünchKomm/Motzer, ZPO, § 127 Rn. 6.

11 OLG Brandenburg, Beschl. v. 09.08.2000 – 1 AR 44/00, OLGR 2001, 20; vgl. ferner BGH, Beschl. v. 26.09.1979 – IV ARZ 23/79, NJW 1980, 192; BGH, Beschl. v. 09.03.1994 – XII ARZ 2/94, NJW-RR 1994, 706; OLG Stuttgart, Beschl. v. 19.03.1996 – 17 AR 5/96, FamRZ 1997, 1085.

12 OLG München, Beschl. v. 22.01.1998 – 10 W 3433/97, OLGR 1998, 119; Saenger, MDR 1999, 850 (853).

13 Gerade im Fall einer solchen Teilklagerücknahme muss das Gericht dringlich an die Vorschrift des § 92 Abs. 2 Nr. 2 ZPO erinnert werden, um sich nicht die Möglichkeit zu nehmen, trotz Teilklagerücknahme gar nicht in die Kosten verurteilt zu werden!

14 Zöller/Geimer, ZPO, § 114 Rn. 23.

des LG zu erzwingen. Der BGH[15] nimmt nämlich an, dass das LG für die Entscheidung nicht zuständig ist, wenn es zu der Auffassung gelangt, dass die Rechtsverfolgung nur z.T. aussichtsreich und das LG für diesen aussichtsreichen Teil der beabsichtigten Klage unzuständig ist. Es bestehe **kein** Unterschied zu der Situation, dass der Zuständigkeitsstreitwert aufgrund des beabsichtigten Antrages schon von vornherein nicht erreicht wird.[16]

▶ Muster 10: PKH-Sonderfall: Unsicherheit bei Erreichen der Zuständigkeitsgrenze

25 An das

Landgericht …

Prozesskostenhilfegesuch

der Frau … (*Namen und vollständige, ladungsfähige Anschrift*),

– Antragstellerin –

– Prozessbevollmächtigter: Rechtsanwalt … aus … –

gegen

1. die … Versicherung, … (*ladungsfähige Anschrift*), gesetzlich vertreten durch den Vorstand, ebenda,

– Antragsgegnerin zu 1) –

2. Herrn … (*Namen und ladungsfähige Anschrift des Unfallgegners*),

– Antragsgegner zu 2) –

Ich überreiche

1. den ausgefüllten Vordruck der Antragstellerin zur Erklärung über ihre persönlichen und wirtschaftlichen Verhältnisse einschließlich der Einkommens- und Belastungsbelege,
2. den Entwurf der Klageschrift (3-fach)

und beantrage,

der Antragstellerin ratenfreie PKH unter meiner Beiordnung zu bewilligen.

Hilfsweise, und unter Hinweis darauf, dass ein entsprechender Beschluss für falsch gehalten werden würde, wird aus anwaltlicher Vorsicht zudem beantragt,

das PKH-Verfahren an das zuständige Amtsgericht … zu verweisen.

…

Rechtsanwalt

26 **Bei der Klageerwiderung sind folgende Sonderkonstellationen zu beachten:**

- Wird nur aus Gefährdungshaftung vorgegangen, ist die Haftung von Halter (§ 7 StVG) und Versicherung (§ 115 Abs. 1 Nr. 1 VVG) auf die gesetzliche Haftungshöchstsumme begrenzt. Hierauf sollte, so der Fall Anlass bietet, bereits in der Erwiderung hingewiesen werden.
- Wird aus § 823 BGB gehaftet (etwa: Fahrer), ist diese Haftung grds. der Höhe nach unbeschränkt. Die mitbeklagte Versicherung haftet aber nur bis zur Höhe der vertraglichen Deckungssumme (§ 115 Abs. 1 Nr. 1 VVG: Haftung »im Rahmen der Leistungspflicht des Versicherers aus dem Versicherungsverhältnis«). Auch hierauf muss ggf. hingewiesen werden.

15 BGH, Beschl. v. 13.07.2004 – VI ZB 12/04, VersR 2005, 245 = NJW-RR 2004, 1437. Dem folgend OLG Schleswig, Beschl. v. 09.09.2008 – 14 W 54/08, MDR 2009, 346.

16 OLG Saarbrücken, Beschl. v. 26.06.1989 – 2 W 18/89, NJW-RR 1990, 575; Saenger, MDR 1999, 850 (852).

▶ Muster 11: Klageerwiderung (Variante 1: Haftungshöchstbetrag)

In dem Rechtsstreit … 27

melden wir uns für die Beklagten, namens und in deren Vollmacht wir beantragen werden,

die Klage abzuweisen,

hilfsweise, für den Fall des Unterliegens,

die Beklagten gesamtschuldnerisch nur bis zu einem Betrag von maximal 5.000.000,00 € zu verurteilen.

Begründung:

…

Lediglich hilfsweise wird auf Folgendes hingewiesen:

Die Klage ist allein auf Ansprüche aus Gefährdungshaftung nach StVG gestützt. In diesem Fall ist die Haftung der Beklagten nach § 12 StVG beschränkt auf maximal 5.000.000,00 €. Dieser Beschränkung ist bei einer Verurteilung Rechnung zu tragen.

Hinweis:

Ersichtlich muss diese Ergänzung nur dort eingefügt werden, wo sich absehen lässt, dass der durch den Unfall verursachte Schaden einschließlich Schmerzensgeld in die Nähe der Haftungshöchstgrenze geraten kann. Die Haftungshöchstgrenzen der spezialgesetzlichen Gefährdungshaftungsgesetze sind durch das 2. Schadensersatzrechtsänderungsgesetz angeglichen worden, die Haftung nach StVG ist im Zuge der 5. Kfz-Haftpflicht-Richtlinie geändert und nunmehr so hoch, dass eine Begrenzung nur selten eingreifen wird; eine Darstellung sämtlicher Höchstgrenzen findet sich in Kap. 3 Rdn. 114.

…

Rechtsanwalt

▶ Muster 12: Klageerwiderung (Variante 2: Deckungssumme)

In dem Rechtsstreit … 28

melden wir uns für die Beklagten, namens und in deren Vollmacht wir beantragen werden,

die Klage abzuweisen,

hilfsweise, für den Fall des Unterliegens,

die Beklagte zu 1) nur bis zu einem Betrag von maximal … € (Höhe der Deckungssumme) zu verurteilen.

Begründung:

…

Lediglich hilfsweise wird auf Folgendes hingewiesen:

Die Beklagte zu 1) ist nach dem Versicherungsvertrag mit dem Beklagten zu 2) – Anlage B … – nur bis zu einer Höhe von … € (*Deckungssumme*) einstandspflichtig. Sie kann daher auch nur bis zu dieser Höhe in Anspruch genommen werden.

Mit freundlichen Grüßen,

…

Rechtsanwalt

▶ Muster 12: Klageerwiderung mit Widerklage und Drittwiderklage

29 In dem Rechtsstreit

1. des Herrn ... (*Name und vollständige, ladungsfähige Anschrift*),

– Klägers und Widerbeklagten –

– Prozessbevollmächtigter: Rechtsanwalt ... aus ... –

2. des Herrn ... (*Name und vollständige, ladungsfähige Anschrift des gegnerischen Fahrers*)

– Drittwiderbeklagten zu 1) –

3. der ... Versicherung (*vollständige, ladungsfähige Anschrift und Bezeichnung der Vertretung*),

– Drittwiderbeklagten zu 2) –

gegen

den Herrn ... (*Name und vollständige, ladungsfähige Anschrift des Mandanten*)

– Beklagten und Widerkläger –

– Prozessbevollmächtigter: Rechtsanwalt ... aus ... –

beantragen wir,

die Klage abzuweisen,

widerklagend weiterhin,

den Kläger und die Drittwiderbeklagten als Gesamtschuldner zu verurteilen, an den Beklagten ... € zu zahlen.

Begründung:

Zur Klage:

Die Klage ist unbegründet. ...

Zur Widerklage:

Mit der Widerklage macht der Beklagte folgenden Anspruch gegen den Kläger als Halter des verunfallten PKW geltend: ...

Bei der Drittwiderbeklagten zu 2) handelt es sich um die Haftpflichtversicherung des Klägers, die gemäß § 115 Abs. 1 Nr. 1 VVG gesamtschuldnerisch mit dem Kläger haftet; bei dem Drittwiderbeklagten zu 1) handelt es sich um den Fahrer des Fahrzeuges des Klägers, der wegen eigenen Verschuldens aus § 18 StVG, §§ 823, 840 BGB neben dem Kläger haftet.[17]

Für die Zustellung an die Drittwiderbeklagten füge ich je eine beglaubigte und einfache Abschrift dieses Schriftsatzes[18] und einfache Abschriften der Klage anbei.

...

Rechtsanwalt

30 Oft wird versucht, den am Haftungsereignis Beteiligten durch eine Abtretung in die Zeugenrolle zu bringen. Es klagt dann der Zessionar, und der Zedent wird als Zeuge für den behaupteten Geschehensablauf genannt. Der BGH lässt in diesen Fällen zur Beseitigung dieser prozessualen Schieflage ausnahmsweise die isolierte Drittwiderklage zu, die die Folge hat, dass der Zedent Partei des Rechtsstreits wird und als Zeuge nicht mehr in Betracht kommt.

17 Hinweis:Die Drittwiderklage erhöht nicht nur den Kreis der Haftungsschuldner, sie lässt sich auch prozesstaktisch einsetzen. Der klagende Halter beruft sich zum Beweis des Unfallhergangs auf »seinen« Fahrer, den man durch die Drittwiderklage aus der Zeugen- in die Prozessrolle drängt. Ausführlich Luckey, MDR 2002, 743 und ders., ProzRB 2003, 19.

18 (Auch) die Widerklage ist eine Klage, die eines vollen Rubrums und der Zustellung bedarf. Die Abschriften der Klage sollten zum Verständnis für die Drittwiderbeklagten beigefügt werden.

▶ Muster 13: Klageerwiderung mit isolierter Drittwiderklage

In dem Rechtsstreit 31

1. des Herrn ... (*Name und vollständige, ladungsfähige Anschrift*),

– Klägers und Widerbeklagten –

– Prozessbevollmächtigter: Rechtsanwalt ... aus ... –

2. des Herrn ... (*Name und vollständige, ladungsfähige Anschrift des Zedenten*)

– Drittwiderbeklagten –

gegen

den Herrn ... (*Name und vollständige, ladungsfähige Anschrift des Mandanten*)

– Beklagten und Widerkläger –

– Prozessbevollmächtigter: Rechtsanwalt ... aus ... –

beantragen wir,

die Klage abzuweisen,

widerklagend weiterhin,

festzustellen, dass dem Drittwiderbeklagten keine Ansprüche gegen den Beklagten zustehen.

Begründung:

Zur Klage:

Die Klage ist unbegründet. ...

Zur Widerklage:

Der Kläger geht vorliegend aus abgetretenem Recht vor. Der ehemalige Inhaber der behaupteten Forderung ist der Drittwiderbeklagte, den der Kläger als Zeugen für seinen Sachvortrag benannt hat. Der Beklagte stellt dem Gericht anheim, dieses prozessuale Vorgehen eines »Zeugenschaffens« durch Abtretung angemessen zu würdigen. Aus Gründen anwaltlicher Vorsicht wird indes Widerklage (nur) gegen den Zedenten erhoben.

Die isolierte Drittwiderklage gegen den Drittwiderbeklagten als ehemaligen Inhaber der streitigen Forderung ist zulässig, wobei sich die örtliche Zuständigkeit des erkennenden Gerichts bereits aus § 33 ZPO ergibt. Dieser findet im vorliegenden Fall auch gegenüber dem Drittwiderbeklagten Anwendung (BGH, Beschl. v. 30.09.2010 – Xa ARZ 208/10, SVR 2010, 430). Für die Möglichkeit einer isolierten Drittwiderklage wird auf die Entscheidung des BGH vom 13.06.2008 (V ZR 114/07, NJW 2008, 2852) verwiesen, in der es auszugsweise heißt wie folgt:

»Eine Widerklage setzt allerdings nach § 33 ZPO begrifflich eine anhängige Klage voraus; der Widerkläger muss ein Beklagter und der Widerbeklagte ein Kläger sein. Daher ist eine Widerklage gegen einen bisher am Prozess nicht beteiligten Dritten grundsätzlich nur zulässig, wenn sie zugleich gegenüber dem Kläger erhoben wird (vgl. BGHZ 40, 185, 187; 147, 220, 221). Daran fehlt es hier.

Der Bundesgerichtshof hat allerdings schon bisher unter Berücksichtigung des prozessökonomischen Zwecks der Widerklage, eine Vervielfältigung und Zersplitterung von Prozessen über einen einheitlichen Lebenssachverhalt zu vermeiden und eine gemeinsame Verhandlung und Entscheidung über zusammengehörende Ansprüche zu ermöglichen (vgl. dazu BGHZ 40, 185, 188; 147, 220, 222), Ausnahmen von dem vorstehenden Grundsatz zugelassen, dass eine Widerklage auch gegen den Kläger erhoben worden sein muss. Drittwiderklagen gegen den Zedenten sind als zulässig angesehen worden, wenn die Forderung an eine Verrechnungsstelle zum Inkasso abgetreten war (BGHZ 147, 220, 223) oder es um gegenseitige Ansprüche aus einem Unfallereignis ging und einer der Unfallbeteiligten seine Forderung an den Kläger abgetreten hatte (BGH, Urt. v. 13. März 2007, VI ZR 129/06, NJW 2007, 1753). Ausschlaggebend dafür war stets, dass unabhängig von der Parteistellung des Zessionars eine nur gegen den Zedenten erhobene (sog. isolierte) Widerklage zulässig ist, wenn die zu erörternden Gegenstände der Klage und der Widerklage tatsächlich und rechtlich eng miteinander verknüpft sind und keine schutzwürdigen Interessen des Widerbeklagten durch dessen Einbeziehung in den Rechtsstreit der Parteien verletzt werden (vgl. BGH, Urt. v. 13. März 2007, VI ZR 129/06, NJW 2007, 1753).

Gemessen daran, ist die Zulässigkeit der Drittwiderklage gegen den Zedenten zu bejahen. Die geltend gemachten Ansprüche beruhen hier auf einem Vertragsverhältnis, an dem die Klägerin und der Widerbeklagte auf einer Seite in der gleichen Weise beteiligt waren. Die bei der Sachentscheidung zu berücksichtigenden tatsächlichen und rechtlichen Verhältnisse sind in Bezug auf die geltend gemachten Ansprüche dieselben. Die Aufspaltung in zwei Prozesse, nämlich der Klägerin gegen die Beklagte auf Schadensersatz, und der Beklagten gegen den Widerbeklagten auf negative Feststellung, dass diesem keine Ansprüche zustehen, brächte prozessökonomisch dagegen keine Vorteile, sondern nur Mehrbelastungen und zudem das Risiko einander widersprechender gerichtlicher Entscheidungen.«

Es besteht auch das für § 256 Abs. 1 ZPO erforderliche Feststellungsinteresse. Der Beklagte hat jedoch ein Interesse an der richterlichen Feststellung, dass (auch) dem Widerbeklagten keine Ansprüche zustehen. Hierfür ist es unerheblich, dass sich der Widerbeklagte nach der Abtretung keiner eigenen Ansprüche mehr berühmt. Erneut wird Bezug genommen auf die o.g. Entscheidung des BGH:

»Bei einer negativen Feststellungsklage ergibt sich das Interesse an einer der Rechtskraft fähigen Entscheidung regelmäßig daraus, dass mit der richterlichen Feststellung die Führung eines neuerlichen Rechtsstreits über einen Anspruch ausgeschlossen wird, der nur teilweise eingeklagt worden ist oder dessen sich der Gegner jedenfalls außergerichtlich berühmt hat (BGH, Urt. v. 1. Februar 1988, II ZR 152/87, NJW 152/87, NJW-RR 1988, 749, 750; BGH, Urt. v. 4. Mai 2006, IX ZR 189/03, NJW 2006, 2780, 2781). Ein solches Interesse besteht auch hier. Die Beklagte kann sich nämlich nur dann sicher sein, dass es nicht zu einem Rechtsstreit zwischen dem Widerbeklagten und ihr kommen wird, wenn das Nichtbestehen der mit der Klage verfolgten Ansprüche in diesem Rechtsstreit mit Rechtskraft auch gegenüber dem Widerbeklagten festgestellt wird.«

Auch die Rechtskrafterstreckung nach § 325 ZPO ändert nichts am Feststellungsinteresse, da sie nur eintritt, wenn die Abtretung wirksam war (BGH, a.a.O.). Vorliegend ist es dem Beklagten aber nicht möglich, die Rechtswirksamkeit der Abtretung sicher zu beurteilen.

Die Begründetheit der Feststellungsklage ergibt sich aus obiger Darlegung, warum der Klageanspruch nicht besteht.

...

Rechtsanwalt

▶ Muster 14: Mitteilung eines Verhandlungs-/Beweistermins mit Hinweis auf die Möglichkeit persönlichen Erscheinens des Mandanten

32 Sehr geehrter Herr ...,

in Ihrer Sache gegen ... hat das Landgericht ... Termin zur mündlichen Verhandlung (*ggf.: und Beweisaufnahme*) anberaumt auf ... im Gerichtsgebäude des Landgerichts, Saal ...

Ich werde den Termin wahrnehmen und Sie anschließend über den Verlauf der Verhandlung (*ggf.: und der Beweisaufnahme*) unterrichten.

Ihr persönliches Erscheinen ist nicht angeordnet worden; es ist also nicht zwingend, dass Sie im Termin anwesend sind. Ich halte es gleichwohl in Ihrem Interesse für notwendig, dass Sie an der Verhandlung teilnehmen. Ich schließe nicht aus, dass das Gericht Fragen stellt, etwa zu Ihrer Verletzung und dem Heilungsverlauf, die nur Sie in der Verhandlung beantworten können. (*Ggf.: Auch können sich bei der Vernehmung der Zeugen Fragen ergeben, zu denen ich erst nach Rücksprache mit Ihnen einen Vorhalt machen kann.*)

Bringen Sie daher zur Verhandlung bitte sämtliche Unterlagen mit, die Sie in dieser Sache zusammengetragen haben. Sinnvoll erscheint mir zudem, dass Sie sich eine kurze Übersicht Ihrer Krankheitsgeschichte als Gedächtnisstütze anfertigen. Stellen Sie sich auch darauf ein, dass ich das Gericht bitte, die Verhandlung kurz zu unterbrechen, falls ich vor Beantwortung einer Frage noch mit Ihnen sprechen möchte. Bedenken Sie, dass Sie dem Gericht wahrheitsgemäß antworten müssen, was Sie sagen, sollte aber durchdacht sein. Natürlich können Sie unbedachte oder falsche Antworten jederzeit korrigieren, ob das Gericht diese Korrektur aber noch als der Wahrheit entsprechend ansehen wird, ist naturgemäß fraglich.

Wir treffen uns zehn Minuten vor Beginn der Verhandlung vor dem Verhandlungssaal.

Mit freundlichen Grüßen,

...

Rechtsanwalt

▶ Muster 15: Ablehnung eines gerichtlichen Sachverständigen

In Sachen ... (Kurzrubrum) 33

wird der Sachverständige Dr. M wegen Besorgnis der Befangenheit vom Beklagten abgelehnt.

Begründung:

Der Sachverständige ist Gehilfe des Gerichts und hat diesem das erforderliche Fachwissen zu vermitteln. Er muss daher ebenfalls unparteiisch und neutral sein (§ 410 Abs. 1 Satz 2 ZPO) und kann daher aus denselben Gründen abgelehnt werden wie ein Richter (§§ 406 Abs. 1, 41, 42 ZPO).

Hier wird der Ablehnungsgrund einer engen Beziehung zur klägerischen Partei geltend gemacht. Der Sachverständige ist Mediziner mit einer fachärztlichen Praxis am Wohnsitz des Klägers. Er ist für diesen, wie dem Beklagten erst kürzlich zur Kenntnis gelangt ist, bereits als Hausarzt tätig geworden.

Beweis: Eidesstattliche Erklärung der ...

Das hierdurch zwangsläufig begründete Vertrauensverhältnis zum Kläger ist geeignet, die Besorgnis der Befangenheit zu begründen und stellt daher einen Ablehnungsgrund dar (vgl. OLG Stuttgart, MDR 1962, 910; OLG Köln, NJW 1992, 762).

...

Rechtsanwalt

Das nachfolgende Muster geht von der Situation einer erstinstanzlichen Klageabweisung etwa wegen »Harmlosigkeitsgrenzen« oder »nachweisbar nicht denkbarer Verletzungen«, trotz entsprechenden erstinstanzlichen Klagevortrages nebst Beweisantritten aus. 34

Hinzuweisen ist darauf, dass Berufungseinlegung und -begründung nicht notwendig in einem Schriftsatz erfolgen müssen; dies ist vorliegend nur aus Gründen der Vollständigkeit und Übersichtlichkeit geschehen. Ferner ist darauf hinzuweisen, dass das Berufungsgericht nur in den Fällen des § 538 ZPO auf Antrag des Berufungsklägers die Sache **zurückverweisen** darf, ansonsten hat es selbst zu entscheiden. Es ist daher eine Frage der Anwaltstaktik, ob der Zahlungsantrag in der zweiten Instanz gestellt wird oder – wie hier – die Zurückverweisung beantragt wird. Für die Zurückverweisung spricht, dass keine Tatsacheninstanz verloren geht und die Sache nach Zurückverweisung gebührenrechtlich als neue Sache behandelt wird, § 21 RVG. 35

▶ Muster 16: Berufung gegen amtsgerichtliche Klageabweisung einer Halswirbelsäulen-Verletzung

An das 36

Landgericht ...

Berufung

In dem Rechtsstreit

des Herrn ... *(Namen und vollständige, ladungsfähige Anschrift),*

– Klägers und Berufungsklägers –

– Prozessbevollmächtigter: Rechtsanwalt ... aus ... –

gegen

1. die ... Versicherung ... (*ladungsfähige Anschrift*), gesetzlich vertreten durch den Vorstand, ebenda,

– Beklagte und Berufungsbeklagte zu 1) –

2. Herrn ... *(Namen und ladungsfähige Anschrift des Unfallgegners),*

– Beklagter und Berufungsbeklagter zu 2) –

– Prozessbevollmächtigte erster Instanz: Rechtsanwälte ... aus ... –

Namens und im Auftrag des Klägers legen wir gegen das Urteil des Amtsgerichts ..., Az. ..., vom ..., zugestellt am ...

Berufung

mit dem Antrag ein,

das angefochtene Urteil des Amtsgerichts ... vom ... aufzuheben und die Sache zur erneuten Verhandlung und Entscheidung an das Amtsgericht zurückzuverweisen.

Eine Abschrift des angefochtenen Urteils liegt bei.

Begründung:

I.

Das amtsgerichtliche Urteil legt seiner Beweiswürdigung bereits ein falsches Beweismaß zugrunde.

Zwar ist es im Ausgangspunkt zutreffend davon ausgegangen, dass der Nachweis des Haftungsgrundes, also die Frage, ob sich der Kläger bei dem Unfall die behauptete HWS-Verletzung zugezogen hat (haftungsbegründende Kausalität), den strengen Beweisanforderungen des § 286 ZPO unterliegt. Der Geschädigte muss grundsätzlich den Vollbeweis für die behauptete Primärverletzung erbringen, ohne dass ihm Beweiserleichterungen, etwa das geringere Beweismaß des § 287 ZPO, das nur die haftungsausfüllende Kausalität betrifft, oder gar ein Anscheinsbeweis zugute kommen. Die nach § 286 ZPO erforderliche Überzeugung des Richters erfordert indes keine absolute oder unumstößliche Gewissheit und auch keine »an Sicherheit grenzende Wahrscheinlichkeit«, sondern nur einen für das praktische Leben brauchbaren Grad von Gewissheit, der Zweifeln Schweigen gebietet (st. Rspr. des BGH, vgl. etwa BGH, Urt. v. 28.01.2003 – VI ZR 139/02, NJW 2003, 1116 m.w.N.; OLG Frankfurt am Main, Urt. v. 28.02.2008 – 4 U 238/06, ZfS 2008, 264; KG, Urt. v. 16.11.2006 – 22 U 267/04, VersR 2008, 837).

Das Erstgericht hat indessen ausdrücklich das Beweismaß der »an Sicherheit grenzenden Wahrscheinlichkeit« für die Überzeugungsbildung des Tatrichters für erforderlich erachtet und die Beweisanforderungen damit überspannt.

II.

Daneben leidet die vorgenommene Beweiswürdigung aber auch unter einem wesentlichen Verfahrensfehler im Sinne des § 538 Abs. 2 Nr. 1 ZPO, indem das Erstgericht die vom Kläger für das Vorliegen einer HWS-Distorsion angebotenen Beweise im Wege der vorweggenommenen Beweiswürdigung als nicht ergiebig erachtet und – außer einer (fehlerhaften) sachverständigen Begutachtung und einer (ebenfalls fehlerhaften) Würdigung des ärztlichen Erstbefundes – keinen weiteren Beweis erhoben hat. Denn auch nach dem insoweit als Maßstab ohne Rücksicht auf dessen Richtigkeit zugrunde zu legenden materiell-rechtlichen Standpunkt des Erstrichters (vgl. BGH, Urt. v. 28.10.1999 – IX ZR 341/98, NJW 2000, 142; BGH, Urt. v. 12.01.1983 – IVa ZR 135/81, NJW 1983, 822) hätte es den vom Kläger angebotenen Beweis erheben müssen.

1. Entgegen der Auffassung des Amtsgerichts spricht der Befund des erstbehandelnden Arztes, der eine »HWS-Zerrung« festgestellt hat, nicht schon gegen eine unfallbedingte HWS-Verletzung. Zwar kann ein ärztliches Attest, das lediglich die Darstellung des Betroffenen wiedergibt oder in der Sache nicht über eine Verdachtsprognose hinausgeht, somit keine

eigenen Feststellungen trifft, allein nicht die Überzeugung einer primären Verletzung der Halswirbelsäule rechtfertigen (OLG Frankfurt am Main, Urt. v. 28.02.2008 – 4 U 238/06, ZfS 2008, 264; OLG Hamm, Urt. v. 02.07.1991 – 13 U 224/00, VersR 2002, 992).

Dennoch kann Attesten und Berichten von erstbehandelnden Ärzten nicht pauschal jeglicher Beweiswert abgesprochen werden (vgl. BGH, Urt. v. 03.06.2008 – VI ZR 235/07, NJW-RR 2008, 1380). Auch wenn sie insbesondere vor dem Hintergrund, dass der Arzt nicht primär als Gutachter, sondern als Therapeut tätig geworden ist, grundsätzlich einer kritischen Prüfung unterliegen (vgl. Lemcke, NZV 1996, 337; Jaeger VersR 2006, 1611; Mazzotti/Castro, NZV 2008, 113), muss der Tatrichter aufklären, ob das Attest auf eigenen objektivierbaren Feststellungen beruht und ob der Arzt die Angaben des Patienten für glaubhaft gehalten hat, oder ob er lediglich die Angaben des Geschädigten ungeprüft übernommen hat.

2. Da gerade leichtere HWS-Verletzungen mit bildgebenden Verfahren regelmäßig nicht nachweisbar sind und ein Anscheinsbeweis für die Ursächlichkeit eines Auffahrunfalls für ein behauptetes HWS-Syndrom wegen fehlender Typizität verneint wird (BGH, Urt. v. 28.01.2003 – VI ZR 139/02, NJW 2003, 1116), kommt es für die Überzeugungsbildung des Tatrichters entscheidend darauf an, ob die Angaben des Klägers und die beklagten Beschwerden insgesamt glaubhaft sind (BGH, Urt. v. 28.01.2003 – VI ZR 139/02, NJW 2003, 1116). Dabei muss sich das Gericht im Rahmen der gebotenen Würdigung aller Gesamtumstände auch über eine persönliche Anhörung des Geschädigten einen Eindruck über dessen Glaubwürdigkeit verschaffen. Daneben wird nach der Rechtsprechung des BGH in aller Regel auch eine medizinische Beratung durch Sachverständige erforderlich sein, deren tatsächliche Grundlagen rechtzeitig zu sichern sind (vgl. OLG Frankfurt am Main, Urt. v. 28.02.2008 – 4 U 238/06, ZfS 2008, 264; OLG Hamm, Urt. v. 02.07.1991 – 13 U 224/00, VersR 2002, 992).

III.

Diesen Grundsätzen ist das Erstgericht nicht gefolgt. Seine Feststellung, die ärztlichen Befunde beruhten ausschließlich auf den Angaben des Patienten, wird nicht von einer Würdigung der Gesamtumstände getragen. Zwar mag es Fälle geben, in denen dies zutrifft und eine reine Verdachtsdiagnose vorliegt. Hierzu hätte das Amtsgericht jedoch eigene Feststellungen treffen und – wie vom Kläger angeboten – eine Zeugenaussage des erstbehandelnden Arztes einholen sowie die Ehefrau des Klägers als Zeugin vernehmen müssen (vgl. hierzu auch Jaeger, VersR 2006, 1611). Die Übergehung der klägerischen Beweisangebote stellt einen wesentlichen Verfahrensfehler dar.

1. Verfahrensfehlerhaft hat das Amtsgericht zudem die Klageabweisung auf ein biomechanisches Gutachten gestützt. Bei der Prüfung, ob ein Unfall eine HWS-Verletzung verursacht hat, sind stets die Umstände des Einzelfalles zu berücksichtigen. Der BGH hat der in der früheren Rechtsprechung angenommenen schematischen Harmlosigkeitsgrenze eine klare Absage erteilt (BGH, Urt. v. 28.01.2003 – VI ZR 139/02, NJW 2003, 1116) und dies nicht nur für Auffahrunfälle, sondern etwa auch für Frontalkollisionen bestätigt (BGH, Urt. v. 08.07.2008 – VI ZR 274/07, NJW 2008, 2845). Hiernach ist es revisionsrechtlich nicht zu beanstanden, wenn der Tatrichter aufgrund eingehender medizinischer Begutachtung und ausführlicher Anhörung des Klägers in tatrichterlicher Würdigung die Überzeugung gewinnt, dass durch den Unfall eine Körperverletzung des Klägers verursacht worden ist (BGH, Urt. v. 28.01.2003 – VI ZR 139/02, NJW 2003, 1116). Ein Beweisangebot, mithilfe eines biomechanischen Gutachtens die kollisionsbedingte Geschwindigkeitsänderung festzustellen, kann daher mangels Erheblichkeit unberücksichtigt bleiben. Diese kollisionsbedingte Geschwindigkeitsänderung kann, da sich der menschliche Körper einer Standardisierung entzieht und es daher keine Grenze gibt, unterhalb derer schlechterdings keine Verletzung mehr möglich wäre, keine Aussagekraft für die Beweisfrage haben.

2. Verfahrensfehlerhaft hat das Amtsgericht zuletzt auf die Einholung eines medizinischen Gutachtens mit dem Hinweis darauf verzichtet, nach Kenntnis des Gerichts, die sich auf eine Tabelle betreffend die Klassifizierung von HWS-Verletzungen stütze, sei ein symptomfreies Intervall von mehr als einer Stunde typisch. Beim Kläger seien weder Übelkeit, Erbrechen oder Schluckbeschwerden aufgetreten, was ebenfalls gegen eine unfallbedingte HWS-Verletzung spreche. Hier berühmt sich das Erstgericht einer Fachkenntnis, ohne dass nachvollziehbar ist, aus welcher Quelle diese Kenntnis herrührt. Nach den oben dargelegten Grundsätzen steht der Einholung eines medizinischen Gutachtens auch nicht entgegen, dass

derzeit keine ausreichenden Anknüpfungstatsachen zur Verfügung stehen; das Gericht muss vielmehr anhand der angebotenen Zeugenbeweise sowie einer persönlichen Anhörung des Klägers zunächst aufklären, ob solche Anknüpfungstatsachen vorliegen.

IV.

Die angefochtene Entscheidung beruht auch auf diesem Verfahrensfehler, denn es kann nicht ausgeschlossen werden, dass das Erstgericht bei richtigem Verständnis des § 286 ZPO zum Ergebnis gelangt wäre, der Kläger habe den Nachweis einer HWS-Verletzung erbracht.

Der Verfahrensfehler macht eine umfangreiche Beweisaufnahme notwendig (§ 538 Abs. 2 Nr. 1 ZPO). Wie bereits dargestellt, ist neben der persönlichen Anhörung des Klägers zumindest die zeugenschaftliche Vernehmung seiner Ehefrau und des erstbehandelnden Arztes, ggf. aber auch die Einholung eines medizinischen Gutachtens geboten.

Die Sache ist daher auf Antrag des Klägers an das Amtsgericht zwecks Nachholung dieser Beweisaufnahme zurückzuverweisen. Die Zurückverweisung des nicht zur Entscheidung reifen Rechtsstreits ist auch sachdienlich, da das Interesse an einer schnelleren Erledigung gegenüber dem Verlust einer Tatsacheninstanz vorliegend nicht überwiegt (vgl. BGH; Urt. v. 15.03.2000 – VIII ZR 31/99, NJW 2000, 2024).

...

Rechtsanwalt

▶ Muster 17: Gehörsrüge nach § 321a ZPO

37 In dem Rechtsstreit ...

beantrage ich,

den Rechtsstreit wegen Gehörsverletzung fortzusetzen und neu zu entscheiden.

Angesichts eines nach §§ 708 Nr. 11, 711, 713 ZPO vollstreckbaren Urteils beantrage ich ferner,

die Zwangsvollstreckung aus dem Urteil ohne Sicherheitsleistung einzustellen, § 321a Abs. 6, 707 ZPO.

Begründung:

Das nicht berufungsfähige Urteil vom ... beruht auf einer Verletzung des Anspruchs der Klägerin auf Gewährung rechtlichen Gehörs. Bereits in der Klageschrift vom ... war beantragt worden, nicht ohne mündliche Verhandlung zu entscheiden, § 495 Satz 2 ZPO. Nach dem klaren Wortlaut der Norm muss in diesem Fall eine mündliche Verhandlung anberaumt werden. Dies ist nicht geschehen, vielmehr hat das Gericht, ohne einen Verkündungstermin anzuberaumen, eine Entscheidung verkündet und den Parteien zugestellt.

Das Urteil ist daher fehlerhaft; der Prozess ist antragsgemäß fortzusetzen.

...

Rechtsanwalt

▶ Muster 18: Adhäsionsantrag im Strafprozess[19]

38 In der Strafsache gegen ...

(*Name und vollständige, ladungsfähige Anschrift des Angeklagten*)

wird namens und im Auftrag kraft anliegender Vollmacht für den Geschädigten beantragt, im Adhäsionsverfahren neben der strafrechtlichen Verurteilung wie folgt zu erkennen:

Der Angeklagte wird verurteilt, an den (Angaben zum Antragsteller) ein angemessenes Schmerzensgeld, mindestens aber ... € nebst Zinsen in Höhe von 5 Prozentpunkten über dem Basiszinssatz seit Antragstellung zu zahlen.

19 Hierzu ausführlich Kap. 7 Rdn. 1 ff.

Der Angeklagte trägt die Kosten des Adhäsionsverfahrens und die notwendigen Auslagen des Antragstellers.[20]

Begründung:

(*Sachverhaltsschilderung mit Beweisantritten*)

Der Anspruch auf Schmerzensgeldzahlung aus diesem Tatgeschehen folgt aus §§ 823 Abs. 1, 253 Abs. 2 BGB.

(*wird ausgeführt; zu denken ist auch an § 823 Abs. 2 BGB i.V.m. dem Strafgesetz*)

Es wird darauf hingewiesen, dass die Zinsforderung, die sich aus § 291 BGB ergibt, wegen § 404 Abs. 2 StPO bereits seit Antragseingang verlangt werden kann.

...

Rechtsanwalt

D. Vergleich

▶ Muster 1: Information der Mandantin über einen Vergleichsvorschlag

Sehr geehrte Frau ..., 39

in Ihrer Unfallsache hat die Gegenseite nunmehr einen Vergleichsvorschlag unterbreitet. Die Summe, die sie zu zahlen bereit ist, hält sich im Bereich der für Verletzungen der vorliegenden Art ausgeurteilten Beträge; es ist m.E. nicht sicher, dass wir im Prozess tatsächlich eine deutlich höhere Summe erlangen würden.

Die Entscheidung, ob der Vergleich geschlossen wird, liegt natürlich bei Ihnen.

Mit freundlichen Grüßen,

...

Rechtsanwalt

▶ Baustein 1: Regressabsicherung (Spätfolgen)

Hinweisen möchte ich aber noch darauf, dass – wird der Vergleich geschlossen – Nachforderungen wegen weiterer Schäden regelmäßig nicht mehr in Betracht kommen, da der Vergleich die Sache abschließend und endgültig regelt. Soweit also auch nur die Möglichkeit von heute noch nicht absehbaren Spätfolgen besteht, sollten wir einen sog. »Vorbehalt« in den Vergleichstext mit aufnehmen, um uns nicht die Möglichkeit einer späteren Nachforderung zu nehmen. 40

▶ Baustein 2: Regressabsicherung (Titulierung)

Ich muss allerdings darauf hinweisen, dass dieser Vergleich noch keinen sog. »Titel« darstellt. Wenn die Gegenseite also nicht von sich aus zahlt, können wir noch nicht vollstrecken, sondern müssten unseren Anspruch aus dem Vergleich – wie etwa einen Anspruch aus Kaufvertrag – zunächst vor einem Gericht einklagen. Ich rege daher an, einen sog. »Anwaltsvergleich« zu schließen; wenngleich dieser etwas teurer ist, kann aus ihm aber ohne den »Umweg« über ein Gerichtsverfahren vollstreckt werden. 41

---

20 Streng genommen von Amts wegen zu entscheiden; die Kostenentscheidung folgt aus § 472a StPO, der (erforderliche) Ausspruch zur vorläufigen Vollstreckbarkeit im Urteil aus § 406b StPO i.V.m. §§ 708 Nr. 11, 709, 711 ZPO.

▶ Hinweis:

42 Der Anwaltsvergleich muss von Rechtsanwälten im Namen und mit Vollmacht der Parteien abgeschlossen werden, die Unterwerfung des Schuldners unter die sofortige Zwangsvollstreckung enthalten und beim AG (Notar) für vollstreckbar erklärt werden; zu den Einzelheiten vgl. §§ 796a ff. ZPO.

▶ Baustein 3: Regressabsicherung (gerichtlicher Vergleichsvorschlag nach Sachverständigengutachten)

43 Das Gericht hat den o.g. Vergleichsvorschlag unter Hinweis auf das im Prozess eingeholte Sachverständigengutachten übersandt. In diesem Gutachten hatte der Sachverständige ausgeführt, …

Besteht Ihrerseits nur der geringste Zweifel an der inhaltlichen Richtigkeit des Gutachtens, rate ich dringend von einem Vergleich ab. Die Rechtslage ist nämlich dergestalt, dass wir bei einem unrichtigen Gutachten und einem hierauf basierenden Urteil u.U. Schadensersatzansprüche gegen den Gutachter geltend machen könnten; diese Ansprüche sind uns verwehrt, wenn wir den Prozess durch Vergleich beenden, grundsätzlich auch und gerade dann, wenn der Vergleich auf dem unrichtigen Gutachten beruht.

▶ Hinweis:

44 Ausführlich zu dieser Regressfalle Jaeger/Luckey, Rn. 428 ff.; Jaeger, ZAP, Fach 2, S. 441 ff.

45 In der Praxis spielen **Abfindungsvergleiche** eine große Rolle. Für das Schmerzensgeld kommt regelmäßig die Vereinbarung eines Kapitalbetrages in Betracht; die Gewährung einer Schmerzensgeldrente bildet im Vergleich die Ausnahme. Zu beachten ist aber, ob nicht bestimmte Entwicklungen in Betracht kommen, die noch nicht endgültig in ihren Folgen zu übersehen sind, z.B. unvorhersehbare Verschlechterungen der Gesundheit oder risikoreiche Gesundheitsbehandlungen oder Operationen. In diesen Fällen sollte unbedingt ein Vorbehalt hinsichtlich dieser Schäden in den Vergleich aufgenommen werden.

▶ Muster 2: Vergleichsformulierungen

46 Variante 1: Vorbehalt

Einem am … rechtskräftigen Feststellungsurteil in seiner Wirkung gleichgestellt,

Hinweis:

Diese Formulierung macht einen etwaigen Vorbehalt »verjährungsfest«[21] Um eine exakte Berechnung der Verjährung zu ermöglichen, sollte der Stichtag, der der Rechtskraft des Urteils gleichstehen soll, genannt werden.[22] Möglich ist auch, ausdrücklich einen Verjährungsverzicht aufzunehmen.

21 Vgl. Kap. 7 Rdn. 292 ff. Das OLG Hamm, Urt. v. 16.06.1998 – 28 U 237/97, VersR 1999, 1495, hat einen Anwaltshaftungsfall angenommen, weil eine Klausel nur »Offen bleibt der materielle Zukunftsschaden ab 01.01.1990, soweit kein Übergang auf Sozialversicherungsträger vorliegt, außerdem immaterieller Zukunftsschaden bei Kniegelenkversteifung.« gefasst war. Dass möglicherweise im Wege der Auslegung erreicht werden könnte, einen konkludenten Verzicht auf die Verjährungseinrede »hineinzuinterpretieren« (so in einem Ausnahmefall OLG Hamm, Urt. v. 09.12.1994 – 32 U 114/94, VersR 1996, 78; dagegen BGH, Urt. v. 26.05.1992 – VI ZR 253/91, VersR 1992, 1091; BGH, Urt. v. 29.01.2002 – VI ZR 230/01, VersR 2002, 474 = NJW 2002, 1878; KG, Urt. v. 22.12.1998 – 6 U 307/97, VersR 2000, 1145; OLG Rostock, Urt. v. 22.10.2010 – 5 U 225/09, NJW-Spezial 2011, 169), genügte nicht, da nach Ansicht des OLG das Gebot des sichersten Weges bedeutet hätte, eine klare (!) Klausel zur Verjährung zu vereinbaren.

22 Nugel, ZfS 2006, 190 (194).

schließen die Parteien heute, ... (*Datum*), folgenden

Abfindungsvergleich.

Zur Abgeltung des Unfallereignisses vom ... zahlt ... (Gegner) an ... (Mandanten) einen Kapitalbetrag von ... €. Damit sind sämtliche bis zum (Datum) eingetretenen Unfallfolgen abgegolten und erledigt.

Hiervon unberührt und daher vorbehalten bleiben künftig auftretende Verschlechterungen,

Hinweis:

Schon bei einem Prozess um die Reichweite des Vorbehalts vorzubeugen, sollte dieser möglichst präzise gefasst werden. Slizyk[23] empfiehlt wegen der in der Natur der Sache liegenden Unklarheit künftiger Schadensentwicklung, die Abgrenzung dergestalt vorzunehmen, dass der bekannte Schaden möglichst genau definiert und der Vorbehalt in Bezugnahme hierauf gefasst wird. Denkbar ist auch, bereits im Vergleich festzulegen, welcher Arzt/welches Klinikum die Begutachtung von Spätschäden vornehmen soll, wobei hier dann auch klargestellt werden soll, inwieweit eine solche Abrede eine Schiedsgutachtervereinbarung darstellen soll.

die von dem als Anlage zum Vergleich angefügten fachärztlich attestierten Verletzungsbild abweichen.

..., den ...

...

Unterschriften

▶ Variante 2: endgültige Beilegung

Die Abgeltung umfasst alle künftigen Schäden, seien sie vorhersehbar oder unvorhersehbar, erwartet oder unerwartet. 47

Wird solcherart eine endgültige Abfindung vereinbart, bedarf es (natürlich) keiner Klausel zu den Wirkungen eines Feststellungsurteils mehr – Nachforderungen sind ja gerade nicht mehr möglich, sodass sich die Frage ihrer potenziellen Verjährung gar nicht mehr stellt.

Soweit steuerliche Konsequenzen einer Kapitalabfindung nicht endgültig beurteilt werden können, sollte auch insoweit ein Vorbehalt in den Abfindungsvergleich aufgenommen werden. 48

▶ Baustein: Vorbehalt bezüglich steuerlicher Konsequenzen

Die Versicherung übernimmt ferner die Erstattung etwaiger steuerlicher Belastungen, die sich aus dieser Kapitalisierungsvereinbarung ergeben. Der Geschädigte verpflichtet sich gegen Kostenerstattung auf Wunsch der Versicherung gegen einen etwaigen Steuerbescheid auch gerichtlich vorzugehen. 49

Der Vergleich muss gedanklich in alle Richtungen »abgesichert« werden. Häufige Fehlerquelle sind **rechtliche Hindernisse auf Mandantenseite.**[24] 50

Ist der Mandant etwa im **Güterstand der Gütergemeinschaft** verheiratet, müssen beide Ehegatten einem Vergleich zustimmen, der das Gesamtgut betrifft. Ebenso bedarf ein **Vormund** in den Fällen des § 1822 Nr. 12 BGB der vormundschaftlichen Genehmigung für einen Vergleich, es sei denn, dieser bliebe unter 3.000,00 € oder sei vom Gericht vorgeschlagen. Für die Eltern – gesetzliche Vertreter des minderjährigen Mandanten – gilt diese Beschränkung nicht, da § 1643 Abs. 1 BGB nicht hierauf verweist. Der Haftpflichtversicherer auf der Gegenseite handelt bei Abschluss eines 51

23 Slizyk, S. 123.

24 Beispiele nach Geigel/Bacher, Kap. 40 Rn. 76 ff.

Vergleichs als Bevollmächtigter seines Versicherungsnehmers (§ 10 Abs. 5 AKB), im Hinblick auf einen etwaigen Direktanspruch (§ 115 Abs. 1 Nr. 1 VVG) auch in eigenem Namen.

52 Bei schweren (insb.: Gehirn-) Verletzungen kann es auch vorkommen, dass der Mandant im Laufe des Prozesses oder der außergerichtlichen Auseinandersetzung geschäftsunfähig wird. Diese **Geschäftsunfähigkeit** muss nicht immer sofort offen zutage treten. Ein Vergleich, den ein unerkannt Geschäftsunfähiger schließt, ist nichtig. Im Prozess fehlt zudem die Prozessfähigkeit, vgl. § 52 ZPO. Bestehen daher die leisesten Zweifel an der Geschäftsfähigkeit des Mandanten, empfiehlt es sich, vor Abschluss des Vergleichs ein ärztliches Zeugnis über seine Geschäftsfähigkeit einzuholen. Ansonsten bedarf es eines Betreuers sowie evtl. des Vormundschaftsgerichts, §§ 1915, 1822 Nr. 12 BGB.

53 Zuletzt ist (soweit es um sonstige Schadensersatzansprüche über die immateriellen Schäden hinaus geht) daran zu denken, dass nicht nur dem Mandanten als unmittelbar Geschädigtem, sondern oft auch mittelbar Verletzten Ansprüche zustehen können (§§ 844, 845 BGB); umgekehrt existieren vielleicht neben dem Vergleichsgegner noch **andere Anspruchsgegner**, die gesamtschuldnerisch mit diesem haften. Um diese Dritten sinnvoll in einen Vergleich einzubeziehen, bietet sich folgende Formulierung an:[25]

▶ Baustein: Andere Anspruchsgegner neben dem Vergleichsgegner

54 Der … (*Gegner*) zahlt zur Abfindung aller Ansprüche, die dem … (*Mandanten*) aus dem Unfall vom … gegen den … (*Gegner*) oder gegen irgendwelche dritte Personen, die als Gesamtschuldner in Betracht kommen, zustehen, einen Betrag von … €.

Der … (*Mandant*) tritt hiermit alle Ansprüche, die ihm aus dem Unfall vom … etwa gegen dritte Personen, die als Gesamtschuldner in Betracht kommen, zustehen, an den … (*Gegner*) ab; dieser nimmt die Abtretung hiermit an.

▶ Hinweis:

55 Zwar ordnet § 426 BGB eine cessio legis für den Gesamtschuldnerinnenausgleich an, ein Vergleich wirkt aber grds. nicht gegenüber allen Gesamtschuldnern, § 423 BGB. Es tritt daher nur i.H.d. tatsächlich gezahlten Beträge Erfüllung ein; der Geschädigte könnte die anderen Gesamtschuldner in übersteigender Höhe in Anspruch nehmen, und diese könnten möglicherweise den Vergleichsgegner in Regress nehmen. Um dieses ungewünschte Ergebnis zu vermeiden, bietet sich eine rechtsgeschäftlich vereinbarte Abtretung an.

56 Zu beachten ist, dass gerade im Personenschadensbereich eine sozial- und privatversicherungsrechtliche »Überlagerung« besteht: Nach **§ 116 SGB X** geht ein Anspruch, für den ein Sozialversicherungsträger eintrittspflichtig ist, bereits im **Unfallzeitpunkt** auf den Sozialversicherungsträger über.[26] Es fehlt also von vornherein (bis auf die »logische Sekunde« im Unfall) die Aktivlegitimation des Geschädigten, sich über diese Ansprüche zu vergleichen.

57 Eine häufige Haftungsfalle ist die Norm des § 86 VVG, wonach im Privatversicherungsrecht (also: der privaten Kranken- und Pflegeversicherung) eine Zession erst dann stattfindet, wenn geleistet wird.[27] Dies hat zur Folge, dass der Geschädigte z.Zt. des Abfindungsvergleichs noch aktivlegitimiert ist, sich also über seine Heilbehandlungs- und Aufwendungskosten vergleichen kann. Weil aber – durch den Vergleich – seine Ansprüche auf Schadensersatz erloschen sind, kann auch der Anspruch

25 Nach Geigel/Bacher, Kap. 40 Rn. 86 ff.

26 Dieser Übergang setzt voraus, dass der Sozialversicherungsträger »kongruente«, also – kurz gesagt – entsprechende Leistungen zu dem Ersatzanspruch erbringt, also z.B.: Krankengeld führt zum Übergang des Erwerbsschadensanspruchs; Pflegeleistungen zum Übergang des Anspruchs auf Ausgleich vermehrter Bedürfnisse usw.

27 Luckey, Rn. 1782.

gegen den Versicherer ganz (§ 86 Abs. 2 Satz 2 VVG: bei Vorsatz) oder teilweise (§ 86 Abs. 2 Satz 3 VVG: bei grober Fahrlässigkeit) erlöschen.[28]

▶ **Haftungsfalle:**

Ein Abfindungsvergleich ohne entsprechende Vorbehaltserklärung kann also dazu führen, dass der Geschädigte Leistungsansprüche gegen seine Privatversicherung verliert[29] und dann im Regressweg gegen den Anwalt vorgeht, der hierüber nicht aufgeklärt bzw. diesen Umstand nicht vermieden hat! 58

Eine Vorbehaltsklausel – deren Annahme durch die Versicherung natürlich immer schwerer zu verhandeln ist als eine endgültige Beilegung – kann lauten wie folgt: 59

▶ **Baustein: Fehlende Aktivlegitimation**

Zur Abgeltung ..., soweit die Ansprüche nicht auf Sozialversicherungsträger oder sonstig leistungspflichtige Dritte übergegangen sind oder noch übergehen werden.

Schließlich ist – gerade aus Haftungsseite – zu prüfen, ob es aus dem Schadensereignis weitere Anspruchsinhaber geben kann. Im Todesfall etwa sind potenziell neben den Hinterbliebenen, die nach § 844 Abs. 3 BGB anspruchsberechtigt sind, noch weitere Anspruchsinhaber denkbar. Will die Haftungsseite eine endgültige Erledigung des Falles erreichen, müssen diese in den Vergleich einbezogen werden. 60

▶ **Baustein: Umfassende Abgeltung auch von Ansprüchen Dritter im Todesfall**

Zur Abgeltung aller Ansprüche des (Mandanten) aus dem Unfallereignis vom ..., bei welchem Herr ... zu Tode kam, ... zahlt (der Haftende) einen Betrag von ... zuzüglich der nach diesem Gegenstandswert berechneten Anwaltskosten. Der Abfindungsbetrag mit Ausnahme der Anwaltskosten soll überwiesen werden auf das Konto ..., die Anwaltskosten auf das Konto ... Mit Eingang der Beträge auf diesen Konten sind sämtliche Ansprüche des (Mandanten) aus vorbezeichnetem Haftungsfall, seien sie bekannt oder unbekannt, vorhersehbar oder nicht vorhersehbar, vergangen, gegenwärtig oder zukünftig und gleich aus welchem Rechtsgrund abgegolten und erledigt. Dies gilt auch für Ansprüche gegen mit dem (Haftenden) gesamtschuldnerisch haftende Dritte.

Die Vertragsschließenden sind sich einig, dass aus dem Unfallereignis folgenden Personen noch Ansprüche zustehen könnten: 61
- den weiteren Erben: (...);
- den Eltern des Getöteten wegen grundsätzlich denkbaren Elternunterhaltsausfallschadens;
- Frau ..., die ebenfalls als nahe Angehörige iSd § 844 Abs. 3 BGB in Betracht kommen kann.

Der (Mandant) erklärt hierzu, dass die vorbezeichneten Personen von ihm bereits informiert wurden und beabsichtigen, auf mögliche Ansprüche zu verzichten. Die Wirksamkeit dieses Vergleichs ist damit aufschiebend bedingt durch Einreichung entsprechender Anspruchsverzichtserklärungen der vorbezeichneten Dritten. In diesen Erklärungen haben die Dritten auch zu erklären, dass sie

---

28 Nach der Rechtslage vor der Reform des VVG zum 01.01.2008 kam es gem. § 67 Abs. 1 Satz 3 a.F. VVG zu einem völligen und verschuldensunabhängigen Verlust des Versicherungsschutzes!

29 Nur ausnahmsweise kann eine – dann auch sehr wohlwollende – Auslegung dazu führen, die Konsequenzen eines Anspruchsverlustes der privaten Versicherung zum Anlass einer Auslegung zu nehmen, die dahin geht, dass dann nicht gewollt sein sollte, diese mitzuvergleichen, so aber OLG Karlsruhe, Urt. v. 09.11.2005 – 7 U 6/05, OLGR 2006, 47: Der Vergleich regelte (erg.: nur bereits) »entstandene Schäden«, und die privat versicherten Heilbehandlungskosten waren nicht Gegenstand der Klage gewesen. Das OLG entschied, dass bei verständiger Auslegung diese daher auch nicht Gegenstand des Vergleichs hätten sein können, sodass der Krankenversicherer weiterhin leisten musste und regressieren konnte.

an den (Haftenden) ihre etwaigen Ansprüche gegen dritte Personen, die als Gesamtschuldner in Betracht kommen, abtreten. Sollten wider Erwarten diesen oder weiteren Dritten Ersatzansprüche aus dem Haftungsereignis wegen des Todes von Herrn … zustehen, wird der (Mandant) den (Haftenden) insoweit freistellen.

62 Es ist zwar pietätlos, aber: Ein noch zu Lebzeiten des Verletzten mit diesem geschlossenen Vergleich wirkt, auch bei umfassender Erledigungsklausel, doch stets nur inter partes. Originäre Ansprüche Dritter – wie gerade das Hinterbliebenengeld, welches entsteht, wenn die Verletzung nach Vergleichsschluss kausal zum Tode führt – sind damit nicht erledigt. Hierfür bedürfte es einer ausdrücklichen Einbeziehung Dritter.

▶ Baustein: Umfassende Erledigung zu Lebzeiten des Verletzten mit Ausschluss späterer Todesfallansprüche

Zur Abgeltung aller Ansprüche des (Mandanten) aus dem Unfallereignis vom … … zahlt (der Haftende) einen Betrag von … zuzüglich der nach diesem Gegenstandswert berechneten Anwaltskosten. Der Abfindungsbetrag mit Ausnahme der Anwaltskosten soll überwiesen werden auf das Konto …, die Anwaltskosten auf das Konto … Mit Eingang der Beträge auf diesen Konten sind sämtliche Ansprüche des (Mandanten) aus vorbezeichnetem Haftungsfall, seien sie bekannt oder unbekannt, vorhersehbar oder nicht vorhersehbar, vergangen, gegenwärtig oder zukünftig und gleich aus welchem Rechtsgrund abgegolten und erledigt.

Die Vertragsschließenden sind sich bewusst, dass bei einem späteren unfallbedingten Versterben des Mandanten folgenden Personen noch Ansprüche zustehen könnten:
- den potenziellen Erben: (…)
- den unterhaltsberechtigten Kindern: (…)
- den weiteren nahen Angehörigen: (…)

Der (Haftende) ist indes zur Zahlung des Vergleichsbetrages nur bereit, wenn eine umfassende Erledigung ohne weitere Nachforderungen, gleich von welcher Seite, erreicht werden kann. Der (Mandant) erklärt hierzu, dass die vorbezeichneten Personen von ihm bereits informiert wurden und beabsichtigen, auf mögliche zukünftige Ansprüche zu verzichten. Die Wirksamkeit dieses Vergleichs ist damit aufschiebend bedingt durch Einreichung entsprechender Anspruchsverzichtserklärungen der vorbezeichneten Dritten. In diesen Erklärungen haben die Dritten auch zu erklären, dass sie an den (Haftenden) ihre etwaigen Ansprüche gegen dritte Personen, die als Gesamtschuldner in Betracht kommen, abtreten.

63 Ein gerichtlicher Vergleich wird üblicherweise in der mündlichen Verhandlung in das Protokoll aufgenommen, wobei zu seiner Wirksamkeit erforderlich ist, dass er erneut vorgespielt/vorgelesen und von den Parteien genehmigt wird.

Nach der Neufassung des § 278 Abs. 6 ZPO können nunmehr gerichtliche Vergleichsvorschläge auch **schriftlich** geschlossen werden. Aus Praktikabilitätsgründen ist dem der Fall gleichzusetzen, dass die Parteien einen übereinstimmend gewünschten Vergleichsvorschlag an das Gericht senden; auch hier muss es möglich sein, eine Protokollierung per Beschluss zu erreichen, was gerade für auswärtige Anwälte sinnvoll sein mag. Ein **Schriftsatz an das Gericht** sollte wie folgt lauten:

▶ Muster 3: Anregen eines schriftlichen Vergleichs nach § 278 Abs. 6 ZPO

64 In Sachen …/…

teile ich mit, dass die Parteien sich außergerichtlich verglichen haben wie folgt:

…

…

(Vergleichstext einfügen)

Es wird angeregt, das Zustandekommen des Vergleichs nach § 278 Abs. 6 ZPO zu beschließen, um dem auswärtigen Prozessbevollmächtigten einen Protokollierungstermin zu ersparen.

Es wird daher beantragt, antragsgemäß zu bescheiden.

...

Rechtsanwalt

▶ Muster 4: Beschluss nach § 278 Abs. 6 ZPO

Beschluss 65

In ... *(volles Rubrum)*

wird gemäß § 278 Abs. 6 Satz 2 ZPO festgestellt, dass die Parteien den gerichtlichen Vergleichsvorschlag vom ... angenommen haben, die Klägerpartei mit Schriftsatz vom ... und die Beklagtenpartei mit Schriftsatz vom ..., so dass zwischen den Parteien ein Vergleich folgenden Inhalts zustande gekommen ist:

...

...

(*Vergleichstext einfügen*)

Der Streitwert wird wie folgt festgesetzt:

für das Verfahren: ... €,

für den Vergleich: ... €.

Ist ein Vergleichsbeschluss wegen bloßer **Übertragungsfehler** unrichtig, kann nach §§ 278 Abs. 6, 164 ZPO eine Berichtigung jederzeit, auch von Amts wegen, zulässig sein. **Schreib-** oder **Berechnungsfehler** sind nach § 319 ZPO ebenfalls von Amts wegen zu berichtigen; diese Berichtigung braucht also streng genommen nur angeregt zu werden.[30] 66

Anders liegt der Fall, wenn der Beschluss in der Sache fehlerhaft ist, etwa, weil eine Partei gar nicht zugestimmt hat, sondern das Gericht nur irrig von einer Zustimmung ausgegangen ist oder der Feststellungsbeschluss nicht mit der Parteivereinbarung übereinstimmt. Ob in diesem Fall die Beschwerde (analog § 567 Abs. 1 Nr. 2 ZPO) gegen die Ablehnung einer Berichtigung zulässig sein soll[31] oder eine solche nach § 567 Abs. 1 Nr. 1 ZPO unzulässig ist,[32] ist offen. Sie einzulegen kann aber jedenfalls nicht schaden; anderenfalls, wenn nämlich das Gericht eine Berichtigung des Beschlusses ablehnt oder sich die Parteien gar selbst uneinig sind, ob der Vergleich wirksam ist, ist wie bei einem gerichtlich protokollierten Vergleich die Frage durch Fortsetzung des laufenden Verfahrens zu klären. 67

▶ Muster 5: Korrektur eines fehlerhaften Beschlusses nach § 278 Abs. 6 ZPO

Variante 1: Anregung der Berichtigung 68

In Sachen ...

beantrage ich die

Berichtigung

des gerichtlichen Vergleichsbeschlusses vom ...

30 Schneider, Rn. 377.
31 Schneider, Rn. 378.
32 Thomas/Putzo, ZPO, § 278 Rn. 18.

Begründung:

Der Beschluss hält fest, dass ... Dies ist unrichtig. Ausweislich der Akten hat das Gericht zwar zunächst vorgeschlagen, dass ... Dieser Vorschlag ist aber auf übereinstimmenden Wunsch beider Parteien noch geändert worden, sodass (Schriftsätze vom ...) ein Vergleich letztendlich mit folgendem Wortlaut zustande gekommen ist:

...

Es wird daher beantragt, nach § 319 ZPO bzw. – für den Fall bloßen Übertragungsversehens – nach §§ 278 Abs. 6, 164 ZPO den Beschluss antragsgemäß zu berichtigen.

...

Rechtsanwalt

▶ Muster 5: Korrektur eines fehlerhaften Beschlusses nach § 278 Abs. 6 ZPO

69 Variante 2: Sofortige Beschwerde

In Sachen ...

lege ich hiermit gegen die Zurückweisung meines Berichtigungsantrages vom ..., mir zugestellt am ...,

sofortige Beschwerde

ein.

Begründung:

Das Gericht hat einen Vergleichsbeschluss mit folgendem Wortlaut erlassen: ...

Tatsächlich aber haben ...

Diesbezüglich wurde daher Berichtigung des unrichtigen Vergleichsbeschlusses beantragt. Nachdem diese Berichtigung nunmehr abgelehnt worden ist, muss – da die Parteien ansonsten keine Möglichkeit der rechtlichen Überprüfung der fehlerhaften Rechtsauffassung des Gerichts hätten – die sofortige Beschwerde analog § 567 Abs. 1 Satz 2 ZPO zulässig sein (vgl. Schneider, Praxis der neuen ZPO, 2. Aufl. 2003, Rn. 378).

...

Rechtsanwalt

▶ Muster 6: Klage trotz Abfindungsvergleichs

70 Klage

der Frau ... (*Namen und vollständige, ladungsfähige Anschrift*),

– Klägerin –

– Prozessbevollmächtigter: Rechtsanwalt ... aus ... –

gegen

Herrn Dr. med. ... (*Namen und ladungsfähige Anschrift*),

– Beklagten –

Namens und in Vollmacht meiner Mandantin erhebe ich Klage und werde in der mündlichen Verhandlung beantragen,

1. *Der Beklagte wird verurteilt, an die Klägerin ein in das Ermessen des Gerichts gestelltes Schmerzensgeld, mindestens aber ... €, nebst Zinsen von 5 Prozentpunkten über dem Basiszinssatz seit dem ... zu zahlen.*

2. *Es wird festgestellt, dass der Beklagte verpflichtet ist, der Klägerin allen weiteren immateriellen Schaden zu ersetzen, der ihr aus der Behandlung durch den Beklagten) vom ... bis ... zukünftig noch entstehen wird.*

Begründung:

Mit der vorliegenden Klage werden Schmerzensgeldansprüche aus Arzthaftung geltend gemacht. Die Klägerin war bei dem Beklagten in Behandlung wegen ... (*es folgt die Darstellung der Behandlung und des Behandlungs-/Aufklärungsfehlers*).

Zwischen den Parteien besteht Einigkeit über die Haftung des Beklagten. Es wird lediglich um die Reichweite des zwischen den Parteien geschlossenen Abfindungsvergleichs gestritten. Dieser Vergleich sieht für ... eine einmalige Zahlung von ... € vor.

Beweis: Abfindungsvergleich vom ..., Anlage 1

Im Rahmen der Schadensregulierungsgespräche, die der Unterzeichner als Bevollmächtigter der Klägerin führte, verhandelten die Parteien über folgende Symptome der Klägerin: ... Grundlage des dann am ... abgeschlossenen Abfindungsvergleichs war maßgeblich ein Attest des behandelnden Arztes Dr. med. ..., welches keine Dauerschäden befürchten ließ. Allein vor diesem Hintergrund ließ sich die Klägerin auf eine einmalige Entschädigung von ... € ein.

Beweis: Zeugnis des Unterzeichners

Nur drei Jahre später traten bei der Klägerin folgende Komplikationen auf: ...

All diese Komplikationen resultieren weiterhin aus den Folgen der damaligen Falschbehandlung.

Beweis: Einholung eines Sachverständigengutachtens

Nach ständiger Rechtsprechung ist dem Geschädigten ein Festhalten an einem Abfindungsvergleich nach Treu und Glauben nicht zumutbar, wenn die Geschäftsgrundlage für den Vergleich entweder ganz weggefallen ist oder sich so geändert hat, dass eine Anpassung an die geänderten Verhältnisse erforderlich erscheint, oder wenn nachträglich erhebliche Äquivalenzstörungen in den Leistungen der Parteien eingetreten sind, die für den Geschädigten nach den gesamten Umständen des Falles eine ungewöhnliche Härte bedeuten würden (BGH, NJW 1984, 115). Zwar ist zuzugeben, dass bei der Annahme einer Äquivalenzstörung Zurückhaltung angebracht ist; sie ist aber einschlägig, wenn ein Festhalten an dem Vergleich trotz der nicht vorhergesehenen Veränderungen bei Berücksichtigung aller Umstände einen Verstoß gegen Treu und Glauben darstellt.

Zu diesen Umständen gehört insbesondere die Höhe des Schadens, den der Geschädigte erlitten hat. Gegenüber einem Abfindungsvergleich kann nämlich der Einwand der unzulässigen Rechtsausübung erhoben werden, wenn sich nach dem Auftreten nicht vorhergesehener Spätfolgen ein so krasses Missverhältnis zwischen der Vergleichssumme und dem Schaden ergibt, dass der Schädiger gegen Treu und Glauben verstieße, wenn er an dem Vergleich festhalten wollte (vgl. BGH, MDR 1961, 491).

Ein solcher Fall ist vorliegend anzunehmen. Beim Abschluss des Vergleichs gingen die Parteien übereinstimmend davon aus, dass ...

...

Rechtsanwalt

E. Schriftsätze nach Abschluss des Rechtsstreits

Zu beachten ist, dass die Abänderung eher im materiellen Schadensrecht (im Beispiel: Mehrbedarf) virulent; wird und beim Schmerzensgeld kaum praktische Relevanz hat, vgl. Kap. 3 Rdn. 30 ff.

▶ Muster 1: Abänderungsklage nach § 323 ZPO

71 Klage

der Frau ... (*Namen und vollständige, ladungsfähige Anschrift*),

– Klägerin –

– Prozessbevollmächtigter: Rechtsanwalt ... aus ... –

gegen

1. Herrn ... (*Namen und ladungsfähige Anschrift*),

– Beklagten zu 1) –

2. die ... Versicherung, ... (*ladungsfähige Anschrift*), gesetzlich vertreten durch den Vorstand, ebenda,

– Beklagte zu 2) –

Namens und in Vollmacht meiner Mandantin erhebe ich Klage und werde in der mündlichen Verhandlung beantragen,

das Urteil des Landgerichts ... vom ... (Az.: ...) zu ändern und die Beklagten als Gesamtschuldner zu verurteilen, an den Kläger anstelle der dort ausgeurteilten Rente von ... (Nr. 1 des Tenors) ab Rechtshängigkeit dieser Klage[33] *eine Rente von monatlich ... €, zahlbar im Voraus zum 3. des jeweiligen Monats, zu zahlen.*

Begründung:

Durch oben genanntes Urteil des Landgerichts sind die Beklagten zur Zahlung einer monatlichen Rente verurteilt worden. Die Klägerin wurde bei einem Verkehrsunfall, an dem der Beklagte zu 1) mit dem bei der Beklagten zu 2) versicherten Fahrzeug beteiligt war, schwer verletzt. Sie erlitt eine Halbseitenlähmung und leidet weiterhin an einer Hirnleistungsschwäche.

Ihr Pflegemehrbedarf wurde durch die damalige Entscheidung mit monatlich ... beziffert.

Inzwischen sind wesentliche Veränderungen eingetreten, die eine Abänderung der damals zuerkannten Rente erforderlich machen. Die Unfallfolgen haben sich seit dem ... verschlimmert. Immer stärkere Hirnnervenausfälle bewirken sprachliche, intellektuelle und motorische Ausfallerscheinungen, die mittlerweile fast täglich auftreten. Die unfallbedingte Fehlhaltung der Wirbelsäule hat die Pflegebedürftigkeit der Klägerin weiter erhöht ...

...

Rechtsanwalt

▶ Muster 2: Erneute Klage nach rechtskräftig entschiedenem Vorprozess

72 Klage

der Frau ... (Namen und vollständige, ladungsfähige Anschrift),

– Klägerin –

– Prozessbevollmächtigter: Rechtsanwalt ... aus ... –

gegen

1. Herrn ... (Namen und ladungsfähige Anschrift),

– Beklagten zu 1) –

33 Die Abänderung hat Wirkung erst ab Zustellung der Klage, nicht ab Klageeinreichung, vgl. BGH, Urt. v. 19.12.1989 – IVb ZR 9/89, MDR 1990, 52.

2. die … Versicherung, … (ladungsfähige Anschrift), gesetzlich vertreten durch den Vorstand, ebenda,

– Beklagte zu 2) –

Namens und in Vollmacht meiner Mandantin erhebe ich Klage und werde in der mündlichen Verhandlung beantragen,

1. *Die Beklagten werden als Gesamtschuldner verurteilt, an die Klägerin ein in das Ermessen des Gerichts gestelltes Schmerzensgeld, mindestens aber … €, abzüglich bereits aufgrund rechtskräftigen Urteils des … vom … gezahlter … €, nebst Zinsen von 5 Prozentpunkten über dem Basiszinssatz seit dem … zu zahlen.*
2. *Es wird festgestellt, dass die Beklagten als Gesamtschuldner verpflichtet sind, der Klägerin allen weiteren immateriellen Schaden zu ersetzen, der ihr aus dem Verkehrsunfall mit dem Beklagten zu 1) am … in … zukünftig noch entstehen wird.*

Hinweis:

Bei einer erneuten Klage macht dieser Antrag natürlich nur Sinn, wenn er nicht schon im Titel des Vorprozesses ausgesprochen wurde.

Begründung:

Gegenstand der Klage sind weitere Schadensersatzansprüche aus einem Verkehrsunfall, der sich vor … Jahren, am … ereignete. Der Beklagte zu 1), der damalige Unfallgegner der Klägerin, und seine Haftpflichtversicherung, die Beklagte zu 2), leugneten damals zunächst ihre Einstandspflicht, wurden dann aber durch rechtskräftiges Urteil (Az.: …) zur Zahlung eines Schmerzensgeldes von … € verurteilt. Dabei ging das Gericht davon aus, dass die Armfraktur, die die Klägerin erlitten hatte, folgenlos und stabil verheilt sei.

Beweis: Anliegende Kopie des Urteils des … vom …

Tatsächlich war die Fraktur jedoch schlecht verheilt. Zunächst allerdings verblieb der Klägerin nur ein subjektives Unsicherheitsgefühl, welches ärztliche Untersuchungen nicht bestätigen konnten.

Beweis: Beiziehung der Krankenunterlagen des Dr. med. …

Am … erlitt die Klägerin, als sie einen Getränkekasten hob, plötzlich einen stechenden Schmerz im Arm. Es stellte sich heraus, dass … (*genaue Schilderung der neuen Verletzungsfolgen und des Heilungsverlaufs*).

Auch hierfür schulden die Beklagten ein angemessenes Schmerzensgeld.

Die Haftung der Beklagten für die Unfallfolgen ist rechtskräftig festgestellt. Für die hier allein noch offene Frage, ob die erneuten Verletzungen Unfallfolgen darstellen, gilt der Maßstab des § 287 ZPO, da es um die haftungsausfüllende Kausalität zwischen Verletzung und behaupteter Unfallfolge geht (vgl. nur BGH, NJW 1992, 3298). An dieser Kausalität kann nicht gezweifelt werden. Auch die weiteren und oben geschilderten Verletzungen der Klägerin resultieren aus der damaligen Armverletzung bei dem Unfall.

Beweis: Einholung eines Sachverständigengutachtens

Es wird abschließend darauf hingewiesen, dass die damalige rechtskräftige Entscheidung über die Schmerzensgeldklage dem Zuspruch eines weiteren Schmerzensgeldes nicht entgegensteht. Stellt sich bei der Entscheidung über ein Schmerzensgeldbegehren eine später eintretende Verletzungsfolge aus objektiver Sicht noch nicht als so naheliegend dar, dass sie bei der Bemessung des Schmerzensgeldes berücksichtigt werden kann, steht die Rechtskraft jener Entscheidung der Zubilligung eines weiteren Schmerzensgeldes nicht entgegen (BGH, NJW 1995, 1614).

So liegt der Fall hier. Bei der Lektüre des damaligen Urteils tritt zutage, dass die vollständig und komplikationslos verheilte Armfraktur im Mittelpunkt stand. Es wurde nicht daran gedacht, dass die Fraktur noch einmal zu Komplikationen wie den nun geschehenen führen würde.

Das Schmerzensgeld von … € ist angemessen. Bei der Nachforderung von Schmerzensgeld wegen von der Rechtskraft des Vorprozesses nicht umfasster Schäden ist ein einheitliches Schmerzensgeld nach aktuellem Kenntnisstand des Verletzungsbildes zu bemessen, von dem dann das bereits titulierte und gezahlte Schmerzensgeld des Vorprozesses abzuziehen ist (OLG Saarbrücken NJW 2011, 3169).

Dazu gilt hier folgendes: (*wird ausgeführt*).

…

Rechtsanwalt

F. Sterbetafeln und Kapitalisierungstabellen

I. Sterbetafeln 2022/2024

73 **Sterbetafel 2022/2024**

Deutschland

Männlich

Vollendetes Alter		männlich						
		Sterbewahrscheinlichkeit [q(x)][34]	Überlebenswahrscheinlichkeit [p(x)]	Überlebende [l(x)]	Gestorbene [d(x)]	Bis zum Alter x+1 durchlebte Jahre [L(x)]	Insgesamt noch zu durchlebende Jahre [T(x)]	Durchschnittliche Lebenserwartung [e(x)]
		Ziffer	Ziffer	Anzahl	Anzahl	Jahre	Jahre	Jahre
2022/24	0 Jahre	0,00338118	0,99661882	100 000	338	99 703	7 846 744	78,47
	1 Jahr	0,00025354	0,99974646	99 662	25	99 649	7 747 040	77,73
	2 Jahre	0,00016805	0,99983195	99 637	17	99 628	7 647 391	76,75
	3 Jahre	0,00013947	0,99986053	99 620	14	99 613	7 547 763	75,77
	4 Jahre	0,00013335	0,99986665	99 606	13	99 599	7 448 150	74,78
	5 Jahre	0,00009918	0,99990082	99 593	10	99 588	7 348 550	73,79
	6 Jahre	0,00011265	0,99988735	99 583	11	99 577	7 248 963	72,79
	7 Jahre	0,00008884	0,99991116	99 572	9	99 567	7 149 385	71,8
	8 Jahre	0,0000951	0,9999049	99 563	9	99 558	7 049 818	70,81
	9 Jahre	0,00008583	0,99991417	99 553	9	99 549	6 950 260	69,81
	10 Jahre	0,00008448	0,99991552	99 545	8	99 541	6 850 711	68,82
	11 Jahre	0,00006438	0,99993562	99 536	6	99 533	6 751 171	67,83
	12 Jahre	0,00007803	0,99992197	99 530	8	99 526	6 651 638	66,83
	13 Jahre	0,00011005	0,99988995	99 522	11	99 517	6 552 112	65,84
	14 Jahre	0,00012533	0,99987467	99 511	12	99 505	6 452 595	64,84
	15 Jahre	0,00017457	0,99982543	99 499	17	99 490	6 353 090	63,85
	16 Jahre	0,00022375	0,99977625	99 481	22	99 470	6 253 600	62,86
	17 Jahre	0,00029131	0,99970869	99 459	29	99 445	6 154 130	61,88

34 Rohe Beobachtungswerte im Betrachtungszeitraum, ab Alter 98 Schätzwerte eines Extrapolationsmodells.

Vollendetes Alter	männlich						
	Sterbewahrscheinlichkeit [q(x)][34]	Überlebenswahrscheinlichkeit [p(x)]	Überlebende [l(x)]	Gestorbene [d(x)]	Bis zum Alter x+1 durchlebte Jahre [L(x)]	Insgesamt noch zu durchlebende Jahre [T(x)]	Durchschnittliche Lebenserwartung [e(x)]
	Ziffer	Ziffer	Anzahl	Anzahl	Jahre	Jahre	Jahre
18 Jahre	0,000379	0,999621	99 430	38	99 411	6 054 685	60,89
19 Jahre	0,00046066	0,99953934	99 392	46	99 370	5 955 274	59,92
20 Jahre	0,00045729	0,99954271	99 347	45	99 324	5 855 904	58,94
21 Jahre	0,00044359	0,99955641	99 301	44	99 279	5 756 580	57,97
22 Jahre	0,00045479	0,99954521	99 257	45	99 235	5 657 301	57
23 Jahre	0,00044538	0,99955462	99 212	44	99 190	5 558 066	56,02
24 Jahre	0,00041925	0,99958075	99 168	42	99 147	5 458 876	55,05
25 Jahre	0,00044936	0,99955064	99 126	45	99 104	5 359 729	54,07
26 Jahre	0,00047555	0,99952445	99 082	47	99 058	5 260 625	53,09
27 Jahre	0,00049132	0,99950868	99 035	49	99 010	5 161 567	52,12
28 Jahre	0,00046918	0,99953082	98 986	46	98 963	5 062 557	51,14
29 Jahre	0,00050336	0,99949664	98 940	50	98 915	4 963 594	50,17
30 Jahre	0,00053145	0,99946855	98 890	53	98 863	4 864 680	49,19
31 Jahre	0,00054087	0,99945913	98 837	53	98 810	4 765 816	48,22
32 Jahre	0,00062394	0,99937606	98 784	62	98 753	4 667 006	47,24
33 Jahre	0,00065306	0,99934694	98 722	64	98 690	4 568 253	46,27
34 Jahre	0,00078266	0,99921734	98 658	77	98 619	4 469 563	45,3
35 Jahre	0,00080549	0,99919451	98 580	79	98 541	4 370 944	44,34
36 Jahre	0,00091026	0,99908974	98 501	90	98 456	4 272 403	43,37
37 Jahre	0,00100676	0,99899324	98 411	99	98 362	4 173 947	42,41
38 Jahre	0,0010466	0,9989534	98 312	103	98 261	4 075 585	41,46
39 Jahre	0,00123033	0,99876967	98 209	121	98 149	3 977 325	40,5
40 Jahre	0,00130734	0,99869266	98 089	128	98 024	3 879 176	39,55
41 Jahre	0,00136103	0,99863897	97 960	133	97 894	3 781 151	38,6
42 Jahre	0,00158261	0,99841739	97 827	155	97 750	3 683 258	37,65
43 Jahre	0,00167137	0,99832863	97 672	163	97 591	3 585 508	36,71
44 Jahre	0,00182839	0,99817161	97 509	178	97 420	3 487 918	35,77
45 Jahre	0,00194057	0,99805943	97 331	189	97 236	3 390 498	34,83
46 Jahre	0,00218942	0,99781058	97 142	213	97 035	3 293 262	33,9
47 Jahre	0,00241383	0,99758617	96 929	234	96 812	3 196 226	32,97
48 Jahre	0,00262874	0,99737126	96 695	254	96 568	3 099 414	32,05
49 Jahre	0,00284717	0,99715283	96 441	275	96 304	3 002 846	31,14
50 Jahre	0,00329865	0,99670135	96 166	317	96 008	2 906 543	30,22
51 Jahre	0,00357913	0,99642087	95 849	343	95 678	2 810 535	29,32
52 Jahre	0,0040468	0,9959532	95 506	386	95 313	2 714 858	28,43
53 Jahre	0,00435427	0,99564573	95 120	414	94 912	2 619 545	27,54
54 Jahre	0,00477717	0,99522283	94 705	452	94 479	2 524 632	26,66

Vollendetes Alter	männlich						
	Sterbewahrscheinlichkeit [q(x)][34]	Überlebenswahrscheinlichkeit [p(x)]	Überlebende [l(x)]	Gestorbene [d(x)]	Bis zum Alter x+1 durchlebte Jahre [L(x)]	Insgesamt noch zu durchlebende Jahre [T(x)]	Durchschnittliche Lebenserwartung [e(x)]
	Ziffer	Ziffer	Anzahl	Anzahl	Jahre	Jahre	Jahre
55 Jahre	0,00537098	0,99462902	94 253	506	94 000	2 430 153	25,78
56 Jahre	0,00594998	0,99405002	93 747	558	93 468	2 336 153	24,92
57 Jahre	0,00666236	0,99333764	93 189	621	92 878	2 242 686	24,07
58 Jahre	0,00745223	0,99254777	92 568	690	92 223	2 149 807	23,22
59 Jahre	0,00824579	0,99175421	91 878	758	91 499	2 057 584	22,39
60 Jahre	0,00927291	0,99072709	91 121	845	90 698	1 966 085	21,58
61 Jahre	0,01023347	0,98976653	90 276	924	89 814	1 875 387	20,77
62 Jahre	0,01142826	0,98857174	89 352	1 021	88 841	1 785 573	19,98
63 Jahre	0,01271188	0,98728812	88 331	1 123	87 769	1 696 732	19,21
64 Jahre	0,0142238	0,9857762	87 208	1 240	86 588	1 608 962	18,45
65 Jahre	0,01543007	0,98456993	85 967	1 326	85 304	1 522 375	17,71
66 Jahre	0,01680148	0,98319852	84 641	1 422	83 930	1 437 071	16,98
67 Jahre	0,01849885	0,98150115	83 219	1 539	82 449	1 353 141	16,26
68 Jahre	0,02000338	0,97999662	81 679	1 634	80 862	1 270 692	15,56
69 Jahre	0,02181929	0,97818071	80 046	1 747	79 172	1 189 829	14,86
70 Jahre	0,02331807	0,97668193	78 299	1 826	77 386	1 110 657	14,18
71 Jahre	0,02567729	0,97432271	76 473	1 964	75 491	1 033 271	13,51
72 Jahre	0,02757002	0,97242998	74 510	2 054	73 482	957 779	12,85
73 Jahre	0,03020439	0,96979561	72 455	2 188	71 361	884 297	12,2
74 Jahre	0,03258762	0,96741238	70 267	2 290	69 122	812 936	11,57
75 Jahre	0,03625593	0,96374407	67 977	2 465	66 745	743 814	10,94
76 Jahre	0,03871692	0,96128308	65 512	2 536	64 244	677 069	10,33
77 Jahre	0,04247745	0,95752255	62 976	2 675	61 638	612 825	9,73
78 Jahre	0,04641016	0,95358984	60 301	2 799	58 902	551 186	9,14
79 Jahre	0,05216699	0,94783301	57 502	3 000	56 003	492 285	8,56
80 Jahre	0,05811334	0,94188666	54 503	3 167	52 919	436 282	8
81 Jahre	0,06355441	0,93644559	51 335	3 263	49 704	383 363	7,47
82 Jahre	0,07092334	0,92907666	48 073	3 409	46 368	333 659	6,94
83 Jahre	0,07877536	0,92122464	44 663	3 518	42 904	287 291	6,43
84 Jahre	0,08951281	0,91048719	41 145	3 683	39 303	244 387	5,94
85 Jahre	0,09995358	0,90004642	37 462	3 744	35 590	205 084	5,47
86 Jahre	0,11375793	0,88624207	33 717	3 836	31 800	169 494	5,03
87 Jahre	0,13052789	0,86947211	29 882	3 900	27 932	137 694	4,61
88 Jahre	0,14739997	0,85260003	25 981	3 830	24 067	109 763	4,22
89 Jahre	0,16792841	0,83207159	22 152	3 720	20 292	85 696	3,87
90 Jahre	0,18726912	0,81273088	18 432	3 452	16 706	65 404	3,55
91 Jahre	0,21101066	0,78898934	14 980	3 161	13 400	48 698	3,25

Vollendetes Alter		männlich						
		Sterbewahrscheinlichkeit [q(x)][34]	Überlebenswahrscheinlichkeit [p(x)]	Überlebende [l(x)]	Gestorbene [d(x)]	Bis zum Alter x+1 durchlebte Jahre [L(x)]	Insgesamt noch zu durchlebende Jahre [T(x)]	Durchschnittliche Lebenserwartung [e(x)]
		Ziffer	Ziffer	Anzahl	Anzahl	Jahre	Jahre	Jahre
	92 Jahre	0,23758403	0,76241597	11 819	2 808	10 415	35 299	2,99
	93 Jahre	0,25980248	0,74019752	9 011	2 341	7 841	24 884	2,76
	94 Jahre	0,28368872	0,71631128	6 670	1 892	5 724	17 043	2,56
	95 Jahre	0,30697839	0,69302161	4 778	1 467	4 044	11 319	2,37
	96 Jahre	0,33621989	0,66378011	3 311	1 113	2 754	7 275	2,2
	97 Jahre	0,36314696	0,63685304	2 198	798	1 799	4 520	2,06
	98 Jahre	0,38767489	0,61232511	1 400	543	1 128	2 721	1,94
	99 Jahre	0,39954454	0,60045546	857	342	686	1 593	1,86
	100 Jahre	0,42042179	0,57957821	515	216	406	907	1,76

q(x) = Sterbewahrscheinlichkeit vom Alter x bis x+1
p(x) = Überlebenswahrscheinlichkeit vom Alter x bis x+1
l(x) = Überlebende im Alter x
d(x) = Gestorbene im Alter x bis unter x+1
L(x) = Von den Überlebenden im Alter x bis zum Alter x+1 durchlebte Jahre
T(x) = Von den Überlebenden im Alter x insgesamt noch zu durchlebende Jahre
e(x) = Durchschnittliche Lebenserwartung (von den Überlebenden) im Alter x in Jahren

Sterbetafel 2022/2024

Deutschland

Weiblich

Vollendetes Alter		weiblich						
		Sterbewahrscheinlichkeit [q(x)][35]	Überlebenswahrscheinlichkeit [p(x)]	Überlebende [l(x)]	Gestorbene [d(x)]	Bis zum Alter x+1 durchlebte Jahre [L(x)]	Insgesamt noch zu durchlebende Jahre [T(x)]	Durchschnittliche Lebenserwartung [e(x)]
		Ziffer	Ziffer	Anzahl	Anzahl	Jahre	Jahre	Jahre
2022/24	0 Jahre	0,00299336	0,99700664	100 000	299	99 741	8 318 724	83,19
	1 Jahr	0,00022229	0,99977771	99 701	22	99 690	8 218 983	82,44
	2 Jahre	0,00014069	0,99985931	99 679	14	99 671	8 119 294	81,45
	3 Jahre	0,0001092	0,9998908	99 664	11	99 659	8 019 622	80,47
	4 Jahre	0,00008044	0,99991956	99 654	8	99 650	7 919 963	79,47

35 Rohe Beobachtungswerte im Betrachtungszeitraum, ab Alter 98 Schätzwerte eines Extrapolationsmodells.

Vollendetes Alter	weiblich						
	Sterbewahrscheinlichkeit [q(x)][35]	Überlebenswahrscheinlichkeit [p(x)]	Überlebende [l(x)]	Gestorbene [d(x)]	Bis zum Alter x+1 durchlebte Jahre [L(x)]	Insgesamt noch zu durchlebende Jahre [T(x)]	Durchschnittliche Lebenserwartung [e(x)]
	Ziffer	Ziffer	Anzahl	Anzahl	Jahre	Jahre	Jahre
5 Jahre	0,00009725	0,99990275	99 646	10	99 641	7 820 314	78,48
6 Jahre	0,00008499	0,99991501	99 636	8	99 632	7 720 673	77,49
7 Jahre	0,00007701	0,99992299	99 627	8	99 624	7 621 041	76,5
8 Jahre	0,00007303	0,99992697	99 620	7	99 616	7 521 418	75,5
9 Jahre	0,00006025	0,99993975	99 612	6	99 609	7 421 802	74,51
10 Jahre	0,00006385	0,99993615	99 606	6	99 603	7 322 192	73,51
11 Jahre	0,0000715	0,9999285	99 600	7	99 597	7 222 589	72,52
12 Jahre	0,00007688	0,99992312	99 593	8	99 589	7 122 992	71,52
13 Jahre	0,00009275	0,99990725	99 585	9	99 581	7 023 403	70,53
14 Jahre	0,00011459	0,99988541	99 576	11	99 570	6 923 822	69,53
15 Jahre	0,00012002	0,99987998	99 565	12	99 559	6 824 252	68,54
16 Jahre	0,00014716	0,99985284	99 553	15	99 545	6 724 693	67,55
17 Jahre	0,0001805	0,9998195	99 538	18	99 529	6 625 148	66,56
18 Jahre	0,00018819	0,99981181	99 520	19	99 511	6 525 619	65,57
19 Jahre	0,00019515	0,99980485	99 501	19	99 492	6 426 108	64,58
20 Jahre	0,00018947	0,99981053	99 482	19	99 473	6 326 616	63,6
21 Jahre	0,00020774	0,99979226	99 463	21	99 453	6 227 144	62,61
22 Jahre	0,00019407	0,99980593	99 442	19	99 433	6 127 691	61,62
23 Jahre	0,00016288	0,99983712	99 423	16	99 415	6 028 258	60,63
24 Jahre	0,00019667	0,99980333	99 407	20	99 397	5 928 843	59,64
25 Jahre	0,00018374	0,99981626	99 387	18	99 378	5 829 446	58,65
26 Jahre	0,00019542	0,99980458	99 369	19	99 359	5 730 068	57,66
27 Jahre	0,00020872	0,99979128	99 350	21	99 339	5 630 708	56,68
28 Jahre	0,00022533	0,99977467	99 329	22	99 318	5 531 369	55,69
29 Jahre	0,00024324	0,99975676	99 307	24	99 295	5 432 051	54,7
30 Jahre	0,00025268	0,99974732	99 282	25	99 270	5 332 756	53,71
31 Jahre	0,00029	0,99971	99 257	29	99 243	5 233 487	52,73
32 Jahre	0,00033648	0,99966352	99 229	33	99 212	5 134 244	51,74
33 Jahre	0,00033873	0,99966127	99 195	34	99 178	5 035 032	50,76
34 Jahre	0,00039996	0,99960004	99 162	40	99 142	4 935 853	49,78
35 Jahre	0,00045576	0,99954424	99 122	45	99 099	4 836 711	48,8
36 Jahre	0,00046973	0,99953027	99 077	47	99 053	4 737 612	47,82
37 Jahre	0,00051888	0,99948112	99 030	51	99 005	4 638 559	46,84
38 Jahre	0,00061829	0,99938171	98 979	61	98 948	4 539 554	45,86
39 Jahre	0,0006762	0,9993238	98 918	67	98 884	4 440 606	44,89
40 Jahre	0,0006781	0,9993219	98 851	67	98 817	4 341 722	43,92

Vollendetes Alter	weiblich						
	Sterbewahr-scheinlich-keit [q(x)][35]	Überlebens-wahrschein-lichkeit [p(x)]	Über-lebende [l(x)]	Gestor-bene [d(x)]	Bis zum Alter x+1 durchlebte Jahre [L(x)]	Insgesamt noch zu durch-lebende Jahre [T(x)]	Durch-schnittliche Lebens-erwartung [e(x)]
	Ziffer	Ziffer	Anzahl	Anzahl	Jahre	Jahre	Jahre
41 Jahre	0,00079187	0,99920813	98 784	78	98 745	4 242 904	42,95
42 Jahre	0,00082409	0,99917591	98 706	81	98 665	4 144 160	41,99
43 Jahre	0,00092816	0,99907184	98 624	92	98 578	4 045 495	41,02
44 Jahre	0,00099451	0,99900549	98 533	98	98 484	3 946 917	40,06
45 Jahre	0,00104915	0,99895085	98 435	103	98 383	3 848 433	39,1
46 Jahre	0,00118913	0,99881087	98 331	117	98 273	3 750 050	38,14
47 Jahre	0,00135786	0,99864214	98 214	133	98 148	3 651 777	37,18
48 Jahre	0,00147557	0,99852443	98 081	145	98 009	3 553 629	36,23
49 Jahre	0,00164018	0,99835982	97 936	161	97 856	3 455 621	35,28
50 Jahre	0,0018453	0,9981547	97 776	180	97 685	3 357 765	34,34
51 Jahre	0,00200339	0,99799661	97 595	196	97 498	3 260 079	33,4
52 Jahre	0,00216918	0,99783082	97 400	211	97 294	3 162 582	32,47
53 Jahre	0,002401	0,997599	97 188	233	97 072	3 065 287	31,54
54 Jahre	0,00269676	0,99730324	96 955	261	96 824	2 968 216	30,61
55 Jahre	0,00294664	0,99705336	96 694	285	96 551	2 871 391	29,7
56 Jahre	0,00326775	0,99673225	96 409	315	96 251	2 774 840	28,78
57 Jahre	0,00363967	0,99636033	96 094	350	95 919	2 678 589	27,87
58 Jahre	0,00397455	0,99602545	95 744	381	95 554	2 582 670	26,97
59 Jahre	0,0044308	0,9955692	95 363	423	95 152	2 487 116	26,08
60 Jahre	0,00501472	0,99498528	94 941	476	94 703	2 391 964	25,19
61 Jahre	0,0055344	0,9944656	94 465	523	94 203	2 297 261	24,32
62 Jahre	0,00611742	0,99388258	93 942	575	93 655	2 203 058	23,45
63 Jahre	0,00677516	0,99322484	93 367	633	93 051	2 109 403	22,59
64 Jahre	0,00763671	0,99236329	92 735	708	92 381	2 016 352	21,74
65 Jahre	0,00829459	0,99170541	92 027	763	91 645	1 923 972	20,91
66 Jahre	0,00929839	0,99070161	91 263	849	90 839	1 832 327	20,08
67 Jahre	0,01000269	0,98999731	90 415	904	89 962	1 741 488	19,26
68 Jahre	0,01091752	0,98908248	89 510	977	89 022	1 651 525	18,45
69 Jahre	0,01202489	0,98797511	88 533	1 065	88 001	1 562 504	17,65
70 Jahre	0,013055	0,986945	87 468	1 142	86 897	1 474 503	16,86
71 Jahre	0,01437107	0,98562893	86 326	1 241	85 706	1 387 606	16,07
72 Jahre	0,01590366	0,98409634	85 086	1 353	84 409	1 301 900	15,3
73 Jahre	0,01739806	0,98260194	83 733	1 457	83 004	1 217 490	14,54
74 Jahre	0,01903956	0,98096044	82 276	1 566	81 493	1 134 486	13,79
75 Jahre	0,02163885	0,97836115	80 709	1 746	79 836	1 052 993	13,05
76 Jahre	0,0237455	0,9762545	78 963	1 875	78 025	973 157	12,32

Vollendetes Alter	weiblich						
	Sterbewahrscheinlichkeit [q(x)][35]	Überlebenswahrscheinlichkeit [p(x)]	Überlebende [l(x)]	Gestorbene [d(x)]	Bis zum Alter x+1 durchlebte Jahre [L(x)]	Insgesamt noch zu durchlebende Jahre [T(x)]	Durchschnittliche Lebenserwartung [e(x)]
	Ziffer	Ziffer	Anzahl	Anzahl	Jahre	Jahre	Jahre
77 Jahre	0,02687506	0,97312494	77 088	2 072	76 052	895 132	11,61
78 Jahre	0,02966055	0,97033945	75 016	2 225	73 904	819 080	10,92
79 Jahre	0,03348369	0,96651631	72 791	2 437	71 573	745 176	10,24
80 Jahre	0,03774262	0,96225738	70 354	2 655	69 026	673 603	9,57
81 Jahre	0,0418337	0,9581663	67 699	2 832	66 282	604 577	8,93
82 Jahre	0,04795579	0,95204421	64 866	3 111	63 311	538 295	8,3
83 Jahre	0,05346615	0,94653385	61 756	3 302	60 105	474 984	7,69
84 Jahre	0,06201409	0,93798591	58 454	3 625	56 641	414 879	7,1
85 Jahre	0,07155933	0,92844067	54 829	3 924	52 867	358 237	6,53
86 Jahre	0,0831691	0,9168309	50 905	4 234	48 789	305 370	6
87 Jahre	0,09748964	0,90251036	46 672	4 550	44 397	256 582	5,5
88 Jahre	0,11204515	0,88795485	42 122	4 720	39 762	212 185	5,04
89 Jahre	0,12812006	0,87187994	37 402	4 792	35 006	172 423	4,61
90 Jahre	0,14687996	0,85312004	32 610	4 790	30 215	137 417	4,21
91 Jahre	0,16817467	0,83182533	27 820	4 679	25 481	107 202	3,85
92 Jahre	0,19055034	0,80944966	23 142	4 410	20 937	81 721	3,53
93 Jahre	0,21259961	0,78740039	18 732	3 982	16 741	60 784	3,24
94 Jahre	0,23609014	0,76390986	14 750	3 482	13 008	44 043	2,99
95 Jahre	0,26132342	0,73867658	11 267	2 944	9 795	31 035	2,75
96 Jahre	0,2857195	0,7142805	8 323	2 378	7 134	21 239	2,55
97 Jahre	0,31110631	0,68889369	5 945	1 850	5 020	14 105	2,37
98 Jahre	0,3398341	0,6601659	4 095	1 392	3 400	9 085	2,22
99 Jahre	0,35873355	0,64126645	2 704	970	2 219	5 686	2,1
100 Jahre	0,37225504	0,62774496	1 734	645	1 411	3 467	2

q(x) = Sterbewahrscheinlichkeit vom Alter x bis x+1
p(x) = Überlebenswahrscheinlichkeit vom Alter x bis x+1
l(x) = Überlebende im Alter x
d(x) = Gestorbene im Alter x bis unter x+1
L(x) = Von den Überlebenden im Alter x bis zum Alter x+1 durchlebte Jahre
T(x) = Von den Überlebenden im Alter x insgesamt noch zu durchlebende Jahre
e(x) = Durchschnittliche Lebenserwartung (von den Überlebenden) im Alter x in Jahren

II. Kapitalisierungstabelle lebenslängliche Leibrente

74 Die nachfolgenden Tabellen dienen zur Kapitalisierung von Renten. Zur Berechnung ist zunächst der Monatsbetrag der angemessenen Rente mit 12 (Jahressumme) und dann mit dem sich aus der Tabelle ergebenden Multiplikator zu multiplizieren.

▶ Beispiel:

Ein 25 Jahre alter Schwerstgeschädigter soll eine monatliche Rente von 350,00 € erhalten. Aus der Tabelle (25 Jahre, männlich) ergibt sich (bei einer Abzinsung z.B. von 5 %) ein Multiplikator von 18,693. Berechnet wird mithin 350,00 € × 12 × 18,693 = 78,511 € kapitalisiert.

1. Männer, lebenslängliche Leibrente

Alter	2 %	3 %	4 %	5 %	6 %
0	39,393	30,159	24,073	19,878	16,868
1	39,305	30,151	24,098	19,9151	16,9071
2	39,089	30,047	24,046	19,8892	16,8932
3	38,866	29,936	23,990	19,8593	16,8773
4	38,637	29,822	23,931	19,8284	16,8604
5	38,403	29,704	23,869	19,7955	16,8425
6	38,164	29,582	23,805	19,760	16,822
7	37,920	29,456	23,738	19,7237	16,8017
8	37,671	29,326	23,668	19,6848	16,7798
9	37,417	29,192	23,596	19,643	16,755
10	37,157	29,054	23,520	19,600	16,730
11	36,893	28,912	23,441	19,555	16,703
12	36,622	28,765	23,359	19,508	16,674
13	36,347	28,614	23,274	19,458	16,644
14	36,067	28,459	23,186	19,406	16,613
15	35,782	28,301	23,095	19,352	16,580
16	35,492	28,138	23,001	19,296	16,545
17	35,200	27,973	22,905	19,239	16,510
18	34,902	27,803	22,806	19,179	16,473
19	34,603	27,632	22,705	19,119	16,436
20	34,298	27,456	22,602	19,056	16,397
21	33,988	27,275	22,494	18,991	16,356
22	33,671	27,089	22,381	18,921	16,312
23	33,347	26,897	22,265	18,849	16,266
24	33,018	26,699	22,143	18,773	16,217
25	32,682	26,496	22,018	18,693	16,165
26	32,340	26,287	21,887	18,610	16,111
27	31,990	26,071	21,751	18,522	16,053
28	31,634	25,849	21,609	18,430	15,991
29	31,270	25,620	21,463	18,333	15,927
30	30,900	25,385	21,310	18,232	15,858
31	30,524	25,144	21,153	18,127	15,787
32	30,141	24,897	20,990	18,017	15,711

Alter	2 %	3 %	4 %	5 %	6 %
33	29,752	24,643	20,821	17,903	15,632
34	29,357	24,384	20,647	17,784	15,549
35	28,954	24,116	20,467	17,659	15,461
36	28,544	23,842	20,279	17,529	15,369
37	28,129	23,563	20,087	17,395	15,273
38	27,709	23,277	19,890	17,256	15,173
39	27,281	22,983	19,684	17,110	15,067
40	26,847	22,683	19,473	16,958	14,957
41	26,407	22,376	19,255	16,801	14,842
42	25,962	22,064	19,032	16,639	14,722
43	25,508	21,741	18,800	16,468	14,595
44	25,048	21,412	18,560	16,292	14,462
45	24,581	21,076	18,314	16,109	14,324
46	24,108	20,731	18,060	15,918	14,179
47	23,629	20,380	17,799	15,721	14,028
48	23,146	20,023	17,531	15,517	13,871
49	22,659	19,661	17,258	15,308	13,708
50	22,168	19,293	16,978	15,092	13,540
51	21,672	18,918	16,690	14,870	13,365
52	21,172	18,537	16,397	14,640	13,184
53	20,669	18,151	16,098	14,405	12,997
54	20,165	17,762	15,794	14,165	12,804
55	19,658	17,368	15,484	13,918	12,606
56	19,152	16,972	15,171	13,668	12,404
57	18,645	16,573	14,853	13,413	12,196
58	18,139	16,172	14,532	13,153	11,984
59	17,630	15,766	14,205	12,887	11,766
60	17,125	15,361	13,876	12,618	11,544
61	16,620	14,953	13,544	12,345	11,318
62	16,117	14,544	13,209	12,068	11,087
63	15,618	14,136	12,873	11,789	10,854
64	15,121	13,728	12,535	11,507	10,617
65	14,626	13,318	12,194	11,221	10,375
66	14,132	12,907	11,849	10,930	10,128
67	13,641	12,496	11,503	10,637	9,878
68	13,149	12,081	11,151	10,337	9,621
69	12,659	11,666	10,797	10,034	9,359
70	12,168	11,247	10,437	9,723	9,090

Alter	2 %	3 %	4 %	5 %	6 %
71	11,673	10,822	10,071	9,405	8,813
72	11,186	10,401	9,706	9,087	8,534
73	10,693	9,972	9,330	8,757	8,243
74	10,203	9,543	8,953	8,424	7,949
75	9,714	9,112	8,572	8,086	7,647
76	9,229	8,682	8,190	7,744	7,341
77	8,748	8,253	7,806	7,400	7,030
78	8,263	7,818	7,414	7,045	6,709
79	7,787	7,387	7,024	6,691	6,386
80	7,316	6,960	6,634	6,335	6,060
81	6,860	6,544	6,253	5,985	5,738
82	6,414	6,134	5,876	5,638	5,417
83	5,979	5,732	5,504	5,292	5,096
84	5,564	5,347	5,146	4,959	4,785
85	5,169	4,979	4,802	4,637	4,483
86	4,797	4,631	4,477	4,332	4,196
87	4,445	4,301	4,165	4,038	3,918
88	4,114	3,988	3,870	3,758	3,653
89	3,812	3,703	3,599	3,502	3,410
90	3,538	3,443	3,352	3,267	3,186

2. Frauen, lebenslängliche Leibrente

Alter	2 %	3 %	4 %	5 %	6 %
0	40,462	30,690	24,347	20,026	16,951
1	40,379	30,685	24,371	20,060	16,987
2	40,184	30,596	24,330	20,041	16,978
3	39,983	30,502	24,285	20,019	16,967
4	39,776	30,404	24,238	19,995	16,955
5	39,564	30,303	24,188	19,970	16,942
6	39,347	30,198	24,136	19,943	16,928
7	39,126	30,090	24,082	19,915	16,913
8	38,900	29,978	24,025	19,885	16,897
9	38,670	29,863	23,966	19,854	16,880
10	38,435	29,745	23,904	19,822	16,862
11	38,195	29,622	23,841	19,787	16,842
12	37,951	29,497	23,775	19,751	16,822
13	37,701	29,368	23,706	19,714	16,801
14	37,448	29,235	23,635	19,674	16,778

Alter	2 %	3 %	4 %	5 %	6 %
15	37,189	29,099	23,561	19,633	16,755
16	36,927	28,959	23,485	19,590	16,730
17	36,659	28,816	23,406	19,546	16,704
18	36,386	28,668	23,323	19,499	16,677
19	36,109	28,516	23,239	19,450	16,648
20	35,827	28,361	23,151	19,399	16,618
21	35,538	28,200	23,059	19,346	16,586
22	35,244	28,035	22,964	19,290	16,552
23	34,945	27,864	22,865	19,231	16,516
24	34,638	27,689	22,762	19,169	16,478
25	34,326	27,508	22,655	19,104	16,437
26	34,009	27,323	22,545	19,036	16,395
27	33,684	27,131	22,429	18,965	16,349
28	33,354	26,935	22,309	18,891	16,302
29	33,018	26,733	22,186	18,813	16,252
30	32,676	26,526	22,057	18,732	16,199
31	32,328	26,313	21,925	18,647	16,144
32	31,974	26,095	21,787	18,559	16,086
33	31,614	25,870	21,645	18,467	16,025
34	31,246	25,639	21,497	18,370	15,960
35	30,873	25,402	21,344	18,269	15,892
36	30,494	25,160	21,186	18,164	15,822
37	30,107	24,911	21,023	18,055	15,747
38	29,714	24,655	20,853	17,940	15,668
39	29,314	24,392	20,677	17,821	15,585
40	28,909	24,124	20,497	17,697	15,498
41	28,494	23,847	20,308	17,566	15,406
42	28,074	23,564	20,114	17,431	15,310
43	27,648	23,274	19,914	17,290	15,210
44	27,215	22,977	19,707	17,144	15,104
45	26,774	22,672	19,493	16,991	14,993
46	26,328	22,361	19,272	16,832	14,877
47	25,875	22,042	19,045	16,668	14,756
48	25,415	21,716	18,810	16,496	14,629
49	24,951	21,385	18,570	16,320	14,498
50	24,481	21,046	18,323	16,137	14,361
51	24,005	20,701	18,069	15,948	14,218
52	23,524	20,349	17,808	15,752	14,069

Alter	2 %	3 %	4 %	5 %	6 %
53	23,036	19,988	17,539	15,548	13,913
54	22,543	19,621	17,263	15,338	13,751
55	22,045	19,248	16,980	15,121	13,583
56	21,544	18,870	16,691	14,898	13,409
57	21,036	18,484	16,394	14,668	13,228
58	20,525	18,092	16,091	14,431	13,040
59	20,010	17,694	15,781	14,187	12,846
60	19,492	17,291	15,465	13,936	12,646
61	18,971	16,883	15,142	13,679	12,439
62	18,445	16,468	14,812	13,413	12,224
63	17,916	16,047	14,474	13,141	12,002
64	17,384	15,621	14,130	12,861	11,773
65	16,849	15,189	13,780	12,574	11,537
66	16,310	14,751	13,421	12,278	11,291
67	15,767	14,307	13,054	11,974	11,038
68	15,219	13,854	12,678	11,660	10,773
69	14,667	13,395	12,294	11,337	10,499
70	14,118	12,935	11,907	11,009	10,221
71	13,565	12,469	11,513	10,673	9,933
72	13,012	12,000	11,112	10,329	9,636
73	12,455	11,523	10,702	9,975	9,329
74	11,900	11,045	10,288	9,616	9,016
75	11,342	10,561	9,866	9,247	8,691
76	10,784	10,073	9,439	8,870	8,359
77	10,226	9,582	9,005	8,485	8,016
78	9,662	9,082	8,559	8,087	7,660
79	9,104	8,584	8,114	7,687	7,299
80	8,553	8,089	7,667	7,283	6,933
81	8,013	7,600	7,224	6,880	6,565
82	7,483	7,118	6,784	6,478	6,196
83	6,971	6,650	6,355	6,083	5,832
84	6,483	6,201	5,941	5,701	5,478
85	6,015	5,769	5,541	5,329	5,132
86	5,569	5,355	5,155	4,969	4,796
87	5,149	4,962	4,788	4,625	4,473
88	4,758	4,596	4,444	4,302	4,169
89	4,392	4,252	4,120	3,996	3,880
90	4,051	3,929	3,815	3,707	3,605

Abschnitt 2 Schmerzensgeldtabelle

Kapitel 9 Urteilsteil

A. Körperteile von A-Z

Arm (Armverletzungen – Armlähmungen – Oberarm – Ellenbogen – Unterarm)

1. Armverletzungen

▶ Hinweis:

Isolierte Verletzungen von Arm, Oberarm, Ellenbogen und Unterarm sowie Armlähmungen sind nicht die Regel, sodass sie unter der Überschrift »Armverletzungen – Armlähmungen – Oberarm – Ellenbogen – Unterarm« zusammengefasst sind. Zudem wäre es lästig, bei alphabetischer Darstellung an mehreren Stellen zu suchen. Ausgeklammert sind oberhalb des Arms die Bereiche Schulter und Schlüsselbein sowie am anderen Ende des Arms die Hand mit Handgelenk und Fingern, die unter diesen Stichworten zu finden sind.

Amputationen des Arms oder eines Teils des Arms sind in → Abschnitt 2: Besondere Verletzungen unter dem Stichwort → Amputation (Rdn. 1126 ff.) dargestellt.

1 **OLG Dresden, Urt. v. 25.10.2016 – 4 U 26/16, unveröffentlicht**

1.000,00 €

Schmerzen wegen unterbliebener Information

Die Klägerin leidet unter Schmerzen wegen der unterbliebenen Information, Arm und Schulter zu schonen.

Es werden nur die vermehrten Schmerzen für 6 Monate ausgeglichen, die die Klägerin erlitten hat, nicht jedoch das Entstehen der Oberarmkopfnekrose nebst den weiteren gesundheitlichen Folgen, die nicht auf einen Behandlungsfehler des Beklagten zurückzuführen sind.

2 **KG, Urt. v. 19.04.2016 – 9 U 103/15, VersR 2016, 1067**

5.000,00 € (Vorstellung: 5.000,00 €)

Armverletzung

Die Klägerin befand sich auf einer Reise in der Türkei. Sie kam in einer Hotelanlage zu Fall und verletzte sich erheblich am Arm, sodass zwei Operationen notwendig waren. Das LG hat den Reiseveranstalter zur Zahlung eines Schmerzensgeldes von 5.000,00 € verurteilt. Das KG hat auf Berufung der Beklagten die Klage abgewiesen.

3 **LG Bonn, Urt. v. 28.09.2016 – 1 O 454/13, unveröffentlicht**

8.000,00 € (Mitverschulden: 3/10 Vorstellung: 20.000,00 €)

Abriss einer Bizepssehne

Der Kläger erlitt bei einem Verkehrsunfall den Abriss einer Bizepssehne. In seinem Beruf als Monteur, insbesondere beim Tragen schwerer Lasten, sowie beim Einbauen von Türen und Fenstern ist er deutlich eingeschränkt. Die Verletzungsfolgen treffen den Kläger damit deutlich empfindlicher, als es bei einem nicht körperlich fordernden Beruf der Fall wäre. Auch bei Freizeitaktivitäten ist der Kläger behindert.

4 **LG Aachen, Urt. v. 10.03.2021 – 95 KLs 4/20, unveröffentlicht**

8.000,00 €

Stichverletzung in den Arm – Narben

Der 21 Jahre alte Angeklagte, der wegen gefährlicher Körperverletzung zu einer Freiheitsstrafe von 4 Jahren verurteilt wurde, versetzte dem Kläger, der ihn provoziert hatte, vorsätzlich mehrere Stiche gegen dessen Arm. Der Kläger erlitt eine glatte Stich- bzw. Schnittwunde in Höhe des Bizeps und am Unterarm eine 5 cm lange Schnittverletzung sowie Schnittverletzungen an den Fingerkuppen.

Der Kläger wurde notfallmäßig operiert und hatte anschließend unter massiven Bewegungseinschränkungen zu leiden. Nach einer 2. Operation verblieben eine um 20% geminderte Leistungsfähigkeit der Hand, ein Taubheitsgefühl und Narben. Der Kläger ist seit dem Vorfall arbeitsunfähig und psychisch erheblich belastet.

OLG Frankfurt, Urt. v. 02.11.2015 – 25 U 159/12, VRR 2016, Nr. 3, 2 5

<u>10.000,00 €</u> (Mitverschulden: 1/2)

Arm – Hand – HWS

Der Kläger wurde bei einem Verkehrsunfall verletzt. Infolge des Unfalls war er 1 1/2 Jahre arbeitsunfähig. Als Unfallfolge bleibt unter anderem ein leichtes Kraftminus des Arms und der Hand, sodass der Kläger nicht mehr als Berufskraftfahrer arbeiten kann.

OLG Oldenburg, Urt. v. 07.06.2016 – 8 U 149/14, unveröffentlicht 6

<u>50.000,00 €</u>

Teillähmung des rechten Arms

Die Klägerin erlitt eine Teillähmung des rechten Arms. Hinzu traten eine dissoziative Störung, eine Antriebsverarmung und eine depressive Verstimmung. Die geistigen Fähigkeiten der Klägerin waren eingeschränkt, ihre Haushaltsführung beeinträchtigt. Mindernd wurde die besondere Schadensanfälligkeit der Klägerin berücksichtigt.

OLG München, Urt. v. 24.07.2015 – 10 U 3313/13, SP 2016, 9 7

<u>112.000,00 €</u> (Vorstellung: 150.000,00 €)

Behinderungen im Arm-, Ellenbogen- und Schulterbereich – mittelgradige Gehbehinderung – Regulierungsverhalten

Die Klägerin wurde bei einem Verkehrsunfall schwer verletzt. Sie leidet dauerhaft unter deutlichen Behinderungen im Arm-, Ellenbogen- und Schulterbereich und an einer mittelgradigen Gehbehinderung, sodass sie auf einen Gehstock angewiesen ist.

Das OLG München hat das Schmerzensgeld wegen eines kleinlichen Regulierungsverhaltens um 2.000 € erhöht, obwohl es der Klägerin wegen der späten Zahlung eines Restbetrages von 50.000 € Verzugszinsen in Höhe von 16.763,20 € zugesprochen hat. Obwohl das OLG München hervorhebt, dass bei der Schmerzensgeldbemessung eine Kleinlichkeit zu vermeiden sei, begründet es umfangreich, dass und warum 2.000 € zusätzlich ausgesprochen werden mussten.

2. Armlähmungen

▶ Hinweis:

Armlähmungen kommen besonders häufig nach ärztlichen Behandlungsfehlern bei Entbindungen vor, während sie nach Unfällen wesentlich seltener sind. Aus diesem Grund werden Armlähmungen nach Behandlungsfehlern und nach Unfällen getrennt dargestellt.

Dabei sind folgende Besonderheiten zu beachten:

Die Möglichkeit einer Schulterdystokie begründet für sich allein keine Indikation zur Schnittentbindung, sodass auch nicht über die alternative Geburtsmethode der Schnittentbindung aufgeklärt werden muss. Die Lösung der Schulterdystokie erfordert rasches und tatkräftiges Handeln, wobei eine Schädigung des Kindes nicht immer vermeidbar ist. Deshalb bedeutet eine Plexusparese für sich allein noch keine Beweiserleichterung zum Nachweis eines ärztlichen Behandlungsfehlers. (Vgl. OLG Zweibrücken, Urt. v. 16.01.1996 – 5 U 45/94, VersR 1997, 1103).

8 **OLG Karlsruhe, Urt. v. 02.12.2015 – 13 U 155/14**

15.000,00 €

Empfindungsstörungen rechte Körperhälfte

Der Kläger erlitt eine schwere Urosepsis, weil bei einer Prostatabiopsie keine Antibiotikaprophylaxe erfolgte. Die auftretende Sepsis wurde nicht rechtzeitig diagnostiziert und verspätet intensivmedizinisch behandelt, wodurch der Kläger in Lebensgefahr geriet. Infolgedessen leidet er unter Empfindungsstörung der rechten Körperhälfte ausstrahlend bis ins rechte Bein und an einer Innenohrschwerhörigkeit.

9 **OLG Celle, Urt. v. 08.06.2022 – 24 U 118/21, NJW 2022, 3086 = RuS 2022, 406**

55.000,00 € (Mitverschulden: 1/4; Vorstellung: 100.000,00 € + 400,00 € Rente)

Lähmung des linken Arms

Der 46 Jahre alte Kläger, der Rechtshänder ist, überholte als Kradfahrer eine Fahrzeugkolonne, aus der der Beklagte nach links ausscherte.

Bei dem durch einen Motorradunfall lebensgefährlich verletzten Kläger, der eine Lähmung eines Armes erlitt, sind umfangreiche Krankenhausaufenthalte, Behandlungen und Reha-Maßnahmen typische Folgen, und es ist auch von erheblichen Beeinträchtigungen des psychischen Wohlbefindens auszugehen. Die vom Kläger vorgetragenen Beeinträchtigungen durch Schmerzen und psychische Belastung, die auch mit der Einnahme von Psychopharmaka einhergehen, sind dabei schmerzensgelderhöhend zu berücksichtigen.

Der Kläger ist auf Schmerzmittel angewiesen, häufig müde und reizbar, aber nicht depressiv. Keine posttraumatische Belastungsstörung. Kein schwerwiegendes Verschulden des Beklagten.

Die Vergleichsentscheidungen tragen Aktenzeichen von 1989, 1993, 2003 und 2009 und sind deshalb trotz Indexierung nicht wirklich vergleichbar. Die neuen Entscheidungen über 800.000,00 € bis 1.000.000,00 € und der Einfluss der Nullzinsphase auf die Bemessung des Schmerzensgeldes werden nicht gesehen.

10 **OLG München, Urt. v. 05.04.2018 – 24 U 3486/16, GesR 2018, 372**

65.000,00 €

Armplexusparese

Der im Zeitpunkt der Entscheidung 17 Jahre alte Kläger erlitt bei der Geburt eine Armplexusparese, sodass der linke Arm sein Leben lang praktisch funktionslos bleiben wird. Eine inzwischen ins Auge gefasste handwerkliche Ausbildung ist voraussichtlich nicht möglich.

Zum Vergleich hat das Landgericht auf wenig vergleichbare Entscheidungen verwiesen, die zudem recht alt sind. Da nur der Beklagte zu 1) Berufung eingelegt hatte, war das OLG München gehindert, ein an sich geschuldetes deutlich höheres Schmerzensgeld zuzusprechen.

3. Oberarm

11 **LG Freiburg, Urt. v. 14.12.2018 – 14 O 129/18, unveröffentlicht**

3.015,00 € (Mitverschulden 1/3)

Subkapitale Humerusfraktur – Absprengung des Tuberculum majus – Schürfungen – Prellungen

Bei einem Fahrradunfall erlitt eine Frau eine Subkapitale Humerusfraktur, eine Absprengung des Tuberculum majus und zahlreich Schürfungen und Prellungen. Nach operativer Behandlung war sie rd. 1 Monat arbeitsunfähig.

OLG Koblenz, Urt. v. 09.12.2019 – 12 U 249/18, unveröffentlicht 12

4.666,00 € (Mitverschulden: 1/3)

Radiusköpfchenfraktur nach Sturz

Er Hund der Klägerin war an einem Hundegetümmel beteiligt, das Ursache für den Sturz der Klägerin war. Die Fraktur führte zu einer Oberarmgipsschiene für 3 Wochen und zur Arbeitsunfähigkeit von fast 2 Monaten.

LG Saarbrücken, Urt. v. 27.11.2015 – 12 O 338/14, unveröffentlicht 13

5.000,00 €

Oberarmfraktur – Beckenfraktur

Die 89 Jahre alte Klägerin erlitt als Beifahrerin bei einem Verkehrsunfall eine Humerusfraktur und eine Becken-B-Fraktur. Sie erhielt einen Fixateur externe, wurde mehr als 3 Wochen stationär behandelt und danach einen Monat stationär in einer Reha nachbehandelt. Dauerfolgen bestehen in Bewegungseinschränkungen und Pflegebedürftigkeit.

LG Hanau, Urt. v. 20.02.2018 – 1 O 363/17, unveröffentlicht 14

5.000,00 € (Vorstellung: 10.000,00 €)

Oberarmfraktur – Re-Operationen

Der Kläger kam bei einem Verkehrsunfall als Radfahrer zu Fall und zog sich eine Fraktur des Oberarms zu. Die Fraktur wurde genagelt. Ein Implantatbruch musste operativ korrigiert werden. Wegen einer Schraubenschieflage kam es zu einer weiteren Re-Operation.

Der Kläger litt 6 Monate unter Schmerzen und war in der Gebrauchsfähigkeit des Arms über ein Jahr deutlich eingeschränkt. Es bestehen eine dauerhafte Streck- und Beugehemmung, die jedoch keine dauerhafte Funktionsbeeinträchtigungen verursachen.

LG Kassel, Urt. v. 26.04.2021 – 6 O 111/21 15

6.000,00 € (Vorstellung: 7.000,00 €)

Oberarmfraktur

Die Beklagte haftet wegen Verletzung der Verkehrssicherungspflicht auf dem Weg eines Friedhofs, auf dem die Klägerin stürzte und sich eine subkapitale Humerusfraktur mit Abriss des Tuberculum major sowie Prellungen und Abschürfungen zuzog. Die Fraktur wurde operativ versorgt. Die Klägerin war 6 Monate nicht voll arbeitsfähig. Die MdE beträgt 10%, der Arm bleibt teilweise in der Bewegung eingeschränkt. Die Entscheidung enthält zur Bemessung des Schmerzensgeldes keine Begründung.

LG Oldenburg, Urt. v. 05.11.2019 – 6 O 2175/17 16

7.500,00 € (Mitverschulden)

Humerusfraktur – Radiusfraktur – Narben

Die Klägerin, eine Frührentnerin, erlitt als Radfahrerin bei einem Verkehrsunfall eine Humerusfraktur und eine Radiusfraktur. Sie wurde 7 Tage und später 5 Tage stationär behandelt.

Als Dauerschäden bestehen ein Streckdefizit von 35 Grad im Ellenbogen mit Beeinträchtigungen beim Fahrradfahren und im Haushalt bei bestimmten Tätigkeiten. Die Narben sind reizlos. Sie konnte zeitweise kein Fahrzeug führen.

OLG Schleswig, Urt. v. 30.06.2016 – 11 U 111/15, SVR 2017, 64 17

8.000,00 €

Fraktur des Oberarms – Schulter – Dauerschäden

Die 70 Jahre alte Klägerin verließ bei Dunkelheit eine Kirche durch einen Seitenausgang und stolperte über eine nicht beleuchtete 15–18 cm hohe Stufe. Sie zog sich eine Oberarmfraktur zu. Nach stationärer Behandlung von 14 Tagen kam es zu einem langwierigen Heilungsverlauf von 3–4 Monaten. Es verblieben dauerhafte Bewegungseinschränkungen des Oberarms zum Schultergelenk in allen Bewegungsrichtungen. Der Dauerschaden ist schmerzhaft.

18 **LG München II, 22.04.2020 – 10 O 5592/16, unveröffentlicht**

8.000,00 € (Mitverschulden: 1/4)

Oberarmfraktur – Schulter – Spätschäden

Die Klägerin kam als Radfahrerin bei Eis- und Schneeglätte zu Fall. Durch den Sturz zog sie sich eine Fraktur des Oberarms zu. Die Einheilung und Positionierung des Knochens gelang nicht vollständig, was zu einer Humeruskopfnekrose und damit zu einer dauerhaften Schädigung des Schultergelenks führte. Sie wurde 9 Tage stationär behandelt und war 3 Monate arbeitsunfähig. Erst nach 5 Monaten war sie in Vollzeit tätig. Die Klägerin unterzog sich umfangreichen stationären und ambulanten Reha-Maßnahmen und litt 2 1/2 Monate unter Schlafstörungen. Der Dauerschaden der Klägerin besteht in Bewegungseinschränkungen im Schultergelenk. Weitere Operationen sind mit sehr hoher Wahrscheinlichkeit zu erwarten.

19 **LG Saarbrücken, Urt. v. 18.05.2017 – 4 O 476/16, unveröffentlicht**

10.000,00 €

Oberarmfraktur – Schädelhirntrauma – Claviculafraktur

Die Klägerin erlitt eine subcapitale Humerusfraktur mit Fraktur des Tuberculum majus, ein Schädelhirntrauma 1. Grades, eine mediale dislozierte Claviculafraktur und Neuralgien. Sie wurde 5 Tage stationär behandelt. Die MdE beträgt 20 %.

20 **OLG Köln, Urt. v. 03.08.2023 – 7 U 173/22**

10.000,00 € (Vorstellung: mindestens 10.000,00 €)

Humeruskopffraktur – Schultergelenkprothese

Die 74 Jahre alte Klägerin stürzte auf einem Wochenmarkt über ein ungeschützt verlegtes Stromkabel. Sie erlitt eine Humeruskopffraktur und musste 2-mal operiert werden. Das Schultergelenk wurde durch eine Prothese ersetzt. Der stationäre Aufenthalt dauerte zwei Wochen. Wegen der fortdauernden Bewegungseinschränkungen des Arms erhielt die Klägerin den Pflegegrad 2.

21 **OLG Karlsruhe, Urt. v. 30.05.2016 – 9 U 115/15, NJW-RR 2017, 278 = SP 2017, 471**

12.500,00 € (Vorstellung: 12.500,00 €)

Humeruskopffraktur

Der Beklagte überholte die Klägerin auf einem Fahrradweg mit dem Fahrrad, berührte sie, sodass die Klägerin stürzte. Sie zog sich eine komplizierte Humeruskopffraktur zu, die zwei Operationen nach sich zog. Eine weitere Operation steht noch aus, die Klägerin hat eine Teilklage erhoben.

22 **LG Detmold, Urt. v. 04.07.2016 – 12 O 108/13, unveröffentlicht**

13.000,00 € (Vorstellung: 20.000,00 €)

Parästhesien im Arm – PtBS

Die Klägerin erlitt bei einem Verkehrsunfall infolge des Aufpralls Verletzungen im HWS-Bereich und Parästhesien im linken Arm. Darüber hinaus erlitt sie eine akute posttraumatische Belastungsstörung. Infolge des Unfalls war sie rd. 2 Jahre arbeitsunfähig.

Für die Bemessung des Schmerzensgeldes war die erhebliche Dauer der Arbeitsunfähigkeit der Klägerin infolge ihrer psychischen Erkrankung maßgebend. Darüber hinaus wurde der über mehr als zwei Jahre andauernde Behandlungsverlauf berücksichtigt. Lediglich ein geringer Anteil wurde der leichten HWS-Distorsion zugemessen.

OLG Oldenburg, Urt. v. 20.05.2015 – 5 U 164/13, unveröffentlicht 23

14.000,00 €

Oberarmfraktur – Revisionsoperation

Eine fehlerhafte Behandlung einer Oberarmfraktur führte bei einem 6 Jahre alten Jungen zur Revisionsoperation bei der die Kirschnerdraht-Osteosynthese reponiert wurden.

LG Schweinfurt, Urt. v. 22.11.2021 – 23 O 225/20 24

20.000,00 €

Dislozierte Humerusfraktur – Armplexuslähmung – Handgelenksdistorsion -Knieprothese Karpaltunnelsyndrom

Die Klägerin erlitt eine dislozierte Humerusfraktur, eine Armplexuslähmung, eine Handgelenksdistorsion und ein Karpaltunnelsyndrom. Sie wurde zweimal operiert und 13 Tage stationär behandelt. Sie litt etwa 1/2 Jahr unter Beeinträchtigungen. Der GdB beträgt 50.

OLG Karlsruhe, Urt. v. 16.07.2019 – 14 U 60/16, MDR 2019, 987 25

25.000,00 €

Schultereckgelenksprengung mit Teilzerreißung des Kapsel/Bandapparates – Gehirnerschütterung – Prellungen

Die Klägerin kam mit dem Fahrrad zu Fall, als sie gegen eine Slackline fuhr, die über den Weg gespannt war. Sie schlug mit Kopf und Schultern auf den Asphaltboden auf und zog sich eine Gehirnerschütterung, eine Schultereckgelenksprengung mit Teilzerreißung des Kapsel-/Bandapparates und eine Prellung zu. Sie wurde 2 x operiert, musste sich einer Rehamaßnahme unterziehen und war 5 Monate arbeitsunfähig. Sie leidet weiter unter Schmerzen und körperlichen Beeinträchtigungen. Das OLG hat die Entscheidung des Landgerichts von 10.000 € auf 25.000 € korrigiert und auch für den immateriellen Schaden einen Feststellungsauspruch getroffen.

OLG Köln, Urt. v. 23.01.2019 – 5 U 69/16, MedR 2019, 803 = GesR 2019, 331 26

30.000,00 € (Vorstellung: 60.000,00 € – Zinsen: 8.405,00 €)

Plexusparese – Erb'sche Lähmung – Claviculafraktur – lebenslange Physio- und Ergotherapie

Der Kläger erlitt bei der Entbindung eine Plexusparese, eine Erb'sche Lähmung und eine Claviculafraktur.

Für die Bemessung stand im Vordergrund die Plexusparese, während die nach etwa 6 Wochen folgenlos verheilte Clavikulafraktur von untergeordneter Bedeutung ist.

Die Plexusparese hat zu langjährig andauernden Folgen und Beeinträchtigungen und wohl zu auf Dauer bestehenden Funktionseinbußen geführt. Es liegt eine globale Kraftminderung im Bereich zwischen 3 und 4 (von 5 Kraftgraden) vor, was sich auswirkt auf die Schwere der zu leistenden Arbeit und auf die Ausdauerfähigkeit des Arms. Zudem liegt eine leichte Fehlstellung des Glenohumeralgelenkes vor, sodass der Arm nur begrenzt in eine Außenrotation (etwa 45… im Vergleich zu normalerweise 90…) verbracht werden kann. Das Streckdefizit führt dazu, dass der Kläger etwa nur begrenzt Lasten in die Höhe heben kann

Schmerzensgeldrelevant sind auch die Beeinträchtigungen, die der Kläger durch die systematische (praktisch tägliche) Physio- und Ergotherapie im Laufe des Lebens erfahren wird und die in ihrer Gesamtheit keine unerhebliche Beeinträchtigung der Lebensqualität bedeuteten.

27 **LG Dortmund, Urt. v. 02.06.2022 – 4 O 12/19**

30.000,00 €

Humeruskopffraktur – Schädigung des Plexus brachialis

Nach einer MRT-Untersuchung verkeilte sich der Arm des Klägers beim Herausfahren der Liege, das trotz der Schreie des Klägers nicht gestoppt wurde. Der Kläger erlitt eine Querfraktur des Oberarmknochens (Humerus) mit Absprengung eines Fragmentes.

Der Kläger leidet unter erheblichen Dauerfolgen. Die Schädigung des Plexus brachialis führte zu einem Zugschaden, der zu einem fortschreitenden Muskelabbau führt. Die Muskelatrophie verursacht wiederum elektrisierende Schmerzen. Die Dauerfolgen beeinträchtigen den Kläger vielfach bei der körperlichen Betätigung.

28 **OLG Köln, Beschl. v. 14.03.2016 – 5 U 69/15, unveröffentlicht**

40.000,00 €

Humeruskopffraktur – Behandlungsverzögerung

Infolge eines Behandlungsfehlers wurde bei der Klägerin eine Osteophysenlösung des Humeruskopfes nicht erkannt. Dadurch kam es zu einer Behandlungsverzögerung um vier Monate, die zu erheblichen gesundheitlichen Beeinträchtigungen der Klägerin führte, insbesondere zur Schonhaltung des Arms und zu Schwellungen im Oberarm- und Schulterbereich.

29 **OLG Celle, Urt. v. 01.06.2016 – 14 U 74/15, unveröffentlicht**

40.000,00 € (Mitverschulden: 3/10)

Oberarmfrakturen – Radiusfraktur – Schädelhirntrauma 3. Grades – Gesichtsfraktur

Der Kläger befand sich noch in der Berufsausbildung, als er mit seinem Fahrzeug verunglückte. Er erlitt ein offenes Schädelhirntrauma 3. Grades, eine Gesichtsfraktur, Oberarmfrakturen und eine Radiusfraktur. Es bleiben Bewegungseinschränkungen, MdE 40 % und kognitive Defizite. Der Kläger konnte die Berufsausbildung jedoch beenden.

30 **LG Traunstein, Urt. v. 07.10.2019 – 8 O 1313/16, unveröffentlicht**

40.000,00 € (Mitverschulden: 1/2)

Oberarmschaftfraktur – Beckenringfraktur – Jochbeinfraktur – Orbitafrakturen – Schädelhirntrauma – Narben

Die 18 Jahre alte Klägerin, eine Schülerin, erlitt eine Oberarmschaftfraktur mit dramatischer Parese, eine nicht dislozierte Olecranonfraktur, eine Becken-B-Verletzung mit Sakrumfraktur SI beidseits sowie vorderer Beckenringfraktur, eine Jochbodenfraktur, eine laterale Orbitawandfraktur, eine Orbitabodenfraktur, ein Schädelhirntrauma mit leichter struktureller Hirnschädigung (kleine diffuse axonale Läsion an der Markrindengrenze), Anpassungsstörung für 2 Jahre, eine großflächige Schürfwunde an der rechten Wange, und Doppelbilder für 1 Woche. Sie war 2 Jahre weitgehend arbeitsunfähig und auf die Einnahme von Opiaten angewiesen. Die MdE beträgt 20 %. Der Studienbeginn verzögerte sich um 1 Jahr.

Sie leidet unter Dauerschäden wie leichten kognitiven Einschränkungen, Beeinträchtigung der Sprachsemantik und leichten Interferenzanfälligkeiten, restriktiven Funktionsstörungen und eingeschränkten Konzentrationsschwierigkeiten. Es besteht eine gering ausgeprägte Radialisparese mit leichten neuropathischen Schmerzen. Sie leidet noch unter Schmerzen bei längerem Sitzen und beim Fahrradfahren.

OLG Celle, Urt. v. 31.01.2024 – 14 U 58/23 31

45.000,00 € (Vorstellung: 45.000,00 € bis 60.000,00 €)

Oberarmfraktur –Verletzung Nerven – Zertrümmerung Ellenbogen – Verlust Geruchs- und Geschmackssinn – Depressionen – Fallhand – große Narbe

Die 41 Jahre alte Klägerin und ihre 10 Jahre alte Tochter wurden bei einem Verkehrsunfall verletzt. Sie erlitt eine Humerusschaftfraktur mit Läsion des Nervus radialis und des Nervus ulnaris und eine Rippenserienfraktur. Sie wurde mehrfach operiert und insgesamt rd. 100 Tage stationär behandelt, musste fast 800 medizinische Behandlungstermine wahrnehmen und war fast 2 1/2 Jahre arbeitsunfähig.

Als Dauerschäden bestehen am Oberarm eine große Operationsnarbe, eine Fallhand und depressive Störungen. Sie ist in der Ausübung ihrer Hobbies und Wahl der Sportarten beschränkt. Es besteht eine mittelgradige Depression und eine Minderung der Erwerbsfähigkeit ist als Spätschaden zu befürchten.

OLG Bamberg, Urt. v. 15.01.2019 – 5 U 144/18, unveröffentlicht 32

55.000,00 €

Armplexusläsion – HWK 4 Deckplattenfraktur

Der 28 Jahre alte Kläger erlitt eine traumatische Armplexusläsion, eine Schädigung der Armnerven, die den gesamten Arm versorgen und eine Fraktur der Deckplatten des 4. HWK. Es kam zu 4 Krankenhausaufenthalten mit Operationen und drei Reha-Aufenthalten.

Der Kläger hat einen Zwerchfellhochstand, der zur Luftnot führt. Die Schulter und den Arm kann der Kläger nur noch sehr eingeschränkt benutzen und nur unter Schmerzen bewegen und er ist in der körperlichen Leistungsfähigkeit erheblich eingeschränkt. Sein Hobby Motorradfahren kann er nicht mehr ausüben und es kommt zu Belastungen im Haushalt.

Den Beklagten trifft ein grobes Verschulden.

OLG Schleswig, Urt. v. 30.11.2021 – 4 U 149/20, unveröffentlicht 33

70.000,00 €

Schwerste komplette Plexusparese

Der Kläger erlitt infolge eines groben Behandlungsfehlers eine schwerste komplette kindliche Plexusparese mit Abriss der Wurzeln C5 bis C7 und in situ Ausrissen C8 und Th1. Der BGH, Beschl. v. 25.10.2022 – VI ZR 382/21, hat die Entscheidung wegen Verletzung des rechtlichen Gehörs aufgehoben und die Sache zurückverwiesen.

LG Dortmund, Urt. v. 14.04.2016 – 4 O 230/13, unveröffentlicht 34

80.000,00 € (Vorstellung: 60.000,00 €)

Arm – Schulter – nervus accessorius

Bei der 43 Jahre alten Klägerin wurde eine Exstirpation eines vergrößerten Lymphknotens durchgeführt, ohne dass sie ordnungsgemäß über Behandlungsalternativen aufgeklärt wurde. Der nervus accessorius, dessen Verlauf bei einer Lymphknotenexstirpation zwingend beachtet werden muss, wurde massiv geschädigt. Es liegt eine komplette Accessoriusparese vor. Es besteht ein Schulterschiefstand, die rechte Brust hängt und die Gebrauchsfähigkeit des Arms ist vollständig aufgehoben, der Zustand des Arms steht einer Amputation gleich. Die Klägerin leidet ständig unter erheblichen Schmerzen. Infolge der Beeinträchtigungen und der verminderten Lebensqualität haben sich Depressionen und eine Anpassungsstörung eingestellt. Soziale Kontakte werden vernachlässigt.

OLG Naumburg, Urt. v. 21.08.2017 – 1 U 58/17 – DAR 2018, 631 35

80.000,00 € (Mitverschulden: 2/10; Vorstellung: 100.000,00 €)

Oberarm-Frakturen beidseitig – schwere weitere Verletzungen

Der 19 Jahre alte Kläger erlitt als Insasse eines Feuerwehrfahrzeugs schwerste Verletzungen. Aus der Entscheidung ergibt sich nicht unmittelbar, welche Verletzungen der Kläger über die Oberarm-Frakturen hinaus erlitten hat.

4. Ellenbogen

36 **OLG Brandenburg, Urt. v. 10.01.2019 – 12 U 225/16, unveröffentlicht**

<u>800,00 €</u> (Vorstellung: 35.000,00 €)

Ruhigstellung des Arms über 7 Wochen statt 3 1/2 Wochen

Die Klägerin wurde nach einer Sturzverletzung wegen des Verdachts auf eine Radiusköpfchenfraktur mit einer Oberarmgipsschiene versorgt, die erst nach 7 Wochen entfernt wurde. Der Arm wurde dadurch rd. 3 1/2 Wochen zu lange ruhiggestellt. Der Senat hat das vom LG mit 1.500,00 € als angemessen angesehene Schmerzensgeld für die Einschränkung der Beweglichkeit auf 800,00 € ermäßigt.

37 **OLG Hamm, Urt. v. 10.05.2019 – 9 U 8/18**

<u>1.250,00 €</u> (Mitverschulden: 3/4)

Ellenbogenfraktur – Bisswunde Unterarm

Die Klägerin wurde bei einer Auseinandersetzung zwischen zwei nicht angeleinten Hunden verletzt. Sie erlitt eine Ellenbogenfraktur und Bisswunden am Unterarm. Sie wurde 2-fach operiert und 6 Tage stationär behandelt. Als Dauerschäden verblieben Bewegungseinschränkung bei der Drehbarkeit des Arms.

38 **OLG Hamm, Urt. v. 12.04.2022 – I-7 U 55/21, VersR 2022, 1246 = NJW-RR 2022, 1679**

<u>2.000,00 €</u> (Mitverschulden: 1/2)

Radiusextensionsfraktur – Fraktur des Prozessus Coronoideus ulnae

Die Klägerin, eine erfahrene Reiterin, stürzte, als das Pferd der Beklagten durchging. Sie zog sich eine Radiusextensionsfraktur und eine Fraktur des prozessus coronoideus ulnae zu, wurde 3 Tage stationär behandelt und war 4 Monate arbeitsunfähig. Als Dauerschaden besteht eine Verknöcherung am Ellenbogengelenk.

39 **OLG Hamm, Urt. v. 06.06.2016 – 6 U 203/15, unveröffentlicht**

<u>2.800,00 €</u> (Mitverschulden: 1/2; Vorstellung: 12.500,00 €)

Ellenbogenfraktur

Die Beklagte trat in einem Supermarkt, in dem beide Parteien einkauften, einen Schritt zurück und stieß mit der Klägerin zusammen. Die Klägerin stürzte und zog sich eine Fraktur des Ellenbogens zu. Sie wurde 2 x operiert, die 1. Operation hatte einen 6 Tage dauernden Krankenhausaufenthalt zur Folge, die 2. Operation erfolgte ambulant. Es entstand eine sehr schmale und nur aus der Nähe sichtbare Narbe am Arm von 10 cm. Einschränkungen beim Sport und beim Autofahren bestanden 2 bzw. 8 Wochen nach den Operationen.

Die Beklagte hatte vorprozessual bereits 2.800,00 € auf das Schmerzensgeld gezahlt, sodass der Klägerin kein weiterer Anspruch zugesprochen wurde.

40 **OLG Brandenburg, Urt. v. 26.08.2021 – 12 U 179/20, RuS 2021, 649**

<u>4.000,00 €</u> (Mitverschulden: 1/2)

Trümmerfraktur des Ellenbogens – Prellungen – Narbe

Die Klägerin erlitt als Radfahrerin bei einem Verkehrsunfall neben Prellungen und Blutergüssen eine Trümmerfraktur des Ellenknochens mit Gelenkbeteiligung (Olecranonfraktur), die mit einer Schrauben- und Plattenosteosynthese operativ versorgt wurde. Der Heilungsverlauf war langwierig, die stationäre Behandlung dauerte 7 Tage. Mehr als weitere 30 Tage wurde der Arm durch eine Schiene ruhiggestellt. Über einen Zeitraum von rd. 10 Wochen erfolgte eine intensive Behandlung durch Lymphdrainage und Physiotherapie. Die Klägerin war länger als 4 Monate arbeitsunfähig.

Das Implantat wurde operativ entfernt.

Die MdE beträgt 10%, mit hoher Wahrscheinlichkeit wird eine Arthrose eintreten, die Narbe ist 10 – 15 cm lang.

OLG Koblenz, Urt. v. 09.12.2019 – 12 U 249/18 41

4.466,00 € (Mitverschulden: 1/3)

Radiusköpfchenfraktur

Bei einem Hundegetümmel stürzte der Kläger und zog sich eine Radiusköpfchenfraktur zu. Er musste über 3 Wochen eine Gipsschiene tragen und war mehr als 7 Wochen arbeitsunfähig.

OLG Frankfurt, Beschl. v. 20.12.2022 – 11 U 89/21, VersR 2023, 984 42

7.000,00 € (Vorstellung: 15.000,00 €)

Ellenbogenfraktur – Handgelenkdistorsion

Der 42 Jahre alte Kläger stürzte mit dem Fahrrad, der Beklagte haftet als Tierhalter. Der Kläger zog sich eine Fraktur des Ellenbogens und eine Distorsion des Handgelenks zu. Die Verletzungen wurden ambulant ohne Operation behandelt. Die Verletzungen führten nicht zu einer Arbeitsunfähigkeit.

Der Kläger hat Dauerschäden erlitten, er ist in seinen Aktivitäten und seiner Lebensführung auf Dauer eingeschränkt, da er als ambitionierter Sportler nicht mehr in der Lage ist, die Freizeitsportarten, Fahrrad- und Motorradfahrten, auszuüben. Hierdurch ist ein erheblicher Verlust an Lebensqualität eingetreten.

OLG Karlsruhe, Urt. v. 05.10.2021 – 9 U 59/19, NJW-RR 2022, 316 43

8.500,00 € (Vorstellung: 8.500,00 €)

Radiusköpfchentrümmerfraktur –Prothese im Ellenbogengelenk – Thoraxkontusion – Daumensattelgelenkscontusion

Die 55 Jahre alte Klägerin stürzte als Radfahrerin auf einer unzureichend gesicherten Fahrbahn und zog sich eine Radiusköpfchentrümmerfraktur zu, die eine Prothese im Ellenbogengelenk erforderlich machte. Ferner erlitt sie eine Thoraxkontusion und eine Daumensattelgelenkskontusion. Sie leidet immer wieder unter Schmerzen und Bewegungs- und Belastungseinschränkungen des Ellenbogengelenks. In der Freizeit kann sie dem Reitsport nicht mehr nachgehen.

Bei der Bemessung des Schmerzensgeldes »hat der Senat die veröffentlichten Entscheidungen anderer Gerichte in ähnlichen Fällen mit berücksichtigt«.

OLG Frankfurt, Urt. v. 14.01.2019 – 29 U 69/17 44

10.000,00 €

Mehrfachfraktur des Arms – Operation Ellenbogengelenk

Eine Mehrfachfraktur des Arms wurde operativ behandelt und später folgte eine Operation am Ellenbogengelenk. Der Arm wurde 6 Wochen geschient. Die Beweglichkeit des Arms ist durch ein Streckdefizit eingeschränkt und es bestehen Schmerzen.

45 **OLG Schleswig, Urt. v. 22.06.2017 – 11 U 109/16, unveröffentlicht**

14.000,00 € (Mitverschulden: 1/3)

Verletzung am Ellenbogen – Beckenfraktur

Die 86 Jahre alte Klägerin stürzte bei dem Versuch, ein Hotel durch eine gläserne Drehtür zu verlassen. Sie erlitt unter anderem eine Verletzung am Ellenbogen und eine Beckenfraktur. Infolge des Unfalls war die Klägerin fast 8 Wochen immobil und fast 5 Monate stark beeinträchtigt. Insbesondere war sie lange bettlägerig, wodurch die Lebensqualität der Klägerin stark beeinträchtigt wurde.

46 **OLG Zweibrücken, Urt. v. 26.01.2022 – 1 U 209/20, unveröffentlicht**

17.500,00 €

Komplizierte Ellenbogenfraktur

Die Klägerin stürzte als Radfahrerin über eine Stromversorgung und zog sich eine komplizierte Ellenbogenfraktur zu, die zahlreiche Operationen zur Folge hatte und zu Dauerschäden und zu Spätschäden führte.

47 **OLG Hamburg, Urt. v. 08.11.2019 – 1 U 155/18, NZV 2020, 529 = NJW-Spezial 2020, 11 = SVR 2020, 220**

20.000,00 € (Mitverschulden: 1/3 Vorstellung: 20.000,00 €)

Luxationsfraktur Ellenbogen – Radiusköpfchenfraktur – Fraktur Mittelhandknochen – Narben

Die Klägerin erlitt als Radfahrerin bei einem Zusammenstoß mit einem Hund eine dislozierte Fraktur (verschobener Bruch) des ersten Mittelhandknochens (Daumenschaft), eine komplexe dorsale Luxationsfraktur (rückwärtiger Bruch mit Ausrenkung) des Ellbogens, Typ II nach Jupiter, mit einer Olecranonfraktur (Bruch des Ellbogens) und einer Radiusköpfchenfraktur (Bruch des oberen Endes der Speiche) sowie einem Abriss des Processus coronoideus (Knochenvorsprung der Elle).

Es waren zahlreiche Operationen erforderlich. Der Daumen wurde dreimal, der Ellenbogen sechsmal operiert. Die stationäre Behandlung dauerte insgesamt 32 Tage. Danach folgten zahlreiche ambulante Behandlungen, die mit erheblichen Schmerzen (Schmerztherapie) verbunden waren. Es sind sichtbare Narben vor allem am Arm verblieben. Ein Dauerschaden besteht am Ellbogen (Sensibilitätsstörungen, Streckdefizit von 30 Grad, ein Beugedefizit von 20 Grad) und am Daumen (Taubheitsgefühl, Druckschmerz, Beugungseinschränkung 10 Grad). Die MdE beträgt 20 %.

48 **OLG Hamm, Urt. v. 15.02.2022 – 26 U 21/21, NJW-RR 2022, 818= MDR 2022, 640**

25.000,00 €

Infektion nach Injektion – Narbe

Die Klägerin wurde vor der Behandlung eines Tennisarms nicht über Behandlungsalternativen aufgeklärt. Sie erhielt eine Injektion und im Gelenk trat eine Entzündung auf, die operativ behandelt wurde. Der Behandlungsverlauf erstreckte sich über rd. 5 Monate. In dieser Zeit hatte die Klägerin Schmerzen und auch danach ist die Klägerin gelegentlich nicht schmerzfrei. Als Dauerschaden besteht eine Narbe.

49 **LG Frankfurt, Urt. v. 17.07.2019 – 2–24 O 246/16**

50.000,00 €

Frakturen von Ellenbogen – Kniescheibe – Hüfte – Oberschenkel – Schädelhirntrauma

Der 93 Jahre alte Erblasser wurde als nicht angeschnallter Beifahrer auf dem Rücksitz eines

PKW sitzend bei einem Verkehrsunfall verletzt. Er erlitt Frakturen des Ellenbogengelenks, der Hüfte, des Nasenbeins, des Oberschenkelhalses und ein schweres Schädelhirntrauma. Die Frakturen und das

Polytrauma sind auf den Aufprall ohne Gurtschutz zurückzuführen. Ellenbogen und Hüfte wurden teils mehrfach operiert. Nach 4 Monaten stationärer und Pflegebehandlung verstarb der Verletzte.

Die Kammer hat das Schmerzensgeld taggenau berechnet mit > 34.000,00 € und unter Berücksichtigung der Verletzungsfolgen und des Mitverschuldens des Erblassers auf 50.000,00 € erhöht.

LG Arnsberg, Urt. v. 15.03.2016 – 5 O 31/14, unveröffentlicht 50

60.000,00 €

Ellenbogenverletzung – Narben

Der 12 Jahre alte Kläger erlitt beim Spielen auf dem Schulhof eine Verletzung des Ellenbogens. Im Krankenhaus wurde eine Fraktur des Ellenbogens nicht erkannt. Der Kläger musste sich 3 operativen Eingriffen zur Verbesserung der Funktion des Ellenbogens unterziehen. Der Arm und die Hand sind nicht voll belastbar, was zu erheblichen Einschränkungen im Alltag, bei der Freizeitgestaltung, bei der Berufswahl und der späteren Berufsausübung führt. Es sind deutlich sichtbare Narben zurückgeblieben. Mit Arthrosebildung ist zu rechnen.

5. Unterarm

▶ Hinweis:

Morbus Sudeck – Complex Regional Pain Syndrome (CRPS)

Die Verletzung der Extremitäten (Arm, Hand, Finger – aber auch Bein und Fuß) kann als typische Komplikation einen Morbus Sudeck (Synonym: Dystrophie und Algodystrophie) zur Folge haben, dessen Ursache letztlich nicht eindeutig geklärt ist (vgl. LG Mainz, Urt. v. 22.01.1998 – 1 O 547/96, VersR 1999, 863). Es handelt sich um ein sehr komplexes Krankheitsgeschehen, welches in vielen Fällen aus sich heraus entstehen kann (vgl. LG Mainz, Urt. v. 22.01.1998 – 1 O 547/96, VersR 1999, 863).

Der Erkrankung geht durchweg eine grobe Gewalteinwirkung und ein hierdurch hervorgerufenes akutes, schmerzhaftes Ödem voraus. Allerdings können auch Bagatellverletzungen, wie bspw. Prellungen oder Verstauchungen, eine Sudeck'sche Dystrophie verursachen. Es ist bekannt, dass schnürende Verbände, zahlreiche Repositionsmanöver usw. das Auftreten einer Dystrophie ermöglichen können. Das bloße Abstützen mit der Hand bei einem Verkehrsunfall reicht nicht aus, wenn sich unmittelbar nach dem Unfall keinerlei Beschwerden zeigen. Tritt erst nach 2 Wochen ein Kribbeln in der Hand auf, so kann eine Primärverletzung nicht festgestellt werden, die als Ursache für den Morbus Sudeck anzusehen sein könnte (vgl. OLG Celle, Urt. v. 19.12.2002 – 14 U 259/01, OLGR 2004, 330; bestätigt durch BGH, Urt. v. 04.11.2003 – VI03, NJW 2004, 777).

Der Verletzte muss den Vollbeweis dafür führen, dass eine Primärverletzung vorliegt, auf der die weiteren Beschwerden beruhen können. Beweiserleichterungen kommen ihm hierbei nicht zugute.

Als **mögliche Ursache** des Morbus Sudeck werden Rezeptorenstörungen der vegetativen Nerven an den Extremitäten diskutiert. Eine solche Heilentgleisung kann bei jeder Form der Verletzung auftreten und verläuft typischerweise in verschiedenen Stadien. Bei nicht adäquater Therapie kann es zur vollständigen Funktionseinschränkung mit bindegewebiger Verhärtung der Extremitäten kommen. **Arzthaftungsansprüche** lassen sich i.d.R. aus einem Morbus Sudeck dennoch nicht herleiten, weil der Heilungsverlauf nicht beherrschbar ist (vgl. OLG Oldenburg, Urt. v. 11.08.1998 – 5 U 23/98, OLGR 1998, 320).

51 **AG München, Urt. v. 13.04.2017 – 132 C 17280/16, unveröffentlicht**

1.000,00 €

Tattoo handwerklich fehlerhaft

Die Klägerin ließ sich auf den Unterarm Schriftzüge tätowieren, die handwerklich nicht gelungen sind. Das Tattoo entspricht nicht der Qualität, die ein Kunde erwarten darf. Der Klägerin steht ein Schmerzensgeld in Höhe von 1.000 € zu. Sie hat einen Anspruch auf Rückzahlung des Honorars in Höhe von 100 € und kann die Kosten der Beseitigung des Tattoos verlangen.

52 **OLG München, Urt. v. 12.01.2018 – 10 U 2718/15, unveröffentlicht**

1.200,00 € (Mitverschulden: 2/5)

Hämatom in Höhe des distalen Unterarms

Die Klägerin stieß bei einem Auffahrunfall als Beifahrerin mit Arm und Ellenbogen gegen die Mittelkonsole und zog sich ein eingekapseltes Hämatom in Höhe des distalen Unterarms mit Resteinblutungen zu.

53 **OLG Hamm, Urt. v. 06.06.2016 – 6 U 203/15, VersR 2017, 372 = RuS 2016, 638**

1.500,00 €

Olekranonfraktur mit Gelenkbeteiligung – Narben

Die Klägerin stürzte nach einem Körperkontakt mit dem Beklagten und zog sich eine Olekranonfraktur mit Gelenkbeteiligung zu. Eine Olekranonfraktur ist die Fraktur der Oberkante der Elle am Unterarm.

54 **OLG Hamm, Beschl. v. 12.04.2022 – 7 U 55/21, NJW-RR 2022, 1679**

2.000,00 € (Mitverschulden: 1/2; Vorstellung: 5.000,00 €)

Unterarmfraktur – Handgelenkfraktur

Als die Klägerin auf ein Pferd aufsteigen wollte, um an einer Reitstunde teilzunehmen, ging das Pferd durch, die Klägerin stürzte und erlitt eine distale Radiusextensionsfraktur sowie eine Fraktur des Proc. Coronoideus ulnae. Die Klägerin wurde 3 Tage stationär behandelt und war 4 Monate arbeitsunfähig.

55 **LG Lübeck, Urt. v. 21.02.2024 – 6 O 157/22**

2.000,00 € (Mitverschulden: 1/3; Vorstellung: 6.000,00 €)

Radiusfraktur

Die Klägerin kam auf einem städtischen Parkplatz auf rutschigem Laub zu Fall und zog sich eine Radiusfraktur und Prellungen und Hämatome zu. Sie musste 6 Wochen einen Gipsverband und weitere 3 Wochen eine Unterarmschiene tragen. Auch anschließend habe sie noch unter starken Schmerzen gelitten.

56 **LG Stuttgart, Urt. v. 20.04.2018 – 19 O 99/16, unveröffentlicht**

2.400,00 € (Vorstellung: 4.500,00 €)

Radiusköpfchenfraktur

Der Kläger erlitt als Motorradfahrer bei einem Verkehrsunfall neben einer Radiusköpfchenfraktur multiple Prellungen und eine BWS-Kontusion. Er war mehr als 1 Monat arbeitsunfähig und litt weitere 6 Wochen Schmerzen.

Das Gericht meint, das Schmerzensgeld sei höher als die vor 20 Jahren ausgeurteilten Beträge.

LG Essen, Urt. v. 29.09.2020 – 2 O 216/19, unveröffentlicht 57

2.500,00 € (Mitverschulden 1/2; Vorstellung: 8.000,00 €)

Radiusfraktur – Kniegelenk – Sprunggelenk

Die Klägerin kreuzte mit ihrem Pedelec ein überein den Radweg verlegtes Baukabel und stürzte. Sie zog sich eine Radiusfraktur, sowie Verletzungen am Kniegelenk und am Sprunggelenk und ein HWS-Syndrom zu und verletzte sich an der Nase und am Kopf.

Als Dauerschaden bestehen Schmerzen und die Hand ist nicht mehr voll belastbar.

LG Hanau, Urt. v. 01.12.2022 – 9 O 948/16 58

2.650,00 €

Radiusfraktur – Bauchtrauma – Narbe

Der Kläger erlitt bei einem Unfall eine Radiusfraktur und ein Bauchtrauma. Er war 3 Monate arbeitsunfähig.

Die Narbe verursacht Sensibilitätsstörung am Arm ohne Funktionsbeeinträchtigung.

AG Frankenthal, Urt. v. 07.07.2016 – 3a C 66/16, unveröffentlicht 59

2.700,00 €

Hundebiss in den Unterarm – Narben

Die Klägerin war in einer Tierarztpraxis beschäftigt und absolvierte eine Ausbildung zur tiermedizinischen Fachangestellten. Bei dem Versuch, eine Rottweilerhündin auf dem Röntgentisch zu drehen, wurde sie in den Unterarm gebissen. Sie erlitt eine Riss-Quetschwunde sowie eine Hyposensibilität im Bereich des Versorgungsgebietes des Nervus cutaneus antebrachii medialis. Der operative Eingriff verlief komplikationslos. Die Wunde wurde mit 7 Stichen genäht. Es blieb eine deutlich sichtbare Narbe zurück. Die Beeinträchtigungen erstreckten sich über 3 Monate.

LG Frankfurt, Urt. v. 12.07.2018 – 2–24 O 238/16, unveröffentlicht 60

3.000,00 € und 2.000,00 €

Unterarm – Schulter – Tätowierungen

Die Klägerin erhielt am Unterarm eine Henna-Tätowierung, der 9 Jahre alte Kläger eine großflächige Tätowierung auf der Schulter. Im Bereich der Tätowierungen zeigten sich Rötungen und allergische Hautreaktionen. Bei der Klägerin verblieb eine lebenslange Sensibilisierung für PPD. Beim Kläger waren die Reaktionen nach einem Monat abgeklungen.

OLG Hamm, 25.06.2021 – 7 U 89/20, VerkMitt 2021, Nr. 56 61

3.000,00 € (Mitverschulden: 1/2; Vorstellung: 7.000,00 €)

Radiusfraktur – Prellungen

Die Klägerin erlitt als Radfahrerin einen Unfall, der durch Verletzung der Verkehrssicherungspflicht mitverursacht wurde. Sie erlitt einen handgelenksnahen Speichenbruch, Prellungen im Bereich beider Knie, eine traumatische Einblutung am Knie, eine Verletzung am Sprunggelenk und Prellungen am Kopf, der HWS und der blutenden Nase.

Als Dauerschaden besteht eine Fehlstellung des distalen Radius, die zu einer Fehlbelastung des Handgelenks und zu einer posttraumatischen Arthrose geführt hat.

LG Bielefeld, Urt. vom 26.10.2016 – 6 O 385/15, unveröffentlicht 62

3.500,00 € (Vorstellung: mindestens 12.000,00 €)

Fraktur der Speiche in Handnähe

Die 79 Jahre alte Klägerin stürzte auf einer Stufenanlage, die die Beklagte in der Stadt errichtet hatte und auf der sich auf einer Art Podest ein Wasserband befand, welches mit Stufen abfällt, die optisch nicht hinreichend wahrnehmbar waren Die Klägerin fiel, weil sie eine Stufe übersehen hatte; sie zog sich eine dislozierte Radiusmehrfragmentextensionsfraktur an der rechten Hand zu. Die Klägerin wurde 10 Tage stationär behandelt und musste vier Wochen eine Schiene tragen. Die Hand war nach der Operation stark geschwollen, was zu einer erheblichen Einschränkung der Handgelenksbeweglichkeit sowie der Streckung und Beugung der Hand- und Fingergelenke führte. Als Dauerschaden verblieb eine Einschränkung der Palmarflexion und der Dorsalflexion der rechten Hand sowie eine deutliche Knochenauftreibung über dem ulnaren Handgelenk nebst einer Narbe. Die grobe Kraft ist eingeschränkt, bei intensiver Bewegung und Belastung hat die Klägerin noch Schmerzen. Sie ist bei der Haus- und Gartenarbeit beeinträchtigt.

63 **AG Homburg, Urt. v. 21.04.2020 – 4 C 406/19**

4.000,00 €

Radiusfraktur – Schädelhirntrauma – Prellungen

Der Kläger erlitt eine distale Radiusfraktur, ein Schädelhirntrauma und Prellungen. Er wurde 2 Tage stationär behandelt und trug 2 Monate einen Gipsverband. Im Fitnessstudio und beim Akkordeonspiel ist er beeinträchtigt.

64 **OLG Hamm, Urt. v. 21.11.2023 – I-26 U 79/23**

4.000,00 € (Mitverschulden: 1/2)

Radiustrümmerfraktur

Der Kläger erlitt unfallbedingt eine C3-Fraktur an der Speiche (distale Radiustrümmerfraktur), eine Prellung mit Platzwunde am Kniegelenk, eine Erbsenbeinfraktur und ein Ödem im Dreieckbein des Handgelenks. Er war 5 Tage in stationärer Behandlung. Die linke Hand des Klägers ist dauerhaft in ihrer Bewegung eingeschränkt. Er leidet noch unter Schmerzen bei Belastung.

65 **LG Bonn, Urt. v. 28.09.2016 – 1 O 454/13**

8.000,00 € (Mitverschulden: 3/10)

Abriss der langen Bizepssehne

Der Kläger, ein Monteur für Fenster und Türen, erlitt bei einem Verkehrsunfall einen Abriss der langen Bizepssehne. Dadurch ist er beim Heben und Tragen schwerer, insbesondere bei der Arbeit und bei Freizeitaktivitäten erheblich eingeschränkt.

66 **LG Heilbronn, Urt. v. 24.01.2020 – 10 O 91/19**

8.000,00 €

Distale Radiusfraktur

Der 20 Jahre alte Kläger erlitt eine distale Radiusfraktur. Er wurde 3 Tage stationär behandelt. Er war 4 1/2 Monate arbeitsunfähig. Es verblieben eine 5 cm lange Narbe und eine geringere Belastbarkeit des linken Arms.

67 **OLG Brandenburg, Urt. v. 20.01.2022 – 12 U 61/21**

8.000,00 € (Mitverschulden 1/2; Vorstellung: 8.000,00 €)

Unterarmfraktur

Der Kläger erlitt als Motorradfahrer einen Verkehrsunfall eine drittgradig offene Fraktur des Unterarms mit einer Hautdurchspießung des Ulnarschafts sowie einen Weichteilschaden III. Grades, die mehrfach operativ versorgt werden musste. Er wurde zunächst 5 Tage stationär behandelt. Da die fragmentierten Knochen nicht zusammenwuchsen und sich eine Pseudoarthrose des Radioschafts mit einer Sklerose der Fragmentränder manifestierte, mussten die Knochen aufgetrennt und ein Teil des Beckenkamms eingesetzt werden. Die zweite Operation erforderte einen stationären Krankenhausaufenthalt von acht Tagen. Es traten Beschwerden und Bewegungseinschränkungen im Bereich der Schulter auf, die als Dauerschaden anzusehen sind. Ferner bestehen Druck- und Bewegungsschmerzhaftigkeit der Elle und der Speiche und ein nicht komplett möglichen Faustschluss sowie eine deutliche Einschränkung der Unterarmumwendebewegung. Der Kläger war mehr als 8 Monate arbeitsunfähig, die MdE beträgt 20 %.

LG Köln, Urt. v. 23.01.2024 – 14 O 58/22 68

8.000 € (Mitverschulden: 1/3; Vorstellung: 10.000,00 €)

Radiusfraktur – Fraktur Daumenendglied – Prellungen an Schulter und Gesäß

Die 67 Jahre alte Klägerin stürzte im Bereich der Außengastronomie mit ihrem Stuhl eine Steinstufe hinunter. Sie erlitt distale Radiusfraktur der linken Hand, sowie einen knöchernen Ausriss der Strecksehne des Endglieds eines Fingers. Die blutenden Wunden an der Hand wurden genäht, die Hände wurden eingegipst. Die Frakturen heilten nach 12 Wochen ab, die Hämatome nach 6 Wochen.

Der rechte Daumen bleibt versteift, die Greiffunktion beeinträchtigt.

OLG Naumburg, Beschl. v. 26.06.2017 – 1 W 23/17, unveröffentlicht 69

10.000,00 € (Vorstellung: 20.000,00 €)

Distale Radiusfraktur am Handgelenk – Fibulaköpfchenfraktur und Seitenbandruptur am Knie

Der Kläger leidet nach einer fehlerhaft durchgeführten Operation, die Speiche wurde verspätet fixiert, unter einer Handgelenkarthroskopie unter akuten Schmerzsymptomen und unter Berührungsschmerzen. Sein Freizeitverhalten hat sich verändert, regelmäßiges Radfahren und Fußballspielen ist nicht mehr möglich.

OLG Naumburg, Urt. v. 03.02.2020 – 12 U 98/19, NJW-RR 2020, 671 70

10.000,00 € (Mitverschulden: 1/5 Vorstellung: 15.000,00 €)

Radiusfraktur – Schädelhirntrauma – Mittelgesichtsfraktur – Schnittverletzungen – Prellungen

Der Kläger wurde als Motorradfahrer bei einem Verkehrsunfall verletzt. Er erlitt eine Radiusfraktur, ein Schädelhirntrauma, eine Mittelgesichtsfraktur, Schnittverletzungen und Prellungen. Der Kläger lag 3 Tage im Koma und wurde 12 Tage stationär behandelt. Die Radiusfraktur wurde operativ mit eine Plattenosteosynthese versorgt. Er war 10 Wochen arbeitsunfähig.

LG Berlin, Urt. v. 07.06.2022 – 45 O 78/20 71

10.000,00 €

Radiusköpfchenfraktur – Platzwunde

Die Klägerin erlitt als Radfahrerin bei einem Verkehrsunfall eine Radiusköpfchenfraktur und eine Platzwunde über der Augenbraue. Zurück blieben Schmerzen und Bewegungseinschränkungen im Arm, ein Streckdefizit, eine reduzierte Unterarmdrehfähigkeit und eine 7 cm lange Narbe am Ellenbogen. Die MdE beträgt 14%.

AG Paderborn, Urt. v. 07.03.2023 – 65 Ls 54/22, unveröffentlicht 72

10.000,00 €

Stichverletzungen in den Unterarm – Lunge

Der Angeklagte griff den Geschädigten an und versetzte ihm 11 Messerstiche, unter anderem in die Lunge und den Arm. Durch 6 Stich-/Schnittverletzungen in den Arm wurden der Nervus radialis teilweise und der Nervus ulnaris vollständig durchtrennt. Dadurch bedingt kann der Geschädigte die Finger der linken Hand dauerhaft nicht bewegen,

Der Angeklagte verpflichtete sich, an den Geschädigten ein Schmerzensgeld in Höhe von 10.000,00 € zu zahlen, eine Verpflichtung, die auch zur Bewährungsauslage gemacht wurde.

73 **OLG Frankfurt, Urt. v. 18.10.2018, 22 U 97/16, GesR 2018, 776 = VersR 2019, 435 = NJW 2019, 442**

11.000,00 € (Vorstellung: 11.000,00 €)

Radiusmehrfachfraktur – HWS-Distorsion

Der Kläger erlitt als Motorradfahrer bei einem Verkehrsunfall eine Radiusmehrfachfraktur, die mit einem Fixateur externe geschient wurde. Außerdem erlitt er eine HWS-Distorsion und eine Bauchwandprellung. Er hatte lange nach Ende seiner Arbeitsunfähigkeit Schwierigkeiten mit der Hand- und Armbetätigung, befand sich in krankengymnastischer Behandlung und litt unter Kraftverlust und Sensibilitätsstörungen in der Hand, sodass er nicht in der Lage war, den Brems- oder Kupplungshebel des Motorrads zu betätigen.

In späteren Jahren wird der Kläger unter verstärkter Arthrose im Bereich der Hand- und Armverletzung leiden und aller Voraussicht nach werden gewisse Sensibilitäts- und Kraftminderungsstörungen nicht vollständig beseitigt werden.

Angesichts des Umstands, dass auch die von dem Geschädigten genannte Untergrenze des Schmerzensgeldes durchaus einen Anhaltspunkt für den von ihm als adäquat angesehenen Betrag geben kann, kommt der Senat bei Berücksichtigung einerseits vergleichbarer Entscheidungen und andererseits einer taggenauen Berechnung zu dem Ergebnis, dass vorliegend ein Gesamtbetrag von 11 000 Euro angemessen, aber auch ausreichend ist, um die vom Kl. erlittenen Beeinträchtigungen einschließlich zukünftiger wahrscheinlicher Schäden abzudecken.

74 **LG Aurich, Urt. v. 22.10.2018 – 13 KLs 110 Js 3516/18 (4/18), unveröffentlicht**

12.500,00 €

Ulnaschaftfraktur – Kopfplatzwunden – Schädelprellung

Die Angeklagten hatten verabredet, den Adhäsionskläger, einen Pizzafahrer, mit einer Scheinbestellung zu sich zu locken und dann zu überfallen. Sie schlugen ihn mehrfach mit einem Teleskopschlagstock gegen Kopf, Oberkörper und Arm. Der Adhäsionskläger erlitt hierdurch eine Schädelprellung und vier Platzwunden in der Schädelregion, nämlich eine 3 cm lange Hautdurchtrennung in der hinteren Schläfenregion rechtsseitig 3 cm oberhalb der Ohrmuschel, eine 5,5 cm lange Hautdurchtrennung auf Scheitelhöhe, weiter parallel dazu – 2 cm weiter frontal – eine 4,5 cm lange Hautdurchtrennung sowie 3 cm weiter zum Hinterkopf eine 3 cm lange Hautdurchtrennung. Jeder einzelne dieser die vier Platzwunden verursachenden Schläge war potenziell lebensbedrohlich, da jeder Schlag eine tödliche Hirnblutung hätte verursachen können. Er erlitt darüber hinaus über der rechten Augenbraue eine 1,5 cm lange Hautabschiebung und dazu ein Monokelhämatom am rechten Auge, ein Hämatom am linken Oberarm sowie einen Splitterbruch am rechten Unterarm (Ulnaschaftfraktur), welcher bis zum heutigen Zeitpunkt zweimal operiert werden musste. Eine stationäre Behandlung erfolgte über einen Zeitraum von 2 Wochen. Der Adhäsionskläger, der 3 1/2 Monate arbeitsunfähig war, leidet noch heute an Druckschmerzempfindlichkeit am Kopf und nimmt deswegen Medikamente ein.

75 **OLG Dresden, Urt. v. 28.04.2017 – 6 U 1780/16, DAR 2017, 463**

13.000,00 € (Mitverschulden: 1/4; Vorstellung: nicht unter 13.000,00 €)

Unterarmfraktur – Sprunggelenkfraktur – Schädelhirntrauma

Der Kläger erlitt bei einem Verkehrsunfall eine Fraktur des Unterarms und eine Fraktur des Sprunggelenks sowie ein Schädelhirntrauma. Er verlor bei dem Unfall das Bewusstsein. Der Kläger musste mehrfach operiert werden. Er wurde 7 Wochen stationär behandelt und war 6 Wochen in einer Reha und war mehr als 6 Monate arbeitsunfähig. Dauerschäden hat er nicht zu beklagen.

Das Schmerzensgeld ist wegen des verzögerlichen Regulierungsverhaltens der Beklagten erhöht worden.

LG Bonn, Urt. v. 28.04.3027 – 4 O 127/15 76

14.000,00 € (Mitverschulden: 3/10)

Dislozierte Trümmerfraktur – Lungenquetschung – Pneumothorax

Der Verletzte, ein Dachdecker, stürzte auf dem durch Raureif glatten, unzulänglich gegen Absturz gesicherten Gerüst zunächst einen Meter, dann weitere 4,5 Meter in die Tiefe. Er erlitt eine dislozierte Trümmerfraktur des Unterarms mit Pseudarthrose, eine Lungenquetschung mit Hämatopneumothorax, eine Grundplattenfraktur BWK 8 und eine Rippenserienfraktur. Er wurde 24 Tage stationär behandelt und mehrfach operiert. Es folgten physiotherapeutische Anschlussbehandlungen und 6 Wochen arbeitsplatzspezifische Reha.

LG Dortmund, Urt. v. 27.11.2018 – 39 KS 400 JS 206/17, unveröffentlicht 77

15.000,00 €

Offene Radiusfraktur – Strecksehnenverletzung – Todesangst

Der Adhäsionskläger wurde bei einem Sprengstoffattentat (Anschlag auf den Mannschaftsbus des Fußballvereins) verletzt und erlitt eine offene distale Radiusfraktur, Verletzung von zwei Strecksehnen und Venenverletzungen. Der Angeklagte wurde zu 14 Jahren Freiheitsstrafe verurteilt. Der Angeklagte hat den geltend gemachten Schmerzensgeldanspruch anerkannt.

LG Offenburg, Urt. v. 30.07.2019 – 3 O 311/15, unveröffentlicht 78

15.000,00 €

Risswunde am Sprunggelenk – Innenbandriss – Prellungen – Schürfwunden

Eine 27 Jahre alte Motorradfahrerin erlitt eine Risswunde am Sprunggelenk, einen Innenbandriss sowie zahlreiche Prellungen und Schürfwunden. Sie war ca. 4 Wochen arbeitsunfähig und musste sich einer Vielzahl physiotherapeutischen Behandlungen unterziehen.

Als Dauerschäden bleiben Belastungsschmerzen und Schwellneigung am Knie.

OLG Düsseldorf, Urt. v. 09.02.2016 – 1 U 50/15, unveröffentlicht 79

16.000,00 € (Mitverschulden: 3/10; Vorstellung: 35.000,00 €)

Fraktur der Speiche – Kahnbruch der Hand – Frakturen Mittelhandknochen und Handwurzel – Schultereckgelenksprengung –

Der 29 Jahre alte Kläger verunglückte mit dem Motorrad. Durch den Sturz erlitt er eine Schultereckgelenksprengung, einen Speichenbruch, einen Kahnbeinbruch der Hand, eine Benett'sche Luxationsfraktur des ersten Mittelhandknochens und eine Fraktur des Vieleckbeins der Handwurzel.

Zur Schmerzensgeldbemessung macht der Senat keine brauchbaren Ausführungen mit Ausnahme eines Rechenfehlers zuungunsten des Klägers in Rn. 76 a.E.

LG Bonn, Urt. v. 28.04.2016, 4 O 127/15, unveröffentlicht 80

20.000,00 € (Mitverschulden: 3/10)

Trümmerbruch des Unterarms – Rippenserienfraktur – Lungenquetschung – Brustwirbelfraktur

Der Kläger erlitt bei einem Sturz erhebliche Verletzungen, unter anderem einen dislozierten Trümmerbruch des Unterarms, eine Rippenserienfraktur, eine Lungenquetschung mit Hämatopneumothorax und eine Grundplattenfraktur des achten Brustwirbels. Er wurde 5 Tage intensivmedizinisch betreut und weitere 2 Wochen stationär behandelt, der Unterarm osteosynthetisch versorgt. Anschließend wurde er ambulant, auch physiotherapeutisch, weiterbehandelt. Nach weiteren operativen Eingriffen schloss sich eine Rehabilitationsmaßnahme an. Nach insgesamt 2 1/2 Monate war der Kläger wieder als Dachdecker tätig. Allerdings ist das eingebrachte Material bislang im Unterarm verblieben. Seine M.d.E. lag im Zeitpunkt der Entscheidung noch bei 10 %.

81 **OLG Brandenburg, Urt. v. 16.04.2019 – 3 U 8/18, DAR 2020, 25**

20.000,00 € (Mitverschulden: 1/3; Vorstellung: taggenau: 135.543,30 €. Vorinstanz: Urteil vom 22.12.2017 – 1 O 143/14, unveröffentlicht)

Beidseitige offene Unterarmfraktur nach Hundebiss – multiple Bissverletzungen an beiden Unterarmen – Handverletzungen mit Nervschaden – Narben – Dauerschäden

Die 63 Jahre alte Klägerin wurde von einem rd. 40 kg schweren Rottweiler angefallen und mehrfach in den Arm gebissen, den sie schützend vor ihr Gesicht hielt. Als Folgeschäden verblieben an beiden Unterarmen und Händen kosmetische Entstellungen, fast vollständig aufgehobene Umwendebeweglichkeit bzw. der Einwärtsdrehbewegung, praktisch vollständige Aufhebung der Beweglichkeit beider Handgelenke in allen Ebenen, praktisch vollständiger Funktionsverlust der Langfinger und deren Streckung und des linken Daumens, ausgeprägte und kosmetisch ungünstige Narbenbildung an den Armen und im Bereich des Unterschenkels und langstreckiger Defekt im Bereich des Wadenbeines nach Knochenspanentnahme.

Die vom LG benannten Vergleichsentscheidungen sind nicht plausibel. Der Senat gibt ebenfalls keine brauchbare Begründung zur Höhe des Schmerzensgeldes.

82 **OLG Köln, Urt. v. 28.05.2019 – 15 U 194/16**

20.000,00 €

Radiusschaftfraktur – Nervverletzungen – Prellungen – Anpassungsstörungen

Der Kläger erlitt eine Radiusschaftfraktur mit Nervverletzungen und Prellungen. Schwerwiegend war auch eine 24 monatige Anpassungsstörung. Zurück blieb eine 14 cm lange Narbe am Unterarm und eine dauerhafte Nervschädigung an der Hand mit einer Gefühlsminderung.

83 **OLG Düsseldorf, Urt. v. 21.02.2019 – 1 U 191/15**

22.500,00 € (Mitverschulden: 1/4)

Radiusschaftfraktur

Bei der operativen Behandlung einer Radiusschaftfraktur kam es wegen eines Behandlungsfehlers bei einem 39 Jahre alten Patienten zu 2 Operationen. Die MdE betrug 4 Monate 100%.

84 **LG Köln, Urt. v. 30.09.2016 – 25 O 24/15, unveröffentlicht**

30.000,00 € (Vorstellung: mindestens 25.000,00 €)

Radiusfraktur mit Gelenkbeteiligung

Die Klägerin erlitt als Radfahrerin einen Unfall. Im Krankenhaus des Beklagten wurde eine Radiusfraktur mit Gelenkbeteiligung diagnostiziert. Intraoperativ kam es bei der Reposition zu einer Stufenbildung und Schrauben ragten in das Gelenk hinein. Es kam zu einem Befunderhebungsfehler mit der Folge, dass die Revisionsoperation zunächst unterblieb.

Für die Bemessung des Schmerzensgeldes war die hohe Zahl der Folgeoperationen ausschlaggebend. Hinzu kommen eine posttraumatische Arthrose und erhebliche Funktionsbeeinträchtigungen von Hand und Arm als Dauerschaden.

OLG Düsseldorf, Urt. v. 21.02.2019 – 1 U 191/15 85

30.000,00 €

Radiusschaftfraktur – Trümmerzone

Nach einer Radiusschaftfraktur kam es bei der Operation zu einem Behandlungsfehler, die 2 Operationen erforderlich machte. Der 39 Jahre alte Patient war rd. 4 Monate erwerbsunfähig. Da der Beklagte nur zu 3/4 haftet, sprach das Gericht dem Kläger nur 22.500,00 € des insgesamt angemessenen Schmerzensgeldes zu.

OLG Saarbrücken, Urt. v. 26.02.2015 – 4 U 26/14, NJW-RR 2015, 1119 = zfs 2015, 683 86

35.000,00 € (Vorstellung: 70.000,00 €)

Frakturen von Ulnaschaft – Os sacrum – Acetabulum – Orbita – Narben

Der 39 Jahre alte Kläger wurde bei einem Verkehrsunfall schwer verletzt. Er erlitt unter anderem eine Fraktur der Elle, die operativ versorgt werden musste, sowie Frakturen des Kreuzbeins, der Hüftgelenkpfanne und der Augenhöhle und eine Lungenkontusion. Zurück blieb eine 16 cm lange Narbe. Er wurde drei Wochen stationär behandelt. Am Arm bestehen Bewegungseinschränkungen.

OLG Koblenz, Urt. v. 21.07.2015 – 5 U 370/15, VersR 2016, 262 = MedR 2016, 195 = RuS 2016, 104 87

37.500,00 € (Vorstellung: 57.500,00 €)

Ulnaschaftsfraktur – Radiusköpfchen-Dislokation – Narben

Ein fast 7 Jahre alter Junge stürzte und zog sich eine Ulnaschaftsfraktur und eine Radiusköpfchen-Dislokation zu, die infolge eines groben Behandlungsfehlers übersehen wurde. Dadurch verheilte die Elle in Fehlstellung, die durch einen Revisionseingriff beseitigt werden sollte. Die persistierenden Bewegungseinschränkungen machten danach noch zwei weitere Operationen erforderlich, ohne dass ein befriedigendes Ergebnis erzielt wurde.

Das Ellenbogengelenk ist narbig deformiert und nur unter Schmerzen beweglich, wodurch der Junge in seinen sportlichen Aktivitäten beeinträchtigt und psychisch belastet ist.

Vorprozessual wurden 7.500,00 € gezahlt. Das LG sprach dem Kläger weitere 30.000,00 € zu. Seine Berufung hatte keinen Erfolg, auch nicht unter dem Gesichtspunkt verzögerlichen Regulierungsverhaltens, zumal der Haftpflichtversicherer nach Erlass eines Grundurteils vergleichsweise 40.000,00 € angeboten hatte.

OLG München, Urt. v. 30.03.2022 – 10 U 6313/20 88

40.000,00 € (Mitverschulden: 1/5)

Multiple Radiusfraktur – Bänderrisse – Peronaeusparese

Der 26 Jahre alte Kläger erlitt eine multiple Radiusfraktur und jeweils einen Riss am hinteren und am vorderen Kreuzband und am bipolaren Seitenband sowie eine Peronaeusparese. Nach dem Unfall erfolgte wegen der Durchtrennung des Nervus peronaeus eine Transplantation am Oberschenkel sowie eine Entnahme des Nervus suralis aus dem Unterschenkel. Deshalb ist der Kläger dauerhaft auf die Benutzung einer Schiene angewiesen. Mit der Schiene ist sein Gangbild geringfügig beeinträchtigt. Ohne die Schiene ist der Kläger nicht fähig, den rechten Fuß oder die Zehen zu heben, woraus ein deutlicher Steppergang resultiert.

Der Kläger wurde 11 Tage stationär behandelt und war 8 Monate arbeitsunfähig. Die MdE beträgt 30%

LG Köln, Urt. v. 02.11.2023 – 2 O 101/22 89

55.000,00 € (Vorstellung: 60.000,00 €)

Unterarmfrakturen beidseitig – Fersenbeinfrakturen beidseitig – Rippenfrakturen – Subarachnoidalblutung

Die Klägerin erlitt bei einem Verkehrsunfall eine Rippenfraktur, Fersenbeinfrakturen beidseitig, Unterarmfrakturen beidseitig sowie eine traumatische Subarachnoidalblutung. Monate nach dem Unfall war sie durch die Hand- und Fußverletzungen so stark eingeschränkt, dass sie ihre Körperpflege nicht selbst vornehmen und nicht selbst die Toilette aufsuchen konnte, sondern eine Bettpfanne benötigte. Auch alltägliche Handgriffe wie das Öffnen einer Flasche, das Bestreichen einer Brötchenhälfte oder das Halten eines Mobiltelefons waren in dieser Zeit nicht möglich.

Die Bewegungseinschränkungen in den Handgelenken sind noch immer vorhanden und werden sich nicht mehr bessern. Sie kann nicht mehr längere Zeit ohne Pause gehen, und sie kann nicht mehr wandern, Fahrrad fahren oder Joggen.

Bei der Bemessung des Schmerzensgeldes stehen die Verletzungen der vier Extremitäten im Vordergrund.

90 **OLG Hamburg, Urt. v. 15.04.2016 – 9 U 225/08**

<u>70.000,00 €</u>

Ellenbogengelenkluxation – Radiusmehrfachfraktur

Der 53 Jahre alte Kläger erlitt bei einem Unfall eine Radiusmehrfragmentfraktur mit Ellengelenkluxation, Abriss des Processus coronoideus und Weichteilverletzungen. Er wurde nach dem Unfall notfallmäßig versorgt und mehrfach operiert. Am Ellenbogengelenk und am Handgelenk wurden mehrere offene Revisionen erforderlich. Als Dauerschäden bestehen erhebliche Beweglichkeitseinschränkung des Ellenbogengelenks und des Handgelenks und der Finger und Schmerzen. Der erlitt kognitive und psychische Störungen und leidet unter Depressionen.

91 **LG Coburg, Urt. v. 29.10.2020 – 24 O 325/17**

<u>70.000,00 €</u>

Kompartmentsyndrom am Unterarm nach einer Operation

Bei dem 13 Jahre alten Kläger wurde nach einer Operation ein Kompartmentsyndrom nicht erkannt. Dadurch bestehen eine die Beugekontraktur (Volkmannsche Kontraktur) im Handgelenk, im Ellenbogen samt Funktionseinschränkungen des Unterarms, des Handgelenks und der Finger, sichtbare Entstellung des linken Unterarms und Verschmächtigung der Handmuskulatur. Die Funktion der Hand und des Unterarms ist nicht vollständig aufgehoben.

92 **OLG München, Urt. v. 13.12.2013 – 10 U 4926/12, unveröffentlicht**

<u>80.000,00 €</u> (Vorstellung: 170.000,00 €)

Unterarm- und Humerusfrakturen – Clavikulaschaftfraktur – Handgelenkluxationsfraktur – Daumenendgliedfraktur – Rippenserienfraktur beidseits bei Thoraxtrauma und Pneumothorax – Beckenringfraktur – Acetabulumfraktur

Der Kläger zog sich als Mofa-Fahrer bei einem Verkehrsunfall erhebliche Verletzungen zu. Er erlitt auf chirurgischem Gebiet eine proximale Humerusfraktur, eine Clavikulaschaftfraktur, eine Handgelenkluxationsfraktur, eine Daumenendgliedfraktur, eine Rippenserienfraktur beidseits bei Thoraxtrauma und Pneumothorax mit anhaltender Ventilationsstörung, eine Beckenringfraktur sowie eine Acetabulumfraktur, eine Bewegungseinschränkung des rechten oberen Sprunggelenks und eine Fußheberschwäche.

Auf nervenärztlichem Fachgebiet erlitt er eine Armnervengeflechtsschädigung beidseits, eine handgelenksnahe Teilschädigung des Nervus Medianus und eine Teilschädigung des Nervus Ischiadicus.

Nach längerem Krankenhausaufenthalt und REHA war der Kläger insgesamt 27 Monate arbeitsunfähig, danach zu 50 %.

Verblieben sind Fehlstellungen der Frakturen und Bewegungseinschränkungen des Handgelenk, des Brustkorbes, des Hüftgelenks und des Sprunggelenks, ferner Kraftminderungen und Belastungsinsuffizienzen.

Auge (Ärztliche Behandlungsfehler/Unzureichende Aufklärung – Unfall)

1. **Augenschäden nach ärztlichen Behandlungsfehlern oder unzureichender Aufklärung**
   a) Minderung der Sehkraft
   b) Erblindung auf einem Auge
   c) Völlige Erblindung
2. **Augenschäden durch Unfall**
   a) Minderung der Sehkraft
   b) Erblindung auf einem Auge/Verlust eines Auges
   c) Völlige Erblindung

▶ Hinweis:

Die Schmerzensgelder für den Verlust eines Auges oder die Erblindung auf einem Auge sind in den letzten Jahren deutlich angestiegen, fallen aber sehr unterschiedlich aus. Die zutreffende Bemessung des Schmerzensgeldes darf sich deshalb nur an den Entscheidungen der letzten Jahre – mit steigender Tendenz – orientieren.

Der Grundsatz, die Entscheidungen, die älter als 10 Jahre sind, nicht mehr abzudrucken, kann bei einigen Entscheidungen und zum Stichwort »völlige Erblindung« nicht beibehalten werden. Seit den Vorauflagen sind zum Stichwort Auge nur wenige Entscheidungen ergangen. Aus diesem Grund werden die älteren und wichtigen Entscheidungen beibehalten, jedoch sind bei der Höhe des Schmerzensgeldes der Zeitablauf, die Geldentwertung und die Tendenz der Rechtsprechung zu höherem Schmerzensgeld seit der jeweiligen Entscheidung zu berücksichtigen.

▶ Prozesstaktik:

Schmerzensgeld bei völliger Erblindung fällt allenfalls dann nachvollziehbar (hoch) aus, wenn weitere Schäden, meist Hirnschäden, hinzukommen.

Eines darf der Anspruchsteller nicht außer Acht lassen:

Das Auge ist ein paariges Organ. Geht die Sehkraft auf einem Auge verloren oder wird sie erheblich eingeschränkt, muss das Schmerzensgeld deutlich unter 50 % des für völlige Erblindung zuzuerkennenden Betrages liegen (vgl. AK – Schuldrecht 2. Aufl. 2011, § 253 Chr. Huber Rn. 66, NK-BGB/Huber, 3. Aufl. 2016 Rn. 91 ff.).

Andererseits wirkt die Sorge des Verletzten vor völliger Erblindung Schmerzensgeld erhöhend. Auf keinen Fall sollte sich ein Vergleich auf einen etwaigen Zukunftsschaden erstrecken. Ein Anerkenntnisvertrag zwischen dem Versicherer und dem Verletzten, der ausdrücklich ein Feststellungsurteil ersetzen soll, oder ein Feststellungsurteil sind geboten, um die Verjährungsfrist von 30 Jahren zu erreichen.

1. Augenschäden nach ärztlichen Behandlungsfehlern oder unzureichender Aufklärung

a) Minderung der Sehkraft

93 **OLG Koblenz, Urt. v. 13.01.2016 – 5 U 290/15, MedR 2016, 893 = VersR 2017, 890**

0,00 € (Vorstellung: > 75.000,00 €)

Regenbogenhautentzündung – Behandlungsverzögerung um 1 Tag

Die Klägerin wandte sich telefonisch an den augenärztlichen Notdienst. Zu einer Untersuchung kam es nicht. Am Folgetag suchte die Klägerin einen Augenarzt auf, der eine beidseitige Regenbogenhautentzündung diagnostizierte und eine Behandlung einleitete.

Die Klage wurde abgewiesen, weil kein kausaler Schaden durch die Behandlungsverzögerung festgestellt werden konnte und weil Schmerzen von einem Tag ein Schmerzensgeld nicht rechtfertigen würden.

94 **LG Kempten, Urt. v. 08.10.2020 – 3 Ns 111 Js 10508/14, unveröffentlicht**

3.500,00 €

Hornhautperforation – Minderung des Sehvermögens auf einem Auge

Der angeklagte Arzt wurde im Adhäsionsverfahren verurteilt, weil er die Patienten nicht darüber aufgeklärt hatte, dass er nach einem Schlaganfall intellektuell und körperlich nicht mehr in der Lage war, Augenoperationen sicher durchzuführen.

Bei der 71 Jahre alten Klägerin verursachte der Angeklagte behandlungsfehlerhaft eine Hornhaut – Erosion bei der es zu einer Hornhautperforation am linken Auge kam. Diese Operation hatte eine Minderung des Sehvermögens auf dem Auge mit der Folge verursacht, dass dieses nach der Operation lediglich 70 % betrug. Die Operation führte zudem zu einem irregulären Brechkraftfehler der Hornhaut und zu einem ausgeprägten Astigmatismus am Auge.

95 **LG Frankenthal, Urt. v. 30.05.2022 – 4 O 147/21, ZM 2022, 36**

10.000,00 € (Vorstellung: 12.000,00 €)

Minderung der Sehkraft auf einem Auge

Die Klägerin wurde vom Beklagten unzureichend über Behandlungsalternativen aufgeklärt, so dass die Einwilligung unwirksam war. Die Sehkraft verschlechterte sich von 1,2 auf 0,32.

Eine wirklich vergleichbare Entscheidung wurde nicht gesehen. Die Kostenentscheidung beachtet § 92 Abs. 2 Ziff. 2 nicht.

96 **OLG Hamm, Beschl. v. 01.02.2023 – 11 W 1/23**

10.500,00 €

Dreifacher Jochbeinbruch – Mehrfragmentfraktur Jochbeinkörper – Bruch der Augenhöhle

Der Beklagte schlug den Kläger mit der Faust ins Gesicht, so dass dieser einen dreifachen Jochbeinbruch, eine Mehrfragmentfraktur am Jochbeinkörper und einen Bruch der Augenhöhle erlitt. Bei einer Operation wurden zwei Metallplatten eingesetzt, die später entfernt wurden. Der Kläger litt unter Sehstörungen und Taubheitsgefühlen und einer ästhetischen Pupilleninfraposition, die auch sein Erscheinungsbild beeinträchtigt. Dem Beklagten wurde PKH lediglich zur Abwehr des Schmerzensgeldanspruchs bewilligt, der den Betrag von 7.500,00 € übersteigt.

OLG Hamm, Urt. v. 21.02.2014 – 26 U 28/13, GesR 2014, 492–494 = ArztR 2014, 292 97

15.000,00 € (Vorstellung: mindestens 20.000,00 €)

Laserbehandlung eines Auges – Netzhautablösung – Sehkraftverlust 90 %

Der 69 Jahre alte Kläger wurde vom Beklagten behandelt. Die Laserbehandlung des Auges anstelle operativen Vorgehens war nicht indiziert. Es bestand die Gefahr, dass sich Flüssigkeit aus dem Foramen im peripheren Bereich der Schwerkraft folgend zum Zentrum hin bewegte und dort in dem für gutes Sehen besonders wichtigen Bereich zunächst unbemerkt zu einer Netzhautablösung führte. Die weitere Laserbehandlung hätte unterlassen werden und wegen des extrem hohen Erblindungsrisikos eine Überweisung an einen Chirurgen erfolgen müssen.

Durch den groben Behandlungsfehler ist die Sehkraft auf dem Auge um 90 % eingeschränkt. Zwar war das Sehen des Klägers vor der Operation zeitweise beeinträchtigt, das zentrale Sehen war jedoch noch intakt.

OLG Hamm, Urt. v. 15.01.2016 – 26 U 48/14, GesR 2016, 352 98

15.000,00 € (Vorstellung erste Instanz: > 20.000,00 €)

Glaukomerkrankung 4 Jahre unbehandelt – Gesichtsfelddefekt

Infolge grober Behandlungs- und Befunderhebungsfehler des Beklagten wurde eine fortschreitende Glaukomerkrankung 4 Jahre nicht behandelt. Durch eine frühzeitige Operation hätten die Verschlechterung der Nervenstruktur sowie das Auftreten von größeren Gesichtsfelddefekten hinausgezögert werden können. Der Kläger kann mit dem Auge zwar nicht lesen, aber noch sehen. Die Verzögerung der Operation um vier Jahre ist grundsätzlich geeignet, das Erblindungsrisiko eines Patienten zu erhöhen. Belastbare Wahrscheinlichkeitsangaben können dazu nicht gemacht werden.

LG Bonn, Urt. v. 18.03.2015 – 1 O 348/14, unveröffentlicht 99

25.000,00 €

Visusminderung eines Auges auf 50 % – Mittelgesichtsfraktur

Der Kläger ist Soldat und war für kurze Zeit im Feldlager. Dort wurde er von einem Kameraden durch einen versehentlich abgegebenen Schuss aus der Pistole, der ihn im Gesicht unterhalb des Auges traf, schwer verletzt. Die Visusminderung des rechten Auges beträgt 50 %, der Kläger sieht dort im unteren Bereich nur schwarz.

Der Kläger erlitt folgende weitere Verletzungen:

Eine kombinierte Mittelgesichtsfraktur mit Beteiligung des Orbitabodens und der medialen Orbitawand, eine Jochbeinfraktur, eine Nasenseptumfraktur, Verletzung des Tränenkanals, Fraktur des HWK 1, ein ausgedehntes Weichteiltrauma, erhebliche Sensibilitätsstörung der Gesichtshälfte, Schmerzen, Spannungsschmerzen und Wetterfühligkeit.

Er ist psychisch instabil und leidet unter einer posttraumatischen Belastungsstörung.

Die Kammer hat zur Begründung der Höhe des Schmerzensgeldes zahlreiche nicht (mehr) zutreffende Entscheidungen zitiert, fast alle aus den 90er Jahren, die jüngste aus 2003.

OLG Karlsruhe, Urt. v. 23.03.2016 – 14 U 138/14, unveröffentlicht 100

25.000,00 €

Stabsichtigkeit – Reduktion der Sehkraft auf 0,2

Durch einen Glaswurf drangen einige Splitter in das Auge des 19 Jahre alten Klägers und perforierten die Hornhaut. Die Linse wurde ausgetauscht, es verblieb eine Hornhautnarbe. Als Folge besteht eine Stabsichtigkeit, vermindertes Sehvermögen in der Dämmerung, Blendempfindlichkeit. Das Auge passt sich nicht an unterschiedliche Distanzen an, der Kläger kann nicht Stereo sehen. Die Sehschärfe ist erheblich reduziert.

101 **LG Köln, Urt. v. 15.06.2016 – 25 O 322/12, unveröffentlicht**

30.000,00 € (Vorstellung: mindestens 30.000,00 €)

Räumliches Sehen beeinträchtigt – 4 Operationen – 2 Jahre quälende Dauerschmerzen

Der seit seiner Jugend stark kurzsichtige Kläger, ein niedergelassener Hautarzt, bemerkte 2003 auf seinem linken Auge Veränderungen beim Sehen im Sinne einer Eintrübung. Die vom Beklagten durchgeführte Operation war fehlerhaft und ohne wirksame Einwilligung rechtswidrig.

Der Kläger litt nach der Operation mehr als zwei Jahre unter einer erheblichen Sehbehinderung durch unterschiedlich große Bilder je Auge (Aniseikonie) und erheblicher Beeinträchtigung des räumlichen Sehens.

Der Höhe nach setzte das Gericht hierfür ein Schmerzensgeld von 30.000,00 € insgesamt fest. Es ist von einem Betrag von 5.000,00 € je Operation ausgegangen, also insgesamt 20.000,00 €. Weitere 5.000,00 € werden festgesetzt je Jahr für die im Zeitraum von rd. 2 Jahren bestehenden quälenden Dauerbeschwerden im Alltag aufgrund der Aniseikonie.

Die zuerkannten Zinsen betrugen rd. 20.000,00 €.

102 **OLG Jena, Urt. v. 30.04.2015 – 4 U 359/14, unveröffentlicht**

35.000,00 €

Verschlechterung der Sehkraft – Gesichtsfeldausfall in der unteren Hälfte des Auges

Infolge grober ärztlicher Befunderhebungsfehler wurde beim Kläger eine anteriore ischämische Optikusneuropathie (AION) mit Gesichtsfelddefekten nicht rechtzeitig erkannt. Dadurch kam es zu einer Verschlechterung der Sehkraft und zum Gesichtsfeldausfall in der unteren Hälfte des Auges.

103 **OLG Hamm, Urt. v. 10.05.2016 – 26 U 107/15, unveröffentlicht**

Vorinstanz: LG Bielefeld, Urt. v. 13.01.2015 – 4 O 135/11, unveröffentlicht: 25.000,00 €

80.000,00 € (Vorstellung: erste Instanz: 45.000,00 €, zweite Instanz: > 25.000,00 € – angemessen)

Minderung der Sehfähigkeit von 60 % auf 30 %

Der Augenarzt hat bei der 11 Jahre alten Klägerin mit Diabetes mellitus keine Sehnervuntersuchung durchgeführt. Dadurch kam es zur Minderung der Sehkraft von 60 % auf 30 % und zum Risiko der Erblindung. Der Befunderhebungsfehler war ein grober Behandlungsfehler. Bei der Bemessung des Schmerzensgeldes wurde das Alter der Klägerin, ihre Behinderung bei sportlichen Aktivitäten, dass sie nicht Autofahren kann und in der Berufswahl beschränkt ist und auf dem Bildschirm des Computers nur bedingt lesen kann, berücksichtig. Das Risiko einer vollständigen Erblindung wurde nicht bewertet.

b) Erblindung auf einem Auge

104 **OLG Frankfurt, Urt. v. 29.01.2015 – 8 U 25/14, unveröffentlicht**

8.000,00 € (Vorstellung erste Instanz: 25.000,00 €)

Verschlechterung der Sehkraft auf einem Auge nach Operation ohne wirksame Aufklärung und Einwilligung

Bei einer Kataraktoperation, vor der der Patient nicht hinreichend aufgeklärt worden war, kam es zu einer Verschlechterung der Gliose, die zur Verminderung des Visus führte. Die postoperativ aufgetretene Erosio der Hornhaut wurde intraoperativ verursacht. Die Virektomie betrug nach der Operation noch 0,16, präoperativ 0,4.

Der Senat hielt das vom Landgericht zuerkannte Schmerzensgeld i.H.v. 8.000,00 € für angemessen.

LG Detmold, Urt. v. 27.04.2016 – 12 O 47/14, unveröffentlicht 105

15.000,00 € (Vorstellung: 15.000,00 €)

Erblindung auf einem Auge nach Hornhautimplantat

Die Klägerin, etwa 55 – 60 Jahre alt, die als Kind eine Augenverletzung erlitten hatte, wurde vom beklagten Augenarzt wiederholt operiert und erhielt ein Hornhautimplantat. Es kam zu einem Visusabfall auf 0,1 und schließlich zur Erblindung des Auges. Die Klägerin war vom Beklagten nicht aufgeklärt worden, dass die Operation zu einer Verschlechterung der Sehfähigkeit führen könnte und dass es Behandlungsalternativen gab. Für die Bemessung des Schmerzensgeldes waren die Strapazen und Risiken der operativen Eingriffe und der Dauerschaden ausschlaggebend.

OLG Schleswig, Urt. v. 08.04.2015 – 9 U 61/13, unveröffentlicht 106

20.000,00 €

Erblindung auf einem Auge durch Faustschlag

Der Kläger erhielt vom Beklagten einen vorsätzlich geführten Faustschlag aufs Auge. Die Parteien waren erheblich alkoholisiert. Der Augapfel blieb erhalten.

c) Völlige Erblindung

LG Bochum, Urt. v. 16.12.2015 – 6 O 205/15, unveröffentlicht 107

100.000,00 €

Erblindung nach ärztlichem Behandlungsfehler

Eine fehlerhafte ärztliche Behandlung führte bei dem Patienten zur Erblindung. Trotz hinreichender Verdachtsgründe wurde ein grüner Star übersehen.

Der Patient einigte sich mit dem Haftpflichtversicherer des behandelnden Arztes auf eine Abfindung in Höhe von 475.000,00 € für Erwerbsschaden, vermehrte Bedürfnisse und ein Schmerzensgeld von 100.000,00 €.

OLG Oldenburg, Urt. v. 01.03.2023 – 5 U 45/22, GesR 2023, 585 = RDG 2023, 232 108

130.000,00 € (Vorstellung: 80.000,00 €)

Erblindung nach Frühgeburt

Das klagende Kind war in der 25. Schwangerschaftswoche geboren worden. Es bestand – wie bei allen Frühgeborenen – ein besonderes Risiko für eine Netzhautablösung. Eine Kontrolluntersuchung hätte nicht erst nach 3 Monaten empfohlen werden dürfen. Nach fünf Wochen stellte sich heraus, dass sich eine Netzhautablösung entwickelt hatte. Das rechte Auge ist vollständig erblindet. Auf dem linken Auge hat der Kl. eine hochgradige Sehbehinderung.

Die Mutter des Klägers wurde bei der Entlassung aus der Klinik zu einer zu späten Kontrolle einbestellt. Der Kläger hätte nicht 3 Wochen nach der Entlassung, sondern zum errechneten Geburtstermin zur Kontrolle einbestellt werden müssen.

Darin liegt kein Befunderhebungsfehler, sondern ein Informationsfehler (Verletzung der Sicherungsaufklärung). Nach Ansicht des Senats führt dieser einfache Behandlungsfehler wie ein grober Behandlungsfehler zur Beweislastumkehr, weil der falsche Hinweis auf den Zeitpunkt der Kontrolluntersuchung sich genauso auswirkt, wie ein Befunderhebungsfehler.

Zur Begründung der Höhe des Schmerzensgeldes zitierte das Gericht OLG Karlsruhe aus 1998, OLG Nürnberg aus 2005, das die Erblindung eines Auges betrifft, also nicht vergleichbar ist, OLG Stuttgart, das 2016 ein um mehr als 100.000,00 € höheres Schmerzensgeld zuerkannte. Die Reduzierung um diesen Betrag hielt der Senat für angemessen, weil die Linsentrübung dort schwerwiegender gewesen sei?

109 **OLG Stuttgart, Urt. v. 03.02.2016 – 1 U 135/15, unveröffentlicht**

200.000,00 €

Erblindung durch Behandlungsfehler bei der (Früh)-Geburt

Die 2011 geborene Klägerin kam mit einem Geburtsgewicht von 600 g zur Welt. Der Beklagte Augenarzt stellte eine Frühgeborenenretinopathie, das ist eine komplette Netzhautablösung, und einen Cataract beidseits fest. Nach mehr als 4 Monaten wurde in der Universitätsaugenklinik eine Linsentrübung und die Frühgeborenenretinopathie festgestellt. Die Klägerin ist auf Dauer erblindet. Das LG hat das Schmerzensgeld mit 200.000,00 € bemessen, das OLG meinte, der Betrag sei nicht zu beanstanden.

110 **LG Bonn, Urt. v. 17.05.2023 – 9 O 109/20**

200.000,00 € (Vorstellung: 100.000,00 €)

Faktische Erblindung nach einem Behandlungsfehler

Bei dem 24 Jahre alten Kläger, der seit der Geburt an einem Hydrozephalus litt, kam es zu einem Befunderhebungsfehler und zu groben Behandlungsfehlern. In der Folge ist er faktisch erblindet. Mit einem Auge kann er nur noch Umrisse erkennen, mit dem anderen nur noch Lichtschein.

Das LG hat den vom Kläger genannten Mindestbetrag verdoppelt.

111 **LG Gießen, Urt. v. 07.05.2015 – 1 KLs 604 Js 29856/14, unveröffentlicht**

500.000,00 € (Vorstellung: 500.000,00 €)

Erblindung – Schwerste Hirnverletzung – Fraktur des Schädelknochens

Der 19 Jahre alte Angeklagte schüttelte die damals etwa 3 Wochen alte Nebenklägerin derart heftig und schlug sie hierbei mehrfach gegen einen Türrahmen, sodass der Schädelknochen des Säuglings brach und das Gehirn derart schwer verletzt wurde, dass das Kind erblindet ist, 95 % seines Gehirns abgestorben sind und sich seine Lebenserwartung auf maximal 25 Jahre begrenzt, in denen es mit maximalem Aufwand zu pflegen sein wird, vergleichbar einem Wach-Koma-Patienten.

Der Betrag stellt den Angeklagten praktisch vor den wirtschaftlichen Ruin. Die Kammer ließ die – zweifellos bislang nicht gegebene – wirtschaftliche Leistungsfähigkeit des Angeklagten gleichwohl außer Betracht und geht dabei auch nicht davon aus, dass er angesichts seiner wirtschaftlich gut situierten Eltern eines Tages potenziell mit nicht unerheblichen (mindestens Pflichtteils-) Ansprüchen rechnen mag. Für die Kammer ist vielmehr entscheidend, dass die Berücksichtigung der wirtschaftlichen Leistungsfähigkeit zum einen den Geschädigten aus Gründen schlechter stellt, die nicht in dessen Verantwortungssphäre liegen, dass sich ihre Berücksichtigung aber in Fällen verbietet, in denen der Schädiger keine fahrlässigen Kleinschäden zu verantworten hat, sondern einen vorsätzlich herbeigeführten Maximalschaden, der die Geschädigte bereits zu Lebzeiten faktisch um ihr gesamtes Leben gebracht hat.

2. Augenschäden durch Unfall

112 **BGH, Urt. v. 07.02.2018 – 5 StR 535/17, unveröffentlicht**

500,00 €

Schmerzen nach Sprühstoß mit Reizgas in Augen und Mund

Der Angeklagte sprühte dem Auslieferer einer Pizza mit einer Reizgassprühdose in die Augen und den Mund. Der Verletzte erlitt Schmerzen und Reizungen, die am Folgetag vollständig abgeklungen waren.

Der Angeklagte zahlte nach Beginn der Hauptverhandlung an den Geschädigten 500 €.

a) Minderung der Sehkraft

OLG Karlsruhe, Urt. v. 23.03.2016 – 14 U 138/14, unveröffentlicht 113

25.000,00 €

Perforation der Hornhaut

Durch einen Glaswurf, durch eine vorsätzlich begangene unerlaubte Handlung, kam es zu einer erheblichen Beeinträchtigung des Sehvermögens eines 19 Jahre alten Mannes. In das Auge des Klägers waren Splitter eines geworfenen Glases geraten, die die Hornhaut perforierten. Die Linse des Auges wurde ausgetauscht, es verblieb eine Hornhautnarbe.

LG Hamburg, Urt. v. 17.06.2016 – 331 O 113/14, unveröffentlicht 114

240.000,00 € (Vorstellung: 240.000,00 €)

Sehfähigkeit an einem Auge erheblich eingeschränkt – Beinamputation oberhalb des-Kniegelenks – 2-facher Trümmerbruch des Schienenbeins – tiefe Schnittwunden am ganzen Körper –

Der 61 Jahre alte Kläger wurde beim Surfen einige 100 Meter vor einer Küste von einem Motorboot überfahren. Ihm wurde der Unterschenkel des linken Beines amputiert, am rechten Bein erlitt er oberhalb des Knöchels einen zweifachen Trümmerbruch des Schienbeins. Der Knöchel wurde zermahlen und musste mit Knochenmark aus der Hüfte aufgebaut. Der Fuß war nahezu vollständig abgerissen. Das Bein ist um 3,5 cm verkürzt. Der Unterschenkel erlitt weitere tiefe Einschnitte durch die Schiffschrauben, welche große Narben hinterließen, welche über den ganzen Körper des Klägers verteilt sind. Das rechte Bein ist weitgehend nicht mehr funktionsfähig. Die Pupille eines Auges ist dauerhaft vergrößert, die Sehfähigkeit auf dem Auge erheblich eingeschränkt.

Der Kläger wurde mehr als 10-mal operiert. Er verbringt den Großteil des Tages in einem Rollstuhl, kann keinen Sport betreiben, welcher ein Teil seines Lebensinhaltes war, und seinen Beruf nicht mehr ausüben. Im Hinblick auf die erheblichen Dauerfolgen, die lange Behandlung, zahlreiche Operationen, der Lebensbeeinträchtigung hält das Gericht ein Schmerzensgeld von 240.000,00 € für angemessen.

Eine Begründung für die Höhe des Schmerzensgeldes anhand vergleichbarer Entscheidungen enthält das Urteil nicht.

b) Erblindung auf einem Auge/Verlust eines Auges

OLG Köln, Urt. v. 13.08.13 – 9 U 65/12, unveröffentlicht 115

65.000,00 €

Perforierende Augenverletzung – Erblindung auf einem Auge

Der Beklagte versetzte dem Kläger, einem selbstständigen Mineralölunternehmer, einen Faustschlag gegen das Gesicht, worauf dieser zu Boden fiel und eine perforierende Augenverletzung erlitt, die operativ in der Klinik behandelt wurde. Dort wurden einige Glassplitter aus dem Auge entfernt. Bisher musste der Kläger acht Mal operiert werden. Infolge der Verletzung ist er auf dem linken Auge dauerhaft erblindet. Sein rechtes Auge war bereits wegen Fehlsichtigkeit von sechs Dioptrien beeinträchtigt.

c) Völlige Erblindung

OLG Frankfurt am Main, Urt. v. 15.02.2007 – 16 U 70/06, SP 2008, 11 116

250.000,00 € (zuzüglich 200,00 € monatliche Rente = 292.576,00 €)

Erblindung – Verlust von Geruchs- und Geschmackssinn – erhebliche Gehbehinderung

Die 38 Jahre alte Klägerin wurde bei einem Verkehrsunfall schwer verletzt. Sie ist auf Dauer schwerbehindert (Pflegestufe II), zu 100 % arbeitsunfähig, des Geruchs- und Geschmackssinnes verlustig sowie – bis auf die Unterscheidung hell-dunkel sowie der gelegentlichen schattenhaften Wahrnehmung größerer Gegenstände – blind.

Sie kann nur kurze Strecken auf Krücken gehen und ist i.Ü. auf einen Rollstuhl angewiesen. Sie kann an ihr vor dem Unfall geführtes Leben wenigstens z.T. wieder anknüpfen und in ihrem sozialen Gefüge leben und kommunizieren.

Bauch (Bauchverletzungen – Innere Verletzungen – Bauchtrauma – Blase/Harnröhre – Darm – Galle/Leber – Magen – Milz – Niere)

1. Bauchverletzungen

117 **OLG Stuttgart, Urt. v. 20.12.2018 – 1 U 145/17, GesR 2019, 337 = RDG 2019, 201**

10.000,00 € (Vorstellung: > 13.000,00 €)

Vergessen einer Operationsnadel im Bauchraum

Aufgrund einer vergessenen Zählkontrolle wurde übersehen, dass im Bauch einer Patientin eine Nadel von 1,9 cm Länge zurückgelassen wurde. Es hat sich ein voll beherrschbares Risiko verwirklicht. Die Nadel bedeutet für die Klägerin Ungewissheit und die Erforderlichkeit einer Operation zur Entfernung der Nadel.

Die Beklagte zahlte vorprozessual 5.000 €, das LG Ulm – Urt. v. 13.12.2016 – 2 O 51/14, unveröffentlicht, sprach der Klägerin weitere 15.000 € zu. Das OLG Stuttgart reduzierte diesen Betrag auf 10.000 €.

118 **LG Essen, Urt. v. 11.08.2020 – 26 Ks 5/20, unveröffentlicht**

10.000,00 €

Bauchverletzung durch Messerstich – Narbe

Der Angeklagte, der wegen gefährlicher Körperverletzung zu einer Freiheitsstrafe von 3 Jahren und 3 Monaten verurteilt wurde, versetzte dem Adhäsionskläger einen Messerstich in den Bauch. Nach einer Operation konnten innere Verletzungen ausgeschlossen werden. Es verblieb eine Narbe vom Brustbein bis zum Bauchnabel, die schmerzt.

119 **OLG Brandenburg, Urt. v. 30.10.2019 – 7 U 147/15, unveröffentlicht**

14.000,00 € (Mitverschulden 1/3; Vorstellung: 22.500,00 €)

Pfählungsverletzung im Bauchraum – Beckenboden – Schambeinbogen – milde posttraumatische Belastungsstörung

Die 31 Jahre alte, erheblich übergewichtige Klägerin, versuchte mithilfe eines Gartenstuhls ein Pferd zu besteigen. Dies misslang und sie stürzte auf die Rückenlehne des Stuhls, die zerbrach. Eine Metallstrebe drang in den Unterkörper der Klägerin ein. Es kam zu einer Pfählungsverletzung des Bauchraums, im Genitalbereich, der Vulva und des Mons pubis. Das Sexualleben der Klägerin ist beeinträchtigt.

Die Verletzung war nicht lebensgefährlich, war aber mit einem hohen Blutverlust verbunden und hat zu einer milden posttraumatische Belastungsstörung geführt. Die Klägerin hatte Todesangst und befand sich in einem Zustand extremer psychischer Anspannung. Es besteht eine spastische Beckenbodenveränderung entlang des linken Schambeinbogens im Bereich des Musculus gracilis.

2. Innere Verletzungen

120 **LG Kiel, Urt. v. 12.06.2020 – 8 O 80/16, unveröffentlicht**

22.500,00 € (Mitverschulden: 1/4)

Schuss in den Bauch – große Narben – Dauerschäden

Beim Versuch, den Kläger festzunehmen, schoss eine Polizeibeamtin und traf den Kläger seitlich links mittig im Bauchbereich, nicht frontal. Der Schusskanal im Körper des Klägers verlief von oben links nach unten rechts. Der Kläger wurde viermal operiert und befand sich 6 Wochen in stationärer Behandlung.

Im Bauchbereich sind große Narben verblieben. Der Kläger leidet an rezidivierenden Narbenschmerzen und inneren Bauchbeschwerden mit erheblichen Abführschwierigkeiten. Er muss starke Schmerzmittel einnehmen und ist in schmerztherapeutischer Behandlung.

LG Hamburg, Urt. v. 25.03.2019 – 602 Ks 9/18, unveröffentlicht 121

<u>30.000,00 €</u>

Darmverletzungen – Innere Verletzungen – 32 Schnittwunden bei Überfall

Die Angeklagte wollte in einem Altenheim Opfer ausrauben; sie traf auf die 93 Jahre alte Adhäsionsklägerin, die ihr arglos die Tür öffnetet und der sie dann von hinten mit einem Messer in den Rücken stach. Sie stach sodann mehrfach auf ihr Opfer ein, um wiederkehrend Geldverstecke von ihr zu erfahren. Die Geschädigte erlitt insgesamt 32 Stich- und Schnittwunden im Bereich von Brustkörper, Bauch, Hals und Armen, wobei zwei Stiche die rechte Brusthöhle und ein sog. »Wühlstich« die linke Brusthöhle eröffneten. Anteile der vorderen Brustwand wurden zerfetzt, es kam zu einem Pneumothorax. Der Wühlstich eröffnete einen Herzbeutel und verletzte Teile des Lungenoberlappens. Die Stichtiefe betrug 8 cm. Wegen Abwehrhandlungen kam es zu diversen Nervverletzungen an Armen und Händen sowie einer Verletzung von Dick- und Dünndarm und erheblichem Blutverlust mit Lebensgefahr. Die Geschädigte musste sich mehrwöchigen Krankenhaus- und Rehabehandlungen unterziehen. Nachdem sie zuvor noch selbstständig leben konnte, ist sie nun ein Dauerpflegefall. Die Entscheidung erging im Adhäsionsverfahren.

3. Bauchtrauma

OLG Koblenz, Urt. v. 27.06.2016 – 12 U 1090/15, unveröffentlicht 122

<u>1.500,00 €</u> (Vorstellung: 2.000,00 €)

Bauchtrauma

Der Kläger erlitt bei einem Autounfall ein stumpfes Thorax- und Bauchtrauma sowie multiple Schürf- und Schnittwunden an der linken Hand. Er wurde 2 Tage stationär behandelt und war 2 Wochen arbeitsunfähig. Der Haftpflichtversicherer zahlte vorprozessual 1.500,00 €, sodass auch die Berufung des Klägers keinen Erfolg hatte.

OLG Brandenburg, Urt. v. 29.11.2018 – 12 U 92/18 123

<u>2.000,00 €</u> (Mitverschulden: 1/2)

Bauchtrauma – Thoraxkontusion – Sternumfraktur

Der Kläger erlitt bei einem Verkehrsunfall eine Thoraxkontusion, eine Sternumfraktur und ein stumpfes Bauchtrauma mit stationärer und anschließender physiotherapeutischer Behandlung. Das OLG sieht den vom LG zuerkannten Betrag von 2.000,00 € als nicht unangemessen niedrig an.

OLG Brandenburg, Urt. v. 14.07.2016 – 12 U 121/15, RuS 2016, 636 124

<u>4.000,00 €</u> (Mitverschulden: 1/2; Vorstellung: 7.000,00 €)

Bauch- und Thoraxtrauma – Schädelhirntrauma – Skalpierungsverletzung

Der Kläger erlitt bei einem Verkehrsunfall ein stumpfes Bauch- und Thoraxtrauma, ein Schädelhirntrauma 1. Grades, ein hyperdenses Areal im linken Marklager mit einer punktförmigen Blutung, eine offene Becken-A-Verletzung sowie eine Skalpierungsverletzung am Hinterkopf. Er wurde sechs Tage stationär behandelt.

Als Dauerschäden verblieben Schwindelanfälle und eine leichte Taubheit im Bereich einer Narbe.

125 **OLG Zweibrücken, Urt. v. 08.06.2016 – 1 U 127/13, unveröffentlicht**

25.000,00 € (Vorstellung: deutlich höheres Schmerzensgeld)

Thoraxtrauma – Fraktur des Fußwurzelknochens – Enddarmruptur – HWS-Distorsion

Die Klägerin erlitt bei einem Frontalzusammenstoß eine Enddarmruptur, ein Thoraxtrauma, eine Fraktur des Fußwurzelknochens und eine HWS-Distorsion. Sie musste mehrfach operiert werden, auch weil sich die Bauchspeicheldrüse infolge der Darmverletzung entzündet hatte. Sie war längere Zeit erheblich gehbehindert und fast 1 Jahr arbeitsunfähig.

Ein 25.000,00 € wesentlich übersteigendes Schmerzensgeld werde in der Rechtsprechung in der Regel nur bei einem noch schwerwiegenderem Schadensbild zuerkannt, meinte der Senat.

126 **LG Stuttgart, Urt. v. 05.02.2016 – 24 O 192/13, unveröffentlicht**

70.000,00 €

Thoraxtrauma – Offene Unterschenkelfraktur – Oberschenkelfraktur – Decollement und Abriss der Bauchwandmuskulatur – Harnweginfektion – Todesangst – posttraumatische Belastungsstörung

Die 32 Jahre alte taubstumme Klägerin und Mutter von zwei kleinen Kindern wurde bei einem Verkehrsunfall schwer verletzt. Sie wurde eingeklemmt und konnte erst nach einer Stunde befreit werden. Sie erlitt unter anderem eine offene Unterschenkelfraktur, eine Oberschenkelfraktur, ein Thoraxtrauma, ein Decollement und einen Abriss der Bauchwandmuskulatur von der crista illiaca (Beckenkamm) und eine Harnweginfektion. Sie schwebte in Todesangst und es verblieb eine posttraumatische Belastungsstörung,

Die stationäre Behandlung mit zahlreichen Operationen dauerte 4 Wochen. Die Klägerin war fast 4 Jahre arbeitsunfähig. Nach mehr als 3 Monaten konnte das Lauftraining mit Gehhilfen begonnen werden.

Die Klägerin kann keine stehende Tätigkeit mehr ausüben. Die Schmerztherapie und die psychotherapeutischen Behandlungen müssen fortgesetzt werden. Die Klägerin trägt keine Hörgeräte mehr und vermeidet Autofahrten bei Nacht.

4. Blase/Harnröhre

127 **LG Trier, Urt. v. 19.02.2016 – 1 S 131/15, unveröffentlicht**

0,00 € (Vorstellung: 400,00 €)

Verhinderte Blasenentleerung

Die Klägerin fordert von der beklagten Bundesbahn Schmerzensgeld wegen des Fehlens einer funktionsfähigen Toilette in einer Regionalbahn.

Während das AG Trier (Urt. v. 14.07.2015 – 6 C 62/15, unveröffentlicht) der Klägerin 200,00 € zugesprochen hat, sah das LG Trier keine Pflichtverletzung der Beklagten. Es komme hinzu, dass der kurze, nur 1 1/2 Stunden dauernde, wenn auch quälende Harndrang nur eine geringfügige Gesundheitsbeeinträchtigung darstelle, auch wenn man berücksichtige, dass es zu einem unkontrollierten Entleeren der Harnblase und damit zu einer Scham und psychischen Belastung der Klägerin gekommen sei. Diese Entwicklung habe die Klägerin selbstbestimmt und eigenverantwortlich beeinflusst. Sie hätte damit rechnen müssen, dass die Zugtoilette nicht funktionieren könnte und sie hätte den Zug bei einem Zwischenhalt verlassen können.

OLG Brandenburg, Urt. v. 10.10.2024 – 12 U 39/24 128

5.000,00 €

Infektion nach versehentlich nicht entfernter Hülse eines Blasenkatheters

In dem Belassen der Hülse beim Ziehen des Katheters im Nachgang einer Operation ist ein schuldhafter Behandlungsfehler zu sehen. Dieser ist nicht grob.

Bei regelrechtem Verlauf wäre die Hülse nicht unter Vollnarkose durchgeführt worden und die 10 bis 12 Minuten andauernde Operation, eine Röntgenuntersuchung, ein zusätzlicher Krankenhausaufenthalt vom 5 Tagen, das bis dahin aufgetretene Fieber, Schüttelfrost und Schmerzen, einhergehend mit einem erhöhten CRP-Wert und einer zehntägigen Antibiose gegen einen drei MRGN-Keim wären ebenso wenig eingetreten wie eine Harnwegsinfektion.

OLG Köln, Urt. v. 23.05.2018 – 5 U 63/15, GesR 2019, 25 129

40.000,00 € (Vorstellung: mindestens 100.000,00 €)

Gefühllosigkeit der Harnblase – Conus-medullaris-Syndrom

Durch eine zu hoch angesetzte Spinalanästhesie, auf die die Klägerin mit einem Schmerzschrei reagierte, kam es zu einer Gefühllosigkeit der Harnblase, deren Kontraktionsschwäche und zu einer Mastdarmschwäche durch weitgehend aufgehobenen Analsphinktertonus.

Bei dem Conus-medullaris-Syndrom handelt es sich um einen Dauerschaden, um eine Rückenmarkschädigung, die zu einer asensiblen, hypokontraktiven Blase und zu einer Mastdarmentleerungsstörung führt. Im Hinblick auf die Blase hat dies zur Folge, dass die Klägerin keinerlei Gefühl in der Blase spürt, also auch keinen Miktionsdruck. Sie muss die Blase »nach der Uhr« entleeren, was zu erheblichen Beeinträchtigungen führt. Das Entleeren der Blase geschieht weitgehend durch Pressen der Hand mittels eines speziellen Handgriffs auf den Unterbauch.

Hinsichtlich der Darmentleerungsstörung liegt ein fehlender Analreflex und ein verminderter Analsphinktertonus vor, der sich als spürbare Erschwerung bei der Darmentleerung darstellt, die nur mit viel aktivem Pressen möglich ist. Die Notwendigkeit, die Ernährung auf die erschwerte Darmentleerung umzustellen und die Gefühllosigkeit im Bereich des Enddarms mit den entsprechenden Unsicherheitsgefühlen, belasten die Klägerin.

OLG Köln, Urt. v. 23.03.2016 – 5 U 8/14, GesR 2016, 439 130

75.000,00 € (Vorstellung: > 250.000,00 €)

Blasenentleerungsstörung – partielle Querschnittslähmung

Die beklagte Klinik führte bei einem 45 Jahre alten Patienten, ohne ausreichende Eingriffs- und Risikoaufklärung eine Lasernukleotomie aus, bei der es zu einer partiellen Querschnittslähmung kam. Der Kläger leidet infolge des Eingriffs unter einer Blasenentleerungsstörung und muss sich vier bis fünfmal täglich selbst katheterisieren.

Nach teilweiser Rückbildung der Lähmungs- und Ausfallerscheinungen ist durch die bei der Nukleotomie verursachten Schädigung des Rückenmarks ein Dauerschaden entstanden, der gewisse motorische Einschränkungen, Sensibilitätsstörungen, zusätzliche chronische Schmerzen in Gestalt von Brennschmerzen der Hände und Füße und eine Störung der Blasenfunktion umfasst. Nach rd. 4 Jahren liegen an der linken Körperhälfte keine Lähmungserscheinungen mehr vor, während rechts eine leichte zentrale Parese besteht, die sich in einer Feinmotorikstörung und Ungeschicklichkeit der rechten Hand, etwa einem krakeligen Schreiben, und einem Zittern des rechten Arms unter Belastung äußert und zu einem unrunden Gangbild und Nachziehen des rechten Beins führt. Sportarten wie Joggen kann der Kläger nicht ausüben.

131 **OLG Hamm, Urt. v. 13.09.2024 – I-26 U 183/23, RDG 2025, 38**

75.000,00 € (Vorstellung: mindestens 75.000,00 €)

Sensibilitätsstörungen von Blase und Darm

Die 47 Jahre alte Klägerin erlitt 1998 einen Bandscheibenvorfall und litt seitdem unter Beschwerden im Bereich der Lendenwirbelsäule. Im Jahre 2015 wurde bei Verdacht auf beginnendes Cauda-Syndrom eine Notfall-Nukleotomie durchgeführt. Zuvor hatte die Klägerin unter anderem darauf hingewiesen, dass eine Blasenstörung vorliege, ohne dass diesen Beschwerden nachgegangen wurde, was als grober Behandlungsfehler angesehen wurde.

Nach einer Revisionsoperation leidet die Klägerin nunmehr unter einer Blasenfunktionsstörung, die eine Selbstkatheterisierung 4–7 Mal am Tag erfordert und unter einer Darmentleerungsstörung, so dass sie keine volle Kontrolle über Darmwinde und weichen Stuhl hat. Sie leidet ferner unter Sensibilitätsstörungen im Genitalbereich, was auch zu Einschränkungen in der Sexualität führt.

132 **OLG Frankfurt, Urt. v. 10.09.2019 – 8 U 43/17, unveröffentlicht**

100.000,00 € (Vorstellung: 150.000,00 €)

Blase – Darm – Prostata – Tod nach 3 Jahren

Dem Beklagten unterlief ein Befunderhebungsfehler, sodass er Ende 2008 ein Blasenkarzinom nicht erkannte. Ende 2009 kam es bei dem Patienten zur Entfernung der Blase, eines Stücks des Darms und der Prostata. Der Patient war harninkontinent. Zur Wiederherstellung der Kontinenz unterzog er sich 40 ärztlichen Behandlungen.

Bis zu seinem Tod Ende 2011 musste er einen langen Leidensweg durchschreiten. Etwa 1/2 Jahr vor dem Tod wurde für ihn gewiss, dass er sterben musste. Der Tod war qualvoll.

Der Senat hält das Schmerzensgeld, das das LG zuerkannt hat, für angemessen. Das LG habe mit außergewöhnlicher ausführlicher Begründung die relevanten Parameter benannt und zutreffend gewichtet.

5. Darm

133 **LG Köln, Urt. v. 17.04.2024 – 25 O 156/21**

2.000,00 € (Vorstellung: 5.000,00 €)

Darmperforation – baldiger Tod

Der hochbetagte und schwer krebskranke Erblasser verstarb nach einem groben Behandlungsfehler und Fehlbehandlung über rd. einen Tag unter starken Schmerzen. Die Witwe klagte aus ererbtem Recht.

134 **OLG Karlsruhe, Urt. v. 15.03.2017 – 13 U 118/15, unveröffentlicht**

3.000,00 €

Hämorrhoiden-Behandlung ohne Aufklärung

Vor einer Sklerosierungsbehandlung der Hämorrhoiden wurde die Klägerin nicht hinreichend aufgeklärt. Nach dem Eingriff verschlechterte sich der Zustand der Klägerin vorübergehend und sie litt möglicherweise unter Schmerzen.

135 **LG Aachen, Urt. v. 24.05.2017, 11 O 48/16, unveröffentlicht; Das OLG Köln hat die Berufung des Beklagten zurückgewiesen: Beschl. v. 27.12.2017 – 5 U 86/17, unveröffentlicht**

18.000,00 € (Vorstellung: 15.000,00 €)

Appendicitis – Entfernung Teil-Dickdarm – Stuhlfistel – Peritonitis – große Bauchnarbe

Bei der 52 Jahre alten Klägerin wurde eine akute Appendicitis nicht rechtzeitig erkannt. Danach lagen neben der akuten Appendicitis eine Perforation des Colons-Aszendens, eine Bauchfellentzündung und eine Stuhlfistel vor. Nach einer offenen Operation stellte sich ein Platzbauch ein, das Abdomen wurde revidiert. Die Klägerin war 3 1/2 Monate arbeitsunfähig.

Ohne den groben Befunderhebungsfehler des Beklagten wäre die Klägerin nach zwei bis zweieinhalb Wochen wieder arbeitsfähig gewesen, ohne dass bleibende Beeinträchtigungen der Verdauung zurückgeblieben wären. Es wäre nicht zu einer Entzündung des Dickdarms gekommen und es hätten nicht Teile des Dickdarms entfernt werden müssen. Auch wäre es nicht zu einer lokalen Peritonitis gekommen und der Klägerin wäre eine große Bauchnarbe erspart geblieben.

OLG Koblenz, Urt. v. 11.02.2015 – 5 U 747/14, MedR 2016, 978 136

50.000,00 € (Vorstellung: mindestens 50.000,00 €)

Darmperforation nach Abszess – Inkontinenz

Die Klägerin litt unter zunehmenden Analschmerzen. Sie wurde unzureichend untersucht und behandelt. Ein operativ zu behandelnder Abszess wurde nicht erkannt. Wäre die Klägerin untersucht und operiert worden, hätte Aussicht bestanden, eine dauerhafte Heilung zu erzielen, sodass der langjährige Leidensweg der Klägerin und dabei namentlich die anhaltende Inkontinenz und Rezidive des Abszesses hätten vermieden werden können.

Der Senat meinte zu Unrecht, er habe »das beantragte Schmerzensgeld« zugesprochen.

OLG Koblenz, Urt. v. 17.03.2021 – 5 U 1651/19, MedR 2022, 87 = GesR 2021, 644 137

60.000,00 € (Vorstellung: 80.000,00 €)

6 Monate Leidenszeit nach behandlungsfehlerhafter Bauchoperation

Der inzwischen verstorbene Ehemann der Klägerin war an einem metastasierenden Ureterkarzinom erkrankt. Er wurde behandlungsfehlerhaft operiert und wurde anschließend rd. 3 1/2 Monate stationär behandelt, davon einen Monat auf der Intensivstation. Danach wurde er als Pflegefall entlassen.

Gerade wegen der aufgrund seiner Krebserkrankung nur noch geringen Lebenserwartung des Patienten von im Zeitpunkt der Operation etwa einem halben Jahr, kommt dem Umstand, dass während der verbleibenden Lebenszeit durch die Folgen der Operation seine Lebensqualität deutlich eingeschränkt, wenn nicht gar aufgehoben war, eine besondere Bedeutung zu. Von der Operation bis zu seinem Versterben hat der Patient nur etwa 3 Wochen außerhalb des Krankenhauses verbracht.

OLG Braunschweig, Urt. v. 28.02.2019 – 9 U 129/15, NdsRpfl 2020, 120 138

70.000,00 €

Darmkrebserkrankung nach unzureichender Befunderhebung – Tod nach 4 1/2 Jahren

Die Patientin stellte sich wegen zum Teil spritzender Blutungen aus dem Anus beim Beklagten vor, der Hämorrhoiden und eine Analfissur diagnostizierte und behandelte. Eine Darmspiegelung (Koloskopie) oder eine Mastdarmspiegelung (Rektoskopie) wurden von dem Beklagten nicht veranlasst. Bei Durchführung einer Darmspiegelung wäre ein Tumor im Stadium T2 entdeckt und eine Metastasenbildung verhindert worden.

Bei frühzeitiger Diagnose der Krebserkrankung hätte sich die Patientin – ausgehend von der Beweislastverteilung und den Ergebnissen der Beweisaufnahme – lediglich einer Tumorresektion-Operation unterziehen müssen und wäre bei optimalem Verlauf spätestens im Dezember 2007/Januar 2008 wieder arbeitsfähig gewesen. Sie hätte sich nicht den zahlreichen Behandlungen und Therapien über einen Zeitraum von 4,5 Jahren unterziehen müssen, insbesondere die mehrfachen Chemotherapien und die operative Entfernung der Eileiter, Eierstöcke sowie des Blinddarms wären nicht erforderlich geworden. Die 47-jährige Patientin hätte zudem eine aussichtsreiche Chance auf vollständige Heilung und vor allem eine sehr gute Überlebensprognose gehabt.

Stattdessen war die Überlebenszeit von 4,5 Jahren geprägt von zahlreichen und schwerwiegenden Behandlungen und Therapien mit erheblichen gesundheitlichen Einschränkungen, einem sich weiter verschlimmerten Krankheitsbild und der Gewissheit, dass keine Chance auf Heilung besteht und sie versterben wird.

139 **LG Köln, Urt. v. 10.01.2017 – 3 O 272/10, unveröffentlicht**

75.000,00 € (– Zinsen > 28.000,00 €)

Teilresektion des Dünndarms – Darmverlust – anus praeter – Narbenhernie

Die 56 Jahre alte Klägerin unterzog sich einer Operation zur Beseitigung eines Darmverschlusses. Infolge eines groben Befunderhebungsfehlers kam es zu mehreren Folgeoperationen, bei denen ein großer Teil des Dünndarms entfernt und vorübergehend zwei künstliche Darmausgänge gelegt wurden. Die Rückverlegung fand nach gut 3 Monaten statt.

Sie hält eine strenge Diät und muss wegen einer Narbenhernie das Heben von Lasten > 3 – 4 kg vermeiden. Die Klägerin fühlt sich sozial ausgegrenzt und ist wegen häufiger Durchfälle in der Mobilität und Alltagsplanung stark eingeschränkt.

140 **OLG Frankfurt, Urt. v. 10.09.2019 – 8 U 43/17, unveröffentlicht**

100.000,00 € (Vorstellung: 150.000,00 €)

Darm – Blase – Prostata – Tod nach 3 Jahren

Dem Beklagten unterlief ein Befunderhebungsfehler, sodass er Ende 2008 ein Blasenkarzinom nicht erkannte. Ende 2009 kam es bei dem Patienten zur Entfernung der Blase, eines Stücks des Darms und der Prostata. Der Patient war harninkontinent. Zur Wiederherstellung der Kontinenz unterzog er sich 40 ärztlichen Behandlungen.

Bis zu seinem Tod Ende 2011 musste er einen langen Leidensweg durchschreiten. Etwa 1/2 Jahr vor dem Tod wurde für ihn gewiss, dass er sterben musste. Der Tod war qualvoll.

Der Senat hält das Schmerzensgeld, das das LG zuerkannt hat, für angemessen. Das LG habe mit außergewöhnlicher ausführlicher Begründung die relevanten Parameter benannt und zutreffend gewichtet.

141 **LG Köln, Urt. v. 11.07.2018 – 25 O 290/16, unveröffentlicht**

120.000,00 € (Vorstellung: 70.000,00 €)

Teil-Darm-Verlust – Beinverlust – Infektion – Amputation

Bei dem 70 Jahre alten Kläger kam es nach einer Koloskopie zu einer Darmverletzung, die unzureichend versorgt wurde. Es kam zu einem Nierenversagen und zu einem septischen Schock, sodass ein Bein amputiert werden musste. Der Kläger musste sich mehreren Operationen unterziehen und wurde insgesamt 7 1/2 Monate stationär behandelt. Neben dem durch die Infektion bedingten Verlust des Beins büßte er einen großen Teil des Darms ein und ist Pflegestufe 1.

Die zuerkannten Zinsen belaufen sich auf fast 30.000,00 €.

142 **OLG Köln, Urt. v. 06.08.2014 – 5 U 137/13, VersR 2010, 1221 = MedR 2010, 570 = GesR 2015, 95**

150.000,00 € (Vorstellung: 150.000,00 €)

Unterlassener Hinweis auf notwendige Krebsvorsorge – Adenokarzinom – Lymphknotenmetastasen – Entfernung von wesentlichen Teilen der Lunge und der Leber

Der Beklagte unterließ im Rahmen einer Krebsvorsorgeuntersuchung des 57 Jahre alten Klägers den gebotenen Hinweis auf die Notwendigkeit einer Koloskopie. Als der Kläger diese 1 1/2 Jahre später auf eigene Initiative durchführen ließ, wurden ein Adenokarzinom und Lymphknotenmetastasen festgestellt. Das Gericht hat im Unterlassen der Sicherungsaufklärung einen groben Behandlungsfehler des Beklagten gesehen.

Maßgebend für die Bemessung des Schmerzensgeldes ist die Krebserkrankung in ihrem gesamten Verlauf mit allen Weiterungen und Komplikationen, insb. der notwendigen Erstoperation zur Entfernung des betroffenen Darmabschnittes und aller Folgeoperationen, die infolge der Metastasenbildung die (wiederholte) Entfernung wesentlicher Teile von Lunge und Leber mit sich brachten, sowie der Nachbehandlung durch stark beeinträchtigende Therapien (Chemo). Dies alles hat zu ganz erheblichen Schmerzen, Leiden, Beschwerden, zu anhaltenden und irreversiblen körperlichen Beeinträchtigungen und vor allem zu ganz enormen psychischen Belastungen geführt, die durch das immer wieder neu aufflackernde Krankheitsgeschehen, die dadurch hervorgerufenen Enttäuschungen und die stets nahe Todesangst gekennzeichnet sind. Zu berücksichtigen ist ferner in erheblichem Maße, dass der Kläger sowohl die Fähigkeit verloren hat, seinen Beruf auszuüben als auch die sein Leben prägenden Freizeitgestaltungen.

OLG Köln, Urt. v. 07.08.2013 – 5 U 92/12, VersR 2014, 106 = MedR 2014, 105 143

200.000,00 €

Hypoxische Hirnschädigung – Herzstillstand – Reanimation – Nekrotisierung des Dünndarms

Der Kläger wurde 2006 mit einem Down-Syndrom (freie Trisomie 21) und einem Herzfehler (Fallot'sche Tetralogie) geboren. Eine Klinik übersandte dem Beklagten zu 1), der als niedergelassener Kinderkardiologe tätig ist, eine Medikamentenliste für die Behandlung des Klägers. Diese enthielt u.a. das Medikament Lanitop, ein Präparat zur Stärkung der Herzfunktion, mit der auf dieses Medikament bezogenen Angabe »2 × 1 gtt«, wobei mit »gtt« Tropfen gemeint sind. Eine Mitarbeiterin des Beklagten zu 1) bereitete für die Mutter des Klägers ein Rezept für den Kläger vor, das der Beklagte zu 1) auch unterschrieb. Dieses wies Namen und Geburtsdatum des Klägers und das Medikament Lanitop mit dem Zusatz »50 Tbl.« (also Tabletten). Tabletten enthalten die gegenüber Tropfen achtfache Dosierung des Digitaliswirkstoffes und sind als Darreichungsform nur für Erwachsene und Heranwachsende vorgesehen. Die Mutter des Klägers löste das Rezept in der Apotheke des Beklagten zu 2) ein, dem die Situation des Klägers bekannt war und dem auch die Medikamentenliste der Klinik vorlag. Seine Mitarbeiterin händigte ihr 50 Tabletten aus, wofür eine Packung, die es nur in der Größe von 100 Tabletten gab, geteilt werden musste. Sie empfahl der Mutter des Klägers, die Tabletten aufzulösen und dem Kläger einzuflößen.

Der Kläger hat durch die Verabreichung des Medikamentes Lanitop unterschiedliche Schäden erlitten, nämlich Krämpfe, Schmerzen, hohes Fieber, Erbrechen sowie schließlich einen Herzstillstand mit einer über 50 Minuten andauernden Reanimation. Die Intoxikation brachte ganz beträchtliche Folgen im Hinblick auf den Dünndarm mit sich, nämlich eine unzureichende Blutversorgung mit Nekrotisierung, das Krankheitsbild eines akuten Abdomens und eine offene Bauchoperation mit Teilentfernung des Dünndarms und temporärer Anlage eines Anus praeter. Weitere unstreitige Folge der Intoxikation war eine Sepsis.

Dass eine erhebliche Hirnschädigung bei dem Kläger vorliegt, belegt schließlich die bei dem Kläger festgestellte deutliche Entwicklungsverzögerung.

OLG Hamm, Urt. v. 03.09.2013 – 26 U 85/12, GesR 2013, 730 = ZMGR 2014, 28 = MedR 2014, 309 144

220.000,00 € (Vorstellung: mindestens 220.000,00 €)

Darmperforation bei Koloskopie – künstlicher Darmausgang – Adenokarzinom – Lymphknotenmetastasen – Entfernung von wesentlichen Teilen der Lunge und der Leber

Der 48 Jahre alte Kläger unterzog sich ohne ausreichende Aufklärung einer Koloskopie, nach der es zu einer Darmperforation und einer Entzündung des Bauchraums kam. Der Kläger wurde mehrfach operiert. Später befand er sich erneut in stationärer Behandlung wegen einer Bronchopneumonie mit septischem Schock und akuter respiratorische Insuffizienz. Anschließend wurde er in eine Rehabilitationsklinik verlegt.

Für die Bemessung des Schmerzensgeldes war maßgebend insb. der komplikationsträchtige Krankheitsverlauf, der schließlich zu einer Frühberentung des Klägers geführt hat. Der Kläger befand sich 5 Monate ununterbrochen im Krankenhaus. Es mussten bei ihm insgesamt 19 Lavagen des Bauchinnenraums durchgeführt werden. Er erhielt 17 Transfusionen mit Erythrozytenkonzentraten. Rund 2 1/2 Monate wurde er intensivmedizinisch mit Langzeitbeatmung überwacht. Es mussten eine Hauttransplantation im Bereich der Brustwirbelsäule und chirurgische Debridements der erlittenen Dekubiti sowie anschließender Behandlung mit Hydrokolloidverbänden an der rechten Ferse durchgeführt und eine Spitzfußstellung musste mittels einer Peronaeusschiene behandelt werden. Nach einem septischen Schock entwickelte sich eine ausgedehnte Bronchopneumonie. Der Kläger ist erheblich beeinträchtigt mit einem GdB von 100. Er leidet unter einem deutlichen Gewichtsverlust und einer depressiven Entwicklung. Er hat einen künstlichen Darmausgang, der ihn stark einschränkt.

6. Galle/Leber

145 **OLG Saarbrücken, Urt. v. 04.02.2015 – 1 U 27/13, unveröffentlicht**

15.000,00 € (Vorstellung: 115.000,00 €)

Re-Operation nach intraoperativem Befunderhebungsfehler

Bei der Entfernung der Gallenblase kam es zu einer massiven Blutung einer Leberarterie, auf die der Arzt mit einer Umstechungsligatur reagierte. Eine Röntgenkontrolluntersuchung während der Operation unterblieb fehlerhaft. Die Folge dieses Befunderhebungsfehlers war eine Re-Operation und die damit verbundenen Beschwerden. Die vom Versicherer vorprozessual gezahlten 15.000,00 € sah das Gericht als angemessen an.

146 **OLG Zweibrücken, Urt. v. 30.09.2014 – 5 U 3/13, unveröffentlicht**

45.000,00 €

Ductus choledochus und ductus hepaticus versehentlich durchtrennt – Narben – Spätschäden

Bei der 35 Jahre alten Klägerin wurden bei einer laparoskopischen Gallenblasenentfernung versehentlich der ductus choledochus und der ductus hepaticus durchtrennt. Eine sofortige Revisionsoperation per Bauchschnitt folgte und danach mehrfache stationäre Behandlungen, insgesamt 6 Wochen.

Die Klägerin leidet unter massiven abdominellen Krämpfen mit Fieber, kosmetisch störenden Operationsnarben, mehrfachen Entzündungen der Gallengänge mit hohem Fieber, chronischer Vergrößerung der Milz, erhöhter Infektionsgefahr. Es besteht die Gefahr, dass eine Lebertransplantation erforderlich wird.

Die Klägerin hat erheblich an Gewicht zugenommen und kann keinen Sport mehr treiben. Das Sexualleben ist beeinträchtigt und die Teilnahme am Familienurlaub gestört.

147 **LG Köln, Urt. v. 07.03.2023 – 3 O 125/20**

120.000,00 €

Hepatitis – Metastasen – Hörsturz

Bei der 38 Jahre alten Klägerin wurde ein Melanom hinter dem Ohr durch den Dermatologen nicht erkannt. Dadurch kam es zur Metastasierung in Lymphknoten, Lunge, Leber und Knochen. Die Krebsmedikamente hatten Nebenwirkungen in Form einer Polyneuropathie zur Folge. Es wurden zusätzlich eine Steroid-Therapie notwendig. Es kam zur Gallengangstenose, zur Cholangitis, Hepatitis und zu Hörstürzen.

Die Klägerin hat eine schlechtere Überlebensprognose mit erheblicher psychischer Belastung.

OLG Köln, Urt. v. 06.08.2014 – 5 U 137/13, VersR 2010, 1221 = MedR 2010, 570 148

150.000,00 € (Vorstellung: 150.000,00 €)

Unterlassener Hinweis auf notwendige Krebsvorsorge – Adenokarzinom – Lymphknotenmetastasen – Entfernung von wesentlichen Teilen der Lunge und der Leber

Der Beklagte unterließ im Rahmen einer Krebsvorsorgeuntersuchung des 57 Jahre alten Klägers den gebotenen Hinweis auf die Notwendigkeit einer Koloskopie. Als der Kläger diese 1 1/2 Jahre später auf eigene Initiative durchführen ließ, wurden ein Adenokarzinom und Lymphknotenmetastasen festgestellt. Das Gericht hat im Unterlassen der Sicherungsaufklärung einen groben Behandlungsfehler des Beklagten gesehen.

Maßgebend für die Bemessung des Schmerzensgeldes ist die Krebserkrankung in ihrem gesamten Verlauf mit allen Weiterungen und Komplikationen, insb. der notwendigen Erstoperation zur Entfernung des betroffenen Darmabschnittes und aller Folgeoperationen, die infolge der Metastasenbildung die (wiederholte) Entfernung wesentlicher Teile von Lunge und Leber mit sich brachten, sowie der Nachbehandlung durch stark beeinträchtigende Therapien (Chemo). Dies alles hat zu ganz erheblichen Schmerzen, Leiden, Beschwerden, zu anhaltenden und irreversiblen körperlichen Beeinträchtigungen und vor allem zu ganz enormen psychischen Belastungen geführt, die durch das immer wieder neu aufflackernde Krankheitsgeschehen, die dadurch hervorgerufenen Enttäuschungen und die stets nahe Todesangst gekennzeichnet waren. Zu berücksichtigen war ferner in erheblichem Maße, dass der Kläger sowohl die Fähigkeit verloren hat, seinen Beruf auszuüben als auch die sein Leben prägenden Freizeitgestaltungen.

7. Magen

OLG Hamm, Urt. vom 15.11.2016 – 26 U 37/14, unveröffentlicht 149

70.000,00 €

Magen – Teilresektion

Die 47 Jahre alte Klägerin musste wegen der fehlerhaften Fixierung des Magens erneut operiert werden. Sie hatte für drei Monate Schmerzen und Beschwerden. Eine Revisionsoperation wurde fehlerhaft durchgeführt. Dadurch, dass die weiterhin bestehende Abkippung des Magens im Anschluss längere Zeit unbehandelt blieb, ist es zu einer Magenblähung gekommen, wodurch eine Magenteilresektion notwendig wurde. Danach traten Magentransportschädigungen auf eine bekannte Komplikation bei einer Magenteilresektion. Möglicherweise ist es durch die länger anhaltende Magenblähung auch zu einer passageren Stauung der Lunge gekommen. All diese Komplikationen hätten vermieden werden können.

Für die Bemessung des Schmerzensgeldes war maßgebend der besonders langwierige und komplikationsträchtige Krankheitsverlauf. Die Klägerin musste sich von Mai 2009 bis Ende 2013 vielfachen ärztlichen Behandlungen und Operationen unterziehen. Sie ist erheblich beeinträchtigt und wird ihr gesamtes weiteres Leben in nicht unerheblichem Umfang zumindest in Form abdomineller Belastungsschmerzen beeinträchtigt sein.

8. Milz

OLG Schleswig, Urt. v. 04.01.2022 – 7 U 61/21, NJW-RR 2022, 750 = RuS 2022, 278 150

5.350,00 € (Mitverschulden: 1/3)

Milzverlust

Bei einem Unfall kam es zu einem Milzriss, zu inneren Blutungen und die Milz musste entfernt werden.

151 **LG Würzburg, Urt. v. 17.07.2015 – 1 Ks 801 Js 10182/14, unveröffentlicht**

20.000,00 €

Verletzung der äußeren Magenwand, des Omentums und der vena thoracia

Der Angeklagte schlug mit einem Schlagstock mehrfach gegen den Kopf, den Oberkörper und die Unterarme des Verletzten. Sodann stach er mit einem Klappmesser in dessen Bauchdecke, was zu einer **Verletzung der äußeren Magenwand, des Omentums und der vena thoracia führte. Die Wunde blutete sofort stark und durch die geöffnete Bauchdecke drangen Teile der Eingeweide heraus. Die Verletzungen waren lebensgefährlich.**

Der Angeklagte schloss mit dem Adhäsionskläger in der Hauptverhandlung einen Vergleich und verpflichtete sich unter anderem zur Zahlung von 20.000 € nebst Zinsen. Zu einer Zahlung des Angeklagten ist es wegen dessen Mittellosigkeit bis zur Entscheidung nicht gekommen.

152 **LG Saarbrücken, Urt. v. 05.03.2020 – 9 O 48/18**

25.000,00 € (Mitverschulden: 1/2)

Milzverlust – Schädelhirntrauma – Thoraxtrauma – Schambein- und Steißbeinfrakturen

Die Klägerin erlitt bei einem Unfall ein Schädelhirntrauma, ein Thoraxtrauma, ein stumpfes Abdominaltrauma, eine Rippenserienfraktur, eine Lungenkontusion, eine Milzlazeration, eine Beckenfraktur, eine Kreuzbeinfraktur, Schambeinastfrakturen und Sitzbeinfrakturen mit Mehrfragmentfraktur. Nach 4 Tagen auf der Intensivstation wurde sie 7 Wochen stationär behandelt.

153 **OLG Frankfurt, Urt. v. 30.03.2012 – 8 U 89/11, unveröffentlicht**

40.000,00 € (Vorstellung: mindestens 60.000,00 €)

Milzverlust – Darmperforation nach Koloskopie – anus praeter

Nach einer ohne ausreichende Aufklärung durchgeführten Koloskopie wurde die Klägerin, die seit Jahrzehnten an Morbus Crohn erkrankt war, wegen »akuten Abdomens« in ein Krankenhaus eingeliefert, wo eine Darmperforation (am Colon transversum) festgestellt wurde, sodass ein Teil des Darms reseziert und die Milz entfernt werden mussten. Im Rahmen der Folgebehandlung musste sich die Klägerin mehreren schwerwiegenden weiteren Eingriffen unterziehen. U.a. wurde ihr vorübergehend ein künstlicher Darmausgang geschaffen.

Der Senat hat dabei insb. berücksichtigt, dass die Klägerin sich insgesamt vier Operationen unterziehen musste, um die auf den Eingriff zurückgehenden Komplikationen zu überstehen, dass ihr Leben dabei vorübergehend akut gefährdet und sie in ein künstliches Koma zu verlegen war. Während der akuten Bauchfellentzündung musste die Klägerin erhebliche Schmerzen leiden, wobei sie als Morbus-Crohn-Erkrankte außerdem befürchten musste, dass ihre Heilungskräfte im Bereich des Darmtrakts ohnehin eingeschränkt sein könnten.

154 **OLG Schleswig, Urt. v. 28.11.2013 – 7 U 80/12, unveröffentlicht**

40.000,00 €

Milzverlust – Bauchtrauma – Radiustrümmerfraktur – Luxationsfraktur Weber C

Der 47 Jahre alte Kläger erlitt bei einem Motorradunfall ein stumpfes Bauchtrauma und eine Milzruptur, die zum Verlust der Milz führte. Ferner kam es zu einer Radiustrümmerfraktur und zur einer offenen Luxationsfraktur des oberen Sprunggelenks Typ C. Länger als 3 Wochen wurde er stationär behandelt und war insgesamt mehr als 8 Monate in der Arbeitsfähigkeit erheblich eingeschränkt. Die MdE beträgt 40 %. Der Kläger leidet noch unter Bewegungseinschränkungen, Verschleiß der Gelenke und dem Milzverlust.

OLG Brandenburg, Urt. v. 18.01.2024 – 12 U 116/22 155

<u>50.000,00 €</u> (Mitverschulden: 1/2; Vorstellung: 100.000,00 €)

Milzverlust – Schädelhirntrauma – Rissverletzung der Leber – Lungenkontusion – Rippenserienfraktur – Wirbelfrakturen

Der Kläger wurde bei einem Verkehrsunfall schwer verletzt. Er erlitt ein schweres Schädel-Hirn-Trauma mit einer intracerebralen Blutung mit posttraumatischer Enzephalopathie und anhaltenden leichtgradigen kognitiven Störungen, eine Lungenkontusion mit akutem Lungenversagen, eine Rippenserienfraktur, eine operative Milzentfernung, eine Rissverletzung der Leber, eine komplexe Schulterverletzung (Scapulafraktur), eine Mittelgesichtsfraktur, Frakturen der Lendenwirbelkörper Nr. 1 bis 4.

Der Kläger wurde prolongiert beatmet (Luftröhrenschnitt), ferner erfolgte in diesem Zusammenhang eine verminderte Sauerstoffversorgung des Klägers. Es kam zu einer Endokarditis und kardialen Thrombusbildung (Blutgerinnsel im Herzen), zu einer beidseitigen Lungenarterienembolie mit dauerhafter Antikoagulationspflichtigkeit und einer Critical-Illness Polioneuropathie (Erkrankung des peripheren Nervensystems mit Lähmungserscheinungen).

Der Kläger befand sich für knapp 2 Monate in stationärer Behandlung und für dreieinhalb Monate in stationärer neurologischer Reha.

OLG Düsseldorf, Urt. v. 25.10.2016 – 1 U 20/16, unveröffentlicht 156

<u>55.000,00 €</u> (Vorstellung: 70.000,00 €)

Milzverlust – Schädelhirntrauma – Oberschenkelfraktur – Jochbein- und Orbitabogenfraktur

Der 17 Jahre alte Kläger erlitt bei einem Verkehrsunfall ein Gesichtsschädelhirntrauma ersten Grades mit offener Alveolarfortsatzfraktur, eine offene Unterkiefertrümmerfraktur mit Luxationsverlust mehrerer Zähne, eine Oberkieferfortsatzfraktur, Jochbeinfraktur, Fraktur der Augenhöhle, einen Bluterguss des Auges mit passageren Doppelbildern, ein stumpfes Bauchtrauma mit Nierenkontusion, Milzeinriss mit Entfernungsnotwendigkeit, ein Thoraxtrauma, eine beidseitige Lungenquetschung, eine Brustbeinfraktur, eine offene Fraktur des Oberschenkels sowie einen traumatischen Blutungsschock. Der Komapatient musste sich einer Vielzahl von schweren Operationen unterziehen.

9. Niere

▶ Hinweis:

Schmerzensgeldbeträge für den Verlust einer Niere sind im Laufe der letzten Jahrzehnte nicht in dem Maß gestiegen wie Schmerzensgeldbeträge bei anderen Organverlusten. An sich ist jeder Organverlust schwerwiegend und rechtfertigt ein besonders hohes Schmerzensgeld. Dies gilt aber grds. nicht ohne Einschränkungen für sog. paarige Organe wie Augen, Ohren, Nieren, Eierstöcke oder Hoden. Es kommt hinzu, dass der Nierenverlust – wenn er einige Jahre komplikationslos überstanden ist – vom Patienten nicht mehr empfunden wird. Auch in der Lebensversicherung stellt ein Versicherungsnehmer 5 Jahre nach dem Eintritt des Nierenverlustes kein »erhöhtes Risiko« mehr dar. Es ist deshalb vertretbar, einen Nierenverlust mit einem Schmerzensgeld i.H.v. 15.000,00 € – 20.000,00 € zu entschädigen. Das gilt nicht für den Verlust beider Nieren, s.u. OLG Köln, Beschl. v. 06.10.2014 – 5 U 31/14.

OLG Brandenburg, Urt. v. 25.04.2019 – 12 U 39/18, RDG 2019, 204 157

<u>5.000,00 €</u> (Vorstellung: 20.000,00 €)

Keine Verbesserung der Nierenfunktion

Infolge eines groben Behandlungsfehlers kam es zwar nicht zu einer Verschlechterung der Nierenfunktion, die Behandlungsseite kann andererseits nicht beweisen, dass durch eine fehlerfreie Behandlung nicht doch eine Verbesserung der Nierenfunktion eingetreten wäre. Die Funktionsbeeinträchtigung der Niere kann zu einer Dialyse führen, was bei der Bemessung des Schmerzensgeldes berücksichtigt worden sein soll. Unter der Kenntnis dieser Möglichkeit leidet die Klägerin zusätzlich. Der Gesundheitsschaden sei nicht vergleichbar mit Fällen eines vollständigen Funktionsverlustes einer Niere.

158 **OLG Hamm, Urt. v. 07.12.2016 – 3 U 122/15, GesR 2017, 367**

12.500,00 € (Vorstellung: 35.000,00 €)

Verlust einer vorgeschädigten Niere durch einen Behandlungsfehler

Der 9 Jahre alte Kläger litt unter einer Störung der Abflussverhältnisse einer Niere, die noch eine Funktion von 22 % aufwies. Infolge einer unzureichenden Aufklärung durch die Beklagten war die Einwilligung der Eltern des Klägers in eine geplante Nierenoperation unwirksam, die Entfernung der Niere rechtswidrig. Bei der Bemessung des Schmerzensgeldes für den Verlust der Niere hat der Senat berücksichtigt, dass die Niere in keinem guten Zustand war und die Restfunktion nur 22 % betrug. Der Kläger muss zwar mit einer Niere gewisse Einschränkungen und Vorsichtsmaßnahmen beachten, dies hätte ihm aber auch bei einer geschädigten Niere oblegen.

159 **OLG Dresden, Beschl. v. 04.05.2022 – 4 W 251/22, NJW-RR 2022, 963**

50.000,00 € (Vorstellung: 150.000,00 €)

Nierenversagen nach Sepsis

Der Antragsteller erhielt PKH zur Geltendmachung von Folgen nach einer Leistenhernienoperation. Im Anschluss an die Operation hatte sich bei ihm eine Sepsis mit akutem Nierenversagen bei 4-Quadranten-Peritonitis entwickelt, auf die nicht rechtzeitig reagiert worden sei.

160 **OLG Hamm, Urt. v. 23.11.2018 – 26 U 149/17, unveröffentlicht**

85.000,00 € (Vorstellung: 85.000,00 €)

Schädigung der Niere – Pankreasverlust

Der 52 Jahre alte Kläger unterzog sich einer kombinierten Nieren- und Pankreastransplantation. Während der Anschlussheilbehandlung unterlief der Beklagten ein grober Befunderhebungsfehler, weil sie den Tacrolismusspiegel nicht überwachte, um das Abstoßungsrisiko der Transplantate zu verringern. Über einen Zeitraum von 3 Wochen fehlte insoweit jegliche Kontrolle.

Der Krankenhausaufenthalt des Klägers verlängerte sich um 3 Monate. Der Kläger ist dauernd dialysepflichtig. Infolge der Schädigung der Organe leidet der Kläger an einer chronischen Belastungsminderung, Muskelkrämpfen und der Notwendigkeit eine halbjährlich zu wechselnden Harnleiterstents.

161 **OLG Hamm, Urt. v. 03.07.2015 – 26 U 104/14, GesR 2016, 221**

200.000,00 € (Vorstellung: 200.000,00 €)

Verlust beider Nieren – 53 Folgeoperationen

Bei der 15 Jahre alten Klägerin wurde die Ursache eines erhöhten Blutdrucks nicht abgeklärt. Der Befunderhebungsfehler führte zum Verlust beider Nieren. Bei der Bemessung des Schmerzensgeldes hat der Senat den besonders komplikationsträchtigen Krankheitsverlauf, der nach zwei erfolglosen Nierentransplantationen zu einer erneuten, dauerhaften Dialysepflicht (3 x pro Woche) der Klägerin geführt hat, berücksichtigt. Die Klägerin musste sich 53 Operationen unterziehen. Sie ist derzeit und für ihr gesamtes Leben erheblich beeinträchtigt. Es besteht eine hohe Wahrscheinlichkeit, dass sie eine neue Niere für eine 3. Transplantation erhält. Bis dahin bleibt die Unsicherheit, wann und ob sie für eine Transplantation berücksichtigt wird und ob dies rechtzeitig geschehen kann. Zudem ist aufgrund der Abstoßung der ersten Nieren bei der Klägerin die Wahrscheinlichkeit reduziert, dass nun die dritte Transplantation erfolgreich ist.

Bein (Beinverletzung – Oberschenkel – Knie – Unterschenkel – Sprunggelenk/Fuß)

▶ Hinweis:

Isolierte Verletzungen von Bein, Oberschenkel, Knie, Unterschenkel und Sprunggelenk/Fuß sind nicht die Regel, sodass sie unter der Überschrift Bein, Oberschenkel, Knie, Unterschenkel und Sprunggelenk/Fuß zusammengefasst sind. Zudem wäre es lästig, bei alphabetischer Darstellung an mehreren Stellen zu suchen.

Dieses Kapitel betrifft nicht die Amputation von Gliedmaßen oder Teilen davon, die als besondere Verletzungen unter dem Stichwort → Amputation behandelt werden.

1. Beinverletzung

OLG Hamm, Urt. v. 08.04.2016 – 18 O 159/06, unveröffentlicht 162

300,00 €

Schmerzen und Beschwerden im Bein

Der Kläger wurde bei einem Verkehrsunfall leicht verletzt. Er litt unter Ziehen im Rücken, Unwohlsein, Schmerzhaftigkeit und Beschwerden im Bein und nahm deshalb Schmerzmittel ein.

OLG Brandenburg, Urt. v. 26.11.2015 – 12 U 182/14, GesR 2016, 8 163

13.000,00 € (Vorstellung: 17.000,00 €)

Beinverlängerung – Re-Operation

Der 23 Jahre alte Kläger ließ ohne eine wirksame Einwilligung erteilt zu haben, eine somit rechtswidrige Operation zur Beinverlängerung durchführen. Die Operation hatte nicht den gewünschten Erfolg, es musste eine Re-Operation durchgeführt werden.

Das Schmerzensgeld wurde nach der Belastung des Klägers durch die beiden Operationen bemessen.

OLG Hamm, Urt. v. 26.07.2016 – 9 U 133/15, unveröffentlicht 164

22.500,00 € (Vorstellung: 50.000,00 €)

Schmerzen in Bein und Knie nach Hüftpfannenwechsel

Die Klägerin hatte sich bei einem Sturz eine Hüftluxation zugezogen. Nach Reposition erfolgte operativ ein Wechsel der Hüftpfanne. Seither leidet die Klägerin unter anhaltenden Schmerzen eines Beins und Schmerzausstrahlung bis zum Knie. Durch die Schmerzen ist sie in der Nachtruhe gestört und in der Gehfähigkeit, bei Freizeitaktivitäten und im Alltagsleben eingeschränkt.

LG Mönchengladbach, Urt. v. 25.03.2015 – 6 O 129/12, unveröffentlicht 165

30.000,00 € (Vorstellung: 50.000,00 €)

Gehbehinderung durch Tumorrezidiv – Nerven

Beim Kläger wurde ein Neurinom (ein gutartiger Tumor) des nervus tibialis entfernt, der sich nach histologischer Untersuchung als maligner Nervenscheidentumor herausstellte. Darüber wurde der Kläger nicht informiert. Nach einer weiteren verspäteten Operation leidet der Kläger unter einer leichtgradigen Schädigung der Beinnerven. Sein Gangbild zeigt ein verplumptes Aufsetzen des linken Fußes und ein verplumptes Hüpfen als Ausdruck verminderter Kraft.

Das OLG Düsseldorf, Urt. v. 22.06.2017 -8 U 78/15, unveröffentlicht, hat die Klage abgewiesen, weil kein grober Behandlungsfehler vorliege, es also nicht zur Umkehr der Beweislast kam. Der BGH, Urt. v. 26.06.2018 – VI ZR 285/17, VersR 2018, 1192 = GesR 2018, 640, hat die Entscheidung des OLG Düsseldorf aufgehoben und die Sache zurückverwiesen und einen groben Behandlungsfehler nicht verneint. Für die Bemessung des Schmerzensgeldes bleibt die Entscheidung des LG Mönchengladbach jedoch aussagekräftig

166 **OLG Nürnberg, Urt. v. 30.04.2015 – 5 U 2282/13, VersR 2016, 195**

50.000,00 € (Vorstellung: 50.000,00 €)

Teillähmung des Beins – Beinlängenverkürzung

Eine mangels wirksamer Aufklärung rechtswidrige Hüftprothesenwechseloperation verursachte beim Kläger eine Teillähmung des Beins. Postoperativ trat eine Fußheber- und Kniestreckerschwäche auf, weil die nervi femoralis und ischiadicus geschädigt waren. Auch wegen einer Beinlängenverkürzung erfolgte eine Revisionsoperation. Die Fußheberschwäche konnte verringert werden, die Bewegungsbeeinträchtigung wurde nicht gänzlich behoben.

167 **OLG Frankfurt, Urt. v. 03.05.2016 – 8 U 224/12, unveröffentlicht**

50.000,00 € (Vorstellung: 85.000,00 € + 100,00 € monatliche Rente)

Steh- und Gehfähigkeit – dauerhafte Schmerzzustände – überlange Operation

Der 110 kg schwere, etwa 40 Jahre alte Kläger wurde wegen einer relativen Spinalkanalstenose operiert. Die Operation dauerte 11 Stunden. Postoperativ zeigte sich eine Quadrizeps- und eine Hüftbeugerparese beidseits. Der elektromyografische Befund sprach für eine ausgeprägte, aber inkomplette Läsion des Nervus femoralis und für eine diskrete zusätzliche Wurzelläsion L4/5 links.

Bei der Entlassung zur Reha war der Kläger weitgehend steh- und gehunfähig. Nach Abschluss der Reha konnte er mit zwei Unterarmgehstützen bis zu 600 m gehen.

Der Kläger war über einen Zeitraum von fast 2 Jahren in seiner Bewegungsfähigkeit stark eingeschränkt. Es bestand eine Iliopsoasparese beidseits Kraftgrad 4/5 sowie eine diskrete Quadrizepsparese. Er musste sich einer stationären Schmerztherapie unterziehen und dennoch dauerhaft mit Schmerzzuständen leben. Er ist dauerhaft arbeitsunfähig und psychisch angegriffen.

168 **OLG Köln, Urt. v. 23.05.2018 – 5 U 148/16, MedR 2019, 690**

50.000,00 € (Vorstellung: 60.000,00 €)

Gehfähigkeit eingeschränkt – Schmerzen im Hüftgelenk

Die fehlerhafte Implantation einer Hüftendoprothese führte zu mehreren Re-Operationen und Schäden am Hüftgelenk. Während eines Jahres litt die Klägerin unter der Fehlfunktion der Hüftprothese und zunehmend unter Schmerzen. Es besteht ein Dauerschaden durch Schmerzen im Hüftgelenk und eingeschränkter Beweglichkeit und der Gehfähigkeit, die nur für kurze Strecken besteht. Im Übrigen ist die Klägerin auf den Rollstuhl angewiesen.

Für die Höhe des Schmerzensgeldes fehlt jede Begründung, es wird auf die Beschwerden der Klägerin verwiesen. Vergleichsentscheidungen werden nicht benannt.

Der Senat setzt sich auch nicht mit seiner eigenen Entscheidung vom 10.01.2018 – 5 U 104/15, s.u. Rdn. 175 auseinander, in der er in einem durchaus vergleichbaren Fall ein Schmerzensgeld von 80.000,00 € zuerkannt hatte.

Der Zinsausspruch bedeutet für die Klägerin mehr als 13.000,00 € Zinsen.

169 **OLG Dresden, Beschl. v. 20.11.2018 – 4 W 1020/18, unveröffentlicht**

50.000,00 € (Vorstellung: 150.000,00 €)

Behandlungsverzögerung bei Epiphyseolysis

Die 12 Jahre alte Klägerin begehrt Prozesskostenhilfe für eine Klage auf Zahlung von Schmerzensgeld in Höhe von 150.000 €, weil die Antragsgegner die Diagnose und Therapie einer schweren

Epiphyseolysis (Ablösung der Wachstumsfuge) mit Ablösung der Epiphyse in beiden Beinen verzögerten. Dadurch ist eine schmerzhafte und komplizierte Operation am offenen Bein erforderlich geworden. Sie begehrt für jeden Tag verlorener Lebenszeit einen Betrag von 100 € (= 150.000 €).

OLG Karlsruhe, Urt. v. 17.05.2018 – 7 U 32/17, GesR 2018, 494 = ArztR 2018, 301 170

70.000,00 €

Hüftkopfnekrose – Gehfähigkeit beeinträchtigt – Spätschäden

Ein Befunderhebungsfehler des beklagten Arztes führte bei der 6 Jahre alten Klägerin im Jahre 2013 infolge einer septischen Coxitis zu einer Hüftkopfnekrose. Eine Streckung des linken Beines ist der Klägerin nicht möglich, sie ist auch bei kürzeren Strecken auf Gehhilfen bzw. einen Rollstuhl angewiesen. Mit Erreichen des zwanzigsten Lebensjahres ist voraussichtlich ein erster Hüftgelenkwechsel notwendig, weitere sind unter Berücksichtigung des Alters der Klägerin möglich. Ob die Gehfähigkeit auf Dauer gegeben sein wird, ist fraglich. Der Einfluss der Erkrankung auf die gesamte persönliche, schulische, soziale und spätere berufliche Entwicklung ist derzeit nicht abschätzbar. Die Wiederholung einer Klasse war bisher nicht erforderlich. Weitere Beeinträchtigungen, die für die Bemessung des Schmerzensgeldes von Bedeutung sind, werden nicht genannt.

OLG Köln, Urt. v. 10.01.2018 – 5 U 104/15, VersR 2019, 480 = MedR 2018, 843 171

80.000,00 €

Beinverkürzung – Gehunfähigkeit – sehr lange Narbe

Eine Operation mit Einbringung einer zementfreien Hüft-TEP führte bei der 59 Jahre alten Klägerin zu einer staken Verkürzung des Beins und zu einem wesentlichen Verlust der Gehfähigkeit. Nach der Operation hatte sich eine Femur-Schräg-Fraktur mit Abriss des Trochanter major ereignet. Es kam zu einer Revisionsoperation und zu zahlreichen Folgebehandlungen wegen Lockerung der Prothese, Infektionen und weiteren Revisionsoperationen. Behandlungsfehler wurden nicht festgestellt, jedoch war die Klägerin nicht darüber aufgeklärt worden, dass nur eine Teilbelastung zulässig war.

Als dauerhafte Folge der rechtswidrigen Operation ist eine sehr lange Narbe über dem Hüftgelenk verblieben. Es liegt eine deutliche Beinlängendifferenz von 4 cm vor. Die Klägerin ist nicht mehr in der Lage zu gehen und ist auf einen Rollstuhl angewiesen. Die Hüfte schmerzt.

LG Lübeck, Urt. v. 07.03.2025 – 10 O 300/23 172

105.000,00 €

Bein- und Fußfrakturen – Handfrakturen – Schädelhirntrauma – Thoraxtrauma – Verlust von Geruchs- und Geschmackssinn

Der (heute) 34 Jahre alte Kläger erlitt als Motorradfahrer bei einem Verkehrsunfall ein offenes Schädelhirntrauma 2. Grades, ein Thoraxtrauma, eine Kontusion der Lunge, Schürfwunden und zahlreiche Frakturen, eine dislozierte Fraktur der sechsten Rippe, eine mehrfragmentäre Fraktur des Oberschenkelschafts, eine mehrfragmentäre offene Fraktur der Fußwurzel, eine mehrfragmentäre Fraktur des Fersenbeins, eine mehrfragmentäre Fraktur des Fußwurzelknochens, eine mehrfragmentäre Fraktur des Außenknöchels und Gelenkfortsatzes des Wadenbeins sowie multiple Frakturen der Handwurzel. Er wurde 1 1/2 Monate stationär behandelt. Er war in dieser Zeit bettlägrig und konnte anfangs nur seine linke Hand bewegen. Die Reha dauerte fast 2 Monate. Dort saß der Kläger im Rollstuhl. Er wurde im Rollstuhl nach Hause verlegt und ein Jahr ambulant weiter behandelt.

Die Arthrose in beiden Füßen bereitet täglich Schmerzen und nötigt ihn dazu, eine Treppe seitwärts oder rückwärts hinunterzusteigen. Die Merkfähigkeit ist stark eingeschränkt. Er muss sich Dinge des Alltags notieren, um sie nicht zu vergessen. Geruchs- und Geschmackssinn fehlen und damit geht der Verlust einher, dem Kochen als Hobby nachzugehen oder Restaurantbesuche zu genießen. Den vor dem Unfall ausgeübten Wettkampfsport kann der Kläger nicht mehr ausüben. Zudem ist er in der Auswahl alternativer Sportarten wie Laufen eingeschränkt. Der Kläger leidet unter einer (Ordnungs-)Zwangsneurose und gelegentlich unter Depressionen. Das Leben des Klägers ist aufgrund der genannten körperlichen und seelischen Folgen des Unfalls nachhaltig verändert.

Der GdB ist 70, die MdE 20%.

Spätschäden sind möglich.

173 **OLG Koblenz, Urt. v. 22.04.2015 – 5 U 1292/14, unveröffentlicht**

130.000,00 €

Parese des Beins – Stuhl- und Harninkontinenz

Die 50 Jahre alte Klägerin wurde fehlerhaft behandelt und erlitt Schäden des Ischias- und Femoralisnervs, die zu einer fast vollständigen Lähmung des Beins und zu einer vollständigen Stuhl- und Harninkontinenz führten.

Das Schmerzensgeld fiel um 20.000,00 € niedriger aus, weil die Klägerin ohne den Behandlungsfehler ohnehin an einer schweren Verschlusskrankheit litt.

174 **OLG Saarbrücken, Urt. v. 05.03.2020 – 4 U 64/18, unveröffentlicht**

175.000,00 €

Gehbehinderung – Becken bis unter Knie verletzt – hirnorganisches Psychosyndrom – erektile Dysfunktion – Geschmackssinn und Geruchssinn sind gestört – Dysarthrie

Der Kläger wurde bei einem grob fahrlässig verursachten Verkehrsunfall schwer verletzt. Die Gehbehinderung beruht auf der Beinverletzung, die vom Becken bis unter das Knie reicht. Er kann keine Treppen mehr steigen.

Neben den psychischen Störungen und Konzentrationsstörungen besteht eine erektile Dysfunktion.

2. Oberschenkel

▶ Hinweis:

Oberschenkelverletzungen, Oberschenkelfrakturen, insb. Oberschenkelhalsfrakturen werden i.d.R. operativ behandelt und es bleiben sehr **lange Narben** zurück. Die dafür zuerkannten Schmerzensgeldbeträge sind im Laufe des letzten Jahrzehnts erheblich gestiegen und Narben werden bei der Schmerzensgeldbemessung zunehmend berücksichtigt. Vergleichsbeträge sollten nur den zuletzt entschiedenen Fällen entnommen und weiterhin erhöht werden.

175 **OLG Hamm, Urt. v. 29.04.2022 – 11 U 198/21, DAR 2023, 87**

2.000,00 € (Mitverschulden: 2/3)

Oberschenkelhalsfraktur

Die ältere Klägerin, die mit einem Rollator einen Bus bestieg, kam beim Anfahren des Busses zu Fall und zog sich eine Oberschenkelhalsfraktur zu. Ihr wurde eine Duokopfprothese implantiert. Sie war 2 Wochen stationär, danach in einer Kurzzeitpflege und anschließend wegen starker Schmerzen wieder stationär untergebracht.

176 **LG Bochum, Urt. v. 04.10.2021 – 5 O 390/20**

2.500,00 € (Mitverschulden: 1/3; Vorstellung: 5.000,00 €)

Oberschenkelfraktur

Die ältere und schwerbehinderte Klägerin, die mit einem Rollator in einen Bus einstieg, stürzte beim Anfahren des Busses und zog sich eine Oberschenkelfraktur zu. Es wurde eine Prothese implantiert, der stationäre Aufenthalt dauerte 2 Wochen. Sie leidet bis heute unter Schmerzen. Das Mitverschulden beträgt 1/3.

BGH, Urt. v. 02.06.2015 – 5 StR 80/15, unveröffentlicht 177

3.000,00 €

Verletzungen an beiden Oberschenkeln und Gesäß – Todesangst

Der Angeklagte bespuckte den Adhäsionskläger und schlug ihm ins Gesicht. Er zog ihm die Hose herunter und schlug ihm mit einem Teleskopschlagstock auf Beine, Rücken und Gesäß. Zudem drohte er unter fortwährenden Beleidigungen, ihm »den Schlagstock in den Hintern zu stecken«; dann nahm er eine ungeladene Schreckschusspistole, lud sie demonstrativ durch und führte sie an seinem Körper vom Genitalbereich bis zwischen die Augen und äußerte, dass »es niemanden kümmern werde, wenn er ihn hier abknalle und in den Wald schmeiße«. Im weiteren Verlauf würgte er den Geschädigten, sodass dieser keine Luft bekam und ihm schwindelig wurde. Zudem versetzte er ihm noch einen Kopfstoß. Während weiterer Beleidigungen forderte ihn der Angeklagte auf, seine Taschen zu leeren, um Wertgegenstände wegzunehmen. Aus Todesangst kam der Geschädigte der Aufforderung nach.

Der Geschädigte trug schmerzhafte Verletzungen an beiden Oberschenkeln, am Gesäß und im Gesicht davon. Im Laufe des Strafverfahrens zahlte der Angeklagte ein Schmerzensgeld i.H.v. 3.000,00 €. Damit war der Geschädigte trotz ursprünglich weit höherer Forderung einverstanden.

OLG Schleswig, Urt. v. 16.08.19 – 11 U 87/16, unveröffentlicht 178

4.000,00 € (Mitverschulden; Vorstellung: 10.000,00 €)

Schenkelhalsfraktur

Der 74 Jahre alte Kläger kam durch einen Niveauunterschied, der gut erkennbar war, zu Fall und zog sich eine Schenkelhalsfraktur zu, die folgenlos verheilte. Den Mitverschuldensanteil hat das Gericht nicht benannt. Das (Mit-) Verschulden des Beklagten sei jedenfalls nicht schwerwiegend.

OLG Hamm, Urt. v. 24.03.2015 -9 U 114/14, MDR 2015, 588 = NJW-RR 2015, 860 179

5.000,00 € (Mitverschulden: 1/2; Vorstellung: 7.000,00 €)

Fraktur Oberschenkelhals und Radiusköpfchen

Beim Sturz über eine Versorgungsleitung zog sich die Klägerin eine Fraktur des Oberschenkelhalses und des Radiusköpfchens zu.

LG Koblenz, Urt. v. 25.01.2018 – 1 O 359/16, RPG 2018, 16 180

5.000,00 € (Vorstellung: 16.000,00 €)

Oberschenkelhalsfraktur – Verzögerung der Re-Operation

Der Kläger zog sich eine Oberschenkelhalsfraktur zu, die im Krankenhaus der Beklagten mit einer Schraubenosteosynthese versorgt wurde. Das Osteosynthesematerial wurde viel zu früh entfernt, sodass beim Kläger später eine Coxarthrose bei posttraumatischer Hüftkopfnekrose diagnostiziert wurde.

Das Schmerzensgeld bezieht sich auf die vom Kläger erlittenen zweimonatigen Schmerzen und Beeinträchtigungen bis zur Revisionsoperation. In dieser Zeit hatte er unter ganz erheblichen Schmerzen zu leiden und konnte sich mangels Belastbarkeit des Beins nur mit Gehhilfen fortbewegen.

LG Lübeck, Urt. v. 22.11.2023 – 9 O 118/21 181

5.250,00 € (Mitverschulden: 1/4; Vorstellung: 18.000,00 €)

Doppelte Oberschenkelfraktur – Prellungen – Schürfwunden

Der 16 Jahre alte Kläger, der in das Fahrzeug der Lebensgefährtin des Vaters eingestiegen war, obwohl diese erkennbar unter Alkoholeinfluss stand (2‰), wurde bei einem Unfall verletzt. Er erlitt einen doppelten Oberschenkelbruch, Prellungen, Schürfwunden am Kopf und eine Verletzung des linken Zeigefingers. Die Oberschenkelschaftfraktur wurde operativ mit der Anlage eines Fixateurs externe und später mit einem Marknagel versorgt. Der Kläger befand sich zehn Tage in stationärer Behandlung. Anschließend führte der Kläger eine ambulante Reha-Maßnahme durch und erhielt 14 Einheiten Physiotherapie. Zwei Wochen nach der stationären Entlassung besuchte er wieder die Schule. Der Kläger hat Dauerschäden erlitten, die jedoch nach zwei Jahren überwunden sein werden.

182 **LG Hagen, Urt. v. 08.09.2015 – 3 O 126/14, unveröffentlicht**

7.000,00 € (Vorstellung: 25.000,00 €)

Oberschenkel – Femurschaftfraktur

Die 4 1/2 Jahre alte Klägerin war mit ihren Eltern in der Bäckerei der Beklagten. Diese hielt eine Tablettablage im Laden vor, welche auf die Klägerin stürzte, als diese daran hantierte. Hierdurch erlitt die Klägerin eine Fraktur des Oberschenkels (Femurschaftfraktur). Sie wurde am gleichen Tag operiert und blieb drei Tage stationär; es erfolgte eine Fixierung mit intramedullären Drähten. Zwei Monate später war eine Metallentfernungsoperation nötig. Der Heilungsverlauf war komplikationslos, aber die Klägerin behielt zwei Narben, eine 3 cm lange Narbe neben dem Knie und eine 3,5 cm lange Narbe rechts neben dem Knie. Sie konnte zwei Monate nicht in den Kindergarten und erst nach fünf Monaten wieder am Turnunterricht teilnehmen. Es ist nicht auszuschließen, dass zukünftig immer wieder Schmerzen im Bereich des Bruchs auftreten können. Der Klägerin fehlt aufgrund des Unfalles ein »Grundsicherheitsgefühl«, was sich daran zeigt, dass sie Ärzte meidet und sich mit dem Unfall nicht auseinandersetzen will. Sie ist in psychologischer Behandlung (einmal wöchentlich für voraussichtlich 6 Monate).

183 **OLG Hamm, Urt. v. 17.11.2015 – 26 U 13/15, GesR 2016, 92 = VersR 2016, 926 mit Anm. Jaeger**

7.000,00 € (Vorstellung: 35.000,00 €)

Übersehene Oberschenkelfraktur – Operation nach 7 Wochen – Behandlungsverzögerung

Die 43 Jahre alte Klägerin erlitt bei einem Verkehrsunfall u.a. beidseitige Oberschenkelfrakturen. Auf einem Röntgenbild wurde eine laterale Oberschenkelfraktur mit Dislokation übersehen. Die Klägerin musste 7 Wochen mit einer nicht versorgten Oberschenkelhalsfraktur leben. Die Fraktur kippte ab, was während dieser Zeit erhebliche Schmerzen ausgelöst hat.

Als weitere Folge des Behandlungsfehlers mussten bei der Revisionsoperation Knochenstücke aus dem Beckenkamm entnommen werden. Der Senat hat nicht berücksichtigt, dass der Krankenhausaufenthalt sich dadurch für die Klägerin insgesamt um mindestens 2 Wochen verlängert hat.

Die Entscheidung ist unvereinbar mit der Entscheidung desselben Senats, die nur 3 Tage später verkündet wurde: OLG Hamm, Urt. v. 20.11.2015 – 26 U 27/15, GesR 2016, 154 vgl. Rdn. 192.

184 **KG, Urt. v. 18.02.2019 – 25 U 16/18, NZV 2020, 203**

7.000,00 € (Mitverschulden: 1/2; Vorstellung: 16.000,00 €)

Schenkelhalsfraktur – Rippenserienfraktur – Pneumothorax – Schlüsselbeinfraktur

Der Kläger erlitt bei einem Verkehrsunfall eine mediale Schenkelhalsfraktur, eine Fraktur des Schlüsselbeines, eine Fraktur des Schulterblattes und eine Rippenserienfraktur mit Beteiligung von drei Rippen. Die Schenkelhalsfraktur zog drei Operationen unter Vollnarkose und das Einsetzen eines künstlichen Hüftgelenks nach sich. Der Kläger musste sich einer mehrwöchigen stationären Behandlung und Rehabilitation unterziehen. Er zog sich weiter einen Pneumothorax zu, der eine Thoraxdrainage nötig machte. Die Verletzungen beeinträchtigten den Kläger in allen wichtigen Körperregionen und schränkten seine Beweglichkeit stark ein. Dauerschäden verblieben nicht.

185 **LG Oldenburg, Urt. v. 23.02.2021 – 4 O 213/20, unveröffentlicht**

7.000,00 € (Mitverschulden: 3/10; Vorstellung: 15.000,00 €)

Oberschenkelhalsbruch – Hüfttotalendoprothese

Die 81 Jahre alte Klägerin wollte den Bahnhof der Beklagten durch eine Automatiktür betreten, als diese schon im Begriff war, sich zu schließen, und näherte sich der Tür in einem derart spitzen Winkel, dass der an der Tür installierte Bewegungsmelder sie nicht wahrnahm. Daher wurde die Klägerin von dem sich schließenden Türflügel so an der linken Seite getroffen, dass sie stürzte und einen Oberschenkelhalsbruch erlitt, weshalb sie 10 Tage stationär behandelt werden und eine Hüfttotalendoprothese implantiert werden musste. Sie befand sich einen weiteren Monat im Pflegeheim; die Hüft-TEP führte zu einer Beinlängendifferenz von 1 cm, die durch Längenausgleichseinlagen ausgeglichen werden muss und ein Hinken zur Folge hatte. Sie kann nicht mehr so viel laufen wie vorher, leidet ab und zu an Rückenschmerzen und Kraftminderungen und fühlt sich »wie eine alte Tante«.

Das Gericht sah eine Verkehrssicherungspflicht in der Installation der Bahnhofstür, die wegen der hohen Frequenz an Besuchern darauf eingerichtet sein müsse, dass sie von allen möglichen Seiten und Winkeln durchschritten werde, und nicht mit einer derartigen Kraftentfaltung schließen dürfe, dass die »im fortgeschrittenen Alter« befindliche Klägerin umgestoßen werde.

LG Bonn, Urt. v. 20.01.2014 – 21 KLs 34/13, 21 KLs 555 Js 199/12 – 34/13 186

8.000,00 €

Stichverletzung in den Oberschenkel – PTBS

Der Verletzte war als Polizist und als Mitglied eines Beweissicherungstrupps bei einer Demonstration eingesetzt. Der Angeklagte stach mit einem langen Messer auf seinen Oberschenkel ein. Die Klinge traf die Außenseite des Oberschenkels und verursachte eine ca. 5 cm breite klaffende, 16 cm lange und teilweise 4 cm tiefe Schnittwunde. Der Verletzte wurde 1 Woche stationär behandelt und war rd. 3 1/2 Monate arbeitsunfähig. Die beiden Schnittwunden wurden operativ versorgt, größere Gefäße sind nicht verletzt worden.

Der Verletzte litt unter erheblichen psychischen Belastungen und befand sich längere Zeit in psychologischer Behandlung. Er ist durch die Tat belastet und stellt bei sich Wesensveränderungen fest. Er grübelt lange, ist oft antriebslos und meidet Menschenansammlungen.

LG Tübingen, Urt. v. 13.08.2019 – 5 O 34/18, unveröffentlicht 187

8.000 € (Mitverschulden: 1/2; Vorstellung: 10.000,00 €)

Oberschenkelfraktur

Bei einem unerwarteten Höhenunterschied stürzte die 72 Jahre alte Klägerin und erlitt einen Trümmerbruch am Oberschenkel (dislozierte instabile pertrochantäre Femurfraktur). Der Bruch wurde operativ versorgt und Osteosynthesematerial in Form eines Oberschenkelnagels eingebracht. Die Klägerin befand sich rd. 3 Wochen in stationärer Behandlung.

Seit dem Unfall ist die Klägerin auf einen Rollator angewiesen und kann nur sehr kurze Zeit gehen oder stehen. Der Schenkelhals und dadurch auch das Bein sind verkürzt. Die Klägerin leidet dauernd unter Schmerzen, ist in ihrer Beweglichkeit und Mobilität stark eingeschränkt und kann nur noch kurze Strecken gehen und nur mühsam, nicht ohne die Hilfe von Dritten Treppen steigen.

OLG Stuttgart, Urt. v. 26.11.2020 – 2 U 437/19, DV 2021, 7 188

8.000,00 € (Mitverschulden: 1/2)

Oberschenkeltrümmerbruch

Die Beklagte führte Tiefbauarbeiten an einem Fußweg durch; hierbei hatte sie an einer Stelle des Gehweges nur die Trageschicht aufgebracht, die Deckschicht des Asphaltes fehlte. Absperrungen oder Beschilderungen waren nicht vorhanden. Die 72 Jahre alte Klägerin kam wegen des Höhenunterschiedes zu Fall, weil sie ins Straucheln geriet. Sie hielt sich an ihrem Mann fest und fiel hierdurch in einer Schwingbewegung mit Hüfte und Oberschenkel auf die Längskante des Bodens. Sie erlitt einen Trümmerbruch am Oberschenkel, der operativ versorgt werden musste, und war deswegen 23 Tage stationär und noch 28 Tage in ambulanter Reha. Sie erhält weiter Schmerzmittel wegen der Beschwerden in Hüfte und Bein und ist auf einen Rollator angewiesen. Aufgrund des Unfalls verblieb ein verkürzter Schenkelhals mit der Folge einer Beinverkürzung.

189 **OLG Hamm, Urt. v. 23.09.2022 – 7 U 21/21, VerkMitt 2023 Nr. 12**

8.000,00 € (Vorstellung: 20.000,00 €)

Oberschenkelfraktur

Die Klägerin, eine Physiotherapeutin, erlitt bei einem von der Beklagten verschuldeten Unfall eine Oberschenkelfraktur, die operativ behandelt wurde. Es wurden drei Cerclagebänder eingelegt. Der stationäre Aufenthalt betrug 1 Tage. 11 ambulante Termine folgten. Die Klägerin war 4 1/2 Monate arbeitsunfähig. Die Klägerin hat Schmerzen beim Gehen und leidet unter Rückenschmerzen. Schmerzbedingt kommt es gelegentlich zu Stürzen. Ursache können die noch nicht entfernten Cerclagebänder sein.

Ihre früheren Hobbies wie Joggen und Squashspielen und Hundesport musste sie unfallbedingt aufgeben, wodurch sie auch soziale Kontakte einbüßte.

190 **OLG Frankfurt, Urt. v. 17.11.2015 – 12 U 16/14, NJW-RR 2016, 542 = ZfS 2016, 494**

10.000,00 € (Vorstellung: 15.000,00 €)

Oberschenkelhalsfraktur

Der 70 Jahre alte Kläger, der aufgrund eines Schlaganfalls an Gang- und Sprachstörungen litt, kam infolge einer Vollbremsung in einem Bus zu Fall. Er erlitt eine Oberschenkelhalsfraktur. Verletzungsbedingt wurde ihm eine Hüft-Totalendprothese implantiert. An den stationären Aufenthalt schloss sich eine stationäre Rehabilitation an. Er unterzog sich nachfolgend 36 ambulanten physiotherapeutischen Behandlungen. Für insgesamt drei Monate benötigte der Kläger einen Rollator. Seither ist er auf Gehstützen angewiesen.

191 **OLG Köln, Urt. v. 16.01.2019 – 5 U 29/17, unveröffentlicht**

10.000,00 € (Vorstellung: 50.000,00 €) zuerkannte Zinsen: rd. 2.000,00 €

Oberschenkelhalsfraktur – Operation ohne wirksame Aufklärung

Die 57 Jahre alte Klägerin wurde ohne wirksame Aufklärung nach einer Oberschenkelhalsfraktur operiert. Postoperativ bestehen Beschwerden, deren Ursachen in jedem Fall operationsbedingt sind.

Die Schmerzhaftigkeit des Oberschenkels bewirkt einen hohen Leidensdruck, führt zu Schlafstörungen und beeinträchtigt die Klägerin bei häuslichen Aktivitäten und bei der Freizeitgestaltung.

192 **OLG Hamm, Urt. v. 20.11.2015 – 26 U 27/15, GesR 2016, 154**

14.700,00 € (Vorstellung: mindestens 14.700,00 €)

Oberschenkel – Re-Operation

Der Kläger erlitt bei einem Sturz eine Oberschenkelspiralfraktur mit Abriss des kleinen Rollhügels (subtrochantäre Mehrfragmentspiralfraktur). Die Fraktur wurde intraoperativ geschlossen reponiert. Eine proximale Femurnagelung mit statischer Verriegelung wurde durchgeführt.

Auf die ungenügende Reposition hätte bereits intraoperativ reagiert werden müssen. Bei ordnungsgemäßem Vorgehen wäre dem Kläger nicht nur die Behandlungsverzögerung erspart geblieben, sondern die gesamte spätere Revisionsoperation.

Im Hinblick auf die erheblichen Beeinträchtigungen, die eine Revisionsoperation mit sich bringt, erscheint dem Senat ein Schmerzensgeld von 14.700,00 € gerechtfertigt.

Die Entscheidung ist unvereinbar mit der Entscheidung desselben Senats: OLG Hamm, Urt. v. 17.11.2015 – 26 U 13/15, GesR 2016, 92 = VersR 2016, 926 mit Anm. *Jaeger*, VersR 2016, 218 (vgl. oben Rdn. 183)

OLG Koblenz, Urt. v. 29.06.2015 – 12 U 948/14, unveröffentlicht 193

15.000,00 €

Oberschenkelschaftfraktur – Narben – Unterschenkelfraktur – Fuß – Narben

Der 8 1/2 Jahre alte Kläger erlitt bei einem Unfall eine offene mehrfragmentäre Oberschenkelschaftfraktur und ein ausgedehntes Weichteildekollement des gesamten linken Beins und Fußes. Er wurde 2 Monate stationär behandelt und war 3 Wochen in einer Reha.

Als Dauerfolgen verblieben eine geringe Fehlstellung der Oberschenkelfraktur, eine funktionelle Außenrotationsstellung des Unterschenkels und Fußes mit disharmonischem Gangbild, ausgedehnte Weichteildeformitäten und Narben.

LG Köln, Urt. v. 06.10.2020 – 32 O 398/15, unveröffentlicht 194

15.000,00 € (Vorstellung: 50.000,00 €)

Oberschenkelhalsfraktur – Kontusion des Leberlappens – Lungenkontusion – Entfernung der Gallenblase – Narben

Die 9 Jahre alte Klägerin erlitt bei einem Verkehrsunfall auf dem Weg zur Schule eine dislozierte Oberschenkelhalsfraktur, eine Kontusion des Leberlappens, eine Lungenkontusion und einen Gallenblasenausriss, der zur Entfernung der Gallenblase führte.

Die Klägerin litt unter Schmerzen im Bereich des Bauchs, des Beins und beim Atmen. Sie wurde notoperiert und nach einer 2. Operation von der Intensivstation auf die Normalstation verlegt und nach 10 Tagen aus dem Krankenhaus entlassen. Nach ca. 6 Wochen konnte die Klägerin sich wieder ohne Gehilfen bewegen. Sie behielt mehrere Narben am Oberschenkel und am Bauch. Das Heilverfahren war nach 2 1/2 Monaten abgeschlossen. Folgeschäden seien nicht festzustellen. Vergleichbare Entscheidungen werden nicht benannt.

LG Freiburg, Urt. v. 02.08.2019 – 1 O 460/11, unveröffentlicht 195

17.500,00 € (Vorstellung: 40.000,00 €)

Knochenverlust (Osteolysen) am trochanter major

Bei der 57 Jahre alten Klägerin wurde 1996 eine Hüft-TEP implantiert, bei der es wegen eines Materialfehlers zu einem Metallabrieb kam, der ursächlich wurde für Re-Operation, die 2010 durchgeführt wurde.

Das Schmerzensgeld wurde bemessen nach dem Knochenverlust am trochanter major, dem sogenannten Rollhügel, einem kräftigen Knochenvorsprung am Oberschenkelknochen, der dadurch bedingten Re-Operation und den Schmerzen bis zu diesem Eingriff. Das Schmerzensgeld fiel geringer aus, als in einer anderen Entscheidung des LG Freiburg vom selben Tag, weil der Knochenverlust geringer gewesen sei als bei der dortigen Klägerin.

OLG Hamm, Urt. v. 01.09.2023 – 7 U 28/21 = LG Paderborn, Urt. v. 10.05.2021 – 4 O 400/19 196

19.000,00 € (Vorstellung: 30.000,00 €)

Oberschenkelschaftfraktur – Polytrauma

Der Kläger erlitt bei einem Verkehrsunfall eine Oberschenkelschaftfraktur, ein Polytrauma und Prellungen. Er wurde 17 Tage stationär behandelt. Eine Wundrevision war erforderlich. Der Kläger war für weitere 6 Wochen teilmobilisiert. Beim Kläger verblieben als Dauerschäden ein Marknagel und eine Beinverkürzung sowie Beschwerden beim Treppensteigen und beim Wetterwechsel.

197 **OLG Jena, Urt. v. 28.03.2019 – 1 U 795/17, unveröffentlicht**

<u>20.000,00 €</u>

Oberschenkelfraktur – Oberarmfraktur – Prellungen – Schädelhirntrauma – Dauerschaden

Der Kläger erlitt bei einem Verkehrsunfall eine dislozierte Fraktur des Oberschenkels und des Oberschenkelhalses, eine Oberarmfraktur mit Beteiligung des Muskel- und Sehnengewebes, mehrere Prellungen des und ein Schädelhirntrauma. Die stationäre Behandlung dauerte 4 Wochen, die Reha 4 Wochen und die Arbeitsunfähigkeit 7 Monate. Das Bein bleibt als Dauerfolge um 1,3 cm verkürzt und es besteht ein endgradiger Schmerz in der Schulter.

198 **LG Halle, Urt. v. 15.12.2015 – 5 O 94/14, unveröffentlicht. Das OLG Naumburg, Urt. v. 08.06.2016 – 12 U 3/16, VersR 2017, 963 hat die Berufung der Beklagten zurückgewiesen.**

<u>22.000,00 €</u> (Vorstellung: 10.000,00 €)

Oberschenkelverletzung – Unterschenkel – Fuß

Der Kläger saß vor einem Schulgebäude, als ein Stück einer Glasscheibe herabfiel und den Oberschenkel durchbohrte, was zu massiven Blutungen führte. Der Beinmuskel, Arterien. Venen und Nerven wurden durchtrennt. Der Kläger wurde 17 Tage stationär behandelt; er war 6 Wochen in der Reha.

Es entwickelte sich eine Spitzfuß- und Krallenzehenstellung, eine Verkürzung der rückseitigen Unterschenkelmuskulatur und ein Kompartmentsyndrom mit funktionellen Einbußen infolge der mangelnden Durchblutung des Unterschenkels. Die Beeinträchtigungen bestehen insbesondere in einem Humpeln mit erheblicher Abrollstörung des Fußes sowie zeitweise bestehenden Schmerzen. Als Dauerschaden liegt ein sogenanntes Shortfootsyndrom vor. Eine vollständige Wiederherstellung der Funktion des Fußes ist nicht zu erwarten. Das Anheben des Fußes und die Dorsalflektion der Zehen im Grundgelenk sind nicht möglich. Infolge der Nervenschädigung wird ein Dauerschaden die Folge sein, zu dem auch eine Taubheit im rechten Unterschenkelbereich gehört.

199 **LG Münster, Urt. v. 22.07.2015 – 108 O 166/13, unveröffentlicht**

<u>25.000,00 €</u>

Quadrizepslähmung im Oberschenkel – nervus femoralis

Bei der 42 Jahre alten Klägerin wurde eine Hüft-TEP implantiert. Sie wurde präoperativ nicht darüber aufgeklärt, dass wegen der Vorbelastung des Nervus femoralis besondere Risiken bestanden, die sich verwirklicht haben. Der Nerv wurde geschädigt, der Quadrizeps ist gelähmt, die Mobilität ist eingeschränkt. Die Klägerin ist auf Unterarmgehstützen angewiesen. Aktivitäten sind nur noch im Sitzen möglich.

Das OLG Hamm, Urt. v. 19.12.2016 – 3 U 141/15, hat auf die Berufung der Beklagten die Klage abgewiesen. Einen Aufklärungsmangel hat das OLG verneint, weil der Einwand der hypothetischen Einwilligung durchgreife.

Für die Bemessung des Schmerzensgeldes ist die Entscheidung des LG dennoch verwertbar.

200 **LG Freiburg, Urt. v. 25.02.2019 – 6 O 83/12, unveröffentlicht**

<u>25.000,00 €</u> (Zinsen: 9.500,00 €)

Fehlerhafte Hüftprothese – Revisionsoperation – Gehbehinderungen

Dem Kläger steht gegen die Beklagte ein Schadensersatzanspruch wegen des Inverkehrbringens eines fehlerhaften Produkts, einer Hüftprothese, zu. Das von der Beklagten in Verkehr gebrachte Prothesensystem ist fehlerhaft; denn es besteht die Möglichkeit des Auftretens eines erhöhten Metallabriebs, der gesundheitlich bedenklich ist.

Bei der Bemessung des Schmerzensgeldes wurde der eindrucksvoll sichtbare Knochenfraß am Oberschenkelknochen sowie die Notwendigkeit der Revisionsoperation mit den damit einhergehenden erheblichen Beschwerden berücksichtigt, ferner der Zeitraum zwischen dem Einbringen der Hüftprothese im Jahr 2004 bis zur Revisionsoperation Anfang 2009, den in dieser Zeit erlittenen Schmerzen und Bewegungseinschränkungen sowie einen Dekubitus nach einer Revisionsoperation.

LG Freiburg, Urt. v. 02.08.2019 – 1 O 223/12, unveröffentlicht 201

25.000,00 € (Vorstellung: 25.000,00 €)

Knochenverlust (Osteolysen) am trochanter major

Bei der 16 Jahre alten Klägerin wurde eine Hüft-TEP implantiert, bei der es wegen eines Materialfehlers zu einem Metallabrieb kam, der ursächlich wurde für eine Re-Operation. Diese wurde durchgeführt, als die Klägerin 22 Jahre alt war.

Das Schmerzensgeld wurde bemessen nach dem Knochenverlust am trochanter major, dem sogenannten Rollhügel, einem kräftigen Knochenvorsprung am Oberschenkelknochen, der dadurch bedingten Re-Operation und den Schmerzen bis zu diesem Eingriff.

LG Münster, Urt. v. 08.06.2015 – 115 O 235/14, unveröffentlicht 202

30.000,00 €

Oberschenkelhalsfraktur – Strecksehnenabriss am Mittelfinger

Der Kläger stürzte beim Fahrradfahren. Er erlitt eine Oberschenkelhalsfraktur und einen Strecksehnenabriss am Mittelfinger. Die Beklagte zahlte aufgrund eines Abfindungsvergleichs 30.000,00 € Schmerzensgeld.

LG Essen, 06.11.2020 – 11 O 70/17, unveröffentlicht, bestätigt durch OLG Hamm, Urt. v. 18.01.2022 – I-7 U 100/20, NJW-RR 2022, 1107 203

30.000,00 €

Dislozierte Oberschenkelfraktur – Kreuzbandverletzung – Handgelenkfraktur – Narbe

Der noch junge Kläger erlitt bei einem Verkehrsunfall mit seinem Motorroller eine dislozierte Oberschenkelfraktur und eine Kreuzbandverletzung, die erst deutlich nach dem Unfall diagnostiziert und behandelt wurden. Es kam zu einem langwierigen Heilungsverlauf mit einer Komplikation im Bereich der Narbe am Unterschenkel in Form eines Fadengranuloms, welches entfernt werden musste. Der Kläger war rd. 1 Jahr arbeitsunfähig, die MdE beträgt 10%. Er wird in seinem gelernten Beruf als Zerspanungsmechaniker nicht langfristig arbeiten können. Er erlitt erhebliche Einschnitte in seiner Freizeit, in der er dem Hobby des Motorradfahrens nachging, und verlor einen großen Teil seiner Freunde.

OLG Schleswig, Urt. v. 21.02.2019 – 7 U 134/16, ZfS 2020, 79 204

40.000,00 € (Vorstellung: 50.000,00 €)

Oberschenkelfrakturen – Prellungen – Quetschungen

Der adipöse Kläger musste nach mehreren Oberschenkelfrakturen operiert und 3 Wochen stationär behandelt werden. Er war längere Zeit auf einen Rollstuhl angewiesen. Ob psychosomatische Beschwerden unfallbedingt sind, bleibt offen.

OLG Hamm, Beschl. v. 11.08.2020 – 11 W 40/20, unveröffentlicht 205

45.000,00 € (Mitverschulden: 3/10; Vorstellung: 45.000,00 €)

Frakturen von Oberschenkel – Hüfte – Schulter – Oberarm – Unterarm – Beeinträchtigung Handgelenk

Die Antragstellerin begehrt PKH für eine Schmerzensgeldklage in Höhe von 45.000,00 € bei Frakturen im Bereich des Oberschenkels, der Hüfte sowie der Schulter, des Ober- und Unterarms mit einer Beeinträchtigung des Handgelenks. Der begehrte Betrag sei als nicht grundsätzlich übersetzt anzusehen.

206 **OLG Saarbrücken, Urt. v. 12.03.2015 – 4 U 187/13, unveröffentlicht**

<u>50.000,00 €</u> (Vorstellung: 50.000,00 €)

Femurschaftfraktur – offene Sprunggelenktrümmerfraktur – Decollement – Kompartmentsyndrom – Fußknochenfrakturen – Narben

Die 19 Jahre alte Klägerin erlitt ohne eigenes Verschulden einen Verkehrsunfall. Sie zog sich multiple Schnittwunden im Gesicht, eine Schnittwunde an der Schulter, eine Femurschaftfraktur, eine drittgradig offene Talusluxation, eine knöcherne Absprengung des Talus rechts (offener Sprunggelenktrümmerbruch), ein Decollement und Kompartmentsyndrom am Fußrücken, eine Fraktur des os cuboideum (Fußwurzelknochenbruch), eine Fraktur des os cuneiforme lateral (Bruch eines weiteren Fußwurzelknochens) und eine Fraktur des MKF-III Basis (Bruch des dritten Mittelfußknochens). Sie befand sich insgesamt sieben Tage auf der Intensivstation, und es bestand Lebensgefahr. Während der intensivmedizinischen Betreuung kam es zu einer Synkope (umgangssprachlich oft als »Kreislaufkollaps« bezeichnet) mit über mehrere Minuten andauernder Bewusstlosigkeit. Im MRT fand sich kein Hinweis auf eine hirnorganische Ursache. Der stationäre Aufenthalt dauerte rund 5 Wochen. Die Klägerin wurde fünf Mal operiert. In einer sechsten Operation erfolgte Entfernung des Marknagels.

Im Anschluss an den stationären Aufenthalt wurde die Klägerin über 2 1/2 Monate einmal wöchentlich orthopädisch behandelt. Sie war 1 Jahr arbeitsunfähig und ist zu 25 % in der Erwerbsfähigkeit gemindert. Durch den Unfall verlor die Klägerin, die gerade das Abitur abgelegt hatte, ein Jahr in ihrem beruflichen Fortkommen.

Die Klägerin kann weitere Strecken nur unter Schmerzen bewältigen, sie kann nicht mehr schnell laufen und ist gangunsicher und kann ihrem Hobby, tanzen zu gehen, nur noch bedingt nachgehen. Der Bewegungsumfang des rechten Sprunggelenks ist nicht nur aufgrund von Vernarbungen, sondern auch aufgrund einer knöchernen Apposition eingeschränkt.

Die Oberschenkelfraktur ist mit minimalem Achsfehler knöchern gut verheilt.

Verblieben sind deutlich sichtbare Narben, die auf die medizinische Behandlung der Frakturen zurückzuführen sind. Verblieben sind ferner eine auffällige Narbe am Kinn und eine sichtbare, wenn auch nicht entstellende Narbe an der Schulter.

Es sind jedoch weitere wesentliche Narbenbildungen zurückgeblieben. Im Bereich der Narbenbildung am ehemaligen Eintrittspunkt des Marknagels oberhalb des großen Rollhügels im Hüftbereich besteht eine funktionell zu erklärende Belastungsschmerzhaftigkeit. Entsprechendes gilt für den Bereich der ehemaligen Fixateur-externe-Narben. Im Bereich des rechten Sprunggelenks und des rechten Unterschenkels trat als Folge des schweren Weichteil- und Knochen-Traumas eine ausgeprägte Narbenbildung mit Defektbildung nach Schwenklappenbildung auf. Die dort auftretende Schmerzhaftigkeit bei Berührungsreizen hat der Sachverständige zutreffend als besonders unangenehm und einschränkend eingestuft. Außerdem bestehen von der ausgedehnten Vernarbung ausgehende Funktionsschmerzen.

207 **OLG Frankfurt, Urt. v. 03.05.2016 – 8 U 224/12, unveröffentlicht**

<u>50.000,00 €</u>

Quadrizepsparese im Oberschenkel – Hüftbeugerparese – Schmerzzustände

Der 40 Jahre alte Kläger erlitt einen Lagerungsschaden in Form einer Quadrizepsparese und einer Hüftbeugerparese beidseits nach einer überlangen Operation von 11 Stunden. Nach seiner Entlassung in die Reha war er weitgehend steh- und gehunfähig und konnte erst nach dem Abschluss der Rehabilitation eine Strecke von 600 m an Gehhilfen bewältigen. Er war insgesamt fast zwei Jahre stark in seiner Bewegungsfähigkeit eingeschränkt; erst danach zeigte sich eine deutliche Besserung, es bestand aber weiter eine Iliopsoasparese beidseits Kraftgrad 4/5 sowie eine diskrete Quadrizepsparese. Der Zustand verschlechterte sich wieder. Es kam zur neuerlichen Progredienz der Rückenschmerzen und zum Wiederauftreten von Kribbelparästhesien im L5-Dermatom. Später musste sich der Kläger einer stationären Schmerztherapie unterziehen. Wesentliche Paresen bestanden zu diesem Zeitpunkt nicht mehr. Während sich die Paresen nunmehr nahezu vollständig zurückgebildet haben, persistieren die Kausalgien im Ausbreitungsgebiet des Nervus femoralis beidseits. Der Kläger muss dauerhaft mit diesen Schmerzzuständen leben. Eine Besserung ist nicht mehr zu erwarten. Es handelt sich um einen chronisch neuropathischen Schmerz. Die verbliebene Kausalgie lässt dauerhaft eine Opioideinnahme erforderlich werden. Auch nach deutlicher Therapieoptimierung in einer Schmerzklinik musste der Kläger Opioide einnehmen. Aufgrund der dauerhaften Schmerzzustände ist der Kläger psychisch angegriffen.

LG Frankfurt, Urt. v. 17.07.2019 – 2–24 O 246/16, unveröffentlicht 208

<u>50.000,00 €</u> (Mitverschulden – nicht angeschnallt; Vorstellung: 90.000,00 €; Zinsen: 3.265,00 €)

Oberschenkel – Frakturen von Ellenbogengelenk – Kniescheibe – Hüfte –Schädelhirntrauma

Der 93 Jahre alte Erblasser wurde als nicht angeschnallter Beifahrer auf dem Rücksitz eines PKW sitzend bei einem Verkehrsunfall verletzt.

Er erlitt Frakturen unter anderem des Ellenbogengelenks, der Kniescheibe, der Hüfte, des Nasenbeins und des Oberschenkelhalses sowie ein schweres Schädelhirntrauma. Die Frakturen und das Polytrauma sind auf den Aufprall ohne Gurtschutz zurückzuführen.

Der Erblasser wurde am Ellenbogengelenk, an der Hüfte und am Knie operiert. Nach fast drei Monaten wurde er wegen Entzündungen insgesamt viermal am Ellenbogengelenk operiert. In der Kurzzeitpflege stürzte er erneut auf den Ellenbogen und musste operiert werden.

Seit dem Unfall befand sich der Erblasser in stationärer oder Pflegebehandlung, bevor er dort nach 5 Monaten 2016 starb.

Die Kammer gibt vor, das Schmerzensgeld taggenau zu berechnen. Sie ermittelt nach Schwintowski/Schah Sedi/Schah Sedi, Schmerzensgeldbemessung 2013, die Tagessätze für rd. 5 Monate Krankenhaus und Pflegebetreuung mit insgesamt 34.697,43 € und korrigiert diesen unter Berücksichtigung der Verletzungsfolgen und des Mitverschuldens des Erblassers auf 50.000,00 €.

Das Mitverschulden sei geringer anzusetzen, weil der Fahrer des Fahrzeugs den Erblasser nicht darauf hingewiesen habe, dass dieser sich anschnallen müsse.

Nicht beantwortet wird die Frage, ob der Erblasser infolge der Verletzungen verstorben ist. Sollte der Unfall für den Tod kausal geworden sein, käme ein Schmerzensgeld in Höhe von bis zu 100.000,00 € in Betracht, vgl. die Entscheidungen unter dem Stichwort »Tod baldiger«.

LG Nürnberg-Fürth, Urt. v. 13.10.2022 – 8 O 8176/21 209

<u>50.000,00 €</u> (Vorstellung: 100.000,00 €)

Oberschenkelschaftfraktur – Durchspießung des Oberschenkels – Oberarmschaftfraktur – Schambeinastfraktur – Impressionsfraktur Oberschenkel – Riss des vorderen Kreuzbandes – Unterarmfraktur – schwere Gehirnerschütterung – multiple Schnittwunden – Schürfwunden – Prellungen – Narben

Die 12 Jahre alte Klägerin wurde als Insassin des Schulbusses schwer verletzt. Sie erlitt eine Oberschenkelschaftfraktur, eine Durchspießung des Oberschenkels, eine Oberarmschaftfraktur, eine Schambeinastfraktur, eine Impressionsfraktur des Oberschenkels, einen Riss des vorderen Kreuzbandes, eine Unterarmfraktur, eine schwere Gehirnerschütterung und multiple Schnittwunden, Schürfwunden und Prellungen. Sie wurde mehrere Wochen stationär behandelt und war auch danach noch wochenlang bettlägerig. Da sie im Krankenhaus nur auf dem Rücken liegen konnte, litt sie unter Panikattacken.

Die Klägerin leidet unter Dauerschäden. Sie kann nur unter Schmerzen joggen und Treppen steigen, kann nur langsam und eingeschränkt schreiben und leidet unter mehreren sichtbaren Narben an den unteren Extremitäten.

Die vom Gericht genannten vergleichbaren Entscheidungen datieren aus 2009 bis 2013.

§ 92 Abs. 2 Ziff. 2 ZPO wurde nicht beachtet, die Kostenentscheidung ist zu Lasten der Klägerin falsch.

210 **OLG Düsseldorf, Urt. v. 25.10.2016 – 1 U 20/16, unveröffentlicht**

55.000,00 € (Vorstellung: 70.000,00 €)

Oberschenkelfraktur – Schädelhirntrauma – Milzverlust – Jochbein- und Orbitabogenfraktur

Der 17 Jahre alte Kläger erlitt bei einem Verkehrsunfall ein Gesichtsschädelhirntrauma ersten Grades mit offener Alveolarfortsatzfraktur, eine offene Unterkiefertrümmerfraktur mit Luxationsverlust mehrerer Zähne, eine Oberkieferfortsatzfraktur, Jochbeinfraktur, Fraktur der Augenhöhle, einen Bluterguss des rechten Auges mit passageren Doppelbildern, ein stumpfes Bauchtrauma mit Nierenkontusion, Milzeinriss mit Entfernungsnotwendigkeit, ein Thoraxtrauma, eine beidseitige Lungenquetschung, eine Brustbeinfraktur, eine offene Fraktur des Oberschenkels sowie einen traumatischen Blutungsschock. Der Komapatient musste sich einer Vielzahl von schweren Operationen unterziehen.

211 **LG Stuttgart, Urt. v. 05.02.2016 – 24 O 192/13, unveröffentlicht**

70.000,00 €

Oberschenkelfraktur – Thoraxtrauma – Offene Unterschenkelfraktur – Decollement und Abriss der Bauchwandmuskulatur – Harnweginfektion – Todesangst – posttraumatische Belastungsstörung

Die 32 Jahre alte taubstumme Klägerin und Mutter von zwei kleinen Kindern wurde bei einem Verkehrsunfall schwer verletzt. Sie wurde eingeklemmt und konnte erst nach einer Stunde befreit werden. Sie erlitt unter anderem eine offene Unterschenkelfraktur, eine Oberschenkelfraktur, ein Thoraxtrauma, ein Decollement und einen Abriss der Bauchwandmuskulatur von der crista illiaca (Beckenkamm) und eine Harnweginfektion. Sie schwebte in Todesangst und es verblieb eine posttraumatische Belastungsstörung,

Die stationäre Behandlung mit zahlreichen Operationen dauerte 4 Wochen. Die Klägerin war fast 4 Jahre arbeitsunfähig. Nach mehr als 3 Monaten konnte das Lauftraining mit Gehhilfen begonnen werden.

Die Klägerin kann keine stehende Tätigkeit mehr ausüben. Die Schmerztherapie und die psychotherapeutischen Behandlungen müssen fortgesetzt werden. Die Klägerin trägt keine Hörgeräte mehr und vermeidet Autofahrten bei Nacht.

212 **OLG Saarbrücken, Urt. v. 01.03.2019 – 4 U 143/13, unveröffentlicht**

70.000,00 € (Vorstellung: mindestens 65.000,00 €)

Desmoidtumor – unfallbedingt im Bereich von Oberschenkel und Becken hervorgerufen – 5 Wirbelkörperfrakturen – chronisches Schmerzsyndrom

Rd. 3 Jahre nach einem Verkehrsunfall wurde bei dem damals 48 Jahre alten Kläger ein Desmoidtumor diagnostiziert, der bei einer Operation, die den Oberschenkel und die Gesäßhälfte betraf, entfernt wurde. Eine Heilung des Tumors ist nicht zu erwarten. Insgesamt wurde der Kläger 4-mal operiert.

Der Desmoidtumor führte zu Taubheitsgefühlen und brennenden Schmerzen im Bein und zu fehlender Sensibilität der Fußsohle und Beschwerden im Fuß. Der Kläger hinkt beim Gehen stark.

OLG Köln, Urt. v. 10.01.2018 – 5 U 104/15, VersR 2019, 490 213

80.000,00 € (Vorstellung: 100.000,00 €)

Beinverkürzung 4 cm – Beckenschiefstand – Infektionen – Rollstuhlpflicht – Narben

Die 59 Jahre alten Klägerin wurde mit einer Hüft-TEP versorgt, bei der es zu einer Femurschrägfraktur mit Abriss des Trochanter major kam. Nach der Re-Operation kam es zu einer Lockerung der Schaftprothese. Nach einer weiteren Operation wurde eine Infektion mit dem Staphylococcus Aureus festgestellt und eine weitere Operation erforderlich, bei der es zu einer Fraktur des Femurs am unteren Ende kam. Es wurden weitere Operationen erforderlich.

Bei der Klägerin liegt eine Beinverkürzung von 4 cm vor und sie ist gehunfähig.

Für die Bemessung des Schmerzensgeldes waren ausschlaggebend die auf der deutlichen Beinlängendifferenz beruhende Gehunfähigkeit, die Vielzahl der Operationen, die dabei erlittenen Schmerzen, die Schmerzen beim Gehen und die sehr lange Narbe.

Eine Begründung dazu, wie der Betrag Schmerzensgeldbetrag ermittelt wurde, fehlt.

OLG Frankfurt, Urt. v. 04.06.2020 – 22 U 34/19, ZfS 2020, 617 mit Anm. Diehl 214

80.000,00 € (Mitverschulden: 1/2; Vorstellung: 954.760,38 € (taggenau))

Beidseitige Oberschenkelfraktur – Hirninfarkt – Hemiparese – Rollstuhlpflicht

Die Kl. erlitt eine beidseitige Femur-Fraktur und musste notoperiert werden. Sie erlitt einen Hirninfarkt infolge der Operation, der zu einer Hemiparese links führte. Die Brüche an den Oberschenkeln sind folgenlos verheilt.

Der Senat hat den Umfang der Verletzungen, die Dauer der Krankenhausaufenthalte, den Eintritt des Hirninfarkts und die Hemiparese berücksichtigt, die zu einer vollständigen Rollstuhlabhängigkeit und Pflegebedürftigkeit der Klägerin geführt hat. Ferner, dass diese zuvor ein vollständig selbstbestimmtes und unabhängiges Leben führen konnte und keine schwerwiegenden Vorerkrankungen hatte, die sie beeinträchtigten. Sie wurde von einem Tag auf den anderen zu einem Pflegefall, was im Alter besonders große Bedeutung hat.

Das zögerliche und herabwürdigende Regulierungsverhalten der Beklagten wurde bei der Bemessung berücksichtigt, obwohl die Zinsen für die Klägerin auf den erhöhten Betrag von 45.000,00 € rd. 10.000,00 € betragen, also deutlich mehr, als für eine Erhöhung wegen verzögerlichen Regulierungsverhaltens in Betracht kommt.

Die taggenaue Berechnung des Schmerzensgeldes beträgt 164.564,00 €, sodass es gerundet unter Berücksichtigung des Mitverschuldens ermittelt wurde.

Die Bestimmung des § 92 Abs. 2 Ziff. 2 ZPO wurde beachtet.

OLG Hamm, 03.09.2021 – 26 U 119/20, GesR 2021, 779 = NJW-RR 2022, 245 215

110.000,00 € (Vorstellung: 80.000,00 €)

Beinlängenverkürzung – Hüftgelenk – frühzeitige Coxarthrose

Der Kläger kam mit einem Geburtsgewicht von rd. 1.380 g zur Welt. Es kam zu einer Infektion im Bereich der Hüfte, deren Ursache, eine Osteomyelitis, infolge eines grober Behandlungsfehlers nicht erkannt wurde. Eine Ultraschalldiagnostik des linken und rechten Hüftgelenks im Seitenvergleich wurde nicht veranlasst, um eine Kapseldistension festzustellen und eine Hüftgelenksentzündung ausschließen zu können.

Bedingt durch die Knochenentzündung kam es zu einer Gelenkentzündung und zu einer massiven Deformierung des Gelenks, wodurch die Beweglichkeit des Hüftgelenks eingeschränkt ist. Der Kläger leidet immer wieder unter Schmerzen.

Bemessen wurde das Schmerzensgeld nach mehreren Krankenhausaufenthalten und den spürbaren körperlichen Einschränkungen, welche sich in Zukunft noch ausweiten und eine dauerhafte Behandlung und wahrscheinlich weitere Operationen erforderlich machen, und der schwerwiegenden Verletzung der Behandlungspflichten. Dabei wurden die Vorbelastungen aufgrund der Frühgeburtlichkeit des Klägers und der schicksalhaften Sepsis berücksichtigt.

216 **OLG Köln, Urt. v. 15.07.2015 – 5 U 202/08, VersR 2016, 191**

125.000,00 € zzgl. 500,00 € monatliche Rente = insges. 230.000,00 € (Vorstellung: 230.000,00 € zzgl. 500,00 € monatliche Rente)

Oberschenkelamputation

Die 34 Jahre alte Klägerin, die seit Jahren an Schmerzen im rechten Knie litt, ließ 2003 nach unzureichender Aufklärung eine Arthroskopie des Kniegelenks durch den Beklagten vornehmen. Dieser riet zu einer Umstellungsosteotomie. Nach dem Eingriff wurden die Durchtrennung mehrerer großer Blutgefäße und die Schädigung des Nervus peronaeus festgestellt. Rd. 4 Jahre später ließ die Klägerin eine Reosteotomie vornehmen. Im OP-Gebiet trat ein Infekt auf, der zu mehreren Folgeeingriffen führte.

Während des Berufungsverfahrens trat eine Osteomyelitis im Unterschenkel auf, die Anfang 2010 bei der nun 41 Jahre alten Klägerin zu einer Oberschenkelamputation führte. Die Versorgung mit einer Prothese gelang erst nach einer Revision des Oberschenkelstumpfes.

Für die Bemessung des Schmerzensgeldes waren ausschlaggebend: die Gefäßschädigung und die Schädigung des Nervus peronaeus während der Ausgangsoperation und die sich anschließenden Folgeoperationen mit der Folge einer Fußheber- und Fußsenkerschwäche, die sich bis zu der Oberschenkelamputation im Januar 2010 ausgewirkt haben; die Überkorrektur der Beinachse (X-Beinstellung) bei der Ausgangsoperation und die der Beseitigung der Überkorrektur dienende Revisionsoperation, das Auftreten einer chronischen Osteomyelitis, etwa 20 der Beherrschung und Behandlung des Knocheninfekts dienenden Operationen zwischen 2008 und 2010, die distale Oberschenkelamputation Anfang 2010, das sich nach der Amputation entwickelnde chronische Schmerzsyndrom mit neuropathischen Stumpfschmerzen, der nach der Amputation aufgetretene tiefe Erschöpfungszustand und Depressionen, die Revision des Oberschenkelstumpfes und die Nichtversorgung des Oberschenkelstumpfes mit einer Prothese zumindest bis zur letzten mündlichen Verhandlung 2015.

Die Klägerin hat rd. 5 Jahre einen schwersten Leidensweg hinter sich gebracht, mit einem chronischen Knocheninfekt, permanenten Operationen, schließlich der Amputation und der Entstehung eines Schmerzsyndroms. Einen Beruf kann die Klägerin nicht mehr ausüben und sozialen Kontakten kaum mehr nachgehen. Ihr Familienleben war äußerst belastet. Angesichts des Alters der Klägerin sind die zukünftigen Folgen von erheblicher Dauer.

Zinsen hat der Senat auf das Kapital für rd. 8 Jahre (etwas weniger als insgesamt 40 % = rd. 50.000,00 € zugesprochen, für die rückständigen Raten auf die Schmerzensgeldrente für bis zu 5 1/2 Jahre dagegen nicht – etwa 4.500 €).

217 **LG Köln, Urt. v. 11.07.2018 – 25 O 290/16, unveröffentlicht**

125.000,00 € (Vorstellung: 70.000,00 €)

Beinverlust – Teil-Darm-Verlust – Infektion – Amputation

Bei dem 70 Jahre alten Kläger kam es nach einer Koloskopie zu einer Darmverletzung, die unzureichend versorgt wurde. Es kam zu einem Nierenversagen und zu einem septischen Schock, sodass ein Bein amputiert werden musste. Der Kläger musste sich mehreren Operationen unterziehen und wurde insgesamt 7 1/2 Monate stationär behandelt. Neben dem durch die Infektion bedingten Verlust des Beins büßte er einen großen Teil des Darms ein und ist Pflegestufe 1.

Die zuerkannten Zinsen belaufen sich auf fast 30.000,00 €.

3. Knie

LG Aachen, Urt. v. 11.02.1015 – 11 O 399/12, unveröffentlicht 218

500,00 € (Vorstellung: 20.000,00 €)

Verzögerte Operation eines infizierten Kniegelenks

Durch die verspätete Stellung der Operationsindikation kam es zu einer Behandlungsverzögerung von ca. 15 Stunden. In dieser Zeit litt der Kläger unter Schmerzen. Eine zeitgerechte Operation hätte zu einer früheren Reduktion der Schmerzen geführt. Auch wäre dem Kläger eine zur Schmerzlinderung und Entlastung durchgeführte Punktion erspart geblieben.

AG Köln, Urt. v. 04.09.2018 – 116 C 550/17, unveröffentlicht 219

750,00 € (Mitverschulden: 7/10; Vorstellung: 2.500,00 €)

Fraktur der Kniescheibe – Platzwunde am Knie – Hämatome

Die 74 Jahre alte Klägerin stürzte und zog sich neben oberflächlichen Verletzungen (Hämatome und Platzwunde am Knie) eine Fraktur der Kniescheibe zu. Bei stärkerer Belastung ist sie dadurch beeinträchtigt. Nordic-Walking konnte die Klägerin 1/2 Jahr nicht ausüben.

OLG Koblenz, Urt. v. 31.10.2014 – 5 U 497/14, unveröffentlicht 220

1.000,00 € (Vorstellung: mindestens 10.000,00 €)

Überflüssige Operation – patella release

Die Klägerin hatte bei einem Autounfall eine Knieprellung erlitten. Der Beklagte nahm eine unnötige Patella release vor, die neben der Operation als solcher und der Rekonvaleszenzphase zu keinem weiteren Schaden führte.

VG Ansbach, Urt. v. 30.09.2020 – AN 1 K 19.02198, unveröffentlicht 221

1.200,00 € (Vorstellung: 1.200,00 €)

Distorsion Kniegelenk

Der 44 Jahre alte Kläger wurde als Polizist bei einem Einsatz von einer stark angetrunkenen Person verletzt. Bei einem Befreiungsversuch verletzte der Festgenommene den Kläger am Daumen und stieß ihn um. Dabei zog sich der Kläger eine Distorsion des Kniegelenks und eine oberflächliche Weichteilverletzungen zu.

Der Kläger erwirkte gegen den Festgenommenen ein Versäumnisurteil über 1.200,00 € nebst Zinsen. Vollstreckungsversuche waren nicht möglich, weil der Aufenthaltsort des Täters unbekannt war. Das beklagte Land verweigerte unter Bezugnahme anderer Entscheidungen zum Schmerzensgeld eine Erfüllungsübernahme, weil der Betrag unangemessen sei.

AG Kleve, Urt. v. 20.02.2018 – 3 C 59/16 222

1.250,00 € (Mitverschulden: 3/4)

Fraktur des Knies

Die Klägerin erlitt bei einem Verkehrsunfall als Fußgängerin eine Fraktur am Knie. Der stationäre Aufenthalt dauerte 15 Tage. Sie erhob eine Teilklage, so dass Spätschäden nicht abgegolten sind.

OLG Hamm, Beschl. v. 17.05.2016 – 9 W 27/15, VersR 2017, 235 223

1.500,00 €

Beeinträchtigungen im Kniebereich

Der Kläger stürzte, sodass er am Knie operiert werden musste. Seither leidet er unter Beeinträchtigungen im Kniebereich.

224 **LG München, Urt. v. 13.02.2015 – 20 O 10380/13, VersR 2016, 1131 (Leitsatz)**

2.000,00 € (Mitverschulden: 1/2; Vorstellung: 6.000,00 €)

Knie – Innenbandruptur – Kapsel- und Venenanrisse

Die Klägerin stürzte, als der Hund des Beklagten sie ansprang. Sie erlitt am Knie eine Innenbandruptur mit Kapsel- und Venenanrissen, die zu einem Dauerschaden führten, weil die Klägerin das Bein nicht mehr komplett strecken kann. Sie war über Wochen in der Beweglichkeit eingeschränkt.

225 **LG Münster, Urt. v. 14.09.2016 – 10 O 43/15, unveröffentlicht**

2.000,00 € (Vorstellung: 3.500,00 €)

Schleimbeutelentzündung im Knie – Schürfwunde- Prellung – Narben

Die Klägerin stürzte und zog sich dabei eine Schürfwunde und schmerzhafte Prellungen zu. Im Knie kam es zu einer Schleimbeutelentzündung die zwei Monate behandelt wurde. Am Knie ist eine Narbenbildung deutlich sichtbar.

226 **LG Frankfurt, Urt. v. 07.06.2018 – 2–01 S 118/17, unveröffentlicht**

2.000,00 € (Vorstellung: 2.000,00 €)

Fleischwunde am Knie – Narbe

Der Kläger erlitt als Motorradfahrer Verletzungen an Bein und Knie, sodass eine Narbe zurückblieb. Eine kurze ärztliche Behandlung reichte aus.

Der Umstand, dass der Kläger keine Schutzkleidung trug, führte nicht zum Vorwurf eines Mitverschuldens.

227 **OLG Köln, Urt. v. 27.05.2015 – 5 U 194/14, VersR 2016, 404 (Leitsatz) = MedR 2017, 276 (Leitsatz)**

2.500,00 €

Knorpelschaden – Behandlungsverzögerung

Der belastete Arzt hat durch verspätete Befunderhebung den eindeutig behandlungsbedürftigen Befund eines viertgradigen medialen und retropatellaren Knorpelschadens im Knie der Klägerin um zwei Monate verzögert. Die Einschränkungen der Gehfähigkeit, die Schmerzen und die Beschwerden, die während des Verzögerungszeitraums von zwei Monaten bestanden, rechtfertigen kein höheres Schmerzensgeld.

228 **OLG Koblenz, Urt. v. 04.03.015 – 5 U 966/14, MedR 2016, 793 = GesR 2015, 717**

3.000,00 €

Kreuzbandplastik

Bei der Klägerin wurde neben einer indizierten Meniskusteilresektion eine nicht indizierte Meniskusteilresektion durchgeführt. Sie wurde über eine konservative Behandlungsmöglichkeit nicht aufgeklärt, sodass der Eingriff rechtswidrig erfolgte. Bei einem Patienten mittleren Alters ohne nennenswerte, das Kniegelenk belastende sportliche Ambitionen kann eine Kreuzbandinsuffizienz nämlich auch konservativ behandelt werden.

229 **OLG Hamm, Urt. v. 16.05.2018 -7 U 2/18, NJW-RR 2018, 1178**

3.000,00 € (Vorstellung: 6.500,00 €)

Mehrfragmentierte Patellafraktur – Riss im Innenmeniskus

Die Parteien waren als Radfahrer unterwegs, es kam zur Kollision. Der Kläger erlitt eine Patellafraktur und war 73 Tage arbeitsunfähig. Operation und stationärer Aufenthalt waren nicht erforderlich. Vorprozessual zahlte der Beklagte 3.000,00 €.

Das LG hatte den Beklagten zur Zahlung weiterer 1.600,00 € verurteilt, das OLG hat die weitergehende Klage abgewiesen.

LG Tübingen, Urt. v. 09.03.2018 – 3 O 89/17 – unveröffentlicht 230

3.250,00 € (6.000,00 € – OLG Stuttgart, Vergleich)

Patellaluxation – MPFL-Ruptur – Ruptur des medialen Retinakulums

Der 21 Jahre alte Kläger war auf einem nicht gestreuten Weg gestürzt und hatte eine MPFL-Ruptur, eine Patellaluxation im Knie, eine Ruptur des medialen Retinakulums, eine osteochondrale Flakes der medialen Patella als freier Gelenkskörper und ein massives Hämarthros erlitten. Er wurde 2 x operiert und war rd. 2 Monate arbeitsunfähig. Ski- und Radfahren sind so langsam wieder möglich, Fußballspielen und Joggen dagegen nicht.

OLG Schleswig, Urt. v. 18.06.2015, unveröffentlicht 231

4.000,00 € (Mitverschulden: 1/3)

Verletzung von Knie und Hand nach einem Sturz mit dem Motorrad

Der Kläger kam als Motorradfahrer auf einer Gemeindestraße auf Rollsplitt im Kurvenbereich zu Fall und verletzte sich an Knie und Hand.

OLG Koblenz, Urt. v. 21.10.2015 – 5 U 263/15, KHE 2015, 139 232

4.000,00 €

Einblutungen ins Knie

Der Anästhesist und der Chirurg versäumten bei einem Patienten mit angeborener Störung der Blutgerinnung (Willebrand-Jürgens-Syndrom) vor einer Operation die Gabe von Minirin®. Dadurch kam es zu Einblutungen ins Knie. Ein Revisionseingriff war erforderlich. Die Klägerin litt nach der Arthroskopie unter Fieber und Krämpfen.

OLG München, Urt. v. 20.11.2015 – 10 U 1426/15, unveröffentlicht 233

4.000,00 €

Kontusion des Kniegelenks

Der Kläger erlitt bei einem Verkehrsunfall eine schwere Kontusion des Kniegelenks mit Knorpelschädigung. Bei starker Belastung leidet er unter Schmerzen.

LG Koblenz, Urt. v. 20.01.2022 – 3 O 325/20, unveröffentlicht 234

4.000,00 € (Vorstellung: 6.000,00 €)

Innenbandabriss 2.-3. Grades am Knie

Die Klägerin stürzte bei einer Zwangsbremsung eines Zuges und zog sich einen Innenbandabriss 2.-3. Grades am Knie zu. Sie war mehrere Monate arbeitsunfähig und in der Bewegung erheblich eingeschränkt. Der Heilungsverlauf dauerte mehrere Monate.

Die Behandlungsdauer und der damit für die Klägerin verbundene Aufwand sowie die Dauer der Arbeitsunfähigkeit wurden berücksichtigt.

BGH, Urt. v. 23.05.2024 – 4 StR 234/23 235

4.000,00 €

Schnittwunden an beiden Knien und am Rücken

Der Angeklagte verletzte den Nebenkläger mit einem Beil wurden fügte ihm Schnittwunden an beiden Knien und am Rücken zu, die genäht werden mussten.

236 **LG Nürnberg, Urt. v. 20.02.2018 – 2 O 8654/16, unveröffentlicht**

4.500,00 €

Muskelverletzung – Knorpelläsion – Innenmeniskusriss – Kreuzbandschaden – Dauerschaden

Der Kläger erlitt bei einem Verkehrsunfall unter anderem neben Prellungen eine Muskelverletzung, eine Knorpelläsion, einen Innenmeniskusriss und einen Kreuzbandschaden. Er wurde 2 Tage stationär behandelt und erhielt 10 krankengymnastische Übungen. Das Kniegelenk ist dauerhaft instabil.

237 **OLG Celle, Urt. v. 08.07.2015 – 13 U 137/14, unveröffentlicht**

5.000,00 €

Radiusköpfchenfraktur – Hämatome

Der Kläger erlitt bei einem Unfall eine Radiusköpfchenfraktur sowie Hämatome an der Hand und am Arm.

238 **OLG Karlsruhe, Urt. v. 01.12.2015 – 9 U 114/14, unveröffentlicht**

5.000,00 € (Vorstellung: 7.000,00 €)

Bänderverletzung im Knie

Beim Versuch einer Festnahme zog sich ein Polizeibeamter eine Knieverletzung zu. Es kam zu einer Verletzung mehrerer Bänder durch ein Verdrehungstrauma. Es war eine Operation erforderlich. Der Kläger war mehr als 3 Monate arbeitsunfähig. Es verblieb ein Dauerschaden, schon bei leichten Belastungen schmerzt das Knie.

239 **KG, Urt. v. 06.12.2022 – 21 U 56/22, MDR 2023, 298**

5.000,00 € (Vorstellung: 20.000,00 €)

Quadrizepssehnenruptur

Die Klägerin zog sich bei einem durch Glatteis verursachten Sturz eine Quadrizepssehnenruptur zu. Sie wurde operiert und 1 Woche über Weihnachten stationär behandelt. Sie war fast 1 Jahr arbeitsunfähig. Der Heilungsverlauf gestaltete sich schwierig. Sie war mehrere Wochen auf Gehhilfen angewiesen

240 **OLG Köln, Urt. v. 11.01.2017 – 5 U 46/16, unveröffentlicht, Vorentscheidung: LG Aachen, Urt. v. 20.04.2016 – 11 O 343/14, s.u.** Rdn. 245, **MedR 2017, 672 = ArztR 2018, 80**

7.000,00 € (Vorstellung: 10.000,00 €)

Verlust der Kniescheibe – Aufklärungsmangel

Die Klägerin wurde vor der Operation nicht darüber aufgeklärt, dass je nach Verlauf der Operation eine Entfernung der Kniescheibe erforderlich werden könnte. Die mangels wirksamer Aufklärung rechtswidrige Operation führte zu einem zweimaligen Sehnenriss und zur Versteifung des Beins. Bis zu dieser Folgeoperation war die Klägerin rd. 1 Jahr an einen Rollstuhl gebunden.

Das OLG setzte das vom LG zuerkannte Schmerzensgeld herab, weil es auch ohne ärztliche Fehler zur Versteifung des Beins gekommen wäre. Als schmerzensgelderhöhend sah es den Umstand an, dass die Ärzte in besonders ausgeprägter Weise eigenmächtig vorgegangen seien. Es seien nicht nur einzelne aufklärungspflichtige Gesichtspunkte oder Risiken unerörtert geblieben. Vielmehr sei der durchgeführte Eingriff und die Entfernung eines Körperteils nicht mit der Klägerin besprochen worden.

241 **OLG Hamm, Urt. v. 07.03.2023 – 7 U 130/22, ZfS 2023, 313 = RuS 2023, 457**

7.000,00 €

Tibiakopffraktur

Der Kläger erlitt beim Betrieb eines Kraftfahrzeuges eine Tibiakopffraktur. Er wurde operiert und 12 Tage stationär behandelt und befand sich 3 Wochen in einer Reha. Das Knie konnte er längere

Zeit nur eingeschränkt belasten. Als Dauerschaden verblieben eine 20 cm lange Narbe, 3 Schrauben im Knie Schmerzen und Beeinträchtigungen im Haushalt und bei Freizeitbetätigungen.

LG Darmstadt, Urt. v. 02.02.2017 – 27 O 297/16, unveröffentlicht. Das OLG Frankfurt, Urt. v. 14.11.2019 – 22 U 50/17, SpuRt 2020, 27 hat die Klage abgewiesen 242

<u>8.000,00 €</u> (Vorstellung: 10.000,00 €)

Kreuzbandriss

Die Klägerin stieß beim Handballspiel bei einem Sprungwurf mit der beklagten Torfrau zusammen und stürzte beim Aufkommen im 6-m-Raum und zog sich einen Kreuzbandriss im Knie zu. Die Beklagte wurde mit einer roten Karte verwarnt, weil sie der Klägerin entgegengesprungen und mit ihr kollidiert war. Dies sah das Gericht (anders, als das Berufungsgericht OLG Frankfurt) als rechtswidrig und nicht durch eine mutmaßliche Einwilligung im Sport gedeckt an, weil die Beklagte einen ganz erheblichen Regelverstoß begangen habe.

Die Klägerin musste rd. 6 Monate Krankengymnastik machen und konnte erst danach wieder Handball spielen.

OLG Brandenburg, Urt. v. 19.12.2024 – 12 U 214/20 243

<u>8.000 €</u>

Patellafraktur – Thoraxtrauma – Schleudertrauma

Der Kläger erlitt bei einem Verkehrsunfall eine Patellafraktur, ein stumpfes Thoraxtrauma und ein Schleudertrauma der Halswirbelsäule. Er wurde im Krankenhaus nicht operiert, die Verletzungen heilten konservativ. Der Kläger war bis zu drei Monaten in den Bewegungen beeinträchtigt. Dauerhafte Bewegungsbeeinträchtigungen liegen nicht vor.

LG Münster, Urt. v. 21.12.2015 – 10 O 180/15, unveröffentlicht 244

<u>10.000,00 €</u> (Mitverschulden: 1/5)

Tibiakopffraktur – Weichteilschaden

Die 78 Jahre alte Klägerin wurde als Radfahrerin bei einem Verkehrsunfall verletzt. Sie erlitt eine bikondyläre Tibiakopffraktur mit zweitgradigem Weichteilschaden. Sie befand sich 3 Wochen in stationärer Behandlung. In zwei Operationen wurde das Kniegelenk fixiert und eine Metallplatte mit 20 Schrauben eingesetzt.

Die Klägerin war auf Schmerzmedikation angewiesen. Es besteht eine MdE von 20 %. Der Heilungsverlauf war nicht komplikationslos. Nach dem Bruch der Platte waren die bereits durchgeführten Maßnahmen vergebens. Schmerzensgelderhöhend wirkt, dass die Klägerin dauerhaft in ihrer Mobilität eingeschränkt ist. Sie fuhr trotz ihres fortgeschrittenen Alters regelmäßig Fahrrad, was sie nun ebenso aufgegeben hat, wie die Teilnahme an Studienreisen.

LG Aachen, Urt. v. 20.04.2016 – 11 O 343/14, unveröffentlicht 245

<u>10.000,00 €</u> – aufgehoben durch OLG Köln, Urt. v. 11.01.2017 – 5 U 46/16, unveröffentlicht

Verlust der Kniescheibe – Aufklärungsmangel

Die Klägerin wurde vor der Operation nicht darüber aufgeklärt, dass je nach Verlauf der Operation eine Entfernung der Kniescheibe erforderlich werden könnte. Die mangels wirksamer Aufklärung rechtswidrige Operation führte zu einem zweimaligen Sehnenriss und zur Versteifung des Beins. Bis zu dieser Folgeoperation war die Klägerin rd. 1 Jahr an einen Rollstuhl gebunden.

Ärzte im vorliegenden Fall in besonders ausgeprägter Weise eigenmächtig vorgegangen sind. Es sind nicht nur einzelne aufklärungspflichtige Gesichtspunkte oder Risiken unerörtert geblieben.

Vielmehr wurde der durchgeführte Eingriff und die Entfernung eines Körperteils nicht mit der Klägerin besprochen

246 **OLG Brandenburg, Urt. v. 01.12.2016 – 12 U 222/15, VersR 2017, 1143 = MDR 2017, 644**

10.000,00 € (Vorstellung: mindestens 40.000,00 €)

Re-Operation nach fehlerhafter Implantation einer Knie-TEP

Beim Kläger kam es infolge der fehlerhaften Implantation zu einer Verlängerung der Behandlung um 9 Monate, zur Durchführung einer Revisionsoperation und einer erneuten Reha-Maßnahme. In dieser Zeit litt der Kläger unter Bewegungseinschränkungen und Schmerzen und lebte in der Ungewissheit, ob die durch die fehlerhafte Erstoperation eingetretene Fehlstellung durch die zweite Operation beseitigt werden würde.

247 **OLG Koblenz, Urt. v. 16.08.2017 – 5 U 603/17, VersR 2018, 1326 mit Anm. Laumen = GesR 2018, 514**

10.000,00 € (Vorstellung: 25.000,00 €)

Dislokation einer Kniescheibenfraktur

Die Klägerin erlitt eine Kniescheibenfraktur, die operativ versorgt wurde. Für den Krankentransport der Klägerin in ihre Wohnung ordneten die behandelnden Ärzte einen Liegendtransport an. Der Transport wurde durch die Streithelferin des Beklagten durchgeführt, wobei die Klägerin sitzend gelagert wurde. Da ein Liegendtransport im Treppenhaus nicht möglich war, verbrachten die Rettungssanitäter die Klägerin in einem mitgebrachten Rollstuhl sitzend mit gestrecktem Bein in ihre Wohnung, wodurch es zu einer sekundären Dislokation der Fraktur kam.

Das LG hat das Schmerzensgeld mit 10.000,00 € bemessen. Die Berufung der Beklagten wurde durch Beschluss zurückgewiesen.

248 **LG Wiesbaden, Urt. v. 17.01.2019 – 5 O 6/18, unveröffentlicht; das OLG Frankfurt, Urt. v. 11.09.2020 – 16 U 26/19, hat die Berufung der Klägerin zurückgewiesen; diese Entscheidung wurde vom BGH, Urt. v. 08.06.2021 – VI ZR 1272/20 – aufgehoben und an das OLG Frankfurt zurückverwiesen**

10.000,00 € (Vorstellung: 65.000,00 €)

Kniegelenktrauma – Kreuzbandruptur – Prellungen – Narben

Die 49 Jahre alte Klägerin wurde 2006 von einem PKW angefahren und erlitt ein Kniegelenkstrauma mit vorderer Kreuzbandruptur, Innen- und Außenmeniskusriss und multiple Körperprellungen. Seit 2009 erhält die Klägerin eine monatliche Rente wegen voller Erwerbsminderung.

Eine Begründung zur Höhe des Schmerzensgeldes enthält die Entscheidung nicht.

Die Klägerin leidet unter einer spezifischen Angst vor Dunkelheit und dem Alleinsein sowie einer Panikstörung.

An den Beinen bestehen mehrere großflächige Narben, mit teils leichtgradig entstellendem Charakter. Es besteht eine Bewegungseinschränkung des oberen und des unteren Sprunggelenks, eine eingeschränkte Stand- und Gangvariante für ein Bein, eine Valgusstellung der rechtsseitigen Beinachse, eine Verdickung einer Knöchelregion sowie Parästhesien im Bereich beider Füße.

Die Klägerin war mehr als drei Jahren arbeitsunfähig krankgeschrieben war und hat ihre Arbeitsstelle verloren. Der GdB beträgt 50.

OLG Brandenburg, Urt. v. 14.01.2016 – 12 U 160/14- unveröffentlicht 249

12.000,00 €

Tibia-Mehrfragmentfraktur – Defekt des Tibiaplateaus im Kniegelenk – Dauerschaden – Spätschäden

Die Klägerin erlitt bei einem Verkehrsunfall eine Tibia-Mehrfragmentfraktur, verbunden mit einem Defekt des Tibiaplateaus des Kniegelenks. Sie wurde fast 2 Wochen stationär behandelt, war danach auf einen Rollstuhl und auf Gehhilfen angewiesen. Anschließend 4 Wochen Reha. Als Dauerschaden verblieben Bewegungseinschränkungen im Kniegelenk. Eine Arthrose und Folgeoperationen sind nicht ausgeschlossen, also vom Schmerzensgeld miterfasst.

LG Flensburg, Urt. v. 22.12.2023 – 2 O 177/20 250

14.000,00 € (Vorstellung: 5.000,00 €)

Distorsion Kniegelenk – Depressionen

Der Beklagte wollte seinen PKW einparken. Dabei berührte er mit der Front seines PKWs die Kniekehle des Klägers. Der Kläger erlitt eine Distorsion des Kniegelenkes und einen geringen Gelenkerguss. Dadurch bedingt hat sich eine psychische Erkrankung entwickelt, die seit Mai 2021 durchgehend bis heute besteht, nämlich eine depressive Störung – eine inzwischen chronische Depression mit leichter bis mittelschwerer depressiver Symptomatik – und eine Agoraphobie.

LG Offenburg, Urt. v. 30.07.2019 – 3 O 311/15, unveröffentlicht 251

15.000,00 € (Vorstellung: 9.500,00 €)

Knieverletzung – Risswunde über Sprunggelenk – Prellungen – Schürfwunden

Die 27 Jahre alte Klägerin erlitt als Sozia auf einem Leichtkraftrad einen Verkehrsunfall. Sie wurde am Knie verletzt und erlitt eine Risswunde am Sprunggelenk, sowie Schürfwunden und Prellungen. Letztere verursachten 1 Woche lang intensive Schmerzen.

Die Klägerin litt noch mehr als drei Jahre nach dem Unfall an Kribbelparästhesien und Taubheitsgefühlen am Unterschenkel und an mehreren Fingern. Ihre schmerzfreie Gehstrecke beträgt nur 500 m.

Ihre sportlichen Freizeitaktivitäten, sie zwei bis dreimal die Woche joggen und drei bis vier Mal im Fitness-Studio, kann die nunmehr 32 Jahre alte Klägerin seit dem Unfall nicht mehr ausüben.

LG Berlin, Urt. v. 22.12.2021 – 46 O 336/21 252

15.000,00 € (Vorstellung: 16.000,00 €)

Trümmerfraktur Kniescheibe – Risswunde am Unterschenkel

Der Kläger wurde als Fahrradfahrer bei einem Verkehrsunfall verletzt. Er zog sich eine Trümmerfraktur der Kniescheibe, eine tiefe Risswunde am Unterschenkel und mehrere Schürfwunden zu. Er wurde operiert, 6 Tage stationär und rd. 3 Monate physiotherapeutisch behandelt. Er musste rd. 1/2 Jahr eine Orthese tragen und war auf Gehilfen angewiesen. Die MdE beträgt 15%. Es besteht die Gefahr von Spätschäden durch Degeneration und Arthrose. An Laufveranstaltungen, die wesentlich zu seiner Lebensqualität beitrugen, kann der Kläger nicht mehr teilnehmen, so dass der Unfall zu einer erheblichen Beeinträchtigung der Freizeitgestaltung geführt hat.

All das ist durch das einheitliche Schmerzensgeld abgegolten.

LG Bonn, Urt. v. 29.08.2016 – 13 O 393/115, unveröffentlicht 253

16.000,00 € (Vorstellung: 25.000,00 €)

Fraktur des Tibiakopfes

Der Hund des Beklagten prallte in vollem Lauf gegen das Knie des 58 Jahre alten Klägers, sodass dieser zu Fall kam. Er erlitt eine Fraktur des Tibiakopfes und mehrere Prellungen. Die stationäre Behandlung dauerte 16 Tage. Er musste sich zwei weiteren Operationen unterziehen und war rd. 6 Monate in der Mobilität beschränkt. Infolge des Sturzes traten weitere Gesundheitsschäden auf, nämlich ein Diabetes, eine Polyneuropathie in den Füßen sowie eine Arthrose bzw. Coxarthrose. Letztere erfordert eine weitere Operation sowie den Einsatz eines künstlichen Hüftgelenkes. Es bestehen erhebliche bleibende Schäden, welchen den Kläger insbesondere in der Ausübung seines Berufes als Zahnarzt beeinträchtigen. Er kann nicht länger stehen und nicht längere Strecken gehen. Er kann das Knie maximal auf 90 Grad anwinkeln, kann sich nicht hinknien und nicht aus eigener Kraft aufstehen.

254 **OLG München, Urt. v. 25.10.2019 – 10 U 3171/18, ZfS 2020, 200**

16.000,00 € (Mitverschulden: 3/10; Vorstellung: 45.000,00 €)

Knieverletzungen – Lungen-/Rippen-Verletzungen – Verletzung der arteria vertebralis

Der fast 26 Jahre alte Kläger wurde als nicht angeschnallter Fahrer bei einem Verkehrsunfall erheblich verletzt. Er erlitt Knieverletzungen, Lungen-/Rippen-Verletzungen und eine Verletzung der arteria vertebralis. Über einen Zeitraum von rd. 9 Monaten war er durch mehrfache stationäre Behandlungen erheblich eingeschränkt. Während die Rippenfrakturen bald ausheilten, leidet der Kläger unter Dauerschmerzen in einem Knie und an Dauerschäden durch Schädigung der retropatellaren Kniescheibe. Er ist im beruflichen und im sportlichen Bereich eingeschränkt.

Der Kläger hat ein **Teilschmerzensgeld** geltend gemacht. Das Gericht hat aber (zu Recht) sichere Dauerschäden in die Bemessung des Schmerzensgeldes einbezogen, so z.B. eine beginnende Arthrose, nicht aber den Spätschaden, eine mögliche Implantation von Kniegelenkprothesen.

255 **VG Ansbach, Urt. v. 25.07.2019 – AN 97 18.01545, unveröffentlicht**

16.360,00 €

Bänderverletzungen

Der Kläger wurde als Polizist bei der Festnahme des Schädigers verletzt und zog sich eine Ruptur des vorderen Kreuzbandes im Kniegelenk mit Überdehnung des hinteren Kreuzbandes, eine Verletzung des Außenbandes am Kniegelenk und einen knöchernen Ausriss am Tibiakopf zu.

Der Kläger forderte vom Schädiger ein Schmerzensgeld in Höhe von mindestens 25.000,00 €. Das Gericht schlug in Kenntnis der Zahlungsunfähigkeit des beklagten Schädigers einen Vergleich in Höhe von 16.360,00 € vor.

Das VG erkannte, dass das Land die Erfüllung des Vergleichstitels übernehmen müsse.

256 **LG Düsseldorf, Urt. v. 30.07.2015 – 16 O 153/14, unveröffentlicht**

17.000,00 € (Vorstellung 25.000,00 €)

Fibulafraktur – Kompartmentsyndrom – Weichteilschaden

Der Kläger erlitt bei einem Verkehrsunfall eine Mehretagenfraktur der Fibula (Wadenbein) mit ausgeprägtem Weichteilschaden und Kompartmentsyndrom. Hinzu kam ein Kniebinnenschaden mit vorderer Kreuzbandläsion. Er musste sich mehreren stationären Behandlungen unterziehen und erhielt eine Spalthautplastik. Sportliche und körperliche Aktivitäten sind ihm weitgehend nicht mehr möglich. Er leidet an Dauerschmerzen, die MdE beträgt 40 %.

257 **LG Hagen, Urt. v. 21.01.2022 – 4 O 311/20**

17.500,00 € (Vorstellung: 20.000,00 €)

Re-Operation Knieprothese – 1 Jahr Schmerzen

Infolge eines groben Behandlungsfehlers wurde der 63 Jahre alten Klägerin eine zu große Knieprothese eingebaut mit der Folge, dass diese nach rd. einem Jahr durch eine passende Prothese ersetzt werden musste. Die Klägerin litt ein Jahr unter erheblichen Schmerzen. Als Schmerzensgeldkriterien wurden ferner berücksichtigt die Reha nach der 2. Operation, zwei Arthroskopien und nunmehr bestehende Bewegungseinschränkungen.

OLG Karlsruhe, Urt. v. 15.07.2015 – 13 U 166/14, unveröffentlicht 258

20.000,00 € (Vorstellung: 40.00000 €)

Knieversteifung nach Knietotalendoprothese – Narben

Der 76 Jahre alte Kläger hatte vor 30 Jahren beim Fußballspielen eine Trümmerfraktur des Tibiakopfes mit Gelenkbeteiligung erlitten. Er sollte eine Knie-TEP erhalten. Vor der Operation wurde er nicht darüber aufgeklärt, dass es in seltenen Fällen bei einer Verletzung der arteria oder vena poplitea zu einer Amputation des Beins oder zu einer Versteifung des Kniegelenks kommen könnte. Das Risiko der Gefäßverletzung verwirklichte sich und es kam zu einem Kompartmentsyndrom im Unter- und Oberschenkel. Postoperativ kam es zu Wundheilungsstörungen. Die stationäre Behandlung dauerte 6 1/2 Wochen, die Rehabilitationsmaßnahme 2 1/2 Wochen.

Das Kniegelenk ist fast komplett eingesteift, der ästhetische Zustand aufgrund des Narbenbildes ist »katastrophal«.

LG Hannover, Urt. v. 22.12.2015 – 9 O 40/12, unveröffentlicht 259

20.000,00 € (Mitverschulden: 1/3; Vorstellung: 60.000,00 €)

Verdrehungstrauma Knie – Tibiakopffraktur mit Bonebruise

Der Hund der Beklagten berührte die Klägerin, die ebenfalls mit ihrem Hund unterwegs war, am Knie, wodurch es zu einem Verdrehungstrauma kam. Später zeigte sich im MRT eine Tibiakopffraktur mit Bonebruise. Die Verletzungen führten zu einer Aktivierung einer latent vorhandenen Gonarthrose.

Das Mitverschulden resultiert aus der beiderseitigen Tiergefahr und der Vorschädigung der Klägerin, die Vorerkrankung hat die Verletzungsfolgen zu 30 % mitbestimmt.

LG Dortmund, Urt. v. 25.05.2016 – 21 O 167/15, unveröffentlicht 260

20.000,00 € (Vorstellung: mindestens 20.000,00 €)

Knieverletzung – Schulterverletzung

Der Kläger erlitt als Motorradfahrer einen Verkehrsunfall beim Zusammenstoß mit einem Fahrradfahrer. Er stürzte und wurde an beiden Schultern und am Knie verletzt. Die Verletzungen sind sehr schwerwiegend und werden ihn mit den Folgen dauerhaft erheblich beeinträchtigen.

Bei der Knieverletzung war der Heilungsverlauf sehr verzögert, weil die Verletzung erst spät erkannt wurde.

Beide Schultern wurden nach vorn hin ausgerenkt. Ein Stück der knöchernen Schulterpfanne brach ab, am vorderen Kreuzband erlitt der Kläger einen Teilabriss.

OLG Stuttgart, Urt. v. 13.12.2016 – 6 U 137/14, unveröffentlicht 261

20.000,00 € (Mitverschulden: 6/10; Vorstellung: mindestens 90.000,00 €)

Mehrfragmentfraktur der Kniescheibe – Schienenbeinverletzung – Hand – Finger – Amputation

Der 40 Jahre alte Kläger stürzte als Motorradfahrer und erlitt eine Mehrfragmentfraktur der rechten Kniescheibe sowie eine Fragmentabsprengung des Gelenkkopfes der äußeren Schienbeinhöcker. Ferner erlitt der Kläger an der Hand eine offene DII-Endgliedfraktur, das Endglied DII rechts (Zeigefinger) musste amputiert werden.

Nach dem Unfall wurde der Kläger 10 Tage stationär behandelt. Es kam zu mehreren Nachoperationen und Klinikaufenthalten. Der Kläger leidet an einer leicht- bis mittelgradigen depressiven Episode bei rezidivierender depressiver Störung sowie an einer spezifischen Phobie, an deren Entstehung der Unfall einen Anteil hat.

262 **OLG Oldenburg, Urt. v. 24.10.2018 – 5 U 102/18, MDR 2019, 32**

20.000,00 €

Kniegelenk – Verbleiben einer Trokarspitze – voll beherrschbares Risiko

Im Rahmen der Operation löste sich die Metallspitze des verwendeten Trokars und verblieb unerkannt im Kniegelenk. Erst am Ende des Operationstages fiel dem beklagten Arzt das Fehlen der Spitze auf. Er veranlasste beim Kläger keine weitergehende Untersuchung und informierte den Kläger auch nicht über den entsprechenden Verdacht. Nach rd. einem Monat, nachdem sich der Kläger wegen extremer Schmerzen im Knie wiedervorgestellt hatte, veranlasste der Beklagte eine Röntgenuntersuchung, die dann den Befund erbrachte, dass die Trokarspitze im Kniegelenk verblieben war. In einer Revisionsoperation ist der Fremdkörper dann entfernt worden.

Der 46 Jahre alte Kläger, ein sportlich aktiver Mann, ist in seiner Lebensführung erheblich eingeschränkt, er leidet beim Gehen und Stehen unter Schmerzen. Das erhebliche Verschulden des Beklagten hat bei der Bemessung des Schmerzensgeldes eine Rolle gespielt.

263 **OLG Nürnberg, Urt. v. 23.12.2015 – 12 U 1263/14, NJW-RR 2016, 593 = ZfS 2016, 497**

22.500,00 € (Vorstellung: 35.000,00 €)

Kniegelenkschaden – Gonarthrose – Tibiakopftrümmerfraktur – Schulter – Humeruskopffraktur – Dauerschäden – Spätschäden

Der 69 Jahre alte Kläger wurde erheblich verletzt. Er erlitt einen Kniegelenkschaden mit Gonarthrose, eine Tibiakopftrümmerfraktur, eine Schulterverletzung und eine Humeruskopffraktur. Er war viermal für längere Zeit in operativer stationärer Behandlung.

Es bestehen dauernde Einschränkungen im Bereich eines Kniegelenks. Der Kläger ist nicht mehr zu längeren Fahrradfahrten in der Lage oder sich selbstständig aus einer knienden Position aufzurichten. Nach längeren Autofahrten leidet er an Schmerzen und ist beim Radfahren, längerem Gehen, Knien und beim Besteigen von Leitern eingeschränkt. Eine Kniegelenkendoprothese ist zu erwarten. Unfallbedingt leidet er an einer behandlungsbedürftigen mittelschweren Depression.

264 **OLG Naumburg, Urt. v. 30.09.2015 – 12 U 58/15, NJW-RR 2016, 349 = NZV 2016, 318**

25.000,00 € (Mitverschulden: 4/10)

Kniegelenk – Unterschenkel – Tibiakopffraktur – Brustwirbelkörperfraktur – Hirnblutung

Der Kläger erlitt unfallbedingt eine Unterschenkelmehretagenfraktur, einen Schienbeinkopftrümmerbruch, einen Polbruch der linken Kniescheibe, ein Kompartmentsyndrom des Unterschenkels, eine Stauchungsfraktur des 12. Brustwirbelkörpers und eine Schädel-Hirn-Verletzung mit geringgradiger Hirnblutung. Er befand sich rd. 3 Wochen in stationärer Behandlung. Die Verletzungen führten zu einem Dauerschaden in Form von bleibenden Funktionsbeeinträchtigungen im Bereich des Unterschenkels und Kniegelenks. Die MdE beträgt 30 %. Mit der Notwendigkeit eines Gelenkflächenersatzes bzw. einer Kniegelenkstotalprothese ist zu rechnen.

265 **OLG Hamm, Urt. v. 16.09.2016 – 9 U 238/15, NZV 2017, 335**

25.000,00 €

Knieverletzung – Prothesen- und Revisionsoperation – Spätschäden

Die 57 Jahre alte Klägerin erlitt als Radfahrerin bei dem Unfall, den ein 11 Jahre alter Radfahrer verschuldete, eine schwere Knieverletzung, die eine Prothesen- und eine Revisionsoperation nach

Zerreißen des bei dem ersten Eingriff eingebrachten Bandmaterials (einer PDS Kordelnaht) erforderlich machte, und die eine weitere nicht mit sicherem Erfolg verbundene Prothesenwechseloperation (binnen 5 bis 10 Jahren) erforderlich machen wird, die letztlich über kurz oder lang in einer operativen Versteifung des rechten Knies enden wird. Das Schmerzensgeld sei keinesfalls übersetzt.

OLG München, Urt. v. 10.03.2021 – 10 U 176/20, RuS 2021, 296 266

25.000,00 €

Tibiakopffraktur – Kreuzbandausriss

Der Beklagte fuhr die noch junge Klägerin als Fußgängerin an. Die Klägerin stürzte und erlitt eine laterale Tibiakopffraktur mit Ausriss des vorderen Kreuzbandes. Diese Verletzung hat zu einem Dauerschaden geführt. Die Klägerin war zum Unfallzeitpunkt wegen ihrer zwei Kinder nicht berufstätig. Die MdE beträgt 30 %.

LG Bamberg, Urt. v. 23.12.2015 – 2 O 189/14, unveröffentlicht 267

30.000,00 €

Fehlplatzierung einer Kreuzbandplastik

Bei einem 42 Jahre alten Patienten kam es wegen der Fehlplatzierung eines Bohrkanals zu einer misslungenen Kreuzbandplastik. Bei dem Patienten wurde die Gelenkfläche geschädigt und es kam zu einem Körperschaden. Es kam zu mehreren Folgeoperationen. Die MdE beträgt 20 %. Der Kläger ist berufsunfähig.

OLG Zweibrücken, Urt. v. 27.06.2018 – 1 U 123/15, unveröffentlicht 268

35.000,00 € (Vorstellung: 40.000,00 €)

Tiefe Weichteilverletzung an beiden Kniegelenken – Durchtrennung von Nerven und Lymphgefäßen – Trümmerbruch Gelenkkopf Oberarm

Die 59 Jahre alte Klägerin erlitt bei einem Verkehrsunfall tiefreichende Weichteilverletzung im Bereich der beiden Kniegelenke mit Durchtrennungen von Nerven und Lymphgefäßen sowie Schädigung der Schleimbeutel, Ausrenkung von Gelenken am Fuß, Trümmerbruch des Gelenkkopfes des Oberarms sowie Prellungen. Sie wurde operativ versorgt und 2 Wochen stationär behandelt. Die Humeruskopffraktur verheilte mit einer Deformierung des Oberarmkopfes. Es besteht die Gefahr einer Arthrose und endoprothetischen Versorgung des Schultergelenks.

OLG Frankfurt, Beschl. v. 19.11.2014/19.01.2015 – 17 U 160/14, unveröffentlicht 269

40.000,00 € (Vorstellung: 75.000,00 €)

Tibiafraktur – Fibulafraktur

Die Klägerin erlitt bei einem Verkehrsunfall eine laterale Tibiaplateau-Impressionsfraktur, eine distale, nicht dislozierte Fibulafraktur Typ Weber B mit knöchernem Innenbandanriss und eine Thorax-Prellung. Die Beklagte hat den Schmerzensgeldanspruch vorprozessual ausgeglichen.

OLG Köln, Urt. v. 26.07.2017 – 5 U 152/15, unveröffentlicht 270

40.000,00 € (Vorstellung: 40.000,00 €)

Knieschaden – nervus saphenus – Taubheit im Unterschenkel

Beim Zugang in den hinteren Bereich des Kniegelenks durchtrennte der Beklagte bei der Präparation mit dem Skalpell den nervus saphenus, was bei stumpfer Präparation mit an Sicherheit grenzender Wahrscheinlichkeit vermieden worden wäre.

Durch die Nervschädigung kam es zur Taubheit im Unterschenkel, zu Schmerzen und Missempfindungen im Bein, zu Beschwerden, die die Klägerin täglich begleiten. Die Klägerin kann keinen Sport mehr ausüben und ist in der Freizeitgestaltung erheblich beeinträchtigt.

Schmerzensgelderhöhend wirkte sich die Wahrscheinlichkeit aus, dass die Klägerin auf ein künstliches Kniegelenk angewiesen sein wird und das erhebliche Verschulden des Beklagten.

271 **LG Wiesbaden, Urt. v. 22.10.2019 – 9 O 218/18, NJW-RR 2020, 277**

<u>40.000,00 €</u> (Vorstellung: 40.000,00 €)

Komplexe Kniegelenkverletzung – Kreuzbandruptur – Schulter – Dauerschaden

Der 19 Jahre alte Kläger erlitt als Motorradfahrer bei einem Verkehrsunfall eine komplexe Kniegelenksverletzung mit Kreuzbandrupturen, Bone bruise und Knorpel-Knochen-Kontusion medialer und lateraler Gelenkspalt sowie Trapezium- und Trapezoid-Fraktur und eine dorsale Labrumläsion der Schulter, die zu einer Instabilität des Schultergelenks führte. Der Kläger war dreimal in stationärer Behandlung, wurde wiederholt operiert und befand sich drei Tage auf der Intensivstation.

Der Kläger, ein Abiturient, konnte nicht sogleich mit der Ausbildung beginnen.

Als Dauerschaden besteht eine Instabilität des Kniegelenks, sodass der Kläger seinen Wunsch, Sport zu studieren oder sich beim BKA oder der Polizei zu bewerben, aufgeben musste. Der Kläger muss mit einer Arthrose der Gelenke als Spätschaden rechnen.

272 **OLG Schleswig, Urt. v. 02.07.2020, 7 U 264/19, NJW 2020, 3606 = Scheu in jurisPR-VersR 1/21 Anm. 5**

<u>40.000,00 €</u> (Vorstellung: 100.000,00 €)

Komplexe Kniegelenkverletzung – Tibiafraktur – Dauerschaden – Spätschäden

Die 29 Jahre alte Klägerin erlitt als Motorradfahrerin einen Verkehrsunfall und zog sich eine Tibiafraktur und eine »komplexe« Knieverletzung zu. Die MdE beträgt dauerhaft 20 %. Die Klägerin wird deutlich über 50 Jahre mit den Unfallfolgen leben müssen, wobei eine weitere Verschlechterung der Kniegelenkfunktion bis hin zu einer Kniegelenkendoprothese nicht ausgeschlossen ist. Ferner ist die Klägerin in der Freizeitgestaltung eingeschränkt, was das Motorradfahren, Reiten, Laufen und Radfahren betrifft. Kurzzeitige psychische Folgen sind mitabgegolten.

273 **OLG Oldenburg, Urt. v. 02.07.2020 – 7 U 26/20, ZfS 2021, 143 mit Anm. Diehl**

<u>40.000,00 €</u> (Vorstellung: 80.000,00 €)

Kniegelenkverletzung – Außenmeniskushinterhornverletzung – Innenbandläsion

Die Klägerin, eine Polizeibeamtin, erlitt bei einem Verkehrsunfall eine Kniegelenkverletzung mit Außenmeniskushinterhornverletzung und Innenbandläsion. Sie wurde fast 3 Wochen stationär behandelt und musste sich später zwei weiteren Operationen unterziehen. Die MdE beträgt 20 %. Die Beklagte regulierte den materiellen Schaden und zahlte auf das Schmerzensgeld zwei Raten von 10.000,00 €. Der Senat verneinte ein verzögerliches Regulierungsverhalten.

274 **LG Münster, Urt. v. 03.09.2019 – 108 O 80/17, unveröffentlicht**

<u>50.000,00 €</u>

Funktionsstörungen – 6 Operationen nach Behandlungsfehlern

Die 51 Jahre alte Klägerin musste sich nach Behandlungsfehlern 6 weiteren Operationen am Knie und 4 Rehabilitationsbehandlungen unterziehen. Sie leidet unter ganz erheblichen Funktionsstörungen im Bereich des Beines und hat einen deutlichen Bewegungsschmerz im Kniegelenk. Am Rollator kann sie nur sehr kleinschrittig und unsicher gehen und ist für längere Strecken auf einen Rollstuhl angewiesen. Es musste 10 Jahre früher als bei ordnungsgemäßer Operation eine Knie-

TEP eingesetzt werden. Wegen der fortbestehenden Infektion im Kniegelenk besteht die Gefahr eines vorzeitigen Ausbaus der Prothese, ggf. mit Einsatz eines temporären Spacers. Auch aufgrund des Alters der Klägerin ist mit einem Wechsel der Prothese zu rechnen.

Die Klägerin kann nicht mehr längere Zeit sitzen und ist nicht mehr in der Lage, ihrer Tätigkeit im Rahmen einer Werkstatt für Menschen mit psychischer Behinderung nachzugehen.

Vergleichbare Entscheidungen werden nicht genannt.

OLG München, Urt. v. 28.07.2016 – 1 U 884/13, unveröffentlicht 275

50.000,00 € (Vorstellung: 50.000,00 €)

Knieversteifung nach Knie- und Knieprotheseninfektion

Die 60 Jahre alte Klägerin erlitt bei einem Unfall einen Abriss der Patellasehne am Tibiakopf. Es kam zu einer Infektion, die von den Ärzten grob fehlerhaft falsch behandelt wurde, weil die Prothese nach Infektion nicht ausgebaut wurde. Es waren mehrere Folgeoperationen erforderlich.

Durch die Versteifung des Kniegelenks ist die Bewegungsfähigkeit der Klägerin stark eingeschränkt. Sie ist in Freizeitaktivitäten behindert. Es handelt sich um einen gravierenden Einschnitt in die Lebensverhältnisse der Klägerin.

OLG Koblenz, Urt. v. 10.07.2017 – 12 U 93/16, unveröffentlicht 276

50.000,00 €

Kniebandverletzungen – Mittelhandfrakturen – Radiusfraktur – Fingerfraktur

Der 28 Jahre alte Kläger erlitt unter anderem Kniebandverletzungen, Mittelhandfrakturen, eine Radius- und eine Fingerfraktur. Die stationäre Behandlung dauerte mehrere Wochen. Eine Instabilität der Kniegelenke und Bewegungseinschränkungen des Handgelenks verbleiben als Dauerschaden.

Mehrere stationäre Aufenthalte mit zahlreichen Operationen belasteten den Kläger psychisch und schränkten seine Mobilität erheblich ein.

LG Frankfurt, Urt. v. 17.07.2019 – 2–24 O 246/16, unveröffentlicht 277

50.000,00 € (Mitverschulden – nicht angeschnallt; [Vorstellung: 90.000,00 €] Zinsen: 3.265,00 €)

Kniescheibe – Hüfte – Oberschenkel – Schädelhirntrauma – Frakturen von Ellenbogengelenk

Der 93 Jahre alte Erblasser wurde als nicht angeschnallter Beifahrer auf dem Rücksitz eines PKW sitzend bei einem Verkehrsunfall verletzt.

Er erlitt Frakturen unter anderem des Ellenbogengelenks, der Kniescheibe, der Hüfte, des Nasenbeins und des Oberschenkelhalses sowie ein schweres Schädelhirntrauma. Die Frakturen und das Polytrauma sind auf den Aufprall ohne Gurtschutz zurückzuführen.

Der Erblasser wurde am Ellenbogengelenk, an der Hüfte und am Knie operiert. Nach fast drei Monaten wurde er wegen Entzündungen insgesamt viermal am Ellenbogengelenk operiert. In der Kurzzeitpflege stürzte er erneut auf den Ellenbogen und musste operiert werden.

Seit dem Unfall befand sich der Erblasser in stationärer oder Pflegebehandlung, bevor er dort nach 5 Monaten 2016 starb.

Die Kammer gibt vor, das Schmerzensgeld taggenau zu berechnen. Sie ermittelt nach Schwintowski/Schah Sedi/Schah Sedi, Schmerzensgeldbemessung 2013, die Tagessätze für rd. 5 Monate Krankenhaus und Pflegebetreuung mit insgesamt 34.697,43 € und korrigiert diesen unter Berücksichtigung der Verletzungsfolgen und des Mitverschuldens des Erblassers auf 50.000,00 €.

Das Mitverschulden sei geringer anzusetzen, weil der Fahrer des Fahrzeugs den Erblasser nicht darauf hingewiesen habe, dass dieser sich anschnallen müsse.

Nicht beantwortet wird die Frage, ob der Erblasser infolge der Verletzungen verstorben ist. Sollte der Unfall für den Tod kausal geworden sein, käme ein Schmerzensgeld in Höhe von bis zu 100.000,00 € in Betracht, vgl. die Entscheidungen unter dem Stichwort »Tod baldiger«.

278 **LG Meiningen, Urt. v. 17.12.2021 – 2 O 1007/20**

75.000,00 €

Knietotalendoprothese Kaiserschnitt-Operation – Narben

Die 42 Jahre alte schwangere Klägerin erlitt durch einen Unfall eine offene Tibia- und eine Mehrfragmentfraktur der Patella. Wegen der Operation kam es kausal zu einer Kaiserschnittoperation. Es verblieben eine MdE von 30% und eine MdH von 35%. Im Bereich des Knies bestehen optische Beeinträchtigungen.

4. Unterschenkel

279 **LG Lüneburg, Urt. v. 10.07.2024 – 3 O 137/23**

1.200,00 € (Mitverschulden: 7/10; Vorstellung: 3.500,00 €)

Unterschenkelfraktur

Der Kläger, noch Schüler, erlitt als Fahrradfahrer bei einem Verkehrsunfall eine distale Fraktur der Tibia (Schienbein) sowie Prellungen und Hautabschürfungen. Er wurde operiert und zwei Tage stationär behandelt. In einer Folgeoperation wurden die Schrauben einige Monate später entfernt, wonach sich die Operationsnarbe entzündete. Der Kläger erhielt über mehrere Monate mehrmals wöchentlich Physiotherapie.

280 **OLG Köln, Urt. v. 10.02.2017 –19 U 102/16, unveröffentlicht**

1.500,00 € (Mitverschulden: 3/4)

Unterschenkelfraktur – Beinschürfwunden – Wundheilungsstörungen

Die Klägerin wurde beim Überqueren einer Straße von einem Fahrzeug angefahren. Sie erlitt eine Unterschenkelfraktur und Schürfwunden an der Tibiavorderkante. Ein Dauerschaden wurde nicht festgestellt.

281 **OLG Karlsruhe, Urt. v. 07.01.2015 – 9 U 9/14, VersR 2015, 993 = MDR 2015, 585 = RuS 2015, 308 = NZV 2015, 443 = NJW-RR 2015, 1059**

3.000,00 € (Vorstellung: 6.000,00 €)

Unterschenkelfraktur – Sprunggelenk

Die Klägerin stürzte auf die Fahrbahn. Der Beklagte bremste sein Fahrzeug ab, kam jedoch mit einem Rad des Pkw auf dem rechten Sprunggelenk der Klägerin zum Stehen. Sie erlitt eine Unterschenkelfraktur. Es steht noch nicht fest, ob dauerhafte körperliche Beeinträchtigungen zurückbleiben.

282 **OLG Hamm, Urt. v. 25.07.2017 – 9 U 199/16, unveröffentlicht**

3.000,00 € (Mitverschulden: 3/4)

Mehretagenfraktur Unterschenkel – Ulnarschaftfraktur – Polytrauma – Pneumothorax – Lungenkontusion – Rippenfraktur

Der Kläger wurde als Fußgänger von einem PKW erfasst, als er zwischen zwei haltenden Fahrzeugen die Fahrbahn überquerte. Er erlitt eine Mehretagenfraktur Unterschenkel, eine Ulnarschaftfraktur, ein Polytrauma, einen Pneumothorax eine Rippenfraktur und eine Lungenkontusion. Die stationäre Behandlung dauerte fast einen Monat; der Kläger war länger als 1 Jahr arbeitsunfähig.

Der Kläger leidet noch unter Schmerzen an Bein und Arm. Er kann keine Treppen mehr steigen und nicht mehr lange laufen. Er hat seinen Beruf als Baggerführer aufgegeben und arbeitet als Hausmeister.

LG Düsseldorf, Urt. v. 25.02.2015 – 5 O 57/13, unveröffentlicht 283

3.600,00 € (Mitverschulden: 3/10; Vorstellung: 20.000,00 €)

Unterschenkelmehrfachfraktur

Der Kläger erlitt mit seinem Quad einen Unfall und zog sich eine Unterschenkelmehrfachfraktur zu. Die stationäre Behandlung dauerte 13 Tage, die ambulante 9 Monate.

AG Kassel, Urt. v. 21.04.2015 – 435 C 5128/12, NJW-RR 2016, 37 = NZV 2016, 225 284

3.600,00 € (Vorstellung: 3.000,00 €)

Tibiafraktur – Keilbeinbruch der Fußwurzel – Regulierungsverhalten

Der 11 Jahre alte Kläger wurde von einem PKW angefahren. Der Schienbeinbruch und der Keilbeinbruch in der Fußwurzel führten zu einer dreitägigen stationären konservativen Behandlung mit Anlegen eines Liegegipses. Dieser musste drei Wochen getragen werden, der Kläger musste Gehhilfen benutzen. Dadurch war seine Bewegungsfähigkeit erheblich eingeschränkt. Bei einem 11-jährigen Kind führt dies zu erheblichen Einschränkungen der Lebensqualität, da jedwede sportliche oder sonstige Freizeitaktivitäten außerhalb der Wohnung unmöglich oder sehr stark eingeschränkt sind. Nach dieser ca. dreieinhalbwöchigen Zwangspause schloss sich eine weitere Phase erheblicher Einschränkungen an, in der der Kläger einen sog. Vakoped-Schuh tragen musste. Dieser lässt zwar bereits wieder eine gewisse Bewegungsfreiheit zu, die jedoch nicht mit komplikationslosen Bewegungen verglichen werden kann. Insgesamt war der Kläger deswegen für die unmittelbare Heilung der erlittenen Knochenfrakturen für einen Zeitraum von fünf Wochen deutlich spürbar eingeschränkt. Weiter ist in Hinsicht des Heilungsverlaufes zu berücksichtigen, dass sich eine krankengymnastische Behandlung anschloss.

Weiter hat das Gericht berücksichtigt, dass die Beklagte ein der Sachlage unangemessenes Regulierungsverhalten an den Tag gelegt hat und hat aus diesem Grund das Schmerzensgeld um 20 % erhöht.

OLG Koblenz, Urt. v. 09.12.2019 – 12 U 249/18 285

4.666,00 € (Mitverschulden: 1/3)

Radiusköpfchenfraktur

Auf Grund des Getümmels unter Hunden kam die Klägerin zu Fall und zog sich eine Radiusköpfchenfraktur zu. Sie war rd. 7 Wochen arbeitsunfähig.

OLG Dresden, Beschl. v. 10.02.2020 – 4 U 1354/19, RuS 2020, 418 = SVR 2020, 305 286

5.000,00 € (Mitverschulden: 2/3; Vorstellung: 13.334,00 €)

Tibiaschaftfraktur

Die Klägerin stieß als Motorradfahrerin beim Linksabbiegen in eine Vorfahrtsstraße mit einem PKW zusammen und erlitt eine offene Tibiaschaftfraktur, die mit einer Osteosynthese versorgt wurde.

OLG Frankfurt, Urt. v. 23.11.2023 – 26 U 61/22 287

6.000,00 € (Mitverschulden: 4/5)

Unterschenkelfraktur – Schädelhirntrauma – Beckenringfraktur – Halswirbelfraktur –

Der Kläger wurde als Fußgänger bei einem Verkehrsunfall schwer verletzt. Er erlitt u.a. ein Schädelhirntrauma, mehrere Frakturen, u.a. des Beckenrings, eine Halswirbelfraktur und eine Fraktur des Unterschenkels. Er wurde 16 Tage im Krankenhaus stationär behandelt, eine stationäre Rehabehandlung über 7 Wochen schloss sich an. Der Kläger war länger als 1 Jahr arbeitsunfähig.

288 **LG Köln, Urt. v. 05.08.2019 – 19 O 49/18, Spurt 2019, 277**

6.500,00 € (Vorstellung: mindestens 8.000,00 €)

Unterschenkelfraktur

Die Beklagte, eine Kitesurferin, rannte den Kläger beim Start um, sodass dieser eine Unterschenkelfraktur erlitt, die mit zwei Operationen behandelt wurde.

289 **OLG Celle, Urt. v. 16.12.2020 – 14 U 108/20, NJW-RR 2021, 601**

7.000,00 € (Mitverschulden 50 %)

Unterschenkelfraktur – Kniegelenk-Distorsion

Die dunkel gekleidete Klägerin trat als Fußgängerin vor ein haltendes Auto, das gerade anfahren wollte. Bis auf ein chronische Lymphödem am Unterschenkel sind alle Verletzungen komplikationslos ausgeheilt. Zwar besteht bei knöchernen Verletzungen im Gelenksbereich stets eine Arthrosegefahr, die bei der Bemessung des Schmerzensgeldes beachtet worden sei. Auch die von der Klägerin beklagten Bewegungseinschränkungen und die immer wieder auftretenden Beschwerden und die Belastungsdefizite fließen in die Schmerzensgeldbemessung unter Beachtung des Mitverschuldens der Klägerin ein.

290 **LG Darmstadt, Urt. v. 22.7.2022 – 9 O 65/18**

7.000,00 € (Vorstellung: 6.000,00 €)

Decollement-Verletzung – Unterschenkel – Hauttransplantationen – Narben

Die 18 Jahre alte Klägerin wurde als Motorradfahrerin vom PKW des Beklagten erfasst und rutschte etwa 18 m über die Straße. Sie erlitt eine Decollement-Verletzung am Unterschenkel mit großflächiger Hautverletzung, eine Bauchdeckenprellung und multiple kleine Schürfwunden. Sie wurde länger als einen Monat stationär behandelt und 8-mal operiert. Nach der Entlassung litt sie wochenlang unter Schmerzen und musste eine Physiotherapie machen. Es verblieben zwei große Narben, eine ist ca. 14 x 6 cm groß. Das Bein ist dünner als das unverletzte.

291 **OLG Hamm, Urt. v. 07.03.2023 – 7 U 130/22, ZfS 2023, 313**

7.000,00 €

Tibiakopffraktur – 20 cm lange Narbe

Der Kläger erlitt beim Bergen eines Kraftfahrzeuges mit Hilfe einer Seilwinde eine Tibiakopffraktur, die operativ versorgt wurde. Der stationäre Aufenthalt dauerte knapp 2 Wochen, die Reha 3 Wochen. Zurück blieb eine 20 cm lange Narbe. Der Kläger leidet immer noch zeitweise unter Schmerzen.

292 **LG Nürnberg-Fürth, Urt. v. 30.03.2023 – 1 O 7141/19, RDG 2024, 94**

7.000,00 € (Vorstellung: 20.000,00 €)

Unterschenkelfraktur durch Sturz von einem Röntgentisch

Die unter Betreuung stehende Erblasserin, deren Alleinerbe der Kläger ist, hatte aufgrund einer frühkindlichen Meningitis eine geistige Retardierung und spastische Quadriplegie sowie den Entwicklungszustand einer Zweijährigen. Als sie geröntgt werden sollte, stürzte sie infolge grober Fahrlässigkeit unbeaufsichtigt (voll beherrschbares Risiko) vom Röntgentisch und erlitt eine Unterschenkelfraktur, eine commotio ceribri und Schwellung und Hämatomverfärbung der gesamten Gesichtshälfte mit Monokelhämatom. Als Sekundärschaden kam es zu einer dauerhaften Einschränkung der Mobilität, zu Schmerzen und zu psychischen Beeinträchtigungen und damit einer Einschränkung der Lebensqualität.

LG Kiel, Urt. v. 28.06.2017 – 13 O 9/15, unveröffentlicht 293

7.500,00 € (Vorstellung: 11.000,00 €)

Fibulatrümmerfraktur – Sprunggelenk-Luxationsfraktur

Die Klägerin zog sich bei einem Sturz eine sogenannte trimalleoläre Sprunggelenk-Luxationsfraktur bei distaler Fibulatrümmerfraktur, knöchernem Ausriss der Syndesmose an der Tibia, einer Innenknöchelfraktur sowie einer Aussprengung eines Volkmannschen Dreiecks zu. Die Frakturen wurden operativ mit einer Platte und Schrauben versorgt. Die Klägerin verblieb 9 Tage im Krankenhaus. Für einen Zeitraum von acht Wochen durfte sie das Bein nicht belasten und war vollständig ruhiggestellt. Sie war rd. 7 Monate auf eine Gehhilfe angewiesen. Noch lange bestanden leichte Bewegungseinschränkungen, Muskelminderung, Schwellneigung und Schmerzen. Das Osteosynthesematerial wurde operativ entfernt.

OLG Nürnberg, Urt. v. 15.07.2020 – 2 U 3776/19, NJW-RR 2020, 1344 294

7.500,00 € (LG-Urteil: 11.000,00 €)

Unterschenkelmehrfragmentfraktur

Die Klägerin stürzte bei Glatteis auf dem Weg zur S-Bahn und zog sich eine Unterschenkelmehrfragmentfraktur zu. Die Beklagten haben die Berufung wegen eines Mitverschuldens der Klägerin beschränkt und Klageabweisung beantragt, soweit sie zu mehr als 7.500,00 € verurteilt worden sind. Das OLG hat jede Haftung der Beklagten verneint, gab der Berufung statt, sodass es bei dem Betrag von 7.500,00 € verblieb – ne ultra petita.

OLG Schleswig, Urt. v. 19.11.2020 – 7 U 214/19, unveröffentlicht 295

7.500,00 € (Vorstellung: 7.500,00 €)

Unterschenkelmehrfachfraktur

Der Kläger, ein Fußballspieler in der Kreisklasse, wurde gefoult und erlitt eine zweitgradige offene Unterschenkelschaftfraktur distal. Der Gegner erhielt die »rote Karte«. Der Kläger wurde insgesamt 30 Tage stationär behandelt, weil es zu Behandlungsverzögerungen kam. Er war für Rechtsstreit. 1/2 Jahr auf Unterarm-Gehstützen angewiesen. Nach rd. 1 Jahr war die Anschlussheilbehandlung abgeschlossen. Der Kläger war insgesamt 14 Monate arbeitsunfähig. Er musste das Fußballspielen aufgeben. Ein Spätschaden ist nicht ausgeschlossen.

OLG Bamberg, Urt. v. 26.10.2016 – 5 U 137/16, unveröffentlicht 296

8.000,00 €

Schienbeinfraktur – Mehretagenfraktur Wadenbein – drittgradiger Weichteilschaden im Unterschenkel – Narben – Spätschäden

Der 6 Jahre alte Kläger erlitt bei einem Verkehrsunfall eine distale Schienbeinfraktur, eine Mehretagenfraktur des Wadenbeins und einen Weichteilschaden im Unterschenkel. Er wurde operiert und 11 Tage stationär behandelt. Eine weitere Operation steht dem Kläger noch bevor. Das Gericht will berücksichtigt haben, dass ein 6 Jahre alter Junge unter einem Krankenhausaufenthalt besonders leidet, dass Narben zurückbleiben und dass Spätschäden in Form von Arthrose eintreten werden.

LG Kaiserslautern, Urt. v. 21.06.2019 – 3 O 357/16, RuS 2019, 536 297

8.000,00 € (Mitverschulden: 1/5; Vorstellung: 8.000,00 €)

Unterschenkelfraktur – Weichteilschaden 3. Grades – Narben

Der 11 Jahre alte Kläger wurde vor dem Überqueren einer Straße vom Fahrzeug des Beklagten erfasst, der zu dicht am Kläger vorbeifuhr. Der Kläger erlitt eine Unterschenkelfraktur (dislozierte Aitken I-Fraktur der distalen Tibia und dislozierte distale Fibulaschaftfraktur) und einen Weichteilschaden

3. Grades. Der Kläger wurde mehrfach operiert und war insgesamt mehr als 3 Wochen in stationärer Behandlung. Er versäumte 8 Wochen den Unterricht und blieb 6 Monate der Sportunterricht fern.

298 **OLG Zweibrücken, Urt. v. 08.03.2021 – 1 U 141/19, DAR 2021, 569**

8.000,00 € (Mitverschulden: 1/5)

Unterschenkelfraktur – Narben

Der 11 Jahre alte Kläger wurde von einem PKW angefahren und erlitt eine Unterschenkelfraktur. Es wurde mehrfach operiert. Bemessungskriterien waren Operationen und Behandlungsmaßnahmen, die verletzungsbedingte Trennung von der Familie, die Unsicherheit über den weiteren Krankheitsverlauf und das Verbleiben von dauernden Entstellungen, Narben.

Der Kläger wurde drei Wochen stationär behandelt und drei Mal operiert. Die Heilbehandlung war erst ein Jahr nach dem Unfall abgeschlossen. Im Anschluss an die Krankenhausbehandlung schloss sich eine mehrmonatige Physiotherapie an. Er konnte acht Wochen nicht am Schulunterricht teilnehmen und ein halbes Jahr keinen Sport treiben konnte und er verhält sich aufgrund der traumatischen Unfallerfahrung ängstlich bei der Teilnahme am Straßenverkehr. Ob Spätschäden eintreten werden, ist offen.

299 **LG Hagen, Urt. v. 25.10.2022 – 3 O 83/20**

8.500 € (Mitverschulden: 3/10; Vorstellung: 15.000,00 €)

Unterschenkelfraktur – Kompartmentsyndrom – Narben

Der 12 Jahre alte Kläger erlitt bei einem Verkehrsunfall eine offene Unterschenkelfraktur mit Teilruptur M. Gastrocnemius med. sowie eine Subarachnoidalblutung, die eine Intubierung erforderlich machte. Während des 19-tägigen Krankenhausaufenthaltes kam es zu einem Kompartementsyndrom. Der Kläger musste sechs Wochen einen Vacoped-Schuh tragen. Eine weitere Operation zur Materialentfernung war erforderlich.

300 **OLG Hamm, Urt. v. 27.02.2024 – 7 U 120/22, NJW 2024, 2468 (LS)**

8.500,00 € (Mitverschulden: 3/10)

Offene Unterschenkelfraktur mit Kompartmentsyndrom – Einblutungen ins Gehirn – Narben

Der 12 Jahre alte Kläger wurde bei einem Verkehrsunfall verletzt. Er erlitt einen offenen Unterschenkelbruch, an zwei Stellen mit Kompartmentsyndrom, unfallbedingte Einblutung im Gehirn, eingeschränkte Belastbarkeit des Beines beim Springen, sonst keine Dauerschäden, erheblicher Umfang der Behandlung. 19-tägiger Krankenhausaufenthalt, mehrere Operationen, Tragen eines Vacoped-Schuhs über sechs Wochen, Folgeoperation mit erneutem mehrtägigem Krankenhausaufenthalt. Berücksichtigt wurden auch die vorhersehbaren weiteren immateriellen Folgen aufgrund der noch anstehenden kosmetischen Operation zur Reduzierung der Narbenbildung. Lebensgefahr bestand für den Kläger trotz Intubation und Beatmung nicht.

301 **LG Cottbus, Urt. v. 20.03.2015 – 6 O 258/11, unveröffentlicht**

10.000,00 € (Vorstellung: 15.000,00 €)

Waden- und Schienenbeinfraktur – Nervschädigung

Der Kläger erlitt bei einem Fußballspiel infolge eines Zusammenstoßes mit einem anderen Spieler einen Waden- und Schienbeinbruch sowie eine Beschädigung des Nervenbündels am Bein. Er wurde 15 Tage stationär und abschließend physiotherapeutisch behandelt. Nach operativer Entfernung der Metallimplantate war er 2 Wochen arbeitsunfähig. Im großen Zeh fehlt auf Dauer das Gefühl und die Fraktur schmerzt. Mehrere Wochen war der Kläger stark beeinträchtigt und konnte 9 Monate nicht Fußball spielen.

OLG Thüringen, Urt. v. 23.02.2016 – 5 U 724/14, unveröffentlicht 302

10.000,00 €

Unterschenkelfraktur – Schultergelenk – Dauerschaden

Die Unterschenkelfraktur wurde operativ gerichtet und ist gut und fest verheilt. Als Dauerschaden besteht eine leichte Streckhemmung des Beins. Die Beweglichkeit des Arms ist leicht beeinträchtigt.

Ob eine posttraumatische Belastungsstörung, die 6 Monate nach dem Unfall auftrat, unfallbedingt ist, musste offen bleiben.

OLG Hamm, Urt. v. 17.01.2017 -9 U 22/16, NJW-RR 2017, 864 303

10.000,00 € (Mitverschulden 1/5; Vorstellung: 10.000,00 €)

Unterschenkelfraktur – Weichteilschaden

Der 7 Jahre alte Kläger erlitt als Radfahrer einen Unfall und zog sich eine bikondyläre Tibiakopffraktur mit zweitgradigem Weichteilschaden zu. Er wurde 3 Wochen stationär behandelt und war danach 5 Wochen in einer Rehabilitationsmaßnahme. Die Platte wurde operativ entfernt, eine weitere Rehabilitationsmaßnahme schloss sich an.

Das LG hat bei einem Mitverschulden von 20 % das Schmerzensgeld mit 10.000,00 € bemessen. Das OLG geht von einem Mitverschulden von 40 % aus und hat das Schmerzensgeld danach dem Grunde nach zuerkannt. Der Höhe nach sei die Sache – auch zum Schmerzensgeld – noch nicht entscheidungsreif.

OLG Oldenburg, Urt. v. 30.11.2020 – 2 U 142/20, unveröffentlicht 304

10.000,00 €

Beinfraktur und Schlüsselbeinfraktur

Die 8 Jahre alte Klägerin stürzte vom Pferd, das auf die Klägerin stürzte. Sie erlitt einen Bein- und einen Schlüsselbeinbruch und musste operiert werden. Nach der Operation saß sie für sechs Wochen im Rollstuhl. Das Schmerzensgeld wurde unter Berücksichtigung der Tiergefahr bemessen.

OLG Celle, Urt. v. 10.12.2015 – 5 U 64/15, unveröffentlicht 305

11.000,00 € (Mitverschulden: 1/4; Vorstellung: 8.000,00 € als Klageantrag)

Fraktur des Unterschenkels

Der Kläger erlitt bei einem Verkehrsunfall einen Drehbruch des Unterschenkels. Die Fraktur, die Beeinträchtigungen, der verzögerte Heilungsverlauf, das Einwachsen eines Nervs und eine zweite Operation hat der Senat bei der Bemessung des Schmerzensgeldes berücksichtigt.

Der BGH, Urt. v. 16.05.2017 – VI ZR 25/16, NJW 2017, 2561, hat auf die Revision einer der Beklagten die Entscheidung aufgehoben, weil das OLG dem Kläger mehr zugesprochen hat, als dieser beantragt hatte – ne ultra petita.

OLG Saarbrücken, Beschl. v. 03.12.2015 – 4 U 157/14, ZfS 2016, 379 = SP 2016, 337 306

12.000,00 € (Vorstellung: 20.000,00 €)

Wadenbeinfraktur – Prellungen – Schürfungen

Der 42 Jahre alte Kläger erlitt bei einem Verkehrsunfall eine Wadenbeinfraktur, Prellungen und Schürfungen. Er wurde 4 Tage stationär behandelt. Sodann war er 4 1/2 Monate arbeitsunfähig. Vorprozessual wurde ein Schmerzensgeld von 10.000,00 € gezahlt.

Das Gericht hat eine weitere Erhöhung des Schmerzensgeldes unter dem Gesichtspunkt eines verzögerlichen Regulierungsverhaltens mit eingehender und zutreffender Begründung verneint.

307 **LG Köln, Urt. v. 15.08.2017 – 30 O 53/17, NJW-RR 2018, 150 = SpuRt 2018, 82**

12.000,00 € (Vorstellung: angemessenes Teil-Schmerzensgeld 15.000,00 €)

Offene Fraktur von Schienen- und Wadenbein

Der beruflich als Koch tätige Kläger erlitt bei einem Skiunfall eine offene Unterschenkelfraktur und eine nicht verschobene Fraktur der hinteren Schienenbeinkante. Er war ca. 1/2 Jahr arbeitsunfähig und litt und leidet an Schmerzen. Voraussichtlich wird eine MdE von 20 % und eine Bewegungseinschränkung des Unterschenkels verbleiben.

Der Kläger hat im Wege der Teilklage das Schmerzensgeld bis zum Schluss der mündlichen Verhandlung begehrt und erhalten. Es ist mit Spätfolgen wie z.B. Arthrose und LWS-Beschwerden zu rechnen

308 **OLG Koblenz, Urt. v. 29.06.2015 – 12 U 948/14, unveröffentlicht**

15.000,00 €

Unterschenkel – Fuß – Oberschenkelschaftfraktur – Narben

Der 8 1/2 Jahre alte Kläger erlitt bei einem Unfall eine offene mehrfragmentäre Oberschenkelschaftfraktur und ein ausgedehntes Weichteildekollement des gesamten linken Beins und Fußes. Er wurde 2 Monate stationär behandelt und war 3 Wochen in einer Reha.

Als Dauerfolgen verblieben eine geringe Fehlstellung der Oberschenkelfraktur, eine funktionelle Außenrotationsstellung des Unterschenkels und Fußes mit disharmonischem Gangbild, ausgedehnte Weichteildeformitäten und Narben.

309 **OLG Zweibrücken, Urt. v. 13.11.2019 – 1 U 153/14, unveröffentlicht**

15.000 € (Mitverschulden: 1/2 Vorstellung: 50.000,00 €)

Unterschenkelschaftfraktur – Nasenbeinfraktur

Während eines Spiels im Hofbereich eines Anwesens lief die 10 Jahre alte Klägerin auf die Straße, wo sie von einem PKW erfasst wurde. Sie erlitt eine Unterschenkelschaftfraktur, eine Schädelprellung, eine Nasenbeinfraktur und Schürfwunden. Bei dem Sturz brach ein Zahn ab. Im Bereich des Unterschenkels wurde ein externer Fixateur eingesetzt. Die Klägerin war 2 Wochen in stationärer Behandlung. Eine Nasenreposition wurde durchgeführt. Es kam zu weiteren kurzfristigen stationären Behandlungen.

310 **OLG Hamm, Urt. v. 08.07.2022 – 7 U 106/20, ZfS 2022, 674**

15.000,00 €

Unterschenkelfraktur – Kompartmentsyndrom – Fraktur Mittelfußknochen – Narben

Der 17 Jahre alte Kläger erlitt 2016 bei einem Verkehrsunfall eine mehrfragmentäre dislozierte Unterschenkelfraktur mit Kompartmentsyndrom und eine dislozierte Fraktur des linken Mittelfußknochens mit Fußkompartment. Es waren mehrere Eingriffe zur Reposition mittels eines externen Fixateurs und Osteosynthese der Frakturen erforderlich. Der Kläger befand sich für einen Zeitraum von 6 Wochen zur stationären Behandlung, eine Reha von 4 Wochen schloss sich an mit jedenfalls 36 physiotherapeutischen Behandlungen. Er war bis Ende 2016 arbeitsunfähig. Die Berufsausbildung des Klägers verzögerte sich um 1 Jahr.

Es bestehen Dauerschäden in Form eines CRPS (= Morbus Sudeck) das ihn ein Leben lang belasten wird. In der Berufswahl ist der Kläger beschränkt, weil er nicht viel im Stehen arbeiten kann und täglich mehrmals eine Pause einlegen muss. Die Narben schmerzen je nach Witterung.

Die vom Senat als vergleichbare Entscheidungen bezeichneten Urteile datieren aus 2007 und 2009 und berücksichtigen weder die neue Tendenz der Rechtsprechung zu höherem Schmerzensgeld, noch den Einfluss der Nullzinsphase auf die Höhe des Schmerzensgeldes.

OLG Nürnberg, Urt. v. 29.06.2015 – 2 U 2269/13, unveröffentlicht 311

20.000,00 €

Unterschenkelfraktur – Kompartmentsyndrom – Revisionsoperationen – Narben – Spätschäden

Der Kläger erlitt beim Fußballspiel eine Unterschenkelfraktur, einen offenen Bruch von Waden- und Schienbein mit Aufsplitterung des Knochens. Es entwickelte sich ein Kompartmentsyndrom, das gespalten und mehrfach operiert werden musste. Der Kläger wurde 18mal operiert und war fast 5 Monate in stationärer Behandlung. Die Narbensituation ist instabil. Es bestehen Dauerschäden und es drohen Spätschäden durch Arthrosen in den Gelenken.

OLG Frankfurt, Urt. v. 08.07.2016 – 10 U 150/14, unveröffentlicht 312

20.000,00 € (Vorstellung: weitere 20.000,00 €)

Unterschenkel- und Sprunggelenkfrakturen

Der über 50 Jahre alte Kläger wurde 2009 beim Joggen von der Beklagten angefahren. Dabei wurden sein Unterschenkel und sein Sprunggelenk von den Rädern des Anhängers am Fahrzeug der Beklagten überrollt mit der Folge multipler Frakturen. Die Beklagte zahlte aufgrund eines vom Kläger erstrittenen Teilurteils ein Schmerzensgeld von 10.000,00 €.

Die Bemessung des Schmerzensgeldes berücksichtigt die komplette Unterschenkelschaftfraktur, die Verletzung des oberen Sprunggelenks am Unterschenkel mit Schienbeinschaftfraktur, die Wadenbeinfraktur und die Absprengung des Hinterrandes am unteren Ende des Schienbeins, die Außenknöchelfraktur vom Typ Weber C mit Sprengung der Bandverbindung zwischen Wadenbein und Schienbein im Sprunggelenksbereich, die insgesamt sechs operativen Eingriffe, die stationären und ambulanten Behandlungen, den Zeitraum der Arbeitsunfähigkeit, den fortdauernde Ruheschmerz bei längerer sitzender Tätigkeit und andauernde Belastungsschmerzen bei längerem Stehen, die dauerhafte Minderung der Erwerbsfähigkeit um 30 % in der bis zum Unfall ausgeübten Art der anwaltlichen Tätigkeit, sowie als besondere Belastungen im privaten Bereich die Einschränkung in der Ausübung von Sport (Aufgabe des Dauerlaufsports) und die unfallbedingte Verlagerung der anwaltlichen Tätigkeit auch auf die Abendstunden und das Wochenende.

OLG Köln, Urt. v. 06.05.2024 – 19 U 8/23, aufgehoben durch BGH, Urt. v. 11.02.2025 – VI ZR 185/24, weil ein höheres Schmerzensgeld wegen psychischer Beeinträchtigungen möglich ist. 313

20.000,00 €

Tibiakopffraktur – Fibulaköpfchenfraktur – Orbitabodenfraktur – Fraktur der Wand des Sinus maxillaris – Schürfwunden – Platzwunden – Prellungen.

Der Fahrer eines PKW kam von der Fahrbahn ab und erfasste eine Gruppe von Passanten, unter anderem die 31 Jahre alte Klägerin, ihre Großeltern und ihren 6 Wochen alten Sohn, der schwer verletzt wurde. Er erlitt ein Schädel-Hirn-Trauma und eine Hirnblutung, ein Lungenflügel war zusammengeklappt, und er lag eine Woche im künstlichen Koma. Die Klägerin erlitt eine Tibiakopffraktur links, eine Fibulaköpfchenfraktur rechts, eine Orbitabodenfraktur, eine Fraktur der Wand des Sinus maxillaris, Schürfwunden, Platzwunden und Prellungen.

Die Klägerin wurde 9 Tage stationär und fast 3 Monate ambulant behandelt.

Die Beklagte hat die Ansprüche der Klägerin dem Grunde nach mit Wirkung eines am … rechtskräftigen Feststellungsurteils im Rahmen der Deckungssumme anerkannt, und sich verpflichtet, ihr den unfallbedingten materiellen und immateriellen Schaden ab dem … aus dem Unfall vom … unter Zugrundelegung einer Haftungsquote von 100 % zu Lasten der Versicherung und seiner mitversicherten Personen zu erstatten.

Die Klägerin hat eine Teilklage erhoben. Das LG hat das Schmerzensgeld für den Körperschaden und für den Zeitraum bis zur Entscheidung mit 20.000,00 € bemessen. Ein Schmerzensgeld für den von der Klägerin geltend gemachten psychischen Schaden hat das LG als unsubstantiiert verneint, zu Unrecht, wie der BGH entschied.

314 **LG Halle, Urt. v. 15.12.2015 – 5 O 94/14, unveröffentlicht. Das OLG Naumburg, Urt. v. 08.06.2016 – 12 U 3/16, VersR 2017, 963 hat die Berufung der Beklagten zurückgewiesen.**

22.000,00 € (Vorstellung: 10.000,00 €)

Unterschenkel – Oberschenkelverletzung – Fuß

Der Kläger saß vor einem Schulgebäude, als ein Stück einer Glasscheibe herabfiel und den Oberschenkel durchbohrte, was zu massiven Blutungen führte. Der Beinmuskel, Arterien. Venen und Nerven wurden durchtrennt. Der Kläger wurde 17 Tage stationär behandelt; er war 6 Wochen in der REHA.

Es entwickelte sich eine Spitzfuß- und Krallenzehenstellung, eine Verkürzung der rückseitigen Unterschenkelmuskulatur und ein Kompartmentsyndrom mit funktionellen Einbußen infolge der mangelnden Durchblutung des Unterschenkels. Die Beeinträchtigungen bestehen insbesondere in einem Humpeln mit erheblicher Abrollstörung des Fußes sowie zeitweise bestehenden Schmerzen. Als Dauerschaden liegt ein sogenanntes Shortfootsyndrom vor. Eine vollständige Wiederherstellung der Funktion des Fußes ist nicht zu erwarten. Das Anheben des Fußes und die Dorsalflektion der Zehen im Grundgelenk sind nicht möglich. Infolge der Nervenschädigung wird ein Dauerschaden die Folge sein, zu dem auch eine Taubheit im rechten Unterschenkelbereich gehört.

315 **OLG Naumburg, Urt. v. 30.09.2015 – 12 U 58/15, NJW-RR 2016, 349 = NZV 2016, 318**

25.000,00 € (Mitverschulden: 2/5)

Unterschenkel – Tibiakopffraktur – Kniegelenk – Brustwirbelkörperfraktur – Hirnblutung

Der Kläger erlitt unfallbedingt eine Unterschenkelmehretagenfraktur, einen Schienbeinkopftrümmerbruch, einen Polbruch der linken Kniescheibe, ein Kompartmentsyndrom des Unterschenkels, eine Stauchungsfraktur des 12. Brustwirbelkörpers und eine Schädel-Hirn-Verletzung mit geringgradiger Hirnblutung. Er befand sich rd. 3 Wochen in stationärer Behandlung. Die Verletzungen führten zu einem Dauerschaden in Form von bleibenden Funktionsbeeinträchtigungen im Bereich des Unterschenkels und Kniegelenks. Die MdE beträgt 30 %. Mit der Notwendigkeit eines Gelenkflächenersatzes bzw. einer Kniegelenkstotalprothese ist zu rechnen.

316 **LG Münster, Urt. v. 04.05.2018 – 16 O 185/14, unveröffentlicht**

25.000,00 € (Vorstellung: 40.000,00 €)

Schienbeinkopffraktur – Innenbandruptur – Vorfußfraktur – Schmerzstörungen – Depressionen – PTBS

Die Klägerin erlitt als Radfahrerin einen Verkehrsunfall und dadurch eine Schienbeinkopffraktur und eine Innenbandruptur des Kniegelenks. Die Fraktur wurde operativ versorgt. Eine weitere Operation erfolgte, der Versuch der Metallentfernung misslang. Die radiologischen Unfallfolgen in Bezug auf das Knie sind geringgradig, es ist jedoch mit einer posttraumatischen Kniearthrose zu rechnen. Die Klägerin entwickelte eine chronische Schmerzstörung mit psychischen und somatischen Folgen, Schmerzen im gesamten Körper sowie eine rezidivierende Depression. Für das Bein besteht eine deutlich herabgesetzte Gebrauchsfähigkeit, schon kurze Strecken sind nicht zu bewältigen. Die Klägerin benutzt einen Rollstuhl/Rollator oder einen Gehstock, sie ist insgesamt in ihrer Lebensführung stark eingeschränkt und kann frühere Hobbys, wie Yoga oder Radfahren, nicht mehr ausüben. Nach einem Jahr brach sie sich unfallbedingt den Vorfuß.

317 **OLG Hamm, Urt. v. 11.01.2019 – 9 U 81/18, r+s 2019, 220**

25.000,00 € (Mitverschulden: 1/3)

Tibiakopffraktur – Innenbandruptur

Die Klägerin kollidierte als Radfahrerin, die in der falschen Richtung fuhr, mit einem PKW und erlitt eine operativ zu versorgende Tibiakopffraktur und eine Innenbandruptur des Kniegelenks.

Zu rechnen ist mit einer posttraumatischen Kniearthrose. Die Klägerin entwickelte eine chronische Schmerzstörung mit psychischen und somatischen Faktoren nach ICD-10:F45.41 sowie eine rezidivierende Depression nach ICD-10:F 33.0. Für das Bein besteht im Alltag eine deutlich herabgesetzte Gebrauchsfähigkeit. Bereits kurze Strecken sind für die Klägerin nicht zu bewältigen. Die Klägerin leidet unter einer chronischen Schmerzstörung.

OLG Zweibrücken, Urt. v. 12.12.2018 – 1 U 117/16, unveröffentlicht 318

40.000,00 €

Decollement am Unterschenkel – Schädelhirntrauma – Beckenringfraktur – Brustwirbelfraktur – Rippenfraktur – Narben

Die Klägerin erlitt bei einem Verkehrsunfall ein Schädelhirntrauma 1. Grades, eine Beckenringfraktur, eine offene Wunde am Unterschenkel mit Decollement, eine Brustwirbelfraktur und eine Rippenfraktur. Der Nervus peronaeus superficialis wurde geschädigt. Die Klägerin musste sich 4 Operationen unterziehen, war auf eine Reha angewiesen und musste sich nach der stationären Behandlung 6 Wochen mit Gehhilfen fortbewegen.

Am Unterschenkel verblieben erhebliche Narben von 11 x 3,5 cm, am Oberschenkel 13 x 5 cm, die kosmetisch auffällig sind und schmerzen. Die Klägerin leidet ferner unter Bewegungseinschränkungen. Die Schädigung des nervus peronaeus hat zu einem Taubheitsgefühl im Bereich des Fußrückens geführt.

OLG München, Urt. v. 30.03.2022 – 10 U 6313/20, NJW-Spezial, 2022, 362 319

40.000,00 € (Mitverschulden: 1/5)

Kreuzbandriss – Peronaeusparese – Versteifung beider Sprunggelenke – Radiusfraktur

Der Kläger, ein 26 Jahre alter Motorradfahrer, zog sich bei einem Verkehrsunfall unter anderem einen Riss am hinteren und am vorderen Kreuzband, eine Peronäusparese infolge der Durchtrennung des Peronäusnervs und eine Radiusfraktur zu. Infolge einer Nekrose wurde eine Versteifung beider Sprunggelenke erforderlich.

Nach Abschluss der Heilbehandlung ist das Gangbild teilweise hinkend. Eine Beinschiene, ohne die der Kläger hinken würde, verursacht weitere Beeinträchtigungen. Der Kläger war 1 Jahr nicht voll arbeitsfähig.

Am Handgelenk leidet der Kläger unter einer Prä-Arthrose und an Bewegungseinschränkungen in alle Richtungen.

Die Lebensplanung ist verändert. Eine Tätigkeit im Stehen und längeres Gehen ist nicht mehr möglich. Die MdE beträgt 40 %.

Der Kläger kann keinen Sport mehr betreiben. Fußballspielen und Snowboardfahren sind nicht mehr möglich. Seine damit verbundenen Sozialkontakte hat er verloren. Sein Umfeld wendet sich ab und er wird an als behinderter Mensch »komisch« angeschaut. Der Kläger leidet unter Einschlafproblemen.

LG Duisburg, Urt. v. 01.09.2016 – 8 O 212/11, unveröffentlicht 320

45.000,00 € (Vorstellung: angemessenes Schmerzensgeld)

MRSA Infektion – Unterschenkelamputation

Infolge eines groben Behandlungsfehlers zog sich die vom Kläger beerbte Patientin beim Setzen eines Bypasses am Oberschenkel eine MRSA-Infektion zu, die zur Folge hatte, dass das Bein unterhalb des Oberschenkels amputiert werden musste.

321 **LG München I, Urt. v. 02.05.2017 – 41 O 14377/05, unveröffentlicht**

45.000,00 €

Beinfrakturen – Fußfrakturen – Teillähmung des nervus peronaeus

Der Kläger erlitt bei einem Unfall als Trike-Fahrer einen Sprungbeinhalsbruch im rechten Fuß, eine Basisfraktur des 5. Mittelfußknochens und eine Wadenbeinfraktur rechts unterhalb des Kniegelenks und eine hierdurch verursachte Schädigung des nervus peronaeus. Er war 28 Tage in stationärer Behandlung und drei Monate arbeitsunfähig. Aufgrund der erheblichen Funktionseinschränkung des rechten Knies wegen der Teillähmung des Wadenbeinnervs mit Fußheberstörung, Sensibilitätsstörungen und motorischen Ausfällen kommt es zu einem hinkenden Gangbild trotz orthopädischen Schuhwerks. Das Sprunggelenk ist aufgrund der Nekrose zusammengebrochen; es bestehen ausgeprägte Dellen am Unterschenkel und ein postthrombotisches Syndrom durch erhebliche Schwellneigung. Die mögliche Gehstrecke des Klägers ist auf wenige hundert Meter begrenzt. Aufgrund des Spitzfußes sind Vorfuß- und Fersengang nicht mehr möglich. Der Kläger leidet unter Dauerschmerzen. Die Lebensplanung änderte sich grundlegend, eine Tätigkeit im Zusammenhang mit der Reparatur von Trikes sowie eine Berufstätigkeit im Stehen oder mit längerem Gehen ist dem Kläger nicht mehr möglich.

322 **OLG Hamm, Urt. v. 29.01.2019 – 9 U 28/18, unveröffentlicht**

45.000,00 €

Schienbeinkopffraktur – Knöchelfraktur – Heilungsverlauf 2 Jahre – Dauerschäden

Der 53 Jahre alte Kläger wurde bei einem Verkehrsunfall verletzt. Er zog sich eine C3-Fraktur des Tibiakopfes, eine distale Fibulafraktur, multiple Hautabschürfungen im Bereich des Oberschenkels sowie ein Kompartmentsyndrom des Unterschenkels zu. Der Heilungsverlauf war kompliziert und dauerte fast zwei Jahre.

Der Kläger erlitt Dauerschäden, das Bein ist minderbelastbar, es besteht eine deutliche Einschränkung des Gehens auf unebenen Böden, eine Erschwerung des Treppen- bzw. Stufensteigens, eine Einschränkung des Besteigens von Gerüsten und Leitern, Funktionsbeeinträchtigungen im Bereich des Kniegelenks mit Einschränkung der vollen Streckfähigkeit, Einschränkung der Beugefähigkeit des Kniegelenkes, Einschränkung der Beweglichkeit im oberen Sprunggelenk, eine Spitzfußstellung, eine Verkürzung des Beines, eine leichte Varusfehlstellung des Unterschenkels, eine leichte Verschmälerung des Gelenkspaltes im oberen Sprunggelenk, eine posttraumatische Arthrose im Kniegelenk, eine deutliche Muskulatur- und Weichteilverminderung am Bein, am Oberschenkel und leichtgradig am Unterschenkel sowie ein leichtgradiges Schonungshinken. Der GdB beträgt 50.

323 **Landgericht Stade, Urt. v. 13.02.2020 – 3 O 50/17, unveröffentlicht**

45.000,00 € (Mitverschulden: 1/4; Vorstellung: 70.000,00 €)

Unterschenkelfraktur – Nekrosen – Narben

Die 47 Jahre alte Klägerin erlitt als Radfahrerin einen Verkehrsunfall und zog sich eine Tibiakopffraktur zu. Der Heilungsverlauf war sehr kompliziert, weil eine Staphylococcusinfektion eintrat, sodass die Klägerin insgesamt an 359 Tagen stationär untergebracht war und 30 Mal operiert wurde. Der Oberschenkel und der Unterschenkel weisen große Narben auf, die kosmetische Beeinträchtigungen darstellen. Die leidet an Dauerschäden, einer Fußheberschwäche, Schwellneigung des Gelenks und an Bewegungseinschränkungen des Kniegelenks.

324 **OLG Brandenburg, Urt. v. 02.03.2017 – 12 U 18/16, NJW-RR 2017, 862**

50.000,00 € (Mitverschulden: 2/5; Vorstellung: 100.000,00 €)

Offene Unterschenkelfraktur – Handgelenkfraktur – Nervlähmungen

Der Kläger erlitt bei einem Verkehrsunfall u.a. eine offene Unterschenkelfraktur, eine Handgelenkfraktur, Lähmung des nervus peronealis und teilweise des tibialis. Die Verletzungen führten zu einer dauerhaften Instabilität eines Knies und zu einer Beinverkürzung. Die Verletzungen und die Dauerschäden sollen bei voller Haftung ein Schmerzensgeld von rd. 80.000,00 € rechtfertigen, während ein Schmerzensgeld über 100.000,00 € deutlich gravierendere Verletzungen voraussetze, etwa eine Querschnittslähmung mit vollständiger Erwerbsunfähigkeit bis hin zum Pflegefall.

OLG Brandenburg, Urt. v. 02.09.2021 – 12 U 250/20, NJW-Spezial 2021, 617 325

60.000,00 €

Unterschenkelfraktur – MRSA-Infektion – Narben

Der Kläger wurde bei einem Verkehrsunfall verletzt. Er erlitt eine offene Unterschenkelfraktur, die mit einem Fixateur externe versorgt wurde. An beiden Unterschenkeln entstand posttraumatisch ein Kompartmentsyndrom, das gespalten wurde. Der Kläger wurde 142 Tage stationär mit 15 Operationen behandelt. Es trat eine Inflation mit MRSA-Keimen auf, die 4 Wochen auf der Isolierstation behandelt werden musste.

Unfallbedingt trat eine rezidivierende depressive Störung in Form einer mittelgradigen Episode auf, die sich in einer gedrückten Stimmung, Antriebsminderung, reduzierten Freudfähigkeit, Schlafstörungen und Libidoverlust äußerte. Darüber hinaus leidet der Kläger unter einer spezifischen Angst vor Dunkelheit und dem Alleinsein sowie einer Panikstörung. Wegen der Besiedlung mit MRSA-Keimen hatte der Kläger Angst vor einer Amputation des Beines.

Der Kläger hat Dauerschäden davongetragen: An den Beinen bestehen mehrere großflächige Narben, die zum Teil einen leichtgradig entstellenden Charakter haben. Ferner bestehen eine Bewegungseinschränkung der Beingelenke und eine eingeschränkte Stand- und Gangvariante und eine Valgusstellung der rechtsseitigen Beinachse, eine Verdickung der Knöchelregion sowie Parästhesien im Bereich beider Füße. Der GdB beträgt 50.

LG Wuppertal, Urt. v. 20.12.2022 – 1 O 322/21 326

65.000,00 € (Vorstellung: 100.000,00 €)

Tibiakopftrümmerfraktur – Weichteilschäden – Gehbehinderung

Der 46 Jahre alte Kläger wurde als Motorradfahrer bei einem Verkehrsunfall verletzt. Er erlitt eine offene Verletzung des Fußes mit einer Fehlstellung. Am Bein erlitt er schwerste Tibiakopftrümmerfrakturen mit Weichteilschäden sowie eine offene Metatarsale- und Grundgliedfraktur aller Grundgelenke mit ebenfalls schweren Weichteilschäden sowie eine Luxation des Vorfußes. Er wurde sofort operiert und es wurde eine gelenkübergreifende externe Fixatur des linken Knies sowie eine offene Reposition und Osteosynthese des linken Mittelfußes mittels mehrerer K-Drähte durchgeführt. Die externe Fixatur wurde durch eine Plattenosteosynthese ersetzt. Die offenen Verletzungen am Fußrücken wurden in mehreren Operationen durch eine Spalthauttransplantation mit einer Entnahme vom Oberschenkel versorgt. Der Kläger wurde zunächst 6 Wochen stationär behandelt. In den folgenden fast 3 Monaten war er 16 Mal und später erneut für eine Woche in stationärer Behandlung. Auch nach weiteren stationären Behandlungen war der Fuß nach mehr als zwei Jahren nicht voll belastbar. Es verblieb eine dauerhafte Gehbehinderung. Sein Knie leidet an Bewegungseinschränkungen und er ist auf speziell angefertigte Schuhe angewiesen. Der Kläger war 3 Jahre und 4 Monate arbeitsunfähig. Weitere Operationen sind möglich. Die MdE beträgt 30%.

LG Stuttgart, Urt. v. 05.02.2016 – 24 O 192/13, unveröffentlicht 327

70.000,00 €

Offene Unterschenkelfraktur – Oberschenkelfraktur – Decollement und Abriss der Bauchwandmuskulatur – Harnweginfektion – Thoraxtrauma – Todesangst – posttraumatische Belastungsstörung

Die 32 Jahre alte taubstumme Klägerin und Mutter von zwei kleinen Kindern wurde bei einem Verkehrsunfall schwerst verletzt. Sie wurde eingeklemmt und konnte erst nach einer Stunde befreit werden. Sie erlitt unter anderem eine offene Unterschenkelfraktur, eine Oberschenkelfraktur, ein

Thoraxtrauma, ein Decollement und einen Abriss der Bauchwandmuskulatur von der crista illiaca (Beckenkamm) und eine Harnweginfektion. Sie schwebte in Todesangst und es verblieb eine posttraumatische Belastungsstörung,

Die stationäre Behandlung mit zahlreichen Operationen dauerte 4 Wochen. Die Klägerin war fast 4 Jahre arbeitsunfähig. Nach mehr als 3 Monaten konnte das Lauftraining mit Gehhilfen begonnen werden.

328 **OLG Frankfurt, Urt. v. 26.02.2015 – 15 U 72/14, unveröffentlicht**

100.000,00 € (Vorstellung: 100.000,00 €)

Unterschenkel – Amputation

Der Kläger stürzte durch Verschulden des Beklagten mit seinem Motorrad. Ihm wurde ein Bein oberhalb des Kniegelenks amputiert.

Wesentliche Grundlage für die Bemessung des Schmerzensgeldes war nach Ansicht des Senats das Maß und die Dauer der Lebensbeeinträchtigung, die der Kläger infolge der Amputation erlitten hat, die Dauer der Behandlung und der Arbeitsunfähigkeit sowie der Grad des Verschuldens des Beklagten und die Gesamtumstände des Unfalls. Gemessen daran sei die Höhe des vom Landgericht zugesprochenen Betrages nicht zu beanstanden.

329 **OLG München, Urt. v. 04.03.2021 – 24 U 1682/20, unveröffentlicht**

100.000,00 € (Vorstellung: 130.000,00 €)

Unterschenkelamputation einschließlich Kniegelenk

Dem 20 Jahre alten Kläger, in der Ausbildung zum Kfz-Mechatroniker, musste nach einem Verkehrsunfall der Unterschenkel unterhalb des Knies amputiert. Ein Teil des Schienbeins und ein kurzer Teil des Wadenbeins wurde erhalten. Der Kläger befand sich nach 4 Operationen rd. 2 Monate in stationärer und Reha-Behandlung. Er ist stark gehbehindert und musste den Judosport, den er aktiv und als Trainer betrieb, aufgeben. Die Ausbildung schloss er mit einem Jahr Verzögerung ab. Die MdE beträgt 40 %, der GdB 50.

Vom Schmerzensgeldbetrag erfasst sind neben den erheblichen Schmerzen nach dem Unfall und den folgenden Wochen auch die feststehenden Dauerschäden und Spätschäden, wie Arthrose und weitere Operationen mit Ausnahme eines möglichen Austauschs der Hüftpfanne, der nicht sicher absehbar ist.

330 **OLG Düsseldorf, Urt. v. 11.06.2019 – 1 U 96/16, unveröffentlicht**

110.000,00 € (Vorstellung: 150.000,00 €)

Luxationen und Frakturen an beiden Unterschenkeln –Schädelhirntrauma – posttraumatische Belastungsstörung – Rippenserienfraktur – Zwerchfellruptur – Pneumothorax beidseits – Narben

Der Kläger erlitt Mitte 2008 bei einem Verkehrsunfall u.a. ein Schädel-Hirntrauma ersten Grades, umfangreiche Verletzungen im Brustbereich, Rippenserienfraktur, Zwerchfellruptur und einen Hämato-/Pneumothorax beidseits sowie Luxationen und Frakturen an beiden Unterschenkeln. Er wurde 7 Wochen stationär behandelt, lag 5 Tage im Koma und wurde zehnmal operiert. Mitte 2009 kam es zu einer Erneuerung des hinteren und vorderen Kreuzbandes des Knies, 2011 wurde eine Bauchoperation infolge einer Zwerchfellruptur mit anschließender Reflux-Symptomatik erforderlich mit drei Folgeoperationen aufgrund von Komplikationen. Insgesamt wurde der Kläger an 147 Tagen stationär und an 54 Tagen in Rehabilitationskliniken behandelt. Er war fast 2 Jahre arbeitsunfähig.

Unfallbedingt ist eine posttraumatische Belastungsstörung (PtBS) in Verbindung mit einer depressiven Beeinträchtigung.

Die Funktion des Kniegelenks ist eingeschränkt, so dass er nicht mehr wie früher Fußballspielen, Snowboarden und Skifahren kann.

Das äußere Erscheinungsbild des Klägers leidet unter ausgedehnter Narbenbildung, u.a. einer sternförmigen Narbe auf der Bauchdecke.

Die Ehe des Klägers ging unfallbedingt in die Brüche.

OLG Stuttgart, Urt. v. 20.02.2024 – 10 U 76/ 23 331

120.000,00 € (Vorstellung: 100.000,00 €)

Unterschenkelfraktur – psychischer Schaden

Der 45 Jahre alte Kläger erlitt bei einem Verkehrsunfall eine drittgradige offene Unterschenkelfraktur mit Abriss aller drei Unterschenkelarterien, Weichteildefekte und eine Ulna-Schaftfraktur die eine langwierige und schmerzhafte Behandlung erforderlich machte. Er war rd. 3 Monate in stationärer Behandlung und wurde vielfach operiert. Auf 7 Wochen Reha folgten mehr als 2 Monate stationäre Behandlung wegen einer Infektionsarthrose mit mehreren Operationen und anschließend erneut 4 Wochen Reha. Der Kläger wird ein Leben lang an Dauerschäden leiden, ist in der Mobilität stark eingeschränkt und auf die Einnahme von Schmerzmitteln angewiesen sein.

Der Kläger befindet sich wegen fortdauernder schwerer Depression, Angstzuständen, Selbstmordgedanken und Alpträumen in psychiatrischer Behandlung. Er kann seinem vor dem Unfall ausgeübten Hobby, dem Schießen, derzeit nicht nachgehen. Im Haushalt wird er einmal wöchentlich von einer Eingliederungshilfe unterstützt. Der Kläger ist arbeitsunfähig.

LG Essen, Urt. v. 29.01.2015 – 3 O 145/10, unveröffentlicht 332

125.000,00 € (Mitverschulden: 1/4; Vorstellung: 125.000,00 €)

Unterschenkelfrakturen – Oberschenkelschaftfraktur – Klavikulafraktur – Pneumothorax – Beinverkürzung – Narben an 3 Extremitäten

Der Kläger erlitt bei einem Verkehrsunfall Unterschenkelfrakturen beidseits, eine Oberschenkelschaftfraktur, eine Tibiakopffraktur mit instabilem Kniegelenk, eine Ulna-Fraktur, eine Scapulafraktur beidseits, eine Klavikulafraktur, eine Lungenkontusion mit Pneumothorax und eine Leberrupturen. Ferner musste er sich zahlreichen ambulanten und stationären Krankenhausaufenthalten unterziehen. Verblieben sind Bewegungseinschränkungen, eine Beinverkürzung und eine Innenrotationsfehlstellung.

Als Dauerschäden sind unter anderem verblieben:

Bewegungseinschränkung im Bereich des rechten Ellenbogengelenkes; im Bereich der unteren Extremitäten eine Beinverkürzung von rd. 1–1,5 cm und eine Innenrotationsfehlstellung von 10–15. Verblieben sind ferner eine Schädigungen im Bereich des Kniegelenkes, die mit einer Bandinstabilität einhergehen und ein deutlich rechtshinkendes Gangbild. Hinzukommt eine verminderte funktionelle Beugefähigkeit des Kniegelenks. Auf drei der vier Extremitäten und am Rumpf verblieben Operationsnarben. Es bestehen chronisch-rezidivierende Rücken-, Kopf- und Nackenschmerzen, die angesichts der Beinverkürzung mit entsprechendem Beckenschiefstand sowie ungleicher Belastungsfähigkeit der unteren Extremitäten einhergehen. Reduziert ist die Gebrauchsfähigkeit eines Arms. Wegen der posttraumatischen Gonarthrose ist der Kläger beim Treppensteigen deutlich eingeschränkt.

OLG Hamm, Urt. v. 13.01.2017 – 26 U 6/16, unveröffentlicht 333

125.000,00 € (Vorstellung: 150.000,00 €)

Tibiaplateau-Trümmerfraktur – offene Tibiaschaftfraktur – Tibiakopffraktur – Fibula-Mehrfragment-Fraktur – Beckenfraktur – Nervenschäden – erektile Dysfunktion

Der etwa 58 Jahre alte Kläger erlitt bei einem Verkehrsunfall eine Beckenfraktur mit Acetabulumbeteiligung, eine Tibiaplateau-Trümmerfraktur, eine offene Tibiaschaftfraktur, eine Fibula-Mehrfragment-Fraktur mit Läsion des Nervus peronaeus und des Nervus tibialis, eine rechtsseitige Tibiakopf-Fraktur, eine postoperative Lungenembolie und eine beidseitige Beinvenenthrombose. Er ist berufsunfähig. Er leidet dauerhaft unter Bewegungseinschränkungen im Hüftgelenk und in beiden Knie- und Sprunggelenken.

Der Kläger leidet unter depressiven Episoden und einer erektilen Dysfunktion. Sein Selbstbild als vitaler Mann ist stark erschüttert.

5. Sprunggelenk/Fuß

334 **OLG Hamm, Urt. v. 17.06.2020 – 11 U 108/19, unveröffentlicht**

600,00 € (Mitverschulden: 4/10)

Fußgelenkdistorsion mit Bandanriss

Die Klägerin zog sich auf einem Gehweg, in den Kabel verlegt wurden, eine Distorsion des Fußgelenks zu. Ein Band war angerissen. Die Klägerin war eine Woche behindert.

335 **AG Aachen, Urt. v. 23.02.2021 – 106 C 10/19, unveröffentlicht**

750,00 € (Vorstellung: 1.000,00 €)

Fehlerhafte Behandlung eingewachsener Zehennägel

Die junge Klägerin wurde wegen zwei eingewachsener Zehennägel fehlerhaft behandelt. Es wurden sog. Ross-Faser-Orthonyxiespangen bzw. Nagelkorrekturspangen angebracht. Während der Behandlungszeit konnte die Klägerin nicht ins Schwimmbad und Sport nur eingeschränkt betreiben. Ein Judotraining wie auch Ausflüge waren ihr nicht mehr möglich; beim Schulsport musste sie häufiger aufhören. Sie litt unter Angstzuständen vor den Terminen. Geschlossene Schuhe konnte sie nicht tragen und wurde von der Mutter zu Behandlung hin- und wieder zurückgebracht. Diese Einschränkungen der persönlichen Lebenssphäre sprechen dafür, dass die Komplikationen schon ein erhebliches Maß erreichten.

336 **OLG Karlsruhe, Urt. v. 11.05.2021 – 9 U 62/19, NJW-RR 2021, 1321**

1.500,00 €

Sprunggelenkfraktur

Die Klägerin glitt in einem Supermarkt vor der Toilette auf einer feuchten Stelle aus und zog sich eine Distorsion des oberen Sprunggelenks zu. Diese wurde mit einer Schiene ruhig gestellt und sodann für 2 Wochen eingegipst. Sechs Wochen war die Klägerin auf Gehhilfen angewiesen. Sie war rd. einen Monat arbeitsunfähig. Erst nach 4 Monaten konnte sie den Fuß normal belasten. Zur Höhe des Schmerzensgeldes beruft sich der Senat auf die Tabelle von Hacks/Wellner, ohne vergleichbare Entscheidungen zu benennen.

337 **LG Waldshut-Tiengen, Urt. v. 24.02.2017 – 1 O 212/16, unveröffentlicht**

1.800,00 € (Vorstellung: 2.000,00 €)

Fußverletzung – Rippenfrakturen – Prellungen

Der Kläger war am Fuß operiert worden, ihm waren aufgrund einer Erkrankung 2 Zehen amputiert worden. Die Beklagte brachte ihn amtspflichtwidrig in einer Notunterkunft unter, in der er, um zu dem Schlafplatz zu gelangen, eine Treppe benutzen musste. Er stürzte die Treppe hinunter und zog sich Prellungen und Rippenfrakturen zu. Die Operationsnähte am Fuß öffneten sich wiederholt und mussten nachbehandelt werden.

338 **LG Saarbrücken, Urt. v. 16.02.2018 – 6 O 229/17, unveröffentlicht**

2.000,00 € (Mitverschulden: 1/3)

Innenknöchelfraktur – Prellungen

Ein 17 Jahre alter Rollerfahrer missachtete die Vorfahrt und erlitt bei dem Unfall eine Fraktur des Innenknöchels. Er wurde 2 mal operiert und war 6 Wochen auf Gehhilfen angewiesen. Die Krankengymnastik erfolgte ambulant. Die zu erwartende vorzeitige Arthrose wurde berücksichtigt.

LG Essen, Urt. v. 26.01.2015 – 18 O 207/13, unveröffentlicht 339

2.400,00 € (Mitverschulden: 2/5; Vorstellung: 10.000,00 €) – Vorentscheidung zu OLG Hamm – 7 U 52/15.

Fraktur des Fußgelenks (Weber-B-Fraktur) – Bänderriss

Die Klägerin rutsche auf Glatteis aus und stürzte. Sie zog sich eine Fraktur des Fußgelenks (Weber-B-Fraktur) und einen Bänderriss zu. Die Verletzung wurde operativ versorgt, die Klägerin wurde 13 Tage stationär behandelt, der Gips musste 2 x unplanmäßig erneuert werden. Nach Reha und Re-Operation konnte die Klägerin längere Zeit keinen Sport betreiben und leidet unter diskreter Kraftminderung.

OLG Oldenburg, Urt. v. 17.05.2022 – 2 U 20/22, NJW 2023, 232 340

2.400,00 € (Mitverschulden: 80 %)

Fraktur Sprunggelenk – Fraktur Mittelfußknochen

Die 72 Jahre alte Klägerin wurde als Radfahrerin von einem Sonderrechtsfahrzeug überholt. Sie stürzte, ohne dass es zu einer Berührung gekommen war. Die Betriebsgefahr des Sonderrechtsfahrzeugs wurde mit 20 % angenommen.

Die Klägerin erlitt Frakturen des Sprunggelenks und des Mittelfußknochens. Sie trug 2 Wochen einen Gipsverband, weitere 6 Wochen einen speziellen Stiefel und danach für 10 Wochen einen speziellen Strumpf.

LG Köln, Urt. v. 14.06.2018 – 15 O 307/17, unveröffentlicht 341

2.500,00 € (Vorstellung: 3.000,00 €)

Außenbandruptur

Die Klägerin erlitt infolge einer Unebenheit auf einem Rollfeld eine Außenbandruptur am Fuß. Sie wurde konservativ ambulant behandelt und für mehrere Wochen mit einer Schiene versorgt. Die Arbeitsunfähigkeit dauerte rd. 8 Wochen.

OLG Karlsruhe, Urt. v. 31.10.2019 – 9 U 77/17, VersR 2020, 472 = NJW-RR 2020, 542 = ZfS 2020, 395 342

2.500,00 € (Mitverschulden: 1/3)

Knöchelfraktur

Der Verletzte wurde als Radfahrer von einem PKW-Fahrer tätlich angegriffen und vom Fahrrad gezerrt. Er blieb mit dem Fuß in den Klickpedalen hängen, es kam zu einer Knöchelfraktur. Im Adhäsionsverfahren gegen den PKW-Fahrer wurde dieser zur Zahlung des Schmerzensgeldes verurteilt.

Die Entscheidung betrifft die Deckungsschutzklage des PKW-Fahrers gegen seinen Haftpflichtversicherer. Die Entscheidung im Adhäsionsverfahren entfaltet für den Deckungsprozess Bindungswirkung.

OLG Zweibrücken, Urt. v. 29.01.2016 – 2 U 82/12, VersR 2016, 1327 343

2.650,00 €

Ferse – Hundebiss

Der Hund des Beklagten, der als Jagdgast an einer Jagd teilnahm, biss den Kläger in die Ferse, der dadurch 6 Wochen arbeitsunfähig wurde.

344 **OLG Hamm, Urt. v. 19.01.2016 – 7 U 52/15, unveröffentlicht**

3.000,00 € (Vorstellung: 3.000,00 €)

Fraktur des Fußgelenks – Bänderriss

Die Klägerin stürzte auf einer nicht gestreuten Fläche und zog sich eine Fraktur des Fußgelenkes (Weber-B-Fraktur) und einen Bänderriss zu. Sie wurde operiert und 11 Tage stationär behandelt. Ihr wurde oberhalb des Sprunggelenkes in das Wadenbein operativ eine Metallplatte eingesetzt (Syndesmose). Nach der Entlassung aus dem Krankenhaus trug sie für sechs Wochen einen Gips, der vom Fuß bis unterhalb des Knies reichte. Sie konnte sich nur mit Gehhilfen fortbewegen. Der angelegte Gips musste in der Folgezeit aufgrund eines Lymphstaus zweimal entfernt und erneut angelegt werden. Danach musste sich die Klägerin 3 Wochen in die ambulante Reha begeben. Später wurde das Plattenimplantat operativ entfernt. Es besteht eine andauernde endgradig eingeschränkte obere Sprunggelenksfunktion mit diskreter Kraftminderung des Sprunggelenks.

Die Klägerin erlitt erhebliche Schmerzen. Sie war vor dem Unfall bewegungsaktiv und trieb regelmäßig Sport, was ihr seither nur eingeschränkt möglich ist. Sie leidet noch immer unter Schmerzen im Fuß.

345 **LG Saarbrücken, Urt. v. 16.12.2016 – 4 O 249/15, unveröffentlicht**

3.000,00 € (Mitverschulden)

Vorderfußfraktur – Schürfwunden

Der Kläger wurde bei einer Rangelei, an der er nicht schuldlos war, umgestoßen und zog sich eine Fraktur des Vorderfußes und Schürfwunden zu. Er war 3 1/2 Monate arbeitsunfähig und befand sich 3 Monate in psychotherapeutischer Behandlung.

346 **LG Bielefeld, Urt. v. 29.05.2020 – 1 O 231/16, unveröffentlicht**

3.000,00 € (Vorstellung: 5.000,00 €)

Sprunggelenkfraktur – Narbe

Die Klägerin, eine Schülerin, stürzte auf einem gepflasterten Parkstreifen und erlitt eine Weber-C-Fraktur des oberen Sprunggelenks. Ihr wurde eine Platte mit sieben Schrauben eingesetzt. Am 4. Tag wurde sie aus der stationären Behandlung entlassen. Es verblieb eine 9 cm lange Narbe und eine geringe Schwellneigung. Spätschäden sind möglich.

347 **OLG Schleswig, Urt. v. 29.04.2021 – 11 U 121/20, unveröffentlicht**

3.000,00 € (Mitverschulden: 1/5; Vorstellung: 3.000,00 €)

Absprengung am Außenknöchel – Außenbandriss

Die Klägerin kam auf einem Behindertenparkplatz der Beklagten durch den Tritt in ein Schlagloch zu Fall. Sie erlitt eine knöcherne Absprengung am Außenknöchel und einen Außenbandriss, außerdem Schürfwunden. Durch die Verletzung war eine Urlaubsreise entwertet. Die Klägerin konnte mindestens zwei Wochen ohne Hilfe gar nicht und auch anschließend noch monatelang nur unter Schmerzen gehen. Die Verletzung rechtfertigt das »vorgestellte Schmerzensgeld«.

348 **LG Köln, Urt. v. 12.07.2016 – 5 O 360/15, unveröffentlicht; das OLG Köln, Urt. v. 10.02.2017 – 19 U 102/16, unveröffentlicht, hat auf die Berufung des Beklagten die Klage abgewiesen, weil die Klägerin ein Mitverschulden von 2/3 treffe und das gezahlte Schmerzensgeld von 1.500,00 € ausreiche.**

4.000,00 € (Mitverschulden: 1/3; Vorstellung: mindestens 5.000,00 €)

Innenknöchelfraktur – Tibiakopffraktur

Die Klägerin wurde beim Überqueren einer Straße angefahren und erlitt eine Tibiakopffraktur und eine Innenknöchelfraktur. Es kam zu einer posttraumatischen Nekrose und zu Wundheilungsstörungen. Der stationäre Krankenhausaufenthalt dauerte rd. 6 Wochen.

OLG Frankfurt, Urt. v. 13.03.2017 – 4 U 158/16, unveröffentlicht 349

4.000,00 € (Vorstellung: 5.000,00 €)

Mittelfußknochenfraktur

Die Klägerin verletzte sich bei einer Veranstaltung, die die Beklagte durchgeführt hatte, weil sie über einen hohl verlegten Teppich auf einer Treppe stolperte. Sie erlitt einen Mittelfußknochenbruch, der zwei Operationen nötig machte und zu drei Monaten Arbeitsunfähigkeit führte.

LG Bonn, Urt. v. 23.02.2018 – 1 O 91/17, unveröffentlicht 350

4.000,00 € (Vorstellung: 4.000,00 €)

Sprunggelenkfraktur – Syndesmoseausriss

Die Klägerin wurde bei einem Spaziergang durch einen freilaufenden Jagdhund zu Fall gebracht. Sie erlitt eine Sprunggelenkfraktur und einen knöchernen Syndesmoseausriss. Sie musste operiert werden und wurde 5 Tage stationär behandelt. Eine posttraumatische Arthrose ist zu befürchten.

OLG Hamm, Urt. v. 01.03.2023 – 11 U 73/22, MDR 2023, 985 351

4.500,00 € (Mitverschulden: 1/2)

Abriss des Außenbandes – Sprunggelenk

Die Klägerin kam durch eine Unebenheit des Straßenbelages zu Fall und zog sich eine Ruptur des Ligamentum fibulolaterale anterior und zumindest eine deutliche Teilläsion des Ligamentum fibulokalkaneare, also einen Abriss eines Außenbandes des oberen Sprunggelenks sowie eine Gewebeschädigung eines weiteren Außenbandes des oberen Sprunggelenks, sowie eine mediale Kontusion mit Verdacht auf fissurale Läsion im Bereich des Talus, also eine Prellung und Gewerbeschädigung im Bereich des Übergangs des Unterschenkelknochens zum Fuß zu. Sie war 6 1/2 Monate arbeitsunfähig und leidet an unfallbedingten Schmerzen bei längerer starker Belastung des Fußes.

OLG Frankfurt, Beschl. v. 09.05.2017 – 4 U 233/16, unveröffentlicht 352

5.000,00 € (Mitverschulden: 1/10)

Fraktur des Sprunggelenks

Der Kläger wurde vom Beklagten, einem Fahrradfahrer, angefahren. Er erlitt eine Fraktur des Sprunggelenks. Zwei Jahre nach dem Unfall sind noch nicht alle Beschwerden abgeklungen.

OLG Saarbrücken, Urt. v. 22.12.2022 – 4 U 116/21 353

5.000,00 €

Sprunggelenkfraktur

Infolge einer Verletzung der Verkehrssicherungspflicht der Beklagten zog sich die Klägerin eine Sprunggelenkfraktur zu, die operativ behandelt wurde. Die Klägerin war 12 Wochen auf einen Rollstuhl angewiesen. Ob die Klägerin Dauerschäden erlitten hat und ob mit Spätschäden zu rechnen ist, bleibt offen. Die Höhe des Schmerzensgeldes wird begründet mit zwei angeblich vergleichbaren Entscheidungen aus den Jahren 2013 und 2014.

OLG Hamm, Urt. v. 08.07.2016 – 26 U 203/15, unveröffentlicht 354

6.000,00 €

Versteifungsoperation des Sprunggelenks – Arthrodese

Vor einer Versteifungsoperation des Sprunggelenks (Arthrodese) muss der Operateur den Patienten über das Risiko einer Pseudoarthrose aufklären. Ohne diese Aufklärung ist die Operation rechtswidrig. Das Risiko hat sich verwirklicht.

355 **OLG Düsseldorf, Urt. v. 25.08.2015 – 21 U 8/14, DAR 2016, 515**

6.500,00 € (Vorstellung: mindestens 7.500,00 €)

Sprunggelenkfraktur

Die 46 Jahre alte Klägerin kam bei Eisglätte auf dem Waschstraßengelände einer Tankstelle zu Fall und zog sich eine sog. Maisonneuve-Fraktur des Sprunggelenks mit einer Innenknöchelfraktur und einer Fraktur des sog. Volkmannschen Dreiecks am Schienenbein zu. Sie musste sich drei operativen Eingriffen unterziehen. Die Heilung der Frakturen verzögerte sich.

Es kam zu einer Muskelminderung des Ober- und Unterschenkels und zu Bewegungseinschränkungen des oberen Sprunggelenks um insgesamt 20° sowie zu einer endgradigen Bewegungseinschränkung des unteren Sprunggelenks und zu leichten vorauseilende Verschleißerscheinungen. Das Sprunggelenk belastende Sportarten sind mit hinreichender Wahrscheinlichkeit nicht mehr möglich. Die MdE beträgt 10 %.

Für die Schmerzensgeldbemessung wurden völlig ungeeignete Entscheidungen aus 1999 und 2001 zum Vergleich herangezogen.

356 **LG Bonn, Urt. v. 25.08.2016 – 13 O 91/16, OLG Köln, Urt. v. 12.01.2017 – 19 U 125/16: Berufung des Beklagten zurückgewiesen.**

6.500,00 € (Vorstellung: mindestens 15.000,00 €)

Doppelte Luxationsfraktur des Sprunggelenks

Die 27 Jahre alte Klägerin erlitt beim Besuch eines Kletterwaldes einen Unfall und zog sich eine doppelte Luxationsfraktur des Sprunggelenks zu. Sie wurde 12 Tage stationär behandelt und musste sich einer Revisionsoperation unterziehen. Sie leidet weiterhin unter Bewegungs- und Belastungsschmerzen und ist bei sportlicher Betätigung leicht eingeschränkt.

357 **LG Bielefeld, Urt. v. 15.11.2018 – 2 O 395/17, unveröffentlicht**

6.500,00 € (Vorstellung: 7.500,00 €)

Fraktur Mittelfußknochen – Quetschungen

Der Beklagte fuhr dem Kläger mit dem Gabelstapler über den Fuß, wodurch der Kläger Quetschungen und Frakturen der Mittelfußknochen erlitt. Der Kläger litt unter starker Druckschmerzhaftigkeit und der Fuß war nicht belastungsfähig. Die Frakturen wurden operativ behandelt, wobei die Knochen mittels sog. Kirschner-Drähte fixiert wurden. Der Kläger war mehrere Monate arbeitsunfähig.

358 **OLG Celle, Urt. v. 16.12.2020 – 14 U 108/20, NJW-RR 2021, 601**

7.000,00 € (Mitverschulden 1/2; Vorstellung: 14.000,00 €)

Sprunggelenkfraktur– Kniegelenk-Distorsion – Lymphödem

Die dunkel gekleidete Klägerin trat als Fußgängerin vor ein haltendes Auto, das gerade anfahren wollte. Bis auf ein chronische Lymphödem am Unterschenkel sind alle Verletzungen komplikationslos ausgeheilt. Zwar besteht bei knöchernen Verletzungen im Gelenksbereich stets eine Arthrosegefahr, die bei der Bemessung des Schmerzensgeldes beachtet worden sei. Auch die von der Klägerin beklagten Bewegungseinschränkungen und die immer wieder auftretenden Beschwerden und die Belastungsdefizite fließen in die Schmerzensgeldbemessung unter Beachtung des Mitverschuldens der Klägerin ein.

359 **LG Offenburg, Urt. v. 18.02.2015 – 6 O 47/13, unveröffentlicht**

7.500,00 € (Vorstellung: 9.500,00 €)

Verletzung am Sprunggelenk – Bänderverletzung

Die Klägerin wurde als Radfahrerin von einem PKW angefahren und stürzte. Sie zog sich eine Verletzung am Sprunggelenk und eine Bänderverletzung zu und musste nach 6 Wochen für 2 Tage stationär behandelt werden. Sie war für 6 Monate in der Mobilität beschränkt. Die Beklagte zahlte auf die Schmerzensgeldforderung der Klägerin vorprozessual 7.500,00 €.

LG Aachen, Urt. v. 30.06.2015 – 12 O 482/14, VersR 2016, 744 360

7.500,00 € (Vorstellung: mindestens 7.500,00 €)

Talushalsfraktur am Sprunggelenk

Die Klägerin erlitt als Kirmesbesucherin auf einer Rutschbahn einen Unfall, bei dem sie sich eine offene Talushalsfraktur im Sprunggelenk zuzog, die operiert werden musste. Nach 10 Tagen stationärer Behandlung war sie 14 Wochen auf Gehhilfen angewiesen – davon die ersten 10 Wochen beidseitig – und mehr als drei Monate als Lehrerin dienstunfähig. Sie verspürte noch 10 Monate nach dem Unfall Belastungseinschränkungen, sodass insbesondere Joggen oder ähnliche Bewegungen nicht möglich waren. Sie konnte ihrem großen Hobby, dem Balletttanz, nicht mehr nachgehen und musste dreimal wöchentlich zur Krankengymnastik.

AG Witten, Urt. v. 28.08.2024 – 9 Ls 35/24 361

7.500,00 € (Vorstellung: 7.500,00 € als Vorschusszahlung)

Sprunggelenkfraktur

Der Angeklagte, der zu einer Bewährungsstrafe verurteilt wurde, stieß den Geschädigten ohne jeden Anlass zu Boden und schlug auf ihn ein. Ferner versetzte er ihm mit einem spitzen Gegenstand eine etwa 2 cm breite Stichwunde im Bereich des linken Rippenbereichs, die genäht werden musste. Der Geschädigte erlitt im Rahmen dieser Auseinandersetzung eine Sprunggelenksluxationsfraktur und eine Weber B Fraktur am linken Fuß. Der Geschädigte ging aus eigenem Wunsch nach Hause, wurde aber wenige Tage später zum ersten Mal und später ein zweites Mal operiert. Es wurden Schrauben und Platten eingesetzt und er war monatelang nicht arbeitsfähig. Schmerzen verursacht diese Verletzung immer noch.

Der Adhäsionskläger hat beantragt, den Angeklagten zu einer Vorschusszahlung auf das Schmerzensgeld zu verurteilen. Dem entsprach das Gericht offenbar ohne Probleme.

OLG Dresden, Urt. v. 15.11.2016 – 4 U 507/16, MedR 2017, 716 = ArztR 2017, 265 = Chefarzt aktuell 2017, 91 362

8.000,00 € (Vorstellung: 35.000,00 € zuzüglich Rente monatlich 300,00 €)

Talusfraktur

Die 31 Jahre alte Klägerin erlitt 2001 eine Talusfraktur, die konservativ behandelt wurde und fehlverheilt war. Weil später eine Arthrose diagnostiziert wurde, wurde das Sprunggelenk 2009 versteift. Die Aufklärung der Klägerin erfolgte mehr als 6 Monate vor der eigentlichen Operation, war deshalb unwirksam und zudem unvollständig.

Das Schmerzensgeld wurde bemessen an der jedenfalls vorzeitigen Operation, den damit verbundenen Schmerzen, dem stationären Aufenthalt von 10 Tagen und der notwendigen Mobilisation von 6 Wochen.

LAG Schleswig-Holstein, Urt. v. 26.04.2016 – 1 Sa 247/15 363

10.000,00 € (Vorstellung: 10.000,00 €)

Mittelfußknochen – Dislozierte Mehrfragmentfraktur

Der 44 Jahre alte Kläger wurde von einem Kollegen verletzt, der 2 x mit einem Gabelstapler über seinen Fuß fuhr. Er erlitt eine teils dislozierte Mehrfragmentfraktur des Mittelfußknochens mit Gelenkbeteiligung. Die schwere Fußfraktur löste Schmerzen aus, die mindestens 2 Jahre anhielten. In dieser Zeit war der Kläger arbeitsunfähig.

364 **LG Köln, Urt. v. 06.03.2018 – 4 O 307/15, unveröffentlicht**

<u>10.000,00 €</u> (Mitverschulden: 1/3)

Fraktur des Knöchels und eine Ruptur von Bändern

Der 59 Jahre alte Kläger und der Beklagte arbeiteten beim Entladen von Fahrzeugen mit sogenannten »Elektro-Ameisen«. Der Beklagte verletzte den Kläger, der eine offene Weber-B-Fraktur des Außenknöchels und eine traumatische Ruptur von Bändern in Höhe des oberen Sprunggelenks und des Fußes erlitt. Er musste sich mehreren Operationen unterziehen, bei denen unter anderem eine offene Reposition des Sprunggelenks erfolgte bzw. eine Schraube und eine verbaute Platte entfernt wurden. Die Beweglichkeit und die Belastbarkeit des Sprunggelenks sind herabgesetzt und der Kläger ist als LKW-Fahrer dauerhaft berufsunfähig ist. Nicht sprunggelenksbelastende Erwerbstätigkeiten sind ihm hingegen möglich.

365 **OLG Brandenburg, Beschl. v. 08.11.2018 – 12 W 14/15, unveröffentlicht**

<u>10.000,00 €</u> (Vorstellung: 50.000,00 €) – PKH-Bewilligung

Fußheberparese nach Bandscheibenoperation

Die Antragstellerin unterzog sich einer dorso-ventralen Spondylodese im Bereich der Bandscheiben L4/L5 und L5/S. Infolge der operativen Eingriffe, über die die Antragstellerin nicht wirksam aufgeklärt worden war, erlitt sie eine Fußheberparese, die dazu führt, dass mit diesem Bein eigenständig keine Bewegungen durchgeführt werden können. Die Antragstellerin ist auf die Verwendung zweier Unterarmgehstützen angewiesen. Die zu bewältigende Gehstrecke liegt unter 100 Meter. In bestimmten Situationen kommt es zu einem Versagen des linken Beines, was mehrfach zu Stürzen geführt hat. Diese nach Angaben der Antragstellerin als dauerhaft anzusehende Beeinträchtigung stellt durchaus eine Verschlechterung ihres Zustandes vor den operativen Eingriffen dar.

366 **OLG Hamm, Urt. v. 13.11.2018 – 26 U 56/18, unveröffentlicht**

<u>10.000,00 €</u> (Vorstellung: 10.000,00 €)

Tibiafraktur oberes Sprunggelenk

Der 48 Jahre alte Kläger erlitt einen Treppensturz. Der behandelnde Unfallchirurg stellte die Diagnose einer Distorsion des oberen linken Sprunggelenks. Auf den Röntgenaufnahmen des Folgetages waren Frakturlinien erkennbar. Eine distanzierte Pilon-Tibiafraktur des linken oberen Sprunggelenks wurde erst nach rd. 7 Wochen erkannt und behandelt.

Der Kläger erlitt einen Dauerschaden. Das Sprunggelenk ist von starkem Verschleiß betroffen, Der Rückfuß steht schräg und die Gehfähigkeit des Klägers ist eingeschränkt, die Beweglichkeit des Sprunggelenks ist praktisch aufgehoben.

Der Senat ließ offen, ob das Schmerzensgeld nicht höher anzusetzen sei, da der Kläger keine Anschlussberufung eingelegt hatte.

367 **OLG Zweibrücken, Urt. v. 26.01.2022 – 1 U 188/20**

<u>10.000,00 €</u>

Frakturen Großzehe und Mittelfußknochen

Bei einem Verkehrsunfall erlitt der 17 Jahre alte Kläger mehrere Frakturen der Großzehe und der Mittelfußknochen. Er musste mehrfach für einige Tage stationär behandelt werden und leidet noch unter geringen Bewegungseinschränkungen der betroffenen Zehen.

368 **LG Köln, Urt. v. 22.06.2022 – 25 O 9/22, unveröffentlicht**

<u>10.000,00 €</u>

Nicht erkannte Sprunggelenkfraktur – lebenslanges Schmerzsyndrom – tägliche Schmerzen

Die 11 Jahre alte Klägerin erlitt eine Sprunggelenkfraktur, die vorwerfbar nicht erkannt wurde. Dadurch manifestierte sich ein chronisches regionales Schmerzsyndrom, zu dem es nicht gekommen wäre, wenn die Fraktur erkannt und vier Wochen ruhiggestellt worden wäre.

Die Klägerin leidet unter täglichen, besonders belastungsabhängigen Schmerzen nach längerem Laufen bzw. sportlicher Belastung, es vergeht kein Tag ohne Schmerzen, sie braucht beim Laufen Pausen nach längeren Strecken, auch nachts bestehen Schmerzen, so dass sie z.B. das Tanzen aufgegeben hat.

Ein unfassbar niedriges Schmerzensgeld für einen über rd. 70 Jahre bestehenbleibenden Dauerschaden. Der Anwalt der Klägerin hat > 2 Jahre keinen Verzug begründet und den falschen Antrag (ohne Mindestbetrag) gestellt, so dass kein Rechtsmittel möglich war.

LG Wiesbaden, Urt. v. 06.01.2022 – 2 O 217/18 369

11.000,00 € (Vorstellung: 25.000,00 €)

Fehlerhafte Operation eines Hallux-Valgus

Nach einem groben Behandlungsfehler musste sich die Klägerin zwei Nach-Operationen unterziehen und litt nachfolgend unter massiven Schmerzen an den Zehen. Es besteht eine ausgeprägte Schmerzsymptomatik des gesamten Vorderfußes bei weiterhin vorhandener Hallux valgus-Deformität. Die Klägerin litt mindestens 1,5 Jahre unter Schmerzen und Einschränkungen im Abrollverhalten des Fußes mit Beeinträchtigung der allgemeinen Lebensführung. Die Kammer hält das Schmerzensgeld unter Berücksichtigung von (nicht genannten) vergleichbaren Entscheidungen für angemessen.

OLG Dresden, Beschl. v. 19.03.2021 – 4 W 72/21, GesR 2021, 492 370

12.000,00 € (Vorstellung: 12.000,00 €)

Zehenamputation nach unterlassener Befunderhebung

Weder der Hausarzt noch die nachbehandelnde Gefäßchirurgin nahmen einen Wundabstrich einer Großzehenwunde bei diabetischem Fußsyndrom.

OLG Dresden, Urt. v. 28.04.2017 – 6 U 1780/16, DAR 2017, 463 371

13.000,00 € (Mitverschulden: 1/4; Vorstellung: nicht unter 13.000,00 €)

Sprunggelenkfraktur – Schädelhirntrauma – Unterarmfraktur

Der Kläger erlitt bei einem Verkehrsunfall eine Fraktur des Unterarms und eine Fraktur des Sprunggelenks sowie ein Schädelhirntrauma. Er verlor bei dem Unfall das Bewusstsein. Der Kläger musste mehrfach operiert werden. Er wurde 7 Wochen stationär behandelt und war 6 Wochen in einer Reha und war mehr als 6 Monate arbeitsunfähig. Dauerschäden hat er nicht zu beklagen.

Das Schmerzensgeld ist wegen des verzögerlichen Regulierungsverhaltens der Beklagten erhöht worden.

OLG Schleswig, Urt. v. 03.11.2016 – 7 U 21/15, unveröffentlicht 372

14.000,00 €

Tallusfraktur – Prellungen

Die 45 Jahre alte Klägerin erlitt eine Tallusfraktur und Prellungen. Die Behandlung und Wiedereingliederung waren langwierig. Als Dauerschaden verblieb eine Sprunggelenkteilsteife. In dieser Zeit musste die Klägerin auf Freizeitaktivitäten verzichten.

OLG Hamm, Urt. v. 18.02.2015 – 3 U 166/13, ArztR 2015, 246 373

15.000,00 €

Fuß- und Großzehenheberschwäche – Unterschenkel – Amputationsangst

Bei der 23 Jahre alten Klägerin blieb infolge eines groben Befunderhebungsfehlers ein Synovialsarkom im Unterschenkel unbehandelt. Eine nach der Behandlung zurückbleibende dauerhafte Fuß- und Großzehenheberschwäche ist dem Behandlungsfehler zuzurechnen, weil die Beweislastumkehr bei groben Behandlungsfehlern dazu führt, in Bezug auf einen Sekundärschaden, der eine typische Folge des Primärschadens ist, die Kausalität insoweit zu bejahen.

Die Klägerin musste zunächst damit rechnen, dass eine Amputation des Unterschenkels notwendig werden könnte.

374 **LG Offenburg, Urt. v. 30.07.2019 – 3 O 311/15**

15.000,00 €

Rißwunde am Sprunggelenk – Prellungen

Die 27 Jahre alte Klägerin erlitt als Motorradfahrerin eine Risswunde am Sprunggelenk mit Innenbandriss. Ferner erlitt sie eine Verletzung des nervus saphenus, Schürfungen an Schulter, Unterschenkel und Hand und Prellungen an der Schulter und eine Entzündung im Bereich des Hoffa-Fettkörpers und der Partellasehne mit Narbenbildungen. Es bestanden neurologische Ausfallerscheinungen durch Kribbelparästhesien am Unterschenkel, die erst nach 3 Jahren nachließen und Taubheitsgefühle im Bereich des Ring- und Kleinfingers.

375 **KG Berlin, Urt. v. 09.09.2019 – 22 U 35/12**

15.000,00 € (Vorstellung: mindestens 30.000,00 €)

Fraktur des Sprunggelenks

Der Kläger erlitt als Fußgänger bei einem Verkehrsunfall eine Innenknöchelfraktur des Sprunggelenks mit Syndesmoseruptur, eine Hüftprellung und eine psychovegetative Störung. Die Fortbewegung des Klägers war über einen Zeitraum von mehreren Monaten teilweise erheblich eingeschränkt. Als Spätschaden ist die (vorzeitige) Entstehung einer Arthrose im Sprunggelenk des vergleichsweise noch jungen Alters zu erwarten, dem besonderes Gewicht zukommt.

376 **LG Tübingen, Urt. v. 25.03.2025 – 5 O 9/24**

16.000,00 € (Vorstellung: 20.000,00 €)

Sprunggelenksverletzung – Knieverletzung – CRPS

Die Klägerin erlitt bei einem Verkehrsunfall eine Sprunggelenk- und eine Knieverletzung und musste 3 Wochen stationär behandelt werden. Es kam zu einer sogenannten Heilentgleisung im Sinne eines Chronic Regional Pain Syndrome (CRPS) und sie wurde wegen angegebener diverser Schmerzbereiche bildgebend untersucht. Für die Höhe des Schmerzensgeldes fehlen vom Anwalt der Klägerin und vom Gericht jede Begründung.

377 **OLG Köln, Urt. v. 06.12.2018 – 3 U 49/18, NJW-RR 2019, 595**

18.109,51 € (Mitverschulden: 1/3)

Außenknöchelfraktur – Bänderruptur des oberen Sprunggelenks

Der 59 Jahre alte Kläger und der Beklagte waren damit beschäftigt, mit sogenannten »Elektroameisen« Kraftfahrzeuge zu beladen. Der Beklagte stieß dabei gegen den Fuß des Klägers, der dabei eine offene Weber-B-Fraktur des Außenknöchels und eine Ruptur von Bändern erlitt. Der Kläger wurde mehrfach stationär behandelt und operiert. Als Dauerschaden verblieben sind Probleme beim Abrollen des Fußes, eine herabgesetzte Belastbarkeit des Gelenks, fortbestehende Reizbarkeit und vermehrter Verschleiß. Der Kläger ist auf Dauer berufsunfähig.

378 **OLG Hamm, Urt. v. 08.04.2016 – 11 U 141/14, unveröffentlicht**

20.000,00 € (Mitverschulden: 2/3; Vorstellung: 50.000,00 €)

Verlust des Fußes (Amputation) – Hämatome – innere Blutungen – Verletzungen der Wirbelsäule

Der noch im jugendlichen Alter stehende Kläger sprang von einem anfahrenden Zug ab, geriet mit einem Fuß unter den Zug, wodurch der Fuß abgetrennt wurde. Daneben erlitt der Kläger Hämatome, innere Blutungen und Verletzungen der Wirbelsäule. Der Kläger wurde vielfach operiert und leidet immer wieder unter den Folgen des Unfalls, wenn auch eine weitgehende Beschwerdefreiheit erreicht werden konnte.

OLG Düsseldorf, Urt. v. 21.03.2019 – 1 U 169/17, unveröffentlicht 379

20.000,00 €

Tibiafraktur – Versteifung des Sprunggelenks – Arthrose

Die 44 Jahre alte Klägerin erlitt eine Tibiakantenfraktur und eine Absprengung des Volkmann'schen Dreiecks. Das Deltaband ist ausgerissen, das Syndesmosebandes ist gerissen, vernarbt und verdickt. Die Klägerin wurde mehrfach operiert und musste mehr als 18 Monaten teils stationär behandelt werden. In dieser Zeit war sie arbeitsunfähig und bleibt in der Erwerbsfähigkeit zu 25 gemindert.

Am Sprunggelenk ist eine Arthrose aufgetreten, mit Spätschäden bis zur Versteifung ist insoweit zu rechnen.

OLG Jena, Urt. v. 20.11.2024 – 2 U 119/24 380

20.000,00 €

Sprunggelenkfraktur – Wadenbeinfraktur

Weil die Beklagte die Räum- und Streupflicht verletzte, stürzte der Kläger und zog sich eine Knöchelfraktur, einen Syndesmosenriss des Sprunggelenks und eine Wadenbeinfraktur zu. Er wurde operiert und 8 Tage stationär behandelt. Weil sein Gang unsicher war, stürzte er eine Woche später auf einer Treppe. Er war rd. 2 1/2 Monate arbeitsunfähig.

Der Kläger leidet dauerhaft unter Schmerzen im Sprunggelenk, vor allem beim Treppensteigen und bei Drehbewegungen unter Last, und unter einer Schwellung des Sprunggelenks. Es besteht eine Arthrose des Sprunggelenks.

LG Halle, Urt. v. 15.12.2015 – 5 O 94/14, unveröffentlicht. Das OLG Naumburg, Urt. v. 08.06.2016 – 12 U 3/16, VersR 2017, 963 hat die Berufung der Beklagten zurückgewiesen. 381

22.000,00 € (Vorstellung: 10.000,00 €)

Fuß – Oberschenkelverletzung – Unterschenkel

Der Kläger saß vor einem Schulgebäude, als ein Stück einer Glasscheibe herabfiel und den Oberschenkel durchbohrte, was zu massiven Blutungen führte. Der Beinmuskel, Arterien. Venen und Nerven wurden durchtrennt. Der Kläger wurde 17 Tage stationär behandelt; er war 6 Wochen in der Reha.

Es entwickelte sich eine Spitzfuß- und Krallenzehenstellung, eine Verkürzung der rückseitigen Unterschenkelmuskulatur und ein Kompartmentsyndrom mit funktionellen Einbußen infolge der mangelnden Durchblutung des Unterschenkels. Die Beeinträchtigungen liegen insbesondere in einem Humpeln mit erheblicher Abrollstörung des Fußes sowie zeitweise bestehenden Schmerzen. Als Dauerschaden liegt ein sogenanntes Shortfootsyndrom vor. Eine vollständige Wiederherstellung der Funktion des Fußes ist nicht zu erwarten. Das Anheben des Fußes und die Dorsalflektion der Zehen im Grundgelenk sind nicht möglich. Infolge der Nervenschädigung wird ein Dauerschaden die Folge sein, zu dem auch eine Taubheit im rechten Unterschenkelbereich gehört.

OLG Nürnberg, Urt. v. 30.04.2015 – 5 U 2282/13, VersR 2016, 195 = GesR 2015, 534 = MedR 2016, 344 382

25.000,00 € (Vorstellung: 50.000,00 €)

Fußheberschwäche

Die Klägerin erhielt eine Hüftendoprothese, ohne vollständig aufgeklärt worden zu sein. Die Operation war rechtswidrig. Bereits wenige Tage nach der Operation musste sich die Klägerin in einem anderen Krankenhaus eine neue Totalendoprothese einsetzen lassen. Als Folge der Operationen kam es zu einer erheblichen Funktionsbeeinträchtigung des Beins und zu einer Fußheberschwäche.

383 **OLG Karlsruhe, Urt. v. 30.09.2016 – 1 U 144/15**

25.000,00 €

Kontusion Sprunggelenk und Mittelfuß – Zerstörung der inneren Knochenstruktur – Fußheberparese

Die Klägerin, eine 43 Jahre alte Fachärztin, erlitt eine schwere Kontusion des Sprunggelenks und des Mittelfußes. Die inneren Knochenstrukturen wurden zerstört. Am Außenknöchel entstand eine große Defektwunde, die bis auf die Knochenhaut reichte und die auf der Abrasion von Haut, Knochenhaut und Teilen des Knochens beruhte. Ferner erlitt die Klägerin großflächige Schürfwunden und eine Verletzung des nervus peronaeus superficialis.

Die Klägerin war mehr als 2 Monate arbeitsunfähig. Auch nach Wiedereingliederung über einen Monat erhielt sie Krankengymnastik und Lymphdrainage. Ein Nerventumor und ein später auftretendes Rezidiv mussten operativ beseitigt werden. Nach einem Jahr trat eine Fußheberparese auf.

384 **LG Düsseldorf, Urt. v. 30.01.2020 – 16 O 354/16**

25.000,00 € (Vorstellung: 50.000,00 €)

Luxationsfraktur Sprunggelenk – Fibularfraktur -Schmerzsyndrom – PtBS

Die Klägerin wurde in einem Einkaufszentrum am Heiligen Abend von einem 6 m hohen Weihnachtsbaum begraben, der 3 Wochen zuvor bereits einmal umgestürzt war. Die Klägerin erlitt eine OSG-Luxationsfraktur mit distaler Fibularfraktur sowie Innenknöchelfraktur und Fraktur des hinteren Volkmanschen Dreiecks.

Der Heilungsverlauf war regulär, allerdings verblieb ein chronisches Schmerzsyndrom, so dass die Klägerin auf regelmäßige Einnahme von Schmerzmitteln angewiesen ist. Ferner besteht eine PtBS mit Symptomen der Freudlosigkeit, Angst und Depressionen, CD-10 unter F 32.1. Das Schmerzensgeld wurde einheitlich bemessen, Zukunftsschäden sind abgegolten.

385 **OLG Hamm, Urt. v. 22.01.2021 – 7 U 18/20, RuS 2021, 356**

30.000,00 € (Vorstellung: 30.000,00 €)

Sprunggelenksluxationsfraktur – Narben

Die 22 Jahre alte Klägerin erlitt durch einen Sturz eine Sprunggelenksluxationsfraktur, die mit einem Fixateur externe und später mit einer Plattenosteosynthese versorgt wurde. Das Implantat wurde nach rd. 6 Wochen entfernt. Am Knöchel sind 2 Narben zurückgeblieben.

Die Klägerin erlitt einen Dauerschaden durch eine posttraumatische Arthrose des Sprunggelenks Schweregrades IV mit einer Gelenkspaltverschmälerung. Am Sprungbein (talus domes) zeigt sich ein ausgeprägter Osteophyt (Knochenneubildung) mit Gelenkspaltverschmälerung. Das Gangbild der Klägerin ist deutlich auffällig. Sie kann nicht in die tiefe Hocke gehen, ohne dass die Ferse vom Boden abhebt. Die Klägerin leidet unter täglichen Schmerzen, eine vollständige Ausschaltung des Schmerzes kann nicht erreicht werden. Alle sportlichen Hobbys, die sie vor dem Unfall gerne ausgeübt hat, wie Tanzen, Paintball, Wandern und Reiten übt sie nicht mehr aus, längeres Gehen oder schnelles Laufen sind ihr nicht mehr möglich. Sie ist zu 30 % schwerbeschädigt.

Eine medizinische Korrektur ist unausweichlich, dazu kommt grundsätzlich eine Protheseninplantation in Betracht; für junge Geschädigte ist die Arthrodese (Gelenkversteifung) der Goldstandard.

386 **OLG Hamm, Urt. v. 05.03.2021 – 9 U 221/19, unveröffentlicht**

30.000,00 € (Vorstellung: 35.000,00 €)

Sprunggelenksluxationsfraktur

Die 22 Jahre alte Klägerin sprang von einer Kutsche ab. Beim Aufkommen zog sie sich eine erheblich dislozierte, erstgradig offene bimalleoläre Sprunggelenksluxationsfraktur mit tibiafibularer Instabilität zu.

Die Fraktur wurde mit einem externen Fixateur und einer Plattenosteosynthese versorgt. Die Stellschraube wurde nach sechs, das Implantat nach 7 Wochen entfernt. Eine Gelenkhautentzündung wurde behandelt. Die Klägerin war mehr als drei Wochen in stationärer Behandlung. Das Schraubenmaterial ist im Bereich des Innenknöchels als Reste abgebrochener Schrauben noch nachweisbar.

Als Dauerfolge ist eine posttraumatische Arthrose des oberen Sprunggelenks des Schweregrades IV mit einer Gelenkspaltverschmälerung eingetreten. Am Sprungbein zeigt sich ein ausgeprägter Osteophyt (Knochenneubildung) mit Gelenkspaltverschmälerung. Das Gangbild der Klägerin ist deutlich auffällig. Die Beweglichkeit des oberen Sprunggelenks ist eingeschränkt. Die Klägerin kann nicht in die tiefe Hocke gehen, ohne dass die Ferse vom Boden abhebt. Es zeigt sich eine Spitzfußstellung.

Die Klägerin beklagt tägliche belastungsunabhängige Schmerzen. Sie ist zeitweise auf Gehilfen angewiesen. Alle sportlichen Hobbys, die sie vor dem Unfall gerne ausgeübt hat, wie Tanzen, Paintball, Wandern und Reiten übt sie nicht mehr aus. Sie kompensiert dies ansatzweise durch Trainingseinheiten im Fitnessstudio. Längeres Gehen bzw. schnelles Laufen sind ihr nicht mehr möglich.

Der GdB beträgt 30.

Spätschäden sind zu erwarten, jedoch nicht durch ein Feststellungsurteil gesichert.

Ein verzögerliches Regulierungsverhalten des beklagten Versicherers wurde verneint.

LG Karlsruhe, Urt. v. 19.04.2023 – 6 O 175/21, RuS 2023, 737 387

30.000,00 €

Fersenbeinfraktur – Sprunggelenkversteifung – Narbe

Die 28 Jahre alte Klägerin erlitt als Radfahrerin einen medial erstgradig offenen mehrfragmentären Fersenbeinbruch mit Beteiligung des hinteren unteren Sprunggelenks (Joint-Depression-Type). Sie wurde 3 Wochen stationär und 5 Monate ambulant behandelt. Eine Versteifung des Sprunggelenks ist mit Wahrscheinlichkeit zu erwarten, was die Klägerin als Mutter eines Kleinkindes erheblich beeinträchtigt. Die MdE beträgt auf Dauer 10 %. Die Narbe ist 15 cm lang.

Die Kammer meint, ein besonders hohes Schmerzensgeld zuerkannt zu haben, die vorstehenden Entscheidungen hat sie nicht gesehen.

OLG Thüringen, Urt. v. 23.07.2015 – 4 U 18/14, unveröffentlicht 388

40.000,00 €

Fußsenker-, Fußheber- und Zehenheberparese

Dem Kläger, Sportlehrer und Handballtrainer, wurde wegen einer Hüftkopfnekrose eine Hüftgelenktotalendoprothese implantiert. Infolge der Operation leidet der Kläger an einer Plexusläsion, einer Fußheber- einschließlich einer Zehenheberparese und einer Fußsenkerparese. Ihm ist es seither nicht mehr möglich, normal zu stehen und zu gehen; auch Sport kann er nicht mehr treiben.

Der BGH, Urt. vom 11.10.2016 – VI ZR 462/15, VersR 2017, 100 = MDR 2017, 29, hat die Entscheidung des OLG Thüringen aufgehoben, und die Aufklärung als ausreichend bezeichnet, weil die Aufklärung des Klägers über »Lähmungen« nicht nur vorübergehende Lähmungszustände, sondern auch eine dauerhafte Lähmung umfasse.

LG Amberg, Urt. v. 11.08.2016 – 24 O 17/15, unveröffentlicht 389

45.000,00 € (Vorstellung: 50.000,00 €)

Frakturen von Mittelfußknochen, Sprungbein – Fersenbein

Der 42 Jahre alte Kläger wurde bei einem Verkehrsunfall schwer verletzt. Er erlitt ein offenes komplexes Fußtrauma links mit Weichteilschaden III. Grades bei offener komplexer Fußverletzung; Pilon tibiale-Fraktur; Metatarsaletrümmerfraktur I-V; Fraktur Os cuneiforme intermedius; Lisfrank-Luxationsfraktur; Decollement Achillessehne; Deglovement komplette Fersenregion; offene Fußverletzung mit Weichteilschaden I. Grades bei offener komplexer Fußverletzung; Calcaneusfraktur, Talusfraktur.

Der stationäre Aufenthalt dauerte zunächst 7 Wochen. Am Fuß bildeten sich Nekrosen, die eine langwierige Behandlung erforderten. Der Kläger wurde immer wieder stationär behandelt. Nach einigen Jahren, etwa im Alter von 45 Jahren, wurde er in den Ruhestand versetzt. Die MdE betrug 35 %.

Der Kläger hat Dauerschäden erlitten. Seine Geh- und Stehfähigkeit ist deutlich eingeschränkt. Das Gangbild ist pathologisch, die Beinmuskulatur ist verschmächtigt. Er kann nur noch kurze Strecken gehen und nur kurze Zeit stehen.

390 **OLG München, Urt. v. 12.10.2018 – 10 U 1905/17, NJW-Spezial, 2018, 714**

45.000,00 €

Sprungbeinhalsbruch – Wadenbeinfraktur – Fraktur Mittelfußknochen – Versteifungen

Der Kläger wurde vom Fahrer eines Kfz übersehen und kam als Trike-Fahrer zu Fall. Er erlitt einen Sprungbeinhalsbruch im Fuß, eine Fraktur des Wadenbeins kurz unterhalb des Kniegelenks und eine Basisfraktur des 5. Mittelfußknochens. Bei der operativen Versorgung wurden die Sprunggelenke versteift. Er wurde 3 Wochen stationär behandelt, die Arbeitsunfähigkeit dauerte 3 Monate.

Es verblieb eine erhebliche Funktionseinschränkung des Beins durch eine Nekrose, die eine vollständige Versteifung der Sprunggelenke. Es verblieb ein hinkendes Gangbild sowie ausgeprägte, Dellen bildende Schwellungen am Unterschenkel und um die Sprunggelenke. Die Gehstrecke ist auf wenige hundert Meter begrenzt. Wegen des Spitzfußes sind Vorfuß- und Fersengang nicht möglich. Der Kläger leidet unter Dauerschmerzen. Die Lebensplanung ist grundlegend verändert, eine Berufstätigkeit im Stehen oder verbunden mit längerem Gehen ist nicht mehr möglich und durch den Bruch des Wadenbeins kam es zu einer Teillähmung des rechten Wadenbeinnervs mit Sensibilitätsstörungen und motorischen Ausfällen, die aber durch die Sprunggelenksversteifung überlagert sind. Die MdE beträgt dauerhaft 40 %.

391 **OLG München, Urt. v. 26.01.2022 – 10 U 894/21**

45.000,00 € (Vorstellung: Weiteres Schmerzensgeld)

Veränderungen des Sprunggelenks – Gelenk-Asymmetrie

Infolge einer Infektion der Hüfte kam es unter anderem zu einer schweren Veränderung des Sprunggelenks mit Gelenkspaltasymmetrie.

392 **OLG Saarbrücken, Urt. v. 12.03.2015 – 4 U 187/13, MDR 2015, 647 = SP 2015, 296**

50.000,00 € (Vorstellung: 50.000,00 €)

Femurschaftfraktur – offene Sprunggelenktrümmerfraktur – Decollement – Kompartmentsyndrom – Fußknochenfrakturen – Narben

Die 19 Jahre alte Klägerin erlitt ohne eigenes Verschulden einen Verkehrsunfall. Sie zog sich multiple Schnittwunden im Gesicht, eine Schnittwunde an der Schulter, eine Femurschaftfraktur, eine drittgradig offene Talusluxation, eine knöcherne Absprengung des Talus rechts (offener Sprunggelenktrümmerbruch), ein Decollement und Kompartmentsyndrom am Fußrücken, eine Fraktur des os cuboideum (Fußwurzelknochenbruch), eine Fraktur des os cuneiforme lateral (Bruch eines weiteren Fußwurzelknochens) und eine Fraktur des MKF-III Basis (Bruch des dritten Mittelfußknochens). Sie befand sich insgesamt sieben Tage auf der Intensivstation und es bestand Lebensgefahr. Während der intensivmedizinischen Betreuung kam es zu einer Synkope (umgangssprachlich oft als »Kreislaufkollaps« bezeichnet) mit über mehrere Minuten andauernder Bewusstlosigkeit. Im MRT fand sich kein Hinweis auf eine hirnorganische Ursache. Der stationäre Aufenthalt dauerte rund 5 Wochen. Die Klägerin wurde fünf Mal operiert. In einer sechsten Operation erfolgte die Entfernung des Marknagels.

Im Anschluss an den stationären Aufenthalt wurde die Klägerin über 2 1/2 Monate einmal wöchentlich orthopädisch behandelt. Sie war 1 Jahr arbeitsunfähig und ist zu 25 % in der Erwerbsfähigkeit gemindert. Durch den Unfall verlor die Klägerin, die gerade das Abitur abgelegt hatte, ein Jahr in ihrem beruflichen Fortkommen.

Die Klägerin kann weitere Strecken nur unter Schmerzen bewältigen, sie kann nicht mehr schnell laufen und ist gangunsicher und kann ihrem Hobby, tanzen zu gehen, nur noch bedingt nachgehen. Der Bewegungsumfang des rechten Sprunggelenks ist nicht nur aufgrund von Vernarbungen, sondern auch aufgrund einer knöchernen Apposition eingeschränkt.

Die Oberschenkelfraktur ist mit minimalem Achsfehler knöchern gut verheilt.

Verblieben sind deutlich sichtbare Narben, die auf die medizinische Behandlung der Frakturen zurückzuführen sind. Verblieben sind ferner eine auffällige Narbe am Kinn und eine sichtbare, wenn auch nicht entstellende Narbe an der Schulter.

Es sind jedoch weitere wesentliche Narbenbildungen zurückgeblieben. Im Bereich der Narbenbildung am ehemaligen Eintrittspunkt des Marknagels oberhalb des großen Rollhügels im Hüftbereich besteht eine funktionell zu erklärende Belastungsschmerzhaftigkeit. Entsprechendes gilt für den Bereich der ehemaligen Fixateur-externe-Narben. Im Bereich des rechten Sprunggelenks und des rechten Unterschenkels trat als Folge des schweren Weichteil- und Knochen-Traumas eine ausgeprägte Narbenbildung mit Defektbildung nach Schwenklappenbildung auf. Die dort auftretende Schmerzhaftigkeit bei Berührungsreizen hat der Sachverständige zutreffend als besonders unangenehm und einschränkend eingestuft. Außerdem bestehen von der ausgedehnten Vernarbung ausgehende Funktionsschmerzen.

OLG Koblenz, Beschl. v. 21.10.2016 – 5 U 881/16, VersR 2017, 1345 393

50.000,00 € (Vorstellung: 80.000,00 €)

Fußheberparese – Verletzung nervus ischiadicus

Dem Kläger wurde eine Hüfttotalendoprothese implantiert. Eine Aufklärung über Behandlungsalternativen erfolgte nicht. Postoperativ zeigte sich eine Fußheberparese, die auf eine Verletzung des nervus ischiadicus zurückzuführen war. Infolge des erlittenen Nervschadens ist der Fuß bis hin zu den Zehen gefühllos, taub und nicht mehr beweglich. Der Fuß kann auf Dauer weder gehoben noch gesenkt werden.

Der Kläger benötigt dauerhaft Schmerzmittel, muss zur Lymphdrainage und zur Krankengymnastik. Nach dem Eingriff sind bis zur Entscheidung rd. 20 Jahre vergangen.

OLG Köln, Urt. v. 09.01.2019 – 5 U 13/17, VersR 2019, 764 394

50.000,00 € (Vorstellung: angemessen, mindestens 50.000,00 €; Zinsen: 8.000,00 €)

Fußfraktur übersehen – Charcot-Fuß

Der 48 Jahre alte Kläger litt seit vielen Jahren unter Diabetes mellitus und Adipositas per magna. Bei einem Sprung von einem Schlepper knickte er mit einem Fuß um. Der Beklagte veranlasste eine Röntgenaufnahme des oberen Sprunggelenkes und diagnostizierte eine Verstauchung und Zerrung des oberen Sprunggelenks und eine Spontanruptur von nicht näher bezeichneten Sehnen nach ICD10 M66.57. Er vermerkte u.a.: »Minimale Schwellung, weiterhin keine Schmerzen (diabetische Polyneuropathie) … «. Später wurde die Ausbildung eines Charcot-Fußes bei Vorliegen einer proximalen Mittelfußfraktur am 5. Mittelfußknochen diagnostiziert.

Bei diesem Krankheitsbild handelt es sich um eine weitgehende Zerstörung des Fußgewölbes bzw. -skeletts, verursacht durch spontane Knochenbrüche und Deformierungen des Fußes, der verletzungsanfällig ist, bei dem es zu Druckgeschwüren und mit der erheblichen Störung von Nerven und Blutgefäßen kommt. Es besteht erhöhte Infektionsgefahr und Verletzungsanfälligkeit. Beim Kläger hat sich eine Spitzfußstellung verwirklicht, die operiert werden musste, die Achillessehne musste verlängert werden und es besteht eine Pseudarthrose beim 5. Mittelfußknochen. Die Deformierung des Fußes macht die permanente Versorgung mit orthopädischem Schuhwerk notwendig. Gehen und Bewegungsfähigkeit sind erheblich eingeschränkt. Der Fuß und das linke Bein dienen nur noch als Stelze. Der GdB beträgt 60.

Zur Höhe des Schmerzensgeldes fehlt jede Begründung.

395 **OLG München, Urt. v. 02.06.2021 – 10 U 7288/20, unveröffentlicht**

50.000,00 € (Vorstellung: 80.000,00 €)

Sprunggelenk – Schulter

Der Kläger wurde bei einem Verkehrsunfall erheblich verletzt. Er erlitt eine Verletzung des Sprunggelenks und der Schulter und wurde mehrmals stationär und in der Reha behandelt. Die MdE beträgt 20 %. Im beruflichen und im privaten Bereich ist der Kläger massiv eingeschränkt.

396 **LG Zweibrücken, Urt. v. 20.02.2015 – 2 O 120/08, unveröffentlicht**

100.000,00 €

Sprunggelenksluxationsfraktur – Schädelfraktur – Polytrauma mit Schädel-Hirn-Trauma – Pneumothorax – Lungenkontusion – Rippenserienfraktur – Beckenringfraktur – Schulterblattfraktur – Frakturen der Lendenwirbelsäule

Die 20 Jahre alte Klägerin schwebte in akuter Lebensgefahr und lag 2 Wochen auf der Intensivstation und wurde beatmet. Danach folgten 3 Wochen stationär und eine Vielzahl von Operationen. Die MdE beträgt 30 %.

Als Dauerschäden bestehen Bewegungsbeeinträchtigungen und Schmerzen.

Den Beklagten trifft ein schwerer Schuldvorwurf.

397 **OLG Hamm, Urt. v. 27.10.2015 – 26 U 63/15, GesR 2016, 22**

100.000,00 € (Vorstellung: 100.000,00 €)

Zehenamputation – Tod nach 3 Jahren

Die Beklagten begingen einen Befunderhebungsfehler, als sie es unterließen, bei Verdacht auf ein Melanom eine Nagelprobe zur histologischen Befundung zu entnehmen. Sie überließen es der Patientin, den Ort der Nagelprobe zu bestimmen. Die Amputation des Zehengrundgliedes wäre ohnehin erforderlich gewesen.

Den Beklagten ist zuzurechnen, dass die zu erwartende Lebenszeit der damals 55 Jahre alten Patientin deutlich verkürzt worden ist und dass sich ihre Leidenszeit über ca. 3 Jahre erstreckt hat in dem Wissen, dass eine Melanomerkrankung vorlag, die zunächst nicht erkannt wurde. Sie musste belastende Untersuchungen über sich ergehen lassen. Später sind Metastasen in der Lunge festgestellt worden, die zu mehrfachen operativen Eingriffen – Thorakotomie und Metastasektomie – geführt und der Patientin deutlich gemacht haben, dass die Erkrankung weiterhin bestanden hat und sie sich auf ein letales Ende einstellen musste.

Brust/Rippe

▶ Hinweis:

Bei Brustverletzungen handelt es sich zumeist um Unfallfolgen, die mit Rippenbrüchen (diese sind aufgrund der sachlichen Nähe auch unter diesem Punkt abgehandelt) oder der Verletzung innerer Organe einher gehen können. Soweit es um die weibliche Brust geht, spielt auch die Arzthaftung eine besondere Rolle, etwa in den Fällen von Diagnoseverspätung bei Brustkrebs, vgl. auch die unter → Behandlungsverzögerungen (Rdn. 1160 ff.) erfassten Urteile, aber auch bei misslungenen Schönheitsoperationen. Zu Letzteren vgl. auch die unter → Schönheitsoperation (Rdn. 2033 ff.) erfassten Urteile.

OLG Celle, Urt. v. 05.08.2020 – 14 U 37/20, NJW-RR 2020, 1419 = r+s 2020, 600 398

400,00 € (1/3 Mitverschulden – Vorstellung: 600,00 €)

Brustbein- und Rippenprellungen

Der Kläger wurde verletzt, als er mit seinem PKW in das bereits verunfallte Fahrzeug des Beklagten fuhr. Er erlitt eine Brustbein- und Rippenprellungen. Er hatte Schmerzen im Bereich des Rückens und beim Sitzen, die vom Kläger mit Ibuprofen behandelt wurden.

LG Potsdam, Urt. v. 24.08.2018 – 6 O 16/17, unveröffentlicht 399

500,00 € (Vorstellung: 500,00 €)

Thoraxprellung

Die Klägerin war Insassin eines PKW, der einen LKW überholte, als dieser ausscherte; der Wagen der Klägerin fuhr in den Graben und überschlug sich. Die Klägerin begab sich ins Krankenhaus, wo Druckschmerzen im Thoraxbogen rechts distal diagnostiziert, sonst aber keine Auffälligkeiten festgestellt wurden. Sie suchte im Anschluss noch ihre Hausärztin auf mit Schmerzen im Schulter-Nacken-Bereich und erneut wegen zunehmender Beschwerden im Thorax rechts und intermittierenden Kopfschmerzen. Das Gericht berücksichtigte neben der Prellung auch die Todesangst der Klägerin beim Unfallereignis.

OLG Hamm, Urt. v. 05.07.2019 – 7 U 15/18, unveröffentlicht 400

800,00 € (Vorstellung: 25.000,00 €)

Verspannung und Zerrung der Brustwirbelsäule – HWS-Schleudertrauma

Der Kläger erlitt bei einem Verkehrsunfall eine Verspannung, eine Zerrung und eine Stauchung der Brustwirbelsäule sowie ein HWS-Schleudertrauma ersten Grades, das zu körperlichem Unwohlsein, eingeschränkter Belastbarkeit und Beklommenheit führte. Die Beschwerden klangen innerhalb weniger Wochen folgenlos ab. Der Betragsvorstellung lag die Behauptung weiterer, unbewiesener Verletzungen zu Grunde.

LG Osnabrück, Urt. v. 25.04.2017 – 3 S 499/16, unveröffentlicht 401

900,00 € (2/5 Mitverschulden;Vorstellung: 3.000,00 €)

Brustbeinprellung – Throraxprellung – Armprellung

Der Kläger erlitt bei einem Verkehrsunfall eine Brustbein- und eine Thoraxprellung sowie eine Unterarm- und Handprellung beidseitig. Des Weiteren bestanden eine Distorsion sowie eine Schürfwunde am oberen rechten Sprunggelenk. Die Beschwerden dauerten einen Monat an, eine Behandlung war nicht nötig; der Kläger therapierte sich selbst mit Analgetika und Schonung.

BGH, Beschl. v. 26.06.2018 – 1 StR 208/18, StraFo 2019, 34 402

1.000,00 €

Stichverletzungen an der Brust

Die Beteiligten gerieten über eine mutmaßlich vom Geschädigten noch zu zahlende Summe in Streit; der Angeklagte verletzte den Geschädigten mit einem Messer am Oberkörper und am Kopf sowie an der linken Brustkorbseite, wobei eine Rippe durchtrennt wurde. Der Geschädigte sank aufgrund der Stichverletzungen in sich zusammen und sagte, »Hör auf, es ist genug«, worauf der Angeklagte von ihm abließ. Der Geschädigte befand sich vier Tage in stationärer Behandlung, die Verletzungen sind folgenlos abgeheilt. Die Entscheidung erging im Adhäsionsverfahren.

403 **OLG Dresden, Urt. v. 13.03.2019 – 1 U 1310/18, unveröffentlicht**

1.000,00 €

Prellung von Brustbein und Brustkorb

Die Klägerin erlitt eine Prellung des Brustbeins und des Brustkorbes sowie eine temporäre Hörminderung auf dem rechten Ohr. Ein stationärer Aufenthalt war nicht nötig.

404 **AG Hannover, Urt. v. 29.07.2020 – 512 C 15505/19, unveröffentlicht**

1.000,00 € (1/3 Mitverschulden)

Brustbeinfraktur

Der Kläger war Teilnehmer einer »Bierbike«-Tour, die die Beklagte organisierte; hierbei nutzen die Beteiligten ein Fahrzeug, was über Pedale angetrieben wird, und sitzen dabei am Tresen um einen Ausschank mit Bierfass herum. Der Kläger übernahm den Ausschank und stürzte, als das Bierbike über einen Bordstein fuhr. Der Kläger, der zunächst von einer schmerzhaften Prellung ausgegangen war, ging erst zwei Tage später zum Arzt; durch den Bruch hatte er sechs Wochen lang permanent deutliche Schmerzen. Das Gericht bejahte eine Verkehrssicherungspflichtverletzung; der Zapfer sei im Bereich um die Zapfanlage durch keinerlei technische Einrichtung vor Stürzen geschützt, obwohl angesichts des Zweckes der Fahrt mit plötzlichen und unsicheren Fahrmanövern habe gerechnet werden müssen.

405 **OLG Hamm, Beschl. v. 02.06.2021 – 11 U 93/20, NVwZ 2021, 1029**

1.000,00 €

Rippenprellungen – Schulterprellungen

Die Klägerin stürzte mit ihrem Fahrrad auf einem Gehweg, der unter Lindenbäumen stand und nach einer längeren Trockenperiode durch Nässe und das Sekret von Blattläusen rutschig geworden war; die Beklagte traf die Verkehrssicherungspflicht, ohne dass durch eine Beschilderung gewarnt worden war. Die Klägerin erlitt Schulter- und Rippenprellungen und war sieben Wochen arbeitsunfähig.

406 **AG Hamburg, Urt. v. 13.07.2018 – 23a C 437/17, SVR 2019, 142**

1.600,00 € (Vorstellung: 1.600,00 €)

Rippenfrakturen – Schulterzerrung

Die Klägerin wurde bei einem Verkehrsunfall verletzt; sie erlitt zwei Rippenfrakturen, eine Schulterzerrung und hatte Schmerzen an der Schulter. Sie war zwei Monate arbeitsunfähig und litt weitere drei Monate aufgrund der Rippenfraktur an belastungsabhängigen Schmerzen im Oberkörperbereich.

407 **OLG Karlsruhe, Urt. v. 01.02.2017 – 7 U 97/16, NJW-RR 2017, 986 = NZM 2017, 494**

1.740,00 € (1/2 Mitverschulden)

Rippenbrüche

Die Klägerin stürzte bei Dunkelheit über den Sockel eines mobilen Verkehrsschildes, welches von der Beklagten, nachdem die Genehmigungsdauer abgelaufen war, längst hätte entfernt werden müssen.

Sie brach sich vier Rippen. Die Rippen sind nicht gerade zusammengewachsen, die Körperhaltung der Klägerin ist nunmehr leicht verschoben.

LG Waldshut-Tiengen, Urt. v. 24.02.2017 – 1 O 212/16, unveröffentlicht 408

1.800,00 € (Vorstellung: 2.000,00 €)

Rippenbrüche – Prellungen an Hüfte, Arm und Brustkorb

Der Kläger, dessen Anwesen zwangsversteigert worden war, wurde von der Polizei in eine Obdachlosenunterkunft eingewiesen, in der er eine Wohnung im ersten Obergeschoss zugewiesen erhielt. Wegen einer Erkrankung des rechten Vorfußes, die zwei Monate zuvor zur Amputation zweier Zehen geführt hatte, konnte er keine Treppen steigen; beim Herausgehen aus seinem Zimmer stürzte er auf der Treppe und erlitt Prellungen an der linken Hüfte, dem Arm und dem Brustkorb sowie mehrere Rippenbrüche. Er wurde 8 Tage stationär behandelt; die Operationsnähte am Fuß gingen wiederholt auf, was zusätzliche Schmerzen und Beschwerden verursachte.

AG Augsburg, Urt. v. 10.07.2018 – 19 C 2923/17, unveröffentlicht 409

1.800,00 € (Vorstellung: 1.800,00 €)

Bisswunden und Narben an der Brust

Die 11 Jahre alte Klägerin wurde von dem Schäferhund der Beklagten angesprungen; hierdurch kam es zu Verletzungen im Brustbereich und am rechten Arm, weil der Hund sie zunächst in die Brust, dann – nach einer Abwehrhandlung von ihr – in den Arm gebissen hatte. Hierdurch entstanden großflächige Bisswunden mit der Folge von erheblichem Wundschmerz über 2 Wochen und Narben, davon die größeren im Bereich der Brust. Die Klägerin hatte einige Tage Schlafstörungen und weiterhin Angst vor fremden Hunden. Zur Vermeidung einer Infektion musste sie Antibiotika einnehmen.

OLG Brandenburg, Beschl. v. 29.11.2018 – 12 U 92/18, unveröffentlicht 410

2.000,00 € (1/2 Mitverschulden Vorstellung: weiteres Schmerzensgeld)

Brustbeinfraktur – Bauchtrauma – Thoraxkontusion

Der Kläger erlitt bei einem Verkehrsunfall eine Thoraxkontusion, eine Brustbeinfraktur des mittleren Drittels sowie ein stumpfes Bauchtrauma. Er war 8 Tage in stationärer Behandlung. Noch einen Monat nach dem Unfall litt er unter starken Schmerzen im Bereich von Thorax und Halswirbelsäule, Er war drei 1/2 Monate krankgeschrieben.

LG Essen, Urt. v. 13.03.2018 – 2 O 215/17, unveröffentlicht 411

2.000,00 € (Vorstellung: 3.600,00 €)

Rippenfraktur – Nasenbeinfraktur – Riss-Quetsch-Wunde des Nasenrückens

Die Parteien waren Nachbarn und hatten bereits diverse verbale Auseinandersetzungen gehabt. Als der Beklagte am Tattag vom Joggen nach Hause kam, kam es zu einem neuerlichen Streit, im Verlauf dessen der Beklagte den Kläger einen Schlag versetzte, aufgrund dessen der Kläger zu Boden ging und gegen die Bordsteinkante prallte. Der Kläger erlitt durch den Schlag eine Riss-Quetsch-Wunde des Nasenrückens, eine Nasenbeinfraktur sowie eine Fraktur der neunten Rippe links. Er wurde 5 Tage stationär handelt und mit attestiert »gutem Allgemeinzustand« wieder entlassen.

LG Stuttgart, Urt. v. 20.04.2018 – 19 O 99/16, unveröffentlicht 412

2.400,00 € (Mitverschulden [nicht beziffert]; Vorstellung: 5.000,00 €)

Brustwirbelsäulenkontusion – Prellungen an den Extremitäten – Radiusköpfchenfraktur

Der Kläger erlitt bei einem Unfall eine Radiusköpfchenfraktur links, eine Brustwirbelsäulenkontusion und multiple Prellungen an den Extremitäten. Er war 5 Wochen arbeitsunfähig; über einen Zeitraum von weiteren sechs Wochen konnte er seine Arbeit – unter Schmerzen – fortführen. Die

Behandlung war größtenteils ambulant. Mindernd berücksichtigte das Gericht, dass der Kläger bei einem Motorradunfall keine ausreichende Schutzkleidung trug.

413 **OLG Schleswig, Urt. v. 26.07.2023 – 7 U 42/23, NJW-RR 2023, 1451 = r+s 2023, 818**

2.500,00 € (1/2 Mitverschulden; Vorstellung: 3.500,00 €)

Rippenfrakturen – Nasenbeinfraktur – Schädelhirntrauma

Der Kläger erlitt bei einem Verkehrsunfall, an welchem er als Motorradfahrer beteiligt war, eine mehrfragmentäre, dislozierte Nasenbeinfraktur, Frakturen der dritten Rippe rechts und der zweiten Rippe links, ein leichtes Schädelhirntrauma 1. Grades und eine Daumenprellung. Er war 6 Tage stationär und 5 Wochen krankgeschrieben, die Nase musste operiert werden.

414 **LG Münster, Urt. v. 07.11.2018 – 14 O 202/18, unveröffentlicht**

3.000,00 € (1/2 Mitverschulden; Vorstellung [unquotiert]: 6.000,00 €)

Rippenserienfraktur – Schlüsselbeinfraktur – Schädelhirntrauma

Der Kläger erlitt als Pedelec-Fahrer bei einem Zusammenstoß mit der Beklagten, die als Fußgänger unterwegs war, Sturzverletzungen. Es kam zu einem Schädelhirntrauma, einer Schlüsselbeinfraktur, Schürfwunden und Prellungen sowie einer sehr schmerzhaften Rippenserienfraktur; er wurde 9 Tage stationär behandelt und befand sich noch 26 Tage in ambulanter Nachbehandlung.

415 **OLG Hamm, Urt. v. 27.05.2019 – 31 U 23/19, r+s 2019, 535**

3.000,00 € (1/2 Mitverschulden; Vorstellung: 15.000,00 €)

Brustwirbelkörperfraktur

Der Kläger erlitt als Radfahrer einen Verkehrsunfall; es kam zu einer Fraktur des dritten Brustwirbelkörpers, die im Rahmen eines dreizehntägigen stationären Aufenthaltes operativ versorgt werden musste. Der Heilungsverlauf war unkompliziert. Acht Monate später erfolgte die Materialentfernung. Die Fraktur ist unauffällig verheilt, der Kläger leidet an Druckschmerzen im oberen Brustbereich und Kopfschmerzen.

416 **LG Köln, Urt. v. 23.10.2023 – 15 O 424/21, SVR 2024, 468**

3.000,00 € (Vorstellung: 3.500,00 €)

Rippenbruch – Lungengewebsverletzung

Der Kläger erlitt bei einem Verkehrsunfall eine Verletzung des linken Brustkorbs mit Bruch der Rippen 5 und 6, eine Verletzung des Lungengewebes links sowie eine krankhafte Ansammlung von Luft zwischen der Lunge und dem Brustkorb. Er wurde vier Tage stationär behandelt, den ersten Tag auf der Intensivstation, und war einen Monat krankgeschrieben. Es kam zu Blockierungen in Wirbelsäulenbereich und Zwerchfelladhäsionen. Vier Wochen litt er unter Bewegungseinschränkungen auf der linken Seite und intensivem Druckschmerz im Brustraum; der Kläger war in seiner persönlichen Lebensführung (Triathlet) erheblich beeinträchtigt.

417 **OLG Brandenburg, Urt. v. 20.06.2019 – 12 U 143/18, unveröffentlicht**

3.500,00 € (Vorstellung: 7.000,00 €)

Brustbeinfraktur – Brustprellung – HWS-Distorsion

Die Klägerin wurde bei einem Verkehrsunfall verletzt. Sie erlitt eine Brustbeinfraktur mit Brustprellung und eine HWS-Distorsion I. Grades mit Bewegungseinschränkungen und befand sich 4 Tage in stationärer Behandlung. Es bestanden erhebliche Schmerzen über einen Zeitraum von 6–8 Wochen, etwa bei Bewegungen, Atmen, Husten und Laufen; eine aufwendige physiotherapeutische Behandlung schloss sich an. Inzwischen ist die Fraktur stufen- und komplikationslos verheilt.

LG Kleve, Urt. v. 27.07.2017 – 110 KLs 14/17, unveröffentlicht 418

4.000,00 €

Prellungen an Rippen, Schulter und Rücken – Würgemale am Hals

Die Nebenklägerin war Opfer einer versuchten Vergewaltigung; sie erlitt Hautabschürfungen und Würgemale am Hals, Hämatome und Schwellungen im Gesicht und Prellungen an den Rippen, der linken Schulter und dem Rücken. Die Rippenschmerzen dauerten zwei Wochen an, die psychischen Folgen des Angriffs (den der zufällig vorbeikommende Vater der Nebenklägerin hatte vereiteln können) dauern an.

LG Bonn, Urt. v. 05.10.2018 – 1 O 165/18, unveröffentlicht 419

4.000,00 € (Vorstellung: 4.000,00 €)

Hartspann der Brustwirbelsäule – Schürfwunden – Prellungen – Stirnplatzwunde

Die Klägerin wurde als Radfahrerin bei einem Verkehrsunfall verletzt; sie erlitt eine Platzwunde an der Stirn, Schürfwunden im Bereich von Stirn, Nase und Oberlippe sowie multiple Prellungen an der Stirn, dem rechten Unterarm und dem rechten Fuß.

Es kam zu einem HWS/BWS-Schleudertrauma mit einem Hartspann der Brustwirbelsäule. Sie war stationär aufgenommen und 11 Tage krankgeschrieben sowie fünf Monate beeinträchtigt. Ein im Anschluss an die Krankschreibung bereits zuvor gebuchter Urlaub wurde durch die Gesichtsverletzungen beeinträchtigt, die Klägerin fühlte sich optisch nicht gut und war zudem wegen der Schmerzen und Verspannungen im Brustbereich auf die Einnahme von Schmerzmedikation angewiesen.

LG Baden-Baden, Urt. v. 17.10.2019 – 204 Js 15328/17 (3) – 2 KLs, unveröffentlicht 420

4.000,00 €

Verbrennungen an der Brust

Die Parteien waren verheiratet; der Angeklagte fesselte die Nebenklägerin, vergewaltigte sie und fügte ihr dann mit einem räucherstabähnlichen Gegenstand mehr als 80 Brandverletzungen an den oberen Brusthälften und an der Haut des Oberbauches zu. Es kam zu oberflächlichen, rundlichen Hautläsionen und erheblichen Schmerzen. Die Nebenklägerin fiel in Ohnmacht; der Angeklagte fügte ihr mit einem erhitzten Messer weitere Brandverletzungen dritten Grades an den Innenseiten der Schenkel zu.

OLG Frankfurt a.M., Urt. v. 19.02.2015 – 22 U 113/13, NJW 2015, 2195 = SP 2015, 295 421

5.000,00 € (Mitverschulden)

Brustwirbelkörperfraktur – Lendenwirbelkörperfraktur

Die Klägerin stürzte beim Einsteigen in den Bus und erlitt eine Fraktur des 4. Lendenwirbelkörpers und eine Läsion der 8. und 9. Brustwirbelkörpers.

OLG Oldenburg, Urt. v. 24.03.2017 – 6 U 191/16, unveröffentlicht 422

5.000,00 € (1/2 Mitverschulden)

Rippenserienfraktur – Thoraxtrauma – Lungenkontusion

Die Klägerin erlitt durch einen Unfall eine Rippenserienfraktur der 2. – 5. Rippe links mit begleitender Lungenkontusion, ein stumpfes Thoraxtrauma sowie eine Prellung und eine kleine Platzwunde am Ellbogen. Es verblieben eine Druckempfindlichkeit und Beschwerden am linken Oberarm (Ziehen und Stechen). Die Rippenserienfraktur ist in leichter Fehlstellung konsolidiert. Er war 12 Tage in stationärer Behandlung.

423 **OLG München, Urt. v. 12.01.2018 – 10 U 958/17, ZAP EN-Nr 356/2018**

5.000,00 €

Brustbeinfraktur – Thoraxprellung – HWS-Distorsion

Die Klägerin erlitt bei einem Verkehrsunfall eine HWS-Distorsion, die zu 6 Wochen Arbeitsunfähigkeit geführt hatte. Weiterhin war sie insgesamt vier Monate krankgeschrieben, weil sie zudem eine dislozierte Brustbeinfraktur und eine Thoraxprellung erlitten hatte.

424 **OLG Brandenburg, Urt. v. 17.06.2019 – 12 U 179/18, NJW 2019, 357**

5.000,00 € (Vorstellung: 6.000,00 €)

Brustbeinfraktur – HWS-Distorsion – Prellungen

Die Klägerin erlitt bei einem Verkehrsunfall (Frontalkollision) eine dislozierte Brustbeinfraktur, eine HWS-Distorsion, beidseitige Knieprellungen sowie eine Beckenprellung rechts mit einem dreitägigen Krankenhausaufenthalt und einer Krankschreibung über zwei Monate sowie einer MdE von 10 % für noch ein halbes Jahr. Sie hat Ängste vor dem Autofahren und über die Krankschreibung hinweg noch Schmerzen.

425 **OLG Brandenburg, Beschl. v. 22.04.2021 – 12 U 124/20, unveröffentlicht**

5.000,00 €

fehlerhafte Brustrevisionsoperation

Die Klägerin ließ von den Beklagten eine Brustvergrößerungsoperation durchführen. Wegen einer Asymmetrie der Brüste kam es ein Jahr später zu einer Revisionsoperation, hinsichtlich derer die Klägerin nicht ordnungsgemäß aufgeklärt worden war und bei der auch Behandlungsfehler auftraten; die Asymmetrie wurde nicht behoben, es kam zu Wundheilungsstörungen.

426 **OLG München, Urt. v. 06.10.2021 – 10 U 6501/20, unveröffentlicht**

5.000,00 €

Zerrung und Prellung von Brustwirbelsäule, Thorax und Schulterblatt

Der Kläger erlitt durch den Unfall eine schwere Zerrung und Prellung von Thorax, Lenden- und Brustwirbelsäule sowie des linken Schulterblattes. Im Bereich der – degenerativ vorgeschädigten – Lendenwirbelsäule wurden durch den Unfall Beschwerden hinsichtlich einer (bereits vorhandenen) Vorwölbung der Bandscheibe temporär aktiviert, was über einen Zeitraum von drei Monaten weitere Schmerzen verursachte.

427 **KG, Urt. v. 18.02.2019 – 25 U 16/18, NZV 2020, 203**

7.000,00 € (1/2 Mitverschulden; Vorstellung: 16.000,00 €)

Rippenserienfraktur – Pneumothorax – Schlüsselbeinfraktur – Schenkelhalsfraktur

Der Kläger erlitt bei einem Verkehrsunfall eine mediale Schenkelhalsfraktur, eine Fraktur des Schlüsselbeines, eine Fraktur des Schulterblattes und eine Rippenserienfraktur mit Beteiligung von drei Rippen. Die Schenkelhalsfraktur zog drei Operationen unter Vollnarkose und das Einsetzen eines künstlichen Hüftgelenks nach sich. Der Kläger musste sich einer mehrwöchigen stationären Behandlung und Rehabilitation unterziehen. Er zog sich weiter einen Pneumothorax zu, der eine Thoraxdrainage nötig machte. Die Verletzungen beeinträchtigten den Kläger in allen wichtigen Körperregionen und schränkten seine Beweglichkeit stark ein. Dauerschäden verblieben nicht.

428 **AG Witten, Urt. v. 28.08.2024 – 9 Ls 35/24, unveröffentlicht**

7.500,00 € (Vorstellung: 7.500,00 €)

Stichwunde im Brustbereich – Fußfraktur

Der Geschädigte wurde vom Angeklagten überfallen, der diesen auf den Boden schlug und mit einem spitzen Gegenstand eine 2 cm breite Stichwunde im Bereich des linken Rippenbereichs zufügte. Diese wurde im Krankenhaus genäht. Der Geschädigte erlitt zudem eine Sprunggelenksluxationsfraktur und eine Weber B Fraktur am linken Fuß, die zweimal operiert werden musste und über Monate Arbeitsunfähigkeit verursachte. Das Gericht berücksichtigte bei der Bemessung, die im Adhäsionsverfahren erging, die potentiell lebensgefährliche Wirkung des Stichs.

OLG Dresden, Beschl. v. 04.04.2018 – 4 W 325/18, MDR 2018, 829 429

8.000,00 €

Falsch dimensioniertes Brustimplantat

Die Antragstellerin ließ bei dem Antragsgegner eine Brustvergrößerung durchführen. Hierbei wurde ihr fehlerhaft ein – unter Missachtung ihrer individuellen anatomischen Vorgaben – zu großes Implantat von 600 – 700 ml eingesetzt. Die Entscheidung erging im PKH-Verfahren.

OLG Zweibrücken, Urt. v. 24.04.2024 – 1 U 116/23, r+s 2024, 917 430

9.000,00 € (1/3 Mitverschulden)

Rippenserienfraktur – Lungenkontusion – Schlüsselbeinfraktur

Der Kläger erlitt durch den Unfall ein Thoraxtrauma rechts mit Rippenserienfraktur 3-7, eine Lungenkontusion und eine Claviculafraktur, jeweils rechts, eine Decollementverletzung des dorsolateralen rechten Oberarms, einen kleinen Hämatothorax rechts, eine Prellung des rechten oberen Sprunggelenks, multiple Schürfwunden an den oberen Extremitäten und dem Abdomen sowie eine Platzwunde frontal rechts. Er kam in stationäre Behandlung, wo eine offene Reposition mit Plattenosteosynthese der Clavicula rechts durchgeführt wurde. Für eine Metallentfernungsoperation musste der Kläger erneut in stationäre Behandlung.

Er war mehrere Monate arbeitsunfähig. Infolge des Unfalls ist der Kläger dauerhaft zu 5 % erwerbsgemindert, resultierend aus einer fortdauernden Bewegungseinschränkung im Bereich der rechten Schulter, der vorhandenen Narben und einer Hyperpathie im Bereich der rechten Clavicula sowie Veränderungen im Bereich der rechten Clavicula.

LG Verden, Urt. v. 23.08.2019 – 8 O 264/17, unveröffentlicht 431

10.000,00 € (Vorstellung: 8.000,00 €)

Rippenserienfraktur – Beckenringfraktur – Lendenwirbelsäulenverletzung

Die Klägerin wurde bei einem Verkehrsunfall verletzt; sie erlitt eine Lendenwirbelsäulenprellung, eine Beckenringfraktur, eine Rippenserienfraktur und ein erstgradiges Schädelhirntrauma. Sie befand sich 6 Tage in stationärer Behandlung und war noch 6 Wochen auf den Rollstuhl angewiesen. Mobilisation und 78 krankengymnastische Behandlungen schlossen sich an. Die Klägerin, die nach dem Unfallgeschehen an Ängsten, Schlafstörungen und Panik beim Autofahren litt, hat heute noch Schmerzen bei statischer Belastung der Lendenwirbelsäule und beim in die Hocke gehen. Das Becken und der Rücken schmerzen beim Sitzen oder Joggen.

BGH, Urt. v. 16.05.2020 – VI ZR 213/19, NJW 2020, 2467 432

10.000,00 €

Verspätete Diagnose von Brustkrebs

Die im Jahr 2010 66 Jahre alte Klägerin ließ bei der Beklagten 2010 und 2012 Mammografie-Screenings der Brust durchführen; 2104, wegen einer zunehmenden Einziehung der rechten Mamille, suchte die Klägerin einen anderen Arzt auf, bei dem Brustkrebs diagnostiziert wurde. Es wurden ein invasives Karzinom und ein begleitendes lobuläres Karzinom entfernt sowie eine Sentinellymphonodektomie und eine Axilladissektion vorgenommen; in zwei der entnommenen Lymphknoten wurden Metastasen festgestellt. Verdächtiges Gewebe wurde nachreseziert. Es folgten Bestrahlungen und eine Chemotherapie. Die Klägerin litt infolge der Axilladissektion an schwerwiegenden Armödemen; wegen der Chemotherapie kam es zu Haarausfall, Verhornungen, Magen-Darm-Beschwerden, häufigen Infekten, tränenden Augen, Ödemen, Wasseransammlungen und Gefühlsstörungen und einem reduzierten Allgemeinzustand. Die Beklagte haftete, weil sie es unterlassen hatte, weitere Untersuchungen zur Abklärung der 2012 bereits bestehenden Mamillenretraktion anzuraten. In diesem Fall wären die Lymphknoten nicht befallen und eine Chemotherapie vermieden worden; auch wären weniger Bestrahlungen nötig gewesen.

433 **OLG Schleswig, Urt. v. 19.11.2024 – 7 U 90/23, NJW-RR 2025, 224 = VersR 2025, 643**

10.000,00 € (3/4 Mitverschulden; Vorstellung: 20.500,00 €)

Rippenfrakturen – Leberriss – Polytrauma – Beckenfraktur

Der 18 Jahre alte Kläger wurde als Radfahrer bei einem Verkehrsunfall verletzt; er erlitt ein Polytrauma im Sinne eines Überrolltraumas, mehrere Rippenfrakturen, einen Leberriss, eine Blasenruptur, eine Querfortsatzfraktur sowie eine Becken-C-Fraktur und eine Schenkelhalsfraktur rechts. Er war drei Wochen in stationärer Behandlung; die Beckenfraktur musste operativ versorgt werden. Eine Metallentfernungsoperation war nötig; drei Jahre nach dem Unfall hatte sich eine Hüftkopfnekrose entwickelt, wegen derer eine Prothese eingesetzt werden musste. Das Gericht berücksichtigte bei der Bemessung die umfassende und langwierige medizinische Versorgung mit mehrfachen stationären Aufenthalten und dem Einsatz einer künstlichen Hüfte.

434 **OLG Brandenburg, Urt. v. 19.12.2024 – 12 U 192/20, unveröffentlicht**

10.000,00 € (Vorstellung: 55.000,00 €)

Thoraxtrauma – Mittelhandfraktur – Bissverletzung der Zunge

Die Klägerin erlitt bei einem Verkehrsunfall ein stumpfes Thoraxtrauma, ein Schleudertrauma der HWS, eine nicht dislozierte Fraktur des Mittelhandknochens, eine oberflächliche Kopfplatzwunde occipital und eine Bissverletzung der Zunge. Sie war, u.a. wegen einer posttraumatischen Belastungsreaktion, 7 Monate arbeitsunfähig; eine Bewegungseinschränkung der rechten Hand ist verblieben.

435 **KG, Urt. v. 08.09.2017 – 4 U 57/16, NJW-RR 2018, 535 = NZM 2018, 1036**

13.000,00 € (Vorstellung: 22.000,00 €)

Brustwirbelkörperläsion

Die Klägerin stürzte infolge eines unzureichend gestreuten Gehwegs nach Schnee und Eisglätte. Sie erlitt eine Brustwirbelkörperläsion, der nicht stationär behandelt wurde. Über vier Jahre bestand eine Minderung der Erwerbsfähigkeit von 20 %. Gewisse Beeinträchtigungen werden dauerhaft verbleiben.

436 **LG Offenburg, Urt. v. 30.07.2019 – 3 O 311/15, unveröffentlicht**

15.000,00 € (Vorstellung: 9.500,00 €)

Verletzungen an Brustwirbelsäule, Schulter und Sprunggelenk – Schürfwunden, Prellungen

Die Klägerin wurde bei einem Verkehrsunfall verletzt, bei welchem sie als Sozia eines Leichtkraftrades angefahren wurde. Sie erlitt Verletzungen am linken Sprunggelenk (Risswunde und Innenbandriss), im Schulterblatt und an der Brustwirbelsäule, weiterhin zahlreiche Schürfungen (linke Schulter, linker Unterschenkel, unterhalb des Knies, linke Hand) und Prellungen (u.a. linke Schulter, linker Unterschenkel, unterhalb des Knies, linke Hand, Brustkorb beidseitig, linke Stirn), die auch sechs Tage nach dem Unfall noch deutlich sichtbar waren. Die Prellungen und Schürfungen, die folgenlos ausheilten, waren äußerst schmerzhafte Verletzungen, die zu erheblichen Schlafstörungen der Klägerin über eine Woche führten, da sie nur auf dem Rücken schlafen und den Fuß hochlagern musste. Die Klägerin war vier Wochen arbeitsunfähig und konnte ihr Knie nicht belasten. Darüber hinaus hat die Klägerin neurologische Ausfallerscheinungen in Gestalt von Kribbelparästhesien am linken Unterschenkel und Taubheitsgefühlen im Bereich des Ring- und Kleinfingers der linken Hand erlitten, weshalb sie in neurologischer Behandlung war. Dabei haben sich die Beschwerden im Bereich der linken Hand zurückgebildet, die Beschwerden im Bereich des linken Unterschenkels sind rückläufig. Schließlich leidet die Klägerin unter erheblichen Beschwerden im linken Knie, die weiterhin andauern. Zwei Arthroskopien und schmerzhafte physiotherapeutische Behandlungen mit Spritzeninjektionen waren nötig. Im Knie haben sich Vernarbungen gebildet, die sich immer wieder bilden werden. Sie leidet bis auf weiteres unter Belastungsschmerzen und Schwellneigung im linken Knie. Insofern ist auch nicht mit einer Besserung zu rechnen.

OLG Brandenburg, Urt. v. 03.04.2025 – 12 U 5/24, unveröffentlicht 437

15.000,00 € (2/3 Mitverschulden; Vorstellung: 100.000,00 €)

Brustwirbel- und Rippenfrakturen – Beckenfraktur – Schlüsselbeintrümmerfraktur

Die 77 Jahre alte Klägerin wurde als Fußgängerin bei einem Motorradunfall angefahren. Sie erlitt ein Schädelhirntrauma mit Subduralhämatom, eine Halswirbelsäulenfraktur des Gelenkfortsatzes C6 und des Querforsatzes C7 rechts, eine Brustwirbelsäulen-Dornfortsatzfraktur, eine Brustkorbverletzung mit Sternumfraktur, eine Rippenserienfraktur, eine instabilde Beckenfraktur mit Sprengung des Kreuzdarmbeingelenks, eine dislozierte Schlüsselbeintrümmerfraktur, eine Oberschenkelhalsfraktur und ein Polytrauma. Sie war 11 Tage auf Intensiv und wurde weitere 11 Tage stationär betreut; eine zweimonatige stationäre Reha schloss sich an. Die Klägerin leidet weiterhin an anhaltenden Schmerzen am Schlüsselbein und einer schmerzhaften Narbe am linken Hüftgelenk sowie einer geringgradig eingeschränkten Drehfähigkeit der Hüfte.

OLG München, Urt. v. 25.10.2019 – 10 U 3171/18, ZfS 2020, 200 438

16.000,00 € (3/10 Mitverschulden Vorstellung: 17.500,00 €)

Verletzungen an Rippen, Lunge und Knie

Der 26 Jahre alte Kläger wurde bei einem Unfall schwer verletzt. Er erlitt erhebliche Verletzungen an Knie, Lunge und Rippen sowie eine Verletzung der Arteria vertrebralis. Die Rippenbrüche heilten in 12 Wochen aus; der Kläger war über 9 Monate erheblich eingeschränkt und musste sich mehrfach in ärztliche und stationäre Behandlung begeben. Er leidet weiter an einem Dauerschmerz im linken Knie. Ebenfalls als Dauerschäden verbleiben Schädigungen der retropatellaren Gelenkfläche beidseits sowie eine Präarthrose rechts.

Es gibt bereits jetzt Anzeichen für eine Arthrosegefahr am rechten Knie des Klägers, die allerdings auch auf Vorschäden beruht. Bei fortschreitender Retropatellararthrose kann auch eine erneute operative Therapie mit Implantation einer Kniegelenksendoprothese beidseitig notwendig werden.

OLG Hamm, Urt. v. 27.07.2018 – 14 U 27/13, unveröffentlicht 439

17.500,00 € (Vorstellung: 45.000,00 €)

Brustbeinfraktur – HWS-Distorsion – Bandscheibenvorfall – Augenflimmern

Der Kläger erlitt bei einem Verkehrsunfall eine HWS-Distorsion zweiten Grades, Prellungen und Frakturen des Brustbeins und zweier Rippen. Er litt unter starken Schmerzen, die zunächst trotz starker Schmerzmittel unverändert andauerten. Da die Frakturen zunächst nicht entdeckt wurden, war die Behandlung nicht zielführend; der Kläger unternahm mit gebrochenen Rippen einen Arbeitsversuch, weil ihm gesagt worden war, es sei »jetzt alles in Ordnung«. Erst Monate später, in denen der Kläger unter »unglaublichen« Schmerzen gelitten hatte, wurden die Frakturen erkannt und behandelt. Bis dahin waren diverse Arztbesuche und Untersuchungen erfolgt. Weiter kam es zu einem Bandscheibenvorfall C6/C7. Der Kläger leidet unter Augenflimmern und Schwindel als Dauerschaden.

440 **LG Kempten, Urt. v. 18.10.2017 – 25 O 2041/15, unveröffentlicht**

20.000,00 € (Vorstellung: 25.000,00 €)

Brustwirbelberstungsbruch – Beckenringbruch

Die 57 Jahre alte Klägerin wurde bei einem Verkehrsunfall verletzt; sie erlitt einen Spaltberstungsbruch des elften Brustwirbels, einen Kreuzbeinlängsbruch rechts, einen vorderen Beckenringbruch mit Beteiligung des vorderen Pfeilers der linken Hüftpfanne und eine Schultereckgelenkverrenkung links. Die Klägerin verlor drei Zähne unmittelbar durch den Unfall; zwei weitere Zähne mussten in der Folge entfernt werden. Sie wurde anschließend als erwerbsunfähig zunächst vorläufig, dann dauerhaft verrentet.

Die Klägerin hat den Unfall nicht selbst mitbekommen. Allerdings litt sie in der Folge an erheblichen Schmerzen. Sie konnte sich zuhause drei Wochen nur im Rollstuhl fortbewegen. Die Klägerin wurde zweimal operiert. In der ersten Folgezeit erhielt sie auch Medikamente, die opiatähnlich waren. Sie litt noch zwei Jahre nach dem Unfall an erheblichen Beeinträchtigungen und Schmerzen, ermüdet schnell und kann nur 1 bis 1 1/2 Stunden lang sitzen. Die Bewegungsfähigkeit ist noch erheblich eingeschränkt. Überkopfarbeiten sind der Klägerin nicht möglich, ebenso Tätigkeiten wie Bücken, Knien und vergleichbare Zwangshaltungen.

441 **KG, Urt. v. 14.05.2020 – 20 U 170/19, NJW-RR 2020, 1408**

20.000,00 € (Vorstellung: 40.000,00 €)

Aufklärungsfehlerhafte Brustkrebsoperation – Narben

Bei der Klägerin wurde ohne ausreichende Risikoaufklärung eine Brustaufbauoperation nach vorangegangener Mammaablation wegen Brustkarzinoms durchgeführt. Sie musste mehrere Operationen erdulden; es verbleiben eine Bauchwandschwäche und Narben. Eine verbleibende – geringe – Asymmetrie der Brüste wurde nicht als schmerzensgeldrelevant bewertet, weil die Klägerin sich ohne die Operation einer wesentlich unsymmetrischeren Situation aufgrund der karzinombedingten Mammaablation links gegenübergesehen hätte.

442 **LG Köln, Urt. v. 07.12.2022 – 3 O 176/19, SpuRt 2023, 149**

20.000,00 € (Vorstellung: 20.000,00 €)

Brustwirbelkörperfraktur

Der Kläger wurde bei einem Tandem-Sprung, bei dem die Landung misslang, verletzt. Er erlitt eine Fraktur des 12. Brustwirbels, die durch die Implantation eines Obelisken sowie einer Spondylodese versorgt wurde. Der Kläger leidet nach wie vor unter starken Schmerzen, die eine unverträgliche Opioidtherapie erforderlich machen. Es liegt ein chronisches Schmerzsyndrom, eine Neuropathie, Parästhesien, eine posttraumatische Belastungsstörung sowie eine bleibende Bewegungseinschränkung der Wirbelsäule bei Rotation und Flexion mit einer Überbelastung der unter und über den versteiften Wirbelkörpern liegenden Wirbeln vor. Es besteht ein GdB von 30 %, schwere Lasten darf der Kläger nicht mehr tragen.

443 **OLG Düsseldorf, Urt. v. 02.10.2018 – 1 U 127/16, unveröffentlicht**

25.000,00 € (1/2 Mitverschulden)

Rippenserienfraktur – Beckentrümmerfraktur – Lungenkontusion

Der 57 Jahre alte Kläger erlitt eine Trümmerfraktur des Beckens mit Schambeinsprengung sowie eine Rippenserienfraktur rechts und eine beidseitige Lungenkontusion, ferner eine Schulterblattfraktur rechts und schwerste Prellungen des Brust- und Beckenbereichs. Die Verletzung im rechten AC-Gelenk ist in Fehlstellung verheilt. Er schwebte mehrere Tage in Lebensgefahr und musste sechs Wochen auf Intensiv behandelt werden; weitere zwei Wochen stationären Aufenthaltes schlossen sich an. Er erlitt einen Abfall der Sauerstoffversorgung, einen Hirninfarkt aufgrund der körperlichen Anstrengung und musste in der Folge künstliche beatmet werden. Der Trümmerbruch konnte daher erst zwei Wochen nach dem Unfall operativ versorgt werden. Der Kläger befand sich im Anschluss einen Monat in einer Rehabilitationsbehandlung; er war vier Monate arbeitsunfähig und ein halbes Jahr auf Gehhilfen angewiesen. Seinen Beruf (Staplerfahrer) musste er aufgeben. Als Dauerschäden verblieben rechtsseitige Leistenschmerzen, die unabhängig von körperlicher Belastung unvorhersehbar auftreten, und Unterleibsschmerzen, ausgelöst durch langes Sitzen oder Vibrationen. Der Kläger leidet unfallbedingt aufgrund der schweren Beckenverletzung an einer erektilen Dysfunktion. Das Osteosynthesematerial hat sich gelockert und verursacht Beschwerden.

LG Saarbrücken, Urt. v. 05.03.2020 – 9 O 48/18, unveröffentlicht 444

25.000,00 € (1/2 Mitverschulden)

Rippenserienfraktur – Lungenkontusion – Beckenfraktur – diverse Frakturen

Die Klägerin erlitt bei einem Verkehrsunfall ein Polytrauma. Sie schwebte vier Tage auf der Intensivstation in Lebensgefahr, während derer sie künstlich beatmet wurde; insgesamt war sie 7 Wochen stationär, musste mehrfach operiert werden und war 4 Jahre arbeitsunfähig. Sie erlitt ein Thoraxtrauma, ein stumpfes Abdominaltrauma, eine Rippenserienfraktur 2-5 rechts, eine Lungenkontusion rechts, eine Milzlazeration, eine Beckenfraktur Typ C, Frakturen an Kreuzbein, Schambein und Sitzbein beidseits mit Mehrfragmentfraktur rechts sowie ein Schädelhirntrauma 1. Grades mit Galeahämatom mit retrograder Amnesie und kurzer Bewusstlosigkeit. Postoperativ kam es zu einer Blutungsanämie.

OLG Köln, Urt. v. 05.06.2024 – 5 U 91/23, GesR 2024, 640 445

25.000,00 € (Vorstellung: 35.000,00 €)

Schmerzen nach Brustvergrößerung

Der Beklagte setzte bei der Klägerin Brustimplantate ein. Als postoperativ Schmerzen auftragen, nahm er einen Revisionseingriff vor, entfernte beide Implantate und ersetzte sie durch größere. Über das – dem Eingriff immanente – Risiko dauerhafter Schmerzen klärte er nicht auf. Die Klägerin leidet an sehr starken Schmerzen im Bereich zwischen Schlüsselbein und Achselhöhle bis zur linken Brustwarze, die permanent sind und bei Belastung stärker werden. An den Stellen besteht ein permanentes Kältegefühl. Die Schmerzen waren ein halbes Jahr massiv; auch vier Jahre nach der Operation muss die Klägerin täglich Schmerzmittel einnehmen.

LG Hamburg, Urt. v. 25.03.2019 – 602 Ks 9/18, unveröffentlicht 446

30.000,00 €

32 Schnittwunden bei Überfall

Die Angeklagte wollte in einem Altenheim Opfer ausrauben; sie traf auf die 93 Jahre alte Adhäsionsklägerin, die ihr arglos die Tür öffnetet und der sie dann von hinten mit einem Messer in den Rücken stach. Sie stach sodann mehrfach auf ihr Opfer ein, um wiederkehrend Geldverstecke von ihr zu erfahren. Die Geschädigte erlitt insgesamt 32 Stich- und Schnittwunden im Bereich von Brustkörper, Bauch, Hals und Armen, wobei zwei Stiche die rechte Brusthöhle und ein sog. »Wühlstich« die linke Brusthöhle eröffneten. Anteile der vorderen Brustwand wurden zerfetzt, es kam zu einem Pneumothorax. Der Wühlstich eröffnete einen Herzbeutel und verletzte Teile des Lungenoberlappens. Die Stichtiefe betrug 8 cm. Wegen Abwehrhandlungen kam es zu diversen Nervverletzungen an Armen und Händen sowie einer Verletzung von Dick- und Dünndarm und erheblichem Blutverlust mit Lebensgefahr. Die Geschädigte musste sich mehrwöchigen Krankenhaus- und Rehabehandlungen unterziehen. Nachdem sie zuvor noch selbstständig leben konnte, ist sie nun ein Dauerpflegefall. Die Entscheidung erging im Adhäsionsverfahren.

OLG Düsseldorf, Urt. v. 07.11.2017 – 1 U 70/16, unveröffentlicht 447

35.000,00 € (Vorstellung: 60.000,00 €)

Rippenserienfraktur – Pneumothorax – psychische Folgen

Der Kläger erlitt als Beifahrer bei einem Unfall, bei welchem der Unfallgegner alkoholisiert war, eine Rippenserienfraktur rechts, einen Pneumothorax, ein Schädelhirntrauma mit einer Schädelbasisfraktur, eine akute respiratorische Insuffizienz und eine Antrum-Gastritis. Er wurde 24 Tage intensivmedizinisch und eine weitere Woche stationär betreut, während dessen er beatmet und temporär tracheotomiert werden musste. Infolge des Unfalls kam es zu einer langjährig persistierenden Schmerzverarbeitungsstörung im Sinne einer Chronifizierung sowie zu einer chronischen depressiven Verstimmung mit vermindertem Antrieb, Schlafstörungen, Verlust des Selbstvertrauens, Konzentrationsschwierigkeiten, sozialem Rückzug, Pessimismus und Interessenverlust sowie generell einem Gefühl von Hoffnungslosigkeit und Verzweiflung. Es verblieb ein Grad der Behinderung von 40–60 %.

448 **OLG Nürnberg, 22.02.2017 -2 U 1286/14, unveröffentlicht**

40.000,00 €

Rippenserienfraktur – Handgelenksverletzungen – Nervschädigungen

Der Kläger erlitt eine Rippenserienfraktur der 6.–8. Rippe links, eine Fraktur der Speiche links sowie Schürfungen der Knie, eine vorübergehende Aktivierung einer Rhizarthrose, ein Knochenmarksödem sowie einen kleinen Knochenbruch im Bereich der regio intercondylica außerhalb der Kniebelastungszone sowie geringe Nervenschädigungen des sensiblen ramus articularis genus und des nervus peronaeus communis sowie Missempfindungen am 4. Und 5. Zehenstrahl rechts durch eine Reststörung des sensiblen ramus superficialis, des nervus peronaeus communis rechts sowie eine Vergrößerung des Abstands der Handwurzelknochen (scapholunäre Dissoziation) des linken Handgelenks. Es waren mehrere stationäre Behandlungen nötig; beide Handgelenke mussten operiert werden, wobei nach der Operation des rechten Handgelenks ein Morbus Sudeck auftrat. Beide Gelenke wurden teilversteift mit der Folge mehrwöchentlicher anschließender Physiotherapie. Insgesamt zogen sich die Operationen über vier Jahre Der Kläger war zunächst arbeitsunfähig, nach einem erfolglosen Arbeitsversuch und vielfach weiterer attestierter Arbeitsunfähigkeit wurde er in den Ruhestand versetzt. Es verbleiben Bewegungseinschränkungen und psychische Beschwerden. Für die Bemessung stellte das Gericht auf die psychischen Auswirkungen des Unfalls mit den durch sie vermittelten gravierenden Einschränkungen in der Lebensgestaltung und im sozialen Zusammenleben ab, die zur Reaktivierung der Folgen eines früheren Suiziderlebnisses führten. Auch die Schmerzempfindung aufgrund des Morbus Sudeck wurde hervorgehoben.

449 **OLG Düsseldorf, Urt. v. 15.03.2018 – 1 U 57/17, unveröffentlicht**

40.000,00 € (Vorstellung: 65.000,00 €)

Beckenringfraktur – Kreuzbeinfissur – Speichenbruch

Die 36 Jahre alte Klägerin erlitt bei einem Verkehrsunfall eine Rippenprellung, einen Trümmerbruch der rechten Speiche mit Absprengungen mehrerer Knochenfragmente unter Beteiligung des Gelenks, einen Abriss des Knochenfortsatzes der unteren Elle, eine nicht verschobene vordere Beckenringfraktur mit Bruch des Schambeinastes unter Beteiligung der Beckenpfanne sowie eine Fissur des Kreuzbeins. Sie wurde am Arm zweimal behandelt, die Beckenringfraktur wurde konservativ behandelt. Sie war drei Wochen stationär und wurde danach für 12 Wochen, binnen derer sie ihre Beine nicht belasten durfte, von ihren Eltern gepflegt. Fortbewegung war nur mittels Rollstuhls oder Gehwagens möglich. Im Anschluss befand sie sich in einer sechswöchigen stationären Reha.

Infolge des Unfalls kam es zu einer Anpassungsstörung mit depressiver Reaktion, der aber durch psychotherapeutische Behandlung begegnet wurde. Hierdurch wurde ihr psychosoziales Funktionsniveau verbessert und Ängste sowie Paniksymptome beim Autofahren abgebaut. Wegen nur eingeschränkter Beweglichkeit der rechten Hand kann die Klägerin ihren Beruf als Optikerin nicht mehr in vollem Umfang ausüben. Das Heben schwerer Gegenstände mit der rechten Hand ist nicht möglich; dort ist auch eine posttraumatische Arthrose eingetreten. Der Beckenbruch verursacht nach wie vor Schmerzen, insbesondere bei Wetterumschwüngen oder beim Radfahren. Längeres Treppensteigen, zumal mit Lasten, ist nicht mehr möglich. Vorher ausgeübte sportliche Betätigung (Badminton, Bowling) sind vereitelt, die Körperhygiene erschwert. Es verbleibt ein Grad der Behinderung von 20 %.

OLG Hamm, Urt. v. 12.10.2018 – 26 U 172/17, GesR 2018, 782 450

40.000,00 € (Vorstellung: 40.000,00 €)

Brustamputation – Versterben

Bei der (zu Prozessbeginn bereits verstorbenen) Geschädigten, die im Alter von 41 Jahren die beklagten Gynäkologen aufgesucht hatte, wurde vorwerfbar ein Tumor der Brust nicht diagnostiziert, weil eine Stanzbiopsie unterlassen wurde. Der Tumor wurde erst drei Monate später entdeckt, was die Amputation einer Brust erforderlich machte. Gleichwohl kam es zu einer Aussaat der Krebszellen im Lymphsystem sowie zur Metastasenbildung. Die Geschädigte befand sich seit dem Entdecken des Tumors in dauerhafter, in der Intensität zunehmender Behandlung und litt zudem bis zum Versterben (4 Jahre und 3 Monate nach Diagnose) Todesangst. Das Landgericht, welches 30.000,00 € zugebilligt hatte, berücksichtigte, dass die Geschädigte in »noch jungen Alter (45 Jahre)« verstorben sei und in den letzten vier Jahren ihres Lebens keine Möglichkeit mehr gehabt habe, ein erfülltes Leben zu führen. Der Senat erhöhte dies und hat hierbei insbesondere berücksichtigt, dass die zu erwartende Lebenszeit der Geschädigten verkürzt worden sei und sich ihre Leidenszeit über mehr als vier Jahre erstreckt, habe in dem überaus belastenden Wissen, dass ihre Brustkrebserkrankung zunächst nicht erkannt worden ist. Die Geschädigte habe in dieser Zeit vielfache Behandlungen über sich ergehen lassen müssen, die ihr letztlich deutlich gemacht hätten, dass sie sich angesichts der weiter bestehenden Erkrankung auf ein letales Ende einstellen müsse.

OLG Zweibrücken, Urt. v. 12.12.2018 – 1 U 117/16, unveröffentlicht 451

40.000,00 € (Vorstellung: 60.000,00 €)

Taubheit des nervus peronaeus superficialis – Rippenverletzungen – Narben

Die Klägerin wurde bei einem Verkehrsunfall verletzt und erlitt ein Schädelhirntrauma ersten Grades, eine Beckenringfraktur links, eine offene Wunde mit einer Trennung der Haut vom Unterhautfettgewebe am rechten Oberschenkel, eine Lungenkontusion und Frakturen des 11. Brustwirbels und der neunten Rippe rechts. Es kam zu einer Schädigung des nervus peronaeus superficialis. Die Klägerin wurde viermal operiert, auch zur Behebung der Weichteilverletzungen am linken Unterschenkel, an dem es zu Wundheilungsstörungen gekommen war. Dabei wurde Spalthaut vom rechten Oberschenkel entnommen und auf die Wunde am Unterschenkel transplantiert. Sechs Wochen an der stationären Behandlung waren noch Krücken erforderlich. Auf dem Unterschenkel verblieben erhebliche Narben in einer Größe von 11 x 3,5 cm, am Oberschenkel von 13 x 5 cm. Bei der Berührung der Narben entstehen schmerzhafte Missempfindungen. Es verbleiben Bewegungseinschränkungen an Brust- und Lendenwirbelsäule und Schmerzen im Bereich der linken Leiste, die die Klägerin beim Wandern, bei der Garten- und Hausarbeit beeinträchtigen. Aufgrund der Nervverletzung, die zur einer Teillähmung geführt hat, leidet die Klägerin unter einer Sensibilitätsstörung in Gestalt von Hauttaubheit auf dem Fußrücken; auch leidet sie an einer Gangbildstörung und einer Kraftminderung bei der Fußhebung. Es besteht eine Dauer-MdE von 10 %. Der Senat berücksichtigte auch die grobfahrlässige Begehung des Unfalls (alkoholisierter Rotlichtverstoß).

LG Lübeck, Urt. v. 20.12.2021 – 10 O 347/20, VersR 2022, 973 452

40.000,00 € (Vorstellung: 20.000,00 €)

Brustwirbelkörperfraktur – Rippenfrakturen

Die 28 Jahre alte Klägerin wurde als Insassin eines Wagens verletzt. Sie erlitt eine transligamentäre Extensions-Distraktionsfraktur am 12. Brustwirbelkörper mit Luxation des rechtsseitigen Zwischenwirbelgelenks, eine Fraktur des linksseitigen Pedikels am 12. Brustwirbelkörper und einen Hämatothorax rechts bei nicht dislozierten Frakturen der Köpfchen der 11. und 12. Rippe rechtsseitig. Sie wurde am Unfalltag operiert, um eine Versteifung der Wirbelsäule zu erreichen, und anschließend vier Tage auf der Intensivstation überwacht und behandelt. Nach Verlegung von der Intensivstation auf die Normalstation erhielt sie bereits im Universitätsklinikum krankengymnastische Stunden und übte das Aufstehen aus dem Bett oder das Verändern der Position im Liegen. Die Klägerin wurde nach einer weiteren Woche nach Hause entlassen; eine einmonatige stationäre Reha schloss sich an, wo sie im Rahmen der Physiotherapie die Bewegungsabläufe der versteiften Wirbelsäule neu lernen musste. Zur Lockerung und Lösung von Verspannungen erhielt die Klägerin Massagen und Wärmebehandlungen. Das Bewegungsbad konnte die Klägerin nicht nutzen. Denn dort, wo am rechten Brustkorb unter der Operation ein Drainagezugang gelegt war, verheilte eine Wunde, die sich dort bildete, zunächst nicht. Später entstand wegen der schlechten Wundheilung an dieser Stelle eine vergrößerte Narbe. Im Anschluss daran fand eine dreimonatige ambulante Reha statt; die Fahrten belasteten die Klägerin, die Panikattacken und Schweißausbrüche bekam, wenn sie wieder Beifahrerin war. Eine Metallentfernungsoperation war nötig; die Klägerin musste nach Wiederaufnahme ihrer Arbeit – nachdem sie 8 Monate krankgeschrieben war – ein Korsett tragen und erfuhr erhebliche Einschränkungen in Alltag und Freizeit. Es besteht eine MdE von 20 % und ein GdB von 30 %; als Dauerschaden verbleiben eine in Fehlstellung verheilter Brustwirbelkörperfraktur, Bewegungsstörungen, Schmerzen und Narben an Brust und Rücken. Die Klägerin erwacht jeden Tag mit Schmerzen; sie kann keine schweren Lasten tragen, musste ihr Hobby Reiten aufgeben und hat nicht die Kraft, abends im gewohnten Maße auszugehen. Unklar ist, ob sie Kinder wird bekommen können.

453 **LG Darmstadt, Urt. v. 29.08.2022 – 27 O 12/22, unveröffentlicht**

<u>43.000,00 €</u> (Vorstellung: 43.000,00 €)

Brustbeinfraktur – Lungenkontusion – Beckenverletzung – Schädigung des nervus cutaneus femoris lateralis

Der 21 Jahre alte Kläger erlitt bei einem Verkehrsunfall ein Polytrauma mit Subarachnoidalblutung frontal, eine Fraktur des Brustbeins, einen Pneumothorax links, eine Lungenkontusion links, eine offene dislozierte Fraktur des Beckens mit Schädigung des nervus cutaneus femoris lateralis links sowie eine offene Mehretagenfraktur des linken Unterschenkels. Der Kläger wurde in das Klinikum Darmstadt verbracht und dort einer zehnstündigen Operation unterzogen. Im Rahmen dessen wurde eine Bülau-Drainage angebracht, eine Platte in das Becken eingeschraubt und im Unterschenkel ein Tibiamarknagel und weitere Platten eingebaut.

Der Kläger konnte in den ersten drei Tagen weder alleine essen noch trinken oder zur Toilette gehen. Gleichzeitig hatte er aber wegen der Narkose erheblichen Durchfall und Erbrechen, was angesichts seines ohnehin geringen Gewichts zusätzlich problematisch war. Nach der Entlassung konnte er sich nur einige Meter mit Krücken bewegen; das linke Bein durfte sechs Wochen lang nicht belastet werden und verursachte starke Schmerzen. Mehrere Metallentfernungsoperationen im Bein waren nötig; es bildeten sich Nekrosen, Schmerzen bestanden weiterhin und verhinderten den Muskelaufbau. Der Nerv an der Außenseite des Beins ist dauerhaft taub. Erst ein Jahr nach dem Unfall waren Wege von 100m – 200m ohne Gehstützen möglich. Zwei Jahre nach dem Unfall und nach einer Materialentfernungsoperation kam es erneut zu starken Schmerzen; der Kläger leidet im Bereich der Beckenschaufel bei Belastung unter Schmerzen, auch im Unterschenkel links bei längerer und etwas stärkerer Belastung. Zudem ist sein linkes Sprunggelenk noch bewegungseingeschränkt. Er hat eine endgradige Einschränkung der Hüftgelenkaußenrotation. Er leidet unter Schmerzen im linken Knie, und weist eine endgradige Einschränkung der Kniegelenksbeugung und Streckung und eine Einschränkung der Fußhebung im linken oberen Sprunggelenk auf. Das Studium des Klägers verzögerte sich, Sport ist in weiten Bereichen nicht mehr möglich.

454 **OLG Celle, Urt. v. 31.01.2024 – 14 U 58/23, NJW-RR 2024, 523 = VersR 2024, 1164**

<u>45.000,00 €</u>

Rippenserienfraktur – Komplettausfall des nervus radialis – Schädigung des nervus ulnaris

Die Klägerin wurde bei einem Verkehrsunfall verletzt. Sie erlitt eine Humerusschaftfraktur rechts mit Läsion des nervus radialis und des nervus ulnaris. Durch das Einbringen einer Schraube bei der Operation wurde der nervus radialis geschädigt und der Ellbogen zertrümmert. Es kam zu einer »Fallhand« aufgrund kompletten Ausfalls des nervus radialis und der schweren Schädigung des nervus ulnaris. Die Klägerin erlitt einen schmerzhaften und komplizierten Heilungsverlauf mit fast 800 Behandlungsterminen und einer Vielzahl von stationären Aufenthalten. Es verbleiben eine Narbe am Oberarm, der Faustschluss der rechten Hand ist nicht mehr möglich. Die Klägerin war 2,5 Jahre krankgeschrieben.

OLG Karlsruhe, Urt. v. 27.06.2018 -7 U 58/17, unveröffentlicht 455

50.000,00 € (Vorstellung: 50.000,00 €)

Verspätete Brustkrebserkennung

Bei der Klägerin wurde durch Fehler der Befunderhebung ein Mammakarzinom zu spät erkannt. Es kam zu einer Resektion des Mammakarzinoms, später zur Nachresektion und modifizierten radikalen Mastektomie bei einem Lokalrezidiv, Ablation von Lebermetastasen, Radiofrequenzhyperthermie und Entfernung der teilweise befallenen Lymphknoten. Es waren danach erneut Systemtherapie, Bestrahlung und Chemotherapie nötig. Die Klägerin hat eine verringerte Überlebenswahrscheinlichkeit. Bei rechtzeitiger Operation hätte der Tumor im Idealfall brusterhaltend operiert werden können, wobei die Klägerin anschließend für die Dauer von etwa einem Jahr mit Chemotherapie, Bestrahlung und Antikörpertherapie behandelt worden wäre. Entsprechend wären der Klägerin eine Nachresektion und die modifizierte radikale Mastektomie bei einem Lokalrezidiv, die Ablation von Lebermetastasen, die Radiofrequenzhyperthermie und die Entfernung der teilweise befallenen Lymphknoten erspart geblieben. Darüber hinaus hätte die Klägerin auch nicht mehr unter den Nebenwirkungen Therapien gelitten. Als unmittelbare Nebenwirkungen dieser Behandlungen besteht nunmehr eine Schwäche im Arm, und die Klägerin leidet unter leichter Erschöpfbarkeit, Übelkeit und Verdauungsproblemen.

OLG Hamm, Urt. v. 07.09.2018 – 7 U 12/17, unveröffentlicht 456

50.000,00 €

Rippenserienfraktur – Lendenwirbelsäulenfrakturen – Hüftpfannenbruch – Beckenringfraktur

Der 46 Jahre alte Kläger stürzte bei Arbeiten durch eine abgedeckte und bereits vorgeschädigte Lichtkuppel eines Gebäudes, wodurch er 8,5 m in die Tiefe fiel. So erlitt er mehrere Brüche im Bereich des vorderen und hinteren Beckenrings sowie einen Hüftpfannenbruch rechts, eine vordere Beckenringfraktur links, eine Trümmerfraktur des IV. Mittelhandknochens rechts, eine Rippenserienfraktur 6 und 10 bis 12 rechts sowie nicht verschobene Fortsatzfrakturen der Lendenwirbelsäule. Er wurde schutzintubiert und beatmet mit dem Hubschrauber ins Krankenhaus gefahren; es erfolgte die Anlage einer Extension des rechten Beines und eine osteosynthetische Versorgung der Beckenfraktur sowie der Mittelhandknochenfraktur.

Er befand sich 9 Tage auf der Intensivstation; nach Entlassung schloss sich eine einmonatige Reha an. Aufgrund massiver Sekundärarthrose und Instabilität des Pfannengrundes wurde ein Jahr nach dem Unfall eine Hüftgelenkstotalendoprothese rechts implantiert. Es sind erhebliche Nervenschädigungen zurückgeblieben. Es sind ein komplexer Ausfall des Nervus femoralis, des Nervus peroneus, des Nervus obturatorius und des Nervus gluteus superius sowie eine hochgradige Schädigung des Nervus tibialis festzustellen. Dieser Nervenausfall bedingt eine Funktionsbeeinträchtigung der rechten Hüfte; die einzige Bewegungsrichtung, die aktiv vom Kläger durchgeführt werden kann, ist die Hüftgelenksstreckung. Durch Ausfall der Hüftbeugung kann das Knie nicht angehoben werden. Durch Ausfall der Hüftabspreizung kann im Einbeinstand rechtsseitig das Becken nicht stabilisiert werden, so dass es zu einem Abfallen der linken Beckenhälfte mit Unmöglichkeit des Einbeinstandes kommt. Die Unmöglichkeit, den Fuß im Sprunggelenk anzuheben (Fußheberparese), wird in seiner funktionellen Auswirkung durch die fehlende Hüftbeugung verstärkt. Der sog. »Steppergang« ist bei Ausfall der Hüftbeugung und Kniestreckung nicht möglich. Es ist unmöglich, das rechte Bein zu belasten. Der Kläger ist daher auf Gehstützen oder einen Rollstuhl angewiesen.

Aufgrund von Verschleiß oder Lockerung des Kunstgelenks ist mit einer oder mehreren Wechsel-OP zu rechnen. Der Kläger wurde durch den Unfall jäh aus seinem bisherigen Leben gerissen. In seinem Beruf kann er nicht mehr arbeiten. Seine berufliche Selbständigkeit musste er aufgeben und aus der von ihm langjährig mitgeführten Gesellschaft ausscheiden. In seiner Freizeitgestaltung ist er umfassend eingeschränkt. Er ist permanent, auch bei Verrichtungen des täglichen Lebens, auf fremde Hilfe angewiesen. Da er wegen der Medikamente nicht mehr selber Auto fahren kann, ist er in seiner Mobilität stark begrenzt.

457 **OLG Celle, Urt. v. 08.07.2020 – 14 U 27/20, DAR 2020, 625**

60.000,00 € (Vorstellung: 100.000,00 €)

Brustwirbelkörperberstungs- und Kompressionsfrakturen

Die Klägerin erlitt bei einem Verkehrsunfall eine Berstungsfraktur des BWK, Kompressionsfrakturen der BWK 11, 12 und LWK 1, eine Schürfwunde der linken Gesichtshälfte, eine Schürfwunde präpatellar rechts mit Knieprellung rechts und eine Handprellung links. Sie wurde am Unfalltag noch operiert und blieb elf Tage (Davon 3 Tage intensivmedizinisch betreut) stationär; eine einmonatige Reha schloss sich an. Die Klägerin litt zunächst noch unter eingeschränkter Rumpfbeweglichkeit und Schmerzen. Ein Jahr später war eine neuerliche Operation nötig, um neues Material zur Stabilisierung des Berstungsbruches einzubringen; wenig später kam es zu einer Not-OP wegen Kapsel-Läsionen und Ruptur-Defekten der Leber, die erneut eine Woche Intensivstation und eine mehrmonatige ambulante Reha-Maßnahme erforderlich machte. Es sind zahlreiche Narben auf Bauch und Rücken verblieben. Die Klägerin kann im Haushalt keine schweren Arbeiten mehr ausführen und ist in der Freizeitgestaltung eingeschränkt; es besteht eine Dauer-MdE von 30% in ihrem Beruf (Innenarchitektin) und von 40% bezogen auf den allgemeinen Arbeitsmarkt.

458 **OLG Celle, Urt. v. 31.03.2023 – 14 U 133/22, NJW-RR 2023, 870 = MDR 2023, 629**

60.000,00 €

Rippenserienfraktur – Schädelhirntrauma – Pneumohämatothorax – Rissquetschwunde

Die 67 Jahre alte Klägerin wurde bei einem Unfall mit einer Schienenbahn verletzt. Sie musste von Feuerwehrleuten aus dem Fahrzeugwrack ihres Pkw befreit werden und erlitt bei dem Unfall ein Polytrauma mit gedecktem Schädelhirntrauma und multiple Kontusionsblutungen rechts frontal und temporal, weiter eine Rippenserienfraktur rechts, mit traumatischem Pneumohämatothorax rechts, eine ausgedehnte Rissquetschwunde am distalen Oberarm rechts, eine Radiusköpfchenfraktur mit Gelenkbeteiligung und knöcherner Absprengung am Olecranon rechts (Ellenbogenhöcker an der Spitze des Ellenbogens) und eine Milzkontusion. Die Olecranon-Fraktur wurde noch am Unfalltag operativ versorgt. Die Klägerin wurde 24 Tage stationär behandelt und befand sich im Anschluss noch 3 Wochen in einer Rehabilitationsklinik. Sie verlor infolge des Unfalls drei Zähne im Unterkiefer; der linke Zeh erlitt beim Unfall starke Risse, die sich entzündeten und eine neuerliche Operation erforderlich machten. Die Klägerin litt nach dem Unfall unter Belastungen und starken Kopfschmerzen. Der Senat berücksichtigte auch ein »absolut nicht nachvollziehbares« Regulierungsverhalten des Versicherers, der trotz eindeutiger Haftung nur einen Abschlag von (»unangemessen niedrigen«) 4.000,00 € gezahlt hatte.

459 **OLG Stuttgart, Urt. v. 07.06.2018 – 13 U 194/17, MDR 2018, 1183**

70.000,00 € (Vorstellung: 70.000,00 €)

Brustwirbelkörperfraktur – Hörschneckenschädigung – Epilepsie – Hörminderung – kognitive Einschränkungen

Die Klägerin ritt mit ihrer Mutter auf Kamelen, die der Beklagte gewerblich hielt, und stürzte, weil die Tiere wegen Hundegebells eine spontane Drehbewegung machten. Sie erlitt ein schweres Schädel-Hirn-Trauma, eine Schädigung der distalen Cochlea (Hörschnecke) am rechten Ohr, eine Fraktur des 12. Brustwirbelkörpers, welche die Implantation einer Klammer in der Wirbelsäule und deren

Herausoperation 14 Monate nach dem Unfall erforderlich machte. Es kam zu Substanzverlusten am Schädeldach bei einem Zustand nach einer einseitigen Entfernung des Schädeldaches links mit der Folge einer 10 % MdE, einer strukturelle Epilepsie, welche im Hinblick auf die fortbestehende Gefahr erneuter Anfallsleiden eine erhebliche Einschränkung in der Lebensführung in beruflicher und sozialer Hinsicht mit sich bringt und eine MdE von 40 % begründet, einer Hörminderung rechts durch die Schädigung an der Hörschnecke bezüglich akustisch evozierter Hirnstammpotenziale, welche nach wie vor besteht und zu einer MdE von 30 % führt sowie zu einer unvollständige Halbseitenlähmung rechts mit fazialer Mundastschwäche, die sich in der Folge indes vollständig zurückgebildet hat.

In neuropsychologischer Hinsicht verblieben auf kognitiven Gebiet Einschränkungen jeweils in leichtem bis mäßigem Grade in Gestalt von Wortfindungsstörungen, Konzentrations- und Aufmerksamkeitsstörungen sowie einer Dyslexie, wobei zu berücksichtigen ist, dass die Klägerin berufsbedingt überdurchschnittlichen Anforderungen an das geistige Leistungsvermögen unterliegt und diese Einschränkungen sich noch aktuell in der Lebensgestaltung der Klägerin – aufgrund einer erhöhten Kompensationsleistung – gering auswirken und sekundäre psychische Symptome wie eine depressive Stimmungslage und eine erhöhte Zwanghaftigkeit zur Folge hatten, ohne dass diese Symptome gegenwärtig Krankheitswert erreicht haben, während in den ersten Monaten nach dem Unfallgeschehen diese Einschränkungen, insbesondere was das Sprechen anbelangt, noch sehr viel stärker ausgeprägt waren, weswegen die Klägerin nach dem Unfall überhaupt erst wieder das Sprechen neu erlernen und sich insoweit in eine sprachtherapeutische Behandlung begeben musste. Es verbleibt insoweit eine MdE von 10 %.

Bei der Bemessung berücksichtigte der Senat (der das vom Landgericht zuerkannte Schmerzensgeld von 50.000,00 € auf die Anschlussberufung erhöhte), die dauerhaften Beeinträchtigungen der Klägerin in Form der Gefahr epileptischer Anfälle, wenn sie die entsprechenden Medikamente reduziert oder absetzt, worunter sie aktuell nicht zuletzt mit Blick auf eine angedachte Schwangerschaft leide. Hinzu komme, dass die Einnahme der Medikamente keine Gewissheit gebe, dass es nicht wieder zu epileptischen Anfällen kommen werde, was sich unter anderem im alltäglichen Leben der Klägerin dadurch auswirke, dass ihr ärztlicherseits empfohlen wurde, nicht mehr Auto zu fahren, woran sie sich im Wesentlichen halte, was aber zur Folge habe, dass sie in ihrer Lebensgestaltung nicht unerheblichen Einschränkungen und Erschwernissen unterliege. Hinzu kämen die psychischen Beeinträchtigungen und die Gehörsminderung der Klägerin, die ihr besonders im Berufsalltag, aber auch privat zu schaffen machen.

OLG München, Urt. v. 19.01.2022 – 10 U 4672/13, ZfS 2022, 374 460

72.000,00 € (2/5 Mitverschulden Vorstellung: 150.000,00 €)

Dislozierte Rippenserienfraktur – Pneumothorax – Schädelhirntrauma

Der 24 Jahre alte Kläger erlitt bei einem Verkehrsunfall ein schweres Polytrauma, einen traumatischen Hämatopneumothorax mit instabilem Thorax und deutlich dislozierter Rippenserienfraktur links, eine ausgeprägte Lungenkontusion beidseits, einen traumatischen Pneumothorax rechts, ein mediastinales Emphysem, eine sekundäre dislozierte Abrissfraktur des Prozessus styloideus radii rechts (Abrissfraktur des Griffelfortsatzes der körperfernen Speiche), ein Schädel-Hirn-Trauma mit Skalpierungsverletzung und umschriebener traumatischer intrazerebraler Blutung, eine ausgeprägte HWS-Distorsion sowie ein Subacromialsyndrom der linken Schulter mit Bursitis subacromialis bei Hypermobilität, ferner eine Verletzung der Halswirbelsäule mit einer Subluxation des Zwischenwirbelgelenkes HWK 6/7 und einer Fraktur des Wirbelbogens am 6. HWK sowie einem Weichteilhämatom ausgehend vom Segment C5 bis hinab zu C7 sowie ein organisches Psychosyndrom mit kognitiven Einschränkungen. Die Verletzungen machten wiederholte, längere stationäre Behandlungen nötig, der Kläger leidet unter Dauerschäden, insbesondere einem komplexen organischen Psychosyndrom mit depressiver Störung und Störungen von Effektivität und Impulskontrolle. Dauer-MdE 35 %. Das Mitverschulden beruhte auf einem Gurtverstoß des Klägers.

461 **LG Köln, Urt. v. 29.06.2017 – 25 O 326/13, unveröffentlicht**

100.000,00 € (Vorstellung: 150.000,00 €)

Verlust der rechten Brust – verspätete Krebsdiagnose

Die 50 Jahre alte Klägerin war seit Jahrzehnten beim Beklagten in gynäkologischer Behandlung. Bei drei Mammografien über einen Zeitraum von 10 Monaten wurden Behandlungsfehler gemacht, weswegen große tumoröse Prozesse in der rechten und eine auffällige Zyste in der linken Brust übersehen wurden; nach weiterer Diagnostik stellte sich heraus, dass sich ein invasiv ductales Mammakarzinom rechts und Lebermetastasen gebildet hatten. Die Klägerin erhielt eine Chemotherapie und Frequenzablationen von Lebermetastasen; nach dem ersten Eingriff, der 7,5 h dauerte, erlitt sie einen Pneumothorax. Es kam zu starken Schmerzen in der Lebergegend. Eine Mastektomie war nötig, die bei rechtzeitiger Diagnose hätte vermieden werden können. Die medikamentöse Therapie muss lebenslang fortgesetzt werden und verursacht Nebenwirkungen wie ständigen Juckreiz, starke Kopfschmerzen, einen deutlich reduzierten Gesundheitszustand, starke Blutdruckschwankungen und Herzrasen sowie Krämpfe in der Herzgegend. Die Klägerin lebt in starker Angst vor dem Auftreten eines Rezidivs. Die Prognose für ein Überleben im Allgemeinen und für ein rezidivfreies Überleben im Besonderen haben sich deutlich verschlechtert.

462 **OLG Düsseldorf, Urt. v. 11.06.2019 – 1 U 96/16, unveröffentlicht**

110.000,00 € (Vorstellung: 150.000,00 €)

Rippenserienfraktur – Zwerchfellruptur – Pneumothorax – Schädelhirntrauma – Unterschenkelbrüche

Der 41 Jahre alte Kläger wurde als Motorradfahrer bei einem Verkehrsunfall schwer verletzt. Er erlitt u.a. ein Schädel-Hirntrauma ersten Grades, umfangreiche Verletzungen im Brustbereich (Rippenserienfraktur links, eine Zwerchfellruptur und eine Hämato-/Pneumothorax beidseits) sowie Luxationen und Brüche an beiden Unterschenkeln. Nach dem Unfall verbrachte der Kläger sieben Wochen in stationärer Behandlung, davon die ersten fünf Tage im Koma auf der Intensivstation. Er musste sich jedenfalls 10 Operationen unterziehen. Hierzu zählen neben der operativen Erstversorgung der Beine am Unfalltag auch eine (Not-)Operation wegen einer Blinddarmperforation. Ein Jahr nach dem Unfall kam es zu einer Erneuerung des hinteren und vorderen Kreuzbandes des rechten Knies, weitere zwei Jahre später wurde eine Bauchoperation infolge einer Zwerchfellruptur mit anschließender Reflux-Symptomatik erforderlich mit drei Folgeoperationen aufgrund von Komplikationen. Insgesamt verbrachte der Kläger 147 Tage im stationären Aufenthalt, davon 54 Tage in Rehabilitationskliniken. Er musste nach der Kreuzbandoperation für einen Zeitraum von zumindest 3 Monaten eine PTS-Schiene tragen. An 694 Tagen war der Kläger zumindest teilweise arbeitsunfähig. Er leidet unter einer posttraumatischen Belastungsstörung mit einer depressiven Beeinträchtigung. Es verbleiben prominente Narben an Bauch und Schenkeln. Wegen posttraumatischer Arthrose im rechten Knie besteht eine Instabilität, die die Notwendigkeit einer Prothese wahrscheinlich macht; der Kläger kann sich nicht hinhocken oder knien, weshalb Fußball, Snowboarding oder Skifahren nicht mehr möglich sind.

463 **OLG München, Urt. v. 07.07.2022 – 24 U 404/21, unveröffentlicht**

160.000,00 € (1/5 Mitverschulden; Vorstellung: 215.000,00 €)

Inkomplette Paraparese unterhalb des vierten Brustwirbelkörpers – Rippenserienfraktur – Lungenkontusion

Der Kläger erlitt bei einem Verkehrsunfall eine inkomplette Paraparese unterhalb des vierten Brustwirbelkörpers, schwere Beinverletzungen, einen Bruch der Hüftgelenkspfanne und eine Rippenserienfraktur. Er war siebeneinhalb Monate ununterbrochen in stationärer Behandlung und ist nun dauerhaft auf den Rollstuhl angewiesen und lediglich in der Lage, etwa fünf Meter mit Unterarmgehstützen zurückzulegen. Der Kläger leidet unter erheblichen Blasen- und Mastdarmentleerungsstörungen dergestalt, dass er sehr oft die Toilette aufsuchen muss und für die Entleerung von Blase bzw. Mastdarm sehr lange Zeit benötigt. Bei Berührungen erleidet er spastische Verkrampfungen an Armen und Beinen. Die Rippenserienfraktur mit Lungenkontusion hat zur Folge, dass er unter einem Engegefühl in der Brust leidet; auch besteht eine Schmerzproblematik. Die Dauer-MdE beträgt 80%.

OLG Saarbrücken, Urt. v. 05.03.2020 – 4 U 64/18, unveröffentlicht 464

175.000,00 €

Rippenserienfraktur – Querschnittssyndrom – Wirbelsäulenverletzung – Beckenringfraktur

Der Kläger erlitt bei einem von der Gegenseite grob fahrlässig verursachten Unfall eine Wirbelsäulenverletzung mit instabiler BWK 3 und 4 Fraktur mit inkomplettem Querschnittsyndrom, ein Polytrauma mit Schädelhirntrauma 3. Grades, ein stumpfes Thoraxtrauma mit einer Rippenserienfraktur, eine Beckenringfraktur, eine laterale Tibiakopffraktur sowie eine Läsion des Bandapparates des rechten Kniegelenkes. Er war 6 Wochen im künstlichen Koma und 9 Monate in stationärer Behandlung mit diversen ambulanten Nachbehandlungen. Als Dauerschaden verbleibt ein hirnorganisches Psychosyndrom (HOPS) sowie organische Persönlichkeitsstörung als Folge des Schädel-Hirn-Traumas, die insbesondere zu einer Affektlage, einer Affektinkontinenz, affektiven Störungen und Defiziten in der Kritik- und Urteilsfähigkeit führt, weshalb der Kläger auch nicht mehr Autofahren darf. Er ist schwerst gehbehindert und kann keine Treppen mehr steigen; beim Anziehen ist er auf fremde Hilfe angewiesen. Hinzu kommen eine erektile Dysfunktion, Geschmacks- und Geruchssinnstörungen sowie Dysarthrie bis hin zu aphonalen Lautbildungen.

OLG Zweibrücken, Urt. v. 23.06.2021 – 1 U 20/20, unveröffentlicht 465

350.000,00 €

Querschnittslähmung ab BWK 6 – Paraplegie

Der 21 Jahre alte Kläger wurde bei einem Verkehrsunfall verletzt und erlitt eine Paraplegie ab dem 6. Brustwirbelkörper, eine vollständige Lähmung der unteren Gliedmaßen mit komplettem Verlust der Sensibilität, Impotenz, Inkontinenz, skoliotischer Abweichung des Rumpfes, neuropathischer Schmerzen und depressiver Störung mit Suizidalität. Er befindet sich in vollstationäre Dauerpflege. Er ist ab einer Handbreit unter der Brust querschnittsgelähmt. Der Rumpf ist instabil. Dies führt zu einem erheblichen Hilfebedarf: Bis auf die teilweise Übernahme von Tätigkeiten der Körperpflege (Waschen des Oberkörpers, Zähne putzen, Rasieren) ist er in allen wesentlichen Belangen auf fremde Hilfe angewiesen, dauerhaft katheterisiert und muss zum Abführen einen anus praeter benutzen. Er leidet unter neuropathischen Schmerzen, die die Bewegung erschweren. Wiederkehrend kommt es zu Harnwegsinfekten und Dekubitus. Er kann nur ca 3-4 h im Rollstuhl sitzen und ist ansonsten bettlägerig.

LG Frankenthal, Urt. v. 10.01.2020 – 4 O 494/15, unveröffentlicht 466

400.000,00 €

Rückenmarksschädigung mit Lähmung der unteren Gliedmaßen – Brustwirbeltrümmerfraktur

Der Kläger, ein junger Mann, wurde bei einem Verkehrsunfall verletzt. Er erlitt eine Trümmerfraktur BWK 6 mit sekundärer Rückenmarksschädigung mit sensomotorischer Querschnittslähmung unterhalb TH5/6, eine laterale Claviculafraktur links, eine Dornfortsatzfraktur TH1 bis TH4 sowie C6 und C7 mit der Folge vollständiger Lähmung der unteren Gliedmaßen, Hämatopneumothorax beidseits sowie eine Lungenkontusion beidseits. Wundinfektionen und Pilzerkrankungen begleiteten den Heilungsverlauf. Der Kläger, der kurz vor dem Abschluss seiner Ausbildung (Maler/Lackierer) stand, hat keinerlei Möglichkeit der Berufsausübung; er hat massive Einschränkungen im Privatleben, seine Freunde haben sich abgewandt, er wird ein Leben lang beim Lagern und Umkleiden auf fremde Hilfe angewiesen sein. Eine rezidivierende depressive Störung mit Anpassungsstörung und Aggressivität und Suizidalität besteht.

Gehör-, Geruchs- und Geschmacksinn

▶ Hinweis:

Die Verletzungen in dieser Sparte sind wie folgt katalogisiert worden:

1. Gehör-, Geruchs- und Geschmacksinn
2. Geruchs- und Geschmacksinn
3. Gehörsinn
4. Geruchssinn
5. Geschmackssinn

Die Entscheidungen zu diesen Gesundheitsschäden sind relativ selten. Es sind deshalb auch Entscheidungen in der Tabelle enthalten, die älter als 10 Jahre sind. Die früher ausgeurteilten Schmerzensgeldbeträge müssen deutlich angehoben werden.

1. Gehör-, Geruchs- und Geschmackssinn

467 **OLG Celle, Urt. v. 19.12.2002 – 14 U 73/02, unveröffentlicht**

90.000,00 €

Schädelhirntrauma 2. Grades – Hirnödem – Verlust des Geruchs- und Geschmackssinnes – Hörminderung – Mittelgesichtsfraktur – Pneumothorax – Unterarmfraktur – Knieinstabilität – Unterschenkelfraktur

Der Kläger erlitt u.a. ein Schädelhirntrauma 2. Grades, ein Hirnödem und Subarachnoidalblutungen, eine Mittelgesichtsfraktur Le Fort III, Riss- und Quetschwunden an Stirn, Unterkiefer und Hals, eine Scapulacorpusfraktur, einen Pneumothorax, eine Oberschenkelfraktur, eine Zertrümmerung des Conylenmassivs, eine Unterarmfraktur, eine Knieinstabilität und eine Unterschenkelfraktur. Hirnorganisch bestehen ein depressives Syndrom mit Konzentrationsstörungen, erhebliche kognitive Störungen, Verlust des Geruchs- und Geschmackssinnes und eine Hörminderung.

Die stationäre Behandlung mit mehreren Operationen erstreckte sich über 4 1/2 Monate, davon 17 Tage im Koma. 4 Wochen in einer Rehabilitationsmaßnahme-Klinik schlossen sich an.

Der Kläger ist zu 100 % erwerbsgemindert. Ein Arm und die Beine sind in der Funktionsfähigkeit herabgesetzt, ein Bein ist erheblich verkürzt. Beide Kniegelenke sind instabil. Erhebliche Narben sind zurückgeblieben. Der Kläger ist auf Gehhilfen und einen Rollstuhl angewiesen.

2. Geruchs- und Geschmackssinn

468 **OLG Brandenburg, Beschl. v. 02.11.2006 – 12 W 30/06, unveröffentlicht**

8.250,00 € (Mitverschulden: 1/4)

Weitgehendes Erlöschen des Geruchs- und Geschmackssinnes – Nasenbeinfraktur – Mittelgesichtsfrakturen – Oberkieferfraktur – Schädelhirntrauma

Der Antragsteller begehrt PKH zur Durchsetzung eines Schmerzensgeldanspruchs. Er stürzte als Radfahrer bei Dunkelheit in eine ungesicherte und unbeleuchtete Baugrube und zog sich schwere Verletzungen im Gesichtsbereich zu, nämlich eine zentrale Mittelgesichtsfraktur, eine Nasenbeinfraktur, eine Oberkieferfraktur sowie ein Schädelhirntrauma 1. Grades. Nach 12-tägigem Krankenhausaufenthalt und 4-monatiger Arbeitsunfähigkeit war er um 15 % erwerbsgemindert. Als Dauerschaden verblieben ein weitgehendes Erlöschen des Geruchs- und Geschmackssinnes, eine deutliche Behinderung der Nasenatmung sowie eine verminderte Sensibilität der Nasenspitze.

469 **LG Essen, Urt. v. 09.11.2021 – 3 O 73/18**

19.000,00 € (Vorstellung: 25.000,00 €)

Beeinträchtigung des Geruchs- und Geschmackssinn – AC-Gelenksprengung Schulter – Nasenbeinfraktur –Kalottenfraktur – Jochbeinfraktur – Hämatome – Prellungen

Der Kläger stürzte, als er von einem anderen Radfahrer bei zu geringem Seitenabstand überholt wurde. Er erlitt eine Jochbeinfraktur links, eine Nasenbeinfraktur, eine Riss-/Quetschwunde, eine Kalottenfraktur und subarachnoidale Blutung, einen Le Fort I Fraktur, eine AC-Gelenkssprengung Schulter sowie ein Subcutanhämatom nach Hüftprellung.

Die Schulterverletzung führte zu einem Dauerschaden. Der Kläger kann keine schweren Gewichte heben und nicht mehr Tennis spielen. Zudem ist der Geruchs- und Geschmackssinn des Klägers beeinträchtigt.

OLG Nürnberg, Urt. v. 20.08.2020 – 13 U 1187/20 470

20.000,00 €

Verlust des Geruchsinns – Kalottenfraktur – Subarachnoidalblutung

Die 27 Jahre alte Klägerin erlitt als Radfahrerin ohne Schutzhelm bei einem Unfall eine Kalottenfraktur und eine Subarachnoidalblutung und verlor den Geruchssinn. Sie wurde 9 Tage stationär behandelt und war danach 17 Tage arbeitsunfähig.

OLG Celle, Urt. v. 30.01.2024 – 14 U 58/23 471

45.000,00 € (Vorstellung: 45.000,00 € bis 60.000,00 €)

Verlust Geruchs- und Geschmackssinn Oberarmfraktur –Verletzung Nerven – Zertrümmerung Ellenbogen – Depressionen – Fallhand – große Narbe

Die 41 Jahre alte Klägerin und ihre 10 Jahre alte Tochter wurden bei einem Verkehrsunfall verletzt. Sie erlitt eine Humerusschaftfraktur mit Läsion des Nervus radialis und des Nervus ulnaris und eine Rippenserienfraktur. Sie wurde mehrfach operiert und insgesamt rd. 100 Tage stationär behandelt, musste fast 800 medizinische Behandlungstermine wahrnehmen und war fast 2 1/2 Jahre arbeitsunfähig.

Als Dauerschäden bestehen am Oberarm eine große Operationsnarbe, eine Fallhand und depressive Störungen. Sie ist in der Ausübung ihrer Hobbies und Wahl der Sportarten beschränkt. Es besteht eine mittelgradige Depression und eine Minderung der Erwerbsfähigkeit ist als Spätschaden zu befürchten.

3. Gehörsinn

▶ Hinweis:

Unfallbedingte Verletzungen des Gehörs treten meist nicht isoliert auf. Das auf die Beeinträchtigung des Hörvermögens entfallende Schmerzensgeld ist deshalb nicht leicht zu ermitteln.

Das Ohr ist ein paariges Organ. Geht auf einem Ohr das Hörvermögen verloren oder wird es erheblich eingeschränkt, muss das Schmerzensgeld deutlich unter 50 % des für völlige Ertaubung zuzuerkennenden Betrages liegen.

▶ Prozesstaktik:

Andererseits wirkt die Sorge des Verletzten vor völliger Ertaubung Schmerzensgeld erhöhend. Auf keinen Fall sollte sich ein Vergleich auf einen etwaigen Zukunftsschaden erstrecken. Ein Anerkenntnisvertrag zwischen dem Versicherer und dem Verletzten, der ausdrücklich ein Feststellungsurteil ersetzen soll, oder ein Feststellungsurteil sind geboten, um die Verjährungsfrist von 30 Jahren zu erreichen.

472 **OLG Dresden, Urt. v. 13.03.2019 – 1 U 1310/18**

1.000,00 €

Temporäre Hörminderung

Die Klägerin erlitt neben Prellungen eine temporäre Hörminderung auf einem Ohr.

473 **AG Meschede, Urt. v. 13.05.2015 – 6 C 411/13, unveröffentlicht**

1.500,00 € – 2.000,00 € – 800,00 €

Hörschäden nach Karnevalveranstaltung

Die Teilnehmer einer Karnevalveranstaltung erlitten dadurch einen dauerhaften Hörschaden, dass der zulässige Dauerschallpegel deutlich überschritten wurde.

Je nach Schweregrad der Beeinträchtigung sprach das Gericht unterschiedliche Schmerzensgeldbeträge zu.

474 **LG Osnabrück, Urt. v. 23.03.2012 – 10 KLs 37/11- 1100 – Js 39222/11, unveröffentlicht**

2.000,00 € bis 6.500,00 €

Knalltrauma – Innenohrschwerhörigkeit – Hörminderung

Einen eindrucksvollen Fall entschied das LG Osnabrück, das einen 25 Jahre alten »Fußballfan« im Adhäsionsverfahren verurteilte, an 10 Verletzte Schmerzensgeld in Höhe von 2.000,00 € bis 6.500,00 € zu zahlen. Der Angeklagte hatte einen Sprengkörper in Richtung auf den gegnerischen Fanblock geworfen, der Sprengkörper prallte jedoch ab und fiel in den Ausgangsbereich eines Spielertunnels und verletzte dort zahlreiche Personen, von denen 10 wegen der Schwere der Verletzungen Schmerzensgeldansprüche im Adhäsionsverfahren geltend machten. Der Angeklagte wurde antragsgemäß verurteilt, weil er die geltend gemachten Schmerzensgeldansprüche anerkannt hatte.

Die Verletzten erlitten neben Schürf- und Platzwunden auch Prellungen, Stichwunden und kleinere Verletzungen. Als Hörschädigungen wurden genannt: Explosionstrauma, akutes Knalltrauma, Lärmtrauma, Innenohrschwerhörigkeit, irreversible Hörminderung im Hochtonbereich, dauerhaft starker Tinnitus mit permanentem Pfeifton oder Innenohrtonsenke, Hörverlust von 25 % und ständiges Rauschen.

475 **OLG München, Urt. v. 17.11.2016 – 3662/16**

2.000,00 €

Kurzfristige Hörminderung

Durch eine Ohrfeige kam es bei der Klägerin zu einer kurzfristigen Hörminderung, zu Ängsten und Schlafstörungen.

476 **OLG Hamm, Urt. v. 13.07.2010 – 9 U 89/09, unveröffentlicht**

3.500,00 €

Tinnitus

Der Kläger war Fahrgast in einem Nachtzug. Er hatte sich zum Schlafen in das Fahrradabteil des Zuges begeben und war auf dem Boden liegend in seinem Schlafsack eingeschlafen als ihn zwei Zugbegleiter durch Pfiffe mit einer Trillerpfeife aufweckten.

Der Kläger leidet aufgrund der Pfiffe mit der Trillerpfeife unter einem dauerhaften Tinnitus.

477 **LG Köln, Urt. v. 03.12.2020 – 113 KLs 23/19, unveröffentlicht**

4.000,00 € und 5.000,00 €

Tinnitus – Hörminderung

Der Angeklagte führte eine Sprengstoffexplosion herbei, die bei den Adhäsionsklägern zu Schäden des Gehörs führten. Während eines Fußballspiels zündete er einen Knallkörper, der ohrenbetäubend explodierte. Bei einer Adhäsionsklägerin verstärkte die Explosion einen bereits bestehenden Tinnitus, der weiter besteht. Bei einer anderen Adhäsionsklägerin führte die Explosion zu einem Tinnitus. Bei einem Adhäsionskläger trat nach einem Knalltrauma eine Hörminderung ein.

LG Münster, Urt. v. 17.04.2014 – 4 O 172/12, unveröffentlicht 478

8.000,00 € (Vorstellung: 8.000,00 €)

Tinnitus – Schädelhirntrauma I. Grades – offene Oberkieferfraktur

Der Kläger wurde bei einem Auffahrunfall erheblich verletzt. Er leidet unter einem chronisch komplizierten Tinnitus. Er erlitt u.a. ein Schädel-Hirn-Trauma I, HWS-Distorsion, Oberkieferteilprothesenbruch und die offene Oberkieferfraktur. Der Kläger wurde 3 Tage stationär und operativ behandelt. Er war fast 3 Wochen arbeitsunfähig.

OLG Jena, Urt. v. 19.12.2023 – 1 U 167/22 479

10.000,00 €

Innenohrschwerhörigkeit – fast Ertaubung auf einem Ohr

Bei der 67 Jahre alten Klägerin wurden infolge eines groben Behandlungsfehlers weitere Hörtests unterlassen, wodurch das Risiko einer Innenohrschwerhörigkeit deutlich erhöht wurde. Die Klägerin benötigt ein Hörgerät. Helle Stimmen hört sie schlecht. Befinden sich mehrere Personen in einem Raum, kann sie trotz Hörgerät Gesprächen nicht folgen. Der Hörverlust wiegt schwer.

OLG Brandenburg, Beschl. v. 18.02.2009 – 12 W 18/08, unveröffentlicht 480

15.000,00 € (Vorstellung: 15.000,00 €)

Schädelprellung – Tinnitus – Handprellung – Dauerschäden

Die Antragstellerin erlitt bei einem Verkehrsunfall neben einer Risswunde über dem rechten Ohr, einer Prellung der linken Ohrmuschel und der rechten Hand eine Schädelprellung und Gehirnerschütterung, die zu erheblichen Gesundheitsbeeinträchtigungen, nämlich Tinnitus, Schwindelgefühlen, Angstzuständen, Konzentrationsstörungen, Kopfschmerzen und Schlafstörungen geführt haben, die weiterhin vorliegen.

OLG Brandenburg, Urt. v. 10.22.2022 – 12 U 45/17 481

15.000,00 €

Schädelhirntrauma – Hörminderung

Der Kläger erlitt bei einem Arbeitsunfall unter anderem ein Schädelhirntrauma, ein Kopfplatzwunde, eine Rippenfraktur und mehrere Prellungen. Ein Behandlungsfehler liegt einer nicht rechtzeitig durchgeführten Kernspintomographieuntersuchung des Kopfes und der Halswirbelsäule des Klägers trotz der durch den Arbeitsunfall erfahrenen Gewalteinwirkung. Selbst eine konventionelle Röntgenuntersuchung hätte wichtige Hinweise hätte ergeben können. Goldstandard sei allerdings eine CT-Untersuchung des Übergangs vom Schädelbein auf die obere Halswirbelsäule gewesen.

Beim Kläger sind Kopfschmerzen, Hitzegefühle, Schwindel, Konzentrations- und Merkfähigkeitsstörungen sowie eine Hörminderung rechts und ein Tinnitus beidseits als Unfallfolgen eingetreten.

LG Dortmund, Urt. v. 27.11.2018 – 39 Ks -400 Js 206/17–15/17, unveröffentlicht 482

20.000,00 € (Vorstellung: 20.000,00 €)

Knalltrauma – Tinnitus

Bei dem Attentat auf den Bus des Bundesligavereins Borussia Dortmund erlitt ein Polizist als Motorradfahrer durch die Explosion ein Knalltrauma. Er litt später noch unter dem Tinnitus und einem Druckgefühl auf den Ohren. Infolge der Verletzung war er rd. 1 1/2 Jahre krankgeschrieben und war mehrere Monate in psychotherapeutischer Behandlung. Der Angeklagte hat den Schmerzensgeldanspruch anerkannt.

483 **OLG Saarbrücken, Urt. v. 14.03.2006 – 4 U 326/03, OLGR 2006, 761**

25.000,00 €

Tinnitus

Der Kläger wurde bei einem Verkehrsunfall verletzt. Er zog sich u.a. ein HWS-Schleudertrauma zu, das zu einer posttraumatischen Belastungsstörung führte. Infolgedessen leidet der Kläger unter einem chronifizierten Schmerzsyndrom mit Ermüdbarkeit, Reizbarkeit und Schwäche, einer stark eingeschränkten Beweglichkeit im Kopf-Halsbereich, einer Commotio labyrinthi mit Hochtoninnenohrschwerhörigkeit und ständigem Tinnitus sowie Vertigo bei persistierender Schallempfindungsschwerhörigkeit. Ohne den Unfall und ohne HWS-Schleudertrauma als Primärverletzung wären diese Gesundheitsbeeinträchtigungen nicht aufgetreten.

Der Kläger verlor aufgrund der Verletzungen den Arbeitsplatz und ist erheblich in der Lebensgestaltung eingeschränkt.

484 **KG, Urt. v. 12.12.2016 – 20 U 90/13, ArztR 2019, 49**

30.000,00 € (Vorstellung: 60.000,00 €)

Ertaubung

Die Klägerin, im Alter von »Ende vierzig«, wurde bei einem Verkehrsunfall schwer verletzt. Unfallbedingt war sie durch einen Felsenbeinbruch rechts faktisch ertaubt. Eine Operation am Facialis trug ein Ertaubungsrisiko in sich. Die Klägerin wurde unzureichend aufgeklärt und bei der postoperativen Überwachung kam es zu einem groben Behandlungsfehler, der zu der Ertaubung des letzthörenden Ohres geführt hat.

485 **OLG Oldenburg, Urt. v. 02.03.2011 – 5 U 154/08, unveröffentlicht**

40.000,00 € (Vorstellung: 50.000,00 €)

Ertaubung auf einem Ohr

Infolge fehlerhafter ärztlicher Behandlung ertaubte der 63 Jahre alte Kläger auf einem Ohr. Die zunächst aufgetretene Gangunsicherheit konnte durch eine Revisionsoperation, die dem Kläger ohne den Behandlungsfehler erspart geblieben wäre, beseitigt werden.

486 **OLG Stuttgart, Urt. v. 07.06.2018, 13 U 194/17, MDR 2018, 1183 = AUR 2018, 387**

70.000,00 €

Schädigung der Hörschnecke – Schädelhirntrauma – Brustwirbelfraktur

Die 27 Jahre alte Klägerin, eine Ärztin, stürzte von einem Kamel und zog sich eine Schädigung der distalen Cochlea (Hörschnecke) am Ohr, ein schweres Schädel-Hirn-Trauma und eine Fraktur des 12. Brustwirbelkörpers zu. Die Verletzungen hatten Substanzverluste am Schädeldach, eine strukturelle Epilepsie mit der Gefahr erneuter Anfallsleiden, eine MdE von 40 %, eine unvollständige Halbseitenlähmung und eine Hörminderung durch die Schädigung an der Hörschnecke bezüglich akustisch evozierter Hirnstammpotenziale, zur Folge welche nach wie vor besteht und zu einer Minderung der Erwerbsfähigkeit von 30 % führt.

In neuropsychologischer Hinsicht auf kognitiven Gebiet bestehen Einschränkungen in Gestalt von Wortfindungsstörungen, Konzentrations- und Aufmerksamkeitsstörungen sowie einer Dyslexie, also Schwierigkeiten beim Lesen und Verstehen von Wörtern, wobei zu berücksichtigen ist, dass die

Klägerin berufsbedingt überdurchschnittlichen Anforderungen an das geistige Leistungsvermögen unterliegt und diese Einschränkungen sich noch aktuell in der Lebensgestaltung der Klägerin wenn auch nur noch gering auswirken.

LG Karlsruhe, Urt. v. 17.02.2012 – 5 O 32/09, unveröffentlicht 487

90.000,00 €

Tinnitus – Schädelhirntrauma – Kontusionsblutungen – Kopfplatzwunde

Der 20 Jahre alte Kläger, ein Medizinstudent, wurde bei einem Verkehrsunfall schwer verletzt. Er erlitt unter anderem ein Schädelhirntrauma, Kontusionsblutungen, einen Tinnitus und eine Kopfplatzwunde. Die stationäre Behandlung dauerte fast eine Woche, die Arbeitsunfähigkeit 8 Wochen.

OLG Brandenburg, Urt. v. 11.03.2015 – 4 U 93/14, unveröffentlicht 488

100.000,00 € (Vorstellung: 110.000,00 €)

Verlust des Geschmacks- und Geruchssinns – Fraktur der Vorder- und Hinterwand des Schädels – Schluckstörung – Dauerschmerzen

Der Kläger stürzte bei einer Weihnachtsfeier von einem Barhocker,stürzte auf den Kopf und erlitt eine Fraktur der Vorder- und Hinterwand des Schädels und den Verlust des Geschmacks- und Geruchssinns. Er leidet unter – Schluckstörungen und Dauerschmerzen. Der GdB beträgt 60, er ist dauerhaft erwerbsunfähig. Der Kläger konnte 3 1/2 Jahre nur flüssige Nahrung zu sich nehmen.

Zur Bemessung des Schmerzensgeldes meint der Senat: Ein im Jahr 1995 zugesprochener Betrag von 75.000,- € entspricht unter Berücksichtigung der zwischenzeitlich eingetretenen, am Verbraucherpreisindex orientierten Geldwertentwicklung heute dem Betrag von 100.000,00 €.

OLG München, Urt. v. 02.08.2016 – 18 U 3489/15, unveröffentlicht 489

120.000,00 € (Vorstellung: 200.000,00 €)

Schädelhirntrauma – Abbruch des Gesichtsschädels – Dislokation der Gesichtshälfte – Minderung des Hörvermögens

Bei einer ohne jeden Anlass begangenen vorsätzlichen Tat, geprägt durch überaus brutales Vorgehen des Beklagten, der den Straftatbestand des versuchten Mordes in Tateinheit mit gefährlicher Körperverletzung verwirklicht hat, erlitt der Kläger unter anderem einen Abbruch des Gesichtsschädels vom Hirnschädel, verbunden mit einer Dislokation der gesamten Gesichtshälfte, und ein Schädel-Hirn-Trauma 2. Grades.

Der Kläger musste sich drei Operationen unterziehen, bei denen unter anderem das Gesicht wieder hergestellt wurde. Die eingebrachten Fremdmaterialien wurden in einer weiteren mehrstündigen Operation wieder entnommen. Zuvor war der Kläger zur teilweisen Wiederherstellung seines Hörvermögens operiert worden, wobei am linken Ohr dauerhaft ein Implantat eingesetzt wurde. Zur Wiederherstellung und Korrektur des Bisses musste sich der Kläger mehreren Zahnbehandlungen unterziehen. Der Kläger litt unter »massivsten Gesichtsschmerzen« und konnte mehr als acht Wochen keine feste Nahrung zu sich nehmen.

Mit einer vollständigen Wiederherstellung der Gesundheit des Klägers ist nicht zu rechnen.

Als Dauerschäden verbleiben insbesondere geringgradige kombinierte Schwerhörigkeit mit einem Hörverlust von 15 %, eine Nasenatmungsbehinderung. Der Kläger leidet ferner neben Spannungskopfschmerzen, Hör- und Gleichgewichtsstörungen unter neuropsychologischen und kognitiven Störungen, die seine Leistungsfähigkeit nachhaltig negativ beeinflussen.

4. Geruchssinn

▶ Hinweis:

Den Geruchssinn lernen Menschen oft erst schätzen, wenn sie ihn verloren haben. Das gilt insb. für RA und Richter, die das angemessene Schmerzensgeld oft nicht fordern/zusprechen. Der Verlust des Geruchssinnes (Anosmie) bedeutet einen großen Verlust an Lebensfreude. Beim Genuss von Speisen und Getränken spielt der Riechsinn eine große Rolle. Zudem funktioniert bei Verlust ein wichtiges Alarmsystem für verdorbene Speisen, Brandgeruch oder Gas nicht mehr. Der Verletzte kann seinen eigenen Körpergeruch oder das Parfüm nicht mehr wahrnehmen. Die Folgen sind seelisches Leid bis hin zur Depression.

Um für den Mandanten ein angemessenes Schmerzensgeld zu erstreiten, muss der Anwalt auf diese Zusammenhänge hinweisen. Er muss den Mandanten befragen, um eine bis ins Einzelne gehende Schilderung zu erhalten, die er in die Klageschrift einfließen lassen kann und muss.

490 **OLG München, Urt. v. 26.11.2009 – 24 U 334/08, GesR 2010, 206**

<u>20.000,00 €</u> (Vorstellung: 40.000,00 € zuzüglich monatliche Rente 200,00 €)

Verlust des Geruchssinns

Der beklagte Hals-Nasen-Ohren-Arzt beließ anlässlich einer Operation der Nasenneben- und Stirnhöhle eine zur Blutstillung verwendete Tamponade in der Nase seiner Patientin. Diese litt infolge dieses Behandlungsfehlers über 3 1/2 Jahre an häufigen Fieberzuständen, Kopfschmerzen und Müdigkeit und als Dauerfolge unter weitgehendem Verlust des Geruchssinns. Das OLG hielt das vom LG ausgeurteilte Schmerzensgeld von 30.000,00 € für überhöht, weil ein Schmerzensgeld in der Größenordnung von 30.000,00 € i.d.R. einen gravierenderen Dauerschaden voraussetze. BGH, Urt. v. 08.06.1976 – VI ZR 216/74, VersR 1976, 967 – MDR 1976, 1012, hat den Verlust des Geschmackssinns als schwersten Dauerschaden bezeichnet.

491 **OLG Brandenburg, Urt. v. 17.01.2012 – 6 U 96/10, unveröffentlicht**

<u>30.000,00 €</u> (Vorstellung: 65.000,00 €)

Nicht gänzlicher Verlust des Geruchssinns – Schädel-Hirn-Trauma

Die Klägerin beteiligte sich an einem Workshop der Beklagten zur Absolvierung von Stuntübungen. Die Teilnehmer waren über die Beklagte haftpflicht- und unfallversichert. Nachdem die Klägerin eine Übung mehrfach problemlos durchgeführt hatte, stürzte sie beim nächsten Versuch auf den vor einem Mattenstapel befindlichen Betonboden. Sie erlitt ein Schädel-Hirn-Trauma II. Grades mit Hirnkontusion und subduralem Hämatom mit traumatischer Subarachnoidalblutung. Sie wurde 8 Tage stationär behandelt. Anschließend war sie noch einen Monat arbeitsunfähig.

Der Versicherer zahlte wegen des vollständigen Verlustes des Geruchssinnes und wegen Störungen der Aufmerksamkeitsleistungen und der exekutiven Funktionen eine Invaliditätsentschädigung in Höhe von 20 % der versicherten Invaliditätssumme von 50.000 €, also 10.000 €. Im Rechtsstreit stellte sich heraus, dass die Klägerin den Geruchssinn nicht gänzlich eingebüßt hat. Auf den zuerkannten Betrag von 20.000,00 € muss sich die Klägerin den vom Versicherer gezahlten Betrag nicht anrechnen lassen.

492 **LG Bonn, Urt. v. 11.12.2014 – 18 O 388/12, DAR 2015, 340 = NJW-Spezial 2015, 234 = VRR 2015, Nr. 5, 2**

<u>30.000,00 €</u> (Mitverschulden: 1/2)

Verlust des Geruchssinns nach Sturz mit einem Speed-Pedelec – künstliches Koma

Die Beklagte verkaufte dem Kläger ein Speed-Pedelec, das Geschwindigkeiten von mehr als 25 km/h erlaubt. Es war mit einer Reifen/Felgen-Kombination versehen, die nach den Vorgaben des Herstellers nicht zulässig war. Der Kläger trug keinen Helm, für ihn war jedoch offenkundig, dass das Risiko eines schweren Unfalls bei höheren Geschwindigkeiten ungleich höher ist als bei Geschwindigkeiten, wie sie im Radverkehr normalerweise gefahren werden. Besteht bereits seit Jahrzehnten eine Helmpflicht für Fahrräder mit Hilfsmotor mit einer durch die Bauart bestimmten Höchstgeschwindigkeit von mehr als 25 km/h (§ 21a StVO in der Fassung von 1978), musste es sich dem Kläger aufdrängen, dass er bei Benutzung des Speed-Pedelec zu seinem eigenen Schutz einen Helm aufsetzen musste. Dass der Gesetzgeber insoweit noch nicht (klarstellend) tätig geworden ist, sondern offensichtlich auf die Eigenverantwortung der Fahrer(innen) setzt, entlastet den Kläger nicht (ebenso OLG Düsseldorf, NJW 2007, S. 3075 für einen Rennradfahrer, der mit einer Geschwindigkeit von 30–40 km/h unterwegs war).

Der Kläger stürzte, stand danach unter Schock und sein Kopf hat »grausam« ausgesehen. Die Gesamtschau der bei dem Kläger eingetretenen Verletzungen, die Dauer des Krankenhausaufenthaltes (einschließlich des künstlichen Komas), insb. aber der fast gänzliche Verlust des Geruchssinns und die immer noch und immer wieder auftretenden Schmerzen bei dem Kläger sowie dessen Mitverschulden rechtfertigen insgesamt ein Schmerzensgeld i.H.v. 30.000,00 €.

OLG Köln, 12.12.2014 – 19 U 39/14, SP 2016, 154 = RuS 2015, 422 = NZV 2015, 505 493

55.000,00 € (Vorstellung: mindestens 65.000,00 €)

Geruchs- und Geschmackssinn – Schädelhirntrauma 2. Grades mit Kontusionsblutung

Die Klägerin, die mit 3 Kindern in einem 4 Personenhaushalt lebte und lebt, und an einer Bewegungseinschränkung des Fußgelenks litt, wurde als Fußgängerin von einem Pkw erfasst und zu Boden geschleudert. Dabei schlug sie mit dem Kopf auf dem Asphalt auf und zog sich schwere Kopfverletzungen zu. Sie erlitt ein Schädelhirntrauma 2. Grades mit frontaler Kontusionsblutung und hirnorganischer Wesensänderung sowie eine Dissoziationsstörung mit psychogener Amnesie infolge eines unfallbedingten Traumas.

Die stationäre Behandlung dauerte 3 1/2 Wochen, die Reha in einem neurologischen Zentrum 7 Wochen. Nach einem Jahr bestehen verminderte Berührungsempfindungen des Beines und eine Gangunsicherheit mit Schwindel, welche auf eine Hirnstammbeteiligung zurückgeführt und aus neurologischer Sicht mit einer MdE von 30 % bewertet wurde. Ferner bestehen multiple kognitive und mnestische Einbußen von leichter bis mittlerer Ausprägung, eine depressive Symptomatik mit ausgeprägter Antriebsminderung sowie eine ausgeprägte emotionale Labilität. Die Gesamt-MdE beträgt 60 %.

Nach einem weiteren Jahr bestehen ein hirnorganisches Psychosyndrom, eine Beeinträchtigung des Geruchs- und Geschmackssinns und Kopfschmerzen. Die MdE beträgt nun 100 %

Zur Höhe des Schmerzensgeldes bezieht sich der Senat auf die Vorentscheidung des LG Bonn, Urt. v. 12.02.2014 – 1 O 462/09, unveröffentlicht, das die Höhe unter Bezug auf eine ältere Auflage einer Entscheidungssammlung stützt, die OLG Nürnberg, Urt. v. 25.10.2002 – 6 U 2114/02 nennt. Diese schon sehr alte Entscheidung ist nach den Unfallfolgen nur bedingt vergleichbar. Deutlich höhere Schmerzensgelder aus den Folgejahren wurden nicht beachtet.

OLG Köln, Urt. v. 13.04.2016 – 5 U 107/15, VersR 2016, 1123 MedR 2017, 85 = RDG 2016, 191 494

200.000,00 € (Vorstellung: mindestens: 130.000,00 €; Urt. LG: 75.000,00 €)

Vollständiger Verlust des Geruchssinns – Frontalhirnsyndrom

Bei dem 42 Jahre alten Kläger sollte eine Nasenscheidewandverbiegung korrigiert werden. Der Beklagte verletzte die Schädelbasis im Bereich des Siebbeines. Es kam zu einem knöchernen Defekt von 1 x 2 cm, zu einer Gewebeverdrängung mit Blutung bis in die Hirnventrikel. Darüber hinaus sind Riechfasern verletzt worden. Als Folge der Schädelbasisverletzung leidet der Kläger an einem mittelgradig ausgeprägten Frontalhirnsyndrom, wodurch es zu einer mittelgradigen psychomotorischen Verlangsamung kommt, und einer erheblichen Verminderung des Antriebs, einer leichtgradigen Depression, einer Affektminderung, einer räumlichen Orientierungsstörung leichteren Grades, eines verminderten Selbstwertgefühls, Unentschlossenheit, Aufmerksamkeits- und Konzentrationsstörungen sowie Libidoverlust.

Durch Zerreißung der Riechfasern hat der Kläger einen irreversiblen Verlust des Riechvermögens erlitten, er kann nur noch Salziges und Süßes schmecken.

Der Kläger ist in nahezu allen Bereichen des privaten Alltags erheblich eingeschränkt. Der früher mit Leidenschaft ausgeübten Kampfsportart Win Shu kann er nur noch ganz eingeschränkt nachgehen. Spaziergänge in eine unbekannte Gegend kann er nur in Begleitung durchführen. Ein Auto kann er nicht mehr steuern. Mit Lesen oder Fernsehen beschäftigt er sich nur selten und kurz und in der Regel ohne Interesse. Freude empfindet er nur noch selten. Die Beziehung zu seiner langjährigen Lebensgefährtin besteht weiter, ist jedoch durch die kognitiven Defizite, die damit verbundene Unselbständigkeit und durch seine Wesensveränderung sehr belastet. Das Sexualleben ist weitgehend zum Erliegen gekommen.

5. Geschmackssinn

495 **OLG Koblenz, Urt. v. 13.05.2004 – 5 U 41/03, NJW-RR 2004, 1026 = MedR 2004, 502**

6.000,00 €

Verletzung des nervus lingualis

Der Kläger wurde vom Zahnarzt vor einer Leitungsanästhesie nicht über deren Risiko aufgeklärt. Es kam zu einer Beeinträchtigung des nervus lingualis und es stellten sich beim Kläger persistierende Beschwerden und Ausfälle im Bereich der Injektionsstelle und der rechten Zungenhälfte ein. Als Verkaufsleiter muss der Kläger ausgedehnte Kundengespräche führen. Dabei empfindet er die Gefühlsstörung der Zungen- und Mundhöhlenhälfte mit Mundtrockenheit als erhebliche Beeinträchtigung.

Für die Bemessung des Schmerzensgeldes hat das Gericht sich auf eine Entscheidung des LG Kassel bezogen, das bereits Anfang 1992 in einem vergleichbaren Fall ein Schmerzensgeld von 7.500,00 € zuerkannt hatte. Dem Umstand, dass der nervus lingualis durchtrennt war, kommt medizinisch keine ausschlaggebende Bedeutung zu.

496 **LG Dortmund, Urt. v. 04.05.2011 – 4 O 55/09, unveröffentlicht**

10.000,00 € (Vorstellung: 30.000,00 €)

Teilweiser Geschmacksverlust – Zungentaubheit – Nervverletzung

Der beklagte Zahnarzt verletzte bei einer Leitungsanästhesie mehrere Nerven des Klägers, nämlich den nervus lingualis, den nervus buccalis und den nervus alveolaris inferior.

Das Geschmacksempfinden des Klägers ist auf der rechten Seite dauerhaft verloren.

Der Kläger hat auf Dauer eine taube rechte Zungenhälfte, in der weder ein taktiles noch ein gustatorisches Empfinden vorhanden ist. Betroffen ist auch die Hälfte der Wangenschleimhaut. Der Kläger kann feste Nahrung nur unter Schmerzen kauen.

497 **LG Tübingen, Urt. v. 29.09.2010 – 8 O 64/08, unveröffentlicht**

15.000,00 € (Vorstellung: 10.000,00 €)

Verlust des Geschmackssinns – Schädigung des nervus lingualis

Der 53 Jahre alte Kläger, ein gelernter Koch, erlitt bei einer Lokalanästhesie durch den beklagten Zahnarzt, der über Behandlungsalternativen nicht hinreichend aufgeklärt hatte, eine Hyperästhesie beidseits der Mundschleimhaut und der Zunge. Es kam zum Verlust des Geschmacksinns im Bereich der vorderen zwei Zungendrittel sowie zu einer Schädigung des nervus lingualis links.

Bei der Bemessung des Schmerzensgeldes stellte das Gericht insb. darauf ab, dass der Kläger den Geschmackssinn verloren hat mit der Folge, dass er seinen Beruf als Koch nicht mehr ausüben kann.

Genitalien (Frau: Gebärmutter – Sterilisation – Mann: Hoden – Penisverletzung – Impotenz – Zeugungsfähigkeit)

▶ Hinweis:

Anwälte/innen und Richter/innen sollten der unterschiedlichen Behandlung von Männern und Frauen »im Genitalbereich« endlich ein Ende bereiten!

Diese bewusst provokative Aufforderung beruht auf der traurigen Tatsache, dass z.B. für den Verlust der Gebärmutter, der unwiederbringlich die Unfruchtbarkeit der Frau bedeutet, bis vor einigen Jahren ein Schmerzensgeld von etwa 15.000,00 € ausgeurteilt wurde, während das Schmerzensgeld für den Verlust eines Hodens bei 12.500,00 € (ohne Mitverschulden) beginnt und bis 18.000,00 € reicht. Bei Verlust eines Hodens bleibt jedoch die Zeugungsfähigkeit des Mannes i.d.R. voll erhalten, wenn auch die Höhe des Schmerzensgeldes mit der unbegründeten Angst des Verletzten vor dem Verlust des 2. Hodens und seiner Sorge um die Entwicklung des Sexuallebens begründet wird. Die optische Beeinträchtigung kann durch eine Hodenprothese ausgeglichen werden. Inzwischen ist das Schmerzensgeld für den Verlust der Gebärmutter deutlich gestiegen, wie Entscheidungen des OLG Köln aus den Jahren 2007 und 2008 und des OLG München aus dem Jahr 2009 zeigen. Immerhin setzt sich diese Entwicklung fort, wie zwei neue Entscheidungen zeigen.

Beachtlich sind auch die Schmerzensgeldbeträge, die Männer als »Opfer« einer missglückten Penisverlängerung bzw. Penisprothese erstritten haben.

Zum Vergleich mit dem Verlust der Gebärmutter bieten sich Entscheidungen an, die zur Zeugungsunfähigkeit bei Männern ergangen sind. Das Schmerzensgeld reicht hier bis 50.000,00 €, wenn auch die gesundheitlichen Beeinträchtigungen nicht voll vergleichbar sind.

Noch Anfang der 80er Jahre war der Verlust eines Hodens nach Hodentorsion wesentlich häufiger Gegenstand gerichtlicher Entscheidungen. Die schon damals rigorosen Schmerzensgelder und Schuldzuweisungen der Gerichte ggü. den Ärzten haben im medizinischen Bereich zu Aufklärung und Problembewusstsein geführt, sodass Hodenverluste nach Hodentorsion einige Jahre überhaupt nicht Gegenstand gerichtlicher Entscheidungen waren.

Hinzuweisen ist auch darauf, dass eine Ehefrau, deren Mann impotent geworden ist, keinen Schmerzensgeldanspruch durchsetzen kann, weil die Frau nicht selbst körperlich verletzt worden ist. Die Urteile sind unter 2c) mitgeteilt.

Unter 2b) ist zum Penisverlust eines 10 Jahre alten Jungen eine Entscheidung aus 1974 nochmals eingefügt worden, weil sie einen Einzelfall betrifft und der Höhe nach sehr beachtlich ist.

Da → Geschlechtskrankheiten i.d.R. den gesamten Körper befallen, ist dieser Begriff im Abschnitt → Besondere Verletzungen – Geschlechtskrankheiten – eingestellt.

1. Frau

a) Gebärmutter/Scheide

OLG Frankfurt, Urt. v. 09.04.2025 – 17 U 181/23, GesR 2025, 375 498

1.000,00 € (Vorstellung: 7.000,00 €)

Die Beklagte ist Herstellerin von Intrauterinpessaren. Der Klägerin wurde von ihrer Frauenärztin ein solches IUP eingesetzt. Weil es bei einigen Pessaren zu einem Bruch der Seitenarme gekommen war, wurde auf diesen Produktionsfehler in einer Warnmeldung der Beklagten hingewiesen. An der bei der Klägerin eingesetzten Spirale, brachen beide Ärmchen ab mit der Folge, dass die Spirale in einer ambulanten Operation, einer Ausschabung, entfernt werden musste. Nach der Operation litt die Klägerin einige Tage unter Schmerzen.

499 **LG Limburg, Urt. v. 14.10.2022 – 4 O 114/21, unveröffentlicht**

1.500,00 € (Vorstellung: 9.200,00 €)

Produktmangel eines Intrauterinpessars

Die Beklagte stellt medizinisch gynäkologische Produkte her und ist auf die Herstellung von Intrauterinpessaren (IUP) aus Kupfer zur Empfängnisverhütung spezialisiert. Die Klägerin ließ eine solche Spirale einsetzen, bei der es aufgrund eines von dem Hersteller des Rohmaterials verursachten Fehlers zu Defekten kam, so dass einige Kupferspiralen in situ oder beim Entfernen brachen. Bei zwei schmerzhaften Eingriffen wurde vergeblich versucht, die Spirale zu entfernen, so dass die Spirale bei der Klägerin operativ entfernt werden musste.

500 **OLG Köln, Beschl. v. 16.03.2015 und v. 20.04.2015 – 5 U 164/14, GesR 2016, 166 = MedR 2016, 429**

2.000,00 € (Vorstellung: mindestens 35.000,00 €)

Radikale Verkleinerung der kleinen Labien – nicht befriedigendes ästhetisches Ergebnis

Die Behauptung der Klägerin, die Labien seien vollständig entfernt worden, ihre Genitalien seien verstümmelt worden, hat sich nicht bestätigt, beide Labien sind, wenn auch nur in sehr reduziertem Maße, vorhanden. Ein Operationsstandard für die Verkleinerung von Labien, der vorgibt, wie viel von den kleinen Labien zu belassen ist, besteht nicht. Der Beklagte hat die Reduktion an der Gefäßbasis vorgenommen. Dies ist zulässig, wenn auch nicht zwingend, denn die Reduktion kann an jeder Stelle der Labien erfolgen. Eine Absprache der Parteien, um welchen Anteil die Labien reduziert werden sollten, ist nicht erfolgt.

Bei der Höhe des Schmerzensgeldes sind einerseits die durch den Eingriff verursachten Schmerzen im Bereich des Wundgebietes und der durch den klaffenden Introitus nach Labienreduktion beidseits hervorgerufene Zustand zu berücksichtigen, der zu einer trockenen Scheide mit Problemen bei sitzenden sportlichen Tätigkeiten wie Fahrradfahren, zu einem erhöhten Risiko zu aufsteigenden vaginalen Infektionen und einer Dyspareunie führen kann.

Da die Labien, wenn auch in weit reduziertem Zustand, vorhanden sind, ist das kosmetische Ergebnis nicht auffällig. Das Erscheinungsbild ist bei jeder Frau anders und es gibt eine Reihe von Frauen, die, obwohl nicht operiert, ein ähnliches Erscheinungsbild aufweisen. Von einem kosmetisch nicht zufriedenstellenden Ergebnis kann keinesfalls die Rede sein. Die Klägerin sieht das kosmetische Ergebnis offenbar ganz anders als die Sachverständige. Schmerzensgelderhöhend können sich aber lediglich – bei ästhetischen Fragen ohnehin nur in Grenzen – objektivierbare Umstände auswirken. Entspricht das Ergebnis einem nicht völlig unüblichen Erscheinungsbild, so kann sich darauf ein höheres Schmerzensgeld nicht gründen.

501 **LG Hamburg, Urt. v. 14.11.2022 – 322 O 63/22**

2.000,00 € (Vorstellung: 10.000,00 €)

Einsatz eines fehlerhaften Intrauterinpassars

Die Klägerin nimmt die Beklagte als Herstellerin von Intrauterinpessaren IUP wegen eines Produktfehlers in Anspruch. Das IUP löste sich aus der Klägerin, weil ein Ärmchen fehlte. Die von der Klägerin erhobene Forderung in Höhe von 10.000,00 € ist deutlich übersetzt. Die Wiederholung des Eingriffs erfolgt in einer von außen zugängliche Körperhöhle. Dieser Eingriff ist nicht vergleichbar mit einem Eingriff, bei dem nach Eröffnung des Körpers mit Skalpell und Wiederverschluss ein Fremdkörper im menschlichen Körper vergessen wurde.

AG Wuppertal, Urt. v. 27.04.2012 – 94 C 28/11, unveröffentlicht 502

4.000,00 € (Vorstellung: 2.000,00 €)

Hypopigmentierung im Intimbereich

Die 23 Jahre alte Klägerin ließ bei der Beklagten eine Xenonbehandlung der Intimzone vornehmen, um dort die Haare dauerhaft zu entfernen. Obwohl die Klägerin angegeben hatte, Johanniskraut einzunehmen, und die Behandlung für diesen Fall nicht möglich war, führte die Beklagte mehrfach die Xenonbehandlung durch. Die Haut der Klägerin war nach den Behandlungen gerötet und stark erwärmt. Gleichwohl und ohne Warnungen wurde die Behandlung weiter durchgeführt. Bei der 12. Behandlung trat eine Hypopigmentierung auf; auch auf dieses Risiko war die Klägerin nicht hingewiesen worden.

Bei der Bemessung wurde berücksichtigt, dass die junge Klägerin lange unter den Folgen der derzeit nicht mit Erfolg therapierbaren Hypopigmentierung leiden muss, zumal diese in einem besonders sensiblen Bereich entstanden ist. Hierdurch ist das Intimverhalten beeinflusst, aber auch beim Tragen eines Bikinis bestehen optische Beeinträchtigungen.

LG Aachen, Urt. v. 29.06.2023 – 1 O 248/22, die Entscheidung wurde bestätigt durch das OLG Köln, Urt. v. 15.03.2024 – I-19 U 85/23, ZfPC 2024, 133 503

7.500,00 € (Vorstellung: 10.000,00 €)

Materialfehler eines Intrauterinpessars (IUP)

Die Beklagte ist Herstellerin von Intrauterinpessaren. Der Klägerin wurde von ihrer Frauenärztin ein solches IUP eingesetzt. Weil es bei einigen Pessaren zu einem Bruch der Seitenarme gekommen war, wurde auf diesen Produktionsfehler in einer Warnmeldung der Beklagten hingewiesen. Als die Spirale bei der Klägerin entfernt werden sollte, brachen beide Ärmchen der Spirale ab mit der Folge, dass ein Seitenarm durch eine Hysteroskopie operativ entfernt werden musste. Nach der Operation litt die Klägerin 3–5 Tage unter Schmerzen.

KG Berlin, Urt. v. 31.08.2015 – 20 U 314/12, OLGR 2006, 617, unveröffentlicht – Der BGH, Urt. v. 11.04.2017 – VI ZR 576/15, VersR 2017, 888 = GesR 2017, 582, hat die Entscheidung auf Revision der Beklagten aufgehoben. Der BGH hat einen Befunderhebungsfehler verneint, aber eine Verletzung der Informationspflicht für möglich gehalten. 504

15.000,00 € (Vorstellung: 30.000,00 €)

HPV-Infektion – Behandlungsverzögerung – Trachelektomie

Die Klägerin wurde trotz einer erkannten HPV-Infektion und PAP III-Befund nicht rechtzeitig wieder einbestellt, sodass es zu einer Behandlungsverzögerung des bei ihr bestehenden Plattenepithelkarzinoms der Gebärmutter kam. Dem Beklagten wurde ein Befunderhebungsfehler vorgeworfen, ohne den die Klägerin etwa 6 Monate gewonnen hätte. Da sich bei ordnungsgemäßer Befunderhebung ein reaktionspflichtiges Ergebnis, auf das nicht zu reagieren grob gewesen wäre, gezeigt hätte, wurde im Wege der Beweislastumkehr der Beklagten jedenfalls die Trachelektomie zugerechnet. Denn dass das Ergebnis der früheren Untersuchung das gleiche gewesen wäre, wie das 6 Monate später erfolgte, kann die Beklagte nicht beweisen.

LG Aachen, Urt. v. 30.01.2019 – 11 O 164/17, bestätigt durch OLG Köln, Beschl. v. 23.08.2019 – 5 U 26/2019 505

20.000,00 € (Vorstellung: 30.000,00 €)

Schädigung der Klitoris durch Behandlungsfehler

Der Beklagte behandelte bei der Klägerin einen beweglichen Knoten im Genitalbereich. Es kam zu einem Bluterguss und zu einer Entzündung, die nach 14 Tagen abgeheilt war. Die Klägerin konnte. kein befriedigendes Liebesleben mehr führen. Aufgrund der Narben an ihrer Vulva war sie physisch beeinträchtigt. Zudem litt sie unter einer psychischen Beeinträchtigung, die sich durch verlorene Lebensqualität, Lebensfreude, Lebenslust und den Rückzug von Freunden und Lebenspartner äußerte. Sie litt außerdem unter Schlaflosigkeit und Verlustängsten. Im Rahmen eines weiteren stationären Aufenthalts erfolgte eine die mikrochirurgische Rekonstruktion der Klitoris der Klägerin. Es verblieb eine 4 cm lange optisch beeinträchtigende Narbe im Genitalbereich. Die nun 48 Jahre alte Klägerin leidet ohne Aussicht auf Besserung unter einer Anorgasmie und damit an einer erheblichen Einbuße an Lebensqualität.

506 **LG Regensburg, Urt. v. 18.05.2017 – 4 O 5/15, VersR 2017, 1411**

35.000,00 €

Verlust der Gebärmutter

Bei der 30 Jahre alten Klägerin kam es bei der Entfernung des Plazentarestes zu einer Verletzung der Gebärmutterwand mit der Folge, dass die Gebärmutter entfernt werden musste. Über die Möglichkeit, lediglich abzuwarten, ob sich der Plazentarest von selbst löst, wurde die Klägerin nicht aufgeklärt. Der noch vorhandene Kinderwunsch der Klägerin, die zwei Kinder hat, ist nicht mehr erfüllbar.

507 **OLG Hamm, Urt. v. 23.01.2018 -26 U 76/17, MedR 2018, 409 = KRS 2018, 173**

35.000,00 €

Scheide – Persistierende Schmerzen

Die 52 Jahre alte Klägerin unterzog sich nach unzureichender Aufklärung dem Therapievorschlag: anterior und posterior repair mit Prolift-Mesh. »Bei Persistenz oder Zunahme der Belastungsinkontinenz Wiedervorstellung in unserer Sprechstunde, ggf. sek. TVT-Insertion«

Bei einem operativen Eingriff wurde das Prolift-Netz transobturatoriell und transischiorektal eingebracht. Nachdem die Klägerin von schmerzhaften Beschwerden beim Geschlechtsverkehr berichtet hatte, wurde das Netzgewebe in 2 Operationen teilweise entfernt. Bis zu diesen Operationen war kein Geschlechtsverkehr möglich, danach nur unter Schmerzen.

Das Schmerzensgeld, das angesichts der massiven und dauerhaften gesundheitlichen Folgen bemessen wurde, wurde der Höhe nach von der Beklagten nicht angegriffen.

508 **OLG Celle, Urt. v. 19.05.2021 – 14 U 129/20, unveröffentlicht; 1. Instanz: Landgericht Verden, Urt. v. 03.07.2020 – 1 O 31/17, unveröffentlicht: 20.000,00 € bei Mitverschulden 1/4**

35.000,00 € (Vorstellung: 25.000,00 €)

Genitalverletzung – Dammriss – Beckenringfraktur – Narben – Schädelhirntrauma

Die 11 Jahre alte Klägerin wurde bei einem Verkehrsunfall verletzt. Ein Mitverschulden wird verneint.

Die Klägerin leidet unter einer kosmetisch unbefriedigende (etwa sechs cm lange und über einen halben Zentimeter breit ausgezogene quere) Narbe im Oberbauch, wahrscheinlich mit innerlichen Verwachsungen des Darmes. Es besteht eine (sehr zarte und kaum zu erkennende) Narbe auf dem Schamhügel mit Berührungsempfindlichkeit und Druckschmerzhaftigkeit und Taubheitsgefühl und ein Taubheitsgefühl im Bereich der rechten großen Labie. Langfristig besteht ein erhöhtes Risiko für weitere Blasenprobleme und ein unklares Risiko für das erneute Auftreten eines höhergradigen Dammrisses im Rahmen einer vaginalen Entbindung. Es kann auch nach langer Latenzzeit noch zum Auftreten von Symptomen der analen Inkontinenz kommen und es besteht ein Risiko für einen Kaiserschnitt bei einer Entbindung aufgrund der Beckenringfraktur.

Die Klägerin hat unter Aufmerksamkeitsdefiziten, verbalen Lern- und Gedächtnisdefiziten und weiteren Störungen der Exekutivfunktionen im Alltag gelitten, ferner unter Aufmerksamkeitsdefiziten und weiteren Störungen der Exekutivfunktionen im Alltag. Sie hat ihre gesamte Kindheit und Jugend mit den erlittenen psychischen und physischen Verletzungen und den daraus resultierenden Schmerzen und Einschränkungen verbracht. Diese werden sie auch in Zukunft begleiten. Spätschäden drohen.

LG Passau, Urt. v. 30.08.2018 – 1 O 872/15, unveröffentlicht 509

75.000,00 €

Entfernung der großen und kleinen Schamlippen – weiterer Teile der Vulva – Entfernung der Klitoris

Wegen Fehler bei der Krebsvorsorge bei der 31 Jahre alten Klägerin wurde eine behandlungsbedürftige Vorsorgebehandlung nicht diagnostiziert. Bei rechtzeitiger Feststellung wäre die operative Behandlung deutlich geringer angefallen. So kam es zur Entfernung der großen und kleinen Schamlippen, der Entfernung weiterer Teile des äußeren primären Geschlechts der Vulva und der gesamten Klitoris. In der Folge mussten auch Lymphknoten entfernt werden.

Die Klägerin wurde mehrere Wochen stationär und in der Reha behandelt und war mehr als ein Jahr arbeitsunfähig.

LG Köln, Urt. v. 11.11.2015 – 25 O 113/14, unveröffentlicht 510

85.000,00 €

Befunderhebungsfehler – Behandlungsverzögerung – Vulvakarzinom – psychische und sexuelle Störungen

Der Beklagte Arzt hätte durch eine Biopsie abklären müssen, ob ein Vulvakarzinom vorlag. Bei sachgerechtem Vorgehen wäre dies mit hinreichender Wahrscheinlichkeit festgestellt worden. Dann wäre es möglicherweise nicht zu dem radikalen, verstümmelnden Ausmaß der Operation gekommen, vielleicht hätte auch gar nicht hätte operiert werden müssen oder jedenfalls nur in vergleichsweisem geringfügigerem Ausmaß. Zudem wäre möglich gewesen, dass es sich nicht zu den erheblichen Beschwerden wegen sich stauender Lymphe gekommen wäre, indem eine geringere Anzahl von Lymphknoten nur hätte entfernt werden müssen.

Der Behandlungsfehler führte bei der Klägerin zu erheblichen psychischen Ängsten und Beschwerden, die durch das Ausmaß der Operation ausgelöst wurden. Die Klägerin, die vor dem Eingriff die Sexualität immer sehr genossen hat, zog sich nach der Operation ganz von ihrem Ehemann zurück.

LG Köln, Schlussurt. v. 12.08.2009 – 25 O 179/07, unveröffentlicht 511

100.000,00 € (Vorstellung: 100.000,00 €)

Entfernung der weiblichen Geschlechtsorgane

Bei der Klägerin wurde von der Behandlungsmöglichkeit des adrenogenitalen Syndroms, indem mittels einer bestimmten Behandlungsmethode (Cortisongabe) eine Produktion der weiblichen Geschlechtshormone mit anschließender normaler Entwicklung der weiblichen Geschlechtsorgane, kein Gebrauch gemacht. Stattdessen wurden die weiblichen Geschlechtsorgane entfernt, sodass die Klägerin die Möglichkeit genommen wurde, auf weitgehend natürliche Weise zu einem Leben und zu einer Identifizierung als Frau zu gelangen.

Die Klägerin hatte sich 1978 einer Operation zur Penisaufrichtung unterzogen, die ohne Komplikationen verlief. Hierdurch sollte insb. die Kohabitationsfähigkeit hergestellt werden. 1979 folgte ein weiterer Eingriff zur erneuten Aufrichtung und Harnröhrenrekonstruktion und es wurden beidseits Hodenprothesen implantiert.

Durch den bei der Beklagten vorgenommenen Eingriff sind der Klägerin die normal ausgebildeten und voll funktionsfähigen Geschlechtsorgane entfernt worden. Ohne den Eingriff hätte sie das Leben einer Frau einschließlich einer erfüllten weiblichen Sexualität führen und sich fortpflanzen können. So habe sie ein »Leben im falschen Geschlecht« führen müssen. Ihr Körper habe sich vermännlicht und »Kastratenfett« angesetzt. Hiermit geht eine erhebliche psychische Belastung sowohl während der Zeit des Lebens als Mann als auch im Zusammenhang mit dem Bekanntwerden und der Aufarbeitung des Geschehens einher. Eine solche ist auch für die Zukunft zu erwarten.

b) Sterilisation

▶ Hinweis:

In **Arzthaftungsfällen** hat das Schmerzensgeld i.d.R. sicher nicht die Funktion, dem Patienten Genugtuung zu verschaffen.

Ärztliche Behandlungsfehler werden i.d.R. nicht vorsätzlich, sondern fahrlässig begangen. Sterilisiert ein Arzt allerdings eigenmächtig (ohne Einwilligung) eine Frau oder entfernt er ohne deren Zustimmung die Gebärmutter, weil er der Meinung ist, die Frau habe genug Kinder geboren, kann ein Genugtuungsbedürfnis der Frau nicht ohne Weiteres verneint werden.

512 **OLG München, Urt. v. 11.04.2014 – 10 U 4757/13, SP 2015, 189**

5.000,00 € (Teil-Schmerzensgeld Mitverschulden: 1/2)

Fraktur eines Schambeinastes – Beckenringfraktur – Gehirnerschütterung – HWS-Distorsion

Die 14 Jahre alte Klägerin wurde nach dem Aussteigen aus einem Bus beim Überqueren der Fahrbahn von einem PKW erfasst und erlitt eine Beckenringfraktur, eine Gehirnerschütterung, eine HWS-Distorsion und eine Fraktur eines Schambeinastes.

Obwohl streitig ist, welche Verletzungen kausal auf den Unfall zurückzuführen sind, erließ das LG Passau (Urt. v. 12.11.2013 -1 O 908/12, unveröffentlicht –) ein (unzulässiges Teilurteil). Der Senat bestätigte die Entscheidung, weil ein Schmerzensgeld in Höhe von 5.000,00 € für die unstreitigen Verletzungen mindestens zu zahlen sei.

513 **OLG Brandenburg, Beschl. v. 21.02.2008 – 12 W 28/07, unveröffentlicht**

25.000,00 € (Vorstellung: 25.000,00 €)

Entfernung der Eileiter

Die Antragstellerin begehrt PKH für eine auf Zahlung zunächst eines Teilbetrages i.H.v. 5.000,00 € gerichteten Klage bei einem i.H.v. 25.000,00 € für angemessen gehaltenen Gesamtschmerzensgeld. Im Zusammenhang mit einer Entbindung und einer Behandlung der diagnostizierten Adnexitis kam es zur Entfernung beider Eileiter und damit zum Verlust der Fortpflanzungsfähigkeit.

514 **LG Chemnitz, Urt. v. 26.01.2007 – 4 O 243/04, SP 2008, 11**

30.000,00 € (Mitverschulden: 1/4; Vorstellung: 40.000,00 €)

Verlust der Empfängnisfähigkeit

Die Klägerin wurde bei einem Verkehrsunfall schwer verletzt. Als Unfallfolge ist der Verlust der Empfängnisfähigkeit nicht auszuschließen. Ferner leidet die Klägerin unter orthopädischen Beeinträchtigungen, nämlich unter der Einschränkung der Belastungsfähigkeit und der Beweglichkeit der Wirbelsäule mit schmerzhafter Muskelverspannung und vegetativer Begleitsymptomatik und Schmerzausstrahlung im Kopfbereich und psychischen Folgen, die insb. eine posttraumatische Belastungsstörung verursacht haben und zu einer dauerhaften MdE von 25 % führen.

2. Mann

a) Hoden

515 **VG München, Urt. v. 05.07.2017 – M 5 K 16.4266, unveröffentlicht**

500,00 €

Hodenprellung

Der Kläger, ein Polizeibeamter, wurde bei der Festnahme einer Person zweimal in den Unterleib getreten, wodurch er eine Hodenprellung erlitt. Der Kläger behandelte die Schmerzen selbst durch Kühlung und Schmerzmitteleinnahme. Er war nicht dienstunfähig.

OLG Hamm, Urt. v. 03.12.2013 – 9 U 69/13, MDR 2014, 278 = RuS 2014, 255 516

10.000,00 €

Verlust eines Hodens

Durch den Kniestoß des Beklagten in den Genitalbereich des Klägers hat der Beklagte vorsätzlich eine Körperverletzung und Gesundheitsschädigung des Klägers herbeigeführt. Durch einen Behandlungsfehler wurde statt des verletzten Gewebes der gesamte Hoden entfernt. Die Kausalität der Verletzungshandlung des Beklagten wird dadurch nicht berührt.

OLG Brandenburg, Urt. v. 15.07.2010, – 12 U 232/09, VersR 2011, 267 = GesR 2010, 610 = MDR 2010, 1324 517

15.000,00 € (Vorstellung: 15.000,00 €)

Hodenverlust nach Leistenhernieoperation

Bei dem 19 Jahre alten Kläger kam es während einer Leistenbruchoperation in laparoskopischer Technik, die ohne wirksame Einwilligung durchgeführt wurde, zu einer Durchtrennung des Samenleiters eines Hodens. Die beiden Enden des Samenleiters wurden nicht wieder zusammengenäht, sondern mittels Klippverschluss gesichert. Eine Beeinträchtigung der Zeugungsfähigkeit ist nicht nachgewiesen, jedoch verbleibt eine theoretische Vulnerabilität der Zeugungsfähigkeit für den Fall möglicher zukünftiger Beeinträchtigungen des anderen Hodens.

OLG Koblenz, Urt. v. 15.12.2005 – 5 U 676/05, MDR 2006, 992 518

20.000,00 € (Vorstellung: 27.500,00 €)

Hodenverlust nach Leistenhernieoperation – extreme Schmerzen – Impotenz

Der 35 Jahre alte Kläger unterzog sich einer Leistenhernieoperation, als deren Folge sich eine Orchitis entwickelte mit der Folge einer Hodennekrose. Postoperativ litt der Kläger über einen längeren Zeitraum unter erheblichen bis extremen Schmerzen. Er erhielt eine Hodenprothese und leidet seit der Operation an Impotenz.

LG Bielefeld, Urt. v. 15.04.2011 – 2 KLs – 46 Js 599/10, unveröffentlicht 519

80.000,00 €

Vorsätzliche Entfernung beider Hoden

Der 58 Jahre alte Adhäsionskläger wurde vom ebenfalls schon älteren Angeklagten verdächtigt, dessen Tochter missbraucht zu haben. Der Angeklagte beschloss, den Kläger zu bestrafen und die Angelegenheit selbst zu regeln. Er fesselte den Kläger mit Handschellen. Mit einem scharfen Schneidewerkzeug öffnete der Angeklagte sodann mit einem Längsschnitt den Hodensack des Klägers und schnitt beide Hoden vollständig aus dem Hodensack. Die Amputation der Hoden ist nicht behebbar. Der Kläger hat durch die Verletzung seine bis zur Tat bestehende Zeugungsfähigkeit verloren. Infolge des Verlusts der Hoden muss er auf Dauer, jedenfalls bis ins hohe Alter, mit Testosteron substituiert werden.

Der Angeklagte erkannte den Schmerzensgeldanspruch des Klägers dem Grunde nach an und zahlte auf das Schmerzensgeld einen Betrag von 15.000,00 €. Die Kammer verurteilte ihn zu einer Freiheitsstrafe von 6 Jahren.

Bei der Bemessung des Schmerzensgeldes wurde insb. berücksichtigt, dass der Adhäsionskläger mit dem Verlust der Hoden einen irreparablen Schaden erlitten hat. Er musste sich einer Notfallbehandlung, einem operativen Eingriff zur Versorgung der Wunde unterziehen und wurde 8 Tage stationär behandelt. Zwar befindet sich der Kläger in einem Alter, in dem der Kinderwunsch häufig nicht mehr sehr ausgeprägt ist, zumal er bereits fünf erwachsene Kinder hat. Jedoch ist es nicht ausgeschlossen, dass sich ein Mann im fortgeschrittenen Alter zur Vaterschaft entschließt.

Erhöhend waren die erheblichen psychischen Folgen, die eine rund dreimonatige stationäre Behandlung des Klägers erforderlich machten.

Neben dem Ausmaß und der Schwere der Verletzung hat die Kammer als erhöhenden Faktor gewertet, dass der Angeklagte die schwere Körperverletzung vorsätzlich begangen hat.

b) Penisverletzung

Vorbemerkung:

Eine rechtswidrige Beschneidung (circumcision) ist eine Penisverletzung. Bei einer radikalen Zirkumzision handelt es sich nicht um einen lediglich geringfügigen Eingriff, sondern um einen Eingriff schwererer Art mit nicht unbedeutenden Risiken. Für diesen Eingriff genügt die Einwilligung des (16-jährigen) Minderjährigen nicht; vielmehr bedarf es zusätzlich auch der Einwilligung beider Eltern (sog. Co-Konsens). Wird die Einwilligung nur von einem Elternteil erteilt, muss sich der Arzt vergewissern, ob der erschienene Elternteil von dem anderen zur Erklärung der Einwilligung ermächtigt ist und wie weit diese reicht; er wird aber, solange dem nichts entgegensteht, auf eine wahrheitsgemäße Auskunft des erschienenen Elternteils vertrauen dürfen.

Die Beschneidung darf nur mit Zustimmung der personensorgeberechtigten Eltern erfolgen. Es kann nur im Einvernehmen entschieden werden. Bei Uneinigkeit muss die Beschneidung unterbleiben (Staudinger/Coester, 2020, § 1631d BGB).

520 **LG Bochum, Urt. v. 14.09.2022 – 6 O 247/20**

6.500,00 € (Vorstellung: mindestens 6.500,00 €)

Behandlungsfehlerhafte Circumcision

Bei dem etwa 6 Monate alten Kläger wurde aus rituellen Gründen eine rechtswidrige Circumcision vorgenommen. Zusätzlich fehlte eine wirksame Aufklärung über die fehlende Indikation, die Anästhesie und unterschiedliche Operationsmethoden und bei der Operation unterliefen Behandlungsfehler.

Die Mindestvorstellung von 6.500,00 € wurde als das vom Kläger begehrte Schmerzensgeld angesehen, ohne zu erwägen, dass der Kläger (auch) mehr forderte. Mögliche und denkbare Spätschäden wurden mit der Feststellung beschieden, dass die Beklagten auch für weitere, zum jetzigen Zeitpunkt noch nicht vorhersehbare immaterielle Schäden haften sollten.

521 **OLG Düsseldorf, Urt. v. 04.12.2014 – 8 U 50/14, unveröffentlicht**

50.000,00 €

Penisverkürzung

Beim 53 Jahre alten Kläger kam es durch einen rechtswidrigen operativen Eingriff, der weitere Operationen erforderlich machte, zu einer Penisverkürzung, die die in seiner Ehe bislang mögliche Ausübung des Geschlechtsverkehrs nicht mehr gestattet. Weitere Beeinträchtigungen bestehen beim Wasserlassen, durch Schmerzen und psychische Belastungen wegen der Einschränkung des ehelichen Lebens.

Sieht sich der Ehepartner des Geschädigten an der Ausübung eines erfüllten Sexuallebens gehindert, bedeutet dies keine Verletzung seines sexuellen Selbstbestimmungsrechts. Die (auch) von einem Dritten zu verantwortende Unmöglichkeit, aufgrund körperlicher Beeinträchtigungen des Ehepartners mit diesem Geschlechtsverkehr auszuüben, stellt keine Einschränkung der freien Selbstbestimmung der eigenen Sexualität dar.

Die folgende Entscheidung erging vor fast 50 Jahren. Das Schmerzensgeld von 150.000 DM war das bis dahin höchste zuerkannte Schmerzensgeld.

Es gibt keine weiteren Entscheidungen zum Penisverlust.

OLG Saarbrücken, Urt. v. 17.12.1974 – 7 U 83/73, VersR 1975, 1058 = NJW 1975, 1467 522

75.000,00 €

Penisverlust bei 10 Jahre altem Jungen

Der Penisverlust bedeutet eine außerordentliche und tiefgreifende Lebensbeeinträchtigung, einen solchen Verlust an menschlicher Entfaltungsmöglichkeit und schwer vorstellbares Maß an körperlicher Beeinträchtigung und Behinderung, dass es sich um die schwersten Folgen einer missglückten Operation handelt, von denen ein Mann überhaupt betroffen werden kann.

Der Senat hat 1974 das höchste bis dahin zuerkannte Schmerzensgeld zugesprochen.

OLG Düsseldorf, Urt. v. 01.07.2021 – I-8 U 165/20, MDR 2022, 100 = NJW-RR 2022, 99 523

0,00 € (Vorstellung: 30.000,00 €)

Vorhaut vor 18 Jahren entfernt: Kein Schmerzensgeld für Spätfolgen

Bei dem Kläger wurde 2003 eine hochgradige Phimose diagnostiziert, eine Verengung der Vorhaut des Penis. Die Vorhaut wurde darauf operativ mittels Zirkumzision entfernt. Im Jahr 2003 durfte der Urologe davon ausgehen, dass die operative Entfernung der Vorhaut aufgrund der festgestellten Verengung geboten war. Über die Möglichkeit einer Salbentherapie musste er nicht aufklären, denn dies war nach den damaligen Verhältnissen nicht als gleichwertige Therapieform etabliert.

AG Freiburg, Urt. v. 21.11.2014 – 44 F 1232/13, KirchE 64, 394 524

2.000,00 € (Vorstellung: 12.000,00 €)

Beschneidung gegen den Willen eines Kindes und seiner Mutter

Der Vater des Klägers ließ diesen in Tunesien radikal beschneiden, obwohl er der Mutter zugesichert hatte, das Kind nicht beschneiden zu lassen. Es kam zu einer Entzündung der Wundnaht und zu einem Ödem. Die Bemessung des Schmerzensgeldes erfolgte in Kenntnis der folgenden Entscheidung des LG Frankenthal.

LG Berlin, Urt. v. 03.05.2013 – 36 O 158/11, unveröffentlicht 525

15.000,00 € (Vorstellung: 15.000,00 €)

Harninkontinenz nach Prostatavesikulektomie ohne wirksame Einwilligung

Der Kläger wurde vor einer Prostata-Operation nicht ausreichend über eine Behandlungsalternative aufgeklärt, sodass die Operation rechtswidrig war. Die radikale Prostatavesikulektomie führte zwangsläufig durch die Entfernung von Prostata und Samenblasen zum Verlust der Ejakulationsfähigkeit. Zudem verwirklichte sich für den Kläger ein gravierendes Operationsrisiko in Form der dauerhafte Harnstressinkontinenz 3. Grades und damit der schwersten Form. Diese ist zwar nicht schmerzhaft, aber für das alltägliche Leben eine starke Beeinträchtigung.

Allerdings ist mindernd zu berücksichtigen, dass nach Angabe des Sachverständigen die Möglichkeit besteht diese mit 95 % Erfolgschance operativ behandeln zu lassen. Unterlässt das Opfer eine zumutbare Operation, die die Dauerfolgen beheben oder lindern kann, dann ist die Entschädigung zu verringern. Es ist jedoch zu berücksichtigen, dass eine Folgeoperation wiederum schmerzensgelderhöhend zu berücksichtigen ist.

OLG Hamburg, Urt. v. 30.01.2004 – 1 U 25/03, OLGR 2004, 444 526

16.000,00 € (Vorstellung: 35.000,00 €)

Penisverlängerung bzw. -vergrößerung – Erektionsstörungen

Der 28 Jahre alte Kläger suchte den Beklagten auf, um seinen nach seiner Ansicht zu kleinen Penis operativ verlängern zu lassen. Nach einer ergebnislosen Hormonbehandlung operierte der Beklagte den Kläger, nachdem dieser ihm einen gefälschten Posteinzahlungsbeleg über einen Vorschuss der Operationskosten i.H.v. 10.300,00 DM vorgelegt hatte.

Der Beklagte führte an dem Kläger eine Venenligatur penil und iliacal, eine Penisverlängerung durch Crura-Plastik am Os pubis und eine Implantation von weichen Silikonschläuchen in die Corpora cavernosa durch. Der Penis des Klägers erigiert nach dieser Operation nicht mehr spontan, der normale Erektionsmechanismus ist durch die nicht indizierte Penisprothese zerstört worden, was nicht revisibel ist. Der Beklagte hätte den noch jungen Kläger schonungslos über die Risiken der Operation aufklären und den nicht indizierten Eingriff ablehnen müssen, weil nach Ansicht des medizinischen Sachverständigen eine Gliedverlängerungsoperation de facto nicht verfügbar und bei einer Gliedlänge von 13–14 cm auch nicht erforderlich ist.

Bei der Bemessung des Schmerzensgeldes hat das Gericht das Alter des Klägers berücksichtigt, die Genugtuungsfunktion jedoch verneint, weil der Kläger die Operation durch betrügerisches Handeln erschlichen habe.

527 **KG, Urt. v. 13.03.2000 – 20 U 1186/98, KGR 2001, 142**

<u>20.000,00 €</u>

Aufklärungsmangel bei Penisverlängerung

Der Kläger wurde bei einer Penisverlängerungsoperation nicht darüber aufgeklärt, dass für den Erfolg wesentlich ist, dass ein JES-Extender getragen werden muss, weil anderenfalls die Narbenkontraktion den Operationserfolg wieder zunichtemachen kann.

528 **OLG Frankfurt, Urt. v. 18.12.2014 – 15 U 20/14, unveröffentlicht**

<u>30.000,00 €</u> (Vorstellung: 145.000,00 € – in zweiter Instanz: 50.000,00 €)

Teilresektion der Glans penis

Der Kläger wurde wegen einer als Karzinom diagnostizierten Hautveränderung am Penis operiert. Es erfolgte eine Teilresektion der Glans penis. Über die Risiken einer operativen Teilentfernung wurde der Kläger aufgeklärt, nicht aber über eine Behandlungsalternative in Form der Strahlentherapie (Brachytherapie).

Der Teilverlust der Glans Penis, wird vom Kläger psychisch als besonders beeinträchtigend erlebt. Der Teilverlust ist optisch ohne weiteres erkennbar. Der Kläger ist dadurch in seinem Alltag bei Sport und sexueller Betätigung Beeinträchtigungen ausgesetzt und in hohem Maße gehemmt, Frauen intim gegenüberzutreten. Zu berücksichtigen ist, dass auch der Penis nach einer Brachytherapie keinen makellosen Anblick geboten hätte.

c) Impotenz/Zeugungsfähigkeit

529 **OLG Köln, Urt. v. 22.12.2015 – 5 U 135/15; vgl. Ziegler/Rektorschek, Impotenz durch Behandlungsfehler – geht der Partner leer aus?, VersR 2009, 181 ff. = GesR 2016, 520**

<u>0,00 €</u>

Kein Schmerzensgeld für die Ehefrau für Impotenz des Ehemannes

Weder unter dem Gesichtspunkt eines Vertrags mit Schutzwirkung zugunsten Dritter noch unter dem Gesichtspunkt deliktischer Haftung besteht für eine Ehefrau ein Schmerzensgeldanspruch wegen dauerhafter Impotenz des Ehemanns, die dieser aufgrund einer Fehlmedikation erleidet.

Die Orientierungssätze der Entscheidung lauten:

Der Kreis der in den Vertragsschutz einbezogenen Dritten ist unter Beachtung einer sachgerechten Abwägung der Interessen der Beteiligten dahin zu begrenzen, dass der Dritte mit der Hauptleistung bestimmungsgemäß in Berührung kommt, ein schutzwürdiges Interesse des Gläubigers an der Einbeziehung des Dritten besteht, den Interessen des Schuldners durch Erkennbarkeit und Zumutbarkeit der Haftungserweiterung Rechnung getragen wird und der Dritte schutzbedürftig ist (vergleiche BGH, Urteil vom 6. Mai 2008, XI ZR 56/07, VersR 2008, 1540 = MDR 2008, 931 = NJW 2008, 2245).

Dass eine Operation am Unterleib und eine nachfolgende medikamentöse Behandlung auch zu Beeinträchtigungen der Geschlechtsfunktionen und damit faktisch auch zu Auswirkungen auf das eheliche Zusammenleben führen können, rechtfertigt keine Einbeziehung des klagenden Ehegatten des Patienten in den Schutzbereich des Vertrages.

Das sexuelle Selbstbestimmungsrecht ist Ausfluss des allgemeinen Persönlichkeitsrechts, die Haftung eines Arztes aus einer Behandlung erfordert jedoch zwingend eine Verletzung der körperlichen Unversehrtheit dessen, der eine Verletzung des sexuellen Selbstbestimmungsrechts geltend macht.

OLG Hamm, Beschl. v. 21.07.2017 – 3 U 42/17, unveröffentlicht 530

0,00 € (Vorstellung: 20.000,00 €)

Kein Schmerzensgeld für die Ehefrau für Impotenz des Ehemannes

Einer Ehefrau steht kein Schmerzensgeld zu, wenn der Ehemann aufgrund einer fehlerhaften Behandlung impotent geworden ist. Nach Hinweisbeschluss des Senats hat die Klägerin die Berufung gegen das Urteil des LG Hagen vom 26.01.2017 – 4 O 339/14, unveröffentlicht, zurückgenommen.

OLG Frankfurt am Main, Urt. v. 26.04.2002 – 25 U 120/01, MDR 2002, 1192 531

3.750,00 €

Verlust der Möglichkeit der Samenspende

Der Kläger wurde infolge der Behandlung eines Hodentumors durch Chemotherapie unfruchtbar. Der Beklagte versäumte es, ihn auf die Möglichkeit einer Samenspende zur Kryokonservierung hinzuweisen. Schmerzensgeld mindernd wirken das geringe Verschulden und der Umstand, dass der Geschädigte schon ein Kind hat.

LG Detmold, Urt. v. 06.05.2021 – 4 O 58/19, unveröffentlicht 532

50.000,00 € (Vorstellung: 60.000,00 €)

Prostata-Operation bei Prostatitis – Harninkontinenz

Bei dem Kläger wurde die Prostata resiziert, eine Operation, die bei bestehender Prostatitis kontraindiziert war. Dies hatte zur Folge, dass der Kläger sich bisher weiteren 9 Operationen unterziehen musste. Es wurde ein künstlicher Schließmuskel eingesetzt. Während der Zeit der Folgeoperationen und der Heilung litt der Kläger sehr, unter anderem musste er nach der Transplantation von Mundschleimhaut mit dem Rettungswagen notfallmäßig eingeliefert werden, erlitt einen Blutverlust von drei Litern, und es kam zu Narbenbildung und Taubheit der halben Unterlippe.

Die Heilung dauert bisher sechs Jahre, und noch immer sind nicht alle Folgen beseitigt. Die Lebensqualität des Klägers ist fortwährend eingeschränkt, beim Radfahren muss er ein Kondomurinal benutzen.

OLG Hamm, Urt. v. 15.12.2017 – 26 U 3/14, VersR 2018, 1004 = RDG 2018, 86 533

75.000,00 € (Vorstellung: 200.000,00 €)

Impotenz – Chronisch inkomplette Kaudalähmung – Fußparese – Depressionen

Infolge einer Operation an der Wirbelsäule, über die der 59 Jahre alte Kläger unzureichend aufgeklärt wurde, kam es zu einer chronischen inkompletten Kaudalähmung mit Störung der Sexualfunktion mit dauernder Impotenz, Fußheber- und Fußsenkerparese und rückgebildeter Blasenentleerungsstörung sowie einer reaktiven depressiven Entwicklung.

Für die Bemessung des Schmerzensgeldes war ferner ausschlaggebend der langwierige und komplikationsträchtige Krankheitsverlauf, der auch nach mehreren Revisionsoperationen nicht zu einer Rückbildung der Kauda-Problematik geführt hat. Der Kläger ist erheblich beeinträchtigt und sein gesamtes weiteres Leben im Alltag zumeist auf einen Rollstuhl angewiesen. Er kann mit Gehstützen nur noch etwa 400 m zurücklegen und ist ansonsten auf einen Rollator oder Rollstuhl angewiesen. Daneben leidet er dauerhaft unter Paresen und anhaltenden Schmerzen im damaligen OP-Gebiet.

Als weitere schmerzensgeldrelevante Folgen sind eine dauerhafte Impotenz und die anhaltende depressive Entwicklung zu berücksichtigen. Zwei Jahre hat er unter Blasenentleerungsstörungen gelitten. Ein 2012 entstandene Impingementsyndrom in der Schulter wurde operativ behandelt und ist nicht mehr aufgetreten.

534 **OLG Hamm, Urt. v. 13.01.2017 – 26 U 6/16, unveröffentlicht**

125.000,00 € (Vorstellung: 150.000,00 €)

Tibiaplateau-Trümmerfraktur – offene Tibiaschaftfraktur – Tibiakopffraktur – Fibula-Mehrfragment-Fraktur – Beckenfraktur – Nervenschäden – erektile Dysfunktion

Der Kläger leidet unter depressiven Episoden und einer erektilen Dysfunktion. Sein Selbstbild als vitaler Mann ist stark erschüttert.

Der etwa 58 Jahre alte Kläger erlitt bei einem Verkehrsunfall eine Beckenfraktur mit Acetabulumbeteiligung, eine Tibiaplateau-Trümmerfraktur, eine offene Tibiaschaftfraktur, eine Fibula-Mehrfragment-Fraktur mit Läsion des Nervus peronaeus und des Nervus tibialis, eine rechtsseitige Tibiakopf-Fraktur, eine postoperative Lungenembolie und eine beidseitige Beinvenenthrombose. Er ist berufsunfähig. Er leidet dauerhaft unter Bewegungseinschränkungen im Hüftgelenk und in beiden Knie- und Sprunggelenken.

535 **OLG Köln, Urt. v. 13.04.2016 – 5 U 107/15, VersR 2016, 1123 MedR 2017, 85 = RDG 2016, 191**

200.000,00 € (Vorstellung: mindestens: 130.000,00 €; Urt. LG: 75.000,00 €)

Impotenz – Vollständiger Verlust des Geruchssinns – Frontalhirnsyndrom

Bei dem 42 Jahre alten Kläger sollte eine Nasenscheidewandverbiegung korrigiert werden. Der Beklagte verletzte die Schädelbasis im Bereich des Siebbeines. Es kam zu einem knöchernen Defekt von 1 x 2 cm, zu einer Gewebeverdrängung mit Blutung bis in die Hirnventrikel. Darüber hinaus sind Riechfasern verletzt worden. Als Folge der Schädelbasisverletzung leidet der Kläger an einem mittelgradig ausgeprägten Frontalhirnsyndrom, wodurch es zu einer mittelgradigen psychomotorischen Verlangsamung kommt, und einer erheblichen Verminderung des Antriebs, einer leichtgradigen Depression, einer Affektminderung, einer räumlichen Orientierungsstörung leichteren Grades, eines verminderten Selbstwertgefühls, Unentschlossenheit, Aufmerksamkeits- und Konzentrationsstörungen sowie Libidoverlust.

Durch Zerreißung der Riechfasern hat der Kläger einen irreversiblen Verlust des Riechvermögens erlitten, er kann nur noch Salziges und Süßes schmecken.

Der Kläger ist in nahezu allen Bereichen des privaten Alltags erheblich eingeschränkt. Die Beziehung zu seiner langjährigen Lebensgefährtin besteht weiter, ist jedoch durch die kognitiven Defizite, die damit verbundene Unselbstständigkeit und durch seine Wesensveränderung sehr belastet. Das Sexualleben ist weitgehend zum Erliegen gekommen.

Der früher mit Leidenschaft ausgeübten Kampfsportart Win Shu kann er nur noch ganz eingeschränkt nachgehen. Spaziergänge in eine unbekannte Gegend kann er nur in Begleitung durchführen. Ein Auto kann er nicht mehr steuern. Mit Lesen oder Fernsehen beschäftigt er sich nur selten und kurz und in der Regel ohne Interesse. Freude empfindet er nur noch selten.

Gesicht (Gesichtsverletzungen – Kiefer)

1. Gesichtsverletzungen

LG Köln, Urt. v. 28.11.2017 – 3 O 425/15, unveröffentlicht 536

500,00 € (Vorstellung: 4.000,00 €)

Vom Zahnarzt fehlerhaft vernähtes Lippenbändchen

Die 50 Jahre alte Klägerin, eine Künstlerin, beklagt nach einer Behandlung durch einen Zahnarzt einen Lippenbändchenversatz, der optisch nur wahrnehmbar ist, wenn sie die Oberlippe mit den Fingern nach außen klappt. Der Versatz ist einer einfachen Korrektur zugänglich.

OLG Köln, Beschl. v. 28.07.2017 – 19 U 50/17, unveröffentlicht 537

600,00 € (Vorstellung: 8.000,00 €)

Mangelhaftes Permanent Make-up

Die Beklagte führte bei der Klägerin im Augenbereich ein mangelhaftes Permanent Make-up aus. Lidstriche waren asymmetrisch und es lagen Farbausläufe vor. Die Beklagte hat die Haut entweder überreizt oder sie ist zu tief in die Haut vorgedrungen. Nach bereits erfolgter Behandlung hätte die Beklagte nicht wider besseres Wissen eine risikoreiche Korrekturbehandlung durchführen dürfen. Schmerzen bei der Laserbehandlung zur Korrektur wurden berücksichtigt.

LG Köln, Urt. v. 04.01.2018 – 2 S 261/16, unveröffentlicht 538

700,00 € (Vorstellung: zunächst 3.000,00 €, danach 1.000,00 €)

Platzwunde an der Nasenwurzel und im Mundwinkel

Nach einem kurzen Wortwechsel versetzte der Beklagte dem Kläger zwei Faustschläge ins Gesicht, wodurch der Kläger eine 2 cm lange Platzwunde an der Nasenwurzel und eine 1 cm lange Platzwunde im Mundwinkel erlitt. Für die Bemessung hat das LG Köln auf die Örtlichkeit (Gaststätte) und auf die Jahreszeit (Karneval) abgestellt.

LG Freiburg, Urt. v. 23.02.2018 – 1 O 297/15, unveröffentlicht 539

900,00 € (Vorstellung: 15.000,00 €)

Hautunverträglichkeit eines Medikaments

Der Kläger litt unter einem schmerzhaften Ekzem der Kopfhaut. Der Arzt verordnete Dithranol, ohne die Verträglichkeit vorher zu testen und den Kläger über mögliche Nebenwirkungen aufzuklären.

Der Kläger litt nach Anwendung des Medikaments unter Nebenwirkungen, vergleichbar denen eines Sonnenbrandes und zwar für die Dauer von maximal 1 – 2 Wochen.

BGH, Urt. v. 27.09.2018 – 4 StR 135/18, unveröffentlicht 540

1.000,00 €

Faustschlag ins Gesicht

Der Angeklagte schlug dem Adhäsionskläger mit der Faust ins Gesicht, sodass ein Teil eines Zahns abbrach. Der Angeklagte entschuldigte sich nach der Tat beim Adhäsionskläger und zahlte ihm ein Schmerzensgeld von 1.000,00 €.

AG Hamburg-St. Georg, Urt. v. 31.08.2018 – 920 C 380/16, unveröffentlicht 541

1.500,00 € (Vorstellung: 1.500,00 €)

Augenbrauen Permanent Make-up – Laserkorrektur

Die Klägerin wollte ihr Augenbrauen Permanent Make-up auffrischen lassen. Das Ergebnis war nicht zufriedenstellend. Die Klägerin unterzog sich mehreren Laserbehandlungen. Dabei kam es zu einem Farbumschlag, der fortbesteht.

542 **OLG Hamburg, Beschl. v. 04.04.2019 – 2 Rev 7/19 – 1 Ss 18/19**

1.500,00 €

Stark blutende Wunde im Gesicht

Der Angeklagte schlug dem Adhäsionskläger während der Arbeitszeit aus Wut mindestens zwei Mal mit der ein Funkgerät haltenden Faust ins Gesicht, nachdem der Kläger sich bei dem gemeinsamen Vorgesetzten über den Angeklagten beschwert hatte. Durch den Schlag erlitt der Kläger eine stark blutende Wunde und verlor die Krone eines Schneidezahns.

Die Adhäsionsentscheidung wurde aufgehoben, weil eine defizitäre Affektregulation des Angeklagten, die mit der festgestellten Persönlichkeitsstörung in Verbindung zu bringen sein könnte, sich bei der Bemessung des Schmerzensgeldes auswirken könnte.

543 **LG Bochum, Urt. v. 13.11.2019 – 10 KLs – 49 Js 123/18**

1.500,00 €

Lippenunterspritzung durch Nichtqualifizierte

Die Angeklagte vermittelte durch die Gestaltung seiner Profilseite den Eindruck, professionelle Lippenunterspritzungen vorzunehmen, obwohl sie über keine medizinische Qualifikation verfügte. Sie erweckte den Anschein ein erfolgreich laufendes Studio zu betreiben. Sie täuschte über ihre nicht vorhandene Qualifikation. Die Einwilligungen der Patienten waren unwirksam. Eine Zeugin im Strafverfahren ließ mit 0,5 ml Hyaluronsäure in Ober- und Unterlippe unterspritzen. Ihre Lippen verfärbten sich blau und schwollen stark an. Sie erhielt ein Antibiotikum und musste zwei Nächte im Krankenhaus verbringen. Nach ihrer Entlassung wurde die Behandlung durch ihren Hausarzt fortgesetzt. Nach einer Woche war sie weitgehend schmerzfrei. Schwellung und Verfärbung hatten sich ebenfalls zurückgebildet.

Die Angeklagte zahlte der Zeugin ein Schmerzensgeld von 1.500,00 € und übernahm die Behandlungskosten von 1.900,00 €.

544 **OLG Nürnberg, Urt. v. 25.01.2022 – 11 UF 801/21, MDR 2022, 565**

1.900,00 € (Vorstellung: 3.000,00 €)

Nasenbeinfraktur

Bei einem Streit zwischen Eheleuten holte der Ehemann mit dem Arm aus und traf die Ehefrau im Gesicht. Sie erlitt eine Nasenbeinfraktur die operativ behandelt wurde. Die Ehefrau machte den Schmerzensgeldanspruch nach mehr als drei Jahren geltend, obwohl die Eheleute sich versöhnt hatten. Keine Verwirkung.

545 **LG Heidelberg, Urt. v. 25.11.2016 – 3 O 5/16, unveröffentlicht**

2.000,00 €

Hautschädigung durch Gesichtshaarentfernungscreme

Die Klägerin erlitt durch die Anwendung einer Gesichtshaarentfernungscreme im Gesicht einen dauerhaften Schaden. Es trat eine irritative Reaktion der Haut und dadurch eine Hautveränderungen auf. Die entzündliche Reaktion führte zu einer sich nicht zurückbildenden Erweiterung kleinerer Blutgefäße und zu follikulär gebundenen Pusteln, die immer noch vorhanden sind. Der Gesundheitsschaden beruht auf einem Fehler des Produkts der Beklagten

Die Klägerin litt in der Nacht nach der Anwendung unter Brennen und Schmerzen im Gesicht, es traten blutende Wunden auf, die in einem größeren Bereich um den Mund und das Kinn herum bis zur Wange zu entstellenden Hautausschlägen geführt haben. Die Hautschäden an exponierter Stelle im Gesicht haben die Klägerin 17 Tage lang gehindert, in die Öffentlichkeit zu gehen. Bis heute belastet sie ihr Aussehen und die Notwendigkeit, die Langzeitschäden durch mehrere Laserbehandlungen zu beseitigen. Die Gesichtshaut hat sich teilweise erholt, weshalb zumindest das geschminkte Gesicht keine extremen Auffälligkeiten mehr aufweist.

LG Detmold, Urt. v. 20.03.2020 – 23 KLs – 31 Js 457/19, unveröffentlicht 546

2.000,00 €

Zwei Schläge ins Gesicht

Der Angeklagte schlug die Adhäsionsklägerin 2 mal ins Gesicht. Ein Schlag wurde mit so großer Wucht geführt, dass sie ohnmächtig zu Boden sank. Die Klägerin erlitt eine Nasenbeinfraktur. Sie litt unter Schmerzen, die medikamentös und physiotherapeutisch behandelt werden mussten. Die Klägerin war für eine Nacht stationär untergebracht und musste sich aufgrund anhaltender Beschwerden regelmäßig beim Haus- sowie bei Fachärzten vorstellen. Sie war drei Wochen arbeitsunfähig. Auf der anderen Seite wurde bei der Bemessung des Schmerzensgeldes berücksichtigt, dass der Angeklagte kaum über finanzielle Mittel verfügt.

OLG Hamm, Urt. v. 03.02.2015 -9 U 91/14, NJW-RR 2016, 97 = MDR 2015, 511 547

3.000,00 € (Vorstellung: 3.000,00 €)

Hundebiss ins Gesicht – Narben

Die Klägerin begegnete als Hundeführerin der Beklagten, die drei Hunde ausführte, die nicht zu den kleineren Rassen zählen, sogenannte Rudelführung. Diese sprangen die Klägerin an und verletzten sie. Die Klägerin erlitt Verletzungen im Gesicht, trug eine Narbe unter dem Auge davon und litt fortan unter psychischen Beeinträchtigungen.

LG Konstanz, Urt. v. 26.02.2016 – D 2 O 290/14, unveröffentlicht 548

3.500,00 €

Ablederungsverletzungen im Gesicht – Ober- und Unterlippe – Zahnfraktur

Beim Überqueren einer Straße kam die Klägerin in einer Rinne zu Fall und zog sich mehrere Verletzungen zu, unter anderem multiple Ablederungsverletzungen im Gesicht, Risswunden an Ober- und Unterlippe und Kinn und eine Zahnfraktur. Der Heilverlauf war verzögert.

OLG Köln, Urt. v. 25.11.2013 – 5 U 164/12, GesR 2014, 402 549

4.000,00 €

Gefühlsminderung einer Gesichtshälfte

Der beklagte Zahnarzt entnahm ohne wirksame Aufklärung (rechtswidrig) bei der Klägerin Knochenmaterial aus dem Unterkiefer, um den Knochen im Oberkiefer aufzubauen. Die Klägerin leidet in einer Gesichtshälfte unter einer Gefühlsminderung, unter subjektiv empfundenem erhöhtem Speichelfluss und unter einer leichten Asymmetrie des Gesichts.

LG Kempten, Urt. v. 12.06.2015 – 22 O 72/14, unveröffentlicht 550

4.500,00 € (Mitverschulden: 1/2)

Mittelgesichtsfraktur – Jochbeinfraktur – Orbitabodenfraktur

Die Klägerin und der Beklagte stießen mit dem Fahrrad zusammen Beide wurden verletzt. Die Klägerin erlitt eine Mittelgesichts-, eine Jochbein- und eine Orbitabodenfraktur. Sie wurde 5 Tage stationär behandelt und war rd. 3 Wochen arbeitsunfähig. Die Klägerin litt nach der 2. Operation, bei der die Metallplatte entfernt wurde, unter Wundheilungsstörungen und erheblichen Schmerzen. Verblieben ist ein Taubheitsgefühl an einer Gesichtshälfte und an den Zähnen.

551 **LG Bielefeld, Urt. v. 17.03.2014 – 5 O 8/13, unveröffentlicht**

5.000,00 €

Nasenbeinfraktur – Schädelhirntrauma – Gehirnerschütterung

Die Klägerin lief in einem Supermarkt gegen eine sich automatisch schließende Eingangstüre. Die Nase der Klägerin wurde gebrochen, das Gesicht schwoll ganz erheblich an. Sie musste 2 mal operiert werden. Bei der 2. Operation wurde die Nase erneut gebrochen. Die Heilung der Nasenfrakturen führte zu Verknorpelungen, die gegebenenfalls in der Zukunft zu weiteren Problemen, Schäden und Operationen führen können.

552 **OLG Dresden, Urt. v. 20.05.2022 – 4 W 245/22**

5.000,00 €

Nasenschiefstand – Behinderung der Nasenatmung – Behandlungsverzögerung

Der Antragsteller wirft dem behandelnden Arzt vor, eine Nasenbeinfraktur nicht erkannt zu haben, weil er die Nase nicht geröntgt habe. Nun bestehe infolge der Behandlungsverzögerung ein unangenehmer Druck auf dem Nasenbein und eine Behinderung der Nasenatmung, eine optische Beeinträchtigung »kantiger Huckel« und ein Nasenschiefstand.

553 **LG Köln, Urt. v. 27.04.2018 – 22 O 444/13, unveröffentlicht**

6.500,00 € (Vorstellung: 20.000,00 €)

Mittelgesichtsfraktur – Jochbeinfraktur

Zwischen den Parteien kam es auf einer Hochzeitsfeier zum Streit. Der Kläger erhielt einen Kopfstoß, der zu einer Mittelgesichtsfraktur mit Jochbeinfraktur führte. Verblieben ist eine Taubheit einer Gesichtshälfte von der Schläfe bis zum Ohr und eine Gefühlsbeeinträchtigung des Zahnfleisches am Oberkiefer.

554 **OLG Naumburg, Urt. v. 03.11.2016 – 42 U 8/16, unveröffentlicht**

10.000,00 €

Kopfplatzwunde – HWS-Distorsion – Läsion des Nervus ulnaris

Der Kläger wurde durch einen rechtswidrigen Polizeieinsatz verletzt. Er erlitt neben einer Kopfplatzwunde, eine Distorsion der HWS, eine Knieprellung, ein chronisches posttraumatisches Syndrom mit höhergradiger, axionaler, demyelinisierender Läsion des nervus ulnaris mit Parese und Atrophie, eine Spannung des musculus sternocleidomastoideus, chronische Kopfschmerzen, Kurzzeitgedächtnisstörungen, Aufmerksamkeitsstörungen und als Folge dessen eine Erwerbsminderung um 30 %.

555 **OLG Brandenburg, Urt. v. 03.02.2020 – 12 U 98/19, NJW-RR 2020, 671**

10.000,00 € (Mitverschulden: 1/5; Vorstellung: 15.000,00 €)

Radiusfraktur – Schädelhirntrauma – Mittelgesichtsfraktur – Schnittverletzungen – Prellungen

Der Kläger wurde als Motorradfahrer bei einem Verkehrsunfall verletzt. Er erlitt eine Radiusfraktur, ein Schädelhirntrauma, eine Mittelgesichtsfraktur, Schnittverletzungen und Prellungen. Der Kläger lag 3 Tage im Koma und wurde 12 Tage stationär behandelt. Die Radiusfraktur wurde operativ mit eine Plattenosteosynthese versorgt. Er war 10 Wochen arbeitsunfähig.

556 **OLG Hamm, Urt. v. 25.02.2014 – 26 U 157/12, GesR 2014, 413**

15.000,00 € (Vorstellung: mindestens 15.000,00 €)

Anwendung der Therapie der 2. Wahl bei einem Basalzellkarzinom im Gesicht

Der Arzt wählte nicht die Therapie der 1. Wahl, den sog. »Golden Standard« bei der operativen Entfernung eines Basalzellkarzinoms im Gesicht, sondern die Therapie der 2. Wahl, die fotodynamische Therapie. Bei der Bemessung des Schmerzensgeldes wurde vor allem berücksichtigt, dass sich der Patient weiteren operativen Eingriffen mit jeweils mehrtägigen Krankenhausaufenthalten unterziehen musste, die bei einer leitliniengerechten chirurgischen Entfernung des Basalzellkarzinoms mit großer Wahrscheinlichkeit unnötig gewesen wären, dass die Durchführung der fotodynamischen Therapie selbst zu lokalen Hautreizungen geführt hat, die bei fachgerechter Behandlung vermieden worden wären, und dass es nicht ausgeschlossen ist, dass eine aufgetretene Trigeminusneuralgie durch die fehlerhafte Behandlung verursacht und der Patient aufgrund des aufgetretenen Rezidivs auch psychisch beeinträchtigt worden ist.

LG Frankenthal, Urt. v. 16.05.2013 – 6 O 52/13, unveröffentlicht 557

18.000,00 € (Vorstellung: 18.000,00 €)

Mittelgesichtsfraktur – Orbitabodenfraktur

Der Beklagte schlug dem Kläger ohne Vorwarnung wuchtig und gezielt zweimal mit der Faust ins Gesicht. Dieser erlitt massive knöcherne Verletzungen, die Gesichtshaut platzte unter den Augen auf. Der Kläger beugte sich nach vorne, um das Blut aufzufangen, was der Beklagte dazu nutzte, dem Kläger zudem noch einen kräftigen Tritt an die linke Gesichtshälfte zu versetzen. Der Tritt wurde wuchtig mit normalen Straßenschuhen ausgeführt. Der Kläger musste mehrfach operiert werden, das Fremdmaterial wurde nach rd. 7 Wochen entfernt.

Der Kläger litt immer wieder unter Schmerzen im Bereich der Halswirbelsäule mit Bewegungsknacken über C5. Aufgrund der Mittelgesichtsfrakturen können immer wieder ziehende Schmerzen im Bereich des Gesichtes auftreten. Es besteht eine Öffnungseinschränkung des Mundes.

Als Dauerschaden können verbleiben eine Dysästhesie des linken Gesichtes, eine leicht eingeschränkte Mundöffnung sowie eine Dyssymmetrie des Gesichtes mit Schwellung über dem linken Jochbein. Hierdurch ist der Kläger nicht nur körperlich, sondern auch seelisch belastet.

OLG Hamm, Urt. v. 22.11.2022 – 7 U 8/22 558

19.000,00 €

Gesichtsfrakturen – AC-Gelenkssprengung Schulter – Geruchs- und Geschmackssinn

Der 68 Jahre alte Kläger stieß als Radfahrer mit einem Rennradfahrer zusammen. Er erlitt dabei eine Jochbeinfraktur, eine Nasenbeinfraktur, eine Riss-/Quetschwunde frontal, eine Kalottenfraktur, eine subarachnoidale Blutung frontal, einen Le Fort 1 Fraktur, eine AC-Gelenkssprengung der Schulter und Prellungen.

Der Kläger ist dauerhaft beeinträchtigt beim Tragen schwerer Gegenstände und beim Überkopfarbeiten. Geruchs- und Geschmackssinn sind beeinträchtigt.

Das OLG Hamm hat das vom LG zuerkannte Schmerzensgeld als keinesfalls zu hoch bezeichnet. Tatsächlich ist es extrem niedrig ausgefallen.

OLG Stuttgart, Urt. v. 11.05.2016 – 4 U 164/15, unveröffentlicht 559

20.000,00 € (Mitverschulden: 1/3)

2-fache Unterkieferfraktur – Zahnfrakturen und Zahnverlust – Platzwunden

Der Kläger kam auf einer nicht gestreuten Eisfläche als Radfahrer zu Fall und erlitt eine 2-fache Unterkieferfraktur, mehrere Zahnfrakturen, sowie Platzwunden und Schürfwunden. Er wurde stationär behandelt und die Frakturen wurden fixiert. Später wurde ein künstliches Kiefergelenk eingesetzt.

Die Kaufunktion ist reduziert.

LG Düsseldorf, Urt. v. 25.01.2013 – 7 Ks 12/12, unveröffentlicht 560

25.000,00 € (Vorstellung: 25.000,00 €)

Comotio cerebri – Mittelgesichtsfraktur – Nasenfraktur – Orbitabodenfraktur

Der Angeklagte versetzte dem Nebenkläger, der Ansprüche im Adhäsionsverfahren geltend macht, mit dem Fuß einen wuchtigen Tritt ins Gesicht. Der Nebenkläger blieb mit schwersten, ihn beinahe bis zur Unkenntlichkeit entstellenden Gesichtsverletzungen, aber bei vollem Bewusstsein am Boden liegen und stellte fest, dass seine Nase nicht mehr zu tasten war und er auf dem rechten Auge nichts sehen konnte. Er hatte eine zentrale Mittelgesichtsfraktur in der Le Fort II-Ebene beidseits mit Impression des gesamten zentralen Mittelgesichtsfragmentes nach dorsal erlitten, verbunden mit einer Nasengerüstfraktur und Orbitabodenfraktur beidseits sowie multiplen Gesichtsverletzungen. Hinzu kamen die Fraktur von 2 Zähnen, eine Zerstörung der Tränenwege und eine Comotio cerebri.

Der Nebenkläger wurde 11 Tage stationär behandelt und war 3 Monate arbeitsunfähig. Bleibende Folgen sind im Wesentlichen eine mäßig sichtbare Narbe am Nasenrücken, eine leichte Schiefstellung der Nase sowie ein leichtes Herabhängen eines Augenlids, eine Hypästhesie (Taubheitsgefühl) des Nervus infraorbitalis. Die Gesamt-MdE beträgt 10 %. Wegen des schweren Verschuldens des Angeklagten blieben seine schlechten wirtschaftlichen Verhältnisse unberücksichtigt.

561 **LG Bonn, Urt. v. 18.03.2015 – 1 O 348/14, unveröffentlicht**

25.000,00 €

Nasenseptumfraktur – Mittelgesichtsfraktur – Visusminderung eines Auges auf 50 %

Der Kläger ist Soldat und war für kurze Zeit im Feldlager. Dort wurde er von einem Kameraden durch einen versehentlich abgegebenen Schuss aus der Pistole, der ihn im Gesicht unterhalb des Auges traf, schwer verletzt. Die Visusminderung des rechten Auges beträgt 50 %, der Kläger sieht dort im unteren Bereich nur schwarz. Er erlitt folgende weitere Verletzungen: eine kombinierte Mittelgesichtsfraktur mit Beteiligung des Orbitabodens und der medialen Orbitawand, eine Jochbeinfraktur, eine Nasenseptumfraktur, Verletzung des Tränenkanals, Fraktur des HWK 1, ein ausgedehntes Weichteiltrauma, erhebliche Sensibilitätsstörung der Gesichtshälfte, Schmerzen, Spannungsschmerzen und Wetterfühligkeit.

Er ist psychisch instabil und leidet unter einer posttraumatischen Belastungsstörung.

Die Kammer hat zur Begründung der Höhe des Schmerzensgeldes zahlreiche nicht (mehr) zutreffende Entscheidungen zitiert, fast alle aus den 90er Jahren, die jüngste aus 2003.

562 **LG Bonn, Urt. v. 11.12.2014 – 18 O 388/12, NZV 2015, 395 = DAR 2015, 340 = SP 2015, 329**

30.000,00 € (Mitverschulden: 1/2)

Mittelgesichtsfrakturen – Schädelkalottenfraktur – völliger Verlust des Geruchssinns

Der Kläger, ein selbstständiger Kieferorthopäde, war ohne Helm mit einem Speed-Pedelec unterwegs, das vom Verkäufer mit einer unzulässigen Reifen-Felgen-Kombination ausgestattet war, die für den Unfall des Klägers ursächlich wurde. Der Kläger erlitt schwerste Verletzungen, u.a. eine traumatische Hirnverletzung sowie eine Schädelkalottenfraktur frontal sowie neun weitere Mittelgesichtsfrakturen. Er befand sich fast zwei Wochen in einem künstlichen Koma, nach 4 Wochen wurde er entlassen.

Er war in der Folgezeit zunächst einen Monat lang zu 100 % (Berufsverbot von mindestens 4 Wochen) und danach für zwei Monate zu 70 % arbeitsunfähig. Eine 20 %ige Arbeitsunfähigkeit besteht weiter.

Das Schmerzensgeld wurde bemessen nach den Verletzungen des Klägers und der Dauer des Krankenhausaufenthaltes (einschließlich des künstlichen Komas), insbesondere aber dem fast gänzlichen Verlust des Geruchssinns und die immer noch und immer wieder auftretenden Schmerzen sowie des Mitverschuldens.

OLG München, Urt. v. 16.12.2016 – 32 U 2167/16, unveröffentlicht 563

90.000,00 €

Gesichtsverletzung – Mundbewegungsstörung – Nervus fascialis Parese

Die 2 Jahre alte Klägerin wurde vom Hund der Beklagten ins Gesicht gebissen, hierbei wurden diversen Nerven im Gesicht durchtrennt, und es kam u.a. zu einer inkompletten nervus fascialis Parese. Die Klägerin musste sich zahlreichen Operationen unterziehen. Sie kann eines der Augen nicht schließen, Augentropfen sind weiter erforderlich, und ist optisch deutlich entstellt. Aufgrund der Schädigung des Gesichtsnervs kann die Klägerin einen Mundwinkel nicht heben, auch nicht beim Lachen. Seit dem Biss ist ihre Kindheit wesentlich von Arztbesuchen und Krankenhausaufenthalten und dem täglichen Umgang mit den Verletzungsfolgen geprägt. Auch das grob fahrlässige Verhalten der Hundehalterin (deren Hund bereits zuvor ein Kind gebissen hatte) fand Berücksichtigung.

2. Kiefer

▶ Hinweis:

Zahlreiche Entscheidungen befassen sich mit Verletzungen, die zum Verlust oder zur Beschädigung von Zähnen geführt haben, wobei auch ein Kiefer betroffen war. Solche Verletzungen, bei denen Zahnschäden für die Bemessung des Schmerzensgeldes ausschlaggebend waren, sind unter → Zahn (Rdn. 1051 ff.) dargestellt.

OLG Saarbrücken, Urt. v. 14.03.2019 – 4 U 112/17, VRS 135, 184 564

2.400,00 €

Kieferfraktur – stumpfes Bauchtrauma – Zahnschaden

Der Kläger erlitt bei einem Verkehrsunfall Fraktur des Korpus mandibuli im Kieferwinkel, die operativ versorgt werden musste, eine Gehirnerschütterung und ein stumpfes Bauchtrauma. Der Kiefer wurde zwei Wochen verdrahtet, sodass der Kläger 6 Wochen nur flüssig-weiche Kost zu sich nehmen konnte und 12 kg an Körpergewicht verlor. Ein Zahn war so beschädigt, dass eine Wurzelbehandlung und Überkronung erforderlich wurden.

Der Kläger war rd. 8 Wochen arbeitsunfähig

LG Freiburg, Urt. v. 22.12.2017 – 6 O 186/17, unveröffentlicht 565

6.000,00 €

Kieferhöhlen- und Jochbeinfraktur

Der noch junge Kläger erlitt durch einen Faustschlag ins Gesicht eine Fraktur des sinus maxilaris und des Orbitabodens. Die Verletzungen waren mit erheblichen Schmerzen verbunden. Im Kiefer bildete sich Narbengewebe, das operativ entfernt werden musste.

LG Hechingen, Urt. v. 17.10.2014 – 2 O 112/12, unveröffentlicht 566

7.000,00 €

Kiefernköpfchenfraktur – Schürfwunden – HWS-Distorsion

Bei einer körperlichen Auseinandersetzung im Straßenverkehr erhielt der Kläger einen Faustschlag ins Gesicht. Die Folge war eine Kiefernköpfchenfraktur, eine Schürfwunde am Unterkiefer und eine HWS-Distorsion. Der Kläger musste eine Drahtschiene tragen und war einen Monat arbeitsunfähig. Er konnte einen Monat nur flüssige Nahrung und danach einige Wochen nur weiche Nahrung zu sich nehmen. Schmerzensgelderhöhend wirkt sich das Verschulden des Beklagten aus.

567 **LG Köln, Urt. v. 03.11.2022 – 14 O 304/21, unveröffentlicht**

7.000,00 € (Vorstellung: 15.000,00 €; Mitverschulden: 3/10)

Hundebiss in die Nase – Narbe

Der Hund der Beklagten biss die Klägerin in die Nase, als sie sich in das Auto der Beklagten hineinbeugte. Sie erlitt oberflächliche Bissspuren am Nasenbein und eine 2x2 cm große Hautablederung der Nasenspitze. Die Verletzungen sind verheilt. Es blieb eine Narbe zurück, die sich voraussichtlich nicht völlig zurückbilden wird.

Haare

▶ Hinweis:

Das bloße Abschneiden der Haare gegen den Willen des Betroffenen ist als Körperverletzung anerkannt, obwohl es für sich allein nicht mit körperlichen Schmerzen verbunden ist. Neuerdings wird Schmerzensgeld für eine fehlerhafte Behandlung der Haare durch einen Friseur anerkannt, obwohl hier in erster Linie seelische Unbill (Schmerzen) im Vordergrund steht. Danzl/Gutiérrez-Lobos/Müller, S. 155.

Erfolgt die Haarverletzung rechtswidrig und schuldhaft, stellt sie grds. einen Schaden dar, der durch Zahlung von Schmerzensgeld auszugleichen ist. Sie ist nur ausnahmsweise auch eine Gesundheitsverletzung, wenn psychische Schäden auftreten, die der ärztlichen Behandlung bedürfen.

So hat das OLG Köln mit Urt. v. 07.01.2000 (nicht mehr abgedruckt), MDR 2000, 768 = NJW-RR 2000, 1344 (in der 6. Aufl. E 602) ausdrücklich festgestellt, dass sich der Schmerzensgeldanspruch aus § 823 Abs. 1 und 2 BGB i.V.m. § 223 StGB ergibt. Dabei kommt es nicht darauf an, ob der Verletzte unter der Beschädigung des Haupthaares seelisch besonders leidet, sodass dadurch (zusätzlich) eine Verletzung der Gesundheit gegeben ist. Eine fehlerhafte Behandlung der Haare ist rechtswidrig, weil sie ohne Einwilligung des Kunden erfolgt.

Das AG Hamburg (Urt. v. 17.02.1993 – 18 C 294/92, unveröffentlicht) hat zwar eine Verletzung der körperlichen Unversehrtheit darin gesehen, wenn der Friseur weisungswidrig das Haar um 2 cm zu kurz abschneidet, hat einen Schmerzensgeldanspruch aber mit der Begründung verneint, dies sei bei schulterlangem Haar unschädlich.

Zurückhaltend sind die Gerichte allerdings bei der Zuerkennung eines Schmerzensgeldanspruchs bei Fehlbehandlung bei einer Dauerwelle. Aber selbst in einem Fall, in dem die Klägerin durch Verletzung der Kopfhaut auf Dauer entstellt ist, hat das AG Erkelenz (durch Urt. v. 05.01.1994 – 6 C 509/93, VersR 1995, 797 = E 610 in der 5. Aufl. 2010) mit 6.000,00 DM – 3.000,00 € – ein viel zu niedriges Schmerzensgeld zuerkannt.

568 **AG München, Urt. v. 15.02.2019 – 312 C 8595/18 unveröffentlicht**

0,00 € (Vorstellung: mindestens 600,00 €)

Missglückte Haarfärbung

Die Klägerin beauftragte die Beklagte mit der Ausführung einer bestimmten Haarfärbetechnik, der sog. »Balayage-Technik«. Nach dem gleichmäßigen Auftragen des Bleichmittels auf den Kopf habe dieser massiv zu brennen und jucken begonnen. Das Haarfärbemittel habe sich über zwei Stunden auf ihrem Kopf befunden. Nach dem Ausspülen des Bleichmittels seien ihre Haare gleichmäßig dottergelb gewesen.

Das AG hat die Klage abgewiesen. Ein Schadensersatzanspruch statt der Leistung setze gem. § 281 Abs. 1 Satz 1 BGB grundsätzlich voraus, dass dem Schuldner erfolglos eine angemessene Frist zur Leistung oder Nacherfüllung gesetzt worden sei.

AG Coburg, Urt. v. 06.02.2015 – 12 C 1023/13, unveröffentlicht 569

≤ 100,00 € (Vorstellung: dreistelliger Betrag)

Missglückte Haarfärbung

Die Klägerin hatte sich an den späteren Beklagten, den Betreiber eines Friseursalons, mit dem Wunsch gewandt, ihren Haaransatz schwarz und die Spitzen ihrer langen Haare im fließenden Übergang, dem sog. »Ombré Style«, lila zu färben. Einen Hinweis darauf, dass dieser spezielle Effekt bei den lila Haarspitzen der Klägerin nicht zu erzielen sei, hatte der Beklagte nicht erteilt. Weder bei der ersten Behandlung noch bei zwei weiteren Terminen gelang es dem Beklagten, die Haarspitzen der Klägerin im »Ombré Style« lila zu färben.

Die Klägerin hat einen Anspruch auf ein Schmerzensgeld in zweistelliger Höhe, weil ihre Haare angegriffen wurden und in der Folge in den Spitzen gekürzt werden mussten. Von den weiteren behaupteten Folgen, wonach die Klägerin durch die missglückte Haarbehandlung nachhaltig in ihrem privaten und beruflichen Lebensalltag beeinträchtigt gewesen sein soll, konnte sich das Amtsgericht in der Verhandlung nicht überzeugen, sodass die Klägerin keinen Anspruch auf das von ihr begehrte deutlich höhere Schmerzensgeld hätte.

OLG Köln, Urt. v. 06.04.2020 – 5 U 175/19, GesR 2020, 668 570

500,00 € (Vorstellung: 5.000,00 €)

Fehlerhafte Haarentfernung

Die Beklagte ist die Inhaberin eines Kosmetikstudios. Dort wurde bei der Klägerin einmal monatlich eine IPL-Behandlung zur Entfernung von Gesichtshaaren durchgeführt. Dabei kam es infolge einer fehlerhaften Durchführung zu Verbrennungen im Gesicht der Klägerin. Als Folge verblieben einige diskrete ca. 0,5 x 0,5 cm durchmessende, einzelne atrophe Narben mit postinflammatorischer Hyperpigmentierung zurück.

AG Rheine, Urt. v. 12.05.2016 – 14 C 391/14, NJW-RR 2016, 1118 571

1.000,00 € (Vorstellung: 4.000,00 €)

Verlust langer Haare bis auf den Haaransatz

Eine Mitarbeiterin der Beklagten riet der Klägerin von einer Komplettblondierung ab und schlug ihr stattdessen eine Färbung der Haare mittels der »Painting-Methode« vor. Noch während der Behandlung klagte die Klägerin über Hitze im Nackenbereich, woraufhin die Mitarbeiterin die Haare umgehend ausspülte. Dennoch waren sie angesengt bzw. verbrannt und mussten radikal gekürzt werden.

Es ist davon auszugehen, dass die Klägerin ihrerseits später ihre Haare nochmals nachgefärbt und nachgeschnitten hat, sodass die Haare schließlich so aussahen wie auf den von der Klägerin vorgelegten Bildern. Sie hat nicht nachzuweisen vermocht, dass die Beklagte für dieses Ergebnis verantwortlich war.

AG Brandenburg, Urt. v. 19.12.2022 – 34 C 20/20, unveröffentlicht 572

2.000,00 € (Vorstellung: 3.500,00 €)

Allergische Reaktion nach Färben der Haare

Die Klägerin hatte die Beklagte vor dem Färben der Haare auf bestehende Unverträglichkeiten/Allergien hingewiesen, die die Beklagte nicht beachtete. Das Gesicht und die Augen der Klägerin schwollen erheblich an und es kam zu exematösen und schmerzhaften Hauterscheinungen.

573 **LG Koblenz, Urt. v. 07.05.2023 – 3 O 267/22**

2.500,00 € (Vorstellung: 5.000,00 €)

Missglückte chemische Haarglättung

Die Klägerin beauftragte die Beklagte, die einen Friseursalon betreibt, eine chemische Haarglättung bei ihr durchzuführen. Die Klägerin hatte zu diesem Zeitpunkt bis über das Schulterblatt langes Haar. Nach Durchführung der Haarglättung war das Haar der Klägerin bis in die Haarspitzen nicht zu kämmen und verfilzt. Das Haar musste um mindestens 10 cm Länge gekürzt werden. Über einen Zeitraum von eineinhalb Jahren musste die Klägerin mit dem Makel unnormal strohiger, quasi verunstalteter Haare leben, den sie auch schlecht verbergen konnte.

574 **OLG Hamburg, Urt. v. 01.06.2016 – 1 U 141/15, unveröffentlicht**

3.000,00 €

Rechtswidrige Haartransplantation – Narbe

Bei dem Kläger wurde eine mangels hinreichender Aufklärung rechtswidrige fünf Stunden dauernde Haartransplantation vorgenommen. Zurück blieb eine 27 cm lange schmale dezente Narbe, die derzeit vom Haar verdeckt wird.

575 **LG Köln, Urt. v. 31.10.2019 – 7 O 216/17, unveröffentlicht**

4.000,00 € Vorstellung: 10.000,00 €

Hautverätzungen und Haarverlust

In einem handtellergroßen Bereich am Hinterkopf der Klägerin fanden sich nach der Blondierungsmaßnahme Verbrennungen bzw. Verätzungen 1. bis 2. Grades. Es folgte eine monatelange Schmerz- und Infektionsbehandlung mit verschiedenen Medikamenten. In diesem Bereich wachsen keine Haare mehr nach.

576 **LG Rostock, Urt. v. 28.05.2008 – 4 O 3/08, unveröffentlicht**

5.000,00 € (Vorstellung: 6.000,00 €)

Skalpierung der Kopfschwarte

Die Klägerin kam bei einem Spaziergang durch eine unnötige Stolperfalle auf einem neu angelegten Gehweg zu Fall und zog sich eine Skalpierung der Kopfschwarte zu, die äußerst schmerzhaft war. Die Klägerin litt noch einige Wochen an der durch die Kopfverletzung verursachten Entstellung. Seit dem Unfall leidet sie an anhaltenden abendlichen Kopfschmerzen und klagt über eine Gangunsicherheit beim Treppensteigen. Noch lange Zeit nach dem Unfall hatte sie schockbedingt Angst, ohne Begleitung aus dem Haus zu gehen; sie litt unter Schwindel sowie lokalen Parästhesien der Kopfhaut und dem Gefühl, als ob sich die Schädeldecke abhebt. Schmerzensgeld erhöhend wurde das unverständliche Regulierungsverhalten des kommunalen Schadensausgleichs berücksichtigt.

577 **LG Coburg Urt. v. 22.01.2010 – 21 O 205/09, unveröffentlicht**

5.000,00 € (Vorstellung: 20.000,00 €)

Fehlerhafte Blondierung der Haare

Die Klägerin ließ sich in einem Friseursalon die Haare blondieren. Dabei trug eine Mitarbeiterin des Friseursalons das Blondierungsmittel versehentlich auf die Kopfhaut der Klägerin auf. Dadurch wurde die Haut verätzt und verursachte auf dem Hinterkopf der Klägerin eine etwa 5 × 5 cm große kahle Stelle, an der keine Haare mehr wachsen.

Das Gericht nahm zugunsten der Klägerin an, dass sie starke Schmerzen erlitten hatte und vielfach einen Hautarzt aufsuchen musste. Auch sei die Klägerin nicht verpflichtet, sich einer Haarimplantation zu unterziehen, da diese mit Risiken verbunden sei, die die Klägerin nicht eingehen müsse.

Die kahle Stelle ist ein Dauerschaden. Das Gericht stellte nach Betrachtung der Kopfhaut der Klägerin fest, dass die kahle Stelle nur dann zu erkennen ist, wenn man mit den Händen die Haare anhebt. Die Klägerin sei daher nicht entstellt. Eine Minderung der Heiratschancen erachtete das Gericht als äußerst fernliegend.

OLG Köln, Urt. v. 19.06.2020 – 20 U 287/19, unveröffentlicht 578

5.000,00 € (Vorstellung: 10.000,00 €)

Fehlerhafte Blondierung der Haare – Schwere Hautverätzungen

Die Klägerin ließ sich im Friseursalon der Beklagten blonde Strähnen färben. Aufgrund einer zu langen Einwirkzeit der Blondiercreme kam es in einem handtellergroßen Bereich des Hinterkopfes zu Verbrennungen und Verätzungen 2. Grades. Die Klägerin musste sich einer monatelangen Schmerz- und Infektionsbehandlung mit verschiedenen Medikamenten (Schmerzmittel, Antibiotika und Kortikoide) unterziehen. In dem betroffenen Bereich, einer Fläche am Hinterkopf von 3 x 5 cm, können auf natürliche Weise keine Haare mehr wachsen, eine Kurzhaarfrisur kann die Klägerin ohne einen chirurgischen Eingriff nicht mehr tragen.

OLG Köln, Urt. v. 21.03.2016 – 5 U 76/14, VersR 2017, 354 = GesR 2016, 367 579

20.000,00 € (Vorstellung: 15.000,00 €)

Irreversibler vollständiger Haarverlust – Neurotische Störungen

Die 45 Jahre alte Klägerin wurde vor einer Chemotherapie mit einem damals recht neuen und besonders wirksamen Medikament über das seltene Risiko eines dauerhaften Haarverlusts nicht aufgeklärt. Nach der Behandlung trat bei der Klägerin dauerhafter Haarverlust ein. Körperbehaarung, Wimpern und Augenbrauen fehlen fast vollständig. Das Kopfhaar wächst nur teilweise nach. Der Haarverlust lässt sich nach außen nur teilweise durch ein Haarteil und permanentes Make-up verdecken.

Es wurde ein neurotisch-depressiver Zustand diagnostiziert und im Rahmen des psychischen Befundes ein zwanghafter, auf Äußerlichkeiten fixierter Eindruck der Minderwertigkeit beschrieben. Anamnestisch hat die Klägerin eine ständige Grübelneigung, Schlafstörungen, Nervosität, Angst, innere Unruhe, schwere Nachteilsempfindungen gegenüber anderen Frauen, einen Verlust der Sexualität sowie die Angst, ihren Mann zu verlieren, angegeben. Dass sie unter dem Verlust ihrer Haare in erheblichem Ausmaß leidet, ist auch in der mündlichen Verhandlung vor dem Senat zum Ausdruck gekommen.

Hals

▶ Hinweis:

Aufgrund der besonderen Probleme bei der Behandlung sog. → HWS-Schleudertraumata sind diese unter einem gesonderten Punkt (Rdn. 1364 ff.) behandelt.

LG Lübeck, Urt. v. 19.09.2022 – 10 O 173/18, r+s 2022, 659 580

1.500,00 € (1/3 Mitverschulden Vorstellung: 2.000,00 €)

Halsdistorsion – Nasenbeinfraktur – Prellmarken

Der Kläger navigierte eine Sportyacht in den Kommunalhafen der beklagten Gemeinde. Diese hatte – ohne entsprechende Warnhinweise – eine Fahrwassertonne ersatzlos aus der Fahrrinne entfernt, weswegen der Kläger aus der Fahrrinne navigierte und mit seiner Yacht auf Grund lief, wodurch er stürzte.

Der Kläger erlitt durch den Sturz eine Nasenbeinfraktur, eine Distorsion von Hals- und Brustwirbelsäule sowie Prellmarken am Unterarm und eine Schwellung im Gesicht. Das Gericht bejahte eine Verkehrssicherungspflichtverletzung; die Gemeinde sei verpflichtet, den Schiffsverkehr sicher zu regeln, und habe diese Pflicht durch Entfernung der Tonne verletzt.

581 **BGH, Beschl. v. 26.02.0219 – 4 StR 464/18, unveröffentlicht**

3.500,00 €

Stich in den Hals

Der Angeklagte geriet auf einer Kirmes in Streit mit dem Nebenkläger, den er mit einem 5 cm langen Messer in die linke Halsseite stach. Der Nebenkläger erlitt eine 3 cm lange Stichverletzung an der linken Halsseite, die komplikationslos verheilt ist.

582 **LG Kleve, Urt. v. 27.07.2017 – 110 KLs 14/17, unveröffentlicht**

4.000,00 €

Würgemale am Hals – Prellungen an Rippen, Schulter und Rücken

Die Nebenklägerin war Opfer einer versuchten Vergewaltigung; sie erlitt Hautabschürfungen und Würgemale am Hals, Hämatome und Schwellungen im Gesicht und Prellungen an den Rippen, der linken Schulter und dem Rücken. Die Rippenschmerzen dauerten zwei Wochen an, die psychischen Folgen des Angriffs (den der zufällig vorbeikommende Vater der Nebenklägerin hatte vereiteln können) dauern an.

583 **LG Wiesbaden, Urt. v. 28.04.2022 – 2 S 10/21, unveröffentlicht**

4.500,00 €

Bisswunde an Hals und Wange

Die Klägerin erlitt bei einem Hundebiss eine Wunde am Hals und der rechten Wange, die genäht werden musste. Wegen Abbruchs von drei Kronen und einer Kieferverschiebung musste sie 9 Termine beim Zahnarzt wahrnehmen. Ein blutreiches Geschwulst musste entfernt werden.

584 **OLG Dresden, Urt. v. 21.07.2023 – 1 U 2377/22, ZfS 2023, 552**

12.000,00 €

Halswirbelfraktur – Platzwunde am Kopf

Der Kläger, der mit Gehhilfen unterwegs war, stürzte im Supermarkt der Beklagten, weil dort großflächig Fliesen nass gereinigt worden waren und der Boden rutschig wurde. Er erlitt eine doppelseitige vordere Altasbogenfraktur (erster Halswirbel) und eine nicht dislozierte hintere Altasbogenfraktur sowie eine Platzwunde am Kopf. Eine Operation an der Halswirbelsäule war zunächst vorgesehen, wurde aber dann wegen der damit verbundenen Risiken (Gefahr einer Querschnittslähmung) nicht durchgeführt. Der Kläger musste für 10 Wochen eine Halskrause tragen. Wegen seiner Vorerkrankung (Glasknochenkrankheit) hinderte die Halskrause ihn am Verlassen seines Betts, denn für die sichere Benutzung seiner Unterarmstützen muss der Kläger nach unten schauen, während er die Stützen aufsetzt, was mit der Halskrause nicht möglich war. In der Folge des Sturzes und der erzwungenen 10-wöchigen Immobilität, die mit einem Muskelabbau verbunden war, ist der inzwischen 79-jährige Kläger seither deutlich weniger mobil und muss seinen Alltag – anders als zuvor – überwiegend mittels Nutzung eines Rollstuhls bestreiten, den er vor dem Unfall lediglich bei längeren Spaziergängen nutzte. Das Gericht berücksichtigte auch das Regulierungsverhalten der Beklagten, die dem stark gehbehinderten Kläger ohne jeden Anhaltspunkt ein gravierendes Mitverschulden unterstellt hatte.

585 **OLG Schleswig, Urt. v. 14.04.2025 – 7 U 10/25, SchlHA 2025, 226**

20.000,00 €

Knochenbrüche an Hals, Schlüsselbein, Kiefer und Oberschenkel

Die »verhältnismäßig junge« Klägerin wurde als Rollerfahrerin bei einem Verkehrsunfall verletzt. Sie hat einen beidseitigen Kieferbruch, eine Halswirbelfraktur, eine Fraktur des Schlüsselbeins links, einen mehrfachen Bruch des Oberschenkelknochens, einen Trümmerbruch des großen Zehs links sowie Schürfwunden am Knie erlitten. Die Klägerin musste sich mehreren Operationen und Folgeoperationen unterziehen. Es bleiben sichtbare Narben im Dekolleté Bereich (15 cm) und am Oberschenkel (5 cm) sowie am Knie. Der große Zeh am linken Fuß musste versteift werden.

OLG Karlsruhe, Urt. v. 29.11.2023 – 7 U 115/22, unveröffentlicht 586

25.000,00 €

Falschbehandlung einer Densfraktur – Schmerzen und Bewegungseinschränkungen

Der 50 Jahre alte Kläger erlitt bei einem Reitunfall eine Densfraktur, die von dem Beklagten falsch diagnostiziert und grob fehlerhaft falsch behandelt wurde. Es entwickelte sich eine Pseudoarthrose. Eine operative Versteifung der Wirbelsäule wurde erforderlich sowie eine weitere Metallentfernungsoperation. Der Kläger leidet dauerhaft unter Schmerzen und ist medikamentenpflichtig. Sport kann er nicht mehr ausüben, Dreh- und Kippbewegungen des Kopfes sind eingeschränkt.

Hand (Hand – Handgelenk – Finger)

▶ Hinweis:

Die Verletzung der Extremitäten (Arm, Hand, Finger – aber auch Bein und Fuß) kann als typische Komplikation einen Morbus Sudeck (heute Complex Regional Pain Syndrom [CRPS]) zur Folge haben, dessen Ursache letztlich nicht eindeutig geklärt ist (LG Mainz, Urt. v. 22.01.1998 – 1 O 547/96, VersR 1999, 863). Der Erkrankung geht durchweg eine grobe Gewalteinwirkung und ein hierdurch hervorgerufenes akutes, schmerzhaftes Ödem voraus. Allerdings können auch Bagatellverletzungen, wie bspw. Prellungen oder Verstauchungen eine Sudeck'sche Dystrophie verursachen. Das bloße Abstützen mit der Hand bei einem Verkehrsunfall reicht nicht aus, wenn sich unmittelbar nach dem Unfall keinerlei Beschwerden zeigen. Tritt erst nach 2 Wochen ein Kribbeln in der Hand auf, kann eine Primärverletzung nicht festgestellt werden, die als Ursache für den Morbus Sudeck anzusehen sein könnte (OLG Celle, Urt. v. 19.12.2002 – 14 U 259/01, OLGR 2004, 330; bestätigt durch BGH, Urt. v. 04.11.2003 – VI ZR 28/03, NJW 2004, 777). Der Verletzte muss den Vollbeweis dafür führen, dass eine Primärverletzung vorliegt, auf der die weiteren Beschwerden beruhen können. Beweiserleichterungen kommen ihm hierbei weder im Arzthaftungsrecht noch beim groben Behandlungsfehler zugute.

Als **mögliche Ursache** des Morbus Sudeck werden Rezeptorenstörungen der vegetativen Nerven an den Extremitäten diskutiert. Eine solche Heilentgleisung kann bei jeder Form der Verletzung auftreten und verläuft typischerweise in verschiedenen Stadien. Bei nicht adäquater Therapie kann es zur vollständigen Funktionseinschränkung mit bindegewebiger Verhärtung der Extremitäten kommen. **Arzthaftungsansprüche** lassen sich i.d.R. aus einem Morbus Sudeck dennoch nicht herleiten (OLG Oldenburg, Urt. v. 11.08.1998 – 5 U 23/98, OLGR 1998, 320), weil der Heilungsverlauf nicht beherrschbar ist.

1. Hand

OLG Hamm, Urt. v. 09.02.2022 – 11 U 71/21, VRS 143, 125 587

200,00 € (Mitverschulden: 1/3)

Schnittverletzungen

Infolge der Verletzung einer Verkehrssicherungspflicht durch den Beklagten zog sich der Kläger an einem Geländer, an dem Schraubenköpfe herausragten, Schnittverletzungen zu. Da die vorstehenden Schrauben bei etwas genauerer Betrachtung zu erkennen waren, trifft den Kläger ein Mitverschulden.

588 **LG Bonn, Urt. v. 25.01.2019 – 1 O 205/18, unveröffentlicht**

300,00 € (Mitverschulden 1/3; Vorstellung: 500,00 €)

Prellungen und Verbrennungen an der Hand – Verstauchung des Sprunggelenks

Die Klägerin erlitt bei einem Verkehrsunfall Prellungen und Verbrennungen 1. Grades an der Hand und eine Verstauchung des Sprunggelenks.

589 **AG Springe, Urt. v. 12.12.2018 – 4 C 168/17**

500.00 € (hohes Mitverschulden)

Otterbissverletzung am Finger

Der 7 Jahre alte Kläger wurde von einer Otter in den Finger gebissen. An der Kuppe entstand eine 1 cm langer Riss. Der Junge wurde geimpft und 6 Wochen mit Antibiotika behandelt.

590 **LG Bonn, Urt. v. 18.03.2021 – 17 O 393/20, unveröffentlicht**

780,00 € (Vorstellung: 780,00 €)

Handgelenkdistorsion und Muskelverletzung

Der Kläger erlitt bei einem Verkehrsunfall eine Handgelenkdistorsion mit begleitender Muskelverletzung. Er war 11 Tage arbeitsunfähig. Die Entscheidung des Amtsgerichts erging durch Versäumnisurteil.

591 **LG Kempten, Urt. v. 12.06.2015 – 22 O 72/14, unveröffentlicht**

850,00 € (Mitverschulden: 1/2; Vorstellung: 2.000,00 €)

Platzwunde an der Hand – Schürfwunden – Thorax und Knieprellung

Der Kläger und der Beklagte stießen mit dem Fahrrad zusammen. Der Kläger erlitt eine Platzwunde an der Hand sowie Schürfwunden an den Unterarmen und Knien, Thorax- und Knieprellungen und eine Bursitis praepatellaris. Ein Dauerschaden ist nicht zu erwarten.

592 **OLG Hamm, Beschl. v. 31.08.2020 – 11 W 37/20, unveröffentlicht**

1.000,00 € (Vorstellung: 2.000,00 €)

Handfraktur – Fingerfraktur

Die Klägerin, die auf unebenem Belag stürzte, zog sich eine Hand- und eine Fingerfraktur zu. Sie begehrt Prozesskostenhilfe. Der Senat meint, Die Vorstellung der Klägerin sei bei dieser Art der Verletzung übersetzt (?!). Die PKH wurde allerdings auch bewilligt für einen Feststellungsantrag, weil die Klägerin immer noch unter den Verletzungsfolgen leide. Dies ist ein Dauerschaden, der bei der Schmerzensgeldbemessung berücksichtigt wird und nicht durch einen Feststellungsantrag gesichert werden kann.

593 **LG Rostock, Urt. v. 06.02.2024 – 3 O 878/21**

1.000,00 € (Mitverschulden: 3/10; Vorstellung: 3.000,00 €)

Hundebiss in die Hand

Die Klägerin, die mit ihrem Hund unterwegs war, wurde vom Hund des Beklagten in die Hand gebissen. Sie wurde 5 Tage stationär behandelt und war mehr als 9 Monate arbeitsunfähig.

594 **OLG Karlsruhe, Urt. v. 06.02.2019 – 7 U 128/18, MDR 2019, 740 = NJW-RR 2019, 851**

1.500,00 € (Mitverschulden: 1/2; Vorstellung: 5.000,00 €)

Handverletzung

Die Klägerin stürzte über eine Pflanzgrube, die nach Entfernung eines Baums entstanden war. Sie verletzte sich an der Hand, musste operativ behandelt werden und 12 Termine bei der Krankengymnastik wahrnehmen. Für die Dauer von 2 Monaten bestanden Bewegungsbeeinträchtigungen und noch längere Zeit Schmerzen bei Belastung.

OLG München, Urt. v. 12.12.2018 – 20 U 1474/18, RuS 2019, 288 595

2.500,00 € (Mitverschulden: 75 %)

Hundebiss in die Hand – Weichteildefekt am Handrücken – Fingerstrecker

Leitsatz: Greift ein Tierhalter in die Rangelei zweier Hunde ein und wird er dabei gebissen, so haftet der andere Tierhalter gemäß § 833 BGB unabhängig davon, ob der Geschädigte durch einen Biss seines oder des Hundes des anderen Tierhalters verletzt worden ist

Die stationäre Behandlung des Weichteildefekts am Handrücken und der Verletzung des Fingerstreckers dauerte rd. 2 Wochen. Es musste Spalthaut transplantiert werden.

LG Paderborn, Urt. v. 06.12.2021 – 4 O 545/20, unveröffentlicht; bestätigt durch OLG Hamm, Urt. v. 16.09.2022 – I-11 U 11/22, NJW-RR 2023, 240 596

2.500,00 € (Vorstellung: 3.500,00 €)

Verletzung Mittelfinger – Funktionsstörungen Hand – Narben

Die Klägerin verletzt sich, als sie sich einen Schaschlik-Spieß in den Mittelfinger stach, wobei die Spitze des Holzspießes abbrach. Bei einer Revision wurde festgestellt, dass ein Holzsplitter in der Wunde zurückgeblieben war. Dieser Behandlungsfehler führte zu einer ausgedehnten Narbenbildung, wodurch es zu einer Bewegungseinschränkung in Form einer Beuge- und Streckhemmung, zu einer eingeschränkten Fingerbelastbarkeit, zu einer Kraftminderung des Mittelfingers sowie Sensibilitätsstörungen und im Ergebnis zu einer Funktionsstörung der gesamten linken Hand kam. Der Finger ist wetterfühlig, was auch zu Schmerzen führt.

Vergleichbare Entscheidungen werden nicht benannt.

OLG Koblenz, Beschl. v. 28.03.2022 – 15 U 565/21, unveröffentlicht 597

2.500,00 €

Handverletzung

Der Kläger, der ein vom Beklagten aufgestelltes Gerüst benutzte, kam durch einen Materialfehler des Gerüstes zu Fall und verletzte sich an der Hand. Das LG sprach ein Schmerzensgeld in Höhe von 2.500,00 € zu, weil die MdE der vorgeschädigten Hand sich von 25% auf 30 % erhöht hat. Die Berufung des Klägers hatte keinen Erfolg.

OLG München, Urt. v. 24.11.2017 – 10 U 952/17, ZfS 2018, 203 598

3.500,00 €

Hand-Fraktur

Wird Schmerzensgeld für eine Fraktur im Bereich einer Hand und weitere Verletzungen verlangt, die insgesamt nur zu einem Dauerschaden in Form einer Minderung der Erwerbsfähigkeit in Höhe von 2 % führen, kommt kein höheres Schmerzensgeld als 3.500 Euro in Betracht.

LG Tübingen, Urt. v. 06.12.2022 – 5 O 183/21, unveröffentlicht 599

3.900,00 € (Vorstellung: 10.000,00 €)

Handgelenkdistorsion – Kniegelenkdistorsion – Prellungen

Die Klägerin erlitt bei einem Frontalzusammenstoß eine Handgelenkdistorsion, eine Kniegelenkdistorsion und Prellungen. Sie war rd. 3 Monate in der Erwerbstätigkeit und der Haushaltsführung eingeschränkt. Die Verletzungen sind ausgeheilt.

600 **OLG Schleswig, Urt. v. 18.06.2015 – 7 U 143/14, VersR 2015, 1563 = SP 2016, 184**

4.000,00 € (Mitverschulden: 1/3)

Fraktur des Daumensattelgelenks – Kapselbandläsionen an beiden Daumengrundgelenken

Der 26 Jahre alte Kläger wurde als Motorradfahrer verletzt, weil er auf Rollsplitt stürzte, vor dem nicht gewarnt worden war. Er erlitt eine Fraktur des linken Daumensattelgelenks, sowie eine Kapselbandläsion an beiden Daumengrundgelenken. Er wurde dreimal operiert, war wiederholt arbeitsunfähig und es verblieb eine erhebliche Funktionsbeeinträchtigung des linken Daumens.

Da nur der Beklagte Berufung eingelegt hat, hat der Senat es unter Berücksichtigung eines Mitverschuldensanteils des Klägers von 1/3 bei dem vom LG zugesprochenen Betrag von 4.000,00 € belassen.

601 **LG Berlin, Urt. v. 01.12.2021 – 46 O 360/21, unveröffentlicht**

4.000,00 € – Teilklage und Feststellung Spätschäden

TFCC-Läsion an beiden Handgelenken – Prellungen an Schulter, Hüfte und Knie

Der 63 Jahre alte Kläger wurde als Radfahrer von einem PKW erfasst und stürzte. Er versuchte, sich mit beiden Händen am Boden abzufangen und erlitt neben Prellungen an Schulter, Hüfte und Knie eine TFCC-Läsion an beiden Handgelenken zu, die zu dauerhaften Schmerzen und einer MdE von 10 % geführt hat. Die Prellungen führten zu monatelangen Schmerzen; die Verletzung der Handgelenke machten 20 Arzttermine und 74 Therapie- und 10 Akkupunktur-Behandlungen erforderlich.

602 **AG München, Urt. v. 03.09.2021 – 812 D 252 Js 139684/21, unveröffentlicht**

4.320,00 €

Mittelhandfraktur – Narben

Der Angeklagte, der zu einer Bewährungsstrafe von 10 Monaten verurteilt wurde, schlug seinen 18 Jahre alten Sohn mit der Faust ins Gesicht. Bei dem anschließenden Gerangel nahm der Angeklagte dessen Hand und schlug sie so gegen die Zimmerwand, dass er eine Mittelhandfraktur erlitt, die zweimal operativ behandelt werden musste. Die Hand schmerzt noch und die Bewegung ist leicht beeinträchtigt. Es verblieb eine deutlich sichtbare Narbe.

603 **OLG Dresden, Urt. v. 09.01.2024 – 4 U 2225/22**

5.000,00 €

Karpaltunnelspaltung – Minderung der Funktionsfähigkeit der Hand

Dem Kläger ist nicht der Beweis gelungen, dass die unvollständige Spaltung des Retinaculum flexorum auf einem Behandlungsfehler beruht. Die Beklagten haften jedoch wegen einer Verletzung der Aufklärungspflicht. Eine Revisionsoperation war erforderlich, die für die funktionellen Defizite verantwortlich sein können.

604 **OLG Schleswig, Urt. v. 28.04.2016 – 7 U 160/14, unveröffentlicht**

6.000,00 €

Riss des Handgelenkbands – Fehlstellung des Mondbeins

Der 69 Jahre alte Kläger erlitt einen Riss des Handgelenkbandes, was zu einer Fehlstellung des Mondbeines und zu einer Aktivierung einer Arthrose führte.

605 **LG Lübeck, Urt. v. 03.11.2023 – 3 O 277/21**

7.000,00 € (Vorstellung: 15.000,00 €)

Schnittverletzung an der Hand

Der Kläger erlitt als Polizeibeamter bei einem Einsatz eine Schnittverletzung an der Hand. Der Beklagte hatte eine halbe Flasche Whisky getrunken, was zu einem Alkoholspiegel von 1,38 ‰

führte. Er geriet mit dem Kläger in Streit. Die Flasche zerbrach und der Kläger erlitt eine 3 x 4 cm große Schnittwunde am Handgelenk, die operativ versorgt wurde. Der Kläger war rd. 6 Wochen dienstunfähig und leidet unter einer Sensibilitätsstörung von 10%.

OLG Köln, Urt. v. 05.02.2025 – I-11 U 132/23 606

7.500,00 €

Daumen

Der Kläger verletzte sich an Splittern einer Glasplatte, die vom Beklagten falsch montiert worden war. Eine Sehne wurde durchtrennt und operativ behandelt. Die Griffkraft der linken Hand ist dauerhaft gemindert und das Bewegungsausmaß des linken Daumens dauerhaft eingeschränkt.

Heftigkeit und Dauer der Schmerzen und Leiden bilden das ausschlaggebende Moment für den immateriellen Schaden.

OLG Koblenz, Urt. v. 17.08.2017 – 5 U 491/17 607

8.000,00 €

Verletzung Handwurzelknochen

Beim Kläger wurde die Verletzung des Handwurzelknochens nicht rechtzeitig erkannt. Dadurch erlitt der Kläger Bewegungseinschränkungen und Schmerzen.

LG Darmstadt, Urt. v. 07.02.2018 – 8 O 320/12, unveröffentlicht 608

10.000,00 € (Vorstellung: 15.000,00 €)

Hand – Arm – Schulter – Gesicht

Der Kläger erlitt durch eine Kollision mit einem LKW multiple offene Wunden durch Glassplitter (Schulter, Oberarm, Hand, Gesicht), HWS-Schleudertrauma und Multiple Prellungen am Oberkörper, einen Strecksehnensriss an der Hand sowie Glassplittereinsprengung an der Hand.

OLG Frankfurt, Urt. v. 18.10.2018 – 22 U 97/16, VersR 2019, 435 = MDR 2018, 1492 = NJW 2019, 442 609

11.000,00 €

Mehrfachradiusfraktur – HWS-Distorsion – Prellungen

Der Kläger erlitt eine Radiusmehrfachfraktur, die mit einem Fixateur externe stabilisiert werden musste. Ferner erlitt er eine HWS-Distorsion und Prellungen. Als Dauerschäden verblieben Kraftverlust und Sensibilitätsstörungen.

Der Senat berechnete die Höhe des Schmerzensgeldes auch »taggenau«.

OLG Stuttgart, Urt. v. 19.06.2013 – 3 U 1/13, unveröffentlicht 610

13.000,00 € (Vorstellung: 15.000,00 €; Mitverschulden: 1/3)

Daumenverletzung – Milzruptur

Der Kläger erlitt bei einem Verkehrsunfall eine Milzruptur, eine Rippenserienfraktur, einen Hämatothorax, eine Lungenkontusion und eine Verletzung des Daumens, der operiert werden musste. Er wurde mindestens einen Monat stationär behandelt, einige Tage auf der Intensivstation. Die Verletzung des Daumens hatte trotz Operation Funktionsbeeinträchtigungen zur Folge.

Für die Bemessung des Schmerzensgeldes waren die Verletzungen, die Dauer des Krankenhausaufenthaltes, entgangene Urlaubsfreuden und eine schmerzhafte reaktive Depression von Bedeutung.

611 **OLG Koblenz, Urt. v. 06.01.2016 – 5 U 1148/15, VersR 2017, 110 = MedR 2017, 392 mit Anm. L. Jaeger, MedR 2017, 394 f.**

15.000,00 € (Vorstellung: 25.000,00 €)

Kahnbeinbruch – Kraftminderung

Beim Kläger wurde eine Kahnbeinfraktur der Hand fehlerhaft behandelt mit der Folge eine Pseudoarthrose, eines Karpaltunnelsyndroms und einer dauerhaften Minderung der groben Kraft, was Auswirkungen auf die Arbeitsfähigkeit im beruflichen und auch im privaten Bereich des Klägers hat.

612 **OLG Düsseldorf, Urt. v. 09.02.2016 -1 U 50/15, unveröffentlicht**

16.000,00 € (Mitverschulden: 3/10; Vorstellung: 35.000,00 €)

Kahnbeinbruch der Hand – Frakturen Mittelhandknochen und Handwurzel – Fraktur der Speiche – Schultereckgelenksprengung

Der 29 Jahre alte Kläger verunglückte mit dem Motorrad. Durch den Sturz erlitt er einen Speichenbruch, einen Kahnbeinbruch der Hand, eine Benett'sche Luxationsfraktur des ersten Mittelhandknochens und eine Fraktur des Vieleckbeins der Handwurzel und eine Schultereckgelenksprengung.

Zur Schmerzensgeldbemessung macht der Senat keine brauchbaren Ausführungen mit Ausnahme eines Rechenfehlers zuungunsten des Klägers in Rn. 76 a.E.

613 **OLG Stuttgart, Urt. v. 13.12.2016 – 6 U 137/14, unveröffentlicht**

20.000,00 € (Mitverschulden: 3/5; Vorstellung: mindestens 90.000,00 €)

Finger – Amputation – Mehrfragmentfraktur der Kniescheibe – Schienenbeinverletzung – Hand

Der 40 Jahre alte Kläger stürzte als Motorradfahrer und erlitt eine Mehrfragmentfraktur der rechten Kniescheibe sowie eine Fragmentabsprengung des Gelenkkopfes der äußeren Schienbeinhöcker. Ferner zog er sich an der Hand eine offene DII-Endgliedfraktur zu; das Endglied DII rechts (Zeigefinger) musste amputiert werden.

Nach dem Unfall wurde der Kläger 10 Tage stationär behandelt. Es kam zu mehreren Nachoperationen und Klinikaufenthalten. Der Kläger leidet an einer leicht- bis mittelgradigen depressiven Episode bei rezidivierender depressiver Störung sowie an einer spezifischen Phobie, an deren Entstehung der Unfall einen Anteil hat.

614 **LG Neuruppin, Urt. v. 22.12.2017 – 1 O 143/14, unveröffentlicht, bestätigt durch OLG Brandenburg, Urt. v. 16.04.2019 – 3 U 8/18, unveröffentlicht**

20.000,00 € (Mitverschulden: 1/3: Vorstellung: 135.543,30 €)

Unterarmfraktur beiderseits – multiple Bissverletzungen an den Unterarmen und am Unterschenkel – Nerven zerfetzt – Handgelenksverletzungen – Narben

Die 63 Jahre alte Klägerin erlitt eine zweigradige offene Unterarmfraktur beiderseits mit multiplen Bissverletzungen an beiden Unterarmen und an einem Unterschenkel sowie knöcherne und Nerven zerfetzende Handgelenksverletzungen. Die Verletzungen sind teilweise vernarbt. Als Dauerschäden verblieben:

Eine kosmetische Entstellung des Unterarmes, eine fast vollständig aufgehobene Umwendebeweglichkeit eines Unterarmes, eine Unbeweglichkeit des Handgelenks, der Langfinger und des Daumens. Ferner eine Bewegungseinschränkung des Handgelenkes und Narben am Unterarm. Es verblieb auch ein langstreckiger Defekt im Bereich des linken Wadenbeines nach Knochenspanentnahme mit ausgeprägter Narbenbildung im Bereich des linken Unterschenkels mit optisch sichtbarer Defektstrecke.

Schließlich leidet die Klägerin unter einer chronifizierten Agoraphobie mit Panikstörung, wobei auch klaustrophobe Aspekte sowie Elemente einer spezifischen Phobie in der Nähe größerer Hunde auftreten.

OLG Hamburg, Urt. v. 08.11.2019 – 1 U 155/18, NZV 2020, 529 = NJW-Spezial 2020, 11 = SVR 2020, 220 615

20.000,00 € (Mitverschulden: 1/3 Vorstellung: 20.000,00 €)

Fraktur Mittelhandknochen – Luxationsfraktur Ellenbogen – Radiusköpfchenfraktur – Narben

Die Klägerin erlitt als Radfahrerin bei einem Zusammenstoß mit einem Hund eine dislozierte Fraktur (verschobener Bruch) des ersten Mittelhandknochens (Daumenschaft), eine komplexe dorsale Luxationsfraktur (rückwärtiger Bruch mit Ausrenkung) des Ellbogens, Typ II nach Jupiter, mit einer Olecranonfraktur (Bruch des Ellbogens) und einer Radiusköpfchenfraktur (Bruch des oberen Endes der Speiche) sowie einem Abriss des Processus coronoideus (Knochenvorsprung der Elle).

Es waren zahlreiche Operationen erforderlich. Der Daumen wurde dreimal, der Ellenbogen sechsmal operiert. Die stationäre Behandlung dauerte insgesamt 32 Tage. Danach folgten zahlreiche ambulante Behandlungen. Die Behandlungen waren mit erheblichen Schmerzen (Schmerztherapie) verbunden. Es sind sichtbare Narben vor allem am Arm verblieben. Ein Dauerschaden besteht am Ellbogen (Sensibilitätsstörungen, Streckdefizit von 30 Grad, ein Beugedefizit von 20 Grad) und am Daumen (Taubheitsgefühl, Druckschmerz, Beugungseinschränkung 10 Grad). Die MdE beträgt 20 %.

OLG Karlsruhe, Urt. v. 18.09.2019 – 7 U 24/19, unveröffentlicht 616

25.000,00 € (Vorstellung: 50.000,00 € Mitverschulden: 1/2)

Mittelhandfraktur – Hundebiss in die Hand – Gehirnschlag – Lungenembolie

Es kam zum Kampf zwischen den Hunden der Parteien. Die Klägerin wurde in die Hand gebissen und erlitt eine Mittelhandfraktur. Dadurch verursacht erlitt sie einen Schlaganfall und eine Lungenembolie. Das LG Mannheim sprach der Klägerin das Schmerzensgeld in Höhe von 50.000,00 € zu, der Senat halbierte den Betrag wegen der von beiden Hunden ausgehenden Tiergefahr.

OLG Bamberg, Urt. v. 19.12.2023 – 5 U 314/22 617

25.000,00 € (Vorstellung: 100.000,00 €)

Fingerfrakturen – Schädelhirntrauma

Der Kläger wurde als Motorradfahrer bei einem Verkehrsunfall verletzt. Er erlitt eine Fraktur des Zeigefingers und des fünften Mittelhandknochens, eine Thoraxprellung, Lungenquetschungen, Schürfwunden und Prellungen und eine Kopfverletzung mit Einblutung im Gehirn sowie ein Schädel-Hirn-Trauma. Der Kläger wurde mehrfach operiert. Eine Metallplatte befindet sich noch in der Hand. Die Kopfverletzung verursachte Einschränkungen im kognitiven Bereich.

LG Essen, 06.11.2020 – 11 O 70/17, unveröffentlicht, bestätigt durch OLG Hamm, Urt. v. 18.01.2022 – I-7 U 100/20, NJW-RR 2022, 1107 618

30.000,00 €

Handgelenkfraktur – Dislozierte Oberschenkelfraktur – Kreuzbandverletzung – Narbe

Der noch junge Kläger erlitt bei einem Verkehrsunfall mit seinem Motorroller eine dislozierte Oberschenkelfraktur und eine Kreuzbandverletzung, die erst deutlich nach dem Unfall diagnostiziert und behandelt wurden. Es kam zu einem langwierigen Heilungsverlauf mit einer Komplikation im Bereich der Narbe am Unterschenkel in Form eines Fadengranuloms, welches entfernt werden musste. Der Kläger war rd. 1 Jahr arbeitsunfähig, die MdE beträgt 10%. Er wird in seinem gelernten Beruf als Zerspanungsmechaniker nicht langfristig arbeiten können. Er erlitt erhebliche Einschnitte in seiner Freizeit, in der er dem Hobby des Motorradfahrens nachging, und verlor einen großen Teil seiner Freunde.

619 **LG Arnsberg, Urt. v. 15.11.2019 – 1 O 25/15, unveröffentlicht**

35.000,00 € (Vorstellung: 10.000,00 €)

Bandläsion Handgelenk – Rotatorenmanschettenruptur – Morbus Sudeck – Depressionen – PTBS

Der Kläger erlitt bei einem Verkehrsunfall eine Rotatorenmanschettenruptur, eine traumatische SL-Bandläsion des Handgelenks, eine Verletzung der Halswirbelsäule und eine Rippenprellung. Als mittelbare Unfallfolge haben sich ein Morbus Sudeck und eine Arthrose in den Handgelenken entwickelt. Die Schulter, die Handgelenke und die HWS waren vorgeschädigt, hätten aber nicht operiert werden müssen.

Infolge des Unfalls leidet der Kläger fortdauernd an einer anhaltenden Schmerzbeeinträchtigung sowie einer komplexen PTBS als anhaltende Persönlichkeitsstörung und einer schweren Depression.

620 **OLG Nürnberg, 22.02.2017 -2 U 1286/14, unveröffentlicht**

40.000,00 €

Handgelenksverletzungen – Morbus Sudeck – Nervschädigungen – Rippenserienfraktur

Der Kläger erlitt eine Vergrößerung des Abstands der Handwurzelknochen (scapholunäre Dissoziation) des linken Handgelenks, eine Rippenserienfraktur der 6.–8. Rippe links, eine Fraktur der Speiche links sowie Schürfungen der Knie, eine vorübergehende Aktivierung einer Rhizarthrose, ein Knochenmarksödem sowie einen kleinen Knochenbruch im Bereich der regio intercondylica außerhalb der Kniebelastungszone sowie geringe Nervenschädigungen des sensiblen ramus articularis genus und des nervus peronaeus communis sowie Missempfindungen am 4. und 5. Zehenstrahl rechts durch eine Reststörung des sensiblen ramus superficialis, des nervus peronaeus communis rechts. Es waren mehrere stationäre Behandlungen nötig; beide Handgelenke mussten operiert werden, wobei nach der Operation des rechten Handgelenks ein Morbus Sudeck auftrat. Beide Gelenke wurden teilversteift mit der Folge mehrwöchentlicher anschließender Physiotherapie. Insgesamt zogen sich die Operationen über vier Jahre Der Kläger war zunächst arbeitsunfähig, nach einem erfolglosen Arbeitsversuch und vielfach weiterer attestierter Arbeitsunfähigkeit wurde er in den Ruhestand versetzt. Es verbleiben Bewegungseinschränkungen und psychische Beschwerden. Für die Bemessung stellte das Gericht auf die psychischen Auswirkungen des Unfalls mit den durch sie vermittelten gravierenden Einschränkungen in der Lebensgestaltung und im sozialen Zusammenleben ab, die zur Reaktivierung der Folgen eines früheren Suiziderlebnisses führten. Auch die Schmerzempfindung aufgrund des Morbus Sudeck wurde hervorgehoben.

621 **OLG Hamm, Urt. v. 19.11.2019 – 26 U 30/19, NJW 2020, 938**

50.000,00 € (Vorstellung: mindestens 50.000,00 € Zinsen: rd. 9.000,00 €)

Teilverlust der Hand – Amputation Daumen, Zeigefinger und Teil des Mittelfingers

Der 41 Jahre alte Kläger litt an insulinpflichtigem Diabetes und ließ im Krankenhaus der Beklagten eine kombinierte Pankreas-/Nierentransplantation vornehmen. Rd. 1/2 Jahr später befand er sich nach dem Auftreten gastrointestinaler Blutungen erneut im Krankenhaus der Beklagten. In den folgenden Tagen kam es immer wieder zu Blutungen und zu einer Massenblutung, die durch eine Notoperation gestoppt werden konnte. Postoperativ zeigte sich danach eine livide Verfärbung der rechten Hand, die Folge eines Verschlusses der Arteria radialis war. Ferner bestand ein chronischer Verschluss der Arteria ulnaris. Der arterielle Hohlhandbogen war ebenfalls unterbrochen, sodass eine Minderdurchblutung der Daumenseite der Hand vorlag. Bei der Hand kam es zu einer allmählichen Verschlechterung bis hin zu einer Teilmumifizierung. Letztlich musste nach rd. 4 Monaten die Amputation der mumifizierten Teile durchgeführt werden.

Bei rechtzeitiger Behandlung hätte eine Chance von 50 % bestanden, die Hand zu erhalten.

Als kausale Folge des Behandlungsfehlers kann die Hand zukünftig nur als Beihand verwendet werden. Der Kläger leidet unter Bewegungseinschränkungen, Kraftlosigkeit, Ausschluss von sportlichen Hobbys, kein Fahrradfahren, kein Sport, Gefühlsstörungen, Einschränkungen in der Haushaltsführung und Berufsunfähigkeit.

OLG München, Urt. v. 09.09.2020 – 10 U 1722/18, unveröffentlicht 622

50.000,00 € (Teilschmerzensgeld)

Handknochenfraktur – Greiffunktion eingebüßt – Bewegungsdefizit – anhaltende depressive Störung

Bei einem Verkehrsunfall wurde eine Hand des Klägers unter dem Fahrzeug eingequetscht und schwer verletzt. Infolge der Verletzung musste der Kläger seinen Beruf wechseln.

Er leidet unter Dauerschäden und es ist mit Spätschäden zu rechnen, insoweit erging Feststellungsurteil.

Zu den Dauerschäden: Die Greiffunktion ist eingebüßt, es bestehen erhebliche Defizite bei Bewegung und Kraft. Spitzgriff und Faustschluss sind nicht möglich. Die Fraktur des 4. Mittelhandknochens ist verkürzt verheilt. Er leidet unter ausgeprägter Schmerzsymptomatik mit besonderer Kälteempfindlichkeit und nimmt dauerhaft Schmerzmittel.

Die MdE beträgt 50%, der Kläger ist zu 2/3 in der Erwerbstätigkeit beschränkt.

LG Düsseldorf, Urt. v. 13.12.2023 – 1 Ks 18/23 623

50.000,00 €

Verbrennungen an beiden Händen

Der im Zeitpunkt der Hauptverhandlung 57 Jahre alte Angeklagte versuchte die Öffnung seiner Wohnung, die durch den von der verstorbenen Mutter ausgehenden Leichengeruch veranlasst war, durch einen Brandanschlag mit einem Vergaserbrennstoff zu verhindern. Dadurch wurden zahlreiche Personen schwer verletzt. Der Angeklagte wurde wegen versuchten Mordes, Körperverletzung und besonders schwerer Brandstiftung zu einer lebenslangen Freiheitsstrafe verurteilt. Einige Nebenkläger versuchten, einige brennende Menschen zu löschen. Dadurch erlitt ein Nebenkläger, ein Chirurg, erhebliche Brandverletzungen an den Händen. Zusätzlich waren 14% seiner Körperoberfläche von der Hitzeeinwirkung betroffen, so dass er mehrere Tage intensivmedizinisch behandelt, intubiert und sediert werden musste. Die Verletzungen verursachten erhebliche Schmerzen und führten zu psychischen Belastungen. Der Nebenkläger war mehrere Monate arbeitsunfähig und lebte in der Unsicherheit, ob er seinen Beruf als Chirurg wieder werde aufnehmen können.

2. Handgelenk

OLG Karlsruhe, Urt. v. 13.12.2017 – 7 U 90/15, unveröffentlicht 624

500,00 €

Radiusfraktur des Handgelenks – Entfernung des Osteosynthesematerials

Zur Behandlung einer distalen Radiusfraktur des rechten Handgelenks wurde der Klägerin in einer Klinik unter Verwendung von sechs Schrauben eine winkelstabile Radiusplatte eingesetzt. Bei einer ambulanten Operation sollte das Osteosynthesematerial entfernt werden. Dabei ließ sich eine Schraube nicht lösen (Kaltverschweißung). Zur Entfernung dieser Schraube sowie der Radiusplatte wurde die Klägerin erneut operiert.

Der Behandlungsfehler lag darin, dass das für die Entfernung des Osteosynthesematerials erforderliche Instrumentarium nicht bereitgehalten wurde. Mit der Kaltverschweißung einer Schraube muss gerechnet werden. Das Schmerzensgeld wurde für die zweite Operation bemessen.

Vgl. Rdn. 630, eine Entscheidung mit ähnlichem Sachverhalt.

OLG Braunschweig, Urt. v. 20.07.2017 – 7 U 37/16, unveröffentlicht 625

1.000,00 €

Handgelenkdistorsion – Gehirnerschütterung – Stauchung der HWS

Die Klägerin erlitt eine Handgelenkdistorsion, eine Gehirnerschütterung und eine Stauchung der HWS. Sie wurde 2 Tage stationär behandelt.

626 **OLG Frankfurt, Urt. v. 26.03.2019 – 8 U 148/13, GesR 2019, 368**

2.000,00 € (Vorstellung: mindestens 5.000,00 €)

Fraktur von Handgelenk und Speiche – Morbus Sudeck

Der Kläger stürzte zu Hause und erlitt eine Fraktur von Handgelenk und Speiche. Er erhielt bei den Beklagten einen ungespaltenen Rundgips. Die Hand schwoll an und verfärbte sich. Es entwickelte sich ein Morbus Sudeck. Der Senat sah den Beweis jedoch nicht als geführt, dass dieser auf den Behandlungsfehler beim Eingipsen zurückzuführen sei.

Das Schmerzensgeld wird deshalb nur gewährt für die mit dem Behandlungsfehler verbundenen Schmerzen und Beeinträchtigungen für einen Zeitraum von 3 Wochen. Die Höhe des Schmerzensgeldes leitet der Senat aus einer 25 Jahre alten Entscheidung her, die einem Kläger bei einer Handfraktur mit zwei Re-Operationen ein Schmerzensgeld von 1.500 DM gewährte.

627 **OLG Saarbrücken, Urt. v. 20.01.2022 – 4 U 51/21**

2.000,00 € (Vorstellung: 4.200,00 €)

Karpaltunnelsyndrom – Schürfwunden – Gehirnerschütterung

Die Klägerin wurde von einem Hund umgerissen, den sie an der Leine führte. Sie zog sich eine Gehirnerschütterung und Schürfwunden zu, die sich im Bereich des Mittelknochens des Ringfingers entzündeten (Gelenkinfekt) und operativ behandelt werden mussten. Nach der Operation trug die Klägerin für 7 Wochen eine Gipsschiene.

Das LG sprach ihr unter Berücksichtigung eines Mitverschuldens, das das OLG Saarbrücken verneinte, ein Schmerzensgeld von 2.000,00 € zu.

628 **OLG Brandenburg, Urt. v. 16.08.2019 – 7 U 6/19, unveröffentlicht**

2.500,00 €

Hundebiss in die Hand

Die Klägerin beobachtete einen entlaufenen Hund und wollte an dessen Halsband überprüfen, ob dort Hinweise auf den Halter zu finden seien. Dabei biss der fremde Hund sie in die Hand. Die Bisswunde entzündete sich.

629 **LG Hamburg, 23.01.2015 – 331 O 15/13, NZV 2016, 81**

3.500,00 € (Vorstellung: mindestens 5.000,00 €)

Handgelenk – Radiusfraktur

Der Kläger stürzte mit dem Fahrrad bei einem Verkehrsunfall und erlitt eine Radiusfraktur (Fraktur der Speiche). Der Heilungsverlauf war regelgerecht. Im Handgelenk verblieb eine Metallschiene. Der Kläger leidet noch an Beschwerden in gewissen Belastungssituationen. Es besteht eine Bewegungseinschränkung des Handgelenks bei Beugung.

630 **LG Heidelberg, Urt. v. 22.04.2015 – 4 O 221/13, MedR 2016, 801 mit Anm. L. Jaeger MedR 2016, 805**

5.000,00 €

Radiusfraktur – Behandlungsfehler – Schmerzen – Nervenschmerzen

Die 58 Jahre alte Klägerin zog sich bei einem Sturz eine distale Radiusfraktur des Handgelenks zu. Bei der Entfernung des Osteosynthesematerials ließ sich eine von 6 Schrauben nicht lösen. Der beklagte Arzt beließ die Schraube und die Platte in situ und entfernte sie eine Woche später bei einer ambulanten Operation.

Nach der 1. Operation zur Metallentfernung klagte die Klägerin über Nervenschmerzen und ein Taubheitsgefühl in Daumen, Zeigefinger, Mittelfinger und Ringfinger der Hand.

Das LG hat (fehlerhaft) die Auffassung vertreten, der Beklagte hätte die Klägerin über das Risiko, dass eine Schraube ohne bei ihm nicht vorhandenes Spezialwerkzeug nicht gelöst werden könne, aufklären müssen. Das Schmerzensgeld wurde bemessen nach den Schmerzen aufgrund der 1. Operation und wegen der Re-Operation. Auch dies ist fehlerhaft, weil der Aufklärungsmangel sich nur auf das Risiko einer Kaltverschweißung der Schraube mit der Platte bezog, während die Klägerin über das (übliche) Risiko von Nervverletzungen ordnungsgemäß aufgeklärt worden war.

OLG Schleswig, Urt. v. 28.04.2016 – 7 U 160/14 631

6.000,00 €

Riss des Handgelenkbandes

Ein Riss des Handgelenkbandes und eine dadurch verursachte Fehlstellung des Mondbeines hatte eine Aktivierung einer bis dahin stummen Arthrose zur Folge.

OLG Celle, Urt. v. 03.09.2015 – 5 U 8/15, DV 2016, 39 632

8.000,00 € (Mitverschulden: 1/4)

Handgelenk – Fußgelenk

Der Kläger überquerte als Motorradfahrer einen Bahnübergang, als die Schranken sich bereits senkten. Er stieß mit einem Kraftfahrzeug zusammen, das aus einer untergeordneten Straße kam. Der noch junge Kläger verletzte sich am Handgelenk und am Fußgelenk und es besteht die Gefahr von Spätschäden.

OLG Koblenz, Beschl. v. 17.08.2017 – 5 U 491/17, GesR 2017, 708 633

8.000,00 € (Vorstellung: 10.000,00 €)

Trümmerfraktur am Handgelenk – Behandlungsverzögerung einer periulnären Luxation

Nach einem Sturz der Klägerin wurde neben einer Distorsion am rechten Fußgelenk, eine distale Radiusköpfchenfraktur am rechten Ellenbogengelenk sowie eine erheblich dislozierte Trümmerfraktur am linken Handgelenk diagnostiziert. Bei der Operation erfolgte keine Versorgung der Verletzung des Handwurzelknochens. Bei Auswertung erneuter Röntgenaufnahmen des Handgelenks wurde eine Handwurzelverletzung und Dislokation der Handwurzelknochen nicht erkannt, obwohl diese auf den Röntgenaufnahmen klar erkennbar waren.

Die Behandlungsverzögerung führte zu Bewegungseinschränkungen des Handgelenks.

OLG Hamburg, 17.10.2016 – 14 U 3/16, unveröffentlicht 634

9.000,00 € (Entscheidung des Landgerichts: 12.000,00 €)

Distorsion und Kontusion des Handgelenks – Prellungen

Der Kläger erlitt eine nachhaltige Distorsion und Kontusion des Handgelenks ohne nachweisbare knöcherne Verletzungen und Prellungen des Kniegelenks und des Schädels. Als Dauerschaden verblieben Beschwerden am Handgelenk.

OLG Naumburg, Beschl. v. 26.06.2017 – 1 W 23/17, unveröffentlicht 635

10.000,00 € (Vorstellung: 20.000,00 €)

Handgelenk-Arthroskopie falsch behandelt

Der 19 Jahre alte Kläger, ein beninischer Staatsangehöriger, macht geltend, dass eine Handgelenk-Arthroskopie ohne Aufklärung und fehlerhaft behandelt worden sei. Auf dem Weg nach Deutschland sei er durch die lybische Polizei mit einem Gewehrkolben geschlagen und an der Hand verletzt worden.

636 **OLG Brandenburg, Urt. v. 19.12.2024 – 12 U 192/20**

<u>10.000,00 €</u> (Vorstellung: 55.000,00 €)

Fraktur Mittelhandknochen – Thoraxtrauma – Schleudertrauma – Kopfplatzwunde – Zungenbiss

Die Klägerin erlitt bei einem Verkehrsunfall ein stumpfes Thoraxtrauma, ein Schleudertrauma, eine nicht dislozierte, konservativ versorgte Fraktur des Mittelhandknochens, eine oberflächliche Kopfplatzwunde und eine operativ versorgte Bissverletzung der Zunge. Sie befand sich für sechs Tage in stationärer Behandlung und war rd. 6 Monate arbeitsunfähig. Die Verletzungen sind folgenlos ausgeheilt.

Als Unfallfolge ist eine knapp hälftige konzentrische Bewegungseinschränkung im Handgelenk mit einer dauerhaften Gebrauchsbeeinträchtigung von 3/20 und einem Invaliditätsgrad von 10,5% zu berücksichtigen. Die Klägerin ist dadurch als Rechtshänderin in ihrer beruflichen Tätigkeit als Illustratorin nicht nur unerheblich beeinträchtigt.

637 **LG Hamburg, Urt. v. 27.11.2015 – 331 O 309/11, unveröffentlicht**

<u>12.000,00 €</u> (Vorstellung: 10.000,00 €)

Distorsion des Handgelenks

Der Kläger, ein selbstständiger Zahnarzt, wurde bei einem Verkehrsunfall verletzt. Er erlitt eine nachhaltige Distorsion und Kontusion des Handgelenks ohne nachweisbare knöcherne Verletzungen, Prellung und Schürfung des Kniegelenks, eine einfache Schädelprellung und eine Distorsion der Halswirbelsäule.

Eine Arbeitsunfähigkeit von mehr als einer Woche ist nicht eingetreten, insbesondere keine Berufsunfähigkeit. Jedoch ist eine funktionelle Beeinträchtigung des Klägers im Bereich der linken Hand als Dauerschaden festzustellen.

638 **OLG Stuttgart, Urt. v. 18.10.2016 – 12 U 35/16, unveröffentlicht**

<u>15.000,00 €</u>

Kahnbeinfraktur

Der Kläger, ein Polier im Tief- und Straßenbau, erlitt bei einem Verkehrsunfall eine Kahnbeinfraktur und eine Erweiterung des Gelenkspalts zwischen Kahn- und Mondbein.

An der Hand besteht eine Beeinträchtigung der Handgelenksbeweglichkeit und dem Faustschluss. Am Handgelenk hat sich ein verzögerter Heilungsverlauf mit Kahnbeinpseudarthrose und sogenannter scapholunären Dissoziation eingestellt.

Als Dauerschaden wird im Wesentlichen im Bereich des Handgelenkes eine Gebrauchsbeeinträchtigung und mindere Belastbarkeit der Hand im Sinne einer Bewegungseinschränkung verbleiben.

639 **LG Dortmund, Urt. v. 27.11.2018 – 39 Ks-400 Js 206/17–15/17, unveröffentlicht**

<u>15.000,00 €</u> (Vorstellung: 15.000,00 €)

Radiusfraktur am Handgelenk – Sehnenverletzung

Bei dem Attentat auf den Bus des Bundesligavereins Borussia Dortmund erlitt ein Spieler, der von einem Metallsplitter getroffen wurde, eine offene distale Radiusfraktur am Handgelenk mit Verletzung zweier Strecksehnen. Darüber hinaus waren zwei Venen beschädigt. Aufgrund der Schwere der Fraktur wurde diese noch am gleichen Abend operativ versorgt. Dabei wurden kleinere, abgesprengte Knochenfragmente aus der Wunde entfernt. Der Angeklagte hat den Schmerzensgeldanspruch anerkannt.

OLG Jena, Urt. v. 09.02.2022 – 2 U 504/20, unveröffentlicht 640

15.000,00 € (Mitverschulden: 50 %; Vorstellung: 30.000,00 €)

Handgelenkfraktur – Knochenkontusion – Fersenfraktur

Der Kläger erlitt als Motorradfahrer bereits 2006 als zentrale Verletzung eine Handgelenkfraktur, ferner eine Knochenkontusion der Wirbelsäule und eine Fersenfraktur.

LG Stade, Urt. v. 09.06.2020 – 6 O 344/19, unveröffentlicht 641

15.500,00 € (Vorstellung: 30.000,00 €)

Handgelenkfraktur – Sternumfraktur – stumpfes Bauchtrauma

Die Klägerin erlitt bei einem Verkehrsunfall eine Sternumfraktur, ein stumpfes Bauchtrauma und eine nicht-dislozierte Fraktur am Processus styloideus ulnae (Griffelfortsatz). In der Folgezeit wurde sie zweimal operiert und war über mehr als 5 Monate arbeitsunfähig. Die Klägerin litt bereits unter Verschleißerkrankungen, sodass ein Sachverständiger feststellte, auch ohne den Unfall wäre es zu den weiteren Schäden gekommen. Aufgrund dieser Anlage bemaß die Kammer das Schmerzensgeld geringer.

OLG Saarbrücken, Urt. v. 21.04.2016 – 4 U 76/15, NJW-RR 2016, 1168 642

16.000,00 € (Vorstellung: 40.000,00 €)

Handwurzelluxation – Unterarmfraktur – distale Radiusfraktur

Der 46 Jahre alte Kläger erlitt als Fahrer eines Motorrollers eine Handwurzelluxation, eine Unterarmfraktur, eine distale Radiusfraktur sowie multiple Prellungen und Schürfwunden. Er wurde 13 Tage stationär behandelt und 2 x operiert. Er musste sich 4 Monate einer krankengymnastischen Behandlung unterziehen.

Die Beweglichkeit des Handgelenks ist auf Dauer zu 90 % eingeschränkt und schmerzhaft arthrotisch. Die Stellung ist mit einer schmerzfreien Versteifung in optimaler Situation vergleichbar. Die MdE beträgt 25 %. Das Handgelenk muss in Zukunft versteift werden. In der Freizeit ist der Kläger behindert.

Die Beklagte zahlte auf den Schmerzensgeldanspruch vorprozessual 8.000,00 €.

OLG Nürnberg, Urt. v. 16.08.2017 – 2 U 1242/14, unveröffentlicht 643

20.000,00 €

Fraktur des Mondbeins – Morbus Sudeck – Prellungen

Der Kläger, ein LKW-Fahrer, zog sich bei einem Unfall eine Fraktur des Mondbeins und massive Gesäß-Prellungen zu. Es kam zu einem Morbus Sudeck. Die Beweglichkeit des Handgelenks bleibt eingeschränkt, der Kläger ist als LKW-Fahrer berufsunfähig.

OLG Düsseldorf, Urt. v. 21.02.2019 – 1 U 191/15, unveröffentlicht 644

22.500,00 € (Mitverschulden: 1/3)

Radiusschaftfraktur – Nervdurchtrennung – Narben

Infolge eines Behandlungsfehlers wurde bei dem 39 Jahre alten Kläger bei einer Operation nach einem Verkehrsunfall ein Nerv durchtrennt, mit der Folge, dass 2 Operationen erforderlich wurden, die einen mehr als 2 Wochen dauernden Krankenhausaufenthalt bedingten. Vier Monate bestand eine MdE von 100 %. Die Operationsnarbe wirkt nicht entstellend. Das Regulierungsverhalten der Beklagten führte zur Erhöhung des Schmerzensgeldes.

645 **OLG Frankfurt, Urt. v. 10.09.2021 – 4 U 195/18, r + s 2022, 232**

28.000,00 € (Entscheidung des LG: 32.000,00 €)

Handgelenkfraktur – Wirbelsäulenschaden

Der Kläger wurde bei einem Absturz von einer Kletterwand verletzt, weil der Beklagte ihn nicht ordnungsgemäß gesichert hatte. Er wurde mehrfach operiert und das Handgelenk wurde teilversteift.

Eine Verschlechterung des Zustandes ist vorhersehbar, deren Realisierung jedoch unsicher. Die Wahrscheinlichkeit für eine sogenannte »Four-Corner-Fusion«-Operation, bei der alle 4 Handwurzelknochen miteinander verbunden werden, ist offen, ebenso ob eine schwere Knickbildung der Wirbelsäule (Spondylodese) bei fortschreitender Arthrose eintreten wird.

646 **LG Köln, Urt. v. 30.09.2016 – 25 O 24/15, unveröffentlicht**

30.000,00 € (Vorstellung: mindestens 25.000,00 €)

Handgelenk – distale Radiusfraktur – Unterarm

Die 55 Jahre alte Klägerin, Linkshänderin stürzte als Radfahrerin. Sie erlitt eine verschobene distale Radiusfraktur mit Gelenkbeteiligung. Nach der operativen Korrektur war sie 7 Tage in stationärer Behandlung.

Die Fraktur wurde fehlerhaft behandelt. Die Schraubenapplikation/Schraubenpositionierung war fehlerhaft, mit der Gefahr, dass durch das Überragen der Schraube die gegenüberliegenden Gelenkflächenanteile (Kahnbein, Mondbein, Dreiecksbein) beschädigt werden und so eine Arthrose (= vorzeitiger Gelenkverschleiß) ausgelöst wird.

Ferner lag ein Befunderhebungsfehler vor, sodass eine Revisionsoperation unterlassen wurde. Die Behandlungsfehler lösten 4 Folgeoperationen aus. Als Dauerschaden bestehen infolge einer Arthrose erheblichen Funktionsbeeinträchtigungen. Es musste eine Handgelenkprothese eingesetzt werden und die Klägerin leidet erheblich unter Schmerzen.

647 **LG Limburg, Urt. v. 26.10.2018 – 1 O 325/16, unveröffentlicht**

32.000,00 € (Vorstellung: 45.000,00 €)

Handgelenkfraktur mit Teilversteifung – Lendenwirbelsäulenfraktur – Beckenfraktur

Der Kläger erlitt 2014 im Alter von 32 Jahren einen Kletterunfall, für den seinen Freund, der ihn sichern sollte, die volle Verantwortung trifft. Der Kläger stürzte aus 12m Höhe ab und zog sich eine Fraktur der Handwurzel, eine Ruptur von Bändern, eine distale Extensionsfraktur des Radius und eine Lendenwirbelsäulenfraktur bei geschlossener Fraktur der Lendenwirbelsäule und des Beckens. Der Kläger hat eine offenen Teilklage erhoben, so dass nur über seinen Schmerzensgeldanspruch bis zur letzten mündlichen Verhandlung entschieden wurde.

Das Schmerzensgeld umfasst mehrere Operationen an der Hand und an der Wirbelsäule und eine Teilversteifung des Handgelenks. Die MdE beträgt in beiden Bereichen je 10%.

Der Kläger leidet seit dem Unfall unter Schmerzen, insbesondere nach längerem Sitzen oder Heben und ist dauerhaft beschränkt auf leichte und mittelschwere Tätigkeiten ohne wiederholtes Heben, Tragen oder Bücken. Die Freizeitaktivitäten sind eingeschränkt.

Anspruchsmindernd wurde berücksichtigt, dass der Kläger Rechtshänder ist und seine linke Hand von der Verletzung betroffen ist und dass der Unfall auf einem Freundschaftsdienst beruht.

648 **OLG Düsseldorf, Urt. v. 15.03.2018 – 1 U 57/17, unveröffentlicht**

40.000,00 € (Vorstellung: 65.000,00 €)

Handgelenk – Trümmerbruch der Speiche – Unterarm – Beckenringfraktur – Schambeinastfraktur

Die 36 Jahre alte Klägerin erlitt bei einem Autounfall eine Rippenprellung, einen Trümmerbruch der rechten Speiche mit Absprengung mehrere Knochenfragmente unter Beteiligung des Gelenks, einen Abriss des Knochenfortsatzes der unteren Elle, eine nicht verschobene vordere Beckenringfraktur mit Bruch des Schambeinastes unter Beteiligung der Beckenpfanne sowie eine Fissur des Kreuzbeins. Sie wurde zweimal operiert und war 3 Wochen stationär untergebracht. Danach war sie für zwei Monate pflegebedürftig und drei Monate rollstuhlpflichtig. Sie war 9 Monate arbeitsunfähig.

Ihren Beruf als Optikerin kann die Klägerin nur eingeschränkt ausüben, weil die Feinmotorik der Hand gestört ist. Hand und Ellenbogen sind nicht mehr voll beweglich. Schwere Gegenstände kann sie nicht mehr heben. Die Hand und der Beckenbruch verursachen Schmerzen. Vormals ausgeübte sportliche Aktivitäten (Badminton oder Bowling) sind nicht mehr möglich, Fahrradfahren ist ihr verleidet, weil es infolge der Beckenfraktur schwerfällt. Das Intimleben ist betroffen, weil sie im Beckenbereich Schmerzen empfindet. Die MdE beträgt 20 %.

OLG Brandenburg, Urt. v. 02.03.2017 – 12 U 18/16, NJW-RR 2017, 862 649

50.000,00 € (Mitverschulden: 2/5; Vorstellung: 100.000,00 €)

Handgelenkfraktur – Offene Unterschenkelfraktur – Nervlähmungen

Der Kläger erlitt bei einem Verkehrsunfall u.a. eine offene Unterschenkelfraktur, eine Handgelenkfraktur, Lähmung des nervus peronealis und teilweise des tibialis. Die Verletzungen führten zu einer dauerhaften Instabilität eines Knies und zu einer Beinverkürzung. Die Verletzungen und die Dauerschäden sollen bei voller Haftung ein Schmerzensgeld von rd. 80.000,00 € rechtfertigen, während ein Schmerzensgeld über 100.000,00 € deutlich gravierendere Verletzungen voraussetze, etwa eine Querschnittslähmung mit vollständiger Erwerbsunfähigkeit bis hin zum Pflegefall.

3. Finger

LG Münster, Urt. v. 16.12.2015 – 1 S 56/15, ZfS 2016, 370 = ACE Verkehrsjurist 2016, Nr. 1 29 ff. 650

200,00 € (Mitverschulden: 3/4; Vorstellung: 1.500,00 €)

Risswunde zwischen Daumen und Zeigefinger

Der Kläger fuhr mit der linken Hand am Lenker auf seinem Fahrrad am Straßenrand. In der rechten Hand hielt er die Leine für zwei Schäferhunde. Der Hund der Beklagten befand sich nicht angeleint wenige Meter hinter ihm und bewegte sich auf den Kläger zu. Dieser bremste und kam zu Fall. Hierdurch kam es zu einer Risswunde zwischen Daumen und Zeigefinger der rechten Hand. Ferner erlitt der Kläger Prellungen an den Schienenbeinen. Schmerzen und Bewegungseinschränkung bestanden für drei Wochen.

Der Kläger musste mit ca. 20 Stichen an der Hand genäht werden, er war 2 – 3 Wochen arbeitsunfähig.

OLG München, Urt. v. 12.01.2018 – 10 U 4018/16, unveröffentlicht 651

400,00 € (Mitverschulden: 2/3)

Daumenverletzung

Der Kläger stürzte als Motorradfahrer und verletzte sich an beiden Daumen, eine bestehende Arthrose an beiden Daumensattelgelenken wurde aktiviert. Ferner erlitt der Kläger Prellungen des Gesäßes und des Handgelenks. Die Beschwerden dauerten mehrere Wochen.

AG Köln, Urt. v. 28.02.2018 – 144 C 143/15, unveröffentlicht 652

1.500,00 € (Vorstellung: 2.000,00 €)

Daumen – Verbrennungen

Der Kläger erlitt bei einer MRT-Untersuchung Verbrennungen 2. Grades an den Grundgelenken beider Daumen und an der Hüfte. Die Verbrennungen hatten einen Durchmesser von 1 – 1,5 cm.

Die Verbrennungen beruhen auf der Verwirklichung eines voll beherrschbaren Risikos, weil der Kläger bei Einsatz eines monopolaren Elektrokauters nicht ordnungsgemäß gelagert wurde.

653 **Bayerisches Landessozialgericht, Urt. v. 09.11.2017 – L 20 VG 26/15, unveröffentlicht**

2.000,00 €

Distorsion des Ringfingers – Abriss einer Sehne

Der Kläger, ein Ladendetektiv, versuchte einen Ladendieb festzuhalten. Dabei zog er sich eine Distorsion des Ringfingers und eine Sehnenruptur zu. Er war 9 Wochen arbeitsunfähig. Als Dauerfolge verblieb eine Bewegungseinschränkung des Endglieds des Ringfingers und dort ein Taubheitsgefühl. Der Ladendieb zahlte auf Adhäsionsantrag des Klägers im Strafverfahren vergleichsweise 2.000,00 € Schmerzensgeld.

654 **OLG Frankfurt, Urt. v. 26.03.2019 – 8 U 148/13, GesR 2019, 368**

2.000,00 € (Vorstellung: 65.000,00 €)

Schmerzen bei geschwollenen Fingern

Der Kläger stürzte und erlitt eine Fraktur des Handgelenks und der Speiche. Der Beklagte legte einen ungespaltenen Rundgips an. Als dieser nach 3 Wochen abgenommen wurde, war die Hand blau angelaufen, die Finger waren extrem dick und bläulich marmoriert.

Die Anlage des ungespaltenen Rundgipses war behandlungsfehlerhaft. Für die vom Kläger behauptete Sudeck'sche Heilentgleisung konnte die Kausalität des Behandlungsfehlers nicht festgestellt werden.

655 **OLG Hamm, Urt. v. 16.09.2022 – 11 U 11/22, NJW-RR 2023, 240**

2.500,00 €

Verletzung des Mittelfingers – Behandlungsfehler – Narben

Die Klägerin verletzte sich am Mittelfinger, der vom beklagten Arzt fehlerhaft behandelt wurde. Der Behandlungsfehler führte zu einer vermehrten Narbenbildung, die eine Streckhemmung und eingeschränkte Belastbarkeit des Fingers bedingte. Die Klägerin war 5 Wochen arbeitsunfähig. Im Ergebnis kam es zu einer Kraftminderung und Funktionsstörung der Hand, zu Sensibilitätsstörungen, zur Wetterfühligkeit und zu Schmerzen in der Hand. Der Senat will die Dauerschäden bei der Bemessung des Schmerzensgeldes berücksichtigt haben.

656 **OLG Frankfurt, Urt. v. 01.07.2016 – 19 U 203/15, unveröffentlicht**

3.000,00 € (Vorstellung: mindestens weitere 19.000,00 €)

Fraktur des Grundgliedes des kleinen Fingers

Der Kläger zog sich 2004 bei einem Verkehrsunfall eine Fraktur des Grundgliedes des kleinen Fingers zu und litt einige Zeit unter einer Funktionsstörung (Schreibstörung) im Sinne einer Makrografie. Eine Bewegungsstörung (Dystonie) besteht nicht.

657 **AG München, Urt. v. 08.08.2018 – 154 C 20100/17, unveröffentlicht**

3.000,00 €

Mittelfingerfraktur – Kapselanriss

Die 54 Jahre alte Klägerin kam als Radfahrerin bei Glätte zu Fall und zog sich eine Fraktur des Mittelfingers mit Kapselanriss zu. Nach 6 Wochen Ruhigstellung und 50 therapeutischen Behandlungen ist die Funktion des Fingers noch zu 30 % beeinträchtigt, die der beiden Nachbarfinger zu 10 %. Der Faustschluss ist noch nicht möglich.

LG Frankenthal, Urt. v. 05.06.2020 – 4 O 10/19, unveröffentlicht 658

3.000,00 € (Vorstellung: 4.000,00 €)

Daumengrundgelenk – Funktionsstörungen – Prellungen – Hautabschürfungen

Als der Kläger auf seinem dreirädrigen Liegefahrrad zwei vor ihm reitende Pferde überholen wollte, schlug eines der Pferde aus und traf das Trike, sodass der Kläger neben dem Fahrradweg ins Feld fiel. Der Kläger erlitt eine Handgelenk-, eine Fuß- und eine Schädelprellung sowie Hautabschürfungen.

Als Dauerschaden verblieb eine Instabilität als Folge der Verletzung des ulnaren Kollateralbandes im Bereich des Daumens.

LG Bonn, Urt. v. 26.06.2020 – 9 O 145/19 659

3.000,00 € (Vorstellung: 5.000,00 €)

Diagnosefehler – Übersehen eines knöchernen Defekts

Der Kläger verletzte sich an einer Kreissäge. Dem behandelnden Durchgangsarzt unterlief bei der Befundung der Röntgendiagnostik ein unvertretbarer Diagnosefehler, weil er einen knöchernen Defekt übersah, wodurch es zu einer Infektion kam, die zu einer Bewegungsbeeinträchtigung führte.

OLG Jena, Urt. v. 13.04.2022 – 2 U 1250/20, NJW-Spezial, 2022, 363 660

3.500,00 €

Gebrauchsfähigkeit des Daumens aufgehoben – Prellungen-Prellung

Bei einem Verkehrsunfall erlitt der Kläger zahlreich Prellungen und Zerrungen, u.a. des Daumens. Im Daumengelenk entwickelte sich alsbald eine Sattelgelenkarthrose, die die Gebrauchsfähigkeit des Daumens aufhebt oder schmerzhaft sehr einschränkt.

Die übrigen Verletzungen heilten innerhalb von 2 1/2 Monaten aus.

LG Köln, Urt. v. 05.05.2015 – 25 O 199/12, unveröffentlicht 661

5.000,00 € (Vorstellung: 5.000,00 €)

Strecksehnenausriss am Kleinfingergelenk – Platzwunde – Prellungen

Der Kläger wurde vor einer Festhalle verprügelt. Infolge der ihm von den Beklagten gemeinschaftlich versetzten Schläge und Tritte erlitt er eine blutende Platzwunde, Prellungen und eine Strecksehnenverletzung am Finger.

OLG Stuttgart, Urt. v. 13.12.2016 – 6 U 137/14, unveröffentlicht 662

20.000,00 € (Mitverschulden: 3/5; Vorstellung: mindestens 90.000,00 €)

Hand – Finger – Amputation – Mehrfragmentfraktur der Kniescheibe – Schienenbeinverletzung

Der 40 Jahre alte Kläger stürzte als Motorradfahrer und erlitt an der Hand eine offene DII-Endgliedfraktur, das Endglied DII rechts (Zeigefinger) musste amputiert werden.

Ferner erlitt der Kläger eine Mehrfragmentfraktur der rechten Kniescheibe sowie eine Fragmentabsprengung des Gelenkkopfes der äußeren Schienbeinhöcker.

Nach dem Unfall wurde der Kläger 10 Tage stationär behandelt. Es kam zu mehreren Nachoperationen und Klinikaufenthalten. Der Kläger leidet an einer leicht- bis mittelgradigen depressiven Episode bei rezidivierender depressiver Störung sowie an einer spezifischen Phobie, an deren Entstehung der Unfall einen Anteil hat.

LG Münster, Urt. v. 08.06.2015 – 115 O 235/14, unveröffentlicht 663

30.000,00 €

Strecksehnenabriss am Mittelfinger – Oberschenkelhalsfraktur

Der Kläger stürzte beim Fahrradfahren. Er erlitt einen Strecksehnenabriss am Mittelfinger und eine Oberschenkelhalsfraktur. Die Beklagte zahlte aufgrund eines Abfindungsvergleichs 30.000,00 € Schmerzensgeld.

Herz

664 **OLG Koblenz, Urt. v. 24.03.2011 – 5 U 167/09, MedR 2012, 653 = NJOZ 2012, 1083**

<u>500,00 €</u> (Vorstellung: 20.000,00 €)

Schmerzen nach Herzkathederuntersuchung

Der Kläger war aufgrund des Verdachts einer koronaren Erkrankung im Krankenhaus der Beklagten. Bei einer Herzkathederuntersuchung kam es zu einer mehrfachen Perforation der Arteria femoralis superficialis. Dies verursachte Schmerzen, Taubheitsgefühle und eine Gehbehinderung im rechten Bein, ehe – nach erneuter Vorstellung des Patienten, der nach der Entlassung zurückgekehrt war – am Folgetag das thrombotische Material entfernt wurde. Die Ärzte hafteten aufgrund unzureichender Versorgung im Nachgang der Kathederuntersuchung für die Beschwerden und auch Ängste des Patienten aufgrund der Taubheits- und Behinderungsgefühle, die einen halben Tag andauerten. Der Betragsvorstellung lag die Behauptung der Ursächlichkeit weiterer Beschwerden zugrunde.

665 **OLG Koblenz, Beschl. v. 10.03.2011 – 5 U 1281/10, VersR 2011, 1268 = MedR 2011, 731**

<u>3.000,00 €</u> (Vorstellung: 50.000,00 €)

Einbringen eines neuen Herzrhythmusregulators

Der Geschädigte litt unter Bluthochdruck und weiteren Beschwerden, aufgrund derer ihm ein Herzrhythmusregulator eingesetzt wurde. Infolge einer grob fehlerhaften Magnetresonanztomographie kam es zu einer Beschädigung des Regulators, der ausgetauscht werden musste. Hierfür wurde das Schmerzensgeld zuerkannt; die Vorstellung beruhte auf weiteren Schädigungen, deren Kausalität nicht nachgewiesen wurde.

666 **LG Aachen, Urt. v. 31.10.2012 – 11 O 98/10, unveröffentlicht**

<u>5.000,00 €</u> (Vorstellung: 5.000,00 €)

Tod nach verspätet diagnostiziertem Vorderwandinfarkt

Der Verstorbene, dessen Erbe klagte, fühlte sich am Morgen des 20.05.2006 unwohl und rief einen Rettungsdienst, der ihn mit der Diagnose Schockzustand, Parästhesien im linken Arm und Kurzatmigkeit in die Notaufnahme der beklagten Klinik verbrachte; dort wurde die Verdachtsdiagnose Magengeschwür und Gastritis gestellt. Erst in der Nacht erfolgte eine Herzkathederuntersuchung, bei welcher ein Vorderwandinfarkt festgestellt wurde. Eine Nacht später kam es zu Kammerflimmern und der Notwendigkeit der Reanimation; am Morgen des 22.05.2006 verstarb der Patient in einem nicht therapierbaren Schock. Die Klinik haftete wegen verspäteter Differentialdiagnose. Bereits die Dokumentation des Rettungseinsatzes und das EKG hätten typische Zeichen eines Vorderwandinfarktes gezeigt. Bei der Bemessung wurden die Schmerzen und die Todesangst bis zum Versterben berücksichtigt.

667 **KG, Urt. v. 19.05.2016 – 20 U 122/15, VersR 2017, 551 = MedR 2017, 388**

<u>10.000,00 €</u>

Herzinsuffizienz

Der Kläger wurde nach einem Herzinfarkt verspätet vom Rettungsdienst ins Krankenhaus verbracht. Der Herzinfarkt führte zum Absterben von Herzmuskelgewebe und zur Herausbildung einer Herzinsuffizienz, die eine chronisch depressive Verstimmung des Klägers verstärkten.

OLG Köln, Urt. v. 04.08.2014 – 5 U 157/13, MedR 2015, 264 668

15.000,00 € (Vorstellung: 50.000,00 €)

Aufklärungsfehlerhafte Kathederablation mit AV-Block

Der Kläger kam als Frühchen in der 34. SSW auf die Welt. Bereits im ersten Lebensmonat wurde bei ihm eine AV-Knoten-Reentrytachykardie festgestellt, eine Herzrhythmusstörung aufgrund der Existenz zweier Leitungsbahnen, die die Erregung von den Vorhöfen auf die Herzkammer übertragen. Er wurde zunächst medikamentös behandelt, im ersten Lebensjahr wurde zudem ein Schrittmacher eingesetzt. Im Alter von 4 Jahren traten Befindlichkeitsstörungen auf, aufgrund derer die Beklagten zu einer Kathederablation, als der Entfernung der zusätzlichen, den Herzrhythmus störenden Leitungsbahn rieten. Dieser Eingriff wurde vorgenommen, wobei es jedoch nicht nur zur Zerstörung der störenden Leitungsbahn, sondern auch der eigentlichen Erregungsleiterbahn kann. Der Kläger erlitt einen AV-Block III. Grades, einen völligen Ausfall der Erregungsleiter zwischen Vorhof und Herzkammer. Der Herzschrittmacher wurde belassen und muss nun dauerhaft verbleiben; Antiarrhythmika muss der Kläger nicht mehr einnehmen.

Das Gericht bejaht eine Haftung wegen unzureichender Aufklärung über das Risiko eines AV-Blockes. Beim Schmerzensgeld wurden die dem Kläger genommene Chance, ein Leben mit einem ganz gesunden Herz zu führen, der Umstand, nun mit einem Schrittmacher (mitsamt der Angst vor seinem Versagen) leben zu müssen, aber auch der Umstand, dass der Kläger nun keine antiarrhtythmischen Medikamente mehr einnehmen muss, berücksichtigt.

OLG Hamm, Urt. v. 10.04.2018 – 26 U 67/17, RDG 2018, 199 669

20.000,00 €

Herzinfarkt – Implantation eines Herzschrittmachers

Der 44 Jahre alte Kläger war herzkrank; er litt unter einer symptomatischen hypertroph-obstruktiven Kardiomyopathie (HOCM) sowie chronischer Belastungsdyspnoe bei Asthma bronchiale. In der kardiologischen Abteilung des beklagten Krankenhauses wurde eine minimalinvasive TASH-Behandlung (Transkoronare Ablation der Septumhypertrophie) durchgeführt, ohne dass über eine Myektomie als gleichwertige Behandlungsmethode aufgeklärt worden wäre. Nach der Operation tragen verschiedene schwerwiegende Komplikationen auf, infolge derer der Kläger einen lebensbedrohlichen Infarkt erlitt und zur operativen Weiterversorgung in eine andere Klinik verbracht wurde. Dort wurde notfallmäßig eine Myektomie durchgeführt und dem Kläger drei Bypässe und ein Herzschrittmacher gesetzt sowie eine operative Muskelverkleinerung vorgenommen. Nach zweieinhalbwöchigem stationärem Aufenthalt wurde der Kläger zur Rehabilitation verlegt und dort sechs Wochen nach dem Eingriff entlassen. Vier Monate nach dem Eingriff erhielt er Rente wegen voller Erwerbsminderung. Der Senat bezeichnete das Schmerzensgeld (dessen Höhe in zweiter Instanz nicht angegriffen worden war) als angesichts der massiven und dauerhaften gesundheitlichen Folgen für den Kläger nicht zu beanstanden.

KG, Urt. v. 13.03.2017 – 20 U 238/15, ZMGR 2017, 244 = GesR 2017, 709 = ArztR 2017, 247 670

40.000,00 € (Vorstellung: 40.000,00 €)

Implantation eines Herzschrittmachers nach AV-Block

Bei der 43 Jahre alten Klägerin, die wegen Herzrasens den beklagten Arzt aufsuchte, wurde eine Herzkathederuntersuchung (EPU) mit Ablation vorgenommen, ohne dass über alternative, nicht invasive Methoden aufgeklärt wurde. Hierbei erlitt die Klägerin einen AV-Block 3. Grades. Da es nicht gelang, die Klägerin zu stabilisieren, wurde ein Herzschrittmacher implantiert. Sie war 11 Monate arbeitsunfähig, was an – allerdings ebenfalls schädigungskausalen – psychischen Beeinträchtigungen (Posttraumatische Belastungsstörung) lag. Weiterhin bestehen eine Angststörung mit Depressivität und deutlich somatoforme Beschwerden. Eine zweimonatige Reha und eine neunmonatige berufliche Reintegration nach dem Hamburger Modell schlossen sich an. Die Klägerin leidet wiederkehrend an Luftnot und Schwindel.

Bei der Bemessung wurde nicht nur auf den Umstand abgestellt, dass sich die Klägerin einem invasiven Eingriff unterzogen hatte, sondern auch auf die Komplikationen, die infolge des Eingriffs eingetreten sind und deren Auswirkungen auf das Leben der Klägerin. Sie muss nun lebenslang mit einem Herzschrittmacher leben, der prognostisch (wegen der Batterien) alle 10 Jahre mittels neuerlichen invasiven Eingriffes ausgetauscht muss. Bereits der erste Tausch erfolgte notfallmäßig nach sieben Jahren während eines Urlaubs. Untersuchungen mittels MRT sind wegen des Schrittmachers nur eingeschränkt möglich.

671 **OLG Hamm. Urt. v. 12.08.2013 – 3 U 122/12, GesR 2013, 728**

<u>50.000,00 €</u> (Vorstellung: 250.000,00 €)

Locked-in-Syndrom

Die Erblasserin war im Alter von 68 Jahren im Krankenhaus der Beklagten wegen eines Verdachts auf Hinterwandinfarkt, der sich nicht bestätigte. In Behandlung. Wegen Vorhofflimmern und Schwindels war sie ein bzw. zwei Jahre später erneut stationär aufgenommen. Ein Jahr nach dem letzten Krankenhausaufenthalt erlitt die Erblasserin eine linksseitige Halbseitenlähmung; sie wurde notärztlich behandelt, es entwickelten sich ein Locked-in-Syndrom und ein massiver Hirnstamminfarkt nach Basilarisembolie. Nach acht Monaten ambulanter Reha verstarb die Erblasserin. Die Beklagte haftete, weil sie es unterlassen hatte, zur Auswertung des CT einen Neurologen hinzuzuziehen; die Basilaristhrombose hätte dann diagnostiziert werden können. Der Senat stellte bei der Bemessung auf das Locked-in-Syndrom ab, bei welchem die Erblasserin bei Bewusstsein war und hören, sehen und riechen, sich aber nur mit Augenbewegungen verständlich machen konnte, hielt aber gleichwohl die klägerische Betragsvorstellung für »weit übersetzt«.

672 **OLG Hamburg, Urt. v. 27.04.2016 – 1 U 46/11, unveröffentlicht**

<u>50.000,00 €</u>

Herzoperation – schwere Belastungsinsuffizienz

Bei dem 53 Jahre alten Kläger wurde ohne wirksame Einwilligung eine Mitralklappenrekonstruktion durchgeführt, die bei ihm zum Eintritt schwerer Gesundheitsschäden geführt hat (schwere Belastungsinsuffizienz mit Indikation für eine Reoperation). Der Kläger hat aufgrund seines infolge der Operation eingeschränkten Gesundheitszustandes seine angestellte Erwerbstätigkeit aufgeben und sportliche Aktivitäten vollständig einstellen müssen. Damit ist der zum Zeitpunkt der Operation 53 Jahre alte Kläger in seiner gesamten zukünftigen Lebensführung ganz erheblich eingeschränkt. Hinzu kommt der Umstand, dass der Kläger über ein Jahrzehnt hinweg mit einem ihn körperlich stark beeinträchtigenden Zustand hat leben müssen, ohne dass eine befriedigende medizinische Erklärung gefunden werden konnte. Dass dies den Kläger physisch und psychisch stark belastete, zeigen schon die zahlreichen von ihm durchgeführten ärztlichen Konsultationen in verschiedenen Krankenhäusern. Eine weitere Operation am Herzen steht zu erwarten. Dass diese Aussicht beim Kläger, aufgrund der vorangegangenen suboptimal verlaufenen Herzoperation zu erheblichen Ängsten führt, ist gut nachvollziehbar. Schmerzensgelderhöhend wurde auch das Regulierungsverhalten des Beklagten berücksichtigt, schmerzensgeldmindernd das Bestehen einer Vorerkrankung, wenngleich subjektiv kaum beeinträchtigend.

673 **OLG Schleswig, Urt. v. 29.08.2014 – 4 U 21/13, GesR 2014, 671 = SchlHA 2015, 226**

<u>60.000,00 €</u> (Vorstellung: 30.000,00 €)

Hemiparese nach Herzkathederuntersuchung

Die 55 Jahre alte Klägerin wurde wegen einer hypertensiven Entgleisung mit Erbrechen stationär bei dem beklagten Krankenhaus eingewiesen. Es wurde ein CTG gefertigt und eine Indikation zur Durchführung einer Herzkathederuntersuchung gestellt. Im Zuge deren Durchführung kam es zu einem Verschluss des linken Koronarsystems mit elektromechanischer Entkopplung und zu einem

Infarktgeschehen im Hirn rechts. Es verblieb eine rechtshirnige Ischämie mit beinbetonter linksseitiger Hemiparese. Die Klägerin leidet weiter unter Depressionen mit Angststörungen, Gleichgewichts- und Gedächtnisstörungen und chronisch persistierenden Cephalgien.

Das Gericht bejahte – da nicht ausgeschlossen werden konnte, ob Luft in der Spülleitung gewesen war, was den Schaden hätte auslösen können – eine Haftung unter dem Gesichtspunkt des voll beherrschbaren Risikos. Bei der Bemessung berücksichtigte der Senat den längeren Krankenhausaufenthalt mit intensivmedizinischer Behandlung, die mehrwöchige Reha und die Notwendigkeit der Hilfe durch Dritte, andererseits aber auch, dass die Klägerin bereits zuvor unter Migräne litt.

LG Hamburg, Urt. v. 19.05.2021 – 336 O 76/17, unveröffentlicht 674

<u>**170.000,00 €**</u> (Vorstellung: 170.000,00 €)

Heparinunverträglichkeit bei Mitralklappenoperation – Unterschenkelamputation

Bei der 44 Jahre alten Klägerin lag eine Mitralklappeninsuffizienz vor, weshalb im Krankenhaus der Beklagten eine operative Mitralklappenrekonstruktion durchgeführt wurde. Im Rahmen der Behandlung erhielt die Klägerin zur Thromboseprophylaxe Heparin. Im weiteren postoperativen Verlauf trat bei der Klägerin eine Heparin-induzierte Thrombozytopenie vom Typ II (HIT II) – eine durch Antikörperbildung gegen Heparin-Protein-Komplexe verursachte Verklumpung der Thrombozyten – auf, in deren Folge eine Fasziensspaltung an beiden Unterschenkeln durchgeführt werden musste. Diese wurde fehlerhaft nicht rechtzeitig erkannt und vermieden. 10 Tage später wurde die Amputation beider Unterschenkel nötig. Die Klägerin durchlitt einen belastenden und schmerzhaften Behandlungsverlauf; durch die Amputation ist sie durchgängig auf fremde Hilfe angewiesen und rollstuhlpflichtig.

OLG Köln, Beschl. v. 04.10.2011 – 5 U 184/10, GesR 2012, 414 675

<u>**200.000,00 €**</u> (Vorstellung: 700.000,00 €)

Persistierende schwere Mitralinsuffizienz

Dem 40 Jahre alte Kläger wurde anlässlich von Voruntersuchungen wegen eines geplanten Bandscheibeneingriffs eine schwere Mitralklappeninsuffizienz diagnostiziert und die Indikation zu einer Herzklappenoperation gestellt. Nach der Operation zeigten sich weiterhin Herzrhythmusstörungen; es zeigte sich, dass es perioperativ im Versorgungsgebiet des ramus circumflexus zu einem Infarkt gekommen war, nachdem dieser während der Operation durch Einnähen verletzt worden war. Der Kläger leidet nun unter einer persistierenden schweren Mitralinsuffizienz nach Mitralklappenrekonstruktion mit Carpentier-Ring, einem perioperativen Hinterwandinfarkt, einer ischämischen Kardiomyopathie mit mittelschwer reduzierter LV-posterolateraler Hinterwand und Hyperkinesie der übrigen Wandabschnitte, einem AV-Block II.-III. Grades im Infarktereignis, einem HIT-Syndrom mit mehrfacher TIA unter Vollheparinisierung und einer belastungsinduzierten pulmonalarteriellen Hypertonie. Der Kläger ist erwerbsunfähig und zu 100 % schwerbehindert; in den zwei Folgejahren kam es zu fünf weiteren stationären Aufenthalten.

Das Gericht wies bei der Bemessung darauf hin, dass der Kläger im Alter von 40 Jahren aus seinem privaten und beruflichen Leben herausgerissen worden ist; seine erfolgreiche berufliche Tätigkeit als Betriebsleiter und Mitglied der Geschäftsführung wurde dauerhaft beendet und sein Leben statt dessen von Krankenhausaufenthalten und existenziellen Sorgen um seine gesundheitliche Zukunft geprägt unter massiver Mitbeeinträchtigung naturgemäß auch des Familienlebens sowie seiner Beziehung zu seinem zum Operationszeitpunkt 10jährigen Sohn.

OLG Köln, Urt. v. 06.06.2012 – 5 U 28/10, VersR 2013, 237 676

<u>**200.000,00 €**</u> (Vorstellung: 10.000,00 €)

Absetzen der Herzmedikation – Wachkoma

Der 23 Jahre alte Kläger litt an einer Noncompaction Kardiomyopathie, einer angeborenen Herzerkrankung, die eine Herzmuskelschwäche und schwere Herzrhythmusstörungen zur Folge hat.

Er trug einen implantierten Defibrillator und nahm den Betablocker Bisoprolol ein. Nach einer Herzrhythmusstörung wurde er im Krankenhaus der Beklagten aufgenommen, wo der Betablocker abgesetzt wurde. Drei Tage später kam es zu sechs Episoden mit schweren Herzrhythmusstörungen und einem Herz-Kreislauf-Stillstand. Der Kläger, der reanimiert wurde, erlitt eine hypoxische Hirnschädigung mit Tetraparese und befindet sich im Wachkoma.

677 **LG Bochum, Urt. v. 14.11.2018 – 6 O 383/16, unveröffentlicht**

200.000,00 € (Vorstellung: 300.000,00 €)

Absterben des linken Herzmuskels

Der 43 Jahre alte Kläger war wegen Aortenklappeninsuffizienz Grad III-IV bei den Beklagten in stationärer Behandlung. Es wurde eine Aortenklappenrekonstruktion sowie ein prothetischer Ersatz der Aorta ascendens vorgenommen. Hierbei trat eine starke Blutung auf, bei der die die Beklagten einen Nachstich zur Blutstillung am tiefsten Punkt an der Dorsalseite vornahmen. Da das Herz trotz Herz-Lungen-Maschine nach 3 Tagen keine Erholung zeigte, wurde der Kläger mittels Hubschraubers in eine Spezialklinik verlegt. Das Gericht bejahte eine Haftung schon wegen eines (vertraglich nicht vorgesehenen) Behandlerwechsels unter der Operation, stellte aber auch die Fehlerhaftigkeit der Nachbehandlung der Blutstillung sowie der Aortenklappenrekonstruktion als solche fest. Hierdurch trat ein irreparabler Schaden im Bereich der linken Herzhinterwand und am gesamten linksseitigen Myokard ein. Der Kläger, der diverse Eingriffe, auch wegen einer Lungenentzündung mit der Folge eines künstlichen Komas, erdulden musste, wird mit hoher Wahrscheinlichkeit auf eine Herztransplantation angewiesen sein werden. Der Kläger ist durch die nur eingeschränkte Herzfunktion in nahezu allen Lebenslagen eingeschränkt, kann keinen Sport mehr treiben und sich nicht um seine junge Tochter kümmern. Seinen Beruf als Professor der Betriebswirtschaftslehre musste er aufgeben er hat eine verkürzte Lebenserwartung und muss ständig Blutdruckmittel und sonstige Medikamente nehmen.

678 **OLG München, Urt. v. 06.08.2020 – 24 U 1360/19, NJW 2021, 1472**

225.000,00 € (Vorstellung: 225.000,00 €)

Herz-Kreislauf-Stillstand – Hirnschaden

Die 43 Jahre alte Klägerin wurde wegen einer hypertensiven Entgleisung durch den Notarzt in das Krankenhaus der Beklagten eingeliefert; dort wurde eine 12-Kanal-Ruhe-EG angefertigt; aufgrund der Medikation senkte sich der Blutdruck ab, gleichzeitig verlangsamte sich der Puls. Ein weiteres 12-Kanal-Ruhe-EKG am Folgetag zeigte ein deutlich verlängertes korrigiertes QT-Intervall von 0,62 Sec, ein Wert, der zwingend zum Verbleib auf der Intensivstation und dem Stop des Medikaments Aponal hätte führen müssen. Weil das EKG nicht zur Patientenakte geriet, wurde die Klägerin aber auf die Normalstation verlegt, wo sie abends erneut Aponal erhielt. Am Morgen des Folgetages wurde die Klägerin, aus dem Bett gestürzt, am Boden mit Schnappatmung und dunkelroten Kopf gefunden, reanimiert und intubiert. Mehrere Defibrillationen verliefen am Ende erfolgreich; infolge des Herz-Kreislauf-Stillstands hat die Klägerin einen schweren hypoxischen Hirnschaden erlitten und ist nun vollständig pflegebedürftig. Sie ist zwar, nachdem sie anfangs weder sitzen, stehen noch gehen konnte, inzwischen im Haus mobil, kann Treppen steigen und mundgerechte Nahrung zum Mund führen. Sie kann jedoch nicht selbstständig zwischen Nahrung und anderen Gegenständen, die sie sich in den Mund steckt, unterscheiden. Die Klägerin ist harn- und stuhlinkontinent und muss gewickelt werden. Da sie ziellos im Haus umherwandert, bedarf sie ständiger Aufsicht. Es liegt ein schwerstes hirnorganisches Psychosyndrom mit ganz erheblicher Beeinträchtigung aller höheren kognitiven Funktionen vor.

Hüfte/Becken

▶ Hinweis:

Hüftverletzungen lassen sich, grob nach der Schwere geordnet, unterteilen in Hüft-/Beckenprellungen und -frakturen sowie Beckenringfrakturen (einseitig und beidseitig). Schwere Beckenverletzungen, die zumeist bei (Verkehrs-) Unfällen entstehen, sind i.d.R. nicht alleiniger oder auch nur hauptsächlicher Bemessungsfaktor, sondern fallen mit anderen Verletzungen (Schädelhirntraumata etc.) zusammen, sodass die diesbezüglichen Urteile auch mit Blick hierauf, und nicht nur auf die Hüftverletzung, verstanden werden müssen.

Eine Sonderstellung nehmen Schmerzensgeldentscheidungen ein, die sich mit Hüftprothesen befassen; hier handelt es sich regelmäßig nicht um Unfälle, sondern um Arzthaftung, sodass das Schadensbild meist einheitlicher ist.

LG Detmold, Urt. v. 27.07.2018 – 4 O 35/18, SVR 2018, 462 679

300,00 € (2/5 Mitverschulden; Vorstellung: 1.000,00 €)

Beckenprellung – Hodenprellung

Der Kläger wurde als Motorradfahrer bei einem Unfall verletzt. Er erlitt eine Beckenprellung sowie eine äußerst schmerzhafte und langwierige Hodenprellung, die zu einer Schwellung führte. Insbesondere wegen der Hodenprellung litt er für einen Zeitraum von etwa einem Monat an Schmerzen, konnte sich aber nicht krankschreiben lassen, weil er erst kurz zuvor eine neue Arbeitsstelle angetreten hatte. Dort verursachten berufstypische Bewegungen (Heben) weitere Schmerzen.

AG Frankfurt, Urt. v. 21.10.2021 – 32 C 105/21, unveröffentlicht 680

800,00 €

Hüft- und Unterarmprellung – Schürfwunden

Der 71 Jahre alte Beklagte fühlte sich von dem 88 Jahre alten Kläger, seinem Nachbarn, gestört, weil dieser während der »Sportschau« mit einer Kreissäge im Hof arbeitete. Er schlug mit einem Knüppel auf Ohr und Kopf des Klägers ein, biss diesen ins rechte Ohr und verdrehte seine Nase. Der Kläger erlitt eine Hüft- und Unterarmprellung sowie Schürfwunden und Prellmarken an Stirn, Augenbraue, Wange, Lippe und Nase. Das Ohr blutete.

AG Zittau, Urt. v. 11.05.2017 – 14 C 429/16, unveröffentlicht 681

950,00 € (3/5 Mitverschulden; Vorstellung: 2.000,00 €)

Kopfprellung – Beckenprellung – Unterarmprellung

Die 80 Jahre alte Klägerin – zu 60 % schwerbehindert – stürzte in einem Bus, weil dieser anfuhr, bevor sie Platz hatte nehmen können. Sie fiel auf Rücken und Hinterkopf und erlitt eine Kopf-, Becken- und Unterarmprellung sowie Hämatome. Sie wurde zwei Tage stationär überwacht und drei weitere Tage ambulant. Nach dem Unfall litt sie unter Kopfschmerzen und Übelkeit sowie Bewegungseinschränkungen. Das Gericht hob hervor, dass ein Sturzereignis für die 80 Jahre alte Klägerin schwerer wiege als für einen jungen Menschen; die Einschränkungen aufgrund der Verletzungen sind für einen älteren Menschen auch psychisch schwerer zu tragen, da sich die befürchtete Hilfebedürftigkeit dadurch einstellen oder noch verstärken könne. Hinzu komme die größere Sorge um die Aufrechterhaltung der Selbstständigkeit und Fähigkeit eigener Selbstversorgung. Der Krankenhausaufenthalt sei zudem mit größerer Sorge darüber verbunden, dass eine auch nur mehrere Tage andauernde Bettlägerigkeit schon eine nicht wiederherstellbare Beweglichkeit bedeuten könnten.

LG Darmstadt, Urt. v. 05.09.2018 – 4 O 36/17, unveröffentlicht 682

1.000,00 € (Vorstellung: 2.500,00 €)

Prellungen und Hautabschürfungen an Genital/Leistengegend, Knie und Ellbogen

Der Kläger, ein Student, kollidierte mit seinem Fahrrad mit dem Kfz der Beklagten. Er erlitt Hautabschürfungen über dem linken Nierenlager, eine Hautabschürfung Skrotal, ein Hämatom glans penis, eine Abschürfung glans penis, eine Testalgie beidseits, eine Leistenzerrung links, eine Nierenkontusion links sowie Prellungen am Ellenbogen links und am linken Knie. Er hatte eine Woche lang starke Schmerzen im Genitalbereich; die Ellbogenprellung bereitete zwei Monate lang Schmerzen bei Beanspruchung, war danach aber folgenlos ausgeheilt.

683 **AG Köln, Urt. v. 28.02.2018 – 144 C 143/15, RDG 2018, 143**

1.500,00 € (Vorstellung: 2.000,00 €)

Verbrennungen an Hüfte und Daumen

Der Kläger war beim beklagten Arzt, um wegen zunehmender Rückenschmerzen eine MRT-Untersuchung vornehmen zu lassen. Hierbei wurde das Risiko einer Verbrennung durch Isolierung (sog. »padding«) nicht ausgeschlossen. Der Kläger erlitt Brandblasen und Verbrennungen zweiten Grades an beiden Daumen sowie an der Hüfte jeweils in einem Durchmesser von 1,5 cm mit Rötungen und Brandnarben. Er war sechs Tage bettlägerig, es kam zu Entzündungen und zum Nässen der Brandblasen. Bei der Bemessung berücksichtigte das Gericht, dass vier Stellen des Körpers und insbesondere die Daumen beeinträchtigt waren.

684 **OLG Schleswig, Beschl. v. 09.06.2020 – 7 U 240/19, unveröffentlicht**

2.000,00 € (1/3 Mitverschulden)

Hüft- und Schulterprellung – HWS-Distorsion

Der Kläger erlitt bei einem Radfahrunfall eine HWS-Distorsion und eine Prellung der Schulter und der Hüfte. Beschwerden bestanden über 7 Wochen.

685 **OLG Brandenburg, Urt. v. 14.10.2021 – 12 U 89/21, unveröffentlicht**

2.000,00 €

Prellung der Hüfte – Prellung von Schulter

Die Klägerin erlitt bei einem Verkehrsunfall eine HWS-Distorsion, eine Schulterprellung und eine Prellung der Hüfte links. Sie hatte Schmerzen an beiden Knien, die Verletzungen heilten folgenlos aus.

686 **OLG Rostock, Urt. v. 12.07.2018 – 5 U 86/16, unveröffentlicht**

2.500,00 €

Prellungen an Schulter, Hüfte und Knie – Schürfwunde am Unterarm

Der Kläger erlitt bei einem Verkehrsunfall eine blutige großflächige Schürfwunde am rechten Unterarm, die von sich aus ausgeheilte, sowie Prellungen des rechten Schultergelenks, der rechten Hüfte und des linken Knies. Er war 11 Tage arbeitsunfähig, dies allerdings vor dem Unfall auch schon gewesen; weitere 18 Tage bestand eine AU von 70%.

687 **OLG Saarbrücken, Urt. v. 15.12.2022 – 4 U 136/21, VerkMitt 2023, Nr. 9 (Jaeger, Schulter)**

2.800,00 € (1/3 Mitverschulden; Vorstellung: 5.000,00 €)

Beckenprellung – Schürfwunden am Unterschenkel – Schultereckgelenkssprengung

Der Kläger, der als Radfahrer bei einem Verkehrsunfall beteiligt war, zog sich bei einem Sturz eine Schultereckgelenkssprengung Typ Rockwood IV an der rechten Schulter, eine Beckenprellung rechts sowie Schürfwunden am linken Unterschenkel zu. Er wurde an der Schulter operiert und zwei Tage stationär behandelt Die Schulter wurde im Anschluss mit einem Schulterabduktionskissen versorgt, das der Kläger für 6 Wochen tragen musste. Er war für eine Dauer von 3 Wochen arbeitsunfähig und durfte zwei Monate lang kein Kfz führen. Für einen Zeitraum von 4 Wochen litt er unter erheblichen Schmerzen und infolge der Abduktionsschiene unter körperlichen Einschränkungen.

OLG Zweibrücken. Urt. v. 05.04.2017 – 1 U 77/15, unveröffentlicht 688

4.000,00 €

Beckenprellung – Thoraxprellung – Steißbeinfraktur

Die Klägerin erlitt eine Steißbeinfraktur und eine Thorax- und Beckenprellung. Sie war einen Tag stationär behandelt, aber vier Monate wegen eines verzögerten Heilungsverlaufs und einer lang anhaltenden Schmerzsymptomatik krankgeschrieben.

OLG Hamm, Urt. v. 08.06.2021 – 9 U 77/20, unveröffentlicht 689

4.000,00 € (1/3 Mitverschulden)

Beckenringfraktur – Schürfwunden

Der Kläger erlitt bei einem Unfall, bei welchem er wegen des Hundes der Beklagten vom Rad stürzte, eine Beckenringfraktur, ein stumpfes Thoraxtrauma und diverse Schürfwunden. Die Verletzungen waren schmerzhaft und führten zu erheblichen Bewegungseinschränkungen, die 6 Monate andauerten.

AG Ingolstadt, Urt. v. 17.03.2017 – 12 C 99/16, unveröffentlicht 690

4.200,00 €

Beckenprellung – Thoraxprellung – HWS-Distorsion – Posttraumatische Belastungsstörung

Die Klägerin erlitt bei einem Verkehrsunfall eine Distorsion der Halswirbelsäule, eine Prellung des Beckens und des Thorax und eine Schürfung des linken Unterschenkels. Es kam zu einer Reaktualisierung eines zuvor erlittenen Traumas aus einem vorangegangenen Unfallereignis, weswegen die Klägerin unter einer posttraumatischen Belastungsstörung litt. Nach zwei Tagen stationären Aufenthalts war sie noch drei Wochen krankgeschrieben und danach in psychotherapeutischer Behandlung.

OLG Braunschweig, Urt. v. 23.03.2017 – 7 U 54/14, unveröffentlicht 691

5.000,00 €

Beckenprellung – HWS-Distorsion – Wirbelsäulen-Schmerzsymptomatik

Der Geschädigte erlitt bei einem Verkehrsunfall eine HWS-Distorsion und eine Beckenprellung links. Vorübergehend, für 7–9 Monate, verschlechterte sich dadurch der Zustand einer bereits vorbestehenden somatoformen Schmerzsymptomatik bei Coxarthrose. Der Kläger war vier Tage in stationärer Behandlung und 10 Tage in stationärer Reha; 25 Tage ambulanter Reha wegen der Schmerzsymptomatik in Hals- und Lendenwirbelsäule, Bein und Thorax schlossen sich an. Wegen der unfallbedingten Verletzungen kam es zu einem Sturz mit Sprunggelenksdistorsion, die folgenlos ausheilte. Erst nach 9 Monaten war eine berufliche Reintegration möglich.

LG Koblenz, Urt. v. 25.01.2018 – 1 O 359/16, RPG 2018, 16 692

5.000,00 € (Vorstellung: 16.000,00 €)

Coxarthrose – Hüftkopfnekrose – Oberschenkelhalsfraktur

Der Kläger zog sich eine Oberschenkelhalsfraktur zu, die im Krankenhaus der Beklagten mit einer Schraubenosteosynthese versorgt wurde. Das Osteosynthesematerial wurde viel zu früh entfernt, sodass beim Kläger später eine Coxarthrose bei posttraumatischer Hüftkopfnekrose diagnostiziert wurde. Das Schmerzensgeld bezieht sich auf die vom Kläger erlittenen zweimonatigen Schmerzen und Beeinträchtigungen bis zur Revisionsoperation. In dieser Zeit hatte er unter ganz erheblichen Schmerzen zu leiden und konnte sich mangels Belastbarkeit des Beins nur mit Gehilfen fortbewegen.

693 **OLG Celle, Urt. v. 13.03.2024 – 14 U 122/23, r+s 2024, 520 = DAR 2024, 509**

5.750,00 € (1/2 Mitverschulden)

Beckenringfraktur – Hüftgelenksluxation

Der Kläger erlitt bei einem Verkehrsunfall eine traumatische Hüftgelenksluxation, eine vordere Beckenringfraktur mit Fraktur des oberen und unteren Schambeinastes und eine Fraktur des processus spinosus des Halswirbelkörpers 6. Während des Heilungsverlaufs entwickelte sich eine Hüftnekrose, die zu einer Implantation des rechten Hüftgelenks führte. Der Kläger war 5 Tage in stationärer Behandlung und musste sich dreimal ambulant, noch einmal stationär und in einer 3-wöchentlichen Rehamaßnahme behandeln lassen. Die Verletzungen führten zu erheblichen Schmerzen.

694 **OLG Thüringen, Urt. v. 06.12.2017 – 7 U 187/17, unveröffentlicht**

6.000,00 €

Hüftpfannenbodendefekt

Dem Kläger wurde eine Hüftgelenkendoprothese implantiert. Es kam zu einem Pfannenbodendefekt, der unzureichend behandelt wurde. Es wurde eine zusätzliche Operation nötig, die Behandlung dauerte 13 Tage länger.

695 **LG Oldenburg, Urt. v. 23.02.2021 – 4 O 213/20, unveröffentlicht**

7.000,00 € (3/10 Mitverschulden; Vorstellung: 15.000,00 €)

Hüfttotalendoprothese nach Oberschenkelhalsbruch

Die 81 Jahre alte Klägerin wollte den Bahnhof der Beklagten durch eine Automatiktür betreten, als diese schon im Begriff war, sich zu schließen, und näherte sich der Tür in einem derart spitzen Winkel, dass der an der Tür installierte Bewegungsmelder sie nicht wahrnahm. Daher wurde die Klägerin von dem sich schließenden Türflügel so an der linken Seite getroffen, dass sie stürzte und einen Oberschenkelhalsbruch erlitt, weshalb sie 10 Tage stationär behandelt werden und eine Hüfttotalendoprothese implantiert werden musste. Sie befand sich einen weiteren Monat im Pflegeheim; die Hüft-TEP führte zu einer Beinlängendifferenz von 1 cm, die durch Längenausgleichseinlagen ausgeglichen werden muss und ein Hinken zur Folge hatte. Sie kann nicht mehr so viel laufen wie vorher, leidet ab und zu an Rückenschmerzen und Kraftminderungen und fühlt sich »wie eine alte Tante«.

Das Gericht sah eine Verkehrssicherungspflicht in der Installation der Bahnhofstür, die wegen der hohen Frequenz an Besuchern darauf eingerichtet sein müsse, dass sie von allen möglichen Seiten und Winkeln durchschritten werde, und nicht mit einer derartigen Kraftentfaltung schließen dürfe, dass die »im fortgeschrittenen Alter« befindliche Klägerin umgestoßen werde.

696 **OLG Köln, Urt. v. 16.01.2019 – 5 U 29/16, unveröffentlicht**

10.000,00 € (Vorstellung: 50.000,00 €)

Hüftoperation – Oberschenkelschmerzen

Die 57 Jahre alte Klägerin wurde nach einem Sturz stationär bei dem beklagten Krankenhaus aufgenommen; es wurde eine nicht dislozierte mediale Oberschenkelhalsfraktur diagnostiziert und eine Operation durchgeführt, ohne ausreichend Zeit für die Einwilligungsentscheidung zu lassen (hier: Unterschrift unmittelbar nach Aufklärung). Bei der Operation wurde eine geschlossene Reposition und Osteosynthese unter Verwendung einer dynamischen Hüftschraube vorgenommen, die Klägerin war eine Woche stationär. Weil eine durchtrennte Faszie nicht ordnungsgemäß verheilte, leidet die Klägerin unter erheblichem Druckschmerz in dem Bereich, wo die Schraube eingebracht wurde. Die Klägerin leidet dauerhaft unter Schmerzen im rechten Oberschenkel, die auch Schlafstörungen verursacht haben. Der Betragsvorstellung lagen weitere Beeinträchtigungen zugrunde, deren Kausalität die Klägerin nicht hatte beweisen können.

LG Verden, Urt. v. 23.08.2019 – 8 O 264/17, unveröffentlicht 697

10.000,00 € (Vorstellung: 8.000,00 €)

Beckenringfraktur – Lendenwirbelsäulenverletzung – Rippenserienfraktur

Die Klägerin wurde bei einem Verkehrsunfall verletzt; sie erlitt eine Lendenwirbelsäulenprellung, eine Beckenringfraktur, eine Rippenserienfraktur und ein erstgradiges Schädelhirntrauma. Sie befand sich 6 Tage in stationärer Behandlung und war noch 6 Wochen auf den Rollstuhl angewiesen. Mobilisation und 78 krankengymnastische Behandlungen schlossen sich an. Die Klägerin, die nach dem Unfallgeschehen an Ängsten, Schlafstörungen und Panik beim Autofahren litt, hat heute noch Schmerzen bei statischer Belastung der Lendenwirbelsäule und beim in die Hocke gehen. Das Becken und der Rücken schmerzen beim Sitzen oder Joggen.

OLG Schleswig, Urt. v. 19.11.2024 – 7 U 90/23, NJW-RR 2025, 224 = VersR 2025, 643 698

10.000,00 € (3/4 Mitverschulden; Vorstellung: 20.500,00 €)

Beckenfraktur – Rippenfrakturen – Leberriss – Polytrauma

Der 18 Jahre alte Kläger wurde als Radfahrer bei einem Verkehrsunfall verletzt; er erlitt ein Polytrauma im Sinne eines Überrolltraumas, mehrere Rippenfrakturen, einen Leberriss, eine Blasenruptur, eine Querfortsatzfraktur sowie eine Becken-C-Fraktur und eine Schenkelhalsfraktur rechts. Er war drei Wochen in stationärer Behandlung; die Beckenfraktur musste operativ versorgt werden. Eine Metallentfernungsoperation war nötig; drei Jahre nach dem Unfall hatte sich eine Hüftkopfnekrose entwickelt, wegen derer eine Prothese eingesetzt werden musste. Das Gericht berücksichtigte bei der Bemessung die umfassende und langwierige medizinische Versorgung mit mehrfachen stationären Aufenthalten und dem Einsatz einer künstlichen Hüfte.

OLG Düsseldorf, Urt. v. 13.11.2018 – 1 U 67/17, unveröffentlicht 699

10.400,00 € (Vorstellung: 30.000,00 €)

Hüftprellungen – Prellungen an Mittelfuß, Daumen und Sprunggelenk – Blockierungen – Anpassungsstörung

Die 24 Jahre alte Klägerin erlitt bei einem Verkehrsunfall, bei welchem sie als Fußgängerin verletzt wurde, eine Prellung des linken Mittelfußes, eine Prellung des rechten Daumens, eine Prellung des linken Sprunggelenks, eine Prellung des linken Hüftgelenks und eine Zerrung der Halswirbelsäule. Weiter kam es zu Blockierungen der Tibio-Fibula-Gelenke und der Hüftgelenke, einer Schultergelenksblockierung, einer Zervikobrachialgie, einer Blockierung im Bereich der Hals- und Brustwirbelsäule, einem Triggerpunktschmerzsyndrom der Hals- und Nackenmuskulatur sowie einer Blockierung der Handwurzelknochen und des Handgelenks. Sie war vier Tage krankgeschrieben und benötigte Krücken. 6 Wochen manuelle Therapie und Wärmebehandlungen schlossen sich an.

Die Klägerin leidet zudem unfallbedingt unter psychischen Problemen, die zwar nicht das Ausmaß einer posttraumatischen Belastungsstörung, wohl aber einer schwerwiegenden Anpassungsstörung (mit Aggravationstendenzen) angenommen hat. Vier Jahre lang kam es zu Angstsymptomen mit einer fast kontinuierlichen Fokussierung auf das Unfallereignis, emotionaler Anspannung, Verlust der Integrität und der psychischen Abwehr, häufigen Erinnerungen an das Unfallereignis (Flashbacks) und Schlafstörungen; zudem entwickelte sich eine Gürtelrose. Die Klägerin weist weiterhin Defizite durch Konzentrationsstörungen, ängstlich-depressive Vermeidungstendenzen, Rückzugsverhalten und eine deutlich reduzierte Stresstoleranz auf. »Deutlich« schmerzensgeldmindernd brachte der Senat ins Gewicht, dass die Klägerin die Therapie nur unzureichend aufgenommen hatte. 400,00 € waren bereits vorgerichtlich gezahlt worden.

OLG Brandenburg, Urt. v. 30.10.2019 – 7 U 147/15, unveröffentlicht 700

10.500,00 € (1/3 Mitverschulden Vorstellung: 35.000,00 €)

Spastische Beckenbodenveränderung – Genitalverletzung

Die 31 Jahre alte Klägerin wurde aufgrund einer Verkehrssicherungspflichtverletzung verletzt: als sie, die stark übergewichtig und im Reiten gänzlich ungeübt war, auf ein Pferd steigen wollte, gab man ihr einen ungeeigneten Gartenstuhl als Aufstiegshilfe. Sie stürzte von diesem herab auf die Stuhlrückenlehne und erlitt im Beisein ihres Kindes eine stark blutende, mit Todesangst verbundene Pfählungsverletzung im Genitalbereich (im Bereich der Vulva und des Mons pubis) durch Teile der Stuhlrückenlehne und dadurch bedingt eine reversible spastische Beckenbodenveränderung entlang des linken Schambeinbogens im Bereich des Musculus gracilis, zudem eine leichtgradige Belastungsstörung, verbunden mit Störungen des Sexuallebens und der Notwendigkeit der Teilnahme an Traumatherapien. Sie war 12 Tage in stationärer Behandlung und musste neuerlich wegen Magenkrämpfen und Erbrechen behandelt werden.

701 **OLG Schleswig-Holstein, Urt. v. 22.06.2017 – 11 U 109/16, ZMR 2018, 285**

14.000,00 € (1/3 Mitverschulden; Vorstellung: 35.000,00 €)

Beckenfraktur – Ellbogenverletzung

Die 86 Jahre alte Klägerin stieß im Hotel der Beklagten gegen eine gläserne und unzureichend abgesicherte Glastür, wodurch sie eine Beckenfraktur und Verletzungen am Ellbogen erlitt. Sie war für 8 Wochen fast immobil; erst danach konnte sie sich im Krankenhaus auf Gehstützen bewegen. Sie war lange bettlägerig, was die Lebensqualität erheblich beeinträchtigte. Sieben Monate nach dem Unfall war sie im Wesentlichen wiederhergestellt.

702 **OLG Naumburg, Urt. v. 28.11.2019 – 1 U 75/18, NJW 2020, 1445**

15.000,00 € (Vorstellung: 40.000,00 €)

Übersehener Hüftgelenksbruch – Hüftgelenksendoprothese

Bei dem 31 Jahre alten Kläger wurde behandlungsfehlerhaft ein Bruch des Hüftgelenks übersehen. Dadurch wurde die Versorgung mit einer Hüftgelenksendoprothese nötig, bei rechtzeitiger Behandlung hätte eine operative Bruchkorrektur ausgereicht. Bei der Bemessung wurde berücksichtigt, dass beide Eingriffe mit Blick auf OP-Dauer, Rekonvaleszenz und Schmerzen vergleichbar sind und die Prothese nicht notwendig dazu führt, dass sich der Kläger schlechter bewegen kann. Berücksichtigt wurde nicht nur die Zeit, während derer die Fraktur unversorgt blieb, sondern auch, dass der junge Kläger lebenslang mit einem Fremdkörper leben muss und mehrere Wechseloperationen mit allen damit verbundenen Risiken vorhersehbar sind.

703 **OLG Brandenburg, Urt. v. 03.04.2025 – 12 U 5/24, unveröffentlicht**

15.000,00 € (2/3 Mitverschulden; Vorstellung: 100.000,00 €)

Beckenfraktur – Schlüsselbeintrümmerfraktur – Brustwirbel- und Rippenfrakturen

Die 77 Jahre alte Klägerin wurde als Fußgängerin bei einem Motorradunfall angefahren. Sie erlitt ein Schädelhirntrauma mit Subduralhämatom, eine Halswirbelsäulenfraktur des Gelenkfortsatzes C6 und des Querforsatzes C7 rechts, eine Brustwirbelsäulen-Dornfortsatzfraktur, eine Brustkorbverletzung mit Sternumfraktur, eine Rippenserienfraktur, eine instabilde Beckenfraktur mit Sprengung des Kreuzdarmbeingelenks, eine dislozierte Schlüsselbeintrümmerfraktur, eine Oberschenkelhalsfraktur und ein Polytrauma. Sie war 11 Tage auf Intensiv und wurde weitere 11 Tage stationär betreut; eine zweimonatige stationäre Reha schloss sich an. Die Klägerin leidet weiterhin an anhaltenden Schmerzen am Schlüsselbein und einer schmerzhaften Narbe am linken Hüftgelenk sowie einer geringgradig eingeschränkten Drehfähigkeit der Hüfte.

704 **LG Freiburg, Urt. v. 02.08.2019 – 1 O 460/11, PKR 2019, 187**

17.500,00 € (Vorstellung: 40.000,00 €)

Implantation fehlerhafter Hüftgelenksprothese

Bei der damals 56 Jahre alten Klägerin wurde eine Hüft-Totalendoprothese (hier: Durom-Metasul-LDH Großkopfprothese) eingesetzt, die produktfehlerhaft war: sie hatte ein erhöhtes Versagensrisiko, weil die Produktserie Konstruktions- und Instruktionsfehler aufweist, die bei jedem Teil der Serie in der Konussteckverbindung zu erhöhtem Metallabrieb führen können, was die Gefahr schwerer Gesundheitsschäden (etwa Osteolysen) birgt und die operative Auswechslung von Prothesenteilen nötig macht. Im Alter von 71 Jahren wurde die Prothese ausgetauscht. Das Gericht berücksichtigte die Notwendigkeit einer Revisionsoperation mit Schmerzen und Beschwerden in der Reha sowie die »Unsicherheitsgefühle« der Klägerin nach Einsetzen der neuen Prothese. Körperliche Substanzverletzungen durch die Altprothetik bestanden indes nicht.

OLG Hamm, Urt. v. 22.11.2022 – 7 U 8/22, unveröffentlicht 705

19.000,00 € (Vorstellung: 25.000,00 €)

Hüftprellung – Quetschwunde – Nasenbeinfraktur – Jochbeinfraktur – Gelenkssprengung der Schulter

Der 68 Jahre alte Kläger erlitt bei einem Verkehrsunfall eine Nasenbeinfraktur, eine Jochbeinfraktur, eine Kalottenfraktur mit subarachnoidaler Blutung und Riss-/Quetschwunden frontal links sowie eine Le Fort 1 Fraktur, eine Gelenkssprengung der linken Schulter und eine Hüftprellung. Er kann schwere Gegenstände nur eingeschränkt tragen, hat Beeinträchtigungen im Geruchs- und Geschmackssinn und Schwierigkeiten bei Überkopfarbeiten. Der Senat wertete das – landgerichtlich zuerkannte – Schmerzensgeld als »keinesfalls zu hoch«.

LG Kempten, Urt. v. 18.10.2017 – 25 O 2041/15, unveröffentlicht 706

20.000,00 € (Vorstellung: 25.000,00 €)

Beckenringbruch – Brustwirbelberstungsbruch

Die 57 Jahre alte Klägerin wurde bei einem Verkehrsunfall verletzt; sie erlitt einen Spaltberstungsbruch des elften Brustwirbels, einen Kreuzbeinlängsbruch rechts, einen vorderen Beckenringbruch mit Beteiligung des vorderen Pfeilers der linken Hüftpfanne und eine Schultereckgelenkverrenkung links. Die Klägerin verlor drei Zähne unmittelbar durch den Unfall; zwei weitere Zähne mussten in der Folge entfernt werden. Sie wurde anschließend als erwerbsunfähig zunächst vorläufig, dann dauerhaft verrentet.

Die Klägerin hat den Unfall nicht selbst mitbekommen. Allerdings litt sie in der Folge an erheblichen Schmerzen. Sie konnte sich zuhause drei Wochen nur im Rollstuhl fortbewegen. Die Klägerin wurde zweimal operiert. In der ersten Folgezeit erhielt sie auch Medikamente, die opiatähnlich waren. Sie litt noch zwei Jahre nach dem Unfall an erheblichen Beeinträchtigungen und Schmerzen, ermüdet schnell und kann nur 1 bis 1 1/2 Stunden lang sitzen. Die Bewegungsfähigkeit ist noch erheblich eingeschränkt. Überkopfarbeiten sind der Klägerin nicht möglich, ebenso Tätigkeiten wie Bücken, Knien und vergleichbare Zwangshaltungen.

LG Potsdam, Urt. v. 05.10.2018 – 6 O 476/17, unveröffentlicht 707

20.000,00 € (Vorstellung: 25.000,00 €)

Beckenringfraktur

Die 73 Jahre alte Klägerin wurde als Radfahrerin bei einem Verkehrsunfall verletzt. Sie erlitt eine Beckenringfraktur, eine Platzwunde am Hinterkopf, die genäht werden musste, und eine Schürfwunde am Arm. Die Beckenfraktur führte zu einer zwei Jahre langen Einschränkung der zuvor noch recht mobilen Klägerin, die sich zuvor noch im ihre pflegebedürftige Tochter hatte kümmern können. Nach dem Unfall war sie rollator- bzw. gehilfenpflichtig, musste starke Schmerzmittel einnehmen, konnte nicht mehr schmerzfrei schlafen und ist nun selbst im Pflegegrad II eingestuft.

708 **OLG Hamm, Urt. v. 20.12.2022 – 26 U 46/21, NJW 2023, 1226 = MedR 2023, 983**

20.000,00 € (Vorstellung: 20.000,00 €)

Hüft-TEP

Die Klägerin leidet seit ihrer Geburt an einer Hüftdysplasie. Die Beklagte nahm – aufklärungsfehlerhaft – eine Hüft-TEP vor. Das Schmerzensgeld bemaß die Notwendigkeit einer Revisions-OP, neurologische Ausfallerscheinungen am Bein und – über die Grunderkrankung hinaus – bestehende Schmerzen. Die Klägerin konnte sich nur mit Gehstützen fortbewegen, Treppensteigen war nur eingeschränkt und unter großen Schmerzen möglich.

709 **LG Freiburg, Urt. v. 24.02.2017 – 6 O 359/10, RDG 2017, 140**

25.000,00 € (Vorstellung: 37.000,00 €)

Implantation fehlerhafter Hüftgelenksprothesen

Die 69 Jahre alte Klägerin, die unter Bewegungseinschränkungen im Bereich beider Hüftgelenke und Schmerzen litt, erhielt bei einer Operation beide Hüftgelenke durch künstliche Großkugelkopfprothesen, die die Beklagte hergestellt hatte, ersetzt. Die rechte Prothese wurde nach 5 Jahren wegen Beschwerden ausgetauscht, die linke verblieb. Beim Austausch der Prothese waren mehrfache Operationen nötig; an der rechten Hüfte waren bereits ein großes Serom am Gelenk sowie ein Pseudotumor entstanden, ferner bestand eine erhebliche Osteolyse (»mottenartiger« Knochenfraß) am Oberschenkelknochen. Im Rahmen des stationären Aufenthalts zog sich die Klägerin eine Noro-Virus-Infektion zu. Die Prothesen waren fehlerhaft konstruiert, maßgebend wegen Metallabriebs und Korrosion. Bei der Bemessung wies das Gericht auch auf die Schmerzen und Bewegungseinschränkungen über die Dauer von fünf Jahren hin.

Die Klägerin verlangte ein weiteres Schmerzensgeld unter Hinweis darauf, es gebe erhöhten Metallabrieb und die (bislang schadensfreie) linke Hüftprothese berge aufgrund fehlerhafter Komponenten die Gefahr eines möglicherweise noch auftretenden Körperschadens; dies lehnte das Gericht ab, da insoweit keine Nachteile von Krankheitswert aktuell seien und die bloße Möglichkeit späterer Schäden nicht einen Anspruch auf Schmerzensgeld auslöse. Klägerin wie Gericht hatten hier jedoch übersehen, dass das Schmerzensgeld unteilbar und für den gesamten Schadensfall zu bemessen ist – also nicht, wie das Landgericht ausgeurteilt hat, »zwei« Schmerzensgeldbeträge geschuldet waren, einer für die linke Prothese und einer für die rechte, sondern ein Schmerzensgeld für den konkreten Fall, in welchem durchaus die – nach allem berechtigte – Sorge der Klägerin um die rechte Hüfte und etwaige Folgen der Prothetik hätten eingepreist werden können.

710 **OLG Düsseldorf, Urt. v. 02.10.2018 – 1 U 127/16, unveröffentlicht**

25.000,00 € (1/2 Mitverschulden)

Beckentrümmerfraktur – Rippenserienfraktur – Lungenkontusion

Der 57 Jahre alte Kläger erlitt eine Trümmerfraktur des Beckens mit Schambeinsprengung sowie eine Rippenserienfraktur rechts und eine beidseitige Lungenkontusion, ferner eine Schulterblattfraktur rechts und schwerste Prellungen des Brust- und Beckenbereichs. Die Verletzung im rechten AC-Gelenk ist in Fehlstellung verheilt. Er schwebte mehrere Tage in Lebensgefahr und musste sechs Wochen auf Intensiv behandelt werden; weitere zwei Wochen stationären Aufenthaltes schlossen sich an. Er erlitt einen Abfall der Sauerstoffversorgung, einen Hirninfarkt aufgrund der körperlichen Anstrengung und musste in der Folge künstliche beatmet werden. Der Trümmerbruch konnte daher erst zwei Wochen nach dem Unfall operativ versorgt werden. Der Kläger befand sich im Anschluss einen Monat in einer Rehabilitationsbehandlung; er war vier Monate arbeitsunfähig und ein halbes Jahr auf Gehhilfen angewiesen. Seinen Beruf (Staplerfahrer) musste er aufgeben. Als Dauerschäden verblieben rechtsseitige Leistenschmerzen, die unabhängig von körperlicher Belastung unvorhersehbar auftreten, und Unterleibsschmerzen, ausgelöst durch langes Sitzen oder Vibrationen. Der Kläger leidet unfallbedingt aufgrund der schweren Beckenverletzung an einer erektilen Dysfunktion. Das Osteosynthesematerial hat sich gelockert und verursacht Beschwerden.

LG Freiburg, Urt. v. 25.02.2019 – 6 O 83/12, unveröffentlicht 711

25.000,00 €

Schleimbeutelentzündung an der Hüfte – Knochenfraß am Oberschenkel

Die 79 Jahre alte Klägerin wurde gegen Coxarthrose operiert, wobei eine von der Beklagten hergestellte Großkopf-Hüftprothese eingesetzt wurde.

Bei dieser eingesetzten Prothese kam es infolge eines Produktfehlers zu erheblichem Metallabrieb an der Konussteckverbindung, der zu Gesundheitsschäden führte. Eine Revisionsoperation wurde nötig. Am Oberschenkel tragen Osteolysen auf, der Knochenfraß war deutlich sichtbar ein Hämatoserom musste operativ ausgeräumt werden. Eine Schleimbeutelentzündung und ein Dekubitus der bettlägerigen Klägerin kamen hinzu. Die Klägerin litt über 5 Jahre an Schmerzen und verstarb während des Prozesses.

LG Saarbrücken, Urt. v. 05.03.2020 – 9 O 48/18, unveröffentlicht 712

25.000,00 € (1/2 Mitverschulden)

Beckenfraktur – Rippenserienfraktur – Lungenkontusion – diverse Frakturen

Die Klägerin erlitt bei einem Verkehrsunfall ein Polytrauma. Sie schwebte vier Tage auf der Intensivstation in Lebensgefahr, während derer sie künstlich beatmet wurde; insgesamt war sie 7 Wochen stationär, musste mehrfach operiert werden und war 4 Jahre arbeitsunfähig. Sie erlitt ein Thoraxtrauma, ein stumpfes Abdominaltrauma, eine Rippenserienfraktur 2-5 rechts, eine Lungenkontusion rechts, eine Milzlazeration, eine Beckenfraktur Typ C, Frakturen an Kreuzbein, Schambein und Sitzbein beidseits mit Mehrfragmentfraktur rechts sowie ein Schädelhirntrauma 1. Grades mit Galeahämatom mit retrograder Amnesie und kurzer Bewusstlosigkeit. Postoperativ kam es zu einer Blutungsanämie.

OLG Karlsruhe, Urt. v. 08.06.2020 – 14 U 171/18, MDR 2020, 990 713

25.000,00 €

Implantation einer fehlerhaften Hüfttotalendoprothese

Der Kläger litt an einer schweren Coxarthrose der rechten Hüfte, weshalb er mit einer Hüftprothese der Beklagten versorgt wurde. Bei der Prothese kam es zu erhöhtem Metallabrieb; nachdem beim Kläger Knochenabbau festgestellt worden war, kam es zu einer Revisionsoperation, bei welcher nur Pfanne und Kopf der Prothese gewechselt wurden. Es wurden zwei große Osteolysen am Trochantermassiv des Femurs und eine Schleimbeutelreizung an der Hüfte festgestellt. Inwieweit die Revisionsoperation nachhaltigen Erfolg hat, ist noch offen.

OLG Dresden, Urt. v. 20.05.2022 – 1 U 336/21, unveröffentlicht 714

25.000,00 €

Hüftpfannenfraktur – Beckenfraktur – Brustbeinfraktur – Rippenfraktur

Der 53 Jahre alte Kläger erlitt bei einem Verkehrsunfall schwerwiegende Verletzungen, vornehmlich im Bereich des linken Beines und der linken Hüfte, nämlich eine Acetabulumfraktur (Hüftpfannenfraktur) mit Gelenkbeteiligung, eine Beckenfraktur links am Übergang vom linken unteren Schambeinast zum Sitzbeinknochen, einen Bruch des Brustbeins (Sternumfraktur) sowie Rippenfrakturen, einen Schienbeinkopfbruch links, ein stumpfes Bauchtrauma sowie eine Teilschädigung des linken Nervus ischidadicus. Er wurde einen Monat stationär behandelt; eine einmonatige Rehamaßnahme schloss sich an. Es musste eine Hüftendoprothese eingesetzt werden, was eine neuerliche Reha und eine Metallentfernungsoperation erforderlich machte. Der Kläger musste seinen Beruf aufgeben; es verbleibt eine Bewegungseinschränkung der linken Hüfte.

715 **OLG Celle, Urt. v. 19.05.2021 – 14 U 129/20, NJW 2021, 2124**

35.000,00 € (Vorstellung: 25.000,00 €

Beckenringfraktur – Schädelhirntrauma)

Die 11 Jahre alte Klägerin wurde bei einem Verkehrsunfall verletzt. Sie erlitt eine Beckenringfraktur mit schweren Verletzungen und Dauerschäden im Genitalbereich, die spätere Schwangerschaften erschweren. Sie hat ein erhöhtes Risiko für Kaiserschnittentbindungen. Aufgrund eines Schädelhirntraumas kam es zu einer Hirnschädigung mit Störung der kognitiven Funktionen. Die Klägerin leidet unter Angst- und Belastungssymptomen. Sie hat ihre gesamte Kindheit und Jugend mit den erlittenen psychischen und physischen Verletzungen und den daraus resultierenden Schmerzen und Einschränkungen verbracht.

716 **OLG Düsseldorf, Urt. v. 15.03.2018 – 1 U 57/17, unveröffentlicht**

40.000,00 €

Beckenringfraktur – Speichentrümmerbruch – Kreuzbeinfissur

Die 36 Jahre alte Klägerin erlitt bei einem Verkehrsunfall eine Rippenprellung, einen Trümmerbruch der rechten Speiche mit Absprengung mehrere Knochenfragmente unter Beteiligung des Gelenks, einen Abriss des Knochenfortsatzes der unteren Elle, eine nicht verschobene vordere Beckenringfraktur mit Bruch des Schambeinastes unter Beteiligung der Beckenpfanne sowie eine Fissur des Kreuzbeins. Sie wurde nach dem Unfall vom Rettungsdienst in sediertem Zustand ins Krankenhaus eingeliefert, wo noch am gleichen Tag eine operative Versorgung des rechten Arms mit einem Fixateur externe erfolgte. Im Rahmen einer weiteren Operation erfolgte zusätzlich die Versorgung mit einer Plattenosteosynthese. Die Beckenringfraktur wurde konservativ behandelt. Die Klägerin drei Wochen im Krankenhaus und wurde von dort mit einem Krankenwagen zu ihren Eltern gebracht, die sie im Anschluss pflegten. Die Klägerin hielt Bettruhe und durfte ihre Beine für die Dauer von 12 Wochen nicht belasten. Eine Fortbewegung war nur im Rollstuhl oder unter Benutzung eines Gehwagens möglich, da sie nur Sohlenkontakt herstellen durfte. Von ihren Eltern aus begab sich die Klägerin in eine einmonatige stationäre Rehabilitationsmaßnahme. Infolge des Unfalls kam es bei der Klägerin zu einer Anpassungsstörung mit depressiver Reaktion. Ihren Beruf als Optiker kann sie nur noch eingeschränkt ausüben, da die rechte Hand der Klägerin nicht mehr so beweglich ist wie vor dem Unfall und die Ausübung des Berufs ein hohes Maß an manueller Feinmotorik erfordert. Eine Arbeit in der Werkstatt ist nicht mehr möglich, da die verbliebene Feinmotorik der linken Hand hierfür nicht ausreicht. Auch das Bedienen einer Computertastatur ist nur mit Erschwernissen möglich, da die Klägerin verhindern muss, dass die rechte Hand nach handrückenwärts angewinkelt werden muss. Durch diese Einschränkungen musste sie ihre Tätigkeit als Werkstatt- und Büroleiterin aufgeben und arbeitet nunmehr im Verkauf ohne Führungsverantwortung. Die rechte Hand kann nur noch eingeschränkt heben, eine posttraumatische Arthrose des Handgelenks ist eingetreten. Der Beckenbruch verursacht Schmerzen bei längerem Radfahren oder bei Wetterumschwüngen. Sportliche Betätigungen sind nicht mehr möglich. Dauer-GdB 20 %.

717 **LG Traunstein, Urt. v. 07.10.2019 – 8 O 1313/16, unveröffentlicht**

40.000,00 € (1/2 Mitverschulden)

Becken-B-Verletzung – Beckenringfraktur – Gesichtsverletzungen – Oberarmschaftfraktur

Die 18 Jahre alte Klägerin wurde bei einem Unfall verletzt. Sie erlitt eine Oberarmschaftfraktur links mit dramatischer Parese, eine nicht dislozierte Olecranonfraktur links, eine Becken-B-Verletzung mit Sakrumfraktur SI beidseits sowie einer vorderer Beckenringfraktur links, eine Jochbodenfraktur rechts, eine laterale Orbitawandfraktur, eine Orbitabodenfraktur rechts, ein Schädelhirntrauma mit leichter struktureller Hirnschädigung (kleine diffuse axonale Läsion an der Markrindengrenze). Sie wurde zunächst intensivmedizinisch betreut; eine Woche lang sah sie Doppelbilder. Zwei Monate war sie erwerbsunfähig und konnte sich erst nach 6 Wochen erstmalig mit Krücken bewegen. 4 1/2 weitere Monate bestand eine Arbeitsunfähigkeit von 80 %, weitere 5 Monate zu 50 % und weiter 14 Monate zu 30 %. Sie musste mehrere Opiate einnehmen und litt zwei Jahre an einer Anpassungsstörung. Eine Dauer MdE von 20 % in ihrem Beruf als Sozialpädagogin – den sie unfallbedingt erst mit einem Jahr Verzögerung aufnehmen konnte – verbleibt. Als Dauerschaden verbleiben ferner eine leichte posttraumatische kognitive Einschränkung mit Beeinträchtigung der Sprachsemantik, eine leicht erhöhte Interferenzanfälligkeit, eine geringe restriktive Funktionsstörung, eine leicht eingeschränkte Konzentrationsfähigkeit, eine gering ausgeprägte residuale Radialisparese links mit Sensibilitätsstörungen, autonomen Funktionsstörungen und leichten neuropathischen Schmerzen, eine 3 cm lange Narbe am linken Oberarm und eine 2 cm lange Narbe am rechten Oberschenkel sowie Schmerzen bei längerem Sitzen, Fahrradfahren und Heben schwererer Lasten. Schmerzensgelderhöhend wurde ferner berücksichtigt, dass sich die Gesichtsverletzungen an exponierter Stelle befinden.

LG Darmstadt, Urt. v. 29.08.2022 – 27 O 12/22, unveröffentlicht 718

43.000,00 € (Vorstellung: 43.000,00 €)

Beckenverletzung – Brustbeinfraktur – Lungenkontusion – Schädigung des nervus cutaneus femoris lateralis

Der 21 Jahre alte Kläger erlitt bei einem Verkehrsunfall ein Polytrauma mit Subarachnoidalblutung frontal, eine Fraktur des Brustbeins, einen Pneumothorax links, eine Lungenkontusion links, eine offene dislozierte Fraktur des Beckens mit Schädigung des nervus cutaneus femoris lateralis links sowie eine offene Mehretagenfraktur des linken Unterschenkels. Der Kläger wurde in das Klinikum Darmstadt verbracht und dort einer zehnstündigen Operation unterzogen. Im Rahmen dessen wurde eine Bülau-Drainage angebracht, eine Platte in das Becken eingeschraubt und im Unterschenkel ein Tibiamarknagel und weitere Platten eingebaut.

Der Kläger konnte in den ersten drei Tagen weder alleine essen noch trinken oder zur Toilette gehen. Gleichzeitig hatte er aber wegen der Narkose erheblichen Durchfall und Erbrechen, was angesichts seines ohnehin geringen Gewichts zusätzlich problematisch war. Nach der Entlassung konnte er sich nur einige Meter mit Krücken bewegen; das linke Bein durfte sechs Wochen lang nicht belastet werden und verursachte starke Schmerzen. Mehrere Metallentfernungsoperationen im Bein waren nötig; es bildeten sich Nekrosen, Schmerzen bestanden weiterhin und verhinderten den Muskelaufbau. Der Nerv an der Außenseite des Beins ist dauerhaft taub. Erst ein Jahr nach dem Unfall waren Wege von 100 m – 200 m ohne Gehstützen möglich. Zwei Jahre nach dem Unfall und nach einer Materialentfernungsoperation kam es erneut zu starken Schmerzen; der Kläger leidet im Bereich der Beckenschaufel bei Belastung unter Schmerzen, auch im Unterschenkel links bei längerer und etwas stärkerer Belastung. Zudem ist sein linkes Sprunggelenk noch bewegungseingeschränkt. Er hat eine endgradige Einschränkung der Hüftgelenkaußenrotation. Er leidet unter Schmerzen im linken Knie und weist eine endgradige Einschränkung der Kniegelenksbeugung und Streckung und eine Einschränkung der Fußhebung im linken oberen Sprunggelenk auf. Das Studium des Klägers verzögerte sich, Sport ist in weiten Bereichen nicht mehr möglich.

OLG Hamm, Beschl. v. 11.08.2020 – 11 W 40/20, unveröffentlicht 719

45.000,00 € (Vorstellung: 45.000,00 €)

Hüft- und Schulterverletzungen

Die Antragstellerin stürzte auf einer unebenen Pflasterung, die farblich ohne Abgrenzung in die (nicht zu betretende) Baumabgrenzung überging. Sie erlitt erhebliche Verletzungen, insbesondere Frakturen im Bereich des rechten Oberschenkels/der rechten Hüfte sowie der rechten Schulter, des rechten Ober- und Unterarms mit einer Beeinträchtigung des Handgelenks. Diese Verletzungen erforderten umfangreiche ärztliche Maßnahmen zur Heilbehandlung wie das Importieren eines künstlichen Hüftgelenks sowie die mehrfache operative Versorgung des rechten Arms und haben – nach der Vortrag der Antragstellerin – einen Dauerschaden zur Folge. Die Antragstellerin wird ihre rechte Hand nur noch eingeschränkt nutzen können und sich mit dem Rollstuhl fortbewegen müssen, weil sie nur noch kurze Strecken mit einem Gehstock bewältigen kann.

720 **OLG München, Urt. v. 26.01.2022 – 10 U 894/21, unveröffentlicht**

45.000,00 €

Infektion einer Hüfttotalendoprothese – Gelenkspaltasymmetrie am Sprunggelenk

Die Klägerin verlangte ein weiteres Schmerzensgeld für – nach Beweisaufnahme – im Erstverfahren nicht vorhersehbarer Schäden (die daher eine Nachforderung ermöglichten). Nach Verletzungen der Hüfte wurde das weitere Schmerzensgeld bemessen für eine Infektion der eingesetzten Hüfttotalendoprothese und die zusätzlichen Beeinträchtigungen durch deren Ausbau und – nach zahlreichen Operationen – neuerlichen Ersatz sowie für hierdurch als Spätfolge entstandene rezidivierende depressive Störungen mittelgradiger Ausprägung sowie einer schweren Veränderung des Sprunggelenkes mit Gelenkspalasymmetrie.

721 **OLG Köln, Urt. v. 23.05.2018 – 5 U 148/16, MedR 2019, 690**

50.000,00 € (Vorstellung: 60.000,00 €)

Fehlerhaft eingesetzte Hüfttotalendoprothese

Der 76 Jahre alte Kläger, dem im Vorjahr eine Hüfttotalendoprothese rechts eingesetzt worden war, litt an starken Schmerzen in der linken Hüfte, weshalb die Beklagten eine Hüfttotalendoprothese links implantierten. Zwei Monate später klagte der Kläger über starke Schmerzen und wurde stationär aufgenommen; man entdeckte einen Bazillenbefall, der einen Ausbau der Prothese erforderlich machte. Bei dem erneuten Einsetzen einer Prothese drei Monate später wurden Schaft und Halsteil der Prothese fehlerhaft miteinander verspannt. Die Prothese saß daher nur locker, was über ein Jahr zunehmende Beschwerden, Schmerzen und Beeinträchtigungen der Gehfähigkeit verursachten. Eine Revisionsoperation war erforderlich. Der Kläger leidet weiter unter Schmerzen im linken Hüftgelenk, einer eingeschränkten Beweglichkeit der linken Hüfte und ist auf Gehhilfen, bei längeren Strecken auf einen Rollstuhl angewiesen.

722 **OLG Hamm, Urt. v. 07.09.2018 – 7 U 12/17, unveröffentlicht**

50.000,00 €

Hüftpfannenbruch – Beckenringfraktur – Rippenserienfraktur – Lendenwirbelsäulenfrakturen

Der 46 Jahre alte Kläger stürzte bei Arbeiten durch eine abgedeckte und bereits vorgeschädigte Lichtkuppel eines Gebäudes, wodurch er 8,5 m in die Tiefe fiel. So erlitt er mehrere Brüche im Bereich des vorderen und hinteren Beckenrings sowie einen Hüftpfannenbruch rechts, eine vordere Beckenringfraktur links, eine Trümmerfraktur des IV. Mittelhandknochens rechts, eine Rippenserienfraktur 6 und 10 bis 12 rechts sowie nicht verschobene Fortsatzfrakturen der Lendenwirbelsäule. Er wurde schutzintubiert und beatmet mit dem Hubschrauber ins Krankenhaus gefahren; es erfolgte die Anlage einer Extension des rechten Beines und eine osteosynthetische Versorgung der Beckenfraktur sowie der Mittelhandknochenfraktur.

Er befand sich 9 Tage auf der Intensivstation; nach Entlassung schloss sich eine einmonatige Reha an. Aufgrund massiver Sekundärarthrose und Instabilität des Pfannengrundes wurde ein Jahr nach dem Unfall eine Hüftgelenkstotalendoprothese rechts implantiert. Es sind erhebliche Nervenschädigungen zurückgeblieben. Es sind ein komplexer Ausfall des Nervus femoralis, des Nervus peroneus, des Nervus obturatorius und des Nervus gluteus superius sowie eine hochgradige Schädigung des Nervus tibialis festzustellen. Dieser Nervenausfall bedingt eine Funktionsbeeinträchtigung der rechten Hüfte; die einzige Bewegungsrichtung, die aktiv vom Kläger durchgeführt werden kann, ist die Hüftgelenksstreckung. Durch Ausfall der Hüftbeugung kann das Knie nicht angehoben werden. Durch Ausfall der Hüftabspreizung kann im Einbeinstand rechtsseitig das Becken nicht stabilisiert werden, so dass es zu einem Abfallen der linken Beckenhälfte mit Unmöglichkeit des

Einbeinstandes kommt. Die Unmöglichkeit, den Fuß im Sprunggelenk anzuheben (Fußheberparese), wird in seiner funktionellen Auswirkung durch die fehlende Hüftbeugung verstärkt. Der sog. »Steppergang« ist bei Ausfall der Hüftbeugung und Kniestreckung nicht möglich. Es ist unmöglich, das rechte Bein zu belasten. Der Kläger ist daher auf Gehstützen oder einen Rollstuhl angewiesen. Aufgrund von Verschleiß oder Lockerung des Kunstgelenks ist mit einer oder mehreren Wechsel-OP zu rechnen. Der Kläger wurde durch den Unfall jäh aus seinem bisherigen Leben gerissen. In seinem Beruf kann er nicht mehr arbeiten. Seine berufliche Selbständigkeit musste er aufgeben und aus der von ihm langjährig mitgeführten Gesellschaft ausscheiden. In seiner Freizeitgestaltung ist er umfassend eingeschränkt. Er ist permanent, auch bei Verrichtungen des täglichen Lebens, auf fremde Hilfe angewiesen. Da er wegen der Medikamente nicht mehr selber Auto fahren kann, ist er in seiner Mobilität stark begrenzt.

LG Darmstadt, Urt. v. 03.07.2020 – 27 O 146/18, unveröffentlicht 723

50.000,00 € (Vorstellung: 80.000,00 €)

Beckenringfraktur

Der 24 Jahre alte Kläger war als Rettungssanitäter an einer Unfallstelle tätig, als der vom Beklagten mit dessen LKW angefahren wurde. Er erlitt infolge des Verkehrsunfalls eine hohe vordere Pfeilerfraktur und hintere Hemi-Querfraktur des Os acetabuli links sowie eine Symphysen nahe vordere Beckenringfraktur rechts. Der Verlauf im Bereich der linken Hüfte gestaltete sich kompliziert. Der Kläger war nach dem Unfall ein Jahr nicht arbeitsfähig und konnte danach seine vorherige Tätigkeit nicht mehr ausüben, weshalb er eine Umschulung vornehmen musste. Dem Kläger ist eine ausgeprägte Bewegungseinschränkung des linken Hüftgelenks und eine fixierte Außenrotationsfehlstellung verblieben, die Muskulatur seines linken Beines ist deutlich verschlechtert. Infolge der eingeschränkten Hüftgelenksbeweglichkeit kann auch das linke Knie nicht normal bewegt werden. Das Gangbild und auch das Sitzen des Klägers sind erheblich beeinträchtigt. Es bestehen permanent ausgeprägte Schmerzen im Bereich der linken Hüfte, der Geschlechtsverkehrs ist aufgrund der Beschwerden der linken Hüfte nicht mehr möglich. Der Kläger ist zudem dauerhaft absolut sportunfähig. Der Kläger wird bis zum Lebensende vom Unfallgeschehen betroffen bleiben wird. Eine Prothese ist wahrscheinlich, ebenso Revisionsoperationen aufgrund erwartbarer Lockerungen. Es besteht eine Dauer-MdE über 30 %. Der Kläger leidet unter einer chronifizierten posttraumatischen Belastungsstörung mit leichter depressiver Symptomatik. Er ist weitreichenden Folgen für sein Leben, Intimleben, Freizeit und beruflichem Werdegang ausgesetzt. Bei der Bemessung wurde auch das Regulierungsverhalten der Versicherung berücksichtigt, die dem Kläger »dreiste Behauptungen« unterstellt hatte.

In der Berufung (OLG Frankfurt, Urt. v. 17.06.2021 – 22 U 181/20) wurde ein Schmerzensgeld von weiteren 50.000,00 € zugesprochen, allerdings unter Berufung auf die – vom BGH abgelehnte – taggenaue Schmerzensgeldbemessung.

LG Köln, Urt. v. 22.02.2017 – 19 O 58/14, unveröffentlicht 724

65.000,00 €

Beckenringfraktur – Wirbelsäulenfrakturen – Schlüsselbeinfraktur

Die Klägerin, die zum Unfallzeitpunkt als Erzieherin tätig war, erlitt bei einem Verkehrsunfall, bei welchem sie als Fußgängerin beteiligt war, eine transforminale Sakrumfraktur rechts, eine vordere Beckenringfraktur rechts, eine Hüftkopfluxation rechts, eine Querfortsatzfraktur LWK 4 beidseits und LWK 3 links, einen Pneumothorax links, eine Humeruskopffraktur rechts, eine Clavicularfraktur links, eine Felsenbeinfraktur rechts sowie eine Einblutung in den Sinus sphenoidalis. Sie wurde dreimal operiert; wegen einer Wundinfektion hatte sich die Entlassung um 5 Wochen verzögert. Erst nach 10 Wochen konnte man mit einer Aufbelastung des Beckens beginnen. Die Klägerin, die 1 1/2 Jahre arbeitsunfähig war, kann ihr Bein bis heute nicht voll belasten. Am Schlüsselbein traten fortdauernde Schmerzen und eine Pseudarthrose ein, die eine Revisionsoperation erforderlich machte. Als neurologische Schäden traten Schäden am nervus peronaeus auf. Es besteht eine MdE von 40 %.

725 **OLG Karlsruhe, Urt. v. 17.05.2018 – 7 U 32/17, GesR 2018, 494 = ArztR 2018, 301**

70.000,00 €

Hüftkopfnekrose

Bei der 6 Jahre alten Klägerin wurde eine septische Coxitis behandlungsfehlerhaft nicht erkannt. Es kam zu einer dezentrierten Hüftkopfnekrose mit Chondrolyse des linken Hüftkopfes. Sie ist seit Jahren in kontinuierlicher ärztlicher Behandlung. In der Bewegungsfähigkeit ist sie stark eingeschränkt und seit dem 7. Lebensjahr auf Gehilfen und Rollatoren angewiesen. Die laterale Hälfte des Hüftkopfes ist nahezu aufgelöst. Mit Erreichen des 20. Lebensjahres wird ein erster Hüftgelenkswechsel nötig werden, ob die Gehfähigkeit auf Dauer gegeben sein wird, ist nicht absehbar.

726 **OLG Köln, Urt. v. 10.01.2018 – 5 U 104/15, MedR 2018, 843**

80.000,00 € (Vorstellung: 100.000,00 €)

Hüftoperation – Beinlängendifferenz – Narbe

Die 59 Jahre alte Klägerin unterzog sich einer Hüftoperation, ohne über alternative Operationsmethoden aufgeklärt worden zu sein. Es kam zu Komplikationen und zahlreichen Folgeoperationen. Behandlungsfehler wurden nicht festgestellt, jedoch war die Klägerin nicht darüber aufgeklärt worden, dass zunächst nur eine Teilbelastung zulässig war. Als dauerhafte Folge der rechtswidrigen Operation ist eine sehr lange Narbe über dem Hüftgelenk verblieben. Es liegt eine deutliche Beinlängendifferenz vor. Die Klägerin ist nicht mehr in der Lage zu gehen und ist auf einen Rollstuhl angewiesen. Die Hüfte schmerzt.

727 **OLG Schleswig, Beschl. v. 27.07.2020 – 4 U 8/20, unveröffentlicht**

80.000,00 €

Hüftpfannendysplasie – Hüftluxation

Wegen des Verdachts auf eine Hüftdysplasie wurde die Klägerin als einjähriges Kleinkind vom Kinderarzt an den beklagten Orthopäden überwiesen. Diesem unterliefen mehrere Befunderhebungsfehler, weil er gebotene Röntgenuntersuchungen unterließ (zunächst ein einfacher Befunderhebungsfehler, dann ein grober Befunderhebungsfehler). Die Klägerin erlitt einen schweren Schaden, es gelang nicht, den Hüftkopf in die Pfanne einzustellen. Bei rechtzeitiger Behandlung wäre eine völlige Genesung eingetreten. Auf den Antrag zur Verurteilung, »ein angemessenes Schmerzensgeld von 25.000,00 €« zu zahlen, hat das Landgericht auf 80.000,00 € erkannt und dazu im Wesentlichen darauf abgestellt, dass in den ersten 11 Lebensjahren bereits fünf Operationen erforderlich waren, es sich um einen groben Befunderhebungsfehler handelte und als Dauerschaden ein Beinlängenausgleich erforderlich ist (ansonsten besteht – bis auf ein fehlerhaftes Gangbild – Beschwerdefreiheit). Ein Grad der Behinderung von zunächst 70 % besteht; im Alter zwischen 20 und Mitte 30 wird die Klägerin ein künstliches Hüftgelenk benötigen. Bis zum Lebensende wird die Klägerin wegen ungünstiger knöcherner Situation bis zu sieben vergleichbare Operationen vornehmen lassen müssen. Der Senat bestätigte dies in einem Beschluss nach § 522 Abs. 2 ZPO und hielt – wegen Besonderheiten der parallel laufenden Prozesskostenhilfeverfahrens – auch die Auslegung des klägerischen Antrages als Mindestbetrag für fehlerfrei.

728 **OLG Hamm, Urt. v. 03.09.2021 – 26 U 119/20, NJW-RR 2022, 245 = GesR 2021, 779**

110.000,00 € (Vorstellung: 80.000,00 €)

Schwere Hüftgelenksdeformierung nach Hüftgelenksentzündung

Der Kläger wurde als Frühchen geboren; das beklagte Krankenhaus stellt eine Überwärmung und Schwellung des linken Oberschenkels und eine Schmerzempfindlichkeit bei Bewegung fest unterließ aber vorwerfbar eine Ultraschalldiagnostik des linken und rechten Hüftgelenks im Seitenvergleich, um eine Kapseldistension festzustellen und eine Hüftgelenksentzündung ausschließen zu können.

Dadurch wurde eine Hüftgelenksentzündung links mit viertgradiger Hüftkopfnekrose verspätet erkannt. Es kam zu einer Beinverkürzung und einem Beinschiefstand; eine offene operative Hüftgelenkseinstellung mit Pfannendachplastik habe in einer siebenstündigen Operation durchgeführt werden müssen. Der Kläger musste hiernach und nach einer weiteren Metallentfernungsoperation jeweils vier Wochen liegend einen Becken-Bein-Gips tragen. Der Kläger muss eine Schuherhebung tragen, um die Beinlängendifferenz auszugleichen; er ist beim Sport gehandicapt und muss beim Spielen auf sein Bein achten. Es besteht ein hohes Risiko einer Coxarthrose. Das Hüftgelenk wird nicht bis zum 50. oder 60. Lebensjahr des Klägers halten, weshalb ein Gelenkersatz auch schon im jungen Alter erforderlich wird. Der Kläger wird sein Leben lang Probleme mit der Hüfte haben und wird zukünftig ein künstliches Hüftgelenk benötigen. Ist dabei die Operation bereits mit 20 Jahren erforderlich, liegt die Lebensdauer der Prothese etwa bei 10 Jahren. Erfolgt der Eingriff, wenn der Kläger älter als 40 Jahre ist, liegt die Lebensdauer bei etwa 15 Jahren. Dies lässt die Prognose zu, dass bei dem Kläger bis zu dreimal ein Hüftersatz erforderlich wird. Die Beinlängenverkürzung kann sich auf die Wirbelsäule auswirken, auch hier droht eine operative Korrektur.

OLG Hamm, Urt. v. 13.01.2017 – 26 U 6/16, unveröffentlicht 729

125.000,00 € (Vorstellung: 150.000,00 €)

Beckenfraktur – Läsion des nervus peronaeus und des nervus tibialis – Lungenembolie

Der Kläger wurde bei einem Verkehrsunfall, bei welchem er von einem LKW eingeklemmt und mit Spezialwerkzeug aus dem Fahrerhaus gerettet werden musste, schwer verletzt. Er erlitt eine Beckenfraktur mit Acetabulumbeteiligung links, eine Tibiaplateau-Trümmerfraktur links, eine linksgradig offene Tibiaschaftfraktur links, eine Fibula-Mehrfragment-Fraktur links mit Läsion des Nervus peronaeus und des Nervus tibialis, eine rechtsseitige Tibiakopf-Fraktur, eine postoperative Lungenembolie und eine beidseitige Beinvenenthrombose. Bereits diese Verletzungen haben dazu geführt, dass der Kläger seit dem Unfall seiner beruflichen Tätigkeit nicht mehr nachgehen konnte. Er leidet zudem weiterhin unter Bewegungseinschränkungen im linken Hüftgelenk und in beiden Knie- und Sprunggelenken, wobei von einem Dauerschaden auszugehen ist.

Neben den eigentlichen Unfallverletzungen, deren Behandlung etwa 7 Monate gedauert hat, ist ferner nachgewiesen, dass der Kläger infolge des Verkehrsunfalls an einer leichten depressiven Episode leidet, wobei eine depressive Phase an über 50 % der Tage des Jahres vorliegt. Dabei dauern die periodisch auftretenden Episoden etwa 14 Tage. Zudem leidet der Kläger an einer erektilen Dysfunktion.

OLG Saarbrücken, Urt. v. 05.03.2020 – 4 U 64/18, unveröffentlicht 730

175.000,00 €

Beckenringfraktur – Querschnittssyndrom – Wirbelsäulenverletzung – Rippenserienfraktur

Der Kläger erlitt bei einem von der Gegenseite grob fahrlässig verursachten Unfall eine Wirbelsäulenverletzung mit instabiler BWK 3 und 4 Fraktur mit inkomplettem Querschnittsyndrom, ein Polytrauma mit Schädelhirntrauma 3. Grades, ein stumpfes Thoraxtrauma mit einer Rippenserienfraktur, eine Beckenringfraktur, eine laterale Tibiakopffraktur sowie eine Läsion des Bandapparates des rechten Kniegelenkes. Er war 6 Wochen im künstlichen Koma und 9 Monate in stationärer Behandlung mit diversen ambulanten Nachbehandlungen. Als Dauerschaden verbleibt ein hirnorganisches Psychosyndrom (HOPS) sowie organische Persönlichkeitsstörung als Folge des Schädel-Hirn-Traumas, die insbesondere zu einer Affektlage, einer Affektinkontinenz, affektiven Störungen und Defiziten in der Kritik- und Urteilsfähigkeit führt, weshalb der Kläger auch nicht mehr Auto fahren darf. Er ist schwerst gehbehindert und kann keine Treppen mehr steigen; beim Anziehen ist er auf fremde Hilfe angewiesen. Hinzu kommen eine erektile Dysfunktion, Geschmacks- und Geruchssinnstörungen sowie Dysarthrie bis hin zu aphonalen Lautbildungen.

Lunge

▶ Hinweis:

Lungenverletzungen treten isoliert fast nur in Fällen der Arzthaftung auf. Hier muss für die Bemessung danach unterschieden werden, ob – etwa im Fall eines Pneumothorax (Luftsammlung im Raum zwischen beiden Brustblättern) – die Verletzung folgenlos ausheilt oder, wie bei der (teilweisen) Entfernung von Lungenflügeln wegen fehlerhafter Diagnosen evident, ein Dauerschaden verbleibt. Insb. in diesem Fall ist darauf hinzuweisen, dass der Verlust eines Teils der Lunge typischerweise Folgebeeinträchtigungen auch für andere Organe (Herz) mit sich bringt, die schmerzensgelderhöhend berücksichtigt werden müssen.

Bei Verkehrsunfällen gehen schwerere Lungenverletzungen zumeist mit anderen Verletzungen des Brustkorbes (etwa Rippenserienfrakturen) einher, sodass bei den entsprechenden Urteilen zu berücksichtigen ist, dass – zumindest in gleichem Umfang – auch die übrigen Verletzungen für den ausgeurteilten Schmerzensgeldbetrag maßgeblich waren.

731 **LG Frankfurt, Urt. v. 05.05.2022 – 2–24 S 16/20, unveröffentlicht**

0 € (Vorstellung: 650,00 €)

Schlechte Atemluft im Flieger

Die Klägerin und ihre 2 Jahre alte Tochter waren in einem Flugzeug, welches über eine Stunde ohne Klimaanlage in der Hitze stand und auf einen Abflugslot wartete, befindlich. Sie litten unter Durst und Hitze; die Atemluft war von geringer Qualität. Das Gericht hielt eine schlechter werdende Luft für für Zwecke einer Gesundheitsverletzung unerheblich, solange es nicht zu Luftnot gekommen sei.

732 **OLG Hamm, Urt. v. 25.07.2017 – 9 U 199/16, unveröffentlicht**

3.000,00 € (3/4 Mitverschulden)

Lungenkontusion – Pneumothorax – Frakturen

Der Kläger wurde als Fußgänger bei einem Verkehrsunfall verletzt, wobei er ein Politrauma mit Pneumothorax rechts, einer Lungenkontusion, einer Mehretagenfraktur des Unterschenkels sowie einer Fraktur der vierten Rippe und einer Ulnaschaftfraktur erlitt. Er war vier Wochen in stationärer Behandlung und weitere 2 Monate arbeitsunfähig. Weiterhin bestehen Schmerzen und Bewegungseinschränkungen im rechten Arm und im linken Bein; er kann keine Treppen mehr steigen und nicht mehr lange laufen. Der Kläger ist auf regelmäßige Einnahme von Schmerzmitteln angewiesen und befindet sich noch in physiotherapeutischer Behandlung. Seine Tätigkeit als Baggerfahrer musste er aufgeben, er ist nun als Hausmeister tätig.

733 **LG Köln, Urt. v. 23.10.2023 – 15 O 424/21, SVR 2024, 468**

3.000,00 € (Vorstellung: 3.500,00 €)

Lungengewebsverletzung – Rippenbruch

Der Kläger erlitt bei einem Verkehrsunfall eine Verletzung des linken Brustkorbs mit Bruch der Rippen 5 und 6, eine Verletzung des Lungengewebes links sowie eine krankhafte Ansammlung von Luft zwischen der Lunge und dem Brustkorb. Er wurde vier Tagestationär behandelt, den ersten Tag auf der Intensivstation, und war einen Monat krankgeschrieben. Es kam zu Blockierungen in Wirbelsäulenbereich und Zwerchfelladhäsionen. Vier Wochen litt er unter Bewegungseinschränkungen auf der linken Seite und intensivem Druckschmerz im Brustraum; der Kläger war in seiner persönlichen Lebensführung (Triathlet) erheblich beeinträchtigt.

734 **OLG Frankfurt, Beschl. v. 14.06.2022 – 6 U 148/21, NJW-RR 2022, 1539 = VersR 2022, 1508**

6.400,00 €

Kohlenmonoxid-Vergiftung – Kreislaufkollaps

Die Klägerin besuchte gemeinsam mit einer ebenfalls minderjährigen Bekannten eine Shisha-Bar, wo sie – ohne vorherige Alterskontrolle durch das Personal – eine Shisha bestellte und an den Tisch gebracht bekam. Bereits nach wenigen Zügen erlitt die Klägerin eine Kohlenmonoxid-Vergiftung und kollabierte kurzzeitig. Anschließend verließ sie das Lokal und begab sich in stationäre ärztliche Behandlung. Das Gericht bejahte eine Haftung, das Lokal sei verpflichtet, die Einhaltung des Jugendschutzes zu kontrollieren.

KG, Urt. v. 18.02.2019 – 25 U 16/18, NZV 2020, 203 735

7.000,00 € (1/2 Mitverschulden Vorstellung: 16.000,00 €)

Pneumothorax – Schlüsselbeinfraktur – Rippenserienfraktur – Schenkelhalsfraktur

Der Kläger erlitt bei einem Verkehrsunfall eine mediale Schenkelhalsfraktur, eine Fraktur des Schlüsselbeines, eine Fraktur des Schulterblattes und eine Rippenserienfraktur mit Beteiligung von drei Rippen. Die Schenkelhalsfraktur zog drei Operationen unter Vollnarkose und das Einsetzen eines künstlichen Hüftgelenks nach sich. Der Kläger musste sich einer mehrwöchigen stationären Behandlung und Rehabilitation unterziehen. Er zog sich weiter einen Pneumothorax zu, der eine Thoraxdrainage nötig machte. Die Verletzungen beeinträchtigten den Kläger in allen wichtigen Körperregionen und schränkten seine Beweglichkeit stark ein. Dauerschäden verblieben nicht.

OLG Zweibrücken, Urt. v. 24.04.2024 – 1 U 116/23, r+s 2024, 917 736

9.000,00 € (1/3 Mitverschulden)

Lungenkontusion – Rippenserienfraktur – Schlüsselbeinfraktur

Der Kläger erlitt durch den Unfall ein Thoraxtrauma rechts mit Rippenserienfraktur 3-7, eine Lungenkontusion und eine Claviculafraktur, jeweils rechts, eine Decollementverletzung des dorsolateralen rechten Oberarms, einen kleinen Hämatothorax rechts, eine Prellung des rechten oberen Sprunggelenks, multiple Schürfwunden an den oberen Extremitäten und dem Abdomen sowie eine Platzwunde frontal rechts. Er kam in stationäre Behandlung, wo eine offene Reposition mit Plattenosteosynthese der Clavicula rechts durchgeführt wurde. Für eine Metallentfernungsoperation musste der Kläger erneut in stationäre Behandlung.

Er war mehrere Monate arbeitsunfähig. Infolge des Unfalls ist der Kläger dauerhaft zu 5 % erwerbsgemindert, resultierend aus einer fortdauernden Bewegungseinschränkung im Bereich der rechten Schulter, der vorhandenen Narben und einer Hyperpathie im Bereich der rechten Clavicula sowie Veränderungen im Bereich der rechten Clavicula.

LG Essen, Urt. v. 28.01.2022 – 16 O 81/19, unveröffentlicht 737

10.000,00 € (Vorstellung: 25.000,00 €)

Falschmedikation bei Lungenkrebs

Bei dem 63 Jahre alten Erblasser wurde Lungenkrebs, vornehmlich im Bereich des rechten Unterlappens, namentlich ein nicht-kleinzelliges Lungenkarzinom im Stadium IIA (UICC) diagnostiziert. Der onkologisch behandelnde Arzt verordnete im Lauf der Therapie verschiedene Medikamente, die in der Apotheke des Beklagten hergestellt wurden; dieser unterdosierte absichtlich die Medikamente, die somit nicht ihre Wirkung entfalteten. Der Tumor verblieb, drei Monate nach der Diagnose wurde der rechte Unterlappen der Lunge entfernt. Es kam zu Metastasierungen in der Lunge; ein Jahr später kam es zu deutlicher Luftnot, Atemwegsinfekten und Bronchitis Zwei Jahre nach der Diagnose verstarb der Erblasser. Bei der Bemessung wurde das planvolle und rücksichtslose Verhalten des Beklagten ebenso berücksichtigt wie der Umstand, dass der Erblasser noch zu Lebzeiten im Bewusstsein war, möglicherweise verdünnte Arzneien erhalten zu haben. Andererseits konnte nicht festgestellt werden, dass durch die Therapie mit unterdosierter Medikation die Chance auf ein Überleben mit höherer Lebensqualität genommen worden sei.

738 **OLG München, Urt. v. 25.10.2019 – 10 U 3171/18, ZfS 2020, 200**

16.000,00 € (3/10 Mitverschulden Vorstellung: 17.500,00 €)

Verletzungen an Lunge, Rippen und Knie

Der 26 Jahre alte Kläger wurde bei einem Unfall schwer verletzt. Er erlitt erhebliche Verletzungen an Knie, Lunge und Rippen sowie eine Verletzung der Arteria vertrebralis. Die Rippenbrüche heilten in 12 Wochen aus; der Kläger war über 9 Monate erheblich eingeschränkt und musste sich mehrfach in ärztliche und stationäre Behandlung begeben. Er leidet weiter an einem Dauerschmerz im linken Knie. Ebenfalls als Dauerschäden verbleiben Schädigungen der retropatellaren Gelenkfläche beidseits sowie eine Präarthrose rechts.

Es gibt bereits jetzt Anzeichen für eine Arthrosegefahr am rechten Knie des Klägers, die allerdings auch auf Vorschäden beruht. Bei fortschreitender Retropatellararthrose kann auch eine erneute operative Therapie mit Implantation einer Kniegelenksendoprothese beidseitig notwendig werden.

739 **LG Mönchengladbach, Urt. v. 31.03.2025 – 6 O 102/22, unveröffentlicht**

20.000,00 € (1/10 Mitverschulden)

Lungendiffusionsstörung

Der Kläger infizierte sich mit der sog. Papageienkrankheit; er erlitt hierdurch eine irreparable Lungendiffusionsstörung, die nicht medikamentös behandelt werden kann. Dies macht dem Kläger nicht nur schwere körperliche Betätigungen unmöglich. Die irreparable Schädigung der Lunge führt auch zu Atemproblemen bei alltäglichen Tätigkeiten, wie Gehen, Bergangehen oder Treppensteigen. Der Kläger hat einen GdB von 70%. Der Kläger war mehrfach länger stationär und musste sich zahlreichen Operationen, teils in Lebensgefahr, unterziehen. Wegen einer Nekrose mussten Zehen amputiert werden, was das Abrollen beider Füße einschränkt und maßgefertigtes Schuhwerk erforderlich macht. Das Mitverschulden resultierte aus fehlender Abstandhaltung zu den Vögeln, die der Kläger in der eigenen Wohnung hielt, mit der Hand fütterte und küsste.

740 **OLG Düsseldorf, Urt. v. 02.10.2018 – 1 U 127/16, unveröffentlicht**

25.000,00 € (1/2 Mitverschulden)

Lungenkontusion – Beckentrümmerfraktur – Rippenserienfraktur

Der 57 Jahre alte Kläger erlitt eine Trümmerfraktur des Beckens mit Schambeinsprengung sowie eine Rippenserienfraktur rechts und eine beidseitige Lungenkontusion, ferner eine Schulterblattfraktur rechts und schwerste Prellungen des Brust- und Beckenbereichs. Die Verletzung im rechten AC-Gelenk ist in Fehlstellung verheilt. Er schwebte mehrere Tage in Lebensgefahr und musste sechs Wochen auf Intensiv behandelt werden; weitere zwei Wochen stationären Aufenthaltes schlossen sich an. Er erlitt einen Abfall der Sauerstoffversorgung, einen Hirninfarkt aufgrund der körperlichen Anstrengung und musste in der Folge künstliche beatmet werden. Der Trümmerbruch konnte daher erst zwei Wochen nach dem Unfall operativ versorgt werden. Der Kläger befand sich im Anschluss einen Monat in einer Rehabilitationsbehandlung; er war vier Monate arbeitsunfähig und ein halbes Jahr auf Gehhilfen angewiesen. Seinen Beruf (Staplerfahrer) musste er aufgeben. Als Dauerschäden verblieben rechtsseitige Leistenschmerzen, die unabhängig von körperlicher Belastung unvorhersehbar auftreten, und Unterleibsschmerzen, ausgelöst durch langes Sitzen oder Vibrationen. Der Kläger leidet unfallbedingt aufgrund der schweren Beckenverletzung an einer erektilen Dysfunktion. Das Osteosynthesematerial hat sich gelockert und verursacht Beschwerden.

741 **OLG Karlsruhe, Urt. v. 18.09.2019 – 7 U 24/19, unveröffentlicht**

25.000,00 € (1/2 Mitverschulden)

Lungenembolie

Die Klägerin wurde bei einer Rauferei ihres Hundes mit dem Hund des Beklagten von Letzterem gebissen; sie erlitt eine offene Mittelhandfraktur, nach der Operation an der Hand erlitt die Klägerin noch am gleichen Tag eine Lungenembolie und einen Schlaganfall mit schweren Folgen.

LG Saarbrücken, Urt. v. 05.03.2020 – 9 O 48/18, unveröffentlicht 742

25.000,00 € (1/2 Mitverschulden)

Lungenkontusion – Rippenserienfraktur – Beckenfraktur – diverse Frakturen

Die Klägerin erlitt bei einem Verkehrsunfall ein Polytrauma. Sie schwebte vier Tage auf der Intensivstation in Lebensgefahr, während derer sie künstlich beatmet wurde; insgesamt war sie 7 Wochen stationär, musste mehrfach operiert werden und war 4 Jahre arbeitsunfähig. Sie erlitt ein Thoraxtrauma, ein stumpfes Abdominaltrauma, eine Rippenserienfraktur 2-5 rechts, eine Lungenkontusion rechts, eine Milzlazeration, eine Beckenfraktur Typ C, Frakturen an Kreuzbein, Schambein und Sitzbein beidseits mit Mehrfragmentfraktur rechts sowie ein Schädelhirntrauma 1. Grades mit Galeahämatom mit retrograder Amnesie und kurzer Bewusstlosigkeit. Postoperativ kam es zu einer Blutungsanämie.

OLG Brandenburg, Beschl. v. 29.05.2019 – 12 W 15/19, unveröffentlicht 743

28.000,00 € (Vorstellung: 40.000,00 €)

Pulmonalvenen-Einengung

Bei dem Kläger entwickelte sich im Anschluss an eine vom Beklagten durchgeführte Pulmonalvenen-Isolation eine rückfällige Einengung der Pulmonalvenen. Neben der – bereits aufklärungsfehlerhaften – Operation von drei Tagen musste der Kläger noch sechsmal ambulant und – über einen Zeitraum von 23 Tagen – siebenmal stationär nachbehandelt werden. Medikation war erforderlich, es droht ein Lungenhochdruck mit Herzschädigung. Der Kläger musste sich einer anterolateralen Thorakotomie links mit Unterlappenresektion unterziehen.

LG Darmstadt, Urt. v. 29.08.2022 – 27 O 12/22, unveröffentlicht 744

43.000,00 € (Vorstellung: 43.000,00 €)

Lungenkontusion – Brustbeinfraktur – Beckenverletzung – Schädigung des nervus cutaneus femoris lateralis

Der 21 Jahre alte Kläger erlitt bei einem Verkehrsunfall ein Polytrauma mit Subarachnoidalblutung frontal, eine Fraktur des Brustbeins, einen Pneumothorax links, eine Lungenkontusion links, eine offene dislozierte Fraktur des Beckens mit Schädigung des nervus cutaneus femoris lateralis links sowie eine offene Mehretagenfraktur des linken Unterschenkels. Der Kläger wurde in das Klinikum Darmstadt verbracht und dort einer zehnstündigen Operation unterzogen. Im Rahmen dessen wurde eine Bülau-Drainage angebracht, eine Platte in das Becken eingeschraubt und im Unterschenkel ein Tibiamarknagel und weitere Platten eingebaut.

Der Kläger konnte in den ersten drei Tagen weder alleine essen noch trinken oder zur Toilette gehen. Gleichzeitig hatte er aber wegen der Narkose erheblichen Durchfall und Erbrechen, was angesichts seines ohnehin geringen Gewichts zusätzlich problematisch war. Nach der Entlassung konnte er sich nur einige Meter mit Krücken bewegen; das linke Bein durfte sechs Wochen lang nicht belastet werden und verursachte starke Schmerzen. Mehrere Metallentfernungsoperationen im Bein waren nötig; es bildeten sich Nekrosen, Schmerzen bestanden weiterhin und verhinderten den Muskelaufbau. Der Nerv an der Außenseite des Beins ist dauerhaft taub. Erst ein Jahr nach dem Unfall waren Wege von 100 m – 200 m ohne Gehstützen möglich. Zwei Jahre nach dem Unfall und nach einer Materialentfernungsoperation kam es erneut zu starken Schmerzen; der Kläger leidet im Bereich der Beckenschaufel bei Belastung unter Schmerzen, auch im Unterschenkel links bei längerer und etwas stärkerer Belastung. Zudem ist sein linkes Sprunggelenk noch bewegungseingeschränkt. Er hat eine endgradige Einschränkung der Hüftgelenkaußenrotation. Er leidet unter Schmerzen im linken Knie, und weist eine endgradige Einschränkung der Kniegelenksbeugung und Streckung und eine Einschränkung der Fußhebung im linken oberen Sprunggelenk auf. Das Studium des Klägers verzögerte sich, Sport ist in weiten Bereichen nicht mehr möglich.

745 **OLG Frankfurt, Urt. v. 22.12.2020 – 8 U 142/18, VersR 2021, 908 = MedR 2021, 996**

50.000,00 € (Vorstellung: 50.000,00 €)

Lungentumor – Versterben

Bei der Patientin wurde bei einer Schwellung im Oberschenkel ein Tumor fehlerhaft nicht diagnostiziert. Dieser metastasierte in Lunge und Hirn, weshalb die Patientin 14 Monaten nach Diagnose der ersten Lungenmetastase, mehrfachen Operationen, Chemotherapien, krebsbedingten Krankenhausaufenthalten und monatelanger Todesangst schließlich kurz nach ihrem 71. Lebensjahr starb.

746 **OLG Celle, Urt. v. 31.03.2023 – 14 U 133/22, NJW-RR 2023, 870 = MDR 2023, 629**

60.000,00 €

Pneumohämatothorax – Rippenserienfraktur – Schädelhirntrauma – Rissquetschwunde

Die 67 Jahre alte Klägerin wurde bei einem Unfall mit einer Schienenbahn verletzt. Sie musste von Feuerwehrleuten aus dem Fahrzeugwrack ihres Pkw befreit werden und erlitt bei dem Unfall ein Polytrauma mit gedecktem Schädelhirntrauma und multiple Kontusionsblutungen rechts frontal und temporal, weiter eine Rippenserienfraktur rechts, mit traumatischem Pneumohämatothorax rechts, eine ausgedehnte Rissquetschwunde am distalen Oberarm rechts, eine Radiusköpfchenfraktur mit Gelenkbeteiligung und knöcherner Absprengung am Olecranon rechts (Ellenbogenhöcker an der Spitze des Ellenbogens) und eine Milzkontusion. Die Olecranon-Fraktur wurde noch am Unfalltag operativ versorgt. Die Klägerin wurde 24 Tage stationär behandelt und befand sich im Anschluss noch 3 Wochen in einer Rehabilitationsklinik. Sie verlor infolge des Unfalls drei Zähne im Unterkiefer; der linke Zeh erlitt beim Unfall starke Risse, die sich entzündeten und eine neuerliche Operation erforderlich machten. Die Klägerin litt nach dem Unfall unter Belastungen und starken Kopfschmerzen. Der Senat berücksichtigte auch ein »absolut nicht nachvollziehbares« Regulierungsverhalten des Versicherers, der trotz eindeutiger Haftung nur einen Abschlag von (»unangemessen niedrigen«) 4.000,00 € gezahlt hatte.

747 **OLG München, Urt. v. 19.01.2022 – 10 U 4672/13, ZfS 2022, 374**

72.000,00 € (2/5 Mitverschulden Vorstellung: 150.000,00 €)

Pneumothorax – dislozierte Rippenserienfraktur – Schädelhirntrauma

Der 24 Jahre alte Kläger erlitt bei einem Verkehrsunfall ein schweres Polytrauma, einen traumatischen Hämatopneumothorax mit instabilem Thorax und deutlich dislozierter Rippenserienfraktur links, eine ausgeprägte Lungenkontusion beidseits, einen traumatischen Pneumothorax rechts, ein mediastinales Emphysem, eine sekundäre dislozierte Abrissfraktur des Prozessus styloideus radii rechts (Abrissfraktur des Griffelfortsatzes der körperfernen Speiche), ein Schädel-Hirn-Trauma mit Skalpierungsverletzung und umschriebener traumatischer intrazerebraler Blutung, eine ausgeprägte HWS-Distorsion sowie ein Subacromialsyndrom der linken Schulter mit Bursitis subacromialis bei Hypermobilität, ferner eine Verletzung der Halswirbelsäule mit einer Subluxation des Zwischenwirbelgelenkes HWK 6/7 und einer Fraktur des Wirbelbogens am 6. HWK sowie einem Weichteilhämatom ausgehend vom Segment C5 bis hinab zu C7 sowie ein organisches Psychosyndrom mit kognitiven Einschränkungen. Die Verletzungen machten wiederholte, längere stationäre Behandlungen nötig, der Kläger leidet unter Dauerschäden, insbesondere einem komplexen organischen Psychosyndrom mit depressiver Störung und Störungen von Effektivität und Impulskontrolle. Dauer-MdE 35 %. Das Mitverschulden beruhte auf einem Gurtverstoß des Klägers.

748 **OLG Hamm, Urt. v. 13.01.2017 – 26 U 6/16, unveröffentlicht**

125.000,00 € (Vorstellung: 150.000,00 €)

Lungenembolie – Läsion des nervus peronaeus und des nervus tibialis – Beckenfraktur

Der Kläger wurde bei einem Verkehrsunfall, bei welchem er von einem LKW eingeklemmt und mit Spezialwerkzeug aus dem Fahrerhaus gerettet werden musste, schwer verletzt. Er erlitt eine Beckenfraktur mit Acetabulumbeteiligung links, eine Tibiaplateau-Trümmerfraktur links, eine linksgradig offene Tibiaschaftfraktur links, eine Fibula-Mehrfragment-Fraktur links mit Läsion des Nervus peronaeus und des Nervus tibialis, eine rechtsseitige Tibiakopf-Fraktur, eine postoperative Lungenembolie und eine beidseitige Beinvenenthrombose. Bereits diese Verletzungen haben dazu geführt, dass der Kläger seit dem Unfall seiner beruflichen Tätigkeit nicht mehr nachgehen konnte. Er leidet zudem weiterhin unter Bewegungseinschränkungen im linken Hüftgelenk und in beiden Knie- und Sprunggelenken, wobei von einem Dauerschaden auszugehen ist.

Neben den eigentlichen Unfallverletzungen, deren Behandlung etwa 7 Monate gedauert hat, ist ferner nachgewiesen, dass der Kläger infolge des Verkehrsunfalls an einer leichten Episode leidet, wobei eine depressive Phase an über 50 % der Tage des Jahres vorliegt. Dabei dauern die periodisch auftretenden Episoden etwa 14 Tage. Zudem leidet der Kläger an einer erektilen Dysfunktion.

OLG München, Urt. v. 07.07.2022 – 24 U 404/21, unveröffentlicht 749

<u>160.000,00 €</u> (1/5 Mitverschulden; Vorstellung: 215.000,00 €)

Lungenkontusion – inkomplette Paraparese unterhalb des vierten Brustwirbelkörpers – Rippenserienfraktur

Der Kläger erlitt bei einem Verkehrsunfall eine inkomplette Paraparese unterhalb des vierten Brustwirbelkörpers, schwere Beinverletzungen, einen Bruch der Hüftgelenkspfanne und eine Rippenserienfraktur. Er war siebeneinhalb Monate ununterbrochen in stationärer Behandlung und ist nun dauerhaft auf den Rollstuhl angewiesen und lediglich in der Lage, etwa fünf Meter mit Unterarmgehstützen zurückzulegen. Der Kläger leidet unter erheblichen Blasen- und Mastdarmentleerungsstörungen dergestalt, dass er sehr oft die Toilette aufsuchen muss und für die Entleerung von Blase bzw. Mastdarm sehr lange Zeit benötigt. Bei Berührungen erleidet er spastische Verkrampfungen an Armen und Beinen. Die Rippenserienfraktur mit Lungenkontusion hat zur Folge, dass er unter einem Engegefühl in der Brust leidet; auch besteht eine Schmerzproblematik. Die Dauer-MdE beträgt 80%.

Mund/Lippe

▶ Hinweis:

Verletzungen im Bereich des Mundes – hierunter werden hier Mund- und Lippenverletzungen verstanden – fallen häufig mit Schädigungen anderer Körperteile, typischerweise etwa Zähnen, Kiefer oder Stimmbändern zusammen (s. insofern auch dort). Maßgeblich bei der Schmerzensgeldbemessung sind bei Verletzungen im Mundbereich zunächst die erhöhte Unbill durch Beeinträchtigungen bei den alltäglichen Erfordernissen des Sprechens und der Nahrungsaufnahme. Verbleiben Narben als Dauerschäden, sind diese, da regelmäßig an optisch herausgehobener Stelle im Gesicht, aufgrund der deutlichen ästhetischen Beeinträchtigung ein wesentlicher Faktor der Bemessung, der zu einer deutlichen Erhöhung des Schmerzensgeldes führen muss.

AG München, Urt. v. 30.04.2015 – 213 C 26734/14, unveröffentlicht 750

<u>500,00 €</u>

Schürfwunde unterhalb des Auges – Prellung im Gesicht

Um drei Uhr nachts kam es zu einer Auseinandersetzung zwischen dem 35 Jahre alten Kläger, einem Taxifahrer, und dem 29 Jahre alten Beklagten, seinem Fahrgast. Der Beklagte forderte, der Kläger solle schneller fahren, und wollte aussteigen; der Kläger hielt an und forderte das Fahrgeld. Der Beklagte weigerte sich zu zahlen; als der Kläger auf Zahlung bestand, nahm der Beklagte einen

100-€-Schein und versuchte, diesen dem Kläger in den Mund zu stopfen. Hierbei erlitt der Kläger eine zwei Zentimeter lange, blutende Schürfwunde im Gesicht unterhalb des rechten Auges und eine Prellung im Gesicht. Er war einen Tag arbeitsunfähig und musste Schmerzmedikation einnehmen.

751 **AG Düsseldorf, Urt. v. 07.05.2015 – 50 C 9301/14, unveröffentlicht**

500,00 € (Vorstellung: 1.500,00 €)

Oberlippenschürfwunde – Gesichtsprellung – Zahnschäden

Die Beklagte betrieb ein Kaufhaus mit einem Eingangsbereich, der aus acht Glastür-Elementen bestand; die mittleren vier Türen waren offen, während die beiden äußeren geschlossen waren. Gegen diese lief die Klägerin und verletzte sich. Das Gericht bejahte eine Verkehrssicherungspflichtverletzung; bei nur teilweiser Öffnung habe die Beklagte die Pflicht gehabt, die geschlossenen Elemente optisch zu markieren. Die Klägerin erlitt eine Gesichtsschädelprellung, eine Schürfwunde an der Oberlippe und eine Fraktur der Frontzahnbrücke sowie großflächige Keramikabplatzungen an zwei Zähnen.

752 **OLG Köln, Beschl. v. 10.09.2018 – 5 U 206/17, unveröffentlicht**

500,00 € (Vorstellung: 4.000,00 €)

Fehlpositionierung des Lippenbändchens

Bei der Klägerin kam es bei einer Wurzelspitzenresektion zu einer Fehlpositionierung des Lippenbändchens, welches nun etwas rechts der Mitte steht, weil die Wundnaht nicht ordnungsgemäß war. Dies ist für besonders empfindliche Patienten lästig, aber schmerzfrei, und wäre auch operativ behebbar. Optisch ist es nur wahrnehmbar, wenn die Klägerin ihre Oberlippe nach außen klappt.

753 **LG Köln, Urt. v. 04.01.2018 – 1 S 261/16, unveröffentlicht**

700,00 € (Vorstellung: 1.000,00 €)

Platzwunde am Mundwinkel – Platzwunde an der Nase

Der Beklagte, der in einer Gaststätte kellnerte, geriet an Karneval in einen Wortwechsel mit dem Kläger, der – weil zu alkoholisiert – keinen Einlass erhielt. Der Beklagte schlug den Kläger zweimal ins Gesicht, wodurch es zu einer 2 cm langen Platzwunde an der Nasenwurzel und einer 1 cm langen Wunde im Bereich des linken Mundwinkels kam. Bei der Bemessung berücksichtigte das Gericht »die besondere Situation des Karnevalstages« und die Anspannung des Beklagten als Kellner an diesem Tag.

754 **OLG Köln, Beschl. v. 03.08.2015 – 5 U 149/14, unveröffentlicht**

800,00 € (Vorstellung: 12.750,00 €)

Einsatz von Kunststoffprovisorien trotz Allergie – Brennen und Jucken im Mundraum

Die Klägerin ist gegen Kunststoffe allergisch, was auch in ihrem Allergieausweis eingetragen war. Im Rahmen einer Zahnbehandlung wurden sieben Zähne entfernt und provisorische Versorgungen aus Kunststoff eingesetzt, was bei der Klägerin Probleme verursachte. Trotz entsprechender Bitten der Klägerin wurden die Provisorien erst über drei Monate später entfernt, wobei nur das zuletzt eingesetzte Provisorium über einen Zeitraum von 12 Tagen ein Brennen und Jucken im Mund hervorgerufen hatte. Der Betragsvorstellung lag die unbewiesene Annahme weiterer Behandlungsfehler zugrunde.

755 **AG Frankfurt, Urt. v. 21.10.2021 – 32 C 105/21, unveröffentlicht**

800,00 €

Schürfwunden an Lippe und Nase – Hüft- und Unterarmprellung

Der 71 Jahre alte Beklagte fühlte sich von dem 88 Jahre alten Kläger, seinem Nachbarn, gestört, weil dieser während der »Sportschau« mit einer Kreissäge im Hof arbeitete. Er schlug mit einem

Knüppel auf Ohr und Kopf des Klägers ein, biss diesen ins rechte Ohr und verdrehte seine Nase. Der Kläger erlitt eine Hüft- und Unterarmprellung sowie Schürfwunden und Prellmarken an Stirn, Augenbraue, Wange, Lippe und Nase.

LG Heidelberg, Urt. v. 25.11.2016 – 3 O 5/16, MedR 2017, 276 756

2.000,00 € (Vorstellung: 2.500,00 €)

Hautausschläge und Wunden an Mund und Kinn

Die Klägerin nutzte eine Gerichts-Enthaarungscreme der Beklagten auf Wange, Kinn und Oberlippe. Sie litt in der Nacht nach der Anwendung unter einem Brennen und Schmerzen im Gesicht, es traten blutende Wunden auf, die in einem größeren Bereich um den Mund und das Kinn herum bis zur Wange zu entstellenden Hautausschlägen geführt haben. Zur Linderung der Schmerzen musste die Klägerin ihr Gesicht über einen längeren Zeitraum hinweg kühlen. Die Hautschäden sind an exponierter Stelle im Gesicht der Klägerin eingetreten, was sie zunächst 17 Tage lang überhaupt gehindert hat, in die Öffentlichkeit zu gehen. Die Gesichtshaut hatte sich nach 10 Monaten so weit erholt, dass das geschminkte Gesicht keine besonders extremen Auffälligkeiten mehr aufweist; gleichwohl belastet sie ihr Aussehen und die Notwendigkeit, die Langzeitschäden durch mehrere Laserbehandlungen zu beseitigen.

AG Nürnberg, Urt. v. 14.11.2015 – 22 C 134/14, unveröffentlicht 757

4.000,00 € (Vorstellung: 4.000,00 €)

Narben an der Lippe – Schnittwunden

Die Klägerin wurde in der Bäckerei der Beklagten ohnmächtig und stürzte hierbei gegen eine senkrecht angebrachte Glasscheibe der Verkaufstheke; hierdurch zerbrach das Glas, was zu Schnittwunden unterhalb der Lippe führte. Die Klägerin erlitt eine 1 cm lange Wunde knapp rechtsseitig der Mittellinie des Gesichts sowie rechtsseitig unterhalb der Unterlippe drei weitere parallel verlaufende Wunden. Nach zwei Jahren sind immer noch mehrere deutlich sichtbare, ca. 1 cm große Narben im Gesicht der »noch sehr jungen« Klägerin erkennbar, was einen massiven Nachteil darstelle und entsprechend kompensiert werden müsse. Die Haftung ergab sich aus einer Verkehrssicherungspflichtverletzung wegen des Einsatzes nicht bruchsicheren Glases im Kundenbereich.

OLG Hamm, Urt. v. 19.04.2016 – 26 U 199/15, VersR 2016, 1192 = GesR 2016, 432 758

4.000,00 € (Vorstellung: 7,500,00 €)

Krippelparästhesien der Zunge nach Nervverletzung

Der Kläger, der Zahnarzt-Angstpatient ist, ließ bei dem beklagten Zahnarzt eine Neuverplombung zweier Zähne im Unterkiefer unter Infiltrations- und Leitungsanästhesie durchführen, wobei er über die alternativ mögliche Behandlung mittels intraligamentärer Anästhesie nicht aufgeklärt worden war. Bei der Leitungsanästhesie kam es zu einer Nervverletzung. Der Kläger spürte zunächst ein Kribbeln in der Zunge, welches dann aber zu einer Gefühllosigkeit der Zunge und Kribbelparästhesien führte, die noch 10 Monate später bestand. Aktuell fühlt der Kläger noch eine leichte Taubheit.

LG Bonn, Urt. v. 05.10.2018 – 1 O 165/18, unveröffentlicht 759

4.000,00 € (Vorstellung: 4.000,00 €)

Schürfwunden an der Oberlippe – Schürfwunden an Stirn und Nase – Prellungen – Stirnplatzwunde

Die Klägerin wurde als Radfahrerin bei einem Verkehrsunfall verletzt; sie erlitt eine Platzwunde an der Stirn, Schürfwunden im Bereich von Stirn, Nase und Oberlippe sowie multiple Prellungen an der Stirn, dem rechten Unterarm und dem rechten Fuß.

Es kam zu einem HWS/BWS-Schleudertrauma mit einem Hartspann der Brustwirbelsäule. Sie war stationär aufgenommen und 11 Tage krankgeschrieben sowie fünf Monate beeinträchtigt. Ein im

Anschluss an die Krankschreibung bereits zuvor gebuchter Urlaub wurde durch die Gesichtsverletzungen beeinträchtigt, die Klägerin fühlte sich optisch nicht gut und war zudem wegen der Schmerzen und Verspannungen im Brustbereich auf die Einnahme von Schmerzmedikation angewiesen.

760 **OLG Naumburg, Urt. v. 23.04.2014 – 1 U 115/13, NJW-RR 2015, 346**

<u>**6.000,00 €**</u> (1/4 Mitverschulden)

Gewebeverluste an Lippe und Nase

Der Kläger wurde von einem Hund gebissen, als er die Auseinandersetzung dieses Hundes mit einem anderen Hund beenden wollte. Er trug Verletzungen der Oberlippe und der Nase davon, die teilweise zu nach wie vor sichtbaren Gewebeverlusten führten (ausgeprägter Defekt im Nasen- und Oberlippenbereich). Dies war äußerst schmerzhaft, musste operativ versorgt werden und zog einen mehrtätigen stationären Aufenthalt sowie eine einmonatige Arbeitsunfähigkeit nach sich. Die beeinträchtigte Lippe hinderte lange Zeit beim Sprechen, und er hat auch heute noch mit einer regelmäßigen Hornhautbildung an der Oberlippe zu kämpfen. Es sind Narben verblieben, die gemeinsam mit dem Gewebeverlust im Gesicht zu erkennen sind. Es droht zumindest ein weiterer plastisch-chirurgischer Eingriff.

761 **OLG Düsseldorf, Urt. v. 16.02.2022 – 18 U 4/21, NZI 2022, 448**

<u>**6.000,00 €**</u>

Mund- und Kieferschmerzen – Kaubeschwerden

Die Klägerin litt nach einer fehlerhaften Zahnimplantatbehandlung an mehreren Zähnen fünf Jahre lang unter massiven Schmerzen im Mund- und Kieferbereich, die in den Kopf hinein ausstrahlten und mit Kaubeschwerden einhergingen. Auch die Anschlussbehandlung war schmerzhaft. Ferner war ihre geistige Leistungsfähigkeit, insbesondere ihr Konzentrationsvermögen massiv beeinträchtigt, was die Klägerin sowohl in ihrer privaten Lebensführung als auch in ihrem Beruf als Lehrerin beeinträchtigte. Das Gericht erhöhte das »zunächst« angemessene Schmerzensgeld von 5.000,00 € um 1.000,00 € wegen des Verhaltens des Beklagten, der eine Einstandspflicht 16 Jahre lang verweigert hatte (rechtlich korrekt wäre allerdings die Bildung eines einheitlichen Schmerzensgeldes unter Berücksichtigung dieses Faktors, das Schmerzensgeld wird nicht »zusammenaddiert«, s.o. Kap. 3 Rdn. 15 ff.).

762 **OLG Brandenburg, Urt. v. 03.02.2020 – 12 U 98/19, NJW-RR 2020, 671**

<u>**10.000,00 €**</u> (1/5 Mitverschulden Vorstellung: 15.000,00 €)

Schnittwunden an Mund und Lippe – Schädelhirntrauma – Mittelgesichtsfraktur

Der Kläger erlitt ein Polytrauma mit Schädelhirntrauma ersten Grades, einer komplexen Mittelgesichtsfraktur Typ LeFort II, einer distalen Radiusfraktur rechts sowie Prellungen an Thorax, Abdomen, Becken und Oberschenkel. Er erlitt Schnittwunden am Mundwinkel rechts und der Unterlippe sowie am Kinn und am rechten Oberlid. Die Fraktur wurde operiert, die restlichen Verletzungen konservativ behandelt. Der Kläger befand sich 3 Tage im Koma und 11 Tage stationär; er war 2 1/2 Monate arbeitsunfähig. Es verbleibt eine geringgradige Einschränkung der Beweglichkeit der rechten Hand.

763 **LG München II, Urt. v. 01.03.2023 – 1 O 227/21, unveröffentlicht**

<u>**20.000,00 €**</u> (Vorstellung: 25.000,00 €)

Taubheit an Mund und Lippe nach Verletzung des nervus alveolaris – Wurzelkanalbehandlung

Die Klägerin war wegen einer Wurzelkanalbehandlung bei der Praxis des Beklagten. Dieser verletzte bei der Wurzelspitzenresektion den nervus alveolaris; über dieses Risiko war nicht ausreichend aufgeklärt worden. Die Klägerin leidet nun an Schmerzen, Taubheit an Unterlippe und Zahnfleisch und Schmerzattacken, Sprach- und Bissproblemen. Ob ihr Flüssigkeit aus dem Mund läuft, spürt die Klägerin nicht; die Gefühlsbeeinträchtigung im Mund führt zu Beißen auf die Wange, der Lippenschluss ist beeinträchtigt.

LG Detmold, Urt. v. 06.05.2021 – 4 O 59/19, unveröffentlicht 764

50.000,00 € (Vorstellung: 60.000,00 €)

Unterlippentaubheit – Operation bei Prostataentzündung

Der Kläger, der seit 1 1/2 Jahren unter Prostatabeschwerden litt, stellte sich wegen eines akuten Harnwegsinfektes im Klinikum der Beklagten vor. Dort wurde eine Ausschälungsoperation der Prostata vorgenommen, obwohl diese während einer Entzündung der Prostata nicht hätte vorgenommen werden dürfen. Es kam zu Nachblutungen und Harninkontinenz trotz mehrfacher nachfolgender Operationen (insgesamt 9) und ambulanter sowie stationärer Nachbehandlungen. Zur Beseitigung einer Harnröhrenenge wurde Mundschleimhaut in die Harnröhre implantiert. Schließlich wurde – ein Jahr nach der ersten Operation ein künstlicher Schließmuskel implantiert. Infolge der Mundschleimhauttransplantation kam es zu Narbenbildung und Taubheit der halben Unterlippe. Auch sechs Jahre nach der OP sind noch nicht alle Folgen beseitigt; die Lebensqualität ist eingeschränkt, beim Radfahren muss ein Kondomurinal benutzt werden, um unfreiwilligen Harnverlust zu vermeiden. Beim täglichen Essen hat der Kläger wegen der Taubheit der Lippe Probleme. Er kann vor längeren Autofahrten nicht viel trinken. Der künstliche Schließmuskel erfordert beidhändige Bedienung beim Toilettengang.

AG Hannover, Urt. v. 06.07.2023 – 231 Ls 9353 Js 73293/22 (150/23), unveröffentlicht 765

50.000,00 €

Schnittwunden und Narben an Mund und Ohr – inkomplettes Querschnittssyndrom

Der Angeklagte, der mit dem Roller unterwegs war, ärgerte sich über das Verhalten des Rad fahrenden Adhäsionsklägers, fuhr diesem hinterher und schlug sodann in paralleler Fahrweise mit einer kraftvollen ausholenden Armbewegung unvermittelt und für den Adhäsionskläger nicht vorhersehbar mit dem rechten Arm im Stile einer Tennisrückhandbewegung an dessen Kopf, wodurch dieser die Kontrolle über sein Rennrad verlor und mit dem Kopf bzw. seinem Fahrradhelm vorwärts in die vertikale Heckscheibe eines parkenden Wagen fiel, die dadurch zersplitterte. Er erlitt einen Riss der Halsschlagader mit einhergehendem starkem Blutverlust sowie diverse Schnittverletzungen im Gesicht und eine Fraktur der Halswirbelsäule.

Der Adhäsionskläger hat die Tat nur aufgrund der zufälligen Anwesenheit mehrerer Ärzte überlebt und musste unmittelbar im Krankenhaus notoperiert werden, wo er mehrere Wochen verblieb. Er befindet sich in ununterbrochener ärztlicher Behandlung und musste aufgrund einer schicksalhaften Risikoverwirklichung im Rahmen der ersten Operation, wodurch das Rückenmark geschädigt wurde und es zu einem inkompletten Querschnittssyndrom kam, insgesamt sieben Operationen über sich ergehen lassen. Der Alltag des Adhäsionsklägers hat sich massiv verändert. So ist unter anderem ein problemloses Anziehen von Kleidung als auch der alleinige Stuhlgang auch ein Jahr nach der Tat noch nicht möglich. Der Adhäsionskläger hat eine dauerhafte mehrere Zentimeter lange Narbe vom Mundwinkel bis zu dem Gehörgang sowie eine großflächige Narbenpartie um das Ohr erlitten und wird somit tagtäglich durch einen Blick in den Spiegel an das Geschehen erinnert. Der Erfolg des Wiedereingliederungsversuchs bei seiner Arbeitsstelle ist weiterhin ungewiss, so dass auch ein vorzeitiger krankheitsbedingter Ruhestand im Raum steht. Das Gericht berücksichtigte auch, dass die von dem Angeklagten ausgeübte Tat vorsätzlich verübt wurde, so dass der Adhäsionskläger ein verstärktes Interesse an Genugtuung habe.

OLG München, Urt. v. 16.12.2016 – 32 U 2167/16, unveröffentlicht 766

90.000,00 €

Mundbewegungsstörung – Gesichtsverletzung – Nervus fascialis Parese

Die 2 Jahre alte Klägerin wurde vom Hund der Beklagten ins Gesicht gebissen, hierbei wurden diversen Nerven im Gesicht durchtrennt, und es kam u.a. zu einer inkompletten nervus fascialis Parese. Die Klägerin musste sich zahlreichen Operationen unterziehen. Sie kann eines der Augen nicht schließen, Augentropfen sind weiter erforderlich, und ist optisch deutlich entstellt. Aufgrund der

Schädigung des Gesichtsnervs kann die Klägerin einen Mundwinkel nicht heben, auch nicht beim Lachen. Seit dem Biss ist ihre Kindheit wesentlich von Arztbesuchen und Krankenhausaufenthalten und dem täglichen Umgang mit den Verletzungsfolgen geprägt. Auch das grob fahrlässige Verhalten der Hundehalterin (deren Hund bereits zuvor ein Kind gebissen hatte) fand Berücksichtigung.

767 **OLG Zweibrücken, Urt. v. 28.06.2023 – 7 U 107/21, unveröffentlicht**

200.000,00 €

Mundöffnungsschwierigkeiten – Verbrennungen auf 25% des Körpers

Der Kläger war als Arbeiter an einer Gaspipeline tätig; wegen falscher Planunterlagen wurde bei der Einbringung einer Spundwand eine Gasleitung getroffen; das austretende Gas entzündete sich sofort und bildete eine Stichflamme. Der Kläger erlitt Verbrennungen auf 25% der Körperoberfläche. Er befand sich ca. 170 Tage in stationärer Behandlung; er befindet sich weiterhin in regelmäßiger ärztlicher Behandlung. Bei der Einlieferung des Klägers in die Unfallklinik war er bewusstlos und seine Haut in einem Umfang von 25 % verbrannt. Die Brandverletzungen betreffen den Rücken, den Arm, die Hand, das Gesäß und die Oberschenkel sowie in geringerem Grade auch den Kopf, wobei dort auch das Augenlid betroffen ist. In den folgenden ca. drei Wochen wurde der Kläger in ein künstliches Koma versetzt und künstlich beatmet. Die in der Folge der erlittenen Brandverletzungen vorhandenen sehr starken Schmerzen wurden mit Analgetika behandelt, wobei eine vollständige Schmerzausschaltung nicht gelang und der Kläger trotz Medikation sehr starke Schmerzen verspürte, was insbesondere bei Umlagerungstätigkeiten im Bett trotz zusätzlicher Narkosemittel der Fall war. Er musste sich 12 Operationen unterziehen; als Folge der schweren Verbrennungen sowie teilweise der notwendigen Gewinnung von Transplantationsmaterial sind Narben verblieben, die sehr deutlich in den Bereichen des Rückens, der Oberschenkel und des Gesäßes sichtbar sind und sich dort überwiegend befinden. Auch im Gesicht und am sonstigen Kopf sind sichtbare Vernarbungen verblieben. Die Verbrennungen auf den Händen bedingen die Notwendigkeit, Handschuhe zu tragen; die Fingerspitzen sind taub, die Nägel nicht richtig nachgewachsen, diverse Handgriffe beeinträchtigt. Längeres Sitzen fällt wegen der Beeinträchtigung der Haut an Beinen und Gesäß schwer. Das linke Auge tränt; beide Augen sind lichtempfindlich und lassen sich nicht mehr ganz schließen. Der Mund des Klägers kann aufgrund der Verletzungen der Gesichtshaut nicht mehr vollständig geöffnet werden. Der Kläger leidet unter Spannungsgefühlen, Juckreiz und Temperaturempfindlichkeit. Der Kläger ist psychisch stark belastet.

Nase

▶ Hinweis:

Im Folgenden sind nur die äußerlichen Verletzungen der Nase (Prellungen, Wunden, Brüche) erfasst. Zu der Beeinträchtigung und dem Verlust des Geruchssinnes s. das Stichwort → Geruchssinn (Rdn. 490 ff.).

768 **AG Frankfurt, Urt. v. 21.10.2021 – 32 C 105/21, unveröffentlicht**

800,00 €

Schürfwunden an Nase und Gesicht – Hüft- und Unterarmprellung

Der 71 Jahre alte Beklagte fühlte sich von dem 88 Jahre alten Kläger, seinem Nachbarn, gestört, weil dieser während der »Sportschau« mit einer Kreissäge im Hof arbeitete. Er schlug mit einem Knüppel auf Ohr und Kopf des Klägers ein, biss diesen ins rechte Ohr und verdrehte seine Nase. Der Kläger erlitt eine Hüft- und Unterarmprellung sowie Schürfwunden und Prellmarken an Stirn, Augenbraue, Wange, Lippe und Nase.

769 **LG Duisburg, Urt. v. 24.11.2020 – 33 KLs – 728 Js 177/20 – 9/20, unveröffentlicht**

1.000,00 €

Nasenschnittwunde

Der Angeklagte lernte den Geschädigten bei einem Ausflug im Rotlichtmilieu kennen und begleitete ihn auf dem Weg Richtung Bordell; dann fasst er den Entschluss, ihn auszurauben, und warf ihm eine leere Bierflasche an den Kopf. Dieser erlitt dadurch ein circa fünf mal sechs Zentimeter großes Hämatom frontal links mit Druckdolenz (linker Stirnbereich), zwei oberflächliche Schnittwunden im Bereich des Nasenrückens mit sistierter Blutung sowie eine Nasenbein- und Gesichtsprellung. Er war nach dem Aufprall der Glasflasche im Gesicht kurzzeitig benommen, von dem Wurf der Glasflasche vollkommen überrascht und erschrocken und bemerkte, dass er im Gesicht stark blutete. Der Angeklagte entwendete Bargeld und ein Handy. Der Geschädigte musste in der Folgezeit eine Nasenbandage tragen, die Heilung seiner Nase dauerte insgesamt mehr als zwei Monate. Er hat eine bleibende Narbe auf der Nase. Aufgrund des Vorfalls litt er für einige Zeit unter Schlafproblemen und hat Schwierigkeiten anderen Personen zu vertrauen. Er ging trotz dieser Beeinträchtigungen arbeiten, da er nicht an den Vorfall denken wollte.

OLG Dresden, Urt. v. 20.04.2020 – 4 U 137/20, unveröffentlicht 770

1.500,00 €

Prellungen an Nasenbein, Thorax und Wirbelsäule – Zerrungen an Wirbelsäule und Schulter

Der Kläger erlitt bei einem Verkehrsunfall eine Zerrung der Wirbelsäule und des Schulterblattes sowie Prellungen an Thorax, Nasenbein und Wirbelsäule. Er war 14 Tage krankgeschrieben und litt sechs Monate lang noch unter unfallbedingter Schmerzverstärkung.

LG Lübeck, Urt. v. 19.09.2022 – 10 O 173/18, r+s 2022, 659 771

1.500,00 € (1/3 Mitverschulden Vorstellung: 2.000,00 €)

Nasenbeinfraktur – Prellmarken – Halsdistorsion

Der Kläger navigierte eine Sportyacht in den Kommunalhafen der beklagten Gemeinde. Diese hatte – ohne entsprechende Warnhinweise – eine Fahrwassertonne ersatzlos aus der Fahrrinne entfernt, weswegen der Kläger aus der Fahrrinne navigierte und mit seiner Yacht auf Grund lief, wodurch er stürzte.

Der Kläger erlitt durch den Sturz eine Nasenbeinfraktur, eine Distorsion von Hals- und Brustwirbelsäule sowie Prellmarken am Unterarm und eine Schwellung im Gesicht. Das Gericht bejahte eine Verkehrssicherungspflichtverletzung; die Gemeinde sei verpflichtet, den Schiffsverkehr sicher zu regeln, und habe diese Pflicht durch Entfernung der Tonne verletzt.

OLG Nürnberg, Beschl. v. 25.01.2022 – 11 UF 801/21, FamRZ 2022, 975 = NJW-RR 2022, 726 772

1.900,00 €

Nasenbeinbruch

Die Beteiligten waren Eheleute; im Rahmen eines Streits machte der Antragsgegner eine Armbewegung und traf die Antragstellerin mit der Hand im Gesicht. Die Antragstellerin erlitt einen Nasenbeinbruch und musste operiert werden. Das Gericht berücksichtigte, dass zwar eine vorsätzliche Verletzung vorlag, die Eheleute sich aber zwischenzeitlich wieder versöhnt hatten und zusammenlebten, so dass sich der zugebilligte Betrag »deutlich unterhalb vergleichbarer Entscheidungen« bewege.

LG Essen, Urt. v. 13.03.2018 – 2 O 215/17, unveröffentlicht 773

2.000,00 € (Vorstellung: 3.600,00 €)

Nasenbeinfraktur – Riss-Quetsch-Wunde des Nasenrückens – Rippenfraktur

Die Parteien waren Nachbarn und hatten bereits diverse verbale Auseinandersetzungen gehabt. Als der Beklagte am Tattag vom Joggen nach Hause kam, kam es zu einem neuerlichen Streit, im Verlauf dessen der Beklagte den Kläger einen Schlag versetzte, aufgrund dessen der Kläger zu Boden ging und gegen die Bordsteinkante prallte. Der Kläger erlitt durch den Schlag eine Riss-Quetsch-Wunde des Nasenrückens, eine Nasenbeinfraktur sowie eine Fraktur der neunten Rippe links. Er wurde 5 Tage stationär handelt und mit attestiert »gutem Allgemeinzustand« wieder entlassen.

774 **LG Detmold, Urt. v. 20.03.2020 – 23 KLs – 31 Js 457/19 – 2/20**

2.000,00 €

Die Klägerin stand ihrer Schwester im Rahmen einer Auseinandersetzung mit deren Ehemann bei; dieser schlug sie zweimal heftig ins Gesicht, wodurch sie ohnmächtig wurde und eine Nasenbeinfraktur, eine Gehirnerschütterung und Prellungen von Kiefer und Backenknochen erlitt. Sie musste eine Nacht stationär überwacht werden und war drei Wochen arbeitsunfähig, Schmerzen wurden medikamentös behandelt.

775 **OLG Schleswig, Urt. v. 26.07.2023 – 7 U 42/23, NJW-RR 2023, 1451 = r+s 2023, 818**

2.500,00 € (1/2 Mitverschulden;Vorstellung: 3.500,00 €)

Nasenbeinfraktur – Schädelhirntrauma – Rippenfrakturen

Der Kläger erlitt bei einem Verkehrsunfall, an welchem er als Motorradfahrer beteiligt war, eine mehrfragmentäre, dislozierte Nasenbeinfraktur, Frakturen der dritten Rippe rechts und der zweiten Rippe links, ein leichtes Schädelhirntrauma 1. Grades und eine Daumenprellung. Er war 6 Tage stationär und 5 Wochen krankgeschrieben, die Nase musste operiert werden.

776 **OLG Hamm, Urt. v 25.05.2021 – 7 U 89/20, NJW-RR 2021, 1323**

3.000,00 € (1/2 Mitverschulden; Vorstellung: 8.000,00 €)

Blutige Nase – Radiusfraktur – Prellungen

Die Klägerin stürzte mit ihrem Pedelec über ein Glasfaserkabel, was die beklagte Baufirma auf der Erde geholt und – vor der Beseitigung – quer über Fuß- und Radweg der Straße abgelegt hatte. Sie erlitt eine distale Radiusfraktur der linken Hand, Verletzungen des rechten Knie- und Sprunggelenks, eine blutende Nase und Prellungen am Kopf. Eine Fehlstellung des distalen Radius verbleibt mit der Folge einer posttraumatischen Arthrose. Das Mitverschulden resultierte aus hoher Geschwindigkeit (30 km/h) und guter Sichtbarkeit der Stelle.

777 **LG Tübingen, Urt. v. 06.12.2022 – 5 O 183/21, ZfS 2023, 201**

3.900,00 €

Prellungen an Thorax, Nase und Knie

Die Klägerin erlitt bei einem Verkehrsunfall Prellungen an Thorax, Nase und Knie. Gerade die Prellungen im Brustbereich waren sehr schmerzhaft; die Klägerin war 3 Monate arbeitsunfähig.

778 **LG Bonn, Urt. v. 05.10.2018 – 1 O 165/18, unveröffentlicht**

4.000,00 € (Vorstellung: 4.000,00 €)

Nasenschürfwunde – Schürfwunden an Stirn und Oberlippe – Prellungen – Stirnplatzwunde

Die Klägerin wurde als Radfahrerin bei einem Verkehrsunfall verletzt; sie erlitt eine Platzwunde an der Stirn, Schürfwunden im Bereich von Stirn, Nase und Oberlippe sowie multiple Prellungen an der Stirn, dem rechten Unterarm und dem rechten Fuß.

Es kam zu einem HWS/BWS-Schleudertrauma mit einem Hartspann der Brustwirbelsäule. Sie war stationär aufgenommen und 11 Tage krankgeschrieben sowie fünf Monate beeinträchtigt. Ein im Anschluss an die Krankschreibung bereits zuvor gebuchter Urlaub wurde durch die Gesichtsverletzungen beeinträchtigt, die Klägerin fühlte sich optisch nicht gut und war zudem wegen der Schmerzen und Verspannungen im Brustbereich auf die Einnahme von Schmerzmedikation angewiesen.

OLG Dresden, Beschl. v. 20.05.2022 – 4 W 245/22, MDR 2022, 1238 779

5.000,00 €

Übersehen einer Nasenbeinfraktur

Der Antragsteller war wegen einer Schwellung an der Nase in die Praxis des Antragsgegners gegangen; dieser übersah eine Nasenbeinfraktur. Die erst 8 Wochen später vorgenommene Behandlung führte zu einer Behinderung der Nasenatmung, optischen Beeinträchtigungen (Nasenschiefstand) und einem »unangenehmen Druck« auf dem Nasenbein.

AG Berlin-Tiergarten, Urt. v. 08.01.2024 – 215 Ls 22/34, CR 2024, R20 780

5.000,00 €

Nasenbeinbruch

Die Angeklagten griffen während einer sog. »Querdenker«-Demonstration ein Fernsehteam an, zu dem auch das Opfer als Kameramann gehörte. Dieser wurde mit Metallstangen niedergeschlagen und erlitt einen Nasenbeinbruch. Die Entscheidung erging im Adhäsionsverfahren.

LG Kaiserslautern, Urt. v. 19.06.2020 – 3 O 639/19, unveröffentlicht 781

7.000,00 € (3/10 Mitverschulden)

Schnittwunde an der Nase – Risswunde an der Stirn

Die 13 Jahre alte Klägerin war Schülerin in der Einrichtung der Beklagten. Dort war ein Treppenpodest in Richtung Mädchentoiletten mit einem offenen Bereich ausgestattet, der beidseitig mit Verblendungen besetzt war, deren scharfe Kanten überstanden. Die Klägerin stieß hiergegen, als sie die Treppe herauflief und – um möglichst schnell zur Toilette zu kommen – die untere Verblendung in gebückter Haltung unterlief und sodann beim Aufrichten des Kopfes ungebremst gegen die Kante stieß. Sie erlitt einen heftigen Schock, fiel zu Boden und stieß beim Aufstehen erneut gegen die Verblendung. Hierdurch kam es zu einer massiven Schnittwunde von der Nase über die Nasolabialfalte rechts sowie einer massiven Risswunde im oberen Stirnbereich knapp unterhalb des Haaransatzes mit Skalpierung. Sie war 3 Tage stationär, wo es infolge des Unfalls zu einer Rekonstruktion der Nasenspitze kam und die Schnitt- und Risswunden genäht werden mussten, an einer Stelle im oberen Bereich mit 13 Nähten. Während des stationären Aufenthalts musste die Nase täglich von einem HNO-Arzt gereinigt werden, die Nase brannte und die Schmerzen führten zu Schlafproblemen. Es verblieben Narben im Gesicht, eine hellere im Nasenbereich und eine etwas rötlichere, dickere im Stirnbereich. Diese Narben stellen für die junge Klägerin eine nicht unerhebliche Lebensbeeinträchtigung insbesondere hinsichtlich des Soziallebens dar, denn die Narben liegen unmittelbar im Gesicht, und die Klägerin wird darauf angesprochen.

LG Köln, Urt. v. 03.11.2022 – 14 O 304/21, unveröffentlicht 782

7.000,00 € (3/10 Mitverschulden; Vorstellung: 15.000,00 €)

Nasenbiss

Die Parteien waren Bekannte und Hundehalterinnen; die Klägerin kannte den Hund der Beklagten seit dessen Kindstagen. Als sie sich ins Auto der Beklagten beugte, wo der Hund in einer Transportvorrichtung saß, biss der Hund sie zweimal in die Nase. Hierdurch erlitt sie multiple oberflächliche Bissspuren am Nasenbein sowie eine 2 x 2cm große Hautablederung der Nasenspitze. Die Verletzungen sind überwiegend verheilt, die betroffenen Stellen wurden mit Lasertechnik behandelt. Die Klägerin behielt eine Narbe an der Nase.

LG Essen, Urt. v. 01.12.2022 – 65 KLs 1/22, unveröffentlicht 783

10.000,00 €

Nasenbeinfraktur – Le-Fort-I-Fraktur – Riss-Quetsch-Wunde am Ohr

Der Nebenkläger hatte eine verheiratete Frau, mit der er eine Affäre hatte, erpresst; die Angeklagten hatten ihn daraufhin einen »Denkzettel« verpassen wollen und schlugen ihn in einer Gruppe mit einem Schlaggegenstand in das Gesicht. Der Nebenkläger erlitt eine Le-Fort I-Fraktur, einen Bruch des linken Jochbeins, einen Bruch des linken knöchernen Augenhöhlenbodens sowie einer Nasenbeinfraktur. Es kam zudem zu Verletzungen der Mundvorhofschleimhaut mit Absplitterung von Verblendungen der Frontzähne 11 und 12, einer Schwellung der linken Gesichtshälfte, einem Monokelhämatom links sowie eine Riss-Quetsch-Wunde vor dem linken Ohr. Der Kläger wurde eine Woche stationär aufgenommen. Eine Zahnbehandlung wurde erforderlich; die Le-Fort I-Fraktur wurde mit einer Metallplatte operativ versorgt, die in einer gesonderten Operation wieder entfernt wurde. Bei der Bemessung wurde auch berücksichtigt, dass der Nebenkläger seinerseits Täter einer Erpressung gewesen war.

784 **OLG Zweibrücken, Urt. v. 13.11.2019 – 1 U 153/14, unveröffentlicht**

<u>**15.000,00 €**</u> (1/2 Mitverschulden; Vorstellung: 50.000,00 €)

Nasenbeinfraktur – Unterschenkelschaftfraktur – Prellungen, Schürfwunden

Die 10 Jahre alte Klägerin wurde von einem Auto angefahren. Sie erlitt hierbei eine Unterschenkelschaftfraktur, eine Schädelprellung, eine Nasenbeinfraktur, eine Schürfwunde am Unterschenkel sowie Schürfwunden in der Knöchelregion, am Fuß und im Gesicht nebst einem Hämatom an der Oberlippe. Bei dem Sturz ist ein Zahn abgebrochen. Im Rahmen der Behandlungen wurde im Bereich des Unterschenkels der Klägerin ein externer Fixateur eingesetzt. Sie befand 13 Tage in stationärer Behandlung, hierbei wurde auch eine Nasenreposition durchgeführt. Drei Monate später war ein weiterer Krankenhausaufenthalt von 3 Tagen nötig, fünf Jahre später kam es zu einer weiteren Operation aufgrund einer entstandenen Synostose. Es blieben eine 12 cm lange Narbe am Unterschenkel sowie Restbeschwerden (Taubheitsgefühl), die sich beim Ski- oder Inlinefahren äußern.

785 **OLG Hamm, Urt. v. 22.11.2022 – 7 U 8/22, unveröffentlicht**

<u>**19.000,00 €**</u> (Vorstellung: 25.000,00 €)

Nasenbeinfraktur – Jochbeinfraktur – Gelenkssprengung der Schulter

Der 68 Jahre alte Kläger erlitt bei einem Verkehrsunfall eine Nasenbeinfraktur, eine Jochbeinfraktur, eine Kalottenfraktur mit subarachnoidaler Blutung und Riss-/Quetschwunden frontal links sowie eine Le-Fort-1-Fraktur, eine Gelenkssprengung der linken Schulter und eine Hüftprellung. Er kann schwere Gegenstände nur eingeschränkt tragen, hat Beeinträchtigungen im Geruchs- und Geschmackssinn und Schwierigkeiten bei Überkopfarbeiten. Der Senat wertete das – landgerichtlich zuerkannte – Schmerzensgeld als »keinesfalls zu hoch«.

786 **LG Lübeck, Urt. v. 29.09.2023 – 3 O 336/22, NZV 2024, 347**

<u>**70.000,00 €**</u> (Vorstellung: 80.000,00 €)

Nasenbeinfraktur – Mittelgesichtsfraktur – Unterschenkelamputation

Die 85 Jahre alte Klägerin wurde als Fußgängerin von einem LKW überrollt; ihr linkes Bein wurde abgetrennt, der linke Unterschenkel musste amputiert werden. Sie erlitt zudem Mittelgesichtsfrakturen mit einer Nasenbeinfraktur, einen hypovolämischen Schock, eine Zerrung der Wirbelsäulenbänder sowie Riss- und Quetschwunden und Hämatome.

Die Klägerin ist aufgrund ihres Alters größeren Anpassungsschwierigkeiten ausgesetzt; sie musste ihre 3-Zimmer-Wohnung, die sie zuvor selbständig bewohnte, aufgeben und ist nunmehr mit einem Rollstuhl im Pflegeheim. Ihr ist erhebliche Lebensqualität genommen.

Nerven

▶ Hinweis:

Nervschädigungen sind, soweit sie Begleiterscheinungen zu anderen Verletzungen bilden, unter diesen aufgeführt, wenn die Nervläsion nicht als »Hauptschädigung« anzusehen ist.

Beachten Sie zudem, dass, soweit eine Verletzung eines Körperteils medizinisch auf eine Nervläsion zurückzuführen ist, diese gleichwohl unter dem jeweiligen Körperteil-Stichwort aufgelistet wurde, also Verletzungen des nervus mentalis unter → Kiefer (Rdn. 564 ff.) bzw. → Mund (Rdn. 750 ff.), des nervus lingualis (je nach Schwerpunkt der Beeinträchtigung) unter → Zunge (Rdn. 1117 ff.) oder → Geschmack (Rdn. 495 ff.), des nervus recurrens unter → Stimmband (Rdn. 1006 ff.) etc. Schädigungen des Zentralnervensystems und Fälle von Schwerstverletzungen und Querschnittslähmungen sind in dem so betitelten gesonderten Abschnitt (Rdn. 2095 ff.) zusammenfassend behandelt.

OLG Schleswig, Beschl. v. 11.01.2021 – 7 U 111/20, NJW-RR 2021, 962 787

3.000,00 € (Vorstellung: 40.000,00 €)

Nervwurzelzerrung

Die 40 Jahre alte Klägerin wurde angefahren, als sie gerade Scheibenwasser im Auto nachfüllen wollte. Sie war drei Tage im Krankenhaus, wo ein rezidiver Bandscheibenprolaps mit Alteration der Nervenwurzel links festgestellt wurde. Die Nervwurzelzerrung führte zu Bewegungseinschränkungen insbesondere im lumbo-sacralen Bewegungssegment und drei Monaten Arbeitsunfähigkeit.

Der Senat hielt den vorgerichtlich gezahlten Betrag von 3.000,00 € hierfür für ausreichend. Die Betragsvorstellung beruht auf der Behauptung nicht bewiesener weiterer Schäden.

OLG Hamm, Urt. v. 19.04.2016 – 26 U 199/15, VersR 2016, 1192 = GesR 2016, 432 788

4.000,00 € (Vorstellung: 7.500,00 €)

Krippelparästhesien der Zunge nach Nervverletzung

Der Kläger, der Zahnarzt-Angstpatient ist, ließ bei dem beklagten Zahnarzt eine Neuverplombung zweier Zähne im Unterkiefer unter Infiltrations- und Leitungsanästhesie durchführen, wobei er über die alternativ möglichen Behandlungen mittels intraligamentärer Anästhesie nicht aufgeklärt worden war. Bei der Leitungsanästhesie kam es zu einer Nervverletzung. Der Kläger spürte zunächst ein Kribbeln in der Zunge, welches dann aber zu einer Gefühllosigkeit der Zunge und Kribbelparästhesien führte, die noch 10 Monate später bestand. Aktuell fühlt der Kläger noch eine leichte Taubheit.

LG Flensburg, Urt. v. 24.06.2022 – 3 O 205/19, unveröffentlicht 789

8.000,00 € (Vorstellung: 10.000,00 €)

Fehlerhafte Wirbelkanaldekompression

Bei der 40 Jahre alten Klägerin wurde irrtümlich eine Dekompression eines Wirbelkanals in der falschen Höhe durchgeführt. Die Klägerin musste also unnötig eine Operation und den nachfolgenden Heilungsverlauf durchlaufen; die eigentlichen Beschwerden der Klägerin – Taubheitsgefühle und Schmerzen in beiden Beinen und der Wirbelsäule – wurden nicht behoben, sondern bestanden für sechs Monate – bis die Fehlerhaftigkeit der Operation bemerkt wurde – fort. Bei der Bemessung wurde auch ein verzögertes Regulierungsverhalten der Versicherung aufgrund klarer Haftung berücksichtigt.

OLG Naumburg, Urt. v. 03.11.2016 – 42 U 8/16, unveröffentlicht 790

10.000,00 €

Läsion des Nervus ulnaris – Kopfplatzwunde – HWS-Distorsion

Der Kläger wurde durch einen rechtswidrigen Polizeieinsatz verletzt. Er erlitt neben einer Kopfplatzwunde eine Distorsion der HWS, eine Knieprellung, ein chronisches posttraumatisches Syndrom mit höhergradiger, axionaler, demyelinisierender Läsion des nervus ulnaris mit Parese und Atrophie. Er leidet nun unter einer Spannung des musculus sternocleidomastoideus, chronischen Kopfschmerzen, Kurzzeitgedächtnisstörungen, und Aufmerksamkeitsstörungen. Es besteht eine Erwerbsminderung von 30 %.

791 **OLG Brandenburg, Beschl. v. 08.11.2018 – 12 W 14/15, unveröffentlicht**

<u>10.000,00 €</u> (Vorstellung: 50.000,00 €)

Fußheberparese – Bandscheibenoperation

Die Antragstellerin unterzog sich einer dorso-ventralen Spondylodese im Bereich der Bandscheiben L4/L5 und L5/S. Infolge der operativen Eingriffe, über die die Antragstellerin nicht wirksam aufgeklärt worden war, erlitt sie eine Fußheberparese, die dazu führt, dass mit diesem Bein eigenständig keine Bewegungen durchgeführt werden können. Die Antragstellerin ist auf die Verwendung zweier Unterarmgehstützen angewiesen. Die zu bewältigende Gehstrecke liegt unter 100 Meter. In bestimmten Situationen kommt es zu einem Versagen des linken Beines, was mehrfach zu Stürzen geführt hat. Diese nach Angaben der Antragstellerin als dauerhaft anzusehende Beeinträchtigung stellt eine Verschlechterung ihres Zustandes vor den operativen Eingriffen dar.

792 **OLG Naumburg, Urt. v. 24.09.2024 – 1 U 86/23, NJW-RR 2025, 220**

<u>10.000,00 €</u>

Verletzung des nervus lingualis – Exzision einer Schleimhautwucherung – Zungenlähmung

Der Beklagte sollte bei der Klägerin die Kaufläche eines Zahnes von einer Zahnfleischkapuze befreien; ohne entsprechende Einwilligung erweiterte er die Maßnahme zu einer tiefen Exzision der Schleimhautwucherung mit operativer Freilegung des Weisheitszahnes. Hierdurch verletzte er den nervus lingualis. Es besteht nun ein Sensibilitätsausfall der rechten Zungenseite und des Mundbodens, die dauerhaft ist und massive Beschwerden verursacht. Die Lebensqualität ist stark eingeschränkt; die Zungenmuskulatur ist eingeschränkt, die Klägerin spricht verwaschen. Sie litt zwei Monate lang unter starken Beschwerden, die auch die Essensaufnahme erschwerten; durch intensives Üben hat sich eine gewisse Gewöhnung einstellen können. Besonders bewertete der Senat die Genugtuungsfunktion bei vorsätzlicher Erweiterung der Behandlung trotz des Wissens um die fehlende Einwilligung.

793 **OLG Celle, Urt. v. 07.04.2016 – 1 U 79/15, unveröffentlicht**

<u>20.000,00 €</u>

Armplexusläsion – Schmerzsyndrom

Die Klägerin erlitt aufgrund eines Behandlungsfehlers eine Plexusläsion des rechten Arms; es verblieb ein Schmerzsyndrom in diesem Arm.

794 **OLG Köln, Urt. v. 28.05.2019 – 15 U 194/16, unveröffentlicht**

<u>20.000,00 €</u>

Schädigung des nervus radialis der Hand – Anpassungsstörung

Der jugendliche Kläger wurde bei einem Verkehrsunfall verletzt und erlitt eine Nervschädigung an der Hand mit Gefühlsminderungen, eine Knie-Thorax und Beckenprellung und eine Radiusschaftfraktur links. Eine Metallplatte wurde eingesetzt; es verblieb neben der Nervschädigung aufgrund der Verletzung des nervus radialis noch eine 14 cm lange Narbe. Als psychische Unfallfolge war 2 Jahre lang eine Anpassungsstörung nachweisbar.

OLG Brandenburg, Urt. v. 16.04.2019 – 3 U 8/18, DAR 2020, 25 795

20.000,00 € (1/3 Mitverschulden; Vorstellung: 135.000,00 €)

Diverse Nervverletzungen der Unterarme – eingeschränkte Beweglichkeit und Entstellung

Die 63 Jahre alte Klägerin wollte einen bei der Beklagten gehaltenen Hund »kennenlernen«, um diesen vielleicht zu übernehmen. Hierbei biss der Hund die Klägerin; diese erlitt eine zweigradige offene Unterarmfraktur beiderseits mit multiplen Bissverletzungen an beiden Unterarmen und am linken Unterschenkel sowie knöcherne und Nerven zerfetzende Handgelenksverletzungen. Im Einzelnen erlitt sie eine kosmetische Entstellung des linken Unterarmes nach Knochen- und Weichteiltransplantation, eine fast vollständig aufgehobene Umwendebeweglichkeit des linken Unterarmes für die Pro- und Supination, eine praktisch vollständige Aufhebung der Beweglichkeit im linken Handgelenk in einen Bewegungsebenen, einen praktisch vollständigen Funktionsverlust der Langfinger sowie des linken Daumens der linken Hand, wobei die Finger in einer Pfötchenstellung gehalten werden und neben der Funktionsstörung auch eine Sensibilitätsstörung vorrangig im Bereich des linken Daumens, aber auch im Bereich der Langfinger II, III und IV vorliegt, eine Restfunktion für den Schlüsselgriff mit der linken Hand, allerdings mit Kraftminderung und Sensibilität Verlust, eine ausgeprägte und kosmetisch ungünstige Narbenbildung im Bereich des rechten Unterarms, eine mittelgradige Bewegungseinschränkung des rechten Handgelenkes in allen Bewegungsebenen, eine endgradige Einschränkung der Einwärtsdrehbewegung des rechten Unterarms, eine endgradige Einschränkung der Streckung der Langfinger der rechten Hand, einen auch radiologischen nachweisbaren langstreckiger Defekt im Bereich des linken Wadenbeines nach Knochenspanentnahme sowie eine ausgeprägte Narbenbildung im Bereich des linken Unterschenkels mit auch optisch sichtbarer Defektstrecke. Sie ist in der Bewegung beider Unterarme und Hände stark beeinträchtigt. Die Betragsvorstellung war von der Klägerin nach den Grundlagen der »taggenauen Bemessung« errechnet worden.

LG München II, Urt. v. 01.03.2023 – 1 O 227/21, unveröffentlicht 796

20.000,00 € (Vorstellung: 25.000,00 €)

Wurzelkanalbehandlung – Verletzung des nervus alveolaris

Die Klägerin war wegen einer Wurzelkanalbehandlung bei der Praxis des Beklagten. Dieser verletzte bei der Wurzelspitzenresektion den nervus alveolaris; über dieses Risiko war nicht ausreichend aufgeklärt worden. Die Klägerin leidet nun an Schmerzen, Taubheit an Unterlippe und Zahnfleisch und Schmerzattacken, Sprach- und Bissproblemen. Ob ihr Flüssigkeit aus dem Mund läuft, spürt die Klägerin nicht; die Gefühlsbeeinträchtigung im Mund führt zu Beißen auf die Wange, der Lippenschluss ist beeinträchtigt.

OLG Dresden, Urt. v. 09.01.2024 – 4 U 2225/22, NJW-RR 2024, 887 = GesR 2024, 560 797

22.000,00 € (Vorstellung: 30.000,00 €)

Läsion des nervus medianus – Funktionsminderung der Hand

Der Kläger wurde bei der Behandlung eines Karpaltunnelsyndroms nicht ausreichend über Behandlungsalternativen zur Operation aufgeklärt; bei dieser wurde das retinaculum flexorum nicht vollständig durchtrennt, wodurch die beabsichtigte Entlastung des nervus medianus nicht eingetreten ist. Bei zwei weiteren Eingriffen, die hierdurch erforderlich wurden, kam es zu vermehrter Narbenbildung um den nervus medianus und schließlich zu einer iatrogenen Läsion des Nervs. Der Kläger leidet nun unter einer globalen Funktionsminderung der Hand. Der Senat reduzierte das vom Landgericht zuerkannte Schmerzensgeld (dort 30.000,00 €) unter Hinweis darauf, dass ein Behandlungsfehler, der vom Landgericht angenommen worden war, nicht habe festgestellt werden können.

OLG Hamm, Urt. v. 10.12.2018 – 3 U 156/17, unveröffentlicht 798

30.000,00 €

Nervschmerzen und Sensibilitätsstörungen an Hand und Arm

Die 70 Jahre alte Klägerin ließ bei der Beklagten eine Sehnenscheidenentzündung der rechten Hand behandeln. Die Beklagte operierte ohne ausreichende Aufklärung. Postoperativ trat eine Übersensibilität am Unterarm und Daumen auf; die Schmerzen wurden größer, es entwickelte sich eine unklare Atrophie am rechten Unterarm radialseitig mit beginnendem komplexen regionalen Schmerzsyndrom (CRPS) sowie ein gesteigertes Empfinden eines Schmerzreizes (Hyperalgesie) und eine Überempfindlichkeit für Berührungsreize (Hyperästhesie) im Bereich der Atrophie. Zwei Monate später wurde eine erneute Spaltung des ersten Strecksehnenfachs durchgeführt, ohne dass eine Besserung eintrat. Sieben Monate später wurde eine Neurolyse des Ramus profundus Nervus radialis sowie eine Neurolyse des Ramus superficialis Nervus radialis mit eine Fettläppchen Plastik vorgenommen sowie eine ambulante Schmerztherapie. Dennoch leidet die Klägerin an einer extremen Überempfindlichkeit im Gebiet des Ramus superficialis Nervus radialis sowie unter schweren Sensibilitätsstörungen und erheblichen neuropathischen Schmerzen im Bereich des Armes. Sie ist dauerhaft auf Schmerzmittel angewiesen, um schlafen zu können. Die Nervschmerzen reichen bis in den Oberarm.

799 **OLG Nürnberg, Urt. v. 22.02.2017 -2 U 1286/14, unveröffentlicht**

40.000,00 €

Nervschädigungen – Rippenserienfraktur – Handgelenksverletzungen

Der Kläger erlitt eine Rippenserienfraktur der 6.–8. Rippe links, eine Fraktur der Speiche links sowie Schürfungen der Knie, eine vorübergehende Aktivierung einer Rhizarthrose, ein Knochenmarksödem sowie einen kleinen Knochenbruch im Bereich der regio intercondylica außerhalb der Kniebelastungszone sowie geringe Nervenschädigungen des sensiblen ramus articularis genus und des nervus peronaeus communis sowie Missempfindungen am 4. und 5. Zehenstrahl rechts durch eine Reststörung des sensiblen ramus superficialis, des nervus peronaeus communis rechts sowie eine Vergrößerung des Abstands der Handwurzelknochen (scapholunäre Dissoziation) des linken Handgelenks. Es waren mehrere stationäre Behandlungen nötig; beide Handgelenke mussten operiert werden, wobei nach der Operation des rechten Handgelenks ein Morbus Sudeck auftrat. Beide Gelenke wurden teilversteift mit der Folge mehrwöchentlicher anschließender Physiotherapie. Insgesamt zogen sich die Operationen über vier Jahre Der Kläger war zunächst arbeitsunfähig, nach einem erfolglosen Arbeitsversuch und vielfach weiterer attestierter Arbeitsunfähigkeit wurde er in den Ruhestand versetzt. Es verbleiben Bewegungseinschränkungen und psychische Beschwerden. Für die Bemessung stellte das Gericht auf die psychischen Auswirkungen des Unfalls mit den durch sie vermittelten gravierenden Einschränkungen in der Lebensgestaltung und im sozialen Zusammenleben ab, die zur Reaktivierung der Folgen eines früheren Suiziderlebnisses führten. Auch die Schmerzempfindung aufgrund des Morbus Sudeck wurde hervorgehoben.

800 **OLG Köln. Urt. v. 26.07.2017 – 5 U 152/15, unveröffentlicht**

40.000,00 € (Vorstellung: 40.000,00 €)

Verletzung des nervus saphenus

Bei der 42 Jahre alten Klägerin, die bereits eine subtotale Außenmeniskusresektion am rechten und eine Arthroskopie am linken Knie hinter sich hatte, wurde, nachdem sie über Schmerzen und Knacken im rechten Knie klagte, eine Arthroskopie durchgeführt, wobei zur Entfernung des freien Gelenkkörpers ein weiterer posteriomedialer Zugang gelegt wurde. Wegen Fehlern hierbei wurde der nervus saphenus durchtrennt. Einen Tag nach der Operation klagte die Klägerin über Taubheitsgefühle, vier weitere Tage später über stechende Schmerzen. Sie leidet dauerhaft unter einer Taubheit im rechten Unterschenkel, neuropathischen Schmerzen und Missempfindungen, die ihre Lebensführung und ihren Alltag prägen und belasten. Diese Schmerzen werden durch Berührungen schon mit Kleidung, durch Bewegungen wie Gasgeben und Bremsen, aber auch Treppensteigen sowie durch Wetterumschwünge ausgelöst. Die Klägerin trägt jeden Tag Schmerzpflaster, nachts wacht sie oft auf, weil das Umdrehen zu Schmerzen führt. Die Klägerin, die auch ihre sportliche Betätigung aufgeben musste, ist leichter reizbar und in der Stimmung wesentlich beeinträchtigt.

OLG Zweibrücken, Urt. v. 12.12.2018 – 1 U 117/16, unveröffentlicht 801

40.000,00 € (Vorstellung: 60.000,00 €)

Taubheit des nervus peronaeus superficialis – Rippenverletzungen – Narben

Die Klägerin wurde bei einem Verkehrsunfall verletzt und erlitt ein Schädelhirntrauma ersten Grades, eine Beckenringfraktur links, eine offene Wunde mit einer Trennung der Haut vom Unterhautfettgewebe am rechten Oberschenkel, eine Lungenkontusion und Frakturen des 11. Brustwirbels und der neunten Rippe rechts. Es kam zu einer Schädigung des nervus peronaeus superficialis. Die Klägerin wurde viermal operiert, auch zur Behebung der Weichteilverletzungen am linken Unterschenkel, an dem es zu Wundheilungsstörungen gekommen war. Dabei wurde Spalthaut vom rechten Oberschenkel entnommen und auf die Wunde am Unterschenkel transplantiert. Sechs Wochen an der stationären Behandlung waren noch Krücken erforderlich. Auf dem Unterschenkel verblieben erhebliche Narben in einer Größe von 11 x 3,5 cm, am Oberschenkel von 13 x 5 cm. Bei der Berührung der Narben entstehen schmerzhafte Missempfindungen. Es verbleiben Bewegungseinschränkungen an Brust- und Lendenwirbelsäule und Schmerzen im Bereich der linken Leiste, die die Klägerin beim Wandern, bei der Garten- und Hausarbeit beeinträchtigen. Aufgrund der Nervverletzung, die zur einer Teillähmung geführt hat, leidet die Klägerin unter einer Sensibilitätsstörung in Gestalt von Hauttaubheit auf dem Fußrücken; auch leidet sie an einer Gangbildstörung und einer Kraftminderung bei der Fußhebung. Es besteht eine Dauer-MdE von 10 %. Der Senat berücksichtigte auch die grobfahrlässige Begehung des Unfalls (alkoholisierter Rotlichtverstoß).

OLG München, Urt. v. 30.03.2022 – 10 U 6313/20, NJW-Spezial 2022, 362 802

40.000,00 € (1/5 Mitverschulden)

Peronaeusparese – Entnahme des nervus suralis

Der 26 Jahre alte Kläger wurde bei einem Verkehrsunfall schwer verletzt. Er erlitt insbesondere eine multiple Radiusfraktur links, einen Riss am hinteren Kreuzband, am vorderen Kreuzband und am bipolaren Seitenband sowie rechts eine Peronaeusparese. Er wurde 12 Tage stationär behandelt. Ein halbes Jahr später erfolgte wegen der unfallbedingten Durchtrennung des Nervus peronaeus rechts eine Transplantation am rechten distalen Oberschenkel sowie eine Entnahme des Nervus suralis aus dem rechten Unterschenkel; ein Jahr nach dem Unfall erfolgte eine Metallentfernung aus dem linken Handgelenk. Der Kläger war insgesamt acht Monate arbeitsunfähig; die Dauer-MdE beträgt 30%. Durch die Nervparese ist eine Kniesteife entstanden. Er trägt eine Schiene, die ihm beim Auftreten der Ferse einen Stromstoß versetzt, damit der Fuß hebt und er gehen kann. Der Kläger ist dauerhaft auf die Benutzung der Schiene angewiesen. Mit der Schiene ist das Gangbild geringfügig beeinträchtigt. Ohne die Schiene ist der Kläger nicht fähig, den rechten Fuß oder die Zehen zu heben, woraus ein deutlicher Steppergang resultiert. Auf Leitern oder Gerüsten kann der Kläger nicht sicher stehen. Die Schiene selbst verursacht weitere Beeinträchtigungen (Scheuern im Schuh, Erzeugung von Blasen und Druckstellen, größerer Verschleiß der Schuhe). Für den Kläger stellt in psychischer Hinsicht das größte Problem dar, dass er wegen des Unfalls keinen Sport mehr betreiben kann, seine damit verbundenen Sozialkontakte verloren hat, von seinem Umfeld ab und an als behinderter Mensch »komisch« angeschaut wird und durch die Erinnerung an das Unfallgeschehen unter Einschlafproblemen leidet.

LG Darmstadt, Urt. v. 29.08.2022 – 27 O 12/22, unveröffentlicht 803

43.000,00 € (Vorstellung: 43.000,00 €)

Schädigung des nervus cutaneus femoris lateralis – Brustbeinfraktur – Lungenkontusion – Beckenverletzung

Der 21 Jahre alte Kläger erlitt bei einem Verkehrsunfall ein Polytrauma mit Subarachnoidalblutung frontal, eine Fraktur des Brustbeins, einen Pneumothorax links, eine Lungenkontusion links, eine offene dislozierte Fraktur des Beckens mit Schädigung des nervus cutaneus femoris lateralis links sowie eine offenen Mehretagenfraktur des linken Unterschenkels. Der Kläger wurde in das Klinikum Darmstadt verbracht und dort einer zehnstündigen Operation unterzogen. Im Rahmen dessen wurde eine Bülau-Drainage angebracht, eine Platte in das Becken eingeschraubt und im Unterschenkel ein Tibiamarknagel und weitere Platten eingebaut.

Der Kläger konnte in den ersten drei Tagen weder alleine essen noch trinken oder zur Toilette gehen. Gleichzeitig hatte er aber wegen der Narkose erheblichen Durchfall und Erbrechen, was angesichts seines ohnehin geringen Gewichts zusätzlich problematisch war. Nach der Entlassung konnte er sich nur einige Meter mit Krücken bewegen; das linke Bein durfte sechs Wochen lang nicht belastet werden und verursachte starke Schmerzen. Mehrere Metallentfernungsoperationen im Bein waren nötig; es bildeten sich Nekrosen, Schmerzen bestanden weiterhin und verhinderten den Muskelaufbau. Der Nerv an der Außenseite des Beins ist dauerhaft taub. Erst ein Jahr nach dem Unfall waren Wege von 100 m – 200 m ohne Gehstützen möglich. Zwei Jahre nach dem Unfall und nach einer Materialentfernungsoperation kam es erneut zu starken Schmerzen; der Kläger leidet im Bereich der Beckenschaufel bei Belastung unter Schmerzen, auch im Unterschenkel links bei längerer und etwas stärkerer Belastung. Zudem ist sein linkes Sprunggelenk noch bewegungseingeschränkt. Er hat eine endgradige Einschränkung der Hüftgelenkaußenrotation. Er leidet unter Schmerzen im linken Knie und weist eine endgradige Einschränkung der Kniegelenksbeugung und Streckung und eine Einschränkung der Fußhebung im linken oberen Sprunggelenk auf. Das Studium des Klägers verzögerte sich, Sport ist in weiten Bereichen nicht mehr möglich.

804 **LG München I, Urt. v. 02.05.2017 – 41 O 14377/05, unveröffentlicht**

45.000,00 €

Teillähmung des nervus peronaeus – Beinfrakturen

Der Kläger erlitt bei einem Unfall als Trike-Fahrer einen Sprungbeinhalsbruch im rechten Fuß, eine Basisfraktur des 5. Mittelfußknochens und eine Wadenbeinfraktur rechts unterhalb des Kniegelenks und eine hierdurch verursachte Schädigung des nervus peronaeus. Er war 28 Tage in stationärer Behandlung und drei Monate arbeitsunfähig. Aufgrund der erheblichen Funktionseinschränkung des rechten Knies wegen der Teillähmung des Wadenbeinnervs mit Fußheberstörung, Sensibilitätsstörungen und motorischen Ausfällen kommt es zu einem hinkenden Gangbild trotz orthopädischen Schuhwerks. Das Sprunggelenk ist aufgrund der Nekrose zusammengebrochen; es bestehen ausgeprägte Dellen am Unterschenkel und ein postthrombotisches Syndrom durch erhebliche Schwellneigung. Die mögliche Gehstrecke des Klägers ist auf wenige hundert Meter begrenzt. Aufgrund des Spitzfußes sind Vorfuß- und Fersengang nicht mehr möglich. Der Kläger leidet unter Dauerschmerzen. Die Lebensplanung änderte sich grundlegend, eine Tätigkeit im Zusammenhang mit der Reparatur von Trikes sowie eine Berufstätigkeit im Stehen oder mit längerem Gehen ist dem Kläger nicht mehr möglich.

805 **OLG Celle, Urt. v. 31.01.2024 – 14 U 58/23, NJW-RR 2024, 523 = VersR 2024, 1164**

45.000,00 € (Vorstellung: 45.000,00 €)

Komplettausfall des nervus radialis – Schädigung des nervus ulnaris – Rippenserienfraktur

Die Klägerin wurde bei einem Verkehrsunfall verletzt. Sie erlitt eine Humerusschaftfraktur rechts mit Läsion des nervus radialis und des nervus ulnaris. Durch das Einbringen einer Schraube bei der Operation wurde der nervus radialis geschädigt und der Ellbogen zertrümmert. Es kam zu einer »Fallhand« aufgrund kompletten Ausfalls des nervus radialis und der schweren Schädigung des nervus ulnaris. Die Klägerin erlitt einen schmerzhaften und komplizierten Heilungsverlauf mit fast 800 Behandlungsterminen und einer Vielzahl von stationären Aufenthalten. Es verbleiben eine

Narbe am Oberarm, der Faustschluss der rechten Hand ist nicht mehr möglich. Die Klägerin war 2,5 Jahre krankgeschrieben.

OLG Koblenz, Beschl. v. 21.10.2016 – 5 U 881/16, VersR 2017, 1345 806

50.000,00 € (Vorstellung: 80.000,00 €)

Verletzung nervus ischiadicus – Fußheberparese

Dem Kläger wurde eine Hüfttotalendoprothese implantiert. Eine Aufklärung über Behandlungsalternativen erfolgte nicht. Postoperativ zeigte sich eine Fußheberparese, die auf eine Verletzung des nervus ischiadicus zurückzuführen war. Infolge des erlittenen Nervschadens ist der Fuß bis hin zu den Zehen gefühllos, taub und nicht mehr beweglich. Der Fuß kann auf Dauer weder gehoben noch gesenkt werden.

Der Kläger benötigt dauerhaft Schmerzmittel, muss zur Lymphdrainage und zur Krankengymnastik. Nach dem Eingriff sind bis zur Entscheidung rd. 20 Jahre vergangen.

OLG Brandenburg, Urt. v. 02.03.2017 – 12 U 18/16, r+s 2017, 327 807

50.000,00 € (2/5 Mitverschulden; Vorstellung: 100.000,00 €)

Vollständige Lähmung des Nervus peronaeus – Teillähmung des Nervus tibialis

Die Klägerin wurde bei einem Verkehrsunfall verletzt; sie erlitt eine Fraktur des linken Schulterblattes mit Nervschädigung des Oberarms, eine Fraktur des linken Handgelenks, eine offene Fraktur des linken Unterschenkels mit erheblichem Weichteilverlust 3. Grades und ein Kompartmentsyndrom im linken Unterschenkel. Über einen Zeitraum von mehr als neun Monaten wurde sie nahezu ununterbrochen stationär behandelt. 14 Operationen wurden durchgeführt. Es verbleiben eine Gehbehinderung mit einem GdB von 100, eine vollständige Lähmung des Nervus peronaeus und eine teilweise Lähmung des Nervus tibialis, eine dauerhafte Instabilität des linken Knies und eine Beinverkürzung des linken Beines um 6 cm.

OLG Hamm, Urt. v. 07.09.2018 – 7 U 12/17, unveröffentlicht 808

50.000,00 €

Ausfall von nervus femoralis, nervus peroneus, nervus obturatorius und nervus gluteus superius – hochgradige Schädigung des nervus tibialis – Hüftpfannenbruch – Beckenringfraktur – Rippenserienfraktur – Lendenwirbelsäulenfrakturen

Der 46 Jahre alte Kläger stürzte bei Arbeiten durch eine abgedeckte und bereits vorgeschädigte Lichtkuppel eines Gebäudes, wodurch er 8,5 m in die Tiefe fiel. So erlitt er mehrere Brüche im Bereich des vorderen und hinteren Beckenrings sowie einen Hüftpfannenbruch rechts, eine vordere Beckenringfraktur links, eine Trümmerfraktur des IV. Mittelhandknochens rechts, eine Rippenserienfraktur 6 und 10 bis 12 rechts sowie nicht verschobene Fortsatzfrakturen der Lendenwirbelsäule. Er wurde schutzintubiert und beatmet mit dem Hubschrauber ins Krankenhaus gefahren; es erfolgte die Anlage einer Extension des rechten Beines und eine osteosynthetische Versorgung der Beckenfraktur sowie der Mittelhandknochenfraktur.

Er befand sich 9 Tage auf der Intensivstation; nach Entlassung schloss sich eine einmonatige Reha an. Aufgrund massiver Sekundärarthrose und Instabilität des Pfannengrundes wurde ein Jahr nach dem Unfall eine Hüftgelenkstotalendoprothese rechts implantiert. Es sind erhebliche Nervenschädigungen zurückgeblieben. Es sind ein komplexer Ausfall des Nervus femoralis, des Nervus peroneus, des Nervus obturatorius und des Nervus gluteus superius sowie eine hochgradige Schädigung des Nervus tibialis festzustellen. Dieser Nervenausfall bedingt eine Funktionsbeeinträchtigung der rechten Hüfte; die einzige Bewegungsrichtung, die aktiv vom Kläger durchgeführt werden kann, ist die Hüftgelenksstreckung. Durch Ausfall der Hüftbeugung kann das Knie nicht angehoben werden. Durch Ausfall der Hüftabspreizung kann im Einbeinstand rechtsseitig das Becken nicht stabilisiert werden, so dass es zu einem Abfallen der linken Beckenhälfte mit Unmöglichkeit des

Einbeinstandes kommt. Die Unmöglichkeit, den Fuß im Sprunggelenk anzuheben (Fußheberparese), wird in seiner funktionellen Auswirkung durch die fehlende Hüftbeugung verstärkt. Der sog. »Steppergang« ist bei Ausfall der Hüftbeugung und Kniestreckung nicht möglich. Es ist unmöglich, das rechte Bein zu belasten. Der Kläger ist daher auf Gehstützen oder einen Rollstuhl angewiesen. Aufgrund von Verschleiß oder Lockerung des Kunstgelenks ist mit einer oder mehreren Wechsel-OP zu rechnen. Der Kläger wurde durch den Unfall jäh aus seinem bisherigen Leben gerissen. In seinem Beruf kann er nicht mehr arbeiten. Seine berufliche Selbständigkeit musste er aufgeben und aus der von ihm langjährig mitgeführten Gesellschaft ausscheiden. In seiner Freizeitgestaltung ist er umfassend eingeschränkt. Er ist permanent, auch bei Verrichtungen des täglichen Lebens, auf fremde Hilfe angewiesen. Da er wegen der Medikamente nicht mehr selber Auto fahren kann, ist er in seiner Mobilität stark begrenzt.

809 **OLG Bamberg, Urt. v. 15.01.2019 – 5 U 144/18, unveröffentlicht**

55.000,00 €

Läsion des Zwerchfellnervs – Armplexusläsion – Polytrauma

Der 28 Jahre alte Kläger erlitt bei einem Verkehrsunfall eine traumatische Armplexusläsion mit einem Polytrauma und einer stabilen Deckplattenfraktur des 4. Halswirbelkörpers. Er kann aufgrund eines ausgeprägten Gewebeschwundes in den Muskelbereichen des rechten Armes diesen nur sehr eingeschränkt und unter Schmerzen bewegen. Unfallbedingt besteht auch ein Zwerchfellhochstand, der zu belastungs- und lageabhängiger Luftnot führt. Es liegt eine Phrenicusläsion (Zwerchfellnerv) vor. Der Kläger ist in seiner körperlichen Leistungsfähigkeit erheblich eingeschränkt; er kann sein Hobby – Motorradfahren – nicht mehr ausüben, es bestehen Beeinträchtigungen und Belastungen im Haushalt. Der Senat berücksichtigte auch das grobe Verschulden der Gegenseite.

810 **LG Dortmund, Urt. v. 14.04.2016 – 4 O 230/13, unveröffentlicht**

80.000,00 € (Vorstellung: 60.000,00 €)

Verletzung des nervus accessorius – Armlähmung – Schmerzsyndrom am Hals

Die 43 Jahre alte Klägerin ließ eine Lymphknotenexstirpation am Hals durchführen. Postoperativ klagte sie über Schmerzen im rechten Arm, die daraus resultierten, dass aufgrund von Behandlungsfehlern der nervus accessorius und der musculus trapezius bei der Operation verletzt worden waren. Die Klägerin war mehrfach in Rehabilitationsbehandlungen, einmal über einen Zeitraum von 11 Monaten.

Die Klägerin hat nun dauerhaft Schmerzen im Bereich der Operationsnarben am seitlichen Hals rechts. Es besteht das Gefühl, als würde das Gewebe mit einer Klammer zusammengehalten; dies ist morgens besonders stark. Zudem kommt es zu blitzartig einschießenden Schmerzen im Sinne einer Neuralgie, die medikamentös behandelt werden müssen. Insgesamt liegt am Hals ein chronisches Schmerzsyndrom im Schmerzchronifizierungsstadium III vor.

Sie kann ihren rechten Arm nicht mehr nutzen; es liegt aufgrund der massiven Schädigung des Nerves eine komplette Accessoriusparese vor. Die Klägerin ist in allen Tätigkeiten des täglichen Lebens stark eingeschränkt. Der Zustand des Arms kommt einer Amputation gleich, hinzu treten dauerhafte erhebliche Schmerzen bis in den Hals- und Schlüsselbeinbereich.

Die Klägerin leidet ferner unter Verspannungen in der Tiefe der Nackenmuskulatur mit Schmerzausstrahlungen in den Hinterkopf. Beim Herabhängen des Arms ohne Orthese tritt eine Schmerzverstärkung der Schulterschmerzen auf; auch treten Kribbelmissempfindungen und Taubheitsgefühle an den Fingern auf. Die Klägerin leidet aufgrund dessen unter einer schweren depressiven Episode mit Konzentrationsstörungen, Tagesmüdigkeit, innerer Unruhe, vegetativen Beschwerden und völligem Verlust der Lebensfreude.

OLG München, Urt. v. 16.12.2016 – 32 U 2167/16, unveröffentlicht 811

90.000,00 €

Nervus fascialis Parese – Mundbewegungsstörung – Gesichtsverletzung

Die 2 Jahre alte Klägerin wurde vom Hund der Beklagten ins Gesicht gebissen, hierbei wurden diversen Nerven im Gesicht durchtrennt, und es kam u.a. zu einer inkompletten nervus fascialis Parese. Die Klägerin musste sich zahlreichen Operationen unterziehen. Sie kann eines der Augen nicht schließen, Augentropfen sind weiter erforderlich, und ist optisch deutlich entstellt. Aufgrund der Schädigung des Gesichtsnervs kann die Klägerin einen Mundwinkel nicht heben, auch nicht beim Lachen. Seit dem Biss ist ihre Kindheit wesentlich von Arztbesuchen und Krankenhausaufenthalten und dem täglichen Umgang mit den Verletzungsfolgen geprägt. Auch das grob fahrlässige Verhalten der Hundehalterin (deren Hund bereits zuvor ein Kind gebissen hatte) fand Berücksichtigung.

LG Wuppertal, Urt. v. 11.03.2022 – 2 O 309/19, unveröffentlicht 812

100.000,00 € (Vorstellung: 80.000,00 €)

Nervschaden im Spinalkanal – Schmerzen

Aufgrund eines Diagnosefehlers eines Wirbelsäulengleitens von 15,99 mm nach hinten bei dem 23 Jahre alten Kläger, bei dem tatsächlich lediglich ein klinisch fragliches Wirbelsäulengleiten von 3 mm nach vorn vorlag, wurde eine Versteifungsoperation der Wirbelsäule durchgeführt. Hierbei wurde durch eine Schraube der Spinalkanal verletzt. Es kam zu einem chronischen Nervschaden im Spinalkanal. Der Kläger leidet unter dauerhaften Schmerzen und ist auf die Nutzung einer (operativ eingesetzten) Schmerzpumpe angewiesen, die regelmäßig operativ gewartet werden muss. Er wacht regelmäßig wegen der Schmerzen auf; Bewegungen sind mit Schmerzen verbunden, Fußball, Radfahren und Fitness sind nicht mehr möglich.

OLG Hamm, Urt. v. 20.12.2022 – 26 U 15/22, unveröffentlicht 813

120.000,00 €

Nervverletzung an rechtem Arm und Hand – inkomplette Querschnittslähmung

Der 25 Jahre alte Kläger befand sich bei der Beklagten in stationärer psychiatrischer Behandlung. Trotz akuter Selbstmordgefahr bewilligte die Beklagte einen Wochenendurlaub; der Kläger sprang von einer Brücke und fiel 20m tief, wodurch er schwere Verletzungen erlitt. Er wurde fast ein Jahr stationär, u.a. wegen inkompletter Querschnittslähmung, behandelt. Während des Krankenhausaufenthalts wurden nicht nur diverse Frakturen an Armen und Beinen einschließlich der Gelenkbereiche versorgt, auch wegen verschiedener Weichteilschäden erfolgten – nicht zuletzt im Bauchraum – viele Operationen und Folgeeingriffe. Mehrfache Hauttransplantationen wurden durchgeführt. Es verbleiben Dauerschäden, die den Kläger täglich erheblich belasten. Wegen der Versteifung einiger Wirbelkörper und einer irreversiblen Schädigung beider Fußgelenke ist der Kläger – der im Zeitpunkt des Schadenseintritts erst 25 Jahre alt war – dauerhaft auf einen Rollstuhl angewiesen, wodurch er sich täglichen Herausforderungen bei der Fortbewegung, der Alltagsbewältigung, aber auch der Freizeitgestaltung sowie im sozialen und – möglicherweise zukünftig angestrebten – beruflichen Miteinander ausgesetzt sieht und sehen wird.

Die Fähigkeit, selbstständig zu gehen, hat er nicht wiedererlangt. Lediglich kurze Strecken zu – regelmäßig erforderlichen – Übungszwecken kann er unter Zuhilfenahme eines Rollators bewältigen. Eine künftige Besserung des Gangbildes ist nicht erkennbar. Er leidet an Rückenschmerzen und an einer neurogenen Blase, so dass er sich täglich zweimal katheterisieren muss.

Motorische Einschränkungen der rechten Hand, begründet in einer irreversiblen Nervenverletzung, und des rechten Arms liegen vor.

814 **LG Köln, Urt. v. 07.03.2023 – 3 O 125/20, unveröffentlicht**

120.000,00 € (Vorstellung: 125.000,00 €)

Polyneuropathie – Krebs am Ohr

Bei der Klägerin wurde bei einem Muttermal am Ohr ein Krebsbefall nicht erkannt. Hierdurch kam es zur Metastasierung in einer Vielzahl von Organen; die Klägerin hat nur noch eine schlechtere Überlebensprognose. Die notwendige Immuntherapie führte zu Polyneuropathie mit erheblichen Schmerzen und Gangstörungen, die einen Rollator erforderlich machten, beidseitigem Hörsturz und eitriger Cholangitis. Die Klägerin ist erheblich psychisch belastet, dauerhaft erwerbsunfähig und in Pflegegrad 4 eingestuft.

815 **OLG Hamm, Urt. v. 13.01.2017 – 26 U 6/16, unveröffentlicht**

125.000,00 € (Vorstellung: 150.000,00 €)

Läsion des nervus peronaeus und des nervus tibialis – Beckenfraktur – Lungenembolie

Der Kläger wurde bei einem Verkehrsunfall, bei welchem er von einem LKW eingeklemmt und mit Spezialwerkzeug aus dem Fahrerhaus gerettet werden musste, schwer verletzt. Er erlitt eine Beckenfraktur mit Acetabulumbeteiligung links, eine Tibiaplateau-Trümmerfraktur links, eine linksgradig offene Tibiaschaftfraktur links, eine Fibula-Mehrfragment-Fraktur links mit Läsion des Nervus peronaeus und des Nervus tibialis, eine rechtsseitige Tibiakopf-Fraktur, eine postoperative Lungenembolie und eine beidseitige Beinvenenthrombose. Bereits diese Verletzungen haben dazu geführt, dass der Kläger seit dem Unfall seiner beruflichen Tätigkeit nicht mehr nachgehen konnte. Er leidet zudem weiterhin unter Bewegungseinschränkungen im linken Hüftgelenk und in beiden Knie- und Sprunggelenken, wobei von einem Dauerschaden auszugehen ist.

Neben den eigentlichen Unfallverletzungen, deren Behandlung etwa 7 Monate gedauert hat, ist ferner nachgewiesen, dass der Kläger infolge des Verkehrsunfalls an einer leichten Episode leidet, wobei eine depressive Phase an über 50 % der Tage des Jahres vorliegt. Dabei dauern die periodisch auftretenden Episoden etwa 14 Tage. Zudem leidet der Kläger an einer erektilen Dysfunktion.

Ohr

▶ Hinweis:

Im Folgenden sind nur die äußerlichen Verletzungen des Ohres erfasst. Soweit der Schwerpunkt der Verletzung nicht hierin, sondern in der Beeinträchtigung oder dem Verlust des Gehörs, oder Tinnitus und Ohrgeräuschen, liegt, s. Stichwort → Gehörsinn (Rdn. 467 ff.).

816 **LG Wiesbaden, Urt. v. 02.07.2024 – 9 S 3/24, MDR 2024, 1381 = NJW-RR 2025, 26**

500,00 € (1/2 Mitverschulden; Vorstellung: 1.000,00 €)

Verletzung am linken Ohr

Der Kläger wurde als Jogger bei einem Zusammenstoß mit einem Radfahrer verletzt; er erlitt eine Gehirnerschütterung, Hautverletzungen am Kiefer und eine Verletzung am linken Ohr. Er wurde eine Nacht stationär aufgenommen und litt an Benommenheit mit Schwindel.

817 **AG Frankfurt, Urt. v. 21.10.2021 – 32 C 105/21, unveröffentlicht**

800,00 €

Biss ins Ohr – Hüft- und Unterarmprellung – Schürfwunden

Der 71 Jahre alte Beklagte fühlte sich von dem 88 Jahre alten Kläger, seinem Nachbarn, gestört, weil dieser während der »Sportschau« mit einer Kreissäge im Hof arbeitete. Er schlug mit einem Knüppel auf Ohr und Kopf des Klägers ein, biss diesen ins rechte Ohr und verdrehte seine Nase.

Der Kläger erlitt eine Hüft- und Unterarmprellung sowie Schürfwunden und Prellmarken an Stirn, Augenbraue, Wange, Lippe und Nase. Das Ohr blutete.

OLG Dresden, Urt. v. 13.03.2019 – 1 U 1310/18, unveröffentlicht 818

1.000,00 €

Prellungen an Ohr und Brust – temporäre Hörminderung

Die Geschädigte erlitt bei dem Schadensereignis eine Prellung des Brustbeins und Brustkorbes; am rechten Ohr trat eine temporäre Hörminderung ein. Eine stationäre Behandlung der Klägerin war nicht erforderlich.

OLG Karlsruhe, Urt. v. 10.10.2019 – 7 U 86/18, unveröffentlicht 819

2.000,00 €

Bisswunde am Ohr

Der Kläger kam bei einer Auseinandersetzung unter Hunden seinerseits zu Fall und wurde ins Gesicht gebissen; eine Wunde unterhalb des Auges wurde ärztlich versorgt, die Bisswunde am Ohr musste genäht werden. Der Kläger war fünf Tage arbeitsunfähig; es verblieb eine Narbe.

LG Frankenthal, Urt. v. 04.11.2022 – 9 O 42/21, unveröffentlicht 820

4.000,00 €

Biss ins Ohr

Die Klägerin, eine junge Frau aus Ludwigshafen, war zu Besuch bei ihrer Freundin und man saß gemeinsam in der Küche. Mit dabei war auch der Rottweiler-Rüde des Bruders der Freundin, mit dem die junge Frau gut vertraut war. Schon oft zuvor hatte sie mit ihm ohne Probleme gespielt und gekuschelt. Nun hatte sich zu dem ihr vertrauten Rottweiler-Rüden hinuntergebeugt und ihn am Kopf gestreichelt; diesmal schnappte der Hund nach ihr und biss ihr in das linke Ohr. Die Wunde musste mit zahlreichen Stichen genäht werden; die Klägerin war mehr als eine Woche lang arbeitsunfähig und klagt noch immer über fortbestehende Schmerzen bei Druck- und Kälteeinwirkungen. Das Gericht verneinte ein Mitverschulden; die bloße Hinwendung zu einem Tier, etwa durch Streicheln oder Umarmen, könne ein solches nicht begründen. Dies gelte jedenfalls dann, wenn man das Tier schon eine geraume Zeit über kenne und es bisher kein aggressives Verhalten gegeben habe.

LG Köln, Urt. v. 27.04.2018 – 22 O 444/13, unveröffentlicht 821

6.500,00 € (Vorstellung: 20.000,00 €)

Taubheit von Schläfe bis Ohr – Mittelgesichtsfraktur – Gefühlsstörung am Zahnfleisch

Die Parteien gerieten auf einer Grillfeier ihres Anglervereins darüber in Streit, ob ein Grill zu nah an brennbaren Gegenständen stehe. Ohne Vorwarnung nahm der Beklagte den Kopf des Klägers zwischen die Hände und versetzte diesem mit der eigenen Stirn einen Kopfstoß, bei dem ein deutliches »Knackgeräusch« zu hören war. Der Kläger erlitt eine Mittelgesichtsfraktur und war zwei Tage stationär behandelt. Die Fraktur wurde erst 10 Tage später diagnostiziert und zwei Wochen nach dem Vorfall operativ versorgt. Es kam zu flankierenden Folgebeschwerden, insbesondere einer fortdauernden Taubheit der rechten Gesichtshälfte von Schläfe bis Ohr sowie zur Gefühlsbeeinträchtigungen des Zahnfleischs am rechten Oberkiefer.

OLG Köln, Beschl. v. 24.07.2017 – 5 U 12/17, VersR 2018, 1083 822

8.000,00 €

Ohrentzündung – Cholesteatom

Der beklagte Amtsarzt einer Berufsgenossenschaft untersuchte das Ohr der Klägerin grob fehlerhaft mittels einer Wasserspülung auf Gleichgewichtsstörungen (Vestibularisprüfung). Dies führte zu einer Entzündung am rechten Ohr und zur Bildung eines Cholesteatoms (Einwucherung in das Mittelohr mit nachfolgender chronisch-eitriger Entzündung), welches vier Monate später operativ entfernt werden musste.

823 **LG Essen, Urt. v. 01.12.2022 – 65 KLs 1/22, unveröffentlicht**

10.000,00 €

Riss-Quetsch-Wunde am Ohr – Nasenbeinfraktur – Le-Fort-I-Fraktur

Der Nebenkläger hatte eine verheiratete Frau, mit der er eine Affäre hatte, erpresst; die Angeklagten hatten ihn daraufhin einen »Denkzettel« verpassen wollen und schlugen ihn in einer Gruppe mit einem Schlaggegenstand in das Gesicht. Der Nebenkläger erlitt eine Le-Fort I-Fraktur, einen Bruch des linken Jochbeins, einen Bruch des linken knöchernen Augenhöhlenbodens sowie eine Nasenbeinfraktur. Es kam zudem zu Verletzungen der Mundvorhofschleimhaut mit Absplitterung von Verblendungen der Frontzähne 11 und 12, einer Schwellung der linken Gesichtshälfte, einem Monokelhämatom links sowie eine Riss-Quetsch-Wunde vor dem linken Ohr. Der Kläger wurde eine Woche stationär aufgenommen. Eine Zahnbehandlung wurde erforderlich; die Le-Fort I-Fraktur wurde mit einer Metallplatte operativ versorgt, die in einer gesonderten Operation wieder entfernt wurde. Bei der Bemessung wurde auch berücksichtigt, dass der Nebenkläger seinerseits Täter einer Erpressung gewesen war.

824 **KG, Urt. v. 03.05.2018 – 20 U 234/13, unveröffentlicht**

15.000,00 €

Narbe von Ohr zu Ohr

Die Klägerin behielt nach einer rechtswidrigen Schönheitsoperation trotz zweier hierdurch erforderlicher Korrekturoperationen verschiedene Narben am Kopf unter dem Haar, von denen die längste 24cm lang ist und nur von eine lichten Haarlinie bedeckt wird. Wegen einer psychischen Erkrankung (körperdysmorphe Symptomatik) leidet die Klägerin besonders stark unter den Narben, von denen eine von Ohr zu Ohr reicht und nicht voll durch Haar verdeckt wird. Ebenfalls wurde die 6jährige Prozessdauer erhöhend berücksichtigt.

825 **AG Hannover, Urt. v. 06.07.2023 – 231 Ls 9353 Js 73293/22 (150/23), unveröffentlicht**

50.000,00 €

Schnittwunden und Narben an Ohr und Mund – inkomplettes Querschnittssyndrom

Der Angeklagte, der mit dem Roller unterwegs war, ärgerte sich über das Verhalten des Rad fahrenden Adhäsionsklägers, fuhr diesem hinterher und schlug sodann in paralleler Fahrweise mit einer kraftvollen ausholenden Armbewegung unvermittelt und für den Adhäsionskläger nicht vorhersehbar mit dem rechten Arm im Stile einer Tennisrückhandbewegung an dessen Kopf, wodurch dieser die Kontrolle über sein Rennrad verlor und mit dem Kopf bzw. seinem Fahrradhelm vorwärts in die vertikale Heckscheibe eines parkenden Wagen fiel, die dadurch zersplitterte. Er erlitt einen Riss der Halsschlagader mit einhergehendem starkem Blutverlust sowie diverse Schnittverletzungen im Gesicht und eine Fraktur der Halswirbelsäule.

Der Adhäsionskläger hat die Tat nur aufgrund der zufälligen Anwesenheit mehrerer Ärzte überlebt und musste unmittelbar im Krankenhaus notoperiert werden, wo er mehrere Wochen verblieb. Er befindet sich in ununterbrochener ärztlicher Behandlung und musste aufgrund einer schicksalhaften Risikoverwirklichung im Rahmen der ersten Operation, wodurch das Rückenmark geschädigt wurde und es zu einem inkompletten Querschnittssyndrom kam, insgesamt sieben Operationen über sich ergehen lassen. Der Alltag des Adhäsionsklägers hat sich massiv verändert. So ist unter anderem ein problemloses Anziehen von Kleidung als auch der alleinige Stuhlgang auch ein Jahr nach der Tat noch nicht möglich. Der Adhäsionskläger hat eine dauerhafte mehrere Zentimeter lange Narbe vom Mundwinkel bis zu dem Gehörgang sowie eine großflächige Narbenpartie um das Ohr erlitten und wird somit tagtäglich durch einen Blick in den Spiegel an das Geschehen erinnert. Der Erfolg des Wiedereingliederungsversuchs bei seiner Arbeitsstelle ist weiterhin ungewiss, so dass auch ein vorzeitiger krankheitsbedingter Ruhestand im Raum steht. Das Gericht berücksichtigte auch, dass die von dem Angeklagten ausgeübte Tat vorsätzlich verübt wurde, so dass der Adhäsionskläger ein verstärktes Interesse an Genugtuung habe.

OLG Stuttgart, Urt. v. 07.06.2018 – 13 U 194/17, unveröffentlicht 826

70.000,00 € (Vorstellung: 70.000,00 €)

Hörschneckenschädigung – Epilepsie – Hörminderung – kognitive Einschränkungen – Brustwirbelkörperfraktur

Die Klägerin ritt mit ihrer Mutter auf Kamelen, die der Beklagte gewerblich hielt, und stürzte, weil die Tiere wegen Hundegebells eine spontane Drehbewegung machten. Sie erlitt ein schweres Schädel-Hirn-Trauma, eine Schädigung der distalen Cochlea (Hörschnecke) am rechten Ohr, eine Fraktur des 12. Brustwirbelkörpers, welche die Implantation einer Klammer in der Wirbelsäule und deren Herausoperation 14 Monate nach dem Unfall erforderlich machte. Es kam zu Substanzverlusten am Schädeldach bei einem Zustand nach einer einseitigen Entfernung des Schädeldaches links mit der Folge einer 10 % MdE, einer strukturelle Epilepsie, welche im Hinblick auf die fortbestehende Gefahr erneuter Anfallsleiden eine erhebliche Einschränkung in der Lebensführung in beruflicher und sozialer Hinsicht mit sich bringt und eine MdE von 40 % begründet, einer Hörminderung rechts durch die Schädigung an der Hörschnecke bezüglich akustisch evozierter Hirnstammpotenziale, welche nach wie vor besteht und zu einer MdE von 30 % führt sowie zu einer unvollständige Halbseitenlähmung rechts mit fazialer Mundastschwäche, die sich in der Folge indes vollständig zurückgebildet hat.

In neuropsychologischer Hinsicht verblieben auf kognitiven Gebiet Einschränkungen jeweils in leichtem bis mäßigem Grade in Gestalt von Wortfindungsstörungen, Konzentrations- und Aufmerksamkeitsstörungen sowie einer Dyslexie, wobei zu berücksichtigen ist, dass die Klägerin berufsbedingt überdurchschnittlichen Anforderungen an das geistige Leistungsvermögen unterliegt und diese Einschränkungen sich noch aktuell in der Lebensgestaltung der Klägerin – aufgrund einer erhöhten Kompensationsleistung – gering auswirken und sekundäre psychische Symptome wie eine depressive Stimmungslage und eine erhöhte Zwanghaftigkeit zur Folge hatten, ohne dass diese Symptome gegenwärtig Krankheitswert erreicht haben, während in den ersten Monaten nach dem Unfallgeschehen diese Einschränkungen, insbesondere was das Sprechen anbelangt, noch sehr viel stärker ausgeprägt waren, weswegen die Klägerin nach dem Unfall überhaupt erst wieder das Sprechen neu erlernen und sich insoweit in eine sprachtherapeutische Behandlung begeben musste. Es verbleibt insoweit eine MdE von 10 %.

Bei der Bemessung berücksichtigte der Senat (der das vom Landgericht zuerkannte Schmerzensgeld von 50.000,00 € auf die Anschlussberufung erhöhte), die dauerhaften Beeinträchtigungen der Klägerin in Form der Gefahr epileptischer Anfälle, wenn sie die entsprechenden Medikamente reduziert oder absetzt, worunter sie aktuell nicht zuletzt mit Blick auf eine angedachte Schwangerschaft leide. Hinzu komme, dass die Einnahme der Medikamente keine Gewissheit gebe, dass es nicht wieder zu epileptischen Anfällen kommen werde, was sich unter anderem im alltäglichen Leben der Klägerin dadurch auswirke, dass ihr ärztlicherseits empfohlen wurde, nicht mehr Auto zu fahren, woran sie sich im Wesentlichen halte, was aber zur Folge habe, dass sie in ihrer Lebensgestaltung nicht unerheblichen Einschränkungen und Erschwernissen unterliege. Hinzu kämen die psychischen Beeinträchtigungen und die Gehörsminderung der Klägerin, die ihr besonders im Berufsalltag, aber auch privat zu schaffen machen.

Schädel (Schädelprellung – Schädelfraktur – Schädelhirntrauma/Hirnschädigung)

1. Schädelprellung

LG Nürnberg, Urt. v. 15.01.2015 – 8 O 5750/14, unveröffentlicht 827

250,00 € (Vorstellung: 500,00 €)

Schädelprellung

Der 1 Jahr alte Kläger saß angeschnallt auf der Rückbank eines PKW. Er erlitt eine Prellung am Kopf, eine Prellmarke war sichtbar. Ein bleibender Gesundheitsschaden ist nicht eingetreten. Die Verletzung liegt im untersten denkbaren Bereich, wo der Ansatz eines Schmerzensgeldes überhaupt noch geboten und gerechtfertigt erscheint.

828 **AG Erfurt, Urt. v. 19.08.2020 – 5 C 1402/19, unveröffentlicht**

500,00 € (Vorstellung: 1.000,00 €)

Schädelhirntrauma 1. Grades – Schürfwunden – Prellungen

Der 9 Jahre alte Kläger prallte auf einem Fußgänger/Radfahrer-Weg mit dem Beklagten als Radfahrer zusammen und stürzte. Der Radfahrer war gegenüber dem Fußgänger zu höherer Rücksichtnahme verpflichtet. Der Kläger war eine Woche krank, hat aber keine Folgeschäden erlitten.

829 **AG Lübeck, Urt. v. 27.6.2023 – 70 Ds 719 Js 40723/21**

500,00 €

Tritt gegen den Kopf – Beleidigung

Der Angeklagte überschritt bei einer Kontrolle des minderjährigen Nebenklägers seine Befugnisse. Er rang den Nebenkläger nieder und fesselte ihn. Dabei trat er ihn ohne Grund gegen den Kopf, wodurch der Kläger leicht verletzt wurde. Ferner forderte der Angeklagte ihn auf, »die Schnauze zu halten«, er habe »eine große Fresse« gehabt.

Für die Bemessung des Schmerzensgeldes wurden die unmittelbaren Folgen – geringfügige Verletzungen, die folgen- und problemlos abheilten – ebenso gewürdigt wie die psychischen Beeinträchtigungen, welche das Gericht angesichts der erniedrigenden Handlungsweise des Angeklagten als verhältnismäßig bedeutend eingestuft hat.

830 **LG Wiesbaden, Urt. v. 02.07.2924 – 9 S 3/24**

500,00 € (Mitverschulden; Vorstellung: 1.000,00 €)

Gehirnerschütterung – Kieferverletzung

Zwischen dem Kläger, der als Jogger unterwegs war, und dem Beklagten, der auf einem Rennrad fuhr, kam es zu einem Körperkontakt, wodurch beide stürzten. Der Kläger erlitt eine Gehirnerschütterung sowie eine Exkoriation am Kieferwinkel.

831 **OLG Hamm, Urt. v. 06.04.2017 – 6 U 2/16, NJW-RR 2017, 988**

700,00 € (Vorstellung: mindestens 3.500,00 €; Mitverschulden: 2/3)

Commotio ceribri – Platzwunde – Prellungen

Eine 47 Jahre alte Fußgängerin wurde beim Überqueren einer Straße von einem Kraftrad erfasst und auf die Fahrbahn geschleudert.

Sie erlitt eine Gehirnerschütterung, eine Kopfplatzwunde und mehrere Prellungen. Für 6 Wochen bestand Lagerungsschwindel.

832 **AG Frankfurt, Urt. v. 05.12.2016 – 32 C 3057/15, unveröffentlicht**

1.500,00 €

Gehirnerschütterung – Sehnenabriss am Finger

Bei einem Zusammenstoß mit einem Inlineskater erlitt eine Radfahrerin eine Gehirnerschütterung und einen Sehnenabriss am Finger. Sie wurde 2 Tage stationär behandelt und war 1 Woche arbeitsunfähig.

OLG Köln, Beschl. v. 05.10.2015 – 5 U 125/15, VersR 2016, 937 833

2.000,00 € (Vorstellung: höheres Schmerzensgeld)

Schädelprellung – Sturz vom Wickeltisch

Ein Schmerzensgeld von 2000 Euro, das der Krankenhausträger aufgrund eines von einer Krankenschwester verschuldeten Sturzes des neugeborenen Kindes vom Wickeltisch freiwillig zahlte, ist bei Weitem ausreichend, wenn nichts für dauerhafte Folgen des Sturzes spricht und sich der Schaden im Wesentlichen auf die unmittelbar mit dem Sturz verbundenen Schmerzen, psychischen Folgen und ein Hämatom am Schädel beschränken, das sich zeitnah und folgenlos zurückentwickelte.

Klage und Berufung hatten keinen Erfolg.

BGH, Beschl. v. 28.04.2015 – 3 StR 52/15, unveröffentlicht 834

2.000,00 €

Verletzung an Schläfe und Auge

Die Angeklagten verletzten den Nebenkläger durch Schläge mit einem Schlagring gegen den Kopf, an der Schläfe und unter einem Auge.

OLG Saarbrücken, Urt. v. 14.03.2019 – 4 U 112/17, VRS 135, 184 835

2.400,00 € (Mitverschulden: 3/5; Vorstellung: 10.000,00 €)

Gehirnerschütterung – Kieferfraktur – Bauchtrauma

Der Kläger erlitt bei einer Fahrzeugkollision eine Gehirnerschütterung, eine Kieferfraktur und ein Bauchtrauma. Er war unfallbedingt fast 9 Wochen arbeitsunfähig.

OLG München, Urt. v. 06.04.2016 – 20 U 4602/15, unveröffentlicht 836

3.000,00 € (Vorstellung: 17.000,00 €)

Kopfplatzwunde

Die Klägerin erlitt eine Kopfplatzwunde, als eine aus dem Fenster einer im 3. Stock eines Hauses fallende ca. 1 kg schwere Holzfigur sie am Kopf traf. Die Wunde musste mit mehreren Stichen genäht werden. Nach vier Stunden konnte die Klägerin das Krankenhaus wieder verlassen. Die Beklagte zahlte über ihre Haftpflichtversicherung 1.000,00 € Schmerzensgeld.

LG Wuppertal, Urt. v. 05.07.2016 – 25 Ks – 45 Js 4/16 – 8/16, 9 Gs 104/16, unveröffentlicht 837

3.000,00 € (Vorstellung: 3.000,00 €)

Kopfverletzungen

Der Angeklagte schlug mit großer Wucht mindestens fünfmal auf den Kopfbereich der Adhäsionsklägerin, einer Polizistin, ein. Er umfasste den Schlagstock mit beiden Händen am unteren langen Ende, holte weit über den Kopf aus und begann, mit dem in Metall eingefassten Knaufende in Richtung des Kopfes der am Boden liegenden Klägerin einzuschlagen. Diese hielt beide Hände schützend über ihren Kopf, wodurch sie verhinderte, dass alle Schläge ungehindert auf ihrem Kopf auftrafen.

Die Höhe des Schmerzensgeldes beruht auf einem Anerkenntnis des Angeklagten.

LG Münster, Urt. v. 07.11.2018 – 14 O 202/18, unveröffentlicht 838

3.000,00 € (1/2 Mitverschulden Vorstellung [unquotiert]: 6.000,00 €)

Schädelhirntrauma – Rippenserienfraktur – Schlüsselbeinfraktur

Der Kläger erlitt als Pedelec-Fahrer bei einem Zusammenstoß mit der Beklagten, die als Fußgänger unterwegs war, Sturzverletzungen. Es kam zu einem Schädelhirntrauma, einer Schlüsselbeinfraktur,

Schürfwunden und Prellungen sowie einer sehr schmerzhaften Rippenserienfraktur; er wurde 9 Tage stationär behandelt und befand sich noch 26 Tage in ambulanter Nachbehandlung.

839 **LG Lübeck, Urt. v. 05.12.2024 – 10 O 208/23**

3.000,00 €

Kopfplatzwunden – Hämatome

Die 97 Jahre alte Erblasserin erlitt im Alters- und Pflegeheim zahlreiche Stürze, denen nicht angemessen vorgebeugt wurde. Das LG vermisst hinreichenden Sachvortrag zu den Verletzungen und zu den gesundheitlichen Beeinträchtigungen der Erblasserin. Eine Kopfplatzwunde musste genäht werden. Zur Höhe des niedrig anzusetzenden Schmerzensgeldes zitiert das LG tatsächlich eine Entscheidung des OLG Celle vom 03.02.1983!

840 **OLG Brandenburg, Urt. v. 14.07.2016 – 12 U 121/15, RuS 20116, 636 = SP 2017, 507**

4.000,00 €

Schädelhirntrauma – Bauchtrauma – Thoraxtrauma – offene Beckenverletzung – Skalpierungsverletzung

Der Kläger erlitt bei einem Auffahrunfall unter anderem ein Schädelhirntrauma, ein stumpfes Bauch- und Thoraxtrauma, eine offene Becken-A-Verletzung sowie Skalpierungsverletzung am Hinterkopf. Er wurde 6 Tage stationär behandelt.

Als Dauerschaden bestehen Schwindelanfälle und eine leichte Taubheit im Bereich einer Narbe am Rücken.

841 **LG Köln, Urt. v. 05.05.2015 – 25 O 199/12, unveröffentlicht**

5.000,00 € (Vorstellung: 5.000,00 €)

Blutende Platzwunde am Kopf – Strecksehnenausriss am Kleinfingergelenk – Prellungen

Der Kläger wurde in und vor einer Festhalle verprügelt. Infolge der ihm von den Beklagten gemeinschaftlich versetzten Schläge und Tritte erlitt er eine blutende Platzwunde, Prellungen und eine Strecksehnenverletzung am Finger. Den Kläger trifft kein Mitverschulden.

842 **BGH, Beschl. v. 19.12.2017 – 3 StR 515/17, unveröffentlicht**

5.000,00 €

Multiple Verletzungen – auch des Schädels – nach Schlägen mit einem Baseballschläger

Der Angeklagte versetzte dem Adhäsionskläger zahlreiche Schläge mit einem Baseballschläger und traf ihn 10–15 Mal an den Kopf. Der Adhäsionskläger erlitt multiple Verletzungen.

Der BGH hat die Adhäsionsentscheidung aus strafprozessualen Gründen aufgehoben.

843 **BGH, Urt. v. 21.05.2019 – 1 StR 178/19, unveröffentlicht**

5.000,00 € (nach einem Vergleich)

Schläge mit einem Gummihammer auf den Kopf und mit Fäusten in den Magen

Der Angeklagte wurde unter anderem wegen gefährlicher Körperverletzung zu einer Freiheitsstrafe von 4 1/2 Jahren verurteilt. Er hatte sich Zutritt zur Wohnung der Klägerin verschafft, deren Zuneigung er gewinnen wollte. Er schlug ihr von hinten mit einem Gummihammer auf den Kopf und versetzte ihr mindestens weitere Schläge mit dem Gummihammer auf den Kopf und zwei Faustschläge in den Magen. Die Klägerin leidet unter psychischen Auswirkungen der Tat.

In der Hauptverhandlung schloss der Angeklagte mit der Klägerin einen Adhäsionsvergleich über 5.000,00 € nebst Zinsen.

LG Freiburg, Urt. v. 22.12.2017 – 6 O 186/17 844

6.000,00 €

Kieferhöhlen- und Jochbeinfraktur – Schwellungen

Durch einen Faustschlag ins Gesicht erlitt der Kläger eine Kieferhöhlen-Jochbein-Fraktur und starke Schwellungen und Hämatome. Narbengewebe musste operativ entfernt werden.

OLG Zweibrücken, Urt. v. 27.02.2019 – 1 U 122/17, unveröffentlicht 845

6.000,00 €

Schädelhirntrauma – Kalottenfraktur – Kontusionsblutungen

Der Beklagte fuhr mit seinem PKW mit geöffneter Tür rückwärts und verletzte den Kläger vorsätzlich. Dieser stürzte und zog sich ein Schädelhirntrauma, eine Kalottenfraktur und Kontusionsblutungen zu. Die Verletzungen waren lebensgefährlich. Der Kläger wurde 5 Tage stationär behandelt. Er war 4 1/2 Monaten arbeitsunfähig.

OLG Frankfurt, Urt. v. 23.11.2023 – 26 U 61/22 846

6.000,00 € (Mitverschulden: 4/5)

Schädelhirntrauma – Beckenringfraktur – Halswirbelfraktur – Unterschenkelfraktur

Der Kläger wurde als Fußgänger bei einem Verkehrsunfall schwer verletzt. Er erlitt u.a. ein Schädelhirntrauma, mehrere Frakturen, u.a. des Beckenrings, eine Halswirbelfraktur und eine Fraktur des Unterschenkels. Er wurde 16 Tage im Krankenhaus stationär behandelt, eine stationäre Reha-Behandlung über 7 Wochen schloss sich an. Der Kläger war länger als 1 Jahr arbeitsunfähig.

LG Kaiserslautern, Urt. v. 19.06.2019 – 3 O 639/19, unveröffentlicht 847

7.000,00 € (Mitverschulden: 3/10)

Kopfverletzungen – Gesichtsverletzungen – Narben

Die Klägerin erlitt bei einem Sturz in der Schule massive Kopfverletzungen, eine Schnittwunde von der Nase über die Nasolabialfalte sowie einer massiven Risswunde im oberen Stirnbereich, knapp unterhalb des Haaransatzes. Sie wurde 4 Tage stationär behandelt, die Nasenspitze wurde rekonstruiert, die Schnitt- und Risswunden wurden genäht Es verblieben Narben im Gesicht.

BGH, Urt. v. 08.12.2016 – 1 StR 351/16, unveröffentlicht 848

7.500,00 € (Vorstellung 7.500,00 €)

2 Wunden am Kopf

Durch zwei Schläge mit dem Hammer auf den Kopf erlitt der Kläger zwei stark blutende, sternförmige Riss-Quetschwunden am Hinterhaupt und auf der Schädelhöhe, die genäht werden mussten. Zudem zog er sich eine Schwellung und eine Schulterprellung zu.

Der Senat hat keine Feststellungen zu den wirtschaftlichen Verhältnissen mehr gefordert, vgl. BGH, VGS, Beschl. v. 16.09.2016 – VGS 1/16, VersR 2017, 180.

LG Saarbrücken, Urt. v. 19.06.2015 – 1 O 19/12, unveröffentlicht 849

10.000,00 €

Commotio ceribri – posttraumatische Belastungsstörung – HWS-Distorsion

Als Folge einer commotio ceribri und einer HWS-Distorsion trat bei der Klägerin eine posttraumatische Belastungsstörung mit depressiver Verstimmung auf. Es steht noch nicht fest, welche Unfallfolgen dauerhaft verbleiben.

850 **LG Duisburg, Urt. v. 20.03.2017 – 3 O 3177/15, unveröffentlicht**

10.000,00 €

Gehirnerschütterung – Kopfplatzwunde – Prellungen – PTBS

Die Klägerin wurde als Fußgängerin angefahren und zu Boden geschleudert. Sie erlitt eine Gehirnerschütterung, eine Kopfplatzwunde und mehrere Prellungen. Sie wurde für 3 1/2 Monate krankgeschrieben. Bei der Klägerin liegt eine posttraumatische Belastungsstörung vor, unter der sie weiter leidet.

851 **OLG Düsseldorf, Urt. v. 06.02.2018 – I-1 U 61/17**

10.000,00 €

Gehirnerschütterung – Kopfplatzwunde

Die Klägerin erlitt bei einem Verkehrsunfall eine Gehirnerschütterung, eine Kopfplatzwunde, Verrenkungen und Prellungen. Sie war 6 Tage in stationärer Behandlung und für 3 1/2 Monate krankgeschrieben. Der Unfallgegner entfernte sich vom Unfallort, ohne sich um die Klägerin zu kümmern.

852 **LG Hamburg, Urt. v. 18.08.2020 – 628 KLs 4/20, unveröffentlicht**

10.000,00 €

Kopfverletzung – Narben

Der 27 Jahre alte Angeklagte, der eine Bierflasche auf dem Kopf des Klägers zerschlug, wobei die Kante des Flaschenbodens die Stirn traf, wurde unter anderem wegen schweren Raubes zu einer Freiheitsstrafe von 7 Jahren und 4 Monaten verurteilt. Zuvor hatte er den Kläger ins Gesicht geschlagen und 2 mal das Knie wuchtig ins Gesicht gerammt. Der Kläger, der eine 10 cm lange und weitere kleine Schnittwunden erlitten hatte, blutete stark. Es blieben mehrere Narben zurück. Er litt länger unter Kopfschmerzen und unter psychischen Beeinträchtigungen.

Eine Begründung zur Höhe des Schmerzensgeldes enthält die Entscheidung nicht.

853 **LG Essen, Urt. v. 01.12.2022 – 65 KLs70 Js 155/21-1/22**

10.000,00 € (Vorstellung:10.000,00 €)

Le-Fort I-Fraktur – Jochbeinfraktur – Fraktur des Augenhöhlenbodens – Nasenbeinfraktur

Die Angeklagten schlugen auf den Nebenkläger ein. Dieser erlitt unter anderem eine Le-Fort I-Fraktur, eine Jochbeinfraktur, eine Fraktur des Augenhöhlenbodens sowie einer Nasenbeinfraktur. Es kam zudem zu Verletzungen der Mundvorhofschleimhaut mit Absplitterung von Verblendungen der Frontzähne 11 und 12, der Schwellung einer Gesichtshälfte, zu einem Monokelhämatom und einer Riss-Quetsch-Wunde vor einem Ohr. Der Kläger wurde 1 Woche stationär behandeln.

Die Kammer hat das Schmerzensgeld **wie beantragt** festgesetzt.

854 **LG Kleve, Urt. v. 29.08.2023 – 4 O 227/20**

10.000,00 €

Subdurales Hämatom – Sprengung des Iliosacralgelenks -Nierenversagen

Die 79 Jahre alte Klägerin erlitt durch einen Unfall ein akutes subdurales Hämatom, traumatische Sprengung des Iliosacralgelenks, ein akutes Nierenversagen, eine Einblutung in den Schädel, eine Sprengung des Kreuz-Darmbein-Gelenks, ein Nierenversagen sowie akute Verwirrtheit. Sie wurde fast 3 Wochen stationär behandelt, war mehrere Wochen pflegebedürftig und litt 3–4 Monate unter Schmerzen. Zur Bemessung des Schmerzensgeldes, das »die Kammer … für angemessen hält«, fehlt jede Begründung.

BGH, Beschl. v. 11.05.2015 – 3 StR 115/15, NStZ-RR 2015, 319 = NStZ 2016, 98 855

12.000,00 € (Vorstellung 12.000,00 €)

Riss-Quetschwunden auf dem Kopf

Der Angeklagte versetzte der Adhäsionsklägerin mit der Flachseite einer Axt zwei Schläge auf den Kopf. Die Klägerin erlitt eine 4 cm lange Risswunde oberhalb der Stirn und eine Rissquetschwunde am Hinterkopf. Beide Wunden mussten mit mehreren Stichen genäht werden. Außerdem erlitt die Klägerin mehrere Hämatome und Hautabschürfungen.

Eine Feststellung der wirtschaftlichen Verhältnisse unterblieb nach Anfrage des 2. Strafsenats, die zur Zurückverweisung der Entscheidung führte: BGH, VGS, Beschl. v. 16.09.2016 – VGS 1/16, VersR 2017, 180; vgl. ferner grundlegend Jaeger, die Schmerzensgeldklage im Adhäsionsverfahren – ist schnelles Recht auch gutes Recht? VersR 2017, 449 ff.

BGH, Beschl. v. 13.03.2018 – 4 StR 27/18, unveröffentlicht 856

12.000,00 €

Schädelverletzung

Der Adhäsionskläger wurde vom Angeklagten mit einer Holzlatte bewusstlos geschlagen, um ihm die Geldbörse zu rauben.

Die Revision des Angeklagten wurde zurückgewiesen.

OLG Dresden, Urt. v. 28.04.2017 – 6 U 1780/16, DAR 2017, 463 857

13.000,00 € (Mitverschulden: 1/4; Vorstellung: nicht unter 13.000,00 €)

Schädelhirntrauma – Unterarmfraktur – Sprunggelenkfraktur

Der Kläger erlitt bei einem Verkehrsunfall eine Fraktur des Unterarms und eine Fraktur des Sprunggelenks sowie ein Schädelhirntrauma. Er verlor bei dem Unfall das Bewusstsein. Der Kläger musste mehrfach operiert werden. Er wurde 7 Wochen stationär behandelt und war 6 Wochen in einer Reha und war mehr als 6 Monate arbeitsunfähig. Dauerschäden hat er nicht zu beklagen.

Das Schmerzensgeld ist wegen des verzögerlichen Regulierungsverhaltens der Beklagten erhöht worden.

OLG Stuttgart, Urt. v. 11.05.2016 – 4 U 164/15, unveröffentlicht 858

20.000,00 € (Mitverschulden 1/3; Vorstellung: 30.000,00 €)

Unterkieferfraktur – Verlust von zwei Zähnen – erhebliche Platzwunden

Der Kläger stürzte mit seinem Fahrrad auf einer Eispfütze, die dadurch entstanden war, dass die Beklagte, die Eigentümerin des Weges und einer darüber führenden Eisenbahnbrücke war, das auf der Brücke befindliche Wasser ohne entsprechende Warnhinweise durch eine bauliche Konstruktion auf die Straße abgeleitet hatte, wo es gefroren war. Er erlitt eine zweifache Unterkieferfraktur, Zahnfrakturen mit dem teilweise beziehungsweise kompletten Verlust der Zähne 13, 14 und 24 sowie Platzwunden an der Unterlippe paramedian rechts und mental rechts, multiple Platz- und Schürfwunden und einen Bluterguss am linken Trommelfell. Der Kläger wurde 5 Tage stationär behandelt, die Frakturen über drei Wochen fixiert. Er war einen Monat krankgeschrieben; als Dauerschaden verbleibt eine Dauerschädigung des linken Kiefergelenks mit entsprechend dauerhaft reduzierter Kaufunktion und Mundöffnung. Es musste in einer weiteren Operation mit 9 Tagen stationären Aufenthaltes ein künstliches Kiefergelenk eingesetzt werden. Die Behandlung zog sich über zwei Jahre, beim Essen hat der Kläger noch häufig Schmerzen.

LG Potsdam, Urt. v. 05.10.2018 – 6 O 476/17, unveröffentlicht 859

20.000,00 € (Vorstellung: 25.000,00 €)

Platzwunde am Hinterkopf – Beckenringfraktur – Schürfwunden

Die 73 Jahre alte Klägerin fuhr mit dem Fahrrad gegen eine sich öffnende Autotür und stürzte.

Die Klägerin wurde unfallbedingt für 2 Jahre pflegebedürftig. Im Bereich der Platzwunde am Hinterkopf entstand ein Taubheitsgefühl, sie litt unter Kopfschmerzen, ihre Gedächtnisleistung ließ nach. All dies hat das Gericht als unfallursächlich angesehen, zumal die Klägerin vor dem Unfall nicht an Beeinträchtigungen litt.

2. Schädelfraktur

▶ Hinweis:

860 Eine Schädelfraktur kann mannigfache Folgen haben oder auch (nahezu) folgenlos ausheilen. Es wird versucht, die Schädelfrakturen nach den jeweiligen Folgen darzustellen. Das Schädelhirntrauma ist ein medizinischer Sammelbegriff für eine durch Gewalteinwirkung verursachte Beeinträchtigung und Schädigung des Gehirns. Von diesem Begriff wird die einfache Gehirnerschütterung (commotio) ebenso erfasst wie die irreversible Gehirnschädigung.

OLG Hamm, Urt. v. 04.11.2016 – 9 U 135/15, MDR 2017, 573

13.000,00 €

Stirnhöhlenvorderwandfraktur

Der Kläger erlitt im jugendlichen Alter durch einen gezielten Kopfstoß des Beklagten gegen die Stirn eine Stirnhöhlenvorderwandfraktur mit Schädelprellung.

Für die Bemessung des Schmerzensgeldes waren maßgebend die brutale Ausführung der Körperverletzung, zwei Operationen mit Metallplatteneinsatz bzw. -entfernung und rezidivierende Kopfschmerzen als Dauerfolgen.

Die der körperlichen Auseinandersetzung vorangegangenen Beleidigungen des Klägers gegenüber dem Beklagten begründen kein Mitverschulden, weil der Beklagte die Beleidigungen mittels körperlicher Gewalt »ahnden« wollte und dem Kläger keine Möglichkeit ließ, die körperliche Auseinandersetzung zu vermeiden.

861 **OLG Brandenburg, Urt. v. 10.22.2022 – 12 U 45/17**

15.000,00 €

Schädelhirntrauma – Hörminderung

Der Kläger erlitt bei einem Arbeitsunfall unter anderem ein Schädelhirntrauma, ein Kopfplatzwunde, eine Rippenfraktur und mehrere Prellungen. Ein Behandlungsfehler liegt in einer nicht rechtzeitig durchgeführten Kernspintomographieuntersuchung des Kopfes und der Halswirbelsäule des Klägers trotz der durch den Arbeitsunfall.2009 erfahrenen Gewalteinwirkung. Selbst eine konventionelle Röntgenuntersuchung hätte wichtige Hinweise hätte ergeben können. Goldstandard sei allerdings eine CT-Untersuchung des Übergangs vom Schädelbein auf die obere Halswirbelsäule gewesen.

Beim Kläger sind Kopfschmerzen, Hitzegefühle, Schwindel, Konzentrations- und Merkfähigkeitsstörungen sowie eine Hörminderung rechts und ein Tinnitus beidseits als Unfallfolgen eingetreten.

862 **OLG Hamm, Urt. v. 22.11.2022 – 7 U 8/22**

19.000,00 €

Kalottenfraktur – Subarachnoidalblutungen – Jochbeinfraktur – Nasenbeinfraktur –

AC-Gelenksprengung

Der 68 Jahre alte Kläger wurde bei einem Verkehrsunfall zwischen zwei Radfahrern schwer verletzt. Er erlitt eine Kalottenfraktur mit Subarachnoidalblutungen, eine Jochbeinfraktur, eine Nasenbeinfraktur und eine AC-Gelenksprengung.

Er ist beim Tragen schwerer Gegenstände behindert und es bestehen Funktionseinschränkungen im Handgelenk und Schwierigkeiten bei Überkopfarbeiten. Der Geruchs- und Geschmackssinn ist beeinträchtigt.

OLG Saarbrücken, Urt. v. 16.04.2015 – 4 U 15/14, NJW-Spezial 2015, 362 863

20.000,00 € (Mitverschulden: 7/10)

Schädelbasisfraktur – Felsenbeinlängsfraktur – Kieferfrakturen – interperitoneal traumatische Blutungen

Die Klägerin überquerte unaufmerksam die Schienen einer Bahn. Sie erlitt ein Polytrauma mit traumatischem subduralem Hämatom fronto-temporal, traumatische SAB, Kontusionen temporal und parietal, eine Schädelbasisfraktur, Felsenbeinlängsfrakturen, Frakturen in der Kiefergelenkspfanne, Rippenserienfrakturen, eine Lungenkontusion, eine interperitoneal traumatische Blutung und arterielle Hypertonie. Sie wurde 9 Tage stationär behandelt und war 4 Wochen in der Reha. Später musste ein Knochendeckel reimplantiert werden.

Die Klägerin leidet unter Depressionen, massiven Aufmerksamkeitsstörungen, sprachlichen und mnestischen Defiziten sowie unter Angstzuständen und bedarf beim Verlassen des Hauses einer Begleitperson.

OLG Nürnberg, Urt. v. 20.08.2020 – 13 U 1187/20, MDR 2020, 1315 = NJW 2020, 3603 864

20.000,00 €

Kalottenfraktur – Schädelhirntrauma – subarachnoidale Blutungen – Verlust des Geruchssinns

Die 27 Jahre alte Klägerin wurde als Radfahrerin bei dem Zusammenstoß mit dem nach rechts abbiegenden PKW des Beklagten erheblich verletzt. Sie zog sich eine Schädelfraktur mit Schädelhirntrauma und subarachnoidale Blutungen und eine Kopfplatzwunde zu. Sie wurde 8 Tage stationär behandelt und war 4 Wochen arbeitsunfähig.

Für die Bemessung des Schmerzensgeldes soll der Verlust des Geruchssinns (Anosmie) und die Beeinträchtigung des Geschmackssinns von Bedeutung gewesen sein.

Das Nichttragen eines Schutzhelms begründet kein Mitverschulden.

Die zum Vergleich herangezogenen Entscheidungen datieren bis 2003.

OLG Zweibrücken, Urt. v. 27.02.2019 – 1 U 122/17, unveröffentlicht 865

30.000,00 €

Kalottenfraktur – Subarachnoidalblutungen – Schädelhirntrauma

Der Beklagte schlug dem Kläger eine Bierflasche auf den Kopf. Der Kläger zog sich eine Kalottenfraktur, subarachnoidale Blutungen und ein Schädelhirntrauma zu. Er wurde 2 1/2 Wochen stationär behandelt. Noch 1 Jahr nach dem Vorfall leidet der Kläger unter Kopfschmerzen, Einschränkungen der kognitiven Fähigkeiten und Gedächtnis- und Aufmerksamkeitsstörungen. Wegen der Beeinträchtigung der Gehirnfunktion beträgt die MdE 30 %. Der Kläger musste seinen Beruf als Fernfahrer aufgeben.

OLG Naumburg, Urt. v. 26.03.2015 – 2 U 62/14, RuS 2015, 469 = NJW-RR 2015, 1244 = SP 2015, 368 = NZV 2016, 133 866

45.000,00 € (Mitverschulden: 1/4; Vorstellung: 50.000,00 €; Urt. LG: 60.000,00 €)

Hirnkontusion – Schädeldachfraktur – Schädelbasisfraktur – apallisches Syndrom – Tod nach 6 Monaten

Der 48 Jahre alte Erblasser erlitt bei dem Verkehrsunfall diffuse Hirnkontusionen, Hygroma durae matris, Schädeldachfraktur, traumatisches Hirnödem, epidurale Blutung, langzeitige Abhängigkeit vom Respirator, Diabetes insipidus, Exophthalmus, Anisokorie, Monokelhämatom, Kalottenfraktur, Orbitadachfraktur und eine geschlossene Schädelbasisfraktur. Er verstarb nach rd. 6 Monaten infolge der Verletzungen.

Es soll nicht schmerzensgelderhöhend zu berücksichtigen sein, dass das Leben des Erblassers frühzeitig beendet worden ist, es sei die Leidenszeit bis zum Tode zu entschädigen, wobei nicht gänzlich unberücksichtigt bleiben könne, dass die Erben lediglich ein Schmerzensgeld von – mindestens – 50.000,00 € als sachgerecht erachtet haben.

867 **BGH, Urt. v. 03.02.2016 – 2 StR 159/15, NStZ-RR 2016, 222 = StV 2016, 622**

50.000,00 € (Vorstellung: 50.000,00 €)

Schädel-Hirn-Verletzung – Impressionsfraktur.

Der Angeklagte schlug dem Nebenkläger ein Bügelbrett mindestens zweimal wuchtig auf den Kopf. Dieser wurde sofort bewusstlos und erlitt eine offene Schädel-Hirn-Verletzung mit Impressionsfraktur der Kalotte. Es kam zu Einblutungen in die Hirnoberfläche. Der Kläger leidet dauerhaft unter Epilepsie mit wiederkehrenden Krampfanfällen. Er ist zu 80 % schwerbehindert und hat den Arbeitsplatz verloren.

Die Entscheidung über die Revision des Angeklagten gegen den Adhäsionsausspruch hat der 2. Strafsenat zunächst einer abschließenden Entscheidung vorbehalten, weil er eine das Schmerzensgeld betreffende Rechtsfrage den Vereinigten Großen Senaten des BGH vorgelegt hat. Er hat diese Rechtsauffassung jedoch nicht aufrechterhalten.

868 **LG Frankfurt, Urt. v. 17.07.2019 – 2–24 O 246/16**

50.000,00 €

Schädelhirntrauma – Frakturen von Ellenbogen – Kniescheibe – Hüfte – Oberschenkel

Der 93 Jahre alte Erblasser wurde als nicht angeschnallter Beifahrer auf dem Rücksitz eines

PKW sitzend bei einem Verkehrsunfall verletzt. Er erlitt ein schweres Schädelhirntrauma, Frakturen des Ellenbogengelenks, der Hüfte, des Nasenbeins und des Oberschenkelhalses. Die Frakturen und das Polytrauma sind auf den Aufprall ohne Gurtschutz zurückzuführen. Ellenbogen und Hüfte wurden teils mehrfach operiert. Nach 4 Monaten stationärer und Pflegebehandlung verstarb der Verletzte.

Die Kammer hat das Schmerzensgeld taggenau berechnet mit > 34.000,00 € und unter Berücksichtigung der Verletzungsfolgen und des Mitverschuldens des Erblassers auf 50.000,00 € erhöht.

869 **OLG Köln, Urt. v. 23.12.2015 – 27 U 1/15, unveröffentlicht**

60.000,00 €

Schädelkalottenfraktur – Schädelhirntrauma – Mittelgesichtsfrakturen

Bei einem Sturz mit einem gemieteten Elektrofahrrad in der Schweiz erlitt der Kläger, ein Kieferorthopäde, schwerste Verletzungen, u.a. eine traumatische Hirnverletzung sowie eine Schädelkalottenfraktur frontal sowie neun Mittelgesichtsfrakturen; er lag fast zwei Wochen in einem künstlichen Koma und wurde nach 4 Wochen auf eigenen Wunsch entlassen. Es schlossen sich ein vollständiges Berufsverbot für 4 Wochen und eine Arbeitsunfähigkeit zu 70 % für weitere zwei Monate an.

Das LG hat den Vermieter des Fahrrades unter Berücksichtigung eines Mitverschuldens des Klägers zu 30.000,00 € verurteilt, das OLG Köln hat ein Mitverschulden wegen des Nichttragens eines Fahrradhelms verneint.

OLG Brandenburg, Urt. v. 11.03.2015 – 4 U 93/14, unveröffentlicht 870

100.000,00 € (Vorstellung: 110.000,00 €)

Fraktur der Vorder- und Hinterwand des Schädels – Schluckstörung – Verlust des Geschmacks- und Geruchssinns – Dauerschmerzen

Der Kläger stürzte bei einer Weihnachtsfeier von einem Barhocker auf den Kopf und erlitt eine Fraktur der Vorder- und Hinterwand des Schädels und den Verlust des Geschmacks- und Geruchssinns. Er leidet unter Schluckstörungen und Dauerschmerzen. Der GdB beträgt 60, er ist dauerhaft erwerbsunfähig. Der Kläger konnte 3 1/2 Jahre nur flüssige Nahrung zu sich nehmen.

Zur Bemessung des Schmerzensgeldes meint der Senat: Ein im Jahr 1995 zugesprochener Betrag von 75.000 € entspricht unter Berücksichtigung der zwischenzeitlich eingetretenen, am Verbraucherpreisindex orientierten Geldwertentwicklung heute dem Betrag von 100.000 €.

OGH, Urt. v. 22.03.2018 – 2 Ob 218/17y, ZVR 2019, 127 871

125.000,00 €

Gesichtsschädelverletzung – Verunstaltung – Verlust des Geruchssinns – Geschmacksinn – Verlust eines Auges – Narben

Der 23 Jahre alte Kläger erlitt als Fußgänger einen Verkehrsunfall. Er erhielt in Österreich, einem Land, in dem das Schmerzensgeld allenfalls 50 % der in der Bundesrepublik Deutschland üblichen Beträge erreicht, eine ungewöhnlich hohe Entschädigung. Er erlitt eine sehr schwere Gesichtsschädelverletzung (Asymmetrie des Gesichtsschädels) und verlor zusätzlich den Geruchssinn und ein Auge. Der Geschmacksinn ist beeinträchtigt.

Er erhielt ein Schmerzensgeld in Höhe von 100.000,00 € und eine Verunstaltungsentschädigung in Höhe von 25.000,00 €.

3. Schädelhirntraumen/Hirnschädigungen

AG Wesel, Urt. v. 09.01.2014 – 5 C 56/13, NJW-RR 2014, 595 = DAR 2014, 535 872

1.100,00 € (Vorstellung: 1.500,00 €)

Schädelhirntrauma I. Grades

Der 72 Jahre alte Kläger stieß als Radfahrer mit einem anderen Fahrradfahrer zusammen und stürzte. Er zog sich ein Schädelhirntrauma zu. Ein Mitverschulden wurde verneint. Zur Höhe des Schmerzensgeldes zitierte das Gericht keine neuere, sondern meist fast 20 Jahre alte Entscheidungen.

OLG Naumburg, Urt. v. 14.07.2016 – 12 U 121/15, unveröffentlicht 873

4.000,00 € (Mitverschulden < 1/2; Vorstellung: 7.000,00 €)

Schädelhirntrauma – Skalpierungsverletzung am Hinterkopf

Der Kläger macht Ansprüche aus einem Verkehrsunfall geltend, bei dem er ein stumpfes Bauch- und Thoraxtrauma, ein Schädelhirntrauma 1. Grades, ein hyperdenses Areal im linken Marklager mit einer punktförmigen Blutung, eine offene Becken-A-Verletzung sowie eine Skalpierungsverletzung am Hinterkopf erlitt. Er wurde sechs Tage stationär behandelt. Als Dauerschaden verblieben Schwindelanfälle und eine leichte Taubheit im Bereich der Narbe am Rücken.

LG Köln, Urt. v. 12.09.2022 – 15 O 10/22, unveröffentlicht 874

4.000,00 €

Schädelhirntrauma nach Pferdetritt – Lungenkontusion – Rippenserienfraktur – Milzkontusion

Die Klägerin erlitt durch einen Pferdetritt ein Schädel-Hirn-Trauma ersten Grades, eine Lungenkontusion, eine Rippenserienfraktur und eine lebensgefährliche Milz-Kontusion. Sie wurde 11 Tage stationär behandelt.

875 **OLG Karlsruhe, Urt. v. 28.09.2016 – 7 U 196/15, NJW-RR 2017, 624**

10.000,00 €

Schädelhirntrauma nach Sturz aus einem Hochbett

Die 5 1/2 Jahre alte Klägerin stürzte in einer von einem Reiseveranstalter gemieteten Berghütte aus einem Hochbett kopfüber auf den gefliesten Boden und zog sich eine Fraktur des Stirn- und Scheitelbeins mit epiduralem Hämatom zu. Sie wurde operiert, um die Blutung zu entfernen. Der stationäre Aufenthalt dauerte 9 Tage. Die Klägerin hatte in den ersten Tagen starke Schmerzen und konnte durch die geschwollenen Augen kaum sehen. Sie durfte für 3 Monate keinen Sport treiben und litt rd. ein Jahr unter dem Trauma des Sturzes.

876 **LG Bonn, Urt. v. 02.12.2016 – 1 O 154/15, unveröffentlicht**

10.000,00 €

Schädelhirntrauma – Subarachnoidalblutungen

Der Beklagte, Sicherheitskraft einer Diskothek, versetzte dem Kläger, einem Disko-Besucher, einen Faustschlag ins Gesicht. Der Kläger stürzte zu Boden und schlug mit dem Kopf auf dem Asphalt auf. Der Beklagte zog den Kläger an den Beinen über den Asphalt auf eine Wiese und ließ ihn dort bewusstlos liegen. Der Kläger wurde wegen einer Subarachnoidalblutung in einer Universitätsklinik 17 Tage stationär behandelt. Er leidet weiter unter erheblichen Kopfschmerzen.

Der Beklagte wurde zu einer Bewährungsstrafe von 15 Monaten verurteilt. Er hat sich im Rahmen des Strafverfahrens beim Kläger entschuldigt.

Die Kammer hat die wirtschaftlichen Verhältnisse beider Parteien bei der Bemessung des Schmerzensgeldes berücksichtigt, ohne zu erkennen zu geben, inwieweit sich diese auf die Höhe des Schmerzensgeldes ausgewirkt haben sollen. Sie hat sich berufen auf den Beschluss der großen Senate des BGH vom 12.10.2015 – 1 GSZ 1/14 und BGH, Beschl. v. 16.09.2016 – 1 VGS 1/16, VersR 2017, 180, der bestätigt hat, dass die wirtschaftlichen Verhältnisse der Beteiligten (nur) ausnahmsweise berücksichtigt werden; grundlegend dazu: Jaeger, die Schmerzensgeldklage im Adhäsionsverfahren – ist schnelles Recht auch gutes Recht? VersR 2017, 449 ff.

877 **OLG Schleswig, Urt. v. 24.03.2017 – 7 U 73/16, NZV 2017, 486**

10.000,00 € (Vorstellung: 12.000,00 €)

Schädelhirntrauma – HWS-Distorsion – posttraumatische Belastungsstörung

Die Klägerin erlitt bei einem Verkehrsunfall ein Schädelhirntrauma I. Grades, eine HWS-Distorsion und in der Folge eine posttraumatische Belastungsstörung, die 22 Monate andauerte.

878 **LG Verden, Urt. v. 23.08.2019 – 8 O 264/17, unveröffentlicht**

10.000,00 € **(Vorstellung:** 15.000,00 €)

Schädelhirntrauma – Beckenringfraktur – Rippenserienfraktur – Prellungen

Die Klägerin erlitt als Beifahrerin bei einem Verkehrsunfall ein Schädelhirntrauma, eine Beckenringfraktur, eine Rippenserienfraktur und mehrere Prellungen. Sie wurde 6 Tage stationär behandelt und war 6 Wochen auf einen Rollstuhl angewiesen. Die anschließende Mobilisation dauerte 4 Wochen. Es wurden 78 krankengymnastische Behandlungen durchgeführt. Schmerzen in der Wirbelsäule sind verblieben.

LG Dessau-Roßlau, Urt. v. 17.02.2020 – 4 O 617/14, unveröffentlicht 879

10.000,00 € (Vorstellung; 20.000,00 €)

Schädel-Hirn-Trauma II. Grades – Kontusionsblutung – Contusio labyrinthi

Der Kläger erlitt bei einem Sturz von einem Baugerüst aus ca. 3,30 m Höhe ein Schädel-Hirn-Trauma II. Grades, eine frontobasale und temporale Kontusionsblutung und eine Contusio labyrinthi. Die MdE beträgt 60 %.

OLG Brandenburg, Urt. v. 03.02.2020 – 12 U 98/19, NJW-RR 2020, 671 880

10.000,00 € (Mitverschulden: 1/5; Vorstellung: 15.000,00 €)

Schädelhirntrauma I – Mittelgesichtsfrakturen – Radiusfraktur – Schnittverletzungen – Prellungen

Der Kläger kollidierte als Motorradfahrer bei einem Überholvorgang mit dem PKW des Beklagten und zog sich folgende Verletzungen zu: Schädelhirntrauma I°, Komplexe Mittelgesichtsfraktur vom Typ LeFort II, distale Radiusfraktur, Schnittverletzung an Oberlid, Mundwinkel, Unterlippe, Kinn und Thorax-, Abdomen-, Becken- und Oberschenkelprellung. Der Kläger lag 4 Tage im Koma, wurde insgesamt 12 Tage stationär behandelt und war rd. 2 Monate arbeitsunfähig.

OLG Celle, Beschl. v. 06.11.2018 – 14 U 61/18, ZfS 2019, 374 = RuS 219, 286 881

12.000,00 € (Mitverschulden: 1/5; Vorstellung: 62.500,00 €)

Schädelhirntrauma – subdurales Hämatom – Impressionsfraktur

Der 81 Jahre alte Kläger fuhr mit dem Fahrrad gegen eine sich öffnende Autotür und stürzte. Dabei zog er sich Schädelhirntrauma, ein subdurales Hämatom eine nicht dislozierte Impressionsfraktur und eine Subarachnoidalblutung zu. Bei der Festsetzung der Rechtsanwaltskosten ging das OLG von einem **Streitwert für das Schmerzensgeld von 15.000,00 € ohne Mitverschulden aus.**

OLG Dresden, Urt. v. 28.04.2017 – 6 U 1780/16, DAR 2017, 463 882

13.000,00 € (Mitverschulden: 1/4; Vorstellung: nicht unter 13.000,00 €)

Schädelhirntrauma – Unterarmfraktur – Sprunggelenkfraktur

Der Kläger erlitt bei einem Verkehrsunfall eine Fraktur des Unterarms und eine Fraktur des Sprunggelenks sowie ein Schädelhirntrauma. Er verlor bei dem Unfall das Bewusstsein. Der Kläger musste mehrfach operiert werden. Er wurde 7 Wochen stationär behandelt und war 6 Wochen in einer Reha und war mehr als 6 Monate arbeitsunfähig. Dauerschäden hat er nicht zu beklagen.

Das Schmerzensgeld ist wegen des verzögerlichen Regulierungsverhaltens der Beklagten erhöht worden.

OLG Köln, Beschl. v. 19.10.2015 – 5 W 35/15, unveröffentlicht 883

15.000,00 €

Krampfanfälle – Epilepsie

Der Beklagte reduzierte anlässlich eines stationären Aufenthaltes aus Anlass einer Magenoperation ein von der Klägerin regelmäßig gegen Krampfanfälle eingenommenes antikonvulsiv wirkendes Medikament über einen Zeitraum von ca. einer Woche in der Dosis deutlich. Das beruhte darauf, dass bei der Übertragung der Dosierung in den Aufnahmebogen versehentlich eine geringere Dosis eingetragen wurde. Unmittelbar nach der Operation der Klägerin kam es zu Krampfanfällen.

OLG Brandenburg, Urt. v. 22.11.2018 – 12 U 223/17, unveröffentlicht 884

20.000,00 € (Vorstellung: 30.000,00 €)

Kopfverletzung – Schlüsselbeinbruch

Der Kläger, ein Student, wurde als Radfahrer von dem Beklagten angefahren; er erlitt schwere Kopfverletzungen der linken Schädelseite, einen Schlüsselbeinbruch, Prellungen und Hämatome, einen Schock mit Kreislaufzusammenbruch und musste sich langwierigen ärztlichen Behandlungen und Operationen unterziehen. Osteosynthesematerial sowohl aus der Schulter als auch Platten und Schrauben im linken Mittelgesicht mussten in weiteren Operationen wieder entfernt werden. Er war insgesamt fünf Monat arbeitsunfähig, weitere vier Monate traten noch Schmerzen auf; das Studium konnte nur unter Mühen und mit Schmerzmitteln aufrechterhalten werden.

885 **OLG Celle, Urt. v. 11.10.2023 – 14 U 157/22**

22.220,00 € (Mitverschulden: 1/3; Vorstellung: 40.000,00 €)

Offenes Schädel-Hirn-Trauma – Frakturen – Prellungen – Schürfwunden

Der 12 Jahre alte Kläger wurde bei einem Verkehrsunfall auf dem Mountainbike (ohne Helm) fahrend, schwer verletzt. Er erlitt ein offenes Schädel-Hirn-Trauma, mehrere Frakturen, Prellungen und Schürfwunden. Die stationäre Behandlung dauerte auf der Intensivstation 12 Tage, wobei er 6 Tage künstlich beatmet wurde. Die stationäre Behandlung sollte 6 Monate dauern.

Über Dauerschäden und zu erwartende Spätschäden wird nichts mitgeteilt.

Das LG hat dem Kläger bei einem Mitverschulden von 60% den eingeklagten Betrag von 40.000,00 € zugesprochen, das OLG meint, 1/3 davon seien 22.220,00 €?

886 **LG Saarbrücken, Urt. v. 05.03.2020 – 9 O 48/18**

25.000,00 € (Mitverschulden: 1/2)

Schädelhirntrauma – Milzverlust – Thoraxtrauma – Schambein- und Steißbeinfrakturen

Die Kläger erlitt bei einem Unfall ein Schädelhirntrauma, ein Thoraxtrauma, ein stumpfes Abdominaltrauma, eine Rippenserienfraktur, eine Lungenkontusion, eine Milzlazeration, eine Beckenfraktur, eine Kreuzbeinfraktur, Schambeinastfrakturen und Sitzbeinfrakturen mit Mehrfragmentfraktur. Nach 4 Tagen auf der Intensivstation wurde sie 7 Wochen stationär behandelt.

887 **OLG Bamberg, Urt. v. 19.12.2023 – 5 U 314/22**

25.000,00 € (Vorstellung: 100.000,00 €)

Schädelhirntrauma – Fingerfrakturen

Der Kläger wurde als Motorradfahrer bei einem Verkehrsunfall verletzt. Er erlitt eine Fraktur des Zeigefingers und des fünften Mittelhandknochens, eine Thoraxprellung, Lungenquetschungen, Schürfwunden und Prellungen und eine Kopfverletzung mit Einblutung im Gehirn sowie ein Schädel-Hirn-Trauma. Der Kläger wurde mehrfach operiert. Eine Metallplatte befindet sich noch in der Hand. Die Kopfverletzung verursachte Einschränkungen im kognitiven Bereich.

888 **OLG Stuttgart, Urt. v. 24.03.2023 – 2-2 StE 15/22**

30.000,00 € (Vorstellung: mindestens 30.000,00 €)

Schädelhirntrauma – Mittelgesichtsfraktur

Der Beklagte wurde von der Polizei verfolgt. Er fuhr auf den Adhäsionskläger, einen Polizeibeamten, zu und verletzte ihn schwer. Der Kläger erlitt u.a. schwere Kopfverletzungen, eine komplexe Rissquetschwunde an der Stirn, ein Schädelhirntrauma mit Unterblutungen der Spinngewebshaut des Gehirns, eine komplexen Mittelgesichtsfraktur mit Blutansammlungen in den Nebenhöhlen, eine Blutung aus dem rechten Gehörgang sowie Prellungen der rechten Schulter und der Handgelenke. Der Kläger wurde auf der Intensivstation behandelt und musste operiert werden. Als Folgeschaden besteht eine posttraumatische Belastungsstörung und der Kläger ist weiterhin dienstunfähig. Er leidet unter Schlafstörungen und ist wenig stressresistent und gereizt. Die wirtschaftliche Situation des Angeklagten wurde berücksichtigt. Dem Feststellungsantrag des Adhäsionsklägers wurde stattgegeben.

OLG Düsseldorf, Urt. v. 07.11.2017 -1 U 70/16, unveröffentlicht 889

35.000,00 € (Vorstellung: 60.000,00 €)

Schädelhirntrauma 2. Grades – Schädelbasisfraktur – Pneumothorax – Depressionen

Der Kläger erlitt als Beifahrer unter anderem ein Schädelhirntrauma 2. Grades mit einer Schädelbasisfraktur, einen Pneumothorax, eine Rippenserienfraktur, eine akute respiratorische Insuffizienz und eine Antrum-Gastritis. Der Kläger war durch den Unfall einer äußerst lebensbedrohlichen Situation ausgesetzt. Er wurde 4 Wochen stationär behandelt.

Die anhaltenden Schmerzen im Kopf und Oberkörper des Klägers und die Entwicklung von Bluthochdruck als Störung der Krankheitsbewältigung im Sinne einer misslungenen Bewältigung nichtzerebraler körperlicher Unfallfolgen beschreiben mittelbare Unfallfolgen.

Diese Wechselwirkung hat dann zu einer langjährig persistierenden Schmerzverarbeitungsstörung im Sinne einer Chronifizierung geführt, sodass beim Kläger eine Somatisierungsstörung in Form einer somatoformen Schmerzstörung vorliegt. Im Kontext dieser Schmerzstörung steht auch eine anhaltende affektive Störung durch eine Dysthymia. Dabei handele es sich um eine chronische, wenigstens mehrere Jahre andauernde depressive Verstimmung mit vermindertem Antrieb oder Aktivität, Schlafstörungen, Verlust des Selbstvertrauens, dem Gefühl von Unzulänglichkeiten, Konzentrationsstörungen, sozialem Rückzug, Interessenverlust, Pessimismus, Problemen mit den Routineanforderungen des täglichen Lebens sowie einem Gefühl von Hoffnungslosigkeit und Verzweiflung.

OLG Dresden, Beschl. v. 01.06.2018 – 4 W 448/18, unveröffentlicht 890

35.000,00 € (Vorstellung: 200.000,00 €)

Kontraindizierte Implantation eines Impulsgenerators zur Hirnstimulation

Die Klägerin, eine Lehrerin, begehrt Prozesskostenhilfe für eine fehlerhafte ärztliche Behandlung, die sie in der kontraindizierten Implantation eines Impulsgenerators zur tiefen Hirnstimulation sieht. Die Klägerin litt an der schweren Vorerkrankung Morbus Parkinson und war auch vor der ärztlichen Behandlung erheblich beeinträchtigt.

OLG Celle, Urt. v. 19.05.2021 – 14 U 129/20, NJW 2021, 2124 891

35.000,00 €

Schädelhirntrauma – Beckenringfraktur – Dauerschaden im Genitalbereich

Bei einem Verkehrsunfall erlitt die 11 Jahre alte Klägerin ein Schädel-Hirn-Trauma, eine Beckenringfraktur und Dauerschäden im Genitalbereich, die Auswirkungen bei einer späteren Schwangerschaft und bei Geburten haben werden. Durch die Beckenringfraktur besteht ein erhöhtes Risiko einer Entbindung durch Kaiserschnitt.

Das Schädel-Hirn-Trauma hat zu einer Hirnschädigung geführt, die Entwicklung der kognitiven Funktionen ist gestört und ein Dauerschaden kann nicht ausgeschlossen werden. Die Klägerin leidet unter Angst- und Belastungssymptomen.

OLG Celle, Urt. v. 01.06.2016 – 14 U 74/15, unveröffentlicht 892

40.000,00 € (Mitverschulden: 3/10)

Schädelhirntrauma 3. Grades – Gesichtsfraktur – Oberarmfrakturen – Radiusfraktur

Der Kläger befand sich noch in der Berufsausbildung, als er mit seinem Fahrzeug verunglückte. Er erlitt ein offenes Schädelhirntrauma 3. Grades, eine Gesichtsfraktur, Oberarmfrakturen und eine Radiusfraktur. Es bleiben Bewegungseinschränkungen, MdE 40 %, und kognitive Defizite. Der Kläger konnte die Berufsausbildung jedoch beenden.

893 **OLG Zweibrücken, Urt. v. 12.12.2018 – 1 U 117/16, unveröffentlicht**

40.000,00 €

Schädelhirntrauma – Beckenringfraktur – Decollement am Unterschenkel – Brustwirbelfraktur – Rippenfraktur – Narben

Die Klägerin erlitt bei einem Verkehrsunfall ein Schädelhirntrauma 1. Grades, eine Beckenringfraktur, eine offene Wunde am Unterschenkel mit Decollement, eine Brustwirbelfraktur und eine Rippenfraktur. Der Nervus peronaeus superficialis wurde geschädigt. Die Klägerin musste sich 4 Operationen unterziehen, war auf eine Reha angewiesen und musste sich nach der stationären Behandlung 6 Wochen an Gehhilfen fortbewegen.

Am Unterschenkel verblieben erhebliche Narben von 11 x 3,5 cm, am Oberschenkel 13 x 5 cm, die kosmetisch auffällig sind und schmerzen. Die Klägerin leidet ferner unter Bewegungseinschränkungen. Die Schädigung des nervus peronaeus hat zu einem Taubheitsgefühl im Bereich des Fußrückens geführt.

894 **OLG Bremen, Urt. v. 14.02.2018 – 1 U 37/17, NJW-RR 2018, 993 = RuS 2018, 385**

40.667,00 € (Mitverschulden: 1/3; Vorstellung: 50.000,00 €)

Schädelverletzungen

Die Parteien stießen mit dem Fahrrad zusammen.

Die Klägerin zog sich durch den Unfall erhebliche Verletzungen zu, vor allem im Schädelbereich. Es bestehen auch verschiedene Spät- und Dauerfolgen des Unfalls, insbesondere im Bereich des Sehvermögens und der Fahrtüchtigkeit. Die Klägerin leidet unter Wortfindungsschwierigkeiten sowie Schmerzen im Kiefergelenk und im rechten Rippenbereich. In ihrer Berufstätigkeit ist die Klägerin eingeschränkt.

Das LG hatte den Beklagten (ohne Mitverschulden) zur Zahlung eines Schmerzensgeldes von 60.000,00 € verurteilt.

895 **BGH, Urt. v. 14.01.2016 – 4 StR 72/15, NJW 2016, 395 = JR 2016, 395**

50.000,00 € (Vorstellung: 50.000,00 €)

Schädelhirntrauma – Tod innerhalb von 24 Stunden

Die 5 Angeklagten sind im Adhäsionsverfahren als Gesamtschuldner verurteilt worden, an die Nebenkläger zur gesamten Hand ein Schmerzensgeld in Höhe von 50.000 Euro zu zahlen.

Der BGH ließ insoweit die Verurteilung von 4 Angeklagten bestehen, die auf den Körper, den Hals und den Kopf des Opfers eingewirkt hatten, das u.a. ein Schädel-Hirn-Trauma, ein massives Hirnödem, Rippen- sowie Brustbeinfrakturen und Lungenquetschungsblutungen erlitt. Anschließend wurden seine Hände und Füße straff mit Klebeband gefesselt; er wurde – noch lebend – auf der Ladefläche seines Transporters in zusammengekauerter Haltung abgelegt. Den vier Angeklagten war bewusst, dass die dargestellte Gewalteinwirkung zum Tode des Geschädigten führen könnte. Zwar wollten sie dessen Tod nicht, verursachten ihn jedoch leichtfertig.

Der Geschädigte verstarb innerhalb von 24 Stunden nach der Tat an einer Lungenfettembolie sowie an schweren inneren Verletzungen. Der Transporter mit der Leiche wurde erst sechs Tage später aufgefunden.

896 **OLG Brandenburg, Urt. v. 18.01.2024 – 12 U 116/22**

50.000,00 € (Mitverschulden: 1/2; Vorstellung: 100.000,00 €)

Schädelhirntrauma – Milzverlust – Rissverletzung der Leber – Lungenkontusion – Rippenserienfraktur – Wirbelfrakturen

Der Kläger wurde bei einem Verkehrsunfall schwer verletzt. Er erlitt ein schweres Schädel-Hirn-Trauma mit einer intracerebralen Blutung mit posttraumatischer Enzephalopathie und anhaltenden leichtgradigen kognitiven Störungen, eine Lungenkontusion mit akutem Lungenversagen, eine Rippenserienfraktur, eine operative Milzentfernung, eine Rissverletzung der Leber, eine komplexe Schulterverletzung (Scapulafraktur), eine Mittelgesichtsfraktur, Frakturen der Lendenwirbelkörper Nr. 1 bis 4.

Der Kläger wurde prolongiert beatmet (Luftröhrenschnitt), ferner erfolgte in diesem Zusammenhang eine verminderte Sauerstoffversorgung des Klägers. Es kam zu einer Endokarditis und kardialen Thrombusbildung (Blutgerinnsel im Herzen), zu einer beidseitigen Lungenarterienembolie mit dauerhafter Antikoagulationspflichtigkeit und einer Critical-Illness Polioneuropathie (Erkrankung des peripheren Nervensystems mit Lähmungserscheinungen).

Der Kläger befand sich für knapp 2 Monate in stationärer Behandlung und für dreieinhalb Monate in stationärer neurologischer Reha.

OLG Düsseldorf, Urt. v. 25.10.2016 – 1 U 20/16, unveröffentlicht 897

55.000,00 € (Vorstellung: 70.000,00 €)

Schädelhirntrauma – Milzverlust – Oberschenkelfraktur – Jochbein- und Orbitabogenfraktur

Der 17 Jahre alte Kläger erlitt bei einem Verkehrsunfall ein Gesichtsschädelhirntrauma ersten Grades mit offener Alveolarfortsatzfraktur, eine offene Unterkiefertrümmerfraktur mit Luxationsverlust mehrerer Zähne, eine Oberkieferfortsatzfraktur, Jochbeinfraktur, Fraktur der Augenhöhle, einen Bluterguss des rechten Auges mit passageren Doppelbildern, ein stumpfes Bauchtrauma mit Nierenkontusion, Milzeinriss mit Entfernungsnotwendigkeit, ein Thoraxtrauma, eine beidseitige Lungenquetschung, eine Brustbeinfraktur, eine offene Fraktur des Oberschenkels sowie einen traumatischen Blutungsschock. Der Komapatient musste sich einer Vielzahl von schweren Operationen unterziehen.

OLG Köln, Urt. v. 23.12.2015 – 27 U 1/15, unveröffentlicht 898

60.000,00 €

Schädelkalottenfraktur – Schädelhirntrauma – Mittelgesichtsfrakturen

Bei einem Sturz mit einem gemieteten Elektrofahrrad in der Schweiz erlitt der Kläger, ein Kieferorthopäde, schwerste Verletzungen, u.a. eine traumatische Hirnverletzung sowie eine Schädelkalottenfraktur frontal sowie neun Mittelgesichtsfrakturen; er lag fast zwei Wochen in einem künstlichen Koma und wurde nach 4 Wochen auf eigenen Wunsch entlassen. Es schlossen sich ein vollständiges Berufsverbot für 4 Wochen und eine Arbeitsunfähigkeit zu 70 % für weitere zwei Monate an.

Das LG hat den Vermieter des Fahrrades unter Berücksichtigung eines Mitverschuldens des Klägers zu 30.000,00 € verurteilt, das OLG Köln hat ein Mitverschulden wegen des Nichttragens eines Fahrradhelms verneint.

LG Saarbrücken, Urt. v. 15.01.2019 – 4 O 412/13 899

60.000,00 €

Schädelhirntrauma – Kontusionsblutungen – Tibiakopf-Trümmerfraktur – Frakturen – Hämatome

Die 42 Jahre alte Klägerin erlitt bei einem Unfall ein Schädelhirntrauma mit Kontusionsblutungen, die zunächst nicht erkannt wurden und eine Tibiakopf-Trümmerfraktur, weitere Frakturen und Hämatome. Sie wurde 5 Tage stationär behandelt. Sie leidet unter Dauerschäden, nämlich Schmerzen im Bereich der Knochenbrüche und ständige, erhebliche Schmerzen im Kopf- und Gesichtsbereich und unter Lähmungserscheinungen und Taubheitsgefühlen im Gesichtsbereich. Es besteht eine mittelschwere depressive Episode.

900 **OLG Düsseldorf, Urt. v. 12.02.2019 – 1 U 16/18, unveröffentlicht**

60.000,00 € (Mitverschulden: 1/5 Vorstellung: 104.000,00 €)

Schädelhirntrauma – Lungenkontusion – Rippenserienfraktur – Tibiakopfmehrfragmentfraktur

Der Kläger erlitt bei einem Verkehrsunfall ein Schädelhirntrauma, eine Lungenkontusion, eine Rippenserienfraktur und eine Tibiakopfmehrfragmentfraktur. Der Kläger wurde 4 Wochen stationär behandelt. Die Beklagte zahlte vorprozessual auf das Schmerzensgeld 50.000,00 €. Die Sportfähigkeit des Klägers ist um 80%, die Erwerbsfähigkeit um 30 % gemindert. Auch unter Berücksichtigung psychischer Folgen bewege sich der Schmerzensgeldbetrag an der oberen Grenze.

901 **LG Aachen, Urt. v. 18.10.2022 – 67 KLs 4/21**

60.000,00 € (Mitverschulden – Provokation)

Schädelfraktur – Hirnblutung – Schädelhirntrauma – Epilepsie

Der Kläger war an einer Schlägerei beteiligt, in deren Verlauf er provokativ auftrat. Dabei kam er zu Fall und schlug mit dem Hinterkopf auf dem Asphalt auf. Aus seinem Ohr trat Blut aus. Der Kläger wurde 7 Mal am Kopf operiert, der entnommene Teil der Schädeldecke konnte nicht wieder implantiert werden. Er leidet an Epilepsie, an den Folgen eines schweren Schädelhirntraumas und einer schweren Hirnfunktionsstörung, die zu einer Störung des Kurzzeitgedächtnisses, der Aufmerksamkeit, des Lernens sowie der Schrift und der Sprache und zu einer motorischen Beeinträchtigung, zu einer Gangstörung geführt hat. Eine selbstständige Lebensführung ist dem Neben- und Adhäsionskläger nicht mehr möglich.

Für solch gravierende Folgen sieht die Rechtsprechung in vergleichbaren Fällen, in denen es zu einer Gehirnschädigung, die zu einer vollständigen Wesensveränderung sowie zu Konzentrationsstörungen, Gedächtnisverlust und Orientierungslosigkeit geführt hat ein Schmerzensgeld in Höhe von 200.000,00 EUR als angemessen an (vgl. OLG Köln, Urteil vom 13.04.2016 – 5 U 107/15, VersR 2016, 1123). Der Kläger hat jedoch das eigentliche Tatgeschehen in einer ihm vorwerfbaren Weise herbeigeführt, was zu der Annahme eines erhöhten Mitverschuldensanteils geführt hat.

902 **OLG Celle, Urt. v. 31.01.2023 – 14 U 133/22, MDR 2023, 629 = DAR 2023, 148 = NJW-RR 2023, 870**

60.000,00 € (Vorstellung: 60.000,00 €)

Schädelhirntrauma – Rippenserienfraktur – Hämotorax – Radiusköpfchenfraktur – Milzkontusion – Regulierungsverhalten

Die 67 Jahre alte Klägerin wurde mit ihrem PKW von einem Zug erfasst. Sie erlitt ein Polytrauma mit gedecktem Schädelhirntrauma und multiple Kontusionsblutungen, eine Rippenserienfraktur, einen Pneumohämatothorax, eine ausgedehnte Rissquetschwunde am Oberarm, eine Radiusköpfchenfraktur mit Gelenkbeteiligung und knöcherner Absprengung am Olekranon (Ellenbogenhöcker an der Spitze des Ellenbogens) und eine Milzkontusion. Die Olekranon-Fraktur wurde operativ versorgt. Der stationäre Aufenthalt dauerte 3 1/2 Wochen.

Das OLG billigte das vom LG zuerkannte Schmerzensgeld, weil der Beklagten die Schadensregulierung vorzuwerfen sei. Sie zahlte trotz der schweren Verletzungen lediglich 4.000,00 € und erst nach 3 Jahren einen weiteren Teilbetrag auf das Schmerzensgeld und versuchte noch mit der Berufung ihre eindeutige Haftung in Frage zu stellen.

903 **LG Essen, Urt. v. 09.02.2015 – 1 O 241/12, unveröffentlicht**

65.000,00 € (Vorstellung: mindestens 65.000,00 €)

Mediateilinfarkte – Paresen – Sprachstörungen

Bei der 34 Jahre alten Klägerin war ein Aneurysma festgestellt worden. Ihr wurden drei Möglichkeiten zur Behandlung dargestellt, unter anderem eine neue Methode, zu der eine Studie an der

Klinik durchgeführt wurde, was der Klägerin auch erklärt wurde. Ihr wurde auch erklärt, dass insoweit eine zusätzliche Versicherung für Vermögensschaden bestehe. Die Klägerin willigte in die Teilnahme an der Studie ein.

Es kam zu einem Zwischenfall, der zur Minderperfusion verschiedener Gefäßregionen führte. Es zeigte sich eine Hemiplegie der rechten Körperhälfte mit Blickdeviation und globaler Aphasie. Die Klägerin wurde 2 1/2 Monate stationär behandelt. Es liegen noch erhebliche Defizite vor. Nach weiteren 3 Monaten wurde ein Coiling durchgeführt, da das Aneurysma durch den Eingriff bei der Beklagten nur teilembolisiert war. Die Klägerin erhält von der Versicherung der Studie Leistungen wegen des materiellen Schadens.

Trotz weiterer ambulanter Therapien über mehrere Jahre ist trotz weiterer Besserung noch ein ganz erheblicher Dauerschaden verblieben. Das Leben der Klägerin wird dadurch erheblich beeinträchtigt und der Lebensalltag geprägt. Mit einer Besserung ist nicht mehr zu rechnen.

Das OLG Hamm hat die Berufung durch Beschl. v. 18.04.2016 – 3 U 59/15, MedR 2017, 812, zurückgewiesen.

OLG Schleswig, Urt. v. 08.04.2021 – 7 U 2/20, NJW-RR 2021, 893 = RuS 2021, 471 904

66.500,00 € (Mitverschulden: 1/3; Vorstellung: 95.000,00 €)

Schädelhirntrauma – Aortenaneurysma – Unterschenkelfraktur

Der 44 Jahre alte Kläger, der stark betrunken zu einem betrunkenen Fahrer ins Auto gestiegen war und sich nicht angeschnallt hatte, erlitt er ein schweres Schädel-Hirn-Trauma, ein rupturiertes Aortenaneurysma, Schnittverletzungen an der Stirn, eine Rippenserienfraktur sowie eine distale Unterschenkelfraktur. Mit Unterbrechungen befand er sich 2 1/2 Monate in stationärer Behandlung. Seinen Beruf als selbständiger Metallbauer musste der Kläger aufgeben.

OLG Koblenz, Urt. v. 04.01.2016 – 12 U 271/15, unveröffentlicht 905

70.000,00 €

Schädelhirntrauma II. – III. Grades – Schädelbasis-Fraktur – Kalottenfraktur – HWK- und BWK-Frakturen

Der Kläger, ein junger Mann, erlitt bei einem Verkehrsunfall schwere Verletzungen, unter anderem ein Schädelhirntrauma II. bis III. Grades, eine Schädelbasisfraktur, eine Kalottenfraktur, eine Jochbeinfraktur, ein hirnorganisches Psychosyndrom und Frakturen von HWK und BWK. Er wurde 10 Tage auf der Intensivstation und anschließend auf der neurochirurgischen Pflegestation behandelt.

Verblieben sind neuro-kognitive und mnestische sowie leichtgradige aphasische Störungen mit dauerhaften Beeinträchtigungen der Merkfähigkeit, des spontanen Sprachantriebs und der sprachlichen Expressivität. Der Senat ging davon aus, dass der Beklagte das Unfallereignis vorsätzlich herbeigeführt hatte.

OLG Hamm, Urt. v. 09.02.2018 – 7 U 68/16, unveröffentlicht 906

70.000,00 € (Vorstellung: 80.000,00 € Entscheidung des LG Bochum – 2 O 143/14: 150.000,00 € – Das Urteil des OLG Hamm wurde aufgehoben und zurückverwiesen durch BGH, Beschl. v. 27.08.2019 – VI ZR 114/18, NSW GG Art. 103 und ZPO § 544)

Schädelhirntrauma – Schädelfrakturen – Gesichtsweichteilverletzungen – Verlust des Geruchssinns (Anosmie)

Der 43 Jahre alte Kläger wurde bei einem Motorradunfall schwer verletzt. Unfallbedingt erlitt er ein offenes Schädel-Hirn-Trauma III. Grades mit ausgedehnten Weichteilverletzungen des Gesichts, knöchernen Verletzungen im Bereich des Gesichtsschädels, frontalen Kontusionsblutungen und multiplen oberflächlichen Hautabschürfungen im Bereich der Extremitäten.

Der Kläger ist dauerhaft erwerbsunfähig.

Die stationäre Behandlung dauerte zunächst mehr als 3 Wochen, die Rehabilitationsmaßnahmen 6 – 7 Wochen. Es schlossen sich weitere stationäre Behandlungen und Reha-Maßnahmen an.

Die Diagnose ergab ein diffuses Hirnödem, kognitive Defizite, eine rechtsbetonte Paraspastik der unteren Extremitäten mit neuropathischem Schmerz, eine Anosmie, eine diskrete periphere Läsion des Nervus peronaeus und eine Liquorfistel an der Schädelbasis.

Weitere Krankenhaus-Aufenthalte und Reha-Behandlungen folgten.

Vor dem Unfall war der Kläger staatlich geprüfter Maschinenbautechniker mit Weiterbildung.

Er leidet bei einem »chronischen hirnorganischen Psychosyndrom« an einer Beeinträchtigung der geistigen Leistungsfähigkeit und der psychophysischen Belastbarkeit. Er ist geistig leicht verlangsamt und visuell etwas minderbelastbar. Seine Fähigkeit zur Daueraufmerksamkeit und zur Parallelverarbeitung von Informationen bei komplexen Anforderungen ist reduziert. Es bestehen Defizite im verbalen und visuellen Arbeitsgedächtnis. Der Kläger ist verstärkt psychisch belastet. Die geistige Leistungsfähigkeit ist leicht bis mittelgradig beeinträchtigt.

Kopf- und Gesichtsschmerzen bestehen weiter. Zudem leidet er an Sensibilitätsstörungen sog. Dysästhesien im Bereich einer Gesichtshälfte und des rechten Fußes. Die Schmerzerkrankung ist chronisch. Er hat ein geringes Risiko, medikamentenabhängig zu werden.

Der Kläger leidet unter einer Anosmie. Die Feinabstimmung des Geschmacks ist deshalb eingeschränkt. Die Fähigkeit zu riechen ist fast aufgehoben.

Der Kläger hat seine früheren Hobbies wie Hockeyspielen, Motorradfahren und Training im Sportstudio aufgegeben. Er hat andere, weniger körperlich anstrengende Hobbies wie Schwimmen, Sauna, Dart spielen und die Haltung von Echsen in häuslichen Terrarien neu angefangen.

Bei der Bemessung des Schmerzensgeldes verweist der Senat auf 3 Entscheidungen aus den Jahren 2002/2003 und auf eine nicht vergleichbare Entscheidung des OLG Koblenz. Er meint – völlig zu Unrecht – dass die Schmerzensgeldvorstellungen des Klägers deutlich übersetzt seien; nicht einmal der vom Landgericht zuerkannte Betrag von 150.000 € ist ausreichend.

907 **OLG Stuttgart, Urt. v. 07.06.2018, 13 U 194/17, MDR 2018, 1183 = AUR 2018, 387**

70.000,00 €

Schädelhirntrauma – Brustwirbelfraktur – Schädigung der Hörschnecke

Die 27 Jahre alte Klägerin, eine Ärztin, stürzte von einem Kamel und zog sich eine Schädigung der distalen Cochlea (Hörschnecke) am Ohr, ein schweres Schädel-Hirn-Trauma und eine Fraktur des 12. Brustwirbelkörpers zu. Die Verletzungen hatten Substanzverluste am Schädeldach, eine strukturelle Epilepsie mit der Gefahr erneuter Anfallsleiden, eine MdE von 40 %, eine unvollständige Halbseitenlähmung und eine Hörminderung durch die Schädigung an der Hörschnecke bezüglich akustisch evozierter Hirnstammpotenziale, welche nach wie vor besteht und zu einer Minderung der Erwerbsfähigkeit von 30 % führt.

In neuropsychologischer Hinsicht auf kognitiven Gebiet bestehen Einschränkungen in Gestalt von Wortfindungsstörungen, Konzentrations- und Aufmerksamkeitsstörungen sowie einer Dyslexie, also Schwierigkeiten beim Lesen und Verstehen von Wörtern, wobei zu berücksichtigen ist, dass die Klägerin berufsbedingt überdurchschnittlichen Anforderungen an das geistige Leistungsvermögen unterliegt und diese Einschränkungen sich noch aktuell in der Lebensgestaltung der Klägerin wenn auch nur noch gering auswirken.

908 **OLG Hamm, Urt. v. 28.08.2018 – 24 U 127/16, unveröffentlicht**

70.000,00 € (Mitverschulden: 3/10; Vorstellung: 100.000,00 €)

Schädelhirntrauma – Hirnblutungen – Wachkoma

Der 49 Jahre alte Kläger erlitt als Heizer einer Lokomotive bei einem Betriebsunfall intercerebrale Hirnblutungen, die zu axonalen Schädigungen führten. Derartige Schädigungen führen häufig zu schwerwiegenden bleibenden neurologischen Defiziten. Der Kläger wurde rd. 3 1/2 Monate stationär behandelt. Anschließend wurde er im Wachkoma auf einer Pflegestation verlegt.

Der Kläger verstarb im Alter von 55 Jahren.

Die klagenden Erben erhielten zusätzlich zum Schmerzensgeld rd. 25.000,00 € Zinsen.

LG Nürnberg-Fürth, Urt. v. 20.07.2023 – 8 O 7410/21, NJW-Spezial 2023, 619 909

<u>70.000,00 €</u> (Mitverschulden: 1/3; Vorstellung: mindestens 50.000,00 €)

Schädelhirntrauma – Kalottenfraktur – subdurales Hämatom – Fraktur der Kieferhöhlenwand

Der 10 Jahre alte Kläger wurde als Fußgänger vom PKW des 87 Jahre alten Beklagten angefahren. Er erlitt ein schweres Schädel-Hirn-Trauma, eine diffuse axonale Schädigung, eine Kalottenfraktur temporal mit Einstrahlung in die Schädelbasis, eine kleine Parenchymblutung linksfrontal kortikal unmittelbar parafazial, ein Subduralhämatom, ein extrakranielles Hämatom parietal beidseits, eine Fraktur der ventralen Kieferhöhlenwand mit Einstrahlung in Orbitalboden sowie eine Platzwunde. Der Kläger, der zuvor eine Realschule mit einem Notenschnitt von 1,7 besuchte, geht nun eine Förderschule und erreicht keine besonders guten Noten. Die geplante Ausbildung zum Erzieher wird er nicht aufnehmen können. Unfallbedingt hat er ein Schuljahr verloren. Eine dezente Hemiparese besteht fort. Der GdB beträgt 40. Spätschäden sind zu befürchten. Das Regulierungsverhalten der Beklagten bezeichnet das Gericht als »pietätlos«.

OLG München, Urt. v. 19.01.2022 – 10 U 4672/13, ZfS 2022, 374 910

<u>72.000,00 €</u> (Mitverschulden: 40 %; Vorstellung: 150.000,00 €)

Schädelverletzung – Thoraxverletzung – Pneumothorax – Depressionen

Der 24 Jahre alte Kläger, der nicht angeschnallt war, wurde bei einem Verkehrsunfall schwer verletzt. Er war im Fahrzeug eingeklemmt und musste im Krankenhaus beamtet werden. Er wurde wiederholt stationär behandelt. Er erlitt eine schwere Schädelverletzung, ein schweres Polytrauma, eine deutlich dislozierter Rippenserienfraktur, eine ausgeprägte Lungenkontusion, einen traumatischen Pneumothorax, ein Emphysem und eine Abrissfraktur des Prozessus styloideus radii.

Als Dauerschaden liegt eine depressive Störung vor, die Teil eines komplexen organischen Psychosyndroms mit kognitiven Defiziten sowie Störungen der Effektivität und der Impulskontrolle ist. Die MdE beträgt 35 %.

Der Senat bewertete das Regulierungsverhalten als schmerzensgelderhöhend. Dabei wurde nicht berücksichtigt, dass alleine auf das zuerkannte weitere Schmerzensgeld von rd. 42.000,00 € rd. 30.000,00 € Zinsen zuerkannt wurden.

LG Hamburg, Urt. v. 07.09.2018 – 302 O 206/16, unveröffentlicht 911

<u>75.000,00 €</u> (Mitverschulden: 7/10; Vorstellung: mindestens 75.000,00 €)

Subarachnoidalblutung bifrontal – axonale Verletzung – Os temporale Fraktur – Mandibulafraktur – Schambeinfraktur – Lungenkontusionen – Hirnödem – Tetraparesen – Anisokorie

Die 11 Jahre alte Klägerin betrat mit ihrem Hund aus Blickrichtung der Beklagten von links kommend die Fahrbahn und wurde von deren Fahrzeug erfasst. Sie erlitt bei dem Unfall ein Polytrauma und zwar eine Subarachnoidalblutung bifrontal und eine diffuse axonale Verletzung, eine Os temporale Fraktur beidseitig, eine Mandibulafraktur beidseitig, eine Schambeinfraktur, Lungenkontusionen beidseitig, ein Hirnödem, eine arterielle Hypertonie, Tetraparesen und eine Anisokorie. Sie wurde 2 Wochen auf der Kinderintensivstation behandelt, wobei eine Kraniektomie bifrontal durchgeführt und eine ICP-Sonde gelegt wurde. Es folgten eine kieferchirurgische Operation sowie die Behandlung einer Infektion. Der Klägerin wurde eine künstliche Schädeldecke eingesetzt. Trotz Verbesserung ihres Allgemeinzustandes wird sie körperlich und geistig schwerstbehindert bleiben.

Einzige Begründung: Angesichts des erheblichen Verursachungsbeitrags der Klägerin hält das Gericht … für angemessen.

912 **OLG Hamm, Urt. v. 22.01.2021 – 7 U 18/20, RuS 2021, 356**

80.000,00 €

Kognitive Beeinträchtigungen nach Schädelhirntrauma

Der Kläger erlitt ein mittelgradiges hirnorganisches Psychosyndrom mit Beeinträchtigungen im Aufmerksamkeits-, Gedächtnisbereich und visuellen Bereich.

913 **OLG Düsseldorf, Urt. v. 10.08.2021 – 1 U 68/19, MDR 2021, 1464**

80.000,00 €

Schädelhirntrauma 2. Grades – subarachnoidale Blutung – Hirnkontusion

Der 19 Jahre alte Kläger erlitt bei einem Verkehrsunfall ein Schädel-Hirn-Trauma zweiten Grades mit einer Subduralblutung frontal und einer Hirnkontusion. Er wurde 4 1/2 Monate stationär behandelt.

Der Kläger hatte die Klasse 12 des Gymnasiums abgeschlossen, nach dem Unfall konnte er wegen körperlicher und mentaler Defizite nur noch am Berufskolleg einen Abschluss erreichen. Mehr als 4 Jahre nach dem Unfall verglich sich der Kläger mit dem Haftpflichtversicherers auf ein Schmerzensgeld von 80.000,00 €. Ein weiters Schmerzensgeld scheiterte am vorbehaltlosen Vergleich.

914 **LG Hanau, Urt. v. 31.10.2022 – 4 O 1305/14; das Urteil gegen die Sicherheitskraft ist rechtskräftig. Die Berufung der Sicherheitsfirma hatte dem Grunde nach Erfolg, NJW-RR 2025, 89.**

80.000,00 € (Vorstellung: 100.000,00 €)

Schädelbasisbruch mit Schädelhirntrauma 3. Grades – Hirnblutungen – Anosmie

Der Kläger erlitt im Anschluss an eine »Weihnachts-Rock«-Veranstaltung einen Schädelbasisbruch mit Schädelhirntrauma 3. Grades und Hirnblutungen. Er schwebte in Lebensgefahr und wurde operativ versorgt. Die stationären Aufenthalte und Rehabilitationsmaßnahmen dauerten rd. 3 Monate. Nach etwa einem Jahr wurde der Schädelknochendeckel reimplantiert. Es kam zu einem Krampfanfall und zur Bewusstlosigkeit. Auch in den beiden Folgejahren kam es zu mehreren stationären Krankenhausaufenthalten und zu mehreren Folgeoperationen.

Der Kläger war1 1/2 Jahre arbeitsunfähig.

Der Kläger hat Dauerschäden erlitten, dauerhafte vollständige Anosmie (ICD10: R43.0), dauerhaft gesteigerte posttraumatische Anfallsbereitschaft mit bislang vier Krampfanfällen, dauerhaft chronischer posttraumatischer Kopfschmerz (ICD10: G44.3), dauerhafte leichte kognitive Störung als Restzustand nach schwerem Schädel-Hirn-Trauma (ICD10: F06.7) und chronifizierte mittelgradig depressive Episode (ICD10: F32.1).

915 **OLG Brandenburg, Urt. v. 08.10.2020 – 12 U 97/20, NJW-RR 2021, 153**

90.000,00 € (Vorstellung: 100.000,00 €)

Siebbeindachdurchbrechung – Hirnverletzung – Meningitis

Die Klägerin wurde 2002 wegen einer Pansinusitis operiert. Dabei kam es zu einem Bruch des Siebbeindaches und zur Verletzung der harten Hirnhaut und des Gehirns. In den Jahren 2011, 2012 und 2018 kam es zu einer bakteriellen Meningitis.

Für die Klägerin besteht die Gefahr eines lebensbedrohlichen Hirnabszesses und wiederkehrender Meningitiserkrankungen. Es bestehen eine deutlich verminderte Hirnleistung, reduzierte Gedächtnisleistung, mangelhafte Konzentrations- Merkfähigkeit und depressive Anpassungsstörungen.

LG Zweibrücken, Urt. v. 20.02.2015 – 2 O 120/08, unveröffentlicht 916

100.000,00 €

Schädelfraktur – Polytrauma mit Schädel-Hirn-Trauma – Pneumothorax – Lungenkontusion – Rippenserienfraktur – Beckenringfraktur – Sprunggelenksluxationsfraktur – Schulterblattfraktur – Frakturen der Lendenwirbelsäule

Die 20 Jahre alte Klägerin schwebte in akuter Lebensgefahr und lag 2 Wochen auf der Intensivstation und wurde beatmet. Danach folgten 3 Wochen stationär und eine Vielzahl von Operationen. Die MdE beträgt 30 %.

Als Dauerschäden bestehen Bewegungsbeeinträchtigungen und Schmerzen.

Den Beklagten trifft ein schwerer Schuldvorwurf.

LG Bonn, Urt. v. 25.03.2015 – 13 O 48/12, unveröffentlicht 917

100.000,00 €

Schädelhirntrauma – Kontusionsblutungen – Kreuzbandruptur – Patellafraktur

Das Motorrad des Klägers prallte gegen die Fahrzeugseite des Pkw des Beklagten. Der Kläger rutschte mit seinem Kopf unter den Pkw. Er erlitt dabei schwere Verletzungen, ein Schädelhirntrauma, eine Kontusionsblutung (Blutansammlung im Gehirn), eine Blutung unter der Spinnwebhaut des Gehirns, Fremdkörper in den Atemwegen, ein Mediastinalemphysem (Luftansammlung im Mittelfellraum), ein Hautemphysem Thorax (ausbreitende Luftansammlung im Brustkorb), Pneumothorax beidseits (Luftansammlung zwischen Schichten des Brustfells), eine Pneumonie (Lungenentzündung), eine Kreuzbandruptur und -zerrung des linken Kniegelenks, eine Patellafraktur, eine Nasengerüstfraktur und Myoklonie (rasches unwillkürliches Muskelzucken). Der Kläger, der über mehrere Monate behandelt werden musste, wurde in ein künstliches Koma versetzt.

Auch später litt der Kläger unter Schluckstörungen, Harn- und Stuhlinkontinenz, Orientierungsstörungen, einem amnestisches Syndrom (verbale und nonverbale Amnesie) und schweren Durchgangsstörungen durch ein hirnorganisches Psychosyndrom. Erneut wurde ihm eine externe Ventrikeldrainage zum Ableiten des Gehirnwassers gelegt. Er erhielt Physiotherapie, Ergotherapie, Logopädie und eine neuropsychologische Behandlung. Nach der Reha waren weitere Operationen erforderlich.

Der Kläger leidet unter erheblichen Dauerschäden, nämlich ausgedehnten posttraumatischen Hirnsubstanzschäden des Groß- und Kleinhirns und des Hirnbalkens. Zudem hat er ein rupturiertes vorderes Kreuzband und einen hochgradigen Knorpelsubstanzschaden am Kniegelenk. Er leidet unter schmerzhaften Bewegungseinschränkungen, einer reduzierten körperlichen und geistigen Belastbarkeit, Ungeschicklichkeit, Kraftminderung sowie Gefühls-, Riech- und Sehstörungen beiderseits. Seelisch leidet er an Depressionen mit glaubhafter Suizidplanung, Überforderungs-/Insuffizienzerleben, Insomnie (Schlafstörungen), Kopfschmerzen, einem demenziellen Syndrom (Gedächtnisdefizite und kognitive Störungen, die Lebens- und Alltagskompetenzen einschränken, u.a. mit Lernschwierigkeiten).

Sozial ist ein depressions- und kognitionsbedingtes soziales Rückzugsverhalten festzustellen, eine reduzierte körperliche und geistige Belastbarkeit in der Freizeit, im Sport und im Haushalt sowie beim Einkaufen.

LG Frankfurt (Oder), Urt. v. 08.10.2020 – 13 O 183/16, unveröffentlicht 918

100.000,00 € (Vorstellung: 150.000,00 €)

Schädelhirntrauma 3. Grades – frontobasale Fraktur – Hirnödem – Lungenödem

Die Klägerin wurde im Alter von 2 Jahren bei einem Verkehrsunfall, den ihre Mutter verschuldete, schwer verletzt. Sie erlitt ein Schädelhirntrauma 3. Grades mit frontobasaler Fraktur mit Kontusionsherd, sowie ein Hirnödem sowie ein Lungenödem. Neben der Platzierung einer Hirndrucksonde musste die Klägerin 9 Tage intubiert werden. Es zeigte sich ein hirnorganisches Psychosyndrom mit Fehlverhaltensweisen.

Die Klägerin hat ein intellektuelles Leistungsniveau, das im Vergleich zu Hauptschülern weit unterdurchschnittlich ist und nicht einmal einem Förderschulniveau entspricht. Der IQ beträgt im Verbalteil 54 Punkte, im Handlungsteil 75 Punkte. Defizite bestehen auch im rechnerischen Bereich, sie kann nur einfachere Additionsaufgaben bewältigen.

Der Unfall führte auch zu einer Wesensveränderung der Klägerin, die zuvor ein fröhliches Kind war, das problemlos Kontakt zu seinen Mitmenschen aufnehmen konnte. Nach dem Unfall ist die Klägerin völlig wesensverändert, ängstlich, still, vorgealtert, fast greisenhaft, das Lachen ist verschwunden, der Kopf nach unten geneigt.

Zur Begründung der Höhe des Schmerzensgeldes nennt das Gericht vergleichbare Entscheidungen aus den Jahren 2002 bis 2004 und 2012, ohne auf die neue Rechtsprechung einzugehen. Es meint, die Klägerin sei weitgehend selbständig, sie stehe auf und mache sich ihr Frühstück. Anschließend werde sie mit dem Bus abgeholt und zu ihrer Ausbildungsstelle gefahren, einer Gärtnerei, in der sie u.a. mit Pflanzen Gestecke erstellt und Laubarbeiten durchführe. In körperlicher Hinsicht bestünden bei ihrer Freizeitgestaltung keine Einschränkungen.

919 **OLG Brandenburg, Urt. v. 06.01.2022 – 12 U 235/20, unveröffentlicht**

100.000,00 €

Schädelverletzung im frontobasalen Bereich – Intelligenzminderung – Wesensveränderung

Die 1995 geborene Klägerin erlitt im Alter von 2 Jahren bei einem durch ihre Mutter alleine verschuldeten Verkehrsunfall eine Schädelverletzung, die eine leichte bis mittelgradige Intelligenzminderung, eine Lernbehinderung und eine Wesensveränderung zur Folge hatte. Die erheblichen kognitiven Defizite mit einem Intelligenzquotienten im Bereich der Debilität lassen es möglicherweise zu, dass sich die Klägerin selbstständig versorgen und vielleicht auch einen einfachen Beruf ausüben kann.

920 **LG Lübeck, Urt. v. 07.03.2025 – 10 O 300/23**

105.000,00 €

Schädelhirntrauma – Thoraxtrauma – Bein- und Fußfrakturen – Handfrakturen – Verlust von Geruchs- und Geschmackssinn

Der (heute) 34 Jahre alte Kläger erlitt als Motorradfahrer bei einem Verkehrsunfall ein offenes Schädelhirntrauma 2. Grades, ein Thoraxtrauma, eine Kontusion der Lunge, Schürfwunden und zahlreiche Frakturen, eine dislozierte Fraktur der sechsten Rippe, eine mehrfragmentäre Fraktur des Oberschenkelschafts, eine mehrfragmentäre offene Fraktur der Fußwurzel, eine mehrfragmentäre Fraktur des Fersenbeins, eine mehrfragmentäre Fraktur des Fußwurzelknochens, eine mehrfragmentäre Fraktur des Außenknöchels und Gelenkfortsatzes des Wadenbeins sowie multiple Frakturen der Handwurzel. Er wurde 1 1/2 Monate stationär behandelt. Er war in dieser Zeit bettlägrig und konnte anfangs nur seine linke Hand bewegen. Die Reha dauerte fast 2 Monate. Dort saß der Kläger im Rollstuhl. Er wurde im Rollstuhl nach Hause verlegt und ein Jahr ambulant weiter behandelt.

Die Arthrose in beiden Füßen bereitet täglich Schmerzen und nötigt ihn dazu, eine Treppe seitwärts oder rückwärts hinunterzusteigen. Die Merkfähigkeit ist stark eingeschränkt. Er muss sich Dinge des Alltags notieren, um sie nicht zu vergessen. Geruchs- und Geschmackssinn fehlen und damit geht der Verlust einher, dem Kochen als Hobby nachzugehen oder Restaurantbesuche zu genießen. Den vor dem Unfall ausgeübten Wettkampfsport kann der Kläger nicht mehr ausüben. Zudem ist er in der Auswahl alternativer Sportarten wie Laufen eingeschränkt. Der Kläger leidet unter einer (Ordnungs-)Zwangsneurose und gelegentlich unter Depressionen. Das Leben des Klägers ist aufgrund der genannten körperlichen und seelischen Folgen des Unfalls nachhaltig verändert.

Der GdB ist 70, die MdE 20%. Spätschäden sind möglich.

OLG München, Urt. v. 02.08.2016 – 18 U 3489/15, unveröffentlicht 921

120.000,00 € (Vorstellung: 200.000,00 €)

Schädelhirntrauma – Abbruch des Gesichtsschädels – Dislokation der Gesichtshälfte – Minderung des Hörvermögens

Bei einer ohne jeden Anlass begangenen vorsätzlichen Tat, geprägt durch überaus brutales Vorgehen des Beklagten, der den Straftatbestand des versuchten Mordes in Tateinheit mit gefährlicher Körperverletzung verwirklicht hat, erlitt der Kläger unter anderem einen Abbruch des Gesichtsschädels vom Hirnschädel, verbunden mit einer Dislokation der gesamten Gesichtshälfte, und ein Schädel-Hirn-Trauma 2. Grades.

Der Kläger musste sich zunächst drei Operationen unterziehen, bei denen unter anderem das Gesicht wieder hergestellt wurde. Die eingebrachten Fremdmaterialien wurden in einer weiteren mehrstündigen Operation wieder entnommen. Zuvor war der Kläger zur teilweisen Wiederherstellung seines Hörvermögens operiert worden, wobei am linken Ohr dauerhaft ein Implantat eingesetzt wurde. Zur Wiederherstellung und Korrektur des Bisses musste sich der Kläger mehreren Zahnbehandlungen unterziehen. Der Kläger litt unter »massivsten Gesichtsschmerzen« und konnte mehr als acht Wochen keine feste Nahrung zu sich nehmen.

Mit einer vollständigen Wiederherstellung der Gesundheit des Klägers ist nicht zu rechnen.

Als Dauerschäden verbleiben insbesondere geringgradige kombinierte Schwerhörigkeit mit einem Hörverlust von 15 %, eine Nasenatmungsbehinderung. Der Kläger leidet ferner neben Spannungskopfschmerzen, Hör- und Gleichgewichtsstörungen unter neuropsychologischen und kognitiven Störungen, die seine Leistungsfähigkeit nachhaltig negativ beeinflussen.

LG Köln, Urt. v. 06.05.2020 – 25 O 72/18 922

140.000,00 € (Vorstellung: mindestens 270.000,00 €)

Operative Schädelverletzung – Subarachnoidalblutung – Verletzung Hirnstamm – Tod nach 1 Jahr (E 2209 – 12.Aufl.)

Die 76 Jahre alte Mutter der Klägerin erlitt einen häuslichen Unfall. Eine Fraktur des Dens axis wurde mit zwei viel zu langen Densschrauben fixiert, deren Spitzen in der präpontinen Zisterne lagen, in das Schädelinnere führten und zu einer Subarachnoidalblutung und zu einem Liquorverlust geführt hatten.

Die Patientin wurde 5 Wochen auf der Intensivstation behandelt, davon 19 Tage intubiert. Auf Grund des Behandlungsfehlers waren 3 Operationen erforderlich. Sie war 4 Monate in einer neurologischen Reha, anschließend im Pflegeheim bis zum Tod nach einem Jahr.

OLG Saarbrücken, Urt. v. 05.03.2020 – 4 U 64/18 923

175.000,00 €

Polytrauma – Schädelhirntrauma – Thoraxtrauma – Rippenserienfraktur – Wirbelsäulenverletzung – Beckenringfraktur

Der Kläger wurde bei einem vom Beklagten grob fahrlässig verursachten Verkehrsunfall schwer verletzt. Er erlitt ein Polytrauma, ein Schädelhirntrauma dritten Grades, ein Thoraxtrauma und eine Rippenserienfraktur sowie Wirbelsäulenverletzungen mit einem inkompletten Querschnittsyndrom, eine Beckenringfraktur und eine Tibiakopffraktur sowie eine Läsion des Bandapparates eines Kniegelenkes. Der GdB beträgt 90.

Der Kläger lag fast 7 Wochen in einem künstlichen Koma und wurde 9 Monate stationär behandelt. Zahlreiche Nachbehandlungen schlossen sich an.

Als Dauerschaden bestehen ein hirnorganischen Psychosyndrom und eine Persönlichkeitsstörung. Beeinträchtigt ist die Konzentrationsfähigkeit. Der Kläger ist schwerst gehbehindert und vielfach auf Hilfe seiner Ehefrau angewiesen. Es besteht eine erektile Dysfunktion. Der Geschmacks- und der Geruchsinn sind gestört.

924 **OLG Nürnberg, Urt. v. 30.06.2015 – 3 U 1303/12, unveröffentlicht**

180.000,00 €

Schädelhirntrauma – Kontusionsblutungen – Beckenfraktur – Unterarm-Frakturen – Verlust Geruchssinn – Störung Geschmackssinn

Die 50 Jahre alte Klägerin erlitt ein schweres Schädelhirntrauma mit multiplen Scherungsverletzungen, einer Kontusionsblutung hochparietal, eine Beckenringfraktur und Sakrumfraktur sowie Mehrfachfrakturen am Unterarm.

Als Folge der Hirnverletzungen hat sich in ihrem Gehirn eine diffuse Substanzschädigung mit massiver Beeinträchtigung temporaler Leistungen entwickelt. Sie hat das Riechvermögen verloren eine ausgeprägte Störung des Geschmackssinns von mehr als 50 %.

925 **OLG Köln, Urt. v. 13.04.2016 – 5 U 107/15, VersR 2016, 1123 = RDG 2016, 191**

200.000,00 € (Vorstellung: mindestens: 130.000,00 €; Urt. LG: 75.000,00 €)

Schädelbasisverletzung – Frontalhirnsyndrom – Verlust des Geruchssinns

Bei dem 42 Jahre alten Kläger sollte eine Nasenscheidewandverbiegung korrigiert werden. Der Beklagte verletzte die Schädelbasis im Bereich des Siebbeines. Es kam zu einem knöchernen Defekt von 1 x 2 cm, zu einer Gewebeverdrängung mit Blutung bis in die Hirnventrikel. Darüber hinaus sind Riechfasern verletzt worden. Als Folge der Schädelbasisverletzung leidet der Kläger an einem mittelgradig ausgeprägten Frontalhirnsyndrom, wodurch es zu einer mittelgradigen psychomotorischen Verlangsamung kommt, und eine erhebliche Verminderung des Antriebs, eine leichtgradige Depression, eine Affektminderung, eine räumliche Orientierungsstörung leichteren Grades, ein vermindertes Selbstwertgefühl, Unentschlossenheit, Aufmerksamkeits- und Konzentrationsstörungen sowie Libidoverlust.

Durch Zerreißung der Riechfasern hat der Kläger einen irreversiblen Verlust des Riechvermögens erlitten, er kann nur noch Salziges und Süßes schmecken.

Der Kläger ist in nahezu allen Bereichen des privaten Alltags erheblich eingeschränkt ist. Der früher mit Leidenschaft ausgeübten Kampfsportart Win Shu kann er nur noch ganz eingeschränkt nachgehen. Spaziergänge in ihm unbekannter Gegend kann er nur in Begleitung durchführen. Ein Auto kann er nicht mehr steuern. Mit Lesen oder Fernsehen beschäftigt er sich nur selten und kurz und in der Regel ohne Interesse. Freude empfindet er nur noch selten. Die Beziehung zu seiner langjährigen Lebensgefährtin besteht weiter, ist jedoch durch die kognitiven Defizite, die damit verbundene Unselbstständigkeit und durch seine Wesensveränderung sehr belastet. Das Sexualleben ist weitgehend zum Erliegen gekommen.

926 **OLG Hamm, Urt. v. 22.01.2019 – 27 U 34/18, unveröffentlicht**

200.000,00 € (Vorstellung: 200.000,00 € offenen Teilklage)

Schädelhirntrauma III – Kalottenfrakturen – Duraperforation – Hemiparese

Die 1 Jahr und 4 Monate alte Klägerin wurde beim Absturz eines Flugzeugs schwer verletzt. Sie erlitt ein offenes Schädel-Hirn-Trauma dritten Grades mit multiplen Kalottenfrakturen, eine Sprengung der großen Fontanelle und eine Duraperforation (Zerreißung der harten Hirnhaut), eine Trepanation links und rechts, eine beiderseitige Lungenkontusion (Quetschung), eine Knieprellung und eine Hemiparese (Lähmung) der rechten Körperhälfte. Ihr wurde ein künstliches Schädeldeckenfragment implantiert. Danach musste sie rund um die Uhr einen Schutzhelm tragen. Die angestrebte Verwachsung mit dem natürlichen Schädelteil erfolgte nur teilweise. Die Klägerin wurde wiederholt in diversen Krankenhäusern, insgesamt mehr als 6 Monate, stationär behandelt.

Die Hemiparese wird weiter bestehen, die MdE wird 60–80 % betragen. Für mehr als 10 Jahre besteht das Risiko einer posttraumatischen Epilepsie. Ob die Klägerin sicher gehen, radfahren, schwimmen oder eine PC-Tastatur bedienen kann, ist unsicher.

OLG Rostock, Urt. v. 11.06.2021 – 5 U 55/17, ZfS 2021, 678 927

240.000,00 € (Mitverschulden: 1/3; Vorstellung: 350.000,00 €) – zuerkannte Zinsen: 87.500,00 €

Schweres Schädel-Hirn-Trauma mit Axonschaden und Subarachnoidalblutung – Lungenkontusion – Pneumothorax – Mediastinalemphysem – Bauchtrauma mit Leber- und Milzkontusion – Rhabdomyolyse – Tetraspastik.

Die 16 Jahre alte Klägerin wurde bei einem Verkehrsunfall schwer verletzt. Sie erlitt unter anderem ein schweres Schädel-Hirn-Trauma mit diffusem Axonschaden und Subarachnoidalblutung, Lungenkontusion, Pneumothorax, Mediastinalemphysem, Bauchtrauma mit Leber- und Milzkontusion, Rhabdomyolyse sowie eine ausgeprägte Tetraspastik. Nach der stationären Behandlung wurde die Klägerin in eine neurologische Reha-Klinik verlegt, wo sie mehr als 15 Monate verblieb. Es bestehen noch eine rückläufige Tetraparese mit zunehmenden aktiven Bewegungen, eine Muskelkraftminderung, eine zunehmende Spitzfußstellung beidseitig, eine gut gebesserte neurogene Schluckstörung mit jetzt oraler Nahrungs- und Flüssigkeitsaufnahme, Anarthrie, der Verdacht auf Aphasie, ein schweres hirnorganisches Psychosyndrom mit Wachheit, fehlender Orientierung für alle Qualitäten, Kontaktaufnahme mit Blickwendung sowie hochgradige Störungen der Aufmerksamkeit und der Wahrnehmungen. Die Klägerin war in allen Verrichtungen des täglichen Lebens auf Hilfe angewiesen.

Der Dauerschaden besteht in einem schweren hirnorganischen Psychosyndrom mit ausgeprägter Störung insbesondere des Antriebs, des Gedächtnisses und der Auffassungsgabe. Insgesamt besteht eine Störung von Funktionen des Stirnhirns im Sinne eines Frontalhirnsyndroms. Neuropsychologische Defizite im Rahmen der hirnorganischen Wesensänderung sind motorische Verlangsamung, Sprechverarmung, mangelnde Reaktivität auf Umgebungsreize, Apathie, Abulie, Aufmerksamkeits- und Konzentrationsstörungen, Gefühllosigkeit und Gleichgültigkeit, Energie- und Interessenverlust, Verlust von Initiative, Vernachlässigung des äußeren Erscheinungsbilds und sozialer Rückzug. Eine Verbesserung ist bei den nahezu vor zehn Jahren erlittenen schweren Hirnschäden nicht möglich.

Ohne eine andauernde stimulierende Betreuung, die die Klägerin u.a. in einer Tagesstätte erhält, muss eine maßgebliche Verschlechterung ihres Zustandes befürchtet werden. Die Klägerin ist immer noch auf ständige Unterstützung bei den täglichen Abläufen in den Bereichen der Körperpflege und Nahrungsaufnahme angewiesen. Sie ist nicht in der Lage, selbst einen Haushalt zu führen und ist dauerhaft erwerbsunfähig. Eine Teilhabe am gesellschaftlichen Leben ist ihr nur überaus eingeschränkt möglich.

KG Berlin, Urt. v. 23.08.2023 – 25 U 141/19 928

300.000,00 € (Vorstellung: 300.000,00 €)

Schädelhirntrauma – Oberarmfraktur – Funktionseinschränkungen – Psychosyndrom

Die 17 Jahre alte Klägerin erlitt bei einem Unfall mit ihrem Leichtfahrrad schwerste Verletzung. Sie ist bereits als sehr junger Mensch durch die Einschränkungen in ihrer Lebensführung eingeschränkt und besonders hart getroffen. Sie kann voraussichtlich keine oder nur unter sehr erschwerten Bedingungen eine Ausbildung absolvieren.

Schilddrüse

LG Dortmund, Urt. v. 03.05.2012 – 4 O 195/09, unveröffentlicht 929

600,00 € (Vorstellung: 30.000,00 €)

Atemnot, Heiserkeit und vier Tage Behandlungsverzögerung

Die Klägerin war wegen kalter Knoten in der Schilddrüse bei der Beklagten in Behandlung. Die Schilddrüse wurde operativ entfernt. Im Anschluss an die Operation bestand bei der Klägerin ein Stridor; im weiteren Verlauf des stationären Aufenthalts litt die Klägerin durchweg unter Heiserkeit, weil die Stimmbänder verletzt worden waren. Sie bekam kaum Luft und litt eine Woche unter Atembeschwerden. Die Beklagte haftete dafür, dass sie die Klägerin mit vier Tagen Verzögerung einem HNO-Arzt vorstellte. Der Betragsvorstellung liegt die – nicht bewiesene – Behauptung weiterer Behandlungsfehler und Schäden zugrunde.

930 **OLG Rostock, Urt. v. 27.06.2014 – 5 U 97/13, MedR 2014, 805**

5.000,00 € (Vorstellung: 15.000,00 €)

Entfernung eines Schilddrüsenlappens – Stimmbandverletzung

Der Kläger war wegen eines Malignomverdachts bei dem beklagten Arzt, der seine Aufklärungspflichten vor einer Resektionsoperation verletzte. Ein Schilddrüsenlappen wurde entfernt. Es kam zu einer Stimmbandverletzung, die eine Stimmbeeinträchtigung zur Folge hatte. Der Kläger, der als Betriebsmeister tätig war, konnte nur noch mit einer ungewohnt hohen, heiseren und leisen Stimme sprechen und leidet unter Schluckbeschwerden. Längere Gespräche kann er nicht führen, dass er nicht rufen oder laut sprechen kann, beeinträchtigt ihn auf im Beruf. Das Gericht berücksichtigte auch die Entfernung des Schilddrüsenlappens, wenngleich »nicht ersichtlich« sei, dass der Kläger hierdurch konkrete Beeinträchtigungen habe.

931 **OLG Braunschweig, Urt. v. 25.09.2013 – 1 U 24/12, MedR 2014, 891 = GesR 2014, 155**

30.000,00 € (Vorstellung: 40.000,00 €)

Stimmbandlähmung nach Schilddrüsenentfernung

Bei der 71 Jahre alten Klägerin wurde im Rahmen einer Schilddrüsenentfernung ein Nerv verletzt; es kam zu einer Stimmbandstörung, die einen Dauerschaden darstellt. Die Klägerin kann nur unter großer körperlicher Anstrengung mit äußerst heiserer Flüsterstimme sprechen. Es besteht nur eine geringe Chance auf eine teilweise Verbesserung ihres Zustandes, wenn sie sich einem operativen Eingriff an dem Kehlkopf unterziehen würde; dies wertete der Senat aber als mit Blick auch auf ihr Alter (inzwischen 77 Jahre) unzumutbar. Sie ist in ihrer Kommunikationsfähigkeit daher dauerhaft und schwerwiegend beeinträchtigt, was den Austausch mit anderen, die Pflege sozialer Kontakte und das Empfinden von Lebensfreude erheblich beeinträchtigt. Insbesondere ist ihr ein schnelles Gespräch mit spontaner Rede und Gegenrede kaum möglich; sie muss sich stark konzentrieren, um mit ihrer selbst erlernten Technik einer »Flüsterstimme« verstanden zu werden. Sie formuliert nun Worte beim Aus- und Einatmen, was anstrengend ist und häufiges Trinken erfordert, um Mundhöhle und Rachen feucht zu halten.

Die Klägerin erhielt Schmerzensgeld, weil der Eingriff entgegen des Behandlungsvertrages nicht vom Chefarzt durchgeführt worden war und das beklagte Krankenhaus nicht hatte beweisen können, dass bei Tätigwerden des Chefarztes der gleiche Schaden entstanden wäre.

932 **LG Bochum, Urt. v. 04.07.2012 – 6 O 217/10, unveröffentlicht**

300.000,00 € (Vorstellung: 600.000,00 €)

Hypoxischer Hirnschaden nach Schilddrüsenoperation – Tetraparese

Die 32 Jahre alte Klägerin reiste aus ihrem Heimatland, Griechenland, nach Deutschland, um dort im Rahmen eines operativen Eingriffs einen gutartigen Knoten an der Schilddrüse entfernen zu lassen. Nach dem Eingriff kam es zu starken Nachblutungen, die trotz dramatischer Symptome fehlerhaft nicht erkannt und ebenso fehlerhaft nicht rechtzeitig und adäquat behandelt wurden. Durch eine lange Sauerstoffunterversorgung während dieser postoperativen Phase trat ein hypoxischer Hirnschaden ein mit der Folge starker Myoklonien. Sie musste künstlich beatmet und ernährt werden und war langfristig im Koma. Sie war insgesamt 2 Jahre in stationärer Behandlung, davon 10 Monate ununterbrochen. Es verbleiben eine Tetraparese, Dysarthrie, eine Schluckstörung mit Visusminderung, Apraxie und neuropsychologische Defizite mit Verlangsamungen und Gedächtnisstörungen.

Die Klägerin kann heute wieder einigermaßen sprechen, allerdings nicht flüssig und auch nicht in allen von ihr ehemals beherrschten Fremdsprachen. Sie leidet weiter an Seh- und Atemstörungen. Ihre Feinmotorik ist reduziert, sie leidet weiter an plötzlich auftretenden, generalisierten Myoklonien und zerebralen und pyramidalen Störungen und neurologischen Defiziten. Sie kann sich nur noch mit einer Begleitperson bewegen, zumeist im Rollstuhl, weil eine Gleichgewichtsstörung besteht, aufgrund derer sie jederzeit völlig unkontrolliert stürzen kann. Die zuvor sehr aktive und mitten im Leben stehende Klägerin hat sich zu einer menschenscheuen Person entwickelt, die auf andere ablehnend reagiert und nur auf ihre engsten Angehörigen fixiert ist. Ein normales soziales Leben – Freizeit oder Arbeit – sind vereitelt. Das Gericht berücksichtigte die Folgen, die eine »junge Frau in der Blüte ihres Lebens« befand und ein glückliches, privilegiertes Leben führte, schwer getroffen und ihre Lebensführung radikal ins Negative verkehrt hatten, sowie ein verzögertes Regulierungsverhalten der Versicherung, die trotz unstreitiger Haftung dem Grunde nach erst 5 1/2 Jahre später eine Abschlagszahlung geleistet hatte.

Schlüsselbein

AG Hamburg, Urt. v. 10.06.2016 – 16 C 35/14, unveröffentlicht 933

800,00 € (3/5 Mitverschulden)

Schlüsselbeinschaftfraktur – Prellungen

Der Kläger erlitt als Radfahrer bei einem Verkehrsunfall eine Schlüsselbeinschaftfraktur links sowie Prellungen an Schädel und Unterschenkeln, die zu zwei Monaten Arbeitsunfähigkeit führen.

OLG München, Urt. v. 09.09.2020 – 10 U 1690/20, NJW-Spezial 2020, 682 934

800,00 € (2/5 Mitverschulden)

Schlüsselbein- und Schulterverletzung

Der Kläger erlitt bei einem Verkehrsunfall eine Schulter- und Schlüsselbeinverletzung; er war sechs Wochen krankgeschrieben und musste mehrere Wochen einen Gilchristverband tragen, um auf diese Weise die durch den Unfall verletzte Schulter ruhigstellen. Schmerzmittel und Einnahme eines Magenschutzmittels deswegen waren erforderlich

LG Hamburg, Beschl. v. 27.04.2017 – 302 S 33/16, SVR 2017, 469 935

1.500,00 € (3/5 Mitverschulden; Vorstellung: 2.000,00 €)

Schlüsselbeinmehrfragmentfraktur – Prellungen

Der Kläger erlitt bei einem Fahrradunfall eine dislozierte Schlüsselbeinmehrfragmentfraktur links sowie Prellungen an Schädel und Unterschenkel. Er war 2 1/2 Monate arbeitsunfähig.

LG Münster, Urt. v. 07.11.2018 – 14 O 202/18, unveröffentlicht 936

3.000,00 € (1/2 Mitverschulden; Vorstellung [unquotiert]: 6.000,00 €)

Schlüsselbeinfraktur – Schädelhirntrauma – Rippenserienfraktur

Der Kläger erlitt als Pedelec-Fahrer bei einem Zusammenstoß mit der Beklagten, die als Fußgänger unterwegs war, Sturzverletzungen. Es kam zu einem Schädelhirntrauma, einer Schlüsselbeinfraktur, Schürfwunden und Prellungen sowie einer sehr schmerzhaften Rippenserienfraktur; er wurde 9 Tage stationär behandelt und befand sich noch 26 Tage in ambulanter Nachbehandlung.

OLG Koblenz, Urt. v. 01.03.2021 – 12 U 1297/20, NZV 2021, 423 = MDR 2021, 683 937

4.000,00 € (1/2 Mitverschulden)

Schlüsselbeinverletzung – HWS-Schleudertrauma – Schulterzerrung

Die Klägerin zog sich infolge eines Verkehrsunfalls eine HWS-Zerrung, eine leichte Schulterzerrung sowie eine Verletzung im rechten Sternoclaviculargelenk (SC-Gelenk) zu. Besonders ins Gewicht fiel die Verletzung im SC-Gelenk, da es sich um einen Dauerschaden mit der Folge einer Verschlechterung des allgemeinen Gesundheitszustandes der Klägerin handelte. Auch wurde eine vorhandene ACG-Arthrose verschlimmert. Die Klägerin musste sich aufgrund der erlittenen Unfallverletzungen einer Operation unterziehen und war über einen Zeitraum von sechs Wochen in ihrer Bewegungsfähigkeit erheblich eingeschränkt. Sie ist der Freizeitgestaltung weiter stark eingeschränkt, kann ihr Pferd nicht mehr ausführen oder selbst versorgen und ist auch nicht mehr in der Lage, im bisherigen Umfang bei der Fischzucht, die sie mit ihrem Mann betreibt, mitzuhelfen.

938 **OLG Oldenburg, Beschl. v. 05.04.2022 – 13 U 199/21, unveröffentlicht**

6.300,00 € (1/2 Mitverschulden)

Schlüsselbeinbruch

Der 72 Jahre alte Kläger stürzte mit seinem Pedelec, weil der Hund des Beklagten auf ihn zu lief. Hierbei kam er zu Fall, verletzte sich, indem er das Schlüsselbein brach und an der Schulter operiert werden musste. Die Greiffunktion der rechten Hand, die bereits vorgeschädigt war, ging verloren.

939 **KG, Urt. v. 18.02.2019 – 25 U 16/18, NZV 2020, 203**

7.000,00 € (1/2 Mitverschulden Vorstellung: 16.000,00 €)

Schlüsselbeinfraktur – Pneumothorax – Rippenserienfraktur – Schenkelhalsfraktur

Der Kläger erlitt bei einem Verkehrsunfall eine mediale Schenkelhalsfraktur, eine Fraktur des Schlüsselbeines, eine Fraktur des Schulterblattes und eine Rippenserienfraktur mit Beteiligung von drei Rippen. Die Schenkelhalsfraktur zog drei Operationen unter Vollnarkose und das Einsetzen eines künstlichen Hüftgelenks nach sich. Der Kläger musste sich einer mehrwöchigen stationären Behandlung und Rehabilitation unterziehen. Er zog sich weiter einen Pneumothorax zu, der eine Thoraxdrainage nötig machte. Die Verletzungen beeinträchtigten den Kläger in allen wichtigen Körperregionen und schränkten seine Beweglichkeit stark ein. Dauerschäden verblieben nicht.

940 **LG Bielefeld, Urt. v. 15.11.2021 – 2 KLs 7/21, unveröffentlicht**

8.000,00 € (Vorstellung: 13.000,00 €)

Schlüsselbeinbruch – Risswunde – Schädelhirntrauma – Rippenfraktur

Der Angeklagte überfiel den ihm bekannten Adhäsionskläger und raubte ihn aus, wobei er ihn mit einer Metallstange schlug. Dieser erlitt aufgrund der Schläge mit der Metallstange einen Schlüsselbeinbruch rechts, eine 4 cm lange Risswunde an der Stirn, die bis auf die Schädelkalotte reichte, ein Schädel-Hirn-Trauma zweiten Grades sowie eine Rippenfraktur und mehrere Hämatome. Er wurde stationär aufgenommen und behandelt. Für eine Dauer von etwa drei Wochen musste er aufgrund der Verletzungen Schmerzmittel nehmen. Zur Stabilisierung wurde ein Metallteil in die Schulter eingesetzt, was noch entfernt werden muss. Den rechten Arm kann der Geschädigte bislang nicht wieder vollständig nach oben bewegen. Ferner ist sein Sicherheitsgefühl, insbesondere wenn es dunkel ist, bis heute beeinträchtigt. Die Entscheidung erging im Adhäsionsverfahren.

941 **OLG Zweibrücken, Urt. v. 24.04.2024 – 1 U 116/23, r+s 2024, 917**

9.000,00 € (1/3 Mitverschulden)

Schlüsselbeinfraktur – Rippenserienfraktur – Lungenkontusion

Der Kläger erlitt durch den Unfall ein Thoraxtrauma rechts mit Rippenserienfraktur 3-7, eine Lungenkontusion und eine Claviculafraktur, jeweils rechts, eine Decollementverletzung des dorsolateralen rechten Oberarms, einen kleinen Hämatothorax rechts, eine Prellung des rechten oberen

Sprunggelenks, multiple Schürfwunden an den oberen Extremitäten und dem Abdomen sowie eine Platzwunde frontal rechts. Er kam in stationäre Behandlung, wo eine offene Reposition mit Plattenosteosynthese der Clavicula rechts durchgeführt wurde. Für eine Metallentfernungsoperation musste der Kläger erneut in stationäre Behandlung.

Er war mehrere Monate arbeitsunfähig. Infolge des Unfalls ist der Kläger dauerhaft zu 5 % erwerbsgemindert, resultierend aus einer fortdauernden Bewegungseinschränkung im Bereich der rechten Schulter, der vorhandenen Narben und einer Hyperpathie im Bereich der rechten Clavicula sowie Veränderungen im Bereich der rechten Clavicula.

OLG München, Urt. v. 26.06.2015 – 10 U 2581/13, SP 2015, 405 942

10.000,00 € (1/2 Mitverschulden; Vorstellung: 17.000,00 €)

Chronisches Schmerzsyndrom im Bereich des Schlüsselbeins – Armvenenthrombose

Der Kläger erlitt bei einem Verkehrsunfall Verletzungen der rechten Schulter, die mit dem Einsetzen und späteren Entfernen einer Platte operativ behandelt werden mussten. Es kam zu einem durch eine Armvenenthrombose, welche zu einer MdE von 5 % – 10 % führte, bedingten Dauerschaden. Im Bereich des processus coracoideus (Rabenschnabelfortsatz), welcher ligamentär mit der lateralen Clavicula (Schlüsselbein) verbunden ist und wo auch die kleine Brustmuskulatur und Teile der Oberarmbeugemuskulatur ansetzen, stellte sich ein chronisches Schmerzsyndrom mit belastungsabhängiger Schmerzverschlimmerung ein. Von einer schwerwiegenden Beeinträchtigung in Beruf und Freizeitgestaltung ist indes nicht auszugehen; auch eine weitere Verschlechterung des Zustandes ist nicht zu erwarten.

OLG Düsseldorf, Urt. v. 02.01.2019 – 1 U 158/16, unveröffentlicht 943

10.000,00 €

Schlüsselbeinbruch

Die 49 Jahre alte Klägerin erlitt bei einem Verkehrsunfall neben Prellungen und Schürfwunden einen Bruch des linken Schlüsselbeins, der zu einem dreitägigen stationären Aufenthalt führte und operiert werden musste. Mehrere Wochen Krankengymnastik schlossen sich an. Wegen einer verzögerten Heilung musste die Klägerin 9 Wochen einen Verband (vor der Operation einen Rucksackverband, danach einen Gilchristverband) tragen und war 5 1/2 Monate arbeitsunfähig. Ein bei der ersten Operation eingesetzter Nagel muss noch entfernt werden. Als Dauerschaden verbleiben eine eingeschränkte Beweglichkeit von 10 Grad im linken Schultergelenk und eine reduzierte Kraftentfaltung von 4/% im Vergleich zur rechten Seite.

OLG Oldenburg, Urt. v. 30.11.2020 – 2 U 142/20, unveröffentlicht 944

10.000,00 €

Schlüsselbeinbruch – Beinbruch

Die 8 Jahre alte Klägerin stürzte, als sie an der Longe geführt auf von einem Reitpferd fiel. Sie erlitt einen Bein- und Schlüsselbeinbruch und musste operiert werden; nach der Operation saß sie sechs Wochen im Rollstuhl.

LG Halle (Saale), Urt. v. 09.04.2020 – 5 O 140/17, unveröffentlicht 945

15.000,00 € (Vorstellung: 25.000,00 €)

Rockwood-III-Gelenkssprengung – Bandabriss zum Schlüsselbein

Der Kläger wurde bei einem Fußballspiel vom Beklagten gefoult und stürzte deswegen. Infolge des Sturzes erlitt er eine erhebliche Verletzung der linken Schulter (Rockwood-III-Gelenkssprengung: Zerreißung sämtlicher Bandverbindung zwischen dem Schulterblatt und dem Schlüsselbein); im Wege einer Operation wurde eine Schlüsselbeinhakenplatte eingesetzt, die sechs Wochen später wieder operativ entfernt wurde. Es folgte ein Monat Krankengymnastik. Der Kläger war zwei Monate arbeitsunfähig und litt ein halbes Jahr unter Schmerzen. Er hat weiter Beschwerden bei Überkopftätigkeiten und beim Schwimmen und Tennisspielen. Seinen Beruf (Maler) musste er aufgeben.

946 **OLG Brandenburg, Urt. v. 03.04.2025 – 12 U 5/24, unveröffentlicht**

15.000,00 € (2/3 Mitverschulden; Vorstellung: 100.000,00 €)

Schlüsselbeintrümmerfraktur – Brustwirbel- und Rippenfrakturen – Beckenfraktur

Die 77 Jahre alte Klägerin wurde als Fußgängerin bei einem Motorradunfall angefahren. Sie erlitt ein Schädelhirntrauma mit Subduralhämatom, eine Halswirbelsäulenfraktur des Gelenkfortsatzes C6 und des Querforsatzes C7 rechts, eine Brustwirbelsäulen-Dornfortsatzfraktur, eine Brustkorbverletzung mit Sternumfraktur, eine Rippenserienfraktur, eine instabilde Beckenfraktur mit Sprengung des Kreuzdarmbeingelenks, eine dislozierte Schlüsselbeintrümmerfraktur, eine Oberschenkelhalsfraktur und ein Polytrauma. Sie war 11 Tage auf Intensiv und wurde weitere 11 Tage stationär betreut; eine zweimonatige stationäre Reha schloss sich an. Die Klägerin leidet weiterhin an anhaltenden Schmerzen am Schlüsselbein und einer schmerzhaften Narbe am linken Hüftgelenk sowie einer geringgradig eingeschränkten Drehfähigkeit der Hüfte.

947 **OLG Brandenburg, Urt. v. 22.11.2018 – 12 U 223/17, unveröffentlicht**

20.000,00 € (Vorstellung: 30.000,00 €)

Schlüsselbeinbruch – Kopfverletzung

Der Kläger, ein Student, wurde als Radfahrer von dem Beklagten angefahren; er erlitt schwere Kopfverletzungen der linken Schädelseite, einen Schlüsselbeinbruch, Prellungen und Hämatome, einen Schock mit Kreislaufzusammenbruch und musste sich langwierigen ärztlichen Behandlungen und Operationen unterziehen. Osteosynthesematerial sowohl aus der Schulter als auch Platten und Schrauben im linken Mittelgesicht mussten in weiteren Operationen wieder entfernt werden. Er war insgesamt fünf Monat arbeitsunfähig, weitere vier Monate traten noch Schmerzen auf; das Studium konnte nur unter Mühen und mit Schmerzmitteln aufrechterhalten werden.

948 **OLG Schleswig, Urt. v. 14.04.2025 – 7 U 10/25, SchlHA 2025, 226**

20.000,00 €

Knochenbrüche an Schlüsselbein, Hals, Kiefer und Oberschenkel

Die »verhältnismäßig junge« Klägerin wurde als Rollerfahrerin bei einem Verkehrsunfall verletzt. Sie hat einen beidseitigen Kieferbruch, eine Halswirbelfraktur, eine Fraktur des Schlüsselbeins links, einen mehrfachen Bruch des Oberschenkelknochens, einen Trümmerbruch des großen Zehs links sowie Schürfwunden am Knie erlitten. Die Klägerin musste sich mehreren Operationen und Folgeoperationen unterziehen. Es bleiben sichtbare Narben im Dekolleté Bereich (15 cm) und am Oberschenkel (5 cm) sowie am Knie. Der große Zeh am linken Fuß musste versteift werden.

949 **OLG Celle, Urt. v. 11.10.2023 – 14 U 147/22, unveröffentlicht**

22.220,00 € (2/3 Mitverschulden)

Schlüsselbeinfraktur – Schädel-Hirn-Trauma – Felsenbeinfraktur

Der 12 Jahre alte Kläger wurde bei einem Verkehrsunfall verletzt. Er erlitt lebensgefährliche Verletzungen, u.a. ein schweres offenes Schädel-Hirn-Trauma mit Einblutungen, eine Felsenbeinfraktur rechts, eine Schlüsselbeinfraktur rechts und multiple Prellungen sowie Schürfungen an beiden Kniegelenken. Im Krankenhaus erhielt er eine Hirndrucksonde und wurde 5 Tage lang künstlich beatmet. Zehn Tage nach dem Unfall wurde er von der Intensiv- auf die Normalstation verlegt. Wegen starken Heimwehs konnte der Kläger nicht die geplante, sechsmonatige stationäre Reha auf sich nehmen, sondern absolvierte in der Folgezeit von zuhause aus eine Vielzahl von Behandlungen und Therapien.

OLG Köln, Urt. v. 23.01.2019 – 5 U 69/16, GesR 2019, 331 950

30.000,00 € (Vorstellung: 60.000,00 €)

Schlüsselbeinfraktur – Plexusparese – Erbsche Lähmung

Der Kläger erlitt bei der Entbindung eine Plexusparese, eine Erb'sche Lähmung und eine Claviculafraktur. Für die Bemessung stand im Vordergrund die Plexusparese, während die nach etwa 6 Wochen folgenlos verheilte Schlüsselbeinfraktur von untergeordneter Bedeutung ist.

Die Plexusparese hat zu langjährig andauernden Folgen und Beeinträchtigungen und wohl zu auf Dauer bestehenden Funktionseinbußen geführt. Es liegt eine globale Kraftminderung im Bereich zwischen 3 und 4 (von 5 Kraftgraden) vor, was sich auswirkt auf die Schwere der zu leistenden Arbeit und auf die Ausdauerfähigkeit des Arms. Zudem liegt eine leichte Fehlstellung des Glenohumeralgelenkes vor, sodass der Arm nur begrenzt in eine Außenrotation (etwa 45 Grad im Vergleich zu normalerweise 90 Grad) verbracht werden kann. Das Streckdefizit führt dazu, dass der Kläger etwa nur begrenzt Lasten in die Höhe heben kann

Schmerzensgeldrelevant sind auch die Beeinträchtigungen, die der Kläger durch die systematische (praktisch tägliche) Physio- und Ergotherapie im Laufe des Lebens erfahren hat und die in ihrer Gesamtheit keine unerhebliche Beeinträchtigung der Lebensqualität bedeuteten.

OLG Koblenz, Urt. v. 23.09.2015 – 5 U 403/15, VersR 2016, 1004 = MedR 2016, 337 951

40.000,00 € (Vorstellung: 40.000,00 €)

Schlüsselbeinfraktur – Armplexusparese

Der Kläger kam asphyktisch zur Welt. Der linke Arm war mit Hämatomen besetzt und schlaff. Man diagnostizierte eine obere und untere Plexuslähmung sowie eine Clavikulafraktur. Infolgedessen ist der Kläger dauerhaft geschädigt. Die linke Schulter steht hoch und der linke Arm ist leicht verkürzt. In seiner aktiven Beweglichkeit ist er eingeschränkt und hat deutliche muskuläre Defizite, sodass die Gebrauchsfähigkeit trotz fortgesetzter physiotherapeutischer Maßnahmen nur bedingt gegeben ist. Die Revision der Beklagten wurde vom BGH, Urt. v. 08.11.2016 – VI ZR 594/15, VersR 2017, 165 = MDR 2017, 86 = NJW 2017, 949, zurückgewiesen.

LG Köln, Urt. v. 22.02.2017 – 19 O 58/14, unveröffentlicht 952

65.000,00 €

Schlüsselbeinfraktur – Beckenringfraktur – Wirbelsäulenfrakturen

Die Klägerin, die zum Unfallzeitpunkt als Erzieherin tätig war, erlitt bei einem Verkehrsunfall, bei welchem sie als Fußgängerin beteiligt war, eine transforminale Sakrumfraktur rechts, eine vordere Beckenringfraktur rechts, eine Hüftkopfluxation rechts, eine Querfortsatzfraktur LWK 4 beidseits und LWK 3 links, einen Pneumothorax links, eine Humeruskopffraktur rechts, eine Clavicularfraktur links, eine Felsenbeinfraktur rechts sowie eine Einblutung in den Sinus sphenoidalis. Sie wurde dreimal operiert; wegen einer Wundinfektion hatte sich die Entlassung um 5 Wochen verzögert. Erst nach 10 Wochen konnte man mit einer Aufbelastung des Beckens beginnen. Die Klägerin, die 1 1/2 Jahre arbeitsunfähig war, kann ihr Bein bis heute nicht voll belasten. Am Schlüsselbein traten fortdauernde Schmerzen und eine Pseudarthrose ein, die eine Revisionsoperation erforderlich machte. Als neurologische Schäden traten Schäden am nervus peronaeus auf. Es besteht eine MdE von 40 %.

Schulter

LG Detmold, Urt. v. 03.02.2016 – 9 O 86/15, NJW-RR 2016, 665 = NZV 2016, 525 953

800,00 € (Mitverschulden 1/4; Vorstellung: 1.250,00 €)

Schulterprellung

Der Kläger rutschte mit seinem Motorrad auf einer Straße auf, deren Fahrbahnbelag nicht die nötige Griffigkeit aufwies. Er erlitt eine Prellung an der Schulter, die noch drei Wochen schmerzhaft war und zu Bewegungseinschränkungen führte, weswegen ein MRT veranlasst wurde. Die eingeschränkte Beweglichkeit war auf ein eindeutiges Hämatom zurückzuführen.

954 **OLG München, Urt. v. 09.09.2020 – 10 U 1690/20, NJW-Spezial 2020, 682**

800,00 € (Mitverschulden: 2/5)

Der Kläger wurde verletzt und musste die Schulter mehrere Wochen ruhigstellen. Er war 6 Wochen arbeitsunfähig.

955 **LG Köln, Urt. v. 11.02.2015 – 25 O 350/11, unveröffentlicht**

2.000,00 € (Vorstellung: 60.000,00 €)

Rotatorenmanschette – Operationserweiterung – Narbe

Der Beklagte nahm bei der 48 Jahre alten Klägerin ohne entsprechende Aufklärung und Einwilligung eine Operationserweiterung zur Versorgung der Rotatorenmanschette vor. Der Eingriff war nicht dringlich und führte zu einer Verzögerung des Heilungsverlaufs von 6 Wochen und zu einer Narbe. Weitere nachteilige Folgen entstanden für die Klägerin nicht.

956 **OLG Köln, Urt. v. 09.03.2015 – 5 U 36/15, MedR 2016, 968**

2.000,00 € (Vorstellung: 20.000,00 €; Vorstellung 1. Instanz: 60.000,00 €)

Schulterarthroskopie – 4 cm Narbe

Die 49 Jahre alte Klägerin stürzte auf einer Treppe. Ohne entsprechende Aufklärung stieg der operierende Arzt auf ein offenes Verfahren um und erweiterte die Operation um eine Naht der Supraspinatussehne. Die Beschwerden der Klägerin wurden dadurch um einige Wochen verlängert.

957 **LG Göttingen, Urt. v. 13.06.2017 – 12 O 16/14, unveröffentlicht**

2.000,00 € (Vorstellung: 15.000,00 €)

Operativer Eingriff an der Schulter – Lymphknotenexstirpation

Aufgrund einer Gewebevertauschung wurde beim Kläger ein vermeintliches Karzinom und zugleich ein Lymphknoten entfernt. Tatsächlich hatte der Kläger ein Melanom. Bei der Entfernung eines Melanoms wäre der Eingriff weniger umfangreich ausgefallen und die Entfernung des Lymphknotens wäre nicht erforderlich gewesen. Dadurch wären dem Kläger weniger Schmerzen entstanden, die Wunde wäre schneller verheilt und die Bewegungsbeeinträchtigungen wären geringer ausgefallen.

958 **OLG Saarbrücken, Urt. v. 07.07.2021 – 1 U 31/20, unveröffentlicht**

2.500,00 € (Mitverschulden: 1/2)

Rotatorenmanschettendefekt in der Supraspinatussehne

Der Kläger stürzte von einem fehlerhaft errichteten Gerüst und zog sich dabei eine Rotatorenmanschettendefekt in der Supraspinatussehne zu. Er war mehr als 8 Monate arbeitsunfähig und leidet seit Ende 2015 an den Unfallfolgen. Eine Begründung zur Bemessung des Schmerzensgeldes enthält die Entscheidung nur zur Frage der Höhe des Mitverschuldens.

959 **OLG Saarbrücken, Urt. v. 15.12.2022 – 4 U 136/21, NJW-RR 2023, 458**

2.800,00 € (Mitverschulden: 1/3 Vorstellung: 5.000,00 €)

Schultereckgelenkssprengung Typ Rockwood IV

Als der Beklagte versuchte, den Kläger, einen Rennradfahrer zu überholen, stürzte dieser und zog sich eine Schultereckgelenkssprengung Typ Rockwood IV an der Schulter, eine Beckenprellung sowie Schürfwunden am Unterschenkel zu. Er wurde an der Schulter operiert und war 3 Wochen arbeitsunfähig. 4 Wochen litt er unter erheblichen Schmerzen.

OLG Oldenburg, Urt. v. 22.07.2016 – 6 U 30/16, unveröffentlicht 960

3.000,00 € (Vorstellung: 40.000,00 €)

Distorsion der Schulter

Die Klägerin erlitt bei einem Verkehrsunfall u.a. eine Distorsion der Schulter. Die Verletzung heilte binnen 2 Wochen ohne stationäre Behandlung folgenlos aus.

LG Freiburg, Urt. v. 14.12.2018 – 14 O 129/18, unveröffentlicht 961

3.000,00 € (Mitverschulden: 1/3)

Humerusfraktur – Prellungen

Die Klägerin, unterwegs mit einem Pedelec (unterstützt bis 45 km/h), und der Beklagte, unterwegs mit einem Fahrrad, kollidierten. Die Klägerin stürzte auf die Schulter und zog sich eine subkapitale Humerusfraktur zu. Nach der Operation war sie fast 6 Wochen arbeitsunfähig.

Die Klägerin ist Musikerin, Konzertfagottistin. Sie war 4 1/2 Monate wegen der Schmerzen und Bewegungseinschränkungen im Beruf behindert.

OLG Zweibrücken, Urt. v. 29.01.2025 – 1 U 64/24 962

3.000,00 € (Mitverschulden: 4/5)

Schultereckgelenksprengung Tossy I – Rippenserienfraktur – Schädelprellung – Lungenkontusion

Der Anspruchsteller erlitt als Fahrradfahrer eine Schultereckgelenksprengung Tossy I, eine Rippenserienfraktur, eine Querfortsatzfraktur eines LWK, eine Lungenkontusion und eine Schädelprellung. Er befand sich 8 Tage in stationärer, anschließend in ambulanter Behandlung. Er war für etwa 3 Monate arbeitsunfähig.

Durch die Partialruptur der Supraspinatussehne bestehen Bewegungsschmerzen im Arm und eine verminderte Hebekraft und die damit verbundene Einschränkung des Alltagslebens und der Freizeitaktivitäten.

LG Freiburg, Urt. v. 14.12.2018 – 14 O 129/18, unveröffentlicht 963

3.015,00 € (Mitverschulden: 1/3)

Humerusfraktur

Der Kläger erlitt bei der Kollision eines Pedelecs mit einem Fahrrad eine subcapitale Humerusfraktur mit Absprengung des tuberculums majus sowie Schürfungen und Prellungen. Er wurde 4 Tage stationär behandelt, war 3 Wochen arbeitsunfähig und musste sich einer ambulanten Physiotherapie unterziehen.

OLG Oldenburg, Urt. v. 27.09.2021 – 2 U 121/21, unveröffentlicht 964

3.500,00 € (Mitverschulden: 1/2)

Schulterverrenkung – Sehnenabriss

Der Kläger kam als Fahrradfahrer beim Zusammenstoß mit einem anderen Fahrradfahrer zu Fall und zog sich eine Schulterverrenkung und einen Sehnenabriss zu. Er wurde zwei Tage stationär behandelt und war 1 Woche krankgeschrieben. Es folgte eine längere Physiotherapie.

OLG Naumburg, Urt. v. 20.05.2014 – 6 U 149/12, unveröffentlicht 965

4.500,00 € (Vorstellung: 7.000,00 €)

Schulter – Riss der Rotatorenmanschette

Die Klägerin wurde verletzt, als der Beklagte durch gewaltsames Aufdrücken/Aufstoßen der Eingangstür ihrer Wohnung deren Schulter traf. Die Klägerin erlitt einen traumatisch bedingten Riss des Supraspinatus, dem oberen Teil der Rotatorenmanschette, nebst posttraumatischer Schleimbeutelentzündung bei Vorliegen eines Impingement-Syndroms durch ein osteophytäres Fragment sowie ein Hämatom.

966 **LG Darmstadt, Urt. v. 05.05.2020 – 28 O 263/16, unveröffentlicht**

4.500,00 € (Vorstellung: 10.000,00 €)

Ruptur der Rotatorenmanschette – Prellungen – HWS-Distorsion

Der 64 Jahre alte Kläger kam in einem Linienbus bei einer Vollbremsung zu Fall und zog sich eine Ruptur der Rotatorenmanschette, Prellungen und eine HWS-Distorsion zu. Der Kläger hatte degenerative Vorschäden im Bereich der Schulter, die aber keine Beschwerden auslösten.

Die Begründung zur Höhe des Schmerzensgeldes verweist auf eine Entscheidung des OLG Brandenburg aus 2014.

967 **OLG Brandenburg, Urt. v. 18.01.2024 – 12 U 144/22**

5.000,00 €

Sehnenabriss an der Schulter – Gehirnerschütterung – Prellungen

Der Kläger erlitt als Motorradfahrer einen Teilabriss der Sehne des Musculus subscapularis in der Schulter. Der Muskel ist Teil der Rotatorenmanschette.

968 **LG Saarbrücken, Urt. v. 27.03.2015 – 12 O 232/14, unveröffentlicht**

6.000,00 €

Aktivierte Schultergelenkarthrose

Beim Kläger wurde unfallbedingt eine bereits bestehende Schultergelenkarthrose aktiviert.

969 **AG Nürnberg, Urt. v. 08.08.2016 – 240 C 4215/16, unveröffentlicht**

6.000,00 €

Schultereckgelenkssprengung vom Schweregrad Rockwood II – Prellungen – Schürfwunden

Der 27 Jahre alte Kläger erlitt bei einem Verkehrsunfall eine Schultereckgelenkssprengung vom Schweregrad Rockwood II, Prellungen und Schürfwunden. Er wurde kurze Zeit stationär und ambulant behandelt. Als Dauerschäden verblieben Bewegungseinschränkungen und dauerhafte Schmerzen im Arm/Schulterbereich.

970 **LG Koblenz, Urt. v. 02.09.2022 – 9 O 140/21, Spurt 2023, 237**

6.000,00 €

Trümmerbruch der Schulter

Die auf dem Fahrrad fahrende Klägerin wurde von einem ihr entgegenkommenden Pferd vom Fahrrad geschubst, als sie an der Reiterin vorbeifahren wollte. Sie erlitt einen Trümmerbruch der Schulter und Prellungen. Sie wurde länger als 1 Woche stationär behandelt.

971 **OLG Düsseldorf, 25.09.2018 – 1 U 57/16, unveröffentlicht**

7.000,00 €

Knorpelschaden im Schultergelenk – Prellungen

Der 41 Jahre alte Kläger erlitt multiple Prellungen und einen traumatischen Knorpelschaden im Schultergelenk. Die Knorpelsplitter wurden operativ entfernt. Der Kläger leidet weiter unter Bewegungseinschränkungen und Schmerzen. Er war länger als 6 Monate arbeitsunfähig.

LG Köln, 02.08.2022 – 5 O 372/20, unveröffentlicht 972

7.500,00 € (Vorstellung: 7.500,00 €)

Schultereckgelenksprengung – Rippenfraktur – Prellungen – Schürfverletzungen

Der Kläger wurde als Fahrradfahrer verletzt, als der Beklagte die Fahrertür seines Fahrzeugs öffnete. Der Kläger erlitt bei einem Sturz eine Schultereckgelenksprengung nach Rockwood 3 mit subtotaler Ruptur der korakoklavikulären Ligamente und totaler akromioklavikularer Ruptur, begleitender Bursitis subacromialis und Serom/Hämatom, eine Rippenfraktur, Prellungen und Schürfverletzungen. Er wurde 3 Tage stationär behandelt.

Während des Heilungsprozesses litt der Kläger unter Beschwerden.

LG Berlin, Urt. v. 04.08.2016 – 41 O 210/15, unveröffentlicht 973

8.000,00 € (Vorstellung: 15.000,00 €)

Schulterblattfraktur – Schultergelenk

Der Kläger stürzte als Mopedfahrer und zog sich eine Fraktur des Schulterblattes zu, das Teil des Schultergelenks ist. Der Beklagte zahlte vorprozessual 8.000,00 €.

OLG Brandenburg, Urt. v. 13.10.2016 – 12 U 180/15, unveröffentlicht 974

8.000,00 € (Vorstellung: mindestens 11.000,00 €)

Schulter – Knie – Prellungen – Bewegungseinschränkungen – HWS-Distorsion

Die Klägerin erlitt bei einem Unfall eine HWS-Distorsion, eine Prellung im Bereich der Schulter und am Knie. Sie war für zwei Monate auf Gehstützen angewiesen, hatte starke Schmerzen und musste sich über einen Zeitraum von drei Monaten zweimal täglich mit einem Tens-Gerät behandeln. Sie leidet weiter unter Bewegungseinschränkungen im Schultergelenk, die auch auf einer deutlichen Verschlechterung der bereits bestehenden degenerativen Vorschäden im Bereich des Schultergelenkes beruhen.

LG München II, Urt. v. 22.04.2020 – 10 O 5592/16 975

8.000,00 € (Mitverschulden: 1/4)

Trümmerfraktur – Humeruskopfnekrose

Die Beklagte verletzte die Streupflicht mit der Folge, dass die Klägerin als Radfahrerin stürzte. Sie zog sich eine Trümmerfraktur zu, die operativ behandelt wurde. Der stationäre Aufenthalt dauerte 8 Tage, die stationäre Reha 24 Tage. Die Klägerin war 3 Monate arbeitsunfähig. Als Dauerschaden bestehen Bewegungseinschränkungen und ein Kraftdefizit in der Schulter und im Arm. Weitere Operationen sind wahrscheinlich.

LG Kassel, Urt. v. 11.03.2024 – 3610 Js 28550/23 Ks; der BGH, Urt. v. 20.11.2024 – 2 StR 371/24, hat die Entscheidung aufgehoben. 976

8.000,00 €

Oberflächliche Schussverletzung an der Schulter

Der Angeklagte schoss auf den Adhäsionskläger und traf ihn an der Schulter. Es entstand eine oberflächliche Verletzung, die kurzzeitig im Krankenhaus behandelt wurde. Schmerzen und Hämatom hielten etwa 4 Wochen an. Es blieb eine Narbe zurück.

977 **OLG München, Urt. v. 26.06.2015 – 10 U 2581/13, SP 2015, 405**

10.000,00 € (Mitverschulden: 1/2)

Schulterverletzung

Der Kläger erlitt bei einem Verkehrsunfall eine Schulterverletzung, die operativ mit einer Platte versorgt wurde. Durch eine Armvenenthrombose kam es zu einem Dauerschaden, einer MdE von 5 %-10 % und zu einem chronischen Schmerzsyndrom.

978 **OLG Düsseldorf, Urt. v. 02.01.2019 – 1 U 158/16, unveröffentlicht**

10.000,00 € (Vorstellung: 5.000,00 €)

Einschränkung Schultergelenk – Schlüsselbeinfraktur – Schürfwunden – Prellungen

Die 49 Jahre alte Klägerin erlitt als Radfahrerin einen Verkehrsunfall. Durch ihren Sturz kam es zur Fraktur des Schlüsselbeins. Die Fraktur wurde operativ mit einem Nagel versorgt, der noch entfernt werden muss, und sie musste neun Wochen einen Gilchristverband tragen. Mehrere Wochen musste sie krankengymnastische Übungen verrichten. Das Schultergelenk ist dauerhaft in der Beweglichkeit eingeschränkt.

979 **OLG Frankfurt, Urt. v. 11.11.2022 – 26 U 71/21, MDR 2023, 437**

10.000,00 € (Vorstellung: 12.500,00 €)

Schulterverletzung

Der Beklagte verletzte den Kläger bei einer tätlichen Auseinandersetzung unter Nachbarn an dessen frisch operierten Schulter, so dass dieser sich einer 2. Operation unterziehen musste.

980 **OLG München, Urt. v. 07.10.2020 – 10 U 1813/20, unveröffentlicht**

14.000,00 €

Schwere Schulterverletzung – Hochstand Schultereckgelenk – Arthrosegefahr 30 % – Daumensehnenriss

Der 57 Jahre alte Kläger zog sich bei einem Verkehrsunfall eine schwere Schulterverletzung und einen Riss der Sehne am Daumen zu. Der Dauerschaden in der Schulter ist gering, jedoch besteht eine Wahrscheinlichkeit von 30 %, dass es zu einer Arthrose des Schultergelenks kommt. Nach dem Grundsatz der Einheitlichkeit des Schmerzensgeldes – in der Entscheidung vorbildlich dargestellt – muss der Spätschaden bei der Bemessung des Schmerzensgeldes berücksichtigt werden. Eine Wahrscheinlichkeit für einen Spätschaden sei bei 5 % nicht gegeben.

Der Dauerschaden am Daumen besteht in einem Streckdefizit und feinmotorischen Beeinträchtigungen der Hand.

981 **OLG Schleswig, Urt. v. 17.09.2015 – 7 U 74/13, Vorinstanz: LG Lübeck, Urt. v. 24.04.2013 – 1 O 1/12, – BGH, Urt. v. 10.07.2018 – VI ZR 580/15, alle Entscheidungen unveröffentlicht**

15.000,00 € (LG: 40.000,00 €)

Schultereckgelenkssprengung – Tossy I Verletzung – Schädelprellung – HWS-Distorsion

Der Kläger verunglückte mit dem Fahrrad, stürzte über den Lenker und zog sich eine Schultereckgelenksprengung (Tossy I), multiple Schürfwunden, eine leichte Schädelprellung und eine HWS-Distorsion zu. Das LG sprach ein Schmerzensgeld in Höhe von 40.000,00 € zu, das OLG reduzierte auf 15.000,00 €, der BGH hob die Entscheidung auf und verwies zurück.

982 **OLG Brandenburg, Urt. v. 19.12.2018 – 7 U 133/17, unveröffentlicht**

15.000,00 € (Vorstellung: 25.000,00 €)

Rotatorenmanschettenruptur

Der Kläger kam auf einer schneeglatten Fläche zu Fall und zog sich eine Rotatorenmanschettenruptur zu. Er wurde mehrfach operiert und war langfristig arbeitsunfähig. Der Heilungsverlauf war kompliziert. Das Schultergelenk ist in der Beweglichkeit eingeschränkt.

Diese Entscheidung bleibt, nicht streichen!

OLG Düsseldorf, Urt. v. 09.02.2016 -1 U 50/15, unveröffentlicht 983

16.000,00 € (Mitverschulden: 3/10; Vorstellung: 35.000,00 €)

Schultereckgelenksprengung – Fraktur der Speiche – Kahnbruch der Hand – Frakturen Mittelhandknochen und Handwurzel

Der 29 Jahre alte Kläger verunglückte mit dem Motorrad. Durch den Sturz erlitt er eine Schultereckgelenksprengung, einen Speichenbruch, einen Kahnbeinbruch der Hand, eine Benett'sche Luxationsfraktur des ersten Mittelhandknochens und eine Fraktur des Vieleckbeins der Handwurzel.

Zur Schmerzensgeldbemessung macht der Senat keine brauchbaren Ausführungen mit Ausnahme eines Rechenfehlers zuungunsten des Klägers in Rn. 76 a.E.

OLG Hamm, Urt. v. 28.10.2022 – 7 U 25/22, Vorinstanz LG Detmold, Urt. v. 24.01.2022 – 04 O 26/19 984

17.500,00 € (Vorstellung:25.000,00 €)

Schultereckgelenksprengung

Der Kläger stürzte als Fahrradfahrer bei einem Verkehrsunfall auf die Schulter und zog sich eine Schultereckgelenksprengung zu. Das LG erkannte auf 17.500,00 €, ein Betrag, den das OLG Hamm ohne weitere Begründung als angemessen ansah.

Das LG Detmold hat das Schmerzensgeld bemessen nach dem langwierigen Behandlungsverlauf, der verbliebenen Schultersteife und einer notwendigen Folgeoperationen, Dauerschäden und Spätschäden, die durch das Schmerzensgeld abgegolten seien.

LG Essen, Urt. v. 09.11.2021 – 3 O 73/18 985

19.000,00 € (Vorstellung: 25.000,00 €)

AC-Gelenksprengung Schulter – Nasenbeinfraktur – Beeinträchtigung des Geruchs- und Geschmackssinn – Kalottenfraktur – Jochbeinfraktur – Hämatome – Prellungen

Der Kläger stürzte, als er von einem anderen Radfahrer bei zu geringem Seitenabstand überholt wurde. Er erlitt eine Jochbeinfraktur links, eine Nasenbeinfraktur, eine Riss-/Quetschwunde, eine Kalottenfraktur und subarachnoidale Blutung, einen Le Fort I Fraktur, eine AC-Gelenkssprengung Schulter sowie ein Subcutanhämatom nach Hüftprellung.

Die Schulterverletzung führte zu einem Dauerschaden. Der Kläger kann keine schweren Gewichte heben und nicht mehr Tennis spielen. Zudem ist der Geruchs- und Geschmackssinn des Klägers beeinträchtigt.

LG Dortmund, Urt. v. 25.05.2016 – 21 O 167/15, unveröffentlicht 986

20.000,00 € (Vorstellung: mindestens 20.000,00 €)

Schulterverletzung – Knie

Der Kläger erlitt als Motorradfahrer einen Verkehrsunfall beim Zusammenstoß mit einem Fahrradfahrer. Er stürzte und wurde an beiden Schultern und am Knie verletzt. Die Verletzungen sind sehr schwerwiegend und werden ihn mit ihren Folgen dauerhaft erheblich beeinträchtigen.

Bei der Knieverletzung war der Heilungsverlauf sehr verzögert, weil die Verletzung erst spät erkannt wurde.

Beide Schultern wurden nach vorn hin ausgerenkt. Ein Stück der knöchernen Schulterpfanne brach ab, am vorderen Kreuzband erlitt der Kläger einen Teilabriss.

987 **LG Kempten, Urt. v. 18.10.2017 – 25 O 2041/15, unveröffentlicht**

20.000,00 € (Vorstellung: 25.000,00 € – Teil-Schmerzensgeld ohne Dauerschäden)

Schultereckgelenksprengung – Spaltberstungsbruch des Brustwirbels – Kreuzbeinlängsbruch – Beckenringbruch – Zahnverlust

Die 57 Jahre alte Klägerin wurde vom PKW des Beklagten erfasst und zog sich erhebliche Verletzungen zu, unter anderem eine Schultereckgelenksprengung, einen Spaltberstungsbruch des elften Brustwirbels, einen Kreuzbeinlängsbruch, einen vorderen Beckenringbruch mit Beteiligung des vorderen Pfeilers linke Hüftpfanne. Sie verlor durch den Unfall 5 Zähne. Sie wurde 2 Mal operiert, litt erheblichen Schmerzen und war 3 Wochen rollstuhlpflichtig. Sie wurde dauerhaft verrentet.

988 **OLG Düsseldorf, Urt. v. 28.03.2019 – 1 U 66/18, VersR 2019, 1165 = DAR 2019, 450 = ZfS 2019, 378 = NJW 2019, 2700**

20.000,00 € (Vorstellung: 60.000,00 €)

AC-Gelenksprengung Tossy III – Subluxation der Schulter

Der 40 Jahre alte Kläger, ein angestellter Facharzt für Innere Medizin, wurde als Fahrradfahrer bei einem Verkehrsunfall an der Schulter verletzt. Er erlitt eine AC-Gelenkssprengung Tossy III und eine Subluxation (unvollständige Ausrenkung) der Schulter und wurde vier Mal operiert. Als Dauerfolge sind eine chronische Instabilität des Acromioclaviculargelenks (Gelenkverbindung Schlüsselbein – Schulterblatt) mit lateralem Claviculahochstand um eine Schaftbreite verblieben. Der Kläger war mehr als 11 Monate krankgeschrieben und wurde danach stufenweise wiedereingegliedert. Die MdE beträgt 20 %. Der Kläger kann nicht mehr Volleyball spielen, nicht mehr Skilaufen, nur noch schwimmen.

Eine taggenaue Bemessung des Schmerzensgeldes hat der Senat abgelehnt.

989 **OLG Hamm, Urt. v. 20.03.2020 – 7 U 22/19, unveröffentlicht**

20.000,00 € (Vorstellung: 80.000,00 €)

Humeruskopfluxationsfraktur – Radiusfraktur – Frakturen Mittelfußknochen – Unterkieferfraktur – Zahnschaden – 7 Narben

Der Kläger erlitt eine Humeruskopfluxationsfraktur mit Abrissfraktur des Tuberculum majus und minus, eine distale Radiusfraktur, Frakturen des III. und IV. Mittelfußknochens, eine dislozierte Unterkieferfraktur mit Abplatzungen im Bereich der Keramikkronen 14 bis 16 sowie einen dislozierten knöchernen Ausriss am Grundglied des kleinen Fingers. Er befand sich in stationärer Behandlung. Schulter-, Unterarm-, Fußfraktur, Kleinfingerfraktur und Kieferbruch wurden operativ behandelt. Der Kläger war für gewisse Zeit auf einen Rollstuhl angewiesen. Er war für 6 Wochen zu 100 % und für 2 Wochen zu 60 % arbeitsunfähig.

Insgesamt sind beim Kläger 7 Narben verblieben. Der Schmerzensgeldbetrag erfasse auch streitige Dauerschäden wie Bewegungseinschränkungen des Arms und Schmerzen in der Schulter und die Narben. Der Kläger könne nicht mehr Golf spielen, wodurch ihm Lebensfreude genommen sei.

Der Kläger begründet seine Vorstellung von der Höhe des Schmerzensgeldes mit den besonders guten wirtschaftlichen Verhältnissen beider Parteien. Er selbst hat als Anwalt ein Bruttoeinkommen von rd. 550.000 €. Auch der Beklagte sei wohlhabend. Das vom LG zuerkannte Schmerzensgeld von 20.000,00 € sei nicht ansatzweise geeignet, der Ausgleichsfunktion zu genügen.

OLG Schleswig, Urt. v. 10.01.2019 – 7 U 74/13, SchlHA 2019, 315 = SVR 2020, 24 990

20.000,00 €

Tossy I Verletzung des Schultereckgelenks – multiple Schürfwunden – Schädelprellung – HWS-Distorsion

Der 37 Jahre alte Kläger zog sich bei einem Unfall als Fahrradfahrer eine Tossy I Verletzung des Schultereckgelenks (leichtere Band- oder Kapselverletzungen), multiple Schürfwunden, eine leichte Schädelprellung und eine HWS-Distorsion zu. Er leidet psychisch unter den Unfallfolgen, was auf einer Prädisposition beruht.

OLG Düsseldorf, Urt. v. 28.03.2019 – I-1 U 66/18, VersR 2019, 1165 = DAR 2019, 450 991

20.000,00 €

AC-Gelenkssprengung Tossy III – Subluxation Schulter

Der 48 Jahre alte Kläger, ein Facharzt, erlitt bei einem Verkehrsunfall eine AC-Gelenkssprengung Tossy III und eine Subluxation (unvollständige Ausrenkung) der Schulter. Er wurde viermal operiert und war mehrere Monate arbeitsunfähig.

Als Dauerfolge ist eine chronische Instabilität des Acromioclaviculargelenks (Gelenkverbindung Schlüsselbein – Schulterblatt) mit lateralem Claviculahochstand um eine Schaftbreite verblieben. Der Kläger hat noch Schmerzen in der Schulter und kann diese nur eingeschränkt bewegen. Er kann nicht mehr – wie früher – Volleyball spielen und Skifahren. Die MdE beträgt 10 %/20 %.

OLG Düsseldorf, Urt. v. 02.10.2018 – 1 U 127/16, unveröffentlicht 992

25.000,00 € (Mitverschulden: 1/2)

Schultereckgelenksprengung – Fraktur des Schulterblatts – Trümmerfraktur des Beckens – Rippenserienfraktur

Der 57 Jahre alte Kläger erlitt bei einem Verkehrsunfall eine Schultereckgelenksprengung, eine Fraktur des Schulterblatts, eine Trümmerfraktur des Beckens, eine Rippenserienfraktur, eine beidseitige Lungenkontusion und schwere Prellungen. Er schwebte mehrere Tage in Lebensgefahr und wurde 8 Wochen stationär behandelt. In dieser Zeit erlitt er einen Hirninfarkt und musste künstlich beatmet werden. Nach der Reha war der Kläger rd. 6 Monate auf Gehhilfen angewiesen. Er war mehr als 4 Monate arbeitsunfähig und kann seinen Beruf als Gabelstaplerfahrer nicht mehr ausüben.

Als Dauerschaden bestehen durch die Beckenfraktur ausgelöste Leistenschmerzen, Unterleibschmerzen und eine erektile Dysfunktion.

LG Halle, Urt. v. 09.04.2020 – 5 O 140/17, unveröffentlicht 993

25.000,00 €

Zerreißung der Bandverbindungen zwischen Schulterblatt und Schlüsselbein

Der Kläger erlitt beim Fußballspiel durch ein grobes Foul des Beklagten eine Zerreißung sämtlicher Bandverbindungen zwischen dem Schulterblatt und dem Schlüsselbein. Als Dauerschaden bestehen Beschwerden bei Überkopftätigkeiten und bei Freizeitaktivitäten wie Schwimmen und Tennisspielen, Den Beruf als Maler musste er aufgeben. Nach 2 Operationen litt der Kläger 6 Monate an erheblichen Schmerzen.

LG Kiel, 11. 10.2023, 10 O 78/20, dem Grunde nach bestätigt durch OLG Schleswig, Urt. v. 01.10.2024 – 7 U 145/23, ZfS 2024, 677 994

25.000,00 € (Mitverschulden soll im Schlussurteil beurteilt werden)

Schultereckgelenksprengung

Der 44 Jahre alte Kläger erlitt als Motorradfahrer bei einem Verkehrsunfall eine Schultereckgelenksprengung (typisch Rockwood 5) mit Riss des Bandapparates und der Muskulatur. Es trat eine Wundheilungsstörung auf. Die Bewegungsfähigkeit der Schulter ist dauerhaft beeinträchtigt, der Kläger kann den Arm nicht mehr über die horizontale Ebene heben. Der Senat geht davon aus, dass das Schmerzensgeld bei fehlendem Mitverschulden 35.000,00 € betragen kann.

995 **OLG Zweibrücken, Urt. v. 27.06.2018 – 1 U 123/15, unveröffentlicht**

35.000,00 € (Vorstellung: 45.000,00 €)

Schulter – Kniegelenke – Mittelfuß – Zeh – Hämatome

Der Kläger erlitt 2008 bei einem Verkehrsunfall eine Verletzung von Schulter, beiden Kniegelenken, einem Mittelfuß und einem Zeh und dabei tief reichende Weichteilverletzungen der beiden Kniegelenke mit Durchtrennungen von Nerven und Lymphgefäßen sowie Schädigung der Schleimbeutel, Ausrenkung des Gelenks zwischen erstem Mittelfußstrahl und Mittelfußknochen, Ausrenkung des Grundgelenks der zweiten Zehe, Trümmerbruch des Gelenkkopfes des Oberarms, Prellung des Hemithorax und Prellung in der Schulterregion. Der Kläger hat Dauerschäden davongetragen, die Beweglichkeit der Schulter und die Belastbarkeit des Fußes sind beeinträchtigt.

996 **LG Arnsberg, Urt. v. 15.11.2019 – 1 O 25/15, unveröffentlicht**

35.000,00 € Vorstellung: 10.000,00 €

Rotatorenmanschettenruptur – Bandläsion Handgelenk – Morbus Sudeck – Depressionen – PTBS

Der Kläger erlitt bei einem Verkehrsunfall eine Rotatorenmanschettenruptur, eine traumatische SL-Bandläsion des Handgelenks, eine Verletzung der Halswirbelsäule und eine Rippenprellung. Als mittelbare Unfallfolge haben sich ein Morbus Sudeck und eine Arthrose in den Handgelenken entwickelt. Die Schulter, die Handgelenke und die HWS waren vorgeschädigt, hätten aber nicht operiert werden müssen.

Infolge des Unfalls leidet der Kläger fortdauernd an einer anhaltenden Schmerzbeeinträchtigung sowie einer komplexen PTBS als anhaltende Persönlichkeitsstörung und einer schweren Depression.

997 **OLG Hamm, Beschl. v. 11.08.2020 – 11 W 40/20, unveröffentlicht**

45.000,00 € (Vorstellung: 45.000,00 €)

Schulterverletzungen – Hüftverletzung – Oberschenkelhalsfraktur – Armfrakturen

Die Antragstellerin stürzte auf einer unebenen Pflasterung, die farblich ohne Abgrenzung in die (nicht zu betretende) Baumabgrenzung überging. Sie erlitt erhebliche Verletzungen, insbesondere Frakturen im Bereich des rechten Oberschenkels/der rechten Hüfte sowie der rechten Schulter, des rechten Ober- und Unterarms mit einer Beeinträchtigung des Handgelenks. Diese Verletzungen erforderten umfangreiche ärztliche Maßnahmen zur Heilbehandlung wie das Importieren eines künstlichen Hüftgelenks sowie die mehrfache operative Versorgung des rechten Arms und haben – nach dem Vortrag der Antragstellerin – einen Dauerschaden zur Folge. Die Antragstellerin wird ihre rechte Hand nur noch eingeschränkt nutzen können und sich mit dem Rollstuhl fortbewegen müssen, weil sie nur noch kurze Strecken mit einem Gehstock bewältigen kann.

998 **OLG Köln, Urt. v. 10.05.2017 – 5 U 68/16, MedR 2018, 731**

70.000,00 € (Vorstellung: 70.000,00 €)

Oberarm-Kopfprothese – Infektion des Schultergelenks

Infolge eines groben Behandlungsfehlers bei einer kontraindizierten Injektion von Kortison kam es bei der 45 Jahre alten Klägerin zur Schädigung des Schultergelenks und des Humeruskopfes. Der Behandlungsfehler des Beklagten hat den Eintritt der low-grade-Infektion und damit die Schädigung des Schulterhauptgelenks verursacht.

Dadurch wurde die Einsetzung einer Oberarmkopfprothese erforderlich, was zu einer eingeschränkten Beweglichkeit des Schultergelenks und zu Verspannungen der Schulter- und Nackenmuskulatur und Schmerzen führte. Dies beeinträchtigt die Klägerin in der Lebens- und Freizeitgestaltung in erheblicher Weise. Sie kann nicht mehr wie früher dem Laufsport und Tanzen nachgehen. Auch ist damit zu rechnen, dass es in der Zukunft einmal oder auch mehrfach zu einem Wechsel der Prothese kommen wird.

Die Beklagten zu 2) – 4) müssen ein Schmerzensgeld von gesamtschuldnerisch 20.000,00 € tragen, weil sie zwischengeschaltet von einer Operation abgeraten und zur Fortsetzung der konservativen Therapie geraten haben. Dadurch war ihre Behandlung mitursächlich für die Zerstörung der Schulter und die Erforderlichkeit der Prothese.

OLG Köln, Urt. v. 10.02.2025 – 5 U 33/23 999

75.000,00 € (Vorstellung:100.000,00 €)

Erb'sche Parese nach der Geburt

Die Klägerin erlitt infolge eines grob fahrlässig begangenen Befunderhebungsfehler bei der Geburt infolge einer Schulterdyskokie eine Erb'Parese, die zu einer Zerrung und Zerreißung im Armvenengeflecht und zu einem Ausfall der nachgeordneten Muskulatur geführt hat. Die rechte Hand der Klägerin ist nach zahlreichen mikrochirurgischen Operationen dauerhaft umfassend und erheblich in ihrer Funktion eingeschränkt und kann nur als Hilfshand eingesetzt werden. Eine sekundäre Wachstumsstörung mit Verkürzung der Handlänge und Atrophie der Muskulatur sowie eine Asymmetrie der Rumpfhaltung mit Schulterschiefstand und Ventralneigung des Schulterblattes führt zu zusätzlichen motorischen Einschränkungen. So ist dauerhaft ein Werkzeuggebrauch mit der Hand nicht möglich und sie muss zum Erhalt der zumindest partiellen Einsatzmöglichkeit der Hand dauerhaft Krankengymnastik absolvieren.

LG Dortmund, Urt. v. 14.04.2016 – 4 O 230/13, unveröffentlicht 1000

80.000,00 € (Vorstellung: 60.000,00 €)

Schulter – Arm

Bei der Klägerin wurde eine Exstirpation eines vergrößerten Lymphknotens durchgeführt, ohne dass sie ordnungsgemäß über Behandlungsalternativen aufgeklärt wurde. Der Nervus accessorius, dessen Verlauf bei einer Lymphknotenexstirpation zwingend beachtet werden muss, wurde massiv geschädigt, wodurch ein irreparabler Gesundheitsschaden entstand. Es besteht ein Schulterschiefstand, die rechte Brust hängt und die Gebrauchsfähigkeit des Arms ist vollständig aufgehoben, der Zustand des Arms steht einer Amputation gleich. Die Klägerin leidet ständig unter erheblichen Schmerzen. Infolge der Beeinträchtigungen und der verminderten Lebensqualität haben sich Depressionen und eine Anpassungsstörung eingestellt. Soziale Kontakte werden vernachlässigt.

Speiseröhre

OLG Köln, Urt. v. 09.10.2007 – 15 U 105/07, VersR 2008, 364 1001

10.000,00 € (Vorstellung: 10.000,00 €)

Kehlkopf-Bandabriss – Schluckbeschwerden

Bei einem Verkehrsunfall erlitt der 33 Jahre alte Kläger neben einer HWS-Verletzung einen Larynx-Bandabriss mit bleibender Dehnung oder jedenfalls eine Verletzung der am Kehlkopf ansetzenden Muskulatur. Hieraus resultieren lebenslange Schluckbeschwerden. Zudem ist von außen sichtbar, wie der Kehlkopf bei jedem Schlucken nach links gezogen wird und verzögert wieder absinkt. Bei bestimmten Kopfstellungen, insb. bei extremer Drehung, berührt der Kehlkopf die HWS, was sich gut fühlen und sogar für nahe am Kläger stehende Personen hören lässt. Das führt auch zu Schmerzen und Atembeschwerden. Der Kläger ist bei Sportarten mit ruckartigen Bewegungen, etwa Volleyball, eingeschränkt, da unangenehme Berührungen zwischen Kehlkopf und HWS drohen; das Gleiche passiert bei bestimmten Schlafpositionen, was dazu führt, das der Kläger aufwacht oder nicht schlafen kann. Eine Therapie ist nicht möglich, allenfalls die Schluckstörungen können durch eine logopädische Schlucktherapie gebessert werden.

1002 **LG Köln, Urt. v. 13.05.2022 – 12 O 459/19, unveröffentlicht**

18.750,00 € (1/4 Mitverschulden Vorstellung: 15.000,00 €)

Verätzungen an Speiseröhre und Magen

Der 29 Jahre alte Kläger begab sich in den Handy-Reparaturladen des Beklagten, mit welchem er befreundet war, und fragte nach etwas zu trinken. Der Beklagte sagte, er solle im Kühlschrank schauen; dort entnahm der Kläger eine Limonadenflasche mit farbloser Flüssigkeit und trank diese, wobei er nicht mehrte, dass es sich um Ammoniakwasser handelte, mit welchem der Beklagte Handy-Platinen reinigte.

Der Kläger erlitt einen Schweißausbruch und Atemnot. Er erbrach mehrfach, wurde stationär aufgenommen und in ein künstliches Koma verlegt. Er erlitt Schwellungen und Zersetzungen an Speiseröhre und Magen, Entzündungen und Geschwüre in der unteren Speiseröhre und eine Insuffizienz des Muskels zwischen Magen und Speiseröhre. Er verblieb 16 Tage stationär und musste künstlich ernährt werden; nach der Entlassung begann eine Ernährung mit Brei und Flüssigkost, die einen Monat andauerte. Zwischendurch wurde befürchtet, dass er einen Magenersatz oder eine Magensonde benötigen würde. Der Kläger litt noch einige Monate unter Alpträumen. Er hat bei Belastung und Aufregung Schmerzen in Magen und Speiseröhre, leidet mindestens einmal in der Woche an Durchfällen und Magenkrämpfen und muss ab dem Alter von 50 jährliche Routine-Biopsien durchführen lassen, um auf Karzinombildung zu testen.

Das Gericht bejahte eine Verkehrssicherungspflichtverletzung wegen der Nutzung einer Limonadenflasche, sah aber ein Mitverschulden darin, in einer Handywerkstatt aus einer bereits geöffneten Flasche eine farblose Flüssigkeit zu trinken.

1003 **OLG Brandenburg, Urt. v. 19.04.2007 – 12 U 215/06, unveröffentlicht**

20.000,00 € (1/3 Mitverschulden)

Verätzungen in Mund und Speiseröhre

Der Kläger trank bei einer Party, die der Beklagte im gemeinsam bewohnten Lehrlingswohnheim ausrichtete, aus einer dem Beklagten gehörenden Flasche, in welcher dieser eine Reinigungslauge für das Tischlerhandwerk aufbewahrte.

Hierdurch kam es zu schweren Verätzungen des Klägers in Mund, Rachen und Speiseröhre. 5 Tage lang bestand Lebensgefahr; er war 3 Wochen in stationärer Behandlung, wobei er unter ständigen starken Schmerzen im Mund- und Rachenbereich litt und zunächst künstlich ernährt werden musste. Erst nach 10 Tagen konnte er erste flüssige Nahrung aufnehmen, es dauerte ein halbes Jahr, ehe in begrenztem Umfang die Aufnahme fester Nahrung möglich wurde. Nach der Entlassung wurden in zunächst 2-tägigem Abstand ambulante Gastroskopien durchgeführt. Er muss weiterhin in ärztlicher Behandlung bleiben, um Blutwerte und Magengegend zu kontrollieren. Das Gericht bezog sich bei der Bemessung auf Entscheidungen aus 1978 (dort: 7.500,00 DM) und 1974 (!) (dort: 70.000,00 DM), nahm aber immerhin wegen des »erheblichen Zeitraums« über die inflationsbedingte Anpassung hinaus noch einen weiteren Zuschlag aufgrund des »zwischenzeitlich allgemein angehobenen Niveaus von Schmerzensgeldzahlungen« vor.

1004 **OLG Hamm, Urt. v. 23.10.2015 – 26 U 182/13, Welt der Krankenversicherung 2016, 67**

20.000,00 € (Vorstellung: 40.000,00 €)

Speiseröhrenläsion – Schluckbeschwerden

Der 55 Jahre alte Kläger litt unter degenerativen Wirbelsäulenveränderungen. Der Beklagte führte daher eine Bandscheibenoperation durch; hierbei verletzte er die Speiseröhre. Es kam zu einer zweifachen, 3,5 – 4 cm langen Verletzung der Seiten- und Hinterwand der Speiseröhre, die Läsion musste operativ behandelt werden. Der Kläger musste eine Revisionsoperation auf sich nehmen; er war fünf Monate in seiner Lebensführung erheblich beeinträchtigt und musste über eine Magensonde ernährt werden. Er ist lebenslang durch Schluckbeschwerden beeinträchtigt.

LG Bielefeld, Urt. v. 01.04.2022 – 4 O 172/18, unveröffentlicht 1005

75.000,00 € (Vorstellung: 75.000,00 €)

Speiseröhrenentzündung und -vernarbung – Entzündungen des oberen Verdauungstraktes

Durch insgesamt fünf Behandlungsfehler litt die neugeborene Klägerin, bei der eine Passagestörung im oberen Magen-Darm-Trakt über mehr als einen Monat nicht erkannt worden war, unnötig: die Heilung verzögerte sich erheblich, und die Beschwerden der Klägerin wurden durch diverse nicht indizierte Behandlungen und Operationen unnötig verlängert. Die lange stationäre Behandlung war unnötig und vermeidbar, was für die Klägerin als Neugeborenes besonders gravierend war, da sie in ihren ersten drei Lebensmonaten mangelernährt in intensiver stationärer Behandlung verbrachte und von der gewohnten häuslichen Umgebung getrennt war.

Die Lungenprobleme wurden durch weitere Aspirationen (Einatmen von Nahrung) verlängert. Es entstanden schwerste entzündliche Veränderungen des gesamten oberen Verdauungstrakts, insbesondere eine schwere ulzerierende Ösophagitis (Speiseröhrenentzündung) und eine Gastritis (Magenschleimhautentzündung). Es traten mehrere Geschwüre auf, deren narbenlose Abheilung nicht möglich ist, was zu einem Dauerschaden aufgrund der vorliegenden Ulzera und der schwersten Ausprägung der Ösophagitis führte. Die Speiseröhre der Klägerin ist vernarbt, was dazu führen kann, dass sie sich im weiteren Verlauf weiten muss und die Peristaltik nicht mehr ordnungsgemäß funktioniert. Der gesamte Krankheitsverlauf, einschließlich Mangelernährung (Dystrophie) und Entwicklungsverzögerung, wurde relevant verlängert. Bis zur Klageerhebung waren drei weitere Krankenhausaufenthalte und zwei weitere Gastroskopien erforderlich.

Die Klägerin leidet nach wie vor an Schmerzen, kann nicht alles essen und muss Medikamente einnehmen. Es besteht weiterhin eine Entzündung im Bereich des Übergangs von Speiseröhre und Magen. Sie leidet nach wie vor unter Reflux, was als Folge der verzögerten Behandlung und Operation angesehen wird. Sie wird lebenslang auf Kontrolluntersuchungen angewiesen sein. Zudem sind mögliche Folgeoperationen zur Beseitigung des Refluxes oder zur Weitung der Speiseröhre denkbar, deren Unsicherheiten die Klägerin belasten.

Stimmband

LG Dortmund, Urt. v. 03.05.2012 – 4 O 195/09, unveröffentlicht 1006

600,00 € (Vorstellung: 30.000,00 €)

Atemnot, Heiserkeit und vier Tage Behandlungsverzögerung

Die Klägerin war wegen kalter Knoten in der Schilddrüse bei der Beklagten in Behandlung. Die Schilddrüse wurde operativ entfernt. Im Anschluss an die Operation bestand bei der Klägerin ein Stridor; im weiteren Verlauf des stationären Aufenthalts litt die Klägerin durchweg unter Heiserkeit, weil die Stimmbänder verletzt worden waren. Sie bekam kaum Luft und litt eine Woche unter Atembeschwerden. Die Beklagte haftete dafür, dass sie die Klägerin mit vier Tagen Verzögerung einem HNO-Arzt vorstellte. Der Betragsvorstellung liegt die – nicht bewiesene – Behauptung weiterer Behandlungsfehler und Schäden zugrunde.

OLG Rostock, Urt. v. 27.06.2014 – 5 U 97/13, MedR 2014, 805 1007

5.000,00 € (Vorstellung: 15.000,00 €)

Stimmbandverletzung

Der Kläger war wegen eines Malignomverdachts bei dem beklagten Arzt, der seine Aufklärungspflichten vor einer Resektionsoperation verletzte. Ein Schilddrüsenlappen wurde entfernt. Es kam zu einer Stimmbandverletzung, die eine Stimmbeeinträchtigung zur Folge hatte. Der Kläger, der als Betriebsmeister tätig war, konnte nur noch mit einer ungewohnt hohen, heiseren und leisen Stimme sprechen und leidet unter Schluckbeschwerden. Längere Gespräche kann er nicht führen, dass er nicht rufen oder laut sprechen kann, beeinträchtigt ihn auch im Beruf. Das Gericht berücksichtigte auch die Entfernung des Schilddrüsenlappens, wenngleich »nicht ersichtlich« sei, dass der Kläger hierdurch konkrete Beeinträchtigungen habe.

1008 **OLG Koblenz, Urt. v. 28.11.2012 – 5 U 420/12, GesR 2013, 120**

15.000,00 €

Stimmbandlähmung

Die 49 Jahre alte Klägerin, die als Telefonistin tätig war, wurde vom beklagten Chirurg vor einem diagnostischen Eingriff nicht hinreichend über das Risiko einer Stimmbandlähmung aufgeklärt. Eine solche trat indes ein.

Die Stimmbandlähmung führte zu einer monatelangen Arbeitsunfähigkeit der Klägerin, sie war neben zahlreichen ambulanten Arztbesuchen insb. viermal im Zeitraum von zwei Jahren in stationärer Behandlung. Das Sprachvermögen ist weiterhin geringfügig beeinträchtigt; mit einer vollständigen Wiederherstellung ist nicht zu rechnen. Ihren Beruf kann sie nicht mehr ausüben.

1009 **LG Bielefeld, Urt. v. 28.02.2025 – 4 O 328/22, unveröffentlicht**

25.000,00 € (Vorstellung: 30.000,00 €)

Dauerhafte Beeinträchtigung der Stimme

Die Klägerin litt an einer Erkältung mit Schmerzen an Nase und Nasenebenhöhlen. Der Beklagte nahm eine nicht indizierte Operation der Stimmlippen vor. Die Klägerin erlitt durch die behandlungsfehlerhafte Operation eine Verletzung der Stimmbänder, die eine dauerhafte Heiserkeit zur Folge hatte. Die Stimme klingt rau und heiser, das Sprechen ist anstrengend.

1010 **OLG Braunschweig, Urt. v. 25.09.2013 – 1 U 24/12, MedR 2014, 891 = GesR 2014, 155**

30.000,00 € (Vorstellung: 40.000,00 €)

Stimmbandlähmung

Bei der 71 Jahre alten Klägerin wurde im Rahmen einer Schilddrüsenentfernung ein Nerv verletzt; es kam zu einer Stimmbandstörung, die einen Dauerschaden darstellt. Die Klägerin kann nur unter großer körperlicher Anstrengung mit äußerst heiserer Flüsterstimme sprechen. Es besteht nur eine geringe Chance auf eine teilweise Verbesserung ihres Zustandes, wenn sie sich einem operativen Eingriff an dem Kehlkopf unterziehen würde; dies wertete der Senat aber als mit Blick auch auf ihr Alter (inzwischen 77 Jahre) unzumutbar. Sie ist in ihrer Kommunikationsfähigkeit daher dauerhaft und schwerwiegend beeinträchtigt, was den Austausch mit anderen, die Pflege sozialer Kontakte und das Empfinden von Lebensfreude erheblich beeinträchtigt. Insbesondere ist ihr ein schnelles Gespräch mit spontaner Rede und Gegenrede kaum möglich; sie muss sich stark konzentrieren, um mit ihrer selbst erlernten Technik einer »Flüsterstimme« verstanden zu werden. Sie formuliert nun Worte beim Aus- und Einatmen, was anstrengend ist und häufiges Trinken erfordert, um Mundhöhle und Rachen feucht zu halten.

Die Klägerin erhielt Schmerzensgeld, weil der Eingriff entgegen des Behandlungsvertrages nicht vom Chefarzt durchgeführt worden war und das beklagte Krankenhaus nicht hatte beweisen können, dass bei Tätigwerden des Chefarztes der gleiche Schaden entstanden wäre.

LG Würzburg, Urt. v. 26.01.2017 – JKLs 801 Js 263/16 jug, ZJJ 2018, 155 1011

300.000,00 € zzgl. 300,00 € monatliche Rente (Vorstellung: 350.000,00 € und 400,00 € Rente)

Stimmbandparese – Querschnittslähmung

Die 23 Jahre alte Adhäsionsklägerin wurde von ihrem Exfreund, dem Angeklagten, in einen Hinterhalt gelockt, wo dieser nach einem Streitgespräch mit einem Messer auf sie einstach und sie dann liegen ließ. Sie wurde am nächsten Tag unterkühlt und lebensgefährlich verletzt von Passanten gefunden und blieb trotz dreier Operationen querschnittsgelähmt ab Höhe 4. HWK. Auch erlitt sie ein Nierenversagen, einen Pneumothorax und eine Stimmbandparese. Sie kann ihre Beine gar nicht und den rechten Arm nahezu nicht bewegen sowie mit dem linken Arm keine feinen Bewegungen machen und Vieles nicht spüren. Sie ist dauerhaft auf einen Rollstuhl zur Fortbewegung angewiesen. Auch bedarf sie einer dauerhaften Antispastikmedikation. Infolge der Rückenmarksverletzung ist sie unfähig, allein Kot und Urin abzusetzen. Wegen des installierten und irgendwann im Operationswege wieder zu entfernenden Shunts besteht ein erhöhtes Infektionsrisiko und wegen der Hirnhautblutungen die Möglichkeit einer Einschränkung kognitiver Funktionen und Fähigkeiten wie auch des Entstehens einer sekundären Epilepsie. Infolge der Stimmlippenparese hat sich die Stimme der Geschädigten stark verändert. Die andauernde Heiserkeit und das Versagen der Stimme führen zu einem zumindest partiellen Verlust der Sprechfähigkeit, da es der Geschädigten nicht möglich ist, zu rufen oder zu singen. Der Messerstich in den Hals ließ eine schräg verlaufende Narbe an der linken Vorderseite des Halses Geschädigten zurück.

Die Adhäsionsklägerin ist infolge des Angriffs erheblich und dauerhaft in ihrem Lebensalltag eingeschränkt: Drehen oder Aufsitzen ist nur mithilfe einer weiteren Person möglich, das Aufheben oder Halten von Gegenständen, selbstständige Körperpflege und Ankleiden sind nur teilweise und nur mit massiver Anstrengung und enormen Zeitaufwand möglich. Schreiben und selbständige Nahrungszubereitung sind nahezu unmöglich. Selbständiges Einkaufen ist nur eingeschränkt möglich. Jeder Toilettengang ist mit erheblichen Eingriffen in den Intimbereich verbunden: Die Darmentleerungsstörung erfordert regelmäßig Abführmaßnahmen. So muss die Geschädigte jeden zweiten Tag abführen. Zu den Abführmaßnahmen gehört es, dass sie sich ein Zäpfchen einführen lässt, welches die Darmtätigkeit anregt. Anschließend wird ihr Anus von einer Pflegekraft mit dem Finger stimuliert, um den Enddarm zu entleeren. Diese Prozedur dauert in der Regel circa eine Stunde. Auch beim Transfer auf die Toilette benötigt die Adhäsionsklägerin regelmäßig Hilfe.

Die lebensbedrohlichen Verletzungen der Adhäsionsklägerin brachten auch einschneidende soziale Belastungen mit sich wie massive Beeinträchtigungen in der Ausübung einer beruflichen Tätigkeit, verminderte Heiratsaussichten, Beeinträchtigungen im gesellschaftlichen Leben und die nahezu gänzliche Aufgabe jedweder sportiver Betätigungen. Die Adhäsionsklägerin wird zeitlebens unter schwerwiegenden Dauerschäden leiden, verbunden mit anhaltenden Lähmungen, dem Verlust bzw. der erheblichen Einschränkung körperlicher Mobilität und der Notwendigkeit wiederholter und in ihrem Erfolg ungewisser ärztlicher Eingriffe und Behandlungsmaßnahmen verbunden mit der Gefahr weiterer vorfallsbedingter Spätschäden (Infektionen, Behandlungs- und Operationsrisiken).

Wirbelsäule

▶ Hinweis:

Verletzungen der Wirbelsäule gehen, soweit es sich um Unfälle handelt, häufig mit weiteren Verletzungen einher. Zu beachten ist insb., dass bei einer durch eine Wirbelsäulenverletzung hervorgerufenen Querschnittslähmung die Bemessung einer solchen Verletzung nicht mehr angesichts der (punktuellen) Verletzung der Wirbelsäule, sondern gerade mit Blick auf die gravierenden Dauerschäden erfolgen wird. Entscheidungen zu Verletzungen solcher Art sind daher unter dem Punkt → Schwerste Verletzungen (Rdn. 2095 ff.) gesondert behandelt.

Ebenfalls gesonderte Behandlung erfahren die Verletzungen der HWS, die ein sog. → HWS-Schleudertrauma (Rdn. 1364 ff.) auslösen. In diesen Fällen steht nicht allein die Bemessung, sondern auch und insb. die Frage der Ersatzfähigkeit überhaupt, wie auch des prozessualen Nachweises solcher Verletzungen im Vordergrund, was eine Einordnung in die Kategorie »sonstiger« Wirbelsäulenverletzungen verbietet.

1012 **LG Dortmund, Urt. v. 17.08.2023 – 12 O 416/20, RDG 2024, 36**

500,00 €

Bandscheibenpunktion

Der 37 Jahre alte Kläger litt an einer degenerativen Wirbelsäulenerkrankung. Der Beklagte vermittelte den – unzutreffenden – Eindruck, mittels einer Hydrogeltherapie eine Verbesserung der Schmerzsituation erreichen zu können. Die unter Lokalanästhesie erfolgte Punktion der Bandscheibe war (ohne positive Folgen, aber) für sich genommen als Beeinträchtigung »gering«; das Gericht bewertete aber bei der Bemessung, dass dem erheblich schmerzgeplagten und daher verzweifelten Kläger die Hoffnung auf Besserung vorgespielt wurde.

1013 **OLG Dresden, Urt. v. 20.04.2020 – 4 U 137/20, unveröffentlicht**

1.500,00 €

Zerrung der Wirbelsäule

Der Kläger erlitt bei einem Verkehrsunfall eine Zerrung im Bereich der gesamten Wirbelsäule und des Schulterblattes. Er hatte Schmerzen am Thorax, Schultern und Wirbelsäule; es handelte sich um reine Weichteilschäden. Er war zwei Wochen krankgeschrieben, die Schmerzausstrahlung endete nach ca. 8 Wochen.

1014 **OLG Hamm, Urt. v. 27.05.2019 – 31 U 23/19, r+s 2019, 535**

3.000,00 € (1/2 Mitverschulden; Vorstellung: 12.000,00 €)

Brustwirbelkörperfraktur

Der Kläger erlitt bei einem Verkehrsunfall eine Fraktur des 3. Brustwirbelkörpers. Er wurde operiert und war 13 Tage im Krankenhaus. Eine weitere Operation fand zur Materialentfernung statt. Die Fraktur ist unauffällig verheilt, der Kläger leidet an Druckschmerzen im oberen Brustbereich und Kopfschmerzen.

1015 **LG Bonn, Urt. v. 05.10.2018 – 1 O 165/18, unveröffentlicht**

4.000,00 € (Vorstellung: 4.000,00 €)

Hartspann der Brustwirbelsäule – Schürfwunden – Prellungen – Stirnplatzwunde

Die Klägerin wurde als Radfahrerin bei einem Verkehrsunfall verletzt; sie erlitt eine Platzwunde an der Stirn, Schürfwunden im Bereich von Stirn, Nase und Oberlippe sowie multiple Prellungen an der Stirn, dem rechten Unterarm und dem rechten Fuß.

Es kam zu einem HWS/BWS-Schleudertrauma mit einem Hartspann der Brustwirbelsäule. Sie war stationär aufgenommen und 11 Tage krankgeschrieben sowie fünf Monate beeinträchtigt. Ein im Anschluss an die Krankschreibung bereits zuvor gebuchter Urlaub wurde durch die Gesichtsverletzungen beeinträchtigt, die Klägerin fühlte sich optisch nicht gut und war zudem wegen der Schmerzen und Verspannungen im Brustbereich auf die Einnahme von Schmerzmedikation angewiesen.

1016 **OLG Frankfurt a.M., Urt. v. 19.02.2015 – 22 U 113/13, NJW 2015, 2195 = SP 2015, 295**

5.000,00 € **Mitverschulden**

Brustwirbelkörperfraktur – Lendenwirbelkörperfraktur

Die Klägerin stürzte beim Einsteigen in den Bus und erlitt eine Fraktur des 4. Lendenwirbelkörpers und eine Läsion der 8. und 9. Brustwirbelkörpers. Eine Operation war nicht erforderlich; sie musste wegen starker Schmerzen Schmerzmittel einnehmen.

OLG Hamm, Urt. v. 29.11.2016 – 9 U 196/12, unveröffentlicht 1017

5.000,00 € (Vorstellung: 30.000,00 €)

Lendenwirbelkörperfraktur

Der Kläger erlitt bei einem Verkehrsunfall, bei welchem er von einem Roller geschleudert wurde, eine Fraktur des dritten Lendenwirbelkörpers sowie multiple Prellungen. Die Fraktur heilte knöchern und folgenlos aus, der Heilungsverlauf mit fünf Tagen stationärem Aufenthalt und konservativer Nachbehandlung verlief weitgehend komplikationslos. Der Senat hielt das vorgerichtlich gezahlte Schmerzensgeld von 5.000,00 € für ausreichend und die im Prozess behaupteten Dauerschäden für nicht erwiesen.

OLG Braunschweig, Urt. v. 23.03.2017 – 7 U 54/14, unveröffentlicht 1018

5.000,00 €

Wirbelsäulen-Schmerzsymptomatik – HWS-Distorsion – Beckenprellung

Der Geschädigte erlitt bei einem Verkehrsunfall eine HWS-Distorsion und eine Beckenprellung links. Vorübergehend, für 7–9 Monate, verschlechterte sich dadurch der Zustand einer bereits vorbestehenden somatoformen Schmerzsymptomatik bei Coxarthrose. Der Kläger war vier Tage in stationärer Behandlung und 10 Tage in stationärer Reha; 25 Tage ambulanter Reha wegen der Schmerzsymptomatik in Hals- und Lendenwirbelsäule, Bein und Thorax schlossen sich an. Wegen der unfallbedingten Verletzungen kam es zu einem Sturz mit Sprunggelenksdistorsion, die folgenlos ausheilte. Erst nach 9 Monaten war eine berufliche Reintegration möglich.

LG Aurich, Urt. v. 03.11.2020 – 5 O 1507/18, unveröffentlicht 1019

5.000,00 € (Vorstellung: 10.000,00 €)

Austausch einer Bandscheibenendoprothese

Die 43 Jahre alte Klägerin war bei der Beklagten wegen eines medialen subligamentären Bandscheibenvorfalls in stationärer Behandlung. Ihr wurde eine Bandscheibenendoprothese implantiert, ohne dass sie ausreichend über den Einsatz einer Kunststoffprothese und mögliche Alternativen aufgeklärt worden war. Weil das Implantat disloziiert war, wurde eine Revisionsoperation nötig. Das Schmerzensgeld berücksichtigt diese komplexe, in concreto aber komplikationslose Operation und die hierdurch nötige Heilungs- und Erholungsphase.

OLG München, Urt. v. 06.10.2021 – 10 U 6501/20, unveröffentlicht 1020

5.000,00 €

Zerrung und Prellung von Brustwirbelsäule, Thorax und Schulterblatt

Der Kläger erlitt durch den Unfall eine schwere Zerrung und Prellung von Thorax, Lenden- und Brustwirbelsäule sowie des linken Schulterblattes. Im Bereich der – degenerativ vorgeschädigten – Lendenwirbelsäule wurden durch den Unfall Beschwerden hinsichtlich einer (bereits vorhandenen) Vorwölbung der Bandscheibe temporär aktiviert, was über einen Zeitraum von drei Monaten weitere Schmerzen verursachte.

LG Frankfurt, Urt. v. 26.02.2020 – 2–04 O 289/19, unveröffentlicht 1021

7.000,00 €

Lendenwirbelfraktur

Der Kläger wurde bei einem Polizeieinsatz anlässlich eines Fußballspiels von einem Beamten des beklagten Landes verletzt. Er erlitt eine Fraktur des zweiten Lendenwirbels, die 5 Tage stationär behandelt wurde. Der Kläger musste Schmerzmittel einnehmen und war zwei Monate lang arbeitsunfähig.

1022 **LG München II, Urt. v. 04.05.2021 – 1 O 2667/19, unveröffentlicht**

7.000,00 € (1/2 Mitverschulden)

Narkosefehler bei Wirbelsäulenoperation

Die Klägerin wurde nach einer endoskopischen Dekompression im Bereich der LWS bei einer Revisionsoperation der Wirbelsäule anästhesiert; hierbei kam es zu einer falschen Medikamentengabe; die Klägerin erlitt bei vollem Bewusstsein einen Atemstillstand, der mit Todesangst einherging. Sie musste beatmet werden. Das Rückenleiden der Klägerin verschlechterte sich, aber sie wagte keine neuerliche Operation. Es kam zu einer Anpassungsstörung, die erst nach einem Jahr sukzessive abklang, und einem Suizidversuch.

1023 **LG Aurich, Urt. v. 08.12.2023 – 3 O 10120/22, unveröffentlicht**

7.000,00 €

Lendenwirbelfraktur – Gehirnerschütterung

Der Kläger erlitt bei einem Verkehrsunfall eine Fraktur des ersten Lendenwirbels und eine Gehirnerschütterung. Er litt fünf Monate unter Schmerzen im Bereich der Lendenwirbelsäule mit einem Gefühl der Kraftlosigkeit und musste neun Monate überwiegend im Sitzen schlafen. Die Fraktur ist in leichter Fehlstellung verheilt, so dass der Kläger weiterhin unter gewissen Schmerzen leidet und nicht längere Zeit Auto fahren kann.

1024 **LG Bochum, Urt. v. 07.07.2021 – 4 O 203/19, unveröffentlicht**

8.500,00 € (Vorstellung: 15.000,00 €)

Wirbelkörper-Grundplatteneinbruch BWK 10

Der Kläger wurde bei einem Verkehrsunfall verletzt und erlitt eine Skapulafraktur, einen Wirbelkörper-Grundplatteneinbruch des Brustwirbelkörpers 10 sowie eine Knieprellung, Hämatome und Schürfwunden. Er befand sich sieben Tage in stationärer Behandlung. Wegen einer unfallbedingten Keilform des Wirbelkörpers waren 24 physiotherapeutische Termine nötig; der Kläger, der zwei Monate arbeitsunfähig war, leidet noch heute unter persistierenden Beschwerden im unteren Bereich der Brustwirbelsäule. Er kann den Tauchsport nicht mehr ausüben und muss bei Autofahrten regelmäßige Pausen machen.

1025 **OLG Brandenburg, Beschl. v. 08.11.2018 – 12 W 14/15, unveröffentlicht**

10.000,00 € (Vorstellung: 50.000,00 €)

Bandscheibenoperation – Fußheberparese

Die Antragstellerin unterzog sich einer dorso-ventralen Spondylodese im Bereich der Bandscheiben L4/L5 und L5/S. Infolge der operativen Eingriffe, über die die Antragstellerin nicht wirksam aufgeklärt worden war, erlitt sie eine Fußheberparese, die dazu führt, dass mit diesem Bein eigenständig keine Bewegungen durchgeführt werden können. Die Antragstellerin ist auf die Verwendung zweier Unterarmgehstützen angewiesen. Die zu bewältigende Gehstrecke liegt unter 100 Meter. In bestimmten Situationen kommt es zu einem Versagen des linken Beines, was mehrfach zu Stürzen geführt hat. Diese nach Angaben der Antragstellerin als dauerhaft anzusehende Beeinträchtigung stellt eine Verschlechterung ihres Zustandes vor den operativen Eingriffen dar.

1026 **LG Verden, Urt. v. 23.08.2019 – 8 O 264/17, unveröffentlicht**

10.000,00 € (Vorstellung: 8.000,00 €)

Lendenwirbelsäulenverletzung – Rippenserienfraktur – Beckenringfraktur

Die Klägerin wurde bei einem Verkehrsunfall verletzt; sie erlitt eine Lendenwirbelsäulenprellung, eine Beckenringfraktur, eine Rippenserienfraktur und ein erstgradiges Schädelhirntrauma. Sie befand sich 6 Tage in stationärer Behandlung und war noch 6 Wochen auf den Rollstuhl angewiesen. Mobilisation und 78 krankengymnastische Behandlungen schlossen sich an. Die Klägerin, die nach dem Unfallgeschehen an Ängsten, Schlafstörungen und Panik beim Autofahren litt, hat heute noch Schmerzen bei statischer Belastung der Lendenwirbelsäule und beim in die Hocke gehen. Das Becken und der Rücken schmerzen beim Sitzen oder Joggen.

OLG Karlsruhe, Urt. v. 27.06.2022 – 9 U 125/19, ZfS 2022, 432 1027

10.000,00 € (Vorstellung: 5.000,00 €)

Lendenwirbelsäulendistorsion – Schmerzsyndrom

Der Kläger erlitt bei einem Verkehrsunfall eine leicht- bis mittelgradige Distorsion der Halswirbelsäule im Bereich der Wirbelgelenke mit Zerrung der Gelenkkapseln, Nackenmuskulatur und Faszien, aber ohne Beteiligung nervaler Strukturen. Außerdem hat der Kläger eine mittelgradige Distorsion der Lendenwirbelsäule erlitten, insbesondere im Bereich der Wirbelgelenke und Bandscheiben, mit Zerrung der Gelenkkapseln und Faszien sowie der Rückmuskulatur, ohne Beteiligung nervaler Strukturen. Hinzu kam eine Prellung des rechten Kniegelenks außen. Während die Distorsion der Halswirbelsäule und die Prellung des rechten Kniegelenks nicht zu dauerhaften Beeinträchtigungen des Klägers geführt haben, ist durch die Distorsion der Lendenwirbelsäule ein chronisches Schmerzsyndrom entstanden, das bis heute anhält. Der Kläger leidet bis heute unter erheblichen rezidivierenden Schmerzen, die zu relevanten Einschränkungen seiner Lebensqualität im beruflichen und im privaten Bereich geführt haben. Er kann schwere Lasten nicht mehr heben; dadurch ist sein wichtigstes Hobby, die freiwillige Feuerwehr eingeschränkt. Stehen für eine gewisse Zeit, etwa im Fußballstadion, ist für ihn sehr schwierig, Gartenarbeit oder langes Autofahren ebenso. Er benötigt immer wieder Schmerzmittel.

KG, Urt. v. 08.09.2017 – 4 U 57/16, NJW-RR 2018, 535 = NZM 2018, 1036 1028

13.000,00 € (Vorstellung: 22.000,00 €)

Brustwirbelkörperläsion

Die Klägerin stürzte infolge eines unzureichend gestreuten Gehwegs nach Schnee und Eisglätte. Sie erlitt eine Brustwirbelkörperläsion, der nicht stationär behandelt wurde. Über vier Jahre bestand eine Minderung der Erwerbsfähigkeit von 20 %. Gewisse Beeinträchtigungen werden dauerhaft verbleiben.

OLG Saarbrücken, Urt. v. 20.04.2023 – 3 U 7/23, r+s 2023, 521 = ZfS 2023, 440 = DAR 2023, 625 1029

15.000,00 € (Vorstellung: 22.500,00 €)

Lendenwirbelkörperfraktur

Die Klägerin erlitt bei einem Verkehrsunfall eine instabile Fraktur des Lendenwirbelkörpers 1; sie befand sich 14 Tage in stationärer Behandlung und wurde operiert. Sie musste 3 1/2 Monate ein Stützkorsett tragen und war 4 Monate krankgeschrieben; eine 2,5-wöchentliche Reha schloss sich an. Sie war insbesondere in den ersten 3 Monaten ganz erheblich in ihrer Bewegungsfähigkeit eingeschränkt und pflegebedürftig. Ferner leidet sie unfallbedingt unter anhaltenden bewegungsabhängigen Schmerzen im oberen Lendenwirbelsäulenbereich.

LG München II, Urt. v. 24.10.2022 – 2 O 5252/19, unveröffentlicht 1030

17.000,00 € (1/2 Mitverschulden;Vorstellung: 25.000,00 €)

Wirbelkörperfrakturen – Hüftgelenksluxation – Beckenverletzungen

Der 20 Jahre alte Kläger erlitt bei einem Verkehrsunfall eine Läsion des Plexus lumbalis links bei dislozierter LWK-3-Berstungsfraktur mit Hinterkantenbeteiligung und Instabilität LWK 3/4, Querfortsatzfrakturen LWK 1 bis 3 rechts sowie LWK 3 bis 5 links, Dornfortsatzfrakturen LWK 3 bis 5, Beckenverletzungen mit open-book Verletzungen mit Symphasen und ISG Sprengung links, Hüftgelenksluxation links nach dorsal, dorsale Acetumbulum fraktur links, gering dislozierte untere Schambeinfraktur rechts, Ellenbogenprellung links, Sprunggelenksdistorsion links, Steatosis heparitis, Ossifikation proximaler Oberschenkel links. Der Kläger wurde mehrfach operiert, musste invasiv beatmet werden und war 10 Monate in einer Klinik; er leidet weiterhin unter Schmerzen im Bereich der Lendenwirbelsäule, die ins linke Bein und den Fuß ausstrahlen.

1031 **OLG Frankfurt, Urt. v. 16.07.2020 – 22 U 205/19, NJW 2020, 3325**

20.000,00 €

Lendenwirbelkörperkompressionsfrakturen

Der Kläger erlitt Kompressionsfrakturen der Lendenwirbelkörper 1 und 2. Es kam zu einer 10 Tage langen stationären Behandlung Es erfolgte eine eine dorsale Spondylodese BWK 12/LWK 1 auf LWK 3 mit Schrauben. Bei einem weiteren, 4 Tage langen stationären Aufenthalt wurden dem Kläger die Schrauben entfernt. Er war 5 Monate arbeitsunfähig.

1032 **LG Köln, Urt. v. 07.12.2022 – 3 O 176/19, SpuRt 2023, 149**

20.000,00 € (Vorstellung: 20.000,00 €)

Brustwirbelkörperfraktur

Der Kläger wurde bei einem Tandem-Sprung, bei dem die Landung misslang, verletzt. Er erlitt eine Fraktur des 12. Brustwirbels, die durch die Implantation eines Obelisken sowie einer Spondylodese versorgt wurde. Der Kläger leidet nach wie vor unter starken Schmerzen, die eine unverträgliche Opioidtherapie erforderlich machen. Es liegt ein chronisches Schmerzsyndrom, eine Neuropathie, Parästhesien, eine posttraumatische Belastungsstörung sowie eine bleibende Bewegungseinschränkung der Wirbelsäule bei Rotation und Flexion mit einer Überbelastung der unter und über den versteiften Wirbelkörpern liegenden Wirbeln vor. Es besteht ein GdB von 30 %, schwere Lasten darf der Kläger nicht mehr tragen.

1033 **OLG Karlsruhe, Urt. v. 29.11.2023 – 7 U 115/22, unveröffentlicht**

25.000,00 €

Falschbehandlung einer Densfraktur – Schmerzen und Bewegungseinschränkungen

Der 50 Jahre alte Kläger erlitt bei einem Reitunfall eine Densfraktur, die von dem Beklagten falsch diagnostiziert und grob fehlerhaft falsch behandelt wurde. Es entwickelte sich eine Pseudoarthrose. Eine operative Versteifung der Wirbelsäule wurde erforderlich sowie eine weitere Metallentfernungsoperation. Der Kläger leidet dauerhaft unter Schmerzen und ist medikamentenpflichtig. Sport kann er nicht mehr ausüben, Dreh- und Kippbewegungen des Kopfes sind eingeschränkt.

1034 **OLG Koblenz, Urt. v. 12.10.2020 – 12 U 885/19, SVR 2021, 264**

27.500,00 € (1/3 Mitverschulden)

Halswirbelkörperfrakturen – Lungenkontusion – Oberschenkelfraktur

Der Kläger wurde bei einem Verkehrsunfall als Motorradfahrer verletzt. Er erlitt eine Fraktur des arcus vertebrae HWK 6 rechts, eine Fraktur des Processus transversus HWK 7 rechts, Lungenkontusion rechts basal, eine Deckplattenimpressionsfraktur LWK 1 sowie eine dislozierte Oberschenkelfraktur links am Übergang mittleres distales Drittel.

Das Gangbild des Klägers war noch mehr als 1 Jahr nach dem Unfall verändert. An der linken Fußsohle bestand nach wie vor ein Taubheitsgefühl. Ferner traten gelegentlich Schmerzen an der Halswirbelsäule auf, sowie ein Taubheitsgefühl streckseitig am rechten Daumen und Zeigefinger sowie streckseitig im Unterarm bis zum körpernahen Drittel des rechten Unterarms reichend. Am linken Bein bestand eine herabgesetzte Belastbarkeit mit dezenter Muskelatrophie am linken Oberschenkel und verminderter Kraft des linken Beines. Eine Metallentfernung in einem Jahr war im linken Bein vorgesehen. Der Kläger leidet nach wie vor unter den Folgen des Unfalls. Er war 11 Tage lang in stationärer Behandlung und anschließend für ca. 3,5 Monate nicht arbeitsfähig.

OLG Brandenburg, Urt. v. 06.12.2022 – 3 U 134/21, unveröffentlicht 1035

30.000,00 € (1/4 Mitverschulden; Vorstellung: 22.000,00 €)

Lendenwirbelkörperberstungsfraktur

Die Klägerin bezog mit Mann und Kindern eine Ferienunterkunft der Beklagten. Das dort aufgebaute Hochbett auf einer zweiten Ebene des Zimmers war nur über eine unbehandelte Anlageleiter ohne Handlauf oder Festhaltevorrichtung erreichbar. Die Klägerin stürzte beim Heraufklettern und erlitt einen komplizierten Berstungsbruch des ersten Lendenwirbelkörpers, eine Sprunggelenksfraktur rechts und ein leichtes Schädelhirntrauma. Sie wurde fast einen Monat stationär behandelt mehrfach operiert, zuletzt noch zweimal zwei Jahre nach dem Unfall, wobei eine Wirbelsäulenversteifung vorgenommen und ein Lendenwirbelkörperimplantat gewechselt wurde. Die Klägerin, die weiterhin unter Beschwerden leidet, entwickelte eine mittelgradige depressive Störung. Das Gericht nahm eine Verkehrssicherungspflicht wegen der unzureichend gesicherten Leiter an, zumal erwartbar sei, dass, etwa wegen nächtlicher Toilettengänge, dies im nicht völlig wachen Zustand benutzt werden würde.

LG Limburg, Urt. v. 26.10.2018 – 1 O 325/16, unveröffentlicht 1036

32.000,00 € (Vorstellung: 45.000,00 €)

Lendenwirbelsäulenfraktur – Handgelenksluxationsfraktur

Der 32 Jahre alte Kläger erlitt bei einem Kletterunfall, bei welchem ihn der Beklagte unzureichend absicherte, Verletzungen am linken Handgelenk und an der Lendenwirbelsäule. Dazu gehörten eine geschlossene Fraktur des Kahnbeins, Bandrupturen im Handgelenk, eine distale Extensionsfraktur des linken Radius und eine komplexe Luxationsfraktur am Handgelenk. An der Wirbelsäule zog er sich eine LWS-1 Fraktur mit posttraumatischer Bandscheibendegeneration und einen Weichteilschaden zu. Er unterzog sich mehreren Operationen an Wirbelsäule und Handgelenk, darunter Osteosynthesen, Metallentfernungen und eine partielle Versteifung des Handgelenks. Er leidet dauerhaft unter Schmerzen in Rücken und Hand, chronischer Erschöpfung und verminderter Belastbarkeit. Die linke Hand ist in Beweglichkeit und Kraft stark eingeschränkt, was alltägliche Aufgaben und die Betreuung seiner Tochter beeinträchtigt. Schmerzen treten bei bestimmten Bewegungen und Haltungen auf, und längeres Sitzen oder Stehen ist schwierig. Er kann nicht mehr Joggen und sein Kletterhobby ist stark eingeschränkt. Der Rücken darf nicht mehr belastet werden. Er hat ein chronisches Schmerzsyndrom und befindet sich in psychotherapeutischer und schmerztherapeutischer Behandlung. Es besteht eine Dauer-MdE von 30%.

OLG Köln, Urt. v. 18.08.2023 – 7 U 21/23, NJW-Spezial 2023, 586 1037

32.000,00 € (Vorstellung: 50.000,00 €)

Wirbelsäulenblockierung nach HWS-Distorsion –PTBS

Die Klägerin erlitt bei einem Verkehrsunfall, den sie als lebensbedrohlich erlebte, eine Halswirbel- und Lendenwirbelsäulenblockierung nebst entsprechender Beteiligung der Muskeln und Sehnen (Verhärtungen), eine HWS-Distorsion des Schweregrades I-II sowie eine PTBS mitsamt Panikzuständen und Schlafstörungen. Die Klägerin ist arbeitsunfähig, eine Traumatherapie könnte Besserung bringen, wurde aber noch nicht angetreten.

OLG Brandenburg, Urt. v. 08.12.2022 – 12 U 89/22, unveröffentlicht 1038

33.000,00 € (Vorstellung: 85.000,00 €)

Lendenwirbelkörperfraktur – Dauerschäden

Die Klägerin erlitt bei einem Verkehrsunfall eine LWK2- Fraktur Typ A3.1 (inkomplette Berstungsfraktur des oberen Teils) mit 1/4 Hinterkantenverlagerung, 20° Kyphose, eine Großzehengliedbasisfraktur links mit Gelenkbeteiligung Typ 83.41 – C1 nach AO Klassifikation und eine Prellung des Thorax. Es erfolgte eine geschlossene Reposition und Distraktionsreposition mittels Fixateur interne, sowie die Reposition im Bereich der Großzehengliedbasis. Sie war zunächst auf einen Rollstuhl angewiesen und wurde nach zwei Wochen aus der stationären Behandlung entlassen. Eine 3 Wochen lange ambulante Rehabilitation schloss sich an. Vier Monate nach dem Unfall nahm sie ihre Arbeitstätigkeit wieder auf. Ein Jahr nach dem Unfall war eine Materialentfernung des Fixateur interne mit erneuter Arbeitsunfähigkeit für eine Woche nötig. Die Klägerin muss langfristig an Maßnahmen der Physiotherapie wie auch der Psychotherapie teilnehmen, um ihre Lebenssituation zu verbessern. Insgesamt war sie ca. 7,5 Monate arbeitsunfähig.

Das Unfallereignis führte bei der Klägerin zu Einschränkungen bei schwerer körperlicher Arbeit mit vielem Heben und Tragen über 10 kg und längerem Sitzen und Stehen. Ferner kam es zu Dauerschäden in Form von Belastungsschmerzen und anhaltenden Rückenschmerzen im Bereich der Lendenwirbelsäule, Kribbelparästhesien im linken Fuß, Hypästhesie im rechten Unterschenkel und Fuß. Die muskulären Verspannungen und die damit einhergehenden Druckschmerzen werden die Klägerin den Rest ihres Lebens begleiten, nachdem die Fraktur stabil verheilt ist. Darüber hinaus hat die Klägerin aufgrund einer Einblutung auf Höhe des Wirbelkörpers eine Narbenbildung mit Wetterfühligkeit erlitten, welche wiederum eine Reizung verursacht, die zur Irritation des Wirbelkanals führt und dadurch das Kribbeln im linken Fuß und die Missempfindungen auslöst. Darüber hinaus leidet die Klägerin an einer posttraumatischen Belastungsstörung in Form temporärer Angst beim Autofahren in Form von Stress, Schwindel, Herzrasen, Schwitzen bis hin zu einem Präkollapsgefühl bzw. dann, wenn die Kinder von Dritten im Pkw mitgenommen werden. Gleichwohl ist ihr das Autofahren möglich, vor allem wenn sie selbst fährt; ebenso die Teilnahme am allgemeinen Straßenverkehr. Dabei ist der Leidensdruck der Klägerin durch die anhaltende gerichtliche Auseinandersetzung verstärkt worden und hat wiederum zur Aufnahme einer psychologischen Therapie geführt. Während des Unfalls bestanden erhebliche Ängste um das Leben ihres ebenfalls im Auto befindlichen, 5 Monate alten Kindes.

Aufgrund der erlittenen Verletzungen war die Klägerin in der Betreuung und Pflege ihres erstgeborenen Kindes vor allem während des stationären Aufenthaltes, aber auch anschließend eingeschränkt. Die Interaktion mit zwischenzeitlich beiden Kindern ist aufgrund der eingeschränkten körperlichen Agilität nicht vollumfänglich möglich.

1039 **LG Lübeck, Urt. v. 20.12.2021 – 10 O 347/20, VersR 2022, 973**

40.000,00 € (Vorstellung: 20.000,00 €)

Brustwirbelkörperfraktur – Rippenfrakturen

Die 28 Jahre alte Klägerin wurde als Insassin eines Wagens verletzt. Sie erlitt eine transligamentäre Extensions-Distraktionsfraktur am 12. Brustwirbelkörper mit Luxation des rechtsseitigen Zwischenwirbelgelenks, eine Fraktur des linksseitigen Pedikels am 12. Brustwirbelkörper und einen Hämatothorax rechts bei nicht dislozierten Frakturen der Köpfchen der 11. und 12. Rippe rechtsseitig. Sie wurde am Unfalltag operiert, um eine Versteifung der Wirbelsäule zu erreichen, und anschließend vier Tage auf der Intensivstation überwacht und behandelt. Nach Verlegung von der Intensivstation auf die Normalstation erhielt sie bereits im Universitätsklinikum krankengymnastische Stunden und übte das Aufstehen aus dem Bett oder das Verändern der Position im Liegen. Die Klägerin wurde nach einer weiteren Woche nach Hause entlassen; eine einmonatige stationäre Reha schloss sich an, wo sie im Rahmen der Physiotherapie die Bewegungsabläufe der versteiften Wirbelsäule neu lernen musste. Zur Lockerung und Lösung von Verspannungen erhielt die Klägerin Massagen und Wärmebehandlungen. Das Bewegungsbad konnte die Klägerin nicht nutzen. Denn dort, wo am rechten Brustkorb unter der Operation ein Drainagezugang gelegt war, verheilte eine Wunde, die sich dort bildete, zunächst nicht. Später entstand wegen der schlechten Wundheilung an dieser Stelle eine vergrößerte Narbe. Im Anschluss daran fand eine dreimonatige ambulante Reha statt; die Fahrten belasteten die Klägerin, die Panikattacken und Schweißausbrüche bekam, wenn sie wieder Beifahrerin war. Eine Metallentfernungsoperation war nötig; die Klägerin musste nach Wiederaufnahme ihrer Arbeit – nachdem sie 8 Monate krankgeschrieben war – ein Korsett tragen und erfuhr erhebliche Einschränkungen in Alltag und Freizeit. Es besteht eine MdE von 20 % und ein GdB von 30 %; als Dauerschaden verbleiben eine in Fehlstellung verheilter Brustwirbelkörperfraktur, Bewegungsstörungen, Schmerzen und Narben an Brust und Rücken. Die Klägerin erwacht jeden Tag mit Schmerzen; sie kann keine schweren Lasten tragen, musste ihr Hobby Reiten aufgeben und hat nicht die Kraft, abends im gewohnten Maße auszugehen. Unklar ist, ob sie Kinder wird bekommen können.

OLG Hamm, Urt. v. 07.09.2018 – 7 U 12/17, unveröffentlicht 1040

50.000,00 €

Hüftpfannenbruch – Beckenringfraktur – Rippenserienfraktur – Lendenwirbelsäulenfrakturen – Nervschädigungen

Der 46 Jahre alte Kläger stürzte bei Arbeiten durch eine abgedeckte und bereits vorgeschädigte Lichtkuppel eines Gebäudes, wodurch er 8,5 m in die Tiefe fiel. So erlitt er mehrere Brüche im Bereich des vorderen und hinteren Beckenrings sowie einen Hüftpfannenbruch rechts, eine vordere Beckenringfraktur links, eine Trümmerfraktur des IV. Mittelhandknochens rechts, eine Rippenserienfraktur 6 und 10 bis 12 rechts sowie nicht verschobene Fortsatzfrakturen der Lendenwirbelsäule. Er wurde schutzintubiert und beatmet mit dem Hubschrauber ins Krankenhaus gefahren; es erfolgte die Anlage einer Extension des rechten Beines und eine osteosynthetische Versorgung der Beckenfraktur sowie der Mittelhandknochenfraktur.

Er befand sich 9 Tage auf der Intensivstation; nach Entlassung schloss sich eine einmonatige Reha an. Aufgrund massiver Sekundärarthrose und Instabilität des Pfannengrundes wurde ein Jahr nach dem Unfall eine Hüftgelenkstotalendoprothese rechts implantiert. Es sind erhebliche Nervenschädigungen zurückgeblieben. Es sind ein komplexer Ausfall des Nervus femoralis, des Nervus peroneus, des Nervus obturatorius und des Nervus gluteus superius sowie eine hochgradige Schädigung des Nervus tibialis festzustellen. Dieser Nervenausfall bedingt eine Funktionsbeeinträchtigung der rechten Hüfte; die einzige Bewegungsrichtung, die aktiv vom Kläger durchgeführt werden kann, ist die Hüftgelenksstreckung. Durch Ausfall der Hüftbeugung kann das Knie nicht angehoben werden. Durch Ausfall der Hüftabspreizung kann im Einbeinstand rechtsseitig das Becken nicht stabilisiert werden, so dass es zu einem Abfallen der linken Beckenhälfte mit Unmöglichkeit des Einbeinstandes kommt. Die Unmöglichkeit, den Fuß im Sprunggelenk anzuheben (Fußheberparese), wird in seiner funktionellen Auswirkung durch die fehlende Hüftbeugung verstärkt. Der sog. »Steppergang« ist bei Ausfall der Hüftbeugung und Kniestreckung nicht möglich. Es ist unmöglich, das rechte Bein zu belasten. Der Kläger ist daher auf Gehstützen oder einen Rollstuhl angewiesen. Aufgrund von Verschleiß oder Lockerung des Kunstgelenks ist mit einer oder mehreren Wechsel-OP zu rechnen. Der Kläger wurde durch den Unfall jäh aus seinem bisherigen Leben gerissen. In seinem Beruf kann er nicht mehr arbeiten. Seine berufliche Selbständigkeit musste er aufgeben und aus der von ihm langjährig mitgeführten Gesellschaft ausscheiden. In seiner Freizeitgestaltung ist er umfassend eingeschränkt. Er ist permanent, auch bei Verrichtungen des täglichen Lebens, auf fremde Hilfe angewiesen. Da er wegen der Medikamente nicht mehr selber Auto fahren kann, ist er in seiner Mobilität stark begrenzt.

OLG Hamm, Urt. v. 02.02.2024 – 26 U 36/23, NJW 2024, 1885 = MedR 2025, 36 1041

50.000,00 € (Vorstellung: 54.000,00 €)

Rückenschmerzen – Lähmungserscheinungen

Die 58 Jahre alte Klägerin erlitt Schäden infolge einer fehlerhaften Behandlung an der Wirbelsäule. Es lag eine hochgradige Bandscheibendegeneration im Bandscheibenfach LW4/5 vor. Obwohl eine Operation nicht zwingend indiziert wurde, operierte der Beklagte ohne ausreichende Aufklärung. Es kam zu Auffälligkeiten im Wundbereich, Schmerzen im Iliosakralgelenk und Kribbelparästhesien. Auch eine RevisionsOP, die durchgeführt wurde, war nicht indiziert. Die Klägerin hatte massive Schmerzen im Rücken und Ausfall- und Lähmungserscheinungen im Beinbereich; sie kann diese bis heute nur eingeschränkt bewegen. Ohne die Eingriffe hätte sie bis zu 8 Jahren geringere Beschwerden gehabt und auch noch unbeeinträchtigt gehen können; wegen der Grunderkrankung wären aber Beschwerden und Schmerzen später ohnehin aufgetreten.

1042 **OLG Celle, Urt. v. 08.07.2020 – 14 U 27/20, DAR 2020, 625**

60.000,00 € (Vorstellung: 100.000,00 €)

Brustwirbelkörperberstungs- und Kompressionsfrakturen

Die Klägerin erlitt bei einem Verkehrsunfall eine Berstungsfraktur des BWK, Kompressionsfrakturen der BWK 11, 12 und LWK 1, eine Schürfwunde der linken Gesichtshälfte, eine Schürfwunde präpatellar rechts mit Knieprellung rechts und eine Handprellung links. Sie wurde am Unfalltag noch operiert und blieb elf Tage (Davon 3 Tage intensivmedizinisch betreut) stationär; eine einmonatige Reha schloss sich an. Die Klägerin litt zunächst noch unter eingeschränkter Rumpfbeweglichkeit und Schmerzen. Ein Jahr später war eine neuerliche Operation nötig, um neues Material zur Stabilisierung des Berstungsbruches einzubringen; wenig später kam es zu einer Not-OP wegen Kapsel-Läsionen und Ruptur-Defekten der Leber, die erneut eine Woche Intensivstation und eine mehrmonatige ambulante Reha-Maßnahme erforderlich machte. Es sind zahlreiche Narben auf Bauch und Rücken verblieben. Die Klägerin kann im Haushalt keine schweren Arbeiten mehr ausführen und ist in der Freizeitgestaltung eingeschränkt; es besteht eine Dauer-MdE von 30% in ihrem Beruf (Innenarchitektin) und von 40% bezogen auf den allgemeinen Arbeitsmarkt.

1043 **OLG Stuttgart, Urt. v. 07.06.2018 – 13 U 194/17, MDR 2018, 1183**

70.000,00 € (Vorstellung: 70.000,00 €)

Wirbelkörperfraktur – Hörschneckenschädigung – Epilepsie – Hörminderung – kognitive Einschränkungen

Die Klägerin ritt mit ihrer Mutter auf Kamelen, die der Beklagte gewerblich hielt, und stürzte, weil die Tiere wegen Hundegebells eine spontane Drehbewegung machten. Sie erlitt ein schweres Schädel-Hirn-Trauma, eine Schädigung der distalen Cochlea (Hörschnecke) am rechten Ohr, eine Fraktur des 12. Brustwirbelkörpers, welche die Implantation einer Klammer in der Wirbelsäule und deren Herausoperation 14 Monate nach dem Unfall erforderlich machte. Es kam zu Substanzverlusten am Schädeldach bei einem Zustand nach einer einseitigen Entfernung des Schädeldaches links mit der Folge einer 10 % MdE, einer strukturelle Epilepsie, welche im Hinblick auf die fortbestehende Gefahr erneuter Anfallsleiden eine erhebliche Einschränkung in der Lebensführung in beruflicher und sozialer Hinsicht mit sich bringt und eine MdE von 40 % begründet, einer Hörminderung rechts durch die Schädigung an der Hörschnecke bezüglich akustisch evozierter Hirnstammpotenziale, welche nach wie vor besteht und zu einer MdE von 30 % führt sowie zu einer unvollständige Halbseitenlähmung rechts mit fazialer Mundastschwäche, die sich in der Folge indes vollständig zurückgebildet hat.

In neuropsychologischer Hinsicht verblieben auf kognitiven Gebiet Einschränkungen jeweils in leichtem bis mäßigem Grade in Gestalt von Wortfindungsstörungen, Konzentrations- und Aufmerksamkeitsstörungen sowie einer Dyslexie, wobei zu berücksichtigen ist, dass die Klägerin berufsbedingt überdurchschnittlichen Anforderungen an das geistige Leistungsvermögen unterliegt und diese Einschränkungen sich noch aktuell in der Lebensgestaltung der Klägerin – aufgrund einer erhöhten Kompensationsleistung – gering auswirken und sekundäre psychische Symptome wie eine depressive Stimmungslage und eine erhöhte Zwanghaftigkeit zur Folge hatten, ohne dass diese

Symptome gegenwärtig Krankheitswert erreicht haben, während in den ersten Monaten nach dem Unfallgeschehen diese Einschränkungen, insbesondere was das Sprechen anbelangt, noch sehr viel stärker ausgeprägt waren, weswegen die Klägerin nach dem Unfall überhaupt erst wieder das Sprechen neu erlernen und sich insoweit in eine sprachtherapeutische Behandlung begeben musste. Es verbleibt insoweit eine MdE von 10 %.

Bei der Bemessung berücksichtigte der Senat (der das vom Landgericht zuerkannte Schmerzensgeld von 50.000,00 € auf die Anschlussberufung erhöhte), die dauerhaften Beeinträchtigungen der Klägerin in Form der Gefahr epileptischer Anfälle, wenn sie die entsprechenden Medikamente reduziert oder absetzt, worunter sie aktuell nicht zuletzt mit Blick auf eine angedachte Schwangerschaft leide. Hinzu komme, dass die Einnahme der Medikamente keine Gewissheit gebe, dass es nicht wieder zu epileptischen Anfällen kommen werde, was sich unter anderem im alltäglichen Leben der Klägerin dadurch auswirke, dass ihr ärztlicherseits empfohlen wurde, nicht mehr Auto zu fahren, woran sie sich im Wesentlichen halte, was aber zur Folge habe, dass sie in ihrer Lebensgestaltung nicht unerheblichen Einschränkungen und Erschwernissen unterliege. Hinzu kämen die psychischen Beeinträchtigungen und die Gehörsminderung der Klägerin, die ihr besonders im Berufsalltag, aber auch privat zu schaffen machen.

OLG Saarbrücken, Urt. v. 01.06.2017 – 4 U 122/16, ZfS 2017, 620 1044

<u>**80.000,00 €**</u> (Vorstellung: 100.000,00 €)

Lendenwirbelkörperfraktur

Der 25 Jahre alte Kläger wurde als Beifahrer bei einem Verkehrsunfall verletzt; er erlitt eine traumatische subarachnoidale Blutung und eine traumatische Belastungsfraktur des 4. Lendenwirbelkörpers. Diese wurde mit einer Implantation einer dorsalen Spondylodese L3 bis L5 operativ versorgt. Bei einer weiteren Operation wurde ein partieller Wirbelkörperersatz mit Hydrolift L4 durchgeführt. Der Kläger war einen Monat stationär und einen Monat in einer Reha. Es ist damit zu rechnen, dass es zu Folgebeeinträchtigungen der Lendenwirbelkörper mit der Wahrscheinlichkeit einer weiteren OP kommt. Der Kläger leidet an einem chronischen Schmerzzustand, Sitzen und Stehen sind ihm nur für 30 bis 60 Minuten möglich. Seine Lebensführung und Freizeit sind erheblich beeinträchtigt, Motorradfahren allerdings noch möglich. Sein Arbeitsverhältnis als Bauschlosser und Konstruktionszeichner wurde gekündigt.

LG Wuppertal, Urt. v. 11.03.2022 – 2 O 309/19, unveröffentlicht 1045

<u>**100.00,00 €**</u> (Vorstellung: 80.000,00 €)

Nervschaden im Spinalkanal – Schmerzen

Aufgrund eines Diagnosefehlers eines Wirbelsäulengleitens von 15,99 mm nach hinten bei dem 23 Jahre alten Kläger, bei dem tatsächlich lediglich ein klinisch fragliches Wirbelsäulengleiten von 3 mm nach vorn vorlag, wurde eine Versteifungsoperation der Wirbelsäule durchgeführt. Hierbei wurde durch eine Schraube der Spinalkanal verletzt. Es kam zu einem chronischen Nervschaden im Spinalkanal. Der Kläger leidet unter dauerhaften Schmerzen und ist auf die Nutzung einer (operativ eingesetzten) Schmerzpumpe angewiesen, die regelmäßig operativ gewartet werden muss. Er wacht regelmäßig wegen der Schmerzen auf; Bewegungen sind mit Schmerzen verbunden, Fußball, Radfahren und Fitness sind nicht mehr möglich.

OLG Hamm, Urt. v. 02.02.2021 – 26 U 54/19, NJW-RR 2021, 888 1046

<u>**150.000,00 €**</u> (Vorstellung: 300.000,00 €)

Inkomplette Querschnittslähmung

Der 48 Jahre alte Kläger, der als Lagerlogistiker arbeitete, suchte den Beklagten wegen seit mehreren Tagen andauernden Rückenschmerzen auf. Der Beklagte behandelte ihn chiropraktisch, ohne über das Risiko einer Einblutung aufzuklären. Es kam zu einer Einblutung mit subduralem Hämatom, welches operiert werden musste. Diese Operation führte zu einer inkompletten Querschnittslähmung mit gravierenden dauerhaften Gesundheitsbeeinträchtigungen. Der Kläger, der zwei Monate stationär behandelt und mehrfach operiert wurde, musste sich zwei Monate nach Entlassung einer Revisionsoperation unterziehen, die zwei je einen Monat lange Krankenhausaufenthalte erforderlich machte. Ein weiteres Jahr später schloss sich eine einmonatige stationäre Reha an. Der Kläger ist auf Rollator oder Gehstock angewiesen und kann längere Strecken nur mit dem Rollstuhl absolvieren. Er leidet an einer – medikamentös behandelten – Schmerzsymptomatik, Gefühlsstörungen in den Beinen sowie einer erektilen Funktionsstörung. Er muss sich zur Blasenentleerung selbst katheterisieren. Das Leben des Klägers, der vorher Fußball spielte, hat sich vollständig verändert. Er ist depressiv verstimmt und nimmt hierfür seit Jahren Antidepressiva.

1047 **OLG Saarbrücken, Urt. v. 05.03.2020 – 4 U 64/18, unveröffentlicht**

175.000,00 €

Querschnittssyndrom – Wirbelsäulenverletzung – Rippenserienfraktur – Beckenringfraktur

Der Kläger erlitt bei einem von der Gegenseite grob fahrlässig verursachten Unfall eine Wirbelsäulenverletzung mit instabiler BWK 3 und 4 Fraktur mit inkomplettem Querschnittsyndrom, ein Polytrauma mit Schädelhirntrauma 3. Grades, ein stumpfes Thoraxtrauma mit einer Rippenserienfraktur, eine Beckenringfraktur, eine laterale Tibiakopffraktur sowie eine Läsion des Bandapparates des rechten Kniegelenkes. Er war 6 Wochen im künstlichen Koma und 9 Monate in stationärer Behandlung mit diversen ambulanten Nachbehandlungen. Als Dauerschaden verbleibt ein hirnorganisches Psychosyndrom (HOPS) sowie organische Persönlichkeitsstörung als Folge des Schädel-Hirn-Traumas, die insbesondere zu einer Affektlage, einer Affektinkontinenz, affektiven Störungen und Defiziten in der Kritik- und Urteilsfähigkeit führt, weshalb der Kläger auch nicht mehr Autofahren darf. Er ist schwerst gehbehindert und kann keine Treppen mehr steigen; beim Anziehen ist er auf fremde Hilfe angewiesen. Hinzu kommen eine erektile Dysfunktion, Geschmacks- und Geruchssinnstörungen sowie Dysarthrie bis hin zu aphonalen Lautbildungen.

1048 **LG Traunstein, Urt. v. 29.12.2021 – 6 O 2476/18, unveröffentlicht**

175.000,00 € (Vorstellung: 250.000,00 €)

Inkomplette Querschnittslähmung nach Brustwirbelkörperluxationsfraktur

Der 57 Jahre alte Kläger erlitt bei einem Verkehrsunfall erhebliche Verletzungen im Oberkörper-, insbesondere im Wirbelsäulenbereich. kam zu einer inkompletten Paraparese sub TH 5 (AISD) nach BWK 5/6 Luxationsfraktur, einem Hämatom der Wand der thorakalen Aorta loco typico, einer offenen Oberarmfraktur, einer Rippenserienfraktur und Lungenkontusionen sowie Hämatopneumothorax beidseits und Frakturen von Schlüsselbein, Schambein, Dornfortsatz und Brustbein.

Der Kläger befand sich zunächst für knapp 3 Wochen auf einer Intensivstation um weitere fünfeinhalb Monate stationär auf Normalstationen von Krankenhäusern behandelt zu werden. Er musste sich mehreren operativen Eingriffen unterziehen. Teile des Materials zur Stabilisierung der Knochen wurden nicht entfernt. Nach dem Unfall bestand zunächst Rollstuhlpflicht; Erektionsstörungen und fehlende Harn- und Stuhlkontrolle haben sich erst im Lauf der Zeit normalisiert. Seit der Zeit des Unfalls, der im Zeitpunkt der Entscheidung 8 Jahre zurück lag, befindet sich der Kläger in ständiger ärztlicher Behandlung. Er erlitt eine Teilquerschnittslähmung, die sein Leben nachhaltig veränderte. Er ist seit dem Unfall nur mehr in der Lage, sich langsam und mit Krücken fortzubewegen und er leidet unter einem ständigen Engegefühl im Oberkörper, unter in der Nacht auftretenden Spasmen, die ihm ein Durchschlafen weitgehend unmöglich machen. Seinen Dienst als Polizeibeamter konnte der Kläger unfallbedingt nicht weiter ausüben und wurde frühpensioniert. Auch sein Freizeitverhalten musste der Kläger erheblich ändern. Dieses ist geprägt von den Mobilitätseinschränkungen, die der Kläger durch den Unfall erlitten hat.

OLG Zweibrücken, Urt. v. 23.06.2021 – 1 U 20/20, unveröffentlicht 1049

350.000,00 €

Querschnittslähmung ab BWK 6 – Paraplegie

Der 21 Jahre alte Kläger wurde bei einem Verkehrsunfall verletzt und erlitt eine Paraplegie ab dem 6. Brustwirbelkörper, eine vollständige Lähmung der unteren Gliedmaßen mit komplettem Verlust der Sensibilität, Impotenz, Inkontinenz, skoliotischer Abweichung des Rumpfes, neuropathischer Schmerzen und depressiver Störung mit Suizidalität. Er befindet sich in vollstationäre Dauerpflege. Er ist ab einer Handbreit unter der Brust querschnittsgelähmt. Der Rumpf ist instabil. Dies führt zu einem erheblichen Hilfebedarf: Bis auf die teilweise Übernahme von Tätigkeiten der Körperpflege (Waschen des Oberkörpers, Zähne putzen, Rasieren) ist er in allen wesentlichen Belangen auf fremde Hilfe angewiesen, dauerhaft katheterisiert und muss zum Abführen einen anus praeter benutzen. Er leidet unter neuropathischen Schmerzen, die die Bewegung erschweren. Wiederkehrend kommt es zu Harnwegsinfekten und Dekubitus. Er kann nur ca. 3–4 h im Rollstuhl sitzen und ist ansonsten bettlägerig.

LG Frankenthal, Urt. v. 10.01.2020 – 4 O 494/15, unveröffentlicht 1050

400.000,00 €

Rückenmarksschädigung mit Lähmung der unteren Gliedmaßen – Brustwirbeltrümmerfraktur

Der Kläger, ein junger Mann, wurde bei einem Verkehrsunfall verletzt. Er erlitt eine Trümmerfraktur BWK 6 mit sekundärer Rückenmarksschädigung mit sensomotorischer Querschnittslähmung unterhalb TH5/6, eine laterale Claviculafraktur links, eine Dornfortsatzfraktur TH1 bis TH4 sowie C6 und C7 mit der Folge vollständiger Lähmung der unteren Gliedmaßen, Hämatopneumothorax beidseits sowie eine Lungenkontusion beidseits. Wundinfektionen und Pilzerkrankungen begleiteten den Heilungsverlauf. Der Kläger, der kurz vor dem Abschluss seiner Ausbildung (Maler/Lackierer) stand, hat keinerlei Möglichkeit der Berufsausübung; er hat massive Einschränkungen im Privatleben, seine Freunde haben sich abgewandt, er wird ein Leben lang beim Lagern und Umkleiden auf fremde Hilfe angewiesen sein. Eine rezidivierende depressive Störung mit Anpassungsstörung und Aggressivität und Suizidalität besteht.

Zahn

▶ Hinweis:

Zahnverletzungen sind typischerweise Arzthaftungsfälle. Hier, gerade auch im Bereich nicht nur der Zahnbehandlung, sondern auch der Extraktion, sind die meisten nachfolgend dargestellten Urteile angesiedelt. Man kann diese Fälle noch einmal unterscheiden, und zwar nach der Art der Verletzung; teilweise steht gerade die behandlungsfehlerhafte Entfernung von Zähnen im Vordergrund, teilweise sind »Begleitschäden« durch behandlungsfehlerhaft ausgeführte Operationen Gegenstand. In jüngster Zeit häuft sich insb. der Vorwurf, bei jungen Menschen zu wenig für den Zahnerhalt getan zu haben. In der Zahnmedizin gilt insoweit der sog. Erhaltungsgrundsatz: Eine Zahnextraktion ist erst als letzte Behandlungsmöglichkeit indiziert, wenn konservierende chirurgische und prophylaktische Behandlungen zu keiner Besserung geführt haben oder wenn – ausnahmsweise – ein hoffnungsloser Fall vorliegt, in dem die Zähne nicht erhaltungsfähig sind bzw. ihre Erhaltung sinnlos ist (Rinke/Balser, VersR 2001, 423 [424]; OLG Hamburg, 01.10.1999 – 14 U 136/99). Das Ziehen erhaltungswürdiger Zähne ist demgegenüber im Regelfall behandlungsfehlerhaft. Zu diesem Komplex sind einige bemerkenswerte obergerichtliche Entscheidungen ergangen.

In diesem Zusammenhang ist auch auf die angeblichen Gefahren durch Amalgam-Füllungen hinzuweisen. Angesichts von Forschungsergebnissen, die z.T. nahelegen, dass die mit Amalgam in Verbindung gebrachten Beschwerden psychosomatischer Natur sein könnten, wird zwar in Fachkreisen die Verwendung von Amalgam keineswegs ausgeschlossen (»Konsensuspapier: Restaurationsmaterialien in der Zahnheilkunde«, Zahnärztliche Mitteilungen 15/1997, S. 20). Dennoch dürfte ein erheblicher Teil der Patienten angesichts der Verwendung dieses Materials derart verunsichert sein, dass eine entsprechende Aufklärung geboten sein dürfte.

Soweit es sich um »sonstige« Haftungsfälle außerhalb des Zahnarzthaftungsrechts handelt, resultieren diese häufig aus einer vorsätzlichen Körperverletzung (Schläge ins Gesicht o.Ä.); Unfälle, bei denen ausschließlich oder vorrangig die Zähne betroffen sind, sind demgegenüber selten. Vgl. insoweit vertiefend auch die Stichworte → Nerven (Rdn. 787 ff.) und → Mund (Rdn. 750 ff.).

1051 **BGH, Urt. v. 05.04.2006 – VIII ZR 283/05, VersR 2006, 1258 = NJW 2006, 2262 = MDR 2006, 1246**

0,00 €

Zahnabbruch

Der Kläger verzehrte im Lokal des Beklagten einen Grillteller, bei dem er u.a. ein Hackfleischröllchen aß. Dabei brach ein Zahn des Klägers ab, was dieser darauf zurückführte, dass sich in dem Röllchen ein harter Fremdkörper befunden habe. Der Beklagte bestritt dies und verwies darauf, dass der Zahn auch nach dem Biss auf ein Knochen- oder Knorpelteilchen abgebrochen sein könne. Das Gericht verneinte eine Haftung, weil kein Anscheinsbeweis dafür spreche, dass der Zahn aufgrund eines Fremdkörpers abgebrochen sei; hierfür fehle es an einem typischen Geschehensablauf, da der Zahn ebenso wahrscheinlich etwa aufgrund eines Knochenteilchens im Fleisch habe abbrechen können. Daher schieden Ansprüche aus § 280 BGB, § 1 ProdHaftG mangels Nachweises einer Pflichtverletzung bzw. eines Produktfehlers aus.

1052 **OLG Köln, Beschl. v. 06.04.2006 – 3 U 184/05, NJW 2006, 2272**

0,00 €

Gebissschaden

Der Kläger hatte bei dem Biss in eine schokoladenummantelte Erdnuss in eine überharte Nuss gebissen; hierdurch wurde seine Prothese zerstört. Das Gericht verneinte einen Produktfehler, da die Erdnuss ein Naturprodukt sei und durch die Schokolade lediglich veredelt werde. Bei Naturprodukten müsse der Verbraucher aber mit Abweichungen rechnen. Weil es sich nicht um eine im Verantwortungs- und Gefahrenbereich des Herstellers liegende Gefahr, sondern um eine Verwirklichung des allgemeinen Lebensrisikos handelte, bestehe keine Haftung.

1053 **OLG Oldenburg, Urt. v. 28.02.2007 – 5 U 147/05, VersR 2007, 1567**

0,00 € (Vorstellung: 12.500,00 €)

Unterlassene Allergietests – Materialunverträglichkeiten der Prothetik

Die Klägerin nahm den beklagten Zahnarzt in Anspruch, weil sie nach dem Einsatz einer Totalprothese im Kiefer unter Übelkeit litt; hierzu behauptete sie auch, die eingesetzten Materialien harmonierten nicht miteinander.

Neben weiteren behaupteten Mängeln der Prothetik, die die Klägerin nicht hatte beweisen können, hielt das Gericht fest, dass für den Zahnarzt keine Verpflichtung zur Durchführung von Allergietests vor dem Einbringen eines Zahnersatzes besteht, wenn keine konkreten Anhaltspunkte für etwaige Unverträglichkeiten vorliegen. Dass es bei der implantatgetragenen Zahnersatzkonstruktion zu galvanischen Strömungen geringster Stärke im Mund gekommen ist, stelle auch keinen Behandlungsfehler dar, sondern sei regelmäßige Folge der notwendigen Verwendung unterschiedlicher Metalle, ohne dass hiermit medizinisch relevante Auswirkungen verbunden wären.

OLG Düsseldorf, Urt. v. 04.04.2007 – I-8 U 120/06, MedR 2007, 433 1054

0,00 € (Vorstellung: 10.000,00 €)

Karies und Knochenabbau wegen mangelhafter Mundhygiene

Die Klägerin war 14 Jahre bei dem Beklagten in zahnärztlicher Behandlung. Als dieser eine Gebisssanierung vorschlug, weil wegen mangelhafter Mundhygiene Knochenabbau und Karies vorlag, verklagte sie ihn, weil er sie nie über das Erfordernis von Mundhygiene aufgeklärt habe und auch nicht demonstriert habe, wie sie die Mundhygiene zu betreiben hätte.

Das Gericht verneinte einen Fehler des Zahnarztes; dieser sei nicht verpflichtet, den Patienten nachdrücklich und wiederholt auf die zu wahrende Mundhygiene hinzuweisen und ihn über die Ausführungen einer ordnungsgemäßen Mundhygiene detailliert zu beraten. Sich diese Kenntnisse zu verschaffen, obliege der Eigeninitiative des erwachsenen Patienten.

OLG München, Urt. v. 11.06.2007 – 1 U 4742/06, unveröffentlicht 1055

0,00 €

Titanimplantate

Die Klägerin macht gegen den Beklagten Ersatzansprüche geltend, weil sie bei dem Einsatz von Implantaten weder über die Möglichkeit einer Titanallergie noch über die Verwendung des Knochenersatzmaterials Bio Oss aufgeklärt worden sei.

Der Senat verneinte eine Aufklärungspflichtverletzung. Da Titan keine Allergien auslöse, habe über Titanallergien nicht aufgeklärt werden müssen. Ob über die tierische Herkunft von Bio Oss (aus Rind) hätte aufgeklärt werden müssen, ließ der Senat offen, da es an einem Entscheidungskonflikt fehle. Die Klägerin hatte in ihrer Anhörung erklärt, sie sei »froh gewesen, wieder Zähne im Mund zu haben«.

OLG Naumburg, Urt. v. 04.10.2007 – 1 U 11/07, VersR 2008, 224 = NJW-RR 2008, 270 1056

0,00 €

Entfernung einer Knochenzyste im Bereich der Zahnwurzel

Die Widerklägerin war bei dem widerbeklagten Zahnarzt wegen einer chirurgischen Wurzelspitzenresektion in Behandlung. Intraoperativ entdeckte dieser eine Knochenzyste im Bereich der Zahnwurzel, die er ohne weitere Aufklärung entfernte. Das Gericht wertete dies als von einer mutmaßlichen Einwilligung gedeckt; eine Unterbrechung der OP zur weiteren Aufklärung sei medizinisch zweckwidrig gewesen.

OLG Naumburg, Urt. v. 13.12.2007 – 1 U 10/07, NJW-RR 2008, 1056 1057

0,00 € (Vorstellung: angemessenes Schmerzensgeld)

Freiliegende Zahnhälse nach Zahnprothetik

Der Kläger ließ beim Beklagten eine Zahnprothetik erstellen. Eine Brücke wurde fehlerhaft nicht passgenau eingesetzt, wodurch es bei zwei Zähnen zu Empfindlichkeiten auf Temperaturreize und bestimmte Nahrungen kam, weil die Zahnhälse freilagen. Auch bestand ein »Unsicherheitsgefühl« an der Brücke, die »kippelte«.

Das Gericht wertete diese Beeinträchtigungen als »sehr geringfügig« und als unterhalb einer ausgleichspflichtigen Belastung liegend.

OLG Oldenburg, Urt. v. 27.02.2008 – 5 U 22/07, VersR 2008, 781 = MDR 2008, 553 1058

0,00 € (Vorstellung: 1.000,00 €)

Unzureichend angepasste Brücke – Sekundärkaries

Die Klägerin machte Schmerzensgeld geltend, wegen einer unzureichend angepassten Brücke über vier Zähne, die herausgefallen war und dann nachbehandelt werden musste. Durch die Brücke war es an zwei Zähnen zu Sekundärkaries gekommen.

Das Gericht verneinte einen Ersatzanspruch, weil nicht vorgetragen war, dass die Erneuerung der Brücken Beschwerden hervorgerufen hatte, die die Geringfügigkeitsgrenze überschritten hätten. Die Sekundärkaries allein löse noch keinen Ersatzanspruch aus.

1059 **BGH, Urt. v. 17.03.2009 – VI ZR 176/08, VersR 2009, 649 = NJW 2009, 1669 = MDR 2009, 627**

0,00 € (Vorstellung: 200,00 €)

Zahnverletzung

Der Kläger nimmt die Beklagte, die eine Bäckerei und Konditorei betreibt, in Anspruch, weil er einen »Kirschtaler«, ein Gebäckstück mit Kirschfüllung und Streuselbelag, verzehrt hatte. Zur Herstellung der Füllung verwendet die Beklagte Dunstsauerkirschen, die im eigenen Saft liegen und über einen Durchschlag abgesiebt werden. Beim Verzehr dieses Gebäckstücks biss der Kläger auf einen darin eingebackenen Kirschkern. Dabei brach ein Teil seines oberen linken Eckzahns ab. Der BGH verneinte einen Produktfehler:

Da es sich bei einem Gebäckstück um ein für den Endverbraucher bestimmtes Lebensmittel handelt, muss es zwar grds. erhöhten Sicherheitsanforderungen genügen, selbst dann, wenn es sich um ein Naturprodukt handelt. Der Verbraucher, der ein verarbeitetes Naturprodukt verzehrt, darf davon ausgehen, dass sich der Hersteller i.R.d. Verarbeitungsprozesses eingehend mit dem Naturprodukt befasst und dabei Gelegenheit gehabt hat, von dem Naturprodukt ausgehende Gesundheitsrisiken zu erkennen und zu beseitigen, soweit dies möglich und zumutbar ist. Aus Sicht des Konsumenten kann aber bei einer aus Steinobst bestehenden Füllung eines Gebäckstücks nicht ganz ausgeschlossen werden, dass dieses in seltenen Fällen auch einmal einen kleinen Stein oder Teile davon enthält. Eine vollkommene Sicherheit wäre nur dann zu erreichen, wenn der Hersteller entweder die Kirschen durch ein engmaschiges Sieb drücken würde, wodurch nur Kirschsaft hervorgebracht würde, mit dem die Herstellung eines Kirschtalers nicht möglich wäre, oder wenn er jede einzelne Kirsche auf evtl. noch vorhandene Kirschsteine untersuchen würde. Ein solcher Aufwand ist dem Hersteller nicht zumutbar. Er ist aber auch objektiv nicht erforderlich, da dem Verbraucher, der auf einen eingebackenen Kirschkern beißt, keine schwerwiegende Gesundheitsgefahr droht, die um jeden Preis und mit jedem erdenklichen Aufwand vermieden oder beseitigt werden müsste.

Bei einem als »Kirschtaler« angebotenen Gebäck geht der Verbraucher davon aus, dass es unter Verwendung von Kirschen hergestellt wird. Der Verbraucher weiß auch, dass die Kirsche eine Steinfrucht ist und dass ihr Fruchtfleisch mithin einen Stein (Kirschkern) enthält. Seine Sicherheitserwartung kann deshalb berechtigterweise nicht ohne Weiteres darauf gerichtet sein, dass das Gebäckstück »Kirschtaler« zwar Kirschen, aber keinerlei Kirschkerne enthält.

1060 **OLG Hamm, Urt. v. 04.03.2016 – 26 U 16/15, GesR 2016, 295**

0,00 € (Vorstellung: 12.000,00 €)

Amalgamfüllung im Zahn

Die (zu Behandlungsbeginn) 28 Jahre alte Klägerin war 22 Jahre Patientin bei der beklagten Zahnärztin. Sie hatte bereits seit der Kindheit diverse Amalgamfüllungen. Die Beklagte brachte mehrere weitere Amalgamfüllungen ein, ehe die Klägerin diese nach ca. 10 Jahren durch Kunststofffüllungen ersetzen ließ, weil sie ein schlechtes Gefühl hatte, einen Metallgeschmack im Mund beseitigen wollte und nach einer Lösung für anhaltende gesundheitliche Probleme suchte. Letztmalig nach 22 Jahren setzte die Beklagte noch eine weitere Amalgamfüllung ein. Die Klägerin ist der Ansicht gewesen, die Verwendung von Amalgam sei behandlungsfehlerhaft. Landgericht und Oberlandesgericht haben – sachverständig beraten – die Klage abgewiesen, weil die Verwendung von Amalgam unbedenklich sei.

1061 **OLG Hamm, Urt. v. 27.06.2017 – 26 U 109/13, unveröffentlicht**

0,00 € (Vorstellung: 5.000,00 €)

Strahlenbelastung beim Röntgen

Der Patient war bei dem Zahnarzt – nach seiner Behauptung medizinisch nicht indiziert – geröntgt worden und verlangte Schmerzensgeld wegen der Strahlenexposition; der Senat verneinte einen Ersatzanspruch, weil die Strahlenexposition keine Gesundheitsbeschädigung bewirkt habe und selbst im Fall einer Beeinträchtigung die Geringfügigkeitsgrenze nicht überschritten sei.

AG Düsseldorf, Urt. v. 07.05.2015 – 50 C 9301/14, unveröffentlicht 1062

500,00 € (Vorstellung: 1.500,00 €)

Zahnschäden – Gesichtsprellung – Oberlippenschürfwunde

Die Beklagte betrieb ein Kaufhaus mit einem Eingangsbereich, der aus acht Glastür-Elementen bestand; die mittleren vier Türen waren offen, während die beiden äußeren geschlossen waren. Gegen diese lief die Klägerin und verletzte sich. Das Gericht bejahte eine Verkehrssicherungspflichtverletzung; bei nur teilweiser Öffnung habe die Beklagte die Pflicht gehabt, die geschlossenen Elemente optisch zu markieren. Die Klägerin erlitt eine Gesichtsschädelprellung, eine Schürfwunde an der Oberlippe und eine Fraktur der Frontzahnbrücke sowie großflächige Keramikabplatzungen an zwei Zähnen.

OLG Köln, Beschl. v. 02.05.2016 – 5 U 168/15, unveröffentlicht 1063

500,00 € (Vorstellung: 3.000,00 €)

Provisorische Sicherung einer Prothetik

Die Klägerin war bei dem Beklagten, nachdem ihr zwei Frontzähne extrahiert und Implantate gesetzt worden waren, zur Erstellung einer Prothetik, aufbauend auf den Implantaten, in Form einer Brücke aus Keramik in Behandlung. Hierzu setzte der Beklagte zunächst ein Provisorium ein; ein Jahr später erfolgten eine Nachbehandlung des Provisoriums sowie sodann der Einsatz einer endgültigen Brücke, die jedoch nur provisorisch zementiert wurde. Ohne sachlichen Grund wurde diese über ein Jahr nicht endgültig zementiert, weswegen es zu Mängeln und Brüchen der Brücke kam, die eine völlige Neuerstellung der Brückenkonstruktion erforderlich machten. Die Abplatzungen der Brücke ermöglichten eine Plaqueakkumulation wegen dort anhaftender Speisereste, die zu Mundgeruch führten. Das Schmerzensgeld berücksichtigte die Unannehmlichkeiten der bisherigen Behandlung und die Notwendigkeit der Neuanfertigung der Prothetik.

LG Köln, Urt. v. 28.11.2017 – 3 O 425/15, unveröffentlicht 1064

500,00 € (Vorstellung: 4.000,00 €)

Fehlpositionierung des Lippenbändchens

Bei der Klägerin kam es bei einer Wurzelspitzenresektion zu einer Fehlpositionierung des Lippenbändchens, welches nun etwas rechts der Mitte steht, weil die Wundnaht nicht ordnungsgemäß war. Dies ist für besonders empfindliche Patienten lästig, aber schmerzfrei, und wäre auch operativ behebbar. Optisch ist es nur wahrnehmbar, wenn die Klägerin ihre Oberlippe nach außen klappt.

AG Nürnberg, Urt. v. 23.06.2021 – 19 C 867/21, PflR 2022, 109 1065

500,00 €

Verlust einer Prothese

Das beklagte Krankenhaus verlor die für den Kläger während seines stationären Aufenthaltes aufbewahrte Zahnprothese. Das Gericht sah einen Personen- bzw. Gesundheitsschaden in den durch den Verlust der Prothese bedingten Folgen, insbesondere den schmerzhaften bzw. nur eingeschränkten Nahrungsaufnahmemöglichkeiten und der gesundheitlichen Beeinträchtigungen durch die erneute zahnärztliche Behandlung bei der Neuherstellung der Prothese. Der Kläger war drei Monate ohne

Prothese; er musste sich an zwei Tagen einer erneuten zahnärztlichen Behandlung unterziehen. Die Nahrungsauswahl war lediglich auf weiche Nahrung beschränkt und die Nahrungsaufnahme an sich bereitete ohne die Zahnprothese mit vier verbliebenen Zähnen im Oberkiefer Schmerzen. Ohne eine Prothese im Unterkiefer war der optische Eindruck beim Kläger im sozialen Umgang mit anderen erheblich beeinträchtigt war, beim Reden erfolgte ein unbeabsichtigtes Anspucken anderer Personen, was nicht nur unangenehm, sondern während der CoViD-19-Pandemie auch durchaus gefährlich für Dritte empfunden werden konnte.

1066 **OLG Köln, Beschl. v. 03.08.2015 – 5 U 149/14, unveröffentlicht**

800,00 € (Vorstellung: 12.750,00 €)

Einsatz von Kunststoffprovisorien trotz Allergie – Brennen und Jucken im Mundraum

Die Klägerin ist gegen Kunststoffe allergisch, was auch in ihrem Allergieausweis eingetragen war. Im Rahmen einer Zahnbehandlung wurden sieben Zähne entfernt und provisorische Versorgungen aus Kunststoff eingesetzt, was bei der Klägerin Probleme verursachte. Trotz entsprechender Bitten der Klägerin wurden die Provisorien erst über drei Monate später entfernt, wobei nur das zuletzt eingesetzte Provisorium über einen Zeitraum von 12 Tagen ein Brennen und Jucken im Mund hervorgerufen hatte. Der Betragsvorstellung lag die unbewiesene Annahme weiterer Behandlungsfehler zugrunde.

1067 **AG Rheinbach, Urt. v. 24.03.2021 – 26 C 193/16, unveröffentlicht**

800,00 € (Vorstellung: 2.500,00 €)

Schmelzrisse am Zahn – Prellungen an Knie und Thorax

Der Kläger wurde als Insasse eines Unfallwagens verletzt; er wurde durch den Unfall nach vorn geschleudert, erlitt Prellungen an Knie und Thorax, weil er gegen einen Tisch im Fahrzeug stieß, und zwei querlaufende Schmelzrisse an den Zähnen 11 und 21, bei denen nun eine Übersensibilität besteht. Es besteht die Gefahr, dass die Nerven an den Zähnen mit der Zeit absterben.

1068 **OLG Nürnberg, Urt. v. 13.05.2016 – 5 U 91/12, AHRS 2695/337**

1.000,00 € (Vorstellung: 7.000,00 €)

Unzureichende Prothetik

Bei der Klägerin wurde im Rahmen einer Implantatversorgung eine ausgehende Brücke entfernt und fehlerhaft durch eine Neukonstruktion auf den vorhandenen Implantaten ersetzt. Durch eine Vielzahl von Behandlungsschritten hierbei kam es zu einer »nicht nur ganz unerheblichen« Beeinträchtigung der Klägerin, deren Prothetik neu angefertigt werden musste. Der Senat hielt das vom LG zugebilligte Schmerzensgeld von 500,00 € für »unangemessen niedrig« und verdoppelte es; der Betragsvorstellung lagen unbewiesene weitere Behandlungsfehler zugrunde.

1069 **BGH, Urt. v. 27.09.2018 – 4 StR 135/18, NStZ-RR 2019, 26**

1.000,00 €

Zahnabbruch

Der Angeklagte schlug dem Adhäsionskläger mit der Faust ins Gesicht, sodass ein Teil eines Zahns abbrach. Der Angeklagte entschuldigte sich nach der Tat beim Adhäsionskläger und zahlte ihm ein Schmerzensgeld von 1.000,00 €.

1070 **LG Köln, Urt. v. 26.10.2021 – 3 O 6/20, unveröffentlicht**

1.000,00 € (Vorstellung: 3.000,00 €)

Bruch einer Prothese

Bei dem Kläger wurde eine Prothese eingesetzt, deren Innenteleskope aus PEEK und einer Nichtmetalllegierung gefertigt waren, Materialien, die sich noch in der Erprobung befanden. Die Innenteleskope brachen ab und gingen verloren. Aufgrund der mangelhaften Herstellung musste die Prothetik neu angefertigt werden; die nicht mehr durch Kronen bedeckten Zahnstümpfe 24 und 25 sind extrem kälteempfindlich.

AG Düren, Urt. v. 28.04.2015 – 46 C 299/14, DAR 2015, 613 1071

1.500,00 €

Zahnlockerung

Die Klägerin wurde beim Versuch einer Streitschlichtung während einer Karnevalsveranstaltung verletzt, als ihr der Beklagte mit den Worten »hier hast Du noch einen« einen Faustschlag ins Gesicht gab. Die Klägerin erlitt eine Prellung und einen Bluterguss im Gesicht, ein Zahn wurde gelockert und muss gegebenenfalls prothetisch neu angefertigt werden.

OLG München, Urt. v. 15.02.2017 – 3 U 2991/16, unveröffentlicht 1072

1.500,00 €

Zahnverlust

Die Beklagte war beim (auf Honorar klagenden) Arzt in Behandlung: Es sollte ein Langzeitprovisorium eingesetzt werden, welches jedoch nur 2 Monate hielt. Die Beklagte litt Schmerzen aufgrund der Nachresektion und Wundheilungsstörungen und verlor den Zahn 44.

LG Aschaffenburg, Urt. v. 09.03.2017 – 12 O 339/16, unveröffentlicht 1073

1.500,00 € (Vorstellung: 4.000,00 €)

Erneuerung eines künstlichen Gebisses

Der 67 Jahre alte Kläger war im Alter von 48 Jahren bei einem Verkehrsunfall schwer verletzt worden, infolgedessen er ein künstliches Gebiss erhalten hatte. Dies musste nun erneuert werden; das Landgericht sprach wegen der hierdurch erlittenen Schmerzen und Unannehmlichkeiten das Schmerzensgeld zu

OLG Hamm, Urt. v. 23.05.2013 – 21 U 64/12, unveröffentlicht 1074

2.000,00 €

Zahnschäden

Der Kläger hatte ein von der verklagten Firma in Form einer Colaflasche hergestelltes Fruchtgummi gekaut und dabei auf in der Masse befindliche Fremdkörper, Partikel aus Putzmaterialien, gebissen. Diese waren bei der Herstellung in das Fruchtgummi gelangt. Durch den Biss auf einen der Fremdkörper hatte der Kläger an zwei seiner Zähne Schäden erlitten, sodass sie überkront werden mussten.

OLG Koblenz, Urt. v. 27.01.2016 – 5 U 811/15, VersR 2016, 928 = MDR 2016, 521 1075

2.000,00 € (Vorstellung: 5.000,00 €)

Zwei Jahre verspätete Kieferkorrektur

Der 17 Jahre alte Kläger litt unter Fehlstellungen des Kiefers und massiver Gingiva-Hyperplasie. Er war bei dem beklagten Zahnarzt in Behandlung; dieser versäumte die – sogar von der Krankenkasse konsentierte – Behandlung einer Multibandapparatur zur Kieferkorrektur aus (nicht zutreffenden) medizinischen Gründen um zwei Jahre, während derer der Kläger überflüssigerweise einen Bionator tragen musste. Damit führte das Versäumnis des Beklagten dazu, dass der Kläger langfristig mit Schiefstellungen seiner Zähne leben musste.

OLG München, Urt. v. 18.01.2017 – 3 U 5039/13, unveröffentlicht 1076

2.000,00 € (Vorstellung: 35.000,00 €)

Gingivitis nach fehlerhafter Brückenbehandlung

Die Klägerin war bei dem Beklagten in zahnmedizinischer Behandlung. Dieser setzte zwei Brücken behandlungsfehlerhaft ein; nach zwei Jahren begann die Klägerin wieder eine zahnärztliche Behandlung, bei welcher ein Provisorium eingesetzt wurde. Die Klägerin leidet nun unter Gingivitis (Zahnfleischentzündung) aufgrund Quetschung des Zahnfleisches und hatte insgesamt zwei Jahre Probleme. Die Kausalität weitergehender Beschwerden – die auch Grund für die Betragsvorstellung waren – hatte die Klägerin nicht beweisen können.

1077 **OLG Hamm, Urt. v. 04.07.2017 – 26 U 3/17, GesR 2017, 769**

2.000,00 € (Vorstellung: 2.000,00 €)

Beschädigung der Milchzähne durch Slicen

Bei der minderjährigen Klägerin waren mehrere bleibende Zähne nicht angelegt, die Milchzähne aber verblieben. Daher befand sich die Klägerin in zahnmedizinischer und kiefernorthopädischer Behandlung bei den Beklagten. Es sollten die Milchzähne so weit als möglich erhalten und dann implantologisch versorgt werden. An zwei Behandlungstagen erfolgte dann eine seitliche Reduktion der Milchzähne (sog. Slicen), bei welcher zu viel Zahnschmelz abgetragen wurde und eine ungleichmäßige Oberfläche verblieb. Ein Zahn war sehr temperaturanfällig; es bildete sich Karies an den Zähnen, wodurch nun zwei weitere Implantate nötig wurden.

1078 **OLG Düsseldorf, Urt. v. 11.04.2018 – 18 U 159/16, unveröffentlicht**

2.000,00 €

Unzureichende Prothetik – freiliegende Kronenränder

Bei der Klägerin wurde – grob behandlungsfehlerhaft – ein Zahn in eine Prothetik einbezogen, die insgesamt auch zu wulstig und voluminös geriet und unzureichend abgestützt war. Teilweise blieben Kronenränder freiliegend; die zu kurzen Kronen verursachten Schmerzen und Karies an den freiliegenden Knochenrändern. Die Klägerin litt an starken Schmerzen, die sie selbst auf einer Skala von 1 bis 10 bei sechs verortete, und nimmt bis zu dreimal täglich Ibuprofen 800 und eine Kortisonsalbe ein. Sie muss sich erneut der Behandlung unterziehen, was mangels finanzieller Mittel bis zum Abschluss erster Instanz unterblieben war.

1079 **LG Essen, Urt. v. 03.04.2020 – 16 O 113/18, unveröffentlicht**

2.000,00 €

Zwei fehlerhafte Inlays

Die Widerklägerin, ein Kind, war bei dem klagenden Zahnarzt in Behandlung. Zwei ihrer Zähne wurden ohne ausreichende Aufklärung durch den Kläger mit Inlays versorgt, welche eine begrenzte Haltbarkeit aufweisen und somit zukünftige Schäden zu erwarten sind. Es trat eine Wurzelentzündung auf, die aber wegen des Alters der Widerklägerin nicht mittels Wurzelbehandlung behandelt wurde.

1080 **LG Aachen, Urt. v. 21.11.2017 – 3 S 22/17, unveröffentlicht**

2.000,00 €

Zwei Monate Schmerzen nach Zahnüberkronung

Der beklagte Zahnarzt hatte eine Zahnkrone trotz Schmerzempfindlichkeit des Zahnes fest eingegliedert; hierdurch kam es zu Schmerzen und einer Wurzelbehandlung, die erst vier Monate später zur Schmerzfreiheit führte; zuvor musste die Klägerin nahezu täglich Schmerzmittel nehmen und sich einmal auch einer, neuerlich schmerzhaften, Notfallbehandlung unterziehen. Zwar wäre auch eine Behandlung lege artis schmerzhaft gewesen, das Gericht legte aber einen Zeitraum von zwei Monaten zugrunde, in dem es vermeidbare Schmerzen gegeben hatte. Das Gericht reduzierte auf die Berufung des Beklagten hin das amtsgerichtlich zuerkannte Schmerzensgeld von 3.500,00 €.

AG Frankfurt, Urt. v. 26.05.2017 – 29 C 1950/15, unveröffentlicht 1081

2.200,00 € (Vorstellung: 2.500,00 €)

Lockerung eines Backenzahns

Bei der Klägerin wurden drei Kronen eingesetzt; hierbei verkeilte sich eine Krone derart, dass sie nach dem Einpassen nicht mehr entfernt werden konnte. Der Versuch, die Krone zu entfernen, war mit erheblichen Schmerzen verbunden und führte letztlich zu einer dauerhaften Irritation eines nun gelockerten Backenzahnes. Der Zahn ist irreversibel geschädigt; bestenfalls wird seine Stabilisierung erreicht werden, es droht der Verlust.

OLG Saarbrücken, Urt. v. 14.03.2019 – 4 U 112/17, VRS 135 (2018), 185 1082

2.400,00 € (3/5 Mitverschulden; Vorstellung: 10.000,00 €)

Zahnwurzelbehandlung – Gehirnerschütterung – Kieferfraktur – Bauchtrauma

Der Kläger erlitt bei einer Fahrzeugkollision eine Gehirnerschütterung, eine Kieferfraktur und ein stumpfes Bauchtrauma. Er war drei Tage stationär und unfallbedingt fast 9 Wochen arbeitsunfähig. Der Kiefer des Klägers war für zwei Wochen voll verdrahtet, sechs Wochen konnte er nur flüssig-weiche Kost zu sich nehmen. Bei dem Unfall wurde ein Zahn derart beschädigt, dass eine Wurzelbehandlung und Überkronung erforderlich wurden.

OLG Köln, Beschl. v. 02.03.2015 – 5 U 105/14, unveröffentlicht 1083

2.500,00 €

Unterlassene Wurzelresektion vor Brückenlösung

Bei der Klägerin wurde eine Brücke eingesetzt, ohne dass der Beklagte bemerkt hätte, dass jedenfalls die Krone im Bereich 15 Kronenranddefizite aufgewiesen hatte. Diese führten dazu, dass die gesamte Krone erneuert werden musste. Auch wurde die Krone unzureichend zementiert. Bei der Bemessung wurden die Schmerzen berücksichtigt, die die Klägerin infolge des Unterlassens der Wurzelspitzenresektion vor Eingliederung der Brücke erlitten hatte; diese klangen erst nach einer späteren Wurzelspitzenresektion ab. Danach verblieben noch Schmerzen beim Kauen sowie gelegentliche weitere Schmerzen, die hin und wieder auch die Nachtruhe beeinträchtigt haben können.

LG Koblenz, Urt. v. 10.03.2015 – 6 S 310/14, unveröffentlicht 1084

2.500,00 €

Zahnentzündung

Der Kläger war bei dem Beklagten in kieferorthopädischer Behandlung. Nach einer Wurzelbehandlung eines Zahns kam es zu entzündlichen Prozessen, die ihre Ursache in einer behandlungsfehlerhaft überstopften Wurzel des Nachbarzahns hatten. Der Kläger war vier Tage stationär und musste sich einer Folgebehandlung in Vollnarkose unterziehen. Er litt in der Folgezeit unter erheblichen Beeinträchtigungen seines Tagesablaufs – insb. bei der Nahrungsaufnahme – und Schmerzen.

LG Mönchengladbach, Urt. v. 19.02.2020 – 6 O 85/18, unveröffentlicht 1085

2.500,00 € (Vorstellung: 7.500,00 €)

Fehlerhafter Einsatz von zwei Brücken

Die 14 Jahre alte Klägerin war bei der Beklagten in zahnärztlicher Behandlung. Diese setzte zwei Brücken fehlerhaft ein, weil die Kronenstümpfe zu konisch beschliffen waren. Der Zahnersatz löste sich mehrfach und ist im Ergebnis unbrauchbar; er muss neu hergestellt werden. Umfangreicher Kariesbefall der Zähne gründete indes in der fehlenden Mundhygiene der Klägerin.

1086 **OLG Köln, Urt. v. 04.08.2015 – 9 U 91/14, VersR 2016, 656**

3.000,00 € (Vorstellung: 6.000,00 €)

Kieferschmerzen nach Einzelkroneneinsatz

Die Klägerin war bei der Beklagten in zahnärztlicher Behandlung. Diese setzte Einzelkronen mangelhaft in die zuvor chirurgisch eingebrachten Implantate ein; die Klägerin litt infolgedessen unter dauerhaften Kieferschmerzen, einem Knacken des Kiefergelenks, dauerhaften Ohrschmerzen mit Ansätzen von Tinnitusgeräuschen sowie einem blockierenden Kiefergelenk bei Reizung (z.B. durch Zähneputzen) und Schlaflosigkeit, bis nach insgesamt sieben Monat die Nachfolgebehandlung erfolgreich abgeschlossen war.

1087 **OLG München, Urt. v. 14.09.2016 – 3 U 753/13, unveröffentlicht**

3.000,00 €

Verlust eines Backenzahns im Oberkiefer

Die Klägerin war bei dem Beklagten in zahnärztlicher Behandlung. Ihr wurde ein Backenzahn im Oberkiefer (Nummer 17) ohne hinreichende Indikation gezogen. Der Senat bewertete das landgerichtlich hierfür zugebilligte Schmerzensgeld als »im Rahmen des in vergleichbaren Konstellationen üblichen«; wenngleich »tatsächlich am oberen Rand«.

1088 **AG Hamburg-Blankenese, Urt. v. 23.01.2019 – 531 C 147/16, unveröffentlicht**

3.000,00 € (Vorstellung: 3.500,00 €)

Unzureichende Prothetik

Bei der Klägerin wurden Prothesen eingesetzt, die größer und länger waren als die alten Zähne; die Prothesenzähne unterscheiden sich in der Farbgebung, die Metallbasis liegt nicht richtig an, was Probleme bei der Hygienefähigkeit hervorruft. Auch die Unterkieferprothese ist mangelhaft und liegt nicht richtig an. Der Oberkiefersatz muss neu erstellt werden.

1089 **OLG Dresden, Urt. v. 14.01.2020 – 4 U 1562/19, NJW 2020, 1229**

3.000,00 € (Vorstellung: 20.000,00 €)

Entfernung und Neueinsetzung zweier Zahnimplantate

Die Klägerin war bei dem Beklagten in zahnärztlicher Behandlung. Dieser brachte zwei Implantate zu eng an (Nr. 25, 26), was dazu führte, dass zwei weitere Eingriffe – Entfernung der Implantate und Neueinsetzung eines Implantates – erforderlich wurden.

1090 **LG Offenburg, Urt. v. 20.03.2020 – 2 O 543/18, unveröffentlicht**

3.000,00 € (Vorstellung: 6.000,00 €)

Ausgeschlagener Schneidezahn

Dem 29 Jahre alten Kläger wurde im Rahmen einer Gruppenschlägerei ein Schneidezahn ausgeschlagen. Ferner erlitt er ein Hämatom unter dem Auge, eine Thorax- und eine Schädelprellung. Das Gericht berücksichtigte, dass der Kläger nun lebenslang auf eine Zahnprothese angewiesen sein werde, aber auch, dass sich der Zahn in einem schlechten Zustand befand und das Gebiss auch vor der Tat »alles andere als ansehnlich« gewesen sei, was dem Zahnverlust Gewicht nehme.

1091 **OLG Hamm, Urt. v. 19.04.2016 – 26 U 199/15, VersR 2016, 1192 = GesR 2016, 432**

4.000,00 € (Vorstellung: 7,500,00 €)

Krippelparästhesien der Zunge nach Nervverletzung

Der Kläger, der Zahnarzt-Angstpatient ist, ließ bei dem beklagten Zahnarzt eine Neuverplombung zweier Zähne im Unterkiefer unter Infiltrations- und Leitungsanästhesie durchführen, wobei er über die alternativ mögliche Behandlung mittels intraligamentärer Anästhesie nicht aufgeklärt worden war. Bei der Leitungsanästhesie kam es zu einer Nervverletzung. Der Kläger spürte zunächst ein Kribbeln in der Zunge, welches dann aber zu einer Gefühllosigkeit der Zunge und Kribbelparästhesien führte, die noch 10 Monate später bestand. Aktuell fühlt der Kläger noch eine leichte Taubheit.

LG Wiesbaden, Urt. v. 28.04.2022 – 2 S 10/21, unveröffentlicht 1092

4.500,00 € (Vorstellung: 6.500,00 €)

Abbruch dreier Zahnkronen – Bisswunden

Die Klägerin wurde vom Hund der Beklagten ins Gesicht gebissen; sie erlitt zwei Wunden im Bereich der Wange und eine im Bereich des Halses. Die Bisswunden mussten chirurgisch versorgt werden. Durch den Biss verschob sich der Kiefer der Klägerin; drei Keramikkronen brachen ab und mussten neu versorgt werden. Eine Narbe im Jochbeinbereich rechts ist sichtbar und schmerzempfindlich.

OLG Hamm, Urt. v. 06.06.2014 – 26 U 14/13, MDR 2014, 1261 1093

5.000,00 € (Vorstellung: 5.000,00 €)

Fehlerhafte prothetische Versorgung

Der verklagte Zahnarzt führte bei der 37 Jahre alten Klägerin fehlerhaft eine provisorische prothetische Versorgung durch, ohne den Unterkiefer durch eine Schienentherapie zu sichern. Es kam zu monatelangen Beschwerden.

OLG Dresden, Urt. v. 05.06.2018 – 4 U 597/17, MedR 2019, 182 1094

5.000,00 € (Vorstellung: 5.000,00 €)

Infektion des Kiefernknochens nach Zahnimplantation – Entzündungen

Bei der Klägerin sollten Implantate eingebracht werden. Die Planung der Implantatversorgung war unzureichend, der Knochenaufbau des Kiefers und der Mindestabstand der Implantate waren behandlungsfehlerhaft, sodass es zu Entzündungen gekommen ist. Dieser insgesamt grobe Behandlungsfehler war kausal für Entzündungen und Kiefernknochenschwund. Die Klägerin hatte unter massiven Schmerzen und Einschränkungen zu leiden. Die Nahrungsaufnahme und die Optik waren beeinträchtigt.

LG Köln, Urt. v. 16.12.2020 -3 O 326/18, unveröffentlicht 1095

5.000,00 € (Vorstellung: 5.000,00 €)

Verlust zweier Zähne – fehlerhafte Überkronung

Der Kläger war bei dem Beklagten in zahnärztlicher Behandlung. Dieser überkronte mehrere Zähne, ohne auf Vorschädigungen zu untersuchen, und zog zwei Zähne ohne ausreichende Indikation. Die zahnärztliche Folgebehandlung zog sich über fünf Jahre hin, was allerdings auch durch den schlechten Allgemeinzustand der Zähne des Klägers bedingt war.

OLG Hamm, Urt. v. 17.12.2013 – 26 U 54/13, GesR 2014, 234 1096

6.000,00 €

Verblockung – Zahn- und Ohrschmerzen

Die fast 70 Jahre alte Klägerin wurde bei einer Zahnbehandlung nicht über die Möglichkeit der Anfertigung von Einzelkronen anstatt der durchgeführten Verblockung aufgeklärt. Sie hat nun Beschwerden bei der Nahrungsaufnahme wegen einer mangelnden Mundöffnung. Sämtliche Zähne sind überempfindlich, und sie hatte Ohrenschmerzen auf dem rechten Ohr.

1097 **LG Bochum, Urt. v. 07.01.2015 – 6 O 365/13, unveröffentlicht**

6.000,00 € (Vorstellung: 8.000,00 €)

Schädigung von 4 Frontzähnen

Bei der Klägerin, bei dem eine chronische Parodontitis bestand und die Frontzähne elongiert und nach vorne gewandert sind, wurde behandlungsfehlerhaft eine Überkronung der gesunden Frontzähne vorgenommen. Hierdurch sind 4 gesunde Zähne im Frontzahnbereich geschädigt worden; durch das massive Abschleifen wurden Schleiftraumata verursacht, auch kam es zu einem Absterben der Pulpa und entzündlichen Prozessen im Zahnmark. Die Überlebenswahrscheinlichkeit von 2 Zähnen ist extrem gering. Das Vorgehen des beklagten Arztes war zahnmedizinisch nicht ansatzweise zu rechtfertigen und völlig unverständlich.

1098 **OLG Hamm, Urt. v. 16.12.2020 – 3 U 60/20, unveröffentlicht**

6.000,00 €

Schäden an sechs Zähnen – Pulpitis – Schmerzen

Der sein Honorar einklagende Zahnarzt wurde von der beklagten Patientin auf Schmerzensgeld in Anspruch genommen. Durch eine nicht indizierte Behandlung hatte er sechs Zähne der Beklagten aufgebohrt und dadurch in ihrer Substanz geschädigt. Infolge dieser Behandlung ist es bei der Beklagten zu einer schmerzhaften Pulpitis an den Zähnen 16, 25, 26 gekommen, die eine Wurzelbehandlung und schließlich auch die Überkronung der Zähne zur Folge hatte. Darüber hinaus hatte die Beklagte Schmerzen an den Zähnen 17 und 27, die zu unangenehmen Einschleifmaßnahmen geführt haben. Die Beklagte hat über mehrere Wochen starke Schmerzen erlitten, derentwegen sie in erheblichem Umfang Schmerzmittel einnehmen musste. Besonders misslich war für sie, dass die Beschwerden gerade in die Zeit der Sommerurlaube fielen, wodurch auch ihre Urlaubsfreude erheblich beeinträchtigt wurde, sie hat einen Urlaub sogar aufgrund der Beschwerden abgebrochen. Die Beklagte musste sich fehlerbedingt außerdem zahlreichen weiteren zahnärztlichen Behandlungen unterziehen, insbesondere mussten die Inlays 17 und 15 zunächst nachgebessert und schließlich erneuert werden. Zur Stabilisierung mussten die Zähne anschließend überkront werden. Nach einem Jahr war sie wieder beschwerdefrei. Das Gericht berücksichtigt auch, dass der Kläger bei der Beklagten keine gesunden Zähne beschädigt hat. Vielmehr waren die von ihm angebohrten Zähne bereits mit Füllungen versorgt und daher vorgeschädigt. Sie sind durch die Behandlung auch nicht verloren gegangen, sondern befinden sich nach wie vor – inzwischen fachgerecht versorgt – im Mund der Beklagten. Optische Beeinträchtigungen sind nicht verblieben.

1099 **OLG Düsseldorf, Urt. v. 16.02.2022 – 18 U 4/21, NZI 2022, 448**

6.000,00 €

Zahnimplantatbehandlung mit Mund- und Kieferschmerzen – Kaubeschwerden

Die Klägerin litt nach einer fehlerhaften Zahnimplantatbehandlung an mehreren Zähnen fünf Jahre lang unter massiven Schmerzen im Mund- und Kieferbereich, die in den Kopf hinein ausstrahlten und mit Kaubeschwerden einhergingen. Auch die Anschlussbehandlung war schmerzhaft. Ferner war ihre geistige Leistungsfähigkeit, insbesondere ihr Konzentrationsvermögen massiv beeinträchtigt, was die Klägerin sowohl in ihrer privaten Lebensführung als auch in ihrem Beruf als Lehrerin beeinträchtigte. Das Gericht erhöhte das »zunächst« angemessene Schmerzensgeld von 5.000,00 € um 1.000,00 € wegen des Verhaltens des Beklagten, der eine Einstandspflicht 16 Jahre lang verweigert hatte (rechtlich korrekt wäre allerdings die Bildung eines einheitlichen Schmerzensgeldes unter Berücksichtigung dieses Faktors, das Schmerzensgeld wird nicht »zusammenaddiert«, s. o. Kap. 3 Rdn. 15 ff.).

1100 **LG Aachen, Urt. v. 04.02.2025 – 15 O 1/23, unveröffentlicht**

6.000,00 € (Vorstellung: 10.000,00 €)

Kälteempfindlichkeit und Schmerzen der Zähne

Der Kläger stellte sich mit Schmerzen im linken Oberkiefer vor. Es wurde eine starke Abrasion diagnostiziert und eine Gesamtsanierung als notwendig erachtet. Er litt auch unter Bruxismus. Die Kronenversorgung im Oberkiefer wies eine »fehlende Randschlüssigkeit« auf, so dass die Überkronung der Zähne 27, 21, 17, 16, 15, 12 und 13 behandlungsfehlerhaft war. Durch die fehlende Randschlüssigkeit im Bereich der Seitenzähne kam es zu einer erheblichen Kälteempfindlichkeit und Missempfindungen in Form von Schmerzen, die über 16 Monate – bis zur Vornahme einer Neuerstellung der Kronen – andauerten. Schmerzen, die aus einer Kälteempfindlichkeit der Zähne herrühren, wirken stark beeinträchtigend, da sie regelmäßig bei der Aufnahme von Nahrung auftreten.

LG Köln, Urt. v. 27.04.2018 – 22 O 444/13, unveröffentlicht 1101

6.500,00 € (Vorstellung: 20.000,00 €)

Gefühlsstörung am Zahnfleisch – Taubheit von Schläfe bis Ohr – Mittelgesichtsfraktur

Die Parteien gerieten auf einer Grillfeier ihres Anglervereins darüber in Streit, ob ein Grill zu nah an brennbaren Gegenständen stehe. Ohne Vorwarnung nahm der Beklagte den Kopf des Klägers zwischen die Hände und versetzte diesem mit der eigenen Stirn einen Kopfstoß, bei dem ein deutliches »Knackgeräusch« zu hören war. Der Kläger erlitt eine Mittelgesichtsfraktur und war zwei Tage stationär behandelt. Die Fraktur wurde erst 10 Tage später diagnostiziert und zwei Wochen nach dem Vorfall operativ versorgt. Es kam zu flankierenden Folgebeschwerden, insbesondere einer fortdauernden Taubheit der rechten Gesichtshälfte von Schläfe bis Ohr sowie zur Gefühlsbeeinträchtigungen des Zahnfleischs am rechten Oberkiefer.

OLG Celle, Urt. v. 23.01.2017 – 1 U 65/15, unveröffentlicht 1102

7.000,00 €

Kiefergelenkknacken

Die Klägerin erlitt durch eine wegen zahnärztlicher Behandlungsfehler entstandene Fehlokklusion der Zähne Kiefergelenksbeschwerden. Der Kiefer knackt bei Bewegungen, und Schmerzen bestehen, die erst durch eine Neuversorgung behoben werden können.

OLG Brandenburg, Urt. v. 11.03.2021 – 12 U 112/20, MDR 2021, 747 1103

8.000,00 €

Zahnentzündung – Zahnverlust

Der verklagte Zahnarzt gliederte einen Wurzelstift beim Zahn 14 des Klägers ein, obwohl dies wegen der Gefahr einer irreversiblen Schädigung nicht indiziert war; zudem wurde die Stiftversorgung fehlerhaft ausgeführt, weil die Achsrichtung der Wurzel verlassen wurde. Dies führte zu gravierenden Strukturschäden an Zahnwurzel und Zahnhalteapparat und einem eitrigen Entzündungsprozess. Der Zahn muss entfernt werden, der Kläger litt unter erheblichen Beeinträchtigungen, Schmerzen und einer chronischen Entzündung sowie Strukturschäden an der Wurzel. Auch der eitrige Entzündungsprozess persistiert.

LG Essen, Urt. v. 03.04.2020 – 16 O 113/18, unveröffentlicht 1104

10.000,00 €

Sechs fehlerhafte Inlays – schwere Pulpitis

Die Widerklägerin war bei dem klagenden Zahnarzt in Behandlung. Sechs ihrer Zähne wurden aufgrund fehlerhafter und rechtswidriger Behandlung (Aufbohren und provisorische Verschließen von Zähnen sowie das Einsetzen von Inlays unter lokaler Anästhesie und Lachgas) durch den Kläger mit Inlays versorgt, welche eine begrenzte Haltbarkeit aufweisen und somit zukünftige Schäden zu erwarten sind. Die Widerklägerin erlitt nach der Anästhesie starke Schmerzen, Halluzinationen und

Erbrechen. Sie empfand die Betäubung mittels Lachgas als beängstigend und erlebte Bewegungsunfähigkeit. Nachdem der Kläger das als unbedenklich bewertet hatte, flog die Widerklägerin in Urlaub, wo sie erneut unter starken Schmerzen litt, den Urlaub abbrach und sich behandeln ließ. Es wurde eine schwere Pulpitis an zwei Zähnen festgestellt; die Inlays wurden unter Vollnarkose entfernt und eine Wurzelbehandlung durchgeführt. Trotzdem traten wieder Schmerzen und eine Pulpitis auf, die weitere Wurzelbehandlungen nach sich zogen. Erst ein Jahr nach der ursprünglichen Behandlung war die Widerklägerin schmerzfrei.

1105 **OLG Köln, Urt. v 08.04.2020 – 5 U 64/16, MDR 2020, 1183**

10.000,00 € (Vorstellung: 15.000,00 €)

CMD nach Zahnversorgung – Verspannungen

Die Klägerin ließ sich von der verklagten Zahnärztin eine 20 Jahre alte Zahnversorgung erneuern. Hierbei nahm die Beklagte eine endgültige Eingliederung der Versorgung im Bereich von fünf Zähnen vor, ohne die Klägerin auf Anzeichen einer beginnenden CMD zu untersuchen. Es entwickelte sich eine akute CMD mit Abrutschen der Zähne, Überbelastung der Muskulatur und Verspannungen. Die Klägerin litt fünf Jahre unter Beschwerden in den Bereichen Kopf, Zahn, Kiefergelenk, Nacken, Rücken und Muskulatur. Die Mundöffnung war nur eingeschränkt möglich, es entstanden Taubheitsgefühle im Gesichtsbereich und Beschwerden beim Kauen. Eine Wurzelspitzenresektion eines Zahnes wurde nötig, weiterhin eine »enorme Zahl an Folgezahnbehandlungen«.

1106 **OLG Naumburg, Urt. v. 24.09.2024 – 1 U 86/23, NJW-RR 2025, 220**

10.000,00 €

Exzision einer Schleimhautwucherung – Verletzung des nervus lingualis – Zungenlähmung

Der Beklagte sollte bei der Klägerin die Kaufläche eines Zahnes von einer Zahnfleischkapuze befreien; ohne entsprechende Einwilligung erweiterte er die Maßnahme zu einer tiefen Exzision der Schleimhautwucherung mit operativer Freilegung des Weisheitszahnes. Hierdurch verletzte er den nervus lingualis. Es besteht nun ein Sensibilitätsausfall der rechten Zungenseite und des Mundbodens, die dauerhaft ist und massive Beschwerden verursacht. Die Lebensqualität ist stark eingeschränkt; die Zungenmuskulatur ist eingeschränkt, die Klägerin spricht verwaschen. Sie litt zwei Monate lang unter starken Beschwerden, die auch die Essensaufnahme erschwerten; durch intensives Üben hat sich eine gewisse Gewöhnung einstellen können. Besonders bewertete der Senat die Genugtuungsfunktion bei vorsätzlicher Erweiterung der Behandlung trotz des Wissens um die fehlende Einwilligung.

1107 **OLG Köln, Beschl. V. 26.08.2015 – 5 U 21/15, unveröffentlicht**

11.500,00 € (Vorstellung: 30.000,00 €)

Zahnverlust – Verlust mehrerer Implantate

Aufgrund fehlerhaft gesetzter Implantate erlitt die Klägerin erhebliche Beeinträchtigungen und Schmerzen; ein frakturiertes und mit einer periimplantären Entzündung behaftetes Implantat musste durch den Nachbehandler herausgefräst werden. Drei weitere Implantate scheiterten wegen Vorliegens einer starken periimplantären Destruktion und verursachten während akuter Entzündungsschübe starke Schmerzen. Der Verlust der Implantate zog sich über mehrere Jahre. Der Unterkiefer musste mit einer schmerzhaften Knochentransplantation wieder aufgebaut werden. Der Senat berücksichtigte bei der Bemessung die über Jahre andauernde, schmerzhafte Zahnbehandlung mit mehrmaligem Verlust von Implantaten und dem endgültigen Verlust eines Zahnes, welche erheblich belastend gewesen sei.

1108 **OLG Zweibrücken, Urt. v. 19.04.2016 – 5 U 8/14, GesR 2016, 527**

12.000,00 € (Vorstellung: 5.000,00 €)

Verlust von vier Zähnen – Kieferausfräsung

Die Klägerin ließ sich bei dem Beklagten zahnärztlich behandeln. Der Beklagte, der für eine »ganzheitliche Behandlung durch Beseitigung von Störfeldern im Kiefer« warb, führte bei der Beklagten eine von ihm so bezeichnete »Herd- und Störfeldtestung« durch und diagnostizierte sodann ein mehrfaches Zahnherdgeschehen mit Abwanderung von Eiweißverfallsgiften in den Hinterkopfbereich und bis in den Unterleib; als Therapie empfahl er die operative Entfernung sämtlicher Backenzähne und die gründliche Ausfräsung des gesamten Kieferknochens. Der Beklagte entfernte sodann vier Zähne im rechten Oberkiefer und fräste den Kieferknochen in diesem Bereich gründlich durch; sodann erhielt die Klägerin einen Zahnersatz, den sie selbst einsetzen musste. Anweisung oder Anpassung erfolgte nicht. Wegen Problemen mit der Prothese suchte die Klägerin einen anderen Zahnarzt auf, der sich kritisch über die Behandlung äußerte; die Klägerin brach diese sodann ab.

Beim Schmerzensgeld – welches das Landgericht noch mit 15.000,00 € beziffert hatte – führte der Senat aus, es sei der schwerwiegend behandlungsfehlerhafte Eingriff mit der Folge mehrfachen Zahnverlustes und der Ausfräsung des Kiefers zu berücksichtigen; allerdings könne nicht außer Acht bleiben, dass die gewählte Methode dem ausdrücklichen Wunsch der Klägerin entsprochen habe.

LG Karlsruhe, Urt. v. 26.07.2023 – 6 O 140/17, NJW-RR 2023, 1446 1109

<u>15.000,00 €</u> (Vorstellung: 20.000,00 €)

Verlust zweier Zähne – jahrelange Beschwerden

Der Kläger erlitt den Verlust von zwei Zähnen aufgrund von Behandlungsfehlern und eine Verlängerung seiner Leidenszeit durch notwendige Nachbehandlungen. Dies resultierte insbesondere aus einer fehlerhaften Aufklärung bei einer Implantatbehandlung im Oberkiefer. Diese führte zu erheblichen Schmerzen, weil die Kronen unter extremer Spannung standen. Eine komplette prothetische Neuversorgung war nötig, der Kläger litt über sechs Jahre unter Schmerzen. Bei der Bemessung wies das Gericht auch auf die Notwendigkeit hin, zur Kompensation der Geldentwertung ein höheres Schmerzensgeld zuzusprechen.

LG Memmingen, Urt. v. 18.02.2014 – 25 O 745/10, unveröffentlicht 1110

<u>20.000 €</u>

Fehlerhafte Implantatbehandlung – Verlust von 4 Zähnen

Der Kläger erlitt multiple gravierende Behandlungsfehler bei Zahnbehandlungen im Rahmen einer Gebisssanierung. Implantate wurden fehlerhaft gesetzt und erneut fehlerhaft re-implantiert; Periimplantitis im Unterkiefer entstand. Der Kläger verlor vier (allerdings vorgeschädigte) Zähne, die erhaltungsfähig gewesen wären. Die Behandlung zog sich über Jahre hin und resultierte in einer nachhaltigen Schädigung sämtlicher erhaltungsfähiger Zähne durch unsachgemäßes Abschleifen und einem Dauerschmerz, der die Lebensqualität des Klägers stark beeinträchtigte. Schmerzensgelderhöhend wirkte sich das Regulierungsverhalten des Schädigers aus, der trotz eines eindeutigen selbstständigen Beweisverfahrens nur einen geringen Vorschuss gezahlt hatte.

OLG Köln, Beschl. v. 18.11.2015 – 5 U 117/15, unveröffentlicht 1111

<u>20.000,00 €</u> (Vorstellung: 50.000,00 €)

craniomandibuläre Dysfunktion

Bei dem Kläger wurde ein offener Biss vier Jahre lang nicht behandelt. Er konnte in der Zeit nur erschwert sprechen und essen. In der Folge entwickelte sich eine massive craniomandibuläre Dysfunktion, die zu ausstrahlenden Schmerzen und Schlafstörungen geführt hat. Darüber hinaus bestehen Beschwerden aufgrund von Zahnfleischentzündungen.

OLG Stuttgart, Urt. v. 11.05.2016 – 4 U 164/15, unveröffentlicht 1112

<u>20.000,00 €</u> (1/3 Mitverschulden; Vorstellung: 30.000,00 €)

Verlust von zwei Zähnen – Unterkieferbruch – erhebliche Platzwunden

Der Kläger stürzte mit seinem Fahrrad auf einer Eispfütze, die dadurch entstanden war, dass die Beklagte – die Eigentümerin des Weges und einer darüber führenden Eisenbahnbrücke war – das auf der Brücke befindliche Wasser ohne entsprechende Warnhinweise durch eine bauliche Konstruktion auf die Straße abgeleitet hatte, wo es gefroren war. Er erlitt eine zweifache Unterkieferfraktur, Zahnfrakturen mit dem teilweise beziehungsweise kompletten Verlust der Zähne 13, 14 und schließlich 24 sowie Platzwunden an der Unterlippe paramedian rechts und mental rechts, multiple Platz- und Schürfwunden und einen Bluterguss am linken Trommelfell. Der Kläger wurde 5 Tage stationär behandelt, die Frakturen über drei Wochen fixiert. Er war einen Monat krankgeschrieben; als Dauerschaden verbleibt eine Dauerschädigung des linken Kiefergelenks mit entsprechend dauerhaft reduzierter Kaufunktion und Mundöffnung. Es musste in einer weiteren Operation mit 9 Tagen stationären Aufenthaltes ein künstliches Kiefergelenk eingesetzt werden. Die Behandlung zog sich über zwei Jahre, beim Essen hat der Kläger noch häufig Schmerzen.

1113 **OLG Dresden, Beschl. v. 05.08.2021 – 4 W 276/21, unveröffentlicht**

20.000,00 € (Vorstellung: 200.000,00 €)

Einsatz allergener Stoffe bei Zahnbehandlung

Die Antragstellerin war 16 Jahre in der zahnärztlichen Behandlung des Antragsgegners; diesem hatte sie 2007 ihren Allergiepass übergeben, gleichwohl hat der Antragsgegner allergene Stoffe (hier: p-Phenylendiamin, »PPD«) eingesetzt. Sie litt 10 Jahre lang unter Beschwerden, es kam zu offenen Hautstellen an Händen und Füßen, Entzündungen der Haut, Atembeschwerden, Schwellungen und Rötungen in Mund und Rachen, Kopfschmerzen, Abgeschlagenheit und Kreuzallergien.

1114 **LG München II, Urt. v. 01.03.2023 – 1 O 227/21, unveröffentlicht**

20.000,00 € (Vorstellung: 25.000,00 €)

Wurzelkanalbehandlung – Verletzung des nervus alveolaris

Die Klägerin war wegen einer Wurzelkanalbehandlung bei der Praxis des Beklagten. Dieser verletzte bei der Wurzelspitzenresektion den nervus alveolaris; über dieses Risiko war nicht ausreichend aufgeklärt worden. Die Klägerin leidet nun an Schmerzen, Taubheit an Unterlippe und Zahnfleisch und Schmerzattacken, Sprach- und Bissproblemen. Ob ihr Flüssigkeit aus dem Mund läuft, spürt die Klägerin nicht; die Gefühlsbeeinträchtigung im Mund führt zu Beißen auf die Wange, der Lippenschluss ist beeinträchtigt.

1115 **OLG Naumburg, Urt. 06.06.2013 – 1 U 108/12, VersR 2014, 70**

25.000,00 € (Vorstellung: 40.000,00 €)

Oberkiefervorverlagerung – unzureichende Prothetik – Essschwierigkeiten

Die 64 Jahre alte Klägerin war bei der Beklagten in kiefernorthopädischer Behandlung. Sie litt unter Diabetes II und war im Mundbereich voroperiert – seit 30 Jahren war der Oberkiefer zahnlos und mit einer Prothese versorgt, die zunehmend Probleme bereitete, weil sie nicht mehr richtig hielt. Ursache war ein umgekehrter Überbiss und ein Schwund des Oberkiefers (Atrophie). Die Beklagte riet zur Implantatversorgung und in Vorbereitung dazu zu einer Le Fort I-Osteotomie, der Vorverlagerung des Oberkiefers. Dabei wird der Oberkiefer vom Schädel abgetrennt, neu angesetzt und verschraubt. Die Operation, über die die Beklagte nicht ausreichend aufklärte, gestaltete sich als schwierig, es kam zu Komplikationen. Beide Gaumenarterien rissen ab, der Oberkiefer brach, ferner riss die Haut zwischen Kiefer- und Nasenhöhle in der Kieferhöhlenschleimhaut, sodass ein Loch entstand. Wundheilungsstörungen durch entzündliche Prozesse folgten. Eine Verbandplatte wurde im Rahmen einer weiteren Operation eingesetzt, hielt aber nicht. Bei einer weiteren Operation wurde der Defekt des Oberkieferbereichs mit Schleimhaut abgedeckt, auch diese Maßnahme blieb aber ohne Erfolg, ebenso wie eine neuerliche Operation, bei welcher zwei Implantate gesetzt wurden. Auch diese hielten aber nicht; die Beklagte versuchte zwei weitere Operationen, ehe die Klägerin die Behandlung abbrach, sich in stationäre Behandlung begab und den Oberkieferschleimhautdefekt operativ versorgen und schließen ließ. Die alte Prothese passt nun nicht mehr, die neue findet nur unzureichenden Halt. Die Klägerin musste damit nicht nur sechs erfolglose Operationen erdulden, sondern leidet nun unter einem veränderten Erscheinungsbild; die Nasenlöcher sind vergrößert und nach oben gezogen, die Wangen weisen Schwellungen auf und der Mund ist eingefallen und schief. Nahrungsaufnahme ist auf normalem Weg nicht möglich, die Klägerin kann nicht kauen, und die Speisen bleiben im Rachen hängen.

OLG Celle, Urt. v. 31.01.2023 – 14 U 133/22, VerkMitt 2023, Nr. 3 1116

60.000,00 €

Verlust von drei Zähnen – Polytrauma – Schädelhirntrauma – Rippenserienfraktur

Die Klägerin verunfallte mit ihrem PKW, als sie einen Bahnübergang befuhr, bei welchem die Schranken offen waren, und dort mit einem Zug kollidierte Die beklagte Bahn hatte trotz 15 Störungsfällen in einem Monat an der Schrankenanlage keinerlei Sicherheitsmaßnahmen getroffen. Die Klägerin erlitt bei dem Unfall ein Polytrauma mit gedecktem Schädelhirntrauma und multiple Kontusionsblutungen rechts frontal und temporal, weiter eine Rippenserienfraktur rechts, mit traumatischem Pneumohämatothorax rechts, eine ausgedehnte Rissquetschwunde am distalen Oberarm rechts, eine Radiusköpfchenfraktur mit Gelenkbeteiligung und knöcherner Absprengung am Olekranon rechts (Ellenbogenhöcker an der Spitze des Ellenbogens) und eine Milzkontusion. Die Olekranon-Fraktur wurde noch am Unfalltag operativ versorgt. Die Klägerin wurde 24 Tage stationär behandelt und war noch einen Monat in Reha. Wegen des Unfalls erlitt ihr linker großer Zeh starke Risse, die sich entzündeten und operiert werden mussten, auch verlor sie drei Zähne im Unterkiefer. Sie trägt ein Gebiss, der Kiefer hat sich zurückentwickelt, so dass sie sprachlich und beim Essen beeinträchtigt ist.

Zunge

▶ Hinweis:

Hier sind nur physische Beeinträchtigungen der Zunge erfasst; das Sprachvermögen ist unter dem Punkt → Stimmband (Rdn. 1006 ff.) umfassend gesondert behandelt worden.

OLG Hamm, Urt. v. 19.04.2016 – 26 U 199/15, VersR 2016, 1192 = GesR 2016, 432 1117

4.000,00 € (Vorstellung: 7.500,00 €)

Krippelparästhesien der Zunge nach Nervverletzung

Der Kläger, der Zahnarzt-Angstpatient ist, ließ bei dem beklagten Zahnarzt eine Neuverplombung zweier Zähne im Unterkiefer unter Infiltrations- und Leitungsanästhesie durchführen, wobei er über die alternativ möglichen Behandlungen mittels intraligamentärer Anästhesie nicht aufgeklärt worden war. Bei der Leitungsanästhesie kam es zu einer Nervverletzung. Der Kläger spürte zunächst ein Kribbeln in der Zunge, welches dann aber zu einer Gefühllosigkeit der Zunge und Kribbelparästhesien führte, die noch 10 Monate später bestand. Aktuell fühlt der Kläger noch eine leichte Taubheit.

OLG Frankfurt, Urt. v. 12.05.2009 – 8 U 51/08, unveröffentlicht 1118

5.000,00 € (Vorstellung: 15.000,00 €)

Zungentaubheit – Schädigung des nervus lingualis – Zahnverlust

Die Klägerin war bei dem beklagten Zahnarzt in Behandlung, der vor der Vornahme einer Weisheitszahnentfernung nicht über das Risiko einer Verletzung des nervus lingualis aufgeklärt hatte. Im Anschluss an die Behandlung kam es zu Komplikationen in Gestalt einer schweren Entzündung, die einen viertägigen Krankenhausaufenthalt erforderlich machte. Zahn Nr. 37 blieb aufgrund einer mechanischen Beschädigung beim Eingriff beschädigt, die erneute prothetische Versorgung zweier weiterer Zähne war nötig.

Die Klägerin ist dauerhaft nervgeschädigt, allerdings »nicht in besonders schwerwiegender Weise«; sie leidet unter einem Taubheitsgefühl der Zunge, bei welchem es sich um eine partielle, lokal begrenzte Sensibilitätsstörung ohne Schmerzsymptomatik handelt, bei der auch nicht das gesamte Ausbreitungsgebiet des nervus lingualis betroffen ist. Ein Rekonstruktionseingriff ist angesichts dessen Risiken nicht indiziert.

1119 **LG Dortmund, Urt. v. 04.05.2011 – 4 O 55/09, unveröffentlicht**

<u>10.000,00 €</u> (Vorstellung: 30.000,00 €)

Zungentaubheit – Nervverletzungen – teilweiser Geschmacksverlust

Der beklagte Zahnarzt verletzte bei einer Leitungsanästhesie mehrere Nerven des Klägers, nämlich den nervus lingualis, den nervus buccalis und den nervus alveolaris inferiores.

Der Kläger hat nach wie vor eine taube rechte Zungenhälfte, in der weder ein taktiles noch ein gustatorisches Empfinden vorhanden ist. Betroffen ist auch die Hälfte der Wangenschleimhaut. Der Kläger kann feste Nahrung nur unter Schmerzen kauen und essen. Das Geschmacksempfinden des Klägers auf der rechten Seite ist dauerhaft verloren.

1120 **OLG Naumburg, Urt. v. 24.09.2024 – 1 U 86/23, NJW-RR 2025, 220**

<u>10.000,00 €</u>

Zungenlähmung – Verletzung des nervus lingualis – Exzision einer Schleimhautwucherung

Der Beklagte sollte bei der Klägerin die Kaufläche eines Zahnes von einer Zahnfleischkapuze befreien; ohne entsprechende Einwilligung erweiterte er die Maßnahme zu einer tiefen Exzision der Schleimhautwucherung mit operativer Freilegung des Weisheitszahnes. Hierdurch verletzte er den nervus lingualis. Es besteht nun ein Sensibilitätsausfall der rechten Zungenseite und des Mundbodens, die dauerhaft ist und massive Beschwerden verursacht. Die Lebensqualität ist stark eingeschränkt; die Zungenmuskulatur ist eingeschränkt, die Klägerin spricht verwaschen. Sie litt zwei Monate lang unter starken Beschwerden, die auch die Essensaufnahme erschwerten; durch intensives Üben hat sich eine gewisse Gewöhnung einstellen können. Besonders bewertete der Senat die Genugtuungsfunktion bei vorsätzlicher Erweiterung der Behandlung trotz des Wissens um die fehlende Einwilligung.

1121 **OLG Brandenburg, Urt. v. 19.12.2024 – 12 U 192/20, unveröffentlicht**

<u>10.00,00 €</u> **Vorstellung: 55.000,00 €**

Zungenbissverletzung – Thoraxtrauma – HWS-Schleudertrauma – Kopfplatzwunde – Mittelhandfraktur

Die Klägerin erlitt bei einem Verkehrsunfall ein stumpfes Thoraxtrauma, ein Schleudertrauma der HWS, eine Fraktur des Mittelhandknochens, eine Kopfplatzwunde und eine Zungenbissverletzung, die folgenlos ausgeheilt sind. Sie war fünf Tage in stationärer Behandlung. Die Zungenbissverletzung wurde einen Monat lang ambulant versorgt und einmal operiert. Die Klägerin war 5 Monate arbeitsunfähig. Eine dauerhafte Bewegungseinschränkung im rechten Handgelenk mit einem Invaliditätsgrad von 10,5% besteht jedoch weiterhin. Eine posttraumatische Belastungsstörung konnte nicht nachgewiesen werden, jedoch eine posttraumatische Belastungsreaktion.

1122 **LG Tübingen, Urt. v. 29.09.2010 – 8 O 64/08, unveröffentlicht**

<u>15.000,00 €</u> (Vorstellung: 10.000,00 €)

Hypästhesie der Mundschleimhaut und Zunge – Schädigung des nervus lingualis

Der 53 Jahre alte Kläger, der gelernter Koch war, erlitt bei einer Lokalanästhesie des beklagten Zahnarztes, der über Behandlungsalternativen nicht hinreichend aufgeklärt hatte, eine Hypästhesie beidseits der Mundschleimhaut und der Zunge. Es kam zum Verlust des Geschmackssinnes im Bereich der vorderen zwei Zungendrittel sowie einer Schädigung des nervus lingualis links.

Bei der Bemessung stellte das Gericht insb. darauf ab, dass der Kläger im Ergebnis seinen kompletten Geschmackssinn verloren hat mit der Folge, dass er seinem Beruf als Koch nicht mehr nachgehen kann.

LG Dortmund, Urt. v. 09.02.2011 – 4 O 124/08, unveröffentlicht 1123

15.000,00 € (Vorstellung: 100.000,00 €)

Verspätete Diagnose eines Mundbodenkarzinoms

Bei dem 51 Jahre alten Erblasser wurden zwei Zähne extrahiert und eine Hypästhesie der Zunge antibiotisch behandelt. Es kam zu Wundheilungsstörungen, Schmerzsymptomatiken und einer nur eingeschränkten Mundöffnung. Trotz mehrerer Röntgenbilder wurden Knochenauflösungsprozesse im Unterkiefer übersehen. Auch einer Osteomyelitis wurde nicht hinreichend nachgegangen. Erst vier Monate nach Beginn der Behandlung wurde ein Mundbodenkarzinom diagnostiziert. Mehrere Operationen, Chemotherapien und Strahlungsbehandlungen blieben erfolglos; der Erblasser verstarb ein Jahr nach der Diagnose an den Folgen der Tumorbildung und deren Rezidive.

Bei rechtzeitiger Diagnose wäre zwar die Tumorresektion mit der Folge von Beeinträchtigungen in Zunge und Mundraum in jedem Fall erforderlich geworden. Es hätte aber das Überleben des Erblassers gesichert werden und Chemo- sowie Strahlentherapie vermieden werden können.

Das Gericht berücksichtigte auch, dass durch die Behandlungsverzögerung der Erblasser in begründeter Unsicherheit darüber war, ob er bei rechtzeitiger Behandlung gerettet hätte werden können.

B. Besondere Verletzungen

Übersicht Rdn.

Amputationen (Arm/Hand/Finger – Oberschenkel – Unterschenkel – Fuß)

▶ Hinweis:

In diesem Kapitel wird die Amputation von Gliedmaßen behandelt, und nunmehr ab der 11. Aufl. zusätzlich auch die Amputation der weiblichen Brust, die bisher unter dem Stichwort → Brust dargestellt wurde.

1. Arm/Hand/Finger

OLG München, Urt. v. 12.11.2020 – 1 U 2528/20, unveröffentlicht 1124

10.000,00 € (Vorstellung: 7.500,00 €)

Teilamputation des Mittelfingers

Der 6 Jahre alte Kläger befand sich mit der Großmutter auf dem Heimweg, als er vor der Metzgerei des Beklagten eine Stierskulptur sah. Diese, etwa 80 cm hohe und 130 cm lange Bronzeskulptur, wog 200 kg. Der Kläger turnte auf der Skulptur herum, die deswegen nach vorn kippte und die Hand des Klägers einklemmte. Es kam zu einer schweren Verletzung des linken Mittelfingers, die eine Teilamputation des Fingers zur Folge hatte, und zu einer Nagelbettverletzung des linken Daumens führte; der Kläger befand sich drei Tage in stationärer Behandlung. Der Kläger, der Linkshänder ist, ist dauerhaft eingeschränkt und kann z.B. nur noch mit besonderen Schwierigkeiten Gitarre spielen.

Das Gericht bejahte eine Pflicht des Beklagten, die Skulptur so standsicher aufzustellen, dass – womit zu rechnen sei – herumturnende und kletternde Kinder diese unter keinen Umständen zum Kippen bringen könnten.

OLG Braunschweig, Urt. v. 16.05.2024 – 12 U 139/23, MedR 2025, 123 1125

12.000,00 €

Amputation eines funktionslosen Arms

Bei einem Verkehrsunfall wurde unter anderem der Arm der noch jungen Klägerin sehr schwer verletzt. Infolge eines Behandlungsfehlers musste er amputiert werden. Auch bei fehlerfreier Behandlung wäre der Arm funktionslos geblieben und hätte Merkmale einer subtotalen Amputation aufgewiesen. Sensibilität und Beweglichkeit wären infolge der schweren Verletzungen des Arms verloren gewesen. Es hat ein nicht mehr heilbarer Arm vorgelegen. Auch bei Erhalt wäre er einer »Bioprothese« gleichzusetzen gewesen.

OLG Stuttgart, Urt. v. 13.12.2016 – 6 U 137/14, unveröffentlicht 1126

20.000,00 € (Mitverschulden: 3/5; Vorstellung: mindestens 90.000,00 €)

Finger – Amputation – Mehrfragmentfraktur der Kniescheibe – Schienenbeinverletzung – Hand

Der 40 Jahre alte Kläger stürzte als Motorradfahrer und erlitt eine Mehrfragmentfraktur der rechten Kniescheibe sowie eine Fragmentabsprengung des Gelenkkopfes der äußeren Schienbeinhöcker. Ferner zog er sich an der Hand eine offene DII-Endgliedfraktur zu; das Endglied DII rechts (Zeigefinger) musste amputiert werden.

Nach dem Unfall wurde der Kläger 10 Tage stationär behandelt. Es kam zu mehreren Nachoperationen und Klinikaufenthalten. Der Kläger leidet an einer leicht- bis mittelgradigen depressiven Episode bei rezidivierender depressiver Störung sowie an einer spezifischen Phobie, an deren Entstehung der Unfall einen Anteil hat.

OLG Hamm, Urt. v. 13.06.2017 – 26 U 59/16, GesR 2017, 770 1127

50.000,00 €

Unterarm

Der 49 Jahre alte Kläger wurde von den Beklagten mit einer Gipsschiene behandelt. Die Beklagten unterließen es, im Laufe der Behandlung die Gipsschiene abzunehmen, weil die Möglichkeit eines Kompartmentsyndrom bestand, was unbedingt hätte abgeklärt werden müssen. Wäre das Kompartmentsyndrom rechtzeitig erkannt und behandelt worden, hätte eine Nekrotisierung beseitigt werden können, und die Amputation des Unterarms wäre nicht erforderlich geworden.

1128 **OLG Hamm, Urt. v. 19.11.2019 – 26 U 30/19, NJW 2020, 938**

50.000,00 € (Vorstellung: mindestens 50.000,00 €; Zinsen: rd. 9.000,00 €)

Amputation Daumen, Zeigefinger und Teil des Mittelfingers – Teilverlust der Hand

Der 41 Jahre alte Kläger litt an insulinpflichtigem Diabetes und ließ im Krankenhaus der Beklagten eine kombinierte Pankreas-/Nierentransplantation vornehmen. Rd. 1/2 Jahr später befand er sich nach dem Auftreten gastrointestinaler Blutungen erneut im Krankenhaus der Beklagten. In den folgenden Tagen kam es immer wieder zu Blutungen und zu einer Massenblutung, die durch eine Notoperation gestoppt werden konnte. Postoperativ zeigte sich danach eine livide Verfärbung der rechten Hand, die Folge eines Verschlusses der Arteria radialis war. Ferner bestand ein chronischer Verschluss der Arteria ulnaris. Der arterielle Hohlhandbogen war ebenfalls unterbrochen, sodass eine Minderdurchblutung der Daumenseite der Hand vorlag. Bei der Hand kam es zu einer allmählichen Verschlechterung bis hin zu einer Teilmumifizierung. Letztlich musste nach rd. 4 Monaten die Amputation der mumifizierten Teile durchgeführt werden.

Bei rechtzeitiger Behandlung hätte eine Chance von 50 % bestanden, die Hand zu erhalten.

Als kausale Folge des Behandlungsfehlers kann die Hand zukünftig nur als Beihand verwendet werden. Der Kläger leidet unter Bewegungseinschränkungen, Kraftlosigkeit, Ausschluss von sportlichen Hobbies, kein Fahrradfahren, kein Sport, Gefühlsstörungen, Einschränkungen in der Haushaltsführung und Berufsunfähigkeit.

1129 **LG Nürnberg, Urt. v. 24.02.2021 – 8 O 6262/20, unveröffentlicht**

65.000,00 € (Vorstellung: 75.000,00 €)

Amputation Oberarm – Frakturen Unterarm, Hand, Handgelenk – Pneumothorax – Polytrauma

Die 73 Jahre alte Klägerin wurde als Fahrradfahrerin schwer verletzt. Sie erlitt u.a. ein Polytrauma mit subtotaler Amputation eines Oberarms, eine drittgradige offene Unterarmtrümmerfraktur, eine Mittelhandtrümmerfraktur und eine Handgelenksluxationsfraktur. Ferner eine drittgradige offene Kniegelenksluxation mit Fraktur medialer Femurkondylus, Patellaspitzenfraktur, offener Patellaluxation und einen großflächigen Weichteildefekt des Unterschenkels, einen Pneumothorax und weitere Frakturen. Postoperativ befand sie sich im Delir.

Die Klägerin wurde insgesamt 5 Monate stationär behandelt. Sie war danach auf einen Rollstuhl angewiesen.

Bei der Bemessung des Schmerzensgeldes wurden insbesondere die schweren und äußerst schmerzhaften Primärverletzungen, der lange Krankenhaus- und Rehaaufenthalt und die bleibenden erheblichen gesundheitlichen Beeinträchtigungen berücksichtigt. Zudem hatte sich bei der nach gut 3 Jahren verstorbenen Klägerin eine posttraumatische Anpassungsstörung bei noch nicht abgeschlossener Krankheitsverarbeitung entwickelt.

1130 **OLG Frankfurt, Urt. v. 30.12.2021 – 2 U 28/21, VersR 2022, 439 mit Anm. Jaeger; MDR 2022, 698 = DAR 2022, 267**

90.000,00 € zuzüglich 160,00 € monatliche Rente (Kapitalwert: 30.000,00 €)

Oberarm-Amputation – Humerusschaft-Spiralfraktur – Phantomschmerzen – Depressionen

Die 46 Jahre alte Klägerin wurde so schwer verletzt, dass es zu einer Oberarmamputation mit Humerusschaft-Spiralfraktur kam. Eine Replantation des abgerissenen Armes war nicht möglich, der Oberarmstumpf verblieb mit einer Länge von ca. 10 cm.

Die Lebensgestaltung der Klägerin ist erheblich beeinträchtigt.

1131 **OLG Schleswig, Urt. v. 29.11.2018 – 7 U 22/18, NJW-RR 2019, 347 = SVR 2020, 61, (LG Flensburg: NZV 2018, 239)**

180.000,00 € (Mitverschulden: 3/10; Vorstellung: 150.000,00 € Zinsen: 55.182,00 €)

Amputation des Oberarms – Hirnschaden – Halbseitenlähmung – Narben

Die 23 Jahre alte Klägerin, Mutter einer 7 1/2 Jahre alten Tochter, verunglückte mit dem Motorrad und wurde schwer verletzt. Sie erlitt unter anderem eine traumatische subtotale Amputation des linken Armes mit Abriss der Arteria und Vena subclavia, einen Ausriss des Arm-Nervengeflechts (Plexus brachialis), einen Abriss der gesamten vorderen Schultermuskulatur mit ausgeprägtem Weichteilschaden, eine offene Humerusschaftfraktur, eine Schulterblatt-Mehrfragmentfraktur, eine Schlüsselbeinfraktur, multiple Frakturen der (linken) Mittelhandknochen, eine Fraktur des 7. Halswirbelkörpers sowie des ersten und breiten Brustwirbelkörpers, Rippenfrakturen, eine Lungenquetschung beidseits, eine Milzruptur und eine traumatische Subarachnoidal-Blutung.

Bei der Klägerin kam es zu einer posttraumatischen Wundinfektion. Unter den Operationen erlitt sie zwei Schlaganfälle mit nachfolgender rechtsseitiger Hemiparese, Aphasie und einem organischen Psychosyndrom.

Infolge der Schlaganfälle hatte die Klägerin weitgehend ihr Sprachvermögen verloren. Sie musste das Sprechen, Lesen, Schreiben und Rechnen praktisch völlig neu erlernen.

Der linke Arm ist und bleibt völlig unbrauchbar, möglicherweise muss er zukünftig noch amputiert werden. Die durch die Schlaganfälle verursachte halbseitige Lähmung hat die Klägerin weitgehend überwunden. Aus der Halbseitenlähmung rechts verblieben sind Schwierigkeiten mit der Feinmotorik an den Fingern der rechten Hand.

Die Klägerin leidet permanent unter Schmerzen und ist auf Dauer auf die Einnahme von Medikamenten angewiesen.

Der Senat hat das Regulierungsverhalten der Beklagten angeprangert, obwohl dies (wohl falsch ist und) zur Begründung des völlig unzureichenden Schmerzensgeldes entbehrlich war, weil nur die Beklagte Berufung eingelegt hatte.

2. Bein – Oberschenkel

OLG Hamm, Urt. v. 18.02.2015 – 3 U 166/13, ArztR 2015, 246 1132

15.000,00 €

Amputationsangst – Fuß- und Großzehenheberschwäche – Unterschenkel

Bei der 23 Jahre alten Klägerin blieb infolge eines groben Befunderhebungsfehlers ein Synovialsarkom im Unterschenkel unbehandelt. Eine nach der Behandlung zurückbleibende dauerhafte Fuß- und Großzehenheberschwäche ist dem Behandlungsfehler zuzurechnen.

Die Klägerin musste zunächst damit rechnen, dass eine Amputation des Unterschenkels notwendig werden könnte.

OLG Naumburg, Urt. v. 13.02.2014 – 1 U 14/12, unveröffentlicht 1133

50.000,00 €

Oberschenkel-Amputation bei akuter Lebensgefahr

Bei einer 58 Jahre alten Patientin kam es infolge eines Befunderhebungsfehlers zunächst zu einem arteriellen Gefäßverschluss unterhalb des Kniegelenks und in der Folgezeit zu sieben Operationen und letztendlich zu einer Oberschenkelamputation bei akuter Lebensgefahr. In Fällen, in denen höhere Beträge zuerkannt worden seien, seien die Folgen der Amputation entweder noch gravierender gewesen und hätten sich auf Menschen bezogen, die deutlich jünger gewesen seien als die Klägerin, was angesichts der Beeinträchtigungen durch die Amputation als Faktor gewichtet werden müsse.

LG Koblenz, Urt. v. 17.12.2014 – 10 O 35/12, unveröffentlicht 1134

65.000,00 €

Oberschenkelamputation

Infolge eines Behandlungsfehlers kam es bei dem 70 Jahre alten Kläger zu einer Oberschenkelamputation. Der Kläger ist in seiner Mobilität, bei alltäglichen Verrichtungen und in der Freizeitgestaltung erheblich eingeschränkt. Weitere Operationen sind erforderlich. Der Kläger leidet unter Phantomschmerzen und unter seelischen Belastungen.

1135 **OLG Düsseldorf, Urt. v. 30.08.2013 – 1 U 68/12, SP 2014, 121**

80.000,00 € zuzüglich 228,00 € monatlich Rente = 65.000,00 € (Mitverschulden: 1/3; Vorstellung: mindestens 220.000 € zuzüglich 400,00 € monatliche Rente)

Amputation des Beins auf Höhe der Hüfte bei 11 Jahre altem Mädchen

Die 11 Jahre alte Klägerin wurde von einem sich der Haltestelle annähernden U-Bahnzug erfasst, über mehrere Meter mitgeschleift. Sie schwebte in akuter Lebensgefahr, lag 11 Tage im Koma und ein Bein musste auf Höhe der Hüfte amputiert werden. Sie wurde 7 Wochen stationär behandelt, die Anschlussheilbehandlung dauerte rund 6 Monate.

Die Klägerin ist nun seit ihrem elften Lebensjahr in ihrer Lebensführung nachhaltig beeinträchtigt. Sie ist auf ständige Hilfe Dritter angewiesen. Sie kann sich ohne Prothese nur mit zwei Krücken oder einem Rollstuhl selbstständig fortbewegen, was zu erheblichen Bewegungseinschränkungen im täglichen Leben führt. Selbst mit ihrer Prothese ist langes Gehen ebenso wenig möglich wie langes Sitzen. Sie muss regelmäßig Krankengymnastik zur Vermeidung von Rückenschmerzen durchführen und kann kaum bewegungsintensiven Sport treiben. Lediglich Schwimmen ist ihr eingeschränkt möglich. Vor dem Unfallereignis spielte die Klägerin Tennis und übte den Reitsport aus. Es sind außerdem keine greifbaren Anhaltspunkte dafür ersichtlich, dass sich ihr Zustand künftig einmal bessern könnte. Vielmehr ist nicht auszuschließen, dass aufgrund der erheblichen Zusatzbelastung des linken Beines der Klägerin mit Folgeschäden zu rechnen ist.

Diese Umstände und Erwartungen für die Zukunft wiegen schwer und erfordern ein erhebliches Schmerzensgeld. Insofern wäre ein kapitalisiertes Schmerzensgeld i.H.v. 220.000,00 € in Betracht gekommen, falls nicht das Mitverschulden der Klägerin zu berücksichtigen gewesen wäre.

Den Kapitalwert der Schmerzensgeldrente hat der Senat nach einem Zinssatz von 4 % berechnet.

1136 **OLG Frankfurt, Urt. v. 26.02.2015 – 15 U 72/14, GRUR-RR 2015, 219**

100.000,00 € (Vorstellung: 100.000,00 €)

Oberschenkel – Amputation

Der Kläger stürzte durch Verschulden des Beklagten mit seinem Motorrad. Ihm wurde ein Bein oberhalb des Kniegelenks amputiert.

Wesentliche Grundlage für die Bemessung des Schmerzensgeldes war nach Ansicht des Senats das Maß und die Dauer der Lebensbeeinträchtigung, die der Kläger infolge der Amputation erlitten hat, die Dauer der Behandlung und der Arbeitsunfähigkeit sowie der Grad des Verschuldens des Beklagten und die Gesamtumstände des Unfalls. Gemessen daran sei die Höhe des vom Landgericht zugesprochenen Betrages nicht zu beanstanden.

1137 **OLG Köln, Urt. v. 15.07.2015 – 5 U 202/08, VersR 2016, 191**

125.000,00 € zzgl. 500,00 € monatliche Rente = insges. 230.000,00 € (Vorstellung: 230.000,00 € zzgl. 500,00 € monatliche Rente)

Oberschenkelamputation

Die 34 Jahre alte Klägerin, die seit Jahren an Schmerzen im rechten Knie litt, ließ 2003 nach unzureichender Aufklärung eine Arthroskopie des Kniegelenks durch den Beklagten vornehmen. Dieser riet zu einer Umstellungsosteotomie. Nach dem Eingriff wurden die Durchtrennung mehrerer großer Blutgefäße und die Schädigung des Nervus peronaeus festgestellt. Rd. 4 Jahre später ließ die Klägerin eine Reosteotomie vornehmen. Im OP-Gebiet trat ein Infekt auf, der zu mehreren Folgeeingriffen führte.

Während des Berufungsverfahrens trat eine Osteomyelitis im Unterschenkel auf, die bei der nun 41 Jahre alten Klägerin zu einer Oberschenkelamputation führte. Die Versorgung mit einer Prothese gelang erst nach einer Revision des Oberschenkelstumpfes.

Für die Bemessung des Schmerzensgeldes waren ausschlaggebend: die Gefäßschädigung und die Schädigung des Nervus peronaeus während der Ausgangsoperation und die sich anschließenden Folgeoperationen mit der Folge einer Fußheber- und Fußsenkerschwäche, die sich bis zu der Oberschenkelamputation im Januar 2010 ausgewirkt haben; die Überkorrektur der Beinachse (X-Beinstellung) bei der Ausgangsoperation und die der Beseitigung der Überkorrektur dienende Revisionsoperation, das Auftreten einer chronischen Osteomyelitis, etwa 20 der Beherrschung und Behandlung des Knocheninfekts dienende Operationen zwischen 2008 und 2010, die distale Oberschenkelamputation Anfang 2010, das sich nach der Amputation entwickelnde chronische Schmerzsyndrom mit neuropathischen Stumpfschmerzen, der nach der Amputation aufgetretene tiefe Erschöpfungszustand und Depressionen, die Revision des Oberschenkelstumpfes und die Nichtversorgung des Oberschenkelstumpfes mit einer Prothese zumindest bis zur letzten mündlichen Verhandlung 2015.

Die Klägerin hat rd. 5 Jahre einen schwersten Leidensweg hinter sich gebracht, mit einem chronischen Knocheninfekt, permanenten Operationen, schließlich der Amputation und der Entstehung eines Schmerzsyndroms. Einen Beruf kann die Klägerin nicht mehr ausüben und sozialen Kontakten kaum mehr nachgehen. Ihr Familienleben war äußerst belastet. Angesichts des Alters der Klägerin sind die zukünftigen Folgen von erheblicher Dauer.

Zinsen hat der Senat auf das Kapital für rd. 8 Jahre (etwas weniger als insgesamt 40 % = rd. 50.000,00 € zugesprochen, für die rückständigen Raten der Schmerzensgeldrente für bis zu 5 1/2 Jahre dagegen nicht – etwa 4.500 €).

LG Köln, Urt. v. 11.07.2018 – 25 O 290/16, unveröffentlicht 1138

125.000,00 € (Vorstellung: 70.000,00 €)

Beinverlust – Teil-Darm-Verlust – Infektion

Bei dem 70 Jahre alten Kläger kam es nach einer Koloskopie zu einer Darmverletzung, die unzureichend versorgt wurde. Es kam zu einem Nierenversagen und zu einem septischen Schock, so dass ein Bein amputiert werden musste. Der Kläger musste sich mehreren Operationen unterziehen und wurde insgesamt 7 1/2 Monate stationär behandelt. Neben dem durch die Infektion bedingten Verlust des Beins büßte er einen großen Teil des Darms ein und ist Pflegestufe 1.

Die zuerkannten Zinsen belaufen sich auf fast 30.000,00 €.

OLG Frankfurt, Urt. v. 28.08.2018 – 8 U 211/14 – unveröffentlicht 1139

150.000,00 € (Vorstellung: 150.000,00 €; Zinsen rd. 63.000,00 €)

Beinamputation – Zehenamputation – Infektion

Die Klägerin wurde 2009 durch die Beklagten im Krankenhaus wegen eines Meniskus-Innenband-Anrisses operiert. Nach wenigen Tagen wurden in einem anderen Krankenhaus unter anderem ein Kniegelenksempyem, eine nekrotisierende Fasziitis im Bereich des Kniegelenks und des Unterschenkels, eine Nekrose im Bereich der Zehen, Knochennekrosen im Bereich des Fußes und des Sprunggelenks, ein Spannungspneumothorax mit kollabierter Lunge, ein akutes Nierenversagen, eine Blutvergiftung, eine vollständige systemische Entzündungsreaktion des ganzen Organismus sowie eine Infektion mit Staphylococcus aureus festgestellt. Nach einer Operation lag die Klägerin circa zwei Wochen im Koma. Es erfolgten weitere Operationen. Im Rahmen eines vierten Eingriffs wurde das rechte Bein der Klägerin amputiert. Der Beinstumpf wurde später erneut operiert. Bei zwei weiteren Operationen wurde bei der Klägerin eine Teilamputation der linken Zehen vorgenommen.

1140 **OLG Frankfurt, Beschl. v. 14.04.2020 – 15 W 18/20, unveröffentlicht**

150.000,00 € (Vorstellung: taggenau)

Subtotale Oberschenkelamputation

Die Antragstellerin zog sich bei einem Verkehrsunfall schwere Verletzungen zu, die eine Amputation des Oberschenkels erforderlich machten. Sie wurde 5 Wochen stationär behandelt und unterzog sich 9 Jahre zahlreichen Reha-Maßnahmen und stationären Krankenhausaufenthalten. Bisher hat der Versicherer des Schädigers ein Schmerzensgeld in Höhe von 90.000,00 € gezahlt. Sie begehrt PKH für eine Klage auf Zahlung eines taggenauen Schmerzensgeldes (OLG Frankfurt, 22 U 97/16).

Der 15. Zivilsenat des OLG Frankfurt bewilligte PKH für eine Klage auf Zahlung weiterer 60.000,00 €, ein Betrag, der mit Blick auf LG Aurich (s.u. Urt. v. 23.11.2018 – 2 O 165/12, VersR 2019, 887 mit Anm. Jaeger, Vorentscheidung zu OLG Oldenburg, Urt. v. 18.03.2020 – 5 U 196/18, VersR 2020, 1468 = MDR 2020, 673, MedR 2020, 926, ArztR 2020, 144, GesR 2020, 365 viel zu niedrig ist.

1141 **OLG Hamm, Urt. v. 02.12.2002 – 6 U 131/02, unveröffentlicht**[1]

325.000,00 €

Teilabriss des Beins – Amputation von Bein, Hüfte, Teil der Beckenhälfte und Gesäßmuskel

Der 32 Jahre alte Kläger wurde als Motorradfahrer erheblich verletzt. Er erlitt einen Teilabriss des Beins, eine Amputation von Bein, Hüfte, Teil der Beckenhälfte und Gesäßmuskel. Hinzu kamen eine offene Beckenfraktur, die Verletzung von Lende und Kreuzbein, eine Darmverletzung mit anus praeter auf Dauer, eine Hodensackverletzung und Frakturen von Arm, Ellenbogengelenk und Hand mit Versteifung.

Der Kläger wurde 12 Monate stationär behandelt. Er ist unfallbedingt impotent und leidet ständig an Phantomschmerzen.

Das Schmerzensgeld ist deutlich zu niedrig bemessen, weil der anus praeter, die Impotenz, die Bewegungseinschränkungen an Arm und Hand und die Phantomschmerzen bereits ein Schmerzensgeld von mehr als 200.000,00 € rechtfertigen. Für die Amputation des gesamten Beins, des Beckens und des Gesäßmuskels können 125.000,00 € nicht ausreichen.

Die Entscheidung ist zwar schon fast 20 Jahre alt, wird aber wieder aufgenommen, weil es insgesamt nur 2 Entscheidungen mit kompletter Oberschenkelamputation gibt.

3. Unterschenkel

1142 **OLG Düsseldorf, Urt. v. 20.11.2018 – 1 U 39/18, unveröffentlicht**

29.972,08 € (Vorstellung: 100.000,00 €)

Unterschenkelamputation nach offener Unterschenkel- und Sprunggelenksfraktur

Der Verletzte, ein 79 Jahre alter Rollerfahrer, der aktiv am Leben teilgenommen hatte, erlitt eine offene Unterschenkel- und Sprunggelenksfraktur. Nach 4 Operationen musste nach erheblichen Wundheilungsstörungen mit Infektionen der Unterschenkel und später das Kniegelenk amputiert werden. Der Kläger verstarb nach 7 Monaten.

---

1 Die Entscheidung ist zwar schon fast 20 Jahre alt, wird aber wieder aufgenommen, weil es insgesamt nur 2 Entscheidungen mit kompletter Oberschenkelamputation gibt.

LG Duisburg, Urt. v. 01.09.2016 – 8 O 212/11, unveröffentlicht 1143

45.000,00 € (Vorstellung: angemessenes Schmerzensgeld

Unterschenkelamputation nach MRSA Infektion

Infolge eines groben Behandlungsfehlers zog sich die vom Kläger beerbte 67 Jahre alte Patientin beim Setzen eines Bypasses am Oberschenkel eine MRSA-Infektion zu, die zur Folge hatte, dass das Bein unterhalb des Oberschenkels amputiert werden musste. Der Arzt verkannte, dass an der rechten Oberschenkelarterie ein behandlungsbedürftiger Thrombus und nicht »nur« eine seit langem bestehende periphere arterielle Verschlusskrankheit vorlag. Die nötige OP erfolgte erst nach einer Woche.

Die Klägerin litt im Alltag erheblich unter der Verletzung (Stürze, schlechte Mobilität, Probleme mit den jeweiligen Prothesen). Sie konnte sich nicht integrieren, war psychisch belastet und auf fremde Hilfe angewiesen.

Das Schmerzensgeld beträgt für die ersten sechs Jahre 36.000,00 € und für die letzten beiden Lebensjahre nach Einbringung der letzten Prothese 9.000,00 €.

Die Klägerin starb 8 Jahre nach der Operation.

LG Lübeck, Urt. v. 29.09.2023 – 3 O 336/22 – bestätigt durch OLG Schleswig, Beschl. v. 08.03.2024 – 7 U 128/23, NJW-Spezial, 2024, 459 = NJW-RR 2024, 954 1144

70.000,00 € (Vorstellung: 80.000,00 €)

Unterschenkelamputation – Gesichtsfrakturen – Zerrungen – Riss- und Quetschwunden

Die 85 Jahre alte Klägerin wurde als Fußgängerin an einem Überweg von einem LKW überrollt. Es bestand Lebensgefahr.

Die Klägerin, die vor dem Unfall eine 3-Zimmer-Wohnung bewohnte, lebt nun in einem Pflegeheim und ist rollstuhlpflichtig.

Zwar wird sie nicht so lange mit den Dauerfolgen leben müssen wie ein junger Mensch. Auf Grund ihres Alters ist jedoch von größeren Anpassungsschwierigkeiten auszugehen. Vor allem fällt aber schwer ins Gewicht, dass die Klägerin vor dem Unfall selbständig lebte und nunmehr auf einen Rollstuhl und ein Pflegeheim angewiesen ist. Ihr ist somit eine erhebliche Lebensqualität genommen worden.

OLG München, Urt. v. 04.03.2021 – 24 U 1682/20, unveröffentlicht 1145

100.000,00 € (Vorstellung: 130.000,00 €)

Unterschenkelamputation einschließlich Kniegelenk

Dem 20 Jahre alten Kläger, in der Ausbildung zum Kfz-Mechatroniker, musste nach einem Verkehrsunfall der Unterschenkel unterhalb des Knies amputiert. Ein Teil des Schienbeins und ein kurzer Teil des Wadenbeins wurde erhalten. Der Kläger befand sich nach 4 Operationen rd. 2 Monate in stationärer und Reha-Behandlung. Er ist stark gehbehindert und musste den Judosport, den er aktiv und als Trainer betrieb, aufgeben. Die Ausbildung schloss er mit einem Jahr Verzögerung ab. Die MdE beträgt 40 %, der GdB 50.

Vom Schmerzensgeldbetrag erfasst sind neben den erheblichen Schmerzen nach dem Unfall und den folgenden Wochen auch die feststehenden Dauerschäden und Spätschäden, wie Arthrose und weitere Operationen mit Ausnahme eines möglichen Austauschs der Hüftpfanne, der nicht sicher absehbar ist.

LG Oldenburg, Urt. v. 01.12.2023 – 2 O 2383/152 zum Abdruck in VersR 2026 mit Anmerkung Jaeger vorgesehen 1146

150.000,00 € (Mitverschulden: 1/2; Vorstellung: 100.000,00 €)

Amputation beider Unterschenkel und des linken Arms

Der 13 Jahre alte Kläger kletterte auf einen der abgestellten Tankwaggon auf dem Bahngelände der Beklagten. Aus ungeklärten Gründen geriet er an oder zumindest in die Nähe der über dem Waggon befindlichen Oberleitung, erlitt einen Stromschlag. Durch den Stromschlag wurde seine linke Hand vom Unterarm abgetrennt. Im Krankenhaus mussten sein linker Arm und die beiden Unterschenkel amputiert werden.

Für die Bemessung des Schmerzensgeldes nennt die Kammer keine vergleichbaren Entscheidungen, sondern nur 10 bis 20 Jahre´alte Präjudizien. Die Entscheidung des LG Aurich vom 23.11.2018 – 2 O 165/12, VersR 200 2029, 887 und in das Ermessen des Gerichts gestellte weitere Entscheidungen mit einem Schmerzensgeldbetrag von 800.000,00 € bis 1 Mio. € sind offenbar unbekannt.

1147 **LG Hamburg, Urt. v. 19.05.2021 – 336 O 76/17, MedR 2021, 1127**

<u>**170.000,00 €**</u> (Vorstellung: 170.000,00 €)

Unterschenkelamputation unterhalb der Kniegelenke beidseitig

Im Rahmen der Behandlung hatte die 44 Jahre alte Klägerin zur Thromboseprophylaxe Heparin erhalten. Es trat eine Heparin-induzierte Thrombozytopenie vom Typ II (HIT II) – eine durch Antikörperbildung gegen Heparin-Protein-Komplexe verursachte Verklumpung von Thrombozyten – auf, in deren Folge nach Behandlungsfehlern eine Amputation beider Unterschenkel unterhalb der Kniegelenke durchgeführt werden musste.

Dem Anwalt der Klägerin und dem LG Hamburg waren die Entscheidung des LG Aurich v. 23.11.2018 offenbar nicht bekannt.

1148 **OLG Frankfurt, Urt. v. 04.06.2020 – 22 U 244/19, VersR 2021, 84 mit kritischer Anm. Jaeger.** Versuche des 22. OLG Frankfurt, 04.06.2020 – 22 U 144/19, VersR 2021, 127 – *Jaeger,* Die taggenaue Berechnung des Zivilsenats des OLG Frankfurt neue Wege bei der Bemessung des Schmerzensgeldes zu beschreiten, VersR 2021, 24. Aufgehoben durch BGH, Urt. v. 15.02.2022 – VI ZR 937/20, VersR 2022, 712 mit Anm. *Jaeger.*

<u>**200.000,00 €**</u> (Vorstellung: taggenau 264.680,20 €)

Unterschenkelamputation nach offener Unterschenkelfraktur – Gehirnerschütterung

Der 54 Jahre alte Kläger erlitt eine offene Unterschenkelfraktur und eine Gehirnerschütterung. Der Heilungsverlauf war sehr kompliziert. Nach rd. 500 Tagen und 13 Krankenhausaufenthalten wurde nach 3 Jahren der Unterschenkel amputiert.

Das OLG Frankfurt berechnet das Schmerzensgeld für den stationären Aufenthalt mit 51.200,00 € (100,00 €/Tag) und für die statistische Lebenserwartung von 9.490 Tagen (x 24,00 €) mit 215.472 = 266.672,00 €. Diesen Betrag kürzt der Senat auf 200.000,00 € weil der Kläger wegen zahlreicher schwerwiegender Vorerkrankungen eine deutlich kürzere Lebenserwartung habe. Ein Sachverständigengutachten hierzu hat der Senat nicht eingeholt.

1149 **LG Hamburg, Urt. v. 17.06.2016 – 331 O 113/14, unveröffentlicht**

<u>**240.000,00 €**</u> (Vorstellung: 240.000,00 €)

Beinamputation oberhalb des-Kniegelenks – 2-facher Trümmerbruch des Schienenbeins – tiefe Schnittwunden am ganzen Körper – Sehfähigkeit an einem Auge erheblich eingeschränkt

Der 61 Jahre alte Kläger wurde beim Surfen einige 100 Meter vor einer Küste von einem Motorboot überfahren. Ihm wurde der Unterschenkel des linken Beines amputiert, am rechten Bein erlitt er oberhalb des Knöchels einen zweifachen Trümmerbruch des Schienbeins. Der Knöchel wurde zermahlen und musste mit Knochenmark aus der Hüfte aufgebaut. Der Fuß war nahezu vollständig abgerissen. Das Bein ist um 3,5 cm verkürzt. Der Unterschenkel erlitt weitere tiefe Einschnitte durch die Schiffschrauben, welche große Narben hinterließen, welche über den ganzen Körper des

Klägers verteilt sind. Das rechte Bein ist weitgehend nicht mehr funktionsfähig. Die Pupille eines Auges ist dauerhaft vergrößert, die Sehfähigkeit auf dem Auge erheblich eingeschränkt.

Der Kläger wurde mehr als 10-mal operiert. Er verbringt den Großteil des Tages in einem Rollstuhl, kann keinen Sport, welcher ein Teil seines Lebensinhaltes war, betreiben und seinen Beruf nicht mehr ausüben. Im Hinblick auf die erheblichen Dauerfolgen, die lange Behandlung, zahlreiche Operationen, der Lebensbeeinträchtigung hält das Gericht ein Schmerzensgeld von 240.000,00 € für angemessen.

Eine Begründung für die Höhe des Schmerzensgeldes anhand vergleichbarer Entscheidungen enthält das Urteil nicht.

LG Aurich, Urt. v. 23.11.2018 – 2 O 165/12, VersR 2019, 887 mit Anm. Jaeger 1150

Vorentscheidung zu OLG Oldenburg, Urt. v. 18.03.2020 – 5 U 196/18, VersR 2020, 1468 = MDR 2020, 673, MedR 2020, 926, ArztR 2020, 144, GesR 2020, 365

800.000,00 € (Vorstellung: 800.000,00 €)

Unterschenkelamputation – Hirnhautentzündung – Gesichtsschäden

Der fünf Jahre alte Kläger war, unter Schüttelfrost und hohem Fieber leidend, in das Krankenhaus der Beklagten eingeliefert worden, wo einen Tag lang nichts geschah, ehe erst am Folgetag morgens der Verdacht einer Meningokokkensepsis geäußert und eine Notfallversorgung eingeleitet wurde. Tatsächlich litt der Kläger an einer bakteriellen Meningitis (Hirnhautentzündung), die diverse Hautnekrosen und Gangräne an beiden Unterschenkeln verursacht hatte. Wegen dieser Nekrosen mussten beide Unterschenkel des Klägers unterhalb der Knie amputiert werden; es kam zu mehreren Muskellappen- und Spalthauttransplantationen an Gesicht, Armen und Oberschenkeln. Der Kläger befand sich 10 Wochen im Krankenhaus, eine stationäre Reha schloss sich an. Der Kläger musste sich einer plastisch-chirurgischen Revision seiner Amputationsstümpfe unterziehen; er war vorübergehend gezwungen, einen Ganzkörperkompressionsanzug sowie eine Kopf- und Gesichtsmaske zu tragen, um einer wulstigen Narbenbildung entgegenzuwirken, sowie an beiden Beinstümpfen eine künstliche Streckung der Kniegelenke mittels Schienen vornehmen zu lassen. Die Wangen beider Gesichtshälften sind durch ausgedehnte Weichteilschäden entstellt, ebenso Oberschenkel und Arme. Lebenslang wird der Kläger die Haut – mehrfach täglich – eincremen müssen. Er leidet unter deutlicher Schwitzneigung. Die Amputationsstümpfe werden noch mehrfache Revisionsoperationen nach sich ziehen, Eine prothetische Versorgung gelingt derzeit nicht, die derzeitige Fortbewegung auf den Stümpfen belastet Rücken und Hüfte des Klägers. Der Kläger leidet an einem Mangel an Selbstvertrauen und starker motorischer Unruhe aufgrund Traumafolgenstörung. Spätere Adipositas und Herz-Kreislauf-Erkrankungen sind absehbar. Die psychische Belastung und die sozialen Einschränkungen bedingen ein erhebliches Risiko für späteren Substanzmissbrauch.

Die Kammer bemaß das Schmerzensgeld mit Blick auf die Beeinträchtigungen des Klägers, unter denen er sein ganzes Leben lang werde leiden müssen, und den extremen Ausnahmefall eines fünfjährigen Geschädigten, für den das Schmerzensgeld bedeute, dass – bei einer Lebenserwartung von ca. 80 Jahren – wirtschaftlich auf einen Monat 800,00 € entfielen.

Das OLG Oldenburg hat die Entscheidung bestätigt, aber mit völlig anderer jetzt aber zutreffender Begründung.

4. Fuß

OLG Schleswig, Urt. v. 21.02.2024 – 7 U 104/23, NJW-RR 2024, 956 1151

4.000,00 € (Vorstellung: 4.000,00 €)

Quetschung beider Vorfüße

Der Kläger, dem bei früherer Gelegenheit ein Vorfuß amputiert worden war, fuhr nachts, als er sich nach einer Veranstaltung, an einer Bushaltestelle auf einen Schachtring am Rand der Straße gesetzt hatte, ein Gelenkbus mit den Hinterrädern über seine beiden Füße. Er erlitt Quetschungen und als Unfallfolge unmittelbar starke Schmerzen, wurde 4 Tage stationär behandelt und musste 4 Kontrolltermine wahrnehmen. Seine Schmerzen dauerten lange an. Seine Alkoholisierung und die Vorschädigung des Fußes begründen kein Mitverschulden.

1152 **OLG Brandenburg, Urt. v. 14.12.2023 – 12 U 07/23**

6.000,00 € (Vorstellung: 20.000,00 €)

Teilamputation Zehengelenk – Fraktur Großzehe

Der noch junge Kläger erlitt als Motorradfahrer bei einem Sturz neben Schürfwunden eine Teilamputation ab einem Zehengelenk und eine Fraktur der Großzehe. Er leidet unter Schmerzen bei längerem Stehen und Laufen bei mäßiggradiger Bewegungsbeeinträchtigung der Großzehe und starker Einschränkung der zweiten Zehe. Es hat sich eine Arthrose mit Gelenksubluxation und eine Wachstumsstörung des Nagels am Großzeh ausgebildet, die zu Einschränkungen im Alltag führt. Die stationäre Behandlung dauerte fast 6 Wochen.

1153 **OLG Dresden, Beschl. v. 19.03.2021 – 4 W 72/21, GesR 2021, 492**

12.000,00 € (Vorstellung: 12.000,00 €)

Zehenamputation nach unterlassener Befunderhebung

Weder der Hausarzt noch die nachbehandelnde Gefäßchirurgin nahmen einen Wundabstrich einer Großzehenwunde bei diabetischem Fußsyndrom.

1154 **OLG Hamm, Urt. v. 08.04.2016 – 11 U 141/14, unveröffentlicht**

20.000,00 € (Mitverschulden: 2/3; Vorstellung: 50.000,00 €)

Verlust des Fußes – Hämatome – innere Blutungen – Verletzungen der Wirbelsäule

Der noch im jugendlichen Alter stehende Kläger sprang von einem anfahrenden Zug ab, geriet mit einem Fuß unter den Zug, wodurch der Fuß abgetrennt wurde. Daneben erlitt der Kläger Hämatome, innere Blutungen und Verletzungen der Wirbelsäule. Er wurde vielfach operiert und leidet immer wieder unter den Folgen des Unfalls, wenn auch eine weitgehende Beschwerdefreiheit erreicht werden konnte.

1155 **LG Mönchengladbach, Urt. v. 31.03.2025 – 6 O 102/22**

20.000,00 € (Mitverschulden: 1/10)

Amputation von Zehengliedern – Infektion mit Papageienkrankheit – Lungendiffusionsstörung

Infolge der Infektion, die sich der Kläger mit der sog. Papageienkrankheit im Umgang mit seinen Zimmervögeln zuzog, erlitt er eine irreparable Lungendiffusionsstörung, die nicht medikamentös behandelt werden kann. Durch eine infektionsbedingte Nekrose mussten ihm Zehenend- und Mittelglieder amputiert werden. Dadurch leidet er unter täglichen Schmerzen und Beschwerden beim Gehen. Durch die Schädigung der Lunge hat der Kläger Atemprobleme. Der GdB mit Merkzeichen »G« beträgt 70.

1156 **OLG Nürnberg, Urt. v. 09.05.2012 – 12 U 1247/11, VRS 123, 13 = VerkMitt 2012, Nr. 83–85 = TranspR 2013, 163 – vgl. zur ersten Instanz: LG Nürnberg-Fürth, Urt. v 18.05.2011 – 2 O 8329/10, unveröffentlicht**

35.000,00 € (Mitverschulden: 1/3; Vorstellung: 60.000,00 €)

Amputation des Fußes ab der Ferse

Der fast 17 Jahre alte Kläger geriet infolge Eisglätte auf einem nur teilweise geräumten Bahnsteig ins Straucheln und dabei mit den Füßen über die Bahnsteigkante in den Schienenbereich. Der anfahrende Zug erfasste einen Fuß des Klägers, der dabei schwere Verletzungen erlitt, die mit extremen

Schmerzen verbunden waren und nach mehreren Operationen schließlich zu einer Amputation des Fußes etwa ab der Ferse führten. Der Kläger war bis zum Unfall ein sehr sportbegeisterter Schüler, wählte im Gymnasium das Leistungsfach Sport und wollte nach dem Abitur ein Sportstudium mit dem Ziel des Lehramts an Gymnasien beginnen. Ferner war er aktiver Fußballspieler in der 1. Mannschaft eines Vereins in der Bayernliga und strebte eine Profikarriere an. Aufgrund des Unfalls ist dem Kläger die bisherige Lebensgestaltung, die durch seine sportlichen Freizeitaktivitäten geprägt waren, nicht mehr möglich.

5. Brust

LG Berlin, Urt. v. 23.10.2013 – 36 O 124/10, unveröffentlicht 1157

35.000,00 €

Entfernung der linken Brust

Bei der Klägerin, einer 36 Jahre alten Frau, wurde wegen eines Befunderhebungsfehlers des beklagten Frauenarztes ein Brusttumor verspätet festgestellt. Die linke Brust musste entfernt werden; zudem wurde eine durch die verzögerte Diagnose entstandene gesteigerte Metastasenangst der Klägerin bei der Bemessung berücksichtigt.

OLG Hamm, Urt. v. 12.10.2018 – 26 U 172/17, GesR 2018, 782 1158

40.000,00 € (Vorstellung: 40.000,00 €)

Brustamputation – Versterben

Bei der (zu Prozessbeginn bereits verstorbenen) Geschädigten, die im Alter von 41 Jahren die beklagten Gynäkologen aufgesucht hatte, wurde vorwerfbar ein Tumor der Brust nicht diagnostiziert, weil eine Stanzbiopsie unterlassen wurde. Der Tumor wurde erst drei Monate später entdeckt, was die Amputation einer Brust erforderlich machte. Gleichwohl kam es zu einer Aussaat der Krebszellen im Lymphsystem sowie zur Metastasenbildung. Die Geschädigte befand sich seit dem Entdecken des Tumors in dauerhafter, in der Intensität zunehmender Behandlung und litt zudem bis zum Versterben (4 Jahre und 3 Monate nach Diagnose) Todesangst. Das Landgericht, welches 30.000,00 € zugebilligt hatte, berücksichtigte, dass die Geschädigte in »noch jungen Alter (45 Jahre)« verstorben sei und in den letzten vier Jahren ihres Lebens keine Möglichkeit mehr gehabt habe, ein erfülltes Leben zu führen. Der Senat erhöhte dies und hat hierbei insbesondere berücksichtigt, dass die zu erwartende Lebenszeit der Geschädigten verkürzt worden sei und sich ihre Leidenszeit über mehr als vier Jahre erstreckt habe in dem überaus belastenden Wissen, dass ihre Brustkrebserkrankung zunächst nicht erkannt worden ist. Die Geschädigte habe in dieser Zeit vielfache Behandlungen über sich ergehen lassen müssen, die ihr letztlich deutlich gemacht hätten, dass sie sich angesichts der weiter bestehenden Erkrankung auf ein letales Ende einstellen müsse.

LG Köln, Urt. v. 29.06.2017 – 25 O 326/13, unveröffentlicht 1159

100.000,00 € (Vorstellung: 150.000,00 €)

Verlust der rechten Brust – verspätete Krebsdiagnose

Die 50 Jahre alte Klägerin war seit Jahrzehnten beim Beklagten in gynäkologischer Behandlung. Bei drei Mammografien über einen Zeitraum von 10 Monaten wurden Behandlungsfehler gemacht, weswegen große tumoröse Prozesse in der rechten und eine auffällige Zyste in der linken Brust übersehen wurden; nach weiterer Diagnostik stellte sich heraus, dass sich ein invasiv ductales Mammakarzinom rechts und Lebermetastasen gebildet hatten. Die Klägerin erhielt eine Chemotherapie und Frequenzablationen von Lebermetastasen; nach dem ersten Eingriff, der 7,5 h dauerte, erlitt sie einen Pneumothorax. Es kam zu starken Schmerzen in der Lebergegend. Eine Mastektomie war nötig, die bei rechtzeitiger Diagnose hätte vermieden werden können. Die medikamentöse Therapie muss lebenslang fortgesetzt werden und verursacht Nebenwirkungen wie ständigen Juckreiz, starke Kopfschmerzen, einen deutlich reduzierten Gesundheitszustand, starke Blutdruckschwankungen und

Herzrasen sowie Krämpfe in der Herzgegend. Die Klägerin lebt in starker Angst vor dem Auftreten eines Rezidivs. Die Prognose für ein Überleben im Allgemeinen und für ein rezidivfreies Überleben im Besonderen haben sich deutlich verschlechtert.

Behandlungsverzögerungen

▶ Hinweis:

Behandlungsverzögerungen kommen täglich vor, ohne dass sie gesundheitliche Folgen haben müssen.

Dennoch: Die relativ geringe Zahl einschlägiger Entscheidungen zeigt, dass bei den Patienten und deren Angehörigen medizinische Kenntnisse fehlen, um aus solchen – oft groben Behandlungsfehlern – Konsequenzen zu ziehen.

Behandlungsverzögerungen können auch auf der Budgetierung beruhen, wodurch am Jahresende vermehrt – und nicht immer vertretbar – Operationen und Behandlungen in das folgende Kalenderjahr verschoben werden.

Nicht weniger problematisch ist das gegenteilige Verhalten von Ärzten, die eine – noch nicht gebotene – Behandlung vorziehen. Nicht selten wird z.B. eine Geburt eingeleitet, damit sie nicht »zur Unzeit« erfolgt, etwa Karneval oder am 24. oder 31.12. eines Jahres oder vor einer Familienfeier des Chefarztes. Auch Chirurgen und Zahnärzten wird gelegentlich vorgeworfen, vorschnell zu operieren bzw. Zähne zu ziehen.

Diese Fälle sind bekannt, wurden aber bisher nicht judiziert.

1160 **LG Aachen, Urt. v. 11.02.1015 – 11 O 399/12, unveröffentlicht**

500,00 € (Vorstellung: 20.000,00 €)

Verzögerte Operation eines infizierten Kniegelenks

Durch die verspätete Stellung der Operationsindikation kam es zu einer Behandlungsverzögerung von ca. 15 Stunden. In dieser Zeit litt der Kläger unter Schmerzen. Eine zeitgerechte Operation hätte zu einer früheren Reduktion der Schmerzen geführt. Auch wäre dem Kläger eine zur Schmerzlinderung und Entlastung durchgeführte Punktion erspart geblieben.

1161 **OLG Hamm, Beschl. v. 27.04.2020 – 3 U 18/20, unveröffentlicht**

500,00 € (Vorstellung: 1.000,00 €)

Verschiebung einer Operation um 4 Tage

Durch die unzureichenden Vorbereitungen der Operation, es wurde festgestellt, dass das OP-Instrumentarium nicht steril war, musste die bereits eingeleitete Narkose abgebrochen und der Eingriff verschoben werden.

1162 **OLG Brandenburg, Urt. v. 10.01.2019 – 12 U 225/16, unveröffentlicht**

800,00 € (Vorstellung: 35.000,0 €)

Ruhigstellung des Arms über 7 Wochen statt 3 1/2 Wochen

Die Klägerin wurde nach einer Sturzverletzung wegen des Verdachts auf eine Radiusköpfchenfraktur mit einer Oberarmgipsschiene versorgt, die erst nach 7 Wochen entfernt wurde. Der Arm wurde dadurch rd. 3 1/2 Wochen zu lange ruhiggestellt. Der Senat hat das vom LG mit 1.500,00 € als angemessen angesehene Schmerzensgeld für die Einschränkung der Beweglichkeit für 3 1/2 Wochen auf 800,00 € ermäßigt.

LG Wuppertal, Urt. v. 05.05.2015 – 5 O 11/14, unveröffentlicht 1163

1.500,00 € (Vorstellung: 7.500,00 €)

1 Tag Leidenszeit

Auf erhöhte Leberwerte der Klägerin wurde nicht reagiert. Am Folgetag begab sich die Klägerin in ein Krankenhaus. Durch die Verzögerung litt sie einen Tag unter Schmerzen und weiteren Beeinträchtigungen und unter Todesangst.

OLG Oldenburg, Urt. v. 18.05.2016 – 5 U 1/14, GesR 2016, 522 = MedR 2017, 196 1164

2.000,00 € (Vorstellung: 40.000,00 €)

Prostatadiagnose um 6 Monate verzögert

Der beklagte Arzt hätte den anlässlich der Krebsvorsorgeuntersuchung erhobenen Befund nicht auf sich beruhen lassen dürfen, sondern war verpflichtet, eine Kontrolluntersuchung nach 6 Monaten zu veranlassen. Sein pflichtwidriges Unterlassen verhinderte eine bessere Prognose, was aber auch (schmerzensgeldmindernd) zur Folge gehabt haben soll, dass der Patient in dieser Zeit in dem Glauben leben konnte, nicht an Krebs erkrankt zu sein.

Die Operation hatte eine Inkontinenz- und eine Impotenzproblematik zur Folge.

Der Patient verstarb 4 Jahre nach der Operation im Alter von 57 Jahren, also nach relativ kurzer Leidenszeit. Zwischen dem Tod und dem Prostatakarzinom bestand kein Zusammenhang.

OLG Köln, Urt. v. 28.02.2018 – 5 U 47/17, MedR 2018, 732 1165

2.000,00 €

Infektion verspätet erkannt – 16 Tage verlängerten Leidenszeit

Die Vereiterung eines implantierten Neuromodulationssystems hätte zur Explantation führen müssen.

Das Schmerzensgeld wurde dem 60 Jahre alten Kläger zum Ausgleich der um 16 Tage verlängerten Leidenszeit gewährt, in der er ganz erhebliche Schmerzen aushalten musste und zum Ausgleich des sicherlich sehr schmerzhaften und qualvollen Erlebens des eitrigen Austritts des Generators.

OLG Köln, Urt. v. 27.05.2015 – 5 U 194/14, VersR 2016, 404 (Leitsatz) = MedR 2017, 276 (Leitsatz) 1166

2.500,00 €

Knorpelschaden – verspätete Befunderhebung

Der belastete Arzt hat durch verspätete Befunderhebung den eindeutig behandlungsbedürftigen Befund eines viertgradigen medialen und retropatellaren Knorpelschadens im Knie der Klägerin um zwei Monate verzögert. Die Einschränkungen der Gehfähigkeit, die Schmerzen und die Beschwerden, die während des Verzögerungszeitraums von zwei Monaten bestanden, rechtfertigen kein höheres Schmerzensgeld.

LG Dortmund, Urt. v. 17.03.2016 – 4 O 210/11, GesR 2016, 530 1167

2.500,00 € (Vorstellung: 70.000,00 €)

Psychische Beeinträchtigungen nach ärztlichem Behandlungsfehler

Die Kläger machen als Erben einer Patientin, die 2009 an den Folgen eines Mammakarzinoms starb, Schadenersatz- und Schmerzensgeldansprüche aus eigenem sowie übergegangenem Recht geltend.

Der Beklagte hatte nach einem Mammografie-Screening die Patientin und deren Frauenärztin fehlerhaft darüber informiert, dass die Untersuchung ohne Befund war und sich somit keine Hinweise auf Brustkrebs ergeben hatten, obwohl sich auf den Bildern ein auffälliger Befund zeigte. Rund 7

Monate später ertastete die Patientin einen Knoten in der Brust, der sich als malignitätsverdächtiger Prozess darstellte. Nach Chemo- und Strahlentherapie zeigte sich 2 Jahre später eine Metastasierung des Karzinoms. Aufgrund des Diagnosefehlers des Beklagten hätte die Patientin über einen Zeitraum von 20 Monaten den Verfall ihres Körpers auf den Tod hin beobachten müssen. Sie habe nahezu während der gesamten Zeit unter massiven und zunehmend schwerer werdenden körperlichen Beeinträchtigungen gelitten.

Für die seelischen Beeinträchtigungen der Patientin war neben dem Behandlungsfehler die Krebserkrankung als solche ebenfalls ursächlich. Der Behandlungsfehler hat jedoch die psychischen Beeinträchtigungen gesteigert, seine Mitursächlichkeit liegt auf der Hand. Ein Patient, der von seiner Krebserkrankung und dem sicheren Tod erfährt, hat an diesem Umstand seelisch schwer zu tragen. Umso mehr muss er aber mit dem Schicksal hadern, wenn er davon ausgeht, dass ein Behandlungsfehler dazu geführt hat, dass die Erkrankung einen ungünstigen Verlauf nimmt und er deshalb nicht geheilt werden kann. Andererseits konnte sie noch 7 unbelastete Monate verleben.

1168 **OLG Düsseldorf, Urt. v. 05.11.2015 – 8 U 15/15, unveröffentlicht**

3.000,00 € (Vorstellung: 25.000,00 €)

Beginnende Sepsis – Abszess – Fieberschübe – Verzögerung 3–4 Wochen

Bei der 36 Jahre alten Klägerin, die seit dem 20. Lebensjahr querschnittgelähmt ist, wurde zunächst vertretbar auf eine stationäre Aufnahme verzichtet.

Am folgenden Tag wurde sie bei deutlicher Symptomverschlechterung stationär aufgenommen. Trotz laborchemisch und klinisch sicherer Anzeichen einer Sepsis wurde zunächst eine konservative Therapie und später zur Wundrevision eine minimal-chirurgische Maßnahme durchgeführt. Bei anhaltender eitriger Sekretion aus der Wunde verschlechterte sich die Situation. Die Klägerin wurde in ein anderes Krankenhaus verlegt, wo eine Untersuchung einen ausgedehnten, flüssigkeitsgefüllten Abszess ergab, der noch am selben Tag eröffnet wurde.

Der Heilungsprozess hat sich um einen Zeitraum von 3 bis 4 Wochen verzögert.

Wäre der Eingriff bereits im Haus der Beklagten durchgeführt worden, wären der Klägerin Fieberschübe, Übelkeit und Schmerzen erspart geblieben.

Die Klägerin leidet an einer seelischen Erschütterung mit Symptomen einer atypisch lang verlaufenden, posttraumatischen Belastungsstörung, die sich zwar im Laufe der Zeit abgeschwächt hat, sie aber weiterhin im Privat- und im Arbeitsleben beeinträchtigt.

1169 **OLG Schleswig, Urt. v. 30.01.2019 – 4 U 42/17**

3.000,00 €

Revisionsoperation um 20 Stunden verzögert

Durch einen Befunderhebungsfehler wurde die Revisionsoperation um ca. 20 Stunden verzögert. Dadurch erlitt die Klägerin länger starke Schmerzen und Todesangst. Zusätzlich wurde eine Magen-Darm-Passage durchgeführt, die einen zusätzlichen Schmerzschwall verursachte, obwohl sie nicht indiziert war und eine zusätzliche Lavage und eine längere Beatmungszeit erforderlich machte.

1170 **OLG Hamm, Urt. v. 17.11.2015 – 26 U 13/15, GesR 2016, 92 = VersR 2016, 926 mit Anm. Jaeger, VersR 2016, 218**

7.000,00 € (Vorstellung: 35.000,00 €)

Behandlungsverzögerung um 7 Wochen – übersehene Oberschenkelfraktur

Die 43 Jahre alte Klägerin erlitt bei einem Verkehrsunfall u.a. beidseitige Oberschenkelfrakturen. Auf einem Röntgenbild wurde eine laterale Oberschenkelfraktur mit Dislokation übersehen. Die

Klägerin musste 7 Wochen mit einer nicht versorgten Oberschenkelhalsfraktur leben. Die Fraktur kippte ab, was während dieser Zeit erhebliche Schmerzen ausgelöst hat.

Als weitere Folge des Behandlungsfehlers mussten bei der Revisionsoperation Knochenstücke aus dem Beckenkamm entnommen werden.

Der Senat hat nicht berücksichtigt, dass der Krankenhausaufenthalt sich für die Klägerin insgesamt um mindestens 2 Wochen verlängert hat.

Die Entscheidung ist unvereinbar mit der Entscheidung desselben Senats, die nur 3 Tage später verkündet wurde: OLG Hamm, Urt. v. 20.11.2015 – 26 U 27/15, GesR 2016, 154, vgl. Rdn. 1172.

OLG Koblenz, Urt. v. 28.05.2014 – 5 U 1244/13, VersR 2014, 1458 = NJW-RR 2014, 1239 1171

<u>10.000,00 €</u>

Bursitis – verzögerte Bursitis-Operation

Die verspätet durchgeführte Bursitisoperation führte zu mannigfachen Komplikationen; der Kläger musste sich einer langdauernden ambulanten, vorübergehend aber auch stationären Nachbehandlung unterziehen. Zeitweise konnte er seinen Beruf als Vertriebsleiter nicht ausüben. Der protrahierte Heilungs- und Genesungsprozess war von erheblichen Belastungen und Einschränkungen geprägt, zu denen es nicht gekommen wäre, wenn der beklagte Arzt unverzüglich operiert hätte. Nach der Operation schwoll der Arm des Klägers an und er musste 6 Wochen lang eine Oberarmgipsschiene tragen

OLG Hamm, Urt. v. 20.11.2015 – 26 U 27/15, GesR 2016, 154 1172

<u>14.700,00 €</u> (Vorstellung: mindestens 14.700,00 €)

Oberschenkel – ungenügende Reposition – Re-Operation

Der Kläger erlitt bei einem Sturz eine Oberschenkelspiralfraktur mit Abriss des kleinen Rollhügels (subtrochantäre Mehrfragmentspiralfraktur). Die Fraktur wurde intraoperativ geschlossen reponiert. Eine proximale Femurnagelung mit statischer Verriegelung wurde durchgeführt.

Auf die ungenügende Reposition hätte bereits intraoperativ reagiert werden müssen. Bei ordnungsgemäßem Vorgehen wäre dem Kläger nicht nur die Behandlungsverzögerung erspart geblieben, sondern die gesamte spätere Revisionsoperation.

Im Hinblick auf die erheblichen Beeinträchtigungen, die eine Revisionsoperation mit sich bringt, erscheint dem Senat ein Schmerzensgeld von 14.700,00 € gerechtfertigt.

Die Entscheidung ist unvereinbar mit der Entscheidung desselben Senats: OLG Hamm, Urt. v. 17.11.2015 – 26 U 13/15, GesR 2016, 92 = VersR 2016, 926 mit Anm. *Jaeger*, VersR 2016, 218, vgl. Rdn. 1170.

KG Berlin, Urt. v. 31.08.2015 – 20 U 314/12, unveröffentlicht – Der BGH, Urt. v. 11.04.2017 – VI ZR 576/15, VersR 2017, 888 = GesR 2017, 582, hat die Entscheidung auf Revision der Beklagten aufgehoben. Der BGH hat einen Befunderhebungsfehler verneint, aber eine Verletzung der Informationspflicht für möglich gehalten. 1173

<u>15.000,00 €</u> (Vorstellung: 30.000,00 €)

HPV-Infektion – Behandlungsverzögerung

Die Klägerin wurde trotz einer erkannten HPV-Infektion und PAP III-Befund nicht rechtzeitig wieder einbestellt, sodass es zu einer Behandlungsverzögerung des bei ihr bestehenden Plattenepithelkarzinoms der Gebärmutter kam. Dem Beklagten wurde ein Befunderhebungsfehler vorgeworfen, ohne den die Klägerin etwa 6 Monate gewonnen hätte. Da sich bei ordnungsgemäßer Befunderhebung ein reaktionspflichtiges Ergebnis, auf das nicht zu reagieren grob gewesen wäre, gezeigt hätte, wurde im Wege der Beweislastumkehr der Beklagten jedenfalls die Trachelektomie zugerechnet. Denn dass das Ergebnis der früheren Untersuchung das gleiche gewesen wäre, wie das 6 Monate später erfolgte, kann die Beklagte nicht beweisen.

1174 **OLG Hamm, Urt. v. 15.01.2016 – 26 U 48/14, GesR 2016, 352**

15.000,00 € (Vorstellung erste Instanz: > 20.000,00 €)

Behandlungsverzögerung – Glaukomerkrankung 4 Jahre unbehandelt – Gesichtsfelddefekt

Infolge grober Behandlungs- und Befunderhebungsfehler des Beklagten wurde eine fortschreitende Glaukomerkrankung 4 Jahre nicht behandelt. Durch eine frühzeitige Operation hätten die Verschlechterung der Nervenstruktur sowie das Auftreten von größeren Gesichtsfelddefekten hinausgezögert werden können. Der Kläger kann mit dem Auge zwar nicht lesen, aber noch sehen. Die Verzögerung der Operation um vier Jahre ist grundsätzlich geeignet, das Erblindungsrisiko eines Patienten zu erhöhen. Belastbare Wahrscheinlichkeitsangaben können dazu nicht gemacht werden.

1175 **LG Aachen, Beschl. v. 09.09.2021 – 11 O 278/20, unveröffentlicht**

20.000,00 €

Behandlungsverzögerung nach Mittelfußfraktur

Der Kläger begehrt erfolgreich Prozesskostenhilfe für die Inanspruchnahme der Behandlungsseite, der er eine Behandlungsverzögerung um 6 Wochen nach einer Lisfranc'schen Luxationsfraktur vorwirft. Dadurch bestehe die Gefahr einer Pseudoarthrose mit dauernden Schmerzen und die Gefahr bis hin zur Notwendigkeit der Versteifung des Fußes.

1176 **OLG Hamm, Urt. v. 31.10.2014 – 26 U 173/13, unveröffentlicht**

22.000,00 € (Vorstellung: mindestens 25.000,00 €)

Schädigung des Enddarms – Schließmuskelverletzung – Befunderhebungsfehler

Infolge eines Befunderhebungsfehlers wurde ein periproktischer Abszess nicht erkannt, sodass auf die Abszessbildung verspätet reagiert wurde. Bei rechtzeitiger Operation wären die Beeinträchtigungen deutlich geringer gewesen und der Schließmuskel wäre möglicherweise gar nicht beeinträchtigt worden. Infolge der Schließmuskelverletzung kam es zur Stuhlinkontinenz und zu psychischen Beschwerden.

1177 **OLG Frankfurt, Urt. v. 28.01.2014 – 8 U 116/12, unveröffentlicht**

25.000,00 € (Vorstellung 25.000,00 €)

Oberschenkelhalsfraktur – Behandlungsverzögerung

Der mindestens 70 Jahre alte Kläger wurde in einer Klinik operiert. Es wurde eine zementfreie Hüftgelenk-Endoprothese implantiert. Beim Einschlagen der Prothese kam es zu einer Sprengung des Schaftes und der Kläger erlitt großflächige Verbrennungen an einer Gesäßhälfte. Nachdem die Fraktur des Oberschenkelknochens verheilt war, war der Stand der Hüfte nicht zufriedenstellend, das Bein war verkürzt.

Eine Verletzung des ärztlichen Standards wurde bejaht, weil die unzweifelhaft erkennbare Fraktur mit Schaftsprengung bis zur Revisionsoperation über 5 Monate unbehandelt blieb.

Infolge der Verbrennung, die mit Schmerzen verbunden war, war der Kläger 6 Wochen auf einen Rollstuhl angewiesen. Insoweit hat der Senat den Beklagten verzögerliches Regulierungsverhalten vorgeworfen.

1178 **OLG Köln, Beschl. v. 14.03.2016 – 5 U 69/15, unveröffentlicht**

40.000,00 €

Oberarm – Humeruskopffraktur – Osteophysenlösung nicht erkannt

Infolge eines Behandlungsfehlers wurde bei der Klägerin eine Osteophysenlösung des Humeruskopfes nicht erkannt. Dadurch kam es zu einer Behandlungsverzögerung um vier Monate, die zu erheblichen gesundheitlichen Beeinträchtigungen der Klägerin führten, insbesondere zur Schonhaltung des Arms und zu Schwellungen im Oberarm- und Schulterbereich.

OLG Hamm, Urt. v. 12.10.2018 – 26 U 172/17, GesR 2018, 782 1179

40.000,00 € (Vorstellung: 40.000,00 €)

Brustamputation – Versterben nach 4 Jahren und 3 Monaten

Bei der (zu Prozessbeginn bereits verstorbenen) Geschädigten, die im Alter von 41 Jahren die beklagten Gynäkologen aufgesucht hatte, wurde vorwerfbar ein Tumor der Brust nicht diagnostiziert, weil eine Stanzbiopsie unterlassen wurde. Der Tumor wurde erst drei Monate später entdeckt, was die Amputation einer Brust erforderlich machte. Gleichwohl kam es zu einer Aussaat der Krebszellen im Lymphsystem sowie zur Metastasenbildung. Die Geschädigte befand sich seit dem Entdecken des Tumors in dauerhafter, in der Intensität zunehmender Behandlung und litt zudem bis zum Versterben (4 Jahre und 3 Monate nach Diagnose) Todesangst. Das Landgericht, welches 30.000,00 € zugebilligt hatte, berücksichtigte, dass die Geschädigte in »noch jungen Alter (45 Jahre)« verstorben sei und in den letzten vier Jahren ihres Lebens keine Möglichkeit mehr gehabt habe, ein erfülltes Leben zu führen. Der Senat erhöhte dies und hat hierbei insbesondere berücksichtigt, dass die zu erwartende Lebenszeit der Geschädigten verkürzt worden sei und sich ihre Leidenszeit über mehr als vier Jahre erstreckt habe in dem überaus belastenden Wissen, dass ihre Brustkrebserkrankung zunächst nicht erkannt worden ist. Die Geschädigte habe in dieser Zeit vielfache Behandlungen über sich ergehen lassen müssen, die ihr letztlich deutlich gemacht hätten, dass sie sich angesichts der weiter bestehenden Erkrankung auf ein letales Ende einstellen müsse.

OLG Dresden, Beschl. v. 04.05.2022 – 4 W 251/22, NJW-RR 2022, 963 1180

50.000,00 € (Vorstellung:100.000,00 €)

Behandlungsverzögerung – 2 Folgeoperationen

Im Anschluss an eine Leistenoperation hatte sich beim Kläger eine Sepsis mit akutem Nierenversagen bei 4-Quadranten-Peritonitis entwickelt. Wegen möglicher Befunderhebungsfehler kam es zur Behandlungsverzögerung und zwei Folgeeingriffen, verbunden mit Schmerzen für den Kläger.

OLG Hamm, Urt. v. 21.11.2014 – 26 U 80/13, unveröffentlicht 1181

90.000,00 € (Vorstellung: mindestens: 125.000,00 €)

Kurzdarmsyndrom – Behandlungsverzögerung bei Ileuserkrankung

Die grobe Unterlassung diagnostischer und therapeutischer Maßnahmen bei einem Ileus führte neben erheblichen Schmerzen und Erbrechen über 5 bis 6 Tage zu einem Gesundheitsschaden der Klägerin. Aufgrund des groben Behandlungsfehlers ist davon auszugehen, dass eine frühzeitigere chirurgische Behandlung mit hoher Wahrscheinlichkeit die Perforation des Darms verhindert hätte. Die (groben) Behandlungsfehler führen auch zu einer Zurechnung des bei der Klägerin bestehenden Kurzdarmsyndroms und der dadurch entstandenen Osteoporose in deren Folge die Klägerin zwei Sinterungsfrakturen erlitten hat, die sie erheblich in der Bewegungs- und Leistungsfähigkeit einschränken.

Die Klägerin leidet seit der Operation an einem Malassimilationssyndrom, was dazu führt, dass sie Fette und fettlösliche Substanzen nicht richtig aufnehmen kann. Sie muss jeden zweiten Tag Fette und fettlösliche Vitamine zuführen, was etwa drei Stunden in Anspruch nimmt und das Alltagsleben nachhaltig beeinträchtigt. Wenn die Klägerin das Haus verlässt, muss sie immer beachten, dass sie plötzlich nach falschem Essen Durchfall bekommen kann.

Die Klägerin ist nach einem gescheiterten Arbeitsversuch mittlerweile dauerhaft arbeitsunfähig erkrankt. Durch die fehlerhafte Behandlung sind bei der Klägerin ferner Depressionen entstanden, die jedoch allmählich abklingen.

1182 **LG Köln, Urt. v. 29.06.2017 – 25 O 326/13, unveröffentlicht**

100.000,00 € (Vorstellung: 150.000,00 €)

Fernmetastasierung eines Mammakarzinoms – Prognoseverschlechterung

Ein im Januar 2009 diagnostizierter Mamma-Tumor wurde bei der 50 Jahre alten Klägerin erst im November 2009 als Mamma-Karzinom mit Ablation von Lebermetastasen behandelt. Im Januar war noch nicht von einer Fernmetastasierung auszugehen. Die Klägerin ließ vorsichtshalber beide Brüste und beide Eierstöcke entfernen, was nicht indiziert war und deshalb bei der Bemessung des Schmerzensgeldes nicht berücksichtigt wurde.

Für die Bemessung des Schmerzensgeldes war ausschlaggebend der Umstand, dass sich die Prognose für ein rezidivfreies Überleben einschneidend verschlechtert hat. Den physischen und psychischen Beeinträchtigungen ist die Klägerin ein Leben lang ausgesetzt.

Dekubitus

▶ Hinweis

Dekubiti im Altersheim treten 1000-fach auf. Es gibt Altersheime und Pflegeheime, in denen bei beginnenden Druckgeschwüren das Erforderliche veranlasst wird. Aber: Die gesetzlichen Krankenkassen sparen häufig an der falschen Stelle und verweigern Spezialmatratzen oder bewilligen sie erst mit zeitlicher Verzögerung. Dann ist der Dekubitus bereits entstanden.

Entgegen der früher hier wieder gegebenen Auffassung ist auch ein schwerer Dekubitus nicht immer vermeidbar (vgl. OLG Hamm, Urt. v. 09.09.2015 – 3 U 60/14, GesR 2015, 688 = PflR 2016, 296), sondern nur dann, wenn Versäumnisse in der Pflege festgestellt werden können. Ob sie vorliegen, belegt die Dokumentation. Ist die optimale Pflege nicht dokumentiert, kann sie nicht festgestellt werden und ein Behandlungsfehler kommt in Betracht.

Pflegemaßnahmen sind angezeigt, wenn Dekubitus-Risikofaktoren vorliegen. Solche sind:

Einschränkung der Aktivität durch Bettlägerigkeit,

Einschränkung der Mobilität (abhängig von Hilfe bei Lagewechseln im Bett, Unfähigkeit zu selbstständigen Positionsveränderungen),

längere Operation,

Störungen der Vigilanz (Wachheit) durch Alzheimer-Demenz,

Sedierung durch Schmerz- und Beruhigungsmedikamente,

hohes Lebensalter

neurologische Störungen, insbesondere Lähmungen mit Sensibilitätsstörungen,

Kachexie,

Anämie,

niedriger arterieller Blutdruck und

großes Risiko für Wundheilungsstörungen durch endgradige Leberfunktionsstörung und drittgradige Nierenfunktionsstörung.

Das zu zahlende Schmerzensgeld muss hoch ausfallen, um ein Umdenken zu sorgfältigem Umgang mit Patienten zu bewirken.

LG Nürnberg-Fürth, Urt. v. 25.05.2012 – 12 O 589/12, NJW-RR 2013, 469 1183

7.500,00 €

Dekubiti und Zehenamputation

Der Erbe einer in einem Pflegeheim untergebrachten betagten Frau macht Schmerzensgeldansprüche geltend, weil die Mutter dort unsachgemäß gepflegt wurde. Bereits zwei Wochen nach der Aufnahme ins Heim wurden ihr aufgrund unzureichender Durchblutung mehrere Zehen amputiert, die abgefault waren. An den Außenknöcheln, den Fersen und am Steißbein waren Dekubiti aufgetreten. Obwohl die Mutter zwei Monate später verstarb, hielt das Gericht den Schmerzensgeldbetrag für angemessen, weil sie mit einiger Wahrscheinlichkeit die Situation leidend miterlebt und nicht unerhebliche Schmerzen erlitten hatte.

OLG Köln, Urt. v. 04.08.1999 – 5 U 19/99, VersR 2000, 767 = NJW-RR 2000, 1267 1184

12.500,00 €

Dekubitus 4. Grades

Bei dem Kläger war es zu einem Dekubitus mit einem Durchmesser von 17 cm und einer Tiefe von 6 cm gekommen, sodass die Wirbelsäule sichtbar wurde, weil er nach akutem Herzversagen als moribund (im Sterben liegend) angesehen wurde. Der Sachverständige hatte ausgeführt, dass auch bei Schwerkrankheitsfällen Dekubiti – jedenfalls solche des vorliegenden Ausmaßes – ohne Weiteres vermeidbar seien, wenn häufige Lageänderungen durchgeführt oder Spezialbetten eingesetzt würden. Das OLG Köln hat auf dem Sachverständigengutachten aufbauend dazu ausgeführt, dass ein moribunder Patient die Ärzte und das Pflegepersonal nicht von der Anwendung der gebotenen pflegerischen Sorgfalt entbinden würde.

Dem Kläger ist das Sitzen und Gehen nur unter Schmerzen möglich. Das Schmerzensgeld i.H.v. 12.500,00 € ist – wie so oft – nicht ausreichend, aber das OLG Köln konnte den Betrag mangels Anschlussberufung des Klägers nicht erhöhen. Es hat jedoch ausgeführt, dass es eher an der unteren Grenze des Angemessenen liegt.

OLG Brandenburg, Urt. v. 28.06.2018 – 12 U 37/17, ArztR 2018, 256 = PflR 2018, 670 1185

8.000,00 € (Vorstellung: deutlich höher)

Sakral-Dekubitus 4. Grades – Versen-Dekubitus 1. und 2. Grades

Die Klägerin geht aus ererbtem Recht vor. Der Vater war ein Hochrisikopatient hinsichtlich der Entstehung von Dekubiti, sodass Prophylaxe erforderlich war. Ärztliche Anordnungen zu besonderen Pflegemaßnahmen wurden nicht getroffen.

Der Patient litt zwei Monate nach einer Operation unter einem Dekubitus 4. Grades am Gesäß und Versen-Dekubiti 1. und 2. Grades. Zur Verhinderung der Verschmutzung des Dekubitus am Kreuzbein wurde dem Patienten ein Darmrohr gesetzt.

LG München I, Urt. v. 14.01.2009 – 9 O 10239/04, PflR 2009, 344 = KRS 09.024 1186

15.000,00 € (Vorstellung: 400.000,00 €)

2 Druckgeschwüre

Die 69 Jahre alte Klägerin hatte einen Schlaganfall erlitten und wurde einen Monat stationär behandelt. Nach der Entlassung wurden zwei Druckgeschwüre festgestellt, die fünfmal operiert werden mussten. Schließlich musste ein Oberschenkel amputiert werden, was aber nicht auf die Druckgeschwüre zurückgeführt werden konnte.

OLG Oldenburg, Urt. v. 14.10.1999 – 1 U 121/98, NJW-RR 2000, 762 1187

17.500,00 €

Dekubitus 4. Grades

Eine an Morbus Alzheimer erkrankte Patientin eines Pflegeheims litt infolge grober Pflegefehler an einem Dekubitus in einer Größe von 10 × 5 cm. Um eine Ausheilung des Geschwürs zu erreichen, musste ein anus praeter gelegt werden, der aus medizinischen Gründen nicht zurückverlegt werden konnte. Trotz der Alzheimererkrankung der 65 Jahre alten Klägerin hielt das OLG Oldenburg ein Schmerzensgeld i.H.v. 17.500,00 € für angemessen, weil die Klägerin imstande war, die Schmerzen und Bewegungsbeeinträchtigungen wahrzunehmen, diese allerdings infolge des Morbus Alzheimer »sofort vergessen« hat.

1188 **LG Köln, Urt. v. 06.12.2006 – 25 O 403/01, unveröffentlicht**

<u>17.500,00 €</u> (Vorstellung: 15.000,00 €)

Dekubitus 3. Grades

Der Kläger wurde nach einem schweren Unfall, der u.a. eine komplette Querschnittslähmung zur Folge hatte, 6 Monate stationär behandelt. Nach Verlegung in ein anderes Krankenhaus wurde ein Decubitalulcus 3. Grades diagnostiziert. Erst nach 5 Monaten war die Wunde abgeheilt. Da beim Kläger schon bei der Einlieferung in das Krankenhaus mehrere Risikofaktoren vorlagen, war der Einsatz eines Wechseldrucksystems erforderlich. Als Folge ist ein minderbelastbares Gewebe verblieben, was für den Kläger besonders problematisch ist, weil seine Fähigkeit, im Rollstuhl zu sitzen, eingeschränkt ist.

1189 **LG Köln, Urt. v. 12.03.2008 – 25 O 303/06, RDG 2008, 116**

<u>17.500,00 €</u> (Vorstellung: 25.000,00 €)

Dekubitus 4. Grades durch fehlerhaften Rollstuhl

Die Beklagte lieferte dem Kläger, der an einer Spina bifida mit einem angeborenen Querschnitt litt, abredewidrig einen nicht mit einem Dekubitusschutz ausgestatteten Rollstuhl. Aufgrund der besonderen Risikokonstellation war eine angemessene Sitzversorgung für den Kläger von zentraler Bedeutung zur Vermeidung von Druckgeschwüren. Beim Kläger entstand infolge der Benutzung des mangelhaften Rollstuhls ein Dekubitus 4. Grades mit der sich daraus ergebenden notwendigen Folge einer stationären Krankenhausbehandlung.

1190 **LG Bonn, Urt. v. 23.12.2011 – 9 O 364/08, RDG 2012, 84 = PflR 2012, 304 – bestätigt durch Beschl. des OLG Köln nach § 522 ZPO v. 13.10.2012 – MedR 2012, 446**

<u>20.000,00 €</u> (Vorstellung: mindestens 10.000,00 €)

Sakraldekubitus

Der Kläger, der u.a. an Adipositas, chronischer Niereninsuffizienz, Diabetes mellitus und einem Schlafapnoesyndrom litt, wurde wegen eines Schlaganfalls im Krankenhaus der Beklagten behandelt. Zudem war er stuhlinkontinent und damit insgesamt ein Hochrisikopatient für das Auftreten von schwerwiegenden Dekubiti. Es entspricht ständiger Rechtsprechung, dass ein schwerwiegender Dekubitus bei einem Hochrisikopatienten immer vermeidbar ist, sei es durch häufige Umlagerung, durch Eincremen oder durch den Einsatz von Spezialbetten und Kissen. Das Entstehen des Dekubitus ist auf falsche oder unzureichende vorbeugende Maßnahmen zurückzuführen und beruht auf groben Pflege- und Lagerungsmängeln und unzureichenden ärztlichen Anordnungen und Überwachungen.

Bei der Bemessung des Schmerzensgeldes war insb. zu berücksichtigen, dass der Kläger zwei Jahre an dem Sakraldekubitus litt, der bis zur Entscheidung des Gerichts noch nicht ausgeheilt war.

Entzündungen

1191 **OLG Celle, Urt. v. 26.03.2015 – 11 U 249/14, NJW-RR 2015, 1463**

<u>500,00 €</u> (Vorstellung: 1.050,00 €)

Bisse von Bettwanzen – Quaddeln

Der Kläger wurde im Hotel der Beklagten von Bettwanzen gebissen, gegen die das Hotel nicht ausreichende Vorkehrungen getroffen hatte. Er hatte eine Woche juckende Quaddeln, eine, wie der Senat festhielt, »ohne Zweifel unangenehme« Beeinträchtigung, die aber »wirklichen Körperschäden oder Krankheiten« nicht gleichkomme.

LG Freiburg, Urt. v. 23.02.2018 – 1 O 297/15, EDG 2018, 138 1192

900,00 €

Sonnenbrandähnliche Beschwerden auf entzündeter Kopfhaut

Der Kläger befand sich wegen eines entzündeten Kopfhautekzems in teilstationärer Behandlung; im erkrankten Bereich wurde er mit einem Medikament behandelt, was eine planvolle Entzündungsreaktion hervorrief, die mit den Beschwerden in der Art eines Sonnenbrandes einherging. Über diese Nebenwirkungen wurde der Kläger nicht aufgeklärt. Bei einer bereits bestehenden (und daher nicht bemessungsrelevanten) Grunderkrankung, nämlich des bakteriellen Ekzems auf der Kopfhaut, wurde das Schmerzensgeld lediglich für die Steigerung der Beschwerden durch die Symptomatik eines Sonnenbrandes zugebilligt, der über einen Zeitraum von ein bis zwei Wochen nicht unerhebliche Schmerzen und Schlafprobleme verursachte.

OLG Celle, Urt. v. 26.03.2015 – 11 U 249/14, NJW-RR 2015, 1463 1193

1.000,00 € (Vorstellung: 1.700,00 €)

Entzündungen nach hunderten Bettwanzenbissen

Die Klägerin wurde im Hotel der Beklagten von Bettwanzen gebissen, gegen die das Hotel nicht ausreichende Vorkehrungen getroffen hatte. Sie hatte unter mehreren hundert Bissen zu leiden, auf die sie überdurchschnittlich stark reagierte; ihre Beschwerden klangen nach zwei Wochen ab.

OLG Celle, Urt. v. 12.03.2020 – 11 U 73/19, unveröffentlicht 1194

1.000,00 €

Entzündungen, Quaddeln und Juckreiz nach massiven Bettwanzenbissen

Der Kläger und seine Ehefrau wurden bei einer von der Beklagten angebotenen Reise im Hotel massiv von Bettwanzen gebissen. Es kam zu »geradezu unerträglichem« Juckreiz mit Ausschlag, Quaddeln, Bläschen und entzündeten Rötungen. Die Beschwerden dauerten die ganze Reise und noch kurz danach an, der Juckreiz an der Kleidung war »kaum auszuhalten«. Das Gericht bemaß für beide Eheleute das Schmerzensgeld mit jeweils 1.000,00 €.

LG Münster, Urt. v. 14.09.2016 – 10 O 43/15, unveröffentlicht 1195

2.000,00 € (Vorstellung: 3.500,00 €)

Schleimbeutelentzündung – Prellungen – Schürfwunden

Die Klägerin stürzte und zog sich dabei eine Schürfwunde und schmerzhafte Prellungen zu. Im Knie kam es zu einer Schleimbeutelentzündung die zwei Monate behandelt wurde. Am Knie ist eine Narbenbildung deutlich sichtbar.

OLG München, Urt. v. 18.01.2017 – 3 U 5039/13, unveröffentlicht 1196

2.000,00 € (Vorstellung: 35.000,00 €)

Gingivitis nach fehlerhafter Brückenbehandlung

Die Klägerin war bei dem Beklagten in zahnmedizinischer Behandlung. Dieser setzte zwei Brücken behandlungsfehlerhaft ein; nach zwei Jahren begann die Klägerin wieder eine zahnärztliche Behandlung, bei welcher ein Provisorium eingesetzt wurde. Die Klägerin leidet nun unter Gingivitis

(Zahnfleischentzündung) aufgrund Quetschung des Zahnfleisches und hatte insgesamt zwei Jahre Probleme. Die Kausalität weitergehender Beschwerden – die auch Grund für die Betragsvorstellung waren – hatte die Klägerin nicht beweisen können.

1197 **OLG Köln, Urt. v. 28.02.2018 – 5 U 47/17, MedR 2018, 732**

2.000,00 € (Vorstellung: 30.000,00 €)

Entzündung nach Einsatz einer Elektrode

Dem 59 Jahre alten Kläger wurde wegen eines chronisch-lumbalen Schmerzsyndroms nach mehrfachen lumbalen Bandscheibenvorfällen ein SCS-Neuromodulationssystem implantiert, welches zunächst eine gute Schmerzkontrolle erreichte. Nach einem Sturz im Folgejahr wurde, nachdem eine Neueinstellung scheiterte, eine permanente SCS-Elektrode im Sakralbereich implantiert. Einen Monat danach meldete sich der Kläger erneut mit Beschwerden und dem Gefühl, die Maschine »wolle raus«. Zwei weitere Wochen später platzte die Wunde auf, Eiter und Flüssigkeit tragen aus und das Neuromodulationssystem musste ausgetauscht werden. Der Beklagte haftete dafür, auf die ersten Meldungen nicht reagiert zu haben; dem Kläger wäre bei rechtzeitiger Entfernung des Generators eine Leidenszeit von 16 Tagen erspart geblieben, wofür das Schmerzensgeld zugebilligt wurde.

1198 **LG Frankfurt, Urt. v. 12.07.2018 – 2–24 O 238/16, unveröffentlicht**

2.000,00 € (Vorstellung: 4.000,00 €)

Hautexzeme nach Henna-Tattoo

Die (minderjährigen) Kinder, die Klägerin und der 9 Jahre alte Kläger, waren mit ihren Eltern in einen Ägyptenurlaub der Beklagten gefahren. Im Hotel gab es einen Beauty Salon, bei welcher die Klägerin eine Henna-Tätowierung auf den rechten Unterarm und der Kläger auf der rechten Schulter eine großflächige Tätowierung in Form eines Drachens erhielt.

Bei der Klägerin entstanden Rötungen und ein Juckreiz. Nach Rückkehr nach Deutschland erhielt sie eine Kortisonsalbe verschrieben. Die Beschwerden waren nach einem Monat abgeklungen. Es verbleibt eine lebenslange Sensibilisierung für PPD.

1199 **OLG Saarbrücken, Urt. v. 20.01.2022 – 4 U 51/21, unveröffentlicht**

2.000,00 € (1/3 Mitverschulden)

Handprellung – Risswunde am Ringfinger – Entzündung

Die 44 Jahre alte Klägerin führte den Hund des Beklagten, als dieser loslief, die Klägerin hinterherrannte und dabei stürzte. Sie erlitt eine Prellung der rechten Hand, Abschürfungen und Wunden an den Fingern, eine Risswunde am rechten Ringfinger und Schmerzen in der linken Kieferhälfte wegen des Sturzes auf das Gesicht.

In der Folge kam es jedoch zu einer Entzündung im Bereich des rechten Ringfingers mit einem Infekt des Mittelgelenks. Der Finger weist eine dauerhafte Fehlstellung auf und ist in der Beweglichkeit eingeschränkt. Ferner trat bei der Klägerin infolge des Unfalls ein Karpaltunnelsyndrom auf, das operativ versorgt werden musste und inzwischen ohne größere Einschränkungen für die Klägerin ausgeheilt ist. Auf Grund der Verletzungen musste die Klägerin sieben Wochen lang eine Schiene an der rechten Hand tragen und war im Alltag merklich und für weitere vier Wochen noch leicht eingeschränkt.

1200 **OLG Düsseldorf, Urt. v. 05.11.2015 – 8 U 15/15, unveröffentlicht**

3.000,00 € (Vorstellung: 25.000,00 €)

Verspätete Behandlung einer Entzündung – Abszess und Sepsis

Die 36 Jahre alte Klägerin ist seit ihrem 26. Lebensjahr querschnittsgelähmt und rollstuhlpflichtig. Sie stellte sich bei den beklagten Ärzten wegen – zu diesem Zeitpunkt bereits seit mehreren Monaten bestehender – Druckgeschwüre an beiden Gesäßhälften vor. Auf eine stationäre Aufnahme wurde zunächst verzichtet; erst, als die Klägerin am Folgetag mit deutlicher Symptomverschlechterung, Fieber und einem Abszess erneut vorstellig wurde, nahm man sie stationär auf und behandelte trotz sicherer Anzeichen einer Sepsis zunächst konservativ. 8 Tage später wurde eine minimalchirurgische Maßnahme durchgeführt, nach welcher es zu einer nur kurzfristigen Besserung kam. Die Wunde entzündete sich weiter und eiterte. Erst weitere zwei Wochen darauf wurde die Klägerin in ein anderes Krankenhaus verlegt. Der Abszess, der inzwischen ausgedehnt und flüssigkeitsgefüllt war, wurde noch am Aufnahmetag eröffnet, die Wunde konnte nach 17 Tagen geschlossen werden. Die Klägerin, die bei den Beklagten insgesamt gut drei Wochen stationär war, musste im zweiten Krankenhaus insgesamt weitere sechs Wochen stationär verbleiben.

Bei der Bemessung berücksichtigte der Senat einen um 3–4 Wochen verzögerten Heilungsverlauf und die erlittenen Schmerzen, das Fieber und die Übelkeit. Auch die seelische Erschütterung mit Symptomen einer posttraumatischen Belastungsstörung wurde berücksichtigt. Andererseits müsse mindernd berücksichtigt werden, dass bereits bei Behandlungsbeginn eine schwere Entzündung bestanden habe. Die dauerhaft bestehende Vernarbung nach der OP sei auch bei einer Behandlung lege artis entstanden und könne daher nicht zur Schmerzensgelderhöhung führen.

LG Frankfurt, Urt. v. 12.07.2018 – 2–24 O 238/16, unveröffentlicht 1201

3.000,00 € (Vorstellung: 5.000,00 €)

Hautexzeme nach Henna-Tattoo

Der 9 Jahre alte Kläger war mit seiner Schwester und den Eltern in einen Ägyptenurlaub der Beklagten gefahren. Im Hotel gab es einen Beauty Salon, bei welcher der Kläger auf der rechten Schulter eine großflächige Tätowierung in Form eines Drachens erhielt.

Bei dem Kläger entstanden in der Folgezeit Rötungen, Exzeme und ein Juckreiz; die nässenden Exzeme platzten auf. Er erhielt nach Rückkehr nach Deutschland eine Kortisonsalbe und musste im Kalenderjahr des Urlaubs ein UV-Schutzshirt tragen, um die Haut nicht mit Strahlung zu belasten. Es verbleibt eine lebenslange Sensibilisierung für PPD.

OLG Dresden, Urt. v. 05.06.2018 – 4 U 597/17, MedR 2019, 182 1202

5.000,00 € (Vorstellung: 5.000,00 €)

Infektion des Kiefernknochens nach Zahnimplantation – Entzündungen

Bei der Klägerin sollten Implantate eingebracht werden. Die Planung der Implantatversorgung war unzureichend, der Knochenaufbau des Kiefers und der Mindestabstand der Implantate waren behandlungsfehlerhaft, sodass es zu Entzündungen gekommen ist. Dieser insgesamt grobe Behandlungsfehler war kausal für Entzündungen und Kiefernknochenschwund. Die Klägerin hatte unter massiven Schmerzen und Einschränkungen zu leiden. Die Nahrungsaufnahme und die Optik waren beeinträchtigt.

OLG Köln, Beschl. v. 24.07.2017 – 5 U 12/17, VersR 2018, 1083 1203

8.000,00 €

Ohrentzündung – Cholesteatom

Der beklagte Amtsarzt einer Berufsgenossenschaft untersuchte das Ohr der Klägerin grob fehlerhaft mittels einer Wasserspülung auf Gleichgewichtsstörungen (Vestibularisprüfung). Dies führte zu einer Entzündung am rechten Ohr und zur Bildung eines Cholesteatoms (Einwucherung in das Mittelohr mit nachfolgender chronisch-eitriger Entzündung), welches vier Monate später operativ entfernt werden musste.

OLG Brandenburg, Urt. v. 11.03.2021 – 12 U 112/20, MDR 2021, 747 1204

8.000,00 €

Zahnentzündung – Zahnverlust

Der verklagte Zahnarzt gliederte einen Wurzelstift beim Zahn 14 des Klägers ein, obwohl dies wegen der Gefahr einer irreversiblen Schädigung nicht indiziert war; zudem wurde die Stiftversorgung fehlerhaft ausgeführt, weil die Achsrichtung der Wurzel verlassen wurde. Dies führte zu gravierenden Strukturschäden an Zahnwurzel und Zahnhalteapparat und einem eitrigen Entzündungsprozess. Der Zahn muss entfernt werden, der Kläger litt unter erheblichen Beeinträchtigungen, Schmerzen und einer chronischen Entzündung sowie Strukturschäden an der Wurzel. Auch der eitrige Entzündungsprozess persistiert.

1205 **OLG Düsseldorf, Urt. v. 03.09.2024 – 15 U 7/19, unveröffentlicht**

8.000,00 €

Tiefe Entzündung der Hand

Die 35 Jahre alte Klägerin, eine Tierärztin, wurde von der Katze der Beklagten gebissen. Es bildet sich eine schwere Entzündung der Hand in Form einer Phlegmone (tiefe bakterielle Entzündung des Bindegewebes mit Schwellung, Rötung und Schmerzen. Die Klägerin wurde 8 Tage stationär behandelt und war drei Wochen arbeitsunfähig, während deren physio- und ergotherapeutische Behandlung erfolgte. Es verbleibt eine 4 cm lange Narbe an der linken Hand, die aktive Beugung der Finger und der Faustschluss sind leicht, die Griffkraft stark eingeschränkt. Der linke Zeigefinger ist nur noch herabgesetzt sensibel.

1206 **OLG Koblenz, Urt. v. 28.05.2014 – 5 U 1244/13, VersR 2014, 1458 = NJW-RR 2014, 1239**

10.000,00 €

Schleimbeutelentzündung

Der 53 Jahre alte Kläger war bei dem Beklagten wegen Beschwerden im Bereich des rechten Ellbogens in ärztlicher Behandlung. Dieser diagnostizierte eine operationsbedürftige chronische Schleimbeutelentzündung, unterließ aber eine hinreichende Diagnostik, sodass eine floride Bursitis verkannt wurde. Die erforderliche Operation verzögerte sich daher um sechs Tage. Es kam zu einem verzögerten Heilungs- und Genesungsprozess, der von erheblichen Belastungen und Einschränkungen geprägt war. Der Kläger musste sich einer langandauernden ambulanten und teilweise auch stationären Nachbehandlung unterziehen und konnte zeitweise seinen Beruf als Vertriebsleiter nicht ausüben. Eine rechtzeitige Operation hätte dies verhindert.

1207 **LG Hamburg, Urt. v. 18.04.2018 – 336 O 196/17, unveröffentlicht**

15.000,00 € (Vorstellung: 15.000,00 €)

Wundentzündung an der Hand

Der 48 Jahre alte Kläger wurde von seinem Hund gebissen und begab sich in die Notaufnahme der Beklagten. Obwohl er schilderte, dass er wegen einer Nieren- und Pankreastransplantation Marcumar und Immunsuppressiva einnehme, unterließ der Notarzt eine gebotene Röntgenaufnahme der betroffenen Hand. Stattdessen wurde der Kläger ohne weitere Hinweise auf die besondere Gefahr von Entzündungen (die er wegen der Medikamente nicht bemerken würde) nach Hause entlassen. Bei regelgerechter Behandlung hätte eine Operation den Schaden beseitigt. So wurde der Kläger erst am nächsten Tag, als er über Schmerzen in der Hand klagte, stationär aufgenommen. Es hatte sich ein Infekt mit einer ausgedehnten Entzündung der Wunde gebildet. Drei operative Wunddebridements folgten, der Weichteildefekt wurde mit einem Radialislappen gedeckt. Nach18 Tagen konnte der Kläger mit Schiene das Krankenhaus verlassen. Die Wundheilung war zeitaufwendig und kompliziert.

Der Kläger leidet dauerhaft unter Schmerzen bei Belastung und Einschränkungen der Gebrauchsfähigkeit im Bereich der rechten Hand und des Unterarms. Der betroffene Bereich hat eine Schwellneigung, weshalb der Kläger bei Temperaturwechseln einen Kompressionshandschuh tragen muss.

OLG Köln, Urt. v. 13.05.2020 – 5 U 126/18, MDR 2020, 860 1208

15.000,00 € (Vorstellung: 20.000,00 €)

Entzündung an den Knieinnenseiten – Wundheilungsstörung

Die 35 Jahre alte Klägerin war bei dem Beklagten, der keine ärztliche Zulassung besaß, wegen Fettabbaus in Behandlung. Es sollten Fettpolster im Knie abgebaut werden, wozu »Fett-Weg-Spritzen« unbekannten Inhalts in beide Knie gesetzt wurden. Es entwickelte sich eine großflächige Hautinfektion mit einer langwierigen Wundheilungsstörung und der Notwendigkeit einer Spalthauttransplantation. Die Entzündung der Wunde dauerte über sieben Monate an und machte eines Wundversorgung in zweitägigem Abstand nötig. Die Klägerin erlitt einen Nervenzusammenbruch. Als Dauerschäden verblieben Narben an den Innenseiten der Knie.

Stuhlinkontinenz und psychische Beschwerden.

OLG Dresden, Beschl. v. 05.08.2021 – 4 W 276/21, unveröffentlicht 1209

20.000,00 € (Vorstellung: 200.000,00 €)

Einsatz allergener Stoffe bei Zahnbehandlung

Die Antragstellerin war 16 Jahre in der zahnärztlichen Behandlung des Antragsgegners; diesem hatte sie 2007 ihren Allergiepass übergeben, gleichwohl hat der Antragsgegner allergene Stoffe (hier: p-Phenylendiamin, »PPD«) eingesetzt. Sie litt 10 Jahre lang unter Beschwerden, es kam zu offenen Hautstellen an Händen und Füßen, Entzündungen der Haut, Atembeschwerden, Schwellungen und Rötungen in Mund und Rachen, Kopfschmerzen, Abgeschlagenheit und Kreuzallergien.

LG Freiburg, Urt. v. 25.02.2019 – 6 O 83/12, unveröffentlicht 1210

25.000,00 €

Schleimbeutelentzündung an der Hüfte – Knochenfraß am Oberschenkel

Die 79 Jahre alte Klägerin wurde gegen Coxarthrose operiert, wobei eine von der Beklagten hergestellte Großkopf-Hüftprothese eingesetzt wurde.

Bei dieser eingesetzten Prothese kam es infolge eines Produktfehlers zu erheblichem Metallabrieb an der Konussteckverbindung, der zu Gesundheitsschäden führte. Eine Revisionsoperation wurde nötig. Am Oberschenkel tragen Osteolysen auf, der Knochenfraß war deutlich sichtbar ein Hämatoserom musste operativ ausgeräumt werden. Eine Schleimbeutelentzündung und ein Dekubitus der bettlägerigen Klägerin kamen hinzu. Die Klägerin litt über 5 Jahre an Schmerzen und verstarb während des Prozesses.

OLG Hamm, Urt. v. 15.02.2022 – 26 U 21/21, MDR 2022, 640 = NJW-RR 2022, 818 1211

25.000,00 €

Gelenkentzündung – Schleimbeutelentzündung

Die 45 Jahre alte Klägerin wurde vom beklagten Arzt wegen eines »Tennisarm« behandelt. Dieser setzte ohne ausreichende Aufklärung eine Injektion. Die Klägerin infizierte sich mit Staphylococcus aureus. Der Schleimbeutel und das Gelenk des Armes entzündeten sich; die Klägerin musste ihren Urlaub abbrechen und war zunächst ambulant, dann eine Woche in stationärer Behandlung, wo eine Revisionsoperation und Antibiose sich anschlossen. Krankengymnastik war nötig, die ambulante Rehabilitation dauerte ein halbes Jahr, während dessen die Klägerin unter Schmerzen und Bewegungseinschränkungen litt. Die Klägerin hat immer noch gelegentlich Schmerzen im Ellbogengelenk und muss dann Schmerzmedikation einnehmen.

LG Detmold, Urt. v. 06.05.2021 – 4 O 59/19, unveröffentlicht 1212

50.000,00 € (Vorstellung: 60.000,00 €)

Operation bei Prostataentzündung – Unterlippentaubheit

Der Kläger, der seit 1 1/2 Jahren unter Prostatabeschwerden litt, stellte sich wegen eines akuten Harnwegsinfektes im Klinikum der Beklagten vor. Dort wurde eine Ausschälungsoperation der Prostata vorgenommen, obwohl diese während einer Entzündung der Prostata nicht hätte vorgenommen werden dürfen. Es kam zu Nachblutungen und Harninkontinenz trotz mehrfacher nachfolgender Operationen (insgesamt 9) und ambulanter sowie stationärer Nachbehandlungen. Zur Beseitigung einer Harnröhrenenge wurde Mundschleimhaut in die Harnröhre implantiert. Schließlich wurde – ein Jahr nach der ersten Operation ein künstlicher Schließmuskel implantiert. Infolge der Mundschleimhauttransplantation kam es zu Narbenbildung und Taubheit der halben Unterlippe. Auch sechs Jahre nach der OP sind noch nicht alle Folgen beseitigt; die Lebensqualität ist eingeschränkt, beim Radfahren muss ein Kondomurinal benutzt werden, um unfreiwilligen Harnverlust zu vermeiden. Beim täglichen Essen hat der Kläger wegen der Taubheit der Lippe Probleme. Er kann vor längeren Autofahrten nicht viel trinken. Der künstliche Schließmuskel erfordert beidhändige Bedienung beim Toilettengang.

1213 **OLG Koblenz, Urt. v. 17.03.2021 – 5 U 1651/19, unveröffentlicht**

60.000,00 € (Vorstellung: 80.000,00 €)

Bauchfellentzündung – Tod

Die Klägerin ist Erbin ihres im Alter von 81 Jahren verstorbenen Ehemannes, der bereits mehrfache Krebserkrankungen hinter sich hatte. Bei einer Operation zur Entfernung einer Nebennierenmetastase durch die Beklagten wurde nicht über die hierbei denkbare Entfernung und Ligatur einer der Hauptschlagadern aufgeklärt. Diese wurde vorgenommen; es kam zu einer Ischämie des Darmes, die behandlungsfehlerhaft verkannt wurde und zum Absterben von Darmgewebe, einer Sepsis und einer späteren Perforation der Darmwand mit der Folge einer Bauchfellentzündung führte. Es kam zu 13 Nachoperationen, 29 Tagen auf Intensiv in teilweise lebensbedrohlichem Zustand und zum Verlegen eines künstlichen Darmausgangs. Die Wundheilung war kompliziert und bedingte Revisionsoperationen. Der Patient starb sieben Monate nach der ersten Operation, bis auf drei Wochen davon hatte er die gesamte Zeit im Krankenhaus verbracht. Das Gericht hielt fest, gerade wegen der noch geringen Lebenserwartung des Patienten komme dem Umstand, dass die verbleibende Lebenszeit durch die Folgen der Operation deutlich eingeschränkt gewesen sei, besondere Bedeutung zu.

1214 **OLG Brandenburg, Urt. v. 02.09.2021 – 12 U 250/20, NJW-Spezial 2021, 617**

60.000,00 € (Vorstellung: 80.000,00 €)

Entzündungen des Unterschenkels nach Fraktur – MRSA-Befall

Der Kläger wurde bei einem Verkehrsunfall verletzt; er erlitt eine zweigradige offene Unterschenkelfraktur rechts sowie ein posttraumatisches Kompartmentsyndrom an beiden Unterschenkeln. Während seines ersten unfallbedingten Krankenhausaufenthaltes, der zwei Monate andauerte, musste sich der Kläger zur Versorgung der Frakturen und Quetschungen sechs Operationen unterziehen. Es kam zu Wundheilungsstörungen am Unterschenkel, an dem ein externer Fixateur angebracht worden war, die kurz nach der Entlassung einen neuen, einmonatigen stationären Aufenthalt mit Operationen zur Spalthauttransplantation nötig machten. Im Folgemonat wurde erneut operiert. Einen Monat später – inzwischen gut 5 Monate nach dem Unfall – bekam der Kläger Fieber, das Bein schwoll an und die Wundstelle entzündete sich stark und musste täglich gereinigt und desinfiziert werden. Bei einer insgesamt elften Operation – der Kläger litt fortdauernd unter Fieberschüben und Entzündungen – wurde eine Besiedelung mit MRSA festgestellt. Nach nunmehr 13 Operationen ist der Keim »latent schlafen«; der Kläger unterzieht sich zweimal wöchentlich Lymphdrainagen und musste seinen Beruf aufgeben.

1215 **OLG Karlsruhe, Urt. v. 17.05.2018 – 7 U 32/17, GesR 2018, 494 = ArztR 2018, 301**

70.000,00 €

Hüftkopfnekrose

Bei der 6 Jahre alten Klägerin wurde eine septische Coxitis behandlungsfehlerhaft nicht erkannt. Es kam zu einer dezentrierten Hüftkopfnekrose mit Chondrolyse des linken Hüftkopfes. Sie ist seit Jahren in kontinuierlicher ärztlicher Behandlung. In der Bewegungsfähigkeit ist sie stark eingeschränkt und seit dem 7. Lebensjahr auf Gehilfen und Rollatoren angewiesen. Die laterale Hälfte des Hüftkopfes ist nahezu aufgelöst. Mit Erreichen des 20. Lebensjahres wird ein erster Hüftgelenkswechsel nötig werden, ob die Gehfähigkeit auf Dauer gegeben sein wird, ist nicht absehbar.

LG Bielefeld, Urt. v. 01.04.2022 – 4 O 172/18, unveröffentlicht 1216

75.000,00 € (Vorstellung: 75.000,00 €)

Entzündungen des oberen Verdauungstraktes – Speiseröhrenentzündung und -vernarbung

Durch insgesamt fünf Behandlungsfehler litt die neugeborene Klägerin, bei der eine Passagestörung im oberen Magen-Darm-Trakt über mehr als einen Monat nicht erkannt worden war, unnötig: die Heilung verzögerte sich erheblich, und die Beschwerden der Klägerin wurden durch diverse nicht indizierte Behandlungen und Operationen unnötig verlängert. Die lange stationäre Behandlung war unnötig und vermeidbar, was für die Klägerin als Neugeborenes besonders gravierend war, da sie in ihren ersten drei Lebensmonaten mangelernährt in intensiver stationärer Behandlung verbrachte und von der gewohnten häuslichen Umgebung getrennt war.

Die Lungenprobleme wurden durch weitere Aspirationen (Einatmen von Nahrung) verlängert. Es entstanden schwerste entzündliche Veränderungen des gesamten oberen Verdauungstrakts, insbesondere eine schwere ulzerierende Ösophagitis (Speiseröhrenentzündung) und eine Gastritis (Magenschleimhautentzündung). Es traten mehrere Geschwüre auf, deren narbenlose Abheilung nicht möglich ist, was zu einem Dauerschaden aufgrund der vorliegenden Ulzera und der schwersten Ausprägung der Ösophagitis führte. Die Speiseröhre der Klägerin ist vernarbt, was dazu führen kann, dass sie sich im weiteren Verlauf weiten muss und die Peristaltik nicht mehr ordnungsgemäß funktioniert. Der gesamte Krankheitsverlauf, einschließlich Mangelernährung (Dystrophie) und Entwicklungsverzögerung, wurde relevant verlängert. Bis zur Klageerhebung waren drei weitere Krankenhausaufenthalte und zwei weitere Gastroskopien erforderlich.

Die Klägerin leidet nach wie vor an Schmerzen, kann nicht alles essen und muss Medikamente einnehmen. Es besteht weiterhin eine Entzündung im Bereich des Übergangs von Speiseröhre und Magen. Sie leidet nach wie vor unter Reflux, was als Folge der verzögerten Behandlung und Operation angesehen wird. Sie wird lebenslang auf Kontrolluntersuchungen angewiesen sein. Zudem sind mögliche Folgeoperationen zur Beseitigung des Refluxes oder zur Weitung der Speiseröhre denkbar, deren Unsicherheiten die Klägerin belasten.

OLG Braunschweig, Urt. v. 17.12.2015 – 9 U 801/14, unveröffentlicht 1217

80.000,00 €

Halbseitenlähmung nach Hirninfarkt

Bei dem 12 Jahre alten Kläger wurde eine Blindarmentzündung nicht rechtzeitig abgeklärt. Ein nach der OP in die arteria carotis eingeführter zentraler Venenkatheder wurde nach Entdeckung der Fehllage nicht rechtzeitig entfernt, auch ein hierdurch eingetretener Hirninfarkt wurde nicht rechtzeitig erkannt. Nach dem Aufwachversuch nach der OP wurde eine linksseitige Halbseitenlähmung festgestellt. Der Kläger leidet unter Bewegungseinschränkungen der linken Seite. Der linke Arm des Klägers ist gelähmt und die Hand knickt im Gelenk krampfartig nach innen. Der Kläger hat Schmerzen in der linken Schulter und kann diese nicht nach oben bewegen. Es liegt auch ein Schulterschiefstand vor, weswegen die Schulter hängt. An der gesamten linken Körperseite ist ein Taubheitsgefühl vorhanden. Der linke Mundwinkel ist leicht nach unten gezogen, sodass Speichel unkontrolliert aus dem Mundbereich austreten kann. Das linke Augenlid des Klägers lässt sich nicht separat öffnen und schließen. Außerdem leidet der Kläger unter Kopfschmerzen sowie Einschränkungen der Konzentrationsfähigkeit. Die kognitive Weiterverarbeitung visuell-figuraler Informationen ist auf den Ebenen des Verarbeitungstempos, des visuellen Erkennens, mentaler Raumoperationen, visuell-konstruktiver Fähigkeiten und logischer Operationen eingeschränkt. Die Stimmungslage des Klägers leidet unter diesen Einschränkungen.

1218 **LG Neuruppin, Urt. v. 07.02.2020 – 3b O 25/14, unveröffentlicht**

90.000,00 € (Vorstellung: 200.000,00 €)

Hirnhautentzündungen

Die 52 Jahre alte Klägerin befand sich wegen einer akuten bakteriellen Meningoencephalitis (Hirnhautentzündung) bei der Beklagten in stationärer Behandlung, nachdem diese bereits 8 Jahre zuvor eine Operation zur Behebung einer chronischen Nasennebenhöhlenentzündung vorgenommen hatte. Bei dieser damaligen Operation war es behandlungsfehlerhaft zu einer ausgedehnten Verletzung von Hirngewebe und harter Hirnhaut gekommen. Bei dem neuerlichen Aufenthalt wegen der Hirnhautentzündung wurde vorwerfbar kein Neurochirurg hinzugezogen. Die Klägerin litt zwischen erster und zweiter OO unter mehrfachen Meningitiserkrankungen. Es besteht weiterhin das Risiko von Erkrankungen, die als Spätfolge einen Hirnabszess mit lebensbedrohender Folge entwickeln kann. Die Hirnleistung der Klägerin ist deutlich eingeschränkt, es besteht eine erhebliche Reduzierung von Gedächtnisleistung und mangelhafte Konzentrationsfähigkeit. Die Klägerin leidet unter chronischem Kopfschmerzsyndrom und hieraus resultierenden depressiven Anpassungsstörungen.

1219 **OLG Hamm, Urt. v. 03.09.2021 – 26 U 119/20, NJW-RR 2022, 245 = GesR 2021, 779**

110.000,00 € (Vorstellung: 80.000,00 €)

Schwere Hüftgelenksdeformierung nach Hüftgelenksentzündung

Der Kläger wurde als Frühchen geboren; das beklagte Krankenhaus stellt eine Überwärmung und Schwellung des linken Oberschenkels und eine Schmerzempfindlichkeit bei Bewegung fest unterließ aber vorwerfbar eine Ultraschalldiagnostik des linken und rechten Hüftgelenks im Seitenvergleich, um eine Kapseldistension festzustellen und eine Hüftgelenksentzündung ausschließen zu können. Dadurch wurde eine Hüftgelenksentzündung links mit viertgradiger Hüftkopfnekrose verspätet erkannt. Es kam zu einer Beinverkürzung und einem Beinschiefstand; eine offene operative Hüftgelenkseinstellung mit Pfannendachplastik habe in einer siebenstündigen Operation durchgeführt werden müssen. Der Kläger musste hiernach und nach einer weiteren Metallentfernungsoperation jeweils vier Wochen liegend einen Becken-Bein-Gips tragen. Der Kläger muss eine Schuherhebung tragen, um die Beinlängendifferenz auszugleichen; er ist beim Sport gehandicapt und muss beim Spielen auf sein Bein achten. Es besteht ein hohes Risiko einer Coxarthrose. Das Hüftgelenk wird nicht bis zum 50. oder 60. Lebensjahr des Klägers halten, weshalb ein Gelenkersatz auch schon im jungen Alter erforderlich wird. Der Kläger wird sein Leben lang Probleme mit der Hüfte haben und wird zukünftig ein künstliches Hüftgelenk benötigen. Ist dabei die Operation bereits mit 20 Jahren erforderlich, liegt die Lebensdauer der Prothese etwa bei 10 Jahren. Erfolgt der Eingriff, wenn der Kläger älter als 40 Jahre ist, liegt die Lebensdauer bei etwa 15 Jahren. Dies lässt die Prognose zu, dass bei dem Kläger bis zu dreimal ein Hüftersatz erforderlich wird. Die Beinlängenverkürzung kann sich auf die Wirbelsäule auswirken, auch hier droht eine operative Korrektur.

1220 **OLG Frankfurt, Urt. v. 28.08.2018 – 8 U 211/14, unveröffentlicht**

150.000,00 € (Vorstellung: 150.000,00 €)

Nektrotisierende Fasziitis – Kniegelenksempyem – Pneumothorax – Entzündungsreaktionen

Die Klägerin begab sich wegen anhaltender Schmerzen im Knie zu den Beklagten, die allerdings eine Entzündung übersahen. Erst knapp einen Monat später, als sie wegen fortdauernder Beschwerden ein Krankenhaus aufsuchte, stellte man eine massiv fortgeschrittene Infektion fest, und es drohte bei der Klägerin ein Multiorganversagen. Die Klägerin befand sich in Lebensgefahr. Zum Aufnahmezeitpunkt wurde bei ihr unter anderem ein Kniegelenksempyem, eine nekrotisierende Fasziitis im Bereich des Kniegelenks und des Unterschenkels, eine Nekrose im Bereich der linken Zehen, Knochennekrosen im Bereich des Fußes und des Sprunggelenks, ein Spannungspneumothorax mit kollabierter Lunge, ein akutes Nierenversagen, eine Blutvergiftung, eine vollständige systemische Entzündungsreaktion des ganzen Organismus der Klägerin sowie eine Infektion mit Staphylococcus areus festgestellt. Die Klägerin wurde daraufhin noch am gleichen Tag operiert und lag anschließend circa zwei Wochen im Koma. Zwei weitere Operationen erfolgten in den Folgewochen. Im Rahmen eines vierten Eingriffs wurde das rechte Bein der Klägerin amputiert. Der Beinstumpf musste reoperiert werden. Bei zwei weiteren Operationen einen Monat später wurde bei der Klägerin eine Teilamputation der linken Zehen vorgenommen.

Die Klägerin hat durch die Amputationen an beiden unteren Extremitäten erhebliche und dauerhafte Verletzungen erlitten. Sie hat insgesamt sieben Eingriffe über sich ergehen lassen müssen und zwei Wochen im Koma gelegen. Angesichts der Schwere der Verletzungen und der erheblichen Schmerzen sowie der eingetretenen Dauerschäden und der dadurch bedingten Einbuße der bisherigen Lebensumstände und Lebensqualität hielt der Senat das vom Landgericht ausgeurteilte Schmerzensgeld für angemessen.

LG Aurich, Urt. v. 23.11.2018 – 2 O 165/12, unveröffentlicht 1221

800.000,00 € (Vorstellung: 800.000,00 €)

Hirnhautentzündung – Unterschenkelamputation – Gesichtsschäden

Der fünf Jahre alte Kläger war, unter Schüttelfrost und hohem Fieber leidend, in das Krankenhaus der Beklagten eingeliefert worden, wo einen Tag lang nichts geschah, ehe erst am Folgetag morgens der Verdacht einer Meningokokkensepsis geäußert und eine Notfallversorgung eingeleitet wurde. Tatsächlich litt der Kläger an einer bakteriellen Meningitis (Hirnhautentzündung), die diverse Hautnekrosen und Gangräne an beiden Unterschenkeln verursacht hatte. Wegen dieser Nekrosen mussten beide Unterschenkel des Klägers unterhalb der Knie amputiert werden; es kam zu mehreren Muskellappen- und Spalthauttransplantationen an Gesicht, Armen und Oberschenkeln. Der Kläger befand sich 10 Wochen im Krankenhaus, eine stationäre Reha schloss sich an. Der Kläger musste sich einer plastisch-chirurgischen Revision seiner Amputationsstümpfe unterziehen; er war vorübergehend gezwungen, einen Ganzkörperkompressionsanzug sowie eine Kopf- und Gesichtsmaske zu tragen, um einer wulstigen Narbenbildung entgegenzuwirken, sowie an beiden Beinstümpfen eine künstliche Streckung der Kniegelenke mittels Schienen vornehmen zu lassen. Die Wangen beide Gesichtshälften sind durch ausgedehnte Weichteilschäden entstellt, ebenso Oberschenkel und Arme. Lebenslang wird der Kläger die Haut – mehrfach täglich – eincremen müssen. Er leidet unter deutlicher Schwitzneigung. Die Amputationsstümpfe werden noch mehrfache Revisionsoperationen nach sich ziehen, Eine prothetische Versorgung gelingt derzeit nicht, die derzeitige Fortbewegung auf den Stümpfen belastet Rücken und Hüfte des Klägers. Der Kläger leidet an einem Mangel an Selbstvertrauen und starker motorischer Unruhe aufgrund Traumafolgenstörung. Spätere Adipositas und Herz-Kreislauf-Erkrankungen sind absehbar. Die psychische Belastung und die sozialen Einschränkungen bedingen ein erhebliches Risiko für späteren Substanzmissbrauch.

Die Kammer bemaß das Schmerzensgeld mit Blick auf die Beeinträchtigungen des Klägers, unter denen er sein ganzes Leben lang werde leiden müssen, und den extremen Ausnahmefall eines fünfjährigen Geschädigten, für den das Schmerzensgeld bedeute, dass – bei einer Lebenserwartung von ca. 80 Jahren – wirtschaftlich auf einen Monat 800,00 € entfielen.

Freiheitsentziehung

▶ Hinweis:

Unter diesem Stichwort werden nicht nur die Fälle vorgestellt, in denen ein Strafgefangener zu Unrecht inhaftiert war, sondern auch die Fälle, in denen er auf zu engem Raum untergebracht war, obwohl Letztere auch unter dem Gesichtspunkt der Verletzung des Persönlichkeitsrechts betrachtet werden.

Besondere Bedeutung hat das Tatbestandsmerkmal der Freiheitsentziehung des § 253 Abs. 2 BGB n.F. im Blickwinkel der zwangsweisen Heranziehung von Zwangsarbeitern im Dritten Reich. Dazu erging eine Entscheidung des OLG Köln (Urt. v. 03.12.1998 – 7 U 222/97, VersR 2000, 590). Die Revision wurde zurückgewiesen (BGH: IX ZR 439/98). Dabei geht es um die Entschädigung wegen Zwangsarbeit in der NS-Diktatur, gestützt auf Art. 34 GG, § 839 BGB, Art. 131 WRV, § 8 BEG. Das OLG Köln hat dazu folgende LS aufgestellt:

1. Die Heranziehung von in Konzentrationslagern inhaftierten Opfern der nationalsozialistischen Verfolgung zur Zwangsarbeit stellte eine Amtspflichtverletzung i.S.v. § 839 BGB i.V.m. Art. 131 WRV dar.
2. Die Geltendmachung eines darauf gestützten Amtshaftungsanspruchs wie auch eines öffentlich-rechtlichen Entschädigungsanspruchs ist aber durch § 8 Abs. 1 BEG ausgeschlossen. Der Gesetzgeber hat mit dem BEG eine abschließende Regelung für alle Ansprüche der Opfer nationalsozialistischer Verfolgung getroffen und dabei eine Entschädigung für geleistete Zwangsarbeit nicht vorgesehen.
3. Ausgeschlossen sind auch Ansprüche von solchen Verfolgten, die in Anwendung des subjektiv-personalen Territorialitätsprinzips auch wegen anderer Verfolgungsmaßnahmen nicht entschädigungsberechtigt sind.

Auch das KG (KG, Beschl. v. 19.02.2001 – 9 W 7474/00, KGR 2001, 291) hat eine Entschädigung für Zwangsarbeit polnischer Staatsangehöriger abgelehnt.

Nach § 7 Abs. 3 StrEG beträgt die Entschädigung bei Strafverfolgung 75,00 € für jeden angefangenen Tag. Diese Regelung gilt seit dem 08.10.2020. Zuvor betrug der Entschädigungsbetrag 25,00 €/Tag.

1222 **OLG Hamm, Urt. v. 28.11.2022 – 11 W 49/22**

<u>0,00 €</u>

Kurzzeitige Unterbringung im Haftraum mit Rauchern

Die kurzzeitige Unterbringung eines Gefangenen in einem Haftraum, in dem Mitgefangene rauchen, und seine mehrtätige Unterbringung in einem Gemeinschaftsraum, stellen – auch wenn insoweit Amtspflichtverletzungen vorliegen – eine nur geringfügige gesundheitliche Beeinträchtigung und eine unerhebliche Beeinträchtigung des Persönlichkeitsrechts des Gefangenen dar, die nicht mit der Zahlung eines Schmerzensgeldes zu entschädigen sind.

1223 **LG Essen, Urt. v. 31.07.2017 – 4 O 262/17, unveröffentlicht**

<u>90,00 €</u> (Vorstellung: 90,00 €) – 30,00 €/Tag

3 Tage menschenunwürdige Unterbringung eines Nichtrauchers im Haftraum mit einem Raucher

Der Kläger nimmt das beklagte Land wegen menschenunwürdiger Unterbringung während dreier Tage in einer JVA in Anspruch. Er wurde als Nichtraucher zeitweise mit einem Raucher und ständig mit einem weiteren Häftling in einem Einzelhaftraum untergebracht. Die Mindestfläche des Haftraumes wurde deutlich unterschritten, der Raum verfügte über keine gesonderte Lüftung für die Toilette. Die an sich als angemessen angesehene Entschädigung von 20 € wurde um 10 € erhöht, weil der Kläger Nichtraucher ist.

1224 **BVerfG, Urt. v. 29.11.2019 – 1 BvR 2666/18**

<u>100,00–850,00 €</u>

Freiheitsentziehung knapp zwei Stunden

Die Bewilligung von Prozesskostenhilfe für eine Schadensersatzklage wegen einer rechtswidrigen Freiheitsentziehung, in der ein Schmerzensgeld von 850,00 € geltend gemacht wird, darf nicht bereits im PKH-Verfahren auf 100,00 € begrenzt werden. Dadurch wird der Anspruch der Klägerin auf Rechtsschutzgleichheit verletzt.

OLG Koblenz, Beschl. v. 07.03.2018 – 1 U 1025/17, MDR 2018, 795 1225

400,00 €

Rechtswidrige Ingewahrsamnahme über Nacht auf Polizeidienststelle

Das Gericht hat die Freiheitsentziehung für rd. 13 Stunden als wenig gravierenden Eingriff angesehen.

OLG Hamm, Urt. v. 15.08.2018 – 11 U 138/17, unveröffentlicht 1226

400,00 € (Vorstellung: 7.000,00 €) – 40,00 €/Tag

11 Tage Haft durch Amtspflichtverletzung

Das Amtsgericht hatte einen Haftbefehl zu Unrecht erlassen, weil eine ordnungsgemäße Ladung des Klägers zur Hauptverhandlung nicht erfolgt war. Der zu entschädigende Zeitraum beschränkt sich auf 11 Tage, weil der Kläger es unterlassen hat, frühzeitig einen Rechtsbehelf einzulegen. Das Schmerzensgeld soll 40,00 € pro Tag betragen, wobei der 1. Tag nicht entschädigt wird, weil die Verhaftung erst um 22:50 Uhr erfolgte.

LG Schwerin, Urt. v. 04.05.2015 – 4 O 165/15, unveröffentlicht 1227

500,00 € (Vorstellung: 3.000,00 €) – 100,00 €/Tag

5 Tage Haft zusammen mit zwei starken Rauchern

Der Kläger, ein Nichtraucher, wurde in der U-Haft in einem Haftraum für 3 Personen zusammen mit 2 stark rauchenden Mitgefangenen untergebracht. LG und OLG wiesen seinen Antrag auf Feststellung der Rechtswidrigkeit der Unterbringung zurück. Das BVerfG hob die Entscheidungen auf. Nunmehr stellte das LG fest, dass die Unterbringung rechtswidrig gewesen sei.

Durch das unfreiwillige »Passivrauchen« ist es zu nicht nur ganz unerheblichen körperlichen Beeinträchtigungen und Belästigungen und zu Kopfschmerzen des Klägers gekommen, die ärztlich behandelt wurden und gegen die er Kopfschmerztabletten erhielt.

Zu berücksichtigen sei auch, dass der Kläger die Feststellung der Rechtswidrigkeit der Unterbringung erst durch ein langwieriges Verfahren über mehrere Instanzen erreichen konnte und dass dem Kläger gegenüber für die getroffene Unterbringungsentscheidung keinerlei Begründungen/Erklärungen gegeben worden sind.

AG Bonn, Urt. v. 11.03.2015 – 203 C 325/14, unveröffentlicht 1228

780,00 € (Vorstellung: 1.000,00 € bis 5.000,00 €) – 15,00 €/Tag

Entzug der Bewegungsfreiheit durch Defekt eines Aufzugs an 52 Tagen

Der Kläger ist Mieter einer Wohnung im 4. OG eines Hauses, dessen Aufzug längere Zeit nicht repariert wurde. Der Kläger ist zu 100 % schwerbehindert. Für die Bemessung des Schmerzensgeldes war die Art, das Maß und die Dauer der Freiheitsverletzung unter Berücksichtigung der Ausgleichs- und Genugtuungsfunktion maßgebend. Der Kläger war über einen Zeitraum von mehr als zwei Monaten gehindert, seine Wohnung zu verlassen. In den Sommermonaten konnte er an keinen Aktivitäten außerhalb der Wohnung teilnehmen und war von der Hilfe Dritter abhängig.

Der Anspruch war unterhalb des in § 7 StrEG genannten Tagessatzes von 25,00 €/Tag zu verorten, da die Situation für zwangsuntergebrachte Personen als belastender zu bewerten ist. Im Hinblick auf einen bereits geminderten Mietzins sind 15,00 € pro Tag angemessen.

1229 **BVerfG, Beschl. v. 29.11.2019 – 1 BvR 266/18, MDR 2020, 632 = GesR 2020, 148**

850,00 €

Polizeigewahrsam über 2 Stunden

Die schwerbehinderte Beschwerdeführerin nahm an einer Demonstration teil und wurde von der Polizei für knapp zwei Stunden in Gewahrsam genommen. Die Ingewahrsamnahme wurde später gerichtlich für unverhältnismäßig und daher rechtswidrig erklärt. Das Land zahlte an die Beschwerdeführerin eine Entschädigung von 100,00 €.

LG und OLG verweigerten der Beschwerdeführerin für eine Klage auf Zahlung eines Schmerzensgeldes von 850,00 € (abzüglich gezahlter 750,00 €) die Gewährung von PKH.

Das BVerfG hob die Entscheidungen auf mit der Begründung, die Rechtsverfolgung der Beschwerdeführerin habe hinreichende Aussicht auf Erfolg, weil das Rechtsstaatsprinzip (Art. 20 Abs. 3 GG) eine weitgehende Angleichung der Situation von Menschen mit mehr und Menschen mit weniger finanziellen Mitteln bei der Verwirklichung des Rechtsschutzes gebiete. Schwierige und noch nicht geklärte oder noch streitige Rechtsfragen dürften nicht »durchentschieden« werden. Ein Rechtsschutzbegehren im Rahmen einer bezifferten Schmerzensgeldklage habe in aller Regel dann hinreichende Aussicht auf Erfolg, wenn der verlangte Betrag noch vertretbar erscheine.

Das Landgericht habe die Frage nach der Höhe des angemessenen Schmerzensgeldes in das Nebenverfahren vorverlagert und der Beschwerdeführerin die Chance genommen, ihre Auffassung in der mündlichen Verhandlung und in einer zweiten Instanz weiter und nun anwaltlich unterstützt zu vertreten.

1230 **OLG Hamm, Beschl. v. 16.12.2020 – 11 W 67/20, NJW-RR 2021, 535**

1.500,00 € – 100,00 €/Tag

Entschädigung für 15 Tage Haft

Die Entschädigung für einen Tag unrechtmäßig erlittener Haft ist vor dem Hintergrund der zum 08.10.2020 in Kraft getretenen Änderung des § 7 Abs. 3 StrEG, wonach die Entschädigung für den Tag einer rechtmäßig angeordneten Freiheitsentziehung nunmehr 75 € (anstatt zuvor 40 €) beträgt, auf 100 € zu bemessen, wenn konkrete Umstände fehlen, die eine abweichende Beurteilung rechtfertigen können.

1231 **LG Marburg, Urt. v. 22.09.2015 – 7 O 112/11, NVwZ-RR 2016, 381**

2.500,00 € (Vorstellung: 5.000,00 €)

Fesselung bei Verrichtung der Notdurft unter Beobachtung

Bei der ärztlichen Untersuchung in einer Klinik wurden auf Anweisung der Justizvollzugsanstalt dem Kläger Hand- und Fußfesseln angelegt und die ständige und unmittelbare Bewachung angeordnet. Die Fesselung wurde während der ärztlichen Untersuchung und Behandlung, bei der der Kläger Einläufe erhielt, beibehalten. Zur Bewachung befanden sich mindestens sechs Polizeibeamte im Behandlungszimmer, das sie während der Verabreichung der Einläufe nicht verließen. Dem Kläger wurde nicht gestattet, den im Behandlungszimmer befindlichen fensterlosen Toilettenraum aufzusuchen. Es wurde auf Weisung der bewachenden Polizeibeamten ein Toilettenstuhl in das Behandlungszimmer gebracht, auf dem der Kläger in Gegenwart der Polizeibeamten seine Notdurft verrichtete. Die Fesselung an Händen und Füßen blieb bestehen.

Die zuständige Strafvollstreckungskammer stellte die Rechtswidrigkeit des Vorgangs bindend fest. Die Menschenwürde des Klägers wurde verletzt.

Die Fesselung des Klägers stellte eine Entwürdigung dar. Angesichts der zahlenmäßigen Übermacht der Beamten, der gesundheitlichen Beeinträchtigung des Klägers und der Behandlungsmaßnahmen war eine Flucht oder eine Gefährdung Dritter nahezu ausgeschlossen.

LG Aachen, Urt. v. 14.09.2021 – 12 O 559/19, unveröffentlicht 1232

3.000,00 € (Vorstellung: 2.250,00 €)

Fixierung durch die Polizei – Prellungen

Der Kläger war einer rechtswidrigen polizeilichen Maßnahme ausgesetzt und konnte sich aufgrund der Anwendung von unmittelbarem Zwang der polizeilichen Behandlung nicht entziehen. Er wurde rechtswidrig zu Boden gerissen und im Anschluss mit Handschellen fixiert, obwohl klar war, dass die Störaktion beendet war und vom Kläger keine Gefahr mehr ausgehen konnte und das Vorgehen der Polizei rechtswidrig war.

Der Kläger erlitt Prellungen und eine Zerrung der HWS.

LG Berlin, Urt. v. 28.01.2015 – 86 O 88/14, unveröffentlicht 1233

5.000,00 €

Zwangsweise Fixierung über 16 Stunden – Zwangsmedikation

Der Kläger wurde wegen Eigengefährdung und Verwirrtheit zwangsweise untergebracht. Er ging auf andere Patienten und die eingesetzten Beamten los und versuchte, diese zu schlagen und zu treten. Er wurde auf einem Bett fixiert.

Die Unterbringung des Klägers war gerichtlich angeordnet.

Dem Kläger wurden zwangsweise Neuroleptika mit erheblichen Nebenwirkungen verabreicht. Ferner wurde er, nachdem er bereits zwei Monate untergebracht war, ohne richterliche Anordnung für eine Dauer von 16 Stunden fixiert.

OLG Brandenburg, Beschl. v. 01.03.2024 – 2 W 2/24 1234

5.000,00 € (Vorstellung: 25.000,00 €)

26 Tage rechtswidrige Einweisung in ein Kinderheim

Die Antragstellerin im PKH-Verfahren wurde auf Grund eines nicht gelöschten Eintrags im Schengener Informationssystem beim Versuch, die Landesgrenze zu überschreiten, festgenommen und in ein Kinderheim gebracht, das sie erst nach 25 Tagen verlassen konnte. Dadurch habe sie eine behandlungsbedürftige posttraumatische Belastungsstörung erlitten.

Das Gericht hat die Erfolgsaussichten bejaht für 25 Tage Freiheitsentziehung zu je 100,00 € und für einen möglichen Gesundheitsschaden durch die PtBS.

OLG Hamburg, Urt. v. 17.03.2023 – 1 U 78/22, NJW-RR 2023, 1187 1235

7.500,00 € (Vorstellung: 10.000,00 €)

46 Tage rechtswidrige Unterbringung in der Psychiatrie

Dem Kläger wurden während einer psychiatrischen Behandlung mehrere nicht medikamentöse Behandlungsformen nicht angeboten, die zu einer früheren Entlassung hätten führen können. Da insoweit grobe Behandlungsfehler festgestellt wurden, kam es zu einer Umkehr der Beweislast für die Ursächlichkeit der fehlerhaften Behandlung für den Heilungserfolg. Das Schmerzensgeld fiel doppelt so hoch aus, wie die Entschädigung für eine zu Unrecht vollzogene Untersuchungshaft in Höhe von 75,00 €.

Bei der Kostenentscheidung wurde § 92 II 2 ZPO nicht beachtet.

OLG Frankfurt, Urt. v. 16.07.2019 – 8 U 59/18, BtPrax 2019, 206 = PflR 2019, 725 = RuP 2019, 244–247 1236

Vgl. hierzu BVerfG, Beschl. v. 15.01.2020 – 2 BvR 1763/16 – MedR 2020, 745 = NJW 2020, 675 = PflR 2020, 186 = GesR 2020, 157

12.000,00 €

Fixierung und Zwangsmedikation in der Psychiatrie

Die Klägerin wurde in die psychiatrische Abteilung eines Krankenhauses nach der Diagnose »ausgeprägte Wochenbettpsychose« eingewiesen. Das Amtsgericht hatte die vorläufige Unterbringung in einer geschlossenen Einrichtung angeordnet. Die Klägerin wurde zeitweise fixiert. Ihr wurden Neuroleptika verabreicht und sie wurde zwangsweise abgestillt. Die Dauer des rechtswidrigen Vorgehens wird nicht mitgeteilt.

Die Fixierungen waren rechtswidrig, obwohl die Unterbringung auf der Grundlage der richterlichen Anordnung rechtmäßig war. Die vollständige Aufhebung der Bewegungsfreiheit durch 5-Punkt- oder 7-Punkt-Fixierung am Bett nimmt dem Betroffenen die noch verbliebene Freiheit, sich innerhalb der Station und im Krankenzimmer zu bewegen. Er wird vollständig bewegungsunfähig gehalten, was von der richterlichen Unterbringungsanordnung nicht gedeckt ist.

Für die Zwangsbehandlung gilt Entsprechendes.

1237 **LG Marburg, Urt. v. 08.07.2014 – 2 O 63/13 (nicht/14), unveröffentlicht**

21.851,00 € (25,00 €/Tag)

Rechtswidrige Verlängerung der Sicherungsverwahrung um knapp 30 Monate

Der Kläger wurde nach Ablauf von 10 Jahren Sicherungsverwahrung nicht entlassen, deren Fortdauer wurde vielmehr angeordnet. Er ist für knapp 30 Monate zu entschädigen. Die Kammer gewährte als Entschädigung 25,00 €/Tag und nicht, wie andere Gerichte, 500,00 €/Monat.

Demgegenüber gewährte das OLG München, Urt. v. 22.08.2013 – 1 U 1488/13, unveröffentlicht, einen Entschädigungsbetrag von 30,00 €/Tag.

1238 **OLG Hamm, Urt. v. 06.02.2015 – I-11 U 131/13; Vorinstanz: LG Dortmund, Urt. v. 29.10.2013 – 25 O 37/13**

23.500,00 € (500,00 €/Monat)

Rechtswidrige Verlängerung der Sicherungsverwahrung um fast 4 Jahre – Anspruch durch Aufrechnung erloschen

Das LG Dortmund hat das beklagte Land zu einem Entschädigungsbetrag von 500,00 € je Monat verurteilt. In der Berufungsinstanz erklärt das Land die hilfsweise Aufrechnung mit einer unstreitigen Gegenforderung i.H.v. 24.949,20 € aus einem rechtskräftig abgeschlossenen Strafverfahren, in dem der Kläger wegen einer anderen Tat zu einer Freiheitsstrafe von 7 Jahren und erneuter Sicherungsverwahrung verurteilt wurde.

Ein Aufrechnungsverbot besteht nicht, weil die Kostenforderung nicht aus dem Strafverfahren herrührt, wegen dem der Kläger in die unrechtmäßige Sicherungsverwahrung genommen worden ist. Die Aufrechnung ist auch nicht unzulässig, weil der Entschädigungsanspruch des Klägers auch nicht unpfändbar ist.

1239 **OLG Karlsruhe, Urt. v. 12.11.2015 – 9 U 78/11, VersR 2016, 254 = MedR 2016, 445 = GesR 2016, 161**

25.000,00 € (Vorstellung: mindestens 23.200,00 €) = 12.500,00 €/Monat

Rechtswidrige Unterbringung in der Psychiatrie mit Zwangsmedikation

Der Kläger wurde von Polizeibeamten festgenommen und in Handschellen in eine psychiatrische Klinik verbracht, deren Trägerin die Beklagte ist. Ein Arzt erstellte einen »Aufnahmebefund« mit der Diagnose »Psychose mit Verfolgungswahn«. Er war der Auffassung, der Kläger sei unterbringungsbedürftig, und es sei eine sofortige Unterbringung erforderlich.

Das Amtsgericht – Vormundschaftsgericht – ordnete daraufhin die Unterbringung des Klägers an. Dort wurde er zwangsweise medikamentös behandelt und erst nach rd. 2 Monaten entlassen, nachdem seine Beschwerden (endlich) Erfolg hatten und festgestellt wurde, dass die Unterbringung aufgrund früherer Beschlüsse rechtswidrig war.

Den Ärzten standen keine Anknüpfungstatsachen für eine Unterbringung zur Verfügung; dennoch haben sie die Beschlüsse des Vormundschaftsgerichts verursacht.

Die Freiheitsentziehung von fast zwei Monaten und die zwangsweise Unterbringung in einem psychiatrischen Krankenhaus sind ein besonders demütigendes Erlebnis. Es bestanden keine sachlichen Anhaltspunkte für eine Unterbringungsbedürftigkeit. Vom Kläger ging zu keinem Zeitpunkt eine Gefahr für andere oder für ihn selbst aus. Die Unterbringung war mit einer medikamentösen Zwangsbehandlung verbunden. Dies ist bei der Höhe des Schmerzensgeldes berücksichtigt worden.

LG Bonn. Urt. v. 12.03.2021 – 1 O 460/12, unveröffentlicht 1240

50.000,00 € + 30.000,00 € (Vorstellung: 50.000,00 € + 30.000,00 €)

Geiselnahme – Misshandlung – versuchte Vergewaltigung – psychische Beeinträchtigungen

Der Beklagte, der mit der Klägerin eine Beziehung unterhalten hatte, versuchte, die Klägerin von einer Beziehung zum Kläger abzuhalten. Er folgte dem Paar, zerrte den Kläger in ein Auto, schlug ihn mit der Faust ins Gesicht und drohte, dass er ihm »den Schwanz abschneiden würde«. Er trat den Kläger mit dem beschuhten Fuß in das Gesicht und malträtierte ihn am Oberkörper und im Genitalbereich mit einem Elektroschocker. Der Kläger litt erhebliche Schmerzen. In einem Wald setzte der Beklagte dem Kläger einen Elektroschocker auf der Höhe des Schambeins an und verpasste ihm mehrere Stromstöße, bespritze den Intimbereich des Klägers mit Wasser, setzte den Elektroschocker auf dem nassen Genital des Klägers an und löste den Elektroschocker mehrfach aus. Mit einem stählernen Teleskopschlagstock schlug er mehrfach auf den Kläger ein, der erheblich blutende Platzwunden am Kopf erlitt. Durch Ausübung von Druck mit der Spitze eines Stockes auf den Schließmuskel des Klägers zwang er diesen, seinen Zustand der Klägerin zu präsentieren.

Beide Kläger verspürten Todesangst.

Durch die Misshandlungen erlitt der Kläger einen Bruch des Zeigefingergrundgliedes, diverse Einblutungen, Abschürfungen, Platzwunden, Prellmarken, Schwellungen, einen abgebrochenen Zahn und Verbrennungen an Körper und Genital. Er ist auf Grund der Taten arbeitsunfähig und in therapeutischer Behandlung.

Die Klägerin, die der Beklagte schon früher zu vergewaltigen versucht hatte, erlitt keine körperlichen Verletzungen, sie leidet unter Angstzuständen. Im Studium wurde sie zurückgeworfen.

Der Beklagte wurde wegen gemeinschaftlicher Geiselnahme in Tateinheit mit gemeinschaftlicher Freiheitsberaubung und in Tateinheit mit gemeinschaftlicher gefährlicher Körperverletzung zu einer Freiheitsstrafe von sieben Jahren verurteilt.

OLG Saarbrücken, Urt. v. 23.11.2017 – 4 U 26/15, Vorinstanz zu BGH, Beschl. v. 30.08.2018 – III ZR 363/17, Anm. Jaeger, MedSach 2019, 186 1241

60.000,00 € (Vorstellung: 80.000,00 €) 88,00 €/Tag

Freiheitsentzug aufgrund eines vorsätzlich falschen Gerichtsgutachtens

Der 61 Jahre alte Kläger wurde wegen schweren sexuellen Missbrauchs zu einer Gesamtfreiheitsstrafe von drei Jahren verurteilt. Die Beklagte hatte ein aussagepsychologisches Gutachten zur Glaubwürdigkeit einer Zeugin erstattet, dass später in einem anderen Verfahren als widersprüchlich und falsch erkannt wurde.

Der Kläger verbüßte 683 Tage in verschiedenen JVA. In der Sozialhierarchie stand er jeweils auf der untersten Stufe und war auch tätlichen Angriffen ausgesetzt. Noch viele Jahre, nach dem erst im 3. Wiederaufnahmeverfahren erreichten Freispruch war der Kläger mit dem Makel des sexuellen Missbrauchs der Pflegetochter behaftet.

1242 **OLG Hamm, Urt. v. 06.03.2015 – 11 U 95/14, unveröffentlicht**

72.992,87 € (durch Aufrechnung vermindert auf 34.711,22 € 500,00 €/Monat)

Konventionswidriger Vollzug der Sicherungsverwahrung

Der Kläger hat gegen das beklagte Land einen Anspruch auf eine Entschädigung für die konventionswidrige Freiheitsentziehung auf der Basis eines Monatsbetrages von etwa 500,00 €.

Die vom beklagten Land erklärte Aufrechnung mit dem Kostenerstattungsanspruch in Höhe von 38.211,65 € aus einem gegen den Kläger geführten weiteren Strafverfahren war zulässig und hat das Erlöschen des vom LG zuerkannten Anspruchs des Klägers in dieser Höhe gemäß § 389 BGB bewirkt.

Der BGH, Urt. v. 12.11.2015 – III ZR 204/15, hat die Revision des Klägers zurückgewiesen.

1243 **LG Karlsruhe, Urt. v. 24.04.2012 – 2 O 330/11, StraFo 2012, 246; der BGH, Urt. v. 19.09.2013 – III ZR 405/12, MDR 2013, 1398 = JZ 2013, 1161 = NJW 2014, 67, hat die Revision zurückgewiesen**

73.000,00 € (500,00 €/Monat)

Sicherungsverwahrung – Die Höchstfrist von 10 Jahren wurde überschritten

Nach Ablauf von 10 Jahren wurde die Fortdauer der Sicherungsverwahrung beschlossen, sodass der Kläger für fast 14 Jahre zu entschädigen war. Die Entschädigung wurde mit 500,00 €/Monat bemessen.

1244 **LG Wuppertal, Urt. v. 05.02.2013 – 16 O 95/12, VersR 2013, 591 mit Anm. L. Jaeger**

100.000,00 € (Vorstellung: mindestens 80.000,00 €)

Mehrfache Vergewaltigung – vorsätzliche Körperverletzung – Freiheitsberaubung

Eine 16 Jahre alte Frau, die im 4. Monat schwanger war, wurde von einem jungen Mann gekidnappt, in dessen Wohnung geschleppt, dort gefesselt und 72 Stunden lang immer wieder mit dem Tode bedroht und vielfach, oft stundenlang brutal vergewaltigt – die Klägerin schilderte detailliert fünf sexuelle Übergriffe.

Die strafrechtliche Verurteilung des Vergewaltigers hat auch dann keinen Einfluss auf die Höhe des Schmerzensgeldes, wenn dieser die Freiheitsstrafe von 12 1/2 Jahren als exorbitant hoch empfindet.

Endlich ein Ansatz zum Quantensprung bei der Schmerzensgeldbemessung in Fällen brutaler Vergewaltigung, vgl. im Textteil Kap. 4 Rdn. 63.

1245 **LG Marburg, Urt. v. 19.07.1995 – 5 O 33/90, VersR 1995, 1199 = NJW-RR 1996, 216**

250.000,00 € (Vorstellung: mehr als 1.500.000,00 € 80,00 €/Tag)

Langjährige Unterbringung in psychiatrischen Anstalten – 8 1/2 Jahre

Der Kläger war seit 1972 langjährig bis 1981 in psychiatrischen Krankenhäusern der Beklagten untergebracht und wurde mit Psychopharmaka fehlerhaft und ohne entsprechende Indikation behandelt, wodurch zahlreiche Nebenwirkungen entstanden sind, die bis heute fortbestehen. In den Jahren 1972 – 1978 wurde mehrfach seine Fixierung angeordnet. Beim Kläger trat eine Entwicklung zur Einsamkeit ein. Er wurde alkoholabhängig. Aus den Gründen ergibt sich nicht, ob gegen die Entscheidungen im Adhäsionsverfahren Revision eingelegt wurde.

Geburtsschäden

▶ Hinweis:

Die Besonderheit von zumeist besonders schweren Schäden, die infolge diverser ärztlicher Behandlungsfehler bei der Geburt, Entbindung oder Sectio auftreten können, rechtfertigt die Darstellung unter einem gesonderten Punkt. Den Fällen ist gemein, dass eine Schädigung zum frühestmöglichen Zeitpunkt eingetreten ist und in aller Regel lebenslang verbleibt, was besondere Berücksichtigung beim angemessenen Schmerzensgeld finden muss.

OLG Köln, Urt. v. 23.01.2019 – 5 U 69/16, GesR 2019, 331 1246

30.000,00 € (Vorstellung: 60.000,00 €)

Plexusparese – Erbsche Lähmung – Claviculafraktur

Der Kläger erlitt bei der Entbindung eine Plexusparese, eine Erb'sche Lähmung und eine Claviculafraktur. Für die Bemessung stand im Vordergrund die Plexusparese, während die nach etwa 6 Wochen folgenlos verheilte Clavikulafraktur von untergeordneter Bedeutung ist.

Die Plexusparese hat zu langjährig andauernden Folgen und Beeinträchtigungen und wohl zu auf Dauer bestehenden Funktionseinbußen geführt. Es liegt eine globale Kraftminderung im Bereich zwischen 3 und 4 (von 5 Kraftgraden) vor, was sich auswirkt auf die Schwere der zu leistenden Arbeit und auf die Ausdauerfähigkeit des Arms. Zudem liegt eine leichte Fehlstellung des Glenohumeralgelenkes vor, sodass der Arm nur begrenzt in eine Außenrotation (etwa 45 Grad im Vergleich zu normalerweise 90 Grad) verbracht werden kann. Das Streckdefizit führt dazu, dass der Kläger etwa nur begrenzt Lasten in die Höhe heben kann

Schmerzensgeldrelevant sind auch die Beeinträchtigungen, die der Kläger durch die systematische (praktisch tägliche) Physio- und Ergotherapie im Laufe des Lebens erfahren hat und die in ihrer Gesamtheit keine unerhebliche Beeinträchtigung der Lebensqualität bedeuteten.

OLG München, Urt. v. 05.04.2018 – 24 U 3486/16, GesR 2018, 372 1247

65.000,00 €

Armplexusparese

Der Kläger erlitt wegen geburtshilflicher Fehler eine vollständige Armplexusparese links. Der linke Arm des Klägers wird Zeit seines Lebens praktisch funktionslos bleiben; die von ihm im Zeitpunkt der mündlichen Verhandlung erster Instanz ins Auge gefasste Aufnahme einer handwerklichen Ausbildung nach Abschluss der Schule wird voraussichtlich nicht möglich sein.

OLG Oldenburg, Urt. v. 01.03.2023 – 5 U 45/22, GesR 2023, 858 1248

130.000,00 € (Vorstellung: 80.000,00 €)

Erblindung nach Frühgeburt

Der Kläger wurde in der 25. SSW im Haus der Beklagten entbunden. Bei solchen Frühgeborenen besteht das besondere Risiko der Netzhautablösung, auf welches die Beklagte nach seiner Entlassung nur unzureichend belehrt und auf Kontrollen hingewiesen hatte. Der Kläger ist nun rechts vollständig erblindet, auf dem linken Auge besteht eine hochgradige Sehbehinderung. Ihm ist lediglich noch bei starker Kontraständerung oder bei beleuchteten Gegenständen ein zielgerichtetes Greifen möglich. Der anerkannte Grad der Behinderung (GdB) beträgt 100%. Dem Kläger sind damit alle beruflichen wie auch privaten Möglichkeiten, die ein ausreichendes Sehvermögen voraussetzen, genommen. Er ist ein Leben lang auf Hilfestellungen oder Nachteilsausgleich angewiesen. Auch wenn er ein Leben ohne Beeinträchtigung der Sehkraft nie gekannt und deshalb ein solches auch nicht verloren hat, ist ihm für immer die Möglichkeit genommen worden, ein solches zu führen.

1249 **OLG Hamm, Urt. v. 13.10.2017 – 26 U 46/12, unveröffentlicht**

200.000,00 € (Vorstellung: 400.000,00 €)

Spastische Tetraparese

Bei dem Kläger kam es zu einer Hirnblutung, weil bei seiner Geburt auf Wehentätigkeiten und Dezelerationen sowie vaginale Blutungen zu spät reagiert wurde. In der 7. Lebenswoche wurde linksseitig eine Leukomalazie festgestellt. Der Kläger leidet unter einer beidseitigen, aber rechts betonten spastischen Tetraparese mit Betroffenheit aller Glieder. Es liegt ein erschwertes Gangbild mit abnormen Haltungs- und Bewegungsmustern vor. Der Kläger konnte trotz einer Störung der kognitiven Entwicklung Lesen, Schreiben und Rechnen lernen und hat einen Hauptschulabschluss. Er bedarf einer geschützten Umgebung, kann sich unbekannten Personen wegen psychischer Störungen nur schwer öffnen und neigt zum Zurückziehen. Es liegt Pflegestufe 2 vor.

1250 **OLG Hamm, Urt. v. 04.04.2017 – 26 U 88/16, VersR 2017, 1019 m. Anm. Jaeger**

250.000,00 € (Vorstellung: 325.000,00 €)

Entwicklungsstörungen – Sprachentwicklungsstörungen – Koordinationsstörungen

Bei der Geburt des Klägers war ein CTG pathologisch und eine Fetalblutgasanalyse nicht möglich; dies stellte eine Indikation zur Sectio dar, die die Beklagten aber unterließen. Ebenfalls unterließen sie die gebotene dauernde CTG-Überwachung und reagierten erst nach dem Doppelten der angemessenen Reaktionszeit. Bei dem Kläger war es zu einer straffen Nabelschnurumschlingung gekommen, infolgedessen sich bei ihm allgemeine Entwicklungsstörungen, expressive Sprachentwicklungsstörungen mit Schwächen beim Sprachverständnis und dem Sprechvermögen, motorische Koordinationsstörungen, orthopädische Probleme und Atmungsstörungen sowie eine Epilepsie entwickelten. Bei entsprechender Förderung kann er allenfalls die Stufe eines 7 bis 8-jährigen Kindes erreichen. Er ist feinmotorisch und komplex-koordiniert-motorisch gestört, kann zwar Laufen und Fahrradfahren, ermüdet dabei aber schnell. Er hat ein gegenüber anderen Menschen geistiges Defizit, was zu einem besonderen Leidensdruck führt, wenn er in die Lage kommt, dies festzustellen. Die Epilepsie wird sich erwartbar noch verschlechtern. Ein Leben allein ist dem Kläger nicht möglich.

1251 **OLG Hamm, Urt. v. 28.01.2019 – 3 U 63/17, AHRS 2498/320**

300.000,00 € (Vorstellung: 300.000,00 €)

Tetraspastik

Bei der Geburt der Klägerin wurde zu spät auf ein Fieber reagiert, obwohl eine eitrig-fötide Kolpitis der Mutter vorlag. Die gebotene Antibiotikabehandlung unterblieb. Die Klägerin wurde als Frühchen geboren, bei dem sich Hirnblutungen, Atemnotsyndrom und ein interstitielles Lungenemphysem entwickelten. Es ergab sich eine schwere Behinderung mit einer Tetraspastik und einer Entwicklungsverzögerung. Die Klägerin leidet bis heute und dauerhaft unter einer linksbetonten spastischen Diplegie, kloniform gesteigerten Eigenreflexen, einem hypotonen Rumpf, einem cerebralen Anfallsleiden, einer eingeschränkten Mundmotorik, einer sprachlichen Entwicklungsverzögerung, stark eingeschränkter Konzentrationsfähigkeit und Merkfähigkeit, einer eingeschränkten Wahrnehmung, schweren Depressionen, einer Angststörung und Schlafstörungen. Ihre Sehfähigkeit sei stark eingeschränkt, sie leidet unter einer erhöhten Infektanfälligkeit und ist stuhl- und harninkontinent. Zur Fortbewegung ist die Klägerin auf einen Rollstuhl angewiesen, da ihr freies Gehen, Stehen oder sitzen unmöglich ist. Sie ist umfassend hilflos und pflegebedürftig bei allen alltäglichen Verrichtungen, wird Zeit ihres Lebens auf fremde Hilfe angewiesen sein und nie ein beschwerdefreies, eigenständiges, bewusst erlebtes Leben führen können. Sie kann sich mit Hilfestellung fortbewegen, sehen, hören und mit anderen Menschen kommunizieren, auch ist der Besuch einer Behindertenschule denkbar.

1252 **LG Berlin, Urt. v. 02.07.2020 – 6 O 425/12, VersR 2021, 973**

300.000,00 €

Spastisch-motorische Zerebralparese

Bei der Geburt des Klägers wurde wegen Fehlern der Aufklärung kein Kaiserschnitt vorgenommen, sondern die Geburt medikamentös eingeleitet. Hierdurch kam es zu einer vorzeitigen Plazentaablösung mit der Folge einer perinatalen Asphyxie, die einen Gehirnschaden verursachte. Der inzwischen 9 Jahre alte Kläger hat eine spastisch-motorische Zerebralparese und seine motorische und geistige Entwicklung entspricht dem eines zwei- bis dreijährigen Kleinkindes. Er leidet unter globalen Entwicklungsstörungen, einer geistigen Entwicklungsverzögerung, infantiler Zerebralparese, Mikrozephalie und geistiger Retardierung aufgrund des Sauerstoffmangels unter der Geburt. Ursache seiner Sprachentwicklungsstörung sind die geistige Retardierung und die gestörte Mundmotorik durch die Muskelhypotonie. Infolgedessen ist das Erlernen der Gebärdensprache und eine elektronische Kommunikationshilfe erforderlich. Die Gangstörung des Klägers sowie die Ataxie und die Hüftluxation sind charakteristische Folgen einer Hirnschädigung durch Sauerstoffmangel bei der Geburt. Die gestörte Mundmotorik mit Speichelfluss und Dysphagie (Schluckstörung) beruht auf einer Störung der Koordination der Muskulatur im Gehirn.

Die Notwendigkeit des Tragens einer Brille sowie des Strabismus, d.h. Schielen auf dem rechten Auge, sind ebenfalls Folgen des Sauerstoffmangels bei der Geburt. Des Weiteren leidet der Kl. unter einer rumpfbetonten Muskelhypotonie, einer beinbetonten Spastik, Ein- und Durchschlafstörungen, die zu einem gestörten Tag-/Nachtrhythmus führen, Epilepsie sowie Schluckstörungen, chronischen Verstopfungen und Stuhl- und Harninkontinenz mit der Folge eines zeitweiligen Minderwuchses.

Der Kläger hat nicht nur bereits in der Vergangenheit liegendes Leid erdulden müssen, sondern wird auch zukünftig bis an sein Lebensende erhebliche Belastungen und körperliche sowie geistige Einschränkungen ertragen müssen. Dieser Umstand ist ein gewichtiger Bewertungsfaktor. Der Kläger hat die Schädigung im Zusammenhang mit seiner Geburt erlitten, so dass er im Zeitpunkt der Schädigung noch sein gesamtes Leben vor sich hatte. Er wird nie ein selbständiges Leben führen können und bedarf in allen Lebenslagen der Unterstützung Dritter. Eine Kommunikation mittels Sprache und Gebärden ist nur schwer oder nur mit vertrauten Personen möglich.

OLG Rostock, Urt. v. 05.11.2021 – 5 U 119/13, VersR 2022, 580 1253

300.000,00 € (Vorstellung: 50.000,00 €)

Hirnschädigung – Koordinationsstörungen – Lernbehinderung – Gehbehinderung

Bei dem Kläger wurde ein Notkaiserschnitt nach auffälligem CTG und Plazentaablösung zu spät durchgeführt. Es kam es zu Sauerstoffunterversorgung und Nierenversagen; ohne neopathologische Intervention wäre er bereits im Kreißsaal verstorben. Er erlitt eine Hirnschädigung und ist in seinem Wachstum immer weiter hinter den Normalwert zurückgeblieben. Der Kläger leidet unter motorischen Koordinationsstörungen, die als sehr diskrete, armbetonte infantile Zerebralparese gewertet werden können. Betroffen ist vor allem die Feinmotorik, was beim Schreiben Probleme macht. Bereits in den ersten Stunden nach der Geburt des Klägers ist es zu Krampfanfällen gekommen, die unter medikamentöser Behandlung sistierten und immer weiter auftreten. Der Kläger ist gehbehindert und hilflos. Der Kläger ist kognitiv verlangsamt und lernbehindert; er leidet unter großen Einschränkungen in der visuellen und taktil-propriozeptiven Wahrnehmung, der Handgeschicklichkeit, der Balance und teilweise der vestibulär-propriozeptiven Wahrnehmung, was sich in fehlendem Raum-Zeit-Gefühl, fehlender Orientierung, Stolpergefahr und unzuverlässiger Wahrnehmung des Harndrangs äußert. Damit der Kläger Lernfortschritte machen kann, besteht ein hoher Bedarf an individueller Begleitung und Hilfestellung.

OLG Bamberg, Urt. v. 19.09.2016 – 4 U 38/15, GesR 2017, 154 = MedR 2017, 548 m. Anm. Jaeger 1254

350.000,00 € (Vorstellung: 500.000,00 €)

Spastische Tetraparese – geistige Behinderung

Die Klägerin erlitt wegen geburtshilflicher Fehler, die zu einer massiven Sauerstoffunterversorgung des Fötus führten, schwere hirnorganische Schädigungen. Es liegen eine körperliche Behinderung im Sinne einer spastischen Tetraparese, eine geistige Behinderung, fehlende Sprachentwicklung und Microcephalie vor.

Sie besucht aktuell einen heilpädagogischen Kindergarten, schwimmt und nimmt am therapeutischen Reiten teil. Einmal im Jahr besucht sie für mehrere Wochen eine Rehabilitationseinrichtung, um Schrittfolgen zu lernen. Sie lautiert, kann aber nicht sprechen, versteht indes deutlich mehr, als sie durch Lautieren äußern kann. Sie muss mit dem Löffel gefüttert werden, kann nur weiche Sachen essen und kleine Stücke abbeißen; das Essen selbst zum Mund zu führen, gelingt nicht. Allein Stehen ist ihr nicht möglich, auch den Kopf kann sie nicht allein halten. Der Klägerin wird in zunehmendem Maß schmerzlich bewusst, dass und mit welcher Ausschließlichkeit sie durch ihre schweren Behinderungen von den Entfaltungsmöglichkeiten eines Kindes abgeschnitten ist; so hat die Klägerin auf einem Spielplatz ihrem Schmerz und ihrer Traurigkeit darüber Ausdruck gegeben, selbst von schlichten kindlichen Vergnügungen wie dem Sitzen auf einer Kinderschaukel ausgeschlossen zu sein.

Der Senat urteilte, in Bezug auf die körperliche, geistige sowie seelische Persönlichkeitsentwicklung der Klägerin weiche der Fall deutlich ins Gewicht fallende Abstufungen gegenüber den typischen Erscheinungsbildern einer »extrem« gelagerten Schadenskonstellation auf, weswegen nur ein geringeres Schmerzensgeld geschuldet sei; hierdurch ändere sich auch nichts dadurch, dass die Klägerin wegen ihrer verbleibenden kognitiven Fähigkeiten mit zunehmendem Alter ihrer Behinderung immer stärker bewusst werde.

1255 **KG, Urt. v. 01.07.2019 – 20 U 103/13, unveröffentlicht**

<u>375.000,00 €</u>

Hirnschädigung

Bei der Klägerin wurde auf einen angeborenen Herzfehler bei ihrer Geburt viel zu spät reagiert; sie wurde erst nach knapp 3 Stunden reanimiert, die bis dahin durchgeführte Maskenbeatmung war ungenügend. Es kam zu einer Hirnschädigung. Die Klägerin ist schwer geistig behindert und leidet unter Sprach- und motorischen Störungen; aufgrund einer angeborenen Chromosomenanomalie wäre ohnehin eine – wenngleich leichtere – geistige Behinderung aufgetreten. Ohne die Schädigung hätte die Klägerin aber einen Zeitbegriff und räumliche Orientierung gehabt, hätte sich selbst Nahrung zubereiten und essen können und die Aktivitäten des täglichen Lebens meistern. Tatsächlich ist sie windelpflichtig und kann nur mit pürierter Nahrung gefüttert werden; selbstständig fortbewegen kann sie sich nicht.

1256 **OLG Rostock, Urt. v. 02.06.2023 – 5 U 91/17, VersR 2024, 319 m. Anm. Jaeger VersR 2024, 515**

<u>380.000,00 €</u>

Schulterdystokie – Oberarmplexusparese

Die Klägerin erlitt unter der Geburt eine Schulterdystokie und eine Hirnschädigung. Hieraus resultierten eine schwere Asphyxie, linksseitige Oberarmplexusparese, zerebrale Übererregbarkeit mit Krampfanfällen, Muskelhypertonie, Hüftreifungsverzögerungen und eine subkutane Fettgewebsnekrose am Hinterkopf, wobei letztere im ersten Lebensjahr abgeheilt ist. Der linke Arm ist nur eingeschränkt nutzbar; die Klägerin leidet an beeinträchtigter Grob- und Feinmotorik, einer beeinträchtigten Sprachentwicklung und einem auffälligen Gangbild. Sie bedarf physiotherapeutischer und logopädischer Betreuung und ist weit hinter dem Entwicklungsstand gleichaltriger (inzwischen: 13 Jahre) zurück. Sie ist auf einen Rollstuhl angewiesen, ihre Sprache ist nur schwer verständlich.

Die Berufsschulreife wird die Klägerin mit an Sicherheit grenzender Wahrscheinlichkeit nicht erreichen. Sie wird dauerhaft in einer selbstständigen Lebensführung beeinträchtigt sein. Die Klägerin weist unterdurchschnittliche Leistungen in allen motorischen und koordinativen Bereichen auf. Eine wesentliche Besserung ist nicht zu erwarten. Die Klägerin wird kein selbstständiges Leben führen können und dauerhaft Assistenz im Alltag benötigen. Zudem liegen Hinweise auf eine psychische Belastung und eine Gefährdung des psychischen Wohlbefindens vor. Die psychische Belastung, die sich aus dem Vergleich zu anderen Menschen für sie ergibt, ist erheblich und das zunehmende Bewusstsein darüber kann zu psychotherapeutischer Interventionsbedürftigkeit führen. Der Grad der Behinderung ist mit 80 % festgestellt.

OLG Hamm, Urt. v. 19.03.2018 – 3 U 63/15, VersR 2019, 34 = MDR 2018, 1120 = MedR 2019, 220 1257

400.000,00 € (Vorstellung: 500.000,00 €)

Schwerste Hirnschäden – geistige Behinderungen

Der Kläger erlitt unter der Geburt einen hypoxischen Hirnschaden, weil der beklagte Arzt zu spät auf ein auffälliges CTG reagierte und der Kläger daher erst zeitverzögert in die Klinik eingewiesen wurde. Er ist schwerst hirngeschädigt und zu 100 % schwerbehindert. Er kann nicht sprechen, ist auf einem Ohr mittel- und auf dem anderen schwersthörig. Er erkennt Eltern und enge Familienangehörige, eine Kommunikation mit Dritten oder eine Interaktion mit anderen Kindern ist nicht möglich. Er konnte erst mit drei Jahren krabbeln und ist kraftlos. Selbst, ob der Kläger (im Alter von neun Jahren) den Tod seiner Mutter habe begreifen können, ist nicht zu klären. Gehen ist nur mit Orthesen möglich, beim Essen ist fremde Hilfe nötig. Der Kläger besucht eine Förderschule für geistig behinderte Kinder, »richtigen« Unterricht hat er allerdings nicht, es finden in der Schule Therapien statt. Lesen, Schreiben oder Rechnen wird er nie lernen. Eine Epilepsieneigung hat sich eingestellt. Der Senat hielt ein Schmerzensgeld im vorgestellten Rahmen (von 500.000,00 €) für nicht gerechtfertigt werden der (Rest-)fähigkeiten des Klägers (kritisch Jaeger, VersR 2019, 34).

LG Bochum, Urt. v. 12.02.2020 – 6 O 336/17, unveröffentlicht 1258

450.000,00 € (Vorstellung: 500.000,00 €)

Cerebralparese – Tetraparese

Die Klägerin wurde bei der Geburt geschädigt, weil eine fetale Bradykardie nicht rechtzeitig behandelt wurde. Der Notkaiserschnitt kam zu spät. Es kam zu einer bilateralen Cerebralparese und einer hypoxisch-ischämischen Enzephalopathie. Die Klägerin leidet unter einer vollständigen spastischen Tetraparese. Sie kann nicht frei sitzen, der gesamte Bewegungsablauf und die Feinmotorik sind betroffen. Sprechen kann sie nicht. Sie wird auf dem kognitiven Zustand einer Zweijährigen verharren. Bei Nahrungsaufnahme und Trinken braucht sie Hilfe; sie wird zeitlebens auf Pflege und Betreuung angewiesen sein.

OLG Köln, Urt. v. 05.12.2018 -5 U 24/18, VersR 2019, 697 1259

500.000,00 € (Vorstellung: 600.000,0 €)

Hypoxischer Hirnschaden

Der Kläger erlitt infolge geburtshilflicher Fehler einen hypoxischen Hirnschaden, der dazu führte, dass er weder jemals selbstständig essen, trinken, sprechen oder sich selbstständig fortbewegen kann. Eine maximale geistige Beeinträchtigung liegt vor. Der Kläger ist geistig und körperlich schwerbehindert und lebenslang auf Hilfe und Pflege angewiesen. Er wird wegen einer Schluck- und Ernährungsstörung durch eine PEG-Sonde versorgt. Speichel und anfallendes Sekret müssen regelmäßig abgesaugt werden. Es besteht eine hochgradige Sehstörung in Form einer so genannten »zentralen Blindheit«, was bedeutet, dass visuelle Reize von den Augen zwar wahrgenommen, vom Gehirn aber nicht adäquat verarbeitet werden. Es liegt eine schwere globale Entwicklungsstörung und eine Pflegebedürftigkeit in maximaler Ausprägung rund um die Uhr vor. Der Kläger verfügt über keinerlei Alltagskompetenzen. Sein motorischer Entwicklungsstand ist stark zurückgeblieben. Es besteht eine ausgeprägte Rumpfhypotonie bei gleichzeitiger Hypertonie der Extremitäten im Rahmen seiner vorwiegend distalen Cerebralparese. Eine freie Fortbewegung aus eigener Kraft ist ihm nicht möglich. Der Kläger wird zeitlebens auf den Rollstuhl angewiesen sein.

Der Senat hielt fest, er verstehe den Betrag von 500.000,00 € als »Obergrenze für Fälle besonders schwerer Gesundheitsschäden«; eine Anhebung dieses Betrages sei »für die Zukunft grundsätzlich denkbar, derzeit aber nicht geboten«. Eine im Rahmen einer derartigen Schwerstschädigung vorgenommene weitere »Ausdifferenzierung« (hier dahin, dass bei vergleichbaren Gerichtsentscheidungen etwa noch eine Tetraspastik oder eine Epilepsie hinzuträten) und eine damit begründete Reduzierung des Schmerzensgeldes seien ebenfalls nicht gerechtfertigt. In einem Geburtsschadensfall, bei dem ein Mensch von Beginn seines Lebens in seinen geistigen und körperlichen Fähigkeiten und Entwicklungsmöglichkeiten maximal beeinträchtigt ist und voraussichtlich immer bleiben wird, sei es nicht angezeigt, zwischen einzelnen gesundheitlichen Einschränkungen näher zu differenzieren. Das Schmerzensgeld sei hier nicht durch das Aufaddieren einzelner Gesundheitsbeeinträchtigungen zu bemessen, sondern es komme vor allem auf die Folgen des Gesundheitsschadens in seiner gesamten Ausprägung an. Dabei sei die schadensbedingte Einschränkung der Fähigkeit, die eigene Person und seine Umwelt zu erleben und ein aktives, selbstbestimmtes Leben zu führen, besonders in den Blick zu nehmen.

1260 **OLG Oldenburg, Urt. v. 13.11.2019 – 5 U 108/18, RDG 2020, 33**

500.000,00 € (Vorstellung: 600.000,00 €)

Hypoxischer Hirnschaden – Tetraspastik

Bei der Klägerin wurde vorwerfbar kein Kaiserschnitt durchgeführt. Sie kam mit einem APGAR-Wert von 1/2/2 zur Welt; es bestehen eine hypoxisch-ischämische Enzephalopathie mit zerebralen Krampfanfällen und Schluckstörung, eine schwere peripartale Asphyxie, rezidivierende Apnoen und Kreislaufinsuffizienz. Die Klägerin ist tetraspastisch und aufgrund der massiven Hirnschädigung dauerhaft auf Hilfe und Pflege angewiesen. Ihre Ernährung erfolgt durch PEG-Sonde. Sie benötigt umfassende Therapien, insbesondere Physiotherapie und Ergotherapie aufgrund einer ausgeprägten Spastik der Extremitäten. Der Grad der Behinderung ist mit 100 festgestellt, daneben die Merkzeichen G, B, RF und H.

1261 **LG Dortmund, Urt. v. 16.01.2020 – 4 O 430/16, unveröffentlicht**

500.000,00 € (Vorstellung: 600.000,00 €)

Hypoxischer Hirnschaden – Tetraparese

Bei der Geburt der Klägerin wurden unzureichende CTG-Aufzeichnungen durchgeführt und mehrfache Tachykardien und Dezelerationen nicht beachtet. Trotz hoher Wahrscheinlichkeit einer Nabelschnurumschlingung wurde Wehenunterstützung geleistet. Die Klägerin leidet unter einem hypoxischen Hirnschaden. Es bestehen insbesondere eine schwere kombinierte körperliche und geistige Entwicklungsstörung, eine ausgeprägte bilaterale Zerebralparese, eine schwere spastische Tetraparese, eine schwere Epilepsie, welche der medikamentösen Behandlung bedarf, und eine fehlende Willkürmotorik. Außerdem ist die Klägerin blind und eine psychoneurologische Weiterentwicklung ist nicht möglich. Eine eigenständige Lebensführung ist nicht möglich und auch in Zukunft nicht zu erwarten. Streng genommen wäre eine Steigerung nur durch einen Verlust der verbliebenen Restfunktionen denkbar. Die Klägerin kann nämlich selbstständig atmen, Nahrung zu sich nehmen und Reaktionen zeigen, die etwa auf Entspannung oder Aufmerksamkeit hindeuten.

1262 **OLG Koblenz, Urt. v. 16.12.2020 – 5 U 836/18, unveröffentlicht**

500.000,00 € (Vorstellung: 680.000,00 €)

Cerebralparese

Die Klägerin wurde durch geburtshilfliche Fehler geschädigt. Sie leidet unter einer infantilen globalen dyskinetischen Cerebralparese mit Störung des Bewegungsapparates und gravierenden Koordinationsstörungen. Betroffen sind die psychischen und kognitiven Bereiche sowie die Persönlichkeitsbildung. Es liegt eine deutliche Mikrozephalie vor und sie leidet unter Epilepsie. Sie kann nicht sprechen, nicht ohne Hilfe essen, nicht lesen und schreiben. Sie kann keine gezielten Bewegungen ausführen, nicht laufen, nicht stehen und nur mit Hilfsmitteln sitzen. Die Klägerin leidet an Inkontinenz und Gelenkdeformationen sowie Versteifungen. Aufgrund einer Fehlkoordination der Zunge stößt sie Speisen aus der Mundhöhle aus und muss gefüttert werden. Sowohl Nahrungsaufnahme als auch die Flüssigkeitszufuhr muss sorgfältig überwacht werden. Dennoch ist sie erheblich unterernährt. Sie leidet an einem ausgeprägten Intelligenzverlust und hat einen Intelligenzquotienten von 30. Die Sehkoordination und Hörfähigkeit sind gemindert. Es besteht Pflegestufe V, die Klägerin besucht eine Förderschule und kann in sehr beschränktem Umfang mit anderen Kindern in Interaktion treten.

OLG Karlsruhe, Urt. v. 03.02.2021 – 7 U 2/19, GesR 2021, 397 1263

500.000,00 €

Schwere Hirnschädigung

Bei der Klägerin kam es zu Fehlern bei der geburtshilflichen Betreuung, weil auf ein Schlagereignis im Bauch der Mutter und starke Schmerzen nicht ausreichend reagiert worden war. Eine Uterusruptur wurde übersehen, obwohl sie ein hochpathologischer Zustand ist und sofortiges Handeln erforderlich macht. Es kam zu einer schweren Hirnschädigung in Form einer hypoxisch-ischämischen Enzephalopathie mit Krampfanfällen und zerebralen Bewegungsstörungen mit spastischer Tonuserhöhung sowie neurogener Dysphagie.

Die Klägerin leidet unter einer globalen Entwicklungsstörung, Schlafstörungen, einer Epilepsie struktureller Ursache, fokalen Anfällen mit Gesichtsmyoklonien und Extremitätenmyoklonien, tonischen Anfällen mit Schulteranhebung und gepresster Atmung, bilateralen konvulsiven Anfällen, atypischen Absencen, einer spastisch dystonen Cerebralparese, Dysphagie und einem substituierten Vitamin-D-Mangel. Eine PEG-Sonde ist angelegt und die Ernährungssituation gestaltet sich schwierig bei häufigen Bauchschmerzen und Durchfall. Es bestehen immer wieder Schwierigkeiten bei Unverträglichkeiten diverser Sondennahrungen. Es besteht der Verdacht auf ein Dumping-Syndrom und eine zentrale Sehstörung. Die Klägerin kann sich nicht alleine fortbewegen und hat keine Kontrolle über Blase und Darm bei Zustand nach gastroesophagealer Refluxoperation. Die Klägerin ist rollstuhlpflichtig und wird dies auch in Zukunft bleiben, auch wenn sie aus therapeutischen und medizinischen Gründen temporär einen sog. NF-Walker nutzt. Sie kann nicht sprechen und normal kommunizieren, sie lautiert teilweise. Sie reagiert auf Ansprache und Geräusche, teils mit Kopfzuwendung und kann Zustimmung und Freude durch Lächeln ausdrücken. Eine auch nur ansatzweise normale Kommunikation ist ihr jedoch ersichtlich nicht möglich. Auch freies Sitzen ist ihr nicht möglich. Sie wird danach nie ein selbstständiges Leben führen können, sondern Tag und Nacht auf umfassende Unterstützung angewiesen sein. Die Klägerin ist schwerst beeinträchtigt, ihr ist es nahezu unmöglich, eine eigene Persönlichkeit im herkömmlichen Sinne zu entwickeln, sich körperlich zu bewegen oder zu kommunizieren.

OLG Hamm, Urt. v. 17.12.2021 – 26 U 102/20, ArztR 2022, 177 1264

500.000,00 € (Vorstellung: 500.000,00 €)

Schwerstbehinderung – zentrale Epilepsie – Mikrozephalie – Blindheit

Bei der Geburt des Klägers unterließ es der beklagte Gynäkologe, die Mutter bei einem pathologischen CTG sofort ins Krankenhaus einzuweisen, obgleich sie bei einer vorangegangenen Geburt bereits Komplikationen aufgewiesen hatte. Hierdurch kam es zu einer erst verspäteten stationären Betreuung. Der Kläger leidet nun unter symptomatischer fokaler Epilepsie, Mikrozephalie, schwerer psychosomatischer Retardierung und zentraler Sehminderung. Der schwer geistig behinderte und körperlich beeinträchtigte Kläger wird niemals in der Lage sein wird, ein eigenständiges und selbstbestimmtes Leben zu führen. Der mittlerweile 16 Jahre alte Kläger ist geistig und von seinen körperlichen Fähigkeiten her auf dem Stand eines sechs Monate alten Säuglings. Er kann nur innerhalb des engsten Familienkreises mit anderen kommunizieren. Er kann nicht sehen und nicht schreiben. Zu einer aktiven Wortbildung und Sprache ist der Kläger nicht in der Lage, mit Ausnahme des Wortes »Baba« für Vater. Grundbedürfnisse wie Hunger und Durst kann er nicht selbständig kommunizieren. Er ist jedoch in der Lage Musik zu hören und nimmt auch Ortsveränderungen, wie beim Spazierengehen oder Urlauben am Meer, wahr. Dem Kläger ist aufgrund seiner in höchstem Maße eingeschränkten Fähigkeiten praktisch jede Möglichkeit einer körperlichen und geistigen Entwicklung genommen. Er wird die normalen Entwicklungsstufen von Kindheit, Jugend, Erwachsensein bis zum Alter kaum bewusst erleben und auch keine Persönlichkeit entwickeln oder eine Familie gründen können. Er ist lediglich in der Lage, ihm nahestehende Bezugspersonen zu erkennen und auf diese zu reagieren und sich dabei nonverbal zu äußern. Der Kläger ist in seiner täglichen Lebensführung maximal beeinträchtigt und wird sein ganzes Leben lang auf die Hilfe Außenstehender angewiesen sein. Dabei wird es die notwendige dauerhafte Anwesenheit von Angehörigen, Helfern und Pflegepersonen dem Kläger unmöglich machen, sich eine eigene, intime Sphäre aufzubauen. Hinzu kommen die immer wiederkehrenden epileptischen Anfälle, welche die Befindlichkeit des Klägers zusätzlich beeinträchtigen und weshalb er regelmäßig Medikamente einnehmen muss. Er leidet unter Krämpfen, Spastiken und Schmerzen.

1265 **OLG Koblenz, Urt. v. 15.01.2020 – 5 U 1599/18, unveröffentlicht**

550.000,00 €

Schwerer hypoxischer Hirnschaden

Der Kläger erlitt durch eine Sauerstoffunterversorgung unter der Geburt einen schweren hypoxischen Hirnschaden. Er ist in den Extremitäten und im Kopf/Rumpfbereich behindert; ein koordiniertes Bewegungsmuster ist nicht möglich. Der Kläger ist auf den Rollstuhl angewiesen. Ansonsten ist er bettlägerig, wobei ihm selbst die Drehung von Rücken- auf Bauchseite nicht selbstständig möglich ist. Er hat keine Kontrolle über seine Kopfhaltung, wenn dieser nicht fixiert ist, er fällt er immer wieder auf die Brust. Er kann aufgrund der eingeschränkten Motorik nicht aus dem Glas trinken und isst ausschließlich pürierte Kost. Die Kognition des Klägers ist eingeschränkt, lediglich eine geringe Kontaktfähigkeit ist vorhanden. Der Kläger kann kaum kommunizieren, was das Risiko für eine kürzere Lebenserwartung deutlich erhöht, da er nicht über Krankheitssymptome berichten kann. Auch die symptomatische Epilepsie führt zu einer verkürzten Lebenserwartung. Die Nahrungs- und die Flüssigkeitsaufnahme bergen ein Aspirationsrisiko. Der Kläger wird niemals in der Lage sein, ein eigenständiges Leben zu führen. Er ist vielmehr Zeit seines Lebens rund um die Uhr auf Betreuung und Hilfe angewiesen. Auch ohne besondere Symptome ist eine Kontrolle alle zwei bis drei Stunden erforderlich, bei Auftreten besonderer Symptome eine noch intensivere Überwachung.

1266 **LG Paderborn, Urt. v. 09.06.2021 – 4 O 334/12, unveröffentlicht**

600.000,00 € zzgl. 350,00 € monatliche Rente (Vorstellung: 800.000,00 € und Rente)

Hypoxisch-ischämischer Hirnschaden – Tetraspastik

Bei der Klägerin wurde nach ihrer Geburt als Frühchen ein Herzfehler grob behandlungsfehlerhaft nicht diagnostiziert. Einen Monat nach der Geburt kam es zu einer Aortenisthmusstenose mit der Folge eines hypoxisch-ischämischen Hirnschadens nach kardiopulmonaler Reanimation im Rahmen kardiopulmonaler Dekompensation bei hochgradiger Aortenisthmusstenose und Aortenbogenhypoplasie. Es besteht eine allgemeine Entwicklungsstörung mit cerebraler Bewegungsstörung, muskulärer Hypotonie, zentraler Sehstörung, postasphyktischer Schluckstörung und respiratorischer Insuffizienz.

Die Klägerin hat eine komplexe Behinderung mit schwerster motorischer und geistiger Entwicklungsstörung, bisher fehlender Sprachentwicklung und gezielter Kommunikationsfähigkeit, schwerer Ernährungsproblematik mit Schluckstörungen und Verdauungsstörungen, Schluckstörungen und Ernährung über eine PEG-Sonde in den ersten zwei Lebensjahren, schwerer cerebraler Bewegungsstörung mit einschließender Spastik, symptomatischer Epilepsie, permanenter Harn- und Stuhlinkontinenz, zentraler Sehstörung, intermittierender, respiratorischer Insuffizienz mit Beatmung über

Tracheostoma bis zum Tracheostomaverschluss im Alter von 16 Monaten, Hörstörung, Dystrophie, Mikrozephalie, Tetraspastik, oropharyngeale Dysphagie mit folgenden Aspirations- und Penetrationsgraden nach PAS. Sie weist schwere Beeinträchtigungen in allen Bereichen des täglichen Lebens, bei der Nahrungsaufnahme und Körperpflege, bei der Mobilität, bei der Kommunikation, bei der Selbstständigkeit und bei der sozialen Interaktion auf. Zwar schafft sie es, sich im Vierfüßlerstand zielgerichtet zu bewegen und an Möbeln aufzurichten. Es kommt aber häufig zu Stürzen. Für korrekte Positionswechsel und flüssige Bewegungsübergänge sowie für das Stehen ist sie auf Hilfe angewiesen. Die Klägerin hat frühzeitig mit krankengymnastischer, ergotherapeutischer und logopädischer Förderung begonnen. Die aktive Sprache hat sich jedoch bisher nicht effektiv entwickelt, sondern es besteht lediglich eine nonverbale Kommunikationsfähigkeit durch Mimik und Lautieren. Die gegen Krampfanfälle gerichtete medikamentöse Behandlung muss dauerhaft fortgeführt werden. Wegen der weiter bestehenden Schluckstörungen gestaltet sich die Ernährungssituation schwierig. In Anbetracht ihrer gesundheitlichen Situation hat die Klägerin seit ihrer Geburt in verschiedenen Einrichtungen und bei verschiedenen Ärzten und Therapeuten fortlaufend medizinische und therapeutische Hilfe in Anspruch genommen. Die Klägerin hat einen Grad der Behinderung von 100 und erhält Blindengeld.

LG Hannover, Urt. v. 31.05.2021 – 19 O 217/11, unveröffentlicht 1267

650.000,00 € zzgl. 500,00 € monatliche Rente (Vorstellung: 1.000.000,00 € und 2.000,00 € Rente)

Hirnschädigung – spastische Lähmung

Bei der Klägerin wurde nach ihrer Geburt eine durch Blutgruppenunverträglichkeit verursachte Neugeborenen-Ikterus (Gelbsucht) nicht erkannt; sie wurde, nachdem die Eltern sie vier Tage nach der Geburt notfallmäßig ins Krankenhaus brachten, dort stationär aufgenommen und eine Bluttransfusion wurde durchgeführt. Gleichwohl verschlechterte sich ihr Zustand und sie musste künstlich beatmet werden. In dieser Zeit kam es zu cerebralen Krampfanfällen. Letztlich wurde die Diagnose eines Kernikterus (irreversible Hirnschädigung durch eine Bilirubin-Toxizität) gestellt. Die Klägerin leidet infolgedessen unter einer spastischen Lähmung aller Extremitäten, sie ist faktisch taub und kann nicht sprechen. Darüber hinaus besteht eine schwerwiegende Refluxerkrankung, weshalb eine Fundoplicatio (chirurgischer Eingriff zur Verhinderung des Rückflusses von Magensäure in die Speiseröhre) durchgeführt wurde. Dennoch ist nach wie vor eine schwere Ernährungs- und Gedeihstörung vorhanden. Die Klägerin kann weder im Sitzen noch in der Bauchlage den Kopf oder Rumpf gegen die Schwerkraft aufrecht halten; die willkürliche Kontrolle ihrer Bewegungen ist stark eingeschränkt. Zudem ist jegliche motorische Funktion beeinträchtigt und sie kann sich nicht selbständig fortbewegen. Bestehende funktionelle Einschränkungen im Sitzen und Stehen können auch mit angepassten Hilfsmitteln nicht vollständig kompensiert werden. Es erscheint ausgeschlossen, dass die Klägerin erlernen werde, einen Rollstuhl zu benutzen. Schwierigkeiten bestehen zudem bei der Ernährung, da sie kaum kauen und die Nahrung nur zerdrücken kann. Harte Nahrung kann sie nicht zu sich nehmen, Flüssigkeiten müssen ihr in den Mund geträufelt werden.

Hinzu treten ausgeprägte und schwerste kombinierte kognitive und körperliche Funktionseinschränkungen, wobei von einer geistigen Behinderung auszugehen ist. Die Klägerin ist in der Lage, ihre Mitmenschen zu verstehen und gibt über Lachen und mimische Äußerungen zu verstehen, dass sie Dinge begreift; sie versucht mittels eines augengesteuerten Computers eine unterstützende Kommunikation zu erlernen. Im Ergebnis wird es ihr dadurch möglich werden, kurze Wünsche wie Hunger oder Durst zu kommunizieren; komplexere kognitive Fähigkeiten wird sie jedoch nicht erlernen können. Die Klägerin besucht – mit Hilfe einer Schulbegleiterin – eine Förderschule und nimmt verschiedene therapeutische Angebote wahr.

Die vorhandene Cerebralparese ist permanent. Es handelt sich um dauerhafte Schäden. Die Klägerin wird Zeit ihres Lebens in allen Bereichen auf Hilfe angewiesen sein.

OLG Frankfurt, Urt. v. 18.02.2025 – 8 U 8/21, NJW 2025, 2034 1268

720.000,00 €

Schwerste Hirnschäden

Der Kläger wurde – nach unzureichender ärztlicher Betreuung durch die Beklagten – durch Notkaiserschnitt mit schwersten Hirnschäden entbunden. Er leidet unter einer ausgeprägten Entwicklungsstörung, ist blind und hat eine starke Hörschwäche. Seine Schluckfähigkeit ist ebenso gestört wie die Blasenkontrolle. Der Kläger leidet dauerhaft unter seinem Zustand; er wird nie in der Lage sein, ein eigenständiges und selbstbestimmtes Leben zu führen oder auch nur in Ansätzen eine eigene Persönlichkeit zu entwickeln, sondern stattdessen lebenslang rund um die Uhr von Angehörigen, Helfern und Pflegepersonen abhängig sein. Er musste sich bereits in seinen ersten Lebensjahren mehreren operativen Eingriffen, wie der Anlage eines Gastrostomas, eines Cochlearimplantats, einer Baclofenpumpe und einer Hüft-OP unterziehen, um die vielfältigen mittelbar durch seine Hirnschäden ausgelösten Beschwerden zu bekämpfen.

Geschlechtskrankheiten

▶ Hinweis:

Bei dem Komplex Geschlechtskrankheiten existieren – bei offensichtlichen Beweisproblemen ggü. einem mutmaßlichen Verursacher – nur wenige Entscheidungen, weswegen nachfolgend durchweg auch ältere Entscheidungen wiedergegeben sind.

1269 **OLG Düsseldorf, Urt. v. 22.04.1993 – 8 U 23/92, MDR 1994, 44**

0,00 €

HIV-Infektion (Ehemann der Patientin)

Es gibt keinen (vertraglichen und deliktischen) Anspruch des unmittelbar Geschädigten gegen den Arzt, wenn die Schädigung in der Ansteckung durch den Patienten erfolgt. Hier wurde der Kläger von seiner verstorbenen Ehefrau infiziert, als diese schon nicht mehr beim beklagten Arzt in Behandlung war (daher Ausscheiden von vertraglichen Ansprüchen). Aufgrund des Umstandes, dass die Beziehung erst nach Beendigung der Behandlung begann, verneinte das Gericht auch deliktische Ansprüche. Für diese reiche es nicht aus, dass der behandelte Patient, bei dem der Arzt etwa eine ansteckende Krankheit übersehen hat, irgendwann zu einem späteren Zeitpunkt persönliche Beziehungen zu einem Dritten aufnimmt, die dann dazu führen, dass die Krankheit auf den Dritten übertragen wird. Ersatzansprüche des Dritten können nach Auffassung des Gerichts vielmehr nur dann gegeben sein, wenn schon im Zeitpunkt der haftungsbegründenden Handlung oder Unterlassung des Arztes eine personale Sonderbeziehung zu dem Patienten bestanden hat, die bei einer wertenden Betrachtung die Einbeziehung des Dritten in den Schutzbereich der Haftungsnorm rechtfertigt.

1270 **OLG München, Beschl. v. 18.08.1997 – 1 W 2239/97, OLGR 1998, 233**

0,00 €

Persönlichkeitsrechtsverletzung durch fälschliche Mitteilung einer HIV-Infektion

Das Gericht verneinte ein Schmerzensgeld, wenn ein (unrichtiger) positiver HIV-Test einem Dritten ohne rechtfertigenden Grund zur Kenntnis gebracht wird. Ein bloß unrichtiges Testergebnis genüge nicht, um eine schwerwiegende Verletzung des Persönlichkeitsrechts anzunehmen. Vielmehr sei eine Verletzung des Selbstbestimmungsrechts, der Privat- und Intimsphäre oder der Beziehungen zur Umwelt im öffentlichen, wirtschaftlichen oder beruflichen Wirken einer Person von nicht unerheblichem Gewicht erforderlich, was insb. bei Veröffentlichungen herabwürdigender Aussagen in Betracht komme. Vgl. aber AG Neuss, Urt. v. 24.10.1996 – 42 C 270/96, unveröffentlicht (Rdn. 1275), wo für den Fall der Bekanntgabe eines (ebenfalls unrichtigen) Testergebnisses an die damalige Freundin des Klägers eine Entschädigung von 750,00 € zuerkannt wurde.

OLG Koblenz, Urt. v. 12.11.1997 – 1 U 533/94, NJW-RR 1998, 167 1271

0,00 € (Vorstellung: 400.000,00 €)

Amtshaftung für HIV-verseuchte Blutpräparate

Der Kläger verlangte wegen einer HIV-Infektion durch eine verunreinigte Blutkonserve Schmerzensgeld vom Bund, welches er u.a. auf die Erklärung des damaligen Bundesgesundheitsministers, das Bundesgesundheitsamt habe bei der Bekämpfung von Aids »sträflich versagt«, stützte. Das Gericht sah hierin kein deklaratorisches Schuldanerkenntnis (ein konstitutives scheiterte bereits am Formmangel), da es am Rechtsbindungswillen fehle. Eine Haftung aus Amtspflichtverletzung wurde verneint, da hierfür – wofür der Geschädigte beweisfällig geblieben war – erforderlich gewesen wäre, dass seine Ansteckung sicher verhindert worden wäre, wenn das Gesundheitsamt rechtzeitig die als erforderlich behaupteten Maßnahmen ergriffen hätte.

Das Gericht konnte daher dahinstehen lassen, welche Maßnahmen die Behörde hätte ergreifen müssen, verwies aber inzident darauf, dass ein Amtshaftungsanspruch auch am Grundsatz der Subsidiarität gescheitert wäre: Der Kläger hätte gegen die Hersteller der Blutprodukte vorgehen können.

LG Lüneburg, Urt. v. 06.07.1994 – 2 O 20/93, unveröffentlicht 1272

500,00 €

Todesangst wegen Annahme einer Aids-Infektion

Ein Strafgefangener litt infolge einer unrichtigen Mitteilung darüber, dass er an Aids erkrankt sei, unter Todesangst und erheblichen psychischen Beschwerden. Es bestand Suizidgefahr. Die Berichtigung der falschen Diagnose erfolgte bereits nach 2 Wochen; kein besonders hohes Verschulden, aber langfristiges Verfahren bis zur Schmerzensgeldzahlung.

AG Bremen, Urt. v. 23.09.2010 – 5 C 135/10, GesR 2011, 728 1273

600,00 € (Vorstellung: 1.200,00 €)

HIV-Testung ohne Einwilligung des Patienten

Bei dem Kläger wurde anlässlich einer Blutentnahme ein HIV-Test durchgeführt, für den es an einer Einwilligung fehlte. Das Gericht wertete dies als Eingriff in das informationelle Selbstbestimmungsrecht, welcher auch nicht dadurch gerechtfertigt werde, dass eine medizinische Indikation für diesen Test bestand.

LG Köln, Urt. v. 08.02.1995 – 25 O 308/92, NJW 1995, 1621 1274

750,00 €

Persönlichkeitsrechtsverletzung (Aidstest ohne Einwilligung)

Der beklagte Arzt nahm bei dem 40 Jahre alten, HIV-positiven Patienten ohne dessen Einwilligung einen Aidstest vor. Das Gericht wertete dies als Verstoß gegen das Selbstbestimmungsrecht des Patienten, der einen Schmerzensgeldanspruch auslöse. Dabei ist nicht die eigentliche Körperverletzung durch Blutentnahme oder die Mitteilung des Positiv-Ergebnisses ausschlaggebend, der Anspruchsgrund liegt vielmehr in der schweren Persönlichkeitsrechtsverletzung. Die medizinische Indikation (Aidserkrankung) vermag die fehlende Einwilligung nicht zu ersetzen.

AG Neuss, Urt. v. 24.10.1996 – 42 C 270/96, unveröffentlicht 1275

750,00 €

Persönlichkeitsrechtsverletzung durch fälschliche Mitteilung einer HIV-Infektion

Die beklagte Hausärztin verstieß gegen die ärztliche Schweigepflicht, indem sie – fälschlich – der ehemaligen Freundin des Klägers mitteilte, dieser sei HIV-positiv. Entscheidend war nach Auffassung des Gerichts in diesem Zusammenhang insb., dass der Befund der HIV-Infektion noch nicht durch einen Gegentest abgesichert war. Eine gesetzliche Pflicht oder Berechtigung zur Offenbarung der vermeintlichen HIV-Infektion des Klägers ggü. der ehemaligen Freundin war nicht ersichtlich (die Offenbarung des Geheimnisses ist erst erlaubt, wenn sie zum Schutz eines höherwertigen Rechtsgutes erforderlich ist).

Anspruchsmindernd wurde berücksichtigt, dass Anlass und Beweggrund des Handelns der Beklagten anerkennenswert gewesen wären und ihr kein schweres Verschulden vorzuwerfen war. Vgl. hierzu auch die Entscheidung des OLG München v. 18.08.1997 – 1 W 2239/97, OLGR 1998, 233 (Rdn. 1270), in der ein Anspruch verneint wurde.

1276 **LG Münster, Urt. v. 16.03.2000 – 8 S 11/00, unveröffentlicht**

1.500,00 €

Befürchtung einer HIV-Infektion – Oberschenkelbiss

Der Kläger, ein Polizist, erlitt bei einer tätlichen Auseinandersetzung mit dem Beklagten, der sich renitent und aggressiv der Festnahme widersetze, eine Bisswunde an der Innenseite des linken Oberschenkels mit anschließendem Hämatom, eine Kratzwunde am rechten Augenoberlid, eine Platzwunde am linken Zeigefinger, eine weitere Kratzwunde am linken Daumengrundglied, eine Verletzung am rechten Handgelenk und eine Kahnbeinschwellung. Er war verletzungsbedingt 12 Tage dienstunfähig und befand sich weitere zwei Wochen in ärztlicher Behandlung. Bei der Bemessung wurde insbesondere die langdauernde psychische Belastung durch den Verdacht auf eine Infektion mit HIV und Hepatitis C berücksichtigt, der sich erst acht Monate später entkräftete.

1277 **AG Lüdenscheid, Urt. v. 26.08.2004 – 92 C 110/04, unveröffentlicht**

1.500,00 € (1/2 Mitverschulden Vorstellung: 3.000,00 €)

Verdacht der Infektion mit Hepatitis C

Der Kläger war als Rettungssanitäter ins Krankenhaus der Beklagten gerufen worden; er musste einen gestürzten Patienten und geriet hierbei in Kontakt mit dessen Blut. Der Patient – was die Beklagten wussten, der Kläger aber nicht – litt an Hepatitis C. Der Kläger musste wochenlang in der Ungewissheit einer möglichen Infektion leben und deshalb erhebliche Nachteile in seiner Lebensführung und -qualität hinnehmen bis zur sexuellen Enthaltsamkeit. Das Gericht sah ein Mitverschulden darin, dass der Kläger – auch nach seinem Kenntnisstand – Zeit genug gehabt hätte, sich Handschuhe anzuziehen, hielt das Schmerzensgeld aber »selbst für Juristen bei etwas Einfühlsamkeit nachvollziehbar«, da die Ungewissheit einer möglicherweise lebensgefährlichen Infektion die Lebensqualität an den Nullpunkt bringe, da der Kläger während der gesamten Zeit an nichts anderes mehr habe denken können.

1278 **LG Bonn, Urt. v. 14.02.2011 – 9 O 189/10, unveröffentlicht**

3.000,00 € (Vorstellung: 5.000,00 €)

Genitalherpes

Die Klägerin war bei der Beklagten in frauenärztlicher Behandlung. Diese verkannte einen Befall mit Genitalherpes, weswegen die Klägerin unzureichende Medikation erhielt; dadurch verzögerte sich der Zeitraum der Virusausscheidung von 8–9 Tagen auf 1–2 Tage; die Klägerin, die noch unter weiteren, allerdings der Beklagten nicht zurechenbaren Beschwerden der Herpeserkrankung mit Harnverhalt, Conus-Syndrom, Miktionsstörungen, sexuellen Störungen und Rezidiven litt, war in Ungewissheit, ob sie richtig behandelt worden sei und ob dauerhafte Schäden verbleiben würden. Das OLG Köln (Urt. v. 15.12.2011 – 5 U 53/11, MedR 2013, 171) hat die Klage abgewiesen, da sich ein Verzögerungsschaden bei Beschwerden von nur wenigen Tagen, die (wenngleich kürzer!) auch bei regelgerechter Behandlung aufgetreten wären, »nicht greifen lasse« – eine sehr fragliche Begründung, die das Moment der Behandlungsverzögerung und der hierdurch ebenfalls verursachten Sorgen um die Genesung zu Unrecht außer Acht lässt.

AG Tiergarten, Urt. v. 11.12.2018 – (278 LS) 284 Js 118/18 (14/18), unveröffentlicht 1279

3.000,00 €

Ungeschützter Vaginalverkehr

Der Angeklagte lernte die 20 Jahre alte Adhäsionsklägerin übers Internet kennen. Sie trafen sich, und es kam zum Geschlechtsverkehr, vor welchem die Adhäsionsklägerin mehrfach darauf verwies, nur mit Kondom verkehren zu wollen. Der Angeklagte streifte das Kondom heimlich ab und ejakulierte in der Klägerin. Diese war psychisch sehr betroffen und in großer Angst vor Schwangerschaft, einer HIV-Infektion oder sonstiger sexuell übertragbarer Krankheiten. Sie leidet unter Schlafstörungen, scheut den Kontakt zu Männern und den Besuch von Partys, außerdem litt sie eine Zeit lang unter Berührungsängsten.

LG Stendal, Urt. v. 06.11.2013 – 21 O 240/12, unveröffentlicht 1280

5.000,00 € (Mitverschulden; Vorstellung: 10.000,00 €)

Verweigerung der Behandlung eines HIV-Infizierten

Der Beklagte, Oberarzt im Krankenhaus, verweigerte dem Kläger, einem farbigen, homosexuellen, HIV-kranken Ausländer, der wegen heftiger Schmerzen im Analbereich vorstellig wurde, eine Untersuchung und Behandlung und untersagte auch seiner Assistenzärztin, den Kläger zu untersuchen. Hierdurch trat eine Behandlungsverzögerung von 2 1/2 h ein. Das Gericht nahm ein – nicht beziffertes – Mitverschulden an, da der Kläger nicht das nächstgelegene Krankenhaus (welches ihm vom Beklagten genannt worden war), sondern eine andere, weiter entfernte Klinik aufgesucht hatte. Bei der Bemessung stellte es ganz maßgebend auf die Genugtuungsfunktion des Schmerzensgeldes ab und berücksichtigte auch, dass die Regulierung sich über zwei Jahre hinzog und eine Einsicht in die Fehlerhaftigkeit des Verhaltens bis zuletzt nicht sichtbar geworden ist.

KG, Urt. v. 31.08.2015– 20 U 314/12, unveröffentlicht 1281

15.000,00 € (Vorstellung: 30.000,00 €)

HPV-Infektion – Behandlungsverzögerung

Die Klägerin wurde trotz einer erkannten HPV-Infektion und PAP III-Befund nicht rechtzeitig wieder einbestellt, sodass es zu einer Behandlungsverzögerung des bei ihr bestehenden Plattenepithelkarzinoms der Gebärmutter kam. Dem Beklagten wurde ein Befunderhebungsfehler vorgeworfen, ohne den die Klägerin etwa 6 Monate gewonnen hätte. Da sich bei ordnungsgemäßer Befunderhebung ein reaktionspflichtiges Ergebnis, auf das nicht zu reagieren grob gewesen wäre, gezeigt hätte, wurde im Wege der Beweislastumkehr der Beklagten jedenfalls die Trachelektomie zugerechnet. Denn dass das Ergebnis der früheren Untersuchung das gleiche gewesen wäre, wie das 6 Monate später erfolgte, kann die Beklagte nicht beweisen. Die Klägerin hätte auch bei früherer Befundung operiert werden müssen; allerdings wäre ihr die Trachelektomie erspart worden und muss nun bei Schwangerschaften, die bei der noch jungen Klägerin nicht ausgeschlossen sind, operativ der Muttermund bei Schwangerschaften verschlossen werden und die Entbindung sicher durch Kaiserschnitt erfolgen.

OLG Hamm, Urt. v. 23.03.2000 – 6 U 205/99, SP 2000, 346 1282

25.000,00 €

Befürchtung einer HIV-Infektion

Der Kläger überraschte den Beklagten bei einem Raubmord; bei einem längeren Kampf wurden beide erheblich verletzt. Infolge des Vorfalls entwickelte der Geschädigte eine posttraumatische Belastungsstörung; diese psychische Erkrankung hatte für ihn bereits in den beiden ersten Jahren nach dem Vorfall außerordentlich schwere Folgen. Er war völlig aus seiner bisher geordnet verlaufenden Lebensbahn geworfen worden, hatte seine Arbeitsfähigkeit und seinen Arbeitsplatz eingebüßt, seine sozialen Kontakte waren weitestgehend abgerissen, er geriet in wirtschaftliche Bedrängnis. Er hatte alle Lebensfreude verloren und einen Suizidversuch hinter sich. Nach der Aufforderung, sich einem HIV-Test zu unterziehen, erlitt er einen Zusammenbruch und musste zeitweise in der Angst leben, sich bei dem Kampf mit dem drogenabhängigen Beklagten eine HIV-Infektion zugezogen zu haben.

Das Gericht vertrat die Auffassung, dass gerade vorsätzliche schwere Gewalttaten, insb. solche mit schweren Folgen für die Betroffenen, hohe Schmerzensgelder erfordern. Die Begrenzung der Bemessung auf einen Zeitraum von 2 Jahren nach der Tat wurde für zulässig erachtet, da eine solche Begrenzung möglich sei, wenn die Zukunftsrisiken wegen der Ungewissheit der künftigen Entwicklung insgesamt ausgegrenzt werden. Dies sei hier der Fall.

1283 **BGH, Urt. v. 30.04.1991 – VI ZR 178/90, BGHZ 114, 284 = NJW 1991, 1948 = VersR 1991, 816**

25.500,00 € (zuzüglich 500,00 € monatliche Rente)

HIV-Infektion

Der 60 Jahre alte Kläger wurde mit HIV infiziert, weil sich seine Ehefrau durch eine HIV-kontaminierte Blutkonserve infiziert hatte und ihn in der Folgezeit ansteckte. Der BGH stellte fest, dass schon die HIV-Infektion als solche, nicht erst der Ausbruch von AIDS, Schmerzensgeld auslösend sei. Schon das Wissen um die Infektion beeinträchtige den Kläger in seinen Umweltbeziehungen und seiner psychischen Verfassung. Wegen dieser schwersten Belastungen sei die Zuerkennung einer Rente möglich.

1284 **OLG Frankfurt am Main, Urt. v. 06.09.2005 – 8 U 79/04, unveröffentlicht**

60.000,00 € (Vorstellung: 150.000,00 €)

Verspätete Diagnose von Neuro-Lues (Syphilis)

Der 42 Jahre alte Kläger befand sich bei den beklagten Ärzten in psychiatrisch-neurologischer Behandlung. Eine Luesinfektion 3. Grades wurde übersehen, stattdessen wurde er mit Antidepressiva behandelt. Bei dem Kläger hat sich nunmehr ein ausgeprägtes hirnorganisches Psychosyndrom mit deutlicher Auffassungs- und Konzentrationsschwäche, Beeinträchtigung von Kurz- und Langzeitgedächtnis sowie behindertem Sprechantrieb entwickelt. Er ist zu 60 % schwerbehindert und leidet seit 3 Jahren nach der Therapieverzögerung in zunehmendem Maße an epileptischen Anfällen. Der Kläger, der verheiratet war und eine 6-jährige Tochter hat, lebt nun allein, steht unter Betreuung und ist nicht mehr in der Lage, einer geregelten Berufstätigkeit oder einem eigenständigen geordneten Leben nachzugehen.

Die Beklagten hafteten nicht für die Grunderkrankung (Demenz), aber dafür, dass sich die Erkrankung des Klägers so erheblich verschlechtert hat, dass dieser nun »in seiner eigenen Welt« lebt. Die Schmerzensgeldvorstellung wurde erstinstanzlich zugesprochen, nur die Beklagten hatten Berufung eingelegt.

1285 **OLG München, Urt. v. 08.02.2017 – 20 U 2486/16, unveröffentlicht**

71.000,00 € (1/3 Mitverschulden; Vorstellung: 160.000,00 €)

HIV-Infektion

Die Parteien hatten dreimal miteinander ungeschützten Sex, wobei die an einer Kondomallergie leidende, 55 Jahre alte Klägerin auf einem vorigen Aidstest bestanden hatte. Hintergrund war, dass die frühere Lebensgefährtin des Beklagten an Aids gestorben war. Bei Vorlage eines Untersuchungsberichts seines Urologen verschwieg der Beklagte, dass er sich nicht auf HIV hatte testen lassen. Die Klägerin, die in der Folge an Durchfall, Erbrechen, Schlafstörungen und Appetitlosigkeit litt, hatte infiziert. Das Gericht verneinte Vorsatz, bejahte aber eine Haftung, weil der Beklagte die Existenz eines negativen Tests vorgespiegelt und die Klägerin damit zum ungeschützten Sex verleitet hatte. Der Senat reduzierte in der Berufung den vom Landgericht München (Urt. v. 04.05.2016, 23 O 14459/14) zuerkannten Betrag von 115.000,00 €.

BGH, Urt. v. 14.06.2005 – VI ZR 179/04, NJW 2005, 2614 = MDR 2005, 1347 1286

125.000,00 € (Vorstellung: 125.000,00 €)

HIV-Infektion

Die 27 Jahre alte Klägerin wurde mit HIV infiziert, nachdem sich ihr Ehemann über verseuchte Blutprodukte diese Infektion zugezogen hatte. Die Immunschwächekrankheit gilt als unheilbare Krankheit, was einen hohen Leidensdruck bei der Klägerin bewirkt, auch wenn die Krankheit noch nicht zum Ausbruch gekommen ist. Das Berufungsgericht (OLG Koblenz, Urt. v. 07.06.2004 – 143 U 1527/04, OLGR 2004, 505) bezog sich zum Vergleich auf die Entscheidung des LG Bonn v. 02.05.1994 – 9 O 323/93), das einem 9 Jahre alten Jungen ein Schmerzensgeld i.H.v. 125.000,00 € zuzüglich einer monatlichen Schmerzensgeldrente i.H.v. 500,00 € zugebilligt hatte. Warum das OLG in Kenntnis der Entscheidung des LG Bonn lediglich den von der Klägerin genannten Mindestbetrag zuerkannt hat, wurde nicht begründet.

LG Bonn, Urt. v. 02.05.1994 – 9 O 323/93, unveröffentlicht 1287

125.000,00 € (zuzüglich 500,00 € monatliche Rente)

HIV-Infektion

Ein 9 Jahre alter Junge wurde aufgrund der Anwendung des infektiösen Präparats PPSB (Gerinnungspräparat) mit HIV infiziert. Das Gericht führte zur Bemessung aus, dass ein positives Testergebnis für die meisten Betroffenen »einen schon bestimmten Tod medizinisch und statistisch gesehen, nur aufgeschoben auf unbestimmte Zeit« bedeute. Der Geschädigte sei zudem in einem Lebensabschnitt, in dem ein Mensch in die Zukunft schaue. Die Möglichkeit, ein volles und erfülltes Leben zu führen, sei ihm von vornherein mit hoher Wahrscheinlichkeit genommen, was einen hohen Leidensdruck bewirke. Er müsse sich damit abfinden, dass seine Krankheit leicht zu einer sozialen Isolierung führe.

LG Frankfurt am Main, Urt. v. 28.07.1999 – 2/14 O 497/97, unveröffentlicht 1288

150.000,00 €

HIV-Infektion

Die 45 Jahre alte Klägerin wurde aufgrund einer Injektion mit einer unsterilen Spritze von einem Heilpraktiker mit Hepatitis C und HIV infiziert.

OLG Frankfurt am Main, Urt. v. 23.12.2003 – 8 U 140/99, unveröffentlicht 1289

150.000,00 € (zuzüglich 500,00 € monatliche Rente Vorstellung: 150.000,00 € zuzüglich 500,00 € monatliche Rente)

HIV-Infektion – Hepatitis C-Infektion

Die Klägerin litt seit 2 Jahren an Migräne, weswegen sie sich an die Beklagten wandte, welche eine Naturheilkundepraxis betrieben. Durch eine sog. Ozon-Therapie (Eigenblutinfusion, mit Ozon angereichert) wurde sie mit HIV und Hepatitis C infiziert, weil die Beklagten die Spritzen nicht sterilisiert hatten. Dies äußerte sich zunächst in Form einer massiven Virusinfektion, starkem Fieber, Lymphknotenschwellungen und starken Schmerzen. 2 Jahre später litt die Klägerin durchgängig an körperlichen Schwächezuständen, mangelnder Belastbarkeit, Stressempfindlichkeit, Leistungsabfall und Gewichtsabnahme. Es kam zu heftigen Schmerzattacken und schweren Depressionen. Sie erkrankte mehrfach, u.a. an einer Lungenentzündung. Ihren Beruf musste sie aufgeben: Freizeitgestaltung und Kontakte zu Mitmenschen sind eingeschränkt. Die Klägerin »hat Mühe, ihren Alltag zu bewältigen«. Sie ist halbseitig gelähmt, die Funktion ihres Frontalhirns ist eingeschränkt.

Das Gericht stellte auf die Schwere des Behandlungsfehlers und die lebenslangen, schweren Beeinträchtigungen der Lebensqualität der Klägerin ohne Hoffnung auf Genesung ab und sprach das beantragte Schmerzensgeld zu.

Hinterbliebenengeld

▶ Hinweis:

Das Hinterbliebenengeld ist in § 844 Abs. 3 BGB geregelt, der am 22.07.2017 in Kraft getreten ist. Die Höhe des Hinterbliebenengeldes ist in der Rechtsprechung sehr umstritten. Der BGH hat erstmals mit Urt. v. 06.12.2022 – VI ZR 73/21, zur Höhe und zur Abgrenzung des Hinterbliebenengeldes zum Schockschaden Stellung genommen:

Der in dem Gesetzentwurf der Fraktionen der CDU/CSU und SPD genannte Betrag in Höhe von 10.000 € (BT-Drucks. 18/11397, S. 11) bietet eine Orientierungshilfe für die Bemessung der Hinterbliebenenentschädigung, von der im Einzelfall sowohl nach unten als auch nach oben abgewichen werden kann. Er stellt keine Obergrenze dar.

Unerträglich ist jedoch die Auffassung des LG Heidelberg (s.u.), das das Hinterbliebenengeld auf 5.000 € begrenzt für eine 57 Jahre alte Tochter, deren 89 Jahre alte Mutter an den Folgen eines Verkehrsunfall verstarb. Das Gericht meint, es könne nicht unberücksichtigt bleiben, dass die Klägerin sich unfallunabhängig darauf einstellen musste, dass ihre 89-jährige, gesundheitlich erheblich vorbelastete Mutter in absehbarer Zeit versterben würde. Hier ist insbesondere von Bedeutung, dass die unmittelbare Todesursache – nämlich ein Herzpumpen- oder ein Multiorganversagen – sich ohne Weiteres auch bei Hinwegdenken des Unfalls erklären ließe; das heißt, mit der eigentlich todesursächlichen Entwicklung war früher oder später ohnehin zu rechnen. Die Unfallfolgen haben insoweit lediglich zu einer zeitlichen Vorverlagerung geführt.

Die Einführung eines Anspruchs auf Hinterbliebenengeld diente dem Zweck, den Hinterbliebenen für immaterielle Beeinträchtigungen unterhalb der Schwelle einer Gesundheitsverletzung einen Anspruch auf angemessene Entschädigung in Geld einzuräumen. Der dem Hinterbliebenen im Einzelfall zuerkannte Betrag muss deshalb im Regelfall hinter demjenigen zurückbleiben, der ihm zustände, wenn das von ihm erlittene seelische Leid die Qualität einer Gesundheitsverletzung hätte.

1290 **LG Traunstein, Urt. v. 11.02.2020 – 1 O 1047/19, DAR 2020, 465 = NZV 2020, 467**

0,00 €

Tod eines in Scheidung lebenden Ehegatten

Die Eheleute lebten im Zeitpunkt des Todes der Ehefrau in Scheidung. Sie hatten sich vor Jahren getrennt und der Kläger lebte mit seiner jetzigen Ehefrau zusammen. Damit sei die Vermutung eines Näheverhältnisses widerlegt.

1291 **OLG München, Urt. v. 05.08.2021 – 24 U 5354/20, VersR 2022, 56 = MedR 2022, 130 = FamRZ 2021, 1839**

0,00 €

Kein Anspruch des Nasciturus auf Hinterbliebenengeld

Einem Kind, das sowohl zur Zeit des schädigenden Ereignisses als auch beim Schadeneintritt noch nicht geboren war, steht kein Anspruch auf Hinterbliebenengeld nach § 844 Abs. 3 BGB zu.

A.a. auch Staudinger/Röthel/Croon-Gestefeld, § 844 Rn. 276.

1292 **BGH, Urt. v. 28.10.2021 – 4 StR 300/21**

0,00 €

Kein Hinterbliebenengeld bei nur kurzer sexueller Beziehung

Die vom Angeklagten getrennt lebende Klägerin unterhielt zum späteren Tatopfer in der Zeit vom 25.11.2019 bis zu der »Woche vor der Tathandlung« am 08.02.2020, in der sie täglich bei diesem übernachtete, eine intime Beziehung. Dem »lässt sich nicht entnehmen, dass die Adhäsionsklägerin in einer Beziehung zu dem Getöteten lebte, die in ihrer Intensität den in § 844 Abs. 3 Satz 2 BGB genannten Fällen entspricht.«

LG Osnabrück, Urt. v. 09.01.2019 – 3 KLs 710 Js 55274/17–4/18 1293

2.000,00 €

Tod des 20 Jahre alten Sohnes

Der Adhäsionskläger hatte zu dem im Alter von 20 Jahren getöteten Sohn, von dessen Mutter er getrennt lebte, jahrelang keinen Kontakt und später nur an den Wochenenden. Zuletzt hatten Vater und Sohn ein Jahr vor dem Tod einen persönlichen Kontakt, danach nur noch telefonisch.

LG Landshut, Urt. v. 02.03.2023 – 42 O 2378/19 1294

2.000,00 € (Vorstellung: 8.000 €)

Tod der 94 Jahre alten Mutter im Pflegeheim

Die 94 Jahre alte Mutter der Klägerin starb nach einem Sturz im Pflegeheim, der auf einem groben Pflegefehler beruhte. Die Kausalität des Sturzes für den Tod konnte nicht festgestellt, aber von der Beklagten wegen der Beweislastumkehr nicht widerlegt werden.

LG Köln, Urt. v. 17.04.2024 – 25 O 156/21 1295

2.000,00 € (Vorstellung: 5.000,00 €)

Darmperforation – baldiger Tod

Der hochbetagte und schwer krebskranke Vater der Kläger verstarb nach einem groben Behandlungsfehler und Fehlbehandlung über rd. einen Tag unter starken Schmerzen. Da der Verstorbene ein hohes Lebensalter erreicht nur noch eine Lebenserwartung von 6 – 12 Monaten gehabt habe, hätten die Kläger lediglich einen »vorgezogenen« Verlust des Vaters erlitten, der an sich jedoch als »Teil der *conditio humana*« einzuordnen sei, mit dem jeder Mensch früher oder später konfrontiert werde.

LG München II, Urt. v. 17.05.2019 – 12 O 4540/18, DAR 2020, 464 1296

3.000,00 €

Tod der Schwiegermutter

Die Schwiegermutter der 47 Jahre alten Klägerin wurde bei einem Unfall getötet. Beide stammten aus Nordafrika, einem Lebensraum, in dem die Familienbande eine erhebliche Rolle spielen.

LG Münster, Urt. v. 07.09.2020 – 2 K – 30 Js 119/20 – 6/20 1297

3.000,00 € (Vorstellung: 3.000,00 €)

Tötung des Lebenspartners

Der Angeklagte wurde wegen Totschlags und vorsätzlicher Körperverletzung zu einer Gesamtfreiheitsstrafe von 13 Jahren und 6 Monaten verurteilt.

Er verprügelte und würgte die Nebenklägerin, mit der er zusammenlebte, wiederholt. Für diese Taten erkannte die Kammer auf ein Schmerzensgeld in Höhe von 3.000,00 €.

Ferner tötete der Angeklagte den Lebensgefährten der Klägerin, mit dem sie kurze Zeit zusammenlebte. Die Kammer hielt auch den geltend gemachten Betrag unter Berücksichtigung der vergleichsweisen kurzen Dauer der Partnerschaft der Adhäsionsklägerin zu dem Geschädigten für angemessen.

1298 **LG Stuttgart, Urteil vom 08.09.2022 – 6 O 240/20**

3.000,00 € (Mitverschulden: 2/3; Vorstellung: 10.000,00 €)

Ehefrau und zwei Kinder

Das Gericht hat berücksichtigt, dass der Gesetzgeber ein besonderes persönliches Näheverhältnis bei Ehegatten und Kindern des Getöteten als Hinterbliebenen vermutet und damit ein Bedürfnis für den Ausgleich seelischen Leids unter erleichterten Voraussetzungen zubilligt, was es rechtfertigt, bei diesem besonderen Näheverhältnis nicht allzu weit hinter dem Durchschnittsbetrag bei Schockschäden zurückzubleiben.

Eine unzutreffende Begründung.

1299 **OLG Celle, Urt. v. 18.12.2024 – 14 U 119/24, NJW-RR 2025, 405 = ZfS 2025, 131**

3.333,33 € (Mitverschulden 2/3; Vorstellung: 12.000,00 €)

Tod des Sohnes bei einem Verkehrsunfall

Der Sohn der Klägerin wurde nachts mit einer BAK von über 2 ‰ von einem Fahrzeug, dessen Fahrer eine grobe Sorgfaltspflichtverletzung vorzuwerfen ist, erfasst und verstarb noch an der Unfallstelle.

LG und OLG haben das Hinterbliebenengeld nach einem Betrag von 10.000,00 € bemessen.

1300 **LG München II, Urt. v. 17.05.2019 – 12 O 4540/18, DAR 2020, 464**

5.000,00 € und 3.000,00 € (Vorstellung: 15.000,00 € und 12.000,00 €)

Tod der Mutter und der Schwiegermutter bei einem Verkehrsunfall

Der Kläger zu 1 ist der 48 Jahre alte Sohn, die Klägerin zu 2) die Schwiegertochter der der alsbald nach einem Verkehrsunfall verstorbenen Frau.

Das Gericht orientiert sich an der Gesetzesbegründung, die davon ausgehe, dass die durchschnittliche Schockschadenshöhe 10.000,00 € beträgt.

Die Beklagte hat vorprozessual die o.g. Beträge gezahlt, so dass das Gericht diese für angemessen hält.

1301 **LG Tübingen, Urt. v. 17.05.2019 – 3 O 108/18 VersR 2020, 236 = DAR 2019, 468 = NZV 2019, 656**

5.000,00 €

Tod des Bruders

Der Kläger musste den Tod des Bruders miterleben. Er saß hinter ihm auf dem Motorrad. Die Brüder lebten zwar räumlich voneinander entfernt, hielten aber Kontakt zueinander und unternahmen gemeinsame Ausflüge mit dem Motorrad. Das Näheverhältnis bestand auf einer niedrigen Stufe.

1302 **OLG Koblenz, Beschl. v. 31.08.2020 – 12 U 870/20, DAR 2021, 330**

5.000,00 € (Mitverschulden: 1/2; Vorstellung: 25.000,00 €)

Tod des 20 Jahre alten Sohnes

Verstirbt das 20-jährige Kind des Anspruchstellers, welches im Haushalt des geschiedenen Ehegatten lebte, infolge eines Verkehrsunfalles, hinsichtlich dessen Zustandekommen den Unfallgegner nur ein leichtes Verschulden und das verstorbene Kind ein Mitverschulden von mindestens 50 % trifft, steht dem Anspruchsteller ein nicht über 5.000 € hinausgehender Anspruch auf Hinterbliebenengeld zu.

1303 **OLG Celle, Beschl. v. 21.09.2022 – 5 U 97/22, NJW-Spezial 2023, 715**

5.000,00 € (Vorstellung: 10.000,00 €).

Tod der Freundin nach einer 3 Monate dauernden Beziehung

Die Freundin des Klägers wurde bei einem Verkehrsunfall getötet. Der Kläger hat – als Partei angehört – das Gericht überzeugt, dass mit der Verstorbenen drei Monate eine Liebesbeziehung bestand und beide »schwer verliebt gewesen« seien. Auch wenn die Beziehung noch nicht von Dauer gewesen sei, hat das Gericht die persönliche Nähe im Sinne des § 844 III BGB bejaht.

LG Heidelberg, Urt. v. 19.01.2023 – 5 O 93/21 1304

5.000,00 € (Vorstellung: 10.000,00 €)

Tod der 89 Jahre alten Mutter

Die Mutter der Klägerin starb nach einem Verkehrsunfall infolge einer Operation, die zum Herzversagen führte. Das Gericht meint, es könne nicht unberücksichtigt bleiben, dass die Klägerin sich unfallunabhängig darauf einstellen musste, dass ihre 89-jährige, gesundheitlich erheblich vorbelastete Mutter in absehbarer Zeit versterben würde. Hier ist insbesondere von Bedeutung, dass die unmittelbare Todesursache – nämlich ein Herzpumpen- oder ein Multiorganversagen – sich ohne Weiteres auch bei Hinwegdenken des Unfalls erklären ließe; das heißt, mit der eigentlich todesursächlichen Entwicklung war früher oder später ohnehin zu rechnen. Die Unfallfolgen haben insoweit lediglich zu einer zeitlichen Vorverlagerung geführt.

Hinzukommt, dass das Gericht die Depressionen der Klägerin zu Unrecht nicht berücksichtigt und die neue Rechtsprechung des BGH vom 06.12.2022 zum Schockschaden nicht kannte.

OLG Brandenburg, Urt. v. 16.05.2024 – 12 U 173/23 1305

5.000,00 € (Mitverschulden: > 1/2; Vorstellung: 25.000,00 €)

Tod er Mutter nach Fahrradunfall

Die Mutter des Klägers wurde bei einem Zusammenstoß mit einem Gelenkbus getötet. Ihr Sohn und dessen Lebensgefährtin begehren ein Hinterbliebenengeld in Höhe von je 25.000,00 €.

Das LG erkannte auf 2.500,00 €. Der Senat sprach dem Sohn 5.000,00 € zu, verneinte jedoch für dessen Partnerin ein Näheverhältnis.

OLG Schleswig, Urt. v. 23.02.2021 – 7 U 149/20, GesR 2021, 455 = DAR 2021, 332; Der BGH, Urt. v. 06.12.2022 – VI ZR 73/21, hat die Entscheidung aufgehoben und die Sache zurückverwiesen 1306

7.000,00 € (Vorstellung: 10.000,00 €)

Tod des Vaters bei Verkehrsunfall

Der Vater der Klägerin, zu dem sie ein gutes Verhältnis über regelmäßige persönliche und telefonische Kontakte hatte, verunglückte bei einem Verkehrsunfall tödlich. Der Fahrer des Fahrzeugs wurde wegen fahrlässiger Tötung zu einer Bewährungsstrafe verurteilt. Die Klägerin leidet bis zur Entscheidung unter dem plötzlichen Tod des Vaters

Der Betrag von 10.000,00 € stellt nach dem Sinn und Zweck der Regelung keine Obergrenze, sondern Anker, Richtschnur und Orientierungshilfe für die Bemessung im Einzelfall dar.

LG Tübingen, Urt. v. 17.05.2019 – 3 O 108/18, VersR 2020, 236 = DAR 2019, 468 = NZV 2019, 656 1307

7.500,00 €

Tod des Vaters

Die 4 volljährigen Kinder des bei einem Verkehrsunfall getöteten Vaters, die nicht mehr alle im Haushalt der Eltern lebten, hatten engen Kontakt zur Familie. Das Hinterbliebenengeld sollte für alle Kinder gleich hoch ausfallen.

1308 **LG Trier, Urt. v. 05.05.2020 – 6 O 376/19**

7.500,00 €

Tod der Mutter

Die Klägerin ist die Tochter der im vorgerückten Alter durch einen Unfall getöteten Mutter. Sie hielt regelmäßig telefonischen und persönlichen Kontakt zur Verstorbenen. Ihr soll nur ein »ermäßigter« Betrag zustehen, weil sich der natürliche Verlust eines Elternteils zumindest abgezeichnet habe.

1309 **LG Neuruppin, Urt. v. 10.02.2022 – 1 O 110/21, unveröffentlicht**

7.500,00 € (Vorstellung: 6.000,00 €)

Tod der Mutter bei Verkehrsunfall

Die 82 Jahre alte Mutter der Klägerin wurde bei einem Verkehrsunfall getötet. Der Beklagte hat den Unfall grob fahrlässig verschuldet.

1310 **OLG Brandenburg, Beschl. v. 16.08.2022 – 12 U 30/22, Anmerkung Balke, SVR 2023, 257**

7.500,00 € (Vorstellung: 11.500,00 €)

Tod der 82 Jahre alten Mutter

Die Mutter der 52 Jahre alten Klägerin kam bei einem vom Beklagten grob fahrlässig verursachten Verkehrsunfall ums Leben. Die Klägerin macht geltend, sie habe ein besonders inniges Verhältnis zu ihrer Mutter gehabt, habe sich regelmäßig alle ein bis zwei Wochen mit ihr getroffen und mit ihr mehrfach gemeinsam Urlaub gemacht. Der Unfall habe sich auf dem Weg zur Klägerin ereignet, was diese als besonders belastend empfinde.

Das Gericht hat berücksichtigt, dass die Mutter bereits 82 Jahre und damit in einem Alter war, in dem die verbliebene Lebenserwartung und damit die Aussicht auf weitere gemeinsame Jahre naturgemäß gering war und der Verlust eines Elternteils dem natürlichen Ablauf entspricht –Argumente, die mit Trauer und Leid der Hinterbliebenen nichts zu tun haben.

1311 **LG Münster, Urt. v. 16.07.2020 – 2 Ks-30 Js 206/19-23/19**

8.000,00 € (Vorstellung: 8.000,00 €)

Zwei Töchter nach Tod der Mutter durch Mord

Der Angeklagte, ein Neffe der Mutter der erwachsenen Klägerinnen, erwürgte diese aus Geldgier. Ein gelebtes Näheverhältnis wurde bejaht.

1312 **OLG Koblenz, Urt. v. 21.12.2020 – 12 U 711/20, VersR 2021, 320 = MDR 2021, 168**

8.000,00 €

Tod der Schwiegertochter

Die Klägerin, die Schwiegermutter der als »Wie-beschäftigte« bei einem Arbeitsunfall ums Leben gekommenen Schwiegertochter, hatte zu dieser ein besonders enges Verhältnis, das einem Mutter-Tochter-Verhältnis gleichzusetzen war. Der Höhe nach war der Anspruch durch das Urteil des LG und den Klageantrag der Klägerin begrenzt, dass nur die Beklagte angefochten hatte.

Der Senat sieht den Anspruch auf Hinterbliebenengeld nicht durch §§ 104, 105 SGB VIII ausgeschlossen.

1313 **OLG Celle, Urt. v. 18.01.2024 – 5 U 172/21, SVR 2024, 263**

8.000 € und 6.500,00 € (Mitverschulden)

Eltern und jüngere Schwester

Die Eltern und die jüngere Schwester nehmen die Beklagten nach dem Tod des Sohnes bzw. Bruders, der als Motorradfahrer bei einem Verkehrsunfall getötet wurde, in Anspruch. Den Verstorbenen trifft ein erhebliches Mitverschulden an dem Unfall, das die Ansprüche der Hinterbliebenen mindert.

Die Schwester hat infolge des Todes des verstorbenen Vaters nicht nur bis zur Gegenwart in erheblicher Weise seelisches Leid erfahren hat, sondern darüber hinaus auch in ihrem durch eine Schwerbehinderung mit einhergehenden epileptischen Anfällen geprägten Lebensalltag mit dem Verstorbenen eine wichtige Bezugsperson verloren, die ihr bei alltäglichen Verrichtungen wie der Physio- und Reittherapie Unterstützung und Halt bot.

LG Rottweil, Urt. v. 26.06.2018 -1 Ks 10 Js 10802/17 1314

10.000,00 €

Tod der Tochter

Der Angeklagte tötete die Tochter der Adhäsionskläger. Jeder erhielt ein Hinterbliebenengeld von 10.000,00 €.

Der Täter wurde u.a. wegen Mordes in 3 Fällen zu einer lebenslangen Freiheitsstrafe verurteilt, wobei die besondere Schwere der Schuld festgestellt wurde.

LG Wiesbaden, Beschl. v. 23.10.2018 – 3 O 219/18, SVR 2020, 142 1315

10.000,00 €

Tod der Ehefrau

Der Kläger war mit der Ehefrau 40 Jahre lang verheiratet. Die Kammer vertritt die Auffassung, dass ein Schmerzensgeld in Höhe von 10.000,00 € bei Schockschäden bereits einen überdurchschnittlich hohen Betrag darstelle, so dass die denkbare Obergrenze beim Hinterbliebenengeld bei 10.000,00 € liege.

LG Mannheim, Urt. v. 15.07.2020 – 1 KLs 400 Js 35919/19, unveröffentlicht 1316

2 x 10.000,00 €

Ermordung der Tochter und Schwester

Der Angeklagte wurde unter anderem wegen Mordes zu einer lebenslangen Freiheitsstrafe verurteilt. Er hatte

Mit einem Hammer auf den Kopf geschlagen und ihr in schneller Folge von Messerstichen gegen Kopf und Rumpf versetzt. Die Verletzte starb noch am Tatort.

Hinterbliebene sind die Mutter und die Schwester der Getöteten.

Der Angeklagte hat die Ansprüche auf Hinterbliebenengeld anerkannt.

OLG Schleswig, Urt. v. 23.02.2021 – 7 U 149/20, DAR 2021, 332 = GesR 2021, 455 = NJW-Spezial 2021, 363 1317

10.000,00 € (Vorstellung: 10.000,00 €)

Tod des Vaters bei Verkehrsunfall

Die etwa 50 Jahre alte Klägerin verlor ihren 1937 geborenen Vater durch einen tödlichen Unfall im Straßenverkehr. Der Unfallgegner wurde wegen fahrlässiger Tötung zu einer Bewährungsstrafe verurteilt. Die Klägerin lebte räumlich getrennt von ihrem Vater, stand ihm jedoch sehr nahe. Sie litt unter dem Tod, ohne dass es einer medizinischen Behandlung bedurft hätte. Der Senat führt aus:

Der Betrag von 10.000,00 € stellt nach dem Sinn und Zweck der Regelungen (§§ 844 Abs. 3 BGB, 10 Abs. 3 StVG) keine Obergrenze, sondern Anker, Richtschnur und Orientierungshilfe für die Bemessung im Einzelfall dar.

Schockschäden für psychisches Leid einerseits und Hinterbliebenengeld für seelisches Leid andererseits stehen nicht in einem Stufenverhältnis zueinander, sondern es handelt sich um zwei unterschiedliche Ansprüche. Andauernde seelische Schmerzen können zumindest gleichwertige oder sogar – je nach Dauer und Intensität – höhere Betroffenheiten auslösen.

1318 **LG Kiel, Urt. v. 04.04.2022 – 8 Ks 598 Ja 24796/21, NStZ-RR 2022, 123**

10.000,00 € + 12.000,00 € + 13.000,00 €

Mord an Ehefrau und Liebhaber

Der Angeklagte, der zu einer lebenslangen Freiheitsstrafe verurteilt wurde, ermordete die Ehefrau und deren Liebhaber.

Das Näheverhältnis der hinterbliebenen Adhäsionskläger ist nicht näher beschrieben. Zu den Vermögensverhältnissen des Angeklagten lassen sich der Entscheidung keine belastbaren Angaben entnehmen.

1319 **OLG Köln, Urt. v. 05.05.2022 – I-18 U 168/21, VersR 2022, 1109 = DAR 2022, 451**

12.000,00 € (Vorstellung: 30.000,00 €)

Tod des Vaters der Klägerin

Der Vater der Klägerin verunglückte bei einem Verkehrsunfall tödlich. Die 19 Jahre alte Klägerin, die noch bei den Eltern wohnte, sieht darin eine Begründung für ein höheres Hinterbliebenengeld. Der Senat dagegen meint, dass die enge soziale Beziehung der Klägerin zum Vater eine moderate Erhöhung rechtfertige.

1320 **LG Wuppertal, Urt. v. 05.05.2022 – 25 Ks 10/21 (45 Js 30/21)**

10.000,00 €

Tod der Mutter durch vorsätzlichen Totschlag

Der Angeklagte tötete die Mutter der beiden Adhäsionsklägerinnen durch mehrere Schüsse. Die Töchter unterhielten zur Mutter jedenfalls zuletzt ein ungetrübtes Verhältnis.

1321 **LG Itzehoe, Urt. v. 17.03.2023 – 7 O 269/22, VersR 2024, 118 = NJW 2023, 3301**

10.000,00 € (Vorstellung: 10.000,00 €)

Tod des Stiefvaters

Der Stiefvater und die Mutter der Klägerin starben nach einem Frontalzusammenstoß bei einem Verkehrsunfall. Als Hinterbliebenengeld für die Mutter wurden 10.000,00 € gezahlt. Nach umfangreicher Beweisaufnahme stellte das LG fest, dass zwischen der Klägerin und dem getöteten Stiefvater eine tatsächlich gelebte soziale Beziehung von einer Intensität und Verbundenheit bestand, die der Beziehung zwischen einer leiblichen Tochter zu ihrem leiblichen Vater gleicht.

1322 **LG Köln. Urt. v. 13.02.2024 – 30 O 411/22**

10.000,00 € (Vorstellung: 10.025,00 €)

Tod der Ehefrau plus Auslagenpauschale

Die Ehefrau des Klägers wurde bei einem Unfall, den der Sohn verschuldet hatte, getötet. Sie war angeschnallt, befand sich aber möglicherweise in einer Sitzhaltung »out of position«. Dies wertete das LG nicht als Mitverschulden. Zusätzlich zum Hinterbliebenengeld sprach das Gericht dem Kläger gem. § 249 BGB die Auslagenpauschale in Höhe von 25,00 € zu.

1323 **OLG Frankfurt, Urt. v. 21.11.2024 – 3 U 103/24, MDR 2025, 385**

10.000,00 € (Vorstellung: 15.000,00 €)

Ermordung der Mutter des Klägers

Der Beklagte, der Stiefvater des Klägers, ermordete dessen Mutter und wurde zu einer Freiheitsstrafe von 12 Jahren verurteilt. Dem Kläger wurde PKH bewilligt, denn er behauptet, durch den Tod der Mutter habe er eine massive Anpassungsstörung erlitten. Seine emotionale Beeinträchtigung bestehe in ohnmächtiger Wut, tiefer Trauer und hilfloser/irreversibler Verzweiflung.

OLG Celle, Urt. v. 18.12.2024 – 14 U 119/24, ZAP 2025, 137 1324

<u>10.000,00 €</u> (Mitverschulden: 1/3; Vorstellung: 12.000,00 €)

Tod des Sohnes als Fußgänger bei Verkehrsunfall

Der Sohn der Klägerin war nachts zu Fuß auf einer Landstraße unterwegs. Die BAK betrug 2,0 Promille. Er wurde von einem Fahrzeug erfasst, als er unversehens die Fahrbahn betrat und verstarb an der Unfallstelle. Ein gegen den Fahrer des PKW geführtes Strafverfahren wurde gegen eine Geldauflage von 1.200,00 € eingestellt.

LG Tübingen, Urt. v. 17.05.2019 – 3 O 108/18, unveröffentlicht 1325

<u>12.000,00 €</u>

<u>7.500,00 €</u>

<u>5.000,00 €</u>

Unfalltod – Hinterbliebene: Ehefrau – 4 Kinder – Bruder

Ein 60 Jahre alter verheirateter Familienvater kam bei einem Verkehrsunfall ums Leben. Hinterbliebene sind die Ehefrau, 4 erwachsene Kinder, von denen noch zwei im Elternhaus leben und der Bruder des Unfallopfers. Die Ehe bestand 36 Jahre. Die Kammer stellt unnötig und unzutreffend fest, dass der Ehefrau das Hinterbliebenengeld nur zugebilligt werden könne, wenn dieser kein Schmerzensgeldanspruch zustehe. Die Begründung, warum der Ehefrau ein höheres Hinterbliebenengeld zustehen soll als den 4 Kindern, überzeugt nicht.

OLG Köln, Urt. v. 05.05.2022 – I-18 U 168/21, VersR 2022, 1109 = DAR 2022, 451 1326

<u>12.000,00 €</u> (Vorstellung: 30.000,00 €) aufgehoben durch BGH, Urt. v. 23.05.2023 – VI ZR 161/22, FamRZ 2023, 1589 mit Anm. Croon-Gestefeld = VersR 2023, 1036 = MDR 2023, 908 = NJW 2023, 2878, weil die Klägerin durch den Umgang mit dem autistischen Bruder zusätzlich belastet wird.

Tod des Vaters der Klägerin

Das LG hat u.a. die von der Klägerin behaupteten Auswirkungen des Unfalltods des Vaters auf den autistischen Bruder der Klägerin und die für sie damit einhergehenden zusätzlichen Beeinträchtigungen für die Bemessung der Hinterbliebenenentschädigung unberücksichtigt gelassen.

Der BGH hat die Entscheidung des OLG Köln aufgehoben, weil zu prüfen sei, ob insoweit das durch den Unfalltod des Vaters erlittene seelische Leid erhöht worden sei.

Der Vater der Klägerin verunglückte bei einem Verkehrsunfall tödlich. Die 19 Jahre alte Klägerin, die noch bei den Eltern wohnte, sieht darin eine Begründung für einen höheres Hinterbliebenengeld. Der Senat dagegen meint, dass die enge soziale Beziehung der Klägerin zum Vater eine moderate Erhöhung rechtfertige.

LG Köln, Urt. v. 31.01.2023 – 111Ks 10/22 1327

<u>12.000,00 €</u> (Vorstellung: 12.000,00 €)

Tötung des Sohnes mit 140 Messerstichen

Der 24 Jahre alte Angeklagte tötete den 23 Jahre alten Sohn der Klägerin mit 140 Messerstichen und wurde wegen Totschlags zu einer Freiheitsstrafe von 11 Jahren verurteilt. Die persönlichen Beziehungen zwischen dem Getöteten und Adhäsionsklägerin waren eng. Der Sohn lebte zwar nicht mehr im Haushalt der Mutter, besuchte sie jedoch mindestens wöchentlich.

1328 **OLG München, Urt. v. 19.03.2024 – 24 U 541/24, zfs 2024, 313 = NJW-RR 2024, 768**

12.000,00 €

Tod der 77 Jahre alten Mutter

Zwischen der Klägerin und der Mutter bestand ein besonderes Näheverhältnis. Die Klägerin besuchte die Mutter während der Coronazeit jeden Montag und verbrachte den Tag mit ihr. Zudem hatte die Mutter die Kinder der Klägerin betreut, als diese noch den Kindergarten besuchte. Die Mutter fehlt der Klägerin sehr.

Die Verstorbene war »fit«, sie sei jeden Tag 10 km Fahrrad gefahren und bei Regenwetter zur Wohnung der Klägerin (3 km) auch zu Fuß gelaufen. Sie habe geplant, bei der Volkshochschule Fremdsprachen zu lernen. Damit gibt es keine Anhaltspunkte dafür, mit einem baldigen Ableben zu rechnen.

1329 **LG Leipzig, Urt. v. 08.11.2019 – 5 O 758/19, DAR 2021, 95**

15.000,00 € (je Elternteil)

Tod der Tochter, eingeklemmt unter einem LKW nach zwei Stunden – kurzzeitig bei Bewusstsein

Die 16 Jahre alte Tochter der Kläger wurde als Radfahrerin an einer Kreuzung von einem verbotswidrig rechts abbiegenden LKW überrollt. Sie lag bei Bewusstsein unter dem LKW, musste aber reanimiert werden und verstarb nach zwei Stunden. Das Opfer war als Wunschkind das einzige Kind der Kläger.

1330 **LG Regensburg, Urt. v. 16.12.2020 – Ks 103 Js 288/19**

15.000,00 €

Vorsätzliche Tötung der Mutter

Der etwa 54 Jahre alte Angeklagte erwürgte die etwa 44 Jahre alte Mutter der Adhäsionsklägerin aus Eifersucht. Er wurde zu einer Freiheitsstrafe von 10 Jahren verurteilt. Die Klägerin leidet sehr unter dem Tod der Mutter und unter den Umständen, die zum Tode führten.

1331 **OLG Hamburg, Urt. v. 12.08.2022 – 14 U 22/22, unveröffentlicht**

15.000,00 € (Vorstellung: mindestens 20.000,00 €)

Tödlicher Unfall des 12 Jahre alten Sohnes

Die Mutter des Jungen beobachtete den Unfall des Jungen, der Kläger traf kurze Zeit später an der Unfallstelle ein.

Eine eigene Rechtsgutsverletzung des Klägers in Form einer Körper- oder Gesundheitsverletzung nach den Grundsätzen eines sog. »Schock- oder Fernwirkungsschadens« hat der Senat in Anwendung der früheren Rechtsprechung nicht festgestellt, weil das »außergewöhnliche« Ausmaß z. B. ein mittelschweres depressives Syndrom und behandlungsbedürftige Angstzustände nicht erfüllt sei. Erst eine akute Belastungsreaktion bei schwerwiegenden Folgen wie Aufgabe der Wohnung und des Berufes sowie des Autofahrens aufgrund fortdauernder Angstzustände, Schweißausbrüche und Zittern im Straßenverkehr könnten genügen.

Der Verlust des Sohnes und das damit untrennbar verbundene seelische Leid des Klägers haben sich gerade in der Anpassungsstörung und leichten Depression manifestiert, so dass es durchaus Überschneidungen und fließende Übergänge zum rein seelischen Leid gibt. Der Tod des Sohnes an sich und der damit einhergehende Schmerz ist aber im Rahmen des Hinterbliebenengeldes von zentraler Bedeutung auch für die Höhe des Anspruches. Die Bedeutung des Sohnes für das Leben und Wohlergehen des Klägers und die weiteren familiären Belastungen im Verhältnis zu seiner Ehefrau und die weiteren negativen Folgen für die Lebensgestaltung des Klägers wurden berücksichtigt.

OLG Celle, Urt. v. 24.08.2022 – 14 U 22/22, VersR 2023, 55 mit Anm. Jaeger 1332

15.000,00 € (Vorstellung: 20.000,00 €)

Tödlicher Unfall des 11 Jahre alten Sohnes

Der 11 Jahre alte Sohn des Klägers wurde von einer Sattelzugmaschine während eines Abbiegevorgangs tödlich verletzt. Während die Ehefrau des Klägers den Unfall aus unmittelbarer Nähe mit ansehen musste, traf der Kläger nach dem Unfall an der Unfallstelle ein. Dabei sah er auch den Körper seines verstorbenen Sohnes. Der Kläger bedurfte vor Ort angebotener Hilfe der Notfallseelsorge.

Der Senat sieht eine zu berücksichtigende erhebliche Schuld des Unfallverursachers, der wegen fahrlässiger Tötung zu einer Freiheitsstrafe verurteilt wurde.

Zu berücksichtigen ist, dass der Verlust des Sohnes und das damit untrennbar verbundene seelische Leid des Klägers sich gerade in der Anpassungsstörung und leichten Depression manifestiert haben, so dass es durchaus Überschneidungen und fließende Übergänge zum rein seelischen Leid gibt. Der Tod des Sohnes an sich und der damit einhergehende Schmerz ist im Rahmen des Hinterbliebenengeldes von zentraler Bedeutung, ebenso die Bedeutung des Sohnes für das Leben und Wohlergehen des Klägers, sowie die weiteren familiären Belastungen im Verhältnis zu seiner Ehefrau und die weiteren negativen Folgen für die Lebensgestaltung des Klägers.

LG Rottweil, Urt. v. 26.06.2018 -1 Ks 10 Js 10802/17 1333

20.000,00 €

Tötung des Vaters

Der Angeklagte erschoss den Vater von drei minderjährigen Kindern, die jeweils ein Hinterbliebenengeld von 20.000,00 € erhielten. Der Täter wurde zu einer lebenslangen Freiheitsstrafe verurteilt.

LG Dessau-Roßlau, Urt. v. 22.10.2021 – 4 O 220/20, MDR 2022, 433 1334

20.000,00 €

Gewaltsame Tötung des Sohnes

Der Getötete war das einzige Kind des Klägers. Er hatte zu dem 30 Jahre alten Sohn ein enges, inniges Vater-Sohn-Verhältnis und regelmäßigen Kontakt. Der Sohn starb nach vorsätzlicher Körperverletzung; die Strafe gegen den Beklagten wurde zur Bewährung ausgesetzt.

Der im Gesetzgebungsverfahren genannte Betrag von 10.000,00 € bildet nur eine Orientierungshilfe und ist keine Obergrenze.

LG Nürnberg-Fürth, Urt. v. 09.12.2021 – 5 K 103 Js 2698/20 1335

20.000,00 € – **Ehefrau des ermordeten Mannes**

15.000,00 € – **Sohn des Ermordeten**

Mord aus Eifersucht

Der Angeklagte wurde wegen Mordes in zwei Fällen zu einer lebenslänglichen Freiheitsstrafe verurteilt. Er hatte seine seit 7 Jahren von ihm getrenntlebende Ehefrau und deren vermeintlichen neuen Partner, den Ehemann der Adhäsionsklägerin, aus Eifersucht durch Kopfschüsse getötet. Der Getötete war für seine Ehefrau und für den Sohn, den Adhäsionskläger, der zentrale Lebensmittelpunkt.

Für die Höhe des Hinterbliebenengeldes stellt das empfundene seelische Leid und die Trauer der Hinterbliebenen, die nahestehende Personen aufgrund einer vorsätzlich begangenen Straftat verloren haben, einen zusätzlichen Umstand dar, der den empfundenen Verlust und die damit einhergehenden seelischen Leiden verschlimmert.

1336 **LG Rottweil, Urt. v. 26.06.2018 -1 Ks 10 Js 10802/17**

20.000,00 € und 10.000,00 €

Drei minderjährige Kinder des Getöteten und der Ehemann und 2 minderjährige Kinder der Getöteten erhielten je 20.000,00 €.

Die Eltern der Getöteten erhielten je 10.000,00 €.

Die Geschwister des Getöteten erhielten je 10.000,00 €.

1337 **LG Kassel, Urt. v. 24.08.2022 – 10. Ks 1690 Js 44771/21**

20.000,00 € jeweils für 5 Kinder

Tötung der 32 Jahre alten Ehefrau und Mutter

Der Angeklagte, ein streng gläubiger Moslem, unterhielt eine problembehaftete Beziehung zu der 15 Jahre jüngeren Ehefrau. Als er mit der Ehefrau in Streit geriet, versetzte er ihr vor den Augen der gemeinsamen Kinder mit einem langen Messer mindestens 30 Messerstiche. Die Ehefrau wurde dadurch getötet. Das Hinterbliebenengeld sei weit über dem Durchschnitt, mithin auf das doppelte des Durchschnitts, nämlich mit je 20.000 Euro anzusetzen. Ein Feststellungsausspruch fehlt.

1338 **LG Rottweil, Urt. v. 26.06.2018 -1 Ks 10 Js 10802/17**

30.000,00 €

Tötung des Sohnes und der Lebensgefährtin

Der Angeklagte tötete den Sohn der Adhäsionsklägerin und deren Lebensgefährten. Die Mutter musste die Tötung des Sohnes mitansehen.

Der Täter wurde zu einer lebenslangen Freiheitsstrafe verurteilt.

Hundebiss

▶ Hinweis:

Durch einen Hundebiss können verschiedene Körperteile verletzt werden. Es bietet sich daher an, den Hundebiss als besondere Verletzungsart zu behandeln.

Von besonderer Bedeutung ist bei einem Hundebiss die Frage des Mitverschuldens des Verletzten, denn es kommt häufig zu einem Hundebiss, nachdem der Verletzte einen ihm nicht oder wenig bekannten Hund gestreichelt oder versucht hat, zankende Hunde zu trennen.

Der BGH, Urt. v. 31.05.2016 – VI ZR 465/15, VersR 2016, 1068 = MDR 2016, 1017 = NJW 2016, 2737, hat zur Entscheidung des OLG Jena, Urt. v. 16.07.2015 – 1 U 652/14 darauf hingewiesen, dass neben der Haftung eines Tierhalters aus § 833 Satz 1 BGB auch geprüft werden müsse, ob nicht eine verschuldensabhängige Haftung des Halters aus § 823 BGB in Betracht komme. Das würde bedeuten, dass der Tiergefahr eines beteiligten anderen Hundes dann keine Bedeutung zukomme, was sich aus dem Sinngehalt des § 840 Abs. 3 BGB analog ergebe.

1339 **OLG Oldenburg, Urt. v. 04.10.2019 – 5 U 114/19, unveröffentlicht**

800,00 € (Mitverschulden: 4/5)

Hundebiss in den Unterarm – Narbe

Die Klägerin versuchte, ihren Hund von einem anderen Hund zu trennen. Dabei wurde sie von dem Hund der Beklagten in den Unterarm gebissen und erlitt mehrere blutende Wunden. Das vom LG zuerkannte Schmerzensgeld in Höhe von 800,00 € sei jedenfalls nicht zu niedrig.

LG Bonn, Urt. v. 16.01.2019 – 5 S 106/18, unveröffentlicht 1340

1.000,00 € (Mitverschulden: 1/3)

Hundebiss mit geringen Folgen

Die Klägerin näherte sich einem Hund, obwohl die Halterin dies nicht wünschte. Sie erlitt dabei »nicht allzu schwere Verletzungen« mit relativ geringen Folgen. Das Regulierungsverhalten des Beklagten sei zu beanstanden.

OLG Jena, Urt. v. 16.07.2015 – 1 U 652/14, unveröffentlicht, vgl. BGH, Urt. v. 31.05.2016 – VI ZR 465/15, VersR 2016, 1068 = MDR 2016, 1017 = NJW 2016, 2737 in der Vorbemerkung zu diesem Stichwort. 1341

1.100,00 € (LG Erfurt – 2.000,00 €)

Blutende Wunde

Der Kläger wurde vom Hund des Beklagten gebissen und trug eine blutende Wunde davon. Der Kläger ging mit seinem angeleinten Hund die Straße entlang, als der Hund der Beklagten von deren Grundstück heraus auf ihn und seinen Hund zu gerannt ist und sofort den Kläger und dessen Hund angegriffen hat. Es steht nicht fest, dass der Kläger versucht hat, in den Streit zwischen den Hunden einzugreifen, die Hunde zu trennen oder den Angriff des Hundes des Beklagten auf seinen Hund abzuwehren. Auch die Tiergefahr von seinem eigenen Hund müsse sich der Kläger nicht nach § 254 BGB zurechnen lassen. Alleine der Umstand, dass der Hund des Klägers ein Hund sei, stelle keinen dem Kläger zurechenbaren Verursachungsbeitrag dar.

LG München, Urt. v. 13.02.2015 – 20 C 10380/13, VersR 2016, 1131 (Leitsatz) 1342

2.000,00 € (Mitverschulden: 1/2; Vorstellung: 6.000,00 €)

Subtotale Ruptur des Knie-Innenbandes

Der Hund des Beklagten sprang die Klägerin an. Sie kam zu Fall und verletzte sich. Sie zog sich eine subtotale Ruptur des Knie-Innenbandes zu, was mit erheblichen Schmerzen verbunden war. Die Bewegungseinschränkungen der Klägerin zogen sich über mehrere Wochen hin, sie kann das Bein nicht völlig strecken.

OLG Jena, Urt. v. 16.07.2015 – 1 U 652/14, unveröffentlicht 1343

2.000,00 € (Vorstellung: 6.000,00 €)

Hundebiss in den Ellenbogen

Der Hund des Beklagten biss den Kläger, der selbst einen Hund an einer Leine mit sich führte, in den Ellenbogen. Es entstand eine 6 x 3 cm große Wunde. Nach 2 Monaten und einer Woche hatte der Kläger noch eine 2 x 0,5 cm große sekundär heilende Wunde, die nach einer weiteren Woche abgeheilt war. Der Kläger war in der Mobilität durch die Verletzung nicht wesentlich eingeschränkt.

Das OLG Jena hat die Tiergefahr des Hundes des Klägers unberücksichtigt gelassen, was der BGH, Urt. v. 31.05.2016 – VI ZR 465/15, VersR 2016, 1068 = NJW 2016, 2737, gerügt hat, weil sich beide Hunde vor dem Biss gebalgt hatten.

LG Aschaffenburg, Urt. v. 31.08.2017 – 22 S 54/17, unveröffentlicht 1344

2.000,00 €

Hundebiss in Wade und Hand – Narbe

Die Klägerin wurde von einem Hund in die Wade und in die Hand gebissen. An der Wade blieb eine Narbe zurück.

1345 **OLG Karlsruhe, Urt. v. 10.10.2019 – 7 U 86/18, unveröffentlicht**

2.000,00 €

Kopfverletzungen – Narbe

Der ging war mit einer angeleinten Bulldogge spazieren. Ein Terrier der Beklagten sprang unangeleint aus einem PKW und es kam zu einem »Gemenge«. Der Kläger kam zu Fall und wurde ins Gesicht gebissen. Die Bisswunde am Ohr wurde genäht, die Wunde unterhalb des Auges wurde versorgt. Der Kläger war 5 Tage arbeitsunfähig.

1346 **OLG Karlsruhe, Urt. v. 18.06.2015 – 9 U 23/14, VersR 2015, 1561 = MDR 2015, 1236**

2.450,00 €

Bisswunden an beiden Unterarmen und am Oberarm, am Rücken und an den Beinen

Der 14 Jahre alte Kläger versteckte sich vor der Polizei hinter einer Hecke. Ein Hundeführer der Polizei ließ den Diensthund los, der sich auf den Kläger stürzte und ihm Bissverletzungen an beiden Unterarmen, am Oberarm, am Rücken und an den Beinen zufügte.

1347 **OLG Karlsruhe, Urt. v. 18.06.2015 – 9 U 23/14, unveröffentlicht**

2.500,00 €

Zahlreiche Bissverletzungen durch einen Polizeihund

Die Polizei versuchte einen Flüchtenden durch einen Polizeihund zu fassen. Der von der Leine gelassene Diensthund stürzte sich auf den zu diesem Zeitpunkt 14-jährigen Kläger und fügte ihm zahlreiche Bissverletzungen an beiden Unterarmen, am rechten Oberarm, am Rücken und an den Beinen zu. Nach der Festnahme stellte sich heraus, dass der Kläger mit dem vorausgegangenen Raub nichts zu tun hatte. Der Kläger konnte aufgrund der Verletzungen mehrere Tage seine Hände nicht benutzen, mehrere Wochen war eine Wundversorgung erforderlich.

Für die Vielzahl der Bissverletzungen, die der Kläger erlitten hat, gebe es keinen nachvollziehbaren Grund. Das Ausmaß der Verletzungen sei unverhältnismäßig. Der Hundeführer sei verpflichtet gewesen, dafür zu sorgen, dass es – jedenfalls – bei einem einzelnen, der Festnahme dienenden Biss bleibt. Der polizeiliche Hundeführer müsse den Hund auch in einer Festnahmesituation so beherrschen und kontrollieren, dass ein willkürliches Beißen des Hundes ausgeschlossen sei. Es liege eine zumindest fahrlässige Amtspflichtverletzung des Polizeibeamten vor.

1348 **LG Frankfurt, Urt. v. 13.07.2017 – 32 C 2982/16, unveröffentlicht**

2.500,00 € – Teil-Schmerzensgeld (Mitverschulden: 1/4; Vorstellung: 2.500,00 €)

Tiefe klaffende Bisswunde am Handgelenk

Der Hund des Beklagten biss den Kläger in das Handgelenk. Der Kläger erlitt eine tiefe klaffende Bisswunde. Der Kläger wurde 9 Tage stationär behandelt. Es bestehen noch Taubheitsgefühle, Kribbeln und Schmerzen in der Hand.

1349 **OLG München, Urt. v. 12.12.2018 – 20 U 1474/18, RuS 2019, 288**

2.500,00 € (Mitverschulden: 3/4; Vorstellung: mindestens 15.000,00 €)

Weichteildefekt am Handrücken – Verletzung des Fingerstreckers – Nervenläsion – Narben

Der Mischlingshund der Klägerin und der Hund des Beklagten, eine Old-English-Bulldogge, beide nicht angeleint, gerieten aneinander. Die Klägerin fasste in das Geschehen, wurde in die Hand gebissen und erlitt einen großen Weichteildefekt am Handrücken, eine Verletzung des Fingerstreckers und eine Nervenläsion. Es musste Haut vom Oberschenkel transplantiert werden, es trat eine Heilungsverzögerung auf. Die stationäre Behandlung dauerte fast zwei Wochen.

Die Klägerin hat Dauerschäden erlitten, es bestehen Bewegungseinschränkungen, der Faustschluss ist eingeschränkt, die Feinmotorik ist gestört und eine Narbe am Grundgelenk des Kleinfinders ist verhärtet.

OLG Brandenburg, Urt. v. 16.08.2019 – 7 U 6/19, unveröffentlicht 1350

2.500,00 €

Hundebiss in die Hand

Die Klägerin beobachtete einen entlaufenen Hund und wollte an dessen Halsband überprüfen, ob dort Hinweise auf den Halter zu finden seien. Dabei biss der fremde Hund sie in die Hand. Die Bisswunde entzündete sich.

LG Lübeck, Urt. v. 10.08.2023 – 9 O 132/19 1351

2.500,00 € (Vorstellung: 8.000,00 €)

Hundebiss in den Oberschenkel

Die Klägerin als Führerin eines angeleinten Hundes wurde vom Hund der Beklagten, der nicht angeleint war, bedrängt und zu Fall gebracht und von einem der Hunde in den Oberschenkel gebissen. Sie erlitt daneben Schürfwunden und Prellungen und ein großes Hämatom am Oberschenkel.

OLG Zweibrücken, Urt. v. 29.01.2016 – 2 U 82/12, VersR 2016, 1327 1352

2.650,00 €

Hundebiss in die Ferse

Der Hund des Beklagten, der als Jagdgast an einer Jagd teilnahm, biss den Kläger in die Ferse, der dadurch 6 Wochen arbeitsunfähig wurde.

AG Frankenthal, Urt. v. 07.07.2016 – 3a C 66/16, unveröffentlicht 1353

2.700,00 €

Hundebiss in den Unterarm

Die Klägerin war in einer Tierarztpraxis beschäftigt und absolvierte eine Ausbildung zur tiermedizinischen Fachangestellten. Bei dem Versuch, eine Rottweilerhündin auf dem Röntgentisch zu drehen, wurde sie gebissen. Sie erlitt eine Riss-Quetschwunde am Unterarm sowie eine Hyposensibilität im Bereich des Versorgungsgebietes des Nervus cutaneus antebrachii medialis. Der operative Eingriff verlief komplikationslos. Die Wunde wurde mit 7 Stichen genäht. Es blieb eine deutlich sichtbare Narbe zurück. Die Beeinträchtigungen erstreckten sich über 3 Monate.

OLG Hamm, Urt. v. 03.02.2015 – 9 U 91/14, NJW-RR 2016, 97 = MDR 2015, 511 1354

3.000,00 € (Vorstellung: 3.000,00 €)

Hundebiss ins Gesicht – Narben

Die Klägerin begegnete als Hundeführerin der Beklagten, die drei Hunde ausführte, die nicht zu den kleineren Rassen zählen, sogenannte Rudelführung. Diese sprangen die Klägerin an und verletzten sie. Die Klägerin erlitt Verletzungen im Gesicht, trug eine Narbe unter dem Auge davon und litt fortan unter psychischen Beeinträchtigungen.

AG Saarlouis, Urt. v. 17.06.2019 – 28 C 894/18 (70) 1355

3.000,00 €

Handbuch in den Unterarm – große Narbe

Ein Schäferhund biss die Klägerin in den Unterarm. Dabei wurden auch Nerven verletzt. Die Klägerin war 4 Wochen arbeitsunfähig. Als Dauerschaden verblieb neben der Narbe eine Sensibilitätsstörung.

1356 **OLG Koblenz, Urt. v. 09.12.2019 – 12 U 249/18**

4.466,00 € (Mitverschulden: 1/3)

Radiusköpfchenfraktur

Bei einem Hundegetümmel stürzte der Kläger und zog sich eine Radiusköpfchenfraktur zu. Er musste über 3 Wochen eine Gipsschiene tragen und war mehr als 7 Wochen arbeitsunfähig.

1357 **LG Wiesbaden, Urt. v. 28.04.2022 – 2 S 10/21**

4.500,00 € (Unrichtig. LG 6.500,00 €)

Hundebiss ins Gesicht – Narbe

Durch die Verletzung hatte sich der Kiefer der Klägerin verschoben und drei Keramikkronen brachen ab. Durch den Biss erlitt die Klägerin zwei Wunden im Bereich der Wange und eine Wunde im Bereich des Halses, die genäht werden mussten. Die Narbe im Bereich des Jochbeins ist sichtbar und schmerzempfindlich. Die zahnmedizinische Behandlung erforderte neun Termine und eine Exzision eines blutreichen ausgedehnten Geschwulstes.

1358 **OLG Frankfurt, Urt. v. 15.07.2020 – 7 U 47/19, MDR 2020, 1512 = RuS 2020, 634**

5.000,00 €

Hundebiss ins Gesicht eines 10 Jahre alten Mädchens

Ein 10 Jahre altes Mädchen wurde von dem Hund der Klägerin ins Gesicht gebissen. Die Beklagte als Versicherer verweigerte die Freistellung der Klägerin und wurde verurteilt, die Klägerin bis zu einer Höhe von 5.000.000,00 € von Ansprüchen aufgrund des Vorfalls, bei dem die Anspruchstellerin in die rechte Gesichtshälfte gebissen wurde, freizustellen.

1359 **OLG Hamm, Urt. v. 19.12.2022 – 7 U 54/22, VersR 2023, 1054 = NJW-RR 2023, 730**

5.000,00 € (Mitverschulden: 1/5 Vorstellung: 6.000,00 €)

Bissverletzung an der Hand – Narbe

Die Klägerin, die ihren Hund angeleint hatte, wurde von einem nicht angeleinten Hund, der auf ihren Hund zulief, in die Hand gebissen. Auf Grund eine Infektion musste sie stationär behandelt und operiert werden. Sie war 3 1/2 Monate arbeitsunfähig. Die Verletzung ist nach fast 2 Jahren noch nicht völlig ausgeheilt und kann nicht mehr richtig geöffnet werden. Eine weitere Operation ist nicht ausgeschlossen. Eine Narbe ist deutlich sichtbar.

1360 **OLG Hamm, Urt. v. 19.12.2022 – 7 U 54/22v23, 1054 = NJW-RR 2023, 730**

5.000,00 € (Mitverschulden: 1/5)

Hundebissverletzung an der Hand – Infektion

Die Klägerin erlitt eine blutende Wunde an der Hand und musste später wegen einer Infektion für 9 Tage stationär aufgenommen werden. Sie war 4 Monate arbeitsunfähig. Die Heilung verlief nicht optimal, die Klägerin kann wegen der Beeinträchtigung der Strecksehne die Hand nicht mehr richtig öffnen und schließen.

1361 **LG Hamburg, Urt. v. 18.04.2018 – 336 O 196/17, unveröffentlicht**

15.000,00 €

Aussprengung des Radiuskortikalis nach Hundebiss

Der Kläger wurde von seinem Hund in die Hand gebissen. Der Klinik unterlief ein Befunderhebungsfehler, die Hand wurde nicht geröntgt, sodass die Aussprengung des Radiuskortikalis nicht festgestellt wurde. Bisswunden im Handbereich sind als »High-Risk-Verletzungen einzustufen«. Es kam zu mehreren Revisionsoperationen. Die Gebrauchsfähigkeit der Hand ist auf Dauer eingeschränkt. Der Kläger leidet dauerhaft unter Schmerzen bei Belastungen.

OLG Brandenburg, Urt. v. 16.04.2019 – 3 U 8/18, DAR 2020, 25 1362

20.000,00 € (Mitverschulden: 1/3; Vorstellung: taggenau: 135.543,30 €. Vorinstanz: Urteil vom 22.12.2017 – 1 O 143/14, unveröffentlicht)

Beidseitige offene Unterarmfraktur nach Hundebiss – multiple Bissverletzungen an beiden Unterarmen – Handverletzungen mit Nervschaden – Narben – Dauerschäden

Die 63 Jahre alte Klägerin wurde von einem rd. 40 kg schweren Rottweiler angefallen und mehrfach in den Arm gebissen, den sie schützend vor ihr Gesicht hielt. Als Folgeschäden verblieben an beiden Unterarmen und Händen kosmetische Entstellungen, fast vollständig aufgehobene Umwendebeweglichkeit bzw. der Einwärtsdrehbewegung, praktisch vollständige Aufhebung der Beweglichkeit beider Handgelenke in allen Ebenen, praktisch vollständiger Funktionsverlust der Langfinger und deren Streckung und des linken Daumens, ausgeprägte und kosmetisch ungünstige Narbenbildung an den Armen und im Bereich des Unterschenkels und langstreckiger Defekt im Bereich des Wadenbeines nach Knochenspanentnahme.

Die vom LG benannten Vergleichsentscheidungen sind nicht plausibel. Der Senat gibt ebenfalls keine brauchbare Begründung zur Höhe des Schmerzensgeldes.

OLG Karlsruhe, Urt. v. 18.09.2019 – 7 U 24/19, unveröffentlicht 1363

25.000,00 € (Mitverschulden: 1/2; Vorstellung: 50.000,00 €)

Hundebiss in die Hand – Mittelhandfraktur – Gehirnschlag – Lungenembolie

Es kam zum Kampf zwischen den Hunden der Parteien. Die Klägerin wurde in die Hand gebissen und erlitt eine Mittelhandfraktur. Dadurch verursacht erlitt sie einen Schlaganfall und eine Lungenembolie. Das LG Mannheim sprach der Klägerin das Schmerzensgeld in Höhe von 50.000,00 € zu, der Senat halbierte den Betrag wegen der von beiden Hunden ausgehenden Tiergefahr.

HWS – Halswirbelsäule (Urteile zu den typischen Problemen des HWS-Prozesses – Urteilsteil)

▶ Hinweis:

Gerade bei Verletzungen der HWS ist die Tendenz offensichtlich, in einer Masse von (zumeist schon wegen ihres Alters nur eingeschränkt tauglichen) Urteilen zu »ertrinken«. Vielfach werden Prozesse wegen Verletzungen der HWS, so hat es den Anschein, nur noch mittels Textbausteinen in den Schriftsätzen geführt, wobei beide Seiten zu den zumeist streitigen Punkten der Unfallursächlichkeit, der Bagatellgrenze und der kollisionsbedingten Geschwindigkeitsänderung eine Vielzahl »einschlägiger« Urteile anführen können. Aber Quantität führt nicht schon zum Prozesserfolg. Der nachfolgende Aufbau stellt zunächst überblicksmäßig Urteile zu den typischen Problemfeldern des HWS-Prozesses dar; hieran erst schließt sich der Urteilsteil an.

1. Urteile zu den typischen Problemen des HWS-Prozesses

a) Keine Beweiskraft ärztlicher Atteste

Die nachfolgend dargestellten Urteile haben sämtlich mit nahezu identischer Begründung eine Beweiskraft von ärztlichen Attesten abgelehnt, da diese ohne objektivierbaren Befund lediglich subjektive Angaben des Patienten wiedergäben. Auch sei es nicht Aufgabe des Arztes, Kausalitätsfragen nachzugehen, dieser müsse vielmehr auch einer Verdachtsdiagnose nachgehen. So etwa OLG Hamm, Urt. v. 02.07.2001 – 13 U 224/00, VersR 2002, 992. Anders aber der gleiche 13. Senat des OLG Hamm, Urt. v. 28.02.2001 – 13 U 191/00, SP 2001, 337: Attest genügt zum Nachweis einer Schulterverletzung. Selbst wenn eine HWS-Verletzung vorliege, sei damit angesichts der Häufung degenerativer Schäden nicht bewiesen, dass diese auf einem Unfall beruhe. Auch der BGH (BGH, Urt. v. 08.07.2008 – VI ZR 274/07, VersR 2008, 1126 [1128]) sieht in einem ärztlichen Attest kein Standardbeweismittel, mit dem sich in jedem Fall eine HWS-Verletzung beweisen lasse. Er erkennt aber an, dass mit dem Zusammenspiel von Zeitablauf, Zeugenaussagen und ärztlichen Untersuchungen der Beweis der HWS-Verletzung durchaus geführt werden kann. Vgl. ausführlich Kap. 5 Rdn. 239.

1364 **KG, Urt. v. 21.11.2005 – 12 U 285/03, NZV 2006, 146**

1365 **AG Bottrop, Urt. v. 26.04.2007 – 11 C 16/06, SP 2008, 147**

1366 **OLG Frankfurt am Main, Urt. v. 28.02.2008 – 4 U 238/06, ZfS 2008, 264**

1367 **KG, Beschl. v. 03.12.2009 – 12 U 232/08, NZV 2010, 624**

b) Bagatellverletzungen

Die nachfolgenden Urteile betreffen Verletzungen, die von den Gerichten als entschädigungslos hinzunehmende Bagatellverletzungen eingestuft wurden, sodass kein Schmerzensgeld zuerkannt wurde:

1368 **OLG Hamm, Urt. v. 02.04.2001 – 13 U 148/00, OLGR 2003, 20 = SP 2001, 342**

1369 **AG Köln, Urt. v. 13.08.2001 – 264 C 236/00, SP 2002, 383**

Muskelkater – Spannungskopfschmerzen – steifer Nacken

1370 **LG Karlsruhe, Urt. v. 05.06.2007 – 5 O 313/06, SP 2008, 263**

Zerrung der HWS, die einem Muskelkater entspricht

1371 **LG Essen, Urt. v. 07.08.2020 – 11 O 122/19, unveröffentlicht**

Nackenschmerzen über einen Tag

c) Kausalität/Harmlosigkeitsgrenze

Der BGH (Urt. v. 28.01.2003 – VI ZR 139/02, VersR 2003, 474) hat der Tendenz vieler Gerichte, unterhalb einer starren »Harmlosigkeitsgrenze« eine HWS-Verletzung für unmöglich zu halten, einen Riegel vorgeschoben. Dennoch ist unklar, inwieweit die Gerichte von der starren Festlegung einer Harmlosigkeitsgrenze für kollisionsbedingte Geschwindigkeitsänderungen absehen werden, da der BGH einen Fall zu entscheiden hatte, in dem ein (möglicher) verletzungserschwerender Umstand in einer sog. »out of position«-Stellung des Klägers (schräg nach oben gewandter Kopf, um die Ampelanlage im Blick zu haben) lag. Nachfolgend wird daher exemplarisch und chronologisch geordnet die Entwicklung der »Harmlosigkeitsgrenzen« in der Judikatur dargestellt, wobei ins Auge fällt, dass es im Laufe der Zeit offenbar auch eine Tendenz zu höheren Harmlosigkeitsgrenzen gibt.

1372 **OLG München, Beschl. v. 02.07.2004 – 24 U 747/03, VersR 2005, 424**

1–2 km/h

1373 **AG Böblingen, Urt. v. 10.01.2005 – 19 C 2735/04, SP 2005, 412**

6 km/h

1374 **AG Worms, Urt. v. 29.12.2005 – 9 C 377/04, SP 2006, 240**

11 km/h

KG, Urt. v. 04.09.2006 – 12 U 204/04, NZV 2007, 146 = KGR 2007, 222 1375

4 km/h

LG Chemnitz, Urt. v. 23.11.2006 – 6 S 230/06, unveröffentlicht 1376

6–8 km/h

AG Bottrop, Urt. v. 26.04.2007 – 11 C 16/06, SP 2008, 147 1377

10 km/h

AG Rheinberg, Urt. v. 17.06.2008 – 11 C 337/06, SP 2009, 145 1378

9 km/h

LG Berlin, Urt. v. 09.07.2008 – 58 S 190/07, SP 2009, 145 1379

5 km/h

OLG Hamm, Urt. v. 15.04.2010 – 6 U 205/09, SP 2010, 388 1380

6 km/h

2. Urteilsteil

LG Karlsruhe, Urt. v. 05.06.2007 – 5 O 313/06, SP 2008, 263 1381

0,00 € (Vorstellung: 250,00 €)

Zerrung der HWS

Der Kläger erlitt bei einem Unfall eine leichte unfallbedingte HWS-Zerrung, die vom Schmerzensgrad einem Muskelkater entsprach. Das Gericht wertete diese Beeinträchtigung als derart gering, dass ein Ausgleich durch ein Schmerzensgeld nicht geboten sei.

AG Essen, Urt. v. 08.09.2017 – 20 C 56/17, unveröffentlicht 1382

0,00 € (Vorstellung: 500,00 €)

Kopfschmerzen – Übelkeit

Die Klägerin litt am Abend nach dem Verkehrsunfall unter stärkeren Schmerzen; es traten Kopfschmerzen, Übelkeit und weitere Schmerzen auf, die Klägerin nahm am Unfalltag und am Folgetag Schmerztabletten ein. Ihre Beschwerden, die die Klägerin als »Spannungsschmerzen« beschrieb, hielten noch zwei bis drei Wochen an; sie war 5 Tage krankgeschrieben. Das Gericht bewertete diese Folgen als »gerade noch unter der rechtlichen Erheblichkeitsschwelle«, weswegen kein Schmerzensgeld geschuldet sei.

OLG Oldenburg, Urt. v. 30.07.2020 – 14 U 13/18, DAR 2021, 93 1383

200,00 €

HWS-Distorsion

Die Klägerin erlitt eine leichte HWS-Distorsion; sie nahm 6 Tage lang Schmerztabletten ein und suchte einen Orthopäden auf.

OLG Celle, Urt. v. 11.11.2020 – 14 U 71/20, NJW-RR 2021, 538 1384

200,00 € (2/5 Mitverschulden; Vorstellung: 500,00 €)

HWS-Trauma – Schürfwunde am Arm

Der Kläger erlitt bei einem Verkehrsunfall ein HWS-Trauma sowie eine Schürfwunde am Unterarm. Er war 16 Tage krankgeschrieben.

1385 **AG Vechta, Urt. v. 02.12.2021 – 11 C 369/21, unveröffentlicht**

200,00 € (Vorstellung: 500,00 €)

HWS-Verletzung

Die Klägerin erlitt bei einem Verkehrsunfall eine HWS-Verletzung, die zu fünf Tagen Arbeitsunfähigkeit führte und danach folgenlos ausheilte.

1386 **KG, Urt. v. 31.01.2019 – 22 U 211/16, VersR 2019, 631 = r+s 2019, 347**

250,00 € (Vorstellung: 250,00 €)

HWS-Verletzung – Übelkeit – Schwindel

Der Kläger erlitt nach einem Verkehrsunfall eine HWS-Verletzung; er litt an Übelkeit, Schwindel und in den Schulterbereich ausstrahlenden Nackenschmerzen. Er musste eine Halskrause tragen; die Einnahme eines Schmerzmittels sowie eines Relaxans war erforderlich. Sportliche Betätigung war für 3–4 Wochen nicht möglich. Nach etwa 4 1/2 Wochen war er beschwerdefrei. Der Senat bewertete das vom Kläger (der in erster Instanz noch 1.000,00 € angesetzt hatte) nun noch beantragte Schmerzensgeld von 250,00 € als »in jedem Fall angemessen.«.

1387 **OLG Bremen, Beschl. v. 26.03.2019 – 1 U 1/19, unveröffentlicht**

250,00 € (Vorstellung: 500,00 €)

HWS-Trauma

Die Klägerin erlitt bei einem Unfall eine HWS-Distorsion, die zu zwei Wochen Schmerzen führte. Sie konnte ihren Beruf (Selbstständige Physiotherapeutin) weiter ausüben, war aber auf die Einnahme von Schmerzmitteln (Ibuprofen 600) angewiesen; eine weitere Behandlung war nicht erforderlich. Das Gericht hielt den vorgerichtlich gezahlten Betrag für ausreichend.

1388 **OLG München, Urt. v. 21.07.2021 – 10 U 2558/16, unveröffentlicht**

250,00 €

HWS-Verletzung ersten Grades

Der Kläger erlitt bei einem Verkehrsunfall (Auffahrunfall auf stehendes Fahrzeug) eine HWS-Verletzung ersten Grades, die zu fünf Tagen Arbeitsunfähigkeit führte.

1389 **LG Saarbrücken, Urt. v. 26.01.2017 – 16 O 218/15, unveröffentlicht**

300,00 €

HWS-Distorsion

Der Kläger erlitt eine HWS-Distorsion, die ambulant behandelt wurde. Die Halswirbelsäule wies bereits degenerative Vorschäden auf. Beschwerden bestanden nachgewiesen nur in einem Zeitfenster von wenigen Tagen bis maximal 4 Wochen.

1390 **LG Osnabrück, Urt. v. 02.07.2019 – 6 S 40/19, unveröffentlicht**

300,00 €

HWS-Distorsion

Die Klägerin erlitt eine HWS-Distorsion und eine Brustkorbprellung und war für 4 Tage zu 100 % und für 4 weitere Tage zu 50 % arbeitsunfähig. Die vorgerichtliche Zahlung von 300,00 € wurde hierfür für ausreichend erachtet.

1391 **OLG Oldenburg, Urt. v. 30.07.2020 – 14 U 13/18, DAR 2021, 93**

300,00 € (Vorstellung: 840,00 €)

HWS-Distorsion

Die Klägerin wurde bei einem Verkehrsunfall verletzt; sie erlitt eine HWS-Distorsion und litt eine Woche lang unter Kopfschmerzen, wegen derer sie Schmerzmittel nehmen musste und auch eine Woche arbeitsunfähig war. Sie wurde nur ambulant behandelt.

OLG Koblenz, Beschl. v. 22.09.2022 – 12 U 917/22, MDR 2022, 1342 1392

300,00 €

HWS-Zerrung

Die Klägerin erlitt bei einem Verkehrsunfall eine Prellung bzw. Zerrung im Bereich der HWS. Die Beschwerden ließen bei einer (unfallunabhängig bereits gebuchten) Kur im Anschluss an den Unfall nach.

OLG Brandenburg, Urt. v. 25.09.2023 – 12 U 209/22, unveröffentlicht 1393

300,00 €

HWS-Beschwerden – Gurtmarken – Prellungen

Der Kläger erlitt bei einem Verkehrsunfall sichtbare Gurtmarken, Schmerzen und eine Prellung des Handgelenks links, HWS-Beschwerden und Schmerzen im Sternum sowie Prellungen des Thorax. Eine Arbeitsunfähigkeit trat nicht ein.

OLG Düsseldorf, Urt. v. 21.11.2017 – 1 U 44/17, MDR 2018, 274 = DAR 2018, 376 = NJW-RR 2018, 788 1394

360,00 € (7/10 Mitverschulden; Vorstellung: 1.500,00 €)

HWS-Distorsion II. Grades

Die Klägerin erlitt bei einem Verkehrsunfall eine HWS-Distorsion II. Grades; sie war zwei Wochen krankgeschrieben und fünf weitere Wochen in physiotherapeutischer Behandlung. Während dieser Zeit litt sie unter Schmerzen. Eine analgetische und muskelrelaxierende Therapie wurde durchgeführt.

LG Saarbrücken, Urt. v. 06.03.2017 – 6 O 290/16, unveröffentlicht 1395

400,00 €

HWS-Distorsion

Der Kläger erlitt eine HWS-Distorsion ersten Grades, die zu einer Woche Arbeitsunfähigkeit führte.

AG Saarlouis, Urt. v. 27.03.2017 – 28 C 1825/16, unveröffentlicht 1396

500,00 €

HWS-Distorsion – Unterarmprellung

Der Kläger erlitt eine HWS-Distorsion ersten Grades und eine leichte Unterarmprellung links. Er war 10 Tage arbeitsunfähig und wurde drei Wochen ambulant behandelt (insgesamt drei Arzttermine). 500,00 € waren vorgerichtlich gezahlt und wurden als ausreichend betrachtet.

OLG Düsseldorf, Urt. v. 09.01.2018 – 1 U 1/17, VRS 133 (2017), 303 1397

500,00 € (Vorstellung: 3.000,00 €)

HWS-Verletzung einer Schwangeren

Die hochschwangere Klägerin erlitt bei einem Verkehrsunfall eine HWS-Distorsion. Zum Ausschluss einer Plazentaablösung war sie kurzfristig für zwei Tage stationär aufgenommen. Sie nahm 18 physiotherapeutische Behandlungen war. Zur Begründung ihrer höheren Schmerzensgeldvorstellung habe, so der Senat, die Klägerin »zu dürftig« zu ihren Verletzungen vorgetragen.

1398 **AG Euskirchen, Urt. v. 11.01.2022 – 27 C 146/20, unveröffentlicht**

500,00 € (Vorstellung: 4.000,00 €)

HWS-Trauma 1. Grades

Die Klägerin erlitt bei einem Verkehrsunfall eine milde bis mäßige HWS-Distorsion in Gestalt eines HWS-Traumas 1. Grades. Sie trug zwei Wochen eine Halskrawatte und war krankgeschrieben. Weitere Beschwerden – die Grundlage der Betragsvorstellung waren – waren nicht unfallursächlich, sondern degenerativ verursacht, weshalb das Gericht das vorprozessual gezahlte Schmerzensgeld für ausreichend hielt.

1399 **OLG München, Urt. v. 11.05.2022 – 10 U 2165/21, NJW-RR 2022, 1113**

500,00 € (3/5 Mitverschulden)

HWS-Distorsion 2. Grades – Prellungen

Die 76 Jahre alte Klägerin erlitt bei einem Verkehrsunfall eine HWS-Distorsion 2. Grades und multiple Prellungen. Sie litt drei Monate unter Beschwerden.

1400 **AG Recklinghausen, Urt. v. 25.05.2022 – 16 C 21/20, unveröffentlicht**

500,00 € (Vorstellung: 1.000,00 €)

HWS-Distorsion – Prellung

Die Klägerin wurde bei einem Verkehrsunfall verletzt und war 17 Tage krankgeschrieben. Sie erlitt eine HWS-Distorsion nebst Prellung mit der Folge schmerzhafter Bewegungseinschränkungen. Am Unfalltag war ihr schwindelig gewesen, die eigentlichen Schmerzen setzten am Folgetag ein. Sie nahm 12 krankengymnastische Behandlungen wahr und nahm zunächst Schmerzmittel, sodann Muskelentspannungspräparate ein. Die gesundheitlichen Beeinträchtigungen der Klägerin waren nicht schwerwiegend und sind in der Folge vollständig verheilt. Es war ein geringer Genesungsaufwand in Form der verordneten Krankengymnastik erforderlich.

1401 **OLG Frankfurt, Urt. v. 20.02.2017 – 10 U 79/15, unveröffentlicht**

600,00 € (Vorstellung: 3.000,00 €)

HWS-Distorsion

Der Kläger erlitt bei einem Verkehrsunfall eine HWS-Distorsion. Diese führte zu Schwindelbeschwerden und Kopfschmerzen und allgemeinem Unwohlsein, was allerdings nach kurzer Zeit und ohne Notwendigkeit einer Therapie oder Behandlung folgenlos abklang.

1402 **AG Bad Segeberg, Urt. v. 28.08.2017 – 17b C 97/15, SchlHA 2017, 423**

600,00 €

HWS-Distorsion

Der Kläger erlitt eine leichte Distorsion der Halswirbelsäule. Es kam zu vorübergehenden Muskelspannungsstörungen, Bewegungsschmerzen und Schwindelerscheinungen. Schmerzmedikation war nötig, es bestand eine Arbeitsunfähigkeit von 10 Tagen.

1403 **LG Saarbrücken, Urt. v. 30.12.2019 – 13 S 168/19, unveröffentlicht**

600,00 € (Vorstellung: 800,00 €)

HWS-Distorsion

Der Kläger erlitt eine leichtere HWS-Verletzung, die ihn zwei Wochen arbeitsunfähig beeinträchtigte. Er war beim Arzt und bekam Schmerzmittel.

1404 **OLG München, Urt. v. 06.10.2021 – 10 U 1012/19, NJW-RR 2022, 31**

600,00 €

HWS-Distorsion

Der Kläger erlitt bei einem Verkehrsunfall eine HWS-Distorsion und eine akute Belastungsreaktion. Er war 12 Tage krankgeschrieben.

OLG Schleswig-Holstein, Beschl. v. 01.02.2023 – 7 U 156/22, unveröffentlicht 1405

650,00 €

HWS-Distorsion

Der Kläger erlitt bei einem Auffahrunfall eine leichte HWS-Verletzung ohne längere Beschwerden; es bestand keine Arbeitsunfähigkeit. Der Senat hielt den vorgerichtlich gezahlten Betrag für ausreichend.

LG Bremen, Urt. v. 05.06.2018 – 7 O 1158/17, unveröffentlicht 1406

700,00 € (1/3 Mitverschulden; Vorstellung: 900,00 €)

HWS-Verletzung

Der Kläger erlitt bei einem Verkehrsunfall eine HWS-Verletzung mit Schmerzen im Nacken- und Kreuzbereich; er war drei Monate arbeitsunfähig. Das Gericht berücksichtigte bei der Bemessung maßgebend die Dauer der Arbeitsunfähigkeit, andererseits aber auch die »vergleichsweise mäßigen« Beeinträchtigungen, die ohne stationäre Behandlung behoben werden konnten.

OLG Frankfurt, Urt. v. 02.06.2020 – 10 U 49/19, unveröffentlicht 1407

712,50 € (1/4 Mitverschulden Vorstellung: 1.500,00 €)

HWS-Distorsion

Die Klägerin erlitt bei dem Verkehrsunfall eine HWS-Distorsion, Hämatome, Prellungen und eine Gurtverletzung.

OLG Frankfurt, Urt. v. 02.06.2020 – 10 U 49/19, unveröffentlicht 1408

750,00 € (1/4 Mitverschulden Vorstellung: 1.500,00 €)

HWS-Distorsion

Die Klägerin erlitt bei einem Verkehrsunfall eine HWS-Distorsion, eine Thoraxprellung und Gurtverletzungen.

OLG Hamm, Urt. v. 05.07.2019 – 7 U 15/18, unveröffentlicht 1409

800,00 € (Vorstellung: 25.000,00 €)

HWS-Schleudertrauma – Verspannung und Zerrung der Brustwirbelsäule

Der Kläger erlitt bei einem Verkehrsunfall eine Verspannung, eine Zerrung und eine Stauchung der Brustwirbelsäule sowie ein HWS-Schleudertrauma ersten Grades, das zu körperlichem Unwohlsein, eingeschränkter Belastbarkeit und Beklommenheit führte. Die Beschwerden klangen innerhalb weniger Wochen folgenlos ab. Der Betragsvorstellung lag die Behauptung weiterer, unbewiesener Verletzungen zu Grunde.

OLG Hamm, Urt. v. 11.12.2020 – 11 U 5/20, r+s 2021, 246 1410

800,00 € (Vorstellung: 1.800,00 €)

HWS-Distorsion

Die Klägerin erlitt bei einem Verkehrsunfall eine HWS-Distorsion, unter deren Folgen sie zwei Monate zu leiden hatte. Zur Linderung unternahm sie eine manuelle Therapie und musste Schmerzmittel nehmen.

1411 **LG Saarbrücken, Urt. v. 19.01.2018 – 13 S 122/17, unveröffentlicht**

900,00 € (Vorstellung: 2.000,00 €)

HWS-Distorsion

Die Klägerin erlitt bei einem Verkehrsunfall eine HWS-Distorsion; sie litt unter Übelkeit und Nackenschmerzen und einer Bewegungsbeeinträchtigung des Halses. Die ersten Tage kam es zu starken Schmerzen und Übelkeit. Die Beschwerden besserten sich nach einigen Tagen, klangen aber erst nach drei Wochen ab. Es bestand 100 % MdE in der ersten Woche, 40 % MdE in der zweiten und 20 % MdE in der dritten Woche.

1412 **OLG Hamm, Beschl. v. 10.06.2016 – 9 U 39/16, unveröffentlicht**

1.000,00 €

HWS-Zerrung

Der Kläger erlitt eine HWS-Zerrung und eine – ihn nur kurzfristig beeinträchtigende – Schulterprellung. Der Betrag war vorgerichtlich gezahlt worden, die auf ein weiteres Schmerzensgeld gerichtete Klage wurde abgewiesen.

1413 **LG Karlsruhe, Urt. v. 23.12.2016 – 19 S 62/15, unveröffentlicht**

1.000,00 €

HWS-Syndrom

Die Klägerin erlitt ein HWS-Syndrom und war drei Wochen krankgeschrieben. Die ersten zwei Wochen war ihr durchgehend übel und schwindelig. Sie hatte Kopfschmerzen und musste Schmerzmittel nehmen. In der dritten Woche klangen die Beschwerden ab.

1414 **LG Flensburg, Urt. v. 11.05.2017 – 7 O 37/16, SchlHA 2017, 262**

1.000,00 €

HWS-Distorsion – BWS-Distorsion

Der Kläger erlitt eine leichte HWS- und BWS-Distorsion und litt zudem unter Beschwerden im Sprunggelenk. Es bestand eine zweimonatige Arbeitsunfähigkeit.

1415 **OLG Braunschweig, Urt. v. 20.07.2017 – 7 U 37/16, unveröffentlicht**

1.000,00 €

HWS-Zerrung – Gehirnerschütterung – Handgelenksdistorsion

Die Klägerin erlitt bei einem Verkehrsunfall eine leichte Gehirnerschütterung, eine Distorsion des linken Handgelenks und eine Zerrung/Stauchung der Halswirbelsäule. Sie war zwei Tage in stationärer Behandlung.

1416 **AG Bruchsal, Urt. v. 08.08.2018 – 1 C 144/17, NJW-RR 2019, 22**

1.000,00 € (Vorstellung: 1.200,00 €)

HWS-Prellung – Oberkörperprellung

Der Kläger erlitt bei einem Verkehrsunfall Prellungen von Oberkörper und Halswirbelsäule mit Schmerzausstrahlung in Brust- und Lendenregion. Er war drei Wochen arbeitsunfähig; erhöhend wurde auch berücksichtigt, dass die Versicherung keinerlei Schmerzensgeld gezahlt hatte, obwohl unstreitig Schmerzen bestanden hatten.

1417 **OLG Brandenburg, Urt. v. 09.03.2023 – 12 U 120/22, unveröffentlicht**

1.000,00 €

HWS-Distorsion – multiple Prellungen

Der Kläger erlitt bei einem Verkehrsunfall ein Hochrasanztrauma, multiple Prellungen und eine HWS-Distorsion. Er befand sich für zwei Tage in stationärer Behandlung und war insgesamt 18 Tage arbeitsunfähig. Dauerfolgen sind nicht verblieben.

OLG Brandenburg, Urt. v. 20.04.2023 – 12 U 95/21, unveröffentlicht 1418

1.000,00 €

HWS-Distorsion

Die Klägerin erlitt bei einem Verkehrsunfall eine HWS-Distorsion; sie war fünf Tage krankgeschrieben und danach voll arbeitsfähig. Eine – folgenlose – eingeschränkte Rotationsfähigkeit der Halswirbelsäule verblieb.

LG Ansbach, Urt. v. 11.03.2016 – 2 O 577/13, SVR 2016, 425 1419

1.200,00 €

HWS-Distorsion

Der Kläger, ein Finanzberater, erlitt eine HWS-Distorsion ersten Grades und eine leichte Gehirnerschütterung mit Schädelprellung. Er war vier Wochen arbeitsunfähig und musste sich in dieser Zeit 16 ambulanten Behandlungen und Physiotherapie unterziehen. Es bestand eine degenerative Vorschädigung der Wirbelsäule.

OLG München, Urt. v. 12.01.2018 – 10 U 2718/15, NJW-Spezial 2018, 106 1420

1.200,00 € (2/5 Mitverschulden)

HWS-Distorsion – Schädelprellung

Die Klägerin erlitt als Beifahrerin einen Unfall; ihr Mitverschulden resultierte aus dem Umstand, dass sie sich unter Lockerung des Gurtes in den Fußraum gebeugt hatte, um einen Gegenstand aufzuheben. Sie erlitt ein eingekapseltes Hämatom in Höhe des distalen Unterarmes mit Resteinblutung, eine leichte Schädelprellung und eine leichte HWS-Distorsion, welche zu Schmerzen und einer mehrwöchigen Arbeitsunfähigkeit führten.

LG Görlitz, Urt. v. 15.03.2019 – 5 O 384/18, unveröffentlicht 1421

1.200,00 € (Vorstellung: 1.200,00 €)

HWS-Kontusion

Der 70 Jahre alte Kläger erlitt bei einem Verkehrsunfall eine HWS- und Thoraxkontusion. Aufgrund multipler Vorerkrankungen und einer hierdurch bedingten höheren Empfindlichkeit des Klägers verzögerte sich der Heilungsverlauf auf drei Wochen, nach denen die Oberkörperschmerzen, und fünf Wochen, nach denen die Nackenschmerzen ausgeheilt waren.

LG Limburg, Urt. v. 23.08.2019 – 1 O 239/17, DV 2019, 169 1422

1.300,00 € (Vorstellung: 3.000,00 €)

HWS-Distorsion – Stirn- und Knieprellungen – Schnittwunde am Finger

Der Kläger erlitt durch einen Frontalaufprall nach einer Vorfahrtverletzung eine Prellung der Stirn sowie Hämatome an den beiden Kniegelenken und eine Schürfwunde am linken Kniegelenk, eine ca. 1 cm lange Schnittwunde am linken Ringfinger, einen Druck- und Bewegungsschmerz und eine Prellung der rechten Schulter sowie eine Distorsion im rechten Ellbogengelenk, so dass er eine Oberarmgipsschiene tragen musste, wobei die Beugung des Gelenks aufgrund einer Vorschädigung bereits eingeschränkt war, und eine HWS-Distorsion. Die Beweglichkeit der Halswirbelsäule war schmerzbedingt eingeschränkt mit Druckschmerz. Wärmetherapie wurde empfohlen.

1423 **AG Darmstadt, Urt. v. 28.04.2016 – 316 C 151/15, unveröffentlicht**

1.500,00 €

HWS-Distorsion

Die 50 Jahre alte Klägerin erlitt eine HWS-Distorsion 2. Grades mit vermehrter Muskelspannung (Myotonie). Die Heilbehandlung war langwierig und zog sich über drei Monate. Die Klägerin nahm Schmerzmittel und benötigte Physiotherapie, Massagen und Fango. Es bestand ein Vorschaden an der Bandscheibe. In die Bemessung floss ein vereitelter Urlaub ein.

1424 **OLG Düsseldorf, Urt. v. 15.09.2016 – 2 U 13/16, unveröffentlicht**

1.500,00 € (Vorstellung: 2.500,00 €)

HWS-Distorsion

Die Klägerin erlitt bei einem Verkehrsunfall eine HWS-Distorsion 1. Grades; sie war einen Monat arbeitsunfähig.

1425 **AG Darmstadt, Urt. v. 14.11.2017 – 309 C 77/15, unveröffentlicht**

1.500,00 € (Vorstellung: 2.500,00 €)

HWS-Trauma – Prellungen

Der Kläger erlitt unfallbedingt ein HWS-Trauma, eine Prellung am rechten Femur (Oberschenkel) sowie sakrale Prellungen (d.h. am Kreuzbein). Er litt wochenlang unter Schmerzen und war sechs Wochen arbeitsunfähig.

1426 **OLG Saarbrücken, Urt. v. 10.12.2020 – 4 U 9/20, NJW-RR 2021, 417 = VRS 139 (2020), 187**

1.500,00 € (1/4 Mitverschulden; Vorstellung: 1.500,00 €)

HWS-Distorsion – Schienbeinprellung

Die 26 Jahre alte Klägerin erlitt bei einem Verkehrsunfall eine HWS-Distorsion und ein Hämatom am linken Unterschenkel. Sie litt insbesondere unter Druckschmerzen an beiden Schienenbeinvorderkanten. Sie war einen Monat arbeitsunfähig und litt während dessen unter Druckschmerzen über beide Schienbeinvorderkanten und an heftigen Druckschmerzen im Sternum, wodurch auch ihre Beweglichkeit im Oberkörper eingeschränkt war.

1427 **OLG Brandenburg, Beschl. v. 09.11.2021 – 12 U 226/20, unveröffentlicht**

1.500,00 € (Vorstellung: 14.500,00 €)

HWS-Distorsion 1. Grades

Der Kläger erlitt bei einem Verkehrsunfall eine HWS-Distorsion 1. Grades. Es kam zu Nackenschmerzen sowie Schmerzen im Bereich der Brustwirbelsäule und der Rückenmuskulatur. Der Kläger war 6 Wochen krankgeschrieben und musste sich mehrfach ambulant behandeln lassen. Seiner Betragsvorstellung lag die Behauptung (unbewiesener) weiterer Schäden zugrunde.

1428 **AG Braunschweig, Urt. v. 21.07.2022 – 114 C 1648/20, unveröffentlicht**

1.500,00 € (Vorstellung: 2.000,00 €)

HWS-Syndrom

Der Kläger erlitt bei einem Verkehrsunfall ein HWS-Syndrom. Er litt sechs Wochen unter Beschwerden.

1429 **LG Wiesbaden, Urt. v. 14.11.2016 – 9 O 176/14, VersR 2017, 562 = MDR 2017, 273**

2.000,00 € (Vorstellung: 3.000,00 €)

HWS-Verletzung

Die 38 Jahre alte Klägerin erlitt bei einem Verkehrsunfall eine HWS-Verletzung, die zwei Monate Beschwerden verursachte und danach folgenlos ausgeheilt war.

OLG Hamm, Urt. v. 29.03.2017 – 13 U 78/11, unveröffentlicht 1430

2.000,00 € (Vorstellung: 50.000,00 €)

HWS-Distorsion

Die Klägerin erlitt eine erstgradige HWS-Distorsion, die ohne weitere Behandlungsbedürftigkeit ausheilte. Das Gericht hielt den hierfür vorgerichtlich gezahlten Betrag von 2.000,00 € für ausreichend; der Betragsvorstellung lag die Behauptung (unbewiesener) weiterer Schäden zugrunde.

OLG Schleswig, Beschl. v. 09.06.2020 – 7 U 240/19, unveröffentlicht 1431

2.000,00 € (1/3 Mitverschulden)

HWS-Distorsion – Schulter- und Hüftprellung

Der Kläger erlitt bei einem Radfahrunfall eine HWS-Distorsion und eine Prellung der Schulter und der Hüfte. Beschwerden bestanden über 7 Wochen.

OLG Brandenburg, Urt. v. 14.10.2021 – 12 U 89/21, unveröffentlicht 1432

2.000,00 €

HWS-Distorsion – Prellung von Schulter – Prellung der Hüfte

Die Klägerin erlitt bei einem Verkehrsunfall eine HWS-Distorsion, eine Schulterprellung und eine Prellung der Hüfte links. Sie hatte Schmerzen an beiden Knien, die Verletzungen heilten folgenlos aus.

OLG Brandenburg, Beschl. v. 03.04.2025 – 12 U 186/23, unveröffentlicht 1433

2.000,00 €

HWS-Distorsion

Die Klägerin erlitt eine HWS-Distorsion bei einem Verkehrsunfall; diese heilte nach 4-6 Wochen aus.

AG Salzgitter, Urt. v. 04.10.2023 – 21 C 1049/22, unveröffentlicht 1434

2.500,00 € (Vorstellung: 4.000,00 €)

HWS-Distorsion – Knieprellung

Die Klägerin erlitt bei einem Verkehrsunfall eine HWS-Distorsion und eine beidseitige Knieprellung. Sie war einen Monat arbeitsunfähig und hatte noch einen weiteren Monat Schmerzen und Schwindel und nahm Krankengymnastik in Anspruch.

OLG Oldenburg, Urt. v. 22.07.2016 – 6 U 30/16, unveröffentlicht 1435

3.000,00 € (Vorstellung: 40.000,00 €)

HWS-Trauma – depressive Anpassungsstörung

Die Klägerin erlitt bei einem Verkehrsunfall ein HWS-Trauma mit Prellungen im Gurtverlauf sowie eine wenige Tage andauernde Distorsion der linken Schulter. Hinzu trat eine dauerhafte leicht- bis mittelgradige depressive Anpassungsstörungen. Die Klägerin war sechs Wochen daran gehindert, ihren Beruf als Lehrerin auszuüben; nach einem Jahr war sie zu 6 h/Tag Arbeit fähig. Ein stationärer Aufenthalt war nicht erforderlich. Die Beeinträchtigungen waren – nach dem Ergebnis eines Gutachtens – jedoch nur ein Jahr lang noch auf den Unfall zurückzuführen, dass die Klägerin dauerhaft psychisch beeinträchtigt war und letztlich auch dienstunfähig wurde, beruhte auf ihrer seelischen Disposition.

1436 **LG Aachen, Urt. v. 14.09.2021 – 12 O 559/19, unveröffentlicht**

3.000,00 € (Vorstellung: 3.000,00 €)

HWS-Zerrung – Prellungen an Kopf, Schulter und Oberarm

Der Kläger erlitt infolge einer rechtswidrigen polizeilichen Räumungsmaßnahme eine Kopfprellung, eine Verstauchung und Zerrung der Halswirbelsäule sowie eine Prellung der Schulter und des Oberarms. Ferner litt er zeitweilig an einer Angststörung. Mindernd wurde berücksichtigt, dass er durch sein Verhalten das Polizeiverhalten mitverursacht hatte.

1437 **LG Wiesbaden, Urt. v. 06.03.2018 – 9 S 34/14, NJW 2018, 1980 = NZV 2018, 384**

3.500,00 € (Vorstellung: 3.500,00 €)

HWS-Distorsion

Die Klägerin erlitt bei einem Auffahrunfall ein HWS-Schleudertrauma. Sie litt unter Kopf- und Nackenschmerzen und Schwindelgefühlen und war infolge des Unfalls nicht mehr in der Lage, ihren Beruf (Selbstverteidigungstrainerin) auszuüben und in ihrer Lebensführung beeinträchtigt. Nach neun Wochen war die Verletzung ausgeheilt. Das Gericht bewertete im Rahmen der Berufung der Beklagten den erstinstanzlich zugebilligten Schmerzensgeldbetrag als zwar »im oberen Bereich« dessen, was in vergleichbaren Fällen zugebilligt habe, die Bemessung verlasse aber nicht den zulässigen Rahmen.

1438 **OLG Hamm, Urt. v. 15.03.2018 – 7 U 4/18, unveröffentlicht**

3.500,00 € (Vorstellung: 8.000,00 €)

HWS-Haarriss – Zerrungen

Die Klägerin erlitt bei einem Verkehrsunfall einen Haarriss am siebten Halswirbelkörper, eine Knochenquetschung sowie eine Zerrung der Hals- und der Lendenwirbelsäule. Sie litt neun Monate an Schmerzen; mitursächlich hierfür waren allerdings massive Vorschädigungen der Halswirbelsäule, die mindernd in die Bemessung eingeflossen sind.

1439 **OLG Brandenburg, Urt. v. 20.06.2019 – 12 U 143/18, unveröffentlicht**

3.500,00 € (Vorstellung: 7.000,00 €)

HWS-Distorsion – Brustbeinfraktur

Die Klägerin wurde bei einem Verkehrsunfall verletzt. Sie erlitt eine Brustbeinfraktur und eine HWS-Distorsion I. Grades mit Bewegungseinschränkungen und befand sich 4 Tage in stationärer Behandlung. Es bestanden erhebliche Schmerzen über einen Zeitraum von 6–8 Wochen, etwa bei Bewegungen, Atmen, Husten und Laufen; inzwischen ist die Fraktur stufen- und komplikationslos verheilt.

1440 **OLG München, Urt. v. 05.07.2019 – 10 U 2814/18, unveröffentlicht**

3.500,00 € (Vorstellung: 15.000,00 €)

HWS-Distorsion

Der Kläger wurde bei einem Auffahrunfall verletzt; aufgrund eines 18 Jahre zurückliegenden Verkehrsunfalls litt er bereits an chronischen Schmerzen und HWS-Syndrom. Durch den Unfall erlitt er eine einfache HWS-Distorsion; die Betragsvorstellung gründet auf – nicht bewiesenen – weiteren Schäden.

1441 **LG Nürnberg-Fürth, Urt. v. 28.12.2022 – 8 O 6883/21, unveröffentlicht**

3.700,00 €

HWS-Distorsion – Bandscheibenvorfall

Der Kläger, der Maler war, erlitt bei einem Auffahrunfall eine HWS-Distorsion. Er war sechs Wochen krankgeschrieben. Der Unfall aktivierte einen zuvor stummen Bandscheibenvorfall, der aber auch jederzeit ohne den Unfall hätte auftreten können.

OLG München, Urt. v. 22.12.2017 – 10 U 429/17, unveröffentlicht 1442

4.000,00 € (Vorstellung: 8.500,00 €)

HWS-Distorsion

Der Kläger erlitt bei einem Verkehrsunfall eine HWS-Distorsion. Er war sechs Wochen arbeitsunfähig; für weitere vier Monate bestand eine verminderte Belastbarkeit (50 % MdE), für weitere zwei Monate eine MdE von 20 % und schließlich einen Monat noch 10 % MdE.

OLG Koblenz, Urt. v. 01.03.2021 – 12 U 1297/20, NZV 2021, 423 = MDR 2021, 683 1443

4.000,00 € (1/2 Mitverschulden)

HWS-Schleudertrauma – Schulterzerrung – Schlüsselbeinverletzung

Die Klägerin zog sich infolge eines Verkehrsunfalls eine HWS-Zerrung, eine leichte Schulterzerrung sowie eine Verletzung im rechten Sternoclaviculargelenk (SC-Gelenk) zu. Besonders ins Gewicht fiel die Verletzung im SC-Gelenk, da es sich um einen Dauerschaden mit der Folge einer Verschlechterung des allgemeinen Gesundheitszustandes der Klägerin handelte. Auch wurde eine vorhandene ACG-Arthrose verschlimmert. Die Klägerin musste sich aufgrund der erlittenen Unfallverletzungen einer Operation unterziehen und war über einen Zeitraum von sechs Wochen in ihrer Bewegungsfähigkeit erheblich eingeschränkt. Sie ist der Freizeitgestaltung weiter stark eingeschränkt, kann ihr Pferd nicht mehr ausführen oder selbst versorgen und ist auch nicht mehr in der Lage, im bisherigen Umfang bei der Fischzucht, die sie mit ihrem Mann betreibt, mitzuhelfen.

OLG Brandenburg, Urt. v. 06.07.2023 – 12 U 28/22, NZV 2024, 298 1444

4.000,00 €

HWS-Trauma – kognitive Einschränkungen

Die Klägerin erlitt ein HWS-Trauma Grad I bis II; sie litt danach an Kopfschmerzen, Schwindel, Konzentrationsstörungen bzw. kognitive Einschränkungen (Seh- und Konzentrationsschwäche, Schwäche in der rechten Hand und dem rechten Bein, Übelkeit, Aufmerksamkeitsstörung, Einschränkung des Gedächtnisses). Die Beschwerden klangen nach sechs Monaten ab; die vorbestehende Migräne verschlechterte sich.

LG Aschaffenburg, Urt. v. 14.11.2023 – 61 O 63/22, unveröffentlicht 1445

4.000,00 €

Der Kläger erlitt bei einem Verkehrsunfall ein HWS-Schleudertrauma und ein Knalltrauma, welches eine Schädigung des Innenohrs und einen links stärker als rechts ausgeprägten Tinnitus hervorrief.

AG Ingolstadt, Urt. v. 17.03.2017 – 12 C 99/16, unveröffentlicht 1446

4.200,00 €

HWS-Distorsion – Prellungen – Posttraumatische Belastungsstörung

Die Klägerin erlitt bei einem Verkehrsunfall eine Distorsion der Halswirbelsäule, eine Prellung des Beckens und des Thorax und eine Schürfung des linken Unterschenkels. Es kam zu einer Reaktualisierung eines zuvor erlittenen Traumas aus einem vorangegangenen Unfallereignis, weswegen die Klägerin unter einer posttraumatischen Belastungsstörung litt. Nach zwei Tagen stationären Aufenthalts war sie noch drei Wochen krankgeschrieben und danach in psychotherapeutischer Behandlung.

1447 **LG Aachen, Urt. v. 22.03.2017 – 8 O 175/14, unveröffentlicht**

4.500,00 € (Vorstellung: 4.500,00 €)

HWS-Distorsion – HWS-Schleudertrauma

Die Klägerin erlitt bei einem Verkehrsunfall eine HWS-Distorsion und ein HWS-Schleudertrauma. Sie musste drei Monate lang eine Schanz'sche Krawatte tragen, war auf Schmerzmittel angewiesen und unterzog sich einer physiotherapeutischen Behandlung mit einer Vielzahl von Terminen. Über drei Monate lang war sie eingeschränkt.

1448 **LG Darmstadt, Urt. v. 05.05.2020 – 28 O 263/16, unveröffentlicht**

4.500,00 € (Vorstellung: 10.000,00 €)

HWS-Distorsion – Rotatorenmanschettenruptur – Prellungen

Der 64 Jahre alte Kläger verunfallte als Insasse eines Linienbusses; er erlitt eine HW-Distorsion, verschiedene Prellungen und eine Ruptur der Rotatorenmanschette an der linken Schulter. Er musste operiert werden und befand sich eine Woche in stationärer Behandlung; die operierte Schulter bedurfte für zwei Monate eines Gipsverbandes.

1449 **OLG Braunschweig, Urt. v. 23.03.2017 – 7 U 54/14, unveröffentlicht**

5.000,00 €

HWS-Distorsion – Beckenprellung – Wirbelsäulen-Schmerzsymptomatik

Der Geschädigte erlitt bei einem Verkehrsunfall eine HWS-Distorsion und eine Beckenprellung links. Vorübergehend, für 7–9 Monate, verschlechterte sich dadurch der Zustand einer bereits vorbestehenden somatoformen Schmerzsymptomatik bei Coxarthrose. Der Kläger war vier Tage in stationärer Behandlung und 10 Tage in stationärer Reha; 25 Tage ambulanter Reha wegen der Schmerzsymptomatik in Hals- und Lendenwirbelsäule, Bein und Thorax schlossen sich an. Wegen der unfallbedingten Verletzungen kam es zu einem Sturz mit Sprunggelenksdistorsion, die folgenlos ausheilte. Erst nach 9 Monaten war eine berufliche Reintegration möglich.

1450 **OLG München, Urt. v. 12.01.2018 – 10 U 958/17, ZAP EN-Nr 356/2018**

5.000,00 €

HWS-Distorsion – Brustbeinfraktur – Thoraxprellung

Die Klägerin erlitt bei einem Verkehrsunfall eine HWS-Distorsion, die zu 6 Wochen Arbeitsunfähigkeit geführt hatte. Weiterhin war sie insgesamt vier Monate krankgeschrieben, weil sie zudem eine dislozierte Brustbeinfraktur und eine Thoraxprellung erlitten hatte.

1451 **OLG Brandenburg, Urt. v. 17.06.2019 – 12 U 179/18, unveröffentlicht**

5.000,00 € (Vorstellung: 6.000,00 €)

HWS-Distorsion – Brustbeinfraktur – Prellungen

Die Klägerin erlitt bei einem Verkehrsunfall (Frontalkollision) eine dislozierte Brustbeinfraktur, eine HWS-Distorsion, beidseitige Knieprellungen sowie eine Beckenprellung rechts mit einem dreitägigen Krankenhausaufenthalt und einer Krankschreibung über zwei Monate sowie einer MdE von 10 % für noch ein halbes Jahr. Sie hat Ängste vor dem Autofahren und über die Krankschreibung hinweg noch Schmerzen.

1452 **LG Frankfurt (Oder), Urt. v. 26.07.2022 – 12 O 78/21, unveröffentlicht**

5.000,00 €

HWS-Distorsion

Die Klägerin erlitt bei einem Auffahrunfall eine HWS-Distorsion mittleren Grades. Sie war zwei Monate arbeitsunfähig und leidet noch jetzt an einem »Buckel« und wiederkehrenden Verspannungen im Bereich von Schulter und Nacken mit der Folge von Bewegungseinschränkungen.

OLG Brandenburg, Beschl. v. 20.10.2022 – 12 U 159/22, NJW-RR 2023, 63 1453

5.000,00 € Vorstellung: 5.000,00 €

HWS-Beschwerden – Verspannungen

Die Klägerin litt nach einem Verkehrsunfall an Nackenschmerzen und leichter Übelkeit sowie schmerzhaften, insbesondere bewegungsabhängigen Beschwerden im HWS-Bereich und Druckschmerz. Sie litt noch 6 Monate lang an muskulären Verspannungen im Bereich der Schulter- und Nackenmuskulatur linksseitig, die zu einem verzögerten Heilungsverlauf und der Entstehung einer Kyphose (»Buckel«) führten.

LG Hildesheim, Urt. v. 07.04.2023 – 5 O 305/21, DAR 2024, 163 1454

5.000,00 €

HWS-Distorsion Grad 1 – Schürfwunden an Hand und Becken

Der Kläger erlitt bei einem Frontalzusammenstoß ein Hochrasanztrauma mit HWS Distorsion Grad 1, ein stumpfes Bauchtrauma sowie Abschürfungen an der linken Hand und am Beckenkamm mit mehrtägigem Aufenthalt im Krankenhaus. Bei der Bemessung wurde das »Schockmoment« des Unfalls, bei dem es nur »Glück« gewesen sei, dass es zu keinen schwerwiegenden Verletzungen gekommen sei, besonders berücksichtigt.

OLG Düsseldorf, Urt. v. 23.10.2018 – 1 U 163/17, unveröffentlicht 1455

7.000,00 €

HWS-Distorsion – Tinnitus

Der Kläger erlitt eine HWS-Distorsion ersten Grades und eine leichte Verletzung der Rumpfwirbelsäule. Er war zwei Wochen krankgeschrieben. Als Dauerschaden verblieb ein linksseitiger Tinnitus, der einen GdB von 5 % verursachte. Der Tinnitus beeinträchtigt den Kläger nicht durchgehend, sondern ausschließlich beim Einschlafen oder bei Stress.

OLG Hamm, Urt. v. 26.07.2016 – 9 U 169/15, NZV 2017, 284 1456

8.000,00 € (Vorstellung: 10.000,00 €)

HWS-Distorsion – Prellungen und Platzwunden – Posttraumatische Belastungsstörung

Der Kläger erlitt bei einem Verkehrsunfall eine HWS-Distorsion, eine Gehirnerschütterung, eine Prellung des rechten Daumens sowie diverse Prellungen und Platzwunden. Er wurde 3 Tage stationär behandelt und entwickelte danach eine posttraumatische Belastungsstörung mit Angstzuständen und Albträumen, die psychotherapeutisch behandelt wurde. 5 Monate nach dem Unfall – nachdem er zuvor eine Wiedereingliederungsmaßnahme abgebrochen hatte – nahm er seinen Beruf als Straßenwärter, in dessen Ausübung er verunfallt war, wieder auf. Eine Restsymptomatik ist geblieben – es besteht die Gefahr einer Retraumatisierung bei triggernden Situationen, etwa bei erneuten Unfällen, auch von Kollegen.

OLG Brandenburg. Urt. v. 13.10.2016 – 12 U 180/15, SP 2017, 513 1457

8.000,00 €

HWS-Distorsion – Prellungen an Knie und Schulter – Bewegungseinschränkungen der Schulter

Die Klägerin erlitt durch einen Verkehrsunfall eine HWS-Distorsion sowie eine Prellung im Bereich der rechten Schulter und am linken Knie. Sie war für zwei Monate auf Gehstützen angewiesen, musste aufgrund starker Schmerzen eine Schmerztherapie und Kryotherapie durchführen und sich über einen Zeitraum von drei Monaten zweimal täglich mit einem Tens-Gerät behandeln lassen; es bestehen Bewegungseinschränkungen im rechten Schultergelenk, eine deutliche Verschlechterung der bereits vorbestehenden degenerativen Vorschäden im Bereich des Schultergelenks ist absehbar.

1458 **OLG Brandenburg, Urt. v. 19.12.2024 – 12 U 214/20, unveröffentlicht**

8.000,00 € (Vorstellung: 50.000,00 €)

HWS-Schleudertrauma – Patellafraktur

Der Kläger erlitt bei einem Verkehrsunfall eine Patellafraktur, ein Thoraxtrauma und eine Schleudertrauma der HWS. Er war fünf Tage stationär und litt vier Wochen an Beschwerden und Einschränkungen im Bereich der HWS sowie drei Monate an Beschwerden im Knie. Beim Kläger trat eine posttraumatische Belastungsreaktion auf, die zwei Tage nach dem Unfall abklang.

1459 **OLG Naumburg, Urt. v. 03.11.2016 – 42 U 8/16, unveröffentlicht**

10.000,00 €

HWS-Distorsion – Kopfplatzwunde – Läsion des Nervus ulnaris

Der Kläger wurde durch einen rechtswidrigen Polizeieinsatz verletzt. Er erlitt neben einer Kopfplatzwunde eine Distorsion der HWS, eine Knieprellung, ein chronisches posttraumatisches Syndrom mit höhergradiger, axionaler, demyelinisierender Läsion des nervus ulnaris mit Parese und Atrophie. Er leidet nun unter einer Spannung des musculus sternocleidomastoideus, chronischen Kopfschmerzen, Kurzzeitgedächtnisstörungen, und Aufmerksamkeitsstörungen. Es besteht eine Erwerbsminderung von 30 %.

1460 **OLG Brandenburg, Urt. v. 19.12.2024 – 12 U 192/20, unveröffentlicht**

10.000,00 € (Vorstellung: 55.000,00 €)

HWS-Schleudertrauma – Zungenbissverletzung – Kopfplatzwunde

Die Klägerin wurde bei einem Verkehrsunfall verletzt; sie erlitt ein stumpfes Thoraxtrauma, ein Schleudertrauma der HWS, eine nicht dislozierte Fraktur des Mittelhandknochens, eine oberflächliche Kopfplatzwunde occipital und eine Bissverletzung der Zunge diagnostiziert. Die Mittelhandfraktur wurde konservativ durch Ruhigstellung in einer Dynacast-Schiene behandelt. Der Klägerin wurde eine Atemtherapie sowie die Inhalation mit Ambrohexal verordnet. Die Zungenbissverletzung wurde am ambulant operativ versorgt, die Behandlung wurde eine Woche später bei reizlosen Wundverhältnissen beendet. Die Klägerin war ein halbes Jahr arbeitsunfähig; als Unfallfolge eine knapp hälftige konzentrische Bewegungseinschränkung im rechten Handgelenk mit einer dauerhaften Gebrauchsbeeinträchtigung von 3/20 und einem Invaliditätsgrad von 10,5 % verblieben. Durch den Unfall kam es zu einer posttraumatischen Belastungsreaktion.

1461 **OLG Düsseldorf, Urt. v. 06.04.2021 – 1 U 62/20, NJW-RR 2021, 1537 = ZfS 2021, 503**

12.000,00 € (Vorstellung: 52.000,00 €)

HWS-Trauma – Nervreizung – Anpassungsstörung

Der 51 Jahre alte Kläger hat erlitt durch einen Verkehrsunfall ein HWS-Beschleunigungstrauma 1. Grades, eine Reizung der sensiblen Nerven zum linken Arm hin, Kopfschmerzen sowie eine psychoreaktive Verarbeitungsstörung im Sinne einer Anpassungsstörung (ICD-10: F 43.2) in Gestalt von Durchschlafstörungen, eingeschränkter Lebensqualität, vermindertem Leistungsniveau und Schwierigkeiten beim Treppensteigen. Zusätzlich traten Schwindel sowie ein Tinnitus und Schmerzen im Kiefergelenk als Folge einer verspannten Halsmuskulatur auf. Die leichte Beschleunigungsverletzung der Halswirbelsäule klang nach sechs bis acht Wochen ab. Auch der Tinnitus, die Nervreizung am Arm und die Schmerzen im Kiefergelenk sowie die Beschwerden beim Treppensteigen klangen ab. Die übrigen Beschwerden bestanden im Rahmen der Anpassungsstörung aber überwiegend fort. Ebenfalls als Folge des Unfalls hat sich eine situationsbedingte Panikstörung (ICD-10: F40.2) ergeben, die sich in Angstzuständen bei der Teilnahme am Straßenverkehr als Führer eines Pkw äußert. Die unfallbedingten Beschwerden bringen eine allgemeine Einschränkung der Lebensfreude mit sich. Auch im Bereich sportlicher Aktivität ist der Kläger durch seine reduzierte Belastbarkeit, die Schwindelattacken und die sich bei körperlicher Anstrengung verstärkenden Kopfschmerzen beeinträchtigt. Infolge des Unfalls kann der Kläger seinen früheren Beruf als Busfahrer nicht mehr ausüben, auch eine zeitweise Tätigkeit als Fahrkartenkontrolleur konnte schwindelbedingt nicht über ein Jahr hinaus fortgesetzt werden. Insgesamt besteht bei dem Kläger für den allgemeinen Arbeitsmarkt eine Minderung der Erwerbstätigkeit in Höhe von 20 %.

LG Detmold, Urt. v. 04.07.2016 – 12 O 108/13, unveröffentlicht 1462

13.000,00 € (Vorstellung: 28.000,00 €)

HWS-Verletzung – posttraumatische Belastungsstörung

Die Klägerin wurde bei einem Verkehrsunfall verletzt; es kam zu einer HWS-Verletzung, in deren Folge die Klägerin eine posttraumatische Belastungsstörung erlitt. Sie litt nachfolgend unter einer reaktiv schweren depressiven Episode, die sie zwei Jahre lang weitgehend arbeitsunfähig machte.

OLG Hamm, Urt. v. 27.07.2018 – 14 U 27/13, unveröffentlicht 1463

17.500,00 € (Vorstellung: 45.000,00 €)

HWS-Distorsion – Brustbeinfraktur – Bandscheibenvorfall – Augenflimmern

Der Kläger erlitt bei einem Verkehrsunfall eine HWS-Distorsion zweiten Grades, Prellungen und Frakturen des Brustbeins und zweier Rippen. Er litt unter starken Schmerzen, die zunächst trotz starker Schmerzmittel unverändert andauerten. Da die Frakturen zunächst nicht entdeckt wurden, war die Behandlung nicht zielführend; der Kläger unternahm mit gebrochenen Rippen einen Arbeitsversuch, weil ihm gesagt worden war, es sei »jetzt alles in Ordnung«. Erst Monate später, in denen der Kläger unter »unglaublichen« Schmerzen gelitten hatte, wurden die Frakturen erkannt und behandelt. Bis dahin waren diverse Arztbesuche und Untersuchungen erfolgt. Weiter kam es zu einem Bandscheibenvorfall C6/C7. Der Kläger leidet unter Augenflimmern und Schwindel als Dauerschaden.

OLG Zweibrücken, Urt. v. 08.06.2016 – 1 U 127/13, unveröffentlicht 1464

25.000,00 €

HWS-Distorsion – Enddarmruptur – Fußwurzelknochenfraktur

Die Klägerin erlitt bei einem Verkehrsunfall mit Frontalzusammenstoß eine HWS-Distorsion, ein stumpfes Thoraxtrauma mit traumatischer Enddarmruptur und eine Fraktur des linken Fußwurzelknochens. Es kam zu mehrfachen Operationen und einer Notoperation der Darmverletzung mit Freilegung und Säuberung des Bauchraumes. Die Fußverletzung erforderte nach offener Reposition durch Schrauben und Spickdraht die Anlegung eines Fixateur externe. Infolge der Darmverletzung kam es zu einer Entzündung der Bauchspeicheldrüse. Nach der stationären Behandlung musste die Klägerin 2 Wochen lang mit Gehhilfen und weitere 2 Monate mit Spezialschuhen laufen; sie war 4 Monate voll und weitere 6 Monate zu 50 % erwerbsunfähig, eine Dauer-MdE von 20 % verbleibt. Die Klägerin leidet unter einer unfallunabhängigen endogenen Depression, was zu einer posttraumatischen Belastungsstörung geführt hat.

OLG Köln, Urt. v. 18.08.2023 – 7 U 21/23, NJW-Spezial 2023, 586 1465

32.000,00 € (Vorstellung: 50.000,00 €)

HWS-Distorsion – HWS-Blockierung – PTBS

Die Klägerin erlitt bei einem Verkehrsunfall, den sie als lebensbedrohlich erlebte, eine Halswirbel- und Lendenwirbelsäulenblockierung nebst entsprechender Beteiligung der Muskeln und Sehnen (Verhärtungen), eine HWS-Distorsion des Schweregrades I-II sowie eine PTBS mitsamt Panikzuständen und Schlafstörungen. Die Klägerin ist arbeitsunfähig, eine Traumatherapie könnte Besserung bringen, wurde aber noch nicht angetreten.

Infektionen

1466 **OLG Köln, Urt. v. 28.02.2018 – 5 U 47/17, MedR 2018, 732**

2.000,00 € (Vorstellung: 30.000,00 €)

Infektion verspätet erkannt – 16 Tage Schmerzen

Die Vereiterung eines implantierten Neuromodulationssystems hätte zur Explantation führen müssen.

Das Schmerzensgeld wurde zum Ausgleich der um 16 Tage verlängerten Leidenszeit gewährt, in der der Kläger ganz erhebliche Schmerzen aushalten musste und zum Ausgleich des sicherlich sehr schmerzhaften und qualvollen Erlebens des eitrigen Austritts des Generators.

1467 **OLG Dresden, Urt. v. 05.06.2018 – 4 U 597/17, MedR 2019, 182**

5.000,00 € (Vorstellung: 5.000,00 €)

Infektion des Kiefernknochens nach Zahnimplantation

Die Planung der Implantatversorgung war unzureichend, der Knochenaufbau des Kiefers und der Mindestabstand der Implantate waren behandlungsfehlerhaft, sodass es zu Entzündungen gekommen ist. Dieser insgesamt grobe Behandlungsfehler war kausal für Entzündungen und Kiefernknochenschwund. Die Klägerin hatte unter massiven Schmerzen und Einschränkungen zu leiden. Die Nahrungsaufnahme und die Optik waren beeinträchtigt.

1468 **OLG Brandenburg, Urt. v. 01.12.2016 – 12 U 222/15, VersR 2017, 1143 = MDR 2017, 644**

10.000,00 € (Vorstellung: mindestens 40.000,00 €)

Re-Operation nach fehlerhafter Implantation einer Knie-TEP

Beim Kläger kam es infolge der fehlerhaften Implantation zu einer Verlängerung der Behandlung um 9 Monate, zur Durchführung einer Revisionsoperation und einer erneuten Reha-Maßnahme. In dieser Zeit litt der Kläger unter Bewegungseinschränkungen und Schmerzen und lebte in der Ungewissheit, ob die durch die fehlerhafte Erstoperation eingetretene Fehlstellung durch die zweite Operation beseitigt werden würde.

1469 **OLG Naumburg, Urt. v. 09.03.2015 – 1 U 10/14, unveröffentlicht**

35.000,00 € (Vorstellung: mindestens 50.000,00 €)

Infektion mit Staphylococcus Aureus – Psoasabszess nach Injektion – Karpaltunnelsyndrom

Die 36 Jahre alte Klägerin litt unter Beschwerden im Iliosakralgelenk. In das Iliosakralgelenk wurde Xylonest und Triamhexal infiltriert. Nach 9 Tagen erhielt sie eine zweite Injektion, wobei eine sog. Facettenblockade durchgeführt wurde. Bei der Klägerin traten Fieber (40°C), Übelkeit, Bewegungseinschränkungen im rechten Bein und im Rücken sowie Schmerzen im Hüftbereich auf. Eine 2 Wochen dauernde stationäre Behandlung zeigte, dass die Klägerin eine Infektion mit dem Bakterium Staphylococcus Aureus erlitten und sich ein Psoasabszess gebildet hatte. Die Klägerin kann ihrem Beruf als Krankenschwester nicht mehr nachgehen. Es liegt eine vollständige Erwerbsminderung bis zum Erreichen der Regelaltersgrenze vor.

Infolge ihrer Gangunsicherheit war die Klägerin dauerhaft auf Unterarmgehstützen angewiesen, deren Nutzung – als indirekte Spätfolge der zweiten Injektionsbehandlung – zu einem sog. Karpaltunnelsyndrom geführt hat.

1470 **OLG Frankfurt, Urt. v. 21.03.2017 – 8 U 228/11, GesR 2017, 392**

35.000,00 €

Übersehen einer malaria tropica – Hirnödem – Koma

Die 35 Jahre alte Klägerin, eine britische Staatsangehörige, wurde vom Beklagten 2002 behandelt. Der Beklagte wurde als Bereitschaftsdienst-Arzt nach Mitternacht in das von der Klägerin bewohnte Hotelzimmer gerufen. Bei der Klägerin, die aus Südafrika zurückgekehrt war und die am folgenden Morgen bewusstlos aufgefunden worden war, wurde eine Malaria tropica mit Cerebralbeteiligung festgestellt.

Dem Beklagten ist eine fehlerhafte Diagnose und ein Befunderhebungsfehler vorzuwerfen, Fehler, die zu einer Therapieverzögerung geführt haben. Dadurch kam es zu einem Hirnödem, einer Erkrankung des Zentralnervensystems und zu einem Dauerschaden durch Beeinträchtigung der Sehfähigkeit, durch Störungen des Kurzzeitgedächtnisses und des nonverbalen, räumlichen und verbalen Gedächtnisses.

LG Duisburg, Urt. v. 01.09.2016 – 8 O 212/11, unveröffentlicht 1471

45.000,00 € (Vorstellung: angemessen)

MRSA Infektion – Unterschenkelamputation

Infolge eines groben Behandlungsfehlers zog sich die vom Kläger beerbte Patientin beim Setzen eines Bypasses am Oberschenkel eine MRSA-Infektion zu, die zur Folge hatte, dass das Bein unterhalb des Oberschenkels amputiert werden musste.

OLG München, Urt. v. 28.07.2016 – 1 U 884/13, unveröffentlicht 1472

50.000,00 € (Vorstellung: 50.000,00 €)

Knie- und Knieprotheseninfektion – Knieversteifung

Die 60 Jahre alte Klägerin erlitt bei einem Unfall einen Abriss der Patellasehne am Tibiakopf. Es kam zu einer Infektion, die von den Ärzten grob fehlerhaft falsch behandelt wurde, weil die Prothese nach Infektion nicht ausgebaut wurde. Es waren mehrere Folgeoperationen erforderlich.

Durch die Versteifung des Kniegelenks ist die Bewegungsfähigkeit der Klägerin stark eingeschränkt. Sie ist in Freizeitaktivitäten behindert. Es handelt sich um einen gravierenden Einschnitt in die Lebensverhältnisse der Klägerin.

OLG Köln, Urt. v. 10.05.2017 – 5 U 68/16, MedR 2018, 731 1473

70.000,00 € (Vorstellung: 70.000,00 €)

Infektion des Schultergelenks – Oberarm-Kopfprothese

Infolge eines groben Behandlungsfehlers bei einer kontraindizierten Injektion von Kortison kam es bei der 45 Jahre alten Klägerin zur Schädigung des Schultergelenks und des Humeruskopfes. Der Behandlungsfehler des Beklagten hat den Eintritt der low-grade-Infektion und damit die Schädigung des Schulterhauptgelenks verursacht.

Dadurch wurde die Einsetzung einer Oberarmkopfprothese erforderlich, was zu einer eingeschränkten Beweglichkeit des Schultergelenks und zu Verspannungen der Schulter- und Nackenmuskulatur und Schmerzen führte. Dies beeinträchtigt die Klägerin in der Lebens- und Freizeitgestaltung in erheblicher Weise. Sie kann nicht mehr wie früher dem Laufsport und Tanzen nachgehen. Auch ist damit zu rechnen, dass es in der Zukunft einmal oder auch mehrfach zu einem Wechsel der Prothese kommen wird.

OLG Hamm, Urt. v. 04.12.2015 – 26 U 33/14, VersR 2016, 601 = RDG 2016, 130 1474

100.000,00 € (Vorstellung: 150.000,00 €)

Staphylococcus Aureus – Sepsis – Multiorganversagen – Abszesse

Die 62 Jahre alte Klägerin fiel auf das Gesäß und zog sich eine Steißbeinfraktur zu, die zunächst nicht erkannt wurde. Über einen Zeitraum von 11 Tagen erhielt sie Infiltrationen. Nachdem die Infektion und deren Folgen festgestellt waren, wurde auch die Steißbeinfraktur erkannt.

Die Haftung der Beklagten beruht auf groben Befunderhebungsfehlern, die Injektionen waren aufgrund der Steißbeinfraktur kontraindiziert. Auch die Injektion in den Gelenkspalt war kontraindiziert. Diese Fehler führten zur Beweislastumkehr. Durch die Sepsis und das Multiorganversagen geriet die Klägerin in einen lebensbedrohlichen Zustand.

Die Klägerin verbrachte mehr als 8 Monate im Krankenhaus. Die Behandlungsfehler waren kausal für die Abszesse und das Multiorganversagen mit akutem Nierenversagen, ARDS und akutem Leberversagen, septische Schübe und septische Abszesse, Langzeitbeatmung und Langzeitantibiose.

1475 **LAG Nürnberg, Urt. v. 09.06.2017 – 7 Sa 231/16, GesR 2017, 654 = MedR 2017, 332 mit Anmerkung Lothar Jaeger**

150.000,00 €

Hepatitis-C-Infektion

Der beklagte Arzt stellte als Arbeitgeber der mit der Blutentnahme beauftragten 20 Jahre alten Klägerin bewusst nicht die seit Jahren vorgeschriebenen Sicherheitskanülen zur Verfügung, obwohl er wusste, dass der Patient an Hepatitis C erkrankt ist. Die Auszubildende infizierte sich bei der Blutentnahme und erkrankte infolge der notwendigen Interferonbehandlung dauerhaft an rheumatischer Arthritis mit daraus folgenden schweren Lebensbeeinträchtigungen. Sie ist nunmehr schwerbehindert. Das Gericht nahm an, dass der Arzt mit bedingtem Vorsatz gehandelt habe, die Haftung deshalb nicht gem. § 104 SGB VII ausgeschlossen sei.

Die Klägerin ist auf das Rheumamittel MTX angewiesen, ein Medikament, das vor einer Schwangerschaft abgesetzt werden muss, um der Gefahr von Missbildungen des Fötus vorzubeugen, was dann die Rheumabeschwerden vergrößert.

1476 **OLG Frankfurt, Urt. v. 28.08.2018 – 8 U 211/14 – unveröffentlicht**

150.000,00 € (Vorstellung: 150.000,00 €)

Infektion – Beinamputation – Zehenamputation

Die Klägerin wurde 2009 durch die Beklagten im Krankenhaus wegen eines Meniskus-Innenband-Anrisses operiert. Nach wenigen Tagen wurden in einem anderen Krankenhaus unter anderem ein Kniegelenksempyem, eine nekrotisierende Fasziitis im Bereich des Kniegelenks und des Unterschenkels, eine Nekrose im Bereich der linken Zehen, Knochennekrosen im Bereich des Fußes und des Sprunggelenks, ein Spannungspneumothorax mit kollabierter Lunge, ein akutes Nierenversagen, eine Blutvergiftung, eine vollständige systemische Entzündungsreaktion des ganzen Organismus der Klägerin sowie eine Infektion mit Staphylococcus aureus festgestellt. Nach einer Operation lag die Klägerin circa zwei Wochen im Koma. Es erfolgten weitere Operationen. Im Rahmen eines vierten Eingriffs wurde das rechte Bein der Klägerin amputiert. Der Beinstumpf wurde später erneut operiert. Bei zwei weiteren Operationen wurde bei der Klägerin eine Teilamputation der linken Zehen vorgenommen.

Lähmung

▶ Hinweis:

Die Lähmung von Körperteilen ist im Regelfall unter den jeweils betroffenen Körperteilen erfasst. Stets ist aber bei der Bemessung des Schmerzensgeldes zu berücksichtigen, dass es sich bei einer Lähmung um einen Dauerschaden handelt, der den Geschädigten über die bloße Verletzung (die ansonsten kurierbar sein mag) hinaus dauerhaft in seiner Lebensgestaltung einschränkt. Treten diese Einschränkungen offen zutage, etwa dort, wo vormals ausgeübte

Sportarten nicht mehr betrieben werden können oder die Lähmung gar zur Berufsaufgabe zwingt, ist dies ein evidentes Kriterium, welches zur Erhöhung des Schmerzensgeldes führen muss, um den verstärkten Beeinträchtigungen des Geschädigten gerecht werden zu können.

Zu beachten ist ferner, dass in den Fällen schwerer Verletzungen (etwa Hirnschädigungen, Tetraplegien, Paraplegien) zu der Lähmung meist weitere, den Geschädigten stark beeinträchtigende Einschränkungen von Körper- und Hirnfunktionen hinzutreten. Die Bemessung erfolgt hier mit Blick auf die Gesamtheit der Schadensfolgen, von denen die Lähmung zumeist nicht die eindeutig schwerste ist. Dies rechtfertigt es, für diese Verletzungen eine eigene Fallgruppe zu bilden (»schwerste Verletzungen«, vgl. Rdn. 2095 ff.), unter der diese Fälle wegen ihrer Besonderheiten eine gesonderte Darstellung finden. Ebenso sind Lähmungen nach Geburtsschäden unter diesem gesonderten Stichwort erfasst.

OLG Naumburg, Urt. v. 24.09.2024 – 1 U 86/23, NJW-RR 2025, 220 1477

10.000,00 €

Zungenlähmung – Verletzung des nervus lingualis – Exzision einer Schleimhautwucherung

Der Beklagte sollte bei der Klägerin die Kaufläche eines Zahnes von einer Zahnfleischkapuze befreien; ohne entsprechende Einwilligung erweiterte er die Maßnahme zu einer tiefen Exzision der Schleimhautwucherung mit operativer Freilegung des Weisheitszahnes. Hierdurch verletzte er den nervus lingualis. Es besteht nun ein Sensibilitätsausfall der rechten Zungenseite und des Mundbodens, die dauerhaft ist und massive Beschwerden verursachet. Die Lebensqualität ist stark eingeschränkt; die Zungenmuskulatur ist eingeschränkt, die Klägerin spricht verwaschen. Sie litt zwei Monate lang unter starken Beschwerden, die auch die Essensaufnahme erschwerten; durch intensives Üben hat sich eine gewisse Gewöhnung einstellen können. Besonders bewertete der Senat die Genugtuungsfunktion bei vorsätzlicher Erweiterung der Behandlung trotz des Wissens um die fehlende Einwilligung.

OLG Bamberg, Urt. v. 15.02.2016 – 4 U 148/15, unveröffentlicht 1478

20.000,00 €

Fuß- und Zehenheberparese

Bei der 55 Jahre alten Klägerin wurde eine Wirbelsäulenoperation behandlungsfehlerhaft durchgeführt (Einbringung von PEEK-Cages); es war ein weiterer Eingriff nötig. Als Dauerschaden verblieb eine Fuß- und Zehenheberparese mit der Folge der Berufsunfähigkeit.

OLG Celle, Urt. v. 08.06.2022 – 14 U 118/21, NJW 2022, 3086 = r+s 2022, 406 = ZfS 2022, 442 1479

20.000,00 € (1/4 Mitverschulden Vorstellung: 100.000,00 €)

Armlähmung

Der 46 Jahre alte Kläger wurde als Motorradfahrer bei einem Verkehrsunfall verletzt; er erlitt erhebliche Verletzungen und Dauerschäden, insbesondere eine Armlähmung links. Er wurde monatelang im Krankenhaus behandelt; mehrere mehrwöchige Rehabilitationsmaßnahmen und (erfolglose) Folgeoperationen zur Wiederherstellung der Beweglichkeit des Armes schlossen sich an. Er leidet unter ständigen Schmerzen und ist auf Schmerzmedikamente angewiesen.

OLG Köln, Urt. v. 23.01.2019 – 5 U 69/16, GesR 2019, 331 1480

30.000,00 € (Vorstellung: 60.000,00 €)

Plexusparese – Erbsche Lähmung – Claviculafraktur

Der Kläger erlitt bei der Entbindung eine Plexusparese, eine Erb'sche Lähmung und eine Claviculafraktur. Für die Bemessung stand im Vordergrund die Plexusparese, während die nach etwa 6 Wochen folgenlos verheilte Clavikulafraktur von untergeordneter Bedeutung ist.

Die Plexusparese hat zu langjährig andauernden Folgen und Beeinträchtigungen und wohl zu auf Dauer bestehenden Funktionseinbußen geführt. Es liegt eine globale Kraftminderung im Bereich zwischen 3 und 4 (von 5 Kraftgraden) vor, was sich auswirkt auf die Schwere der zu leistenden Arbeit und auf die Ausdauerfähigkeit des Arms. Zudem liegt eine leichte Fehlstellung des Glenohumeralgelenkes vor, sodass der Arm nur begrenzt in eine Außenrotation (etwa 45 Grad im Vergleich zu normalerweise 90 Grad) verbracht werden kann. Das Streckdefizit führt dazu, dass der Kläger etwa nur begrenzt Lasten in die Höhe heben kann

Schmerzensgeldrelevant sind auch die Beeinträchtigungen, die der Kläger durch die systematische (praktisch tägliche) Physio- und Ergotherapie im Laufe des Lebens erfahren hat und die in ihrer Gesamtheit keine unerhebliche Beeinträchtigung der Lebensqualität bedeuteten.

1481 **LG München I, Urt. v. 02.05.2017 – 41 O 14377/05, unveröffentlicht**

45.000,00 €

Teillähmung des nervus peronaeus – Beinfrakturen

Der Kläger erlitt bei einem Unfall als Trike-Fahrer einen Sprungbeinhalsbruch im rechten Fuß, eine Basisfraktur des 5. Mittelfußknochens und eine Wadenbeinfraktur rechts unterhalb des Kniegelenks und eine hierdurch verursachte Schädigung des nervus peronaeus. Er war 28 Tage in stationärer Behandlung und drei Monate arbeitsunfähig. Aufgrund der erheblichen Funktionseinschränkung des rechten Knies wegen der Teillähmung des Wadenbeinnervs mit Fußheberstörung, Sensibilitätsstörungen und motorischen Ausfällen kommt es zu einem hinkenden Gangbild trotz orthopädischen Schuhwerks. Das Sprunggelenk ist aufgrund der Nekrose zusammengebrochen; es bestehen ausgeprägte Dellen am Unterschenkel und ein postthrombotisches Syndrom durch erhebliche Schwellneigung. Die mögliche Gehstrecke des Klägers ist auf wenige hundert Meter begrenzt. Aufgrund des Spitzfußes sind Vorfuß- und Fersengang nicht mehr möglich. Der Kläger leidet unter Dauerschmerzen. Die Lebensplanung änderte sich grundlegend, eine Tätigkeit im Zusammenhang mit der Reparatur von Trikes sowie eine Berufstätigkeit im Stehen oder mit längerem Gehen ist dem Kläger nicht mehr möglich.

1482 **OLG Frankfurt, Urt. v. 03.05.2016 – 8 U 224/12, unveröffentlicht**

50.000,00 €

Quadrizepsparese – Hüftbeugerparese – Schmerzzustände

Der 40 Jahre alte Kläger erlitt einen Lagerungsschaden in Form einer Quadrizepsparese und einer Hüftbeugerparese beidseits nach einer überlangen Operation von 11 Stunden. Nach seiner Entlassung in die Reha war er weitgehend steh und gehunfähig und konnte erst nach dem Abschluss der Rehabilitation eine Strecke von 600 m an Gehhilfen bewältigen. Er war insgesamt fast zwei Jahre stark in seiner Bewegungsfähigkeit eingeschränkt; erst danach zeigte sich eine deutliche Besserung, es bestand aber weiter eine Iliopsoasparese beidseits Kraftgrad 4/5 sowie eine diskrete Quadrizepsparese. Der Zustand verschlechterte sich wieder. Es kam zur neuerlichen Progredienz der Rückenschmerzen und zum Wiederauftreten von Kribbelparästhesien im L5-Dermatom. Später musste sich der Kläger einer stationären Schmerztherapie unterziehen. Wesentliche Paresen bestanden zu diesem Zeitpunkt nicht mehr. Während sich die Paresen nunmehr nahezu vollständig zurückgebildet haben, persistieren die Kausalgien im Ausbreitungsgebiet des Nervus femoralis beidseits. Der Kläger muss dauerhaft mit diesen Schmerzzuständen leben. Eine Besserung ist nicht mehr zu erwarten. Es handelt sich um einen chronisch neuropathischen Schmerz. Die verbliebene Kausalgie lässt dauerhaft eine Opioideinnahme erforderlich werden. Auch nach deutlicher Therapieoptimierung in einer Schmerzklinik musste der Kläger Opioide einnehmen. Aufgrund der dauerhaften Schmerzzustände ist der Kläger psychisch angegriffen.

1483 **OLG Oldenburg, Urt. v. 07.06.2016 – 8 U 149/14, unveröffentlicht**

50.000,00 €

Teillähmung des rechten Arms

Die Klägerin erlitt eine Teillähmung des rechten Arms. Hinzu tragen eine dissoziative Störung, eine Antriebsverarmung und eine depressive Verstimmung. Die geistigen Fähigkeiten der Klägerin waren eingeschränkt, ihre Haushaltsführung beeinträchtigt. Mindernd wurde die besondere Schadensanfälligkeit der Klägerin berücksichtigt.

OLG Frankfurt, Beschl. v. 02.07.2018 – 8 W 18/18, GesR 2018, 698 1484

50.000,00 € (Vorstellung: 50.000,00 €)

Hemiparese – Gehbehinderung

Der Kläger ließ eine Hyposensibilisierung durchführen, die wegen seines Bluthochdrucks nicht hätte vollzogen werden dürfen. Er erlitt einen Schlaganfall, der einen dauerhaften Gedächtnisverlust, eine Gangunsicherheit, eine Kraft- und Ausdauerminderung sowie eine Hemiparese links und einen Grad der Behinderung von 30 % zur Folge hatten. Wegen seiner Gehbehinderung verlor er die Arbeitsstelle.

OLG Oldenburg, Urt. v. 27.03.2019 – 5 U 112/18, GesR 2020, 298 1485

50.000,00 € (Vorstellung: 50.000,00 €)

Zerebralparese – Hemiparese

Der Kläger war als 2 Jahre altes Kleinkind bei den beklagten Ärzten in Behandlung; er ist an einer idiopathischen thrombozytopenischen Purpura (ITP) erkrankt, eine Bluterkrankung, aufgrund derer es ein erhöhtes Risiko für Blutungen gibt. Als der Kläger wegen diverser Hämatome vorgestellt wurde, ergab eine Blutuntersuchung einen Verdacht auf ITP; die Beklagten versäumten es, auf das Risiko einer Hirnblutung schon aufgrund etwaiger Bagatelltraumata hinzuweisen, sondern klärten nur allgemein über das Krankheitsbild auf.

Wenig später viel der Kläger auf einem kleinen Stuhl auf den Hinterkopf; er wurde erst einige Stunden später, als er erbrach, von den Eltern in die Klinik gebracht, notfallmäßig aufgenommen und wegen einer Hirnblutung operiert. Eine unmittelbare Vorstellung nach dem Sturz hätte die Hirnblutung vermeiden können.

Der Kläger leidet nun unter Konzentrationsschwächen, Sehstörungen und einer unilateralen Zerebralparese und Hemiparese. Die Funktion des linken Arms, der linken Hand und die bimanuellen Handfunktionen des Klägers sind eingeschränkt. Der Kläger bedarf konstanter Förderung und Therapie und benötigt in der Schule eine Assistenz und auch pädagogische Unterstützung. Das Gehen ist sicher, aber er hinkt auf dem linken Bein. Das Sehvermögen ist eingeschränkt. Das räumliche Sehen ist verändert, da beidäugiges Sehen nur rudimentär vorhanden ist. Außerdem leidet der Kläger unter einem Nystagmus. Das Sehen fordert wegen der Beeinträchtigungen eine erhöhte Konzentration des Klägers. Auch benötigt er für das Sehen mehr Zeit als ein normalsichtiger Mensch.

OLG Hamm, Urt. v. 02.02.2024 – 26 U 36/23, NJW 2024, 1885 = MedR 2025, 36 1486

50.000,00 € (Vorstellung: 54.000,00 €)

Rückenschmerzen – Lähmungserscheinungen

Die 58 Jahre alte Klägerin erlitt Schäden infolge einer fehlerhaften Behandlung an der Wirbelsäule. Es lag eine hochgradige Bandscheibendegeneration im Bandscheibenfach LW4/5 vor. Obwohl eine Operation nicht zwingend indiziert wurde, operierte der Beklagte ohne ausreichende Aufklärung. Es kam zu Auffälligkeiten im Wundbereich, Schmerzen im Iliosakralgelenk und Kribbelparästhesien. Auch eine RevisionsOP, die durchgeführt wurde, war nicht indiziert. Die Klägerin hatte massive Schmerzen im Rücken und Ausfall- und Lähmungserscheinungen im Beinbereich; sie kann diese bis heute nur eingeschränkt bewegen. Ohne die Eingriffe hätte sie bis zu 8 Jahren geringere Beschwerden gehabt und auch noch unbeeinträchtigt gehen können; wegen der Grunderkrankung wären aber Beschwerden und Schmerzen später ohnehin aufgetreten.

1487 **OLG Bamberg, Urt. v. 15.01.2019 – 5 U 144/18, unveröffentlicht**

55.000,00 €

Armplexuslähmung

Der 28 Jahre alte Kläger erlitt eine traumatische Armplexuslähmung nach Schädigung der Armnerven mit Polytrauma und einer Halswirbelkörper-Deckplattenfraktur. Vier stationäre Aufenthalte mit Operationen und drei Reha-Maßnahmen waren nötig. Wegen ausgeprägten Gewebeschwundes in den Muskelbereichen des rechten Arms kann der Kläger diesen nur unter Schmerzen und eingeschränkt bewegen. Eine weitere Unfallfolge ist ein Zwerchfellhochstand, der zu belastungs- und lageabhängiger Luftnot führt, mit einer Teilschädigung der Wurzel und des Zwerchfellnerves. Der Kläger ist in seiner körperlichen Leistungsfähigkeit erheblich eingeschränkt und kann nicht mehr Motorrad fahren. Das grobe Verschulden der Gegenseite wurde ebenfalls berücksichtigt.

1488 **OLG Hamm, Beschl. v. 15.02.2016 – 3 U 59/15, MedR 2017, 812**

65.000,00 € (Vorstellung: 65.000,00 €)

Rechtsseitige Lähmung – spastische Armparese

Bei der 34 Jahre alten Klägerin, die unter vermehrtem Schwindel litt, wurde ein Aneurysma festgestellt. Im Krankenhaus der Beklagten wurde zur Ausschaltung des Aneurysmas ein Flüssigkeitsembolisat unter Schutz eines Ballons eingebracht werden; dieser ruptierte aber beim Einbringen des Stoffes, sodass sich der Stoff im Blutkreislauf verteilte. Es kam zu einer Hemiplegie der rechten Körperhälfte mit Blickdevitation und globaler Aphasie.

Beide Beklagten haften wegen unzureichender Aufklärung über die Risiken dieser neuen Behandlungsmethode, die bei der Klägerin zu Mediateilinfarkten mit schweren körperlichen Folgen geführt hat. Sie war rechtsseitig gelähmt und hatte eine starke Sprachstörung. Während einer fast zweimonatigen stationären Reha-Behandlung ist es zwar schon zu einer deutlichen Besserung gekommen, trotz weiterer ambulanter Therapien über mehrere Jahre ist aber trotz weiterer Besserung noch ein ganz erheblicher Dauerschaden verblieben. Das Leben wird dadurch dauerhaft erheblich beeinträchtigt und der Lebensalltag geprägt. Mit einer Besserung ist nicht mehr zu rechnen.

Daneben besteht noch eine leichtgradige globale Aphasie mit Wortfindungsstörungen sowie

Verständnisproblemen im Rahmen komplexer Inhalte. Ebenfalls ist von leichten Konzentrations- und Gedächtnisstörungen auszugehen.

Bei der Bemessung stellte das Gericht besonders auf die Funktionsstörung des rechten Arms ab (spastische distal betonte Armparese rechts). Die rechte Hand ist so hochgradig beeinträchtigt, dass dieses schon dem Verlust der kompletten Funktionsfähigkeit der Hand gleichzusetzen sei. Dieses treffe die Klägerin als ursprüngliche Rechtshänderin im besonderen Maße.

1489 **OLG München, Urt. v. 05.04.2018 – 24 U 3486/16, GesR 2018, 372**

65.000,00 €

Armplexusparese

Der Kläger erlitt wegen geburtshilflicher Fehler eine vollständige Armplexusparese links. Der linke Arm des Klägers wird Zeit seines Lebens praktisch funktionslos bleiben; die von ihm im Zeitpunkt der mündlichen Verhandlung erster Instanz ins Auge gefasste Aufnahme einer handwerklichen Ausbildung nach Abschluss der Schule wird voraussichtlich nicht möglich sein.

1490 **OLG Hamm, Urt. v. 15.12.2017 – 26 U 3/14, VersR 2018, 1004 = RDG 2018, 86**

75.000,00 € (Vorstellung: 200.000,00 €)

Chronisch inkomplette Caudalähmung – Impotenz – Fußparese – Depressionen

Infolge einer Operation an der Wirbelsäule, über die der 59 Jahre alte Kläger unzureichend aufgeklärt wurde, kam es zu einer chronischen inkompletten Caudalähmung mit Störung der Sexualfunktion (Impotenz), Fußheber- und Fußsenkerparese und rückgebildeter Blasenentleerungsstörung sowie einer reaktiven depressiven Entwicklung.

Für die Bemessung des Schmerzensgeldes war mit ausschlaggebend der langwierige und komplikationsträchtige Krankheitsverlauf, der auch nach mehreren Revisionsoperationen nicht zu einer Rückbildung der Cauda-Problematik geführt hat. Der Kläger ist erheblich beeinträchtigt und sein gesamtes weiteres Leben im Alltag zumeist auf einen Rollstuhl angewiesen. Er kann mit Gehstützen nur noch etwa 400 m zurücklegen und ist ansonsten auf einen Rollator oder Rollstuhl angewiesen. Daneben leidet er dauerhaft unter Paresen und anhaltenden Schmerzen im damaligen OP-Gebiet.

Als weitere schmerzensgeldrelevante Folgen sind eine dauerhafte Impotenz und die anhaltende depressive Entwicklung zu berücksichtigen. Zwei Jahre hat er unter Blasenentleerungsstörungen gelitten. Ein 2012 entstandene Impingementsyndrom in der Schulter wurde operativ behandelt und ist nicht mehr aufgetreten.

OLG Brandenburg, Urt. v. 30.01.2024 – 3 U 30/22, NJW 2024, 2327 1491

<u>75.000,00 € zzgl. 300,00 € monatliche Rente</u> (7/10 Mitverschulden Vorstellung: 125.000,00 € und 500,00 € monatliche Rente)

Zerebralparese – Schwerstbehinderung

Der 2 Jahre alte Kläger fiel in den ungesicherten Teich auf dem Gelände der Beklagten, die Eigentümerin auch der Wohnanlage war, in der der Kläger mit seinen Eltern wohnte. Er erlitt schwere und irreversible geistige und körperliche Behinderungen, eine schwerste Intelligenzminderung, eine symptomatische fokale Epilepsie mit myoklonischen und tonischen Anfällen (sog. Lennox-Gastaut-Syndrom), eine bilaterale spastische Zerebralpese, eine neurogene Skopiliose, Aphase und eine postpoxische Hypophysenvorderlappeninsuffizienz. Er wird über eine Magensonde ernährt, ein Tracheostoma besteht, und eine intrathekale Baclofenpumpe, die das Medikament direkt ins Rückenmark einspritzt, ist eingesetzt. Der Kläger ist zu 100% schwerbehindert und rollstuhlpflichtig. Das Mitverschulden (zurechenbar nach §§ 254, 278 BGB wegen der mietvertraglichen Beziehung zwischen Beklagter und Eltern) resultierte aus einer Aufsichtspflichtverletzung der Eltern.

OLG Hamm, Urt. v. 13.09.2024 – 26 U 183/23, RDG 2025, 38 1492

<u>75.000,00 €</u> (Vorstellung: 75.000,00 €)

Fußsenkerparese – Inkontinenz

Die 47 Jahre alte Klägerin, bei der ein Cauda-equina-Syndrom nicht rechtzeitig diagnostiziert worden ist, litt seit 1998 an wiederkehrenden Beschwerden im Bereich der Lendenwirbelsäule aufgrund eines Bandscheibenvorfalls. Seit August 2015 nahmen die Schmerzen im unteren Rücken mit Ausstrahlung ins rechte Bein zu. Im November 2015 verschlimmerten sich die Schmerzen drastisch, verbunden mit Taubheitsgefühlen im rechten Bein. Es wurde ein Massenprolaps L5/S1 rechts mediolateral mit starker Kompression diagnostiziert. Später traten eine Blasenentleerungsstörung sowie Taubheitsgefühle im Genitalbereich und Unterbauch auf, was (zu spät) zur Diagnose eines beginnenden Cauda-equina-Syndroms führte. Nach der ersten Operation zeigte sich eine Fußsenkerparese und anhaltende Inkontinenz, was eine zweite Operation aufgrund eines frischen Bandscheibenvorfall-Rezidivs notwendig machte.

Die Klägerin durchlief eine umfangreiche Behandlung, die Physiotherapie, CT-Diagnostik, zwei Operationen und die Notwendigkeit einer Katheterisierung umfasste. Sie leidet unter persistierender Inkontinenz und Sensibilitätsstörungen im Bereich Blase und Darm. Sie hat kein Gefühl für einen gefüllten Darm und muss sich 4-7mal täglich selbst katheterisieren. Sie hat keine Kontrolle über Darmwinde und weichen Stuhl.

1493 **LG Dortmund, Urt. v. 14.04.2016 – 4 O 230/13, unveröffentlicht**

80.000,00 € (Vorstellung: 60.000,00 €)

Armlähmung – Verletzung des nervus accessorius – Schmerzsyndrom am Hals

Die 43 Jahre alte Klägerin ließ eine Lymphknotenexstirpation am Hals durchführen. Postoperativ klagte sie über Schmerzen im rechten Arm, die daraus resultierten, dass aufgrund von Behandlungsfehlern der nervus accessorius und der musculus trapezius bei der Operation verletzt worden waren. Die Klägerin war mehrfach in Rehabilitationsbehandlungen, einmal über einen Zeitraum von 11 Monaten.

Die Klägerin hat nun dauerhaft Schmerzen im Bereich der Operationsnarben am seitlichen Hals rechts. Es besteht das Gefühl, als würde das Gewebe mit einer Klammer zusammengehalten; dies ist morgens besonders stark. Zudem kommt es zu blitzartig einschießenden Schmerzen im Sinne einer Neuralgie, die medikamentös behandelt werden müssen. Insgesamt liegt am Hals ein chronisches Schmerzsyndrom im Schmerzchronifizierungsstadium III vor.

Sie kann ihren rechten Arm nicht mehr nutzen; es liegt aufgrund der massiven Schädigung des Nerves eine komplette Accessoriusparese vor. Die Klägerin ist in allen Tätigkeiten des täglichen Lebens stark eingeschränkt. Der Zustand des Arms kommt einer Amputation gleich, hinzu treten dauerhafte erhebliche Schmerzen bis in den Hals- und Schlüsselbeinbereich.

Die Klägerin leidet ferner unter Verspannungen in der Tiefe der Nackenmuskulatur mit Schmerzausstrahlungen in den Hinterkopf. Beim Herabhängen des Arms ohne Orthese tritt eine Schmerzverstärkung der Schulterschmerzen auf; auch treten Kribbelmissempfindungen und Taubheitsgefühle an den Fingern auf. Die Klägerin leidet aufgrund dessen unter einer schweren depressiven Episode mit Konzentrationsstörungen, Tagesmüdigkeit, innerer Unruhe, vegetativen Beschwerden und völligem Verlust der Lebensfreude.

1494 **LG München II, Urt. v. 10.05.2022 – 1 O 4395/20, MedR 2022, 930**

120.000,00 €

Spastische Hemiparese links

Die 46 Jahre alte Klägerin wurde notfallmäßig, nachdem sie im Wohnzimmer kollabiert war, ins Krankenhaus der Beklagten gebracht, wo vorwerfbar ein Schlaganfall übersehen worden war. Sie leidet nun unter einer linksseitigen spastischen Hemiparese mit Vigilanzminderung und Blickwendung nach rechts; sie ist auf Hilfe in der Körperpflege, einen Gehstock und außer Haus auch auf einen Rollstuhl angewiesen. Sie ist zu 100% schwerbehindert, leidet an starker Affektlabilität und depressiven Stimmungen. Weder im Haushalt noch in ihrem erlernten Beruf als Hauswirtschafterin kann sie arbeiten; sie bedarf umfassender Behandlung und Medikation. Für ihre schwerbehinderte kleine Tochter kann sie nicht im Ansatz so sorgen, wie es nötig wäre.

1495 **OLG Hamm, Urt. v. 20.12.2022 – 26 U 15/22, unveröffentlicht**

120.000,00 €

inkomplette Querschnittslähmung – Nervverletzung an rechtem Arm und Hand

Der 25 Jahre alte Kläger befand sich bei der Beklagten in stationärer psychiatrischer Behandlung. Trotz akuter Selbstmordgefahr bewilligte die Beklagte einen Wochenendurlaub; der Kläger sprang von einer Brücke und fiel 20m tief, wodurch er schwere Verletzungen erlitt. Er wurde fast ein Jahr stationär, u.a. wegen inkompletter Querschnittslähmung, behandelt. Während des Krankenhausaufenthalts wurden nicht nur diverse Frakturen an Armen und Beinen einschließlich der Gelenkbereiche versorgt, auch wegen verschiedener Weichteilschäden erfolgten – nicht zuletzt im Bauchraum – viele Operationen und Folgeeingriffe. Mehrfache Hauttransplantationen wurden durchgeführt. Es verbleiben Dauerschäden, die den Kläger täglich erheblich belasten. Wegen der Versteifung einiger Wirbelkörper und einer irreversiblen Schädigung beider Fußgelenke ist der Kläger – der im Zeitpunkt des Schadenseintritts erst 25 Jahre alt war – dauerhaft auf einen Rollstuhl angewiesen, wodurch er sich täglichen Herausforderungen bei der Fortbewegung, der Alltagsbewältigung, aber auch der Freizeitgestaltung sowie im sozialen und – möglicherweise zukünftig angestrebten – beruflichen Miteinander ausgesetzt sieht und sehen wird.

Die Fähigkeit, selbstständig zu gehen, hat er nicht wiedererlangt. Lediglich kurze Strecken zu – regelmäßig erforderlichen – Übungszwecken kann er unter Zuhilfenahme eines Rollators bewältigen. Eine künftige Besserung des Gangbildes ist nicht erkennbar. Er leidet an Rückenschmerzen und an einer neurogenen Blase, so dass er sich täglich zweimal katheterisieren muss.

Motorische Einschränkungen der rechten Hand, begründet in einer irreversiblen Nervenverletzung, und des rechten Arms liegen vor.

LG Gießen, Urt. v. 19.07.2016 – 1 O 15/15, unveröffentlicht 1496

125.000,00 €

Querschnittslähmung – Brustwirbelkörperfraktur

Der 53 Jahre alte Kläger, der stark übergewichtig war und unter anderem unter Morbus Bechterew, chronischer venöser Insuffizienz und Vorhofflimmern litt, stürzte nach einer Hüftprothesenoperation zweimal, weil die Beklagten das Sturzrisiko falsch bewertet hatten. Er erlitt eine Hyperextensionsfraktur von BWK 12/LKW 1, eine proximale Rippenfraktur rechts, eine Ruptur des vorderen Längsbandes sowie eine Fraktur der Dornfortsatzspitze. Er musste erneut operiert werden; sieben Monate stationärer Aufenthalt und sieben Wochen stationäre Reha schlossen sich an. Es kam zu einer Querschnittslähmung mit schwerer Harn- und Stuhlinkontinenz mit der Notwendigkeit eines Blasenkatheders. Der Kläger – der schon vor dem Sturz frühverrentet war – ist dauerhaft auf Rollstuhl und Pflege angewiesen. Lediglich kurze Gehstrecken (vom Rollstuhl ins Bett) können mit Gehhilfen bewältigt werden. Ein freies Stehen ist nicht möglich. Die Vorerkrankungen wurden mindernd berücksichtigt.

LG Köln, Urt. v. 06.05.2020 – 25 O 72/18, unveröffentlicht 1497

140.000,00 € (Vorstellung: 300.000,00 €)

Rechtsbetonte Tetraparese

Die 76 Jahre alte Erblasserin wurde nach einem Sturz grob behandlungsfehlerhaft operiert, wobei insbesondere zu lange Schrauben ins Hirninnere drangen. Es trat eine Verletzung des Hirnstammes mit der Folge einer hochgradig rechtsbetonten schlaffen Tetraparese mit neurologischer Symptomatik, völliger Pflegebedürftigkeit, Ernährung mittels PEG-Sonde und Kathederisierung auf. Die Erblasserin lag 3 Wochen auf Intensiv, wobei sie an 19 Tagen intubiert und beatmet werden musste. Drei Operationen folgten, sie verstarb nach einem Jahr, wobei sie noch 4 Monate in der Reha und anschließend im Pflegeheim war. Sie war wach und orientiert, konnte aber nicht mehr sprechen und auch nur das rechte Bein und den linken Arm leicht bewegen. Bei der Bemessung wurde der Umstand, dass die Erblasserin »gefangen im eigenen Körper« war berücksichtigt; jedoch wirkte sich der Tod nach einem Jahr schmerzensgeldmindernd aus.

OLG Celle, Urt. v. 30.11.2020 – 1 U 48/19, unveröffentlicht 1498

150.000,00 €

Tetraparese – Schädigung des Nervensystems

Bei dem Kläger »in jungem Alter« wurde ein Ileus nicht rechtzeitig versorgt. Es kam zu einer Durchgangsperitonitis, einem septischen Schock und einem abdominellen Kompartmentsyndrom, schließlich zu einer Hirnstammläsion mit einer ausgedehnten Schädigung des Nervensystems. Dies führte zu einer Tetraparese mit Koordinations- und Gleichgewichtsstörungen, Schwindel, Sprachstörungen und mäßige kognitiven Beeinträchtigungen. Es ist noch eine leichtgradige neurologische

Restsymptomatik erkennbar. Der Kläger hat keine Schwierigkeiten beim An- und Auskleiden, es erfolgt nur verlangsamt.

1499 **OLG Hamm, Urt. v. 02.02.2021 – 26 U 54/19, unveröffentlicht**

150.000,00 € (Vorstellung: 300.000,00 €)

Inkomplette Querschnittslähmung

Der 48 Jahre alte Kläger, der als Lagerlogistiker arbeitete, suchte den Beklagten wegen seit mehreren Tagen andauernden Rückenschmerzen auf. Der Beklagte behandelte ihn chiropraktisch, ohne über das Risiko einer Einblutung aufzuklären. Es kam zu einer Einblutung mit subduralem Hämatom, welches operiert werden musste. Diese Operation führte zu einer inkompletten Querschnittslähmung mit gravierenden dauerhaften Gesundheitsbeeinträchtigungen. Der Kläger, der zwei Monate stationär behandelt und mehrfach operiert wurde, musste sich zwei Monate nach Entlassung einer Revisionsoperation unterziehen, die zwei je einen Monat lange Krankenhausaufenthalte erforderlich machte. Ein weiteres Jahr später schloss sich eine einmonatige stationäre Reha an. Der Kläger ist auf Rollator oder Gehstock angewiesen und kann längere Strecken nur mit dem Rollstuhl absolvieren. Er leidet an einer – medikamentös behandelten – Schmerzsymptomatik, Gefühlsstörungen in den Beinen sowie einer erektilen Funktionsstörung. Er muss sich zur Blasenentleerung selbst katheterisieren. Das Leben des Klägers, der vorher Fußball spielte, hat sich vollständig verändert. Er ist depressiv verstimmt und nimmt hierfür seit Jahren Antidepressiva.

1500 **OLG München, Urt. v. 07.07.2022 – 24 U 404/21, unveröffentlicht**

160.000,00 € (1/5 Mitverschulden, Vorstellung: 215.000,00 €)

Inkomplette Paraparese unterhalb des vierten Brustwirbelkörpers – Rippenserienfraktur – Lungenkontusion

Der Kläger erlitt bei einem Verkehrsunfall eine inkomplette Paraparese unterhalb des vierten Brustwirbelkörpers, schwere Beinverletzungen, einen Bruch der Hüftgelenkspfanne und eine Rippenserienfraktur. Er war siebeneinhalb Monate ununterbrochen in stationärer Behandlung und ist nun dauerhaft auf den Rollstuhl angewiesen und lediglich in der Lage, etwa fünf Meter mit Unterarmgehstützen zurückzulegen. Der Kläger leidet unter erheblichen Blasen- und Mastdarmentleerungsstörungen dergestalt leidet, dass er sehr oft die Toilette aufsuchen muss und für die Entleerung von Blase bzw. Mastdarm sehr lange Zeit benötigt. Bei Berührungen erleidet er spastische Verkrampfungen an Armen und Beinen. Die Rippenserienfraktur mit Lungenkontusion hat zur Folge, dass er unter einem Engegefühl in der Brust leidet; auch besteht eine Schmerzproblematik. Die Dauer-MdE beträgt 80%.

1501 **OLG Saarbrücken, Urt. v. 05.03.2020 – 4 U 64/18, unveröffentlicht**

175.000,00 €

Querschnittssyndrom – Wirbelsäulenverletzung – Rippenserienfraktur – Beckenringfraktur

Der Kläger erlitt bei einem von der Gegenseite grob fahrlässig verursachten Unfall eine Wirbelsäulenverletzung mit instabiler BWK 3 und 4 Fraktur mit inkomplettem Querschnittssyndrom, ein Polytrauma mit Schädelhirntrauma 3. Grades, ein stumpfes Thoraxtrauma mit einer Rippenserienfraktur, eine Beckenringfraktur, eine laterale Tibiakopffraktur sowie eine Läsion des Bandapparates des rechten Kniegelenkes. Er war 6 Wochen im künstlichen Koma und 9 Monate in stationärer Behandlung mit diversen ambulanten Nachbehandlungen. Als Dauerschaden verbleibt ein hirnorganisches Psychosyndrom (HOPS) sowie organische Persönlichkeitsstörung als Folge des Schädel-Hirn-Traumas, die insbesondere zu einer Affektlage, einer Affektinkontinenz, affektiven Störungen und Defiziten in der Kritik- und Urteilsfähigkeit führt, weshalb der Kläger auch nicht mehr Autofahren darf. Er ist schwerst gehbehindert und kann keine Treppen mehr steigen; beim Anziehen ist er auf fremde Hilfe angewiesen. Hinzu kommen eine erektile Dysfunktion, Geschmacks- und Geruchssinnstörungen sowie Dysarthrie bis hin zu aphonalen Lautbildungen.

LG Traunstein, Urt. v. 29.12.2021 – 6 O 2476/18, unveröffentlicht 1502

175.000,00 € (Vorstellung: 250.000,00 €)

Inkomplette Querschnittslähmung nach Brustwirbelkörperluxationsfraktur

Der 57 Jahre alte Kläger erlitt bei einem Verkehrsunfall erhebliche Verletzungen im Oberkörper-, insbesondere im Wirbelsäulenbereich. kam zu einer inkompletten Paraparese sub TH 5 (AISD) nach BWK 5/6 Luxationsfraktur, einem Hämatom der Wand der thorakalen Aorta loco typico, einer offenen Oberarmfraktur, einer Rippenserienfraktur und Lungenkontusionen sowie Hämatopneumothorax beidseits und Frakturen von Schlüsselbein, Schambein, Dornfortsatz und Brustbein.

Der Kläger befand sich zunächst für knapp 3 Wochen auf einer Intensivstation um weitere fünfeinhalb Monate stationär auf Normalstationen von Krankenhäusern behandelt zu werden. Er musste sich mehreren operativen Eingriffen unterziehen. Teile des Materials zur Stabilisierung der Knochen wurden nicht entfernt. Nach dem Unfall bestand zunächst Rollstuhlpflicht; Erektionsstörungen und fehlende Harn- und Stuhlkontrolle haben sich erst im Lauf der Zeit normalisiert. Seit der Zeit des Unfalls, der im Zeitpunkt der Entscheidung 8 Jahre zurück lag, befindet sich der Kläger in ständiger ärztlicher Behandlung. Er erlitt eine Teilquerschnittslähmung, die sein Leben nachhaltig veränderte. Er ist seit dem Unfall nur mehr in der Lage, sich langsam und mit Krücken fortzubewegen und er leidet unter einem ständigen Engegefühl im Oberkörper, unter in der Nacht auftretenden Spasmen, die ihm ein Durchschlafen weitgehend unmöglich machen. Seinen Dienst als Polizeibeamter konnte der Kläger unfallbedingt nicht weiter ausüben und wurde frühpensioniert. Auch sein Freizeitverhalten musste der Kläger erheblich ändern. Dieses ist geprägt von den Mobilitätseinschränkungen, die der Kläger durch den Unfall erlitten hat.

OLG Schleswig, Urt. v. 29.11.2018 – 7 U 22/18, NJW-RR 2019, 347 1503

180.000,00 € (3/10 Mitverschulden; Vorstellung: 150.000,00 €)

Rechtsseitige Hemiparese – Lähmung des linken Armes – Aphasie – Psychosyndrom – multiple Frakturen

Die 22 Jahre alte Klägerin wurde als Motorradfahrerin verletzt, weil sie mit einem Traktor kollidierte. Sie erlitt eine traumatische subtotale Amputation des linken Armes mit Abriss der Arteria und Vena subclavia, einen Ausriss des Armnervengeflechts, einen Abriss der gesamten vorderen Schultermuskulatur mit ausgeprägtem Weichteilschaden, eine offene Humerusschaftfraktur, eine Schulterblatt-Mehrfragmentfraktur, eine Schlüsselbeinfraktur, multiple Frakturen an Mittelhandknochen, Hals- und Brustwirbelkörpern, Rippenfrakturen, eine Lungenquetschung und Milzruptur und eine traumatische Subaranchnoidalblutung. Es kam zu einer Wundinfektion; die Klägerin erlitt unter den Operationen zwei Schlaganfälle mit der Folge rechtsseitige Hemiparese, Aphasie und einem organischen Psychosyndrom. Die Klägerin hat infolge der Schlaganfälle ihr Sprachvermögen neu lernen, der linke Arm ist unbrauchbar und muss möglicherweise amputiert werden. Die halbseitige rechte Lähmung ist nahezu überwunden. Die Klägerin muss täglich 15 Tabletten einnehmen und ist auf die Hilfe Dritter angewiesen, um ihren Alltag einigermaßen bewältigen zu können. Sie muss regelmäßig zweimal die Woche physiotherapeutische Behandlungen wahrnehmen. Große Narben an Schulter und Hals sind verblieben.

Der Senat bestätigte das vom Landgericht (LG Flensburg, Urt. v. 05.01.2018 – 2 O 228/13) zuerkannte Schmerzensgeld, auch wenn das LG noch von 90 % Haftung ausgegangen war; dies rechtfertige sich darauf, dass die Versicherung über einen Zeitraum von 7 Jahren »nicht einen Cent« gezahlt hatte.

OLG Hamm, Urt. v. 18.03.2021 – 27 U 34/18, unveröffentlicht 1504

200.000,00 € (Vorstellung: 200.000,00 €)

Rechtsseitige Hemiparese – Schädelhirntrauma

Die ein Jahr alte Klägerin war Insassin eines Flugzeuges, welches abstürzte. Hierbei erlitt sie ein offenes Schädel-Hirn-Trauma dritten Grades mit multiplen Kalottenfrakturen, eine Sprengung der großen Fontanelle und eine Duraperforation (Zerreißung der harten Hirnhaut), eine Trepanation links und rechts, eine beiderseitige Lungenkontusion (Quetschung), eine Knieprellung links und eine Hemiparese (Lähmung) der rechten Körperhälfte. Operativ wurden Frakturfragmente des Schädels entfernt und eine Spiegelbergsonde zur Messung des Hirndrucks angelegt. 12 Tage musste eine externe Ventrikeldrainage verlegt werden. Zwei Wochen später wurde zum Ausgleich erhöhten Hirndrucks und zur Ableitung erhöhter Hirnflüssigkeit ein subduroperitoneler Shunt angelegt. Zwei Monate später wurde der Klägerin in Rahmen einer weiteren Operation ein eigens angefertigtes, künstliches Schädeldeckenfragment implantiert. Danach musste die Klägerin zunächst rund um die Uhr einen Schutzhelm tragen. Die angestrebte Verwachsung mit dem natürlichen Schädelteil erfolgte jedoch nur teilweise, nämlich vorne am Schädel.

Im Zuge der Behandlung musste sich die Klägerin mehreren, zum Teil längeren, Aufenthalten in diversen Krankenhäusern unterziehen. Die Spätfolgen sind noch nicht absehbar; definitiv wird bei der Klägerin insoweit Zeit ihres Lebens ein Dauerschaden bestehen bleiben.

1505 **LG Münster, Urt. v. 01.03.2018, 111 O 25/14, medstra 2018, 312 = MedR 2018, 444**

<u>250.000,00 €</u> (Vorstellung: 200.000,00 €)

Querschnittslähmung

Die 55 Jahre alte Klägerin unterzog sich bei den Beklagten einer Bandscheibenoperation. Dabei kam es zu einer Verletzung des Rückenmarks. Die Haftung der Beklagten beruht auf unzureichender Aufklärung, auf einem Behandlungsfehler und auf der Alkoholabhängigkeit des Operateurs, die der Klinik bekannt war, und auf der Alkoholisierung während der Operation.

Die teilweise Durchtrennung des Rückenmarks hatte zur Folge, dass die Sprachfunktion der Klägerin stark beeinträchtigt war und dass ein inkomplettes Querschnittssyndrom mit Lähmungen und Inkontinenz auftrat. Die Klägerin ist zu einer selbstständigen Lebensführung nicht mehr in der Lage. Die Mobilität ist weitgehend eingeschränkt und reduziert auf den Einsatz eines Rollstuhls. Sie leidet unter Schmerzen und ist inkontinent.

1506 **OLG Frankfurt, Urt. v. 26.06.2015 – 7 U 27/14, unveröffentlicht**

<u>300.000,00 €</u> (1/4 Mitverschulden)

Querschnittslähmung – hohe Halsmarklähmung

Der 31 Jahre alte Kläger erlitt aufgrund einer Kettenverletzung im Halswirbelsäulenbereich in Form von Spalt- und Kompressionsbrüchen eine komplette hohe Halsmarklähmung unterhalb HWK C4 mit hochgradiger Teillähmung beider Arme, einer Rumpfinstabilität und einer hochgradigen Lähmung beider Beine. Die 9. Rippe war gebrochen und die Lunge gequetscht; aufgrund einer Einblutung im Glaskörper ist auf dem rechten Auge nahezu bind.

Er musste notfallmäßig operiert und in ein künstliches Koma versetzt werden; eine längere künstliche Beatmung war nötig, weshalb es zu einem Liegegeschwür über dem Steißbein kam, das mehrfach operativ behandelt werden musste, hinzu traten wiederholte Fieberschübe mit der Notwendigkeit antibiotischer Behandlung. Der Kläger ist aufgrund der Querschnittslähmung auf den Rollstuhl angewiesen und wegen der Lungen- und Augenverletzung auch in weiteren grundlegenden Lebensfunktionen tiefgreifend geschädigt. Er ist inkontinent wegen einer Blasen- und Darmlähmung, was zu rezidivierenden Infekten führt. Die Insuffizienz der Atmung macht eine Beatmung mit Trachealkanüle und ambulanten Beatmungsgerät nötig. Der Kläger ist umfassend auf fremde Hilfe und Betreuung angewiesen.

1507 **LG Würzburg, Urt. v. 26.01.2017 – JKLs 801 Js 263/16 jug, ZJJ 2018, 155**

<u>300.000,00 € zzgl. 300,00 € monatliche Rente</u> (Vorstellung: 350.000,00 € und 400,00 € Rente)

Querschnittslähmung – Stimmbandparese

Die 23 Jahre alte Adhäsionsklägerin wurde von ihrem Exfreund, dem Angeklagten, in einen Hinterhalt gelockt, wo dieser nach einem Streitgespräch mit einem Messer auf sie einstach und sie dann liegen ließ. Sie wurde am nächsten Tag unterkühlt und lebensgefährlich verletzt von Passanten gefunden und blieb trotz dreier Operationen querschnittsgelähmt ab Höhe 4. HWK. Auch erlitt sie ein Nierenversagen, einen Pneumothorax und eine Stimmbandparese. Sie kann ihre Beine gar nicht und den rechten Arm nahezu nicht bewegen sowie mit dem linken Arm keine feinen Bewegungen machen und Vieles nicht spüren. Sie ist dauerhaft auf einen Rollstuhl zur Fortbewegung angewiesen. Auch bedarf sie einer dauerhaften Antispastikmedikation. Infolge der Rückenmarksverletzung ist sie unfähig, allein Kot und Urin abzusetzen. Wegen des installierten und irgendwann im Operationswege wieder zu entfernenden Shunts besteht ein erhöhtes Infektionsrisiko und wegen der Hirnhautblutungen die Möglichkeit einer Einschränkung kognitiver Funktionen und Fähigkeiten wie auch des Entstehens einer sekundären Epilepsie. Infolge der Stimmlippenparese hat sich die Stimme der Geschädigten stark verändert. Die andauernde Heiserkeit und das Versagen der Stimme führen zu einem zumindest partiellen Verlust der Sprechfähigkeit, da es der Geschädigten nicht möglich ist, zu rufen oder zu singen. Der Messerstich in den Hals ließ eine schräg verlaufende Narbe an der linken Vorderseite des Halses Geschädigten zurück.

Die Adhäsionsklägerin ist infolge des Angriffs erheblich und dauerhaft in ihrem Lebensalltag eingeschränkt: Drehen oder Aufsitzen ist nur mithilfe einer weiteren Person möglich, das Aufheben oder Halten von Gegenständen, selbstständige Körperpflege und Ankleiden sind nur teilweise und nur mit massiver Anstrengung und enormen Zeitaufwand möglich. Schreiben und selbständige Nahrungszubereitung sind nahezu unmöglich. Selbständiges Einkaufen ist nur eingeschränkt möglich. Jeder Toilettengang ist mit erheblichen Eingriffen in den Intimbereich verbunden: Die Darmentleerungsstörung erfordert regelmäßig Abführmaßnahmen. So muss die Geschädigte jeden zweiten Tag abführen. Zu den Abführmaßnahmen gehört es, dass sie sich ein Zäpfchen einführen lässt, welches die Darmtätigkeit anregt. Anschließend wird ihr Anus von einer Pflegekraft mit dem Finger stimuliert, um den Enddarm zu entleeren. Diese Prozedur dauert in der Regel circa eine Stunde. Auch beim Transfer auf die Toilette benötigt die Adhäsionsklägerin regelmäßig Hilfe.

Die lebensbedrohlichen Verletzungen der Adhäsionsklägerin brachten auch einschneidende soziale Belastungen mit sich wie massive Beeinträchtigungen in der Ausübung einer beruflichen Tätigkeit, verminderte Heiratsaussichten, Beeinträchtigungen im gesellschaftlichen Leben und die nahezu gänzliche Aufgabe jedweder sportiver Betätigungen. Die Adhäsionsklägerin wird zeitlebens unter schwerwiegenden Dauerschäden leiden, verbunden mit anhaltenden Lähmungen, dem Verlust bzw. der erheblichen Einschränkung körperlicher Mobilität und der Notwendigkeit wiederholter und in ihrem Erfolg ungewisser ärztlicher Eingriffe und Behandlungsmaßnahmen verbunden mit der Gefahr weiterer vorfallsbedingter Spätschäden (Infektionen, Behandlungs- und Operationsrisiken).

OLG Stuttgart, Beschl. v. 16.11.2022 – 19 U 40/22, unveröffentlicht 1508

300.000,00 € (1/4 Mitverschulden)

Tetraparese – Gesichtslähmung

Der 31 Jahre Kläger wurde bei einem Verkehrsunfall schwer verletzt. Er erlitt eine Hirnnervenfunktionsstörung im Sinne einer zentralen Facialisparese, eine unvollständige dauerhafte Lähmung der linken Gesichtshälfte, eine Sprechstörung, neurologische Defizitsymptomatik und deutliche Einschränkungen bei Aufmerksamkeit und Merkfähigkeit. Der Kläger erlitt weiter eine Tetraparese in Gestalt einer links dominanten, hochgradigen Tetraparese mit starker Einschränkung von Arm und Bein rechts. Der Kläger ist auf einen Rollstuhl angewiesen.

OLG Zweibrücken, Urt. v. 23.06.2021 – 1 U 20/20, unveröffentlicht 1509

350.000,00 €

Querschnittslähmung ab BWK 6 – Paraplegie

Der 21 Jahre alte Kläger wurde bei einem Verkehrsunfall verletzt und erlitt eine Paraplegie ab dem 6. Brustwirbelkörper, eine vollständige Lähmung der unteren Gliedmaßen mit komplettem Verlust der Sensibilität, Impotenz, Inkontinenz, skoliotischer Abweichung des Rumpfes, neuropathischer Schmerzen und depressiver Störung mit Suizidalität. Er befindet sich in vollstationäre Dauerpflege. Er ist ab einer Handbreit unter der Brust querschnittsgelähmt. Der Rumpf ist instabil. Dies führt zu einem erheblichen Hilfebedarf: Bis auf die teilweise Übernahme von Tätigkeiten der Körperpflege (Waschen des Oberkörpers, Zähne putzen, Rasieren) ist er in allen wesentlichen Belangen auf fremde Hilfe angewiesen, dauerhaft katheterisiert und muss zum Abführen einen anus praeter benutzen. Er leidet unter neuropathischen Schmerzen, die die Bewegung erschweren. Wiederkehrend kommt es zu Harnwegsinfekten und Dekubitus. Er kann nur ca 3-4 h im Rollstuhl sitzen und ist ansonsten bettlägerig.

1510 **OLG München, Urt. v. 18.03.2015 – 20 U 3360/14, IR 2015, 237**

375.000,00 € zzgl. 500,00 € monatliche Rente (1/4 Mitverschulden; Vorstellung: 500.000,00 € und 1.500,00 € monatliche Rente)

Querschnittslähmung

Der Kläger verletzte sich auf einem Hüpfkissen im Freizeitpark der Beklagten: durch einen missglückten Saltosprung. Die Beklagte hatte unter Verletzung ihrer Verkehrssicherungspflicht lediglich ein Schild »Benutzung auf eigene Gefahr« aufgestellt, obwohl in der Bedienungsanleitung ausdrücklich darauf hingewiesen wurde, dass Benutzern Salti mortali »unbedingt verboten« werden müssten. Er erlitt er eine irreversible Querschnittslähmung vom sechsten Halswirbel abwärts mit Lähmung aller Extremitäten verbunden mit einer Mastdarm- und Blasenlähmung und Schluckbeschwerden. Bei der Bemessung berücksichtigte das Gericht auch das äußerst zögerliche Regulierungsverhalten bei Ablehnung einer Haftung trotz der vom Kläger vorgelegten Produktinformationen zum Hüpfkissen und eines Gerichtsgutachtens zum Unfallhergang.

1511 **LG Frankenthal, Urt. v. 10.01.2020 – 4 O 494/15, unveröffentlicht**

400.000,00 €

Rückenmarksschädigung mit Lähmung der unteren Gliedmaßen – Brustwirbeltrümmerfraktur

Der Kläger, ein junger Mann, wurde bei einem Verkehrsunfall verletzt. Er erlitt eine Trümmerfraktur BWK 6 mit sekundärer Rückenmarksschädigung mit sensomotorischer Querschnittslähmung unterhalb TH5/6, eine laterale Claviculafraktur links, eine Dornfortsatzfraktur TH1 bis TH4 sowie C6 und C7 mit der Folge vollständiger Lähmung der unteren Gliedmaßen, Hämatopneumothorax beidseits sowie eine Lungenkontusion beidseits. Wundinfektionen und Pilzerkrankungen begleiteten den Heilungsverlauf. Der Kläger, der kurz vor dem Abschluss seiner Ausbildung (Maler/Lackierer) stand, hat keinerlei Möglichkeit der Berufsausübung; er hat massive Einschränkungen im Privatleben, seine Freunde haben sich abgewandt, er wird ein Leben lang beim Lagern und Umkleiden auf fremde Hilfe angewiesen sein. Eine rezidivierende depressive Störung mit Anpassungsstörung und Aggressivität und Suizidalität besteht.

1512 **OLG Schleswig, Urt. v. 28.09.2021 – 7 U 29/16, r+s 2021, 656 = ZfS 2022, 13**

800.000,00 € (Vorstellung: 500.000,00 €)

Komplette Querschnittslähmung unterhalb 4. Halswirbel

Der zum Zeitpunkt des Unfalls 35-jährige Radsportler und Marineoffizier fuhr mit seinem Mountainbike in eine ungesicherte, quer über den Weg gespannte Absperrung aus Stacheldraht. Er erlitt einen Bruch des Halswirbels und ist aufgrund einer kompletten Querschnittslähmung unterhalb des 4. Halswirbels dauerhaft und schwerst beeinträchtigt. Aufgrund der Schwere seiner Verletzungen bedarf er lebenslang einer kontinuierlichen querschnittslähmungsspezifischen Weiterbehandlung mit dauernden rehabilitativen Behandlungen im Sinne von krankengymnastischen, physio- und ergotherapeutischen Maßnahmen. Die Blasenentleerung erfolgt durch intermittierenden Fremdkatheterismus, die Darmentleerung erfolgt mit Hilfe von Abführsuppositorien. Er hat inzwischen eine barrierefreie Erdgeschosswohnung bezogen und wird rund um die Uhr von Assistenz- und Pflegekräften betreut. Die seit dem Unfall täglich durchzuführenden Pflegemaßnahmen übersteigen quantitativ und qualitativ weit das übliche Maß der Grundversorgung (Pflegestufe III). Der Kläger kann sich nur mittels eines mit dem Kinn gesteuerten Rollstuhls fortbewegen; seine Beziehung zerbrach, auch die zum Vater, der sich »das Elend nicht mehr jeden Tag« ansehen konnte. Der Kläger leidet unter Depressionen und Angststörungen.

Das Gericht berücksichtigte das Alter des Klägers zum Unfallzeitpunkt (35 Jahre) und seine damalige sportliche Aktivität als Radsportler. Des Weiteren wurde die Zumessung durch eine »deutlich über 2% liegende Inflationsrate« und »banktübliche Negativzinsen« beeinflusst, was eine Erhöhung des Kapitalbetrages erforderte, da dieser sonst an Wert verlieren würde.

Mobbing – Stalking

▶ Hinweis:

Mobbing ist ein Phänomen, welches im Textteil (Kap. 4 Rdn. 93 ff.) ausführlich dargestellt wird. Auch das »Stalking«, also das zielgerichtete Verfolgen und Belästigen, verdient eine gesonderte Darstellung (Textteil Kap. 4 Rdn. 196 ff.), die wegen der Sachnähe des Verhaltens zusammen mit dem Mobbing abgehandelt wird.

1. Mobbing

LAG Nürnberg, Urt. v. 05.09.2006 – 6 Sa 537/04, LAGE Art. 2 GG Persönlichkeitsrecht Nr. 13 = AR-Blattei ES 1215 Nr. 6 1513

0,00 € (Vorstellung: 8.000,00 €)

Untersagen von Rauchen – fehlende Pausenzeiten

Der Kläger verlangte Schmerzensgeld wegen Mobbingvorwürfen während einer 4-tägigen Beschäftigung als Lkw-Fahrer, die er wegen fristloser Kündigung verlor. Er sei ständig kritisiert worden; das Rauchen im Lkw sei ihm, obwohl er starker Raucher sei, verboten worden; auch sei er wegen eines 5-minütigen Privatgespräches mit seiner Ehefrau während der Arbeitszeit kritisiert worden. Pausen und Erholungszeiten habe es nicht gegeben. Das Gericht wertete diese Maßnahmen als überwiegend vom Direktionsrecht gedeckt; der Vorwurf vereinzelter Beleidigungen sei ebenso wie der Vortrag fehlender Pausen unsubstanziiert.

LAG Rheinland-Pfalz, Urt. v. 27.02.2008 – 8 Sa 558/07, unveröffentlicht 1514

0,00 € (Vorstellung: 10.000,00 €)

Betrauung mit minderwertigen Tätigkeiten – Titulierung als »Ossi«

Der Kläger wurde nach einer Umsetzung in ein Service-Center, wo er als Montage-Disponent tätig werden sollte, nur mit, seiner Ansicht nach, niederen Tätigkeiten betraut. Das Gericht stellte darauf ab, er habe nur i.R.d. Umsetzung und damit auch nur als Montage-Disponent arbeiten dürfen; Tätigkeiten als Vertriebsingenieur hätten ihm daher gar nicht zugewiesen werden können. Dass der Kläger als »Ossi« bezeichnet wurde, überschreitet nach Ansicht des Gerichts »keinesfalls die Grenzen eines sozial adäquaten schmerzensgeldirrelevanten Verhaltens«; es handele sich um eine bloße und nicht besonders schwerwiegende Verbalentgleisung.

LAG Rheinland-Pfalz, Urt. v. 30.10.2008 – 10 Sa 340/08, unveröffentlicht 1515

0,00 € (Vorstellung: 10.000,00 €)

Forderung des Arbeitens trotz Erkrankung – »Abschussliste«

Der Kläger, der »wegen fortgesetzten Mobbings« sein Arbeitsverhältnis selbst fristlos gekündigt hatte, war als Verkäufer im Supermarkt tätig. Nachdem er wegen eines Rippenbruchs 6 Wochen arbeitsunfähig war, behauptete er, man habe ihm einen Aufhebungsvertrag vorgelegt, da er nicht »6 Wochen auf krank machen« hätte dürfen; es sei »5 vor 12«. Als er einen Monat später wegen einer Schnittverletzung am Daumen erneut arbeitsunfähig war, habe man ihn zuhause angerufen, aufgefordert, zur Arbeit zu kommen und ihm später erklärt, er stehe »auf der Abschussliste«. Später habe man ihm eröffnet, dass es »so nicht weitergehe« und ihm eine Versetzung in einen Nachbarmarkt in Aussicht gestellt.

Das Gericht verneinte einen schlüssig vorgetragenen Ersatzanspruch wegen Mobbings. Ein verständiger Arbeitnehmer hätte wegen der geschilderten Vorwürfe nicht erkranken dürfen; es fehle an einer systematischen Schikane. Der Kläger hätte arbeitsrechtlich gegen die Versetzung vorgehen können. Das Gericht stellte ferner darauf ab, dass die behaupteten psychischen Folgen nach Krankenkassenbescheinigungen auch durch Cannabiskonsum hervorgerufen sein könnten, die »Monokausalität« der vom Kläger vorgetragenen Handlungsweisen seiner Vorgesetzten also »mehr als zweifelhaft« sei. Hierbei übersieht das LAG, dass für eine Haftung die Mitursächlichkeit der Tathandlung zum schädigenden Erfolg ausreicht und »niemand einen Anspruch darauf hat, so gestellt zu werden, als habe er einen Gesunden verletzt«, BGH, Urt. v. 10.05.1990 – IX ZR 113/89, NJW 1990, 2882 (2883).

1516 **LAG Köln, Urt. v. 20.11.2008 – 7 Sa 857/08, unveröffentlicht**

<u>0,00 €</u>

Verbale Attacken und Entgleisungen

Der Beklagte war Vorgesetzter des Klägers in einer Backstube, in der es wegen Mitarbeiterabbaus zu Personalmangel und entsprechendem Arbeitsdruck gekommen war. Es kam zu verschiedenen verbalen Entgleisungen, der Kläger wurde in verächtlichem Ton, unangemessen laut oder unsachlich und herabwürdigend verbal attackiert (»Ich mach Dich so fertig, dass Du von selber gehst«). Das LAG sah kein systematisches herabwürdigendes Verhalten, da verbale Entgleisungen »tendenziell als weniger gravierend« empfunden würden und zudem noch Bezug zum Arbeitsverhalten des Klägers (etwa: Beanstandung angebrannter Puddingteilchen) bestand. Die Grenze vom sozialadäquaten Arbeitsplatzkonflikt sei noch nicht überschritten. Vielmehr handele sich nur um unreflektierte und gedankenlose Unmutsäußerungen oder um überzogene Versuche, das Arbeitsverhalten des Klägers anzutreiben, also eher um eine Überforderung des Beklagten in seiner Rolle als Vorgesetzter als um einen bewussten und systematischen Angriff gegen den Kläger.

1517 **ArbG Würzburg, Urt. v. 23.01.2009 – 3 Ca 664/08, AE 2009, 275**

<u>0,00 €</u>

»Ossi«

Das Gericht verneinte einen Entschädigungsanspruch aus § 15 AGG angesichts von Äußerungen wie »Ossi« oder »Lusche«. Weder die Bezeichnung als »Ossi« noch Bemerkungen bezogen auf die Herkunft eines Arbeitnehmers »aus dem Osten« verbunden mit der Bemerkung »Lusche« bzw. der Bemerkung, dass »die aus dem Osten nichts taugen« stelle eine Diskriminierung wegen ethnischer Herkunft i.S.d. § 1 AGG dar.

1518 **LAG Niedersachsen, Urt. v. 09.03.2009 – 9 Sa 378/08, PflR 2009, 496**

<u>0,00 €</u> (Vorstellung: 20.000,00 €)

Verschiedene Weisungen – beleidigender Ton

Die Klägerin war im Pflegeheim der Beklagten tätig. Sie bekam verschiedene Weisungen bei Teambesprechungen und Einzelgesprächen, die ihre Arbeitsführung betrafen und die unhöfliche und verbale Entgleisungen beinhalteten (etwa die Klägerin habe »den Mund zu halten«, Fortbildungen machten bei ihr »keinen Sinn mehr« und seien »Jüngeren vorbehalten«). Ihr Besprechungszimmer wurde leer geräumt, und sie wurde mehrfach von der Station verwiesen. Das Gericht wertete diese Handlungen zwar als »nicht mehr ganz sachlich«, sah aber in der Gesamtschau kein zielgerichtetes Mobbingverhalten. Konfliktsituationen, die im Arbeitsleben üblich sind (etwa über die Art und Weise der Arbeit oder die »notfallbedingte und stresssituative« Verweisung von der Station) schieden als Schikane von vornherein aus. Ein Schmerzensgeld werde erst geschuldet, wenn sie regelmäßig und ohne Besprechungsanlass beleidigt werde.

LAG Koblenz, Urt. v. 14.08.2009 – 9 Sa 199/09, unveröffentlicht 1519

0,00 €

Versetzen eines Kassierers

Der behauptete Vorwurf, als Kassierer nicht mehr im Bereich der Hauptkasse eingesetzt und auch bei entsprechenden Ausbildungen nicht mehr berücksichtigt worden zu sein, stellte aus Sicht des Senats kein Mobbing dar, sondern bewege sich innerhalb des Direktionsrechts. Soweit sich diesem nicht eindeutig eine schikanöse Tendenz entnehmen lasse, scheide Mobbing aus.

Das Gericht bemängelte i.Ü., die Vorlage eines »Mobbingtagebuchs«, welches auch Vorfälle ohne Mobbingcharakter enthalte, genüge nicht den Anforderungen an einen substanziierten Vortrag. Es fehlten auch Angaben dazu, welche betriebliche Funktion die dort benannten Personen hätten.

LAG Düsseldorf, Urt. v. 22.12.2011 – 5 Sa 208/11, unveröffentlicht 1520

0,00 €

Streitigkeiten am Arbeitsplatz

Der 40 Jahre alte Kläger ist türkischer Herkunft und war seit 12 Jahren bei der beklagten Firma, die Transformatoren herstellt, als Sachbearbeiter im Versand tätig. Er machte Schadensersatz unter Verweis darauf, er sei oft unzutreffend abgemahnt worden (z.B. wegen Privatgesprächen), sein Neffe sei nicht eingestellt worden, und er sei als »Sachbearbeiter« tituliert worden (in einer Rundmail, die »an alle Sachbearbeiter/innen« gerichtet gewesen ist.).

Das Gericht hielt Mobbinghandlungen für nicht hinreichend dargetan; dass sich der Kläger als Leiter des Versands unzureichend gewürdigt und in seinen Aufstiegsambitionen nicht hinreichend unterstützt gefühlt hatte, stelle kein Mobbing dar; Konflikte im Arbeitsleben allein, auch wenn eine »zunehmende Ungeduld« mit dem Kläger zu verzeichnen sei, könnten noch nicht als zielgerichtet und systematisch bewertet werden.

LAG Hamm, Urt. v. 19.01.2012 – 11 Sa 722/10, ZWH 2012, 420 = ArztR 2012, 60 1521

0,00 € (Vorstellung: 500.000,00 €)

Konkurrentenstreitigkeiten unter Ärzten

Der 61 Jahre alte Kläger ist seit 1987 in einem Krankenhaus, in welchem er sich im Jahr 2001 erfolglos auf die Chefarztstelle der Neurochirurgischen Klinik bewarb. Die Stelle wurde dem beklagten Chefarzt übertragen. Im März 2003 erhob der Kläger erste Mobbingvorwürfe gegen den Beklagten. Der Kläger war danach in psychiatrischer Behandlung und für längere Zeit arbeitsunfähig. Er verklagte im Jahr 2004 erfolglos seine Arbeitgeberin u.a. mit dem Antrag, den Chefarzt zu entlassen und Schmerzensgeld zu zahlen und klagte vorliegend gegen den beklagten Chefarzt. Hierzu verwies er darauf, der Beklagte habe ihn gezwungen, seinen Urlaub abzubrechen; er hätte ihn bei einem Vortrag in Gegenwart Dritter fachlich diskreditiert; bei Operationen und Besprechungen habe er ihn beleidigt, etwa bei der Diskussion über Notdienste mit den Worten, er (der Kläger) wolle »nur seinen Arsch im Bett lassen«. Bei einer OP sei er mit »Sie sind hier nur der Handlanger« angeschrien worden. Das Gericht bewertete, in den 29 vorgetragenen Vorfällen primär inhaltlich medizinischer Konflikte seien die Grenzen eines sozial- und rechtsadäquaten Verhaltens in üblichen Konfliktsituationen nicht überschritten, die mobbingtypische Schaffung eines feindlichen Umfelds habe sich nicht feststellen lassen. Es habe sich um Konflikte am Arbeitsplatz gehandelt, die den noch üblichen Rahmen nicht überschritten hätten.

1522 **LAG Hessen. Urt. v. 07.02.2012 – 2 Sa 1411/10, unveröffentlicht**

0,00 €

Konflikte mit Kollegen

Die Klägerin, die zu 30 % schwerbehindert war, arbeitete in der Poststelle und der Mikromation (Klassifizierung und Archivierung von Dokumenten) der Beklagten. Sie hatte verschiedentliche Auseinandersetzungen mit Kollegen, die sie auch beleidigten; infolgedessen war sie wiederholt krank und nur unter Einnahme von Tavor arbeitsfähig. Sie machte Mobbing geltend, auch mit dem Argument, ihr sei der Zugang zum Intranet verwehrt worden; tatsächlich wurden in der Mikromation Computer eingesetzt, die gar nicht intranetfähig waren. Das Gericht verneinte Mobbing schon deshalb, weil es angesichts von Konflikten mit einer Vielzahl von Kollegen an deren bewussten und zielgerichteten Zusammenwirken zulasten der Klägerin fehle, ferner auch, weil die handelnden Kollegen nicht gegenüber der Klägerin weisungsbefugt gewesen seien, sodass es an einer Zurechnung an die beklagte Arbeitgeberin fehle.

1523 **LAG Berlin-Brandenburg, Urt. v. 20.11.2013 – 21 Sa 866/13, BB 2014, 1139 = EWiR 2014, 531**

0,00 €

Überbürdung mit Aufgaben – Versetzungsangebot

Der Kläger behauptete, er sei mit Aufgaben überlastet worden; auch warf er dem Arbeitgeber vor, dass dieser ihm das Angebot einer alternativen Tätigkeit an einem anderen Standort mit geringerer Verfügung unterbreitet hatte. Das Gericht sah keine hinreichende Darlegung der Zuweisung von Aufgaben über die Kapazität des Klägers hinaus und verwies hinsichtlich des Angebots darauf, dass der Kläger nicht genötigt worden sei, dies anzunehmen; das Angebot sei nicht zu beanstanden schon deshalb, weil der Kläger zuvor geäußert hatte, am Standort Berlin nicht glücklich zu sein, und die angebotene Tätigkeit in der Nähe seines früheren Dienstortes gewesen wäre.

1524 **LAG Hessen, Urt. v. 18.06.2014 – 12 Sa 855/13, unveröffentlicht**

0,00 €

Fehlende Informationen

Der Kläger behauptete Mobbing unter Hinweis darauf, sein Vorgesetzter habe ihm Aufgaben übertragen, ohne ihn mit den erforderlichen Informationen zu versorgen, die er für eine ordnungsgemäße Bearbeitung der Angelegenheiten benötigt hätte. Auch habe der Vorgesetzte ihn, den Kläger, nicht wie dessen Kollegen über einen Bonus informiert, sondern dies erst auf Nachfrage getan. Das Gericht hielt das für nicht ausreichend; soweit der Kläger unzureichende Informationen rüge, sei dieser Vorwurf nicht hinreichend substanziiert, sondern so pauschal, dass er einer Überprüfung durch das Gericht nicht zugänglich ist. Der Arbeitnehmer müsse zunächst die Häufigkeit der Vorkommnisse angeben und die Vorwürfe zeitlich eingrenzen, vor allem aber näher ausführen, welcher zusätzlichen Informationen oder welches weiteren Informationsaustauschs es konkret bedurft hätte, um ihn in die Lage zu versetzen, die übertragenen Aufgaben ordnungsgemäß zu erledigen.

1525 **LAG Hessen, Urt. v. 22.02.2016 – 16 Sa 889/15, unveröffentlicht**

0,00 € (Vorstellung: 15.000,00 €)

Schlechte Bewertungen – Herausnahme aus einem Email-Verteiler

Der Kläger war der Ansicht, er werde gemobbt, weil seine Arbeitsleistungen schlecht bewertet worden seien; er sei zu Unrecht versetzt worden, er habe nach Rückkehr einer Krankheit feststellen müssen, dass er aus dem Email-Verteiler genommen worden sei, im Rechtsstreit hätte der beklagte Arbeitgeber zu Unrecht behauptet, er – der Kläger – habe seine Erkrankung nur vorgetäuscht. Das

Gericht bewertete dies als betriebliche Konfliktsituationen oder sogar zulässige Handlungen; insbesondere stehe im Prozess frei, Tatsachenbehauptungen aufzustellen, solange dies nicht bewusst wahrheitswidrig geschehe. Misslichkeiten wie die Herausnahme aus dem Email-Verteiler – dessen Grund auch in der krankheitsbedingten Abwesenheit des Klägers gelegen haben könnte – stellten keine zielgerichtete, feindselige Handlung dar.

LAG Rheinland-Pfalz, Urt. v. 14.06.2016 – 8 Sa 535/15, AE 2018, 51 1526

0,00 € (Vorstellung: 10.000,00 €)

Zuweisung eines ungeeigneten Büros

Der Kläger war als pädagogischer Betreuer in einer externen Betreuung für die Beklagte tätig. Ihm wurde, nachdem er nach längerer Krankheit in den Beruf zurückkehrte, ein Büro zugewiesen, welches in einem Glaskasten in der Metallwerkstatt in unmittelbarer Nähe zu den Werkstätten lag und unaufgeräumt, ungeputzt und nicht renoviert war; auch die dem Kläger zugewiesene Gemeinschaftstoilette war verschmutzt. Das Inventar war beschädigt. Nachdem sich der Kläger beschwert hatte, wurde aufgeräumt; er konnte sein altes Büro weiter nutzen, schließlich wurden ihm zwei Alternativbüros angeboten. Das Gericht verneinte daher einen Entschädigungsanspruch: Angesichts dessen, dass für ein vorsätzliches Verhalten der Beklagten nichts ersichtlich sei, sei die Abhilfe nach Rüge genügend.

OVG Münster, Urt. v. 01.12.2016 – 6 A 2386/14, unveröffentlicht 1527

0,00 €

Verweigerung eines Dienstgesprächs

Der Kläger war im Alter von 49 Jahren bei der Beklagten im Amt für öffentliche Ordnung beschäftigt und dort mit der Durchführung der »Herbstkirmes« betraut. In einem Artikel über diese Herbstkirmes hieß es, er sei »für einen fünften Kirmestag«. Der Bürgermeister sprach ihm die Missbilligung aus und untersagte weitere Presseäußerungen, soweit nicht von der Verwaltungsspitze genehmigt. Nach einem Gespräch wurde der Kläger zur Feuerwehr versetzt. Daraufhin erkrankte dieser und nahm an einer psychosomatischen Therapie teil, innerhalb derer der behandelnde Arzt ein Gespräch zwischen Kläger und Bürgermeister für sinnvoll erachtete. Mit einem solchen Gespräch sei »damit zu rechnen, dass der Kläger schnell wieder dienstfähig werde«. Der Bürgermeister bestand auf der Versetzung zur Feuerwehr, zu einem Gespräch kam es nicht, es wurde allerdings ein Gespräch mit dem ersten Stadtrat angeboten. Der Kläger verweigerte dies mit Hinweis drauf, die Kränkung infolge der Versetzung zur Feuerwehr sei so stark ausgeprägt, dass er ohne Zuweisung einer anderen Tätigkeit wohl nicht in absehbarer Zeit dienstfähig werde. Der Kläger verlangte Entschädigung unter Hinweis auf das verweigerte Gespräch; das Gericht führte aus, die Entscheidung über ein persönliches Gespräch sei im freien Ermessen und folge nicht aus dienst- oder beamtenrechtlichen Vorgaben. Eine Ermessensreduzierung auf Null, welche zu einem persönlichen Gespräch gezwungen hätte, liege nicht vor.

VG Osnabrück, Urt. v. 18.01.2017 – 3 A 24/16, unveröffentlicht 1528

0,00 € (Vorstellung: 8.257,223 €)

Verbot des Tragens eines Kopftuchs

Die Klägerin war Lehrerin auf Probe und wurde aus dem Dienst entfernt, nachdem sie trotz entsprechender Aufforderung daran festhielt, ein Kopftuch tragen zu wollen. Das Gericht verneinte eine denkbare Benachteiligung nach § 3 Abs. 1 AGG wegen Vorliegen eines sachlichen Grundes hierfür nach § 8 AGG.

ArbG Düsseldorf, Urt. v. 20.01.2017 – 11 Ca 4097/16, unveröffentlicht 1529

0,00 € (Vorstellung: 251.000,00 €)

Behauptete Benachteiligung als Frau

Die Klägerin wurde bei einer Beförderung bei der Beklagten, einer Bank, übergegangen, nachdem sie zuvor in Vertretung bereits diese Aufgaben wahrgenommen hatte. Nach einer Eskalation des wechselseitigen Verhaltens kam es zur außerordentlichen Kündigung. Die Klägerin machte Ansprüche nach § 15 AGG geltend, weil in der entsprechenden Region nur eine von sieben Führungspositionen mit einer Frau besetzt war, sodass sie sich wegen ihres Geschlechts benachteiligt fühlte.

Das Gericht wies darauf hin, der schlichte Vortrag, im Team des Vorgesetzten seien Frauen unterdurchschnittlich repräsentiert, sei noch kein taugliches Indiz für eine Benachteiligung wegen des Geschlechts.

1530 **LAG Rheinland-Pfalz, Urt. v. 08.03.2017 – 4 Sa 294/16, unveröffentlicht**

<u>0,00 €</u>

Aufforderung zur Rückzahlung von Entgelten

Der 64 Jahre alte Kläger wurde nach mehreren längeren krankheitsbedingten Fehlzeiten zur Rückzahlung von Gehalt aufgefordert; als er sich weigerte, wurde er zu einem Personalgespräch geladen, was nicht an seinem Betriebssitz, sondern an dem der Firmenzentrale stattfand. Das Gericht verneinte eine zielgerichtete Schikane.

1531 **LAG Hamm, Urt. v. 14.02.2019 – 18 Sa 976/18, unveröffentlicht**

<u>0,00 €</u>

Keine Bereitstellung von Tätigkeiten

Die Klägerin, eine Zivilangestellte einer militärischen Einheit von 2002 bis 2017, behauptete, die Beklagte habe Mobbinghandlungen begangen, die ihr Persönlichkeitsrecht und ihre Gesundheit verletzt hätten. Sie gab an, sie sei herablassend behandelt und vom 1. bis 13.07.2016 (als sie, nach erfolgreichem Kündigungsschutzprozess, noch vor Zustellung des Urteils an den Arbeitsplatz zurückkehrte) an ihrem Schreibtisch ohne Arbeit gelassen worden. Auch nach der Ankündigung einer »Wiedereingliederung« durch ihren Vorgesetzten sei sie nicht ordnungsgemäß eingesetzt worden. Sie behauptete, ihr Arbeitsplatz sei zu klein gewesen, eine funktionierende PC-Einrichtung sei absichtlich verzögert worden, und Kollegen hätten sie »geschnitten«. Der Senat urteilte, dass die Beklagte ihre Fürsorge- und Rücksichtnahmepflichten gegenüber der Klägerin nicht verletzt habe. Es sei nicht vorwerfbar, dass die Beklagte nicht sofort Arbeit bereitstellen konnte, insbesondere angesichts der vorangegangenen Kündigung und der frühzeitigen Rückkehr der Klägerin vor Zustellung des Urteils. Soweit die Klägerin behauptet hatte, »geschnitten« worden zu sein, handelte es sich nicht um feindseliges Verhalten, sondern um »Unzuträglichkeiten, die Arbeitsleben alltäglich sind und im Streitfall angesichts der längeren Abwesenheit der Klägerin zu erwarten waren«.

1532 **ArbG Berlin, Urt. v. 15.08.2019 – 44 Ca 8580/18, unveröffentlicht**

<u>0,00 €</u> (Vorstellung: 800.000,00 €)

»Stigmatisierung« wegen der Herkunft aus Ostdeutschland

Der Kläger, der bei dem beklagten Zeitungsverlag als stellvertretender Ressortleiter beschäftigt war, hat Entschädigung verlangt, weil er von zwei Vorgesetzten wegen seiner ostdeutschen Herkunft »stigmatisiert und gedemütigt« worden sei. Das Arbeitsgericht verneinte einen Anspruch nach dem AGG, weil eine Benachteiligung wegen seiner ethnischen Herkunft oder Weltanschauung nicht erfolgt sei. Menschen ostdeutscher Herkunft seien nicht Mitglieder einer ethnischen Gruppe oder Träger einer einheitlichen Weltanschauung.

Einen Schadensersatzanspruch wegen einer Persönlichkeits- oder Gesundheitsverletzung lehnte das Arbeitsgericht ab, weil der Kläger den Arbeitgeber nicht rechtzeitig auf das Verhalten seiner Vorgesetzten und die Gefahr eines ungewöhnlich hohen Schadens – es waren ca. 800.000 Euro im Streit – aufmerksam gemacht habe. Das Mitverschulden des Klägers an dem – einmal angenommenen – Schaden wiege derart schwer, dass eine Ersatzpflicht des Arbeitgebers entfalle.

VG Würzburg, Urt. v. 26.11.2019 – W 1 K 18.1029, unveröffentlicht 1533

0,00 € (Vorstellung: 100.000,00 €)

Umgang mit Erkrankung – Frühpensionierung

Die Klägerin, eine Lehrerin, wandte sich unter anderem gegen ihre Versetzung in den Ruhestand. Ihre zentralen Vorwürfe waren, dass nach ihrer Rückkehr aus dem Krankenstand die Schulleitung sie nicht angemessen integriert und ihr keine reguläre Klasse zugewiesen, sondern nur Einzelunterricht erteilt habe. Sie sei von der Schulleitung als »krank« abgestempelt worden, ihr sei vorgeworfen worden, nicht belastbar zu sein, und die Schulleitung habe sie nicht unterstützt. Die Schulleitung habe das Vertrauensverhältnis einseitig und grundlos zerstört, sie ausgegrenzt und ein negatives Betriebsklima geschaffen. Sie sei mit unzutreffenden oder überzogenen Vorwürfen konfrontiert worden, z.B. bezüglich ihrer Arbeitsweise oder ihres Verhaltens. Die Versetzung in den Ruhestand sei eine unverhältnismäßige Maßnahme gewesen, die sie als Schikane empfand. Sie sah darin den Höhepunkt einer fortgesetzten Negativbehandlung.

Das Gericht wies die Klage der Klägerin ab und verneinte sowohl einen Schadensersatzanspruch wegen Diskriminierung als auch wegen einer Verletzung der Fürsorgepflicht durch Mobbing. Die vom Dienstherrn getroffenen Maßnahmen, wie die Versetzung der Klägerin oder die Zuweisung von Aufgaben, wurden vom Gericht als rechtmäßige Ausübung der dienstlichen Weisungsbefugnis und im Rahmen der Fürsorgepflicht als vertretbar angesehen. Es handelte sich um nachvollziehbare Reaktionen auf die dienstliche Situation und die Leistungen der Klägerin. Das Gericht erkannte an, dass es zu Konflikten und Meinungsverschiedenheiten zwischen der Klägerin und der Schulleitung kam. Diese seien jedoch nicht über das Maß hinausgegangen, das im Rahmen eines Arbeits- oder Dienstverhältnisses auftreten kann und nicht als Mobbing zu werten. Es seien keine Anhaltspunkte dafür gefunden worden, dass die Klägerin gezielt ausgegrenzt, schikaniert oder diskriminiert wurde.

LAG Hamm, Urt. v. 12.02.2021 – 1 Sa 1220/20, unveröffentlicht 1534

0,00 € (Vorstellung: 5.000,00 €)

Kündigung – Einsatz als Kommissionär – Anzweifeln eines Unfalls

Der Kläger wurde von der Beklagten aus Krankheitsgründen gekündigt; er sah dies, zusammen mit einem Wiedereingliederungseinsatz in der Kommission (trotz seiner Rückenbeschwerden) und dem Umstand, dass die Beklagte einen »Arbeitsunfall« wegen »Übelkeit« anzweifelte, als Mobbing an. Das Gericht wertete dies – und auch den Umstand, dass seine Vorgesetzte die »Toilettenzeiten« des Klägers notiert hatte – als sozialadäquates Verhalten.

VG Lüneburg, Urt. v. 10.06.2021 – 5 A 80/21, unveröffentlicht 1535

0,00 € (Vorstellung: 10.000,00 €)

Streitigkeiten mit Kollegen

Die Klägerin begehrte von dem beklagten Landesamt ein Schmerzensgeld wegen der Verletzung der Fürsorgepflicht des Dienstherrn aufgrund von Mobbing. Die Klägerin rügte mangelnde Wertschätzung ihrer Lernwerkstatt und ihrer Person durch Kollegen, völlige Überraschung über eine Elternbeschwerde, da keine vorherigen Einzelgespräche oder Kontaktversuche der Elternvertreter stattgefunden hätten, Bloßstellung, Erniedrigung und Untergrabung ihrer Autorität durch die Verteilung eines Elternbriefs und Erstellen eines Stundenplans ohne ihr Wissen und eine krankmachende Arbeitsatmosphäre, die zu ihrer Erkrankung und Dienstunfähigkeit geführt habe. Als sie in Elternzeit war, wurde sie als »ehemalige« Mitarbeiterin auf der Homepage geführt, wohingegen andere Kollegen in Elternzeit aufgeführt worden seien. Fachliche und soziale Unterstützung sei ihr verweigert worden.

Das Gericht sah die Konflikte als berufliche Meinungsverschiedenheiten an, die auf unterschiedlichen Arbeitsweisen, Lernmethoden und Differenzen bei der Umsetzung schulischer Vorgaben beruhten und nicht das Ziel hatten, die Klägerin zu schikanieren und die im Berufsalltag auftreten können und mit denen eine ausgebildete Lehrkraft umgehen können müsse; zudem sei der Zeitraum von insgesamt acht Monaten derart kurz, dass ein systematisches und fortgesetztes Schikanieren kaum anzunehmen sei. Auch hätten sich die Klassenlehrerin und die Schule mehrfach für eigenes Fehlverhalten entschuldigt und vielfache Bemühungen und Gesprächsangebote entfaltet.

Zum Berufsbild einer Lehrerin gehöre es, sich fachlich und inhaltlich auseinanderzusetzen sowie mit Kritik und Beschwerden umzugehen. Die vom Beklagten eingeräumten Einzelfälle (interne E-Mail, Weiterleitung des Elternbriefs) seien nicht sachgerecht behandelt worden, aber sie begründeten keine fortgesetzte, systematische Schikane, da sie aus Unachtsamkeit und nicht willentlich erfolgt seien.

1536 **LAG Köln, Urt. v. 06.05.2022 – 10 Sa 560/21, unveröffentlicht**

0,00 € (Vorstellung: 59.000,00 €)

Die Klägerin behauptete, sie sei seit 2009 von Kollegen und Vorgesetzten fortwährend missachtet, stigmatisiert, ausgegrenzt und diskriminiert worden, etwa durch unzureichende Ankündigung der Wiedereingliederung im Jahr 2009, unsachgemäße Handhabung ihrer Telearbeit, eine unangemessene Verzögerung ihrer Leistungsbeurteilung im Jahr 2011 und das Versäumnis, gesundheitliche Probleme im Zusammenhang mit einem Hochleistungsdrucker zu berücksichtigen. Sie behauptete auch, es habe 2013 keine ordnungsgemäße Regelung für Bereitschaftsdienste und keine ordnungsgemäße Leistungsbeurteilung gegeben. Sie führte fortgesetztes diskriminierendes Verhalten ihres Vorgesetzten und zweier Kollegen sowie unzulässiges Verhalten des Personals der Beklagten während des langwierigen Betrieblichen Eingliederungsmanagements (BEM) an. Sie stellte fest, dass sie seit 2006 nicht mehr befördert worden sei und behauptete eine systematische Benachteiligung aufgrund ihres Alters und ihrer Behinderung. Das Gericht bewertete die Vorwürfe als »Kommunikationsversehen« und nicht als zielgerichtete Benachteiligungen; auch Differenzen in der Handhabung der Telearbeit oder bezüglich der »Gefahren« eines Druckers im Zimmer seien Ausdruck verschiedener betrieblicher Interessen, aber nicht einer schikanösen Behandlung der Klägerin.

1537 **BVerwG, Urt. v. 28.03.2023 – 2 A 12/21, unveröffentlicht**

0,00 € Vorstellung: 40.000,00 €

»Absolute Fehlbesetzung«

Die 63 Jahre alte Klägerin war beim beklagten Bund (BND) tätig und – nach 18 Jahren wiederholter Dienstunfähigkeit wegen Erkrankungen – vorzeitig in den Ruhestand versetzt. Sie verlangt ein Schmerzensgeld dafür, dass sie »gemobbt« worden sei, sie sei nicht amtsangemessen beschäftigt worden, ein Referatsleiter habe sie als »absolute Fehlbesetzung« bezeichnet. Das Gericht sah hierin keine gezielte Schikane; zwar sei die Wortwahl »unangemessen«, aber der Bezugspunkt sei allein in den Fehlzeiten der Klägerin gewesen. Die Beklagte sei diesem Gespräch seinerzeit auch nachgegangen und habe mitgeteilt, die Formulierung sei »unglücklich«, aber »kein böswilliger Angriff«. Dies, so das Gericht, hätte das Fehlverhalten zwar klarer benennen können, sei aber in der Sache richtig.

1538 **LAG Rheinland-Pfalz, Urt. v. 09.03.2017 – 2 Sa 440/16, unveröffentlicht**

2.500,00 €

Kündigung wegen Hepatitis C

Die Klägerin war bei der Beklagten als Dozentin für Heilpraktikerausbildung tätig. Die Beklagte kündigte ihr wegen einer Hepatitis-C-Infektion, da diese »dozenturbehindernd« sei. Das Gericht bewertete dies als Benachteiligung, für deren Entschädigung maßgebend sei, dass die Klägerin mit dem ihr verwehrten Zugang zur weiteren Ausübung ihrer Dozententätigkeit gerade die Ausgrenzung erfahren habe, die die Hepatitis-C-Erkrankung als Behinderung erscheinen lasse. Auch sei der Sanktionszweck der Norm zu berücksichtigen.

1539 **LAG Mecklenburg-Vorpommern, Urt. v. 10.06.2020 – 3 Sa 219/19, unveröffentlicht**

2.500,00 € (Vorstellung: 30.000,00 €)

Datenschutzverstöße gegenüber dem Arbeitnehmer

Die schwerbehinderte Klägerin geriet in Konflikte mit dem Vorgesetzten, als ein Kurantrag an einer nicht fristgerechten Bescheinigung scheiterte. Sie war im Nachgang in den neun Folgejahren wiederholt krank, teilweise nahezu das gesamte Jahr; es kam auch zu stationären Aufenthalten in einer psychotherapeutischen Anstalt. Es gab eine Vielzahl von Rechtsstreitigkeiten.

Vorliegend wurde als Verletzung des Persönlichkeitsrechts der Klägerin berücksichtigt, dass bei einer »Tischinfo«– unter Nennung des Namens der Klägerin – eine Verhaltensanweisung für Krankmeldungen im Betrieb vorgelegt worden war. Auch wurde sie aufgefordert, bei Urlauben Login und Passwort für andere Mitarbeiter offenzulegen. Als sie bei einem Bewerbungsgespräch nicht eingeladen wurde und in Gemäßheit einer Dienstvereinbarung zur Konfliktbewältigung dagegen vorgehen wollte, wurde dies ignoriert. Das Gericht bewerte dies als ein Verhalten, das »überwiegend im Bereich der interessenlosen Unterlassung von Maßnahmen zur Verbesserung der bekannten Belastungssituation der Klägerin auf der Grundlage der Konflikte mit ihrer unmittelbaren Vorgesetzten« liege; der Vorstellung lagen weitere, nicht bewiesene, Vorwürfe zu Grunde.

LAG Hamm, Urt. v. 11.06.2015 – 11 Sa 194/15, EzTöD 100 § 2 TVöD-AT Diskriminierung Geschlecht Nr. 12 1540

3.000,00 € (Vorstellung: 3.000,00 €)

Nichteinstellung wegen Familienstand

Die verheiratete Klägerin ist Verwaltungs- und Bürokauffrau und hat ein Kind. Sie erhielt bei dem beklagten Radiosender eine Absage; in den – zurückgesandten – Bewerbungsunterlagen fand sich hinter der Angabe »Verheiratet, ein Kind« der handschriftliche Zusatz »7 Jahre alt!«, beides war unterstrichen. Das Gericht wertete dies als Indiz, dass dieser Gesichtspunkt für die Nichtberücksichtigung der Klägerin bedeutsam war, und bejahte eine mittelbare Benachteiligung. Ein höherer Entschädigungsbetrag war angesichts des bezifferten Klageantrages, worauf der Senat ausdrücklich hinwies, nicht zu prüfen, auch wenn bei Nichteinstellung regelmäßig ein Betrag von drei Monatsgehältern (hier: 6.000,00 €) geschuldet sei.

LAG Köln, Urt. v. 17.01.2020 – 4 Sa 862/17, unveröffentlicht 1541

4.425,00 € (Vorstellung: 8.850,00 €)

Benachteiligung wegen des Geschlechts

Die Klägerin war als Rechtsanwältin bei dem Beklagten angestellt. Nach einer Fehlgeburt wurde ihr gekündigt; im Nachgang schrieb der Beklagte, dass sie für die zu besetzende Stelle (Dauerarbeitsplatz) nicht infrage komme, wenn ihre Lebensplanung schon beim Einstellungsgespräch gewesen sei, kurzfristig schwanger zu werden.

Bei der Bemessung des Anspruchs nach § 15 Abs. 2 AGG stellte das Gericht darauf ab, dass es sich um eine schwere und unmittelbare Benachteiligung der Klägerin wegen ihres Geschlechts handelte, zumal, weil der Beklagte als Rechtsanwalt im Bereich Arbeitsrecht hierum hätte wissen können. Auch sei zu berücksichtigen, dass der Beklagte uneinsichtig sei und sich »in seiner Ehre« verletzt fühlte, andererseits aber nur eine kleine Kanzlei betreibe.

LAG Rheinland-Pfalz, Urt. v. 04.12.2017 – 3 Sa 143/17, unveröffentlicht 1542

5.000,00 € (Vorstellung: 10.000,00 €)

Überwachung durch Detektei

Der Kläger wurde vom beklagten Arbeitgeber unzulässiger Weise über zwei Monate lang nahezu täglich detektivisch beschattet. Hierbei wurde zwar »nur« im öffentlichen Raum beobachtet, der Privatdetektiv drang aber auch mehrfach in den Privatbereich ein, indem er private Gespräche protokollierte.

1543 **LAG Berlin-Brandenburg, Urt. v. 23.06.2022 – 10 Sa 1418/21, FA 2022, 354**

5.000,00 €

Übersendung der Personalakte/Krankenakte

Die 19 Jahre alte Klägerin war beim beklagten Land tätig. In ihrer Personalakte wurden (so das Gericht) »Besinnungsaufsätze« gefertigt über ihre Konflikte mit Kollegen, auch wurden ihre Krankenzeiten (wegen psychischer Probleme) kommentiert. Diese mussten nach Einsicht entfernt werden. Bei der Anforderung der Personalakte durch eine andere Stelle, auf die sich die Klägerin beworben hatte, übersandte das Land vorwerfbar auch die Teilakte »Krank« mit. Dies begründete den Entschädigungsanspruch.

1544 **LAG Hamm, Urt. v. 15.03.2012 – 15 Sa 1424/11, unveröffentlicht**

5.500,00 €

Einschüchterungen und Erniedrigungen über ein Jahr

Der Kläger war seit 25 Jahren in leitender Position bei der Beklagten tätig. Im Arbeitsverhältnis der Parteien kam es zu Konflikten, weil der Kläger – nach einem Wechsel in der Firmenleitung – mit dem »Juniorchef« nicht klarkam; die Beklagte schuf über ein Jahr lang ein »betriebliches Umfeld, das durch Einschüchterung, Erniedrigung, Anfeindung und Entwürdigung des Klägers bestimmt war und dadurch sein Ansehen und seine Würde systematisch verletzte«. So wurden dem Kläger Aufgaben unterhalb seines Leistungsniveaus zugewiesen; bei Jubiläen wurde er übergangen. Der Kläger erhielt sieben unberechtigte Abmahnungen, auf Verbesserungsvorschläge zur Arbeit wurde mit Kommentaren wie »er habe immer etwas zu meckern« reagiert. Der Kläger entwickelte eine schwere Belastungs- und Anpassungsstörung, die chronifizierte. Es kam zu einer »Verbitterungssymptomatik« mit depressiven und vegetativen Begleitsymptomen. Das Gericht berücksichtigte auch eine »individuelle Vulnerabilität« des Klägers. Wegen Verletzung seiner Persönlichkeitsrechte wurde dem Kläger zunächst eine Entschädigung in Höhe eines durchschnittlichen Bruttomonatsentgelts zugesprochen (LAG Hamm, Urt. v. 18.11.2010, 15 Sa 455/10, unveröffentlicht). Nach Zurückverweisung vom BAG (Beschl. v. 18.08.2011 – 8 AZN 362/11) sprach der Senat vorliegend ein weiteres Schmerzensgeld von 2.000,00 € zu, weil es inzwischen beim Kläger zu psychischen Erkrankungen (Anpassungsstörung, depressive Verbitterungssymptomatik) gekommen sei.

1545 **LAG Schleswig-Holstein, Urt. v. 29.08.2019 – 5 Sa 375/öD/18, unveröffentlicht**

7.000,00 € (Vorstellung: 7.000,00 €)

Nichteinladung zum Vorstellungsgespräch

Der 62 Jahre alte schwerbehinderte Kläger bewarb sich auf eine Stelle bei der Beklagten und wurde entgegen § 165 S. 3 SGB IX nicht zum Vorstellungsgespräch eingeladen, obwohl er sogar höher qualifiziert war als für die Stelle erforderlich.

1546 **LAG Berlin-Brandenburg, Urt. v. 24.10.2019 – 10 Sa 704/19, unveröffentlicht**

7.000,00 € (Vorstellung: 20.000,00 €)

Umsetzung und Blockade bei der Arbeit

Die 43 Jahre alte Klägerin war bei der Beklagten als Unternehmenskommunikatorin tätig. Nach zwei Abmahnungen kündigte die Beklagte, wogegen die Klägerin erfolgreich gerichtlich vorging. In diesem Prozess äußerte der Geschäftsführer der Beklagten, er könne sich eine weitere Zusammenarbeit mit der Klägerin nicht vorstellen. Es kam danach zu mehreren Abmahnungen u.a. wegen Missachtung des Corporate Designs und Verwendung falscher Signaturen in Emails. Eine neuerliche Kündigung wurde wieder gerichtlich kassiert. Nach einem Urlaub war der Arbeitsplatz der Klägerin neu besetzt; der Klägerin wurde eine Tätigkeit im Bereich »Qualitätsmanagement« zugewiesen, jedoch wurde diese Zuweisung »verschwiegen«, keiner erhielt von ihrem Auftrag Mitteilung, auf

Organigrammen tauchte sie nicht auf, ein Türschild wurde erst auf mehrfache Bitte der Klägerin nach 4 Monaten angebracht. Sie wurde bei der Arbeit gegängelt und auf Internetrechercheaufgaben sowie Hilfsarbeiten (Erfassung von 1000 Fragebögen in einer Exceltabelle) beschränkt.

Das Gericht bewertete dies als Mobbing: Gerade die Zuweisung von Aufgaben, die Kommunikation und Austausch verlangten, wurde durch die Beklagte systematisch torpediert, indem sie die Klägerin ausgrenzte und im Betrieb nicht kenntlich machte. Bei der Bemessung wurde zwar das systematische Vorgehen der Beklagten, aber auch berücksichtigt, dass die Klägerin keine Auswirkungen über das Arbeitsverhältnis hinaus vorgetragen hatte.

ArbG Dresden, Urt. v. 19.12.2018 – 13 Ca 275/18, unveröffentlicht 1547

9.778,36 €

Benachteiligung eines Schwerbehinderten

Der Kläger wurde als Schwerbehinderter bei der Ausschreibung einer höher dotierten Stelle nicht berücksichtigt. Ob er tatsächlich die Stelle erhalten hätte, blieb unklar; das Gericht bemaß die Entschädigung nach § 15 Abs. 2 AGG mit drei Monatsgehältern unter Hinweis hierauf, aber auch auf das – vorwerfbare – Verhalten der Beklagten, die noch im Prozess behauptet hatte, es gehe dem Kläger »nicht darum, dass er als gleichgestellter behinderter Mensch in einem Auswahlverfahren benachteiligt worden sei.«

LAG Rheinland-Pfalz, Urt. v. 18.07.2017 – 8 Sa 411/15, unveröffentlicht 1548

10.000,00 € (Vorstellung: 10.000,00 €)

Körperliche Übergriffe über Monate

Der Kläger war Arbeiter in einem Kompostwerk und dem Beklagten, der dort Betriebsleiter war, unterstellt. Der Beklagte machte den Kläger »zur Zielscheibe«, schmierte ihm mehrfach heiße Currywurst ins Gesicht, drückte ihm ein Obstmesser in die Rippen und klebte ihm ein Panzerklebeband auf die behaarte Brust, welches er sodann mit einem Ruck schmerzhaft abriss. Außerdem schnitt er ihm Löcher ins Kopfhaar und rammte ihm einen Stoßdämpfer in die Rippen, verbunden mit der Aussage, er sei »der Chef« und könne »jeden loswerden«. Die Vorfälle gingen über Monate, für den Kläger war stets unvorhersehbar, was im Pausenraum als Nächstes passieren würde; er war den Vorfällen aus seiner Sicht machtlos ausgeliefert. Das Gericht wertete dies als völlig grundlose Schikane, die das Arbeitsklima für den Kläger nachhaltig belastete.

LAG Berlin-Brandenburg, Urt. v. 30.01.2020 – 10 Sa 933/19, unveröffentlicht 1549

10.000,00 €

Ausgrenzung am Arbeitsplatz

Die 57 Jahre alte Klägerin ist bei der Beklagten als Sekretärin für einen Prokuristen beschäftigt. Nach dessen Verrentung wurde sie umgesetzt und ihr Büro umgezogen. Als sie sich beim Geschäftsführer beschwerte, erhielt sie eine Abmahnung. Bei ihren Tätigkeiten wurde sie ausgegrenzt; der Kontakt zur Verwaltung wurde untersagt, Telefon und Outlook erhielt sie erst nach Nachfragen. Ihr Büro verblieb noch Monate in einem Flur, der ansonsten geräumt war. Zu Weihnachtsfeiern und Fußballschauen wurde sie nicht eingeladen. Eine Kündigung wurde vom Gericht kassiert. Die Entschädigung wurde mit 16 Monatsgehältern bemessen.

LAG Berlin v. 15.06.2021 – 7 Sa 185/21, LAGE Art 2 GG Persönlichkeitsrecht Nr 23 1550

10.000,00 € (Vorstellung: 40.000,00 €)

Zuweisung von Alibiaufgaben

Die Klägerin wurde zweimal je drei Monate lang nicht adäquat beschäftigt; ihr wurden konstruierte, vorgeschobene »Alibiaufgaben« zugewiesen, die offensichtlich ihrem Arbeitsplatz nicht entsprachen.

Auch wurde ihr Personalkennzeichen in »ZBV« (»zur besonderen Verwendung«) verändert und damit zum Ausdruck gemacht, dass sie nicht mehr in den normalen Tätigkeitsablauf eingebunden sei.

1551 **Arbeitsgericht Bremen-Bremerhaven, Urt. v. 22.03.2022 – 12 Ca 1204/21, unveröffentlicht**

15.000,00 € (Vorstellung: 50.000,00 €)

Hinausschikanieren – Einstellung der Gehaltszahlung

Die 46 Jahre alte Klägerin war als Krankenschwester und Vorsitzende des Gesamtbetriebsrates seit 10 Jahren bei der Beklagten tätig. Die Beklagten ergriffen innerhalb von weniger als einem Jahr mehr als 10 Maßnahmen, die auf Beendigung des Arbeitsverhältnisses abzielten, so eine fristlose Kündigung, eine Einstellung von Gehaltszahlung und der Ausspruch eines Hausverbots. Wiederholte Ankündigungen von Gehaltskürzungen, bewusst unrichtige Vorhalte von Arbeitszeitverletzungen und der in die Luft gestellte Vorwurf, die Klägerin würde sich »um ihre Kinder kümmern«, statt zu arbeiten, sowie diffamierende Äußerungen in arbeitsrechtlichen Verfahren (»sie muss weg« und Hinweise auf den Umstand, dass nicht alle Kinder den gleichen Kindsvater hatten) zermürbten die Klägerin. Berücksichtigt wurden insbesondere die Vielzahl der Maßnahmen, die innerhalb kürzester Zeit erfolgten und die die Klägerin stark unter Druck gesetzt haben und ihr keine Möglichkeit zum »Durchatmen« gelassen haben. Des Weiteren haben einige der Maßnahmen die Existenz der Klägerin tangiert und sie daher besonders stark getroffen.

1552 **LAG Rheinland-Pfalz, Urt. v. 13.03.2014 – 2 Sa 96/13, ArbR 2014, 393**

20.000,00 € (Vorstellung: 10.000,00 €)

Isolierung am Arbeitsplatz – Negieren eines arbeitsgerichtlichen Urteils – psychische Beschwerden

Der Kläger, der seit 25 Jahren bei dem Betrieb der Beklagten war, hatte sich erfolgreich arbeitsgerichtlich gegen seine Versetzung von der Lagerarbeit (Gabelstaplerfahrer) zur Nichteisenaufbereitungsanlage gewehrt. Gleichwohl wurde er – als einziger Mitarbeiter – in eine Halle versetzt, in der er allein und unter ständiger Beobachtung durch eine Videokamera Schrottteile sortieren musste, die ihm containerweise auf den Boden geschüttet wurden. Der Kläger, der schwerbehindert ist, muss diese Schrottteile mit einer Schaufel sortieren, was körperliche Beschwerden mit sich bringt. Er musste diese Tätigkeit ein Jahr ausüben. Der Kläger leidet aufgrund der Konfliktsituation unter einer depressiven Störung, Magenbeschwerden und Atemproblemen, die aus der psychischen Belastung resultieren.

Das Gericht – welches auf die Anschlussberufung des Klägers das erstinstanzliche Urteil, welches nur 2.500,00 € zugesprochen hatte, abänderte – führte aus, die Maßnahme sei zu Recht als Abstrafung und Schikane empfunden worden. Es sei die beharrliche und vorsätzliche Verletzung der Persönlichkeitsrechte des Klägers, die zu erheblichen psychischen Gesundheitsschäden geführt habe, durch eine Verdoppelung der Betragsvorstellung zu berücksichtigen.

1553 **OLG Saarbrücken, Urt. v. 27.05.2021 – 4 U 35/20, unveröffentlicht**

20.000,00 €

Unberechtigte Strafanzeige und dienstrechtliche Maßnahmen

Der Kläger war Polizeibeamter im Dienst des beklagten Landes. Gegen ihn wurde – obwohl erkennbar war, dass die Vorwürfe keine Substanz hatten – wegen versuchten Betruges (Vortäuschen eines Dienstunfalls) ermittelt. Die Beklagte veranlasste auch dienstrechtliche Maßnahme (Entbinden von Aufgaben). Der Vorgang geriet in die Presse. Durch die unberechtigte Strafanzeige, Funktionsentbindung und Disziplinarmaßnahmen sowie die Herabsetzung in der Öffentlichkeit erlitt der Kläger psychische Beeinträchtigungen, die seine vorzeitige Ruhestandsversetzung mitbedingten. Bei der Bemessung wurde die Beeinträchtigung gerade als Polizeibeamter, für den Gesetzestreue und Nichtbegehung von Straftaten nach dem beruflichen Selbstverständnis und dem geleisteten Amtseid von hoher Bedeutung sind, berücksichtigt.

VG Halle (Saale), Urt. v. 27.03.2019 – 5 A 519/16 HAL 1554

23.000,00 € (Vorstellung: 12.000,00 €)

Umsetzung und Zuweisung eines ungeeigneten Büros

Die Klägerin, die bei der Stadt als Verwaltungsoberrätin beschäftigt war, wurde im Rahmen einer Umstrukturierung, während derer sie erkrankt war, umgesetzt. Während ihrer Abwesenheit wurde das Büro umgezogen – es lag im Dachgeschoss und war nur eingeschränkt begehbar. Die Klägerin wehrte sich in zwei Instanzen erfolgreich gegen die Umsetzung und musste gegen die Beklagte Vollstreckungsmaßnahmen einleiten. Nach Pressemitteilung über den Prozess nahm der Personalrat der Beklagten mittels einer auf der Website dargestellten Mitteilung Stellung und führte u.a. aus, was nicht zur Verhandlung vor Gerichten stehen würde, sei die auf der Strecke bleibende Moral. Sich über Monate bei voller Besoldung als Chefjuristin in der Verwaltung in »Krankheit« zu flüchten, weil man persönlich der Ansicht sei, arbeitsseitig unterfordert zu sein, solle man den fleißigen Beschäftigten einmal zu erklären versuchen. Wenn die persönlichen Befindlichkeiten Schule machen würden, so sehe es in den öffentlichen Verwaltungen nicht nur bei der Beklagten traurig aus. Das Gericht bewertete Umsetzung und »schlichtes Ignorieren« des Prozessergebnisses als »Schikane«. Die Bemessung erfolgte mittels einer monatlichen Bemessung (500,00 €/Monat).

LAG Rheinland-Pfalz, Urt. v. 05.06.2014 – 2 Sa 294/13, unveröffentlicht 1555

25.000,00 € (Vorstellung: 36.000,00 €)

Keine Zuweisung von Aufgaben für zwei Jahre

Der Kläger war als Manager Logistics bei der Beklagten tätig. Ihm wurden, nachdem es zum Streit gekommen war, zwei Jahre lang überhaupt keine Aufgaben zugewiesen, obwohl der Kläger mehrfach darum gebeten hatte. Gleichwohl wies die Beklagte den Kläger an, sich für die gesamte Arbeitszeit täglich im Betrieb aufzuhalten. Das Gericht bewerte dies als besonders schweren Eingriff, dem keine sachlichen Erwägungen zugrunde lagen, und das sich als reine Herabwürdigung und »Vorführung« im Betrieb darstelle.

2. Stalking

▶ Hinweis:

Das Recht tat sich schwer mit der Einordnung von Nachstellungen, die gemeinhin als »Stalking« bezeichnet werden. Vereinzelt fanden gerichtliche Klarstellungen statt, so etwa, dass Stalking in seiner Gesamtheit einen tätlichen Angriff i.S.d. § 1 OEG darstellen könne (LSG Bremen, Urt. v. 22.06.2006 – L 13 VG 7/05, VersorgVerw 2007, 23 ff.) oder dass der Straftatbestand einer Körperverletzung auch im Fall von »Psychoterror« erfüllt sein kann (LG Bochum, Urt. v. 25.03.2006 – 14 Ns 63 Js 885/03, unveröffentlicht; AG Rheinbach, Urt. v. 09.03.2005 – 15 Ds 332 Js 206/04 – 519/04, Streit 2005, 126 ff. (intensive Belästigung durch persönliche Präsenz und versuchte Telefonkontakte, weswegen beim Opfer psychische und dann auch körperliche Krankheitssymptome auftraten)). Bei Vorliegen der Voraussetzungen war auch eine Strafbarkeit nach §§ 1, 4 GewSchG möglich (AG Flensburg, Urt. v. 20.04.2004 – 42 Cs 112 Js 25223/02 [4/03], Streit 2005, 124 ff.). Der BGH (BGH, Beschl. v. 14.07.2004 – 2 StR 71/04, RuP 2005, 85 f.). hat klargestellt, dass ein »Stalker« trotz Vorliegens einer psychischen Störung nicht schon vermindert schuldfähig sein muss.

Mit dem Gesetz zur Strafbarkeit beharrlicher Nachstellungen (BGBl. I, S. 354 v. 22.03.2007) ist Stalking, also das Verfolgen, Belästigen oder Terrorisieren eines Mitmenschen, als »Nachstellung« mit Wirkung zum 31.03.2007 zum Straftatbestand des § 238 StGB geworden.

LG Flensburg, Beschl. v. 03.01.2011 – 1 T 69/10, unveröffentlicht 1556

<u>1.000,00 €</u> (Vorstellung: 2.000,00 €)

Nachstellungen und Beleidigungen

Der Antragsgegner bezeichnete die Beklagte als »hässlich und fett wie eine Kuh«, stellte ihr aber gleichwohl mehrfach in der Öffentlichkeit nach und sprach sie dort auch an.

1557 **OLG Karlsruhe, Urt. v. 15.10.2014 – 7 U 96/14, unveröffentlicht**

<u>1.000,00 €</u>

Wiederholte aufdringliche Kontaktaufnahme

Die Klägerin wurde von dem Beklagten, ihrem Ex-Partner, wiederholt mit Schreiben und Nachrichten aufdringlich bedrängt. Angesichts eines bereits bestehenden Kontaktverbots werte das Gericht dies als von nachstellendem Charakter, wenngleich zu berücksichtigen sei, dass die Klägerin sich zunächst gegen die neuerliche Kontaktanbahnung nach dem Ende der Beziehung nicht gewehrt habe.

1558 **AG Köln, Urt. v. 08.07.2005 – 263 C 509/04, unveröffentlicht**

<u>1.700,00 €</u> (Vorstellung: mindestens 1.000,00 €)

Telefonterror

Die 55 Jahre alte Beklagte hatte sich auf eine Zeitungsannonce gemeldet, wurde aber vom Inserenten verschmäht. Sie rächte sich, indem sie diesen am Telefon beleidigte und jahrelang telefonisch belästigte und aufs Übelste beschimpfte. Nachdem sie wegen Beleidigung und Körperverletzung zu 40 Tagessätzen von 40,00 € (1.600,00 €) verurteilt worden war, forderte der Kläger ein angemessenes Schmerzensgeld. Die Beklagte wurde verurteilt, an den Kläger ein Schmerzensgeld i.H.v.rd. 700,00 € und je 500,00 € an 2 gemeinnützige Organisationen zu zahlen.

1559 **AG Tiergarten, Urt. v. 11.12.2018 – (278 LS) 284 Js 118/18 (14/18), unveröffentlicht**

<u>3.000,00 €</u>

Ungeschützter Vaginalverkehr

Der Angeklagte lernte die 20 Jahre alte Adhäsionsklägerin übers Internetkennen. Sie trafen sich, und es kam zum Geschlechtsverkehr, vor welchem die Adhäsionsklägerin mehrfach darauf verwies, nur mit Kondom verkehren zu wollen. Der Angeklagte streifte das Kondom heimlich ab und ejakulierte in der Klägerin. Diese war psychisch sehr betroffen und in großer Angst vor Schwangerschaft, einer HIV-Infektion oder sonstiger sexuell übertragbarer Krankheiten. Sie leidet unter Schlafstörungen, scheut den Kontakt zu Männern und den Besuch von Partys, außerdem litt sie eine Zeit lang unter Berührungsängsten.

1560 **LG Oldenburg, Urt. v. 20.02.2006 – 4 O 3620/04, unveröffentlicht**

<u>4.000,00 €</u> (Vorstellung: 5.000,00 €)

Schlagen und Würgen durch Mitschüler

Der Kläger, ein Schulkind, wurde ca. 2 Monate lang täglich jeweils in den großen Pausen von den Beklagten heftig geschlagen und sodann am Hals gewürgt. Er bekam regelmäßig keine Luft mehr und hatte Angst, dass er sterben würde. Anschließend kam es noch zum sog. »Freischlagen«, wobei die Beklagten den Kläger an den Armen festhielten und die umstehenden Mitschüler aufforderten, den Kläger zu schlagen, was regelmäßig von bis zu zehn Mitschülern wahrgenommen wurde.

Bei dem Kläger stellte sich eine reaktive depressive Verstimmung und Angsterkrankung sowie eine Harnentleerungsstörung ein. Angesichts dieser erheblichen psychischen Beeinträchtigung des Klägers besteht auch zukünftig medizinischer und psychologischer Behandlungsbedarf.

LG Bochum, Urt. v. 23.03.2006 – 14 Ns 63 Js 885/03, unveröffentlicht 1561

4.600,00 €

5 Jahre Stalking-Verhalten

Der Tatbestand der vorsätzlichen Körperverletzung ist erfüllt, wenn der Täter entgegen einem gerichtlichen Kontaktverbot ein Zusammentreffen mit seinem Opfer herbeiführt und ihm dadurch starke psychische Schäden zufügt. Die Tat des Angeklagten ist in ein Gesamtgeschehen eingebettet, das man als 5 Jahre lang währendes Stalking-Verhalten des Angeklagten ggü. der Nebenklägerin bezeichnen muss.

Ein Zivilprozess der Nebenklägerin gegen den Angeklagten wurde mit einem Vergleich beendet, in dem sich der Angeklagte zur Zahlung von 4.600,00 € als Schmerzensgeld und Schadensersatz verpflichtete.

Narben

▶ Hinweis:

Narbenbildungen nach Amputationen werden nicht dargestellt, weil die Amputation derart im Vordergrund steht, dass die Narbenbildung dahinter völlig zurücktritt. Es gibt schließlich keine Amputation ohne Narbenbildung.

OLG Hamm, Urt. v. 06.06.2016 – 6 U 203/15, unveröffentlicht 1562

1.500,00 € (Mitverschulden: 1/2; Vorstellung: 12.500,00 €)

Narben nach Operation einer Ellenbogenfraktur

Die Beklagte trat in einem Supermarkt, in dem beide Parteien einkauften, einen Schritt zurück und stieß mit der Klägerin zusammen. Die Klägerin stürzte und zog sich eine Fraktur des Ellenbogens zu. Sie wurde 2 x operiert, die 1. Operation hatte einen 6 Tage dauernden Krankenhausaufenthalt zur Folge, die 2. Operation erfolgte ambulant. Es entstand eine sehr schmale und nur aus der Nähe sichtbare Narbe am Arm von 10 cm. Einschränkungen beim Sport und beim Autofahren waren 8 bzw. 2 Wochen nach den Operationen gegeben.

Die Beklagte hatte vorprozessual bereits 2.800,00 € auf das Schmerzensgeld gezahlt, sodass der Klägerin kein weiterer Anspruch zugesprochen wurde.

LG Köln, Urt. v. 11.02.2015 – 25 O 350/11, unveröffentlicht 1563

2.000,00 € (Vorstellung: 60.000,00 €)

Narbe – Rotatorenmanschette – Operationserweiterung

Der Beklagte nahm bei der 48 Jahre alten Klägerin ohne entsprechende Aufklärung und Einwilligung eine Operationserweiterung zur Versorgung der Rotatorenmanschette vor. Der Eingriff war nicht dringlich und führte zu einer Verzögerung des Heilungsverlaufs von 6 Wochen und zu einer Narbe. Weitere nachteilige Folgen entstanden für die Klägerin nicht.

OLG Köln, Urt. v. 09.03.2015 – 5 U 36/15, VersR 2017, 621 1564

2.000,00 € (Vorstellung: 20.000,00 €)

4 cm Narbe – Schulterarthroskopie

Die 49 Jahre alte Klägerin stürzte auf einer Treppe. Ohne entsprechende Aufklärung stieg der operierende Arzt auf ein offenes Verfahren um und erweiterte die Operation um eine Naht der Supraspinatussehne. Die Beschwerden der Klägerin wurden dadurch um einige Wochen verlängert. Zurück blieb eine 4 cm lange Narbe.

1565 **LG Münster, Urt. v. 14.09.2016 – 10 O 43/15, unveröffentlicht**

2.000,00 € (Vorstellung: 3.500,00 €)

Schleimbeutelentzündung im Knie – Schürfwunde – Prellung – Narben

Die Klägerin stürzte und zog sich dabei eine Schürfwunde und schmerzhafte Prellungen zu. Im Knie kam es zu einer Schleimbeutelentzündung die zwei Monaten behandelt wurde. Am Knie ist eine Narbenbildung deutlich sichtbar.

1566 **LG Frankfurt, Urt. v. 07.06.2018 – 2–01 S 118/17, unveröffentlicht**

2.000,00 € (Vorstellung: 2.000,00 €)

Fleischwunde am Knie – Narbe

Der Kläger erlitt als Motorradfahrer Verletzungen an Bein und Knie, sodass eine Narbe zurückblieb. Eine kurze ärztliche Behandlung reichte aus.

Der Umstand, dass der Kläger keine Schutzkleidung trug, führte nicht zum Vorwurf eines Mitverschuldens.

1567 **LG Bonn, Urt. v. 19.06.2015 – 9 O 234/14, NJW 2015, 3461**

2.500,00 € (Vorstellung: 4.000,00 €)

Narbe nach Wärmebehandlung durch einen Heilpraktiker

Die Beklagte ist zugelassene Heilpraktikerin. Der 56 Jahre alte Kläger begab sich wegen Spannungsschmerzen an beiden Augen, geschwollenen Augenunterlidern und Heuschnupfen in deren Behandlung. Er unterzeichnete den Hinweis, dass es bei einer Behandlung durch Moxabustion (Wärmebehandlung) in seltenen Fällen zu Brandblasen kommen kann. Die Beklagte führte eine ganzkörperliche Moxabustion durch und setzte eine Moxabustionsnadel mit Kräuterextrakten am Bein oberhalb des Sprunggelenks. Bei der Moxabustion verglimmen kleine Mengen von getrockneten, feinen Beifußfasern (Moxa) auf oder über bestimmten Therapiepunkten. Den traditionellen chinesischen Lehren zufolge wirkt die Hitze auf den Fluss des Qi in den darunter liegenden Leitbahnen (Meridiane) ein. Während der Moxabustion beaufsichtigte die Beklagte den Kläger nicht durchgehend.

Der Kläger hat durch diese Behandlung oberhalb des Sprunggelenks eine 2 x 3 cm große Narbe davongetragen. Sie ist von einer Brandblase mit einem schwierigen Heilungsverlauf verursacht worden. Die Behandlung durch die Beklagte war aufgrund unzureichender Aufklärung rechtswidrig. Der Beklagten sind zwei grobe Behandlungsfehler unterlaufen.

1568 **OLG München, Urt. v. 12.12.2018 – 20 U 1474/18, RuS 2019, 288**

2.500,00 € (Mitverschulden: 3/4; Vorstellung: mindestens 15.000,00 €)

Weichteildefekt am Handrücken – Verletzung des Fingerstreckers – Nervenläsion – Narben

Der Mischlingshund der Klägerin und der Hund des Beklagten, eine Old-English-Bulldogge, beide nicht angeleint, gerieten aneinander. Die Klägerin fasste in das Geschehen, wurde in die Hand gebissen und erlitt einen großen Weichteildefekt am Handrücken, eine Verletzung des Fingerstreckers und eine Nervenläsion. Es musste Haut vom Oberschenkel transplantiert werden, es trat eine Heilungsverzögerung auf. Die stationäre Behandlung dauerte fast zwei Wochen.

Die Klägerin hat Dauerschäden erlitten, es bestehen Bewegungseinschränkungen, der Faustschluss ist eingeschränkt, die Feinmotorik ist gestört und eine Narbe am Grundgelenk des Kleinfinders ist verhärtet.

1569 **LG Paderborn, Urt. v. 06.12.2021 – 4 O 545/20, unveröffentlicht; bestätigt durch OLG Hamm, Urt. v. 16.09.2022 – I-11 U 11/22, NJW-RR 2023, 240**

2.500,00 € (Vorstellung: 3.500,00 €)

Verletzung Mittelfinger – Funktionsstörungen Hand – Narben

Die Klägerin verletzte sich, als sie sich einen Schaschlik-Spieß in den Mittelfinger stach, wobei die Spitze des Holzspießes abbrach. Bei einer Revision wurde festgestellt, dass ein Holzsplitter in der Wunde zurückgeblieben war. Dieser Behandlungsfehler führte zu einer ausgedehnten Narbenbildung, wodurch es zu einer Bewegungseinschränkung in Form einer Beuge- und Streckhemmung, zu einer eingeschränkten Fingerbelastbarkeit, zu einer Kraftminderung des Mittelfingers sowie Sensibilitätsstörungen und im Ergebnis zu einer Funktionsstörung der gesamten linken Hand kam. Der Finger ist wetterfühlig, was auch zu Schmerzen führt.

Vergleichbare Entscheidungen werden nicht benannt.

AG Frankenthal, Urt. v. 07.07.2016 – 3a C 66/16, unveröffentlicht 1570

2.700,00 €

Narben nach Hundebiss in den Unterarm

Die Klägerin war in einer Tierarztpraxis beschäftigt und absolvierte eine Ausbildung zur tiermedizinischen Fachangestellten. Bei dem Versuch, eine Rottweilerhündin auf dem Röntgentisch zu drehen, wurde sie gebissen. Sie erlitt eine Riss-Quetschwunde am Unterarm sowie eine Hyposensibilität im Bereich des Versorgungsgebietes des Nervus cutaneus antebrachii medialis. Der operative Eingriff verlief komplikationslos. Die Wunde wurde mit 7 Stichen genäht. Es blieb eine deutlich sichtbare Narbe zurück. Die Beeinträchtigungen erstreckten sich über 3 Monate.

OLG Hamm, Urt. v. 03.02.2015 – 9 U 91/14, NJW-RR 2016, 97 = MDR 2015, 511 1571

3.000,00 € (Vorstellung: 3.000,00 €)

Narben nach Hundebiss ins Gesicht

Die Klägerin begegnete als Hundeführerin der Beklagten, die drei Hunde ausführte, die nicht zu den kleineren Rassen zählen, sogenannte Rudelführung. Diese sprangen die Klägerin an und verletzten sie. Die Klägerin erlitt Verletzungen im Gesicht, trug eine Narbe unter dem Auge davon und litt fortan unter psychischen Beeinträchtigungen.

OLG Hamburg, Urt. v. 01.06.2016 – 1 U 141/15, unveröffentlicht 1572

3.000,00 €

Mangels Aufklärung rechtswidrige Hauttransplantation – 27 cm lange Narbe

Mangels hinreichender Aufklärung wurde beim Kläger eine Hauttransplantation vorgenommen. Die Operation dauerte mehr als 5 Stunden. Zurück blieb eine 27 cm lange Narbe, die inzwischen sehr schmal und dezent erscheint und derzeit vom Resthaar mühelos überdeckt werden kann.

LG Essen, Urt. v. 09.08.2013 – 19 O 233/11, unveröffentlicht 1573

4.000,00 € (Vorstellung: 10.000,00 €)

Wulstiges Narbengewebe nach Entfernung eines Tattoos

Die Klägerin ließ ein auf ihren Rücken aufgebrachtes Tattoo durch eine schmerzhafte und neuartige »OSC-Behandlung«, über deren Risiken sie nicht aufgeklärt wurde, entfernen. Dadurch kam es zu einer wulstigen Narbe.

Die Narbe befindet an einer exponieren Stelle auf dem Rücken liegt und ist beim Tragen von luftiger Kleidung deutlich zu sehen und gegenüber der vorherigen Tätowierung optisch wesentlich auffälliger. Kein höheres Schmerzensgeld, weil die Klägerin den Grund für die Behandlung, die vorherige Tätowierung, selbst geschaffen hat und sich dabei bewusst sein musste, dass die Entfernung einer Tätowierung mit Risiken verbunden ist.

1574 **AG Nürnberg, Urt. v. 13.11.2015 – 22 C 134/14, unveröffentlicht**

4.000,00 €

Mehrere 1 cm lange Narben im Gesicht einer sehr jungen Frau

Die noch sehr junge Klägerin wurde in einer Bäckerei ohnmächtig und stürzte in eine senkrecht angebrachte Glasscheibe, die nicht aus bruchfestem Sicherheitsglas bestand. Diese zerbrach in mehrere große Scherben und verletzte die Klägerin unterhalb der Lippe. Noch nach zwei Jahren waren mehrere 1 cm große Narben im Gesicht der Klägerin deutlich sichtbar.

1575 **LG Freiburg, Urt. v. 22.12.2017 – 6 O 186/17, unveröffentlicht**

6.000,00 €

Faustschlag ins Gesicht – Kieferhöhlen-Jochbein-Fraktur – Narben

Nach einem vorsätzlich ausgeführten Faustschlag ins Gesicht erlitt der jugendliche Kläger eine Fraktur des sinus maxilaris und eine Kieferhöhlen-Jochbein-Fraktur verbunden mit schmerzhaften Schwellungen. Eine Nachoperation zur Entfernung von Narbengewebe wurde erforderlich.

1576 **LG Kaiserslautern, Urt. v. 19.06.2019 – 3 O 639/19, unveröffentlicht**

7.000,00 € (Mitverschulden: 3/10)

Narben im Gesicht – Kopfverletzungen – Gesichtsverletzungen

Die Klägerin erlitt bei einem Sturz in der Schule massive Kopfverletzungen, eine Schnittwunde von der Nase über die Nasolabialfalte sowie eine massive Risswunde im oberen Stirnbereich, knapp unterhalb des Haaransatzes. Sie wurde 4 Tage stationär behandelt, die Nasenspitze wurde rekonstruiert, die Schnitt- und Risswunden wurden genäht. Es verblieben Narben im Gesicht.

1577 **OLG Bamberg, Urt. v. 26.10.2016 – 5 U 137/16, unveröffentlicht**

8.000,00 €

Schienbeinfraktur – Mehretagenfraktur Wadenbein – drittgradiger Weichteilschaden im Unterschenkel – Narben

Der 6 Jahre alte Kläger erlitt bei einem Verkehrsunfall eine distale Schienbeinfraktur, eine Mehretagenfraktur des Wadenbeins und einen Weichteilschaden im Unterschenkel. Er wurde operiert und 11 Tage stationär behandelt. Eine weitere Operation steht dem Kläger noch bevor. Das Gericht will berücksichtigt haben, dass ein 6 Jahre alter Junge unter einem Krankenhausaufenthalt besonders leidet, dass Narben zurückbleiben und dass Dauerschäden in Form von Arthrose eintreten werden.

1578 **OLG Koblenz, Urt. v. 29.06.2015 – 12 U 948/14, unveröffentlicht**

15.000,00 €

Narben – Weichteilverletzungen – Oberschenkelschaftfraktur – Unterschenkelfraktur – Fuß

Der 8 1/2 Jahre alte Kläger erlitt bei einem Unfall eine offene mehrfragmentäre Oberschenkelschaftfraktur und ein ausgedehntes Weichteildekollement des gesamten linken Beins und Fußes. Er wurde 2 Monate stationär behandelt und war 3 Wochen in einer Rehabilitation.

Als Dauerfolgen verblieben eine geringe Fehlstellung der Oberschenkelfraktur, eine funktionelle Außenrotationsstellung des Unterschenkels und Fußes mit disharmonischem Gangbild, ausgedehnte Weichteildeformitäten und Narben.

1579 **BGH, Beschl. v. 09.06.2016 – 2 StR 555/15, unveröffentlicht**

15.000,00 € und 7.000,00 €

Narben nach Schnittverletzungen am Unterarm – Vergewaltigung –

Das Landgericht hat den Angeklagten I. u.a. wegen schwerer Vergewaltigung zu einer Freiheitsstrafe von sieben Jahren und acht Monaten verurteilt. Ferner hat es ihn verurteilt, an die Neben- und Adhäsionsklägerin als Gesamtschuldner mit den nicht revidierenden Angeklagten O. und A. ein Schmerzensgeld in Höhe von 7.000,00 € sowie als Gesamtschuldner mit dem nicht revidierenden Angeklagten O. ein weiteres Schmerzensgeld in Höhe von 15.000,00 € zu zahlen.

Bei der Bemessung des Schmerzensgeldes hat die Strafkammer das Zurückbleiben einer knapp 5 cm langen Narbe am Unterarm der Nebenklägerin als einer leicht einzusehenden Stelle als schmerzensgelderhöhend gewertet, wodurch sie auch künftig an die Tat erinnert werden wird.

KG, Urt. v. 03.05.2018 – 20 U 234/13, unveröffentlicht 1580

<u>15.000,00 €</u>

Narbe von Ohr zu Ohr

Die Klägerin behielt nach einer rechtswidrigen Schönheitsoperation trotz zweier hierdurch erforderlicher Korrekturoperationen verschiedene Narben am Kopf unter dem Haar, von denen die längste 24 cm lang ist und nur von eine lichten Haarlinie bedeckt wird. Wegen einer psychischen Erkrankung (körperdysmorphe Symptomatik) leidet die Klägerin besonders stark unter den Narben, von denen eine von Ohr zu Ohr reicht und nicht voll durch Haar verdeckt wird. Ebenfalls wurde die Prozessdauer von 6 Jahren erhöhend berücksichtigt.

LG Aachen, Urt. v. 24.05.2017, 11 O 48/16, unveröffentlicht 1581

<u>18.000,00 €</u> (Vorstellung: 15.000,00 €)

Große Bauchnarbe – Appendicitis —Dickdarm – Stuhlfistel – Peritonitis

Bei der 52 Jahre alten Klägerin wurde eine akute Appendicitis nicht rechtzeitig erkannt. Danach lagen neben der akuten Appendicitis eine Perforation des Colons-Aszendens, eine Bauchfellentzündung und eine Stuhlfistel vor. Nach einer offenen Operation stellte sich ein Platzbauch ein, das Abdomen wurde revidiert. Die Klägerin war 3 1/2 Monate arbeitsunfähig.

Ohne den groben Befunderhebungsfehler des Beklagten wäre die Klägerin nach zwei bis zweieinhalb Wochen wieder arbeitsfähig gewesen, ohne dass bleibende Beeinträchtigungen der Verdauung zurückgeblieben wären. Es wäre nicht zu einer Entzündung des Dickdarms gekommen und es hätten nicht Teile des Dickdarms entfernt werden müssen. Auch wäre es nicht zu einer lokalen Peritonitis gekommen und der Klägerin wäre eine große Bauchnarbe erspart geblieben.

OLG Karlsruhe, Urt. v. 15.07.2015 – 13 U 166/14, unveröffentlicht 1582

<u>20.000,00 €</u> (Vorstellung: 40.00000 €)

Narben – Knieversteifung nach Knietotalendoprothese

Der 76 Jahre alte Kläger hatte vor 30 Jahren beim Fußballspielen eine Trümmerfraktur des Tibiakopfes mit Gelenkbeteiligung erlitten. Er sollte eine Knie-TEP erhalten. Vor der Operation wurde er nicht darüber aufgeklärt, dass es in seltenen Fällen bei einer Verletzung der arteria oder vena poplitea zu einer Amputation des Beins oder zu einer Versteifung des Kniegelenks kommen könnte. Das Risiko der Gefäßverletzung verwirklichte sich und es kam zu einem Kompartmentsyndrom im Unter- und Oberschenkel. Postoperativ kam es zu Wundheilungsstörungen. Die stationäre Behandlung dauerte 6 1/2 Wochen, die Rehabilitationsmaßnahme 2 1/2 Wochen.

Das Kniegelenk ist fast komplett eingesteift, der ästhetische Zustand aufgrund des Narbenbildes ist »katastrophal«.

LG Neuruppin, Urt. v. 22.12.2018 – 1 O 14314, unveröffentlicht bestätigt durch OLG Brandenburg, Urt. v. 16.04.2019 – 3 U 8/18, DAR 2020, 25 1583

<u>20.000,00 €</u> (Mitverschulden: 1/3: Vorstellung: 135.543,30 €)

Unterarmfraktur beiderseits – multiple Bissverletzungen an den Unterarmen und am Unterschenkel – Nerven zerfetzt – Handgelenksverletzungen – Narben

Die 63 Jahre alte Klägerin erlitt eine zweigradige offene Unterarmfraktur beiderseits mit multiplen Bissverletzungen an beiden Unterarmen und an einem Unterschenkel sowie knöcherne und Nerven zerfetzende Handgelenksverletzungen. Die Verletzungen sind teilweise vernarbt. Als Dauerschäden verblieben:

Eine kosmetische Entstellung des Unterarmes, eine fast vollständig aufgehobene Umwendebeweglichkeit eines Unterarmes, eine Unbeweglichkeit des Handgelenks, der Langfinger und des Daumens. Ferner eine Bewegungseinschränkung des Handgelenkes und Narben am Unterarm. Es verblieb auch ein langstreckiger Defekt im Bereich des linken Wadenbeines nach Knochenspanentnahme mit ausgeprägter Narbenbildung im Bereich des linken Unterschenkels mit optisch sichtbarer Defektstrecke.

Schließlich leidet die Klägerin unter einer chronifizierten Agoraphobie mit Panikstörung, wobei auch klaustrophobe Aspekte sowie Elemente einer spezifischen Phobie in der Nähe größerer Hunde auftreten.

1584 **OLG Hamburg, Urt. v. 08.11.2019 – 1 U 155/18, NZV 2020, 529 = NJW-Spezial 2020, 11 = SVR 2020, 220**

20.000,00 € (Mitverschulden: 1/3; Vorstellung: 20.000,00 €)

Luxationsfraktur Ellenbogen – Fraktur Mittelhandknochen – Radiusköpfchenfraktur – Narben

Die Klägerin erlitt als Radfahrerin bei einem Zusammenstoß mit einem Hund eine komplexe dorsale Luxationsfraktur (rückwärtiger Bruch mit Ausrenkung) des Ellbogens, Typ II nach Jupiter, mit einer Olecranonfraktur (Bruch des Ellbogens), eine dislozierte Fraktur (verschobener Bruch) des ersten Mittelhandknochens (Daumenschaft) und einer Radiusköpfchenfraktur (Bruch des oberen Endes der Speiche) sowie einem Abriss des Processus coronoideus (Knochenvorsprung der Elle).

Es waren zahlreiche Operationen erforderlich. Der Daumen wurde dreimal, der Ellenbogen sechsmal operiert. Die stationäre Behandlung dauerte insgesamt 32 Tage. Danach folgten zahlreiche ambulante Behandlungen. Die Behandlungen waren mit erheblichen Schmerzen (Schmerztherapie) verbunden. Es sind sichtbare Narben vor allem am Arm verblieben. Ein Dauerschaden besteht am Ellbogen (Sensibilitätsstörungen, Streckdefizit von 30 Grad, ein Beugedefizit von 20 Grad) und am Daumen (Taubheitsgefühl, Druckschmerz, Beugungseinschränkung 10 Grad). Die MdE beträgt 20 %.

1585 **LG Kiel, Urt. v. 12.06.2020 – 8 O 80/16, unveröffentlicht**

22.500,00 € (Mitverschulden: 1/4)

Narben – Schuss in den Bauch

Beim Versuch, den Kläger festzunehmen, schoss eine Polizeibeamtin und traf den Kläger seitlich links im mittigen Bauchbereich, nicht frontal. Der Schusskanal im Körper des Klägers verlief von oben links nach unten rechts. Der Kläger wurde 4-mal operiert und befand sich 6 Wochen in stationärer Behandlung.

Im Bauchbereich sind große Narben verblieben. Der Kläger leidet an rezidivierenden Narbenschmerzen und inneren Bauchbeschwerden mit erheblichen Abführschwierigkeiten. Er muss starke Schmerzmittel einnehmen und ist in schmerztherapeutischer Behandlung.

1586 **OLG Karlsruhe, Urt. v. 18.09.2019 – 7 U 24/19, unveröffentlicht**

25.000,00 € (Mitverschulden: 1/2; Vorstellung: 50.000,00 €)

Narben nach Hundebiss in die Hand – Mittelhandfraktur – Gehirnschlag – Lungenembolie

Es kam zum Kampf zwischen den Hunden der Parteien. Die Klägerin wurde in die Hand gebissen und erlitt eine Mittelhandfraktur. Dadurch verursacht erlitt sie einen Schlaganfall und eine Lungenembolie. Das LG Mannheim sprach der Klägerin das Schmerzensgeld in Höhe von 50.000,00 € zu, der Senat halbierte den Betrag wegen der von beiden Hunden ausgehenden Tiergefahr

OLG Koblenz, Urt. v. 21.07.2015 – 5 U 370/15, VersR 2016, 262 = MedR 2016, 195 = RuS 2016, 104 1587

37.500,00 € (Vorstellung: 57.500,00 €)

Narben – Ulnarschaftsfraktur – Radiusköpfchen-Dislokation

Ein fast 7 Jahre alter Junge stürzte und zog sich eine Ulnarschaftsfraktur und eine Radiusköpfchen-Dislokation zu, die infolge eines groben Behandlungsfehlers übersehen wurde. Dadurch verheilte die Elle in Fehlstellung, die durch einen Revisionseingriff beseitigt werden sollte. Die persistierenden Bewegungseinschränkungen machten danach noch zwei weitere Operationen erforderlich, ohne dass ein befriedigendes Ergebnis erzielt wurde.

Das Ellenbogengelenk ist narbig deformiert und nur unter Schmerzen beweglich, wodurch der Junge in seinen sportlichen Aktivitäten beeinträchtigt und psychisch belastet ist.

Vorprozessual wurden 7.500,00 € gezahlt. Das LG sprach dem Kläger weitere 30.000,00 € zu. Seine Berufung hatte keinen Erfolg, auch nicht unter dem Gesichtspunkt verzögerlichen Regulierungsverhaltens, zumal der Haftpflichtversicherer nach Erlass eines Grundurteils vergleichsweise 40.000,00 € angeboten hatte.

OLG Zweibrücken, Urt. v. 12.12.2018 – 1 U 117/16, unveröffentlicht 1588

40.000,00 €

Decollement am Unterschenkel – Narben – Schädelhirntrauma – Beckenringfraktur – Brustwirbelfraktur – Rippenfraktur

Die Klägerin erlitt bei einem Verkehrsunfall ein Schädelhirntrauma 1. Grades, eine Beckenringfraktur, eine offene Wunde am Unterschenkel mit Decollement, eine Brustwirbelfraktur und eine Rippenfraktur. Der Nervus peronaeus superficialis wurde geschädigt. Die Klägerin musste sich 4 Operationen unterziehen, war auf eine Reha angewiesen und musste sich nach der stationären Behandlung 6 Wochen an Gehhilfen fortbewegen.

Am Unterschenkel verblieben erhebliche Narben von 11 x 3,5 cm, am Oberschenkel 13 x 5 cm, die kosmetisch auffällig sind und schmerzen. Die Klägerin leidet ferner unter Bewegungseinschränkungen. Die Schädigung des nervus peronaeus hat zu einem Taubheitsgefühl im Bereich des Fußrückens geführt.

OLG Brandenburg, Urt. v. 11.10.2019 – 12 U 153/18 1589

40.000,00 € (Vorstellung: 60.000,00 €)

Ausgeprägte zahlreiche Narben – Fuß – Unterschenkel – Schulter

Der Kläger erlitt bei einem Verkehrsunfall eine Mehrfragmentfraktur des Tuber calcanei mit geringer Einstauchung bei Trümmersituation, eine Luxationsfraktur im Lisfranc-Gelenk mit divergierende Stellung, eine Mehrfragmentfraktur des Basen der Ossa metatarsalia 1–5 bei Trümmersituation MT 1 und winzige dorsale Absprengungen aus der Gelenkfläche des Os cuneiforme laterial mit Luxationsfehlstellung im TMT Gelenk 1, eine Subluxationsstellung im TMT-Gelenk 2 und 3 bei Trümmersituation der Gelenkflächen der metatarsale Basen, eine dislozierte subkapitale Fraktur der Ossa metatarsalia 2–5 mit Luxationsfehlstellung, Einstauchung und Versatz des 2. bis 5. Strahles, Absprengung aus der Gelenkfläche der Basis der Grundphalanx 5 mit deutlichen umgebenden Weichteilhämatom.

Er befand sich zwei Monate in stationärer Behandlung und wurde achtmal operiert. Eine stationäre Rehabilitation dauerte 3 Wochen. Der Kläger war rd. 1 1/2 Jahre arbeitsunfähig.

Es verblieben als Dauerfolgen eine Arthrose geringen Grades, Bewegungseinschränkungen im Oberschenkel und Unterschenkel mit eine leichter Fehlstellung der Fersenbeinfraktur. Die Frakturen der Basen der Mittelfußknochen sind in Fehlstellung konsolidiert. Sensibilitätsstörung am Unterschenkel und Fuß und kosmetisch störende ausgeprägte Narben am Fuß und Unterschenkel sind verblieben, ebenso Bewegungseinschränkung aller Fußgelenke und des oberen Sprunggelenkes. Orthopädisches Schuhwerk ist erforderlich. Es bestehen Muskelmantelschwäche des Beins, mechanisch störende Narbenbildung im Schulterbereich und endgradige Bewegungseinschränkung der linken Schulter. Zehenspitzenstand, Fersenstand, Außenrist- und Innenriststand sind nicht mehr möglich. Der Einbeinstand ist rechtsseitig unsicher und linksseitig nicht mehr möglich. Am Vorderfuß links befinden sich multiple Narbenbildungen am Fuß mit einer Länge von bis zu ca. 8 cm, an Außenknöchelbereich und im hinteren Wadenbereich, eine 8 – 27 cm große Weichteilnarbe am Unterschenkel und am Oberschenkel eine flächige Narbenbildung von ca. 24 x 18 x 23 cm. Dem Kläger ist das Laufen nur mit einer geringen Geschwindigkeit möglich. Beim schnelleren Gehen stellt sich ein Hinken ein. Auch das Treppablaufen bereitet Schwierigkeiten. Es fehlt die Sensibilität im linken Weichteillappenbereich des Unterschenkels und im Narbenbereich des Weichteillappens. Eine Hypersensibilität besteht im linken Fußbereich. Der Kläger muss Kompressionsstrümpfe tragen. Im linken Schulterbereich ist der Kläger wetterfühlig. Die dauerhafte Minderung der Erwerbsfähigkeit liegt bei 30 %.

1590 **Landgericht Stade, Urt. v. 13.02.2020 – 3 O 50/17, unveröffentlicht**

45.000,00 € (Mitverschulden: 1/4; Vorstellung: 70.000,00 €)

Unterschenkelfraktur – Nekrosen – große Narben

Die 47 Jahre alte Klägerin erlitt als Radfahrerin einen Verkehrsunfall und zog sich eine Tibiakopffraktur zu. Der Heilungsverlauf war sehr kompliziert, weil eine Staphylococcusinfektion eintrat, sodass die Klägerin insgesamt an 359 Tagen stationär untergebracht war und 30-mal operiert wurde. Der Oberschenkel und der Unterschenkel weisen große Narben auf, die kosmetische Beeinträchtigungen darstellen. Die leidet an Dauerschäden, einer Fußheberschwäche, Schwellneigung des Gelenks und an Bewegungseinschränkungen des Kniegelenks.

1591 **LG Arnsberg, Urt. v. 15.03.2016 – 5 O 31/14, unveröffentlicht**

60.000,00 €

Deutlich sichtbare Narben – Ellenbogenverletzung

Der 12 Jahre alte Kläger erlitt beim Spielen auf dem Schulhof eine Verletzung des Ellenbogens. Im Krankenhaus wurde eine Fraktur des Ellenbogens nicht erkannt. Der Kläger musste sich 3 operativen Eingriffen zur Verbesserung der Funktion des Ellenbogens unterziehen. Der Arm und die Hand sind nicht voll belastbar, was zu erheblichen Einschränkungen im Alltag, bei der Freizeitgestaltung, bei der Berufswahl und der späteren Berufsausübung führt. Es sind deutlich sichtbare Narben zurückgeblieben. Mit Arthrosebildung ist zu rechnen.

1592 **OLG Saarbrücken, Urt. v. 12.03.2015 – 4 U 187/13, MDR 2015, 642 = Sp 2015, 296**

50.000,00 € (Vorstellung: 50.000,00 €)

Narben – Femurschaftfraktur – offene Sprunggelenktrümmerfraktur – Decollement – Kompartmentsyndrom – Fußknochenfrakturen

Die 19 Jahre alte Klägerin erlitt ohne eigenes Verschulden einen Verkehrsunfall. Sie zog sich multiple Schnittwunden im Gesicht, eine Schnittwunde an der Schulter, eine Femurschaftfraktur, eine drittgradig offene Talusluxation, eine knöcherne Absprengung des Talus rechts (offener Sprunggelenktrümmerbruch), ein Decollement und Kompartmentsyndrom am Fußrücken, eine Fraktur des os cuboideum (Fußwurzelknochenbruch), eine Fraktur des os cuneiforme lateral (Bruch eines weiteren Fußwurzelknochens) und eine Fraktur des MKF-III Basis (Bruch des dritten Mittelfußknochens). Sie befand sich insgesamt sieben Tage auf der Intensivstation und es bestand Lebensgefahr. Während der intensivmedizinischen Betreuung kam es zu einer Synkope (umgangssprachlich oft als »Kreislaufkollaps« bezeichnet) mit über mehrere Minuten andauernder Bewusstlosigkeit. Im MRT fand sich kein Hinweis auf eine hirnorganische Ursache. Der stationäre Aufenthalt dauerte rund 5 Wochen. Die Klägerin wurde fünf Mal operiert. In einer sechsten Operation erfolgte die Entfernung des Marknagels.

Im Anschluss an den stationären Aufenthalt wurde die Klägerin über 2 1/2 Monate einmal wöchentlich orthopädisch behandelt. Sie war 1 Jahr arbeitsunfähig und ist zu 25 % in der Erwerbsfähigkeit gemindert. Durch den Unfall verlor die Klägerin, die gerade das Abitur abgelegt hatte, ein Jahr in ihrem beruflichen Fortkommen.

Die Klägerin kann weitere Strecken nur unter Schmerzen bewältigen, sie kann nicht mehr schnell laufen und ist gangunsicher und kann ihrem Hobby, tanzen zu gehen, nur noch bedingt nachgehen. Der Bewegungsumfang des rechten Sprunggelenks ist nicht nur aufgrund von Vernarbungen, sondern auch aufgrund einer knöchernen Apposition eingeschränkt.

Die Oberschenkelfraktur ist mit minimalem Achsfehler knöchern gut verheilt.

OLG Köln, Urt. v. 10.01.2018 – 5 U 104/15, VersR 2019, 490 = MedR 2018, 843 1593

80.000,00 € (Vorstellung: 100.000,00 €)

Sehr lange Narbe – Gehunfähigkeit – Beinlängendifferenz

Die 59 Jahre alte Klägerin unterzog sich einer Hüftoperation, ohne über alternative Operationsmethoden aufgeklärt worden zu sein. Es kam zu Komplikationen und zahlreichen Folgeoperationen.

Behandlungsfehler wurden nicht festgestellt, jedoch war die Klägerin nicht darüber aufgeklärt worden, dass zunächst nur eine Teilbelastung zulässig war.

Als dauerhafte Folge der rechtswidrigen Operation ist eine sehr lange Narbe über dem Hüftgelenk verblieben. Es liegt eine deutliche Beinlängendifferenz vor. Die Klägerin ist nicht mehr in der Lage zu gehen und ist auf einen Rollstuhl angewiesen. Die Hüfte schmerzt.

Eine Begründung dazu, wie der Betrag Schmerzensgeldbetrag ermittelt wurde, fehlt.

OLG Düsseldorf, Urt. v. 11.06.2019 – 1 U 96/16, unveröffentlicht 1594

110.000,00 € (Vorstellung: 150.000,00 €)

Luxationen und Frakturen an beiden Unterschenkeln –Schädelhirntrauma – posttraumatische Belastungsstörung – Rippenserienfraktur – Zwerchfellruptur – Pneumothorax beidseits – Narben

Der Kläger erlitt Mitte 2008 bei einem Verkehrsunfall u.a. ein Schädel-Hirntrauma ersten Grades, umfangreiche Verletzungen im Brustbereich, Rippenserienfraktur, Zwerchfellruptur und Hämato-/Pneumothorax beidseits sowie Luxationen und Frakturen an beiden Unterschenkeln. Er wurde 7 Wochen stationär behandelt, lag 5 Tage im Koma und wurde zehnmal operiert. Mitte 2009 kam es zu einer Erneuerung des hinteren und vorderen Kreuzbandes des Knies, 2011 wurde eine Bauchoperation infolge einer Zwerchfellruptur mit anschließender Reflux-Symptomatik erforderlich mit drei Folgeoperationen aufgrund von Komplikationen. Insgesamt wurde der Kläger an 147 Tagen stationär und an 54 Tagen in Rehabilitationskliniken behandelt. Er war fast 2 Jahre arbeitsunfähig.

Unfallbedingt ist eine posttraumatische Belastungsstörung (PtBS) in Verbindung mit einer depressiven Beeinträchtigung eingetreten.

Die Funktion des Kniegelenks ist eingeschränkt, so dass er nicht mehr wie früher Fußballspielen, Snowboarden und Skifahren kann.

Das äußere Erscheinungsbild des Klägers leidet unter ausgedehnter Narbenbildung, u.a. einer sternförmigen Narbe auf der Bauchdecke.

Die Ehe des Klägers ging unfallbedingt in die Brüche.

1595 **OLG Schleswig, Urt. v. 29.11.2018 – 7 U 22/18, SVR 2020, 61, (LG Flensburg: NZV 2018, 239)**

180.000,00 € (Mitverschulden: 3/10; Vorstellung: 150.000,00 €)

Amputation des Oberarms – Hirnschaden – Halbseitenlähmung – Narben

Die 23 Jahre alte Klägerin, Mutter einer 7 1/2 Jahre alten Tochter, verunglückte mit dem Motorrad und wurde schwer verletzt. Sie erlitt unter anderem eine traumatische subtotale Amputation des linken Armes mit Abriss der Arteria und Vena subclavia, ein Ausriss des Arm-Nervengeflechts (Plexus brachialis), einen Abriss der gesamten vorderen Schultermuskulatur mit ausgeprägtem Weichteilschaden, eine offene Humerusschaftfraktur, eine Schulterblatt-Mehrfragmentfraktur, eine Schlüsselbeinfraktur, multiple Frakturen der (linken) Mittelhandknochen, eine Fraktur des 7. Halswirbelkörpers sowie des ersten und breiten Brustwirbelkörpers, Rippenfrakturen, eine Lungenquetschung beidseits, eine Milzruptur und eine traumatische Subarachnoidal-Blutung.

Bei der Klägerin kam es zu einer posttraumatischen Wundinfektion. Unter den Operationen erlitt sie zwei Schlaganfälle mit nachfolgender rechtsseitiger Hemiparese, Aphasie und einem organischen Psychosyndrom.

Infolge der Schlaganfälle hatte die Klägerin weitgehend ihr Sprachvermögen verloren. Sie musste das Sprechen, Lesen, Schreiben und Rechnen praktisch völlig neu erlernen.

Der linke Arm ist und bleibt völlig unbrauchbar, möglicherweise muss er zukünftig noch amputiert werden. Die durch die Schlaganfälle verursachte halbseitige Lähmung hat die Klägerin weitgehend überwunden. Aus der Halbseitenlähmung rechts verblieben sind Schwierigkeiten mit der Feinmotorik an den Fingern der rechten Hand.

Die Klägerin leidet permanent unter Schmerzen und ist auf Dauer auf die Einnahme von Medikamenten angewiesen.

Der Senat hat das Regulierungsverhalten der Beklagten angeprangert, obwohl dies (wohl falsch ist und) zur Begründung des völlig unzureichenden Schmerzensgeldes entbehrlich war, weil nur die Beklagte Berufung eingelegt hatte. Zudem erhielt die Klägerin 55.182,00 € Zinsen.

1596 **LG Hamburg, Urt. v. 17.06.2016 – 331 O 113/14, unveröffentlicht**

240.000,00 € (Vorstellung: 240.000,00 €)

Narben über den ganzen Körper verteilt – tiefe Schnittwunden am ganzen Körper – Beinamputation oberhalb des-Kniegelenks – 2-facher Trümmerbruch des Schienenbeins – Sehfähigkeit an einem Auge erheblich eingeschränkt

Der 61 Jahre alte Kläger wurde beim Surfen einige 100 Meter vor einer Küste von einem Motorboot überfahren. Ihm wurde der Unterschenkel des linken Beines amputiert, am rechten Bein erlitt er oberhalb des Knöchels einen zweifachen Trümmerbruch des Schienbeins. Der Knöchel wurde zermahlen und musste mit Knochenmark aus der Hüfte aufgebaut. Der Fuß war nahezu vollständig abgerissen. Das Bein ist um 3,5 cm verkürzt. Der Unterschenkel erlitt weitere tiefe Einschnitte durch die Schiffschrauben, welche große Narben hinterließen, welche über den ganzen Körper des Klägers verteilt sind. Das rechte Bein ist weitgehend nicht mehr funktionsfähig. Die Pupille eines Auges ist dauerhaft vergrößert, die Sehfähigkeit auf dem Auge erheblich eingeschränkt.

Der Kläger wurde mehr als 10-mal operiert. Er verbringt den Großteil des Tages in einem Rollstuhl, kann keinen Sport, welcher ein Teil seines Lebensinhaltes war, betreiben und seinen Beruf nicht mehr ausüben. Im Hinblick auf die erheblichen Dauerfolgen, die lange Behandlung, zahlreiche Operationen, der Lebensbeeinträchtigung hält das Gericht ein Schmerzensgeld von 240.000,00 € für angemessen.

Eine Begründung für die Höhe des Schmerzensgeldes anhand vergleichbarer Entscheidungen enthält das Urteil nicht.

Persönlichkeitsrecht

▶ Hinweis:

Die Verletzung des Persönlichkeitsrechts löst keinen Schmerzensgeldanspruch aus, sondern führt zu einer Geldentschädigung, die allerdings nur für schwere Verletzungen des Persönlichkeitsrechts zuerkannt wird.

Bei der Geldentschädigung wegen Verletzung des allgemeinen Persönlichkeitsrechts handelt es sich um ein besonderes Rechtsinstitut, das auf den Schutzauftrag aus Art. 1 und Art. 2 Abs. 1 GG zurückgeht. Sie ist vom Schmerzensgeld i.S.d. § 253 Abs. 2 BGB wegen der Verletzung eines der dort genannten Rechtsgüter zu unterscheiden. Führt die Handlung, die eine Persönlichkeitsrechtsverletzung zur Folge hatte, auch zu einer Verletzung der Gesundheit, so muss die darin liegende Beeinträchtigung zum Gegenstand eines Schmerzensgeldanspruchs gemacht werden und kann nicht stattdessen zur Begründung einer schwerwiegenden Persönlichkeitsrechtsverletzung herangezogen werden. (BGH, Urt. v. 12.03.2024 – VI ZR 1370/20 – WuM 2024, 388)

▶ Hinweis:

Zu der Verletzung der Ehre und Würde des Menschen führt der BGH aus:

Nach der ständigen Rechtsprechung des Senats (vgl. VersR 2015, 1437 Rn. 38; VersR 2015, 898 Rn. 33) begründet eine Verletzung des allgemeinen Persönlichkeitsrechts einen Anspruch auf eine Geldentschädigung,

- wenn es sich um einen schwerwiegenden Eingriff handelt und
- die Beeinträchtigung nicht in anderer Weise befriedigend aufgefangen werden kann.

Hierbei sind insbesondere von Bedeutung

- die Tragweite des Eingriffs,
- der Anlass und der Beweggrund des Handelnden sowie
- der Grad seines Verschuldens

(BGHZ 95, 212, 214; BGHZ 183, 227 Rn. 11; BGHZ 199, 237 Rn. 38).

Bei der gebotenen Gesamtwürdigung ist auch ein erwirkter Unterlassungstitel zu berücksichtigen; der den Geldentschädigungsanspruch beeinflussen und im Zweifel sogar ausschließen kann, denn die Zubilligung einer Geldentschädigung im Fall einer schweren Persönlichkeitsrechtsverletzung findet ihre sachliche Berechtigung in dem Gedanken, dass ohne einen solchen Anspruch Verletzungen der Würde und Ehre des Menschen häufig ohne Sanktion blieben mit der Folge, dass der Rechtsschutz der Persönlichkeit verkümmern würde (vgl. BGHZ 95, 212, 215; BGHZ 128, 1, 15; BGHZ 160, 298, 302; BGHZ 165, 203, 204; BGHZ 199, 237 Rn. 40; BVerfGE 34, 269, 292; BVerfG, NJW 2000, 2187; Müller, VersR 2008, 1141, 1150).

▶ Hinweis:

Die Verletzung des Persönlichkeitsrechts ist für einige Bereiche inzwischen gesetzlich geregelt. So enthält z.B. das AGG ein Benachteiligungsverbot, dessen Verletzung unter anderem einen Entschädigungsanspruch auslöst, der auch den immateriellen Schaden ausgleichen soll, ohne dass die Entschädigung als Schmerzensgeld bezeichnet werden kann.

Nach Maßgabe des **§ 15 AGG** kann dem Bewerber ein **Schadensersatzanspruch** (Abs. 1) und ein **Entschädigungsanspruch** (Abs. 2) zustehen, wenn die Einstellungsbehörde im Rahmen der Ablehnungsentscheidung gegen das **Benachteiligungsverbot** gemäß § 7 AGG **verstoßen** hat. Nach **§ 1 AGG** ist Ziel des Gesetzes, Benachteiligungen aus Gründen der **Rasse** wegen der **ethnischen Herkunft**, des **Geschlechts**, der **Religion** oder **Weltanschauung**, einer **Behin-**

derung, des **Alters** oder der **sexuellen Identität** zu verhindern oder zu beseitigen. Eine **unmittelbare Benachteiligung** i.S.d. § 3 Abs. 1 AGG liegt vor, wenn eine Person wegen eines in § 1 AGG genannten Grundes eine weniger günstige Behandlung erfährt als eine andere Person in einer vergleichbaren Situation erfährt, erfahren hat oder erfahren würde, wobei die sich nachteilig auswirkende Maßnahme direkt an das verbotene Merkmal anknüpfen muss.[2]

▶ Hinweis:

Eine von einem Arzt zu vertretende dauerhafte Impotenz des Ehemannes verletzt nicht das allgemeine Persönlichkeitsrecht der Ehefrau, OLG Köln, Urt. v. 22.12.2015 – 5 U 135/15, vgl. Ziegler/Rektorschek, Impotenz durch Behandlungsfehler – geht der Partner leer aus?, VersR 2009, 181 ff. = GesR 2016, 520. Vgl. Genitalien des Mannes, dort ist die Entscheidung näher besprochen.

Der Abschnitt Persönlichkeitsrecht wird wie folgt gegliedert:
1. Allgemeine Verletzungen
2. Verletzungen durch Ärzte
3. Verletzungen durch Arbeitgeber am Arbeitsplatz und Verletzungen im schulischen Bereich
4. Beleidigung, üble Nachrede, Nötigung,
5. AGG – Benachteiligung wegen Rasse, Geschlecht, Religion
6. Verletzungen durch Presse, Fernsehen, Internet
7. Verletzung durch sonstige Verursacher
8. Verstöße gegen die DS-GVO
9. Geringfügige Verletzungen

▶ Hinweis:

Die DS-GVO ist seit vielen Jahren in Kraft und seit langem anwendbar. Sie ist europäisches Recht und regelt den Schutz persönlicher Daten, die Ausfluss des allgemeinen Persönlichkeitsrechts sind und gewährt über Art. 82 einen Schadensersatzanspruch, der den immateriellen Schaden erfasst, ohne dass die Entschädigung als Schmerzensgeld bezeichnet werden könnte.

Es gibt jedoch zahlreiche Auslegungsfragen, die dem EuGH in Vorabentscheidungsersuchen vorgelegt werden müssen. Seit. Anfang 2023 sind zahlreiche Vorlageersuchen beim EuGH anhängig. Einige wichtige Grundfragen sind geklärt, bBei einer durchschnittlichen Verfahrensdauer von bis zu 16 Monaten ist jedoch Geduld gefragt.[3]

Auch die DS-GVO sieht eine Geldentschädigung vor, nicht aber ein Schmerzensgeld.

Zum Begriff des Schadens im Sinne des Art. 82 Abs. 1 DS-GVO vgl. BGH, Urt. v. 18.11.2024 – VI ZR 10/24, VersR 2025, 300: Immaterieller Schaden im Sinne des Art. 82 Abs. 1 DS-GVO kann auch der bloße und kurzzeitige Verlust der Kontrolle über eigene personenbezogene Daten infolge eines Verstoßes gegen die DS-GVO sein.

Bei der Verwendung einer E-Mail-Adresse ohne Einwilligung zum Zweck der Zusendung einer Werbe-E-Mail ist ein immaterieller Schaden im Sinne des Art. 82 Abs. 1 DS-GVO nicht hinreichend dargelegt, wenn ein auf dem gerügten Verstoß beruhender Kontrollverlust über die personenbezogenen Daten nicht vorliegt und auch die geäußerte Befürchtung eines Kontrollverlusts nicht substantiiert dargelegt worden ist. Die Befürchtung eines Kontrollverlusts muss

2 Hoffmann in Schütz/Maiwald, Beamtenrecht, Stand 01.07.2020, § 15 AGG Rn. 78.

3 Vgl. dazu Heinzke/Leibold, Der EuGH und die DS-GVO – ein Nadelöhr zur Rechtssicherheit, CR 2023, 90 ff.

samt ihrer negativen Folgen ordnungsgemäß nachgewiesen sein, BGH, Urt. v. 28.011.2025 – VI ZR 109/23 im Anschluss an EuGH, Urt. v. 20.06.2024 – C-590/22.

1. Allgemeine Verletzungen

BGH, Urt. v. 12.03.2024 – VI ZR 1370/20 – WuM 2024, 388 – Vorinstanzen: (LG Berlin, Urt. v. 13.02.2020 – 67 S 369/18 – WuM 2020, 278; AG Berlin-Mitte, Urt. v. 05.11.2018 – 123 C 108/15) 1597

Ohne Betrag

Videoüberwachung von Mietern

Dem Beklagten ist eine unzulässige Videoüberwachung von Mietern vorzuwerfen, mit der er eine vertragswidrige Untervermietung beweisen wollte. Bei der Geldentschädigung wegen Verletzung des allgemeinen Persönlichkeitsrechts handelt es sich um ein besonderes Rechtsinstitut, das auf den Schutzauftrag aus Art. 1 und Art. 2 Abs. 1 GG zurückgeht. Sie ist vom Schmerzensgeld i.S.d. § 253 Abs. 2 BGB wegen der Verletzung eines der dort genannten Rechtsgüter zu unterscheiden. Führt die Handlung, die eine Persönlichkeitsrechtsverletzung zur Folge hatte, auch zu einer Verletzung der Gesundheit, so muss die darin liegende Beeinträchtigung zum Gegenstand eines Schmerzensgeldanspruchs gemacht werden und kann nicht stattdessen zur Begründung einer schwerwiegenden Persönlichkeitsrechtsverletzung herangezogen werden.

KG, Urt. v. 20.06.2016 – 25 U 68/15, unveröffentlicht 1598

0,00 € (Vorstellung: mindestens 5.000,00 €)

Observierung und Fotoaufnahmen einer Geschädigten durch einen Detektiv – Beeinträchtigung der Sozialsphäre

Die Klägerin erlitt im Jahr 1995 einen schweren Verkehrsunfall, bei welchem sie ein gravierendes Schädel-Hirntrauma davontrug. Die Beklagte wurde von der Klägerin als Haftpflichtversicherer in Anspruch genommen und 2004 rechtskräftig zur Zahlung eines Entschädigungsbetrages verurteilt. Gegenwärtig streiten die Parteien über weitere Ansprüche für den Zeitraum 2004 bis 2012. Die Klägerin wehrt sich dagegen, dass die Beklagte sie durch eine Privatdetektei über einen Zeitraum von mehreren Tagen beobachten ließ.

Einen Anspruch der Klägerin wegen Verletzung des allgemeinen Persönlichkeitsrechts hat das KG verneint, weil schwerwiegende Beeinträchtigungen fehlen, die nicht in anderer Weise befriedigend aufgefangen werden können, und deshalb die Zuerkennung eines Schmerzensgeldes erfordern würden. Die Beeinträchtigung des allgemeinen Persönlichkeitsrechts betrifft hier überwiegend die Sozialsphäre, die den geringsten Schutz genießt. Die Beeinträchtigung besteht in erster Linie in dem Unsicherheitsgefühl der Klägerin, weiteren Observierungsmaßnahmen ausgesetzt zu sein und sich nicht unkontrolliert bewegen zu können. Dieser Beeinträchtigung wird durch die an die Beklagte gerichtete strafbewehrte Unterlassungsanordnung hinreichend Rechnung getragen.

OLG Oldenburg, Urt. v. 28.07.2016 – 13 UF 35/16, NJW 2016, 3185 = FamRZ 2016, 2102 1599

1.000,00 €

Verschweigen einer bestehenden Ehe bei Abgabe eines Eheversprechens

Die im Jahr 1936 geborene Antragstellerin nimmt den 1924 geborenen Antragsgegner auf Ersatz materieller und – hilfsweise – immaterieller Schäden nach Rücktritt aus einem Verlöbnis in Anspruch. Der Verlobten steht auch ein Anspruch auf Ersatz eines immateriellen Schadens wegen Verletzung des allgemeinen Persönlichkeitsrechts zu, wenn sie durch die Täuschung in ihrem persönlichen Wertesystem empfindlich getroffen und gekränkt und in ihrer inneren Ehre verletzt worden ist und sich deshalb vollständig aus der Öffentlichkeit und ihrem Bekanntenkreis zurückgezogen hat, wobei aber bei der Bemessung der Entschädigung zu berücksichtigen ist, dass nach den heute gewandelten Vorstellungen das Zusammenleben mit einem Partner ohne Trauschein nicht mehr zu einem Ansehens- und Ehrverlust in der Öffentlichkeit führt. Vorliegend erscheint in Ansehung der beschränkten finanziellen Verhältnisse des Mannes eine Entschädigung wegen des immateriellen Schadens i.H.v. 1.000,00 € angemessen.

1600 **OLG Frankfurt, Urt. v. 05.12.2019 – 8 U 164/19**

1.200,00 € (Vorstellung: 15.000,00 €)

Verletzung ärztlicher Schweigepflicht über Botoxbehandlung

Die Widerklägerin zahlte die Behandlung mit zwei Botoxspritzen im Gesicht nicht. Die dritte Mahnung über die Behandlung mit Botoxspritzen wurde per Fax über die Arbeitgeberin der Widerklägerin gesandt. Das Schmerzensgeld wurde nach der Verletzung der ärztlichen Schweigepflicht bemessen.

1601 **OLG Brandenburg, Urt. v. 11.12.2023 – 2 U 33/22**

2.500,00 € und 1.000,00 € (Mitverschulden: 4/9; Vorstellung: 15.000,00 €)

Menschenrechtswidrige Verzögerung eines Umgangsverfahrens

Das Jugendamt kam seiner Verpflichtung, eine Gefährdung des Kindeswohls zeitnah zu klären, nur unzureichend nach. Es führte die ihm obliegende Gefährdungsabschätzung ungeachtet der auf der Hand liegenden Lücken in einem Clearingbericht nicht fort und nahm die Folgen seines Schutzplanes für das Kindeswohl nicht in den Blick. Die dadurch bestehende Ungewissheit belastete das Familienleben schwer.

Durch diese Amtspflichtverletzung verzögerte sich die Entscheidung des Familiengerichts um 9 Monate. Den Klägern sollen davon 4 Monate zuzurechnen sein, weil sie keine Dienstaufsichtsbeschwerde einlegten. Es sei zu unterstellen, dass diese (sofort?) Erfolg gehabt hätte.

Für das klagenden Kind beträgt die Entschädigung 500,00 € monatlich, für den klagenden Vater 200,00 € monatlich.

1602 **OLG Frankfurt, Urt. v. 10.10.2012 – 1 U 201/11, NJW 2012, 75**

LG Frankfurt, Urt. v. 04.08.2011 – 2–04 O 521/05, JR 2012, 36

Ankündigung erheblicher Schmerzen durch Polizeibeamte – Fall Magnus G.

3.000,00 €

Dem Kläger wurden bei einer polizeilichen Vernehmung erhebliche Schmerzen angekündigt, falls er den Aufenthalt des von ihm entführten Kindes weiterhin verschweige. Die Polizeibeamten glaubten, dass das entführte Kind noch lebte. Der europäische Gerichtshof hielt die Vernehmungsmethode für nicht legitimiert, nicht entschuldigt, unerlaubt und amtspflichtwidrig und entschied, dass dem Kläger eine Entschädigung in Geld zu gewähren sei.

1603 **EGMR, Urt. v. 08.09.2022 – 3153/16, 27758/18 (Drelon/Frankreich, NJW 2023, 3563**

3.000,00 €

Speicherung von geschlechtsbezogenen Daten – Verletzung von EMRK Art. 8, 14, 41

Im Rahmen der Erstellung einer digitalen Spenderakte für Blutspenden zur Gewährleistung der Transfusionssicherheit wurden Daten betreffend die sexuelle Orientierung und sexuelle Praktiken des Beschwerdeführers auf der Grundlage bloßer Vermutungen für praktisch unbegrenzte Zeit und ohne Überprüfung gespeichert. Dies stellt einen unverhältnismäßigen Eingriff in Art. 8 EMRK dar.

1604 **OLG Frankfurt, Urt. v. 27.07.2023 – 1 U 6/21, ZKJ 2023, 453**

4.000,00 € (Vorstellung: 10.000,00 €)

Haftung des Jugendamts als Amtspfleger bei unangemessener Fremdunterbringung eines Kindes

Der 6 Jahre alte Kläger wurde für gut 4 Monate in einem Kinderheim der beklagten Gemeinde untergebracht und besuchte dort auch die Schule. Die Unterbringung war wegen der Belegungssituation »nicht mehr allzu kindesgerecht«. Der Kontakt zu den Eltern wurde gestattet. Die Fortdauer der Fremdunterbringung war schuldhaft fehlerhaft und amtspflichtwidrig.

Der Kläger hat die längere Herausnahme aus seiner Familie als besonders belastend empfunden. Im Heim und in der Schule hat er keinen oder sehr wenig Anschluss gefunden und sich einsam gefühlt. Es hat sich jedoch nicht um eine Freiheitsentziehung gehandelt.

AG Münster, Urt. v. 19.12.2017 – 12 Ls – 30 Js 320/16 1605

5.000,00 €

Psychisches Trauma

Die 90 Jahre alte Klägerin lebte im Pflegeheim. Sie wurde von einer Pflegerin durch Fallenlassen auf das Bett, Schläge mit dem Kissen und mit der Hand ins Gesicht, Nasezuhalten und zwangsweise Flüssigkeitsgabe, Würgegriffe sowie das Hin- und Herreißen des Körpers und grobes Anfassen misshandelt und erlitt ein psychisches Trauma. Ob eine PTBS vorliegt, konnte nicht festgestellt werden.

ArbG Bonn, Urt. v. 03.0.2022 – 3 Ca 822/21 1606

7.000,00 € (Vorstellung: 10.000,00 €)

Kundenschreiben der Bank im Namen der angestellten Klägerin

Der Arbeitgeber der Klägerin, eine Bank, versandte im Namen der Klägerin in der Ich-Form an eine Vielzahl der Kunden der Klägerin ein Schreiben, in dem sich die Klägerin von den Kunden verabschiedet und bekannt gibt, dass sie sich »neuen Aufgaben im Unternehmen« widmet und einen Nachfolger vorstellt. Das Schreiben ist im Namen der Klägerin mit dem Zusatz »i. V.« erstellt. Darin sieht die Kammer eine schwerwiegende Verletzung des Persönlichkeitsrechts der Klägerin, die nach § 823 BGB nur durch Zahlung einer Geldentschädigung ausgeglichen werden kann. Der Entschädigungsbetrag entspricht einem Monatsgehalt.

LAG Rheinland-Pfalz, Urt. v. 27.04.2017 – 5m Sa 449/16 1607

10.000,00 €

Heimliche Überwachung eines Arbeitnehmers

Der Kläger wurde über einen Zeitraum von mindestens 20 Tagen auf Veranlassung des Arbeitgebers fotografiert und observiert. Diese Überwachung ließ sich der Arbeitgeber rd. 40.000 € kosten. Von der Geldentschädigung müsse ein echter Hemmungseffekt ausgehen.

KG, Urt. v. 16.12.2019 – 24 U 173/15, NJW-RR 2020, 495 1608

10.000,00 € und 14.000,00 €

Zerstörung eines Kunstwerkes durch den Eigentümer

Die Beklagte zerstörte als Eigentümerin eine von den Klägern künstlerisch gestaltete Brunneninstallation und Sterninstallation einer Minigolfanlage, ohne diesen zuvor Gelegenheit zu geben, die Kunstwerke abzubauen und zu übernehmen.

OLG Hamm, Urt. v. 03.05.2024 – I-11 U 133/22, MDR 2024, 1447. Die wurde aufgehoben und zurückverwiesen durch BGH, Urt. v. 13.02.2025 III ZR 63/24 1609

10.000,00 € (Vorstellung: 200.000,00 €)

Rechtswidrig durchgeführte Überwachungsmaßnahmen nach G10-Gesetz und BVerfSchG

Der Kläger wurde rechtswidrig durch den Verfassungsschutz rd. 5 Monate überwacht und dadurch in seinem Persönlichkeitsrecht verletzt. Die Überwachung war nicht lückenlos, sondern betraf seine Post und seine Telefonate. Es war allein die Sozial- und Privatsphäre, nicht aber die Intimsphäre des Klägers betroffen.

1610 **LG Wiesbaden, Urt. v. 03.06.2015 – 10 O 80/12**

15.000,00 € (Vorstellung: mindestens 155.000,00 €)

Vorverurteilung eines Beschuldigten durch StA

Das beklagte Land ist nach Art. 34 GG i.V.m. §§ 839, 823 Abs. 1 BGB, Art. 2 Abs. 1 i.V.m. Art. 1 Abs. 1 GG zur Zahlung einer Geldentschädigung verpflichtet. Vorverurteilungen und sachlich falsche öffentliche Äußerungen der Staatsanwaltschaft über einen Beschuldigten stellen eine Persönlichkeitsrechtsverletzung dar.

Falsch waren u.a. die Äußerungen, gegen den Kläger könne bereits jetzt Anklage erhoben werden, eine Haftstrafe von bis zu 15 Jahren sei zu erwarten, wenn neben Vermögensdelikten – der Kläger habe mehr Geld veruntreut als die bisher angenommenen 180.000,00 € – zusätzlich das Verbrechen Mord in den Raum gestellt wird. Es kam hinzu, dass die StA sich mindestens 10 Tage vor Zustellung der Anklageschrift zu der Anklageerhebung geäußert hat.

1611 **BVerfG, Beschl. v. 19.05.2023 – 2 BvR 78/22, NJW 2023, 2635**

15.000,00 €

Rechtswidrige Entkleidung und Durchsuchung eines Strafgefangenen

Nach gerichtlicher Feststellung der Rechtswidrigkeit einer mit vollständiger Entkleidung verbundenen körperlichen Durchsuchung eines Strafgefangenen ist eine Entschädigung geboten.

Der Europäische Gerichtshof für Menschenrechte hat in der Vergangenheit mehrfach über Entschädigungsansprüche nach körperlichen Durchsuchungen von Strafgefangenen entschieden. In der Rechtssache Roth v. Germany vom 22. Oktober 2020 – Nr. 6780/18 und 30776/18 – stellte der Gerichtshof eine Verletzung von Art. 3 EMRK sowie Art. 13 in Verbindung mit Art. 3 EMRK fest (vgl. EGMR, Roth v. Germany, Urteil vom 22. Oktober 2020, Nr. 6780/18 und 30776/18, §§ 70 ff.) und sprach dem dortigen Beschwerdeführer nach Art. 41 EMRK eine Geldentschädigung in Höhe von insgesamt 12.000,00 Euro zu.

Als Anspruchsgrundlage ist auch die Anwendung weiterer staatshaftungsrechtlicher Institute jenseits des in § 839 BGB in Verbindung mit Art. 34 GG verankerten, verschuldensabhängigen Amtshaftungsanspruchs in Erwägung zu ziehen. So wird im Schrifttum etwa vermehrt die Anwendung des in richterlicher Rechtsfortbildung aus §§ 74, 75 des Allgemeinen Landrechts für die Preußischen Staaten abgeleiteten und mittlerweile gewohnheitsrechtlich anerkannten allgemeinen Aufopferungsanspruchs auf Persönlichkeitsrechtsverletzungen befürwortet.

Zudem verstößt eine klageabweisende Entscheidung einen Verstoß gegen Art. 2 I in Verbindung mit Art. 1 I GG.

Das BVerfG hat den Gegenstandswert auf 15.000,00 € festgesetzt.

1612 **VG Bremen, Urt. v. 16.01.2024 – 6 K 2554/20**

25.000,00 € (Vorstellung: 25.000,00 €)

Nichtbeschäftigung eines Schulleiters über 5 Jahre – Fürsorgepflichtverletzung

Dem Kläger wurde im Herbst 2017 die Funktion als Schulleiter (OStD) rechtswidrig entzogen und bis Juli 2018 keine Aufgaben übertragen. Im September mahnte der Kläger die Übertragung einer angemessenen Tätigkeit an. Im Januar 2020 forderte der Kläger die Gewährung einer Entschädigung wegen grober Pflichtverletzung.

Aufgrund der Länge des Zeitraumes der Nicht- und Unterbeschäftigung von fast fünf Jahren, der Umstände der Abberufung, der fehlenden Dokumentation, Aufklärung und Konfliktbewältigungsversuche, das Ignorieren des vorgelegten Attests und der eingetretenen Schädigung des Ansehens ergibt sich eine fortwährende Fürsorgepflichtverletzung. Die Entschädigung beträgt 5.000,00 € pro Jahr.

KG, Urt. v. 20.12.2022 – 9 U 21/21, MDR 2023, 497 1613

2 x 50.000,00 €

Verletzung von Ruf und Ehre durch Amtspflichtverletzungen

Gegen die beiden Kläger wurde wegen Beihilfe zum schweren Menschenhandel zum Zwecke der sexuellen Ausbeutung ermittelt. Unter anderem der Ltd. OStA hat die ihm obliegenden Amtspflichten durch unzutreffende und unpräzise und vorverurteilende und reißerisch formulierte Informationen verletzt.

Den Klägern wurden in der Öffentlichkeit ohne hinreichende tatsächliche Ermittlungsgrundlage Straftaten aus dem Bereich der Schwerstkriminalität vorgeworfen. Durch die Zuweisung in die Ebene der organisierten Kriminalität erfolgte ein zusätzliches, schwerwiegendes gesellschaftliches Unwerturteil. Die Äußerungen verletzen den fundamentalen und daher durch die Verfassung und überverfassungsrechtlich geschützten rechtsstaatlichen Grundsatz der Unschuldsvermutung. Die besondere Macht des von den handelnden Beamten repräsentierten Kernbereichs exekutiver Staatsgewalt vertieft die Rechtsverletzung in besonders hohem Maße.

Die nachhaltige Störung des Privatlebens der Kläger fiel bei der Bemessung des Schmerzensgeldes ins Gewicht. Die Beziehungen innerhalb der Familie haben gelitten, weil sie in ihrem persönlichen Umfeld bei Freunden und auch engen Familienmitgliedern als Gewaltverbrecher und Zuhälter angesehen wurden.

2. Verletzungen durch Ärzte

OLG Bamberg, Beschl. v. 30.06.2016 – 4 U 103/16, GesR 2017, 646 1614

0,00 €

Live-Übertragung einer seltenen Operation

Die Live-Übertragung einer seltenen Operation zum Zweck der Aus- und Fortbildung stellt jedenfalls dann keinen erheblichen und damit entschädigungspflichtigen Eingriff in das allgemeine Persönlichkeitsrecht des Patienten dar, wenn auf dem Bildschirm nur das unmittelbare, außerhalb des Schambereichs liegende Operationsgebiet (hier: ein Ausschnitt der rechten Gesichtshälfte) zu erkennen und jede Möglichkeit einer Identifizierung des Patienten ausgeschlossen ist.

OLG Zweibrücken, Beschl. v. 21.02.2013 – 4 U 123/12, VersR 2013, 915 1615

1.000,00 € (Vorstellung: 6.000,00 €)

Heimliche Intimfotos durch den Gynäkologen

Der die Klägerin behandelnde Gynäkologe machte von der Klägerin bei 5 Untersuchungen 23 Aufnahmen des entblößten Ober- und Unterkörpers einschließlich des Intimbereichs. Die Verletzung des Persönlichkeitsrechts wurde als schwerwiegend angesehen, weil der Gynäkologe das Vertrauen der Klägerin in verwerflicher Weise missbraucht habe. Die Entschädigung solle fühlbarer sein als ein bloßes Unterlassungsgebot. Auch andere Patientinnen erstritten wegen im Wesentlichen gleich gelagerter Taten ein Schmerzensgeld in Höhe von 1.000,00 €.

AG Pforzheim, Urt. v. 25.03.2020, 13 C 160/19, GesR 2020, 807 = MedR 2021, 373 = FamRZ 2021, 247 1616

4.000,00 € (Vorstellung: 5.000,00 €)

Angaben eines Psychotherapeuten über Patientendaten

Im Umgangsverfahren vor dem Amtsgericht reichte der Anwalt der Ehefrau des Klägers eine Stellungnahme des beklagten Psychotherapeuten ein, die einen unmittelbaren Rückschluss auf die Psyche des Klägers zuließen. Die Ausführungen, dass der Kläger unter einer narzistischen Persönlichkeitsstörung leide, sowie Alkohol und Drogen konsumiert habe, könne das Bild des Klägers gegenüber Dritten erheblich negativ beeinträchtigen und sei dazu geeignet, das Selbstbild des Klägers zu schädigen. Es handele sich um einen Eingriff in die höchstpersönliche Sphäre des Klägers. Dass die Ausführungen des Beklagten ersichtlich wahr seien, stehe nicht fest. Kommerzielle Zwecke habe der Beklagte mit der Weitergabe der Daten nicht verfolgt.

1617 **LG Stendal, Urt. v. 06.11.2013 – 21 O 240/12, unveröffentlicht**

<u>5.000,00 €</u> (geringes Mitverschulden)

Verweigerung der Behandlung eines HIV-positiven Patienten

Verweigert ein Oberarzt in einem Krankenhaus einem Schwarzen, HIV-kranken Ausländer, der an heftigen Schmerzen im Analbereich leidet, eine eingehende Untersuchung und Behandlung, verletzt er seine Pflichten aus dem Behandlungsvertrag. Durch eine Behandlung wäre eine Schmerzlinderung etwa 2 1/2 Stunden früher eingetreten.

Neben dem Behandlungsfehler ist die vorsätzliche Diskriminierung des Patienten bei der Bemessung des Schmerzensgeldes zu berücksichtigen. Einem geringen Mitverschulden des Patienten an der Zeitverzögerung, der sich statt in das nächstgelegene in ein anderes Krankenhaus hatte bringen lassen, kommt dabei keine Bedeutung zu.

3. Verletzungen durch den Arbeitgeber

a) Verletzungen am Arbeitsplatz

1618 **LG Stuttgart, Urt. v. 04.12.2020 – 3 C 3973/20, AfP 2021, 279 mit Anmerkung Bernd Piper**

<u>0,00 €</u>

Beleidigung des Arbeitnehmers – Geldauflage im Strafverfahren

Eine Geldentschädigung wegen schwerwiegender Verletzungen des allgemeinen Persönlichkeitsrechts (§ 823 Abs. 1 BGB i.V.m. Art. 1 Abs. 1, Art. 2 Abs. 1 GG) ist zu versagen, wenn der Schädiger gem. § 153a StPO eine Geldauflage bezahlt hat, um die Einstellung des Strafverfahrens zu erreichen.

1619 **BAG, Urt. v. 31.03.2022 – 8 AZR 238//21, NZA 2022, 1401**

<u>0,00 €</u>

Rechtsmissbräuchliches Entschädigungsverlangen

Das Entschädigungsverlangen eines/einer erfolglosen Bewerbers/Bewerberin nach § 15 Abs. 2 AGG kann dem durchgreifenden Rechtsmissbrauchseinwand *(§ 242 BGB)* ausgesetzt sein, wenn er/sie sich nicht beworben hat, um die Stelle zu erhalten, sondern es ihm/ihr darum ging, nur den formalen Status als Bewerber/in i.S.v. § 6 Abs. 1 Satz 2 AGG zu erlangen mit dem ausschließlichen Ziel, Ansprüche auf Entschädigung und/oder Schadensersatz geltend zu machen.

Allerdings führt nicht jedes rechts- oder pflichtwidrige Verhalten zur Unzulässigkeit der Ausübung der hierdurch erlangten Rechtsstellung. Hat der Anspruchsteller sich die günstige Rechtsposition aber gerade durch ein treuwidriges Verhalten verschafft, liegt eine unzulässige Rechtsausübung i.S.v. § 242 BGB vor.

1620 **LAG Köln, Urt. v. 14.09.2020 – 2 Sa 358/20, ZD 2021, 168**

<u>300,00 €</u>

Profil auf Website versehentlich nicht gelöscht

Das Profil der Klägerin, die bei der Beklagten ausgeschieden war, wurde versehentlich auf der Website der Beklagten nicht gelöscht. Das Verschulden des Beklagten war sehr gering, die Intensität der Rechtsverletzung marginal. Die Bestrafung durch das Gericht erfolgte aus erzieherischen Gründen.

ArbG Aachen, Urt. v. 26.11.2019 – 5 Ca 1237/19 1621

350,00 € (Vorstellung: 3.500,00 €)

Videoüberwachung auf Werksgelände

Der Kläger war Auszubildender bei der Beklagten. Auf dem Gelände der Beklagten zeichneten auch in den Bereichen, die nicht öffentlich zugänglich sind wie das Lager und die Werkstatt, Videokameras auf. Grundsätzlich stellt die Videoüberwachung einen besonders intensiven Eingriff in das Persönlichkeitsrecht des Betroffenen dar. Schutzwürdige Belange oder berechtigte Interessen der Beklagten, die für den Eingriff in das Persönlichkeitsrecht ihrer Mitarbeiter und auch des Klägers bestehen, sind nicht ersichtlich.

Hinsichtlich der Höhe der zuzubilligenden Geldentschädigung hat die Kammer einen Umfang von 10 % des geltend gemachten Betrages für angemessen gehalten. Der Kläger hat nicht konkret dargetan, dass (und wodurch genau) eine gravierende Verletzung seines Persönlichkeitsrechts vorliegt, die einen höheren Betrag rechtfertigt.

LAG Rhl.-Pfalz, Urt. v. 17.03.2016 – 5 Sa 313/15, BB 2016, 2036 1622

1.000,00 €

Beschäftigungsverbot

Der Beklagte als Arbeitgeber untersagte dem etwa 50 Jahre alte Kläger, der als Fertigungsleiter angestellt war, den Fertigungsbereich zu betreten. Stattdessen wies er ihm einen Schreibtischarbeitsplatz in einem Konferenzraum zu, der zunächst weder mit einem Computer noch mit einem Telefon ausgestattet war. Der Kläger wurde nicht nur aus dem Fertigungsbereich ausgegrenzt, sondern auch von üblichen Kommunikationsmitteln abgeschnitten.

Die besondere Schwere des Eingriffs ergibt sich daraus, dass der Beklagte den Kläger mit diesem Vorgehen veranlassen wollte, einen Aufhebungsvertrag abzuschließen. Zudem hat der Beklagte einen Arbeitnehmer, der dem Kläger unterstellt war, beauftragt, dafür zu sorgen, dass der Kläger den Fertigungsbereich nicht mehr betrat. Im Vorgehen des Beklagten lag eine im Betrieb offen zu Tage getretene Ausgrenzung und Herabwürdigung des Klägers, die als rechtswidrige Verletzung seines allgemeinen Persönlichkeitsrechts zu bewerten ist.

ArbG Lübeck, Urt. v. 20.06.2020 – 1 Ca 538/19, ZD 2020, 422 1623

1.000,00 €

Foto des Arbeitnehmers auf der Facebook-Seite

Die Entschädigung für die Beeinträchtigungen durch die Veröffentlichung des Fotos eines Arbeitnehmers auf der Facebook-Seite des Arbeitgebers wurde mit 1.000,00 € als Obergrenze festgesetzt.

LAG Berlin, Urt. v. 16.09.2015 – 23 Sa 1045/15, BB 2015, 2420 = ArztR 2016, 135 1624

1.500,00 € (Vorstellung: 1.500,00 €)

Kündigung einer schwangeren Arbeitnehmerin

Das Arbeitsgericht hat rechtskräftig festgestellt, dass die Kündigung das Arbeitsverhältnis der Parteien wegen Verstoßes gegen § 9 MuSchG nicht aufgelöst hat.

Die Klägerin ist durch die Kündigung wegen ihres Geschlechts benachteiligt worden. Die dafür sprechende Vermutung hat der Beklagte nicht widerlegen können.

1625 **LAG Rheinland-Pfalz, Urt. v. 13.06.2019 – 5 Sa 438/19, unveröffentlicht**

1.500,00 € (Vorstellung: 10.000,00 €)

Diskriminierung der Arbeitnehmerin gegenüber einem anderen Arbeitgeber

Die Klägerin, deren Arbeitsverhältnis zum Jahresende beendet war, wurde ab 19.12. erneut krankgeschrieben. Sie hatte neben der Vollzeitstelle noch einen Minijob. Ihr Arbeitgeber erkundigte sich mehrfach telefonisch bei der anderen Arbeitsstelle, ob die Klägerin dort gearbeitet habe. Durch dieses Verhalten habe die Beklagte gegen ihre Fürsorgepflicht verstoßen und das allgemeine Persönlichkeitsrecht der Klägerin erheblich verletzt. Ein Schmerzensgeld in Höhe eines halben Monatsgehalts sei angemessen.

1626 **LAG Rheinland-Pfalz, Urt. v. 16.12.2019 – 3 Sa 132/19, RDV 2020, 212**

1.500,00 €

Empfehlung auf »Kopfschmuck« zu verzichten

Maßgeblich für die Zurückweisung der Bewerbung der Klägerin war zumindest auch die Vorlage eines Bewerbungsfotos, auf dem sie mit dem im Islam getragenen Kopftuch abgebildet war. Diesen Hinweis gibt die Beklagte selbst im zweiten Satz ihres Ablehnungsschreibens durch die Verwendung des Begriffs »Kopfschmuck«. Nach dem Inhalt des Ablehnungsschreibens ist der Kausalzusammenhang gegeben.

1627 **LAG Baden-Württemberg, Urt. v. 20.11.2024 – 10 Sa 13/24**

1.500,00 €

Vernachlässigung von Schutzpflichten

Die Arbeitgeberin der Klägerin verstieß gegen die ihr obliegenden Schutzpflichten, § 12 Abs. 4 AGG, weil sie nicht im Rahmen ihrer Reaktionsmöglichkeiten handelte, als eine potentielle Kundin nicht von einer weiblichen Person (Arbeitnehmerin), sondern von einem männlichen Berater betreut werden wollte.

1628 **LAG Berlin, Urt. v. 18.01.2017 – 20 Sa 956/16, unveröffentlicht**

1.600,00 €

Informationen des Arbeitgebers für hörbehinderte Arbeitnehmer

Ein Arbeitgeber, der für die Arbeitnehmer und Arbeitnehmerinnen in deren Arbeitsumgebung ein Informationsangebot über Monitore überträgt, hat dafür zu sorgen, dass höreingeschränkten Mitarbeitern die lediglich gesprochenen Inhalte dieses Informationsprogramms in geeigneter Weise zugänglich gemacht werden. Dabei kommt es weder darauf an, dass die Kenntnisnahme des Informationsprogramms freiwillig ist oder bei einzelnen Übertragungsmonitoren der Ton durch Mitarbeiter oder Vorgesetzte heruntergeregelt wird. Unterlässt der Arbeitgeber dies und trifft ihn nur ein leichtes Verschulden, hat ein hörbeeinträchtigter Mitarbeiter einen Entschädigungsanspruch aus § 15 Abs. 2 AGG in Höhe eines halben Monatsgehalts.

1629 **LAG Mecklenburg-Vorpommern, Urt. v. 24.05.2019 – 2 Sa 214/18, ArbR 2019, 543**

2.000,00 € (Vorstellung: 2.000,00 €)

Ständige Beobachtung durch Überwachungskameras

Die Beklagte ist Pächterin einer Tankstelle, in der der Kläger arbeitet. Die Beklagte betreibt auch im öffentlich nicht zugänglichen Bereich Überwachungskameras, durch die die Beschäftigten einer ständigen Beobachtung ausgesetzt sind, was diese als Überwachungsdruck empfinden. Durch die Überwachungskameras will die Beklagte die Beschäftigten kontrollieren, es gibt keine andere Erklärung und keinen rechtfertigenden Grund.

Das LAG hat die Entscheidung des ArbG Rostock um 500,00 € nach oben korrigiert.

OGH Wien, Urt. v. 22.01.2020 – 9 ObA 120/19s, ZD 2020, 355 = NLMR 2020, 141 1630

2.400,00 € (Vorstellung: 6.000,00 €)

GPS-Ortung des Dienstfahrzeugs auch bei Privatfahrten des Arbeitnehmers

Der Kläger war bei der Beklagten als Außendienstmitarbeiter beschäftigt. Ihm stand ein Dienstwagen zur Verfügung, in den ohne Kenntnis des Klägers ein GPS-Ortungssystem eingebaut war. Als der Kläger davon erfuhr, forderte er die Beklagte mehrfach vergeblich auf, seine Überwachung zumindest in der Freizeit zu unterlassen.

Die Überwachung eines Dienstnehmers mittels eines GPS-Ortungssystems stellt eine betriebliche Kontrollmaßnahme dar, die auch nach der Rechtsprechung des EGMR die Menschenwürde berührt. Sie ist ohne Zustimmung des Arbeitnehmers oder ohne Betriebsvereinbarung nicht zulässig. Die Entschädigung beträgt 400,00 €/Monat.

LAG Rheinland-Pfalz, Urt. v. 09.03.2017 – 2 Sa 440/16, unveröffentlicht 1631

2.500,00 € (Vorstellung: 2.500,00 €)

Benachteiligung wegen angenommener Behinderung – Hepatitis C

Es besteht die Vermutung, dass die Beklagte die Klägerin wegen einer angenommenen Behinderung benachteiligt hat. Auch die Kausalität ist insoweit zu vermuten. Die Beklagte hat den ihr nach § 22 AGG obliegenden Nachweis nicht erbracht, dass kein Verstoß gegen die Bestimmungen zum Schutz vor Benachteiligungen vorgelegen hat. Die begehrte Entschädigung ist angemessen.

LAG Mecklenburg-Vorpommern, Urt. v. 10.06.2020, 3 Sa 219/19, AA 2020, 162 1632

2.500,00 € (Vorstellung: 30.000,00 €)

Nichteinladung zum Bewerbungsgespräch – Mobbing

Rechtswidrige Verhaltensweisen im Bereich der führungsverantwortlichen Personen aufseiten der Beklagten ergeben eine systematische Verletzung der Rechte der Klägerin aus § 241 Abs. 2 BGB über Jahre hinweg und mithin eine Nichtachtung ihrer Persönlichkeitsrechte bzw. ihrer Interessen an der Vermeidung von Gesundheitsgefährdungen. Die wissentliche Duldung von Mobbing über Monate hinweg, die reaktionslos gebliebene Aufforderung an die Klägerin, das Log-In und das Passwort für den E-Mail-Account für andere Mitarbeiterinnen und Mitarbeiter einsehbar und zugänglich auszulegen sowie die Nichteinladung zum Bewerbungsgespräch deuten in diese Richtung. Ausschlaggebend ist der Umstand, dass die personalverantwortlichen Personen aufseiten der Beklagten in Kenntnis der Situation die Klägerin über Jahre hinweg in der Belastungssituation belassen haben.

LG München I, Urt. v. 09.12.2021 – 31 O 16606/20, ZD 2022, 242 = DuD 2022 316 1633

2.500,00 €

Unzureichender Schutz anvertrauter Daten

Der beklagte frühere IT-Dienstleister der Klägerin löschte deren Daten nach Ende der Geschäftsbeziehungen nicht. Nachdem es beim Beklagten zu einem erfolgreichen Hackerangriff gekommen war, fürchtet die Klägerin unter anderem, dass unberechtigt auf ihre Konten zugegriffen werden könnte. Aufgrund des Umfanges und Art der entwendeten Daten des Klägers muss ein solcher Identitätsdiebstahl angenommen werden. Darin ist der Schaden der Klägerin zu sehen, auch wenn es bisher noch nicht zu einem Missbrauch der Daten gekommen ist.

VG Berlin, Urt. v. 23.09.2022 – 5 K 322.18, ZBR 2023, 65 = NVwZ 2023, 531 1634

2.500,00 €

Ablehnung der Einstellung wegen eines positiven HIV-Status

Die grundsätzliche Forderung eines negativen HIV-Status für die Einstellung in den Vorbereitungsdienst der Berliner Feuerwehr kann eine unmittelbare Benachteiligung wegen der HIV-Infektion nicht im Sinne von § 8 Abs. 1 AGG rechtfertigen. Die Anforderung ist nicht angemessen; ein positiver HIV-Status steht einer Einstellung nicht grundsätzlich entgegen.

1635 **LAG Baden-Württemberg, Urt. v. 27.01.2023 – 12 Sa 56/21, RDV 2023, 320 = ZD 2023, 696**

3.000,00 € (Vorstellung: 22.500,00 €)

Auswertung von WhatsApp-Nachrichten durch den Arbeitgeber

Durch die Auswertung der WhatsApp-Nachrichten des Klägers und ihrer Einführung im Kündigungsschutzprozess verstieß die Beklagte gegen § 26 BDSG, ein Verstoß i.S.d. Art. 82 Abs. 1 DS-GVO.

Dem Kläger ist ein Schaden entstanden. Außer Aufwand an Zeit und Mühe zur Beendigung der Rechtsverletzung auch daraus resultierende Gefühlsbeeinträchtigungen, wie Ängste, Stress, Leidenszustände (Maschmann a.a.O.) können ein Schaden sein. Der bloße »Ärger« über den Kontrollverlust an den Daten, ein schieres »Unmutsgefühl« wegen der Nichtbeachtung des Rechts durch einen anderen, sind aber nicht ausreichend. Diese Schwelle ist hier überschritten.

Der Kläger hatte nicht nur den bloßen Verlust der Herrschaft über seine Daten zu ertragen und sich allein hierüber geärgert. Vielmehr wurden sehr persönliche Daten von der Beklagten – wie etwa vertrauliche Nachrichten an seinen Bruder und seine Freunde – über einen erheblichen Zeitraum nicht nur ausgewertet, sondern anschließend von der Beklagten im Arbeitsgerichtsprozess eingebracht, um die Kündigung des Arbeitsverhältnisses zu rechtfertigen. Aus der rechtswidrigen Verarbeitung der Daten sind dem Kläger mithin konkrete Gefährdungen erwachsen, insbesondere der drohende Verlust seines Arbeitsplatzes mit allen einhergehenden materiellen und immateriellen Auswirkungen. Von einem unerheblichen Verstoß, der bloßen unbeachtlichen Ärger oder ein schieres Unmutsgefühl hervorgerufen hat, kann danach nicht ausgegangen werden.

1636 **LArbG Berlin-Brandenburg, Urt. v. 07.06.2018 – 26 Sa 1246/17, ArbR 2019, 205**

5.000,00 € (Vorstellung: mindestens 5.000,00 €)

Nichtbeschäftigung eines Arbeitnehmers

Nach einer Auseinandersetzung teilte sein Vorgesetzter dem Kläger mit, sein Arbeitsplatz falle in Kürze weg. Dazu hatte der Kläger keine Veranlassung gegeben. Dem Kläger wurden mehrfach monatelang keine Aufgaben zugewiesen, während er in einem Einzelzimmer saß.

Die Beeinträchtigung konnte und kann nicht auf andere Weise beseitigt werden.

1637 **ArbG Düsseldorf, Urt. v. 05.03.2020 – 9 Ca 6557/18, NZA-NJW-RR 200 2020, 409**

5.000,00 €

Verletzung des Datenschutzes

Zwischen den Parteien bestand ein Arbeitsverhältnis. Die Beklagte übersandte personenbezogene Daten des Klägers jedenfalls an zwei Unternehmen. Auskünfte wurden dem Kläger über Monate verweigert, sodass der Kläger über die Datenverarbeitung der Beklagten im Ungewissen blieb. Die Anforderungen an die Auskunft erfüllte die Beklagte auch inhaltlich nicht. Der dem Kläger entstandene immaterielle Schaden ist nicht erheblich.

Die Kammer setzte für die ersten zwei Monate der Verspätung jeweils 500,00 €, für die weiteren etwa drei Monate jeweils 1.000,00 € und für die beiden inhaltlichen Mängel der Auskunft jeweils 500,00 € an.

1638 **ArbG Münster, Urt. v. 25.03.2021 – 3 Ca 391/20, DuD 2021, 562**

5.000,00 €

Bild des Arbeitnehmers für Werbung

Die Klägerin ist mit einem Bruttomonatsgehalt von rd. 5.000,00 € als Post Doc Koordinatorin beschäftigt.

Ein Arbeitnehmer kann eine Entschädigung bzw. ein Schmerzensgeld in Höhe von 5000 € verlangen, wenn der Arbeitgeber ein Bild der Arbeitnehmerin in einem auf die Hautfarbe bezogenen Zusammenhang verwendet, ohne eine schriftliche Einverständniserklärung der Arbeitnehmerin.

Die Beklagte veröffentlichte eine Broschüre mit einem Bild der Klägerin, auf dem diese beim Unterrichten zu sehen ist. Die Klägerin hatte nicht zugestimmt. Das Bild ist »internationalisation« unterschrieben mit einem auf Englisch abgefassten Werbetext, der auf 550 Partnerschaften mit Universitäten weltweit verweist und auf 3600 ausländische Studenten. Auf dem Bild ist auch eine zuhörende Studentin mit Kopftuch abgebildet. Die Klägerin teilte per E-Mail mit, sie sei mit der Nutzung des Bildes nicht einverstanden. Nach rd. zwei Wochen war das Bild gelöscht.

Die Beklagte hätte nach Art. 26 II s DS-GVO eine schriftliche Einwilligung der Klägerin einholen müssen.

LAG Baden-Württemberg, Urt. v. 27.07.2023, NZA-RR 2023, 511 1639

10.000,00 € (Vorstellung: 36.000,00 €)

Weiterverwendung von Fotos des Arbeitnehmers nach Ausscheiden

Während des Bestands des Arbeitsverhältnisses ließ die Beklagte im Einverständnis mit dem Kläger zahlreiche Fotos »bei der Arbeit« machen und ein ca. vierminütiges Werbevideo produzieren, das den Kläger als Schulungsleiter »in Aktion« zeigte. Unter Nutzung dieses Foto- und Videomaterials bewarb die Beklagte sodann ihre Leistungen auf der Firmenwebsite und verwandte diese nach dem Ausscheiden des Klägers weiter.

Für die Höhe der Entschädigung gilt, dass die Beklagte den Kläger zur Verfolgung eigener kommerzieller Interessen eingesetzt hat. Dies bedeutet zwar nicht, dass eine »Gewinnabschöpfung« vorzunehmen ist, wohl aber, dass die Erzielung von Gewinnen aus der Rechtsverletzung als Bemessungsfaktor in die Entscheidung über die Höhe der Geldentschädigung mit einzubeziehen ist. In solchen Fällen muss von der Höhe der Geldentschädigung ein echter Hemmungseffekt ausgehen; als weiterer Bemessungsfaktor kann die Intensität der Persönlichkeitsrechtsverletzung berücksichtigt werden.

ArbG Trier, Urt. v. 06.09.2023 – 1 Ca 129/23 1640

20.000,00 € (Vorstellung: 20.000,00 €)

Unzulässige Aufdeckung eines Pseudonyms

In einer bistumsinternen Veranstaltung zur Aufarbeitung von Missbrauchsfällen wurde der tatsächliche Name einer bislang nur unter Pseudonym aufgetretenen Betroffenen durch den amtierenden Bischof des Bistums auf einer Veranstaltung genannt. Dadurch wurden Informationen über im höchsten Maß private Lebensbereiche offengelegt. Dies stellt einen rechtswidrigen Eingriff in das allgemeine Persönlichkeitsrecht der Genannten dar. Deren Schutzinteresse überwiegt, wenn während der Veranstaltung kein sachlicher Grund zur Offenlegung bestand, sondern der Fall und seine kircheninterne Behandlung ebenso gut unter Verwendung des Pseudonyms erörtert werden können.

Die Höhe des Schmerzensgeldes erklärt sich daraus, dass die Informationen, die nunmehr mit der Klägerin persönlich verknüpft werden können, in einem sehr hohen Maße die Privatsphäre tangieren. Sie betreffen einen sexuellen Missbrauch und einen Schwangerschaftsabbruch in der Vergangenheit und die Art und Weise der Aufarbeitung dieser Ereignisse sowie die noch anhaltende psychische Belastung.

b) Verletzungen im schulischen Bereich

1641 **LG Köln, Urt. v. 17.07.2018 – 5 O 182/16, SuP 2018, 598–599**

20.000,00 € (– durch Grundurteil beschieden)

Fehlerhafte Beschulung eines Förderschülers

Beim Kläger wurde ein dringender sonderpädagogischer Förderbedarf festgestellt. Es stehe fest, dass der Junge momentan nur auf dem Niveau der Geistigbehinderten-Pädagogik adäquat gefördert werden könne.

Nach rd. 6 Jahren endete das Schulverhältnis des Klägers, da er das 18. Lebensjahr vollendet hatte. Kurz zuvor war er an einem Berufskolleg angemeldet, an dem er das Schuljahr 2014/2015 als Klassenbester abschloss. Mit Abschluss des Schuljahres 2015/2016 erwarb der Kläger einen dem Hauptschulabschluss nach Klasse 10 gleichwertigen Abschluss, wobei seine Leistungen ausschließlich mit den Noten »gut« und »sehr gut« bewertet wurden. Zurzeit strebt er den Realschulabschluss an. Mit einer geistigen Behinderung wäre dies nicht zu schaffen gewesen. Ein Test endete mit der zusammenfassenden Bemerkung, dass der Kläger aufgrund seiner Intelligenzstruktur durchaus in der Lage gewesen wäre, eine Regelschule zu besuchen.

Das beklagte Land hat die Amtspflichten verletzt. Die Vorschriften über die Überprüfung der Fortdauer des Förderbedarfs und des Förderschwerpunktes sind nicht beachtet worden. Die Klassenkonferenz hätte, mindestens einmal jährlich überprüfen müssen, ob der festgestellte Bedarf an sonderpädagogischer Unterstützung und der festgelegte Förderschwerpunkt weiterhin bestanden.

1642 **ArbG Gießen, Urt. v. 03.07.2019 – 3 Ca 433/17, RDG 2019, 240**

20.000,00 €

Kündigung eines Betriebsratsmitglieds aus fingierten Gründen

Die Betreiberin von Senioreneinrichtungen entwickelte gemeinsam mit einem Rechtsanwalt ein Strategiekonzept zur Entfernung ihrer unliebsamen Betriebsratsmitglieder. Danach sollten eingeschleuste Lockspitzel die Betriebsratsmitglieder in Verruf bringen, Kündigungsgründe provozieren und erfinden.

Das Arbeitsgericht wertete diese strategische Vorgehensweise als schwere Persönlichkeitsrechtsverletzung (§§ 823 Abs. 1, 830 Abs. 1, 840 Abs. 1 BGB i.V.m. Art. 2 GG).

4. Beleidigung, üble Nachrede, Nötigung

1643 **BGH, Urt. v. 24.05.2016 – VI ZR 496/15, VersR 2016, 1001 = MDR 2016, 1086 = NJW-RR 2016, 1136**

0,00 € (Vorstellung: 800,00 €)

Keine Geldentschädigung für Beleidigung im persönlichen Umfeld

Der Kläger begehrt von dem Beklagten, seinem ehemaligen Vermieter, die Zahlung einer Geldentschädigung, weil dieser ihn in Kurzmitteilungen (SMS) an 2 Tagen unter anderem bezeichnet hat als »Lusche allerersten Grades«, »arrogante rotzige große asoziale Fresse«, »Schweinebacke«, »feiges Schwein«, »feige Sau«, »feiger Pisser«, »asozialer Abschaum« und »kleiner Bastard«. AG und LG haben die Klage abgewiesen.

Bei diesen Äußerungen handelt es sich um grobe Beleidigungen im persönlichen Umfeld ohne Breitenwirkung in der Öffentlichkeit. Die damit verbundenen Beeinträchtigungen können befriedigend durch den vom Kläger im einstweiligen Verfügungsverfahren erwirkten strafbewehrten Unterlassungstitel und das Ordnungsmittelverfahren aufgefangen werden. Des Weiteren hatte der Kläger die Gelegenheit, wegen der Beleidigungen den Privatklageweg zu beschreiten und sich auch dadurch

Genugtuung zu verschaffen. Für die Zahlung einer Geldentschädigung ist aufgrund der Umstände des Streitfalls daneben kein Raum.

LG Köln, Urt. v. 06.12.2017 – 12 O 135/15 1644

0,00 € (Vorstellung: 30.000,00 €)

Beleidigung einer Lehrerin und üble Nachrede durch den Vertreter der Klassenpflegschaft

Die Klägerin, Lehrerin an einer Gesamtschule, macht gegen den Jahrgangssprecher der Klassen 5 und 6 Unterlassungs- und Schadensersatzansprüche geltend.

Der Beklagte soll unter anderem folgende Vorwürfe unterlassen: Überziehung des Unterrichtes in die Pausen, zu umfangreiche Hausaufgaben von heute auf morgen, Bloßstellung einzelner Kinder vor der Klasse.

Diese Vorwürfe der Eltern von Schülern, welche die Klägerin unterrichtet, hat der Beklagte in seiner Funktion als Jahrgangssprecher erhoben. Dadurch, dass der Beklagte die von den Eltern diskutierten Probleme schilderte, handelte es sich nicht um dessen eigene Meinungsäußerung oder um dessen Tatsachenbehauptungen.

LG Karlsruhe, Urt. v. 23.11.2018 – 6 O 71/18, unveröffentlicht 1645

0,00 € (Vorstellung: mindestens 2.500,00 €)

Beleidigung von Mutter und 6 Monate altem Kind auf YouTube

Die Klägerin zu 1) betreibt im Bereich »F« einen YouTube-Kanal »SW« und lässt ihre Zuschauer teilweise an ihrem Privatleben teilhaben und informiert u. a. in Videos über ihr Alltagsleben mit der zuletzt geborenen Tochter A, der Klägerin zu 2).

Der Beklagte betreibt ebenfalls YouTube-Kanäle.

Am 30.04.2016 veröffentlichte die Klägerin zu 1) ein Video: A ist 6 Monate alt. Dabei wurde dieses Video mit einem Vorschaubild, sog. Thumbnail, für die Nutzer zugänglich gemacht.

Der Beklagte veröffentlichte wenige Tage später auf seinem Kanal ein eigenes Video mit einer Lauflänge von insgesamt > 3 Minuten, in das er das Vorschaubild für eine Dauer von 22 Sekunden einblendete und kommentierte:

> A ist wohl die Kurzform für elastische Vagina. Denn etwas anderes als eine Schlampe oder Nutte wird aus diesem Kind wohl nicht. Was bist Du bitte für eine komplett beschissene Mutter, wenn Du Deinem Kind ernsthaft so ein behinderten Snapchat-Filter aufdrängst. Würde ich beim Jugendamt arbeiten, würde ich Dir das Kind direkt wegnehmen. Selbst in einer Familie, wo sie geschlagen wird, wird mehr aus dem Kind als bei Dir.

Das LG hat die auf Zahlung einer Geldentschädigung gerichtete Klage abgewiesen, weil die Klägerinnen sich mit der Klage fast 2 Jahre Zeit gelassen hätten, sodass eine Entschädigung in Geld nicht geboten sei.

AG Stuttgart, Urt. v. 04.12.2020 – 3 C 3973/20, AfP 2021, 279 = ZUM-RD 2022, 120 1646

0,00 €

Keine Geldentschädigung nach Zahlung einer Geldauflage

Beleidigungen von Polizeibeamten, wie »Kasper«, »Wichser«, »Arschficker« bedeuten grundsätzlich keine schwere Beeinträchtigung des Persönlichkeitsrechts, weil sie sich im Schwerpunkt gegen den Amtsträger und nicht gegen die Person richteten. Wird das Fehlverhalten strafrechtlich sanktioniert, indem das Strafverfahren gegen Zahlung einer Geldauflage in Höhe von 5.000,00 € eingestellt wird, ist eine Entschädigung an den Beleidigten nicht geboten.

1647 **AG Rheine, Urt. v. 04.06.2024 – 10 C 165/23**

500,00 €

Verletzung des allgemeinen Persönlichkeitsrechts bei Twitter

Die Klägerin führt einen Twitter-Account unter dem Namen @C. Dem Account der Klägerin folgen 183.354 Follower. Unter einem Beitrag der Klägerin setzte der Beklagte folgenden Text ab:

»@C Für wen, für dich? Hast du Stückzahlen an Nachbestellung zu bringen? DU TEUFELIN in Menschenfleischverpackung«.

Diese Äußerung stellt eine rechtswidrige Persönlichkeitsrechtsverletzung dar und ist nicht mehr Ausdruck des Rechts auf freie Meinungsäußerung aus Art. 5 Abs. 1 S. 1 GG. Die Klägerin erleidet dadurch Einbußen in ihrem Ansehen in der Öffentlichkeit. Sie hat verbale Herabwürdigung erfahren, nicht nur als Mensch für sich genommen, sondern auch in ihrer Stellung als … mit Vorbildfunktion für die Bevölkerung.

1648 **AG Ludwigshafen, Urt. v. 19.07.2017 – 2h C 117/17, unveröffentlicht**

750,00 € (Vorstellung: 750,00 €)

Ehrverletzung und falsche Anschuldigung

Der Beklagte bezeichnete den Kläger als »Depp«, traf ihn mit einem Faustschlag an der Schulter und verursachte durch eine falsche Anschuldigung ein staatsanwaltschaftliches Ermittlungsverfahren gegen den Kläger. Mit dem Schmerzensgeldbetrag sind auch die vorgerichtlichen Rechtsanwaltskosten ausgeglichen.

1649 **AG Rudolstadt, Urt. v. 06.05.2019 – 462 Js 34108/18 1 Ls jug, unveröffentlicht**

1.000,00 €

Sexuelle Nötigung

Der 19 Jahre alte noch in der Ausbildung stehende Angeklagte traf sich mit einer 17 Jahre alten Auszubildenden in einem Internat für Schüler und Auszubildende. Sie tauschten Zärtlichkeiten aus, Streicheln und Küssen, ohne dass es zu weiteren Intimitäten kam. Der Angeklagte bedrängte die Geschädigte, setzte sich auf sie und fixierte ihre Hände mit einem Bettlaken. Nachdem mehrere Versuche gescheitert waren, sie zu küssen, griff er mit einer Hand in ihre Jogginghose und fasste sie zur Befriedigung seiner sexuellen Interessen unter dem Slip an die nackte Scheide.

Später entschuldigte er sich bei der Nebenklägerin. Ihm wurde auferlegt, zur Wiedergutmachung des immateriellen Schadens ein Schmerzensgeld von 1.000,00 € in monatlichen Raten von 50,00 € an die Nebenklägerin zu zahlen.

1650 **LG Memmingen, Urt. v. 03.02.2015 – 21 O 1761/13, unveröffentlicht**

1.500,00 €

Massivste Beleidigungen auf gefälschter Facebook-Seite

Ein 14 Jahre alter Gymnasiast wurde auf einer gefälschten Facebook-Seite ganz massiv beleidigt und unter anderem als Fettsack ohne Geschlechtsteil bezeichnet. Ihm wurde unter anderem unterstellt, homosexuell zu sein und kleine Kinder vergewaltigt zu haben. Der Beklagte war 12 1/2 Jahre alt, aber einsichtsfähig. Die begrenzte Leistungsfähigkeit des Beklagten wurde berücksichtigt.

1651 **Hess. LAG, Urt. v. 18.10.2021 – 16 Sa 380/20, AA 2022, 66**

1.500,00 €

Überwachung des Arbeitnehmers durch Arbeitgeber

Der Arbeitgeber hatte den vagen Verdacht, der Kläger komme als Arbeitnehmer seiner Arbeitspflicht nicht nach und ließ ihn an 6 Tagen durch einen Detektiv überwachen.

Der Anspruch des Klägers wurde bejaht nach Art. 82 I DS-GVO.

Die bisherige deutsche Rechtsprechung, die immateriellen Schadensersatz überhaupt nur bei schwerwiegenden Persönlichkeitsrechtsverletzungen zugesprochen hat, was auch der ausdrücklichen Regelung in § 8 Abs. 2 BDSG aF entspricht, ist nicht mehr anwendbar. Da der Begriff des Schadens in Art. 82 DS-GVO ein europarechtlicher ist, darf nicht auf nationale Erheblichkeitsschwellen oder andere Einschränkungen abgestellt werden. Einen Ausschluss vermeintlicher Bagatellschäden sieht das Gesetz nicht vor (Kühling/Buchner – Ct, DS-GVO BDSG, 3. Auflage, Art. 82 DS-GVO Rn. 18a).

Die unzulässige Observierung durch eine Detektei, die zugleich mit der Erhebung von Daten verbunden ist, löst einen immateriellen Schaden beim Überwachten aus, wenn dieser an 6 Tagen in seinem Privatleben (auf dem Balkon der Wohnung und im Garten) beobachtet wird, auch wenn keine Video- oder Fotoaufnahmen gemacht werden.

Der Anspruch wird für 6 Tage mal 250,00 € bemessen.

OLG Dresden, Urt. v. 30.01.2018 – 4 U 1110/17, MDR 2018, 341 = NJW-RR 2018, 946 1652

2.600,00 €

Recht am eigenen Bild

Der Beklagte zeigte ein Bild des Klägers auf seiner Website mit einem Text, der den Kläger als Rocker identifizierte. Es drängte sich der Eindruck auf, dass der Kläger an einer Schießerei beteiligt gewesen sei. Dies war jedenfalls abstrakt geeignet, eine Rufschädigung des Klägers zu bewirken und ihm beruflich und privat schwer zu schaden.

Da den Beklagten kein schweres Verschulden trifft, konnte die Geldentschädigung an der unteren Grenze angesiedelt werden.

OLG Frankfurt, Urt. v. 21.07.2016 – 16 U 233/15, MMR 2016, 778 1653

3.000,00 € (Vorstellung: mindestens 3.000,00 €)

Schwerwiegende Beleidigung im Internet

Die Parteien streiten um Postings, die unter dem Facebook-Account des Beklagten auf der von dem Kläger eingerichteten öffentlichen Pinnwand bei Facebook zur Bewerbung der von ihm veranstalteten gewerblichen Veranstaltung veröffentlicht wurden. Darin wird der Kläger, ein Iraner, u.a. mit vollem Namen genannt, direkt als homosexuell angesprochen und der Vornahme sexueller Handlungen an der Mutter bezichtigt. Dies stellt eine schwerwiegende Beleidigung des Klägers dar, zumal er davon ausgehen musste, dass der Inhalt des Postings gerade Mitgliedern der persischen Gemeinde zur Kenntnis gelangt ist.

OLG Oldenburg, Urt. v. 16.03.2018 – 13 U 77/17, CR 2018, 808 1654

3.000,00 €

Beleidigende Äußerungen über Facebook

Die Beklagten veröffentlichten über Facebook zahlreiche Kommentare und Beleidigungen gegenüber dem Kläger. Der Betrag soll sich unter Berücksichtigung des allgemeinen Schmerzensgeldniveaus ergeben.

LG Hamburg, Urt. v. 17.04.2020 – 324 S 3/19, unveröffentlicht 1655

3.000,00 € (Vorstellung: 1.500,00 €)

Verbreitung von ehrverletzenden Äußerungen in sozialen Netzwerken

Der Kläger ist Jäger und Rechtsanwalt und war in einem Strafverfahren als Verteidiger mandatiert, das die Tötung eines Wolfes zum Gegenstand hatte. Im Zusammenhang mit diesem Strafverfahren veröffentlichte der Kläger, der auch als Autor in jagdlichen Magazinen tätig ist, am 30.01.2019 einen Gastbeitrag auf FOCUS Online. Darin hieß es u.a.:

»Meinetwegen soll der Grauhund zur Hölle fahren!«

»Ich habe oben einen gesonderten Thread eröffnet. Bitte teilt den auch, damit jeder weiß, was für ein Schwein das ist! Danke!«

»[...] solche überflüssigen Menschen wie B. und sein RA Dr. G. .«

»[...] Ich möchte gerne die 2 Ar...lö...er selbst und laibhaftig sehen – ach 3 sind es ja mindesten, Wolfskiller, Jagdleiter und Anwalt.«

»Teilt das bitte weiträumig, damit die wissen, dass wir jeden finden!«

»[...] solche überflüssigen Menschen wie B. und sein RA Dr. G. .«

»[...] Ich möchte gerne die 2 Ar...lö...er selbst und laibhaftig sehen – ach 3 sind es ja mindesten, Wolfskiller, Jagdleiter und Anwalt.«

»Teilt das bitte weiträumig, damit die wissen, dass wir jeden finden!«

Die Bezeichnung des Klägers als Arschloch führt zu einer Geldentschädigung, auch wenn das Wort nicht ausgeschrieben wurde. Zu Lasten des Beklagten ist zu berücksichtigen, dass der Kläger gerichtliche Hilfe in Anspruch nehmen musste, dass der Beklagte die Kanzleiadresse des Klägers publik machte und die nicht unerhebliche Verbreitung, den der Beitrag gefunden hat. Zu seinen Gunsten zählen die geringen Einkommens- und Vermögensverhältnisse.

1656 **AG Neukölln, Urt. v. 25.03.2021 – 8 C 212/20, ZUM-RD 2021, 452**

3.000,00 € (Vorstellung: 5.000 €)

Versendung intimer Fotos

Die Parteien führten eine Liebesbeziehung, welche im August 2016 beendet wurde. Der Beklagte fertigte von der Klägerin einvernehmlich intime Fotos und Videos an. Er schickte ihr nach Ende der Beziehung wiederholt Nachrichten sexuellen Inhalts. Die Klägerin brach den Kontakt zu dem Beklagten ab.

Der Beklagte sandte der Schwester der Klägerin ein 37-sekündiges Video, welches fokussiert das Gesäß und den Intimbereich einer Frau während des Geschlechtsverkehrs mit einem Mann abbildet. Zudem sandte er ein Foto, das das Geschlechtsteil einer Frau bei der Penetration mit einem Sexspielzeug zeigt. Die Sendungen erfolgten mit der Bemerkung »Deine sis« und der Beklagte machte ihr Angebote für ein gemeinsames Treffen zur Vornahme sexueller Handlungen.

Die Höhe des Schmerzensgeldes wird nicht begründet.

1657 **LG Frankfurt, Urt. v. 30.07.2015 – 3 O 455/14**

4.200,00 € (Vorstellung: 11.500,00 €)

E-Mail-Versand mit Nacktfotos an begrenzten Empfängerkreis

Die Klägerin, eine Bürokauffrau, plante, als Begleitdame (»Escort-Service«) zu arbeiten und führte zu diesem Zweck ein Fotoshooting durch. Darüber war der Beklagte, mit dem die Klägerin befreundet war, enttäuscht und teilte die Pläne der Klägerin 5 Personen mit. Dem Schreiben war ein Ausdruck von der Internet-Seite der Escort-Agentur beigefügt, auf dem die Klägerin auf insgesamt neun Bildern teils in Reizwäsche und mit entblößter Brust abgebildet ist. Sodann versandte der Beklagte E-Mails an 4 weitere Personen, denen ebenfalls der Anhang beigefügt war.

Das LG sah die Intimsphäre nicht verletzt, weil die Klägerin den Kernbereich der privaten Lebensgestaltung von sich aus geöffnet habe. Der Beklagte habe jedoch durch die E-Mails an die Familie und den engen und weiteren Bekanntenkreis der Klägerin in deren allgemeines Persönlichkeitsrecht eingegriffen, da er sich über den erkennbaren und ihm bekannten Willen hinweggesetzt habe, dass ihre Tätigkeit als Escort-Dame nicht einer allgemeinen Öffentlichkeit und insbesondere nicht ihrem Familien- und Bekanntenkreis bekannt gemacht werden solle.

Die Entschädigung wurde wie folgt bemessen: für die Schreiben 1.000,00 €, für die E-Mails 500,00 €, für die kleinen Fotos 6 x 200,00 €, für die größeren Fotos 3 x 500,00 € = insgesamt 4.200,00 €.

LArbG Berlin-Brandenburg, Urt. v. 23.06.2022 – 10 Sa 1418/21, FA 2022, 354 1658

5.000,00 € (Vorstellung: 20.000,00 €)

Bekanntgabe von Gesundheitsdaten

Das beklagte Land hat das allgemeine Persönlichkeitsrecht der Klägerin durch die Übersendung der Teilakte »Krank«, die nicht angefordert worden war, rechtswidrig verletzt. Die Höhe der Entschädigung wegen Verletzung des allgemeinen Persönlichkeitsrechts ist nicht von der Vergütungshöhe abhängig und bei Verletzung der besonders schützenswerten Gesundheitsdaten, wenn diese einem Dritten zugänglich gemacht werden, mit 5.000,00 € zu bemessen.

AG Wiesbaden, Urt. v. 10.09.2024 – 720 Ds 2230 Js 42893/22 1659

5.000,00 € (Vorstellung: mindestens 500,00 €)

Beleidigung und üble Nachrede

Die noch junge Angeklagte beschuldigte den Adhäsionskläger in verschiedenen Medien unter anderem, dass er jugendpornografisches Material besessen habe. Konkret brachte sie zum Ausdruck, er habe Bildmaterial von seiner damaligen 17-jährigen Freundin besessen sowie Sexualstraftaten zu Lasten einer anderen von Frau begangen. Die Strafkammer sah darin eine Verletzung des allgemeinen Persönlichkeitsrechts.

LG Frankfurt, Urt. v. 02.12.2021 – 2-03 O 329/20 1660

6.000,00 € (Vorstellung: 6.000,00 €)

Beleidigung im Internet

Die Klägerin ist Klimaaktivistin und eine der Hauptorganisatorinnen einer Klimabewegung. Der Beklagte ist Schriftsteller, der sich auch als gesellschaftspolitischer Kommentator und Redner betätigt. Ein Dritter veröffentlichte auf Facebook eine Bildaufnahme der Klägerin mit dem Hinweis: »*Süßes Foto, oder etwa nicht?*«

Der Beklagte kommentierte die Bildaufnahme wie folgt:

»*Ja, würde ich sofort ficken, auch wenn ich mir danach stundenlang das Klima-Zeug anhören müßte*«.

Die Klägerin kann vom Beklagten aus den §§ 823 Abs. 1, 1004 Abs. 1 BGB i.V.m. Art. 2 Abs. 1, 1 Abs. 1 GG eine Geldentschädigung in Höhe von 6.000,00 Euro verlangen. Denn die Äußerung greift besonders schwer in den Kern des Persönlichkeitsrechts der Klägerin ein und rechtfertigt eine Geldentschädigung. Es handelt sich um eine sexualisierte Beleidigung, die allein der Diffamierung und Einschüchterung der Klägerin dient. Die Äußerung war öffentlich und auf Facebook einsehbar und erfolgte ohne einen Sachbezug. Die Verbreitungsform führt zwangsläufig dazu, dass die Klägerin – auch nach Entfernung – nicht mit zumutbaren Aufwand kontrollieren kann, wem die Diffamierung ihrer Person bekannt geworden ist und ob und wie sie weiterverbreitet wurde.

ArbG Lübeck, Urt. v. 09.09.2021 – 1 Ca 442/21, FA 2022, 50 1661

10.000,00 €

Unzutreffender Vorwurf der Handgreiflichkeit durch Profifußballer

Durch die öffentlich aufgestellte und verbreitete unwahre Behauptung, ein Vertragsfußballspieler sei gegen seinen Trainer »handgreiflich« geworden, greift der Arbeitgeber in schwerwiegender Weise in das aus Art. 2 I, 1 I GG folgende Allgemeine Persönlichkeitsrecht des Arbeitnehmers ein. Durch die Behauptung wurde der Kläger in der Öffentlichkeit als gewalttätiger, schlagender Spieler wahrgenommen.

1662 **LG Frankfurt, Urt. v. 08.04.2022 – 2–3 O 188/21, MDR 2022, 702 = CR 2023, 385**

10.000,00 €

Verbreitung eines Falschzitats im Internet

Die Beklagte hat als sog. mittelbare Störerin rechtswidrig zur fortdauernden Verbreitung eines Falschzitats durch die originär verantwortlichen Nutzer beigetragen und ist deshalb verantwortlich dafür, dass fortdauernd der falsche Eindruck erweckt wird, die Klägerin habe die Aussage »***Integration fängt damit an, dass Sie als Deutscher mal türkisch lernen!***« getätigt. Die Beklagte ist aufgrund eines eigenen schuldhaften Verhaltens für die mit den rechtswidrigen Äußerungen verbundene Persönlichkeitsrechtsverletzung der Klägerin (mit-) verantwortlich. Die hartnäckige Weigerung der Beklagten, ihre Verpflichtung anzuerkennen, ihr Netz von ihr bekannten Falschzitaten zu befreien, zeigt sich auch darin, dass sie damit verbundenen Persönlichkeitsverletzungen nicht ernst nimmt.

Durch die Zahlung soll die Beklagte auch dazu angehalten werden, entsprechende Falschzitate künftig unverzüglich und umfassend zu löschen, sobald sie Kenntnis davon erlangt.

Eine Überkompensation droht nicht. Wird ein Host-Provider zur Zahlung einer Geldentschädigung verurteilt, kann er regelmäßig bei dem/den originär Verantwortlichen Regress nehmen, da eine gesamtschuldnerische Haftung besteht (§§ 830, 426 BGB).

1663 **LG Flensburg, Urt. v. 14.06.2023 – 7 O 140/20, ZUM-RD 2024, 170**

10.000,00 € (Vorstellung: 10.000,00 €)

Verunglimpfung als Mitglied der Staatssicherheit

Der Kläger wurde zu Unrecht öffentlich als Mitglied der Staatssicherheit bezeichnet. Er verlangte vom Beklagten prozessual die Unterlassung der Behauptung. Der Prozess und die falsche Behauptung belasteten ihn zwei Jahre psychisch.

1664 **ArbG Berlin, Teilurt. v. 15.06.2022 – 55 Ca 456/21, 55 Ca 5659/21, ZD 2023, 165**

100.000,00 €

Besonders schwere Verletzung des allgemeinen Persönlichkeitsrechts durch Arbeitgeber

Die Beklagte hat durch ihr Verhalten im Zusammenhang mit der Kündigung des Klägers dessen allgemeine Persönlichkeitsrechte in besonders schwerer Weise beeinträchtigt und sich dabei von unlauteren und niederen Motiven leiten lassen.

Nachdem der Kläger seine Absicht bekundet hatte, das Arbeitsverhältnis mit der Beklagten zu einem späteren Zeitpunkt zu beenden, hat die Beklagte ihrerseits begonnen, die Persönlichkeitsrechte des Klägers systematisch regelrecht zu demontieren. Das gesamte Verhalten war von dem erklärten Ziel geleitet, den Kläger an der künftigen Ausübung seines bisherigen Berufs zu hindern und ihm maximalen Schaden zuzufügen.

Der Geschäftsführer der Beklagten äußerte, er werde dafür sorgen, dass der Kläger nicht mehr prüfen dürfe. Der Kläger wurde systematisch diffamiert. Es wurden Gründe für eine fristlose Kündigung konstruiert, ein Abrechnungsbetrug wurde behauptet. Vertragspartner der Beklagten wurden über vermeintlich *»schwere Verletzungen«* der arbeitsvertraglichen Pflichten des Klägers unterrichtet. Das Eisenbahn-Bundesamt wurde ebenfalls quasi dauerhaft über behauptete, tatsächlich aber nicht vorliegende Straftaten und Lügen und eine vermeintliche Unzuverlässigkeit des Klägers unterrichtet. Das alles erfolgte wider besseres Wissen und diente allein dem Zweck, dem Kläger zu schaden.

Die Beklagte zeigte den Kläger bei der Staatsanwaltschaft wegen einer behaupteten Unterschlagung von Unterlagen an.

5. Verstoß gegen das AGG – Benachteiligung wegen

- Alter
- Behinderung
- Geschlecht
- Rasse
- Religion

a) Benachteiligung wegen des Alters

ArbG Köln, Urt. v. 27.03.2019 – 20 Ca 7129/18, unveröffentlicht 1665

1.770,00 € (Vorstellung: 5.317,20 €)

Bewerber »am besten zwischen 18 und 30 Jahre alt

Die 50 Jahre alte Klägerin bewarb sich auf eine Stelle als weibliche Assistentin zur Betreuung behinderter Menschen bei der Beklagten. Nach der Stellenausschreibung sollten Bewerber »am besten zwischen 18 und 30 Jahre alt sei«. Die Beklagte teilte der Klägerin mit, sie habe die Stelle anderweitig besetzt.

Die Entschädigung für die Klägerin wurde auf ein Monatsgehalt festgesetzt, weil die Beklagte ein junges Unternehmen und die Frage der Altersdiskriminierung höchstrichterlich noch nicht entschieden sei.

Hess. VGH, Urt. v. 11.05.2016 – 1 A 1926/15, DÖV 2016, 696 und 1 A 1927/15 1666

2.600,00 €

Beamtenbesoldung nach Altersstufen

Der Kläger, ein Studienrat, sieht eine Beamtenbesoldung nach Altersstufen als diskriminierend an.

Ausgangspunkt für den vom Kläger geltend gemachten Zahlungsanspruch sind die Regeln des BBesG. Nach der Rechtsprechung des Bundesverwaltungsgerichts führten diese Regelungen zu einer ungerechtfertigten Ungleichbehandlung i. S. v. Art. 2 Abs. 1 und 2 der Richtlinie 2000/78/EG, da u.a. ein älterer Beamter ohne jede Berufserfahrung bei seiner erstmaligen Berufung in ein Beamtenverhältnis allein aufgrund seines höheren Lebensalters höher eingestuft wurde, als ein erfahrener, aber jüngerer Beamter. Beamte, die Ansprüche geltend machen wollen, die über die gesetzlich vorgesehene Besoldung hinausgehen, müssen dies stets zeitnah bis zum Ende des laufenden Haushaltsjahres tun, damit sich der Dienstherr darauf einstellen kann. Danach steht dem Kläger erst ab dem 01.01.2012 ein unionsrechtlicher Haftungsanspruch zu.

Mangels anderer greifbarer Anhaltspunkte orientiert sich der Senat an einem Monatsbetrag von 100,00 €, den das BVerwG für angemessen gehalten hat.

LG Kassel, Urt. v. 23.09.2024 – - ZIP 2025, 1206 1667

3.000,00 € (Vorstellung; 3.000,00 €)

Verweigerung einer Kreditkarte für einen 88 Jahre alten Mann

Die Ablehnung eines Kreditkartenvertrags wegen des Alters eines 88-jährigen potentiellen Neukunden stellt eine nicht gerechtfertigte Diskriminierung durch die Bank wegen des Alters dar.

Die Bestimmung des § 19 AGG stellt eine verfassungsmäßige Schranke dieser unternehmerischen Betätigungsfreiheit dar. Dies führt dazu, dass eine Abwägung der widerstreitenden Interessen, namentlich der unternehmerischen Betätigungsfreiheit der Beklagten auf der einen und dem Schutz des

Klägers vor Ungleichbehandlung als Ausprägung des allgemeinen Persönlichkeitsrechts (Art. 2 Abs. 1 GG) auf der anderen Seite, vorzunehmen ist.

Das von der Beklagten in Ausübung ihrer unternehmerischen Betätigungsfreiheit verfolgte Ziel, durch den pauschalen Ausschluss von Personen höheren Alters das Risiko von Zahlungsausfällen zu reduzieren, und die damit einhergehende Belastung des Klägers durch die Verweigerung einer Kreditkarte stehen nicht im Verhältnis zueinander.

1668 **LAG Nürnberg, Urt. v. 27.05.2020 – 2 Sa 1/20, BB 2020, 218**

6.710,98 €

Werbung für »junges, hochmotiviertes Team«

Der 61 Jahre alte Kläger ist Diplomkaufmann. Er bewarb sich auf eine ausgeschriebene Stelle.

Die Formulierung in der Stellenausschreibung, wonach dem/der Bewerber/in eine zukunftsorientierte, kreative Mitarbeit in einem »jungen, hochmotivierten Team« geboten wird, bewirkt eine unmittelbare Diskriminierung wegen des Alters i.S.d. § 3 Abs. 1 AGG. Jung, hochmotiviert oder dynamisch beschreiben Eigenschaften, die eher jungen Menschen zugeschrieben werden. Die Entschädigung beträgt 2 Monatsgehälter.

1669 **Hess. LAG, Urt. v. 16.04.2021 – 3 Sa 129/20, AA 2022, 54**

10.500,00 €

Im Bewerbungsverfahren

Der Kläger hat Indizien vorgetragen, die darauf schließen lassen, dass zwischen der benachteiligenden Behandlung und seinem Alter der nach § 7 Abs. 1 AGG erforderliche Kausalzusammenhang besteht. Die Stelle wurde entgegen § 11 AGG unter Verstoß gegen das Verbot der Diskriminierung wegen des Alters ausgeschrieben. Bei der Beklagten war eine Mitarbeiterin verantwortlich, die für die Rekrutierung von »Juniorpositionen« zuständig war und sich »schwerpunktmäßig um die Rekrutierung junger Talente für den direkten Einstieg ins Berufsleben« gekümmert hat. Dies lässt den Schluss zu, dass die Stelle nur mit einem jungen Bewerber besetzt werden sollte. Der Begriff »jung« knüpft unmittelbar an das Lebensalter an. Die Mitarbeiterin musste sich »schwerpunktmäßig« um junge Bewerber mit noch geringem Lebensalter kümmern. Dies lasse mit überwiegender Wahrscheinlichkeit darauf schließen, dass auch die Stelle mit einem jungen Bewerber besetzt werden sollte.

1670 **LAG Köln, Urt. v. 14.08.2024 – 5 Sa 658/23**

15.389,90 €

Im Bewerbungsverfahren

Der Kläger war für die Beklagte, eine überregional tätige Immobiliengesellschaft als Makler tätig. Eine Altersgrenze war nicht vereinbart. Nach Erreichen des 65. Lebensjahres wollte er weiterarbeiten, die Beklagte verweigerte dies ohne innerbetrieblichen Anlass, weil sie das Gebiet des Klägers einem jüngeren Mitarbeiter übertragen wollte. Dagegen hat sich der Kläger erfolgreich gerichtlich zur Wehr gesetzt.

Die Höhe der Entschädigung hat das Gericht nach dem durchschnittlichen Bruttoentgeld bemessen und den Betrag höher angesetzt als ein Gehalt.

1671 **OLG Köln, Urt. v. 21.03.2024 – 18 U 31/23**

25.000,00 € (Vorstellung: 72.531,00 €)

Kündigung wegen des Alters

Der Kläger ist Geschäftsführer einer kommunalen Wohnungsbaugesellschaft. Er warfür die Dauer von 5 Jahren bestellt. Zuvor war er als Baudezernent der Gemeinde tätig. Anfang 2021 kündigte der Aufsichtsratsvorsitzende den Anstellungsvertrag zum 31.01.2022.

Der Kläger hat hinreichende Indizien vorgetragen, dass der Vertrag wegen seines Alters gekündigt wurde, eine gesetzliche Vermutung, die die Beklagte nicht widerlegen konnte. Es reicht aus, dass das Alters Bestandteil eines Motivbündels ist, das die Entscheidung beeinflusst hat. Das Alter des Klägers, das Erreichen des gesetzlichen Renteneintrittsalters Mitte 2024 war zumindest ein mitbestimmender Grund für die Entscheidung zur Kündigung.

Auch dem Feststellungsantrag des Klägers wurde stattgegeben, das Arbeitsverhältnis dauert weitere 5 Jahre bis 2027.

LG Frankfurt, Urt. v. 25.01.2023 – 2–16 O 22/21, SpuRt 2023, 151 1672

48.500,00 € (Vorstellung: 64.000,00 €)

Zu alt: 47 Jahre alter Eliteschiedsrichter

Der Kläger war seit dem Jahr 1999 im Auftrag des Beklagten Fußballschiedsrichter. Seit dem Jahr 2001 leitete er Spiele in der 2. Bundesliga, seit dem Jahr 2004 in der 1. Bundesliga. Für die Saison 2021/2022 wurde der Kläger wegen seines Alters von 47 Jahren nicht mehr als Eliteschiedsrichter gelistet, wodurch ihm erhebliche Vergütung entgingen.

Das Abstellen auf das Lebensalter von 47 Jahren ist willkürlich und diskriminierend, weil der Altersgrenze der Gestaltung nach eine überschießende Wirkung zukommt und sie daher unverhältnismäßig ist. Als gegenüber der starren Altersgrenze milderes Mittel kommen Leistungstests und -nachweise in Betracht.

Die Benachteiligung des Klägers wiegt grundsätzlich schwer, weil sie von dem wirtschaftsstarken und eine Monopolstellung innehabenden Beklagten bewusst, ohne durchgreifende Einsicht und ohne tauglichen Rechtfertigungsansatz erfolgte. Den Beklagten trifft deshalb ein erhebliches Verschulden.

Der Kläger – der als Schiedsrichter bei dem Beklagten in einem hohen Maße öffentlich bekannt ist – kann bei gleichbleibender Sach- und Rechtslage die angestrebte Tätigkeit dauerhaft nicht mehr ausüben, was angesichts der erwartbaren Vergütung erhebliche finanzielle Einbußen zur Folge hat. Zwar konnte er in der öffentlich geführten Debatte ein gewisses Maß an Genugtuung erfahren und ist auch nicht aufgrund seines Alters an einer anderweitigen Berufsausübung und damit an der Teilnahme am wirtschaftlichen, kulturellen und sozialen Leben gehindert.

b) Benachteiligung wegen einer Behinderung

LG Meiningen, Urt. v. 15.01.2025 – 4 S 72/24 1673

1.200,00 € (Vorstellung:1.500,00 €)

Bei Vermietung eines Hotelzimmers

Die Klägerin, die blind und gehbehindert ist, hatte im Pensionsbetrieb der Beklagten ein Hotelzimmer gebucht. Die Beklagte verweigerte den Bezug, weil das Zimmer im Dachgeschoss lag und sie befürchtete, die Klägerin könne das Zimmer wegen der Behinderung nicht problemlos erreichen.

Das LG hat einen Anspruch der Klägerin aus §§ 21 Abs. 2 S. 3 i.V.m. Abs. 2 S. 1 AGG, 253 Abs. 1 BGB bejaht. Bei einer Hotelpension sei der sachliche Anwendungsbereich des § 19 I Nr. 1 AGG eröffnet, weil das Schuldverhältnis, der Übernachtungsvertrag, ein Massengeschäft sei, das ohne Ansehen der Person begründet werde.

Die Vertragserfüllung sei der Klägerin wegen ihrer Benachteiligung verweigert worden, darin liege eine Diskriminierung. Mi der Höhe sei ein Abschreckungseffekt verbunden.

1674 **VG Mainz, Urt. v. 28.01.2022 – 4 K 1036/20, unveröffentlicht**

2.417,74 € (Vorstellung: 6.778,32 €)

Bei der Stellenbewerbung

Die 36 Jahre alte Klägerin, bei der ein GdB von 50 vorliegt, bewarb sich auf eine von mehreren ausgeschriebenen Stellen für Bürosachbearbeiter/Bürosachbearbeiterinnen bei der Beklagten. Diese teilte ihr mit, dass ihre Bewerbung nicht weiter berücksichtigt werden könne, da sie die erforderliche berufliche Qualifikation nicht nachweisen könne.

Sie wurde dadurch benachteiligt, dass sie unter Verletzung des § 165 Satz 3 SGB IX nicht zu einem Vorstellungsgespräch eingeladen wurde. Die Nichterfüllung der aus § 165 Satz 3 SGB IX folgenden Verpflichtung stellt eine unmittelbare Benachteiligung im Sinne des Allgemeinen Gleichbehandlungsgesetzes dar. Die Beklagte kann sich nicht auf § 165 Satz 4 SGB IX berufen. Danach ist eine Einladung zum Vorstellungsgespräch nur dann entbehrlich, wenn die fachliche Eignung offensichtlich fehlt. Dies hat die Beklagte nicht belegen können.

1675 **LAG Hessen, Urt. v. 20.05.2020 – 18 Sa 170/19, unveröffentlicht**

2.834,19 € (Vorstellung: 20.000,00 €)

Bei der Stellenbewerbung

Die Beklagte benachteiligte den Kläger anlässlich seiner Bewerbung, weil er als Schwerbehinderter am Bewerbungsverfahren entgegen § 164 I S. 6 SGB IX nicht beteiligt wurde. Die Entschädigung beträgt ein Monatsgehalt, eine höhere Entschädigung nach § 15 II AGG kann der Kläger nicht verlangen.

1676 **BAG, Urt. v. 26.11.2020 – AZR 59/20, NZA 2021, 339**

3.581,79 € (Vorstellung: 7.163,58 €)

Nichteinladung zum Vorstellungsgespräch

Die Beklagte, ein öffentlicher Arbeitgeber, versäumte es, die Klägerin, die sich als Schwerbehinderte beworben hatte, zu einem Vorstellungsgespräch einzuladen. Dies beruhte darauf, dass die Klägerin der Beklagten mitgeteilt hatte:

> »Bitte laden Sie mich nur dann zu einem Vorstellungsgespräch ein, wenn Sie mich in die engere Wahl nehmen, alles andere macht m. E. wenig Sinn.«

Dennoch besteht der Anspruch auf Entschädigung nach § 15 II AGG, weil der Schwerbehinderte nicht wirksam auf eine Einladung zu einem Vorstellungsgespräch verzichten kann. Das Recht eines schwerbehinderten Bewerbers ist kein individueller Anspruch, auf den dieser rechtswirksam hätte verzichten könnten.

1677 **LAG Köln, Urt. v. 23.08.2018 – 6 Sa 147/18, NZA-RR 2019, 46**

Die Entscheidung wurde bestätigt durch BAG, Urt. v. 23.01.2020 – 8 AZR 484/18, NJW 2020, 2289 = MDR 2020, 1066 = BB 2020, 1656

3.717,20 € (Vorstellung: 7.434,39 €)

Nichteinladung zum Vorstellungsgespräch

Der Kläger bewarb sich als ein einem schwerbehinderten gleichgestellter beim beklagten Land auf eine für einen OLG-Bezirk ausgeschriebene Stelle.

Verstößt der öffentliche Arbeitgeber gegen seine Verpflichtung aus § 82 Satz 2 SGB IX in der bis zum 31. Dezember 2017 geltenden Fassung (aF), einen schwerbehinderten Bewerber zu einem Vorstellungsgespräch einzuladen, kann dies lediglich die – vom Arbeitgeber widerlegbare – Vermutung i.S.v. § 22 AGG begründen, dass der erfolglose Bewerber die unmittelbare Benachteiligung i.S.v. § 3 Abs. 1 AGG wegen seiner (Schwer-) Behinderung erfahren hat.

Nur den öffentlichen Arbeitgeber trifft die Pflicht nach § 82 Satz 2 SGB IX a.F., einen schwerbehinderten Bewerber, der nicht offensichtlich fachlich ungeeignet ist, zu einem Vorstellungsgespräch einzuladen.

Verstößt er gegen diese Pflicht, begründet dies die Vermutung für dessen Benachteiligung wegen seiner (Schwer-) Behinderung. Gelingt es ihm nicht, diese Vermutung zu widerlegen, und ist die unmittelbare Benachteiligung nicht ausnahmsweise nach § 8 Abs. 1 AGG zulässig, so löst dies eine Entschädigungspflicht aus. Dafür, dass diese Entschädigung wegen einer Vorbildfunktion des öffentlichen Arbeitgebers von vornherein höher zu bemessen wäre, bietet das Gesetz – auch unter Berücksichtigung der Vorgaben der UN-Berufungskläger – keine Anhaltspunkte.

Der Kläger hat gegen das beklagte Land dem Grunde nach einen Entschädigungsanspruch nach § 15 Abs. 2 AGG, denn das beklagte Land hat gegen das Benachteiligungsverbot verstoßen, indem es den Kläger im Auswahlverfahren entgegen einer Vorschrift behandelt hat, die den Kläger als Schwerbehinderten gegenüber anderen Bewerbern bevorzugt. Außerdem hat das beklagte Land den Kläger bei der Auswahlentscheidung zur Besetzung der Stelle wegen seiner Schwerbehinderung benachteiligt, weil es ihn nicht zum Vorstellungsgespräch eingeladen hat. Auf ein Verschulden kommt es nicht an.

Die Entschädigung wurde auf 1 1/2 Bruttogehälter festgesetzt.

LAG Rheinland-Pfalz, Urt. v. 03.03.2020, 8 Sa 259/19, unveröffentlicht 1678

5.000,00 € (Vorstellung: 6.832,00 €)

Nichteinladung zum Vorstellungsgespräch

Der Kläger ist Diplom-Jurist. Er hat die erste juristische Staatsprüfung mit 6,32 Punkten abgelegt und arbeitete zuletzt als selbstständiger Dozent für Recht und Mathematik. Er hat einen Grad der Behinderung von 50.

Der Landesbeauftragte für den Datenschutz und die Informationsfreiheit beim beklagten Land lud den Kläger nicht zu einem Vorstellungsgespräch ein, sondern übersandte ihm per E-Mail eine Absage

Der Verstoß gegen die Einladungspflicht des öffentlichen Arbeitgebers nach § 165 SGB IX indiziert die unmittelbare Benachteiligung wegen der Schwerbehinderung des Klägers. Die Entschädigung entspricht 1 1/2 Monatsgehältern.

VG Karlsruhe, Urt. v. 06.12.2024 – 9 K 2130/23, ArbR 1015, 80 1679

5.234,48 €

Bei der Stellenbewerbung

Der auffällig schwerbehinderte Kläger bewarb sich bei der Beklagten, einer Stadt mit 6.500 Einwohnern, die eine Stelle)« nach der Besoldungsgruppe A 11 ausgeschrieben hatte. Der Kläger wurde zwar zu einem Vorstellungsgespräch, nicht aber zur Sitzung des Gemeinderats eingeladen, der unter mehreren Bewerbern die eigentliche Auswahlentscheidung traf. Dieser Verstoß begründet nach § 22 AGG die Vermutung, dass der Kläger wegen seiner Schwerbehinderung benachteiligt wurde. Die Entschädigung beträgt zwei Monatsgehälter.

BAG, Urt. v. 25.11.2021 – 8 AZR 313/20, NZA 2022, 638 1680

6.864,00 € (Vorstellung: mindestens 4.575,67 €)

Bei der Stellenbewerbung

Der mit einem GdB von 50 schwerbehinderte Kläger bewarb sich unter Angabe seiner Schwerbehinderung auf eine von der Bundesagentur für Arbeit ausgeschriebene Stelle. Der Beklagte teilte ihm mit, dass er sich für einen anderen Bewerber entschieden habe. Zu einem Vorstellungsgespräch war der Kläger nicht eingeladen worden.

Der Kläger durfte die Höhe der Entschädigung in das Ermessen des Gerichts stellen, er hat die Größenordnung angegeben.

Der Verstoß des Arbeitgebers gegen Vorschriften, die Verfahrens- und/oder Förderpflichten zugunsten schwerbehinderter Menschen enthalten, begründet regelmäßig die Vermutung einer Benachteiligung wegen der (Schwer)Behinderung. Die Entschädigung wird auf das 1,5-fache des auf der ausgeschriebenen Stelle erzielbaren Bruttomonatsverdiensten festgesetzt.

1681 **ArbG Düsseldorf, Urt. v. 25.05.2022 – 8 Ca 1287/22**

6.899,52 €

Bei der Stellenbewerbung

Der Kläger hat die unmittelbare Benachteiligung i.S.v. § 3 Abs. 1 AGG auch wegen seiner (Schwer-)Behinderung erfahren. Die Beklagte hat den Kläger entgegen ihrer Verpflichtung nach § 165 Satz 2 SGB IX nicht zu einem Vorstellungsgespräch eingeladen. Dieser Umstand begründet die Vermutung i.S.v. § 22 AGG, dass der Kläger wegen seiner (Schwer-)Behinderung benachteiligt wurde.

1682 **LAG Schleswig-Holstein, Urt. v. 29.08.2019 – 5-Sa 375 öD/18, ZTR 2020, 37**

7.000,00 € (Vorstellung: 7.000,00 €)

Bei der Stellenbewerbung

Der heute 62-jährige Kläger schloss Mitte der 80er Jahre an der Hochschule der B. das Studium Maschinenbau mit dem Schwerpunkt Kraftfahrzeugtechnik und Verbrennungskraftmaschinen erfolgreich mit der Note »gut« ab.

Die Beklagte bot »eine interessante und abwechslungsreiche Beschäftigung in einer modernen Verwaltung nach den Bedingungen des öffentlichen Dienstes« an. Der Kläger, der mit einem Grad von 60 schwerbehindert ist, bewarb sich. Die Beklagte lud den Kläger unter Verstoß gegen § 82 Satz 2 SGB IX a.F. nicht zum Vorstellungsgespräch ein.

Die Pflicht, einen schwerbehinderten Bewerber zu einem Vorstellungsgespräch einzuladen, besteht auch dann, wenn andere Mitbewerber aufgrund ihrer eingereichten Bewerbungsunterlagen offensichtlich besser geeignet sind als der schwerbehinderte Bewerber, der auch dann die Chance eines Vorstellungsgespräches bekommen muss, wenn seine Bewerbung nicht offensichtlich ausgeschlossen ist. Der schwerbehinderte Bewerber soll von seiner Eignung überzeugen können, diese Möglichkeit darf ihm nicht genommen werden.

Die Entschädigung wurde auf knapp zwei Monatsgehälter festgesetzt.

1683 **VG Sigmaringen, Urt. v. 15.09.2015 – 7 K 4881/13, AE 2016, 6**

7.032,93 €

Bei der Stellenbewerbung

Der 49 Jahre alte Kläger ist aufgrund eines nicht behandlungsbedürftigen essenziellen Tremors als schwerbehindert mit einem Grad der Behinderung von 60 anerkannt. Er bewarb sich bei der Beklagten auf eine ausgeschriebene Stelle als Fachbediensteter für das Finanzwesen. In der Bewerbung führte er aus, seine Schwerbehinderung beeinträchtige ihn nicht in seiner geistigen und körperlichen Amtsausübung und führe nicht zu erhöhten Krankheitstagen. Die Beklagte nahm den Verstoß gegen das Schwerbehindertenrecht bewusst in Kauf.

Die Entschädigung wurde nach drei Bruttomonatsgehältern der Besoldungsgruppe A 9 zuzüglich Strukturzulage bemessen.

1684 **BAG, Urt. v. 14.06.2023 – 8 AZR 136/22, BB 2023, 2490 = NZA 2023, 1248**

7.500,00 € (Vorstellung: 10.000,00 €)

Bei der Stellenbewerbung

Die Beklagte hat den bei ihr eingerichteten Betriebsrat entgegen den Vorgaben des § 164 Abs. 1 Satz 4 SGB IX über die Bewerbung des Klägers nicht unmittelbar nach deren Eingang unterrichtet. Dieser Umstand begründet die Vermutung, dass die Schwerbehinderung des Klägers kausal für die Benachteiligung war. Die Beklagte hat die Kausalitätsvermutung nicht widerlegt.

Der Kläger hat seiner primären Darlegungslast genügt, indem er behauptet hat, die Beklagte habe den bei ihr eingerichteten Betriebsrat nicht entsprechend den Vorgaben des § 164 Abs. 1 Satz 4 SGB IX unterrichtet. Er durfte die Behauptung in den Rechtsstreit einführen, obwohl er dies nur vermutete, weil er mangels eigener Erkenntnisquellen keine sichere Kenntnis von einer fehlenden ordnungsgemäßen Unterrichtung des Betriebsrats hatte und auch nicht erlangen konnte.

Durch eine Entschädigung i.H.d. eineinhalbfachen des auf der Stelle erzielbaren Bruttomonatsverdiensten wird der Kläger angemessen für den durch die unzulässige Diskriminierung – ausschließlich – wegen der (Schwer-)Behinderung erlittenen immateriellen Schaden entschädigt.

BAG, Urt. v. 27.08.2020 – 8 AZR 45/19, BB 2021, 638 1685

7.674,00 €

Bei der Stellenbewerbung

Der Kläger bewarb sich unter Hinweis auf seine Schwerbehinderung auf eine vom beklagten Land ausgeschriebene Stelle. Er wurde zu einem Auswahlgespräch eingeladen, an dem er Partei teilnahm. Zu einer Potenzialanalyse und zu einem Vorstellungsgespräch wurde er nicht eingeladen. Das Amt teilte ihm mit, dass er nicht in die engere Wahl einbezogen. Dadurch erfuhr der Kläger wegen seiner Schwerbehinderung eine unmittelbare Benachteiligung. Die Höhe der Entschädigung beträgt 1,5 Bruttomonatsgehälter.

LAG Düsseldorf, Urt. v. 12.11.2021 – 7 Sa 483/21, FA 2022, 71 1686

7.800,00 €

Bei der Stellenbewerbung

Die Beklagte hat die Schwerbehindertenvertretung nicht unmittelbar unterrichtet und hat dem Betriebsrat die Bewerbung des Klägers nicht auf dem erforderlichen Weg zur Kenntnis gebracht. Der Verstoß des Arbeitgebers gegen Vorschriften, die Verfahrens- und/oder Förderpflichten zugunsten schwerbehinderter Menschen enthalten, begründet regelmäßig die Vermutung i.S.d. § 22 AGG, dass der erfolglose schwerbehinderte Bewerber im Bewerbungsverfahren wegen der Schwerbehinderung nicht berücksichtigt und damit wegen der Schwerbehinderung benachteiligt wurde. Die Entschädigung beträgt 1,5 Monatsgehälter.

LAG Hamburg, Urt. v. 30.11.2017 – 7 Sa 90/17, ZBVR online 2018, Nr 12, 29–32 1687

8.100,00 €

Bei der Stellenbewerbung

Der Kläger, ein Schwerbehinderter, sollte im Arbeitsvertrag unterschreiben, dass er zum Zeitpunkt des Vertragsschlusses den Bestimmungen des Schwerbehindertengesetzes nicht unterliegt. Vor Unterzeichnung des Vertrages führte der Kläger Nachverhandlungen und offenbarte die Schwerbehinderung. Die Beklagte lehnte die Einstellung des Klägers ab.

Arbeitsgericht und LAG sahen in dieser Klausel eine Benachteiligung des Klägers, der Arbeitgeber bringe damit zum Ausdruck, dass es ihm darauf ankomme, dass keine Schwerbehinderung vorliege. Der Kläger sei durch die Klausel gezwungen worden, entweder die wahrheitswidrige Erklärung abzugeben, er sei nicht schwerbehindert oder aber den Vertrag nicht zu unterzeichnen und um Änderung zu bitten. Bei der wahrheitswidrigen Erklärung hätte der Kläger eine Anfechtung des Vertrages riskiert, bei der Bitte um Änderung der Klausel hätte er unfreiwillig seine Schwerbehinderung offenbart und riskiert, deswegen nicht eingestellt zu werden. Er sei hierdurch ungünstiger behandelt worden als ein nicht schwerbehinderter Bewerber. Dies führe zu einer unmittelbaren Benachteiligung durch die Klausel selbst.

Der Entschädigungsbetrag entspricht drei Monatsgehältern.

1688 **LAG Hessen, Urt. v. 04.09.2023 – 7 Sa 7553/22**

8.550,00 € (Vorstellung: 23.384,50)

Bei der Stellenbewerbung

Die Beklagte, eine nationale Förderbank, schrieb die Stelle eines »Scrum-Master – Darlehnverwaltung« aus, auf die sich der Kläger schriftlich bewarb. Der Kläger wies in der online-Bewerbung auf seine Anerkennung als Schwerbehinderter hin, was bei der Beklagten nicht beachtet wurde. Die Entschädigung beträgt 1,5 Monatsgehälter.

1689 **ArbG Dresden, Urt. v. 19.12.2018 – 13 Ca 275/18, unveröffentlicht**

9.778,36 €

Bei der Stellenbewerbung

Der Kläger wurde als Schwerbehinderter bei der Ausschreibung einer höher dotierten Stelle nicht berücksichtigt. Ob er tatsächlich die Stelle erhalten hätte, blieb unklar; das Gericht bemaß die Entschädigung nach § 15 Abs. 2 AGG mit drei Monatsgehältern unter Hinweis hierauf, aber auch auf das – vorwerfbare – Verhalten der Beklagten, die noch im Prozess behauptet hatte, es gehe dem Kläger »nicht darum, dass er als gleichgestellter behinderter Mensch in einem Auswahlverfahren benachteiligt worden sei.«

1690 **LAG Köln, Urt. v. 26.04.2024 – 10 Sa 286/23**

10.510,66 € (Vorstellung: 3 Gehälter)

Bei der Stellenbewerbung

Der Beklagte hat gegen Verfahrens- und/oder Förderpflichten zugunsten schwerbehinderter Menschen verstoßen, u.a. gegen die Konsultationspflicht gegenüber der Agentur für Arbeit und gegen die Pflicht, den Betriebsrat und die Schwerbehindertenvertretung unmittelbar nach Eingang der Bewerbung eines Schwerbehinderten zu unterrichten. Die Entschädigung beträgt 2 Monatsgehälter.

1691 **VG Sigmaringen, Urt. v. 12.12.2024 – 7 K 2194/23**

11.663,40 €

Bei der Stellenbewerbung

Die beklagte Gemeinde lud den Kläger zu einem Vorstellungsgespräch ein, das mit dem Bürgermeister der Beklagten und einem Gemeinderatsmitglied stattfand. Er erhielt keine Gelegenheit, sich dem Gemeinderat vorzustellen. Die aus diesem Verstoß folgende Vermutung (§ 22 AGG), dass der Kläger wegen seiner Schwerbehinderung benachteiligt wurde, ist nicht widerlegt.

Die Höhe der Entschädigung wird mit drei Bruttomonatsgehältern bemessen.

c) Benachteiligung wegen des Geschlechts

1692 **LG Frankfurt, Urt. v. 26.08.2021 – 2-30 O 154/20**

0,00 €

Entschädigung wegen Diskriminierung durch nichtbinäre Anrede

Die klagende Person besitzt eine nicht-binäre Geschlechtsidentität, ist also weder männlich noch weiblich zugeordnet. Der Geschlechtseintrag in der Geburtsurkunde der klagenden Person wurde am 24.10.2019 dahin geändert, dass dort steht: »ohne Angabe«. Die Beklagte (DB) muss künftig unterlassen, die klagende Person beim Abschluss eines Vertrages dadurch zu diskriminieren, dass diese zwingend die Anrede als Herr oder Frau angeben muss.

Ein Entschädigungsanspruch setzt eine schwerwiegende Verletzung des Persönlichkeitsrechts voraus, die nicht auf andere Weise ausgeglichen werden kann.

Daran fehlt es.

OLG Karlsruhe, Urt. v. 14.12.2021 – 24 U 19/21, NJW 1922, 791 1693

0,00 €

Persönlichkeitsrechtsverletzung beim »Online-Shopping«

Eine Person nichtbinärer Geschlechtsidentität, die beim »Online-Shopping« nur zwischen den Anreden »Frau« oder »Herr« auswählen kann, wird unter Verstoß gegen das Allgemeine Gleichbehandlungsgesetz wegen des Geschlechts benachteiligt und in ihrem Allgemeinen Persönlichkeitsrecht verletzt.

Ein Anspruch auf Ersatz eines immateriellen Schadens besteht nicht, weil die eingetretene Diskriminierung nicht die dafür erforderliche Intensität erreicht.

AG Bad Urach, Urt. v. 14.02.2024 – 1 C 161/23 1694

250,00 € (Vorstellung: 500,00 €)

Benachteiligung eines Mannes durch Kleiderordnung

Der Kläger war Mitglied in einem Fitnessstudio. Dort wurde angeordnet, dass für Männer »Muskelshirts« nicht gestattet seien, während Frauen schulterfreie Sportkleidung zugelassen war. Als der Kläger gegen diese Anordnung verstieß, wurde er einmal des Studios verwiesen. Wenig später wurden »Tanktops« wieder erlaubt.

Der Kläger wurde durch die Kleiderordnung in der Wahl der Bekundung wegen seines Geschlechts gegenüber Frauen sachlich nicht begründet benachteiligt und in seinem allgemeinen Persönlichkeitsrecht eingeschränkt. Der Entschädigungsbetrag entspricht dem 3,5-fachen Mitgliedsbeitrag.

LAG Köln, Urt. v. 26.07.2018 – 7 Sa 467/17, unveröffentlicht 1695

1.000,00 €

Ausschließlich Hostessen gesucht

Der Kläger bewarb sich auf eine Aushilfsstelle auf einer Messe für 5 Tage, für die »freundliche, zuverlässige und motivierte Hostessen« gesucht wurden. Er wurde abgelehnt, weil »ausschließlich weibliche Hostessen« von den Kunden beim Messeeinsatz gewünscht würden.

Der Verdienst des Klägers hätte bei maximal 600,00 € gelegen.

Die Entschädigung wurde auf 1.000,00 € festgelegt, um der vom Gesetzgeber intendierten abschreckenden Wirkung des Entschädigungsanspruchs gerecht zu werden.

OLG Frankfurt, Urt. v. 21.06.2022 – 9 U 92/20, NJW-RR 2022, 1254 – Vgl. Rdn. 1693 1696

1.000,00 €

Nichtbeachtung der binären Geschlechtszugehörigkeit in der Anrede

Die Beklagte DB wurde verurteilt, die klagende Person bei dem Abschluss und der Abwicklung eines Dienstleistungs- oder Beförderungsvertrags nicht dadurch zu diskriminieren, dass diese bei der Nutzung von Angeboten der Beklagten zwingend eine Anrede als Herr oder Frau angeben muss.

Die Bedeutung und Tragweite der erlittenen Benachteiligungen für die klagende Person ist als so massiv zu bewerten, dass diese nicht auf andere Weise als durch Geldzahlung befriedigend ausgeglichen werden können. Zu Gunsten der Beklagten ist zu berücksichtigen, dass keine zielgerichteten individuell auf die klagende Person gerichteten Benachteiligungshandlungen erfolgt sind und es sich bei der Frage der – auch rechtlichen – Anerkennung der Persönlichkeitsrechte von Menschen mit einer nicht-binären Geschlechtsidentität um eine gesellschaftliche Entwicklung dieses Jahrtausends handelt. Im Gesamtgefüge der deutschen Rechtsprechung ist im Hinblick auf Ausmaß und Funktion von Entschädigungszahlungen für erlittene immaterielle Schäden Zurückhaltung geboten. Im Vordergrund stehen hier subjektive Auswirkungen für den Geschädigten bzw. Benachteiligten sowie die konkreten Beweggründe des Schädigers und Benachteiligenden und nicht eine gesamtgesellschaftlich generalpräventiv verhaltenssteuernde Intention.

1697 **LAG Berlin, Urt. v. 16.09.2015 – 23 Sa 1045/15, BB 2015, 2420 = ArztR 2016, 135**

1.500,00 € (Vorstellung: 1.500,00 €)

Kündigung einer schwangeren Arbeitnehmerin

Das Arbeitsgericht hat rechtskräftig festgestellt, dass die Kündigung das Arbeitsverhältnis der Parteien wegen Verstoßes gegen § 9 MuSchG nicht aufgelöst hat.

Die Klägerin ist durch die Kündigung wegen ihres Geschlechts benachteiligt worden. Die dafür sprechende Vermutung hat der Beklagte nicht widerlegen können.

1698 **LG Wuppertal, Worden. v. 29.12.2022 – 4 O 373/21, VersR 2023, 911 = NJW-RR 2023, 395**

2.000,00 €

Keine Kassenleistung für Kinderwunschbehandlung wegen organisch bedingter Sterilität

Der Kläger, eine transidente Person, der die Durchführung des Zeugungsaktes wie auch die Austragung und die Geburt eines Kindes aufgrund des Widerstreites der bei Geburt vorhandenen Sexualorgane mit seiner selbst nachhaltig empfundenen Geschlechtlichkeit nicht möglich ist, begehrte von der Krankenkasse die Übernahme der Kosten für eine Kinderwunschbehandlung wegen organisch bedingter Sterilität. Die Krankenkasse lehnte die heterologe Insemination ab, weil diese vom Versicherungsschutz nicht umfasst sei.

Darin liegt eine unmittelbare Benachteiligung, weil der Kläger aufgrund seines Geschlechts eine weniger günstige Behandlung erfuhr als eine andere Person in einer vergleichbaren Situation erfahren würde. Die auf die Transidentität einer Person zielende Diskriminierung knüpft an dem Merkmal des Geschlechts an. Denn der Begriff des Geschlechts umfasst auch die Inter- und Transsexualität.

1699 **BAG, Urt. v. 16.02.2023 – 8 AZR 450/21, BB 2023, 2103**

2.000,00 €

Geringeres Gehalt für Frauen

Die Klägerin erhielt über mehrere Jahre ein geringeres Grundgehalt als ein bestimmter männlicher Kollege, der eine gleichartige Arbeit verrichtete. Beide Arbeitnehmer hatten die gleichen Verantwortlichkeiten und Befugnisse und haben sich gegenseitig vertreten, ohne dass es einer besonderen Einweisung bedurft hätte.

Der Umstand, dass die Beklagte der Klägerin ein um 1.000 € brutto geringeres Gehalt gezahlt hat als dem männlichen Kollegen, begründet die Vermutung im Sinne des § 22 AGG, dass die Klägerin die unmittelbare Entgeltbenachteiligung »wegen des Geschlechts« erfahren hat.

1700 **OVG Lüneburg, Urt. v. 24.04.2020 – 5 LB 129/18, NVwZ 2020, 1443 = NdsRpfl 2020, 351**

4.128,62 € (Vorstellung: 8.257,23 €)

Keine Anstellung wegen Tragens eines Kopftuchs

Die Klägerin, die für eine Halbtagsstelle an einer Grundschule ausgewählt worden war, erklärte, dass sie ihr Kopftuch unter keinen Umständen während des Unterrichts ablegen werde, weil sie dann nicht »authentisch« wäre. Daraufhin wurde ihr mitgeteilt, dass sie »unter diesen Bedingungen« nicht beschäftigt werden könne. Der Klägerin stehen 1 1/2 der potenziellen monatlichen Dienstbezüge zu, weil sie wegen ihrer Religion und ihres Geschlechts bei ihrer Bewerbung um die Einstellung in den niedersächsischen Schuldienst benachteiligt wurde, § 15 II 1 AGG.

LAG Köln, Urt. v. 17.01.2020 – 4 Sa 862/17, FA 2020, 213 1701

4.425,00 € (Vorstellung: 8.850,00 €)

Kündigung wegen geplanter Schwangerschaft

Das Arbeitsverhältnis der Klägerin wurde vom Arbeitgeber, einem Rechtsanwalt, gekündigt, wobei der Beklagte eine etwaige von der Klägerin beabsichtigte Schwangerschaft zumindest als Teil eines Motivbündels zur Grundlage der Kündigung machte. Der Entschädigungsbetrag nach § 15 II AGG ist mit 1 1/2 Monatsgehältern angemessen.

ArbG Berlin, Urt. v. 13.10.2017 – 6 Ca 2279/17, unveröffentlicht 1702

4.627,00 € (Vorstellung: 9.078,60 €)

Beendigung des Arbeitsverhältnisses wegen Schwangerschaft

Die Beklagte beschäftigte die im Jahr 1988 geborene Klägerin seit dem 1. August 2016 im Rahmen eines unbefristeten Arbeitsverhältnisses als Erzieherin. Im Arbeitsvertrag hieß es unter anderem:

> »Für den Fall, dass der Arbeitnehmer... aus eigenem Verschulden mehr als zwei Monate... aussetzt oder..., endet der Vertrag, ohne dass es einer Kündigung bedarf mit Ablauf des Kalendermonats, der auf... folgt.«

Die Beklagte teilte der Klägerin mit, dass ihr Arbeitsverhältnis zum... enden würde, weil wegen der mitgeteilten Schwangerschaft und des... beginnenden Mutterschutzes... entsprechend der arbeitsvertraglichen Regelungen das Arbeitsverhältnis wegen Eintritts der vereinbarten auflösenden Bedingung ende.

Damit hat die Beklagte gegen das Benachteiligungsverbot verstoßen. Der Klägerin ist die Beendigung des Arbeitsverhältnisses im Hinblick auf die schwangerschaftsbedingten Unterbrechung der Ausbildung mitgeteilt worden. Die Klägerin hat damit eine unmittelbare Benachteiligung wegen ihres Geschlechts erfahren.

Der Klägerin wurde wegen des Verstoßes gegen das Benachteiligungsverbotes eine Entschädigung in Höhe von drei Bruttomonatsgehältern zugesprochen. Dabei war der Sanktionszweck der Norm zu berücksichtigen, sodass die Höhe auch danach zu bemessen wäre, was zur Erzielung einer abschreckenden Wirkung erforderlich ist. Die Entschädigung muss geeignet sein, eine wirklich abschreckende Wirkung gegenüber dem Arbeitgeber zu haben und in einem angemessenen Verhältnis zum erlittenen Schaden stehen.

LAG Rheinland-Pfalz, Urt. v. 13.05.2015 – 5 Sa 436/13, unveröffentlicht 1703

6.000,00 €

Ungleichbehandlung von Frauen beim Lohn

Vergütet ein Arbeitgeber Frauen bei gleicher Tätigkeit wegen ihres Geschlechts geringer als Männer, steht den Frauen ein Entschädigungsanspruch nach § 15 Abs. 2 AGG zu. Die Vergütungsdifferenz betrug in nicht verjährter Zeit (4 Jahre) 9.229,90 € brutto. Der Senat hielt eine Entschädigung, abweichend vom Monatsgehalt, i.H.v. 6.000,00 € für angemessen wegen der in der geschlechtsbezogenen Ungleichbehandlung zu sehenden Persönlichkeitsrechtsverletzung.

1704 **LAG Rheinl.-Pfalz, Urt. v. 28.10.2015 – 4 Sa 15/14, unveröffentlicht = LAG Rheinl.-Pfalz, Urt. v. 28.10.2015 – 4 Sa 12/14, unveröffentlicht = LAG Rheinl.-Pfalz, Urt. v. 13.05.2015 – 5 Sa 440/13, unveröffentlicht**

<u>6.000,00 €</u> (Vorstellung: 9.000,00 €)

Ungleichbehandlung von Frauen beim Lohn

Die Beklagte hat die Klägerin wegen ihres Geschlechts jahrelang unmittelbar bei der Entgeltzahlung benachteiligt und damit gegen das Verbot des § 7 Abs. 1 AGG i.V.m. § 1 AGG verstoßen. Nach der Wertung des Gesetzgebers stellen Benachteiligungen wegen des Geschlechts regelmäßig eine Verletzung des allgemeinen Persönlichkeitsrechts dar. Die Sanktion des § 15 Abs. 2 AGG soll im Kern gerade vor solchen Persönlichkeitsrechtsverletzungen schützen. Die Diskriminierung soll als solche unabhängig von den materiellen Ansprüchen sanktioniert werden.

Die Beklagte hat die Klägerin und eine Vielzahl weiterer Frauen über Jahre hinweg bei gleicher Tätigkeit wegen ihres Geschlechts geringer vergütet als Männer. Art, Schwere und Dauer dieser Benachteiligung gebieten die Festsetzung eines fühlbaren Entschädigungsbetrages, denn es handelte sich um eine unmittelbare Benachteiligung, die schwerer wiegt als eine bloß mittelbare. Überdies ist von einem vorsätzlichen Verhalten der Beklagten bei der Benachteiligung auszugehen.

1705 **ArbG Koblenz, Urt. v. 09.02.2022 – 7 Ca 2291/21, NZA-RR 2022, 400**

<u>6.000,00 €</u> (Vorstellung: 10.500,00 €)

Stellenausschreibung richtete sich nur an Männer. Die Klägerin, ihrem biologischen Geschlecht nach ein Mann, bewarb sich auf eine Stellenausschreibung der Beklagten. Sie wurde nicht zu einem Vorstellungsgespräch eingeladen und als weibliche Bewerberin abgelehnt. Die Stellenausschreibung richtete sich nur an Männer und nicht an Personen anderen Geschlechts.

Der Entschädigungsanspruch beträgt 5.000,00 €.

Weil die Beklagte die Daten der Klägerin an einen Dritten weiterleitete, liegt eine Persönlichkeitsrechts-/Datenschutzverletzung vor, die mit 1.000,00 € sanktioniert wurde.

1706 **LAG München, Urt. v. 31.08.2023 – 8 Sa 268/22**

<u>7.500,00 €</u> (Vorstellung: 25.000,00 €)

Keine Anstellung eines Bartträgers

Der Kläger wurde unstreitig nicht eingestellt, weil er einen Bart trug. Dies stellt eine mittelbare Benachteiligung wegen des Geschlechtes nach §§ 1, 2 Abs. 1 Nr. 1, 3 Abs. 2 AGG dar. Das Kriterium »keinen Bart«, sondern vielmehr »glattrasiert« als Voraussetzung für den Erhalt des Arbeitsplatzes führe zu einer mittelbaren Diskriminierung wegen des Geschlechts, da Bärte überwiegend von Männern getragen würden.

Ein Entschädigungsanspruch von 3 Bruttogehältern ist ausreichend.

1707 **LArbG Berlin-Brandenburg, Urt. v. 09.12.2021 – 26 Sa 339/21, AA 2022, 164**

<u>13.415,75 €</u> (Vorstellung: 32.197,00 €)

Verbot von geschlechtsangleichenden Operationen

Die Klägerin ist bei der Beklagten als Beraterin für akademische Berufe beschäftigt. Zum Zeitpunkt ihrer Geburt wurde sie dem männlichen Geschlecht zugeordnet. Sie identifiziert sich mit dem weiblichen Geschlecht. Die Transsexualität der Klägerin ist der Beklagten seit langem bekannt. Als die Klägerin eine geschlechtsangleichende Operation durchführen lassen wollte, teilte die Beklagte ihr mit, dass im Falle eines chirurgischen Eingriffs, der die individuelle Lebensgestaltung des Arbeitnehmers betreffe, worunter z.B. auch geschlechtsangleichende Operationen fielen, nicht unter das vom Arbeitgeber mitzutragende Krankheitsrisiko falle, da dies der Verpflichtung des Arbeitnehmers entgegenstehe, seine Gesundheit zu erhalten und zur Arbeitsunfähigkeit führende Erkrankungen zu vermeiden. Diese Mitteilung stellt einen Verstoß gegen das in § 7 Abs. 1 AGG geregelte Benachteiligungsverbot dar.

Der Entschädigungsanspruch beträgt 2 1/2 Monatsgehälter.

d) Benachteiligung wegen der Rasse

LG Berlin, Urt. v. 13.02.2020 – 67 S 369/18, ZMR 2020, 309 = WuM 2020, 278 1708

<u>0,00 €</u>

Unwirksame Kündigung des Mietvertrages nach unzulässiger Videoüberwachung

Der Klägerin, die sich als landeseigenes Wohnungsunternehmen gegenüber ihren Wohnraummietern überwachungsstaatlicher Ausforschungsmethoden bedient hat, fällt eine schwerwiegende vorprozessuale Verletzung des allgemeinen Persönlichkeitsrechts der Beklagten zur Last. Diese Verletzung würde perpetuiert und vertieft, wenn ihr Sachvortrag prozessual berücksichtigt würde (vgl. BAG, Urt. v. 23.08.2018 – 2 AZR 133/18, NZA 2018, 1329). Ihr Vorbringen unterfällt nicht nur einem Beweis-, sondern auch einem Sachvortragsverwertungsverbot.

OLG Frankfurt, Urt. v. 14.04.2022 – 3 U 21/20 1709

<u>500,00 €</u>

Versendung eines Kontoabschlusses

Die Beklagte versandte einen Kontoabschluss des Kontos des Klägers versehentlich an einen Dritten. Die nach außen gedrungenen personenbezogenen Daten betreffen lediglich seine Kontonummer, einen Kontostand aus dem laufenden Jahr sowie Abschlussposten (Sollzinsen, Kosten) und den Umstand, dass er im dritten Quartal einen (Dispositions-)Kredit in Anspruch genommen hatte.

AG Hamburg-Barmbeck, Urt. v. 03.02.2017 – 811b C 273/15, WuM 2017, 393 1710

<u>994,71 €</u> (Vorstellung: 2.500,00 €)

Benachteiligung wegen der ethnischen Herkunft – kein Wohnungsbesichtigungstermin

Erhalten Bewerber/innen mit deutsch klingenden Namen für eine Wohnung einen Besichtigungstermin, Bewerber/innen mit anderen Namen dagegen nicht, liegt darin ein Indiz für eine Benachteiligung wegen der ethnischen Herkunft.

Testing-Verfahren sind zulässig. Ihr Ergebnis kann ein Indiz i. S. d. § 22 AGG sein.

Die Verpflichtung zur Zahlung einer Entschädigung nach § 21 Abs. 2 AGG setzt keine vorsätzliche Diskriminierung voraus.

Die Höhe der Entschädigung richtet sich nach der dreifachen Monatsmiete.

AG Aachen, Urt. v. 21.08.2013 – 115 C 602/12, unveröffentlicht, zitiert nach LG Aachen, Urt. v. 11.05.2017 – 2 S 26/17, unveröffentlicht 1711

<u>1.000,00 €</u>

Kein Besuch des Fitnessstudios wegen des Tragens eines Kopftuches

Der Geschäftsführer eines Fitnessstudios kündigte den Fitnessstudiovertrag einer jungen Frau fristlos aus »Imagegründen« wegen des Tragens eines Kopftuches im Aufenthaltsbereich des Studios.

Im Kündigungsschreiben hieß es unter anderem: »Es ist selbstverständlich Ihre private Sache, wie sie ihren Kopf bedecken. Jedoch müssen Sie auch Verständnis haben, dass es für den Ablauf unseres Studios unerlässlich ist, das gewisse Regeln eingehalten werden. Hierzu gehören eben auch Bekleidungsvorschriften, die wir nicht zuletzt auch aus Imagegründen erlassen. Hierzu gehört neben dem Verbot von religiös begründeten Kopftüchern auch das Tragen von Muskelshirts.«

1712 **AG Augsburg, Urt. v. 10.12.2019 – 20 C 2566/19, WuM 2020, 777**

1.000,00 € (Vorstellung: 1.000,00 €)

Vermietung einer Wohnung »nur an Deutsche«

Eine öffentlich abrufbare Annonce, mit der eine Wohnung zur Vermietung explizit »nur an Deutsche« angeboten wird, ist ein ausreichendes Indiz i.S.v. § 22 AGG für eine Benachteiligung dadurch ausgeschlossener nicht deutscher Bewerber aufgrund ihrer Rasse oder ethnischen Herkunft; in diesem Fall trägt der Inserent die Beweislast dafür, dass er nicht gegen die entsprechenden Regelungen des AGG verstoßen hat.

Die Entschädigung nach § 21 Abs. 2 Satz 3 AGG von (mindestens) 1000,00 € ist angemessen für eine Benachteiligung durch den Ausschluss von der Vergabe einer Mietwohnung aufgrund der Rasse oder ethnischen Herkunft.

1713 **LG Mönchengladbach, Urt. v. 27.05.2016 – 11 O 99/15, unveröffentlicht**

2 x 2.500,00 € (Vorstellung: 5.000,00 €)

Ablehnung als Mieter wegen ethnischer Herkunft

Der Kläger begehrt aus eigenem und von seiner Lebensgefährtin abgetretenem Recht Entschädigung aufgrund einer Benachteiligung wegen ethnischer Herkunft durch den Beklagten. Der Kläger und seine Lebensgefährtin suchten ein Haus zur Miete. Der Beklagte lehnte das Paar ausschließlich wegen der türkischen bzw. arabischen Herkunft ab.

Im Vordergrund der Bemessung des Schmerzensgeldes steht im Bereich des Diskriminierungsrechts, dass die Entschädigung dem Benachteiligten Genugtuung für die zugefügte Herabsetzung oder Zurücksetzung verschaffen kann. In Hinblick auf die Intensität der Persönlichkeitsrechtsverletzung ist insbesondere die Schwere der Benachteiligung zu beachten. Dauer, Häufigkeit und Intensität des Verhaltens können eine Rolle spielen, wie auch die Bedeutung des Schuldverhältnisses für den Benachteiligten. Außerdem kann der Verschuldensgrad sowie ein Benachteiligungsvorsatz oder eine dahin gehende Absicht Berücksichtigung finden.

Der Kläger und seiner Lebensgefährtin haben gleichermaßen eine Herabsetzung wegen ihrer ethnischen Herkunft erlitten, der soziale Achtungsanspruch wurden in nicht unerheblicher Weise geschmälert. Der Beklagte hat ihnen zu verstehen gegeben, dass diese letztlich ausschließlich aufgrund ihrer Herkunft nicht als Mietpartei in Betracht kämen, ohne dass sie selbst irgendeinen Anlass dazu gegeben hätten. Dies stellt eine Abwertung und Ausgrenzung dar.

Der Entschädigungsanspruch soll auch der Prävention dienen, deren Zweck es ist, erneute Diskriminierungen zu verhindern.

1714 **LG Aachen, Urt. v. 11.05.2017 – 2 S 26/17, unveröffentlicht**

2.500,00 €

Kein Vertrag im Fitnessstudio für Mann mit dunkler Hautfarbe

Die Beklagte betreibt ein Fitnessstudio in Aachen. Ein mehrfaches Aufnahmebegehren des Klägers lehnte die Beklagte mit der Begründung ab, dass derzeit ein Aufnahmestopp bestehe. Zeitgleich wurde den Aufnahmebegehren deutscher Staatsangehöriger unproblematisch entsprochen. Der Kläger ist sierraleonischer Staatsangehöriger dunkler Hautfarbe.

Es gehört zur Geschäftspolitik der Beklagten, mit Personen wegen des Geschlechts, der Religion oder der ethnischen Herkunft keinen Vertrag abzuschließen.

AG Charlottenburg, Urt. v. 14.01.2020 – 203 C 31/19, unveröffentlicht 1715

3.000,00 €

Diskriminierung eines türkischen Interessenten bei Wohnungssuche

Dem Kläger ist es gelungen, Indizien darzulegen und zu beweisen, die die Vermutung rechtfertigen, dass er allein aufgrund seines türkisch klingenden Namens, mithin seiner ethnischen Herkunft, keine Einladung zu einem Besichtigungstermin erhalten hat. Das von ihm durchgeführte sogenannte »Testing-Verfahren« ist im Bereich der Wohnungsmiete ausdrücklich zulässig.

Dem Kläger steht ein Anspruch auf Zahlung eines Schmerzensgeldes in Höhe von 3.000,00 € zu. Bei der der Bemessung der Geldentschädigung stellen der Gesichtspunkt der Genugtuung des Opfers, die Intensität der Persönlichkeitsrechtsverletzung und der Präventionsgedanke Bemessungsfaktoren dar. Die Entschädigung soll Genugtuung für die durch die Herabsetzung oder Zurücksetzung verschaffen.

Die Beklagte ist einer der größten Vermieter in Berlin. Durch die Diskriminierungen wird der Kläger vom Zugang zu einem erheblichen Anteil des Mietwohnungsmarktes in Berlin abgeschnitten. Die Diskriminierung des Klägers wurde dadurch verstärkt, dass die Beklagte den Kläger vom Emailverkehr ausgeschlossen hat.

e) Benachteiligung wegen der Religion

ArbG Karlsruhe, Urt. v. 18.09.2020 – 1 Ca 171/19, ArbR 2020, 576 1716

5.037,00 € (Vorstellung: 10.000,00 €)

Frage nach der Religionszugehörigkeit bei Einstellung in den kirchlichen Dienst

Die Klägerin wurde von der Beklagten entgegen den Vorgaben des AGG wegen der Religion benachteiligt. Die Entschädigung entspricht der 1,5-fachen Bruttovergütung.

Der beklagte evangelische Oberkirchenrat in Karlsruhe als die oberste Dienstbehörde der evangelischen Landeskirche in Baden schrieb eine Sekretariatsstelle im Büro der geschäftsleitenden Oberkirchenrätin in Vollzeit unbefristet aus. Bewerberinnen und Bewerber wurden aufgefordert, ihre Bewerbungsunterlagen »unter Angabe der Konfession« zu übersenden. Nach der Grundordnung, die für die Beklagte gilt, ist als kirchenrechtlicher Grundsatz festgelegt, dass die Anstellung im Kirchendienst die Mitgliedschaft in einer evangelischen Kirche in Deutschland voraussetzt.

Im Bewerbungsschreiben der Klägerin heißt es u.a.: Ich bin konfessionslos (Atheistin). Im Bewerbungsgespräch begründete die Klägerin ihre Einstellung damit, dass begründet, dass sie in der DDR aufgewachsen sei, aber keine Vorbehalte gegen die Kirche habe.

6. Verletzungen durch Presse, Fernsehen, Internet

OLG Brandenburg, Beschl. v. 21.06.2021 und Urt. v. 11.08.2021 – 1 U 69/20, CR 2021, 806 = ZD 2021, 806 1717

0,00 € (Vorstellung: 10.000,00 €)

Fotoveröffentlichung im Internet

Kein Anspruch bei fehlendem Schaden

Dem Beklagten steht kein Anspruch auf Zahlung einer Geldentschädigung wegen einer unzulässigen Nutzung seines Fotos und seines Namens auf der Internetseite der Klägerin zu, mit der er aufrechnen könnte. Der bloße Verstoß gegen eine Bestimmung der DS-GVO reicht für die Entstehung eines Entschädigungsanspruchs nicht aus, vielmehr hätte der Beklagte die Entstehung eines (materiellen) Schadens darlegen müssen.

Anders als in der der Entscheidung des Bundesverfassungsgerichts (Beschl. v. 14.01.2021, 1 BvR 2853/19, VersR 2021, 711 = CR 2021, 313 = NJW 2021, 1005) zugrunde liegenden Fallgestaltung scheitert die Berufung hier nicht an der Annahme einer Erheblichkeitsschwelle für den Schadensbegriff des Art. 82 Abs. 1 DS-GVO, sondern bereits daran, dass es an jeglichem Vorbringen zu einem dem Beklagten durch die geltend gemachte Rechtsverletzung entstandenen Schaden fehlt.

1718 **OLG Hamm, Urt. v. 20.01.2023 – 1 U 88/22, GesR 2023, 422**

100,00 € (Vorstellung: 20.000,00 €)

Versehentliche Datenweitergabe durch Impfzentrum

Die Beklagte, die ein Impfzentrum betrieb, musste 1.200 Termine von Impfpatienten verschieben. Versehentlich wurde an alle Personen eine Liste mit Daten von 13.000 zu impfenden Personen per E-Mail verschickt, die einen Hinweis auf die 2. Impfung, den Impfstoff und das Datum der Impfung enthielt. Das LG verurteilte die Beklagte zur Zahlung von 100,00 €. Der Senat hält den Betrag für angemessen, weil schon in dem unguten Gefühl der Ungewissheit ein immaterieller Schaden zu sehen sei. Es gebe keine Bagatellgrenze. Es müsse aber auch keine schwerwiegende Verletzung der Persönlichkeit vorliegen.

1719 **OLG Düsseldorf, Urt. v. 13.03.2025 – 16 U 135/23**

OLG Düsseldorf, Urt. v. 14.03.2025 – 16 U 94/24

100,00 €

Rechtswidrige Veröffentlichung einer Mobilfunknummer

Die Beklagte veröffentlichte die Mobilfunknummer des Klägers, über die das Nutzerprofils des Klägers suchbar war, ohne Rechtfertigung. Der Schaden des Klägers besteht im Kontrollverlust über seine Mobilfunknummer und ihre Verknüpfung mit seiner A.-ID sowie seinem Vor- und Nachnamen – letzteren in Form eines Alias.

1720 **LG Frankfurt, Urt. v. 30.05.2017 – 2–03 O 134/16, unveröffentlicht**

500,00 € (Vorstellung: 6.000,00 €)

Verfremdung eines Fotos durch »Stinkefinger«

Die Klägerin, ein Fotomodell, wirkte bei einem Fotoshooting auf der Basis »tfp« (time for print) mit. Der beklagte Fotograf verfremdete ein Foto, das die Klägerin mit nackter Brust zeigt, durch Einarbeitung eines Stinkefingers.

Die Entschädigung beläuft sich auf die gemittelten Vorstellungen der Parteien über den Wert des nicht verfremdeten Fotos.

1721 **OLG Oldenburg, Beschl. v. 05.03.2018 – 13 U 70/17, unveröffentlicht**

500,00 € (Vorstellung: höheres Schmerzensgeld)

Verbreitung von Nacktbildern im Internet

Der Beklagte veröffentlichte Nacktfotos, die die Klägerin selbst angefertigt und an den Beklagten, ihren seinerzeitigen Freund, versandt hatte.

1722 **OLG Stuttgart, Urt. v. 17.05.2023 – 4 U 193/22**

750,00 € (Vorstellung: 5.500,00 €)

Weitergabe von Gesundheitsdaten an Arbeitgeber

In der vom beklagten Land an den damaligen Arbeitgeber des Klägers weitergeleiteten E-Mail des Klägers sind personenbezogene sowie Gesundheitsdaten des Klägers enthalten (Name, Geburtsdatum, Anschrift, E-Mail-Adresse, Wechselwunsch, Unverträglichkeit/Allergie hinsichtlich Ethylen-Vinylacetat (EVA). Die Übermittlung dieser Daten durch Weiterleitung der E-Mail an den ehemaligen Arbeitgeber stellt eine Verarbeitung im Sinne von Art. 4 Nr. 2 DS-GVO dar. Durch die Weiterleitung der E-Mail und die Bekanntgabe der Gesundheitsdaten, die von besonderer Sensibilität sind, ist dem Kläger ein immaterieller Schaden entstanden.

LG Frankfurt, Urt. v. 25.01.2018 – 2–03 O 203/17, unveröffentlicht 1723

2.000,00 € (Vorstellung: mindestens 7.000,00 €)

Ehrenrührige, teils unwahre Behauptung im Internet

Die Beklagte zu 1) betreibt eine Internetseite, der Beklagte zu 2) ist Journalist. Auf der Internetseite wurde über den Kläger berichtet und mitgeteilt, dass bei Razzien Schusswaffen sichergestellt worden seien. Ein Bild des Klägers wurde beigefügt.

Die Schwere der Beeinträchtigung ergibt sich nach Ansicht des LG aus der Abwägung der widerstreitenden Interessen der Parteien. Die Beklagte zu 1) war, da sie das Profilbild des Klägers im Zusammenhang mit einer in erheblichem Maße ehrenrührigen, teils unwahre Tatsachenbehauptung veröffentlichte, zur Prüfung gehalten, wie weit ihre Veröffentlichungsbefugnis reicht. Dem ist sie nicht ausreichend nachgekommen, da sie dem unbefangenen Leser der Berichterstattung nicht genügend vermittelt hat, dass es sich bei den erhobenen Vorwürfen um einen Verdacht handelte. Die Persönlichkeitsverletzung wird vertieft durch die Verbreitung der unwahren Berichterstattung der Sicherstellung von Schusswaffen. Bei der Webseite handelt es sich um ein Online-Medium mit großer Reichweite.

OLG Frankfurt, Urt. v. 01.06.2021 – 13 U 318/19, unveröffentlicht; 1. Instanz Landgericht Darmstadt (5.000,00 €), Urt. v. 04.09.2019, 23 O 159/18, CR 2020, 47 0 = MMR 2019, 855 1724

2.000,00 € (Vorstellung: 5.000,00 €)

Filmsequenz über den Einsatz einer Polizeibeamtin bei Youtube

Einer Polizeibeamtin wurde während eines Einsatzes beim Auftritt einer Musikgruppe gefilmt. Eine Filmsequenz des Auftritts mit ihrem deutlich hervorgehobenen und in Zeitlupe dargestellten Bildnis wurde ohne ihre Zustimmung in einem Musikvideo der Gruppe auf »Youtube« veröffentlicht. Die Bildsequenz, in der die Klägerin zu sehen ist, dauerte nur gut zwei Sekunden.

Die Verwendung des Films gegen ihren Willen und verbunden mit der politischen Aussage der Musikgruppe, stellt einen schwerwiegenden Eingriff in ihr Persönlichkeitsrecht dar.

Der Anspruch wurde hergeleitet aus § 823 Abs. 1 BGB i.V.m. § 249 BGB, Art. 2 Abs. 1, Art. 1 Abs. 1 GG.

EuGH, Urt. v. 05.03.2024 – C- 755/21 P. ECLI-EU-C-2024:202, CR 2024, 237 1725

2.000,00 € (Vorstellung: 100.000,00 €)

Verbreitung intimer Daten im Internet

Europol gab personenbezogene Daten des Klägers weiter und nahm seinen Namen in die »Mafia-Liste« auf. Dazu kam es, weil Europol die slowakische NAKA unterstützte und Daten vom Mobiltelefon des Klägers auswertete und weitergab. Dazu gehörte auch die Kommunikation intimen Charakters des Klägers mit seiner Freundin.

Ohne Begründung heißt es, dass »die Weitergabe der Transkription der Gespräche intimen Charakters mit der Freundin« durch Zahlung einer nach billigem Ermessen auf 2.000 € festgesetzten Entschädigung angemessen ausgeglichen werde.

OLG Dresden, Urt. v. 08.06.2021 – 4 U 2120/20, AfP 2021, 356 = ZUM-RD 2022, 1 1726

2.500,00 €

Bildberichterstattung über eine interne Polizei-Abschlussfeier

Die Beklagte veröffentlichte in dem Artikel »Die frechen Polizei-Schülerinnen und das Huren-Lied« ein Bild der Klägerin, ohne dass diese eingewilligt hatte.

Das Video der Polizeischülerinnen, das den Gegenstand dieser Berichterstattung bildet, fand im Rahmen einer Abschlussfeier auf dem geschlossenen Gelände des Fortbildungszentrums der Polizei der Fachhochschule Bautzen statt. Die Veranstaltung war nicht öffentlich und fand allein im geschlossenen Rahmen der beteiligten Polizeischülerinnen statt, Gäste waren nicht zugelassen, der Veranstaltungsort war für Außenstehende ohne Zugangsberechtigung nicht zugänglich. Ein irgendwie geartetes Interesse der Öffentlichkeit an einer Berichterstattung über diese Veranstaltung ist nicht ersichtlich.

Anlass für die Erörterung einer Angelegenheit von allgemeinem Interesse über das dienstliche Verhalten von Polizeianwärterinnen bieten auch die gezeigten Tanzszenen nicht, die sich im Rahmen herkömmlicher Bewegungsmuster halten und die Akteurinnen weder (teil-)unbekleidet noch in aufreizend sexualisierter Pose zeigen. Folgerichtig haben die vom Dienstherrn eingeleiteten Ermittlungen auch keinen Anfangsverdacht für einen Verstoß gegen die beamtenrechtliche Wohlverhaltenspflicht (§ 61 Abs. 2 BBG) ergeben.

1727 **LG Dresden, Urt. v. 29.06.2018 – 1a O 2105/17, unveröffentlicht**

OLG Dresden, Beschl. v. 11.10.2019 – 4 U 1197/18 – Revision zurückgewiesen, ZUM-RD 2019, 317

3.000,00 € (Vorstellung: 10.000,00 €)

»oben-ohne« Abbildung einer Tänzerin in einer Tageszeitung

Die Klägerin, die in einem kleinen Dorf wohnt, tritt auch als Tänzerin auf, wobei sie sich teilweise auch entblößt. Die Beklagte veröffentlicht die Zeitung »Morgenpost Sachsen«. Die Beklagte beauftragte einen freien Fotografen, auf einer Veranstaltung Bilder zu machen und veröffentlichte unter der Überschrift »Der Sachsenring zeigt seine Kurven« einen Artikel unter anderem mit dem Inhalt »Mal tanzen sie als Go-Go-Girls auf der Bühne, mal geht es bei der Dildo-Show im Zirkuszelt richtig zu Sache« und einem Bild, das die Klägerin mit entblößten Brüsten und erkennbarem Gesicht zeigt. Weder die Klägerin noch der Veranstalter hatten der Veröffentlichung dieses Bildes zugestimmt.

Das OLG Dresden:

Allein der Umstand, dass das Persönlichkeitsrecht nur in der Ausprägung der Sozialsphäre betroffen wird, schließt den Anspruch auf eine Geldentschädigung nicht aus. Eine nur begrenzte Selbstöffnung des Persönlichkeitsrechts kann auch dann vorliegen, wenn eine Striptease-Tänzerin zur Bedingung für ihre Auftritte macht, dass diese weit entfernt von ihrem Wohnort stattfinden und der Veranstalter ein Fotografierverbot verhängt. Eine konkludente Einwilligung in die Veröffentlichung von Fotos liegt auch dann nicht vor, wenn für die Betroffene erkennbar ist, dass ein solches Verbot nicht von allen Besuchern eingehalten wird.

1728 **LAG Rheinland-Pfalz, Urt. v. 08.08.2023 – 8 Sa 332/22**

3.000,00 € (Vorstellung: nicht unter 10.000,00 €)

2 Aktfotos ins Internet gestellt

Die Parteien sind Arbeitskollegen. Die Beklagte hat das allgemeine Persönlichkeitsrecht des Klägers in massiver Weise verletzt, indem sie zwei Bilder seiner Genitalien per WhatsApp an eine Arbeitskollegin weiterleitete. Es handelt sich eindeutig und in denkbar expliziter Weise um Bilder, die der Intimsphäre des Klägers zuzuordnen sind.

Der Kläger wurde durch die Übersendung der beiden Nacktbilder massiv in seiner Intimsphäre verletzt und in seiner Ehre und Würde gekränkt. Wer Nacktfotos einer anderen Person veröffentlicht, hat sich grundsätzlich vorher zu versichern, dass er dazu auch berechtigt ist.

LG Frankfurt, Urt. v. 27.04.2017 – 2-03 O 167/16 1729

4.000,00 € (Vorstellung: 25.000,00 €)

Dealer von Interpol gesucht

Die Beklagte stellte auf ihrer Homepage die unwahre Behauptung auf, der Kläger werde von der Polizei als Tierquäler, Dealer und Betrüger von der Interpol gesucht, weil er und seine Frau zwei Welpen totgeprügelt hätten. Der Kläger wurde namentlich benannt und in einer Printversion wurde sein Foto veröffentlicht. Der Kläger wurde an den Pranger gestellt. Darin liegt eine schwere Verletzung des Persönlichkeitsrechts. Der Kläger wurde physisch und psychisch betroffen und in seiner Gesundheit beeinträchtigt.

OLG Dresden, Urt. v. 17.10.2023, 4 U 721/23 1730

4.000,00 €

Bildveröffentlichung

An die Zubilligung eines Anspruchs auf eine Geldentschädigung wegen der unberechtigten Veröffentlichung eines Bildnisses sind geringere Anforderungen zu stellen als in anderen Fällen einer Persönlichkeitsverletzung. Wird in dem Presseartikel jedoch behauptet, der Kläger sei entweder an Manipulationen eines Amtsleiters beteiligt oder habe zumindest von diesen gewusst, trifft ihn die hieraus resultierende Prangerwirkung unmittelbar in seiner dienstlichen Integrität und geht erheblich über die bloße Identifizierung hinaus.

OLG Hamburg, Urt. v. 10.01.2024 – 13 U 70/23 1731

4.000,00 €

Unberechtigte Meldung an die Schufa

Der Kläger hatte konkrete Bonitätsprobleme und wurde von der Beklagten mit bedingtem Vorsatz 2-mal zu Unrecht bei der Schufa gemeldet.

LG Berlin, Urt. v. 11.06.2015 – 27 O 120/15, NJW 2016, 1966 1732

5.000,00 € (Vorstellung: 2 x 7.500,00 €)

Spekulative Bildberichterstattung über Beziehung

Die Beklagte, Verlegerin einer Zeitung, berichtete über die Klägerin, Schauspielerin und Model, in einem Artikel unter der Überschrift »Was geht zwischen … und seiner Kollegin?«.

Die Bild- und Textberichterstattung war rechtswidrig. In den Artikeln werden Informationen über private Angelegenheiten der Klägerin erörtert, nämlich über eine etwaige Liebesbeziehung, über die die Klägerin keine Spekulationen wünschte. Sie muss sich insbesondere die Berichterstattung über eine angebliche neue Beziehung im Hinblick darauf, dass sie nicht als neues Paar auf öffentlichen Veranstaltungen aufgetreten ist, nicht gefallen lassen. Ein Spaziergang auf der Straße lässt sich nicht mit einem öffentlichen Auftritt vergleichen. Erkennbar private Lebensvorgänge sind auch dann der Privatsphäre zuzurechnen, wenn sie in der Öffentlichkeit stattfinden.

Auch die Veröffentlichung des Bildes der Klägerin war rechtswidrig.

LG Darmstadt, Urt. v. 04.09.2019 – 23 O 159/18, CR 2020, 47 1733

5.000,00 €

Verbreitung des Bildnisses einer Polizeibeamtin ohne Einwilligung

Die Klägerin ist Polizeibeamtin. Die Beklagte zu 1) ist eine Musikgruppe, die Beklagte zu 2) ist Inhaberin der Auswertungsrechte an musikalischen Aufnahmen der Beklagten zu 1). Die Beklagte zu 2) verantwortet auch die Veröffentlichung von Musikvideos der Beklagten zu 1) auf der Videoplattform »Youtube«. Die Beklagte zu 1) trat in einer Veranstaltung auf. In Erwartung von Demonstrationen gegen den Auftritt sicherte die Bereitschaftspolizei den Veranstaltungsort. In Ausübung ihrer Dienstpflicht als Polizeibeamtin wurde die Klägerin gefilmt. Die Beklagten verwandten eine Filmsequenz mit dem Bildnis der Klägerin ohne deren Zustimmung in einem Musikvideo, das sie auf »Youtube« veröffentlichten auf dem die Klägerin für 2 Sekunden eingeblendet ist. Das Musikvideo auf »Youtube« wurde über 150.000-mal aufgerufen.

Das allgemeine Persönlichkeitsrecht ist vorsätzlich verletzt worden. Durch das unter Verwendung des Bildnisses der Klägerin hergestellte und verbreitete Musikvideo wollten die Beklagten eine (noch) größere Bekanntheit erlangen, was dem Absatz ihrer Werke und damit ihrem wirtschaftlichen Erfolg dienen dürfte.

1734 **OLG Köln, Urt. v. 27.08.2020 – 15 U 185/19, unveröffentlicht**

5.000,00 € (Vorstellung: 7.500,00 € LG-Urteil: 10.000,00 €)

Lichtbild in zwei Presseberichten

Das Lichtbild zeigt den Kläger mit einem Getränk in der Hand in der Nähe von die sog. Reichskriegsflagge hochhaltenden Fußballfans – mit denen der zufällig vor Ort anwesende Kläger unstreitig in keiner Verbindung stand. Dadurch wurde der Kläger aus Sicht des durchschnittlichen Lesers mit dem möglicherweise sogar strafrechtlich relevanten Gruppenverhalten unmittelbar in Verbindung gebracht. Die unverpixelte Bildveröffentlichung, die den Kläger gut erkennen lässt und mit seiner dem Betrachter zugewandten Körperhaltung, dem Getränk in der Hand und dem aus dem Bild optisch hervorstechenden Kopf/Gesicht doch eher in den Vordergrund der abgebildeten Gruppe stellt, ist in einem besonders auflagenstarken und weit verbreiteten Medium erfolgt und geht ersichtlich mit einer ausgesprochen hohen Prangerwirkung zulasten des Klägers einher. Auch wenn ein Betrachter nicht alle auf dem Lichtbild abgebildeten Personen mit dem berichteten Geschehen in Verbindung bringen mag, gilt dies jedenfalls nicht für den hier ganz eindeutig als Hooligan gebrandmarkten Kläger.

Für die Bemessung der Geldentschädigung zählt, dass der Verstoß jedenfalls weniger in der Nutzung der Bildnisse zu sehen ist, als darin, dass der Kläger dabei unabweislich in einen inhaltlich falschen Kontext zu den Hasskommentaren gebracht worden ist und durch die Begleitberichterstattung und den dabei unabweislich entstehenden negativen Eindruck in seinem Persönlichkeitsrecht verletzt worden ist.

1735 **LG Offenburg, Urt. v. 29.10.2020 – 2 O 177/20, unveröffentlicht**

5.000,00 €

Intimfotos löschen

Der Beklagte besitzt elektronisch gespeicherte Fotos der Klägerin, die diese unbekleidet, teilweise nur mit Unterwäsche bekleidet oder teilweise deren Intimbereich (Brust und/oder Geschlechtsteil) zeigen. Zu Lasten des Beklagten wurde unter anderem berücksichtigt, dass er in der Absicht handelte, die Klägerin in ihrem unmittelbaren Wohn- und Arbeitsumfeld sowie innerhalb ihrer Familie als eine Art Nymphomanin bloßzustellen und dass es sich auch um Farbbilder handelte, wobei Brüste und Geschlechtsteil der Klägerin samt Gesicht gut erkennbar waren. Die Klägerin wurde von den Adressaten der Bilder unverzüglich informiert, sodass diese nur von einem begrenzten Betrachterkreis zur Kenntnis genommen wurden.

Der Beklagte wurde zudem zur Löschung der Dateien verurteilt.

1736 **LG Berlin, Urt. v. 16.01.2024 – 27 O 343/22**

5.000,00 € (Vorstellung: mindestens 1.000,00 €)

Persönlichkeitsrecht

Der Beklagte äußerte in einem Kommentar auf einer Internetseite zu der Klägerin, die SPD-Politikerin ist: »Das Quotendummchen der SPD hat Dreck am Stecken? Wer hätte das gedacht? Mit den Worten von Herrn xxxx, die gehört entsorgt.«

Eine Geldentschädigung gemäß § 823 Abs. 1 BGB i.V.m. Art. 1 Abs. 1, 2 Abs. 1 GG kann die Klägerin in Höhe von 5.000 € verlangen.

Mit dieser bewusst an rechtsradikales Vokabular angelehnten Äußerung, der auf eine Deportation hindeutet, wird die Antragstellerin in einer Weise missachtet, die eine Rechtsordnung, welche die Würde des Menschen als obersten Wert anerkennt, missbilligen muss (BVerfG, Beschl. v. 03.06.1987 – 1 BvR 313/85 –, BVerfGE 75, 369-382, Rn. 24). Es handelt sich um einen Eingriff von besonders erheblicher Tragweite. Auch die weiteren Umstände lassen die Zahlung einer Geldentschädigung geboten erscheinen. Als Beweggrund des Beklagten für die Veröffentlichung kommt ersichtlich allein die Diffamierung der Klägerin in Betracht.

OLG Hamm, Urt. v. 20.02.2017 – 3 U 138/15, NJW-RR 2017, 1124. Die Vorinstanz, das LG Münster, Urt. v. 22.07.2015 – 12 = 374/14, hat eine Entschädigung von 20.000,00 € als angemessen angesehen. 1737

7.000,00 € (Vorstellung: mindestens 5.000,00 €)

Foto ins Internet gestellt – Darstellung des Oralverkehrs

Die im Jahr 1995 geborenen Parteien führten eine Liebesbeziehung. 2011 fertigte der Beklagte mit seinem Handy ein Foto, das das Paar beim privaten Oralverkehr zeigt und auf dem die Klägerin zu erkennen ist. Dieses Foto stellte er nach Beendigung ihrer Beziehung 2013 auf eine Internetplattform, die allgemein einsehbar ist und von Freunden und Bekannten des Paares besucht wurde. Die Klägerin forderte den Beklagten auf, das Foto zu entfernen, was dieser umgehend tat.

Die Klägerin erlitt durch die Veröffentlichung einen gesundheitlichen Schaden in Form sich sukzessiv über mehrere Jahre erstreckenden, psychische Erkrankungen. Das LG Münster hatte der Klage stattgegeben und ein Schmerzensgeld von 20.000,00 € zugesprochen.

Das OLG hat auf ein Schmerzensgeld von nur 7.000 Euro erkannt. Der Beklagte habe der Klägerin einen Gesundheitsschaden zugefügt. Die Höhe des Schmerzensgeldes sei – mit Blick auf die Schwere der Verletzungen und ihre Folgen sowie auf das Verschulden des Schädigers – im Rahmen einer durchzuführenden Gesamtabwägung mit 7.000 Euro zu bemessen gewesen. Zu berücksichtigen seien die von der Klägerin erlittenen psychischen Erkrankungen und die Auswirkungen auf ihre Lebensgestaltung. Die Klägerin habe sich längere Zeit zurückgezogen, die Öffentlichkeit gescheut und sich zunächst nicht in der Lage gesehen, eine Berufsausbildung zu beginnen. Hinzu komme, dass die Bildveröffentlichung zu einer massiven Bloßstellung der aufgrund ihres jungen Alters besonders verletzlichen Klägerin gegenüber einer unüberschaubaren Anzahl von Personen, u.a. aus ihrem nahen Umfeld, geführt habe. Auch wenn der Beklagte das Foto schon nach kurzer Zeit von seinem Internetprofil gelöscht habe, hätten es (vorhersehbar) dritte Personen bereits entdeckt und heruntergeladen. Die Verbreitung des Fotos sei unkontrollierbar gewesen. Demgegenüber sei ebenfalls zu berücksichtigen, dass der sein Tun bereuende Beklagte das Bild – vermutlich stark alkoholisiert – im Zuge einer unreflektierten Spontanhandlung ins Internet hochgeladen habe, offenbar – wohl auch im Hinblick auf sein junges Alter – ohne die weitreichenden Folgen seines Handelns zu überdenken. Außerdem sei aufgrund des mittlerweile erfolgten Schulabschlusses und des Wohnortwechsels der Klägerin nicht mehr zu erwarten, dass die Klägerin künftig weiterhin massiv mit dem Foto konfrontiert werde. Schließlich sei es überwiegend wahrscheinlich, dass das das Foto ursprünglich im Einvernehmen der Parteien gefertigt worden sei.

LG Köln, Urt. v. 06.04.2016 – 28 O 398/15, unveröffentlicht, aufgehoben durch OLG Köln, Urt. v. 03.11.2016 – 15 U 66/16, NJW-RR 2017, 748. 1738

7.500,00 €

Unzulässige Bildberichterstattung aus der Privatsphäre

Die Beklagte veröffentlichte schuldhaft Bilder der Klägerin, und obwohl in der Vergangenheit Verbote und Unterlassungserklärungen zu vergleichbaren Urlaubsbildnissen der Klägerin ergangen waren, nahm sie zumindest billigend in Kauf, deren Persönlichkeitsrecht zu verletzen, weil es erkennbar an einem Ereignis der Zeitgeschichte fehlt. Es ist allein Aufgabe der Beklagten selbst, unter Anwendung der ihr als Presseorgan obliegenden Sorgfalt eine Abwägung zwischen den Persönlichkeitsrechten des Betroffenen sowie dem Informationsinteresse der Öffentlichkeit vorzunehmen.

Das LG hat die Verletzung des allgemeinen Persönlichkeitsrechts der Klägerin bejaht und diese als so schwerwiegend angesehen, dass eine Entschädigung geboten sei.

Letzteres hat das OLG Köln verneint.

1739 **OLG Wien, Urt. v. 26.08.2015 – 11 R 119/15, ZVR 2016, 131**

8.000,00 € (Vorstellung: 8.000,00 €)

Videos mit geschlechtlichen Handlungen im Internet

Die Parteien führten mehrere Jahre eine intime Beziehung, die von der Klägerin beendet wurde. Während dieser Zeit nahm der Beklagte einvernehmlich intime Videos auf, die nicht für eine Veröffentlichung oder Weitergabe an Dritte gedacht waren. Nach Beendigung der Beziehung stellte der Beklagte einige Videos ins Netz, wo sie vielfach angeklickt wurden.

Als die Klägerin davon erfuhr, erlitt sie psychische Beeinträchtigungen mit Krankheitswert. Sie litt unter schweren, mittelschweren und leichteren Schmerzen während eines Monats. Nach 6 Monaten war die Klägerin beschwerdefrei.

Der zuerkannte Betrag beinhaltet Schmerzensgeld und Entschädigung nach dem DSG Österreich.

1740 **LG Hamburg, Urt. v. 11.12.2015 – 324 O 132/15, GRUR Prax 2016, 486**

10.000,00 € (Vorstellung: 20.000,00 €)

Einblick in die Hirnschäden von Michael Schumacher

Der Kläger ist bekannt. Er ist am 29.12.2013 bei einem Ski-Unfall schwer verunglückt. Hierüber ist umfassend berichtet worden. Die Beklagte betreibt eine Internetseite. Dort berichtete sie 2014 in einem Beitrag unter der Überschrift »›Spekulationen‹ über Schumi-Lungenprobleme« über den Kläger und veröffentlichte darin unter anderem eine Grafik, die als ein Eingriff in die Intimsphäre des Klägers darstellt.

Der Kopf des Klägers wird zum Anschauungsobjekt herabgewürdigt, es werden Hirnregionen farblich verdeutlicht und dem Leser wird durch den Begleittext (»Teile der Schädeldecke wurden entfernt«) vor Augen geführt, wie der Kopf angesichts der medizinischen Maßnahmen wohl aussehen mag. Unter diesen Umständen liegt buchstäblich ein Eingriff in das Innerste des Klägers vor.

Der Kläger kann jedoch in Anwendung der »e-date«-Entscheidung des EuGH (Urteil vom 25.10.2011, C-509/09 und C-161/10, dort Rz. 52) nur den Teil seines Schadens ersetzt verlangen, der im Hoheitsgebiet des LG Hamburg verursacht worden ist. Die Entschädigung ist danach zu bemessen, dass durch die deutschsprachige Berichterstattung und den überaus hohen Bekanntheitsgrad des Klägers in Deutschland, ein entsprechendes Interesse an im Internet verbreiteten Berichterstattungen über den Kläger ableiten lässt.

1741 **LG Hamburg, Urt. v. 02.09.2016 – 308 O 437/15, unveröffentlicht**

10.000,00 € (Vorstellung: 25.000,00 €)

Entfremdung eines Musikstückes als Verletzung des Urheberpersönlichkeitsrechts

Der Beklagte entfremdete ein von den Klägern geschaffenes Text- und Musikstück, indem er es durch eine »unfreie Bearbeitung« verfremdete. Eine freie Benutzung des Werks der Kläger liegt nicht vor.

OLG Köln, Urt. v. 16.11.2017 – 15 U 71/17, unveröffentlicht 1742

10.000,00 € (LG-Urteil 20.000,00 €)

Lichtbilder in Presseberichten

Die Berichterstattung der Beklagten betraf vermeintliche Hass-Tweets gegen Deutsche. Für diese Tweets hatte ein unbekannter Dritter zwei in anderem Kontext im Internet verwendete Fotos des Klägers ohne dessen Kenntnis und Zustimmung für einen sog. Fake-Account verwendet und mit neuen, gegen Deutsche und Deutschland gerichteten Textpassagen versehen. Ein den Kläger vor dem Disneyschloss im Disneypark zeigendes Lichtbild (sog. Selfie) wurde mit »*B heute C in Disneyland schlachten D*«; ein anderes Bild des Klägers aus einem Interview neben einer blonden Frau mit »*Gleich vergewaltigen und dann Köpfen D*« betitelt. Diese beiden falschen Tweets mit den Bildern des Klägers waren dann Gegenstand der kritischen Berichterstattung der Beklagten – wobei das Bild neben der Frau nur teilweise (abgeschnitten) verwendet worden ist. Die Beklagte wusste bei der Erstveröffentlichung nicht, dass Bilder des Klägers missbraucht worden waren. Die Beklagte ergänzte am 23.01.2016 nach einer entsprechenden Abmahnung des Klägers vom 21.01.2016 ihre Berichterstattung und wies dabei auf eine etwaige Verwechslung nach den Angaben des Anwalts des Klägers hin.

OLG Köln, Urt. v. 26.11.2020 – 15 U 39/20, ZD 2021, 323 1743

10.000,00 €

Print- und Online-Verdachtsberichterstattung

Der Kläger nimmt die Beklagte wegen einer Print- und Online-Verdachtsberichterstattung in Anspruch. Das LG hat diese als unzulässig angesehen, weil dem Kläger zumindest einer Beteiligung an einem Mord und einem Knieschuss vorgeworfen worden sei, eine Berichterstattung, die schon mangels eines Mindestbestandes an Beweistatsachen unzulässig sei. Der Senat hat sich dem angeschlossen: Es fehlt vorliegend dann aber jedenfalls am erforderlichen Mindestbestand an Beweistatsachen, sodass es auf die weiteren Voraussetzungen einer identifizierenden Berichterstattung über Straftaten insbesondere mit Blick auf die strafrechtliche Unschuldsvermutung.

LG Köln, Urt. v. 24.10.2023 – 5 O 195/22 1744

10.000,00 € (Vorstellung: 50.000,00 €)

Weitergabe von Tagebüchern an die Presse

Die Staatsanwaltschaft führte ein Ermittlungsverfahren wegen Steuerhinterziehung, über das in der Presse berichtet wurde. Bei der Durchsuchung des Privathauses des Klägers wurden dessen Tagebücher sichergestellt, digitalisiert und abgespeichert. In Presse und Fernsehen wurde mehrfach im Rahmen einer Berichterstattung aus den Tagebüchern zitiert.

Dadurch wurde der Kläger in seinem Persönlichkeitsrecht schwerwiegend verletzt. Bei der Bemessung der Entschädigung wurde berücksichtigt, dass besonders sensible und höchstpersönliche Informationen an unbefugte Personen gelangt sind. Ob dies vorsätzlich geschah, konnte das Gericht nicht feststellen. Die Folgen für den Kläger waren bisher insoweit nicht schwerwiegend, als lediglich Informationen in der Presse veröffentlicht wurden, die einen Bezug zum geschäftlichen und damit nicht höchstpersönlichen Bereich des Klägers hatten.

LG Hamburg, Urt. v. 06.11.2020 324 O 206/20 – LG Hamburg, Urt. v. 23.04.2021 324 O 467/20 - 1745

LG Hamburg, Urt. v. 12.01.2024 324 O 58/23

10.000,00 € (Vorstellung: 10.000,00 €)

Spekulationen über die Schwangerschaft einer bekannten deutschen Sängerin

Die Klägerin ist überaus bekannte deutsche Sängerin. Die Beklagte ist Verlegerin von Zeitschriften, in denen im Herbst 2022 über eine 2. Schwangerschaft der Klägerin spekuliert wurde. Für diese Spekulation gab es keinerlei Anhaltspunkte.

Die Belastung der Klägerin durch das von der Beklagten in die Welt gesetzte Gerücht wiegt besonders schwer, weil eine Schwangerschaft jedenfalls in ihrem Anfangsstadium, in dem sie noch nicht äußerlich erkennbar ist, der von Artikeln 2 Abs. 1, 1 Abs. 1 GG besonders geschützten engeren Privatsphäre zuzurechnen ist. Insoweit ist allgemein bekannt, dass Schwangerschaften gerade in den ersten Wochen besonderen Risiken ausgesetzt sind. Es entspricht daher dem berechtigen Interesse jeder Frau, eine Schwangerschaft zumindest in dieser Phase für sich zu behalten. Das Verschulden der Beklagten wurde als erheblich angesehen.

1746 **OLG Oldenburg, Urt. v. 11.08.2015 – 13 U 25/15, NJW 2016, 816**

15.000,00 €

Verbreitung pornografischer Fotomontagen

Der Beklagte fertigte pornografische Fotomontagen mit dem Gesicht der Klägerin und verbreitete diese im Internet. Das Gesicht der Klägerin entnahm er Aufnahmen, die im privaten Umfeld bei Familienfeiern gemacht worden waren.

Es ist nicht der nackte Körper der Klägerin abgebildet. Es handelt sich um Fotomontagen mit ihrem Kopf auf einem fremden Körper, was für den Betrachter jedoch nicht ersichtlich ist. Die Klägerin und der Betrachter müssen den ihr Persönlichkeitsrecht verletzenden Eindruck haben, dass die Klägerin sich willentlich in der auf den Fotos ersichtlichen herabwürdigenden Art und Weise ablichten lässt und damit bereit ist, sich zum bloßen Objekt fremder Begehrlichkeiten machen zu lassen. Ein Foto enthält den Namen der Klägerin und den Zusatz »zum ficken geil«.

1747 **LG Berlin, Urt. v. 15.01.2016 – 27 O 166/14, unveröffentlicht**

15.000,00 €

Foto vom Geschlechtsverkehr im Internet

Der Beklagte stellte Fotos vom einvernehmlichen Geschlechtsverkehr ins Internet. Auf dem Foto ist das Gesicht der Freundin erkennbar und der Dateiname weist auf ihren Namen hin. Das Internetportal ist frei zugänglich.

1748 **LG Hamburg, Urt. v. 10.08.2018 – 324 O 144/17**

15.000,00 € und 10.000,00 € (Vorstellung: 30.000,00 € und 40.000,00 €)

Rufschädigendes Video im Internet

Die Kläger sind Chirurgen in einer Gemeinschaftspraxis. Gegen sie lief ein staatsanwaltschaftliches Ermittlungsverfahren wegen Körperverletzung und wegen Betrugs. Die Beklagte, die einen privaten Fernsehsender betreibt, veröffentlichte auf ihrer Internetseite eine Meldung über die Kläger und zeigte einen Kläger 4 Sekunden beim Betreten des Gerichtssaals.

Der Videobeitrag verletzte die Kläger in ihrem allgemeinen Persönlichkeitsrecht. Die Mitteilung, dass die Kläger Angeklagte eines Strafverfahrens wegen fahrlässiger Körperverletzung sind und dass ihnen vorgeworfen wird, im Rahmen ihrer beruflichen Tätigkeit fehlerhaft operiert zu haben, ist geeignet, ihren guten Ruf und ihr Ansehen zu beeinträchtigen. Die die Kläger identifizierende Berichterstattung ist rechtswidrig. Das höhere Schmerzensgeld für den Kläger zu 2) ist gerechtfertigt, weil er 4 Sekunden als Person gezeigt wurde.

1749 **LG Berlin, Urt. v. 25.01.2019 – 27 O 265/18, unveröffentlicht**

15.000,00 €

Bezeichnung als kleiner Halbneger

Der Beklagte ist Mitglied des Deutschen Bundestages, Mitglied der Partei AfD und Richter am Landgericht Dresden a.D. Er betreibt bei dem sozialen Netzwerk »Twitter« einen Account.

Anfang 2018 gab der Kläger, ein Künstler und Sohn eines Profitennisspielers, der Zeitschrift »emotion« ein Interview.

Im Zusammenhang damit erschien im Januar 2018 im Rahmen einer Konversation (»Thread«) auf dem Twitter-Account eines Dritten folgender Tweet »Dem kleinen Halbneger scheint einfach zu wenig Beachtung geschenkt worden zu sein, anders lässt sich sein Verhalten nicht erklären.« Dieser Tweet wies als Absender den Twitter-Account des Beklagten aus.

Nach Auffassung des Landgerichts handelte es sich um einen schwerwiegenden Eingriff in das allgemeine Persönlichkeitsrecht des Klägers, der einen Anspruch auf Geldentschädigung erfordere, da die vom Kläger erlittene Beeinträchtigung nicht in anderer Weise befriedigend ausgeglichen werden könne. Hier sei u.a. die enorme Außenwirkung zu berücksichtigen, die die ehrverletzende Äußerung erzielt habe.

LG Hamburg, Urt. v. 20.07.2018 – 324 O 18/18 1750

15.000,00 € (Vorstellung: 5.000,00 €)

Zauberhaftes Zwillingsglück

Die Klägerin ist die Gattin des regierenden F. von M. und dem Gericht bekannt.

Die Beklagte verlegt unter anderem die Zeitschrift »F. R.«. In deren Ausgabe 2017 erschien ein Beitrag über die Klägerin, der auf der Titelseite am linken Rand mit einem Foto der Klägerin und ihren Zwillingen und der Schlagzeile »F. C. ZAUBERHAFTES ZWILLINGS-GLÜCK Und M. freut sich aufs neue Baby S....« angekündigt wurde.

Die durch die Berichterstattung begründete Verletzung des allgemeinen Persönlichkeitsrechts der Klägerin erreicht die für die Geldentschädigung erforderliche Schwere. Für das Bedürfnis nach einer Geldentschädigung sprechen auch Anlass und Beweggrund der Beklagten, die ein erhebliches Verschulden erkennen lassen.

OLG Frankfurt; Urt. v. 27.03.2025 – 16 U 9/23 1751

15.000,00 € und 10.000,00 €

Verletzung des Persönlichkeitsrechts durch nicht erweislich wahre Presseberichterstattung

Die in zwei Artikeln in Bezug auf den Kläger enthaltenen Tatsachenbehauptungen, deren Wahrheitsbeweis die Beklagten nicht erbracht haben, und die darin getätigten Meinungsäußerungen haben zu einer schwerwiegenden Beeinträchtigung des Klägers in seinem Persönlichkeitsrecht als Privatperson geführt. Diese betreffen auch nicht nur die Sozialsphäre des Klägers, sondern richten sich gegen die Grundlagen seiner Persönlichkeit. Denn ihm werden in dem von der Beklagten zu 2 verfassten Artikel eine Vielzahl äußerst menschenverachtende und rassistische Äußerungen zugeschrieben, welche der Beklagte zu 3 in seinem Folgeartikel sodann wiederholend aufnahm, ohne dass der Nachweis erbracht wurde, dass diese tatsächlich von dem Kläger stammen. Hinzu tritt, dass es sich bei den beanstandeten Zitaten um Äußerungen im engeren Freundeskreis, d.h. im vertraulichen Zweipersonenverhältnis handelt. Diese Artikel lösten bundesweite eine mediale Berichterstattung anderer Medien aus. Die Berichterstattung führte zu einem stigmatisierenden »Makel« des Klägers, der geeignet ist, den Kläger gesellschaftlich zu vernichten und sich in seinem Alltags- und Berufsleben auswirkt und bis heute nachwirkt.

LG Köln, Urt. v. 15.11.2017, 28 O 204/17, unveröffentlicht 1752

20.000,00 € (Vorstellung: angemessen, mindestens 20.000,00 €)

Bilder und Beleidigungen auf pornografischen Websites

Der Beklagte wurde durch Strafbefehl zu einer Geldstrafe von 4.500,00 € verurteilt.

Der Beklagte stellte gezielt eine Vielzahl von Bildnissen der Klägerin auf pornografischen Webseiten öffentlich zur Schau. Das Bildmaterial bearbeitete der Beklagte zum Teil und versah es mit sexistischen, herabwürdigenden Kommentaren. Die Parteien kennen sich.

Die Website kann von Nutzern in ganz Deutschland abgerufen werden. Der Beklagte forderte die Nutzer auf, zu herabwürdigenden Kommentaren auf und dazu, sich Bilder der Klägerin auszudrucken (»printed pics«) und auf diese zu ejakulieren (»cum on«), hiervon wiederum ein Foto oder Video anzufertigen und dieses ebenfalls auf der Webseite hochzuladen.

Ferner erstellte der Beklagte auf der Webseite das Foto eines nackten weiblichen Oberkörpers ein, auf welchen er zuvor das Gesicht der Klägerin geschnitten hatte, wobei im Vordergrund ein männliches Geschlechtsteil zu sehen ist, und forderte die Nutzer der Webseite in ähnlicher Weise auf.

In der Folge stellte er darüber hinaus weitere Fotomontagen mit dem Gesicht der Klägerin auf der genannten Seite ein, die die Klägerin vermeintlich beim Sexualverkehr zeigen.

1753 **OLG Köln, Urt. v. 28.05.2019 – 15 U 160/18, MDR 2019, 1060 – bestätigt durch BGH, Urt. v. 21.01.2021 – I ZR 120/19, MDR 2021, 571 = NJW 2021, 1303**

20.000,00 €

Unzulässige Verwendung eines Bildes und »Klick-Köder« eines Prominenten

Das Bild eines Prominenten Fernsehmoderators wurde ohne dessen Erlaubnis von einer Zeitschrift auf ihrem Facebook-Profil wahrheitswidrig in den Zusammenhang mit einer Krebserkrankung gebracht, um Werbeeinnahmen durch Klicks bzw. Verkaufs- und daran anknüpfende Werbeeinnahmen im Printbereich zu generieren (sog. clickbaiting bzw. »Klick-Köder«. Neben der Lizenzabgabe ist eine Geldentschädigung zu zahlen, die wegen der Verwendung des sehr sensiblen Gesundheits- bzw. Krankheitsthemas und der als möglich in den Raum gestellten Krebserkrankung des Klägers zusätzlich abschreckend wirken soll.

1754 **OLG Hamburg, Urt. v. 03.01.2017 – 7 U 10/15, unveröffentlicht**

25.000,00 €

3 Fotos eines prominenten Paares auf Titelseite einer Tageszeitung

Die Doppelseitige Veröffentlichung eines bekannten Fußballers mit Model in Badekleidung – ohne Bikinioberteil – und ein Foto auf der Titelseite der Tageszeitung mit hohem Verbreitungsgrad rechtfertigen für jeden Kläger 25.000,00 €.

1755 **LG Köln, Urt. v. 15.11.2017 – 28 O 216/17, unveröffentlicht**

25.000,00 € (Vorstellung: angemessen, mindestens 25.000,00 €)

Bilder und Beleidigungen auf pornografischen Websites

Der Beklagte wurde durch Strafbefehl zu einer Geldstrafe von 4.500,00 € verurteilt. Er stellte eine Vielzahl von Bildern der Klägerin auf pornografischen Websites zur Schau. Er gab den Vornamen der Klägerin preis, versah die Veröffentlichungen teilweise mit beleidigendem Inhalt und forderte Internetbenutzer auf, auf ein Bild der Klägerin zu ejakulieren und diese Fotos wiederum ins Netz zu stellen.

Die Klägerin wurde durch das Vorgehen des Beklagten in ihrer persönlichen Ehre und in ihrem Anspruch auf Achtung schwer beeinträchtigt. Sie wurde als Lustobjekt zur Schau gestellt, erniedrigt und beleidigt. Zudem hat der Beklagte durch Nennung des Namens der Klägerin einen Bezug zu einer konkreten Person hergestellt, was die Verletzung der Persönlichkeit vertieft. Die Klägerin ist psychisch stark beeinträchtigt und leidet unter Schlafstörungen.

Eine andere Ausgleichsmöglichkeit als eine hohe Geldentschädigung ist nicht gegeben. Sie muss hoch ausfallen, weil die Persönlichkeitsverletzung das Schamgefühl berührt, zu Peinlichkeiten führt und das Gefühl des Ausgeliefertseins hervorruft. Die wirtschaftlichen Verhältnisse des Beklagten fallen hier nicht ins Gewicht, weil sein Einkommen ihm gewisse finanzielle Freiräume lässt.

OLG Celle, Urt. v. 05.10.2016 – 13 U 78/16, unveröffentlicht 1756

30.000,00 €

Wer ist das junge Mädchen an seiner Seite

Eine Zeitschrift veröffentlichte erstmals ein Foto der unbekannten Klägerin mit ihrem Vater am Flughafen. Der zugehörige Artikel trug die Überschrift: Wer ist das junge Mädchen an seiner Seite? Dadurch wurde das Aussehen der Klägerin in der Öffentlichkeit bekannt, sodass sie sich nicht mehr so frei und unbefangen bewegen kann.

LG Köln, Urt. v. 15.11.2017 – 28 O 146/17, unveröffentlicht 1757

LG Köln, Urt. v. 15.11.2017 – 28 O 176/17, unveröffentlicht

LG Köln, Urt. v. 15.11.2017 – 28 O 188/17, unveröffentlicht

30.000,00 € (Vorstellung: angemessen, mindestens 30.000,00 €)

Bilder und Beleidigungen auf pornografischen Websites

Der Sachverhalt ist identisch mit dem Sachverhalt in den beiden vorangehenden Entscheidungen des LG Köln Rdn. 1752 und Rdn. 1755.

Die Kammer hat offensichtlich übersehen, dass der Klageantrag 20.000,00 € bzw. 25.000,00 € »angemessen, mindestens« ohne Weiteres eine Verurteilung über den bezifferten Betrag hinaus zur Zahlung von 30.000,00 € zugelassen hätte. Anders sind die 5 Entscheidungen mit gleichem Sachverhalt, aber unterschiedlichen Beträgen nicht zu erklären.

OLG Frankfurt, Urt. v. 16.05.2019, 2–03 O 184/17, unveröffentlicht 1758

30.000,00 € und 5.000,00 € (Vorstellung: 2 x 25.000,00 €)

Verbreitung von Beleidigungen und Sex-Mobbing-Vorwürfen – Bildberichterstattung in der Presse

Der Kläger ist unter anderem Personalchef einer Stadtverwaltung. Er war früher Fußballschiedsrichter und kam in den Jahren 1997 bis 2001 auch im Rahmen von Spielen der 2. Bundesliga sowie des DFB-Pokals zum Einsatz.

In einer Klage vor dem Arbeitsgericht erhob eine Mitarbeiterin der Stadt erhebliche Vorwürfe gegen den Kläger, durch den sie Herabsetzungen und Beleidigungen ausgesetzt gewesen sei. Das Verfahren wurde durch einen Vergleich abgeschlossen.

Die Beklagten zitierten aus der Klageschrift, berichteten über den Kläger und druckten in der vom Beklagten zu 1) verlegten Tageszeitung Fotos, die den Kläger beim Fußballspiel zeigten. In dem Artikel heißt es unter anderem, dass gegen den Kläger, einen Ex-Bundesliga-Schiri, »Sex-Mobbing-Vorwürfe«, Nazi-Sprüche, Sauf-Exzesse, Ekelattacken, Beleidigungen und vieles andere mehr von Mitarbeitern erhoben worden seien.

Bei der Höhe der Geldentschädigung wurde das schwerwiegende Verschulden der Beklagten und deren Verstoß gegen journalistische Sorgfaltspflichten sowie die Breitenwirkung der Veröffentlichung berücksichtigt.

LG Köln, Urt. v. 01.03.2017 – 28 O 41/16, unveröffentlicht 1759

35.000,00 € (Vorstellung: Mindestens 35.000,00 €)

Bezeichnung einer bekannten Schauspielerin als rückfällige Alkoholikerin

Die Klägerin ist eine bekannte deutsche Schauspielerin, die sowohl in Bezug auf ihre Alkoholsucht als auch ihren Umgang mit dieser Krankheit mehrfach durch Interviews in die Öffentlichkeit trat und hierbei Einzelheiten über ihre Krankheit, ihre Behandlung, ihren damaligen Alkoholkonsum und ihr weiteres Leben mit dieser Krankheit offenbarte.

Die Beklagten habe die Klägerin der Wahrheit zuwider nicht nur als rückfällige Alkoholikerin dargestellt und damit ihre Charakterstärke in Zweifel gezogen, der Wahrheit zuwider nicht nur berichtet, das die Klägerin in der Öffentlichkeit bei einem Interview nach Alkohol roch und lallte, sich mithin erheblich unprofessionell verhielt, sondern sie zudem dadurch erheblich in der öffentlichen Meinung abqualifiziert, dass sie ihr unterstellten, gegenüber der Öffentlichkeit gelogen zu haben, als sie sich als geläutert und abstinent beschrieb. Anlass und Beweggrund für die Veröffentlichung dieser unwahren Tatsachenbehauptungen war kein berechtigtes Informationsanliegen der Öffentlichkeit, sondern allein die Auflagensteigerung durch eine bereits auf der Titelseite angekündigte boulevardeske Berichterstattung über einen vermeintlichen »Alkoholrückfall« der Klägerin. Zu berücksichtigen ist, dass die Beklagten zumindest grob fahrlässig die Unwahrheit berichteten. Ein nachhaltiger Imageschaden der Klägerin ist nicht von der Hand zu weisen, da sie bundesweit sowohl in der Print- als auch in der Onlineausgabe des Magazins als Lügnerin dargestellt wird

1760 **LG Hamburg, Urt. v. 24.11.2017 – 324 O 902/16, unveröffentlicht**

<u>47.000,00 €</u> (Vorstellung: 30.000,00 €)

Unwahre Berichterstattung über nicht existierende Schwangerschaft

Der beklagte Zeitschriftenverlag veröffentlichte auf der Titelseite und im Innenteil mehrmals spekulative Beiträge über eine mögliche Schwangerschaft der Klägerin, einer bekannten Sängerin. Sie wiederholte die Berichterstattung trotz Abmahnung.

Eine Spekulation über eine Schwangerschaft einer Frau verletzt deren allgemeines Persönlichkeitsrecht. Die Frau hat das Recht, den autonomen Lebensbereich der eigenen Lebensgestaltung zu schützen und den Einblick durch andere auszuschließen. Die Berichterstattung über eine mögliche Schwangerschaft betrifft schon thematisch die nach Art. 2 I 1 GG geschützte Privatsphäre.

An der Verbreitung unwahrer Tatsachen besteht kein Berichterstatterinteresse.

1761 **OLG Koblenz, Urt. v. 19.01.2017 – 6 U 135/16, unveröffentlicht**

<u>50.000,00 €</u>

Brandmarkung eines Geschäftsführers als kriminell

Der Kläger wurde vom Beklagten im Internet als Wirtschaftskrimineller, Lügner, Betrüger und Kopf einer Bande bezeichnet. Die Höhe der Geldentschädigung richtet sich nach der Bedeutung und Tragweite des Eingriffs, dem Ausmaß der Verbreitung, der Nachhaltigkeit und Fortdauer der Interessen- und Rufschädigung des Verletzten, ferner nach dem Anlass und Beweggrund des Handelnden sowie der Grad seines Verschuldens.

Das Internet ist auf eine öffentliche Herabsetzung, Anprangerung und Brandmarkung des Klägers als Krimineller gerichtet. Dahinter steht erkennbar die Absicht, den Kläger zu verletzen und in seiner Ehre zu kränken sowie ihm in seiner zukünftigen geschäftlichen Tätigkeit Schaden zuzufügen. Darüber hinaus enthält die Internetseite nach Art eines Fahndungsaufrufs eine Veröffentlichung des Bildes des Klägers und seiner privaten Kontaktdaten mit der unverhohlenen Anregung gegenüber der Öffentlichkeit, auf diesem Wege in seine Privatsphäre einzudringen.

1762 **KG, Urt. v. 20.12.2022 – 9 U 21/21, MDR 2023, 497**

<u>50.000,00 €</u>

Vorverurteilung durch Äußerungen eines Staatsanwaltes aus dem Bereich schwerster Straftaten

Ein Staatsanwalt informierte im Rahmen einer Pressekonferenz über die Hausdurchsuchung in einem Bordell. Es lagen keine validen, einer gerichtlichen Überprüfung im Sinne eines hinreichenden Tatverdachtes standhaltenden Ermittlungsergebnisse zu Gewalttaten vor. Auch wurde mehrfach ein gezielter Zusammenhang zur sog. »organisierten Kriminalität« hergestellt, der sich durch die Ermittlungen nicht bestätigt hatte. Die Äußerungen waren zum Teil vorverurteilend. Der Vergleich mit Al Capone stellt in diesem Sinne eine Effekthascherei dar.

Die Rechtsverletzung ist als besonders schwerwiegend einzuschätzen und nur mit einer Entschädigungszahlung von je 50.000 € zu kompensieren. Den Klägern wurden in der Öffentlichkeit ohne hinreichende tatsächliche Ermittlungsgrundlage Straftaten aus dem Bereich der Schwerstkriminalität vorgeworfen. Durch die Zuweisung in die Ebene der organisierten Kriminalität erfolgte ein zusätzliches, schwerwiegendes gesellschaftliches Unwerturteil. Die besondere Macht des von den handelnden Beamten des Beklagten repräsentierten Kernbereichs exekutiver Staatsgewalt vertieft die Rechtsverletzung in besonders hohem Maße. Schmerzensgelderhöhend wirkte dabei, dass die Äußerungen der Staatsanwaltschaft als von einer besonders zuverlässigen Quelle stammend gelten in dem Sinne, dass die ihre Meldung übernehmenden Medien ausnahmsweise einer eigenen umfassenden Nachrecherche entbunden sind.

Die Rechtsverletzung wirkte auch besonders tiefschneidend und erniedrigend dadurch, dass der Beklagte den Klägern auch im zivilprozessualen Entschädigungsverfahren mit eigener Medienöffentlichkeit wiederholt Ehre und guten Ruf absprach und sich zu keinerlei Distanzierung in der Lage sah. Denn die Hartnäckigkeit der Rechtsverletzung ist als die Rechtsverletzung vertiefender Faktor zu berücksichtigen. Die nachhaltige Störung des Privatlebens der Kläger fallen zusätzlich ins Gewicht. Ferner ist ein inflatorisch bedingter Zuschlag zu berücksichtigen.

LG Hamburg, Urt. v. 25.09.2015 – 324 O 161/15, unveröffentlicht 1763

60.000,00 € (Vorstellung: 120.000,00 €)

Bildberichterstattung über Michael Schumacher – Recht am eigenen Bild

Die Beklagte, die zahlreiche Zeitschriften verlegt, berichtete umfassend über das Unglück des Ehemannes der Klägerin. Sie zeigte über einen Zeitraum von drei Monaten in neun Heften, teilweise auf der Titelseite, teilweise großformatig im Innenteil, wieder und wieder das gleiche Motiv, das die Klägerin vor der Klinik zeigt, obwohl sie wusste, dass die Klägerin mit der Bildnisveröffentlichung nicht einverstanden war. Danach erschienen vier weitere Beiträge, obwohl sie durch die Zustellung dreier weiterer einstweiliger Verfügungen wusste, dass auch Gerichte die Rechtsauffassung der Klägerin teilen. Gleichwohl erfolgten weitere zwei Veröffentlichungen. Auch nach einer Unterlassungsverpflichtungserklärung und nach einem Anerkenntnis erfolgte noch eine weitere Veröffentlichung

Die Veröffentlichung der Bildnisse der Klägerin vor der Klinik stellt eine Verletzung des Rechts am eigenen Bild als spezialgesetzlicher Ausprägung des allgemeinen Persönlichkeitsrechts der Klägerin dar. Der Unterlassungsanspruch ist hinsichtlich sämtlicher Berichterstattungen begründet.

OLG Köln, Beschl. v. 15.09.2018 – 10 U 13/18, unveröffentlicht 1764

60.000,00 € und 40.000,00 €

Sexueller Missbrauch – Internetveröffentlichung

Der Beklagte, der Vater der Klägerinnen, wurde wegen sexuellen Missbrauchs in 15 Fällen zu einer Gesamtfreiheitsstrafe von 9 Jahren verurteilt.

Als die Klägerin zu 2) 7 – 9 Jahre alt war, gab es 22 sexuelle Übergriffe, die der Beklagte teilweise filmte und ins Internet stellte.

Die Klägerin zu 1) war 10 – 13 Jahre alt und wurde vom Beklagten in 17 Fällen missbraucht.

Die Taten haben zu gravierenden psychischen Beeinträchtigungen der Klägerinnen geführt. Die Klägerin zu 1) leidet an einem komplexen Störungsbild nach jahrelanger Traumatisierung. Es gibt deutliche Hinweise auf eine posttraumatische Belastungsstörung und auf latente Suizidgedanken.

Letzteres gilt auch für die Klägerin zu 2), die müde, lust- und antriebslos ist und an einer Harninkontinenz leidet.

Der Beklagte hat seinen Anteil am hoch belasteten Hausgrundstück an seine Ehefrau übertragen, ohne dass festgestellt werden kann, ob damit für die Klägerinnen ein finanzieller Vorteil verbunden ist.

1765 **OLG Hamburg, Urt. v. 16.05.2017 – 7 U 47/13, unveröffentlicht**

100.000,00 €

Bericht über eine Prinzessin eines europäischen Königreichs

Die Beklagte berichtete über eine Prinzessin eines europäischen Königreichs über tatsächlich nicht gegebene Geschehnisse und haltlose Spekulationen über das Gefühlsleben der Klägerin und ihrer Familienangehörigen. Der hohe Betrag ist erforderlich, um die andauernde und ständige Verletzung der Persönlichkeit zu Zwecken der Steigerung der Auflage zu vermeiden.

1766 **LG Düsseldorf, Urt. v. 14.06.2023 – 12 O 55/22**

120.000,00 €

15 Videos mit sexuellen Handlungen verbreitet

Der Beschl., ein Immobilienmakler und Inhaber einer Firma, die auf den Verkauf exklusiver und hochpreisiger Immobilien spezialisiert ist, tauschte mit der Klägerin, einer öffentlich bekannten Person, die alleinerziehende Mutter einer 14-jährigen Tochter und für namhafte Unternehmen im Modevertrieb tätig ist, intime Videos, die nicht zur Weitegabe an oder zur Offenbarung gegenüber Dritten bestimmt waren. I

Von den 15 Videos, die der Beklagte erhielt, enthielten 12 Videos nicht nur Nacktaufnahmen (überwiegend des gesamten Körpers), sondern mehrere auch sexuelle Inhalte und Darstellungen wie z.B. Masturbationsszenen und (Nah-)Aufnahmen des Intimbereichs und von der Penetration mit einem Sexspielzeug und anderen Gegenständen. Diese Videos waren auf drei frei zugänglichen Pornoseiten für mindestens vier Monate Und für knapp ein Jahr im Internet weltweit abrufbar.

In den Videos ist die Klägerin zu erkennen, da ihr Gesicht meist für längere Zeit zu sehen ist. In mehreren Videos ist ihre Stimme zu hören. Die Videos sind überwiegend länger als eine Minute, teils aber auch deutlich länger, nämlich bis zu 6 1/2 Minuten lang. Sie wurden in Einzelfällen bis zu 9.387 Mal angesehen.

Der Beklagte hat die Videodateien unter Verwendung des Vor- und Nachnamens der Klägerin bezeichnet.

Bei der Bemessung der Entschädigung wurde berücksichtigt, dass der Beklagte als Immobilienmakler für exklusive und hochpreisige Immobilien tätig ist. Da die Videos nur für den privaten Gebrauch bestimmt waren liegt ein besonders schwerer Eingriff in das Persönlichkeitsrecht der Klägerin vor.

1767 **OLG Köln, Urt. v. 05.07.2017 – 15 U 103/17**

220.000,00 € (Vorstellung: 120.000,00 €)

Presse- und Bildberichterstattung auch über die Privatsphäre eines der bekanntesten Deutschen

Der Kläger ist seit 2006 Trainer der deutschen Fußballnationalmannschaft, einer der bekanntesten Deutschen. Die Beklagte ist für zahlreiche Zeitschriften mit hohen Auflagen und Leserreichweiten in Millionenhöhe.

Im August 2016 veröffentlichte die Beklagte insgesamt 8 Berichterstattungen über den Kläger, die sich unter anderem mit seinem Privat- und Liebesleben, insbesondere mit seiner Ehe, der Trennung von seiner Ehefrau, seinen Urlauben, einem angeblichen Flirt und einer angeblichen Liaison beschäftigen und weit überwiegend mit Fotos des Klägers bebildert sind, die ihn – auch in Badehose – während seiner Urlaubsreisen am Strand und in einem Strandcafé in Berlin zeigen.

Die Kammer hält die Berichterstattungen für rechtswidrig, weil sie überwiegend der Privatsphäre des Klägers zuzuordnen seien und diese das Berichterstattungsinteresse der Beklagten überwiegt.

Hinsichtlich der Bildberichterstattung besteht die Besonderheit, dass dem Verletzten gegen die Rechtsverletzung keine andere Abwehrmöglichkeit, als den Anspruch auf eine Geldentschädigung zur Verfügung steht.

OLG Köln, Urt. v. 12.07.2016 – 15 U 175/15, 1768

<u>395.000,00 €</u> (Vorstellung: 950.000,00 €)

Internet- und Presseveröffentlichungen über 2 Jahre zum Strafverfahren wegen einer Sexualstraftat – Fall Kachelmann

Im Streit standen Internet- und Printveröffentlichungen in der Zeit von März 2010 bis März 2012 im Zusammenhang mit einem gegen den Kläger gerichteten Strafverfahren. Von den Vorwürfen ist der Kläger freigesprochen worden.

Das LG hatte in erster Instanz wegen 38 Fällen insgesamt einen Betrag von 635.000 € ausgeurteilt. Der Betrag wurde auf 395.000 € herabgesetzt. Davon entfallen 215.000 € auf die Springer SE für 14 Printveröffentlichungen und 180.000 € auf die Bild GmbH & Co KG für 12 Onlineveröffentlichungen, wobei die Inhalte teilweise identisch sind.

Zu den Bildveröffentlichungen zählen etwa Bilder, die den Kläger im Innenhof der Kanzlei seiner Verteidigerin (je 10.000 – 15.000 €), auf dem Weg in den Urlaub und am Ort seiner Hochzeit (je 20.000 €) und als Untersuchungshäftling im Hof der Justizvollzugsanstalt (20.000 – 25.000 €), davon einmal mit nacktem Oberkörper (30.000 €) unter Missachtung seiner Würde zur bloßen Belustigung bzw. Befriedigung der Neugier des Publikums zeigten. Dies geschah vorsätzlich, weil das LG zu diesem Zeitpunkt bereits die Veröffentlichung von ähnlichen Bildern verboten hatte. Ferner hat der Kläger einen Anspruch auf eine Entschädigung in Höhe von insgesamt 70.0000 € wegen der Verletzungen seiner Geheimsphäre in sechs Fällen. In Höhe von 40.000 € wegen der Verletzung seiner Intimsphäre in drei Fällen, weil die Beklagten intime Details zu seinem Sexualleben veröffentlicht hatten. Schließlich erhält der Kläger 50.000 € wegen unzulässiger Vorverurteilung in vier Fällen, in denen die Beklagten eine unzulässige Verdachtsberichterstattung betrieben hätte, die nicht von einem hinreichenden Mindestbestand an Tatsachen gedeckt gewesen seien.

OLG Hamburg, Urt. v. 30.07.2009 – 7 U 4/08, AfP 2009, 509 = GRUR-RR 2009, 438 = NJW-RR 2010, 624 = ZUM-RD 2010, 670 1769

<u>400.000,00 €</u>

Vielzahl unwahrer Presseveröffentlichungen über ein Mitglied eines Königshauses

In der Zeit von Januar 2000 – Juli 2004 veröffentlichte die Beklagte insgesamt 86 Beiträge über die Klägerin, Prinzessin eines Königshauses, die auf unstreitig unwahrer Tatsachengrundlage beruhten. Es befanden sich darunter: 77 Titelgeschichten, 42 der Klägerin zugeschriebene Falschzitate (davon sechs auf der Titelseite) und 52 Fotomontagen (drei davon zeigen die Klägerin mit einem Baby im Arm, neun in einem Hochzeitskleid). Ferner war der Wahrheit zuwider von drei bevorstehenden Verlobungen und 17 bevorstehenden Hochzeiten sowie von vier Schwangerschaften der Klägerin die Rede. In 45 Fällen wurden auf der Titelseite tatsächlich nicht bestehende Liebesverhältnisse der Klägerin thematisiert (u.a. mit Kronprinz Felipe von Spanien und Prinz William von England).

7. Verletzung durch sonstige Verursacher

LG Berlin, Urt. v. 13.02.2020 – 67 S 369/18, ZMR 2020, 309 = WuM 2020, 278 1770

<u>0,00 €</u>

Unwirksame Kündigung des Mietvertrages nach unzulässiger Videoüberwachung

Der Klägerin, die sich als landeseigenes Wohnungsunternehmen gegenüber ihren Wohnraummietern überwachungsstaatlicher Ausforschungsmethoden bedient hat, fällt eine schwerwiegende vorprozessuale Verletzung des allgemeinen Persönlichkeitsrechts der Beklagten zur Last. Diese Verletzung würde perpetuiert und vertieft, wenn ihr Sachvortrag prozessual berücksichtigt würde (vgl. BAG, Urt. v. 23.08.2018 – 2 AZR 133/18, NZA 2018, 1329). Ihr Vorbringen unterfällt nicht nur einem Beweis-, sondern auch einem Sachvortragsverwertungsverbot.

1771 **OLG Frankfurt, Urt. v. 14.04.2022 – 3 U 21/20**

500,00 €

Versendung eines Kontoabschlusses

Die Beklagte versandte einen Kontoabschluss des Kontos des Klägers versehentlich an einen Dritten. Die nach außen gedrungenen personenbezogenen Daten betreffen lediglich seine Kontonummer, einen Kontostand aus dem laufenden Jahr sowie Abschlussposten (Sollzinsen, Kosten) und den Umstand, dass er im dritten Quartal einen (Dispositions-)Kredit in Anspruch genommen hatte.

1772 **AG Hamburg-Barmbeck, Urt. v. 03.02.2017 – 811b C 273/15, WuM 2017, 393**

994,71 € (Vorstellung: 2.500,00 €)

Benachteiligung wegen der ethnischen Herkunft – kein Wohnungsbesichtigungstermin

Erhalten Bewerber/innen mit deutsch klingenden Namen für eine Wohnung einen Besichtigungstermin, Bewerber/innen mit anderen Namen dagegen nicht, liegt darin ein Indiz für eine Benachteiligung wegen der ethnischen Herkunft.

Testing-Verfahren sind zulässig. Ihr Ergebnis kann ein Indiz i. S. d. § 22 AGG sein.

Die Verpflichtung zur Zahlung einer Entschädigung nach § 21 Abs. 2 AGG setzt keine vorsätzliche Diskriminierung voraus.

Die Höhe der Entschädigung richtet sich nach der dreifachen Monatsmiete.

1773 **AG Augsburg, Urt. v. 10.12.2019 – 20 C 2566/19, WuM 2020, 777**

1.000,00 € (Vorstellung: 1.000,00 €)

Vermietung einer Wohnung »nur an Deutsche«

Eine öffentlich abrufbare Annonce, mit der eine Wohnung zur Vermietung explizit »nur an Deutsche« angeboten wird, ist ein ausreichendes Indiz i.S.v. § 22 AGG für eine Benachteiligung dadurch ausgeschlossener nicht deutscher Bewerber aufgrund ihrer Rasse oder ethnischen Herkunft; in diesem Fall trägt der Inserent die Beweislast dafür, dass er nicht gegen die entsprechenden Regelungen des AGG verstoßen hat.

Die Entschädigung nach § 21 Abs. 2 Satz 3 AGG von (mindestens) 1000,00 € ist angemessen für eine Benachteiligung durch den Ausschluss von der Vergabe einer Mietwohnung aufgrund der Rasse oder ethnischen Herkunft.

1774 **AG Charlottenburg, Urt. v. 14.01.2020 – 203 C 31/19, unveröffentlicht**

3.000,00 €

Diskriminierung eines türkischen Interessenten bei Wohnungssuche

Dem Kläger ist es gelungen, Indizien darzulegen und zu beweisen, die die Vermutung rechtfertigen, dass er allein aufgrund seines türkisch klingenden Namens, mithin seiner ethnischen Herkunft, keine Einladung zu einem Besichtigungstermin erhalten hat. Das von ihm durchgeführte sogenannte »Testing-Verfahren« ist im Bereich der Wohnungsmiete ausdrücklich zulässig.

Dem Kläger steht ein Anspruch auf Zahlung eines Schmerzensgeldes in Höhe von 3.000,00 € zu. Bei der der Bemessung der Geldentschädigung stellen der Gesichtspunkt der Genugtuung des Opfers, die Intensität der Persönlichkeitsrechtsverletzung und der Präventionsgedanke Bemessungsfaktoren dar. Die Entschädigung soll Genugtuung für die durch die Herabsetzung oder Zurücksetzung verschaffen.

Die Beklagte ist einer der größten Vermieter in Berlin. Durch die Diskriminierungen wird der Kläger vom Zugang zu einem erheblichen Anteil des Mietwohnungsmarktes in Berlin abgeschnitten. Die Diskriminierung des Klägers wurde dadurch verstärkt, dass die Beklagte den Kläger vom Emailverkehr ausgeschlossen hat.

AG Schöneberg, Urt. v. 14.08.2019 – 6 C 276/18, unveröffentlicht 1775

5.000,00 € (Vorstellung: 5.000,00 €)

Kalträumung der Wohnung

Der Kläger mietete vor mehr als 30 Jahren eine kleine Wohnung mit Außentoilette zu einer Miete von zuletzt 104,00 € im Monat. Er zahlte pünktlich bis Dezember 2017. Am 02.10.2017 wurde er stationär in einem Krankenhaus aufgenommen, nachdem die Feuerwehr nach dem Notruf des Klägers die Wohnungstür geöffnet und wieder gesichert hatte. Die ärztliche Behandlung dauerte bis 08.12.2017.

Der Beklagte versuchte am 13.10.2017 aufgrund eines vollstreckbaren Titels mit einem Architekten die Wohnung zu betreten. Den Kläger traf er nicht an. Er habe angenommen, der Kläger habe die Wohnung aufgegeben, worauf der Zustand der Wohnung hingedeutet habe. Der Beklagte, der nach eigenen Angaben nur 30 Sekunden in der Wohnung gewesen sein will, ließ diese komplett räumen, alle Einbauten entsorgen und vermietete die Wohnung weiter.

Mit der Räumung hat der Beklagte das Eigentum und das allgemeine Persönlichkeitsrecht des Klägers verletzt, der durch die Eigenmächtigkeit des Beklagten den langjährigen Lebensmittelpunkt verloren habe. Dem Kläger seien persönliche Gegenstände und Erinnerungsstücke abhandengekommen, die einen Teil der Persönlichkeit ausmachten.

8. Verstöße gegen die DS-GVO

LG Köln, Urt. v. 22.06.2022 – 25 O 9/22, CR 2022, 589 = ZD 2022, 564 1776

0,00 €

Kein immaterieller Schaden eines 11 Jahre alten Kindes bei fehlender Auskunft über Daten

Die Klägerin begehrte von den sie behandelnden Ärzten Auskünfte zu ihren Daten.

Das LG Köln: Es ist nicht ersichtlich, in welcher Weise der heute 14jährigen Klägerin durch die Vorenthaltung der Datenauskunft ein immaterieller Schaden entstanden sein könnte, der durch ein Schmerzensgeld sanktionierbar wäre. Jeglicher nachvollziehbare Vortrag dazu fehlt.

OLG Oldenburg, Urt. v. 21.05.2024 – 13 U 100/23 1777

0,00 €

Kein Schaden trotz Kontrollverlust über Daten

Der Verlust der Kontrolle über personenbezogene Daten als solcher stellt noch keinen ersatzfähigen Schaden dar. Soweit der Kläger als Beleg für seine Auffassung die Erwägungsgründe 75 und 85 DSVGO anführt, ist zu berücksichtigen, dass die Erwägungsgründe keinen normativen Charakter haben, sondern lediglich als Auslegungshilfe in Betracht kommen. Auch wenn der Kontrollverlust zwar grundsätzlich einen Schaden darstellen kann, muss der Anspruchsteller jedoch nachweisen, dass die negativen Folgen eines Verstoßes bei ihm einen immateriellen Schaden hervorgerufen haben.

Soweit der Kläger behauptet, großes Unwohlsein und große Sorge wegen eines möglichen Missbrauchs seiner personenbezogenen Daten verspürt zu haben, hat er seiner Darlegungslast genügt. Nach Anhörung des Klägers steht jedoch nicht zur Überzeugung des Senats fest, dass dieser infolge des Scraping-Vorfalls tatsächlich Ängste und Sorgen wegen eines möglichen Missbrauchs seiner Mobilfunknummer empfunden hat. Im Gegenteil, dies ist nicht der Fall.

Auch der Erhalt von Spam-Anrufen und -SMS begründen keinen Schadenersatzanspruch. Der unerwünschte Erhalt von Spam-Anrufen und -SMS zählt im Internetzeitalter zum allgemeinen Lebensrisiko und auch der ursächliche Zusammenhang zwischen dem Scraping-Vorfall und den Spam-Anrufen und -SMS steht nicht fest.

1778 **LG Paderborn, Urt. v. 08.07.2024 – 2 O 134/24**

0,00 €

Kein Schaden trotz Kontrollverlust über Daten

Der Kläger macht geltend, die Beklagte habe durch die Übermittlung von Positivdaten sein Persönlichkeitsrecht verletzt und gegen die Datenschutzgrundverordnung verstoßen zu haben.

Es obliegt einem Kläger, einen über etwaige Datenschutzverstöße und über den damit mittelbar einhergehenden Kontrollverlust hinausgehenden immateriellen Schaden in Form einer persönlichen/psychologischen Beeinträchtigung aufgrund der Datenschutzverstöße und des Kontrollverlustes darzulegen. Der »Kontrollverlust« rechtfertigt als solcher keine Entschädigungsverpflichtung. Ein Kontrollverlust durch die Übermittlung von Positivdaten betraf als generelles Risiko der (unrechtmäßigen) Übermittlung alle Personen, deren Daten ohne Rechtfertigungsgrund übermittelt wurden, gleichermaßen.

Mit Blick auf die subjektiven Folgen eines Datenschutzverstoßes im Einzelfall ist es deshalb ausreichend, aber auch erforderlich, dass der Betroffene Umstände darlegt, in denen sich seine erlebten Empfindungen widerspiegeln, und dass nach der Lebenserfahrung der Datenschutzverstoß mit seinen Folgen Einfluss auf das subjektive Empfinden hat.

Der Hinweis darauf, dass Kontrollverlust ihm Sorgen verursacht habe, reicht zur Darlegung persönlich belastender Folgen der Datenschutzverletzung nicht aus.

Allein die Darstellung, dass der Kläger mit der ständigen Angst vor – mindestens – unangenehmen Rückfragen in Bezug auf die eigene Bonität und das allgemeine Verhalten im Wirtschaftsverkehr lebe und er Angst vor einer Verfälschung des S.-Scores habe, lässt nicht darauf schließen, dass nach der Lebenserfahrung eine im Datenschutz sensibilisierte Person negative Gefühle und gesundheitliche Auswirkungen entwickeln würde, welche über jene hinausgehen, welche man automatisch entwickelt, wenn ein Gesetz zu seinen Ungunsten verletzt wird.

1779 **LG Heidelberg, Urt. v. 16.03.2022 – 4 S 1/21, CR 2022, 590 = ZD 2022, 468**

25,00 €

Unerwünschte E-Mail

Der Kläger erhielt von der Beklagten per E-Mail ein Werbeschreiben an seine berufliche E-Mail-Adresse. Der Kläger widersprach und mahnte den Beklagten ab. Der Beklagte übersandte dem Kläger erneut eine E-Mail. Der Kläger sieht in der Zusendung der Werbemails und unberechtigten Verarbeitung seiner personenbezogenen Daten eine massive Verletzung seines Allgemeinen Persönlichkeitsrechts.

Dem Kläger ist ein Schaden entstanden, weil er sich mit den unerwünschten Werbemails der Beklagten auseinandersetzen, deren Herkunft ermitteln, sich um eine Auskunft bemühen und die unerwünschten E-Mails löschen musste. Eine beeinträchtigende Außenwirkung ist nicht ersichtlich.

Zur Entschädigung der erlittenen Beeinträchtigungen erachtet die Kammer die Zahlung von 25,00 €, ähnlich der in Verkehrsunfällen für die Umstände und Aufwendungen im Zusammenhang mit der Schadensabwicklung üblichen Auslagenpauschale, für angemessen.

AG Dietz, Urt. v. 07.11.2018 – 8 C 130/18, CR 2019, 162 = ZD 2019, 85 1780

50,00 € (Vorstellung: 500,00 €)

Unerwünschte Werbeemail

Der Kläger erhielt mit Inkrafttreten der DS-GVO eine unerwünschte Werbeemail. Die Beklagte erkannte sofort den Unterhaltsanspruch an und zahlte an den Kläger eine Entschädigung von 50,00 €. Das Amtsgericht verneinte einen Entschädigungsanspruch, der jedenfalls mit dem anerkannten Betrag erfüllt sei. Es sei nicht ersichtlich, dass dem Kläger irgendein Schaden entstanden sein könne.

LG Mannheim, Urt. v. 15.03.2024 – 1 O 99/23 1781

50,00 €

Scraping personenbezogener Daten

Angesichts des geringen Umfanges des Schadens des Klägers, der lediglich durch Sorge über den Datenverlust in der Lebensführung beeinträchtigt wird, sowie durch die Art der offengelegten Daten, einschließlich des Umstandes, dass nicht der wahre Nachname angegeben wurde, sowie der sich hieraus und im Hinblick auf die Mobiltelefonnummer ergebenden Missbrauchsmöglichkeiten, ist ein Betrag von 50 € zum Schadensausgleich angemessen.

LG Essen, Urt. v. 02.06.2022 – 1 O 272/21, bestätigt durch OLG Hamm, Urt. v. 20.01.2023 – 11 U 88/22, MDR 2023, 636 1782

100,00 €

Weitergabe personenbezogener Daten

Eine nicht unerhebliche Anzahl personenbezogener Daten – Name, Anschrift, Geburtsdatum, Angabe des Impfstoffs, Datum der geplanten Impfung, Mobilfunknummer und E-Mail-Adresse – wurde in digitaler Form ohne Zustimmung des Klägers an jedenfalls 700 ihm unbekannte Personen weitergegeben. Der Datenverlust ist dauerhaft.

LG Freiburg, Urt. v. 08.02.2024 – 8 O 212/23 1783

100,00 € (Vorstellung: 3.000,00 €)

Datenverlust durch Datenleck

Die Beklagte betreibt das soziale Netzwerk Twitter und die Webseite twitter.com. Bei der Beklagten bestand im Juni 2021 für kurze Zeit ein Datenleck bzw. ein API-Bug. Der Kläger war zum Zeitpunkt des Datenlecks unstreitig auf dieser Plattform Twitter mit seiner E-Mail-Adresse angemeldet. Ob von ihm relevante Daten beim streitgegenständlichen Vorfall abgegriffen und neu verknüpft wurden, ist zwischen den Parteien streitig. Die Darstellung des Klägers, ist als zugestanden anzusehen, weil die Beklagte der sie treffenden sekundären Darlegungslast nicht genügt hat.

Der Schaden des Klägers liegt in seiner konkret-individuell und damit glaubhaft geschilderten Angst vor einer missbräuchlichen Verwendung seiner E-Mail-Adresse durch Dritte. Diese Sorge vor einem Missbrauch kann unter den gegebenen Umständen auch als begründet angesehen werden, weil nicht ausgeschlossen werden kann, dass die E-Mail-Adresse des Klägers missbräuchlich verwendet wird.

Das Gericht hält unter Berücksichtigung der Ausgleichs- und Genugtuungsfunktion sowie der generalpräventiven Funktion des immateriellen Schadenersatzes einen Betrag in Höhe von 100,00 € für erforderlich, aber auch ausreichend. Dabei fließt **anspruchserhöhend** ein, dass der Beklagten mehrere schadensursächliche Verstöße gegen die DS-GVO zur Last zu legen sind. Anspruchsmindernd ist zu berücksichtigen, dass es sich bei den gescrapten Daten lediglich um die E-Mail-Adresse, nicht jedoch um besonders sensible Informationen wie Gesundheits- oder Kontodaten handelt.

1784 **AG Lichtenberg, Urt. v. 19.06.2024 – 14 C 108/23**

100.00 € (Vorstellung: 2.000,00 €)

Scraping personenbezogener Daten

Die Beklagte ist eine juristische Person irischen Rechts mit Sitz in Irland und betreibt das soziale Netzwerk bzw. die Plattform Facebook auf dem Gebiet der Europäischen Union. Der Kläger hat bei gmx.de eine E-Mail-Adresse und eine Mobilfunktelefonnummer. Unbekannte Dritte verbreiteten Anfang April 2021 Daten von ca. 533 Millionen Nutzern öffentlich im Internet bzw. im sogenannten Darknet, darunter auch die Daten des Klägers.

Aus der niedrig erscheinenden Schadenssumme darf nicht geschlossen werden, dass diese nur symbolisch ist und daher der Ausgleichsfunktion nicht gerecht würde. Ein geringerer immaterieller Schaden erfordert vielmehr einen entsprechend geringen Ausgleich.

1785 **OLG Koblenz, Urt. v. 11.02.2025 – 3 U 145/24**

100,00 €

Kontrollverlust über die Telefonnummer

Der Schaden der Klägerin besteht im Verlust der Kontrolle über das personenbezogene Datum »Telefonnummer ...«. Diesem Kontrollverlust kann mit dem Wechsel der Rufnummer begegnet werden. Dass dieser Aufwand Kosten von deutlich mehr oder weniger als 100,00 € verursachen würde, ist nicht erkennbar.

1786 **LG Stuttgart, Urt. v. 24.03.2025 – 4 S 159/24**

100,00 €

Abbildung der Wohnung im Internet

Die Kläger begehren als Mieter aufgrund ungenehmigter Veröffentlichung von Wohnungsbildern durch den Vermieter im Internet. Die Beklagte hat gegen Art. 6 Abs. 1 DS-GVO verstoßen, da die Kläger nicht wirksam in die Verarbeitung von personenbezogenen Daten, namentlich in die Veröffentlichung der Lichtbildaufnahmen vom Inneren der von den Klägern bewohnten Immobilie im Internet, eingewilligt haben. Der Schaden besteht im Kontrollverlust, ohne dass es des Nachweises zusätzlicher spürbarer negativer Folgen bedarf. Der Entschädigungsbetrag von 100 € je Kläger reicht aus, weil die Wohnungsbilder nur einem begrenzten Personenkreis zugänglich gemacht wurden.

1787 **LG Lüneburg, Urt. v. 21.03.2024 – 6 O 167/23**

200,00 € (Vorstellung: 1.000,00 €)

Scraping – Wechsel der E-Mail-Adresse

Der Kläger begehrt Schadensersatz wegen Verletzung von Datenschutzbestimmungen im Zusammenhang mit einem Scrapingvorfall. Zur Begründung des Schadens hat der Kläger monatlich etwa 360 E-Mails im Spamordner gelandet seien, worüber er sich so geärgert habe, dass er schließlich die E-Mail-Adresse geändert habe.

1788 **OLG Frankfurt, Urt. v. 08.04.2025 – 6 U 79/23**

200,00 €

Datenscraping

In der Zeit von Januar 2018 bis September 2019 erstellten unbekannte Dritte umfangreiche Listen mit möglichen Telefonnummern. Mittels eines automatisierten Verfahrens suchten sie sodann nach soziales Netzwerk1-Nutzern mit der entsprechenden Telefonnummer. Wurde mittels des automatisierten Verfahrens eine zu einem soziales Netzwerk1-Nutzerkonto passende Telefonnummer gefunden, waren die sog. Scraper in der Lage, die mit der Telefonnummer verknüpften, öffentlich zugänglichen Nutzerdaten abzurufen und abzuspeichern.

Die begründete Befürchtung des Klägers, seine im Darknet veröffentlichen Daten könnten missbräuchlich verwendet werden, rechtfertigt die Annahme eines (geschätzten) Gesamtschadens von 200,00 €.

LG Bonn, Urt. v. 07.06.2023 – 13 O 126/22 1789

<u>250,00 €</u> (Vorstellung: mindestens 1.000,00 €)

Scraping

Die Beklagte betreibt ein Internet-Netzwerk. Im April 2021 wurden im Internet frei zugänglich Datensätze mit den personenbezogenen Daten von ca. 533 Millionen X-Benutzern veröffentlicht, wobei ein Datensatz grundsätzlich aus der Mobiltelefonnummer und den auf der Profilseite des jeweiligen Benutzers öffentlich einsehbaren Daten wie beispielsweise Name, Vorname, Geschlecht und Arbeitsplatz bestand.

Die Beklagte unterließ es, das A-B-Tool technisch so abzusichern, dass automatisierte Abrufe mit beliebigen Ziffernfolgen ausgeschlossen gewesen sind. Dadurch hat sie gegen ihre Pflicht zur »Integrität und Vertraulichkeit« gemäß Art. 5 Abs. 1 Buchst. f), Art. 25 Abs. 1 und 2 sowie Art. 32 Abs. 1 DS.GVO verstoßen. Durch den Verstoß ist es zu einer unzulässigen Datenverarbeitung i.S.d. Art. 6 Abs. 1 DS-GVO gekommen.

Dem Kläger ist ein abstrakter Schaden in Form der Beeinträchtigung der grundsätzlich ihm zustehenden Kontrolle über seine Daten bezüglich seiner Mobilfunknummer und der hiermit verknüpften Daten entstanden.

Als Rechtsfolge kann der Kläger ein angemessenes Schmerzensgeld verlangen, welches das Gericht mit 250,00 EUR bemisst.

OLG Oldenburg, Urt. v. 30.04.2024 – 13 U 89/23 1790

<u>250,00 €</u>

Verlust der Kontrolle über Mobilfunknummer

Infolge des Abgreifens seiner Mobilfunknummer von seinem DD-Profil ist der Kläger in Sorge wegen eines möglichen Missbrauchs der Mobilfunknummer und hat somit einen immateriellen Schaden im Sinne des Art. 82 Abs. 1 DS-GVO erlitten. Der Kläger hat geschildert, dass die Mobilfunknummer bei der Ausübung seiner beruflichen Tätigkeit von einer gewissen Wichtigkeit ist. Andererseits ist zu berücksichtigen, dass die Mobilfunknummer kein hochsensibles Datum ist, das der Geheimhaltung unterliegt, sondern vielmehr – wie gerade auch die berufliche Tätigkeit des Klägers zeigt – auf eine gewisse Verbreitung angelegt ist.

OLG Oldenburg, Urt. v. 14.05.2024 – 13 U 114/23 1791

<u>250,00 €</u>

Verlust der Kontrolle über Mobilfunknummer

Der Nutzerin einer Social-media-Plattform steht ein Anspruch auf Schadenersatz gem. Art. 82 DS-GVO zu, wenn der Diensteanbieter Dritten den Zugriff auf ihre Mobilfunknummer und weitere personenbezogenen Daten ohne wirksame Einwilligung der Nutzerin ermöglicht und diese wegen des damit eintretenden Verlusts der Kontrolle über ihre Daten in Sorge und Ängsten ist.

Nach Anhörung der Klägerin steht fest, dass die Klägerin infolge des Abgreifens ihrer Mobilfunknummer von ihrem CC-Profil in Sorge wegen eines möglichen Missbrauchs der Mobilfunknummer ist und somit einen immateriellen Schaden i.S.d. Art. 82 Abs. 1 DS-GVO erlitten hat. Die Mobilfunknummer ist kein hochsensibles Datum, das der Geheimhaltung unterliegt. Der Umstand, dass die Klägerin einen Wechsel ihrer Mobilfunknummer bisher nicht für erforderlich erachtet hat, zeigt überdies, dass sich ihre Ängste vor einem Datenmissbrauch in Grenzen halten.

1792 **ArbG Köln, Urt. v. 12.03.2020 – 5 Ca 4806/19, Die Berufung der Klägerin wurde zurückgewiesen, LAG Köln, Urt. v. 14.09.2020 – 2 Sa 358/20, ZD 2021, 168**

300,00 € (Vorstellung: 1.000,00 €)

Unterbliebene Löschung des Profils

Die Klägerin war bei der Beklagten als Professorin für das Lehrgebiet Medien- und Eventmanagement beschäftigt. Die Beklagte speicherte das Profil der Klägerin und veröffentlichte dies auf ihrer Homepage. Nach Aufhebung des Vertrages vereinbarten die Parteien, das Profil nebst Foto zu löschen. Dies unterblieb für ca. 6 Monate.

Ein Schmerzensgeld wird nicht nur für schwerwiegende Verletzungen des Persönlichkeitsrechts geschuldet und eine bloße Bagatelle ist nicht gegeben. Die Schwelle des bloßen Bagatelldelikts kann überschritten sein, ohne dass ein hohes Schmerzensgeld gezahlten werden muss.

1793 **AG Pfaffenhofen, Urt. v. 09.09.2021 – 2 C 133/21, CR 2022, 166 = NJW-RR 2022, 186**

300,00 € (Vorstellung: 100,00 €)

Unerwünschte E-Mail

Der Beklagte benutzte die E-Mail-Adresse des Klägers, die nicht allgemein bekannt war, ohne Berechtigung und erteilte ihm verspätet und unvollständig Auskunft. Der Beklagte hat die E-Mail-Adresse des Klägers verarbeitet, erfasst und gespeichert, ohne dass der Kläger eingewilligt hätte. Der Schaden des Klägers liegt schon in dem unguten Gefühl, dass personenbezogene Daten Unbefugten bekannt und unbefugt verwendet worden sind. Die Höhe des Anspruchs soll nicht nur symbolische Wirkung haben und wird wegen mehrfacher Verstöße mit 300,00 € bemessen.

1794 **LG Lüneburg, Urt. v. 24.01.2023 – 3 O 81/22**

300,00 € (Vorstellung: 500,00 €)

Kontrollverlust an Daten

Der Kläger erlitt einen Kontrollverlust über seine personenbezogenen Daten durch die Offenbarung der Telefonnummer, insbesondere auch, aber nicht nur durch die Verknüpfung dieser Telefonnummer mit weiteren personenbezogenen Daten wie Vor- und Nachname. Es bestand ein hohes Risiko, dass diese Daten unbefugt benutzt werden, weil sie im Darknet veröffentlicht wurden.

1795 **LG Stuttgart, Urt. v. 26.01.2023 – 53 O 95/22, ZD 2023, 278**

300,00 € (Vorstellung: 1.000,00 €)

Datenscraping bei Facebook

Die Art und Weise der Datenerhebung durch die Beklagte verstößt systematisch gegen die Vorgaben der DS-GVO, um damit die von ihr betriebene Facebook-Plattform zu fördern. Dadurch war es möglich, Daten des Klägers abzugreifen, so dass der Kläger kontaktiert werden konnte. Der mögliche Schaden des Klägers blieb, auch wenn die Gefahr eines Identitätsdiebstahls nicht ausgeschlossen werden kann, im Grunde noch überschaubar.

1796 **LG Stuttgart, Urt. v. 26.01.2023 – 53 O 85/22**

300,00 € (Vorstellung: 1.000,00 €)

Scraping Vorfall

Im Jahr 2019 lasen Dritte – deren genaues Vorgehen ist zwischen den Parteien streitig – jedenfalls die Facebook-ID, den Namen, den Vornamen und das Geschlecht des Klägers (»Scraping«) über das Contact-Import-Tool von Facebook aus zum Teil öffentlich zugänglichen Daten des Klägers bei Facebook aus. Dem Kläger ist im Zusammenhang mit dem Daten-Scraping-Vorfall auch ein nach Art. 82 DS-GVO ersatzfähiger – immaterieller – Schaden entstanden, für den die Verstöße der Beklagten gegen die DS-GVO kausal waren. Es ist davon auszugehen, dass der Kläger – jedenfalls – Ping-Anrufe erhalten hat, die auf den Daten-Scraping-Vorfall zurückzuführen sind und dass er Angst wegen eines Kontrollverlusts über seine Daten gehabt hat.

LG Lübeck, Urt. v. 04.10.2024 – 15 O 216/23 1797

350,00 € (Vorstellung: 3.000,00 €)

Definition des Schadens

Die Beklagte betreibt in Europa die Musik-Streaming Plattform »Deezer«. Er unterhielt bis Ende 2020 vertragliche Beziehungen zu einem externen Dienstleister für Kundenverwaltungsdienste, welche Muttergesellschaft einer Firma O. mit Sitz in Israel war. An diese übermittelte die Beklagte umfangreiche Kundendaten. Bei O. kam es zu einem erfolgreichen Datenzugriff unbefugter Dritter, bei dem von den Tätern ein zuvor von der Beklagten an O. übermittelter Kundendatensatz erlangt wurde. Diese betreffen Vor- und Nachname, Nutzernamen, Geburtsdatum, E-Mail-Adresse, Daten über die Nutzung des Deezer-Dienstes, Geschlecht, Sprache, Land u.a.

Ein Schaden im Sinne von Art. 82 DS-GVO liegt vor, wenn die Klägerseite nachweisen kann, dass sie aufgrund des Vorfalls Ängste und Sorgen erlitten hat. Eine Bagatellgrenze kennt Art. 82 DS-GVO insoweit nicht. Eine Ausnahme ist allenfalls dann zu machen, wenn sich das Risiko weiterer rechtswidriger Datenweitergaben als rein hypothetisch darstellt.

Ein Schaden im Sinne von Art. 82 DS-GVO liegt daneben auch in der Veröffentlichung der Daten der Klägerseite im Darknet. Die hierin liegende Verletzung des allgemeinen Persönlichkeitsrechts in der Ausprägung des Rechts auf informationelle Selbstbestimmung stellt einen eigenständigen Schaden nach Art. 82 DS-GVO dar.

LG Stuttgart, Urt. v. 03.08.2022 – 54 O 8/23 1798

400,00 € (Vorstellung:1.000,00 €)

Scraping Vorfall

Im Zeitraum von Januar 2018 bis September 2019 kam es zu einem sogenannten »*Datenscraping*«, also dem massenhaften, automatisierten Sammeln der persönlichen Daten von bis zu 533 Millionen Nutzern. Darüber hinaus ist die Beklagte der ihr nach Art. 13 Abs. 1 lit. c) DS-GVO auferlegten Informations- und Aufklärungspflicht nicht in vollständigem Umfang nachgekommen und hat ihre Meldepflicht aus Art. 33 DS-GVO verletzt.

Der immaterielle Schaden der Klägerin besteht bereits in der Ungewissheit, ob personenbezogene Daten an Unbefugte gelangt sind. Zudem ist durch die Erlangung der Daten durch Dritte beim Kläger ein Kontrollverlust seiner Daten eingetreten. Gemessen daran ist ein immaterieller Schadensersatzanspruch i.H.v. 400 € angemessen (§ 287 ZPO).

LG Lübeck, Urt. v. 23.01.2025 – 15 O 262/23 1799

400,00 €

Daten an Schufa

Die Beklagte ist ein Telekommunikationsunternehmen. Die Parteien verbindet ein Mobilfunkvertrag. Die Beklagte leitete Daten über den Mobilfunkvertrag an die Schufa Holding AG weiter. Eine Einwilligung der Klägerin lag insoweit nicht vor. Dass der Kläger unter dem Kontrollverlust der Daten leidet, konnte nicht festgestellt werden. Jedoch wurde das Recht des Klägers auf informationelle

Selbstbestimmung durch die Meldung der Positivdaten durch die Beklagte verletzt. Die Kammer geht in ständiger und mehrjähriger Rechtsprechung davon aus, dass bereits der reine Kontrollverlust und damit die hieraus folgende Verletzung des Rechts auf informationelle Selbstbestimmung ausreicht, um einen Schaden zu begründen. Durch die Meldung der Positivdaten an die Schufa hat der Kläger die Kontrolle über seine Daten verloren.

1800 **OLG Frankfurt, Urt. v. 14.04.2022 – 3 U 21/20, MDR 2022, 1158 = CR 2023, 109 = NJW-RR 2022, 1608**

500,00 € (Vorstellung: 5.000,00 €)

Versendung eines Kontoabschlusses an Dritten

Die Beklagte versandte einen Kontoabschluss an einen unbeteiligten Dritten. Dieser und sein Vermögensberater nahmen den Kontoabschluss zur Kenntnis, bevor er vernichtet wurde. Die Beklagte informierte den Kläger von dem Versehen.

Der immaterielle Schaden ist am unteren Rand möglicher Beeinträchtigungen des Persönlichkeitsrechts des Klägers und seiner Rechte aus Art. 6 DS-GVO anzusiedeln.

1801 **OLG Koblenz, Urt. v. 18.05.2022 – 5 U 1241/21**

500,00 €

Unberechtigte Schufameldung

Der Kläger wurde durch ein Unternehmen der Telekommunikation unberechtigt bei der Schufa gemeldet.

1802 **OLG Koblenz, Urt. v. 18.05.2022 – 5 U 2141/21, MDR 2022, 962 = ZD 2022, 617 = WM 2022, 1589**

500,00 €

Unberechtigter Schufa-Eintrag wegen Mobilfunk-Forderungen

Die Beklagte verletzte die sich aus Art. 5, 6 i.V.m. Art. 4 Nr. 2 DS-GVO ergebenden Pflichten schuldhaft, indem sie eine Datenmitteilung an die SCHUFA … vornahm, obwohl die Interessen der Klägerin an einer Nichtveröffentlichung ihrer Daten zu der zwischen den Parteien streitigen und nicht titulierten Forderung überwogen und die Meldung nicht hätte erfolgen dürfen.

Die unberechtigt weitergegebenen Daten waren geeignet, die Kreditwürdigkeit der Klägerin erheblich herabzusetzen und ihre Teilhabe am Wirtschaftsleben zu erschweren, weil zu befürchten sei, dass ihr künftig bei im Internet abgeschlossenen Geschäften Käufe auf Rechnung versagt würden.

1803 **OLG Köln, Urt. v. 14.07.2022 – 15 U 137/21, BB 2022, 2004**

500,00 € (Vorstellung: 500,00 €)

Verspätete Datenauskunft

Die Klägerin nimmt ihren ehemaligen Anwalt auf Zahlung von Ersatz immaterieller Schäden wegen verspäteter Datenauskunft in Anspruch. Der Anwalt erteilte die Auskunft mehr als 9 Monate nach dem Verlangen und gab die Handakten nicht eher zurück. Darin liegt ein Verstoß gegen Art. 4 Nr. 7, Art. 15 und Art. 12 DS-GVO. Der immaterielle Schaden der Klägerin wurde im Kontrollverlust über die Daten gesehen und im Zeitverlust bei der Verfolgung ihrer Schadensersatzansprüche.

1804 **LG Paderborn, Urt. v. 13.12.2022 – 2 O 212/22**

500,00 €

Unzureichend gesicherte Datenspeicherung

Der Kläger nutzt ein von der Beklagten betriebenes soziales Netzwerk, auf das sowohl über die Internetseite als auch über eine gleichnamige App mittels Smartphone oder Tablet zugegriffen werden kann.

Von Januar 2018 bis September 2019 kam es zu einem sog. »Datenscraping«, also dem massenhaften, automatisierten Sammeln der persönlichen Daten von Nutzern. »Scraping« ist eine weitverbreitete Methode, um Daten, die typischerweise öffentlich einsehbar sind, von Internetseiten durch automatisierte Softwareprogramme abzurufen. Dieses Sammeln von Daten mittels automatisierter Tools und Methoden war und ist nach den Nutzungsbedingungen der Beklagten untersagt.

Die Beklagte hat nur unzureichende Schutzmaßnahmen gegen das Scraping vorgesehen. Durch den Kontrollverlust über die personenbezogenen Daten ist der Klägerin ein Schaden entstanden. Das Schmerzensgeld von 500,00 € soll abschreckende Wirkung haben.

LG Paderborn, Urt. v. 19.12.2022 – 3 O 99/22, CR 2023, 473 = ZD 2023, 290 1805

<u>500,00 €</u> (Vorstellung: 1.000,00 €)

Unzureichender Schutz gegen Scraping

Der Kläger nutzt ein von der Beklagten betriebenes Netzwerk, auf das sowohl über eine Internetseite, als auch über eine App zugegriffen werden kann. Diese Plattform ermöglicht nach einer Anmeldung die Kommunikation mit anderen Nutzern, insbesondere können private Fotos und Informationen geteilt werden. Auf ihren persönlichen Profilen können die Nutzer Angaben zu ihrer Person machen und im von der Beklagten vorgegebenen Rahmen darüber entscheiden, welche anderen Gruppen von Nutzern auf ihre Daten zugreifen können. Die Beklagte stellt dabei Tools und Informationen zur Verfügung, damit Nutzer ihre Privatsphäre auf der Plattform verwalten können. Damit Nutzer leichter mit anderen Nutzern in Kontakt treten können, müssen sie bestimmte Informationen bei der Registrierung angeben, die als Teil des Nutzerprofils immer öffentlich einsehbar sind. Dazu gehören Name, Geschlecht und Nutzer-ID. Eine Eingabe der Handynummer ist nicht zwingend erforderlich.

In einem Zeitraum von 9 Monaten kam es zu einem sogenannten »Datenscraping«, also dem massenhaften, automatisierten Sammeln der persönlichen Daten von G-Nutzern. »Scraping« ist eine weitverbreitete Methode, um Daten, die typischerweise öffentlich einsehbar sind, von Internetseiten durch automatisierte Softwareprogramme abzurufen.

Die Beklagte ist der ihr nach Art. 13 DS-GVO auferlegten Informations- und Aufklärungspflicht nicht in vollständigem Umfang nachgekommen und hat ihre Meldepflicht gegenüber der Aufsichtsbehörde verletzt.

Der Schaden des Klägers besteht im Kontrollverlust über seine Daten.

LG Leipzig, Urt. v. 01.02.2023 – 5 O 1598/22 1806

<u>500,00 €</u> (Vorstellung: 500,00 €)

Verweigerung der Auskunft

Anhand von Videoaufnahmen vereinbarten die Parteien einen Coachingvertrag, den die Klägerin später für unwirksam hielt. Sie forderte von der Beklagten Auskunft über die personenbezogenen Daten der Klägerin und eine Kopie der Videoaufzeichnung, was die Beklagte nach einer Fristverlängerung um weitere zwei Monate endgültig ablehnte.

In der Gesamtschau erscheint ein Schadenersatz von 500,- € angemessen. Damit wird einerseits der überschaubaren Schwere des Verstoßes Rechnung getragen, wie aber auch gleichzeitig durch Zahlung eines spürbaren Betrages sichergestellt, der Regelung des Art. 15 DS-GVO zur Geltung zu verhelfen.

LG Trier, Urt. v. 17.03.2023 – 2 O 99/22 1807

<u>500,00 €</u> (Vorstellung: 1.000,00 €)

Mehrere Monate Scraping

Die Beklagte betreibt ein Datennetzwerk, das der Kläger nutzt, um mit Freunden zu kommunizieren. Über mehrere Monate lasen unbefugte Dritte Telefonnummern, ...-IDs, Namen, Vornamen, Geschlecht und weitere Daten bei der Beklagten aus, sogenanntes Scraping. Der Verlust der Kontrolle über die personenbezogenen Daten, das ungute Gefühl der Ungewissheit, ob personenbezogene Daten Unbefugten bekannt geworden sind, stellt einen immateriellen Schaden dar.

1808 **LG Hannover, Urt. v. 14.08.2023 – 18 O 89/22**

500,00 €

Persönliche Daten im Internet – Verletzung Aufklärungspflicht

Die Beklagte, die persönliche Daten des Klägers ins Internet gestellt hatte, kam ihrer Aufklärungspflicht gemäß Art. 13 DS-GVO nicht vollständig nach. Ferner verstieß sie gegen Art. 25 I, II DS-GVO, weil sie es unterließ, geeignete Maßnahmen zum Schutz der personenbezogen Daten zu treffen. Durch den Verlust der Kontrolle über die Daten entstand dem Kläger ein Schaden, denn er wurde wiederholt durch Telefonate belästigt.

1809 **LG Mannheim, Urt. v. 31.10.2023 – 10 O 80/23**

500,00 € (Vorstellung: 2.000,00 €)

Telefonwerbung

Die Beklagte hat persönliche Daten der Klägerin, die an einem Gewinnspiel teilgenommen hatte, an verschiedene Sponsoren weitergegeben. Einer dieser Sponsoren kontaktierte die Klägerin zu Werbezwecken. Als Schaden sieht die Klägerin den Kontrollverlust über die Daten an, die Ungewissheit, ob personenbezogene Daten an Unbefugte gelangt sind.

1810 **LG Hannover, Urt. v. 18.03.2024 – 18 O 42/23**

500,00 € (Vorstellung:2.000,00 €)

Scaping

Die gescrapten Daten des Klägers wurden im Internet veröffentlicht und konnten von einer Vielzahl Personen zu beliebigen Zwecken verwendet und missbraucht werden, z.B. diese Datensätze abspeichern und damit eine Grundlage für eine missbräuchliche Verwendung schaffen. Der Kläger, dessen Handy-Nummer bisher nicht einsehbar war, erhielt unerwünschte Spam-Nachrichten und erfuhr, dass seine Handy-Nummer bei 50–60 Dienstleistern hinterlegt worden war.

1811 **AG Hildesheim, Urt. v. 05.10.2020 – 43 C 145/19, ZD 2021, 384**

800,00 € (Vorstellung: 4.000,00 €)

Weiterverkauf eines gebrauchten PC mit Daten des Vorbesitzers

Der Beklagte verkaufte einen vom Kläger erworbenen PC nach Reparatur an einen anderen Kunden, ohne die Daten des Klägers von der Festplatte zu löschen.

Bei der Bemessung des immateriellen Schadens hat das Gericht darauf abgestellt, dass der Anspruch auch einen abschreckenden Charakter haben und dazu dienen solle, der DS-GVO zu einer effektiven Geltung zu verhelfen. Daneben sei auf die Art, die Schwere und die Dauer des Verstoßes, den Grad des Verschuldens, die Maßnahmen zur Minderung bzw. Verhinderung des Schadens, frühere einschlägige Verstöße des Betroffenen und den Umfang der geleisteten Aufklärungsarbeit abzustellen.

1812 **LG Darmstadt, Urt. v. 26.05.2020 – 13 O 244/19, Ernst in jurisPR-ITR 1/21 Anm. 6; CR 2021, 386 = ZD 2020, 642**

1.000,00 € (Vorstellung: 2.500,00 €)

Weitergabe persönlicher und beruflicher Informationen in Bewerbungsunterlagen

Die Beklagte, eine Privatbank, leitete in einem Bewerbungsverfahren des Klägers versehentlich eine für den Kläger bestimmte Nachricht an einen Dritten.

Die Nachricht enthielt Informationen bezüglich einer möglichen Anstellung des Klägers, dass er sich beworben hat und dass seine Gehaltsvorstellungen zumindest über der dort angegebenen Jahresvergütung in Höhe von 80.000 € liegen. Dies sind persönliche, berufliche Informationen über den Kläger, die insoweit in dessen Privatsphäre fallen. Durch die Versendung der Nachricht an einen Unbeteiligten wurden diese an einen Dritten preisgegeben, sodass eine Beeinträchtigung des allgemeinen Persönlichkeitsrechts in der Ausprägung des Rechts auf informationelle Selbstbestimmung gem. Art. 1 Abs. 1 i.V.m. Art. 2 Abs. 1 GG vorliegt. Der Eingriff war rechtswidrig.

Die Beklagte hat auch gegen die Pflicht zur unverzüglichen Benachrichtigung des Klägers über den irrtümlichen Versandt verstoßen.

LG Lüneburg, Urt. v. 14.07.2020 – 9 O 145/19, ZD 2021, 275 = ZIP 2021, 1208 1813

1.000,00 € (Vorstellung: 10.000,00 €)

Datenübermittlung an die Schufa bei nur geringfügiger Überziehung des Dispositionskredits

Die Beklagte meldete die Klägerin bei der Schufa, weil diese den Dispo um 20,00 € überschritten hatte. Dies und die fristlose Kontokündigung ohne Ankündigung war rechtsmissbräuchlich.

Der immaterielle Schaden des Klägers liegt in dem Verlust der Kontrolle über seine personenbezogenen Daten. Die Beklagte hat personenbezogene Daten an einen unbeteiligten und unberechtigten Dritten weitergegeben. Dadurch wird der Kläger bloßgestellt und es droht zudem mittelbar eine potenzielle Stigmatisierung, die durch einen Eintrag bei der Schufa entstehen kann.

LAG Hamm, Urt. v. 11.05.2021 – 6 Sa 1260/20, ZD 2021, 710 = RDV 2022, 33 – Revision zurückgewiesen: BAG, Urt. v. 05.05.2022 – 2 AZR 363/21, NJW 2022, 2779 1814

1.000,00 €

Verstoß gegen Auskunftspflicht

Nach Art. 15 Abs. 1 DS-GVO hat ein Arbeitnehmer das Recht, vom Arbeitgeber eine Bestätigung darüber zu verlangen, ob sie betreffende personenbezogene Daten verarbeitet werden und – soweit dies der Fall ist – das Recht auf weitere Informationen. Nach Art. 12 Abs. 3 Satz 1–3 DS-GVO ist ein solches Auskunftsbegehren binnen eines Monats zu beantworten.

Die Beklagte hat die Auskunft bisher nicht vollständig erfüllt.

ArbG Neuruppin, Urt. v. 14.12.2021 – 2 CA 554/21, ZD 2022, 396 1815

1.000,00 €

Unterlassene Löschung personenbezogener Daten

Die Klägerin war bei der Beklagten als Biologin tätig. Nach Beendigung des Arbeitsverhältnisses versäumte es die Beklagte trotz mehrfacher Aufforderung, auf ihrer Website deren Daten zu löschen.

BAG, Urt. v. 05.05.2022 – 2 AZR 363/21, NJW 2022, 2779 = MDR 2022, 1558 1816

1.000,00 € (Vorstellung: 6.000,00 €)

Nicht vollständige Erfüllung des Auskunftsanspruchs

Die Klägerin war bei der Beklagten als Hauswirtschafterin beschäftigt. Der Beklagte erfüllte die Forderung der Klägerin nicht, ihr »Auskunft nach der Datenschutzgrundverordnung im Hinblick auf sämtliche bei Ihnen gespeicherten Daten, insbesondere die Daten der Arbeitszeiterfassung« zu erteilen. Das LAG hat der Klägerin einen Schadensersatzanspruch in Höhe von 1.000,00 € nicht zu niedrig festgesetzt.

1817 **LAG Düsseldorf, Urt. v. 10.04.2024 – 12 Sa 1007/23**

<u>1.000,00 €</u> (Vorstellung: 7.197,12)

Unterlassene Information über Internetrecherche

In einem Besetzungsverfahren führte der Arbeitgeber eine Google-Recherche zu den Bewerbern durch. Das LAG entschied:

Führt ein Arbeitgeber eine Google-Recherche durch, ist der Bewerber über diese Datenerhebung gemäß Art. 14 DS-GVO zu informieren. Die Information über die Datenkategorien (Art. 14 Abs. 1 lit. d DS-GVO) muss dabei so präzise und spezifisch gefasst sein, dass die betroffene Person die Risiken abschätzen kann, die mit der Verarbeitung der erhobenen Daten verbunden sein können. Kommt der Arbeitgeber dieser Informationspflicht nicht nach und verwertet die erlangte Information – hier über die strafrechtliche Verurteilung – im Stellenbesetzungsverfahren, steht dem Bewerber ein Entschädigungsanspruch gemäß Art. 82 Abs. 1 DS-GVO zu.

Der Entschädigungsbetrag von 1.000,00 € steht dem Kläger zu, weil sie diesen nicht über die Kategorie der verarbeiteten Daten, nämlich der strafrechtlichen Verurteilung durch das Landgericht München I, informiert hat.

1818 **LAG Niedersachsen, Urt. v. 22.10.2021 – 16 Sa 761/20, ZD 2022, 61**

<u>1.250,00 €</u>

Datenschutzwidrigen Verhalten des Arbeitgebers

Die Parteien streiten u.a. um die Wirksamkeit einer außerordentlichen Kündigung wegen pflichtwidrigen Verhaltens des Klägers und Schadensersatzansprüche wegen behaupteten datenschutzwidrigen Verhaltens der Beklagten.

Die Beklagte ist ihrer Auskunftsverpflichtung zeitlich und inhaltlich nicht hinreichend nachgekommen. Sie hat dem Kläger verspätet, aber noch innerhalb von gut 2 Monaten Auskunft erteilt. Der Kläger erlangte dadurch keine zeitgerechten, ausreichenden Kenntnisse über die Verarbeitung seiner personenbezogenen Daten – insofern ist ein Kontrollverlust eingetreten und ihm wurde die Möglichkeit der Überprüfung der Rechtmäßigkeit der Verarbeitung seiner personenbezogenen Daten unmöglich gemacht oder erschwert. Für den 1. Verstoß sieht die Kammer 250,00 €, für den 2. Verstoß 1.000,00 € als angemessen an.

1819 **ArbG Neumünster, Urt. v. 11.08.2020 – 1 Ca 247 c/20, ZD 2021, 171**

<u>1.500,00 €</u>

Verspätete Beantwortung eines Auskunftsanspruchs

Eine um drei Monate verspätete Beantwortung eines Auskunftsanspruchs nach Art. 15 DS-GVO und wegen der Ungewissheit für den Kläger wurde mit 500,00 € je Monat aus Art. 83 II DS-GVO belegt.

1820 **ArbG Dresden, Urt. v. 26.08.2020 – 13 Ca 1046/20, ZD 2021, 54 = AE 2021, 30**

<u>1.500,00 €</u>

Weitergabe von Gesundheitsdaten

Die rechtsgrundlose Weitergabe von Gesundheitsdaten durch den Arbeitgeber an die Ausländerbehörde wurde mit 1.500,00 € belegt.

1821 **AG Pforzheim, Urt. v. 27.01.2022 – 2 C 381/21, MedR 2022, 1028 = ZD 2022, 512**

<u>1.500,00 €</u>

Weitergabe der Daten des Vaters eines behandelten Kindes

Eine logopädische Praxis gab für die Abrechnung der Behandlung eines Kindes, das über den von Kind und Kindesmutter getrenntlebenden Vater privat krankenversichert war, ohne Einwilligung des Vaters dessen Namen sowie Adresse an ein Abrechnungszentrum weiter.

Um die geforderte Abschreckung zu erreichen, muss der zuzusprechende Schadensersatz über einen rein symbolischen Betrag hinaus gehen.

LAG Düsseldorf, Urt. v. 26.04.2023–12 Sa 18/23, NZA-RR 2023, 578= PersR 2024, Nr. 2, 38 – bestätigt durch BAG, Urt. v. 25.07.2024 – 8 AZR 225/23, NJW 2025, 100 = BB 2024, 2938 1822

<u>1.500,00 €</u>

Ausspähen eines Arbeitnehmers durch Detektei

Die Beklagte ließ den fast 65 Jahre alten Kläger während dessen Arbeitsunfähigkeit etwa eine Woche lang durch eine Detektei ausspähen, die den Gesundheitszustand des Klägers überprüfen sollte. Die Detektei übermittelte der Beklagten Videoaufzeichnungen über die Beobachtung des Klägers u.a. beim Einkaufen, auf Parkplätzen, im öffentlichen Straßenraum, bei Verrichtungen auf dem Grundstück des Klägers, seiner Privatsphäre und in seinem gesamten Umfeld.

In all diesen Aktivitäten, über die die Beklagte erst nach Aufforderung Auskunft erteilte, verlor der Kläger die Kontrolle über seine bei der Beklagten verarbeiteten Daten, insbesondere über die besonders geschützten Gesundheitsdaten.

OLG Dresden, Urt. v. 29.08.2023 – 4 U 1078/23 1823

<u>1.500,00 €</u>

Unberechtigter Schufa-Eintragung

Die Beklagte veranlasste eine unberechtigte und rechtswidrige Schufa-Eintragung.

LG Darmstadt, Urt. v. 19.11.2019 – 13 O 116/19 1824

<u>2.000,00 €</u> (Vorstellung: 10.000,00 €)

Unzulässiger Schufa-Eintrag

Der Kläger unterhielt bei der Beklagten ein Kundenkonto, das diese wegen angeblicher Rückstände kündigte. Die Beklagte meldete dies per Eilmeldung am selben Tag an die Schufa. Dies war rechtswidrig, weil zu diesem Zeitpunkt keine fällige Forderung der Beklagten gegen den Kläger bestand. Die Verletzung des allgemeinen Persönlichkeitsrechts wurde als schwerwiegend angesehen.

OLG Düsseldorf, Urt. v. 28.10.2021 – 16 U 275/20, MDR 2022, 435 = CR 2022, 793 1825

<u>2.000,00 €</u> (Vorstellung: 15.000,00 €)

Gesundheitsdaten an falsche Emailadresse

Die Beklagte Krankenkasse leitete die Gesundheitsakte der Klägerin an eine falsche Emailadresse. Das Bemühen der Klägerin, den Verbleib der Gesundheitsakte zu erfahren, blieb fast ein Jahr erfolglos, worunter die Klägerin psychisch erheblich litt.

Die Datenverarbeitung, zu der gemäß Art. 4 Nr. 2 DS-GVO auch die Offenlegung durch Übermittlung gehört, war nach der DS-GVO nicht rechtmäßig, weil die Klägerin in die Versendung an diese Emailadresse nicht eingewilligt hatte.

Der Schaden der Klägerin ist die mit dem Verlust der Datenkontrolle verbundene seelisch belastende Ungewissheit über das Schicksal ihrer Gesundheitsdaten, weil bereits ein lang anhaltender Zustand belastender Ungewissheit einen immateriellen Schaden darstellen kann.

Die Höhe des immateriellen Schadens bemisst sich nach der Kategorie der betroffenen personenbezogenen Daten, Art, Schwere und Dauer des Datenschutzverstoßes, den seelischen Auswirkungen, dem

Grad des Verschuldens, den ergriffenen Maßnahmen zur Minderung der Schadensfolgen sowie dem Gesichtspunkt, ob eine dauerhafte Beeinträchtigung der Herrschaft über die eigenen Daten und der seelischen Gesundheit verbleibt. Die betroffenen Gesundheitsdaten betrafen – auf rund 100 Seiten – sämtliche bei der Beklagten erfassten ärztlichen und sonstigen medizinischen Behandlungen, Therapien und Medikationen der Klägerin in einem Zeitraum von rd. 4 Jahren. Die Klägerin, eine junge Frau, hatte wegen unterschiedlichster Beschwerden vielfach ärztliche Hilfe in Anspruch genommen. Dies gilt auch für den gynäkologischen Bereich. In der Gesundheitsakte waren gleich mehrere gynäkologische Befundangaben verzeichnet, die Rückschlüsse auf das Sexualleben und die sexuelle Orientierung der Klägerin zuließen, deren Name und Wohnanschrift in der Akte angegeben waren.

1826 **LAG Hamm, Urt. v. 14.12.2021 – 17 Sa 1185/20, ZD 2022, 295**

2.000,00 € (Vorstellung: 10.000,00 €)

Übermittlung von Personaldaten

Die Klägerin ist bei dem beklagten Krankenhaus beschäftigt. Die Beklagte übermittelte auf Anforderung der Deutschen Rentenversicherung eine tabellarische Übersicht zu den Verträgen und Änderungsverträgen der Beschäftigten. Die Angaben enthielten die Personalnummer, Name und Vorname, die betriebliche Organisationseinheit, die Dienstart, die Funktion, das Einstellungs-/Vertragsänderungsdatum, eine etwaige Befristung, das Jahresbruttoentgelt, die Zielprämie/Tantieme sowie die sonstigen gewährten Leistungen nach Bezeichnung und Höhe. Die Datenübermittlung war in dem vorgenommenen Umfang nicht erforderlich und es hätte eine Datenübermittlung in anonymisierter bzw. pseudonymisierter Form ausgereicht.

Der Rechtsanspruch auf immateriellen Schadenersatz nach Art. 82 Abs. 1 DS-GVO erfordert über eine Verletzung der DS-GVO hinaus nicht zusätzlich, dass die verletzte Person einen (weiteren) von ihr erlittenen immateriellen Schaden darlegt. Sie muss also keine »Konsequenz oder Folge der Rechtsverletzung von zumindest einigem Gewicht« oder das Überschreiten einer »Erheblichkeitsschwelle« darlegen. Bereits die Verletzung der DS-GVO selbst führt zu einem auszugleichenden immateriellen Schaden. Der Datenverstoß war fahrlässig.

1827 **LAG Schleswig-Holstein, Beschl. V. 01.06.2022 – 6 Ta 49/22, RDV 2022, 225 = ZD 2022, 571**

2.000,00 € (Vorstellung: 6.000,00 €)

Werbevideo auf YouTube ohne schriftliche Einwilligung

Die Beklagte drehte u. a. mit der Klägerin ein 36-sekündiges Werbevideo für ihr Unternehmen und veröffentlichte dies auf YouTube. Die Klägerin ist in dem Video in Ganzkörperaufnahme zu sehen, wie sie in ein Auto einsteigt, auf dem »Wir suchen Pflegekräfte« zu lesen ist und ein Audio-Overlay sagt »Steige jetzt mit ein!«. Später ist die Klägerin deutlich und in Portraitgröße im Auto sitzend zu erkennen.

Das LAG bestätigte die PKH-Bewilligung des Arbeitsgerichts für eine Klage auf Ersatz immateriellen Schadens in Höhe von 2.000,00 €.

1828 **ArbG Dresden, Urt. v. 11.01.2023 – 4 Ca 688/22, ZD 2023, 469**

2.500,00 €

Nicht erteilte und unvollständige Auskunft des Arbeitgebers

Die Beklagte hat gegenüber der Klägerin die Auskunft über die gemäß den Artikeln 15 bis 22 DS-GVO ergriffenen Maßnahmen über die sie betreffenden personenbezogen Daten, die dem Gesundheitsamt bekannt wurden, nicht erteilt.

Das Gericht hält deshalb einen Betrag von 1.000,00 € für gerechtfertigt, nach dem die Beklagte ohne rechtfertigende Gründe die Auskunft deutlich verfristet erteilt hat und einen weiteren Betrag in Höhe von 1.500,00 € für berechtigt, nachdem die erteilte Auskunft unvollständig war.

LG Hamburg, Urt. v. 19.04.2023 – 318 O 56/22 1829

2.000,00 € (Vorstellung: 7.500,00 €)

Unzulässiger Schufa-Eintrag

Der Kläger führte bei der Beklagten ein Kreditkartenkonto. Er kündigte das Vertragsverhältnis und forderte erfolglos Beträge zurück, welche er zum Online-Glücksspiel eingesetzt hatte. Die Beklagte Bank veranlasste zweimal eine Eintragung des Klägers bei der Schufa, obwohl kein berechtigtes Interesse der Beklagten im Sinne von Art. 6 Abs. 1 lit. f) DS-GVO vorlag, denn die geltend gemachte Forderung war zwischen den Parteien streitig und nicht tituliert, so dass eine Meldung an die Schufa nicht hätte erfolgen dürfen. Die Einträge wurden nach ca. 1 Monat bzw. nach ca. 3 Monaten gelöscht.

Der Schaden des Klägers ist darin zu sehen, dass der Schufa Eintrag dem Kläger wegen der anstehenden Anschlussfinanzierung seiner Eigentumswohnung Zukunftssorgen bereitete und Auswirkungen auf sein Privatleben und seine Kreditwürdigkeit hatte.

OLG Hamburg, Urt. v. 30.08.2023 – 13 U 71/21 1830

2.000,00 € Vorstellung: 10.000,00 €

Unberechtigte Meldung bei der Schufa

Die Beklagte meldete ihre Forderungen gegen den Kläger erneut an die Schufa, obwohl unstreitig die Voraussetzungen hierfür nicht vorlagen.

Der Schaden des Klägers liegt darin, dass die Schufa ihrerseits die Daten weiterverarbeitet hat und diese auch tatsächlich Dritten, nämlich der Commerzbank und der Sparkasse, zugänglich gemacht hat. Dabei ist davon auszugehen, dass die erneute Meldung die Bonitätseinschätzung des Klägers durch Schufa negativ verändert hat.

VG Stuttgart, Urt. v. 20.06.2024 – 14 K 870/22 1831

2.500,00 €

Hinweise auf Art und Dauer des Gesundheitszustandes des Stelleninhabers bei Stellenausschreibung

Die beklagte Gemeinde schrieb die Stelle des Hauptamtsleiters des Klägers aus, nachdem dieser einen Schlaganfall erlitten hatte und in den Ruhestand versetzt werden sollte. In der Ausschreibung wies die Beklagte darauf hin, dass eine Besetzung der Stelle erst nach Abschluss des Verfahrens zur Versetzung des bisherigen Amtsinhabers wegen dessen Dienstunfähigkeit in den Ruhestand erfolgen könne.

In der Bezugnahme auf das Zurruhesetzungsverfahren des Klägers liegt ein Verstoß gegen das Verbot der Verarbeitung von Gesundheitsdaten nach Art. 9 Abs. 1 DS-GVO. Soweit darin die »festgestellte Dienstunfähigkeit« des Klägers erwähnt wird, handelt es sich um Gesundheitsdaten im Sinne des Art. 4 Nr. 15 DS-GVO.

AG Pforzheim, Urt. v. 25.03.2020, 13 C 160/19, GesR 2020, 807 = MedR 2021, 373 = FamRZ 2021, 247 = ZD 2021, 50 1832

4.000,00 € (Vorstellung: 5.000,00 €)

Angaben eines Psychotherapeuten über Patientendaten

Im Umgangsverfahren vor dem Amtsgericht reichte der Anwalt der Ehefrau des Klägers eine Stellungnahme des beklagten Psychotherapeuten ein, die einen unmittelbaren Rückschluss auf die Psyche des Klägers zuließen. Die Ausführungen, dass der Kläger unter einer narzisstischen Persönlichkeitsstörung leide, sowie Alkohol und Drogen konsumiert habe, könne das Bild des Klägers gegenüber Dritten erheblich negativ beeinträchtigen und sei dazu geeignet, das Selbstbild des Klägers zu schädigen. Es handele sich um einen Eingriff in die höchstpersönliche Sphäre des Klägers. Dass die Ausführungen des Beklagten ersichtlich wahr seien, stehe nicht fest. Kommerzielle Zwecke habe der Beklagte mit der Weitergabe der Daten nicht verfolgt.

1833 **LG Wuppertal, Urt. v. 03.08.2020 – 3 O 101/19, unveröffentlicht**

4.000,00 € (Vorstellung: 15.000,00 €)

Fehlerhafte Versendung von Gesundheitsdaten

Die Klägerin war bei der Beklagten gesetzlich versichert. Ein Mitarbeiter der Beklagten versandte die elektronische Gesundheitsakte der Klägerin an eine falsche Adresse. Die Akte enthielt unter anderem Angaben über Arztbesuche, Diagnosen und Therapien darunter auch besonders intime Gesundheitsdaten wie Beschwerden und Befunde im gynäkologischen Bereich über mehrere Jahre und den Namen der Klägerin. Die Klägerin empfand es als unerträglich, dass Dritte von diesen Daten Kenntnis erhalten hatten.

Die Kammer will die besondere Art und Intensität der Verletzungshandlung, welche in die absolut geschützte Intimsphäre der Klägerin eingriff, berücksichtigt haben.

1834 **LG Köln, Urt. v. 28.09.2022 – 28 O 21/22, RDV 2023, 55 = ZD 2023, 158**

4.000,00 € (Vorstellung: 100.000,00 €)

Weitergabe persönlicher Daten an den Arbeitgeber

Der Kläger ist als Berater/Verkäufer für PKW- und Bankprodukte tätig. Als es beim Kauf eines PKW beim Beklagten, einem Konkurrenzunternehmen, zu Meinungsverschiedenheiten kam, kontaktierte ein Mitarbeiter der Beklagten den Kläger auf seinem geschäftlichen E-Mail-Account unter anderem über ungeklärte Finanzierungsdetails. Schließlich wandte sich der Beklagte beschwerdeführend an den Chef des Klägers.

Die Beklagte hat personenbezogene Daten des Klägers im Sinne des Art. 4 Nr. 2 DS-GVO dadurch verarbeitet, dass sie diese per E-Mail rechtswidrig an die Firma des Klägers versandt hat. Der Verstoß ist bereits für sich derart gravierend, dass er eine entschädigungspflichtige Persönlichkeitsrechtsverletzung des Klägers begründet. Dass sich die Beklagte an den Vorgesetzten des Klägers gewandt hat, war für den Kläger peinlich und mit erheblichen Unannehmlichkeiten verbunden, weil er sich genötigt fühlen könnte, sich gegenüber seinem Arbeitgeber dafür rechtfertigen zu müssen, bei der Konkurrenz ein Auto gekauft zu haben. Dies ist mit einem erheblichen Gefühl der Scham verbunden.

1835 **OLG München, Urt. v. 04.12.2019 – 15 U 3688/18, NJW 2020, 779 = MDR 2020, 413**

5.000,00 €

Ausspähen von E-Mails eines Geschäftspartners

Die Emailkorrespondenz des Klägers wurde über eine längere Zeit durch einen Systemadministrator ausgespäht. Dadurch wurde das allgemeine Persönlichkeitsrecht des Klägers, verletzt. Dieses umfasst das Recht auf Wahrung von Privat- und Intimsphäre und das Recht auf Vertraulichkeit und Integrität informationstechnischer Systeme und schützt vor einem Eindringen in den persönlichen Lebensbereich sowie vor einer Ausforschung desselben. Die an die persönlichen E-Mailpostfächer des Klägers gerichteten Nachrichten fallen, nicht anders als Briefe, als Teil seiner individuellen Kommunikation in diesen Schutzbereich.

Die Verletzung des allgemeinen Persönlichkeitsrechts stellt einen schwerwiegenden Eingriff dar und rechtfertigt unter Berücksichtigung der persönlichen und wirtschaftlichen Verhältnisse der Parteien die Geldentschädigung von 5.000,00 €, weil der Beklagte gezielt und vorsätzlich vorgegangen ist.

1836 **ArbG Düsseldorf, Urt. v. 05.03.2020 – 9 Ca 6557/18, CR 2020, 592 = ZD 2020, 649**

5.000,00 € (Vorstellung: 143.482,81 €)

Übersendung personenbezogener Daten an Dritte

Der Kläger war Arbeitnehmer der Beklagten, die personenbezogene Daten an Dritte versandte. Der Arbeitgeber verstieß gegen die Pflichten, binnen Monatsfrist einen Auskunftsantrag des Klägers zu beantworten und diesen nicht hinreichend über die Verarbeitungszwecke und die Kategorien der personenbezogenen Daten, die verarbeitet wurden, zu unterrichten.

Ein immaterieller Schaden des Klägers entsteht nicht nur in den »auf der Hand liegenden Fällen«, wenn die datenschutzwidrige Verarbeitung zu einer Diskriminierung, einem Verlust der Vertraulichkeit, einer Rufschädigung oder anderen gesellschaftlichen Nachteilen führt, sondern auch, wenn die betroffene Person um ihre Rechte und Freiheiten gebracht oder daran gehindert wird, die sie betreffenden personenbezogenen Daten zu kontrollieren *(EG 75)*. Durch die monatelang verspätete und unzureichende Auskunft war der Kläger im Ungewissen und ihm die Prüfung verwehrt, dann nur eingeschränkt möglich, ob und wie die Beklagte seine personenbezogenen Daten verarbeitet hatte. Die Schwere des immateriellen Schadens ist für die Begründung der Haftung nach Art. 82 Abs. 1 E. irrelevant und wirkt sich nur noch bei der Höhe des Anspruchs aus, für die unter anderem Art, Schwere, Dauer des Verstoßes und Grad des Verschuldens sowie die Finanzkraft des Verantwortlichen maßgebend sind.

Der Betrag wurde aufgeschlüsselt in je 500,00 € für die ersten zwei Monate der Verspätung, je 1.000,00 € für drei weitere Monate und je 500,00 € für zwei inhaltliche Mängel.

ArbG Düsseldorf, Urt. v. 05.03.2020 – 9 Ca 6557/18, NZA-NJW-RR 200 2020, 409 1837

5.000,00 €

Verletzung des Datenschutzes

Zwischen den Parteien bestand ein Arbeitsverhältnis. Die Beklagte übersandte personenbezogene Daten des Klägers jedenfalls an zwei Unternehmen. Auskünfte wurden dem Kläger über Monate verweigert, sodass der Kläger über die Datenverarbeitung der Beklagten im Ungewissen blieb. Die Anforderungen an die Auskunft erfüllte die Beklagte auch inhaltlich nicht. Der dem Kläger entstandene immaterielle Schaden ist nicht erheblich.

Die Kammer setzte für die ersten zwei Monate der Verspätung jeweils 500,00 €, für die weiteren etwa drei Monate jeweils 1.000,00 € und für die beiden inhaltlichen Mängel der Auskunft jeweils 500,00 € an.

LG Dresden, Urt. v. 26.05.2021 – 8 O 1286/19, unveröffentlicht 1838

5.000,00 € (Vorstellung: 21.500,00 €)

Recherche zu Vorstrafen

Der Kläger beantragte die Mitgliedschaft in einem Verein. In dem Aufnahmeformular hatte der Kläger die Frage nach der Zulässigkeit der Weitergabe seiner Daten verneint. Aus privatem Interesse fragte der Beklagte zu 2) über eine Detektei nach Vorstrafen des Klägers. Das Ergebnis der Recherche führte dazu, dass der Aufnahmeantrag des Klägers nicht angenommen wurde.

Die Beauftragung der Detektei verstößt gegen Art. 4, 82 DS-GVO. Sie stellt eine Verletzung des Rechts auf informationelle Selbstbestimmung und die Ausspionierung der Privatsphäre des Klägers und damit einen erheblichen Eingriff in das Persönlichkeitsrecht des Klägers dar.

OLG Dresden, Urt. v. 30.11.2021 – 4 U 1158/21, GmbHR 2022, 313 1839

5.000,00 € (Vorstellung: 21.000,00 €)

Weitergabe von Rechercheergebnissen zu strafrechtlich relevanten Sachverhalten

Der Geschäftsführer der Beklagten informierte andere Vorstandsmitglieder über das Ergebnis einer Recherche zu strafrechtlich relevanten Sachverhalten, die den Kläger betrafen und in die der Kläger nicht eingewilligt hatte.

Die Ausspähung des Klägers überschritt eindeutig die Bagatellschwelle und die Datenweitergabe ging über die reine Privatsphäre weit hinaus, weil der Geschäftsführer die gewonnenen Ergebnisse den übrigen Vorstandsmitgliedern bekanntgab. Dadurch wurde dem Kläger die Mitgliedschaft im Verein versagt, was zwar nicht unmittelbar zu wirtschaftlichen Einbußen geführt, aber sein Interesse beeinträchtigt hat, als Autohändler auch durch die Mitorganisation der Oldtimer-Ausfahrten auf sich aufmerksam zu machen. Subjektiv musste der Kläger damit rechnen, dass die über ihn eingeholten Daten nicht lediglich an zwei Vorstandsmitglieder gelangt sind und damit Details aus seiner Vergangenheit möglicherweise in einem größeren Umfeld bekannt geworden sind.

Im Rahmen der nach § 287 ZPO vorzunehmenden Schadensschätzung ist nach dem Effektivitätsprinzip auch eine abschreckende Sanktion nicht ausgeschlossen, ohne dass die Geldentschädigung zwingend »Strafcharakter« haben muss. Vielmehr muss die Höhe des Anspruchs auf der Basis des Effektivitätsprinzips eine abschreckende Wirkung haben.

1840 **ArbG Berlin, Teilurt. v. 15.06.2022 – 55 Ca 456/21, 55 Ca 5659/21, ZD 2023, 165**

5.000,00 €

Verletzung der Auskunftspflicht gegenüber dem Arbeitnehmer

Die Beklagte verweigerte dem Kläger über mehr als 1 1/2 Jahre nach seinem Ausscheiden aus dem Arbeitsverhältnis die erbetenen Auskünfte. Sie zeigte auch keinerlei Respekt vor dem Schutz personenbezogener Daten des Klägers, weil sie grundlos und ungefragt vermeintliche Gründe für ein Ausscheiden des Klägers aus dem Arbeitsverhältnis der Öffentlichkeit zugänglich machte, indem sie die Daten an Vertragspartner und Behörden weiterleitete.

1841 **LArbG Berlin-Brandenburg, Urt. v. 23.06.2022 – 10 Sa 1418/21, FA 2022, 354**

5.000,00 € (Vorstellung: 20.000,00 €)

Bekanntgabe von Gesundheitsdaten

Das beklagte Land hat das allgemeine Persönlichkeitsrecht der Klägerin durch die Übersendung der Teilakte »Krank«, die nicht angefordert worden war, rechtswidrig verletzt. Die Höhe der Entschädigung wegen Verletzung des allgemeinen Persönlichkeitsrechts ist nicht von der Vergütungshöhe abhängig und bei Verletzung der besonders schützenswerten Gesundheitsdaten, wenn diese einem Dritten zugänglich gemacht werden, mit 5.000,00 € zu bemessen.

1842 **ArbG Koblenz, Urt. v. 09.02.2022 – 7 Ca 2291/21, NZA-RR 2022, 400**

6.000,00 € (Vorstellung: 10.500,00 €)

Benachteiligung wegen Geschlecht – Datenschutzverletzung

Die Klägerin, ihrem biologischen Geschlecht nach ein Mann, bewarb sich auf eine Stellenausschreibung der Beklagten. Sie wurde nicht zu einem Vorstellungsgespräch eingeladen und als weibliche Bewerberin abgelehnt. Die Stellenausschreibung richtete sich nur an Männer und nicht an Personen anderen Geschlechts. Weil die Beklagte die Daten der Klägerin an einen Dritten weiterleitete, liegt eine Persönlichkeitsrechts-/Datenschutzverletzung vor, die mit 1.000,00 € sanktioniert wurde.

1843 **LG Bochum, Urt. v. 22.01.2020 – I-2 O 186/19, unveröffentlicht**

8.000 € (Vorstellung: 10.000,00 €)

Datenweitergabe an Tochtergesellschaft

Die Klägerin ist Mitarbeiterin in einer Klinik, die personenbezogene Daten, insbesondere das Jahresbruttogehalt sowie Prämien und sonstige Leistungen, an die Beklagte, ein Tochterunternehmen weitergab.

Der Höhe des immateriellen Schadensersatzes kommt abschreckende Wirkung zu, wenn auch zugunsten der Beklagten zu berücksichtigen sein soll, dass diese ein durchaus legitimes Informationsinteresse hatte, das das Vorgehen jedoch nicht rechtfertige.

OLG Frankfurt, Beschl. v. 30.11.2021 – 16 U 61/21 1844

10.000,00 €

Beleidigungen im Internet

Der Beklagte wurde durch Urteil des LG Frankfurt v. 30.01.2020 – 2–03 O 90/19 zur Zahlung einer Geldentschädigung in Höhe von 10.000,00 € verurteilt, weil er über die Klägerin, eine Politikerin behauptet hatte, sie »findet Kinderficken ok, solange keine Gewalt im Spiel ist«. Ferner hatte er durch die Darstellung in einem sog. SharePic den Eindruck erweckt, die Klägerin habe gesagt: »Komma, wenn keine Gewalt im Spiel ist, ist der Sex mit Kindern doch ganz ok.«

Platzwunden

▶ Hinweis:

Platzwunden sind, soweit es sich um die alleinige oder doch die wesentliche Verletzung handelt, stets von den entschädigungslos hinzunehmenden Bagatellschäden abzugrenzen. Kommen andererseits zu den Platzwunden, wie etwa bei Verkehrsunfällen typisch, noch weitere Verletzungen (Frakturen o.Ä.) hinzu, sind es zumeist diese, die die für die Bemessung ausschlaggebenden Faktoren darstellen, sodass den Platzwunden in diesen Fällen regelmäßig kein eigenes Gewicht bzw. keine eigenständige Bedeutung bei der Bemessung zukommt, mögen diese auch schmerzhaft gewesen sein (vgl. etwa OLG Celle, Urt. v. 05.08.1999 – 14 U 209/98, OLGR 2000, 35).

Aus diesem Grund sind nachfolgend nur Urteile dargestellt, bei denen Platzwunden die alleinigen oder doch wesentlichen Verletzungen darstellen. Es liegt in der Natur der Sache, dass bei den in aller Regel niedrigen Beträgen, die für die durchgängig eher leichten Verletzungen zuerkannt werden, in Abweichung von dem Konzept des Buches auch (häufig: AG-) Entscheidungen referiert werden müssen, für die keine Fundstellen angegeben werden können.

AG Pforzheim, Urt. v. 18.04.2019 – 8 C 14/19, unveröffentlicht 1845

200,00 € (1/3 Mitverschulden; Vorstellung: 300,00 €)

Kopfplatzwunde

Die Parteien führten eine Beziehung; im Rahmen eines Streits an der Haustüre – wo der Beklagte mit einer anderen Freundin Einlass begehrte, die Klägerin ihn aber nicht einließ – stieß der Beklagte die Klägerin, wobei diese gegen eine scharfe Schrankkante fiel und sich eine stark blutende Platzwunde am Kopf zuzog, die genäht werden musste.

OLG Hamm, Urt. v. 06.04.2017 – 6 U 2/16, unveröffentlicht 1846

700,00 € (1/3 Mitverschulden; Vorstellung: 3.500,00 €)

Kopfplatzwunde – Prellungen an Becken und Hand – Gehirnerschütterung

Die 47 Jahre alte Klägerin wurde bei einem Verkehrsunfall verletzt. Sie erlitt eine Gehirnerschütterung mit Kopfschmerzen und Übelkeit, eine Kopfplatzwunde sowie Prellungen des Beckens und des linken Handgelenks. Die Klägerin war eine Woche stationär. Es kam infolge der Gehirnerschütterung zu einem Lagerungsschwindel mit Druckgefühl auf beiden Ohren, der sechs Wochen andauerte. Der Senat berücksichtigte ebenfalls, dass bei dem Unfall der Hund der Klägerin getötet wurde.

LG Köln, Urt. v. 04.01.2018 – 1 S 261/16, unveröffentlicht 1847

700,00 € (Vorstellung: 1.000,00 €)

Platzwunde an der Nase – Platzwunde am Mundwinkel

Der Beklagte, der in einer Gaststätte kellnerte, geriet an Karneval in einen Wortwechsel mit dem Kläger, der – weil zu alkoholisiert – keinen Einlass erhielt. Der Beklagte schlug den Kläger zweimal ins Gesicht, wodurch es zu einer 2 cm langen Platzwunde an der Nasenwurzel und einer 1 cm langen Wunde im Bereich des linken Mundwinkels kam. Bei der Bemessung berücksichtigte das Gericht »die besondere Situation des Karnevalstages« und die Anspannung des Beklagten als Kellner an diesem Tag.

1848 **AG Köln, Urt. v. 04.09.2018 – 116 C 550/17, NJW-RR 2019, 410**

750,00 € (7/10 Mitverschulden)

Platzwunde am Knie – Kniescheibenbruch – Hämatome an Stirn und Brust

Die 74 Jahre alte Klägerin stürzte über einen Stapel Zeitungen, der für Zusteller auf der Straße bereitgelegt worden war und bei dem sich ein Paketband gelöst hatte. Sie erlitt Hämatome an der Stirn und an der Brust, eine Platzwunde am Knie und einen Bruch der linken Kniescheibe. Diese Verletzung musste länger behandelt werden und beeinträchtigt sie bei stärkerer Belastung auch noch heute. Nach dem Unfall waren 5 Wochen Krücken nötig, danach eine Orthese. Ein halbes Jahr konnte sie kein Nordic Walking ausüben, eine posttraumatische Knorpelschädigung ist diagnostiziert.

1849 **OLG München, Urt. v. 06.04.2016 – 20 U 4602/15, unveröffentlicht**

3.000,00 € (Vorstellung: 17.000,00 €)

Kopfplatzwunde – Schwindel

Die Klägerin wurde verletzt, als eine unzureichend gesicherte, 1 kg schwere Holzfigur vom Fenstersims des Beklagten fiel und sie am Kopf traf. Sie erlitt eine Platzwunde, die im Krankenhaus mit mehreren Stichen genäht werden musste; die Klägerin litt in der Folge unter sog. »Lagerungsschwindel«.

1850 **LG Lübeck, Urt. v. 05.12.2024 – 10 O 208/23, RDG 2025, 30 = PflR 2025, 177**

3.000,00 € (Vorstellung: 20.000,00 €)

Platzwunden am Kopf

Die demente Geschädigte stürzte mehrfach im Pflegeheim der Beklagten, welches hiergegen nicht ausreichende Vorsorge getroffen hatte. Sie erlitt kleinere Platzwunden am Kopf sowie Hämatome an Kopf und Hüfte. Einmal wurde eine Platzwunde genäht. Schwerere körperliche Schäden wurden nicht festgestellt. Sie klagte über Schmerzen (deren Intensität nicht präzisiert wurde) und musste fünfmal ins Krankenhaus gebracht werden, was für sie mit erheblichem subjektivem Stress verbunden war.

1851 **LG Bonn, Urt. v. 05.10.2018 – 1 O 165/18, unveröffentlicht**

4.000,00 € (Vorstellung: 4.000,00 €)

Stirnplatzwunde – Prellungen an Stirn, Unterarm und Fuß – Schürfwunden

Die Klägerin wurde als Radfahrerin bei einem Verkehrsunfall verletzt; sie erlitt eine Platzwunde an der Stirn, Schürfwunden im Bereich von Stirn, Nase und Oberlippe sowie multiple Prellungen an der Stirn, dem rechten Unterarm und dem rechten Fuß.

Es kam zu einem HWS/BWS-Schleudertrauma mit einem Hartspann der Brustwirbelsäule. Sie war stationär aufgenommen und 11 Tage krankgeschrieben sowie fünf Monate beeinträchtigt. Ein im Anschluss an die Krankschreibung bereits zuvor gebuchter Urlaub wurde durch die Gesichtsverletzungen beeinträchtigt, die Klägerin fühlte sich optisch nicht gut und war zudem wegen der Schmerzen und Verspannungen im Brustbereich auf die Einnahme von Schmerzmedikation angewiesen.

1852 **OLG Hamm, Urt. v. 26.07.2016 – 9 U 169/15, NZV 2017, 284**

8.000,00 € (Vorstellung: 10.000,00 €)

Platzwunden – Prellungen – HWS-Distorsion – Posttraumatische Belastungsstörung

Der Kläger erlitt bei einem Verkehrsunfall eine HWS-Distorsion, eine Gehirnerschütterung, eine Prellung des rechten Daumens sowie diverse Prellungen und Platzwunden. Er wurde 3 Tage stationär behandelt und entwickelte danach eine posttraumatische Belastungsstörung mit Angstzuständen und Albträumen, die psychotherapeutisch behandelt wurde. 5 Monate nach dem Unfall – nachdem er zuvor eine Wiedereingliederungsmaßnahme abgebrochen hatte – nahm er seinen Beruf als Straßenwärter, in dessen Ausübung er verunfallt war, wieder auf. Eine Restsymptomatik ist geblieben – es besteht die Gefahr einer Retraumatisierung bei triggernden Situationen, etwa bei erneuten Unfällen, auch von Kollegen.

OLG Naumburg, Urt. v. 03.11.2016 – 42 U 8/16, unveröffentlicht 1853

10.000,00 €

Kopfplatzwunde – Läsion des Nervus ulnaris – HWS-Distorsion

Der Kläger wurde durch einen rechtswidrigen Polizeieinsatz verletzt. Er erlitt neben einer Kopfplatzwunde eine Distorsion der HWS, eine Knieprellung, ein chronisches posttraumatisches Syndrom mit höhergradiger, axionaler, demyelinisierender Läsion des nervus ulnaris mit Parese und Atrophie. Er leidet nun unter einer Spannung des musculus sternocleidomastoideus, chronischen Kopfschmerzen, Kurzzeitgedächtnisstörungen, und Aufmerksamkeitsstörungen. Es besteht eine Erwerbsminderung von 30 %.

OLG Düsseldorf, Urt. v. 06.02.2018 – 1 U 61/17, unveröffentlicht 1854

10.000,00 € (Vorstellung: 10.000,00 €)

Kopfplatzwunde – Prellungen an Thorax, Unterschenkel und Ellbogen –PTBS

Die 41 Jahre alte Klägerin erlitt bei einem Unfall eine Gehirnerschütterung, eine Kopfplatzwunde, eine Unterschenkel- und Ellbogenprellung links, eine Thoraxprellung rechts und eine Halswirbelsäulenverrenkung. Infolge des Unfalls kam es zu einer posttraumatischen Belastungsstörung mit der Folge von Schlafstörungen, Konzentrationsschwächen und erhöhter Schreckhaftigkeit. Sie war deswegen 3 1/2 Monate krankgeschrieben. Bei der Bemessung stellte der Senat auch auf das rücksichtslose Verhalten des Unfallgegners ab, der sich ohne Hilfeleistung vom Unfallort entfernt hatte.

LG Berlin, Urt. v. 07.06.2022 – 45 O 78/20, unveröffentlicht 1855

10.000,00 €

Platzwunde über dem linken Auge – Radiusköpfchenfraktur

Die Klägerin verunfallte mit dem Rad, als der Beklagte auf dem Radweg parkte und unvermittelt zurücksetzte. Sie erlitt eine Radiusköpfchenfraktur links und eine Platzwunde über dem linken Auge. Die Fraktur musste operiert werden; sie war 4 Tage im Krankenhaus und ein halbes Jahr (als Polizistin) arbeitsunfähig. Es verbleiben Schmerzen und Bewegungseinschränkungen im Arm, eine reduzierte Unterarmdrehfähigkeit und eine 7 cm lange Narbe am linken Ellbogen. Die Gesichtsnarbe nach der Platzwunde war in der mündlichen Verhandlung »nicht mehr augenfällig«.

OLG Brandenburg, Urt. v. 19.12.2024 – 12 U 192/20, unveröffentlicht 1856

10.00,00 € (Vorstellung: 55.000,00 €)

Kopfplatzwunde – Zungenbissverletzung – Thoraxtrauma – HWS-Schleudertrauma – Mittelhandfraktur

Die Klägerin erlitt bei einem Verkehrsunfall ein ein stumpfes Thoraxtrauma, ein Schleudertrauma der HWS, eine Fraktur des Mittelhandknochens, eine Kopfplatzwunde und eine Zungenbissverletzung, die folgenlos ausgeheilt sind. Sie war fünf Tage in stationärer Behandlung. Die Zungenbissverletzung wurde einen Monat lang ambulant versorgt und einmal operiert. Die Klägerin war 5 Monate arbeitsunfähig. Eine dauerhafte Bewegungseinschränkung im rechten Handgelenk mit einem Invaliditätsgrad von 10,5 % besteht jedoch weiterhin. Eine posttraumatische Belastungsstörung konnte nicht nachgewiesen werden, jedoch eine posttraumatische Belastungsreaktion.

1857 **OLG Dresden, Urt. v. 21.07.2023 – 1 U 2377/22, ZfS 2023, 552**

12.000,00 €

Platzwunde am Kopf – Halswirbelfraktur

Der Kläger, der mit Gehhilfen unterwegs war, stürzte im Supermarkt der Beklagten, weil dort großflächig Fliesen nass gereinigt worden waren und der Boden rutschig wurde. Er erlitt eine doppelseitige vordere Altasbogenfraktur (erster Halswirbel) und eine nicht dislozierte hintere Altasbogenfraktur sowie eine Platzwunde am Kopf. Eine Operation an der Halswirbelsäule war zunächst vorgesehen, wurde aber dann wegen der damit verbundenen Risiken (Gefahr einer Querschnittslähmung) nicht durchgeführt. Der Kläger musste für 10 Wochen eine Halskrause tragen. Wegen seiner Vorerkrankung (Glasknochenkrankheit) hinderte die Halskrause ihn am Verlassen seines Betts, denn für die sichere Benutzung seiner Unterarmstützen muss der Kläger nach unten schauen, während er die Stützen aufsetzt, was mit der Halskrause nicht möglich war. In der Folge des Sturzes und der erzwungenen 10-wöchigen Immobilität, die mit einem Muskelabbau verbunden war, ist der inzwischen 79-jährige Kläger seither deutlich weniger mobil und muss seinen Alltag – anders als zuvor – überwiegend mittels Nutzung eines Rollstuhls bestreiten, den er vor dem Unfall lediglich bei längeren Spaziergängen nutzte. Das Gericht berücksichtigte auch das Regulierungsverhalten der Beklagten, die dem stark gehbehinderten Kläger ohne jeden Anhaltspunkt ein gravierendes Mitverschulden unterstellt hatte.

1858 **LG Aurich, Urt. v. 22.10.2018 – 13 KLs 110 Js 3516/18 (4/18), unveröffentlicht**

12.500,00 €

Kopfplatzwunden – Schädelprellung – Ulnaschaftfraktur

Die Angeklagten hatten verabredet, den Adhäsionskläger, einen Pizzafahrer, mit einer Scheinbestellung zu sich zu locken und dann zu überfallen. Sie schlugen ihn mehrfach mit einem Teleskopschlagstock gegen Kopf, Oberkörper und Arm. Der Adhäsionskläger erlitt hierdurch eine Schädelprellung und vier Platzwunden n in der Schädelregion, nämlich eine 3 cm lange Hautdurchtrennung in der hinteren Schläfenregion rechtsseitig 3 cm oberhalb der Ohrmuschel, eine 5,5 cm lange Hautdurchtrennung auf Scheitelhöhe, weiter parallel dazu – 2 cm weiter frontal – eine 4,5 cm lange Hautdurchtrennung sowie 3 cm weiter hinterkopfwärts eine weitere 3 cm lange Hautdurchtrennung. Jeder einzelne dieser die vier Platzwunden verursachenden Schläge war potenziell lebensbedrohlich, da jeder Schlag eine tödliche Hirnblutung hätte verursachen können. Er erlitt darüber hinaus über der rechten Augenbraue eine 1,5 cm lange Hautabschiebung und dazu ein Monokelhämatom am rechten Auge, ein Hämatom am linken Oberarm sowie einen Splitterbruch am rechten Unterarm (Ulnaschaftfraktur), welcher bis zum heutigen Zeitpunkt zweimal operiert werden musste. Eine stationäre Behandlung erfolgte über einen Zeitraum von 2 Wochen. Der Adhäsionskläger, der 3 1/2 Monate arbeitsunfähig war, leidet noch heute an Druckschmerzempfindlichkeit am Kopf und nimmt deswegen Medikamente ein.

1859 **OLG Celle, Urt. v. 11.06.2025 – 14 U 138/23, unveröffentlicht**

12.500,00 € (Vorstellung: 40.000,00 €)

Platzwunde am Knie – Schürfwunden – Patella-Mehrfragment-Fraktur

Der Kläger stürzte auf einem Grünstreifen am Bahnhof durch einen Gullydeckel über einem Sickerschacht, weil dieser zur Seite brach, als er darauf trat. Er rutschte mit dem rechten Bein in den Schacht und erlitt hierdurch erhebliche Verletzungen am rechten Knie, unter anderem eine Platzwunde und Hautabschürfungen an Knie und Oberschenkel und eine offene Patella-Mehrfragment-Fraktur 1. Grades. Der Kläger wurde per Rettungswagen in das nächstgelegene Krankenhaus verbracht, wo er am Knie operiert wurde. Nach dem Unfall konnte er etwa vier bis fünf Wochen fast nur liegen und die nächsten vier bis fünf Wochen nur kleine Schritte mit Gehhilfen gehen. Er war rund vier

Monate bei der Fortbewegung auf Unterarmgehstützen angewiesen, und neun Monate arbeitsunfähig. Eine Re-OP zur Narbenkorrektur und Drahtentfernung war nötig; der Kläger hat eine ca. 40 cm lange Narbe am Knie zurückbehalten und leidet bis heute an Bewegungseinschränkungen und Bewegungs-/Belastungsschmerzen im rechten Knie, insbesondere beim Hinhocken.

OLG Stuttgart, Urt. v. 11.05.2016 – 4 U 164/15, unveröffentlicht 1860

<u>20.000,00 €</u> (1/3 Mitverschulden Vorstellung: 30.000,00 €)

Erhebliche Platzwunden – Unterkieferbruch – Verlust von zwei Zähnen

Der Kläger stürzte mit seinem Fahrrad auf einer Eispfütze, die dadurch entstanden war, dass die Beklagte – die Eigentümerin des Weges und einer darüber führenden Eisenbahnbrücke war – das auf der Brücke befindliche Wasser ohne entsprechende Warnhinweise durch eine bauliche Konstruktion auf die Straße abgeleitet hatte, wo es gefroren war. Er erlitt eine zweifache Unterkieferfraktur, Zahnfrakturen mit dem teilweise beziehungsweise kompletten Verlust der Zähne 13, 14 und schließlich 24 sowie Platzwunden an der Unterlippe paramedian rechts und mental rechts, multiple Platz- und Schürfwunden und einen Bluterguss am linken Trommelfell. Der Kläger wurde 5 Tage stationär behandelt, die Frakturen über drei Wochen fixiert. Er war einen Monat krankgeschrieben; als Dauerschaden verbleibt eine Dauerschädigung des linken Kiefergelenks mit entsprechend dauerhaft reduzierter Kaufunktion und Mundöffnung. Es musste in einer weiteren Operation mit 9 Tagen stationären Aufenthaltes ein künstliches Kiefergelenk eingesetzt werden. Die Behandlung zog sich über zwei Jahre, beim Essen hat der Kläger noch häufig Schmerzen.

Prellungen/Quetschungen

▶ Hinweis:

Prellungen und Quetschungen sind, soweit es sich um die alleinige oder doch die wesentliche Verletzung handelt, stets von den entschädigungslos hinzunehmenden Bagatellschäden abzugrenzen. Kommen andererseits zu den Verletzungen, wie etwa bei Verkehrsunfällen typisch, noch weitere Verletzungen (Frakturen o.Ä.) hinzu, sind es zumeist diese, die die für die Bemessung ausschlaggebenden Faktoren darstellen, sodass den Prellungen in diesen Fällen regelmäßig kein eigenes Gewicht bzw. keine eigenständige Bedeutung bei der Bemessung zukommt, mögen diese auch schmerzhaft gewesen sein.

Aus diesem Grund sind nachfolgend nur Urteile dargestellt, bei denen Prellungen oder Quetschungen die alleinigen oder doch wesentlichen Verletzungen darstellen. Es liegt in der Natur der Sache, dass bei den in aller Regel niedrigen Beträgen, die für die durchgängig eher leichten Verletzungen zuerkannt werden, in Abweichung von dem Konzept des Buches auch (häufig: AG-) Entscheidungen referiert werden müssen, für die keine Fundstellen angegeben werden können.

LG Köln, Urt. v. 04.05.2022 – 5 O 245/21, unveröffentlicht 1861

<u>150,00 €</u> (Vorstellung: 1.000,00 €)

Prellung an der linken Gesäßhälfte

Der Kläger hielt sich in einem Naturschutzgebiet auf, als Beamte des Ordnungsamtes kamen und die Personalien feststellen wollten; im Rahmen einer sich hieraus ergebenden Auseinandersetzung fiel der Kläger, nachdem ein Beamter ihn gestoßen hatte, auf das Gesäß. Hierbei kam es zu einer Prellung der linken Gesäßhälfte. Bei der Bemessung berücksichtigte das Gericht, dass der Kläger nur leicht verletzt wurde, mag es einige Zeit gedauert haben, bis die Verletzung abgeklungen war, auch, dass die schädigende Handlung aus einer verbalen Auseinandersetzung hervorgegangen war, zu deren Entstehung der Kläger durch sein Verhalten maßgebend beigetragen hatte.

1862 **LG Itzehoe, Urt. v. 15.01.2025 – 7 O 340/23, unveröffentlicht**

250,00 € (Vorstellung: 8.000,00 €)

Gesäßprellung

Die Klägerin stürzte im Supermarkt der Beklagten auf einem Salatblatt und erlitt eine Prellung der rechten Gesäßhäfte. Die Betragsvorstellung beruht auf (unbewiesenen) weiteren Verletzungsfolgen.

1863 **OLG Hamm, Urt. v. 08.04.2016 – 11 U 171/14, unveröffentlicht**

300,00 €

Prellungen am Unterarm

Der Kläger erlitt bei einem Unfall Prellungen am Unterarm sowie Beschwerden im Bein. Er konnte aber die Reise, auf der er sich befand, fortsetzen.

1864 **LG Detmold, Urt. v. 27.07.2018 – 4 O 35/18, SVR 2018, 462**

300,00 € (2/5 Mitverschulden; Vorstellung: 1.000,00 €)

Beckenprellung – Hodenprellung

Der Kläger wurde als Motorradfahrer bei einem Unfall verletzt. Er erlitt eine Beckenprellung sowie eine äußerst schmerzhafte und langwierige Hodenprellung, die zu einer Schwellung führte. Insbesondere wegen der Hodenprellung litt er für einen Zeitraum von etwa einem Monat an Schmerzen, konnte sich aber nicht krankschreiben lassen, weil er erst kurz zuvor eine neue Arbeitsstelle angetreten hatte. Dort verursachten berufstypische Bewegungen (Heben) weitere Schmerzen.

1865 **LG Bonn, Urt. v. 25.01.2019 – 1 O 205/18, unveröffentlicht**

300,00 € (1/3 Mitverschulden Vorstellung: 500,00 €)

Prellungen und Verbrennungen der Hand

Die Klägerin erlitt bei einem Verkehrsunfall Prellungen und Verbrennungen ersten Grades an der Hand sowie eine Verstauchung des oberen Sprunggelenks. Sie wurde mit Rettungswagen in die Klinik gebracht und war 5 Tage arbeitsunfähig.

1866 **LG Aachen, Urt. v. 31.10.2021 – 10 O 569/19, unveröffentlicht**

300,00 €

Gesichts- und Jochbeinprellung

Die Parteien feierten auf einer Halloween-Party einer Verbindung; im Verlauf des Abends schlug die Beklagte, die mit dem Kläger zuvor ein Verhältnis gehabt hatte, diesem mit der Faust ins Gesicht, wodurch dieser eine Gesichts- und Jochbeinprellung erlitt, die sich durch Rötung, Schwellung und Kopfschmerzen äußerte. Der Kläger suchte ein Krankenhaus auf, die aber nur Kühlung empfahlen.

1867 **OLG Brandenburg, Urt. v. 25.09.2023 – 12 U 209/22, unveröffentlicht**

300,00 €

Prellungen – HWS-Beschwerden – Gurtmarken

Der Kläger erlitt bei einem Verkehrsunfall sichtbare Gurtmarken, Schmerzen und eine Prellung des Handgelenks links, HWS-Beschwerden und Schmerzen im Sternum sowie Prellungen des Thorax. Eine Arbeitsunfähigkeit trat nicht ein.

1868 **OLG München, Urt. v. 12.01.2018 – 10 U 4018/16, unveröffentlicht**

400,00 € (2/3 Mitverschulden)

Prellungen an Daumen, Hand und Gesäß

Der Kläger stürzte bei einem Unfall vom Motorrad auf den Asphalt, wobei er sich blaue Flecken und eine Prellung am Daumen zuzog; hierbei wurde eine vorbestehende Arthrose an beiden Daumensattelgelenken aktiviert, was Beschwerden von mehreren Wochen verursachte. Weiterhin erlitt der Kläger eine Prellung des linken Gesäßes und des rechten Handgelenks.

OLG München, Urt. v. 24.06.2020 – 10 U 5582/19, unveröffentlicht 1869

400,00 €

Oberflächliche Prellungen

Der Kläger erlitt bei einem Verkehrsunfall oberflächliche Prellungen und Verletzungen.

OLG Celle, Urt. v. 05.08.2020 – 14 U 37/20, NJW-RR 2020, 1419 = r+s 2020, 600 1870

400,00 € (1/3 Mitverschulden ; Vorstellung: 600,00 €)

Brustbein- und Rippenprellungen

Der Kläger wurde verletzt, als er mit seinem PKW in das bereits verunfallte Fahrzeug des Beklagten fuhr. Er erlitt eine Brustbein- und Rippenprellungen. Er hatte Schmerzen im Bereich des Rückens, insbesondere beim Sitzen. Diese dauerten über einige Wochen an und wurden vom Kläger mit Ibuprofen behandelt.

AG Saarlouis, Urt. v. 27.03.2017 – 28 C 1825/16, unveröffentlicht 1871

500,00 €

HWS-Distorsion – Unterarmprellung

Der Kläger erlitt eine HWS-Distorsion ersten Grades und eine leichte Unterarmprellung links. Er war 10 Tage arbeitsunfähig und wurde drei Wochen ambulant behandelt (insgesamt drei Arzttermine). 500,00 € waren vorgerichtlich gezahlt und wurden als ausreichend betrachtet.

VG München, Urt. v. 05.07.2017 – M 5 K 16.4266, BayVBl 2018, 531 1872

500,00 €

Hodenprellung

Der Kläger wurde als Polizeibeamter bei einer Festnahme zweimal in den Unterleib getreten, wodurch er eine Hodenprellung erlitt. Er behandelte die Verletzungen selbst mit Kühlung und Schmerzmitteln. Die Entscheidung erging im Rahmen beamtenrechtlicher Erfüllungsübernahme.

LG Traunstein, Urt. v. 11.05.2018 – 5 O 2804/16, unveröffentlicht 1873

500,00 €

Knieprellung – Schürfwunden am Fuß

Der Kläger erlitt als Radfahrer bei einem Verkehrsunfall eine Prellung des rechten Knies und Schürfwunden am rechten Bein und Fuß.

LG Potsdam, Urt. v. 24.08.2018 – 6 O 16/17, unveröffentlicht 1874

500,00 € (Vorstellung: 500,00 €)

Thoraxprellung

Die Klägerin war Insassin eines PKW, der einen LKW überholte, als dieser ausscherte; der Wagen der Klägerin fuhr in den Graben und überschlug sich. Die Klägerin begab sich ins Krankenhaus, wo Druckschmerzen im Thoraxbogen rechts distal diagnostiziert, sonst aber keine Auffälligkeiten festgestellt wurden. Sie suchte im Anschluss noch ihre Hausärztin auf mit Schmerzen im Schulter-Nacken-Bereich und erneut wegen zunehmender Beschwerden im Thorax rechts und intermittierenden Kopfschmerzen. Das Gericht berücksichtigte neben der Prellung auch die Todesangst der Klägerin beim Unfallereignis.

1875 **AG Nürnberg, Urt. v. 24.04.2019 – 19 C 7391/18, unveröffentlicht**

500,00 € (Vorstellung: 1.500,00 €)

Handprellung

Der Kläger, ein 13 Jahre alter Junge, fiel im Hotel des Beklagten aus einem nur unzureichend gesicherten Etagenbett. Er erlitt eine Prellung der rechten Hand, die so stark war, dass sie geschient werden musste. Das Gericht berücksichtigte die Beeinträchtigung bei Schule und Hobby (Malen) und den Umstand, dass »Kinder üblicherweise Schmerzen als besonders stark empfinden«. Der Betragsvorstellung lag eine weitere Verletzung (Abszess im Mundraum) zugrunde, deren Kausalität sich aber nicht hatte beweisen lassen.

1876 **LG Detmold, Urt. v. 31.05.2021 – 21 KLs 33/20, unveröffentlicht**

500,00 €

Handgelenksprellung – Schürfwunde

Der Angeklagte wurde vom Adhäsionskläger, einem Polizisten, wegen eines gegen ihn bestehenden Haftbefehls angesprochen. Der Angeklagt schlug sodann mit dem Ellbogen gegen Kopf und Hand des Adhäsionsklägers; dieser erlitt eine Schürfwunde, ein Hämatom und eine Prellung am Handgelenk. Er war drei Tage dienstunfähig, knapp einen Monat später waren die Verletzungen verheilt.

1877 **OLG Brandenburg, Urt. v. 16.12.2021 – 12 U 42/21, NJW-RR 2022, 600**

500,00 €

Prellung am Unterschenkel – Schürfwunden am Fuß und Ellbogen

Der Kläger erlitt infolge des Sturzes nach Beinahekollision mit einem Motorrad Hautabschürfungen am Fuß und am linken Ellenbogen sowie eine Prellung am linken Unterschenkel. Er war für 4 Tage krankgeschrieben.

1878 **OLG München, Urt. v. 11.05.2022 – 10 U 2165/21, NJW-RR 2022, 1113**

500,00 € (3/5 Mitverschulden)

Prellungen – HWS-Distorsion 2. Grades

Die 76 Jahre alte Klägerin erlitt bei einem Verkehrsunfall eine HWS-Distorsion 2. Grades und multiple Prellungen. Sie litt drei Monate unter Beschwerden.

1879 **LG Köln, Urt. v. 19.04.2024 – 14 O 65/21, unveröffentlicht**

500,00 € (Vorstellung: 800,00 €)

Knieprellung – Schürfwunden an den Beinen

Der Kläger erlitt bei einem Verkehrsunfall eine linksseitige Knieprellung sowie einige Abschürfungen an beiden Beinen. Eine stationäre Behandlung war nicht notwendig. Der Kläger wurde vielmehr auf eigenen Wunsch nur ambulant behandelt. Der Kläger war nicht krankgeschrieben. Die Prellung und Schürfwunden verheilten innerhalb drei Wochen. In diesen drei Wochen hatte der Kläger jedoch erhebliche schmerzbedingte Bewegungseinschränkungen beim Gehen.

1880 **LG Köln, Urt. v. 14.06.2019 – 2 O 174/17, unveröffentlicht**

550,00 € (Vorstellung: 3.500,00 €)

Bluterguss am Arm

Die Klägerin wollte gerade einen – unzureichend gewarteten – Aufzug im Einkaufszentrum der Beklagten betreten, als dieser sich ruckartig schloss und die Türe gegen ihren Arm stieß. Sie erlitt durch die Kollision mit der Aufzugtür ein 10 x 10 cm großes Hämatom am rechten Unterarm, welches eine erhebliche Intensität aufwies. Es kam, weil die Klägerin ein blutgerinnungshemmendes Medikament einnahm, zu einer erheblichen Einblutung. Die Klägerin litt drei Wochen an Schmerzen und war, insbesondere in der ersten Woche, auf die Einnahme von Schmerzmitteln angewiesen. Ein – nicht schmerzendes oder einschränkendes – Ödem im Unterhautfettgewebe ist verblieben. Bei der Bemessung wurde auch die Sorge der Klägerin berücksichtigt, es könne zu einer Nervverletzung gekommen sein.

OLG Celle, Urt. v. 17.08.2017 – 8 U 123/17, NJW-RR 2017, 1300 1881

600,00 € (Vorstellung: 2.000,00 €)

Fußprellung – Knochenmarködem

Die Klägerin stürzte über einen unzureichend abgesicherten Höhenversatz zwischen zwei Straßenteilen; hierbei erlitt sie eine Prellung mit der Folge eines Knochenmarködems im linken Fuß, welches konservativ durch Kühlung und Hochlagern behandelt wurde. Noch drei Monate später litt sie unter belastungsabhängigen Schmerzen und einer rezidivierenden Schwellneigung im linken Fuß.

OLG Hamm, Urt. v. 06.04.2017 – U 2/16, unveröffentlicht 1882

700,00 € (1/3 Mitverschulden; Vorstellung: 3.500,00 €)

Prellungen an Becken und Hand – Kopfplatzwunde – Gehirnerschütterung

Die 47 Jahre alte Klägerin wurde bei einem Verkehrsunfall verletzt. Sie erlitt eine Gehirnerschütterung mit Kopfschmerzen und Übelkeit, eine Kopfplatzwunde sowie Prellungen des Beckens und des linken Handgelenks. Die Klägerin war eine Woche stationär. Es kam infolge der Gehirnerschütterung zu einem Lagerungsschwindel mit Druckgefühl auf beiden Ohren, der sechs Wochen andauerte. Der Senat berücksichtigte ebenfalls, dass bei dem Unfall der Hund der Klägerin getötet wurde.

AG Rheinbach, Urt. v. 24.03.2021 – 26 C 193/16, unveröffentlicht 1883

800,00 € (Vorstellung: 2.500,00 €)

Prellungen an Knie und Thorax – Schmelzrisse am Zahn

Der Kläger wurde als Insasse eines Unfallwagens verletzt; er wurde durch den Unfall nach vorn geschleudert, erlitt Prellungen an Knie und Thorax, weil er gegen einen Tisch im Fahrzeug stieß, und zwei querlaufende Schmelzrisse an den Zähnen 11 und 21, bei denen nun eine Übersensibilität besteht. Es besteht die Gefahr, dass die Nerven an den Zähnen mit der Zeit absterben.

AG Frankfurt, Urt. v. 21.10.2021 – 32 C 105/21, unveröffentlicht 1884

800,00 €

Hüft- und Unterarmprellung – Schürfwunden

Der 71 Jahre alte Beklagte fühlte sich von dem 88 Jahre alten Kläger, seinem Nachbarn, gestört, weil dieser während der »Sportschau« mit einer Kreissäge im Hof arbeitete. Er schlug mit einem Knüppel auf Ohr und Kopf des Klägers ein, biss diesen ins rechte Ohr und verdrehte seine Nase. Der Kläger erlitt eine Hüft- und Unterarmprellung sowie Schürfwunden und Prellmarken an Stirn, Augenbraue, Wange, Lippe und Nase. Das Ohr blutete.

LG Osnabrück, Urt. v. 25.04.2017 – 3 S 499/16, unveröffentlicht 1885

900,00 € (2/5 Mitverschulden; Vorstellung: 3.000,00 €)

Brustbeinprellung – Throraxprellung – Armprellung

Der Kläger erlitt bei einem Verkehrsunfall eine Brustbein- und eine Thoraxprellung sowie eine Unterarm- und Handprellung beidseitig. Des Weiteren bestanden eine Distorsion sowie eine Schürfwunde am oberen rechten Sprunggelenk. Die Beschwerden dauerten einen Monat an, eine Behandlung war nicht nötig; der Kläger therapierte sich selbst mit Analgetika und Schonung.

1886 **AG Zittau, Urt. v. 11.05.2017 – 14 C 429/16, unveröffentlicht**

950,00 € (3/5 Mitverschulden; Vorstellung: 2.000,00 €)

Kopfprellung – Beckenprellung – Unterarmprellung

Die 80 Jahre alte Klägerin – zu 60 % schwerbehindert – stürzte in einem Bus, weil dieser anfuhr, bevor sie Platz hatte nehmen können. Sie fiel auf Rücken und Hinterkopf und erlitt eine Kopf-, Becken- und Unterarmprellung sowie Hämatome. Sie wurde zwei Tage stationär überwacht und drei weitere Tage ambulant. Nach dem Unfall litt sie unter Kopfschmerzen und Übelkeit sowie Bewegungseinschränkungen. Das Gericht hob hervor, dass ein Sturzereignis für die 80 Jahre alte Klägerin schwerer wiege als für einen jungen Menschen; die Einschränkungen aufgrund der Verletzungen sind für einen älteren Menschen auch psychisch schwerer zu tragen, da sich die befürchtete Hilfebedürftigkeit dadurch einstellen oder noch verstärken könne. Hinzu komme die größere Sorge um die Aufrechterhaltung der Selbstständigkeit und Fähigkeit eigener Selbstversorgung. Der Krankenhausaufenthalt sei zudem mit größerer Sorge darüber verbunden, dass eine auch nur mehrere Tage andauernde Bettlägerigkeit schon eine nicht wiederherstellbare Beweglichkeit bedeuten könnten.

1887 **LG Aachen, Urt. v. 24.05.2018 – 12 O 430/17, unveröffentlicht**

1.000,00 € (Vorstellung: 2.000,00 €)

Schädelprellung – Handgelenksdistorsion

Die Klägerin stürzte an einer unzureichend gestreuten Bushaltestelle wegen Glatteises. Sie erlitt eine Schädelprellung und ein Handgelenksdistorsion. Es entwickelte sich eine Handgelenksarthralgie. Bei der Bemessung verwies das Landgericht auf Entscheidungen aus 1991 und 1983 (!).

1888 **AG Bruchsal, Urt. v. 08.08.2018 – 1 C 144/17, NJW-RR 2019, 22**

1.000,00 € (Vorstellung: 1.200,00 €)

HWS-Prellung – Oberkörperprellung

Der Kläger erlitt bei einem Verkehrsunfall Prellungen von Oberkörper und Halswirbelsäule mit Schmerzausstrahlung in Brust- und Lendenregion. Er war drei Wochen arbeitsunfähig; erhöhend wurde auch berücksichtigt, dass die Versicherung keinerlei Schmerzensgeld gezahlt hatte, obwohl unstreitig Schmerzen bestanden hatten.

1889 **LG Darmstadt, Urt. v. 05.09.2018 – 4 O 36/17, unveröffentlicht**

1.000,00 € (Vorstellung: 2.500,00 €)

Prellungen und Hautabschürfungen an Genital/Leistengegend, Knie und Ellbogen

Der Kläger, ein Student, kollidierte mit seinem Fahrrad mit dem Kfz der Beklagten. Er erlitt Hautabschürfungen über dem linken Nierenlager, eine Hautabschürfung Skrotal, ein Hämatom glans penis, eine Abschürfung glans penis, eine Testalgie beidseits, eine Leistenzerrung links, eine Nierenkontusion links sowie Prellungen am Ellenbogen links und am linken Knie. Er hatte eine Woche lang starke Schmerzen im Genitalbereich; die Ellbogenprellung bereitete zwei Monate lang Schmerzen bei Beanspruchung, war danach aber folgenlos ausgeheilt.

1890 **AG Hamburg-Blankenese, Urt. v. 20.02.2019 – 531 C 261/18, unveröffentlicht**

1.000,00 € (1/3 Mitverschulden; Vorstellung: 2.000,00 € (unquotiert))

Prellung und Bluterguss am Gesäß

Die 69 Jahre alte Klägerin stürzte auf der unzureichend gestreuten und daher eisglatten Treppe des Beklagten. Sie erlitt eine Prellung mit Bluterguss am Gesäß mit Blockade des SI-Gelenks und war eine Woche stark beeinträchtigt; nach zwei Monaten Physiotherapie bestanden noch weiter Beschwerden beim Sitzen und Gehen im Beckenbereich

OLG Dresden, Urt. v. 13.03.2019 – 1 U 1310/18, unveröffentlicht 1891

1.000,00 €

Prellung von Brustbein und Brustkorb

Die Klägerin erlitt eine Prellung des Brustbeins und des Brustkorbes sowie eine temporäre Hörminderung auf dem rechten Ohr. Ein stationärer Aufenthalt war nicht nötig.

AG Hanau, Urt. v. 21.03.2019 – 98 C 46/15, unveröffentlicht 1892

1.000,00 €

Prellung von Wirbelsäule, Knie, Schulter und Thorax

Die Klägerin erlitt bei einem Verkehrsunfall Verletzungen in Form einer Lendenwirbelsäulenprellung, einer Kniegelenkprellung, einer Schultergelenkprellung links sowie einer Thoraxprellung rechts. Eine stationäre Behandlung war nicht erforderlich; es bestanden Einschränkungen über 4 Wochen.

OLG Hamm, Beschl. v. 02.06.2021 – 11 U 93/20, NVwZ-RR 2021, 1029 1893

1.000,00 €

Rippenprellungen – Schulterprellungen

Die Klägerin stürzte mit ihrem Fahrrad auf einem Gehweg, der unter Lindenbäumen stand und nach einer längeren Trockenperiode durch Nässe und das Sekret von Blattläusen rutschig geworden war; die Beklagte traf die Verkehrssicherungspflicht, ohne dass durch eine Beschilderung gewarnt worden war. Die Klägerin erlitt Schulter- und Rippenprellungen und war sieben Wochen arbeitsunfähig.

OLG Hamm, Beschl. v. 15.07.2022 – 7 U 23/22, unveröffentlicht 1894

1.000,00 € (Vorstellung: 2.500,00 €)

Prellungen an Schulter und Knie

Der Kläger erlitt bei einem Unfall eine Prellung der linken Schulter und des linken Knies. Es kam am Knie zu einer Gelenkbinnenhautentzündung, die sechs Wochen dauerte und eine ambulante Behandlung erforderlich machte. Er wurde notfallmäßig im Krankenhaus behandelt und war zwei Wochen krankgeschrieben.

LG Duisburg, Urt. v. 21.02.2023 – 1 O 260/20, unveröffentlicht 1895

1.000,00 €

Prellungen

Die Klägerin erlitt an mehreren Körperbereichen Prellungen, die nach sechs Wochen wieder abgeklungen waren. Das Gericht hielt den vorprozessual gezahlten Betrag für ausreichend.

OLG Brandenburg, Urt. v. 09.03.2023 – 12 U 120/22, unveröffentlicht 1896

1.000,00 €

multiple Prellungen – HWS-Distorsion

Der Kläger erlitt bei einem Verkehrsunfall ein Hochrasanztrauma, multiple Prellungen und eine HWS-Distorsion. Er befand sich für zwei Tage in stationärer Behandlung und war insgesamt 18 Tage arbeitsunfähig. Dauerfolgen sind nicht verblieben.

1897 **OLG München, Urt. v. 12.01.2018 – 10 U 2718/15, NJW-Spezial 2018, 106**

1.200,00 € (2/5 Mitverschulden)

Schädelprellung – Unterarmhämatom

Die Klägerin erlitt als Beifahrerin einen Unfall; ihr Mitverschulden resultierte aus dem Umstand, dass sie sich unter Lockerung des Gurtes in den Fußraum gebeugt hatte, um einen Gegenstand aufzuheben. Sie erlitt ein eingekapseltes Hämatom in Höhe des distalen Unterarms mit Resteinblutung und eine leichte HWS-Distorsion; sie war sechs Wochen arbeitsunfähig und insgesamt vier Monate beeinträchtigt. Weiter erlitt sie eine leichte Schädelprellung, die sie beeinträchtigte und die Schmerzen hervorrrief.

1898 **LG Lüneburg, Urt. v. 10.07.2024 – 3 O 173/23, unveröffentlicht**

1.200,00 € (7/10 Mitverschulden;Vorstellung: 10.500,00 €)

Prellungen – Schürfwunden – Schienbeinfraktur

Der 14 Jahre alte Kläger wurde bei einem Verkehrsunfall verletzt; er erlitt eine Schienbeinfraktur sowie Prellungen und Hautabschürfungen. Die Fraktur wurde operiert, der Kläger war zwei Tage im Krankenhaus. Bei einer MetallentfernungsOP entzündete sich die Narbe, weshalb der Kläger über mehrere Monate mehrmals wöchentlich Physiotherapie erhielt. Nach der ersten Operation waren Schmerzmittel und Krücken nötig, die Zeit fiel in die Sommerferien. Karatetraining war nicht möglich.

Die Berufung vor dem OLG Celle (14 U 143/24) wurde nach Hinweisbeschluss vom 15.10.2024 zurückgenommen.

1899 **AG Berlin-Mitte, Urt. v. 06.11.2020 – 111 C 3183/17, unveröffentlicht**

1.250,00 € (Vorstellung: 1.250,00 €)

Thoraxprellung – Abschürfungen am Unterschenkel

Der Kläger wurde bei einem Verkehrsunfall verletzt; er erlitt eine Thoraxprellung und Abschürfungen am rechten Unterschenkel und litt wochenlang unter Schmerzen im Brustkorb und Schlafstörungen sowie Schmerzen bei Liegen und Sitzen. Am Unterschenkel verblieb eine Narbe. Das Gericht berücksichtigte insbesondere das Regulierungsverhalten der Gegenseite, welche dem Kläger in einen jahrelangen Rechtsstreit gezwungen habe, nachdem sie »nur den sprichwörtlichen dirty Penny« von 150,00 € vorgerichtlich gezahlt hatte.

1900 **LG Limburg, Urt. v. 23.08.2019 – 1 O 239/17, DV 2019, 169**

1.300,00 € (Vorstellung: 3.000,00 €)

Stirn- und Knieprellungen – Schnittwunde am Finger – HWS-Distorsion

Der Kläger erlitt durch einen Frontalaufprall nach einer Vorfahrtverletzung eine Prellung der Stirn sowie Hämatome an den beiden Kniegelenken und eine Schürfwunde am linken Kniegelenk, eine ca. 1 cm lange Schnittwunde am linken Ringfinger, einen Druck- und Bewegungsschmerz und eine Prellung der rechten Schulter sowie eine Distorsion im rechten Ellbogengelenk, so dass er eine Oberarmgipsschiene tragen musste, wobei die Beugung des Gelenks aufgrund einer Vorschädigung bereits eingeschränkt war, und eine HWS-Distorsion. Die Beweglichkeit der Halswirbelsäule war schmerzbedingt eingeschränkt mit Druckschmerz. Wärmetherapie wurde empfohlen.

1901 **LG Frankfurt, Urt. v. 30.10.2019 – 2–24 O 28/28, unveröffentlicht**

1.333,33 € (1/3 Mitverschulden Vorstellung: 2.000,00 €)

Prellungen an Kopf und Arm – Handgelenksfraktur

Die Klägerin buchte für sich und ihren Lebensgefährten eine 2-wöchige Pauschalreise nach Teneriffa. Fünf Massageanwendungen gehörten zum Paket. Am vierten Urlaubstag ließ sich die Klägerin massieren. Der Masseur verwendete eine nicht höhenverstellbare, klappbare, transportable Massageliege mit Fußtritt. Am Ende der Behandlung bot der Masseur der 1,54 m großen Klägerin Hilfe beim Absteigen an. Die Klägerin lehnte ab, weil sie am Oberkörper unbekleidet und der Masseur männlich war. Sie versuchte vergeblich mit ihren Füßen den Tritt zu erreichen und wollte sich sodann seitlich von der Liege hinabgleiten lassen. Dabei kippte die Massageliege und die Klägerin stürzte. Sie erlitt eine Fraktur am Handgelenk und Prellungen an Kopf und Arm, die zu einem 2-wöchigen Taubheitsgefühl in der linken Körperhälfte führten.

LG Hamburg, Beschl. v. 27.04.2017 – 302 S 33/16, SVR 2017, 469 1902

1.500,00 € (3/5 Mitverschulden; Vorstellung: 2.000,00 €)

Prellungen – Schlüsselbeinmehrfragmentfraktur

Der Kläger erlitt bei einem Fahrradunfall eine dislozierte Schlüsselbeinmehrfragmentfraktur links sowie Prellungen an Schädel und Unterschenkel. ER war 2 1/2 Monate arbeitsunfähig.

AG Darmstadt, Urt. v. 14.11.2017 – 309 C 77/15, unveröffentlicht 1903

1.500,00 € (Vorstellung: 2.500,00 €)

Oberschenkelprellung – Kreuzbeinprellungen – HWS-Trauma

Der Kläger erlitt unfallbedingt ein HWS-Trauma, eine Prellung am rechten Femur (Oberschenkel) sowie sakrale Prellungen (d.h. am Kreuzbein). Er litt wochenlang unter Schmerzen und war sechs Wochen arbeitsunfähig.

OLG Dresden, Urt. v. 20.04.2020 – 4 U 137/20, unveröffentlicht 1904

1.500,00 €

Prellungen an Nasenbein, Thorax und Wirbelsäule – Zerrungen an Wirbelsäule und Schulter

Der Kläger erlitt bei einem Verkehrsunfall eine Zerrung der Wirbelsäule und des Schulterblattes sowie Prellungen an Thorax, Nasenbein und Wirbelsäule. Er war 14 Tage krankgeschrieben und litt sechs Monate lang noch unter unfallbedingter Schmerzverstärkung.

OLG Saarbrücken, Urt. v. 10.12.2020 – 4 U 9/20, NJW-RR 2021, 417 = VRS 139 (2020), 187 1905

1.500,00 € (1/4 Mitverschulden Vorstellung: 1.500,00 €)

Schienbeinprellung – HWS-Distorsion

Die 26 Jahre alte Klägerin erlitt bei einem Verkehrsunfall eine HWS-Distorsion und ein Hämatom am linken Unterschenkel. Sie litt insbesondere unter Druckschmerzen an beiden Schienenbeinvorderkanten. Sie war einen Monat arbeitsunfähig und litt während dessen unter Druckschmerzen über beide Schienbeinvorderkanten und an heftigen Druckschmerzen im Sternum, wodurch auch ihre Beweglichkeit im Oberkörper eingeschränkt war.

LG Lübeck, Urt. v. 19.09.2022 – 10 O 173/18, r+s 2022, 659 1906

1.500,00 € (1/3 Mitverschulden Vorstellung: 2.000,00 €)

Prellmarken – Nasenbeinfraktur – Halsdistorsion

Der Kläger navigierte eine Sportyacht in den Kommunalhafen der beklagten Gemeinde. Diese hatte – ohne entsprechende Warnhinweise – eine Fahrwassertonne ersatzlos aus der Fahrrinne entfernt, weswegen der Kläger aus der Fahrrinne navigierte und mit seiner Yacht auf Grund lief, wodurch er stürzte.

Der Kläger erlitt durch den Sturz eine Nasenbeinfraktur, eine Distorsion von Hals- und Brustwirbelsäule sowie Prellmarken am Unterarm und eine Schwellung im Gesicht. Das Gericht bejahte eine Verkehrssicherungspflichtverletzung; die Gemeinde sei verpflichtet, den Schiffsverkehr sicher zu regeln, und habe diese Pflicht durch Entfernung der Tonne verletzt.

1907 **LG Waldshut-Tiengen, Urt. v. 24.02.2017 – 1 O 212/16, unveröffentlicht**

1.800,00 € (Vorstellung: 2.000,00 €)

Prellungen an Hüfte, Arm und Brustkorb – Rippenbrüche

Der Kläger, dessen Anwesen zwangsversteigert worden war, wurde von der Polizei in eine Obdachlosenunterkunft eingewiesen, in der er eine Wohnung im ersten Obergeschoss zugewiesen erhielt. Wegen einer Erkrankung des rechten Vorfußes, die zwei Monate zuvor zur Amputation zweier Zehen geführt hatte, konnte er keine Treppen steigen; beim Herausgehen aus seinem Zimmer stürzte er auf der Treppe und erlitt Prellungen an der linken Hüfte, dem Arm und dem Brustkorb sowie mehrere Rippenbrüche. Er wurde 8 Tage stationär behandelt; die Operationsnähte am Fuß gingen wiederholt auf, was zusätzliche Schmerzen und Beschwerden verursachte.

1908 **LG Saarbrücken, Urt. v. 16.02.2018 – 6 O 229/17, unveröffentlicht**

2.000,00 € (2/3 Mitverschulden)

Prellungen und Schürfungen – Innenknöchelfraktur

Der 17 Jahre alte Kläger war als Rollerfahrer bei einem Verkehrsunfall beteiligt, bei welchem er eine Innenknöchelfraktur des linken Fußes sowie Prellungen und Schürfwunden am ganzen Körper, vor allem aber an Knien und rechten Ellbogen erlitt. Erhöhend wurde das Risiko einer späteren vorzeitigen Arthrose berücksichtigt.

1909 **LG Essen, Urt. v. 13.03.2018 – 2 O 215/17, unveröffentlicht**

2.000,00 € (Vorstellung: 3.600,00 €)

Riss-Quetsch-Wunde des Nasenrückens – Nasenbeinfraktur – Rippenfraktur

Die Parteien waren Nachbarn und hatten bereits diverse verbale Auseinandersetzungen gehabt. Als der Beklagte am Tattag vom Joggen nach Hause kam, kam es zu einem neuerlichen Streit, im Verlauf dessen der Beklagte den Kläger einen Schlag versetzte, aufgrund dessen der Kläger zu Boden ging und gegen die Bordsteinkante prallte. Der Kläger erlitt durch den Schlag eine Riss-Quetsch-Wunde des Nasenrückens, eine Nasenbeinfraktur sowie eine Fraktur der neunten Rippe links. Er wurde 5 Tage stationär handelt und mit attestiert »gutem Allgemeinzustand« wieder entlassen.

1910 **OLG Schleswig, Beschl. v. 09.06.2020 – 7 U 240/19, unveröffentlicht**

2.000,00 € (1/3 Mitverschulden)

Schulter- und Hüftprellung – HWS-Distorsion

Der Kläger erlitt bei einem Radfahrunfall eine HWS-Distorsion und eine Prellung der Schulter und der Hüfte. Beschwerden bestanden über 7 Wochen.

1911 **OLG Brandenburg, Urt. v. 14.10.2021 – 12 U 89/21, unveröffentlicht**

2.000,00 €

Prellung von Schulter – Prellung der Hüfte

Die Klägerin erlitt bei einem Verkehrsunfall eine HWS-Distorsion, eine Schulterprellung und eine Prellung der Hüfte links. Sie hatte Schmerzen an beiden Knien, die Verletzungen heilten folgenlos aus.

1912 **OLG Saarbrücken, Urt. v. 20.01.2022 – 4 U 51/21, unveröffentlicht**

2.000,00 € (1/3 Mitverschulden)

Handprellung – Risswunde am Ringfinger – Entzündung

Die 44 Jahre alte Klägerin führte den Hund des Beklagten, als dieser loslief, die Klägerin hinterherrannte und dabei stürzte. Sie erlitt eine Prellung der rechten Hand, Abschürfungen und Wunden an den Fingern, eine Risswunde am rechten Ringfinger und Schmerzen in der linken Kieferhälfte wegen des Sturzes auf das Gesicht.

In der Folge kam es jedoch zu einer Entzündung im Bereich des rechten Ringfingers mit einem Infekt des Mittelgelenks. Der Finger weist eine dauerhafte Fehlstellung auf und ist in der Beweglichkeit eingeschränkt. Ferner trat bei der Klägerin infolge des Unfalls ein Karpaltunnelsyndrom auf, das operativ versorgt werden musste und inzwischen ohne größere Einschränkungen für die Klägerin ausgeheilt ist. Auf Grund der Verletzungen musste die Klägerin sieben Wochen lang eine Schiene an der rechten Hand tragen und war im Alltag merklich und für weitere vier Wochen noch leicht eingeschränkt.

LG Lübeck, Urt. v. 21.02.2024 – 6 O 157/22, unveröffentlicht 1913

2.000,00 € (1/2 Mitverschulden)

Prellungen – Hämatome – Handgelenksfraktur

Die Klägerin stürzte auf einem Parkplatz, der unzureichend von Laub gereinigt worden war, auf einer matschigen Schicht älteren Laubes, die sich unter frisch gefallenem Laub befand. Sie erlitt eine nicht dislozierte Radiusfraktur am rechten Handgelenk sowie Prellungen und Hämatome; die Hand musste einen Monat zunächst mit einem Gips und dann mit einer Schiene ruhiggestellt werden, sie hatte knapp zwei Monate Beschwerden.

Die Klägerin musste aufgrund dessen, dass ihr die Situation vor Ort bekannt und die Gefahr erkennbar war, mit Glätte rechnen, weshalb ein hälftiges Mitverschulden angenommen wurde.

LG Stuttgart, Urt. v. 20.04.2018 – 19 O 99/16, unveröffentlicht 1914

2.400,00 € (Mitverschulden; Vorstellung: 5.000,00 €)

Prellungen an den Extremitäten – Radiusköpfchenfraktur – BWS-Kontusion

Der Kläger erlitt bei einem Unfall eine Radiusköpfchenfraktur links, eine Brustwirbelsäulenkontusion und multiple Prellungen an den Extremitäten. Er war 5 Wochen arbeitsunfähig; über einen Zeitraum von weiteren sechs Wochen konnte er seine Arbeit – unter Schmerzen – fortführen. Die Behandlung war größtenteils ambulant. Mindernd berücksichtigte das Gericht, dass der Kläger bei einem Motorradunfall keine ausreichende Schutzkleidung trug.

OLG Rostock, Urt. v. 12.07.2018 – 5 U 86/16, unveröffentlicht 1915

2.500,00 €

Prellungen an Schulter, Hüfte und Knie – Schürfwunde am Unterarm

Der Kläger erlitt bei einem Verkehrsunfall eine blutige großflächige Schürfwunde am rechten Unterarm, die von sich aus ausgeheilte, sowie Prellungen des rechten Schultergelenks, der rechten Hüfte und des linken Knies. Er war 11 Tage arbeitsunfähig, dies allerdings vor dem Unfall auch schon gewesen; weitere 18 Tage bestand eine AU von 70%.

AG Salzgitter, Urt. v. 04.10.2023 – 21 C 1049/22, unveröffentlicht 1916

2.500,00 € (Vorstellung: 4.000,00 €)

Knieprellung – HWS-Distorsion

Die Klägerin erlitt bei einem Verkehrsunfall eine HWS-Distorsion und eine beidseitige Knieprellung. Sie war einen Monat arbeitsunfähig und hatte noch einen weiteren Monat Schmerzen und Schwindel und nahm Krankengymnastik in Anspruch.

1917 **OLG Saarbrücken, Urt. v. 15.12.2022 – 4 U 136/21, VerkMitt 2023, Nr 9**

2.800,00 € (1/3 Mitverschulden Vorstellung: 5.000,00 €)

Beckenprellung – Schürfwunden am Unterschenkel – Schultereckgelenkssprengung

Der Kläger, der als Radfahrer bei einem Verkehrsunfall beteiligt war, zog sich bei einem Sturz eine Schultereckgelenkssprengung Typ Rockwood IV an der rechten Schulter, eine Beckenprellung rechts sowie Schürfwunden am linken Unterschenkel zu. Er wurde an der Schulter operiert und zwei Tage stationär behandelt Die Schulter wurde im Anschluss mit einem Schulterabduktionskissen versorgt, das der Kläger für 6 Wochen tragen musste. Er war für eine Dauer von 3 Wochen arbeitsunfähig und durfte zwei Monate lang kein Kfz führen. Für einen Zeitraum von 4 Wochen litt er unter erheblichen Schmerzen und infolge der Abduktionsschiene unter körperlichen Einschränkungen.

1918 **LG Kiel, Urt. v. 18.12.2018 – 12 O 177/18, unveröffentlicht**

3.000,00 € (Vorstellung: 6.000,00 €)

Prellungen an Kopf, Schulter und Knie – Gesichtsverletzung

Die Klägerin wurde als Radfahrerin von dem Beklagten angefahren; sie stürzte vom Fahrrad und erlitt eine Gesichtsverletzung, Prellungen an Kopf, Schulter und Knie sowie eine HWS-Verletzung. Bei der Bemessung berücksichtigte das Gericht, dass die Klägerin monatelang unter Schmerzen litt und eine Narbe im Gesicht verblieben ist; ebenfalls bestehen noch Schmerzen bei Berührungen wie etwa Augenbrauenzupfen. Die Klägerin hat inzwischen Angst, noch einmal Fahrrad zu fahren.

1919 **LG Frankenthal, Urt. v. 05.06.2020 – 4 O 10/19, NJW-RR 20202, 1481**

3.000,00 € (1/2 Mitverschulden)

Prellungen an Hand, Fuß, Schädel – Hautabschürfungen – Funktionsstörung der Hand

Der Kläger wurde als Radfahrer, der an zwei Pferden vorbeifuhr, von dem Huf eines ausschlagenden Pferdes getroffen und aufs Feld geschleudert. Er erlitt eine Handgelenkprellung, eine Fußprellung, eine Schädelprellung sowie Hautabschürfungen an Ohr, Unterschenkel und Achillessehne. Infolge der ulnaren Instabilität im Daumengrundgelenk rechts nach Verletzung des ulnaren Seitenbandes kam es zu einem Dauerschaden einer schmerzhaften Funktionsstörung der rechten Hand. Die Prellungen heilten nach einigen Wochen ab, der Daumen verursacht zwar keine ständigen Schmerzen, lässt sich aber nicht mehr voll belasten, ein richtiges Zugreifen ist nicht mehr möglich.

1920 **OLG Hamm, Urt. v 25.05.2021 – 7 U 89/20, NJW-RR 2021, 1323**

3.000,00 € (1/2 Mitverschulden; Vorstellung: 8.000,00 €)

Prellungen – Blutige Nase – Radiusfraktur

Die Klägerin stürzte mit ihrem Pedelec über ein Glasfaserkabel, was die beklagte Baufirma auf der Erde geholt und – vor der Beseitigung – quer über Fuß- und Radweg der Straße abgelegt hatte. Sie erlitt eine distale Radiusfraktur der linken Hand, Verletzungen des rechten Knie- und Sprunggelenks, eine blutende Nase und Prellungen am Kopf. Eine Fehlstellung des distalen Radius verbleibt mit der Folge einer posttraumatischen Arthrose. Das Mitverschulden resultierte aus hoher Geschwindigkeit (30 km/h) und guter Sichtbarkeit der Stelle.

1921 **LG Aachen, Urt. v. 14.09.2021 – 12 O 559/19, unveröffentlicht**

3.000,00 € (Vorstellung: 3.000,00 €)

HWS-Zerrung – Prellungen an Kopf, Schulter und Oberarm

Der Kläger erlitt infolge einer rechtswidrigen polizeilichen Räumungsmaßnahme eine Kopfprellung, eine Verstauchung und Zerrung der Halswirbelsäule sowie eine Prellung der Schulter und des

Oberarms. Ferner litt er zeitweilig an einer Angststörung. Mindernd wurde berücksichtigt, dass er durch sein Verhalten das Polizeiverhalten mitverursacht hatte.

LG Saarbrücken, Urt. v. 27.04.2018 – 1 O 80/17, unveröffentlicht 1922

3.500,00 € (3/10 Mitverschulden)

Prellungen an Hand und Arm

Die Klägerin erlitt starke Prellungen im Bereich des rechten Handgelenks und des Armes sowie ein Schleudertrauma. Die Verletzung des Armes führte zur drei Monaten Arbeitsunfähigkeit.

OLG Brandenburg, Urt. v. 20.06.2019 – 12 U 143/18, unveröffentlicht 1923

3.500,00 € (Vorstellung: 6.500,00 €)

Brustprellung – Brustbeinfraktur – HWS-Verletzung

Die Klägerin erlitt unfallbedingt eine Brustbeinfraktur mit Brustprellung im Bereich der Mamille sowie eine HWS-Verletzung I. Grades. Sie begab sich für drei Tage in stationäre Behandlung, woran sich eine aufwendige physiotherapeutische Behandlung anschloss. Die Klägerin war über 2 Monate krankgeschrieben und musste in diesem Zeitraum zur Eindämmung der Schmerzen im Brustbereich Schmerzmittel nehmen.

LG Lübeck, Urt. v. 26.04.2021 – 10 O 51/18, unveröffentlicht 1924

3.500,00 € (3/10 Mitverschulden Vorstellung: 5.000,00 €)

Prellungen an Bauch, Schulter und Knie

Der Kläger wurde bei einem Verkehrsunfall, bei welchem er in eine Unfallsituation hineinfuhr, verletzt; er erlitt multiple Prellungen an Unterbauch, Thorax, linker Schulter und Knie sowie eine Sternumfraktur und wurde eine Nacht stationär aufgenommen. Er litt ein Jahr unter Schmerzen. Bei der Bemessung wurde auch berücksichtigt, dass der Kläger sehr unter dem Umstand litt, dass durch die Kollision ein (Erst-)Unfallbeteiligter und ein Ersthelfer gestorben waren.

OLG Jena, Urt. v. 13.04.2022 – 2 U 1250/20, NZV 2022, 479 1925

3.500,00 € (Vorstellung: 5.000,00 €)

Diverse Prellungen – Handgelenkszerrung

Die Klägerin erlitt bei einem Verkehrsunfall eine Prellung des linken Brustkorbs, der Lendenwirbelsäule, des Kreuzbeins, der linken Schulter, des linken Schlüsselbeins, des rechten Kniegelenks und eine Zerrung des rechten Handgelenks sowie eine Daumendistorsion rechts. Die Klägerin war einen Monat arbeitsunfähig.

LG Tübingen, Urt. v. 06.12.2022 – 5 O 183/21, ZfS 2023, 201 1926

3.900,00 €

Prellungen an Thorax, Nase und Knie

Die Klägerin erlitt bei einem Verkehrsunfall Prellungen an Thorax, Nase und Knie. Gerade die Prellungen im Brustbereich waren sehr schmerzhaft; die Klägerin war 3 Monate arbeitsunfähig.

OLG Zweibrücken. Urt. v. 05.04.2017 – 1 U 77/15, unveröffentlicht 1927

4.000,00 €

Beckenprellung – Thoraxprellung – Steißbeinfraktur

Die Klägerin erlitt eine Steißbeinfraktur und eine Thorax- und Beckenprellung. Sie war einen Tag stationär behandelt, aber vier Monate wegen eines verzögerten Heilungsverlaufs und einer lang anhaltenden Schmerzsymptomatik krankgeschrieben.

1928 **LG Kleve, Urt. v. 27.07.2017 – 110 KLs 14/17, unveröffentlicht**

4.000,00 €

Prellungen an Rippen, Schulter und Rücken – Würgemale am Hals

Die Nebenklägerin war Opfer einer versuchten Vergewaltigung; sie erlitt Hautabschürfungen und Würgemale am Hals, Hämatome und Schwellungen im Gesicht und Prellungen an den Rippen, der linken Schulter und dem Rücken. Die Rippenschmerzen dauerten zwei Wochen an, die psychischen Folgen des Angriffs (den der zufällig vorbeikommende Vater der Nebenklägerin hatte vereiteln können) dauern an.

1929 **LG Bonn, Urt. v. 05.10.2018 – 1 O 165/18, unveröffentlicht**

4.000,00 € (Vorstellung: 4.000,00 €)

Prellungen an Stirn, Unterarm und Fuß – Platzwunde – Schürfwunden

Die Klägerin wurde als Radfahrerin bei einem Verkehrsunfall verletzt; sie erlitt eine Platzwunde an der Stirn, Schürfwunden im Bereich von Stirn, Nase und Oberlippe sowie multiple Prellungen an der Stirn, dem rechten Unterarm und dem rechten Fuß.

Es kam zu einem HWS/BWS-Schleudertrauma mit einem Hartspann der Brustwirbelsäule. Sie war stationär aufgenommen und 11 Tage krankgeschrieben sowie fünf Monate beeinträchtigt. Ein im Anschluss an die Krankschreibung bereits zuvor gebuchter Urlaub wurde durch die Gesichtsverletzungen beeinträchtigt, die Klägerin fühlte sich optisch nicht gut und war zudem wegen der Schmerzen und Verspannungen im Brustbereich auf die Einnahme von Schmerzmedikation angewiesen.

1930 **OLG Schleswig, Beschl. v. 21.02.2024 – 7 U 104/23, NJW-RR 2024, 956**

4.000,00 €

Quetschung beider Füße

Der Kläger nahm an einer Feier der Landjugend teil; als er die Feier verließ, setzte er sich auf einen Schachtring, um auf sein Handy zu schauen. Der Beklagte, der einen Bus-Shuttle-Service zur Feier betrieb, schnitt die Kurve, wobei er beide Vorderfüße des Klägers mit seinem Hinterrad überfuhr. Beide Vorderfüße wurden durch ein Überrolltrauma gequetscht, der rechte Fuß war bereits vorgeschädigt. Der Kläger litt an starken Schmerzen, der Fuß war an der Unterseite »aufgeplatzt«, der Heilungsverlauf dauerte vier Monate an.

1931 **AG Ingolstadt, Urt. v. 17.03.2017 – 12 C 99/16, unveröffentlicht**

4.200,00 €

Beckenprellung – Thoraxprellung – HWS-Distorsion – Posttraumatische Belastungsstörung

Die Klägerin erlitt bei einem Verkehrsunfall eine Distorsion der Halswirbelsäule, eine Prellung des Beckens und des Thorax und eine Schürfung des linken Unterschenkels. Es kam zu einer Reaktualisierung eines zuvor erlittenen Traumas aus einem vorangegangenen Unfallereignis, weswegen die Klägerin unter einer posttraumatischen Belastungsstörung litt. Nach zwei Tagen stationären Aufenthalts war sie noch drei Wochen krankgeschrieben und danach in psychotherapeutischer Behandlung.

1932 **LG Nürnberg-Fürth, Urt. v. 20.02.2018 – 2 O 8654/16, unveröffentlicht**

4.500,00 €

Oberschenkelprellung – Unterschenkelschürfwunde – Kreuzbandteilläsion

Der Kläger erlitt bei einem Verkehrsunfall eine Oberschenkelprellung, eine Schürfwunde des rechten Unterschenkels, eine Distorsion des vorderen und eine Teilläsion des hinteren Kreuzbandes, eine Muskelverletzung sowie Knorpelläsion am rechten Knie und einen Innenmeniskusriss und Bone Bruise im Bereich des Knies. Er war zwei Tage stationär, zunächst auf der Intensivstation. Es schlossen sich 10 krankengymnastische Termine an, er war zwei Monate arbeitsunfähig. Als Dauerschaden verbleibt eine anhaltende Instabilität des linken Kniegelenks.

LG Darmstadt, Urt. v. 05.05.2020 – 28 O 263/16, unveröffentlicht 1933

4.500,00 € (Vorstellung: 10.000,00 €)

Prellungen – HWS-Distorsion – Rotatorenmanschettenruptur

Der 64 Jahre alte Kläger verunfallte als Insasse eines Linienbusses; er erlitt eine HW-Distorsion, verschiedene Prellungen und eine Ruptur der Rotatorenmanschette an der linken Schulter. Er musste operiert werden und befand sich eine Woche in stationärer Behandlung; die operierte Schulter bedurfte für zwei Monate eines Gipsverbandes.

OLG Hamm, Urt. v. 01.03.2023 – 11 U 73/22, MDR 2023, 985 1934

4.500,00 € (1/2 Mitverschulden)

Prellung am Unterschenkel – Außenbandriss am Sprunggelenk

Die Klägerin stürzte wegen einer Kante auf dem innerstädtischen Gehweg. Sie erlitt einen Abriss eines Außenbandes des oberen Sprunggelenks sowie eine Gewebeschädigung eines weiteren Außenbandes des oberen Sprunggelenks und eine Prellung und Gewerbeschädigung im Bereich des Übergangs des Unterschenkelknochens zum Fuß. Sie war für einen Zeitraum von über 6 1/2 Monaten arbeitsunfähig krankgeschrieben. Sie leidet immer noch an Schmerzen bei starker Belastung des rechten Fußes.

OLG Celle, Urt. v. 08.07.2015 – 14 U 137/14, unveröffentlicht 1935

5.000,00 €

Prellungen an Ellbogen und Knie – Radiusköpfchenfraktur – Schürfwunden

Der Kläger erlitt bei einem Verkehrsunfall eine Radiusköpfchenfraktur links mit Hämatomen, auch an den Fingern sowie Prellungen am rechten Ellenbogen und am rechten Knie. Darüber hinaus hat er durch den Unfall Schürfwunden davongetragen. Die Verletzungen des Klägers sind acht Monate lang behandelt worden. Im Rahmen der Behandlung wurden Spritzen in den Ellenbogen verabreicht, was Schmerzen auslöste.

AG Münster, Urt. v. 19.12.2017 – 12 Ls 30 Js 320/16 – 5/17, unveröffentlicht 1936

5.000,00 €

Prellungen und Misshandlungen im Altenheim

Die Angeklagte war in einem Altenpflegeheim u.a. für die Adhäsionsklägerin zuständig. Nachdem deren Zustand sich verschlechterte, installierte die Tochter eine Kamera und entdeckte so, dass die Angeklagte der Adhäsionsklägerin die Nase zuhielt, um sie zum Trinken und Schlucken von Tabletten zu zwingen, bis diese unter Atemnot nach Luft rang; sie schlug die Klägerin und ließ sie auf Bett fallen. Auch an den Folgetagen schlug sie die Klägerin beim Windeln wechseln und ließ sie jeweils auf Bett oder Rollstuhl fallen, sodass die Klägerin Schmerzen litt. Sie riss die Klägerin hin und her und presste ihr auch ein Kissen auf das Gesicht.

OLG München, Urt. v. 12.01.2018 – 10 U 958/17 1937

5.000,00 €

Thoraxprellung – Brustbeinfraktur – HWS-Distorsion

Die Klägerin erlitt bei einem Verkehrsunfall eine HWS-Distorsion, die zu 6 Wochen Arbeitsunfähigkeit geführt hatte. Weiterhin war sie insgesamt vier Monate krankgeschrieben, weil sie zudem eine dislozierte Brustbeinfraktur und eine Thoraxprellung erlitten hatte.

1938 **OLG Brandenburg, Urt. v. 17.06.2019 – 12 U 179/18, NJ 2019, 357**

5.000,00 € (Vorstellung: 6.000,00 €)

Knieprellung – Beckenprellung – Brustbeinfraktur – HWS-Distorsion

Die Klägerin erlitt bei einem Verkehrsunfall (Frontalkollision) eine dislozierte Brustbeinfraktur, eine HWS-Distorsion, beidseitige Knieprellungen sowie eine Beckenprellung rechts mit einem dreitägigen Krankenhausaufenthalt und einer Krankschreibung über zwei Monate sowie einer MdE von 10 % für noch ein halbes Jahr. Sie hat Ängste vor dem Autofahren und über die Krankschreibung hinweg noch Schmerzen.

1939 **OLG München, Urt. v. 06.10.2021 – 10 U 6501/20, unveröffentlicht**

5.000,00 €

Zerrung und Prellung von Brustwirbelsäule, Thorax und Schulterblatt

Der Kläger erlitt durch den Unfall eine schwere Zerrung und Prellung von Thorax, Lenden- und Brustwirbelsäule sowie des linken Schulterblattes. Im Bereich der – degenerativ vorgeschädigten – Lendenwirbelsäule wurden durch den Unfall Beschwerden hinsichtlich einer (bereits vorhandenen) Vorwölbung der Bandscheibe temporär aktiviert, was über einen Zeitraum von drei Monaten weitere Schmerzen verursachte.

1940 **LG Berlin, Urt. v. 01.12.2021 – 46 O 360/21, unveröffentlicht**

5.000,00 €

Prellungen an Schulter, Knie, Ellbogen und Hüfte – Handgelenksläsion

Der 63 Jahre alte Kläger wurde als Radfahrer bei einem Verkehrsunfall verletzt; er erlitt Prellungen an der linken Schulter, dem linken Knie, dem linken Ellenbogen und der linken Hüfte zu. Er litt zwei Wochen lang an Schmerzen im Ellenbogen, drei Wochen lang an Schmerzen im Knie und über neun Monate an Schmerzen im Bereich der linken Hüfte mit Ausstrahlung in das Ileosakralgelenk, wodurch er in den ersten vier Wochen beim Liegen und Schlafen beeinträchtigt wurde. Auch hat er eine TFCC-Läsion an beiden Handgelenken erlitten, die Schmerzen verursachte und 20 Hausarzt-, 40 Physiotherapie- und 34 Ergotherapietermine nötig machte.

1941 **LG Kassel, Urt. v. 28.04.2021 – 6 O 111/21, unveröffentlicht**

6.000,00 € (Vorstellung: 7.000,00 €)

Prellungen – Schürfwunden –Armfraktur

Die Klägerin stürzte auf einem Friedhof, als sie in einem nicht ausreichend befestigten Gitterrost einer Regenabflussrinne hängen blieb und stürzte. Sie erlitt eine subkapitale Oberarmknochenfraktur mit Abriss der Tuberculum major rechts sowie Prellungen und Abschürfungen; die Fraktur wurde notfallmäßig versorgt und operiert, die Klägerin war 5 Tage stationär und noch sechs Monate beeinträchtigt. Sie kann ihren Arm nicht mehr über Schulterhöhe heben.

1942 **LG Bielefeld, Urt. v. 15.11.2018 – 2 O 395/17, unveröffentlicht**

6.500,00 € (Vorstellung: 7.500,00 €)

Quetschungen und Frakturen des Fußes

Der Kläger wurde bei einem Unfall verletzt, bei welchem ihm der Beklagte mit einem Gabelstapler über den Fuß fuhr. Es kam zu multiplen Frakturen des rechten Fußes, einer Ausrenkung des Zehengelenks und einer schweren Quetschung. Der Fuß war stark druckschmerzhaft und konnte nicht belastet werden; Die Frakturen wurden operiert; es kam aber zu Komplikationen, weil die Fraktur eines Mittelfußknochens nicht zusammengewachsen war, sondern sich ein sog. Falschgelenk gebildet hatte. Der Kläger war insgesamt fünf Monate arbeitsunfähig und konnte danach nur stundenweise seine Tätigkeit als Kurierfahrer wieder aufnehmen.

OLG Düsseldorf, Urt. v. 25.09.2018 – 1 U 57/16, unveröffentlicht 1943

7.000,00 €

Multiple Prellungen – Knorpelschaden in der linken Schulter

Der 41 Jahre alte Kläger erlitt bei einem Verkehrsunfall multiple Prellungen und einen traumatischen Knorpelschaden im linken Schultergelenk. Hier mussten Knorpelsplitter entfernt und der vorhandene Knorpel geglättet werden. Degenerative Schmerzen in Bereich der Wirbelsäule verstärkten sich hierdurch vorübergehend; trotz des arthroskopischen Eingriffs leidet der Kläger weiterhin unter mittelgradigen Bewegungseinschränkungen. Er war drei Wochen arbeitsunfähig und nahm einen weiteren Monat an einer Wiedereingliederungsmaßnahme teil.

LG Darmstadt, Urt. v. 22.07.2022 – 9 O 65/18, unveröffentlicht 1944

7.000,00 € (Vorstellung: 6.000,00 €)

Bauchdeckenprellung – Decollement-Verletzung am Unterschenkel

Die 18 Jahre alte Klägerin erlitt bei einem Verkehrsunfall, an welchem sie als Motorradfahrerin beteiligt war, eine Decollement-Verletzung am rechten Unterschenkel mit großflächiger Verletzung der Haut, eine Bauchdeckenprellung und multiple kleine Schürfwunden. Sie befand sich einen Monat in stationärer Behandlung und wurde achtmal operiert. Es erfolgte eine Hauttransplantation durch Entnahme von Haut aus dem Oberschenkel. Nach der Entlassung war die Klägerin noch wochenlang auf die Einnahme von Schmerzmitteln angewiesen und musste Physiotherapie machen und war noch weitere 6 Wochen arbeitsunfähig. Am Unterschenkel verbleiben zwei deutlich sichtbare Narben, am Oberschenkel Narben aufgrund der Hauttransplantation. Das rechte Bein ist 1 cm kürzer, es bestehen Sensibilitätsstörungen. Das Gericht berücksichtigte die Entstellung durch die Narben und die Einschränkungen in der Kleiderwahl (Röcke, kurze Hosen).

OLG Düsseldorf, Urt. v. 06.02.2018 – 1 U 61/17, unveröffentlicht 1945

10.000,00 € (Vorstellung: 10.000,00 €)

Prellungen an Thorax, Unterschenkel und Ellbogen – Kopfplatzwunde – PTBS

Die 41 Jahre alte Klägerin erlitt bei einem Unfall eine Gehirnerschütterung, eine Kopfplatzwunde, eine Unterschenkel- und Ellbogenprellung links, eine Thoraxprellung rechts und eine Halswirbelsäulenverrenkung. Infolge des Unfalls kam es zu einer posttraumatischen Belastungsstörung mit der Folge von Schlafstörungen, Konzentrationsschwächen und erhöhter Schreckhaftigkeit. Sie war deswegen 3 1/2 Monate krankgeschrieben. Bei der Bemessung stellte der Senat auch auf das rücksichtslose Verhalten des Unfallgegners ab, der sich ohne Hilfeleistung vom Unfallort entfernt hatte.

LG Essen, Urt. v. 01.12.2022 – 65 KLs 1/22, unveröffentlicht 1946

10.000,00 €

Riss-Quetsch-Wunde am Ohr – Nasenbeinfraktur – Le-Fort-I-Fraktur

Der Nebenkläger hatte eine verheiratete Frau, mit der er eine Affäre hatte, erpresst; die Angeklagten hatten ihn daraufhin einen »Denkzettel« verpassen wollen und schlugen ihn in einer Gruppe mit einem Schlaggegenstand in das Gesicht. Der Nebenkläger erlitt eine Le-Fort I-Fraktur, einen Bruch des linken Jochbeins, einen Bruch des linken knöchernen Augenhöhlenbodens sowie einer Nasenbeinfraktur. Es kam zudem zu Verletzungen der Mundvorhofschleimhaut mit Absplitterung von Verblendungen der Frontzähne 11 und 12, einer Schwellung der linken Gesichtshälfte, einem Monokelhämatom links sowie eine Riss-Quetsch-Wunde vor dem linken Ohr. Der Kläger wurde eine Woche stationär aufgenommen. Eine Zahnbehandlung wurde erforderlich; die Le-Fort I-Fraktur wurde mit einer Metallplatte operativ versorgt, die in einer gesonderten Operation wieder entfernt wurde. Bei der Bemessung wurde auch berücksichtigt, dass der Nebenkläger seinerseits Täter einer Erpressung gewesen war.

1947 **OLG Düsseldorf, Urt. v. 13.11.2018 – 1 U 67/17, unveröffentlicht**

<u>10.400,00 €</u> (Vorstellung: 30.000,00 €)

Prellungen an Mittelfuß, Daumen, Sprunggelenk und Hüfte – Blockierungen – Anpassungsstörung

Die 24 Jahre alte Klägerin erlitt bei einem Verkehrsunfall, bei welchem sie als Fußgängerin verletzt wurde, eine Prellung des linken Mittelfußes, eine Prellung des rechten Daumens, eine Prellung des linken Sprunggelenks, eine Prellung des linken Hüftgelenks und eine Zerrung der Halswirbelsäule. Weiter kam es zu Blockierungen der Tibio-Fibula-Gelenke und der Hüftgelenke, einer Schultergelenksblockierung, einer Zervikobrachialgie, einer Blockierung im Bereich der Hals- und Brustwirbelsäule, einem Triggerpunktschmerzsyndrom der Hals- und Nackenmuskulatur sowie einer Blockierung der Handwurzelknochen und des Handgelenks. Sie war vier Tage krankgeschrieben und benötigte Krücken. 6 Wochen manuelle Therapie und Wärmebehandlungen schlossen sich an.

Die Klägerin leidet zudem unfallbedingt unter psychischen Problemen, die zwar nicht das Ausmaß einer posttraumatischen Belastungsstörung, wohl aber einer schwerwiegenden Anpassungsstörung (mit Aggravationstendenzen) angenommen hat. Vier Jahre lang kam es zu Angstsymptomen mit einer fast kontinuierlichen Fokussierung auf das Unfallereignis, emotionaler Anspannung, Verlust der Integrität und der psychischen Abwehr, häufigen Erinnerungen an das Unfallereignis (Flashbacks) und Schlafstörungen; zudem entwickelte sich eine Gürtelrose. Die Klägerin weist weiterhin Defizite durch Konzentrationsstörungen, ängstlich-depressive Vermeidungstendenzen, Rückzugsverhalten und eine deutlich reduzierte Stresstoleranz auf. »Deutlich« schmerzensgeldmindernd brachte der Senat ins Gewicht, dass die Klägerin die Therapie nur unzureichend aufgenommen hatte.400,00 € waren bereits vorgerichtlich gezahlt worden.

1948 **OLG Brandenburg, Urt. v. 06.06.2019 – 12 U 119/18, unveröffentlicht**

<u>12.000,00 €</u> (Vorstellung: 11.500,00 €)

Prellungen und Schnittverletzungen – posttraumatische Belastungsstörung

Die 47 Jahre alter Klägerin erlitt bei einem Verkehrsunfall neben Schnittverletzungen und Prellungen einen Schock und Todesängste. Dadurch, dass sie den Unfall durch »flashes« immer wieder erlebt, ist eine posttraumatische Belastungsstörung entstanden, infolge deren die Klägerin antriebs- und energielos ist und sich auf nichts konzentrieren kann. Sie leidet nun noch unter einer mittelgradigen Depression und einem Schmerzsyndrom der linken Schulter. Ihren Beruf als Selbstständige musste sie aufgeben.

1949 **LG Aurich, Urt. v. 22.10.2018 – 13 KLs 110 Js 3516/18 (4/18), unveröffentlicht**

<u>12.500,00 €</u>

Kopfplatzwunden – Schädelprellung – Ulnaschaftfraktur

Die Angeklagten hatten verabredet, den Adhäsionskläger, einen Pizzafahrer, mit einer Scheinbestellung zu sich zu locken und dann zu überfallen. Sie schlugen ihn mehrfach mit einem Teleskopschlagstock gegen Kopf, Oberkörper und Arm. Der Adhäsionskläger erlitt hierdurch eine Schädelprellung und vier Platzwunden in der Schädelregion, nämlich eine 3 cm lange Hautdurchtrennung in der hinteren Schläfenregion rechtsseitig 3 cm oberhalb der Ohrmuschel, eine 5,5 cm lange Hautdurchtrennung auf Scheitelhöhe, weiter parallel dazu – 2 cm weiter frontal – eine 4,5 cm lange Hautdurchtrennung sowie 3 cm weiter hinterkopfwärts eine weitere 3 cm lange Hautdurchtrennung. Jeder einzelne dieser die vier Platzwunden verursachenden Schläge war potenziell lebensbedrohlich, da jeder Schlag eine tödliche Hirnblutung hätte verursachen können. Er erlitt darüber hinaus über der rechten Augenbraue eine 1,5 cm lange Hautabschiebung und dazu ein Monokelhämatom am rechten Auge, ein Hämatom am linken Oberarm sowie einen Splitterbruch am rechten Unterarm

(Ulnaschaftfraktur), welcher bis zum heutigen Zeitpunkt zweimal operiert werden musste. Eine stationäre Behandlung erfolgte über einen Zeitraum von 2 Wochen. Der Adhäsionskläger, der 3 1/2 Monate arbeitsunfähig war, leidet noch heute an Druckschmerzempfindlichkeit am Kopf und nimmt deswegen Medikamente ein.

LG Darmstadt, Urt. v. 07.02.2018 – 8 O 320/12, unveröffentlicht 1950

15.000,00 € (Vorstellung: 15.000,00 €)

Multiple Prellungen – Schnittwunden – Glassplittereinsprengung

Der Kläger erlitt bei einem Verkehrsunfall multiple offene Schnittwunden durch Glassplitter, die ihn an der linken Schulter, dem linken Oberarm, der linken Hand und dem Gesicht trafen. Zudem kam es zu multiplen Prellungen am Oberkörper, einem HWS-Schleudertrauma, einem Strecksehnenriss an der linken Hand und an Glassplittereinsprengung an der linken Hand. Ein vorbestehender Tinnitus wurde verstärkt. Es sind Dauerfolgen zu befürchten, sodass der Kläger handwerkliche Arbeiten im Haus nur noch eingeschränkt durchführen kann. Es verbleibt eine Dauer-MdE von 10 %.

LG Offenburg, Urt. v. 30.07.2019 – 3 O 311/15, unveröffentlicht 1951

15.000,00 € (Vorstellung: 9.500,00 €)

Prellungen, Schürfwunden – Verletzungen an Brustwirbelsäule, Schulter und Sprunggelenk

Die Klägerin wurde bei einem Verkehrsunfall verletzt, bei welchem sie als Sozia eines Leichtkraftrades angefahren wurde. Sie erlitt Verletzungen am linken Sprunggelenk (Risswunde und Innenbandriss), im Schulterblatt und an der Brustwirbelsäule, weiterhin zahlreiche Schürfungen (linke Schulter, linker Unterschenkel, unterhalb des Knies, linke Hand) und Prellungen (u.a. linke Schulter, linker Unterschenkel, unterhalb des Knies, linke Hand, Brustkorb beidseitig, linke Stirn), die auch sechs Tage nach dem Unfall noch deutlich sichtbar waren. Die Prellungen und Schürfungen, die folgenlos ausheilten, waren äußerst schmerzhafte Verletzungen, die zu erheblichen Schlafstörungen der Klägerin über eine Woche führten, da sie nur auf dem Rücken schlafen und den Fuß hochlagern musste. Die Klägerin war vier Wochen arbeitsunfähig und konnte ihr Knie nicht belasten. Darüber hinaus hat die Klägerin neurologische Ausfallerscheinungen in Gestalt von Kribbelparästhesien am linken Unterschenkel und Taubheitsgefühlen im Bereich des Ring- und Kleinfingers der linken Hand erlitten, weshalb sie in neurologischer Behandlung war. Dabei haben sich die Beschwerden im Bereich der linken Hand zurückgebildet, die Beschwerden im Bereich des linken Unterschenkels sind rückläufig. Schließlich leidet die Klägerin unter erheblichen Beschwerden im linken Knie, die weiterhin andauern. Zwei Arthroskopien und schmerzhafte physiotherapeutische Behandlungen mit Spritzeninjektionen waren nötig. Im Knie haben sich Vernarbungen gebildet, die sich immer wieder bilden werden. Sie leidet bis auf weiteres unter Belastungsschmerzen und Schwellneigung im linken Knie. Insofern ist auch nicht mit einer Besserung zu rechnen.

OLG Zweibrücken, Urt. v. 13.11.2019 – 1 U 153/14, unveröffentlicht 1952

15.000,00 € (1/2 Mitverschulden; Vorstellung: 50.000,00 €)

Prellungen – Nasenbeinfraktur – Unterschenkelschaftfraktur – Schürfwunden

Die 10 Jahre alte Klägerin wurde von einem Auto angefahren. Sie erlitt hierbei eine Unterschenkelschaftfraktur, eine Schädelprellung, eine Nasenbeinfraktur, eine Schürfwunde am Unterschenkel sowie Schürfwunden in der Knöchelregion, am Fuß und im Gesicht nebst einem Hämatom an der Oberlippe. Bei dem Sturz ist ein Zahn abgebrochen. Im Rahmen der Behandlungen wurde im Bereich des Unterschenkels der Klägerin ein externer Fixateur eingesetzt. Sie befand 13 Tage in stationärer Behandlung, hierbei wurde auch eine Nasenreposition durchgeführt. Drei Monate später war ein weiterer Krankenhausaufenthalt von 3 Tagen nötig, fünf Jahre später kam es zu einer weiteren Operation aufgrund einer entstandenen Synostose. Es blieben eine 12 cm lange Narbe am Unterschenkel sowie Restbeschwerden (Taubheitsgefühl), die sich beim Ski- oder Inlinefahren äußern.

1953 **OLG Hamm, Urt. v. 22.11.2022 – 7 U 8/22, unveröffentlicht**

19.000,00 € (Vorstellung: 25.000,00 €)

Hüftprellung – Quetschwunde – Nasenbeinfraktur – Jochbeinfraktur – Gelenkssprengung der Schulter

Der 68 Jahre alte Kläger erlitt bei einem Verkehrsunfall eine Nasenbeinfraktur, eine Jochbeinfraktur, eine Kalottenfraktur mit subarachnoidaler Blutung und Riss-/Quetschwunden frontal links sowie eine Le Fort 1 Fraktur, eine Gelenkssprengung der linken Schulter und eine Hüftprellung. Er kann schwere Gegenstände nur eingeschränkt tragen, hat Beeinträchtigungen im Geruchs- und Geschmackssinn und Schwierigkeiten bei Überkopfarbeiten. Der Senat wertete das – landgerichtlich zuerkannte – Schmerzensgeld als »keinesfalls zu hoch«.

1954 **OLG Schleswig, Urt. v. 10.01.2019 – 7 U 74/13, SchlHA 2019, 315**

20.000,00 € (Vorstellung: 55.000,00 €)

Schädelprellung – multiple Schürfwunden – Schulterverletzung Tossy I

Der Kläger wurde als Radfahrer bei einem Verkehrsunfall verletzt; er erlitt eine »Tossy I«-Verletzung des linken Schultereckgelenks (leichtere Band- oder Kapselverletzungen), multiple Schürfwunden, eine leichte Schädelprellung sowie eine HWS-Distorsion. Er war drei Monate arbeitsunfähig; eine bei dem Kläger bereits seit der Jugend angelegte narzisstische Störung hatte – auch durch den Unfall und die damit verbundenen Regulierungsschwierigkeiten – eine mittelschwere und belastungsabhängig sogar schwergradige depressive Störung (ICD 10 F32.1 und 32.2) ausgelöst. Der Kläger gab seinen Beruf auf und lebt von Grundsicherung.

1955 **LG Arnsberg, Urt. v. 15.11.2019 – 1 O 25/15, unveröffentlicht**

35.000,00 € (Vorstellung: 10.000,00 €)

Prellungen an Rippen, Schulter, Ellbogen, Knie – psychische Folgen

Der Kläger wurde bei einem Verkehrsunfall verletzt; er erlitt Abschürfungen an der Hüfte rechts, Prellungen und Verstauchungen der Daumengelenke links und rechts, eine Prellung und Schürfwunde am rechten Ellbogen, der rechten Schulter, des rechten Knies und beider Schienbeine sowie ein Halswirbelschleudertrauma mit Taubheitsgefühl in beiden Unterarmen bis in die Finger, Gehirnerschütterung, Übelkeit, Schwindel und eine Rippenprellung. Wegen Rotatorenmanschettenruptur und Bandläsion am Handgelenk entwickelte sich ein Morbus Sudeck und eine Arthrose an den Handgelenken. Der Kläger leidet an einer komplexen posttraumatischen Belastungsstörung und einer anhaltenden Schmerzbeeinträchtigung und Depression. Es hat sich ein Tourette Syndrom mit ständigen multiplen motorischen und vokalen Tics und motorischer Hyperaktivität entwickelt. Der Kläger ist dauerhaft erwerbsunfähig.

1956 **OLG Celle, Urt. v. 31.03.2023 – 14 U 133/22, NJW-RR 2023, 870 = MDR 2023, 629**

60.000,00 €

Rissquetschwunde – Rippenserienfraktur – Schädelhirntrauma – Pneumohämatothorax

Die 67 Jahre alte Klägerin wurde bei einem Unfall mit einer Schienenbahn verletzt. Sie musste von Feuerwehrleuten aus dem Fahrzeugwrack ihres Pkw befreit werden und erlitt bei dem Unfall ein Polytrauma mit gedecktem Schädelhirntrauma und multiple Kontusionsblutungen rechts frontal und temporal, weiter eine Rippenserienfraktur rechts, mit traumatischem Pneumohämatothorax rechts, eine ausgedehnte Rissquetschwunde am distalen Oberarm rechts, eine Radiusköpfchenfraktur mit Gelenkbeteiligung und knöcherner Absprengung am Olecranon rechts (Ellenbogenhöcker an der Spitze des Ellenbogens) und eine Milzkontusion. Die Olecranon-Fraktur wurde noch am Unfalltag operativ versorgt. Die Klägerin wurde 24 Tage stationär behandelt und befand sich im Anschluss noch 3 Wochen in einer Rehabilitationsklinik. Sie verlor infolge des Unfalls drei Zähne im

Unterkiefer; der linke Zeh erlitt beim Unfall starke Risse, die sich entzündeten und eine neuerliche Operation erforderlich machten. Die Klägerin litt nach dem Unfall unter Belastungen und starken Kopfschmerzen. Der Senat berücksichtigte auch ein »absolut nicht nachvollziehbares« Regulierungsverhalten des Versicherers, der trotz eindeutiger Haftung nur einen Abschlag von (»unangemessen niedrigen«) 4.000,00 € gezahlt hatte.

Produkthaftung

OLG Hamm, Beschl. v. 14.02.2001 – 9 W 23/00, MDR 2001, 690 = NJW 2001, 1654 1957

0,00 €

Alkoholkrankheit

Der Antragsteller beantragte PKH für einen Schadensersatzprozess gegen eine Brauerei mit der Begründung fehlender Warnhinweise vor den Folgen des Alkoholkonsums auf den Flaschen. Das Gericht urteilte, eine Brauerei sei nicht verpflichtet, auf Bierflaschen vor den Gefahren übermäßigen Alkoholkonsums zu warnen; die Informationspflicht des Herstellers erstrecke sich nämlich nicht auf Risiken, die allgemein bekannt sind. Die Folgen übermäßigen Alkoholkonsums gehörten nach Auffassung des Gerichts zum »Allgemeinwissen«. Auch ein Produktfehler nach ProdHaftG wurde verneint, da dieser nur in den (hier nicht einschlägigen) Abweichungen des Produktes von den berechtigten Sicherheitserwartungen der Verbraucher liegen könne.

OLG Karlsruhe, Urt. v. 29.03.2001 – 4 U 22/00, NJW-RR 2001, 1174 = MDR 2001, 751 1958

0,00 €

Tod durch Feuerzeuggasschnüffeln

Der 13-jährige Sohn der klagenden Eheleute verstarb an den Folgen einer Butangas-Intoxikation. Das von der Beklagten in Nachfüllflaschen portionierte und vertriebene Feuerzeuggas war von dem Jungen wegen seiner berauschenden Wirkung auf Kleidungsstücke gesprüht und eingeatmet (»geschnüffelt«) worden. Die eingesogenen Dämpfe haben bei ihm einen Atemstillstand bewirkt, der zu seinem Tod führte.

Die Kläger sind der Auffassung, die Beklagte hätte auf die Gefährlichkeit der direkten Inhalation des Gases hinweisen müssen. Dies hat der Senat verneint. Vor Gefahren, die bei einer zweckwidrigen Produktverwendung auftreten können, hat der Hersteller dann zu warnen, wenn bei naheliegendem Fehlgebrauch erhebliche Körper- oder Gesundheitsschäden zu besorgen sind. Allerdings müssen Gefahren, die nur bei bestimmungswidrigem Gebrauch eines Produktes auftreten, dann nicht Gegenstand einer besonderen Instruktion des Herstellers sein, wenn den Verwendern bekannt ist, wie es bestimmungsgemäß zu gebrauchen ist.

Vollends zurücktreten müsse die allgemeine Pflicht zur Aufklärung dann, wenn es sich um einen völlig zweckfremden, bewussten Missbrauch eines Produktes als Rauschmittel handelt. Nicht nur unter dem Gesichtspunkt der Zumutbarkeit für den Hersteller, sondern auch wegen des durch einen Hinweis auf die Gefahren des Missbrauchs möglicherweise erst geschaffenen Anreiz hierfür sei eine Warnung vor den Folgen des »Schnüffelns« nicht zu fordern.

OLG Hamm, Beschl. v. 04.06.2004 – 3 U 16/04, NJW 2005, 295 1959

0,00 €

Lungenschäden – kardiovaskuläre Erkrankung

Der Kläger, ein durch übermäßigen Zigarettenkonsum (»Nikotinabusus«) in seiner Gesundheit geschädigter Raucher, verlangte Schmerzensgeld vom Zigarettenhersteller. Das Gericht lehnte die Klage ab; es sei nicht ersichtlich, dass der Zigarettenhersteller durch sein Verhalten (die rechtmäßige Herstellung und den rechtmäßigen Vertrieb seiner Zigaretten) in rechtswidriger Weise eine Erkrankung des aus eigener Entscheidung rauchenden Klägers verursacht hat. Es kämen daher weder

Schadensersatzansprüche wegen Körperverletzung aus § 823 Abs. 1 BGB noch solche unter dem Gesichtspunkt der Produzentenhaftung, der Schutzgesetzverletzung gem. § 823 Abs. 2 BGB oder der sittenwidrigen Schädigung i.S.v. § 826 BGB in Betracht. Selbst wenn man eine Hinweispflicht des Zigarettenherstellers auf den Zusatz suchtfördernder (zulässiger) Stoffe (Acetaldehyd, Ammoniak bzw. Ammoniakderivate) bejahen wollte, sei die Ursächlichkeit eines Verstoßes gegen eine derartige Hinweispflicht für die Gesundheitsbeschädigung nicht nachgewiesen; es könne nicht davon ausgegangen werden, dass der Betroffene durch derartige Warnhinweise vom Rauchen abgehalten worden wäre. Auch Produkt- oder Konstruktionsfehler schieden aus, da die Beifügung gesetzlich zulässiger Stoffe nicht haftungsbegründend sei.

1960 **LG Essen, Urt. v. 12.05.2005 – 16 O 265/01, NJW 2005, 2713**

0,00 €

Diabetes mellitus

Der Kläger nahm die Beklagte, die u.a. »Coca-Cola« herstellt, wegen angeblich durch den Konsum dieses Getränkes entstandener Gesundheitsschäden in Anspruch. Er leidet unter Diabetes mellitus Typ 2 (sog. Altersdiabetes). Das Gericht wies die Klage ab, weil die Gefahren des übermäßigen Konsums zuckerhaltiger Getränke jedermann bekannt seien und vom Verbraucher daher in Kauf genommen würden.

1961 **OLG Köln, Urt. v. 07.09.2005 – 27 U 12/04, NJW 2005, 3292**

0,00 € (Vorstellung: 6.000,00 €)

Herzkammerflimmern

Die Klägerin, die unter Bluthochdruck litt, erlitt nach dem Verzehr von Lakritzprodukten der Beklagten einen Zusammenbruch, nach dem sich Herzkammerflimmern einstellte. Sie musste reanimiert werden.

Das Gericht führte aus, bei einer Lakritzmischung, die lediglich Glycyrrhizin-Werte zwischen 0,08 und 0,18 % aufwies, sei ein Warnhinweis auf Gesundheitsschäden nicht erforderlich. Dies sei erst ab 0,2 % geboten.

1962 **BGH, Urt. v. 05.04.2006 – VIII ZR 283/05, VersR 2006, 1258 = NJW 2006, 2262 = MDR 2006, 1246**

0,00 €

Zahnabbruch

Der Kläger verzehrte im Lokal des Beklagten einen Grillteller, bei dem er u.a. ein Hackfleischröllchen aß. Dabei brach ein Zahn des Klägers ab, was dieser darauf zurückführte, dass sich in dem Röllchen ein harter Fremdkörper befunden habe. Der Beklagte bestritt dies und verwies darauf, dass der Zahn auch nach dem Biss auf ein Knochen- oder Knorpelteilchen abgebrochen sein könne. Das Gericht verneinte eine Haftung, weil kein Anscheinsbeweis dafür spreche, dass der Zahn aufgrund eines Fremdkörpers abgebrochen sei; hierfür fehle es an einem typischen Geschehensablauf, da der Zahn ebenso wahrscheinlich etwa aufgrund eines Knochenteilchens im Fleisch habe abbrechen können. Daher schieden Ansprüche aus § 280 BGB, § 1 ProdHaftG mangels Nachweises einer Pflichtverletzung bzw. eines Produktfehlers aus.

1963 **BGH, Urt. v. 17.03.2009 – VI ZR 176/08, VersR 2009, 649 = NJW 2009, 1669 = MDR 2009, 627**

0,00 € (Vorstellung: 200,00 €)

Zahnverletzung

Der Kläger nimmt die Beklagte, die eine Bäckerei und Konditorei betreibt, in Anspruch, weil er einen »Kirschtaler«, ein Gebäckstück mit Kirschfüllung und Streuselbelag, verzehrt hatte. Zur Herstellung der Füllung verwendet die Beklagte Dunstsauerkirschen, die im eigenen Saft liegen und über einen Durchschlag abgesiebt werden. Beim Verzehr dieses Gebäckstücks biss der Kläger auf einen darin eingebackenen Kirschkern. Dabei brach ein Teil seines oberen linken Eckzahns ab. Der BGH verneinte einen Produktfehler:

Da es sich bei einem Gebäckstück um ein für den Endverbraucher bestimmtes Lebensmittel handelt, muss es zwar grds. erhöhten Sicherheitsanforderungen genügen, selbst dann, wenn es sich um ein Naturprodukt handelt. Der Verbraucher, der ein verarbeitetes Naturprodukt verzehrt, darf davon ausgehen, dass sich der Hersteller i.R.d. Verarbeitungsprozesses eingehend mit dem Naturprodukt befasst und dabei Gelegenheit gehabt hat, von dem Naturprodukt ausgehende Gesundheitsrisiken zu erkennen und zu beseitigen, soweit dies möglich und zumutbar ist. Aus Sicht des Konsumenten kann aber bei einer aus Steinobst bestehenden Füllung eines Gebäckstücks nicht ganz ausgeschlossen werden, dass dieses in seltenen Fällen auch einmal einen kleinen Stein oder Teile davon enthält. Eine vollkommene Sicherheit wäre nur dann zu erreichen, wenn der Hersteller entweder die Kirschen durch ein engmaschiges Sieb drücken würde, wodurch nur Kirschsaft hervorgebracht würde, mit dem die Herstellung eines Kirschtalers nicht möglich wäre, oder wenn er jede einzelne Kirsche auf evtl. noch vorhandene Kirschsteine untersuchen würde. Ein solcher Aufwand ist dem Hersteller nicht zumutbar. Er ist aber auch objektiv nicht erforderlich, da dem Verbraucher, der auf einen eingebackenen Kirschkern beißt, keine schwerwiegende Gesundheitsgefahr droht, die um jeden Preis und mit jedem erdenklichen Aufwand vermieden oder beseitigt werden müsste.

Bei einem als »Kirschtaler« angebotenen Gebäck geht der Verbraucher davon aus, dass es unter Verwendung von Kirschen hergestellt wird. Der Verbraucher weiß auch, dass die Kirsche eine Steinfrucht ist und dass ihr Fruchtfleisch mithin einen Stein (Kirschkern) enthält. Seine Sicherheitserwartung kann deshalb berechtigterweise nicht ohne Weiteres darauf gerichtet sein, dass das Gebäckstück »Kirschtaler« zwar Kirschen, aber keinerlei Kirschkerne enthält.

LG Kleve, Urt. v. 06.07.2011 – 5 S 47/11, NJW-RR 2011, 1473 1964

0,00 €

Zahnabbruch

Der Kläger biss auf ein von der Beklagten hergestelltes Stück Cevapcici. Durch den Biss auf ein 2 mm großes Knochenstück brach ein Stück des Oberkieferzahns Nr. 16 ab. Das Gericht verneinte einen Produktfehler, weil bei Hackfleisch nie ganz ausgeschlossen werden könne, dass Knochen- oder Knorpelstücke enthalten seien. Eine vollkommene Produktsicherheit sei nur mit unzumutbarem Aufwand erreichbar.

OLG Frankfurt, Urt. v. 26.04.2023 – 13 U 69/22, A&R 2023, 158 1965

0,00 € (Vorstellung: 21.500,00 €)

Angst vor Krebs

Die Klägerin nahm ein Medikament ein (Valsartan), von dem einige Chargen wegen potentieller Verunreinigung mit krebserregenden Stoffen zurückgerufen wurden. Sie machte Schmerzensgeld geltend, weil sie nun in Angst vor einer Krebserkrankung sei; das Gericht führte aus, überzogene Reaktionen auf einen Rückruf seien nicht vom Schutzzweck des AMG und des ProdHaftG umfasst.

OLG Frankfurt, Urt. v. 09.04.2025 – 17 U 181/23, GesR 2025, 375 1966

1.000,00 € (Vorstellung: 7.000,00 €)

Bruch einer Spirale

Bei der Klägerin wurde eine von der Beklagten hergestellte Spirale eingesetzt, bei der es gehäuft zum Bruch eines oder beider Seitenarme kam. Die Arme brachen auch bei der Spirale der Klägerin und mussten operativ entfernt werden. Die Klägerin wurde ausgeschabt, der Eingriff verlief komplikationslos und war mit einigen Tagen Unterleibsschmerzen verbunden.

1967 **LG Limburg, Urt. v. 14.10.2022 – 4 O 114/21, unveröffentlicht**

1.500,00 € (Vorstellung: 9.200,00 €)

Operative Entfernung fehlerhafter Kupferspirale

Die Beklagte ist auf die Herstellung von Intrauterinpessaren (IUP) aus Kupfer zur Empfängnisverhütung spezialisiert. Die Klägerin ließ sich eine von der Beklagten hergestellte (Kupfer)spirale einsetzen. Bei einigen Chargen kam es aufgrund eines von dem Hersteller des

Rohmaterials verursachten Fehlers zu Defekten, weswegen einige Kupferspiralen in situ oder beim Entfernen brachen. Als die Klägerin sich aufgrund Kinderwunsches die Spirale entfernen lassen wollte, brachen beide Seitenärmchen der Spirale ab; an zwei Terminen versuchte die Frauenärztin eine Entfernung mittels Fasszange, was misslang. Beide Ärmchen wurden sodann unter Vollnarkose operativ entfernt. Die Klägerin, die im Nachgang hierzu einige Tage an Unterleibsschmerzen und verstärkten Blutungen litt, gebar später einen gesunden Sohn. Sorgen um die Schwangerschaft waren Grund für die Betragsvorstellung, hatten sich aber nicht beweisen lassen.

1968 **LG Hamburg, Urt. v. 14.11.2022 – 322 O 63/22, unveröffentlicht**

2.000,00 € (Vorstellung: 10.000,00 €)

Abbruch eines Pessarteiles

Die Beklagte ist auf die Herstellung von Intrauterinpessaren (IUP) aus Kupfer zur Empfängnisverhütung spezialisiert. Die Klägerin ließ sich eine von der Beklagten hergestellte (Kupfer)spirale einsetzen. Bei einigen Chargen kam es aufgrund eines von dem Hersteller des

Rohmaterials verursachten Fehlers zu Defekten, weswegen einige Kupferspiralen in situ oder beim Entfernen brachen. Bei der Klägerin löste sich das Pessar, ein Ärmchen fehlte und konnte auch bei folgenden Untersuchungen (zwei Operationen, eine unter Vollnarkose) nicht gefunden werden.

1969 **LG Aachen, Urt. v. 29.06.2023 – 1 O 248/22, unveröffentlicht**

7.500,00 € (Vorstellung: 10.000,00 €)

Bruch eines Intrauterinpessars

Bei der Klägerin wurde eine von der Beklagten hergestellte Spirale eingesetzt, bei der es gehäuft zum Bruch eines oder beider Seitenarme kam. Bei dem Versuch der Entfernung der Spirale brachen beide Ärmchen des IUP ab und verblieben im Uterus. Ein Seitenarm löste sich im Rahmen der nächsten Monatsblutung aus dem Uterus; der zweite musste im Rahmen einer operativen Hysterosktopie mit anschließender Gebärmutterausschabung entfernt werden. Sie hatte 5 Tage nach der Operation noch Unterleibsschmerzen und ist in Sorge, dass das Risiko von Fehlgeburten erhöht sei.

1970 **OLG München, Urt. v. 18.07.2016 – 17 U 640/16, unveröffentlicht**

15.000,00 €

Ersatz einer fehlerhaften Bandscheibenprothese

Bei der 42 Jahre alten Klägerin musste eine produktfehlerhafte Bandscheibenprothese der Beklagten an der Halswirbelsäule ersetzt werden. Die fehlerhafte Prothese wurde operativ entfernt, was einen sechstägigen stationären Aufenthalt und drei Monate Krankschreibung zur Folge hatte. Zum Einsetzen einer neuen Prothese war eine weitere Operation nötig, die zu vier Tagen stationären Aufenthaltes und 5 Monaten Arbeitsunfähigkeit führte. Eine Dauer-MdE von 20 % verbleibt, die Klägerin hat weiterhin Schmerzen in der Halswirbelsäule, die in den Arm ausstrahlend bestehen. Mindernd wurden die Vorschädigungen berücksichtigt, die insbesondere eine (haftungsunabhängige) Kopfschmerzsymptomatik verursacht hatten.

LG Freiburg, Urt. v. 02.08.2019 – 1 O 460/11, PKR 2019, 187 1971

17.500,00 € (Vorstellung: 40.000,00 €)

Implantation fehlerhafter Hüftgelenksprothese

Bei der damals 56 Jahre alten Klägerin wurde eine Hüft-Totalendoprothese (hier: Durom-Metasul-LDH Großkopfprothese) eingesetzt, die produktfehlerhaft war: sie hatte ein erhöhtes Versagensrisiko, weil die Produktserie Konstruktions- und Instruktionsfehler aufweist, die bei jedem Teil der Serie in der Konussteckverbindung zu erhöhtem Metallabrieb führen können, was die Gefahr schwerer Gesundheitsschäden (etwa Osteolysen) birgt und die operative Auswechslung von Prothesenteilen nötig macht. Im Alter von 71 Jahren wurde die Prothese ausgetauscht. Das Gericht berücksichtigte die Notwendigkeit einer Revisionsoperation mit Schmerzen und Beschwerden in der Reha sowie die »Unsicherheitsgefühle« der Klägerin nach Einsetzen der neuen Prothese. Körperliche Substanzverletzungen durch die Altprothetik bestanden indes nicht.

LG Freiburg, Urt. v. 24.02.2017 – 6 O 359/10, RDG 2017, 140 1972

25.000,00 € (Vorstellung: 37.000,00 €)

Implantation fehlerhafter Hüftgelenksprothesen

Die 69 Jahre alte Klägerin, die unter Bewegungseinschränkungen im Bereich beider Hüftgelenke und Schmerzen litt, erhielt bei einer Operation beide Hüftgelenke durch künstliche Großkugelkopfprothesen, die die Beklagte hergestellt hatte, ersetzt. Die rechte Prothese wurde nach 5 Jahren wegen Beschwerden ausgetauscht, die linke verblieb. Beim Austausch der Prothese waren mehrfache Operationen nötig; an der rechten Hüfte war bereits ein großes Serom am Gelenk sowie ein Pseudotumor entstanden, ferner bestand eine erhebliche Osteolyse (»mottenartiger« Knochenfraß) am Oberschenkelknochen. Im Rahmen des stationären Aufenthalts zog sich die Klägerin eine Noro-Virus-Infektion zu. Die Prothesen waren fehlerhaft konstruiert, maßgebend wegen Metallabriebs und Korrosion. Bei der Bemessung wies das Gericht auch auf die Schmerzen und Bewegungseinschränkungen über die Dauer von fünf Jahren hin.

Die Klägerin verlangte ein weiteres Schmerzensgeld unter Hinweis darauf, es gebe erhöhten Metallabrieb und die (bislang schadensfreie) linke Hüftprothese berge aufgrund fehlerhafter Komponenten die Gefahr eines möglicherweise noch auftretenden Körperschadens; dies lehnte das Gericht ab, da insoweit keine Nachteile von Krankheitswert aktuell seien und die bloße Möglichkeit späterer Schäden nicht einen Anspruch auf Schmerzensgeld auslöse. Klägerin wie Gericht hatten hier jedoch übersehen, dass das Schmerzensgeld unteilbar und für den gesamten Schadensfall zu bemessen ist – also nicht, wie das Landgericht ausgeurteilt hat, »zwei« Schmerzensgeldbeträge geschuldet waren, einer für die linke Prothese und einer für die rechte, sondern ein Schmerzensgeld für den konkreten Fall, in welchem durchaus die – nach allem berechtigte – Sorge der Klägerin um die rechte Hüfte und etwaige Folgen der Prothetik hätten eingepreist werden können.

LG Freiburg, Urt. v. 25.02.2019 – 6 O 83/12, unveröffentlicht 1973

25.000,00 €

Knochenfraß am Oberschenkel – Schleimbeutelentzündung an der Hüfte

Die 79 Jahre alte Klägerin wurde gegen Coxarthrose operiert, wobei eine von der Beklagten hergestellte Großkopf-Hüftprothese eingesetzt wurde.

Bei dieser eingesetzten Prothese kam es infolge eines Produktfehlers zu erheblichem Metallabrieb an der Konussteckverbindung, der zu Gesundheitsschäden führte. Eine Revisionsoperation wurde nötig. Am Oberschenkel tragen Osteolysen auf, der Knochenfraß war deutlich sichtbar ein Hämatoserom musste operativ ausgeräumt werden. Eine Schleimbeutelentzündung und ein Dekubitus der bettlägerigen Klägerin kamen hinzu. Die Klägerin litt über 5 Jahre an Schmerzen und verstarb während des Prozesses.

1974 **OLG Karlsruhe, Urt. v. 08.06.2020 – 14 U 171/18, MDR 2020, 990**

25.000,00 €

Implantation einer fehlerhaften Hüfttotalendoprothese

Der Kläger litt an einer schweren Coxarthrose der rechten Hüfte, weshalb er mit einer Hüftprothese der Beklagten versorgt wurde. Bei der Prothese kam es zu erhöhtem Metallabrieb; nachdem beim Kläger Knochenabbau festgestellt worden war, kam es zu einer Revisionsoperation, bei welcher nur Pfanne und Kopf der Prothese gewechselt wurden. Es wurden zwei große Osteolysen am Trochantermassiv des Femurs und eine Schleimbeutelreizung an der Hüfte festgestellt. Inwieweit die Revisionsoperation nachhaltigen Erfolg hat, ist noch offen.

Psychische Schäden

1. Schock

▶ Hinweis:

Es gab nach deutschem Recht kein Schmerzensgeld für den Tod und damit auch grds. kein Schmerzensgeld für die Hinterbliebenen. Dass für einen Schmerzensgeldanspruch der Hinterbliebenen ein Bedürfnis besteht, war allgemein anerkannt. Die Rechtsprechung hilft hier in eher seltenen Fällen, wenn die Hinterbliebenen geltend machen können, dass sie infolge des Verlustes des Angehörigen einen psychischen Schaden erlitten haben, dem ein selbstständiger Krankheitswert zukommt. Dies sollte nach der bisherigen Rechtsprechung nur dann der Fall sein, wenn der Hinterbliebene, der den Tod des nahen Angehörigen miterlebt oder dem die Nachricht vom Tod überbracht wird, einen Schock erleidet, **der über die üblichen Empfindungen hinausgeht und ärztlicher Behandlung bedarf.** Diese Rechtsprechung hat der BGH nunmehr aufgegeben.[4] Nunmehr kann ein Schmerzensgeld geltend gemacht werden, wenn ein psychischer Schaden vorliegt, der der medizinischen Behandlung bedarf.

Erreicht das Leid eines Angehörigen über den Verlust eines geliebten Menschen das nach der bisherigen Rechtsprechung erforderliche Ausmaß von Krankheitswert, steht dem Hinterbliebenen neben dem Hinterbliebenengeld gem. § 844 Abs. 3 BGB zusätzlich ein angemessenes Schmerzensgeld zu, dessen Höhe zahlreiche der folgenden Entscheidungen widerspiegelt.

Die Trauerreaktion auf den Tod eines geliebten Tieres begründet keinen Schmerzensgeldanspruch, vgl. van Bühren/Jahnke, Anwalts-Handbuch Verkehrsrecht, 2003, Teil 4 Rn. 232; AG Meppen, Urt. v. 09.12.1994 – s 3 C 1226/94, unveröffentlicht. All diese Überlegungen gelten weiter, obwohl durch das Gesetz zur Einführung eines Anspruchs auf Hinterbliebenengeld mit Wirkung zum 22.07.2017 eine eigenständige Anspruchsgrundlage eingeführt wurde.

1975 **OLG Saarbrücken, Urt. v. 30.11.2017 – 4 U 19/17, unveröffentlicht**

3.000,00 € (angemessen, mindestens 3.000,00 €)

Konfrontation der Ehefrau mit tödlich verunfalltem Ehemann

Der 60 Jahre alte Ehemann der Klägerin, der sich mit einer Wandergruppe auf einem »Premiumwanderweg der DB« befand, stürzte an einer Steilkante etwa 8 – 10 m kopfüber in die Tiefe und erlitt tödliche Verletzungen.

Die Klägerin, die den Sturz selbst nicht gesehen hat, als Teil derselben Wandergruppe aber vor Ort und mit den Unfallfolgen unmittelbar konfrontiert worden war, erlitt eine akute Belastungsreaktion

4 BGH, Urt. v. 06.12.2022 – VI ZR 168/21, VersR 2023, 392 und Jaeger, Rechtsprechung zum Schockschaden kehrt zur Normalität zurück, VersR 2023, 358.

und akute Depressionen, die im weiteren Verlauf auch Schlafstörungen nach sich zogen. Für die Dauer von circa fünf Wochen war sie arbeitsunfähig erkrankt.

OLG Celle, Urt. v. 12.05.2021 – 5 U 85/20, teilweise bestätigt durch BGH, Urt. v. 06.12.2022 – VI ZR 168/21, VersR 2023, 392 und Aufsatz Jaeger, Rechtsprechung zum Schockschaden kehrt zur Normalität zurück, VersR 2023, 358; MDR 2023, 362 1976

4.000,00 €

Schock des Vaters nach sexuellem Missbrauch der Tochter

Die Tochter des psychisch vorbelasteten Klägers wurde im Alter von fünf und sechs Jahren von dem Beklagten, der deswegen rechtskräftig verurteilt wurde, sexuell missbraucht. Der Kläger erlitt nach der Verurteilung des Beklagten eine durch den Missbrauch der Tochter ausgelöste Anpassungsstörung durch einen dysfunktionalen Umgang mit der Belastung, die zeitlich deutlich gegenüber einer üblichen Anpassungsstörung hinausging. Er war 14 Monate arbeitsunfähig. Die Anpassungsstörung im Sinne von ICD-10: F.43.2 trat zeitlich einhergehend mit Bekanntwerden der Straftaten zum Nachteil der Tochter auf. Sie ging einher mit einer depressiven Symptomatik, Angst und Besorgnis, Einschränkung der Bewältigung der alltäglichen Routinen, verbunden mit einem Rückzug von Sozialkontakten, über einen Zeitraum von über einem Jahr.

Der BGH änderte mit diesem Urteil seine bisherige Rechtsprechung, die für einen Schock eine Beeinträchtigung forderte, die über die Empfindungen hinausging, die Angehörige üblicherweise nach einem solchen Ereignis empfinden. Er fasste dies in dem Leitsatz zusammen:

Ist die psychische Beeinträchtigung pathologisch fassbar, hat sie also Krankheitswert, ist für die Bejahung einer Gesundheitsverletzung nicht erforderlich, dass die Störung über die gesundheitlichen Beeinträchtigungen hinausgeht, denen Betroffene bei der Verletzung eines Rechtsgutes eines nahen Angehörigen in der Regel ausgesetzt sind (insoweit Aufgabe Senatsurteil vom 21. Mai 2019 – VI ZR 299/17, BGHZ 222, 125).[5]

LG Heidelberg, Urt. v. 01.08.2012 – 4 O 79/07, GuP 2012, 200 1977

6.000,00 € (Vorstellung: 20.000,00 €)

Ungewollte Schwangerschaft eines 17 Jahre alten Mädchens

Der noch in der Berufsausbildung stehenden 15 Jahre alten Klägerin wurde von der beklagten Ärztin zur Empfängnisverhütung das Präparat Implanon implantiert. Die Beklagte unterließ es grob fehlerhaft zweifelsfrei gebotene medizinische Befunde zu erheben, nämlich Blutuntersuchungen, die ergeben hätten, dass durch Implanon eine Schwangerschaft nicht sicher verhütet würde. 17 Monate später wurde bei der Klägerin eine Schwangerschaft diagnostiziert. Die Klägerin entschloss sich zum Schwangerschaftsabbruch.

Für die Bemessung des Schmerzensgeldes war u.a. maßgebend, dass die Klägerin erst 17 Jahre alt war, als sie sich mit der Entscheidung über den Schwangerschaftsabbruch konfrontiert sah. Sie war über einen Zeitraum von 6 Monaten seelisch belastet und ist im Wesen verändert.

OLG Hamm, Urt. v. 20.02.2017 – 3 U 138/15, NJW-RR 2017, 1124 = CR 2018, 120 1978

7.000,00 € (Vorstellung: mindestens 5.000,00 €)

Psychische Erkrankung – Foto ins Internet gestellt – Darstellung des Oralverkehrs

Die im Jahr 1995 geborenen Parteien führten eine Liebesbeziehung. 2011 fertigte der Beklagte mit seinem Handy ein Foto, das das Paar beim Oralverkehr zeigt und auf dem die Klägerin zu erken-

---

5 Vgl. dazu auch Rahimi, jurisPR-IWR 1/2023 Anm. 4, Aufgabe der einschränkenden Auslegung der Gesundheitsverletzung bei mittelbar verursachter psychischer Beeinträchtigung im Rahmen des Schockschadens.

nen ist. Dieses Foto stellte er nach Beendigung der Beziehung 2013 auf eine Internetplattform, die allgemein einsehbar ist und von Freunden und Bekannten des Paares besucht wurde. Die Klägerin forderte den Beklagten auf, das Foto zu entfernen, was dieser umgehend tat.

Die Klägerin erlitt durch die Veröffentlichung einen gesundheitlichen Schaden in Form sich sukzessiv über mehrere Jahre erstreckenden, psychische Erkrankungen. Das LG Münster hatte der Klage stattgegeben und ein Schmerzensgeld von 20.000,00 € zugesprochen.

Das OLG hat auf ein Schmerzensgeld von nur 7.000 Euro erkannt. Der Beklagte habe der Klägerin einen Gesundheitsschaden zugefügt. Die Höhe des Schmerzensgeldes sei – mit Blick auf die Schwere der Verletzungen und ihre Folgen sowie auf das Verschulden des Schädigers – im Rahmen einer durchzuführenden Gesamtabwägung mit 7.000 Euro zu bemessen gewesen. Zu berücksichtigen seien die von der Klägerin erlittenen psychischen Erkrankungen und die Auswirkungen auf ihre Lebensgestaltung. Die Klägerin habe sich längere Zeit zurückgezogen, die Öffentlichkeit gescheut und sich zunächst nicht in der Lage gesehen, eine Berufsausbildung zu beginnen. Hinzu komme, dass die Bildveröffentlichung zu einer massiven Bloßstellung der aufgrund ihres jungen Alters besonders verletzlichen Klägerin gegenüber einer unüberschaubaren Anzahl von Personen, u.a. aus ihrem nahen Umfeld, geführt habe. Auch wenn der Beklagte das Foto schon nach kurzer Zeit von seinem Internetprofil gelöscht habe, hätten es (vorhersehbar) dritte Personen bereits entdeckt und heruntergeladen. Die Verbreitung des Fotos sei unkontrollierbar gewesen. Demgegenüber sei ebenfalls zu berücksichtigen, dass der sein Tun bereuende Beklagte das Bild – vermutlich stark alkoholisiert – im Zuge einer unreflektierten Spontanhandlung ins Internet hochgeladen habe, offenbar – wohl auch im Hinblick auf sein junges Alter – ohne die weitreichenden Folgen seines Handelns zu überdenken. Außerdem sei aufgrund des mittlerweile erfolgten Schulabschlusses und des Wohnortwechsels der Klägerin nicht mehr zu erwarten, dass die Klägerin künftig weiterhin massiv mit dem Foto konfrontiert werde. Schließlich sei es überwiegend wahrscheinlich, dass das das Foto ursprünglich im Einvernehmen der Parteien gefertigt worden sei.

1979 **OLG Düsseldorf, Urt. v. 07.08.2020 – 16 U 102/20**

8.000,00 €

Nachricht vom Tod des 7 Jahre alten Kindes

Als sie die Nachricht vom Tod des 7 Jahre alten Kindes durch Ertrinken erhielten, erlitten die Eltern eine akute Belastungsreaktion (F 43.0) und eine Anpassungsstörung (F 43.2), die zwei jahrelang anhielten. Der Beklagte, der den Tod zu vertreten hat, handelte grob fahrlässig.

1980 **OLG Saarbrücken, Urt. v. 31.01.2013 – 4 U 349/11, unveröffentlicht**

10.000,00 € (Vorstellung: 300.000,00 €)

Depressionen rund 17 Jahre nach einem Verkehrsunfall

Der Kläger erlitt rund 17 Jahre vor dieser Entscheidung bei einem Verkehrsunfall u.a. eine geschlossene Oberschenkelfraktur und ein Schädelhirntrauma I. Grades. Er wurde mit einem Schmerzensgeld in Höhe von 30.000,00 DM entschädigt. Er behauptete, dass das Unfallereignis für ihn psychische Folgen gehabt habe, er leide unter diffusen Ängsten, an Zukunfts- und Versorgungsängsten, an Schlafstörungen, einem Erschöpfungszustand, Antriebslosigkeit und Nervosität und habe Suizidgedanken. All das hat das OLG als mittelschwere Depressionen gewertet und ein weiteres Schmerzensgeld von 10.000,00 € zuerkannt.

1981 **OLG Oldenburg, Urt. v. 08.03.2016 – 13 U 69/15, unveröffentlicht**

10.000,00 € (Mitverschulden: 1/5; Vorstellung: 20.000,00 €)

Tod des Sohnes durch Ertrinken

Die Klägerin verlangt Schadensersatz und Schmerzensgeld wegen eines Badeunfalls auf der Ems, bei dem der zum Unfallzeitpunkt 22-jähriger Sohn ums Leben gekommen ist. Der Beklagte hatte die Ems mit einem Wassermotorrad (»Jetski«) befahren und war mit dem auf einer Luftmatratze Treibenden kollidiert. Dieser wurde durch den Zusammenstoß erheblich verletzt, fiel von der Luftmatratze und ertrank.

Die Klägerin leidet unter einer Gesundheitsbeschädigung, die pathologisch fassbar ist und über die »normalen« gesundheitlichen Beeinträchtigungen bei der Benachrichtigung von dem Unfall eines nahen Angehörigen hinausgeht.

BGH, Urt. v. 27.01.2015 – VI ZR 548/12, VersR 2015, 501 = NJW 2015, 1451 =DAR 2015, 200 1982

12.000,00 €

Schock – Miterleben des Todes der Ehefrau – Todesangst

Der Kläger musste mitansehen, wie die Ehefrau auf ihrem Motorrad von einem PKW erfasst und getötet wurde.

Der erheblich alkoholisierte Beklagte überschritt mit seinem PKW die zulässige Geschwindigkeit von 70 km/h um mindestens 58 km/h. Nach einer lang gezogenen Linkskurve geriet er auf die Gegenfahrbahn, wo ihm der Kläger und – hinter diesem – dessen Ehefrau auf Motorrädern mit einer Geschwindigkeit von 50 km/h entgegenkamen. Der Beklagte verfehlte den Kläger nur knapp und erfasste dessen Ehefrau, die bei der Kollision tödliche Verletzungen davontrug. Der Kläger begab sich infolge des Unfalls in ärztliche Behandlung. Der Arzt diagnostizierte eine akute Belastungsreaktion nach ICD F43.9 G. Etwa 10 Monate später zog der Kläger aus der vormaligen Familienwohnung aus. Seinen Beruf als Lkw-Fahrer gab er auf und wechselte in den Innendienst. Die Beklagte zahlte dem Kläger außergerichtlich ein Schmerzensgeld in Höhe von 4.000 €.

LG und OLG habe die auf Zahlung weiterer 8.000,00 € gerichtete Klage abgewiesen. Der BGH meint, die Revision mache zu Recht geltend, dass der Kläger in den Rückspiegel geblickt und mit angesehen habe, wie seine Ehefrau mit voller Wucht von dem Fahrzeug des Beklagten erfasst worden sei. Der Kläger habe selbst unmittelbare Lebensgefahr für sich wahrgenommen und akustisch und optisch miterlebt, wie seine Ehefrau bei einer sehr hohen Kollisionsgeschwindigkeit als Motorradfahrerin nahezu ungeschützt von einem Auto erfasst und getötet wurde. Ein solches Erlebnis sei hinsichtlich der Intensität der von ihm ausgehenden seelischen Erschütterungen mit dem Erhalt einer Unfallnachricht nicht zu vergleichen.

OLG Düsseldorf, Urt. v. 20.08.2018 – 22 U 224/17, unveröffentlicht 1983

15.000,00 € und 10.000,00 €

Tod eines 35 Jahre alten Mannes nach Totschlag

Die Eltern des Getöteten machen Ausgleichsansprüche aus eigenem und übergegangenen Recht gegen ihren Neffen geltend, der wegen Totschlags des Sohnes zu 10 Jahren Freiheitsstrafe verurteilt wurde. Das Opfer hatte den ersten vom Täter geführten Schlag noch überlebt und mit Entsetzen und Todesängsten wahrgenommen hat, dass der Täter weiter Schläge von hinten gegen seinen Hinterkopf führte. Er starb an diesen Schlägen und durch das Einatmen von Blut.

Den Eltern wurden aus ererbtem Recht als Gesamtgläubigern ein Betrag von 10.000,00 € und aus eigenem Recht je 15.000,00 € zuerkannt. Bei beiden Klägern davon auszugehen, dass sie infolge der vorsätzlichen Tötung ihres Sohnes durch den Beklagten eigene psychische Gesundheitsbeeinträchtigungen bzw. -verletzungen erlitten haben, die sich als pathologisch fassbar darstellen und nach Art und Schwere deutlich über das hinausgehen, was Nahestehende als mittelbar Betroffene in derartigen Fällen erfahrungsgemäß an Beeinträchtigungen erleiden.

In der notwendigen Gesamtschau ist davon auszugehen, dass nach den nicht angegriffenen Ausführungen des Sachverständigen bei beiden Klägern u.a. von einer schweren depressiven Episode, wenngleich ohne psychotische Symptome (ICD F32.2G) und einer posttraumatischen Belastungsstörung (ICD F43.1G) auszugehen ist, auch wenn bei beiden Klägern die depressive Episode – mit dem Zeitablauf – in eine »mittelgradige« depressive Episode (ICD F32.1.) übergegangen sein mag bzw. noch übergehen mag.

> »Der Verlust eines nahen Angehörigen (Kindes) und die darauf beruhenden psychischen und physischen Störungen können durch eine Geldzahlung schon vom gedanklichen Ansatz her nicht ausgeglichen werden. Der Sinn einer solchen Zahlung kann im Wesentlichen darin bestehen, dem mittelbar geschädigten Angehörigen eine angenehme Ablenkung zu verschaffen und den Übergang in eine neue Lebensphase zu erleichtern. Hierfür ist derzeit eine Zahlung in der Größenordnung von 15.000,00 € erforderlich.«

Die soziale Isolierung der Klägerin ist Symptom der psychischen Erkrankung. Gemeint ist damit:

Ohne soziale Isolierung hätte die Klägerin kein Schmerzensgeld bekommen. Verzögerliches Regulierungsverhalten könne den Beklagten nicht vorgeworfen werden, weil sie das medizinische Gutachten zum psychischen Schaden der Klägerin im Rechtsstreit abwarten durften. Zudem wird der Schmerzensgeldanspruch der Klägerin für rund 4 Jahre mit 5 % über dem Basiszinssatz verzinst.

1984 **OLG Köln, Urt. v. 03.12.2013 – 15 U 191/09, unveröffentlicht**, vgl. Rdn. 2021.

20.000,00 € (Vorstellung: 45.000,00 €)

Essstörungen

Die Klägerin fand ihren bei einem Unfall schwer verletzten Sohn auf, der eine erheblich dislozierte Oberschenkelfraktur, eine commotio cerebri und eine Kopfplatzwunde am Hinterkopf erlitten hatte.

Die Klägerin glaubte, dass ihr Sohn, der stark geblutet habe und bewusstlos gewesen sei, lebensgefährlich verletzt sei und noch am Unfallort versterben werde. Als Reaktion auf das Erlebnis habe sie ein posttraumatisches Belastungssyndrom entwickelt, als dessen Ausdruck sich u.a. eine schwere Essstörung in der Form einer Magersucht eingestellt habe.

Das OLG sah den vom LG zuerkannten Betrag als ausreichend an, um die Klägerin für die mit der unfallbedingten Magersucht verbundene immaterielle Beeinträchtigung, vor allem die mit der Essstörung verbundene körperliche Schwäche, zu entschädigen.

Der BGH, Urt. v. 10.02.2015 – VI ZR 8/14, VersR 2015 590, hob die Entscheidung auf die Revision der Klägerin auf und stellte dazu klar, dass der Zurechnungszusammenhang zwischen dem Unfall der Klägerin und deren gesundheitlichen Beeinträchtigungen hier nicht zu verneinen sei. Der Schädiger hat auch für eine psychische Fehlverarbeitung des Unfallgeschehens einzustehen, wenn hinreichende Gewissheit besteht, dass die Folge ohne den Unfall nicht eingetreten wäre. Der Zurechnungszusammenhang sei nur ausnahmsweise dann zu verneinen, wenn der Geschädigte den Unfall in neurotischem Streben nach Versorgung und Sicherheit lediglich zum Anlass nehme, um den Schwierigkeiten und Belastungen des Erwerbslebens auszuweichen.

Der BGH: Es ist … zu beachten, dass psychische Beeinträchtigungen naher Angehöriger, mögen sie auch für die körperliche Befindlichkeit medizinisch relevant sein, nur dann als Gesundheitsbeschädigung im Sinne des § 823 Abs. 1 BGB angesehen werden, wenn sie pathologisch fassbar sind. Von Bedeutung ist, ob die Beeinträchtigungen auf eine direkte Beteiligung an einem Unfall oder das Miterleben eines Unfalls zurückgeführt werden oder ob sie durch den Erhalt einer Unfallnachricht ausgelöst worden sein sollen. Hier ist deshalb zu berücksichtigen, dass die Klägerin an dem Unfall weder direkt beteiligt war, noch ihn unmittelbar miterlebt hat.

1985 **OLG Frankfurt, Urt. v. 04.02.2017 – 8 W 48/17, unveröffentlicht**

20.000,00 € (Vorstellung: mindestens 50.000,00 €)

Tod am 3. Tag in stationärer Behandlung

Der Kläger ist der Ehemann, die Klägerin die Tochter einer rd. 40 Jahre alten Frau, die 2015 am 3. Tag nach der Einlieferung in ein Krankenhaus an einem ruptierten Aortenaneurysma verstarb. Sie begehren Prozesskostenhilfe für eine entsprechende Klage.

Beide Kläger haben ausreichenden Vortrag zu ihren eigenen gesundheitlichen Beeinträchtigungen für einen Schmerzensgeldanspruch bis zu 20.000,00 € gehalten.

OLG Karlsruhe, Urt. v. 19.02.2020 – 7 U 139/16 – VersR 2020, R4 = MedR 2021, 52 – aufgehoben durch BGH, Urt. v. 14.02.2023 – VI ZR 295/20, weil vom LG nicht hinreichend festgestellt worden sei, dass ein Abbruch der Schwangerschaft zulässig gewesen wäre 1986

<u>20.000,00 €</u>

Psychische Störungen nach Geburt eines schwerst behinderten Kindes

Die Klägerin wurde 6 Wochen vor dem Ende der Schwangerschaft nicht darüber aufgeklärt, dass das Kind möglicherweise mit schwersten Schäden und behindert zur Welt kommen könne. Wäre sie entsprechend aufgeklärt worden, hätte sie die Schwangerschaft abgebrochen.

Das LG verurteilte die Beklagten, weil die Klägerin an einer depressiv-ängstlichen Entwicklung bzw. Anpassungsstörung leidet, was sich in Deprimiertheit und Freudlosigkeit, Ängsten und Sorgen wegen der Krankheitssymptome des behinderten Kindes, einhergehend mit Schlafstörungen wegen vermehrter Angst um das Kind äußert. Folge sei ein verminderter Antrieb.

OLG Stuttgart, Urt. v. 10.08.2017 – 1 U 52/15 1987

<u>30.000,00 €</u>

Psychischer Schaden der Ehefrau nach grobem Behandlungsfehler beim Ehemann

Der Ehemann der Klägerin wurde wegen eines Rektumkarzinoms operiert. Infolge mehrerer grober Behandlungsfehler entwickelte sich eine Sepsis, die am 7. Postoperativen Tag zum Tode führte. Das Behandlungsgeschehen und der Tod des Ehemannes lösten bei der Klägerin eine akute Belastungsreaktion aus, aus der sich eine Anpassungsstörung und eine posttraumatische Belastungsstörung mit ausgeprägter peritraumatischer Dissotiation entwickelte, wie sie der ICD 10 beschreibt. Ferner besteht bei der Klägerin eine mindestens höhergradige bis schwere depressive Störung, die sich chronifiziert hat.

Der Senat reduzierte das vom LG zuerkannte Schmerzensgeld um 10.000,00 €.

Einen Monat später gewährte der 6. Senat des OLG Stuttgart für einen Schock ein Schmerzensgeld in Höhe von 100.000,00 €.

OLG Nürnberg, Urt. v. 01.08.1995 – 3 U 468/95, ZfS 1995, 370 = r+s 1995, 384 = DAR 1995, 447 = VRS 91 (1996), 453 1988

<u>35.000,00 € und 20.000,00 €</u> (Vorstellung: höheres Schmerzensgeld)

Gleichzeitiger Tod von drei Kindern

Die Eltern verloren bei einem Unfall ihre drei Kinder. Das LG billigte dem Vater ein Schmerzensgeld i.H.v. insgesamt 35.000,00 € zu, der Mutter insgesamt 20.000,00 €. Das OLG Nürnberg hat diese Beträge als ausreichend und angemessen bestätigt, der BGH hat die Revision der Kläger, die ein wesentlich höheres Schmerzensgeld begehrten, nicht angenommen. Diese Entscheidung ist wiederholt mit den Entschädigungssummen bei Fällen der Persönlichkeitsrechtsverletzung (Fall: Caroline von Monaco) verglichen und daher kritisiert worden. Vgl. Wagner, VersR 2000, 1305 ff.

Das BVerfG hat die Verfassungsbeschwerde der Eltern nicht angenommen (BVerfG, Beschl. v. 08.03.2000 – 1 BvR 1127/96, VersR 2000, 897 f. = NJW 2000, 2187 f.). Es hat (völlig zu Recht) den Vergleich mit Fällen der Verletzung des allgemeinen Persönlichkeitsrechts nicht gelten lassen und die Auffassung des BGH bestätigt, dass der geltend gemachte Anspruch aus § 847 BGB a.F. von dem besonderen Entschädigungsanspruch wegen Verletzung des Persönlichkeitsrechts zu unterscheiden sei und dass zwischen den beiden Fallkonstellationen sachlich begründete Unterschiede bestünden, die eine unterschiedliche Behandlung rechtfertigten. So auch Steffen, NJW 1997, 10 (11). Die Entscheidung des BVerfG enthält jedoch einen deutlichen Hinweis, die Entschädigungssummen für beide Fallgruppen nicht zu sehr auseinander laufen zu lassen. Das kann natürlich nur gelten, soweit die Entschädigung für den immateriellen Schaden gewährt wird, nicht aber, soweit kommerzielle Aspekte (Gewinnabschöpfung aus der Vermarktung des Persönlichkeitsrechts) darin enthalten sind (Müller, VersR 2003, 1 (5)).

1989 **LG Hannover, Urt. v. 10.01.2022 – 1 O 68/19**

80.000,00 € (Vorstellung: 105.000,00 €)

Schock der Mutter nach Tod des 12 Jahre alten Kindes

Der 12 Jahre alte Sohn der Klägerin geriet als Fahrradfahrer unter einen Sattelzug. Er wurde so schwer verletzt, dass er noch an der Unfallstelle starb.

Die Klägerin verfolgte den Unfallhergang und versuchte vergeblich, den Sohn unter dem Sattelzug heranzuziehen.

Die Klägerin erlitt eine posttraumatische Belastungsstörung, eine schwere depressive Episode und eine erhöhte Infektanfälligkeit. Sie wurde rd. 4 Wochen in einer Klinik für Psychosomatik stationär behandelt. Sie leidet an einer andauernden posttraumatischen Belastungsstörung, für die zum aktuellen Zeitpunkt nicht feststellbar ist, dass sie reversibel ist. Die Beeinträchtigungen für ihr Leben gehen nicht so weit, dass sie sich jeglichen sozialen Beziehungen entzieht. Die Beziehung zu ihrem Ehemann ist gestört, aber nicht beendet. Ihre Arbeitsfähigkeit ist eingeschränkt, aber nicht aufgehoben.

Ein Hinterbliebenengeld steht der Klägerin nicht zu, da es keinesfalls den Betrag für den Schockschaden erreichen würde.

1990 **OLG Frankfurt, Urt. v. 06.09.2017 – 6 U 216/16, VersR 2018, 560 mit Anm. L. Jaeger = NJW-RR 2018, 599**

100.000,00 € (Vorstellung: 50.000,00 €)

Schockschaden nach Tod des Ehemannes, den Ehefrau miterlebte

Verdopplung des genannten Mindestbetrages ist keine Überraschungsentscheidung.

Die Klägerin fuhr mit ihrem PKW vor ihrem mit einem Motorrad fahrenden Ehemann auf der Autobahn, als sie plötzlich das Vorderlicht des Motorrades neben sich sah und ein entsetzliches Krachen und Knirschen hörte. Die Klägerin fand den Ehemann eingeklemmt unter dem Führerhaus eines LKW. Sie kroch unter den LKW zu ihrem stark blutenden, leblosen Mann, nahm dessen Hand und versuchte vergeblich, Kontakt mit dem bereits Verstorbenen aufzunehmen.

Die Klägerin hat sich in den vergangenen mehr als 12 Jahren zahlreichen ambulanten und stationären psychiatrischen Behandlungen unterzogen – zweimal kürzere Zeit nach dem Unfall gemeinsam mit ihren Kindern im Rahmen einer Mutter-Kind-Kur. Sie nimmt nach wie vor Medikamente. Die bisherigen therapeutischen Maßnahmen haben keine dauerhafte Verbesserung ihres Zustands bewirken können.

Die Klägerin ist durch die PTBS und ihre Depression hochgradig in ihrer Lebensführung beeinträchtigt. Die ersten Jahre hat sie zwar noch bei ihren Kindern gewohnt, die im Unfallzeitpunkt erst ca. 2 1/2 Jahre bzw. 6 Monate alt waren, sie hat diese aufgrund ihrer psychischen Konstitution aber sehr schnell als enorme Belastung empfunden und sich emotional von ihnen gelöst. Die Kinder mussten schon kurz nach dem Unfall nahezu ausschließlich durch ihre Großmutter – die Stiefmutter der Klägerin zu 1) – betreut werden, die später das vollständige Sorgerecht übernahm und die Mädchen quasi alleine aufzog.

Nach dem Unfall hatte die Klägerin zudem Suizidgedanken, die möglicherweise noch heute auftreten.

2. Konversionsneurose

▶ Hinweis:

Im Haftpflicht- und Unfallrecht hat der Schädiger keinen »Anspruch« darauf, so gestellt zu werden, als habe er einen in jeder Hinsicht völlig gesunden Menschen geschädigt (BGH, Urt. v. 30.04.1996 – VI ZR 55/95, NJW 1996, 2426; BGH, Urt. v. 11.03.1986 – VI ZR 64/85, NJW 1986, 2762 [2763]; BGH, Urt. v. 29.02.1956 – VI ZR 352/54, NJW 1956, 1108). Deshalb muss er nach einem Unfall grds. auch dann haften, wenn es beim Verletzten zu besonders ausgeprägten psychischen Schäden kommt, selbst wenn dies daran liegt, dass diese sich erst aufgrund einer schon vor dem Unfall vorhandenen psychischen Labilität des Verletzten ergeben. Wird also eine – zwar schon vorhandene, aber nach außen noch nicht in Erscheinung getretene – Krankheitsanlage durch den Unfall erst aktiviert, liegt gleichwohl ein ausreichender adäquater Kausalzusammenhang vor.

In zwei Entscheidungen v. 11.11.1997 hat der BGH (BGH, Urt. v. 11.11.1997 – VI ZR 376/96, VersR 1998, 201 = BGHZ 137, 142 = NJW 1998, 810 = MDR 1998, 157 und BGH, Urt. v. 11.11.1997 – VI ZR 146/96, VersR 1998, 200 = NJW 1998, 813 = MDR 1998, 159) eine deutliche Ausweitung der Haftung des Schädigers vorgenommen. Eine sog. Bagatelle, bei der eine Haftung für den psychischen Folgeschaden ausscheiden soll, wird bereits dann abgelehnt, wenn »nur« eine Schädelprellung mit HWS-Schleudertrauma vorliegt. Geringfügigkeit des auslösenden Ereignisses scheidet immer schon dann aus, wenn dafür ein – wenn auch geringes – Schmerzensgeld zu zahlen wäre.

OLG Saarbrücken, Urt. v. 21.07.2009 – 4 U 646/07, NJW-Spezial 2009, 761 1991

5.500,00 € (Vorstellung: 15.000,00 €)

Gesundheitliche Prädisposition – Konversionsneurose – Rentenneurose

Voluntative Einflüsse auf die Krankheitsdynamik, die die Grenzen zur Renten- bzw. Begehrensneurose nicht übersteigen, können aus Billigkeitsgründen die Erwartungshaltung des Geschädigten als Faktor bei der Bemessung der Schmerzensgeldhöhe eliminieren. Eine Korrektur der Schadenshöhe ist auch unterhalb der Schwelle des Mitverschuldens möglich.

Der 56 Jahre alte Kläger erlitt bei einem Verkehrsunfall als Insasse eines Taxis ein HWS-Schleudertrauma, Prellungen am Ellenbogen mit Bursitis OP und Prellungen der Schläfe und des Beins. Er macht erhebliche Dauerschäden geltend, u.a. eine völlige Arbeitsunfähigkeit.

Das Vorliegen einer Begehrensneurose konnte nicht eindeutig festgestellt werden, allerdings besteht beim Kläger der Wunsch nach Erhalt einer Entschädigung, der zwangsläufig dazu führt, den Kläger in die schon fixierte Vorstellung zu treiben, ungerecht behandelt zu werden. Diese psychodynamischen Vorgänge beeinflussen das Krankheitsverhalten des Klägers negativ. Als Folge der Nichterfüllung seines Schadensersatzbegehrens tritt eine immer stärkere Chronifizierung des Krankheitsbildes auf, die insoweit als Verschlechterung anzusehen ist. Die Möglichkeiten einer positiven Einwirkung auf den Kläger durch eine zielgerichtete Therapie sind immer stärker limitiert.

Wegen der somatoformen Schmerzstörung war dem Kläger ein um 3.000,00 € erhöhtes Schmerzensgeld zuzuerkennen.

3. Psychische Störungen und Posttraumatische Belastungsstörungen (PTBS)

OLG Hamm, Urt. v. 24.04.2015 – 7 U 30/14, unveröffentlicht 1992

0,00 € (Vorstellung: mindestens 15.000,00 €)

Verlust von Hunden für eine Woche

Der Beklagte nahm der Klägerin bei einem Hausfriedensbruch einen Hund und drei Welpen weg, weil er die Tierhaltung bei der Klägerin für unzureichend hielt. Nach einer Woche erhielt die Klägerin die Hunde zurück. Die Klägerin macht Schadensersatzansprüche geltend, weil sie seit der Wegnahme der Hunde unter Depressionen und Angstzuständen leide.

Die Klage hatte keinen Erfolg. Zwar hat die Beklagte zur Nachtzeit den befriedeten Besitz der Klägerin betreten. Allerdings stellt der nach Behauptung der Klägerin hierdurch verursachte Gesundheitsschaden in Gestalt einer posttraumatischen Belastungsstörung keinen kausalen Schaden dieser Rechtsgutsverletzung dar. Der bei der Klägerin eingetretene Gesundheitsschaden wird jedoch nicht vom Schutzzweck der Norm umfasst. Geschütztes Rechtsgut ist nach herrschender Meinung in § 123 StGB das Hausrecht, d.h. die Freiheit der Entscheidung darüber, wer sich innerhalb eines bestimmten geschützten Bereiches aufhalten darf und wer nicht.

Auch Ansprüche aus §§ 823 Abs. 1, 252, 253 BGB wegen eines von der Klägerin erlittenen primären Gesundheitsschadens bestehen nicht.

Die begründete Sorge um das Wohlergehen der Tiere ist aus Rechtsgründen nicht geeignet, die haftungsbegründende Kausalität herzustellen. Nach der Entscheidung des VI. Zivilsenates des BGH v. 20.03.2012 (VI ZR 114/11) kommt eine Ausdehnung der Rechtsprechung zu Schockschäden auf psychisch vermittelte Gesundheitsbeeinträchtigungen bei der Verletzung oder Tötung von Tieren nicht in Betracht. Derartige Beeinträchtigungen gehören zum allgemeinen Lebensrisiko und können daher keine Ansprüche des Tierhalters begründen. Dies gilt nach Auffassung des Senates in gleicher Weise für die infolge einer Besitzentziehung erlittenen Gesundheitsbeeinträchtigungen.

Selbst wenn ein Ereignis hinreichender Schwere und Intensität zu bejahen wäre, würde eine Haftung der Beklagten für die Folgen dieses Ereignisses mangels Verschuldens ausscheiden.

1993 **AG Braunschweig, Urt. v. 29.10.2020 – 112 C 1262/20, RuS 2021, 112 = JR 2021, 658**

250,00 €

Anhusten in der Corona-Pandemie

Das Anhusten gegen das Gesicht der Klägerin während der Corona-Pandemie, das symptomlos geblieben ist, das jedoch zu einer psychischen Belastung mit Schlaflosigkeit für mindestens eine Woche in Form von Ein- und Durchschlafschwierigkeiten und für zwei Wochen zu einer freiwilligen Selbstquarantäne führte, rechtfertigt ein Schmerzensgeld in Höhe von 250,00 €. Die Auswirkungen überschreiten die Grenze der Bagatelle.

1994 **LG Wuppertal, Urt. v. 18.06.2014 – 17 O 428/12, unveröffentlicht**

1.500,00 € (Vorstellung: 5.000,00 €)

Psychische Belastung einer Schwangeren

Der Beklagte fuhr mit erheblicher Geschwindigkeit auf den PKW der Klägerin auf, die im 5. Monat schwanger war. Die Klägerin litt unter Rückenschmerzen, war in der Beweglichkeit eingeschränkt und sorgte sich um das ungeborene Kind. Diese Sorgen begründen als psychische Unfallfolgen eine Erhöhung des Schmerzensgeldes.

1995 **LG Dortmund, Urt. v. 17.03.2016 – 4 O 210/11, GesR 2016, 530**

2.500,00 € (Vorstellung: 70.000,00 €)

Psychische Beeinträchtigungen nach ärztlichem Behandlungsfehler

Die Kläger machen als Erben einer Patientin, die 2009 an den Folgen eines Mammakarzinoms starb, Schadenersatz- und Schmerzensgeldansprüche aus eigenem sowie übergegangenem Recht geltend.

Der Beklagte hatte nach einem Mammografie-Screening die Patientin und deren Frauenärztin fehlerhaft darüber informiert, dass die Untersuchung ohne Befund war und sich somit keine Hinweise auf Brustkrebs ergeben hatten, obwohl sich auf den Bildern ein auffälliger Befund zeigte. Rund 7 Monate später ertastete die Patientin einen Knoten in der Brust, der sich als malignitätsverdächtiger Prozess darstellte. Nach Chemo- und Strahlentherapie zeigte sich 2 Jahre später eine Metastasierung des Karzinoms. Aufgrund des Diagnosefehlers des Beklagten hätte die Patientin über einen Zeitraum von 20 Monaten den Verfall ihres Körpers auf den Tod hin beobachten müssen. Sie habe nahezu während der gesamten Zeit unter massiven und zunehmend schwerer werdenden körperlichen Beeinträchtigungen gelitten.

Für die seelischen Beeinträchtigungen der Patientin war neben dem Behandlungsfehler die Krebserkrankung als solche ebenfalls ursächlich. Der Behandlungsfehler hat jedoch die psychischen Beeinträchtigungen gesteigert, seine Mitursächlichkeit liegt auf der Hand. Ein Patient, der von seiner Krebserkrankung und dem sicheren Tod erfährt, hat an diesem Umstand seelisch schwer zu tragen. Umso mehr muss er aber mit dem Schicksal hadern, wenn er davon ausgeht, dass ein Behandlungsfehler dazu geführt hat, dass die Erkrankung einen ungünstigen Verlauf nimmt und er deshalb nicht geheilt werden kann. Andererseits konnte sie noch 7 unbelastete Monate verleben.

OLG Schleswig, Urt. v. 01.08.2019 – 7 U 14/18, NJW-RR 2019, 1118 1996

<u>2.500,00 €</u> (Vorstellung: 5.000,00 €)

Anpassungsstörung eines Rettungsassistenten nach Gastankexplosionsunfall

Der Kläger war Rettungsassistent beim DRK. Bei der Explosion eines Gastanks wurde er zu Boden geschleudert, aber äußerlich nicht verletzt. Er war fast 4 Monate arbeitsunfähig und leidet infolge der Explosion und des Miterlebens der Folgen der Explosion an einer Traumafolgestörung, die einer PtBS entspricht, aber deren Vollbild nicht erreicht, sondern als Anpassungsstörung zu klassifizieren ist.

OLG Düsseldorf, Urt. v. 05.11.2015 – 8 U 15/15 1997

<u>3.000,00 €</u>

Verzögerter Heilungsprozess

Durch einen Behandlungsfehler wurde der Heilungsprozess eines Dekubitus bei einer querschnittgelähmten 36 Jahre alten Frau um 3 – 4 Wochen verzögert. Die Klägerin leidet an seelischen Erschütterungen mit Symptomen einer lang verlaufenden posttraumatischen Belastungsstörung.

LG Wiesbaden, Urt. v. 03.11.2020 – 8 O 14/19, ZD 2021, 214 1998

<u>3.000,00 €</u>

Belastungsstörung durch Unfallschock

Die Klägerin erlitt einen Unfallschock; sie wurde aus dem Schlaf gerissen und einer Extremsituation ausgesetzt, als ein Fahrzeug in die Fassade des Hauses krachte. Sie war 1 Woche arbeitsunfähig und lange in ärztlicher Behandlung, u.a. 50 x Traumatherapie. Sie leidet auch 4 Jahre nach dem Unfall an nächtlichem Erwachen und Schweißausbrüchen. Durch die nächtlichen Schlafstörungen kommt es auch zu Tagesmüdigkeit, was zu Blutzuckerstörungen führt.

AG Hagen, Urt. v. 24.04.2013 – 19 C 296/11, NZV 2013, 397 = SP 2013, 432 1999

<u>4.000,00 €</u>

Schlafstörungen – Albträume

Der Kläger konnte sich als Fußgänger vor einem auf dem Gehweg auf ihn zurasenden Kraftfahrzeug nur durch einen Sprung zur Seite in Sicherheit bringen. Durch den Beinaheunfall leidet er an einer posttraumatischen Belastungsstörung. Die typischen Beschwerden wie Schlafstörungen mit albtraumartigem Durchleben des Unfallereignisses, erhöhte Affektlabilität und Angstgefühle bei der Teilnahme am Straßenverkehr machen eine psychotherapeutische Behandlung erforderlich.

2000 **OLG München, Urt. v. 17.09.2019 – 24 U 3917/18, GesR 2022, 496**

4.000,00 € (Vorstellung: 10.000,00 €)

PtBS nach Verkehrsunfall

Bei der Klägerin, einer Busfahrerin, stellte sich nach einem Verkehrsunfall eine PtBS ein, die zur Berufsunfähigkeit führte. Zwar liegt nicht das Vollbild einer posttraumatischen Belastungsstörung vor, wohl aber einer leichte psychische (Anpassungs-)Störung mit Angst- und depressiver Störung gemischt gemäß Klassifikationsschlüssel F 43.2 des ICD-10.

2001 **OLG Karlsruhe, Urt. v. 03.05.2016 – 9 U 13/15, VersR 2017, 51 = NJW-RR 2017, 15**

5.000,00 € (Vorstellung: 7.500,00 €)

PTBS nach Todesangst bei Bedrohung mit einer Schusswaffe

Der Kläger war als Zugbegleiter bei der Deutschen Bahn AG tätig. Der Beklagte, der damals an einer Psychose litt, zog plötzlich eine Schusswaffe und hielt sie dem Kläger mit den Worten vor das Gesicht: »Ich will nach Hause«. Der Kläger hatte in diesem Moment Todesangst. Er erlitt eine posttraumatische Belastungsstörung, musste sich in psychotherapeutische Behandlung begeben und war längere Zeit arbeitsunfähig krank.

Der Beklagte erkannte vor dem LG die Schmerzensgeldforderung des Klägers in Höhe von 5.000,00 € an. Ein höherer Anspruch wurde verneint.

2002 **LAG Hamm, Urt. v. 23.11.2016 – 4 Sa 656/16**

5.000, 00 € (Vorstellung: mindestens 3.0000,00 €)

PTBS nach Würgen am Hals

Der Beklagte griff die Klägerin tätlich an und würgte sie am Hals. Ob er ihr weitere Verletzungen zufügte ist streitig und von der Klägerin nicht bewiesen. Die Klägerin war rd. 6 Monate arbeitsunfähig.

Das Gericht führt aus, dass ein psychischer Schaden als Primärschaden einen Schmerzensgeldanspruch auslösen kann und dass der von der Klägerin genannte Mindestbetrag von 3.000,00 € das Gericht nicht hindert, ein darüber hinausgehendes Schmerzensgeld auszusprechen.

2003 **LG Düsseldorf, Urt. v. 30.06.2017 – 13 O 217/15**

5.000,00 € (Vorstellung: angemessen, mindestens 5.000,00 €)

Posttraumatische Belastungsstörung eine Lokführers

Der Kläger erlebte als Lokführer mehrmals kritische Ereignisse, unter anderem einen Gleissuizid. Er fuhr auf eine Gleisbaurotte zu, die erst im letzten Augenblick gewarnt wurde und das Gleisbett verließ. Der Kläger befürchtete, einen Arbeiter überfahren zu haben, es kam jedoch niemand zu Schaden.

Dennoch leidet der Kläger unter einer PTBS und ist für die Tätigkeit als Lokführer arbeitsunfähig.

2004 **LG Köln, Urt. v. 15.01.2019, – 3 O 305/17, ZLW 2019, 326**

5.500,00 € (Vorstellung: 2.500,00 €)

Todesangst bei Seenotereignis – posttraumatische Belastungsstörung

Der Kläger hatte für sich und seine Ehefrau, die ihre Ansprüche an ihn abgetreten hat, eine Pauschalreise auf die Malediven gebucht. Auf einem Fährtransfer kam es zu einem Seenotereignis, das der beklagte Reiseveranstalter zu vertreten hat.

Das schuldhafte Verhalten der Beklagten hat zu einer Gesundheitsbeschädigung der Klägerin geführt, die sich auf der höchst unangenehmen und traumatischen Überfahrt über mehrere Stunden in einem Zustand der Todesangst befunden hat. Sie litt unter permanenter Übelkeit, hat sich wiederholt erbrochen und war auf engstem Raum zusammengepfercht.

Bei der Klägerin kam es wegen der erlittenen Ängste zu einer posttraumatischen Belastungsstörung, in deren Folge sie sich mehrfach für mehrere in stationärer psychiatrischer Behandlung befunden hat, an die sich bei wiederholt auftretender Arbeitsunfähigkeit eine ambulante psychotherapeutische Behandlung anschloss.

Für die erlittenen Beeinträchtigungen erscheint der Kammer ein Schmerzensgeld in Höhe von 5.000,00 € angemessen zuzüglich 500,00 € für die Beeinträchtigungen durch die traumatische Überfahrt selbst.

Landgericht Wuppertal, Urt. v. 11.03.2020 – 3 O 83/18 2005

<u>7.000,00 €</u> (Vorstellung: 51.500,00 €)

Psychosomatischer Reaktionsbildung – verkehrsbezogene Panikstörung

Die Parteien streiten über Folgeschäden aus einem Verkehrsunfall, welcher sich am 2011 ereignete. Der Kläger konnte in seinem Beruf als Busfahrer nicht weiterarbeiten. Die Beklagte zahlte 500,00 € Schmerzensgeld.

Der Kläger leidet unter gelegentlichem Schwindel, verminderter Belastungsfähigkeit, psychosomatischer Reaktionsbildung und einer verkehrsbezogenen Panikstörung als mittelbare Folge des Verkehrsunfalls. Er kann seinen Beruf als Busfahrer dauerhaft nicht mehr ausüben und ist auch in seiner privaten Fortbewegungsfreiheit eingeschränkt. Darüber hinaus wurde eine Minderung der Erwerbsfähigkeit von 20 % festgestellt. Insgesamt hat der Sachverständige nur leichtere psychovegetative Störungen mit noch nicht wesentlichen Einschränkungen der Erlebnis- und Gestaltungsfähigkeit festgestellt.

OLG Hamm, Urt. v. 19.02.2018 – 3 U 66/16, MedR 2019, 72 2006

<u>7.500,00 €</u>

Künstliche Befruchtung mit Samen des falschen Spenders

Die Klägerin macht gegen die Beklagten Haftungsansprüche im Zusammenhang mit einer durch Fremdsamenspenden vorgenommenen heterologen Inseminationen geltend, durch die bereits zwei Kinder der Klägerin geboren wurden.

Es bleibt letztlich offen, ob die pflichtwidrig mit dem »falschen« Sperma durchgeführte zweite Insemination und die anschließende Schwangerschaft von der Einwilligung der Klägerin gedeckt war, sodass der haftungsbegründende Primärschaden bereits in der fehlerhaften Insemination läge. Jedenfalls ist die Situation der Klägerin nicht mit einem Schockschaden vergleichbar, der etwaige Beeinträchtigungen aus dem Miterleben der Schädigung eines anderen erfasst. Denn die von der Klägerin geltend gemachten und vom Landgericht zugrunde gelegten körperlich-psychischen Auswirkungen der beanstandeten Pflichtverletzung – die abredewidrige Insemination mit nicht vom vorgesehenen Spender stammendem Sperma – betrafen die Klägerin zu 1. selbst. Dieses Geschehen hat bei der die Klägerin eine Langzeittherapie mit 100 Therapiesitzungen den behandlungsbedürftigen Zustand der Klägerin mitverursacht.

OLG Hamm, Urt. v. 26.07.2016 – 9 U 169/15, NZV 2017, 284 2007

<u>8.000,00 €</u> (Vorstellung: mindestens 6.000,00 €)

PTBS nach Gehirnerschütterung und HWS-Distorsion

Der Kläger erlitt bei einem Verkehrsunfall eine Gehirnerschütterung, eine HWS-Distorsion und infolge psychischer Beeinträchtigungen eine PTBS, die zu einer Depression geführt hat. Die PTBS hat sich zwar zurückgebildet, eine Restsymptomatik besteht aber fort.

2008 **LG Detmold, Urt. v. 26.11.2014 – 12 O 244/12, unveröffentlicht**

8.500,00 €

PTBS nach Thoraxprellung – Zerrung der Brustwirbelsäule –

Der Kläger war an einem Unfall beteiligt, bei welchem er in seinem Auto, in dem auch seine zwei Kinder saßen, mit einem Zug kollidierte, weil der Schrankenwärter den Bahnübergang nicht gesperrt hatte. Er erlitt eine Prellung des Thorax sowie eine Verstauchung und Zerrungen der Brustwirbelsäule und einen Schock. Er leidet unter einer schweren posttraumatischen Belastungsstörung und nimmt psychotherapeutische Hilfe in Anspruch. Die PTBS zeigt sich nicht nur bei der Fahrt mit dem Pkw oder Zug in ständigen Angstzuständen und Panikattacken, sondern auch an Albträumen, Ein- und Durchschlafstörungen, Konzentrationsschwierigkeiten, Vergesslichkeit und Kopfschmerzen. Das Unfallereignis konnte nur mit Medikamenten psychisch bewältigt werden. Der Kläger reagiert in privaten und beruflichen Situationen aggressiver als vor dem Unfall, macht sich selbst Schuldvorwürfe und konnte seine Arbeit auch 2,5 Jahre nach dem Unfall noch nicht vollumfänglich wieder aufnehmen,

2009 **OLG Hamm, Beschl. v. 28.03.2014 – 9 W 4/14, unveröffentlicht**

10.000,00 €

PTBS nach sexuellem Missbrauch von Kindern

Der Beklagte, der im Strafverfahren wegen sexuellen Missbrauchs von Kindern zu einer Freiheitsstrafe von 7 Jahren verurteilt wurde, beantragte PKH zur Verteidigung gegen eine Klage auf Zahlung von Schmerzensgeld in Höhe von 10.000,00 €. LG und OLG wiesen den Antrag zurück, weil das begehrte Schmerzensgeld »nicht überzogen« sei.

2010 **LG Saarbrücken, Urt. v. 19.06.2015 – 1 O 19/12, unveröffentlicht**

10.000,00 €

Posttraumatische Belastungsstörung nach HWS-Distorsion

Die Geschädigte erlitt bei einem Verkehrsunfall eine HWS-Distorsion, Schürfwunden am rechten Unterarm und eine Gehirnerschütterung. Sie war sechs Tage stationär behandelt und 7 Wochen krankgeschrieben. Nachfolgend kam es zu einer posttraumatischen Belastungsstörung mit depressiver Symptomatik, psychotherapeutischen Behandlungen, Dysästhesien der oberen und unteren Extremitäten und einer MdE von 20 %.

2011 **LG Duisburg, Urt. v. 20.03.2017 – 3 O 317/15, unveröffentlicht, bestätigt durch OLG Düsseldorf, Urt. v. 06.02.2018 – 1 U 61/16**

10.000,00 €

PTBS – Gehirnerschütterung – Kopfplatzwunde – Prellungen

Die Klägerin wurde als Fußgängerin angefahren und zu Boden geschleudert. Sie erlitt eine Gehirnerschütterung, eine Kopfplatzwunde und mehrere Prellungen. Sie wurde für 3 1/2 Monate krankgeschrieben. Bei der Klägerin liegt eine posttraumatische Belastungsstörung vor, unter der sie weiter leidet.

2012 **OLG Koblenz, Beschl. v. 25.09.2017 – 5 U 427/17, GesR 2017, 784**

10.000,00 € (Vorstellung: 10.000,00 €)

Schwere depressive Episode – ICD-10: F32.11

Die 24 Jahre alte Tochter der Klägerin litt an einer Anämie und einer Leukopenie. Der Beklagte versäumte eine Besprechung entsprechender Laborwerte mit der Tochter, die rd. 6 Monate später einen Hirninfarkt erlitt und starb.

Der Tod der Tochter löste bei der Klägerin eine traumatisch bedingte psychische Störung von Krankheitswert aus, die ein Sachverständiger als schwere depressive Episode ohne psychotische Symptome (ICD-10:F32.11) begleitet von einer akuten Belastungsreaktion einordnete.

Die Klägerin ist angesichts des Schweregrades der schweren depressiven Verstimmung nicht mehr frei willensbestimmt und nicht mehr in der Lage, anhand rationaler Überlegungen eine Entscheidung zu treffen. Unmittelbar nach dem Tod der Tochter, gab sie die berufliche Tätigkeit auf, war zur Teilnahme am sozialen Leben und zur Bewältigung des Alltags unfähig und sie hatte das Bedürfnis, von ihrem Sohn gefüttert zu werden.

OLG Düsseldorf, Urt. v. 13.11.2018 – 1 U 67/17 2013

10.400,00 € (Mitverschulden: deutlich anspruchsmindernd; Vorstellung: 30.000,00 €)

Schürfwunden – Prellungen – Anpassungsstörungen

Die 24 Jahre alte Klägerin wurde als Fußgängerin beim Überqueren einer Straße von einem PKW erfasst, stürzte und zog sich Prellungen und Schürfverletzungen zu.

Die Klägerin leidet unfallbedingt unter psychischen Problemen. Zwar liegt keine Posttraumatische Belastungsstörung vor, jedoch ist es zu einer schwerwiegenden Anpassungsstörung gekommen. Sie leidet unter Schlafstörungen, Flashbacks und Geräuschempfindlichkeit. Über Jahre war die Leistungsfähigkeit der Klägerin um 60 % bis 100 % reduziert.

Deutlich anspruchsmindernd musste sich die Klägerin entgegenhalten lassen, dass sie ihrer Obliegenheit zur Schadensgeringhaltung im Sinne des § 254 Abs. 2 BGB nicht nachgekommen ist. Sie habe sich kaum angestrengt, ihre psychischen Belastungen zu reduzieren und habe keine ernsthaften Therapieversuche unternommen, sondern lediglich alle paar Monate Kontakt zu einer Psychiaterin gesucht.

OLG Koblenz, Urt. v. 12.01.2015 – 12 U 390/12, unveröffentlicht 2014

12.000,00 €

Posttraumatische Belastungsstörung nach HWS-Syndrom

Der Kläger erlitt bei einem Verkehrsunfall eine HWS-Distorsion und multiple Prellungen. Er entwickelte eine schwergradige posttraumatische Belastungsstörung mit Angstzuständen, Spannungskopfschmerz, Depressionen, Antriebsarmut, Konzentrationsschwächen und Gereiztheit. Seinen Beruf als Straßenwärter musste er aufgeben. Er ist gänzlich in den privaten Bereich zurückgezogen und völlig darauf fokussiert, alles zu vermeiden, was ihn an den Unfall erinnern könnte.

OLG Brandenburg, Urt. v. 06.06.2019 – 12 U 119/18, RuS 2020, 52 2015

12.000,00 €

PtBS nach einem Verkehrsunfall – Depressionen

Die 47 Jahre alte Klägerin erlitt bei einem Verkehrsunfall neben Schnittverletzungen und Prellungen einen Schock und Todesangst. Sie erlebt den Unfall durch »Flashes« immer wieder. Durch eine PtBS gemäß DSM IV (SKID-II) entwickelte sich eine mittelgradige Depression. Ferner besteht ein Schmerzsyndrom an der Schulter. Die Klägerin ist antriebslos und energielos. Das Leben der Klägerin ist auf lange Zeit durch die PTBS geprägt und beeinflusst.

Nach Ansicht des Senats liegt das Schmerzensgeld im oberen Bereich.

LG Detmold, Urt. v. 04.07.2016 – 12 O 108/13, unveröffentlicht 2016

13.000,00 € (Vorstellung: 20.000,00 €)

PtBS – Parästhesien im Arm

Die Klägerin erlitt bei einem Verkehrsunfall infolge des Aufpralls Verletzungen im HWS-Bereich und Parästhesien im linken Arm. Darüber hinaus erlitt sie eine akute Posttraumatische Belastungsstörung. Infolge des Unfalls war sie rd. 2 Jahre arbeitsunfähig.

Für die Bemessung des Schmerzensgeldes war die erhebliche Dauer der Arbeitsunfähigkeit der Klägerin infolge ihrer psychischen Erkrankung maßgebend. Darüber hinaus wurde der über mehr als zwei Jahre andauernde Behandlungsverlauf berücksichtigt. Lediglich ein geringer Anteil wurde der leichten HWS-Distorsion zuzumessen.

2017 **OLG Koblenz, Urt. v. 08.03.2017 – 5 U 768/14, GesR 2017, 724**

13.000,00 € (Vorstellung: 25.000,00 €)

Anhaltende depressive Episode – ICD10: F32

Der Kläger war bei der behandlungsfehlerhaft durchgeführten Geburt seines Sohnes anwesend, der eine hypoxämische Enzephalopathie mit schweren geistigen und körperlichen Behinderungen erlitt. Nach rd. 6 Monaten begab sich der Kläger in psychotherapeutische Behandlung, nach rd. 1 1/2 Jahren war er fortlaufend arbeitsunfähig und nach rd. 3 Jahren vollständig erwerbsgemindert.

Es besteht eine posttraumatische Reaktion (ICD10: F32), wenn auch keine posttraumatische Belastungsstörung (ICD10: F43.1)

2018 **OLG Frankfurt, Urt. v. 19.07.2012 – 1 U 32/12, NJW-RR 2013, 140 = VRR 2012, 466 mit Anm. Luckey; ZfS 2013, 203**

15.000,00 € (Vorstellung und Entscheidung des LG: 35.000,00 €)

Tod der Tochter bei einem Verkehrsunfall

Die Klägerin, eine Lehrerin wenige Jahre vor dem Ruhestand, erkrankte infolge des tödlichen Unfalls der Tochter schwerwiegend psychisch. Sie leidet an einer posttraumatischen Belastungsstörung, einer schweren depressiven Episode und anhaltenden somatoformen Schmerzstörungen.

Die Begründung des OLG Frankfurt ist unhaltbar.

2019 **LG Köln, Urt. v. 29.06.2016 – 25 O 424/10, MedR 2017, 151 = GesR 2017, 402**

15.000,00 €

PTBS nach Behandlungsfehler einer Frühgeburt – 23+1

Die schwangere Klägerin wurde im Krankenhaus der Beklagten in der 23. Schwangerschaftswoche nicht hinreichend über die Aussichten, Möglichkeiten und Behandlungschancen des noch ungeborenen Kindes (wenn diese auch sehr gering waren) aufgeklärt und in die Entscheidung über das weitere Prozedere einbezogen. Es sei geboten gewesen, den mutmaßlichen Willen des ungeborenen Kindes zu ermitteln, was nur über die Eltern möglich sei.

Folge der unterbliebenen Einbeziehung der Klägerin in die Entscheidungsfindung zum Vorgehen im Hinblick auf die Behandlung bzw. Nichtbehandlung ihrer Tochter ist eine psychische Beeinträchtigung der Klägerin in Form einer posttraumatischen Belastungsstörung nach ICD -10-WHO F43.1 eingetreten. Zwar ist die Klägerin bereits durch den Verlust der Tochter – der nicht kausal auf einem Behandlungsfehler beruht – psychisch belastet. Die psychische Beeinträchtigung durch die nicht hinreichende Einbeziehung in das Vorgehen im Haus der Beklagten und das Gefühl der damit verbundenen Ohnmacht und des Ausgeliefertseins ist jedoch abgrenzbar von der Trauer über den Tod des Kindes. Dies hat die Klägerin zur Überzeugung der Kammer dargetan.

2020 **OLG Hamm, Urt. v. 02.03.2018 – 11 U 131/16**

15.000,00 € (Vorstellung: 10.000,00 €)

Miterleben eines Verkehrsunfalls mit tödlichen Folgen

Dem Kläger gelang es, eine Kollision mit anderen unfallbeteiligten Fahrzeugen zu vermeiden, deren Insassen bei dem Unfall getötet wurden.

Der Kläger erlitt durch das Unfallgeschehen eine traumatisch bedingte psychische Störung von Krankheitswert. Dafür reicht es DSM-IV aus, wenn eine Person ein Ereignis erlebt, das den drohenden Tod oder ernsthafte Verletzungen oder eine Gefahr der körperlichen Unversehrtheit der eigenen Person oder anderer Personen beinhaltet (A1-Kriterium). Zusätzlich ist erforderlich, dass die Reaktion der Person intensive Furcht, Hilflosigkeit und Entsetzen umfasste (A2-Kriterium). Der Kläger hat den Tod und die schwere Verletzung anderer Personen erlebt. Er hat auf die Unfallsituation selbst und auf das sich ihm unmittelbar danach bietende Bild mit intensiver Furcht, Hilflosigkeit und Entsetzen reagiert hat. Das ist lebensnah und gut nachvollziehbar.

Der Kläger war an dem Unfallgeschehen schon wegen der ganz engen räumlichen und zeitlichen Einbindung in das Unfallgeschehen und wegen des Sachschadens an seinem PKW unmittelbar beteiligt. Die posttraumatische Belastungsstörung beruht auch auf den Erlebnissen des Klägers im Rahmen der Rettungshandlungen.

OLG Köln, Urt. v. 03.12.2013 – 15 U 191/09, unveröffentlicht, vgl. Rdn. 1984 2021

20.000,00 € (Vorstellung: mindestens 45.000,00 €)

Magersucht als Folge einer PtBS

Das noch sehr kleine Kind der Klägerin wurde nach einem Verkehrsunfall nicht unerheblich verletzt aufgefunden. Die Klägerin litt infolge einer PtBS unter einer Magersucht, wodurch die Schwelle zu einer die Haftung des Schädigers begründenden Gesundheitsbeeinträchtigung überschritten war. Es liegen gewichtige psychisch-pathologischen Ausfällen von einiger Dauer vor, die das auch sonst nicht leichte Durchleben von Schrecken, Schmerz und Entsetzen über das Leiden des Kindes und die damit verbundene Beeinträchtigung des gesundheitlichen Allgemeinbefindens erheblich übersteigen. Mit einer sich als Ausdruck und Folge einer posttraumatischen Belastungsstörung manifestierenden Magersucht erlitt die Mutter eine als solche fassbare gesundheitliche Beeinträchtigung mit Krankheitswert.

LG Bochum, Urt. v. 29.10.2015 – 2 O 574/12, VersR 2016, 611 mit Anmerkung L. Jaeger, VersR 2016, 613 2022

20.000,00 € x 3 (Vorstellung: je 20.000,00 €)

Eltern/Schwester bei Tod des Sohnes/Bruders nach 4 Tagen

Kläger sind die Eltern und die Schwester des an einer tiefen Stichwunde im Hals verstorbenen Jungen, die ihm der Beklagte im Rahmen einer körperlichen Auseinandersetzung mittels eines Butterfly-Messers beigebracht hatte. Der Beklagte stach dem Opfer mit dem Messer in den Oberschenkel und in den Hals. Dieser Stich führte zu einer fast vollständigen Durchtrennung zweier Arterien, die für die Versorgung des Gehirns zuständig sind. Der Verletzte hat gefühlt, dass er stark blutete. Er hat versucht, sich mit der Hand die Wunde zuzuhalten. Dann stolperte er, taumelte und legte sich hin. Er starb nach vier Tagen vergeblicher intensiv-medizinischer Behandlung.

Alle drei Kläger leiden an einer posttraumatischen Belastungsstörung und sind in der Lebensführung und Lebensfreude durch Depressionen und Angststörungen beeinträchtigt. Sie mussten mit eigenen Augen erleben, wie ihr Sohn und Bruder nach den todbringenden Stichverletzungen und nach fehlgeschlagener intensivmedizinischer Behandlung in einem Krankenhaus in Spanien verstarb.

OLG Köln, Urt. v. 21.03.2016 – 5 U 76/14, VersR 2017, 354 = GesR 2016, 367 2023

20.000,00 € (Vorstellung: 15.000,00 €)

Neurotische Störungen – Irreversibler vollständiger Haarverlust

Die 45 Jahre alte Klägerin wurde vor einer Chemotherapie über das seltene Risiko eines dauerhaften Haarverlusts nicht aufgeklärt. Dieser lässt sich durch ein Haarteil und permanentes Make up nur teilweise verdecken und hat zu erheblichen und nachhaltigen psychischen Folgen und seelischen Belastungen bei der Klägerin geführt, die Krankheitswert haben. Es wurde ein neurotisch-depressiver Zustand diagnostiziert und im Rahmen des psychischen Befundes ein zwanghafter, auf Äußerlichkeiten fixierter Eindruck der Minderwertigkeit beschrieben. Anamnestisch hat die Klägerin eine ständige Grübelneigung, Schlafstörungen, Nervosität, Angst, innere Unruhe, schwere Nachteilsempfindungen gegenüber anderen Frauen, einen Verlust der Sexualität sowie die Angst, ihren Mann zu verlieren, angegeben. Dass sie unter dem Verlust ihrer Haare in erheblichem Ausmaß leidet, ist auch in der mündlichen Verhandlung vor dem Senat zum Ausdruck gekommen.

2024 **OLG Saarbrücken, Urt. v. 27.05.2021 – 4 U 35/20**

20.000,00 €

Psychische Störungen eines zu Unrecht angeklagten Polizeibeamten

Die Staatsanwaltschaft führte gegen den im Dienst des beklagten Landes stehenden Polizeibeamten wegen des Tatvorwurfs des versuchten Betruges ein Ermittlungsverfahren. Der Kläger musste nach der Anklage eine Verurteilung befürchten, verbunden mit erheblichen immateriellen Beeinträchtigungen. Dies hatte deshalb besonderes Gewicht, weil es sich beim Kläger um einen Polizeibeamten handelt, für den die Gesetzestreue und Nichtbegehung von Straftaten nach dem beruflichen Selbstverständnis und dem geleisteten Amtseid von hoher Bedeutung sind. Hinzu kommt, dass die Einleitung des Verfahrens, die Suspendierung und die Umsetzung des Klägers nicht nur berufliche Nachteile nach sich zogen, sondern auch seinen Kollegen bekannt wurden, wodurch er in deren Ansehen massiv herabgesetzt wurde und erhebliche Reibungen und Probleme befürchten musste. Des Weiteren wurden die Vorgänge auch durch die Presse verbreitet und gegen den Kläger wurde ein Disziplinarverfahren geführt. Infolgedessen ist er psychisch erkrankt und letztlich in den vorzeitigen Ruhestand versetzt worden,

2025 **LG Münster, Urt. v. 04.05.2018 – 16 O 185/14**

25.000,00 € (Vorstellung: 40.000,00 €)

PTBS – Schienbeinkopffraktur – Innenbandruptur – Vorfußfraktur – Schmerzstörungen – Depressionen

Die Klägerin erlitt als Radfahrerin einen Verkehrsunfall und dadurch eine Schienbeinkopffraktur und eine Innenbandruptur des Kniegelenks. Die Fraktur wurde operativ versorgt. Eine weitere Operation erfolgte, der Versuch der Metallentfernung misslang. Die radiologischen Unfallfolgen in Bezug auf das Knie sind geringgradig, es ist jedoch mit einer posttraumatischen Kniearthrose zu rechnen. Die Klägerin entwickelte eine chronische Schmerzstörung mit psychischen und somatischen Folgen, Schmerzen im gesamten Körper sowie eine rezidivierende Depression. Für das Bein besteht eine deutlich herabgesetzte Gebrauchsfähigkeit, schon kurze Strecken sind nicht zu bewältigen. Die Klägerin benutzt einen Rollstuhl/Rollator oder einen Gehstock, sie ist insgesamt in ihrer Lebensführung stark eingeschränkt und kann frühere Hobbys, wie Yoga oder Radfahren, nicht mehr ausüben. Nach einem Jahr brach sie sich unfallbedingt den Vorfuß.

2026 **OLG Nürnberg, Urt. v. 22.10.2014 – 2 U 115/14, unveröffentlicht**

30.000,00 €

Posttraumatische Belastungsstörung – Verletzung des Weichteilanteils der Schulter – Klavikulafraktur – Tinnitus

Der Kläger zog sich eine Verletzung des Weichteilmantels der Schulter, eine Klavikulafraktur, eine posttraumatische Belastungsstörung und einen chronischen Tinnitus auf einem Ohr zu. Es waren 3 stationäre Krankenhausaufenthalte von insgesamt 30 Tagen erforderlich. Der Kläger war 11 Monate arbeitsunfähig, die MdE beträgt 20 %. Als Dauerschaden besteht eine Einengung des Schulterdachs und Verschleißerscheinungen der beteiligten Gelenke.

Das Regulierungsverhalten der Beklagten führte zu Erhöhung des Schmerzensgeldes.

OLG Düsseldorf, Urt. v. 07.11.2017 – 1 U 70/16 2027

35.000,00 € (Vorstellung: 60.000,00 €)

Schädelhirntrauma 2. Grades – Schädelbasisfraktur – Pneumothorax – Depressionen

Der Kläger erlitt als Beifahrer unter anderem ein Schädelhirntrauma 2. Grades mit einer Schädelbasisfraktur, einen Pneumothorax, eine Rippenserienfraktur, eine akute respiratorische Insuffizienz und eine Antrum-Gastritis. Der Kläger war durch den Unfall einer äußerst lebensbedrohlichen Situation ausgesetzt. Er wurde 4 Wochen stationär behandelt.

Die anhaltenden Schmerzen im Kopf und Oberkörper des Klägers und die Entwicklung von Bluthochdruck als Störung der Krankheitsbewältigung im Sinne einer misslungenen Bewältigung nichtzerebraler körperlicher Unfallfolgen beschreiben mittelbare Unfallfolgen.

Diese Wechselwirkung hat dann zu einer langjährig persistierenden Schmerzverarbeitungsstörung im Sinne einer Chronifizierung geführt, sodass beim Kläger eine Somatisierungsstörung in Form einer somatoformen Schmerzstörung vorliegt. Im Kontext dieser Schmerzstörung steht auch eine anhaltende affektive Störung durch eine Dysthymia. Dabei handele es sich um eine chronische, wenigstens mehrere Jahre andauernde depressive Verstimmung mit vermindertem Antrieb oder Aktivität, Schlafstörungen, Verlust des Selbstvertrauens, dem Gefühl von Unzulänglichkeiten, Konzentrationsstörungen, sozialem Rückzug, Interessenverlust, Pessimismus, Problemen mit den Routineanforderungen des täglichen Lebens sowie einem Gefühl von Hoffnungslosigkeit und Verzweiflung.

LG Arnsberg, Urt. v. 15.11.2019 – 1 O 25/15 2028

35.000,00 € (Vorstellung: 10.000,00 €)

Depressionen – PTBS – Bandläsion Handgelenk – Rotatorenmanschettenruptur – Morbus Sudeck

Der Kläger erlitt bei einem Verkehrsunfall eine Rotatorenmanschettenruptur, eine traumatische SL-Bandläsion des Handgelenks, eine Verletzung der Halswirbelsäule und eine Rippenprellung. Als mittelbare Unfallfolge haben sich ein Morbus Sudeck und eine Arthrose in den Handgelenken entwickelt. Die Schulter, die Handgelenke und die HWS waren vorgeschädigt, hätten aber nicht operiert werden müssen.

Infolge des Unfalls leidet der Kläger fortdauernd an einer anhaltenden Schmerzbeeinträchtigung sowie einer komplexen PTBS als anhaltende Persönlichkeitsstörung und einer schweren Depression.

OLG Hamm, Urt. v. 14.03.2014 – I-9 U 103/13, NZV 2014, 462 = NJW-Spezial 2014, 935 2029

40.000,00 €

Somatoforme Schmerzstörung ICD10: F45.40 – depressive Episode – Schädelhirntrauma – Hirnödem – Lungenkontusion – Berstungsbruch Wirbelkörper

Bei einem Verkehrsunfall erlitt der Kläger ein Schädelhirntrauma, ein Hirnödem und eine schwere Lungenkontusion, welche allesamt folgenlos abgeheilt sind. Ferner erlitt er einen operativ versorgten Berstungsbruch BWK 12 mit Hinterkantenbeteiligung ohne neurologische Defizite, sowie Kompressionsfrakturen der BWK 8, 9 und 10 mit Vorderkantenbeteiligung, die keiner operativen Korrektur bedurften. Eine Kopfplatzwunde und Schnittverletzungen am Unterarm sind komplikationslos verheilt.

Der Kläger war rd. 5 1/2 Monate in stationärer Behandlung und litt 6 Monate intensiv an den Unfallfolgen.

Mittelbar durch den Unfall ausgelöst entwickelte sich eine anhaltende somatoforme Schmerzstörung, und eine anhaltende leichtgradige depressive Episode und eine Agoraphobie.

Die somatoforme Schmerzstörung, der Kläger empfindet dauerhaft Schmerzen, wurde nach ICD10: F45.40 eingeordnet. Sie lösten zwei stationäre Klinik-Aufenthalte mit dem Ziel einer Schmerztherapie aus.

2030 **OLG Schleswig, Urt. v. 09.08.2016 – 7 U 152/15, SchlHA 2017, 260 = SVR 2017, 188**

<u>**40.000,00 €**</u>

PtBS nach Verkehrsunfall auf einer Bundesautobahn

Bei Dunkelheit und regennasser Fahrbahn kam es auf einer Bundesautobahn zu einem Auffahrunfall. Die Klägerin erlitt als Folge des Unfallgeschehens eine PtBS, was durch Sachverständigengutachten bestätigt wurde. Allein die Erwartung der Klägerin, dass Folgeverkehr auf ihr Fahrzeug auffährt, kann zu Todesangst und Entsetzen führen. Alle Kriterien (A-, B- und C-Kriterien) nach DSM IV und ICD X für die Diagnose einer posttraumatischen Belastungsstörung sind bei der Klägerin vollständig erfüllt. Hinweise auf eine Simulation der Erkrankung oder Aggravationstendenzen haben die Gerichtssachverständigen nicht feststellen können.

2031 **OLG Schleswig, Urt. v. 23.02.2011 – 7 U 106/09, unveröffentlicht**

<u>**70.000,00 €**</u> (Vorstellung: 60.000,00 €)

Schwerste Verletzungen an beiden Unterschenkeln – PTBS

Die 38 Jahre alte Klägerin wurde, als sie am Stand spazieren ging, bei einer Vorbereitungsfahrt zu einer Standregatta von dem Standsegelwagen des Beklagten von hinten angefahren; hierdurch erlitt sie schwerste Verletzungen an beiden Unterschenkeln, die nahezu abgetrennt wurden. Es kam an beiden Beinen zu drittgradigen offenen Unterschenkelfrakturen; die Klägerin wurde unmittelbar nach dem Unfall in die Unfallklinik verbracht, wo sie am Unfalltage und alsbald darauf ein weiteres Mal operiert werden musste. In der Folgezeit konnte sie sich nur im Rollstuhl bzw. mit Gehhilfen fortbewegen, erst 5 Monate nach dem Unfall konnte sie ihre Berufstätigkeit als Richterin in eingeschränktem Umfange (50 %) wieder aufnehmen. Es kam dann zu einem erneuten Bruch des rechten Unterschenkels mit einer weiteren Operation und erneutem stationären Krankenhausaufenthalt. 10 Monate nach dem Unfall war die Klägerin wieder zu 50 % berufstätig, bevor sie sich erneut einer Operation unterziehen musste.

Nach schrittweiser Wiedereingliederung (50 %/90 %) ist sie knapp 2 Jahre nach dem Unfall wieder voll berufstätig. Eine posttraumatische Belastungsstörung musste psychotherapeutisch behandelt werden. Neben einer andauernden, lebenslangen Gehbehinderung sind bei der Klägerin entstellende Narben insb. Am linken Bein und am linken Unterarm verblieben. Sie ist dauerhaft zu 50 % schwerbehindert.

Das Gericht urteilte, bereits die schweren Verletzungen infolge des Unfalles, die nicht nur mehrere schwerwiegende Operationen, langfristige Krankenhausaufenthalte und erhebliche lebenslange Folgen für die Klägerin bedeuteten, sondern die auch erhebliche psychische Schädigungen, die mittlerweile weitgehend therapiert worden sind, hervorgerufen hätten, zudem die jetzt schon absehbaren lebenslangen Einschränkungen beim Gehen und Stehen, die mit der Zeit eher noch gravierender würden, rechtfertigten ein Schmerzensgeld i.H.d. Betragsvorstellung. Der Senat erhöhte diesen Betrag ausdrücklich um weitere 10.000,00 € wegen »der nicht nachvollziehbaren hartnäckigen Verweigerungshaltung des Beklagten«, der nicht auch nur einen kleinen Abschlag auf das Schmerzensgeld für den 7 Jahre zurückliegenden Unfall gezahlt hatte. Zwar ist dies Vorgehen dogmatisch nicht korrekt, da ein einheitliches Schmerzensgeld unter Berücksichtigung aller Bemessungsumstände auszuurteilen ist. Es zeigt aber, in welchen Anteilen eine verzögerte Regulierung berücksichtigt werden kann (hier: 15 %).

2032 **OLG Frankfurt, Urt. v. 04.06.2020 – 22 U 144/19, VersR 2021, 127 – *Jaeger,* Die taggenaue Berechnung des Schmerzensgeldes – Versuche des 22. Zivilsenats des OLG Frankfurt neue Wege bei der Bemessung des Schmerzensgeldes zu beschreiten, VersR 2021, 24.**

Aufgehoben durch BGH, Urt. v. 15.02.2022 – VI ZR 937/20, VersR 2022, 712 mit Anm. *Jaeger*.

200.000,00 € (Vorstellung: 264.680.20 €)

Unterschenkelamputation – Beinverletzungen – Transplantate – Nervverletzungen – Depressionen – posttraumatische Belastungsstörung

Der 54 Jahre alte Kläger erlitt bei einem Verkehrsunfall u.a. eine offene Unterschenkelfraktur, einen knöchernen Kollateralbandausriss am Wadenbein. Er wurde mehr als 500 Tage bei dreizehn Krankenhausaufenthalten stationär behandelt. In den Zwischenzeiten war er zuhause, allerdings nicht mobil und ans Bett gefesselt. Ein Unterschenkel wurde amputiert, das andere Bein verletzt. Weichteile mussten transplantiert werden. Es kam zu Nervverletzungen und als posttraumatische Belastungsstörung zu Depressionen.

Das OLG Frankfurt berechnete das Schmerzensgeld mit 266.672,00 €, verminderte diesen Betrag wegen der – ohne Sachverständigengutachten – angenommenen geringeren Lebenserwartung des Klägers auf 200.000,00 €.

Schönheitsoperationen

▶ Hinweis:

Bei fehlgeschlagenen Schönheitsoperationen ist zwischen dem vom Patienten verlangten Schmerzensgeld und den geltend gemachten Kosten für die Wiederherstellung mindestens des früheren Zustandes zu unterscheiden. Die Kosten einer Korrekturoperation, auch wenn diese medizinisch nicht geboten ist, sind über §§ 823, 249 Satz 2 BGB zu ersetzen, nicht aus § 253 BGB. Die Kosten dieser Heilbehandlung sind »Herstellungskosten« bei Verletzung einer Person. Allerdings kann der Patient nicht den Weg der fiktiven Schadensberechnung wählen, sondern kann nur die Behandlungskosten ersetzt verlangen, die tatsächlich angefallen sind (OLG Köln, Beschl. v. 21.08.1997 – 5 W 58/97, VersR 1998, 1510).

Die Werbung um »Kunden« wird mit harten Bandagen geführt. Ein Konkurrent erwirkte vor dem OLG Düsseldorf, Urt. v. 17.02.2022 – I-15 U 24/21, MedR 2023, 336 = GesR 2022, 671, eine einstweilige Verfügung auf Unterlassung vergleichender Werbung.:

Bei der vergleichenden Darstellung des Körperzustandes oder des Aussehens einer Frau vor und nach einer durchgeführten Gesäßvergrößerung im Instagram-Account eines Facharztes für plastische und ästhetische Chirurgie handelt es sich um eine geschäftliche Handlung und unzulässige Werbung für einen plastisch-chirurgischen Eingriff mit »Vorher-Nachher-Bildern«.

Dazu das OLG Düsseldorf weiter:

Im ersten und zweiten Bild sehen Sie den direkten Vorher-Nachher-Vergleich!

Die Proportionen und die Kurven werden individuell für jeden Patienten abgestimmt! Denn plastische Chirurgie ist eine Kunst und keine Fließbandarbeit.

LG Köln, Urt. v. 16.08.2019 – 25 O 117/16 2033

500,00 €

Fehlerhafte Entfernung von Gesichtshaaren

Bei der Klägerin kam es durch eine fehlerhafte Entfernung von Gesichtshaaren zu Verbrennungen zweiten Grades im Gesicht. Zunächst traten Bläschen auf, die aber nach kurzer Zeit verschwanden.

LG Aachen, Urt. v. 02.03.2017 – 1 O 309/15. Das OLG Köln, Beschl. v. 28.07.2017 – 19 U 50/17, hat die Berufung der Klägerin zurückgewiesen. 2034

600,00 € (Vorstellung: 8.000,00 €)

Permanent Make-up

Die Klägerin unterzog sich bei der Beklagten einer Behandlung durch Pigmentierung der oberen Lidstriche, mit deren Ergebnis sie nicht zufrieden war. Die Lidstriche waren asymmetrisch und zeigten einen Farbauslauf oberhalb der Lidstriche und unterhalb der Lidschwänzchen. Über Risiken der Behandlung war die Klägerin nicht hinreichend aufgeklärt worden.

2035 **OLG Köln, Urt. v. 28.07.2017 – 19 U 50/17**

600,00 €

Unsachgemäß ausgeführtes Permanent Make-up

Für die Bemessung des Schmerzensgeldes ist abzustellen auf die Laserbehandlungen zur Korrektur der Lidstriche bzw. zur Entfernung der Farbausläufe.

2036 **LG Bochum, Urt. v. 13.11.2019, 10 KLs – 49 Js 123/18 – 12/19, 10 KLs 12/19**

1.500,00 €

Injektionen eines Hyaluronsäurepräparats

Der Angeklagte erfüllte durch nicht fachgerechte Injektionen eines Hyaluronsäurepräparats zur Unterspritzung von Lippen, Kinn oder Nase bzw. die Verabreichung einer so genannten »Fettwegspritze« mit dem Wirkstoff Desoxycholsäure den Tatbestand der gefährlichen Körperverletzung mittels eines gefährlichen Werkzeugs. Im Laufe des Strafverfahrens zahlte er an die Klägerin 1.500,00 €.

2037 **OLG Köln, Beschl. v. 16.03.2015 und v. 20.04.2015 – 5 U 164/14, GesR 2016, 166 = MedR 2016, 429**

2.000,00 € (Vorstellung: mindestens 35.000,00 €)

Radikale Verkleinerung der kleinen Labien – nicht befriedigendes ästhetisches Ergebnis

Die Behauptung der Klägerin, die Labien seien vollständig entfernt worden, ihre Genitalien seien verstümmelt worden, hat sich nicht bestätigt, beide Labien sind, wenn auch nur in sehr reduziertem Maße, vorhanden. Ein Operationsstandard für die Verkleinerung von Labien, der vorgibt, wie viel von den kleinen Labien zu belassen ist, besteht nicht. Der Beklagte hat die Reduktion an der Gefäßbasis vorgenommen. Dies ist zulässig, wenn auch nicht zwingend, denn die Reduktion kann an jeder Stelle der Labien erfolgen. Eine Absprache der Parteien, um welchen Anteil die Labien reduziert werden sollten, ist nicht erfolgt.

Bei der Höhe des Schmerzensgeldes sind einerseits die durch den Eingriff verursachten Schmerzen im Bereich des Wundgebietes und der durch den klaffenden Introitus nach Labienreduktion beidseits hervorgerufene Zustand zu berücksichtigen, der zu einer trockenen Scheide mit Problemen bei sitzenden sportlichen Tätigkeiten wie Fahrradfahren, zu einem erhöhten Risiko zu aufsteigenden vaginalen Infektionen und einer Dyspareunie führen kann.

Da die Labien, wenn auch in weit reduziertem Zustand, vorhanden sind, ist das kosmetische Ergebnis nicht auffällig. Das Erscheinungsbild ist bei jeder Frau anders und es gibt eine Reihe von Frauen, die, obwohl nicht operiert, ein ähnliches Erscheinungsbild aufweisen. Von einem kosmetisch nicht zufriedenstellenden Ergebnis kann keinesfalls die Rede sein. Die Klägerin sieht das kosmetische Ergebnis offenbar ganz anders, als die Sachverständige. Schmerzensgelderhöhend können sich aber lediglich – bei ästhetischen Fragen ohnehin nur in Grenzen – objektivierbare Umstände auswirken. Entspricht das Ergebnis einem nicht völlig unüblichen Erscheinungsbild, so kann sich darauf ein höheres Schmerzensgeld nicht gründen.

2038 **LG Heidelberg, Urt. v. 25.11.2016 – 5 O 5/16, unveröffentlicht**

2.000,00 €

Blutende Wunde um Lippen und Kinn – Brennen im Gesicht

Die Klägerin benutzte eine Creme zur Entfernung der Gesichtshaare. Sie erlitt blutende Wunden im Bereich der Lippen, des Kinns und der Wangen infolge von Verätzungen. Das Gesicht brannte und juckte. Die Behandlung dauerte mehrere Wochen. Die Haftung der Beklagten ergibt sich aus dem Produkthaftungsgesetz.

LG München, Urt. v. 10.02.2017 – 132 C 16894/13 2039

2.500,00 €

Mangelhafte Permanent-Make-Up-Behandlung

Die Klägerin unterzog sich wiederholt bei der beklagten Fachkosmetikerin in deren Kosmetikstudio einer Permanent-Make-Up-Behandlung.

Die Linienführung der unteren Lidstrich-Pigmentierung sind asymmetrisch.

Die Abdeckung mit richtigen Hautfarbton-Varianten hätte es erfordert, Farbschicht auf Farbschicht aufzutragen. Die verwendeten Hautfarben wie Marmor und Vanille würden über eine lange Verweildauer und starke Helligkeitswirkung verfügen und seien daher ungeeignet, um auf einer zu erhaltenden Lidstrich-Pigmentierung angebracht zu werden

Derjenige, der sich einer solchen Prozedur unterziehe, willige zwar in die Körperverletzung ein; die Einwilligung sei aber darauf bezogen, dass die Behandlung mangelfrei und nach den Regeln der Kunst erbracht werde.

LG Dortmund, Urt. v. 15.10.2015 – 4 O 249/11, AMK 2015, Nr. 11, 14 2040

5.000,00 € (Vorstellung: 7.500,00 €)

Bruststraffung einer voroperierten Brust

Die Klägerin, die an der Brust voroperiert war, wünschte eine Bruststraffung und den Austausch von Implantaten. Die Beklagte legt die Behandlungsdokumentation nicht vor und vereitelt der Klägerin dadurch den Nachweis, dass die Straffung unzureichend durchgeführt worden ist.

Es ist eine Folgeoperation notwendig. Bei der Höhe des Schmerzensgeldes war zu berücksichtigen, dass die Brüste voroperiert waren und dass eine Narbenbildung vorgelegen hat.

OLG Brandenburg, Urt. v. 22.04.2021 – 12 U 124/20 2041

5.000,00 €

Misslungene Brustvergrößerung – Narben

Die Beklagten nahmen bei der Klägerin ohne präoperative Befunderhebung und ohne wirksame Aufklärung eine fehlerhafte Brustvergrößerung vor. Auch eine unzureichend geplante Revisionsoperation hatte nicht den gewünschten Erfolg. Es liegt eine Asymmetrie der Brüste vor.

Für die Höhe des Schmerzensgeldes waren ausschlaggebend die Vielzahl der stationären und der ambulanten Heilbehandlungen, der Zeitraum der Arbeitsunfähigkeit und die Dauerschäden. Im Rahmen der Genugtuungsfunktion wurde die Schwere des Verschuldens des Beklagten berücksichtigt.

LG Köln, Urt. v. 21.06.2023 – 25 O 117/20 2042

5.000,00 € (Vorstellung: 35.000,00 €)

Brustvergrößerung – Korrektur-Operation ohne wirksame Aufklärung

Die Klägerin unterzog sich 2018 einer vom Beklagten durchgeführten Brustvergrößerungsoperation an beiden Brüsten. Postoperativ traten Schmerzen sowie große und tiefe Blutergüsse auf, die auch nach acht Wochen noch vorhanden waren. Nach rd. 8 Monaten wurden die Implantate durch neue, größere ersetzt.

Es wurde kein Behandlungsfehler festgestellt, lediglich die Aufklärungsrüge bezüglich der Revisionsoperation hatte Erfolg.

2043 **LG Hamburg, Urt. v. 24.06.2016 – 303 O 173/14**

<u>7.500,00 €</u> (Vorstellung: mindestens 20.000,00 €)

Tod 9 Tage nach kosmetischer Operation

Der Kläger ist der Witwer und Alleinerbe einer 23 Jahre alten Patientin, die in der Erotikbranche tätig war. Er nimmt die Beklagten auf Schadensersatz in Anspruch, weil seine Ehefrau bei einer Brust-Operation einen Herz-Kreislauf-Stillstand erlitt und einige Tage später verstorben ist. Bei der Patientin sollten bei der kosmetischen Operation ein Wechsel der vorhandenen Brustimplantate mit Einsetzen größerer Implantate sowie eine plastische Korrektur der kleinen Schamlippen in Vollnarkose durchgeführt werden. Die Anästhesistin bemerkte den Herzstillstand der Patientin zunächst nicht. Sie wurde später wegen fahrlässiger Tötung zu einer Freiheitsstrafe auf Bewährung verurteilt. Infolge einer hypoxisch-ischämischen Enzephalopathie, die zu einer tödlichen Hirnlähmung führte, verstarb die Patientin nach 9 Tagen, ohne das Bewusstsein wiedererlangt zu haben.

Ob die Patientin auf der Intensivstation körperliche Schmerzen erdulden musste, konnte nicht festgestellt werden.

2044 **OLG Dresden, Beschl. v, 04.04.2018 – 4 W 325/18**

<u>8.000,00 €</u>

Missglückte Brustvergrößerung

Die Klägerin ließ vom Beklagten eine Brustvergrößerung durchführen und beanstandet eine unzureichende Aufklärung und die Wahl der Implantatgröße.

2045 **LG Dortmund, Urt. v. 15.10.2015 – 4 O 247/11, unveröffentlicht**

<u>12.000,00 €</u> (Vorstellung:20.000,00 €)

Asymmetrie im Brustbereich – Unebenheiten der Bauchdecke

Die Klägerin wünschte vom Beklagten eine Brustverkleinerung und eine Bauchstraffung. Sowohl im Brust- als auch im Bauchbereich liegt infolge von Behandlungsfehlern ein unschönes Operationsergebnis vor, das Nachoperationen erforderlich macht. Die Klägerin hat Hemmungen, Bauch und Brust zu zeigen und fühlt sich in ihrer Weiblichkeit beeinträchtigt. Ein darüber hinausgehender Krankheitswert im Sinne einer psychischen Erkrankung liegt nicht vor.

2046 **KG, Urt. v. 03.05.2018 – 20 U 234/13**

<u>15.000,00 €</u>

Rechtswidrige Schönheitsoperation – Narbe von Ohr zu Ohr

Die Klägerin behielt nach einer rechtswidrigen Schönheitsoperation trotz zweier hierdurch erforderlicher Korrekturoperationen verschiedene Narben am Kopf unter dem Haar, von denen die längste 24 cm lang ist und nur von eine lichten Haarlinie bedeckt wird. Wegen einer psychischen Erkrankung (körperdysmorphe Symptomatik) leidet die Klägerin besonders stark unter den Narben, von denen eine von Ohr zu Ohr reicht und nicht voll durch Haar verdeckt wird. Ebenfalls wurde die Prozessdauer von 6 Jahren erhöhend berücksichtigt.

2047 **OLG Köln, Urt. v. 13.05.2020 – 5 U 126/18, MedR 2021, 468**

<u>15.000,00 €</u>

Entfernung von Fettpolstern im Bereich der Knie durch Arzt ohne Approbation – Entzündungen

Nach einer »Fett-weg-Spritze«, die in einer Privatwohnung durch einen Arzt ohne Approbation und ohne wirksame Aufklärung injiziert wurde, kam es zu Wundheilungsstörungen und Entzündungen im Kniebereich.

OLG Dresden, Urt. v. 08.10.2019 – 4 U 1052/19 2048

20.000,00 €

Gesäßstraffung

Die 40 Jahre alte Klägerin, eine Fachanwältin für Medizinrecht, wurde erst wenige Stunden vor dem operativen Eingriff, also zu spät und zusätzlich unvollständig, aufgeklärt. Sie leidet nach dem Eingriff unter chronischen Schmerzen beim Sitzen und Radfahren.

OLG Köln, Urt. v. 05.06.2024 – 5 U 91/23 2049

25.000,00 € (Vorstellung: 35.000,00 €)

Misslungene Brustvergrößerung

Die Klägerin, die vor der Operation nicht hinreichend aufgeklärt wurde, litt danach an sehr starken Schmerzen im Bereich zwischen linkem Schlüsselbein, linker Achselhöhle bis hin zur linken Brustwarze. Diese Schmerzen sind ein Dauerschaden. Zudem leidet die Klägerin darunter, dass die Brüste nun asymmetrisch sind.

Schürf-/Schnittwunden

▶ Hinweis:

Schürf- bzw. Schnittwunden sind, soweit es sich um die alleinige oder doch die wesentliche Verletzung handelt, stets von den entschädigungslos hinzunehmenden Bagatellschäden abzugrenzen. Kommen andererseits zu den Wunden, wie etwa bei Verkehrsunfällen typisch, noch weitere Verletzungen (Frakturen o.Ä.) hinzu, sind es zumeist diese, die die für die Bemessung ausschlaggebenden Faktoren darstellen, sodass den Schürf- und Schnittwunden in diesen Fällen regelmäßig kein eigenes Gewicht bzw. keine eigenständige Bedeutung bei der Bemessung zukommt, mögen diese auch schmerzhaft gewesen sein (vgl. etwa OLG Celle, Urt. v. 05.08.1999 – 14 U 209/98, OLGR 2000, 35). Aus diesem Grund sind nachfolgend nur Urteile dargestellt, bei denen Schürf- oder Schnittwunden die alleinigen oder doch wesentlichen Verletzungen darstellen. Es liegt in der Natur der Sache, dass bei den in aller Regel niedrigen Beträgen, die für die durchgängig eher leichten Verletzungen zuerkannt werden, in Abweichung von dem Konzept des Buches auch (häufig: AG-)Entscheidungen referiert werden müssen, für die keine Fundstellen angegeben werden können.

Hierbei muss allerdings beachtet werden, dass Schnittwunden zu Narben, also Dauerschäden, führen können; zuletzt mag eine Rolle spielen, ob die Verletzung, wie bei Schnittwunden häufig, durch eine vorsätzliche Körperverletzung des Beklagten verursacht worden ist.

OLG Dresden, Beschl. v. 05.01.2017 – 4 U 1385/16, ZAP EN-Nr. 310/2017 2050

0,00 €

Stich aufgrund Injektion

Schmerzen aufgrund einer (nicht indizierten) Injektion eines Medikaments sind als Bagatellverletzungen entschädigungslos hinzunehmen. Die Verletzung der Haut und das Eindringen der Nadel in das Gewebe allein genügen nicht, um eine Entschädigungspflicht anzunehmen.

LG Frankfurt a.M., Urt. v. 08.02.2018 – 2–05 O 342/15, unveröffentlicht 2051

200,00 € (Vorstellung: 3.000,00 €)

Schürfwunden an Schläfe und Handrücken

Der Kläger, ein Rentner, wurde bei einem Verkehrsunfall verletzt; er erlitt Schürfwunden an der linken Schläfe und am rechten Handrücken. Der Betragsvorstellung lagen behauptete Rückenschmerzen zugrunde, die sich nicht hatten beweisen lassen.

2052 **OLG Celle, Urt. v. 11.11.2020 – 14 U 71/20, NJW-RR 2021, 538**

200,00 € (2/5 Mitverschulden)

Schürfwunde am Arm – HWS-Trauma

Der Kläger erlitt bei einem Verkehrsunfall ein HWS-Trauma sowie eine Schürfwunde am Unterarm. Er war 16 Tage krankgeschrieben.

2053 **OLG Hamm, Urt. v. 09.02.2022 – 11 U 71/21, NVwZ-RR 2022, 602 = VRS 143 (2022), 125**

200,00 € (1/3 Mitverschulden; 300,00 €)

Schnittwunde am Handballen

Der Kläger verletzte sich an einem Handlauf, an dem scharfkantige Befestigungsschrauben überstanden. Es kam zu Schnittwunden an dem rechten Handballen. Der Senat berücksichtigte bei der Bemessung, dass sich der Kläger eine stark blutende und auch schmerzhafte Wunde zugezogen hatte, die aber abgesehen von einer Narbenbildung innerhalb von zwei Wochen komplikationslos ausgeheilt war. Einige Tage konnte der Kläger die Hand nur eingeschränkt gebrauchen. Ein Mitverschulden sah der Senat darin, dass die überstehenden Schrauben gut erkennbar gewesen seien.

2054 **LG Traunstein, Urt. v. 11.05.2018 – 5 O 2804/16, unveröffentlicht**

500,00 €

Schürfwunden am Fuß – Knieprellung

Der Kläger erlitt als Radfahrer bei einem Verkehrsunfall eine Prellung des rechten Knies und Schürfwunden am rechten Bein und Fuß.

2055 **AG Erfurt, Urt. v. 19.08.2020 – 5 C 1402/19, unveröffentlicht**

500,00 € (Vorstellung: 1.000,00 €)

Schürfwunden in Gesicht und Oberkörper – Schädelhirntrauma

Der 9 Jahre alte Kläger wurde von dem Beklagten, der auf dem Rad unterwegs war, angefahren. Er erlitt ein Schädelhirntrauma ersten Grades sowie Schürfwunden und Hämatome im Gesichts-, Oberkörper- und Extremitätenbereich und wurde 2 Tage stationär behandelt. Danach musste er noch eine Woche häuslich gepflegt werden.

2056 **LG Detmold, Urt. v. 31.05.2021 – 21 KLs 33/20, unveröffentlicht**

500,00 €

Handgelenksprellung – Schürfwunde

Der Angeklagte wurde vom Adhäsionskläger, einem Polizisten, wegen eines gegen ihn bestehenden Haftbefehls angesprochen. Der Angeklagte schlug sodann mit dem Ellbogen gegen Kopf und Hand des Adhäsionsklägers; dieser erlitt eine Schürfwunde, ein Hämatom und eine Prellung am Handgelenk. Er war drei Tage dienstunfähig, knapp einen Monat später waren die Verletzungen verheilt.

2057 **OLG Brandenburg, Urt. v. 16.12.2021 – 12 U 42/21, NJW-RR 2022, 600**

500,00 €

Schürfwunden am Fuß und Ellbogen – Prellung am Unterschenkel

Der Kläger erlitt infolge des Sturzes nach Beinahekollision mit einem Motorrad Hautabschürfungen am Fuß und am linken Ellenbogen sowie eine Prellung am linken Unterschenkel. Er war für 4 Tage krankgeschrieben.

AG Lübeck, Urt. v. 27.06.2023 – 70 Ds 719 Js 40729/21, unveröffentlicht 2058

500,00 €

Hautabschürfungen an der Stirn – Wangenverletzung

Der Nebenkläger wurde bei einem Polizeieinsatz, bei welchem er beständig provozierte, auf den Boden gedrückt, wobei der angeklagte Polizist seinen Kopf auf den Asphalt fallen ließ; der Nebenkläger erlitt hierdurch eine blutende Verletzung an der Innenseite der Wange, Hautabschürfungen an der Stirn und Druckkopfschmerz über mehrere Tage.

LG Köln, Urt. v. 19.04.2024 – 14 O 65/21, unveröffentlicht 2059

500,00 € (Vorstellung: 800,00 €)

Schürfwunden an den Beinen – Knieprellung

Der Kläger erlitt bei einem Verkehrsunfall eine linksseitige Knieprellung sowie einige Abschürfungen an beiden Beinen. Eine stationäre Behandlung war nicht notwendig. Der Kläger wurde vielmehr auf eigenen Wunsch nur ambulant behandelt. Der Kläger war nicht krankgeschrieben. Die Prellung und Schürfwunden verheilten innerhalb drei Wochen. In diesen drei Wochen hatte der Kläger jedoch erhebliche schmerzbedingte Bewegungseinschränkungen beim Gehen.

OLG Köln, Beschl. v. 28.07.2017 – 19 U 50/17, unveröffentlicht 2060

600,00 € (Vorstellung: 8.000,00 €)

Einstechen von Farbpigmenten in die Haut (»Permanent Make up«)

Die Klägerin wollte ihre Lider durch Permanent Make up korrigieren. Tatsächlich aber waren die Lidstriche asymmetrisch; auch kam es zu Farbausläufen oberhalb der Lidstriche. Die Augen der Klägerin waren drei Tage geschwollen und mussten gekühlt werden; nach einer Woche heilten die Beschwerden ab. Eine Korrektur durch Laserbehandlung war erforderlich. Der Senat berücksichtigte, dass die mangelhafte Leistung der Beklagten im Augenbereich der Klägerin war, damit regelmäßig unbedeckt und einsichtig. Eine signifikante Entstellung lag aber nicht vor, die Fehler fielen einem zufälligen Betrachter eher nicht ins Auge.

AG Frankfurt, Urt. v. 21.10.2021 – 32 C 105/21, unveröffentlicht 2061

800,00 €

Schürfwunden – Hüft- und Unterarmprellung

Der 71 Jahre alte Beklagte fühlte sich von dem 88 Jahre alten Kläger, seinem Nachbarn, gestört, weil dieser während der »Sportschau« mit einer Kreissäge im Hof arbeitete. Er schlug mit einem Knüppel auf Ohr und Kopf des Klägers ein, biss diesen ins rechte Ohr und verdrehte seine Nase. Der Kläger erlitt eine Hüft- und Unterarmprellung sowie Schürfwunden und Prellmarken an Stirn, Augenbraue, Wange, Lippe und Nase.

BGH, Beschl. v. 26.06.2018 – 1 StR 208/18, StraFo 2019, 34 2062

1.000,00 €

Stichverletzungen an der Brust

Die Beteiligten gerieten über eine mutmaßlich vom Geschädigten noch zu zahlende Summe in Streit; der Angeklagte verletzte den Geschädigten mit einem Messer am Oberkörper und am Kopf sowie an der linken Brustkorbseite, wobei eine Rippe durchtrennt wurde. Der Geschädigte sank aufgrund der Stichverletzungen in sich zusammen und sagte, »Hör auf, es ist genug«, worauf der Angeklagte von ihm abließ. Der Geschädigte befand sich vier Tage in stationärer Behandlung, die Verletzungen sind folgenlos abgeheilt. Die Entscheidung erging im Adhäsionsverfahren.

2063 **LG Darmstadt, Urt. v. 05.09.2018 – 4 O 36/17, unveröffentlicht**

1.000,00 € (Vorstellung: 2.500,00 €)

Hautabschürfungen an Genital/Leistengegend – Prellungen an Knie und Ellbogen

Der Kläger, ein Student, kollidierte mit seinem Fahrrad mit dem Kfz der Beklagten. Er erlitt Hautabschürfungen über dem linken Nierenlager, eine Hautabschürfung Skrotal, ein Hämatom glans penis, eine Abschürfung glans penis, eine Testalgie beidseits, eine Leistenzerrung links, eine Nierenkontusion links sowie Prellungen am Ellenbogen links und am linken Knie. Er hatte eine Woche lang starke Schmerzen im Genitalbereich; die Ellbogenprellung bereitete zwei Monate lang Schmerzen bei Beanspruchung, war danach aber folgenlos ausgeheilt.

2064 **LG Duisburg, Urt. v. 24.11.2020 – 33 KLs – 728 Js 177/20 – 9/20, unveröffentlicht**

1.000,00 €

Nasenschnittwunde

Der Angeklagte lernte den Geschädigten bei einem Ausflug im Rotlichtmilieu kennen und begleitete ihn auf dem Weg Richtung Bordell; dann fasst er den Entschluss, ihn auszurauben, und warf ihm eine leere Bierflasche an den Kopf. Dieser erlitt dadurch ein circa fünf mal sechs Zentimeter großes Hämatom frontal links mit Druckdolenz (linker Stirnbereich), zwei oberflächliche Schnittwunden im Bereich des Nasenrückens mit sistierter Blutung sowie eine Nasenbein- und Gesichtsprellung. Er war nach dem Aufprall der Glasflasche im Gesicht kurzzeitig benommen, von dem Wurf der Glasflasche vollkommen überrascht und erschrocken und bemerkte, dass er im Gesicht stark blutete. Der Angeklagte entwendete Bargeld und ein Handy. Der Geschädigte musste in der Folgezeit eine Nasenbandage tragen, die Heilung seiner Nase dauerte insgesamt mehr als zwei Monate. Er hat eine bleibende Narbe auf der Nase. Aufgrund des Vorfalls litt er für einige Zeit unter Schlafproblemen und hat Schwierigkeiten anderen Personen zu vertrauen. Er ging trotz dieser Beeinträchtigungen arbeiten, da er nicht an den Vorfall denken wollte.

2065 **LG Limburg, Urt. v. 23.08.2019 – 1 O 239/17, DV 2019, 169**

1.300,00 € (Vorstellung: 3.000,00 €)

Schnittwunde am Finger – HWS-Distorsion – Stirn- und Knieprellungen

Der Kläger erlitt durch einen Frontalaufprall nach einer Vorfahrtverletzung eine Prellung der Stirn sowie Hämatome an den beiden Kniegelenken und eine Schürfwunde am linken Kniegelenk, eine ca. 1 cm lange Schnittwunde am linken Ringfinger, einen Druck- und Bewegungsschmerz und eine Prellung der rechten Schulter sowie eine Distorsion im rechten Ellbogengelenk, so dass er eine Oberarmgipsschiene tragen musste, wobei die Beugung des Gelenks aufgrund einer Vorschädigung bereits eingeschränkt war, und eine HWS-Distorsion. Die Beweglichkeit der Halswirbelsäule war schmerzbedingt eingeschränkt mit Druckschmerz. Wärmetherapie wurde empfohlen.

2066 **LG Saarbrücken, Urt. v. 16.02.2018 – 6 O 229/17, unveröffentlicht**

2.000,00 € (2/3 Mitverschulden)

Schürfungen und Prellungen – Innenknöchelfraktur

Der 17 Jahre alte Kläger war als Rollerfahrer bei einem Verkehrsunfall beteiligt, bei welchem er eine Innenknöchelfraktur des linken Fußes sowie Prellungen und Schürfwunden am ganzen Körper, vor allem aber an Knien und rechten Ellbogen erlitt. Erhöhend wurde das Risiko einer späteren vorzeitigen Arthrose berücksichtigt.

OLG Rostock, Urt. v. 12.07.2018 – 5 U 86/16, unveröffentlicht 2067

2.500,00 €

Schürfwunde am Unterarm – Prellungen an Schulter, Hüfte und Knie

Der Kläger erlitt bei einem Verkehrsunfall eine blutige großflächige Schürfwunde am rechten Unterarm, die von sich aus ausgeheilte, sowie Prellungen des rechten Schultergelenks, der rechten Hüfte und des linken Knies. Er war 11 Tage arbeitsunfähig, dies allerdings vor dem Unfall auch schon gewesen; weitere 18 Tage bestand eine AU von 70 %.

OLG Saarbrücken, Urt. v. 15.12.2022 – 4 U 136/21, VerkMitt 2023, Nr 9 2068

2.800,00 € (1/3 Mitverschulden Vorstellung: 5.000,00 €)

Schürfwunden am Unterschenkel – Beckenprellung – Schultereckgelenkssprengung

Der Kläger, der als Radfahrer bei einem Verkehrsunfall beteiligt war, zog sich bei einem Sturz eine Schultereckgelenkssprengung Typ Rockwood IV an der rechten Schulter, eine Beckenprellung rechts sowie Schürfwunden am linken Unterschenkel zu. Er wurde an der Schulter operiert und zwei Tage stationär behandelt Die Schulter wurde im Anschluss mit einem Schulterabduktionskissen versorgt, das der Kläger für 6 Wochen tragen musste. Er war für eine Dauer von 3 Wochen arbeitsunfähig und durfte zwei Monate lang kein Kfz führen. Für einen Zeitraum von 4 Wochen litt er unter erheblichen Schmerzen und infolge der Abduktionsschiene unter körperlichen Einschränkungen.

LG Frankenthal, Urt. v. 05.06.2020 – 4 O 10/19, NJW-RR 20202, 1481 2069

3.000,00 € (1/2 Mitverschulden)

Hautabschürfungen – Prellungen an Hand, Fuß, Schädel – Funktionsstörung der Hand

Der Kläger wurde als Radfahrer, der an zwei Pferden vorbeifuhr, von dem Huf eines ausschlagenden Pferdes getroffen und aufs Feld geschleudert. Er erlitt eine Handgelenkprellung, eine Fußprellung, eine Schädelprellung sowie Hautabschürfungen an Ohr, Unterschenkel und Achillessehne. Infolge der ulnaren Instabilität im Daumengrundgelenk rechts nach Verletzung des ulnaren Seitenbandes kam es zu einem Dauerschaden einer schmerzhaften Funktionsstörung der rechten Hand. Die Prellungen heilten nach einigen Wochen ab, der Daumen verursacht zwar keine ständigen Schmerzen, lässt sich aber nicht mehr voll belasten, ein richtiges Zugreifen ist nicht mehr möglich.

LG Bonn, Urt. v. 26.06.2020 – 9 O 145/19, unveröffentlicht 2070

3.000,00 € (Vorstellung: 5.000,00 €)

Schnittwunde am Zeigefinder – Infektion

Der 36 Jahre alte Kläger verletzte sich während der Arbeit an einer Kreissäge am Mittelgelenk des rechten Zeigefingers. Die Verletzung wurde vom beklagten Arzt nicht richtig erkannt und versorgt, weil dieser nicht erkannte, dass die Kreissäge ein Knochenstück herausgerissen hatte. Der Kläger erlitt infolge fehlerhafter Ratschläge (den Finger zu bewegen) eine Infektion; der Finger ist nun bewegungseingeschränkt, die Behandlung verzögerte sich um 10 Wochen, und eine Operation war nötig.

BGH, Beschl. v. 26.02.2019 – 4 StR 464/18, unveröffentlicht 2071

3.500,00 €

Stich in den Hals

Der Angeklagte geriet auf einer Kirmes in Streit mit dem Nebenkläger, den er mit einem 5 cm langen Messer in die linke Halsseite stach. Der Nebenkläger erlitt eine 3 cm lange Stichverletzung an der linken Halsseite, die komplikationslos verheilt ist.

LG Bonn, Urt. v. 05.10.2018 – 1 O 165/18, unveröffentlicht 2072

<u>4.000,00 €</u> (Vorstellung: 4.000,00 €)

Schürfwunden an Stirn, Nase und Oberlippe – Prellungen – Stirnplatzwunde

Die Klägerin wurde als Radfahrerin bei einem Verkehrsunfall verletzt; sie erlitt eine Platzwunde an der Stirn, Schürfwunden im Bereich von Stirn, Nase und Oberlippe sowie multiple Prellungen an der Stirn, dem rechten Unterarm und dem rechten Fuß.

Es kam zu einem HWS/BWS-Schleudertrauma mit einem Hartspann der Brustwirbelsäule. Sie war stationär aufgenommen und 11 Tage krankgeschrieben sowie fünf Monate beeinträchtigt. Ein im Anschluss an die Krankschreibung bereits zuvor gebuchter Urlaub wurde durch die Gesichtsverletzungen beeinträchtigt, die Klägerin fühlte sich optisch nicht gut und war zudem wegen der Schmerzen und Verspannungen im Brustbereich auf die Einnahme von Schmerzmedikation angewiesen.

2073 **OLG Hamm, Urt. v. 08.06.2021 – 9 U 77/20, unveröffentlicht**

<u>4.000,00 €</u> (1/3 Mitverschulden)

Schürfwunden – Beckenringfraktur

Der Kläger erlitt bei einem Unfall, bei welchem er wegen des Hundes der Beklagten vom Rad stürzte, eine Beckenringfraktur, ein stumpfes Thoraxtrauma und diverse Schürfwunden. Die Verletzungen waren schmerzhaft und führten zu erheblichen Bewegungseinschränkungen, die 6 Monate andauerten.

2074 **AG München, Urt. v. 28.07.2021 – 812 Ds 252 Js 139684/21, unveröffentlicht**

<u>4.320,00 €</u>

Schnittwunde am Unterarm – Mittelhandfraktur

Der 52 Jahre alte Angeklagte warf bei einem Streit ein mit Münzen gefülltes Glas gegen seinen 18 Jahre alten Sohn; das Glas verfehlte diesen, einer der Splitter fügte dem Sohn eine Schnittwunde am linken Unterarm zu. Der Angeklagte nahm seinen Sohn in den Schwitzkasten und schlug dessen rechte Hand zweimal so gegen die Zimmertür, dass der Sohn eine Mittelhandfraktur erlitt, die zweimal operiert werden musste; es bestehen eine leichte Bewegungseinschränkung, eine deutliche Narbe und zeitweise Schmerzen.

2075 **LG Nürnberg-Fürth, Urt. v. 20.02.2018 – 2 O 8654/16, unveröffentlicht**

<u>4.500,00 €</u>

Unterschenkelschürfwunde – Kreuzbandteilläsion – Oberschenkelprellung

Der Kläger erlitt bei einem Verkehrsunfall eine Oberschenkelprellung, eine Schürfwunde des rechten Unterschenkels, eine Distorsion des vorderen und eine Teilläsion des hinteren Kreuzbandes, eine Muskelverletzung sowie Knorpelläsion am rechten Knie und einen Innenmeniskusriss und Bone Bruise im Bereich des Knies. Er war zwei Tage stationär, zunächst auf der Intensivstation. Es schlossen sich 10 krankengymnastische Termine an, er war zwei Monate arbeitsunfähig. Als Dauerschaden verbleibt eine anhaltende Instabilität des linken Kniegelenks.

2076 **AG Wesel, Urt. v. 12.03.2019 – 8 Ds 597 Js 93/18 – 161/18, unveröffentlicht**

<u>5.000,00 €</u>

Schürfwunde an Oberschenkel und Becken, Risswunde am Oberschenkel

Der Angeklagte ließ seinen 18 Monate alten Rottweiler ohne Maulkorb laufen; dieser fiel dann den 10 Jahre alten Geschädigten an. Dieser erlitt eine Schürfwunde am rechten Oberschenkel, eine große Schürfwunde mit Hämatombildung am linken Beckenkamm und eine 10 cm lange und 3 cm tiefe Risswunde am rechten Oberschenkel, die genäht werden musste. Der Geschädigte war 3 Tage stationär, die Wunde ist vernarbt. Der Geschädigte, der – nach Zahlung der Versicherung des

Angeklagten von 4.500,00 € – zunächst im Adhäsionsverfahren (insgesamt) 15.000,00 € gefordert hatte, nahm nach Hinweis des Gerichts den Antrag zurück bis auf weitere 500,00 €, die dann vom Angeklagten anerkannt wurden.

LG Hildesheim, Urt. v. 07.04.2023 – 5 O 305/21, DAR 2024, 163 2077

5.000,00 €

HWS-Distorsion Grad 1 – Schürfwunden an Hand und Becken

Der Kläger erlitt bei einem Frontalzusammenstoß ein Hochrasanztrauma mit HWS Distorsion Grad 1, ein stumpfes Bauchtrauma sowie Abschürfungen an der linken Hand und am Beckenkamm mit mehrtägigem Aufenthalt im Krankenhaus. Bei der Bemessung wurde das »Schockmoment« des Unfalls, bei dem es nur »Glück« gewesen sei, dass es zu keinen schwerwiegenden Verletzungen gekommen sei, besonders berücksichtigt.

LG Kassel, Urt. v. 28.04.2021 – 6 O 111/21, unveröffentlicht 2078

6.000,00 € (Vorstellung: 7.000,00 €)

Schürfwunden – Armfraktur – Prellungen

Die Klägerin stürzte auf einem Friedhof, als sie in einem nicht ausreichend befestigten Gitterrost einer Regenabflussrinne hängen blieb und stürzte. Sie erlitt eine subkapitale Oberarmknochenfraktur mit Abriss der Tuberculum major rechts sowie Prellungen und Abschürfungen; die Fraktur wurde notfallmäßig versorgt und operiert, die Klägerin war 5 Tage stationär und noch sechs Monate beeinträchtigt. Sie kann ihren Arm nicht mehr über Schulterhöhe heben.

LG Kaiserslautern, Urt. v. 19.06.2020 – 3 O 639/19, unveröffentlicht 2079

7.000,00 € (3/10 Mitverschulden)

Schnittwunde an der Nase – Risswunde an der Stirn

Die 13 Jahre alte Klägerin war Schülerin in der Einrichtung der Beklagten. Dort war ein Treppenpodest in Richtung Mädchentoiletten mit einem offenen Bereich ausgestattet, der beidseitig mit Verblendungen besetzt war, deren scharfe Kanten überstanden. Die Klägerin stieß hiergegen, als sie die Treppe herauflief und – um möglichst schnell zur Toilette zu kommen – die untere Verblendung in gebückter Haltung unterlief und sodann beim Aufrichten des Kopfes ungebremst gegen die Kante stieß. Sie erlitt einen heftigen Schock, fiel zu Boden und stieß beim Aufstehen erneut gegen die Verblendung. Hierdurch kam es zu einer massiven Schnittwunde von der Nase über die Nasolabialfalte rechts sowie einer massiven Risswunde im oberen Stirnbereich knapp unterhalb des Haaransatzes mit Skalpierung. Sie war 3 Tage stationär, wo es infolge des Unfalls zu einer Rekonstruktion der Nasenspitze kam und die Schnitt- und Risswunden genäht werden mussten, an einer Stelle im oberen Bereich mit 13 Nähten. Während des stationären Aufenthalts musste die Nase täglich von einem HNO-Arzt gereinigt werden, die Nase brannte und die Schmerzen führten zu Schlafproblemen. Es verblieben Narben im Gesicht, eine hellere im Nasenbereich und eine etwas rötlichere, dickere im Stirnbereich. Diese Narben stellen für die junge Klägerin eine nicht unerhebliche Lebensbeeinträchtigung insbesondere hinsichtlich des Soziallebens dar, denn die Narben liegen unmittelbar im Gesicht, und die Klägerin wird darauf angesprochen.

LG Lübeck, Urt. v. 03.11.2023 – 3 O 277/21, unveröffentlicht 2080

7.000,00 €

Schnittwunde am Handgelenk

Der Kläger war Polizeibeamter und wurde von dem alkoholisierten Beklagten bei dessen Ansprache mit einer Whiskeyflasche angegriffen. Er erlitt eine tiefe, 3 x 4 cm große Schnittwunde am rechten Handgelenk, die operativ versorgt werden musste. Eine 40 % durchtrennte Sehne musste regeneriert werden. Der Kläger war zwei Wochen dienstunfähig und arbeitet seitdem im Innendienst. Er leidet immer noch an Empfindungsstörungen, der Handballen weist ein Taubheitsgefühl aus, es verbleiben Bewegungseinschränkungen, die beim Sport hindern. Das Gericht berücksichtigte auch die vorsätzliche – wenngleich alkoholisierte – Tatbegehung.

2081 **AG Witten, Urt. v. 28.08.2024 – 9 Ls 35/24, unveröffentlicht**

7.500,00 € (Vorstellung: 7.500,00 €)

Stichwunde im Brustbereich – Fußfraktur

Der Geschädigte wurde vom Angeklagten überfallen, der diesen auf den Boden schlug und mit einem spitzen Gegenstand eine 2 cm breite Stichwunde im Bereich des linken Rippenbereichs zufügte. Diese wurde im Krankenhaus genäht. Der Geschädigte erlitt zudem eine Sprunggelenksluxationsfraktur und eine Weber B Fraktur am linken Fuß, die zweimal operiert werden musste und über Monate Arbeitsunfähigkeit verursachte. Das Gericht berücksichtigte bei der Bemessung, die im Adhäsionsverfahren erging, die potentiell lebensgefährliche Wirkung des Stichs.

2082 **LG Bochum, Urt. v. 15.10.2020 – 1 O 453/19, unveröffentlicht**

8.000,00 € (Vorstellung: 8.000,00 €)

Schürfwunden – Bisswunden

Die 10 Jahre alte Klägerin fuhr Inliner, als sie von dem Hund der Beklagten, einem Dobermann, angesprungen wurde. Dieser biss sie mehrfach, mindestens fünfmal, im Bereich von Nacken, Schulter und Oberarm. Von den Bisswunden an Flanke, Schulter und Arm verblieben Narben. Hinzu kamen Schürfwunden, die inzwischen abgeheilt sind. Durch den Angriff entwickelte die Klägerin eine posttraumatische Belastungsstörung, leidet noch unter Angst, Flashbacks und Albträumen und zeigt deutliches Vermeidungsverhalten bei Hunden.

2083 **OLG Brandenburg, Urt. v. 03.02.2020 – 12 U 98/19, NJW-RR 2020, 671**

10.000,00 € (1/5 Mitverschulden; Vorstellung: 15.000,00 €)

Schnittwunden an Mund und Lippe – Schädelhirntrauma – Mittelgesichtsfraktur

Der Kläger erlitt ein Polytrauma mit Schädelhirntrauma ersten Grades, einer komplexen Mittelgesichtsfraktur Typ LeFort II, einer distalen Radiusfraktur rechts sowie Prellungen an Thorax, Abdomen, Becken und Oberschenkel. Er erlitt Schnittwunden am Mundwinkel rechts und der Unterlippe sowie am Kinn und am rechten Oberlid. Die Fraktur wurde operiert, die restlichen Verletzungen konservativ behandelt. Der Kläger befand sich 3 Tage im Koma und 11 Tage stationär; er war 2 1/2 Monate arbeitsunfähig. Es verbleibt eine geringgradige Einschränkung der Beweglichkeit der rechten Hand.

2084 **OLG Brandenburg, Urt. v. 06.06.2019 – 12 U 119/18, unveröffentlicht**

12.000,00 € (Vorstellung: 11.500,00 €)

Schnittverletzungen und Prellungen – posttraumatische Belastungsstörung

Die 47 Jahre alter Klägerin erlitt bei einem Verkehrsunfall neben Schnittverletzungen und Prellungen einen Schock und Todesängste. Dadurch, dass sie den Unfall durch »flashes« immer wieder erlebt, ist eine posttraumatische Belastungsstörung entstanden, infolge deren die Klägerin antriebs- und energielos ist und sich auf nichts konzentrieren kann. Sie leidet nun noch unter einer mittelgradigen Depression und einem Schmerzsyndrom der linken Schulter. Ihren Beruf als Selbstständige musste sie aufgeben.

2085 **OLG Celle, Urt. v. 11.06.2025 – 14 U 138/23, unveröffentlicht**

12.500,00 € (Vorstellung: 40.000,00 €)

Schürfwunden – Platzwunde am Knie – Patella-Mehrfragment-Fraktur

Der Kläger stürzte auf einem Grünstreifen am Bahnhof durch einen Gullydeckel über einem Sickerschacht, weil dieser zur Seite brach, als er darauf trat. Er rutschte mit dem rechten Bein in den Schacht und erlitt hierdurch erhebliche Verletzungen am rechten Knie, unter anderem eine Platzwunde und Hautabschürfungen an Knie und Oberschenkel und eine offene Patella-Mehrfragment-Fraktur 1. Grades. Der Kläger wurde per Rettungswagen in das nächstgelegene Krankenhaus verbracht, wo er am Knie operiert wurde. Nach dem Unfall konnte er etwa vier bis fünf Wochen fast nur liegen und die nächsten vier bis fünf Wochen nur kleine Schritte mit Gehhilfen gehen. Er war rund vier Monate bei der Fortbewegung auf Unterarmgehstützen angewiesen, und neun Monate arbeitsunfähig. Eine Re-OP zur Narbenkorrektur und Drahtentfernung war nötig; der Kläger hat eine ca. 40 cm lange Narbe am Knie zurückbehalten und leidet bis heute an Bewegungseinschränkungen und Bewegungs-/Belastungsschmerzen im rechten Knie, insbesondere beim Hinhocken.

LG Darmstadt, Urt. v. 07.02.2018 – 8 O 320/12, unveröffentlicht 2086

15.000,00 € (Vorstellung: 15.000,00 €)

Schnittwunden – Glassplittereinsprengung – multiple Prellungen

Der Kläger erlitt bei einem Verkehrsunfall multiple offene Schnittwunden durch Glassplitter, die ihn an der linken Schulter, dem linken Oberarm, der linken Hand und dem Gesicht trafen. Zudem kam es zu multiplen Prellungen am Oberkörper, einem HWS-Schleudertrauma, einem Strecksehnenriss an der linken Hand und an Glassplittereinsprengung an der linken Hand. Ein vorbestehender Tinnitus wurde verstärkt. Es sind Dauerfolgen zu befürchten, sodass der Kläger handwerkliche Arbeiten im Haus nur noch eingeschränkt durchführen kann. Es verbleibt eine Dauer-MdE von 10 %.

LG Offenburg, Urt. v. 30.07.2019 – 3 O 311/15, unveröffentlicht 2087

15.000,00 € (Vorstellung: 9.500,00 €)

Schürfwunden, Prellungen – Verletzungen an Brustwirbelsäule, Schulter und Sprunggelenk

Die Klägerin wurde bei einem Verkehrsunfall verletzt, bei welchem sie als Sozia eines Leichtkraftrades angefahren wurde. Sie erlitt Verletzungen am linken Sprunggelenk (Risswunde und Innenbandriss), im Schulterblatt und an der Brustwirbelsäule, weiterhin zahlreiche Schürfungen (linke Schulter, linker Unterschenkel, unterhalb des Knies, linke Hand) und Prellungen (u.a. linke Schulter, linker Unterschenkel, unterhalb des Knies, linke Hand, Brustkorb beidseitig, linke Stirn), die auch sechs Tage nach dem Unfall noch deutlich sichtbar waren. Die Prellungen und Schürfungen, die folgenlos ausheilten, waren äußerst schmerzhafte Verletzungen, die zu erheblichen Schlafstörungen der Klägerin über eine Woche führten, da sie nur auf dem Rücken schlafen und den Fuß hochlagern musste. Die Klägerin war vier Wochen arbeitsunfähig und konnte ihr Knie nicht belasten. Darüber hinaus hat die Klägerin neurologische Ausfallerscheinungen in Gestalt von Kribbelparästhesien am linken Unterschenkel und Taubheitsgefühlen im Bereich des Ring- und Kleinfingers der linken Hand erlitten, weshalb sie in neurologischer Behandlung war. Dabei haben sich die Beschwerden im Bereich der linken Hand zurückgebildet, die Beschwerden im Bereich des linken Unterschenkels sind rückläufig. Schließlich leidet die Klägerin unter erheblichen Beschwerden im linken Knie, die weiterhin andauern. Zwei Arthroskopien und schmerzhafte physiotherapeutische Behandlungen mit Spritzeninjektionen waren nötig. Im Knie haben sich Vernarbungen gebildet, die sich immer wieder bilden werden. Sie leidet bis auf weiteres unter Belastungsschmerzen und Schwellneigung im linken Knie. Insofern ist auch nicht mit einer Besserung zu rechnen.

OLG Zweibrücken, Urt. v. 13.11.2019 – 1 U 153/14, unveröffentlicht 2088

15.000,00 € (1/2 Mitverschulden; Vorstellung: 50.000,00 €)

Schürfwunden – Nasenbeinfraktur – Unterschenkelschaftfraktur – Prellungen

Die 10 Jahre alte Klägerin wurde von einem Auto angefahren. Sie erlitt hierbei eine Unterschenkelschaftfraktur, eine Schädelprellung, eine Nasenbeinfraktur, eine Schürfwunde am Unterschenkel sowie Schürfwunden in der Knöchelregion, am Fuß und im Gesicht nebst einem Hämatom an der Oberlippe. Bei dem Sturz ist ein Zahn abgebrochen. Im Rahmen der Behandlungen wurde im Bereich des Unterschenkels der Klägerin ein externer Fixateur eingesetzt. Sie befand 13 Tage in stationärer Behandlung, hierbei wurde auch eine Nasenreposition durchgeführt. Drei Monate später war ein weiterer Krankenhausaufenthalt von 3 Tagen nötig, fünf Jahre später kam es zu einer weiteren Operation aufgrund einer entstandenen Synostose. Es blieben eine 12 cm lange Narbe am Unterschenkel sowie Restbeschwerden (Taubheitsgefühl), die sich beim Ski- oder Inlinefahren äußern.

2089 **LG Berlin, Urt. v. 22.12.2021 – 46 O 336/21, unveröffentlicht**

15.000,00 € (Vorstellung: 23.000,00 €)

Risswunde und Schürfwunden am Unterschenkel – Kniescheibentrümmerfraktur

Der Kläger wurde bei einem Verkehrsunfall verletzt. Er erlitt eine Trümmerfraktur der rechten Kniescheibe, eine tiefe Risswunde am linken Unterschenkel und mehrere Schürfwunden. Das Knie wurde operiert, der Patellapol vollständig entfernt. Der Kläger war 5 Tage stationär und wurde noch 3 Monate physiotherapeutisch behandelt. Eine Materialentfernungsoperation schloss sich an. Er musste ein halbes Jahr eine Orthese tragen, nachdem er einen Monat lang nach der Verletzung mit Krücken laufen konnte. Es ist ein dauerhafter Knorpelschaden eingetreten; Dauer-MdE 15 %. Der Kläger kann nicht mehr, wie zuvor, an Laufveranstaltungen teilnehmen, es besteht das Risiko vorzeitiger Arthrose.

2090 **LG Hamburg, Urt. v. 25.03.2019 – 602 Ks 9/18, unveröffentlicht**

30.000,00 €

32 Schnittwunden bei Überfall

Die Angeklagte wollte in einem Altenheim Opfer ausrauben; sie traf auf die 93 Jahre alte Adhäsionsklägerin, die ihr arglos die Tür öffnetet und der sie dann von hinten mit einem Messer in den Rücken stach. Sie stach sodann mehrfach auf ihr Opfer ein, um wiederkehrend Geldverstecke von ihr zu erfahren. Die Geschädigte erlitt insgesamt 32 Stich- und Schnittwunden im Bereich von Brustkörper, Bauch, Hals und Armen, wobei zwei Stiche die rechte Brusthöhle und ein sog. »Wühlstich« die linke Brusthöhle eröffneten. Anteile der vorderen Brustwand wurden zerfetzt, es kam zu einem Pneumothorax. Der Wühlstich eröffnete einen Herzbeutel und verletzte Teile des Lungenoberlappens. Die Stichtiefe betrug 8 cm. Wegen Abwehrhandlungen kam es zu diversen Nervverletzungen an Armen und Händen sowie einer Verletzung von Dick- und Dünndarm und erheblichem Blutverlust mit Lebensgefahr. Die Geschädigte musste sich mehrwöchigen Krankenhaus- und Rehabehandlungen unterziehen. Nachdem sie zuvor noch selbstständig leben konnte, ist sie nun ein Dauerpflegefall. Die Entscheidung erging im Adhäsionsverfahren.

2091 **AG Hannover, Urt. v. 06.07.2023 – 231 Ls 9353 Js 73293/22 (150/23), unveröffentlicht**

50.000,00 €

Schnittwunden und Narben an Mund und Ohr – inkomplettes Querschnittssyndrom

Der Angeklagte, der mit dem Roller unterwegs war, ärgerte sich über das Verhalten des Rad fahrenden Adhäsionsklägers, fuhr diesem hinterher und schlug sodann in paralleler Fahrweise mit einer kraftvollen ausholenden Armbewegung unvermittelt und für den Adhäsionskläger nicht vorhersehbar mit dem rechten Arm im Stile einer Tennisrückhandbewegung an dessen Kopf, wodurch dieser die Kontrolle über sein Rennrad verlor und mit dem Kopf bzw. seinem Fahrradhelm vorwärts in die vertikale Heckscheibe eines parkenden Wagen fiel, die dadurch zersplitterte. Er erlitt einen Riss der Halsschlagader mit einhergehendem starkem Blutverlust sowie diverse Schnittverletzungen im Gesicht und eine Fraktur der Halswirbelsäule.

Der Adhäsionskläger hat die Tat nur aufgrund der zufälligen Anwesenheit mehrerer Ärzte überlebt und musste unmittelbar im Krankenhaus notoperiert werden, wo er mehrere Wochen verblieb. Er befindet sich in ununterbrochener ärztlicher Behandlung und musste aufgrund einer schicksalhaften

Risikoverwirklichung im Rahmen der ersten Operation, wodurch das Rückenmark geschädigt wurde und es zu einem inkompletten Querschnittssyndrom kam, insgesamt sieben Operationen über sich ergehen lassen. Der Alltag des Adhäsionsklägers hat sich massiv verändert. So ist unter anderem ein problemloses Anziehen von Kleidung als auch der alleinige Stuhlgang auch ein Jahr nach der Tat noch nicht möglich. Der Adhäsionskläger hat eine dauerhafte mehrere Zentimeter lange Narbe vom Mundwinkel bis zu dem Gehörgang sowie eine großflächige Narbenpartie um das Ohr erlitten und wird somit tagtäglich durch einen Blick in den Spiegel an das Geschehen erinnert. Der Erfolg des Wiedereingliederungsversuchs bei seiner Arbeitsstelle ist weiterhin ungewiss, sodass auch ein vorzeitiger krankheitsbedingter Ruhestand im Raum steht. Das Gericht berücksichtigte auch, dass die von dem Angeklagten ausgeübte Tat vorsätzlich verübt wurde, so dass der Adhäsionskläger ein verstärktes Interesse an Genugtuung habe.

Schwangerschaft, ungewollte

▶ Hinweis:

Bei unerwünschter Schwangerschaft infolge eines ärztlichen Behandlungsfehlers wird das Schmerzensgeld gewährt für

- die Belastung, die mit dem Austragen und der Geburt des Kindes verbunden ist und
- eine besondere Schmerzbelastung, die die mit einer natürlichen, komplikationslosen Geburt verbundenen Beschwerden übersteigt. (BGH, Urt. v. 30.05.1995 – VI ZR 68/94, VersR 1995, 1060; BGH, Urt. v. 18.01.1983 – VI ZR 114/81, VersR 1983, 396, 398 = NJW 1983, 1371, 1373.)

Kein Schmerzensgeld wird gewährt für

- ein schweres psychisches Überlastungssyndrom nach der Geburt des Kindes, weil die ausgleichspflichtige Beeinträchtigung mit der Geburt des Kindes abgeschlossen ist und weil diese Belastungen außerhalb des Zurechnungszusammenhangs stehen und
- die Beeinträchtigung der Lebensführung und Lebensplanung durch das Großziehen des Kindes, weil es sich dabei nicht um körperliche oder gesundheitliche Beeinträchtigungen handelt.

Eine andere Fallgruppe bildet die vom Arzt nicht erkannte Schwangerschaft einer Patientin. Dabei sind zwei Fallgestaltungen zu unterscheiden:

Beruft sich die Patientin darauf, dass bei ihr die Voraussetzungen einer medizinisch indizierten Abtreibung vorgelegen hätten und dass sie bei zutreffendem Befund des Frauenarztes davon Gebrauch gemacht hätte, hat der Arzt für die Folgen der unerwünschten Schwangerschaft einzustehen. Ein Schadensersatzanspruch kann aber nicht damit begründet werden, dass die Patientin von der Möglichkeit einer Abtreibung nach § 218a Abs. 1 StGB Gebrauch gemacht hätte, denn diese Form der Abtreibung (sog. Fristenlösung) ist zwar straflos, bleibt aber rechtswidrig. (OLG Oldenburg, Urt. v. 18.11.2014 – 5 U 108/14, VersR 2015, 242 = NJW 2015, 1832.)

OLG Köln, Beschl. v. 18.11.2011 – 5 U 21/11, VersR 2011, 1325 = MedR 2011, 822 2092

4.500,00 € (Vorstellung: 12.000,00 €)

Ungewollte Schwangerschaft

Die Klägerin macht nach einem behaupteten Behandlungs- und Aufklärungsfehler und eine daraus resultierende ungewollte Schwangerschaft und Abtreibung Schmerzensgeldansprüche geltend. Vorprozessual wurden 4.500,00 € an die Klägerin gezahlt.

Der Eingriff selbst war komplikationslos. Das OLG hat die psychischen und physischen Beeinträchtigungen der Klägerin ebenso bewertet, wie den von der Klägerin behaupteten belastenden Entscheidungskonflikt vor der Abtreibung, den seelischen Konflikt mit ihrem Glauben, die ständige Konfrontation mit dem Geschehen im Alltag beim Anblick von Kindern, Eheproblemen und Selbstzweifeln wegen des gestörten Sexuallebens, Gewichtsverlust, Nachtschweiß, Albträume, starke Schlafstörungen, Erschöpfungszustände und Apathie. Diese durchaus schwerwiegenden Beeinträchtigungen rechtfertigen kein höheres Schmerzensgeld, weil die Klägerin Konkretes zum Ausmaß dieser Beeinträchtigungen und deren Auswirkungen auf ihre Lebensführung nicht vorgebracht habe und sich auch nicht wegen der Beeinträchtigungen in ärztliche Behandlung begeben habe. In der weiteren Begründung spekuliert der Senat über mögliche andere Ursachen der Beeinträchtigungen und greift zum Vergleich zur Höhe des Schmerzensgeldes u.a. auf eine Jahrzehnte alte Entscheidung zurück.

2093 **OLG Hamm, Urt. v. 29.05.2015 – 26 U 2/13, ArztR 2016, 16**

5.000,00 € (Vorstellung: mindestens 5.000,00 €)

Unerwünschte Schwangerschaft

Die Klägerin, bei der unerkannt eine Uterus-Anomalie bestand, ließ sich durch den Beklagten unter Ultraschallkontrolle eine Spirale zur Empfängnisverhütung einsetzen. Gleichwohl wurde bei ihr eine Schwangerschaft festgestellt, die zur Geburt einer gesunden Tochter führte. Die Schwangerschaft beruhte darauf, dass bei der Klägerin ein doppelter Uterus vorlag.

Der Senat hat eine Haftung des Gynäkologen verneint und die Entscheidung des LG, das ein Schmerzensgeld in Höhe von 5.000,00 € zugesprochen hatte, aufgehoben, weil vor der Einlage einer Spirale nicht immer nach einer intrauterinen Fehlbildung gefahndet werden muss.

Selbst der Sachverständige, der schon bei Beginn seiner Untersuchung davon ausgehen musste, dass eine Fehlbildung vorlag, hat intensiv danach suchen müssen und die Anomalie zunächst nicht erkannt.

2094 **LG Heidelberg, Urt. v. 01.08.2012 – 4 O 79/07, GuP 2012, 200**

6.000,00 € (Vorstellung: 20.000,00 €)

Ungewollte Schwangerschaft eines 17 Jahre alten Mädchens

Der noch in der Berufsausbildung stehenden 15 Jahre alten Klägerin wurde von der beklagten Ärztin zur Empfängnisverhütung das Präparat Implanon implantiert. Die Beklagte unterließ grob fehlerhaft zweifelsfrei gebotene medizinische Befunde, nämlich Blutuntersuchungen, die ergeben hätten, dass durch Implanon eine Schwangerschaft nicht sicher verhütet würde. 17 Monate später wurde bei der Klägerin eine Schwangerschaft diagnostiziert. Die Klägerin entschloss sich, die Schwangerschaft nicht auszutragen.

Für die Bemessung des Schmerzensgeldes war u.a. maßgebend, dass die Klägerin erst 17 Jahre alt war, als sie sich mit der Entscheidung über den Schwangerschaftsabbruch konfrontiert sah. Sie war über einen Zeitraum von 6 Monaten seelisch belastet und ist im Wesen verändert.

Schwerste Verletzungen (Schwere innere Verletzungen – Zerstörung der Persönlichkeit/Hirnschäden – Querschnittslähmung)

▶ Hinweis:

Schwerste Verletzungen beruhen meist auf ärztlichen Behandlungsfehlern (Hirnschäden) oder Unfällen. Die Darstellung erfolgt deshalb in einem Kapitel, weil dadurch leichter dargestellt werden kann, wie sich die Rechtsprechung entwickelt hat und dass die zuerkannten Beträge seit 1992 schnell gestiegen sind.

Lag die Grenze der Schmerzensgelder bis 1979 bei bis zu 50.000,00 €, stieg sie dann recht schnell im Jahr 1981 auf 100.000,00 €. Seit 1985 wurden 150.000,00 € und mehr zuerkannt.

Später lag eine unsichtbare Grenze bei 250.000,00 € und erst 2001 hat das LG München I die Schallmauer von 500.000,00 € durchbrochen.

Diese Entwicklung einer deutlichen Anhebung der Schmerzensgelder für schwerste Verletzungen ist als sehr erfreulich zu bezeichnen. Die dafür angegebenen Begründungen überzeugen. Die Anhebungen der Höchstbeträge wird dem weitverbreiteten Anliegen gerecht, schwere und schwerste Personenschäden sehr viel großzügiger auszugleichen, als dies bisher und v.a. früher der Fall war, und damit dem Personenschaden im Verhältnis zum Sachschaden ein größeres Gewicht beizumessen. In Deutschland liegt der Anteil am Sachschaden sehr viel höher als der für Personenschaden geleistete Aufwand.

Auf eine neue Entscheidung des BGH (15.02.2022 – VI ZR 937/20, VersR 2022, 712) ist für die Bemessung des Schmerzensgeldes bei schwersten Verletzungen hinzuweisen. In dieser Entscheidung ging es um die Bemessung des Schmerzensgeldes eines besonders schwer Verletzten, die mehrfach operiert und 500 Tage stationär behandelt worden war. Für die Bemessung des Schmerzensgeldes für schwerste Schäden ist die Entscheidung deshalb von Bedeutung, weil der BGH immer wieder die Auswirkungen der körperlichen Beeinträchtigungen auf das Leben des Klägers nennt. Das Wort »Leben« kommt in diesem Zusammenhang 10-mal vor, lediglich das Wort »Lebensglück« wird nicht genannt. Gerade daraus folgt, dass nicht nur die Verletzungen als solche die Höhe des Schmerzensgeldes bestimmen, sondern auch, das durch diese bedingte Leiden, dessen Dauer, das Ausmaß der Wahrnehmung der Beeinträchtigung durch den Verletzten und der Grad des Verschuldens des Schädigers. Wenn auch der BGH in den dauerhaften Einschränkungen, mit denen der Verletzte voraussichtlich noch lange wird leben müssen, darf die Schadensdauer nicht überbewertet werden. Zwar ist Schadensdauer ein wichtiges Bemessungskriterium, ein Rangverhältnis zwischen dieser und der Schwere der Verletzungen lässt sich insoweit nicht aufstellen.

In einer weiteren Entscheidung hat der BGH (Urt. v. 06.12.2022 – VI ZR 168/21, VersR 2023, 392) dem psychischen Schaden eines Verletzten besondere Bedeutung zugesprochen. In diesem Rechtsstreit begehrte der Vater eines von sexuellem Missbrauch betroffenen Kindes ein Schmerzensgeld aus eigenem Recht, weil er zwei Jahre nach dem Geschehen einen psychischen Schaden erlitten hatte. Bisher hatte der BGH ein Schmerzensgeld für einen solchen (sogenannten) Schockschaden von besonderen Voraussetzungen abhängig gemacht, eine Rechtsprechung, die er mit dieser Entscheidung ausdrücklich aufgab. Der BGH steht mit der neuen Rechtsprechung im Einklang mit dem EuGH (20.10.2022 – C-111/21, VersR 2022, 70 = NJW 2022, 1122), dem er sich mit dieser Entscheidung angeschlossen hat. Der BGH bleibt abzuwarten, ob der BGH dem psychischen Schaden den gleichen Rang zubilligen wird, wie dem Körperschaden.

Die Aussage, dass die Wahrnehmung der Beeinträchtigungen durch den Verletzten, das Empfinden des Betroffenen, für die Bemessung des Schmerzensgeldes grundlegend wichtig ist, ergibt sich indirekt zwar schon aus der früheren BGH-Entscheidung aus dem Jahre 1993 (Urt. v. 16.02.1993 – VI ZR 29/92, VersR 1993, 585), in der der VI. Zivilsenat bereits feststellte, dass einem schwerst hirngeschädigt geborenen Kind ein höheres Schmerzensgeld zustehen könne, wenn es demnächst seinen Zustand empfinden und darunter zusätzlich leiden würde. Diese Auffassung will der VI. Zivilsenat nun anders verstehen. Er führt dazu aus: Auch wenn der Senat in dieser Entscheidung für das weitere Verfahren darauf hingewiesen hat, dass dem Geschädigten bei einer zukünftigen Steigerung seiner Empfindungsfähigkeit die Möglichkeit erhalten bleiben muss, ein höheres Schmerzensgeld geltend zu machen (darauf abstellend *Jaeger*, VersR 2021, 1314, 1315), kann daraus nicht ein in nur eine Richtung weisender Automatismus abgeleitet werden, da es, wie bereits ausgeführt, stets auf die Betrachtung des Einzelfalls ankommt, BGH, 22.03.2022 – VI ZR 16/21, VersR 200 2022, 819 = NJW 2022, 1957.

Für Anwälte ist der Hinweis besonders wichtig, dass diese Gesichtspunkte nur dann bei der Bemessung des Schmerzensgeldes berücksichtigt werden, wenn sie all dies mit Zitaten vortragen. Die Gerichte haben diese Zusammenhänge bisher nicht erkannt.

▶ Prozesstaktik:

Eine Klage auf Zahlung von Schmerzensgeld in Fällen schwerster Verletzungen sollte sich deshalb unbedingt an den zuletzt zuerkannten Beträgen orientieren und im Einzelfall ggf. ein noch höheres Schmerzensgeld anstreben. Das Kostenrisiko für den Verletzten ist dabei kalkulierbar, wenn der Kläger einen Mindestbetrag nennt, i.Ü. die Höhe des Schmerzensgeldes in das Ermessen des Gerichts stellt, aber auf die Tendenz der Rechtsprechung zu höherem Schmerzensgeld bei schwersten Verletzungen hinweist und die folgenden Entscheidungen zum Beleg anführt. Ein Antrag auf Streitwertfestsetzung schafft dann Klarheit über die Vorstellung des Richters/Spruchkörpers von der Höhe des zu erwartenden Schmerzensgeldes, wenn sich der Sachvortrag des Klägers in vollem Umfang als zutreffend erweist.

Immer wieder sollten Richter darauf hingewiesen werden, dass sie bei der Bemessung des Schmerzensgeldes eine große Verantwortung tragen. Sie können sich die Entscheidung durch Benutzung von Entscheidungssammlungen und durch EDV erleichtern, abwälzen können sie die Verantwortung dadurch nicht. Der dem Richter eingeräumte Ermessensspielraum muss künftig Schmerzensgeld erweiternd gerecht genutzt werden. (Berger, VersR 1977, 877 ff., 881.)

Bei einer **Zerstörung der Persönlichkeit** infolge schwerster Hirnverletzung hat der BGH ursprünglich nur den Sühne-Charakter des Schmerzensgeldes berücksichtigt und sich darauf beschränkt, dem Schädiger ein fühlbares Geldopfer aufzuerlegen. Fehlendes Leiden nach körperlicher oder seelischer Beeinträchtigung ist also bei der Bemessung der Höhe des Schmerzensgeldes mindernd berücksichtigt worden.

Diese Auffassung hat der BGH aufgegeben und dazu ausgeführt:

»Das Berufungsgericht verkürzt die Funktion des Schmerzensgeldes, wenn es selbst in Fällen, in denen die Persönlichkeit fast vollständig zerstört oder ihr, wie hier, durch ein Verschulden des Geburtshelfers die Basis für ihre Entfaltung genommen worden ist, dem Empfinden dieses Schicksals die zentrale Bedeutung für die Bemessung des Schmerzensgeldes beilegt und gerade diesen Zustand, der die besondere Schwere der zu entschädigenden Beeinträchtigung für den Betroffenen ausmacht, zum Anlass für eine entscheidende Minderung des Schmerzensgeldes nimmt. Fälle, in denen der Verletzte durch den weitgehenden Verlust der Sinne in der Wurzel seiner Persönlichkeit getroffen worden ist, verlangen nach einer eigenständigen Bewertung. Eine Reduzierung des Schmerzensgeldes auf eine lediglich symbolhafte Entschädigung hält der Senat nach erneuter Prüfung nicht mehr für gerechtfertigt und gibt seine bisherige Rechtsprechung auf.«

In jüngster Zeit werden besonders hohe Schmerzensgeldbeträge bei folgenden Fallgestaltungen zuerkannt:

- Schwere innere Verletzungen nach einem Verkehrsunfall,
- hohe Querschnittslähmung, (OLG Stuttgart, Urt. v. 29.04.1997 – 10 U 260/93, VersR 1998, 1169: 100.000,00 € und 250,00 € Schmerzensgeldrente bei Tetraspastik und inkomplettem Locked-in-Syndrom bei 70 % Mitverschulden des Verletzten)
- Zerstörung der Persönlichkeit.

Es liegt auf der Hand, dass bei solch schweren Gesundheitsverletzungen zur Begründung des Schmerzensgeldes nicht zum Vergleich auf ältere Entscheidungen zurückgegriffen werden darf. Bei diesen Verletzungen kann man aus jeder Schmerzensgeldtabelle getrost alle Entscheidungen streichen, die älter sind. Hier müssen Richter und RAe den Blick nach vorn richten. Selbst die Schmerzensgeldbeträge aus jüngsten Entscheidungen müssen überboten werden, beruhen diese doch wieder auf einem Vergleich mit früheren Entscheidungen, deren Schmerzensgeldausspruch nach der Rechtsprechung des BGH nur in vertretbarem Umfang überboten werden durfte. Um hier zu angemessenen Beträgen zu gelangen, muss auch auf die jüngste Schmerzensgeldentscheidung ein deutlicher Aufschlag erfolgen. Vgl. zur Entwicklung der Rspr. zu hohen Schmerzensgeldern Jaeger, VersR 2013, 134 ff.

In neuerer Zeit sind zahlreiche Entscheidungen insbesondere zu Geburtsschäden ergangen: Dabei fällt auf, dass der 8. Zivilsenat des OLG Düsseldorf die Rechtsprechung der anderen Arzthaftungssenate nicht respektiert und auch für schwerste Schäden lediglich ein Schmerzensgeld in Höhe von 300.000,00 € zuerkennt.

Hinzuweisen ist auch auf zwei Entscheidungen des 26. Zivilsenats des OLG Hamm aus 2017, Urt. v. 04.04.2017 – 26 U 88/16 und Urt. v. 21.03.2017 – 26 U 122/09, in denen für vergleichbare Sachverhalte Schmerzensgeldbeträge von 250.000,00 € und 500.000,00 € zuerkannt werden; vgl. dazu Jaeger, Anm. in VersR 2017, 1017.

Seit der 10. Auflage sind zwei Entscheidungen ergangen, die ein Schmerzensgeld in Höhe von 800.000 € zusprechen, die unter diesem Stichwort (LG Gießen) und unter Amputationen (LG Aurich) abgedruckt sind.

Inzwischen gibt es weitere Entscheidungen mit hohen Schmerzensgeldbeträgen, die in dieser Auflage abgedruckt sind.

1. Schwere innere Verletzungen

OLG Rostock, Urt. v. 11.06.2021 – 5 U 55/17, ZfS 2021, 678 2095

240.000,00 € (Mitverschulden: 1/3; Vorstellung: 350.000,00 €)

Schweres Schädel-Hirn-Trauma mit Axonschaden und Subarachnoidalblutung – Lungenkontusion – Pneumothorax – Mediastinalemphysem – Bauchtrauma mit Leber- und Milzkontusion – Rhabdomyolyse – Tetraspastik.

Die 16 Jahre alte Klägerin wurde bei einem Verkehrsunfall schwer verletzt. Sie erlitt unter anderem ein schweres Schädel-Hirn-Trauma mit diffusem Axonschaden und Subarachnoidalblutung, Lungenkontusion, Pneumothorax, Mediastinalemphysem, Bauchtrauma mit Leber- und Milzkontusion, Rhabdomyolyse sowie eine ausgeprägte Tetraspastik. Nach der stationären Behandlung wurde die Klägerin in eine neurologische Reha-Klinik verlegt, wo sie mehr als 15 Monate verblieb. Es bestehen noch eine rückläufige Tetraparese mit zunehmenden aktiven Bewegungen, eine Muskelkraftminderung, eine zunehmende Spitzfußstellung beidseitig, eine gut gebesserte neurogene Schluckstörung mit jetzt oraler Nahrungs- und Flüssigkeitsaufnahme, Anarthrie, der Verdacht auf Aphasie, ein schweres hirnorganisches Psychosyndrom mit Wachheit, fehlender Orientierung für alle Qualitäten, Kontaktaufnahme mit Blickwendung sowie hochgradige Störungen der Aufmerksamkeit und der Wahrnehmungen. Die Klägerin war in allen Verrichtungen des täglichen Lebens auf Hilfe angewiesen.

Der Dauerschaden besteht in einem schweren hirnorganischen Psychosyndrom mit ausgeprägter Störung insbesondere des Antriebs, des Gedächtnisses und der Auffassungsgabe. Insgesamt besteht eine Störung von Funktionen des Stirnhirns im Sinne eines Frontalhirnsyndroms. Neuropsychologische Defizite im Rahmen der hirnorganischen Wesensänderung sind motorische Verlangsamung, Sprechverarmung, mangelnde Reaktivität auf Umgebungsreize, Apathie, Abulie, Aufmerksamkeits- und Konzentrationsstörungen, Gefühllosigkeit und Gleichgültigkeit, Energie- und Interessenverlust, Verlust von Initiative, Vernachlässigung des äußeren Erscheinungsbilds und sozialer Rückzug. Eine Verbesserung ist bei den nahezu vor zehn Jahren erlittenen schweren Hirnschäden nicht möglich.

Ohne eine andauernde stimulierende Betreuung, die die Klägerin u.a. in einer Tagesstätte erhält, muss eine maßgebliche Verschlechterung ihres Zustandes befürchtet werden. Die Klägerin ist immer noch auf ständige Unterstützung bei den täglichen Abläufen in den Bereichen der Körperpflege und Nahrungsaufnahme angewiesen. Sie ist nicht in der Lage, selbst einen Haushalt zu führen und ist dauerhaft erwerbsunfähig. Eine Teilhabe am gesellschaftlichen Leben ist ihr nur überaus eingeschränkt möglich.

2. Zerstörung der Persönlichkeit/Hirnschäden

Sonderfall

2096 **EGMR, Urt. v. 15.02.2018 – 20579/12, NJW 2018, 3569**

6.500.000,00 €

Subdurales Hämatom – Hirnblutungen

Der 32 Jahre alte Beschwerdeführer war von Sicherheitskräften der französischen Eisenbahngesellschaft und der Polizei erheblich verletzt übergeben worden. Er hatte ein subdurales Hämatom mit Hirnblutungen erlitten, das zur Bewusstlosigkeit und zum Koma geführt hatte. Der Nichtvermögensschaden des Beschwerdeführers ist so beträchtlich, dass dafür eine erhebliche Entschädigung angesetzt werden muss. Der Betrag von 6,5 Mio. wurde für Vermögensschaden und für den Nichtvermögensschaden gewährt.

2097 **OLG Frankfurt, Urt. v. 21.03.2017 – 8 U 228/11**

35.000,00 €

Hirnödem

Infolge eines Diagnosefehlers kam es bei der 50 Jahre alten Klägerin unter anderem zu einem Hirnödem. Infolgedessen kam es zu einer starken Beeinträchtigung der Sehfähigkeit und zu erheblichen Störungen in der Fähigkeit, sich neu vorgestellte Personen zu merken.

2098 **OLG Hamm, Urt. v. 15.02.2016 – 3 U 59/15, MedR 2017, 812**

65.000,00 €

Medialteilinfarkte – Halbseitenlähmung – Aphasie

Bei der 34 Jahre alten Klägerin kam es bei der ohne wirksame Aufklärung durchgeführten Behandlung eines Aneurysmas nach einem technischen Defekt zu mehreren Medialteilinfarkten. Diese führten zur Halbseitenlähmung und zu einer starken Sprachstörung. Trotz erheblicher Besserung der Symptome ist ein erheblicher Dauerschaden in Form einer Aphasie und einer Funktionsstörung des Arms verblieben.

2099 **LG Hamburg, Urt. v. 07.09.2018 – 302 O 206/16**

75.000,00 € (Vorstellung: zuletzt mindestens 75.000,00 € – zunächst: 125.000,00 €)

Polytrauma – Subarachnoidalblutung – Hirnödem

Die 11 Jahre alte Klägerin wurde von einem PKW erfasst und musste reanimiert werden.

Sie erlitt ein Polytrauma, eine Subarachnoidalblutung bifrontal und eine diffuse axonale Verletzung, eine Os temporale Fraktur beidseitig, eine Mandibulafraktur beidseitig, eine Schambeinfraktur, Lungenkontusionen beidseitig, ein Hirnödem, eine arterielle Hypertonie, eine Tetraparese und eine Arnisokorie. Sie wurde rd. 3 Monate stationär behandelt. Der Klägerin wurde eine künstliche Schädeldecke eingesetzt. Sie ist körperlich und geistig schwerst behindert. Eine Begründung zur Bemessung des Schmerzensgeldes fehlt.

2100 **OLG Braunschweig, Urt. v. 17.12.2015 – 9 U 801/14**

80.000,00 €

Hirninfarkt – Bewegungseinschränkungen – Lähmungen

Nach Entdeckung der Fehllage eines Venenkatheters wurde diese nicht rechtzeitig entfernt und der in der Folge eintretende Hirninfarkt nicht erkannt. Der 12 Jahre alte Kläger erlitt einen Hirninfarkt im Stromgebiet der Arterie cerebri media.

Verblieben sind Bewegungseinschränkungen und ein Taubheitsgefühl der linken Seite. Der linke Arm des Klägers ist gelähmt und die Hand knickt im Gelenk krampfartig nach innen. In der Schulter, deren Beweglichkeit eingeschränkt ist, hat der Kläger Schmerzen.

Der linke Mundwinkel ist leicht nach unten gezogen, Speichel kann unkontrolliert austreten. Das linke Augenlid des Klägers lässt sich nicht separat öffnen und schließen. Die kognitive Weiterverarbeitung visuell-figuraler Informationen ist auf den Ebenen des Verarbeitungstempos, des visuellen Erkennens, mentaler Raumoperationen, visuell-konstruktiver Fähigkeiten und logischer Operationen eingeschränkt. Die Stimmungslage des Klägers leidet unter diesen Einschränkungen.

LG Köln, Urt. v. 06.05.2020 – 25 O 72/18 2101

140.000,00 €

Hirnschaden – Tetraparese – Dekubitus

Die 76 Jahre alte Mutter der Klägerin wurde nach einem Sturz grob fehlerhaft behandelt. Bei einer Densverschraubung wurden viel zu lange Schrauben verwandt, die bis in das Schädelinnere reichten. Dadurch traten Blutungen und eine Verletzung des Hirnstamms ein. Die Klägerin war bis zu ihrem Tod 1 Jahr lang wach und orientiert, konnte aber nicht sprechen. Sie war gelähmt und wurde über eine Sonde ernährt. Es trat ein Dekubitus auf.

OLG Celle, Urt. v. 20.11.2020 – 1 U 48/19 2102

150.000,00 €

Myelinolyse – Schädigung des Nervensystems – Lähmungen der Extremitäten

Durch einen Behandlungsfehler entstand zunächst eine Durchgangsperitonitis, der septische Schock und das abdominelle Kompartmentsyndrom und es kam es zu einer »pontinen Myelinolyse« und dadurch zu einer schweren Schädigung des Nervensystems mit Lähmungen in den Extremitäten, einer ataktischen Bewegungsstörung, einer Sprechstörung und einer Schluckstörung. Es kam zu einer zentralen Tetraparese, zu Koordinationsstörung, Gleichgewichtsstörung, Schwindel, Sprech- und Sprachstörung sowie psychische Beeinträchtigungen, zu einem schweren psychischen Schaden.

OLG Schleswig, Urt. v. 29.11.2018 – 7 U 22/18, SVR 2020, 61, (LG Flensburg: NZV 2018, 239) 2103

180.000,00 € (Mitverschulden: 3/10; Vorstellung: 150.000,00 € – 55.182,00 € Zinsen)

Hirnschaden – Halbseitenlähmung – Amputation des Oberarms – Narben

Die 23 Jahre alte Klägerin, Mutter einer 7 1/2 Jahre alten Tochter, verunglückte mit dem Motorrad und wurde schwer verletzt. Sie erlitt unter anderem eine traumatische subtotale Amputation des linken Armes mit Abriss der Arteria und Vena subclavia, ein Ausriss des Arm-Nervengeflechts (Plexus brachialis), einen Abriss der gesamten vorderen Schultermuskulatur mit ausgeprägtem Weichteilschaden, eine offene Humerusschaftfraktur, eine Schulterblatt-Mehrfragmentfraktur, eine Schlüsselbeinfraktur, multiple Frakturen der (linken) Mittelhandknochen, eine Fraktur des 7. Halswirbelkörpers sowie des ersten und breiten Brustwirbelkörpers, Rippenfrakturen, eine Lungenquetschung beidseits, eine Milzruptur und eine traumatische Subarachnoidal-Blutung.

Bei der Klägerin kam es zu einer posttraumatischen Wundinfektion. Unter den Operationen erlitt sie zwei Schlaganfälle mit nachfolgender rechtsseitiger Hemiparese, Aphasie und einem organischen Psychosyndrom.

Infolge der Schlaganfälle hatte die Klägerin weitgehend ihr Sprachvermögen verloren. Sie musste das Sprechen, Lesen, Schreiben und Rechnen praktisch völlig neu erlernen.

Der linke Arm ist und bleibt völlig unbrauchbar, möglicherweise muss er zukünftig noch amputiert werden. Die durch die Schlaganfälle verursachte halbseitige Lähmung hat die Klägerin weitgehend überwunden. Aus der Halbseitenlähmung rechts verblieben sind Schwierigkeiten mit der Feinmotorik an den Fingern der rechten Hand.

Die Klägerin leidet permanent unter Schmerzen und ist auf Dauer auf die Einnahme von Medikamenten angewiesen.

Der Senat hat das Regulierungsverhalten der Beklagten angeprangert, obwohl dies (wohl falsch ist und) zur Begründung des völlig unzureichenden Schmerzensgeldes entbehrlich war, weil nur die Beklagte Berufung eingelegt hatte.

2104 **OLG Köln, Urt. v. 13.04.2016 – 5 U 107/15, VersR 2016, 1123 = RDG 2016, 191**

<u>200.000,00 €</u> (Vorstellung: mindestens: 130.000,00 €; Urt. LG: 75.000,00 €)

Vollständiger Verlust des Geruchssinns – Frontalhirnsyndrom – Libidoverlust

Bei dem 42 Jahre alten Kläger sollte eine Nasenscheidewandverbiegung korrigiert werden. Der Beklagte verletzte die Schädelbasis im Bereich des Siebbeines. Es kam zu einem knöchernen Defekt von 1 x 2 cm, zu einer Gewebeverdrängung mit Blutung bis in die Hirnventrikel. Darüber hinaus sind Riechfasern verletzt worden. Als Folge der Schädelbasisverletzung leidet der Kläger an einem mittelgradig ausgeprägten Frontalhirnsyndrom, wodurch es zu einer mittelgradigen psychomotorischen Verlangsamung kommt, und eine erhebliche Verminderung des Antriebs, eine leichtgradige Depression, eine Affektminderung, eine räumliche Orientierungsstörung leichteren Grades, ein vermindertes Selbstwertgefühl, Unentschlossenheit, Aufmerksamkeits- und Konzentrationsstörungen sowie Libidoverlust.

Durch Zerreißung der Riechfasern hat der Kläger einen irreversiblen Verlust des Riechvermögens erlitten, er kann nur noch Salziges und Süßes schmecken.

Der Kläger ist in nahezu allen Bereichen des privaten Alltags erheblich eingeschränkt ist. Der früher mit Leidenschaft ausgeübten Kampfsportart Win Shu kann er nur noch ganz eingeschränkt nachgehen. Spaziergänge in ihm unbekannter Gegend kann er nur in Begleitung durchführen. Ein Auto kann er nicht steuern. Mit Lesen oder Fernsehen beschäftigt er sich nur selten und kurz und in der Regel ohne Interesse. Freude empfindet er nur noch selten. Die Beziehung zu seiner langjährigen Lebensgefährtin besteht weiter, ist jedoch durch die kognitiven Defizite, die damit verbundene Unselbstständigkeit und durch seine Wesensveränderung sehr belastet. Das Sexualleben ist weitgehend zum Erliegen gekommen.

2105 **OLG Hamm, Urt. v. 13.10.2017 – 26 U 46/12**

<u>200.000,00 €</u> (Vorstellung: 400.000,00 €)

Spastische Tetraparese

Bei dem Kläger kam es zu einer Hirnblutung, weil bei seiner Geburt auf Wehentätigkeiten und Dezelerationen sowie vaginale Blutungen zu spät reagiert wurde. In der 7. Lebenswoche wurde linksseitig eine Leukomalazie festgestellt. Der Kläger leidet unter einer beidseitigen, aber rechts betonten spastischen Tetraparese mit Betroffenheit aller Glieder. Es liegt ein erschwertes Gangbild mit abnormen Haltungs- und Bewegungsmustern vor. Der Kläger konnte trotz einer Störung der kognitiven Entwicklung Lesen, Schreiben und Rechnen lernen und hat einen Hauptschulabschluss. Er bedarf einer geschützten Umgebung, kann sich unbekannten Personen wegen psychischer Störungen nur schwer öffnen und neigt zum Zurückziehen. Es liegt Pflegestufe 2 vor.

OLG Rostock, Urt. v. 02.06.2023 – 5 U 91/17, VersR 2024, 515 mit Anmerkung Jaeger 2106

200.000,00 € zuzüglich 750,00 € monatliche Rente – Kapitalwert 180.000,00 € (Vorstellung: mindestens 550.000,00 € zuzüglich Rente 500,00 € monatlich ab Entscheidung)

– Zinsen auf 200.000,00 € = 95,929,00 € – entgangene Zinsen für 180.000,00 € = 86.336,00 €

Hirnschaden – Armplexusparese – Rollstuhlpflicht – Sprachbehinderung

Die Klägerin wurde Ende 2009 geboren. Sie kam klinisch tot zur Welt und musste reanimiert werden. Sie erlitt eine Hirnschädigung. Ferner kam es zu einer peripartalen Asphyxie und zu einer Armplexusläsion. Die Bewegung des linken Armes ist massiv eingeschränkt. Der Arm ist verkürzt, so dass die Klägerin ihn nicht gebrauchen kann. Sie ist nach wie vor auf einen Rollstuhl angewiesen. Ihr auffälliges unsicheres Gangbild ist klar objektivierbar. Für ein sicheres Gehen benötigt die Klägerin eine Abstützung.

Die Berufsschulreife wird die Klägerin nicht erreichen und dauerhaft in einer selbstständigen Lebensführung beeinträchtigt sein. Sie weist unterdurchschnittliche Leistungen in allen motorischen und koordinativen Bereichen auf und wird kein selbständiges Leben führen können.

Die psychische Belastung, die sich aus dem Vergleich zu anderen Menschen für sie ergibt, ist erheblich und das zunehmende Bewusstsein darüber kann zu psychotherapeutischer Interventionsbedürftigkeit führen. Sie leidet neben den schweren körperlichen und geistigen auch an den psychischen Folgen der geburtlichen Komplikationen.

OLG München, Urt. v. 06.08.2020 – 24 U 1360/19, NJW 2021, 1472 2107

225.000,00 € (Vorstellung: 225.000,00 €)

Hirnschaden – Herz-Kreislauf-Stilstand

Die 43 Jahre alte Klägerin wurde wegen einer hypertensiven Entgleisung durch den Notarzt in das Krankenhaus der Beklagten eingeliefert; dort wurde eine 12-Kanal-Ruhe-EG angefertigt; aufgrund der Medikation senkte sich der Blutdruck ab, gleichzeitig verlangsamte sich der Puls. Ein weiteres 12-Kanal-Ruhe-EKG am Folgetag zeigte ein deutlich verlängertes korrigiertes QT-Intervall von 0,62 Sec, ein Wert, der zwingend zum Verbleib auf der Intensivstation und dem Stop des Medikaments Aponal hätte führen müssen. Weil das EKG nicht zur Patientenakte geriet, wurde die Klägerin aber auf die Normalstation verlegt, wo sie abends erneut Aponal erhielt. Am Morgen des Folgetages wurde die Klägerin, aus dem Bett gestürzt, am Boden mit Schnappatmung und dunkelroten Kopf gefunden, reanimiert und intubiert. Mehrere Defibrillationen verliefen am Ende erfolgreich; infolge des Herz-Kreislauf-Stillstands hat die Klägerin einen schweren hypoxischen Hirnschaden erlitten und ist nun vollständig pflegebedürftig. Sie ist zwar, nachdem sie anfangs weder sitzen, stehen noch gehen konnte, inzwischen im Haus mobil, kann Treppen steigen und mundgerechte Nahrung zum Mund führen. Sie kann jedoch nicht selbständig zwischen Nahrung und anderen Gegenständen, die sie sich in den Mund steckt, unterscheiden. Die Klägerin ist harn- und stuhlinkontinent und muss gewickelt werden. Da sie ziellos im Haus umherwandert, bedarf sie ständiger Aufsicht. Es liegt ein schwerstes hirnorganisches Psychosyndrom mit ganz erheblicher Beeinträchtigung aller höheren kognitiven Funktionen vor.

OLG Hamm, Urt. v. 04.04.2017 – 26 U 88/16, VersR 2017, 1019 mit Anmerkung *Jaeger*; GesR 2017, 710 2108

250.000,00 €

Hirnschaden nach Sauerstoffunterversorgung bei der Geburt

Die CTG-Überwachung des Klägers während der Geburt war unzureichend und ein pathologisches CTG nicht hinreichend beachtet. Bei der Notsectio wurde die EE-Zeit von 20 Minuten nicht eingehalten.

Beim Kläger bestehen eine allgemeine Entwicklungsstörung, eine Sprachentwicklungsstörung mit Schwächen beim Sprachverständnis und beim Sprechvermögen, motorische Koordinationsstörungen und eine Epilepsie. Der Kläger wird vom Intellekt her bei entsprechender Förderung allenfalls die Stufe eines 7 bis 8-jährigen Kindes erreichen können. Die motorische Koordination ist gestört. Der Kläger kann zwar Laufen und Fahrradfahren. Insbesondere ermüdet er aber schneller als andere Kinder. Der Kläger wird voraussichtlich auch feststellen, dass er ein geistiges Defizit gegenüber anderen Menschen hat, was nach der Erfahrung des Sachverständigen zu einem besonderen Leidensdruck führt. Der Sachverständige kann sich nicht vorstellen, dass der Kläger jemals alleine wird leben können.

Diese Frage hätte aufgeklärt und bei der Höhe des Schmerzensgeldes, dass dann keinesfalls < 500.000,00 € hätte betragen dürfen, berücksichtigt werden müssen.

Die Entscheidung steht in krassem Widerspruch zu 26 U 122/09 – weiter unten abgedruckt.

2109 **OLG Karlsruhe, Urt. v. 18.04.2018 – 7 U 196/16, GesR 2020, 92**

250.000,00 €

Hypoxischer Hirnschaden

Der Kläger erhielt nach grob fehlerhafter intravenöser Gabe von Novalgin einen hypoxischen Hirnschaden. Es ist schwerbehindert. Er ist noch in der Lage seine Umgebung wahrzunehmen und, wenn auch mit Einschränkungen, auf diese zu reagieren.

2110 **LG Siegen, Urt. v. 20.08.2021 – 2 O 257/16**

275.000,00 €

Sauerstoffunterversorgung – Entwicklungsstörungen – Erblindung

Beim Kläger kam es 2006 im Kindesalter infolge eines Behandlungsfehlers zu einer Sauerstoffunterversorgung des Gehirns. Dies führte zu einer Entwicklungsstörung mit geistigen Beeinträchtigungen, zur Erblindung und vollständigen Betreuungsbedürftigkeit des Klägers. Der Kläger ist sich der Beeinträchtigungen bewusst, weil er ein Zwillingsgeschwisterkind hat. Erleidet unter seinen Defiziten.

2111 **OLG Hamm, Urt. v. 17.03.2015 – 26 U 108/13, VersR 2016, 990 mit kritischer Anm. Lothar Jaeger zur Höhe des Schmerzensgeldes, VersR 2016, 692 = MedR 2015, 1304 = GesR 2015, 287**

300.000,00 € (Vorstellung: mindestens 300.000,00 €)

Geburtsschaden – spastische Tetraplegie – Hypertonie der Muskulatur – geistige Behinderung – Entwicklungsretardierung – schwerste Asphyxie

Die Beklagten haben eine Notsectio grob fehlerhaft zu spät eingeleitet. Bei der Klägerin liegt im Wesentlichen eine spastische Tetraplegie mit einer zusätzlichen choreoathetotischen Komponente vor, was zu gravierenden Beeinträchtigungen im täglichen Leben führt. Die Klägerin ist in ihrer Motorik, Feinmotorik und Bewegungskoordination beeinträchtigt. Sie leidet an einer erheblichen Verzögerung und qualitativen Einschränkung der Gehfähigkeit mit auffälligem Gangbild. Freies Gehen ist bisher nur über ca. 27 Meter möglich und sie kann nur etwa 20 Minuten an der Hand laufen. Motorische Fähigkeiten wie Rennen, Klettern oder Springen können von ihr nicht altersgerecht und auch in Zukunft nicht unfallfrei erworben werden. Sie leidet unter häufigen Stürzen. Die oberen Extremitäten weisen kein flüssiges Bewegungsmuster auf. Die Klägerin muss die Bewegungen mit Anstrengung und Konzentration willkürlich ausführen.

Dagegen lässt sich gegenwärtig nicht feststellen, dass die Klägerin geistig behindert.

Der Senat hat innergeburtliche Beeinträchtigungen nicht als schmerzensgeldfähig berücksichtigt. Die Klägerin vermag naturgemäß mangels Erinnerung an ihre Geburt über bloße Vermutungen hinaus konkrete Leiden nicht substanziiert darzulegen. Ohne Kenntnis des Leidens und ohne Erinnerung daran ist es sehr zweifelhaft, ob insoweit ein Schmerzensgeld zum Ausgleich und zur Genugtuung überhaupt zu leisten ist. Eine Objektivierung nach Qualität und Quantität sowie eine Abgrenzung zu den Beschwerden einer behandlungsfehlerfreien Geburt ist nicht möglich.

OLG Celle, Urt. v. 20.09.2021 – 1 U 32/20, MedR 2022, 582 = PflR 2022, 369 2112

300.000,00 € (Vorstellung: 300.000,00 €)

Atemstillstand nach der Geburt – fehlende Klingel im Kreissaal – Hirnschaden

Nach einer im Wesentlichen komplikationsfreien Geburt gab eine Hebamme der Mutter Gelegenheit, im Kreissaal mit ihrem Baby zu »bonden«. Als das Kind sich nicht mehr regte, wollte die Mutter klingeln. Am Bett gab es keine Klingel. 15 Minuten später stellte die Hebamme eine Atemdepression (»Fast-Kindstod«) fest. Trotz unverzüglicher Behandlung und Reanimation führte dies zu einer schweren Hirnschädigung. Gegen die Entscheidung zum Grund hat die Beklagte beim BGH eine Nichtzulassungsbeschwerde eingelegt, die zurückgewiesen wurde, BGH, 30.04.2024 – VI ZR 331/21

Zur Höhe wurde der Rechtsstreit an das LG Hannover zurückverwiesen.

OLG Stuttgart, Urt. v. 16.11.2021 – 19 U 40/22 2113

300.000,00 € (Mitverschulden: 1/4)

Schwersten dauerhafte Verletzungen – keine selbständige Lebensführung

Der 31 Jahre alte Kläger wurde bei einem Verkehrsunfall sehr schwer verletzt und wurde lange Zeit stationär behandelt. Er lebt in einem Heim in einer Wohngruppe.

Es kam zu einer Hirnfunktionsstörung. Er leidet unter komplexen und mehrdimensionalen Kognitionsstörungen der Merkfähigkeit und Aufmerksamkeit. Neben einer Stuhl- und Harninkontinenz besteht eine Fascialisparese, eine ausgeprägte Sprechstörung und eine hochgradige Hemiparese von Arm und Bein. Die Bewegungsfähigkeit ist stark eingeschränkt, er ist auf einen Rollstuhl angewiesen und auf Dauer arbeitsunfähig.

OLG Karlsruhe, Urt. v. 30.06.2015 – 13 U 202/12 2114

350.000,00 €

Apallisches Syndrom – Wirbelsäulen-Operation

Die 50 Jahre alte Klägerin erlitt infolge einer unzureichenden Aufklärung rechtswidrigen Wirbelsäulen-Operation ein apallisches Syndrom und liegt im Wachkoma, das inzwischen 12 Jahre andauert. Da die Klägerin noch psychische Reaktionen zeigt, kann nicht ausgeschlossen werden, dass ihr der völlig hilflose Zustand in gewisser Weise bewusst wird.

OLG Oldenburg, Urt. v. 08.07.2015 – 5 U 28/15, VersR 2016, 664 = MDR 2015, 1299 = RuS 2016, 366 2115

350.000,00 €

Hypoxischer Hirnschaden – Wachkoma

Die Klägerin war Haftpflichtversicherer eines 42 Jahre alten Opfers eines Verkehrsunfalls. Dieser hatte u.a. eine Rippenserienfraktur und Lungenkontusionen erlitten. Er wurde auf der Intensivstation der Beklagten beatmet. Dabei erlitt er einen hypoxischen Hirnschaden, weil der Tubus verrutscht und darauf nicht rechtzeitig reagiert wurde.

Er befindet sich im Zustand des Wachkomas bei völliger Kommunikationsunfähigkeit und ist bei allen Aktivitäten des täglichen Lebens auf pflegerische Hilfe angewiesen. Es besteht keine realistische Möglichkeit, dass sich der Zustand verbessert. Vorher war das Unfallopfer ein gesunder, selbstbestimmter Mann.

OLG Bamberg, Urt. v. 19.09.2016 – 4 U 38/15, MedR 2017, 548 mit Anm. *L. Jaeger* MedR 2017, 552 = GesR 2017, 154 (Kurzwiedergabe) 2116

350.000,00 € (Vorstellung: 500.000,00 €)

Die Klägerin erlitt infolge eines Behandlungsfehlers bei der Geburt eine schwere hirnorganische Schädigung aufgrund einer massiven Sauerstoffunterversorgung. Der Geburtshelfer hatte grob pflichtwidrig auf alarmierende und in der Schlussphase durchgehend hochpathologische Befunde der CTG-Aufzeichnungen bis zur Entbindung nicht bzw. nicht angemessen reagiert.

Der Senat vertritt die Auffassung, dass es innerhalb der Kategorie von schweren und schwersten Geburtsschäden hinreichend abgrenzbare Konstellation einer extremen (»maximalen«) Schädigung gibt, die den typologischen Stellenwert einer eigenständigen Fallgruppe hat. Bei der Bemessung des Schmerzensgeldes müsse das Gericht erkennen lassen, dass bei der Gewichtung der Schadensfaktoren ein sorgfältiger Abgleich mit denjenigen konstitutiven Schadensanlagen stattgefunden hat, welche die besondere Fallgruppe einer extremen bzw. »allerschwersten« Schädigung in der Regel kennzeichnen.

Hier weise die Situation der Klägerin einen extremen Schadensfall aus, ein Umstand, der sich grundsätzlich in einer entsprechenden – deutlichen – Ermäßigung des immateriellen Ausgleichs gegenüber den in der einschlägigen Judikatur der Oberlandesgerichte zugebilligten Schmerzensgeldbeträgen in einer Größenordnung von 500.000,00 € (und darüber) niederschlagen müsse, (Abgrenzung zu OLG Hamm VersR 2004, 386 Rn. 7, 61 ff.; OLG Brandenburg VersR 2004, 199, Rn. 3, 4 und 44; OLG Jena VersR 2009, 1676, Rn. 6).

Der Umstand, dass sich die Klägerin mit fortschreitendem Alter in zunehmendem Maße schmerzlich bewusst werden kann, dass und mit welcher Ausschließlichkeit sie durch die Behinderungen von den Entfaltungsmöglichkeiten »normal« entwickelter Kinder abgeschnitten ist, führt zu einer Herabsetzung des vom LG mit 400.000,00 € zuerkannten Schmerzensgeldes.

▶ Anmerkung:

Der Senat hat übersehen, dass der BGH (Urt. v. 16.02.1993 – VI ZR 29/92, VersR 1993, 585) ausdrücklich ausgeführt hat, dass der Geschädigte die Möglichkeit haben müsse, ein höheres Schmerzensgeld geltend zu machen, wenn sich herausstellen sollte, dass er in Zukunft in der Lage sein werde, seine Befindlichkeit zu erfassen. Das Schmerzensgeld hätte also nicht herab, sondern heraufgesetzt werden müssen. Vgl. dazu die Anmerkung L. Jaeger, MedR 2017, 552. Vgl. auch den Hinweis vor Rdn. 2095.

2117 **OLG Dresden, Urt. v. 18.08.2020 – 4 U 1242/18, VersR 2021, 589 mit Anm. Jaeger; NJW-RR 2020, 1410 = GesR 2020, 800 = jurisPR-MedizinR 10/2020 Anm. Oldenburger – Vorinstanz LG Chemnitz, Schmerzensgeld: 425.000,00 € zuzüglich Rente 300,00 € monatlich**

350.000,00 € (zuzüglich 250,00 € monatliche Rente)

Hirnschaden – Cerebralparese

Bei einer Operation der Mutter des Klägers wurden dessen lebensbedrohliche Vitalparameter zu spät erkannt. Auch nach Entdeckung der lebensbedrohlichen Situation ging die Behandlungsseite nicht standardgemäß vor. Der Kläger leidet an erheblichen Bewegungseinschränkungen in Form einer dyskinetischen koreoatetoiden Cerebralparese mit einer Hyperkinesie und Rumpfhypotonie sowie Hypotonie der unteren Extremitäten, was dazu führt, dass eine willkürlich gesteuerte Motorik allenfalls im Bereich der rechten Hand, aber auch hier mit erheblichen Einschränkungen möglich ist.

Selbstständig laufen kann der Kläger nicht, sitzen kann er nur mit Hilfsmitteln. Eine Umlagerung ist nur unter Hilfestellung möglich. Aufgrund der Bewegungseinschränkungen ist die Atemmechanik gestört. Schäden im Bereich der Wirbelsäule und Skoliosen sind wegen der bestehenden Rumpfhypotonie und der damit einhergehenden Destabilisierung der Wirbelsäule wahrscheinlich. Zahlreiche weiteren Spätschäden, die zu Operationen führen können, sind möglich.

Darüber hinaus leidet der Kläger an kognitiven Einschränkungen Es wird allenfalls in sehr eingeschränktem Maße die Aufnahme einer Tätigkeit in einer Behindertenwerkstatt möglich sein. Der Kläger kann Freude empfinden und zeigen. Es ist zu befürchten, dass es durch die Wahrnehmung dieser Einschränkungen beginnend ab der Adoleszenz zu psychischen Fehlentwicklungen bis hin zu Depressionen kommt

Mit Fällen der vollständigen Zerstörung der Persönlichkeit sind die Einschränkungen des Klägers nicht vergleichbar. Dass der Kläger infolge des Erhalts seiner Persönlichkeit die Unterschiede zu gesunden Mitmenschen und sein diesbezügliches »Anderssein« in der Zukunft möglicherweise verstärkt wahrnimmt, kann nicht dazu führen, dass vergleichbare Schmerzensgeldbeträge zuzusprechen wären, obwohl eine wesentliche Ausprägung des immateriellen Schadens auch darin bestehen kann, dass der Verletzte sich seiner Beeinträchtigung bewusst ist und deshalb in besonderem Maße unter ihr leidet. Dieser Gesichtspunkt kann daher für die Bemessung des Schmerzensgeldes durchaus von Bedeutung sein (BGH, Urt. v. 13.10.1992 – VI ZR 201/91, juris Rn. 29). Dies rechtfertigt jedoch ein Schmerzensgeld nicht, das die Höhe erreicht, die bei einer vollständigen Zerstörung der Persönlichkeit zuzusprechen ist. Eine solche Betrachtung orientiert sich letztlich an einem nicht hinreichend objektivierbaren Empfinden des Verletzten und berücksichtigt auch nicht, dass die verbleibenden kognitiven Fähigkeiten es dem Verletzen gerade ermöglichen, in einem bestimmten Ausmaß ein – wenngleich eingeschränktes – selbstbestimmtes Leben zu führen. Die teilweise erhaltene Fähigkeit, die eigene Person und die eigene Umwelt zu erleben, ist mithin nach Auffassung des Senats zwar ebenfalls dem Grunde nach schmerzensgelderhöhend zu berücksichtigen, wenn sie mit der Fähigkeit einhergeht, die eigenen Einschränkungen in verstärktem Maße wahrzunehmen, in erheblichem Umfang aber erst dann, wenn sich hieraus ein psychisches Leiden mit Krankheitswert entwickelt. Dies ist bei dem Kläger zumindest derzeit nicht der Fall. Der Gefahr, dass er in der Zukunft eine psychische Erkrankung entwickeln wird, die wiederum der Beklagten anzulasten wäre, wird durch den zuerkannten Feststellungsantrag bezüglich der Zukunftsschäden Rechnung getragen.

KG, Urt. v. 01.07.2019 – 20 U 103/13 2118

375.000,00 €

Hirnschädigung

Bei der Klägerin wurde auf einen angeborenen Herzfehler bei ihrer Geburt viel zu spät reagiert; sie wurde erst nach knapp 3 Stunden reanimiert, die bis dahin durchgeführte Maskenbeatmung war ungenügend. Es kam zu einer Hirnschädigung. Die Klägerin ist schwer geistig behindert und leidet unter Sprach- und motorischen Störungen; aufgrund einer angeborenen Chromosomenanomalie wäre ohnehin eine – wenngleich leichtere – geistige Behinderung aufgetreten. Ohne die Schädigung hätte die Klägerin aber einen Zeitbegriff und räumliche Orientierung gehabt, hätte sich selbst Nahrung zubereiten und essen können und die Aktivitäten des täglichen Lebens meistern. Tatsächlich ist sie windelpflichtig und kann nur mit pürierter Nahrung gefüttert werden; selbständig fortbewegen kann sie sich nicht.

LG Paderborn, Urt. v. 16.03.2015 – 4 O 467/12 2119

400.000,00 €

Befunderhebungsfehler – Bradykardie – Cerebralparese – spastischen Tetraparese und einer hypoxischen Encephalopathie

Infolge der unterbliebenen CTG-Untersuchung kam es zu einer Verzögerung der Geburt mit gravierenden Folgeschäden den Kläger. Dieser leidet an einer irreparablen bilateralen Cerebralparese, einer spastischen Tetraparese und einer hypoxischen Encephalopathie 2. Grades und entwickelte eine periventrikuläre Leukomalazie mit spastischer Tetraparese. Der inzwischen 7 Jahre alte Kläger ist völlig hilflos und in seiner Persönlichkeit weitgehend zerstört. Er ist schulpflichtig, kann jedoch nicht sprechen, sitzen, greifen oder krabbeln. Ob und ggf. in welchem Umfang er überhaupt sehen kann, ist offen. Er kann in geringem Umfang seine Umgebung wahrnehmen und Gefühlsregungen zeigen. Ein weiterer Austausch mit der Umwelt ist ihm nicht möglich und wird ihm nicht möglich sein.

2120 **OLG Hamm, Urt. v. 30.10.2015 – 26 U 130/08**

400.000,00 € Zinsen > 256.000,00 €.

Geburtsschaden – körperlich und geistig schwerst behindert

Die 31 Jahre alte Mutter der Klägerin und die Klägerin werfen den Beklagten Behandlungsfehler und Aufklärungsmängel vor. Eine gebotene durchgehende CTG-Überwachung erfolgte nicht und die Indikation zur sectio wurde zu spät getroffen.

Die Klägerin ist körperlich und geistig schwerstbehindert und ein lebenslanger Pflegefall. Sie kann nicht sprechen, sich nicht selbstständig zu ernähren und nicht laufen. Sie muss regelmäßig orthopädische Übungen absolvieren und Operationen über sich ergehen lassen, weil die Sehnen nicht mitwachsen. Zum Ausgleich für den Verlust der Lebensfreude eines gesunden Menschen hält der Senat einen Betrag von 400.000,00 € für durchaus angemessen, aber auch ausreichend, um die derzeit bekannten gesundheitlichen Probleme auszugleichen.

2121 **OLG Hamm, Urt. v. 19.03.2018 – 3 U 63/15, VersR 2019, 34 mit Anm. L. Jaeger = MDR 2018, 1120 = MedR 2019, 220**

400.000,00 €

Hypoxischer Hirnschaden nach zeitverzögerter Klinik-Einweisung

Die Mutter des Klägers war bei dem beklagten Gynäkologen in Behandlung. Dieser ließ ohne besonderen Anlass ein CTG schreiben, das Pathologien zeigte. Die Helferinnen des Beklagten waren nicht in der Lage, dies zu erkennen, der Beklagte selbst schaute die Aufzeichnungen des CTG zunächst nicht an, wodurch die Auswertung um 30 Minuten verzögert wurde. Der Beklagte versäumte es auch, die Mutter über den Ernst der Lage zu informieren und entließ sie nach Hause, statt sie unverzüglich in das nächstgelegene Krankenhaus einzuweisen.

Die Schmerzensgeldbemessung ist misslungen, wie sich aus der Anmerkung zu dieser Entscheidung ergibt.

2122 **OLG Schleswig, Urt. v. 31.01.2013 – 4 U 97/11**

450.000,00 € (zuzüglich monatliche Rente 500,00 € = insgesamt 606.600,00 € Vorstellung: 500.000,00 € zuzüglich monatliche Rente 600,00 €)

Der BGH hat die Revision der Beklagten zurückgewiesen, Urt. v. 21.01.2014 – VI ZR 78/13, VersR 2014, 374 = GesR 2014, 150 = NJW-RR 2014, 1051 Befunderhebungsfehler – Psychosyndrom – schwerste körperliche und geistige Behinderung

Bei der fast 23 Jahre alten Klägerin, einer Beamtin auf Probe im Polizeidienst, trat eine Thrombose der inneren Hirnnerven auf, die in der Klinik von den beklagten Ärzten nicht erkannt wurde. Infolge der Hirnvenenthrombose ist die Klägerin körperlich und aufgrund eines hirnorganischen Psychosyndroms geistig schwerst behindert. Sie ist inkontinent für Stuhl und Harn, an einen Rollstuhl gebunden, wobei im Rahmen der Koordination eine Kopfkontrolle vorhanden ist, die Rumpfkontrolle aber nicht. Sie leidet an einer spastischen Tetraparese.

Das Landgericht hat auf ein Schmerzensgeld i.H.v. 500.000,00 € und auf eine monatliche Rente von 500,00 € erkannt. Dabei habe es sich an den in jüngster Zeit ergangenen Entscheidungen in Fällen orientiert, in welchen die zum Schadensersatz verpflichtende Handlung eine vollständige Zerstörung der Persönlichkeit bewirkt habe. Die Kammer habe sich die vom Bundesgerichtshof entwickelten Bewertungsmaßstäbe bei der Bemessung des Schmerzensgeldes zu eigen gemacht und berücksichtigt, dass es neben der schwersten körperlichen Behinderung der Klägerin zu einer geistigen Behinderung gekommen sei, die eine Entfaltung ihrer Persönlichkeit nicht mehr zulasse. Schmerzensgelderhöhend habe sich das Regulierungsverhalten der Beklagten ausgewirkt.

Der Senat hat ein Schmerzensgeld i.H.v. insgesamt 600.000,00 € für angemessen gehalten und bei der Kapitalisierung der Rente einen Zinssatz von 3 % zugrunde gelegt. Ein verzögerliches Regulierungsverhalten sei den Beklagten nicht vorzuwerfen. Bei einem Zinssatz von 5 % hätte die monatliche Rente rd. 652,00 € betragen.

OLG Köln, Urt. v. 10.12.2014 – 5 U 75/14, MedR 2015, 737 mit Anm. L. Jaeger, MedR 2015, 739 = GesR 2015, 541 2123

450.000,00 € (zuzüglich monatliche Rente von 550,00 € = rund 604.000,00 €)

(Vorstellung: 750.000.00 € zuzüglich monatliche Rente von 1.000,00 €), vgl. die Vorentscheidung LG Köln.

Massive geistige und körperliche Schäden – weitgehende Zerstörung der Persönlichkeit

Der 2 Jahre alte Kläger wurde erheblich geschädigt. Er hat massive geistige und körperliche Schäden erlitten, an denen er sein Leben lang ohne Hoffnung auf Besserung leiden wird, aufgrund derer er lebenslänglich rund um die Uhr auf fremde Hilfe angewiesen sein wird, durch die ihm jede Chance auf ein selbstbestimmtes Leben genommen worden ist und die seine Persönlichkeit weitgehend zerstört haben.

Der Senat hat den Umstand, dass der Kläger bis zum Alter von zwei Jahren bereits ein unbeschwertes Leben wahrgenommen hat und möglicherweise künftig unter seinem Schicksal deshalb besonders leiden wird, nicht bei der Bemessung des Schmerzensgeldes berücksichtigt. Er hat dazu ausgeführt:

Insb. ist eine Anhebung des Schmerzensgeldes entgegen der beim Kläger offenbar bestehenden Vorstellung nicht wegen des Umstandes gerechtfertigt, dass er die massiven Schäden nicht im Rahmen seiner Geburt erlitten hat mit der Folge, dass er ein nicht behindertes Leben gar nicht erst hat kennenlernen können, sondern erst im Alter von zwei Jahren nach einem bis dahin unbeschwerten Leben, in dem er sich altersgerecht normal hat entwickeln und entfalten können, und in dem er ein Gefühl für ein Leben als gesunder Mensch hat entwickeln können. Denn es ist gerichtsbekannt, dass sich auch gesunde Menschen an ihre Empfindungen und Erlebnisse in den ersten beiden Lebensjahren später nicht mehr erinnern können, dass eine Erinnerung insoweit vielmehr erst im Verlaufe des dritten Lebensjahres einsetzt.

Woher der Senat diese Kenntnis bei schwerstgeschädigten Kindern haben will, sagt er jedoch nicht.

LG Aachen, Urt. v. 10.01.2018 – 11 O 314/14 2124

450.000,00 € (Vorstellung: 600.000,00 €) Zinsen: rd 81.000,00 €

Hypoxischer Hirnschaden

Der im Zeitpunkt der Entscheidung 4 1/2 Jahre alte Kläger erlitt bei der Geburt infolge einer unterlassenen Mikroblutuntersuchung, ein grober Behandlungsfehler in Form eines Befunderhebungsfehlers, einen hypoxischen Hirnschaden, ein Hirnödem, ein Subduralhämatom, Kontusionsblutungen, eine Hypothermie, eine arterielle Hypotonie, ein Nierenversagen, eine Anämie, Gerinnungsstörungen und eine Rumpfhypotonie. Es musste eine PEG-Sonde angelegt werden und es ist erforderlich, Speichel und anfallendes Sekret abzusaugen, um lebensbedrohliche Zustände zu vermeiden. Es liegt ein erhöhtes Risiko zur Aspiration von Flüssigkeiten vor.

Beim Kläger besteht eine hochgradige Sehstörung in Form einer sog. »zentralen Blindheit«, visuelle Reize können von den Augen zwar wahrgenommen, vom Gehirn aber nicht adäquat verarbeitet werden. Eine Nachreifung ist durchaus noch möglich, aber heute nicht vorhersehbar. Es wird bei einer hochgradigen Beeinträchtigung verbleiben. Folglich legt die Kammer der Bemessung des Schmerzensgeldes gegenwärtig auch nur eine solche und keine lebenslange vollständige Blindheit zugrunde. Taubheit besteht nicht.

Der Entwicklungsstand entspricht dem eines 6 – 8 Monate alten Säuglings. Der Kläger wird zeitlebens auf die Rollstuhl-Versorgung angewiesen sein, bestenfalls mit einer eigenen Steuerungsmöglichkeit mittels Joystick für die rechte Hand. Möglicherweise scheidet auch dies in Verbindung mit den kognitiven sowie visuellen Störungsbefunden aus. Dann wäre das maximale Störungsbild (GMFCS-Level V) gegeben. Mit ziemlicher Wahrscheinlichkeit sind zudem die gesamten kognitiven Leistungen des Klägers beeinträchtigt. Für die Bemessung des Schmerzensgeldes ist derzeit von einem GMFCS-Level IV auszugehen.

2125 **LG Bochum, Urt. v. 12.02.2020 – 6 O 336/17**

450.000,00 € (Vorstellung: 500.000,00 €)

Cerebralparese – Tetraparese

Die Klägerin wurde bei der Geburt geschädigt, weil eine fetale Bradykardie nicht rechtzeitig behandelt wurde. Der Notkaiserschnitt kam zu spät. Es kam zu einer bilateralen Cerebralparese und einer hypoxisch-ischämischen Enzephalopathie. Die Klägerin leidet unter einer vollständigen spastischen Tetraparese. Sie kann nicht frei sitzen, der gesamte Bewegungsablauf und die Feinmotorik sind betroffen. Sprechen kann sie nicht. Sie wird auf dem kognitiven Zustand einer Zweijährigen verharren. Bei Nahrungsaufnahme und Trinken braucht sie Hilfe; sie wird zeitlebens auf Pflege und Betreuung angewiesen sein.

2126 **LG Gießen, Urt. v. 07.05.2015 – 1 KLs 604 Js 29856/14**

500.000,00 € (Vorstellung: 500.000,00 €)

Schwerste Hirnverletzung – Fraktur des Schädelknochens – Erblindung

Der 19 Jahre alte Angeklagte schüttelte am die damals etwa 3 Wochen alte Nebenklägerin derart heftig und schlug sie hierbei mehrfach gegen einen Türrahmen, sodass der Schädelknochen des Säuglings brach und das Gehirn derart schwer verletzt wurde, dass das Kind erblindet ist, 95 % seines Gehirns abgestorben sind und sich seine Lebenserwartung auf maximal 25 Jahre begrenzt, in denen es mit maximalem Aufwand zu pflegen sein wird, vergleichbar einem Wach-Koma-Patienten.

Der Betrag stellt den Angeklagten praktisch vor den wirtschaftlichen Ruin. Die Kammer ließ die – zweifellos bislang nicht gegebene – wirtschaftliche Leistungsfähigkeit des Angeklagten gleichwohl außer Betracht und geht dabei auch nicht davon aus, dass er angesichts seiner wirtschaftlich wohl situierten Eltern eines Tages potenziell mit nicht unerheblichen (mindestens Pflichtteils-) Ansprüchen rechnen mag. Für die Kammer ist vielmehr entscheidend, dass die Berücksichtigung der wirtschaftlichen Leistungsfähigkeit zum einen den Geschädigten aus Gründen schlechter stellt, die nicht in dessen Verantwortungssphäre liegen, dass sich ihre Berücksichtigung aber in Fällen verbietet, in denen der Schädiger keine fahrlässigen Kleinschäden zu verantworten hat, sondern einen vorsätzlich herbeigeführten Maximalschaden, der die Geschädigte bereits zu Lebzeiten faktisch um ihr gesamtes Leben gebracht hat.

2127 **OLG Frankfurt, Urt. v. 11.06.2015 – 15 U 189/13, unveröffentlicht**

500.000,00 € Zinsen: > 235.000,00 €

Hypoxischer Hirnschaden – Sauerstoffunterversorgung

Die Klägerin wurde infolge einer fehlerhaften Behandlung ihrer Mutter im Jahr 2000 mit einem hypoxischen Hirnschaden geboren. Der grobe Behandlungsfehler bestand in einer zweimaligen Bolusgabe von Oxytocin in einer Dosis, die dem medizinischen Standard zuwider lief. Diese Gabe war geeignet, die Sauerstoffsättigung auf signifikant hypoxische Werte abfallen zu lassen, sodass es zu einer gefährlichen Sauerstoffunterversorgung kam.

Die Klägerin ist körperlich und geistig schwerst geschädigt, sodass nur ein Schmerzensgeld in Betracht kommt, das der obergerichtlichen Rechtsprechung entspricht.

2128 **OLG Hamm, Urt. v. 21.03.2017 – 26 U 122/09, VersR 2017, 1017 mit Anm. Jaeger**

500.000,00 € (Zinsen seit 2003: rd. 376.000 €)

Hypoxischer Hirnschaden bei 47 Jahre alter Patientin

Bei der im Zeitpunkt der Behandlung 47 Jahre alte Klägerin entstand infolge einer ausgeprägten Anämie bei einem Hb-Wert zwischen 5,7 und 6,2 g/dl während einer Operation aufgrund der Sauerstoffunterversorgung ein hypoxischer Hirnschaden. Die Klägerin ist ein Schwerstpflegefall, stark körperlich und geistig behindert und dauerhaft auf Hilfe und Pflege angewiesen. Sie leidet unter Gedächtnisstörungen, wodurch ihr die Möglichkeit genommen wurde, ein Bewusstsein für eine größere Zeitspanne und damit für ein zusammenhängendes Leben zu entwickeln.

Die Entscheidung steht in krassem Widerspruch zu 26 U 88/16 – weiter oben abgedruckt.

KG, Urt. v. 11.12.2017 – 20 U 19/14 – VersR 2018, 1202 mit Anm. L. Jaeger = MedR 2018, 575 2129

<u>**500.000,00 €**</u> (Zinsen: rd. 169.000,00 €)

Hypoxischer Hirnschaden eines Zwillingskindes – Empfinden der Behinderung

Die mit geringen Behinderungen geborene Klägerin erlitt im Alter von 1 1/2 Jahren bei einer ärztlichen Behandlung u.a. mit einer Inhalation mit Sultanol einen Herz-Kreislauf-Stillstand und Krampfanfälle und ein Hirnödem.

Die Klägerin ist seitdem mehrfach schwerstbehindert u.a. schwerer Hirnschaden, cerebrale und fieberinduzierte Krampfanfälle, schwere Sehbehinderung, schwere Tetraspastik mit entsprechenden orthopädischen Folgen und Störungen bei der Nahrungsaufnahme, Inkontinenz, hochgradige Sprachbehinderung. Sie kann nur in einem Schrägbett bei etwa 30 Grad liegen und nur in einem Rollstuhl mit speziell gefertigter Sitzschale fortbewegt werden. Sie muss regelmäßig gewickelt, gewindelt und umgelagert werden und bedarf einer ständigen Fütterung und Überwachung zur Nahrungsaufnahme. Die Klägerin hat einen Grad der Behinderung von 100 und die Merkzeichen »H« (hilflose Person), »aG« (außergewöhnliche Gehbehinderung), »B« (auf ständige Begleitung angewiesen) und »T« (Telebus) berechtigt).

Die Begründung der Beklagten, die Klägerin habe keine Erinnerung an ihr Leben vor den Geschehnissen und somit nicht das Empfinden eines einschneidenden Bruchs in der Vita, ist nicht stichhaltig, da der Klägerin vielmehr durch die mit ihr lebende Zwillingsschwester tagtäglich ihre Einschränkungen im Vergleich zu dieser vor Augen geführt werden. Diesen Gesichtspunkt hat das Landgericht auch zu Recht bei der Bemessung der Höhe des Schmerzensgeldes berücksichtigt.

Ein Sachverständigengutachten zur Frage der Empfindungsfähigkeit der Klägerin hat der Senat nicht eingeholt.

OLG Frankfurt, Urt. v. 05.04.2018 – 22 U 65/17 2130

<u>**500.000,00 €**</u>

Hypoxischer Hirnschaden

Die 2 Jahre alte Klägerin erlitt nach einem grob fehlerhaften Notarzteinsatz einen hypoxischen Hirnschaden. Sie wird kein eigenständiges Leben führen könnenIhr wurde jede Chance auf ein selbstbestimmtes Leben genommen und ihre Persönlichkeit weitgehend zerstört.

Der schwere Herzfehler und eine Lungenhypoplasie bei der Klägerin wurden in geringem Umfang schmerzensgeldmindernd berücksichtigt.

OLG Celle, Urt. v. 10.08.2018 – 1 U 71/17 2131

<u>**500.000,00 €**</u>

Freitod nach einem Jahr bei Ganzkörperlähmung

Der 50 Jahre alte Kläger wurde vom Hausarzt fehlerhaft behandelt, sodass er einen septischen Schock erlitt, der ein multiples Organversagen und eine dauerhafte weitgehende Körperlähmung zur Folge hatte.

Ursache der Sepsis war ein sog. Spritzenabszess. Das septische Infektionsgeschehen war nicht zu beherrschen. Es schloss sich ein mehr als ein Jahr andauernder dramatischer Leidensprozess an, während dessen der Patient ohne Aussicht auf eine Besserung dauerhaft künstlich beatmet werden musste und weitgehend gelähmt blieb. Am Ende dieses Leidensprozesses stand der ärztlich begleitete Freitod des Patienten, der seinen Sterbewunsch über Monate hinweg geäußert und diesen auch in Ethikgesprächen mit den behandelnden Ärzten bekräftigt hatte. Der Patient war verheiratet und Vater von drei minderjährigen Kindern.

2132 **OLG Hamm, Urt. v. 04.12.2018 – 26 U 9/16, MedR 2019, 609**

500.000,00 € (Zinsen > 182.000,00 €.)

Schwerste Hirnschäden nach Unterzuckerung

Die Klägerin wurde per Kaiserschnitt geboren. Wenig später traten Krampfanfälle bei ausgeprägter Hypoglykämie auf. Dem beklagten Arzt ist ein grober Befunderhebungsfehler in Form einer unterlassenen Blutzuckerwertbestimmung vorzuwerfen. Die massive und lang anhaltende Unterzuckerung war ursächlich für die Entwicklungsstörung mit schwerer körperlicher und geistiger Behinderung der Klägerin. Sie versteht nur einfache Ansprachen und Aufforderungen und kann ihr Einverständnis durch Nicken zu verstehen geben. Zu einer aktiven Wortbildung und Sprache ist sie nicht in der Lage. Weiterhin besteht eine so gravierende Störung der Wahrnehmung akustischer und visueller Reize, dass diese einer funktionellen Hör- und Sehbehinderung gleichkommt. Sie geht mit kleinen Trippelschritten und produziert den Pinzettengriff. Die im Zeitpunkt der Entscheidung 12 Jahre alte Klägerin besucht in Begleitung einer Integrationshelferin eine Schule für geistig behinderte Kinder, ohne dass eine aktive Kommunikation möglich ist. Der GdB beträgt 100, daneben die gesundheitlichen Voraussetzungen der Merkzeichen »G« (erhebliche Gehbehinderung), »B« (Notwendigkeit ständiger Begleitung) und »H« (Hilflosigkeit). Hinzu kommt eine medikamentös nicht beherrschbare Epilepsie. Sie wird niemals in der Lage sein, ein selbstbestimmtes Leben zu führen und mit ihrer Umwelt aktiv zu kommunizieren.

2133 **OLG Köln, Urt. v. 05.12.2018 – 5 U 24/18, VersR 2019, 697 = MedR 2019, 810**

500.000,00 € (Vorstellung: mindestens 600.000,00 € – LG: 450.000,00 € – Zinsen 109.000,00 €)

Hypoxischer Hirnschaden – geburtsbedingt

Dem Kläger ist infolge eines geburtsbedingten und den Behandlern anzulastenden hypoxischen Hirnschadens jegliche Basis für die Entfaltung einer Persönlichkeit genommen. Der Hirnschaden führt dazu, dass das Kind weder jemals selbstständig essen und trinken noch sprechen noch sich selbstständig fortbewegen kann und dass eine maximale geistige Beeinträchtigung gegeben ist. Der Senat hält ein Schmerzensgeld an der Obergrenze – die der Senat bei einem rein als Kapital geforderten Schmerzensgeld bei derzeit 500.000.00 € ansetzt – per se für gerechtfertigt. Eine im Rahmen einer derartigen Schwerstschädigung vorgenommene weitere »Ausdifferenzierung« (hier dahin, dass bei vergleichbaren Gerichtsentscheidungen etwa noch eine Tetraspastik oder eine Epilepsie hinzuträten) und eine damit begründete Reduzierung des Schmerzensgeldes um 50.000.00 € sind nicht gerechtfertigt. Der Senat sieht diesen Betrag als Obergrenze für Fälle besonders schwerer Gesundheitsschäden. Eine Anhebung sei derzeit nicht geboten.

2134 **OLG Oldenburg, Urt. v. 13.11.2019 – 5 U 108/18, RDG 2020, 33**

500.000,00 €

Hypoxisch-ischämische Enzephalopathie – zerebrale Krampfanfälle – Hirnschaden

Nach einem schweren Behandlungsfehler während der Geburt trat bei der Klägerin eine hypoxisch-ischämische Enzephalopathie mit zerebralen Krampfanfällen auf.

Die spätere Diagnose lautete: Schwere peripartale Asphyxie, hypoxisch ischämische Enzephalopathie, zerebrale Krampfanfälle, Saug- und Schluckstörung, rezidivierende Apnoen und Kreislaufinsuffizienz gestellt. Die Klägerin ist tetraspastisch und aufgrund der massiven Hirnschädigung dauerhaft auf Hilfe und Pflege angewiesen. Ihre Ernährung erfolgt durch PEG-Sonde. Es besteht eine ausgeprägte Spastik der Extremitäten. Ferner bestehen eine Rumpfinstabilität, instabile Kopfkontrolle, keine Auge-Hand-/Hand-Hand-Koordination, häufiges Erbrechen, kein vollständiger Mundschluss, dauerhafte Rollstuhlpflicht.

LG Dortmund, Urt. v. 16.01.2020 – 4 O 430/16 2135

500.000,00 € (Vorstellung: 600.000,00 €)

Hypoxischer Hirnschaden – Tetraparese

Bei der Geburt der Klägerin wurden unzureichende CTG-Aufzeichnungen durchgeführt und mehrfache Tachykardien und Dezelerationen nicht beachtet. Trotz hoher Wahrscheinlichkeit einer Nabelschnurumschlingung wurde Wehenunterstützung geleistet. Die Klägerin leidet unter einem hypoxischen Hirnschaden. Es bestehen insbesondere eine schwere kombinierte körperliche und geistige Entwicklungsstörung, eine ausgeprägte bilaterale Zerebralparese, eine schwere spastische Tetraparese, eine schwere Epilepsie, welche der medikamentösen Behandlung bedarf, und eine fehlende Willkürmotorik. Außerdem ist die Klägerin blind und eine psychoneurologische Weiterentwicklung ist nicht möglich. Eine eigenständige Lebensführung ist nicht möglich und auch in Zukunft nicht zu erwarten. Streng genommen wäre eine Steigerung nur durch einen Verlust der verbliebenen Restfunktionen denkbar. Die Klägerin kann nämlich selbstständig atmen, Nahrung zu sich nehmen und Reaktionen zeigen, die etwa auf Entspannung oder Aufmerksamkeit hindeuten.

OLG Koblenz, Urt. v. 16.12.2020 – 5 U 836/18, MDR 2021, 421; GesR 2021, 261. 2136

500.000,00 € (Vorstellung: 680.000,00 €)

Cerebralparese mit Störung des Bewegungsapparates

Die 2006 geborene Klägerin leidet seit ihrer Geburt unter einer infantilen globalen dyskinetischen Cerebralparese mit Störung des Bewegungsapparates und gravierenden Koordinationsstörungen. Betroffen sind die psychischen und kognitiven Bereiche sowie die Persönlichkeitsbildung. Es liegt eine deutliche Mikrozephalie vor und sie leidet unter Epilepsie. Sie kann nicht sprechen, nicht ohne Hilfe essen, nicht lesen und schreiben. Sie kann keine gezielten Bewegungen ausführen, nicht laufen, nicht stehen und nur mit Hilfsmitteln sitzen. Sie leidet an einem ausgeprägten Intelligenzverlust und hat einen Intelligenzquotienten von 30. Die Sehkoordination und Hörfähigkeit sind gemindert.

Ihr Leben wird stark durch verschiedene Therapien (Ergotherapie, Physiotherapie, Logopädie, Trainings) beeinflusst.

Es ist der Klägerin möglich, ihre Situation zu reflektieren.

OLG Karlsruhe, Urt. v. 03.02.2021 – 7 U 2/19, GesR 2021, 397 2137

500.000,00 €

Geburtsschaden nach Uterusruptur – Hirnschaden

Die Klägerin erlitt nach einer Uterusruptur der Mutter einen Hirnschaden, weil nicht sofort ein Arzt hinzugezogen wurde. Dadurch trat eine schwere Bewegungsstörung mit der Unmöglichkeit der selbstständigen Fortbewegung, eine schwere geistige Behinderung und eine schwere, neurologisch verursachte Schluckstörung ein. Zusätzlich leidet die Klägerin an einer therapieschwierigen Epilepsie mit häufigen Anfällen.

Der Klägerin ist es nahezu unmöglich, eine eigene Persönlichkeit im herkömmlichen Sinne zu entwickeln, sich körperlich zu bewegen und zu kommunizieren. Allein der Umstand, dass sie eine Förderschule besucht, rechtfertigt schon im Hinblick auf die allgemeine Schulpflicht keine andere Entscheidung.

Sie leidet unter einer globalen Entwicklungsstörung, Schlafstörungen, einer Epilepsie, fokalen Anfällen mit Gesichtsmyoklonien und Extremitätenmyoklonien, tonischen Anfällen mit Schulteranhebung und gepresster Atmung, bilateralen konvulsiven Anfällen, atypischen Absencen, einer spastisch dystonen Cerebralparese, Dysphagie und einem substituierten Vitamin-D-Mangel leidet. Eine PEG-Sonde ist angelegt. Die Ernährungssituation gestaltet sich schwierig. Es besteht der Verdacht auf ein Dumping-Syndrom und eine zentrale Sehstörung. Die Klägerin kann sich nicht alleine fortbewegen und hat keine Kontrolle über Blase und Darm bei Zustand. Sie ist rollstuhlpflichtig. Sie kann nicht sprechen und normal kommunizieren, sie lautiert teilweise. Sie reagiert auf Ansprache und Geräusche, teils mit Kopfzuwendung und kann Zustimmung und Freude durch Lächeln ausdrücken. Freies Sitzen ist nicht möglich.

2138 **OLG Frankfurt, Urt. v. 29.07.2021 – 1 U 7/17**

500.000,00 € (Vorstellung: 500.000,00 €)

Irreversibler Hirnschaden

Infolge einer plötzlichen schweren Herzrhythmusstörung während des Sportunterrichts kam es bei der Klägerin zu einem Kreislaufstillstand und zu einer dadurch bedingten Unterbrechung der Sauerstoffversorgung des Gehirns.

Die Sportlehrer führten keine Herzdruckmassage durch. Durch das Unterlassen dieser gebotenen Maßnahme haben die Sportlehrer ihre Amtspflicht, erforderliche und zumutbare Erste-Hilfe-Maßnahmen zu leisten, verletzt.

Die Hirnschädigung ist als Grundursache für die lange Intensivbehandlung und eine Reihe dadurch erforderlicher Therapieverfahren (wie Langzeitbeatmung, Luftröhrenschnitt, Bauchdecken-Magensonde, Blasenkatheter, Venenkatheter- bzw. Port-Implantation) sowie für weitere teils erst sekundär durch diese Prozeduren bedingte Folgekomplikationen (Blutvergiftung, Lungenentzündung, Bauchfellentzündung, Darmeinriss, Platzbauch, Blutung aus Dünndarmgeschwür, Epilepsie, Lähmungen, Kontrakturen des Bewegungsapparats, Dekubitalgeschwüre, Sensibilitätsstörungen, Psychosyndrom) anzusehen.

Trotz einer beeindruckenden Besserung der Gesamtsituation und trotz weiter zu erwartender Verbesserungen ist sein Befinden mit dem Zustand eines gesunden Oberstufenschülers bei weitem nicht vergleichbar. Der Kläger wird vermutlich langfristig auf intensive pflegerische Unterstützung angewiesen und nicht in der Lage sein, ein selbstbestimmtes und unabhängiges Leben zu führen.

Einen Zinsantrag hat der Anwalt des Klägers nicht gestellt, so dass dem Kläger Zinsen für mindestens 4 1/2 Jahre nicht zuerkannt wurden.

2139 **OLG Hamm, Urt. v. 17.12.2021 – 26 U 102/20, GesR 2022, 222 = ArztR 2022, 177**

500.000,00 € (Vorstellung: 500.000,00 € Zinsen: > 235.000,00 €)

Mikrozephalie – Epilepsie – Zentrale Sehminderung

Der inzwischen 16 Jahre alte Kläger erlitt durch einen groben Behandlungsfehler während seiner Geburt einen schweren Hirnschaden, der u.a. zu einer Mikrozephalie, Epilepsie und zu einer zentralen Sehminderung führte. Er ist geistig und von seinen körperlichen Fähigkeiten auf dem Stand eines 6 Monate alten Säuglings. Er kann Ortsveränderungen wie beim Spazierengehen wahrnehmen.

Dem Kläger ist aufgrund seiner in höchstem Maße eingeschränkten Fähigkeiten praktisch jede Möglichkeit einer körperlichen und geistigen Entwicklung genommen. Er wird die normalen Entwicklungsstufen von Kindheit, Jugend, Erwachsensein bis zum Alter kaum bewusst erleben und auch keine Persönlichkeit entwickeln oder eine Familie gründen können. Er ist lediglich in der Lage, ihm nahestehende Bezugspersonen zu erkennen und auf diese zu reagieren und sich dabei nonverbal zu äußern.

Er leidet unter Krämpfen, Spastiken und Schmerzen. Derartig umfassende geistige und körperliche Beeinträchtigungen ab dem Zeitpunkt der Geburt rechtfertigen zur Überzeugung des Senats eine in der Höhe herausragende Entschädigung. Vergleichbare Entscheidungen zwischen 2001 und 2012 werden benannt, nicht jedoch die aktuellen Entscheidungen des LG Aurich, LG Gießen und des LG Limburg über 800.000,00 € bis 1 Mio. €.

OLG Frankfurt, Urt. v. 31.01.2017 – 8 U 155/16, unveröffentlicht 2140

__560.000,00 €__ (Vorstellung: 350.000,00 € – später 500.000,00 € Zinsen > 260.000,00 €)

Geistige Behinderung – Tetraparese – Kontrakturen der Gelenke – Parese der Hirnnerven

Der 21 Jahre alte Kläger wurde schwer verletzt und alkoholisiert neben seinem Fahrrad auf der Straße gefunden. Er hatte ein Schädelhirntrauma mit Blutungen erlitten. Durch Behandlungsfehler der Beklagten kam es zu schwersten körperlichen und geistigen Schäden des Klägers. Es bestehen eine Tetraparese, eine deutliche Rumpf- und Standataxie mit Fallneigung, immer mit Schmerzen und zunehmenden Kontrakturen der Gelenke einhergehende Tetraspastiken, Spitzfußstellung und Dekubiti, schwere Hirnnervenparesen mit Gesichtslähmungen. Der Kläger ist blind und geistig zu 100 % behindert. Der Leidensdruck des Klägers mit kognitiven Defiziten, Lähmungen, Schlafstörungen, agitierten Phasen mit Aggressionen, Erblindung und vollständiger Abhängigkeit ist unmittelbar nachvollziehbar. Der Zustand wird sich aus neurologischer und rehabilitationsmedizinischer Sicht nicht zum Positiven ändern. Der Kläger wird lebenslang »rund um die Uhr« pflegebedürftig sein.

Ein besonderes Bemessungskriterium ist das grobe Verschulden der Beklagten und das Alter des Klägers; seine Lebensperspektive ist vollständig zerstört.

OLG Köln, Beschl. v. 10.12.2014 und v. 02.02.2015 – 5 U 75/14, MedR 2015, 737 mit Anm. L. Jaeger, MedR 2015, 739 = GesR 2015, 541 2141

__580.000,00 € – 450.000,00 € Kapital, 550,00 € monatliche Rente__ (Vorstellung. 750.000,00 € Kapital und 850,00 € Rente)

Schwerster hypoxischer Hirnschaden nach ärztlichem Behandlungsfehler

Der Kläger erlitt im Alter von 2 bis 3 Jahren einen Verkehrsunfall. Infolge eines ärztlichen Behandlungsfehlers erlitt er einen schwersten hypoxischen Hirnschaden, sodass seine Persönlichkeit vernichtet ist. Das OLG hat die Argumentation nicht gelten lassen, dass der Kläger sich möglicherweise noch an seinen gesunden Zustand im Alter von 2 bis 3 Jahren erinnern könne und hat auch ein verzögerliches Regulierungsverhalten, das der Kläger nicht empfindet, nicht für eine Erhöhung des Schmerzensgeldes herangezogen.

In den Leitsätzen heißt es vielmehr:

Bei einem erstinstanzlich zuerkannten Schmerzensgeld in einer Größenordnung von 600.000 € handelt es sich um einen der höchsten Schmerzensgeldbeträge im Bereich der Schwerstschadensfälle, die in Deutschland rechtskräftig ausgeurteilt worden sind. Ein Schmerzensgeld in dieser Höhe kann erforderlich sein, um erlittenen massiven geistigen und körperlichen Schäden angemessen Rechnung zu tragen, an denen der Betroffene sein Leben lang ohne Hoffnung auf Besserung leiden wird, aufgrund derer er lebenslänglich rund um die Uhr auf fremde Hilfe angewiesen sein wird, durch die ihm jede Chance auf ein selbstbestimmtes Leben genommen worden ist und die seine Persönlichkeit weitgehend zerstört haben.

Es sei gerichtsbekannt, dass sich auch gesunde Menschen an ihre Empfindungen und Erlebnisse in den ersten beiden Lebensjahren später nicht mehr erinnern können, sodass sich hinsichtlich des Empfindens der massiven Behinderungen kein erheblicher, bei der Schmerzensgeldbemessung berücksichtigungsfähiger Unterschied bestehe zwischen einem durch einen Geburtsschaden Betroffenen und einem Betroffenen, der vor seiner Schädigung für die Dauer von zwei bis drei Lebensjahren ein normales und gesundes Leben hat kennenlernen können.

2142 **ArbG Bielefeld, Urt. v. 28.07.2020 – 5 Ca 1725/19**

580.000,00 € (Vorstellung: 250.000,00 €)

Verletzung des Sohnes – Giftbeibringung durch einen Arbeitskollegen – apallisches Syndrom – irreversibler Verlust des Bewusstseins

Die Eltern klagen aus ererbtem Recht des Sohnes.

Der Beklagte, der wegen versuchten Mordes und gefährlicher Körperverletzung zu einer lebenslangen Freiheitsstrafe verurteilt wurde, verabreichte dem inzwischen verstorbenen Sohn der Kläger am 29.07.2016 methyliertes Quecksilber.

Der Sohn litt aufgrund der Methyl-Quecksilber-Vergiftung bis zu seinem Tod am 07.01.2020 an einem schweren apallischen Syndrom. Zuvor hatte sich sein Gesundheitszustand ab Ende Juli 2016 rapide verschlechtert. Bereits Ende August 2016 konnte er nicht mehr laufen und nur noch einzelne Worte sprechen. Von Ende Februar 2017 bis zu seinem Tod wurde er von den Klägern zu Hause gepflegt. Er musste künstlich ernährt und beatmet werden und hatte sämtliche Funktionen des Bewusstseins und damit seine Persönlichkeit irreversibel verloren.

Das besonders schwere Verschulden des Beklagten wurde bei der Bemessung des Schmerzensgeldes berücksichtigt.

2143 **LG Paderborn, Urt. v. 09.06.2021 – 4 O 334/12**

600.000,00 € (zuzüglich 350,00 € monatliche Rente Vorstellung; 400.000,00 €, zuletzt 800.000,00 € zuzüglich 350,00 € monatliche Rente [Kapitalwert mit Rentenrückständen 113.433,00 €] = 713.433,00 € Zinsen: 220.000,00 €)

Hypoxischer Hirnschaden – Blindheit – geringe restliche Fähigkeiten

Die im Zeitpunkt der Entscheidung fast 13 Jahre alte Klägerin leidet infolge eines groben Behandlungsfehlers unter einem hypoxisch-ischämischen Hirnschaden nach kardiopulmonaler Reanimation im Rahmen kardiopulmonaler Dekompensation bei hochgradiger Aortenisthmusstenose und Aortenbogenhyoplasie. Es besteht eine allgemeine Entwicklungsstörung mit cerebraler Bewegungsstörung, muskulärer Hypotonie, zentraler Sehstörung, postasphyktischer Schluckstörung und respiratorischer Insuffizienz.

hat eine komplexe Behinderung mit schwerster motorischer und geistiger Entwicklungsstörung, bisher fehlender Sprachentwicklung und gezielter Kommunikationsfähigkeit, schwerer Ernährungsproblematik mit Schluckstörungen und Verdauungsstörungen, Schluckstörungen und Ernährung über eine PEG-Sonde bis Dezember 2010, schwerer cerebraler Bewegungsstörung mit einschließender Spastik, symptomatischer Epilepsie, permanenter Harn- und Stuhlinkontinenz, zentraler Sehstörung, sie ist blind, intermittierender, respiratorischer Insuffizienz mit Beatmung über Tracheostoma bis im Dezember 2009, Hörstörung, Dystrophie, Mikrozephalie, Tetraspastik, oropharyngeale Dysphagie mit Aspirations- und Penetrationsgraden. Es bestehen schwere Beeinträchtigungen, bei der Nahrungsaufnahme und Körperpflege, bei der Mobilität, bei der Kommunikation, der Selbstständigkeit und der sozialen Interaktion auf. Sie kann sich im Vierfüßlerstand zielgerichtet zu bewegen und an Möbeln aufzurichten. Dabei kommt es häufig zu Stürzen und für Positionswechsel und flüssige Bewegungsübergänge sowie für das Stehen ist sie auf Hilfe angewiesen. Es besteht lediglich eine nonverbale Kommunikationsfähigkeit durch Mimik und Lautieren. Sie leidet weiter unter Krampfanfällen. Wegen der Schluckstörungen ist die Ernährungssituation schwierig.

Für die Bemessung des Schmerzensgeldes hat die Kammer Bezug genommen auf die Entscheidung des OLG Zweibrücken, Urt. v. 22.04.2008 – 5 U 6/07, MedR 2009, 88 ff. und des OLG Hamm, Urt. v. 16.01.2002 – 3 U 156/00, VersR 2002, 1163 = NJW-RR 2002, 1604.

2144 **LG Mönchengladbach, Urt. v. 25.02.2022 – 6 O 347/12**

600.000,00 € zuzüglich 500,00 € monatliche Schmerzensgeldrente (Kapitalwert <= 119.000,00 €)

Hirnschaden bei der Geburt – Zerebralparese – Skoliose – Sehbehinderung – Minderwuchs

Der Kläger erlitt bei der Geburt infolge eines groben Behandlungsfehlers einen Hirnschaden, der zu einer Zerebralparese, Skoliose, Sehbehinderung und zu einem Minderwuchs führte. Er wurde zunächst zu Hause von den Eltern betreut und besuchte ab dem 19. Lebensmonat eine Kindertagesstätte. Ab dem 6 Lebensjahr besucht er eine spezielle Schule für Behinderte.

Der Kläger leidet u.a. dauerhaft an erheblichen Bewegungseinschränkungen in Form einer bilateralen Cerebralparese und einer Spastik, welche dazu führen, dass eine willkürlich gesteuerte Motorik – auch aufgrund der sehr starren Körperhaltung – nur sehr eingeschränkt möglich ist. Weiter führt die periventrikuläre Leuomalazie dazu, dass es zu unterschiedlich starken Ausfällen motorischer Funktionen, insbesondere auch zu Krämpfen kommt. Er kann nur eingeschränkt sehen, er kann nicht selbständig laufen. Die Sprachfähigkeiten haben sich gebessert, eine Kommunikation – gerade mit ihm vertrauten Personen – ist in eingeschränktem Maße möglich. Er ist kognitiv eingeschränkt, geistig deutlich behindert, sich aber aller Defizite bewusst, so dass er Schmerzen nicht nur körperlich, sondern auch seelisch empfindet.

OLG Frankfurt, Urt. v. 18.02.2025 – 8 U 8/21 2145

600.000,00 € zuzüglich monatliche Rente 500,00 € = 120.000,00 € Kapitalwert

Hirnschaden nach Behandlungsfehler

Der Kläger erlitt bei der Geburt infolge eines Behandlungsfehlers einen schweren Hirnschaden. Er leidet irreversibel an einer spastischen bilateralen Cerebralparese GMFCS Level V mit gravierenden Seh- und Hörstörungen, Gastrostoma, Blasenentleerungsstörung und Niereninsuffizienz. Zur Bekämpfung von Dauerschmerzen wurde bei ihm eine Baclofenpumpe implantiert. Der Kläger ist blind und er hat eine starke Hörschwäche. Er musste sich im Laufe der Jahre operativen Eingriffen, der Anlage eines Gastrostomas, eines Cochlearimplantats, einer Baclofenpumpe und der Behandlung wegen einer neurogenen Hüftluxation unterziehen. Anders als etwa ein Wachkomapatient leidet der Kläger unter seinem Zustand zusätzlich dauerhaft

Das Leben des Klägers ist über seine Behinderungen im engeren Sinne hinaus in ungewöhnlicher Weise beschwerlich oder mitunter sogar qualvoll gewesen, weshalb ein besonders hohes Schmerzensgeld gerechtfertigt ist.

LG Hannover, Urt. v. 31.05.2021 – 19 O 217/11 2146

650.000,00 € zuzüglich monatliche Rente 500,00 € = 120.000,00 € zuzüglich Zinsen rd. 200.000,00 €

Neugeborenen Ikterusgelbsucht – irreversible Hirnschädigung

Infolge eines groben Behandlungsfehlers kam es bei der Neugeborenen zu einer irreversiblen Hirnschädigung verbunden mit einer spastischen Lähmung aller Gliedmaßen. Sie ist taub, kann nicht sprechen und leidet unter einer schwerwiegenden Refluxerkrankung und schweren Ernährungs- und Gedeihstörung. Sie kann kaum kauen und nicht selbständig essen und trinken.

OLG München, Urt. v. 23.12.2022 – 13 U 1972/18 2147

670.000,00 € (Vorstellung: > 1.000.000,00 €) Kapital: 375.000,00 € zuzüglich 1.300,00 monatliche Rente – Die Zinsen betragen > 242.000,00 €

Hirnorganisches Psychosyndrom – Intelligenzverlust – geistige Behinderung – schwerste

Beeinträchtigung Motorik und Mobilität

Der im Unfallzeitpunkt knapp 6 Jahre alte Kläger erlitt schwere Kopfverletzungen. Ein hirnorganisches Psychosyndrom hatte eine schwere geistige Behinderung, einen Intelligenzverlust und und schwerste beeinträchtigen der Motorik und der Mobilität zur Folge. Der Kläger hat eine gewisse Erinnerung an den früheren Zustand, er erlebt die Einschränkungen bewusst und zieht zudem den Vergleich zu seiner Zwillingsschwester.

Der Kläger hat schwere lebenslange Dauerschäden erlitten; die schwere lebenslange Beschränkung seiner Erlebenssphäre wird ihm auch immer wieder neu schmerzlich bewusst. Die zusätzliche Festsetzung einer Schmerzensgeldrente wird den Zwecken des Schmerzensgelds am besten gerecht.

2148 **LG Aachen, Urt. v. 30.11.2011, 1 O 478/09, unveröffentlicht, vgl. die Anm L. Jaeger VersR 2013, 134, Entwicklungen der Rechtsprechung zu hohen Schmerzensgeldern**

700.000,00 € (Vorstellung: mindestens 350.000,00 €)

Hirnschädigung – Tetraplegie

Der im Zeitpunkt einer ärztlichen Behandlung zwei 1/2 Jahre alte Kläger leidet infolge ärztlicher Behandlungsfehler an einer schweren Mehrfachbehinderung, die durch schwere cerebrale Schädigungen mit spastischer Tetraplegie, einer Oculomotoriusparese, therapieresistenten Krampfanfällen und schweren Bewusstseinsstörungen mit vegetativer Dysregulation einhergehen. Er befindet sich motorisch auf dem Entwicklungsstand eines drei bis vier Monate alten Kindes und ist in erheblichem Umfang pflegebedürftig.

Er wird über eine PEG-Sonde versorgt. Er äußert sein Wohl- und Missempfinden durch mimische Aktivität und Tönen in unterschiedlicher Tonart und Lautstärke. Er braucht bei allen Lebensbereichen die Unterstützung einer Pflegeperson. In Rückenlage kann er den Kopf zu beiden Seiten drehen, die Körperlage jedoch nicht selbstständig ändern und ist auf die regelmäßige Umlagerung durch Pflegepersonen angewiesen. Schmerzhaft eingeschränkt sind die Hüftflexion und Adduktion/Außenrotation. Die Beweglichkeit der Wirbelsäule ist schmerzhaft eingeschränkt. Die zentrale Steuerung der Körpertemperatur ist gestört, sodass er außergewöhnlich schnell auskühlt. Die Belüftung der Lungen ist durch seine körperliche Inaktivität deutlich reduziert. Jeder bronchiale Infekt bedeutet ein gesundheitliches Risiko. In seinen Wachphasen zeigt er mimisch und stimmlich seine Freude und sein Bedürfnis, mit Menschen in Kontakt zu treten. Er reagiert auf die Ansprache von Kindern und Erwachsenen. Körperliches Unbehagen äußert er durch Jammern und Weinen.

Dem infolge der groben Behandlungsfehler schwer- und mehrfachbehinderten Kläger ist danach dauerhaft jede Möglichkeit einer körperlichen und geistigen Entwicklung genommen, und dies schon seit dem Alter von zweieinhalb Jahren; Kindheit, Jugend, Erwachsensein und Alter wird der Kläger nie bewusst erleben und seine Persönlichkeit nie altersentsprechend entwickeln können. Der Kläger ist Zeit seines Lebens in ganz erheblichem Umfang pflegebedürftig und muss sich aufgrund der erlittenen Schäden außerdem in regelmäßigen Abständen gravierenden stationären Behandlungsmaßnahmen, teils sogar operativen Eingriffen unterziehen.

Schmerzensgelderhöhend hat die Kammer das zögerliche und bedenkliche Regulierungsverhalten der Beklagten bzw. des hinter ihr stehenden Haftpflichtversicherers berücksichtigt, dies zu Unrecht, weil der Kläger dadurch kein zusätzliches Leid empfinden kann.

Der Kläger hat sich in der Berufungsinstanz auf 500.000,00 € verglichen, nachdem der Senat angekündigt hatte, das Urteil des LG Aachen entsprechend abzuändern.

2149 **LG Gießen, Urt. v. 06.11.2019 – 5 O 376/18, VersR 2020. 630 = MedR 2020, 933 jeweils mit Anm. Jaeger**

800.000,00 € (Vorstellung: 1.000.000,00 €)

Sauerstoffunterversorgung – hypoxischer Hirnschaden – 17 Jahre alter Fußballspieler

Der Kläger erlitt bei einem Fußballspiel eine Nasenbeinfraktur, die operativ behandelt werden sollte. Bei der Operation wurden die Schläuche, die den Kläger mit Sauerstoff versorgen sollten, fehlerhaft angeschlossen, so dass die Sauerstoffversorgung 25 Minuten unterbrochen wurde. Der Kläger erlitt einen hypoxischen Hirnschaden. Er leidet an einem apallischen Syndrom und einer spastischen Tetraparese, einer Epilepsie, am nahezu vollständigen Verlust des Sprechvermögens (Aphasie), einer Schluckstörung (Dysphagie), einer chronische Gastroparese und wiederkehrenden Darmverschlusszustände (Subileus). Der Kläger muss über eine Magensonde ernährt werden. Es besteht der Verdacht der kortikalen Blindheit.

Die Begründung der Kammer in den Leitsätzen:

Für junge Patienten, die infolge eines Behandlungsfehlers schwerst hirngeschädigt sind, wird die Rechtsprechung zur Höhe des Schmerzensgeldes fortgeschrieben und über den bisherigen Regelsatz von 500.000 € hinaus ein Schmerzensgeld i.H.v. 800.000 € zuerkannt. Dieser Betrag sprengt das allgemeine Entschädigungsgefüge nicht, sondern stellt für den konkreten Einzelfall eine gebotene Fortschreibung dar.

Dieser Schmerzensgeldbetrag ist deshalb gerechtfertigt, weil die Rechtsprechung auch bisher den Regelsatz vereinzelt nominell, aber auch durch eine daneben gewährte Schmerzensgeldrente überschritten hat, und weil in diesen Fällen das Schmerzensgeld Beeinträchtigungen ausgleichen soll, die kaum schwerwiegender sein können und oft in jungen Jahren eintreten, so dass das Leiden dann Jahrzehnte ertragen werden muss.

Der höhere Schmerzensgeldbetrag rechtfertigt sich auch daraus, dass der sog. Regelbetrag erstmals schon vor fast zwei Jahrzehnten zuerkannt wurde und weil Schmerzensgeldbeträge auch vor dem Hintergrund einer **Niedrigzinsphase** signifikant gesteigert werden müssen.

LG Limburg, Urt. v. 28.06.2021 – 1 O 45/15, aufgehoben durch OLG Frankfurt, Urt. v. 25.04.2023 – 8 U 127/21, GesR 2023, 384 = MDR 2023, 1116 – ein Behandlungsfehler wurde verneint. 2150

1.000.000,00 € (Vorstellung: 500.000,00 €)

Schwerste Hirnschäden

Vor der Gabe eines Antibiotikums regte sich der ein Jahre alte Kläger so auf, dass er sich an einem Stück Apfel verschluckte, dass er kurz zuvor gegessen hatte.

Der Kläger kann nicht sprechen, nicht laufen, nicht selbstständig essen oder sich waschen. Er kann auch nicht mit den Eltern oder Kindern spielen, den Kindergarten oder eine Schule besuchen. Der Aufbau sozialer Beziehungen ist nicht möglich. Er leidet und Schluckreflexen und Epilepsie mit Angstzuständen.

Leitsatz des OLG Frankfurt: Aspirationen können bei Kleinkindern praktisch in jeder Lebenslage auftreten. Aufwendige und zeitraubende Sicherungsmaßnahmen vor typischen Behandlungs- und Pflegemaßnahmen sind deshalb im Klinikalltag undurchführbar.

3. Lähmungen/Querschnittslähmung

OLG Saarbrücken, Urt. v. 15.07.2015 – 1 U 112/14 2151

30.000,00 €

Halbseitige Lähmung

Aufgrund mehrerer grober Behandlungsfehlers wurde ein Schlaganfall nicht rechtzeitig erkannt und ein weiterer Schlaganfall nicht verhindert, sodass die 77 Jahre alte Klägerin, die während des Rechtsstreits starb, halbseitig gelähmt blieb.

OLG Düsseldorf, Urt. v. 05.03.2013 – 1 U 116/12; Vorinstanz: LG Mönchengladbach, Urt. v. 29.03.2012 – 1 O 1/06, SP 2013, 75 2152

37.500,00 € zuzüglich monatliche Rente 90,00 € (Mitverschulden: 7/10; Vorstellung: mindestens 100.000,00 € zuzüglich monatliche Rente mindestens 200,00 €)

Querschnittslähmung ab dem 6. Brustwirbel – Schädelhirntrauma I. Grades – Rippenserienfraktur – Claviculafraktur – Hämatothorax beidseitig

Der Kläger erlitt nach Alkohol- und Drogenkonsum bei einem Verkehrsunfall als Motorradfahrer beim Zusammenstoß mit einer Fußgängerin ein Schädelhirntrauma ersten Grades, eine Rippenserienfraktur links, eine Claviculafraktur links sowie einen beidseitigen Hämatothorax nebst einer

Lungenkontusion. Darüber hinaus stellte sich eine irreversible Querschnittslähmung ab dem 6. Brustwirbel mit einer neurogenen Harnblasen- und Darmentleerungsstörung ein mit der Folge einer Invalidität zu 100 %.

Das Landgericht hat den Beklagten bei einem angenommenen Mitverschulden des Klägers von 60 % verurteilt, ein Schmerzensgeld i.H.v. 50.000,00 € zuzüglich monatlicher Rente von 120,00 € zu zahlen. Das Landgericht ist dabei von einem Kapitalbetrag von 125.000,00 € und einer Rente von monatlich 300,00 € – jeweils bei voller Haftung – ausgegangen.

2153 **AG Hannover, Urt. v. 06.07.2023 – 231 Ls 9353 Js 73293/22**

<u>50.000,00 €</u> (Vorstellung: 25.000,00 €)

Halbseitenlähmung – Schädelhirntrauma – Riss der Halsschlagader – HWS-Fraktur – Narben

Der angeklagte Motorrollerfahrer beobachtete, dass der Kläger als Rennradfahrer bei »rot« eine Kreuzung passierte. Der Angeklagte hupte und der Rennradfahrer rief zurück: »Fick Dich Du Arschloch«. Als er ihn danach überholte, schlug er ihn vorsätzlich gegen den Kopf und brachte ihn vorsätzlich zu Fall.

Der Kläger erlitt u.a. einen Riss der Halsschlagader mit starkem Blutverlust sowie diverse Schnittverletzungen im Gesicht und eine Fraktur der Halswirbelsäule,, HWK 5/6. Nach einer dritten Operation wurde der Kläger nach mehr als einem Monat mit der Diagnose »Schädelhirntrauma mit 2-Höhen-Instabilität HWS, C4/5, C6/7, inkomplettes Querschnittssyndrom, Dissektion Arteria vertebralis, aktive Blutung vena jugularis interna, tiefe Riss-Quetschwunde im Bereich der linken Wange bis nach intraoral reichend, tiefe Riss-Quetschwunde cervical« in eine stationäre Reha-Maßnahme entlassen.

Er befindet sich ununterbrochen in medizinischer Behandlung und wurde insgesamt 7 Mal operiert. Er kann sich nicht alleine anziehen und zur Toilette gehen. Zudem hat er eine mehrere Zentimeter lange Narbe vom Mundwinkel bis zu dem Gehörgang sowie eine großflächige Narbenpartie um das Ohr erlitten und wird somit tagtäglich durch einen Blick in den Spiegel an das Geschehen erinnert.

2154 **OLG Köln, Urt. v. 23.03.2016 – 5 U 8/14, VersR 2017, 101 = GesR 2016, 4439**

<u>75.000,00 €</u> (Vorstellung: > 250.000,00 €)

Partielle Querschnittslähmung – Blasenentleerungsstörung

Die beklagte Klinik führte bei einem 45 Jahre alten Patienten, ohne ausreichende Eingriffs- und Risikoaufklärung eine Lasernukleotomie aus, bei der es zu einer partiellen Querschnittslähmung kam. Der Kläger leidet infolge des Eingriffs unter einer Blasenentleerungsstörung und muss sich vier bis fünfmal täglich selbst katheterisieren.

Nach teilweiser Rückbildung der Lähmungs- und Ausfallerscheinungen ist durch die bei der Nukleotomie verursachten Schädigung des Rückenmarks ein Dauerschaden entstanden, der gewisse motorische Einschränkungen, Sensibilitätsstörungen, zusätzliche chronische Schmerzen in Gestalt von Brennschmerzen der Hände und Füße und eine Störung der Blasenfunktion umfasst. Nach rd. 4 Jahren liegen an der linken Körperhälfte keine Lähmungserscheinungen mehr vor, während rechts eine leichte zentrale Parese besteht, die sich in einer Feinmotorikstörung und Ungeschicklichkeit der rechten Hand, etwa einem krakeligen Schreiben, und einem Zittern des rechten Arms unter Belastung äußert und zu einem unrunden Gangbild und Nachziehen des rechten Beins führt. Sportarten wie Joggen kann der Kläger nicht ausüben.

2155 **OLG Braunschweig, Urt. v. 17.12.2015 – 9 U 801/14**

<u>80.000,00 €</u>

Hirninfarkt nicht rechtzeitig erkannt – Halbseitenlähmung

Bei einem 12 Jahre alten Jungen wurde nach einer Operation ein zentraler Venenkatheter nicht rechtzeitig entfernt und ein Hirninfarkt nicht rechtzeitig erkannt. Es bestehen Bewegungseinschränkungen, der linke Arm des Klägers ist gelähmt, die Hand knickt im Gelenk krampfartig nach innen. Der Kläger leidet unter Schmerzen in der Schulter, die er nicht nach oben bewegen kann. Die Schulter hängt. An der Körperseite besteht ein Taubheitsgefühl.

Der linke Mundwinkel des Klägers ist leicht nach unten gezogen, Speichel fließt unkontrolliert aus dem Mundbereich. Das linke Augenlid des Klägers lässt sich nicht öffnen und schließen. Der Kläger leidet unter Kopfschmerzen und Konzentrationsschwierigkeiten und der Verarbeitung visueller Informationen. Die Stimmungslage des Klägers ist eingetrübt.

OLG Hamm, Urt. v. 20.12.2022 – I-26 U 15/22, RDG 2023, 142 2156

120.000,00 €

Versteifung von Wirbelkörpern – Schädigung der Fußgelenke – Rollstuhlplicht

Der 25 Jahre alte Kläger wurde in der Psychiatrie u.a. wegen depressiver Stimmungen behandelt. Bei einem Freigang stürzte er sich von einer Brücke und war zunächst querschnittgelähmt. Als Dauerschäden verblieben die Versteifung einiger Wirbelkörper und die irreversible Schädigung beider Fußgelenke, weder der Kläger rollstuhlpflichtig ist. Er leidet an einer neurogenen Blase, so dass er sich 2 x täglich katheterisieren muss. Offen gelassen hat der Senat, ob der Kläger eine dauerhafte Gehöreinschränkung auf einem Ohr erlitten hat und blinde Flecken in einem Auge vorhanden sind.

Für die Bemessung des Schmerzensgeldes war zudem der fast 1 Jahr dauernde Krankenhausaufenthalt, die zahlreichen Frakturen an Armen, Beinen und Gelenken

LG Gießen, Urt. v. 19.07.2016 – 1 O 15/15 2157

125.000,00 €

Querschnittslähmung nach Brustwirbelkörperfraktur

Der 53 Jahre alte Kläger, der stark übergewichtig war und unter anderem unter Morbus Bechterew, chronischer venöser Insuffizienz und Vorhofflimmern litt, stürzte nach einer Hüftprothesenoperation zweimal, weil die Beklagten das Sturzrisiko falsch bewertet hatten. Er erlitt eine Hyperextensionsfraktur von BWK 12/LKW 1, eine proximale Rippenfraktur rechts, eine Ruptur des vorderen Längsbandes sowie eine Fraktur der Dornfortsatzspitze. Es kam zu einer Querschnittslähmung mit schwerer Harn- und Stuhlinkontinenz mit der Notwendigkeit eines Blasenkatheders. Der Kläger – der schon vor dem Sturz früh verrentet war – ist dauerhaft auf Rollstuhl und Pflege angewiesen. Lediglich kurze Gehstrecken (vom Rollstuhl ins Bett) können mit Gehhilfen bewältigt werden. Ein freies Stehen ist nicht möglich. Die Vorerkrankungen wurden mindernd berücksichtigt.

OLG Jena, Urt. v. 16.01.2015 – 4 U 184/12 2158

125.000,00 € (zuzüglich 100,00 € monatliche Rente Mitverschulden: 1/2 Vorstellung: 250.000,00 €)

Querschnittslähmung

Der Kläger, ein junger Mann, erlitt durch einen umstürzenden Maibaum bei einer Maifeier eine Querschnittslähmung, eine komplette Paraplegie unterhalb Th 4.

OLG Hamm, Urt. v. 20.12.2022 – 26 U 15/22, VersR 2023, 2159

125.000,00 €

Inkomplette Querschnittslähmung – Gelenkfrakturen – Rückschaupflicht

Bei dem 25 Jahre alten Kläger wurde in der Psychiatrie eine diagnostizierte Suizidalität vor einer Wochenendentlassung grob fehlerhaft nicht hinreichend überprüft. Der Kläger stürzte sich von einer Brücke und zog sich schwerste Verletzungen zu. Er wurde ein Jahr stationär behandelt. Er leidet unter Dauerschäden, mehrere Wirbelkörper wurden versteift, die Fußgelenke sind irreversibel geschädigt. Er ist rückschaupflichtig. Er leidet unter Rückenschmerzen, unter motorischen Einschränkungen der rechten Hand und unter einer neurogenen Blase, so dass er sich täglich 2 mal katheterisieren muss.

Auf die Frage, ob ob auch eine dauerhafte Gehörseinschränkung im linken Ohr verblieben ist und ob sog. blinde Flecken im linken Auge schadensursächlich entstanden sind, kam es nicht weiter an, da der Kläger kein höheres Schmerzensgeld als vom LG zuerkannt beantragt hatte.

2160 **LG Arnsberg, Urt. v. 27.06.2019 – 1 O 37/17**

138.326,96 € (Haftungsbegrenzung gemäß § 45 Abs. 2 LuftVG auf diese Höhe)

Tetraplegie – inkompletter Querschnitt nach harter Landung eines Ballons

Bei dem Landevorgang eines Ballons erlitt der 75 Jahre alte Kläger eine akute Tetraplegie im Sinne eines inkompletten Querschnitts sub C6. Er befand er sich über acht Monate in stationärer Behandlung und erlitt eine Reihe Infektionen und Beschwerden. Insgesamt waren seine Beeinträchtigungen derart gravierend, dass die Kammer ein Schmerzensgeld in Höhe von 250.000,00 € für angemessen hielt, das aber infolge der Haftungsbeschränkung nicht zuerkannt werden konnte.

2161 **OLG Hamm, Urt. v. 02.02.2021 – 26 U 54/19, ArztR 2021, 88; NJW-RR 2021,885**

150.000,00 € (Vorstellung: 300.000,00 €)

Inkomplette Querschnittslähmung nach ärztlichem Behandlungsfehler – Blasenentleerungsstörung

Der Beklagte hat den 49 Jahre alten Kläger vor einer chirotherapeutischen Maßnahme an der Wirbelsäule nicht über das durch die Einnahme des Medikaments N bestehende erhöhte Risiko für Einblutungen mit deren möglichen Folgen und nicht über alternative Behandlungsmethoden aufgeklärt. Die Einwilligung des Klägers war unwirksam. Die Maßnahme war ursächlich für ein subdurales Hämatom.

Der Kläger kann aufgrund der inkompletten Lähmung weder einer Arbeit nachgehen, noch sich sportlich betätigen oder Aufgaben im häuslichen Umfeld erfüllen. Er kann sich nur über sehr kurze Strecken innerhalb der Wohnung bewegen. Weitere Strecken bis zu 2,6 km kann er mit einem Rollator bewältigen, ansonsten ist er auf einen Rollstuhl angewiesen. Auch eine ausgeprägte Schmerzsymptomatik und durch eine Blasenentleerungsstörung ist der Kläger im Alltag erheblich belastet. Wegen Depressionen ist der Kläger auf langjährige Medikation mit Antidepressiva angewiesen.

2162 **OLG Köln, Urt. v. 11.06.2015 – 8 U 54/14, NJW 2016, 252**

160.000,00 € (Mitverschulden: 1/4; Vorstellung: nicht unter 200.000,00 €)

Querschnittslähmung beider Beine – Harnblasenlähmung – Lungenkontusion

Der 17 Jahre alte nicht angegurtete auf der Rückbank liegende Kläger wurde aus dem Fahrzeug geschleudert. Er erlitt eine Halswirbelluxation C 6/7, eine Lungenkontusion, eine Fraktur des Querfortsatzes BWK T6 und T6, eine Rippenserienfraktur über drei Rippen und eine Harnblasenlähmung bei Schädigung des oberen motorischen Neurons. Er wurde querschnittsgelähmt mit vollständiger Lähmung beider Beine und hochgradiger, handbetonter rechtsseitig mehr als linksseitig ausgeprägter Lähmung beider Arme, wobei er vor dem Unfall Rechtshänder war. Eine nach dem Unfallereignis bei dem Beklagten zu 2) durchgeführte Atemalkoholmessung ergab einen Wert von 2,71 ‰ eine um 06.25 Uhr bei ihm entnommene Blutprobe ergab eine Blutalkoholkonzentration von 2,20 mg/g.

2163 **OLG München, Urt. v. 07.07.2022 – 24 U 404/21**

160.000,00 € (Mitverschulden 1/5 Vorstellung: 250.000,00 €)

Hemiparese ab BWK 4 – Beinfrakturen – Zehenamputation

Der 66 Jahre alte Kläger erlitt als Motorradfahrer bei einem Überholvorgang einen Unfall. Er erlitt eine inkomplette Parese unterhalb des 4 Brustwirbelkörpers. Er ist rollstuhlpflichtig und leidet unter erheblichen Blasen- und Mastdarmentleerungsstörungen.

Daneben erlitt der Kläger zahlreiche schwere Verletzungen des Beines, die zum Einsatz einer Hüft-TEP führten, mehrere Frakturen ausgedehnte Weichteilschäden und Décollement und Nekrosen und eine Amputation zweite und dritte Zehe.

Der Kläger war 7 1/2 Monate ununterbrochen in stationärer Behandlung und wurde 23mal operiert. Die MdE beträgt 80%.

OLG Saarbrücken, Urt. v. 05.03.2020 – 4 U 64/18 2164

175.000,00 €

Inkomplettes Querschnittssyndrom – Schädelhirntrauma – Beckenringfraktur

Der Kläger erlitt u.a. ein inkomplettes Querschnittssyndrom nach Wirbelverletzungen, ein Schädel-Hirn-Trauma und eine Beckenringfraktur. Er lag 6–7 Wochen im Koma und wurde 9 Monate stationär behandelt. Er ist schwerst gehbehindert und bei vielen Verrichtungen auf Hilfe angewiesen.

OLG Hamm, Urt. v. 18.03.2021 – 27 U 34/18 2165

200.000,00 € (Vorstellung: mindestens 200.000,00 €)

Schwerste Verletzungen nach Flugzeugabsturz – Hemiparese

Die 2012 geborene Klägerin wurde bei einem Flugzeugabsturz, bei dem ihre Mutter getötet wurde, schwer verletzt. Sie erlitt ein offenes Schädel-Hirn-Trauma dritten Grades mit multiplen Kalottenfrakturen, eine Sprengung der großen Fontanelle und eine Duraperforation (Zerreißung der harten Hirnhaut), Trepanationen, eine beiderseitige Lungenkontusion (Quetschung) und eine Hemiparese (Lähmung) der rechten Körperhälfte. Zum Ausgleich des Hirndrucks und zur Ableitung der Hirnflüssigkeit wurde ein subduroperitoneler Shunt angelegt, der noch nicht entfernt werden konnte.

Das Schmerzensgeld soll die bisherigen Beeinträchtigungen und die Dauerschäden ausgleichen.

OLG Bamberg, Urt. v. 25.08.2015 – 5 U 128/14 2166

250.000,00 € (zuzüglich 400,00 € monatliche Rente)

Querschnittslähmung – Morbus Crohn – neuropatisches Schmerzsyndrom

Der Kläger erlitt bei einem Verkehrsunfall eine Querschnittslähmung und dadurch bedingt einen Morbus Crohn und ein neuropatisches Schmerzsyndrom. Diese Dauerschäden wirken zusätzlich auf die Lebensführung des Klägers ein und sind für die Schmerzensgeldrente ausschlaggebend.

LG Köln, Urt. v. 23.06.2015 – 5 O 488/05 2167

220.612,00 € zuzüglich monatlicher Rente 250,00 € (kapitalisiert: 52.128,00 €) – insgesamt rd. 280.000,00 € (Mitverschulden 3/10)

Fraktur der Halswirbelsäule – Querschnittslähmung

Der 37 Jahre alte verheiratete Kläger ist Vater von vier Kindern. Er begab sich mit seiner Familie in einen Indoorspielpark. Dort benutzte er eine Trampolinanlage. Nach einem Überschlag vorwärts landete er nicht auf den Beinen, sondern auf dem Rücken und brach sich das Genick. Er erlitt eine HWS-5/6-Luxationsfraktur mit zervikaler Querschnittssymptomatik in Höhe C 6 mit begleitender neurogener Blasen- und Mastdarmentleerungsstörung. Der Kläger wurde operiert. Es trat eine postoperative Ateminsuffizienz mit maschineller Langzeitbeatmung auf. Der stationäre Aufenthalt dauere rd. 6 Monate. Der Kläger ist gelähmt und auf den Rollstuhl angewiesen. Er ist inzwischen imstande, seine Arme ansatzweise zu bewegen.

LG Münster, Urt. v. 01.03.2018, 111 O 25/14, medstra 2018, 312 = MedR 2018, 444 2168

250.000,00 € (Vorstellung: 200.000,00 €)

Querschnittslähmung

Die 55 Jahre alte Klägerin unterzog sich bei den Beklagten einer Bandscheibenoperation. Dabei kam es zu einer Verletzung des Rückenmarks. Die Haftung der Beklagten beruht auf unzureichender Aufklärung, auf einem Behandlungsfehler und auf der Alkoholabhängigkeit des Operateurs, die der Klinik bekannt war, und auf der Alkoholisierung während der Operation.

Die teilweise Durchtrennung des Rückenmarks hatte zur Folge, dass die Sprachfunktion der Klägerin stark beeinträchtigt war und dass ein inkomplettes Querschnittssyndrom mit Lähmungen und Inkontinenz auftrat. Die Klägerin ist zu einer selbstständigen Lebensführung nicht mehr in der Lage. Die Mobilität ist weitgehend eingeschränkt und reduziert auf den Einsatz eines Rollstuhls. Sie leidet unter Schmerzen und ist inkontinent.

2169 **OLG Celle, Urt. v. 26.06.2019 – 14 U 154/18, VersR 2019, 1157 = NJW-RR 2019, 1306 = ZMGR 2020, 161**

275.000,00 € (einschließlich monatlicher Rente 200,00 € ab Entscheidung des LG – 2018; Zinsfaktor 4 % statt 5% ist falsch) (Mitverschulden: 40 %)

Hohe Querschnittslähmung ab C6, vom Halsansatz abwärts

Die Klägerin wurde 2007 als Beifahrerin aus einem PKW (nicht angeschnallt) herausgeschleudert und erlitt eine Hohe Querschnittslähmung ab C6, vom Halsansatz abwärts. Sie ist Mutter von 3 Kindern, die im Unfallzeitpunkt 20, 16 und 11 Jahre alt waren. Das LG hat die beantragte Rente nicht ab dem Unfallzeitpunkt bewilligt, sondern erst ab der LG-Entscheidung, ohne den Kapitalwert der Rente zu verzinsen. Den Kapitalisierungsfaktor nach einem Zinssatz von 4 % hat die Klägerin vorgegeben.

Der Anwalt der Klägerin, LG und OLG haben Fehler gemacht, die sich zum Nachteil der Klägerin ausgewirkt haben. Eine taggenaue Bemessung des Schmerzensgeldes, wie vom OLG Frankfurt, 22 U 97/16, hat der Senat abgelehnt.

2170 **OLG Frankfurt, Urt. v. 26.06.2015 – 7 U 27/14**

300.000,00 € (Mitverschulden: 1/4)

Querschnittslähmung – Frakturen der HWK 5–7 – Halsmarklähmung – (Teil-) Lähmung Arme und Beine

Der 31 Jahre alte Kläger erlitt bei einem Verkehrsunfall schwere Verletzungen der Halswirbelsäule in Form von Spalt- und Kompressionsbrüchen an den HWK 5, 6 und 7 eine komplette hohe Halsmarklähmung beginnend unterhalb des HWL C4 mit hochgradiger Teillähmung beider Arme, einer Rumpfinstabilität und hochgradiger Lähmung beider Beine.

Aufgrund der Querschnittsverletzung besteht Inkontinenz und eine Insuffizienz der Atmung. Auf einem Auge ist er nahezu erblindet.

2171 **LG Würzburg, Urt. v. 26.01.2017 – JKLs 801 Js 263/16 jug, ZJJ 2018, 155**

300.000,00 € (zuzüglich Rente 300,00 € monatlich)

Mordversuch durch Messerstiche – Todesangst – Querschnittslähmung ab 4. Halswirbel

Beide Angeklagten versuchten, die Exfreundin eines der Angeklagten zu töten. Während einer Auseinandersetzung versetzte er ihr einen tiefen Stich in den Bereich der Kehle, danach in die Schädelseite und von hinten in den Nacken. Die Verletzungen waren lebensbedrohlich. Der Angeklagte erkannte die von der Klägerin im Adhäsionsverfahren geltend gemachten Schmerzensgeldansprüche dem Grunde nach an. Für die Bemessung des Schmerzensgeldes waren maßgebend mehrere schmerzhafte Stichverletzungen in Hals, Kopf und Nacken, Todesangst zwischen der Tat und der Bewusstlosigkeit vor Auffinden am Tatort, mehrwöchiges Koma, drei Operationen u.a. zum Anlegen eines Shunts und einer Blasenfistel. Die Adhäsionsklägerin ist infolge des Mordanschlags ab Höhe des 4.

Halswirbelkörpers abwärts querschnittsgelähmt (Grad D). Sie kann ihre Beine gar nicht und den rechten Arm nahezu nicht bewegen sowie mit dem linken Arm keine feinen Bewegungen machen und Vieles nicht spüren. Sie ist dauerhaft auf einen Rollstuhl zur Fortbewegung angewiesen. Sie bedarf dauerhafter Antispastikmedikation. Infolge der Rückenmarksverletzung ist sie inkontinent. Wegen des Shunts besteht ein erhöhtes Infektionsrisiko und wegen der Hirnhautblutungen die Möglichkeit einer Einschränkung kognitiver Funktionen und Fähigkeiten wie auch des Entstehens einer sekundären Epilepsie. Infolge der Stimmlippenparese hat sich die Stimme stark verändert, Heiserkeit und das Versagen der Stimme führen zu einem zumindest partiellen Verlust der Sprechfähigkeit. Der Messerstich in den Hals ließ eine schräg verlaufende Narbe zurück.

OGH Wien, Urt. v. 18.03.2021 – 5 Ob 202/20x, ZVR 2021, 213 2172

320.000,00 € (Vorstellung: 493.330,00 €)

Querschnittslähmung und Bewegungsunfähigkeit aller Extremitäten

Neben der Querschnittslähmung leidet der Kläger unter Inkontinenz und deutlich erschwerter Atmung. Auch leidet er immer wieder an Schmerzen und Spasmen.

Es ist der höchste Schmerzensgeldbetrag, der in Österreich ausgeurteilt wurde. In der ersten Instanz wurden dem Kläger noch 493.330,00 € zugesprochen. Das bisher höchste Schmerzensgeld betrug 250.000,00 €.

OLG Zweibrücken. Urt. v. 23.06.2021 – 1 U 20/20 2173

350.000,00 €

Querschnittslähmung in Brusthöhe

Bei einem Verkehrsunfall erlitt der Kläger neben einer Trümmerfraktur des 6. BWK mit sekundärer Rückenmarksschädigung mit einer sensomotorischen Querschnittslähmung unterhalb TH 5/TH 6. W ein Thoraxtrauma, Lungenkontusionen, eine Claviculafraktur und eine Crush-Niere. Er wurde mehr als 2 Monate intensivmedizinische behandelt und beatmet.

Als Folge des Unfalls leidet er an Diabetes mellitus, Adipositas per magna und zusätzlich an rezidivierenden depressiven Störungen und einer Anpassungsstörung nach akut aufgetretener Aggressivität und Suizidalität. Mehr als einen Monat war er deshalb in stationärer psychiatrischer Behandlung in einer Klinik.

Die Querschnittslähmung bedingt neben der Impotenz eine Blasen- und Mastdarmlähmung, die zu Inkontinenz führt. Der Kläger ist dauerhaft katheterisiert und muss zum Abführen einen Anus praeter benutzen. Alle zwei Monate tritt eine Infektion von Niere und Harnwegen ein. Der Kläger leidet unter neuropathischen Schmerzen und multiplen Dekubituswunden.

Der Senat meint, dass in Fällen der Querschnittslähmung Schmerzensgeldbeträge zwischen 204.500,00 € und 287.000,00 € und in schwereren Fällen 400.000,00 € zugesprochen worden seien.

OLG München, Urt. v. 18.03.2015 – 20 U 3360/14, IR 2015, 237 2174

375.000,00 € zuzüglich 500,00 € monatliche Schmerzensgeldrente (Kapitalwert 137.000,00 €) – Zinsen 76.000,00 € (Mitverschulden: 1/4; Vorstellung: 500.000,00 € zuzüglich monatliche Schmerzensgeldrente 1.500,00 €)

Querschnittslähmung vom 6. Halswirbel abwärts – Lähmung aller Extremitäten – Inkontinenz

Der 16 Jahre alte Kläger besuchte eine von der Beklagten betriebene Thermenanlage mit Badefreigelände, an dessen Rand sich ein Hüpfkissen befand mit dem Hinweis, dass die Benutzung auf eigene Gefahr erfolge. Bei dem Versuch, auf diesem Hüpfkissen einen Salto rückwärts zu springen, verunglückte der Kläger. Er schlug mit dem Nackenbereich auf und erlitt eine Bogenfraktur des Halswirbels C 6 mit der Folge einer Querschnittlähmung vom 6. Halswirbel abwärts. Folge ist die

Lähmung aller Extremitäten verbunden mit einer Mastdarm- und Blasenlähmung und Schluckbeschwerden. Eine wesentliche Verbesserung seines Zustandes ist nicht zu erwarten.

Der Senat bestätigte den vom Landgericht zuerkannten Betrag trotz des nun angenommenen Mitverschuldens des Klägers, weil das verzögerliche Regulierungsverhalten der Beklagten als weiteres Bemessungskriterium das Mitverschulden des Klägers aufwiege.

2175 **LG Regensburg, Urt. v. 19.11.2015 – 4 O 1318/11, VersR 2016, 1056**

400.000,00 € (Vorstellung: 500.00,00 €)

Querschnittslähmung ab dem 5. BWK

Die damals 12 Jahre alte Klägerin litt unter einer sehr starken Rückgratverkrümmung, die operativ beseitigt werden sollte. Bei der Operation versäumte der Facharzt für Orthopädie den gültigen Standard und machte vorhersehbar die erforderlich werdenden Befunderhebungen durch die bereits vor der Operation erfolgte Betäubung des Rückenmarks der Klägerin unmöglich.

Die nunmehr 18-jährige Klägerin ist voraussichtlich bis zu ihrem Lebensende auf ständige umfassende Pflege angewiesen, an den Rollstuhl gefesselt und zum selbstständigen Toilettengang nicht in der Lage. Die Tätigkeit des Mastdarms und der Blase ist nicht kontrollierbar. Sie leidet unter Depressionen. Ob sie eine Berufsausbildung beenden kann, ist ungewiss.

Die Kammer meint, für eine Querschnittslähmung würden Schmerzensgeldbeträge zwischen 250.000 und 500.000 € zugesprochen, wie sich aus Entscheidungen ergäbe, die zum Teil bis zu 20 Jahre zurückliegen würden. Warum die Kammer die in dieser Schmerzensgeldsammlung und/oder die in anderen Entscheidungssammlungen aufgeführten Entscheidungen nicht zu Rate gezogen hat, ist unerfindlich.

▶ Anmerkung:

Die 12 Jahre alte Klägerin hat eine statistische Lebenserwartung von rd. 71 Jahren. Wenn das Kapital keine Zinsen bringt, stehen ihr lebenslang monatlich rd. 470,00 € zur Verfügung, bei einem Zinssatz von 2 % wären es immerhin monatlich 882,00 €.

2176 **OLG Hamm, Urt. v. 11.11.2016 – 26 U 111/15, ArztR 2017, 157**

400.000,00 €

Querschnittslähmung nach ärztlichem Behandlungsfehler

Die Klägerin erlitt nach einer Wirbelsäulenoperation eine komplette Querschnittslähmung unterhalb C3/4 mit der Folge, dass ihr keine Willkürbewegungen der Arme und Beine möglich sind und dass das sensible Empfinden im Bereich des Stammes und der Extremitäten einschließlich des sexuellen Empfindens fehlen. Aufgrund einer Zwerchfellbeeinträchtigung ist auch eine eigenständige dauerhafte Atmung nicht möglich, was eine Langzeitbeatmung zur Folge und zur Beeinträchtigung des Sprechvermögens geführt hat. Ferner besteht eine Blasen- und Darmentleerungsstörung sowie eine Störung der Magen-Darm-Funktion.

2177 **LG Frankenthal, Urt. v. 10.01.2020 – 4 O 494/15**

400.000,00 €

Der Kläger wurde als Beifahrer bei einem Verkehrsunfall, der von einem betrunkenen Fahrer verursacht wurde, so schwer verletzt, dass er querschnittgelähmt ist. Als weitere Unfallfolge ist er psychisch erkrankt und lebt in einem Pflegeheim.

2178 **OLG Hamm, Urt. v. 15.02.2019 – 11 U 136/16**

430.000 € (Vorstellung: 400.000,00 €)

Querschnittslähmung – Kurzdarmsyndrom – Regulierungsverhalten

Die Klägerin erlitt im Alter von 18 Jahren einen Verkehrsunfall, bei dem sie eine Querschnittslähmung und schwere Verletzungen im Bauchraum führten, sodass ein Kurzdarmsyndrom eintrat mit der Folge, dass die Klägerin täglich 10 Stunden intravenös ernährt werden muss und einen künstlichen Ausgang erhielt.

Für die Bemessung des Schmerzensgeldes war unter anderem maßgebend:

Die erheblichen Einschränkungen durch die Querschnittslähmung, ihr jugendliches Alter, der Beeinträchtigungen durch das Kurzdarmsyndrom und den künstlichen Darmausgang sowie zur Abgeltung der der Klägerin verloren gegangenen Möglichkeit, eine Familie zu gründen und in einer altersgerechten Partnerschaft zu leben. Die Klägerin ist in ihrem Wohlbefinden, ihrer verbliebenen Bewegungsfreiheit und in ihren Möglichkeiten, an einem altersgerechten sozialen Leben teilzunehmen, sowohl durch das Erfordernis der intravenösen Ernährung über einen Zeitraum von 11 Stunden täglich als auch durch die mit dem künstlichen Darmausgang verbundenen Unannehmlichkeiten nochmals erheblich beschnitten.

Der Beklagte hat auf den materiellen Schaden seit 2011 bis deutlich nach Abschluss des erstinstanzlichen Verfahrens keine Zahlungen erbracht; die von ihm mit der Berufung nicht angegriffenen Beträge hat er erst 2017 zur Anweisung gebracht. Ein Grund, weshalb der Beklagte über einen Zeitraum von 5 1/2 Jahren nicht einmal Sockelbeträge auf materielle Schadenersatzansprüche gezahlt hat, ist nicht ersichtlich. Entgegen seiner Verpflichtung, den Schadensfall zügig zu regulieren, hat er die Klägerin faktisch darauf verwiesen, das Schmerzensgeld und das Vermögen ihrer Eltern zur Finanzierung des behindertenbedingten Mehraufwands und Bestreitung des Lebensunterhaltes in Anspruch zu nehmen sowie das verbleibende Schmerzensgeld zur Prozessführung einzusetzen: Das kann aus Sicht der Klägerin nur als Versuch gewertet werden, sie zu zermürben und derart unter Druck zu setzten, dass sie der von dem Beklagten favorisierten vergleichsweisen Regelung zustimmt. Andere Äußerungen der Beklagten waren geeignet, die Klägerin zu demütigen.

OLG Naumburg, Urt. v. 23.03.2021 – 1 U 1/17, aufgehoben durch BGH, Urt. v. 21.01.2025 – VI ZR 204/22, GesR 2025, 300 2179

400.000,00 €

Inkomplette Querschnittslähmung nach einem Behandlungsfehler – keine Aufklärung über Behandlungsalternative

Die Behandlungsseite klärte die Eltern der 11 Jahre alten Klägerin nicht über die Risiken verschiedener Behandlungsalternativen auf. Postoperativ kam es bei der Klägerin zu einer inkompletten Querschnittslähmung.

Die Entscheidung wurde vom BGH aufgehoben, weil er den Ausführungen zur fehlerhaften Methodenwahl und zur hypothetischen Einwilligung nicht folgte.

OLG Celle, Beschl. v. 10.08.2018 – 1 U 71/17, ArztR 2019, 243 – E2210 **– 12. Aufl.** 2180

500.000,00 €

Multiorganversagen – Körperlähmung

Nach der Verabreichung gleichzeitiger intramuskulärer Injektionen der Medikamente Solu-Decortin und Diclofenac kollabierte der Patient infolge eines septischen Schocks, der ein multiples Organversagen und eine weitgehende Körperlähmung zur Folge hatte. Der Patient wählte nach mehr als einem Jahr einen medizinisch begleiteten Freitod.

OLG Schleswig, Urt. v. 28.09.2021 – 7 U 29/16, DAR 2021, 695 = zfs 2022, 13 2181

800.000,00 € (Vorstellung: mindestens 500.000,00 €)

Querschnittslähmung unterhalb des 4. Halswirbels

Der 2021 44 Jahre alte Kläger zog sich im Alter von 35 Jahren als Radsportler mit einer Körpergröße von 202 cm, bei einem Sturz eine Fraktur des 4. Halswirbels zu. Er ist inkontinent und in allen Belangen und Bereichen des täglichen Lebens dauerhaft hochgradig pflegebedürftig. Er ist aus einem aktiven Berufsleben mit ebenso aktiver Freizeitgestaltung zu einem lebenslangen Schwerstpflegefall geworden. Sein Leben ist in jeder Hinsicht vollständig »auf den Kopf« gestellt worden. Er bedarf zeitlebens einer Rund-um-die Uhr-Betreuung, wobei er seine Pflege durch mittlerweile neun Betreuungskräfte auch noch im Rahmen eines Arbeitgebermodells selbst organisieren muss.

Bei der Fortbewegung ist der Kläger auf einen hochtechnisierten Rollstuhl angewiesen, den er mit dem Kinn steuert. Er leidet häufiger an Schmerzattacken, dadurch bedingt an Schlaflosigkeit und Konzentrationsschwierigkeiten. Seine Inkontinenzprobleme haben sich deutlich verschlechtert. Hinzu kommen psychische Probleme in Form von Depressionen und einer Angststörung. Die Beziehung zu seiner ehemaligen Freundin ist an den äußerst schwierigen Umständen nach dem Unfall zerbrochen; die Familienbeziehung des Klägers zu seinem Vater ebenfalls, weil der »das Elend nicht jeden Tag mehr mit ansehen konnte«. Er ist gewillt, gewillt, sein Leben wieder selbst in die Hand zu nehmen durch sein umfangreiches soziales Engagement und die Aufnahme eines Studiums.

Trotz Mindestvorstellung des Geschädigten sind dem Tatrichter nach oben hin keine Grenzen gesetzt. Infolge einer deutlich über 2% liegenden Inflationsrate und banküblichen Negativzinsen muss die Zumessung eines Kapitalbetrages unter den derzeitigen Kapitalmarktbedingungen zu einer generellen Erhöhung führen.

2182 **OLG Hamburg, Urt. v. 05.09.2024 – 1 U 95/23**

800.000,00 €

Geburtsschaden – Körperschaden ohne erhebliche intellektuelle Beeinträchtigung

Der Kläger erlitt infolge grober Behandlungsfehler schwerste Körperschäden und wurde mit den Diagnosen mit den Diagnosen einer schweren peripartalen Asphyxie, hypoxisch-ischämischen Encephalopathie, Spannungspneumothorax, Neugeborenenkrämpfen und muskulärer Hypotonie aus der stationären Behandlung entlassen. Er ist schwerstbehindert und die damit täglich und ständig verbundenen Einschränkungen sowie Beeinträchtigungen erreichen ein Ausmaß an Belastung, das für einen Außenstehenden kaum zu erfassen sein dürfte; es handele sich um eine der schwersten Formen einer Schädigung der körperlichen Unversehrtheit und Gesundheit. Der Umstand, dass der Kläger mit schwersten Schädigungen auf die Welt gekommen ist und ihm demnach ein gesundes Leben von vorneherein nicht bekannt ist, ist keinesfalls schmerzensgeldmindernd zu berücksichtigen. Rund um die Uhr und sein Leben lang, ohne Hoffnung auf Besserung, ist der Kläger auf fremde Hilfe angewiesen. Er weiß um seine Schwerstbeeinträchtigung und leidet deshalb in besonderem Maße unter ihr, da er angesichts seiner intellektuellen Fähigkeiten in der Lage ist, das Ausmaß seiner eigenen Einschränkungen im Vergleich zu den Entfaltungsmöglichkeiten seiner Mitmenschen genau zu erfassen.

Tod, baldiger – Todesangst –

▶ Hinweis:

Für den Tod und für die Verkürzung des Lebens sieht das Gesetz kein Schmerzensgeld und keine Entschädigung vor. (BGH, Urt. v. 12.05.1998 – VI ZR 182/97, MDR 1998, 1029 = NZV 1998, 370 f. = VersR 1998, 1034 = r+s 1998, 332; s.o. Kap. 4 Rdn. 207 ff.) Die Bestimmungen des § 847 BGB a.F., bzw. § 253 Abs. 2 BGB n.F. nennen das Leben als Rechtsgut nicht, sodass der Eintritt des Todes keinen Schmerzensgeldanspruch begründet. (OLG Karlsruhe, Urt. v. 25.01.2000 – U 5/99 BSch, VersR 2001, 1123 f.; OLG München, Urt. v. 11.05.2000 – 1 U 1564/00, OLGR 2000, 352; Deutsch/Ahrens, Rn. 483.) Der Gesetzgeber hat in § 847 BGB a.F. für den Fall der Tötung, der schwersten immateriellen Rechtsgutverletzung, keinen

Anspruch des Geschädigten bzw. seiner Erben auf Zahlung von Schmerzensgeld gegen den Schädiger aufgenommen. Eine Gesetzeslücke liegt nicht vor.

Für einen Anspruch auf Schmerzensgeld ist vorauszusetzen, dass der Verletzte noch eine gewisse Zeit gelebt hat, weil § 847 BGB a.F., bzw. § 253 Abs. 2 BGB n.F. weder für den Tod noch für die Verkürzung der Lebenserwartung eine Entschädigung vorsehen. Es kommt deshalb immer darauf an, ob die Körperverletzung ggü. dem nachfolgenden Tod eine immaterielle Beeinträchtigung darstellt, die nach Billigkeitsgrundsätzen einen Ausgleich in Geld erforderlich macht. Das kann ebenso wie in Fällen, in denen die Verletzung sofort zum Tod führt, selbst bei schwersten Verletzungen dann zu verneinen sein, wenn diese bei durchgehender Empfindungslosigkeit des Geschädigten alsbald den Tod zur Folge haben und dieser nach den konkreten Umständen des Falles, insb. wegen der Kürze der Zeit zwischen Verletzung und Tod sowie nach dem Ablauf des Sterbevorgangs derart im Vordergrund steht, dass eine immaterielle Beeinträchtigung durch die Körperverletzung als solche nicht fassbar ist und folglich auch die Billigkeit keinen Ausgleich in Geld gebietet.

Ob das alles noch gilt, nachdem die Germanwings-Maschine in den französischen Alpen vorsätzlich zum Absturz gebracht wurde, erscheint mehr als zweifelhaft. Die Insassen haben mit Sicherheit vor ihrem Tod erkannt, was auf sie zukam und sind in Panik geraten. Todesangst hat minutenlang ihr Denken beherrscht. Wenn man bedenkt, dass die Rechtsprechung auch bisher ein Schmerzensgeld für durchlittene Todesangst bewilligt hat, wird die Frage des Sterbevorgangs neu durchdacht werden müssen. Vgl. dazu Jaeger, Schmerzensgeldbemessung bei Todesangst, VersR 2015, 1345 Heft November.

Auch wenn der Tod bei einem Verkehrsunfall so rasch eintreten kann, dass die Zeit bis zum Tod bei andauernder Bewusstlosigkeit des Verletzten dem Sterbevorgang zuzurechnen sein mag, gilt dies z.B. nicht für einen Ertrinkenden. Dieser durchlebt und erlebt dasselbe, unabhängig davon, ob er in letzter Sekunde gerettet wird oder ob er verstirbt. Seine Qualen sind deshalb auch im Fall des Todes zu entschädigen.

Es entspricht der allgemeinen Lebenserfahrung, dass einen Menschen in einer Situation, in der ihm der in Kürze eintretende Tod als unausweichlich erscheinen muss, erhebliche Todesangst befällt, die ihn durch ihre psychischen Auswirkungen in seinem gesundheitlichen Befinden stark beeinträchtigt. Das ist der Normalfall.

Es ist offenkundig, dass ein junger Mann, der fühlt, dass mit dem Blut auch das Leben aus ihm weicht, um sein Leben fürchtet und Todesängste ausstehen muss.

Und zu guter Letzt: Am 22.07.2017 ist das Gesetz zur Einführung eines Anspruchs auf Hinterbliebenengeld vom 17.07.2017 in Kraft getreten (BGBl. 2017, 2421).

Nach § 844 Abs. 3 BGB gilt:

Der Ersatzpflichtige hat dem Hinterbliebenen, der zur Zeit der Verletzung zu dem Getöteten in einem besonderen persönlichen Näheverhältnis stand, für das dem Hinterbliebenen zugefügte seelische Leid eine angemessene Entschädigung in Geld zu leisten. Ein besonderes persönliches Näheverhältnis wird vermutet, wenn der Hinterbliebene der Ehegatte, der Lebenspartner, ein Elternteil oder ein Kind des Getöteten war.

Nähere Einzelheiten dazu ergeben sich aus Kap. 4 Rdn. 226 ff.

Die Darstellung ist gegliedert:

1. Todesangst
2. Baldiger Tod

1. Todesangst

2183 **LG Potsdam, Urt. v. 24.08.2018 – 6 O 16/117**

500,00 €

Thoraxprellung – Todesangst

Die Klägerin hat sich bei einem Unfall mit ihrem PKW überschlagen und erlitt Todesangst. Sie wurde ambulant behandelt.

2184 **LG Köln, Urt. v. 15.01.2019, – 3 O 305/17, ZLW 2019, 326 = RRa 2019, 132**

500,00 € (Vorstellung: 2.000,00 €)

Todesangst bei Seenotereignis

Der Kläger hatte für sich und seine Ehefrau eine Pauschalreise auf die Malediven gebucht. Auf einem Fährtransfer kam es zu einem Seenotereignis, das der beklagte Reiseveranstalter zu vertreten hat.

Das schuldhafte Verhalten der Beklagten hat zu einer Gesundheitsbeschädigung des Klägers geführt, der sich auf der höchst unangenehmen und traumatischen Überfahrt über mehrere Stunden in einem Zustand der Todesangst befunden hat. Er litt unter permanenter Übelkeit, hat sich wiederholt erbrochen und war auf engstem Raum zusammengepfercht.

2185 **OLG Oldenburg, Urt. v. 08.03.2016 – 13 U 69/15**

800,00 € (Mitverschulden: 1/5; Vorstellung: 5.000,00 €)

Tod durch Ertrinken

Die Klägerin verlangt als Vertreterin einer Erbengemeinschaft Schmerzensgeld wegen eines Badeunfalls auf der Ems, bei dem der zum Unfallzeitpunkt 22-jährige Sohn ums Leben gekommen ist. Der Beklagte hatte die Ems mit einem Wassermotorrad (»Jetski«) befahren und war mit dem auf einer Luftmatratze treibenden kollidiert. Dieser wurde durch den Zusammenstoß erheblich verletzt, fiel von der Luftmatratze und ertrank.

Es kann nicht angenommen werden, dass der Getötete alle Stadien des Ertrinkens bei Bewusstsein erleiden musste. Denn er ist nicht durch Erschöpfung oder infolge nicht ausreichender Fähigkeiten als Schwimmer unter Wasser geraten. Vielmehr wurde er von dem Jetski getroffen und erheblich verletzt, sodass die Vermutung nahe liegt, dass er bereits bewusstlos war, als er unter Wasser geriet, und ertrank.

2186 **LG Wuppertal, Urt. v. 05.05.2015 – 5 O 11/14, unveröffentlicht**

1.500,00 € (Vorstellung: 7.500,00 €)

1 Tag Todesangst – 1 Tag Leidenszeit

Auf erhöhte Leberwerte der Klägerin wurde nicht reagiert. Am Folgetag begab sich die Klägerin in ein Krankenhaus. Durch die Verzögerung litt sie einen Tag unter Schmerzen und weiteren Beeinträchtigungen und unter Todesangst.

2187 **OLG Köln, Urt. v. 05.03.2018 – 5 U 98/16, VersR 2019, 423 = MedR 2018, 844**

2.000,00 € (Vorstellung: mindestens 20.000,00 € – LG Köln: 4.000,00 €)

Tod nach 4 Stunden nach Beschwerden – Todesangst

Der 62 Jahre alte Vater der Klägerin verstarb nach einem groben Behandlungsfehler im Krankenhaus der Beklagten, wo ein septischer Schock übersehen wurde, weil die Beklagten eine engmaschige Überwachung des Zustandes des Patienten nicht veranlassten und nicht selbst vornahmen.

Für die Höhe des Schmerzensgeldes sind im Wesentlichen die vom Patienten über rd. 4 Stunden erlittenen Leiden maßgeblich. Die sich aus dem groben Behandlungsfehler ergebende Beweislastumkehr gilt, wie die Beklagten zu Recht geltend machen, nur für den Kausalzusammenhang, nicht aber für den Eintritt des gesundheitlichen Schadens. Um 3.30 Uhr baute der Patient ab und empfand Schmerzen im Unterbauch. Aus der Fortdauer dieser Beschwerden ergibt sich ein geringes Schmerzensgeld. Weitere und schwerwiegendere Leiden, die ein höheres Schmerzensgeld erfordern würden, lassen sich für die restliche Nacht nicht feststellen. Wie die Nacht verlief, ist nicht bekannt. Es kann nicht als sicher angenommen werden, dass die vom Patienten empfundenen Beschwerden zunahmen, sich besonders ausgeprägte Schmerzen einstellten, der Patient einen Todeskampf durchmachte oder den Sterbensprozess bewusst miterlebte.

BGH, Urt. v. 08.02.2022 – VI ZR 409/19, VersR 2022, 635 mit Anm. Jaeger 2188

2.000,00 € (Vorstellung: 30.000,00 €)

Tod 16 Stunden nach einem groben Behandlungsfehler

Der 72 Jahre alte Ehemann der Klägerin verstarb ca. 16 Stunden nach einem groben Behandlungsfehler der Behandlungsseite. Das LG hat die Beklagten zur Zahlung von 2.000,00 € verurteilt, weil der Patient das Geschehen teilweise miterlebt habe. Eine Berücksichtigung der Genugtuungsfunktion komme in Arzthaftungssachen nicht in Betracht.

Der BGH hat diese Begründung nicht gelten lassen und die Entscheidung aufgehoben und zurückverwiesen. Der BGH hat in dieser wichtigen Entscheidung die Grundsätze der Bemessung des Schmerzensgeldes erneut zusammengefasst dargelegt.

BGH, Urt. v. 02.06.2015 – 5 StR 80/15, unveröffentlicht 2189

3.000,00 € (Vorstellung: 3000.00 €)

Todesangst nach körperlicher Gewalt und Drohungen – Verletzungen an den Oberschenkeln

Der Angeklagte bespuckte den Adhäsionskläger und schlug ihm ins Gesicht. Er zog ihm die Hose herunter und schlug ihm mit einem Teleskopschlagstock auf Beine, Rücken und Gesäß. Zudem drohte er unter fortwährenden Beleidigungen, ihm »den Schlagstock in den Hintern zu stecken«; dann nahm er eine ungeladene Schreckschusspistole, lud sie demonstrativ durch und führte sie am Körper des Klägers vom Genitalbereich bis zwischen die Augen und äußerte, dass »es niemanden kümmern werde, wenn er ihn hier abknalle und in den Wald schmeiße«. Im weiteren Verlauf würgte er den Kläger, sodass dieser keine Luft bekam und ihm schwindelig wurde. Zudem versetzte er ihm noch einen Kopfstoß. Während weiterer Beleidigungen forderte ihn der Angeklagte auf, seine Taschen zu leeren, um Wertgegenstände wegzunehmen. Aus Todesangst kam der Kläger der Aufforderung nach.

Der Geschädigte trug schmerzhafte Verletzungen an beiden Oberschenkeln, am Gesäß und im Gesicht davon. Im Laufe des Strafverfahrens zahlte der Angeklagte ein Schmerzensgeld i.H.v. 3.000,00 €. Damit war der Geschädigte trotz ursprünglich weit höherer Forderung einverstanden.

OLG Schleswig, Urt. v. 30.01.2019 – 4 U 42/17 2190

3.000,00 €

20 Stunden verzögerte Revisionsoperation

Durch Verzögerung einer Revisionsoperation musste die Klägerin 20 Stdn. Todesangst und Schmerzen ertragen, zusätzlich verursacht durch eine nicht indizierte Magen-Darm-Passage.

OLG Hamm, Urt. v. 16.02.2016 – 26 U 18/15, MedR 2017, 48 mit Anm. L. Jaeger, MedR 2017, 51 = GesR 2016, 252 = RDG 2016, 138 2191

5.000,00 € (Vorstellung: 5.000,00 €)

Tod durch Verbluten

Die Klägerin nimmt die Beklagten wegen eines Behandlungsfehlers zulasten ihres verstorbenen Ehemannes in Anspruch. Der blinde Patient wurde im Institut der Beklagten 3 x wöchentlich einer Dialysebehandlung unterzogen. Während der Behandlung kam es zu einer Luxierung der venösen Nadel. Der Verstorbene wurde nicht ansprechbar von einer Schwester aufgefunden, nachdem es zu einem Blutverlust gekommen war. Er wurde reanimiert, verstarb jedoch am Folgetag verstarb.

Der Ehemann der Klägerin hat während der Zeit des Austritts der massiven Blutmenge seine Zustandsverschlechterung und die damit einhergehende Symptomatik jedenfalls mittelbar leidend mitbekommen. Er war nach zwischenzeitlicher Reanimation und Stabilisierung auch hinreichend reaktionsfähig, um am Folgetag den Herzinfarkt sowie kardiogenen Schock wahrzunehmen und darunter zu leiden.

2192 **BGH, Urt. v. 17.02.2016 – 2 StR 328/15, NStZ-RR 2016, 183 und 223**

5.000,00 € (Vorstellung: 5.000,00 €)

Körperverletzung mit Todesfolge – Adhäsionsverfahren

Das Landgericht hat den Angeklagten wegen u.a. wegen Körperverletzung mit Todesfolge, zu einer Freiheitsstrafe von fünf Jahren und sechs Monaten verurteilt und seine Unterbringung in einer Entziehungsanstalt angeordnet. Darüber hinaus hat es den Angeklagten verurteilt, ein Schmerzensgeld in Höhe von 5.000 Euro nebst Zinsen in Höhe von 5 Prozentpunkten über dem Basiszinssatz an den Neben- und Adhäsionskläger zu zahlen.

Die Revision des Angeklagten hatte bezüglich des Schmerzensgeldausspruchs Erfolg, weil der Adhäsionskläger seine Erbenstellung nicht nachgewiesen hatte.

2193 **OLG Karlsruhe, Urt. v. 03.05.2016 – 9 U 13/15, VersR 2017, 51 = NJW-RR 2017, 15**

5.000,00 € (Vorstellung: 7.500,00 €)

Todesangst bei Bedrohung mit einer Schusswaffe – PTBS

Der Kläger war als Zugbegleiter bei der Deutschen Bahn AG tätig. Der Beklagte, der damals an einer Psychose litt, zog plötzlich eine Schusswaffe und hielt sie dem Kläger mit den Worten vor das Gesicht: »Ich will nach Hause«. Der Kläger hatte in diesem Moment Todesangst. Er erlitt eine posttraumatische Belastungsstörung, musste sich in psychotherapeutische Behandlung begeben und war längere Zeit arbeitsunfähig krank.

Der Beklagte erkannte vor dem LG die Schmerzensgeldforderung des Klägers in Höhe von 5.000,00 € an. Ein höherer Anspruch wurde verneint.

2194 **LG Köln, Urt. v. 15.01.2019, – 3 O 305/17, ZLW 2019, 326 = RRa 2019, 132**

5.500,00 € (Vorstellung: 2.500,00 €)

Todesangst bei Seenotereignis

Der Kläger hatte für sich und seine Ehefrau, die ihre Ansprüche an ihn abgetreten hat, eine Pauschalreise auf die Malediven gebucht. Auf einem Fährtransfer kam es zu einem Seenotereignis, das der beklagte Reiseveranstalter zu vertreten hat.

Das schuldhafte Verhalten der Beklagten hat zu einer Gesundheitsbeschädigung der Klägerin geführt, die sich auf der höchst unangenehmen und traumatischen Überfahrt über mehrere Stunden in einem Zustand der Todesangst befunden hat. Sie litt unter permanenter Übelkeit, hat sich wiederholt erbrochen und war auf engstem Raum zusammengepfercht.

Bei der Klägerin kam es wegen der erlittenen Ängste zu einer posttraumatischen Belastungsstörung, in deren Folge sie sich mehrfach für mehrere in stationärer psychiatrischer Behandlung befunden hat, an die sich bei wiederholt auftretender Arbeitsunfähigkeit eine ambulante psychotherapeutische Behandlung anschloss.

Für die erlittenen Beeinträchtigungen erscheint der Kammer ein Schmerzensgeld in Höhe von 5.000,00 € angemessen zuzüglich 500,00 € für die Beeinträchtigungen durch die traumatische Überfahrt selbst.

OLG Oldenburg, Urt. v. 09.06.2015 – 2 U 105/14, VersR 2016, 741 2195

7.500,00 € (Vorstellung: 50.000,00 €)

Tod durch Messerstiche – Bewusstlosigkeit nach maximal 8 Minuten – Todesangst – Tod nach ca. 1 1/2 Stunden

Nach Ansicht des Senats sind für die Höhe des Schmerzensgeldes bei einer Körperverletzung, an deren Folgen der Verletzte alsbald verstirbt, im Wesentlichen die Schwere der Verletzung, das durch diese bedingte Leiden, dessen Dauer, das Ausmaß der Wahrnehmung der Beeinträchtigung durch den Verletzten und der Grad des Verschuldens des Schädigers maßgebend. Dass der Geschädigte die Verletzung nur kurze Zeit überlebt hat, ist stets anspruchsmindernd zu berücksichtigen. Dies gilt selbst dann, wenn der Tod durch das Schadensereignis verursacht worden ist.

OLG Frankfurt, Urt. v. 04.02.2017 – 8 W 48/17 2196

10.000,00 € (Vorstellung: mindestens 50.000,00 €)

Tod am 3. Tag in stationärer Behandlung – Todesangst

Die Kläger klagen als Erben einer am 3. Tag nach der Einlieferung in ein Krankenhaus an einem ausgedehnten rupturierten Aorten-Aneurysma verstorbenen rd. 40 Jahre alten Frau. Bis zu ihrem Tod litt die Patienten unter Todesangst, starken Schmerzen, Unruhe und Druckschmerz.

OLG Düsseldorf, Urt. v. 20.08.2018 – 22 U 224/17 2197

10.000,00 und 15.000,00 €

Tod eines 35 Jahre alten Mannes – Todesangst

Die Eltern des Getöteten machen Ausgleichsansprüche aus eigenem und übergegangenen Recht gegen ihren Neffen geltend, der wegen Totschlags des Sohnes zu 10 Jahren Freiheitsstrafe verurteilt wurde. Das Opfer hatte den ersten vom Täter geführten Schlag noch überlebt und mit Entsetzen und Todesängsten wahrgenommen hat, dass der Täter weiter Schläge von hinten gegen seinen Hinterkopf führte. Er starb an diesen Schlägen und durch das Einatmen von Blut.

Den Eltern wurden aus ererbtem Recht als Gesamtgläubigern ein Betrag von 10.000,00 € und aus eigenem Recht je 15.000,00 € zuerkannt.

LG Bochum, Urt. v. 29.10.2015 – 2 O 574/12, VersR 2016, 611 mit Anm. L. Jaeger, VersR 2016, 613 2198

50.000,00 € (Vorstellung: angemessenes Schmerzensgeld

Tod nach 4 Tagen

Kläger sind die Eltern und die Schwester des an einer tiefen Stichwunde im Hals verstorbenen Jungen, die ihm der Beklagte im Rahmen einer körperlichen Auseinandersetzung mittels eines Butterfly-Messers beigebracht hatte; sie klagen als Erben aus übergegangenem Recht. Der zur Tatzeit 17 Jahre alte Beklagte wurde wegen Totschlags zu einer Jugendstrafe von vier Jahren und drei Monaten verurteilt. Der Angeklagte stach dem Opfer mit dem Messer in den Oberschenkel und in den Hals. Dieser Stich führte zu einer fast vollständigen Durchtrennung zweier Arterien, die für die Versorgung des Gehirns zuständig sind. Infolge der Sauerstoffunterversorgung des Gehirns wird es nicht lange bis zum Eintritt der Bewusstlosigkeit gedauert haben. Das Opfer hat dennoch zunächst den Stich in den Oberschenkel und sodann den Stich in seinen Hals und den Schilddrüsenlappen perforierte, bei vollem Bewusstsein gespürt und auch die dadurch hervorgerufenen Schmerzen erlitten. Er hat gefühlt, dass er stark blutete. Er hat versucht, sich mit der Hand die Wunde zuzuhalten. Dann stolperte er und taumelte zurück. Danach erst hat er sich hingelegt. Es ist offenkundig, dass ein junger Mann, der fühlt, dass mit dem Blut auch das Leben aus ihm weicht, um sein Leben fürchtet und Todesängste ausstehen muss. Er starb nach vier Tagen vergeblicher intensiv-medizinischer Behandlung.

2199 **BGH, Urt. v. 14.01.2016 – 4 StR 72/15, NJW 2016, 395 = JR 2016, 395**

50.000,00 € (Vorstellung: 50.000,00 €)

Tod innerhalb von 24 Stunden

Die 5 Angeklagten sind im Adhäsionsverfahren als Gesamtschuldner verurteilt worden, an die Nebenkläger zur gesamten Hand ein Schmerzensgeld in Höhe von 50.000 Euro zu zahlen.

Der BGH ließ insoweit die Verurteilung von 4 Angeklagten bestehen, die auf den Körper, den Hals und den Kopf des Opfers eingewirkt hatten, das u.a. ein Schädel-Hirn-Trauma, ein massives Hirnödem, Rippen- sowie Brustbeinfrakturen und Lungenquetschungsblutungen erlitt. Anschließend wurden seine Hände und Füße straff mit Klebeband gefesselt; er wurde – noch lebend – auf der Ladefläche seines Transporters in zusammengekauerter Haltung abgelegt. Den vier Angeklagten war bewusst, dass die dargestellte Gewalteinwirkung zum Tode des Geschädigten führen könnte. Zwar wollten sie dessen Tod nicht, verursachten ihn jedoch leichtfertig.

Der Geschädigte verstarb innerhalb von 24 Stunden nach der Tat an einer Lungenfettembolie sowie an schweren inneren Verletzungen. Der Transporter mit der Leiche wurde erst sechs Tage später aufgefunden.

2. Baldiger Tod

2200 **OLG Düsseldorf, Urt. v. 26.09.2019 – 8 U 2/16**

2.000,00 €

Tod nach 12–14 Stunden

Der 72 Jahre alte Ehemann der Klägerin wurde nach Aspiration von Nahrung notfallmäßig in das Krankenhaus der Beklagten eingeliefert. Dort starb er am folgenden Morgen an den Folgen eines Herzinfarkts. Es war behandlungsfehlerhaft, dass der Patient nicht spätestens nach Ablauf von zehn Minuten nach dem um 15.33 Uhr aufgezeichneten EKG, zumindest aber nach Ablauf von zehn Minuten nach dem um 15.37 Uhr vorliegenden Laborergebnis unverzüglich auf den nächsten freien dort vorhandenen Katheterplatz verbracht wurde. Aus dem EKG ergab sich ein hochgradiger Verdacht auf einen Herzinfarkt und der das EKG auswertende Arzt dokumentierte ein »pathologisches« Ergebnis. Bei einer früheren Katheteruntersuchung wäre das Outcome des Patienten besser gewesen.

2201 **OLG Köln, Urt. v. 26.06.2019 – 5 U 75/17**

2.500,00 € (Vorstellung: 20.000,00 €)

Mehrere einfache Behandlungsfehler – Tod nach 18 Tagen

Die 90 Jahre alte Mutter der Klägerin wurde in ein Krankenhaus eingeliefert. Dort kam es zu mehreren Behandlungsfehler, die in der Summe als schwerwiegender Behandlungsfehler gewertet wurden. Die Patientin war Diabetikerin, verstarb aber an einer Infektion. Sie hatte bis zu ihrem Tod starke Schmerzen am gesamten Körper zu erdulden, die ihr bei einer sachgerechten Behandlung erspart geblieben wären. Neben den Schmerzen berücksichtigt der Senat maßgeblich den psychischen Umstand, dass mit zunehmender Verschlimmerung sich ein Gefühl der Ausweglosigkeit und des nahenden Todes eingestellt haben wird.

2202 **OLG Köln, Urt. v. 27.01.2025 – 5 U 69/24**

4.000,00 € (Vorstellung: 8.000 €)

Tod nach 24 Stunden mit mehrfacher operativer Behandlung

Das Schmerzensgeld wurde bemessen nach der Überlebenszeit der Patientin von 24 Stunden und den durchgeführten zahlreichen Maßnahmen bei stetiger Verschlechterung ihres Zustandes trotz der durchgehenden Empfindungsunfähigkeit. Die Patientin hat nicht lediglich 24 Stunden bewusstlos und ruhig im Krankenbett gelegen, sondern hat sich einer Vielzahl medizinischer Eingriffe ausgesetzt gesehen, die ihre Gesundheit weiter beeinträchtigt haben, so z.B. durch die Rippenbrüche und den Leberriss bei der Reanimation und die erforderlich gewordene Laparotomie. Sie war die gesamte restliche Lebenszeit intensivpflichtig. Im Ergebnis hält der Senat, auch verglichen mit anderen vom Senat entschiedenen Fällen, einen Betrag von 2.000,00 € für angemessen. Dieser ist jedoch für die Beklagten zu 1) und 3), wegen deren subjektiv schlechthin unentschuldbaren Pflichtverletzungen, um weitere 2.000,00 EUR zu erhöhen. Die Beklagten zu 3) wusste, dass die mit erhöhten Risiken verbundene Verwendung des operativen Hysteroskops allein dem von Dr. K. angestrebten Erproben des Geräts diente, ohne dass die Patientin einen Vorteil durch diese Risikoerhöhung hatte.

OLG Oldenburg, Urt. v. 09.06.2015 – 2 U 105/14, VersR 2016, 741 2203

7.500,00 € (Vorstellung: 50.000,00 €)

Tod nach 8 Minuten nach Messerattacke

Der Sohn der Kläger geriet alkoholisiert in Streit mit den Beklagten; diese verprügelten ihn und stachen mit einem Messer in Rücken und Mittelbauch. Hierdurch wurden Dünndarmschlingen, die linke gemeinsame Beckenschlagader und eine Vene durchtrennt; das Opfer verstarb acht Minuten später nach starken Blutungen an Herz-Kreislaufversagen, ohne das Bewusstsein wieder erlangt zu haben. Das Schmerzensgeld berücksichtigte die Vorsatztat, aber auch, dass der Geschädigte zwar in der Opferrolle war, die tödliche Verletzung aber überraschend kam und schnell das Versterben zur Folge hatte, sodass nicht von einer vergleichsweise längeren Leidenszeit in Todesangst und -qualen auszugehen sei.

LG Hamburg, Urt. v. 24.06.2016 – 303 O 173/14 2204

7.500,00 € (Vorstellung: mindestens 20.000,00 €)

Tod 9 Tage nach kosmetischer Operation

Der Kläger ist der Witwer und Alleinerbe einer 23 Jahre alten Patientin, die in der Erotikbranche tätig war. Er nimmt die Beklagten auf Schadensersatz in Anspruch, weil seine Ehefrau bei einer Brust-Operation einen Herz-Kreislauf-Stillstand erlitt und einige Tage später verstorben ist. Bei der Patientin sollten bei der kosmetischen Operation ein Wechsel der vorhandenen Brustimplantate mit Einsetzen größerer Implantate sowie eine plastische Korrektur der kleinen Schamlippen in Vollnarkose durchgeführt werden. Die Anästhesistin bemerkte den Herzstillstand der Patientin zunächst nicht. Sie wurde später wegen fahrlässiger Tötung zu einer Freiheitsstrafe auf Bewährung verurteilt. Infolge einer hypoxisch-ischämischen Enzephalopathie, die zu einer tödlichen Hirnlähmung führte, verstarb die Patientin nach 9 Tagen, ohne das Bewusstsein wiedererlangt zu haben.

Ob die Patientin auf der Intensivstation körperliche Schmerzen erdulden musste, konnte nicht festgestellt werden.

LG Leipzig, Urt. v. 08.11.2019 – 5 O 768/19, DAR 2021, 95 2205

7.500,00 €

Tod nach zwei Stunden

Eine 16 Jahre alte Radfahrerin wurde an einer Kreuzung von einem verbotswidrig rechts abbiegenden LKW überrollt. Sie lag bei Bewusstsein unter dem LKW, musste aber reanimiert werden und verstarb nach zwei Stunden. Das Gericht hat berücksichtigt, dass sie den Unfall und die Reanimation bewusst miterlebt hat und für zwei Stunden in ihrer Persönlichkeit verändert und zerstört war.

2206 **LG Osnabrück, Urt. v. 05.05.2023 – 1 O 1857/23**

10.000,00 € (Vorstellung: 10.000,00 €)

Tod eines Kleinkindes nach 3 Tagen

Der Beklagte wurde nachts durch das weinende Kind geweckt. Er schüttelte es mehrfach, so dass es ein Schütteltrauma erlitt und nach 4 Tagen im Koma verstarb. Das Kind erlebte das stärkste Schütteln bis zur Gehirnerschütterung und Hirnschädigung. Der Beklagte wurde wegen Körperverletzung mit Todesfolge zu einer Freiheitsstrafe von 8 Jahren verurteilt.

2207 **LG Aurich, Urt. v. 25.03.2014, 11 Ks 210 Js16580/13**

15.000,00 €

Totschlag – Minuten Todesangst

Der Angeklagte warf das Opfer am Strand zu Boden, so dass diese mit dem Gesicht auf dem Sand zu liegen kam. Er hielt sie fest, so dass sie ihren Kopf nicht ausreichend hoch nehmen oder drehen konnte und gezwungen war, noch bei Bewusstsein eine größere Menge Sand, der in ihren Mund geriet, teils herunterzuschlucken und teils einzuatmen. Hierdurch gelangten größere Mengen Sand in ihren Magen und in die Atemwege bis in die tiefen Verästelungen der Bronchien. Sodann übte der Angeklagte massive Gewalt gegen deren Hals aus, was letztendlich, gemeinsam mit der Verlegung der Atemwege durch eingeatmeten Sand, zum Ersticken der Geschädigten führte.

Bei der Bemessung des Schmerzensgeldes wurde berücksichtigt, dass die Geschädigte Atemnot und Todesangst bewusst wahrgenommen und erlitten hat.

2208 **LG Bochum, Urt. v. 29.10.2015 – 2 O 574/12, VersR 2016, 611 mit Anm. L. Jaeger, VersR 2016, 613**

20.000,00 € x 3 (Vorstellung: je 20.000,00 €)

Tod des Sohnes/Bruders nach 4 Tagen

Kläger sind die Eltern und die Schwester des an einer tiefen Stichwunde im Hals verstorbenen Jungen, die ihm der Beklagte im Rahmen einer körperlichen Auseinandersetzung mittels eines Butterfly-Messers beigebracht hatte. Sie klagen aus eigenem Recht. Der Beklagte stach dem Opfer mit dem Messer in den Oberschenkel und in den Hals. Dieser Stich führte zu einer fast vollständigen Durchtrennung zweier Arterien, die für die Versorgung des Gehirns zuständig sind. Der Verletzte hat gefühlt, dass er stark blutete. Er hat versucht, sich mit der Hand die Wunde zuzuhalten. Dann stolperte er, taumelte und legte sich hin. Er starb nach vier Tagen vergeblicher intensiv-medizinischer Behandlung.

Alle drei Kläger leiden an einer posttraumatischen Belastungsstörung und sind in der Lebensführung und Lebensfreude durch Depressionen und Angststörungen beeinträchtigt. Sie mussten mit eigenen Augen erleben, wie ihr Sohn und Bruder nach den todbringenden Stichverletzungen und nach fehlgeschlagener intensivmedizinischer Behandlung in einem Krankenhaus in Spanien verstarb.

2209 **OLG Koblenz, Beschl. v. 25.09.2017 – 5 U 427/17, GesR 2017, 784**

20.000,00 €

6 Monate nach nicht erkannter Leukämie

Die Kläger begehren aus ererbtem Recht nach ihrer Tochter Schmerzensgeld. Die 24 Jahre alte Tochter stellte sich zu einer Blutentnahme beim Arzt vor. Die Laborwerte zeigten eine Anämie und eine Leukopenie und das Differenzialblutbild eine Anisozytose, auffällige Riesenthrombozyten und drei Blasten sowie eine Poikilozytose. Eine Besprechung der Laborwerte durch den Beklagten erfolgte nicht. Dieser nahm die Laborwerte auch nicht selbst zur Kenntnis.

Sechs Monate später wurde die Diagnose einer unreifen akuten biologischen Leukämie bei bestehender Lungenentzündung gestellt.

Die Tochter der Klägerin litt zuvor zumindest drei Monate unter beständigen, einer Grippeerkrankung ähnelnden Symptomen. Sie quälte sich zur Arbeit und litt bei Aufnahme in die Krankenhausbehandlung unter extrem hohem Fieber und im Krankenhaus unter starken Schmerzen. Es kam zu einem ausgedehnten Hirninfarkt. Die Patientin musste sie ins künstliche Koma versetzt werden. Es schloss sich ein mehrmonatiges und sich am Ende dramatisierendes Leiden der Tochter an.

LG Bielefeld, Urt. v. 06.10.2017 – 4 O 272/12 2210

30.000,00 €

Tod nach 4 1/2 Jahren

Bei der 45 Jahre alten Erblasserin wurde ein Mammakarzinom nicht erkannt. Die Patientin befand sich in diesem Zeitraum in dauerhafter, in der Intensität zunehmender ärztlicher Behandlung, und litt bis zu ihrem Verstreben unter Todesangst. Sie hatte in den letzten vier Jahren ihres Lebens keine Möglichkeit mehr ein erfülltes Leben zu führen. Nach rd. 2 Jahren kam es zu einer massiven gesundheitlichen Verschlechterung im Gesundheitszustand. Die Patientin war über längere Zeiträume stationär untergebracht und musste sich einer operativen Lymphknotenexstirpation, eine palliativen Radiatio der LWS sowie eine Chemotherapie unterziehen.

OLG Hamm, Urt. v. 11.01.2019 – 7 U 27/18 2211

30.000,00 € (Vorstellung: 250.000,00 €)

Schädelhirntrauma – Hirnblutungen – Tod nach 4 Monaten

Der Kläger, Erbe seiner 81 Jahre alten Ehefrau, verursachte schuldhaft einen Verkehrsunfall, bei dem die Ehefrau schwer verletzt wurde. Sie erlitt ein Schädelhirntrauma mit Hirnblutungen zahlreiche Frakturen und innere Verletzungen. Sie lag 5 Wochen auf der Intensivstation. Nach weiteren 4 Wochen stationärer Behandlung trat sie eine Reha an, erlitt aber nach rd. einer Woche einen Darmverschluss, der 4 Monate nach dem Unfall zum Tod führte. In dieser Zeit war die Klägerin stets ansprechbar und orientiert.

OLG Celle, Urt. v. 04.11.2020 – 14 U 81/20, VersR 2021, 1112 mit Anm. Jaeger = MDR 2021, 98; Herbert Lang, jurisPR-VerkR 3/2021 Anm. 1 2212

30.000,00 € (Vorstellung: 55.000,00 €)

Tod nach 4 1/2 Monaten

Die Erblasserin wurde bei einem Verkehrsunfall verletzt und starb nach etwa 4 1/2 Monaten. Sie erlitt 12 Tage nach dem Unfall einen Hirninfarkt und war danach schwer bewusstseinsgestört. Zuvor war sie in großer Sorge darüber, dass sie ihre behinderte Tochter nicht betreuen konnte.

OLG München, Urt. v. 25.03.2021 – 1 U 1831/18, MedR 2021, 1079 = GesR 2021, 447 2213

30.000,00 €

Tod nach 4 Monaten

Bei der Patientin wurde eine Strahlentherapie abgebrochen und sie starb nach rd. 4 Monaten. Bei Fortführung der Strahlentherapie hätten diese und die Grunderkrankung ebenfalls Schmerzen und Nebenwirkungen ausgelöst, die hinter dem Leid der sterbenden Patientin weit zurückbleiben. Besonders schwer traf es die Patientin, dass sie in den letzten Wochen erleben musste, dass sie sterben und den Kläger ohne Mutter zurücklassen würde.

OLG Rostock, Urt. v. 24.11.2023 – 5 U 69/21 2214

30.000,00 € (Vorstellung: 30.000,00 €)

Tod nach 2 Monaten

Die Ehefrau des Klägers erhielt infolge eines Behandlungsfehlers bei einem hormonrezeptor-positiven Tumor eine Chemotherapie. Zuvor war sie symptomfrei und litt unter einer kaum aggressiven Tumorerkrankung. Aufgrund der Chemotherapie verlor sie binnen zwei Monaten infolge der schweren Nebenwirkungen ihr Leben, wobei sie alle Stadien ihres körperlichen Verfalls unter schlimmsten Bedingungen bewusst wahrgenommen hat.

2215 **LG Bochum, Urt. v. 31.01.2018 – II-8 KLs 36/17 – vgl. Rdn. 2218**

40.000,00 €

Schneller Tod durch Mord

Der 20 Jahre alte Angeklagte, der wegen Mordes in 2 Fällen zu einer lebenslangen Freiheitsstrafe verurteilt wurde, ermordete einen 9 Jahre alten Jungen.

Dieser erlitt zunächst zahlreiche Stichverletzungen im Schädelbereich, u. a. eine tiefe Stichverletzung der rechten Großhirnhalbkugel. Der Angeklagte zielte dabei auch auf die Augen, da er verhindern wollte, dass das Opfer ihn weiter anschaute. Der Junge streckte nach den ersten Angriffen die Hände aus, um sich zu wehren, und griff in das Messer. Er erlitt einen massiven Blutverlust, das Gehirn schwoll stark an, was letztlich zu einem todesursächlichen zentralen Regulationsversagen führte. Der Angeklagte stach dann noch mehrfach auf den Brustbereich ein. Dabei verletzte er noch zu Lebzeiten jedenfalls die Lunge, in die das Opfer noch ein- bis zweimal einatmete, bevor er verstarb. Insgesamt erlitt G 52 Stichverletzungen.

Die Tötungshandlungen dauerten nur wenige Augenblicke. Bei der Bemessung wurden die Todesangst des Opfers und die Genugtuungsfunktion besonders berücksichtigt.

2216 **LG Kiel, Urt. v. 29.03.2019 – 8 O 190/16, GesR 2020, 61 = RdG 2020, 29**

40.000,00 € (Vorstellung: 40.000,00 €)

Fehlerhafte Brustkrebsbehandlung – Tod nach 10 Monaten

Der Kläger war Ehemann der im Alter von 55 Jahren verstorbenen Erblasserin, die infolge einer Brustkrebserkrankung verstorben ist. Die Beklagte, Fachärztin für Gynäkologie, wendete in der Krebstherapie alternative Heilbehandlungen und »Traumatherapien« an und behandelte auch die Erblasserin, die wegen Brustkrebs zu ihr gekommen war, mit untauglichen alternativmedizinischen Maßnahmen. Trotz stark blutender Abszesse und exulzerierenden Tumoren in der rechten Brust setzte die Beklagte Fußbäder, Brennnesseltee und Wickel ein und verharmloste durchweg die Krebserkrankung. Wenige Wochen vor dem Tod bestand nur eine einzige Tumormasse, die die gesamte Brust überwucherte. Die Klägerin verstarb 10 Monate nach Beginn der Behandlung. Bei der Schmerzensgeldbemessung wurde berücksichtigt, dass die Patienten zwar die Belastungen einer schulmedizinischen Behandlung auf sich hätte nehmen müssen, sie aber so vier Monate bis zum Versterben erheblich und bis zur Pflegebedürftigkeit gelitten habe.

2217 **OLG Naumburg, Urt. v. 26.03.2015 – 2 U 62/14, NJW-RR 2015, 1244 = RuS 2015, 469 = NZV 2016, 133 = SP 2015, 368**

45.000,00 € (Mitverschulden: 1/4; Vorstellung: mindestens 50.000,00 €)

Tod nach 6 Monaten – Schädelbasisfraktur – Hirnkontusion – Schädeldachfraktur – traumatisches Hirnödem – epidurale Blutung – apallisches Syndrom

Der Ehemann der Klägerin erlitt bei einem Verkehrsunfall schwerste Verletzungen, eine diffuse Hirnkontusion, Hygroma durae matris, Schädeldachfraktur, traumatisches Hirnödem, epidurale Blutung, langzeitige Abhängigkeit vom Respirator, Diabetes insipidus, Exophthalmus, Anisokorie, Monokelhämatom, Kalottenfraktur, Orbitadachfraktur geschlossen, Schädelbasisfraktur. Er wurde er achtmal operiert und verstarb nach rund 8 Monaten infolge der schweren Verletzungen.

Der Senat legt der Entscheidung bei unterstellter voller Haftung ein Schmerzensgeld i.H.v. 60.000,00 € zugrunde. Die Tatsache der Lebensverkürzung könne nicht schmerzensgeldrelevant sein, es sei nur die Leidenszeit bis zum Tode zu entschädigen. Es könne nicht gänzlich unberücksichtigt bleiben, dass die Kläger selbst lediglich ein Schmerzensgeld von – zugegeben mindestens – 50.000,00 € als sachgerecht erachtet hätten.

LG Bochum, Urt. v. 31.01.2018 – II-8 KLs 36/17 – vgl. Rdn. 2215 2218

50.000,00 €

Schneller Tod durch Mord

Der 20 Jahre alte Angeklagte, der wegen Mordes in 2 Fällen zu einer lebenslangen Freiheitsstrafe verurteilt wurde, ermordete einen 9 Jahre alten Jungen und wenig später einen ihm bekannten Mann, der ihn zum Übernachten in seine Wohnung aufgenommen hatte. Als er diesem auf seinem Handy Fotos des zuvor ermordeten Jungen zeigte, drohte der Mann, die Polizei zu rufen. Daraufhin stach der Angeklagte auf das Opfer ein und es kam zum Handgemenge. Als das Opfer fliehen wollte, stach der Angeklagte auf seinen Rücken ein, brachte ihn zu Fall und stach weiter auf ihn ein, das einen massiven Blutverlust erlitt und verstarb. Auch nach Eintritt des Todes stach der Angeklagte weiter auf das Opfer ein.

Das Schmerzensgeld für die Erben des Mannes fiel höher aus als das Schmerzensgeld für die Erben des 9 Jahre alten Jungen, weil der Sterbevorgang länger dauerte.

Bei der Bemessung wurden die Todesangst des Opfers und die Genugtuungsfunktion besonders berücksichtigt.

OLG Frankfurt, Urt. v. 22.12.2020 – 8 U 142/18, VersR 2021, 908 mit Anm. Jaeger 2219

50.000,00 €

Tod nach 18 Monaten

Bei der 70 Jahre alten Patientin wurde ein Tumor zunächst nicht erkannt. Bei einer um einen Monat früheren Diagnose wäre die statistische Prognose der Patientin um 10–20 % besser gewesen.

Das Gericht sah die Leidensdauer als »eher gering« an.

Die weitere Begründung ist grenzwertig:

Die erlittene Lebensbeeinträchtigung sei bei einer 70 Jahre alten Personen typischerweise unterdurchschnittlich, da man in diesem Alter »die zentralen erfüllenden Momente des Lebens« noch erleben konnte. Die Patientin hätte voraussichtlich ohne den Fehler zwar noch eine ganze Reihe von Jahren leben können. Ihr Leben sei aber erst zu einem Zeitpunkt beeinträchtigt worden, zu dem sie persönlich allein schon wegen ihrer Grunderkrankung »erhebliche Einschränkungen im Sport- und Freizeitbereich hätte hinnehmen müssen und zu dem sich statistisch alsbald weitere altersbedingte gesundheitliche Probleme hinzugesellt hätten.«

Man kann hinzufügen: Ab 70 Jahre wartet eine Patientin ohnehin nur noch auf den Tod.

OLG Koblenz, Urt. v. 17.03.2021 – 5 U 1651/19, MedR 2022, 87 = GesR 2021, 644 2220

60.000,00 € (Vorstellung: 80.000,00 €)

6 Monate Leidenszeit nach behandlungsfehlerhafter Bauchoperation

Der inzwischen verstorbene Ehemann der Klägerin war an einem metastasierenden Uretelkarzinom erkrankt. Er wurde behandlungsfehlerhaft operiert und wurde anschließend rd 3 1/2 Monate stationär behandelt, davon einen Monat auf der Intensivstation. Danach wurde er als Pflegefall entlassen.

Gerade wegen der aufgrund seiner Krebserkrankung nur noch geringen Lebenserwartung des Patienten von im Zeitpunkt der Operation etwa einem halben Jahr, kommt dem Umstand, dass während der verbleibenden Lebenszeit durch die Folgen der Operation seine Lebensqualität deutlich eingeschränkt, wenn nicht gar aufgehoben war, eine besondere Bedeutung zu. Von der Operation bis zu seinem Versterben hat der Patient nur etwa 3 Wochen außerhalb des Krankenhauses verbracht.

2221 **OLG Braunschweig, Urt. v. 28.02.2019 – 9 U 129/15, NdsRpf 2020, 120 = ArztR 2019, 247**

70.000,00 €

Tod nach 4 1/2 Jahren – Darmkrebserkrankung nach unzureichender Befunderhebung

Die Patientin stellte sich wegen zum Teil spritzender Blutungen aus dem Anus beim Beklagten vor, der Hämorrhoiden und eine Analfissur diagnostizierte und behandelte. Eine Darmspiegelung (Koloskopie) oder eine Mastdarmspiegelung (Rektoskopie) wurden von dem Beklagten nicht veranlasst. Bei Durchführung einer Darmspiegelung wäre ein Tumor im Stadium T2 entdeckt und eine Metastasenbildung verhindert worden.

Bei frühzeitiger Diagnose der Krebserkrankung hätte sich die Patientin – ausgehend von der Beweislastverteilung und den Ergebnissen der Beweisaufnahme – lediglich einer Tumorresektion-Operation unterziehen müssen und wäre bei optimalem Verlauf spätestens im Dezember 2007/Januar 2008 wieder arbeitsfähig gewesen. Sie hätte sich nicht den zahlreichen Behandlungen und Therapien über einen Zeitraum von 4,5 Jahren unterziehen müssen, insbesondere die mehrfachen Chemotherapien und die operative Entfernung der Eileiter, Eierstöcke sowie des Blinddarms wären nicht erforderlich geworden. Die 47-jährige Patientin hätte zudem eine aussichtsreiche Chance auf vollständige Heilung und vor allem eine sehr gute Überlebensprognose gehabt.

Stattdessen war die Überlebenszeit von 4,5 Jahren geprägt von zahlreichen und schwerwiegenden Behandlungen und Therapien mit erheblichen gesundheitlichen Einschränkungen, einem sich weiter verschlimmerten Krankheitsbild und der Gewissheit, dass keine Chance auf Heilung besteht und sie versterben wird.

2222 **OLG München, Urt. v. 0.12.2019 – 10 U 2848/19, NJW 2020, 1685**

75.000,00 € (Mitverschulden: 1/3)

Tod nach 22 Monaten

Der Erblasser erlitt einen Verkehrsunfall und verlor das Bewusstsein, das er 22 Monate nicht wiedererlangte. Bis zu seinem Tod befand er sich durchgehend oder überwiegend in einem Zustand der Empfindungsunfähigkeit oder Bewusstlosigkeit.

2223 **OLG Hamm, Urt. v. 27.10.2015 – 26 U 63/15, GesR 2016, 22**

100.000,00 € (Vorstellung: 100.000,00 €)

Tod nach 3 Jahren – Zehenamputation

Die Beklagten begingen einen Befunderhebungsfehler, als sie es unterließen, bei Verdacht auf ein Melanom eine Nagelprobe zur histologischen Befundung zu entnehmen. Sie überließen es der Patientin, den Ort der Nagelprobe zu bestimmen. Die Amputation des Zehengrundgliedes wäre ohnehin erforderlich gewesen.

Den Beklagten ist zuzurechnen, dass die zu erwartende Lebenszeit der damals 55 Jahre alten Patientin deutlich verkürzt worden ist und dass sich ihre Leidenszeit über ca. 3 Jahre erstreckt hat in dem Wissen, dass eine Melanomerkrankung vorlag, die zunächst nicht erkannt wurde. Sie musste belastende Untersuchungen über sich ergehen lassen. Später sind Metastasen in der Lunge festgestellt worden, die zu mehrfachen operativen Eingriffen – Thorakotomie und Metastasektomie – geführt und der Patientin deutlich gemacht haben, dass die Erkrankung weiterhin bestanden hat und sie sich auf ein letales Ende einstellen musste.

2224 **OLG Frankfurt, Urt. v. 10.09.2019 – 8 U 43/17**

100.000,00 €

Nichterkennen eines Blasenkarzinoms

Infolge eines Behandlungsfehlers kam es zu einer als Rezidiv auftretenden Tumorerkrankung, die zur operativen Entfernung der Blase, der Prostata und eines Stücks des Darms führte. Umfangreiche Behandlungen und Klinikaufenthalte und Chemotherapien waren die Folge.

Landgericht Köln, Urt. v. 06.05.2020 – 25 O 72/18 2225

140.000,00 € (Vorstellung: 270.000,00 €)

Tod nach rd. einem Jahr

Die 76 Jahre alte Klägerin erlitt aufgrund eines Behandlungsfehlers einen Hirnschaden, der zur Tetraparese führte.

Bei der Bemessung des Schmerzensgeldes wurde insbesondere berücksichtigt, dass die Patientin ein Jahr lang wach und orientiert war, sich jedoch weder verständigen noch gezielt bewegen konnte. Sie war sozusagen gefangen im eigenen Körper. Die physischen und psychischen Beeinträchtigungen waren massiv. Auch dass die Patientin sich bereits in einem fortgeschrittenen Alter befand und der Tod nach einem Jahr eingetreten ist, wirkt sich schmerzensgeldmindernd aus, da der alsbald eingetretene Tod das Leiden der Patientin zeitlich begrenzt hat.

OLG Celle, Urt. v. 10.08.2018 – 1 U 71/17 2226

500.000,00 €

Freitod nach einem Jahr bei Körperlähmung

Der 50 Jahre alte Kläger wurde vom Hausarzt fehlerhaft behandelt, sodass er einen septischen Schock erlitt, der ein multiples Organversagen und eine dauerhafte weitgehende Körperlähmung zur Folge hatte.

Ursache der Sepsis war ein sog. Spritzenabszess. Das septische Infektionsgeschehen war nicht zu beherrschen. Es schloss sich ein mehr als ein Jahr andauernder dramatischer Leidensprozess an, während dessen der Patient ohne Aussicht auf eine Besserung dauerhaft künstlich beatmet werden musste und weitgehend gelähmt blieb. Am Ende dieses Leidensprozesses stand der ärztlich begleitete Freitod des Patienten, der seinen Sterbewunsch über Monate hinweg geäußert und diesen auch in Ethikgesprächen mit den behandelnden Ärzten bekräftigt hatte. Der Patient war verheiratet und Vater von drei minderjährigen Kindern.

ArbG Bielefeld, Urt. v. 28.07.2020 – 5 Ca 1725/19 2227

580.000,00 € (Vorstellung: 250.000,00 €)

Tod nach 3 Jahren und 4 Monaten – Verletzung des Sohnes – Giftbeibringung durch einen Arbeitskollegen – apallisches Syndrom – irreversibler Verlust des Bewusstseins

Die Eltern klagen aus ererbtem Recht des Sohnes.

Der Beklagte, der wegen versuchten Mordes und gefährlicher Körperverletzung zu einer lebenslangen Freiheitsstrafe verurteilt wurde, verabreichte dem inzwischen verstorbenen Sohn der Kläger am 29.07.2016 methyliertes Quecksilber.

Der Sohn litt aufgrund der Methyl-Quecksilber-Vergiftung bis zu seinem Tod am 07.01.2020 an einem schweren apallischen Syndrom. Zuvor hatte sich sein Gesundheitszustand ab Ende Juli 2016 rapide verschlechtert. Bereits Ende August 2016 konnte er nicht mehr laufen und nur noch einzelne Worte sprechen. Von Ende Februar 2017 bis zu seinem Tod wurde er von den Klägern zu Hause gepflegt. Er musste künstlich ernährt und beatmet werden und hatte sämtliche Funktionen des Bewusstseins und damit seine Persönlichkeit irreversibel verloren.

Das besonders schwere Verschulden des Beklagten wurde bei der Bemessung des Schmerzensgeldes berücksichtigt.

Verbrennungen/Verätzungen

▶ Hinweis:

Es erscheint gerechtfertigt, Verletzungen durch Verbrennungen und Verätzungen gesondert zu behandeln, da hier für die Bemessung nicht nur das jeweils verletzte Körperteil, sondern ebenso die Art der Verletzung entscheidend ist; so zeichnen sich Brandwunden regelmäßig durch einen schmerzhaften Heilungsprozess und dauerhafte Narbenbildung aus.

Ein Sonderfall von Verbrennungsverletzungen betrifft den Einsatz eines Hochfrequenz- oder Elektrochirurgiegerätes bei Operationen, durch welches es zu Verbrennungen kommen kann; vgl. hierzu Riedel, MedR 2009, 83 ff.

2228 **LG Frankfurt, Urt. v. 05.05.2022 – 2–24 S 16/20, unveröffentlicht**

0,00 €

Hitze im Flugzeug

Die Kläger waren Passagiere im Flugzeug der Beklagten. Die Klimaanlage war nicht angeschaltet, die Kinder – auch eine der Klägerinnen, die 2 Jahre alte war – wurden bis auf die Unterhose ausgezogen. Ein Öffnen der Türen wurde verweigert. Das Gericht lehnte einen Ersatzanspruch ab, weil es in dem Umstand schlechter, heißer Luft keine relevante Körperverletzung sah; weitergehende Beeinträchtigungen hatten die Kläger nicht beweisen können.

2229 **LG Bonn, Urt. v. 25.01.2019 – 1 O 205/18, unveröffentlicht**

300,00 € (1/3 Mitverschulden; Vorstellung: 500,00 €)

Verbrennungen und Prellungen der Hand

Die Klägerin erlitt bei einem Verkehrsunfall Prellungen und Verbrennungen ersten Grades an der Hand sowie eine Verstauchung des oberen Sprunggelenks. Sie wurde mit Rettungswagen in die Klinik gebracht und war 5 Tage arbeitsunfähig.

2230 **OLG Köln, Beschl. v. 06.04.2020 – 5 U 175/19, unveröffentlicht**

500,00 € (Vorstellung: 5.000,00 €)

Verbrennungen an Wange und Kinn

Die Klägerin war bei dem Kosmetikstudio der Beklagten in Behandlung; dort wurde einmal monatlich eine IPL-Behandlung zum Zweck der Entfernung von Gesichtshaaren durchgeführt. Aufgrund von Fehlern bei dieser Behandlung kam es zu Verbrennungen 2. Grades im Gesicht an Wange und Kinn; die Stellen röteten sich, in der Folge bildeten sich eitrige Bläschen, die sich aber zurückbildeten. Eine postinflammatorische Hyperpigmentierung trat auf. Der Betragsvorstellung lag die – nicht bewiesene – Behauptung von Dauerschäden der Haut und Narben zugrunde.

2231 **LG Koblenz, Urt. v. 31.11.2020 – 1 O 62/00, unveröffentlicht**

750,00 € (Vorstellung: 750,00 €)

Verbrennungen unter den Füßen

Die zum Schadenszeitpunkt 17 Monate alte Klägerin besuchte mit ihrer Mutter ein Schwimmbad. In Beckennähe befand sich dort auf einem Fußweg im Boden eine große Metallplatte. Diese hatte sich durch intensive Sonneneinstrahlung bei hochsommerlichen Temperaturen stark erhitzt. Die Platte war weder besonders gekennzeichnet noch wurde dort in sonstiger Weise vor Gefahren gewarnt; hierin sah das Gericht eine Verkehrssicherungspflichtverletzung.

Die Klägerin lief barfuß vor ihrer Mutter her und betrat die Platte, auf der sie sodann stehen blieb und anfing zu weinen, woraufhin die Mutter ihre Tochter sofort schnappte und auf den Arm nahm. Da Kinder an den Fußsohlen noch nicht so widerstandsfähige Hautschichten wie Erwachsene haben, zog sich die Klägerin unter beiden Fußsohlen Verbrennungen zu, die im Krankenhaus behandelt werden mussten. Unter beiden Fußsohlen bildeten sich Blasen. Es war an beiden Fußsohlen ca. 5 % der Körperoberfläche verbrannt. Die Klägerin konnte in der ersten Woche nach dem Vorfall nicht gehen und schlief schlecht. Die Behandlung der Verbrennungen dauerte ca. drei Wochen.

LG Coburg, Urt. v. 13.12.2016 – 23 O 457/16, unveröffentlicht 2232

1.000,00 € (Vorstellung: 1.278,50 €)

Verbrennungen der Fußsohlen

Die ein Jahr alte Klägerin ging im von der Beklagten betriebenen Schwimmbad über eine (an sich als barrierefreier Zugang gedachte) Metallrampe. Da diese ungeschützt in der prallen Sonne stand, verbrannte sich die Klägerin beide Füße. Sie erlitt Verbrennungen mit einer großflächigen Blasenbildung im Bereich der Ballen. Sie litt unter starken Schmerzen, der Bewegungsdrang war durch die Verbrennung der Fußsohlen stark beeinträchtigt. Die Klägerin konnte anfangs auch nur schlecht laufen und klagte nach kurzen Strecken über schmerzende Füße. Für eine Woche musste ein Wunderverband angelegt werden. Nach drei Wochen heilten die Wunden ab.

AG Köln, Urt. v. 28.02.2018 – 144 C 143/15, RDG 2018, 143 2233

1.500,00 € (Vorstellung: 2.000,00 €)

Verbrennungen an Daumen und Hüfte

Der Kläger war beim beklagten Arzt, um wegen zunehmender Rückenschmerzen eine MRT-Untersuchung vornehmen zu lassen. Hierbei wurde das Risiko einer Verbrennung durch Isolierung (sog. »padding«) nicht ausgeschlossen. Der Kläger erlitt Brandblasen und Verbrennungen zweiten Grades an beiden Daumen sowie an der Hüfte jeweils in einem Durchmesser von 1,5 cm mit Rötungen und Brandnarben. Er war sechs Tage bettlägerig, es kam zu Entzündungen und zum Nässen der Brandblasen. Bei der Bemessung berücksichtigte das Gericht, dass vier Stellen des Körpers und insbesondere die Daumen beeinträchtigt waren.

LG Heidelberg, Urt. 25.11.2016 – 3 O 5/16, MedR 2017, 276 2234

2.000,00 € (Vorstellung: 2.500,00 €)

Ausschlag an Mund und Wangen

Die Klägerin kaufte eine »Gesichtsenthaarungscreme« der Beklagten und trug sie auf das Gesicht auf. Sie litt in der Nacht nach der Anwendung unter einem Brennen und Schmerzen im Gesicht, als wäre es mit Säure in Kontakt; es trat – ohne dass sie kratzte – eine blutende Wunde auf, die in einem größeren Bereich um den Mund und das Kinn herum bis zur Wange zu entstellenden Hautausschlägen geführt hat. Die Klägerin musste ihr Gesicht kühlen; 17 Tage wagte sie sich nicht in die Öffentlichkeit. Die Gesichtshaut ist inzwischen erholt, das geschminkte Gesicht weist keine extremen Auffälligkeiten auf, aber eine Laserbehandlung steht noch aus.

AG Brandenburg, Urt. v. 19.12.2022 – 34 C 20/20, unveröffentlicht 2235

2.500,00 € (Vorstellung: 3.500,00 €)

Brennender Schorf – Hautekzeme – Schwellungen

Die beklagte Friseurin färbte die Haare der Klägerin, ohne vorher nach Allergien zu fragen. Bei der Klägerin kam es nach der Färbung zu Schwellungen der Haut an Gesicht und Augen und ekzematösen Erscheinungen an der Kopfhaut – Hautrötungen, brennender Schorf. Sie litt 10 Tage unter Beschwerden, das Abheilen dauerte 4 Wochen.

2236 **LG Lübeck, Urt. v. 23.08.2023 – 6 O 161/22, unveröffentlicht**

<u>3.000,00 €</u> (1/2 Mitverschulden; Vorstellung: 7.500,00 €)

Verbrennungen an Gesicht, Ohr, Hals, Schulter, Schlüsselbein und Dekolleté

Die Klägerin besuchte ihren Bruder auf der Baustelle seines Hauses; die Beklagte war Ehefrau und Eigentümerin. Die Klägerin half bei der Isolierung des Kellers mit Styroporplatten; als sie eine der Platten versehentlich gegen die aus dem Erdreich führende und unzureichend abgesicherte Stromversorgungsleitung drückte, erlitt sie einen Stromschlag und erhielt Verbrennungen im Bereich von Gesicht, Ohr, Hals, Schulter, Schlüsselbein und Dekolleté. Es handelte sich um eine schwere Brandverletzung zweiten Grades auf 4 % der Körperoberfläche. Sie wurde per Rettungshubschrauber ins Krankenhaus gebracht, wo sie erstversorgt und anschließend zwei Wochen stationär behandelt wurde. Zwei Monate folgten regelmäßige hausärztliche Termine zur Wundversorgung; es liegen noch Hautschädigungen im Bereich der Brandnarben vor.

Die Klägerin litt unter erheblichen Schmerzen; die Hautareale sind weiterhin besonders empfindlich. Der plötzliche Unfall hat sie psychisch beeinträchtigt, sie hat Angst beim Umgang mit elektrischen Geräten. Bei der Bemessung wurde auch die familiäre Nähe der Parteien berücksichtigt (die Beklagte ist allerdings haftpflichtversichert).

2237 **LG Baden-Baden, Urt. v. 17.10.2019 – 204 Js 15328/17 (3) – 2 KLs, unveröffentlicht**

<u>4.000,00 €</u>

Verbrennungen an der Brust

Die Parteien waren verheiratet; der Angeklagte fesselte die Nebenklägerin, vergewaltigte sie und fügte ihr dann mit einem räucherstabähnlichen Gegenstand mehr als 80 Brandverletzungen an den oberen Brusthälften und an der Haut des Oberbauches zu. Es kam zu oberflächlichen, rundlichen Hautläsionen und erheblichen Schmerzen. Die Nebenklägerin fiel in Ohnmacht; der Angeklagte fügte ihr mit einem erhitzten Messer weitere Brandverletzungen dritten Grades an den Innenseiten der Schenkel zu.

2238 **OLG Köln, Urt. v. 19.06.2020 – 20 U 287/19, unveröffentlicht**

<u>5.000,00 €</u> (Vorstellung: 10.000,00 €)

Schwere Hautverätzungen

Die Klägerin ließ sich im Friseursalon der Beklagten blonde Strähnen färben. Aufgrund einer zu langen Einwirkzeit der Blondiercreme kam es in einem handtellergroßen Bereich des Hinterkopfes zu Verbrennungen und Verätzungen 2. Grades. Die Klägerin musste sich einer monatelangen Schmerz- und Infektionsbehandlung mit verschiedenen Medikamenten (Schmerzmittel, Antibiotika und Kortikoide) unterziehen. In dem betroffenen Bereich, einer Fläche am Hinterkopf von 3 x 5 cm, können auf natürliche Weise keine Haare mehr wachsen, eine Kurzhaarfrisur kann die Klägerin ohne einen chirurgischen Eingriff nicht mehr tragen.

2239 **LG Kiel, Urt. v. 29.10.2019 – 8 O 254/16, unveröffentlicht**

<u>8.000,00 €</u>

Verätzungen im Mundraum durch Vergiftung – Lebensgefahr

Die 5 Monate alte Klägerin wurde von dem Vater, der am Münchhausen-by-Proxy Syndrom litt, verletzt: Er flößte ihr säurehaltige Substanzen und Desinfektionsmittel ein, wodurch sie Schleimhautverätzungen und Läsionen erlitt. Über ein halbes Jahr litt die Klägerin immer wieder an schmerzhaften Verätzungen im Mundraum, Erbrechen und weißen Stellen im Mundraum; nachdem der Vater Alkohol zugeführt hatte, verfiel die Klägerin u.a. in einen tief komatösen Zustand und musste 19 Stunden künstlich beatmet werden. Es kam schließlich in einem Zeitraum von zwei Monaten zu lebensbedrohlichen Zuständen. Das verklagte Krankenhaus haftete, da die Einholung eines gerichtsmedizinischen Konsils zum Ausschluss einer Kindeswohlgefährdung unterblieb.

LG Hamburg, Urt. v. 19.06.2017 – 622 KLs 3/17, unveröffentlicht 2240

12.000,00 €

Verätzungen in Gesicht, Rachen und Brust

Der Angeklagte schüttete seiner Exfrau, die er unter einem Vorwand aufgesucht hatte, unvermittelt aus einem Meter Entfernung Salzsäure über Gesicht und Oberkörper. Die Nebenklägerin war so überrascht, dass ein Teil der Säure beim Einatmen in die Luftröhre geriet und den Rachen verätzte. Sie erlitt lebensgefährliche Hautverätzungen im Gesicht, Hals- Schulter- und Brustbereich, Verätzungen der Augenhornhäute sowie des Mund- und Rachenraumes. Sie drohte zu ersticken und musste zwei Tage ins künstliche Koma versetzt und auf der Intensivstation künstliche beatmet werden, wo es zu einem Ödem kam, was 10 Tage Aufenthalt auf der Intensivstation nötig machte. Körperlich ist sie inzwischen weitgehend wiederhergestellt; die Verätzungen auf Haut und Hornhäuten waren oberflächlich, im Gesicht sind keine entstellenden Narben verblieben. Die Haut im Bereich der BH-Träger ist weiterhin leicht gerötet, eine Halsnarbe ist verwachsen und muss neuerlich operiert werden. Die Stimme der Nebenklägerin ist dauerhaft beeinträchtigt, sie kann nur noch kurz reden und klingt heiser, was sie bei ihrer Arbeit beeinträchtigt. Psychisch ist sie stark beeinträchtigt und seit Monaten in psychotherapeutischer Behandlung.

LG Köln, Urt. v. 13.05.2022 – 12 O 459/19, unveröffentlicht 2241

18.750,00 € (1/4 Mitverschulden; Vorstellung: 15.000,00 €)

Verätzungen an Speiseröhre und Magen

Der 29 Jahre alte Kläger begab sich in den Handy-Reparaturladen des Beklagten, mit welchem er befreundet war, und fragte nach etwas zu trinken. Der Beklagte sagte, er solle im Kühlschrank schauen; dort entnahm der Kläger eine Limonadenflasche mit farbloser Flüssigkeit und trank diese, wobei er nicht mehrte, dass es sich um Ammoniakwasser handelte, mit welchem der Beklagte Handy-Platinen reinigte.

Der Kläger erlitt einen Schweißausbruch und Atemnot. Er erbrach mehrfach, wurde stationär aufgenommen und in ein künstliches Koma verlegt. Er erlitt Schwellungen und Zersetzungen an Speiseröhre und Magen, Entzündungen und Geschwüre in der unteren Speiseröhre und eine Insuffizienz des Muskels zwischen Magen und Speiseröhre. Er verblieb 16 Tage stationär und musste künstlich ernährt werden; nach der Entlassung begann eine Ernährung mit Brei und Flüssigkost, die einen Monat andauerte. Zwischendurch wurde befürchtet, dass er einen Magenersatz oder eine Magensonde benötigen würde. Der Kläger litt noch einige Monate unter Alpträumen. Er hat bei Belastung und Aufregung Schmerzen in Magen und Speiseröhre, leidet mindestens einmal in der Woche an Durchfällen und Magenkrämpfen und muss ab dem Alter von 50 jährliche Routine-Biopsien durchführen lassen, um auf Karzinombildung zu testen.

Das Gericht bejahte eine Verkehrssicherungspflichtverletzung wegen der Nutzung einer Limonadenflasche, sah aber ein Mitverschulden darin, in einer Handywerkstatt aus einer bereits geöffneten Flasche eine farblose Flüssigkeit zu trinken.

OLG Frankfurt, Urt. v. 28.01.2014 – 8 U 116/12, unveröffentlicht 2242

25.000,00 € (Vorstellung: 25.000,00 €)

Verbrennungen im Gesäßbereich – Fehlerhafte Hüftimplantation

Großflächige Verbrennung der rechten Gesäßhälfte – Hüftgelenksendoprothese

Der 72 Jahre alte Kläger litt unter einer Coxarthrose des linken Hüftgelenks, weswegen von den Beklagten eine zementfreie Hüftgelenk-Endoprothese links implantiert wurde. Beim Einschlagen der Prothese kam es zur Sprengung des Schaftes, weswegen ein Titanband als Cerclage eingesetzt wurde. Ferner erlitt der Kläger eine großflächige Verbrennung der rechten Gesäßhälfte. Diese wurde erst am Folgetag bei der Verletzung auf die Normalstation bemerkt und mit Salbe und Verband behandelt. Da er infolge der Hüftoperation nur auf dem Rücken liegen oder sitzen durfte, litt er unter starken Schmerzen an der rechten Gesäßhälfte. Im Anschluss befand er sich einen Monat in einer Rehabilitationsklinik, wo die Verbrennungswunde gezielt behandelt wurde; dies war erheblich schmerzhaft, eine Wassertherapie konnte nicht durchgeführt werden, das Sitzen auf dem Ergometer war nur unter großen Schmerzen auszuhalten, die allgemeine Krankengymnastik erwies sich wegen der Verbrennungswunde als schwierig und schmerzhaft.

Weil das Implantat 2 cm in den Schaft hineingerutscht war, war das linke Bein verkürzt; es folgte eine Revisionsoperation, aufgrund derer der Kläger 6 Wochen rollstuhlpflichtig war. Acht Monate nach der Operation war die Verbrennung verheilt, aber weiterhin schmerzhaft bei Druckbelastung im Sitzen oder Liegen.

Die Beklagten hafteten für die Verbrennung, die infolge unsachgemäßen Einsatzes eines Elektrokauters entstanden war, sowie für Diagnosefehler bei der Beinverkürzung, wobei bei der Bemessung auch berücksichtigt wurde, dass sie wider besseres Wissen behauptet hatten, es handele sich »um eine schicksalhafte Komplikation einer jeden Operation«, was der Senat als vorwerfbare Regulierungsverzögerung bewertete.

2243 **OLG Stuttgart, Urt. v. 26.03.2024 – 10 U 103/23, NJW-RR 2024, 1019**

40.000,00 €

Brandverletzungen auf 9 % des Körpers

Der Geschädigte erlitt einen Stromschlag bei Bauarbeiten, als er bei Abbrucharbeiten in Kontakt mit einem stromführenden Bauteil, welches vorwerfbar im Keller belassen worden war, geriet. Er erlitt auf 9 % des Körpers zweit- und drittgradige Brandverletzungen, insbesondere an Hand und Arm, musste intubiert und künstlich beatmet werden und war 2 Tage im Koma sowie einen Monat auf Intensiv. Nach dem Unfall traten psychische Probleme, Konzentrationsschwierigkeiten, Unruhe, Nervosität, Aggressivität und depressive Stimmungen auf. Diagnostiziert wurden ferner Spannungskopfschmerz und ein hirnorganisches Psychosyndrom. Der Kläger ist nur noch eingeschränkt körperlich belastbar, leidet unter Schwindel und Kopfschmerzen und Antriebslosigkeit. Dauer-MdE 30 %.

2244 **LG Bonn, Urt. v. 02.12.2021 – 17 O 78/21, unveröffentlicht**

50.000,00 € (Vorstellung: 50.000,00 €)

Verbrennungen an Körper und Genital

Der Beklagte war der vormalige Lebensgefährte der neuen Freundin des Klägers, welche sich, nachdem sie diesen einem Skiurlaub kennen gelernt hatte, vom Beklagten trennte. Der Beklagte ortete dann, als der Kläger von der Freundin neuerlich besucht wurde, ihr Handy, reiste ihr nach und überfiel den Kläger, als dieser zum Bus gehen wollte. Er zwang ihn mit einer Waffe, die er ihm in den Mund steckte, den Aufenthaltsort der Freundin offenzulegen, fuhr dann mit beiden in den Wald, wo er den Kläger an Oberkörper und Genitalbereich mit einem Elektroschocker quälte und das nackte Genital mit Wasser bespritzte, bis der Schocker nicht mehr funktionierte. Danach schlug er den Kläger mit einem Schlagstock und Holzstöcken auf den Kopf, wodurch es zu stark blutenden Platzwunden kam. Dann musste der Kläger versprechen, seine Freundin nicht wiederzusehen; er wurde dann am Tatort zurückgelassen, von wo er sich in ein in die Nähe gelegenes Hotel schleppte. Der Kläger erlitt einen Fingerbruch, diverse Einblutungen, Abschürfungen, Platzwunden, Prellmarken und Schwellungen. Ein Zahn brach ab, es kam zu starken Verbrennungen an Körper und Genital. Der Kläger ist bis heute psychisch beeinträchtigt, leidet an Angstzuständen und Schlafstörungen und ist arbeitsunfähig. Bei der Bemessung berücksichtigte das Gericht die vorsätzliche Begehung und die Todesangst sowie die massiven körperlichen Qualen des Klägers, schließlich die Folgen der Arbeitslosigkeit und der psychischen Belastungen.

LG Münster, Urt. v. 06.12.2024 – 2 Ks N03/24, unveröffentlicht 2245

90.000,00 €

Verbrennungen an Gesicht, Unterschenkel und Fuß

Der Adhäsionskläger erlitt Brandverletzungen wegen einer Explosion, die der Angeklagte herbeigeführt hatte; dieser wurde wegen versuchten Mordes verurteilt. Der Angeklagte hatte ein Sprengstoffpaket so deponiert, dass es der Geliebte seiner Ehefrau hätte finden sollen; der Adhäsionsklage, der zufälliger Passant war, hob es auf, wobei es explodierte und Magnesium, Hose und Jacke des Adhäsionsklägers in Brand setzte. Der Geschädigte erlitt Verbrennungen im Umfang von ca. 25 % der Körperoberfläche, wobei die Verbrennungstiefe unterschiedlich stark ausgeprägt war. Verbrennung von Schweregrad 1 entstanden im Bereich des Halses und an Teilen des rechten Unterarms. Verbrennungen von Grad 2 entstanden im Gesicht, an anderen Teilen des rechten Unterarms, der linken und rechten Hand. Am schwersten betroffen waren die beiden Unterschenkel und der rechte Fuß, die Verbrennungen von Grad 2b-3 und am rechten Unterschenkel sowie am rechten Fuß sogar stellenweise von Grad 4 aufwiesen. Darüber hinaus erlitt er durch die Explosion eine beidseitige Lungenprellung. 13 Tage auf der Intensivstation behandelt werden, wobei zwei Operationen und Transplantationen von Haut der Oberschenkel auf die Unterschenkel erforderlich waren. Es kam zu einer Lungenentzündung, die antibiotisch behandelt wurde. Der Geschädigte konnte nach 18 Tagen aus der stationären Behandlung entlassen werden. Danach waren jedoch weiterhin ein täglicher Verbandswechsel durch einen Pflegedienst sowie die Anbindung an ein Wundtherapiezentrum erforderlich. Bis heute besteht eine offene Wunde am rechten Unterschenkel. Aufgrund von Schmerzen im rechten Bein kann der Geschädigte bis heute nicht lange stehen oder laufen. Die Nerven sind geschädigt, weshalb ein Taubheitsgefühl im rechten Fuß dauerhaft bestehen bleiben wird. An der rechten Hand bestehen weiterhin Schmerzen. Nach Abheilen der Brandverletzungen blieben Narben am Hals, an der rechten Hand, am rechten Unterarm, am linken Daumen und Zeigefinger sowie den Unterschenkeln beidseits zurück. Darüber hinaus leidet der Geschädigte an erheblichen psychischen Folgen der Tat. Er schläft schlecht, hat Angstzustände, hört nachts immer wieder den Explosionsknall, meidet Menschenansammlungen und Kontakte insgesamt. Der Geschädigte ist bis heute arbeitsunfähig und wird seinen Beruf als Tischler voraussichtlich nie wieder ausüben können. Pflegegrad 2 und Dauer-MdE von 30 %.

LG Köln, Urt. v. 19.08.2011 – 7 O 638/09, unveröffentlicht 2246

100.000,00 €

Großflächige Verbrennungen 2. und 3. Grades von 40 % der Hautfläche

Die Parteien waren Mitglieder einer italienischen Gruppe in Köln-Kalk; weil der Kläger wahrheitswidrig einem der Beklagten das Handeln mit Drogen unterstellt hatte, wollten die Beklagten dem Kläger einen »Denkzettel« verpassen. Unter einem Vorwand lockten sie den Kläger in ein Waldstück, wo sie ihn unter vorgehaltener Waffe zwangen, sich auszuziehen, und ihn sodann fesselten, mit Benzin übergossen und anzündeten. Der Kläger brannte vor allem am Rücken, am linken Arm, an den Beinen, an den Genitalien, am Gesäß und am Kreuzbein. In diesem Zustand lief er schreiend durch das Waldstück, bis er sich schließlich zu Boden warf und sich dort wälzte, um die Flammen zu ersticken. Der Kläger wurde sodann von den Beklagten weggefahren und ausgesetzt, ohne dass sie Hilfe geholt hätten. Der Kläger erlitt infolge der großflächigen Verbrennungen 2. und 3. Grades von 40 % der Hautfläche einen massiven Flüssigkeits- und Eiweißverlust, der ohne unverzügliche ärztliche Intervention zum Tode durch Ersticken geführt hätte.

Um eine Behandlung zu ermöglichen, wurde der Kläger zwei Wochen in ein künstliches Koma versetzt. In dieser Zeit und auch nach seinem Erwachen aus dem Koma wurden zahlreiche Operationen durchgeführt, in denen Hautstücke auf die zerstörten Stellen transplantiert wurden. Während der gesamten Behandlungszeit traten darüber hinaus wiederholt Nekrosen mit schwerwiegenden Entzündungen auf, die in ständigen Operationen immer wieder weggeschnitten wurden. Der Kläger nahm über ein Jahr durchgehend Schmerzmittel. Weiterhin trat bei ihm während der Behandlung ein lang andauerndes Durchgangssyndrom in Form einer ausgeprägten Psychose mit Verfolgungsängsten, Wahrnehmungsstörungen und Aggressionsdurchbrüchen auf.

Heute ist der Körper des Klägers an Rücken, Arm, Beinen, Gesäß und Kreuzbein mit Verbrennungsnarben übersät, was bei ihm ein starkes Schamgefühl auslöst; er trägt aus Angst vor den Reaktionen seiner Umwelt im Sommer weder kurzärmlige Oberteile noch kurze Hosen. Die zahlreichen Narben werden ihn zeitlebens täglich an das traumatische Tatgeschehen erinnern, das ihm darüber hinaus bis heute unverändert Albträume beschert. Der Kläger ist dadurch in seiner Lebensfreude und Lebensqualität erheblich eingeschränkt. Weil auch die Nervenzellen in den stark verbrannten Bereichen zerstört sind, leidet er des Weiteren regelmäßig an unkontrollierten Zuckungen. Ferner muss der Kläger zeitlebens direkte Sonneneinstrahlung meiden, weil seine Haut an den verbrannten Stellen nach wie vor empfindlich ist und weil durch die Verbrennungen auch Schweißdrüsen zerstört wurden und er Schweiß deshalb nicht mehr absorbieren kann. Dies hat zur Folge, dass der Kläger bei Schweißbildung unvermeidlich einen starken Juckreiz verspürt, der für ihn kaum zu ertragen ist. Es ist zudem eine ständige Pflege der Narbenbereiche erforderlich, damit dieser Juckreiz dort nicht auftritt. Ein Kratzen der geschädigten Haut birgt die Gefahr von Infektionen in sich.

Auch der bei der Tat verbrannte Arm ist durch verdicktes und verwachsenes Gewebe bis heute stark eingeschränkt. Weil es als Folge der Verbrennungen zu einer ausgeprägten Narbenbildung mit Kontrakturen in der linken Achselhöhle gekommen ist, die zu einer zunehmenden Bewegungseinschränkung im linken Schultergelenk geführt haben, musste sich der Kläger drei Jahre nach der Tat diesbezüglich einer Operation unterziehen. Es ist nicht auszuschließen, dass er auch in Zukunft, insb. mit steigendem Alter, an Folgeerscheinungen der Tat zu leiden haben wird, die gegebenenfalls operativ behandelt werden müssen. Bei weiteren Operationen besteht jedoch die erhöhte Gefahr eines Wiederauftretens des Durchgangssyndroms.

Zuletzt wies das Gericht auf die vorsätzliche Tatbegehung hin, die bei der Bemessung ebenfalls Berücksichtigung fand.

2247 **LG Bielefeld, Urt. v. 08.06.2018 – 3 O 353/15, NZI 2018, 941**

150.000,00 € (Vorstellung: 175.000,00 €)

Verbrennungen an Armen, Beinen und Kopf

Die Klägerin und der Beklagte führten eine Beziehung, die von Gewalttätigkeiten geprägt war. Nachdem die Klägerin die Beziehung beenden wollte, schubste der Kläger sie in den Keller, übergoss sie mit Brennspiritus und zündete sie an. Die Klägerin erlitt Verbrennungen des Grades 2B bis 3 auf 30 % ihrer Körperfläche, im Bereich des Kopfes, Halses, der Schulter, des Gesäßes und des Oberschenkelbereichs. Es kam zu einem Inhalationstrauma aufgrund der Rauchgase; als Komplikationen entstanden ein akutes Nierenversagen sowie Pneumonie. Ein Luftröhrenschnitt wurde erforderlich. Die Klägerin wurde knapp 2 Monate stationär behandelt und zwanzigmal operiert (Hauttransplantationen, Entfernung von Gewebe, Einschnitte der Haut zur Öffnung von Abszessen, Die Klägerin musste 41 Tage lang künstlich beatmet werden; sie litt unter extremen Schmerzen. Eine einmonatige stationäre Reha schloss sich an. Die Wunden heilten erst nach einem halben Jahr ab; die Muskulatur war aufgrund des langen Liegens beeinträchtigt, sodass die Klägerin nicht mehr alleine gehen konnte. Sie erhielt psychologische Betreuung. Bis ein Jahr nach dem Unfall musste die Klägerin Kompressionskleidung tragen; sie leidet durch die Narben und Transplantationen unter Bewegungseinschränkungen an Hals und Hand. Sie ist wetterfühlig. Ein deutlich erhöhtes Hautkrebsrisiko besteht, sodass die Klägerin Tätigkeiten an der Sonne (insbesondere Hobbies wie Schwimmen und Joggen) unterlassen muss. Die Klägerin, die großen Wert auf Aussehen und Bekleidung gelegt hat, muss nun mit deutlich sichtbaren Narben und Hautproblemen, Juckreiz und Spannungsgefühlen leben. Die Narben verlaufen an Armen, Hals und Oberschenkelbereich.

2248 **LG Oldenburg, Urt. v. 01.12.2023 – 2 O 2383/152, unveröffentlicht**

150.000,00 € (1/2 Mitverschulden)

Verbrennungen dritten und vierten Grades – Amputation von Unterschenkel und Arm

Der 13 Jahre alte Kläger erlitt auf einem Abstellgleis eines Bahnhofs einen Stromschlag, als er auf einen Eisenbahnwaggon kletterte und dabei die Oberleitung berührte. Der Kläger erlitt Verbrennungen dritten und vierten Grades an beiden Beinen und am linken Arm; er erlitt einen Atemstillstand und ein Schocktrauma, infolgedessen sich seine Körpertemperatur auf 24 Grad abkühlte. Er musste reanimiert werden; der linke Arm und beide Unterschenkel mussten amputiert werden. Durch das Stromtrauma wurden auch Lunge, Herz, Nieren und Leber beschädigt. Der Kläger befand sich 5 Monate im Krankenhaus, davon 39 Tage auf der Intensivstation. Er wurde 23-mal operiert. Mehrere weitere Krankenhausaufenthalte für Wundbehandlung, Prothesenanpassung und Reha waren nötig. Der Kläger ist auf Gehhilfen oder einen Rollstuhl angewiesen, trotz Prothesen ist er gangunsicher. Er leidet an Phantomschmerzen, chronischen Glieder- und Muskelschmerzen. An den Amputationsstümpfen und Brandwunden bestehen Narben, Juckreiz und trockene Haut. Der Kläger leidet an einer posttraumatischen Belastungsstörung mit Angst- und Panikattacken, Schlafstörungen, Depressionen und Reizbarkeit. Das Gericht bejahte eine Haftung der Bahn mit Blick drauf, dass aussagekräftige Warntafeln fehlten und der abgestellte Waggon eine fest angebrachte Leiter aufwies, gleichzeitig aber Wohn- und Jugendeinrichtungen in unmittelbarer Nähe waren.

OLG Zweibrücken, Urt. v. 28.06.2023 – 7 U 107/21, unveröffentlicht 2249

200.000,00 €

Verbrennungen auf 25 % des Körpers

Der Kläger war als Arbeiten an einer Gaspipeline tätig; wegen falscher Planunterlagen wurde bei der Einbringung einer Spundwand eine Gasleitung getroffen; das austretende Gas entzündete sich sofort und bildete eine Stichflamme. Der Kläger erlitt Verbrennungen auf 25 % der Körperoberfläche. Er befand sich ca 170 Tage in stationärer Behandlung; er befindet sich weiterhin in regelmäßiger ärztlicher Behandlung. Bei der Einlieferung des Klägers in die Unfallklinik war er bewusstlos und seine Haut in einem Umfang von 25 % verbrannt. Die Brandverletzungen betreffen den Rücken, den Arm, die Hand, das Gesäß und die Oberschenkel sowie in geringerem Grade auch den Kopf, wobei dort auch das Augenlid betroffen ist. In den folgenden ca. drei Wochen wurde der Kläger in ein künstliches Koma versetzt und künstlich beatmet. Die in der Folge der erlittenen Brandverletzungen vorhandenen sehr starken Schmerzen wurden mit Analgetika behandelt, wobei eine vollständige Schmerzausschaltung nicht gelang und der Kläger trotz Medikation sehr starke Schmerzen verspürte, was insbesondere bei Umlagerungstätigkeiten im Bett trotz zusätzlicher Narkosemittel der Fall war. Er musste sich 12 Operationen unterziehen; als Folge der schweren Verbrennungen sowie teilweise der notwendigen Gewinnung von Transplantationsmaterial sind Narben verblieben, die sehr deutlich in den Bereichen des Rückens, der Oberschenkel und des Gesäßes sichtbar sind und sich dort überwiegend befinden. Auch im Gesicht und am sonstigen Kopf sind sichtbare Vernarbungen verblieben. Die Verbrennungen auf den Händen bedingen die Notwendigkeit, Handschuhe zu tragen; die Fingerspitzen sind taub, die Nägel nicht richtig nachgewachsen, diverse Handgriffe beeinträchtigt. Längeres Sitzen fällt wegen der Beeinträchtigung der Haut an Beinen und Gesäß schwer. Das linke Auge tränt; beide Augen sind lichtempfindlich und lassen sich nicht mehr ganz schließen. Der Mund des Klägers kann aufgrund der Verletzungen der Gesichtshaut nicht mehr vollständig geöffnet werden. Der Kläger leidet unter Spannungsgefühlen, Juckreiz und Temperaturempfindlichkeit. Der Kläger ist psychisch stark belastet.

Vergewaltigung, sexueller Missbrauch und Misshandlung Schutzbefohlener

▶ Hinweis:

Vergewaltigung und sexueller Missbrauch sind ein Thema, das bei Juristen und Nicht-Juristen Emotionen weckt, Emotionen, die bei Frauen oder Männern unterschiedlich heftig ausfallen können.

Betrachtet man die zu Vergewaltigungsfällen ergangenen Entscheidungen, fällt auf, dass ein Schmerzensgeld i.H.v. 20.000,00 DM (10.000,00 €) erstmals 1986 zuerkannt wurde, allerdings in einem Fall mit der Besonderheit, dass ein 15-jähriges Mädchen mehrfach vergewaltigt wurde.

In früheren Jahren hat es auch bei schlimmen Taten stets nur Schmerzensgelder in einer Größenordnung von meist 6.000,00 € – 7.500,00 € gegeben. Vielfach fielen die Schmerzensgeldbeträge noch geringer aus, insb. dann, wenn der zuerkannte Betrag dem Klageantrag entsprach.

Erst in jüngerer Zeit werden diese Beträge deutlich überschritten und es sind Autoren wach geworden, die diese Tendenz erkannt haben und aufbereiten. Vgl. hierzu, eine Entscheidung des BGH vom 19.11.2009 – 3 StR 87/09, die das Urteil des LG Verden vom 02.07.2008 – 101 Js 359 58/06 zum Schmerzensgeld von 150.000,00 € unbeanstandet gelassen hat.[6] Das LG Wuppertal hat sehr gut begründet auf 100.000,00 € erkannt. Vgl. im Übrigen Jaeger, VersR 2013, 134.

Wegen der geringen Zahl veröffentlichter Entscheidungen zu diesem Thema werden auch ältere Entscheidungen abgedruckt. Bei diesen ist das zuerkannte Schmerzensgeld jedoch vielfach zu erhöhen.

Dennoch könnte die Rechtsprechung alsbald einen anderen Verlauf nehmen.

Die Missbrauchstaten von Klerikern haben Bewegung in die Materie gebracht.

Anwälte sollten zur Begründung einer Schmerzensgeldklage nach sexuellem Missbrauch das Buch von Jaeger, Sexueller Missbrauch und Gewalt, erschienen beim Nomos Verlag 2024 nicht unberücksichtigt lassen.

Vgl. hierzu das neue Kapitel unter Kap. 4 Rdn. 78 ff.

▶ **Prozesstaktik:**

Die Konsequenz dieser Erkenntnis muss darin bestehen, dass bei der Bemessung des Schmerzensgeldes nach Vergewaltigung immer geprüft werden muss, welche seelischen Schäden zurückgeblieben sind. Geschieht dies nicht, werden Schmerzensgelder immer absolut unzulänglich sein, teilweise sogar als in der Dimension verfehlt erscheinen. Im Adhäsionsverfahren gelten weitere Besonderheiten, vgl. L. Jaeger, Die Schmerzensgeldklage im Adhäsionsverfahren – ist schnelles Recht auch gutes Recht? VersR 2017, 449. Alle Entscheidungen, die ein Strafrechtsaktenzeichen haben, sind im Adhäsionsverfahren ergangen. Die Schmerzensgeldbeträge entsprechen in diesen Entscheidungen immer dem Klageantrag. Da das Schmerzensgeld (fast) immer zu niedrig ist, liegt dies wohl daran, dass der Anwalt der Adhäsionskläger(innen) ein unzureichendes Schmerzensgeld beantragt hat.

2250 **LG Koblenz, Urt. v. 17.11.2021 – 13 S 25/21**

<u>200,00 €</u> (Vorstellung: 350,00 €)

Der Beklagte verbreitete über den Kläger schwerwiegende Vorwürfe (Vergewaltigung und Bedrohung) im Freundes- und Bekanntenkreis.

2251 **AG Ludwigshafen, Urt. v. 19.07.2017 – 2h C 117/17**

<u>750,00 €</u> (Vorstellung: 750,00 €)

6 BGH, Urt. v. 19.11.2009 – 3 StR 87/09, NStZ-RR 201, 140.

Ehrverletzung und falsche Anschuldigung

Der Beklagte bezeichnete den Kläger als »Depp«, traf ihn mit einem Faustschlag an der Schulter und verursachte durch eine falsche Anschuldigung ein staatsanwaltschaftliches Ermittlungsverfahren gegen den Kläger. Mit dem Schmerzensgeldbetrag sind auch die vorgerichtlichen Rechtsanwaltskosten ausgeglichen.

AG Eschwege, Urt. v. 18.02.2022 – 71 Cs – 7600 Js 4293/18 2252

900,00 €

Versuchte Vergewaltigung

Der Angeklagte, der getrennt lebende Ehemann der Adhäsionsklägerin, bedrängte diese bei einem Besuch und verlangte von ihr den Geschlechtsverkehr. Die Adhäsionsklägerin widersprach, gab jedoch aus Furcht dem körperlichen Drängen des Angeklagten, der ihr unter der Wäsche an die Brust und die Genitalien fasste, nach. Bevor es zum Akt kam, unterbrach die Klägerin die Aktivitäten und verwies den Angeklagten aus der Wohnung.

LG Münster, Urt. v. 6.11.2023 – 21 KLs-540 Js 2253

1.400,00 €

Sexueller Missbrauch in 4 Fällen an Kind < 10 Jahre

Der Angeklagte wurde wegen schweren sexuellen Missbrauchs von Kindern in 4 Fällen zu einer Gesamtfreiheitsstrafe von 3 Jahren 6 Monaten verurteilt. Er hatte sich gegenüber der Mutter des Kindes, mit der er eine Beziehung unterhielt, als angehender Mediziner ausgegeben und »behandelte« das Kind vaginal und schob den kleinen Finger in die Scheide. Die Kammer will berücksichtigt haben, dass die Taten über einen längeren Tatzeitraum erfolgt sind und dass sie die Nebenklägerin psychisch derart belasten, dass sie in der Ausübung ihrer eigenen Sexualität eingeschränkt ist. Das Schmerzensgeld wurde bemessen für die 1. Tat mit 500,00 Entscheidung, für jede weitere Tat mit 300,00 €.

Angemessen wäre an der alleruntersten Grenze der 10-fache Betrag.

BGH, Beschl. v. 25.02.2016 – 2 StR 308/15 2254

1.500,00 € (Vorstellung: 1.500,00 €)

Mehrere Schläge ins Gesicht – Vergewaltigung

Der Angeklagte schlug der Adhäsionsklägerin mehrfach ins Gesicht, bedrohte sie mit einem Messer und vergewaltigte sie. Das Schmerzensgeld wurde im Adhäsionsverfahren zuerkannt.

LG Flensburg, Urt. v. 07.05.1992 – 2 O 21/92, VersR 1993, 979[7] 2255

2.500,00 € (Vorstellung: 12.500,00 €)

Vergewaltigung eines 16 1/2 Jahre alten Mädchens

Zur Bemessung des Schmerzensgeldes führt das LG aus: »Die Klägerin hat durch die gegen sie verübte Tat nicht unerhebliche seelische Schmerzen davongetragen. Schon ein erzwungener Geschlechtsverkehr an sich trifft eine Frau schwer und kann zu psychischen Beeinträchtigungen führen.« Im vorliegenden Fall kommt hinzu, dass die Klägerin sich noch voll in einer pubertären Entwicklungsphase befunden hatte, in der junge Menschen auch in geschlechtlicher Hinsicht noch »zu sich selbst« finden müssen. Darüber hinaus war auch die besonders brutale Art des Vorgehens des Beklagten, der die Klägerin nicht nur in ihrer Geschlechtsehre entwürdigend getroffen hat, sondern sie auch noch – aus ihrer Sicht – in Todesangst versetzte, zu berücksichtigen.

7 Eine ältere, aber wichtige Entscheidung.

Bei der Bemessung des Schmerzensgeldes wegen einer Vergewaltigung ist zu berücksichtigen, dass der Täter strafgerichtlich verurteilt wurde und einen erheblichen Teil der Freiheitsstrafe verbüßte.

▶ Hinweis:

An dieser Entscheidung ist alles falsch. Es beginnt damit, dass das LG Flensburg bei der Bemessung des Schmerzensgeldes berücksichtigt haben will, dass das Opfer der Vergewaltigung erst 16 1/2 Jahre alt war, sich noch voll in der pubertären Entwicklung befunden hat, das Vorgehen des Täters besonders brutal war, das Opfer in Todesangst versetzt wurde, im Ermittlungsverfahren wiederholt mit dem Geschehen konfrontiert wurde, dieses noch nicht voll verarbeitet hat und deshalb statt der geforderten 12.500,00 € ein Schmerzensgeld i.H.v. 2.500,00 € erhielt. Dabei hielt das LG der Klägerin noch vor, sie habe nicht substanziiert vorgetragen, »dass sie über das in solchen Fällen – leider – übliche Maß an psychischer Beeinträchtigung hinaus Dauerschäden behalten habe«. Der Vortrag der Klägerin, die Folgen der Tat seien »katastrophal« und »sie habe sie noch nicht verarbeitet« reichte dem LG nicht aus. Kein Wunder, dass das LG dann auch noch die strafrechtliche Verurteilung des Täters i.R.d. Genugtuungsfunktion unter Berufung auf durchweg mehr als 15 Jahre zurückliegende Rechtsprechung und, wie sich aus dieser Entscheidung ergibt, in Kenntnis der neueren Rechtsprechung des BGH und der Instanzgerichte zugunsten des Täters berücksichtigte.

2256 **ArbG Weiden, Urt. v. 16.09.2015 – 3 Ca 1739/14, NZA-RR 2016, 296**

<u>2.500,00 €</u> (Vorstellung: 5.000,00 €)

Sexuelle Belästigungen am Arbeitsplatz

Annäherungen auf der Couch mit Berührungen, dem Schulterstreicheln und dem Hand-um-die Hüfte-legen, Anfassen am Oberschenkel im Auto mit Handbewegung in Richtung Schritt, Umklammerung von hinten mit Griff an die Brüste stellen sowohl einzeln als auch insgesamt sexuelle Belästigungen i.S.d. § 3 IV AGG dar. Es handelt sich um erhebliche Eingriffe in die Persönlichkeitssphäre, wobei eine hohe Schutzbedürftigkeit für die Mitarbeiterinnen besteht. Auch der begeht eine sexuelle Belästigung, der am Arbeitsplatz die allgemein übliche minimale körperliche Distanz zu einer Mitarbeiterin nicht wahrt, sondern diese gezielt unnötig und wiederholt anfasst bzw. berührt oder gar sich mit seinem Körper herandrängelt, obwohl diese Kontakte erkennbar unerwünscht sind.

2257 **LG Bochum, Urt. v. 03.04.2020 – 8 KLs – 36 Js 74/19 – 33/19**

<u>2.500,00 €</u> (Vorstellung: 2.500,00 €)

Sexueller Missbrauch an 12 Jahre altem Mädchen in sediertem Zustand

Der Angeklagte wurde u.a. wegen schwerer Vergewaltigung, gefährlicher Körperverletzung und schwerem sexuellen Missbrauch von Kindern zu einer Gesamtfreiheitsstrafe von 11 1/2 Jahren verurteilt. Der Fall der Adhäsionsklägerin war minderschwer, weil es sich um flüchtige sexuelle Handlungen gehandelt hat, die die Adhäsionsklägerin nicht mitbekommen hat, weil sie sediert war. Ihr psychischer Schaden wurde dadurch ausgelöst, dass sie von der Polizei unterrichtet wurde.

2258 **BGH, Beschl. v. 05.07.2017 – 4 StR 31/17**

<u>3.500,00 €</u>

Schwerer sexueller Missbrauch einer widerstandsunfähigen Person

Der Angeklagte wurde wegen schweren sexuellen Missbrauchs einer widerstandsunfähigen Person zu einer Freiheitsstrafe von 2 Jahren und 6 Monaten verurteilt. Es wurde festgestellt, dass der Anspruch aus einer unerlaubten Handlung beruht.

2259 **LG Kleve, Urt. v. 27.07.2017 – 110 KLs 14/17**

<u>4.000,00 €</u> (Vorstellung: 4.000,00 €)

Versuchte sexuelle Nötigung – Körperverletzung

Der 23 Jahre alte Syrer wurde wegen versuchter sexueller Nötigung in Tateinheit mit vorsätzlicher Körperverletzung zu einer Freiheitsstrafe von *3 Jahren* verurteilt. Er versuchte, die Nebenklägerin durch Schläge und Drohungen dazu zu zwingen, sexuelle Handlungen zu dulden oder an ihm vorzunehmen.

LG Düsseldorf, Urt. v. 08.12.2020 – 007 KLs 6/20 2260

4.000,00 €

Sexueller Missbrauch von Kindern

Der 26 Jahre alte Angeklagte gab sich als ein 13 Jahre altes Mädchen aus und forderte die damals 10 Jahre alte Klägerin auf, Intimfotos zu fertigen und ihm zuzusenden. Er wurde wegen des sexuellen Missbrauchs von Kindern zu einer Bewährungsstrafe verurteilt. In der Hauptverhandlung erkannte er einen Schmerzensgeldanspruch in Höhe von 4.000,00 € an. Für den von der Nebenklägerin darüber hinaus geltend gemachten Schmerzensgeldanspruch hat die Kammer von einer Entscheidung abgesehen, weil sie die Auffassung vertritt, der Betrag liege im Rahmen der Rechtsprechung.

OVG Bremen, Urt. v. 22.02.2021 – 2 B 330/20 2261

4.000,00 €

Vergewaltigung und gefährliche Körperverletzung

Das LG Bremen verurteilte den Angeklagten wegen Vergewaltigung in Tateinheit mit gefährlicher Körperverletzung und versuchter gefährlicher Körperverletzung zu einer Freiheitsstrafe von 2 Jahren, deren Vollstreckung zur Bewährung ausgesetzt wurde. Im Strafverfahren trat die Geschädigte als Nebenklägerin auf; es kam dort zu einer Verfahrensverständigung, in deren Zuge sich der geständige Angeklagte zur Zahlung einer Geldentschädigung von 4.000 Euro verpflichtete.

AG Landstuhl, Urt. v. 10.07.2013 – 3 C 297/12 2262

5.000,00 €

Zweifacher Griff an den Penis

Der Beklagte verursachte durch den zweifachen Griff an den Penis des Klägers eine PtBS. Der Kläger leidet infolge der sexuellen Nötigung an Schuldgefühlen und Rachegelüsten.

AG Siegen, Urt. v. 06.03.2015 – 14 C 2045/14 2263

5.000,00 €

Dreimaliger Oralverkehr an 13 Jahre altem Mädchen

Durch er Stiefvater der Klägerin wurde zu einer Freiheitsstrafe von 3,5 Jahren verurteilt. Er hatte sie dreimal durch Oralverkehr mit Ejakulation missbraucht. Sie leidet unter Schlafstörungen und selbstverletzendem Verhalten.

OLG München, Urt. v. 10.09.2015 – 8 U 1555/15, NJW-RR 2016, 472 = MDR 2015, 1182 2264

5.000,00 €

Sexueller Übergriff eines Masseurs – Einführung eines Fingers in die Scheide

Bei einer stationären Reha-Behandlung führte ein bei der Beklagten angestellter Masseur gegen den erklärten Willen der 47 Jahre alten Klägerin einen Finger in deren Scheide ein. Er zahlte wegen dieses Übergriffs noch an demselben Tag einen Betrag von 5.000.00 € an die Klägerin, die eine schriftliche Erklärung abgab, dass sie auf weitere Ansprüche gegen den Masseur verzichte.

Die gegen den Arbeitgeber des Masseurs gerichtete Klage wurde abgewiesen, weil der Arbeitgeber eines Physiotherapeuten nicht für sexuelle Übergriffe eines Mitarbeiters hafte. Die einen Dritten schädigende Handlung eines Erfüllungs- oder eines Verrichtungsgehilfen, die nur bei Gelegenheit der vom Geschäftsherrn aufgetragenen Tätigkeit erfolgt, ist diesem nicht zurechenbar.

2265 **AG Münster, Urt. v. 19.12.2017 – 12 Ls 30 Js 320/16 – 5/17**

5.000,00 €

Misshandlung Schutzbefohlener

Die Angeklagte wurde wegen Misshandlung von Schutzbefohlenen zu einer Freiheitsstrafe von 3 Jahren und 6 Monaten verurteilt.

Sie betreute in einem Alten- und Pflegeheim eine 90 Jahre alte Frau, litt unter einer fortschreitenden Demenz litt, auf einen Rollstuhl angewiesen war und Hilfe beim An- und Umziehen und bei der Nahrungsaufnahme benötigte. Sie war inkontinent und stumm.

Durch die Krankheit und ihr fortschreitendes Alter war sie insgesamt sehr geschwächt, so wog bei einer Körpergröße von 1,55 m nur noch knapp 41 kg. Die Angeklagte ließ die Heimbewohnerin auf das Bett fallen, schlug sie mit einem Kissen und mit der Hand ins Gesicht/an den Hals, hielt ihr die Nase zu und führte ihr zwangsweise Flüssigkeit zu. Durch Würgegriffe und heftiges Hin- und Herreißen des Körpers fügte sie ihr körperliche Schmerzen zu. Darüber hinaus hat sie die Verletzte wenigstens in die Gefahr einer erheblichen Schädigung der seelischen Entwicklung gebracht, denn diese erlitt ein Trauma durch die grobe Behandlung der Angeklagten, was die konkrete und regelmäßig eintretende Gefahr einer posttraumatischen Belastungsstörung mit sich bringt. Die Verletzte wurde weinerlich, zog sich zurück, verweigerte die Nahrungsaufnahme und verlor Lebenslust.

2266 **LG Leipzig, Urt. v. 12.08.2020 – 3 KLs 437 Js 32598/15 jug (2)**

5.000,00 €

Sexueller Missbrauch an 11 Jahre altem Jungen

Der etwa 40 Jahre alte Angeklagte ist seit seinem 16. Lebensjahr sexuell ausschließlich an Knaben interessiert. Er ist wegen sexuellen Missbrauchs einschlägig vorbestraft. Im Jahr 2010 lernte er den damals 10 Jahre alten Zeugen kennen, den er überredete bei ihm zu übernachten. An mindestens 8 Tagen manipulierte und onanierte der Angeklagte an dem schlafenden Kind, das nur einmal die sexuellen Übergriffe des Angeklagten bemerkte. Er fertigte von den Missbrauchshandlungen Fotos, die er mit anderen pornografischen Aufnahmen abspeicherte. Der Zeuge akzeptierte einen vom Angeklagten gezahlten Betrag von 5.000,00 € als angemessen.

Der Angeklagte wurde wegen schweren sexuellen Missbrauchs zu einer Freiheitsstrafe von 2 Jahren verurteilt, die zur Bewährung ausgesetzt wurde.

2267 **LG Bielefeld, Urt. v. 30.11.2020 – 04 KLs 22/20**

5.000,00 €

Sexueller Missbrauch in mehreren Fällen mit einem Kind

Der heute etwa 36 Jahre alte verheiratete Angeklagte missbrauchte den minderjährigen Nebenkläger wiederholt anal und oral. Um eine höhere Strafe abzuwenden, zahlte er an den Nebenkläger 5.000,00 €. Dies wurde bei der Strafzumessung von 5 Jahren und 6 Monaten berücksichtigt.

2268 **OLG Hamburg, Beschl. v. 13.01.2021 – 2 Rev 32/20 – 1 Ss 74/20**

5.000,00 €

Sexueller Missbrauch von Kindern

Amtsgericht Hamburg-St. Georg – Schöffengericht – hat den Angeklagten wegen sexuellen Missbrauchs von Kindern in Tateinheit mit sexueller Nötigung sowie wegen Bedrohung zu einer Gesamtfreiheitsstrafe von drei Jahren fünf Monaten und auf den Adhäsionsantrag zur Zahlung eines Schmerzensgeldes von 5.000 € an die Adhäsionsklägerin verurteilt.

Auf die Berufung des Angeklagten hat die Kleine Strafkammer des Landgerichts Hamburg das Urteil aufgehoben und den Angeklagten freigesprochen.

LG Siegen, Urt. v. 17.05.2021 – 211 KLs 27/0 2269

5.000,00 €

Mehrfache Vergewaltigung

Der noch junge Angeklagte überfiel eine als Adhäsionsklägerin auftretende junge Mutter auf der Straße, zwang sie, mit ihm zu gehen und vergewaltigte sie mehrfach anal und vaginal. Er wurde zu einer Freiheitsstrafe von 5 Jahren verurteilt.

Bei der Bemessung des Schmerzensgeldes hat die Strafkammer die schlechten finanziellen Verhältnisse des Angeklagten berücksichtigt und auch darauf abgestellt, dass die Folgen für die Geschehen auf Grund ihrer Charakterstärke »nicht so schwerwiegend« seien. Gravierende Auswirkungen auf ihr Leben seien nicht festgestellt worden. Solche lägen nur im privaten Bereich, sie habe Angst, sei manchmal lustlos. Ihr gehe es nicht mehr gut, nur noch »mittelgut«.

LG Münster, Urt. v. 28.06.2021 – 21 KLs-540 Js 3300/20–4/21 2270

5.000,00 €

Vergleich des Angeklagte mit Missbrauchsopfer

Der Angeklagte wurde wegen schweren sexuellen Missbrauchs von Kindern in drei Fällen sowie wegen der Verbreitung kinderpornographischer Schriften in vier Fällen zu einer Gesamtfreiheitsstrafe von sechs Jahren drei Monaten verurteilt.

Der Angeklagte hat sich für die von ihm eingeräumten Fälle zur Zahlung eines Schadensersatz-/Schmerzensgeldbetrages in Höhe von 5.000,00 € verpflichtet sowie zur Übernahme etwaiger aus diesen Taten resultierenden Zukunftsschäden. Hierfür hat er sein einzig zur Verfügung stehendes Vermögen – seine Lebensversicherung – gekündigt und vollumfassend herangezogen.

BGH, Urt. v. 26.08.2021 – 3 StR 7/21 2271

5.000,00 €

Vergewaltigung – Körperverletzung

Der alkoholisierte (2,63 ‰) Angeklagte vergewaltigte die 19 Jahre alte Nebenklägerin mit Gewalt, mit Drohungen und durch Schläge oral und anal. Er wurde zu einer Freiheitsstrafe von 3 Jahren und 10 Monaten verurteilt.

LG Duisburg, Urt. v. 06.05.2024 – 33 KLs-596 Js 107/23-22/23 2272

5.000,00 € (Vorstellung: ursprünglich 20.000,00 €)

Mehrfache vaginale und anale Vergewaltigung einer 24 Jahre alten Frau

Der mit etwa 30.000,00 € verschuldete Angeklagte wurde wegen Vergewaltigung und vorsätzlichen Körperverletzung zu einer Freiheitsstrafe von 4 Jahren verurteilt. Die Betroffene wohnte wegen einer in der Vergangenheit diagnostizierten Schizophrenie freiwillig in einer Einrichtung für betreutes Wohnen. Als sie nachts auf einen Bus wartete, kam sie in Kontakt mit dem Angeklagten und nach dem Genuss alkoholischer Getränke wurde der Angeklagte gewalttätig, schlug die Betroffene und vergewaltigte sie vaginal, dann anal und danach wieder vaginal. Sein Verlangen nach oraler Befriedigung lehnte sie erfolgreich ab.

Zur Begründung stellt die Kammer unter anderem fest, dass die Nebenklägerin sich einer mehrwöchigen HIV-Prophylaxe unterziehen musste, im Übrigen aber keiner ärztlichen Behandlung bedurfte und keine bleibenden Folgen eingetreten sind.

2273 **BGH, Urt. v. 05.02.2025 – 6 StR 245/24**

5.000,00 €

Besonders schwere Vergewaltigung

Das Landgericht hat den Angeklagten wegen besonders schwerer Vergewaltigung unter Einbeziehung der Strafe aus einer Vorverurteilung zu einer Gesamtfreiheitsstrafe von drei Jahren und neun Monaten verurteilt. Der Angeklagte übergab der Nebenklägerin bei der Gerichtsverhandlung 5.000,00 €, ein Betrag, der für beide angesichts ihrer sehr begrenzten Einkommensverhältnisse eine »beträchtliche Summe« darstellte. Die Nebenklägerin nahm sowohl das Schmerzensgeld als auch die Entschuldigung des Angeklagten an.

2274 **BGH, Beschl. v. 11.05.2017 – 2 StR 203/14**

6.500,00 € (Vorstellung: 6.500,00 €)

Sexueller Missbrauch von Kindern

Der Angeklagte wurde im Strafverfahren wegen schweren mehrfachen (schweren) sexuellen Missbrauchs von Kindern zu einer Freiheitsstrafe von 6 1/2 Jahren verurteilt. Im Adhäsionsverfahren wurde er verurteilt, das beantragte Schmerzensgeld von 6.500,00 € zu zahlen.

2275 **BGH, Beschl. v. 11.05.2017 – 2 StR 338/15**

6.500,00 € (Vorstellung: 6.500,00 €)

Vergewaltigung

Der Angeklagte wurde im Strafverfahren wegen schweren sexuellen Missbrauchs von Kindern in Tateinheit mit Vergewaltigung zu einer Freiheitsstrafe von 4 Jahren verurteilt. Im Adhäsionsverfahren wurde er verurteilt, das beantragte Schmerzensgeld von 6.500,00 € zu zahlen.

2276 **OLG Hamm, Urt. v. 21.11.2014 – 9 W 50/14**

7.000,00 € (Vorstellung: 20.500,00 €)

Sexueller Missbrauch unter Männern – Betäubung des Opfers mit Benzodiazepin

Der Beklagte nahm an dem Kläger bei zwei Gelegenheiten sexuelle Handlungen vor, als dieser unter dem Einfluss des ihm vom Beklagten ohne sein Wissen verabreichten Mittels Benzodiazepin stand mit der Folge, dass der Kläger von den Handlungen nichts bemerkte und erst durch Vorladung bei der Polizei und Vorführung eines vom Beklagten angefertigten Videos hiervon erfuhr. Der Beklagte wurde wegen dieser und 27 anderer Vorfälle zulasten anderer Männer wegen schweren sexuellen Missbrauchs widerstandsunfähiger Personen rechtskräftig zu einer Freiheitsstrafe von 6 Jahren verurteilt.

Der Kläger begehrt ein Schmerzensgeld von 20.500,00 € und behauptet, er habe erhebliche Beeinträchtigungen erlitten durch immense psychische Belastung, durch die Befürchtung, mit sexuell übertragbaren Krankheiten einschließlich HIV angesteckt worden zu sein und durch Ängste um die Gesundheit der Familienmitglieder und nahestehenden Personen. Seine Ehe sei zerstört und geschieden worden. Belastet sei er auch vor dem Hintergrund, dass er heterosexuell sei und dessen traditionell-islamische Herkunft Analverkehr verbiete, was dem Beklagten auch bekannt gewesen sei. Die Tat habe zu einer nachhaltigen Wesensveränderung geführt und ihm die Fähigkeit, Beziehungen zu anderen Menschen zu pflegen und aufrechtzuerhalten, genommen. Häufiges Wiedererinnern des Erlebten in Alltagssituationen, hätte ihm das Leben und zwischenmenschliche Beziehungen einschließlich intimer Kontakte erschwert.

Das Landgericht hat den Prozesskostenhilfeantrag des Beklagten teilweise zurückgewiesen. Zur Begründung hat es u.a. ausgeführt ein Schmerzensgeld i.H.v. 4.000,00 € sei angemessen. Die Beschwerde des Beklagten hatte insoweit Erfolg, als ihm PKH bewilligt wurde zur Abwehr der 7.000,00 € übersteigenden Klageforderung.

Der Senat hat das Vorbringen des Klägers zu den besonderen Folgen der Taten in Gestalt mehrmonatiger Behandlungen als zu unsubstanziiert angesehen. Zu berücksichtigen sei, dass der Kläger während der Taten nicht bei Bewusstsein war bzw. daran zunächst keinerlei Erinnerungen hatte, die er als solche in sein Selbst- und Weltbild zu integrieren gezwungen wäre. Erst das vom Beklagten angefertigte Filmmaterial, das dem Kläger bei der Polizei vorgeführt wurde, vermittelte ihm ein plastisches Bild von den Geschehnissen.

Das nachträgliche Bewusstsein von den Vorgängen und dessen Wirkungen ist zulasten des Beklagten zu berücksichtigen, auch wenn es nach dem Willen des Beklagten nie eingetreten wäre.

Ein Vergleich mit heterosexueller Vergewaltigung erscheint schwierig.

Zu Lasten des Beklagten zu berücksichtigen ist der Missbrauch des zwischen den Parteien bestehenden Vertrauens und die Perfidie, mit der der Beklagte unter Verbergung seiner wahren Absichten und Gefährdung der Gesundheit des Klägers vorgegangen ist. Der Umstand seiner Leugnung ist schmerzensgelderhöhend zu berücksichtigen.

Ansatzweise vergleichbar ist der Fall mit der der Entscheidung LG Düsseldorf (Urt. v. 20.03.2002 – 10 O 315/99) zugrunde liegenden Fallgestaltung, in der eine türkischstämmige junge Frau, von ihrem Adoptivbruder, mit dessen Bruder sie selbst verheiratet war, vergewaltigt wurde und zum Zeitpunkt der Tat noch Jungfrau war. In diesem Fall wurde ein Schmerzensgeldbetrag von 12.500,00 € zuerkannt.

Vergleichbar ist der Fall des OLG Hamm (Beschl. v. 28.03.2014 – 9 W 4/14) wegen des Missbrauchs von 8 und 11 bzw. 14 Jahre alten Jungen. Der Senat hielt den geforderten Betrag von 10.000,00 € für nicht überzogen.

Die Entscheidung über die Zuerkennung eines ggf. noch höheren Schmerzensgeldes ist dem Hauptsacheverfahren vorbehalten.

BGH, Beschl. v. 22.10.2019 – 2 StR 397/19 2277

<u>8.000,00 € und 6.000 €</u>

Schwerer sexueller Missbrauch

Der Angeklagte wurde wegen schweren sexuellen Missbrauchs in 4 Fällen und wegen sexuellen Missbrauchs in 17 Fällen zu einer Freiheitsstrafe von 5 Jahren verurteilt. Eine Nebenklägerin erhielt ein Schmerzensgeld von 6.000,00 €, zwei Nebenklägerinnen je 8.000,00 €. Ferner wurde festgestellt, dass die Ansprüche der Nebenklägerinnen aus einer unerlaubten Handlung herrühren.

LG Freiburg, Urt. v. 19.02.2020 – 15 KLs 160 Js 6850/19 – AK 2/10 2278

<u>10.000,00 € und 8.000 €</u>

Schwerer sexueller Missbrauch

Der Angeklagte wurde wegen des sexuellen Missbrauchs von Kindern in 111 Fällen und des schweren sexuellen Missbrauchs von Kindern in 13 Fällen und wegen Körperverletzung zu einer Gesamtfreiheitsstrafe von acht Jahren verurteilt. Sicherungsverwahrung wurde angeordnet. Er hatte die Taten teilweise als Leiter einer Pfadfindergruppe begangen.

Der Angeklagte wurde ferner verurteilt, an zwei Nebenkläger Schmerzensgeld in Höhe von 10.000,00 € und 8.000 € zu zahlen, Beträge, die er zuvor anerkannt hatte.

LG Münster, Urt. v. 09.09.2021 – 8 KLs-540 Js 788/21–13/21 2279

10.000,00 €

Vergleich des Angeklagten mit Missbrauchsopfer

Der Angeklagte hat sich für die eingeräumte Tat zudem im Rahmen eines Vergleichs im Adhäsionsverfahren zur Zahlung eines Schmerzensgeldes in Höhe von 10.000 EUR an den Nebenkläger verpflichtet. Das Adhäsionsverfahren ist auf Veranlassung der Nebenklagevertreterin eingeleitet worden, nachdem diese im Rahmen des laufenden Verfahrens außerhalb der Hauptverhandlung den Verteidiger ansprach, ob der Angeklagte zur Zahlung eines Schmerzensgeldes bereit ist, was von diesem bejaht wurde. Der Angeklagte erklärte hierzu, dass er zur Zahlung des Schmerzensgeldes erst nach Rechtskraft und auch nur in monatlichen Raten von mindestens 250 EUR bereits sei, worauf die Parteien sich im Wege des Vergleiches sodann einigten. Die monatlichen Raten könne er einerseits aus den noch erwarteten Zahlungen aus seiner Selbständigkeit leisten und zudem stünden hierfür auch die Mieteinnahmen zur Verfügung.

2280 **BGH, Beschl. v. 09.08.2022 – 1 StR 254/22, NStZ-RR 2022, 370**

10.000,00 €

Schwerer sexueller Missbrauch von Kindern

Der Angeklagte wurde unter anderem wegen schweren sexuellen Missbrauchs von Kindern in Tateinheit mit schwerem sexuellem Missbrauch von Kindern in kinderpornographischer Absicht, mit sexuellem Missbrauch von Schutzbefohlenen und mit Herstellen kinderpornographischer Schriften, wegen sexuellen Missbrauchs von Kindern und wegen Drittbesitzverschaffung kinderpornographischer Schriften, zu einer Gesamtfreiheitsstrafe von vier Jahren verurteilt. Bei der Strafzumessung ist festgehalten, dass der »Abschluss eines Adhäsionsvergleichs«, »mit dem der Angeklagte sich zur Zahlung eines erheblichen Schmerzensgeldes [10.000 € an die Verletzte verpflichtete« und dadurch »Verantwortung für sein Handeln übernommen hat«.

2281 **LG Deggendorf, Urt. v. 19.01.2024 – 1 KLs 4 Js 11533/22 jug.**

10.000,00 €

Sexuelle Übergriffe in 5 Fällen

Der inzwischen älter als 60 Jahre alte Angeklagte war mit der Familie des geschädigten Jugendlichen befreundet. Auf einer gemeinsamen Tour mit dem Rennrad übernachteten beide in Hotels in einem Doppelzimmer. Während der Geschädigte schlief, berührte der Angeklagte diesen unter der Hose, streichelte Penis und Hoden, um sich sexuell zu erregen. Wenn de Geschädigte erwachte, ließ der Angeklagte vorübergehend von ihm ab.

Der Geschädigte trug infolge des Tatgeschehens, soweit bislang ersichtlich, keine körperlichen oder seelischen Schäden davon. Er befand sich nach den Taten nicht in ärztlicher oder therapeutischer Behandlung und hat eine Beziehung mit einer Freundin. Seine Tätigkeit als Messdiener gab er nach den Taten nicht auf.

Der Angeklagte zahlte 10.000,00 € an den Geschädigten, ein Betrag, der als großzügig befunden wurde.

2282 **BGH, Beschl. v. 11.05.2017 – 2 StR 401/15**

12.000,00 € (Vorstellung: 12.000,00 €)

Sexueller Missbrauch von Kindern

Das Landgericht hat den Angeklagten u.a. wegen schweren sexuellen Missbrauchs von Kindern zu einer Freiheitsstrafe von sechs Jahren und zur Zahlung des beantragten Schmerzensgeldes von 12.000,00 € verurteilt.

2283 **BGH, Beschl. v. 09.06.2016 – 2 StR 555/15**

15.000,00 € und 7.000,00 € (Vorstellung: 15.000,00 € und 7.000,00 €)

Vergewaltigung – Schnittverletzungen am Unterarm

Das Landgericht hat den Angeklagten I. u.a. wegen schwerer Vergewaltigung zu einer Freiheitsstrafe von sieben Jahren und acht Monaten verurteilt. Ferner hat es ihn verurteilt, an die Neben- und Adhäsionsklägerin als Gesamtschuldner mit den nicht revidierenden Angeklagten O. und A. ein Schmerzensgeld in Höhe von 7.000,00 € sowie als Gesamtschuldner mit dem nicht revidierenden Angeklagten O. ein weiteres Schmerzensgeld in Höhe von 15.000,00 € zu zahlen.

Bei der Bemessung des Schmerzensgeldes hat die Strafkammer das Zurückbleiben einer knapp 5 cm langen Narbe am Unterarm der Nebenklägerin als einer leicht einzusehenden Stelle als schmerzensgelderhöhend gewertet, wodurch sie auch künftig an die Tat erinnert werden wird.

BGH, Beschl. v. 11.05.2017 – 2 StR 543/15 2284

15.000,00 € (Vorstellung: 15.000,00 €)

Vergewaltigung – sexuelle Nötigung

Der Angeklagte wurde im Strafverfahren wegen Vergewaltigung in 8 Fällen und wegen sexueller Nötigung zu einer Gesamtfreiheitsstrafe von 8 Jahren verurteilt. Im Adhäsionsverfahren wurde er verurteilt, an die Nebenklägerin das beantragte Schmerzensgeld von 15.000,00 € zu zahlen.

BGH, Urt. v. 10.10.2018 – 5 StR 274/18 2285

17.000,00 € (vergleichsweise gezahlt)

Besonders schwere Vergewaltigung, Körperverletzung und Nötigung

Der Angeklagte wurde unter anderem wegen besonders schwerer Vergewaltigung, Körperverletzung und Nötigung zu einer Freiheitsstrafe von 5 1/2 Jahren verurteilt. Die Nebenklägerin unterhielt seit mehr als 1/2 Jahr eine sexuelle Beziehung zum Angeklagten.

Der Angeklagte filmte, nachdem er die Klägerin bedroht hatte, ihren entkleideten Intimbereich. Dann führte der Angeklagte unter fortwährenden Beleidigungen gegen den Willen der Klägerin in mehreren Positionen den ungeschützten und von ihm gefilmten Vaginal- und für sie schmerzhaften Analverkehr durch. Nach einem auch durch einen Schlag mit der flachen Hand ins Gesicht erzwungenen Oralverkehr penetrierte er die von ihm weiterhin beleidigte Nebenklägerin erneut mehrfach vaginal und anal, wobei er wiederum Teile des Geschehens filmte.

Nach einem Ortswechsel mit dem PKW zu seiner Wohnung, bei dem er die Klägerin schlug, ohrfeigte und bespuckte, bedrohte er sie mit einer Schusswaffe, drückte ihren Kopf mit einem Kissen auf das Sofa und versetzte sie so in Todesangst. Mit den Worten »Ich hab Lust, Dich zu schlagen« fügte er der Nebenklägerin zahlreiche kräftige Schläge ins Gesicht zu, bis sie – aus der Nase blutend – zu Boden gegangen war. Er drohte damit, die angefertigten Videos ins Internet zu stellen, und forderte sie auf, sich zu entkleiden und an ihm den Oralverkehr zu vollziehen. Sodann führte er in wechselnden Positionen den ungeschützten vaginalen Geschlechtsverkehr durch. Schließlich brachte er die Nebenklägerin dazu, sein Ejakulat zu schlucken.

Der Angeklagte zahlte an die Klägerin vergleichsweise 17.000,00 € Schmerzensgeld.

BGH, Urt. v. 16.01.2025 – 2 StR 544/24 2286

17.000,00 €

Vergewaltigung

Der Angeklagte wurde wegen Vergewaltigung zu einer Freiheitsstrafe von 4 Jahren und 6 Monaten verurteilt. Einzelheiten der Tat werden nicht mitgeteilt. Die Strafkammer hat künftige Verletzungsfolgen, insbesondere die noch nicht erfolgte professionelle Aufarbeitung der Tat und therapeutische Behandlung der posttraumatischen Belastungsstörung bei der Bemessung des Schmerzensgeldes berücksichtigt. Der BGH hat die Ersatzpflicht des Angeklagten für künftige nicht vorhersehbare immaterielle Schäden der Adhäsionsklägerin, die nicht bereits von dem Ausspruch über die Schmerzensgeldzahlung umfasst sind, urteilsergänzend festgestellt.

2287 **LG Köln, Urt. v. 09.04.2025 – 322 KLs 16/24**

20.000,00 €

Mehrfacher sexueller Missbrauch eines Jungen

Der Adhäsions- und Nebenkläger wurde vom Angeklagten, der wegen schweren sexuellen Missbrauchs von Kindern in vier Fällen sowie des sexuellen Missbrauchs von Kindern in 14 Fällen zu einer Gesamtfreiheitsstrafe von acht (8) Jahren verurteilt wurde, im Alter von 11 bis 13 Jahren mehrmals sexuell missbraucht.

Bei der Bemessung des Schmerzensgeldes hat die Kammer berücksichtigt, dass sich der Nebenkläger gerade in der für die sexuelle und gesamte persönliche Entwicklung wichtigen Phase der beginnenden Pubertät befand und dass diese Phase von den vielfachen sexuellen Übergriffen des Angeklagten geprägt war. Die Taten haben erhebliche psychische Folgen hervorgerufen; er leidet seit vielen Jahren unter psychischen Beeinträchtigungen.

Ausschlaggebend für die Bemessung des Schmerzensgeldes waren auch die wirtschaftlichen Verhältnisse sowohl des Angeklagten als auch des Adhäsions- und Nebenklägers. Hier besteht kein Gefälle, sodass dieser Umstand nicht nennenswert in die eine oder andere Richtung ausschlug. Vielmehr stellt der Schmerzensgeldbetrag eine erhebliche finanzielle Belastung für den Angeklagten dar, gleichzeitig drückt er aber auch eine erhebliche Anerkennung der Schmerzen des Klägers aus.

2288 **OLG Naumburg, Beschl. v. 02.07.2014 – 10 W 16/14, NJW-RR 2015, 153**

25.000,00 €

Mehrfacher sexueller Missbrauch Junge bis zu 3 Jahren

Der Beklagte hat den Kläger im Alter von 1 1/2 bis 3 Jahren viermal sexuell missbraucht. Der Betrag von 25.000,00 €, für den Prozesskostenhilfe bewilligt wurde, stelle den untersten Betrag dar, zumal psychische Probleme zu erwarten seien.

2289 **BGH, Beschl. v. 11.05.2017 – 2 StR 495/13**

25.000,00 € (Vorstellung: 25.000,00 €)

Vergewaltigung versuchte Nötigung

Der Angeklagte wurde im Strafverfahren wegen versuchten Mordes in Tateinheit mit gefährlicher Körperverletzung, Vergewaltigung und gefährlicher Körperverletzung in Tateinheit mit versuchter Nötigung zu einer Gesamtfreiheitsstrafe von 13 1/2 Jahren verurteilt. Im Adhäsionsverfahren wurde er verurteilt, an die Nebenklägerin das beantragte Schmerzensgeld von 25.000,00 € zu zahlen.

2290 **BGH, Beschl. v. 25.10.2016 – 4 StR 239/18**

25.000,00 € (Vorstellung: 25.000,00 €)

Vergewaltigung – gefährliche Körperverletzung – Freiheitsberaubung – Nötigung

Der Angeklagte wurde wegen Vergewaltigung, gefährlicher Körperverletzung, Freiheitsberaubung und Nötigung zu einer Freiheitsstrafe von 6 Jahren und 9 Monaten verurteilt.

Der Angeklagte überredete die Nebenklägerin, für ihn anschaffen zu gehen. Daraufhin entschloss diese sich, sich vom Angeklagten zu trennen. Darauf hin übte der Angeklagte gewaltsam den Geschlechtsverkehr aus, würgte sie und brachte ihr kleine Stichverletzungen bei. Er schlug sie bewusstlos und fesselte sie mit Kabelbindern. Er schlug und trat sie, um sie zu disziplinieren.

2291 **LG Münster, Urt. v. 07.12.2017 – 02 O 229/17, NJ 2018, 242**

25.000,00 €

Sexueller Missbrauch

Die Beklagten begingen schweren sexuellen Missbrauch gegenüber einer widerstandsunfähigen Frau mit Verletzung des höchstpersönlichen Lebensbereichs durch Bildaufnahmen. Bei der Klägerin kam es zu einer posttraumatischen psychoreaktiven Störung.

LG Köln, Urt. v. 09.04.2025 – 322 KLs 16/24 2292

25.000,00 €

Mehrfacher sexueller Missbrauch eines Jungen

Der Adhäsions- und Nebenkläger wurde vom Angeklagten, der wegen schweren sexuellen Missbrauchs von Kindern in vier Fällen sowie des sexuellen Missbrauchs von Kindern in 14 Fällen zu einer Gesamtfreiheitsstrafe von acht (8) Jahren verurteilt wurde, im Alter von 9 bis 13 Jahren mehrmals sexuell missbraucht.

Bei der Bemessung des Schmerzensgeldes hat die Kammer berücksichtigt, dass sich der Nebenkläger gerade in der für die sexuelle und gesamte persönliche Entwicklung wichtigen Phase der beginnenden Pubertät befand und dass diese Phase von den vielfachen sexuellen Übergriffen des Angeklagten geprägt war. Die Taten haben erhebliche psychische Folgen hervorgerufen; er leidet seit vielen Jahren unter psychischen Beeinträchtigungen.

Ausschlaggebend für die Bemessung des Schmerzensgeldes waren auch die wirtschaftlichen Verhältnisse sowohl des Angeklagten als auch des Adhäsions- und Nebenklägers. Hier besteht kein Gefälle, sodass dieser Umstand nicht nennenswert in die eine oder andere Richtung ausschlug. Vielmehr stellt der Schmerzensgeldbetrag eine erhebliche finanzielle Belastung für den Angeklagten dar, gleichzeitig drückt er aber auch eine erhebliche Anerkennung der Schmerzen des Klägers aus.

LG Memmingen, Urt. v. 12.06.2003 – 2 O 1742/02 2293

25.500,00 €

Sexueller Missbrauch und Vergewaltigung innerhalb 5 Jahren durch den Großvater

Die Klägerin war zu Beginn der Taten 9 Jahre alt. Es gab 3 Fälle des sexuellen Missbrauchs und 2 Fälle des schweren sexuellen Missbrauchs und eine Vergewaltigung. Die Klägerin wurde zum Geschlechtsverkehr und zum Oralverkehr gezwungen. Sie wurde verhaltensauffällig. Sie hegte Suizidabsichten und war wiederholt in psychotherapeutischer Behandlung

LG Bonn, Urt. v. 06.04.2022 – 28 KLs-77 Js 590/21 SE – 2/22 2294

30.000,00 € (Vorstellung: mindestens 30.000,00 €)

Sexueller Missbrauch an einem Kind

Der Angeklagte, der wegen sexuellen Missbrauchs zu 8 Jahren Freiheitsstrafe verurteilt wurde, missbrauchte die 9 bis 10 Jahre alte Tochter seiner Partnerin in 13 Fällen, indem er u.a. mit ihr den vaginalen Geschlechtsverkehr vollzog. Nachdem die Mutter die Missbrauchstaten entdeckt hatte, litt das Kind sehr darunter und traute sich nicht mehr, in die Schule zu gehen.

Die Höhe des Schmerzensgeldes wurde nicht begründet.

LG Bonn, Urt. v. 03.05.2023 – 28 KLs 3/23 2295

35.000,00 €

Sexueller Missbrauch

Der Angeklagte wurde wegen des sexuellen Missbrauchs von zwei Kindern in zwei bzw. sechs Fällen zu einer Gesamtfreiheitsstrafe von 5 Jahren verurteilt. Bei der 8 Jahre alten Geschädigten, die bei ihrer Schwester und dem Angeklagten zu Besuch war, führte dieser bei mehreren Gelegenheiten den Oralverkehr bis zum Samenerguss aus. Ein weiteres mal kam es zum vaginalen Verkehr.

Mit der damals 12 Jahre alten Geschädigten führte er u.a. den Vaginalverkehr aus.

In der Hoffnung, sein Haus verkaufen zu können, bot er den Geschädigten die Zahlung von 30.000,00 €, bei erst späterer Zahlung 35.000,00 € an.

2296 **BGH, Beschl. v. 28.05.2024 – 6 StR 227/24 – vorgehend LG Verden, Urt. v. 11.10.2023 – 4 KLs 1/23**

35.000,00 €

Vergewaltigung – gefährliche Körperverletzung – Persönlichkeitsrecht

Das Landgericht hat den Angeklagten wegen schwerer Vergewaltigung in Tateinheit mit gefährlicher Körperverletzung und mit einer Verletzung des höchstpersönlichen Lebensbereichs durch Bildaufnahmen zu einer Freiheitsstrafe von vier Jahren und sechs Monaten verurteilt. Der Angeklagte hat anerkannt, der Geschädigten ein Schmerzensgeld in Höhe von insgesamt 35.000,00 € zu schulden, und ihr bereits einen Teilbetrag von 10.000,00 € zur Verfügung gestellt.

2297 **LG Bielefeld, Urt. v. 08.05.2015 – 9 KLs 16/14**

40.000,00 € (Vorstellung: 40.000,00 €)

Vergewaltigung – ungeschützt – längere Dauer – Todesdrohung –

Der etwa 34 Jahre alte Angeklagte wollte die in der DomRep geborene Nebenklägerin als Prostituierte für sich arbeiten lassen. Er bedrohte sind und entzog ihr die Tochter. Wenn sie nicht genug verdient hatte, schlug er sie und trat ihr mit dem Knie in den Bauch, sodass sie Blut spucken musste. Er zwang sie zum ungeschützten Geschlechtsverkehr, ihn oral zu befriedigen und zum Analverkehr.

Für die Bemessung des Schmerzensgeldes sah die Strafkammer als wesentlich an, dass der Angeklagte stets vorsätzlich handelte, die Nebenklägerin wiederholt mit ungeschütztem Verkehr vergewaltigt und dabei mit dem Würgen deutlich über das normale Maß an Gewalt hinausgegangen ist. Die Nebenklägerin wurde Opfer massiver Todesdrohungen und Gewalthandlungen, ihre Tochter wurde von ihm als Droh- bzw. Druckmittel gebraucht, um sie zur Fortsetzung der Prostitutionsausübung zu bewegen. Der Angeklagte hat das Recht auf sexuelle Selbstbestimmung der Nebenklägerin ganz erheblich und über einen längeren Zeitraum verletzt.

2298 **LG Essen, Urt. v. 25.04.2025 -16 O 204/24**

45.000,00 € (Vorstellung: 300.000,00 €)

Sexueller Missbrauch eines Knaben

Der Täter war als Kaplan in der Pfarrgemeinde des Klägers tätig. Bei einem Besuch des Klägers im Jahre 1979 in der Wohnung des Beklagten musste der Kläger den Täter oral befriedigen. Der Täter wurde alsbald in eine andere Gemeinde versetzt.

Der Kläger ist inzwischen verheiratet und hat drei Kinder, das älteste ist inzwischen 29 Jahre alt. Nachdem der Kläger den Beklagten 2006 angezeigt hatte, wurde gegen den Kläger ein Ermittlungsverfahren wegen versuchter Erpressung eingeleitet, dass jedoch eingestellt wurde.

Durch die UKA wurde dem Kläger eine Anerkennungsleistung in Höhe von 45.000,00 € zuerkannt.

Die Kammer hat die Schadensersatzansprüche des Klägers gemäß Art. 34 GG, § 839 BGB dem Grunde nach anerkannt, jedoch die von der UKA zuerkannte Anerkennungsleistung als ausreichend angesehen. Dadurch sei der Anspruch des Klägers durch Erfüllung erloschen, auch wenn man den Vortrag des Klägers zugrunde lege, er sei infolge des Missbrauchs alkoholabhängig geworden, habe als junger Mann unter Panikattacken gelitten, habe sich nicht mehr getraut Auto zu fahren und sei von 2002 – 2015 arbeitsunfähig gewesen; erst ab 2017 könne er im Home-Office kaufmännische Arbeit leisten und im Jahr 2006 habe er sich in psychiatrische Behandlung begeben müssen.

LG Frankfurt am Main, Urt. v. 24.02.1998 – 2/26 O 564/96, NJW 1998, 2294 2299

50.000,00 € (Vorstellung: 7.500,00 €)

Brutale Vergewaltigung

Die Klägerin wurde vom Beklagten über 1/2 Jahr im Rahmen einer Beziehung mehrfach brutal anal, oral und vaginal vergewaltigt sowie gefesselt, geschlagen und gequält, u.a. mit »russischem Roulette« und dem Einführen von Spraydosen und Baseballschlägern in die Vagina. Sie wurde mit dem Baseballschläger geschlagen und mehrere Tage im Keller eingesperrt. Das Gericht würdigte das Genugtuungsbedürfnis, das mit strafrechtlicher Verurteilung nicht erfüllt sei; die grausame, sadistische und menschenverachtende Verhaltensweise habe zu erheblichen psychischen und körperlichen Dauerschäden (Narben) geführt. Zwar war die Geschädigte während der Misshandlungen freiwillig bei dem Beklagten geblieben, jedoch habe dieser auch keinerlei Reue gezeigt.

OLG Bremen, Beschl. v. 16.03.2012 – 3 U 6/12, VersR 2012, 1046 = NJW-RR 2012, 858 2300

50.000,00 € (Vorstellung: mindestens 50.000,00 € zuzüglich 250,00 € monatliche Rente)

Vergewaltigung anal – Tod nach 30 Minuten – vorsätzliche gefährliche Körperverletzung

Die Klägerin, die Mutter und Alleinerbin ihrer 28 Jahre alten Tochter, nimmt den Beklagten in Anspruch, der die Tochter misshandelt und gewürgt hat, sodass diese rund 30 Minuten nach Beginn der Tat an den Verletzungen verstarb. Der Beklagte hat die Tochter über längere Zeit misshandelt und dabei mindestens 5 Minuten gewürgt. Er brachte ihr – wahrscheinlich mittels einer Flasche – eine schwere Afterverletzung bei, die zum Zerreißen des Schließmuskels führte und die sie mindestens 20 Minuten überlebt hat. Die Leiche wies zahlreiche Hämatome und Schürfwunden am ganzen Körper, insb. im Gesicht auf. Ferner wurden massive Einblutungen in die Zungenmuskulatur und den Gaumen wahrscheinlich durch Einführung eines Gegenstandes und eine Fraktur des Zungenbeins festgestellt.

Angesichts der Brutalität des Beklagten musste die Getötete davon ausgehen, dass der Beklagte sie auf jeden Fall töten würde, sodass sie in den letzten Minuten ihres Lebens nicht nur körperliche und seelische Schmerzen, sondern auch schwerste Todesängste erlitt.

Der Angriff stellte nicht nur eine körperliche, sondern auch eine seelische Erniedrigung der Tochter der Klägerin dar; der Beklagte wusste, dass das Opfer aus familiär-religiösen Gründen den Analverkehr ablehnte. Das Eindringen in den After mit einem Gegenstand komme einer Vergewaltigung durch Analverkehr gleich, wobei der Beklagte den Widerwillen der Getöteten gegen diese Art des Geschlechtsverkehrs kannte und sie erniedrigen wollte.

Der Senat hat das Prozesskostenhilfegesuch des Beklagten für eine Berufung, mit der er eine Ermäßigung des Schmerzensgeldbetrages auf 25.000,00 € erstrebte, zurückgewiesen und auch die schlechten finanziellen Verhältnisse des Beklagten als Begründung nicht gelten lassen.

OLG Köln, Beschl. v. 15.09.2018 – 10 U 13/18, 2301

60.000,00 € und 40.000,00 €

Sexueller Missbrauch – Internetveröffentlichung

Der Beklagte, der Vater der Klägerinnen, wurde wegen sexuellen Missbrauchs in 15 Fällen zu einer Gesamtfreiheitsstrafe von 9 Jahren verurteilt.

Als die Klägerin zu 2) 7 – 9 Jahre alt war, gab es 22 sexuelle Übergriffe, die der Beklagte teilweise filmte und ins Internet stellte.

Die Klägerin zu 1) war 10 – 13 Jahre alt und wurde vom Beklagten in 17 Fällen missbraucht.

Die Taten haben zu gravierenden psychischen Beeinträchtigungen der Klägerinnen geführt. Die Klägerin zu 1) leidet an einem komplexen Störungsbild nach jahrelanger Traumatisierung. Es gibt deutliche Hinweise auf eine posttraumatische Belastungsstörung und auf latente Suizidgedanken. Letzteres gilt auch für die Klägerin zu 2), die müde, lust- und antriebslos ist und an einer Harninkontinenz leidet.

2302 **OLG Hamm, Beschl. v. 27.05.2015 – I-9 W 68/14**

65.000,00 €

Sexueller Missbrauch in 66 Fällen

Für 66 Fälle sexuellen Missbrauchs und 31 Fälle schweren sexuellen Missbrauchs ist ein Mindestschmerzensgeld von 65.000,00 € angemessen. Der Vater missbrauchte den Sohn beginnend mit dem 5. Lebensjahr unter besonderer Erniedrigung durch Ausübung des Analverkehrs mit Samenerguss über einen langen Zeitraum hinweg. Sollte die Beweisaufnahme ergeben, dass bei dem Kind schwere psychische Auffälligkeiten in der Vergangenheit vorgelegen haben und ggf. auch aktuell noch vorliegen, kommt eine Erhöhung des Schmerzensgeldes über diesen Betrag hinaus in Betracht. Die Bemessung hängt dann von dem Ausmaß der psychischen kausal verursachten Beeinträchtigungen und dem Umfang ab, in dem sich diese konkret auswirken.

2303 **BGH, Urt. v. 29.04.2021 – 5 StR 498/20, unveröffentlicht**

70.000,00 €

Vergewaltigung einer 74 Jahre alten Frau

Der Angeklagte wurde wegen besonders schweren Raubes und schwerer Vergewaltigung einer 74 Jahre alten Frau zu einer Freiheitsstrafe von 7 Jahren verurteilt. Im Wege eines Vergleichs wurde vereinbart, dass der Angeklagte ein Schmerzensgeld von 70.000,00 und Schadenersatz von 950,00 € in monatlichen Raten von 200,00 zahlen soll.

Die Verletzte hat den Vergleichsvorschlag samt Ratenzahlung als Täter-Opfer-Ausgleich akzeptiert, wobei sie sich der Überschuldung des Angeklagten bewusst war, da sie bereits eine Vollstreckungsmaßnahme gegen ihn eingeleitet hatte.

2304 **LG Wuppertal, Urt. v. 05.02.2013 – 16 O 95/12, VersR 2013, 591 mit Anm. L. Jaeger**

100.000,00 € (Vorstellung: mindestens 80.000,00 €)

Mehrfache Vergewaltigung – vorsätzliche Körperverletzung – Freiheitsberaubung

Eine 16 Jahre alte Frau, die im 4. Monat schwanger war, wurde von einem jungen Mann gekidnappt, in dessen Wohnung geschleppt, dort gefesselt und 72 Stunden lang immer wieder mit dem Tode bedroht und vielfach, oft stundenlang brutal vergewaltigt – die Klägerin schilderte detailliert fünf sexuelle Übergriffe.

Die strafrechtliche Verurteilung des Vergewaltigers hat auch dann keinen Einfluss auf die Höhe des Schmerzensgeldes, wenn dieser die Freiheitsstrafe von 12 1/2 Jahren als exorbitant hoch empfindet.

Endlich ein Ansatz zum Quantensprung bei der Schmerzensgeldbemessung in Fällen brutaler Vergewaltigung, vgl. im Textteil Kap. 4 Rdn. 63.

2305 **LG Oldenburg, Urt. v. 11.10.2013 – 12 O 2885/12**

80.000,00 €

Erfundene Vergewaltigung

Die Tochter und Alleinerbin des im Juni letzten Jahres verstorbenen Horst Arnold hatte Schmerzensgeld für das Leid, welches ihr Vater durch die Aussage der Beklagten erlitten habe, verlangt. Die Tochter behauptet, dass Heidi K. die Vergewaltigung erfunden habe und ihr Vater unschuldig im Gefängnis gesessen habe. Aufgrund der Aussage der Beklagten hatte das LG Darmstadt am

24.06.2002 Horst Arnold wegen einer angeblich am 28.08.2001 begangenen Vergewaltigung zu einer Freiheitsstrafe von fünf Jahren verurteilt, die er vollständig verbüßte. In einem Wiederaufnahmeverfahren hob das LG Kassel im Juli 2011 das Urteil des LG Darmstadt auf und sprach Herrn Arnold wegen erwiesener Unschuld frei.

Gegen die Beklagte erging Versäumnisurteil.

BGH, Urt. v. 19.11.2009 – 3 StR 87/09, vorgehend Verden, Urt. v. 02.07.2008 – 101 Js 35958/06–1-6/07, BGHR StGB § 177 Sexuelle Handlung 1; NStZ-RR 2010, 140 2306

150.000,00 € und 5.000,00 €

Vergewaltigung – sexuelle Nötigung – Geiselnahme – Menschenhandel

Das LG hat einen Angeklagten wegen Geiselnahme in Tateinheit mit schwerem Menschenhandel, mit besonders schwerer Vergewaltigung, mit schwerer Vergewaltigung in acht rechtlich zusammentreffenden Fällen, mit Vergewaltigung in sechs rechtlich zusammentreffenden Fällen und sexueller Nötigung in zehn rechtlich zusammentreffenden Fällen (Tat zum Nachteil der Nebenklägerin T.), wegen Geiselnahme in Tateinheit mit schwerem Menschenhandel und mit sexueller Nötigung in 24 rechtlich zusammentreffenden Fällen (Tat zum Nachteil der Nebenklägerin E.), wegen schweren Menschenhandels (Tat zum Nachteil der Nebenklägerin Eg.) und wegen Verabredung zum schweren Menschenhandel und zur sexuellen Nötigung (Tat zum Nachteil der Zeugin F.) zu einer Gesamtfreiheitsstrafe von 14 Jahren verurteilt und gegen ihn die Sicherungsverwahrung angeordnet.

Einen weiteren Angeklagten hat es wegen ähnlicher Delikte zum Nachteil der Nebenklägerinnen zu einer Gesamtfreiheitsstrafe von 12 Jahren und 6 Monaten verurteilt.

Im Adhäsionsverfahren hat es die Angeklagten verurteilt, als Gesamtschuldner an die Nebenklägerin E. ein Schmerzensgeld i.H.v. 150.000,00 € und an die Nebenklägerin Eg. ein Schmerzensgeld i.H.v. 5.000,00 € nebst Zinsen zu zahlen. Den ersten Angeklagten hat es darüber hinaus zur Zahlung eines Schmerzensgeldes i.H.v. 150.000,00 € an die Nebenklägerin T. verurteilt.

Die Revision der Angeklagten hatte keinen Erfolg. Aus den Gründen ergibt sich nicht, ob gegen die Entscheidungen im Adhäsionsverfahren Revision eingelegt wurde.

Verkehrssicherungspflicht

OLG Karlsruhe, Urt. v. 18.04.2007 – 7 U 73/06, NJW-RR 2007, 1356 = OLGR 2007, 931 = MDR 2008, 146 2307

0,00 €

Gehirnerschütterung – Ohrverletzung

Die 7 Jahre und 4 Monate alte Klägerin war mit ihren Eltern in einem Pauschalurlaub aus dem Angebot der Beklagten in der Türkei. In dem ihnen zugeteilten Zimmer befand sich ein Hochbett, deren oberes Etagenbett sie bezog; das untere nutzte die größere Schwester. Die Absturzsicherung am Bett reichte nicht über die gesamte Bettlänge. In der 2. Nacht fiel die Klägerin aus dem Bett, verletzte sich im Bereich des rechten Ohres und zog sich eine Gehirnerschütterung zu. Das Gericht verneinte einen Verstoß gegen eine Verkehrssicherungspflicht des Veranstalters; dass das Bett nicht vollumfänglich gegen das Abstürzen kleinerer Kinder gesichert gewesen sei, sei augenfällig und offenkundig gewesen.

OLG Hamm, Urt. v. 09.02.2022 – 11 U 71/21, NVwZ-RR 2022, 602 = VRS 143 (2022), 125 2308

200,00 € (1/3 Mitverschulden; 300,00 €)

Schnittwunde am Handballen

Der Kläger verletzte sich an einem Handlauf, an dem scharfkantige Befestigungsschrauben überstanden. Es kam zu Schnittwunden an dem rechten Handballen. Der Senat berücksichtigte bei der Bemessung, dass sich der Kläger eine stark blutende und auch schmerzhafte Wunde zugezogen hatte, die aber abgesehen von einer Narbenbildung innerhalb von zwei Wochen komplikationslos ausgeheilt war. Einige Tage konnte der Kläger die Hand nur eingeschränkt gebrauchen. Ein Mitverschulden sah der Senat darin, dass die überstehenden Schrauben gut erkennbar gewesen seien.

2309 **LG Itzehoe, Urt. v. 15.01.2025 – 7 O 340/23, unveröffentlicht**

250,00 € (Vorstellung: 8.000,00 €)

Gesäßprellung

Die Klägerin stürzte im Supermarkt der Beklagten auf einem Salatblatt und erlitt eine Prellung der rechten Gesäßhäfte. Die Betragsvorstellung beruht auf (unbewiesenen) weiteren Verletzungsfolgen.

2310 **LG Köln, Urt. v. 14.06.2019 – 2 O 174/17, unveröffentlicht**

550,00 € (Vorstellung 3.500,00 €)

Bluterguss am Arm

Die Klägerin wollte gerade einen – unzureichend gewarteten – Aufzug im Einkaufszentrum der Beklagten betreten, als dieser sich ruckartig schloss und die Türe gegen ihren Arm stieß. Sie erlitt durch die Kollision mit der Aufzugtür ein 10 x 10 cm großes Hämatom am rechten Unterarm, welches eine erhebliche Intensität aufwies. Es kam, weil die Klägerin ein blutgerinnungshemmendes Medikament einnahm, zu einer erheblichen Einblutung. Die Klägerin litt drei Wochen an Schmerzen und war, insbesondere in der ersten Woche, auf die Einnahme von Schmerzmitteln angewiesen. Ein – nicht schmerzendes oder einschränkendes – Ödem im Unterhautfettgewebe ist verblieben. Bei der Bemessung wurde auch die Sorge der Klägerin berücksichtigt, es könne zu einer Nervverletzung gekommen sein.

2311 **OLG Celle, Urt. v. 17.08.2017 – 8 U 123/17, NJW-RR 2017, 1300**

600,00 € (Vorstellung: 2.000,00 €)

Fußprellung – Knochenmarködem

Die Klägerin stürzte über einen unzureichend abgesicherten Höhenversatz zwischen zwei Straßenteilen; hierbei erlitt sie eine Prellung mit der Folge eines Knochenmarködems im linken Fuß, welches konservativ durch Kühlung und Hochlagern behandelt wurde. Noch drei Monate später litt sie unter belastungsabhängigen Schmerzen und einer rezidivierenden Schwellneigung im linken Fuß.

2312 **OLG Hamm, Urt. v. 17.06.2020 – 11 U 108/19, unveröffentlicht**

600,00 € (2/5 Mitverschulden)

Sprunggelenkbandanriss

Bei Bauarbeiten wurde ein hierdurch entstandener Kabelgraben in einem asphaltierten Gehweg lediglich mit Sand und Schotter verfüllt, wobei sich im verfüllten Bereich eine in Gehrichtung verlaufende 4 cm hohe Kante gebildet hatte, die nicht abgesichert oder gekennzeichnet worden war.

Die Klägerin kam wegen des Höhenunterschieds zwischen Füllmaterial und im Kanalgraben zurückgelassenen Asphaltstück zu Fall; sie trat mit dem rechten Fuß auf die Kante und knickte mit dem Knöchel um, der stark anschwoll. Sie erlitt einen Sprunggelenkbandanriss, weswegen sie sechs Wochen einen speziellen Schuh tragen musste und – aufgrund der Betreuung einer kleinen Tochter in einem Haus mit Treppen – auf Hilfe einer Freundin angewiesen war, weil sie eine Woche nicht schwer tragen durfte.

2313 **AG Köln, Urt. v. 04.09.2018 – 116 C 550/17, NJW-RR 2019, 410**

750,00 € (7/10 Mitverschulden; Vorstellung: 2.500,00 €)

Kniescheibenbruch – Platzwunde, Hämatome

Die Beklagte gab eine wöchentlich erscheinende regionale Zeitung heraus, die – zur Vereinfachung der Auslieferung – in Bündeln für die Austrager an Straßenecken vorbereitet aufbewahrt wird. Die 74 Jahre alte Klägerin, die ausgebildete Übungsleiterin für Nordic Walking ist, stürzte über ein aufgerissenes Paket, als sie mit ihren Stöcken unterwegs war. Die Klägerin erlitt neben diversen oberflächlichen Verletzungen (Hämatome an der Stirn und an der Brust, Platzwunde am Knie) einen Bruch der linken Kniescheibe, der länger behandelt werden musste und die Klägerin bei stärkerer Belastung auch noch heute beeinträchtigt. Zudem musste die Klägerin nach dem Unfall eine Orthese tragen, ging fünf Wochen auf Krücken und konnte ein halbes Jahr kein Nordic-Walking ausüben. Ferner wurde eine posttraumatische Knorpelschädigung diagnostiziert.

LG Koblenz, Urt. v. 31.11.2020 – 1 O 62/00, unveröffentlicht 2314

750,00 € (Vorstellung: 750,00 €)

Verbrennungen unter den Füßen

Die zum Schadenszeitpunkt 17 Monate alte Klägerin besuchte mit ihrer Mutter ein Schwimmbad. In Beckennähe befand sich dort auf einem Fußweg im Boden eine große Metallplatte. Diese hatte sich durch intensive Sonneneinstrahlung bei hochsommerlichen Temperaturen stark erhitzt. Die Platte war weder besonders gekennzeichnet noch wurde dort in sonstiger Weise vor Gefahren gewarnt; hierin sah das Gericht eine Verkehrssicherungspflichtverletzung.

Die Klägerin lief barfuß vor ihrer Mutter her und betrat die Platte, auf der sie sodann stehen blieb und anfing zu weinen, woraufhin die Mutter ihre Tochter sofort schnappte und auf den Arm nahm. Da Kinder an den Fußsohlen noch nicht so widerstandsfähige Hautschichten wie Erwachsene haben, zog sich die Klägerin unter beiden Fußsohlen Verbrennungen zu, die im Krankenhaus behandelt werden mussten. Unter beiden Fußsohlen bildeten sich Blasen. Es war an beiden Fußsohlen ca. 5 % der Körperoberfläche verbrannt. Die Klägerin konnte in der ersten Woche nach dem Vorfall nicht gehen und schlief schlecht. Die Behandlung der Verbrennungen dauerte ca. drei Wochen.

LG Aachen, Urt. v. 24.05.2018 – 12 O 430/17, unveröffentlicht 2315

1.000,00 € (Vorstellung: 2.000,00 €)

Schädelprellung – Handgelenksdistorsion

Die Klägerin stürzte an einer unzureichend gestreuten Bushaltestelle wegen Glatteises. Sie erlitt eine Schädelprellung und eine Handgelenksdistorsion. Es entwickelte sich eine Handgelenksarthralgie. Bei der Bemessung verwies das Landgericht auf Entscheidungen aus 1991 und 1983 (!).

AG Hamburg-Blankenese, Urt. v. 20.02.2019 – 531 C 261/18, unveröffentlicht 2316

1.000,00 € (1/3 Mitverschulden; Vorstellung: 2.000,00 € (unquotiert))

Prellung und Bluterguss am Gesäß

Die 69 Jahre alte Klägerin stürzte auf der unzureichend gestreuten und daher eisglatten Treppe des Beklagten. Sie erlitt eine Prellung mit Bluterguss am Gesäß mit Blockade des SI-Gelenks und war eine Woche stark beeinträchtigt; nach zwei Monaten Physiotherapie bestanden noch weiter Beschwerden beim Sitzen und Gehen im Beckenbereich

AG Hannover, Urt. v. 29.07.2020 – 512 C 15505/19, unveröffentlicht 2317

1.000,00 € (1/3 Mitverschulden)

Brustbeinfraktur

Der Kläger war Teilnehmer einer »Bierbike«-Tour, die die Beklagte organisierte; hierbei nutzen die Beteiligten ein Fahrzeug, was über Pedale angetrieben wird, und sitzen dabei am Tresen um einen Ausschank mit Bierfass herum. Der Kläger übernahm den Ausschank und stürzte, als das Bierbike über einen Bordstein fuhr. Der Kläger, der zunächst von einer schmerzhaften Prellung ausgegangen war, ging erst zwei Tage später zum Arzt; durch den Bruch hatte er sechs Wochen lang permanent deutliche Schmerzen. Das Gericht bejahte eine Verkehrssicherungspflichtverletzung; der Zapfer sei im Bereich um die Zapfanlage durch keinerlei technische Einrichtung vor Stürzen geschützt, obwohl angesichts des Zweckes der Fahrt mit plötzlichen und unsicheren Fahrmanövern habe gerechnet werden müssen.

2318 **OLG Hamm, Beschl. v. 31.08.2020 – 11 W 37/20, unveröffentlicht**

1.000,00 € (Vorstellung: 2.000,00 €)

Fingerfraktur

Die Klägerin stürzte in einem Hauseingang und brach sich den Finger. Das Gericht hielt fest, dass ein Gehweg mit einer losen Plattierung, scharfkantigen Niveauunterschieden und erheblichen Zwischenräumen zwischen Platten im Bereich eines Hauseingangs eine abhilfebedürftige Gefahrenstelle darstellt, insbesondere, wenn die schadhafte Stelle nicht wegen ihrer Größe, farblichen oder sonstigen Beschaffenheit weithin so erkennbar ist, dass sich ein Fußgänger dem schadhaften Bereich nur mit größter Vorsicht nähern sollte. Die Entscheidung erging im Prozesskostenhilfeverfahren und klammerte noch aus, ob ein Mitverschulden vorliege.

2319 **OLG Hamm, Beschl. v. 02.06.2021 – 11 U 93/20, NVwZ-RR 2021, 1029**

1.000,00 €

Rippenprellungen – Schulterprellungen

Die Klägerin stürzte mit ihrem Fahrrad auf einem Gehweg, der unter Lindenbäumen stand und nach einer längeren Trockenperiode durch Nässe und das Sekret von Blattläusen rutschig geworden war; die Beklagte traf die Verkehrssicherungspflicht, ohne dass durch eine Beschilderung gewarnt worden war. Die Klägerin erlitt Schulter- und Rippenprellungen und war sieben Wochen arbeitsunfähig.

2320 **OLG Karlsruhe, Urt. v. 06.02.2019 – 7 U 128/18, MDR 2019, 740 = NJW-RR 2019, 851**

1.500,00 € (1/2 Mitverschulden; Vorstellung: 5.000,00 €)

Handgelenksverletzung

Im Innenhof der Wohnanlage der Klägerin war, nachdem eine Pflanzinsel entfernt worden war, das hierdurch entstandene Loch nicht ausreichend gesichert worden (ein Baumgitter wies einen Niveauunterschied von 10 cm zum Boden auf). Hierdurch stürzte die Klägerin und verletzte sich die Hand; es kam zu einer Fraktur, die operiert werden musste. Eine Platte wurde in die Hand eingesetzt; die Klägerin nahm 12 Krankengymnastiktermine war und war zwei Monate lang noch bei alltäglichen Belastungen schmerzbelastet. In dieser Zeit bestanden auch noch Bewegungseinschränkungen.

2321 **OLG Karlsruhe, Urt. v. 11.05.2021 – 9 U 62/19, NJW-RR 2021, 1321 = VuR 2021, 435**

1.500,00 € (Vorstellung: 2.000,00 €)

Sprunggelenksdistorsion

Die Klägerin rutschte im Supermarkt der Beklagten auf Nässe vor der Damentoilette aus, die die Beklagte vorwerfbar nicht beseitigt hatte. Sie knickte mit dem rechten Fuß um und erlitt eine Außenbanddistorsion des rechten oberen Sprunggelenks. Sie musste 6 Wochen mit Krücken gehen; der Fuß wurde erst mit einer Schiene, dann für 2 Wochen mit einem Gipsverband ruhig gestellt. Die Klägerin war einen Monat arbeitsunfähig und danach bei ihrer Arbeit im Außendienst weiter deutlich eingeschränkt; erst vier Monate später war der Fuß wieder normal belastbar.

2322 **LG Lübeck, Urt. v. 19.09.2022 – 10 O 173/18, r+s 2022, 659**

1.500,00 € (1/3 Mitverschulden Vorstellung: 2.000,00 €)

Nasenbeinfraktur – Prellmarken – Halsdistorsion

Der Kläger navigierte eine Sportyacht in den Kommunalhafen der beklagten Gemeinde. Diese hatte – ohne entsprechende Warnhinweise – eine Fahrwassertonne ersatzlos aus der Fahrrinne entfernt, weswegen der Kläger aus der Fahrrinne navigierte und mit seiner Yacht auf Grund lief, wodurch er stürzte.

Der Kläger erlitt durch den Sturz eine Nasenbeinfraktur, eine Distorsion von Hals- und Brustwirbelsäule sowie Prellmarken am Unterarm und eine Schwellung im Gesicht. Das Gericht bejahte eine Verkehrssicherungspflichtverletzung; die Gemeinde sei verpflichtet, den Schiffsverkehr sicher zu regeln, und habe diese Pflicht durch Entfernung der Tonne verletzt.

OLG Karlsruhe, Urt. v. 01.02.2017 – 7 U 97/16, NJW-RR 2017, 986 = NZM 2017, 494 2323

1.740,00 € (1/2 Mitverschulden)

Rippenbrüche

Die Klägerin stürzte bei Dunkelheit über den Sockel eines mobilen Verkehrsschildes, welches von der Beklagten, nachdem die Genehmigungsdauer abgelaufen war, längst hätte entfernt werden müssen. Sie brach sich vier Rippen. Die Rippen sind nicht gerade zusammengewachsen, die Körperhaltung der Klägerin ist nunmehr leicht verschoben.

LG Waldshut-Tiengen, Urt. v. 24.02.2017 – 1 O 212/16, unveröffentlicht 2324

1.800,00 € (Vorstellung: 2.000,00 €)

Rippenbrüche – Prellungen an Hüfte, Arm und Brustkorb

Der Kläger, dessen Anwesen zwangsversteigert worden war, wurde von der Polizei in eine Obdachlosenunterkunft eingewiesen, in der er eine Wohnung im ersten Obergeschoss zugewiesen erhielt. Wegen einer Erkrankung des rechten Vorfußes, die zwei Monate zuvor zur Amputation zweier Zehen geführt hatte, konnte er keine Treppen steigen; beim Herausgehen aus seinem Zimmer stürzte er auf der Treppe und erlitt Prellungen an der linken Hüfte, dem Arm und dem Brustkorb sowie mehrere Rippenbrüche. Er wurde 8 Tage stationär behandelt; die Operationsnähte am Fuß gingen wiederholt auf, was zusätzliche Schmerzen und Beschwerden verursachte.

LG Lübeck, Urt. v. 21.02.2024 – 6 O 157/22, unveröffentlicht 2325

2.000,00 € (1/2 Mitverschulden)

Handgelenksfraktur – Prellungen – Hämatome

Die Klägerin stürzte auf einem Parkplatz, der unzureichend von Laub gereinigt worden war, auf einer matschigen Schicht älteren Laubes, die sich unter frisch gefallenem Laub befand. Sie erlitt eine nicht dislozierte Radiusfraktur am rechten Handgelenk sowie Prellungen und Hämatome; die Hand musste einen Monat zunächst mit einem Gips und dann mit einer Schiene ruhiggestellt werden, sie hatte knapp zwei Monate Beschwerden.

Die Klägerin musste aufgrund dessen, dass ihr die Situation vor Ort bekannt und die Gefahr erkennbar war, mit Glätte rechnen, weshalb ein hälftiges Mitverschulden angenommen wurde.

OLG Saarbrücken, Urt. v. 07.07.2021 – 1 U 31/20, unveröffentlicht 2326

2.500,00 € (1/2 Mitverschulden; Vorstellung: 5.000,00 €)

Rotatorenmanschettendefekt

Der Kläger – ein Zimmermann – stürzte von einem von der Beklagten unzureichend befestigten Gerüst. Er zog sich einen Rotatorenmanschettendefekt in der linken Schulter zu und war 8 Monate arbeitsunfähig. In den ersten Wochen nach dem Unfall, der zu einer Operation und einem stationären Aufenthalt führte, litt der Kläger unter starken Schmerzen.

OLG Koblenz, Beschl. v. 28.03.2022 – 15 U 565/21, unveröffentlicht 2327

2.500,00 € (Vorstellung: 16.330,89 €)

Knieprellung – Handverletzung

Der Kläger war als Steinmetz auf einer Baustelle tätig, auf welcher der Beklagte das Gerüst gestellt. Dieses war nicht ordnungsgemäß aufgebaut; der Kläger stürzte durch eine (fehlerhaft) eingesetzte Sperrholzplatte, beim Sturz verfing sich sein rechtes Knie in einer Leitersprosse. Das Knie wurde geprellt, auch die linke Hand verletzt und schwoll an; an beiden Körperteilen bestanden bereits Vorschäden. Es bestanden Beschwerden über einen Monat.

2328 **LG Bielefeld, Urt. v. 29.05.2020 – 1 O 231/16, unveröffentlicht**

3.000,00 € (Vorstellung: 5.000,00 €)

Sprunggelenksfraktur

Die Klägerin stürzte wegen Glatteis auf einer von der Beklagten unzureichend gestreuten Straße. Sie knickte mit dem linken Fuß um, erlitt eine Weber-C-Fraktur des oberen Sprunggelenks links und musste operiert werden. Ihr wurde eine Platte mit 7 Schrauben im linken Sprunggelenk eingesetzt. Die Klägerin war für mehrere Monate erheblich gehbehindert und körperlich eingeschränkt. Sie musste 6 Wochen den Fuß entlasten und konnte deshalb nur halbtags am Schulunterricht teilnehmen. Bei Körperpflege und An- und Auskleiden brauchte sie Hilfe. Erst nach zwei Monaten konnte sie ohne Gehhilfen gehen. Drei Monate lang nahm sie Schmerzmittel. Ein Jahr nach dem Unfall war eine weitere Operation zur Metallentfernung nötig.

2329 **OLG Schleswig-Holstein, Urt. v. 29.04.2021 – 11 U 121/20, unveröffentlicht**

3.000,00 € (1/5 Mitverschulden)

Knöcherne Absprengung am Außenknöchel

Die Klägerin verunfallte, als sie auf einem Behindertenparkplatz der beklagten Gemeinde in ein Schlagloch trat und stürzte. Sie erlitt eine knöcherne Absprengung am Außenknöchel und einen Außenbandriss links, außerdem Schürfwunden. Ihre Urlaubsreise war durch die Verletzung entwertet war. Sie konnte mindestens zwei Wochen ohne Hilfe gar nicht und auch anschließend noch monatelang nur unter Schmerzen gehen.

2330 **OLG Hamm, Urt. v 25.05.2021 – 7 U 89/20, NJW-RR 2021, 1323**

3.000,00 € (1/2 Mitverschulden Vorstellung: 8.000,00 €)

Prellungen – Blutige Nase – Radiusfraktur

Die Klägerin stürzte mit ihrem Pedelec über ein Glasfaserkabel, was die beklagte Baufirma auf der Erde geholt und – vor der Beseitigung – quer über Fuß- und Radweg der Straße abgelegt hatte. Sie erlitt eine distale Radiusfraktur der linken Hand, Verletzungen des rechten Knie- und Sprunggelenks, eine blutende Nase und Prellungen am Kopf. Eine Fehlstellung des distalen Radius verbleibt mit der Folge einer posttraumatischen Arthrose. Das Mitverschulden resultierte aus hoher Geschwindigkeit (30 km/h) und guter Sichtbarkeit der Stelle.

2331 **LG Lübeck, Urt. v. 23.08.2023 – 6 O 161/22, unveröffentlicht**

3.000,00 € (1/2 Mitverschulden; Vorstellung: 7.500,00 €)

Verbrennungen an Gesicht, Ohr, Hals, Schulter, Schlüsselbein und Dekolleté

Die Klägerin besuchte ihren Bruder auf der Baustelle seines Hauses; die Beklagte war Ehefrau und Eigentümerin. Die Klägerin half bei der Isolierung des Kellers mit Styroporplatten; als sie eine der Platten versehentlich gegen die aus dem Erdreich führende und unzureichend abgesicherte Stromversorgungsleitung drückte, erlitt sie einen Stromschlag und erhielt Verbrennungen im Bereich von Gesicht, Ohr, Hals, Schulter, Schlüsselbein und Dekolleté. Es handelte sich um eine schwere Brandverletzung zweiten Grades auf 4 % der Körperoberfläche. Sie wurde per Rettungshubschrauber ins Krankenhaus gebracht, wo sie erstversorgt und anschließend zwei Wochen stationär behandelt wurde. Zwei Monate folgten regelmäßige hausärztliche Termine zur Wundversorgung; es liegen noch Hautschädigungen im Bereich der Brandnarben vor.

Die Klägerin litt unter erheblichen Schmerzen; die Hautareale sind weiterhin besonders empfindlich. Der plötzliche Unfall hat sie psychisch beeinträchtigt, sie hat Angst beim Umgang mit elektrischen Geräten. Bei der Bemessung wurde auch die familiäre Nähe der Parteien berücksichtigt (die Beklagte ist allerdings haftpflichtversichert).

LG Tübingen, Urt. v. 09.03.2018 – 3 O 89/17, unveröffentlicht 2332

<u>3.250,00 €</u> (Vorstellung: 5.000,00 €)

Patellaluxation – MPFL-Ruptur

Der 23 Jahre alte Kläger erlitt eine Kniescheibenverletzung, als er auf einem Stadtweg stürzte; der Weg hatte ein Gefälle, und ein Holzgeländer mit Handlauf an der Seite sollte diesen stützen, jedoch war ein Handlauf aus seiner Verankerung gebrochen, weswegen der Kläger fiel. Er erlitt eine MPFL-Ruptur und eine Patellaluxation im linken Knie, eine Ruptur des medialen Retinakulums und ein massives Hämatom. Der Kläger wurde – weil es Komplikationen und eine Blutung nach der ersten OP gab – insgesamt zweimal operiert und hierfür kurz stationär aufgenommen; sieben Wochen musste er eine Beinschiene tragen, er war zwei Monate krankgeschrieben. Während der Kläger wieder Radfahren kann, hat er nach wie vor Schmerzen im Bein beim Skifahren.

Das Verfahren wurde in zweiter Instanz mit einem Vergleich über 6.000,00 € erledigt (OLG Stuttgart 4 U 89/18).

OLG Frankfurt, Urt. v. 13.03.2017 – 4 U 158/16, unveröffentlicht 2333

<u>4.000,00 €</u> (Vorstellung: 5.000,00 €)

Mittelfußknochenfraktur

Die Klägerin verletzte sich bei einer Veranstaltung, die die Beklagte durchgeführt hatte, weil sie über einen hohl verlegten Teppich auf einer Treppe stolperte. Sie erlitt einen Mittelfußknochenbruch, der zwei Operationen nötig machte und zu drei Monaten Arbeitsunfähigkeit führte.

OLG Schleswig, Urt. v. 16.08.2019 – 11 U 87/16, unveröffentlicht 2334

<u>4.000,00 €</u> (Mitverschulden nicht beziffert – Vorstellung: 10.000,00 €)

Oberschenkelhalsfraktur

Der 74 Jahre alte Kläger stütze in einem Einkaufszentrum, als er zwei Galerien, die durch einen Brückenübergang verbunden waren, querte und an einem Niveauunterschied von 13 cm, der durch eine geriffelte Metallplatte als Stufe abgesetzt war, stolperte. Er erlitt eine Oberschenkelhalsfraktur, die durch eine geschlossene Reposition und Implantation eines Gammanagels behandelt wurde. Er war für sechs Tage stationär im Krankenhaus. Der postoperative Verlauf war komplikationslos. Ein Gammanagel, der im Körper verbleiben wird, verursacht allerdings auch jetzt noch Schmerzen, sodass der Kläger seine vor dem Unfall vorhandene Beweglichkeit in gewisser Weise eingebüßt hat. Eine postoperativ noch dokumentierte Verkürzung glich sich im Laufe von Physiotherapie und nach Normalisierung der Funktionalität der Hüftgelenke wieder aus; Spätfolgen sind nicht mehr zu erwarten.

Das Gericht hielt fest, dass ein Einkaufszentrum auch gegenüber Kunden die Technischen Regeln für Arbeitsstätten (ASR) einhalten und die Wege so gestalten müsse, dass der normale Besucher mit einer arbeitssicheren Gestaltung rechnen könne. Das Mitverschulden resultierte daraus, dass die Unfallstelle grundsätzlich erkennbar war und mit einem auf den Boden gerichteten Blick der Sturz hätte vermieden werden können.

OLG Hamm, Urt. v. 01.03.2023 – 11 U 73/22, unveröffentlicht 2335

<u>4.500,00 €</u> (1/2 Mitverschulden)

Außenbandriss am Sprunggelenk – Prellung am Unterschenkel

Die Klägerin stürzte wegen einer Kante auf dem innerstädtischen Gehweg. Sie erlitt einen Abriss eines Außenbandes des oberen Sprunggelenks sowie eine Gewebeschädigung eines weiteren Außenbandes des oberen Sprunggelenks und eine Prellung und Gewerbeschädigung im Bereich des Übergangs des Unterschenkelknochens zum Fuß. Sie war für einen Zeitraum von über 6 1/2 Monaten arbeitsunfähig krankgeschrieben. Sie leidet immer noch an Schmerzen bei starker Belastung des rechten Fußes.

2336 **KG, Urt. v. 06.12.2022 – 21 U 56/22, MDR 2023, 298**

5.000,00 €

Quadrizepssehnenruptur

Die 69 Jahre alte Klägerin stürzte auf dem unzureichend gestreuten Gelände der beklagten Klinik auf Glatteis. Sie erlitt eine Quadrizepssehnenruptur, musste operiert werden und war über Weihnachten in ambulanter Behandlung. Der Heilungsverlauf zog sich über mehrere Monate hin, sie musste mehrere Wochen Gehstützen benutzen und sich wiederholten Arztbesuchen und Rehamaßnahmen zu unterziehen.

2337 **OLG Saarbrücken, Urt. v. 22.12.2022 – 4 U 116/21, unveröffentlicht**

5.000,00 €

Sprunggelenksfraktur

Die Klägerin stürzte auf einer Blindenleiteinrichtung im Bereich des Busbahnhofs; diese war konstruktionsfehlerbedingt rutschig, weil sich Wasser auf den gummierten Zwischenräumen sammelte und Ablaufrinnen fehlten. Sie erlitt eine Sprunggelenksfraktur, die eine Operation mit offener Reposition und innerer Fixation nötig machte; für 6 Wochen musste sie einen Vacoped-Schuh tragen, 12 Wochen lang bestanden Beeinträchtigungen.

2338 **LG Kassel, Urt. v. 28.04.2021 – 6 O 111/21, unveröffentlicht**

6.000,00 € (Vorstellung: 7.000,00 €)

Armfraktur – Prellungen – Schürfwunden

Die Klägerin stürzte auf einem Friedhof, als sie in einem nicht ausreichend befestigten Gitterrost einer Regenabflussrinne hängen blieb und stürzte. Sie erlitt eine subkapitale Oberarmknochenfraktur mit Abriss der Tuberculum major rechts sowie Prellungen und Abschürfungen; die Fraktur wurde notfallmäßig versorgt und operiert, die Klägerin war 5 Tage stationär und noch sechs Monate beeinträchtigt. Sie kann ihren Arm nicht mehr über Schulterhöhe heben.

2339 **OLG Köln, Beschl. v. 12.01.2017 – 19 U 125/16, unveröffentlicht**

6.500,00 € (Vorstellung: 15.000,00 €)

Sprunggelenks-Luxationsfraktur

Die 27 Jahre alte Klägerin besuchte den »Kletterwald« der Beklagten. Bei dem Herabrutschen an einem Seil stieß sie mit dem linken Fuß gegen einen – nicht abgepolsterten – Querträger der Landeplattform. Hierbei erlitt sie eine doppelte Luxationsfraktur des linken oberen Sprunggelenks. Diese musste operiert werden. Sie verbrachte 12 Tage stationär. In einem weiteren ambulanten Eingriff wurden Metallplatten und Schrauben entfernt, die zur Fixierung eingebracht worden waren. Die Klägerin verlor ein Semester; sie ist in ihrer Bewegung, insbesondere bei Belastungen wie Treppensteigen, weiterhin eingeschränkt und hat ein erhöhtes Arthroserisiko. Bei Belastungen schwillt das Gelenk an, die Klägerin erhält Lymphdrainagen und Physiotherapie.

2340 **LG Kaiserslautern, Urt. v. 19.06.2020 – 3 O 639/19, unveröffentlicht**

7.000,00 € (3/10 Mitverschulden)

Schnittwunde an der Nase – Risswunde an der Stirn

Die 13 Jahre alte Klägerin war Schülerin in der Einrichtung der Beklagten. Dort war ein Treppenpodest in Richtung Mädchentoiletten mit einem offenen Bereich ausgestattet, der beidseitig mit Verblendungen besetzt war, deren scharfe Kanten überstanden. Die Klägerin stieß hiergegen, als sie die Treppe herauflief und – um möglichst schnell zur Toilette zu kommen – die untere Verblendung in gebückter Haltung unterlief und sodann beim Aufrichten des Kopfes ungebremst gegen die Kante stieß. Sie erlitt einen heftigen Schock, fiel zu Boden und stieß beim Aufstehen erneut gegen die Verblendung. Hierdurch kam es zu einer massiven Schnittwunde von der Nase über die Nasolabialfalte rechts sowie einer massiven Risswunde im oberen Stirnbereich knapp unterhalb des Haaransatzes mit Skalpierung. Sie war 3 Tage stationär, wo es infolge des Unfalls zu einer Rekonstruktion der Nasenspitze kam und die Schnitt- und Risswunden genäht werden mussten, an einer Stelle im oberen Bereich mit 13 Nähten. Während des stationären Aufenthalts musste die Nase täglich von einem HNO-Arzt gereinigt werden, die Nase brannte und die Schmerzen führten zu Schlafproblemen. Es verblieben Narben im Gesicht, eine hellere im Nasenbereich und eine etwas rötlichere, dickere im Stirnbereich. Diese Narben stellen für die junge Klägerin eine nicht unerhebliche Lebensbeeinträchtigung insbesondere hinsichtlich des Soziallebens dar, denn die Narben liegen unmittelbar im Gesicht, und die Klägerin wird darauf angesprochen.

LG Oldenburg, Urt. v. 23.02.2021 – 4 O 213/20, unveröffentlicht 2341

<u>**7.000,00 €**</u> (3/10 Mitverschulden; Vorstellung: 15.000,00 €)

Hüfttotalendoprothese nach Oberschenkelhalsbruch

Die 81 Jahre alte Klägerin wollte den Bahnhof der Beklagten durch eine Automatiktür betreten, als diese schon im Begriff war, sich zu schließen, und näherte sich der Tür in einem derart spitzen Winkel, dass der an der Tür installierte Bewegungsmelder sie nicht wahrnahm. Daher wurde die Klägerin von dem sich schließenden Türflügel so an der linken Seite getroffen, dass sie stürzte und einen Oberschenkelhalsbruch erlitt, weshalb sie 10 Tage stationär behandelt werden und eine Hüfttotalendoprothese implantiert werden musste. Sie befand sich einen weiteren Monat im Pflegeheim; die Hüft-TEP führte zu einer Beinlängendifferenz von 1 cm, die durch Längenausgleichseinlagen ausgeglichen werden muss und ein Hinken zur Folge hatte. Sie kann nicht mehr so viel laufen wie vorher, leidet ab und zu an Rückenschmerzen und Kraftminderungen und fühlt sich »wie eine alte Tante«.

Das Gericht sah eine Verkehrssicherungspflicht in der Installation der Bahnhofstür, die wegen der hohen Frequenz an Besuchern darauf eingerichtet sein müsse, dass sie von allen möglichen Seiten und Winkeln durchschritten werde, und nicht mit einer derartigen Kraftentfaltung schließen dürfe, dass die »im fortgeschrittenen Alter« befindliche Klägerin umgestoßen werde.

OLG Hamm, Urt. v. 01.12.2023 – 11 U 32/22, NVwZ-RR 2024, 1022 2342

<u>**7.000,00 €**</u>

Sprunggelenksfraktur – Bänderrisse

Die Klägerin stürzte auf einer unzureichend gestreuten Eisfläche auf einem Fußgängerüberweg. Sie erlitt eine bimalleoläre Luxationsfraktur des oberen Sprunggelenks am linken Fuß sowie eine traumatische Ruptur von Bändern in Höhe des oberen Sprunggelenks und des Fußes, weshalb eine Operation mit offenerer Reposition durch winkelstabile Plattenosteosynthese der Fibula, einer Schraubenosteosynthese nach Volkmann und der Einsatz einer Stellschraube am Unfalltage erforderlich war. Die Klägerin musste stationär im Krankenhaus verbleiben und war zwei Monate arbeitsunfähig. Nach Entlassung aus dem Krankenhaus war eine ambulante Therapie mit regelmäßiger Wundkontrolle, Entfernen des Hautmaterials, Mobilisation, radiologischen Kontrollen und Fortsetzen der physiotherapeutischen Übungstherapie erforderlich. Auch eine Metallentfernungsoperation wurde durchgeführt. Die Klägerin litt unter Wasser in den Beinen, was ihre Bewegung einschränkte.

2343 **LG Kiel, Urt. v. 28.06.2017 – 13 O 9/15, unveröffentlicht**

7.500,00 € (Vorstellung: 11.000,00 €)

Beinfrakturen

Die Klägerin stürzte als Fußgängerin wegen Glatteises vor dem – unzureichend gestreuten – Mehrparteienhaus des Beklagten. Sie erlitt eine trimalleoläre OSG-Luxationsfraktur links bei distaler Fibulatrümmerfraktur sowie einer Aussprengung des Volkmannschen Dreieckes. Sie war 8 Tage stationär; die Frakturen wurden operativ versorgt mit Platte und Schrauben. Acht Wochen lang durfte sie das linke Bein nicht belasten und war völlig ruhig gestellt; während dieser Zeit musste sie zur Vermeidung einer Thrombose Heparin spritzen. Weitere vier Wochen war das Bein nur eingeschränkt belastbar, Krücken waren nötig. Die Klägerin leidet bis heute unter leichten Bewegungseinschränkungen, Muskelminderungen, Schwellneigung und Schmerzen. In der Berufung (OLG Schleswig, Urt. v. 03.04.2018 – 11 U 93/17, NJW 2018, 1889) stand nur der materielle (Haushaltsführungs-) Schaden in Streit.

2344 **OLG Stuttgart, Urt. v. 26.11.2020 – 2 U 437/19, DV 2021, 7**

8.000,00 € (1/2 Mitverschulden)

Oberschenkeltrümmerbruch

Die Beklagte führte Tiefbauarbeiten an einem Fußweg durch; hierbei hatte sie an einer Stelle des Gehweges nur die Trageschicht aufgebracht, die Deckschicht des Asphaltes fehlte. Absperrungen oder Beschilderungen waren nicht vorhanden. Die 72 Jahre alte Klägerin kam wegen des Höhenunterschiedes zu Fall, weil sie ins Straucheln geriet. Sie hielt sich an ihrem Mann fest und fiel hierdurch in einer Schwingbewegung mit Hüfte und Oberschenkel auf die Längskante des Bodens. Sie erlitt einen Trümmerbruch am Oberschenkel, der operativ versorgt werden musste, und war deswegen 23 Tage stationär und noch 28 Tage in ambulanter Reha. Sie erhält weiter Schmerzmittel wegen der Beschwerden in Hüfte und Bein und ist auf einen Rollator angewiesen. Aufgrund des Unfalls verblieb ein verkürzter Schenkelhals mit der Folge einer Beinverkürzung.

2345 **OLG Hamm, Urt. v. 23.09.2022 – 7 U 21/21, VerkMitt 2023, Nr. 3**

8.000,00 €

Oberschenkelfraktur

Die Klägerin wurde an einem Informationsstand eines Sanitätshauses verletzt, als ein von dem Beklagten unzureichend abgesicherter elektrischer Rollstuhl durch ein vier Jahre altes Kleinkind in Gang gesetzt wurde und die Klägerin ungebremst anfuhr. Der Rollstuhl fuhr über Unterschenkel und Füße der Klägerin, die dann auf ihre linke Seite fiel. Sie erlitt eine periprothetische proximale Femurfraktur links und musste operiert werden, wobei eine offene Reposition und Osteosynthese des proximalen Femurs mit drei Cerclagenbändern erfolgte. Sie war zwei Wochen in stationärer Behandlung und ein halbes Jahr arbeitsunfähig. In dieser Zeit waren 11 ambulante Nachsorgen nötig; die Erstmobilisierung erfolgte mit Gehstützen. Die Klägerin hat immer noch Schmerzen beim Gehen nach einer Strecke von 150m, sie humpelt mit dem linken Bein und hat Schmerzen beim längeren Sitzen oder Liegen auf der Seite. Grund hierfür ist eine Reizung im Bereich der Cerclagen.

2346 **OLG Karlsruhe, Urt. v, 05.10.2021 – 9 U 59/19, NJW-RR 2022, 316**

8.500,00 €

Radiusköpfchentrümmerfraktur

Die 55 Jahre alte Klägerin stürzte mit dem Fahrrad über eine Stelle, an der der Fahrbahnbelag wegen Erneuerungsarbeiten aufgefräst und damit rutschig war. Sie erlitt eine Radiusköpfchentrümmerfraktur am Ellbogen, einen Abriss des Processus coronoideus links, eine Thoraxkontusion links und eine Daumensattelgelenkskontusion links. Außerdem gab es eine Absprengung eines Ossikels im linken

Handgelenk. Im linken Ellenbogen hat die Klägerin durch eine Operation eine Prothese erhalten. Sie wurde zwei Wochen stationär im Krankenhaus behandelt und war einen Monat arbeitsunfähig.

Die Klägerin leidet weiterhin – dauerhaft – immer wieder unter gewissen Schmerzen, beispielsweise wenn sie nachts auf dem Arm liegt, oder bei einem Wetterumschwung. Sie hat dauerhaft im linken Arm nicht mehr die gleichen Kräfte wie früher, und kann viele Bewegungen und Tätigkeiten nicht mehr so ausführen wie früher, das Ellenbogengelenk ist weniger belastbar. Die Klägerin ist vor allem dauerhaft im privaten Bereich eingeschränkt insofern, als sie bestimmten Freizeitbeschäftigungen, insbesondere dem Reiten, nicht mehr in gleicher Weise nachgehen kann wie früher. Sie muss sich wegen des Schadens im linken Ellenbogen anders und vorsichtiger bewegen als vor dem Unfall.

OLG Frankfurt, Urt. v. 14.01.2019 – 29 U 69/17, unveröffentlicht 2347

10.000,00 € (Vorstellung: 20.000,00 €)

Humeruskondylenfraktur

Der Kläger stürzte auf einer unzureichend gestreuten Bürgersteigfläche vor dem Haus des Beklagten. Er fiel auf die linke Körperhälfte und den linken Arm und erlitt eine mehrfragmentäre Humeruskondylenfraktur des linken Armes, die zweimal operiert werden musste. Es wurde ein Kirschnerdraht mit vier Schrauben eingesetzt; eine 100 %ige Reposition der Fragmente des Knochens gelang nicht, weshalb es postoperativ zu Schmerzen und Bewegungseinschränkungen kam. Nach der zweiten Operation – zwei Jahre nach dem Unfall – musste der Arm sechs Wochen mit einer Schiene versorgt werden, Beeinträchtigungen der Beweglichkeit des linken Arms und Schmerzbelastung bestehen weiterhin fort. Es besteht ein Streckdefizit von 30 bis 40 Grad und ein Beugungsdefizit von 10 Grad.

LG Dessau-Roßlau, Urt. v. 17.02.2020 – 4 O 617/14, unveröffentlicht 2348

10.000,00 € (Vorstellung: 10.000,00 €)

Schädelhirntrauma

Der Kläger war als Zimmermann auf einer Baustelle bei Dacharbeiten eingesetzt; er stürzte von einem Baugerüst aus 3,30 m Höhe. Der Beklagte hatte das Baugerüst unter Nichteinhaltung der vorgeschriebenen Abstandsvorschriften errichtet, sodass der Seitenschutz nicht gewährleistet war. Der Kläger erlitt bei dem Sturz ein Schädel-Hirn-Trauma II. Grades, eine frontobasale und temporale Kontusionsblutung links und eine Contusio labyrinthi. Der Kläger ist aufgrund des Unfalles zu 60 % in der Erwerbsfähigkeit gemindert ist. Die Minderung basiert zu 10 % auf hals-, nasen- und ohrenärztlichem Gebiet, zu 40 % auf neurologischem Gebiet und zu 20 % auf psychologischem Gebiet. Der Kläger ist durch die erlittenen Schäden erheblich beeinträchtigt, kann nur noch vier Stunden täglich arbeiten, und eine Tätigkeit als Zimmermann ist nicht mehr möglich.

OLG München, Urt. v. 12.11.2020 – 1 U 2528/20, unveröffentlicht 2349

10.000,00 € (Vorstellung: 7.500,00 €)

Teilamputation des Mittelfingers

Der 6 Jahre alte Kläger befand sich mit der Großmutter auf dem Heimweg, als er vor der Metzgerei des Beklagten eine Stierskulptur sah. Diese, etwa 80 cm hohe und 130 cm lange Bronzeskulptur wog 200 kg. Der Kläger turnte auf der Skulptur herum, die deswegen nach vorn kippte und die Hand des Klägers einklemmte. Es kam zu einer schweren Verletzung des linken Mittelfingers, die eine Teilamputation des Fingers zur Folge hatte, und zu einer Nagelbettverletzung des linken Daumens; der Kläger befand sich drei Tage in stationärer Behandlung. Der Kläger, der Linkshänder ist, ist dauerhaft eingeschränkt und kann z.B. nur noch mit besonderen Schwierigkeiten Gitarre spielen.

Das Gericht bejahte eine Pflicht des Beklagten, die Skulptur so standsicher aufzustellen, dass – womit zu rechnen sei – herumturnende und kletternde Kinder diese unter keinen Umständen zum Kippen bringen könnten.

2350 **OLG Köln, Urt. v. 03.08.2023 – 7 U 173/22, unveröffentlicht**

10.000,00 € (Vorstellung: 10.000,00 €)

Humeruskopffraktur

Die 74 Jahre alte Klägerin stolperte über ein unzureichend abgesichertes Stromkabel eines Wochenmarktes. Sie erlitt eine Humeruskopffraktur am rechten Oberarm und wurde 13 Tage lang stationär behandelt; zwei Operationen waren nötig, sie musste mit einem künstlichen Gelenkkopf versorgt werden. Der Arm ist in seiner Funktion beeinträchtigt, was erheblich pflegegradbegründend ist; die Klägerin hat Pflegegrad 2.

2351 **OLG Brandenburg, Urt. v. 30.10.2019 – 7 U 147/15, unveröffentlicht**

10.500,00 € (1/3 Mitverschulden Vorstellung: 35.000,00 €)

Spastische Beckenbodenveränderung – Genitalverletzung

Die 31 Jahre alte Klägerin wurde aufgrund einer Verkehrssicherungspflichtverletzung verletzt: als sie, die stark übergewichtig und im Reiten gänzlich ungeübt war, auf ein Pferd steigen wollte, gab man ihr einen ungeeigneten Gartenstuhl als Aufstiegshilfe. Sie stürzte von diesem herab auf die Stuhlrückenlehne und erlitt im Beisein ihres Kindes eine stark blutende, mit Todesangst verbundene Pfählungsverletzung im Genitalbereich (im Bereich der Vulva und des Mons pubis) durch Teile der Stuhlrückenlehne und dadurch bedingt eine reversible spastische Beckenbodenveränderung entlang des linken Schambeinbogens im Bereich des Musculus gracilis, zudem eine leichtgradige Belastungsstörung, verbunden mit Störungen des Sexuallebens und der Notwendigkeit der Teilnahme an Traumatherapien. Sie war 12 Tage in stationärer Behandlung und musste neuerlich wegen Magenkrämpfen und Erbrechen behandelt werden.

2352 **OLG Dresden, Urt. v. 21.07.2023 – 1 U 2377/22, ZfS 2023, 552**

12.000,00 €

Halswirbelfraktur – Platzwunde am Kopf

Der Kläger, der mit Gehhilfen unterwegs war, stürzte im Supermarkt der Beklagten, weil dort großflächig Fliesen nass gereinigt worden waren und der Boden rutschig wurde. Er erlitt eine doppelseitige vordere Atlasbogenfraktur (erster Halswirbel) und eine nicht dislozierte hintere Atlasbogenfraktur sowie eine Platzwunde am Kopf. Eine Operation an der Halswirbelsäule war zunächst vorgesehen, wurde aber dann wegen der damit verbundenen Risiken (Gefahr einer Querschnittslähmung) nicht durchgeführt. Der Kläger musste für 10 Wochen eine Halskrause tragen. Wegen seiner Vorerkrankung (Glasknochenkrankheit) hinderte die Halskrause ihn am Verlassen seines Betts, denn für die sichere Benutzung seiner Unterarmstützen muss der Kläger nach unten schauen, während er die Stützen aufsetzt, was mit der Halskrause nicht möglich war. In der Folge des Sturzes und der erzwungenen 10-wöchigen Immobilität, die mit einem Muskelabbau verbunden war, ist der inzwischen 79-jährige Kläger seither deutlich weniger mobil und muss seinen Alltag – anders als zuvor – überwiegend mittels Nutzung eines Rollstuhls bestreiten, den er vor dem Unfall lediglich bei längeren Spaziergängen nutzte. Das Gericht berücksichtigte auch das Regulierungsverhalten der Beklagten, die dem stark gehbehinderten Kläger ohne jeden Anhaltspunkt ein gravierendes Mitverschulden unterstellt hatte.

2353 **OLG Celle, Urt. v. 11.06.2025 – 14 U 138/23, unveröffentlicht**

12.500,00 € (Vorstellung: 40.000,00 €)

Platzwunde am Knie – Schürfwunden – Patella-Mehrfragment-Fraktur

Der Kläger stürzte auf einem Grünstreifen am Bahnhof durch einen Gullydeckel über einem Sickerschacht, weil dieser zur Seite brach, als er darauf trat. Er rutschte mit dem rechten Bein in den Schacht und erlitt hierdurch erhebliche Verletzungen am rechten Knie, unter anderem eine Platzwunde und Hautabschürfungen an Knie und Oberschenkel und eine offene Patella-Mehrfragment-Fraktur 1.

Grades. Der Kläger wurde per Rettungswagen in das nächstgelegene Krankenhaus verbracht, wo er am Knie operiert wurde. Nach dem Unfall konnte er etwa vier bis fünf Wochen fast nur liegen und die nächsten vier bis fünf Wochen nur kleine Schritte mit Gehhilfen gehen. Er war rund vier Monate bei der Fortbewegung auf Unterarmgehstützen angewiesen, und neun Monate arbeitsunfähig. Eine Re-OP zur Narbenkorrektur und Drahtentfernung war nötig; der Kläger hat eine ca. 40 cm lange Narbe am Knie zurückbehalten und leidet bis heute an Bewegungseinschränkungen und Bewegungs-/Belastungsschmerzen im rechten Knie, insbesondere beim Hinhocken.

KG, Urt. v. 08.09.2017 – 4 U 57/16, NJW-RR 2018, 535 = NZM 2018, 1036 2354

13.000,00 € (Vorstellung: 22.000,00 €)

Brustwirbelkörperläsion

Die Klägerin stürzte infolge eines unzureichend gestreuten Gehwegs nach Schnee und Eisglätte. Sie erlitt eine Brustwirbelkörperläsion, der nicht stationär behandelt wurde. Über vier Jahre bestand eine Minderung der Erwerbsfähigkeit von 20 %. Gewisse Beeinträchtigungen werden dauerhaft verbleiben.

OLG Schleswig, Urt. v. 22.06.2017 – 11 U 109/16, ZMR 2018, 285 2355

14.000,00 € (1/3 Mitverschulden; Vorstellung: 35.000,00 €)

Beckenfraktur – Ellbogenverletzung

Die 86 Jahre alte Klägerin stieß im Hotel der Beklagten gegen eine gläserne und unzureichend abgesicherte Glastür, wodurch sie eine Beckenfraktur und Verletzungen am Ellbogen erlitt. Sie war für 8 Wochen fast immobil; erst danach konnte sie sich im Krankenhaus auf Gehstützen bewegen. Sie war lange bettlägerig, was die Lebensqualität erheblich beeinträchtigte. Sieben Monate nach dem Unfall war sie im Wesentlichen wiederhergestellt.

OLG Brandenburg, Urt. v. 19.12.2018 – 7 U 133/17, unveröffentlicht 2356

15.000,00 € (Vorstellung: 25.000,00 €)

Rotatorenmanschettenruptur

Der Kläger stürzte auf einer Eisplatte vor dem Laden, den er mit Gewürzen beliefern wollte. Er erlitt eine Rotatorenmanschettenruptur, war langfristig (16 Monate) arbeitsunfähig und musste mehrfach operiert werden. Schmerzensgelderhöhend wirkten Komplikationen im Heilungsverlauf. Auch wurde eine dauerhafte Einschränkung der Beweglichkeit des rechten Schultergelenks berücksichtigt.

OLG Zweibrücken, Urt. v. 26.01.2022 – 1 U 209/20, unveröffentlicht 2357

17.500,00 €

Schwere Ellbogenverletzung

Die 54 Jahre alte Klägerin stürzte im Einkaufszentrum der Beklagten über ein Stromkabel, was unzureichend mit einer Gummiabdeckung gesichert war. Sie trat in eine Schlaufe und zog sich eine zweitgradig offene Ellenbogengelenksfraktur rechts zu, bei der es zu einer Gelenksluxation mit schweren knöchernen Verletzungen im Bereich des Olecranons, des Processus coronoideus sowie des Radiusköpfchens gekommen war. Die Erstversorgung erfolgte durch Reposition und Ruhigstellung; später erfolgte eine mehrmonatige Stabilisierung mit Platte und Schrauben sowie die Refixation des ulnaren Seitenbandes. Das Metall wurde nach einem knappen Jahr entfernt, hieran schlossen sich eine ausgiebige Arthrolyse des rechten Ellenbogengelenks und mehrmonatige intensive Rehabilitationsmaßnahmen an. Die Verletzungen sind nahezu ausgeheilt; nach 6 Jahren kam es zu einer deutlichen funktionellen Besserung im Bereich des rechten Ellenbogengelenks. Der rechte Arm einschließlich des Ellenbogengelenks können genutzt werden und werden auch genutzt. Die Klägerin muss auf Dauer mit einer 16cm langen Operationsnarbe leben.

2358 **LG Köln, Urt. v. 13.05.2022 – 12 O 459/19, unveröffentlicht**

18.750,00 € (1/4 Mitverschulden; Vorstellung: 15.000,00 €)

Verätzungen an Speiseröhre und Magen

Der 29 Jahre alte Kläger begab sich in den Handy-Reparaturladen des Beklagten, mit welchem er befreundet war, und fragte nach etwas zu trinken. Der Beklagte sagte, er solle im Kühlschrank schauen; dort entnahm der Kläger eine Limonadenflasche mit farbloser Flüssigkeit und trank diese, wobei er nicht mehrte, dass es sich um Ammoniakwasser handelte, mit welchem der Beklagte Handy-Platinen reinigte.

Der Kläger erlitt einen Schweißausbruch und Atemnot. Er erbrach mehrfach, wurde stationär aufgenommen und in ein künstliches Koma verlegt. Er erlitt Schwellungen und Zersetzungen an Speiseröhre und Magen, Entzündungen und Geschwüre in der unteren Speiseröhre und eine Insuffizienz des Muskels zwischen Magen und Speiseröhre. Er verblieb 16 Tage stationär und musste künstlich ernährt werden; nach der Entlassung begann eine Ernährung mit Brei und Flüssigkost, die einen Monat andauerte. Zwischendurch wurde befürchtet, dass er einen Magenersatz oder eine Magensonde benötigen würde. Der Kläger litt noch einige Monate unter Alpträumen. Er hat bei Belastung und Aufregung Schmerzen in Magen und Speiseröhre, leidet mindestens einmal in der Woche an Durchfällen und Magenkrämpfen und muss ab dem Alter von 50 jährliche Routine-Biopsien durchführen lassen, um auf Karzinombildung zu testen.

Das Gericht bejahte eine Verkehrssicherungspflichtverletzung wegen der Nutzung einer Limonadenflasche, sah aber ein Mitverschulden darin, in einer Handywerkstatt aus einer bereits geöffneten Flasche eine farblose Flüssigkeit zu trinken.

2359 **OLG Jena, Urt. v. 20.11.2024 – 2 U 119/22, unveröffentlicht**

20.000,00 €

Außenknöchelfraktur – Sprunggelenksverletzung

Der Kläger stürzte aufgrund unzureichend gestreuter Fahrbahn. Er erlitt eine Außenknöchelfraktur Typ Weber B und ein Syndesmoseriss des Sprunggelenks. Er wurde operiert und eine Woche stationär behandelt. Er musste fast zwei Monate Gehhilfen verwenden und war arbeitsunfähig. Er konnte sein Hobby als Jagdhornbläser monatelang nicht ausüben und monatelang nicht duschen. Die Verletzung verursachte eine posttraumatische Arthrose; in wechselndem Ausmaß schwillt das rechte Sprunggelenk an. Es bestehen Schmerzen und Schwierigkeiten beim Treppensteigen.

2360 **LG Düsseldorf, Urt. v. 30.01.2020 – 16 O 354/16, unveröffentlicht**

25.000,00 € Vorstellung: 50.000,00 €

Sprunggelenksfraktur – Innenknöchelfraktur

Die Klägerin betrat als Kurierfahrerin das Einkaufszentrum der Beklagten. Gerade als sie den Bereich passierte, wo im Innenhof ein Weihnachtsbaum stand, fiel dieser um und »begrub« sie. Die Klägerin erlitt eine OSG-Luxationsfraktur mit distaler Fibularfraktur sowie Innenknöchelfraktur und Fraktur des hinteren Volkmanschen Dreiecks. Sie wurde eine Woche über Weihnachten im Krankenhaus behandelt und operiert; drei Monate später folgte die Metallentfernungsoperation. Die Klägerin erlitt eine posttraumatische Belastungsstörung mit Angst und Depressionen.

2361 **OLG Brandenburg, Urt. v. 06.12.2022 – 3 U 134/21, unveröffentlicht**

30.000,00 € (1/4 Mitverschulden Vorstellung: 22.000,00 €)

Lendenwirbelkörperberstungsfraktur

Die Klägerin bezog mit Mann und Kindern eine Ferienunterkunft der Beklagten. Das dort aufgebaute Hochbett auf einer zweiten Ebene des Zimmers war nur über eine unbehandelte Anlageleiter ohne Handlauf oder Festhaltevorrichtung erreichbar. Die Klägerin stürzte beim Heraufklettern und erlitt einen komplizierten Berstungsbruch des ersten Lendenwirbelkörpers, eine Sprunggelenksfraktur rechts und ein leichtes Schädelhirntrauma. Sie wurde fast einen Monat stationär behandelt mehrfach operiert, zuletzt noch zweimal zwei Jahre nach dem Unfall, wobei eine Wirbelsäulenversteifung vorgenommen und ein Lendenwirbelkörperimplantat gewechselt wurde. Die Klägerin, die weiterhin unter Beschwerden leidet, entwickelte eine mittelgradige depressive Störung. Das Gericht nahm eine Verkehrssicherungspflicht wegen der unzureichend gesicherten Leiter an, zumal erwartbar sei, dass, etwa wegen nächtlicher Toilettengänge, dies im nicht völlig wachen Zustand benutzt werden würde.

OLG Hamm, Beschl. v. 11.08.2020 – 11 W 40/20, unveröffentlicht 2362

45.000,00 € (Vorstellung: 45.000,00 €)

Hüft- und Schulterverletzungen

Die Antragstellerin stürzte auf einer unebenen Pflasterung, die farblich ohne Abgrenzung in die (nicht zu betretende) Baumabgrenzung überging. Sie erlitt erhebliche Verletzungen, insbesondere Frakturen im Bereich des rechten Oberschenkels/der rechten Hüfte sowie der rechten Schulter, des rechten Ober- und Unterarms mit einer Beeinträchtigung des Handgelenks. Diese Verletzungen erforderten umfangreiche ärztliche Maßnahmen zur Heilbehandlung wie das Implantieren eines künstlichen Hüftgelenks sowie die mehrfache operative Versorgung des rechten Arms und haben – nach dem Vortrag der Antragstellerin – einen Dauerschaden zur Folge. Die Antragstellerin wird ihre rechte Hand nur noch eingeschränkt nutzen können und sich mit dem Rollstuhl fortbewegen müssen, weil sie nur noch kurze Strecken mit einem Gehstock bewältigen kann.

OLG Hamm, Urt. v. 07.09.2018 – 7 U 12/17, unveröffentlicht 2363

50.000,00 €

Hüftpfannenbruch – Beckenringfraktur – Rippenserienfraktur – Lendenwirbelsäulenfrakturen

Der 46 Jahre alte Kläger stürzte bei Arbeiten durch eine abgedeckte und bereits vorgeschädigte Lichtkuppel eines Gebäudes, wodurch er 8,5 m in die Tiefe fiel. So erlitt er mehrere Brüche im Bereich des vorderen und hinteren Beckenrings sowie einen Hüftpfannenbruch rechts, eine vordere Beckenringfraktur links, eine Trümmerfraktur des IV. Mittelhandknochens rechts, eine Rippenserienfraktur 6 und 10 bis 12 rechts sowie nicht verschobene Fortsatzfrakturen der Lendenwirbelsäule. Er wurde schutzintubiert und beatmet mit dem Hubschrauber ins Krankenhaus gefahren; es erfolgte die Anlage einer Extension des rechten Beines und eine osteosynthetische Versorgung der Beckenfraktur sowie der Mittelhandknochenfraktur.

Er befand sich 9 Tage auf der Intensivstation; nach Entlassung schloss sich eine einmonatige Reha an. Aufgrund massiver Sekundärarthrose und Instabilität des Pfannengrundes wurde ein Jahr nach dem Unfall eine Hüftgelenkstotalendoprothese rechts implantiert. Es sind erhebliche Nervenschädigungen zurückgeblieben. Es sind ein komplexer Ausfall des Nervus femoralis, des Nervus peroneus, des Nervus obturatorius und des Nervus gluteus superius sowie eine hochgradige Schädigung des Nervus tibialis festzustellen. Dieser Nervenausfall bedingt eine Funktionsbeeinträchtigung der rechten Hüfte; die einzige Bewegungsrichtung, die aktiv vom Kläger durchgeführt werden kann, ist die Hüftgelenksstreckung. Durch Ausfall der Hüftbeugung kann das Knie nicht angehoben werden. Durch Ausfall der Hüftabspreizung kann im Einbeinstand rechtsseitig das Becken nicht stabilisiert werden, so dass es zu einem Abfallen der linken Beckenhälfte mit Unmöglichkeit des Einbeinstandes kommt. Die Unmöglichkeit, den Fuß im Sprunggelenk anzuheben (Fußheberparese), wird in seiner funktionellen Auswirkung durch die fehlende Hüftbeugung verstärkt. Der sog. »Steppergang« ist bei Ausfall der Hüftbeugung und Kniestreckung nicht möglich. Es ist unmöglich, das rechte Bein zu belasten. Der Kläger ist daher auf Gehstützen oder einen Rollstuhl angewiesen. Aufgrund von Verschleiß oder Lockerung des Kunstgelenks ist mit einer oder mehreren Wechsel-OP zu rechnen. Der Kläger wurde durch den Unfall jäh aus seinem bisherigen Leben gerissen. In seinem Beruf kann er nicht mehr arbeiten. Seine berufliche Selbständigkeit musste er aufgeben und aus der von ihm langjährig mitgeführten Gesellschaft ausscheiden. In seiner Freizeitgestaltung ist er umfassend eingeschränkt. Er ist permanent, auch bei Verrichtungen des täglichen Lebens, auf fremde Hilfe angewiesen. Da er wegen der Medikamente nicht mehr selber Auto fahren kann, ist er in seiner Mobilität stark begrenzt.

2364 **OLG Celle, Urt. v. 31.01.2023 – 14 U 133/22, VerkMitt 2023, Nr. 3**

60.000,00 €

Polytrauma – Schädelhirntrauma – Rippenserienfraktur – Verlust von drei Zähnen

Die Klägerin verunfallte mit ihrem PKW, als sie einen Bahnübergang befuhr, bei welchem die Schranken offen waren, und dort mit einem Zug kollidierte Die beklagte Bahn hatte trotz 15 Störungsfällen in einem Monat an der Schrankenanlage keinerlei Sicherheitsmaßnahmen getroffen. Die Klägerin erlitt bei dem Unfall ein Polytrauma mit gedecktem Schädelhirntrauma und multiple Kontusionsblutungen rechts frontal und temporal, weiter eine Rippenserienfraktur rechts, mit traumatischem Pneumohämatothorax rechts, eine ausgedehnte Rissquetschwunde am distalen Oberarm rechts, eine Radiusköpfchenfraktur mit Gelenkbeteiligung und knöcherner Absprengung am Olekranon rechts (Ellenbogenhöcker an der Spitze des Ellenbogens) und eine Milzkontusion. Die Olekranon-Fraktur wurde noch am Unfalltag operativ versorgt. Die Klägerin wurde 24 Tage stationär behandelt und war noch einen Monat in Reha. Wegen des Unfalls erlitt ihr linker großer Zeh starke Risse, die sich entzündeten und operiert werden mussten, auch verlor sie drei Zähne im Unterkiefer. Sie trägt ein Gebiss, der Kiefer hat sich zurückentwickelt, so dass sie sprachlich und beim Essen beeinträchtigt ist.

2365 **OLG Brandenburg, Urt. v. 30.01.2024 – 3 U 30/22, unveröffentlicht**

75.000,00 € zzgl. 300,00 € monatliche Rente (7/10 Mitverschulden; Vorstellung: 125.000,00 € und 500,00 € monatliche Rente)

Zerebralparese – Schwerstbehinderung

Der 2 Jahre alte Kläger fiel in den ungesicherten Teich auf dem Gelände der Beklagten, die Eigentümerin auch der Wohnanlage war, in der der Kläger mit seinen Eltern wohnte. Er erlitt schwere und irreversible geistige und körperliche Behinderungen, eine schwerste Intelligenzminderung, eine symptomatische fokale Epilepsie mit myoklonischen und tonischen Anfällen (sog. Lennox-Gastaut-Syndrom), eine bilaterale spastische Zerebralpese, eine neurogene Skopiliose, Aphase und eine postpoxische Hypophysenvorderlappeninsuffizienz. Er wird über eine Magensonde ernährt, ein Tracheostoma besteht, und eine intrathekale Baclofenpumpe, die das Medikament direkt ins Rückenmark einspritzt, ist eingesetzt. Der Kläger ist zu 100 % schwerbehindert und rollstuhlpflichtig. Das Mitverschulden (zurechenbar nach §§ 254, 278 BGB wegen der mietvertraglichen Beziehung zwischen Beklagter und Eltern) resultierte aus einer Aufsichtspflichtverletzung der Eltern.

2366 **LG Oldenburg, Urt. v. 01.12.2023 – 2 O 2383/152, unveröffentlicht**

150.000,00 € (1/2 Mitverschulden)

Verbrennungen dritten und vierten Grades – Amputation von Unterschenkel und Arm

Der 13 Jahre alte Kläger erlitt auf einem Abstellgleis eines Bahnhofs einen Stromschlag, als er auf einen Eisenbahnwaggon kletterte und dabei die Oberleitung berührte. Der Kläger erlitt Verbrennungen dritten und vierten Grades an beiden Beinen und am linken Arm; er erlitt einen Atemstillstand und ein Schocktrauma, infolgedessen sich seine Körpertemperatur auf 24 Grad abkühlte. Er musste reanimiert werden; der linke Arm und beide Unterschenkel mussten amputiert werden. Durch das Stromtrauma wurden auch Lunge, Herz, Nieren und Leber beschädigt. Der Kläger befand sich 5 Monate im Krankenhaus, davon 39 Tage auf der Intensivstation. Er wurde 23-mal operiert. Mehrere weitere Krankenhausaufenthalte für Wundbehandlung, Prothesenanpassung und Reha waren nötig. Der Kläger ist auf Gehhilfen oder einen Rollstuhl angewiesen, trotz Prothesen ist er gangunsicher. Er leidet an Phantomschmerzen, chronischen Glieder- und Muskelschmerzen. An den Amputationsstümpfen und Brandwunden bestehen Narben, Juckreiz und trockene Haut. Der Kläger leidet an einer posttraumatischen Belastungsstörung mit Angst- und Panikattacken, Schlafstörungen, Depressionen und Reizbarkeit. Das Gericht bejahte eine Haftung der Bahn mit Blick drauf, dass aussagekräftige Warntafeln fehlten und der abgestellte Waggon eine fest angebrachte Leiter aufwies, gleichzeitig aber Wohn- und Jugendeinrichtungen in unmittelbarer Nähe waren.

Verspannung/Zerrung

▶ Hinweis:

Bei Verspannungen und Zerrungen handelt es sich um »alltägliche« Verletzungen, für die i.d.R. kein hoher Schmerzensgeldbetrag angemessen ist. Höhere Beträge werden zumeist erst zuerkannt, wenn zu der Zerrung oder Verspannung noch weitere Verletzungen hinzutreten (Frakturen o.Ä.); typischerweise ist aber in diesen Fällen die Zerrung oder Verspannung auch nicht mehr der die Bemessung bestimmende Faktor, weswegen die Fälle, in denen »auch« eine Zerrung vorlag (ohne dass sich dies ausdrücklich in der Bemessung niedergeschlagen hätte) nicht hier, sondern unter der jeweiligen »Schwerpunktverletzung« erfasst sind. Es liegt in der Natur der Sache, dass bei den in aller Regel niedrigen Beträgen, die für die durchgängig eher leichten Verletzungen zuerkannt werden, in Abweichung von dem Konzept des Buches auch (häufig: AG-) Entscheidungen referiert werden müssen, für die keine Fundstelle angegeben werden kann.

Wie generell bei »Kleinverletzungen« ist zudem darauf zu achten, dass je nach Ausmaß der Beeinträchtigung ein Schmerzensgeld schon aus dem Grund zur Gänze versagt werden kann, dass nur eine (entschädigungslos hinzunehmende) sog. Bagatellverletzung vorliege.

Gesonderte Behandlung erfahren die Verletzungen der → HWS (Distorsion/Zerrung der HWS, Rdn. 1364 ff.), da diese auch und gerade beweisrechtlich Sonderprobleme aufweisen.

OLG Koblenz, Beschl. v. 22.09.2022 – 12 U 917/22, MDR 2022, 1342 2367

300,00 €

HWS-Zerrung

Die Klägerin erlitt bei einem Verkehrsunfall eine Prellung bzw. Zerrung im Bereich der HWS. Die Beschwerden ließen bei einer (unfallunabhängig bereits gebuchten) Kur im Anschluss an den Unfall nach.

OLG Hamm, Urt. v. 05.07.2019 – 7 U 15/18, unveröffentlicht 2368

800,00 € (Vorstellung: 25.000,00 €)

Verspannung und Zerrung der Brustwirbelsäule – HWS-Schleudertrauma

Der Kläger erlitt bei einem Verkehrsunfall eine Verspannung, eine Zerrung und eine Stauchung der Brustwirbelsäule sowie ein HWS-Schleudertrauma ersten Grades, das zu körperlichem Unwohlsein, eingeschränkter Belastbarkeit und Beklommenheit führte. Die Beschwerden klangen innerhalb weniger Wochen folgenlos ab. Der Betragsvorstellung lag die Behauptung weiterer, unbewiesener Verletzungen zu Grunde.

OLG Braunschweig, Urt. v. 20.07.2017 – 7 U 37/16, unveröffentlicht 2369

1.000,00 €

Zerrung der Halswirbelsäule – Gehirnerschütterung – Handgelenksdistorsion

Die Klägerin erlitt bei einem Verkehrsunfall eine leichte Gehirnerschütterung, eine Distorsion des linken Handgelenks und eine Zerrung/Stauchung der Halswirbelsäule. Sie war zwei Tage in stationärer Behandlung.

2370 **OLG Dresden, Urt. v. 20.04.2020 – 4 U 137/20, unveröffentlicht**

1.500,00 €

Zerrung der Wirbelsäule

Der Kläger erlitt bei einem Verkehrsunfall eine Zerrung im Bereich der gesamten Wirbelsäule und des Schulterblattes. Er hatte Schmerzen am Thorax, Schultern und Wirbelsäule; es handelte sich um reine Weichteilschäden. Er war zwei Wochen krankgeschrieben, die Schmerzausstrahlung endete nach ca. 8 Wochen.

2371 **AG Hamburg, Urt. v. 13.07.2018 – 23a C 437/17, SVR 2019, 142**

1.600,00 € (Vorstellung: 1.600,00 €)

Schulterzerrung – Rippenfrakturen

Die Klägerin wurde bei einem Verkehrsunfall verletzt; sie erlitt zwei Rippenfrakturen, eine Schulterzerrung und litt unter Schmerzen an der Schulter. Sie war zwei Monate arbeitsunfähig und litt weitere drei Monate aufgrund der Rippenfraktur an belastungsabhängigen Schmerzen im Oberkörperbereich.

2372 **OLG Hamm, Urt. v. 15.03.2018 – 7 U 4/18, unveröffentlicht**

3.500,00 € (Vorstellung: 8.000,00 €)

Zerrungen – HWS-Haarriss

Die Klägerin erlitt bei einem Verkehrsunfall einen Haarriss am siebten Halswirbelkörper, eine Knochenquetschung sowie eine Zerrung der Hals- und der Lendenwirbelsäule. Sie litt neun Monate an Schmerzen; mitursächlich hierfür waren allerdings massive Vorschädigungen der Halswirbelsäule, die mindernd in die Bemessung eingeflossen sind.

2373 **OLG Jena, Urt. v. 13.04.2022 – 2 U 1250/20, NZV 2022, 479**

3.500,00 € (Vorstellung: 5.000,00 €)

Handgelenkszerrung – Diverse Prellungen

Die Klägerin erlitt bei einem Verkehrsunfall eine Prellung des linken Brustkorbs, der Lendenwirbelsäule, des Kreuzbeins, der linken Schulter, des linken Schlüsselbeins, des rechten Kniegelenks und eine Zerrung des rechten Handgelenks sowie eine Daumendistorsion rechts. Die Klägerin war einen Monat arbeitsunfähig.

2374 **LG Bonn, Urt. v. 05.10.2018 – 1 O 165/18, unveröffentlicht**

4.000,00 € (Vorstellung: 4.000,00 €)

Verspannungen im Brustbereich – Schürfwunden – Prellungen – Stirnplatzwunde

Die Klägerin wurde als Radfahrerin bei einem Verkehrsunfall verletzt; sie erlitt eine Platzwunde an der Stirn, Schürfwunden im Bereich von Stirn, Nase und Oberlippe sowie multiple Prellungen an der Stirn, dem rechten Unterarm und dem rechten Fuß.

Es kam zu einem HWS/BWS-Schleudertrauma mit einem Hartspann der Brustwirbelsäule. Sie war stationär aufgenommen und 11 Tage krankgeschrieben sowie fünf Monate beeinträchtigt. Ein im Anschluss an die Krankschreibung bereits zuvor gebuchter Urlaub wurde durch die Gesichtsverletzungen beeinträchtigt, die Klägerin fühlte sich optisch nicht gut und war zudem wegen der Schmerzen und Verspannungen im Brustbereich auf die Einnahme von Schmerzmedikation angewiesen.

2375 **OLG Koblenz, Urt. v. 01.03.2021 – 12 U 1297/20, NZV 2021, 423 = MDR 2021, 683**

4.000,00 € (1/2 Mitverschulden)

Schulterzerrung – Schlüsselbeinverletzung – HWS-Schleudertrauma

Die Klägerin zog sich infolge eines Verkehrsunfalls eine HWS-Zerrung, eine leichte Schulterzerrung sowie eine Verletzung im rechten Sternoclaviculargelenk (SC-Gelenk) zu. Besonders ins Gewicht fiel die Verletzung im SC-Gelenk, da es sich um einen Dauerschaden mit der Folge einer Verschlechterung des allgemeinen Gesundheitszustandes der Klägerin handelte. Auch wurde eine vorhandene ACG-Arthrose verschlimmert. Die Klägerin musste sich aufgrund der erlittenen Unfallverletzungen einer Operation unterziehen und war über einen Zeitraum von sechs Wochen in ihrer Bewegungsfähigkeit erheblich eingeschränkt. Sie ist der Freizeitgestaltung weiter stark eingeschränkt, kann ihr Pferd nicht mehr ausführen oder selbst versorgen und ist auch nicht mehr in der Lage, im bisherigen Umfang bei der Fischzucht, die sie mit ihrem Mann betreibt, mitzuhelfen.

OLG München, Urt. v. 06.10.2021 – 10 U 6501/20, unveröffentlicht 2376

5.000,00 €

Zerrung und Prellung von Brustwirbelsäule, Thorax und Schulterblatt

Der Kläger erlitt durch den Unfall eine schwere Zerrung und Prellung von Thorax, Lenden- und Brustwirbelsäule sowie des linken Schulterblattes. Im Bereich der – degenerativ vorgeschädigten – Lendenwirbelsäule wurden durch den Unfall Beschwerden hinsichtlich einer (bereits vorhandenen) Vorwölbung der Bandscheibe temporär aktiviert, was über einen Zeitraum von drei Monaten weitere Schmerzen verursachte.

OLG Brandenburg, Beschl. v. 20.10.2022 – 12 U 159/22, unveröffentlicht 2377

5.000,00 € (Vorstellung: 4.000,00 €)

Verspannungen – HWS-Beschwerden

Die Klägerin litt nach einem Verkehrsunfall an Nackenschmerzen und leichter Übelkeit sowie schmerzhaften, insbesondere bewegungsabhängigen Beschwerden im HWS-Bereich und Druckschmerz. Sie litt noch 6 Monate lang an muskulären Verspannungen im Bereich der Schulter- und Nackenmuskulatur linksseitig, die zu einem verzögerten Heilungsverlauf und der Entstehung einer Kyphose (»Buckel«) führten.

OLG Köln, Urt. v 08.04.2020 – 5 U 64/16, unveröffentlicht 2378

10.000,00 € (Vorstellung: 15.000,00 €)

Verspannungen – CMD nach Zahnversorgung

Die Klägerin ließ sich von der verklagten Zahnärztin eine 20 Jahre alte Zahnversorgung erneuern. Hierbei nahm die Beklagte eine endgültige Eingliederung der Versorgung im Bereich von fünf Zähnen vor, ohne die Klägerin auf Anzeichen einer beginnenden CMD zu untersuchen. Es entwickelte sich eine akute CMD mit Abrutschen der Zähne, Überbelastung der Muskulatur und Verspannungen. Die Klägerin litt fünf Jahre unter Beschwerden in den Bereichen Kopf, Zahn, Kiefergelenk, Nacken, Rücken und Muskulatur. Die Mundöffnung war nur eingeschränkt möglich, es entstanden Taubheitsgefühle im Gesichtsbereich und Beschwerden beim Kauen. Eine Wurzelspitzenresektion eines Zahnes wurde nötig, weiterhin eine »enorme Zahl an Folgezahnbehandlungen«.

OLG Düsseldorf, Urt. v. 13.11.2018 – 1 U 67/17, unveröffentlicht 2379

10.400,00 € (Vorstellung: 30.000,00 €)

HWS-Zerrung – Prellungen – Blockierungen – Anpassungsstörung

Die 24 Jahre alte Klägerin erlitt bei einem Verkehrsunfall, bei welchem sie als Fußgängerin verletzt wurde, eine Prellung des linken Mittelfußes, eine Prellung des rechten Daumens, eine Prellung des linken Sprunggelenks, eine Prellung des linken Hüftgelenks und eine Zerrung der Halswirbelsäule. Weiter kam es zu Blockierungen der Tibio-Fibula-Gelenke und der Hüftgelenke, einer Schultergelenksblockierung, einer Zervikobrachialgie, einer Blockierung im Bereich der Hals- und Brustwirbelsäule, einem Triggerpunktschmerzsyndrom der Hals- und Nackenmuskulatur sowie einer

Blockierung der Handwurzelknochen und des Handgelenks. Sie war vier Tage krankgeschrieben und benötigte Krücken. 6 Wochen manuelle Therapie und Wärmebehandlungen schlossen sich an.

Die Klägerin leidet zudem unfallbedingt unter psychischen Problemen, die zwar nicht das Ausmaß einer posttraumatischen Belastungsstörung, wohl aber einer schwerwiegenden Anpassungsstörung (mit Aggravationstendenzen) angenommen hat. Vier Jahre lang kam es zu Angstsymptomen mit einer fast kontinuierlichen Fokussierung auf das Unfallereignis, emotionaler Anspannung, Verlust der Integrität und der psychischen Abwehr, häufigen Erinnerungen an das Unfallereignis (Flashbacks) und Schlafstörungen; zudem entwickelte sich eine Gürtelrose. Die Klägerin weist weiterhin Defizite durch Konzentrationsstörungen, ängstlich-depressive Vermeidungstendenzen, Rückzugsverhalten und eine deutlich reduzierte Stresstoleranz auf. »Deutlich« schmerzensgeldmindernd brachte der Senat ins Gewicht, dass die Klägerin die Therapie nur unzureichend aufgenommen hatte. 400,00 € waren bereits vorgerichtlich gezahlt worden.

Kapitel 10 Übersicht Arzthaftung

Vorbemerkung Kapitel 10

▶ Hinweis:

Zur erleichterten Auffindbarkeit bestimmter Verletzungssituationen sind die in diesem Buch enthaltenen Entscheidungen nachfolgend nach den zwei typischen Situationen eines Personenschadensfalles – Arzthaftung und Verkehrsunfall – erneut tabellarisch erfasst. Die Verletzung ist lediglich stichwortartig wiedergegeben, über die Entscheidungsnummer ist die Langversion der Entscheidung aber schnell auffindbar. Aus Gründen der Übersichtlichkeit ist nachfolgend zudem nur eine Fundstelle angegeben, weitere Fundstellen finden sich bei der jeweiligen Langversion.

Diese Übersichten ermöglichen es, Entscheidungen zu finden, die bestimmte Haftungssituationen betreffen.

Da die Kategorie der besonderen Verletzungen ohnehin schon auf bestimmte Haftungssituationen, etwa den Geburtsschaden oder den Impfschaden, zugeschnitten ist, wurde auf eine tabellarische Wiederholung dieser Stichworte verzichtet. Auch Körperteile, die nur ganz vereinzelt Gegenstand von Arzthaftungs- bzw. Verkehrsunfallsachen wurden, sind nicht in die Zusammenfassung aufgenommen wurden.

Arm

Betrag in €	Sachverhalt	Fundstelle	Kapitel 9 Rdn.
800	Ruhigstellung des Arms über 7 Wochen statt 3 1/2 Wochen	OLG Brandenburg, unveröffentlicht	Kap. 9 Rdn. 36
12.000	Amputation eines funktionslosen Arms	OLG Braunschweig, 12 U 139/23, MedR 2025, 123	Kap. 9 Rdn 1127
15.000	Urosepsis nicht rechtzeitig erkannt – Empfindungsstörungen eine Körperhälfte	OLG Karlsruhe, 13 U 155/14	Kap. 9 Rdn. 9
22.500	Fehlerhaft behandelte Radiusschaftfraktur – Re-Operation	OLG Düsseldorf, 1 U 191/15	Kap. 9 Rdn. 83
25.000	Infektion nach Injektion	OLG Hamm, NJW-RR 2022, 818	Kap. 9 Rdn. 48
30.000	Radiusfraktur mit Gelenkbeteiligung – falsch reponiert, Schraubenfehllage	LG Köln, unveröffentlicht	Kap. 9 Rdn. 84
30.000	Plexusparese	OLG Köln, unveröffentlicht	Kap. 9 Rdn. 26
30.000	Unfall beim MRT – Humeruskopffraktur – Schädigung des Plexus brachialis	LG Dortmund, 4 O 12/19	Kap. 9 Rdn. 27
35.000	Ulnar-Fraktur – Os sacrum – Orbitanarben	OLG Saarbrücken, NJW-RR 2015, 1119	Kap. 9 Rdn. 86
37.500	Ulnarschaftfraktur – Radiusköpfchen-Dislokation	OLG Koblenz, VersR 2016, 262	Kap. 9 Rdn. 87
60.000	Fraktur des Ellenbogens nicht erkannt	LG Arnsberg, unveröffentlicht	Kap. 9 Rdn. 50
65.000	Armplexusparese, sodass der linke Arm praktisch funktionslos bleiben wird.	OLG München, unveröffentlicht	Kap. 9 Rdn. 10
70.000	Schwerste komplette Armplexusparese	OLG Schleswig, 4 U 149/20	Kap. 9 Rdn. 33
80.000	Verletzung des Nervus accessorius – Lymphknotenexstirpation	LG Dortmund, unveröffentlicht	Kap. 9 Rdn. 34

Auge

Betrag in €	Sachverhalt	Fundstelle	Kapitel 9 Rdn.
3.500	Hornhautperforation – Minderung des Sehvermögens auf einem Auge	LG Kempten, 3 Ns 111 Js 10508/14	Kap. 9 Rdn. 94
10.000	Minderung der Sehkraft – Aufklärungsfehler	LG Frankenthal	Kap. 9 Rdn. 95
15.000	Glaukomerkrankung – 4 Jahre unbehandelt	OLG Hamm, GesR 2016, 352	Kap. 9 Rdn. 98
30.000	Räumliches Sehen beeinträchtigt – 4 Operationen – 2 Jahre quälende Dauerschmerzen	LG Köln, 25 O 322/12	Kap. 9 Rdn. 101
35.000	Verschlechterung der Sehkraft – Gesichtsfeldausfall in der unteren Hälfte des Auges	OLG Jena, 4 U 359/14	Kap. 9 Rdn. 102
80.000	Unterlassene Sehnervuntersuchung bei diabetes mellitus – Minderung der Sehfähigkeit	OLG Hamm, unveröffentlicht	Kap. 9 Rdn. 103
100.000	Erblindung nach ärztlichem Behandlungsfehler	LG Bochum, unveröffentlicht	Kap. 9 Rdn. 107
130.000	Erblindung nach Frühgeburt	OLG Oldenburg, GesR 2023, 585	Kap. 9 Rdn. 108
200.000	Erblindung durch Behandlungsfehler bei der (Früh)-Geburt	OLG Stuttgart, 1 U 135/15	Kap. 9 Rdn. 109

Bauch/Innere Organe

Betrag in €	Sachverhalt	Fundstelle	Kapitel 9 Rdn.
3.000	Hämorrhoiden-Behandlung ohne Aufklärung	OLG Karlsruhe, 13 U 118(15	Kap. 9 Rdn. 134
5.000	Keine Verbesserung der Nierenfunktion	OLG Brandenburg, unveröffentlicht	Kap. 9 Rdn. 157
5.000	Infektion nach versehentlich nicht entfernter Hülse eines Blasenkatheters	OLG Brandenburg, 12 U 39/24	Kap. 9 Rdn. 128
10.000	Vergessen einer Operations-Nadel im Bauchraum	OLG Stuttgart, unveröffentlicht	Kap. 9 Rdn. 117
12.500	Verlust einer vorgeschädigten Niere durch einen Behandlungsfehler	OLG Hamm, GesR 2017, 367	Kap. 9 Rdn. 158
15.000	Gallenoperation, massive Blutung aus durchtrennter Leberarterie. Intraoperative Röntgenkontrolle unterblieb. Dadurch Re-Operation erforderlich.	OLG Saarbrücken, unveröffentlicht	Kap. 9 Rdn. 145
18.000	Nach Appendicitis kam es zu einer einer Perforation des Colons-Aszendens, einer Bauchfellentzündung und einer Stuhlfistel	LG Aachen, unveröffentlicht	Kap. 9 Rdn. 135
40.000	Gefühllosigkeit der Harnblase – Conus-medullaris-Syndrom	OLG Köln, GesR 2019, 25	Kap. 9 Rdn. 129
50.000	Darmperforation nach Abszess-Operation	OLG Koblenz, JurBüro 2016, 162	Kap. 9 Rdn. 136
50.000	Nierenversagen nach Sepsis	OLG Dresden, 4 W 251/22, NJW-RR 2022, 963	Kap. 9 Rdn. 159
60.000	6 Monate Leidenszeit nach Bauchoperation	OLG Koblenz, 5 U 1651/17	Kap. 9 Rdn. 137
70.000	Tod nach 4 1/2 Jahren – Darmkrebserkrankung nach unzureichender Befunderhebung	OLG Braunschweig, unveröffentlicht	Kap. 9 Rdn. 138
75.000	Nukleotomie – Blasenentleerungsstörungen – partielle Querschnittslähmung	OLG Köln, GesR 2016, 439	Kap. 9 Rdn. 130

Betrag in €	Sachverhalt	Fundstelle	Kapitel 9 Rdn.
75.000	Verlust des Dünndarms nach Befunderhebungsfehler	LG Köln, unveröffentlicht,	Kap. 9 Rdn. 139
75.000	Sensibilitätsstörungen von Blase und Darm	OLG Hamm, I-26 U 183/23, RDG 2025, 38	Kap. 9 Rdn. 131
85.000	Schädigung der Niere – Pankreasverlust	OLG Hamm, unveröffentlicht	Kap. 9 Rdn. 160
100.000	Blase – Darm – Prostata – Tod nach 3 Jahren	OLG Frankfurt,8 U 43/17	Kap. 9 Rdn. 140
120.000	Teil-Darmverlust – Beinverlust – Infektion Amputation	LG Köln, 25 O 290/16	Kap. 9 Rdn. 141
120.000	Melanom nicht erkannt – Hepatitis – Metastasen – Hörsturz	LG Köln, 3 O 125/20	Kap. 9 Rdn. 147
150.000	Unterlassener Hinweis auf notwendige Krebsvorsorge, Adenokarzinom, Lymphknotenmetastasen, Entfernung von wesentlichen Teilen der Lunge und der Leber.	OLG Köln, VersR 2010, 1221 = MedR 2010, 570	Kap. 9 Rdn. 142
200.000	Nekrotisierung des Dünndarms und Hypoxische Hirnschädigung durch das Medikament Lanitop. Herzstillstand und Reanimation.	OLG Köln, VersR 2014, 106 = MedR 2014, 105	Kap. 9 Rdn. 143
200.000	Verlust beider Nieren nach Befunderhebungsfehler	OLG Hamm, GesR 2016, 221	Kap. 9 Rdn. 161
220.000	Darmperforation bei Koloskopie, künstlicher Darmausgang. Krankenhausaufenthalt rd. 5 Monate, davon 2 1/2 Monate Intensivstation mit Langzeitbeatmung. GdB des 48 Jahre alten Patienten:100.	OLG Hamm, GesR 2013, 730 = ZMGR 2014, 28 = MedR 2014, 309	Kap. 9 Rdn. 144
350.000	Hirnschaden – Cerebralparese	OLG Dresden, VersR 2021, 589	Kap. 9 Rdn. 2117
500.000	Hypoxischer Hirnschaden	OLG Hamm, VersR 2017, 1017	Kap. 9 Rdn. 2128
500.000	Cerebralparese	OLG Koblenz, MDR 2021, 421	Kap. 9 Rdn. 2136

Bein

Betrag in €	Sachverhalt	Fundstelle	Kapitel 9 Rdn.
500	Infiziertes Kniegelenk – Behandlungsverzögerung	LG Aachen, unveröffentlicht	Kap. 9 Rdn. 218
2.500	Knorpelschaden nach verspäteter Befunderhebung	OLG Köln, VersR 2016, 404	Kap. 9 Rdn. 227
3.000	Nicht indizierte Meniskusteilresektion	OLG Koblenz, MedR 2016, 793	Kap. 9 Rdn. 228
5.000	Oberschenkelfraktur	LG Koblenz, unveröffentlicht	Kap. 9 Rdn. 180
6.000	Versteifungsoperation des Sprunggelenks ohne ausreichende Aufklärung	OLG Hamm, unveröffentlicht	Kap. 9 Rdn. 354
7.000	Oberschenkelfraktur übersehen – Behandlungsverzögerung um 7 Wochen	OLG Hamm, VersR 2016, 926	Kap. 9 Rdn. 183
7.000	Verlust der Kniescheibe – Aufklärungsmangel	OLG Köln, unveröffentlicht	Kap. 9 Rdn. 240
7.000	Unterschenkelfraktur durch Sturz von einem Röntgentisch	LG Nürnberg-Fürth, RDG 2024, 94	Kap. 9 Rdn. 292
8.000	Fehlerhaft verheilte Talusfraktur	OLG Dresden, MedR 2017, 716	Kap. 9 Rdn. 362

Betrag in €	Sachverhalt	Fundstelle	Kapitel 9 Rdn.
10.000	Re-Operation nach fehlerhafter Implantation einer Knie-TEP	OLG Brandenburg, MDR 2017, 644	Kap. 9 Rdn. 246
10.000	Knieverletzung nach Krankentransport	OLG Koblenz, VersR 2018, 1326	Kap. 9 Rdn. 247
10.000	Oberschenkelhalsfraktur – Operation ohne wirksame Aufklärung	OLG Köln, unveröffentlicht	Kap. 9 Rdn. 191
10.000	Fehldiagnose bei Tibiafraktur, oberes Sprunggelenk	OLG Hamm, unveröffentlicht	Kap. 9 Rdn. 366
10.000	Fußheberparese nach Bandscheibenoperation	OLG Brandenburg, unveröffentlicht	Kap. 9 Rdn. 365
10.000	Sprunggelenkfraktur	LG Köln, 25 O 9/22, unveröffentlicht	Kap. 9 Rdn. 368
11.000	Fehlerhafte Operation eines Hallux-Valgus	LG Wiesbaden, 2 O 217/18	Kap. 9 Rdn. 369
12.000	Zehenamputation nach Befunderhebungsfehler	OLG Dresden, 4 W 72/21	Kap. 9 Rdn. 370
13.000	Misslungene Operation zur Beinverlängerung	OLG Brandenburg, GesR 2016, 8	Kap. 9 Rdn. 163
15.000	Oberschenkelfraktur – Unterschenkelfraktur – Narben	OLG Koblenz, unveröffentlicht	Kap. 9 Rdn. 193
15.000	Fuß- und Großzehenheberschwäche – Unterschenkel-Amputationsangst	OLG Hamm, ArztR 2015, 246	Kap. 9 Rdn. 373
17.500	Re-Operation Knieprothese – 1 Jahr Schmerzen	LG Hagen, 4 O 311/20	Kap. 9 Rdn. 257
20.000	Knieversteifung nach Gefäßverletzung bei Knie-TEP	OLG Karlsruhe, unveröffentlicht	Kap. 9 Rdn. 258
20.000	Kniegelenk – Verbleiben einer Trokarspitze – voll beherrschbares Risiko	OLG Oldenburg, MDR 2019, 32	Kap. 9 Rdn. 262
22.500	Schmerzen in Bein und Knie nach Hüftpfannenwechsel	OLG Hamm, unveröffentlicht	Kap. 9 Rdn. 164
25.000	Fußheberschwäche nach Hüftprothese	OLG Nürnberg, VersR 2016, 195	Kap. 9 Rdn. 382
25.000	Nervus femoralis Verletzung bei Hüft-TEP	LG Münster, unveröffentlicht	Kap. 9 Rdn. 199
25.000	Fehlerhafte Hüft-TEP – Produktfehler	LG Freiburg, unveröffentlicht	Kap. 9 Rdn. 200
30.000	Gehbehinderung durch Tumorrezidiv	LG Mönchengladbach, unveröffentlicht	Kap. 9 Rdn. 165
40.000	Fußheber- und -senkerschwäche – Zehenheberparese nach Hüft-TEP	OLG Thüringen, unveröffentlicht	Kap. 9 Rdn. 388
40.000	Knieschaden – nervus saphenus durchtrennt	OLG Köln, unveröffentlicht	Kap. 9 Rdn. 270
45.000	Unterschenkelamputation nach MRSA Infektion	LG Duisburg, 8 O 212/11	Kap. 9 Rdn. 320
50.000	Teillähmung des Beins nach Beinlängenverkürzung	OLG Nürnberg, VersR 2016, 195	Kap. 9 Rdn. 166
50.000	Steh- und Gehfähigkeit für > 2 Jahre eingeschränkt nach überlanger Operation	OLG Frankfurt, unveröffentlicht	Kap. 9 Rdn. 167
50.000	Behandlungsverzögerung bei Epiphyseolysis	OLG Dresden, unveröffentlicht	Kap. 9 Rdn. 169
50.000	Verletzung nervus ischiadicus bei Hüft-TEP, Fußheberparese	OLG Koblenz, VersR 2017, 1345	Kap. 9 Rdn. 393
50.000	Fußfraktur übersehen dadurch Charcot-Fuß	OLG Köln, VersR 2019, 764	Kap. 9 Rdn. 394

Betrag in €	Sachverhalt	Fundstelle	Kapitel 9 Rdn.
50.000	Funktionsstörungen des Beins – 6 Operationen	LG Münster	Kap. 9 Rdn. 274
65.000	Oberschenkelamputation	LG Koblenz, 10 O 35/12	Kap. 9 Rdn. 1134
70.000	Hüftnekrosen – Gehfähigkeit beeinträchtigt	OLG Karlsruhe, GesR 2018,494	Kap. 9 Rdn. 170
80.000	Beinverkürzung – Gehunfähigkeit nach Hüft-TEP-OP	OLG Köln, MedR 2018, 843	Kap. 9 Rdn. 171
100.000	Zehenamputation nach Melanomverdacht – Tod nach 3 Jahren	OLG Hamm, GesR 2016, 22	Kap. 9 Rdn. 397
100.000	Beinlängenverkürzung	OLG Hamm, NJW-RR 2022, 245	Kap. 9 Rdn. 215
110.000	Beinlängenverkürzung – Hüftgelenk	OLG Hamm, GesR 2021, 779 = NJW-RR 2022, 245	Kap. 9 Rdn. 215
125.000	Oberschenkel-Amputation nach Osteomyelitis	OLG Köln, VersR 2016, 191	Kap. 9 Rdn. 216
125.000	Beinverlust – Teildarm-Verlust – Infektion	LG Köln 25 O 290/16	Kap. 9 Rdn. 1138
130.000	Beinparese – Stuhl- und Harninkontinenz nach fehlerhafter Behandlung	OLG Koblenz, unveröffentlicht	Kap. 9 Rdn. 173
150.000	Inkomplette Querschnittslähmung – Beinparese – Blasenentleerungsstörungen	OLG Hamm, unveröffentlicht	Kap. 9 Rdn. 1499
150.000	Beinamputation nach Infektion mit Staphylococcus Aureus	OLG Frankfurt, unveröffentlicht	Kap. 9 Rdn. 1139
150.000	Oberschenkelamputation	OLG Frankfurt, 15 W 18/20	Kap. 9 Rdn. 1140
325.000	Teilabriss des Beins – Amputation von Bein, Hüfte, Teil der Beckenhälfte und Gesäßmuskel	OLG Hamm, 6 U 131/02	Kap. 9 Rdn. 1141
800.000	Unterschenkel-Amputation beidseits nach nicht erkannter Meningitis bei 5 1/2 Jahre altem Jungen	LG Aurich, VersR 2019, 887	Kap. 9 Rdn. 1150

Brust/Rippe

Betrag in €	Sachverhalt	Fundstelle	Kapitel 9 Rdn.
5.000	Brustvergrößerung mit der Folge von Asymmetrie und Wundheilungsstörungen.	OLG Brandenburg, unveröffentlicht	Kap. 9 Rdn. 425
8.000	Falsch dimensioniertes Brustimplantat.	OLG Dresden, MDR 2018, 829	Kap. 9 Rdn. 429
10.000	Verspätete Diagnose von Brustkrebs (66 Jahre alte Frau). Vermeidbare Chemo und mehrfache Bestrahlung.	BGH, NJW 2020, 2467	Kap. 9 Rdn. 432
20.000	Aufklärungsfehlerhafte Brustkrebsoperation; Bauchwandschwäche und Narben.	KG, NJW.RR 2020, 1408	Kap. 9 Rdn. 441
25.000	Schmerzen nach Brustvergrößerung.	OLG Köln, GesR 2024, 640	Kap. 9 Rdn. 445
40.000	Die verspätete Entdeckung eines Brusttumors führte zu 4 Jahren und 3 Monaten Behandlung in Todesangst und gleichwohl zum Versterben; 41 Jahre alte Klägerin.	OLG Hamm, GesR 2018, 782	Kap. 9 Rdn. 450
50.000	Verspätete Brustkrebserkennung; Amputation der Brust, schwererer Umfang der Behandlung, Nachwirkungen.	OLG Karlsruhe, unveröffentlicht	Kap. 9 Rdn. 455

Betrag in €	Sachverhalt	Fundstelle	Kapitel 9 Rdn.
100.000	50 Jahre alte Klägerin; Verlust der Brust und verschlechterte Überlebenschancen sowie verstärkte Rezidivgefahr nach verspäteter Brustkrebsdiagnose.	LG Köln, unveröffentlicht	Kap. 9 Rdn. 461

Gehör-, Geruchs-, Geschmackssinn

Betrag	Sachverhalt	Fundstelle	Kapitel 9 Rdn.
6.000	Gefühlsstörungen an der Zunge.	OLG Koblenz, NJW-RR 2004, 1026	Kap. 9 Rdn. 495
10.000	Geschmacksverlust auf der rechten Seite sowie taube rechte Zungenhälfte und Wangenschleimhaut nach Leitungsanästhesie.	LG Dortmund, unveröffentlicht	Kap. 9 Rdn. 496
10.000	Innenohrschwerhörigkeit – fast Ertaubung auf einem Ohr	OLG Jena, 1 U 167/22	Kap. 9 Rdn. 479
15.000	Verlust des Geschmackssinnes im Bereich der vorderen Zungendrittel nach Leitungsanästhesie; der Kläger ist Koch und kann nun seinen Beruf nicht mehr ausüben.	LG Tübingen, unveröffentlicht	Kap. 9 Rdn. 497
15.000	Gehörminderung – Schädelhirntrauma Behandlungsverzögerung	OLG Brandenburg, 12 U 45/17	Kap. 9 Rdn. 481
30.000	Operation am Facialis; Ertaubungsrisiko verwirklicht, Aufklärungsrüge	KG, unveröffentlicht	Kap. 9 Rdn. 484
40.000	Ertaubung auf einem Ohr (63 Jahre alte Klägerin).	OLG Oldenburg, unveröffentlicht	Kap. 9 Rdn. 485
200.000	Vollständiger Verlust des Geruchssinns – Frontalhirnsyndrom	OLG Köln, VersR 2016, 1223	Kap. 9 Rdn. 494

Genitalien

Betrag in €	Sachverhalt	Fundstelle	Kapitel 9 Rdn.
1.000	Heimliche Fotos des Intimbereichs durch den Gynäkologen – Verletzung des Persönlichkeitsrechts	OLG Zweibrücken VersR 2013, 915	Kap. 9 Rdn. 1615
2.000	Beschneidung gegen den Willen eines Kindes und seiner Mutter	AG Freiburg, KirchE 64, 394	Kap. 9 Rdn. 524
2.000	Radikale Verkleinerung der kleinen Labien	OLG Köln, GesR 2016, 166	Kap. 9 Rdn. 500
2.000	Einsatz eines fehlerhaften Intrauterinpessars	LG Hamburg, 322 O 63/22	Kap. 9 Rdn. 501
3.750	Verlust der Möglichkeit einer Samenspende nach Unfruchtbarkeit aufgrund Chemotherapie.	OLG Frankfurt am Main, MDR 2002, 1192	Kap. 9 Rdn. 531
7.500	Künstliche Befruchtung mit Samen des falschen Spenders	OLG Hamm, MedR 2019, 72	Kap. 9 Rdn. 2006
15.000	Hodenverlust nach Leistenhernieoperation; 19 Jahre alter Kläger.	OLG Brandenburg, VersR 2011, 267	Kap. 9 Rdn. 517
15.000	Harninkontinenz nach Prostatavesikulektomie ohne wirksame Einwilligung.	LG Berlin, unveröffentlicht	Kap. 9 Rdn. 525
15.000	HPV-Infektion – Behandlungsverzögerung	KG, unveröffentlicht	Kap. 9 Rdn. 504
16.000	Erektionsstörungen nach aufklärungsfehlerhafter Penisverlängerung (28 Jahre alter Mann).	OLG Hamburg, OLGR 2004, 444	Kap. 9 Rdn. 526

Betrag in €	Sachverhalt	Fundstelle	Kapitel 9 Rdn.
20.000	Aufklärungsmangel bei Penisverlängerung.	KG, KGR 2001, 142	Kap. 9 Rdn. 527
20.000	Hodenverlust (35 Jahre alter Mann) nach Leistenhernieoperation; Impotenz und extreme Schmerzen.	OLG Koblenz, MDR 2006, 992	Kap. 9 Rdn. 518
20.000	Klitorisverletzung	LG Aachen, 11 O 164/17	Kap. 9 Rdn. 505
25.000	Entfernung der Eileiter und Verlust der Fortpflanzungsfähigkeit.	OLG Brandenburg, unveröffentlicht	Kap. 9 Rdn. 513
30.000	Teilresektion der Glans penis – unzureichende Aufklärung	OLG Frankfurt, unveröffentlicht	Kap. 9 Rdn. 528
35.000	Verlust der Gebärmutter	LG Regensburg, VersR 2017, 1411	Kap. 9 Rdn. 506
35.000	Prolift-Netz eingebracht, persistierende Schmerzen in der Scheide	OLG Hamm, MedR 2018, 409	Kap. 9 Rdn. 507
50.000	Penisverkürzung	OLG Düsseldorf, 8 U 50/14	Kap. 9 Rdn. 521
75.000	Penisverlust bei 10 Jahre altem Jungen – alte Entscheidung -	OLG Saarbrücken, VersR 1975, 1058= NJW 1975, 1467	Kap. 9 Rdn. 522
75.000	Impotenz – Chronisch inkomplette Kaudalähmung – Fußparese – Depressionen	OLG Hamm, VersR 2018, 1004	Kap. 9 Rdn. 533
75.000	Entfernung der Schamlippen und Teilen der Vulva	LG Passau, 1 O 872/15	Kap. 9 Rdn. 509
85.000	Vulvakarzinom – Behandlungsverzögerung	LG Köln, 25 O 113/14	Kap. 9 Rdn. 510
100.000	Entfernung der weiblichen Geschlechtsmerkmale bei adrenogenitalem Syndrom.	LG Köln, unveröffentlicht	Kap. 9 Rdn. 511
200.000	Impotenz – Verlust des Geruchssinns – Frontalhirnsyndrom	OLG Köln, VersR 2016, 1123	Kap. 9 Rdn. 535

Gesicht

Betrag in €	Sachverhalt	Fundstelle	Kapitel 9 Rdn.
500	Vom Zahnarzt fehlerhaft vernähtes Lippenbändchen	LG Köln, unveröffentlicht	Kap. 9 Rdn. 536
900	Hautunverträglichkeit eines Medikaments	LG Freiburg, unveröffentlicht	Kap. 9 Rdn. 539
1.500	Lippenunterspritzung	LG Bochum, 10 KLs – 49 Js 123/18	Kap. 9 Rdn. 543
4.000	Gefühlsminderung einer Gesichtshälfte nach Knochenentnahme aus dem Unterkiefer	OLG Köln, GesR 2014, 402	Kap. 9 Rdn. 549
5.000	Nasenschiefstand – Behinderung der Nasenatmung	OLG Dresden, 4 W 245/22	Kap. 9 Rdn. 552
15.000	Entfernung eines Basalzellkarzinoms mit Außenseitermethode.	OLG Hamm, GesR 2014, 413	Kap. 9 Rdn. 556

Hand

Betrag in €	Sachverhalt	Fundstelle	Kapitel 9 Rdn.
500	Entfernung des Osteosynthesematerials – Kaltverschweißung einer Schraube	OLG Karlsruhe, unveröffentlicht	Kap. 9 Rdn. 624
1.500	Verbrennungen bei MRT-Untersuchung	AG Köln, unveröffentlicht	Kap. 9 Rdn. 652

Betrag in €	Sachverhalt	Fundstelle	Kapitel 9 Rdn.
2.000	Fraktur von Handgelenk und Speiche – Morbus Sudeck	OLG Frankfurt, GesR 2019, 368	Kap. 9 Rdn. 626
2.500	Verletzung des Mittelfingers	OLG Hamm; NJW-RR 2023, 240	Kap. 9 Rdn. 655
2.500	Mittelfinger – Funktionsstörungen Hand	LG Paderborn	Kap. 9 Rdn. 596
3.000	Diagnosefehler – Übersehen eines knöchernen Defekts	LG Bonn, 9 O 145/19	Kap. 9 Rdn. 659
5.000	Karpaltunnelspaltung – Minderung der Funktionsfähigkeit der Hand	OLG Dresden, 4 U 2225/22	Kap. 9 Rdn. 603
8.000	Trümmerfraktur am Handgelenk – Behandlungsverzögerung einer periulnären Luxation	OLG Koblenz, GesR 2017, 708	Kap. 9 Rdn. 633
10.000	Handgelenkarthroskopie – Speiche wurde verspätet fixiert,	OLG Naumburg	Kap. 9 Rdn. 635
10.000	Handgelenk-Arthroskopie falsch behandelt	OLG Naumburg, unveröffentlicht	Kap. 9 Rdn. 69
14.000	Oberarmfraktur – Re-Operation	OLG Oldenburg, 5 U 164/13	Kap. 9 Rdn. 23
15.000	Kahnbeinbruch fehlerhaft behandelt – Minderung der groben Kraft	OLG Koblenz, VersR 2017, 110	Kap. 9 Rdn. 611
15.000	Aussprengung des Radiuskortikalis nach Hundebiss	LG Hamburg, 336 O 196/17	Kap. 9 Rdn. 1361
22.500	Radiusschaftfraktur – Nervdurchtrennung	OLG Düsseldorf, 1 U 191/15	Kap. 9 Rdn. 644
30.000	verschobene distale Radiusfraktur mit Gelenkbeteiligung – falsch behandelt	LG Köln, unveröffentlicht	Kap. 9 Rdn. 646
30.000	Radiusschaftfraktur	OLG Düsseldorf, 1 U 191/15	Kap. 9 Rdn. 85
50.000	Amputation – Teilverlust der Hand	OLG Hamm, NJW 2020, 938	Kap. 9 Rdn. 1128

Herz

Betrag in €	Sachverhalt	Fundstelle	Kapitel 9 Rdn.
500	Beschwerden (Taubheits- und Behinderungsgefühle) nach Herzkathederuntersuchung wegen Perforation der arteria femoralis.	OLG Koblenz, MedR 2012, 653	Kap. 9 Rdn. 664
3.000	Infolge einer fehlerhaften Magnetresonanztomographie kam es zu einer Beschädigung eines Herzrhythmusregulators, der dann ausgetauscht werden musste.	OLG Koblenz, VersR 2011, 1268	Kap. 9 Rdn. 665
5.000	Bei dem Verstorbenen wurde behandlungsfehlerhaft ein Vorderwandinfarkt nicht erkannt; Versterben nach zwei Tagen.	LG Aachen, unveröffentlicht	Kap. 9 Rdn. 666
10.000	Verspätetes Verbringen ins Krankenhaus nach Herzinfarkt; Absterben von Herzmuskelgewebe, Herzinsuffizienz, Depression.	KG, MedR 2017, 388	Kap. 9 Rdn. 667
15.000	Kläger war Frühchen (34. SSW) mit AV-Knoten-Reentrytachykardie. Bei Kathederablation kam es zum AV-Block.	OLG Köln, MedR 2015, 264	Kap. 9 Rdn. 668
20.000	Herzinfarkt nach Aufklärungsfehlern vor Durchführung einer TASH-Behandlung; drei Bypasse, Herzschrittmacher, operative Muskelverkleinerung.	OLG Hamm, RDG 2018, 199	Kap. 9 Rdn. 669

Betrag in €	Sachverhalt	Fundstelle	Kapitel 9 Rdn.
40.000	AV-Block nach Herzkathederuntersuchung; Implantation eines Herzschrittmachers und psychische Folgen (Depression, Angststörung).	KG, ZMGR 2017, 244	Kap. 9 Rdn. 670
50.000	Locked-in Syndrom nach verkannter Basilaristhrombose; Versterben nach acht Monaten.	OLG Hamm, GesR 2013, 728	Kap. 9 Rdn. 671
50.000	Herzoperation mit Folge schwerer Belastungsinsuffizienz; Berufsaufgabe, Sportvereitelung (56 Jahre alter Kläger).	OLG Hamburg, unveröffentlicht	Kap. 9 Rdn. 672
60.000	Hemiparese nach Herzkathederuntersuchung.	OLG Schleswig, GesR 2014, 671	Kap. 9 Rdn. 673
170.000	Thrombozytopenie nach Heparingabe bei Mitralklappenoperation; Unterschenkelamputation, Rollstuhlpflicht.	LG Hamburg, unveröffentlicht	Kap. 9 Rdn. 674
200.000	Persistierende schwere Mitrainsuffizienz nach Verletzung des ramus circumflexus.	OLG Köln, GesR 2012, 414	Kap. 9 Rdn. 675
200.000	Absetzen der Herzmedikation eines 23 Jahre alten Klägers führte zu Herz-Kreislauf-Stillstand; der Kläger wurde reanimiert, erlitt eine hypoxische Hirnschädigung und befindet sich im Wachkoma.	OLG Köln, VersR 2013, 237	Kap. 9 Rdn. 676
200.000	Absterben des linken Herzmuskels nach Fehlern bei Aortenklappenrekonstruktion; stark eingeschränkte Herzfunktion mit erwartbarer Transplantationsbedürftigkeit.	LG Bochum, unveröffentlicht	Kap. 9 Rdn. 677
225.000	Herzkreislaufstillstand wegen fehlerhafter Behandlung einer hypertensiven Entgleisung; Hirnschaden, vollständige Pflegebedürftigkeit (43 Jahre alte Frau).	OLG München, NJW 2021, 1472	Kap. 9 Rdn. 678

Hüfte/Becken

Betrag in €	Sachverhalt	Fundstelle	Kapitel 9 Rdn.
1.500	Verbrennungen an Hüfte und Daumen nach MRT-Untersuchung und unzureichender Sicherung. 6 Tage Bettlägerigkeit.	AG Köln, RDG 2018, 143	Kap. 9 Rdn. 683
5.000	Coxarthrose nach zu früher Entfernung von Osteosynthesematerial; zwei Monate Schmerzen bis zur RevisionsOP.	LG Koblenz, RPG 2018, 16	Kap. 9 Rdn. 692
6.000	Hüftpfannenbodendefekt nach Implantation einer Hüftendoprothese. Neue Operation, 2 Wochen Behandlung.	OLG Thüringen, unveröffentlicht	Kap. 9 Rdn. 694
10.000	Druckschmerz in der Hüfte nach Einsatz einer Hüftschraube; dauerhafte Schmerzen mit Schlafstörungen. 57 Jahre alte Klägerin.	OLG Köln, unveröffentlicht	Kap. 9 Rdn. 696
15.000	Übersehener Hüftgelenksbruch – Notwendigkeit einer Hüftgelenksendoprothese. 31 Jahre alter Kläger.	OLG Naumburg, NJW 2020, 1445	Kap. 9 Rdn. 702
17.500	Implantation einer fehlerhaften Hüftgelenksprothese mit Notwendigkeit des Austauschs.	LG Freiburg, PKR 2019, 187	Kap. 9 Rdn. 704
20.000	Hüft-TEP wegen Hüftdysplasie; neurologische Ausfälle und Revisions-OP	OLG Hamm, NJW 2023, 1226	Kap. 9 Rdn. 708

Betrag in €	Sachverhalt	Fundstelle	Kapitel 9 Rdn.
25.000	Implantation fehlerhafter Hüftgelenksprothesen; Knochenfraß und Noro-Virus.	LG Freiburg, RDG 2017, 140	Kap. 9 Rdn. 709
25.000	Instruktionsfehler einer Hüftprothese; Osteolyse und Pseudotumor, Revisions-OP.	OLG Karlsruhe, MedR 2020, 990	Kap. 9 Rdn. 713
25.000	Schleimbeutelentzündung an der Hüfte und Knochenfraß am Oberschenkel nach Einsatz einer Prothese; 5 Jahre Schmerzen und Versterben während des Prozesses.	LG Freiburg, unveröffentlicht	Kap. 9 Rdn. 711
25.000	Implantation einer fehlerhaften Hüfttotalendoprothese; unklarer Erfolg einer Revisionsoperation.	OLG Karlsruhe, MDR 2020, 990	Kap. 9 Rdn. 713
45.000	Infektion einer Hüftendoprothese; diverse Operationen nach Infektion; Gelenkspaltasymmetrie.	OLG München, unveröffentlicht	Kap. 9 Rdn. 720
50.000	Fehlerhaft eingesetzte Hüfttotalendoprothese; Bazillenbefall und Fehler bei Revision. Stark eingeschränkte Gehfähigkeit. 76 Jahre alter Kläger.	OLG Köln, MedR 2019, 690	Kap. 9 Rdn. 721
70.000	Übersehen einer septischen Coxitis; Hüftkopfnekrose, 6 Jahre alte Klägerin.	OLG Karlsruhe, GesR 2018, 494	Kap. 9 Rdn. 725
80.000	Hüftoperation mit diversen Komplikationen; Rollstuhlpflicht und Beinlängendifferenz. 59 Jahre alte Klägerin.	OLG Köln, MedR 2918, 843	Kap. 9 Rdn. 726
80.000	Hüftpfannendysplasie und Hüftluxation nach Befunderhebungsfehlern bei 1 Jahr altem Kleinkind. GdB 70 %.	OLG Schleswig, unveröffentlicht	Kap. 9 Rdn. 727
110.000	Hüftgelenksdeformierung eines Kleinkindes.	OLG Hamm, NJW-RR 2022, 245	Kap. 9 Rdn. 728

Lunge

Betrag in €	Sachverhalt	Fundstelle	Kapitel 9 Rdn.
10.000	Falschmedikation bei Lungenkrebs.	LG Essen, unveröffentlicht	Kap. 9 Rdn. 737
28.000	Anterolaterale Thorakotomie links mit Unterlappenresektion nach rückfälliger Einengung der Pulmonalvenen. 6 ambulante und 7 stationäre Nachbehandlungen.	OLG Brandenburg, unveröffentlicht	Kap. 9 Rdn. 743
50.000	Fehldiagnose eines Lungentumors; Tod	OLG Frankfurt, VersR 2021, 908	Kap. 9 Rdn. 745

Mund/Lippe

Betrag in €	Sachverhalt	Fundstelle	Kapitel 9 Rdn.
500	Fehlpositionierung des Lippenbändchens nach Wurzelspitzenresektion.	OLG Köln, unveröffentlicht	Kap. 9 Rdn. 752
800	Brennen und Jucken im Mundraum nach Einsatz von Kunststoffprovisorien trotz Allergie.	OLG Köln, unveröffentlicht	Kap. 9 Rdn. 754
4.000	Kribbelparästhesien der Zunge nach Nervverletzung bei Infiltrationsanästhesie.	OLG Hamm, VersR 2016, 1192	Kap. 9 Rdn. 758

Betrag in €	Sachverhalt	Fundstelle	Kapitel 9 Rdn.
6.000	Schmerzen und Kaubeschwerden nach Zahnimplantatbehandlung über 5 Jahre.	OLG Düsseldorf, NZI 2022, 448	Kap. 9 Rdn. 761
20.000	Taubheit an Mund und Lippe nach Nervverletzung.	LG München II, unveröffentlicht	Kap. 9 Rdn. 763
50.000	Unterlippentaubheit und Harnwegsprobleme nach Fehlern einer Prostataoperation.	LG Detmold, unveröffentlicht	Kap. 9 Rdn. 764

Nerven

Betrag in €	Sachverhalt	Fundstelle	Kapitel 9 Rdn.
4.000	Kribbelparästhesien der Zunge nach Nervverletzung bei Leitungsanästhesie.	OLG Hamm, VersR 2016, 1192	Kap. 9 Rdn. 788
8.000	Fehlerhafte Wirbelkanaldekompression – Taubheitsgefühle.	LG Flensburg, unveröffentlicht	Kap. 9 Rdn. 789
10.000	Fußheberparese nach aufklärungsfehlerhafter Spondylodese; Gehhilfenpflichtigkeit.	OLG Brandenburg, unveröffentlicht	Kap. 9 Rdn. 791
10.000	Verletzung des nervus lingualis; Zungenlähmung.	OLG Naumburg, NJW-RR 2025, 220	Kap. 9 Rdn. 792
20.000	Plexusläsion des rechten Arms; Schmerzsyndrom.	OLG Celle, unveröffentlicht	Kap. 9 Rdn. 793
20.000	Verletzung des nervus alveolaris; Taubheit an Lippe und Sprachprobleme.	LG München II, unveröffentlicht	Kap. 9 Rdn. 796
22.000	Verletzung des nervus medianus – Funktionsminderung der Hand.	OLG Dresden, NJW-RR 2024, 887	Kap. 9 Rdn. 797
30.000	Nervschmerzen und Sensibilitätsstörungen der rechten Hand nach SehnenscheidenOP; 70 Jahre alte Klägerin.	OLG Hamm, unveröffentlicht	Kap. 9 Rdn. 798
40.000	Verletzung des nervus saphenus bei Arthroskopie; Taubheitsgefühle und Schmerzen im Unterschenkel. 42 Jahre alte Klägerin.	OLG Köln, unveröffentlicht	Kap. 9 Rdn. 800
50.000	Fußheberparese nach Verletzung des nervus ischiadicus bei Implantation der Hüfttotalendoprothese.	OLG Koblenz, VersR 2017, 1345	Kap. 9 Rdn. 806
80.000	Verletzung des nervus accessorius nach Lymphknotenexstirpation; Armlähmung und Schmerzsyndrom am Hals im Sinne einer Neuralgie.	LG Dortmund, unveröffentlicht	Kap. 9 Rdn. 810
100.000	Nervschaden im Spinalkanal; dauerhafte Schmerzen und Bewegungseinschränkungen.	LG Wuppertal, unveröffentlicht	Kap. 9 Rdn. 812
120.000	Inkomplette Querschnittslähmung.	OLG Hamm, unveröffentlicht	Kap. 9 Rdn. 813
120.000	Polyneuropathie nach verspäteter Krebsdiagnose.	LG Köln, unveröffentlicht	Kap. 9 Rdn. 814

Ohr

Betrag in €	Sachverhalt	Fundstelle	Kapitel 9 Rdn.
8.000	Fehlerhafte Vestibularisprüfung führte zur chronisch eitrigen Entzündung des Ohres.	OLG Köln, VersR 2018, 1083	Kap. 9 Rdn. 822
15.000	Narbe von Ohr zu Ohr nach missglückter Schönheitsoperation.	KG, unveröffentlicht	Kap. 9 Rdn. 824

Schilddrüse

Betrag in €	Sachverhalt	Fundstelle	Kapitel 9 Rdn.
30.000	Schilddrüsenentfernung führte zur einseitigen Stimmbandlähmung bei der 71 Jahre alten Klägerin, die nur mit äußerst heiserer Flüsterstimme unter großer Anstrengung sprechen kann.	OLG Braunschweig, MedR 2014, 891	Kap. 9 Rdn. 931
300.000	Hypoxischer Hirnschaden und Tetraparese nach Schilddrüsenoperation, bei welcher Nachblutungen nicht erkannt wurden. Verzögerte Regulierung.	LG Bochum, unveröffentlicht	Kap. 9 Rdn. 932

Schulter

Betrag in €	Sachverhalt	Fundstelle	Kapitel 9 Rdn.
2.000	Schulterdystokie – Operationserweiterung ohne Zustimmung	OLG Köln, MedR 2016, 968	Kap. 9 Rdn. 956
2.000	Rotatorenmanschette – eigenmächtige Operationserweiterung	LG Köln, unveröffentlicht	Kap. 9 Rdn. 955
2.000	Operativer Eingriff an der Schulter – Lymphknotenexstirpation nach Fehldiagnose	LG Göttingen	Kap. 9 Rdn. 957
70.000	Kontraindizierte Injektion von Kortison	OLG Köln, MedR 2018, 731	Kap. 9 Rdn. 998
75.000	Erb‹ sche Parese nach der Geburt	OLG Köln, 5 U 33/23	Kap. 9 Rdn. 999
80.000	Nervus accessorius-Verletzung nach Lymphknotenexstirpation	LG Dortmund, unveröffentlicht	Kap. 9 Rdn. 1000

Speiseröhre

Betrag in €	Sachverhalt	Fundstelle	Kapitel 9 Rdn.
20.000	Verletzung der Speiseröhre bei Bandscheibenoperation; Revisionsoperation, fünf Monate Magensonde, lebenslange Schluckbeschwerden.	OLG Hamm, Welt der Krankenversicherung 2016, 67	Kap. 9 Rdn. 1004
75.000	Speiseröhrenentzündung und Vernarbung wegen verspäteter Diagnose einer Passagestörung.	LG Bielefeld, unveröffentlicht	Kap. 9 Rdn. 1005

Stimmband

Betrag in €	Sachverhalt	Fundstelle	Kapitel 9 Rdn.
600	Vier Tage Atemnot und Heiserkeit wegen Verzögerung einer Stridorbehandlung nach operativer Entfernung der Schilddrüse.	LG Dortmund, unveröffentlicht	Kap. 9 Rdn. 1006
5.000	Entfernung eines Schilddrüsenlappens und Stimmbandbeeinträchtigung; Aufklärungsfehler.	OLG Rostock, MedR 2014, 805	Kap. 9 Rdn. 1007
15.000	Stimmbandlähmung einer Telefonistin; es verbleiben dauerhafte geringfügige Stimmbeeinträchtigungen.	OLG Koblenz, GesR 2013, 120	Kap. 9 Rdn. 1008
25.000	Dauerhafte Heiserkeit.	LG Bielefeld, unveröffentlicht	Kap. 9 Rdn. 1009

30.000	Schilddrüsenentfernung führte zur einseitigen Stimmbandlähmung bei der 71 Jahre alten Klägerin, die nur mit äußerst heiserer Flüsterstimme unter großer Anstrengung sprechen kann.	OLG Braunschweig, MedR 2014, 891	Kap. 9 Rdn. 1010

Wirbelsäule

Betrag in €	Sachverhalt	Fundstelle	Kapitel 9 Rdn.
500	Unnötige Bandscheibenpunktion	LG Dortmund, RDG 2024, 36	Kap. 9 Rdn. 1012
5.000	Austausch einer Bandscheibenendoprothese wegen Einsatz falschen Materials.	LG Aurich, unveröffentlicht	Kap. 9 Rdn. 1019
7.000	1/2 Mitverschulden. Narkosefehler bei Wirbelsäulenoperation – Todesangst und Zurückschrecken vor (gebotener) Operation.	LG München II, unveröffentlicht	Kap. 9 Rdn. 1022
10.000	Fußheberparese nach Spondylodese; Gehhilfenpflichtig.	OLG Brandenburg, unveröffentlicht	Kap. 9 Rdn. 1025
25.000	Schmerzen und Bewegungseinschränkungen nach Falschbehandlung einer Densfraktur.	OLG Karlsruhe, unveröffentlicht	Kap. 9 Rdn. 1033
50.000	Rückenschmerzung, Lähmungserscheinungen und Kribbelparästhesien nach WirbelsäulenOP.	OLG Hamm, NJW 2024, 1885	Kap. 9 Rdn. 1041
100.000	Nervschädigung im Spinalkanal bei Versteifungsoperation der Wirbel; Schmerzen.	LG Wuppertal, unveröffentlicht	Kap. 9 Rdn. 1045
150.000	Inkomplette Querschnittslähmung nach chiropraktischer Behandlung	OLG Hamm, unveröffentlicht	Kap. 9 Rdn. 1046

Zahn

Betrag in €	Sachverhalt	Fundstelle	Kapitel 9 Rdn.
0	Unterlassene Allergietests vor Einsatz einer Zahnprothese.	OLG Oldenburg, VersR 2007, 1567	Kap. 9 Rdn. 1053
0	Karies und Knochenabbau wegen mangelhafter Mundhygiene. Keine Pflicht des Zahnarztes auf entsprechende Hinweise.	OLG Düsseldorf, MedR 2007, 433	Kap. 9 Rdn. 1054
0	Einsatz von Titanimplantaten im Zahn ist nicht aufklärungsbedürftig.	OLG München, unveröffentlicht	Kap. 9 Rdn. 1055
0	Freiliegende Zahnhälse nach Zahnprothetik.	OLG Naumburg, NJW-RR 2008, 1056	Kap. 9 Rdn. 1057
0	Amalgamfüllung; wurde von Klägerin bemängelt, aber vom Gericht für unbedenklich erachtet.	OLG Hamm, GesR 2016, 295	Kap. 9 Rdn. 1060
0	Strahlenbelastung beim Röntgen.	OLG Hamm, unveröffentlicht	Kap. 9 Rdn. 1061
500	Provisorische Sicherung einer Prothetik, die über ein Jahr nicht endgültig zementiert wurde; Plaque und Notwendigkeit einer Neuerstellung.	OLG Köln, unveröffentlicht	Kap. 9 Rdn. 1063
500	Fehlpositionierung des Lippenbändchens nach Wurzelspitzenresektion.	LG Köln, unveröffentlicht	Kap. 9 Rdn. 1064
500	Verlust einer Prothese im Krankenhaus.	AG Nürnberg, PflR 2022, 109	Kap. 9 Rdn. 1065

Betrag in €	Sachverhalt	Fundstelle	Kapitel 9 Rdn.
800	Brennen und Jucken im Mundraum nach Einsatz von Kunststoffprovisorien bei der Zahnbehandlung trotz entsprechenden Hinweises der Patientin.	OLG Köln, unveröffentlicht	Kap. 9 Rdn. 1066
1.000	Unzureichende Prothetik durch Aufsatz auf vorhandenen Implantaten; Notwendigkeit der Neuerstellung, Schmerzen.	OLG Nürnberg, AHRS 2695/337	Kap. 9 Rdn. 1068
1.000	Bruch einer Prothese.	LG Köln, unveröffentlicht	Kap. 9 Rdn. 1070
1.500	Zahnverlust und Schmerzen bei Nachresektion eines unzureichenden Langzeitprovisoriums.	OLG München, unveröffentlicht	Kap. 9 Rdn. 1072
2.000	Zahnfleischentzündungen nach fehlerhafter Brückenbehandlung; zwei Jahre Beschwerden.	OLG München, unveröffentlicht	Kap. 9 Rdn. 1076
2.000	Verzögerung einer gebotenen Kieferkorrektur um zwei Jahre; 17 Jahre alter Patient.	OLG Koblenz, VersR 2016, 928	Kap. 9 Rdn. 1075
2.000	Beschädigung der Milchzähne durch Slicen; zwei weitere Implantate wurden nötig.	OLG Hamm, GesR 2017, 769	Kap. 9 Rdn. 1077
2.000	Unzureichende Prothetik; starke Schmerzen und Notwendigkeit der Neubehandlung.	OLG Düsseldorf, unveröffentlicht	Kap. 9 Rdn. 1078
2.000	Zwei fehlerhafte Inlays mit der Folge einer Wurzelentzündung (Kind).	LG Essen, unveröffentlicht	Kap. 9 Rdn. 1079
2.000	Zwei Monate Schmerzen nach Zahnüberkronung.	LG Aachen, unveröffentlicht	Kap. 9 Rdn. 1080
2.200	Lockerung eines Backenzahns beim Versuch der Kronenentfernung.	AG Frankfurt, unveröffentlicht	Kap. 9 Rdn. 1081
2.500	Unterlassene Wurzelspitzenresektion vor Brückenlösung führte zur Notwendigkeit einer neuerlichen Brückeneingliederung. Kauschmerzen verblieben.	OLG Köln, unveröffentlicht	Kap. 9 Rdn. 1083
2.500	Zahnentzündung nach überstopfter Wurzel eines Nachbarzahns nach Wurzelbehandlung.	LG Koblenz, unveröffentlicht	Kap. 9 Rdn. 1084
2.500	Fehlerhafter Einsatz zweier Brücken, Notwendigkeit der Neuversorgung. 14 Jahre alter Kläger.	LG Mönchengladbach, unveröffentlicht	Kap. 9 Rdn. 1085
3.000	Knackgeräusche und Kieferschmerzen wegen mangelhafter Implantatsetzung.	OLG Köln, VersR 2016, 656	Kap. 9 Rdn. 1086
3.000	Verlust eines Backenzahns.	OLG München, unveröffentlicht	Kap. 9 Rdn. 1087
3.000	Unzureichende Prothetik, die neu erstellt werden muss.	AG Hamburg-Blankenese, unveröffentlicht	Kap. 9 Rdn. 1088
3.000	Entfernung und Neueinsetzung zweier Zahnimplantate wegen Fehlern beim Einsetzen.	OLG Dresden, NJW 2020, 1229	Kap. 9 Rdn. 1089
4.000	Nervverletzung nach Leitungsanästhesie – Kribbelparästhesien der Zunge.	OLG Hamm, GesR 2016, 432	Kap. 9 Rdn. 1091
5.000	Fehlerhafte prothetische Versorgung; monatelange Beschwerden.	OLG Hamm, MDR 2014, 1261	Kap. 9 Rdn. 1093
5.000	Infektion des Kiefernknochens nach Zahnimplantation, massive Schmerzen.	OLG Dresden, MedR 2019, 182	Kap. 9 Rdn. 1094
5.000	Verlust zweier Zähne und fünf Jahre Folgebehandlung nach fehlerhafter Überkronung.	LG Köln, unveröffentlicht	Kap. 9 Rdn. 1095

Betrag in €	Sachverhalt	Fundstelle	Kapitel 9 Rdn.
6.000	Zahn- und Ohrenschmerzen nach Verblockung von Zähnen; Beschwerden bei der Nahrungsaufnahme.	OLG Hamm, GesR 2014, 234	Kap. 9 Rdn. 1096
6.000	Schädigung von 4 Frontzähnen wegen Überkronung; 2 Zähne werden wohl ausfallen.	LG Bochum, unveröffentlicht	Kap. 9 Rdn. 1097
6.000	Schäden an sechs Zähnen und Pulpitis.	OLG Hamm, unveröffentlicht	Kap. 9 Rdn. 1098
6.000	Zahnimplantatbehandlung mit Mund- und Kieferschmerzen über 5 Jahre.	OLG Düsseldorf, NZI 2022, 448	Kap. 9 Rdn. 1099
6.000	Kälteempfindlichkeit und Schmerzen über 16 Monate.	LG Aachen, unveröffentlicht	Kap. 9 Rdn. 1100
7.000	Kiefergelenksknacken und Schmerzen nach Fehlokklusion.	OLG Celle, unveröffentlicht	Kap. 9 Rdn. 1102
8.000	Zahnentzündung und Zahnverlust; erhebliche Schmerzen und persistierende Entzündung.	OLG Brandenburg, MDR 2021, 747	Kap. 9 Rdn. 1103
10.000	Schwere Pulpitis und sechs fehlerhafte Inlays, 1 Jahr Schmerzen.	LG Essen, unveröffentlicht	Kap. 9 Rdn. 1104
10.000	CMD Nach Zahnversorgung; fünf Jahre Beschwerden und Verspannung im Kopf/Nackenbereich, Taubheitsgefühle im Mund; Wurzelspitzenresektion eines Zahns.	OLG Köln, MDR 2020, 1183	Kap. 9 Rdn. 1105
10.000	Zungenlähmung nach Exzision einer Schleimhautwucherung an der Kaufläche.	OLG Naumburg, NJW 2025, 220	Kap. 9 Rdn. 1106
11.500	Verlust mehrerer Implantate bei Knochenabbau des Unterkiefers; mehrere Jahre schmerzhafte Nachbehandlung.	OLG Köln, unveröffentlicht	Kap. 9 Rdn. 1107
12.000	Verlust von vier Zähnen und Notwendigkeit der Kieferausfräsung wegen grober Falschbehandlung.	OLG Zweibrücken, GesR 2016, 527	Kap. 9 Rdn. 1108
15.000	Verlust zweier Zähne und jahrelange Beschwerden wegen fehlerhafter Implantatbehandlung.	LG Karlsruhe, NJW-RR 2023, 1446	Kap. 9 Rdn. 1109
20.000	Fehlerhafte Implantatbehandlung; Periimplantitis; Verlust vier vorgeschädigter Zähne.	LG Memmingen, unveröffentlicht	Kap. 9 Rdn. 1110
20.000	Craniomandibuläre Dysfunktion nach unterlassener Behandlung eines offenen Bisses; Schmerzen und Zahnfleischentzündungen.	OLG Köln, unveröffentlicht	Kap. 9 Rdn. 1111
20.000	Einsatz allergener Stoffe bei Zahnbehandlung; 10 Jahre Beschwerden.	OLG Dresden, unveröffentlicht	Kap. 9 Rdn. 1113
20.000	Verletzung des nervus alveolaris nach Wurzelbehandlung; Taubheit an Unterlippe und Sprachprobleme.	LG München II, unveröffentlicht	Kap. 9 Rdn. 1114
25.000	64 Jahre alte Patientin. Fehlerhafte Oberkieferverlagerung; verändertes Erscheinungsbild, umfangreiche Revisionseingriffe.	OLG Naumburg, VersR 2014, 70	Kap. 9 Rdn. 1115

Zunge

Betrag in €	Sachverhalt	Fundstelle	Kapitel 9 Rdn.
4.000	Nervverletzung nach Leitungsanästhesie – Kribbelparästhesien der Zunge.	OLG Hamm, GesR 2016, 432	Kap. 9 Rdn. 1117

Betrag in €	Sachverhalt	Fundstelle	Kapitel 9 Rdn.
5.000	Verlust eines Zahnes sowie Beschädigung zweier weiterer bei Weisheitszahnentfernung; Schädigung des nervus lingualis mit der Folge eines Taubheitsgefühls der Zunge.	OLG Frankfurt am Main, unveröffentlicht	Kap. 9 Rdn. 1118
10.000	Durch Verletzung mehrerer Nerven bei einer Leitungsanästhesie kam es zu einer tauben rechten Zungenhälfte, in der weder taktiles noch gustatorisches Empfinden vorhanden sind; betroffen ist auch die rechte Wangenschleimhaut. Essen nur unter Schmerzen möglich.	LG Dortmund, unveröffentlicht	Kap. 9 Rdn. 1119
10.000	Zungenlähmung wegen Verletzung des nervus lingualis beim fehlerhaften Entfernen einer Zahnfleischkapuze.	OLG Naumburg, NJW-RR 2025, 220	Kap. 9 Rdn. 1120
15.000	Verlust des Geschmackssinnes im Bereich der vorderen zwei Zungendrittel; Kläger war Koch und musste Beruf aufgeben.	LG Tübingen, unveröffentlicht	Kap. 9 Rdn. 1122
15.000	Bei dem 51 Jahre alten Erblasser wurde ein Mundbodenkarzinom nicht rechtzeitig erkannt.	LG Dortmund, unveröffentlicht	Kap. 9 Rdn. 1123

Arm

Betrag in €	Sachverhalt	Fundstelle	Kapitel 9 Rdn.
1.200	Hämatom in Höhe des distalen Unterarms	OLG München, unveröffentlicht	Kap. 9 Rdn. 52
2.000	Radiusköpfchenfraktur	LG Stuttgart, unveröffentlicht	Kap. 9 Rdn. 56
2.500	Radiusfraktur	LG Essen	Kap. 9 Rdn. 57
4.000	Trümmerfraktur Ellenbogen	OLG Brandenburg, RuS 2021, 649	Kap. 9 Rdn. 40
5.000	Oberarmfraktur – Beckenfraktur	LG Saarbrücken, 12 O 338/14	Kap. 9 Rdn. 13
5.000	Oberarmfraktur – Rechte-Operation	LG Hanau, 1 O 363/17	Kap. 9 Rdn. 14
7.000	Ellenbogenfraktur	OLG Frankfurt, VersR 2023, 984	Kap. 9 Rdn. 42
7.500	Humerusfraktur – Radiusfraktur – Narben	LG Oldenburg, unveröffentlicht	Kap. 9 Rdn. 16
8.000	Abriss einer Bizepssehne	LG Bonn, unveröffentlicht	Kap. 9 Rdn. 3
8.000	Unterarmfraktur	OLG Brandenburg	Kap. 9 Rdn. 67
8.500	Radiusköpfchentrümmerfraktur	OLG Karlsruhe, NJW-RR 2022, 316	Kap. 9 Rdn. 43
10.000	Oberarmfraktur – Schädelhirntrauma – Claviculafraktur	LG Saarbrücken, 4 O 476/16	Kap. 9 Rdn. 19
10.000	Unterarmfraktur – Mittelgesichtsfraktur	OLG Naumburg, 12 U 98/19	Kap. 9 Rdn. 70
10.000	Radiusköpfchenfraktur – Platzwunde	LG Berlin, 45 O 78/20	Kap. 9 Rdn. 72
11.000	Radiusmehrfachfraktur	OLG Frankfurt, VersR 2019, 435 = NJW 2019, 442	Kap. 9 Rdn. 73
12.500	Humeruskopffraktur – mehrere Operationen	OLG Karlsruhe, NJW-RR 2017, 278	Kap. 9 Rdn. 21
13.000	Parästhesien im Arm, HWS-Verletzung	LG Detmold, unveröffentlicht	Kap. 9 Rdn. 22
11.000	Radiusmehrfachfraktur – HWS-Distorsion	OLG Frankfurt, GesR 2018, 776	Kap. 9 Rdn. 73
16.000	Fraktur der Speiche – Kahnbruch der Hand – Frakturen Mittelhandknochen und Handwurzel – Schultereckgelenksprengung	OLG Düsseldorf, unveröffentlicht	Kap. 9 Rdn. 79
17.000	Fibulafraktur – Kompartmentsyndrom – Weichteilschaden	LG Düsseldorf, unveröffentlicht	Kap. 9 Rdn. 256
20.000	Luxationsfraktur Ellenbogen	OLG Hamburg, SVR 2020, 220	Kap. 9 Rdn. 47
30.000	Radiusfraktur mit Gelenkbeteiligung	LG Köln, unveröffentlicht	Kap. 9 Rdn. 84
40.000	Oberarmfrakturen – Radiusfraktur – Schädelhirntrauma	OLG Celle, unveröffentlicht	Kap. 9 Rdn. 29
40.000	Oberarmschaftfraktur – Beckenringfraktur – Schädelhirntrauma	LG Traunstein, 8 O 1313/16	Kap. 9 Rdn. 30
40.000	Multiple Radiusfraktur – Bänderrisse – Peronaeusparese	OLG München, 10 U 6313/20	Kap. 9 Rdn. 88

Betrag in €	Sachverhalt	Fundstelle	Kapitel 9 Rdn.
45.000	Oberarmfraktur –Verletzung Nerven – Zertrümmerung Ellenbogen – Verlust Geruchs- und Geschmackssinn – Depressionen – Fallhand – große Narbe	OLG Celle, 14 U 58/23	Kap. 9 Rdn. 11
55.000	Armplexusläsion – HWK 4 Fraktur	OLG Bamberg, 5 U 144/18	Kap. 9 Rdn. 32
55.000	Lähmung des Arms	OLG Celle, NJW 2022, 3086	Kap. 9 Rdn. 9
55.000	Unterarmfrakturen beidseitig – Fersenbeinfrakturen beidseitig – Rippenfrakturen – Subarachnoidalblutung	LG Köln 2 O 101/22	Kap. 9 Rdn. 89
80.000	Unterarm- und Humerusfrakturen, Clavikulaschaftfraktur, Handgelenkluxationsfraktur, Daumenendgliedfraktur, Rippenserienfraktur beidseits bei Thoraxtrauma und Pneumothorax, Beckenringfraktur, Acetabulumfraktur	OLG München, unveröffentlicht	Kap. 9 Rdn. 92
80.000	Oberarm-Frakturen beidseitig – schwere weitere Verletzungen	OLG Naumburg, DAR 2018, 631	Kap. 9 Rdn. 35
90.000	Oberarmamputation links mit Humerusschaft	OLG Frankfurt, 2 U 28/21	Kap. 9 Rdn. 1130
112.000	Behinderungen im Arm-, Ellenbogen- und Schulterbereich – mittelgradige Gehbehinderung	OLG München, SP 2016, 9	Kap. 9 Rdn. 7
180.000	Amputation des Oberarms – Hirnschaden – Halbseitenlähmung – Narben	OLG Schleswig, unveröffentlicht	Kap. 9 Rdn. 1131

Augen

Betrag in €	Sachverhalt	Fundstelle	Kapitel 9 Rdn.
250.000 zzgl. 200 Rente	Schwerbehinderung, erhebliche Gehbehinderung, Verlust von Geruchs- und Geschmackssinn und Erblindung.	OLG Frankfurt am Main, SP 2008, 11	Kap. 9 Rdn. 116

Bauch/Innere Organe

Betrag in €	Sachverhalt	Fundstelle	Kapitel 9 Rdn.
1.500	Thorax- und Bauchtrauma	OLG Koblenz, unveröffentlicht	Kap. 9 Rdn. 122
2.000	Bauchtrauma – Thoraxkontusion – Sternumfraktur	OLG Brandenburg, 12 U 92/18	Kap. 9 Rdn. 123
4.000	Bauch- und Thoraxtrauma – Schädelhirntrauma – Skalpierungsverletzung	OLG Brandenburg, RuS 2016, 636	Kap. 9 Rdn. 124
3.350	Milzverlust	OLG Schleswig, NJW-RR 2022, 750	Kap. 9 Rdn. 150
25.000	Thoraxtrauma – Enddarmruptur	OLG Zweibrücken, 1 U 127/13	Kap. 9 Rdn. 125
25.000	Milzverlust – Schädelhirntrauma – Thoraxtrauma – Schambein- und Steißbeinfrakturen	LG Saarbrücken, 9 O 48/18	Kap. 9 Rdn. 152
40.000	Milzverlust – Bauchtrauma	OLG Schleswig, 7 U 80/12	Kap. 9 Rdn. 154
45.000	Ductus choledochus und ductus hepaticus versehentlich durchtrennt	OLG Zweibrücken, 5 U 3/13	Kap. 9 Rdn. 146

Betrag in €	Sachverhalt	Fundstelle	Kapitel 9 Rdn.
50.000	Milzverlust – Schädelhirntrauma – Rissverletzung der Leber – Lungenkontusion – Rippenserienfraktur – Wirbelfrakturen	OLG Brandenburg, 12 U 116/22	Kap. 9 Rdn. 155
55.000	Milzverlust – Oberschenkelfraktur – Schädelhirntrauma – Jochbein- und Orbitabogenfraktur	OLG Düsseldorf, 1 U 20/16	Kap. 9 Rdn. 156
70.000	Thoraxtrauma – Bauchwandmuskulatur	LG Stuttgart, 24 O 192/13	Kap. 9 Rdn. 126
100.000	Blase – Darm – Prostata	OLG Frankfurt, 8 U 43/17	Kap. 9 Rdn. 132

Bein

Betrag in €	Sachverhalt	Fundstelle	Kapitel 9 Rdn.
300	Schmerzen im Bein	OLG Hamm, unveröffentlicht	Kap. 9 Rdn. 162
1.200	Unterschenkelfraktur	LG Lüneburg, 3 O 137/23	Kap. 9 Rdn. 279
1.250	Fraktur des Knies	AG Kleve, 3 C 59/16	Kap. 9 Rdn. 222
1.500	Unterschenkelfraktur – Beinschürfwunden – Wundheilungsstörungen	OLG Köln, unveröffentlicht	Kap. 9 Rdn. 280
2.000	Fleischwunde am Knie – Narbe	LG Frankfurt, unveröffentlicht	Kap. 9 Rdn. 226
2.000	Innenknöchelfraktur	LG Saarbrücken, 6 O 229/17	Kap. 9 Rdn. 338
2.400	Fraktur des Sprunggelenks	OLG Oldenburg, NJW 2023, 232	Kap. 9 Rdn. 340
2.500	Oberschenkelfraktur	LG Bochum,5 O 390/20	Kap. 9 Rdn. 176
3.000	Unterschenkel-Fraktur – Sprunggelenk	OLG Karlsruhe, VersR 2015, 993	Kap. 9 Rdn. 281
3.000	Mehrfragmentierte Patellafraktur – Riss im Innenmeniskus	OLG Hamm, unveröffentlicht	Kap. 9 Rdn. 282
3.000	Mehretagenfraktur Unterschenkel – Ulnarschaftfraktur – Polytrauma – Pneumothorax – Lungenkontusion – Rippenfraktur	OLG Hamm, unveröffentlicht	Kap. 9 Rdn. 229
4.000	Sturz eines Motorradfahrers auf Rollsplitt, Verletzung von Knie und Hand, 1/3 Mitverschulden.	OLG Schleswig	Kap. 9 Rdn. 231
4.000	Kontusion des Kniegelenks	OLG München, unveröffentlicht	Kap. 9 Rdn. 233
4.000	Tibiakopffraktur – Innenknöchelfraktur	LG Köln, unveröffentlicht	Kap. 9 Rdn. 348
4.000	Innenbandabriss	LG Koblenz, 3 O 325/20	Kap. 9 Rdn. 234
4.500	Muskelverletzung – Innenmeniskus	LG Nürnberg, 2 O 8654/16	Kap. 9 Rdn. 236
5.000	Tibiaschaftfraktur	OLG Dresden, RuS 2020, 418	Kap. 9 Rdn. 286
5.000	Sprunggelenk-Fraktur	OLG Frankfurt, unveröffentlicht	Kap. 9 Rdn. 352
5.250	Doppelte Oberschenkelfraktur	LG Lübeck, 9 O 118/21	Kap. 9 Rdn. 181
6.000	Unterschenkelfraktur – Schädelhirntrauma – Beckenringfraktur – Halswirbelfraktur	OLG Frankfurt, 26 U 61/22	Kap. 9 Rdn. 287

Betrag in €	Sachverhalt	Fundstelle	Kapitel 9 Rdn.
7.000	Unterschenkelfraktur – Kniegelenk-Distorsion	OLG Celle, NJW-RR 2021, 601	Kap. 9 Rdn. 289, Kap. 9 Rdn. 358
7.000	Tibiakopffraktur	OLG Hamm, ZfS 2023, 313	Kap. 9 Rdn. 241
7.000	Decollement-Verletzung – Unterschenkel – Hauttransplantationen – Narben	LG Darmstadt, 9 O 65/18	Kap. 9 Rdn. 290
7.500	Verletzung am Sprunggelenk – Bänderverletzung	LG Offenburg, unveröffentlicht	Kap. 9 Rdn. 359
8.000	Unterschenkelfrakturen	OLG Bamberg, 5 U 137/16	Kap. 9 Rdn. 296
8.000	Unterschenkelfraktur	LG Kaiserslautern, 3 O 357/16	Kap. 9 Rdn. 297
8.000	Unterschenkelfraktur	OLG Zweibrücken, DAR 2021, 569	Kap. 9 Rdn. 298
8.000	Oberschenkelfraktur	OLG Hamm, VerkMitt 2023 Nr. 17	Kap. 9 Rdn. 189
8.000	Patellafraktur – Thoraxtrauma – Schleudertrauma	OLG Brandenburg, 12 U 214/20	Kap. 9 Rdn. 243
8.500	Unterschenkelfraktur – Kompartmentsyndrom – Narben	LG Hagen, 3 O 83/20	Kap. 9 Rdn. 299
8.500	Offene Unterschenkelfraktur mit Kompartmentsyndrom – Einblutungen ins Gehirn – Narben	OLG Hamm, 7 U 120/22, NJW 2024, 2468	Kap. 9 Rdn. 300
10.000	Oberschenkelhalsfraktur nach einem Sturz im Bus	OLG Frankfurt, NJW-RR 2016, 542	Kap. 9 Rdn. 190
10.000	Tibiakopffraktur – Weichteilschaden	LG Münster, unveröffentlicht	Kap. 9 Rdn. 244
10.000	Fraktur des Knöchels und eine Ruptur von Bändern	LG Köln, unveröffentlicht	Kap. 9 Rdn. 366
10.000	Kniegelenktrauma	LG Wiesbaden, 5 O 6/18	Kap. 9 Rdn. 248
10.000	Frakturen Großzehe und Mittelfußknochen	OLG Zweibrücken, 1 U 188/20	Kap. 9 Rdn. 367
11.000	Drehbruch des Unterschenkels, verzögerter Heilungsverlauf	OLG Celle, unveröffentlicht	Kap. 9 Rdn. 305
12.000	Wadenbeinfraktur – Prellungen – Schürfungen	OLG Saarbrücken, ZfS 2016, 379	Kap. 9 Rdn. 306
12.000	Tibia Mehrfragmentfraktur	OLG Brandenburg, 12 U 160/14	Kap. 9 Rdn. 249
12.000	Zehenamputation	OLG Dresden, 4 W 72/21	Kap. 9 Rdn. 370
13.000	Komplizierte Sprunggelenksverletzung – Narben – Muskelverschmächtigung	OLG Dresden, DAR 2017, 463	Kap. 9 Rdn. 371
14.000	Distorsion Kniegelenk	LG Flensburg 2 O 177/20	Kap. 9 Rdn. 250
15.000	Oberschenkel-Fraktur – ausgedehntes Weichteildekollement des gesamten Beins Fehlstellung von Unterschenkel und Oberschenkel	OLG Koblenz, unveröffentlicht	Kap. 9 Rdn. 193
15.000	Fuß- und Großzehenheberschwäche – Unterschenkel – Amputationsangst	OLG Hamm, ArztR 2015, 246	Kap. 9 Rdn. 373
15.000	Knieverletzung	LG Offenburg, 3 O 311/15	Kap. 9 Rdn. 251
15.000	Unterschenkelschaftfraktur	OLG Zweibrücken, 1 U 153/14	Kap. 9 Rdn. 309
15.000 €	Oberschenkelhalsfraktur	LG Köln, 32 O 398/15	Kap. 9 Rdn. 194

Betrag in €	Sachverhalt	Fundstelle	Kapitel 9 Rdn.
15.000	Trümmerfraktur Kniescheibe	LG Berlin, 46 O 336/21	Kap. 9 Rdn. 252
15.000	Unterschenkelfraktur	OLG Hamm, ZfS 2022, 674	Kap. 9 Rdn. 310
15.000	Rißwunde am Sprunggelenk	LG Offenburg, 3 O 311/15	Kap. 9 Rdn. 251
15.000	Fraktur des Sprunggelenks	KG Berlin, 22 U 35/12	Kap. 9 Rdn. 375
16.000	Knieverletzung	OLG München, 10 U 3171/18	Kap. 9 Rdn. 254
16.000	Sprunggelenksverletzung – Knieverletzung – CRPS	LG Tübingen, 5 O 9/24	Kap. 9 Rdn. 376
17.000	Fibulafraktur – Kompartmentsyndrom – Weichteilschaden	LG Düsseldorf, unveröffentlicht	Kap. 9 Rdn. 256
17.500	Knochenverlust am trochanter major	LG Freiburg, 1 O 460/11	Kap. 9 Rdn. 195
18.109,51	Außenknöchelfraktur – Bänderruptur des oberen Sprunggelenks	OLG Köln, unveröffentlicht	Kap. 9 Rdn. 377
19.000	Oberschenkelfraktur – Polytrauma	OLG Hamm, 7 U 28/21	Kap. 9 Rdn. 196
20.000	Verlust des Fußes (Amputation) – Hämatome – innere Blutungen – Verletzungen der Wirbelsäule – 1/3 Mitverschulden	OLG Hamm, unveröffentlicht	Kap. 9 Rdn. 378
20.000	Mehrfragmentfraktur der Kniescheibe – Schienenbeinverletzung – Hand – Finger – Amputation	OLG Stuttgart, unveröffentlicht	Kap. 9 Rdn. 261
20.000	Oberschenkelfraktur	OLG Jena, 1 U 795/17	Kap. 9 Rdn. 197
20.000	Tibiakopffraktur – Fibulaköpfchenfraktur – Orbitabodenfraktur	OLG Köln, 19 U 8/23	Kap. 9 Rdn. 313
25.000	Unterschenkel-Fraktur – Schienbeinkopftrümmerfraktur – Schädel-Hirnverletzungen	OLG Naumburg, NJW-RR 2016, 349	Kap. 9 Rdn. 264
25.000	Schienbeinkopffraktur – Innenbandruptur – Vorfußfraktur – Schmerzstörungen – Depressionen – PTBS	LG Münster, unveröffentlicht	Kap. 9 Rdn. 316
25.000	Tibiakopffraktur – Innenbandruptur	OLG Hamm, r+s 2019, 220	Kap. 9 Rdn. 317
25.000	Tibiakopffraktur-Kreuzbandriss	OLG München, RuS 2021, 296	Kap. 9 Rdn. 266
25.000	Knochenverlust am trochanter major	LG Freiburg, 1 O 223/12	Kap. 9 Rdn. 201
25.000	Knieverletzung	OLG Hamm, NZV 2017, 335	Kap. 9 Rdn. 265
29.972,08	Unterschenkelamputation	OLG Düsseldorf, 1 U 39/18	Kap. 9 Rdn. 1142
30.000	Unterschenkel- und Sprunggelenkfrakturen	OLG Frankfurt, unveröffentlicht	Kap. 9 Rdn. 312
30.000	Dislozierte Oberschenkelfraktur – Kreuzbandverletzung – Handgelenkfraktur	LG Essen, NJW-RR 2022, 1107	Kap. 9 Rdn. 203
30.000	Fersenbeinfraktur – Sprunggelenkversteifung – Narbe	LG Karlsruhe, 19.04.2023 – 6 O 175/21	Kap. 9 Rdn. 387
30.000	Sprunggelenkluxationsfraktur	OLG Hamm, RuS 2021, 35	Kap. 9 Rdn. 385
35.000	Weichteilverletzungen an beiden Kniegelenken	OLG Zweibrücken, 1 U 123/15	Kap. 9 Rdn. 268
40.000	Decollement am Unterschenkel – Schädelhirntrauma – Beckenringfraktur – Brustwirbelfraktur – Rippenfraktur – Narben	OLG Zweibrücken, unveröffentlicht	Kap. 9 Rdn. 318

Betrag in €	Sachverhalt	Fundstelle	Kapitel 9 Rdn.
40.000	Kniegelenkverletzung – Außenmeniskushinterhornverletzung – Innenbandläsion	OLG Oldenburg, 7 U 26/20, ZfS 2021, 143	Kap. 9 Rdn. 273
40.000	Oberschenkelfrakturen	OLG Schleswig, ZfS 2020, 79	Kap. 9 Rdn. 204
40.000	Tibiafraktur	OLG Frankfurt, 17 U 160/14	Kap. 9 Rdn. 269
40.000	Komplexe Kniegelenkverletzung – Kreuzbandruptur	LG Wiesbaden, NJW-RR 2020, 277	Kap. 9 Rdn. 271
40.000	Komplexe Kniegelenkverletzung – Tibiafraktur	OLG Schleswig, NJW 2020, 3606	Kap. 9 Rdn. 272
40.000	Kreuzbandriss – Peronäus-Parese	OLG München, NJW-Spezial 2022, 362	Kap. 9 Rdn. 319
45.000	Schienbeinkopffraktur – Knöchelfraktur – Heilungsverlauf 2 Jahre – Dauerschäden	OLG Hamm, unveröffentlicht	Kap. 9 Rdn. 322
45.000	Frakturen von Mittelfußknochen, Sprungbein – Fersenbein	LG Arnsberg, unveröffentlicht	Kap. 9 Rdn. 389
45.000	Oberschenkelfraktur	OLG Hamm, 11 W 40/20	Kap. 9 Rdn. 205
45.000	Frakturen Sprungbein und Wade	OLG München, NJW-Spezial 2018, 714	Kap. 9 Rdn. 390
50.000	Oberschenkelfrakturen	LG Frankfurt, 2–24 O 246/16	Kap. 9 Rdn. 207
50.000	Kniebandverletzung	OLG Koblenz, 12 U 93/16	Kap. 9 Rdn. 276
50.000	Femurschaftfraktur, eine drittgradig offene Talusluxation, eine knöcherne Absprengung des Talus rechts (offener Sprunggelenktrümmerbruch), ein Decollement und Kompartmentsyndrom am Fußrücken, eine Fraktur des os cuboideum (Fußwurzelknochenbruch), eine Fraktur des os cuneiforme lateral (Bruch eines weiteren Fußwurzelknochens) und eine Fraktur des MKF-III Basis (Bruch des dritten Mittelfußknochens).	OLG Saarbrücken, unveröffentlicht	Kap. 9 Rdn. 392
50.000	Knieversteifung nach Knieprotheseninfektion	OLG München, unveröffentlicht	Kap. 9 Rdn. 275
50.000	Gehfähigkeit eingeschränkt	OLG Köln, 5 U 148/16	Kap. 9 Rdn. 168
50.000	Sprunggelenk – Schulter	OLG München, 10 U 7288/20	Kap. 9 Rdn. 395
50.000	Oberschenkelschaftfraktur – Durchspießung des Oberschenkels – Oberarmschaftfraktur – Schambeinastfraktur – Impressionsfraktur Oberschenkel – Riss des vorderen Kreuzbandes – Unterarmfraktur – schwere Gehirnerschütterung – multiple Schnittwunden – Schürfwunden – Prellungen – Narben	LG Nürnberg-Fürth, 8 O 8176/21	Kap. 9 Rdn. 209
55.000	Oberschenkelfraktur – Milzverlust – Schädelhirntrauma – Jochbein- und Orbitabogenfraktur	OLG Düsseldorf, unveröffentlicht	Kap. 9 Rdn. 210
60.000	Unterschenkelfraktur – MRSA-Infektion	OLG Brandenburg, NJW-Spezial 2021, 617	Kap. 9 Rdn. 325
65.000	Tibiakopftrümmerfraktur	LG Wuppertal, 1 O 322/21	Kap. 9 Rdn. 326
70.000	Desmoidtumor – unfallbedingt – 5 Wirbelkörperfrakturen – chronisches Schmerzsyndrom	OLG Saarbrücken	Kap. 9 Rdn. 212

Betrag in €	Sachverhalt	Fundstelle	Kapitel 9 Rdn.
70.000	Oberschenkelfraktur – Thoraxtrauma – Unterschenkelfraktur	LG Stuttgart, 24 O 192/13	Kap. 9 Rdn. 211, Kap. 9 Rdn. 327
80.000	1/3 Mitverschulden. Oberschenkelamputation bei 11 Jahre altem Mädchen, das von einem U-Bahnzug erfasst wurde.	OLG Düsseldorf, SP 2014, 121	Kap. 9 Rdn. 1135
80.000	Oberschenkelfrakturen – Hemiparese – Rollstuhlpflicht	OLG Frankfurt, ZfS 2020, 617	Kap. 9 Rdn. 214
100.000	Unterschenkel-Amputation	OLG Frankfurt, unveröffentlicht	Kap. 9 Rdn. 328
100.000	Sprunggelenksluxationsfraktur – Schädelfraktur – Polytrauma mit Schädel-Hirn-Trauma – Pneumothorax – Lungenkontusion – Rippenserienfraktur – Beckenringfraktur – Schulterblattfraktur – Frakturen der Lendenwirbelsäule	LG Zweibrücken, 2 O 120/08	Kap. 9 Rdn. 396
100.000	Unterschenkelamputation	OLG München, 24 U 1682/20	Kap. 9 Rdn. 329
105.000	Bein- und Fußfrakturen – Handfrakturen – Schädelhirntrauma – Thoraxtrauma – Verlust von Geruchs- und Geschmackssinn	LGLübeck, 10 O 300/23	Kap. 9 Rdn. 172
110.000	Frakturen beider Unterschenkel – Schädelhirntrauma	OLG Düsseldorf, 1 U 96/16	Kap. 9 Rdn. 330
120.000	Unterschenkelfraktur – psychischer Schaden	OLG Stuttgart, 10 U 76/23	Kap. 9 Rdn. 331
125.000	Oberschenkel-Amputation nach Durchtrennung mehrerer großer Blutgefäße	OLG Köln, VersR 2016, 191	Kap. 9 Rdn. 216
125.000	Unterschenkelfrakturen – Oberschenkelschaftfraktur – Klavikulafraktur – Pneumothorax – Beinverkürzung – Narben an 3 Extremitäten	LG Essen, unveröffentlicht	Kap. 9 Rdn. 332
125.000	Tibiaplateau-Trümmerfraktur – offene Tibiaschaftfraktur – Tibiakopffraktur –	OLG Hamm, unveröffentlicht	Kap. 9 Rdn. 333
150.000	Oberschenkelamputation	OLG Frankfurt, 15 W 18/20	Kap. 9 Rdn. 1140
175.000	Gehbehinderung	OLG Saarbrücken, 4 U 64/18	Kap. 9 Rdn. 174
200.000	Unterschenkelamputation	OLG Frankfurt, VersR 2021, 84	Kap. 9 Rdn. 1148
325.000	Amputation Bein – Hüfte – Teil Becken	OLG Hamm, 6 U 131/12	Kap. 9 Rdn. 1141

Brust/Rippe

Betrag in €	Sachverhalte	Fundstelle	Kapitel 9 Rdn.
400	1/3 Mitverschulden; Brustbein- und Rippenprellungen, Schmerzmittel.	OLG Celle, NJW-RR 2020, 1419	Kap. 9 Rdn. 398
500	Thoraxprellung, Schmerzen im Nackenbereich, Todesangst bei Unfall (Kollision mit LKW)	LG Potsdam, unveröffentlicht	Kap. 9 Rdn. 399
800	Verspannung und Zerrung sowie Stauchung der BWS; 2 Wochen Beschwerden.	OLG Hamm, unveröffentlicht	Kap. 9 Rdn. 400
900	2/5 Mitverschulden. Prellungen von Brustbein, Thorax und Arm, einen Monat Beschwerden	LG Osnabrück, unveröffentlicht	Kap. 9 Rdn. 401
1.600	Rippenfrakturen und Schulterzerrung nach Unfall, fünf Monate Beschwerden-	AG Hamburg, SVR 2019, 142	Kap. 9 Rdn. 406

Betrag in €	Sachverhalte	Fundstelle	Kapitel 9 Rdn.
2.000	1/2 Mitverschulden; Brustbeinfraktur und Bauchtrauma, 1 Monat starke Schmerzen, 3 1/2 Monate Krankschreibung.	OLG Brandenburg, unveröffentlicht	Kap. 9 Rdn. 410
2.400	Brustwirbelsäulenkontusion, Prellungen und Radiusköpfchenfraktur; 5 Wochen arbeitsunfähig, weitere 6 Wochen Beschwerden.	LG Stuttgart, unveröffentlicht	Kap. 9 Rdn. 411
2.500	Rippenfrakturen, Schädelhirntrauma, Nasenbeinfraktur, 5 Wochen Krankschreibung.	OLG Schleswig, NJW-RR 2023, 1451	Kap. 9 Rdn. 413
3.000	Rippenbruch, Lungenverletzung; einen Monat Krankschreibung, Bewegungsbeeinträchtigungen.	LG Köln, SVR 2024, 468	Kap. 9 Rdn. 416
3.500	Brustbeinfraktur und HWS-Distorsion, 4 Tage stationär und 8 Wochen Einschränkungen.	OLG Brandenburg, unveröffentlicht	Kap. 9 Rdn. 417
4.000	Hartspann der Brustwirbelsäule und multiple Prellungen; 5 Monate Beschwerden.	LG Bonn, unveröffentlicht	Kap. 9 Rdn. 419
5.000	1/2 Mitverschulden. Rippenserienfraktur mit Lungenkontusion und Thoraxtrauma; 12 Tage stationär, Verheilung in leichter Fehlstellung.	OLG Oldenburg, unveröffentlicht	Kap. 9 Rdn. 422
5.000	Brustbeinfraktur und Prellungen; vier Monate Krankschreibung.	OLG München, ZAP-EN Nr. 356/2018	Kap. 9 Rdn. 423
5.000	Brustbeinfraktur und Prellungen; 2 Monate Krankschreibung, Ängste vor dem Autofahren.	OLG Brandenburg, NJW 2019, 357	Kap. 9 Rdn. 424
5.000	Schwere Zerrung und Prellung von Thorax, Lenden- und Brustwirbelsäule; drei Monate Beschwerden.	OLG München, unveröffentlicht	Kap. 9 Rdn. 426
7.000	1/2 Mitverschulden. Rippenserienfraktur, Frakturen von Schlüsselbein und Schenkelhals. Mehrfache OP, mehrere Wochen stationär, keine Dauerschäden.	KG, NZV 2020, 203	Kap. 9 Rdn. 427
9.000	1/3 Mitverschulden. Rippenserienfraktur und Lungenkontusion sowie weitere Frakturen; mehrere Monate Arbeitsunfähigkeit, dauerhafte Bewegungseinschränkungen.	OLG Zweibrücken, r+s2024, 917	Kap. 9 Rdn. 430
10.000	Rippenserienfraktur, Beckenringfraktur; 6 Tage stationär, 6 Wochen Rollstuhlpflicht, lange Reha. Schmerzen und Ängste.	LG Verden, unveröffentlicht	Kap. 9 Rdn. 431
10.000	3/4 Mitverschulden. Rippenfrakturen; Polytrauma, Hüftnekrose drei Jahre nach Unfall. 18 Jahre alter Kläger.	OLG Schleswig, NJW-RR 2025, 224	Kap. 9 Rdn. 433
10.000	Thoraxtrauma; 7 Monate arbeitsunfähig wegen posttraumatischer Belastungsstörung.	OLG Brandenburg, unveröffentlicht	Kap. 9 Rdn. 434
15.000	Verletzungen an Brustwirbelsäule, Schulter und Sprunggelenk; Prellungen, Schürfungen, vier Wochen Arbeitsunfähigkeit und Kribbelparästhesien, Beschwerden im Knie.	LG Offenburg, unveröffentlicht	Kap. 9 Rdn. 436
15.000	2/3 Mitverschulden. Brustwirbel- und Rippenfrakturen; anhaltende Schmerzen an Schlüsselbein und Hüfte. 77 Jahre alte Klägerin.	OLG Brandenburg, unveröffentlicht	Kap. 9 Rdn. 437
16.000	3/10 Mitverschulden; Lunge-, Rippen- und Knieverletzung; 9 Monate Einschränkungen, mehrere OP, Dauerschaden Knie.	OLG München, ZfS 2020, 200	Kap. 9 Rdn. 438

Betrag in €	Sachverhalte	Fundstelle	Kapitel 9 Rdn.
17.500	Brustbeinfraktur, Bandscheibenvorfall und Rippenbrüche, die zuerst nicht erkannt wurden. Diverse Arztbesuche, Augenflimmern und Schwindel als Dauerschaden.	OLG Hamm, unveröffentlicht	Kap. 9 Rdn. 439
20.000	Spaltberstungsbruch des 11. Brustwirbels, Beckenringbruch, Kreuzbeinbruch. Verrentung; 57 Jahre alte Klägerin.	LG Kempten, unveröffentlicht	Kap. 9 Rdn. 440
25.000	1/2 Mitverschulden, Rippenserienfraktur und Polytrauma, vier Jahre Arbeitsunfähigkeit.	LG Saarbrücken, unveröffentlicht	Kap. 9 Rdn. 444
35.000	Rippenserienfraktur, Schädelhirntrauma und psychische Störungen; GdB von 40–60 %.	OLG Düsseldorf, unveröffentlicht	Kap. 9 Rdn. 447
40.000	Beckenringfraktur, Kreuzbeinfissur und Speichenbruch; Anpassungsstörung, Schmerzen und Beeinträchtigungen, GdB 20 %. 36 Jahre alte Klägerin.	OLG Düsseldorf, unveröffentlicht	Kap. 9 Rdn. 449
40.000	Brustwirbelkörperdistraktionsfraktur; Rippenfrakturen; Wundheilungsstörung und erschwerter Heilungsverlauf; dauerhafte Schmerzen und Bewegungseinschränkungen.	LG Lübeck, VersR 2022, 973	Kap. 9 Rdn. 452
43.000	Brustbeinfraktur; Polytrauma und Nervschädigung. Mehrfache Operationen und Dauerschaden Bewegungseinschränkung und Schmerzen. 21 Jahre alter Kläger.	LG Darmstadt, unveröffentlicht	Kap. 9 Rdn. 453
60.000	Brustwirbelkörperberstungsfraktur; Kompressionsfrakturen; mehrere OP, Einschränkungen in Bewegung, Narben, MdE 40 %.	OLG Celle, DAR 2020, 625	Kap. 9 Rdn. 457
60.000	Rippenserienfraktur und Polytrauma. Belastungen und starke Kopfschmerzen, 24 Tage stationär.	OLG Celle, NJW-RR 2023, 870	Kap. 9 Rdn. 458
72.000	Dislozierte Rippenserienfraktur –Schädelhirntrauma – Psychosyndrom, Dauer-MdE 35 %. 2/5 Mitverschulden.	OLG München, ZfS 2022, 374	Kap. 9 Rdn. 460
110.000	Schädel-Hirntrauma ersten Grades, umfangreiche Verletzungen im Brustbereich (Rippenserienfraktur links, eine Zwerchfellruptur und eine Hämato-/Pneumothorax beidseits) sowie Luxationen und Brüche an beiden Unterschenkeln; mehrere Re-OP, 2 Jahre arbeitsunfähig; Narben, Arthrose, PTBS.	OLG Düsseldorf, unveröffentlicht	Kap. 9 Rdn. 462
160.000	1/5 Mitverschulden. Inkomplette Paraparese unterhalb BWK 4, Hüftgelenkspfannenbruch und Rippenserienfraktur. 7,5 Monate stationär, Rollstuhlpflicht.	OLG München, unveröffentlicht	Kap. 9 Rdn. 463
175.000	Rippenserienfraktur – inkomplette Querschnittslähmung – Polytrauma; hirnorganisches Psychosyndrom, schwere Gehbehinderung.	OLG Saarbrücken, unveröffentlicht	Kap. 9 Rdn. 464
350.000	Querschnittslähmung ab BWK 6 und Paraplegie; 21 Jahre alter Kläger.	OLG Zweibrücken, unveröffentlicht	Kap. 9 Rdn. 465
400.000	Rückenmarksschädigung mit Lähmung der unteren Gliedmaßen – Brustwirbeltrümmerfraktur; Dauerschäden, Hilfebedarf, junger Mann.	LG Frankenthal, unveröffentlicht	Kap. 9 Rdn. 466

Gehör-, Geruchs- und Geschmackssinn

Betrag in €	Sachverhalt	Fundstelle	Kapitel 9 Rdn.
15.000	Schädelprellung; Handprellung; Tinnitus und Schwindelgefühle.	OLG Brandenburg, unveröffentlicht	Kap. 9 Rdn. 480
19.000	Beeinträchtigung des Geruchs- und Geschmackssinn – AC-Gelenksprengung Schulter – Nasenbeinfraktur –Kalottenfraktur – Jochbeinfraktur	LG Essen, 3 O 73/18	Kap. 9 Rdn. 469
30.000	1/2 Mitverschulden wegen Radfahren ohne Helm. Schädelkalottenfraktur, traumatische Hirnverletzung, Mittelgesichtsfrakturen, Verlust des Geruchssinns.	LG Bonn, DAR 2015, 340 = NJW-Spezial 2015, 234 = VRR 2015, Nr. 5, 2	Kap. 9 Rdn. 492
30.000	Ertaubung	KG, unveröffentlicht	Kap. 9 Rdn. 484
45.000	Verlust Geruchs- und Geschmackssinn Oberarmfraktur –Verletzung Nerven – Zertrümmerung Ellenbogen – Depressionen – Fallhand – große Narbe	OLG Celle, 14 U 58/21	Kap. 9 Rdn. 471
55.000	Geruchs- und Geschmackssinn – Schädelhirntrauma 2. Grades mit Kontusionsblutung	OLG Köln, NZV 2015, 505	Kap. 9 Rdn. 493
90.000	Tinnitus – Schädelhirntrauma – Kontusionsblutungen – Kopfplatzwunde	LG Karlsruhe, unveröffentlicht	Kap. 9 Rdn. 487

Genitalien

Betrag in €	Sachverhalt	Fundstelle	Kapitel 9 Rdn.
6.500	Behandlungsfehlerhafte Circumcision	LG Bochum, 6 O 247/20	Kap. 9 Rdn. 520

Gesicht

Betrag in €	Sachverhalt	Fundstelle	Kapitel 9 Rdn.
2.400	Kieferfraktur – Bauchtrauma – Zahnschaden	OLG Saarbrücken, VRS 135, 184	Kap. 9 Rdn. 564
4.500	Mittelgesichtsfraktur – Jochbeinfraktur – Orbitabodenfraktur	LG Kempten, unveröffentlicht	Kap. 9 Rdn. 550
10.000	Kopfplatzwunde – HWS-Distorsion – Läsion des Nervus ulnaris	OLG Naumburg, unveröffentlicht	Kap. 9 Rdn. 554

Hals

Betrag in €	Sachverhalt	Fundstelle	Kapitel 9 Rdn.
20.000	Knochenbrüche an Hals, Schlüsselbein, Kiefer und Oberschenkel; Narben im Dekolleté. Junge Klägerin.	OLG Schleswig, SchlHA 2025, 226	Kap. 9 Rdn. 585

Hand

Betrag in €	Sachverhalt	Fundstelle	Kapitel 9 Rdn.
400	Daumenverletzung	OLG München, unveröffentlicht	Kap. 9 Rdn. 651
850	Platzwunde an der Hand – Schürfwunden – Thorax und Knieprellung	LG Kempten, unveröffentlicht	Kap. 9 Rdn. 591
3.000	Fraktur des Grundgliedes des kleinen Fingers	OLG Frankfurt, unveröffentlicht	Kap. 9 Rdn. 656

Betrag in €	Sachverhalt	Fundstelle	Kapitel 9 Rdn.
3.000	Fraktur des kleinen Fingers – Strecksehnenruptur -	AG München, unveröffentlicht	Kap. 9 Rdn. 657
3.500	Radiusfraktur – im Handgelenk verblieb eine Metallschiene	LG Hamburg, NZV 2016, 81	Kap. 9 Rdn. 629
4.000	Fraktur des Daumensattelgelenks Kapselbandläsionen	OLG Schleswig, VersR 2015, 1563	Kap. 9 Rdn. 600
8.000	1/4 Mitverschulden. Handgelenk – Fußgelenk	OLG Celle, DV 2016, 39	Kap. 9 Rdn. 632
10.000	Fraktur Mittelhandknochen – Thoraxtrauma – Schleudertrauma	OLG Brandenburg 12 U 192/20	Kap. 9 Rdn. 636
12.000	Distorsion des Handgelenks	LG Hamburg, unveröffentlicht	Kap. 9 Rdn. 637
13.000	Daumenverletzung – Milzruptur	OLG Stuttgart, unveröffentlicht	Kap. 9 Rdn. 610
15.000	Kahnbeinfraktur	OLG Stuttgart, unveröffentlicht	Kap. 9 Rdn. 638
15.500	Handgelenkfraktur – Bauchtrauma	LG Stade, 6 O 344/19	Kap. 9 Rdn. 641
16.000	Handwurzelluxation – Unterarm-Fraktur distale Radiusfraktur	OLG Saarbrücken, NJW-RR 2016, 1168	Kap. 9 Rdn. 642
16.000	Kahnbeinbruch der Hand – Frakturen Mittelhandknochen und Handwurzel – Fraktur der Speiche – Schultereckgelenksprengung	OLG Düsseldorf, unveröffentlicht	Kap. 9 Rdn. 612
20.000	Hand – Finger – Amputation – Mehrfragmentfraktur der Kniescheibe – Schienenbeinverletzung	OLG Stuttgart, unveröffentlicht	Kap. 9 Rdn. 662
20.000	Fraktur Mondbein – Morbus Sudeck	OLG Nürnberg, 2 U 1242/14	Kap. 9 Rdn. 643
25.000	Fingerfrakturen – Schädelhirntrauma	OLG Bamberg, 5 U 314/22	Kap. 9 Rdn. 617
40.000	Handgelenk – Trümmerbruch der Speiche – Unterarm – Beckenringfraktur – Schambeinastfraktur	OLG Düsseldorf, unveröffentlicht	Kap. 9 Rdn. 648
50.000	schwere Handverletzung	OLG München, 10 U 1722/18	Kap. 9 Rdn. 622

Hüfte/Becken

Betrag in €	Sachverhalt	Fundstelle	Kapitel 9 Rdn.
300	2/5 Mitverschulden; Becken- und Hodenprellung, einen Monat Beschwerden.-	LG Detmold, SVR 2018, 462	Kap. 9 Rdn. 679
1.000	Prellungen und Hautschürfungen in Becken/Genitalgegend, Prellungen an Knie und Ellbogen, 1 Woche starke Schmerzen im Genitalbereich.	LG Darmstadt, unveröffentlicht	Kap. 9 Rdn. 682
2.000	1/3 Mitverschulden. Hüftprellung, Schulterprellung, HWS-Distorsion, 7 Wochen Beschwerden.	OLG Schleswig, unveröffentlicht	Kap. 9 Rdn. 684
2.000	Prellung von Schulter und Hüfte, folgenlose Ausheilung.	OLG Brandenburg, unveröffentlicht	Kap. 9 Rdn. 685
2.500	Prellungen an Schulter, Hüfte und Knie; mehrere Wochen Beeinträchtigungen.	OLG Rostock, unveröffentlicht	Kap. 9 Rdn. 686
2.800	1/3 Mitverschulden. Beckenprellung, Schultereckgelenkssprengung. Operation, 2 Monate Beeinträchtigungen.	OLG Saarbrücken, VerkMitt 2023, Nr. 9	Kap. 9 Rdn. 687

Betrag in €	Sachverhalt	Fundstelle	Kapitel 9 Rdn.
4.200	Beckenprellung, Thoraxprellung; psychische Störungen, drei Wochen Krankschreibung und psychotherapeutische Behandlung.	AG Ingolstadt, unveröffentlicht	Kap. 9 Rdn. 690
5.000	Beckenprellung; Schmerzsymptomatik über 9 Monate.	OLG Braunschweig, unveröffentlicht	Kap. 9 Rdn. 691
5.750	1/2 Mitverschulden. Beckenringfraktur mit Hüftgelenksluxation; Hüftnekrose mit der Notwendigkeit einer Hüftgelenksimplantation.	OLG Celle, r+s 2024, 520	Kap. 9 Rdn. 693
10.000	Beckenringfraktur, Rippenserienfraktur, sechs Wochen Rollstuhlpflicht und Dauerschäden.	LG Verden, unveröffentlicht	Kap. 9 Rdn. 697
10.000	3/4 Mitverschulden. Beckenfraktur, Rippenfrakturen, Polytrauma und Hüftkopfnekrose. 18 Jahre alter Kläger.	OLG Schleswig, NJW-RR 2025, 224	Kap. 9 Rdn. 698
10.400	Hüftprellungen; Fuß- und Daumenprellung; Blockierungen der Hand; schwere Anpassungsstörung. 24 Jahre alte Klägerin.	OLG Düsseldorf, unveröffentlicht	Kap. 9 Rdn. 699
15.000	2/3 Mitverschulden. Beckenfraktur, Schlüsselbeintrümmerfraktur und Brust- und Rippenfrakturen; 77 Jahre alte Klägerin.	OLG Brandenburg, unveröffentlicht	Kap. 9 Rdn. 703
19.000	Gelenksprengung der Schulter, Hüftprellung und Frakturen; dauerhafte Beeinträchtigungen.	OLG Hamm, unveröffentlicht	Kap. 9 Rdn. 705
20.000	Beckenringbruch und Brustwirbelberstungsbruch; mehrfache Operationen, Dauerschäden. 57 Jahre alte Klägerin.	LG Kempten, unveröffentlicht	Kap. 9 Rdn. 706
20.000	Beckenringfraktur, langwierige Einschränkungen; 73 Jahre alte Klägerin.	LG Potsdam, unveröffentlicht	Kap. 9 Rdn. 707
25.000	1/2 Mitverschulden. Becken- und Rippenserienfraktur, Polytrauma und diverse Verletzungen; 7 Wochen stationär.	LG Saarbrücken, unveröffentlicht	Kap. 9 Rdn. 712
25.000	Hüftpfannen- und Beckenfraktur, Brustbein- und Rippenfrakturen; Notwendigkeit einer Hüftendoprothese, Berufsaufgabe.	OLG Dresden, unveröffentlicht	Kap. 9 Rdn. 714
35.000	Beckenringfraktur; Schädelhirntrauma; Dauerschäden, 11 Jahre alte Klägerin.	OLG Celle, NJW 2021, 2124	Kap. 9 Rdn. 715
40.000	Beckenringfraktur, Kreuzbeinfissur, Speichentrümmerbruch; mehrere Operationen, 12 Wochen Beeinträchtigungen, Dauerschaden an Hand, Schmerzen.	OLG Düsseldorf, unveröffentlicht	Kap. 9 Rdn. 716
40.000	Beckenringfraktur, diverse Frakturen an Arm und Gesicht; 2 Jahre Beeinträchtigungen, Dauer MdE 20 % und Schäden.	LG Traunstein, unveröffentlicht	Kap. 9 Rdn. 717
43.000	Becken- und Brustbeinfrakturen, Nervverletzungen, Polytrauma. Dauerschäden an Bewegung, Schmerzen. 21 Jahre alter Kläger.	LG Darmstadt, unveröffentlicht	Kap. 9 Rdn. 718
50.000	Beckenringfraktur; Hüftfraktur; ein Jahr arbeitsunfähig, Dauerschäden bei Gangbild und Sitzen.	LG Darmstadt, unveröffentlicht	Kap. 9 Rdn. 723
65.000	Beckenringfraktur, Wirbelsäulenfrakturen, Schlüsselbeinfraktur; 18 Monate arbeitsunfähig, Nervschäden, MdE 40%.	LG Köln, unveröffentlicht	Kap. 9 Rdn. 724
125.000	Beckenfraktur; diverse Frakturen und Nervverletzungen; Bewegungseinschränkungen und Berufsaufgabe; erektile Dysfunktion und Depression.	OLG Hamm, unveröffentlicht	Kap. 9 Rdn. 729

Betrag in €	Sachverhalt	Fundstelle	Kapitel 9 Rdn.
175.000	Beckenringfraktur, Wirbelsäulenverletzung und inkomplettes Querschnittssyndrom sowie hirnorganisches Psychosyndrom.	OLG Saarbrücken, unveröffentlicht	Kap. 9 Rdn. 730

HWS

Betrag	Sachverhalt	Fundstelle	Kapitel 9 Rdn.
0	Leichte HWS-Zerrung (wie Muskelkater).	LG Karlsruhe, SP 2008, 263	Kap. 9 Rdn. 1381
0	Kopfschmerzen, Übelkeit, zwei Wochen Beschwerden und fünf Tage Krankschreibung.	AG Essen, unveröffentlicht	Kap. 9 Rdn. 1382
200	Leichte HWS-Distorsion, 6 Tage Beschwerden.	OLG Oldenburg, DAR 2021, 93	Kap. 9 Rdn. 1383
200	HWS-Trauma, 16 Tage krankgeschrieben.	OLG Celle, NJW-RR 2021, 538	Kap. 9 Rdn. 1384
200	HWS-Verletzung, 5 Tage krankgeschrieben.	AG Vechta, unveröffentlicht	Kap. 9 Rdn. 1385
250	HWS-Verletzung, Übelkeit, Schwindel und Notwendigkeit von Schmerzmitteln. 4 1/2 Wochen Beschwerden.	KG, VersR 2019, 631	Kap. 9 Rdn. 1386
250	HWS-Distorsion, zwei Wochen Beschwerden, Schmerzmittel.	OLG Bremen, unveröffentlicht	Kap. 9 Rdn. 1387
250	HWS-Verletzung, 5 Tage krankgeschrieben.	OLG München, unveröffentlicht	Kap. 9 Rdn. 1388
300	HWS-Distorsion, maximal 4 Wochen Beschwerden, degenerative Vorschäden.	LG Saarbrücken, unveröffentlicht	Kap. 9 Rdn. 1389
300	HWS-Distorsion und Brustbeinprellung; 8 Tage Beschwerden.	LG Osnabrück, unveröffentlicht	Kap. 9 Rdn. 1390
300	HWS-Distorsion, eine Woche krankgeschrieben.	OLG Oldenburg, DAR 2021, 93	Kap. 9 Rdn. 1391
300	HWS-Zerrung.	OLG Koblenz, MDR 2022, 1342	Kap. 9 Rdn. 1392
300	HWS-Prellung; Prellungen.	OLG Brandenburg, unveröffentlicht	Kap. 9 Rdn. 1393
360	7/10 Mitverschulden; HWS II. Grades 7 Wochen Behandlungen.	OLG Düsseldorf, MDR 2018, 274	Kap. 9 Rdn. 1394
400	HWS-Distorsion. 1 Woche arbeitsunfähig.	LG Saarbrücken, unveröffentlicht	Kap. 9 Rdn. 1395
500	HWS-Distorsion, Unterarmprellung, drei Wochen ambulante Behandlungen.	AG Saarlouis, unveröffentlicht	Kap. 9 Rdn. 1396
500	HWS-Verletzung einer hochschwangeren Frau; 18 physiotherapeutische Behandlungen.	OLG Düsseldorf, VRS 133 (2017), 303	Kap. 9 Rdn. 1397
500	HWS-Trauma ersten Grades; 2 Wochen Halskrawatte.	AG Euskirchen, unveröffentlicht	Kap. 9 Rdn. 1398
500	3/5 Mitverschulden. HWS-Distorsion 2. Grades, drei Monate Beschwerden. 76 Jahre alte Klägerin.	OLG München, NJW-RR 2022, 1113	Kap. 9 Rdn. 1399
500	HWS-Distorsion, Prellung; 17 Tage krankgeschrieben, 12 krankengymnastische Behandlungen.	AG Recklinghausen, unveröffentlicht	Kap. 9 Rdn. 1400

Betrag	Sachverhalt	Fundstelle	Kapitel 9 Rdn.
600	HWS-Distorsion, Schwindel und Kopfschmerzen.	OLG Frankfurt, unveröffentlicht	Kap. 9 Rdn. 1401
600	HWS-Distorsion, 10 Tage arbeitsunfähig.	AG Bad Segeberg, SchlHA 2017, 423	Kap. 9 Rdn. 1402
600	HWS-Verletzung, zwei Wochen arbeitsunfähig und Schmerzmittel.	LG Saarbrücken, unveröffentlicht	Kap. 9 Rdn. 1403
600	HWS-Distorsion, 12 Tage krankgeschrieben.	OLG München, NJW-RR 2022, 31	Kap. 9 Rdn. 1404
650	HWS-Verletzung, keine Arbeitsunfähigkeit. Vorgerichtlich gezahlt.	OLG Schleswig-Holstein, unveröffentlicht	Kap. 9 Rdn. 1405
700	1/3 Mitverschulden; HWS-Verletzung, drei Monate arbeitsunfähig.	LG Bremen, unveröffentlicht	Kap. 9 Rdn. 1406
712,50	1/4 Mitverschulden; HWS-Distorsion, Prellungen und Gurtverletzung.	OLG Frankfurt, unveröffentlicht	Kap. 9 Rdn. 1407
750	1/4 Mitverschulden. HWS-Distorsion, Thoraxprellung und Gurtverletzungen.	OLG Frankfurt, unveröffentlicht	Kap. 9 Rdn. 1408
800	HWS-Schleudertrauma Grad I, Verspannung und Zerrung der Wirbelsäule, mehrere Wochen Beschwerden.	OLG Hamm, unveröffentlicht	Kap. 9 Rdn. 1409
800	HWS-Distorsion, zwei Monate Beschwerden und Schmerzmittel.	LG Bielefeld, unveröffentlicht	Kap. 9 Rdn. 1410
900	HWS-Distorsion, Übelkeit und Nackenschmerzen. 3 Wochen Beschwerden, anfangs stark.	LG Saarbrücken, unveröffentlicht	Kap. 9 Rdn. 1411
1.000	HWS-Zerrung, Schulterprellung.	OLG Hamm, unveröffentlicht	Kap. 9 Rdn. 1412
1.000	HWS-Syndrom, zwei Wochen Übelkeit und Schwindel, Abklingen der Beschwerden in der dritten Woche.	LG Karlsruhe, unveröffentlicht	Kap. 9 Rdn. 1413
1.000	HWS-Distorsion, Sprunggelenksbeschwerden, 2 Monate arbeitsunfähig.	LG Flensburg, SchlHA 2017, 262	Kap. 9 Rdn. 1414
1.000	HWS-Zerrung, Gehirnerschütterung und Handgelenksdistorsion, 2 Tage stationär.	OLG Braunschweig, unveröffentlicht.	Kap. 9 Rdn. 1415
1.000	HWS-Prellung, Oberkörperprellung, 3 Wochen Arbeitsunfähigkeit.	AG Bruchsal, NJW-RR 2019, 22	Kap. 9 Rdn. 1416
1.000	HWS-Distorsion, 2 Tage stationär, 18 Tage arbeitsunfähig.	OLG Brandenburg, unveröffentlicht	Kap. 9 Rdn. 1417
1.000	HWS-Distorsion. 5 Tage arbeitsunfähig.	OLG Brandenburg, unveröffentlicht	Kap. 9 Rdn. 1418
1.200	HWS-Distorsion, 16 ambulante Behandlungen. 4 Wochen arbeitsunfähig.	LG Ansbach, SVR 2016, 425	Kap. 9 Rdn. 1419
1.200	2/5 Mitverschulden; leichte HWS-Distorsion und Schädelprellung, 1 Woche krankgeschrieben.	OLG München, NJW-Spezial 2018, 106	Kap. 9 Rdn. 1420
1.200	HWS- und Thoraxkontusion, 5 Wochen Beschwerden, 70 Jahre alter Mann.	LG Görlitz, unveröffentlicht	Kap. 9 Rdn. 1421
1.300	HWS-Distorsion, Prellungen und Schürfungen.	LG Limburg, DV 2019, 169	Kap. 9 Rdn. 1422
1.500	HWS-Distorsion 2. Grades, drei Monate Beschwerden.	AG Darmstadt, unveröffentlicht	Kap. 9 Rdn. 1423

Betrag	Sachverhalt	Fundstelle	Kapitel 9 Rdn.
1.500	1/4 Mitverschulden; HWS-Distorsion, Druckschmerz an Schienenbeinen; 1 Monat krankgeschrieben.	OLG Saarbrücken, NJW-RR 2021, 417	Kap. 9 Rdn. 1426
1.500	HWS-Distorsion, 6 Wochen Krankschreibung, mehrere ambulante Behandlungen.	OLG Brandenburg, unveröffentlicht	Kap. 9 Rdn. 1427
1.500	HWS-Distorsion, 1 Monat arbeitsunfähig.	OLG Düsseldorf, unveröffentlicht	Kap. 9 Rdn. 1424
1.500	HWS-Trauma, Femurprellung, Kreuzbeinprellung. 6 Wochen arbeitsunfähig.	AG Darmstadt, unveröffentlicht	Kap. 9 Rdn. 1425
1.500	HWS-Syndrom. 6 Wochen Beschwerden.	AG Braunschweig, unveröffentlicht	Kap. 9 Rdn. 1428
2.000	HWS-Verletzung, zwei Monate Beschwerden.	LG Wiesbaden, VersR 2017, 562	Kap. 9 Rdn. 1429
2.000	HWS-Distorsion ohne Behandlungsbedarf; vorgerichtlich gezahlter Betrag.	OLG Hamm, unveröffentlicht	Kap. 9 Rdn. 1430
2.000	1/3 Mitverschulden. HWS-Distorsion und Prellung von Schulter und Hüfte, 7 Wochen Beschwerden.	OLG Schleswig, unveröffentlicht	Kap. 9 Rdn. 1431
2.000	HWS-Distorsion, Prellungen.	OLG Brandenburg, unveröffentlicht	Kap. 9 Rdn. 1432
2.000	HWS-Distorsion; 4-6 Wochen Beschwerden.	OLG Brandenburg, unveröffentlicht	Kap. 9 Rdn. 1433
2.500	HWS-Distorsion, einen Monat arbeitsunfähig, einen weiteren Monat Beschwerden.	AG Salzgitter, unveröffentlicht	Kap. 9 Rdn. 1434
3.000	HWS-Trauma – mittelgradige Depression. 1 Jahr Beeinträchtigungen.	OLG Oldenburg, unveröffentlicht	Kap. 9 Rdn. 1435
3.500	HWS-Schleudertrauma, Schmerzen, 9 Wochen Ausheilung.	LG Wiesbaden, NJW 2018, 1980	Kap. 9 Rdn. 1437
3.500	HWS-Haarriss, Zerrungen der Wirbelsäule, Knochenquetschung. 9 Monate Beschwerden, Vorschädigungen.	OLG Hamm, unveröffentlicht	Kap. 9 Rdn. 1438
3.500	HWS-Distorsion Grad I, Brustbeinfraktur; 8 Wochen erhebliche Einschränkungen bei Atmen, Husten, Laufen.	OLG Brandenburg, unveröffentlicht	Kap. 9 Rdn. 1439
3.500	HWS-Distorsion, Vorschäden.	OLG München, unveröffentlicht	Kap. 9 Rdn. 1440
3.700	HWS-Distorsion, 6 Wochen arbeitsunfähig und Aktivierung eines stummen Bandscheibenvorfalls.	LG Nürnberg-Fürth, unveröffentlicht	Kap. 9 Rdn. 1441
4.000	HWS-Distorsion, 8 Monate abklingende Beschwerden.	OLG München, unveröffentlicht	Kap. 9 Rdn. 1442
4.000	1/2 Mitverschulden. HWS-Zerrung, Schlüsselbeinverletzung, Operation und Einschränkungen in der Beweglichkeit.	OLG Koblenz NZV 2021, 423	Kap. 9 Rdn. 1443
4.000	HWS-Trauma mit kognitiven Einschränkungen über 6 Monate.	OLG Brandenburg NZV 2024, 298	Kap. 9 Rdn. 1444
4.000	HWS-Schleudertrauma, Schädigung des Innenohrs und Tinnitus.	LG Aschaffenburg, unveröffentlicht	Kap. 9 Rdn. 1445
4.200	HWS-Distorsion, Prellungen, Schürfungen; Reaktualisierung eines alten Unfalltraumas, posttraumatische Belastungsstörung.	AG Ingolstadt, unveröffentlicht	Kap. 9 Rdn. 1446

Betrag	Sachverhalt	Fundstelle	Kapitel 9 Rdn.
4.500	HWS-Distorsion; drei Monate Schanz'sche Krawatte.	LG Aachen, unveröffentlicht	Kap. 9 Rdn. 1447
4.500	HWS-Distorsion, Rotatorenmanschettenfraktur, Operation; 2 Monate Verband.	LG Darmstadt, unveröffentlicht	Kap. 9 Rdn. 1448
5.000	HWS-Distorsion und Beckenprellung; 9 Monate Ausfallzeit wegen vorhandener Wirbelsäulen-Schmerzsymptomatik.	OLG Braunschweig, unveröffentlicht	Kap. 9 Rdn. 1449
5.000	HWS-Distorsion, 6 Wochen arbeitsunfähig; Brustbeinfraktur mit vier Monaten Beschwerden.	OLG München, ZAP EN-Nr. 356/2018	Kap. 9 Rdn. 1450
5.000	HWS-Distorsion, dislozierte Brustbeinfraktur, Prellungen; 2 Monate Krankschreibung, Angst vor dem Autofahren.	OLG Brandenburg, unveröffentlicht	Kap. 9 Rdn. 1451
5.000	HWS-Distorsion mittleren Grades, zwei Monate Beschwerden, dauerhaft wiederkehrende Verspannungen.	LG Frankfurt (Oder), unveröffentlicht	Kap. 9 Rdn. 1452
5.000	HWS-Beschwerden, Verspannungen, 6 Monate Beeinträchtigungen und »Buckel«-Bildung.	OLG Brandenburg, NJW-RR 2023, 63	Kap. 9 Rdn. 1453
5.000	HWS-Distorsion und Schürfwunden; schwerer Unfallschock.	LG Hildesheim, DAR 2024, 163	Kap. 9 Rdn. 1454
7.000	HWS-Distorsion, Dauerschaden: Tinnitus bei Einschlafen und Stress.	OLG Düsseldorf, unveröffentlicht	Kap. 9 Rdn. 1455
8.000	HWS-Distorsion; posttraumatische Belastungsstörung mit Angstzuständen und Alpträumen.	OLG Hamm, NZV 2017, 284	Kap. 9 Rdn. 1456
8.000	HWS-Distorsion, Prellungen; Schmerzen in Schulter und Bewegungseinschränkungen.	OLG Brandenburg, SP 2017, 513	Kap. 9 Rdn. 1457
8.000	HWS-Schleudertrauma und Kniebeschwerden sowie posttraumatische Belastungsreaktion.	OLG Brandenburg, unveröffentlicht	Kap. 9 Rdn. 1458
10.000	HWS-Schleudertrauma, Mittelhandknochenfraktur. 6 Monate arbeitsunfähig, posttraumatische Belastungsreaktion und eingeschränkte Beweglichkeit der Hand.	OLG Brandenburg, unveröffentlicht	Kap. 9 Rdn. 1460
12.000	HWS-Trauma; Anpassungsstörung nach Nervreizung. Panikstörung. MdE 20 %.	OLG Düsseldorf, NJW-RR 2021, 1537	Kap. 9 Rdn. 1461
13.000	HWS-Verletzung, depressive Episode und posttraumatische Belastungsstörung	LG Detmold, unveröffentlicht	Kap. 9 Rdn. 1462
17.500	HWS-Distorsion, Prellungen; unerkannte Brustbeinfrakturen über mehrere Monate; Bandscheibenvorfall, Dauerschaden Schwindel und Augenflimmern.	OLG Hamm, unveröffentlicht	Kap. 9 Rdn. 1463
25.000	HWS-Distorsion, Enddarmruptur; NotOP, 10 Monate (teil-)erwerbsunfähig, MdE 20 %.	OLG Zweibrücken, unveröffentlicht	Kap. 9 Rdn. 1464
32.000	HWS-Distorsion: HWS-Blockade und posttraumatische Belastungsstörung.	OLG Köln, NJW-Spezial 2023, 586	Kap. 9 Rdn. 1465

Lunge

Betrag in €	Sachverhalt	Fundstelle	Kapitel 9 Rdn.
3.000	Lungenkontusion mit Pneumothorax und Frakturen; 3 Monate Arbeitsunfähigkeit, Berufsaufgabe. 3/4 Mitverschulden.	OLG Hamm, unveröffentlicht	Kap. 9 Rdn. 732

Betrag in €	Sachverhalt	Fundstelle	Kapitel 9 Rdn.
3.000	Lungengewebsverletzung und Rippenbruch;vier Wochen Einschränkungen und Schmerzen.	LG Köln, SVR 2024, 468	Kap. 9 Rdn. 733
7.000	1/2 Mitverschulden. Pneumothorax, Schlüsselbeinfraktur und Rippenserienfraktur. Mehrere Operationen	KG, NZV 2020, 203	Kap. 9 Rdn. 735
9.000	1/3 Mitverschulden. Lungenkontusion, Rippenserienfraktur und Schlüsselbeinfraktur sowie Prellungen und Schürfwunden; dauerhafte Bewegungseinschränkung der Schulter.	OLG Zweibrücken, r+s 2024, 917	Kap. 9 Rdn. 736
16.000	3/10 Mitverschulden. Lungenverletzungen sowie Rippen- und Kniebrüche. Dauerschaden am Knie.	OLG München, ZfS 2020, 200	Kap. 9 Rdn. 738
25.000	1/2 Mitverschulden. Polytrauma und Lungenkontusion, diverse Frakturen. 7 Wochen stationär.	LG Saarbrücken, unveröffentlicht	Kap. 9 Rdn. 742
43.000	Lungenkontusion, Polytrauma und Nervschädigung; dauerhafte Bewegungseinschränkungen und Schmerzen.	LG Darmstadt, unveröffentlicht	Kap. 9 Rdn. 744
60.000	Pseudehämatothorax; Rippenserienfraktur und Schädelhirntrauma. 24 Tage stationärer Aufenthalt. Starke Belastungen und Kopfschmerzen	OLG Celle, NJW-RR 2023, 870	Kap. 9 Rdn. 746
72.000	2/5 Mitverschulden. Pneumothorax und scheres Polytrauma mit Schädelhirntrauma; Dauerschaden, Psychosyndrom. MdE 35 %.	OLG München, ZfS 2022, 374	Kap. 9 Rdn. 747
125.000	Lungenembolie; Beckenfraktur; diverse Frakturen und Nervverletzungen; Bewegungseinschränkungen und Berufsaufgabe; erektile Dysfunktion und Depression.	OLG Hamm, unveröffentlicht	Kap. 9 Rdn. 748
160.000	1/5 Mitverschulden. Inkomplette Paraparese und Lungenkontusion. Engegefühl in der Brust und Rollstuhlpflicht.	OLG München, unveröffentlicht	Kap. 9 Rdn. 749

Nase

Betrag in €	Sachverhalt	Fundstelle	Kapitel 9 Rdn.
1.500	Prellungen an Nasenbein, Thorax und Wirbelsäule; 14 Tage krankgeschrieben, 6 Monate Schmerzverstärkung.	OLG Dresden, unveröffentlicht	Kap. 9 Rdn. 770
2.500	1/2 Mitverschulden. Mehrfragmentäre dislozierte Nasenbeinfraktur und Rippenfrakturen; 5 Wochen Krankschreibung und Operation der Nase.	OLG Schleswig, NJW-RR 2023, 1451	Kap. 9 Rdn. 775
3.900	Prellungen an Nase, Thorax und Knie; 3 Monate arbeitsunfähig.	LG Tübingen, ZfS 2023, 201	Kap. 9 Rdn. 777
4.000	Nasenschürfwunde; Platzwunden;Schürfungen und Prellungen. Fünf Monate Beschwerden.	LG Bonn, unveröffentlicht	Kap. 9 Rdn. 778
15.000	1/2 Mitverschulden. Nasenbeinfraktur und Unterschenkelfraktur, Zahnverlust. Narbe und Restbeschwerden.	OLG Zweibrücken, unveröffentlicht	Kap. 9 Rdn. 784
19.000	Nasenbeinfraktur und Schultergelenksprengung; Einschränkungen bei Heben und Geruchs- und Geschmackssinn.	OLG Hamm, unveröffentlicht	Kap. 9 Rdn. 785

70.000	Nasenbeinfraktur, Mittelgesichtsfraktur und Unterschenkelamputation. 85 Jahre alte Klägerin.	LG Lübeck, NZV 2024, 347	Kap. 9 Rdn. 786

Nerven

Betrag in €	Sachverhalt	Fundstelle	Kapitel 9 Rdn.
3.000	Nervwurzelzerrung Bandscheibe, 3 Monate Arbeitsunfähigkeit.	OLG Schleswig, NJW-RR 2021, 962	Kap. 9 Rdn. 787
20.000	Schädigung des nervus radialis der Hand; Anpassungsstörung über 2 Jahre.	OLG Köln, unveröffentlicht	Kap. 9 Rdn. 794
40.000	Taubheit des nervus peronaeus superficialis; Rippenverletzungen und Narben sowie Schädelhirntrauma und Frakturen. Missempfindungen, Gangbildstörung und Sensibilitätsstörung. MdE 10 %.	OLG Zweibrücken, unveröffentlicht	Kap. 9 Rdn. 801
40.000	1/5 Mitverschulden. Peronaeusparese nach Unfall mit Knieverletzung; 8 Monate arbeitsunfähig, Dauer-MdE 30%; Bewegungsbeeinträchtigungen.	OLG München, NJW-Spezial 2022, 362	Kap. 9 Rdn. 802
43.000	Schädigung des nervus cutaneus femoris lateralis und Polytrauma. Starke Bewegungseinschränkungen.	LG Darmstadt, unveröffentlicht	Kap. 9 Rdn. 803
45.000	Teillähmung des nervus peronaeus, Beinfrakturen; Dauerschmerzen, längeres Gehen oder Stehen nicht möglich.	LG München I, unveröffentlicht	Kap. 9 Rdn. 804
45.000	Komplettausfall des nervus radialis und Schädigung des nervus ulnaris. Schmerzhafter und langwieriger Heilungsverlauf mit fast 800 Behandlungsterminen und einer Vielzahl stationärer Aufenthalte; 2,5 Jahre Krankschreibung.	OLG Celle, NJW-RR 2024, 523	Kap. 9 Rdn. 805
50.000	1/2 Mitverschulden; vollständige Lähmung des Nervus peronaeus und Teillähmung des Nervus tibialis. Gehbehinderung und Beinverkürzung.	OLG Brandenburg, r+s 2017, 327	Kap. 9 Rdn. 807
50.000	Läsion des Zwerchfellnervs, Armplexusläsion und Polytrauma; erhebliche Beeinträchtigungen.	OLG Bamberg, unveröffentlicht	Kap. 9 Rdn. 809
125.000	Lungenembolie; Beckenfraktur; diverse Frakturen und Nervverletzungen; Bewegungseinschränkungen und Berufsaufgabe; erektile Dysfunktion und Depression.	OLG Hamm, unveröffentlicht	Kap. 9 Rdn. 815

Schädel

Betrag	Sachverhalt	Fundstelle	Kapitel 9 Rdn.
2.400	Gehirnerschütterung – Kieferfraktur – Bauchtrauma	OLG Saarbrücken, unveröffentlicht	Kap. 9 Rdn. 835
4.000	Bauch- und Thoraxtrauma – Schädelhirntrauma – Skalpierungsverletzung	OLG Brandenburg, RuS 2016, 636	Kap. 9 Rdn. 840
6.000	Schädelhirntrauma – Kalottenfraktur – Kontusionsblutungen	OLG Zweibrücken, 1 U 122/17	Kap. 9 Rdn. 845
6.000	Unterschenkelfraktur – Schädelhirntrauma – Beckenringfraktur – Halswirbelfraktur	OLG Frankfurt, 26 U 61/22	Kap. 9 Rdn. 845

Betrag	Sachverhalt	Fundstelle	Kapitel 9 Rdn.
10.000	Schädelhirntrauma – Beckenringfraktur – Rippenserienfraktur – Prellungen	LG Verden, 8 O 264/17	Kap. 9 Rdn. 878
10.000	Schädelhirntrauma – Mittelgesichtsfrakturen – Radiusfraktur	OLG Brandenburg, NJW-RR 2020, 671	Kap. 9 Rdn. 880
10.000	Gehirnerschütterung	OLG Düsseldorf, 6 U 61/17	Kap. 9 Rdn. 851
10.000	Subdurales Hämatom – Sprengung des Iliosacralgelenks -Nierenversagen	LG Kleve, 4 O 227/20	Kap. 9 Rdn. 854
12.000	Schädelhirntrauma – subdurales Hämatom – Impressionsfraktur	OLG Celle, unveröffentlicht	Kap. 9 Rdn. 881
13.000	Schädelhirntrauma – Unterarmfraktur – Sprunggelenkfraktur	OLG Dresden, DAR 2017, 463	Kap. 9 Rdn. 857
19.000	Kalottenfraktur – Subarachnoidalblutungen	OLG Hamm 7 U 8/22	Kap. 9 Rdn. 862
20.000	Schädelbasisfraktur – Felsenbeinlängsfraktur – Kiefernfrakturen – interperitoneal traumatische Blutungen	OLG Saarbrücken, NJW-Spezial 2015, 362	Kap. 9 Rdn. 863
20.000	Platzwunde am Hinterkopf – Beckenringfraktur – Schürfwunden	LG Potsdam, unveröffentlicht	Kap. 9 Rdn. 859
20.000	Kalottenfraktur – Schädelhirntrauma – Geruchssinn	OLG Nürnberg, MDR 2020, 1315	Kap. 9 Rdn. 864
22.220	Offenes Schädel-Hirn-Trauma – Frakturen	OLG Celle 14 U 157/22	Kap. 9 Rdn. 885
35.000	Schädelhirntrauma 2. Grades – Schädelbasisfraktur – Pneumothorax – Depressionen	OLG Düsseldorf, unveröffentlicht	Kap. 9 Rdn. 889
35.000	Schädelhirntrauma – Beckenringfraktur – Dauerschaden im Genitalbereich	OLG Celle, 14 U 129/20	Kap. 9 Rdn. 891
40.000	Schädelhirntrauma – Beckenringfraktur – Decollement am Unterschenkel – Brustwirbelfraktur – Rippenfraktur – Narben	OLG Zweibrücken, unveröffentlicht	Kap. 9 Rdn. 893
40.667,00	Schädelverletzungen mit Dauerfolgen	OLG Bremen, NJW-RR 2018, 993	Kap. 9 Rdn. 894
50.000	Schädelhirntrauma – Frakturen von Ellenbogen – Kniescheibe – Hüfte – Oberschenkel	LG Frankfurt, 2–24 O 246/16	Kap. 9 Rdn. 868
50.000	Schädelhirntrauma – Milzverlust – Rissverletzung der Leber – Lungenkontusion – Rippenserienfraktur – Wirbelfrakturen	OLG Brandenburg, 12 U 116/22	Kap. 9 Rdn. 896
60.000	Mitverschulden: 1/5; Schädelhirntrauma – Lungenkontusion – Rippenserienfraktur – Tibiakopfmehrfragmentfraktur	OLG Düsseldorf, 1 U 16/18	Kap. 9 Rdn. 900
60.000	Schädelhirntrauma	OLG Celle, 14 U 133/22	Kap. 9 Rdn. 902
60.000	Schädelhirntrauma – Kontusionsblutungen – Tibiakopf-Trümmerfraktur – Frakturen Schädelhirntrauma – Kontusionsblutungen – Tibiakopf-Trümmerfraktur – Frakturen	LG Saarbrücken, 4 O 412/13	Kap. 9 Rdn. 899
66.500	Schädelhirntrauma	OLG Schleswig, NJW-RR 2021, 893 = r+s 2021, 471	Kap. 9 Rdn. 904
70.000	Schädelhirntrauma II. – III. Grades – Schädelbasis-Fraktur – Kalottenfraktur – HWK- und BWK-Frakturen	OLG Koblenz, 12 U 271/15	Kap. 9 Rdn. 905
70.000	Schädelhirntrauma – Schädelfrakturen – Gesichtsweichteilverletzungen – Verlust des Geruchssinns (Anosmie)	OLG Hamm, 7 U 68/16	Kap. 9 Rdn. 906

Betrag	Sachverhalt	Fundstelle	Kapitel 9 Rdn.
70.000	Schädelhirntrauma – Hirnblutungen – Wachkoma	OLG Hamm, 24 U 127/16	Kap. 9 Rdn. 908
70.000	Schädelhirntrauma Schädelbasis-Fraktur Kalottenfraktur – Wirbelfrakturen	OLG Koblenz, 12 U 271/15	Kap. 9 Rdn. 905
70.000	Schädelhirntrauma – Kalottenfraktur – subdurales Hämatom	LG Nürnberg-Fürth, 8 O 7410/21, NJW-Spezial 2023, 619	Kap. 9 Rdn. 909
72.000	Schädelverletzung	OLG München, 10 U 4672/13	Kap. 9 Rdn. 910
75.000	Subarachnoidalblutung bifrontal – axonale Verletzung –Hirnödem – Tetraparesen – Anisokorie	LG Hamburg, 302 O 206/16	Kap. 9 Rdn. 911
80.000	Kognitive Beeinträchtigungen nach Schädelhirntrauma	OLG Hamm, 7 U 18/20	Kap. 9 Rdn. 912
80.000	Schädelhirntrauma 2. Grades – subarachnoidale Blutung – Hirnkontusion	OLG Düsseldorf, 1 U 68/19	Kap. 9 Rdn. 913
90.000	Siebbeindurchbrechung – Meningitis	OLG Brandenburg, NJW-RR 2021, 153	Kap. 9 Rdn. 915
100.000	Schädelfraktur	LG Zweibrücken, 2 O 120/08	Kap. 9 Rdn. 916
100.000	Schädelhirntrauma	LG Frankfurt, 13 O 183/16	Kap. 9 Rdn. 918
100.000	Schädelverletzung im frontobasalen Bereich – Intelligenzminderung – Wesensveränderung	OLG Brandenburg,12 U 235/20	Kap. 9 Rdn. 919
105.000	Schädelhirntrauma – Thoraxtrauma – Bein- und Fußfrakturen – Handfrakturen – Verlust von Geruchs- und Geschmackssinn	LG Lübeck, 10 O 300/23	Kap. 9 Rdn. 920
125.000	Gesichtsschädelverletzung – Verunstaltung – Verlust des Geruchssinns – Geschmacksinn – Verlust eines Auges – Narben	OGH Wien, Zivilrecht 2019, 127	Kap. 9 Rdn. 871
175.000	Polytrauma – Schädelhirntrauma – Thoraxtrauma – Rippenserienfraktur – Wirbelsäulenverletzung – Beckenringfraktur	OLG Saarbrücken, 4 U 64/18	Kap. 9 Rdn. 923
180.000	Schädelhirntrauma – Kontusionsblutungen – Beckenringfraktur – Unterarmfrakturen – Geruchssinn – Geschmacksinn	OLG Nürnberg, 3 U 1303/12	Kap. 9 Rdn. 924
300.000	Schädelhirntrauma – Oberarmfraktur – Funktionseinschränkungen – Psychosyndrom	KG Berlin, 25 U 141/19	Kap. 9 Rdn. 928

Schlüsselbein

Betrag in €	Sachverhalt	Fundstelle	Kapitel 9 Rdn.
800	3/5 Mitverschulden. Schlüsselbeinschaftfraktur, Prellungen, 2 Monate krankgeschrieben.	AG Hamburg, unveröffentlicht	Kap. 9 Rdn. 933
800	2/5 Mitverschulden. Schlüsselbeinverletzung, 6 Wochen Krankschreibung und Ruhigstellung.	OLG München, NJW-Spezial 2020, 682	Kap. 9 Rdn. 934
1.500	Dislozierte Schlüsselbeinmehrfragmentfraktur; 2 1/2 Monate Arbeitsunfähigkeit.	LG Hamburg, SVR 2017, 469	Kap. 9 Rdn. 935
3.000	1/2 Mitverschulden. Schlüsselbeinfraktur, Rippenserienfraktur, Schädelhirntrauma; 9 Tage stationär, 26 Tage Nachbehandlung.	LG Münster, unveröffentlicht	Kap. 9 Rdn. 936

Betrag in €	Sachverhalt	Fundstelle	Kapitel 9 Rdn.
4.000	1/2 Mitverschulden. Schlüsselbeinverletzung; Dauerschaden Bewegungseinschränkungen.	OLG Koblenz, NZV 2021, 423	Kap. 9 Rdn. 937
7.000	1/2 Mitverschulden. Schlüsselbeinfraktur, Rippenserienfraktur und Schenkelhaltfraktur. Starke Beeinträchtigungen.	KG, NZV 2020, 203	Kap. 9 Rdn. 939
9.000	1/3 Mitverschulden. Schlüsselbeinfraktur und Rippenserienfraktur; offene Reposition mit Plattenosteosynthese und Metallentfernungsoperation. Dauerhafte Bewegungseinschränkung.	OLG Zweibrücken, r+s 2024, 917	Kap. 9 Rdn. 941
10.000	Chronisches Schmerzsyndrom im Bereich des Schlüsselbeins; Armvenenthrombose.	OLG München, SP 2015, 405	Kap. 9 Rdn. 942
10.000	Schlüsselbeinbruch, 3 Wochen stationär. 5 1/2 Monate arbeitsunfähig, Dauerschäden.	OLG Düsseldorf, unveröffentlicht	Kap. 9 Rdn. 943
15.000	2/3 Mitverschulden. Schlüsselbeintrümmerfraktur und Brust-, Rippen- und Beckenfrakturen. Anhaltende Schmerzen am Schlüsselbein.	OLG Brandenburg, unveröffentlicht	Kap. 9 Rdn. 946
20.000	Schlüsselbeinbruch und schwere Kopfverletzungen; fünf Monate Arbeitsunfähigkeit, weitere 4 Monate Beschwerden. Student.	OLG Brandenburg, unveröffentlicht	Kap. 9 Rdn. 947
20.000	Knochenbrüche an Schlüsselbein, Hals, Kiefer und Oberschenkel mit sichtbaren Narben im Dekolletébereich.	OLG Schleswig, SchlHA 2025, 226	Kap. 9 Rdn. 948
22.220	2/3 Mitverschulden. 12 Jahre alte Kläger, der lebensgefährliche Verletzungen, u. a. ein schweres offenes Schädel-Hirn-Trauma mit Einblutungen, eine Felsenbeinfraktur rechts, eine Schlüsselbeinfraktur rechts und multiple Prellungen sowie Schürfungen an beiden Kniegelenken erlitt.	OLG Celle, unveröffentlicht	Kap. 9 Rdn. 949
65.000	Schlüsselbeinfraktur; Wirbelsäulen- und Beckenringfraktur. Mehrfache Operationen, 18 Monate arbeitsunfähig. MdE 40%.	LG Köln, unveröffentlicht	Kap. 9 Rdn. 952

Schulter

Betrag in €	Sachverhalt	Fundstelle	Kapitel 9 Rdn.
800	Schulterprellung	LG Detmold, NJW-RR 2016, 665	Kap. 9 Rdn. 953
2.800	Schultereckgelenksprengung	OLG Saarbrücken, NJW-RR 2023, 458	Kap. 9 Rdn. 959
3.000	Distorsion der Schulter	OLG Oldenburg, unveröffentlicht	Kap. 9 Rdn. 960
3.000	Schulterblattfraktur – Schultergelenk	LG Freiburg, unveröffentlicht	Kap. 9 Rdn. 961
3.000	Erb'sche Parese nach der Geburt	OLG Zweibrücken, 1 U 64/24	Kap. 9 Rdn. 962
3.500	Schulterverrenkung – Sehnenabriss	OLG Oldenburg, 2 U 121/21	Kap. 9 Rdn. 964
4.500	Rotatorenmanschette – Ruptur	LG Darmstadt, 28 O 263/16	Kap. 9 Rdn. 966

Betrag in €	Sachverhalt	Fundstelle	Kapitel 9 Rdn.
5.000	Sehnenabriss an der Schulter	OLG Brandenburg, 12 U 144/32	Kap. 9 Rdn. 967
6.000	Trümmerfraktur der Schulter	LG Koblenz, 1O 140/21	Kap. 9 Rdn. 970
7.500	Schultereckgelenksprengung	LG Köln, 5 O 372/20	Kap. 9 Rdn. 972
8.000	Schulterprellung – Prellungen – HWS-Distorsion	OLG Brandenburg, unveröffentlicht	Kap. 9 Rdn. 974
10.000	Schulterverletzung	OLG München, SP 2015, 405	Kap. 9 Rdn. 977
15.000	Schultereckgelenkssprengung – Tossy I Verletzung – Schädelprellung – HWS-Distorsion	OLG Schleswig, unveröffentlicht	Kap. 9 Rdn. 981
16.000	Schultereckgelenksprengung – Fraktur der Speiche – Kahnbruch der Hand – Frakturen Mittelhandknochen und Handwurzel	OLG Düsseldorf, unveröffentlicht	Kap. 9 Rdn. 983
17.500	Schultereckgelenksprengung	OLG Hamm, 7 U 25/22	Kap. 9 Rdn. 984
19.000	AC-Gelenksprengung Schulter – Nasenbeinfraktur – Beeinträchtigung des Geruchs- und Geschmackssinns	LG Essen, 3 O 73/18	Kap. 9 Rdn. 985
20.000	Schulterverletzung – Knieverletzung	LG Dortmund, unveröffentlicht	Kap. 9 Rdn. 986
20.000	Schultereckgelenksprengung – Spaltberstungsbruch des Brustwirbels – Kreuzbeinlängsbruch – Beckenringbruch – Zahnverlust	LG Kempten, unveröffentlicht	Kap. 9 Rdn. 987
20.000	AC-Gelenksprengung Tossy III – Subluxation	OLG Düsseldorf, unveröffentlicht	Kap. 9 Rdn. 988
20.000	Tossy I Verletzung des Schultereckgelenks	OLG Schleswig, 7 U 74/13, SchlHA 2019, 315 = SVR 2020, 24	Kap. 9 Rdn. 990
25.000	Schultereckgelenksprengung mit Teilzerreißung des Kapsel/Bandapparates – Gehirnerschütterung – Prellungen	OLG Karlsruhe, unveröffentlicht	Kap. 9 Rdn. 25
25.000	Schultereckgelenksprengung	LG Kiel, 10 O 78/20, ZfS 2024, 677	Kap. 9 Rdn. 994

Schwerste Verletzungen

Betrag in €	Sachverhalt	Fundstelle	Kapitel 9 Rdn.
160.000 €	Querschnittslähmung beider Beine Harnblasenlähmung –	OLG Köln 8 U 54/14	Kap. 9 Rdn. 2164
180.000 €	Hirnschaden – Halbseitenlähmung – Amputation des Oberarms	OLG Schleswig SVR 2020, 61	Kap. 9 Rdn. 2103
250.000 €	Querschnittslähmung – Morbus Crohn – neuropatisches Schmerzsyndrom	OLG Bamberg 5 U 128/14	Kap. 9 Rdn. 2160
275.000 €	Hohe Querschnittslähmung ab C6	OLG Celle 14 U 154/18	Kap. 9 Rdn. 2169
300.000 €	Querschnittslähmung – Trümmerfrakturen Wirbelsäule – Schlüsselbeinschaftfraktur – Rippenserienfraktur	OLG Nürnberg 4 U 975/13	Kap. 9 Rdn. 2170
430.000 €	Querschnittslähmung	OLG Hamm 11 U 136/16	Kap. 9 Rdn. 2178
560.000 €	Geistige Behinderung – Tetraparese – Parese der Hirnnerven	OLG Frankfurt 8 U 155716	Kap. 9 Rdn. 2140

Wirbelsäule

Betrag in €	Sachverhalt	Fundstelle	Kapitel 9 Rdn.
1.500	Zerrung der Wirbelsäule, 8 Wochen Schmerzen.	OLG Dresden, unveröffentlicht	Kap. 9 Rdn. 1013
3.000	1/2 Mitverschulden. Fraktur des 3. Brustwirbelkörpers, unauffällig verheilt, weiterhin Druckschmerzen.	OLG Hamm, r+s 2019, 535	Kap. 9 Rdn. 1014
4.000	Hartspann der Wirbelsäule, Schürfwunden, Prellungen, Stirnplatzwunde; 11 Tage Krankschreibung.	LG Bonn, unveröffentlicht	Kap. 9 Rdn. 1015
5.000	Lendenwirbelkörperfraktur; fünf Tage stationär.	OLG Hamm, unveröffentlicht	Kap. 9 Rdn. 1017
5.000	Wirbelsäulenschmerzsymptomatik; 9 Monate Beschwerden.	OLG Braunschweig, unveröffentlicht	Kap. 9 Rdn. 1018
5.000	Zerrung und Prellung von Brustwirbelsäule und Thorax; drei Monate Schmerzen.	OLG München, unveröffentlicht	Kap. 9 Rdn. 1020
7.000	Lendenwirbelfraktur, fünf Monate Schmerzen und Verheilung in Fehlstellung.	LG Aurich, unveröffentlicht	Kap. 9 Rdn. 1023
8.500	Wirbelkörper-Grundplatteneinbruch BWK 10; eine Woche stationär, 24 Folgetermine. Beschwerden im unteren Bereich der Wirbelsäule.	LG Bochum, unveröffentlicht	Kap. 9 Rdn. 1024
10.000	Lendenwirbelsäulenverletzung; Beckenringfraktur; Schmerzen bei Belastung	LG Verden, unveröffentlicht	Kap. 9 Rdn. 1026
10.000	HWS/LWS-Distorsion, chronisches Schmerzsyndrom, Dauerschaden.	OLG Karlsruhe, ZfS 2022, 432	Kap. 9 Rdn. 1027
15.000	Instabile Fraktur des Lendenwirbelkörpers 1, 3 Monate Korsettpflicht. Dauerhafte Schmerzen im oberen Lendenwirbelsäulenbereich.	OLG Saarbrücken, r+s 2023, 521	Kap. 9 Rdn. 1029
17.000	1/2 Mitverschulden; Wirbelkörper- und Beckenfrakturen mit 10 Monaten stationärem Aufenthalt. Dauerhafte Schmerzen im Bereich der Lendenwirbelsäule.	LG München II, unveröffentlicht	Kap. 9 Rdn. 1030
20.000	Lendenwirbelkörperkompressionsfrakturen; Operation, 5 Monate arbeitsunfähig.	OLG Frankfurt, NJW 2020, 3325	Kap. 9 Rdn. 1031
27.500	1/3 Mitverschulden. Halswirbelkörperfrakturen, Oberschenkelfraktur; beeinträchtigtes Gangbild. 3,5 Monate arbeitsunfähig.	OLG Koblenz, SVR 2021, 264	Kap. 9 Rdn. 1034
32.000	Wirbelsäulenblockierung nach HWS-Distorsion mit posttraumatischer Belastungsstörung und Panikzuständen.	OLG Köln, NJW-Spezial 2023, 586	Kap. 9 Rdn. 1037
33.000	Lendenwirbelkörper-Berstungsfraktur; 7,5 Monate arbeitsunfähig, mehrfache Operationen. Dauerschäden (Schmerzen, Kribbelparästhesien), PTBS.	OLG Brandenburg, unveröffentlicht	Kap. 9 Rdn. 1038
40.000	Brustwirbelkörperfraktur, Rippenfrakturen; lange Reha, Bewegungsstörungen und Narben sowie Schmerzen.	LG Lübeck, VersR 2022, 973	Kap. 9 Rdn. 1039
60.000	Berstungsfrakturen der Wirbelsäule. Mehrere Operationen, mehrmonatige Reha; Dauer-MdE 30 %.	OLG Celle, DAR 2020, 625	Kap. 9 Rdn. 1042

Betrag in €	Sachverhalt	Fundstelle	Kapitel 9 Rdn.
175.000	Wirbelsäulenverletzung mit inkomplettem Querschnittsyndrom und Polytrauma. Als Dauerschaden verbleibt ein hirnorganisches Psychosyndrom (HOPS) sowie organische Persönlichkeitsstörung als Folge eines Schädel-Hirn-Traumas.	OLG Saarbrücken, unveröffentlicht	Kap. 9 Rdn. 1047
175.000	Inkomplette Querschnittslähmung nach Brustwirbelkörperluxationsfraktur; 57 Jahre alter Kläger.	LG Traunstein, unveröffentlicht	Kap. 9 Rdn. 1048
350.000	Querschnittslähmung ab Brustwirbelkörper 6; weitgehende Bettlägerigkeit und schwerstpflegebedürftig. 21 Jahre alter Kläger.	OLG Zweibrücken, unveröffentlicht	Kap. 9 Rdn. 1049
400.000	Rückenmarksschädigung mit Lähmung der unteren Gliedmaßen – Brustwirbeltrümmerfraktur; rezidivierende depressive Störung. Vollständige Lähmung der unteren Gliedmaßen.	LG Frankenthal, unveröffentlicht	Kap. 9 Rdn. 1050

Anhang Lexikon medizinischer Fachbegriffe

Abdomen	Bauch, Bauchregion, Unterleib
Abdominoplastik	Bauchplastik
Abduktion	seitliches Wegführen eines Körperteils von der Medianebene (Längsachse)
abducens	von der Mittellinie wegziehend
Abducensparese	Augenmuskellähmung
Ablation	Katheder-Eingriff am Herzgewebe zur Behebung von Rhythmusstörungen
Abrasio	Abschabung, Ausschabung (der Gebärmutter)
Abszess	Eiterherd, Eiteransammlung in einem Gewebshohlraum
Abusus	Missbrauch
Acetabulum	Hüftgelenkspfanne
AC-Gelenk	Acromio-Clavicular-Gelenk: Das Gelenk zwischen dem sog. Acromion und dem Schlüsselbein (Clavicula), Schulter-Eck-Gelenk
Adduktion	Heranführen eines Körperteils an die Medianebene
Adhäsion	Haftung fester Stoffe oder Flüssigkeiten
adhäsiv	anhaftend
adipös	übergewichtig, fett
Adipositas	Fettsucht, Fettleibigkeit
– permagna	erhebliche Fettleibigkeit
adjuvant	unterstützend
Adnexe	Anhänge
Agenesie	Fehlen einer Gewebe- oder Organanlage als früheste und schwerste Form einer Hemmungsfehlbildung – s. ductus hepaticus communis
Aggravation	im Verhältnis zum objektiven Befund übertriebene u.U. zweckgerichtete Präsentation von Symptomen, nicht Simulation
Agoraphobie	Angst vor großen, weiten Plätzen
Aids	aquired immune deficiency syndrome – zelluläre Abwehrschwäche
Aircast-Schiene	Plastikschiene mit Luftkammern zur Stabilisierung des Knöchels
Akkomodation(svermögen)	Fähigkeit des Auges, den Brechwert der Linse der Entfernung des fixierten Gegenstandes so anzupassen, dass er scharf gesehen wird
akut	plötzlich auftretend, von heftigem und kurz dauerndem Verlauf im Gegensatz zu chronisch
Algesie	Schmerzempfindung
Algopareunie	Schmerzen beim Koitus
allergisch	krankhaft auf Reize reagierend, die von körperfremden Stoffen ausgehen
Alveolarfortsatz	der am Kieferkörper sitzende Knochenbogen
Alveolarnerv	Kiefernerv
Amalgam	Legierung von Quecksilber mit anderen Metallen, in der Zahnmedizin Anwendung als Füllmaterial
Amaurose	vollständige Erblindung
amaurotisch	blind, erblindet

amblyop, Amblyopie	schwachsichtig, Schwachsichtigkeit, Herabsetzung der zentralen Sehschärfe
ambulante Behandlung	Durchgangsbehandlung in der Praxis oder Klinik ohne Aufnahme der Patienten in eine Bettenstation; Behandlung, bei der der Patient den Arzt aufsucht im Gegensatz zur stationären Behandlung
Amnesie	Erinnerungslücke nach Bewusstseinsstörungen
– anterograde	nach dem schädigenden Ereignis
– retrograde	vor dem schädigenden Ereignis
Amputation	operative Abtrennung (Absetzung) eines Körperteils
anal	den After betreffend
Analgetika	schmerzstillende Medikamente
Anämie	Blutarmut, Verminderung der roten Blutkörperchen und der Hämoglobinkonzentration (= roter Blutfarbstoff) unter dem altersentsprechenden bzw. geschlechtsspezifischen Normwert
Anamnese	Krankheitsgeschichte
Anarthrie	Sprechstörung, bei der keine lautliche Äußerung möglich ist
Anästhesie	Unempfindlichkeit, Schmerzausschaltung
Anästhesist	Narkosefacharzt
Anastomose	Verbindung zwischen Blut, Lymphgefäßen oder Nerven
Aneurysma	Ausweitung eines arteriellen Blutgefäßes
Angina pectoris	akute Schmerzen im Brustkorb, die in die linke Schulter, Arm, Hand oder in den Bauch ausstrahlen
Angiografie	röntgenologische Gefäßdarstellung nach Injektionen von Kontrastmitteln
Angiom	geschwulstartige Neubildung von Gefäßgewebe – Gefäßgeschwulst
Angststörung, reaktive depressive	im Gegensatz zu einer neurotischen Störung liegt bei einer reaktiven Störung der Auslöser für die depressive Angststörung in einem einzigen traumatischen Ereignis.
Anisometropie	ungleiche Refraktion beider Augen
Anisozytose	Erythrozytenanomalie, krankhafte Veränderung der roten Blutkörperchen
Anorexie	Appetitlosigkeit
Anorgasmie	sexuelle Funktionsstörung mit Fehlen des Orgasmus
Anosmie	Verlust des Geruchssinnes
anterior	vorne, nach vorne gerichtet
Anterolateral	am Körper vorn herzseitig
anteromedial	eine von mehreren Zugangsmöglichkeiten zum Kniegelenk, zusammengesetzt aus anterior und medial: »weiter vorne/zur Mitte hin«
Anthelixfalte	die der Ohrmuschel gegenüberliegende Windung
Antibiotikum	biologischer Wirkstoff aus Stoffwechselprodukten von Mikroorganismen, der andere Mikroorganismen im Wachstum hemmt oder abtötet, z.B. Penicillin
Antihormontherapie	Therapie durch den Einsatz von antihormonellen Mitteln, besonders in der Krebstherapie
Antikoagulanzien	Hemmstoffe der Blutgerinnung
antikonvulsiv	gegen Krämpfe geeignet

Antrum	eine Ausbuchtung bzw. -weitung verschiedener Strukturen
Antrumgastritis	Magenschleimhautentzündung im vorletzten Magenteil
Anus	After
– praeter	künstlich angelegter Darmausgang
Aorta	Hauptschlagader
Aortenbifurkationsthrombose –	Thrombose der Aorta abdominalis
Aortenbogenhypoplasie –	Unterentwicklung des Aortenbogens aufgrund mangelnder Durchblutung in der embryonalen Entwicklung
Aortenisthmusstenose	Verengung der Hauptschlagader
Aortenklappe	Taschenklappe im Herz, die am Beginn der Aorta sitzt
apallisches Syndrom	Ausfallerscheinungen infolge doppelseitiger Ausschaltung der Großhirnrinde durch Unterbrechung der Verbindungen zwischen Großhirn und Hirnstamm
Aphasie	Sprachstörung, Sprachverlust
Aphonie	Stimmlosigkeit
Apikal	die Spitze eines Organs betreffend
Apnoe	Atemstillstand
Appendix	Anhangsgebilde an Organen, Kurzbezeichnung für den Wurmfortsatz des Blinddarms
Appendizitis	Entzündung des Wurmfortsatzes des Blinddarms, »Blinddarmentzündung«
Arachnoidea	Hirn- und Rückenmarkshaut
ARDS	Acute Respiratory Distress Syndrome (Akutes Atemnotsyndrom)
Armplexus	verschiedene Nerven des Schultergürtels und des Arms
Armplexusparese	Lähmung der Nerven des Armplexus
Arteria	Schlagader
– carotis	Arterien beiderseits der Luftröhre und des Kehlkopfes – Halsschlagadern
– cervicalis	Halsartherie
– femoralis superficialis	Oberschenkelartherie
– hepatica	Leberartherie
– ulnaris	Ellenschlagader
– vertebralis	Wirbelarterie, ein Ast der Schlüsselbeinarterie
Arterie	Schlagader, Pulsader; Blutgefäß, das das Blut vom Herzen weg zu einem Organ oder Gewebe hinführt
Arteriell	die Arterien betreffend, zu einer Arterie gehörend
Arteriosklerose	Arterienverkalkung
Arthritis	Gelenkentzündung
Arthrodese	operative Gelenkversteifung
Arthrose	Gelenkverschleiß
Arthrosis deformans	Degenerativer Gelenkverschleiß
Arthrographie	Röntgenaufnahme eines Gelenks mit Darstellung des Gelenkinnenraums
Arthrose	degenerative, chronische Erkrankung eines Gelenks
Arthroskop	optisches Spezialinstrument zur Untersuchung des Gelenkinneren

Arthroskopie	Untersuchung des Gelenkinneren mit dem Arthroskop oder Endoskop – Gelenkspiegelung
Arthrotomie	operative Eröffnung eines Gelenks
Articulus	Gelenk
Asherman-Syndrom	intrauterine Adhäsionen durch Bildung bindegewebiger Narbenzüge
Asomnie	Schlaflosigkeit
Aspergillus	Schimmelpilz
Aspergillose	Lungenentzündung durch Infektion mit Schimmelpilzen
Asphyktisch	ohne Puls
Asphyxia pallida	»weißer Scheintod« – Unterversorgung des Fötus mit Sauerstoff, prognostisch ungünstig
Asphyxie	Pulslosigkeit infolge eines Herz-Kreislauf-Versagens
Aspiration	Einatmen von Flüssigkeit oder Fremdkörpern
Aspirationspneumonie	durch Einatmen von Luft oder Flüssigkeit ausgelöste Lungenentzündung
Astigmatismus	Stabsichtigkeit – Sehschwäche infolge Hornhautverkrümmung
Ataxie	Störung der Koordination von Bewegungsabläufen
Atelektase	nicht entfalteter oder kollabierter Alveolarraum der Lunge
Ateminsuffizienz	Atemfunktionsschwäche
Athetose	Syndrom mit unaufhörlichen, ungewollten, langsamen, bizarren Bewegungen der Gliedmaßenenden, weniger des Gesichts und des Halses
Athetotisch	Krankheitsbild mit unwillkürlichen, unaufhörlichen, langsamen, bizarren Bewegungen der Gliedmaßen
Atlas	Oberster Halswirbel
Atrophie	Gewebeschwund, Organschwund
AV-Block	atrioventrikulärer Block, Herzrhythmusstörung durch Beeinträchtigung der Erregungsleitung zwischen Vorhäfen und Herzkammern
AV-Knoten-Reentrytachykardie	auch WPW-Syndrom; Krankheitsbild, bei dem eine weitere Leitungsbahn zwischen Vorhof und Herzkammer liegt und für Erregungen der Herzkammer sorgt
Axial	in Richtung der Achse
Axilarlinie	Orientierungslinien an der seitlichen Brustwand
Axilladissektion	Lymphknotenentfernung bei Brustkrebs
Axilla	Achselhöhle
Axillär	zur Achsel bzw. zur Achselhöhle gehörend
Azidose	Störung des Säure-Basen-Haushalts
Balanoposthitis	= Balanitis: Entzündung im Bereich der Eichel und im inneren Vorhautblatt
Balken	(Corpus callosum): quere Faserverbindung zwischen den beiden Hemisphären des Gehirns
Bankart-Läsion	spezielle Verletzung des Schultergelenkes, bei der die Gelenklippe des vorderen Pfannenrandes der Schultergelenkspfanne teilweise oder subtotal abgerissen ist
Basilarisembolie	Embolie, die einen Schlaganfall auslösen kann

Basal	an der Basis (z.B. des Gehirns) liegend
Basisfraktur	Bruch der Schädelbasis
Bauchtrauma	Verletzung des Bauchraums, Wunde, Verletzung, Schaden, durch äußere Gewalteinwirkung entstandene Verletzung, auch in psychischer Hinsicht
Beckenschaufelfraktur	durch direkte Gewalteinwirkung entstehender Bruch mit Kontinuitätserhaltung des Beckenrings
Begehrensneurose	zur Erreichung bestimmter Wünsche und Ziele (z.B. einer Rente) gerichtete Reaktionsweise ohne Krankheitswert
Benett Fraktur	Fraktur an der Basis des ersten Mittelhandknochens,
Beta-HCG-Wert	Messwert eines Schwangerschaftstests; positiver Wert auch bei Eileiterschwangerschaft
Beugesehne	eine der Sehnen in den Fingern
bi …	Vorsilbe für doppelt, 2-fach
Biliär	gallig, die Galle betreffend
Bionator	funktionskieferorthopädisches Gerät zur Behebung von Zähneknirschen oder funktionalen Störungen
Bimalleolär	Zweiknöchelbruch, Sprunggelenk
Biopsie	Entnahme einer Gewebeprobe aus dem Körper
Birdlestone Hüfte	Beinverkürzung
Blasenatonie	Blasenerschlaffung
Blasenruptur	Riss der Harnblase
Blephar	Wortteil mit der Bedeutung Augenlid
Blindheit, funktionelle	psychogen bedingte Blindheit ohne objektivierbaren pathologischen Befund an Auge oder Sehbahn
Blow-out-Fraktur	Fraktur des Orbitabodens (Auge) durch isolierte Gewalteinwirkung (z.B. Ball, Faustschlag)
BNS-Epilepsie	Blitz-Nick-Salaam-Krämpfe, schwere Form von Anfallsleiden (Epilepsieform)
Bone bruise	Ausdruck für Mikrofrakturen
brachial	zum Oberarm gehörend
Brachium	Oberarm
Bradykardie	langsame Schlagfolge des Herzens
Brachytherapie	interne Strahlentherapie
Bragard-Zeichen	durch Flexion des Fußes ausgelöste Schmerzen, Anzeichen für Ischiassyndrom
Bridenileus	mechanischer Darmverschluss
Brillenhämatom	symmetrischer Bluterguss in das die Augen umgebende Bindegewebe (Augenhöhlen)
Broca-Aphasie	Sprachstörung, bei der hauptsächlich die Sprachproduktion betroffen ist
Bronchialkarzinom	Lungenkarzinom – maligner Tumor
Bronchie	Luftröhre
Bronchitis	Entzündung der Bronchialschleimhaut
Bronchoskopie	Untersuchung des Trachebronchialsystems mittels Endoskop
Bulbus	Medulla oblongata – verlängertes Mark – Nachhirn

Bulimie	Heißhunger, Esssucht, Fresssucht
Bursa	Schleimbeutel
Bursa olecrani	Ellenbogenschleimbeutel
Bursektomie	operative Entfernung eines Schleimbeutels
Bursitis	chronische Schleimbeutelentzündung
Butterfly-Kanüle	besondere Form einer Venenkanüle, dient der Blutentnahme
BWK	Brustwirbelkörper
BWS	Brustwirbelsäule
Caecum	Blinddarm
Calcaneus	Fersenbein, hinterster Fußwurzelknochen
Callus	das im Spalt eines Knochenbruchs neu gebildete Gewebe
Carcinom	Krebs
Carotis	Halsschlagader
Carpalia	Handwurzelknochen
Carpus	Handwurzel
Cauda-Syndrom	s. Cauda-equina-Syndrom
Cauda equina, caudal	cauda = lat. Schwanz – steht für Nervenfaserbündel, das den unteren Teil des Wirbelkanals durchläuft
Cauda-equina-Syndrom	Kombination mehrerer neurologischer Ausfallstörungen, die auf einer massiven Quetschung der cauda equina beruhen
Cavum	Höhle, Hohlraum
– subdurale	Hohlraum zwischen harter und weicher Hirnhaut
Cephalgie	Kopfschmerz
Cerclage	Kreisnaht, Umschlingung
cerebral	das Hirn betreffend, zum Hirn gehörend
Cerebralparese	Bewegungsstörung aufgrund frühkindlicher Hirnschädigung
Cerclage	Umschlingung von Organen, Knochen und anderen Strukturen mittels Kunststoffbändern und anderen Hilfsmitteln
cervical	die Halswirbelsäule betreffend
Cervicobrachialgie	Irritation des Plexus brachialis bei HWS-Verletzungen
cervikocephales Syndrom	Schmerz im Hals- und Nackenbereich; teilweise als Synonym für HWS-Syndrom benutzt
Cervix	Hals, Nacken
– uteri	Gebärmutterhals
Charcot-Fuß	Erkrankung schmerzunempfindlicher Füße, bei der Knochen unbemerkt brechen,
Chemotherapie	Einsatz natürlich oder chemisch hergestellter Substanzen zur Hemmung des Wachstums von Tumorzellen im Organismus
Chiro	Bestimmungswort von Zusammensetzungen mit der Bedeutung »Hand«
Chiropraktik	Methode der Behandlung krankhafter Störungen im Bereich der Wirbelsäule mit bestimmten Einrenkungshandgriffen
Chirurgie	Lehre von der operativen Behandlung krankhafter Störungen und Veränderungen
chirurgisch	die Chirurgie betreffend, operativ
Cochlea	Hörschnecke

Chol	Wortteil mit der Bedeutung Galle
Cholangitis	Entzündung der Gallenwege
Cholesteatom	Einwucherung in das Mittelohr mit nachfolgender chronischeitrischer Entzündung
Chondrolyse –	Auflösung einer Knorpelschicht
Choreoathetose	neurologische Störung, die durch Hyperkinese von Arm, Bein oder Gesichtsmuskulatur gekennzeichnet ist
chronifiziert	chronisch geworden
chronisch	langsam verlaufend, sich langsam entwickelnd im Gegensatz zu akut
Circumcision	(Vorhaut-) Beschneidung
Clavicula	Schlüsselbein
Clivus	Hügel
Colitis	Entzündung des Dickdarms
collateral	auf der gleichen Seite gelegen, benachbart
Collum	Hals
Coma vigile	s. apallisches Syndrom
Commotio	Erschütterung, stumpfe Gewalteinwirkung auf Organe; übliche Kurzbezeichnung für Commotio cerebri
Commotio cerebri	Gehirnerschütterung
Concha nasalis	Nasenmuschel
Concha nasalis inferior	untere Nasenmuschel (selbstständiger Knochen mit Fortsätzen)
Contre Coup Blutung	Blutung an der dem Aufprall gegenüberliegenden Gehirnseite
Contusio	Prellung als stumpfe Organverletzung, Quetschung
Contusion	Quetschung, Prellung, stumpfe Verletzung durch Gewalteinwirkung mit einem stumpfen Gegenstand
– cerebri	Hirnprellung, Hirnquetschung
Conus-Syndrom	Gefühllosigkeit an der Innenseite der Oberschenkel, Inkontinenz und Störung der Sexualfunktion
Conus medullaris Syndrom	Conus medullaris = unteres Ende des Rückenmarks; eine Rückenmarkschädigung, die aufgrund einer Nervstörung zu einer asensiblen, hypokontraktiven Blase und zu einer Mastdarmentleerungsstörung führt
Cor	Herz
Cor pulmonale	Reaktion des Herzens auf eine durch eine Erkrankung der Lunge bedingte Drucksteigerung im Lungenkreislauf
Corpus cavernosum penis	Schwellkörper des männlichen Glieds
Costotransversalgelenk	kleines Gelenk in der Wirbelsäule
Coxa	Hüfte
Coxalgien	Beinverkürzung
Coxarthrose	deformierende, chronische Erkrankung des Hüftgelenks, meist abnutzungsbedingt
Coxitis	Hüftgelenkentzündung
cranialis	kopfwärts, zum Schädel gehörend
Craniomandibuläres System	Zähne von Oberkiefer und Unterkiefer, Kaumuskulatur und Kiefergelenke, die für Kauen und Sprechen verantwortlich sind

Crus	Schenkel
C-Skoliose	nach Krümmungsmuster differenzierte Skoliose
CT	Computertomografie
Cubitus	Ellenbogen
Cutis	Haut
Cyanose	bläuliche Verfärbung der Haut, Sauerstoffmangel
Deafferentierung	Durchtrennung der hinteren Wurzeln eines Nervs zur Schmerzausschaltung
Debridement	Wundexzision
Deckplattenimpression	Einbruch der Deckplatte
Decubitalulcus	s. Dekubitus
Decollement	Abscherung; flächenhafte Ablederung der Haut infolge Rotation und Quetschung
Defibrillator	Elektrisches Gerät zur Durchbrechung eines Herz-Kreislauf-Stillstands
Degeneration	1. Abbau und Verschlechterung von Zellen, Organen oder Körperteilen mit Funktions- und Leistungsminderung durch natürlichen Verschleiß, Nichtgebrauch, Altern und Krankheit 2. Anhäufung ungünstiger Erbmerkmale durch Inzucht
Dehiszenz	pathologisches Auseinanderweichen zweier benachbarter Gewebestrukturen
Dehydration	Austrocknung
Dekollement	Hautabscherung
Dekompensation	Nachlassen der eine Organschwäche ausgleichenden Kräfte
Dekompression	Druckentlastung, Druckabfall
Dekubitalgeschwür	Geschwür durch Wundliegen
Decubitus/Dekubitus	Wundliegen, Druckgeschwür
1. Grades	Haut intakt, jedoch gerötet
2. Grades	Hautdefekt
3. Grades	tiefer Hautdefekt; Muskeln, Sehnen und Bänder sind sichtbar
4. Grades	Haut- und Gewebedefekt mit Knochenbeteiligung
Demyelinisierung	degenerative Zerstörung der Myelinscheiden des Zentralnervensystems
Demyelisierende Läsion	Verletzung, Schädigung des Zentralnervensystems
Denervierung	partieller oder kompletter Funktionsausfall eines Organs bzw. Organsystems
Densfraktur	Fraktur eines Zahns
Desmoidtumor	Bildet sich an Muskelfaszien
Depression	Niedergeschlagenheit – psychiatrisch: Verstimmung, unspezifische Störung der Grundstimmung
Dermatitis	Hautentzündung, akut
Descendostoma	künstlicher Darmausgang
Deviation	Abweichung
Devitalisation	Abtötung der erkrankten Zahnpulpa als Notfallbehandlung
Diabetes mellitus	Zuckerkrankheit

Diadochokinese	die Fähigkeit, rasch aufeinander folgende Bewegungen, beispielsweise die Ein- und Auswärts-Drehung des Unterarms, wiederholt auszuführen
Dysdiadochokinese	Einschränkung der Diadochokinese in Geschwindigkeit und weiteren Aspekten
Diagnose	Erkennung und systematische Bezeichnung einer Krankheit
diagnostizieren	eine Krankheit erkennen und systematisch benennen
Dialyse	Blutreinigung mittels künstlicher Niere; Blutwäsche
Differentialdiagnose	Unterscheidung und Abgrenzung einander ähnlicher Krankheitsbilder
Diffus	ausgebreitet, ausgedehnt, ohne bestimmte Grenzen
Diplegie	doppelseitige Lähmung
Diplopie	doppelt sehen, Auftreten von Doppelbildern
Diskografie	Kontrastmitteldarstellung eines Bandscheibenvorfalls
Discusdegeneration	Schädigung der Bandscheibe
Diskusverlagerung	Verrutschen der Knorpelscheibe nach vorn
Dislokation, Dislozierung	Verschiebung, Veränderung der normalen Lage
Dissektion	Spaltung oder Zerschneidung von Gewebe
Distal	körperfern, weiter als andere Körperteile von der Körpermitte entfernt liegend
Distorsion	Zerrung, Verdrehung, Verrenkung, Verstauchung eines Gelenks – Überdehnung von Bändern
Divertikel	Ausstülpungen – vorwiegend im Darm – Sigmadiverticulitis
Dopplersonografie	Verfahren der Ultraschalldiagnostik zur Bestimmung der Blutflussgeschwindigkeit in arteriellen und venösen Gefäßen sowie im Herzen
Dorsal	zum Rücken, zur Rückseite gehörend, am Rücken, an der Rückseite gelegen, zur Rückseite hin
dorsoventral	bauch-rückenseitig gelegen
double-bubble-Phänomen	röntgenologisch sichtbare Doppelblase im Magen
Drainage	Ableitung krankhaft vermehrter Körperflüssigkeiten
Dreipunktkorsett	abnehmbares Stützkorsett zur Ruhigstellung einer stabilen Wirbelkörperfraktur
Duktales Karzinom	krankhafte Wucherung neoplastischer Zellen in den Milchgängen (ductuli) der weiblichen Brust
Ductuli	Milchgänge in der weiblichen Brust
ductus hepaticus communis	Ausführungsgänge der Leber für die Galle
Dupuytren'sche Kontraktur	Beugekontraktur der Finger
Dura	kurz für dura mater – harte Hirnhaut
– dura mater encephali	harte Hirnhaut
– dura mater spinalis	harte Rückenmarkshaut
Durchgangssyndrom	akute Psychose ohne Bewusstseins- oder Orientierungsstörungen – speziell nach Gehirnerschütterung
Dys …	Vorsilbe mit der Bedeutung Störung
Dysästhesie	Sensibilitätsstörung
Dysartie	neurologisch bedingte Sprechstörung

Dysarthrie	Störung der Artikulation infolge Schädigung des Zentralnervensystems
Dysarthophonie	Sprechstörung
Dysfunktion	Funktionsstörung
Dyskinesie	motorische Fehlfunktion, Bewegungsstörung
Dyslalie	Stammeln, Artikulationsstörungen
Dyslexie	Schwierigkeiten beim Lesen und Verstehen von Wörtern
Dysphagie	Schluckbeschwerden infolge Schleimhautatrophie im Bereich von Mund und Rachen (auch: Plummer-Vinson-Syndrom)
Dysphasie	Minderung der Sprechfähigkeit
Dysphonie	Stimmstörung
dysphorisch	Störung der Affektivität, gereizt, missgelaunt
Dysregulation	Fehlsteuerung
Dysthymie	chronische Form einer depressiven Verstimmung
Dystokie	gestörter Geburtsverlauf
Dyston	mit einer Dystonie verbunden
Dystonie	Bewegungsstörungen
Dystrophie – dystrophisch	Ernährungsstörung, mangelhafte Versorgung eines Organs mit Nährstoffen – pathologische Veränderung von Zellen
Echokardiografie	Ultraschalluntersuchung des Herzens
Effendi	eine Art der Klassifikation einer Bandscheibenfraktur (in Typ I-III, je nach Schwere)
Ektomie	Herausschneiden, Entfernung eines Organs
Elektrokauter	elektrisches Gerät zur Gewebezerstörung durch Hitze
Elektroenzephalogramm (EEG)	Aufzeichnung der Hirnstromkurve
Elektrokardiogramm(EKG)	Aufzeichnung der Herzstromkurve
Elektromyographie (EMG)	Aufzeichnung der Ströme der Muskulatur
Elektroresektion	Abtragung von Gewebe durch Einsatz von Hochfrequenzstrom
Elongation	Verlängerung
Embolie	Verschluss eines Blutgefäßes, meist durch einen Blutpfropfen
Embolisation	künstlicher Verschluss von Blutgefäßen, z.B. mit Kunststoffkügelchen
Embolus	ein in die Blutbahn verschlepptes, nicht im Plasma lösliches Gebilde, das eine Embolie verursacht
Embryo	Frucht in der Gebärmutter während der ersten beiden Schwangerschaftsmonate
Eminentia	Erhebung, Vorwölbung
Emphysem	Lungenblähung
Empyem	Eiteransammlung
Encephalitis	Gehirnentzündung
Encephalon	Gehirn
Endokarditis	entzündliche Veränderungen der Herzklappensegel, führt zu Herzklappenfehlern
Endometriose	Wucherungen der Gebärmutterschleimhaut (Endometrium)
endogen	im Innern des Körpers entstanden, keine äußeren Ursachen
endonasal	innerhalb der Nase

Endokarditis	Entzündung der Herzinnenhaut
Endoprothese	Ersatzstück, das im Organismus den beschädigten Körperteil ganz oder teilweise ersetzt
Endoskopie	Ausleuchtung und Inspektion von Körperhohlräumen
Endovaskulär	innerhalb eines Gefäßes
Endstellnystagmus	ruckartige Augenbewegungen, Nystagmus (d.h. rhythmische, in der Regel unwillkürliche Augenbewegungen) beim extremen Blick in eine Richtung oder zu einer Seite (mehr als 45 Grad aus der Mittelstellung) mit langsamer Bewegung des Auges in die Blickrichtung und rascher Rückstellbewegung; normale, nicht krankhafte Form des Blickrichtungsnystagmus
Enophthalmus	Zurücksinken des Augapfels in die Augenhöhle
Enossal	im Inneren des Knochen befindlich
Entgleisung, hypertensive	spontaner Blutdruckanstieg
Enukleation	Ausschälung eines begrenzten Tumors, Organs
Enureses nocturna	Bettnässen bei Kindern
Enzephalopathie	nicht entzündliche, diffuse Erkrankung oder Schädigung des Gehirns
Epidermis	Oberhaut
– Hyperblasie	Vergrößerung der Oberhaut durch Zunahme der Zellenzahl
Epidural	auf der harten Hirnhaut gelegen
Epiduralabszess	Abszess zwischen äußerem Blatt der Dura mater und Knochen
Epigastrium	Magengrube, Oberbauchgegend
Epilepsie	Anfallsleiden, anfallartige Störung der Empfindung, Motorik, des subjektiven Befindens und des Verhaltens durch abnorme Aktivitäten des zentralen Nervensystems
Epiphyse	Gelenknahes Ende eines Röhrenknochens
Epithel	Oberste Zellschicht der Haut, gefäßloses Gewebe
Epiphysenablösung	Ablösung einer Epiphyse (Zirbeldrüse) in der Epiphysenlösung, u.U. mit Verschiebung ggü. den übrigen Knochen
Epiphyseolysis capitis femoris	Ablösung der Wachstumsfuge – Hüftkopfgleiten, besonders bei pubertierenden männlichen Jugendlichen wegen Wachstumsphase häufig auftretend
Episiotomie	Dammschnitt
Episode, depressive	Depression von unterschiedlicher Dauer und Schwere, die weder durch körperliche Erkrankung noch durch äußere Ursachen begründbar ist
Epistaxis	Habituelles Nasenbluten
Erb'sche Lähmung	Erb-Duchenne-Lähmung – Synonym für obere Armplexusparese
Eryspel	Wundrose
Exartikulation	Abtrennung eines Gliedes im Gelenk
Excimer-Laserbehandlung	Gaslaserbehandlung zur Korrektur von Kurz- oder Weitsichtigkeit
Exophthalmus	Hervortreten eines oder beider Augäpfel aus der orbita mit Bewegungseinschränkungen
Explorative Revision	erforschende Wiederholung eines Eingriffs
Extension	Streckung
Exstirpation	operative Entfernung eines Gewebes, Tumors oder Organs

Extra	außerhalb
Extraktion	Herausziehen
Extremitäten	Gliedmaßen (Arme, Beine)
exulzerierend	ein Zerfallen des Tumors, das oft mit Blutungen einher geht
Exzision	Ausschneidung
Facialis	zum Gesicht gehörend; auch: übliche Kurzbezeichnung für Nervus facialis = Gesichtsnerv
Falschgelenkbildung	Ausbleiben der knöchernen Überbrückung nach einer Fraktur
Faszie	wenig dehnbare, aus gekreuzt verlaufenden kollagenen Fasern und elastischen Netzen aufgebaute Hülle einzelner Organe, Muskeln oder Muskelgruppen
Fascies	Gesicht
Fasziitis	Entzündung einer Faszie (= bindegewebige Hülle der Skelettmuskeln)
Fasziotomie	Faszienspaltung – Entlastung der unter Druck stehenden Muskelloge durch Auftrennung der Faszie
Fazialisparese/Facialisparese	Gesichtslähmung
Felsenbein	Teil des Schläfenbeines, enthält das Innenohr
Femoralarterie	Oberschenkelarterie
femoralis	zum Oberschenkel gehörend
Femur/Femurkondyle	Oberschenkelknochen
Fertilitätsstörungen	Störungen der Fruchtbarkeit
Fibromyalgie	s. Tendomyopathie
Fibroplasie	Endstadium der Retinopathie = nicht entzündlich bedingte Netzhauterkrankung
Fibrosarkom	harte, bösartige Geschwulst
Fibula	Wadenbein, seitlich hinter dem Schienbein im Unterschenkel gelegener Knochen
Fimbriektomie	Sterilisation mit operativem Entfernen der Fimbrien, der Eileiter, und Verschluss der freien Tubenenden
Fissur	Spalte, Knochenriss
Fistel	röhrenförmiger Verbindungsgang einer Körperhöhle oder eines Ganges im Körperinneren mit einer anderen Körperhöhle oder einem anderen Organ oder mit der Körperoberfläche
Fixateur externa (externe)	äußerer Spanner zur Knochenbruchstabilisierung
Fixation	Befestigung
Flakes fraktures	Abscherfraktur
Flexion	Beugung(eines Gelenks)
flexor carpi ulnaris	ellenseitiger Handbeuger
Floride	blühend
Fluimuzil	Medikament gegen Bronchitis und/oder Husten
Fokal	den Krankheitsherd betreffend
Follikel, lat. folliculus	Ledersack, Schlauch; Bläschen; Ovarialfollikel: Einheit aus Eizelle und den sie umgebenden Hilfszellen im Eierstock
Foramen	Loch
Fragment	Bruchstück eines Knochens

Fraktur	Bruch, insb. Knochenbruch
Frontal	stirnseits
Frontalhirnsyndrom	Schädigung der frontalen Konvexität des Hirns
frontobasal	in der vorderen Schädelgrube
frontotemporal	bezeichnet eine Stelle (häufig: im Schädel), die seitlich-vorn liegt
Fundus	Grund, Boden, Augenhintergrund
Funktionsstörung	Störung der Aufgabe oder Betätigungsweise eines Organs oder Gewebes i.R.d. Gesamtorganismus
Fusionsoperation	Versteifungsoperation am Wirbel
Fußcloni	Zittern des Fußes als Reaktion auf eine ruckartige, anhaltende passive Streckung des Fußes (Dorsalflexion)
Fußheberparese	Schwierigkeit oder Unmöglichkeit, die Füße zu heben
Gangrän	fressendes Geschwür, Nekrose – Absterben von Gewebe durch Sauerstoffmangel
Gastro	Magen
Gastritis	Entzündung der Magenschleimhaut
Gastroskopie	Magenspiegelung
Gefügestörung	Störung (meist Lockerung) des anatomisch-funktionellen Gefüges im Bewegungssegment
Gehörsturz	Gehörverlust infolge einer Mangeldurchblutung des Höranteils des Ohres
Gelbkörperruptur	entsteht im Ovar nach der Ovulation aus dem gesprungenen Follikel
Gelenkkontrakt	Zusammenziehung des Gelenks
Genese	Entstehung
Geradschaftsprothese	Gerade Form einer (verbreitet eingesetzten) Hüftprothese
Gestose	früher übliche Bezeichnung für alle durch eine Schwangerschaft bedingten Krankheitszustände
Girdlestone-Hüfte	Fehlen des Hüftgelenks
Glans penis	Eichel des Penis
Glasknochenkrankheit	(osteogenesis imperfecta) erbliche Bindegewebserkrankung, die zu vermehrter Knochenbrüchigkeit führt
Glaukom	grüner Stark, erhöhter Augeninnendruck
Glenohumeralgelenk	Schultergelenk
Glomustumor	Knäueltumor
Glukosorie	Ausscheidung von Traubenzucker im Harn
Gluteal	Wortteil mit der Bedeutung Gesäß
Goldenhar-Syndrom	Angeborene Fehlbildung einer Seite des Gesichts
Gonarthritis	Kniegelenkentzündung
Gonarthrose	Arthrose des Kniegelenks
Gracilis-Sehne	Sehne an der Innenseite des Oberschenkels/Knie
Grand mal	epileptische Anfälle mit tonisch-klonischen Krämpfen
Granulom	Gewebereaktion auf allergisch-infektiöse oder chronisch-entzündliche Prozesse in Form einer knötchenförmigen Zellenneubildung
Gravidität	Schwangerschaft

Halbseitenlähmung, Halbseitensymptomatik	vollständige Lähmung einer Körperhälfte
Hallux	Großzehe
Hallux valgus	Belastungsdeformität des Spreizfußes, begünstigt durch enge, spitze Schuhe
häm-...	Vorsilbe für: zum Blut gehörig
Hämathorax, Hämatopneumothorax	Bluterguss und Luftansammlung im Brustfellraum
Hämato-	Blut-
Hämatom	Bluterguss, Blutbeule, Einblutung
– epidurales	zwischen Schädelknochen und harter Hirnhaut
– subdurales	zwischen harter und weicher Hirnhaut
Hämatomsinus	traumatische Schädigung des Gehirns
Hämaturie	Blut im Urin
Hämofiltrationspatrone	Patrone bei einem extrakorporalen Blutreinigungsverfahren
Hämoperikard	Blutung in das Herz
Hämoptoe	Aushusten größerer Blutmengen
Hämorrhagie	Blutung
Hämatoserom	Ansammlung von Exsudat und Lymphe
hämorrhagischer Schock	Schock infolge starker innerer oder äußerer Blutungen
Handkahnbein	Teil der Knochen der Hand
Harninkontinenz	unwillkürlicher Harnabgang
Harnverhalt	Harnblockade, in der die gefüllte Harnblase nicht spontan entleert werden kann
Hebephrenie	im jugendlichen Alter beginnende Schizophrenie
hemi ...	Vorsilbe für: halbseitig, einseitig
Hemiataxie	einseitige Ataxie, Symptom einer Kleinhirnstörung
Hemiparese	unvollständige Halbseitenlähmung
Hemiplegie	s. Halbseitenlähmung
Hemisphärektomie	Entfernung einer Großhirnsphäre(-hälfte) bei Epilepsie
Hepar	Leber
Heparin	Stoff zur Senkung der Blutgerinnungsfähigkeit
Hepatitis	akute Entzündung der Leber
Hepatitis B	ansteckende Leberentzündung
Hepatitis C	früher NON-A-NON B-Hepatitis
Hepatose	allergisch-toxisch bedingte Verquellung der Gallenwege mit Gallenstau (= Behinderung des Abflusses des Gallensekrets) und daraus resultierender Leberschädigung, meistens mit Gelbsucht und starkem Juckreiz, Krankheitsgefühl und manchmal Fieber
Hernie	Vorfall, Eingeweidebruch
Hirnödem	vermehrte Einlagerung von Wasser in den Gewebsspalten des Gehirns (Hirndrucksteigerung)
Histologisch	zu den Geweben des Körpers gehörig
HIT-Syndrom	Heparininduzierte Thrombozytopenie; eine Erkrankung, bei der durch die Verabreichung von Heparin die Anzahl der Thrombozyten abfällt

HIV	human immunodeficiency virus, s. Aids
Hodentorsion	Drehung des Hodens mit dem Samenstrang (Samenleiter und Gefäße) schraubenförmig um seine Längsachse
Homöopathie	medikamentöses Therapiekonzept bei dem Medikamente meist in niedriger Dosierung verabreicht werden
Horner-Syndrom (oder Horner-Trias)	Lähmung des Halsteils des Nervus sympathikus (s. Sympathikus)
Hörsturz	Gehörverlust infolge einer Mangeldurchblutung des Höranteils des Ohrs
HPV	humane Papillomaviren, verursachen Geschlechtskrankheiten
Hüftdysplasie	Mangelentwicklung (Abflachung) der Hüftgelenkpfanne mit der Gefahr eines Austritts des Hüftkopfes
Hüftkamm	Ansatzpunkt für den Ellbogen
Humeruskopf	Spitze des Oberarmknochens
Hydrocephalus	Wasserkopf oder Flüssigkeitszunahme im Bereich der Liquorräume des Gehirns
Hygrom	Flüssigkeitserguss im Schädel
Hypakusis	Schwerhörigkeit
Hyperästhesie	herabgesetzte Berührungsempfindlichkeit
Hyperalgesie	gesteigerte Schmerzempfindlichkeit
Hyperanteflexion	übermäßige, spitzwinklige Beugung des Gebärmutterkörpers gegen die Zervix
Hyperdens	Bildbereich eines CT, der eine vermehrte optische Dichte aufweist
Hyperkinesie	Sammelbegriff für eine Vielzahl unwillkürlicher, in Form und Entstehung unterschiedlicher Extrabewegungen.
Hypernatriämie	Erhöhung der Serum-Natrium-Konzentration mit dadurch bedingtem Anstieg der Stoffmenge und möglichem Koma
Hyperpathie	Überempfindlichkeit für sensible Reize bei gleichzeitig jedoch erhöhter Reizschwelle
Hyperplasie	Vergrößerung des Gewebes (Organs) durch Zunahme der Zellzahl
hypertensiv	blutdrucksteigernd
Hyperthermie	erhöhte Kerntemperatur des Körpers
Hypertonie	Bluthochdruck
Hypertrophie	Vergrößerung von Organen oder Gewebe
Hypoaldosteronismus	generalisierte Nebennierenrinden-Insuffizienz
Hypogeusie	herabgesetzte Geschmacksempfindung
Hypoglykämie	abnorm geringer Zuckergehalt des Blutes
Hypopigmentierung	verminderte Pigmentierung der Haut
Hyposmie	Herabsetzung des Geruchssinns
Hypotonie	niedriger Blutdruck
Hypoventilation	Minderbelüftung infolge verringerten Atemminutenvolumens
Hypoxie	Verminderung des Sauerstoffpartialdrucks im arteriellen Blut
Hysterektomie	Entfernung der Gebärmutter
HWS	Halswirbelsäule
HWS-Blockierung	Störung der Gelenkfunktion der Halswirbelsäule

HWS-Syndrom	Halswirbelsäulensyndrom bzw. Schleudertrauma, Verrenkung der HWS
HWS-Verletzung	Schweregrad: leicht, mittelschwer, schwer
Iatrogen	durch den Arzt hervorgerufen, durch ärztliche Einwirkung ausgelöst
idiopathische thrombozytopenische Purpura (ITP)	Autoimmunerkrankung, die die Lebensdauer der Thrombozyten verkürzt.
Iliosakralfuge	Spalt zwischen Dammbein und Kreuzbein
Iliopsoas	Hüftgelenksbeugemuskel
ISG	Iliosakralgelenk, Kreuz-Dammbein-Gelenk
Impingement	Einklemmung z.B. am Schultergelenk
Implantat	Fremdteil zum Einfügen in den Körper
Implantation	Einpflanzung in den Körper
Impotenz/impotentia coeundi	Unfähigkeit des Mannes, den Beischlaf auszuüben
Impressionsfraktur	Knochenbruch, bei dem Knochenteile in darunterliegende Weichteile hineingedrückt werden
Indizieren	die Anwendung bestimmter Heilmittel oder Heilmaßnahmen als angezeigt erscheinen lassen
Indiziert	angezeigt, ratsam, erforderlich
Induration	Verhärtung von Geweben oder Organen
Infarzierung	hochgradige Blutstauung in einem Gewebe
Infekt, Infektion	Übertragung und Eindringen von Mikroorganismen (z.B. Viren, Bakterien, Pilze)
Infraktion	unvollständiger Knochenbruch, Knickbruch
Infraktur	Anbruch
Injektion	Einspritzung von Flüssigkeiten in den Körper
Inkontinenz	Unvermögen, Harn oder Stuhl willkürlich im Körper zurückzuhalten
Insuffizienz	Funktionsschwäche, ungenügende Arbeitsleistung eines Organs
– respiratorische	Störung der äußeren Atmung
Internus	innen (gelegen)
intermittierend	zeitweise (aussetzend), stoßweise, zwischenzeitlich nachlassend
Intima	innerste Schicht der Gefäßwand der Arterien
intraartikulär	im Inneren eines Gelenks
intracerebral	im Großhirn gelegen, im Gehirn stattfindend
Intrakapsulär	im Innern einer Organ- oder Gelenkkapsel gelegen, in die Organ- oder Gelenkkapsel hinein
Intraligamentär	innerhalb eines Bandes; kann auch die Wirkung einer Zahnanästhesie bezeichnen
intraoperativ	während einer Operation
intrapartal	während der Geburt
intraspinal	innerhalb der Wirbelsäule
intrathecal	innerhalb der Theca (innere, zellreiche Schicht)
intrauterin	in der Gebärmutter
Intrauterinpessar	in die Uterushöhle eingelegte Gebilde unterschiedlicher Form zur Kontrazeption

intravaskulär	innerhalb der (Blut-)gefäße
Intubation, Intubierung	Einführen eines Spezialtubus in die Trachea oder eines Hauptbronchus zum Beatmen
Intubationsgranulom	Bindegewebsreaktion nach einer Intubation
Intubieren	einen Tubus einführen, u.a. zur künstlichen Beatmung
Invasiv	eindringend
In-Vitro-Fertilisation	extrakorporale Befruchtung einer Eizelle
Inzision	chirurgischer Eingriff
Iris	Regenbogenhaut
irreversibel	nicht rückgängig zu machen
Ischämie	Verminderung oder Unterbrechung der Durchblutung eines Organs
Ischiadicus	zum Sitzbein gehörend
Ischialgie	Schmerzen im Bereich des Ischiasnervs
Ischias	Nerv
Isthmus	Verbindungsstück
Jejunostomie	chirurgisch angelegte Öffnung durch die Bauchdecke in den Darm
Jejunum	an den 12-Fingerdarm anschließender Teil des Dünndarms
Jochbein (os zygomaticum)	Wangenknochen des Gesichts
Juvenil	jugendlich
Kahnbein	Knochen der Hand- bzw. Fußwurzel
Kaiserschnitt	Schnittentbindung, geburtshilfliche Operation zur raschen Entbindung bei Geburtshindernissen, wobei die Gebärmutter eröffnet wird
Kalotte	Schädeldach
Kalottenfraktur okzipital	Hinterkopffraktur
Kalottenfraktur temporopolare	Schädeldachfraktur unter Beteiligung des schläfenwärts gelegenen Teils des Großhirns
Kapselfibrose	Komplikation der Mammaplastik bei Verwendung von Silikonprothesen
Kardial	das Herz betreffend
Kardiogen	das Herz betreffend
Kardiomyopathie	Erkrankung mit Vergrößerung der Herzhöhlen
kardiovaskulär	Herz und Gefäße betreffend
Karotis	Hauptschlagader im Halsbereich
Karpaldachspaltung	Maßnahme, um ein Karpaltunnelsyndrom (Karpaltunnel = tunnelartige Röhre, die sich in der Tiefe des Handtellers zwischen der Daumenballen- und der Kleinfingermuskulatur befindet) operativ zu beheben
Karpaltunnelsyndrom	Sensibilitätsstörungen in Hand und Fingern infolge einer Kompression des nervus medianus (Motoriknerv) – druckbedingte Schädigung des zur Mitte gelegenen Handnervs
Karzinom	Krebsgeschwür
Katarakt	grauer Star – Trübung der Augenlinse
Katheter	Instrument zur Einführung in Körper(hohl)organe

Kaudasyndrom	schlaffe Lähmung der unteren Extremitäten mit Schmerzen und Sensibilitätsstörungen, oft Blasen- und Mastdarmstörungen infolge von Schädigung des untersten Rückenmarkabschnitts
Kauter	elektrisches Gerät zur Gewebezerstörung durch Hitze
Keilbein	Knochenteil des Schädels oder der Fußwurzel
Keilexzision	keilförmiges Entfernen von Gewebe aus dem Körper
Keloid	Wulstnarbe; derbe, bindegewebige, strangförmige Hautwülste
Keratektomie, photoreaktive	flächige Abtragung von Hornhautschichten des Auges mittels Laser zur Behebung von Refraktionsanomalien des Auges
Keratokonus	kugelförmige Vorwölbung der Hornhaut – Hornhautschwäche
Kirschnerdraht	Draht, der bei der Behandlung eines Oberschenkelbruchs operativ in das Ende des Oberschenkelknochens eingeführt und mit einer Zugvorrichtung verbunden wird
Klaustrophobie	Angst vor Aufenthalt in geschlossenen Räumen
Kloniform	krankhaft überschießend
Klonus	Zittern
Koagulation	Gerinnung, Übergang kolloidaler Stoffe in den Gel-Zustand durch Hitzeeinfluss
Kolitis	Entzündung des Dickdarms
Kollateralband	auf derselben Seite des Körpers liegendes Band
Koloskopie	Darmspiegelung
Koma	tiefe Bewusstlosigkeit, durch äußere Reize nicht erweckbar
Kompartmentsyndrom	schmerzhafte muskuläre Bewegungseinschränkung als Komplikation eines Bruches
Komplexe	Vereinigung gefühlsbetonter Vorstellungen, Zwangsvorstellungen
Komplikation	ungünstige Beeinflussung oder Verschlimmerung eines normalerweise überschaubaren Krankheitszustandes, chirurgischen Eingriffs oder biologischen Prozesses durch einen unvorhergesehenen Umstand
Kompression	Quetschung, Zusammendrückung, Stauchung
Kompressionsfraktur	Bruch durch Stauchung oder Zusammenquetschung
Kondylom	Feigwarze, Wucherung
Konglomerattumor	Verwachsung von Organen, die den Eindruck einer größeren Tumorbildung entstehen lassen
Konkremente	z.B. Gallen- oder Blasensteine
konservative Behandlung	erhaltende Behandlung, v.a.i.S.e. Schonung und Erhaltung z.B. eines verletzten Organs, im Gegensatz zur operativen Behandlung
konsolidieren	verfestigen, medizinisch i.S.e. nicht weiter fortschreitenden oder abheilenden Krankheit; bei Brüchen: die knöcherne Verfestigung einer Fraktur
kontraindiziert	nicht anwendbar, obwohl an sich zweckmäßig oder zur Heilung notwendig, im Gegensatz zu indiziert
Kontraktur	dauerhafte Verkürzung eines Muskels mit Bewegungsbehinderungen
Kontusion	Quetschung, Prellung, stumpfe Verletzung durch Gewalteinwirkung mit einem stumpfen Gegenstand
Kontusionsblutung	Blutansammlung im Gehirn

Kontusionsherd	Schwerpunkt einer Prellung oder Quetschung
Konussyndrom	Blasenlähmung
Konversion	Umsetzung eines seelischen Konflikts in körperliche Symptome, ohne dass ein organischer Befund dafür vorliegt
Konversionsneurose	Organfunktionsstörungen, die durch Konversion entstehen
Konvex	gewölbt
konzentrativ-mnestisch	das Gedächtnis betreffend
Kopfschwartenablederung	Skalpierungsverletzung
Koronar	Herz-
Kortison	aus der Nebennierenrinde isoliertes Hormon
Kraniektomie	Entfernen von Teilen des Schädeldaches
Kreislaufdysregulation	Regulationsstörungen des Kreislaufs
Kreuzband	vorderes und hinteres Kreuzband im Kniegelenk
Kreuzbein	Teil der Wirbelsäule, gebildet aus fünf miteinander verschmolzenen Wirbeln
Kristeller-Handgriff	geburtshilflicher Handgriff zum Ersatz ungenügender Kraft der Bauchpresse bei der Geburt des Kopfes, Entwicklung der Schultern und bei Beckenendlage
kryo-...	Teilsilbe für: kältebedingt, vereisend
Kryokoagulation	Koagulation durch Kälte
Kryokonservierung	Tiefgefrieren
Küntscher-Marknagelung	Küntscher Nagelung = operative Knochenbruchbehandlung, bei der ein Metallnagel in die Markhöhle des gebrochenen Knochens eingeführt wird
Kürette	chirurgisches Werkzeug zur Gewinnung von Gewebe (vorwiegend aus der Gebärmutter)
Kyphorisierung	Verkrümmung der Wirbelsäule
Labyrinth	Teil des Innenohres – Gleichgewichtsorgan
Laparoskopie	Operation oder Untersuchung der Bauchhöhle mithilfe eines optischen Instruments
Laparotomie	operative Eröffnung der Bauchdecke
Larynx	Kehlkopf
Lasègue-Zeichen	durch Drehen des gestreckten Beines ausgelöster Schmerz (des Ischiasnervs) im Gesäß und im Oberschenkel der erkrankten Seite
LASIK	laser assisted in situ keratomileusis; Operationsmethode zur Hornhautkorrektur
Läsion	Verletzung oder Funktionsstörung eines Organs oder Körperglieds
Latenz	zeitweiliges Verborgenbleiben von Krankheiten
Lateral	seitlich, seitwärts (gelegen)
Lavage	Spülung einer Körperhöhle
Le Fort II Fraktur	Pyramidenfraktur des Oberkiefers
Le Fort III Fraktur	Abriss des Gesichtsschädels von der Schädelbasis
Leberzirrhose	s. Zirrhose
lege artis	nach den Regeln der (ärztlichen) Kunst
Leistenhernie	Leistenbruch
Leitvenen	große Sammelvenen an Ober- und Unterschenkel

Leukom	Weiße Hornhautnarbe
Leukomalazie	durch erheblichen Sauerstoffmangel verursachte Schädigung der weißen Substanz im Gehirn. Sie tritt besonders häufig bei frühgeborenen Kindern im Säuglingsalter auf.
Leukopenie	Blutbild: deutlich weniger weiße Blutkörperchen
Leukozyten	Weiße Blutkörperchen
Libido	Sexualtrieb
ligamentum capitis femoris	Hüftgelenkskopf
Ligamentum collaterale ulnare	Kollateralband des Ellenbogens
Ligatur	Unterbindung mittels Naht, so von Blutgefäßen
Liposuktion	Absaugen von Depot-Fettansammlungen
Liquor	Gehirn- und Rückenmarkflüssigkeit
Liquorfistel	Gangbildung aus Gehirn- oder Rückenmarksraum mit Austritt von Gehirnflüssigkeit
Liquorrhoe	Ausfluss von Gehirnflüssigkeit
Liquorkissen	Flüssigkeitskissen
Lisfrankgelenk	Fußgelenk
Locked-in-Syndrom	Unfähigkeit zu sprechen oder sich zu bewegen bei völliger Bewusstseinsklarheit (nach Thrombose der Arteria basilaris)
Logopäde	Stimm- und Sprachtherapeut
Lorenzgips	Gips in maximaler Beuge-Abspreizstellung der Hüfte
Lues	s. Syphilis
Lumbal	zu den Lenden gehörend, sie betreffend
Lumbo-	die Lendenregion betreffend
lumbosacral	LWS und Kreuzband betreffend
Lungenembolie	Form des Verschlusses der arteriellen Lungenstrombahn durch einen Thrombus
Luxation	Verrenkung, Ausrenkung eines Gelenks
Luxationsdysplasie	Fehlbildung eines Organs oder Glieds nach einer Gelenkverletzung
Luxationsfraktur	Kombination von Luxation (Verrenkung) und Knochenfraktur an einem Gelenk
LWK	Lendenwirbelkörper
LWS	Lendenwirbelsäule
Lymphadenektomie	operative Entfernung von Lymphknoten
Lymphödem	Verdickung der Haut und des Unterhautzellgewebes infolge Lymphstauung
Lymphohistiozytose, familiäre, hämophagozytische (FHL) auch morbus Farquhar	sehr seltene rezessiv vererbte Krankheit, die durch Infiltration alle Organe durch Histiozyten und Lymphozyten zerstört
Lysetherapie	Lyse: Lösung, Auflösung von Bakterien
Maisonneuve-Fraktur	Fraktur des Wadenbeins
Makrosomie	Hochwuchs
Makulaödem	Schwellung der Netzhaut im Bereich der Makula (Stelle des schärfsten Sehens) mit Sehschärfeverlust
Maligne	bösartig
Malignität	Bösartigkeit (meist von Tumoren)

Mallolar	Knöchel
Malleolus	Fußknöchel
Malleolus lateralis	Außenknöchel, Wadenbein
Malleolus medialis	Innenknöchel, Schienenbein
Malleolus medialis	Knöchel – zur Mittelebene des Körpers gelegen
Mamille	Brustwarze
Mamillen-Areolen-Komplex	Komplex des Warzenhofs der Brust
Mamillitis	Brustwarzenentzündung
Mamma	die weibliche Brust
Mammaablation	Brustentfernung
Mammakarzinom	Brustkrebs
Mantelpneumothorax	kleiner Pneumothorax
Marklagerläsion	Veränderung von Hirngewebe
Marcumar	Medikament zur Herabsetzung der Blutgerinnungsfähigkeit
Massa lateralis	1. Halswirbel (Atlaswirbel) kopfwärts
Mastektomie	operative Entfernung der weiblichen Brust
Maxilla	Oberkiefer
Medial	in der Mitte liegend, mittelwärts, einwärts
Mediale Gonarthrose	Arthrose des Kniegelenks
Medianebene	Längsachse des Körpers
Mediastinal	»Mittelfell« – Raum im Brustkorb zwischen den Lungenflügeln
Mediastinitis	Entzündung des lockeren Bindegewebes im Mediastinum (mittleres Gebiet des Brustraums)
Mediastinoskopie	Methode zur Entnahme und Untersuchung i.R.d. Lungendiagnostik von Lymphknoten im vorderen oberen Mediastinum
Mediastinotomie	Eröffnung des Mittelfellraums (Brustraum)
Mediastinum	Mittelfellraum, zwischen den Lungen gelegener mittlerer Teil der Brusthöhlen
Medulla	Mark
Medullär(intra)	Auf das Mark bezogen
Mekonium	»Kindspech«, erster Stuhlgang eines Neugeborenen
Melanom	Tumor an der Haut
Meningitis	Hirnhautentzündung
Meningoencephalitis	Hirnhautentzündung
Meniskus	Knorpel im Kniegelenk
Mesenterialeinriss	Einriss des Darms mit Blutungen aus Darmgefäßen in die freie Bauchhöhle
Mesenterium	Dünndarmabschnitt, Eingeweidegekrösel
Metastase	Tochtergeschwulst durch Absiedlung von Gewebszellen vom primären Tumor – Tochtergeschwulst
Metastasierung	Ausbreitung von Krebszellen, die zur Bildung von Tochtergeschwüren führen
Metatarsal	den Mittelfuß betreffend
Metatarsus	Mittelfuß
Metatarsale	Mittelfußknochen

Microzephalie	Form der Schädelfehlbildung durch Verkleinerung des Schädelfangs
– primäre	Microzephalie ohne erkennbare Ursache
– sekundäre	Microzephalie infolge pränataler Erkrankung, die häufig zu einem Wasserkopf führen kann
Migraine Cervicale	Kopfschmerz und Schwindel nach Schleudertrauma
Miktion	Harnentleerung aus der Blase
Milzruptur	Zerreißung der Milz bei stumpfen Bauchtrauma
Mitralklappe	Eine der vier Herzklappen
Mnestisch	Denken/Auffassung
Monokelhämatom	einseitiges Brillenhämatom
Morbus	Krankheit
Morbus Bechterew	chronisch entzündliche rheumatische Erkrankung mit Schmerzen und Versteifung von Gelenken (auch: Spondylitis ankylosans)
Morbus Farquhar = Lymphohistiozytose, familiäre, hämophagozytische (FHL)	sehr seltene rezessiv vererbte Krankheit, die durch Infiltration alle Organe durch Histiozyten und Lymphozyten zerstört
Morbus Sudeck	heute CRPS, complex regional pain syndrome, s. Sudeck'sche Dystrophie
Moribund	im Sterben liegend, sterbend
MPFL	mediale patellofemorale Ligament – Band der Kniescheibe
MRT	Magnetresonanztomographie (zur Erstellung von Schnittbildern des Körpers)
Musculus vastus lateralis	einer der vorderen Muskeln des Oberschenkels
Mucus	Schleim
Mukoviszidose	Stoffwechselerkrankung; in vielen Organen des Körpers wird ein zähflüssiger Schleim gebildet
multifokal	fokal: von einem Herd ausgehend; multifokal: von mehreren (vielen) Herden ausgehend
multipel, multiple	mehrfach, vielfach, an vielen Stellen auftretend
Multiple Sklerose	entzündliche Erkrankung des Zentralnervensystems, die zu zerebralen und spinalen Symptomen, insb. Paresen, führen kann
Multisegmental	viele Segmente betreffend
Multizentrizität	multiple, unabhängig voneinander entstandene Tumore
Musculus bizeps femoris	zweiköpfiger Muskel des Oberschenkels
Musculus sternocleidomastoideus	Muskel zwischen Brustbein, Schlüsselbein und der Schädelbasis; »großer Kopfwender« oder »Kopfnicker«)
Musculus trapezius	Kapuzenmuskel im Rumpf
Muskelhartspann	reflektorischer (= als Reflex ablaufender) Dauertetanus eines quergestreiften Muskels
Myalgie	Muskelschmerz
Myasthenia gravis	neurologische Erkrankung, abnorme belastungsabhängige Muskelschwäche
Myel	Rückenmark
Myektomie	operative (Teil-) Resektion eines Muskels
Myelin	Ummantelung von Nervenbahnen
Myelitis	Rückenmarksentzündung

Myelographie	Röntgenkontrastdarstellung des Wirbelkanals
Myelopathie	Rückenmarkserkrankung
Myokard	Teil des Herzmuskelgewebes
Myofascial	im Bereich der Muskeln
Myoklonie	rasche unwillkürliche Muskelzuckungen
Myom	gutartiger Tumor, der überwiegend aus Muskelgewebe besteht
Myolyse	Muskelzelluntergang infolge Degeneration oder Nekrose
Myositis ossificans	Weichteil- oder Muskelverknöcherung nach Gelenksverletzungen
Nasolabial	Nasen-Lippenbereich
Nekrose	örtlicher Gewebstod, Absterben von Zellen, Geweben und Organen
Nekrotisch	zellverändernd nach irreversiblem Ausfall der Zellfunktionen
Neonatal	neugeboren
Nephrektomie	operative Entfernung der Niere
Nervus	Nerv
– accessorius	Hirnnerv, der hinter dem Lymphknoten am Hals verläuft
– alveolaris	Kiefernerv
– axillaris	durch die Achselhöhle verlaufender Nerv
– cutaneus antebrachii lateralis	auf der Radialseite (Speichenseite) des Unterarms verlaufender Nerv
– cutaneus antebrachii lateralis superior	Oberarmnerv
– cutaneus antebrachii medialis	Nerv, der die Haut des ellenseitigen Unterarms versorgt
– fascialis	Nerv für Gesichtsmuskeln
– femoralis	Nerv am Hüftgelenk, Oberschenkel, Knie, Unterschenkel bis zum medialen Fußrand
– hypoglossus	XII. Hirnnerv, unter der Zunge liegend
– ischiadicus	ein peripherer Nerv des Plexus lumbosacralis (Lenden-Kreuz-Geflecht), auch »Sitzbeinnerv« oder »Hüftnerv«
–laryngeus recurrens	rückläufiger Kehlkopfnerv, Stimmnerv
– lingualis	Zungennerv
– mandibularis	Unterkiefernerv
– medianus	Teil des peripheren Nervensystems, zieht von der Achselhöhle über die Innenseite des Oberarms auf die Handflächenseite des Unterarms
– mentalis	Kiefernerv
– peronaeus	einer der beiden Hauptäste des nervus ischiadicus. Er zieht seitlich des Knies, am Fibulakopf vorbei zur vorderen seitlichen Unterschenkelmuskulatur
– peronaeus communis	Nerv am medialen Rand des zweiköpfigen Schenkelmuskels zum Tibiakopf
– peronaeus superficialis	oberflächlich
– phrenicus	Rückenmarksnerv, der vom Hals zum Zwerchfell verläuft
– radialis	Nerv zum radius gehörend, radius = Speiche = daumenseitiger Unterarmknochen
– recurrens	Nerv an der Hinterfläche der Schilddrüse

– saphenous	Nerv im Bereich des Oberschenkels
– supraorbitalis	eine Abzweigung des Stirnnervs, der am Oberrand der Orbita verläuft, versorgt sensorisch Stirn- und Kopfhaut bis zum Scheitel
– suralis	rein sensibler Nerv des Unterschenkels
– sympaticus	Leitungsnerv
– tiberalis	Schienbeinnerv
– tibialis	Nerv in der Kniekehle
– trigeminus	Trigeminusnerv, einer der im Kopf verlaufenden Nerven
– ulnaris	ein Nerv des Armgeflechts, der an der Innenseite des Oberarms zum Ellbogenhöcker verläuft
Neuralgie	Nervenschmerz, anfallweise auftretende Schmerzen im Ausbreitungsgebiet eines Nervs
neurasthenisches Syndrom	Begleiterscheinung eines Schädelhirntraumas durch depressive Verstimmung, neuropsychologische Leistungseinbußen, Reizbarkeit, Schlafstörungen
Neurinom	langsam wachsender gutartiger Tumor des peripheren Nervensystems
neurochirurgisch	ein Teilgebiet der Chirurgie, welches sich mit der operativen Behandlung von Nervensystemserkrankungen befasst, umfassend
Neurodermitis	ekzemartige Hauterkrankung
Neurogen	einen Nerv (oder: Nervensystem) betreffend, vom Nerv ausgehend
Neurologie	Fachgebiet, das sich mit der Erforschung, Diagnostik und Behandlung der Erkrankungen des Nervensystems und der Muskulatur befasst
Neurolyse	Operative Lösung eines Nervs
Neurom	überschießende knotenförmige Regeneration nach Durchtrennung eines Nervs
Neuron	Ganglienzelle mit zugehörigen Fortsätzen
Neuropathie	Nervenleiden
Neuropathisch	Erkrankungen des peripheren Nervensystems betreffend
Neuropsychologie	Spezialgebiet der Psychologie, das sich mit der Wechselwirkung zwischen Gehirn und Verhalten im weiteren Sinne befasst
Neurose	krankhafte Verhaltensabweichung mit seelischen Ausnahmezuständen und verschiedenen körperlichen Funktionsstörungen ohne organische Ursache, entstanden aus gestörter Erlebnisverarbeitung
Nierenparenchym	Organmasse der Niere
Noncompaction Kardiomyopathie	seltene, genetisch bedingte Störung der Herzmuskel-Verdichtung während der embryonalen Organentwicklung
Nukleotomie	Entfernung von Bandscheibenanteilen aus dem Rückenmark
Nystagmus	Augenzittern
Obstipation	Stuhlverstopfung
Obstruktion	Verstopfung
Occipitalis	das Hinterhaupt betreffend, Abkürzung für Nervus occipitalis
Oculus	Auge
Ödem	Ansammlung wässriger Flüssigkeit in Gewebespalten
Oesophagitis	Entzündung der Speiseröhre
Okklusion	Verschluss

Olecranon	Ellenbogen, Ellenhaken
olfaktorisch	das Riechen betreffend
Olfaktorius	Riechnerv
Oligophrenie	veraltete Bezeichnung für geistige Behinderung, Schwachsinn
Ölzyste(n)	mit Fett gefüllter Hohlraum im Gewebe
Omentum	Teil des Bauchfells
Open-book-Verletzung	Beckenringfraktur
Os acetabuli	Hüftgelenkspfanne
Os cuneiforme mediale	Keilbein in der Hand
Os cuneiforme intermedicus	Keilbein-Knochen in der Fußwurzel
Opticus	Sehnerv
Oral	zum Mund gehörig, durch den Mund
Orbita	Augenhöhle
Orbitabodenfraktur	s. Blow-Out-Fraktur
Orbital	zur Augenhöhle gehörend
Orchitis	Hodenentzündung
Oreotomie	operative Knochenumstellung
Orthese	eine abnehmbare und verstellbare Schiene für das Gelenk zum Schutz nach einer OP
Os	Knochen
OSG	oberes Sprunggelenk
Os Ilium	Teil des Hüftbeins
Os Odontoideum	Knochenelement oberhalb der Axis
os naviculare	Kahnbein
os pubis	Schambein
os sacrum	Kreuzbein
Os hamatum	Hakenbein an der Hand
ossa carpi	Handwurzelknochen
ossa metacarpale	die fünf ossa metacarpalia (I bis V) bilden die knöcherne Grundlage der Mittelhand
Osteochondral	auf Knochen und Knorpel bezogen
Osteochondrose	Knochen- und Knorpeldegeneration
Osteolyse	Auflösung und Abbau von Knochengewebe
Osteomyelitis	Knochenmarksentzündung
Osteoporose	Erkrankung des Skelettsystems mit Verlust bzw. Verminderung der Knochensubstanz
Osteosynthese (material)	Material zur schnellen Wiederherstellung der Funktionsfähigkeit frakturierter Knochen
Osteotomie	Knochenumstellung, operative Knochendurchtrennung
Ostitis	Knochenentzündung
Oto	Wortteil »Ohr(en)«, »Gehör«
Ovarialkarzinom	Tumor des Eierstocks
Ovulation	Eisprung
Pädiatrie	Kinderheilkunde
Palmarflexion	Beugung von Hand oder Finger

Palliativ	gegen die Symptome, nicht gegen die Ursache der Erkrankung gerichtet
Pankreas	Bauchspeicheldrüse
Paralyse	vollständige Lähmung
Paranoia	Erkrankung mit systematischem Wahn, früher Bezeichnung für Schizophrenie
Paraparese	beidseitige unvollständige Gliedmaßenlähmung
Paraphasie	Sprachstörung, die durch das Ersetzen, Auslassen, Hinzufügen oder Umstellen einzelner Laute in einem Wort gekennzeichnet ist
Paraplegie	vollständige Lähmung zweier symmetrischer Extremitäten (Querschnittslähmung)
Pararektalschnitt	Bauchschnitt
Parästhesie	anormale Körperempfindung, z.B. Kribbeln, Einschlafen der Glieder
Paravertebral	neben der Wirbelsäule
Parenchym	spezifisches Gewebe eines Organs, das dessen Funktion bedingt
Parenteral	unter Umgehung des Magen-Darm-Kanals
Parese	motorische Schwäche, unvollständige Lähmung
Parietal	zur Wand eines Organs oder zur Leibeswand gehörig
Parodontalprophylaxe	vorbeugende Maßnahme gegen Parodontitis (Zahnfleischentzündung)
Parodontitis	Entzündung des Zahnfleischsaumes mit Ablagerung von Zahnstein, Bildung eitriger Zahnfleischtaschen und Lockerung der Zähne
Parodontium	Zahnbett, gesamter Zahnhalteapparat
Parodontologie	Behandlung eines entzündlichen Vorgangs im Bereich der Wurzelspitze eines Zahns
Parodontose	Zahnfleischschwund, nicht entzündliche Erkrankung des Zahnbetts mit Lockerung der Zähne
Parotis	Ohrspeicheldrüse
Partial	teilweise
Patella	Kniescheibe
Pedikel	Teil des Wirbelbogens hinter dem Wirbelkörper
PEG-Sonde	Sonde bei einer perkutanen endoskopischen Gastrostomie (Magensonde)
pelvitrochantär	am hinteren Hüftmuskel befindlich
Penil	den Penis betreffend
Perforation	Durchbruch eines Krankheits- oder Verletzungsprozesses durch eine Organwand, Durchbohrung
Peri	Wortteil: um … herum, in der Umgebung von, überschreitend, übermäßig
Perianal	um den Anus herum
periareolär Bruststraffung	innerhalb der Brustfalte
periartikulär	um ein Gelenk herum
Periduralanästhesie	Rückenmarksnarkose
Periduralkatheter	Anästhesie mittels Katheter in den Wirbelkanal – Epiduralraum
Periimplantitis	Entzündung des Implantatbetts von Zahnimplantaten

Perikard	Herzbeutel
Perineum	Damm zwischen After und Scheide
Peripher	außen liegend, zu den Randgebieten des Körpers gehörend
periproktitisch	s. perianal
perirektal	um das Rektum herum
Peritoneum	Bauchfell
Peritonitis	Bauchfellentzündung
periulnär	Verschiebung der distalen Reihe der Handwurzelknochen, sowie des Os triquetrum und Os scaphoideum gegen das Os lunatum – Mondbein
periventrikulär	im Bereich der Seitenventrikel
Perkutan	durch die Haut hindurch
Peroneus	zum Wadenbein gehörend, auch Kurzbezeichnung für Wadenbeinnerv
Peroneusparese	Lähmung des nervus Peroneus
Persistieren	anhalten, fortbestehen
pertrochantär	hüftgelenksnah
Pessar	s. Intrauterinpessar
Petrosektomie	Entfernung des Felsenbeines
Pfannenfraktur	Bruch eines pfannenartigen Gelenkendes von Knochen
Phalanx	Finger-, Zehenglied
Phantomschmerz	Schmerzen in amputierten Gliedmaßen
Philosplattenosteosynthese	Osteosynthese proximaler Humerusfraktur mit der winkelstabilen PHILOS-Platte
Phimose	Verengung der Vorhaut (Präputium) des Penis
Phlebitis	Venenentzündung
Phlebografie	s. Angiografie
Phlebothrombose	Venenthrombose
Phlegmone	eitrige Entzündung des Zellgewebes
Phobie	exzessive Angstreaktion
photorefraktiv	seinen Brechwert verändernd bei Licht/Laserbestrahlung
Physiotherapie	Behandlung von Krankheiten mit sog. natürlichen Mitteln
Physisch	körperlich
Pigment	in Körperzellen auftretender Stoff mit eigener Farbe
Pilius	Haar
Pilontibiale	Stauchungsbruch des Schienbeines – gelenktragenden Anteil des distalen Schienbeins
Plastik	operative Formung, Wiederherstellung von Organen und Gewebeteilen
Plattenosteosynthese	operatives Verfahren zur schnellen Wiederherstellung gebrochener Knochenplatten
Plegie	vollständige Lähmung der Skelettmuskeln
Pleura	Brustfell, die inneren Wände des Brustkorbes auskleidende Haut
Pleuraerguss	abnorme Flüssigkeitsansammlung in der Pleurahöhle (Brusthöhle)
Pleuraraum	Brusthöhle

Plexus	Geflecht, netzartige Verknüpfung von Venen, Nerven oder Blutgefäßen
Plexus brachialis	Armgeflecht, Armplexus; aus den Spinalnervenwurzeln C4 bis Th2 sich formierendes Geflecht verschiedener Nerven des Schultergürtels und Arms
Plexus lumbosacralis	Lendenkreuzgeflecht; zwei Nervengeflechte der unteren Körperregion
Plexusparese	Lähmungen im Bereich dieses Geflechts
Pneumatozephalus	Luftansammlung im Schädel, z.B. nach Fraktur
Pneumonie	Lungenentzündung
Pneumothorax	Luftansammlung im Pleurarraum (zwischen Lungen- und Rippenfell)
Poliomyelitis	Kinderlähmung
poly-	Teilsilbe für: viel, mehr, zahlreich
Polyneuropathie	Erkrankung peripherer Nerven aus nichttraumatischer Ursache
Polyp	Schleimhautgeschwulst, Schleimhautvorwölbung
Polyposis	zahlreiche Polypen
polyradikulär	zahlreiche Wurzeln betreffend
Polytrauma	Mehrfachverletzung – mindestens eine von lebensbedrohlichem Charakter
Pons	Abschnitt des Gehirns, Teil des Hinterhirns (Brücke)
PONV	Postoperative Übelkeit
Popliteussehne	Sehne in der Kniekehle
post-…	Teilsilbe für: danach, hinter
Posterolateral	Hinten seitlich
Postfusionssyndrom	fusionsspezifische Beschwerden der Wirbelsäule, die auch nach gelungener Fusionsoperation auftreten können
Postganglionär	vegetative Nervenfasern nach Umschalten in einem peripheren Ganglion
posthämorrhagisch	nach einer Blutung
postnatal	nach der Geburt
postoperativ	nach einer Operation auftretend, einer Operation folgend
postpartal	(Zeitraum) nach der Geburt
posttraumatisch	nach dem Unfall oder der Verletzung
prä-…	Teilsilbe für: vor
präarthrotisch	Oberbegriff für Vorgänge, die im makro- oder mikrostrukturellen Bereich die Gewebeanteile des Gelenks beeinträchtigen und damit der eigentlichen Arthrose vorausgehen – ausgelöst z.B. durch Traumata.
Prädisposition, psychische	psychischer, eine Krankheit begünstigender Zustand
Präkanzerose	Gewebeveränderung mit Risiko der Entartung
Präpatellar	vor der Kniescheibe
Processus coronoideus -	prominenter, dreieckiger Knochenvorsprung der Elle
Processus, proc.	Fortsatz, Vorsprung
Processus styloides ossis ulnae	Fortsatz der Basis des 3. Mittelhandknochens zur Elle
Processus transversus	paariger Querfortsatz, der zum Ansatz der Bänder dient

Progredient	fortschreitend, progressiv
Prolaps	»Vorfall«, Heraustreten von Teilen eines inneren Organs aus einer natürlichen Körperöffnung
Prolift Mesh	Mesh Implants-Prolift
Prophylaxe	Vorbeugung – zusammenfassende Bezeichnung für die medizinischen und sozialhygienischen Maßnahmen, die der Verhütung von Krankheiten dienen
Prostata	Vorsteherdrüse
Prostataektomie	Entfernung der Prostata
Prothese	künstlicher Ersatz für Körperteile
Protusion	Vorwölbung (Bandscheibe)
Proximal	näher zur Körpermitte
processus coracoideus	Rabenschnabelfortsatz, die knöcherne Verbindung zum Schlüsselbein
processus styloideus	Griffelfortsatz
Pseudarthrose	Scheingelenk, falsches Gelenk an Bruchstellen von Knochen bei ausbleibender Heilung
pseudo-	Wortteil mit der Bedeutung falsch, Lügen-, Schein-
Psyche	Seele, Seelenleben
Psychiatrie	Wissenschaft von den Seelenstörungen und Geisteskrankheiten
psychiatrisch	die Psychiatrie betreffend
Psychisch	seelisch
Psychogen	seelisch bedingt
Psychomotorik	durch psychische Vorgänge ausgelöste Bewegungen
psychopathologisch	krankhafte psychische Störungen und Veränderungen
Psychopharmaka	Substanzen, die psychische Funktionen beeinflussen
Psychose	Geisteskrankheit, Seelenstörung, die innerhalb des Lebenslaufs zeitlich abgrenzbar ist
Psychosomatik	Wissenschaft von der Bedeutung seelischer Vorgänge für Entstehung und Ablauf körperlicher Erkrankungen
Psychosyndrom	diffuse oder lokale Hirnschädigung mit weniger schweren Ausfallserscheinungen und Affektlabilität
– hirnorganisches	Leistungs-, Verhaltens- oder Antriebsstörung nach Hirnläsion
Ptosis	Hängen des Oberlids durch Lähmung
Pulmo	Lunge
Pulmonal	zur Lunge gehörig
pulmonalateriell	die Lungenschlagader betreffend
Pulmonalis	Lungenfell
Pulpa	Zahnmark, füllt die Zahnhöhle
Pulpitis	Zahnmarkentzündung
Punktion	Entnahme von Flüssigkeiten nach Einstich mit einer Hohlnadel
Pyramide	pyramidenartige Vorwölbung des Rückenmarks
Quadrant	Viertel
Quercolon	colon: Dickdarm
Radial	1. zum Radius (Speiche) gehörend, 2. daumenwärts

radikuläre Symptomatik	direkte Wurzelschäden an den Nerven, die zu Schmerzen im Rücken führen
Radikulolyse	röntgenologische Darstellung der Nervenwurzeln
Radio	Wortteil: Strahl, Stab, Speiche
Radius	Speiche daumenseitiger Unterarmknochen
Radix	Wurzel
ramus circumflexus	eines der drei großen Herzkranzgefäße
Readaptation	Wiedereingliederung
Reanimationsmaßnahme	Wiederbelebungsmaßnahme
rechtsparamedian	rechts neben der Mitte gelegen
Redressement	Wiedereinrichtung von Knochenbrüchen und Verrenkungen
regio intercondylica	Knochenfläche am Knie/Schienbein
Reizsynovitis	Entzündung der Gelenkinnenhaut
Rektum	Mastdarm, Endabschnitt des Dickdarms
Rektum-Scheidenfistel	Fistelgang zwischen Rektum und Vagina (Scheide) s. Fistel
Rekurrensparese	Lähmung des nervus laryngeus recurrens, der die meisten Kehlkopfmuskeln versorgt
Relaparotomie	wiederholte Öffnung der Bauchhöhle
Rentenneurose	s. Begehrensneurose
Reposition, Reponierung	Wiedereinrichten von gebrochenen Knochen oder verrenkten Gliedern, Zurückschiebung von Eingeweidebrüchen in die Bauchhöhle
Resaktat	das Entfernte
Resektion	operative Entfernung kranker oder defekter Teile eines Organs oder Körperteils
residual	zurückbleibend, resistent, widerstandsfähig
Residualsyndrom	Restsyndrom
Respiration	Atmung
Respirator	Gerät zur maschinellen Beatmung
Restauration	Wiederherstellung (z.B. von Zähnen)
Restschadensyndrom, psychoneurales	Restschadensyndrom mit psychischen Folgen
Retardierung	Verzögerung, Verlangsamung
Retinaculum flexorum	Verstärkung der Bindegewebsschicht im Bereich des Handgelenks und des Fußes, die als Halteband für Sehnen dient
Retinakulum – medial	Halteband – in der Mitte liegend
Retinopathie	nicht entzündliche Netzhauterkrankung
Retorquierung	erneute Drehung
retromamillär	hinter der Brustwarze gelegen
Retropattelar	hinter der Kniescheibe liegend
Retroperitoneal	hinter dem rückseitigen Bauchfell liegend
Revascularisation	Wiederherstellung der Blutversorgung eines Gewebes
reversibel	umkehrbar, heilbar
Revisionsoperation	erneuter operativer Eingriff
Rezeptor	Sinneszelle zur Reizaufnahme
Rezidiv	Rückfall, Wiederauftreten einer Erkrankung nach Abheilung

Rhabdomyolyse	Myolyse der quer gestreiften Herzmuskulatur mit Muskelschwäche
Rhinitis	Schnupfen
Rhinoplastik	Nasenplastik
-rhoe/-rhö/-rhoea/-rhe	Wortteil mit der Bedeutung Fließen, Strömung, Flut
Rigor	Muskelstarre
Ringbandspaltung	Operation zur Beseitigung einer Stenose (Verengung) der Hand
Rotationsbeeinträchtigung	Beeinträchtigung des Drehens
Rotatorenmanschette	die aus den Oberarmmuskeln bestehende Muskelmanschette des Schultergelenks
Ruptur	Zerreißung, insb. eines Gefäßes oder einer Gewebsstruktur
Sarkom	maligner Tumor – bösartige Krebsgeschwulst, die frühzeitig metastasiert
Scaphoidfraktur	Kahnbein-, Mittelhandfraktur
scapholunär	das Kahnbein der Hand betreffend
Skapholunäre Dissoziation	Kahnbeinluxation
Scapula	Schulterblatt
scapula corpusfraktur	Schulterblattfraktur
Sacrumfraktur	Besondere Beckenringverletzung
Schädelhirntrauma	Oberbegriff für gedeckte oder offene Schädelverletzungen mit Gehirnbeteiligung, drei Gradstufungen (Schädelprellung ohne Bewusstlosigkeit, Gehirnerschütterung mit Bewusstlosigkeit und contusio cerebri)
Schädelkalotte	Schädeldach
Schallleitungsschwerhörigkeit	Schwerhörigkeit aufgrund einer gestörten Schallleitung im Gehörgang
Schanz'sche Krawatte	Watteverband um den Hals zur Ruhigstellung der Wirbelsäule
Schenkelhalsfraktur	Fraktur des Femurhalses
Scheuermann morbus	Scheuermannkrankheit – Verknöcherungsstörung im Bereich der BWS
Schlafapnoesyndrom	schlafbezogene Atemstörung
Schlagaderruptur	Schlagaderriss
Schmerzsyndrom	Oberbegriff für Beschwerdebilder, die mit chronischen (d.h. seit mehr als 6 Monaten bestehenden, dauernden oder rezidivierenden) Schmerzen einhergehen
Schmetterlingsfraktur	beidseitige Beckenringfraktur
Schulterdystokie	gestörter Geburtsverlauf, bei dem nach Geburt des Kopfes die vordere Schulter über der Symphyse hängen bleibt
Schultergelenksprengung Typ Tossy III	s. Tossy III-Verletzung
Scotchcast	Kunststoffgipsverband, Stützverband
Scrotum/Skrotum	Hodensack
sekundär	an zweiter Stelle, nachfolgend
Sella	Sattel, Sessel (hier: im Schädelbereich)
Sentinellymphonodektomie	Einspritzen einer radioaktiven Substanz vor der Brust-OP
semitendinosus Musculus	Halbsehnenmuskel im hinteren Gelenk des Oberschenkelmuskels
sensibel	empfindlich, Empfindungen betreffend

sensorische Aphasie	Störung des Sprachverständnisses
Sepsis	Blutvergiftung
Septum	Scheidewand
Serom	Ansammlung von Wundsekret in nicht vorgebildeten Gewebehohlräumen
Serosa	Sero: Wortteil mit der Bedeutung Serum, Blutwasser
Serum-Hypo-Kaliämie	Elektrolytstörung, bei der das Blutserum mit Kalium unterversorgt ist
Shunt	Kurzschlussverbindung zwischen arteriellen und venösen Blutgefäßen und Gefäßsystemen (z.B. zwischen großem und kleinem Kreislauf)
Siebbein	die Nasen- von der Hirnhöhle trennender Knochen
Sigma	Hauptanteil des Dickdarms
Sigma-Diverticulitis	Ausstülpungen – vorwiegend im Darm
Silikon	Implantate zur Brustrekonstruktion oder -vergrößerung
Silikonom	Ausbildung von mitunter schmerzhaften Knoten um Silikonpartikel, wenn diese bei defekter Implantathülle in das Körpergewebe gelangen
Sinus	Vertiefung, Höhle; auch für geschlossene Kanäle, Erweiterungen von Venen und Lymphgefäßen und für lufthaltige Räume in Knochen
– frontalis	Stirnhöhle, Nasennebenhöhle
Sinusitis	Entzündung eines Sinus (Entzündung der Nasennebenhöhlen, eines Hirnsinus)
Sinus sphenoidalis –	Keilbeinhöhle (kleine Nasennebenwandhöhle)
SIRS	Systemic Inflammatory Response Syndrome: körpereigene entzündliche Abwehrreaktion des gesamten Organismus
Situs	Lage
Skalpierung	völliger Abriss der Kopfhaut
Skapula	Schulterblatt
Skoliose	seitliche Verkrümmung der Wirbelsäule
Skrotum	s. Scrotum
somatisch	körperlich
somatoform	körperbedingt
Somnolenz	Form der Bewusstseinsstörung, die durch einen schläfrigen Grundzustand gekennzeichnet ist
Spasmus	Krampf, Muskelzusammenziehungen
Spastik	Krampfzustand, Vermehrung der Muskelanspannung
spastisch	krampfartig
Speiche	Radius, anatomische Bezeichnung für den auf der Daumenseite liegenden Röhrenknochen des Unterarms
Speichenköpfchen	am Ellenbogen
Sphinkterplastik	Wiederherstellung der Schließmuskelfunktionen
Spina	hervorstehende Struktur
spina bifida	Sammelbegriff für alle angeborenen Spaltbildungen im hinteren (spina bifida posterior) oder vorderen (spina bifida anterior) Teil der Wirbelsäule

Spina scapulae	Schulterblattgräte
spinal	zum Rückenmark, zur Wirbelsäule gehörend
Spiralfraktur	Torsionsfraktur, Rotationsfraktur am langen Röhrenknochen
Spondylitis	Wirbelentzündung
Spondylodese	operative Versteifung bestimmter Wirbelsäulensegmente
Spondylodiszitis	Entzündung des Wirbelknochens im Bandscheibenraum
Spondylolisthesis	Wirbelabgleiten
Spondylose	Arthrose der Wirbelkörper
Spongiosa	Knochensubstanz, die Teil des Knochengewebes ist
Spongiosaplastik	Form der Knochentransplantation
Spritzenabszess	Eiterherd, Eiteransammlung in einem Gewebshohlraum
Staphylokokken	Eiterbakterien
Stauungspapille	Veränderung des Augenhintergrundes mit Schwellung und Trübung der Sehnervenpapille
Stenose	Verengung von Körperkanälen
Stereosehen	Fähigkeit, die Raumtiefe optisch einzuschätzen
Sterilisation	1. Unfruchtbarmachung von Männern und Frauen 2. Keimfreimachung von Operationsinstrumenten etc.
Stoma	Öffnung
Sterno-Claviculargelenk	Gelenk zwischen Schlüsselbein und Brustbein
Sternum	Brustbein
Strabismus	Schielen
Streptokokken	Bakterien, die zu schwerer Krankheit führen können
Streptokokkeninfektion	Ansteckung mit den Streptokokkenbakterien; Folge u.a. Sepsis, Fieber, teilweise tödlich
Stressharninkontinenz	Inkontinenz bei Belastung, häufigste Form weiblicher Inkontinenz
Stridor	Krankhafte Atemgeräusche durch Verengung der Luftwege
Struma	Kropf, krankhafte Vergrößerung der Schilddrüse
Sturge-Weber-Syndrom	epileptische Anfälle
sub-	Wortteil mit der Bedeutung: unter, unterhalb, nahe bei
Subarachnoidalblutung	akute Blutung unter der weichen Hirnhaut
Subacromialsyndrom	Oberbegriff für Erkrankungen des Gelenkbereichs unterhalb des Schulterdaches
Subcapital	unterhalb des Gelenkkopfes
subcapitale Fragmenthumeruskopffraktur	intraartikuläre Fraktur dicht unterhalb des Gelenkkopfes
Subdural	unter der harten Hirnhaut befindlich
Subkutan	unter der Haut liegend
Subluxation	unvollständige Verrenkung, Gelenkflächen bleiben in Verbindung
Subokzipital	unter dem Hinterhaupt gelegen
Subtotal	nahezu vollständig
Sudeck'sche Dystrophie	posttraumatische Dystrophie bzw. Atrophie von Extremitäten = Ernährungsstörung und Veränderung von Weichteilgeweben und Knochen, auch Morbus Sudeck – heute: CRPS complex regional pain syndrome

Supination	Auswärtsdrehung
Supinationstrauma	Verletzung durch Auswärtsdrehung
Suprapubisch	oberhalb der Schamgegend
Supraspintussehne	Sehne am oberen Teil der Rotatorenmanschette
Surditas	Taubheit
Sutura	unbewegliche Knochenverbindung
Sympathikusblockadeoperation	Ausschaltung sympathischer Nerven durch Injektion eines Lokalanästhetikums
Symphyse	Schambeinfuge, aber auch feste, faserig-knorpelige Verbindung zweier Knochenflächen
Symptom	Krankheitszeichen, für eine bestimmte Krankheit charakteristische Veränderung
Syndesmophytenfraktur	Bruch von Verknöcherungen im Bandscheibenbereich
Syndesmose	bandhafte Verbindung zweier Knochen durch kollagenes oder elastisches Bindegewebe
Syndrom	Krankheitsbild mit mehreren charakteristischen Krankheitszeichen knöcherne Durchwachsung zweier Knochen
Synostose	
Synovialsarkom	Weichgewebstumor
Synovectomie	Entfernung von Bindegewebszellen
Synovitis	Entzündung der Gelenkkapselmembran (auch: Synovialitis)
Syphilis	harter Schanker, Geschlechtskrankheit
Syringomyelitis	Rückenmarkserkrankung mit der Folge neurologischer Symptome bis zu Lähmungen und Ausfallerscheinungen
Szintigrafie	Untersuchung innerer Organe mir radioaktiven Stoffen
Tachykardie	anhaltende Pulsbeschleunigung auf über 100 regelmäßige Schläge pro Minute, ohne dass ein vermehrter Bedarf an Herzpumpkraft besteht
Tacrolismus	unterdrückt das Immunsystem
Talofibulare	Verstärkungsband des oberen Sprunggelenks
Talus	Ferse, Knöchel, Sprungbein
Tamponade	Ausstopfen von Hohlräumen oder Einlegen von Tampons zur Blutstillung
Tarsus	Fußwurzel
TASH	s. transkoronare Ablation der Septumhypertrophie
Telencephalon	Teil des zentralen Nervensystems, der größte der 5 Hirnabschnitte
Teleskopierend	Methode der Zahnprothetik, bei der die Brückenglieder auf den Kronenkäppchen praktisch reibungslos gleiten
Temporal	zu den Schläfen gehörend
Tendomyopathie	= Fibromyalgie: generalisierende Schmerzen im Bereich der Muskulatur, des Bindegewebes und der Knochen
Tentorium cerebelli	Kleinhirnzelt, querverlaufende Struktur zwischen Groß- und Kleinhirn
Terminal	das Ende, eine Grenze betreffend
Testis	Hoden
Testalgie	Schmerzsyndrom im Hodengebilde

Tetanus	Wundstarrkrampf
Tetraparese	inkomplette Lähmung aller vier Extremitäten
Tetraplegie	hohe Querschnittslähmung, gleichzeitige Lähmung aller vier Gliedmaßen
Tetraspastik	Spastik aller vier Extremitäten
Thalamus	größter Teil des Zwischenhirns, wo die Signale der Sinnesorgane zusammenlaufen
Thenar	Daumenballen
Therapeut	behandelnder Arzt, Heilkundiger
Therapie	Behandlung von Krankheiten
Therapiefraktär	Gegen Therapie resistent
Thermisch	Wärme betreffend, Temperatur
thorako-lumbal	am Brustwirbelsäule (thorako) und Lendenwirbelsäule (lumbal)
Thorakotomie	operative Öffnung der Brusthöhle
Thorax	Brust, Brustkorb
Thoraxtrauma	Mehrfachverletzung der Brustorgane (Lunge, Herz, Gefäße), kann lebensgefährlich sein
Thrombophlebitis	durch Blutgerinnsel verursachte Entzündung der Venenwand
Thrombose	teilweiser oder völliger Verschluss eines Gefäßes durch Blutpfropfenbildung, Gerinnung von Blut innerhalb der Gefäße
Thrombozytopenie	Mangel an Thrombozyten (Blutplättchen) im Blut
TIA	transitorische ischämische Attacke: Stadium einer Hirndurchblutungsstörung
Tibia	Schienbein, der stärkere der beiden Unterschenkelknochen
Tibiakopffraktur	Fraktur im oberen Drittel des Schienbeines mit ins Kniegelenk reichendem Frakturspalt
Tinnitus (aurium)	Ohrensausen oder Ohrenklingen, subjektiv empfundenes sausendes oder klingendes Geräusch in den Ohren
tonisch	den Tonus (Grad der Anspannung eines Organs oder Organteils) betreffend
Tonus	Anspannungszustand eines Organs – Muskeln, Gefäße, Nerven
Torsion	Drehung, Achsendrehung
Torsionsfraktur	Drehungsbruch
Tossy I, II oder III-Verletzung	Verletzung des Schultereckgelenks – Einteilung nach Schweregrad
Trachea	Luftröhre
Trachealkanüle	in die Luftröhre eingeführte Kanüle, um diese offen zu halten
Trachelektomie	operativen Therapie des Gebärmutterhalskrebses unter Erhalt der Fertilität durch Belassen eines Teils des Gebärmutterhalses und des Gebärmutterkörpers.
Tracheostoma	künstliche Öffnung der Luftröhre nach außen
Tracheotomie	Luftröhrenschnitt
Transitorisch	vorübergehend auftretend
Transkoronare Ablation der Septumhypertrophie (TASH)	Verödung eines Herzgefäßes durch Injektion von hochprozentigem Ethanol in einen definierten Ast der linken Koronararterie (Septalast)
transligamentär	Durch das Band hindurch

Transopturatoriell transischiorektal	operative Therapie der Belastungsinkontinenz vaginaler Mesh-Repair mit **transopturatoriell und** transischiorektal implantierter Polypropylen-Interponate
Transposition	Gewebe- oder Organverlagerung; verkehrte Organlage
Transversalebene	Horizontalebene
Trepanation	Eröffnung der Schädeldecke
Trapezius	sog. Kappenmuskel
Trauma	Wunde, Verletzung, Schaden durch äußere Gewalteinwirkung entstandene Verletzung, auch in psychischer Hinsicht
Trepanation	neurochirurgisches Verfahren zur Öffnung des Schädels
Trigeminusneuralgie	Gesichtsschmerz
Triggerpunkt	überempfindlicher Herd in einem Muskel
Trimalleoläre Sprunggelenksfraktur	Verletzung des oberen Sprunggelenks, bei der sowohl das Schienbein (Tibia) als auch das Wadenbein betroffen sind
Trikuspidalklappe	dreizipflige Segelklappe zwischen rechtem Vorhof und rechter Herzklappe
trimalleoär	kombinierter Bruch (Innenknöchel, Außenknöchel, Schienbeinkante) des Sprunggelenks
Tris-Puffer	Standardkomponente für DNA-Lösungen
Trochantär	Fraktur des Oberschenkels
Trochanter major	Rollhügel außen am Oberschenkelknochen
Trümmerfraktur	Mehrfachfraktur mit Zersplitterung und Zerstörung der Bruchfragmente (schwer rekonstruierbar)
Tuben	Eileiter
Tubenkoagulation	Sterilisation der Frau durch Unterbrechen und Verschweißen der Eileiter
Tuberkulose	weltweit verbreitete Infektionskrankheit vornehmlich der Atemorgane
Tuberculum maius	Muskelansatzhöcker am Oberarmknochen (humerus)
Tubus	Röhre aus Metall, Gummi oder Kunststoff zur Einführung in die Luftröhre
Tumor	Geschwulst, örtlich umschriebene Zunahme des Gewebevolumens, gewebliche Neubildung durch irreversibles Überschusswachstum
Tumorektomie	Herausschneiden eines Tumors
TVT Band	Band gegen Inkontinenz
Tympanon	Paukenhöhle im Innenohr
Tympanoskopie	Untersuchung des Innenohres
Ulceration	geschwürartige Veränderung
Ulcus	Geschwür
Ulna	Elle
ulnar	zur Elle, zum Ellenbogenknochen gehörend
Ulnafraktur	Fraktur der Elle
Undine-Fluch-Syndrom	Hypoventilation im Schlaf infolge zentraler Schlafapnoe – Ausfall der zentralen Atemregulation
unspezifisch	nicht charakteristisch

Unterlappenatelektase	kollabierter unterer Lungenabschnitt
Unterlidblepharoplastik	operative »Korrektur« der unteren Augenlider
Ureter	Harnleiter
urologisches Syndrom	chronische Nieren- und Beckenentzündung mit Steinbildung
Uterus	Gebärmutter
Vagina	Scheide
Valgisierung	Herstellung einer Valgusstellung des Schenkelhalses
valgus	nach innen gewölbt
Valgusstellung	nach lateral konkaver Stellung von Knochen und Gelenken (X-Stellung)
Vancomycin	Reserveantibiotikum, wird bei starker Sepsis verwendet
Varikozele	Krampfaderbruch
Varisch	in einer Gelenkfehlstellung, bei der der körperferne Gelenkpartner zur Mittellinie hinzeigt
Varus Fehlstellung	der körperferne Teil weist über das Normalmaß hinaus in Richtung Mittellinie
Vasospasmus	Gefäßkrampf
Vegetativ	das autonome Nervensystem und seine Funktion betreffend
Vena cava	Hohlvene
Vena subclavia	unter dem Schlüsselbein verlaufende Vene
Vena Thoracia	Brustkorbvene
Veneers	Verblendschalen zur Korrektur leichter Zahnfehlstellungen oder -lücken
ventral	zum Bauch hin gelegen – bauchwärts
Ventrikelsystem	Kammersystem (z.B. des Zentralnervensystems)
Verblockung	Gelenkversteifung
Vertigo	Schwindel
Vesica	Blase
Vestibularapparat	Teil des inneren Ohres, Gleichgewichtsorgan
Vestibularusfall	Ausfall des Gleichgewichtsorgans
Vigilanz	Wachsamkeit, Aufmerksamkeit
viscidus	zäh
Visus	Sehen, Gesichtssinn, Sehschärfe
Visusminderung	Minderung der Sehkraft
Volkmannsches Dreieck	dreieckige Absprengung an der Schienenbeinkante am Sprunggelenk
Vollheparinisierung	Anwendung von Heparin in therapeutischer Dosierung, d.h. die Behandlung einer bereits eingetretenen Thrombose oder Embolie
Volumenmangelschock	Hypovolämie = Verminderung der zirkulierenden Blutmenge – Blutverluste nach außen oder in Körperhöhlen
Volvulus	Stiel- oder Achsendrehung eines Organs (Darm)
Vulnerabilität	Verletzbarkeit
WAD	s. wiplash associated disorder
Wallenberg-Syndrom	Hirnstammsyndrom
Weber – Fraktur	Klassifikation von Sprunggelenkfrakturen

– **Weber A**	Die Außenknöchelfraktur liegt auf Höhe des oberen Sprunggelenks. Die Syndesmose und die membrana interossea sind stets unverletzt. An der Innenseite des Sprunggelenks finden sich fallweise Verletzungen des Bandapparates oder Frakturen des Innenknöchels.
– **Weber B**	Die Fibulafraktur beginnt auf Höhe des oberen Sprunggelenks und zieht schräg nach proximal. Die vordere Syndesmose ist häufig in die Verletzung mit einbezogen. Die membrana interossea bleibt dagegen i.d.R. unverletzt. Am Innenknöchel findet sich häufig eine quere Abrissfraktur.
– **Weber C 1**	Fraktur ohne Beteiligung der membrana interossea. Die Fibulafraktur liegt grds. neben der Syndesmose. Die Syndesmose (bandhafte Verbindung zweier Knochen durch Bindegewebe) ist regelmäßig mitverletzt. An der Medialseite des oberen Sprunggelenks finden sich Bandverletzungen oder Abrissfrakturen des Innenknöchels.
– **Weber C 2**	Fraktur mit Beteiligung der membrana interossea. Die membrana interossea kann in variabler Ausdehnung zerrissen sein und erstreckt sich stets vom oberen Sprunggelenk bis zur Fibulafraktur. Im Sonderfall reicht die Verletzung der membrana interossea bis auf Höhe des Fibulaköpfchens.
Wintersteinfraktur	Mittelhandfraktur
wiplash associated disorder	(Schleudertrauma assoziierte Störung) – chronische Störung nach HWS-Trauma
Wirbelsäulendistorsion	Verrenkung von Wirbelsäulenabschnitten, z.B. nach Schleudertrauma
Würfelbein	Fußwurzelknochen – ossa tarsi
Wundrevision	Inspektion einer Wunde
Wurzelkompressionssyndrom	durch Zusammendrücken bedingte Schädigung von Spinalnervenwurzeln mit neurologischen Ausfallerscheinungen
Zerebral	s. cerebral
Zerebralparese	Folge eines frühkindlichen Gehirnschadens
Zervikal	die HWS betreffend
Zervikalstütze	Halsstütze
Zervix	Nacken, Hals
Zervix uteri	Gebärmutterhals
Zirrhose	Umwandlung von Gewebe mit Verhärtung und Aufhebung der normalen Struktur des Organs
zyanotisch	bläulich verfärbt
Zyste	mit Flüssigkeit gefüllter Hohlraum im Gewebe
Zystisch	einer Zyste entsprechend
Zystoskopie	Blasenspiegelung

Stichwortverzeichnis

Die Zahlen verweisen auf die jeweiligen Randnummern.